裘錫圭和石繼承在討論《文集》編輯中的問題（2011年7月11日 程少軒攝）

本書出版得到上海文化發展基金會圖書出版專項基金資助

裘錫圭學術文集

第一卷

甲骨文卷

復旦大學出版社

重印説明

復旦大學出版社告訴我，拙著《文集》要重印。此《文集》出版後，復旦大學出土文獻與古文字研究中心同人鄔可晶、郭永秉、任攀、張傳官、周波、石繼承等，以及中心網站上的一些網友，發現了其中的不少錯誤（有印刷之誤，也有原文之誤），作者也發現了一些錯誤，並修改了兩三處原來寫得有問題的地方，還補寫了一些按語。現在請石繼承匯總、整理後，交出版社重印時照改。讀者們如發現《文集》重印本中的錯誤（包括作者誤以已有之説爲自己創見之處），切望及時告訴我們，以利今後修改。

此次重印，石繼承又根據新發表的較清晰的漢簡照片重新做了十幾個摹本，替換了初印本中原來摹得不夠好的摹本（見於《〈居延漢簡甲乙編〉釋文商榷》、《談談辨釋漢簡文字應該注意的一些問題》兩篇）。

作　者

2015 年 7 月 2 日

前　　言

2007年底,復旦大學出土文獻與古文字研究中心劉釗主任把編纂我的文集的事,作爲中心的一項任務提了出來。經歷了六個年頭,在中心同人和研究生們的不懈努力以及復旦大學出版社和上海傑申電腦排版有限公司的緊密配合下,《裘錫圭學術文集》的編校和排版工作現已全部完成,全書即將付印。我對劉釗主任、中心同人和參加編校工作的研究生,對復旦大學出版社賀聖遂社長等領導和宋文濤責任編輯,對傑申公司沈康年總經理等領導和王曉東等排版人員,敬致衷心的感謝。

這部《文集》的編校和排版過程,在書後所附的由石繼承執筆的《編校後記》中有翔實的交代。在這裏我想强調指出下述幾點,以申感謝之忱。

一、過去出版的我的幾本文集,交稿前的編校工作主要出自我一人之手。限於時間和精力,遺留下不少文字錯誤;對引文和引書頁碼、古文字資料著錄號等,更是基本上未加核對,錯誤很多。在這部《文集》的編校過程中,參加工作的同人和研究生們改正了這方面的大量錯誤。復旦大學出土文獻與古文字研究中心網站論壇上的網友們,也指出了我的文章中這方面的不少錯誤。我十分感謝他們。

二、我在編自己的文集時,有加"編按"的習慣。在"編按"中扼要引述新出現的可以補正我的文章的資料和學界研究成果,或交代應加説明的其他問題。這些年來,限於精力和目力,並由於要處理的事情較多,在追蹤新出現的資料和研究成果方面,已經大不如前。幸賴參加《文集》編校工作的同人和研究生們爲《文集》撰寫了不少"編按",或提供了可據以撰寫"編按"的意見和資料,彌補了我的缺陷。

當然,校書如掃落葉,這次編印的《文集》一定還會有一些錯誤。該加"編按"而未加的情況也在所難免。熱心的讀者如發現問題(包括書中見解先已有人提出過等問題),請發信給敝中心網站或寫信給敝中心,告訴我們。我們將隨時在中心網站上發佈來信,供讀者們參考。

三、在《文集》編校工作中,出力費時最多的,是石繼承、鄔可晶、葛亮、郭永秉這四位。他們對這項工作的重視,遠遠超過我自己。他們對工作的執著、認真,使我十分感動。我對他們不但衷心感謝,還深懷歉意。他們把青春年華中的大量寶貴時間投入了這項工作,這不能不給他們的學業以及其他方面的進展帶來負面影響。這是我深感不安的。

四、爲了保證《文集》的編校和排版質量,復旦大學出版社在我們的請求下,一再推遲交稿期限;傑申公司更是打破對待客户的常規,積極配合,不嫌麻煩地滿足我們在校改和造字等方面的所有要求。沒有他們的支持,《文集》的出版質量是不可能達到目前的水平的。我十分感謝他們。

關於《文集》的編纂體例,請看排在這篇《前言》之後的由石繼承、鄔可晶執筆的《本書編纂體例説明》。需要説明的是,本書原來定名爲《裘錫圭文集》,所以《雜著卷》中收入了少量非學術性的文章;後來應出版社的要求,在書名中插入了"學術"二字,而我又捨不得將那些文章删除,以致出現了"文不對題"的情況。這是要請讀者們諒解的。

裘錫圭

2012 年 6 月 18 日

本書編纂體例說明

一、關於《文集》收錄文章範圍及底稿選定標準的說明

本書是作者2012年5月以前文章的結集,此前所發表的各類文章基本上都已收入。其中《戰國平陽刀幣考》《談曾侯乙墓鐘磬銘文中的幾個字》《〈朱德熙古文字論集〉編後記》三篇是與李家浩合寫的,《二十世紀的漢語文字學》是與沈培合寫的,《古文字研究五十年》是與陳劍合寫的,《〈說文新證〉序》是與郭永秉合寫的。朱德熙先生曾與作者合寫過九篇文章,都已收入《朱德熙古文字論集》。本書中除《甲骨卜辭中關於俘虜和奴隸逃亡的史料》、《對〈關於殷墟卜辭的命辭是否問句的考察〉一文的評論的答覆》的中文原稿、爲《中國大百科全書·中國歷史》所撰寫的"市"辭條、《懷念耿先生》、上博簡《子羔》《魯邦大旱》《相邦之道》三篇釋文注釋這七篇外,都在書刊或學術會議上發表過。有些文章發表時,編輯作了改動。對於這些文章,我們儘量找到作者原稿據以編入。有些文章已經被重複收入作者此前出版的兩或三種文集中,對於這些文章,我們原則上據最後刊出者編入。

二、關於《文集》分卷及編排的說明

按照《文集》中所收文章的研究對象,並兼顧各卷篇幅,我們把所收入的文章分爲以下六卷:第一卷《甲骨文卷》,第二卷《簡牘帛書卷》,第三卷《金文及其他古文字卷》,第四卷《語言文字與古文獻卷》,第五卷《古代歷史、思想、民俗卷》,第六卷《雜著卷》。其中《雜著卷》的構成比較複雜,包括古器物研究、《百科全書》詞條和書評、序跋等內容,卷末附《訪談錄》、《引書簡稱表》、《著述目錄》、《學術年譜簡編》及《主題索引》五個附錄。所收文章大體上按寫作的先後依次排列,有些寫作時間已難以確知的文章,則按發表時間排入。如一卷中的文章按內容分成兩個以上部分,各部分分別按此原則排列文章次序。

三、關於編校過程中對文章所作改動的說明

收入本書的文章儘可能保持原貌,只作了下列幾種處理:改正原稿筆誤(包括

引書頁碼、所引古文字資料著錄號等的錯誤）和以前發表時的排印錯誤，並對個別文句作不涉及實質意義的修改；更換圖版及不清晰、不準確的摹本；在版面和注釋格式、標點符號等方面作了技術性處理，以求大致統一；對文中的引書簡稱也略作統一，並編製了《引書簡稱表》附於書末。我們還爲所引到的甲骨文、銅器銘文、古璽文字等古文字資料的舊著錄號標注了《甲骨文合集》、《殷周金文集成》、《古璽彙編》等書的著錄號（外加“【】”號），以便讀者查對。由於本集所收文章寫作時間跨度較大，對有些古文字的隸定或釋法以及對有些資料的釋讀，前後存在一些差異。其中有些差異是由於作者認識的變化而造成的，另有一些則是由於採用了文章寫作時比較流行的意見，作者對此並無特殊的見解。對於這些差異，我們不作統一。好在作者此前文章已經匯於此編，讀者觀之自明。如需對原文作出補正或說明，一律採用在相應位置或文末加“編按”的方式處理（文内“編按”外加“【】”號）。作者此前出版的幾本文集裏的“編按”仍保留，爲示區別，在“編按”前分別加“《新探》”“《論集》”“《自選集》”“《叢稿》”“《隨筆》”“《十講》”。*

---

* “《新探》”等分別是作者此前出版的文集《古代文史研究新探》（江蘇古籍出版社，1992）、《古文字論集》（中華書局，1992）、《裘錫圭自選集》（河南教育出版社，1994）、《文史叢稿——上古思想、民俗與古文字學史》（上海遠東出版社，1996）、《裘錫圭學術文化隨筆》（中國青年出版社，1999）、《中國出土古文獻十講》（復旦大學出版社，2004）的簡稱。

目　　録

甲骨文中所見的商代五刑
　　——並釋“刖”“剢”二字 …… 1
讀《安陽新出土的牛胛骨及其刻辭》 …… 7
在安陽殷墟五號墓座談會上的發言 …… 13
說“弜” …… 15
殷墟甲骨文研究概況 …… 20
“畀”字補釋 …… 27
甲骨文中的幾種樂器名稱
　　——釋“庸”“豐”“鞀” …… 36
　　附：釋“万” …… 47
釋“柲” …… 51
　　附：釋“弋” …… 67
甲骨文字考釋(八篇) …… 72
　　一、釋“𡖖”“秴” …… 72
　　二、釋“芟” …… 77
　　三、釋“沓” …… 78
　　四、釋“皃” …… 80
　　五、釋“虘” …… 81
　　六、釋“坎” …… 82
　　七、殷墟卜辭所見石甲兔甲即陽甲說 …… 83
　　八、甲骨文中重文和合文重複偏旁的省略 …… 85
論“歷組卜辭”的時代 …… 92
　　附錄一：一、二期的界綫應該劃在哪裏 …… 129
　　附錄二：關於“丁” …… 135

釋"勿""發" …… 140
說"𠱠""嚴" …… 155
說甲骨卜辭中"戠"字的一種用法 …… 160
釋殷墟甲骨文裏的"遠""𤞷"(邇)及有關諸字 …… 167
甲骨文字考釋(續) …… 177
　一、釋南方名 …… 177
　二、說"以" …… 179
　三、釋"弘""强" …… 184
　四、再談甲骨文中重文的省略 …… 189
說卜辭的焚巫尪與作土龍 …… 194
釋"蚩" …… 206
卜辭"異"字和詩、書裏的"式"字 …… 212
甲骨文字特殊書寫習慣對甲骨文考釋的影響舉例 …… 230
甲骨文中所見的商代農業 …… 233
甲骨卜辭中所見的逆祀 …… 270
釋"求" …… 274
甲骨綴合拾遺 …… 285
釋殷墟卜辭中與建築有關的兩個詞——"門塾"與"自" …… 299
從殷墟甲骨卜辭看殷人對白馬的重視 …… 305
關於殷墟卜辭的命辭是否問句的考察 …… 309
釋"木月""林月" …… 338
對《關於殷墟卜辭的命辭是否問句的考察》一文的評論的答覆 …… 344
殷墟甲骨文字考釋(七篇) …… 350
　一、"小"與他字的合文 …… 350
　二、釋"遍又于小山" …… 351
　三、釋"蚤" …… 352
　四、釋"罝"字異體 …… 353
　五、釋"勻" …… 354
　六、釋"昏"字異體 …… 355
　七、釋"注" …… 358
釋殷墟卜辭中的"卒"和"𧘝" …… 362

說“囚” …… 377
釋“衍”“侃” …… 378
殷墟甲骨文在文字學上的重要性 …… 387
釋殷虛卜辭中的“[illegible]”“[illegible]”等字 …… 391
論殷墟卜辭“多毓”之“毓” …… 404
從文字學角度看殷墟甲骨文的複雜性 …… 416
殷墟甲骨文“彗”字補說 …… 422
釋西周甲骨文的“卲”字 …… 431
殷墟甲骨文考釋四篇 …… 437
　　一、釋“惠” …… 437
　　二、釋“束” …… 439
　　三、釋“温” …… 439
　　四、釋“河” …… 440
甲骨文中的見與視 …… 444
釋“厄” …… 449
七十年代以來殷墟甲骨文研究的進展 …… 461
關於殷墟卜辭中的所謂“廿祀”和“廿司” …… 467
說“冂凡有疾” …… 473
從殷墟卜辭的“王占曰”說到上古漢語的宵談對轉 …… 485
從一組卜辭看殷曆月的長度和大小月的配置 …… 495
釋“尌” …… 504
關於殷墟卜辭的“瞽” …… 510
“花東子卜辭”和“子組卜辭”中指稱武丁的“丁”可能應該讀爲“帝” …… 516
說“㚤”(提綱) …… 523
談談殷墟甲骨卜辭中的“于” …… 527
釋“㝵” …… 552

甲骨文中所見的商代五刑

——並釋"𠚣""𠛊"二字

周代的刑罰有所謂"五刑"。其名稱,見於《尚書·吕刑》的,爲墨辟、劓辟、剕辟、宫辟、大辟;見於《周禮·秋官·司刑》的,爲墨、劓、宫、刖、殺。墨也叫做黥,其法先在面上(一般爲額部)刻紋,然後再填以墨。劓是割鼻。宫刑施行於女子的,是幽閉;施行於男子的,是割去生殖器,亦即所謂"椓"。《吕刑》的剕和《周禮》的刖,《吕刑》的大辟和《周禮》的殺,都是一件事。前者是斷足之刑,後者就是死刑。在商代的甲骨文中可以找到這五種刑罰在當時都已存在的證明。

商代之有黥刑,郭沫若先生在《甲骨文字研究·釋干支》篇中已有論述。

甲骨文中有劓字。"自"是鼻的象形字。劓字从刀从自,象徵割鼻之意,就是"劓"的初文。當時已有劓刑的存在,也是無庸置疑的。

死刑是一種很原始的刑罰,在商代必然也已經存在。古代的死刑主要是砍頭。甲骨文有伐字,即象以戈砍人頭之形。甲骨文中有大量關於伐祭的卜辭,這説明商代統治者是經常砍殺俘虜或奴隸來祭祀鬼神的。在安陽商代墓葬的發掘中,考古工作者在商王和貴族的大墓及其周圍的殉葬坑中,發現了很多身首異處或身首斬開的骨架。這些便是被伐者的遺骸。當時,對於罪人,"伐"無疑也是常用的刑罰。

至於商代是否已有刖刑和宫刑的問題,過去很少有人討論,其實甲骨卜辭是提供了這方面的史料的。以下先討論刖刑的問題。

甲骨文中有一個作等形的字,[①]過去誤釋爲"陵"。其實這個字所从的或,並不是(阜)的簡體,而是鋸子的簡化形象。《乙》2730【《合》6010】亦有此字,寫作,所从的顯然象一把裝柄的鋸子。又作,乃是由於刀、鋸同類,

① 分别見於《前》7·10·1【《合》6007】、6·55·5【《合》581】、6·20·1【《合》861】、6·30·6【《合》582】等片。

所以也可以在(刀)上加象徵鋸齒的横畫來表示鋸子。鋸形之下或有"又"(即手的象形符號),或無"又",跟伐字所从的"戈"下或有"又"或無"又"同例。這個字的各種寫法中的人形,無例外地都是接近鋸形的一足較短。把各部分綜合起來看,這個字所象的顯然是用鋸斷人足之形。後來的刖、跀、趴等字,都應該是從它演化出來的。《漢書·刑法志》"中刑用刀鋸",顔注引韋昭曰:"鋸,刖刑也。"從甲骨文可知刖刑用鋸自商代即已如此。

《説文》訓"刖"爲"絶",而以"跀"爲斷足之刑的本字,"趴"爲"跀"之或體。但是在先秦典籍中,説到斷足之刑時,却幾乎都用刖字,而不用跀字。[②]《吕刑》稱斷足之刑爲剕,《説文》則無此字而有訓"跀"的跸字。説者皆以"剕"、"跸"爲一字。"刖"和"跀"也應該跟"剕"和"跸"一樣,是一字異體,不必强爲區分。[③] 從文字演變的通例和古籍用字情況來看,刖字應該比跀字更古些。"跀"或作"趴",前人都以"月"、"兀"音近來解釋。其實"月"是"跀"字的純聲符,"兀"則應該是字所从的刖足人形的訛變。我懷疑小篆的兀字有兩源。髡字或體作"髨",其所从之"兀"或即"元"之變體。至於讀作"五忽切"之兀字,亦即通常所用的兀字,則應該是由刖足人形訛變的(刖字據中古韻書亦有"五忽切"一讀)。《莊子·德充符》篇數稱刖足者爲"兀者",正是用的兀字本義。兀者既然失去了脚,就不能像常人那樣安穩。"兀"及从"兀"之字大都有危義或動摇不定之意,也許正是從刖足之義引申而來的。

《莊子》書中,兀字往往與介字互訛。《養生主》"公文軒見右師而驚曰:是何人也?惡乎介也?……",《釋文》:"(介)音戒,一音兀。司馬云:刖也。向、郭云:偏刖也。崔本作兀,又作趴,云斷足也。"《德充符》"魯有兀者王駘",《釋文》:"(兀)五忽反,又音界。李云:刖足曰兀。案篆書兀、介字相似。"同篇"而未嘗知吾介者也",《釋文》:"(介)本又作兀,兩通。"讀如界的介字無從有刖足之義,《釋文》説"篆書兀、介字相似"也與事實不符。那末爲什麽兀、介二字會時常互訛呢?我懷疑這種介字是刖足人形的另一種訛體,而不是小篆"介"的隸書。《説文》有

② 刖字見於《周禮·秋官·司刑》,《易·困卦》,《左傳》莊十六年、十九年、僖二十八年、文十八年。《尚書·康誥》"劓刵人"和《吕刑》"劓刵椓黥"之"刵",王引之《經義述聞》也認爲是"刖"的訛字。此外,刖字又見於《莊子》、《韓非子》等書。《文選》卷二八陸韓卿《中山王孺子妾歌》李善注引《韓非子》"衛國之法竊君車者罪跀"一段,用"跀"字,但今本亦作"刖"。

③ 《玉篇》、《一切經音義》等字書都未區分刖、跀二字的義訓。徐灝《説文解字注箋》認爲"跸與剕,跀與刖,並字異而義同,不必强爲分别"。雷浚《説文外編》也説:"跸……即剕字,跀即刖字。"

字,訓爲尳(跛),象一足偏曲的人形,跟甲骨文字所从刖足人形極爲相似。該字的隸變有兩體,或作尣,或作允。尣與兀相似,允與介相似,正可以作爲旁證。④

按照“跀”或作“刖”、“踂”或作“剕”的例子,“跀”的或體“趴”應該也可以作“刖”。⑤ 甲骨文字由刖足人形和在“刀”上加横畫的鋸形組成。“兀”是刖足人形的訛體,在“刀”上加横畫的鋸形也很容易簡化或訛變成“刀”字。所以我們可以把字釋作“刖”。從文字演變的通例來看,“刖”應該是斷足之刑的初文,“刖”是它的後起形聲字,“趴”和“跀”是更後出的或體。

在已發現的甲骨文中,含有刖字的完整卜辭,我所見的只有兩條:

貞:刖𡨄八十人,不𣦵(死)?⑥

貞:刖𡨄不□(𣦵)?⑦

二者所記似是一事。有人以爲𡨄是國族之名,徵之一般認爲是國族名的銅器“圖形文字”中也有𡨄字的事實,其説似可信。⑧ 甲骨卜辭常常貞問殷方將領是否“執羌”、“以羌”,有時也貞問是否“執𡨄”、“以𡨄”。可見商人所佔有的𡨄,跟羌人一樣,大都是在戰爭中虜獲的。這種𡨄人在殷人進行的戰爭中常被利用作輔助力量;但有時他們也大量地被商族統治者用作祭祀的犧牲。⑨ 把“刖𡨄八十人,不𣦵”翻成白話,就是:“對八十個𡨄人奴隸施行刖刑,不會發生死亡嗎?”古書記載説明古代常用刖足者守門。被刖的𡨄奴如果幸而不死,無疑也會被使用在守門一類的工作上。

以下再討論椓刑的問題。

---

④ 允字訓爲跛。跛者和刖足者從殘廢情況説,本是很相近的兩種人。

⑤ 《集韻》有刖字,音坤,訓爲“斫木枝”。據其讀音當與“髡”字爲一系,似與我們所説的“刖”字無關。

⑥ 北京圖書館藏甲,據胡厚宣先生摹本引用。謹向胡先生致以謝意(《論集》編按:此片即《合》580正)。

⑦ 《前》6・55・5【《合》581】。

⑧ 𡨄字不識,暫據《殷契粹編考釋》隸定。以𡨄爲國族名之説,見於陳夢家《商代的神話與巫術》一文附注,載《燕京學報》二十期。“圖形文字”之“𡨄”見於《三代》6・49【《集成》16・10581】、12・46【《集成》10・4893】。

⑨ “執𡨄”之辭見《乙》2572【《合》575】、《南》明 90【《合》578】等片。“以𡨄”之辭見《前》6・6・6【《合》552】、《乙》5288【《合》556】等片。“以𡨄伐舌方”、“呼𡨄伐舌方”等辭見《粹》1074【《合》548】、《前》6・30・5【《合》537】等片。以𡨄爲人牲之辭見《京津》1255、《前》7・9・2【《合》559 綴合】等片。又《前》6・29・5【《合》570】等片有“𡨄戮”之稱,“戮”也是甲骨文中常見的一種人牲。

甲骨文中有一個奇字作、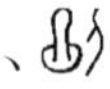等形,前人無釋。這個字所从的,顯然象男子生殖器之形。根據刖(劓)字類推,這個字無疑是椓刑的專字。含有此字的完整卜辭,我所見的只有一條:

庚辰卜,王:朕羌不𣧍(死)?[⑩]

其辭例與貞"刖寇"的卜辭非常相近。[⑪]

古籍中在說到割去生殖器之刑時,多用"椓"字,見於《詩 · 大雅 · 召旻》和《尚書 · 吕刑》等篇。《尚書 · 堯典 · 正義》引《吕刑》篇賈、馬、鄭等家本,"椓"作"斀"。《說文》引《吕刑》又作"斀",訓爲"去陰之刑"。而椓字在《說文》中則只訓爲"擊"。因此過去的文字學者大都認爲訓爲"去陰"之"椓"乃是"斀"的借字。從古文字資料來看,這種說法並不完全妥當。唐蘭先生根據甲骨文,認爲豖字是字(豭之古字)的變形,並說"𠝤訓去陰猶之劓爲斷鼻",蓋以爲椓刑之本字當作"𠝤"。[⑫] 聞一多有《釋豖》篇,認爲甲骨文的字,腹下一筆與腹連著,當爲豭字;又有字,腹下一筆不連,象去勢之豕,乃是豖字;"豖去陰之稱,通之於人,故男子宫刑亦謂豖,詩作椓用借字,鄭作斀,許作斀,並後起形聲字"。[⑬] 我認爲豖字象去勢之豕,當如聞釋;訓去陰的"椓"的本字,例之刖(刖)、劓(劓)等字,應從唐蘭先生說,以𠝤字當之,"斀"乃其後起字。《說文》有从"攴""豖"聲的"𣀤"字,音義與"椓"同,疑即"𠝤"之或體,與"斀"爲"斀"之或體同例。至於韻書所收的訓爲"刀鉏"的"𠝤",似爲後出之字,與我們所討論的"𠝤"字無關。甲骨文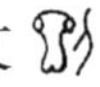字本是去人勢的專字。入周代,不論指去動物之勢,或指去人之勢,皆用"椓"、"斀"等字,字遂廢。大概、𠝤二字所代表的本來是一個詞,或是音義極近的一對親屬詞,所以二者容易合併爲一字。爲方便起見,可以把甲骨文的字逕釋爲"𠝤"。

上引卜辭提到的被𠝤者是羌人。他們跟寇人相類,也是商族統治者通過戰爭而獲得的異族奴隸。關於他們的情況,近人已多有論述,這裏就不再贅述了。《周禮 · 秋官 · 掌戮》:"宫者使守內。"周代的內官近侍多以宫者爲之,如齊桓公時的豎刁,就是"自宫以治內"的。商王對羌奴施行宫刑,可能也是爲了要他們守內。

---

⑩ 《前》4 · 38 · 7【《合》525】。

⑪ 在此條卜辭中,"朕"字如爲主格,則其辭例與刖寇卜辭全同。有的學者認爲"朕"字在上古只能作領格用,那末"羌"就應理解爲"被椓之羌"。

⑫ 《天壤閣甲骨文存考釋》46 頁。

⑬ 《古典新義》540 頁。

關於對女子施行宮刑的材料,在甲骨文中還沒有發現。但在商王祖先降生的傳說中,有有娀氏二佚女被寘於高臺之上的故事。⑭ 寘於高臺也可以說就是在對淫佚的女子使用宮刑。想來在商代對女子用宮刑也是相當普遍的。

各種殘酷的肉刑,在世界各國的奴隸制時代都是普遍存在的。它們本來大都是專用來對付異族的俘虜和奴隸的。但是隨着各族内部分化的加深和國家的形成,也就逐漸被統治階級用來對付本族人民以至個别統治階級内部的有罪者了。有的刑罰本來是某些異族的風俗習慣。由於這些異族人常被俘虜爲奴,他們的風俗習慣就變成了一種恥辱的象徵,變成了使有罪者跟奴隸等同起來的刑罰。《韓詩外傳》卷八記廉稽說越俗“劓墨文身翦髮”,《周禮·秋官·司刑》鄭玄注謂“今東西夷或以墨劓爲俗”,《後漢書·東夷傳》也說倭“男子皆黥面文身”。可見黥刑和劓刑就是由某些邊裔民族的風俗轉變而來的。從甲骨文所提供的史料來看,當時用刑的主要對象,似乎仍是異族的俘虜和奴隸。但是在商代國家已經形成,本族人降爲奴隸的情況也已出現(商紂時“箕子爲之奴”便是明證),“五刑”無疑也已經是統治階級對付本族人民的一種手段了。

《論集》編校追記:

(1) 刖字尚見於很多本文所沒有引用的卜辭,請參閱胡厚宣先生《殷代的刖刑》一文,載《考古》1973 年 2 期。

(2) 丁山在其遺稿《中國古代宗教與神話考》(龍門聯合書局出版)中已先我們指出,甲骨文中被前人誤釋爲“陵”的那個字,“決是跀字本字,讀若越,凡載記所見跀、刖、踂、剕字並是跀字音形展轉的訛誤”(132 頁。《論集》編按:“踂”、“剕”恐非“跀”字音形展轉的訛誤)。但是此稿至 1962 年方才印出,我們的文章寫於 1960 年,當時還不知道丁氏已有此說。

(3) 本文從丁山說釋𡆥爲死。今按丁說可疑。張政烺先生認爲“𡆥”是“𥁰”(昷)字所从的“囚”的初文,後人誤與囚禁之“囚”混爲一字,較丁說可信(見《釋甲骨文“俄”、“隸”、“蘊”三字》,載《中國語文》1965 年 4 期)。但卜辭“𡆥”字究竟應讀爲何字,尚有待進一步研究。

(4) 圖形金文中有一字,“从一豕仰臥,一手執刀擬于豕腹”,李孝定以爲即“豕去陰之象意字”(《金文詁林附錄》483—486 頁)。唐蘭先生所說的“㓾”字,應

---

⑭ 《吕氏春秋·音初》:“有娀氏有二佚女,爲之九成之臺。”

該就是指這個字而言的。這個字雖不从“豖”,但從字義看釋作“剢”是合理的。

(5) 近閱吕思勉《先秦史》(1941 年出版,1982 年重印),其“刑法”一節曰:“案髡即越族之斷髮,黥則其文身。……其初蓋俘異族以爲奴婢,後則本族之犯罪者,亦以爲奴婢而儕諸異族,因以異族之所以爲飾者施之……”(427 頁),方知本文最後一節所言,吕氏早已見及。謹誌於此。

原載《考古》1961 年 2 期(署名趙佩馨),又載《古文字論集》,略有删改,今據後者收入。

讀《安陽新出土的牛胛骨及其刻辭》

讀郭沫若同志《安陽新出土的牛胛骨及其刻辭》(《考古》1972 年 2 期)後,有一些不同意見,提出來供同志們參考。

一、關於卜骨時代

這次所出卜骨,18 號骨【《合》32595、《屯南》附 9】上遭刮二辭和卜辭旁的"兹用"二字,完全是三、四期甲骨的作風。郭沫若同志説它們"大率當於武乙、文丁時期",是不錯的。卜骨出土情況報告中説:"第五號、七號、九號卜骨各存一個'吉'字,在'吉'字的左側原來也有刻辭,但都被刮去。"這種在卜辭旁刻"吉"字的作風,三、四期甲骨上也是常見的。4 號【《屯南》附 1】、6 號【《屯南》附 2】、12 號【《合》31993、《屯南》附 3】、14 號【《合》32729、《屯南》附 5】四骨,雖然刻辭形式比較特殊,但如"㞢""牧""㸚""且""匕"等字,都是典型的三、四期字體,跟同出的 18 號等骨應該是同一時期的東西。但是這幾片卜骨上的親屬稱謂,跟一般的三、四期卜辭的確不合,這是郭沫若同志不同意把它們定爲三、四期卜骨的主要原因。這一點我覺得也是可以得到解釋的。

殷墟出土的甲骨絶大部分當然是商王朝太卜之官的遺物。貝塚茂樹曾指出,在武丁時代除了殷王朝公家的占卜機關外,還存在王族私家的占卜機關和屬於多子族的私家的占卜機關,其卜辭的内容及形式都各有特點(見《中國古代史學的發展》第一部,第二、三節,1946 年弘文堂出版)。陳夢家也認爲武丁時代除"王室正統的卜辭"外,還有其他種類的卜辭,甚至可能有"嬪妃所作"的卜辭(《綜述》166、167 頁)。這些非正統的卜辭中所見的稱謂,往往與正統卜辭不同。例如陳夢家所謂"𠂤組卜辭"(貝塚茂樹以爲王族卜辭)中有父甲、父乙、父戊、父庚、父辛、父癸等稱謂(《綜述》146 頁),不但跟一般武丁卜辭不合,就是跟其他各期的正統卜辭也無一相合(《論集》編按:𠂤組卜辭大概仍是商王朝公家的占卜機關的遺物,我們在此文中把它歸入非正統卜辭,是不妥當的)。陳夢家以爲正統派的卜辭“所祭的親屬稱謂多限於即王位的父祖母妣,而非正統的則擴張至未即王位的諸父諸祖諸兄諸子”(《綜述》158頁)。這一意見大概是對的。如果確實存在屬於王室以外的其他貴族的卜辭的話,其親屬稱謂當然更不能與正統卜辭一致了。這次所出的4號、6號等四骨,卜辭的辭例、行款都比較特殊,應該是三、四期的非正統卜辭,所以其親屬稱謂與正統的三、四期卜辭不能相合。

二、關於習卜

卜辭所見“習一卜”“習二卜”之“習”,我以爲當與《禮記·曲禮上》“卜筮不相襲”之“襲”同義。襲、習古通。《周禮·地官·胥》“襲其不正者”,鄭注“故書襲爲習”;《左傳·襄公十三年》“歲習其祥”,《禮記·表記》“天子無筮”鄭注及《周禮·春官·大卜》正義引《傳》文,“習”皆作“襲”;《文選·卷六十·齊竟陵文宣王行狀》“龜謀襲吉”,李善注“襲與習通”,皆其證。鄭玄注“卜筮不相襲”曰:“卜不吉則又筮,筮不吉則又卜,是瀆龜筴也。”可知用不同的方法同卜一事可以叫“襲”。

《卜辭通纂》所錄的,有“習一卜”“習二卜”等辭的卜骨是三、四期的。三、四期卜骨上的卜辭還有說“習龜卜”的:

〼習龜卜,又來執其用于〼　　明715【《合》26979】

□□卜:習𪓑[①]一卜,五〼　　粹1550【《合》31669】

據此,卜辭所謂習卜當指骨卜和龜卜的相襲(《論集》編按:關於“習龜卜”,請參看李學勤《評陳夢家殷虛卜辭綜述》,《考古學報》1957年3期124—125頁。【編按:參看本書所收《殷墟甲骨文“彗”字補說》注㊷。】)。“習一卜”就是說卜問一件事時骨和龜各卜一次,“習二卜”就是骨和龜各卜二次。三、四期卜骨的卜辭還有說“習三卜”“習四卜”的:

己〼(此條當卜“習一卜”,辭已殘)

習二卜?

習三卜?

① 𪓑爲龜名。《存》下·57【《合》8996】一辭曰:“〼鼎(貞):𡆥〼來?王〼隹(唯)來。五〼允至,氏(致)龜:𪓑八,𪚰五百十。三月。”(參閱《綜述》圖版貳壹所錄拓本)𪓑和𪚰都是龜名。

習四卜? 寧1·518【《合》31674】

如以三骨爲一習,習四卜就應共卜十二骨。三、四期卜骨上記卜兆次序的數字,幾乎從未見過"五"之上的,一事卜至十二骨恐不可能。

三、關於钔字的解釋

卜辭的钔字,大多數是用作祭名的。這次所出諸骨的钔字,從文例上看也應該是祭名,當讀爲禦。禦是禦除災殃的一種祭祀(《論集》編按:參看楊樹達《積微居甲文說·釋禦》)。卜辭或言:

鼎(貞):疒(疾)齒,钔于父乙? 前1·25·1【《合》13652】

這是因爲患牙病而卜問是否舉行禦祭於父乙。或言:

鼎:钔疒身于父乙? 乙6344【《合》13668正】

這是卜問是否禦除腹病於父乙。或言:

甲子卜,穷,鼎:皋才疒,不从王古?

鼎:其从王古?

壬午卜,穷,鼎:钔皋于丁?

鼎:于帚(婦)钔皋? 甲2121【《合》9560】

丙辰卜,鼎:告疒于丁,新鬯?

戊午卜,鼎:今日至(致),钔于丁?

□□卜,[鼎]:钔于帚,三宰? 五月。 續1·44·6【《合》13740】

這是因爲皋和有病而卜問是否爲他們舉行禦祭於丁或婦。或言:

甲午卜:王馬駧(孽?)其禦(禦)于父甲亞? 文錄312【《合》30297】

這是因爲王的馬有災殃而卜問是否舉行禦祭於父甲亞("亞"義近於宗、廟)。或言:

辛酉[卜]:钔大水于土(社),宰? 珠835【《合》14407】

這是卜問是否禦除水害於社。或言:

戊子卜,鼎:钔年于囗? 五月。 庫1684【《合》40115、《英》788】

這是卜問是否禦除農業年成的災害於報甲。

卜辭還有說"衛年"(《佚》867【《合》9614】)"徝禾"(《掇二》173【《合》33235】)的。衛、徝當讀爲防,指防禦災害。防年、防禾當是與禦年同類之事。卜辭又有說"衛王目于匕(妣)己"(《南》坊 3・39【《合》39636】)的,當是與禦疾同類之事。

《周禮・天官・女祝》"掌以時招、梗、禬、禳之事,以除疾殃",鄭注:"鄭大夫讀梗爲亢,謂招善而亢惡去之;杜子春讀梗爲更;玄謂梗,禦未至也。除災害曰禬,禬猶刮去也。却變異曰禳;禳,攘也",孫詒讓《正義》曰:"說文示部:禦,祀也。疑即所謂梗矣。"今案,殷人於已至之災殃亦禦之,禦祭似可包禬、禳。

這次所出卜辭,或言卬衆,應該是指禦除衆人的災殃;或言卬牧,應該是指禦除牧奴或牧事的災殃;或言卬臣,應該是指禦除家臣的災殃。至於鳶和吴,疑都是人名,卬鳶、卬吴與上引卜辭言卬𡆥、卬同例。

上引卜辭或言"卬于帚三宰",文例與"卬衆于且(祖)丁牛……"等辭相同。他辭或言"卬(弜,爲第一期常見人名)大乙宰"(《前》1・24・4【《合》4324】)"卬帚鼠(?)匕己二牝"(《前》1・33・7【《合》19987】,二牝疑指一牝一牡),文例與"卬臣父乙豚……"等辭相同。"卬且癸豕""卬父甲羊""又卬父庚羊"等辭之卬,也應指禦祭而言。、又當指禦祭時所採取的用牲方法。他辭或言"□戌卜:虫鼻司,卬子"(《續》5・6・6【《合》20029】),蓋謂禦子於鼻司而用虫祭(甲骨文"虫""又"通用),可與此參證。

12 號一辭言"父乙豕……"。第一字是"乍"字,《甲骨文編》"乍"字下所收有與此相似者。第二字疑是禦疾之禦之專文,或禦疒二字之合文,申論之於下。

甲骨文有字:

乙亥鼎:弜(否定詞,與"勿"相近)方⧄

弜正(征)方才⧄ 掇一 415【《合》32935】

又有於此字加注魚字之字:

壬戌卜,狄,鼎:其又(有)來方,亞旋其,王受又(有)又(祐)?(末四字轉在另一側)

壬戌卜,鼎:弗受又又? 甲 3913【《合》28011】

這個字象一人抵禦另一持杖者的攻擊，疑即禦之初文。禦、魚古音同聲同部，所以字或加注魚聲，與加注凡聲而爲（鳳）、加注昔聲而爲（耤）同例。上引卜辭讀爲“弜禦方”“其有來方，亞旋其禦”，文義頗覺妥貼。又《前》6·6·2【《合》2631】一辭云：

鼎：叀（讀惠，與“唯”相近）帚好乎（呼）伐？

伐上一字疑即之變形而加午聲者，伐即禦伐。由此形省去攴旁，就成卜辭中常見的钔字了。這和“磬”字省去“丮”旁而成“耤”字，是十分類似的（《論集》編按：《英》2674 正“家譜刻辭”記“子曰钔，钔弟曰”。與當是一字。兄弟不能同名，與“钔”當非一字，我們的說法有誤。或者爲抵禦之“禦”的本字或初文，“钔”則另有本義，與本非一字，以音近而相通）。午是钔的音符，所以钔字可以省作午：

癸未卜：（午）余于且庚，羊豕艮？

于且戊钔余，羊豕艮？ 乙 4521【《合》22047】

上引第一辭的午字顯然應該讀爲钔（《論集》編按：看李學勤《評陳夢家殷虛卜辭綜述》，《考古學報》1957 年 3 期 125—126 頁）。

12 號卜骨的字，應該看作與（疒）的合體字，當即的省體。《後》下 11·8【《合》13711】一辭云：

鼎：帚好不征？

末一字爲疒身二字的合體字，可以看作疒身之疒的專字，也可以看作疒身二字的合文。《人文》3053【《合》32268】一辭云：

庚寅卜鼎：叀（讀惠，與“唯”相近）丁酉酒？

末一字爲伐羌二字的合體字，可以看作伐羌之伐的專字，也可以看作伐羌二字的合文。以上二例，情況與字相類，所以我懷疑這個字是禦疾之禦的專字或禦疒二字的合文。卜辭或言“乍（作）大钔自囲”（《後》下 6·12【《合》14860】），或言“乍钔，斳（祈）庚不苷”（《人文》994【《合》17086】），可證禦祭可以言“乍”。

四、關於字

這個字也見於卜辭：

叀令監凡？　　撫續 190【《合》27742】

叀令監凡？　　寧 1・500(《論集》編按：已據《合》27740 校正)

從文例看當是人名，與見於金文之圖形文字者大概屬於一族(商代人名往往即其族氏)。郭沫若同志說這個字象人“口旁有鬚”，甚是。《說文》：“髭，口上鬚也。”盂鼎有字，當是在字上加注“此”聲而成，與前舉“鳳”“䅟”諸字同例。所以這個字應該是髭的象形初文，與吴並非一字。又文中所舉“口中有齒”的人形，也不像是吴的異體，可能就是齒的繁文。

原載《考古》1972 年 5 期，又載《古文字論集》，今據後者收入。

在安陽殷墟五號墓座談會上的發言

很多同志主張墓主婦好就是武丁之妻婦好，並認爲她也就是司辛、母辛、妣辛。

首先應該指出的是，婦好之名在三四期卜辭，即康丁、武乙、文丁卜辭裏，也出現過好幾次，如：

戊辰貞：婦好亡囚？　　寧 1・491【《合》32760】

丙戌貞：婦好亡囚？ 三。　　掇一 444 正【《合》32762 乙正】

☐婦好。　　同上反【《合》32762 乙反】

丙戌貞：婦好亡囚？ 四。　　鄴三下 43・8【《合》32762 甲正】

己亥卜：辛丑歆婦好祀？　　甲 668【《合》32757】

□□卜：即婦好？　　佚 649【《合》32759】

我們知道，甲骨卜辭裏所見的人名，絶大多數就是這個人的族氏，例如周族的人就叫“周”，父、子、孫都叫“周”。因此，在相隔一二百年甚至更久的卜辭裏，可以看到很多相同的人名。這個問題張政烺先生的《中國古代的十進制氏族組織》已經講得很清楚了（見《歷史教學》二卷三、四、六期）。婦的名字也同樣是族氏，例如周族的婦就稱婦周（《乙》8854【《合》22265】、《鄴初》下 46・15【《合》2816】等）。只是婦名常常加上“女”旁，如井族的婦井在卜辭裏就常常寫作婦姘。卜辭的婦好，丁山認爲是與商王同姓的子姓女子（《甲骨文所見氏族及其制度》56 頁），李學勤同志認爲是保族女子（《文史哲》1957 年 11 期 34 頁。“保”古作“仔”，改“人”爲“女”，即成“好”字）。我傾向李説。不管怎樣，婦好的“好”總應該是一個族的氏姓而不是私名。只要是這個族嫁給殷王的婦都可稱婦好。因此，不但第一期有婦好，其他期也可以有婦好。

此外，在三四期卜辭裏也有司辛：

☐于司辛？　　甲 824【《合》27606】

這個司辛大概就是見於周祭祀譜的康丁之配妣辛。

上舉的三四期婦好卜辭,根據甲骨卜辭各期字體的一般情況來看,似乎可以歸入第四期。但是康丁卜辭和四期卜辭的字體往往很難區别。不但有相當多的四期卜辭的字體跟一般的康丁卜辭很相像,並且有些康丁卜辭的字體跟一般歸入第四期的卜辭的字體也很難區别。例如《續》1・34・3【《合》26995】那塊有父庚、父甲之名的卜骨,從字體看很像是屬於四期的,但從親屬稱謂看却顯然應該歸入康丁時代(參看《殷虚卜辭綜述》450頁)。所以我們按照胡厚宣先生的分期辦法,對那些無法根據卜辭内容判斷其確切時代的三四期甲骨不再加以區分。如果上舉的三四期婦好卜辭是屬於康丁時代的話,這個婦好便很有可能是這次發掘的大墓的墓主。她是康丁的配偶,死後稱爲司辛,後來又被稱爲妣辛,並被排入周祭祀譜之中。上舉《甲》668"歆婦好祀"一辭的意義不大清楚。如果這是祭祀婦好之辭,她應該在康丁時就已死去,司是她死後的尊稱。但是這條卜辭也可能是卜問鬼神是否接受婦好的祭祀的("歆"象張口吸取食物的氣味,也許是"歆"的表意初文),那末婦好就有可能是在康丁死後才死去的,也就是説這座墓有可能屬於武乙時代。

這座墓還出了一把有銘玉戈,在戈内的邊緣刻了"盧方曽入戈(?)五"幾個字。這條戈銘和甲骨文都是刀刻文字,字體作風類似,可以進行比較。根據初步觀察,戈銘的字體跟武丁卜辭顯然有别,而跟三四期卜辭則相當接近。戈銘提到盧方入貢。在第一期卜辭裏,我們没有找到"盧方"(《安明》488B【《合》10775】。作爲國族名的由、虘、虎等字與"盧"的關係不清楚,未考慮在内)。三四期卜辭裏則既有"盧方"(《續存》上1947【《合》33185】),又有"盧伯"(《甲》3652【《合》27041】,《鄴三》下36・9【《合》28095】)。所以,從戈銘内容看,也以定作三四期爲宜。

編按:

當時對於殷墟青銅器時代的看法是錯誤的,强不知以爲知,很不應該。關於"歷組卜辭"的時代,後來已改從李學勤先生的説法,參看本書所收《論"歷組卜辭"的時代》。

原載《考古》1977年5期,今據以收入。

說　“弜”

甲骨卜辭裏常見“弜”字，前人不得其解。1940年張宗騫發表《卜辭弜弗通用考》（《燕京學報》28期），指出卜辭“弜”字多用爲否定詞。這是很重要的發現。但是他因爲“弜”、“弗”音近就斷定二字通用，事實上這兩個字的用法却是有區别的。“弗”與“不”相近，“弜”則與“勿”相近。陳夢家在《殷虚卜辭綜述》裏曾指出“弜弗通用”有問題，不過他認爲“弜”在卜辭的否定詞裏應該“屬於‘不’‘弗’一組”（128頁），仍然與事實不符。

卜辭裏的副詞性否定詞有“不”、“弗”、“𢎨”、“弜”、“勿”、“母（毋）”等字。前四字是主要的，後二字出現的次數比它們少得多。“𢎨”是發射之“發”的初文，卜辭多用作否定詞。從文例看，“𢎨”和“勿”有可能是假借來表示同一個詞的。但是二者本來並非一字，所以不能把“𢎨”直接釋作“勿”。[①] 在四個主要的否定詞裏，“𢎨”和“弜”的用法很相似，“不”和“弗”的用法也比較接近，而“𢎨”、“弜”和“不”、“弗”的用法則有明顯的區别。粗略地説，“不”、“弗”是表示可能性和事實的，“𢎨”、“弜”是表示意願的。如果用現代的話來翻譯，“不……”、“弗……”往往可以翻成“不會……”，“𢎨……”、“弜……”則跟“勿……”一樣，往往可以翻成“不要……”。

殷人常常卜問是否能得到好年成。這類卜辭有時説“不受年”，有時説“弗受年”，但是從來不説“𢎨受年”、“弜受年”。因爲他們卜問的是會不會有好年成，而不是要不要好年成。同樣，在卜問田獵或戰爭中能否有所捕獲的時候，也總是説“不獲”、“弗獲”而不説“𢎨獲”、“弜獲”。同類的例子可以舉出很多，例如只説“弗擒”、“不擒”而不説“𢎨擒”、“弜擒”，只説“不受祐”、“弗受祐”而不説“𢎨受祐”、

---

① 關於“𢎨”、“勿”二字另有《釋“勿”“發”》一文詳論之。（《論集》編按：我們在其他文章裏引用卜辭時，通常把“𢎨”直接釋作“勿”，這是爲求方便而採取的權宜辦法。）

“弜受祐”等等。② 另一方面,在卜問要不要做某件事的時候,通常就只用“𢎘”、“弜”一類否定詞而不用“不”、“弗”。例如卜辭常說“𢎘狩(本作“獸”)”、“弜狩”而不說“不狩”、“弗狩”,常說“𢎘侑(一種祭名,本作“㞢”或“又”)”、“弜侑”而不說“不侑”、“弗侑”等等。③ 不過這並不是說每個動詞都只能跟一組否定詞配合。例如“令”字,在卜問殷王要不要發出某種命令的卜辭裏跟“𢎘”、“弜”配合,在卜問上帝會不會“令雨”的卜辭裏則跟“不”字配合。

“不”、“弗”和“𢎘”、“弜”的區別,在下引的兩條卜辭裏可以看得更加清楚:

> 庚申卜,㱿,貞:王𢎘正(征)𢀛方,下上弗若,不我其受(授)又(祐)。
>
> 前5·22·2【《合》6320】

征不征𢀛方是要不要這樣做的問題,否定詞用“𢎘”。上下神祇高興不高興,保祐不保祐殷人,是會不會這樣的問題,否定詞用“不”、“弗”。

> 弜𡎜,弗受又(有)年。 後下41·15【《合》28198】

𡎜是農業生産上的一種工作,他辭或言“𡎜田”可證。④ 𡎜不𡎜田是要不要這樣做的問題,所以否定詞用“弜”。“弗受有年”跟前面講過的“弗受年”是一個意思。這條卜辭“弜”、“弗”並用,是“弜弗通用”說的有力反證。

卜辭裏“不”、“弗”之後常常加“其”字,如“不其獲”、“弗其獲”、“不其擒”、“弗其擒”等等。“𢎘”、“弜”之後加“其”字之例則極爲少見。這也是“不”、“弗”和“𢎘”“弜”用法上的一個明顯區别。

“𢎘”和“弜”不但用法很相似,字音也很接近。“𢎘”是“發”的初文。“弜”从二“弓”,王國維認爲是訓弓檠的“柲”的本字,其音當讀如“弼”(《觀堂集林》卷六《釋弻》)。“發”和“弼”都是脣音字(古輕重脣不分)。“發”屬祭部入聲,“弼”屬

---

② 在卜辭的占辭部分裏,“𢎘”、“弜”的用法往往比較特殊。例如《乙綴》126【《合》11423】的貞辭卜問“兹□隹(唯)降囚”、“兹□不隹降囚”,占辭則說“吉,𢎘降囚”。《丙》251【《合》709】的貞辭卜問“王其疒(疾)□”、“王弗疒□”,占辭則說“𢎘疒”。《人物》913頁引李棪藏甲(《論集》編按:即《合》20051)的貞辭卜問“不死”,占辭則說“弜死”。這類“𢎘”字、“弜”字似乎不能翻譯成“不要”,但是可能帶有表示說話者主觀願望的色彩,有待進一步研究(參看吕叔湘《中國文法要略》244頁)。

③ 在卜辭的驗辭裏,由於說的是已經出現的事實,一般不能用“𢎘”、“弜”。例如在關於“王步”的卜辭裏貞問時通常說“王步”、“王𢎘步”(《乙》4693【《合》6952】、5355【《合》14732】等),驗辭則說“王不步”(《粹》1043【《合》12814】。參看《綜述》128頁)。

④ 見《甲》3510【《合》6】、《前》7·3·2【《合》22】等片。

微部入聲,這兩個古韻部也是很接近的。如果按照通常的說法把“弓”讀爲“勿”,那就跟“弼”一樣,也是微部入聲字了。

“弓”、“弜”二字在各期卜辭裏出現的情況,也非常值得我們注意。“不”和“弗”在各期卜辭裏都很常見,“弓”和“弜”却不一樣。用作否定詞的“弓”絕大多數見於第一期和第二期前期的卜辭,第二期後期以後,大概只有廩辛卜辭裏出現過一些,在其他各時期的卜辭裏很難找到。[5] 用作否定詞的“弜”,情況正好相反。它從不見於作爲第一期卜辭的主體的賓組卜辭以及第二期前期的卜辭,而大量見於第二期後期以後的卜辭。這種現象使我們想起了卜辭的“㞢”字。在第一期和第二期前期的卜辭裏,祭名“侑”和有無的“有”通常都是寫作“㞢”的(左右的“右”、保祐的“祐”則作“又”)。第二期後期以後,廢棄“㞢”字,用“又”字代替了它。所以表示“侑”、“有”等義的“㞢”和“又”在各期卜辭裏出現的情況,跟“弓”和“弜”是平行的。在殷墟卜辭裏還有一批時代約當第一期而作風跟賓組卜辭有顯著區別的卜辭。在這批卜辭裏,用作否定詞的“弓”和“弜”同時並存,表示“侑”、“有”等義的“㞢”和“又”也同時並存,兩方面的情況也是平行的。[6]

“弓”和“弜”的關係會不會跟“㞢”和“又”的關係相同呢?也就是說,它們是不是表示同一個詞的呢?“弓”、“弜”二字字音接近,用法相似,二者是同一個詞的不同假借字的可能性顯然是非常大的。我們知道,語言裏詞的變化,特别是像否定詞這樣的常用的詞的變化,通常比較遲緩。如果把“弓”和“弜”看成兩個不同的詞,那倒反而不好理解了。

在廩辛時代的甲骨裏,“弓”、“弜”二字有時同見於一版之上。例如《甲》3915號【《合》30757】有貞人狄之名的大龜上,就有“弓巳田”、“弜巳兄(祝)”等條卜辭。從表面上看,“弓”和“弜”好像是對立的。但是它們在用法上没有絲毫區别,我們仍然應該把它們看作同一個詞的不同寫法。廩辛時代的人,有時不寫“弜”字而寫“弓”字,可能出自一種復古的心理。

---

⑤ 《存》下編所摹的一片三、四期卜骨有“今日(其?)雨”一辭(739號),行款不整齊。這是少見的例外。(《論集》編按:黄天樹同志指出,據《合》30031、41606同文卜骨,上舉“今日雨”當爲“今日乙霝,亡雨”的誤摹。)

⑥ 這批卜辭還可以根據字體、内容分成好幾組。“弓”、“弜”二字的使用情況,各組卜辭並不都是相同的。例如子組卜辭和所謂“午組卜辭”一般用“弜”不用“弓”,自組卜辭中字體較小較規整的一類一般用“弓”不用“弜”。

附記：

除了占辭以外，卜辭裏“不”、“弗”、“弜”、“弜”諸否定詞的用法，還有一些與本文所指出的通例不合的例外。例如以下卜辭裏的“不”、“弗”按通例似應用“弜”、“弜”：

(1) 己未卜，㱿，貞：我不無(舞)。　　南・誠37

【《合》15997。編按：沈培《商代占卜中命辭的表述方式與人我關係的體現》指出，此版與《合集》15996同文，行款也相似，當釋讀爲：“己未卜，㱿，貞：我無(舞)。”實無“不”字(《古文字與古代史》第二輯，中研院史語所，2009年12月，105頁)。原所據《南・誠》爲摹本，恐不可靠】

(2) 王不㞢(往)田，雨。　　寧1・106(《論集》編按：拓本見《合》28603)

(3) 己亥卜，王：余弗其子帚(婦)姪子。　　前1・25・3【《合》21065】

(4) 貞：王其去，弗告于且(祖)乙，其㞢(有)囚。

金722【《合》39572】(《論集》編按：拓本見《英》30正)

以下卜辭裏的“弜”、“弜”按通例似應用“不”、“弗”：

(5) 婦好有子。四月。婦好弜其有子。　　合集

(據《考古學報》1977年2期轉引。《論集》編按：見《合》13927，“弜”爲“毋”之誤釋。關於“毋其”，參看拙作《談談古文字資料對古漢語研究的重要性》，載《中國語文》1979年6期)

(6) 丙戌卜：弜若。　　乙766【《合》22072】

但是這類例外在全部用“不”、“弗”、“弜”、“弜”諸否定詞的卜辭裏只佔一個極小的比例，自不足以推翻我們指出的通例。還應該注意，這些所謂例外，有的實際上也許並非例外。例如(2)也許是驗辭。(《論集》編按：《人文》1982即《合》28604，在“大吉”之旁記“王不㞢田”，顯爲驗辭，可證此條也確是驗辭。)(3)的意思也許並不是“勿子婦姪子”，而是“弗克子婦姪子”。(4)的“弗告于祖乙”也許是指事先未曾告於祖乙，而不是勿告於祖乙的意思。(《論集》編按：第6例也許應讀爲“弜，若”，“弜”後省略了動詞。)

《論集》編校追記：

此文印出後，才發現已有學者發表過相同的意見。美國華盛頓大學亞洲語言文學系的司禮義教授(Paul L－M Serruys)1969年在一篇在學術會議上宣讀的論

文——《甲骨刻辭的語言中的否定詞》裏，已經根據對卜辭否定詞用法的分析，以及各期卜辭用“勿”（㐀）的一般不用“弜”，用“弜”的一般不用“勿”的現象，指出“弜”的用法與“弗”不同而與“勿”相同。他說：“我不準備肯定弜究竟是應該讀爲pi，看作與勿同義的不同的詞，還是應當看作勿的異體字”，態度非常審慎。司禮義教授在1974年發表的《商代卜辭語言研究》一文中也提到了“勿”和“弜”的關係（《通報》第60卷Ⅰ-3，59頁）。此外，張政烺先生在1973年發表的《卜辭裒田及其相關諸問題》一文中引用卜辭時，曾在“弜”字之後加括號注“勿”字（《考古學報》1973年1期104頁）。可見張先生也早就認爲“弜”不應該讀“弗”而應該讀爲“勿”。

又作者在寫本文時從舊說把歷組卜辭看作第四期卜辭，據李學勤等同志研究，歷組卜辭實爲第一期至第二期前期的卜辭。歷組卜辭與第一期的賓組卜辭和第二期前期的出組卜辭不同，是使用“弜”字和“又”字的。請參看本書所收《論“歷組卜辭”的時代》一文。又本文所說的廩辛卜辭指屬於第三期的何組卜辭。這類卜辭究竟是廩辛卜辭還是康丁卜辭尚待研究。

原載《古文字研究》第一輯（中華書局，1979），又載《古文字論集》、《裘錫圭自選集》，今據《裘錫圭自選集》收入。

殷墟甲骨文研究概況

今年是甲骨文發現八十周年。在這篇短文裏，簡單介紹一下八十年來甲骨文研究的概況，並談談甲骨文研究對文字學和古漢語研究的貢獻。

一

甲骨文發現於殷墟。殷墟位於河南省安陽市西北，是商代後半期都城的遺址。商代統治階級常用龜甲和獸骨（主要是牛肩胛骨）進行占卜。甲骨文就是商代後期遺留下來的卜甲卜骨上所刻的占卜記錄（偶爾也有寫而不刻的甲骨文），所以也稱爲甲骨卜辭或殷墟卜辭。商代人有時也在卜甲卜骨上刻記一些其他文字，有時還在非卜用的獸骨、人骨或骨器上刻字。這些文字通常也稱爲甲骨文。所以嚴格說，甲骨文的範圍要比甲骨卜辭廣一些。

殷墟地下埋藏着大量卜甲卜骨，其中有很多是刻有文字的。當地居民在生產、建築等活動中無疑會不斷發現這種甲骨。可是在很長一段時期裏，沒有人知道這種甲骨上所刻的是一種很有價值的古文字。挖掘出來的甲骨，有的被毁棄，有的被當作“龍骨”賣給藥材商。直到1899年（光緒二十五年），才有一個范姓古董商帶了一些有字甲骨到北京給著名的金石學家王懿榮看。王氏鑒定甲骨上的文字是三代古文，讓古董商爲他收購，從此甲骨就進入了“古文物”的行列。所以大家把1899年當作甲骨文最初發現的一年。

解放前，發現甲骨文的地點只有殷墟一處。因此很少有人在“甲骨文”這個名稱上再加“殷墟”二字。解放後在鄭州二里崗發現了少量商代甲骨文，又在洪洞坊堆村、長安張家坡、昌平白浮、岐山鳳雛村等地先後發現了一些周代甲骨文。本文標題特別標明“殷墟”，就是由於考慮到這種新的情況。

八十年來，通過私人挖掘和公家發掘而得到的有字甲骨，數量很多。有人估計爲十萬片左右，有人估計爲十六萬片左右。不過這些甲骨絕大多數是碎片，並且有不少是只有一兩個字的小碎片。(《論集》編按:據胡厚宣先生近年統計,“八十五年來殷墟出土的甲骨文材料,總共約有十五萬片左右”,見《八十五年來甲骨文材料之再統計》,載《史學月刊》1984 年 5 期。)

1903 年(光緒二十九年),劉鶚把自藏的一部分甲骨編印成《鐵雲藏龜》一書出版。這是第一部著錄甲骨文的書。此後七十多年裏陸續出版了很多甲骨文著錄書。但是直到目前,有研究價值的甲骨文資料仍有一部分沒有發表,已出版的著錄書也往往不易尋找。爲了給廣大研究者創造研究甲骨文的條件,社會科學院歷史研究所多年來從事於編纂《甲骨文合集》的工作。這部大書現在已經基本編成,從去年起分册出版,預定在三年内出齊。全書收甲骨五萬片左右,已發表和未發表的甲骨文資料中有研究價值的部分大抵已盡於此。它的出版無疑會大大推動甲骨學的發展。(《論集》編按:此書共 13 册,已於 1982 年出齊。前 12 册收拓本及少量照片,第 13 册收摹本,共收甲骨 41956 片。國内外甲骨尚有一部分未及選錄。)

甲骨斷片有一些是可以綴合的。有不少研究者做過甲骨綴合工作,取得了相當好的成績。這方面的專著已經出版了五、六種。近年來有人嘗試用電子計算機綴合卜甲。對於這種新方法的前途,大家的看法尚有分歧。

從甲骨學的奠基者羅振玉開始,在相當長的一段時期裏,甲骨學界普遍認爲殷墟所出的甲骨卜辭都是屬於商王的(董作賓曾懷疑後崗出土的有字卜骨是“民間”之物,但後崗離甲骨文的集中出土地小屯村頗遠,所出字骨只有一片,情況是特殊的)。日本的貝塚茂樹首先提出,殷墟卜辭裏有不屬於王的多子族卜辭。後來,陳夢家、李學勤等人都對不屬於王的卜辭進行過研究。現在,大多數研究者都承認,在殷墟卜辭裏存在着一部分“非王卜辭”。不過這些卜辭的主人大概都跟商王有密切的關係。

關於甲骨文的時代,羅振玉《殷虚書契考釋·序》認爲包含武乙、文丁、帝乙三代。王國維根據古本《竹書紀年》以及他對卜辭的研究訂正羅說,認爲應該起自盤庚,終於帝乙。董作賓更進一步,認爲帝辛(即紂王)一代也應該包括在内。現在,大家都承認甲骨文包含武丁至帝乙各代的卜辭,但是有很多人對盤庚、小辛、小乙卜辭的存在表示懷疑。甲骨文裏是否有帝辛卜辭,也還是有爭論的問題。

即使只承認甲骨文的時代起自武丁,終於帝乙,也已經經歷了八個王二百年左右的時間。如果想進行深入的研究,就需要把甲骨文分期斷代。甲骨文斷代的思想在王國維的著作裏就有了萌芽,而正式提出系統的學說的,則是董作賓。董氏於 1932 年作《甲骨文斷代研究例》(1933 年正式發表),根據稱謂、貞人等標準把甲骨文分成五期：第一期，盤庚、小辛、小乙、武丁；第二期，祖庚、祖甲；第三期，廩辛、康丁；第四期武乙、文丁；第五期，帝乙、帝辛。這篇文章爲甲骨文斷代研究奠定了基礎。後來董氏在《殷曆譜》裏，又根據不同時期在曆法、祭祀等制度上的特點，提出了分派的説法。盤庚、小辛、小乙、武丁、祖庚、武乙、文丁屬於舊派，祖甲、廩辛、康丁、帝乙、帝辛屬新派。這樣，他的第二期實際上就一分爲二了。董氏奠定斷代研究基礎的功績應該肯定，但是也應該看到他的分期分派學説還有不少問題。後來，胡厚宣、貝塚茂樹、陳夢家等人都對他的學説有所修正。董氏把廩辛、康丁合爲一期，實際上康丁卜辭的特徵跟武乙、文丁卜辭更爲接近。董氏對文丁卜辭的意見，受到的批評最多。現在大多數研究者都認爲，董氏定爲文丁卜辭的"𠂤組"、"子組"等卜辭，應該屬於武丁時期。最近，李學勤又提出，過去認爲是典型武乙文丁卜辭的"歷組卜辭"，應該屬於祖庚時期和武丁晚期。這是一個需要深入研究的重要問題。

研究甲骨文，釋字是最重要的基礎工作。甲骨文裏有不少跟已識的金文甚至小篆同形的字，但是需要考釋的字比這些字多得多。就是已經認識的字，由於存在同音假借等現象，它們在卜辭裏的用法，往往也還是要通過考釋才能弄清楚。在考釋文字方面作出貢獻的研究者相當多，這裏只能選幾個最重要的提一下。在早期研究者中間，貢獻最大的是孫詒讓、羅振玉和王國維。羅氏釋字很多，成績很大，但是由於望文生義憑空臆測而釋錯的字也不少。羅王以後釋字最有成績的是唐蘭和于省吾。唐蘭的主要著作是《殷虚文字記》、《古文字學導論》和《天壤閣甲骨文存考釋》。于省吾的主要著作是《雙劍誃殷契駢枝》及其《續編》、《三編》。他還是解放後發表甲骨文考釋文章最多的作者。（《論集》編按：1979年中華書局出版了于氏的《甲骨文字釋林》，于氏在考釋甲骨文字方面的成績絶大部分已包括在内。）唐、于對偏旁分析、字形發展的歷史綫索，以及字在句中的用法，都很注意，考釋文字的方法比羅氏謹嚴。在以上所舉之外，郭沫若、胡光煒、丁山、王襄等人，在釋字方面也都有重要貢獻。

已出版的甲骨文字彙有好幾種。其中，孫海波的《甲骨文編》搜集資料比較豐富，影響最大。據《甲骨文編》1965年新版統計，甲骨文裏已識與未識的單字共有四千五百左右，已識的字爲一般人所公認的不過一千左右。于省吾主編的《甲骨文字考釋類編》，最近完成了初稿。這部書集録各家對甲骨文的考釋，資料比李孝定《甲骨文字集釋》更爲豐富。（《隨筆》編按：此書後改名爲《甲骨文字詁林》，已於1996年由中華書局出版。）

在甲骨卜辭的通讀方面,貢獻最大的是郭沫若。他在30年代編著的《卜辭通纂》、《殷契粹編》二書及其《考釋》,"幫助了學者自淺而深的全面的有系統的了解卜辭内容,並從而得到殷代社會各方面的結論"(《殷虚卜辭綜述》68頁),直到今天仍然是初學者的最好入門書和研究者的必備參考書。在甲骨卜辭考釋書裏,郭氏二書之外,王國維的《戩壽堂所藏殷虚文字考釋》、容庚等人的《殷契卜辭釋文》、商承祚的《殷契佚存考釋》等書,是比較有影響的作品。

郭沫若不但編寫了使讀者能够瞭解"殷代社會各方面"的卜辭考釋書,而且在他的一系列古史著作裏引用了甲骨文史料,大大提高了古代史研究的水平。在溝通甲骨學和馬列主義歷史學方面,他起了巨大作用。郭氏以後,運用甲骨文史料研究商代歷史的學者,數量相當多,貢獻比較大的有胡厚宣、張政烺、徐中舒、吳其昌、丁山等人。

在以上講到的各方面之外,王國維等人對商代先公先王的考證,董作賓等人對五種祀典(或稱"周祭")的研究,胡厚宣等人對四方風名的考證,也都是甲骨學上的重要成就。對於卜辭的文例、語法,卜辭裏的天文氣象資料以及曆法、地理等問題,都有人作過專門研究,取得了一定成績。

甲骨學的通論性著作,最重要的是1956年出版的陳夢家的《殷虚卜辭綜述》。《綜述》資料豐富,論述全面,並有一定深度,對於初學者和研究者都是非常有用的書。可惜成書倉促,引用甲骨文資料有很多不應有的錯誤。陳氏自己對各種問題的意見也不盡妥當。此書寫法不適於初學閱讀,對於一本通論性的著作來說,這似乎也應該算一個缺點。

綜觀甲骨文發現以來的八十年,在第二個十年中,羅振玉、王國維初步奠定了甲骨學的基礎;在第四個十年中(基本上相當於30年代),郭沫若、董作賓、唐蘭等人把甲骨學推進到一個新的水平,《卜辭通纂》、《甲骨文斷代研究例》、《古文字學導論》等重要著作都是在這十年裏發表的,而且集中於1933到1935年這段時間;此後,甲骨學發展的勢頭似乎有些減弱。希望隨着《甲骨文合集》的出版,在第九個十年中能掀起一個甲骨學的新高潮。

二

如果把一些零零星星不成系統的早期古文字資料排除在外,甲骨文就是我國最古的一種文字。流傳的古書裏被認爲屬於商代和商以前時代的作品,實際上都是後人的擬作或改寫本,所以甲骨文也是我國最古的一種語言資料。對於文字學和古漢語研究來說,甲骨文的重要性是不言而喻的。在簡單介紹了八十年來甲骨文研究的概況之後,我們還想專門談談甲骨文研究對文字學和古漢語研究的貢獻。不過限於篇幅,只能談得非常簡單。

依靠甲骨文研究的成果,傳統文字學解釋字形的很多錯誤,已經得到糾正。舉例說:甲骨文“至”字作,象“”(矢)射到一個地方,以此表示“到”的意思,可見《說文》認爲“至”字象“鳥飛从高下至地”是錯誤的。甲骨文“老”字作,象一個長髮扶杖的老人。《說文》認爲“老”字“从人、毛、匕(化)”會意是錯誤的。甲骨文“行”字作,象交叉的十字路。《說文》認爲“彳”“象人脛三屬相連”,把“行”的本義解釋爲“人之步趨”,是錯誤的。甲骨文“伐”字作,象用戈砍人頭。《說文》認爲“伐”字“从人持戈”會意是錯誤的。甲骨文“卩”字作。古人席地而坐,象席地而坐的人。从“卩”的字,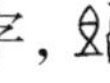(即)表示人就食(象放着食物的器皿,上面加個蓋就成“食”字),(卿,也就是饗的初文)表示二人相嚮對食。《說文》認爲“卩”的本義是“瑞信”,字“象相合之形”,是錯誤的。甲骨文“止”字作,象人的脚掌(“止”是古代當“脚”講的“趾”字的初文)。在用作偏旁的時候,或可以象徵往前、往外或往上走,或可以象徵往裏或往下走。所以(步)表示走路,(涉)表示走過一條小河,(出)表示從居穴裏出去,(各,來格之“格”的本字)表示從外面來,(之,本義爲“往”“到……去”)表示離開一個地方去他處,(正,“征”的初文)表示向一個目的地走去,(陟)表示登高,(降)表示由高而下。《說文》認爲“止”字“象艸木出有址”是錯誤的,《說文》對从“止”之字的字形分析也大都有問題。這一類例子舉不勝舉。

通過對甲骨文等古文字的研究,很多人感到傳統的六書說有改造的必要。唐蘭提出了象形、象意、形聲三書說,陳夢家提出了象形、假借、形聲三種基本類型說。這些新說推動了文字學的發展。

對於古漢語詞義的研究,甲骨文也是非常重要的資料。下面也舉兩個實例。《說文》“追”、“逐”二字互訓,在古書裏也看不出這兩個字的用法有什麼明顯區别。但是楊樹達研究甲骨卜辭裏“追”、“逐”二字的用法,發現“追”的對象一定是人,如“追羌”、“追龍”(羌、龍都是方國名),“逐”的對象一定是獸,如“逐鹿”、“逐豕”。從字形上看,甲骨文“逐”字作,象追豕;“追”字作,“𠂤”在甲骨文裏經常當“師”字用,“追”字从“𠂤”大概既取其聲(《說文》“追”从“𠂤”聲),又取其義,字形

象徵追逐師衆之意。這兩個字的字形跟它們在卜辭裏的用法正好相合,可見"追"的本義是追人,"逐"的本義是追獸,後來才混而不分(見楊樹達《積微居甲文説》)。如果沒有對甲骨文的研究,就不可能發現這個問題。《説文》説"自"字的本義是鼻,從字形看應該是靠得住的。但是在全部古書裏,連一個當鼻子講的"自"字也找不出來。甲骨卜辭裏有"疾自"之語,意思是鼻子有毛病。這就給"自"字的本義提供了實例。前面舉過好幾個用甲骨文糾正《説文》對字形的解釋的例子。這類例子往往也可以用來説明甲骨文對詞義研究的作用。例如我們知道了"行"字本象十字路,就可以明白"行"字的"道路"一義並非像傳統的説法那樣,是由"行走"一義引申出來的。相反,"行走"一義倒是由"道路"一義引申出來的。

對於古漢語語法的研究,甲骨文的重要性同樣明顯。甲骨卜辭裏的語法現象有很多是與後代一致的。在研究古漢語這一類語法現象的時候,當然應該追溯到甲骨卜辭。甲骨文裏也有些語法現象與後代不一致。這些現象能够説明古漢語的發展變化,更值得重視。研究甲骨卜辭語法的著作,如管燮初《殷虚甲骨刻辭的語法研究》和陳夢家《綜述》的"文法"一章,對研究一般古漢語語法的人都是有用的。下面舉"意動"和"使動"(或稱"致動")的問題爲例,具體説明一下甲骨文對古漢語語法研究的重要性。

有不少古漢語語法研究者把意動和使動用法看作使語言精練的一種方法。例如張貽惠《古漢語語法》認爲使動和意動用法"都是把'兼語式'簡化爲'主謂賓'結構的方法,也是使語言精煉的方法"(35 頁)。劉景農《漢語文言語法》認爲意動用法"相當於化'以……爲……'式爲簡單形式",致動用法"相當於化遞謂式爲簡單形式",都是"使語言更加精煉"的方法(135—136,138 頁)。王力《漢語史稿(中册)》也説:"'致動'和'意動'是修辭上的一種手段"(378 頁),又説:"在《詩》、《書》、《易》等較早的史料中,致動和意動甚爲罕見。致動和意動的普遍應用,始於春秋末期或戰國初期"(381 頁)。但是在甲骨卜辭裏,我們根本看不到"以……爲……"一類結構以及用意義較虚的"使"字的遞繫式(甲骨卜辭裏有用"令"、"呼"等字的遞繫式。用意義較實的"使"字,即當作差遣等義講的"使"字的遞繫式,有可能存在,但我沒有發現,除非把"使人于……"一類句子裏的"于"看作動詞)。然而,却可以看到"意動"和"使動"用法。前者如:

己未卜,王,貞:气出桒于祖乙。王吉兹卜(以此卜爲吉)。

佚 894【《合》22913】

己亥卜,王:余弗其子婦姪子(不以婦姪所生之子爲子)。

前1·25·3【《合》21065】

後者如:

戊寅,子卜:丁歸在自人(使在自之人歸)。

戊寅,子卜:丁歸在川人(使在川之人歸)。 前8·6·3【《合》21661】

戊辰卜貞:翌己巳涉自(使自涉水,"自"讀爲"師")。

續3·37·3【《合》5812】

由此可見,在古漢語發展過程裏,是先有所謂"意動"和"使動"用法,然後才出現"以……爲……"一類結構和用意義較虚的"使"字的"遞繫式"的。把"意動"和"使動"用法看作"使語言精煉的方法",完全違反了語言發展的歷史事實。在"以……爲……"一類結構和用意義較虚的"使"字的"遞繫式"普遍應用以後,"意動"和"使動"用法完全有可能逐漸演變成修辭上的一種手段,但是這兩種用法本來一點也不帶有修辭手段的性質。

如果要研究古漢語的詞彙、構詞法等等,同樣離不開甲骨文。限於篇幅,在這裏就不再舉例了。希望研究古漢語的同志多多關心甲骨文研究工作,這對於甲骨文和古漢語的研究都會有很大好處。

原載《中學語文教學》1979年6期(題目中的"概況"原作"概説"),又載《古文字論集》、《文史叢稿》、《裘錫圭學術文化隨筆》,今據《裘錫圭學術文化隨筆》收入。

"畁"字補釋

唐蘭先生在《永盂銘文解釋》(《文物》1972 年 1 期)和《永盂銘文解釋的一些補充》(同上 11 期)二文中,考釋了甲骨、金文裏的"畁"字和从"畁"諸字,見解非常精闢。但是唐先生對"畁"字字形演變的過程以及"畁"字在甲骨卜辭裏的用法等問題沒有詳細闡述,對"畁"字本義的看法也有可商榷之處,所以草成此文,爲唐說作些補充。

一、前人對金文"畁"字的考釋

《金文編》收"畁"字於附錄【1985 年版已收入卷五,309 頁】,但清人劉心源實已認出此字。他在《古文審》裏把中鼎【《集成》5·2785】的字和班簋【《集成》8·4341】的字都釋作"畁"(1·15 上、5·5 上),在《奇觚室吉金文述》裏又把遲盨【《集成》9·4436】的字釋作"淠"。他說:

> 《積古齋》釋"淠"爲"浬",引薛書南宮中鼎"里"字爲證。不知彼云"命肙(引者按:係"兄"字誤釋)女裹(係"褱"字誤釋)土作乃采",言命人名肙者畁女以褱地爲女采邑也。薛承《博古圖》之訛,阮不糾正而反引之,過矣。毛伯彝(即班簋):"天俾(係"畏"字誤釋)丕純陟。"《說文·丌部》",相付與之約在閣上也。从丌,甶聲",正鼎文、彝文所用義。知彼爲"畁",則知此爲"淠"。《說文》作"",即此。(5·33 頁)

劉氏尚未見到鬲从盨【《集成》9·4466】,所以沒有提到盨銘的"畁"字。後來,吳闓生在《吉金文錄》裏,楊樹達在《積微居金文餘說》裏,都把盨銘的字釋作"畁"。①

① 吳氏稱鬲从盨爲鬲比簋,見《吉金文錄》4·5 上。他雖然認出了盨銘的"畁"字,但是仍然沒有認出中鼎和班簋的"畁"字。《文錄》1·9 上釋中鼎"畁"字爲"里",讀爲"釐";2·13 上把班簋"畁"字隸定爲"畀",仍讀作"釐"。楊釋見《積微居金文說》增訂本 272 頁。楊氏在《金文說》的《記月中齋跋》中,曾從宋人說釋中鼎"畁"字爲"里"(同上 128 頁),後在《餘說》的《記月中齋再跋》中改正爲"畁"(同上 223 頁)。

但是吳、楊二家對此字毫無論證，劉心源雖有論證而語焉不詳，他的意見並未得到一般人的注意，甲骨文的“畀”字過去更是普遍地被誤釋爲“矢”字。所以唐蘭先生辨認出甲骨、金文裏的“畀”字，仍然是具有重要意義的。

二、“畀”字字形演變的過程

《說文》“畀”字作“”，是訛變的形體。在漢印篆文裏，獨立的以及用作偏旁的“畀”字，中間幾乎都是不斷開的。下面是《漢印文字徵》裏所收的有關諸字：

畀： 5·4上

鼻：② 4·4上

濞： 11·7上

在古印家所說的“周秦印”（包括戰國後期的秦印、秦代印以及漢初印）裏，“畀”字也是這樣寫的。例如：

 《秦漢印統》3·6上“蘇畀”印

 舉3·60上“淳于鼻”印

 同上39下“董濞”印

《說文》所採用的小篆的字形，往往不及秦漢金石上的小篆近古。例如“異”字，漢印和漢代金文作、等形的，③與周代金文相近，《說文》作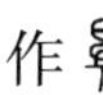，則是訛變的形體。又如“矢”字，秦漢金石文字有作、等形的，④與周代金文相近。《說文》“矢”字作，這一形體雖然也屢見於秦漢金石文字，但是顯然比較後起。類似的例子舉不勝舉。《說文》所採用的“畀”字篆文也屬於這一類。的變爲，與

② 末一“鼻”字採自《齊魯封泥集存》73頁“薛鼻”印封泥。《漢徵》摹寫此字，“畀”旁中間斷開，是錯誤的。今據原書校正。

③ 看《漢徵》3·13上“異”字、“戴”字，8·11下“冀”字，11·19上“翼”字，《金文續編》11·7下“翼”字。禪國山碑“異”字亦作（《石刻篆文編》3·14上）。碑爲三國時吳物。

④ 看《石刻篆文編》5·20上“侯”字，《金文續編》5·10上—11上“侯”字，《漢徵》5·12下“矢”字、5·13上“侯”字等。

的變爲、的變爲，是同出一轍的。

秦漢印文裏的有些“畀”字，跟鼾从𤵸的“畀”字就已經很相似了。在戰國文字裏還可以看到跟它更爲相似的“畀”字。戰國陶文裏有一個从“疒”从“”的字：

補補 7 · 10 上，古陶 7 · 3 下

鐵陶 30 下

季 10 下

《補補》和《古陶》都把它釋作“痹”，顯然是可信的。戰國古印文字裏又有字，⑤沒有問題應該釋作“鼻”。此外，以“畀”爲偏旁的還不能確識的字，在古印文字裏有、⑥，⑦在陶文裏有。⑧

根據以上所述，並參考漢隸和章草裏的有關資料，可以把“畀”字形體演變的過程表示如下：

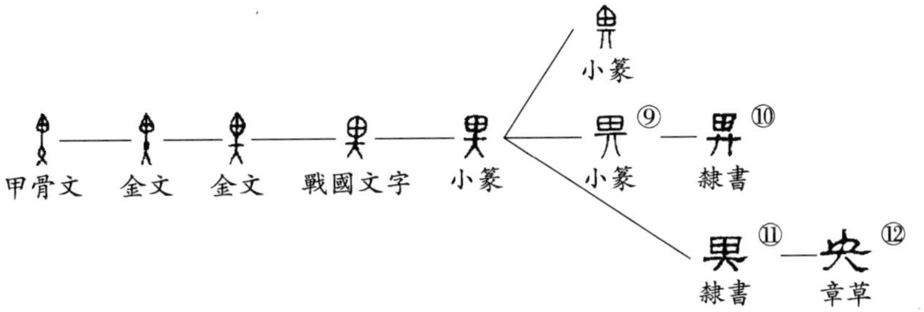

---

⑤ 《棗華》“鄗鼻”印，據北京大學圖書館藏本引用，原書無册次。

⑥ 《續齊魯古印攈》2 · 27【《璽彙》2566】“埸鼻”印。《補補》釋作“皐”，以爲字“从鼻从羊，羊同辛”（14 · 7 下）。今按“皐”字所从之“辛”爲意符而非音符，“辛”、“羊”不同義，在此不能通用，《補補》說非是。《古徵》分之爲“”、“肄”二字（附錄 44 下），疑亦非。此字可能是“羊（騂）鼻”二字合文。以“騂鼻”爲名，與以“黑臀”（《左傳 · 宣公二年》）、“青臂”（漢印常見）等爲名相類。

⑦ 《尊集》二集 3 · 9【《璽彙》2529】。疑此字當釋爲“耕”。“桒”、“畀”古音相近，此字結構似與“毖”、“晹”等字相類（“比”與“必”，“古”與“叚”，音皆相近）。但字書無此字。（《論集》編按：此說缺乏根據。【編按：此字右旁似非“桒”，參看冀小軍《說甲骨金文中表祈求義的桒字》文（《湖北大學學報（哲學社會科學版）》1991 年 1 期）。古文字中桒字之音實近於“禱”，與“畀”音亦不近。】）

⑧ 《古陶》附編 37 上。《補補》將右旁摹作“口”，釋爲“嗥”（附 44 上），非是。此字疑是“劓”字。

⑨ 三體石經《尚書 · 多士》篇“畀”字小篆作，古文作（《石刻篆文編》5 · 5 上），中間斷開，與《說文》“畀”字略同。石經“畀”字古文跟戰國陶文、印文不合，顯然已受了訛變的小篆的影響，不是真古文。

⑩ 看《隸韻》、《漢隸字原》去聲六至所收劉脩碑“痹”字，《隸篇》5 · 5 上所收耿勳碑“畀”字等。

⑪ 漢石經殘石“畀”字三見，皆作（《漢石經集存》拓本 121、141、282）。敦煌所出漢簡“痹”字作庾（《流沙墜簡》小學術數方技書 5 下 1，簡似西漢物）。

⑫ 松江本《急就章》第十二章“箅”字、十六章“鼻”字、廿二章“痹”字所从之“畀”皆如此作。

三、“畀”字的本義

唐蘭先生認爲“畀”是“痹矢之痹的原始象形字”(《文物》1972 年 1 期 60 頁)。其實,“畀”應該是古書中叫作“匕”的那種矢鏃的象形字。

“”字的字形跟“”(矢)字相當接近,但是它們的區別仍然是很明顯的。“矢”字只是一般地象矢形,“畀”字則特別突出矢鏃部分。古人造字的時候,由於有的物體孤立地畫出來不容易被人們認識,就在這些物體的象形字裏連帶畫出它們所附著的主體。例如:造(眉)字時爲了表示眉毛而連帶畫出眼睛,造(枼=葉)字、(果)字時爲了表示樹葉或果實而連帶畫出樹木。“畀”字的構造顯然跟這些字同類。它應該是一個爲了表示矢鏃而連帶畫出矢身的象形字。

從字形上看,“畀”字所象的矢鏃是扁平而長闊的一種。這種矢鏃古代叫做“匕”。《左傳・昭公二十六年》:

> 齊子淵捷從洩聲子,射之,中楯瓦,繇朐汰輈,匕入者三寸。

杜預注:“匕,矢鏃也。”《正義》:“今人猶謂箭鏃薄而長闊者爲匕。”“畀”和“匕”都是幫母脂部字,古音非常接近。[13] 當矢鏃講的“匕”字應該就是“畀”的假借字。《莊子・天地》“不推誰其比憂”,《釋文》:“比,司馬本作鼻。”《類篇》、《集韻》以“疪”爲“痹”字異體。“匕”、“比”同音。“鼻”从“畀”聲,跟“畀”字可以通用。[14] 從語音上看,“匕”假借爲“畀”,與“比”或作“鼻”、“痹”或作“疪”,是同類的現象。

漢以後,一般把扁平而長闊的矢鏃叫做“錍”。《方言》卷九:“凡箭鏃……其廣長而薄鐮謂之錍。”《廣雅・釋器》:“平題、鈀、錍……鏃,砮鏑也。”“錍”有“鈚”、“鉳”、“鎞”等異體,讀音跟“畀”、“匕”很接近。它顯然是由“畀”(匕)這個詞轉化而成的。[15]

古書裏的“畀”字一般當“付與”講,這是假借義。“畀”字的字形在小篆裏已經變得不很象形,所以《說文》便把“畀”字的假借義誤認作本義了。

---

⑬ 王力先生認爲“畀”是質部字(《古韻脂微質物月五部的分野》,北大《語言學論叢》第五輯),質部是脂部的入聲。或以“畀”爲微部字,脂、微音亦相近。

⑭ 《左傳》襄公二十三年經“邾畀我”,《公羊》“畀”作“鼻”。

⑮ 《方言》卷九“鉀鑪”郭璞注:“今箭錍鑿空兩邊者也。”箭錍即箭頭。唐蘭先生認爲郭注“箭錍”當作“錍箭”(《文物》1972 年 11 期 56 頁),恐非。

四、甲骨卜辭裏“畀”字的用法

甲骨卜辭裏的“畀”字，用法跟古書裏的“畀”字差不多，幾乎都是當“付與”講的。

《佚》519 片【《合》63】著録的一條卜辭説：

貞：翼(翌)辛卯𠦪雨夒，畀雨？

夒是殷王的一個先祖。“𠦪”有祈求的意思。⑯“𠦪雨夒”應該理解爲“求雨于夒”。在甲骨卜辭裏，像“𠦪雨夒”這一類，間接賓語置於直接賓語之後，而前面又不加“于”字的雙賓語句式，是相當常見的。上引這條卜辭裏，“𠦪雨”、“畀雨”前後呼應，“畀”正應該解釋爲“付與”。

有些卜辭先言“匄”，後言“畀”：

貞：王其㞢(有)匄于大甲，畀？ 乙 7257

(《論集》編按：已綴入《合》1430，有對貞之辭“☐大甲不其畀”)

丁丑卜，賓，貞：匄□何，㞢(?)畀？ 甲 3421【《合》19037】

乙未卜：余匄小母，畀？

乙未[卜]：不其畀？ 乙 131【《合》19983】+221【《合》21468】

“匄”就是“丐”的古體，跟它前後相呼應的“畀”字，顯然也應該解釋爲“付與”。

在某些有“匄”、“畀”二字前後呼應的卜辭裏，“匄”字之後是某個方國或氏族的名稱：

丁丑☐王其匄[下]，帝畀我？ 京津 2294【《合》14220】

于王曰匄𢀛方，畀？ 後上·17·4【《合》6159】

(《論集》編按：《合》6770 正：“☐貞：于好☐方，畀我□。五月。”據《合》6153“匄𢀛方于好”一辭，疑《合》6770“好”字下可補“匄𢀛”二字)

辛□[卜]，㱿，貞：乎(呼)匄陕于方，畀？ 前 5·7·6【《合》19662】

貞：匄陕于方，□畀？ 六·曾 7(《論集》編按：拓本見《合》8677)

這些方國或氏族，是殷王所丐求的事物，而不是接受殷王丐求的對象。他辭或言

⑯ 看徐中舒先生《金文嘏辭釋例》(《史語所集刊》六本一分 8 頁)。

“桒舌方于岳”(《續》1·49·1【《合》14429】),意義與“匄舌方”相類。卜辭或言:“貞:帝不我其畀土方又(祐)”(《日本散見甲骨文蒐彙(一)》,《甲骨學》7【《合》40033】)、“癸卯卜賓貞:䵼示☐畀我☐方又”“貞:䵼[示]不我[其]畀[又]”(《天理》51+263,蔡哲茂綴合)。據此,上引第1、2兩辭中的“帝畀我”和“畀”,似乎可以理解爲“帝畀我下又”和“畀我舌方又”的省文。土方、下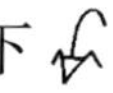、舌方都是殷人的敵人。這些當是卜問上帝或鬼神在殷人征伐敵人時是否給予保祐的卜辭。(《論集》編按:以上一段文字收入本書時有删改。)見於第3、第4兩辭的“陕”,是卜辭常見的人名。他辭或言“呼陕往”(《前》7·21·2【《合》13887】),“叀⑰陕令柰卒”(《前》7·32·1【《合》6050】),可知他是殷王的一個臣屬。卜辭所見人名大都就是這個人的族氏。“匄陕于方”可能是要求某個方國放回所俘虜的陕族人的意思。但是也有可能陕族曾背叛殷王,“匄陕于方”是丐陕於四方神的意思,與“桒舌方于岳”同例。

此外,在卜辭裏還可以找到很多當“付與”講的“畀”字。例如:

貞:乎畀冎牛? 乙3621【《合》15931】

貞:牛畀佣、(疋?)? 乙6399【《合》15929】

冎、佣、都是卜辭屢見的人名。“牛畀佣、”應是“畀佣、牛”的另一種説法。他辭或言“三百羌用于丁”(《續》2·16·3【《合》295】)、“三羌用于祖乙”(《前》1·9·6【《合》379】),意即“用三百羌于丁”、“用三羌于祖乙”,文例與此相類。

貞:羊畀舟? 乙7142【《合》795】

貞:而任霻畀舟? 乙7746【《合》10989】

羊是卜辭裏常見的國族名。“而任霻”之“任”是一種身分或官職的名稱。⑱ 而任霻即而地或而族之任名霻者。在上引二辭裏,他們大概都是被付以舟的對象。他辭或言“岳桒年”(《前》6·24·4【《合》10071】)、“岳燎五牢,宜五牛”(《佚》146【《合》34225】),意即“桒年于岳”、“燎五牢宜五牛于岳”,文例與此相類。

貞:丁畀我朿? 續5·13·2【《合》15940】

庚辰卜,貞:㞢畀朿? 歷史博物館藏骨

【編按:拓本見《中國國家博物館館藏文物研究叢書·甲骨卷》073號】

---

⑰ 讀爲“惠”,用法與虚詞“唯”略同。

⑱ 《粹》1545反【《合》32992反】:“☒以多田、亞、任☒。”《京津》799片【《合》19034】有“多任”。田、亞都是卜辭裏常見的職名,任的性質當與之相類。

第一辭的"丁"是殷王的先人的廟號。"朿"似指一種災害。(《論集》編按:《屯南》2400、2576、2633 皆有"畀朿"之語,2180 有"畀彡朿"之語。"朿"可能並不指災害,其義待考。又《合》916 正、16420 皆有"畀若"之語。)

貞:畀帚(婦)井攺(啓)? 珠 278【《合》2766】

戊戌貞:異隹(唯)其亡畀攺? 明後 2558【《合》32915】

(《論集》編按:《合》19582"貞:畀攺"當補入此條後)

他辭或言"以啓"(《續》5・15・3【《合》14647】)、"勿呼以啓"(《續》6・12・1【《合》17665】)。卜辭的"以"有"帶來"、"送致"一類意思,被"畀"和被"以"的"啓"應該是同一種東西,可能是指先行部隊。[19] 上引第 2 辭的"畀"字作,字形比較特殊。

叀畀中(仲)帚(婦)? 人文 417【《合》15928】

貞:叀般畀?

貞:叀𠂤畀?[20] 人文 915【《合》15934】

己卯卜,辰,貞:畀小? 前 5・7・5,粹 1483【《合》15935】

(《論集》編按:《合》3054 正"庚辰卜,賓,貞:受畀妻。十二月",3229"貞:勿畀子利。一月"可補入此條後)

貞:亡其畀? 甲 2129【《合》5732】

貞:勿畀? 文錄 543【《合》15984】

以上各辭裏的"畀"字,也都可以解釋爲"付與"。

把祭品獻給鬼神也可以叫作"畀",例如《詩・周頌・豐年》和《載芟》的"爲酒爲醴,烝畀祖妣"。這種用法的"畀"字在甲骨卜辭裏也能找到:

丁丑貞:畀丁羌八□牛一? 摭續 86【《合》32084】

"畀丁羌八",意思就是獻給稱作"丁"的先人以八個羌族的人牲。這條卜辭的"畀"字作,據文義可以確定爲"畀"字異體。

---

⑲ 看胡厚宣先生《殷卜辭中的上帝和王帝(上)》,《歷史研究》1959 年 9 期39 頁。

⑳ 這兩條卜辭在"畀"字下也許尚有一字,拓本模糊,難以確定。《人文》釋文認爲"般"上殘去"自"字。

貞：小母畀奚？ 前1・3・4【《合》651】

戊寅卜，貞：嬈畀龠？ 前4・51・4【《合》15943】

以上兩條卜辭裏的小母和嬈，大概都是被畀以祭品的對象。這兩條卜辭的文例跟前面所引的"羊畀舟"等辭相類。第1辭的"奚"指用爲人牲的奚奴。

貞：叀□畀□龠？ 前4・51・3【《合》15942】

▨畀米？ 南・坊三92(《論集》編按：拓本見《合》4124)

以上兩條殘辭裏的"畀"字，似乎也都是跟祭祀有關的。(《論集》編按：《屯南》2562"弜巳畀伊""其畀伊"二辭之"畀"，亦當與"烝畀祖妣"之"畀"同義。)

此外，甲骨文裏還有不少有"畀"字的卜辭，除去由於文辭殘缺而意義不明的以外，其用法看來都沒有越出以上所說的範圍，這裏就不一一列舉了。

五、甲骨卜辭裏"鼻""濞"二字的用法

"鼻"字見於下引卜辭：

壬申卜，貞：乎▨御才(在)鼻▨才𡗥▨ 前2・18・6【《合》8189】

▨癸未▨方于▨人係一▨馬廿丙㞢▨一月，才鼻卜。

前2・19・1【《合》1098】

"濞"字見於下引卜辭：

戊申卜，貞：于濞冓(遘)方？ 前2・19・2【《合》8357】

上引卜辭裏的"鼻"和"濞"大概指同一地方。"濞"字从"水"，也可以看作鼻水的專字。鼻地當濱鼻水。《孟子・萬章上》："象至不仁，封之有庳。"《漢書・鄒陽傳》服虔注："庳音畀予之畀。"《漢書・武五子傳》、《後漢書・東平王蒼傳》、《三國志・魏志・樂陵王茂傳》，"有庳"都作"有鼻"。有鼻地望據傳統舊說在今湖南道縣北，離中原過遠，恐怕是後人附會的。古代在今河南省東南角有一條注入淮河的淠水。《說文・水部》："淠，水出汝南弋陽垂山，東入淮。从水，畀聲。"《說文通訓定聲》認爲象所封的有庳可能就在淠水一帶，"地以淠水得名"。其說似可從。卜辭的鼻與有鼻疑是一地，"濞"可能就是淠水之"淠"的古字。

卜辭時常提到與"方"的戰爭，《綜述》認爲"方"是山西南部一個方國的名稱(270頁)。從上引"于濞遘方"的卜辭來看，如果濞確是汝南的淠水的話，"方"恐

怕不可能是山西的一個方國的專名。

《說文·水部》:“濞,水暴至聲。从水,鼻聲。”卜辭的“濞”既是水名,它跟訓“水暴至聲”的“濞”(古書多作“淠”)就只能看作偶然同形,而不能認爲是一個字。

六、關於金文“⿱茻畀”字

唐蘭先生認爲這個字就是《說文》的“箅”字(《文物》1972 年 1 期 60 頁)。我們認爲這個字更可能是“𤰈”的古字。《說文·𣎵部》:“𣎵,艸木盛𣎵𣎵然”,“𤰈,艸木𤰈孛之皃。从𣎵,畀聲”。“茻”从四“屮”,有草木茂盛之意,“⿱茻畀”、“𤰈”疑是一字。

七、“矢”、“畀”二形用作偏旁時相通的問題

甲骨文裏,“矢”、“畀”二形在用作表意偏旁的時候,偶有通用的現象。例如从“矢”的字,有時也可以寫作。[㉑] 但是這種現象並不能證明獨立的、等字是“矢”字的異體。唐蘭先生在《古文字學導論》裏曾經指出:“凡同部(即由一個象形文字裏孳乳出來的)的文字,在偏旁裏可以通用——只要在不失本字特點的時候。例如大、人、女全象人形,所以在較早圖形文字常可通用。……欠、丮、卩、尾、企等字本是有區別的,在偏旁裏却常可通用……”(《論集》編按:見齊魯書社 1981 年出版的增訂本 235—236 頁)。“矢”、“畀”二形在偏旁裏可以通用,是同類的現象。甲骨文的“采”字有時从“枼”作(《甲骨文編》262 頁),這跟“”或作“”尤其相似。

1973 年修改舊稿《釋畀》而成,1979 年 3 月重錄

原載《語言學論叢》第六輯(商務印書館,1980),又載《古文字論集》(第四、五兩節略有刪改),今據後者收入。

㉑ 前一種寫法見《後》下 26·6【《合》14215】、《乙》700【《合》14208】等,後一種寫法見《前》7·15·2【《合》14216】。

甲骨文中的幾種樂器名稱

——釋“庸”“豐”“鞀”

殷墟出土的商代甲骨文裏有很多樂器名稱。這是研究古代音樂史的重要資料。通常所引用的甲骨文裏的樂器名稱，只有鼓、磬、龠等幾種。其實在甲骨文裏還有不少沒有被認出來的樂器名稱，這篇文章裏要講的庸、豐、鞀，就是其中的幾種。

甲骨文裏常見一個寫作等形的字，《甲骨文編》把它隸定爲“庘”，當作未識字附在“庚”字之後。這個字也見於西周初年的大豐簋銘文，清代學者吳式芬、劉心源等人釋作“庸”，[①]雖然不爲後人所信，實際上却是正確的。

古代稱大鐘爲鏞（見《爾雅・釋樂》等），古書往往寫作“庸”，例如《詩・商頌・那》“庸鼓有斁”、《逸周書・世俘》“王入，奏庸”“王定，奏庸”。宋末戴侗《六書故》根據金文認爲“庚”象“鐘類”，並認爲“庸”是“鏞”的初文。這是很精闢的見解。“庸”、“用”字音極近，“庸”顯然是从“庚”“用”聲的形聲字，《說文》把“庸”解釋爲會意字是錯誤的。

“庘”字所从的“𠀠”，在古文字裏可以讀爲“同”。孫詒讓認爲甲骨卜辭的“𠀠”爲“同之省文”（《契文舉例》上 35 頁），唐蘭先生也說“凡，卜辭讀爲同”（《天壤閣甲骨文存》第 5 片考釋）。甲骨文有字（《甲骨文編》264 頁），當與金文（桐，《金文編》312 頁【見 1985 年版 393 頁】）爲一字，可以作爲孫、唐之說的佐證。[②] 讀爲“同”的“𠀠”，大概本是筒、桶一類東西的象形字。

---

① 吳說見《攈古錄金文》，劉說見《奇觚》。

② 金文“𢍏”字繁體作“𦥑”，疑亦从“𠀠”（同）聲，當是訓“功”訓“勞”的“庸”的本字（“同”、“庸”音近）。舊釋此字爲“勞”，爲“揞”，爲“奉”，爲“爵”，似皆不可信（參看于省吾《〈師克盨銘考釋〉書後》，《文物》1962 年 11 期）。明刀背文有“右同”（《辭典》1123 號），又有“右𠀠”（同上 1122），此“𠀠”字可能也應該讀爲“同”。“𠀠”字在古文字裏有“凡”、“同”兩種讀音。這究竟是由於兩個形近的字混而不分而引起的，還是別有原因，有待研究。

"同"、"用"二字古音極近。"同"和"用"的韻母都屬東部。"同"的聲母屬定母,"用"屬喻母四等。這兩類聲母在上古也非常接近。③ 從字形上看,"𠀠"和"用"的關係也極爲密切。甲骨文的"用"字有時寫作 等形,④象一個有把或耳的"𠀠",在字形上正好是"𠀠"字和寫作 等形的一般"用"字之間的中間環節。從"𠀠"和"用"在形、音方面的密切關係來看,可以斷定"用"是由"𠀠"分化出來的一個字。由此可見清人把"庸"字釋作"庸"是可信的。《甲骨文編》所收"庸"字或作 (553 頁),下部跟上舉的與"𠀠"形近的"用"字很相似。這也是"庸"當釋"庸"的一個證據。

應該指出,真正从"用"的"庸"字在甲骨文裏也已經出現(《論集》編按：參看《中國文字》第 13 册所載金祥恒《釋庸》、《屯南》1022 片及其釋文)：

(1) □雨, 無(舞)□　　掇二 5【《合》12839】

上揭卜辭裏的"庸"字就是从"用"的。"庸舞"疑是一邊奏大鐘一邊跳舞的意思。"用"是由"𠀠"分化出來的一個字。所以"庸"字同時存在从"𠀠"和从"用"兩種寫法,是毫不足怪的。

卜辭裏"庸"字的用法,有一些跟古書的"庸"(鏞)字幾乎完全相同。《逸周書·世俘》有"奏庸",卜辭裏也有"奏庸"或"叀⑤庸奏"之文：

(2) 其奏庸,闉美,又(有)正。　南·明 684(《明後》2280)⑥【《合》31023】

(3) 叀庸奏,又正。　安明 1824【《合》31014】

(4) 万叀美奏,又正。

(5) 叀庸奏,又正。

南·明 683(《明後》2285)+安明 1823=安明附 11【《合》31022】

(6) 叀 ("父庚庸"三字合文)⑦奏,王衎。

③ 參看曾運乾《喻母古讀考》(《東北大學季刊》2 期)。曾氏認爲喻母四等在上古歸定母。這兩類聲母的上古音即使並不完全相同,至少也是十分接近的。

④ 見《京津》3110【《合》21267】、《甲》182【《合》20015】、《林》1·14·5【《合》20055】等片。

⑤ 卜辭"叀"字讀爲"惠",用法與虚詞"唯"相近,參看唐蘭《天壤閣甲骨文存考釋》。以下所引卜辭"叀"字不再加注。

⑥ 此片上尚有"叀□庸□"和"弜䢅"二辭。下引(51)辭謂"叀䢅庸用"。此片"弜䢅"一辭亦當與"庸"有關。

⑦ 這一合文中,"庸"字所从"庚"由"父庚"之"庚"兼充(《論集》編按：參看本書所收《甲骨文中重文和合文重複偏旁的省略》一文的第二節)。

(7) 叀且(祖)丁庸奏。　甲641【《合》27310】

最後兩條卜辭屬於康丁時期,父庚庸和祖丁庸當是爲康丁的父輩祖庚和祖父武丁所作的鏞。《左傳・成公十年》提到"襄鐘",杜注解釋爲"鄭襄公之廟鐘"。《國語・晉語》提到"景鐘",據上下文當是晉景公之廟鐘。這種鐘名的格式跟卜辭的"父庚庸"、"祖丁庸"極爲相似。

有一條卜辭說:"王乍(作)奏。"(《前》4・16・6【《合》3256】)"奏"上一字與前面引過的一個"庸"字的下半同形,在這裏大概也應該讀爲"庸"。

《詩經》裏有時以庸與鼓並提:

庸鼓有斁　《商頌・那》

賁鼓維鏞　《大雅・靈臺》

在卜辭裏也有庸、鼓並提的例子:

(8) 其庸壴(鼓)于既卯。

寧1・73(《論集》編按:已綴入《合》30693)

(9) 庸壴(鼓)其眔(逮)熹壴(鼓)尊。　粹539【《合》31017】

(8)辭"庸"上一字也可以寫作(《甲骨文編》106頁),中間部分从"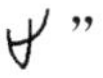"(止)或从"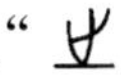"(之)都可以。這個字應該分析爲从"臼",从"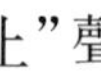",从"之"聲或"止"聲。"之"、"止"二字古音同聲母同韻部,所以作爲聲旁可以通用。從字形看,"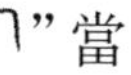"當象器物的架座,从"臼"从"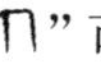"可以解釋爲象徵以兩手置物於架座。從字音看,"之"、"止"與"置"的古音也很接近。所以,"𦥑"應該是置立之"置"的本字。[⑧]《後》下14・15片【《合》23603】有"鼓"殘辭,對照《人文》2269片【《合》32419】"〼𦥑壴(鼓)于大乙〼"一辭,可以斷定是"𦥑"的簡體。[⑨]《安明》2337片

⑧ "𦥑"字所从的"止"可能還有兼代所置之物的作用("止"本象足形,兩手持"止"也許象徵將所置之物的足部插入架子或安置在座上)。甲骨文""(受)字所从的"舟"代表彼此授受之物,""(薦)字所从的""("廌"字省體)代表所薦之物。"舟"、"受"音近,"廌"、"薦"音近,二者同時又起聲旁的作用,情況與"𦥑"字所从的"止"相類。關於"薦"字,請看于省吾《雙劍誃殷契駢枝三編・釋虞》。"廌"字古有"薦"音,東周文字"薦"或作"盧"、"鼽",可證。

⑨ 《論集》編按:《合》34478:"壬子貞:其𦥑壴[于]大乙(疑即"彡日"合文,原缺左旁"日"字,據下引一辭補)告"、《合》15683+34360(蔡哲茂《甲骨文合集綴合補遺(續五)》第3號):"〼其𦥑壴于大乙告",與上引《人文》2269(即《合》32419)當爲同文卜辭。

【《合》32014】有“ 壴(鼓)”之文,“壴”上一字也應是“鼎”的異體。其字省去“止”聲以及“臼”的右半而另加“示”旁。甲骨文裏還有 (《甲骨文編》105 頁)、 (同上 57 頁)、 (同上)、⑩ (《後》上 19・10【《合》19849】)等字,用法大都像祭名。它們也都應該是“鼎”的異體或簡體。

《詩・商頌・那》“猗與那與,置我鞉鼓”,毛傳:“夏后氏足鼓,殷人置鼓,周人縣鼓。”卜辭屢言“置鼓”,可見毛傳的說法是有根據的。上引(8)辭說“其置庸鼓”,當是同時置鏞和鼓的意思。根據考古發掘和古器物學的知識來看,商代還沒有懸鐘。卜辭所說的庸當即商周銅器裏一般人稱爲大鐃的那種樂器。陳夢家先生在《西周銅器斷代》裏已稱這種樂器爲鏞。他對鏞的形制有如下說明:“花紋……方向是以口上甬下爲順。尺寸有甚大者,……甬端有時是不整齊的。……這種鏞是口向上的,甬端(原注:其實是末)是植於座中的,因此不需鑄平。”(《考古學報》1956 年 3 期 125 頁)口向上甬向下“植於座中”,就是“置庸”。

上引(9)辭中與“熹鼓”並提的“庸鼓”,也有可能不是指鏞和鼓兩件東西,而是專指一種與鏞配合的鼓。如果確實如此,更可以證明商人經常以鼓與鏞並用。

著錄於宋人金石書的商器己酉戍佮彝銘文裏也提到置庸:

己酉,戍佮尊宜于召, 庸,舞(?)九律舞(?),商(賞)貝十朋,万豖(?)用寍□(祊?)宗彝。 歷代 2・22【《集成》16・9894】

“庸”上一字由於臨摹刊刻而略有走形之處,但可以看出確是甲骨文“鼎”字的異體。上部省“臼”,與甲骨文作“ ”的簡體相同(《論集》編按:《合》25371“鼎”字作 ,與彝銘此字更爲相近)。下部增添小點,與甲骨文“ ”(示)字或作 等形同例。⑪ 彝銘的大意似是說:戍佮在召地舉行“尊宜”之禮,置鏞作樂,万豖被賞貝,作祭器以爲紀念。卜辭屢見稱爲“万”的一種人,通常從事舞樂一類工作(上引 4、5 二辭說“万叀美奏”,“叀庸奏”,下引 36 辭說“万其作庸”,都是例證)。“万”當讀爲萬舞之“萬”,詳本文附錄《釋“万”》。彝銘的万豖當是名豖的一個万人,“置庸,舞(?)九律舞(?)”都是他的工作,所以受到貝十朋的賞賜。

---

⑩ 《甲骨文編》將此字與 字混同。

⑪ 參看《甲骨文編》“示”字及从“示”之字(5—14 頁)。

卜辭裏除了以庸與鼓並提以外，有時還以庸與豐並提，或是在屬於一組的爲同一件事占卜的不同卜辭裏分別提到庸和豐：

(10) ☐大乙、大丁、大甲，其乍(作)饉龏，乍(作)豐庸，又[正]。

南・明549(《明後》2192)【《合》27137】

(11) ☐豐庸于☐　　甲2744【《合》34612】

(12) 其豐☐，又正。

(13) 弜庸。⑫

(14) ☐豐，迺歸。　　南・明699(《明後》2274)【《合》31021】

(15) 壬戌卜，狄，貞⑬：王父甲□其豐，王受又(祐)。

(16) 貞：弓⑭。

(17) 壬戌卜，貞：叀用。

(18) 貞：弜。

(19) 貞：叀□。

(20) 貞：弜美。

(21) 貞：叀庸用。

(22) 貞：弓庸。　　甲3918【《合》27459】

以上所引的大都是卜問祭祀祖先時是否用庸用豐的卜辭。(15)至(22)八條是一塊龜版上的四對正反對貞的卜辭。它們都是在同一天爲同一件事而卜的。(12)(15)二辭都説"其豐"，應理解爲"其用豐"。(13)辭"弜庸"，(22)辭"弓庸"，都是"勿用庸"的意思。(16)(18)(20)等辭可以類推。卜辭裏這種名詞作動詞用的情況很常見。不過(18)、(22)兩辭也可能是由於跟它們相對的(17)、(21)兩辭已説"叀……用"而省去"用"字的。

著録於宋人金石書的商器乙酉父丁彝銘文也以庸、豐並提：

……嵩豐，用乍(作)父丁尊彝。　　歷代2・22

"豐"上一字《歷代》釋作"賡"，上引己酉戍馀彝的"庸"字，同書也釋作"賡"，可證

⑫ "弜"是卜辭常用的否定詞，用法與"勿"相同。以下所引卜辭"弜"字不再加注。(12)、(13)二辭也可能本爲一辭，"弜庸"二字位置在"其豐"之前。

⑬ 卜辭借"鼎"爲"貞"，爲方便起見，本文把借作"貞"的"鼎"字直接釋作"貞"。

⑭ "弓"是卜辭常用的否定詞，用法與"勿"相同。以下所引卜辭"弓"字不再加注。

這是摹刻得走了樣的“庸”字。可惜“庸”上二字都不識,無法知道銘文的確切意義。[15]

跟庸的關係比鼓還要密切的豐,究竟是什麽東西呢?下面就來討論這個問題。

甲骨文“豐”字作等形(《甲骨文編》222—223頁),孫詒讓釋作“豐”(《契文舉例》下22),王國維釋作“豊”(《觀堂集林·卷六·釋禮》),羅振玉《殷虚書契考釋》初印本釋“豐”,重訂本改從王説釋“豊”。古文字“豐”、“豊”二字往往不分,[16]王氏釋此字爲“豊”是不全面的。王、羅以後的甲骨學者多從王氏之説釋卜辭此字爲“豊”,讀爲“醴”。其實卜辭此字絶大部分應該釋爲“豐”,並且用的正是“豐”字的本義。

《説文·豐部》:“豐,豆之豐滿者也。从豆象形。”從古文字看,《説文》的解釋是錯誤的。甲骨文“豆”字多作等形。[17]“豐”字應該分析爲从“”从“玨”,與“豆”無關。它所从的跟“鼓”的初文“壴”十分相似。結合卜辭所反映的豐和庸的密切關係來考慮,可以斷定“豐”本是一種鼓的名稱。周代金文有“𪔛”字(《金文編》174頁【見1985年版224頁】),構造與“鼓”字相類,象以手持物擊豐。這也是豐之本義當爲鼓名的一個佐證。“豐”字古多訓“大”。據此推測,豐應該是大鼓。這可以從“豐”字的異體得到證明。在上引(15)(16)兩條正反對貞的卜辭裏,跟正面卜辭“其豐”相對的是“弓”。《佚》241片【《合》30725】有如下兩組正反對貞的卜辭:

(23) 叀兹豐用。

(24) 弜用兹豐。

(25) 叀兹豐用,王☐。

(26) [弜]用[兹]。

在後一組的反面卜辭裏,跟正面卜辭裏“豐”字相當的字也是。這個字應該就

⑮ 《三代》3·44【《集成》5·2625】著録一商鼎銘文,也有相連的“庸豐”二字:“乙未王商(賞)宗庸豐貝二朋□□□豐用乍(作)父丁𩰫。”但也可能“豐”是器主之名,“庸”應該當獎勵講,或者“宗庸”乃是“豐”的職名(司宗廟之鏞)。有待進一步研究。

⑯ 參看劉心源《奇觚》4·11、容庚《文字學義篇》29—30頁、《金文編》265頁【見1985年版331頁】、商承祚《殷契佚存考釋》37頁等。

⑰ 參看《甲骨文編》“豆”字及从“豆”之字(221—222頁)。“豆”字象豆盤的部分,兩邊的豎筆常常高出於表示盤口的横畫,“豐”字中部絶無這種情況。

是"豐"的簡體。它很像"壴"字,但是仔細考察起來,跟一般的"壴"字還是有區別的,那就是上部畫得特別高。⑱ 這大概是爲了表示豐是大鼓。至於"豐"字爲什麼从"珏",還有待研究。也許這表示豐是用玉裝飾的貴重大鼓吧(《論集》編按:《屯南》2346 有"其品亞,叀玉豐用"一辭,又 441 的一組卜辭裏有"㲋玉壴"之文)。

庸是大鐘,豐是大鼓,所以它們才會時常並提。《詩·大雅·靈臺》"賁鼓維鏞",以賁鼓與鏞並提,賁鼓也是大鼓。⑲

下面再把上文沒有引到的關於庸和豐的卜辭擇要解釋一下。卜辭裏屢見"作豐"、"作庸"之文:

(27) 貞:其乍(作)豐,乎(呼)伊。　粹 540【《合》26914】

(28) 叀升公乍豐☐　甲 2546

(《論集》編按:據《甲釋》圖版 116【《合》30961】,《甲》2546 可與 2583、2607 綴合。綴合後,此辭文字爲"☐叀升公乍豐庸于□又正,王受☐",應移列於上文 10、11 兩辭之間)

(29) ☐貞:日于且(祖)乙,其乍豐☐　粹 236【《合》32557】

(30) 其乍豐,又正,[王]受又(祐)。

(31) 弜乍豐。　人文 1881【《合》31180】

(32) 其豐。

(33) 弜乍豐。　人文 1882【《合》34609】

(34) 辛亥乍庸。　佚 11【《合》20592】

(35) 于翌日壬迺钕(作)⑳庸,不冓(遘)大鳳(風)。

粹 835【《合》30270】

(36) 丂其钕庸,丩叀☐　京津 4352【《合》31018】

---

⑱ "豐"字的這種簡體很容易跟"壴"(鼓)字相混。上引這兩個簡體都只出現在反面的卜辭裏,而不同時出現在正反兩面的卜辭裏,就顯然是爲了避免跟"壴"相混。在通常釋作"壴"字的甲骨文裏,有些字的上部也畫得比較大,其中可能混有"豐"字簡體。

⑲ 賁鼓之"賁"也作"鼖"。《說文》:"鼖,大鼓謂之鼖。……从鼓,賁省聲。"甲骨文有字,唐蘭《殷虛文字記》釋作"鼖",當可信。李家浩同志告訴我,過去已有人指出"豐"字象鼓,倉促未檢得出處,附誌於此(《論集》編按:張日昇認爲數字从鼓丰聲,壴、鼓本爲一字,豐、數本來亦當爲一字,見《金文詁林》1981 頁)。

⑳ 此字從《甲骨文編》釋(見 146 頁)。其左旁从"乚",下一條卜辭"钕"字同。甲骨文往往省"乍"爲"乚",如《前》4·27·3【《合》36421】"乚册"即"乍册"。

前引(10)辭也有“作豐庸”之文(《論集》編按：《屯南》348、2143、2276 皆有“乍豐”之文。《合》31067 的“豐”疑亦當釋爲“乍豐”)。

《禮記·仲尼燕居》：“爾以爲必行綴兆，興羽籥，作鐘鼓，然後謂之樂乎?”卜辭所説的“作豐”“作庸”，大概多數與《禮記》的“作鐘鼓”同意，是指作樂而言的。其中是否有應該當製作豐、庸講的，還需要研究。

卜辭裏有時還標明所説的豐和庸是新器還是舊器：

(37) 丙戌卜，叀新豐用。

(38) 叀舊豐用。　　粹 232【《合》32536】

(39) ⍁新庸至自夔入學⍁

鐵 100·2(《戩》42·2，《佚》120)【《合》15665】

(40) ⍁新庸⍁　　京津 3721(又 4373)【《合》30801】

(41) 丙辰卜，叀舊庸用，王受又(祐)。　　粹 494【《合》30694】

(42) 丁亥，叀舊庸⍁　　甲 444【《合》33146】

(39)辭的夔當是地名。這條卜辭大概是卜問新鏞鑄成後搬入學校之事的(《論集》編按：《屯南》2324、4343 皆有“舊庸”，《合》29712 有“新庸”)。

上文引用過一些卜問用豐用庸之事的卜辭，此外還可以找出不少這一類的卜辭，例如(“豐”、“庸”作動詞用的卜辭附此)：

(43) 丙戌卜，戊亞其尊其豐⍁　　南·明 445(《明後》2278)【《合》27931】

(《論集》編按：可參閲《合》1291“癸丑卜事貞：其尊壴告于唐牛”、《屯南》236“癸巳卜，壴弜𠧟其尊”)

(44) □子卜，父甲豐。　　甲 3629【《合》27460】

(45) 叀且(祖)丁庸𩐁(擇?)用，又正。

(46) 叀小乙庸用，又正。

庫 20【《合》41485】(《論集》編按：拓本見《英》2263)

(47) 叀且丁庸𩐁用，又正。　　庫 161(《論集》編按：拓本見《英》2265)

(48) 丁丑卜，𩟄其酒于父甲、父庚，庸[21]叀且丁用⍁

(49) 叀父庚庸用，隹父甲正，王受又(祐)。

《考古》1975 年 1 期 41 頁(《論集》編按：即《屯南》1055)

---

[21] “父庚庸”本作“父庸”，“父庚”之“庚”與“庸”字所从之“庚”合而爲一，與上引(6)辭同例(《論集》編按：“父庸”，《屯南》釋文釋爲“又庸”。圖版“庸”上一字確似“又”字，我們的説法有誤，待考)。

(50) 叀庚庸用。 珠 532【《合》31016】
(51) 叀𠬝庸用。
(52) 弜𠬝庸用。
(53) 叀小乙乍(作)美庸用。
(54) 弜用。 粹 282【《合》27352】
(55) □寅卜,出,[貞]:今日庸□衣□。十二月。 甲 131【《合》26041】
(56) 貞:其庸,辛卯☐ 鐵 3·4【《合》12355】
(57) 𣪘庸才(在)𠃌,又肉,其𠬝。 粹 518【《合》31012】

最後一辭提到的𣪘也是一種樂器,後面還要專門討論(《論集》編按:此段所引卜辭應加補充。《屯南》2921"☐日于且丁,其用兹豊☐"可補在第 43 辭之前。此辭可與 29"☐日于且乙,其乍豊"相對照。《屯南》2294"甲子卜,其豊才下𠂹,北鄉"、173"其豊才下𠂹,北鄉。兹用"應補入 43、44 之間。《懷》1586【《合補》10678】"弜又豊"、《屯南》1255"☐又豊,叀且丁庸用"可補入 44、45 之間。《合》31013"叀小乙庸𢦏用,又正"應補入 47、48 之間。48 即《英》2265 似可綴於《合》31013 下方。《合》15994"☐貞:𡆥辛庸用"、《屯南》4554"丁亥卜,且乙☐庸用""叀戚庸用"、1501"叀戚庸用"應補入 50、51 之間。《合》12611"戊子卜□貞:今日其庸,不冓雨。八月"、31015"☐鼉其庸,又正"、《屯南》1022"庚申卜,歲其庸""弜庸"應補入 56、57 之間)。

在結束關於庸和豊的討論的時候,有必要談一下前面提到過的大豐簋"庸"字的用法。簋銘的有關文句如下:

不(丕)顯王乍眚,不(丕)緜王乍庸,不(丕)克气(迄)衣(殷)王祀。

對於"乍眚""乍庸",有不少人作過解釋,但似乎都求之過深。很可能簋銘的"庸"跟卜辭一樣,也應該當大鐘講,"眚"則是"笙"的假借字。"乍眚"、"乍庸"就是"作笙"、"作鏞"。《書·益稷》"笙鏞以間",正以笙鏞並提。古代統治階級舉行祭祀時,經常需要使用樂器。所以簋銘特别提出武王作笙作鏞之事,以説明武王"丕克迄殷王祀",也就是説完全有資格取代殷王而奉祀上帝及神祇。簋銘開頭説"王有大豐",西周前期銅器麥尊也説"王乘于舟,爲大豐"。"大豐"似是一種樂名或禮儀之名,頗疑其得名也與作爲樂器的"豊"有關。(《論集》編按:簋銘"不克气衣王祀"當讀"丕克迄卒王祀",詳另文。【編按:參看本書所收《釋殷墟卜辭中的"卒"和"𦥑"》。】)

下面討論甲骨文裏的另一種樂器名稱——⿱旨口。

甲骨文裏常見“⿱旨口”字(《甲骨文編》106—107 頁),羅振玉認爲可能是甲金文中常見的“⿱召鬲”字的異體(《殷虛書契待問編》),其說可從。“⿱召鬲”从“召”聲,“召”从“刀”聲。上引(57)辭的“⿱召⿱日口”,顯然是“⿱旨口”字加注“刀”聲而成的繁體。㉒ 從文例看,卜辭裏的大多數“⿱旨口”字應該解釋爲樂器名稱。卜辭裏既有“奏庸”之文,也有“奏⿱旨口”之文:

(58) ☒癸亥其奏⿱旨口,子吕其☒

篋・雜 69(《論集》編按:即《合》14125)

(59) 乙亥☒貞:今☒奏⿱旨口。 續 5・14・1(《餘》14・1)【《合》11978】

既有“置鼓”、“置庸鼓”之文,也有“置⿱旨口”之文:

(60) ☒其帚(置)⿱旨口于丁,㞢(侑)百羌,卯十☒

佚 413(《續》2・19・3)【《合》22543】

既有“𩵋庸”之文,㉓也有“𩵋⿱旨口”、“𩵋益⿱旨口”之文:

(61) ☒𩵋⿱旨口。之日𩵋益☒ 前 6・14・4【《合》18824】

(62) 己子(巳)卜,大,貞:翼(翌)辛未𩵋益⿱旨口。 珠 393【《合》23717】

(63) 戊寅卜,出,貞:今日𩵋益⿱旨口。 續 3・35・10【《合》26768】

(64) 癸亥[卜],出貞:其翼(翌)丁[卯]西洹𩵋益⿱旨口。 庫 1019

(《論集》編按:拓本見《美》41。“𩵋益⿱旨口”之文又見《合》26763—26767 等)

既然“庸”、“鼓”是樂器名,“⿱旨口”便也應該是樂器名。丁山先生已經注意到⿱旨口和音樂的關係,他認爲“⿱旨口”應該讀爲“韶”(《商周史料考證》181 頁)。但是“⿱旨口”如果是樂器名,讀爲“韶”就講不通。卜辭裏的大多數“⿱旨口”字似乎應該讀爲“鞀”。“鞀”字異體作“鞉”、“鼗”等形。《商頌・那》說“置我鞉鼓”,卜辭說“置鞀”,二者若合符節。上引(57)辭說“鞀庸在⺄”,疑是在⺄地奏鞀與鏞的意思。

㉒ 《粹編》考釋已指出“⿱召⿱日口”即“⿱召鬲”字。金文“⿱召鬲”字也有从“刀”之例,見邲卣、禹鼎、召伯簋等器(《金文編》49—50 頁【見 1985 年版 61—62 頁】)。甲骨文“⿱召鬲”字或作“⿱旨皿”(《林》2・29・1【《合》36735】)。“⿱旨口”和“⿱召⿱日口”的關係跟“⿱旨皿”和“⿱召鬲”的關係相同。

㉓ 《京津》3176【《合》24376】:“辛未卜,貞:今日𩵋庸。十二月。才(在)甫魚。”“𩵋”字舊不識,陳邦懷《甲骨文“𩵋”字試釋》認爲是“有頒其首”的“頒”的本字,讀爲頒賜之“頒”(《中國語文》1966 年 1 期)。

韶樂的得名可能與鞀有關。《獨斷》上："舜（樂）曰大韶，一曰大招。"《周禮·大司樂》作"大磬"。"磬"就是"鞀"的籀文（見《説文》）。也許原始的韶就是以鞀爲主要樂器的一種音樂。卜辭裏有"大䫜"之文：

（65）庚寅卜，出，貞：于翼（翌）乙未大䫜。　　京津3422【《合》23610】

"大䫜"與"大韶"有沒有關係是值得考慮的。

最後附帶談一下甲骨文裏可能是"竽"字的一個字。

甲骨文裏有一個寫作以下各形的奇字：

　　《文編》740頁

前人不識。下面是從出現這個字的卜辭裏挑出來的幾條完整卜辭：

（66）辛酉卜，出，貞：其㒸（置）新，陟告于且（祖）乙。

鐵139·1【《合》22912】

（《佚》832，《存》上1498，《南》無462誤摹"新"上一字爲"告"。《論集》編按：《英》365"貞：弓隹㒸"、《合》14617"☐貞：河求☐隹㒸☐"應補入66、67之間）

（67）癸卯卜，爭，貞：王气正河新。允正。十一［月］。

粹524【《合》16242】

（68）庚戌卜，爭，貞：王气正河新。允正。☐月。

後下16·2【《合》16243】

從前面討論庸、豐等樂器時所引用的卜辭可以知道，卜辭對樂器時常標明其爲新器或舊器，在提到以樂器事鬼神時往往用"置"字。由此看來，這個奇字似乎也應該解釋爲樂器名稱。甲金文"于"字繁體作等形（《金文編》259頁【見1985年版323頁】，《甲骨文編》217頁），很像是由上引奇字簡化而成的分化字。如果把這個奇字的頂部和左直畫去掉，剩下來的部分就跟"于"字繁體非常相似了。這跟由（益）字分化出（易），[24]是同出一轍的。郭沫若先生在《殷契粹編考釋》裏說："于乃竽之初文，象形，=象竽管，亅其吹也，其从弓作者，乃管外之匏。"（113頁）這

㉔ 關於"易"和"益"的關係，參看陳夢家《西周銅器斷代（二）》（《考古學報》10冊109頁）、郭沫若《文史論集》345頁。

給我們一個啓發，會不會上引奇字就是“竽”的象形初文呢？由於我們對古樂器缺乏研究，這個説法有沒有可能成立，需要音樂史家來作判斷（《論集》編按：《前》5·5·4【《合》14625】一殘辭中此奇字與“豐”字同見）。

以上一共談了四種樂器名稱。此外在甲骨文裏還有不少很像樂器名稱的字。有些字還不認識，例如見於上引（12）（17）（18）諸辭的。有些字是認識的，但不知道究竟指哪種樂器，例如見於上引（2）（4）（20）（53）諸辭的“美”，見於（9）辭的“熹”。[25] 希望研究音樂史和研究甲骨文的同志們一起來解決這些問題。

附：釋　“万”

甲骨文裏常見“”字，其用法可以分爲三種：

（一）用爲國族名或地名，例如（爲方便起見，都寫作万）：

癸酉卜，爭，貞：□万正䜌□　　寧2·28【《合》583】

壬戌卜，貞：亞旋𪓋于万。　　甲3913【《合》28011】

商代銅器万父丁甗（《三代》5·2【《集成》3·841】）、舟万父丁卣（《三代》13·3【《集成》10·5703】）等器的“万”字大概也是族名。

---

[25] 除了上面引過的提到“庸鼓”、“熹鼓”的（9）辭以外，“熹”還見於下引卜辭：

乙酉卜，叀且（祖）乙熹用。
乙酉卜，叀宜熹用。
丙戌卜，叀新豐用。
叀舊豐用。　　粹232【《合》32536】
癸丑卜，叀舊熹用。
叀新熹用。
鼎叀穌用。
弜用。
其罬（置）庸壴（鼓）于既卯。
叀𠨕卯。　　寧1·73+1·315（《論集》編按：《合》30693亦已綴合）

從新熹、舊熹、祖乙熹等名稱，以及熹經常與豐、庸、鼓等樂器名同辭或同版的現象來看，它似乎也應該是一種樂器。見於上引《寧》1·73片的“穌”，也見於《前》2·45·2【《合》1240】等片。郭沫若先生認爲就是《爾雅》“（笙）小者謂之和”的“和”（《甲骨文字研究·釋和言》），也許是可信的。

(二) 作動詞用,類似祭名,例如:

丁丑卜,狄,貞:万于父甲☐ 京津4055【《合》27468】

于虢万。 存下517【《合》40019】

甲申卜,今日万,不雨。 粹784【《合》30658】

(《論集》編按:《合》27368"丁卯卜其☐万于父甲"、32610"丁未卜□其□万于且庚"、《屯南》2653"☐且丁万,不雨"等辭應補入此段)

(三) 用爲一種人的名稱,這種"万"字最爲常見,例如:

☐乎(呼)万無(舞)。 甲1585【《合》28461】

叀万無。 安明1825【《合》31033】

(《論集》編按:此片以"叀万無"與"叀林無"對貞,"万"也可能是一種舞名)

王其乎万䨓(雩)☐ 人文1954【《合》31032】

王其乎戌䨓盂,又(有)雨。

叀万䨓盂田,又雨。 掇一385【《合》28180】

(《論集》編按:《合》30028"叀万乎無,又大雨""叀戌乎無,又大雨"應補入此條下。此片"無"所从"大"形於空隙處加點,也可能是"䨓"字簡體)

□□卜,王其乎万奏☐ 人文2158【《合》31025】

万叀美奏,又正。

叀庸(鏞)奏,又正。 南·明683+安明1823=安明附11【《合》31022】

万其奏,不遘大雨。 摭續193【《合》30131】

☐万叀□奏,又(有)大[雨]。 人文2219【《合》27036】

万其㑅(作)庸,ㄐ叀☐ 京津4352【《合》31018】

庚午卜,翌日辛万其乍(作),不遘大雨。 安明1901【《合》30142】

□□卜,万其㑅(作?)于盂㑋☐ 寧1·383

王其☐各(格)㑋,目(以)[万]☐

弜目万。 甲639

(《論集》編按:《合》27310已與《甲》641綴合。《甲》641有關於奏庸之辭,即前引6、7二辭。《甲》639提到的万可能就是奏庸的人)

王其田,目万,不雨。

[弜]目[万],其雨。

庫713【《合》41545】(《論集》編按:拓本見《英》2309)

王叀万吕,亡𢦏(災)。 安明1975【《合》28686】

從以上卜辭看,万顯然是主要從事舞樂工作的一種人(《論集》編按:《屯南》622“丁酉卜,今日丁万其學”、4035“⍁万其征學⍁”等辭應補入此段)。

商器己酉戍鈴彝銘有“万豕(?)”,當是名豕的一個万人。銘文記他因“置鏞,舞(?)九律舞(?)”而受賞,㉖也是万與舞樂有關之證。金文又有“万系”(爵銘,見喆厂藏拓),甲骨文有“万吴”、“万”:

貞:叀万吴令。十三月。 後下18·7【《合》3028】

⍁貞:万吴⍁亡疒(疾)。

乙1974+7436㉗(《論集》編按:即《合》13728正)

癸酉卜,貞:万囚凡又(有)疒。十二月。 乙綴364【《合》21052】

這些都應是万人(《論集》編按:《美》543:“己酉卜,鬥:万往。”万可能也是一個万人)。由於万人很多,卜辭有“多万”之稱:

丙戌⍁多万⍁入爻若。 金36(《論集》編按:拓本見《英》1999)

叀多万。 安明2114【《合》28007】

(《論集》編按:《屯南》4093“□未卜,其□多万□父庚”應補入)

商代金文又有“大万”之稱:

大万乍(作)母彝。 簋(《考古》1961年2期74頁【《集成》6·3457】)

大万,父辛。 爵(《劫掠》193【《集成》14·8944】)

万□乍□,大万。 方鼎

(《貞松堂集古遺文》2·35,2·36著錄同銘一器,銘首“万”字未摹出。《論集》編按:2·35即《三代》3·7·5【《集成》4·2163】,2·36即《三代》3·7·4【《集成》4·2162】)

大万應即万人之長。大万方鼎器主自稱“万□”,而在銘末標明其身分爲大万。據此,上面提到的“万豕”等人也有可能是大万。

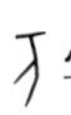字,舊有釋“方”、釋“𡿺”、釋“亥”等說,㉘都不可信。林義光據金文“丏”字

㉖ 參看前載《甲骨文中的幾種樂器名稱》。

㉗ 參看《考古》1972年2期6頁。

㉘ 參看楊樹達《舟亥父丁卣跋》,《積微居金文說》249—250頁。

偏旁定此字爲“丏”之古體。他說:“(丏)古作丂……‘丏’雙聲旁轉爲‘萬’,故隸或以‘万’爲‘萬’字。”(《文源》5・1)甲骨文的“丏”字,[29]金文的“丏”字和“賓”字(《金文編》420、345頁【見1985年版529、433頁】),以至戰國文字的“賓”字(《古璽文字徵》6・3),其所从之“丏”大都寫作“丂”,可見林說是有根據的。以“万”爲千萬之“萬”,早在戰國文字裏就已如此。[30] 千萬之“萬”是微母元部字,“万”(丏)是明母元部字。古代微母讀如明母,二字古音極近,所以可以借“万”爲“萬”。卜辭裏用法與祭名相似的“万”,應該讀爲古書常見的萬舞之“萬”。稱萬的人當因從事萬舞一類工作而得名。他們就是《詩・邶風・簡兮》所歌的“公庭萬舞”的“碩人”那樣的人。

1979年5月修改1967年舊稿寫成

《論集》編校追記:

此文送交《中華文史論叢》編輯部後,才讀到屈萬里的《殷虛文字甲編考釋》。屈氏已先我們釋甲骨文的丂字爲“万”,並已把卜辭的“万”跟《詩經》的萬舞聯繫了起來。謹誌於此。又前引《金》36(《英》1999)“多万□入爻,若”一辭中之“爻”疑當讀爲“學”,《屯南》662“万其學”、4035“万其祉學”、《鐵》100・2【《合》15665】“新庸至自夒入學”等辭可證。万所學的應即舞樂技藝。又《三代》13・3【《集成》10・5073】舟万父丁卣銘的“舟”是族名,“万”也有可能是職名。

原載《中華文史論叢》1980年第二輯,又載《古文字論集》,今據後者收入。

---

[29] 《甲骨文編》278—279頁“賓”字。“賓”字从“貝”从“丏”,《文編》將“丏”字逕釋爲“賓”是不妥當的。

[30] 六國古印千萬之“萬”多作“万”,見《古徵》14・4。

釋　"柲"

甲骨文裏有一個寫作等形的字。在《甲骨文編》裏,它們有的被釋作"壬"字(354頁),有的被當作未識字收在附錄裏(792、862頁)。我們認爲這個字是"柲"的象形初文。①

古代戈、戟、矛等武器的柄稱柲。"柲"字从"木""必"聲。金文無"柲"字,"必"字作等形。②《説文·八部》:"(必),分極也。从八、弋,弋亦聲。"金文、小篆"戈"字作等形,如果去掉象戈頭的一横,剩下來的象戈柲的部分,正與金文"必"字所从的同形。郭沫若在《金文叢考·釋弋》篇裏指出,金文的"必"字應該讀爲戈柲之"柲",並認爲"必"字所从的就是"柲"的象形初文。他説:"必即柲也,弋象柲形,八聲。然形聲之字後於象形,則弋又古必字,必其後起者矣。"(228頁)這是很精闢的見解。但是《説文》認爲"必"字所从的就是"弋"字,是有問題的。這一點郭氏却沒有覺察。

《説文》説"必"字从"弋"聲。"弋""必"二字古韻不同部,聲母又遠隔,無從相諧。《説文》"弋"字篆文作,與金文"必"字所从的比較接近。但是金文"弋"字作等形,③秦漢金石篆文"弋"字作等形,④金文和秦漢金石篆文中用作偏旁的"弋"字作等形,⑤都跟"必"字所从的有相當明顯的區别(關於甲骨文"弋"字詳附錄《釋"弋"》)。可見"弋"和"柲"的象形初文是兩個字,《説文》"弋"字篆形以及"必"字从"弋"的説法是有問題的。西周金文"弋"字多用作

① 參看《史牆盤銘解釋》,《文物》1978年3期32頁注㉚。
② 《金文編》41頁【見1985年版51頁】。
③ 同上638頁【見1985年版815頁】。
④ 《漢徵》12·16上,《秦漢瓦當文字》1·13。
⑤ 《金文編》626頁【見1985年版801頁】"妋"字,310頁【見1985年版390頁】"杙"字,《漢徵》8·6上"代"字。

虛詞,郭沫若讀爲“必”,其實應該讀爲从“弋”聲的“式”。我們在《史牆盤銘解釋》中已經談過這個問題,[6]這裏就不重複了。

本文開頭引的等字都見於第一、二期甲骨文。一、二期甲骨文的“戈”字作等形,如果去掉象戈頭的一横,剩下來的象戈柲的部分正與上引諸字同形,可證它們跟金文“必”字所从的一樣,也是“柲”的象形初文。這個字作的一體很像“壬”字,但是根據卜辭上下文,一般還是能够把它們區别開來的。

在第五期甲骨文裏,“戈”字通常寫作等形,柲形向右傾斜,或者下部向右斜折,柲形下端短畫上升。在三、四期甲骨文裏,“戈”字的早期和晚期寫法並存。“戈”字寫法的這種變化,在“柲”字象形初文的寫法裏也反映了出來。下面要引到的从(柲)之字,有一些是見於三、四、五期甲骨文的。五期的(柲)旁作等形,作風與五期“戈”字相同,三、四期的旁則兼有早期和晚期兩種寫法(個别二期旁的寫法已經接近於晚期)。

認出了甲骨文的(柲)字,可以連帶認出甲骨文裏的一些从之字。這些字都以爲聲旁。在較晚的文字裏,由於獨立的字已被淘汰,它們的旁都改成了“必”旁。下面對這些字分别加以説明。

(一)监

金548【《英》125】 京津2231【《合》8229】 後下7·13【《合》9100】 存上1592【《合》25162】 文録301【《合》23046】

上揭甲骨文,《甲骨文編》當作未識字收在附録裏(742頁),[7]其實就是“监”字。《説文·皿部》:“监,械器也。从皿,必聲。”

甲骨文往往在字的兩側增添小點,例如(示)字加點而成,[8](束)字有時也寫作。[9] 上引“监”字後兩例所从的也在兩側加上了小點,最末一例在兩

⑥ 《文物》1978年3期30頁。

⑦ 我們所舉的字跟《文編》所收的字不盡相同,下面碰到類似情況不再加注。

⑧ 《甲骨文編》5頁“示”字及6頁以下从“示”諸字。

⑨ 同上749頁。《文編》把它們分列兩條,從有關卜辭的上下文可以斷定它們是一個字。

側各加一點,跟金文的“必”字很相似。“必”字大概就是由這類加點的字變來的。

鐵 42・1【《合》10966】 續 5・33・4【《合》10965】 京津 4865 前 4・47・6【《合》10308】

上揭甲骨文,《甲骨文編》當作未識字收在附錄裏(852 頁),其實就是“盜”的簡體。甲骨文从“皿”之字往往略去“皿”旁象圈足的部分,例如“盡”字可以省作等形,⑩“盍”字可以省作等形。⑪

上引“盜”字及其簡體所从的或作等形。甲骨文从“戈”之字,“戠”字或作,⑫“武”字或作,⑬象戈柲的部分省去下端橫畫,情況與此相類。關於“盜”字在卜辭裏的用法,留到後面再去討論。

甲骨文裏還有一個从“龜”从“盜”的字:

> ☐貞:𢀛☐來。王[固曰]☐隹(唯)來。五日☐允至,以龜竈八,五百十。四月。 存下 57,綜述圖版貳壹【《合》8996】
>
> (《存》上 519【《合》8997】有同文殘辭)

陳夢家《綜述》把這個字隸定爲“鼈”(505 頁),是正確的。陳氏對甲骨文的“盜”字應該也是認識的,不過在他關於甲骨文的著作裏似乎沒有提到過“盜”字。鼈是一種龜名。“必”“敝”古音相近,龜和鼈廣義地說可以算作一類,這個字也許可以釋爲“鼈”。

(二)𠨍

前 4・1・2【《合》21367】 後下 22・4【《合》17176】 粹 845【《合》31199】 同左 佚 857【《合》30400】 存下 757【《合》27281】

---

⑩ 同上 228 頁。
⑪ 同上 229 頁。
⑫ 同上 490 頁。
⑬ 同上 493 頁。

余永梁釋上揭第一字爲“郢”字之或體,[14]唐蘭釋上揭第二字爲“卮”。[15] 在《甲骨文編》裏,上揭諸字有的被隸定爲“𢀜”或“𠨱”,附於“卩”部之末(376、377 頁),有的被當作未識字收在附錄裏(817 頁)。其實這些字都應該釋作“㧙”。《說文・卩部》:“㧙,宰之也。从卩,必聲。”關於“㧙”字在卜辭裏的用法,留到後面再去討論。

商代金文裏也有等字。[16] 清人阮元等釋雔卯㧙簋的“”字爲“㧙”,[17]丁山釋㧙其卣的“”字爲“㧙”,[18]是正確的。但是楊樹達却把“㧙”字改釋成不成字的“𢎘”,[19]《金文編》也把這個字隸定爲“𢎘”,附在“卩”部之末(512 頁【見 1985 年版 644 頁】),他們都上了《說文》“必”字从“弋”的誤說的當。

（三）宓

拾 14・11
【《合》18688】

佚 660
【《合》4885】

續 6・26・1
【《合》22317】

葉玉森釋上揭第一字爲“宗”,[20]《甲骨文編》把上揭諸字當作未識字收在附錄裏(781、784 頁)。其實這些字都應該釋作“宓”。[21]《說文・宀部》:“宓,安也。从宀,必聲。”關於“宓”字在卜辭裏的用法,留到後面再去討論。

甲骨文裏還有一個寫作等形的字,看上去很像“宓”字。但是它們實際上是的簡體,與“宓”字不能混爲一談,另詳《釋攴》篇(未刊)。甲骨文裏(象扑杖)與作爲表意偏旁可以通用。字所从的有時也寫作,似代表扑杖而不代表戈柲。

西周時代的事于曾鼎有从“宀”从二的字。[22] 古文字偏旁單複往往不別。

⑭ 《殷虚文字考》,《國學論叢》1 卷 1 期。
⑮ 《殷虚文字記・釋卮》。
⑯ 《金文編》512 頁【見 1985 年版 644 頁】。
⑰ 《積古齋鐘鼎彝器款識》1・27 上,《攈古錄金文》二之一・23 上。
⑱ 《㧙其卣三器銘文考釋》,1947 年 6 月 4 日及 11 日上海《中央日報・文物周刊》37、38 期。
⑲ 《積微居金文說》275 頁。
⑳ 《鐵雲藏龜拾遺考釋》。
㉑ 《前》6・29・3【《合》9360】的一條殘辭裏有字,也許可以釋爲“𡨦”,疑即“宓”或“㧙”的異體。
㉒ 《三代》4・4【《集成》5・2678】。《金文編》425 頁【見 1985 年版 535 頁】將此字隸定爲“𡨦”。

例如甲骨文“耶”字也可以从二“口”作“聑”,[23]“族”字也可以从二“矢”作“𣃘”,[24]金文“鼎(則)”字也可以从二“鼎”作“䵺”,[25]“剛”字也可以从二“刀”作。[26]上引“”字,林義光釋爲“宓”,[27]似可信。伯父鼎有字,[28]疑即之壞字。事于曾鼎“”字所从的兩個,左邊的一個寫得很像“弋”字。這説明“弋”和“”雖然不是一個字,但的確很容易相混,《説文》把它們當作一個字不是沒有原因的。六國格言印有“正”印,[29]第一字似當釋“必”,所从的也很像“弋”字。

西周時代的趞簋有从“山”从“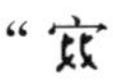”的字,[30]舊多釋作“密”,應該是正確的。

甲骨文裏也有一個从“”的字:

甲午卜:取射甾乎(呼)。 安明 2674【《合》31996】

其下部所从之字不識,如即“山”之異體,此字便可釋作“密”(《論集》編按:實爲“宓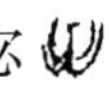”二字。“宓”从二,與事于曾鼎同。《屯南》307 和 920 的“宓”字亦从二)。

(四)鉍

後下 14·3
【《合》18210】

明 1122(《論集》編按:
拓本見《合》17954)

上揭甲骨文,《甲骨文編》當作未識字收在附録裏(874 頁)。這個字所从的就是“食”字所从的“皀”,甲骨文“食”字或作,[31]可證。這也是文字兩側加點的一個例子。古文字裏“食”“皀”二字用作表意偏旁時可以通用,例如甲骨、金文的“毁”

---

[23] 《甲骨文編》466—467 頁。

[24] 同上 291 頁。

[25] 《金文編》228 頁【見 1985 年版 289 頁】。

[26] 同上。

[27] 《文源》1·25 上“弋”字下引使曾鼎“宓”字,即此字。

[28] 《三代》3·28 頁【《集成》4·2487】。

[29] 《舉》1·27 上。

[30] 《三代》4·33(誤簋爲鼎)【《集成》8·4266】。

[31] 《甲骨文編》237 頁。

（簋）字就都可以寫作“殷”。㉜ 同類的例子很多。所以這個字應該是“飶”字。《說文・食部》：“飶，食之香也。从食，必聲。”余永梁曾釋此字爲“飪”，㉝不確。上引兩個“飶”字都見於殘辭，它們在卜辭裏的用法我們還不清楚。

（五）駜

甲骨文裏有一個从“馬”从“”的字：

乙未卜暊貞：自賓入赤，其𢦔，不歺，吉。 後下18・8【《合》28195】

《甲骨文編》把這個字隸定爲“瑪”，附於“馬”部之末（400頁）。上引卜辭屬於第三期。第三期卜辭“𨚔”字的旁有寫作的，如《存》下757【《合》27281】和《粹》315【《合》27415】的“𨚔”字。所以上引卜辭裏的从“馬”之字可以釋爲“駜”。《說文・馬部》：“駜，馬飽也。从馬，必聲。”卜辭的“駜”是一種馬的名稱，字義與《說文》有別。

（六）𨒪

第五期卜辭裏常見一個寫作等形的字，㉞王國維隸定爲𢓊，㉟楊樹達釋作𢓁，讀爲過，㊱羅振玉釋作後，㊲商承祚釋作徔，以爲是步武之本字，㊳《甲骨文編》從之（77頁），郭沫若釋作逑，㊴李學勤釋作迖，讀爲弋獵之弋。㊵ 諸說紛紜，莫衷一是。這個字的成問題的偏旁也應是“柲”的初文。在這個偏旁的各種寫法裏，和顯然是“柲”的象形初文，當是字加指示符號的繁體。在象柲形的筆畫上加點或圈以指明“柲”的字義，跟“肱”的初文（厷）在象手臂的筆畫上加圈以指明“肱”的字義，㊶是同類的現象。所以這個字應該釋作“𨒪”。這個字偶

㉜ 同上132頁，《金文編》238頁【見1985年版300—301頁】。

㉝ 同注⑭。

㉞ 《甲骨文編》77—78頁，參看《續》3・22・10【《合》36604】、《前》2・21・5【《合》36640】等片。

㉟ 《戩壽堂所藏殷虚文字考釋》63頁下。

㊱ 《積微居甲文說・釋𢓁》。

㊲ 《殷虚書契考釋》卷中。

㊳ 《殷契卜辭釋文》14頁下。

㊴ 《卜辭通纂考釋》131頁上。

㊵ 《殷代地理簡論》1頁。

㊶ “厷”字據唐蘭《古文字學導論》釋。此字見於圖式族名金文及甲骨文。

爾也从“戈”作，[42]但是極爲少見，當是筆誤，不能作爲釋字的根據。“必”字不見於字書，它在卜辭裏的用法留到後面再去討論。

在甲骨文裏有一個寫作等形的字，[43]又有一個以它爲偏旁的寫作等形的字。[44] 從“必”字所从的或作的現象來看，前者有可能也是字加指示符號的繁體，後者有可能跟“必”是一個字。它們大都見於一、二期卜辭，所以柲形都是直的。三、四期卜辭裏有一個寫作等形的字，[45]用法跟五期的“必”很相似。郭沫若在《卜辭通纂考釋》裏把這個字和五期的“必”都釋作“逃”，在《殷契粹編考釋》裏改釋此字爲“还”，讀爲“遊”。李學勤在《殷代地理簡論》裏把這個字和五期的“必”都釋作“弋”。唐蘭《天壤閣甲骨文存考釋》釋此字爲“遂”。《甲骨文編》釋此字爲“𨑓”（69 頁）。這個字也有可能是“必”字。由此又可知甲骨文裏的[46][47]等字也有是字異體的可能。據《丙編》拼合的一塊一期卜甲，和似乎是一個字：

貞：且（祖）乙若，王不。

貞：且乙若，王不。

貞：且乙［弗］若，王不。　　丙 427【《合》13604】

看來等字都是字異體的可能性是相當大的。由於對這個問題研究得不够充分，目前還不能作確定的結論。

商末的作册般鼎有字，[48]周初的小臣夌鼎有字，[49]似乎也都可以釋作“必”。

除去以上所釋諸字外，甲骨文裏還有一個目前還不能確識的从之字。卜辭裏相當於《殷本紀》“河亶甲”的先王名，第二期作，第五期作等形。[50] “甲”

---

[42] 《續》3·23·7【《合》36426】（《簠》游 51、《佚》971 重）。

[43] 《甲骨文編》642、865 頁。

[44] 同上 673 頁。

[45] 同上 69—70 頁。

[46] 《甲》3588【《合》30286】等。

[47] 《人文》1978【《合》30111】等。

[48] 《嘯堂》上 14【《集成》5·2711】。《歷代》10·88“般”作“𣄰”，疑誤。

[49] 《歷代》10·91【《集成》5·2775】。甲骨文“必”或作（《甲骨文編》78 頁），旁上部與三、四期“𨑓”字及此字的偏旁的上部相似。

[50] 《甲骨文編》586 頁。

上一字有時也單獨使用,例如:

> 癸未卜貞:王旬亡畎。才(在)七月,王正殿(?)商。才(在)爵(?)。
>
> 前2・3・5【《合》36537】

一般甲骨學者都把誤認爲"戈",釋此字爲"戔"。朱芳圃指出這個字並不从"戈",字"象兩弋並植形,當爲柦之初文。"[51]朱氏還不知道不是"弋"字而是"柲"的象形初文,但是這一點對他的説法並無妨礙,因爲他把看作表意偏旁,釋作"弋"和釋作"柲"區別不大。問題在於主要根據這個字象兩杙或兩柲並植,就把它釋爲"柦",還不能使人信服。這個字所从的兩個是相背的,所以跟""字所从的""也不能混爲一談(《論集》編按:此字第一期作或,分别見《合》31837、《懷》379【《合補》6514】,象二柲相對形)。這究竟是什麽字,還有待研究。(《論集》編按:甲骨文中還有一些从或可能是从的字。《合》28319:"戊王其田于叀,擒大。"末字疑从聲,似可釋爲"貔"。《屯南》2170:"于柀擒。""擒"上一字當是从林聲之字,似是地名。此字所从之兩側加點,也可逕釋爲"必"。《天理》303【《合補》6693】:"甲午卜王:弗𢦏。""弗"上一字从口从,在此是方國名。)

在這裏附帶談一下金文裏的一個字。西周初期的壴卣銘裏有一個从"水"从""的字:

> 文考日癸,乃子壴乍(作)父癸旅宗尊彝……
>
> 歷代11・107【《集成》10・5401】

《金文叢考》釋此字爲"沈"(310—311頁)。這個字的右旁很可能也是"柲"的象形初文,疑當釋爲"泌"。《詩・衛風・淇奥》"有匪君子",《釋文》:"匪,本又作斐……韓詩作邲,美貌也。"如果上揭金文確是"泌"字的話,似可讀爲"有邲君子"的"邲"。【編按:釋"泌"之説不可信。陳劍指出此字近人多釋"沈",董珊讀"沈子"爲"沖子",應可信。見董珊《釋西周金文的"沈子"和〈逸周書・皇門〉的"沈人"》,復旦大學出土文獻與古文字研究中心網站2010年6月7日。】

下面討論、监、邲、宓、逊等字在卜辭裏的用法。

---

[51] 《殷周文字釋叢》77頁。

（一）用作名詞的

有一條第一期卜辭說：

不其以。　　外263，六·清146

卜問是不是把送來。字可能用其本義，指戈、矛等武器的柲。

（二）用作人名的邲

第一期卜辭裏的“邲”好像都是人名，例如：

己卯卜貞：犻从邲其𢍰。　　後下22·4【《合》17176】

辛丑卜爭貞：取子邲。

辛丑卜爭貞：勿取子邲。　　乙綴276【《合》536】

庚辰，子邲㞢（侑？）升歲▨　　明後1591，南·明111【《合》14938】

（三）用作地名人名的盜

第一期卜辭裏的“盜”好像都是地名或人名，例如：

［戊］寅卜殻貞：今日我其獸（狩）盜▨

續5·33·4，簠·游123【《合》10965】

戊寅▨盜其▨𠬪（擒）▨鹿▨七十▨　　鐵42·1【《合》10966】

▨貞：今日我其獸盜▨隻（獲）豖十一、鹿▨　　綴227【《合》10308】

以上都是卜問在盜地狩獵之事的卜辭（《論集》編按：同卜一事之辭又見《合》40125），“盜”字似都用簡體。《春秋·宣公十二年》記晉楚戰於邲，其地在今鄭州附近。“邲”“盜”都从“必”聲，卜辭的盜和《春秋》的邲可能是一地。

□寅卜穷［貞］：子䏃妾盜冥（娩？）。□月。

金548【《合》40384】（《論集》編按：拓本見《英》125正）

丁亥卜亘貞：子商妾盜冥，不其妨（嘉）。　　粹1239【《合》14036】

▨妾盜▨妨。　　南·無201【《合》14102】

□□卜爭貞：盜冥▨　　續5·13·5，簠·雜79【《合》13973】

▨乎（？）盜宅唐▨　　京津2231【《合》8229】

上引各辭的“盜”字既有簡體也有正體。前四辭大概都是卜問子䏃之妾名盜者的生育之事的(《論集》編按：卜問此事之辭尚有《合》13972、14074 等)。從第1、第2兩辭看，“䎽”應該就是“商”的繁體。最後一辭的“𥁑”有可能也指子䎽之妾。在商代，地名、族名和人名往往是三位一體的，妾𥁑大概是來自𥁑地或屬於𥁑族的一個女子。

(四) 非人地名的𥁑字

第二、三期卜辭裏也有“𥁑”字：

甲申卜即貞：(匕?)歲，其𥁑。 存上1592【《合》25162】

[□□卜]即貞：且(祖)乙□其𥁑▨

明後2033，南・明345【《合》22950】

丁卯卜□貞：且丁□□𥁑▨ 文錄301【《合》23046】

□亥卜喜[貞]：▨歲𥁑▨用▨ 安明1292

(《論集》編按：《合》23502“□□卜旅貞：歲其𥁑。才十月”應補入此條後)

辛未卜尹貞：歲𥁑。 人文1339【《合》25218】

叀(惠，用法與“唯”相近)不𥁑，隹(唯)之又(有)䢔(忥)。

後下3・10【《合》31935】

上引最後一辭的“又䢔(遣)”，聞一多讀爲“有忥”，[52]可從。“𥁑”似當讀爲“謐”。《爾雅・釋詁》：“謐，靜也。”《新書・禮容語下》：“謐者，寧也，億也。”不謐就是不安寧。“不謐”與“有忥”，義正相應。前面五條卜辭可能是卜問進行祭祀時鬼神是否安謐的。卜問“其謐”也許與卜問“亡尤”、“亡𡆥”之意相近。

(五) 宓

“宓”字在卜辭裏好像都是作動詞用的，例如：

癸卯卜貞：雀宓罘，亡𡆥(憂?)。 續6・26・1，戩47・8【《合》22317】

壬戌卜□：令周宓□，若。 佚660，鐵128・2【《合》4885】

(《論集》編按：《合》4886“□□卜王：令周宓㞢，七月”應補入此條後)

貞：乎(呼)□宓□。 拾14・11【《合》18688】

貞：勿乎□宓▨ 庫550【《合》40765】

---

[52] 《古典新義》589頁。

(《論集》編按：拓本見《英》406。《屯南》307“癸亥貞：王令龜人宓[illegible]”“弜宓”、920“癸丑貞：王令刚宓[illegible]侯”可補入此條後)

丁巳卜穷貞：乎叏宓它夸(?)弗□。 鐵185·3【《合》4813】

丁未貞：王令□宓。

弜(勿)令。 安明2408【《合》34428】

上引末二辭是歷組卜辭，其餘各條都是一期卜辭(《論集》編按：補入的《屯南》307和920也是歷組卜辭。《屯南》920爲祖庚卜辭。《屯南》307和《安明》2408大概都是一期卜辭)。第三辭的[illegible]和第四辭的[illegible]應是一字異體(《論集》編按：《屯南》307的“[illegible]”也可能是一字異體)。[illegible]和第一辭的罘都是卜辭常見的國族名。《說文·宀部》：“宓，安也。”《淮南子·覽冥》高注：“宓，寧。”“宓罘”、“宓[illegible]”可能與西周銅器銘文裏提到的“寧鄧伯”⑬“安夷伯”⑭一類事同性質。

(六) 讀爲毖的[illegible]和泌

第一期卜辭的[illegible]字有一些是用作動詞的，例如：

□自(師)令[illegible][illegible]。 林2·19·17【《合》4242】

令戉[illegible]沚。 續1·17·1，簠·人46【《合》175】

(《論集》編按：《合》174“戊午卜殼貞：令戉[illegible]沚，其莾□”應補入此條前)

辛亥卜殼貞：乎戉生(往)[illegible]沚。 寧1·52

(《論集》編按：已拼入《合》4284。此辭釋文已據《合》4284補全。《合》4283“乎戉生[illegible]沚”應補入此條後)

□㮚以三百犬[illegible]易。 續2·17·5【《合》8979】

(《論集》編按：《合》16241“貞：令㮚[以]三百犬[illegible][易]”應補入此條後。又《懷》圖版117右“癸亥卜穷貞：令砢、受乎𢦏小臣[illegible][illegible]”“貞：令砢眔受、𢦏小臣[illegible][illegible]”“貞：令[illegible]以射砢[illegible][illegible]”，《懷》962【《合補》1242】“貞：令砢、受乎𢦏小臣[illegible][illegible]”“貞：令[illegible]以射砢[illegible][illegible]。四月”，應補入此後)

---

⑬ 盂爵，《三代》16·41【《集成》14·9104】。

⑭ 罝卣，《三代》13·40【《集成》10·5407】。

上引卜辭裏的字似乎應該讀爲“毖”。《説文·比部》:“毖,慎也。从比,必聲。”《廣雅·釋詁四》“必,敕也”,王念孫《疏證》:“必當爲毖。《酒誥》‘厥誥毖庶邦庶士’,‘汝劼毖殷獻臣’,‘汝典聽朕毖’,皆戒敕之意也。”《書·洛誥》“伻來毖殷”,“毖”字義亦同。見於上引卜辭的、沚、昜,都是卜辭常見的國族名或地名。“毖”、“毖沚”、“毖昜”就是對人、沚人、昜人加以敕戒鎮撫的意思。(《論集》編按:卜辭既有“宓”之文,又有“”之文,似用作動詞之“宓”與“”實表一詞,可能都應該讀爲訓“安”“寧”的“宓”,也可能都應該讀爲當“戒敕”講的“毖”。戒敕的目的就是要受戒敕者安寧順從,“宓”與“毖”當爲同源詞。)

第五期的“遚”大概也應該讀爲“毖”。對某一對象加以敕戒鎮撫,往往需要到那一對象的所在地去。《洛誥》説“伻來毖殷”,上引卜辭説“戉往毖沚”,都反映了這一點。“遚”字所以加上表示行走義的“辵”旁,大概就是由於這個緣故。

“遚”字在第五期卜辭裏極爲常見,下面擇要舉幾條爲例:

癸巳卜,才(在)反,貞:王旬亡畎。才五月,王遚于上醬。

癸卯卜,才𢉩,貞:王旬亡畎。才六月,王遚于上醬。

癸丑卜,才寔,貞:王旬亡畎。才六月,王遚于上醬。

癸亥卜,才向,貞:王旬亡畎。才六月,王遚于上醬。

癸酉卜,才上醬,貞:王旬亡畎。才七月。 通 596【《合》36537】

辛丑卜貞:王遚于噩,坒(往)來亡巛(災)。

壬寅卜貞:王遚于召,坒來亡巛。

乙巳卜貞:王遚于召,坒來亡巛。 前 2·21·5【《合》36640】

丁丑王卜貞:其遐(振)旅,征遚于盂,坒來亡巛。王占曰:吉。才□[月]。 佚 971,續 3·23·7,簠·游 51【《合》36426】

乙丑王卜,才攸,貞:今日遚从攸東,亡巛。

金 544【《合》41768】(《論集》編按:拓本見《英》2562 正)

己酉卜貞:王遚召,坒來亡巛。 前 2·24·2【《合》36643】

戊辰卜貞:王遚叀,坒來亡巛。 前 2·24·4【《合》36631】

爲了説明這些貞遚之辭的意義,需要把它們跟同時期的一般田遊卜辭對比一下。

第五期甲骨裏有大量卜問王在行路或田獵時會不會遇到災害的卜辭。這些卜辭，凡是前面説“田”的，後面一定説“往來亡災”，例如：

> 戊戌王卜貞：田弋，生來亡巛。王占曰：大吉。才四月。兹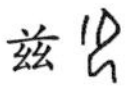。隻(獲)狂十又三。　前2·27·5【《合》37473】

凡是前面説“步”的，後面一定只説“無災”，例如：

> 壬寅卜，才曹，貞：王步于滅，亡巛。　前2·5·5【《合》36828】

貞迻的卜辭多數説“往來亡災”，可見迻跟一般的行路不同。但是迻也不會是田獵一類行爲。因爲貞田的卜辭常常在辭末附記田獵中的擒獲，貞迻之辭的末尾則極少有記獵獲的。偶爾有，所記數量也極少。例如有一條卜辭説：“己丑卜貞：王迻于召，生來亡巛。才九月。兹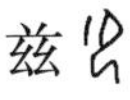。隻(獲)鹿一。”[55]這一頭鹿應該是在路途中偶然得到的。(《論集》編按：《合》37460“戊戌卜貞：王迻于召，生來[亡巛]。兹。隻麋一”，所記獲獸數也只有一頭。同版的一條卜辭説：“壬子卜貞：王田于斿，生來亡巛。兹。隻麋十一”，所記獲獸數字就要大得多。又《續》3·22·1【《合》37440】上方一辭，據《綜類》所摹當釋爲：“甲寅卜貞：王迻于召，生來亡巛。兹。隻鹿二。”從《續編》拓本看，“甲”似當爲“壬”之殘文，“亡巛”下有泐痕，“二”字不在“鹿”字下而在左方，位於“亡巛”行泐痕之下，是否能讀爲“鹿二”尚是問題。)上引貞迻之辭的第1至第5條，是刻在同一塊卜骨上的一組卜辭。從這組卜辭可以知道商王爲了迻於某地，可以花很長的時間，走很遠的路程。這説明迻是具有很嚴肅的意義的一種行動。第9辭説“其振旅，征迻于盂”，這又説明爲了“迻”還需要興師動衆。從上述這些情況看來，把“迻”讀爲有敕戒鎮撫之義的“毖”，是合理的。

我們懷疑是字異體的等字，以及懷疑是“迻”字異體的等字，用法多數與讀爲“毖”的一期字或五期“迻”字相似，下面舉幾個例子：

> 貞：□于戔。　乙726【《合》9608】

> □寅卜□貞：令犬□。三月。　京津3029

【《合》5673。編按：陳劍指出此辭“犬”上一字似非字，而應釋爲此文附文所論之“弋”(代)字。故此例應删去】

---

[55] 《前》2·23·2【《合》37429】。

貞：令章以㞢族尹〓㞢友。五月。　　前7·1·4【《合》5622】

貞：叀般商令〓鳴友。十三月。　　金732【《合》40742】

乙卯卜㝊貞：三卜，王㞢〓于𨸏京，若。六月。

鄴初下33·11，存上744【《合》8039】

丁酉卜：翌日戊王其〓于安，亡𢦏（災）。　　京津4581【《合》29378】

□□卜：王其〓从東。　　佚196【《合》28765】

歷組卜辭裏有一個用作地名的〓：

辛丑，兹用，才（在）〓。　　掇二33，京津4184【《合》34458】

（《論集》編按：《屯南》56"庚午貞：今夕亡𡆥。才〓卜"、1074+1076"戊辰貞：自〓［〓=𠧴］召方"，應補入此條後。古文字从"止"从"辵"多無別）

不知與第一期卜辭的地名"⿱止皿"有沒有關係。

前面舉過的商末周初金文裏兩個可能是"⿺辶必"的字，用法也與五期卜辭的"⿺辶必"字相似：

癸亥，王〓𠧒（于）乍（作）册般新宗。　　作册般鼎

正月，王才（在）成周。王〓于楙䔟，令小臣夌先省楙应（位）。王至于〓应，無遣（愆）。　　小臣夌鼎

作册般鼎"新宗"的"宗"大概是指宗族，而不是指宗廟的（對照馬形盠尊"舊宗小子"的"舊宗"）。小臣夌鼎的"〓应"當即王〓楙（檀?）麓時的行宫。

（七）讀爲比的〓和⿰必卩

第三、四期卜辭裏"⿰必卩"字常見，好像都是用作表示時間關係的介詞的。"必""比"古音極近，"⿰必卩"似應讀爲"比"。《孟子·梁惠王下》"比其反也"，《音義》："比，及也。"《論語·先進》"比及三年"，《皇疏》："比，至也。"《儀禮·既夕記》"比奠，舉席埽（掃）室……卒奠，埽者執帚……"，《禮記·祭義》"比時具物，不可以不備"，鄭玄注把上引兩處文字的"比"都解釋爲"先"，其實這兩個"比"都是臨到、臨近的意思，就是訓爲"及"或"至"也沒有什麼不可以。三、四期卜辭裏的"⿰必卩"（比）大概也都應該當"及"、"至"或"臨近"講。下面把有"⿰必卩"字的三、四期卜辭解釋一

下，有些殘缺過甚的卜辭從略：

其䍐（置）庸（鏞）壴（鼓）[56]于既卯。

叀（惠，用法與“唯”相近）必卯。

寧1·73（《論集》編按：拓本見《合》30693）

戍興伐，必方食⍁

于方既食戍廼（乃）伐，𢦏⍁　　安明2106【《合》28000】

上引第一、二兩辭以“于既卯”與“叀比卯”對貞，第三、四兩辭以“比方食”與“于方既食”對貞。第一對卜辭卜問究竟是在卯祭完畢時置鐘鼓好，還是到卯祭的時候就置鐘鼓好。第二對卜辭卜問究竟是到敵人吃飯的時候就進攻好，還是等到敵人吃完飯再進攻好。

辛卯卜：必彡酒其又（侑）于四方。　明後2164，南·明681【《合》30394】

庚子[卜暊]貞：其□□必日⍁

金14【《合》41317】（《論集》編按：拓本見《英》2264）

第一條卜辭卜問到舉行彡酒之祭的時候，或臨近彡酒之祭的時候，侑祭於四方好不好。第二條卜辭已殘，“日”在這裏應該是祭名。卜辭裏用作祭名的“日”字是很常見的。

䵼叀必各（格）于[?]用，王受又（祐）。

于入自[?]用，王受又。　　存下757

（《論集》編按：拓本見《合》27281，第一辭“于”下一字，《存》所摹有誤，但《合》亦不清晰）

上引卜辭裏的“格”和“入”都是指王在祭祀時的行動，他辭或言“王其各于大乙升伐”，[57]“王各夕⍁”，[58]“王于㿝酒于囬入”，[59]“王出（？），于彡酒廼入”，[60]可證。上引這對卜辭卜問是到王“格于[?]”的時候，或臨近王“格于[?]”的時候就用䵼好，還

---

[56] 關於“置”字、“鏞”字，另詳《甲骨文中的幾種樂器名稱——釋“庸”、“豐”、“鞀”、“竽”》一文（《論集》編按：篇名中“竽”字已刪去）。

[57] 《甲》663【《合》27000】。

[58] 《粹》1061【《合》28183】。參看《佚》665【《合》30923】“⍁各夕[?]⍁”。

[59] 《存》上236【《合》1210】。

[60] 《乙》4166【《合》5417】。

是等到王"入自"的時候用𩠹好。用𩠹當指用俘虜作犧牲。

兄辛歲,叀𢓊各于日敀。 甲 2589【《合》27625】

□𢓊各日,王受又。 粹 1278【《合》29802】

上引前一辭卜問是否到王"各于日"的時候,或臨近王"各于日"的時候敀殺犧牲。第二辭已殘,"各日"大概與"各于日"同義。"日"也應是祭名。(《論集》編按:"叀𢓊各……"一類卜辭還見於《屯南》618、2140、2483 等。)

桒父己、父庚,叀𢓊㞢(往)。

粹 315【《合》27415】(《論集》編按:"𢓊㞢"還見於《屯南》691)

"往"也應該是指王在祭祀時的行動,他辭或言"王㞢于日",[61]"王㞢于[夕]",[62]可證。前面講過三、四期的可能是"必"字。上引卜辭最後一字很像它的偏旁,但是如果釋爲,辭義難以講通。並且同辭"𢓊"字所从的""作,的字形跟它相差太遠,釋作一字似乎不大合理。我們不敢完全肯定等字是"必"字,就由於卜辭裏的等字有一些似乎不能釋作字。

己丑卜彭貞:其爲且(祖)丁万(賓)門于𦤎衣𢓊彡。

甲 2769【《合》30282】

疑"衣𢓊彡"作一句讀,意謂至彡祭時行衣祭之禮。"于𦤎"與"𢓊彡"爲對文。(《自選集》編按:"衣"當釋"卒","于𦤎卒"作一讀,"比彡"作一讀,殷代周祭中"彡"在"𦤎"後,詳拙文《釋殷墟卜辭中的"卒"和"𧙂"》,載《中原文物》1990 年 3 期。)

翌日庚其乘乃霝(雩),𢓊至來庚,亡(無)大雨。

翌日庚其乘乃霝,𢓊至來庚,又(有)大雨。 粹 845【《合》31199】

□夒□𢓊至□又先大雨。 佚 857【《合》30400】

"𢓊至"猶古書言"比及"[63]"及至"[64](《論集》編按:"𢓊至"又見《合》29926)。

---

[61] 《佚》864【《合》27867】。

[62] 《續》4·14·7【《合》27861】。

[63] 《左傳·莊公十二年》"比及宋",《論語·先進》"比及三年"。

[64] 《孟子·滕文公上》"及至葬"。

一、二期的有些字,用法似與三、四期的“𢓊”字相同:

丙辰卜即貞:叀出于夕印(禦)馬。　後下6・1【《合》23602】

“出”也應該指王在祭祀時的行動,他辭或言“王勿由(?)𦥑生出”,⑮可證。“夕”跟“日”一樣,在卜辭裏也常用爲祭名。“叀出于夕”與上引三、四期卜辭的“叀𢓊格于”“叀𢓊格于日”,文例完全相同。

癸亥卜㱿貞:翼(翌)甲子其又于兄庚,叀宔(賓)敀。
明後2050,南・明356【《合》23481】

這條卜辭的置於祭名之前,也應該跟三、四期的“𢓊”字同義。

乙丑卜出貞:大事酒,先酒其㞢匚(祊?)于丁卅牛。七月。
前4・34・1
(《人文》1271【《合》23064】同文。《論集》編按:《綴》38即《合》25937,由《前》4・34・1與《林》2・26・2【《合》13331】二片綴合而成。此二片疑爲同文關係,並非同版碎片)

“大事酒”可能是到酒祭時或臨近酒祭時舉行大規模祭祀的意思。“酒”與“先酒”爲對文。

卜辭裏的字和从之字的用法,我們所看到的就是以上這一些。

附:釋　“弋”

甲骨文第一期卜辭裏有等字:

令章以多射衛示乎(呼)。六月。　後下25・8【《合》5746】

叀索乎。　乙807【《合》1763】

辛巳卜貞:令小吳𣃦,甫疫族。五月。
胡厚宣先生摹本(《論集》編按:即《合》4415正)

□□[卜]𡗝貞:令𦔻𢻱。　前7・31・4【《合》6816】

---

⑮《珠》403【《合》16108】。

辛亥卜𣪘貞：乎盜妻，不。六月。 寧2·52

(《論集》編按：拓本見《合》4284。《合》4283"乎𠩺妻"、《懷》957【《合補》1234】"貞：乎盜、𠩺妻"應補入此條後)

丁未卜爭貞：令𡧊甫，乎𨘙戈𡧊▨

後下12·10【《合》5899】(《前》6·22·6【《合》5900】同文)

甲申卜㱿貞：令家保□。 掇二10，京津2178【《合》18722】

丁未卜貞：令韋𠂤𡧊牛。 安明678【《合補》2427】

貞：叀虢令𠂤𡧊牛。四[月]。 安明677【《合補》2425】

庚寅卜爭貞：叀陕𡧊。八月。 後下26·4【《合》4775】

乎阜兆。

勿乎阜兆。 乙7490【《合》10937】

乙酉卜貞：叀令𡧊。十二月。 零拾31【《合》10048】

貞：叀才(在)兹小臣令。 前4·27·5【《合》5581】

□□卜㱿[貞]：□𡧊□役。 前4·13·7【《合》5902】

這些字的字形和用法都很相近，應該是一字的異體。

甲骨文第一期的(柲)字多寫作。從上引等形來看，這個字所象的當是一種下端很尖的柲狀物。第五期"必"字所从的有時寫作。和的關係，跟和的關係相似。又變作等形。這跟字也可以寫作，[66](黄)字也可以寫作，[67](𡧊)字也可以寫作等形，[68]是同類的現象。

這個字《甲骨文編》當作未識字收在附錄裏，[69]其實就是橛杙之"杙"的本字"弋"。

《粹》499【《合》30599】片有字：

貞：𡧊叀酒。

---

[66] 《甲骨文編》685頁。

[67] 同上523頁。

[68] 同上839頁。

[69] 《文編》分列於666、667、921、929等頁。

郭沫若把這個字隸定爲“督”。金文“叔”字作 等形，[70]跟這個字的上部很相似，郭氏的隸定應該是正確的。“督”字還見於下引卜辭：

叀 酒。　　　　摭續 31【《合》30893】

叀 酒。　　　　庫 1147（《論集》編按：拓本見《合》30894）

第二辭的“杳”當是“督”的省寫。本文所討論的那個字，跟上引這兩個“督”字所从的 顯然是一個字。金文“叔”字所从的 旁是由甲骨文“叔”字所从的 變來的。 旁也可以寫作 ，與金文一般“弋”字全同。郭沫若在《釋叔》篇裏指出金文“叔”字从“弋”，[71]是完全正確的。由此可知甲骨文“督”字所从的 ，以及本文所討論的那個字，也都是“弋”字。

甲骨文“督”字還可以寫作 [72] [73]等形，它們和《粹》499 片“督”字所从的“叔”，寫法都跟上引《摭續》和《庫》的“督”字有些不同。甲骨文“土”字多作 等形，[74]《粹》499 等“督”字所从的“叔”，應該是由於在“弋”下加“土”旁而省略了“弋”的下部。郭沫若解釋“叔”字形義說：“《說文》云：‘汝南名收芋爲叔’。案此當爲叔字之本義，以金文字形而言，實乃从‘又’持‘弋’（杙）以掘芋也。”[75]甲骨文“叔”字或於“弋”下加“土”，以弋掘地之意更爲明顯（《論集》編按：也可能如有些學者所說的那樣，本象樹杙於地）。

金文又有 字，《金文編》收入附錄（1013 頁）【見 1985 年版 1273 頁】，郭沫若也釋爲“弋”，[76]可信。古文字的寫法，填實與勾廓往往不別。金文“才”字既可以寫作 ，也可以寫作 ，[77] 和 當然也應該是一字異體。

金文“弋”字一般寫作 ，這是簡化的形式。甲骨文第五期卜辭有 字：

戊戌王卜鼎：田 ，𡳿（往）來亡𢀛（災）。王𡆥曰：大吉。才（在）四月。

---

[70] 《金文編》148—149 頁【見 1985 年版 191 頁】。

[71] 《金文叢考》230 頁。

[72] 《人文》1812【《合》30365】。

[73] 《摭續》205【《合》33871】。

[74] 《甲骨文編》518—520 頁“土”字及从“土”之字。

[75] 《大系考釋》75 頁上。

[76] 《釋弋》，《金文叢考》228 頁。

[77] 《金文編》327 頁【見 1985 年版 411—412 頁】。

茲。隻(獲)犴十又三。　　前 2・27・5【《合》37473】

郭沫若、葉玉森都把這個字釋作“弋”,[78]應該是可信的。可見“弋”字簡體在商代就已經出現,周代金文裏的二體是各有所承的。

《說文・厂部》:“(弋),橜(橛)也,象折木衺鋭者形”,所錄篆形是訛變的形體。《說文》還把“弋”跟“柲”的象形初文混爲一字,我們在《釋“柲”》一文裏已經指出了這個錯誤,這裏就不多說了。

古書多以“杙”爲“弋”(《論集》編按:這個“杙”其實可以看作“弋”的後起字,不必把它跟《說文・木部》的“杙”視爲一字)。《詩・周南・兔罝》毛傳“丁丁,椓杙聲”,所說的是植在地上的較大的木杙。《左傳・襄公十七年》“以杙抉其傷”,所說的是用來抉物的較小的木杙。無論是植在地上的或是用來抉物的杙,其下端都必須是比較尖鋭的。《說文》說“弋”字“象折木衺鋭者形”,雖然有些遷就“弋”字訛變的字形,但並不是毫無根據的。前面已經說過,甲骨文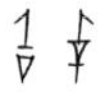等字象一種下端很尖的柲狀物,而“柲離戈言,固是木杙”。[79] 所以從木杙的特點來看,把這些字釋爲“弋”也是很合理的。

本文開頭所引的那些卜辭裏的“弋”字都是動詞,並且往往放在兩個人名或國族名之間。它們似乎都應該讀爲替代的“代”。《書・立政》:“帝欽罰之,乃伻我有夏式商受命,奄甸萬姓”,曾運乾《尚書正讀》讀“式”爲“代”(251 頁)。“式”“代”都从“弋”聲,如果“式”可以借爲“代”,“弋”當然也可以借爲“代”。《書・多士》:“非我小國敢弋殷命”,這個“弋”字很可能就應該讀爲“代”,可以與卜辭互證。

甲骨文裏還有幾個从“弋”的字:

貞:□(䝨?)不隹(唯)。　　後下 16・7【《合》18385】

這個字所从的舊多釋爲“貝”,聽說于省吾先生近來改釋爲“心”。那麼這便應該是“忒”字。(《論集》編按:于說見《甲骨文字釋林》361—367 頁《釋心》篇。于先生釋上舉之字爲“惄”。此字“弋”旁加點,與“沯”所从的“尗”同,于說似可從。)

匕(妣)戊。　　乙 4677【《合》22301】

---

[78] 看郭氏《卜辭通纂》722 片考釋及葉氏《殷虛書契前編集釋》。《甲骨文編》釋此字爲“干”(91 頁),不可信。

[79] 同注[76]。

這個字應該釋作“妣”。《説文·女部》:“妣,婦官也。从女,弋聲。”金文“妣”字屢見,多用爲女姓。

□□ 鐵152·3【《合》961】

不其囚凡。 存下393【《合》4951】

這個字似从“丹”或“井”,从“弋”,音義待考,上引卜辭似用爲人名。

1967年初稿,1979年8月改定

原載《古文字研究》第三輯(中華書局,1980),又載《古文字論集》、《裘錫圭自選集》,今據《裘錫圭自選集》收入。

甲骨文字考釋(八篇)

一、釋"䒰""𥝤"

甲骨文裏有"䒰"字:

□□其每。　　佚757,存上1654【《合》18428】

《甲骨文編》把它當作未識字附在艸部之末。䒰从二中从㸚。㸚字之音如"孽"。[①]甲骨文裏往往把㸚字寫作、、等形,[②]下部从刀,可知"㸚"本象一種刀類工具。根據它的音義推測,"㸚"應是"乂"的初文。"乂"、"孽"都是疑母祭部字,古音極近。乂字繁體作"刈"(見《說文》),《國語·齊語》韋注:"刈,鐮也",字義也與㸚相合。甲骨文的䏊字有寫作的,[③]蔑字異體薛有寫作或的,[④]𥝤字有寫作的,[⑤]所从的㸚簡化成、等形。這種簡寫的㸚,尤其是不帶"刀"形的那種寫法,只要稍加整齊化就會變成小篆的(乂)。[⑥] 既知㸚是乂的初文,就可斷定䒰字應該釋作"艾"。

古書裏有兩個艾字。《說文·艸部》:"艾,冰臺也。从艸,乂聲。"這個"艾"是

---

① 王國維《釋辥》下,《觀堂集林》卷六。

② 第一形見《甲骨文編》684頁。《文編》入此字於附錄,實當列入"辛"字下。後二形採自从"㸚"之字偏旁,看《文編》310頁"𥝤"字、554頁"辥"字、684頁"䏊"字。

③ 《文編》把"䏊"字分列於684頁及907頁,當合併。此處所引見907頁。

④ 《文編》把"薛"字分列於866頁及941頁,當合併。此處所引第一形見《六·清》54(亦見《外》230)【《合》14806】,《文編》收入866頁,第二形見《續》1·51·4【《合》14801】。

⑤ 見《粹》433【《合》34474】,《文編》誤摹此字所从的爲"斤",收在311頁"析"字條。關於"𥝤"字,請參看下文。

⑥ 《文編》把甲骨文的和釋爲"乂"(486頁),丁山把甲骨文的和釋爲"乂"(《甲骨文所見氏族及其制度》152及78頁),都缺乏根據,不可信。

草名,讀“五蓋切”(今音爲 ài)。《詩・周頌・臣工》“奄觀銍艾”,《釋文》:“艾音刈。”《詩・周南・葛覃》“是刈是濩”,《釋文》本“刈”作“艾”,注曰:“艾本亦作刈,魚廢反,韓詩云:刈取也。”《禮記・月令》仲夏之月“命民毋艾藍以染”,《吕氏春秋・仲夏紀》艾作刈。這個艾字與刈字同音同義,可以看作“刈”的異體(今音爲 yì)。第一個艾字是純粹的形聲字。第二個艾字則應該分析爲“从艸,从乂,乂亦聲”,是一個表意兼形聲字。𦴡字的構造與(芻)、(折)等字類似,象以丂割艸,應該釋爲與“刈”同音義的“艾”。

甲骨文裏還有個从四“屮”从“”的字:

□□卜古貞:才(在)唐彔(麓)。　乙 498【《合》8015】

這個字所从的,跟上面舉過的丂旁簡體非常相似。甲骨文从四“屮”、从二“屮”每多無別,例如“莫”和“菉”(禁)就都有从茻和从艸兩種寫法。[⑦] 所以這個字應該是“𦴡”的異體。“艾在唐麓”就是在唐地山麓刈草的意思。

知道了“丂”是“乂”的初文,還可以糾正前人對㐤字的誤釋。甲骨文常見㐤字,作、等形,[⑧]孫詒讓誤認丂旁爲“乇”,釋作“秖”,[⑨]余永梁釋爲“杤”(糵),[⑩]陳夢家以爲“當是糵字……指作造酒糵”,[⑪]饒宗頤讀爲“孽”,以爲“指禾害而言”,[⑫]《甲骨文編》則仍把它當作未識字附在禾部之末。既知“丂”是“乂”的初文,就可以斷定“㐤”的本義當是刈禾。它的構造和“𦴡”相類,應該分析爲“从禾,从丂,丂亦聲”。“𦴡”(艾)可以看作“刈”的異體,“㐤”也同樣可以看作“刈”的異體。

商代人用表意字,往往比後世分得細。後世用一個表意字表示的意義,他們往往分用幾個表意字來表示。例如在商代,與大牢、小牢之別相應,牢字也有从牛與从羊二體(或作宰),到周代就只用从牛的牢字了。刈草、刈禾在甲骨文裏各有專字,而後世只剩下一個艾字,也是由於這個緣故。前面引過《臣工》篇的“奄觀銍艾”,《毛傳》釋“銍”爲“穫”,與“銍”並提的“艾”應該當刈禾講,正相當於甲骨文的“㐤”。此外如《吕氏春秋・上農》“因胥歲不舉銍艾”,《荀子・王制》“使民有所耘

⑦ 《文編》24—25 頁及 267 頁。“菉”即“麓”之異體。
⑧ 《文編》310—311 頁。
⑨ 《契文舉例》下 13 頁。
⑩ 《殷虚文字考》,《國學論叢》1 卷 1 期。
⑪ 《綜述》539 頁。
⑫ 《人物》95 頁。

艾”,《穀梁傳・莊公二十八年》“一年不艾而百姓饑”,所用的艾字或應作刈禾刀講,或應作刈禾講,都跟秜字相當。

卜辭秜字看來絶大部分是用其本義的,下面把有關卜辭簡單解釋一下:

丁丑卜㱿貞:王坐(往)立(涖)秜,征比沚戠。

柏 24,七・B33(《論集》編按:拓本見《合》9557 正)

貞:王坐立秜黍⧄　　胡厚宣先生摹本(《論集》編按:即《合》9558)

⧄秜黍。　　續 5・23・5【《合》9574】

卜辭裏屢見“王立黍”、“王立”之文,于省吾先生讀“立”爲“涖”,⑬可信。上引諸辭的立也應讀爲涖。“王往涖秜黍”、“王往涖秜”,是王親往涖臨收刈黍子或其他作物之事的意思。

丁未卜穷貞:叀(惠,用法與“唯”相近)王□秜黍。　人文 143【《合》9559】

“王”下一字殘存右旁“丮”及左上部“才”,疑本是“𩚵”字。《説文・丮部》:“𩚵,設飪也”,在上引卜辭裏用何義待考。也許“𩚵秜黍”就是爲刈黍者設食的意思。

甲子卜:(弜)秜。　　續 2・5・1,2・23・6,戩 44・7【《合》9563】

“禾”字舊多釋“黍”,陳夢家先生認爲“可能是粱字”,又説“還可能是穈字或粟字”,⑭于省吾先生釋“穧”,以爲即“稷”之初文。⑮ 是商王統轄的一個農業區,似乎主要是種禾的,他辭或卜問“禾㞢(有)正雨”,⑯“受禾[年]”,⑰可證。上引卜辭是卜問地刈禾之事的。(《論集》編按:“禾”即“黍”字異體,看本書所收《甲骨文中所見的商代農業》。)

辛亥卜貞:戓秜來。　　鐵 177・3【《合》9565】

戓大概也是生産糧食的地區,但是也有可能是商王準備派往某地去秜來的人。來就是《周頌・思文》“貽我來牟”的來,秜來就是刈麥。

己丑卜穷貞:今商秜。

⑬ 《商代的穀類作物》,《東北人大人文科學學報》1957 年 1 期 90 頁。

⑭ 《綜述》528 頁。

⑮ 同注⑬,92—93 頁。

⑯ 《庫》333【《英》820】。

⑰ 《粹》890【《合》10029】。

貞：今不稼。　　甲2121【《合》9560】

是表示時間的一個詞,于省吾先生讀爲“秋”。[18] 上引卜辭大概是卜問商地在今能否有刈穫。

庚辰卜亘貞：亶受年。

貞：亶不其受年。　　乙7672【《合》9810正】

王固曰：亶稼隹(唯)☐　　乙7673(7672之背)【《合》9810反】

上面所引的是一對正反對貞的卜辭以及它們的占辭。卜辭卜問亶地能否有收成。占辭已殘,但可以看出“稼”也是當刈穫作物講的。

☐弗稼夫。　　佚960,續6·19·6,戩33·8,鐵196·4【《合》18400】

夫是地名,[19]“稼夫”當是在夫地刈穫的意思(《論集》編按:“稼”下一字也有可能是“天”字)。

盂田禾,其钔(禦),吉稼。

弜(勿)钔,吉稼。　　摭續137【《合》28203】

(《論集》編按:《屯南》620+2991+2291“丁亥卜貞:今秋受年,吉稼”“不吉稼”“貞:今秋受年”“不吉稼”應補入此二條前)

“”當指作物有病(《論集》編按:《合》28233字、《懷》1315【《合補》10314】字,都是此字異體)。疑“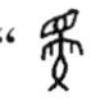”即“”(見毛公鼎)之初文,字亦作“哭”,金文用作“無斁”之“斁”。“”當从“”聲,似可讀爲“殬”。《説文·歺部》:“殬,敗也。”又《説文·艸部》:“蘀,艸木凡皮葉落陊地爲蘀。”“”或可讀爲“蘀”,指禾葉枯落。上引兩條卜辭大概是問的這樣一件事:盂田的莊稼有了病,要想有所刈穫,究竟是舉行禦祭好,還是不舉行禦祭好。【編按:郭永秉指出,此字右旁當是“要”而非“睪”,在卜辭中可讀爲“夭”(《談古文字中的“要”字和从“要”之字》,《古文字研究》第二十八輯,中華書局,2010)。】

---

[18] 《雙劍誃殷契駢枝·釋條》。

[19] 卜辭或言“[王]逃于夫,[往]來亡(無)[災]”(佚185【《合》36696】),或言“生(往)夫”(乙3334【《合》10302】),皆“夫”爲地名之例。(《論集》編按:《綴》304【《合》9681】:“戊申卜:夫受年”,可見夫是農業區。)

□小稃臣。　　　　乙5915【《合》9017】

□乎(呼)[小]稃臣。　　　　乙2813【《合》9566】

小稃臣當是管刈穫之事的小臣。卜辭裏還有小耤臣,[20]是管耕耤之事的小臣。二者可以互證。這是與商代農業生産組織形式有關的重要史料。

貞:不其稃。三月。　　　　前4・5・3【《合》9567】

癸丑卜:稃。兹用。　　　　粹433【《合》34474】

上引卜辭裏的"稃"也都可以當刈禾講。

此外,甲骨文裏還有些用稃字的卜辭,或者用法没有超出以上所説的範圍,或者由於文字殘缺過甚而辭意不明,這裏就不引了。

西周時人有以"稃"爲名的:

[illegible]乍(作)父甲寶毁,邁(萬)年孫子寶。

三代7・22篡【《集成》7・3751】

這個字的廢棄大概是西周之後的事情。

最後附帶談談卜辭裏的"丂田黍":

壬戌卜古貞:乎[illegible][illegible](罕?)黍。　　前5・5・3,存下60【《合》9544正】

王固曰:吉,其[illegible]。

存下61(60之背。《論集》編按:拓本見《合》9544反)

"丂田"字不識,疑从"兮"聲,在上引卜辭裏似乎也應該讀爲"刈"。"丂田罕(?)黍"可能是收刈罕地之黍的意思。

《論集》編校追記:

本文所引《乙》7672、7673即《合》9810正、反。由于《合》已拼入碎片,《乙》7672"庚辰"一辭之末應加"二月"兩字,《乙》7673占辭"隹"字下應加"不魯"二字。"亶稃,隹不魯"意謂亶地有收成但不佳,參看《合》9768"□我受年。王固曰:受[年],隹不魯"。

---

[20] 《前》6・17・6【《合》5603】,6・17・5【《合》5604】。

二、釋　“芟”

甲骨文有“”字:

☐白☐☐田弗☐　　六·中108(《論集》編按:拓本見《合》10571)

《甲骨文編》把它當作未識字收在附錄裏。[21]

這個字所从的應該是“殳”的異體。甲骨文(殳)字所从的也可以寫作,例如字有時就寫作。[22] 和,《甲骨文編》分列兩處,其實也是一個字。[23] 从又和从収,在古文字裏更是常常不加區別。例如甲骨文叀(專)字也作𢍰,[24]𠁁(舩)字也作𠬝,[25]𣪊字也作𣪊,[26]𤔲字也作𤔲,[27]金文𤔲(對)字也作叢,[28]僕(僕)字也作僕,[29]差(羞)字也作羞。[30] 其例不勝枚舉。《甲骨文編》把叙和㪔、[31]叙和㪔、[32]㝅和㝅,[33]都分列爲兩字,其實它們都是一字的異體。[34] 圖式族名金文裏屢見字,就是甲骨文和族名金文裏常見的羖字的異體。《金文編》把它拆成羊、二字,[35]也是由於忽略了古文字又、収相通的特點。根據以上所述,可以肯定

---

[21] 《甲骨文編》692頁。

[22] 同上719頁。

[23] 同上720及741頁。又族名金文有字(《金文編》827頁【見1985年版1062頁】),甲骨文有字(《存》上2209【《合》32862】,《人文》2532【《合》32861】作),疑皆與此爲一字。

[24] 《甲骨文編》136—137頁。《文編》釋“專”,似非。

[25] 同上102頁。朱芳圃《殷周文字釋叢》釋此字爲“舩”。

[26] 《甲骨文編》88—89頁。

[27] 同上686頁。

[28] 《金文編》119—122頁【見1985年版155—158頁】。

[29] 同上122頁【見1985年版158頁】。

[30] 《金文編》769頁【見1985年版990—991頁】。

[31] 《甲骨文編》121—122頁及690頁。

[32] 同上122及690頁。

[33] 同上7及688頁。

[34] 有人認爲“叙”與“叙”也是一字異體。

[35] 《金文編》892頁【見1985年版1137頁】字。

就是"殳"的異體。字象以殳除草,應該釋作"芟"。《說文・艸部》:"芟,刈艸也。"

上引有芟字的殘辭裏還有田字。這條卜辭大概是卜問芟除田中草萊之事的。

三、釋"沓"

甲骨文裏有一個从口从水的字,作、等形,㊱《甲骨文編》把這個字當作未識字附在口部之末。

甲骨文的旁,在較晚的古文字裏往往變作、等形,在《說文》的篆文裏又往往變作(曰)旁。例如:曹字甲骨文作,㊲周代金文从或,㊳六國古文从或,㊴漢代金石篆文从或,㊵《說文》从。昌字甲骨文作,㊶六國古文从、或,㊷漢代金石篆文从、或,㊸《說文》从。會字甲骨文作,㊹周代金文从或,㊺六國古文从或,㊻秦漢金石篆文从或,㊼《說文》篆文从。《說文・曰部》有沓字:

> ,語多沓沓也。从水,从曰。

這個字六國古文寫作、等形,㊽漢印篆文寫作、等形,㊾都从不从曰,情

㊱ 見《粹》957【《合》28789】、《安明》1981【《合》28982】。

㊲ 《甲骨文編》210頁。

㊳ 《金文編》253頁【見1985年版317頁】。

㊴ 《古徵》5・1下。

㊵ 《漢徵》5・5上,《金文續編》5・3下。

㊶ 《甲》185【《合》19924】。《甲骨文編》誤收入288頁"旦"字下。

㊷ 《古徵》7・1上,《古陶》7・1上。

㊸ 《漢徵》7・3上,《金文續編》7・2。

㊹ 《粹》466【《合》30956】。此字從郭沫若釋。(《論集》編按:此字也可能不是"會"字,而是从"日""合"聲之字,疑即"晻"之古字。)

㊺ 《金文編》289頁【見1985年版364—365頁】。

㊻ 《古陶》6・4下"鄶"字,《古徵》5・3上"逾"字。

㊼ 《金文續編》5・9上,《漢徵》5・12上,又2・4下"噲"字,9・9下"儈"字。

㊽ 《古徵》10・4下"踏"字。

㊾ 《漢徵》5・5上。

況與上舉曹、昌等字相類。由此可知甲骨文的沓字就是沓的初文。[50]

甲骨文裏還有一個从彳从沓的字,作、等形,《甲骨文編》把這個字當作未識字附在彳部之末。[51] 甲骨文从彳與从辵無别,例如逆與𢓜、[52]遘與冓、[53]通(通)與徝,[54]都是一字異體。所以⿰彳沓字應該釋爲遝。《玉篇·辵部》:"遝,遝遝,行皃。"這個字《説文》失收。

沓、⿰彳沓二字在卜辭裏都用作地名:

叀(惠,用法與"唯"相近)⿰彳沓田,亡𢦏(災)。
其逐沓麋自西東北,亡𢦏。
自東西北逐沓麋,亡𢦏。　粹980+957(《綴》176)【《合》28789】
弜(勿)逐⿰彳沓麋,其每。
王其東逐⿰彳沓麋,毕(擒)。　安明2021【《合》28790】

(《論集》編按:《屯南》2579有"射沓累",《懷》1441【《合補》9071】有"射⿰彳沓麋")

叀沓田,亡𢦏。　安明1981【《合》28982】
叀⿰彳沓田,亡𢦏。　鄴初下33·9,京津4468【《合》29285】
叀⿰彳沓田,亡𢦏。　人文2047【《合》29233】
叀⿰彳沓田,[亡]𢦏。毕。　戩11·4【《合》29287】
王其田⿰彳沓,叀☐　甲892【《合》29283】
其田⿰彳沓,焚,亡𢦏,毕。　後上14·11,菁9·16【《合》29284】

(《論集》編按:《屯南》2326有"叀⿰彳沓彔(麓)焚",2395有"叀⿰彳沓焚")

辛巳卜貞:王其田⿰彳沓,亡𢦏。　人文2505【《合》33560】

《粹》980片之上,一條卜辭的地名作沓,另一條作⿰彳沓,《考釋》認爲二者是同一地名的不同寫法,其説可信。《春秋·文公十三年》:"冬,公如晉,衛侯會公于沓。"沓當爲衛地,卜辭之沓疑即此地,可惜確切地望已不可考。

---

[50] 朱熹《晦庵文集》卷六十三《答余正甫書》:"修書之式,只可作小卷,疏行大字,每段空紙一行,只似公案,摺疊成沓,逐卷各以紙索穿其腰背。"此文"沓"字似即"沓"之異體。《龍龕手鑑》入聲木部"榙"字亦有作"⿰木沓"之俗體。不知後世之"沓"與古文字之"沓"有無關係。

[51] 《甲骨文編》79頁。同頁"㣙"字條所收二字其實都是"⿰彳沓"字,孫氏摹録有誤。

[52] 同上65—66頁。

[53] 同上65—66頁。

[54] 同上66頁。

甲骨文裏還有一個从馬从沓的字：

戍其徲（遲）母（毋）歸于之，若，𢦏羌方。

戍其歸，乎（呼），王弗每。　　人文 2142【《合》27972】

《玉篇・馬部》："騽，駁騽，馬行皃。"《説文・馬部》未收騽字，駁字的解釋是"馬行相及也"。駁又可以當馬馳或馬行疾講。《方言》十三"駁，馬馳也"，郭注："駁駁，疾貌也。"《廣韻・合韻》："駁，馬行疾。"騽也有類似意義。《集韻・合韻》："騽，駁騽，馬行疾也。"《漢書・禮樂志》郊祀歌第十五章"騎沓沓"，顔注："沓沓，疾行也。"沓、騽通。按照卜辭文例，上引兩辭裏"戍其遲毋歸于之"與"戍其歸呼騽"這兩句話的意思應該是相對的。後一句的意思很可能就是讓"戍"（擔任防戍等工作的一種人）迅速馳歸。

《論集》編校追記：

本篇及後《釋"鳧"》篇原來都包括在提交給中國古文字研究會 1979 年年會的論文《甲骨文字考釋五篇》裏（收入《古文字研究》第四輯時補充三篇，成爲八篇）。于省吾先生在《甲骨文字釋林》裏已經釋出了甲骨文裏的"沓"字"騽"字和"鳧"字（見 153 及 375 至 376 頁），但我們在寫這兩篇文章時尚未見到于書。由於這兩篇文章的具體内容與于先生的文章不盡相同，故本集存而未删。

又黄然偉《殷王田獵考（下）》早已指出"卜辭徣殆即沓字"，並已引及《左傳・文公十三年》之地名"沓"（《中國文字》合訂本第 4 卷 1722 頁）。寫《釋"沓"》篇時尚未讀到此文，故未引用，謹誌於此。

四、釋　"鳧"

甲骨文裏有一個从隹从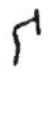的字：

貞：王入于朿徝。

貞：勿于朿。　　乙 580，丙 521【《合》14161】

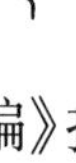　　明 1621（《論集》編按：拓本見《合》18328）

《甲骨文編》把它當作未識字收在附録裏，[55]《殷虚文字丙編》考釋則認爲此字"从

[55] 《文編》727 頁。

隹从人,當爲雍字”。[56]

這個字也見於周代金文:[57]

仲皃父簋　　再簋　　皃弔匜

前人釋爲皃。古文字隹旁、鳥旁通用,釋此字爲皃應該是可信的。《說文》皃字小篆从𠤎,隸書、章草和早期楷書裏的皃字,下部从力,都是金文皃字下部所从人形的訛變。[58] 所以上揭甲骨文應該是皃字而不是雍字。

細審甲骨、金文皃字下部所从,實象俯身人形,而非一般人字。頗疑此即俯字表意初文(《論集》編按:高亨《文字形義學概論》176 頁謂“勹疑即俯之古文”,可參考),皃字蓋以此爲聲旁。

卜辭皃字似用爲地名。

五、釋　“虐”

甲骨文裏有一個从虎从人的字:

貞:今夕其。　　乙 5589【《合》17192】

貞:不隹(唯)。

貞:不[隹]。　　續 5・33・6【《合》17946】

貞:王囧其。　　佚 664【《合》17224】

(《論集》編按:《合》14315 反“貞:□”應補入此條下)

丙子卜〼蠱〼　　拾 13・10【《合》8857】

(《論集》編按:《合》13658 正“㞢疒齒,隹蠱”“不隹蠱”應補此條下)

葉玉森把這個字釋作虎,以爲“即牝之異體”,[59]《甲骨文編》從之,[60]實不可信。

---

[56] 《丙》下(二)考釋 16 頁。

[57] 《金文編》163 頁【見 1985 年版 208 頁】。

[58] 看馬衡《漢石經集存》103 號拓片考釋。

[59] 《鐵雲藏龜拾遺考釋》27 頁上。

[60] 《文編》35 頁。

這個字象虎抓人欲噬形,應是"虐"之初文。《說文・虍部》:" ,殘也。从虍,虎足反爪人也。"《詛楚文》虐字作 ,[61]會稽刻石作 ,[62]與《說文》相合。西周金文作 、 ,[63]沒有突出虎爪,與甲骨文虐字相近。

虐字在卜辭裏多與蠱、𡆥、 等災禍字並用,例已見上。有的卜辭貞問"王𡆥隹(唯)蠱",[64]文例與上引"王𡆥其虐"一辭相類。由此可見這個字的意義一定與災禍有關。從這一點看,把這個字釋作虐也是合理的。《尚書・盤庚》"殷降大虐,先王不懷,厥攸作,視民利用遷",同書《金縢》"史乃册祝曰:惟爾元孫某遘厲虐疾……",虐字的用法都與卜辭相近。

《論集》編校追記:

"虐"字古訓"惡"訓"暴"。上引卜辭中諸"虐"字似有厲害、加重一類意思,可能與"厲"義近。 字,近有學者釋讀爲"瘳",其說若信,就不能視爲災禍字,而只能視爲與疾病有關之字了。

六、釋 "坎"

甲骨文埋牲字作 、 等形。[65] 羅振玉釋此字爲薶(埋),《甲骨文編》從之。釋此字爲埋,從卜辭文義看是合理的,但是在文字學上缺乏根據。

此字所从之 是"坎"的初文。《說文・凵部》:"凵,張口也,象形",其讀音與"坎"相同。楊樹達認爲"凵象坎陷之形,乃坎之初文",[66]顯然比《說文》的解釋合理。古漢語名動相因,坎字除名詞用法外還有動詞用法,掘地爲坎或是掘地而埋物其中都可以叫"坎"。《左傳・僖公二十五年》:"宵坎血加書,僞與子儀、子邊盟

---

[61] 見《絳帖》(容庚《古石刻零拾》亦收入)。

[62] 羅振玉《秦金石刻辭》卷中。今傳會稽刻石摹本的可靠程度尚待研究,但此字字形似可信(《論集》編按:會稽刻石摹本不可靠,此字形僅供參考)。

[63] 《歷代》15・151上"寅簋"(《大系》改稱㠱盨)【《集成》9・4469】。

[64] 《乙》6215【《合》201】。

[65] 《甲骨文編》22—23頁。由一般用於埋牛羊,凼一般用於埋犬豕,看《漢字形成問題的初步探索》,《中國語文》1978年3期169頁。

[66] 《積微居小學述林・釋凵𠙴》(《論集》編按:關於"坎"的初文以及下文談到的"坎"和"臽"的關係,請參看于省吾《甲骨文字釋林》271至273頁)。

者”,杜注:“掘地爲坎以埋盟之餘血,加盟書其上。”《周禮·秋官·司盟》鄭玄注:“盟者書其辭於策,殺牲取血,坎其牲,加書於上而埋之。”《左傳》襄公二十六年、昭公六年都有“坎用牲”之語(襄二十六年原文作“欿用牲”,欿、坎通用)。甲骨文㘱、㘯等字从凵(坎),象埋牲於坎之形,應即“坎血”、“坎其牲”之“坎”的專字。最初㘱大概就可以代表“坎牛”兩個詞,㘯大概就可以代表“坎犬”兩個詞,隨着一字一音節原則的嚴格化,它們就成爲坎字用於坎牲一義的異體字了。[67]

甲骨文田獵卜辭裏常見一種叫做𠚁的田獵方法,這個字有時也寫作𡆥或𡇃。羅振玉釋𠚁爲阱,《甲骨文編》則把𠚁、𡆥、𡇃都當作薶字的異體(22頁)。從有關卜辭可以清楚地看出來,㘱、㘯指埋牲於坎以祭鬼神,𠚁、𡆥、𡇃則指用陷阱捕獸,《文編》把它們看作一個字是不妥當的。𠚁等字的構造與象人落入陷阱的“臽”字同意。胡厚宣先生認爲此字“象挖地爲阬坎,以陷麋鹿之狀”,應讀爲“陷”,[68]這比羅氏釋阱的說法合理。“臽”、“坎”意義相近,字音也極其接近,“臽”應該就是從“坎”分化出來的一個詞。《前》4·4·2【《合》10349】:“壬子卜㱿貞:甫𠬪(擒)𪊑(麋)。丙子𠚁,允𠬪二百㞢(又)九。”《卜辭通纂》收此片爲第23片,《考釋》說“𠚁”“當是‘穽麋’二字之合文,知者以下言‘允𠬪二百又九’,不復言薦也”。此說極爲有理,不過“穽麋”應改釋爲“陷麋”。卜辭裏後面不跟獸名的𠚁、𡆥、𡇃諸字,大概多數應該分別讀爲“陷麋”、“陷鹿”、“陷𪊑(麋)”。卜辭裏個別㘯字後面不跟犧牲名,可能也應該讀爲“坎犬”。[69]

《珠》34【《合》19800】:“丙申卜王貞:勿爯于門。辛丑用。十二月。”《發凡》說:“古有祀門之祭……𡆥讀若薶,用女俘也。”于省吾先生改釋此字爲“臽”。[70]從文義看,此字當與㘱、㘯等字爲一類,應爲動詞“坎”的異體,在上引卜辭裏也可能應讀爲“坎女”或“坎奴”(女、奴古音極近)。

七、殷墟卜辭所見石甲兔甲即陽甲說

在見於陳夢家所謂“午組卜辭”的祭祀對象裏,有一個名爲的先人:

---

[67] 參看注[65]所引文。

[68] 《說貴田》,《歷史研究》1957年7期65頁。

[69] 參看注[65]所引文。

[70] 《雙劍誃殷契駢枝三編·釋臽》。

甲寅卜,午(禦)牢。用。 前8·8·4【《合》22116】

己酉卜,叀(惠,用法與“唯”相近)牛于。 乙5327【《合》22044】

甲骨文石字作,一般釋爲“石甲”合文,應該是正確的。

1973年小屯南地出土的“午組卜辭”裏也有石甲之名:

癸亥卜貞:酒午(禦)至正。

《考古》1979年6期513頁圖一·8(《論集》編按:即《屯南》2671)

蕭楠同志《略論“午組卜辭”》一文認爲上引卜辭中的後一先人名“可能是盤庚之合文”(同上514頁),大概是正確的。石甲與盤庚並提,應該就是盤庚之兄陽甲。

在正統卜辭裏,相當於陽甲的先王名的“甲”上一字寫作、、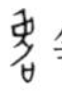等形。[71] 此字所从獸形,董作賓謂是“虎”,[72]郭沫若謂是“象”,[73]唐蘭謂是“兔”,[74]陳夢家謂是“彖”。[75] 從獸形撅尾的特點看,唐先生的意見顯然是正確的。“兔”是透母魚部字,“陽”是以母(喻四)陽部字。魚、陽二部陰陽對轉。以母古與定母極其相近,[76]定、透都是舌頭音,極易相轉,从昜聲的“湯”就讀透母。由此可知“兔”和“陽”的上古音是很相近的。所以盤庚之兄舊文獻作陽甲而甲骨文作魯甲。“兔”、“陽”陰陽對轉,故可通用。唐先生以爲“逸”當从兔聲,“逸、陽爲聲之轉”,似嫌迂曲。

“石”爲禪母魚部入聲字。禪母古音亦與定母等舌頭音相近,[77]从石聲之“橐”、“拓”等字讀透母,與兔字同。宕字,《說文》以爲从“碭”省聲,其實很可能就从石聲,“宕”、“石”二字陽入對轉。石、兔、陽諸字古音都很接近,石甲、魯甲、陽甲應是一名的異寫。(《論集》編按: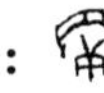是否盤庚,尚難論定,石甲是否陽甲,亦當存疑。)

---

[71] 《文編》587頁。

[72] 《甲骨文斷代研究例》。

[73] 《卜辭通纂考釋》。

[74] 《天壤閣甲骨文存考釋》。

[75] 《綜述》407頁。

[76] 看曾運乾《喻母古讀考》,《東北大學季刊》第2期。

[77] 看周祖謨先生《禪母古讀考》,收入《問學集》。

八、甲骨文中重文和合文重複偏旁的省略

(一)重文的省略

古文字裏碰到重文的時候通常都用重文號代替。但是甲骨文裏是否已經使用重文號,却是一個有爭論的問題。三期以後的卜辭裏屢見"王受⺕"之文。郭沫若先生認爲"又"下的"="是重文號,"⺕"當讀爲"有祐",並引侯家莊大甲(即《甲》598【《合》28800】)"王受又又"之文爲證。[78] 陳夢家先生則認爲"="是"指標","⺕"字加"="與"右"字加"口"同例。[79] 我們覺得郭先生的説法比較可信。但是卜辭裏除"王受⺕"之外,似乎就不再見重文號的使用了。商代晚期銅器銘文中偶爾也有重文號,如小子𠭯卣"乙子=令小子𠭯先吕(以)人于堇",[80]應讀爲"乙子(巳),子令……"。商代甲骨、金文裏重文號使用得很少,這可能主要是由於文辭簡單,重文出現的機會較少的緣故。不過,甲骨文裏除了使用重文號以外,實際上還存在另一種比較原始的省略重文的方法,那就是不加任何記號直接將重文省去。也就是説,直接讓一個字頂同樣的兩個字用。這一點前人似乎沒有注意。

《粹》477【《合》32201】:

乙亥卜,又十牢十伐大甲申。

郭先生《考釋》説:"大甲下著一申字未解何義,若爲甲申連文,則于大字亦無説。"其實這個"甲"字是兩用的,既用作大甲的"甲",又用作甲申的"甲"。上引這條卜辭的意思是説,到甲申那天(甲申是乙亥以後的第九天),用十大牢和十個砍頭人牲祭祀大甲好不好(《論集》編按:黄天樹同志指出,《屯南》940"乙亥卜,來甲申又大甲十牢十伐"與《粹》477在同一天爲同一事而卜。可證我們的解釋是正確的)。卜辭裏時間詞後置之例頗爲常見,例如:

壬申卜,㞢大甲卅牢甲戌。　甲綴7【《合》19828】
己酉卜,又伐大乙乙卯。　後上21・5【《合》3221】
癸亥卜,又囲酒伐五牛乙丑。　粹12【《合》34148】

---

[78] 《殷契粹編考釋》44頁。
[79] 《壽縣蔡侯墓銅器》,《考古學報》1956年2期108頁。
[80] 《三代》13・42下【《集成》10・5417】。

郭先生解釋上引末一辭說:“(此辭)當是癸亥卜乙丑又上甲,乙丑日綴繫於末,文例稍變”,這是很正確的。

與《粹》477 同類的省略重文之例尚有如下數條:

辛卯卜,又且(祖)乙未(應讀爲:又祖乙乙未)。

庫 1005(《論集》編按:拓本見《美》30、《合》32504)

己子(巳)卜,又伐且乙亥(應讀爲:又伐祖乙乙亥)。

人文 1793【《合》32072】

丁卯卜,征曹凋大戊辰(應讀爲:征曹凋大戊戊辰,意即於戊辰日册告凋方之事於大戊)。 甲 3374【《合》19834】

《人文》1793 那條卜辭,“且”字刻在“乙”字之左,“亥”字刻在“乙”字之下:[81]

《甲》3374 那條卜辭,“大”字刻在“戊”字之右,“辰”字刻在“戊”字的左下角:

在這兩個例子裏,一字兩用的意思表示得非常清楚。

在“子卜貞”的卜辭裏,如果占卜那一天恰好是“子(巳)”日,地支的“子(巳)”和“子卜貞”的“子”通常就只用一個“子”字來表示。《粹》1240【《合》21793】有三條卜辭,其前辭分别爲“乙子卜貞”、“辛亥子卜貞”、“乙卯子卜貞”。第一條的“子”顯然是兼作“乙子(巳)”之“子(巳)”和“子卜貞”之“子”這兩個字用的。郭先生的釋文正確地把“乙子卜貞”釋爲“乙巳子卜貞”,但没有作任何説明(《論集》編按:此處所引爲解放前舊版,新版已改作“乙巳卜貞”)。他如果能充分注意到這條卜辭的特點,上引《粹》477 那條卜辭無疑就可以讀通了。《前》8・6・3【《合》21661】有如下三條卜辭:

---

[81] 這類字體的卜辭往往把先祖名的天干放在前面,此辭先祖名也可能應讀爲“乙祖”。

戊寅子卜，方歸才(在)自人。

戊寅子卜，方歸才川人。

癸子卜，于綮月又。

末一條的“癸子卜”大概是“癸子(巳)子卜”的省文。《菁》11・18【《合》21574】有如下兩條卜辭：

癸丑子卜，來丁酉至伊尹。

己子卜，屮劢。

後一條的“己子卜”大概是“己子(巳)子卜”的省文。《前》8・2・1【《合》21800】：

乙子卜貞：帚(婦)如又(有)子，隹(唯)□。

“乙子卜貞”也有可能是“乙子(巳)子卜貞”的省文。(《論集》編按：黃天樹同志指出，在子組卜辭裏，地支“巳”下的“子”字也有不省的，如《屯南》附18。)

有一條三期卜辭說：

于二父己父庚舌。　　寧1・206+140(《論集》編按：拓本見《合》27417)

可能應該讀爲“于二父——父己、父庚舌”，第一個“父”字也是兩用的。

有時候，兩個相同的字雖然並不相連也可以省去一個：

辛卯卜，又匕(妣)壬、癸小宰。　　摭續113【《合》33327】

辛卯貞：酒升歲匕壬、癸。　　明後2542【《合》32751】

上引二辭的“妣壬、癸”大概是“妣壬、妣癸”的省文。後一辭有如下一條同版卜辭：

辛卯貞：□匕壬、匕癸。

“癸”上“匕”字不省。

(二)合文重複偏旁的省略

甲骨文裏合文常見，而且也跟周代的合文一樣，寫成合文的兩個字可以公用筆畫或偏旁，如“五宰”寫作，[82]“王亥”寫作，[83]上一字下橫與下一字上橫合而爲

---

[82] 《甲骨文編》617頁。

[83] 同上593頁。

一;“牝牡”合文作“牪”,[84]二字合用一個“牛”旁,也可以説省略了一個重複的“牛”旁。這些是大家都知道的。但是有個别省略重複偏旁的合文却被忽略了。

《甲》641 有如下兩辭(《論集》編按:《甲》641 已拼入《合》27310):

叀(惠,用法與“唯”接近) 奏,王衍。

叀且(祖)丁 奏。

《甲骨文編》認爲第一條“奏”上一字是“父庣”合文,“父庣即父庚”(595 頁),此説不可信。這個字應是“父庚 ”三字合文, 字的“庚”旁因與父庚之“庚”重複而被省去,也可以説“庚”字因與 字的偏旁相同而被省去。父庚 與祖丁 是相對的。 當釋爲“庸”,即當大鐘講的“鏞”的初文,别詳《甲骨文中的幾種樂器名稱——釋庸、豐、鞀》一文。1973 年小屯南地出土的 H24:339 + 390 號卜骨(《論集》編按:即《屯南》1055)有如下兩辭:

丁亥卜,饙其酉于父甲父 叀且(祖)丁用 ☐

叀父庚庸用,隹(唯)父甲正,王受又(祐)。

《考古》1975 年 1 期 41 頁圖 16·3

第一辭的“父 ”也應是“父庚庸”合文。這一辭似應讀爲“饙其酒于父甲、父庚,庸叀祖丁用”,意即祭于父甲、父庚而用祖丁的鏞來奏樂。《1973 年安陽小屯南地發掘簡報》釋“父 ”爲“又庚凡”,認爲“庚凡即盤庚”(同上 42 頁),是不正確的(《論集》編按:《屯南》釋文改釋爲“又庸”。諦審《屯南》所印拓本,“庸”上一字可能確是“又”字,那麽我們的説法就錯了。疑“又”字或當自成一讀,也可能“又庸”當讀“有鏞”)。以“庸”爲“庚庸”合文,與周代金文以“夫=”爲“大夫”合文、“孫=”爲“子孫”合文十分相似,只是甲骨文没有用合文符號。

胡厚宣先生曾指出《安明》2111【《合》32444】的 是“我王”合文。[85]《後》下14·12【《合》6766】有“☐方 ☐”殘辭,“方”下一字可能是“戎我”合文。《人文》1469【《合》26095】:

丁丑卜大貞:卜 其于王。

---

[84] 同上 619 頁。

[85] 《説埶》,《古文字研究》第一輯。(《論集》編按:此字也有可能只是“我”的異體,參看本書《釋求》注[89]。)

字上端寫得特別像“又”字,可能是“又(有)希(祟)”二字的合文。這些字的情況跟省略重複偏旁的合文很接近。

甲骨文有“𣡽”字,例如:

叀阦𣡽,隻(獲)又大鹿,亡𢦏(災)。　粹955【《合》28345】

(《論集》編按:《屯南》4196“叀阦𣡽,毕”可補入此條後)

弜(勿)𣡽阦。　甲357【《合》29098】

叀行南𣡽,毕(擒)又豚。　甲703【《合》28320】

從文例看,應是“枺”字異體。《甲骨文編》把“枺”、“𣡽”都當作未識字(144頁)。于省吾先生認爲“枺”即“散”字所从的“㪔”,[86]其說可信。“枺”即芟除草木之意,別詳另文(《論集》編按:即本書所收《甲骨文中所見的商代農業》)。“𣡽”通常用作“枺”字異體,但最初可能是作爲“枺”、“䔍”(麓)二字的合文使用的。二字都从“林”,所以寫成合文時可以省去一個“林”旁。上引卜辭裏的“叀阦𣡽”、“叀行南𣡽”,也許就應該讀爲“叀阦麓枺”、“叀行南麓枺”。(《論集》編按:我們並不否認很多“𣡽”字無法看作合文,只能看作“枺”的異體,如《屯南》1441“王其田,𣡽湄彔,毕,亡𢦏”一辭中的“𣡽”。但這對“𣡽”字最初是作爲合文使用的論點並無妨礙。)

甲骨文又有“”字:

丁子(巳)卜貞:王糞,𡳾(往)來亡巛(災),王。

佚995,京津5283【《合》37439】

這個字似是“焚”字異體,但最初可能是作爲“”(焚)、“菉”(麓)二字的合文使用的。“艸”旁爲二字所共用(甲骨文从“艸”从“林”多不别)。卜辭數言“焚某麓”,如:

□寅卜,王叀辛(焚)𪊨彔(麓),亡𢦏(災),衍王。

甲598【《合》28800】

王其(焚)炏迺彔(麓),王于東立,豕出毕(擒)。

摭續121【《合》28799】

[86]《殷代的交通工具和馹傳制度》,《東北人大人文科學學報》1955年2期107頁。

“糞”也許就應該讀爲“焚薔麓”。[87]

我們在《讀〈安陽新出土的牛胛骨及其刻辭〉》一文裏,曾指出甲骨文的字可能是禦()疾之“禦”的專字,或“禦疒”二字合文;可能是疒身之“疒”的專字,或“疒身”二字合文;可能是伐羌之“伐”的專字,或“伐羌”二字合文。[88] 在《漢字形成問題的初步探索》裏又指出“甾”“㐭”最初可能應讀爲“甾(讀爲坎,詳本書《釋“坎”》篇)牛”、“甾犬”,“𢀛”字最初可能應讀爲“聂(登)鬯”。[89] 這些字的情況也都與省略重複偏旁的合文有相似之處。(《論集》編按:象沉牛於河的最初可能應讀爲“沉牛”。見於《屯南》2232的最初可能應讀爲“沉玉”。)

補記:

此文寫就後又發現一些與重文省略有關的例子,今補敘於下:

(一)《乙》5222【《合》766】有下列一對正反對貞的卜辭:

> 辛卯卜,亘,貞:父乙壱王固曰:父壱隹(唯)不徝☐
>
> 貞:父乙弗壱王。

前一辭的“王”字也可能是兩用的,既作爲“壱”的賓語,又作爲“固曰”的主語。

(二)《東方學報》37冊《故小川睦之輔氏藏甲骨文字》第1片【《合》7862】有如下一辭:

> 貞:㞢于父甲父庚辛。

“辛”上省“父”字,與前文所舉“妣壬癸”省“妣”字同例。

(三)《珠》245【《合》35749】是一塊五期卜旬卜骨,其上“癸酉”一條附記的祭祖之辭作“甲戌祭且(祖)甲,劦魯”,刻作兩行,“魯”字緊靠“且甲”二字右側。金祖同《發凡》認爲此辭“喙(當釋魯)甲之甲即借用且甲之甲,而不另刻”(21頁上),是正確的。《珠》246【《合》35648】是同類卜骨,其上“癸亥”一條附記的祭祖之辭作“甲子祭魯甲,𠭯羌甲,劦戔”,刻作兩行,戔甲之“甲”亦借用前行魯甲之“甲”而不另刻。金氏未注意“劦”下有“戔”字,認爲此辭“劦戔甲”之“戔甲”缺刻,係借用

---

[87] 卜辭字序有時與語序不合,參看拙作《漢字形成問題的初步探索》,載《中國語文》1978年3期。

[88] 《考古》1972年5期。

[89] 出處見注[87]。

下方一辭"𡆥戔甲"之"戔甲"(《發凡》21 頁下),與事實有出入。金氏首先注意到卜辭中一字兼作兩用的現象,前文未提及,是不應有的疏忽。

《論集》編校追記:

1982 至 1983 年初讀了一些臺北刊印的古文字書刊,方知嚴一萍早已把《甲》641 的釋作"父庚"合文(《釋與》,《中國文字》第 13 册),並已指出《摭續》113 中"匕壬、匕癸寫作匕壬癸","是借用的例子"(《甲骨學》下册 932 頁),謹誌於此。

原載《古文字研究》第四輯(中華書局,1980),又載《古文字論集》,其中《釋"坎"》又載《裘錫圭學術文化隨筆》。今據《古文字論集》收入。

論“歷組卜辭”的時代

李學勤同志在《論“婦好”墓的年代及有關問題》一文中,提出了“歷組卜辭”的名稱(《文物》1977年11期35頁)。這種卜辭絶大多數出於小屯村中和村南。基本上用骨不用龜。卜辭中通常不記卜人名,前辭作“干支卜”或“干支貞”,偶爾也作“干支卜貞”;只有少量卜辭記卜人𣪊(以下寫作“歷”)之名,這些卜辭的前辭多作“干支歷貞”。[①] 歷組卜辭的字形一般比較大,書法比較恣肆,不像賓組卜辭的大字那樣秀麗整飭,字形結構有的與賓組相似,如“王”作,“辛”作;有的則與晚期卜辭相似,如“未”作,“酉”作。這種卜辭裏最常見的上一代稱謂是父丁,其次是父乙。

蕭楠同志《論武乙、文丁卜辭》一文,[②]認爲上述這種卜辭中有父丁稱謂的一類

---

① 卜人歷見《後》下11·5【《合》32825】、《甲》544【《合》32826】、《京津》4387【《合》32815】、4709【《合》32823】、《存》上2202【《合》32822】、《懷》1621【《合補》10712】、1622【《合補》10719】、《金》396【《英》2483】、《庫》1678【《合》41663、《英》2484】、《寧》1·446【《合》32821】、《南》坊2·200【《合》32824】(《後》下11·6似即此片未拓全之本)等片。《京津》4709【《合》32823】作“癸亥貞歷……”,《金》396作“癸卯貞歷……”,《存》上2202【《合》32822】作“癸巳卜貞歷……”,比較特殊。又《甲》556【《合》32816】“丙午貞”一辭之末有“歷□”殘字,屈萬里《殷虛文字甲編考釋》釋“歷貞”,謂是置貞人之名於辭末的特例,恐不可信。卜辭“貞”字本皆作“鼎”,是假借字。本文所引卜辭,釋文一般用寬式,借作“貞”的“鼎”都直接釋作“貞”。此外如“方”直接釋作“賓”,“帚”直接釋作“婦”,“弓”直接釋作“勿”等等,不一一加注。歷組卜辭前辭中的“歷”,其實也有不是卜人名的可能。賓組卜辭的前辭裏,卜人名與“貞”字之間有時有“爯”字,如“干支卜爭爯貞”、“干支卜賓爯貞”,還有少數卜辭作“干支卜爯貞”。一般以爯爲貞人名,以“爭爯貞”、“賓爯貞”爲二人共貞之例。但唐蘭先生認爲爯不是人名而應讀爲“再”(《天》第四片考釋)。劍橋大學藏片有“王爯貞”語,饒宗頤讀爯爲語辭之“載”(《人物》764頁。饒氏對其它賓組卜辭前辭中的爯,仍認作人名)。這些意見是值得考慮的。歷組卜辭前辭中的“歷”,似乎也有可能不是人名,而是説明“貞”的性質的。不過即使“歷”的確不是人名,也仍然可以保留“歷組卜辭”這個名稱,因爲治甲骨學的人很容易理解“歷組卜辭”指的是哪一類卜辭。基於同樣的理由,雖然陳夢家所謂“午組卜辭”實際上並沒有卜人午之名,但是我們在文章裏仍然沿用這個名稱。

② 蕭文據1979年古文字學年會上散發的打印本。以下引蕭楠同志意見未注出處者,皆出此文。(《論集》編按:此文已發表於《古文字研究》第三輯。)

(以下簡稱“父丁類”)與有父乙稱謂的一類(以下簡稱“父乙類”),從字體上是可以分開的。前者“一般說來字體較大,筆劃較粗,筆風剛勁有力”,後者“字體較小,筆風圓潤而柔軟”。二者的字形結構也往往不同。如“庚”字,前者作,後者作;“酉”字,前者作,後者作,等等。蕭文的這些意見接近於事實。但是應該指出,如果全面地看,特別是跟其他各類卜辭對照起來看,這兩類卜辭的字體仍然是很接近的。在歷組父乙類卜辭裏,有些字的筆法的確顯得比較圓軟,但是多數字的筆法與父丁類卜辭並無多大不同,“剛勁的直筆與鋭利的轉折”[③]隨處可見。父乙類卜辭也有大字,只不過不如父丁類多而已。如果跟二、三、五諸期卜辭相比,父乙類卜辭的字形普遍顯得比較大。父乙類和父丁類卜辭的字形結構,大多數也完全相同或十分相似。此外,正如蕭楠同志所指出的,“具有武乙(按:即我們所謂父丁類)特點的字與具有文丁(按:即我們所謂父乙類)特點的字有時會出現交錯現象,即某些武乙卜辭中會出現具有文丁特點的字,一些文丁卜辭字體具有武乙字體的特點”。我們可以舉幾個實例來看看。《粹》1586【《合》32008】與《人文》2369【《合》32009】是歷組的同文卜辭,卜日庚午的“庚”字,前者作,屬蕭文的文丁字體,後者作,屬蕭文的武乙字體。《安明》2331【《合》34189】是歷組卜骨,“庚”字兩見,一作,一作。《明後》2524是有父乙稱謂的歷組卜骨,“庚”字數見,大多數屬於蕭文的武乙字體。《寧》1·427與428【《合》33025】是一塊歷組卜骨的正反兩面。正面卜辭卜問“王正召方”之事,“召方”屢與“父丁”同辭或同版,[④]此辭應屬蕭文所謂武乙卜辭。但是此骨反面的卜夕之辭,“庚”作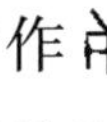,“酉”作,“囚”作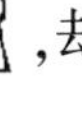,却都屬於蕭文的文丁字體。可見僅僅根據字體很難把這兩類卜辭完全區分開來。

從其他方面來看,這兩類卜辭的關係甚至顯得更爲密切。它們的文例是基本一致的,如前辭都作“干支卜”或“干支貞”,都使用“兹用”、“不用”等占卜術語。見於這兩類卜辭的重要人名也往往相同。例如:“𠂤”與“父丁”同辭(《明後》2534【《合》32844】)或同版(《明後》2533【《合》32031】),又與“父乙”同版(《明後》2529【《合》34240】)。“犬征”與“父丁”同版(《明後》2537【《合》33033】),又與“父乙”同版(《明後》2524)。“戓”(即沚戓)與“父乙”同版(《存》下764【《合》32879】),

③ 引自陳夢家說歷組卜辭字體特點之語,見《綜述》142頁。

④ 同辭者見《甲》810【《合》33016】、《人文》2520【《合》33015】、《考古》1975年1期44頁圖18【《屯南》1116】,同版者見《明後》2630【《合》33017】、《明後》2537【《合》33033】(“召”作“刀”)。

又與“召方”同辭(《掇一》450【《合》33020】),而“召方”屢與“父丁”同辭或同版。⑤“望乘”與“父丁”同辭(《綴》334【《合》32896】),又見於父乙類字體的卜辭(《鄴三》下38·1【《合》33112。編按:葛亮指出,從比較清晰的《合》33112看,此版上只有“望乘”而無“父丁”。此例不當引】,《懷》1637【《合補》10485】)。“歷貞”的卜辭從字體上看,也是既有父丁類,又有父乙類。⑥

總之,歷組父丁類和父乙類卜辭雖然在字體上各有一些特點,但是在很多方面都有共同點,字體上的區别也並非總是很明確的。事實上,有不少歷組卜辭,很難確定它們究竟屬於父丁類,還是屬於父乙類。所以“歷組卜辭”這個名稱的提出,還是很有必要的。

最早注意到歷組卜辭時代的甲骨學者,大概是加拿大人明義士。1928年,明義士將所藏一部分甲骨拓成墨本,名爲《殷虚卜辭後編》,其未完成的序言曾將1924年冬小屯村中一坑所出三百餘片加以分類,企圖以稱謂與字體決定甲骨時代。他認爲歷組卜辭中的父丁是武丁,父乙是小乙(《綜述》135—136頁)。按照明氏的説法,歷組卜辭的時代應屬董作賓甲骨分期系統中的一、二期。但是董作賓、郭沫若及其後的甲骨學者,幾乎全都把歷組卜辭中的父丁定爲康丁,父乙定爲武乙,認爲這種卜辭屬於武乙文丁時期。這種觀點統治甲骨學界達四五十年之久,直到1977年,李學勤同志才在《論“婦好”墓的年代及有關問題》一文中,重新提出了與明義士相似的説法,認爲歷組卜辭是“武丁晚年到祖庚時期的卜辭”(《文物》1977年11期37頁)。

明義士並没有對自己的説法作有力的論證,因此他的意見長期没有得到重視。李學勤同志是在深入考慮了與甲骨斷代有關的各方面的問題之後得出他的結論的,他的意見是不容忽視的。我們原來也相信歷組卜辭爲武乙文丁卜辭的傳統説法,讀了李文以後,經過認真的考慮,覺得不能不放棄舊説而改從李説。⑦ 李文不是專門討論甲骨分期的,因此在有些方面談得不够充分。我們想順着李文的思路作一些補充的論證,錯誤之處希望李學勤同志及其他對這個問題感興趣的同志不

⑤ 同注④。

⑥ 歷貞卜辭的字體多數屬父丁類。蕭文指出《甲》544【《合》32826】、《後》下11·6【《合》32824】爲父乙類,當據《甲》544的“酉”字“囗”字和《後》下11·6的“囗”字而定。

⑦ 在1977年考古所召開的安陽殷墟五號墓座談會上,我們曾基於歷組卜辭可能是三、四期卜辭的想法,主張婦好墓的時代應在康丁或武乙時期(《考古》1977年5期343—344頁)。這個意見是錯誤的,應作廢。

吝指正。

我們先來看看主張歷組卜辭屬於武乙文丁時期的學者們的根據。有些學者的主要根據是卜辭的文例和字體。郭沫若在《殷契粹編考釋》裏的兩段話在這方面很有代表性。《粹》20【《合》32675】是有父丁稱謂的歷組卜辭,《考釋》說:

> 此蓋武乙時所卜,父丁者康丁也。知非祖庚祖甲之稱武丁,帝乙之稱文丁者以其辭例、字體均不類,祖庚祖甲時卜辭皆列卜人名,例爲"某日卜某貞",帝乙時卜辭雖省去卜人名,但無省去卜字者,且字體秀麗,無此茁壯之作。

《粹》373【《合》32731】是有兄丁、父乙兩個稱謂的歷組卜辭,《考釋》說:

> 此兄丁、父乙同見於一片,以字跡而言,父乙蓋文丁之稱其父武乙。

公認屬於武丁時期的賓組卜辭屢見父乙、兄丁,而文丁時期有沒有一個兄丁,本來是不清楚的。從親屬稱謂看,把《粹》373 定爲武丁卜辭,顯然比定爲文丁合理。但是由於其"字跡"與賓組卜辭不類,就被定爲文丁卜辭了。

在甲骨文斷代研究初期,普遍存在把同一時期卜辭的文例、字體看得過於單純的傾向。董作賓把一些文例、字體比較特殊的卜辭,幾乎都定爲文丁卜辭,並以"文武丁復古"這一從來沒有真正得到過證明的說法,來解釋這些卜辭裏與他心目中的常例不合的,文例、字體方面的一些現象。現在,絕大多數甲骨學者都認爲,𠂤組、子組、午組等好幾種文例、字體比較特殊的卜辭,是屬於武丁時期的。也就是說,大家承認武丁時期卜辭有很多種文例和字體。其中如𠂤組卜辭,本身的文例、字體就很不統一。此外,李學勤同志還指出,在村北所出的龜、骨並用的往往記卜人的第三期卜辭和主要出於村中的只用骨的不記卜人的第三期卜辭裏,有一些二者同卜一事的例子。⑧ 由此可知這兩種在文例、字體等方面都有相當明顯的不同的卜辭,至少有一部分是完全同時的。陳夢家把前者完全劃歸廩辛,後者完全劃歸康丁(《綜述》142—144 頁),顯然是有問題的。有了上舉這些例子,主要根據文例、字體來確定歷組卜辭時代的作法,當然就不能再爲我們所接受了。

---

⑧ 看李著《評陳夢家殷虛卜辭綜述》(《考古學報》1957 年 3 期 124—125 頁)及《殷代地理簡論》(以下簡稱"簡論")73、77—80 頁。《簡論》把前一種卜辭稱爲三期 1 類,後一種稱爲三期 2 類。我們還可以爲他補充一個三期 1 類與 2 類同卜一事的例子。《甲》1267【《合》27879】"叀小臣咼克又𢦏咼王",屬三期 1 類。《明後》2322【《合》27878】"乙巳卜:叀小臣咼克又𢦏咼王",屬三期 2 類。除前一辭無前辭外,二辭全同。又《簡論》77 頁所引《甲》1707 在《甲編考釋》中已與《甲編》未著錄的碎片綴合【《合》26881】,全辭爲"癸丑卜狄貞:戍逐其雉王衆"。

我們還可以具體地看一下,歷組卜辭文例、字體上的一些特點,是否真像董作賓等人所想象的那樣,只可能出現在晚期而決不可能出現在一、二期。

歷組卜辭的前辭一般作"干支卜"、"干支貞"。在已知的武丁卜辭裏,"干支卜"這種前辭也是很常見的。1973年考古所在小屯南地早期地層裏發現了七片屬於武丁時期的"𠂤組卜甲",其前辭幾乎都作"干支卜"。⑨ 屬於武丁時期的午組卜辭、子組卜辭和"婦女卜辭"等"非王卜辭",其前辭也往往作"干支卜"。⑩ 就是在賓組卜辭裏,也可以看到這種前辭。例如《乙》8669【《合》12974】、《人文》829【《合》13122】都是有賓組卜人爭之名的卜骨,前一骨上有一辭作"丁丑卜:翌戊寅不雨",後一骨上有一辭作"戊午卜:翌己未不其啓"。在基本上不記卜人名的賓組早期卜辭裏,"干支卜"甚至是最常見的前辭形式。⑪ "干支貞"這種前辭在已知的武丁卜辭裏雖然不如"干支卜"常見,但也還不能算很稀少。𠂤組卜辭以及上面舉過的幾種非王卜辭,都有使用這種前辭的例子。⑫ 在賓組卜辭裏,同樣可以看到這種前辭。例如《合》11482是一塊典型賓組字體的卜旬骨版,正面的四條卜旬之辭,前辭皆作"干支貞"。《人文》848【《合》16846】是記賓組卜人㕚之名的卜旬骨版,上端有一辭作"癸丑貞:旬亡囚"。《續》2・13・8【《合》16897】"癸丑貞:旬亡囚"一辭,也是典型的賓組字體。不少人以歷組卜辭基本上不記卜人,證明其時代不會早到習慣於記卜人的一、二期。其實一、二期都有不少不記卜人的卜辭。武丁時代的午組卜辭、"婦女卜辭",甚至完全不記卜人。⑬ 前面還說過,第三期的兩類卜辭,一類往往記卜人名,一類完全不記卜人名。可見決不存在同一時期的卜辭記不記卜人名必須一致的規律。

歷組卜辭裏屢見綴於辭末或單刻的"兹用"或"不用"。𠂤組和午組卜辭有時

---

⑨ 蕭楠《安陽小屯南地發掘的"𠂤組卜甲"》,《考古》1976年4期238頁。這一批卜甲是否全都可以歸在"𠂤組卜辭"這個名稱之下,還是問題。但是從地層上看,它們都屬於武丁時期大概是沒有問題的。

⑩ 林澐《從武丁時代的幾種"子卜辭"試論商代的家族形態》,《古文字研究》第一輯315—316頁。午組卜辭相當於此文的乙種卜辭,子組卜辭相當於丙種,"婦女卜辭"是李學勤《帝乙時代的非王卜辭》(《考古學報》1958年1期)中所用的名稱,相當於林文的甲種卜辭。

⑪ 這部分卜辭從字體、內容看可以歸入賓組,但極少記卜人名而較多王親貞之辭,也許可以看作稍早於賓組的一種卜辭。

⑫ 𠂤組卜辭見《乙》413【《合》20351】、《甲》2337【《合》20583】、《乙》70【《合補》10207】、146【《合》19863】、156【《合》20922】、388【《合》20962】等。小屯南地"𠂤組卜甲"第五片也有一條前辭作"癸亥貞"(《考古》1976年4期235頁【《屯南》4514】)。關於非王卜辭,看注⑩所引林文。

⑬ 同注⑩。

也在辭末綴以“用”或“不用”之語,⑭“用”與“兹用”同義。“兹用”的說法也已經見於賓組卜辭和祖庚祖甲時期的出組卜辭。賓組卜辭綴於辭末的“兹用”見《前》1・51・1【《合》1824】,單刻的見《柏》44(《七》B・58)。出組卜辭綴於辭末的“兹用”見《京津》3454【《合》24502】、《文錄》555【《合》24402】、《明後》2153、《庫》1025【《合》23148】等,單刻的見《續》3・42・3【《合》24449】。歷組卜辭有時把“不用”說成“兹不用”(《粹》598【《合》33006】),出組卜辭也有這種說法(《前》5・5・7【《合》22758】、《文錄》555【《合》24402】)。

總之,認爲歷組卜辭的文例只能出現在晚期而不能出現在一、二期,是沒有道理的。相反,如李學勤同志所指出的,歷組卜骨上的署辭以及兆辭“二告”,倒顯然是接近於已知的武丁、祖庚時期卜辭的。⑮

字體可以分書法(即蕭文所謂字體風格)和字形結構兩方面來討論。

歷組卜辭的筆法的確與主要出於村中的字形較小的三、四期卜辭比較相似,但是另一方面,跟某些武丁時期的卜辭也相當接近。後面討論“歷、自間組”卜辭的時候,就可以看到這一點。賓組卜辭偶爾也有筆法很近於歷組的,如《粹》1053【《合》5058】殻貞卜辭便是一例。同樣,歷組卜辭也有筆法與賓組很接近的例子。如《人文》2477【《合》16801】“癸酉貞旬亡𡆥[在]京”一辭,從文例和“𡆥”字寫法看,應屬歷組,所以《人文》列於第四期,但是“癸酉貞旬”四字完全是賓組作風,“酉”字作,字形結構也同於賓組。這些都透露出歷組和賓組的時代可能很相近的消息。從書法的演變看,由字形較大的歷組卜辭到字形較小的三四期卜辭,再到字形更小的五期卜辭,是一個很自然的過程。如果在三四期卜辭與五期卜辭之間插入歷組卜辭,就有些奇怪了。總之,從書法上得不出歷組卜辭必屬晚期的結論。

討論歷組卜辭的字形結構,必須先破除董作賓關於卜辭字形演變的一種錯誤觀點。董作賓的第一期卜辭幾乎就等於賓組卜辭。他認爲卜辭字形以賓組爲最古,其他各種字形是從賓組的字形由簡到繁地演變出來的。例如他認爲“酉”字最古的字形是(賓組作此形),然後演變爲、、等形。這裏舉的最後一種寫

⑭ 自組的“用”見《甲》182【《合》20015】、《乙》9092【《合》19813】、《佚》599【《合》19928】、《京津》2935【《合》19949】等,“不用”見《甲》460【《合》19806】、《京津》3110【《合》21267】等。午組的“用”見《乙》1783【《合》22060】、4064【《合》22069】、《前》8・8・4【《合》22116】等。“不用”見《乙綴》305【《合》22074】(不字倒書)。

⑮ 《文物》1977年11期36頁。歷組卜辭的“二告”見《存》下852【《合》35165】。李文提到《寧》1・349的“弜台”,此片拓本見《掇一》448【《合》34158】,據拓本此二字似不能連讀。

法,也就是歷組卜辭常見的寫法,在他的字形演變表裏要到第三期才開始出現。[16]董氏的這種觀點是與事實不符的,日本學者貝塚茂樹在《甲骨文斷代研究法的書體變遷觀批判》等文中,早就指出了這一點。[17] 高去尋在《殷墟出土的牛距骨刻辭》一文中,也討論到這方面的問題。他認爲卜辭字體有其特殊性,某些常見的早期字形並不一定古於其他字形。他說:"因爲在甲骨上刻字的不易,使字形或書體發生的變化,在今日可見到的約有兩種情形:一、將字的實體變成虛廓,圓筆變成方筆……。二、有的字……省去了筆畫以便刻出。例如用爲地支之一的子字,金文作,與第五期卜辭中作相近同,或本象小兒形,但早期卜辭則作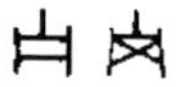……如果我們認爲這些字形乃是由簡變繁的一種演進,何以在早期反不更爲象形,這在中國文字進化觀上便不容易解釋了。"(《中國考古學報》第4冊175頁)他的意見是正確的。

屬於武丁時期的𠂤、午、子等組卜辭的字形,往往與賓組卜辭不同,而反與晚期卜辭相近。可見晚期卜辭中的有些字形,在早期並不是不存在,只不過賓組卜辭不用它們就是了。就拿上面舉過的"酉"字來說,𠂤組大字型多作等形,子組多作,都跟歷組卜辭接近。賓組偶爾也作,如《庫》1613。特別有意思的是《寧》2・56【《合》35257】的"酉"字。《寧》2・56是2・55【《合》4284】的反面。這一片卜骨的正面刻有賓組卜人㱿的卜辭,反面有朱書的"癸酉"二字,"酉"字作,寫法與歷組父丁類卜辭全同。這充分說明認爲這種寫法到第三期才出現是錯誤的。再拿"未"字來說,午組卜辭有時寫作,𠂤組卜辭有時寫作或(如《乙》69【《合》20822】),也與歷組卜辭相同或相近。所以我們決不能因爲歷組卜辭的某些字形與賓組常見的字形不符而與晚期卜辭接近,就斷定它們是晚期卜辭。

這裏附帶談一下用字習慣的問題。歷組卜辭的用字習慣跟賓組有一些顯著的不同。例如賓組既有"又",又有"㞢",二者用途有別,歷組只有"又",凡賓組用"㞢"的場合歷組都用"又"。又如賓組"以"字作,而歷組作(㠯);賓組用否定詞"弜"(勿),歷組不用"弜"而用"弜"。而且歷組的這些用字習慣又都是與較晚時期的卜辭相同的。這種現象也往往被用作歷組卜辭屬於晚期的證據。

其實,武丁時期各組卜辭的用字習慣是相當不一致的。就上舉各字而論,子組

⑯ 《甲骨文斷代研究例》"字形"節,《慶祝蔡元培先生六十五歲論文集》上冊409—411頁。

⑰ 此文收入貝塚茂樹所著《中國古代史學的發展》。

的用字習慣與歷組全同(“黃尹”子組作“伊尹”,也與歷組相同)。午組用“吕”、“弜”,同於歷組;“又”、“㞢”兼用,同於賓組,但賓組用“㞢”的場合午組有時也用“又”(《綜述》162 頁)。𠂤組既用“以”(《掇一》256【《合》20639】),也用“吕”(《乙》145【《合》20338】);既用“弓”(《前》8・8・1【《合》19891】等),也用“弜”(《乙》474【《合》20805】等);既用“又”,也用“㞢”,而且也像午組一樣,在賓組用“㞢”的場合𠂤組有時也用“又”(《綜述》153 頁)。屬於𠂤組的《人文》3171【《合》20032】片有“又子宋”和“㞢司(姛)”二辭,用作祭名的“又”和“㞢”同見於一版。甚至在賓組卜辭裏偶爾也有“㞢”、“又”混用的現象。例如聯繫整數和零數的虛辭“又”,賓組一般作“㞢”,但是《後》下 33・10【《合》17525】的一條骨臼刻辭就寫作“又”:“婦杞示七屯又一〈,賓。”(《合》13447 臼同文)出組卜辭裏也有“㞢”、“又”混用的現象(看《殷代貞卜人物通考》967、981 等頁)。所以歷組卜辭的用字習慣在早期完全有可能存在。饒宗頤在《殷代貞卜人物通考》中曾根據𠂤組大字型的《甲》2907【《合》19946】片上祭名“㞢”、“又”二字互用不別的現象,指出“據字體斷代之不易”(666 頁。以下簡稱此書爲“人物”)。這話是有道理的。

總之,過去有些甲骨學者主要根據文例、字體,就斷定歷組卜辭裏的“父乙”、“父丁”不可能指小乙、武丁,而只能指武乙、文丁,顯然是沒有充分理由的。

董作賓還曾以坑位來證明有父丁稱謂的歷組卜辭屬於武乙時期。歷組卜辭多出村中。村中所出字形較小的一種卜辭,從親屬稱謂可以確定爲三、四期卜辭。董氏據此認爲村中所出卜辭皆不早於第三期,從而斷定村中所出有父丁稱謂的歷組卜辭是武乙卜辭。他在《斷代例》中討論到有父丁、母辛稱謂的歷組卜辭時說:

> 本來,武丁之配有妣辛,康丁之配也名妣辛,稱父丁、母辛,固然可以是武乙時卜辭,但同時也可以說是祖庚、祖甲時的卜辭,至此,單以稱謂定時期的方法,便窮於應付了。在貞人、文法、字形方面,固然也可以幫着解決,而最有力的標準却是坑位。因爲這父丁、母辛的卜辭出土村中(第三區),我們就可以斷然說這是武乙時的卜辭。(注⑯所引書 356 頁)

又說:

> 如果說父丁是武丁,便可在祖甲之世了,但村中無第三期以上的卜辭,而祖甲時又必有貞人,今此版出土村中,亦可見非祖甲時物。(同上 357 頁)

村中沒有早於第三期的卜辭的說法,只有在證明了村中所出的歷組卜辭以及其他與已確定的三、四期卜辭不同類型的卜辭,都不早於第三期以後,才能成立。董氏以此作爲村中所出歷組卜辭屬於武乙時期的證據,顯然是不合邏輯的。就已發表坑位的殷墟第一次發掘所得甲骨來看,在村中出土的甲骨裏,除了三、四期卜辭和歷組卜辭之外,還有接近於𠂤組的卜辭以及後面將要討論到的"歷、𠂤間組"卜辭,它們都是屬於武丁時期的。村中沒有早於第三期的卜辭的説法,純屬主觀臆斷。董氏以不記卜人證明歷組卜辭不可能屬祖甲時期(其實應説祖庚祖甲時期),也是不能成立的。這個問題在前面已經談過了。

近年來,主張歷組卜辭屬於武乙文丁時期的同志,又提出了考古學上的地層證據。1973 年考古所在小屯南地發掘到不少三期卜辭和歷組卜辭。上引蕭楠同志的文章分析了這批甲骨出土的情況,指出這批甲骨主要出土於中期地層。這一地層早於出"乙辛卜辭"的晚期地層,晚於出武丁卜辭的早期地層,並且與早期地層在時代上尚有一定間隔。中期地層本身又可以分爲時代較早的"一組"和較晚的"二組"。有父甲、父庚、父已、兄辛等稱謂的三期卜辭,以及父丁類歷組卜辭,"既出於中期一組地層與灰坑,也出於中期二組地層與灰坑",父乙類歷組卜辭"則只出於中期二組地層與灰坑,不出於中期一組地層與灰坑"。因此蕭文認爲從地層上看,父乙類卜辭要晚於父丁類卜辭,前者應爲文丁卜辭,父乙是文丁對武乙的稱呼,後者應爲武乙卜辭,父丁是武乙對康丁的稱呼。

殷墟第一次發掘中,35 坑出了三片歷組卜骨(《甲》412—414【《合》35298、32689、32632】),其中一片有父丁稱謂(《甲》413)。50 至 60 年代,鄒衡同志研究殷墟文化分期。他根據傳統説法以歷組父丁類卜辭爲武乙卜辭,認爲此坑卜辭的時代與陶器的時代相應。⑱ 這也是有利於歷組卜辭屬於武乙文丁時期的説法的。

我們對於考古是外行,考古工作者的發掘、研究工作,本來是沒有我們置喙的餘地的。但是由於牽涉到歷組卜辭的時代問題,不得不在這裏談談我們很不成熟的一些看法。我們並不懷疑他們的發掘工作以及對地層、灰坑的時代先後的分析,但是仍然不認爲他們對於那些從有關地層和灰坑中出土的歷組卜辭的時代的判斷,是不可改變的最後結論。我們主要是從以下幾個方面考慮的。首先,較晚的地層和灰坑裏可以出較早的遺物,因此卜辭跟它們所從出的地層、灰坑以及同坑器物的時代,並不一定都是一致的。其次,僅僅依靠考古發掘和器物排隊,往往只能斷定不同地層、不同器物的時代先後,而不能把它們的時代跟歷史上記載的王世確切

---

⑱ 鄒衡《試論鄭州新發現的殷商文化遺址》,《考古學報》1956 年 3 期 97 頁。又《試論殷墟文化分期》,《北京大學學報》(人文科學)1964 年 4、5 期。

地聯繫起來。過去的殷墟文化分期工作,在一定程度上是依靠有關地層和灰坑中所出的甲骨文來定每個時期所對應的王世的。如果所根據的甲骨文的斷代有問題,由此得出的考古分期的時代也就多多少少會有些問題。婦好墓的發掘已經證明過去對一部分殷墟銅器的分期,存在把時代拉得過晚的傾向。會不會對歷組卜辭所從出的地層的時代也估計過晚了呢?第三,在全部歷組卜辭裏,出現父丁或父乙稱謂的卜辭只佔很小的比例,有父乙稱謂的尤其稀少。據蕭文,1973 年小屯南地發掘所得的有父乙稱謂的歷組卜辭只有一片,大概蕭文主要是根據字體來區分這兩類卜辭的。前面已經說過,歷組父丁類和父乙類卜辭,從字體上並不全都是很容易區分的。蕭文還說這次出土的“武乙卜辭”有的“接近文丁字體”,“文丁卜辭”有的“近似武乙字體風格”。因此,蕭文對這兩類卜辭的區分能否做到完全合乎事實,也就是說“文丁卜辭”“只出於中期二組地層與灰坑,不出於中期一組地層與灰坑”的結論是否完全合乎事實,恐怕不能說是完全沒有考慮餘地的。總之,我們覺得就目前的情況來說,考古學上的證據似乎還不足以確定歷組卜辭的時代。

通過以上的分析可以看到,主張歷組卜辭屬於武乙文丁時期的甲骨學者,並沒有爲自己的論點提出不容辯駁的確鑿證據。下面我們將在上引李文的基礎上,申述一下把歷組卜辭定爲武丁、祖庚卜辭的理由。

李文從字體的演變、卜辭的文例、卜辭出現的人名、占卜的事項和親屬稱謂這五個方面,來論證歷組卜辭是武丁、祖庚卜辭。我們準備在後三個方面爲李文作補充。

先談歷組卜辭的親屬稱謂。這個問題李文已經講得很清楚,由於問題比較重要,我們再重複一下,以引起注意。

不同時期甲骨卜辭中對祖、父、母、兄等人的帶日名的稱呼往往相同。因此孤立地以稱謂斷代是很危險的。但是,如果兩組卜辭的稱謂成套地相應,這兩組卜辭屬於同一時期的可能性就非常大了。

歷組卜辭中提到的父、母、兄,數量都很少。曾與父乙同見於一版的母,只有母庚(《論集》編按:“母”本作,似應釋“小母”,參看徐中舒主編《甲骨文字典》序 3 頁):

> 庚申卜:叀(與“唯”略同)父乙𠬝用。兹用。
>
> 庚申卜:母庚示𠣜。不用。
>
> 壬戌卜:又伐甲子犬征㠯(以)羌。　　明後 2524

丁未卜：牛母庚。 明後 2546

曾與父乙同見的兄，只有兄丁：

癸巳卜：𠬝兄丁凡父乙。

［甲午］卜：又于［子］戠［十］犬，［卯牛］一。 甲 611【《合》32730】

癸巳［卜］：𠬝兄丁凡父乙。

［甲］午卜：又于子戠十犬，卯牛一。

懷 1564【《合補》10470】（與上片同文）

甲午［卜］：𠬝［兄］丁于［父］乙。

甲午卜：又升于子戠十犬，卯牛一。

甲午卜☐又于子☐ 佚 194【《合》32775】

丙子貞：𠬝兄丁于父乙☐ 粹 373【《合》32731】

（《論集》編按：應補引《後》上 7·5【《合》32732】"丙子卜：𠬝兄丁于父乙凡"一辭）

辛酉卜：𠬝兄丁于父宗。 摭續 223【《合》32766】

我們知道，武丁之父小乙在周祭中的法定配偶是妣庚。在武丁時期的賓組和𠂤組卜辭中，最常見最重要的父是父乙，母是母庚，兄是兄丁。情況與歷組父乙類卜辭正好完全相合。這很難說成偶然的巧合。並且，上引《明後》2524 與父乙、母庚同見一版的犬征，在賓組卜辭裏也是常見的人名；上引《甲》611 等片與父乙、兄丁見於同版的受"又"祭的子戠，在已知的武丁卜辭裏也有受"㞢"祭的記錄：

乙丑卜王：勿茁㞢子戠。 存下 462【《合》20037】

㞢☐子戠。 乙 4817【《合》13517】

恐怕怎麼巧合也巧合不到這個程度吧（子戠又見《續》4·12·5【《合》20036】，也是武丁卜辭）。

根據商代晚期銅器肆簋（《三代》6·52·2【《集成》8·4144】），武乙的法定配偶是妣戊，而不是妣庚。顯然，從親屬稱謂上看，把歷組父乙類卜辭定爲武丁卜辭，要比定爲文丁卜辭合理得多。歷組卜辭裏還偶見"父庚"（《鄴三》下 42·3【《合》27435】）、"父甲"（《明後》2223、2224【《合》27464】），可能是武丁稱盤庚、陽甲（《論集》編按：蕭楠《再論武乙、文丁卜辭》指出《明後》2223、2224 不是歷組卜辭，是正確的，此文"父甲""陽甲"等字應删去。蕭文見《古文字研究》第九輯 157 頁）。

歷組卜辭所祭之母，除母庚外還有母辛(《論集》編按：“母”本作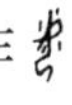，似應釋“小母”，詳上)：

□未卜：又母辛□十犬十。玆用。

甲 397【《合》32754】(《摭續》77 同文)⑲

庚戌卜：𣪊母辛宗。　　懷 1566【《合補》10478】

母庚爲父乙之配，母辛應爲父丁之配。董作賓已經指出武丁之配有妣辛，康丁之配也有妣辛。但是，如果歷組卜辭裏的父乙和母庚是小乙及其配妣庚，父丁和母辛當然就只能是武丁及其配妣辛了。武丁配妣辛是見於周祭的法定配偶之一。在出組卜辭裏，母辛是諸母中最常見最重要的一位。歷組卜辭在武丁諸配中特別重視她是合理的。

李文還指出，歷組卜辭合祭重要先王時，往往把父丁排在小乙之後，“如把‘父丁’理解爲康丁，那麽在祀典中竟略去了稱爲高宗的武丁及祖甲兩位名王，那就很難想象了”(57 頁)。這也是歷組卜辭的父丁應爲武丁的有力證據。小乙在先王中並不是很重要的，但他是祖庚的祖父，祖庚祭先王的時候對他比較重視是合理的。如果是武乙祭祖，斷斷不會不祭地位既重要，跟自己的關係又比較密切的武丁、祖甲，而去祭地位既不那麽重要，跟自己的關係又比較疏遠的小乙。歷組卜辭所記的“日”祭次序，也是小乙後緊接父丁：

甲申貞：小乙日，亡蚩。

丙戌貞：父丁日，亡蚩。

明後 2487【《合》32626】+人文 2288【《合》32696】

(許進雄《明後》序綴合【《合補》10460】)

甲申隔一天就是丙戌，其間也沒有容武丁、祖甲的餘地。

再談歷組卜辭裏的人名。歷組卜辭有大量與賓組卜辭和出組早期(大體相當於祖庚時期)卜辭相同的人名，李文已舉出不少例子，我們補充了一些，一併列表於下。凡卜辭有卜人名的，都在所列出處後用括號注明。大、出、兄、矣、中是出組卜人，其餘都是賓組卜人。對於原來不記卜人或卜人名殘缺的卜辭，一般未注明屬於何組。這些卜辭有些顯然屬於賓組(排在注有賓組卜人名的卜辭之前的，一般都屬

⑲ 《摭續》77 是歷組卜辭中極爲少見的用龜甲的例子。【編按：葛亮指出，此甲現藏上海博物館，已有學者指出實爲僞刻。】

賓組),有些却難以確定究竟屬於賓組晚期,還是屬於出組早期,因爲二者的文例、字體很難區分。賓組晚期和出組早期卜辭不但有不少共同的人名,而且有時還同卜一事,可見二者有一段共存的時間。一部分賓組晚期卜辭已經晚至祖庚時期,詳後文及附錄一。下面是既見於賓組、出組卜辭又見於歷組卜辭的人名表。表中所舉卜辭,一般是舉例性質的。

	賓 組 出 組	歷 組
婦好	乙 2948【《合》6480】(爭)、3383【《合》271】(㱿)、6691【《合》10136】(㱿)、佚 556【《合》13997】(賓)	鄴三下 43・8【《合》32762 甲】、掇一 444【《合》32762 乙】、寧 1・491【《合》32760】、甲 668【《合》32757】
婦姘	珠 371【《合》2726】(㱿)、粹 879【《合》9968】(古)、續 3・26・2【《合》8991】(㱿)、4・26・1【《合》9530】(㱿)	南・坊 3・89【《合》39661】、佚 967【《合》32763】、京津 2004【《合》32764】、寧 3・238【《合》32765】(後三例姘作井)
子晝[20]	掇二 185【《合》6209】、京津 1461【《合》10426】、燕 16【《合》6053】、前 2・5・4【《合》8395】(賓)	京津 2175【《合》32774】、寧 1・494【《合》32773】、1・495【《合》32770】、安明 2717【《合》33059】
晝	丙 81【《合》9525】(反面㱿貞)、庫 1596【《合》40605、《英》634】(賓)、寧 2・52【《合》4284】(㱿)、簠・雜 83【《合》3047】(𡆥)	寧 1・347【《合》32856】、金 349【《合》41503、《英》2413】、續 6・15・4【《合》32772】
子?	鐵 151・1【《合》2955】(賓)、乙綴 178【《合》6572】(丙)、乙 6692(㱿)【《合》6571】、前 2・37・7(竹、爭共貞)【《合》637】	安明 2692【《合》20027】、《考古》1975 年 1 期 54 頁圖 19(此例稱?。《論集》編按:後一例即《屯南》751)
子漁	鐵 184・1【《合》2978】(賓)、253・2【《合》6011】(同版賓貞)、佚 524【《合》13619】(㱿)、續 3・48・3【《合》14782】(㱿)	粹 1263【《合》32780】
子利	懷 965【《合補》3996】、合 3229、13726	粹 933【《合》33526】(此例稱利)
侯	丙 298【《合》3291】、明後 1694【《合》6083】(同版賓貞)、甲 3510【《合》6】(賓)、珠 6【《合》3290】(古)	金 368【《合》41499】
侯	存下 463【《合》3311】(賓)、後下 4・3【《合》5505】、前 4・5・1【《合》3314】、林2・1・14【《合》8096】	粹 367【《合》32807】、甲 844【《合》32805】

⑳ 《安明》1303【《合》23529】有出組旅貞又祭子晝之辭,可能爲祖甲卜辭。

續 表

	賓 組 出 組	歷 組
侯	明後 1683【《合補》6202】(似賓組早期)	甲綴 19【《合》32810】、珠 897【《合》32046】
攸侯	金 597【《合》39701、《英》188】、林 2·3·18【《合》3330】	掇二 132【《合》32982】
犬侯	續 5·2·2【《合》6812】(夬)、綴 157【《合》6813】(同版爭貞)	京津 4777【《合》32966】
射𠂤	前 7·18·1【《合》163】(㱿)、續 3·43·3【《合》165】(𡆥)、燕 235【《合》277】(賓)、鄴二下 38·7【《合》5749】	鄴三下 44·6【《合》32026】、後上 25·7【《合》32024】、安明 2674【《合》31996】、甲 868【《合》32886】
𠂤	鐵 258·3【《合》7629】(亘)、前 1·46·3【《合》2341】(賓)、4·50·6【《合》166】(㱿)、珠 179【《合》6078】(賓)	掇一 550【《合》32028】、掇二 82【《合》32885】、鄴三下 39·9【《合》33056】、續 2·30·4【《合》4199】
師般	後上 11·16【《合》8836】(賓)、金 1【《合》39525、《英》609】(賓)、外 107【《合》6185】(㱿)、珠 179【《合》6078】(同版賓貞)	後下 24·1【《合》32277】、安明 2336【《合》32273】、2684【《合》32900】、明 705【《合》32900】
般	乙 6988【《合》152】(丙)、存下 442【《合》4264】(古)、金 411【《合》39782、《英》374】(㱿)、續 6·21·10【《合》23666】(大)	六·曾 24【《合》34193】
亞㞢[㉑]	安明 658	鄴三下 44·1【《合》32987】、粹 1178【《合》31983】、安明 2336【《合》32273】、2679【《合》33114】
㞢	林 2·12·12【《合》5834】(𠂢)、甲 2121【《合》9560】(賓)、3338【《合》177】(㱿)	甲 562【《合》34176】、896【《合》32035】、粹 915【《合》33237】、1224【《合》33218】
犬征	丙 442【《合》14755】(賓)、後下 37·3【《合》4632】(㱿)、人文 281【《合》9479】(賓)、文錄 152【《合》23689】(出)	明後 2524、2537【《合》33033】、粹 934【《合》32903】、存上 1852【《合》33216】
望乘	丙 22【《合》32】(㱿)、京津 1266【《合》6479】(爭)、佚 979(爭)、燕 596【《合》236】(賓)	鄴三下 38·1【《合》33112】、綴 334【《合》32896】、佚 875【《合》32021】、拾 3·4【《合》32895】

㉑ 人名“㞢”實从“匕”从“𠃬”。字或从“𡴀”,實非“罕”字,而爲“𠃬”之異體,觀《摭續》87【《合》32044】、《乙》8670【《合》22062】、9047【《合》20737】等片“𠃬”字自明。

續　表

	賓組出組	歷　　組
邑並㉒	粹 1213【《合》17171】(爭)、金 521【《合》39514、《英》608】(賓)、前 5·25·1【《合》14157】、文錄 362【《合》23675】(出)	文錄 257【《合》32891】
並	乙 4071【《合》376】(同版㱿貞)、天 94【《合》9105】、後下 35·1【《合》52】(古)、庫 1542【《合》41023、《英》1948】(兄)	粹 915【《合》33237】、1535【《合》33042】、甲 727【《合》33065】
共	乙 2148【《合》671】(㱿)、3338【《合》1173】(爭)、文錄 637【《合》24145】(出)、金 78【《合》41020、《英》1994】(出)	安明 2432【《合》32048】、摭續 143【《合》32275】、粹 1247【《合》32829】、人文 2283【《合》32700】
雀	乙綴 302【《合》6946】(賓、爭)、乙 5303【《合》6947】(㱿、爭)、5329【《合》10976】(丙)、鐵 194·4【《合》10352】(賓)	存下 733【《合》34011】
冓	丙 546【《合》1076】(背面㱿貞)、前 5·27·1【《合》493】(賓)、甲 3539【《合》4888】(古)、人文 1630【《合》4073】	明後 2629【《合》32997】、安明 2711【《合》32994】
矣㉓	出組常見的卜人,矣貞之辭如存上 1507【《合》24132】、前 6·21·2【《合》23590】等,似皆屬出組早期。	人文 2322【《合》32909】、2540【《合》32908】、金 385【《合》40920、《英》2417】
黃	外 147【《合》15482】(爭)、存下 391【《合》13758】(㱿)、燕 677【《合》4302】(爭)、庫 1209(中)	安明 2713【《合》32939】
	乙 2000【《合》6834】(爭)、存上 26【《合》5734】、人文 341【《合》5735】(賓)、前 3·33·6【《合》189】	後下 36·6【《合》32906】、前 6·5·3【《合》32907】
	丙 605【《合》7075】(同版㱿貞、亘貞)、乙 2907【《合》5448】(爭)、林 2·19·16【《合》4567】(爭)、前 4·44·4【《合》4563】	《考古》1975 年 1 期 45 頁圖 19(《論集》編按:即《屯南》751)

㉒　邑並也可能指邑與並二人。

㉓　出組卜辭中,矣之名除作爲卜人見於前辭外,尚見於《後》下 25·5【《合》24317】(旅貞)、《存》下 657【《合》23669】(王卜),似爲祖甲卜辭。矣貞之辭亦有祖甲卜辭。

續　表

	賓組出組	歷組
	丙570【《合》274】(㱿)、續5·32·1【《合》13362】、甲2415【《合》522】(正面辰貞)、3524【《合》3726】(爭)	粹722【《合》32875】、綴184【《合》33035】、明後2529【《合》34240】
	外3【《合》14911】(賓)、燕128【《合》9817】、金616【《合》40106、《英》824】	摭續106【《合》33225】、安明2727【《合》32963】
	前2·28·7【《合》10923】(爭)、6·18·1【《合》5476】(爭)、7·25·3【《合》14436】(賓)、明271【《合》23685】(大)	鄴三下45·8【《合》32921】、後上9·3【《合》33102】、寧3·238【《合》32765】(後二例可能爲地名)
(疋?)	乙3331【《合》249】(同版賓貞)、甲1098【《合》6044】(爭)、2121【《合》9560】(賓)、安明103【《合》5854】(賓)	鄴三下43·9【《合》32911】、京津4782【《合》32910】
	前4·28·3【《合》5560】、6·33·1【《合》4677】、後下34·5【《合》4090】(賓)、續5·19·5【《合》4679】	明後2505【《合》34132】
木	甲1167【《合》9575】(爭)、3512【《合》10067】(賓,稱戌木)、庫226【《合》39836、《英》530】、燕598【《合》7569】	甲600【《合》33193】
	丙275【《合》13490】(爭)、乙4293【《合》136】(古)、前6·6·6【《合》552】、後下26·12【《合》10061】	安明2719【《合》33034】、存下804【《合》33037】
竹	京津1434【《合》1108】(㱿)、存上616【《合》1110】、乙7767【《合》6647】(賓)、文錄519【《合》23805】(矣,稱卜竹)	後下21·2【《合》32933】、《考古》1975年1期44頁圖18(《論集》編按:即《屯南》1116)
山	佚67【《合》7860】、寧2·46【《合》5562】	掇一431【《合》32967】
	金522【《合》39868、《英》564】(賓)、前7·23·1【《合》5452】(矣)、菁11·7(爭)、零拾116【《合》5717】(賓)	明後2452【《合補》10516】、2558【《合》32915】、安明2312【《合》32916】、掇一431【《合》32967】
章	前4·10·7【《合》13731】、乙5640【《合》1395】(㱿)、佚158【《合》8952】(㱿)、甲3510【《合》6】	後下27·14【《合》31981】、安明2536【《合》31970】、懷1650【《合補》10492】、存下846【《合》41500】
壴	乙綴307【《合》7996】(同版爭貞)、乙2027【《合》3816】(丙)、7205【《合》9811】(同版古貞)、簠·雜128(賓)	粹915【《合》33237】、1253【《合》32914】、後下38·6【《合》32881】、明後2629【《合》32997】

續　表

	賓組出組	歷組
[illegible]	乙591【《合》3536】(殼)、1255【《合》947】(丙)、鐵108・4【《合》5503】、後下13・12【《合》23683】(大)	粹1545A【《合》32992】、庫119【《英》2418】
鑊	乙綴208【《合》5477】、乙8165【《合》946】(殼)、後下14・13【《合》4834】、珠293【《合》4833】	粹1224【《合》33218】
卯	丙156【《合》667】(正面殼貞、爭貞)、甲3429【《合》4960】(爭)、文錄636【《合》8454】(王貞,似爲賓組)、人文944【《合》4959】	佚387【《合》32229】、913【《合》32897】、寧1・247【《合》32871】、1・502【《合》32869】
剛	前6・38・1【《合》13745】、存上741【《合》10771】(爭)、甲3510【《合》6】(賓)、粹1306【《合》3236】	掇一432【《合》32770】、粹1221【《合》33210】、存下846【《合》41500】
冎	粹1306【《合》3236】	掇一432【《合》32770】
𢦏	丙185【《合》96】(賓)、前4・10・3【《合》9477】(賓)、明後1666【《合》4763】(賓)、懷382【《合補》1989】([illegible])	甲868【《合》32886】、明後2471【《合》32033】、2629【《合》32997】、掇一410【《合》31984】
矣	合13886(殼)、珠517【《合》13738】(古)、南・師2・153【《合》3828】(古)、續3・36・2【《合》22593】(同版出貞)	甲808【《合》32001】、粹232【《合》32536】、人文2284【《合》32671】
陝	丙98【《合》10613】(同版殼貞、賓貞)、乙7393【《合》3291】、前7・32・1【《合》6050】(同版賓貞)、後下26・4【《合》4775】(爭)	粹1225【《合》32926】
介	後下14・1【《合》8731】(同版賓貞)、燕290【《合》428】	安明2718【《合》32835】、綴46【《合》32834】
兔	明2343【《合》234】(殼)、佚323【《合》6528】(爭)、前6・48・7【《合》4618】(爭)、珠791【《合》14133】(亘)	佚535【《合》34057】
囚	丙275【《合》13490】(同版爭貞)、442【《合》14755】(同版賓貞)、前7・6・1【《合》7422】(殼)、文錄519【《合》23805】(矣)	佚535【《合》34057】
羴	乙3290【《合》9503】(反面殼貞)、前4・13・7【《合》5902】(賓)、6・22・6【《合》5900】(爭)、7・15・3【《合》9506】(葡)	鄴三下40・6【《合》32056】

續　表

	賓組出組	歷組
周	丙 442【《合》14755】(賓)、乙 5329【《合》10976】(丙)、7312【《合》1086】(古)、林 1・26・18【《合》5618】	掇二 82【《合》32885】

上表一共有五十個人名(子畫與畫,射𠂤與𠂤,師般與般,亞⿱亼𠂤與⿱亼𠂤,皆作一人計)。此外,賓組卜辭裏常見的“沚戠”(《丙》22【《合》32】、24【《合》6476】、《粹》1317【《合》3952】、《綴》16【《合》25】等,亦稱戠)與歷組卜辭裏常見的“沚或”(《甲》695【《合》33104】、《京津》4395【《合》33058】、《後》下 39・6【《合》32764】、《鄴三》下 39・9【《合》33056】等,亦稱或),實際上也應該是同一個人名。歷組“沚或”,《安明》2432【《合》32048】作“沚戈”。“或”“戠”大概都从“戈”聲,所以可以通用。歷組《掇一》452【《合》33105】“沚或”的“或”,仔細審視,似不从“口”而从“目”,字形與“戠”接近。賓組的“⿰㫃冊”(《乙綴》213【《合》5447】、《乙》6373【《合》267】、7288【《合》10964】、《前》7・31・4【《合》6816】等)與歷組的“⿰亻冊”(《掇二》82【《合》32885】),賓組的“⿱亼火”(《後》下 37・4【《合》6822】、《佚》746【《合》18745】)與歷組的“⿱㐅火”(《掇二》82【《合》32885】),都很可能是同一個人名的異體字。[24] 同見於賓組出組卜辭和歷組卜辭的人名,被我們遺漏的,一定還有不少。

主張歷組卜辭屬於武乙、文丁時代的甲骨學者,都用“異代同名”說來解釋上述現象。他們指出甲骨卜辭中的人名往往同時又是地名、國族名,這些人名實際上是族氏而不是私名,所以相隔很遠的兩個時期可以有不少同樣的人名。這種說法雖然就甲骨卜辭的一般情況來看,大體上符合事實,但是却不能用來解釋賓組出組

㉔ 歷組的⿰亻冊和⿱㐅火曾與𠂤同見於一塊占卜“令周”之事的卜骨:

叀⿰亻冊令[周]。
叀⿱㐅火令周。
叀𠂤令周。　　掇二 82【《合》32885】

而在賓組卜辭裏,⿰㫃冊、⿱亼火和𠂤正好也都在關於“璞周”的卜辭裏出現過(“璞”字暫從唐蘭先生釋,“璞周”的確切含義尚待研究):

⧄貞:令⿰㫃冊比⿱冖吕侯璞周⧄　　前 7・31・4【《合》6816】(同版殳貞)
⧄[叀]𠂤令[比□]侯璞周。五月。　　合 6821
貞:叀⿱亼火令比璞周。　　後下 37・4【《合》6822】(同版另一辭記“五月”)

這很可能是下文將要討論的歷組和賓組卜辭同卜一事的現象的一個實例。所以⿰亻冊和⿱㐅火就是⿰㫃冊和⿱亼火的可能是很大的。

卜辭和歷組卜辭之間的同名現象。

歷組卜辭中所見的與賓組出組卜辭相同的人名，數量遠遠超過其他各個時期或其他各組卜辭；而且歷組卜辭中所見的這些人的情況，也與賓組出組卜辭中的同名者非常相似。例如歷組卜辭中婦名很少見，除了個別文字不很清晰的例子以外，只有"婦好"、"婦姘"各自出現了好幾次，可見她們是最重要的兩個婦。賓組卜辭中有大量婦名，但出現次數大大超過其他各婦的，地位最重要的，恰好就是"婦好"和"婦姘"。賓組卜辭提到的商王臣屬名中，出現次數最多、地位最重要的，是沚戓、望乘、㠯、共、師般、射𠂤(有的也見於出組卜辭)。歷組卜辭中出現次數最多地位最重要的人名，同樣是這一些(沚戓作沚或)。歷組卜辭的㠯有時稱亞㠯，賓組晚期或出組早期卜辭中也有亞㠯(見上表)；歷組卜辭中沚或或稱伯或(《安明》2413【《合》32814】)，賓組卜辭也有伯戓(《天》90【《合》5945】)。甚至賓組出組卜辭和歷組卜辭裏所見的、與這些同名者有關的事項，也往往是相類或相同的。下面談歷組卜辭占卜事項的時候，就會碰到不少這樣的例子。這裏先將與㠯有關的部分事項作一個簡單對比：

賓 組 出 組	歷 組
丁示蚩㠯 粹 1265【《合》14906】	上下蚩㠯 甲 562【《合》34176】
御㠯于丁，于婦御㠯 甲 2121【《合》9560】	㠯御于父丁 明後 2524【《合》32844】 御㠯 甲 562【《合》34176】
翌丁未酒㠯歲于丁尊㞢玨 前 5・4・6【《合》4059】	丁卯酒㠯尊饉又伐 安明 2350【《合》32235】
㠯以羌 後下 9・4【《合》261】	㠯㠯羌 甲 896【《合》32035】
㠯以三百射 乙 7661【《合》5769】	㠯㠯多射 庫 3【《合》41528、《英》2421】
㠯亡災 存下 371【《合》7946】、前 4・14・2【《合》4087】	㠯亡囚 甲 545【《合》32865】
㠯往 前 1・46・5【《合》4070】	㠯往 粹 1049【《合》32866】
令㠯田于京 燕 52【《合》10919】、前 4・45・5【《合》5715】	令㠯田 安明 2621、粹 1224【《合》33218】
令㠯坚田于京 燕 417【《合》9473】、明後 1699【《合》9474】	令㠯裒田于京 佚 250【《合》33220】
㠯以衆伐舌方 後上 16・10【《合》28】、粹 1082【《合》26】	㠯㠯衆𠂤伐召方 粹 1124【《合》31976】、人文 2523【《合》31977】
㠯其喪衆 佚 549【《合》58】、京津 2155【《合》56】	㠯唯其喪衆 懷 1639【《合補》10411】

續　表

賓組出組	歷組
𠂤不喪衆　寧3·43【《合》39481】	𠂤不喪衆　安明2691【《合》31999】
令𠂤　金569【《合》40075、《英》834】、粹1137【《合》4041】、人文951【《合》4036】	令𠂤　戩48·6【《合》32858】、京津4779【《合》32853】、掇一428【《合》32849】
令𠂤[illegible]東土　粹249【《合》7084】	令𠂤[illegible]于東　安明2723【《合》33068】
𠂤勿立事　南·師2·61【《合》4065】	弜立事叀𠂤⍁　掇一428【《合》32849】

見於這兩種卜辭的與𠂤有關的事項，簡直相似得驚人。

上述這些情況，跟卜辭裏一般的異代同名現象有顯著的不同。我們不能相信相隔幾朝的武丁、祖庚時期和武乙、文丁時期，在人事上竟會存在這麼多如此相似的現象；不能相信商王朝各個重要的族在這樣長的時間裏，竟能全都始終保持他們的地位而沒有任何比較顯著的變化。

我們還可以從另一個角度來看這個問題。在以廩辛、康丁卜辭爲主體的三、四期卜辭裏（包括村北所出三期卜辭），沚戓、望乘、㞢這幾個常見於賓組和歷組卜辭的重要人名，一次也沒有出現過。𠂤出現過一次：

辛亥卜：翌日壬王其比在成犬𠂤，弗每，亡𢦏，擒。　摭續1【《合》27925】

這個𠂤是駐在成地管理商王田獵事務的犬人，其地位與賓組出組和歷組卜辭裏的𠂤根本無法相比。第五期卜辭有“右牧𠂤”（《簠》征38【《合》35345】），僅一見，顯然也遠不如早期的𠂤重要，情況與此相似。㠯見於下引三、四期卜辭：

癸卯卜：戊王其比犬㠯，亡⍁　粹1148【《合》27909】

叀㠯比，擒。　京津4775【《合》33397】

叀㠯比，湄日亡⍁　掇二167【《合》29297】

這個㠯也是具體管理田獵事務的犬人，其地位也顯然不能與射㠯比擬。三、四期卜辭中曾一見亞般：

□□卜：亞般歲祝[illegible]⍁　鄴三下44·4【《合》27938】

看來也不像是很重要的。廩辛、康丁卜辭時常占卜戰事。在戰爭中起主要作用的人物是一些戍，如戍受、戍隹、戍辟、戍逐、戍嵛等等，跟賓組和歷組卜辭所反映的由沚戓、望乘、𠂤等人主持戰事的情況完全不同。

如果賓組出組卜辭和歷組卜辭裏的相同人名，真如主張歷組卜辭屬於武乙文丁時期的學者所想象的那樣,代表着異代的同族人的話,爲什麽武丁祖庚時期和武乙文丁時期起重要作用的族如此一致,而介於這兩個時期之間的廩辛、康丁時期的情況却截然不同呢?

還應該指出,沚戠、望乘這樣的人名顯然是由一個族氏和一個私名構成的。即使不承認沚戠、沚或是一名,望乘的例子總是無法否定的。這種人名爲什麽也重複出現於不同時期呢?立足於人名爲族氏這一基點上的異代同名說,對此也無法作出完滿的解釋。

我們把賓組出組卜辭和歷組卜辭看作同時代的卜辭,把見於這兩種卜辭裏的同名者看作同一個人,上述問題就都不存在了。㉕

最後談歷組卜辭的占卜事項。除了卜旬等類幾乎在各個時期的卜辭裏都可以看到的占卜事項以外,在歷組卜辭裏還可以找到很多與賓組或出組早期卜辭相同的占卜事項。有一些歷組卜辭與賓組或出組卜辭,甚至可以肯定是同時爲一件事而占卜的。這是歷組卜辭和賓組出組卜辭時代相同的最有力的證據。李文已經舉出了賓組出組卜辭與歷組卜辭所卜事項相同的幾個例子,我們在這裏再補充一批例子。引錄卜辭時,採用左右對照的辦法,寫在左邊的是賓組或出組卜辭(有卜人名的都屬賓組,無卜人名的少數可能爲出組早期卜辭),寫在右邊的是歷組卜辭。

(1) 丙子卜賓貞:令共[illegible]我于㞢自,囚告不𡆥。 續5・4・3【《合》17168】	丙子貞:王叀(與“唯”略同)共令[illegible]我。 粹1247【《合》32829】 (《人文》2537【《合》32831】同文)

上引兩辭卜日干支相同。歷組一辭內容較略,但所卜之事與賓組一辭顯然相同。二者當是在同一天爲同一事而占卜的。[illegible]象人埋坑中而有“爿”薦之,[illegible]象殘骨埋於坑中,應爲一字異體,或釋“葬”,似可從。

(2) ☐貞:叀乙亥用射𦎫[以羌自甲]。 京津2086【《合》5755】	[癸]酉[貞]:射𦎫㠯(以)羌[用]自甲[叀]乙亥。 人文2265【《合》32023】
己卯卜賓貞:翌甲申用射𦎫以羌	癸酉貞:射𦎫㠯羌用自甲于甲申。

㉕ 《人物》也認爲見於賓組卜辭、歷組卜辭的望乘等相同人名指同一個人,並把某些歷組卜辭的時代定爲武丁時期(517頁等)。但是《人物》似乎根本不承認異代同名現象,書中甚至把武丁卜辭和五期卜辭中的同名者也看作一個人,並且爲了使這些人的活動時間的上下限不致相距過遠,把有關的五期卜辭說成武乙卜辭。所以《人物》的出發點與我們是不同的。

自囲。八月。
燕 235【《合》277】

京津 3966【《合》32023】

上引兩組卜辭顯然是爲了射䍙送來的同一批羌俘而占卜的,兩組卜辭提到的祭祀日期和祭祀對象完全相同,己卯是癸酉之後的第六天。在歷組卜辭裏還有於丁卯日卜問用"䍙㠯羌"於父丁的:

丁卯貞:䍙㠯羌其用自囲冗至于父丁。

丁卯貞:䍙㠯羌于父丁。 掇一 550(《摭續》2)【《合》32028】

丁卯是癸酉的前六天(上引《人文》2265 歷組卜骨上尚有於庚午日卜用"射䍙以羌"之辭,丁卯與庚午只差三天),這兩條卜辭提到的"䍙以羌",與上引《人文》2265、《京津》3966 的"射䍙㠯羌"當是同一批羌俘。《人文》2265、《京津》3966 的字體也確是比較典型的父丁類字體。由此可知,與這些歷組卜辭同時的《京津》2086、《燕》235 等賓組卜辭的時代已經晚到祖庚時期。

(3) 甲申[卜]爭貞:勿皿用望[乘來羌]。 燕 618【《合》16061】

庚子卜賓貞:翌甲辰用望乘來羌。
燕 596【《合》236】

丁亥貞:用望乘㠯羌自囲。
佚 875【《合》32021】

上引兩條賓組卜辭和一條歷組卜辭,應該是爲了望乘送來的同一批羌俘而占卜的。甲申是丁亥的前三天,庚子是丁亥之後的第十三天。上引《佚》875 歷組卜骨上尚有"丁亥貞用于父丁"一辭,可知上引《燕》596、618 等賓組卜辭的時代也已經晚到祖庚時期。

(4) 壬午卜貞:翌甲申酒产□牛自囲□□酒。 甲 3651【《合》1198】

乙酉卜爭貞:酒产方以牛自囲。一月。

甲 2029(《甲綴》340)【《合》10084】

癸亥貞:产方㠯牛其登于來甲申。
綴 334【《合》32896】

癸未貞:甲申□产方㠯[牛]自囲。
鄴三下 44·6【《合》32026】

上引賓組和歷組卜辭也應該是爲同一件事而占卜的(《甲》3651 無卜人名,據《甲》2029 暫定爲賓組卜辭)。第二條賓組卜辭的卜日是乙酉。大概當時先卜於甲申日用产方送來的牛祭上甲以下的祖先,得兆不吉,或由於其他原因其事未實現,所以在甲申的次日乙酉再就此事進行占卜。【編按:葛亮指出,賓組第二條的"乙酉"他家皆釋"乙亥",從圖版看,釋"亥"是對的。他的意見很正確。"乙亥"在"壬午"之前七天,“壬午”所卜較“乙亥”所卜更爲具體,二者所卜仍應爲一事。原文有關論述應删除。】第一條賓組卜辭“𢆶”作 ,未刻全。此辭於壬午日卜,上引第二條歷組卜辭於癸未日卜,二卜日緊接。上引《綴》334 歷組卜骨上尚有“丁未貞王其令望乘帚(歸)其告于祖乙一牛父丁一[牛]”等辭,《鄴三》下 44·6 歷組卜骨上尚有“癸卯貞射𠂤吕羌其用[于]父丁”一辭。由此可知上引《甲》2029 和 3651 兩條賓組卜辭也已經晚到祖庚時期。

(5) 辛丑卜貞:𠂤以羌,王于門尋。 後下 9·4【《合》261】	辛酉貞:王尋𠂤吕羌南門。 懷 1571【《合補》10646】

上引兩辭所卜之事相同,但卜日干支相距二十日。殷人常常在事先很多天就開始爲一件事占卜,所以上引兩辭卜問同一件事的可能性仍然存在。

(6) 癸卯[卜]賓貞:[令]𠂤𡉚田于京。 燕 417【《合》9473】	□卯貞:王令𠂤𡊝田于京。 佚 250【《合》33220】

很可能右方歷組卜辭“卯”上所缺一字爲“癸”,卜日與左方賓組卜辭相同。“𡉚”、“𡊝”是一字異體。

(7) 貞:令𠂤  東土,告于祖乙于丁。八月。 粹 249【《合》7084】	丁巳卜貞:王令𠂤  于東 (生月?)⧄ 安明 2723【《合》33068】

“令𠂤  東土”與“令𠂤  于東”應爲一事。

(8) 貞:令多馬衛于北。 甲 3473【《合》5711】(同版爭貞)	甲辰卜:呼多馬徬从北。 善齋舊藏 (《論集》編按:即《合》27943)

上引賓組卜辭在《甲》3473 號卜甲上位於“癸卯卜”一辭上方。癸卯的第二天就是甲辰,上引兩辭所卜應爲一事。“衛”、“徬”是一字異體,有人釋作“衛”,也有人認爲是防衛之“防”的本字。

(9) □戌卜賓貞:令莽以多馬衛 。 合 5712	丙申卜:王令莽吕多馬。 安明 2711【《合》32994】

《合》8964 的一條賓組或出組早期卜辭説:“戊戌卜貞令莽以㞢友馬徬⧄”,與上引之《合》5712 當是一時所卜,可見後者“戌”上所缺一字應爲“戊”。戊戌與上引歷

組卜辭的卜日干支丙申,中間只隔一個"丁酉"。二者所卜當是一事。

(10) □叀族馬令往。

粹1291【《合》5728】(同版爭貞)

乙酉卜:于丁令馬。 叀一族令。

眔令三族。 叀三族馬令。

寧1·506

(《論集》編按:即《合》34136)

上引賓組卜辭在《粹》1291號卜甲上位於"甲申卜"殘辭上方。甲申的第二天就是乙酉。上引賓組與歷組卜辭可能爲同時所卜。

(11) 貞:叀木令衛。一月。

燕598【《合》7569】

壬午貞:癸未王令木峹。

甲600【《合》33193】

"峹"也是"衛"的異體,或析爲"方"、"止"二字,非是。

(12) 辛未卜貞:令昼以□射于塹,帝方我。

續3·46·6【《合》5766】

辛未貞:王令𠂤𢦏于𢿌。

辛未貞:冓𠂤新射于斬。

明後2629【《合》32997】

乙亥貞:令𢦏于龜。

乙亥貞:令辰𠂤新射于斬。

安明2710【《合》32996】

右方所引兩版歷組卜骨顯然是密切相關的。乙亥爲辛未之後的第四天。甲骨文常在地名字上加"山"、"水"等偏旁。上引賓組卜辭的"塹"與歷組卜辭所說的"斬"當指一地無疑。賓組卜辭所說的"令昼以□射于塹",與歷組卜辭所說的"令辰𠂤新射于斬"應爲一事。"辰"和"昼"當是同一人名的不同寫法。

(13) 乙卯卜賓貞:翌日。十三月。

前7·5·2【《合》10076】

(《金》355【《合》40761】同文)

甲寅卜:叀翌日。

掇一430【《合》34343】

(《京津》4823重,《摭續》201【《合》32787】同文,但"日"下多一字)

上引兩辭當是爲同一事而占卜的。甲寅的第二天就是乙卯。見於這兩條卜辭的兩個怪字應爲一字異體。(校時案:《合》18567歷組卜辭"甲寅卜,翌日",亦爲同時所卜。《論集》編按:以上爲原文按語。今按,《屯南》4080亦同時卜。)

(14) 貞:于乙亥入黃尹祊(?)人。 存下 229【《合》3099】(同版古貞)	☐[令]日其取伊祊(?)人。 □□貞:于乙亥[取]伊祊(?)人。 明後 2442 (參《寧》1·235【《合》32803】)

賓組的黃尹相當於歷組的伊尹。見於上引賓組卜辭的黃尹祊人也稱黃祊人:

癸卯卜貞:今日令𠂤取黃祊(?)人。七月。 前 7·3·2【《合》22】

與歷組卜辭的"伊祊人"當指同一種人。上引賓組卜辭的"入"字當"使進入"講,可讀爲"納",與"取"義近。這條卜辭與上引歷組卜辭顯然是卜問同一件事的。

(15) 丁丑卜賓貞:𠂤往。六月。 前 1·46·5【《合》4070】 (《甲》1492【《合》4071】同文,但貞人爲爭)	丁丑貞:往亡囚𠂤。 粹 1049【《合》32866】

這也是賓組、歷組同日卜同事的例子,上引《粹》1049 的"𠂤"字寫得較小較偏,顯然是寫漏後添補的,其本來位置也應在"往"字之前。

(16) 貞:翌乙亥令黃步。 合 7443	戊寅貞:王令黃翌己卯步。 安明 2713【《合》32939】

己卯是乙亥之後的第四天,大概先卜於乙亥日命黃步,得兆不吉,或由於其他原因其事未實現,所以到戊寅日又卜於己卯日令黃步。上引《合》7443 號卜骨未記卜人名,字體屬賓組,骨上尚有數辭,其中一辭僅記干支"己卯"二字,可能也與令黃步之事有關。

(17) 癸巳卜□貞:叀乙未令師般。 南·上 68(《合》4216) 癸巳卜古(?)貞:令師般涉于河東北,共于□収王臣。 甲釋圖版 072(《合》5566)	癸巳貞:今日王令師般。 王于乙未令。 懷 1651【《合補》10488】 ☐令師般眔共。 懷 1649【《合補》6614】

上引《南》上 68 和《懷》1651,顯然是在同一天爲同一事而占卜的。其他兩條也有可能是跟它們同時占卜的。

（18）☐翌乙酉呼子𦔻酒伐于父乙。
續1·28·9【《合》969】

壬午卜：𦔻又伐父乙。
《考古》1975年1期45頁圖19
（《論集》編按：即《屯南》751）

乙酉是壬午後第三天，上引兩辭很可能是爲一事而卜的。

（19）甲午卜賓貞：沚戠啓王勿比，弗其受☐　乙綴192【《合》6471】

庚寅卜：叀𠂤［啓］我用若。
叀沚或啓我用若。　鄴三下39·9（《綴》128）【《合》33056】
癸巳卜：王比沚或。
甲695【《合》33104】

上引卜辭裏的"啓"指征伐時充當先行。㉖ 庚寅是癸巳前第三天，甲午是癸巳後第一天，這幾條卜辭大概都是圍繞同一事件而占卜的。

（20）辛酉卜爭貞：王比望乘伐下𠂤。
辛酉卜爭貞：王勿唯望乘比。
貞：王叀沚戠比伐巴方。
貞：王勿唯沚戠比。
貞：王叀尸𠂤（方?）正。
貞：王勿唯尸正。
丙24＋京津1266【《合》6476】
（《丙》插圖貳綴合。此版序數爲一）
貞：王比望乘伐。
王勿比望乘伐。
王叀止（沚）戠。
勿唯止戠。
王叀尸正。
勿唯尸正。　乙3797【《合》6583】
（與上版同文，此版序數爲五）

癸亥［卜］：王叀或比。
［癸亥卜］：王叀望乘比。
癸亥卜：王叀尸（夷）正（征）。
乙丑卜：王叀或比。
乙丑卜：王叀望比。
鄴三下38·1【《合》33112】
甲［子卜］：王［叀或］比。
甲子卜：王叀望乘比。
丁卯卜：王弜比或。
丁卯卜：王弜比望乘。
懷1637【《合補》10485】

㉖ 胡厚宣《殷卜辭中的上帝和王帝（上）》，《歷史研究》1959年9期39頁。

在上引賓組卜甲和歷組卜骨上,王是否比望乘、是否比沚戠(歷組作或)和是否征夷這三件事都同時並見(《懷》1637征夷之辭殘去)。賓組卜日爲辛酉,歷組卜日爲癸亥、甲子、乙丑、丁卯。辛酉與癸亥中間只隔一個"壬戌"。這些賓組和歷組卜辭顯然是爲同一組事件而占卜的。

面對上引這些歷組卜辭與賓組或出組早期卜辭所卜事項相同的實例,除了承認歷組與賓組和出組早期時代相同以外,是沒有其他辦法的。上面所引的卜辭裏,出組卜辭大概很少。不過一部分賓組卜辭已經晚到祖庚時期,正與出組早期的時代相當。

從前面討論過的各方面的情況來看,完全可以肯定歷組卜辭跟賓組和出組早期卜辭是同時代的。也就是說,歷組卜辭應該屬於武丁、祖庚時期。這種卜辭裏的父乙是武丁對小乙的稱呼,父丁是祖庚對武丁的稱呼。

在武丁卜辭裏,賓組卜辭的時代一般要晚於𠂤組卜辭。[27] 𠂤組卜辭存在的時間可能比較長,文例、字體都比較複雜。其中一部分卜辭,行款整齊,字形不大不小,文字結體平正勻稱,與賓組卜辭頗爲相似。賓組卜辭中,在各方面與這類𠂤組卜辭比較接近的,時代就早;反之,與出組早期卜辭比較接近的,時代就晚。與歷組卜辭有相同占卜事項的賓組卜辭,多數是偏晚的。前面對照賓組和歷組卜辭的占卜事項時已經指出,(2)(3)(4)諸例所引賓組卜辭已經晚到祖庚時期。這些賓組卜辭,除(2)例所引《京津》2086在形式上與較早的賓組卜辭難以區分外,其餘都明顯地屬於與出組早期相似的賓組晚期類型。上舉(1)至(12)諸例,在(2)(3)(4)三例之外,其餘各例所引賓組卜辭基本上也都屬於晚期類型。同時,與它們相應的歷組卜辭的字體,也大都可以歸入父丁型。所以賓組晚期卜辭很可能有相當大的一部分是屬於祖庚時期的。與歷組父乙類卜辭占卜相同事項的某些賓組卜辭,如上舉(18)(20)等例所引的賓組卜辭(18例歷組卜辭有"父乙",20例歷組卜辭是比較典型的父乙類字體),時代顯然要早一些。如果把賓組分爲早中晚三期,它們大概可以歸入中期。但是就整個武丁時期來說,則仍應屬於後期。歷組父乙類卜辭

---

[27] 林澐同志在《從武丁時代的幾種"子卜辭"試論商代的家族形態》一文中說:"所謂'𠂤組卜辭',我在1965年已考定是武丁前期的王室卜辭。"(《古文字研究》第一輯317頁)李學勤同志也認爲𠂤組卜人扶的卜辭在殷墟甲骨中時代最早(《盤龍城與商朝的南土》,《文物》1976年2期45頁)。𠂤組卜辭的內容比較複雜,較晚的𠂤組卜辭可能與較早的賓組卜辭同時。但總的來說,其時代無疑要早於賓組。陳夢家把𠂤組卜辭的時代定在武丁晚期,是不正確的(《論集》編按:據黃天樹同志博士研究生畢業論文《殷墟王卜辭的分類與斷代》,𠂤組卜辭的下限有延伸到武丁晚期的跡象。這一問題有待進一步研究)。

中的重要人名,大都不見於𠂤組卜辭而仍見於歷組父丁類卜辭,有的也見於出組早期卜辭。可見這些人在武丁時期的活動時間是偏晚的。這也説明歷組父乙類卜辭的時代不會很早。所以歷組卜辭時代的上限大概不會早於武丁後期。李學勤同志以歷組卜辭爲“武丁晚年到祖庚時期的卜辭”,是有道理的。

歷組卜辭與賓組、出組卜辭同時,並且也是“王卜辭”,爲什麼文例、字體却與賓組、出組有相當大的差異呢?貝塚茂樹認爲同屬武丁時期的賓組卜辭和𠂤組卜辭,所以呈現不同的風格,是由於二者分屬於不同的占卜機關。他的看法很有啓發性。不過,𠂤組卜辭,至少是其中相當大的一部分要早於賓組卜辭。二者風格的不同可能在很大程度上是由時代因素決定的。對於歷組卜辭和賓組、出組卜辭之間的風格差異來説,時代因素基本上無關,很可能占卜機關的不同是造成這種差異的主要原因。根據甲骨出土地點的資料來看,歷組卜辭主要出在村中村南,賓組、出組卜辭主要出在村北。這説明歷組卜人和賓組出組卜人分屬於不同占卜機關的可能性是非常大的。但是應該指出,這種不同決不會是貝塚茂樹處理賓組、𠂤組關係時所設想的那種不同,即屬於王朝或屬於王族的不同。因爲從卜辭内容看,歷組卜辭顯然跟賓組出組卜辭一樣,也出自王朝正式卜官之手,只不過歷組卜人和賓組、出組的卜人大概分屬於不同的官署而已。其實,就是𠂤組卜辭,也不可能出自與王朝卜官有別的王族私家卜官之手,“王族卜辭”這一名稱恐怕是不能成立的。

在討論了歷組卜辭的時代之後,還應該簡單討論一下與歷組卜辭有密切關係的另一組卜辭的時代問題。

李學勤同志過去在《殷代地理簡論》裏,曾經把歷組卜辭看作武乙至文丁初年的卜辭,把𠂤組卜辭看作文丁卜辭。他分第四期甲骨爲四類。歷組卜辭稱爲四期1類,𠂤組卜辭又分兩類,稱爲四期3類和四期4類。我們現在要討論的,是當時也被他看作文丁卜辭的所謂四期2類卜辭。㉘

這組卜辭龜、骨兼用,不記卜人名,前辭大多數作“干支卜”,少數作“干支卜貞”或“干支貞”。“貞”字兩鼎耳多作方形,干支字“子”多作,“丑”多作,“戌”多作,“未”、“酉”大部分似賓組,小部分似歷組,“王”字無頂上一横,“雨”字横畫幾乎都是傾斜的,“囚”字多作,“𢦏”字多作,“戎”字多作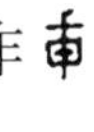,

㉘ 看《簡論》附錄“殷代王卜辭分類表”(101 頁)及書中有關各節。由於原書對甲骨分期問題談得比較簡單,我們的介紹可能有誤解原意之處。

“不”字大部分作，小部分作（以上參看《簡論》88 頁）。其筆法一般說來介於歷組父乙類卜辭與筆畫比較纖細流利的那種𠂤組卜辭之間。不過，這一組卜辭的字體並不完全統一，一部分卜辭的字體特别近於歷組，還有些卜辭的字體比較怪。這組卜辭還有兩個顯著的特點。一是比較喜歡卜問“易（錫）日”“不易日”。一是比較喜歡把先人稱謂中的日名放在前面，如稱“乙大”、“丁祖”、“己妣”等等。著録這組卜辭最多的書，大概是《庫方》，其次是《人文》、《甲》、《粹》、《摭續》等書。爲了行文方便，我們姑且稱這組卜辭爲“歷、𠂤間組”卜辭（《論集》編按：林澐同志在《小屯南地發掘與殷墟甲骨斷代》一文中指出，按時代先後的次序“歷𠂤間組”應改稱“𠂤歷間組”，見《古文字研究》第九輯 126—127 頁。這個意見是正確的。作者在後來寫的論文裏，已改稱“𠂤歷間組”。又，本文在劃分歷組的兩類卜辭和劃定𠂤歷間組的範圍時，沒有以字體爲唯一標準，這也是不妥當的。關於這個問題可參閱上引林文。至於𠂤歷間組究竟應該包括哪些卜辭，還有待進一步研究）。

這組卜辭與歷組卜辭的關係是很密切的。《簡論》曾指出，《粹》1164【《合》33074】屬於此組而有歷組常見的人名沚或；《庫》972【《合》40866】屬於此組，而左下隅横刻干支表一列，屬於歷組；《甲》2423（2422 反面）【《合》21472】屬此組，《甲》884【《合》32182】屬歷組，二者皆有極爲罕見的“葚”字（89 頁）。這兩組卜辭的文例、字體有時候非常相似，有些卜辭簡直難以斷定應該歸入它們之中的哪一組。例如《存》下 731【《合》33076】很像是歷組卜骨（《存》列於三、四期），但是其上有“戊辰卜弗執猼”等辭，而屬於“歷、𠂤間組”的《粹》1181【《合》33078】等片也有“癸酉卜王𦎫猼甲戌𢦏”、“乙亥卜弗𢦏猼”等辭（詳後），戊辰、癸酉只相差五天，顯然爲一時所卜。這樣看來，此片似可歸入“歷、𠂤間組”。又如《寧》1・12【《合》34012】片有“甲辰卜不易日”、“甲辰卜王步戊申易日”、“甲辰卜王步己酉易日”、“庚申不易日”等辭，“不”字有横畫，“酉”字、“庚”字的寫法似歷組父乙類，就這一片孤立地看似乎可以歸入歷組。但是如與《人文》3222【《合》32941】片聯繫起來看，似乎還是歸入“歷、𠂤間組”爲妥。後者有“甲辰卜王步丁未易日”、“甲辰卜王步戊申易日”、“不易日”、“乙卯卜王步丁巳易日”、“乙卯卜庚申易日”等辭，與前者顯然是同時所卜，而“不”字無横畫，“庚”作，“未”作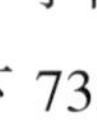，是標準的“歷、𠂤間組”字體。有時一片卜骨上同時出現分别具有這兩個組的風格的卜辭。如《存》下 733 片【《合》34011】，上端卜旬一辭完全是歷組作風，其右下側一辭作“丙申卜王步丁酉易日”，與上舉《寧》1・12 同類型，辭側記“二月”，更是不見於一般歷組卜辭而屢見於

"歷、自間組"卜辭的作風。此片下端一殘辭有人名"雀",也是屢見於"歷、自間組"卜辭而少見於歷組卜辭的。㉙

從以上所述的各種現象來看,"歷、自間組"與歷組的時代顯然是大致相同的。過去,李學勤同志把歷組卜辭看作武乙至文丁初年的卜辭,把"歷、自間組"卜辭看作文丁卜辭。現在歷組卜辭已經改定爲武丁後期到祖庚時期的卜辭,"歷、自間組"卜辭當然也就應該改定爲武丁卜辭了。這種卜辭不會晚到祖庚時期,可以從以下兩方面得到證明。首先,從字體等方面看,歷組父乙類明顯地接近於"歷、自間組",歷組父丁類跟"歷、自間組"的關係則比較疏遠。這既表現在筆法上,也表現在字形結構上。例如"貞"字,"歷、自間組"一般將兩耳寫作方形,這種寫法在歷組父乙類卜辭裏常常出現,但在歷組父丁類卜辭裏就相當少見了。其次,從親屬稱謂上看,這組卜辭也顯然屬於武丁時期。《掇二》170【《合》20530】"歷、自間組"卜骨有如下一辭:

癸未卜:征𩫖父甲至父乙酒一牛。

郭若愚《自序》說:"父甲至父乙當是象甲(按:當作兔甲,"兔"、"陽"二字陰陽對轉)、般庚、小辛、小乙,可知此片卜辭應爲武丁時物。"這是正確的。《粹》119【《合》31997】、《人文》3015【《合》2282】、3016【《合》22202】也是有"父乙"之稱的"歷、自間組"卜辭。㉚ 但"父丁"沒有在這種卜辭裏出現過。

歷組父乙類比歷組父丁類更接近於"歷、自間組"這一點,還透露出"歷、自間組"的時代可能略早於歷組父乙類的消息。也就是說,這些卜辭有可能是沿着"歷、自間組——歷組父乙類——歷組父丁類"這樣的途徑而逐漸演變的。

從"歷、自間組"卜辭中的占卜事項和人名,也可以看出這組卜辭確實屬於武

㉙ 提到"雀"的"歷、自間組"卜辭有《庫》1117 + 1151(《綴》141【《合》33089】)、《粹》1167【《合》20399】、1553【《合》20383】、《佚》604 +《續》2·31·4(《綴》140)【《合》33071】、《甲》179【《合》20168】、183【《合》33072】、《鄴三》下 40·3【《合》32839】、《存》上 638【《合》20384】等。《存》上 638 的字體也比較接近歷組父乙類,但從卜辭內容可以確定爲"歷、自間組"卜辭,參看下文關於"歷、自間組"與賓組所卜事項相同一節。胡厚宣先生將《存》上 638 列入第一期,也不把它看作歷組卜辭。

㉚ 《人文》3016 字體較怪,而且有卜"㞢囚"一辭,與一般"歷、自間組"卜辭用"又"不用"㞢"的習慣不合。但是通過與其他"歷、自間組"卜辭的比較,可以肯定它也屬於"歷、自間組"。《人文》3113【《合》20779】有"乙酉卜丙戌步易日"等辭,從文例、字體看屬於"歷、自間組"無疑。這一版上還有"壬午卜㞢戎才斲東北獲"一辭,也用"㞢"字,而且與《人文》3016 的"壬午卜伐戎 ▨ 斲東北𢦏"一辭爲同時所卜。《人文》3016"戎"字的寫法,也是"歷、自間組"所特有的。

丁時期,而且很可能要略早於歷組父乙類卜辭。

我們先來看占卜事項。武丁時期關於征伐方國的占卜,有一些既見於"歷、𠂤間組"也見於賓組。例如"歷、𠂤間組"有征伐猶[31]和巽(也作龔)的卜辭:

戊辰卜:弗執猶。　　存下731【《合》33076】

癸酉卜:雀辜(與伐義近)猶。　　甲831【《合》32842】

癸酉卜:王辜猶,甲戌𢦏。

乙亥卜:弗𢦏猶。

乙亥卜:王辜龔,𢦏。旬一日乙酉王𢦏。

粹1181【《合》33078】+懷1638(《懷》圖版117綴合【《合補》6622】)

乙亥卜貞:今日乙亥王辜龔,𢦏。

庫1094【《合》33080】(《懷》圖版117與上片綴合【《合補》6622】)

丙子卜:于丁丑𢦏。

丙子卜:于戊寅𢦏。

丁丑卜:𢦏龔。

丁丑卜:今日𢦏龔。　　庫104+1095(《北美》卡17綴合)【《合》33081】

賓組也有征伐猶和巽的卜辭,例如:

乙丑卜王貞:余伐猶。

前7・18・2【《合》6926】(《續》3・13・4【《合》6927】同文)

乙亥卜賓貞:勿伐猶。　　庫1810【《合》39929、《英》604】

丁丑卜殼貞:我伐猶。　　七・W5【《合》6929】

庚寅卜殼貞:呼雀伐猶。　　林2・15・11【《合》6931】

▨雀伐猶。　　庫672【《合》39931、《英》603】

癸巳卜爭貞:亯𢦏猶。　　前7・12・1【《合》6939】

戊□卜□貞:亯𢦏猶。

貞:[亯]弗其𢦏猶。　　乙5303【《合》6947】

▨亯羍猶。　　掇一117【《合》6940】

乙未卜殼貞:勿唯王自正猶。

---

[31] 此方國名"歷、𠂤間組"作"猶"。賓組少數作"猶"(《掇一》117【《合》6940】、《乙》6671【《合》7076】等),多數作"獮",本文一律寫作"猶"。關於這個字,請參閱唐蘭《殷虚文字記》(唐先生認爲這個字从"豕",我們改作从"犬")。

貞：我勿伐𤞞。 通 564(《通》别 2·4·10)

□ 𦎫𢦏𤞞，不其𢦏。 乙 6671【《合》7076】

辛巳卜㱿貞：呼雀伐𦋅。

辛巳卜㱿貞：勿呼雀伐𦋅。 乙綴 249【《合》6959】

□□卜㱿貞：我𢦏𦋅。 庫 1750【《合》39937、《英》606】

"歷、𠂤間組"卜問"雀𦎫𤞞"、"王𦎫𤞞"，賓組卜問"雀伐𤞞"、"王自征𤞞"，並有王親貞"余伐𤞞"之辭。"歷、𠂤間組"於乙亥日卜"弗𢦏𤞞"，賓組於乙亥日卜"勿伐𤞞"。"歷、𠂤間組"於乙亥、丙子、丁丑等日卜𦎫𦋅、𢦏𦋅，賓組於辛巳等日卜伐𦋅、𢦏𦋅。丁丑與辛巳，中間只隔三個干支。賓組卜辭提到的伐𤞞、伐𦋅之人，除王之外就是雀和亶。雀不但見於上引"歷、𠂤間組"𦎫𤞞卜辭，而且還屢見於其他"歷、𠂤間組"卜辭，已見上述。亶也見於下引"歷、𠂤間組"卜辭：

乙丑卜貞：亶呂沚或伐猶，受又。 粹 1164【《合》33074】

甲午卜：王叀亶配。 懷 1640【《合補》6625】

□ 亶 □ 亡正戎。 庫 1055【《合》20396】

從以上所說的來看，"歷、𠂤間組"和賓組關於征伐𤞞和𦋅的卜辭顯然是同時的（請看文末追記）。

"歷、𠂤間組"卜辭卜問"雀卒（執）亘"、"雀獲亘"：

辛亥貞：雀卒亘，受又。 存上 638【《合》20384】

癸亥卜：亘弗夕雀。

丁卯卜：雀獲亘。 粹 1553【《合》20383】（参《綴》141）

賓組也卜問"雀卒亘"、"雀獲亘"：

辛亥卜□貞：自今至乙卯雀卒亘。

京津 1322(《存》上 1097)【《合》6954】

貞：雀其卒亘。 京津 1324【《合》6953】

乙巳卜爭貞：雀獲亘。

乙巳卜爭貞：雀弗其獲亘。

辛亥卜㱿[貞]：雀獲亘。 乙 4693【《合》6952】

戊午卜㱿貞：雀追亘，㞢獲。 乙 5303【《合》6947】

"歷、𠂤間組"卜"雀卒亘"的《存》上 638 一辭，與賓組卜"雀卒亘"的《京津》1322 一辭,甚至連卜日干支也完全相同。上引這兩組卜辭無疑也是同時的。

"歷、𠂤間組"卜問"𦎫缶"、"𦎫缶于啕":

辛巳卜:令□□□𦎫缶。 人文2153【《合》20526】

乙酉卜:王𦎫缶,受又。

粹1176【《合》20527】(《論集》編按:《甲》261【《合》20524】同文)

庚寅貞:𦎫缶于啕,𢦏又旅。才□□月。 懷1640【《合補》6625】

賓組也卜問"𦎫缶"、"𦎫缶于旬":

丁酉卜㱿貞:王叀乙𦎫缶,𢦏。三月。 人文364【《合》6867】

丁卯卜㱿貞:王𦎫缶于旬。二月。 後上9·7【《合》6863】

(《粹》1175【《合》6860】、《續》1·52·1【《合》6862】、《明》2330【《合》6861】等同文)

庚辰卜㱿貞:王𦎫缶于[旬]。 續5·35·5

(《天》68重。《論集》編按:此片即《合》6864,《合》有反面拓,上有"▨旬。二月"殘辭。也有可能正反面當接讀,本無缺字)

"啕"和"旬"顯然指同一地點。上引這兩組卜辭應該是圍繞同一件事而占卜的。

"歷、𠂤間組"卜問"𦎫䍃"(《掇二》170【《合》20530】),賓組卜問"𦎫䍃"(《乙綴》301【《合》1027】)"𢦏䍃"(《丙》1【《合》6834】、《後》下25·1【《合》6832】)。"䍃"和"䍃"無疑是一字異體,這幾條卜辭大概也是圍繞同一件事而占卜的。

以上所引占卜事項與"歷、𠂤間組"相合的賓組卜辭,沒有晚於賓組中期的,很可能比占卜事項與歷組父乙類相合的賓組卜辭要略早些,至少不會晚於後者。

如果跟卜辭中的人名結合起來看,"歷、𠂤間組"應該略早於歷組這一點就比較清楚了。"歷、𠂤間組"卜辭中所見的人名,最重要的就是上面提到的"雀",但雀在歷組卜辭中則很少見。另一方面,除了上面提到過的記"㐭吕沚或"的《粹》1164之外,在"歷、𠂤間組"卜辭中也幾乎從不見歷組卜辭中最常見的沚或、望乘、𠂤、𠦪等人名。雀這個人名沒有在賓組晚期和出組卜辭裏出現過,而他在前辭常作"干支卜"的賓組早期卜辭中則是屢見的,[32]在𠂤組卜辭中也出現過。[33] 他的活動時期顯

---

[32] 《鐵》145·3【《合》4116】、176·2、226·1【《合》8006】、《天》80【《合》10201】、《粹》1293【《合》4146】、《前》7·5·4【《合》19191】、《乙》4718【《合》8984】等等。

[33] 見《甲》2902【《合》20576】。此版與《甲》2907【《合》19946】皆有"㗊亡囚才南土"之辭,爲同時所卜。《甲》2907有𠂤組卜人扶之名。

然要略早於沚戓、望乘等人。[34] 由此看來,"歷、𠂤間組"卜辭的時代也應該略早於歷組卜辭。

除了相同的占卜事項和人名,"歷、𠂤間組"和賓組的關係還表現在它們都有甲橋署辭上。《人文》3095【《合》21008】、3098【《合》21006】都是"歷、𠂤間組"卜甲,前者背面甲橋部分刻有署辭"庚午▨",後者背面甲橋部分刻有署辭"庚寅▨示五",形式與賓組甲橋署辭相似。

前面說過,"歷、𠂤間組"卜辭的筆法,一方面與歷組卜辭接近,一方面又與一部分𠂤組卜辭接近。《簡論》還曾指出刻有𠂤組卜辭的《甲》2904 號【《合》20354】卜骨,其右下隅所刻干支表爲"歷、𠂤間組"字體(89 頁)。[35] 此外,"歷、𠂤間組"最重要的人名"雀"也曾見於𠂤組卜辭。可見這兩組卜辭也有比較密切的關係。

1973 年小屯南地出土的那批"𠂤組卜甲"與"歷、𠂤間組"卜辭的關係,尤其值得注意。這批卜甲中記𠂤組卜人名的只有一片(《考古》1975 年 1 期 38 頁圖 13【《合》19838、《屯南》4517】),其筆法屬於纖細流利一類,字體跟有些"歷、𠂤間組"卜辭相似,祭仲丁一辭稱"丁中",置日名於前,也與"歷、𠂤間組"的作風一致。

這批"𠂤組卜甲"的第五片卜問"子妥不𣦼(葬?)"、"其𣦼"(《考古》1976 年 4 期 235 頁【《合》20578、《屯南》4514】)。"歷、𠂤間組"卜辭也提到子妥:

辛丑卜:御子妥己妣。

庫 974【《合》20038】(據《北美》卡 6 校正。參《庫》1146【《合》20039】)

此外,武丁卜辭裏提到子妥的,還有賓組卜辭,以及通常被研究非王卜辭的學者附於子組的一種書法草率的卜辭:

子妥𡆥凡。	乙 6273【《合》10936】
子妥𡆥凡▨	乙 4074【《合》3175】(以上爲賓組卜辭)
□卯貞:子妥不死。	吉林 4【《合》21890】
庚[子貞]:子妥不死。	乙綴 418 + 乙 1521【《合補》6912】

---

[34] 但晚期的雀與早期的沚戓(沚[illegible])、望乘等人可以同時,所以在賓組卜辭裏能看到"呼雀斫[illegible]"(《乙》5303【《合》6947】)、"[illegible]其啓雀"(《乙》7674【《合》10863】)等辭。

[35] 在《乙》474【《合》20805】𠂤組卜辭,《乙》5388【《合》12314】賓組卜辭裏,以及在《人文》3074【《合》20323】可能屬於𠂤組也可能屬於賓組早期的卜甲上,都有寫法很接近"歷、𠂤間組"的干支字"子"。

（參《乙》7718【《合》22459】。以上爲附屬子組的卜辭）

這些關於子妥的卜辭，占卜時間大概都相距不遠。賓組卜辭的"囚凡"當是卜辭常見的"囚凡有疾"一語的省文。卜問爲子妥舉行禦祭（一種祓除災禍的祭祀），以及卜問子妥的"死"與"𣦼"（葬？），都應該與這場疾病有關。上引屬於"歷、𠂤間組"的《庫》974 號卜骨，與"𠂤組卜甲"第五片的關係尤其密切。後者有"乙未卜王入□三月"、"辛卯卜王入"、"弜入"等辭，《庫》974 有"乙未卜王入今月"、"辛卯卜王弜入"等辭，二者顯然爲一時所卜。《考古》上發表的"𠂤組卜甲"第五片的拓本，印得幾乎連一個字也看不清，估計其字體並非典型的𠂤組類型。與其將這片卜甲附於𠂤組，恐怕還不如附於"歷、𠂤間組"來得妥當（《論集》編按：此片即《屯南》4514【《合》20578】，字體跟"歷、𠂤間組"比較接近）。

"𠂤組卜甲"第六片卜問"𦎫佣"、"伐歸"：

丁酉卜：今生十月王𦎫佣，受又。

弗受又。

己亥卜：王𦎫佣，今十月受［又］。

弗受又。

己亥卜：侯⧄啓王伐歸，若。

庚子卜：伐歸，受又。八月。

弜伐歸。 《考古》1976 年 4 期 236 頁圖 6 上

（《論集》編按：即《屯南》4516【《合》33069】）

這兩件事也都見於"歷、𠂤間組"卜辭：

丁酉卜：生十月王𦎫佣，［受］又。 粹 1191（《京津》3135）【《合》20512】

己亥⧄𦎫佣，受又。 京津 3136【《合》20513】

辛未卜：王一月𦎫佣，受又。

乙亥卜：生月王𦎫佣，受又。

丙子卜：王二月𦎫佣，受又。 甲 709【《合》20510】

壬戌卜貞：王生月𦎫佣，不茁𢦏。

佚 884（《續》1·2·4、《戩》1·9）【《合》34120】

壬寅卜：桒其伐歸，叀北用，廿示一牛，二示羊，以四戈彘。

粹 221【《合》34122】

（《粹》222、《人文》2997【《合》34121】同文。同版有作的"子"及斜肩的

“雨”)

□伐歸伯,受又。 粹 1180【《合》33070】

“𠂤組卜甲”第六片與上引“歷、𠂤間組”的《粹》1191、《京津》3136,都在丁酉日、己亥日卜伐𢓊,卜辭的文字也幾乎完全相同。“𠂤組卜甲”第六片在己亥日、庚子日卜伐歸,“歷、𠂤間組”的《粹》221 等片在壬寅日卜問爲伐歸而舉行祭祀,庚子、壬寅之間只隔一個“辛丑”,二者提到的“伐歸”顯然也是一回事。上引《佚》884 片在壬戌卜𦎫𢓊一辭上方尚有如下一辭:

癸卯卜貞:酒桒乙巳自囗廿示一牛,二示羊,四戈彘,四巫豕,土燎牢。

除未提“伐歸”外,内容與《粹》221 等壬寅一辭基本相同,卜日癸卯又正好與壬寅緊接,可見所卜實爲一事。“𠂤組卜甲”第六片同時占卜“𦎫𢓊”和“伐歸”,“歷、𠂤間組”的“𦎫𢓊”和“伐歸”則通過關於祭祀“自囗廿示”的占卜而得到聯繫,這是很有意思的。在已著錄的甲骨裹,還有不少卜問𦎫𢓊、㞢𢓊、征𢓊、執𢓊的卜辭,㊱從字體上看大都可以歸入“歷、𠂤間組”,至少可以附於此組。“𠂤組卜甲”第六片的字體既非典型的“歷、𠂤間組”,也非典型的𠂤組。從卜辭内容看,恐怕也與“𠂤組卜甲”第五片一樣,還是附於“歷、𠂤間組”爲宜。

小屯南地出土的七片“𠂤組卜甲”,雖然實際上並不都屬於𠂤組,但是從地層上看沒有問題都屬於武丁時期。“歷、𠂤間組”卜辭與這批卜甲的密切關係,又一次證明它確是武丁卜辭,同時還説明它的時代可能與“𠂤組卜甲”第一片所代表的那種筆畫纖細流利的𠂤組卜辭很接近。那種卜辭在𠂤組中大概是偏晚的(《論集》編按:是否如此尚待研究)。前面已經説過,𠂤組卜辭的文例、字體比較複雜,有一部分𠂤組卜辭與賓組卜辭很接近。很可能“歷、𠂤間組”卜辭和賓組卜辭都是由𠂤組卜辭發展出來的。不過,這樣説並不意味排斥下述那種可能性:在賓組卜辭和“歷、𠂤間組”卜辭出現以後,𠂤組卜辭還曾繼續存在一段時間。

過去,胡厚宣先生在他所編的幾種分期編排的甲骨著錄書裹,把絶大多數“歷、𠂤間組”卜辭跟𠂤組卜辭等放在一起,附在第一期卜辭之後。貝塚茂樹、伊藤道治編的《人文》也把絶大多數“歷、𠂤間組”卜辭歸入以𠂤組卜辭爲主體的屬於第一期

㊱ 《粹》1192【《合》20522】、1193【《合》20516】、《摭續》146【《合》20511】、《佚》661【《合》20520】、《簠》文 30【《合》31793】、《甲》3374【《合》19834】、《庫》1051【《合》20521】、《人文》3054【《合》20519】、3132【《合》20518】、《明後》2623【《合》20515】、《安明》2444【《合》20514】、《懷》1628【《合補》6664】。

的"王族卜辭"。他們對這種卜辭的時代的判斷是正確的。不過,這種判斷與他們把歷組卜辭看作武乙文丁卜辭的觀點則是矛盾的。[37]

上面討論"歷、𠂤間組"卜辭與"𠂤組卜甲"的關係的時候,引用了兩條提到"自囲廿示"的"歷、𠂤間組"卜辭(其中一條還有兩條同文卜辭)。過去大家一直認爲"廿示"指上甲到武乙這二十世的直系先王。因此這兩條卜辭幾乎被公認爲絶無懷疑餘地的文丁卜辭。現在看來,這種看法顯然是不正確的。僅僅根據䇂𠕉、伐歸這兩件事,一方面與"自囲廿示"同見於一辭或一版,一方面又並見於已從地層上證明屬於武丁時代的"𠂤組卜甲"第六片這個事實,就可以斷定這兩條提到"自囲廿示"的卜辭,也是武丁卜辭,"廿示"決不可能包括武丁以下諸王在內。有的同志既承認"𠂤組卜甲"第六片屬於武丁時期,又承認提到"自囲廿示"的卜辭是文丁卜辭。這是自相矛盾的。關於卜辭裏的"示",有很多問題還沒有搞清楚。大示、小示究竟如何區分,就有很多不同說法。[38] 又如同樣是"五示",賓組卜辭說:"翌乙酉㞢伐于五示:囲、成、大丁、大甲、祖乙"(《丙》41【《合》248】),出組卜辭說:"己丑卜大貞:于五示告,丁、祖乙、祖丁、羌甲、祖辛"(《佚》536【《合》22911】),所指先王就不一樣。有一條"歷、𠂤間組"卜辭說:"☐六示三、五示二、十示又☐"(《佚》882【《合》34119】)。"六示"應該指"囲六示"。[39] 與"六示"並提的"五示",其內容顯然又與上引兩條卜辭的"五示"不同。如果我們對卜辭裏的"幾示"、"十又幾示"作帶有推測性的解釋,然後再據以定有關卜辭的時代,那是缺乏說服力的。

說到這裏也許有人要問,你們把歷組父乙類卜辭和"歷、𠂤間組"卜辭都定爲武丁卜辭,殷墟甲骨裏究竟還有沒有文丁卜辭呢?這的確是一個問題。但是我們不能因爲存在問題而否認事實。可能文丁卜辭的主要蘊藏地不在殷墟已發掘的範圍之內,也可能已發現的甲骨文裏本來有不少文丁卜辭,但是被我們誤認爲其他時期的卜辭了。真相究竟如何,還有待探索。[40]

---

[37] 他們都有偶爾把"歷、𠂤間組"卜辭誤認爲歷組卜辭而列入三、四期或四期的情況,如《存》上2115【《合》16802】、《人文》2400【《合》27801】。這也說明這兩種卜辭的確是比較相似的。

[38] 參看《丙》上(二)考釋 242 頁。

[39] 見《甲》712【《合》33313】、《明後》2470【《合》34111】、2533【《合》32031】、2586【《合》33296】、《存》上 1786【《合》32099】。

[40] 1973 年小屯南地發掘中發現了兩片文例與三、四期"干支卜貞王其田亡𢦏"類型田獵卜辭相同,而字體則似五期卜辭的卜骨(《1973 年安陽小屯南地發掘簡報》,《考古》1975 年 1 期 43—45 頁。這種卜骨過去也發現過,如《人文》2507【《合》37793】),可見這種三、四期田獵(轉下頁)

還有一個問題,也應該在這裏提一下。歷組卜辭和主要出於村中村南的三、四期卜辭,在不少方面的確是很相似的。它們的文例、字體都比較接近,基本上都用骨而不用龜,並且都以村中村南爲主要儲藏地。它們的時代很可能是相接的。李學勤同志在沒有把歷組卜辭定爲武丁祖庚卜辭之前,就認爲一般所謂三、四期卜辭的上限應延至祖甲時期。他認爲這種卜辭裏的兄已、兄庚、就是祖甲對孝己、祖庚的稱呼。[41] 現在,歷組卜辭已經證明是武丁祖庚卜辭,"三、四期卜辭"包含祖甲卜辭的可能性,就顯得更大了。這個問題很值得進一步研究。此外,我們現在認爲歷組父丁類卜辭裏沒有祖甲卜辭,主要根據是這種卜辭裏沒有出現過"兄庚"。這是消極的證據。有沒有可能歷組父丁類卜辭中也有祖甲卜辭呢? 這也是可以研究的。

附録一:一、二期的界綫應該劃在哪裏

按照董作賓在30年代建立起來的殷墟甲骨文斷代學説,第一期相當於武丁時期,[42]第二期相當於祖庚祖甲時期。這種分期方法長期爲甲骨學界所沿用。但是董氏自己,後來通過對卜辭祭典的研究,在一、二期的劃分問題上却有了新的看法。他在1945年出版的《殷曆譜》裏把祖庚劃入舊派,祖甲劃入新派,第二期實際上已經一分爲二。在50年代發表的《甲骨學五十年》裏,董氏比較明確地批評了自己過去劃分一、二期的辦法。他説:

> 所謂"五期",是完全爲貞人關係而劃分的,如以祖庚祖甲爲第二期,以帝乙帝辛爲第五期,就是因爲這兩朝前後二王的貞人相同不易再爲區分。(《甲骨學六十年》71頁)
>
> ……祖庚屬於舊派,一切制度仍武丁之舊而祖甲却改革了許多。因而祖

(接上頁)卜辭的時代比較晚,有可能是文丁卜辭。《粹》341【《合》32658】的一條三、四期卜辭卜祭"三祖辛",《粹編考釋》以三祖辛爲廩辛。《南》輔61殘存"康祖丁宗"四字,從字體上看也是三、四期卜辭(《論集》編按:此版即《合》38229,實非三、四期卜辭,《合》收入第五期是對的)。廩辛、康丁是文丁的祖父,這兩條卜辭也有可能是文丁卜辭。這些也許可以看作探索文丁卜辭的綫索。

[41] 《評陳夢家殷虛卜辭綜述》,《考古學報》1957年3期125頁,參看《簡論》101頁"殷代王卜辭分類表"。

[42] 武丁之前的盤庚、小辛、小乙諸王的卜辭,直到現在還是沒有從甲骨文裏找出來。董氏後來根據靠不住的殷代年曆定出來的早於武丁的卜辭是不可信的。

庚卜辭又往往和武丁時不易分別,不似祖甲時顯然有異。所以我們寧可以說第一期應包括祖庚,不能只限於武丁。(同上79頁)

他把祖庚從第二期改劃入第一期,是可取的。

一般所謂武丁卜辭主要是指賓組卜辭,祖庚卜辭是指出組早期卜辭。賓組晚期和出組早期的卜辭,文例、字體以及所反映的制度都很相似。這是大家都承認的。此外,這兩種卜辭所占卜的事項和提到的人名,也有不少是相同的。《綜述》曾舉出出組卜人兄、出等人所卜的事項和所提到的人名,與賓組卜人相同的不少例子(190頁),我們在《論"歷組卜辭"的時代》(以下簡稱"時代")裏討論歷組卜辭人名的時候,也舉出過不少既見於賓組卜辭又見於出組卜辭的人名,可以參閱。特別值得注意的,是出組卜人與賓組卜人有時在同一天占卜同一件事的現象,例如:

(1) 丙寅卜兄貞:令子甗夸(乂)。十月。　前5·4·2【《合》23536】

丙寅卜賓貞:子甗竒(乂)畯四方。十月。　後下8·1【《合》3087】

(2) 癸亥卜兄貞:旬亡[囚。一日象甲子]夕燮大爯☐

前5·33·4【《合》26631】

癸亥卜事[43]貞:旬亡囚。一日象甲子夕燮大爯至于☐　簠·雜116

(《論集》編按:即《合》18793,據《合》拓,"至于"下尚可辨出"相景"二字)

(3) 辛亥卜出貞:令蓋伯[于]□("叓"之誤摹?)　金413【《合》41011】

(《論集》編按:即《英》1978,《英》拓"伯"下"于叓"二字甚清晰)

辛亥[卜]出貞:令蓋伯于[叓]。　拾6·7【《合》24155】

辛亥卜争貞:令蓋伯于叓。一月。　燕491【《合》10047】

上引第(1)、(2)兩例是饒宗頤在《人物》中舉出來的(見879頁)。李學勤同志在《簡論》中曾舉出如下一例(見66頁):

(4) [□□卜]大貞:令戠子奠子宁☐

簠·人53(《論集》編按:即《合》23534)

[□□卜]賓貞:令戠子𠂤子宁。八月。　合6049

這兩條卜辭所缺的干支很可能也是相同的(《論集》編按:賓組、出組同日卜同事之

---

[43] 卜人事,《綜述》作"吏",未列入賓組。《人物》指出《存》下177【《合》1251】事、奚同版,《甲》3404【《合》8473】事(原作"史",二字古通)、古、咢同版(575頁),可見事也是賓組卜人。

辭尚可補《合》22594“丙戌卜大貞：告〓于河燎☑泬三牛☑”、《合》805“丙戌卜爭貞：其告〓于河☑”一例）。

《簡論》還指出賓組甲骨記載進納甲骨等事項的署辭，在出組早期甲骨上有時也可以看到，例如（見66頁。例子略有增删）：

己酉，史㝵☑　　燕126背【《合》24432】（骨，正面卜人出、大）

☑廿屯，小臣□☑　　庫1634背【《合》41066】

（骨，正面卜人出、兄、矣。《論集》編按：即《英》2032，可與《英》2000綴合，見本書所收《甲骨綴合拾遺》第7例。綴合後之署辭全文爲“辛丑，气自𠂤廿屯，小臣䏿☑”。又據《英》2032正，此骨正面“出貞”“兄貞”二殘辭爲原刻，“矣貞”一辭則爲僞刻）

□丑，小臣中示☑　　六·束12（背甲背，正面卜人出）

☑□气自☑　　安明1578（背甲，正面卜人出）

如果没有甲骨正面的卜人名，這些署辭很容易被誤認爲屬於賓組。《存》上80【《合》15515】（《續》5·25·7重）有下引骨背署辭：

己酉，㝵示十屯。矣。

這與上引《燕》126骨背署辭應爲同文之辭，但是其正面所記卜人却不屬於出組，而爲賓組的賓、爭、古等人（《存》上79），署辭末的署名者矣也是賓組卜人。

上引《六》束12片署辭中的小臣中，與出組卜人中應爲一人（《綜述》182頁）。他有時也署名於賓組卜甲反面的署辭。例如《存》上24號卜甲的卜人爲賓組的韋，背面甲橋署辭的署名者爲中（《存》上25。《論集》編按：黄天樹同志指出，《存》上25即《合》4049反，《存》上24非其正面，此例當删）。《零拾》21號【《合》14859】卜甲的卜人爲賓組的爭，背面也有中的署名（請看文末追記）。

出組卜人矣的卜辭曾提到卜人竹：

丙寅卜矣貞：卜竹曰其㞢于丁宰，王曰弜𤰔，翌丁卯〓若。八月。

文錄519【《合》23805】

而賓組卜人爭曾與竹共貞：

丁巳卜，竹、爭貞：令㞷以子𢀛于盖。　　前2·37·7【《合》637】

上述這些現象説明賓組和出組的關係極爲密切。其中，賓組和出組卜人在同一天卜同一事的現象,以及他們使用的骨版上刻有同文署辭的現象,可以證明這兩組確實有過一段共存的時間。按照情理推測,這段時間可能在武丁晚期或祖庚早期。我們在《時代》一文裏已經證明賓組晚期卜辭有相當大的一部分已經晚到祖庚時期。所以賓、出二組只是共存於武丁晚期的可能性可以排除。出組卜辭究竟有沒有早到武丁晚期的,目前還不能下斷語。

賓組晚期和出組早期卜辭在各方面都很接近,如果沒有卜人名或各組特有的親屬稱謂,往往難以區別。賓組晚期卜辭裏既有武丁卜辭,也有祖庚卜辭。因此那些有卜人名的賓組晚期卜辭,如果沒有可據以斷代的稱謂,通常仍然不能斷定究竟屬於武丁還是屬於祖庚。至於出組早期卜辭,一般把它們全都看作祖庚卜辭。由於出組上延到武丁晚期的可能性並不是完全不存在,這樣做也並不是絲毫沒有危險性。還有一件事更增加了劃分武丁晚期卜辭和祖庚卜辭的困難性。那就是在賓組晚期和出組早期卜辭裏,能據以斷代的親屬稱謂特别少。因爲在這些卜辭裏,"父某"一類稱呼很少見,最常見的親屬稱謂乃是"丁"。這既可以是武丁對祖丁的稱呼,也可以是祖庚對武丁的稱呼(參閲附録二)。

在甲骨斷代上,爲了避免上述困難,只能把祖庚時期包括在第一期裏。歷組卜辭是武丁後期到祖庚時期的卜辭。從歷組卜辭的角度來看,也應該把祖庚時期包括在第一期裏。當然,對於肯定屬於祖庚時期的卜辭,完全可以明確地稱之爲祖庚卜辭,就跟肯定屬於武丁時期的卜辭可以稱爲武丁卜辭一樣。在把祖庚時期從第二期劃出去以後,"祖庚、祖甲卜辭"和"出組卜辭",作爲與"第二期卜辭"含義不同的概念,仍然可以繼續使用。

有很多出組卜人兼事祖庚、祖甲兩朝。把祖庚劃歸第一期之後,就不能像過去那樣,一看到卜辭裏有出組卜人名,就把它們歸入第二期了。對於出組卜辭,需要根據文例、字體和内容,把它們分别劃入一期和二期。卜人供職的期限往往與王世不一致,並且也不一定與卜辭本身特點所構成的階段相應。"完全爲貞人關係"而分期本來就是不合理的,董作賓自己就已經指出了。過去把實際上包含着一部分祖庚卜辭的賓組卜辭,全都看作武丁卜辭,這與過分强調卜人在分期上的作用就是有關係的。

在這裏我們還要提出一個問題,是不是應該考慮把祖甲初期也劃在第一期裏。我們先來看下面兩條卜辭:

己丑卜大貞:于五示告,丁、祖乙、祖丁、羌甲、祖辛。

佚536(《粹》250)【《合》22911】

貞：帆桒至于丁于兄庚。 掇二 137(《鄴初》下 38・4)【《合》2920】

這兩條卜辭的字體都像賓組,《掇二》137 背面(即《鄴初》下 38・5)並有賓組常見的甲橋署辭。前一條卜辭由於有出組卜人大之名,過去都定爲第二期。董作賓在《斷代例》裏、郭沫若在《卜辭通纂・後記》和《粹編考釋》裏,都認爲這一條的“丁、祖乙”指武丁、小乙。這樣解釋,“五示”先人之名由近到遠與商王世系密合,顯然是可信的。絶大多數甲骨學者都信從這一説法。“丁”這個稱謂在出組卜辭裏是常見的,解釋爲武丁,都没有困難。

《掇二》137 片,從親屬稱謂上看顯然屬於祖甲時期,丁和兄庚應是祖甲對其父武丁和其兄祖庚的稱呼。日本學者島邦男就是這樣解釋的。[44] 但是由於這片卜甲的字體接近賓組,背面又有甲橋署辭,因此被不少甲骨學者定爲第一期。《綜述》以至最近出版的《甲骨文合集》(2920 片)都如此處理。本來,在武丁時期的賓組卜辭裏也常見“丁”的稱謂,島邦男認爲這種“丁”指祖丁,是可信的。他與祖庚祖甲卜辭裏的“丁”不是一個人(詳附錄二)。《綜述》則認爲武丁和祖庚祖甲卜辭裏的“丁”指同一個人,即武丁卜辭常見的兄丁,《掇二》137(《鄴初》下 38・4)的“丁”和“兄庚”都被解釋爲武丁之兄(437 頁)。但是《綜述》在另一處又説武丁卜辭裏的兄丁和丁,“是否一人,難以決定”(453 頁),可見對這個問題並無十分確定的見解。如果承認丁爲武丁之兄的説法,上引《佚》536 大貞卜辭就成爲不提時王之父武丁,而以未曾即位的伯父與祖父、曾祖等先王並列了。那是難以理解的。出組卜辭提到“丁”的次數很多,祖庚祖甲爲什麽特别重視一位没有即過位的伯父呢?此外,在肯定屬於武丁時期的卜辭裏,從没有出現過兄庚,《綜述》僅據《掇二》137 片就硬給武丁添一個兄庚,也是不合理的。總之,把這一片卜甲放在祖甲時期,把“丁”當作武丁,卜辭的内容可以得到十分合理的解釋;如果放在武丁時期就難以講通了。上文已經説過,出組早期卜辭,即祖庚卜辭,與賓組晚期卜辭是很接近的,而且這個時期的甲骨上也有賓組甲骨上常見的署辭。那麽,在與祖庚時期緊接的祖甲初期,爲什麽就不能有《掇二》137 片那樣的卜甲呢?認爲這片卜甲只能屬於第一期,是受甲骨斷代上的傳統觀點束縛的結果。

《珠》90 號【《合》23510】卜骨,文例、字體是出組早期的作風,骨上也有“兄庚”之稱。這片卜骨也應該屬於祖甲初期。

不少出組卜人的卜辭裏都有新舊作風混雜的現象,如有無之“有”等詞或寫作

---

[44] 《殷墟卜辭研究》第一篇第二章“禘祀”。據《古文字研究》第一輯趙誠同志譯文(401—402 頁)。

“㞢”或寫作“又”,“王”字頂上一横畫或加或不加等等(參看《人物》1209等頁)。可見第二期典型作風的形成有一個過程。從上舉的兩片祖甲甲骨來看,在祖甲初期的一段時間裏,這種作風顯然還沒有形成。不過,這段時間大概比較短,遺留下來的甲骨不多,所以其特點才會長期被人忽略。過去,有些甲骨學者認爲典型的第二期卜辭裏可能包含一部分祖庚卜辭。也就是説,他們認爲第二期典型作風在祖庚時期就已形成。這種看法似與事實不符。

甲骨斷代應以甲骨卜辭本身顯示出來的特點爲根據,既不能完全依靠卜人斷代,也不能要求一定把界綫劃在兩王交替的時候。過去爲什麽把兩個王甚至更多的王的甲骨劃爲一期呢?主要是由於他們的甲骨不好分。既然祖甲初期的甲骨與祖庚以及武丁晚期的甲骨不好分,爲什麽不能合爲一期呢?從上面所舉的兩片祖甲初期甲骨來看,在我們過去定爲祖庚時期甚至武丁時期的甲骨裏,肯定已經有祖甲初期甲骨混雜在裏面了。明確提出第一期包括祖甲初期,只不過是“正名”而已。在劃分二、三期和劃分四、五期方面,恐怕也都存在與劃分一、二期相類的問題。很難設想甲骨卜辭的作風會在某個新王即位之初立刻起很大的變化。至於三期和四期的劃分,根本是不合理的。因爲如果僅僅根據文例、字體,村中所出的康丁卜辭和武乙卜辭大部分無法區别。胡厚宣先生把三、四期合併爲一期,是有道理的。

按照我們的分期辦法,在實踐上也會碰到一些困難。有些介於一、二期之間的過渡性比較强的卜辭,究竟劃入哪一期很費斟酌。不過,這種問題在爲一個連續性的發展過程分期的時候總是會遇到的。

對於武丁、祖庚和祖甲初期的卜辭的分期,還可以有另一種設想。能不能把早於賓組晚期的武丁卜辭定爲第一期,把難以區分的武丁晚期、祖庚時期和祖甲初期的卜辭定爲第二期,把原來的第二期以下各期都推後一期呢?這樣做也有困難。首先,賓組中期、晚期的界綫具體怎樣劃,就很難講清楚。而且有時候從内容看應屬賓組晚期,甚至可以肯定是屬於祖庚時期的卜辭,在形式上却像較早的賓組卜辭,例如《時代》對照賓組和歷組卜辭中相同占卜事項時所舉的、第(2)例中的《京津》2086【《合》5755】。甚至有些出組卜辭,如不看卜人名,也會誤認爲早於賓組晚期的卜辭,如《京津》530【《合》24429】的大貞卜辭就比較典型。又如《庫》1551【《合》40914、《英》1977】殘甲存兩辭,上一辭記卜人出之名,作風是出組早期的;而下方“貞令𠙵伯于䇂”一辭的作風,就有些像賓組中期(《論集》編按:此片即《英》1977,從《英》的拓本看,“𠙵伯”一辭字形雖較大,字體作風仍與賓組中期有明顯不同。此例當删)。這些複雜情況更增加了劃分賓組中、晚期的困難。其次,賓組中晚期的差别,應該説比自組與賓組的差别要小。自組和賓組早中期合爲一期,賓組中期和晚期反而分别劃入不同的期,從情理上似乎也説不過去。不過在有必要的時候,我們可以把賓組晚期和出組早期卜辭合稱爲一期晚期卜辭,以與較早的一期卜辭相區分,大部分歷組卜辭也可以歸入一期晚期。在我們對内容複雜的武丁卜辭有了深入的研究之後,也許可以定出一種更合理的分期辦法來。這就有待大家努力了。

附録二:關於"丁"

在武丁、祖庚祖甲和廩辛康丁卜辭裏,都可以看到"丁"這個稱謂。丁究竟是誰,這是一個不大好解決的問題。研究這個問題成績最好的學者,大概要數島邦男。島氏在《殷墟卜辭研究》第一篇第二章"褅祀"中,對這個問題作了比較全面的考察。[45] 島氏認爲卜辭中有些"丁"指上帝,是不可信的;他對於他認爲是以"丁"指先人的那些卜辭的解釋,也並不完全正確。但是他的主要結論——武丁卜辭中的先人丁是祖丁,祖庚祖甲和廩辛康丁卜辭中的先人丁是武丁,則是可信的。關於出組卜辭和廩辛康丁卜辭中的丁的問題,島氏解決得不錯,[46]我們在附録一裏對出組卜辭的丁也已經有所討論,所以這裏就不想再談了。下面談談賓組卜辭裏的丁(但我們討論到的有些沒有卜人名的卜辭,也有可能屬於出組早期)。

在賓組卜辭裏時常可以看到"丁",在賓組晚期卜辭裏,"丁"的出現尤爲頻繁。[47] 我們在《時代》和附録一裏已經指出,賓組晚期卜辭實際上有相當大的一部分是祖庚卜辭。因此,賓組卜辭的"丁"指武丁的可能性,是不能排除的。在島氏心目中賓組卜辭和武丁卜辭是劃等號的,所以他論證賓組卜辭的丁是祖丁的方法很簡單。他的主要根據是下引這條卜辭:

貞:令𢀛[illegible]東土,告于祖乙于丁。八月。 粹249【《合》7084】

他説:"這一版的'□'列於祖乙之後。因爲在第一期,祖乙以後的先王只有祖丁,而

㊺ 《殷墟卜辭研究》第一篇第二章"褅祀"。據《古文字研究》第一輯趙誠同志譯文(401—402頁)。

㊻ 但是島氏對廩辛、康丁時代的《甲》2647片【《合》27875】的解釋恐怕有問題。

㊼ 出現"丁"的賓組卜辭見《合》1905—1997(可能有少數出組早期卜辭在内),但所收不全。

把命令般將𠂤征伐(島氏釋爲伐)東土這件事報告給‘□’的這個‘□’,只能是祖丁。”⑱這條卜辭,我們在《時代》中對照賓組和歷組卜辭的相同占卜事項的時候曾經引用過(見第7例)。從卜辭作風看,似屬賓組晚期(其實也不能完全排除屬於出組早期的可能性)。與它相應的歷組卜辭,很像是屬於父丁類的。因此,這條卜辭很可能是祖庚卜辭,辭中提到的“丁”很可能與出組卜辭中的“丁”一樣,是祖庚對武丁的稱呼,而不是武丁對祖丁的稱呼。歷組祖庚卜辭屢次説“告于祖乙、父丁”:

叀夕酒告于祖乙、父丁。　　明後2535【《合》32578】

□□貞:有來告[方出]从北土,其燎告[于祖]乙、父丁。

粹366【《合》33050】

丁未貞:王其令望乘帚(歸),其告于祖乙一牛,父丁一[牛]。

綴334(《粹》506+《南》明499)【《合》32896】

把“告于祖乙、父丁”與上引《粹》249的“告于祖乙于丁”對比一下,就可以知道後者的“丁”是祖庚稱呼其父武丁的可能性是非常大的。從附録一所引《粹》250【《合》22911】大貞卜辭稱武丁、小乙爲“丁、祖乙”來看,上舉各辭的祖乙也有可能是指小乙而言的。

大概屬於賓組晚期的《後》下12·13【《合》281】説:“庚子卜貞:牧以羌征于丁用。”屬於歷組的《明後》2533【《合》32031】説:“□□卜:用遨(牧)㠯羌于父丁。”這兩條卜辭所卜問的很像是一件事,所以前者的“丁”很可能也指武丁。

在賓組晚期卜辭裏,父乙是很少見的,而丁則常見。如果説賓組晚期卜辭絶大多數屬於武丁時期,丁是武丁對祖丁之稱的話,爲什麽武丁如此輕其父而重其祖呢?而且何以在賓組較早的卜辭裏父乙出現得相當頻繁,與晚期卜辭大不一樣呢?這種現象使我們懷疑賓組晚期卜辭大部分是祖庚卜辭,這種卜辭裏的丁大部分是祖庚對武丁的稱呼。

不過,稱祖丁爲丁的確鑿例子,在賓組晚期卜辭裏還是找得出來的。我們可以看下面這條卜辭:

丁丑卜賓貞:子雍其御王于丁妻二妣己,羊三,𠕋羌十。

佚181(《續》1·39·3)【《合》331】

⑱ 同注㊺。

這條卜辭的作風似屬賓組晚期,但是它所提到的丁不可能是武丁。因爲這條卜辭的時代再晚也不可能晚於祖庚祖甲,祖庚祖甲稱武丁之配,是只能稱母不能稱妣的。這個丁顯然是指以妣己爲法定配偶之一的祖丁。祖丁之配稱二妣己,也許是相對於也稱妣己的祖乙之配而言的。在祖庚時期不會把祖丁、武丁兩個先王都稱爲“丁”。所以上引這條卜辭應該屬於武丁時期。在下引兩片賓組晚期作風的卜甲上,“丁”與“母庚”同見:

丙寅卜貞:來丁亥子見以歲于示于丁于母庚于婦。

前1·29·2【《合》3101】

甲辰卜貞:告于丁一牛。五月。

甲辰卜貞:翌乙巳帆㞢于母庚宰。 安明157【《合》2543】

上引卜辭裏的母庚似應指武丁父小乙之配妣庚,所以這兩片卜甲大概屬於武丁時期,“丁”自然也以解釋作祖丁爲宜。

有些“丁”見於肯定屬於武丁時期的賓組中期卜辭。這些“丁”當然也應該解釋爲祖丁,如《乙》3797【《合》6583】“自成告至于丁”的“丁”。在賓組早期卜辭中,“丁”似乎很少見。

有些賓組卜辭裏的“丁”,從某一個角度看很像是武丁,從另一個角度看又很像是祖丁,使人感到迷惑。例如《甲》2124【《合》339】、2121【《合》9560】的“丁”就是這樣。這兩版都屬於殷墟第三次發掘所得的“大龜四版”,卜辭作風屬於賓組晚期。董作賓早就懷疑《甲》2124的丁是武丁。他在《安陽侯家莊出土之甲骨文字》一文中說:

殷人常有對最切近之人,僅舉忌日,不加稱謂者。如大龜四版之一(按:即《甲》2124)載祭丁之辭十三,皆但稱丁,不加祖或父之稱謂。同版有祖乙之祀,若祖乙爲小乙,則此丁即父丁,武丁了。此版皆武丁時舊史,或係祖庚時之卜辭。(《田野考古報告》一册125頁)

從我們對賓組晚期卜辭的觀點來看,董氏的說法顯然是很有道理的。《甲》2121也有關於“丁”的卜辭:

壬午卜賓貞:御𡆥于丁。

貞:于婦御𡆥。

歷組祖庚卜辭曾提到“𡆥御于父丁”(《明後》2524),對照起來看,《甲》2121的“丁”

似乎也應該是武丁,正可與董氏之說互證。但是《甲》2121以“御㝵于丁”與“于婦御㝵”對貞,上引《前》1·29·2說:“子見以歲于示于丁于母庚于婦”以丁與婦並提,二者的“丁”似乎應該指一個人。如果真是這樣,《前》1·29·2的丁既不是武丁,《甲》2121以至同出的《甲》2124的丁,就也都不可能是武丁了。當然,也可能我們對《前》1·29·2的解釋是錯誤的,也許這條卜辭裏的丁就指武丁,而母庚則指武丁的一個配偶而不是指小乙的配偶。

總之,賓組卜辭中所見的“丁”的問題很複雜,還有待進一步深入細緻地加以研究。只有在把這個問題真正搞清楚以後,我們對祖庚卜辭在賓組卜辭中所佔的分量,才能有比較明確的認識。

歷組卜辭中也有“丁”,例如:

(1) 丙辰卜:橐(置)壴(鼓)鼖于丁。
(2) 于八月酒升歲于丁。 安明2337【《合》32014】
(3) 丙寅貞:其祉于丁。 粹1271【《合》32981】
(4) 癸酉卜:其告于丁牛一。 粹529【《合》32649】
(5) 癸未貞:其告于丁牛⧄ 明後2440【《合》32648】
(6) ⧄告方于丁。 鄴三下39·9【《合》33056】
(7) 甲寅卜:又燎于丁。
(8) 乙卯卜:又燎于丁。 明後2457【《合》32647】
(9) 乙酉卜貞:桒于丁。 存上1785【《合》34115】
(10) 丁丑貞:畀丁羌八□牛一。 摭續86【《合》32084】
(11) 丁丑貞:桒其即丁。 明後2482【《合》32440】
(《鄴三》下40·2【《合》34102】同文。此“丁”或當釋“祊”)

前五條似屬父乙類字體,後三條似屬父丁類字體,中間三條較難下斷語。看來,歷組卜辭裏的“丁”似乎也分兩類,有的是武丁對祖丁的稱呼,有的是祖庚對武丁的稱呼。

1980年7月26日夜寫完

追記:

《合》6937賓組卜辭“乙酉卜□貞:呼亯比沚伐𤞷”,與前引《粹》1164【《合》33074】歷、𠂤間組卜辭“己丑卜貞:亯𠬝沚或伐𤞷受又”,應該是爲同一件事而占卜的。乙酉與己丑只差四天。“獋”“犾”當是一字異體。賓組卜辭的“猂”“獐”也許不應釋爲“獋”。

關於出組署辭還應該補充一條資料。《合》列入第一期的17582號卜甲,背面有署辭“戌寅出示☐”,這裏的出當即祖庚祖甲時主要卜人出。

《論集》編校追記:

李學勤同志在發表於《古文字研究》第三輯的《關於自組卜辭的一些問題》一文中,已把他在《簡論》中定爲“四期2類”的卜辭歸入自組(37—39頁)。

原載《古文字研究》第六輯(中華書局,1981),又載《古文字論集》,今據後者收入。

釋“勿”“發”

甲骨文中有一個寫作等形的字(以下隸定爲“刅”),[1]又有一個以它爲偏旁的寫作等形的字。[2] 這兩個字在卜辭裏通常都用來指用作犧牲的牛的毛色。古代犧牲用牛尚騂。卜辭常以“叀[3]刅”或“叀犁”與“叀羊(騂)”對貞,[4]可知“刅”和“犁”指較次的毛色。

甲骨文“刅”字與周代金文“勿”字同形,所以王國維把它釋作“勿”,把以它爲偏旁的“犁”釋作“物”。王氏認爲“物”字的本義是雜色牛。他說:“古者謂雜帛爲物(引者按:見《周禮・春官・司常》。用兩種顏色的帛合成的旗稱物),蓋由‘物’本雜色牛之名,後推之以名雜帛。”他認爲卜辭的“物”字正用其本義,“勿牛”“亦即物牛之省”。[5]

但是在古籍和金文中,“勿”字通常用作否定詞,與卜辭“刅”字主要用來指毛色的情況不同。另一方面,卜辭中又有一個經常用作否定詞的字(以下隸定爲“弜”),用法與古籍和金文的“勿”字極其相似,字形也略有些相像。胡光煒首先發現這一點。他說:“或作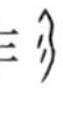,余按文誼釋爲‘勿翦勿伐’之‘勿’,在卜辭與異字,爲之省,其誼爲雜色牛。”[6]稍後,商承祚在《殷契佚存考釋》中也發表了類似意見。他說:“卜辭之確爲‘勿’字,乃‘物’之省,‘物’从此,乃牛色之專用字,與‘不’之有別。後世合爲一……”(32 頁)。他們都認爲“弜”就是古書中的“勿”(這一點爲絕大多數人所接受),但又並不否定王國維對“物”字的考釋,因此

① 此字見《甲骨文編》386 頁。

② 同上 37 頁。

③ “叀”讀爲“惠”,用法與虛詞“唯”相近。看唐蘭《天壤閣甲骨文存考釋》。

④ 如《粹》334【《合》27441】、316【《合》27013】、561【《合》29519】,《甲》775【《合》29517】等。

⑤ 《釋物》,《觀堂集林》卷六。

⑥ 《甲骨文例》下 27 頁。

主張商代有兩個“勿”字，一個是否定詞，一個是“物”字之省，後世混而爲一。

另有些學者根本否定王氏的說法，對“刅”字提出了新的解釋。董作賓認爲“與同爲‘黎’之初文，卜辭‘利’即从，舊釋‘勿’‘物’，非”。[⑦] 郭沫若對董說作了修改和發揮。他說：“蓋實‘𥝢’（犁）之初文。𥝢，耕也。此字从刀，其點乃象起土之形。其从牛作若者，亦即𥝢字从牛之意，字稍後起。”他還認爲是“笏之初文”，“爲𥝢，爲笏，二者各不相干”，周人以爲“勿”，乃是“寫別字”。[⑧] 郭說提出後，爲很多人所信從，就是仍舊主張釋“刅”爲“勿”的人，也受到此說的影響。例如《甲骨文編》是釋“刅”爲“勿”的，但是書中解釋“刅”字字形說：“象以耒翻土，土粒著於刃上，土色黧黑，故‘勿’訓雜色”（386 頁），這顯然是脫胎於郭說的。朱芳圃也主張“刅”當釋“勿”，但是他認爲“物”之“直列者爲‘犂’，讀lí。今隸作‘犁’……”，[⑨]仍然部分地接受了郭說。

我們認爲“刅”“㧾”“犂”等字與“犁”“黎”等字並無關係，王國維把它們釋作“勿”和“物”是正確的。

先從卜辭中“刅”字的用法來看。卜辭中的“刅”字雖然多數用來指毛色，但是用作否定詞的例子也並不是沒有：

貞：其乍（作）豊，乎（呼）伊。

貞：乎（呼）。九月。　　粹 540【《合》26914】[⑩]

丁卯卜□貞：入万□凡于□□□若。

貞：凡。　　明 754（《論集》編按：拓本見《合》24551）

庚□卜□貞：匕（妣）庚歲，王其賓。

貞：賓。　　人文 1550【《合》23356】

（《論集》編按：《屯南》2327“用，其戠□”“叀今日用”應補入此條後）

曰雀伐。

曰雀伐。　　丙 621【《合》7076】

---

⑦ 《殷契佚存考釋》32 頁引（《論集》編按：但董作賓、嚴一萍合著的《廣字系》仍以爲“物”，見《中國文字》合訂本第三卷 1221 頁）。

⑧ 《釋勿勿》，載《中國古代銘刻彙考續編》，又收入《甲骨文字研究》1952 年版。

⑨ 《殷周文字釋叢》“勿”字條（183—184 頁）、“物犂”條（184—185 頁）。

⑩ 本文引甲骨著錄書所用簡稱，一般以《殷虛卜辭綜述》第二十章之三“甲骨著錄簡表”爲依據。

射。

刅。

鬻。

刅。 乙 8810【《合》22294】

甲戌卜,王曰貞:刅告于帝丁,不𦣞。 粹 376【《合》24982】

貞:刅告。十一月。 前 5·20·8【《合》25886】

貞:刅告。一月。 京津 3411

貞:刅賓。二月。 人文 1322【《合》25872】

貞:刅叙。 續 2·10·11(《戬》37·1)【《合》25364】

貞:刅升。□月。 明 328(《論集》編按:拓本見《合》22945)

刅匕(比)。 存上 1744【《合》33448】

如果把上引這些卜辭所用的"刅"字釋爲"犁"或"黎",辭義都很難講通;如果釋爲"勿",就都文從字順了。上引前十二條是六對正反對貞的卜辭。這些卜辭中的"刅"字更是毫無問題應該釋作"勿"。《粹》540 片的那個"刅"字,就連郭沫若自己也是釋作"勿"的。

第一期卜辭中屢見"刅鬳(或作"㬎")……"之語:

癸丑卜,貞:刅鬳羊隹(唯)牛。 前 5·39·7【《合》15487】

己卯卜,㱿,貞:刅鬳帚(婦)好□卬▨

存下 454(《論集》編按:拓本見《合》2630)

丁丑卜,穷,貞:刅㬎歲卜虫(有)希粤用弗[illegible]虫▨

明 299(《論集》編按:拓本見《合》15485)

□□卜,㱿,貞:刅㬎𢍰方缶乍(作)𩫖子𦥑𢦏。四月。

乙 7981【《合》13514】

▨刅㬎友曰若▨ 戬 49·1【《合》26846】

(《論集》編按:《合》22405:"貞刅㬎多口亡囚。"疑"刅㬎"與"刅㬎"同。又《合》40835:"庚戌卜自貞:刅㬎甫口方曰▨。""㬎"上一字亦應是"刅")

同期卜辭中又有"弜㬎……""弜隹㬎"之語:

［□□卜］亘［貞］：弓𦤎不雨帝受（授）我年。二月。

掇一464（《存》上72，《天》24）【《合》9731】

庚申卜，㝐，貞：弓隹（唯）𦤎。　乙8314【《合》18353】

對照起來看，“𠛠𦤎”之“𠛠”似乎也應該讀爲否定詞“勿”。

郭沫若説周人以“𠛠”爲“勿”是寫別字，本來就難以使人相信。現在既然在卜辭中也發現了不少用作否定詞的“𠛠”，這種説法就根本站不住了。胡光煒、商承祚認爲卜辭中的“𠛠”是“物”字之省，不用作否定詞，也是不正確的。

從“𠛠”字字形表示的意義來看，把它釋作“勿”也是很合理的。“𠛠”是一個从“刀”的字。它所从的，與甲骨文中常見的“刀”字和“刀”旁毫無區別。有些信從郭説的學者們説它象耒形或犁形，是沒有根據的。[11] 刀不是起土工具，“𠛠”字刀刃旁的小點不可能“象起土之形”，而應該與（分）字“刀”形兩側的筆畫相類，是代表刀所切割的東西的。所以從字形上看，“𠛠”字的本義應該是分割、切斷。（《論集》編按：“分”、“勿”二字古音陽、入對轉。）在古書中，从“刀”“勿”聲的“刎”字正好具有這種意義：

《廣雅·釋詁一》：“刎，斷也。”

《後漢書·隗囂傳》注：“刎，割也。”

《荀子·彊國》：“（良劍）剝脱之，砥厲之，則劙盤盂，刎牛馬，忽然耳。”

《禮記·檀弓》：“不至者，廢其祀，刎其人。”

《史記·張耳陳餘列傳》：“兩人相與爲刎頸交。”

在其他从“勿”聲之字中，有些字的意義也與分割有關。《墨子·非攻下》：“禹既已克有三苗，焉磨（曆）爲山川，別物上下，卿（鄉）制大（四）極，而神民不違。”“別物上下”顯然就是分別上下的意思。這個“物”字所代表的，應該是由“刎”孳生的一個詞（《論集》編按：這個“物”字也可能就應該讀爲“刎”。銀雀山漢簡《客主人分》“退敢物頸”句當讀爲“退甘刎頸”，可參考）。古書中還常用“物”字表示“物色”的意思：

《周禮·地官·載師》“以物地事”，鄭注：“物，物色之，以知其所宜之事。”

同上《𠁥人》“則物其地，圖而授之”，注：“物地，占其形色，知鹹淡也。”

《儀禮·既夕記》“冢人物土”，注：“物猶相也。”

---

⑪ 歷史學家往往用“𠛠”字“犂”字證明商代已有牛耕，這是有問題的。商代究竟有沒有牛耕，可以討論。但是至少不能以“勿”“物”等字作爲牛耕的證據。

物色就是分辨事物的性質、特點。古書又常用“物”字表示“類别”的意思：

> 《國語・晉語》“如草木之産也,各以其物”,韋注：“物,類也。”
>
> 《左傳・昭公九年》“事有其物”,杜注：“物猶類也。”

“物色”、“物類”這兩種意思顯然都是由“分别”的意思引申出來的。《方言六》：“伆,邈離也。”這也可以看作由“刎”孳生的一個詞。本義爲“分解”的“别”字,引申而有“離别”之意,情況與此類似。就是“物”字的“雜色”一義,也可能是由分别之義引申出來的。从“刀”的“班”字既可以當“分”講,也可以當“斑駁”講,可以作爲參考。

在漢字發展的過程中,時常出現這樣一種現象：某一個字由於經常用來表示假借義或引申義,就被加上了一個表意偏旁,分化出一個以它爲聲旁的形聲字來表示它的本義。這樣加上去的表意偏旁往往與原字的一個偏旁重複。例如“或”本从“口”,又加“口”爲“國”;“益”本从横寫的“水”,又加“水”爲“溢”。這種現象是大家熟悉的。“勿”(刅)字从“刀”,“刎”字也从“刀”。“刎”應該就是表示“勿”字本義的後起加旁字。“勿”和“刎”的關係,與“或”和“國”、“益”和“溢”的關係相同。《説文》把“勿”字看作“㫚”的初文,認爲字象旗形,是錯誤的。

卜辭裏有“勿牛”於某地之文：

> 庚子卜,亘,貞：牛于章。　　粹421【《合》11153】
>
> 庚子卜,古,貞：牛于□。
>
> 前4・35・2【《合》11154】(《存》下271【《合》11155】同文)

根據卜辭一般的文例來看,這裏的“勿”字應該是動詞,有可能當讀爲物色之“物”或刎牛馬之“刎”。

甲骨、金文和古籍把“勿”字用作否定詞,是假借的用法。卜辭中用來指毛色的“勿”,應該如王國維所考,讀爲“物”,當雜色牛講。但是王氏説“勿牛”是“物牛”之省,則有些語病。

王氏認爲“物”的本義就是雜色牛。如僅就字形論本義,是可以這樣説的。但是字形所表示的本義,與語言學上的本義往往不一致。如果“雜色”一義確是由“勿”的本義引申出來的話,我們就没有必要像王氏那樣,强調“物本雜色牛之名,後推之以名雜帛”了。王氏還認爲“萬有不齊之庶物”所以名爲“物”,也是由“雜色牛之名”引申而來的。[12] 這就離事實更遠了。本有“分别”、“類别”等義的“物”字,

---

⑫ 同注⑤。

用來“名萬有不齊之庶物”，是很自然的事。與“雜色牛”一義糾纏在一起，反倒不好理解了。

既然甲骨文的“刅”字確實應該釋爲“勿”，那末甲骨文中與金文、古籍的“勿”字相當的“弜”，究竟又是什麽字呢？下面就來討論這個問題。

甲骨卜辭所用的字往往隨時代而變化。用“弜”爲否定詞的，絶大多數是第一期和第二期前期的卜辭。在此以後，似乎只有第三期卜辭中格式與第二期比較接近的那種卜辭，使用過一些作爲否定詞的“弜”字。三期卜辭的“弜”字大都寫作等形：

丙辰卜□貞：其賓。

貞：賓。　　粹 424【《合》30588】

貞：其洣。

貞：洣。　　甲 2501【《合》26907】

癸亥卜，貞：叀勿（物）。

癸亥卜，貞：勿（物）。　　甲 2632【《合》29500】

貞：叀勿（物）。

貞：勿（物）。　　甲 2795【《合》30910】

丙辰卜，狄，貞：卅牛。

丙辰卜，狄，貞：。

甲子卜，狄，貞：王異其田，亡巛（災）。

甲子卜，狄，貞：王巳田。　　甲 3915【《合》30757】

壬戌卜，狄，貞：王父甲□其豊。

貞：（弜字未刻全）豊。

貞：叀庸用。

貞：庸。　　甲 3918【《合》27459】

貞：巳。　　甲 2695【《合》26899】

貞：王卿（饗）。　　甲 1539【《合》31049】

它們顯然是“弜”字較原始的形式。第一期卜辭中用作否定詞的“弜”字，一般寫作，但是也有少數寫得比較原始，例如：

貞：來乙丑乎（呼）子畬出于父乙。　續 1・30・4【《合》3111】

貞：巠豕。　燕 234【《合》10106】

壬□卜，玦，貞：步戠。　京津 3027【《合》20178】

也許有人要問：爲什麼卜辭中否定詞"弜"時代較晚的寫法，反而比時代較早的古老呢？這是容易解釋的。卜辭中有些常用字往往用一種特殊的簡體來刻寫。有的簡體早期用了，晚期却沒有用。這樣就出現了晚期的寫法反而比早期古老的現象。例如地支的"子"字在一至四諸期卜辭中大多作或，在第五期卜辭中則大多作。後一種寫法顯然比前一種古老。⑬ "弜"在第一期卜辭中是常用字，所以在"弜"字的寫法上也出現了與"子"字類似的現象。

在第一期卜辭中，"弜"字除了用作否定詞以外，還有別的用途。"弜"的簡體主要用作否定詞。在"弜"字用來表示其他意義時，通常仍然使用與三期"弜"字類似的正體：

貞：乎（呼）出□　鐵 162・2【《合》19752】

令希奠臣。　乙 4065【《合》7239】

丙戌卜，玦：令。　京津 3030（《存》上 1445）【《合》20238】

貞：乎（呼）丘⧄　前 5・8・3【《合》4733】

⧄丘取⧄　前 5・9・1【《合》4734】

貞：［］［不］允［寇］。

允寇。

續 4・16・11【《合》593（已將其與《戩》45・11 綴合爲全辭）】

乙未卜，殻，貞：（下部殘缺）⧄　林 2・21・10【《合》3601】

王固曰：允⧄　林 2・3・17【《合》17707】

上引前三條卜辭裏的正體"弜"字，是用作人名的。其他各條的"弜"也有可能是人名，至少它們不會是否定詞。第一條卜辭裏有兩個"弜"字。第二個是人名，用正體。第一個是否定詞，就用簡體。在一條卜辭中，重見的字由於有兩種用途而寫成兩種形

⑬ 參看高去尋《殷墟出土的牛距骨刻辭》，《中國考古學報》4 期 174—175 頁。

式的現象,是確實存在的。下面所舉的重見"鼎"字的卜辭就是很好的例子:

(貞):(鼎)隹(唯)桒酒。十三月。

掇二8(《京津》981)【《合》15267】

[□□卜],㱿,(貞):王(鼎)从垦乘☐　　續3·43·1【《合》171】

癸卯卜,爭,(貞):下乙其㞢(鼎)。王固曰:㞢(鼎)上隹(唯)大示王亥亦☐酒,明雨,伐[既]雨,咸伐亦[雨],㪅卯鳥,大攺号。

丙562【《合》11499】⑭

"鼎""貞"古音相近。"貞"字本作"鼑",从"卜""鼎"聲。"鼑"字後出,殷人是借"鼎"爲"貞"的。卜辭中借爲"貞"的"鼎"字通常寫作,是由"鼎"字作的一體簡化而成的。⑮ 在上引卜辭裏,借作"貞"的"鼎"字簡體,與一般的"鼎"字同時出現。這與"弓"字的正簡二體同見於一辭的情況十分類似。

在一片字體較特殊的接近於𠂤組的第一期卜甲上,有貞人"弓"之名:

丙午卜,,鼎(貞):元不𢦏。

丙午卜,,鼎(貞):並不𢦏。……　　甲綴58【《合》21903+《吉》183】

此版人名"弓"用簡體,是一個特例。卜辭裏稱呼人多用族氏。貞人弓與見於前面所引的第一期卜辭的名"弓"者,可能是同族人,也可能就是一個人。

"弓"的正體在第五期卜辭裏偶爾也能看到:

丁丑,王卜,貞:今囚巫九备𢦚𩁹侯☐尤眔二姓,余其比☐戔,亡𢦔自下上☐受又(有祐),不𠭴𢦏,囚☐邑商,亡𡆥才☐

前4·37·5【《合》36344】

(《論集》編按:《合》36355+36347"乙巳王卜貞:𢦚𩁹侯☐眔二姓,余其比留戔,亡𢦔☐受又,不𠭴𢦏。王固曰吉。才☐"應補入此條後。上引卜辭

⑭ 本辭缺字據同文卜辭補。

⑮ 有些卜辭中借作"貞"的"鼎"字,寫法與一般"鼎"字無別,看《甲骨文編》148—149頁"貞"字條。305頁"鼎"字條所收之字,有的也是假借爲"貞"的。《文編》把大部分借作"貞"的"鼎"字直接釋爲"貞",這是不妥當的。我們在引用卜辭時,把借作"貞"的"鼎"字直接釋作"貞",是爲印刷方便而採取的權宜辦法。金文又常常借"鼎"(貞)爲"鼎"。小徐本《說文》"鼎"字下說:"古文以貞爲鼎,籀文以鼎爲貞",與古文字資料可以互證。《金文編》把借作"鼎"的"貞"字釋作"鼒",是錯誤的。

爲李學勤同志所綴合。又《合》36348 似爲《前》4·37·5,即《合》36344 之同文殘辭)

這條卜辭中的“弜”似乎也是人名。

商代青銅器中有鼎、觥。⑯ 這兩件銅器銘文的“弜”字,也是用作人名的。

甲骨文中還有一個从“弜”的“弢”字,大都見於第一期和三、四期卜辭。

第一期卜辭的“弢”是人名:

癸未卜,㱿,貞:旬亡囚。王固曰:𡴘乃兹㞢(有)希。六日戊子,子𡿧。一月。 菁 3【《合》10405】

☐子☐ 人文 136a【《合》4468】

☐貞:其以。 乙 1745【《合》9094】

☐以。 乙 1766【《合》9093】

上引第三條卜辭字从“又”,根據辭例可以斷定是“弢”的異體。⑰ 子弢和弢似應爲一人。

第一期卜辭中還有一個从“弜”从“”的字:

貞:乎(呼)入卸(御)事。 續 5·15·6(《簠》人 83)【《合》5558】

甲骨文“癹”字作⑱⑲⑳等形,所从的也可以寫作。所以“”有可能是“弢”的異體。這個字在上引卜辭中也用作人名,明義士認爲與弢是一人,㉑可能是正確的。

三、四期卜辭中的“弢”,是祭祀用牲的一種方法:

其廿人。

---

⑯ 鼎見《三代》3·14【《集成》4·2318】,觥見《三代》18·21【《集成》15·9298】。參看《金文編》1002 頁【見 1985 年版 1259 頁】。(《論集》編按:《集成》2321 作父辛鼎的“弜”字亦爲人名。)

⑰ 《甲骨文編》根據不準確的摹錄把此字隸定爲“沔”(443 頁)。

⑱ 《甲骨文編》59 頁。《文編》謂癹字爲《說文》所無,其實見於《說文·址部》。

⑲ “𢓊”字偏旁,見《甲骨文編》80 頁。《文編》將此字隸定爲“𢓊”,似不確。此字疑即“迏”或“跋”的古體。

⑳ 見《甲》142【《合》21431】,《甲骨文編》收入附錄(951 頁)。

㉑ 《柏根氏舊藏甲骨文字考釋》10 頁。

卅人。 掇一 392【《合》27017】

羌，五十。 後下 6・7【《合》26909】

卯，三牢（或應作“弢自⧄”，“卯三牢”爲另一辭）。

人文 1910【《合》34669】

牢，王受又（祐）。

，王受又（祐）。

金 351【《合》41429】（《論集》編按：拓本見《英》2373）

⧄歲□□叀舊册牢用，王受［又］。

，王受又（祐）。 人文 1878【《合》30684】

，王受㞢（有祐）。

岳燎叀舊䙡用三牢，王受㞢（有祐）。

⧄王⧄ 寧 1・314【《合》30414】

又正。 鄴初下 33・12（《存》上 1860）【《合》31144】

其。

三牢。

五牢。 粹 1542【《合》31145】

弜[22]犾用，其。 明後 2204（《南》明 569）【《合》32563】

最後一辭的“弢”字，也是从“又”的。

三、四期卜辭中還有個从“弓”从“攴”的字：

羌十人又五，王受又（祐）。

，王受又（祐）。 粹 593【《合》26917】

（《論集》編按：《屯南》2343“其弢三牢”應補入此條後。《屯南》拓本不清，此據《屯南》釋文）

這個“弢”字的用法與上引《金》351 等辭的“弢”字全同，無疑是“弢”的異體。[23]

㉒ 此字用法同“勿”，看拙作《說“弜”》，載《古文字研究》第一輯。

㉓ 《甲骨文編》把有些“弢”字跟“弢”字列在一起（145 頁），把另一些“弢”字看作“彈父”合文（598—599 頁）。有些“弓”字也被誤收在“彈”字條內（502 頁）。《金文編》173 頁【見 1985 年版 221 頁】收弢簋“弢”字。簋銘見《三代》7・4、《小校》7・60【《集成》6・3236】，此字右旁實作（“鞭”之初文？），與甲骨文“弢”字是否一字尚未能完全確定。

從上面所舉的資料來看,“弜”應該是“發”的初文。

“弜”字比較原始的寫法顯然象弓弦被撥後不斷顫動之形。“弢”,應該是“弜”的繁體。加“攴”旁,大概是爲了使撥動弓弦之意表示得更明白些。古文字中“乍”字也可以寫作“钕”,[24]與此同例。上引《乙》1745、《明後》2204 二片的“弢”字从“又”,正象以手發弓之形。可能是先有這種寫法,然後才演化出从“攴”的寫法來的。古文字中“射”字有 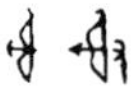 二體,[25]與“弜”或作  同例。“弜”字加上“攴”旁以後,就是不再畫出弓弦顫動之形,發射之意也已經能够表明,因此就出現了把“弜”旁簡化爲“弓”旁的“弢”字。後來,“弢”所从的“攴”又被加上“址”旁而改造成聲旁“癹”(癹)。這樣,表意字“弢”就轉化成形聲字“發”了。最後這一步至遲在春秋時代已經完成,因爲在春秋後期的工𠭯大子劍上,“發”字就已經寫作 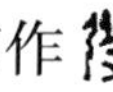 了。[26]

《説文・弓部》:“,射發也。从弓,癹聲。”“癹”字从“殳”的寫法晚於从“攴”的寫法。上引甲骨文“癹”字和工𠭯大子劍“發”字的“癹”旁都不从“殳”。六國官印“發弩”之“發”通常假借“癹”字,字作 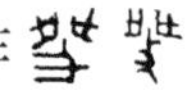 等形,[27]也不从“殳”。漢印“發”字或作 ,[28]魯峻、衡方等碑“發”字皆从“攴”,尚存古意。

在漢字發展的過程中,把合體表意字的一個偏旁略加改造,使之轉化成聲旁,從而把原來的表意字改變成形聲字的現象,是頗爲常見的。例如“何”字本作 ,[29]象人荷物形。後來象所荷之物的  形加“口”而成“可”,“何”字就由表意字轉化成从“人”“可”聲的形聲字了。又如“昃”字本作  等形,[30]以象人形的“大”旁和“日”旁的相對位置表示出日已西斜的意思。後來“大”被改爲形近的“夨”,“昃”字就由表意字轉化成从“日”“夨”聲的形聲字了。類似的例子還可以舉出很多,另詳他文。“發”字由表意字轉化成形聲字的情況,與“何”字是很相似的。

把“弜”和“弢”釋作“發”,從它們在卜辭中的用法來看,也是合理的。

---

[24] 看孫詒讓《古籀餘論》2・21 頁、容庚《善齋彝器圖錄考釋》3 頁。甲骨文“乍”字有時也寫爲“钕”(《甲骨文編》146 頁)。

[25] 《甲骨文編》242 頁,《金文編》293—294 頁【見 1985 年版 369—370 頁】。甲骨文中也有从“又”的“射”字,見《甲》2533【《合》5779】、《後》上 5・11【《合》25204】等,《甲骨文編》失收。

[26] 見《考古》1963 年 4 期《安徽淮南市蔡家崗趙家孤堆戰國墓》一文所附拓片【《集成》18・11718】。

[27] 《古徵》2・3 上。

[28] 《漢徵》12・21 上。

[29] 《甲骨文編》212—213 頁。

[30] 同上 284—285 頁。

卜辭中的“弜”字大都用爲否定詞,用法與“勿”字極爲相似。從上古音看,“發”和“勿”都是唇音字(這也是古代全部否定詞的共同特徵)。“發”的韻母屬祭部,“勿”的韻母屬物部,這兩部的關係非常密切。所謂上古音,實際上就是周秦音。在商代,“發”“勿”二字的讀音可能比周秦時代更爲接近。卜辭中用作否定詞的“弜”和“勿”,很可能是語言裏同一個詞的不同假借字,就像“余”和“予”、“女”和“汝”一樣;也可能是音、義皆近的一對詞,就像“叀”(惠)和“隹”(唯)、“于”和“於”一樣。

在第一期卜辭中,“弢”是人名,“弜”有時也用作人名。但是弢又稱子弢,“弜”上則從不加“子”稱。大概弢和弜不是一人,所以分别用“發”字的不同寫法來記他們的名字,以便於互相區别。

在三、四期卜辭中,弢是祭祀用牲的一種方法。“發”字古訓“射”。《禮記·射義》“發彼有的”鄭注:“發猶射也。”據古籍記載,祭祀時有射牲之禮。在甲骨文中也可以看到“癸丑□又升□于大乙乎(呼)射”、[31]“叀伊其射二宰”[32]等卜辭。[33] 釋“弢”爲“發”,對於三、四期卜辭的“弢”字顯然是合適的。在上古漢語裏,“發”字與“射”字一樣,也可以讓表示被射對象的那個詞直接跟在後面當賓語。《詩·小雅·吉日》“發彼小豝,殪此大兕”,是最清楚的例證。所以上引的“其發廿人”、“羌,發五十”等卜辭,在語法上也完全講得通。

總之,無論從字形上看,或是從有關卜辭看,把“弜”和“弢”釋作“發”,都是合理的。郭沫若認爲“弜”是“笏”之初文,朱芳圃認爲“弜”是“弜”之别構,[34]都不可信。

最後,附帶談一下古籍中關於“發”人牲的一條史料。《逸周書·世俘》:

> 時四月既旁生魄,越六日庚戌,武王朝至燎于周……武王乃廢于紂矢惡臣人(此字各家多以爲衍文)百人,伐右厥甲,小子鼎;大師伐厥四十夫,家君鼎。

這是一條極爲寶貴的人祭史料。《世俘》上文説:“二月既死魄,越五日甲子,朝至接于商,則咸劉商王紂,執夫[35]惡臣百人……”,又説“癸丑薦殷俘王士百人”。上揭

---

[31] 《粹》130【《合》32406】。
[32] 《續》1·48·2(《戩》9·2)【《合》32801】。
[33] 看楊樹達《卜辭瑣記》“射牢”條(《積微居甲文説》63頁)、《卜辭求義》“射”字條(7頁)。
[34] 《殷周文字釋叢》“弜”字條(140頁)。
[35] “夫”字據《四部叢刊》影印明章蘗本,通行之盧本、朱本皆校改爲“矢”。

引文中提到的武王所“廢”的“紂矢惡臣百人”,就是伐紂時所執的“夫惡臣百人”,也就是癸丑那天所薦的“殷俘王士百人”。[36]“矢”和“夫”都應該是“大”的誤字。“夫”“大”二字不但字形相近,而且本來就是由一字分化的,甲骨、金文裏時常把“夫”字當“大”字用。[37]“矢”字和“大”“夫”二字形近,彼此也很容易相混。古文字中“大”形常常訛作“矢”形,[38]《周禮·春官·樂師》“燕射帥射夫以弓矢舞”,鄭注:“故書……射夫爲射矢……鄭司農云:……射矢,書亦或爲射夫”,皆可證。“惡”从“亞”聲,在此當讀爲“亞”。亞是卜辭和金文中常見的官名。于省吾《荀子新證》認爲紂臣惡來之名“本應作亞來,亞、惡古同字。《易·繫辭傳》‘知天下之至賾而不可惡也’,《釋文》‘惡,荀作亞’,……亞來,亞其官,來其名也”。[39]其說與此可互證。“紂大亞臣”當指紂手下高級的亞和臣(西周時代的𪈀簋銘有“大亞”官名,可參考)。《墨子·明鬼》:“武王……與殷人戰乎牧之野,王乎(呼)禽費中、惡來。”“紂矢(大)惡(亞)臣百人”中大概就有“惡(亞)來”在內。與亞並提的臣,當是見於卜辭的小臣、多臣一類人。這類人往往有很高的地位,與一般的臣、妾截然有別。[40]

“廢”字當讀爲“發”。“廢”从“發”聲,二字古書通用。王念孫《讀書雜志·史記平原君虞卿列傳》“發”字條,舉出了很多“發”“廢”相通的例子。此外,還可以找到不少這樣的例子。例如:《韓非子·守道》“羿巧於不失發”,乾道本“發”作“廢”。《楚辭·招魂》“娭酒不廢”,王注“或曰娭酒不發”。《論語·微子》“廢中權”,《釋文》引鄭本“廢”作“發”。發于紂大亞臣百人,與卜辭所說的“發廿人”、“羌發五十”,是同類的事情。

“伐右厥甲”當指武王射殷俘後砍其頭以祭之事。卜辭時常提到“伐”祭,例如:

丁酉卜,貞:王賓文武丁,伐十人,卯六牢,鬯六卣,亡尤。

前1·18·4【《合》35355】

☐翼(翌)丁巳伐羌。

---

[36] 或以爲“薦殷俘王士百人”即殺俘祭祀,但從上下文看似應爲告俘、獻俘一類事。

[37] 林義光《文源》1·1頁,羅振玉《殷虛書契考釋》下20頁,郭沫若《兩周金文辭大系》大鼎、吳王夫差鑑、洹子孟姜壺等器考釋。

[38] 唐蘭《古文字學導論》下編四之(卯)“字形的混殽和錯誤”節。

[39] 《雙劍誃諸子新證》200頁。

[40] 胡厚宣《殷非奴隸社會論》,《甲骨學商史論叢》初集。

于庚申伐。 乙 3107【《合》469】

吳其昌認爲伐祭即殺人祭，[41]是正確的。甲骨文“伐”字作，正象以戈砍人頭形。殷墟考古中發現的大量身首異處的骨架，就是伐祭的遺跡。“伐右”之“右”疑與《詩·周頌·雝》“既右烈考，亦右文母”之“右”同義，就是卜辭常見的祭名“又”。又祭之例如：

王其又于小乙羌五人，王受又(祐)。

弜又羌。 甲 379【《合》26922】

其又羌十人，王受又(祐)。 粹 594【《合》26916】

卜辭又常言“又伐”，例如：

丙寅卜：又伐于司絧卅羌，卯卅豕。 粹 430【《合》32049】

辛未卜：又伐十羌十牢。 人文 1793【《合》32072】

《世俘》的“伐右”也有可能本來是作“又伐”的。據《逸周書·克殷》和《史記·殷本紀》所記，武王牧野戰勝後，對紂和他的嬖妾的屍體，都是先“射之，三發”，然後再把頭砍下來，懸在旗上。這與對“矢惡臣”先“發”後“伐”的處理方法很相似。武王所“發”的“矢惡臣”共百人，下文言“大師伐厥四十夫”，可知武王所伐的是六十夫。小篆“甲”字作等形，[42]與“六十”二字合文有些相似。“伐右厥甲”的“甲”可能就是由“六十”的合文訛變而成的。

“家君”疑是“冢君”之訛。《書·召誥》有“庶邦冢君”。“小子”“家(冢)君”二句的“鼎”字，應該是動詞。《詩·小雅·采菽》“采菽采菽，筐之筥之”，《正義》：“得菽藿則筐盛之筥盛之。”“筐”“筥”可以解釋爲用筐筥盛物，“鼎”也可以解釋爲用鼎盛物，如《儀禮·少牢饋食禮》“腊一純而鼎”，即是一例。在這裏，“鼎”大概是指把伐下的人頭盛在鼎裏獻祭。卜辭或言“其鼎，用卅犬”，[43]或言“㞢母庚豕，鼎，用”。[44]“鼎”字用法似與《世俘》相類。

根據以上的討論，可以把上引《世俘》自“武王乃廢……”以下一段文字翻譯如下：

---

[41] 《殷代人祭考》，《清華週刊》37 卷 9、10 號。

[42] 《金文續編》14·18 上。

[43] 《佚》783【《合》30997】。

[44] 《燕》279【《合》19962】。

武王射殺被俘的紂的高級的亞和臣一百人,並砍下了其中六十個人的頭,由小子們盛在鼎裏獻祭。太師砍下了其中四十個人的頭,由邦君們盛在鼎裏獻祭。

《論集》編校追記:

金祥恆《釋》認爲甲骨文、等字是“牛”二字合文(見《中國文字》第30册),其說可信。本文沒有注意到這一點,從王國維說把和直接釋作“物”,是不妥當的。不過,从“牛”“勿”聲的“物”字應該就是由“勿牛”合文演變而成的(關於合文演變爲形聲字的現象,參閱唐蘭《中國文字學》96頁)。甲骨文裏的、等字,在當時可能已有不少被讀作“物”了。卜辭常以“叀犂”與“叀𢍏”對貞。如果“犂”讀爲“勿牛”,“𢍏”似應讀爲“𢍏(騂)牛”。從卜辭“受”字有時可讀爲“受又”這類現象來看,“𢍏”是可以讀爲“𢍏牛”的(參看本書所收《再談甲骨文中重文的省略》一文)。但是,讀“𢍏”爲“騂”、讀“犂”爲“物”的情況,在當時大概也不會不存在。尤其是卜辭中屢見的“其牢犂”、“其牢𢍏”等語裏的“犂”和“𢍏”,恐怕在當時一般都是讀爲“物”和“騂”的。

又金氏從郭沫若說把“”當作“犂”的初文,跟我們的意見不同。

關於“勿牛”的問題,請參閱本集所收《甲骨文中所見的商代農業》。

原載《中國語文研究》第2期(香港中文大學,1981),又載《古文字論集》,今據後者收入。

說“嵒”“嚴”

殷墟甲骨文屬於武丁、祖庚時代的骨面刻辭裏有“嵒”字:

(1) [辛]丑,气(乞)自嵒,廿屯,[1]小臣中示(視)。𢀛。

前7·7·2(《合》5574 重)

(2) 辛丑,气自嵒,廿□ 粹1493(《合》9433 重)

(3) 辛丑,气自嵒,廿屯,小□ 合9450+9435【《合補》2474】

(《論集》編按:本文原只引《合》9435,今據本書所收《甲骨綴合拾遺》改正)

(4) □气自嵒,廿□ 合9432(《簠》地30 重)

(5) 辛丑,气自嵒,廿屯,小臣𢿨□ 英2000+2032 反【《合補》7237】

(《論集》編按:本文原只引《庫》1635,即《英》2000,今據上引《拾遺》改正)

骨面刻辭是記載卜骨來源等事項的一種記事刻辭。[2] 上揭五條刻辭的内容完全相同(《論集》編按:綴合後的第5辭,“小臣”下一字與第1辭不同。原文“完全”後宜加“或基本”三字),它們當是分别刻在同一來源的一批卜骨上的。由於卜骨都已殘破,這些刻辭都不完整。(1)存字最多,只缺記日干支的第一字,釋文已據(2)、(5)兩條補出。(《自選集》編按:第3條綴合後也有“辛丑”。)

上揭刻辭裏的“嵒”,是卜骨所從徵集的地點的名稱。這個字在(1)至(3)三辭裏寫作,在(4)、(5)兩辭裏寫作。《説文》裏有兩個跟這個字相似的字。一個見於《品部》:

,多言也。从品相連。春秋傳曰:次于嵒北。讀與聶同。

① “屯”字當讀爲古書中訓爲“全”的“純”。《儀禮·鄉射禮》及《大射》皆言“二筭爲純”,鄭注:“純猶全也,耦陰陽也。”《少牢饋食禮》“腊一純而鼎”,鄭注:“合升左右胖曰純,純猶全也。”殷人稱卜骨或背甲一對爲“一屯(純)”。卜骨一屯指牛之左右肩胛骨各一塊。背甲一屯指背甲從中間剖開後的左半和右半。或謂“對”與“屯”(純)古音陰陽對轉,本由一語分化,可參考。

② 看胡厚宣先生《武丁時五種記事刻辭考》,收入《甲骨學商史論叢初集》。

一個見於《山部》：

> 嵒，山巖也。从山、品（小徐本"品"下有"聲"字）。讀若吟。

這兩個字在隸書裏就很難區別了。

羅振玉在《殷虚書契考釋》的《文字》章裏，把甲骨文的"喦"字收在"品"字之後（增訂版卷中58頁上），可見他認爲這個字是"从品相連"的"喦"字。王襄《簠室殷契類纂》則據上引第（4）辭的寫法，把這個字釋爲"从山、品"的"嵒"字（正編42頁上）。《甲骨學文字編》、《甲骨文編》等書都承用王說。但是，在甲骨文裏"山"字從來不寫作"凵"，而這個字的下部却以作"凵"爲常。並且在武丁、祖庚時代的甲骨文裏，"山"（多見於偏旁）通常寫作山，不但作"凵"的"山"尚未出現，就是作"凵"的"山"也很少見。所以，見於這一時代骨面刻辭的"喦"字決不可能是从"山"的，（4）、（5）兩辭"喦"字的下部顯然是"凵"的變體。羅氏把這個字釋爲"从品相連"的"喦"，無疑是正確的。

"喦"字所从的"品"應該理解爲很多張嘴。徐灝《說文解字注箋》："喦从三口而凵以連之，即絮聒之義。"解釋字形比《說文》明白。《說文・言部》："讘，多言也。从言，聶聲。"《玉篇・口部》："囁……囁嚅，多言也。"《說文》"喦"字與"讘"同訓，並且"讀與聶同"，彼此的關係十分密切。訓多言的"讘"和"囁"，可以看作"喦"的後起形聲字。《集韻・葉韻》"讘"小韻以"讘"、"囁"、"喦"爲一字異體，是正確的。

在武丁、祖庚時代的骨面刻辭裏，還可以看到比"喦"字多出一個人形的⿱品大字（以下隸定爲"㖕"）：

（6）己酉，㖕示（視）十屯。夋。　　續5・25・7（《合》15515反重）

（7）己酉，史㖕（下部殘）□　　燕126背（《合》24432反重）③

（8）□气（乞）廿屯，㖕示。犬。　　前7・24・4（《合》17599反重）

（9）□子（巳？），㖕□　　合17601

（10）□㖕示□　　合17600（《南》師2・30重）

（11）□㖕示□　　京津313（《合》16110反重）

這個字象徵一個人有幾張嘴，"多言"的意思表示得極爲明白，無疑就是"喦"字的

---

③ 《合》5630正有骨面刻辭殘文，作"己酉，史□"，當爲此條的同文刻辭。

異體。

在古文字裏,表示人的器官的行爲的字,有一些既可以从“人”,也可以不从“人”。例如:甲骨文的“聖”(聽)字既可以寫作(𦕅),④也可以寫作(耶)。⑤又如:甲骨文裏有一個字,在人形上加了兩個豎目,是《說文》訓“舉目驚界然”的“界”字的初文,跟《說文》訓“左右視”的“䀠”應該是一個字。⑥《說文·誩部》:“,競言也。从二言……讀若競”,“(競),彊語也……从誩,从二人”。《說文解字注箋》說:“誩與競音義同,形亦相承,疑本一字”。這些都是“㗊”、“㗊”應爲一字的旁證。

“㗊”字《說文》未收,金文裏也尚未發現。不過,有一個以“㗊”爲偏旁的字,在周代金文裏却是常見的。這個字就是“嚴”。《說文·吅部》:“嚴,教命急也。从吅,厰聲。”從金文看,《說文》對“嚴”字的分析是錯誤的。金文“嚴”字作以下諸形:⑦

(A)　(B)　(C)　(D)　(E)

㝬鐘　戲狄鐘　番生簋　虢叔鐘　秦公簋

這個字顯然應該分析爲“从㗊,敢聲”。(A)所从的“㗊”跟甲骨文最接近。(C)、(D)、(E)所从的“㗊”,訛變得比較厲害。不過,後二者所从的“”,不是“厰”字所从的“厂”,而是“人”的變形,仍然是很明顯的。漢代銅器和印章上的“嚴”字,上部往往作、等形,⑧尚存古意。《說文》所據篆形已進一步訛變,所以便把它錯析爲“从吅,厰聲”了。

“嚴”既从當“多言”講的“㗊”爲形旁,其本義大概不會是“教命急也”。《說文·言部》:“譀,誕也。从言,敢聲。”“嚴”和“譀”都从“敢”聲。“多言”和“誇誕”的意義也很相近(下文引《史記·日者列傳》有“多言誇嚴”之語)。對“譀”字來

---

④ 《甲骨文編》466頁。

⑤ 《甲骨文編》466頁。余永梁《殷虛文字考》釋“耶”爲“聖”(《國學論叢》1·1),可信。《文編》分“聖”、“耶”(聽)爲二字,不妥。“聖”的本義就是“聽”。古無“聽”字,以“聖”字兼“聽”、“聖”二字之用(參看《卜辭通纂考釋》137頁)。甲骨卜辭裏“有耶”(《鐵》2·3【《合》19175】等)、“有聖”(《乙》4548+5161+6533【《合》14295】等)並見。二字用例相同,明爲一字異體。

⑥ 看朱芳圃《殷周文字釋叢》161頁“奭”字條。

⑦ 《金文編》62頁【見1985年版76—77頁】。

⑧ 《金文續編》2·8。《漢徵》2·7下,又8·3上“儼”字、9·7下“巖”字。

說,如以“㕟”爲形旁,要比以“言”爲形旁更爲切合字義。這樣看來,“嚴”應該是“譀”的初文,“嚴厲”、“莊嚴”等義當是假借或引申義。楊樹達在《積微居甲文說·釋鬵》篇裏說:“余以甲文之形聲字與篆文相較,同一字也,形旁或聲旁甲文往往與篆文不同……其形旁則甲文必較篆文形旁之義爲剴切。甲文有鬵字。羅振玉釋爲鑊,是也……从鬲,鬲爲釜鬲,示烹煮之器也。篆文變爲从金,則泛而不切矣。”“譀”字的形旁由“㕟”變爲“言”,正合乎楊氏指出的其義“剴切”的形旁爲“泛而不切”的形旁所代替的規律。

《史記·日者列傳》:“世皆言曰:夫卜者多言誇嚴以得人情。”《原本玉篇零卷·言部》“譀”字下引《東觀漢記》:“雖誇譀猶令人面熱”(《廣韻·闞韻》“譀”字下引此文脫“面”字)。“誇嚴”就是“誇譀”。這個“嚴”字用的正是本義。

“嚴”是疑母談部字,“从品相連”的“喦”是娘母葉部字。以聲言,同爲鼻音。以韻言,有陽入對轉的密切關係。可見這兩個字不但意義相似,字音也相當接近。“嚴”很可能是由“喦”孳乳的一個詞。在漢字發展的過程裏,有時人們在表意字上加上聲旁,造成形聲字,來表示從這個表意字所代表的詞孳生出來的一個新詞。例如:在“食”字上加“司”聲,造成“飼”字,來表示由“食”孳乳的“飼”這個詞。“嚴”和“喦”的關係可能跟“飼”和“食”的關係相類。

我們附帶討論一下从“山”的“嵒”字。如果像大徐本《說文》那樣,把這個字分析爲“从山、品”會意,顯然講不通。小徐本“品”下有“聲”字。但是,“品”、“嵒”二字聲母遠隔,把“嵒”說成从“品”得聲,也不大合理。“嵒”字在古書裏與“巖”通用,如“巉巖”、“嶄巖”亦作“巉嵒”、“嶄嵒”。[9]“巖”从“嚴”聲,這兩個字古代也可以通用。[10]前面已經說過,“嚴”跟“从品相連”的“喦”音義皆近,前者很可能是後者的孳乳字。所以,“巖”跟“从品相連”的“喦”,本來大概也可以通用。頗疑古代本無从“山”的“嵒”字,但是有時假借“从品相連”的“喦”字爲“巖”。“巖”字从“山”,“喦”字下部恰與“山”字相似。因此,有的人就誤以爲用如“巖”字的“喦”是从“山”的,把它跟一般的“喦”字分了開來。見於《說文》的篆文“”,大概是在這種誤會産生之後追造出來的。不過,也有可能从“山”的“嵒”是由甲骨文中“喦”字作的一體訛變而成的。如果確是這樣,這個字就應該出現得比較早了。

《說文》又有“碞”字。《石部》:“碞,磛嵒。从石、品(小徐本“品”下有“聲”

⑨　看《聯緜字典》及《辭通》中有關各條。

⑩　《左傳·隱公元年》:“制,嚴邑也。”據《釋文》“嚴”本或作“巖”。《孫根碑》“嚴愘”作“巖愘”。

字）。《周書》曰：畏于民碞。讀與巖同。”這個“碞”字又應該是从“山”的“喦”字的後起異體。《說文》引《周書》語見《召誥》。從文義推敲，“畏于民碞”的“碞”本應作“从品相連”的“嵒”。俞樾《群經平議》以爲“畏于民喦”即《詩》所謂“畏人之多言也”，似可信。大概《召誥》原文中“从品相連”的“嵒”，先被誤認爲从“山”之“喦”，後來又被改成了“碞”。⑪

最後，考查一下見於骨面刻辭的嵒的地望。《說文·品部》“嵒”字下引《春秋經》地名“嵒北”，今本作“聶北”。《春秋·僖公元年》：“齊師、宋師、曹師次于聶北，救邢。”杜注：“聶北，邢地。”《春秋傳說彙纂》：“今東昌府聊城縣東北有聶城，齊之西界近邢地。”這個“聶”也可以寫作“攝”。《左傳·昭公二十年》：“晏子曰：……聊、攝以東，姑、尤以西，其爲人也多矣。”杜注：“聊、攝，齊西界也。平原聊城縣東北有攝城。”江永《春秋地理考實》以爲“聊、攝”之“攝”與“聶北”之“聶”爲一地。其說可信。《水經注·河水五》：“（黃溝）又東北逕攝城北，《春秋》所謂聊攝以東也。俗稱郭城，非也……京相璠曰：聊城縣東北三十里有故攝城。今此城西去聊城二十五、六里許，即攝城者也。”其地在今山東聊城、博平之間。商代的嵒可能就在這裏。

古代宋、鄭之間也有名喦之地。《春秋·哀公十三年》：“春，鄭罕達帥師取宋師于喦。”《左傳·哀公十二年》：“宋鄭之間有隙地焉，曰：彌作、頃丘、玉暢、喦、戈、錫。”《釋文》：“喦，五咸反。”蓋以爲是从“山”之“喦”。前面已經說過，古代文字裏起初大概只有一個“从品相連”的“嵒”字，从“山”之“喦”是後起的。所以，商代的嵒也有可能就是宋鄭之間的喦。

見於骨面刻辭的“嬖”，是檢視卜骨的人。在商代，地名與族氏往往相因，族氏與人名也往往無別，“人多不另舉其名，即以其國族名之，如今人之稱姓也。”⑫嬖大概就是一個嵒族人。上引第（7）辭稱“史嬖”，史當是嬖的職務。

1981年修改舊稿而成

原載《中華文史論叢》增刊《語言文字研究專輯》（下）（上海古籍出版社，1986），又載《古文字論集》、《裘錫圭自選集》、《裘錫圭學術文化隨筆》，今據《裘錫圭學術文化隨筆》收入。

---

⑪　王應麟《困學紀聞》和《藝文志考證》都說“《說文》顧畏于民喦，多言也”。俞樾據以爲《說文》原本引《召誥》語本在“喦”字下之證。然其事別無它證，且《困學紀聞》卷二兩引此語，“吳才老稗傳考異”條作“民喦”，“民之疾苦”條仍作“民碞”，本身也不統一。

⑫　《卜辭通纂考釋》（別錄之一，大龜第3版考釋）。

說甲骨卜辭中“戠”字的一種用法

“戠”是殷墟甲骨卜辭裏的一個常用字。這個字在卜辭裏有好幾種不同用法。例如:“賓戠”的“戠”一般認爲是祭名。“戠牛”的“戠”一般讀爲“特”或“埴”。“日有戠”的“戠”,有人讀爲日食的“食”,有人讀爲“識”或“痣”,認爲是指日中黑子。我們要討論的是“戠”字的另一種用法。

卜辭裏有一種“戠”字經常出現在用否定詞“勿”或“弜”的句子的末尾(下文引卜辭,釋文一般用寬式,如讀爲“貞”的“鼎”直接釋爲“貞”,否定詞“弓”直接釋爲“勿”等等):

(1) 丁丑卜,王貞:余勿卒占【編按:自組卜辭中“司”字有時寫得很像“占”字,陳劍認爲此字宜釋“司”,可從。卜辭“司”字有用爲動詞之例】,余戠。三月。 合 20333

(2) 己卯卜,賓貞:勿步戠。十一月。 合 16230 正

(3) □申卜,玦貞:勿步戠。 合 20178

(4) □□卜,殼貞:王勿出戠。二月。 合 5068

(5) ☐王勿出戠。 合 5067

(6) 乙亥卜,爭貞:生七月王勿卒入戠。 合 5165

(7) 貞:王勿卒入戠。 合 1535

(8) 貞:王勿卒入戠。 合 16105

(9) 庚寅卜:王勿入戠。 合 32956

(10) 貞:勿卒歸戠。 合 16101

(11) 貞:勿卒歸戠。 合 16102

(12) 貞:勿卒歸戠。 合 16103 正

(13) 貞:勿卒歸戠。 合 16104 正

(14) □寅卜,王貞:勿卒徝戎戠。 合 7266

(15) 貞：勿卒值戎戠。　合 7265

(16) 己卯卜，王貞：余勿比沚戓戠。　合 3950

(17) 貞：勿酒戠。九月。在鯀。　合 8105

(18) 癸亥卜，王貞：勿酒翌戓于黄尹戠。三月。　合 19771

(19) 貞：酒黄尹。

勿卒黄尹戠。　合 945 正

(20) 翌甲申㞢(侑?)伐自囲。

[勿] 卒㞢戠。　合 945 正

(“勿”字本不清，據辭例補。本片卜甲反面，即《合》945 反，亦即《乙》5306，有“勿㞢戠”一辭。或釋“勿”爲“雀”，非是)

(21) 貞：翌丁卯呼子㞢于丁三宰。

貞：翌丁卯勿㞢戠。　合 14375

(22) 貞：勿敀戠。　零拾 109【《合》4025】

(23) 勿敀戠。　合 16172

(24) 貞：勿用戠。　合 15236

(25) 其其退彡日丁弗乍。

弜退戠。　合 34445

(26) 貞：勿[illegible](伐?)戠。十一月。　合 15524

(27) 弜[illegible]戠。　人文 2326【《合》33704】

(同版尚有“□巳□日戠□西□囚”一辭，與上引之辭似不一定有關係)

(28) 庚申卜⧄勿卒⧄戠。十三月。　合 16106

在上引諸辭裏，“戠”字之前都有一個帶否定詞“勿”或“弜”的動詞。卜辭否定詞“弜”的用法與“勿”相同，見拙作《說“弜”》。(6)至(8)，(10)至(15)，以及(19)(28)等辭，在否定詞和動詞之間還加上一個“卒”字，似應讀爲“猝”。(19)的“勿卒”之後缺一個動詞，據同版的對貞之辭應是“酒”字，不知是偶然刻漏還是有意省略。(《論集》編按：“卒”可能仍是終卒之“卒”，别詳他文。)

(1)在“戠”字前重複主語“余”。(14)(15)“戠”字之前的動詞“值”帶有賓語“戎”。(16)“戠”字之前的動詞“比”帶有賓語“沚戓”(卜辭中常見的人名)。(18)(19)“戠”字之前的動詞“酒”(19 的“酒”字原缺)，也帶有賓語(此類賓語或以爲當稱補語，這個問題在這裏無關緊要)。(18)的“酒”好像還帶有雙賓語。由此看來,這類卜辭裏的“戠”字都應該自成一讀,否定詞只否定“戠”字前面的動詞,而與“戠”無關。

(2)(3)都說“勿步戠”(3 的  是人名),而別的卜辭有說“戠勿步”的:

(29) 步。

戠勿步。 甲 475【《合》21242】

(24)說“勿用戠”,而別的卜辭有說“戠弜用”的:

(30) 丙申卜:戠弜用⿱□衤□祔。 合 15401

這也是“戠”字應該自成一讀的證據。格式與(29)(30)相類的卜辭還可以找到一些,例如:

(31) 辛丑卜,𢀛:戠,弜史(使)人祉。 合 20346 正

(《論集》編按:《合》20017“乙丑卜,𢀛:戠,弜史人 ”,辭例與此辭同,本文漏引)

(32) 辛巳□貞:余戠,勿□人。 人文 3050【《合》21243】

在以上所引的那些卜辭裏,“戠”跟否定詞後面的動詞顯然表示對立的兩件事。

此外,還可以看到把某個動詞跟加“勿”或“弜”的“戠”字並用的卜辭,例如:

(33) 貞:,勿征戠。 合 15508(《合》15509 有“勿征戠”殘辭,可參閱)

(34) 弜戠,夕其酒匕牛。

粹 460【《合》33709】(《論集》編按:也有可能“夕”當連上讀)

(35) □丑卜貞:弜戠桒辛步。 合 33706

(《論集》編按:《合》33707“己丑貞:弜戠辛步”,與此辭當是爲同一事而卜的。可知此辭“丑”上所缺一字爲“己”)

(33)以“”與“勿征戠”並提,跟(26)(27)以“勿 ”或“弜 ”與“戠”並提正好相反。(34)以“弜戠”與“酒”並提,跟(17)等辭以“勿酒”與“戠”並提正好相反。(35)如可讀爲“弜戠桒,辛步”,跟(2)(3)以“勿步”與“戠”並提也是相反的。(《論集》編按:《合》33980“弜戠歸”,以“弜戠”與“歸”並提,跟第 10 至 13 各辭以“勿卒歸”與“戠”並提也正好相反。又《屯南》1108 有“弜往省田,戠,弗每”“弜戠□往田,弗每”二辭,意義似乎也是相反的。)

還有一條卜辭說:

(36) 辛巳卜王：勿呼甫即□罗,令戠。十月。　　合20235

這條卜辭裏,“勿呼”和“令戠”是屬於同一主動者的行爲,“勿呼”和“戠”的主動者則不是一個人,情況與上引諸辭不同。但是這條卜辭的意思可以理解爲:“令甫勿即□罗,戠”,所以“戠”字的用法仍應與上引諸辭相同。

在前面引過的那些卜辭裏,跟“戠”相對的動詞,有“占”【編按:“占”宜釋爲“司”,見前文編按】“步”“出”“入”“歸”“徝”“比”“酒”“㞢”(侑?)“敂”“用”“退”“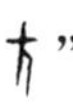”(伐?)“使”“即”等字。我們的任務就是要根據“戠”的字音,在古漢語裏找出一個在語義上可以跟上列這些詞處在正反相對的地位的動詞。看來這個動詞只能是須待的“待”。

從語音上看,讀“戠”爲“待”是沒有問題的。“待”从“寺”聲。古代“寺”聲與“直”聲相通,“戠”聲也與“直”聲相通。《周官・春官・小胥》“士特縣”,《釋文》本“特”作“犆”,注曰:“音特,本亦作特。”《穀梁傳・隱公十一年》“犆言”,《釋文》:“(犆)音特,獨也。本或作特。”這是“寺”聲“直”聲相通之證。《尚書・禹貢》“厥土赤埴墳”,《釋文》引鄭玄本“埴”作“戠”。《考工記・弓人》鄭注讀“樴”爲“脂膏膱敗之膱”。《儀禮・鄉射禮》鄭注謂“膱”字今文或作“膱”。這是“戠”聲“直”聲相通之證。所以“戠”和“待”的古音一定很相近。卜辭的“戠牛”,學者或讀爲“特牛”,其說可信(江陵望山一號戰國楚墓所出竹簡,記祭祀用牲之事也提到“戠牛”。《國語・楚語》有“諸侯舉以特牛”之語。卜辭和楚簡的“戠牛”——卜辭有時省稱爲“戠”,都應該讀爲“特牛”。特牛是相對於牢而言的。參看《通》53片考釋)。“戠”既可讀爲“特”,當然也可讀爲“待”。

從語義上看,把上引各辭裏的“戠”字讀爲“待”,也是很合適的。例如:(4)(5)的“王勿出,待”就是王不要馬上出去而先等待一下的意思。(17)的“勿酒,待”就是不要馬上舉行酒祭而先等待一下的意思。其餘各辭可以類推。與“戠”相對的動詞前面往往加“勿卒(猝)”,意思就是不要急於幹某件事,正與後面的“戠”(待)字緊相照應。(《論集》編按:“卒”也許不應讀爲“猝”。)

《丙》34至38號(即《合》9520至9524號)著錄了成套的五版同文卜甲,上面有一條卜辭說:“甲辰卜,㱿貞:王勿卒(猝)入,于秠入。”意思就是:王不要馬上就進入,等到“秠”的時候再進入。拿它來跟“王勿卒入,戠”等辭比較一下,就可以知道把“戠”讀爲“待”是很合理的。

上引(33)(34)(35)諸辭中,加否定詞的“戠”跟不加否定詞的動詞並用,讀

“㦰”爲“待”同樣合適。(33)的“征”是卜辭裏的常用字,一般讀爲“延”。“勿征㦰”就是不要繼續等待的意思。(35)如讀爲“弜待桒,辛步”,可以解釋爲:不要等待舉行桒祭,在辛那天就“步”。(《論集》編按:《合》33707 有如下四辭:①己丑☐庚☐。②于甲酒桒。③己丑貞:弜㦰,辛步。④㦰桒,于乙步。前面已經說過,③與第 35 辭是爲同一事而卜的——跟第 35 辭同版的,尚有與①同文的一條卜辭。③的意思是說,不要等待②所提到的甲日的桒祭,在己丑之後的第二天辛日就“步”。④的意思是說,待甲日舉行桒祭後,到第二天乙日才“步”。可證我們對“弜待桒,辛步”一辭的解釋是正確的。)

卜辭裏曾一見“徵”字:

(37) ☐徵用☐受☐　　合 30721

這似乎是爲“㦰”字讀爲“待”這一假借義而造的專字,可以看作“待”的古體。上引這條卜辭“徵”上一字尚存下半,頗似“弜”字殘文。如果確是這樣,“徵”的用法正與上面討論的“㦰”字相同,讀“徵”爲“待”就無可懷疑了。

卜辭裏有的“㦰”字的用法,從表面上看似與上舉諸辭中的“㦰”字完全相同,實際上却不見得一定是這樣。例如:卜辭屢見“又㦰”之語,因此有些卜辭所說的“弜又㦰”(《合》32425 等)有可能是“又㦰”的否定式,不能像(21)的“勿㞢㦰”那樣讀爲“弜又(侑?),㦰(待)”。還有一種跟帶“勿”或“弜”的“商”(賞)字並用的“㦰”字,其含義也不易確定:

(38) 貞:勿商(賞)糓由(胄?),㦰。　　合 18596

(39) 丁丑貞:王弜商望,其㦰。　　合 32968

(40) 貞:勿商,㦰𠂤。　　合 557

分別見於這三條卜辭的“糓”“望”“𠂤”都是人名。

(41) 叀(意近“唯”)𠂤㦰。　　合 4044

這條卜辭跟(40)大概是卜問相同事項的,“𠂤”是受事者。以上四條卜辭裏的“㦰”似乎都可以讀爲“待”。但是另一條卜辭提到“㦰由”:

(42) 乙亥卜,爭貞:㦰由。☐月。　　合 906 正

這個“㦰”跟(38)等辭的“㦰”似乎應該是一個詞。如果把“㦰由”讀爲“待由(胄?)”,辭義顯然不易講通。看來這些卜辭裏的“㦰”有可能是意義跟“商”(賞)相類而又有明顯區別的一個動詞。我們曾經懷疑這個“㦰”字應該讀爲假貸的

"貸"("戠""貸"古音相近),但是總覺得不甚妥帖。究竟應該如何解釋,還有待進一步研究。

除了前面舉過的例子以外,還有一些卜辭裏的"戠"字似乎也可以讀爲"待"。例如:

(43) 曰戍戠在之。 英1

(44) 己亥卜:戠婦井于妟。

弜戠。 合32765

上引二辭或言某人"戠在之",或言"戠"某人於某地,讀"戠"爲"待",辭義都講得通。

(45) 貞:戠吉辰。 合25747

(46) 于丁卯酒。

戠辛酒。 合30173

(47) 其戠日。

弜巳戠日。 合38115

(48) 弜戠日,其又歲于中己。玆用。 合27387反

(《論集》編按:《合》27388有如下兩辭:"辛未卜:中己歲,其戠日。""弜戠日,其又歲于中己。玆用。"本文漏引。上引《合》27387反一辭字體拙劣,應是以上引《合》27388第二辭或其同文卜辭爲範本的習刻)

以上諸辭似乎都與選擇祭祀日辰有關。古人有時把日子叫做"辰"。《儀禮・士冠禮》"吉月令辰",鄭注:"辰,子、丑也。"《禮記・月令》"乃擇元辰",鄭注:"元辰蓋郊後吉辰(一本作"亥")也。"(45)的"吉辰"似當與"令辰""元辰"同意。不過周人所謂"辰"是據十二地支而言的。從卜辭看,商人選擇日子重天干而不重地支,他們所說的"辰"是否也以十二地支爲據,還不能肯定。"戠吉辰"似乎可以解釋爲等待吉利的日子。(46)的"戠辛酒"應是等到辛日才舉行酒祭的意思(與此辭同版的卜辭中尚有"戠𡖊雨"一辭,"戠"義待考)。商人通常選擇天干與所祭先人廟號相合的日子舉行祭祀,例如在乙日祭父乙,在庚日祭母庚。見於(47)(48)的"戠日",可能就是指等待這種日子而言的。(47)"弜巳"的"巳"是一個意義比較虛的語詞,另詳他文(《論集》編按:即本書所收《卜辭"異"字和詩、書裏的"式"字》一文)。

此外,還有些卜辭裏的"戠"字,也有可能應該讀爲"待",但是有的卜辭內容太

簡單(如《合》16226“庚寅卜,王:余戠”,《合》16229“貞:令□戠”,《合》16224“貞:戠。十三月”,《合》16228“貞:戠”),有的辭義不可解,無法進一步討論,所以這裏就不引了。(《論集》編按:《合》27145有“毓□□先□□酒”“毓祖丁戠大乙酒”二辭。張玉金同志指出後一辭的“戠”也應讀爲“待”,這一辭的意思應是“等到酒祭太乙時酒祭毓祖丁”,見其博士研究生畢業論文《卜辭中表示兩事時間關係的詞的意義和用法》。)

原載《語言文字學術論文集——慶祝王力先生學術活動五十周年》(知識出版社,1989)。此文在1981或1982年即已交稿,但《論文集》直至1989年才出版。又載《古文字論集》,有修改。今據《古文字論集》收入。

釋殷墟甲骨文裏的
“遠”“𤞷”(邇)及有關諸字

《屯南》著錄的一版三、四期卜骨有如下二辭:

(1) 王其田徣,湄日亡𢦏(災)。

(2) 其𤞷田,湄日亡𢦏。　　屯南3759

二者前後相次,當是對貞之辭。(1)的“徣”字,按照卜辭一般文例似應是地名。但是此辭的“其田徣”跟(2)的“其𤞷田”對貞,“𤞷”顯然不是地名(如是地名,應該說“其田𤞷”或“叀𤞷田”),所以“徣”也有可能不是地名。有一條三、四期卜辭說:

(3) □其田于□(此處所缺一字當是地名),其徣,[湄]日亡𢦏。

合28705

此辭“徣”字緊接“其”字之後,詞性顯然跟(2)的“𤞷”字相同。據此可以推定(1)的“王其田徣”應該理解爲“王其田,其徣”或“王其徣田”,“徣”不是地名,而是意義跟“𤞷”相對的一個詞。

在《後編》著錄的一對三、四期卜辭裏,也有彼此相對的“徣”、“𤞷”二字:

(4) 于徣俾。

(5) 才(在)𤞷俾。　　後下42・8①

“俾”字不識,但是從有關卜辭可以約略推知其意義:

(6) 王其乍(作)俾于旅□邑□其受□　　後下4・8【《合》30267】

(7) ☒其乍王俾于兹衍☒　　寧2・113

① 此版即《合》30273,可與《後》下34・8(《合》30687)綴合。自《甲骨文編》以下多將“徣”字誤摹爲“依”。

(8) 丁卯王其宰僼，其宿。

(9) 弜(勿)宿，其每。 粹1199【《合》27805】

(10) 于盂僼，不雨。 粹779【《合》30271】

從上引卜辭看，僼似是性質跟後世的行宮相類的一種建築。宰僼、盂僼是建築在宰地、盂地的僼。宰和盂都是商王田遊常到的地方。

在上引那對卜僼之辭裏，"鈦僼"之前用"在"字，"𢓊僼"之前用"于"字。這很值得注意。商朝人卜問祭祀時日的卜辭，如果以"今"與"翌"、"來"對貞，往往在"今"字前用"叀"字，②在"翌"、"來"前用"于"字，如：

(11) 叀今夕酒。

(12) 于翌日[夕]酒。 甲578【《合》30842】

(13) 叀今日。

(14) 于來日。 外94【《合》29734】

如以"翌"與"來"對貞，往往在"翌"字前用"叀"字，在"來"字前用"于"字，如：

(15) 其又(侑)大庚，叀翌日酒。

(16) 于來日庚酒。 京津4204【《合》27167】

總之，在卜問祭祀時日的時候，如果對貞的兩條卜辭所用"介詞"不同的話，一定是所卜時間較近的用"叀"，較遠的用"于"(《論集》編按：陳夢家在《綜述》227頁已指出"卜辭近稱的紀時之前加虛字'叀'，遠稱者加虛字'于'")。上引卜僼之辭裏"在"和"于"的關係，跟這類卜辭裏"叀"和"于"的關係是相類的。由此可知𢓊僼和鈦僼當有遠近的不同。

根據"𢓊"、"鈦"二字的字形，結合上述卜辭文義上的綫索來考慮，可以斷定"𢓊"應該釋作"遠"，"鈦"應該釋作西周金文借作"邇"字用的"𢦏"。

下面先討論"𢓊"字。

三、四期卜辭裏有寫法跟"𢓊"很相近的字，簡體作：

(17) 于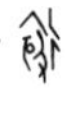亡⍁

(18) 于𧃔𡴯(擒)。

(19) 于𡴯。 屯南2061

② "叀"讀爲"惠"，用法與"惟"相近，參看唐蘭《天壤閣甲骨文存》第30片考釋。

按照漢字構造的原則來看,這個字應該是从"彳""()"聲的一個形聲字。根據西周金文裏的有關資料,可以知道這個字就是"遠"字。

這個字的聲旁跟西周金文"睘"字的聲旁相同。"睘"、"袁"古音極近。小篆"睘"字作,从"目""袁"聲。西周金文"睘"字有以下一些寫法(據《金文編》184頁。《自選集》編按:見1985年版234頁):

聲旁作等形,跟上舉那個甲骨文的聲旁顯然是一個字。西周前期銅器遽伯簋有如下一字(《金文編》79頁。《自選集》編按:見1985年版98頁):

舊釋"還",其實也是从"目"""聲的"睘"字。前人把"又"和"衣"的下部合在一起看成趾形,因而誤釋。古文字从"彳"从"辵"通常沒有區别,金文"遠"字就有从"彳"的寫法(《金文編》83頁。《自選集》編按:見1985年版104頁)。所以上舉那個甲骨文應該就是"遠"字。

"𢓊"應該是从"彳""叏"聲的形聲字。如果研究一下"叏"字跟用作"遠"、"睘"二字聲旁的字的關係,就可以肯定"𢓊"字也應該釋作"遠"。

"叏"字見於屬於第一期的關於甲骨來源的刻辭:

(20) 入五十。 乙7200【《合》5884】

(21) ☐ 乙2650【《合》18165】

還見於下列三、四期卜辭:

(22) 𦓝(䂞)庸才,又D(肉?),其。 粹518【《合》31012】

《甲骨文編》把它隸定爲"衩",附於"又"部之末。③《粹編考釋》認爲這個字是"裘之異文",不可信。(《自選集》編按:《懷》1138有殘辭"☐☐巛","叏"上一字尚殘存底部,似是"其"字。)

在三、四期甲骨文裏還有在"叏"上加"○"而成的一個字:

---

③ 甲骨文裏又有等字,當是字簡體(《甲骨文編》356頁)的異形。《甲骨文編》把它們跟"衩"字混在一起(125頁),是錯誤的。

(23) ☐來廼令 生(往)于☐ 合27756

這個字跟 無疑是一個字。甲骨文 或作 【編按:此例不確,應取消。陳劍指出 見《合》20333,實爲卜、 二字,注④所引文誤合爲一字】, 或作 ,[④]與此同例。于省吾先生認爲“○”是“圓”的初文,“袁”字本从“○”聲。[⑤] 其說可信。所以這個寫作 等形的字,應該分析爲从“叏”“○”聲。

在古文字裏,形聲字一般由一個意符(形)和一個音符(聲)組成。凡是形旁包含兩個以上意符,可以當作會意字來看的形聲字,其聲旁絶大多數是追加的。也就是說,這種形聲字的形旁通常是形聲字的初文。例如:“寶”字本作 (《甲骨文編》317頁),象屋中有貝、玉等寶物,後來加注“缶”聲而作 (《金文編》410—416頁。《自選集》編按:見1985年版516—522頁)。“耤”字本作 (《甲骨文編》202—203頁),象人蹠耒而耕,後來加注“昔”聲而作 (《金文編》231頁。《自選集》編按:見1985年版292頁)。如果不算那些在一般形聲字上追加形旁而成的多形形聲字,如“𥂕”(《金文編》270頁)、“𨻰”(同上240頁。《自選集》編按:見1985年版846頁)之類,這條規律幾乎可以說是毫無例外的。 ( )顯然不是追加形旁而成的多形形聲字,所以“叏”應該就是它的初文,“○”則是追加的聲旁。由此可證“彶”和“ ”是一字的異體,“彶”也應該釋作“遠”。

這裏附帶討論一下“叏”字的本義。

三、四期甲骨文裏還有一個很像是在“叏”上加“止”而成的字:

(24) ☐ 。 安明1897【《合》30085】

(25) ☐ ☐每。 合31774

西周金文“遠”字所从的“袁”作 (《金文編》83頁。《自選集》編按:見1985年版104頁),“環”字的聲旁有的也不作“睘”而作“ ”(同上21頁。《自選集》編按:見1985年版25頁)。這種“袁”字所从的 ,顯然是由上舉那個甲骨文省變而成的。西周金文“寰”字的“袁”旁作 (《金文編》427頁。《自選集》編按:見1985年版537頁),小篆“袁”字作 。這種“袁”字所从的 ( )又是由 訛變而成的。[⑥]

---

④ 看于省吾《甲骨文字釋林》366頁。

⑤ 《錄遺》序。

⑥ 戰國古印有 字(見《簠集》44上“馬帝寰”印【《璽彙》4086】。《古璽文編》收此字於附錄456頁),應釋爲“寰”,其“袁”旁上部也是由 或 變來的。這個字省去了“袁”所从的“○”,戰國古印文中的从“睘”之字也往往省去“睘”所从的“○”,彼此可以互證。

前面已經說過,按照古代形聲字構造的通例來看,“𧘲”和“ ”應該是一個字。根據同樣的理由,上舉那個甲骨文跟“袁”字也應該是一個字。“ ”和“袁”都可以用作“遠”字和“睘”字的聲旁,二者也應該是一字的異體。所以“𧘲”、“ ”、“ ”、“袁”實際上都是一個字。前二者是“袁”的表意初文,後二者是“袁”字加注聲旁的形式。

“𧘲”上加“止”無義可説, 字上部的“止”當是“又”的訛變之形。古文字中“又”、“止”二形往往相亂。例如金文“𨟻”字或作 (《金文編》216頁。《自選集》編按:見1985年版273頁),下面的“又”寫得像“止”;“復”字或作 (同上87頁。《自選集》編按:見1985年版111頁),下面的 (倒“止”)訛變爲“又”。甲骨文“毓”(育)字有一個作 的繁體(《前》2·11·3【《合》38244】),胡厚宣先生解釋它的字形説:“右旁从兩手持衣……象女人産子接生者持襁褓以待之。”⑦其説可信。在這個“毓”字所从的兩手持衣形裏,上面的那個“又”如果跟“衣”形上端斜出的那一筆結合在一起看,也很像“止”字。這是 字上端的“止”形由“又”形訛變而成的明證。也有可能寫刻這個字的殷史並没有把“又”誤認爲“止”,只不過把“衣”形右上部的那一道斜畫寫得太長了一些,客觀上造成“又”、“止”相混的後果。不過金文 字的上部則確實已經訛變爲“止”了。

在上舉“毓”字的繁體裏,兩手持衣形表示要給嬰兒穿衣服。“袁”的本義也應該是穿衣一類意思。結合字音考慮,“袁”應該是“擐”的初文。《左傳·成公二年》“擐甲執兵”,杜注:“擐,貫也。”《國語·吳語》“乃令服兵擐甲”,玄應《一切經音義》十七引賈注:“擐甲,衣甲也。”《顔氏家訓·書證》引蕭該:“擐是穿著之名。”“擐”和“袁”古音都屬元部。“擐”是匣母字,“袁”是于母(喻母三等)字。于母古歸匣母,直到《切韻》時代都還如此。“擐”字的讀音既跟“袁”字如此相近,字義又跟“袁”字表意初文所表示的意思相合,無疑就是表示“袁”字本義的後起字。

《説文·衣部》:“ ,長衣皃。从衣,叀省聲”,解説字義,分析字形,都不可信。⑧

甲骨文裏所見的幾個“袁”字,所用的都已經不是本義了。上引(20)(21)兩條刻辭裏的“𧘲”,按照這種刻辭的文例,應該是人名。(23)的“𧙗”從上下文看也應是人

---

⑦ 《殷代婚姻家族宗法生育制度考》,載《甲骨學商史論叢初集》。

⑧ 但是甲骨文又有 字(《甲》3576【《合》22274】),金文“睘”字的“袁”旁和小篆“袁”字所从的 ( ),有没有可能並非 的訛形,而是由 變來的呢?也許 的本義就是“長衣皃”, 是它的加聲旁的後起形式,跟由 (擐)字變來的 本非一字,後來這兩個字由於形、音皆近混而不分, 爲 所吞併,就跟“晨”爲“晨”所吞併一樣。這是一個没有多少根據的設想,姑誌於此以待研究。

名。(20)(21)屬第一期,(23)屬三、四期,這兩個“袁”大概不會指同一個人。不過商代往往用族氏作人名,第一期和三、四期的袁可能都是袁族人。(17)(19)的“遠”似是地名。“遠”从“袁”聲,二字可通。這兩條卜辭所說的遠也許就是袁族所居之地。上古時代,地名、族名、人名三者往往相因。這一點很多學者都已經指出來了。不過(17)(19)的“遠”是跟對貞卜辭(18)的“𦳝”爲對文的。“𦳝”即“蓐”字(即“耨”之古字,與从“艸”“辱”聲之純形聲字有别),亦即“農”字(“蓐”、“農”古音陰陽對轉,本由一字分化。《論集》編按:關於“𦳝”字,參看本集《甲骨文中所見的商代農業》)。也有可能“𦳝”指“農郊”而言(《詩·衛風·碩人》“說于農郊”,《毛傳》:“農郊,近郊。”),“遠”指“遠郊”而言。(22)“其㚅”的意義尚待研究,也許應該讀爲“其遠”。(24)(25)兩辭殘缺過甚,“㚅”字的意義也難以確定。不過從殘文或同版卜辭來看,這兩條應該是田獵卜辭,“㚅”有可能是地名,也有可能應該讀爲“遠”。

正由於“袁”字經常被用來表示本義之外的其他意義,所以後人又造了一個“擐”字來表示它的本義。這種現象在漢字發展的過程裏是極爲常見的。“擐”字的聲旁“睘”,本以“擐”的初文“袁”爲聲旁。這跟“疆”字的聲旁“畺”以“疆”的初文“畕”爲聲旁,“廩”字的聲旁“稟”以“廩”的初文“㐭”爲聲旁,是同類的現象。

下面再討論“䤣”字。

上引(5)的字,《甲骨文編》隸定爲“竝”(408頁)。其實這個字的左旁的下部明明是“土”字,甲骨文“立”字的下部從來不這樣寫。“土”上的“”應該是“”(木)旁之省。在甲骨文裏,和在用作表意偏旁時可以通用。這是大家都很熟悉的現象。其實旁不但可以寫作,而且有時還可以寫作。例如“莫”字既可以寫作,也可以寫作(《甲骨文編》24頁);“朝”字既可以寫作,也可以寫作(同上20頁)。甲骨文有字(《佚》292【《合》29092】),就是《說文》“散”字所从的“𣏟”。⑨ 金文“散”字多从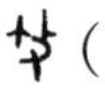(《金文編》223頁。《自選集》編按:見1985年版283頁),也是的簡寫,並非“竹”字。所以“䤣”字沒有問題應該釋作“䤣”。《甲》1519有字,《甲骨文編》隸定爲“䤣”(408頁),其實也是“䤣”字。有一條三期殘辭說:

(26) 庚午卜貞:王其田□　　合28577

⑨ 參看于省吾《殷代的交通工具和馹傳制度》,《東北人大人文科學學報》1955年2期。

“田”下一字也應釋作“犾”。(《論集》編按:《英》2302“王其田湄日亡不雨”,“田”下一字也是“犾”。此辭“亡”下似原脱一“𢦏”字。)

“犾”字屢見於西周金文,是一個从“犬”从“埶”省聲的字。“埶”是“埶”的本來寫法,後來繁化爲“蓺”,古書多寫作“藝”。“埶”、“爾”古音相近(《尚書·堯典》“歸格于藝祖”之“藝”,今文作“禰”),所以克鼎和番生簋都假借“犾”字爲“柔遠能邇”的“邇”。[⑩] 上引(1)(2)、(4)(5)兩對卜辭都以“犾”與“遠”爲對文,“犾”字用法與金文“犾”字相同,也應讀爲“邇”。“遠俚”和“犾(邇)俚”可能分别指離王都較遠和較近的俚。“王其田遠”和“其犾(邇)田”,當是占卜王應在遠處還是在近處田獵的對貞之辭。

下面附帶討論一下甲骨文裏的“埶”字以及可能跟“犾”是一字異體的“㚔”字。弄清它們的各種繁簡不同的寫法,能使我們更加相信“犾”是“犾”的簡寫。

甲骨文有“坴”字:

(27) □□[卜]穷貞: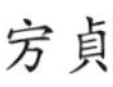□于宫□(生?)。十二月。

前6·13·2【《合》7928】

(28) □午卜古貞:□木。　鄴二下38·7【《合》5749】

羅振玉認爲此字象“兩手持木植于土上”,可能是“樹蓺”的“蓺”字(《殷虚書契待問編》6·3上)。其説可信。古文字从“収”从“丮”往往無别。金文(奉)字也可以寫作,[⑪]“對”字異體有作等形的,也有作等形的(《金文編》119—122頁。《自選集》編按:見1985年版157—158頁),都是例子。金文“埶”字作[⑫](《金文編》137頁。《自選集》編按:見1985年版178頁)等形。它們和甲骨文“坴”字的關係,跟“弆”和“𢪏”、“丵”和“𦥑”的關係是一樣的。從“坴”字在卜辭裏的用法來看,把它釋作“埶”也很合適。(28)説“坴木”,等於我們現

---

⑩ “柔遠能邇”爲周代成語,見《尚書》的《文侯之命》、《堯典》和《詩·大雅·民勞》。關於金文“犾”字假借爲“邇”的問題,參看孫詒讓《克鼎釋文》(見《籀廎述林》卷七)、王國維《克鼎考釋》(見《海寧王静安先生遺書·内編·觀堂古金文考釋五種》)、郭沫若《兩周金文辭大系考釋·大克鼎》。

⑪ “𢪏”字見召伯虎簋。此字當釋“奉”,《金文編》誤收於“對”字下。看楊樹達《小子相卣跋》(《積微居金文説》167頁)及《六年琱生簋跋》(同上269頁)。

⑫ 見盠方彝、盠尊(郭沫若《文史論集·盠器銘考釋》所附圖版16、19—22)。宋人著録的中諸器銘文“埶”字與此略同,見《歷代》卷十南宫中鼎二、三及卷十一召公尊。

在說“種樹”。《甲骨文編》不取羅氏釋“蓺”之說，把這個字隸定爲“埶”(520 頁)，是審慎過了頭。(《論集》編按：西周金文亦有“埶”字，見《集成》2437 虎鼎。)

甲骨文還有 等字：

(29) 貞：王其出(有)，[生]。

(30) □不其生。 乙 3251【《合》5908】

(31) □□ 乙 3541【《合》9554】

(32) □，不其生 乙 3534【《合》9555】

它們顯然都是“埶”字的異體。從(29)(30)(32)諸辭的文義來看，把它們釋作種埶之“埶”也是合適的。他辭或以“乎(呼)耤，生”與“不其生”對貞(《丙》233【《合》904】)，文例跟這幾條卜辭相類。

《乙》3622【《合》18730】有字，也有可能是“埶”的異體，可惜此辭已殘，無法核對辭義。

以上所引的“埶”字都見於第一期卜辭。“埶”字的這些異體說明它所从的“収”可以省作“又”，“木”可以省作“屮”。

三、四期甲骨文裏有寫作的“埶”字：

(33) 其罝(罞)，⑬于東方，𠬪(擒)。

(34) 于北方，𠬪。 屯南 2170

“埶”、“設”二字古音相近，⑭可以通用。武威漢墓所出《儀禮》簡多以“埶”爲“設”。⑮ 上引卜辭裏的“埶”字也應該讀爲“設”，是設置捕獸之網的意思。三、四期甲骨文裏還有从“罝”从“𠬪”的一個字：

(35) □王罝，𠬪。

⑬ 王國維釋甲骨文字爲“罞”(《爾雅・釋器》“麋罟謂之罞”)，《綜類》以、爲一字，皆可信。“矛”、“目”二字古音陰入對轉。“罝”所从的“目”既代表麋鹿一類野獸的頭，又兼作聲旁。

⑭ 古音“埶”屬祭部，“設”屬月部。二字之間存在着嚴格的陰入對轉的關係。“埶”可讀作“勢”。“勢”、“設”聲母相同。

⑮ 今本《儀禮》“設”字，武威簡本多作“执”。《武威漢簡》編者校語說：“执今本作設，疑是埶(即藝所從)字。”(《特牲》第 7 簡校語)今按漢隸“埶”字及“埶”旁作“执”者習見，如老子銘“埶”(勢)字、丁魴碑“蓺”字與北海相景君銘“藝”字所从的“埶”旁等(參看《隸辨》)。武威簡“执”字沒有問題就是“埶”字。

(36) 先王冒,𢀛。 屯南 778

(37) □王,𢀛。 京津 4499【《合》28821】

這應該是“埶冒”之“埶(設)”的專字。(37)此字後無“冒”字,也可以看作“埶(設)冒”二字的合文。

三、四期卜辭裏又有一個寫作等形的字。⑯ 郭沫若考釋這個字說:

> 𡕎即金文𤞷字……𤞷實𡕎之省。𡕎當从犬𡍬聲,𡍬者𢀛之異,从臼與从丮同意。是則𡕎若𤞷當是獮之古文矣。(《粹》991 片考釋)

甲骨文有時對从“臼”與从“収”不加區别。⑰ 郭沫若把“𡕎”字所从的“𡍬”釋作“埶”,認爲“𡕎”和“𤞷”是一個字,大概是可信的。第三期甲骨文有字(《京津》4885【《合》27823】),依郭說應即“埶”字,可惜辭已殘缺,文義不明。

前面舉過的幾個“𡕎”字,上部或作,所从的“坴”省作,更可證字確實是“𤞷”的簡寫。

三、四期甲骨文裏還有兩個被前人釋作“狂”的字,也有可能是“𤞷”字的異體:

(38) 王田,湄日不冓(遘)大鳳(風)□ 甲 615【《合》29236】

(39) 王田,湄日不遘大鳳,亡𢦏。 後上 14・8【《合》29234】

上引這兩條卜辭是爲同一件事占卜的同文卜辭。⑱ 這兩條卜辭裏的“王”下之字,一般都釋作“㞷”(狂),讀爲“往”,實不可信。前面說過,第一期甲骨文裏的可能是“埶”的簡寫,(38)字的左旁也很可能是“𡍬”的簡寫。所以這個字有可能也是“𤞷”字的異體。(39)跟(38)是同文卜辭,此辭“王”下一字跟字無疑是一個字。它的左旁的上部訛變成“止”形。這跟前面講過的“袁”字的情况如出一轍。《人文》2104“𡕎”字所从的“𡍬”作,下部的寫法跟這個字左旁的下部很相似。(38)(39)說“王𤞷田”,前引(2)說“其𤞷田”,“𤞷”、“𤞷”二字用法相似。看來

---

⑯ 見《甲骨文編》407 頁。上舉末一形據《合》29332 校正。“𡕎”字所从的“𡍬”尚有作者,見《合》29330“𡕎”字殘文。

⑰ 看于省吾《甲骨文字釋林》232、235、302 等頁。

⑱ 《甲》615【《合》29236】和《後》上 14・8【《合》29234】兩片卜骨上的其他卜辭,内容也彼此相同。所以可以肯定(38)、(39)是同文卜辭。

“鈇”是“𢦏”字異體的可能性是很大的。(《論集》編按:《後》上 14・8 即《合》29234,此版上與上引第 39 辭對貞的卜辭爲“癸未卜:翌日乙王其☑”。“其”下一字即从“彳”“”聲的“遠”字。此蓋以“王其遠[田]”與“王𢦏田”對貞,與第1、2 兩辭以“王其田遠”與“其𢦏田”對貞相類。)

“㚇”字在卜辭裏一般用作地名,如“田㚇”(《合》29330、29331、29335)、“弜田㚇”(《合》29335、29336、29339)、“叀㚇田”(《合》29333、29334、《屯南》2531)、“射㚇□”[19](《合》28806、28807)等辭裏的“㚇”。《合》28376 說:“☑逐麋,亡𢦔,𢀛。”頗疑“麋”上一字也是“埶”的異體,在此用爲地名,與“㚇”指同一地。至於卜辭裏的“鈇”、“鈇”等字,一般都用作“邇”的假借字,只有(26)“王其田鈇”的“鈇”似是地名。但是從(1)“王其田遠”的文例來看,這個“𢦏”字讀爲“邇”的可能性,也還是很大的。如果“㚇”確實就是“𢦏”字的話,當時人可能是有意分用“𢦏”字的繁體和簡體——“㚇”和“鈇”“鈇”,來表示不同的意義的。

1967 年初稿,1982 年 9 月據《屯南》等書的新資料改寫

《論集》編校追記:

《懷》1648【《合補》10491】有如下兩辭【編按:陳劍指出,周忠兵已將《懷》1648與《合》33231 綴合,下引第一辭“兆”字正位於《合》33231 上。見周忠兵《歷組卜辭新綴十一例》之第十一組,中國社會科學院歷史研究所先秦史研究室網站 2008 年12 月 26 日】:

丙辰□:王其令𦥑罝于東[兆]。

才(在)東兆奠罝。

後一辭“東”上一字應是“𢦏”字。前一辭“東”上一字應是“遠”字,所从之“𧘇”即“爰”“㚔”之異構。此以“于遠東兆”與“在𢦏(邇)東兆”對貞,前文(4)(5)兩辭以“于遠𠊊”與“在𢦏𠊊”對貞,文例相同。

原載《古文字研究》第十二輯(中華書局,1985),又載《古文字論集》、《裘錫圭自選集》,今據《裘錫圭自選集》收入。

---

[19] 此處所缺一字當是獸名。

甲骨文字考釋(續)

一、釋 南 方 名

甲骨文中所見的四方名和四方風名,跟《山海經》、《書・堯典》等古籍中的有關資料可以相印證。這件事經過胡厚宣先生的論證,已經爲甲骨文研究者所熟知。但是甲骨文北方和南方之名的考釋仍然存在着問題。去年(1981年),曹錦炎同志寫了《釋北方名》一文,對北方名作了新的考釋,①很值得注意。我們想談一談南方名的問題。

見於記有四方和四方風名的大骨版——《掇二》158(即《京津》520【《合》14294】)的南方名是。胡厚宣先生釋此字爲"夾",②信從者頗多。但是古籍中的南方名却是"因"。《山海經・大荒南經》:"有神名曰因因乎(胡先生謂"因乎"爲衍文),南方曰因乎(胡先生謂"乎"字爲衍文)……"。《堯典》也說:"申命羲叔,宅南交……厥民因……"。"夾"和"因"有什麽關係呢?胡先生認爲二字意義相通,③說法似嫌牽强。楊樹達懷疑《山海經》和《堯典》的"因"是"夾"的訛字。④這種任意說古書有誤的辦法,也不能真正解決問題。

甲骨文用作南方名的這個字,其實並不是"夾"字。甲骨文"夾"字作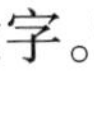,⑤不但"大"形頭部兩側並無兩道曲筆,就是兩側人形的寫法,跟這個字"大"形身體部

---

① 見《讀甲骨文札記(二則)》,中國古文字研究會第四届年會論文(《論集》編按:其中的《釋北方名》已以《釋甲骨文北方名》爲題,發表於《中華文史論叢》1982年第3輯)。

② 《甲骨文四方風名考證》,《甲骨學商史論叢初集》。又《釋殷代求年於四方和四方風的祭祀》,《復旦學報(人文科學)》1956年1期53頁。

③ 上注所引第二文54頁。

④ 《甲骨文中之四方神名與風名》,《積微居甲文説》54—55頁。

⑤ 《甲骨文編》419頁。

分兩側的筆畫也顯然是不同的。《甲骨文編》把這個字當作未識字收在附錄裏,⑥是恰當的。我們認爲這個字就是“因”字。

《甲骨文編》釋爲“因”(276頁)。在卜辭裏的用法跟《文編》收入字條下的字(見347頁)相同,二者顯然是一個字。《甲骨文字集釋》就沒有把字釋作“因”,而把它跟字都釋作“死”。等字究竟是不是“死”字,還是個問題。但是它們大概不會是“因”字。所以在已經辨釋出來的甲骨文裏實際上並沒有“因”字。

“因”字小篆作。戰國時代的陳侯因資敦等器的“因”字,寫法基本上相同。說者或謂“因”是茵褥之“茵”的象形字。⑦ 其實“因”字中間明明是一個“大”字,把它解釋爲茵褥的文理是十分牽强的。三體石經殘石“因”字古文作。⑧ 江陵望山一號楚墓竹簡“痐”字及信陽楚墓竹簡“裀”字所从的“因”,寫法都與之相似。⑨“因”字的這種寫法跟因資敦的寫法,究竟哪一種近古呢?山西發現的西周前期的䔺鼎爲我們解決了這個問題。

1975年山西長子縣收集到一件西周有銘銅鼎,器主名䔺,銘文說:

> 隹(唯)三月初吉,䔺來遘于妊氏,妊氏令䔺事:保乓(厥)家,付乓(厥)且(祖)僕二家……　　《文物》1979年9期90頁【《集成》5·2765】

從器形和銘文字體看,此鼎當是昭穆間器。報導此器的王進先同志釋銘文“付”上一字爲“因”,是很正確的。三體石經古文“因”字基本上保持着西周前期“因”字的面貌,則經過較劇烈的省變。從䔺鼎來看,“因”字實象人在衣中。甲骨文有字,⑩所取之象與“因”字相類,主要區別僅在於衣中人形不是正面的而是側面的。此字舊多釋“依”。“依”、“因”音義皆近,當是關係密切的親屬詞。(《論集》編按:此字實爲从“衣”、“匕”聲之字,在卜辭中疑當讀爲“庇”。另詳他文。【編按:參看本書所收《釋殷墟卜辭中的“卒”和“褘”》和《說殷墟卜辭的“奠”——試論商人處置服屬者的一種方法》。】)

---

⑥ 同上841頁。

⑦ 參看《金文詁林》3990頁。

⑧ 《石刻篆文編》6·17上。

⑨ 望山竹簡蒙湖北省博物館提供照片,敬致謝意。信陽簡“裀”字見《文物參考資料》1957年9期《我國考古史上的空前發現——信陽長臺關發掘一座戰國大墓》一文所附竹簡圖版221號。

⑩ 《甲骨文編》341頁。

《餘》15・3(即《續》5・26・11【《合》5651】)有字,象"大"在"衣"中,應該就是"因"字。過去把這個字所从的"大"認作"",把這個字釋作"衮",[⑪]是不對的。《後》下25・6【《合》12359】有字,疑亦"因"之省體。

用作南方名的也象"大"在"衣"中,[⑫]只不過衣形沒有西周金文和《餘》15・3的"因"字那樣完整而已。所以這個字也應該釋爲"因"。也就是說,甲骨文和古書的南方名是完全相同的。

《丙》216【《合》14295】號卜甲也記有四方和四方風名,[⑬]但南方名與南方風名互倒,跟《掇二》158南方名"因"相當的字是,疑當釋爲"尸(夷)"。"因"是影母真部字,"夷"是以母脂部字。聲母雖不同,韻母則有陰陽對轉的密切關係。《丙》216的"尸(夷)"疑是"因"的音近訛字。(《論集》編按:又疑即《說文》以爲"从反身"的"㐆"字。"㐆"爲影母微部字,與"衣"、"依"同音。从"㐆"的"殷"爲影母文部字,微、文二部陰陽對轉,"殷"應即从"㐆"得聲。"因"爲影母真部字,真文二部古音極近;"因"跟與"㐆"同音的"依"又是同源詞,所以南方名既可作"因"也可作"㐆"。)

編按:

大約在1974年前後,我參加文物出版社組織的簡帛整理工作的時候,有一天陳漢平先生到出版社當時的所在地紅樓來看我,曾談到他認爲甲骨卜辭的南方名應釋爲"因"。當時拙文提到的"繭(器主之名今多釋"𧎫")鼎"尚未發表,我因卜辭南方名的字形與一般"因"字距離較大,並未相信他的說法。陳先生在未看到此鼎"因"字之前就斷定卜辭南方名當釋"因",卓識可佩。我在寫此文時未引陳說,是很不應該的。後來他在《屠龍絶緒》(黑龍江教育出版社,1989年10月)96、219等頁都談到卜辭南方名"因"的問題,可參看。

二、說　"以"

甲骨文常見字,[⑭]有時當攜帶、帶領講,如:

---

⑪ 同上412頁。

⑫ 《論集》編按:據有些在聯大聽過唐蘭先生古文字學課的先生說,唐先生已指出這一點。

⑬ 參看注②所引第二文84頁附圖二。

⑭ 《甲骨文編》487頁。

戊寅卜㱿貞：王㞢(往)□衆黍于冏。　　前5・20・2【《合》10】

丁未卜爭貞：勿令卓□衆伐𢀛。　　粹1082【《合》26】

有時當致送講，如：

丁丑卜竹爭貞：令翊□子芮臣于盖。五月。　　前2・37・7【《合》637】

貞：追□牛。　　續1・48・7【《合》14455】

貞：勿用盧□羌。　　前6・6・4【《合》259】

"盧□羌"就是盧所致的羌。上述兩種意義，關係很密切。"致送"也可以說就是帶來或帶去的意思。有些卜辭裏的□字很難肯定究竟應該解釋爲帶領，還是應該解釋爲致送。此外□字還有一些次要的用法，由於對它們的意義瞭解得還不够清楚，這裏就不提了。

□字，孫詒讓釋"侣"(似)，讀爲"㠯"；[15]華石斧釋"氏"；[16]郭沫若曾釋作"挈"，[17]但後來放棄此說改釋爲"以"；[18]唐蘭先生釋"氏"，讀爲"眡"(視)，又讀爲"提"；[19]于省吾先生先釋爲"氐"，讀爲"致"，[20]後來改釋爲"氏"，仍讀爲"致"。[21] 目前，甲骨文研究者多數信從于先生的説法。但是我們覺得時代最早的孫詒讓的説法其實基本上是正確的，郭沫若後來把□直接釋作"以"，更是完全正確的。可惜郭先生没有申述釋□爲"以"的理由，我們想在這篇短文裏補做一下這項工作。

我們從□、□(㠯)二字的關係談起。"□"和"㠯"在甲骨文裏都是常用字，並且二者在句子裏的用法完全相同。凡是對甲骨文比較熟悉的人，都瞭解這一點。在某些種類的卜辭裏，如在自組卜辭裏，"□"、"㠯"二字都使用。在另一些種類的卜辭裏，則只使用二者之一。如賓組、出組卜辭只用"□"，歷組卜辭和所謂三、四期卜

---

⑮ 《契文舉例》下33頁。

⑯ 《文字系・象人第七》，又見王襄《簠室殷契類纂》正編56頁。

⑰ 《甲骨文字研究・釋挈》，1931年大東書局版。

⑱ 他在《由周代農事詩論到周代社會》(收入《青銅時代》)、《古代研究的自我批判》(收入《十批判書》)和《奴隸制時代》(收入《奴隸制時代》)等文裏引用"王往□衆黍于冏"這條卜辭的時候，都把□釋作"以"。1952年重印《甲骨文字研究》時已把《釋挈》篇删去。

⑲ 《天壤閣甲骨文存》第36片考釋。

⑳ 《雙劍誃殷契駢枝・釋氏》。

㉑ 《甲骨文字釋林》46頁。

辭(李學勤同志稱爲無名組卜辭)只用“㠯”。這種只使用“□”或“㠯”的卜辭,佔了已發現的卜辭的絶大部分。從上述情况可以看出來,“□”和“㠯”非常可能是同一個詞的不同書寫形式。很難想象在商代殷都的語言裏會出現這種現象,即同時存在着兩個用法相同的常用詞,而且一部分人專用其中的一個詞,另一部分人則專用其中的另一個詞。

日本學者島邦男在《殷墟卜辭研究》裏,根據“□”、“㠯”用法相同的現象,肯定了釋□爲“以”的説法。他説:

> ……□字,孫詒讓釋作“以”,解爲“用”之義(舉例下33)。徵之卜辭,則“□□□□□”(卜235),又作“□□□□□□”(粹81),“□□”(前5·20·2)又作“□□”(粹1178),可知□、□實爲一字,或爲通假字。而“□”即“㠯”,所以孫釋至確。[22]

島氏的話很有道理。他所舉的用“□”字的卜辭都是賓組卜辭,用“㠯”字的卜辭都是歷組卜辭。據李學勤同志研究,賓組卜辭和歷組卜辭有一部分是同時的。[23] 島氏所舉的《卜》235和《粹》81兩辭的全文如下:

> 己卯卜□貞:翼(翌)甲申用射□□羌自□。八月。　　明235【《合》277】
>
> 癸酉貞:射□㠯羌用自□于甲申。　　粹81(《京津》3966)【《合》32023】

我們在《論“歷組卜辭”的時代》一文裏,已經指出這兩條卜辭所占卜的是同一件事。[24] 前一辭的“□”和後一辭的“㠯”,顯然應該是同一個詞的不同寫法。賓組卜辭用“□”歷組卜辭用“㠯”,跟賓組卜辭用“㞢”(有)歷組卜辭用“又”(有),是同類的現象。[25] “㞢”和“又”代表同一個詞,“□”和“㠯”也必定是代表同一個詞的。

孫詒讓考釋□字説:“此當爲佀字。《説文·人部》:佀,象也。从人,㠯聲。此从□即㠯字,从□即人之省。古佀、㠯聲同字通,此文疑皆當讀爲㠯。《小爾雅·廣

㉒ 溫天河等譯本248頁。

㉓ 李學勤《論婦好墓的年代及有關問題》,《文物》1977年11期。又《小屯南地甲骨與甲骨分期》,《文物》1981年5期。

㉔ 《古文字研究》第六輯285頁。

㉕ 參看上注所引文270頁。

詁》云，㠯，用也。”[26]他認爲構成的就是“㠯”，完全正確，但是釋爲“佀”則不可從。應該是由簡化而成的，“”和“㠯”是繁簡體的關係，而不是通假字的關係。“佀”字从“人”“㠯”聲。則象人手提一物，與“佀”無關，應是“以”的初文。“以”字，秦始皇嶧山刻石作，漢印寫法略同。[27] 這個字顯然是由字變來的。變爲，跟“監”字所从的變爲如出一轍。所以郭沫若把釋作“以”是完全正確的。

兩周金文一般用“㠯”而不用“以”，[28]但是由變的過程大概是發生在周代的，希望以後能發現這方面的例證。《說文》收“㠯”而不收“以”，應該說是一個疏失。近人多以爲象耜形，是“耜”的初文。如果“以”和“㠯”確是一字的繁簡體的話，這種說法恐怕就難以成立了。

《春秋·僖公二十六年》：“公以楚師伐齊，取穀”，《左傳》解釋說：“凡師能左右之曰以”。這種“以”字的用法，跟甲骨卜辭裏“王往以衆黍于冏”、“𡴀㠯衆伐𢀛”等辭裏的“以”和“㠯”十分相似。象人手提一物，其本義大概是提挈、攜帶這一類意思。“以”、“㠯”的上述意義和“致送”之義，都可以看作從這一本義引申出來的意義。孫詒讓把卜辭裏的“以”訓爲“用”，就卜辭裏“以”字的主要用法來看，是不妥當的。

應該是“以”字而不是“氏”字或“氐”字，還可以從卜辭裏以爲偏旁的字得到證明。

一、二期卜辭裏的受祭對象有三司，[29]又有三㚸；[30]有𦥑司，[31]又有𦥑㚸。[32] 饒宗頤先生認爲“㚸”即見於甲骨文的“娉”字[33]之省，“三㚸”即“三司”，“𦥑㚸”即“𦥑司”。[34] 這些意見都是正確的。有一條二期卜辭說：

---

[26] 同注⑮。

[27] 《漢徵》14·18上。

[28] 有人釋从（司）的、爲“以”，是不對的。

[29] 《外》201，《六》清171【《合》26070】重。

[30] 《林》1·5·14，《珠》1055【《合》22559】重。

[31] 《續》5·6·6【《合》20029】、《佚》505【《合》21767】、《人文》3149【《合》20116】、《零拾》55【《合》14814】。

[32] 《續》2·29·2【《合》24433】+《金》694【《合》40912】（《論集》編按：拓本見《英》1972）【《合補》7042】、《前》1·30·5+2·25·6（《綴》15【《合》24951】）。

[33] 《人文》1855【《合》32975】。

[34] 《人物》825—826頁、664頁。

□□卜即[貞]：□又于鼻。　　明後2087(《南》明362)

“鼻”跟“鼻𤔲”、“鼻司”無疑是同一名稱的異寫。

“𤔲”字，余永梁釋作“辝”。[35]“台”字从“口”“㠯”聲。上古“㠯”、“台”、“䛐”(司)音近，作爲聲旁可以通用。金文“台”字往往加“𠃌”作“訇”，[36]“姒”字(亦即“始”字，上古二字不分)有“㚶”、“始”、“姛”、“𡚱”、“㚸”等寫法，[37]“辝”字也有兼从“㠯”、“司”二聲而作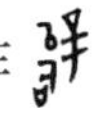的，[38]皆其明證。偏旁“㝵”變作“辛”，也是古文字裏習見的現象，金文“辝”字就是从“㝵”的。[39]所以余氏釋“𤔲”爲“辝”極爲可信。“辝”、“司”古音至近。《說文》以“辝”爲“辤”之籀文，以“𤔲”爲“辭”之籀文。“辤”、“辭”同音，本由一字分化。“𤔲”、“司”古通。由此可見“辝”、“司”二字關係之密切。把釋作“以”，便可以釋作“辝”，“鼻司”、“鼻𤔲”又可以寫作“鼻”的原因，也就完全明白了。孫詒讓曾把《鐵》100・2【《合》15665】的“新”字誤摹爲，釋爲“辝之異文”。[40]他的考釋對於字來說，倒是完全正確的。如果釋字爲“氏”爲“氐”，字的結構以及“鼻𤔲”又作“鼻”的原因，就都無法解釋了。從這一點也可以看出釋爲“以”的正確性。

《合》8282有字，跟應該是一個字。可惜卜辭殘缺得太厲害，文義已不可知。一期卜辭裏還有一個用作方國名的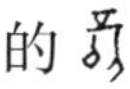字，[41]亦作，[42]《甲骨文編》收入附録(684、891頁)。這個字也應該釋爲“辝”。

用於“三司”、“鼻司”這一類名稱的“司”字，有不少古文字學者認爲應該釋作“后”。從這類“司”字跟“辝”字相通這一點來看，把它們釋作“后”恐怕是不妥當的。

---

[35] 《殷虚文字考》，《國學論叢》1卷1期。

[36] 《金文編》釋“訇”爲“佁”(449頁【見1985年版565頁】)，非是。余永梁《殷虚文字考》謂“台字古金文作，台與司通”，可信。

[37] 《金文編》627頁【見1985年版802—803頁】“始”字，632頁【見1985年版803頁】“姛”字、“鈳”字。《金文編》將“始”、“姛”、“鈳”分列爲不同的字，是不妥當的。這些字清末以來的古文字學家多釋爲“姒”，可從。班簋“文王王姒”之“姒”作“㚸”，是“姛”、“𡚱”等字當釋爲“姒”的鐵證。

[38] 《金文編》760頁【見1985年版976頁】“辝”字。

[39] 參看王國維《釋辪》，《觀堂集林》卷六。

[40] 《契文舉例》下34上。

[41] 《乙》2139【《合》248】、2910【《合》13695】、3129【《合》6826】等。

[42] 《燕》229【《合》3426】。

《論集》編校追記：

李亞農早在《鐵雲藏龜零拾考釋》(1939)中就已釋爲“以”,並已指出爲字之省(3頁)。後來他又寫了《字的補釋》,作爲《殷契雜釋》中的一篇,發表在《中國考古學報》第5册上。金祥恆有《釋㠯》一文,發表於《中國文字》第8册(1962年出版),也認爲與是一字,是之省體,(以)即之“分離訛變”。本文皆失引,是不應有的疏忽。

三、釋“弘”“强”

甲骨文中屢見一個从“口”从“弓”的字。這個字的寫法比較多樣,大體上可以分爲以下三種(參看《甲骨文編》47—49頁):

商承祚先生説:“案口或在弓内或在弓旁或在弓下,同爲一字。”[43]今從之。下文把“弜”當作這個字的隸定體。上舉前兩種寫法只見於早期卜辭,第三種寫法早晚期皆見。

“弜”在甲骨文裏基本上都用作人名,例如:

良子入五。　　乙2374【《合》938】(甲橋刻辭)

壬寅卜爭貞:山王事。

壬寅卜爭貞:弗其山王事。

癸卯卜㱿貞:乎(呼)㞢(往)于比。

癸卯卜㱿貞:乎(“口”旁缺刻横畫)㞢比于。　　丙155【《合》667】

貞:叀乎伐𢀛。　　掇二185【《合》6209】

甲申卜出貞:翼(翌)辛未子其㞢于匕(妣)辛𥏻歲其☐

珠393【《合》23717】

☐白(伯)☐　　前6·67·6【《合》3440】

□午卜□不其以☐　　合9106

---

[43] 《殷虚書契待問編》6·8上。

乙丑,寐(寢)易(錫),才(在)寏,遘且(祖)乙翼日,才八月。

續 3・31・1【《合》35673】

上舉末一辭是晚期記事之辭,其餘都是早期卜辭。末一辭的"寐"是弜的官職。宰丰骨有"寐小䭈",[44]宋人著錄的父乙鼎有"寐鬳",[45]可證。上舉《丙》155 諸辭於壬寅日卜問是否"甾王事",次日癸卯就卜問"呼往于"。由此看來,與不但應該是一個字,而且用作人名時指的也是一個人。至於早期卜辭中的和是不是一個人,就難以斷定了。

在甲骨文所見的"弜"字中,肯定不是用作人名的,似乎只有下引二例:

癸未卜爭貞:生月帝其令雷。

貞:生月帝不其令雷。　　丙 515【《合》14128】

商末周初的銅器銘文中也有"弜"字(參看《金文編》663 頁【見 1985 年版 850 頁】):

亳乍(作)父乙隮(尊)彝。

方鼎,《攈古錄金文》二之一・20【《集成》4・2316】

乍彝。　　鬲,三代 5・14【《集成》3・488】

㿽乍寶隮彝。　　卣,《敬吾心室彝器款識》下 73【《集成》10・5257】

從文例看,也都是用作族氏或人名的。

甲骨文"弜"字,一般都認爲是《說文》所無之字而未加考釋。只有于省吾先生在《甲骨文字釋林・釋雷》篇裏,把上引的"帝其弜令雷"的"弜"字釋作"弘"(11 頁)。但是于先生在同書《釋弘》篇中却從舊說釋爲"弘",根本沒有提到"弜"字(351—353 頁),不知是什麽緣故。關於金文"弜"字,馬叙倫在《讀金器刻詞》裏說:"弜字舊釋爲弘。孫詒讓謂弘不从口可疑,疑弨之省。倫謂此彊字,亦𤰈字也。"他認爲"有似于弓而實爲水之異文","口"代表"田"(90 頁)。孫詒讓以"弜"爲"弨"之省,馬叙倫釋"弜"爲"彊"爲"疇",顯然都缺乏可信的根據。但是有的清代學者和于省吾先生釋"弜"爲"弘",則是正確的。由於此說尚未爲一般學者所接受,仍有必要加以論證。

---

[44] 《佚》518 等【《合補》11299、11300】。

[45] 《歷代》1・13 上,《嘯堂》上・1 上【《集成》5・2710】。

以前大家都認爲甲骨、金文裏的是"弘"字,所以很少有人相信"弜"是"弘"字。1977年于豪亮同志發表《說"引"字》一文,根據馬王堆帛書"引"字的寫法,正確地指出甲骨、金文裏的應該釋爲"引"。㊻ 因此釋"弜"爲"弘"的障礙現在已經不存在了。孫詒讓說"弘"字不从"口",其實秦漢人寫"弘"字往往是从"口"的。例如在大約抄寫於秦漢之際的馬王堆老子甲本卷後佚書裏,"弘夭"之"弘"寫作;㊼漢印"弘"字右旁或作,㊽居延簡"弘"字右旁或作、㊾,㊿漢碑"弘"字右旁也往往作口(如孔龢碑、曹全碑等)。這種寫法應該是從甲骨、金文的"弜"字延續下來的。所以把甲骨、金文的"弜"字釋作"弘"是合理的。

應該指出,漢代人也往往把"弘"字的右旁寫作、等形。這種寫法的起源可能也是相當早的。周恭王時代的史牆盤把"弦"字所从的"弘"寫作,其右旁很容易變成、等形。至於《說文》"弘"字小篆所从的,大概又是由形變來的。《說文》所錄小篆裏有不少時代較晚的訛變之體,請參閱拙文《"畀"字補釋》。(51)

《說文・弓部》:"弘,弓聲也。从弓,厶聲。厶,古文肱字。"既知"弘"字本來並不从"厶",《說文》對"弘"字結構的分析當然就不能相信了。"弓"、"弘"音近,"弘"本來似是从"口""弓"聲的一個形聲字。如《說文》"弓聲"之訓可信,也可以分析爲"从弓从口,弓亦聲"。與"弘"通用的"宏"字,可以當聲音洪大講。《說文・宀部》:"宏,屋深響也。"《考工記・梓人》"其聲大而宏",鄭玄注:"鄭司農云:宏讀爲紘綖之紘,謂聲音大也。""弘"字本从"口",也有可能其本義就是聲音洪大。于省吾先生解釋卜辭"帝其弘令雷"說:"按弘訓大,此言帝其大令雷也。"(52)這個"弘"字也許就應該當大聲講。

下面談一下與"弘"有關的"强"字的問題。

《說文・虫部》:"，蚚也。从虫,弘聲。，籀文强从䖵从彊。"徐鍇《說文解字繫傳》說:"弘與强聲不相近,秦刻石文從口,疑從籀文省。"今所見嶧山刻石摹刻

㊻ 《考古》1977年5期。

㊼ 《馬王堆漢墓帛書〔壹〕》"老子甲本及卷後古佚書圖版"346行。

㊽ 《漢徵》12・20下。

㊾ 《甲乙編》173・30。

㊿ 同上26・9A、312・1。

(51) 北京大學中文系《語言學論叢》第6輯。

(52) 《甲骨文字釋林》11頁。

本的“强”字,確是从“虫”从“弜”的。㊸ 雲夢秦簡“强”字也从“口”。㊹ 並且不但秦代人寫“强”字从“口”,就是漢代人寫“强”字一般也是从“口”的。馬王堆甲乙本老子及卷前後佚書裏的“强”字、㊺《漢徵》所收“强”字(13・7—8 頁)以及《隸辨》所收漢碑“强”字全都从“口”。漢簡“强”字多數也从“口”。㊻《說文》“强”字的寫法顯然也是後起的(《論集》編按:銀雀山漢簡《孫臏兵法・見威王》有“有苗民存,蜀爲”語,見《銀雀山漢墓竹簡〔壹〕》圖版 26 頁 253 號簡。整理者讀“蜀”爲“獨”,釋爲“弘”,讀爲“强”,見同上書釋文、注釋部分 48 頁、49 頁注〔一四〕。這樣看來,把“强”所从的“弜”寫作“弘”可能開始得也並不晚,只不過在較早的時期還不很通行而已)。

根據“强”字本从“口”的認識,我們曾懷疑六國璽印文字裏的字(以下隸定爲“弫”),㊼應該釋爲强弱之“强”,从“力”从“弫”的字,㊽應該釋爲見於《說文・力部》的“勥”字(不過《說文》訓“勥”爲“迫”,六國文字則是把它當作强力之“强”的專字用的)。《匋齋藏印》3・2・37 上著錄“弜弩後酒(將)”印(亦見《簠集》40 上【《璽彙》0096】),把“弜弩”釋爲“强弩”顯然很合適。㊾ 後來我們又在江陵天星觀楚墓所出竹簡上看到了鬼名“弫死”,釋作“强死”也很合適。此外,李家浩同志還在古璽文字裏找到了寫作的“强”字。㊿ 看來,釋“弫”爲强弱之“强”,大概不會有多大問題。

春秋晚期的侯馬盟書所載的參盟人名中有梁,(61)亦作梁,(62)蓋以疊韻雙音詞“强梁”爲名。在古代“强梁”一詞並不一定用於貶義。《莊子・山木》“從其强梁”,《釋文》解釋“强梁”說:“多力也。”《釋名・釋宮室》:“梁,彊梁也。”“弫”字从

㊸ 會稽刻石摹刻本的“强”字也這樣寫,但此本的真僞是有問題的。羅振玉《秦金石刻辭》收有嶧山、會稽兩種刻石摹刻本的拓本。

㊹ 如《雲夢睡虎地秦墓》圖版五五第 65 簡“强”字。

㊺ 同注㊼甲本圖版 84、193 等行、乙本圖版 10 下、27 上、214 上等行。

㊻ 如《銀雀山漢墓竹簡〔壹〕》所收《孫子兵法》諸“强”字,《甲乙編》149・35 等簡“强”字。

㊼《古璽文編》302 頁。

㊽ 同上。

㊾ 參看李家浩《戰國邙布考》,《古文字研究》第三輯 162—163 頁。李文釋上引古印第一字爲“邙(代)”,可從。

㊿ 同上。

(61)《侯馬盟書》宗盟類二 35・2、200・12,宗盟類四 16・9、49・1。

(62) 同上宗盟類二 1・99。

“心”“弜”（强）聲，此字後世已不用。《侯馬盟書》的字表將“弜梁”的“弜”跟“ ”字放在一起，釋作“剛”（323 頁），似不妥。盟書納室類 67・42 又有參盟人員 （282 頁），與“弜梁”疑非一人。盟書所載被誅討者中有兟（？） ，其名尚有（1） （2） （3） （4） （5） （6） （7） （8） 等寫法。⑬ 字，《侯馬盟書》隸定爲“弜”，其實跟“弜”應該是一個字。上引（1）（2）（3）諸字从“木”“弜”聲，疑即“橿”字異體。（4）（5）（6）从“手”“弜”聲。《集韻》“弶”字異體作“摾”，不知與此是否一字。（7）从“止”“弜”聲，字書所無。（8）跟前面舉過的“𢘅”當是一字，由此可知“弜”也可以寫作“弘”。以上所舉諸字都从“弜”（强）聲，所以可以通用。

現在，應該回到“强”和“弘”的關係問題上來了。徐鍇以“弘與强聲不相近”以及秦刻石“强”字从“口”這兩點理由，否定許慎“强”从“弘”聲的說法，認爲“强”可能由籀文“疆”省變而成。徐鍇疑“弘”是“彊”之省，只是一種無根據的推測，我們可以不管。他認爲“强”本从“口”是對的，可是“弘”字本來也是从“口”的。所以這一點並不能作爲否定許說的理由。只有“弘與强聲不相近”這一點，需要認真考慮。“弘”和“强”的古音並不是差得很遠，但是畢竟聲母和韻部都不相同，把“弘”說成“强”的聲旁的確有些勉强。我們認爲在較早的古文字裏，“弘”可能既是“弘”字，又是强弱之“强”的本字；但是並不是由於“弘”、“强”音近而同用一字，而是由於這個字形恰好同時適用於“弘”、“强”這兩個詞。“弘”這個字形跟“弘”這個詞的關係，我們已經在前面談過。這裏談一下“弘”這個字形跟“强”這個詞之間可能存在的關係。

甲骨文“古”字作 ，从“口”从“毌”。⑭ 毌就是盾牌。“古”應該是堅固之“固”的初文。盾牌具有堅固的特點，所以古人在“毌”字上加區别性意符“口”（跟“吠”、“鳴”等字所从的有具體意義的“口”旁不同），造成“古”字來代表“固”這個詞。拉弓需要很强的力。按照“古”字的情況推測，很可能古代曾以 來代表强弱之“强”這個詞，跟代表“弘”這個詞的从“弓”聲的 正好同形。後來，代表“强”的 演變爲“弘”，“弘”也大都寫作“弘”，二者仍然同形。一部分春秋戰國文字在用作“强”字的“弘”的“口”旁下加兩横，把它寫作“弜”，可能就是爲了要跟“弘”字相

---

⑬ 同上字表 326 頁。

⑭ 此從唐蘭先生說，見《古文字學導論》齊魯書社 1981 年版 211—212 頁。但是“毌”、“古”韻母相距甚遠，唐先生認爲“古”从“毌”聲，恐怕是有問題的。

區别。

如果我們的猜測合乎事實,“强”的聲旁就應該是强弱之“强”的本字“弜”,而不是“弘”。此外,甲骨、金文裏用作族氏或人名的“弜”,不是“弘”字而是“强”字的可能性,似乎也不能完全排除。

《論集》編校追記:

“剛”字古文,《説文》作,《汗簡》作(見“人”部),《古文四聲韻》作(見下平聲唐韻),李家浩同志認爲即是“弜”字,蓋古文借“强”爲“剛”。二字古音相近,字義也相近,容易相混。

《古璽彙編》58 頁收“武弜𠂤㝵鉨”,從印文格式字體看似應爲齊印。武弜爲邑名,即武强,西漢時爲侯邑(《史記·高祖功臣侯者年表》有武彊侯莊不識),故城在今河北省武强縣附近。

四、再談甲骨文中重文的省略

《甲骨文中重文和合文重複偏旁的省略》一文發表後,在《屯南》等甲骨文著録書裏,又發現了一些省略重文的例子,所以草此短文以爲前文的補充。

前文説:“卜辭裏除‘王受又=’之外,似乎就不再見重文號的使用了。”從《屯南》著録的甲骨來看,這個説法是不對的。《屯南》有對“方”字使用重文號的例子:

戊辰[卜]:戍執正斆方=不坐(往)。 屯南 2651

此辭當讀爲“戍執正斆方,方不往”。前文説“王受又=”應該讀爲“王受有祐”。在《屯南》裏還可以看到“王受又=”的另一種讀法的例子:

弢(發),王受又(祐),又(有)大[雨]。

十牛,王受又=大雨。

其奉年河,,王受又大雨。

弜(勿),王受又大雨。 屯南 673

上引第二辭應該讀爲:“十牛,王受又(祐),又(有)大雨。”

上引《屯南》673 的第三、四兩辭的“又”字下没有加重文號,但是“王受又大雨”顯然仍然應該讀爲:“王受又(祐),又(有)大雨。”也就是說,這兩條卜辭都把一個“又”字當作兩個“又”字用。這就是前文所說的“不加任何記號直接將重文省去”的方法。這一類例子在《屯南》裏還可以找到一些:

癸卯貞:酒升歲于大甲辰五牢。茲用。 屯南 2953

此辭“甲”字既用作大甲之“甲”,又用作甲辰之“甲”,與前文所舉《粹》477 情况相類(《論集》編按:姚孝遂、肖丁《小屯南地甲骨考釋》43 頁也已指出這一點)。

己子(巳)卜:又伐且(祖)乙亥。 屯南 2104

此辭與前文所舉《人文》1793 同文,“乙”字既用作祖乙之“乙”,又用作乙亥之“乙”。

屯南 751

此辭當讀爲:“己亥卜:先又大甲十大牢。”“大”字兩用。《屯南》751 這塊卜骨上刻有多條卜辭,一共用了六個“牢”字。除了上引這一條,“牢”字上都沒有加“大”字。看來,甲骨文裏不加“大”的“牢”字,在當時一般也是讀作“大牢”的。與此相應,不加“小”的“𡫸”字大概一般也是讀作“小牢”的。[65]

《屯南》751 用“牢”字的卜辭裏還有如下兩辭:

屯南 751

參照同版“戊戌卜:又十牢”、“戊戌卜:又十牢伐五大乙”二辭,可知此二辭當讀爲:

己亥卜:又十牢。

己亥卜:又十牢伐五大乙。

---

[65] 參看《漢字形成問題的初步探索》,載《中國語文》1978 年 3 期。

“十牢”二字爲上下兩辭所公用。這可以算是一個比較特殊的省略重文的例子。

在其他甲骨著録書裏,也有一些爲前文所遺漏的不加任何記號就直接將重文省去的例子:

庫995(《美》20,已拼入《綴新》706)【《合》27219】

此辭當讀爲:“甲辰卜:酒黍昇(登)且(祖)乙乙子(巳)”(“祖乙”也可能應讀爲“乙祖”),“乙”字兩用。(《論集》編按:《合》32559上方一殘辭也有“且乙子(巳)”三字,配置情況與上舉《美》20即《合》27219一辭完全相同。此殘辭似當讀爲“☐且乙乙巳☐十牢”。)

己亥卜:𡆥歲于秀庚子用盧豕。 乙5384【《合》22077】

這是一條午組卜辭。這種卜辭所記的受祭者有秀庚,[66]此辭“庚”字似兼作秀庚之“庚”與庚子之“庚”用。

辛子卜貞:夢亞雀伇余勿(?)若。 前8·13·2【《合》21623】

這是一條子組卜辭。這種卜辭當卜問者是“子”的時候,用第一人稱代詞“余”、“朕”。[67] 此辭用“余”字,“辛子卜貞”無疑應該讀爲“辛子(巳)子卜貞”,“子”字兩用。前文已經舉出了子組卜辭前辭中省略“子”字重文的一些例子,可以參閲。

癸丑卜㱿貞:旬亡囚(憂)。王固曰:𡆥(有)希。五日丁子䶂㞢。

鐵247·2(《合》17076)

這是一條附有占辭和驗辭的賓組卜辭。賓組卜辭屢見“子䶂”之名,此辭的“子”字應該是兼作“丁子(巳)”之“子”和“子䶂”之“子”用的。《合》17077著録一條與此同文的卜辭:

癸丑卜㱿貞:旬亡囚。王固曰:𡆥[希。五]日丁子(巳)子䶂㞢。

---

[66] 見《乙》6690【《合》22094】、《拾》5·14【《合》22097】。後一辭分三行,左行,葉玉森釋文誤爲右行。

[67] 李學勤《帝乙時代的非王卜辭》,《考古學報》1958年1期49—50頁。

“子”字不省。在《合》7363正“㫃貞”的同文卜辭以及《合》17078正“爭貞”的同文卜辭裹，“子”字也都不省。(《論集》編按：下面再補充一些一字兩用以省略重文的例子。《合》19765：“癸丑卜：奚且乙卯。”“且乙卯”三字配置情況跟前面舉過的《美》20、《合》32559的“且乙子”全同，當讀爲“祖乙乙卯”。《合》899：“乙酉☐且乙未又伐十五，十宰。”“且乙未”三字配置情況也跟上面所説的“且乙子”“且乙卯”相同，當讀爲“祖乙乙未”。以上二辭的“祖乙”都有本讀爲“乙祖”的可能。《合》32504：“辛卯卜：又伐十五☐且乙未又☐用。”此辭内容跟上引《合》899相似，卜日辛卯是上辭卜日乙酉之後的第六天，兩辭的“乙未”當指同一天。此辭“乙”字也是兩用的，但“且乙未”三字排成一般的直行。《合》964：“甲午卜：𢀛又伐父乙未。”“父乙未”當讀爲“父乙乙未”。這三個字也是排成直行的。《合》22258：“丁亥卜：酒御匕庚寅宰。”“匕庚寅”三字配置情況跟上面所説的“且乙子”“且乙卯”等相同，當讀爲“妣庚庚寅”。《合》30028上部和中部的兩條卜辭爲“叀万乎無，又大雨”“叀戍乎無，又大雨”。兩條卜辭公用一個“雨”字。此片即《安明》1821。“叀万”一辭，《安明》釋文作“叀丂乎舞，又大□”，認爲缺一個“雨”字，非是。上舉各例中，《合》964一例，吴振武同志在來信中也曾指出過。)

前文曾説卜辭“以‘庸’爲‘庚庸’合文，與周代金文以‘夫=’爲‘大夫’合文、‘孫=’爲‘子孫’合文十分相似，只是甲骨文沒有用合文符號”。這裏所説的“合文符號”，其實也可以稱爲“部分重文號”。它代替跟加上符號的那個字的一部分相同的一個字。我們説甲骨文沒有使用部分重文號，也是不對的。這種符號在《屯南》著録的一片卜骨上也已經用上了：

叀柳，王。 屯南88

這條卜辭裹加重文號的“受”，顯然應該讀爲“受又(祐)”。“受”字的下部正好是“又”，所以就在“受”字“又”旁之下加重文號來代替“受又”的“又”。這個重文號是十分典型的部分重文號。

有時候，不加重文號的“受”也被當作“受又”兩個字用，如：

于入自日酒，王受。 屯南2483

這條卜辭裹的“王受”，顯然也應該讀爲“王受又”。《屯南》2483這塊卜骨共有五辭，辭末都有“王受又”，只有上引這一條省去“又”字(至少在《屯南》圖版上看不出有“又”字。《論集》編按:《屯南》釋文有“又”字)。[68] 把“受”當作“受又”兩個字用,跟前文所舉的把“庸”當作“庚庸”兩個字用的現象,性質完全相同。卜辭常常把伊尹記作“伊”,頗疑這種“伊”字也是當作“伊尹”二字用的。

不論是重文號還是部分重文號,其使用都應該晚於不加符號的省略方法。使用不加符號的省略方法的卜辭,有很多是第一期的,而重文號和部分重文號却還沒有在早於第三期的卜辭裏發現過。說不定重文號就是從第三期才開始使用的。

1982年5月交稿,原擬刊於《古文字研究》,後載《古文字論集》,今據以收入。

---

[68] 《屯南》915下方“射,王受”之下有沒有“又”字,在圖版上難以斷定,附誌於此(《論集》編按:《屯南》釋文有“又”字)。

說卜辭的焚巫尪與作土龍

一、焚　巫　尪

上古時代遇到嚴重旱災的時候,常常焚人祭天以求雨。據說商湯時連年大旱,湯曾準備把自己當作犧牲,焚身求雨。① 宋景公也有類似的故事。②《左傳·僖公二十一年》:

> 夏,大旱,公欲焚巫尪。

杜預注:"巫尪,女巫也,主祈禱請雨者。或以爲尪非巫也,瘠病之人,其面上向,俗謂天哀其病,恐雨入其鼻,故爲之旱,是以公欲焚之。"《禮記·檀弓下》:

> 歲旱,穆公召縣子而問然,曰:"天久不雨,吾欲暴尪而奚若?"曰:"天久不雨,而暴人之疾子,虐,毋乃不可與?""然則吾欲暴巫而奚若?"曰:"天則不雨,而望之愚婦人,於以求之,毋乃已疏乎?"

《左傳·僖公二十一年》疏據《檀弓》篇巫、尪分言,肯定了杜注的後一説。焚燒巫尪以求雨,在魯僖公的時代一定仍是一種相當普遍的現象。據上引《左傳》下文,僖公由於臧文仲的諫止沒有焚巫尪。這是特殊情況,所以《左傳》才會記載下來。《檀弓》所記的穆公是戰國前期的魯國國君,這時候焚巫尪的求雨方法已經演變爲曝曬巫尪。《春秋繁露·求雨》:"春旱求雨……暴巫聚尪八日……秋,暴巫尪至九日。"(據凌曙《春秋繁露注》本)可知漢代人還在使用這種迷信的求雨

---

① 其事見於《墨子·兼愛》、《吕氏春秋·順民》、《尸子》(汪繼培輯本《君治》篇)、《尚書大傳》(《左傳·襄公十年》正義所引)、《淮南子》(《文選》卷十五《思玄賦》李善注所引佚文及《主術》、《脩務》等篇)以及《帝王世紀》(徐宗元輯本《殷商第三》)等書。

② 見《太平御覽》卷十等所引《莊子》佚文、《列女傳》卷六"齊傷槐女"條。《新序·雜事二》錯作"齊景公"之事。

方法。

焚人求雨的古俗在甲骨卜辭裏有充分的反映。卜辭時常提到祭求雨之事，例如：

> 乙卯卜：今日，从雨。
> 于己未雨。　　戩 47 · 3【《合》34485】
> 貞：，出(有)雨。
> 勿，亡其雨。　　乙綴 308(《丙》469)【《合》12842】
> ☐于壬，雨。
> ☐于丙，雨。　　人文 2372【《合》34492】
> 其，此又(有)雨。　　安明 1836【《合》32300】

葉玉森首先指出，字象投人於火，祭是用人犧求雨之祭(《殷虚書契前編集釋》卷五,35—36 頁),其説可信,近人多從之。

卜辭裏還常見一個寫作等形的字,用法與字全同,甲骨學者多數認爲跟是一個字。《人文》3081 號【《合》19802】殘卜甲有如下三辭：

> 甲辰卜：。
> 丁未卜：雨。
> 丁未。

見於第一辭的，第三辭作，可證這兩個字確是一字的異體。《甲骨文編》把它們分爲兩個不同的字(411 頁“烄”,416 頁“炆”),是不妥當的。

從羅振玉以來,幾乎所有的甲骨學者都把字釋作“烄”。《説文 · 火部》：“烄,交木然也。从火,交聲。”字義與卜辭字並不切合。陳夢家《殷虚卜辭綜述》雖釋此字爲“烄”,但同時指出《説文》“烄”字與卜辭字“是否一字,尚不可必”(602 頁)。他的懷疑是有道理的。

我們認爲此字所从的,並非“交”字而是“黄”字的異體。《乙》3449(《丙》157。《論集》編按：即《合》9177 正)：

> 貞：丙戌好,出(有)从雨。

字所从的寫作,與某些“黄”字的寫法幾乎毫無區別(《論集》編按：《合》

31829 一殘辭有字，也應是的異體，所从人形也像“黄”字）。一期卜辭裏，[③]曾提到一種叫“黄尹丁人”的人：

貞：于乙亥入（“黄尹”合文）丁人。　　存下 229（《合》3099）

此處“丁”字可能應釋作“方”或“祊”，寫作“丁”是權宜的辦法。有的卜辭在提到這種人的時候，把“黄”字寫作：

丙戌卜爭貞：取（黄尹）丁人嬉。　　林 1・21・12（《合》3097）

丙午卜爭貞：（黄尹）丁人嬶不𡆥，才（在）丁家，㞢（有）子。　　明 387（《合》3096）

☐入（黄尹）丁人。　　合 3098

這是爲“黄”字異體的確證。可見上引《乙》3449 片把字所从的寫作，決不是偶然的。

以上幾條提到“黄尹丁人”的卜辭，《甲骨文合集》把它們都附在關於“子效”的卜辭之後，大概是把“黄尹”合文看作“效”字了。但是，《合》3099 的顯然是“黄”而不是“交”字，各辭中“尹”字所从的“又”都加於豎畫的上端，也與“攴”旁顯然有别，可見它們與“效”字毫無關係。“黄尹丁人”也簡稱爲“黄丁人”：

癸卯卜貞：今日令𠂤取黄丁人。七月。　　前 7・3・2【《合》22】

在歷組卜辭裏，黄尹改稱伊尹，所以“黄丁人”也改稱爲“伊丁人”：

☐日其取伊丁人。

□□貞：于乙亥［取］伊丁人。　　南・明 497（《明後》2442）

□□卜貞：今日其取伊丁［人］。　　寧 1・235

（《論集》編按：拓本見《合》32803 正，“卜”也有可能是“子”，即地支“巳”之殘文）

上引《合》3099 的一期卜辭説“于乙亥入黄尹丁人”，《明後》2442 的歷組卜辭説“于乙亥［取］伊丁人”，占卜的顯然是同一件事。李學勤同志在《論婦好墓的年代及有關問題》裏，曾以“歷組卜辭有些與武丁時的賓組或祖庚時的出組卜辭所卜事項相

③　我們同意董作賓《甲骨學五十年》的意見，把祖庚劃入第一期。董説見《甲骨學六十年》79 頁。

同”，作爲歷組卜辭屬於武丁晚年到祖庚時期的證據之一（《文物》1977 年 11 期 36—37 頁）。上面談到的這個例子可以給他作補充。歷組卜辭的“伊丁人”，也可以證明“尹丁人”必須釋爲“黄尹丁人”，而不能釋爲“交尹丁人”或“效丁人”。

饒宗頤《殷代貞卜人物通考》認爲《人文》443【《合》13888】的人名是“繼”的省體（115 頁）。此外，宰丰骨的④與 5 期卜辭地名“黇”⑤，應爲一字。五期卜辭地名、（《前》2・32・3【《合》37541】、2・32・4【《合》37459】）與同期地名“潢”（《文編》437 頁），似乎也是一個字。這些都是“”爲“黄”字異體的旁證。甲骨文裏過去被人認爲“交”的字（《文編》423 頁），可能多數是“黄”字。被釋作“校”的（《文編》356 頁）、釋作“医”的（《文編》500 頁），也都可能是从“黄”的。

甲骨文“黄”字有作“”的（《文編》523 頁），可知“黄”字字形的演變過程當爲：

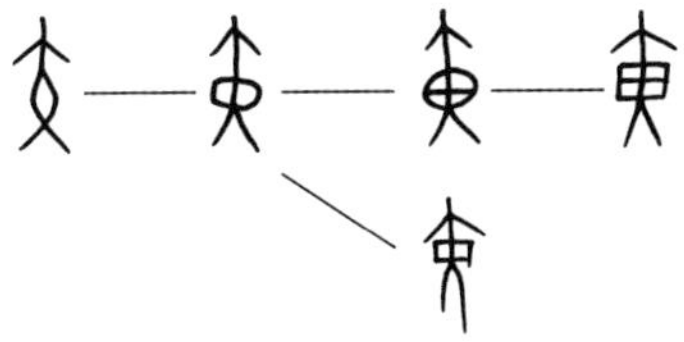

郭沫若曾認爲“黄”字象佩玉。既知“黄”本作，這個説法當然就不能成立了。唐蘭先生認爲“黄字古文象仰面向天（引者按：指“黄”字繁體上部的“”而言），腹部膨大，是《禮記・檀弓下》‘吾欲暴尪而奚若’的‘尪’字的本字”（《毛公鼎“朱韍、蔥衡、玉環、玉瑹”新解》，《光明日報》1961 年 5 月 9 日）。這是很精闢的見解。“黄”“尪”音近。《吕氏春秋・明理》高誘注：“尪，短仰者也。”同書《盡數》注：“尪，突胸印（仰）向疾也。”尪人突胸凸肚，身子顯得特別粗短，字表示的正是這種殘廢人的形象。《前》6・21・5【《合》15681】有字，當是“熯”的異體。當是“尪”的象形字的另一種寫法，特別强調尪者“突胸”的特徵。胸前的“”象捆縛他的繩索，跟甲骨文裏有些“羌”字上所加的繩索形同意。“熯”或作，是由簡化而成的。

④ 《甲骨文編》（以下簡稱“文編”）218 頁隸定爲“𩒨”。

⑤ 《文編》218 頁。《殷曆譜》據原骨照片將《庫》1672【《合》41757、《英》2563】的“黇”摹爲，又將《前》2・16・3 + 2・16・4【《合》36968】的“黇”摹作，可參考。

“蕡”字象“尪”在“火”上，應該是專用於“焚巫尪”的“焚”字異體，就象“毀”是專用於“聂(登)𠧟”的“聂”字異體，“宰”是專用於“小牢”的“牢”字異體一樣。⑥卜辭“蕡”字有作(《安明》1830【《合》30170】)、(《安明》1831【《合》30172】，《文編》411 頁)等形的。所从的就是“焚”的省體。⑦《南》明 701(《明後》2606)【《合》34495】的一片卜骨有下列各辭：

丙申卜：來丁□又(有)[雨]。

辛亥卜：。

庚戌卜：。

庚戌卜：雨壬子。

壬子卜：。

從文例看，壬子一辭的與庚戌、辛亥二辭的應該是一個字。甲骨文从“木”从“中”相通，⑧《文編》釋爲“焚”(413 頁)，可從。由此可證“蕡”字確應讀爲“焚”。一部分“蕡”字所从的，雖然可以看作的簡化，但與“文”字實已混而無别。在古文字裏，把合體表意字的一個偏旁改成形近的聲旁的現象，是相當常見的。例如“昊”(昃)字本作等形(《文編》284—285 頁)，以象人形的“大”和象太陽的“日”的相對位置，表示出日已西斜的意思，後來“大”改成形近的“夨”，變爲聲旁。又如“何”字本作(《文編》212—213 頁)，象人荷物形，後來象所荷之物的“”加“口”而成聲旁“可”(《論集》編按：有人指出“何”所从的“”即“柯”之象形初文，本來就兼有音符的作用，似可信)。“文”、“焚”都是文部合口字，“蕡”寫作“”，很可能有兼取“文”字之聲的意思。

卜辭裏又有象“羌”在“火”上的一個字：

辛亥卜貞：其兄一羌，王受又(祐)。

乙卯卜狄貞：𩰫(獻)羌，其用匕(妣)辛𢦔(?)。

貞：叀(用法與“唯”相近)。　　甲 2082【《合》26954】

---

⑥ 參看拙著《漢字形成問題的初步探索》，《中國語文》1978 年 3 期 168—169 頁。

⑦ 《文編》412 頁“焚”字下收《後》下 4·5【《合》10685】字。

⑧ 看《文編》20—25 頁从“艸”諸字，267 頁“楚”字“麓”字，276 頁“囿”字。

此字構造與“𡗥”相類，疑是專用於“焚羌”的“焚”字異體。

占卜焚人求雨之事的卜辭，常常提到舉行祭祀的地點，如：

癸丑卜：其𡗥▨

于舟𡗥，雨。

于溼𡗥，雨。

于夫𡗥，雨。

于□𡗥，雨。　　粹655【《合》30790】+安明1834【《合》30167】=安明附8

戊戌卜：𡗥，雨。

不雨。

于舟𡗥，雨。

于 𡗥，雨。　　甲637【《合》34483】

□子卜：𡗥。

于兮𡗥。

于 𡗥。

于雷(?)𡗥。　　存上1831【《合》34482】

于𩂣𡗥。　　安明1832【《合》34480】

于㒸𡗥。　　佚932【《合》30792】

于周(?)其𡗥。　　後下15·2【《合》30793】

于𣪊𡗥。　　後下15·8【《合》30794】

甲子卜□𡗥□□𣎆京，㞢(有)从雨。　　零拾13【《合》1138】

(《論集》編按：《屯南》100“甲申卜：𡗥于 ”“于兮𡗥”“于冢(?)𡗥”“于 𡗥”、2616“于 𡗥，雨”“于 𡗥，雨”應補入上舉例辭中。《屯南》100的“兮”“ ”二地名亦見於上引《存》上1831)

後面將要引到的一些卜辭，還提到 (即)京、 (即)京、凡京、企京等地。這類卜辭通常不舉出接受祭祀的對象。卜辭常言帝令雨，⑨可能焚人求雨一般都是以天帝爲對象的。

現在來討論求雨時所焚的究竟是哪些人。下面所舉的是“𡗥”(焚)字後直接

⑨ 胡厚宣《殷卜辭中的上帝和王帝(上)》，《歷史研究》1959年9期26—28頁。

跟賓語的卜辭：

貞：𦎫(焚)𡚤，㞢(有)雨。

勿𦎫妫，亡其雨。 佚1000【《合》1121】

□申卜爭貞：𦎫妫⧄

⧄叀𡚤𦎫。 簠·雜67【《合》1125】

貞：丙戌𦎫妫，㞢从雨。

貞：妫，亡其从雨。 乙3449(《丙》157)【《合》9177】

⧄叀妫𦎫，㞢雨。 乙1228【《合》1130乙】(《乙》4450【《合》1132】同文)

勿𦎫妫，亡其[雨]。 乙6319【《合》1130】

貞：□妫𦎫，㞢从雨。 前5·33·3【《合》1131】

甲申卜㱿貞：𦎫𡚤，㞢[从雨]。

貞：勿𦎫𡚤，亡[其]从[雨]。 前6·27·1【《合》1123】

勿隹(唯)𡚤[𦎫]，亡其雨。

乙1229【《合》1122】(《後》下17·4【《合》1124】同文)

己酉卜□貞：翼(翌)庚戌𦎫奻于⧄ 人文133【《合》1139】

⧄貞：翼[庚]戌[𦎫]奻于[京]，㞢从[雨]。

後下15·13【《合》18066】⑩

⧄𦎫凡于兕(?)，雨。 掇一421(《寧》1·116)【《合》32295】⑪

于癸𦎫凡。

于甲𦎫凡。

弜(勿)𦎫凡。

不雨。 鄴三下48·3【《合》32296】

于甲𦎫凡。

甲申貞：𦎫𡢃，雨。

才(在)𠂤𦎫𡢃。 安明2478【《合》32299】

戊申卜：其𦎫𡜊女，雨。

存上1886(《論集》編按：即《合》32297，《合》32298似爲同文卜辭)

其𦎫㚇，又(有)雨。

---

⑩ 《佚》936【《合》1134】："⧄貞：𦎫⧄⧄"，疑爲同文殘辭。

⑪ 《存》上109【《合》15675】："甲子卜貞：𦎫于兕(?)，㞢从雨"，似與此辭有關。

弜𤎩,亡雨。 安明 1833【《合》30169】

□□卜:其𤎩㛸,又大雨。 安明 1831【《合》30172】

戊辰卜:𤎩𡜲于,雨。

戊辰卜:𤎩𡠣東,雨。

弜𤎩。

辛未卜:𤎩矢于𡋐(凡京),壬申。

弜𤎩。

癸酉卜:𤎩𡜲于▨ 安明 2475【《合》32289】

丙戌卜:𤎩。

丙戌卜:𤎩㜏。

摭續 3(《論集》編按:即《合》32301,《合》34493 似爲同文卜辭)

甲辰卜:𤎩。

𤎩,丁未。 人文 3081【《合》19802】

戊申卜:其𤎩三。 存下 744【《合》32298】

壬辰卜:𤎩,雨。

壬辰卜:𤎩,雨。 安明 2480【《合》32290】

(《論集》編按:《合》33317"壬辰卜:其𤎩,雨"應補入此條下)

貞:𤎩䶵,㞢从雨。

貞:弓𤎩䶵。 續 5 · 14 · 2【《合》1136】(《存》下 136【《合》1137】同文)

乙亥貞:𤎩于𡆥雨。 鄴三下 45 · 13【《合》32291】

弜𤎩。 粹 654(《京津》4277)【《合》32292】

乙未[卜]:于兕(?)𤎩旅(?),雨。 粹 10【《合》32294】

(《論集》編按:《屯南》148"辛卯卜:𤎩旅,雨""辛卯卜□□日壬辰𤎩旅,雨"應補入此條下)

□戌卜:其𤎩玖。 粹 653【《合》32288】

其𤎩高,又雨。 粹 657【《合》30791】

直接跟在"𤎩"字後作賓語的,大概多數是被焚以求雨的人的名稱。如㚸、婞、奾、㛸(𠂢女)、嫡、𡜲、㜏,無疑都是女子之名。卜辭裏族名、地名難分,這些人當是才、宰、凡、𠂢、啚、𦍒、㕡(率)等族的或這些地方的女子(《論集》編按:上面引過的《屯南》100 的"蕢于汖[glyph]",當與"蕢[glyph]于汖"同意,[glyph]也應是被焚女子)。[glyph]、[glyph]、[glyph]、[glyph]似乎不是專名,但是沒有問題也都是某種女子的名稱。上引卜辭裏的凡,應該跟俷一樣,也指凡族或凡地的女子。⑫ 由此可見,其名不加"女"旁的被焚者,也不見得就不是女子(《論集》編按:《屯南》3244 有"癸未☐蕢牢雨"一辭,屬歷組。疑"牢"亦爲女子之名,與賓組蕢祭卜辭屢次提到的"婞"可能有關)。在古漢語裏,動詞和跟在它後面表示動作地點的名詞之間,並不一定要用"于"等介詞,所以上引有些卜辭裏跟在"蕢"字後面的字,也許不應該當被焚者講,而應該當舉行焚人之祭的地點講(如《安明》2475 的"蕢叟東",也許是蕢於叟地之東的意思)。不過這種卜辭即使有,也一定是很少的(《論集》編按:"叟東"無疑是指地點的。此外,直接跟在"蕢"字之後的賓語,還有可能是指接受蕢祭的對象的。《屯南》3586 有"丁未卜:蕢'[glyph]',又从雨"一辭。"蕢"下一字既可釋爲"姨",也可釋爲"母庚"合文。《屯南》釋文取後一釋法。如可信,便應是指祭祀對象的。上引《粹》657 即《合》30791"其蕢高"的"高",也可能指祭祀對象。《屯南》4304 說"高蚩雨",3157 說"奉年高",916 說"奉禾于高罘河",《合》33305 也說"奉禾于高"。《粹》657 的"高"跟那些卜辭裏的"高"可能同義。上引《安明》2480 即《合》32290 的[glyph],既可釋爲"小女",也可釋爲"小母"。如取後一種釋法,也以解釋成祭祀對象爲宜)。

關於被焚女子的身分,于省吾先生以爲是女奴,⑬姚孝遂同志認爲是女俘,⑭陳夢家認爲是女巫(《綜述》603 頁),胡厚宣先生認爲可能是女奴,也可能是女巫,而當以女巫爲多。⑮ 我們的意見與胡先生接近。㚢、婞等人的稱呼跟卜辭中所見的一般女奴不同,她們所屬的族或地方,又不是羌、尸(夷)等經常與商人敵對的種族或方國,結合古書中焚巫尪的記載來看,自然以說爲女巫比較合理。至於[glyph]、[glyph]、⑯[glyph]、[glyph]這幾種人,大概都是女奴(《論集》編按:上面已經說過,[glyph]也有可能是祭祀對象)。姚孝遂同志認爲商代巫者的地位頗高,所以不可能用作祭祀時的犧牲。這條

---

⑫ 參看于省吾《甲骨文字釋林》序 7 頁。

⑬ 同上書序 7—8 頁,又 380 頁。

⑭ 《商代的俘虜》,《古文字研究》第一輯 373 頁。

⑮ 《中國奴隸社會的人殉和人祭》,《文物》1974 年 8 期 59—60 頁。

⑯ 《人文》3081【《合》19802】:"蕢[glyph],丁未",《存》下 744【《合》32298】:"戊申卜,其蕢三[glyph]",二辭干支緊接,所卜之事可能有關,[glyph]和[glyph]有可能是一種人。

理由似乎尚有商榷餘地。在上古時代,由於宗教上或習俗上的需要,地位比較高的人也可以成爲犧牲品。商代大墓的殉葬者,有一些備有相當豐富的隨葬品,生前顯然是頗有地位的。根據傳說,商湯自己就差一點成了求雨的犧牲,何況一般的女巫呢?[17] 于省吾先生說:"甲骨文有巫妝(鄴初下 38・6【《合》5652】),又有烄字作 (甲 422【《合》22483】。引者按:亦見《京津》1682【《合》18063】),象焚巫于火上,即暴巫以乞雨。"[18]這正可以證明商代有焚巫求雨的習俗。但是于先生把"焚巫"與"暴巫"等同起來,而把"嫨妁"、"嫨婞"說成"烄燃女奴隸以乞雨",與"焚巫"區別開來,恐怕是不妥當的。

商代焚不焚尪呢?陳夢家認爲見於焚人求雨卜辭的𡵖、凡都是尪覡(《綜述》603 頁)。其實𡵖是舉行祭祀的地點,凡應即㚅,所以其說不可信。但是從"嫨"字取象於焚尪這一點,可以知道焚尪求雨是歷史非常悠久的習俗,其産生也許早於焚巫。既然春秋時代還在焚尪,商代當然不會反而不焚尪。那些沒有具體提到所焚對象的焚人求雨的卜辭,一定有一部分是占卜焚尪求雨之事的。我們曾指出,"𤼮"、"宰"一類字在漢字發展的較早階段,大概一個字就可以代表兩個詞,如"𤼮"代表"𦕰(登)鬯","宰"代表"小牢";後來才成爲"𦕰"、"牢"等字用於特定場合的異體字,如"𤼮"專用於登鬯,"宰"專用於小牢。[19] "嫨"字大概也經歷過類似的過程,就是說,"嫨"起初代表"焚尪"二詞,後來才成爲專用來指焚巫尪的"焚"字異體。卜辭裏有些沒有帶直接賓語的"嫨"字,很可能在當時仍可念做"焚黄(尪)",所以就沒有必要再在後面加上"黄"(尪)字了(《論集》編按:前面舉過的焚羌之"焚"的專字,也有可能念做"焚羌")。至於象焚尪的"嫨"字所以也可以用來指焚巫,這就跟象埋牛的"𠙵"字也可以用來指埋羊,象埋犬的"𠙵"字也可以用來指埋豕一樣,[20]是由於焚巫、焚尪這兩件事性質相近的緣故。

卜辭或言"求(黄)"、"以(黄)":

乙卯貞:叀奚令求黄(尪)。

乙丑貞:□求黄。　　　　戩 49・3(《續》5・27・7)【《合》32905】

---

[17] 參看鄭振鐸《湯禱篇》,古典文學出版社,1957。

[18] 同注[12]。

[19] 同注[6]。

[20] 關於"𠙵"、"𠙵"等字,看注[6]所引文 169 頁及有關注釋。

[庚]午貞:令步㠯(以)求黃,得。

庚午貞:令𩂣㠯才它求黃,得。

甲戌貞:令雞(?)求黃,得。

甲戌貞:令𩂣㠯才它求黃,得。 甲806【《合》32509】

己巳卜:黃不其以。 鐵187・3(《南》坊3・91)【《合》1092】

☐王□以黃。一月。

鐵272・1(《前》6・21・4,《續》6・11・2)【《合》1090】

☐王□☐以黃。 京津2421(《外》96)【《合》1091】

這些黃(尪)大概就是準備用作求雨的犧牲的。

二、作 土 龍

古代遇到旱災還往往作土龍以求雨。《山海經・大荒東經》"大荒東北隅中有山名曰凶犂土丘。應龍處南極,殺蚩尤與夸父,不得復上,故下數旱。旱而爲應龍之狀,乃得大雨",郭璞注:"今之土龍本此"。《淮南子・墬形》"土龍致雨",高誘注:"湯遭旱,作土龍以象龍,雲從龍,故致雨也。"(或謂此是許慎注)同書《說山》、《說林》也都講到土龍求雨之事。《春秋繁露・求雨》對作土龍的方法有較詳細的敘述。桓譚《新論》(《後漢書・禮儀志中》劉昭注引)、《論衡》的《亂龍》等篇都討論了土龍求雨的問題。

從甲骨卜辭看,商代已經有作土龍求雨之事。《安明》1828【《合》29990】:

叀庚熯(焚尪?),又(有)[雨]。

其乍(作)龍于凡田,又雨。

"作龍"卜辭與焚人求雨卜辭同見於一版,卜辭中並明言作龍的目的在爲凡田求雨,[21]可知所謂"龍"就是求雨的土龍。《佚》219【《合》27021】:

十人又五☐

☐龍☐田,又(有)雨。

上引第二辭很可能是占卜"作龍于某田"之辭的殘文。看來,《淮南子・墬形》注說

---

[21] 關於凡地情況,參閱《綜述》262頁、李學勤《殷代地理簡論》15—16頁。《安明》2475【《合》32289】有"凡京",已引用於"焚巫尪"節。

商湯遭旱作土龍以致雨,可能是確有根據的。(《論集》編按:《合》28422“叀鳶龍乍,又大雨”、28420“其歸鳶龍☐”、13002“乙未卜:龍亡其雨”等辭,疑亦與作土龍或其他偶龍有關。鳶古有薦音,在上引卜辭中疑當讀薦。)

原載《甲骨文與殷商史》(上海古籍出版社,1983),又載《古文字論集》,今據後者收入。

釋　　“䖵”

甲骨文裏有一個寫作等形的字(以下隸定爲“䖵”),①用法跟“求”(祟)、“囚”(憂)②等字相類,例如:

父庚弗䖵王。

父庚䖵王。　　乙綴 177【《合》2146 + 2148】

貞:南庚不䖵。

貞:南庚䖵。　　前 1·13·8【《合》1481】

貞:疒(疾)齒,隹(唯)父乙䖵。　　乙 4600【《合》13649】

隹且(祖)辛䖵王目。　　乙 6727【《合》1748】

貞:不隹帝䖵我年。

貞:隹帝䖵我年。二月。　　乙 7456【《合》10124 正】

丙午卜:隹岳䖵雨。　　屯南 2438

(《金》201【《合》41655】同文。《論集》編按:拓本見《英》2444)

甲寅卜㱿貞:王隹㞢(有)䖵。六月。　　甲 2032

(《論集》編按:《綴新》37【《合》16994】已將此片與《甲》1654 綴合,對貞之辭爲“甲寅[卜]㱿貞:王亡䖵。六月”,應補入)

壬戌卜亘貞:㞢疒齒,隹㞢䖵。　　續 5·5·4【《合》13644】

貞:王亡䖵。　　乙 2378【《合》17035】

丙午卜行貞:翼(翌)丁未祭于中丁,亡䖵。　　後上 2·10【《合》22863】

---

① 看《甲骨文編》511—512 頁“它”字條(此條所收等文實爲另一字,應剔出)。不當釋“它”,詳後文。丁山將此字隸定爲“䖵”(如《商周史料考證》55 頁所引《前》1·52·1【《合》4368】二辭釋文),今從之。

② 關於“囚”字,詳拙作《說“囚”》。(《論集》編按:“求”字實當釋爲“求”,疑當讀爲“咎”,參看《釋“求”》。)

羅振玉釋此字爲“它”，他說：

> 《說文解字》：它，虫也。上古艸居患它，故相問無它乎。或从虫作蛇。卜辭中从止(即足也)下它，或增从彳。其文皆曰亡𧊒，或曰不𧊒，殆即它字。上古相問以無它，故卜辭中凡貞祭於先祖，尚用不它、亡它之遺言，殆相沿以爲無事故之通稱矣(卜辭中亦有單稱它，則當是有故不可以祭矣)。又案：它與虫殆爲一字，後人誤析爲二，又并二字而爲蛇，尤重複無理。許書於虫部外別立它部，不免沿其誤矣。(《增訂殷虛書契考釋》中34)

羅說頗爲世人所信，但是實際上並無可靠的根據。

金文“虫”字作等形，③“它”字作等形，④二字毫不相混。甲骨文裏有一個寫作等形的字，⑤舊或釋作“蠶”，張政烺先生改釋爲“它”，十分正確。⑥ 甲骨文和金文的“它”字有一個共同特點，就是象身體的部分比較粗。金文“它”字中間的一豎是甲骨文“它”字蛇身花紋的簡化，省去中間一豎的是較晚的寫法。甲骨文的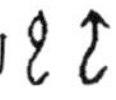變爲金文的“虫”，則變爲金文的“它”，系統分明。羅氏說“它與虫殆爲一字，後人誤析爲二”，是不可信的。⑦

我們認爲“蚩”字與“它”無關，應該是傷害之“害”的本字。要證明這一點必須從“㝬”字談起。

大徐本《說文・舛部》：

---

③ 看《金文編》681頁“虫”字及682—683頁从“虫”諸字。(《自選集》編按：見1985年版873—876頁。)

④ 看《金文編》683—685頁“它”字、571—572頁“沱”字。(《自選集》編按：見1985年版876—878、727—728頁。)

⑤ 《甲骨文編》附錄876頁。

⑥ 《釋它示——論卜辭中沒有蠶神》，《古文字研究》第一輯。

⑦ 上注所引張政烺先生文仍從羅氏釋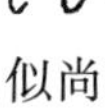爲“它”，這是我們所不同意的。張先生釋《人文》2979【《合》22159】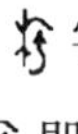字爲“柁”(64頁)，似尚有待研究。《說文・䖵部》“蠹”字或體作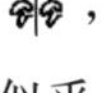，“象蟲在木中形”，疑即“螙”字。甲骨文“蚑”(攺)字从“虫”(《甲骨文編》139頁)，這似乎是“它”、“虫”本爲一字的一個證據。但是从“虫”的“蚑”字可以看作象以攴擊虫之形的表意初文，不必把它所从的“虫”看作聲旁，所以仍然不是“它”、“虫”一字的確證。而且這個字究竟是不是“蚑”字，其實也還是可以討論的。有人釋甲骨文字爲“拕”(《甲骨文編》468頁)，此說從卜辭文義絲毫也得不到支持，不足辨。

> 舝，車軸耑鍵也。兩穿相背。从舛，𥎨省聲。

在《四部叢刊》影印的《說文解字繫傳》的影宋抄本裏，這個字的篆文寫作舝（蒙張政烺先生指示，馮桂芬翻刻的宋本《說文解字均譜》篆形與此同），可以隸定爲“䡅”。《說文》玉、辵、蚰三部都有从“舝”聲的字。在上引影宋鈔本《繫傳》裏，“瑦”、“蠤”二字所从的“舝”也都寫作“䡅”（馮刻《均譜》同）。

雲夢睡虎地11號秦墓所出竹簡有“禼”字：

> 稷辰　正月二月：子，秀。丑、戌，正陽。寅、酉，危陽。卯，敫。辰、申，禼。巳、未，陰。午，徹。亥，結。（《雲夢睡虎地秦墓》圖版一一八·755。“禼”字還見於756至760及769等簡）

字亦作“㝬”：

> 正月二月：子，采。丑、戌，［正］陽（“正”字據943等簡推補）。寅、酉，危陽。卯，敫。［辰］（此字原簡漏寫，據943等簡推補）、申，㝬。巳、未，陰。午，徹。丑（“亥”字之誤），結。（同上書圖版一四七·942。“㝬”字還見於943至947及954等簡）

所謂“秀（或作“采”，即“褎”字聲旁）、正陽、危陽、敫、禼、陰、徹、結”，是早期建除家所用的術語。⑧ 雲夢簡730至742號還記有如下一套早期建除術語（同上書圖版一一六至一一七。簡上尚有其他文字，已略去。“絶紀日”三字據918號簡補）：

濡	贏	建	陷	彼（破）	平	寧	空	坐	蓋	成	甬
結日	陽日	交日	害日	陰日	達日	外陽日	外害日	外陰日	［絶紀日］	夬光日	秀日

見於前引二簡的“敫、禼（㝬）、陰、徹”，顯然相當於這一套簡的“交、害、陰、達”（“交”、“敫”音近。“徹”、“達”音義皆近）。這說明秦簡“禼”（㝬）字應讀爲“害”。

“舝”（䡅）、“轄”二字古通。《說文》以“車軸耑鍵”爲“舝”字本義（此義實非“舝”字本義，讀後文自明），古書則多用“轄”或“鎋”字。《毛詩》有《車舝》篇，《左

---

⑧ 秦簡所記關於“建除”的術語，跟漢代建除家所用的有出入，我們姑且稱之爲早期建除家所用的術語。

傳·昭公二十五年》引《詩》作“《車轄》”。“轄”从“害”聲。从“𡙇”聲的“達”字，《說文》也讀作“害”。由此看來，“𥜿”（㝵）跟“𡙇”（𡚇）應該是一字的異體。江陵天星觀1號楚墓所出竹簡有从“車”从“𥜿”的  字，⑨可見“𥜿”是較古的寫法。“㝵”當是“𥜿”的變體，“𡚇”似是揉合這兩種寫法而成的，“𡙇”是最後出的訛體。楚簡“轄”字疑即“轄”字異體。上引秦簡上的“外害日”，同出另一簡作“外遾日”。⑩ “遾”跟《說文》的“達”可能是一個字。（《論集》編按：李家浩同志指出，長沙楚帛書乙篇，即篇幅較長的一篇的第一段末一句“于其王”上一字作 ，即“𥜿”字，當讀爲傷害之“害”。此字前人皆誤釋。）

馬王堆三號墓出土的西漢前期帛書本《周易》，把《損》卦“曷之用二簋可用享”的“曷”、《大有》卦“无交害”的“害”都寫作 。⑪ 這也是“𥜿”的變體。“曷”、“害”二字古音極近。《說文》“達”“讀若害”，而“𤩽”則“讀若曷”，就是一個例證。

甲骨文“蚩”字應該就是“𥜿”的初文。容庚先生指出：“甲骨文 ，金文作 ，後漸變爲 ，爲 。”⑫“  ”演變爲“𥜿”，跟“  ”演變爲“萬”同例。甲骨文的  ⑬後來演變爲“禽”字所从的“𡆥”，情況也是類似的。甲骨文有 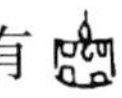 字，聞一多釋“齲”。⑭ 其說可信。這個字所从的“  ”後來也演變爲“禹”，跟“  ”字的演變如出一轍。“齲”字由从“虫”變爲从“禹”，大概還跟“齲”、“禹”二字讀音相近有關（《說文》“㾵”字从“牙”“禹”聲，或體作“齲”）。“𥜿”音“害”，“害”與“禹”古音也相近。“害”爲匣母字，“禹”爲于母（喻母三等）字。于母古歸匣母。“禹”屬魚部，“害”屬祭部，韻似相隔。但是從古文字資料看，“害”的古音跟魚部實有密切的關係。⑮ 所以“𥜿”字由从“虫”變爲从“禹”，可能也有兼取“禹”字以爲音符的用意。

《說文》以“傷”爲“害”字本義。周法高指出“害”字本象下器上蓋之形，跟

---

⑨ 此墓發掘報告見《考古學報》1982年1期。所據竹簡的照片承湖北省荊州地區博物館提供，謹致謝忱。

⑩ 《雲夢睡虎地秦墓》圖版一四五·916。

⑪ 見即將出版的《馬王堆漢墓帛書》第2輯。（《論集》編按：馬王堆《周易》釋文，已發表於《文物》1984年3期。《損》卦見2頁，《大有》卦見6頁。）

⑫ 自《金文詁林》7368頁轉引。

⑬ 看《甲骨文編》542頁“禽”字及542—543頁从“𢆉”諸字。

⑭ 見《釋齲》，收入《古典新義》。《甲骨文編》誤以釋“齔”爲聞氏之說（86頁）。

⑮ 看裘錫圭、李家浩《曾侯乙墓鐘磬銘文釋文說明》，《音樂研究》1981年1期18頁。

“會”、“蓋”等字音義皆近。⑯ 其說可信。《說文》顯然是把“害”字的假借義誤認爲本義了。“蚩”(禼)字有“害”音,其字形象人的足趾爲蟲虺之類所咬嚙,也與傷害之義相合,應該就是傷害之“害”的本字。後世習慣於以假借字“害”表示傷害之義,“禼”字就被廢棄了。

卜辭“蚩”字有動詞、名詞兩種用法,意義跟“希”(祟)字相近(《論集》編按:關於“希”字參看注②),讀爲“害”顯然十分合適。羅振玉指出“無它”是古代成語,但是用“它”爲動詞之例從未見於古籍。僅僅從這一點看,把“蚩”讀作“害”也要比釋作“它”合理。“有害”、“亡害”也是古代成語。《詩 · 邶風》中《泉水》和《二子乘舟》兩篇都有“不瑕有害”之語。《書 · 金縢》記周公卜得吉兆後“啓籥見書,乃並是吉。公曰:‘體,王其罔害。’”“罔害”顯然就是卜辭的“亡蚩(害)”。

《屯南》著錄下引對貞卜辭:

丙寅鼎(貞):岳　雨。

弗　雨。　　屯南 644

第二辭以“虫”爲“蚩”。《前》1 · 16 · 6【《合》23110】有下引殘辭:

□□卜王[貞]:□乙酉□□小乙□□亡　。

也以“虫”爲“蚩”。這類“虫”字疑是刻漏“止”形的“蚩”字,但是也有可能並非誤刻,而是以音近借用爲“蚩”的。“虫”與“虺”同音,是曉母微部字。曉、匣二母,微、祭二部,關係都很密切,可知“虫”、“蚩”(害)二字古音相近。上古時代,蛇虺之類爲害極烈。“蚩”(害)大概就是由“虫”孳生的一個詞。所以卜辭有時以“虫”爲“蚩”並不奇怪。

在甲骨卜辭裏,“亡蚩”有時也寫作“亡徣”。⑰ 商代金文也有“徣”字。⑱ 西周中期的衛鼎(乙)銘文所記的車上器物,有“㚘㔶、虎冟、希　、畫轉”等物。⑲ “希”下一字作“徫”,應是“徣”字較晚的寫法。人爲蟲虺所傷多在行路之時,“徣”字有可能如前人所說是“蚩”的繁體。不過這個字也有可能是小篆“達”字的初文,卜辭

---

⑯ 《金文詁林》6184 頁。

⑰ 看《甲骨文編》512 頁、《綜類》84—85 頁。用“徣”字者多爲五期卜辭。《文編》所收　字,用法與“蚩”字不同,與“徣”是否一字尚待研究。

⑱ 《金文編》91 頁。(《自選集》編按:見 1985 年版 117 頁。)

⑲ 《文物》1976 年 5 期 39 頁圖 16【《集成》5 · 2831】。

以其音與“蚩”同而借作“蚩”字。衛鼎(乙)“𢕊”字究竟借爲何字,尚待研究。[20]

1975年岐山縣董家村西周窖穴所出的𩪘匜的銘文,有“義(宜)便(鞭)女(汝)千,黓黫女”之語。[21] “黫”上一字的右旁與“蚩”形近,但其實並無關係。唐蘭先生把“黫”上一字隸定作“黊”,認爲“蚩”與甲骨文是一字,《說文》“蚩”字即其訛體。[22] 李學勤同志把這個字隸定作“黊”,讀爲《說文》訓“刺”的“𢼸”。[23] 李說似可信。

此文是提交給首屆國際中國古文字學研討會的論文,原載《古文字學論集》初編(香港中文大學,1983)。本文中“有害、亡害也是古代成語”以下一段,爲會議發言時所增入。《論集》在開會前編成,故所收文無此段。又載《古文字論集》、《裘錫圭自選集》,今據《裘錫圭自選集》收入。

---

⑳ “害”、“蓋”古音相近,衛鼎“𢕊”字也許應讀爲“蓋”,指車蓋。過去釋此字爲“徫”,讀爲“幃”(《文物》1976年5期28頁、57頁注④)。釋作“徫”是錯誤的,但是“韋”、“害”二字古音頗爲相近(“韋”是于母微部字),“𢕊”讀爲“幃”的可能性似不能完全排除。如果把“𢕊”讀爲車轄之“轄”,當然是很直捷的,可是從上下文看這裏似乎不應該說到轄。

㉑ 《文物》1976年5期42頁圖24【《集成》16·10285】。

㉒ 《陝西省岐山縣董家村新出西周重要銅器銘辭的釋文和注釋》,《文物》1976年5期59頁注⑮。

㉓ 《岐山董家村訓匜考釋》,《古文字研究》第一輯153頁。

卜辭"異"字和詩、書裏的"式"字

一

甲骨卜辭裏的"異"字有一種在古書裏不易看到的用法，本文想對這種"異"字的語法性質和意義作一些初步的推測。

這種"異"字常常出現在"其"字之前：①

(1) 丁丑卜狄貞：其用兹卜，異其涉兕同。
貞：不同涉。　　甲3916【《合》30439】

(2) 癸亥卜彭貞：異其又(侑?)于室。
[癸]亥卜[貞]：于賓(?)。　　京津4307【《合》30347】

(3) □□卜彭貞：異其又于☑。　　甲2557【《合》30502】

(4) 甲子卜狄貞：王異其田，亡②災。
甲子卜狄貞：王勿巳田。　　甲3915【《合》30757】

(5) 辛丑卜彭貞：翌日壬王異其田譽，湄日亡災。　　佚277【《合》29395】

(6) 丁丑卜：翌日戊王異其田，弗每，亡災，不雨。　　屯南256

(7) 辛王弜(勿)③田，其雨。
□王異其田，亡大雨。　　人文1989【《合》28717】

---

① 以下所引卜辭，釋文用寬式，例如假借爲"貞"的"鼎"直接寫作"貞"，假借爲"在"的"才"直接寫作"在"，否定詞"弓"直接寫作"勿"，虛詞"隹"直接寫作"唯"等等，不一一列舉。引銅器銘文時也用這個辦法。又：甲骨卜辭一般都是問句，句末本應用問號(《論集》編按：此說有誤，參看正文中的"《論集》編按")，我們爲求省事一律改爲句號。爲了幫助理解辭義，如所引卜辭有對貞之辭也一併列出。

② 卜辭裏當沒有講的"亡"一般讀爲"無"，其實很可能應該讀爲"罔"。

③ 關於"弜"和"勿"的關係，請看拙作《說"弜"》，載《古文字研究》第一輯。

(8) ▨異其往田,不雨。 屯南2341

(9) 壬王異▨(其省)盂田,弗[每]。

弜省,其每。 甲394【《合》29090】

(10) 其御羌方□人,羌方異其大出。

安明2113+人文2142(《安明》綴合)【《合》27973+27972】

(11) 貞:王異其疾,不。

貞:弗疾,。 乙6819【《合》4611】

(12) 庚寅卜:在韋次師人生,異其朘(?)。

唯有孽。 人文2141【《合》28064】

有時也出現在"唯"字之前:

(13) 庚申卜貞:異唯其不雨。 前6·56·7【《合》13006】

(《論集》編按:《合》1096"貞:異唯其雨"應補入此條後)

(14) 戊戌貞:(人名,也可能應釋"彗")異唯其亡畀啓。

明後2558【《合》32915】

(15) 丙子卜賓貞:父乙異唯殽王。

[貞]:父乙不異[唯]殽王。 乙7705+7706(《丙》356)【《合》2274】

(16) □□[卜]韋貞:異唯▨ 前5·38·6【《合》4410】

(17) ▨雨,帝異□(唯)降玆邑囚(憂?)。

庫134【《合》40395】(《論集》編按:拓本見《英》1141)

(18) 庚戌[卜]爭貞:不其雨,帝異▨ 續4·21·7【《合》11921】

(17)"異"字之後一字大部殘損,從剩下的一點殘劃來看,應該是"唯"字。(18)與(17)文例相類,"異"字後面原來大概也有"唯"字。

要讀通上引這些卜辭,很容易想到的一個辦法是把"異"字看成是用作謂語的一個實詞,並在"異"字讀斷。日本學者貝塚茂樹、伊藤道治就曾採取這種辦法,把上引(1)讀爲:"其用。玆卜異,其涉兕同",把(4)和(7)讀爲:"王異,其田",並說"王異"是王再一次占卜的意思。④ 不過這樣來解釋上引卜辭,文義並不順暢。尤其是對(10)、(15)、(17)、(18)等辭來說,這種解釋完全不適用。此外,把"異"字解釋爲再一次占卜,在訓詁上也是沒有根據的。

④ 《甲骨文字研究·本文篇》,同朋舍,1980,501頁。

另一位日本學者島邦男把(17)、(18)兩條卜辭裏的“異”解釋爲“降禍”。⑤ 這種解釋對於“王異其田”一類卜辭完全不適用,而且把“異”字解釋爲“降禍”,在訓詁上同樣也是沒有根據的。

總之,從過去的研究看來,把這種“異”字看成用作謂語的實詞,並在“異”字後頭讀斷的辦法是有困難的。既然如此,我們不妨换一種辦法,假設“異”字是屬下爲句的,看看這樣做是否有助於把此類卜辭讀通。上文引用的卜辭就是按照這種假設標點的。

(1)—(12)諸辭的“異”字在句子裏佔據的語法位置相同,都在主語之後(如果有主語的話),語氣副詞“其”之前。卜辭裏能够在這個語法位置上出現的詞不外以下四類:

一、表示稱說意義的動詞“曰”“告”等,例如:

丙寅卜疑貞:卜竹曰其出于丁宰…… 文錄519【《合》23805】

辛未貞:今日告其步于父丁,一牛。在祭(?)卜。 寧1·346【《合》32677】

在這類卜辭裏,“其……”在語法上是“曰”“告”的賓語,在意義上是所稱說的內容。

二、時間詞,例如:

今日癸其雨。

甲其雨。 粹761【《合》29913】

不過當句子裏另有主語的時候,時間詞通常置於主語之前。例如:

戊王其田虘,不遘小雨。 佚72【《合》29298】

己酉卜賓貞:今日王其步□見雨,亡災。一月。

續6·10·4【《合》12500】

三、否定詞“不”“弗”等。例如:

貞:不其受黍年。 前3·30·2【《合》9989】

車(人名)不其以十朋。 京津1002【《合》11442】

己亥卜王:余弗其子婦姪子。 前1·25·3【《合》21065】

貞:翌戊申毋其星(晴)。 柏12【《合》11496】

⑤ 溫天河等譯《殷墟卜辭研究》190頁。島氏在此書中還引了《鐵》35·3【《合》10165】。這條卜辭釋文裏的“異”是“莫”字殘文的誤釋,島氏《綜類》引錄這條卜辭時已改正。

當"沒有"講的"亡"也可以在這個位置上出現:

自乙至丁有大雨。

[自乙至]丁亡其大雨。 掇一395【《合》30050】

己酉卜殻貞:危(?)方其有囚。

己酉卜殻貞:危方亡其囚。五月。 乙6382【《合》8492】

四、"唯"和"允"兩個虛詞。例如:

己丑卜疑貞:唯其有囚。 續5·28·12【《合》26186】

貞:帝唯其終兹邑。 丙76【《合》14209】

貞:允其入。 乙6049【《合》8720】

貞:戠(人名)允其來。 乙6668【《合》3979】

"異"字顯然不是表示稱説意義的動詞,也不可能是時間詞。(例5、7兩辭"王"字前邊已有時間詞,後邊不應再出現時間詞。)由於"異其……"往往跟包含"不、弗、勿、弜"的否定句對貞,所以"異"也不會是否定詞。從以下列舉的種種跡象看,"異"的語法性質實在跟"唯"和"允"十分接近。

第一,"異"常常在語氣副詞"其"前邊出現,"唯"和"允"也可以在這個位置上出現。這一點上文已經説過了。

第二,"異"字有時在時間詞前邊出現,例如:

(19) 王異戊其射在穆兕,擒。

弗擒。 甲3636【《合》28400】

(20) [王]異戊其射在穆兕,擒。 京津4487【《合》28401】

"唯"字也常常出現在這個位置上,例如:

庚辰卜𠂤:唯辛巳其雨。雨小。 前4·42·5【《合》20912】

王固曰:其得,唯庚。其唯丙其齒。

前7·42·2【《合》8884】(此條爲占辭)

我們沒有見到"允"字置於時間詞前邊的例子,不過它可以出現在其它體詞之前。例如:

□申卜:王夢,允大甲降。 甲綴9【《合》19829】

(《論集》編按:此辭"允"後也許原有"唯"字,已殘去。《英》2429"癸未卜:甲申雨"一辭有驗辭"允甲——此字缺刻横畫——雨","允"正置於時間辭前)

古書裏也有這種例子：

允王維后。　《詩・周頌・時邁》

允王保之。　同上

第三，“異”字前邊可以有否定詞“不”，如上引(15)。“唯”和“允”前邊也都可以加否定詞“不”：

貞：不唯蠱。　前6・42・6【《合》17186】

癸未卜賓貞：兹雹(?)不唯降囚。　乙綴126(《丙》60)【《合》11423】

貞：不允涉。……　後下35・9【《合》8084】

貞：𠯑方不允出。　庫1616【《合》39621、《英》544】

第四，“異”字後邊可以接“唯”字，如上引(13)—(18)諸例。“允”字後邊也可以接“唯”字：

允唯𡆥⑥。　甲799【《合》34479】

貞：允唯𩱦。　存下284【《合》7195】

總之，卜辭裏的這種“異”字，應該是語法性質跟“唯”、“允”很相近的一個虛詞。⑦

---

⑥ 這是“焚尪”的專字，舊釋“烄”，不可信，詳另文(《論集》編按：即本書所收的《說卜辭的焚巫尪與作土龍》)。

⑦ 由於我們對卜辭“異”字的語法性質瞭解得很不充分，現在還無法確定其所屬的詞類。這裏說的“虛詞”所指的範圍是很寬泛的。既包括純粹的虛詞，也包括諸如係詞、助動詞之類的“準虛詞”。卜辭裏的“異”字還有其他用法，附述於下：

一、作“別異”講：

𢀛異酒。　甲657【《合》27349】

弜異酒。　屯南610

卜辭“酒”字一般用爲祭名。“異”字古書訓“分”(《說文》)，訓“別”(《禮記・樂記》“禮者爲異”鄭注：“異謂別貴賤也。”)。疑“異酒”猶言“異于酒”(比較“異常”和“異于常”)，應該解釋爲“跟酒祭分開來”。“𢀛異酒”大概是把用𢀛的儀式跟酒祭分開舉行的意思。“弜(勿)異酒”大概是不要把某種儀式跟酒祭分開舉行的意思。“異酒”可以跟“並酒”相比較：

貞：妣庚歲並酒。

貞：弜並酒。　佚878【《合》23326】

“並酒”大概是跟酒祭一起舉行的意思，正與“異酒”之義相反。

二、用作人名：

貞：異弗其[囚]凡有[疾]。　庫470【《英》314】

此辭屬武丁時代。在武丁卜辭裏，貞問某人是否“囚凡有疾”的卜辭很常見。此辭的“異”應爲人名。上引(12)的“異”，《甲骨文字研究・本文篇》認爲是人名(534頁)；(1)、(5)等條的“異”，《人物》認爲是人名，皆無據。此外，《摭續》275【《合》31000】“異鼎”的“異”是一種鼎名。不過這條卜辭裏的“異鼎”也有可能是从“鼎”“異”聲的一個形聲字(這個字見於西周前期的作册大鼎)。

這種“異”字在西周銅器銘文和典籍裏也是有反映的。西周前期的大盂鼎【《集成》5・2837】銘說：

(21) 古(故)天異臨子、灋保先王,□有四方。⑧

這個“異”字過去多讀爲輔翼之“翼”。現在看來,很可能是我們要討論的見於卜辭的“異”字。“臨子”是“臨而子之”的意思,“子”跟“臨”一樣,也是動詞。下文的“先王”是“臨子”和“灋保”共同的賓語。這個“異”字放在謂語的頭上,作用跟《尚書・大誥》“天惟喪殷”、《多方》“天惟畀矜爾”裏的“惟”字(“惟”“唯”古通)很相似。

《尚書・大誥》:

(22) 若考作室,既底法,厥子乃弗肯堂,矧肯構。厥父菑,厥子乃弗肯播,矧肯穫。厥考翼其肯曰:“予有後,弗棄基?”

“厥考翼其肯曰”的“翼”字,舊無確解。有人訓爲“敬”,有人把“考”“翼”兩個字連起來講,這些說法都十分牽强。只有楊筠如《尚書覈詁》認爲“翼”是虛詞,最爲有見。不過他把“翼”字讀爲“抑”却是靠不住的,“翼”“抑”古音相去甚遠,無由通假。“翼”从“異”得聲,二字古通。虢叔旅鐘【《集成》1・238】“嚴在上異在下”的“異”就是《詩・小雅・六月》“有嚴有翼”的“翼”。卜辭“異其”與《大誥》“翼其”當是一語的異寫。《大誥》還有一處“翼”字也應該讀爲我們所討論的虛詞“異”:

(23) 今蠢今翼日,民獻有十夫,予翼以于敉寧(文)武圖功。

“今蠢今翼日”應從于省吾先生讀爲“今春今翌日”。⑨ 這個“翼”字跟我們討論的問題無關。我們要說的是後一個“翼”字。

以前講《大誥》的人大都把“翼”字看成動詞,把“予”字看成前置的賓語,認爲“民獻有十夫予翼”就是“有民獻十夫翼予”的意思。這種分析顯然不合先秦漢語語法。其實這個“翼”字也應該讀爲“異”。“予翼以于敉寧武圖功”的“以”字後頭本來應該有賓語“民獻十夫”,現在承上文“民獻有十夫”一句省略了。《大誥》下文說“予惟以爾庶邦于伐殷逋播臣”,“以”字後頭有賓語“爾庶邦”。要是撇開“以”

---

⑧ 見《兩周金文辭大系》。以下所引銅器銘文,凡見於《大系》者,皆不再加注。

⑨ 《歲時起源初考》,《歷史研究》1961 年 4 期。

字後頭賓語出現不出現一點不論,這兩句話的基本結構是一樣的,只是一句用“翼”,一句用“惟”。比較這兩句話,不僅可以看出這個“翼”字跟卜辭的“異”相當,而且還說明“異”和“惟”的語法性質確實是十分接近的。⑩

《逸周書・世俘》是一篇可信的周初文獻。⑪ 篇中也有兩個語法性質跟“唯”很接近的“翼”字:

(24) 辛亥,薦俘殷王鼎,武王乃翼矢珪矢憲,告天宗上帝。

(25) 越五日乙卯,武王乃以庶國祀馘于周廟,翼予沖子,斷牛六,斷羊二,庶國乃竟。

(24)“乃”“翼”連文,古書中“乃”“惟”也有連用之例,如《尚書・召誥》“小民乃惟刑用于天下”。把“武王乃翼矢珪矢憲”(孔晁注: 矢,陳也)跟同篇的“王矢琰秉黃鉞執戈”對比一下,就可以看出把“翼”看作虛詞是合理的。孫詒讓《周書斠補》說《世俘》篇“前後三云沖子,似皆祝辭”。上引(25)的“翼予沖子”是其中的一次,其餘兩次都稱“維予沖子”(“維”、“惟”、“唯”古通):

武王朝至燎于周,維予沖子,綏文。

于誓社曰: 維予沖子,綏文考至于沖子。

所以《逸周書》裏的這兩個“翼”字,大概也都應該讀爲我們所討論的虛詞“異”。

二

我們現在來討論先秦古籍裏跟見於卜辭的虛詞“異”有密切關係的虛詞“式”。虛詞“式”在《詩經》裏出現得最頻繁(絶大多數見於大小雅)。丁聲樹先生《詩經“式”字說》已經把全部例子都舉出來了。⑫ 這裏摘引幾條以

---

⑩ 《大誥》中還有一個“翼”字:

爾庶邦君越庶士御事罔不反曰: 艱大,民不静。亦惟在王宫邦君室,越予小子考翼不可征,王害(曷)不違卜。

“越予小子考翼不可征”很不好懂,各家的解釋都嫌牽强,只好暫時存疑。

⑪ 看顧頡剛《〈逸周書・世俘篇〉校注、寫定與評論》(《文史》第二輯)及拙作《談談地下材料在先秦秦漢古籍整理工作中的作用》(《古籍整理出版簡報》1981 年 6 期)。

⑫ 丁文載《史語所集刊》六本四分。

示例：⑬

(26) 兄及弟矣，式相好矣，無相猶矣。 《小雅·斯干》

(27) 式夷式已，無小人殆。 《小雅·節南山》

(28) 無忝皇祖，式救爾後。 《大雅·瞻卬》

(29) 雖無好友，式燕且喜。 《小雅·車舝》

(30) 我有旨酒，嘉賓式燕以敖。 《小雅·鹿鳴》

(31) 式固爾猶，淮夷卒獲。 《魯頌·泮水》

(32) 莫肯下遺，式居婁驕。 《小雅·角弓》

(33) 式號式呼，俾晝作夜。 《大雅·蕩》

(34) 庶曰式臧，覆出爲惡。 《小雅·雨無正》

又《左傳·昭公十二年》引周穆王時祭公謀父所作祈招之詩曰：

(35) 祈招之愔愔，式昭德音。思我王度，式如玉，式如金。

下面再舉《尚書》和《逸周書》裏的例子：

(36) 無總于貨寶，生生自庸；式敷民德，永肩一心。 《盤庚下》

(37) 后式典集，庶邦丕享。 《梓材》

(38) 其曰我受天命，丕若有夏歷年，式勿替有殷歷年。 《召誥》

(39) 嗚呼！篤棐時二人，我式克至于今日休。 《君奭》

(40) 惟我周王靈承于旅，克堪用德，惟典神天。天惟式教我用休，簡畀殷命，尹爾多方。 《多方》

(41) 周公若曰：大史，司寇蘇公，式敬爾由獄，以長我王國。 《立政》⑭

---

⑬ 詩句的解釋請參閱丁文。丁先生作爲“語詞”舉出來的“式”，有極個別的也許是實詞。如《大雅·民勞》“戎雖小子，而式弘大”，語意跟《尚書·康誥》“汝惟(《尚書正讀》等讀爲“雖”)小子，乃服惟宏”極其相似，“而式”之義似當與“乃服”相近。“而”字用作第二人稱代詞，一般見於東周文獻。但也不能斷定西周後期尚無此種用法。《大雅·桑柔》“予豈不知而作”，鄭箋就釋“而”爲“女”(汝)。“而式”之“式”似應作“法式”、“規模”講。“式”、“職”古音極近，此“式”字也有可能當讀爲“職”。

⑭ 《立政》還有四個“式”字：

嚴惟丕式克用三宅三俊。其在商邑，用協于厥邑。其在四方，用丕式見德。

帝欽罰之，乃伻我有夏式商受命，奄甸萬姓。

兹式有慎，以列用中罰。

“式商”的“式”顯然不是虚詞(裴學海《古書虚字集釋》、曾運乾《尚書正讀》都讀爲“代”)。其他三個“式”字到底應該當法式講還是當虚詞講，有待研究。

(42) 維天貞文王之董用威,亦尚寬壯厥心,康受乂之,式用休。

《逸周書・祭公》

(43) 式皇敬哉。 《逸周書・成開》

又《墨子・非命》引逸書《仲虺之告》:

(44) 我聞有夏,人矯天命,布命于下。帝式是惡,用闕師。 《非命中》[15]

我聞有夏,人矯天命于下,帝式是增(憎),用爽(喪)厥師。

《非命下》

"帝式是惡(或作"憎")"的"是",是前置賓語,[16]"式"也應是虚詞。

古書裏的虚詞"式"在西周銅器銘文裏寫作"弋",例如:

(45) 㦰曰:嗚呼!朕文考甲公、文母日庚,弋休則尚(常?),安永宕乃子㦰心,安永襲㦰身…… 㦰方鼎,《文物》1976年6期58頁【《集成》5・2824】

(46) 剌祖文考弋窋(義與"休""賜"近)受(授)牆爾𪓐福……

牆盤,《文物》1978年3期14頁【《集成》16・10175】

(47) 曰:弋尚俾處厥邑,田[厥]田……曰:弋唯朕[禾是]償。

曶鼎【《集成》5・2838】

(48) 汝亦既從辭從誓,弋可。

𠑇匜,《文物》1976年5期42頁【《集成》16・10285】

(49) 以君氏令曰:余老止公僕庸土田多諫,弋伯氏從許。公宕其參,汝則宕其貳。公宕其貳,汝則宕其一。

召伯虎簋一【《集成》8・4292】

過去有人把此類"弋"字讀爲"必",這個説法無論從文字學或古音學的觀點看,都是站不住的。[17] "式"和"弋"古音相近("式"从"弋"聲)。《詩》、《書》裏的虚詞"式"和金文裏的虚詞"弋",不但在句子裏佔有相似的語法位置,而且都常常用作"勸令之詞"(詳後),二者無疑是同一詞的異寫。

---

[15] 《非命上》引此文,後一句作"帝伐之惡,龔喪厥師"。"帝伐之惡"當是"帝式是惡"的訛文。《古書虚字集釋》認爲"伐"是"代"的誤字,"代"、"式"同从"弋"聲,古通用(799頁)。《非命中》的"用闕師",據上、下兩篇引文,當是"用喪厥師"的誤文。

[16] 在春秋以前的古漢語裏,賓語"是"都是前置的,看拙作《談談古文字資料對古漢語研究的重要性》(《中國語文》1979年6期440—441頁)。

[17] 看拙作《史牆盤銘解釋》(《文物》1978年3期30頁)及《釋"柲"》(《古文字研究》第三輯。)。

“式～弋”和“異～翼”之間的關係是十分密切的。從語音上看,“式”从“弋”得聲,而“弋”和“翼”同音(據《廣韻》,“䟅”爲“翼”字古文)。從語法性質上看,“式～弋”和“異～翼”在句子裏的位置基本相同,主要都出現在謂語裏主要動詞前面,有時還出現在體詞(名詞、時間詞、人稱代詞)當頭的動詞性結構(包括賓語前置的動賓結構)之前(“異～翼”的例子見例19、20,⑱“式～弋”的例子見例44、49)。此外,“異”字常常跟否定詞對言(見例1、4、7、9、11),“式”字也常常跟否定詞對言(見例26、27、28、32、36)。從這種種現象看來,很可能“式、弋、異、翼”等不同的寫法實際上代表同一個詞。至少可以説“式～弋”和“異～翼”代表一對語法性質十分接近的親屬詞。

三

以上著重討論了“異～翼”和“式～弋”的語法性質,現在我們來研究它們的意義。

丁聲樹先生在《〈詩經〉“式”字説》(以下簡稱“丁文”)裏,指出《詩經》“式”字常常與“無”(毋)對言,由此推斷“式”是“勸令之詞”(487 頁)。這是很重要的發現。

丁文已經説明《詩經》裏的虚詞“式”大部分可以理解爲勸令之詞。⑲ 我們舉出的銅器銘文裏的“弋”和《尚書》等古籍裏的“式”,也有很多可以理解爲勸令之詞。如(45)、(46)是作器者請求先祖保佑之辭,(47)是作器者對打敗官司的對方提出的要求,(48)是主持訴訟的大臣對敗訴者的判辭,(49)是君氏對伯氏的要求,⑳這幾段銘文裏的“弋”都可以理解爲勸令之詞(但例48“弋可”之“可”的確切含義尚待研究)。(36)是盤庚告誡群臣之語,“式”與“無”對言,跟丁文所舉《詩經》中“式”字用作勸令之詞的典型句式相合。(41)是周公命司寇蘇公之語,“式”的勸令

⑱ 上引(25)的“翼予沖子”,跟同篇的“惟予沖子”一樣,乃是祝辭,情況比較特殊,語法結構有待研究。也有可能這是祝辭的省文,“沖子”後原有謂語,爲《世俘》編寫者所省去。

⑲ 丁文未引“祈招之詩”(即本文第35例)。此詩三“式”字也都可以當勸令之詞講。《左傳·昭公十二年·正義》解釋此詩説:“祭公諫王游行,設言以戒司馬也。言……女(汝)當用此職掌以明我王之德音也。思使我王之德度,用如玉然,用如金然,使之堅而且重,可寶愛也。”《正義》雖然誤訓“式”爲“用”,但是對“式昭德音”句的語氣是理解得正確的。“式如玉,式如金”是對王的要求,用的是對王説話的口氣,“式”也是勸令之詞。

⑳ 參看林澐《琱生簋新釋》,《古文字研究》第三輯。

語氣也很明顯。(37)、(38)的“式”字如果當作勸令之詞理解,也都說得過去。(43)的“式”字,丁文也認爲勸令之詞(492 頁)。

不過“式”表示勸令意義的說法並不能解釋全部有關資料。

前面已經指出,虛詞“異~翼”和“式~弋”很可能是同一詞的異寫。然而卜辭和大盂鼎的“異”以及古書裏的“翼”,却都顯然不能當勸令之詞講。

撇開“異~翼”,就“式”字本身來看,問題仍然存在。丁先生自己也承認,《詩經》“式”字“亦有用近語詞,不類勸令者”,而且數量並不是很少。前面所引的(32)、(33)、(34),就是丁文已經指出的例外(參看丁文 492—493 頁)。上文所舉《尚書》等古籍裏的“式”,也有一些不能解釋爲勸令之詞。例如(39)、(40)、(42)、(44)等例說的是過去的事,其中的“式”字都沒有勸令的意思。所以對“式~弋”和“異~翼”的意義,我們還需要作進一步的考察。

丁先生在研究《詩經》“式”字的意義的時候,是根據與“式”字對舉的“無”字的意義來推斷“式”字的意義的。由於“無”(毋)是禁止之詞,所以反過來可以推斷“式”是勸令之詞。在虛詞意義的研究上,這種方法是很有用的。我們現在要對“式~弋”和“異~翼”的意義作進一步研究,還得繼續採用這種方法。

上文討論卜辭“異”字的時候,曾指出此類“異”字跟“唯”字的語法作用十分接近。不過“異”和“唯”既然不是同一個詞,當然總是有區別的。我們看到的區別之一是跟它們相對應的否定詞不同。“唯”字經常跟“非”或“匪”對言。例如:

> 庚辰貞:日有戠,非囚(憂?),唯若。 粹 55【《合》33698】
> 非眚,乃惟終。 《尚書・康誥》
> 非終,乃惟眚災。 同上
> 班非敢覓(?),惟作昭考爽(?),益(謚)曰大政。
> 班簋【《集成》8・4341】(周穆王時銅器)
> 匪舌是出,維躬是瘁。 《詩・小雅・雨無正》
> 匪大猶是經,維邇言是聽,維邇言是爭。 《詩・小雅・小旻》

“異”和“式”都沒有跟“非”、“匪”對言的例子。卜辭“異”字只跟“不”、“弗”、“勿~弜”對言,從來不跟“非”對言。[21]《詩經》“式”字只跟“無”(毋)對言,從來不跟“非”、“匪”對言。

---

[21] 卜辭有“非”字,看于省吾《甲骨文字釋林・釋非兆》。

我們知道,卜辭常用的否定詞有兩類,"不"、"弗"是對於事實或可能性的否定,"勿～弜"、"毋"是對於意願的否定。專就表示的意義來說,前一類在否定可能性的時候,相當於現在說"不會",後一類相當於現在說"不要"。舉例來說,殷人經常卜問年成的好壞。這類卜辭有時說"不受年",有時說"弗受年",但是從來不說"勿受年"、"弜受年"。因爲卜問的是會不會有好年成,不是要不要好年成。同樣,在卜問田獵或戰爭中會不會有捕獲的時候,也總是說"不獲"或"弗獲",不說"勿獲"、"弜獲"。反之,在卜問要不要做某件事的時候,就只用"勿～弜"、"毋",不用"不"、"弗"。例如卜辭常說"勿狩(卜辭寫作"獸")"、"弜狩",不說"不狩"、"弗狩"。常說"弜侑(祭名,卜辭寫作"又")"、"毋侑",不說"不侑"、"弗侑"。[22] 卜辭的"異"字既有跟"不、弗"對言的例子,如上引(1)、(11);又有跟"勿～弜"對言的例子,如上引(4)、(7)、(9)。可見"異"字兼有表示可能和意願兩方面的意思。按照這種解釋,上引(1)"異其涉兕同"可以譯爲:"將會一同涉兕嗎?"(4)"王異其田,亡災"可以譯爲:"王將要田獵,不會有災禍吧?"(10)"羌方異其大出"可以譯爲:"羌方會大出嗎?"(15)"父乙異唯殻王"可以譯爲:"父乙會殻王嗎?"[23](19)"王異戊其射在穆兕,擒"可以譯爲:"王將要在戊那天去射穆地的兕,能擒獲吧?"其他各條卜辭的意義可以類推。(《論集》編按:把卜辭的命辭都看作問句,是缺乏根據的。尤其是上引第10辭,從全辭文義看顯然不可能是問句。所以這裏的幾條卜辭譯文中的句末語氣詞都應該删去,問號應改爲句號。參看本書所收《關於殷墟卜辭的命辭是否問句的考察》。)上引《大誥》的"翼其肯曰"可以譯爲"難道會肯說"("難道"表示反詰語氣),"予翼以于敉寧武圖功"的"翼"可以譯爲"將要"。

我們在上文提到,"式、弋、異、翼"等不同的寫法很可能代表同一個詞。如果這個推測是對的,那末"式～弋"在用作勸令之詞之外,應該跟"異～翼"一樣,也可以用來表示可能或意願。丁文說《詩經》"式"字"亦有用近語詞,不類勸令者",我們覺得古書裏的虚詞"式",有一些正是表示可能或意願的。例如上引(34)"庶曰式臧,覆出爲惡"的"式",就應該當"會"或"將要"講。《詩集傳》串講這兩句詩時說:"庶幾曰王改而爲善,乃覆出爲惡而不悛也",朱熹似乎也是這樣理解的。再舉

---

[22] 看注③所引文。

[23] 這一例裏"異"和"唯"跟謂語的關係應該是平行的。"唯"表示强調父乙會加於王的是"殻"這件事的語氣。如果要把這種語氣表示出來,應該在譯文的"會"字前面加上"確實"一類詞。

一個《尚書》的例子：

(50) 予將試以汝遷。　　《盤庚中》

此句篇中兩見。盤庚遷都的決心非常堅決，這個"試"字顯然不能當嘗試講。《僞孔傳》把"試"字訓爲"用"，跟文義也不切合。這個"試"字應該是"式"的假借字（也可以說是"式"字之訛），在這裏應該當"將要"講，用法跟《大誥》"予翼以于敉文武圖功"的"翼"字十分相似。

反過來說，"異"字也應該可以表示勸令。我們找不到這樣的例證是因爲卜辭裏少有勸令語氣的句子。這是由卜辭的性質決定的。

綜上所述，"異～翼"、"式～弋"可以表示可能、意願、勸令等意義。這些看起來不同的意義實際上是相通的。英語的 will 本來是純粹表示意願的，後來逐漸引申來表示動作將要發生，不過仍舊帶着表意願的色彩，最後才變成純粹表示將來時的助動詞。可是 will 用在第二人稱 you 的後頭時，却不表示意願而表示命令，也就是丁文所謂的"勸令"。[24] 現代漢語的助動詞"要"情形也類似。它可以表示意願（要喝水），可以表示將要發生的事（要下雨了），也可以表示勸令（你要小心）。同樣，凡是"式"字表示勸令的句子，主語（不論是實際出現的或是省略了的）都指聽話的人（有時是假設的人或鬼神）。[25]

根據以上所論，我們可以把"異～翼"、"式～弋"跟"唯"字以及跟"不、弗、勿、無"等否定詞的關係列爲下表：

<table>
<tr><td></td><td>判　斷</td><td colspan="2">可　能　或　意　願</td></tr>
<tr><td rowspan="2">肯　定</td><td rowspan="2">唯～惟</td><td colspan="2">可能（會）/將要（要）/勸令（要）</td></tr>
<tr><td>異～翼</td><td>式～弋</td></tr>
<tr><td rowspan="2">否　定</td><td rowspan="2">非　　匪</td><td>不可能（不會）</td><td>禁止（别、不要）</td></tr>
<tr><td>不　　弗</td><td>勿～弜　無</td></tr>
</table>

上文曾經指出，有些用"式"字的句子説的是已經發生的事。"異～翼"也有這樣的用例，如上引(21)和(24)。這些"式～弋"和"異～翼"不能理解爲勸令之詞，

[24] 看 Otto Jespersen, *Essentials of English Grammar*, p. 272－273。

[25] 在丁文舉出的"式"用作勸令之詞的詩句裏，有少數例子，其主語究竟指聽話的人還是指第三者，可以有不同的理解，因此對"式"字也可以作不同的解釋。例如《小雅・南有嘉魚》說："君子有酒，嘉賓式燕以樂。"如果認爲這話是對嘉賓講的，"式"便應該是勸令之詞。如果認爲嘉賓是被講到的對象，"式"便應該是"將會"的意思。

也不能理解爲表示可能或意願的詞。關於這一類用例,我們現在還找不到合理的解釋。裴學海《古書虛字集釋》把上引(33)"式號式呼,俾晝作夜"、(32)"莫肯下遺,式居婁驕"和《小雅·節南山》"亂靡有定,式月(俞樾讀爲"抈")斯生"等句裏的"式"字訓爲"乃"(800頁)。上引(21)"故天異臨子"、(39)"我式克至于今日休"、(40)"天惟式教我用休"、(42)"式用休"、(44)"帝式是惡"等句裏的"異"和"式",似乎也可以這樣解釋。㉖(參看後記)

此外,在丁文所舉《詩經》中不能用勸令之詞來解釋的"式"字用例裏,有一些我們現在也解釋不了,例如"式微式微,胡不歸"(《邶風·式微》)、"維此良人,作爲式穀"(《大雅·桑柔》)等等。

在以上的討論裏,我們一直假定"異~翼"和"式~弋"是同一個詞的異寫。事實上它們的語法性質多少有些區別。最明顯的是卜辭"異"字常常在虛詞"其"前頭出現,《大誥》也有"翼其"之語,但是"式~弋"沒有這樣的用例;"異"字可以受否定詞"不"限制,"式~弋"也沒有這樣的用例。這些現象該如何解釋,需要進一步研究。由於"異~翼"主要出現在商代和商周之際的語言資料裏,"式~弋"則出現在周代的語言資料裏。㉗(《盤庚》有"式"字,但是現代學者公認《盤庚》是經過周代人改寫的。)這樣看來,"異~翼"和"式~弋"也有可能是同一個詞在兩個不同歷史階段的體現。

四

上文例(4)包含一對正反對貞的卜辭。反面卜辭裏跟正面卜辭的"王異其田"

㉖ 西周金文裏除(21)大盂鼎"故天異臨子"的"異"字外,還有一個可能跟它同義的"異"字。西周中期的乖伯簋銘【《集成》8·4331】說:

乃祖克桒(弼?)先王,異自它(他)邦有芇于大命。

舊時多讀"異"爲"翼",以"異自他邦"爲一小句。其實也未嘗不可以把"異"訓爲"乃"(西周金文多用"廼"字),把"異自他邦有芇于大命"作爲一句讀。由於"有芇"之義不明,究竟應該如何解釋還有待研究。此外,《詩經》裏還有一些意義可能跟"乃"相近的"式"字。例如《周頌·時邁》說:"明昭有周,式序在位。載戢干戈,載櫜弓矢……"。"序在位"疑指周定天下後封建諸侯、任用賢能之事,"式"似可訓"乃"。《大雅·蕩》"流言以對,寇攘式內",鄭箋釋"寇攘"爲"寇盜攘竊爲姦宄者"。疑"內"用爲動詞,猶言"納",這兩句詩的意思就是"對以流言,乃納寇攘",由於要取韻才將賓語提前。

㉗ 虛詞"式"主要出現在西周時代的資料裏。使用虛詞"式"的東周作品,只有《邶風·式微》、《魯頌·泮水》、《逸周書·皇門》,爲數極少。

相對應的文字是"王勿巳田"。我們打算在這裏附帶討論一下"勿巳"之"巳"的意義。甲骨文中否定詞"勿"也寫作"弜",包含"弜巳"的卜辭是很常見的,例如:

(51) 癸卯卜狄貞:其兄(祝)。
癸卯卜狄貞:弜巳兄。 甲3915【《合》30757】

(52) 其戠日。
弜巳戠日。 前4・4・4【《合》38115】

(53) 其用。
弜巳用。 屯南2219

(54) 其桒,王受祐。
弜巳桒于之,若。 粹335【《合》27370】

(55) 其告䜣祖辛,王受祐。
弜巳告祖辛。 屯南656

(56) 其御受☐
弜巳御。 佚908【《合》30759】

(57) 弜巳兄(祝)。
兄一牛。 粹546【《合》30758】

(58) 丁巳卜:王☐
弜巳𩱲戍受人,亡𢦏。
王其𩱲戍受人叀(義近於"唯")㐭土人,有𢦏。
綴180(《論集》編按:即《合》26898)

甲骨學者往往把卜辭的"巳"字讀爲"祀",但是上面這些卜辭裏的"巳"字却不能讀爲"祀"。在正反對貞的卜辭裏,如果反面卜辭說"弜祀",正面卜辭就應該說"祀"。但是在上引對貞卜辭裏,"巳"字却只見於反面卜辭裏的否定詞之後,從來不在正面卜辭裏出現。看來這種"巳"字應該是一個意義比較虛的詞。

《詩・唐風・蟋蟀》首章至三章都有"無已大康"的話:

無已大康,職思其居。(首章)
無已大康,職思其外。(次章)
無已大康,職思其憂。(三章)

丁聲樹先生認爲詩中"職"字與"式"通(丁文491頁),合於詩義。上引卜辭例(4)以"異"與"勿巳"對言,《蟋蟀》以"職"與"無(毋)已"對言。"巳"和"已"古本一字，卜辭“勿巳”、“弜巳”的“巳”和《蝃蝀》“無巳”的“巳”可能是同一個詞。

《蝃蝀》毛傳訓“巳”爲“甚”是靠不住的。“巳”和“異”古音極近。它們之間的關係跟卜辭常見的虛詞“惠”(原作“叀”)和“唯”的關係很相似。“惠”和“唯”音義都很接近。但是“唯”常常在“勿～弜”後面出現，“惠”却從來不在“勿～弜”後面出現。在武丁時代甲骨文裏屢見正面卜辭用“惠”、反面卜辭用“勿唯”的例子。㉘這跟“勿～弜”後面總是用“巳”不用“異”的情形是平行的。㉙ 所以“巳”應該是意義跟“異”很接近的一個虛詞。“惠、唯”、“異、巳”這種音義都極爲接近的成對虛詞的存在，其原因究竟是什麼？這是需要另作研究的問題。

有些反面卜辭除“勿巳”或“弜巳”外別無他語，例如：

(59) 貞：勿巳。　　甲2695【《合》26899】(《甲》2896有同樣卜辭)

(60) 王其田，其告妣辛，王受祐。

弜巳。　　存下769【《合》27558】

(61) 其桒于囗，其兄(祝)。

弜巳。　　粹330【《合》32654】

在卜辭裏，前頭加否定詞的“其”、“唯”等虛詞後面，有時也沒有別的詞語，例如：

貞：邑來告。

貞：邑不其。　　鐵256.2【《合》4467】

貞：彶弗其。

彶得。　　前1・52・1【《合》4368】

貞：不唯。　　前3・24・7【《合》18871】

貞：惠眴令。

勿唯。　　前6・33・1【《合》4677】

弜唯。　　存下850【《合》27932】

(《論集》編按:《合》26808、26809皆有“貞:非唯”之辭，可補此條下)

所以“勿巳”、“弜巳”之後沒有別的詞語的現象，並不能說明“巳”是實詞而不是虛詞。

前面已經引用的、包含“勿巳”“弜巳”之語的卜辭，其時代沒有早過第三期(廩

㉘ 參看管燮初《甲骨金文中“唯”字用法的分析》，《中國語文》1962年6期247頁。

㉙ 卜辭“弜異酒”的“異”不是虛詞，詳注⑦。

辛、康丁)的。在第一期(武丁)卜辭裏,也有出現在“勿”字之後的“巳”字。但是就句子較完整的例子來看,“巳”却不像是虛詞。例如:

(62) 癸酉卜王貞:余勿巳我□,叀之用。　　珠277【《合》15496】

(63) □□[卜]㱿貞:我勿巳賓乍帝降不若。

□□卜㱿貞:我其巳賓乍帝降若。　　粹1113【《合》6498】

(62)的“我□”是名詞性結構,“巳”應該是以“我□”爲賓語的動詞。(63)以“勿巳”與“其巳”對貞,“巳”也應該是動詞,郭沫若把它讀爲“已罷”之“已”。有兩條一期卜辭,“勿巳”之後無他語:

(64) 王勿巳。　　京津943【《合》15495】

(65) ▨貞:勿巳。　　燕697【《合》15497】

它們跟上引三期以後的“勿巳”是否同義有待研究(《燕》697一辭“勿巳”後面也許尚有缺文)。

上引(52)“弜巳𢦏日”是五期卜辭。五期卜辭中還屢見“弜改”之語,用法與“弜巳”相似。例如:

(66) 丁亥卜在𣎳泉次貞:韋師寮妹▨又官,王其令官,不每,克王令。

弜改呼官。　　綴183(《論集》編按:即《合》36909)

(67) 弜改,其唯小臣□令,王弗每。　　前4·27·2【《合》36418】

(68) 弜改。　　前5·10·6【《合》39465】

“改”字的左旁在甲骨文裏寫作“巳”。㉚ 疑“弜改”與“弜巳”是同語的異寫。

五

丁聲樹先生在《詩經“式”字說》裏批評前人對“式”字的解釋說:

㉚ “改”、“巳”古音同部。《說文》“改”字从“己”聲,而另有从“巳”之“攺”:

攺,毅攺,大剛卯,以逐鬼魅也。从攴,巳聲。讀若巳。

但是新嘉量“改”字从“巳”不从“己”(《金文續編》3·12上),《說文》“改”字篆形恐怕有問題。所以我們把甲骨文裏的从“攴”从“巳”之字直接釋作“改”。(《論集》編按:西周晚期的改盨有字,用爲人名,《金文編》221頁釋爲从“巳”之“攺”,其實也未嘗不可以釋爲“改”。)

> 《詩經》“式”字之用爲語詞者，如“式相好矣”、“式夷式已”之類，毛傳、鄭箋及孔氏正義率訓爲“用”，揆之文義，詰籟不安。清儒有作，乃以此等“式”字悉爲語助無義之詞……竊謂訓“式”爲“用”，固扞格而難通；概云空言，亦浮泛而無當。(487 頁)

所言極爲中肯。

清代學者研究古漢語虚詞的成績大大超越前代，但缺點也是很嚴重的。丁先生指出的就是其中一個重要的方面。本文在丁文的基礎上對虚詞“式”和“異”的意義作了一些探討。凡所論列只能看作一種推測，我們不知道這些推測究竟在多大程度上符合實際。今後的研究有可能把我們的説法整個推翻。但是，無論如何，丁文那種努力探索古漢語虚詞的確切的語法性質和意義的研究方向，則是我們應該始終堅持的。

後記：

語氣詞“其”和“異”的作用有相似之處，可相比較。“其”通常表示將然的語氣，舊時訓詁家多訓爲“將”或“殆”。當主語爲第二人稱時，“其”就有勸令語氣，如《左傳・隱公三年》“吾子其無廢先君之功”(參看馬悦然《關於古代漢語表達情態的幾種方式》，《中國語文》1982 年 2 期)。有時候“其”也出現在説已然之事的句子裏，如《左傳・僖公二十八年》“非神敗令尹，令尹其不勤民，實自敗也”，“君子謂文公其能刑矣，三罪而民服”，《尚書・湯誓》“今女其曰夏罪其如台”，《禹貢》“嵎夷既略，濰淄其道”，《楚辭・天問》“何聖人之一德，卒其異方”，《吕氏春秋・制樂》“有穀生於庭，昏而生，比旦其大拱”。這種“其”字的意義似與可以訓爲“乃”的“異”字“式”字相近。

《論集》編校追記：

此文寫作過程中得到朱德熙先生的很大幫助，謹誌於此。

原載《中國語言學報》第 1 期(商務印書館，1983)，又載《古文字論集》，今據後者收入。

甲骨文字特殊書寫習慣對甲骨文考釋的影響舉例

在殷墟甲骨文裏,可以看到一些比較特殊的書寫習慣,例如一字析書,倒寫或側寫某個字,文字的某一部分既可以用一般的單綫條也可以用勾廓的方法來表示等等。考釋甲骨文的人,一般都是知道甲骨文裏有這些現象的,但是在碰到具體的例子的時候,仍然時有失誤。下面舉幾個實例簡單説明一下。

一字析書主要指把一個字的兩個偏旁之間的距離寫得過大的現象。這種現象有時會使考釋者把一個字誤拆成兩個字。下面舉一個見於多種著作的例子。《甲》600 片【《合》33193】的一條卜辭説:

壬午貞:癸未王令木巟。

"木"是人名。"巟"是卜辭常見的"衛"字的簡體,"衛"當從郭沫若讀爲防衛的"防"(見《通》475 片考釋)。"衛"也可以寫作"徝"(見《粹》15【《合》33001】、526【《合》34530】、《掇二》173【《合》33235】、《屯南》547、756。《合》5746—5748、14855 等片有"多射衛"之語,《粹》15 片有"多射徝"之語,可證"衛"、"徝"是一個字。《甲骨文編》、《甲骨文字集釋》等把它們當作兩個字是不對的),再省去"彳"旁就成"巟"字了。這跟"逆"字既可作"徝"也可作"逆"同例。《燕》598 片【《合》7569】有内容跟上引那條卜辭相類的"貞:叀木令衛"一辭,這也是"衛"、"巟"一字之證。但是《甲》600 片"巟"字的兩個偏旁距离較大,因此丁山《商周史料考證》(1960 年龍門聯合書局版 155 頁)、饒宗頤《人物》(856 頁)、島邦男《綜類》(61 頁第 1 欄)都把它誤拆爲"方止"二字。丁、饒二氏還由此得出了商代有木方這個方國的結論。孫海波《甲骨文編》55 頁"止"字下收有引自《甲》600 片的"止"字,可見他也把"巟"誤拆成兩個字。董作賓等人把這個字釋作"方步"(《小屯》第 3 本《殷虚器物甲編・陶器》上輯 147 頁),那就錯得更厲害了。

倒寫或側寫某個字的現象,在甲骨文裏屢屢出現。比較常用的字的倒寫或側寫的形式，多數是大家所認識的。可是也有一些字的倒寫的形式，往往被誤認爲另一個字。例如：甲骨卜辭裏有用爲族名或地名的字，一般釋爲“旁”（《文編》4頁）。《合》5776（《乙綴》253）有“射”之稱。就是的倒書（《綜類》462頁字條已將《乙綴》253之字收入），射就是族或地的射手。《文編》把收入附錄（788頁），是不對的。《人物》把它隸定爲“卨”（500頁），更爲錯誤。又如唐蘭先生早就指出和是和的倒書，都應該釋爲“逆”。《文編》却把（257頁）和（79頁）都當作《說文》所無之字，與“逆”分列。《文編》裏還有不少類似的錯誤，如把“歸”的倒書、（886頁），“壴”的倒書（763頁），作爲未識字收入附錄等等，這裏就不列舉了（《文物》1979年11期沈之瑜《說“至”》指出甲骨文當釋“至”，可參看）。

文字的某個部分既可以用一般的單綫也可以用勾廓法來表示的現象，在甲骨文裏也是比較常見的，如“天”既可作也可作，“犬”既可作也可作等等。有時候，這種現象也會使考釋者把一個字的異體誤認爲另一個字。例如：甲骨文裏常見一個寫作、、、、等形的字（《文編》649—650頁。以下隸定爲“甾”）。這是圖形式族名金文裏字（《金文編》885頁【見1985年版1127頁】）的簡體，在卜辭裏常常用作人名。《合》22537又有用作人名的字：

甲子［卜］貞：涉乇衆，不喪衆。

這個字顯然也是“甾”字。它跟一般“甾”字的不同，就在於中間部分用了勾廓的筆法。在字體介於第二、第三兩期之間的那種甲骨卜辭裏，有一個寫作（《庫》1033，即《美》60【《合》24410】）、（《庫》1030【《合》24462】、《後》上14·1【《合》24465】、《京津》3455【《合》24466】。《庫》1030即《美》56）等形的貞人名（《綴新》631【《合補》9092】將《庫》1033、《後》上14·1、《京津》3455綴合爲一片）。這無疑也是“甾”字，但是《文編》却把它跟“甾”字分列（見648頁）。陳夢家《綜述》把它隸定爲“坙”（192頁），更是錯誤。

甲骨文裏還有一個寫作、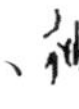等形的字（《文編》680頁），商承祚《殷契佚存》935片考釋、葉玉森《殷虛書契前編集釋》（4·2下），都認爲是“甾”的繁體。從金文“甾”字所从的“八”或作“亅乚”（《金文編》885頁【見1985年版1127頁】）來看，其說可信。這個字也寫作（《人文》3250【《合》18697】。“甾”或作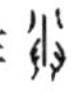，可證

跟是一個字），又可以跟“䏌”一樣，用勾廓法寫作（《粹》1307【《合》18766】）。《文編》分别把前者隸定爲“衖”，後者隸定爲“衜”（皆見 82 頁），也是不對的。此外，《文編》還不知道（894 頁）就是“奠”（《金》511 片【《合》41866、《英》2567】“奠”作），（890 頁）就是（889 頁），甚至不知道（969 頁）就是“役”（134 頁）。那就更不應該了（《説文》“役”字古文从“人”，與甲骨文合，唐蘭先生早已指出。《文編》説“役”字爲《説文》所無，也是錯的）。

以上所舉的例子可以説明，對考釋甲骨文的人來説，熟悉甲骨文的各種比較特殊的書寫習慣，是一件非常重要的事。

此文是提交給 1984 年安陽“殷墟筆會”的論文，原載《安陽殷墟筆會論文選》（1984 年 10 月油印本），又載《古文字論集》，今據後者收入。

甲骨文中所見的商代農業

在本文裏,我們只準備對甲骨文中跟農作物、農業生産工具和農業生産過程這三方面有關的資料作一些研究。跟農業有關的自然環境、生産區域以及生産關係等方面的問題,留待以後再討論。

一、甲骨文中所見的農作物

(一) 禾

“禾”字在古書裏有廣狹二義。狹義的指穀子(小米),廣義的泛指一切穀類作物。前者是本義,後者是引申義(參看齊思和《毛詩穀名考》,《中國史探研》17—19頁)。

穀子的穗是聚而下垂的,黍子的穗是散的,麥子的穗是直上的。所以甲骨文把“禾”字寫作,“黍”字寫作,“來”字寫作(“來”的本義是麥),主要依靠穗形的不同來區别它們。“禾”字有時還寫作(《人文》2983【《合》19804】)、(《乙》4867【《合》9464】)等形,酷肖成熟的穀子(參看貝塚茂樹、伊藤道治《甲骨文字研究(本文篇)》684頁。也有人認爲這是“穗”的初文)。“年”字所从的“禾”偶爾也有這樣寫的,如《甲》3430【《合》9818】的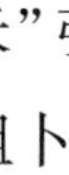。

穀子是古代北方最重要的穀物,所以“禾”引申而爲一切穀物的通稱。甲骨卜辭裏的“禾”字多數已用於引申義。例如賓組卜辭常常卜問“𠦪年”(“𠦪”有祈求之義)、“受年”等事,歷組卜辭則説“𠦪禾”、“受禾”。這種“禾”字應該就是泛指各種穀物的。但是有些卜辭,如“盂田禾穉”(《合》28203)、“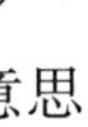用禾延穉”(《合》28233)等辭裏的“禾”,有可能仍然是指穀子而言的(“穉”的意思是禾有病,看拙文《甲骨文字考釋(八篇)》,《古文字研究》第四輯156頁。《論集》編按:見本書《釋

“䴸”“秳”》)。

“年”的本義是收成。“年”字从“禾”也反映出穀子在古代糧食作物中的重要性。賓組卜辭除卜問“受年”外,還屢次卜問“受黍年”、“受䆃年”。但是不管哪一期或哪一組的卜辭,都從來不卜問“受禾年”,這應該是由於禾(穀子)的種植量比其他穀物大得多,卜問是否受年,實際上主要就是卜問是否受禾年,所以不必再專門爲它卜問的緣故。

(二) 黍

甲骨文“黍”字的異體很多,下面舉出的是比較重要的幾類(未注出處者皆已見於《甲骨文編》“黍”字或“粟”字下。下文引用各類字形時用序數號代替):

1a  1b  1c (《粹》908【《合》32572】)

2a  2b  2c 

3a  3b  3c (《合》10021)

4a (《乙》3285【《合》10137】) 4b  4c (《乙》3152【《合》9521】) 4d  4e  4f (《乙》3323【《合》9520】)

5a  5b 

前面說過,“黍”的字形突出了黍子散穗的特點。但是加“水”形或水點形的“黍”字,由於已經具有“禾”字所沒有的組成部分,黍形往往簡化成跟“禾”相似。金文“黍”字作 (《金文編》1985 年版 508 頁),也是从“禾”的。

上舉的 5,《甲骨文編》(302 頁)和《甲骨文字集釋》(2315 頁)都釋作“粟”。陳夢家《殷虛卜辭綜述》以 4b、d、e 與 5 爲一字(525—526、528、529—530 頁。以下引作“陳書”)。于省吾先生在《商代的穀類作物》一文裏,指出“古文字點畫的填實同於雙鈎”,以 4d、e 與 5 爲一字(《東北人民大學人文科學學報》1957 年 1 期 92—93 頁。以下引作“于文”)。陳、于二氏的這種意見是正確的。但是他們並不認爲這些字是“黍”字的異體。陳書把它們隸定爲“𥝌”,認爲“可能是粱字”,“還可能是穧字或粟字”(528 頁)。于文把它們釋作“穧”(92 頁),並認爲在卜辭裏“禾”字都是廣義的,用來指穀子的字就是“穧”(92、105 頁,參看于氏《甲骨文字釋林》244—246 頁)。上舉的 1c,胡厚宣先生《卜辭中所見之殷代農業》(《甲骨學商史論叢》二集上 88 頁。以下引作“胡文”)和陳書(529 頁)都釋爲“來”(《甲骨文編》251“來”字條也收入此字)。于文把 1c 和 4b、c、f 都釋爲“秝”(99—100 頁,參看《釋林》247—248 頁。“秝”是當麥講的“來”的專用字)。這些意見恐怕都不可信。

從字形上看,4b、c 跟 4a 的關係與 3c 跟 3a 的關係相類,4d、e、f 跟 4a 的關係與 2c 跟 2a 的關係相類。既然 2a、c、3a、c 和 4a 都是“黍”字,4b—f 就也都應該是“黍”字。4c 跟 4f 曾見於同文卜辭(或稱成套卜辭),無疑是一字異體(看《丙》34—38 或《合》9520—9524 諸片)。《丙》把它們釋爲“黍”是正確的。于文雖然不得不承認 4c 跟 4f 是一個字,却强調 4f 只从兩點,4d、e 則从三個以上的點,把 4b、c、f(于氏釋“秝”)跟 4d、e(于氏釋“穧”)分爲兩個字(99—100 頁)。這是不合理的。在點數多少這方面,4b 跟 4c 的關係與 4d、e 跟 4f 的關係完全相同。既然承認 4b 跟 4c 是一個字,爲什麽 4d、e 跟 4f 却要分成兩個字呢?

《説文》“香”字从“黍”,甲骨文“香”字上部正作 、 等形(《甲骨文字集釋》2393 頁。《集釋》把字形和用法都不相同的 也收爲“香”字,是不對的。島邦男《綜類》分“香”、“ ”爲二字,可從)。這也可以證明 4b 至 4f 諸形都是“黍”字的異體。《綜類》把 4b—f 和 5 都看作“黍”字是正確的(參看同一作者《殷墟卜辭研究》溫天河等譯本 492—493 頁)。

4b、c 如果去掉小點就成爲 1c 了。1c 其實就是 1a 的簡化形式。它的中段左右兩筆跟頂上的一筆一樣,也都代表穗,跟“來”字、“禾”字中段左右兩筆代表禾葉的情況不同。我們在前面已經指出,象穗的部分不下垂是“來”字的特點。僅僅根據這一點就可以斷定,穗形顯然呈下垂狀的 1c 和 4b、c 等字不能釋爲“來”或“秝”。甲骨文“來”字,第一期多作 ,二期以後多作 ,頂上所加短畫似乎沒有多大意義。晚期甲骨文“來”字往往作 ,中豎上端略斜。這跟“戈”字由 變 一樣,純粹是筆勢上的一種變化。只有少數“來”字由於頂端短畫偏在一方而作 ,才容易跟 1c 相混。《粹》887【《合》33260】“乙亥卜受 禾”一辭中的 字,《粹編考釋》和胡文都釋爲“黍”。這是正確的。但是《粹》908【《合》32572】“登 ”的 字,《考釋》却釋作“禾”,胡文則釋作“來”。這就自相矛盾了。《綜類》把屬於 1c 型的字都看作“黍”字是正確的(但島氏在《殷墟卜辭研究》中却認爲《粹》887 一例當釋“來”,見上引譯本 494 頁。這是不正確的)。

從 1—5 各類字形在各類卜辭裏出現的情況來看,也只能得出它們都是“黍”字的結論。

1a、b、2、3、4a 諸型的“黍”字,只見於賓組和少量自賓間組卜辭。如果只承認這些字是"黍"字,顯然是不合理的。"黍"這個在賓組卜辭裏出現得非常頻繁的作物名稱,爲什麽在賓組和自賓間組之外的各組卜辭裏竟然完全銷聲匿跡了呢?另一方面,在這些卜辭裏却屢見屬於1c、4b—f和5這些類型的字,其用法跟賓組的那些"黍"字非常相似。例如:賓組卜辭曾卜問王在冏地種黍之事(《前》5·20·2【《合》10】等),歷組卜辭曾卜問王在冏地種 之事(《摭續》106【《合》33225】)。賓組卜辭曾卜問"叡黍"之事(《合》2734正、40078正。關於"叡"字詳後文),字體介於歷組和三、四期之間的卜辭曾卜問"叡 "之事(《屯南》794),第五期卜辭也曾卜問"叡 "之事(《後》上18·11【《合》36982】)。賓組卜辭曾卜問"登黍"(《丙》448、《乙》7596【《合》235正】)、"黍登"(《丙》57【《合》11484】)之事,自歷間組卜辭曾卜問"登 "(《粹》908、《美》89【《合》32572】)、" 登"(《佚》877【《合》34515】、《甲》899【《合》32534】、《美》20【《合》27219】)之事(《綴新》706已將《美》20、89兩片綴合),歷組卜辭曾卜問"登 "(《合》34587—34590等)、" 登"(《安明》2508【《合》33836】)之事,三期彭貞卜辭曾卜問"登 "之事(《甲》2779【《合》30345】),三、四期卜辭曾卜問"登 "(《屯南》618、《明後》2279【《合》34590】)、"登 "(《合》30981—83等)之事。從這些情況來看,1c、4b—f和5只能是"黍"字的異體。

賓組卜辭的"黍"字也有一小部分是作4c、e、f等型的(如《合》787、9528、9520—9524、《乙》7750等)。自賓間組多數作4e、f型,但有時也作1b型。在一片自賓間組卜甲上,這兩種"黍"字還曾同時出現過:

庚申卜: 受年。

庚申卜:勿 。

庚申卜:我受 年。

[庚]申卜:我[不]其受 年。十二月。　　甲綴55【《合》11020】

所以僅從賓組和某些自賓間組卜辭的情況來考慮,是容易産生4e、f等形不是"黍"字的想法的。但是根據各類卜辭的情況作全面的考慮,就只能得出4e、f等形也是"黍"字的結論。

歷組登祭卜辭曾提到白黍:

丁卯☐登☐于☐

叀(用法近"惟")白。　　明後 2548【《合》34601】

叀白登。　　明後 3070 + 安明 2337(《安明》附 40 拼合,即《合》32014)

叀白。　　金 205【《合》41542】(《論集》編按:拓本見《英》2431)

白黍之稱是見於古書的。《禮記·内則》"飯:黍、稷、稻、粱、白黍、黃粱……",《正義》:"下云白黍,則上黍是黃黍也。"齊思和《毛詩穀名考》認爲先秦所説的黍是包括糜子而言的,糜子米的顔色遠較黍米爲白,白黍大概就指糜子(《中國史探研》5 頁)。其説似可信。

在各種農作物裏,商代統治者對黍最爲重視。從卜辭看,商王曾在冏地親自参加種黍收黍,並以所穫之黍祀祖先(參看拙文《關於商代的宗族組織與貴族和平民兩個階級的初步研究》,《文史》第十七輯 15 頁)。在關於登祭的卜辭裏,提到的穀物幾乎只有黍一種(《丙》釋 445 一辭爲"貞登禾祖乙"。《丙》445【《合》6657】爲卜甲背面,文字不清晰,登下一字似作,可能仍是黍字)。歷組卜辭或言"登南冏米"(《甲》903【《合》34165】、《後》下 23·5)、"登米"(《外》53【《合》32542】、《屯南》189、《後》下 29·15【《合》34591】、《佚》663【《合》34592】),所説的米大概也指黍米。《燕》126【《合》24432】的一條出組卜辭有"見新"之文,此"見"字或謂當讀爲"獻",但不知是對人還是對鬼神而言的。祭祀用的鬯,據古書記載是用一種黑黍釀的。商代統治階級所享用的酒,大概大都也是用黍子釀的。在殷人心目中,黍大概是最好的一種穀物。"香"字从"黍"也説明了這一點。有一條康丁時代卜辭説:

□寅卜:𩫖黍其登兄辛☐　　後上 7·10【《合》27632】

于文釋"𩫖"爲"聲",讀爲馨香的"馨"(93 頁),似可信(《論集》編按:𩫖也有可能是地名)。黍子比穀子好吃,但産量較低。直到今天,在北方很多農村裏,黍子仍被當作一種高級的穀物。《詩·周頌·良耜》"或來瞻女,載筐及筥,其饟伊黍",鄭箋:"豐年之時,雖賤者猶食黍",《正義》:"《少牢》、《特牲》,大夫、士之祭禮,食有黍,明黍是貴也"。可見在上古時代,黍主要爲統治階級所享用,勞動人民平時是吃不到黍的。

在有關農業的卜辭裏,黍的地位非常突出,提到的次數比其他作物多得多。這反映了當時的統治者對黍的重視,但是並不能證明黍是種植得最多的作物(參看溫少峰、袁庭棟《殷墟卜辭研究——科學技術篇》172 頁)。

甲骨文“年”字或作(《乙》1731【《合》9753】)、(《合》9811 正)、(《粹》886【《合》28219】)等形,上部从“黍”或其簡體。這種“年”字或許也可以讀作“黍年”,就跟我們不久前還在使用的單位字“浬”、“呎”,既可讀爲“里”、“尺”,也可讀爲“海里”、“英尺”一樣(參看于省吾《釋禾、年》,《甲骨文字釋林》251 頁)。

(三)來、麥

“來”的本義是麥子,一般認爲指小麥(《詩·周頌·思文》和《臣工》兩篇都提到“來、牟”。《廣雅·釋草》:“大麥,麰也”,“小麥,麳也”)。卜辭“來”字常見,但幾乎都是假借爲來去之“來”的,用本義的似乎只有下引一例:

辛亥卜貞:或刈來。 鐵 177·3【《合》9565】

“麥”字也已見於卜辭,有的是用爲地名的,如“田麥”、“田于麥”的“麥”(看《綜類》202 頁“田麥”條);有的是當麥子講的,不過數量不多。《後編》著錄的一塊非卜用骨版,上記兩個月的六十個干支,開頭一句作:“月一正,曰食麥”(《後》下 1·5【《合》24440】)。《卜辭通纂》收此骨爲第 6 片,《考釋》引《月令》“孟春之月食麥與羊”爲證。此外,除去一些意義不明的殘辭不算,當麥子講的“麥”字全都見於第一期的“告麥”卜辭:

[甲]午卜,賓:翌乙未[有告]麥。
[乙未]卜,[賓:翌]丙[申有]告[麥]。
允有告[麥]。
[己亥]卜,賓:翌庚子有告麥。允有告麥。
庚子卜,賓:翌辛丑有告麥。 前 4·40·7【《合》9620】
翌乙未亡其告麥。 前 4·40·6【《合》9622】
翌辛丑亡[其]告麥。 京津 567

(《論集》編按:蔡哲茂《甲骨文合集綴合補遺(續)》第 81 號已將此片即《合》9625 與上引《前》4·40·7 即《合》9620 綴合,此辭“其”字已補全)

翌己酉亡其告麥。
己酉卜,賓:翌庚戌有告麥。 合 9621
翌丁亡其告麥。允亡。 燕 41【《合》9623】
☐[亡]其告麥。
☐午有告麥。☐麥。 合 9624

《通纂》收《前》4·40·7爲第461片,《考釋》說:"《月令》'孟夏之月農乃登麥,天子乃以彘嘗麥,先薦寢廟。'此云'告麥',蓋謂此。"胡厚宣先生不同意這種說法。他說:"今案辭言'有告麥'、'亡告麥'、'允有告麥'、'允亡',則告麥之決非祭名可知。余謂告麥者乃侯伯之國來告麥之豐收於殷王。"(《甲骨學商史論叢》初集第1册32頁)。上引于文又提出另一種說法,認爲"告麥的意義是:商王在外邊的臣吏,窺伺鄰近部落所種或所穫的麥子,對於商王作了一種情報,商王根據這種情報,才進行武力掠奪"(97頁)。"告麥"的確切含義究竟是什麼,還有待進一步研究。

于文認爲卜辭所見的麥應與來有别,來是小麥,麥應是大麥(100頁)。由於資料太少,這個問題也還難以下結論。

從上引卜辭的情況看,當時商王國種植的麥子,數量大概不多。

(四)䊆

賓組卜辭屢次卜問是否受䊆年,並且往往跟受黍年對貞,如:

甲子卜,㱿貞:我受䊆年。
甲子卜,㱿貞:我受黍年。　　續2·29·3【《合》303】
癸未卜,爭貞:受䊆年。
貞:弗其受䊆年。二月。
癸未卜,爭貞:受黍年。
貞:弗其受黍年。二月。　　合10047

可知䊆是一種糧食作物。

"䊆"究竟應該釋作什麼字,是一個尚未解決的問題。過去羅振玉曾釋此字爲"酋"(增訂本《殷虛書契考釋》中72頁),金祖同曾釋此字爲"粟"(《殷契遺珠·發凡》35頁),由於缺乏證據,早已不爲世人所信。目前比較有影響的有唐蘭、陳夢家和于省吾三家的說法。這三家都肯定"䊆"字下部就是《說文》"覃"、"厚"二字篆文所从的"㫗"字,並且都認爲"䊆"字从"㫗"得聲,但是結論却互不相同。

唐蘭先生以"䊆"爲"稻"。他認爲"㫗"是"罈"(也作罎)的初文,本應讀爲"覃",字書音"厚"爲其變音。《儀禮·士虞禮·記》注:"古文禫或爲導",所以从"㫗"聲的"䊆"可以讀爲"䆃"。"䆃實與稻同字"(朱駿聲說),卜辭以䊆年與黍年同卜,䊆應該就是稻(《殷虛文字記》32—34頁)。今案:"稻"跟《說文》訓爲"禾"的"䆃",所指的不是一種穀物,但二字的古音的確相同。

陳夢家釋"䵼"爲"秬"。他認爲䵼與黍並卜,性質應該相近。"旱"與"厚"同音,"厚"與"巨"古音相近,"䵼"可釋爲"秬",即製鬯用的黑黍(陳書527頁)。

于省吾先生以"䵼"爲"菽"與"豆"的古字。他說:"䵼字从米旱聲,旱之音讀同於厚。古韻厚與豆屬侯部,菽屬幽部,侯幽通諧……厚之讀作菽與豆爲喉舌之轉。"(于文95頁)

這三說提出的古音方面的證據都不够堅强。陳夢家雖釋"䵼"爲"秬",又說:"但這個字是否秬字,是不能肯定的"(527頁)。于先生後來編定《甲骨文字釋林》時沒有收入上引釋"䵼"之說,大概已經把這個說法放棄了。唐說恐怕也不能就視爲定論。卜辭裏的"䵼"究竟指哪一種糧食作物,還有待進一步研究。

(五)秜

有一條賓組卜辭說:

丁酉卜,爭貞:呼甫秜于始,受有年。 乙3212【《合》13505】

甫是人名,始是當時一個重要的農業區。于文認爲秜是野生旱稻(《說文》:"秜,稻今年落來年自生謂之秜。"),上引卜辭用"秜"爲動詞,意即種秜,"可見商人已經從原始的野生稻進一步加上人工的培植"(101頁,參看《甲骨文字釋林》252頁)。

(六)

賓組卜辭曾以"受年"與"受黍年"同卜:

己巳卜,𣪊貞:我受黍年。[在]。

己巳卜,𣪊貞:我弗其受黍年。

貞:我受年。在。

□弗[其]受年。 合9946正

也應是一種糧食作物,但其字難識。(齊)所从的跟此字上部相似,所以陳書疑此字可釋爲《說文》訓爲"稷"的"齋"(528頁)。如陳說可信,其字形似可爲關於稷的討論提供一些綫索。

先秦古書中的稷究竟指哪種穀物?在這個問題上長期以來存在不同意見,比較流行的有粟、穄(即糜子)和高粱三種說法。高粱說起得最晚,但清代學者程瑶田在《九穀考》裏加以闡發之後,一度曾佔有壓倒的優勢。今人大都不信此說,齊

思和《毛詩穀名考》闢之尤力。可是如果確是䆬的表意初文的話,它所象的植於“田”上的穗大而直的作物,與其說成粟或穄,却還不如說成高粱合理。陳書認爲稷指比較好的穀子,跟的字形不合。

反對稷爲高粱說的學者所持的重要理由之一,是高粱在中國開始種植的時間比較晚。但是據考古工作者報導,在我國新石器時代到漢代的一些遺址和墓葬裏却發現過高粱。雖然這些報導的可靠性往往有問題(看安志敏《大河村炭化糧食的鑒定和問題——兼論高粱的起源及其在我國的栽培》,《文物》1981 年 11 期),但目前也還沒有充分的根據把這些報導全部否定掉。所以稷爲高粱的說法恐怕也還不是絶對沒有考慮的價值的。

陳書把《乙》3426【《合》4735】的字看作的異體(525 頁),恐不可信。這個字在甲骨卜辭中屢見,用法跟顯然不同,二者當非一字。

目前能從卜辭裏找出來的農作物,主要就是上面舉出的那幾種。商代實際種植的農作物的種類,一定會比較多。

二、甲骨文中所見的農業生産工具

(一) 力和耒(附論牛耕問題)

甲骨文中所見的主要的發土工具是力和耒。

甲骨文“力”字作(《甲骨文編》524 頁),商代肄簋銘“劦”字所从的“力”作(《金文編》903 頁)。晚近治農業史的同志,多認爲力是由原始農業中挖掘植物或點種用的尖頭木棒發展而成的一種發土工具,字形裏的短畫象踏脚的横木。這應該是可信的。《說文》解釋“男”字字形說:“从田从力,言男用力於田也。”甲骨文“男”字較早的寫法作:

人文 800【《合》3454】,《甲骨文編》958 頁

周代金文“男”字或在“力”上加“手”形而作:

《金文編》901 頁

可知“男”字本象用力這種農具耕田,《說文》的解釋不完全正確。

晚近治農業史的同志又多認爲耜由力形農具發展而成。力形農具改窄尖爲寬刃,就成爲木耜了。這也應該是可信的。商代實際使用的力無疑已經發展到了木耜的階段。後來,耜加上了金屬的刃套,逐漸演變成爲戰國、秦漢時代最常用的發土工具——臿(關於耜跟臿的關係,參看于豪亮《漢代的生産工具——臿》,《考古》1959年8期)。

從語音上看,"力"跟"耜"的關係也十分密切。"耜"字在《説文》裏作"枱",並有異體作"梩":

> 枱,臿也。从木,㠯聲("㠯"即"以"字左旁)。一曰徙土輂,齊人語也。梩,或从里。

《方言・五》:"臿……齊東謂之梩。"跟《説文》訓"枱"爲"臿"並以"枱"、"梩"爲一字相合(參看錢繹《方言箋疏》卷五第22頁下)。"梩"从"里"聲。"里"跟"耜"古音都屬之部。《考工記・匠人》"凡溝防,必一日先深之以爲式。里爲式,然後可以傅衆力",鄭玄注:"里讀爲已,聲之誤也。"《釋文》在"已"字下注"音以"。"里"讀爲"已",跟从"㠯"聲的"耜"或从"里"聲而作"梩",是同類的現象。"里"跟"力"的聲母相同。"里"字古韻屬之部,"力"字屬職部,即之部入聲。這兩個字還都是開口三等字。它們的古音無疑極爲相近。"力"跟"耜"(梩)應該是由一語分化的。

一般認爲"㠯"字象耜,就是"耜"的初文。這是不正確的。李亞農早在《鐵雲藏龜零拾考釋》裏就已指出甲骨文"以"字作,"㠯"是它的省寫(3頁)。後來,金祥恆在《釋㠯》一文裏提出了同樣的看法,論證更爲詳明(《中國文字》第8册)。近年,王貴民同志在《"㠯"非耜形新探》裏更明確指出"㠯"決非"耜"的象形字(《中原文物》1983年3期)。這些意見都是正確的。

耒是一種下部分叉的發土工具。這一點自徐中舒先生在《耒耜考》一文中加以論證後,已經爲學術界所普遍接受(徐文在1930年發表於《歷史語言研究所集刊》第二本第一分)。在圖畫意味比較濃厚的族名金文裏,有很象形的"耒"字(《金文編》1140頁),徐文已經引用。甲骨文裏有象人持耒耕作形的"耤"字初文,下引的是兩個象形程度較高的例子:

合9512　合9508正

字形表示耕者手足並用以耒發土的情景,頗爲生動。卜辭凡言耕種多用"耤"字,耒應是當時很常用的一種發土工具。

耒跟力的性質相近,因此有時作爲表意符號可以通用。例如甲骨文裏的“㝠”字偶爾也有寫作从“力”的(于省吾《甲骨文字釋林》253—255頁)。這並不足以證明“耒”、“力”是一個字。“耒”、“力”二字聲母雖然相同,古韻却不同部(“耒”屬微部)。“耒”跟“力”在語音上的關係,不如“耜”跟“力”的關係密切(“力”、“耒”古音的差别,王靜如《論中國古代耕犁和田畝的發展》一文已指出,見《農業考古》1983年1期58頁)。從形制上看,力、耜、臿爲一系,由木棒式原始農具發展而成;耒則應由用樹杈做的原始農具發展而成。徐中舒先生在《耒耜考》裏説:“耒與耜爲兩種不同的農具。耒下歧頭,耜下一刃,耒爲仿效樹枝式的農具,耜爲仿效木棒式的農具。”(32頁)這是很精闢的見解,可惜晚近治農業史的同志往往不加注意。徐先生又認爲“力象耒形”(14頁),“㠯”“爲耜之象形字”(31頁),則是有問題的。治農業史的同志往往混“力”於耒,把力形農具稱爲單齒耒,認爲雙齒耒和耜都是由它發展而成的。這恐怕是由於受了徐先生後一種意見的影響。

《周易·繫辭下》:“神農氏作,斲木爲耜,揉木爲耒。”可見耒、耜本來都是木製工具。商代的耒、耜大概也都仍然是木製的,實物早已腐爛,所以考古發掘中未見出土(《論集》編按:1984年,中國社會科學院考古所發掘殷墟王陵區東區的M260號大墓,發現八件木“楸”,“在墓室西南角墓口下4.1米填土中,整齊地排立在一起……皆已朽成白色粉末,背部鼓起似勺,弧刃,是一種鏟土工具。頭長20—30、寬17—19、柄長105—120、柄寬3—5釐米”。見《考古學報》1987年1期110頁。這可能就是木耜)。耜可以安裝石耜冠。不過商代遺址裏很少發現可以確定爲耜冠的石器,當時即使使用石耜,數量也一定很少。有的同志認爲較大的“石鏟”就是石耜冠。但是也有同志指出,石鏟是平刃的,恐怕不宜用作發土的主要工具。這個問題還有待進一步研究。

殷人使用耒耜的痕跡,在考古發掘中屢有發現。考古所《1958—1959年殷墟發掘簡報》説:

> 在不少的窖穴壁上發現清晰的木耒痕跡,都是雙齒的,大形(型?)的耒齒長19,齒徑7,齒距8釐米(小屯西地305號灰坑);小形的耒齒長18,齒徑4,齒距4釐米(大司空村112號灰坑)。……説明木耒是殷代的主要起土工具之一。(《考古》1961年2期67頁)

《1969—1977年殷墟西區墓葬發掘報告》説:

> 少數墓壁上留有建墓的工具痕跡……推測當時建墓的工具大概是木臿、石鏟一類的工具。(《考古學報》1979 年 1 期 37 頁)

木臿應該就是我們所說的木耜。《河南柘城孟莊商代遺址》說:

> 在窖穴的壁面上,常常遺留有兩種不同的工具痕跡,其中一種刃寬約 10 釐米,像是平刃鏟的挖痕,其中一種刃寬約 6 釐米,挖痕有弧度。(《考古學報》1982 年 1 期 55 頁。遺址時代相當於二里崗下層)

有弧度的挖痕大概也是木耜留下的。《中國科學院考古研究所 1960 年田野工作的主要收獲》在報導偃師二里頭遺址的發掘時,也曾提到灰坑、房基和墓葬壁上"保留有雙齒耒、平刃鏟和尖刃耜(?)等掘土工具的痕跡"(《考古》1961 年 4 期 215 頁。"耜"字後疑問號爲原文所加)。這些發掘所得的情況可以跟甲骨文反映的情況相印證。

附帶談一下商代是否已有牛拉的耕犁的問題。

甲骨文中有一個當某種顏色的牛講的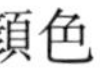字。不少人把這個字釋爲"犁",當作商代已有牛耕的證據。這是有問題的。本是"牛"二字的合文(見金祥恆《釋》,《中國文字》第 30 册),後來才演化成从"牛"""聲的一個字。我們在《釋"勿""發"》一文中已經指出肯定是"勿"字(文見《中國語文研究》第 2 期,香港中文大學 1981 年出版。我們在此文中没有認識到卜辭字本是"勿牛"合文,附正於此)。所以應該釋爲"勿牛"或"物",並從王國維說解釋爲雜色牛(王說見《觀堂集林·卷六·釋物》)。把它釋作"犁"是缺乏根據的。

最近看到沈之瑜先生的《殷墟卜辭新獲》一文(中國古文字研究會第五屆年會論文。《論集》編按:此文已發表於《上海博物館集刊》第 3 期),文中所摹新獲甲骨第五片之 B 以上"幽物"與"黃牛"對舉,沈先生認爲這一新資料的發現可以解決關於"牛"的爭論。他說:"學者們多釋'勿牛'爲'物',即雜色牛。'物'既爲雜色牛,那就不應在其前冠以形容詞'幽''黃'。可見,'勿牛'不應釋爲'物',也非雜色牛,應是'犁'字。"其實"幽物(應讀爲"勿牛")"和"黃勿牛"可以解釋爲以幽色爲主的雜色牛和以黃色爲主的雜色牛,其義並非不可通。卜辭裏的很明顯地是指某種顏色的牛而言的,決不能解釋爲拉犁的牛。就是古書裏的"犁牛",也是不能這樣解釋的。南宋時周必大曾以"孔子有犁牛之言"來證明春秋時有牛耕。《耒耜考》反駁說:"此出《論語·雍也》篇。何晏注:'犁,雜文也。'《淮南·說山訓》

‘犎屯犁牛，既科以櫥’，高注：‘犁牛不純色。’雜文或不純色之牛爲犁牛，與農耕無關。”(57 頁)其説可從(《論集》編按：卜辭以“物”與“𦍌”對稱，“𦍌”即“騂”。《論語》也以“犁”與“騂”對稱。可能騂牛之外的各種毛色的牛都可稱爲物牛或犁牛)。

所从的明明是“刀”，有人認爲象耒形，還有人認爲象犁形，都是沒有根據的。前面已經説過，本是“牛”的合文，有人認爲象牛拉犁發土之形，那就離事實更遠了。

總之，在甲骨文裏目前還沒有發現商代已有牛耕的確據。即使把釋爲“犁”，也不能證明商代已有牛耕。

（二）辰

從甲骨文看，辰是農業上用於清除草木的一種工具。

甲骨文裏有一個从“林”从“辰”的字：

《甲骨文編》107 頁

又有一個从“艸”或“林”从“辰”从“又”的字：

同上 23—24 頁

《説文》“農”字下所收古文或作“䢉”，散氏盤“農”字所从的“辰”下有“又”，所以羅振玉等人把上舉二字都釋作“農”(羅説見增訂本《殷虚文字考釋》中 71 頁上)。《甲骨文編》、《甲骨文字集釋》則都把前一字釋作“農”，後一字釋作“蓐”。近年，常正光同志指出甲骨文“䢉”字一般都作晨昏之“晨”用，並非“農”字(《“辰爲商星”解》，載四川大學學報叢刊第 10 輯《古文字研究論文集》)。其説可從。上舉後一字本象以手持辰除去草木之形，雖然可以隸定爲“蓐”，但是跟後世从“艸”“辱”聲的“蓐”字却不一定有關係。羅振玉把這個字釋爲“農”是不錯的。金文“農”字或作如下之形：

《金文編》168 頁

跟甲骨文“農”字的主要區别是加了個“田”旁。薛季宣《書古文訓》的“農”字，《盤庚》篇作䢉，《酒誥》、《洛誥》作䢉，都从“艸”从“辰”从“又”，與甲骨文合，當有所據。"農"字爲什麼象清除草木之形呢？楊樹達解釋說："……初民之世，森林徧布，營耕者於播種之先，必先斬伐其樹木，故字从林也。"(《積微居甲文說・釋農》28頁)這種說法是有道理的。不過古代耕擢荒地也要先清除草木，楊氏說得還不够全面。

"深耕易耨"的"耨"，古音與"農"陰陽對轉。"䢉"的字形所表示的意義也跟"耨"相合。"耨"跟"農"應該是由一字分化的(參看郭沫若《甲骨文字研究・釋支干》，《全集・考古編》第一册204—205頁)。所以甲骨文的"䢉"也未嘗不可以釋爲"耨"。

根據以上所述可以肯定辰是用來清除草木的一種農具。有人認爲"辰"象犁(陸懋德《中國發現之上古銅犁考》，《燕京學報》37期)，有人認爲"辰"象收割禾穗的蚌刀或石刀(上文所引《"辰爲商星"解》138頁)，顯然都難以相信。

甲骨文"斤"字作。如果把"辰"字作的一體中象鋒刃以及器柄前段的勾廓部分改作單綫，字形跟"斤"就頗爲相似了。所以辰有可能是形制與斤、钁相類的一種農具(斤的裝柄方法與钁相似)。字象刃的部分跟甲骨文字，即"石"字的初文同形。這恐怕不是偶然的巧合，而很可能是辰這種農具本爲石器的反映(參看上文所引《釋支干》203—204頁)。但是"辰"字也可以寫作、等形，這種字形不大好解釋。《淮南子・氾論》有"古者剡耜而耕，摩蜃而耨"之語。因此郭沫若認爲這種"辰"字象"貝壳形"，代表"蜃器"(《釋支干》204頁)，楊樹達也認爲"象蜃蛤之形"(《積微居甲文說》28頁)。這種解釋跟字形似乎也並不切合。也許這種字形裏爲形所沒有的那些短畫，本象把石質的辰頭捆在木柄上的繩索一類東西。後來字形訛變，便難以看出來了。

爲了農業目的清除樹木的時候，除了用辰，無疑還會用一般的石斧、石斤。甲骨文"折"字作，"析"字作，象以斤折木、析木之形。甲骨文"折"字又作(《人文》3043【《合》21002】)，金文"析"字或作(《金文編》395頁)，則象以斧折木、析木之形。从斧形的"折"字和"析"字爲于省吾先生所釋(《甲骨文字釋林》341頁。金祥恆也釋前一字爲"折"，見《中國文字》第17册)，今從之。但是于先生認爲這兩個字所从的斧形是"斤"的初文，並由此得出了商代的斤的裝柄方法與斧相同的結論，這恐怕是不妥當的。砍樹等工作既可用斤也可用斧，"折"字、"析"字有从"斤"和从斧形兩種寫法，正是這一事實的反映。

商代墓葬出了不少青銅斧斤，一般認爲是手工業工具。但是也有人認爲當時在農業上也已經使用了青銅斧斤,有些人還把較大的斤稱爲钁。

古書中時常提到的耨、鎛,一般只用於除草,應該是一種比辰輕小的農具,大概與後世的鋤相類。商代遺址裏出土的某些形狀較小的石鏟以及骨、蚌、銅鏟,可能就是耨、鎛一類的除草農具(也有可能既可作鏟用,也可作耨、鎛用,隨着裝柄方法的不同而改變功用)。前面説過,甲骨文的"蓐"字既可釋"農"也可釋"耨"。也許在商代已經有"耨"這種農具名稱了,不過在甲骨文裏尚未找到證據。

(三)刈

我們在《甲骨文字考釋(八篇)·釋"㽞""秀"》裏已經指出,"丂"字本象一種刀類工具,是"刈"的初文(《古文字研究》第四輯153—157頁。《論集》編按:即本書所收《釋"㽞""秀"》篇)。刈就是鐮。《國語·齊語》"時雨既至,挾其槍、刈、耨、鎛,以旦暮從事於田野",韋注:"刈,鐮也。"刈既可用來刈草,也可用來刈禾。甲骨文刈草之字作"㽞",刈禾之字作"秀"(詳上引文)。各處商代遺址所出的生產工具,往往以石鐮、蚌鐮爲最多,可見刈在當時是極常用的工具。

從甲骨文可以看到,殷人收穫穀物有時只取其穗(詳第三節第五小節)。取穗用的長方形或半月形的有孔石刀和蚌刀,在商代遺址中也常有出土。一般認爲這種有孔刀應該稱爲銍(《説文》:"銍,穫禾短鐮也。"《釋名·釋用器》:"銍,穫禾鐵也,銍銍斷禾穗聲也。")。但是在甲骨文裏還没有找到與之相應的名稱。

(四)其他

從有的卜辭看,殷人大概還使用殳杖一類工具"擊槁(枯草)除田"。後面講商代農業生產過程中的芟除工作的時候,將會談到這個問題。

在平整土地等工作中,鏟子應該是很重要的工具。但是我們還沒有在甲骨文裏找到與之相應的名稱。

三、甲骨文中所見的農業生產過程

甲骨文資料反映的商代農業生產過程的情況是不全面的,研究者對有關資料的解釋也還有不少分歧,所以我們無法依靠這些資料來確切地説明商代農業生產的全過程。下面分"田獵與農業的關係"、"芟除草木"、"整理土地"、"耕耘"和"刈穫"五個小節,分頭對有關問題作一些討論。

（一）田獵與農業的關係

在大量土地尚未開闢，爲禽獸所棲息的林莽幾乎隨處可見的上古時代，田獵與農業有很密切的關係。《中國農學史（初稿）》説：

> 用火驅逐野獸，是古代狩獵活動中常常採用的方法，用火驅逐野獸的結果，必然會把長滿了野草雜樹的獵場燒成空地。這種空地，在適當條件下就會被人們利用來墾爲耕田。耕田的“田”和田獵的“田”，完全同字，這決不是偶然的，正反映着田獵爲農耕做了準備工作。（上册43頁）

這是很正確的。

在殷墟甲骨上可以看到一些關於“焚”某地之事的卜辭。過去有些人以此證明商代農業還在使用燒田耕作法。但是這類卜辭往往卜問焚某地是否能擒獲野獸，有的還附有記載獲獸情況的驗辭（如《合》10408正）。因此又有人認爲殷人的“焚”純粹是一種獵獸的方法，與農業無關。張政烺先生在《卜辭裒田及其相關諸問題》一文裏，把這兩種意見統一了起來。他先引用了唐代吕温的《道州觀野火》詩，指出從吕詩可以得知兩事：“（1）野火中可以獵兕虎，其他小獸自然更不用提了，（2）野火使農田開闢，得到增産。”又引用了《大戴禮記・四代》所記孔子的一段話，説明古人都知道“最好的獵場通過焚燒便可變成最好的農田”（《考古學報》1973年1期106頁。以下引用時簡稱“張文”）。接着，張先生對甲骨卜辭作了具體考察，指出卜辭中的“田”既可以當耕種或所耕種的田地講，也可以當打獵或打獵之地講，而且“從第三期以後，把打獵幾乎完全改稱‘田’”。此外從卜辭還可看出，田獵區往往就是重要的農業區，例如卜辭中常常提到的盂這個地方就是這樣的。所以他認爲商代的農田有很多是由獵場改成的，“耕田和打獵本來是兩回事，在焚山燒澤這一點上統一了，許多獵區終於不免變成農田”（同上106—107頁）。這些意見是很精闢的。很可能在卜辭所提到的田獵活動裏，有一些活動的真正目的就在於爲開墾農田作準備，擒獲野獸只是附帶的收獲。

古代野獸多，農田往往受它們蹂躪，田獵還有爲農田除獸害的作用。古書裏屢次談到這一點：

> 《説苑・修文》：“其謂之畋何？聖人舉事必反（返）本。五穀者以奉宗廟養萬民也，去禽獸害稼穡者，故以田言之。”
>
> 《白虎通・田獵》：“古者諸侯所以田獵何？爲田除害，上以共宗廟，下以

簡集士衆也……四時之田總名爲田何？爲田除害也。”（今本中此文已佚，據《左傳·隱公五年·正義》、《太平御覽》卷832轉引）

《公羊傳·桓公四年》何休注：“已有三牲，必田狩者，孝子之意以爲己之所養不如天地自然之性逸豫肥美。禽獸多則傷五穀。因習兵事，又不空設，故因以捕禽獸。所以共承宗廟，示不忘武備，又因以爲田除害。”

《左傳·隱公五年》“故春蒐，夏苗，秋獮，冬狩”句杜預注：“苗，爲苗除害也。”

此外，《月令》也說孟夏之月要“驅獸毋害五穀”。又據《周禮·秋官·雍氏》，古代爲了防止禽獸害稼，每年春天都要設置捕獸的阱擭（參看鄭玄注）。這種措施雖然跟大規模的田獵不同，但是也反映了防止獸害對古代農業的重要性。《說文》“矦”字下也說：“士射鹿豕，爲田除害也。”

在民族學資料裏也可以看到爲保護農作物而進行田獵的例子。如我國解放前的攸樂人“在秋收前後和農閑季節，爲了防止成群的野猪、猴子侵害莊稼，往往舉行集體圍獵”（杜彬《攸樂人解放前的社會歷史初探》，《民族團結》1963年10、11期）。

在商代，“爲田除害”無疑也是促使殷人進行頻繁的田獵活動的一個因素。這一點在王明閣《從卜辭中“田”的記載看殷代土地王權所有制》（《北方論叢》1981年4期）、孟世凱《商代田獵性質初探》（收入胡厚宣主編《甲骨文與殷代史》）等文章裏，都已經提到，可以參閱。

（二）芟除草木

在農業還沒有發展到在一塊土地上年年連續耕作的水平之前，芟除草木是農業生産中極其重要的一項工作。在開生荒的時候需要做大量芟除工作，以與焚田等工作配合。耕種撂荒地（包括跟耕地定期輪换的熟荒地，下同），也需要芟除很多草木。這些草木留在地裏，經過火燒水漚等處理，就成了肥料，而且在當時還是農田的主要肥料。《周禮·秋官·薙氏》說“薙氏掌殺草……若欲其化也，則以水火變之”，《禮記·月令》說“季夏之月……燒薙行水，利以殺草，如以熱湯，可以糞田疇，可以美土彊”，都可以說明這一點。

據《續漢書·祭祀志下》記載，西漢初年高帝令天下立靈星祠以祭后稷，“舞者用童男十六人，舞者象教田，初爲芟除，次耕種、芸耨、驅爵（雀）及穫刈、舂簸之形，象其功也”。《周禮·春官·肆師》“嘗之日，涖卜來歲之芟”，鄭玄注：“芟，芟草除田也。古之始耕者,除田種穀……卜者,問後歲宜芟不。詩云:載芟載柞,其耕澤澤。……”。從上面這些引文可以清楚地看到“芟除”在古代農業中的重要性。古“農”字象以辰清除草木,正是這一事實的反映。

根據周代農業的情況推測,在商代,年年連續耕作的土地即使已經出現,數量也一定極少。因此,“芟除”在商代農業中的重要性是不言而喻的。下面我們就在甲骨文裏找尋一下這方面的資料。

A. 柞　古代稱除木爲柞(《詩·周頌·載芟》毛傳:“除木曰柞。”)。《周禮·秋官》有柞氏之官,其主要任務是伐除樹木開闢田地(參看張文 99—100 頁)。《周頌·載芟》“載芟載柞,其耕澤澤”,講的大概就是開墾荒地的情形。

在甲骨文裏,屬於第一期偏早的《乙》8502【《合》20624】有如下兩條對貞卜辭:

乙丑,王:□□方。

乙丑,王:夒□方。

□方是方國名。第一條“王”下一字疑當釋“柞”。甲骨文字的寫法正反多無別,此字所从的□即“乍”的省寫□。甲骨文□(䇝)字或作□(《甲骨文編》499 頁),“钕”字作□(同上 146 頁),《前》4·27·3【《合》36421】“□册”即“乍册”,《珠》326“□圉”即“乍圉”,《京津》4831【《合》30266】“□𠑹”即“乍𠑹”,《商周金文錄遺》271【《集成》10·5353】商代卣銘中的“□彝”即“乍彝”,這些都是“乍”可省作□的明證。西周時代的量侯簋把“乍(作)寶尊簋”的“乍”寫作□(《三代》6·47【《集成》7·3908】),這應該是當除木講的“柞”的初文。上引卜辭□字所从的□顯然象草木之形,所以也應該釋爲“柞”。上引兩條卜辭以“柞”與“夒”爲對文,“夒”讀爲“農”或“耨”,“柞”正應該當“除木”講。這兩條卜辭所記的大概是商王準備派人到□方去開荒時所作的貞卜。用“柞”的方法或用“夒”的方法開荒,其規模可能有所不同。商王時常派人到某個方國去開荒種地,詳上引張文(107—108 頁)。

上面提到過的甲骨文裏的“䇝”字,在卜辭裏大都應該讀爲“乍”(作),如“䇝邑”“䇝三師”等等。甲骨文裏還有一個从“攴”从“䇝”的字,金祥恆認爲跟“钕”是一個字(見《釋□□□□□》,《中國文字》第 19 册),大概可信。下引兩版第五期甲骨上的“𢾅”字很可能也應該讀爲“柞”:

戊子卜貞:王田𩫖,往來亡災。

□卯卜貞：[王]㪔于臺，往來亡災。　　前2·42·3【《合》37474】

癸巳卜，在𫶧貞：王𢓊于射，往來亡災。　㪔𠹌十六。　　前2·8·3【《合》36775】

“㪔𠹌十六”當是附於卜辭的記事之辭。“𠹌”字罕見，可能是一種樹木的名稱。這些柞的活動說不定也跟開闢農田有關。

B. 芟　有一條第一期殘辭裏有字：

□白□□田弗□　　合10571

拙文《甲骨文字考釋（八篇）》已將此字釋爲“芟”（《古文字研究》第四輯157—158頁）。上引殘辭中有“田”字，原辭當是卜問芟草除田之事的。《說文》訓“芟”爲刈草。但是從甲骨文的字形看，“芟”字並不象用刀鐮一類工具刈草，而象用殳杖一類東西擊草。在冬季草枯的時候，是可以用擊草的辦法來除田的。《國語·齊語》“今夫農群萃而州處，察其四時，權節其用，耒、耜、枷、芟，及寒擊菒（《管子·小匡》作“槀”，即“槁”字）除田，以待時耕”，韋注：“枷，拂也，所以擊草也。芟，大鐮所以芟草也。寒，謂冬季大寒之時也。菒，枯草也。”“芟”字所象的，顯然是擊草除田而不是刈草。上引韋注把“枷、芟”的“芟”解釋爲芟草用的大鐮。如果“芟”的本義確是擊草的話，作爲除草工具名稱的“芟”，最初很可能也是指擊草用的殳杖一類東西而言的。

C. 枚　甲骨文裏有一個寫作、等形的字，《甲骨文編》隸定爲“枚”，附於“支”部而未釋（144頁）。《佚》292（即《合》29092）的一條第三期卜辭說：

丙寅卜，狄貞：盂田其遷枚，朝有雨。

于省吾先生在《殷代的交通工具和馹傳制度》一文裏，釋“枚”爲“散”字所从之“㪔”（《東北人民大學人文科學學報》1955年2期107頁）。此說後來沒有收入《甲骨文字釋林》，但是實際上是可信的（《甲骨文字集釋》也釋“枚”爲“㪔”，見2423頁，但牽合“𢼸”、“枚”爲一字則非）。金文“散”字所从的“㪔”，一般作“𢻮”，偶爾也寫作“枚”（如散姬鼎，見《金文編》283頁）。“𢻮”當是“枚”的省寫。甲骨文“莫”字有等寫法（《甲骨文編》24頁），“朝”字有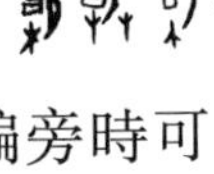等寫法（同上20頁。《文編》釋此字爲“萌”不確），可證“木”在用作表意偏旁時可以省作。所以釋“枚”爲“㪔”是無可懷疑的。

于先生在上引論文裏，相信《説文》的説法，以分散爲“𢿏”字本義，這是有問題的。從字形上看，“𢿏”跟“芟”同意，本意應該是芟除草木。古代“散”可訓“殺”。《方言・三》：“虔、散，殺也。東齊曰散……”。“殺”在古書裏本來是既可以用來指殺死動物，也可以用來指殺死草木的。如《月令》“季夏之月……利以殺草”，《管子・度地》“當夏三月……利以疾薅，殺草薉”，《左傳・昭公十六年》“昔我先君桓公與商人皆出自周，庸次比耦，以艾殺此地，斬之蓬蒿藜藿而共處之”，《荀子・王制》“故養長時則六畜育，殺生時則草木殖”，都是“殺”以草木爲對象之例。侯馬盟書“殺”字作（《侯馬盟書》326頁），《汗簡》卷上之一“支”部“殺”字作（《古文四聲韻》作），這種“殺”字很可能就是象斬殺草木之形的。“𢿏”、“散”同音。“散”是心母字，“殺”是生母字，上古爲一聲。古韻“散”屬元部，“殺”屬月部，元月陽入對轉。“𢿏”跟“殺”顯然是音義皆近的同源詞，訓“殺”的“散”就是假借爲“𢿏”的。所以“𢿏”的本義並不是分散，而應該是芟殺草木。

“𢿏”字還見於以下卜辭：

> 𢿏于東，有鹿。
> 貞：𢿏，亡其鹿。　　合10910正
> ⍁𢿏（此字倒書）⍁東兕⍁獲。　　合10908
> ⍁北𢿏，擒。　　合29289
> ⍁東𢿏，擒。　　合29370

這些“𢿏”字全都出現在卜問擒獲的卜辭裏，應該都是用其本義的。野獸藏身林莽之中，由於芟殺草木而擒獲野獸，是很自然的。

卜辭裏又屢見一個寫作等形的字（以下隸定爲“𢿢”），例如：

> 叀（用法近“惟”）𠤎𢿢，獲有大鹿，亡災。　　合28345
> 叀盂田省，亡災。
> 弜（勿）𢿢𠤎。　　合29098
> 王其往田于𠤎。
> 于盂。
> 其以人𢿢。　　合28904
> □亥卜：其⍁𢿢盂（？）東，擒⍁。　　屯南1148
> 王其田，𢿢淒麓，擒，亡災。　　屯南1441

從辭例看,這個字沒有問題是"柭"的繁體。字形从"产",大概跟柭除草木之事往往在山麓進行有關(參看拙文《甲骨文字考釋(八篇)》,《古文字研究》第四輯169頁。《論集》編按:即本書所收《甲骨文中重文和合文重複偏旁的省略》篇)。

上引諸辭提到的"柭"(包括"戳"),從表面上看好像只是一種獵獸的方法,實際上恐怕跟"焚"一樣,不但客觀上爲開闢農田作了準備,而且有時可能主要就是爲開闢農田而進行的,捕獲野獸只是附帶的收獲。金文有"戳"字,見於父辛鼎(《金文編》223頁)和父辛卣(《歷代》3·30【《集成》10·5287】)。古文字从"林"从"艸"往往不分,這個字也應是"柭"的繁體。"柭"或加"田"跟"農"或加"田"同例。這正是"柭"跟農業有密切關係的反映。

現在回過頭來討論本小節開頭所引的《佚》292那條卜辭。我們認爲這條卜辭裏的"柭"也是用其本義的。"遷"字,于省吾先生釋爲馹傳之"馹"的初文(見上引"馹傳制度"文,參看《甲骨文字釋林》277—280頁),恐不可信。卜辭"遷"字的意義跟"徲"相反,這從下列對貞卜辭可以清楚地看出來:

其遷至于攸,若。王固曰:大吉。

其徲于之,若。　　前5·30·1【《合》36824】

丁丑卜,狄貞:王其田,遷(此字所从之"臸"倒書)往。

丁丑卜,狄貞:王徲(此字所从之"辛"倒書)往,。

甲3919【《合》29084】

壬戌卜,狄貞:亞旌其遷入。

壬戌卜,狄貞:其徲入。　　甲3913【《合》28011】

古文字从"彳"从"辵"可通,"徲"就是"遲"的古體"遟"(參看《甲骨文編》75頁"徲"字)。所以"遷"應該當迅速講("臸"即"臶"。"晉"字本作"簮",當从"臶"得聲。"晉"、"迅"皆真部字,頗疑"遷"即"迅"字)。金祥恆認爲"遷"有"疾行而至"之意(見《釋》,《中國文字》第16册),近是。但是此字雖有"疾"意,却不一定有"行而至"之意。"遷柭"應該解釋爲迅速芟殺草木。

卜辭地名凡稱"某田"的,都指農田,如"壬寅卜:王其戳于盂田,有雨,受年"(《屯南》2254),"其尋桒年在噩田,有[雨]"(《安明》1814【《合》28250】)等等。卜辭常說"省某田"、"叀某田省"或"省田"、"叀田省",都是指省視農田而言的。于省吾先生解釋《人文》2070【《合》29240】"王叀田省,延于光"一辭說:"這是

說王省視農田,延及于沇”(《甲骨文字釋林》138 頁)。這是很正確的。“盂田其遷桛”就是在盂地農田上迅速芟殺草木的意思。可見這條卜辭裏所說的“桛”確是農業生産上的一項工作。需要桛的盂田,應是盂田中的撂荒地。“朝有雨”的“朝”當指次日早上,古書中“旦”往往指次日早上,與此同例。從這條卜辭的全文看,卜問是否速桛,當是爲了趕在下雨之前完成這項工作。撂荒地的草木芟殺之後,需要“以水火變之”,才能起到肥料的作用。殷人所以要趕在下雨前完成桛的工作,大概與此有關。

D. 告艿　上文講“黍”字時引用過的《摭續》106(即《合》33225)有以下諸辭:

己卯貞:在冋冎來告艿,王(最後二字已至卜骨邊緣,疑其後尚有“其黍”二字轉至骨背契刻)。

王弜(勿)黍。

壬辰貞:在冋冎來告艿。

王其黍(此三字似應與上條接讀)。

王弜黍。

這些是由於在冋地的冎這個人來“告艿”而貞問王是否在冋地種黍的卜辭。冋地有殷王親耕之田,上文已經提到。

《說文》:“艿,草也。”《玉篇》引《說文》作“舊草不芟新草又生曰艿”。《廣韻・平聲・蒸韻》:“艿,草名,謂陳根草不芟,新草又生相因艿(仍)也,所謂燒火艿者也。”《列子・黄帝》:“趙襄子率徒十萬狩于中山,藉芿燔林,扇赫百里。”此處“芿”字即上引“艿”字的異體。“藉芿燔林”與《廣韻》“燒火艿”之說可相印證。

嚴一萍《釋艿》指出“艿”是“有關農耕之字”,並解釋上引卜辭說:“此卜王擬在冋地種黍而晏(嚴氏釋“冎”爲“晏”)之報告云該地舊草不除,新草又生,故王不能植黍。”(《中國文字》第 16 册)嚴氏指出“艿”與農業有關很正確,對這幾條卜辭的解釋也頗有道理。但是也有可能“告艿”是報告撂荒地上已長滿草萊。古代撂荒地上的草萊是主要的肥料來源。撂荒地長滿草萊以後,經過芟夷、火燒等手續,等季節一到,就可以播種了。《鹽鐵論・通有》所說的“燔萊播粟”,指的就是這種情況。殷人迷信,幾乎事事都要卜問。卜問王是否在冋地種黍,並不一定説明冋地出現了不利於種黍的條件。所以我們暫時把“告艿”放在“芟除草木”這一小節裏來講。

有的卜辭把“艿”跟“米”聯繫起來:

☐在冋咼☐艿,王米。 安明2727【《合》32963】

甲申貞☐艿☐

弜米。

庚寅貞:王米于冋,㠯祖乙。 屯南936

"米"用爲動詞,疑指收穫黍米。還有一條卜辭說:

丁酉卜在☐□艿弗每☐ 續3·28·6【《合》37517】

"艿"上一字似是"黍"字而左下角又旁注一"余"字,不知是否可以釋爲"稌"。這條卜辭顯然也是跟農業有關的。上引這幾條有"艿"字的卜辭都有缺文,意思不清楚。但是就殘存之文推測,"艿"字似乎以解釋成指草荒爲宜。這樣看來,《摭續》106的"告艿"也許仍應按嚴文來解釋。總之,卜辭"艿"字的確切含義還有待進一步研究(《論集》編按:許進雄《明義士收藏甲骨釋文篇》218頁以爲"艿"實不从"乃",而"象以鐮割植物之狀……當爲與稻米之收割或種植有關的作業。以字形而論,收割之義較近之"。但此字字形似不能象許氏這樣解釋)。

甲骨文裏還有一個从"艸"或"林"、从"𠘧"的字,多用爲地名(看《綜類》186—190頁)。我們在講"柞"的時候,曾引過使用這個字的卜辭。這個字並不从"乃",很多人把它跟"艿"字混爲一談是不妥當的。

E. 秉 甲骨文裏有☐字(以下隸定爲"秉"),從下引卜辭看,顯然跟農業有關:

叀庚午秉于盂田,不遘大雨。

弜庚午,其雨。 屯南335

□戌秉于盂☐遘大雨。 粹780【《合》31198】

其秉于盂☐ 合31201

□酉卜:其秉盂☐ 合31796

翌日庚其秉乃霝,𢀛(比)至來庚有大雨。

翌日庚其秉乃霝,𢀛至來庚亡大雨。

來庚剢秉乃霝,亡大雨。 粹845【《合》31199】

乙未卜:今日其屯(?)用林于淫田,有[正]。

弜屯,其𨳿新秉,有正("正"也有可能應釋爲"足")。

叀新秉屯用上田,有正。 屯南3004

這個字,葉玉森《殷契鉤沈》釋"秋"(2頁),唐蘭《天壤閣甲骨文存考釋》釋"穡"

(23 頁上),都缺乏根據。郭沫若《殷契粹編考釋》釋“稈”,謂其字“从禾加朿以示莖之所在,指事字也”(113 頁上)。于省吾《雙劍誃殷契駢枝・釋秉》謂金文“刺”字左旁作等形,與“秉”爲一字,“秉”當與“刺”同音,《說文》謂“刺”字从“朿”,非是。綜合郭、于二說來考慮,“秉”似應是“梨”的初文。《說文》:“梨,黍穰也。”《廣雅・釋草》:“黍穰謂之梨”,“稻穰謂之稈”,“稷穰謂之穖”。《廣韻・平聲・陽韻》:“穰,禾莖也。”《說文》“梨”字《段注》:“《詩・生民》‘禾役穟穟’,毛傳:‘役,列也。’‘列’蓋‘梨’之假借,禾穰亦得謂之梨也。”由以上引文可知“梨”是禾、黍一類穀物的莖稈之名。“列”、“刺”古音相近。“凡經傳稱列考或功烈字,金文通作‘刺’。”(《雙劍誃殷契駢枝・釋秉》)所以把“秉”釋作“梨”的初文,從字形和字音上都講得通。

卜辭“秉”字多用爲動詞。殷人收穫穀物有時只摘取其穗(詳下文),留在地裏的禾稈需要另作處理。用作動詞的“秉”應指處理禾稈的一種行爲。在古書中,除萊可稱“萊”(《周禮・夏官・大司馬》“虞人萊所田之野”,鄭司農注以“芟除其草萊”釋“萊”字。《地官・山虞》“若大田獵則萊山田之野”,鄭玄注:“萊,除其草萊也。”),除草可稱“草”(《周禮・地官・序官》“草人”鄭注:“草,除草。”)。卜辭裏用作動詞的“秉”,大概也是當除梨講的。所以我們把“秉”包括在芟除工作裏。

禾稈也可用作肥料。殷人有時只收穀物的穗而把禾稈留在地裏再作處理,這應該是一個重要原因。這一點從上引《粹》845 的三條卜辭似可得到印證。下面把這三條卜辭解釋一下。“雨”字屢見於卜辭,當跳舞求雨講(“無”、“舞”古本一字),一般釋作雩祭之“雩”(《甲骨文字集釋》3452—3455 頁)。“其秉”的“秉”是動詞,在這裏應該當弄倒禾稈講。“剢秉”的“秉”應是名詞,“剢”疑應讀爲當截斷講的“剬”(也作“剸”)。卜辭或言“剢芻”(《屯南》1111、《人文》2512【《合》32010】),“剢”、“剢”疑是同一詞的異寫,可參考。“必”讀爲“比”,“必至”猶言“比及”、“及至”(看拙文《釋“柲”》,《古文字研究》第三輯 22 頁)。這三條卜辭卜問在翌日庚“秉”禾稈或在來日庚“剬”禾稈之後舉行求雨的儀式,能不能得到大雨。大概禾稈弄倒後是準備留在地裏“以水火變之”用作肥料的。

上引《屯南》3004 諸辭也需要解釋一下。新秉可能指收穫後不久就加以處理的禾稈。“湮”字從王襄、商承祚、葉玉森諸家釋(看《甲骨文字集釋》3755 頁)。“湮田”、“上田”對舉也見於《屯南》715,“湮田”還見於《甲》1516【《合》28228】(參看下文第四小節之 C)。西周晚期的散氏盤銘有“我既付湮田、牆田”之語。吳大澂謂“湮田”即“隰田”(《愙齋集古錄》16 册 8 頁),其說可信。《詩經》中屢以“隰”與

“原”、“阪”或“山”對言。《邶風・簡兮》毛傳:“下濕曰隰。”《秦風・車鄰》毛傳:“陂曰阪,下曰隰。”《小雅・皇皇者華》毛傳:“高平曰原,下濕曰隰。”可知隰田就是地勢低下土質比較潮濕的田。《小雅・信南山》說:“畇畇原隰,曾孫田之。”《大雅・公劉》說:“度其隰原,徹田爲糧。”這說明原田和隰田是古代最重要的兩類田(原田之稱見《左傳・僖公二十八年》晉輿人之誦)。《毛傳》說“下曰隰”,隰田也未嘗不可以稱下田,上田大概就是原田(《小雅・正月》所說的“阪田”之類的田,或許也可以包括在上田之内)。散氏盤的牆田當與卜辭上田同意。“牆”當从“爿”得聲。“爿”本是“牀”的初文,“牀”和从“爿”聲的“狀”、“牆”等字,古音都跟“上”很相近。也許“牆田”之稱就是由“上田”變來的。從上引關於“溼田”、“上田”的卜辭來看,原田和隰田在商代大概已經是最重要的兩種田了。上引《屯南》3004 第一辭說“屯用林于隰田”,第二辭說“弜屯,其闞新秉”,第三辭說“叀新秉屯用上田”,似是卜問用草木禾稈等物爲隰田、上田施肥之事的。由於有些字的意義不能確定,對這些卜辭還無法作確切的解釋。

殷人既卜問王是否“觀耤”(參看下文第四小節之 B),也卜問王是否“觀秉”:

王其雚(觀)。

弜雚秉。　　後下 6・6【《合》28201】

可見殷王對秉這件事相當重視。

(三)整理土地

我們所説的整理土地,把選擇耕地等工作也包括在内,範圍較廣。甲骨文裏這方面的資料大都比較難解,以下各條所作的解釋都只是一種假設,有待進一步研究。

A. 㞕田　第一期卜辭有時卜問“㞕田”之事,下引的是文字比較完整的一些例子:

庚辰[卜,□]貞:翌癸未㞕西單田,受有年。十三月。　　合 9572

甲申卜,爭貞:令逆㞕屮田,受年。　　合 9575(《甲》1167 有缺文)

貞:令𡧊㞕屮田。　　合 9576

貞:勿令𡧊㞕屮[田]。　　合 14990

貞:勿令㞕屮[田]。　　合 9579

□㞕屮田。　　合 9578

還有幾條一期卜辭卜問"于翌乙丑𡰥𦥑"(《合》9570、9573、12595、《燕》634【《合》9571】),不知道"𡰥𦥑"是否就是"𡰥𦥑田"。

"𡰥"字原作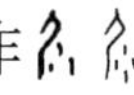等形。胡厚宣先生認爲此字後來變作《説文》收爲"徙"字古文的(𡰪),又變作"屎";屎田就是在田地裏施糞肥(《再論殷代農作施肥問題》,《社會科學戰綫》1981年1期)。胡先生把"𡰥田"解釋爲用糞肥,是否合乎事實有待研究;把"𡰥"跟《説文》"徙"字古文"𡰪"看作一個字,則是可信的。李家浩同志認爲卜辭"𡰥田"就應該讀爲"徙田",可能跟古書中所説的"爰田"意近(見其讀書筆記,未刊【編按:李説見俞偉超《中國古代公社組織的考察——論先秦兩漢的"單—僤—彈"》11—15頁,文物出版社,1988】)。那麽"𡰥田"便可能是安排撂荒地跟耕地輪换的一種工作了。這是值得考慮的一個意見。

此外,還可以爲"𡰥田"找出一種跟上説相近的解釋。金文中記周王賞賜的車服武器等物時,往往提到"彤沙"。師𣪕簋等器把"彤沙"寫作"彤𡰪"(參看郭沫若《兩周金文辭大系考釋》),李家浩同志認爲"𡰪"跟"𡰪"、"𡰥"是一個字,可從。這樣看來,"𡰥"的古音當與"沙"相近,"𡰥田"似可讀爲"選田"。因爲"沙"是生母字,"選"是心母字,上古爲一聲。"沙"字古屬歌部,"選"字古屬元部,歌、元陰陽對轉。春秋時代齊國的叔弓鎛有"擇吉金……"之文,陳肪簋有"擇吉金"之文,舊多釋爲"𣪊擇吉金"。其實叔弓鎛"擇"上一字明明是从"攴""𡰪"聲的字,陳肪簋"擇"上一字的上部也像是"𡰪"的訛變之形。把"𣪊擇"、"𡰪擇"讀爲"選擇",文從字順。所以卜辭裏的"𡰥田"有可能應該讀爲"選田",指在某地的撂荒地中選定重新耕種的地段。此外,選擇可開闢的荒地的工作,或許也可包括在內。

《前》5·27·6【《合》9480】一辭説:

> 𡰥有正(或釋"足"),乃𡈼田。

可能是選好或選够地再𡈼田的意思(𡈼田詳下)。

B. 𡈼田　賓組卜辭提到的農業生産方面的工作有"(以下隸定爲"𡈼")田",如:

戊辰卜,賓貞:令𠂤𡈼田于盖。	前2·37·6【《合》9476】
癸卯[卜],賓貞:[令]𠂤𡈼田于京。	燕417【《合》9473】
貞:勿令𠂤𡈼田。	合9475
戊子卜,賓貞:令犬征族𡈼田于□。	人文281【《合》9479】

又有“（以下隸定爲“量”）田”，如：

甲子卜，𡆥貞：令受量田于□，㞢王事。 前7·3·2【《合》22】

癸⍁貞：⍁令受量［田］于侯。十二月。 前6·14·6【《合》9486】

⍁今日［令受］量田于侯。十二月。 合3307

癸巳卜，賓貞：令衆人□入羊方量田。

貞：勿令衆人。 甲3510【《合》6】

歷組卜辭裏則有“（以下隸定爲“裒”）田”，如：

癸亥貞：于罘裒［田］。

癸亥貞：王令多尹裒田于西，受禾。

癸亥貞：多尹弜乍（柞？），受禾。

乙丑貞：王令裒田于京。

于裒田。 人文2363【《合》33209】

甲子貞：于下尸刖裒田。

［甲］子貞：于□方裒田。 粹1223【《合》33211】

己巳：王⍁刚裒田⍁ 粹1221【《合》33210】

甲戌貞：王令刚裒田于。 屯南499

⍁王令□裒田［于］。 粹1544【《合》33212】

□卯貞：王令𢍰裒田于京。 佚250【《合》33220】

⍁［多］尹裒田于京⍁ 屯南102

⍁裒田于京。 屯南4251

□□貞：王令多□□羊裒田。 粹1222【《合》33213】

又有“（以下隸定爲“㘴”）田”：

辛□貞：王令□㘴田于□侯。 合33278

辛［□貞］：［令□］㘴田［于］。 甲377【《合》34239】

“田”：

□田在⍁ 掇一446【《合》33223】

“田”：

丁卯卜貞：王□[illegible]田于□。 屯南 2260

一般都認爲上引各類卜辭裏的“田”上一字，是同一個字的異體，當可信。下文在沒有必要區分字形時，統一用“⿱𦥑土”來代替它們。

在三、四期卜辭裏，也能看到跟農業有關的“⿱𦥑用土”字：

弜⿱𦥑用土，弗受有年。 後下 41·15【《合》28198】

弜⿱𦥑用土，弗受有[年]。 京津 4495【《合》28199】

有一條三、四期卜辭說“⿱用土田”：

王弜令受爰(?)吏⿱用土田于章。 屯南 650

“⿱用土”顯然是“⿱𦥑用土”的省寫。

對卜辭裏的“⿱𦥑土”字有很多種解釋（參看于省吾《甲骨文字釋林·釋圣》和上引張文）。我們認爲就釋字而言，最值得注意的是饒宗頤先生的說法。他說卜辭“或卜坙田……亦曰⿱𦥑用土田……按⿱𦥑用土字，从臼从用从土，疑讀爲壅。《說文》：‘秄，壅禾也。’《左》昭元年傳杜注：‘壅苗爲蓘。’此言⿱𦥑用土田，即壅田也”（《人物》258 頁。《論集》編按：陳夢家《綜述》538 頁說：“坙象壅土之形，疑即糞字。……《月令》季夏‘可以糞田疇’，《正義》云‘糞，壅苗之根也’。坙从収即共，音與壅同。”其說在饒說之前提出，雖誤釋“⿱𦥑土”爲“糞”，但已經覺察到了“⿱𦥑土”與“壅”有關）。饒氏以壅禾說卜辭⿱𦥑土田，似不可信；但是讀“⿱𦥑土”、“⿱𦥑用土”爲“壅”，則是很有道理的。“⿱𦥑用土”字所从的“用”決非純粹表意的偏旁。有人說“用”象鏟形，這是毫無根據的。于省吾先生說“用”是“桶”的初文，似可信。但是他解釋“⿱𦥑用土”字的字形說：“墾田時需要鏟高填低，故用桶以移土”（《甲骨文字釋林》236 頁），就不够合理了。因爲以人力移土，決不會使用笨重的木桶。“⿱𦥑用土”字所从的“用”，性質跟甲骨文[illegible]（置）字所从的“之”相類，多少有點象徵兩手所持之器的作用，但主要是當作聲旁用的（關於甲骨文“置”字，參看拙文《甲骨文中的幾種樂器名稱——釋“庸”“豐”“鞀”》，《中華文史論叢》1980 年第 2 輯 69 頁、77 頁注⑧）。“⿱𦥑土”加“用”聲而作“⿱𦥑用土”，跟“耤”的表意初文加“昔”而作“⿱耤”（《金文編》292 頁）同例。上引《屯南》650“⿱𦥑用土”字省作“⿱用土”，成爲从“土”“用”聲之字，跟“⿱耤”字省作“耤”同例。此字既然从“用”聲，當然就以釋作“壅”爲宜了。

張政烺先生把“⿱𦥑土”字釋作“裒”，我們沒有採用。但是他對“裒田”內容的解釋很有啓發性，有一部分可以移作對“壅田”的解釋。張先生說：“卜辭裒田究竟包含一些什麼内容是一個大問題。從上面引用的一些材料看,下命令是在夏至、冬至,必是爲了攻木殺草,以此開端,接着便是以水火變化,然後再轉到平整土地,裒田這個詞應當是從這後一步來的。裒田就是造新田。整地的工作很不簡單,首先是刨地,扒高墊低,使之平坦,然後再打壟。"(張文 101 頁)"壅田"是否一定包括攻殺草木,我們不敢肯定。至於平整土地和打壟等工作,無疑是"壅田"的重要内容。

古代稱在植物根部培土爲壅。《說文》"秄,雍禾本",《段注》:"雍俗作壅。"《文選》卷五十二魏曹元首(冏)《六代論》"壅之以黑墳",則指給樹根培土。又"雍"、"壅"、"擁"古並通。"雍"或"擁"可訓爲"聚"。《漢書·楊雄傳上》"雍神休"顏注:"雍,聚也……雍讀曰擁。"結合甲骨文"壅"字表意初文"𡉚"、"𡋯"的字形來看,"壅"的本義當爲"聚土"。"雍"和"壅"又可訓爲填塞(《淮南子·主術》"葉貫萬世而不壅",注:"壅,塞也。"《漢書·天文志》"土……與水合爲雍沮",顏注引晉灼曰:"一曰:雍,填也。"),訓爲障蔽(《廣雅·釋詁一》:"壅,障也。"《詩·小雅·無將大車》"維塵雍兮",鄭箋:"雍猶蔽也。")。這些都可以看作由"聚土"引申出來的意義。所以把壅田解釋爲去高填窪、平整土地和修築田壟等工作,從"壅"字的形義來看是合理的。

《周禮》所記的雍氏這個官,跟壅田大概也是有關的。《周禮·秋官》"雍氏掌溝瀆澮池之禁,凡害於國稼者。春令爲阱擭溝瀆之利於民者,秋令塞阱杜擭",鄭注:"害於國稼,謂水潦及禽獸也。"又《秋官·序官》"雍氏"下鄭注:"雍,謂堤防止水者也。"築堤防防止水潦侵入田地,以及修溝瀆排除田地的水潦,大概也是包括在商代的"壅田"工作的範圍裏的。前面說過,殷人很重視隰田。對於這種低下潮濕的田地來說,防水和排水工程是十分重要的。

上引歷組卜辭壅田之"壅"或寫作 、,可能就象填土於低窪之處或修築堤防、田壟之形。

從壅田的内容來看,這項工作既可以是爲開生荒而進行的,也可以是爲整理撂荒地而進行的(當然要在柞、芟等工作之後)。在比較原始的農業生産中,開荒或耕撂荒地時,一般對土地不會費大力整理,大概多數採用不作疆畎的"縵田"的形式(參看張文 104 頁)。從殷人很注意壅田工作來看,當時開荒和耕撂荒地的方法應該已經有了很大進步,種縵田的情況大概已經很少見了,土地撂荒的時間可能多數也已經比較短了。

五期卜辭裏提到"𡆥兕"(《合》37387)、"𡆥大兕"(《合》37514),還有一條卜辭說:"𡧊告曰兕來羞,王叀今日𡆥"(《合》37392)。這種"𡆥"字疑當讀爲壅遏、壅蔽之“壅”，壆兕就是擋住兕的去路進行兜捕。

C. 其他　賓組卜辭曾提到“田”：

癸未卜，賓貞：𢀛田，不來歸。十二月。

甲 3479【《合》10146】(參看《甲》3459【《合》10147】)

貞：勿令□田。十一月。　零拾 91【《合》10148】

張政烺先生認爲“田”上一字應該分析爲从“止”“土”聲(《釋甲骨文尊田及土田》，《中國歷史文獻研究集刊》第三集 13—15 頁)。今按歷組卜辭曾提到“土田”：

弜(勿)犬征土田。　合 33215(《合》33214 同文)

卜辭“弜”字後有時省去動詞，如《甲》3918【《合》27459】片上跟“叀用”相對的反面卜辭是“弜”，跟“叀庸用”相對的反面卜辭是“勿庸”，“弜”、“勿”之後都省去動詞“用”。“弜犬征土田”大概是勿令犬征土田的意思(《論集》編按：《合》33214 可與 33216、33690 綴合，見蔡哲茂《甲骨文合集綴合補遺》29 號，載《大陸雜誌》68 卷 6 期。此片尚有“庚寅卜：令犬征田京”一辭)。“土”用爲動詞，“土田”跟賓組卜辭的“田”應爲一事，可以印證張先生“”从“土”聲之說。張先生認爲這個字當讀爲《周禮》“土其地”(見《地官・大司徒》)、“土地”(見《春官・典瑞》、《考工記・玉人》)之“土”，鄭玄注把“土地”釋爲“度地”，卜辭“土田”即“度田”，應指在開荒、除田等工作開始之前進行的度量土地的工作(見上引文)。

賓組卜辭又曾提到“尊田”：

辛未卜，爭貞：曰衆人□尊田☐　零拾 90【《合》9】

並曾以“勿尊”與“受年”同卜於一版(《摭續》112【《合》9869】)。“尊田”很費解。張政烺先生根據“以‘尊’爲聲的字常有聚意”的現象，認爲“尊田”指在開荒的土地上聚土作壟之事(上引文 11—13 頁)，可參考。上引《零拾》90“尊”字所从之“酉”作，《摭續》112“尊”字所从之“酉”作，其最下部都畫出圈足。卜辭“尊歲”(《合》15855)、“尊宜”(《合》15856)之“尊”所从的“酉”也有這樣寫的。卜辭字或作(《合》1464)，商代金文“配”字或作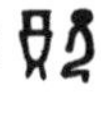(《金文編》1041 頁)，所从的“酉”也都畫出圈足。張先生以《零拾》90、《摭續》112 的“尊”字爲从“土”“尊”聲之字，似可商榷。

有一條歷組卜辭(也可能是自歷間組卜辭)提到“田”：

丁亥卜：令衆复田，受禾。　　人文 1926【《合》31969】

"田"上一字應即甲骨文中屢見的"复"字(《甲骨文編》255 頁)的異體。西周初年的大豐簋有以此爲偏旁的"復"字,劉心源據㬪盨"進退"字釋作"退"(《奇觚》4・12)。銀雀山西漢墓竹簡"退"字也多寫作"復",可證劉説可信。甲骨文"复"字大概是"退"的初文。"退"與"尊"聲母發音部位相近,古韻"退"屬微部,"尊"屬文部,微、文陰陽對轉。"退田"跟賓組卜辭的"尊田"也許是一回事,待考。

在這一小節的最後,談一下"作大甾"的問題。《合》9472 有下引一對對貞卜辭:

令尹作大甾。

勿令尹作大甾。

過去,大家都把上引兩辭裏的末一字釋作"田"。張政烺先生指出這個字从"田"从"丫",不應釋"田"(上引"裒田"文 102 頁),非常正確。但是張先生認爲"丫"即《説文》"甽"(畎)字古文"𡿨",甾當釋"甽",則可商榷。因爲"丫"似乎並非畎澮之形。卜辭裏提到一個名爲"杰"的祭祀對象(參看于省吾《甲骨文字釋林》364 頁),"杰"字所从的"木"有時换作"屮"(《佚》14【《合》3190】),有時又换作"丫"(《乙》9047【《合》20737】"辛巳卜：又于□三彘又鬯")。由此可知"屮"可省作"丫"。頗疑甾即甫的異體,應釋"甫",讀爲"圃"。

(四) 耕耘

A. 劦田　一期卜辭曾提到"劦田":

[□□卜]𣪊貞：王大令衆人曰[劦田,其]受[年。十一月]。

前 7・30・2【《合》5】(缺字據《續》2・28・5、《合》1 等補)

叀辛亥劦田。十二月。　　零拾 89【《合》9499】

有一片三、四期卜骨上有"叀懋田劦"之語:

☐噩舊田,不受有[年]。

弜巳湽,叀懋田劦,受有年。　　人文 2062【《合》29004】

可知劦田之"劦"是動詞,"田"是它的賓語。胡厚宣先生在《卜辭中所見之殷代農業》裏解釋一期卜辭的劦田説:"劦者……余謂即《説文》之'劦'字,蓋卜辭文字从'口'與否每相通。《説文》:'劦,同力也。'字从三力,正示合力之義。田者用爲動詞,義爲耕田。劦田者言合力以田。”胡先生釋“劦”爲“劦”可從,以“田”爲動詞則非。“力”本象發土工具,疑“劦”之本義爲協力發土耕田,所以可以把“田”當作賓語。上引兩條劦田卜辭,一卜於十一月,一卜於十二月。劦田可能是在冬天大規模翻耕土地,爲明年的春播作準備。

上引《人文》2062 的兩條卜辭似以“㮚田”與“舊田”爲對文(《論集》編按:黄天樹同志據《甲》1369【《合》28200】“▨弜耤舊▨其受有年”一辭,把《人文》2062“舊田”一辭補足爲“弜[耤]𤲞舊田,不受有年”。則“舊田”“㮚田”二辭並非嚴格意義的對貞之辭。但從文義看,“舊田”“㮚田”二詞的意義仍應是相對的)。“㮚”字從于省吾先生釋(《甲骨文字釋林》364 頁),在此疑當訓爲美(《後漢書・章帝紀》李賢注:“㮚,美也。”)。《說文》:“茂,艸豐盛也。”也有可能“㮚”當讀爲“茂”,“叀茂田劦”就是翻耕長滿草的撂荒地的意思,待考。

舊田當指已耕種之田。張政烺先生認爲舊田是“久已開發,歲歲耕之田”(《殷契劦田解》,胡厚宣主編《甲骨文與殷商史》9 頁)。《左傳・僖公二十八年》記晉輿人之誦曰:“原田每每,舍其舊而新是謀。”所謂“舊”就指舊田。從輿人之誦來看,舊田是需要换耕的,並非歲歲耕而不輟之田。卜辭舊田的情況似應與之相似。這種田並非一定不可以連續耕種,但是耕種幾年後,總還是要撂荒的(《論集》編按:《人文》2062 卜問“弜[耤]𤲞舊田,不受有年”,大概就是怕舊田的地力已竭,耕種後不能穫得好收成。本文下文原有推測上引一辭“𤲞”上一缺字應爲“𢦏”的話,今删去)。

上引《人文》2062 第二辭的“弜巳𢦏”,意思跟“勿𢦏”差不多(關於卜辭“弜巳”的用法,參看拙文《卜辭“異”字和詩、書裏的“式”字》,《中國語言學報》第 1 期 183—185 頁)。“𢦏”从“巛”(災)聲,古音與“甾”相近,不知是否可以讀爲當殺草講的“菑”字。“勿巳𢦏,叀㮚田劦”也許就是不專門殺草而直接劦田的意思。

王襄《簠室殷契徵文考釋》以劦田之“劦”爲祭名,認爲劦田指祭祀田祖,張政烺先生從之(見上引文)。這樣解釋不能說沒有道理。不過目前還沒有發現可以說明劦田是祭祀活動的確鑿證據,所以我們暫時仍從舊說,把劦田解釋爲耕作。

B. 耤　前面已經說過,“耤”字本象以耒發土,所以“耤”應該是指耕田而言的。有人認爲耤指鋤地(陳書 533 頁),非是。

一期卜辭屢次卜問呼人耤於某地是否受年,如:

丙辰卜,爭貞:呼耤于唯,受有年。　丙 126【《合》9504】

▨貞：呼雷耤于名。　　丙 492【《合》14】

▨雷耤在名，受有年。　　乙 3290【《合》9503】

丙子卜：呼▨耤，受年。　　前 7·15·3【《合》9506】

還有一條卜辭卜問“衆作耤”會不會有喪亡：

[□□]卜貞：衆作耤，不喪▨　　合 8

當時曾設立小耤臣之職：

己亥卜貞：令〓小耤臣。

前 6·17·6【《合》5603】（參《前》6·17·5【《合》5604】）

“令〓小耤臣”大概就是令〓爲小耤臣的意思。這當是總管耕耤之事的官。跟卜問任命小耤臣同時，還卜問了殷王親自觀耤的事：

己亥卜▨雈（觀）耤▨　　前 6·17·6【《合》5603】

己亥卜貞：王往雈耤，延往。　　甲 3420【《合》9501】

庚子卜貞：王其雈耤，叀往。十二月。　　後下 28·16【《合》9500】

可見商王對耤這件事很重視。

卜辭裏所説的耤，有一些好像是包括耕和種而言的。例如有的卜辭卜問“呼耤”後是否能“生”：

甲申卜，賓貞：呼耤，生。

貞：不其生。　　丙 233

王固曰：丙其雨，生。　　丙 234

“丙其雨，生”是王占兆之後的判斷之辭，意思大概是説，如在甲申日叫人耤田，到第三天丙日就會下雨，種的東西將能够生長出來。可見這裏所説的耤是包括耕和種而言的。在下引的成套卜辭裏，“耤”跟“秜”可以相代：

丁酉卜，争貞：呼甫秜于始，受有年。一。

甫耤于始，受年。二、三。

乙 3212【《合》13505】（“一”、“二”、“三”是記卜兆次序的）

王固曰：受[年]。　　乙 3213【《合》13505】

“甫”是人名。“秜”當指種秜（參看第一節第五小節）。可見這裏所説的耤也是包

括種的。跟上引卜辭同天占卜的一條卜辭,卜問是否能“受甫耤在⿰女自年”,辭末記“三月”:

丁酉卜,殻貞:我受甫耤在⿰女自年。三月。　　合900正

殷正三月相當於夏正二月。商代北方較現代稍暖,這正是下種的季節。但是上引《後》下28・16【《合》9500】卜觀耤之辭所記月名爲十二月,如果這不是在頭年年底預卜開春之事,所觀之耤便應該是冬耕了。

包括耕、種而言的耤,其具體内容可能是有的人用耒翻地,有的人跟着下種。

C. 𦍒　有些跟農田有關的卜辭提到𦍒:

叀上田𦍒延,受年。

叀湿田𦍒延,受年。　　屯南715

叀湿[田]𦍒延,受年。　　甲1516【《合》28228】

癸卯卜:王其延气盂田𦍒,受禾。　　存上1973【《合》28230】

“𦍒”字從于省吾先生釋(見《甲骨文字釋林》42頁),在此疑當讀爲“耘”。“𦍒”从“旬”聲。甲骨文“旬”皆作,金文“軍”字以它爲聲旁。而不少从“軍”聲之字,如“運”、“鄆”、“暈”等字的古聲母和古韻部,都跟“耘”字相同。可見“𦍒”、“耘”二字的古音一定很接近。上引卜辭裏的“𦍒”如果的確應該讀爲“耘”的話,有可能是指作物生長過程中耘除雜草的工作而言的。不過這個字也有可能應該讀爲“均”。《夏小正》正月“農率均田”,傳:“均田者,始除田也。”此外,也有可能上引卜辭裏的“𦍒”根本不是指農業生産上的某種工作而言的。總之,關於“𦍒”的意義還需要進一步研究。

我們在前面講過,甲骨文“蘉”字既可釋爲“農”,也可釋爲“耨”。但是前面講“柞”時所引的《乙》8502【合20624】“蘉方”一辭裏的“蘉”,顯然是指開荒時除去草木的工作,而不是指作物生長過程中的耨除工作的。

卜辭中又有地名“⿰阝蘉”(《外》65【《合》28900】:“弜田⿰阝蘉,其雨。”)。《甲》1978【《合》28087】有如下一辭:

辛未☐貞:今日☐⿰阝蘉田☐

“⿰阝蘉”也應是用爲地名的,其上原來當有“叀”字,已殘去。有人釋此辭“⿰阝蘉田”爲“⿰女蓐田”(《甲骨文字集釋》238、277等頁),不可信。

總之,甲骨文資料還不能明確地告訴我們,當時是否已有制度化的田間除草

工作。

（五）刈穫

A. 刈　前面已經説過，甲骨文以“秄”爲刈禾之“刈”的專用字。卜辭裏曾提到秄黍、秄來（下文逕以“刈”代“秄”）：

貞：王往立（蒞）刈黍□　　合 9558

□立刈黍。　　續 5・23・5【《合》9564】

丁未卜，賓貞：叀王䄠（？）刈黍。　　人文 143【《合》9559】

甲子卜：刈黍。　　續 2・5・1【《合》9563】

辛亥卜貞：或刈來。　　鐵 177・3【《合》9565】

有的卜辭還提到小刈臣：

□呼小刈臣。　　乙 2813【《合》9566】

□小刈臣。　　乙 5915【《合》9017】

這應該是總管刈穫之事的官，性質與小耤臣相類。據上引“王往蒞刈黍”等辭，商王有時還親臨刈穫的現場視察。

《前》4・5・3【《合》9567】一辭説：

貞：不其刈。三月。

或以三月非刈穫之時致疑。其實“不其刈”是卜問將來會不會得不到收穫。他辭或言：

己丑卜，賓貞：今商刈。

貞：今不刈。　　甲 2121【《合》9560】

與此同意。這類卜辭卜問的時間可以在實際收割之前很久。如果卜問是不是去收刈，否定詞就不會用“不”而要用“勿”了（關於“勿”和“不”的區别，參看拙文《説“弜”》，《古文字研究》第一輯）。

B. 𠭯　賓組卜辭以及三、四期和五期卜辭裏，數見一個象以“又”摘“卣”的字，作等形，我們姑且隸定爲“𠭯”。下面所引的是使用這個字的一些卜辭：

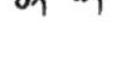

庚辰卜，賓貞：叀王𠭯南冋黍。十月。　　合 9547

貞：勿呼婦姘往𠭯黍。　　合 40078 正

貞：呼婦姘[往]𠬪黍。 合 2734 正

丁亥卜：其𠬪黍，叀今日丁亥。

屯南 794（此條字體介於歷組與三、四期之間）

萅（暮）出𠬪，受年。

及兹月出𠬪，受年。

于生月出𠬪，受年。

叀丁卯出𠬪，受年。 屯南 345

□□卜，在▨貞：王▨𠬪黍▨往來▨每。 後上 18·11【《合》36982】

歷組卜辭有用法相同的字：

己丑貞：王黍，受禾。

弗受禾。 粹 900【《合》33269】

這無疑是"𠬪"的一個異體。

陳夢家（陳書 536 頁）和陳邦懷先生（《小屯南地甲骨中所發現的若干重要史料》，《歷史研究》1982 年 2 期 128 頁）都把"𠬪"字釋爲"采"，可從（但二家都把《後》上 18·11【《合》36982】的"𠬪黍"二字看作一個字，今不從）。陳夢家認爲此字"象手采穗之形"也是對的。"刈"指用鐮刀連稈收割穀物，"𠬪"當指用手或銍收摘穀物的穗。

《說文》："采，禾成秀也，人所以收。从爪、禾。穗，采或从禾惠聲。"據此，"采"跟"穗"是一個字。但是在秦簡裏，"采"却可以跟"秀"相代。例如《雲夢睡虎地秦墓》圖版一一八的 755 號簡文爲："正月二月：子，秀。丑、戌，正陽。寅、酉，危陽。……"，圖版一四七的 942 號簡文則爲："正月二月：子，采。丑、戌，[正]陽（"正"字據 943 等號簡補）。寅、酉，危陽。……"。後者的"采"跟前者的"秀"相當。《說文》"袖"字正篆作"褎"，分析爲"从衣，采聲"。這個"采"顯然也是取"秀"音而不是取"穗"音的。所以"采"其實應該是"禾成秀"之"秀"的初文或本字。"秀"、"穗"義近，因此"采"又被人當作"穗"字。

卜辭"𠬪"（采）字用爲動詞，意即摘取禾秀。這個字也有可能應讀爲"挿"。《說文》以"搯"、"抽"、"挿"爲一字，訓爲"引"。《廣雅·釋詁三》："挿，縮也。"王念孫《疏證》解釋說："挿讀如抽絲之抽，謂縮取之也。《說文》：'摍，蹴引也'；'搯，引也'，或作'抽'、'挿'。是'挿'與'摍'同義。'摍'、'縮'古通用。"《說文》"摍，蹴引也"下《段注》說："蹴猶迫也……蹴引者，蹴迫而引取之。"摘取禾穗正是"蹴迫

而引取之”的一種動作。也許“𠭥”和“采”本來都是“揍”的表意初文,引取禾穗正是“揍”的本義(“擂”、“抽”跟“揍”原來可能並不是一個字)。“𠭥”所从的“卣”與“卣”本爲一字,古音與“秀”相近,可以看作“𠭥”字的意符兼音符。

商代遺址出土的石鐮、蚌鐮比石、蚌的銍多得多。由此看來,殷人收穫穀物似以刈割爲主,摘穗爲輔。不過鐮刀還可以用於刈草刈禾稈,用途比銍廣得多。摘穗也可用手,不一定都用銍。所以我們不能完全根據出土的鐮跟銍的比例,來推斷殷人收穫穀物時使用刈割方法和摘穗方法的多寡情況。摘穗的方法在當時大概也是用得相當普遍的。

四、結　　語

通過以上的討論,對商代的農業可以得到如下一些粗略的認識:

商代農業主要種植禾(穀子)和黍。禾是一般的糧食,黍主要爲貴族階級所享用。生産工具主要是木製的耒、力(耜)和石、蚌等製作的鏟、耨、刈(鐮)、銍等物。清除荒地上的樹木,除了用焚燒等方法外,主要靠石製的辰和斧、斤。耕作制度大概主要採取撂荒制。肥料主要是“以水火變之”的草木和禾稈。殷人相當注意整理土地的工作,他們的撂荒耕作制已經超越了種緩田的階段,土地撂荒的時間可能多數也已經比較短了。當時已經耕種了不少低下潮濕的隰田,防水澇和排水的措施應該已有一定的水平。但是人工灌溉方面的情況我們還不清楚(從“黍”字从“水”或加水點形這一點來看,對黍這種比較受重視的作物,在必要時可能是進行人工灌溉的)。田間除草工作是否已經制度化,也還不能肯定。如果我們的認識大體上符合實際的話,商代單位面積的農産量大概還是比較低的。商代大貴族的奢侈生活是建築在對平民、奴隸和臣服族人民的殘酷剝削之上的,這方面的情況將另文討論。

本文是提交給1984年在安陽召開的全國商史學術討論會的論文。曾收入1985年出版的《全國商史學術討論會論文集》,但删改及誤排之處極多。這是1986年的修改稿,已收入自然科學史研究所所編的紀念夏緯瑛先生的農業史專刊,即《農史研究》第八輯(農業出版社,1989)。又載《古文字論集》,今據此收入。

甲骨卜辭中所見的逆祀

甲骨學者們大都認爲商王在祭祀先王的時候,是按照世系和即位的順序致祭的。例如張秉權在《殷代的祭祀與巫術》一文裏,根據董作賓、島邦男二氏的研究,舉出殷人在祭祀先王先妣時遵循的三個原則,第二個原則就是:

先王以其世系的次序,先後受祭。

他並且解釋說:

這大概就是春秋文公三(引者按:當作"二")年,左傳所說的"子雖齊聖,不先父食"的理論根據,和歷史上的實例。(《史語所集刊》四十九本三分 464 頁)

這種看法代表了很多人的意見。

周代人把不按順序的祭祀稱爲逆祀。《春秋·文公二年》:

八月丁卯,大事于大廟,躋僖公(杜預注:躋,升也。僖公,閔公庶兄,繼閔而立,廟坐宜次閔下,今升在閔上,故書而譏之)。

《左傳》解釋經文說:

……躋僖公,逆祀也。於是夏父弗忌爲宗伯,尊僖公,且明見曰:吾見新鬼大,故鬼小。先大後小,順也。躋聖賢,明也。明、順,禮也。君子以爲失禮。禮無不順。祀,國之大事也,而逆之,可謂禮乎?子雖齊聖,不先父食,久矣。故禹不先鯀,湯不先契,文武不先不窋……仲尼曰:臧文仲,其不仁者三,不知者三……作虛器,縱逆祀(杜注:聽夏父躋僖公),祀爰居,三不知也。

《公羊傳》、《穀梁傳》也都稱"躋僖公"爲"逆祀"。

跟"逆祀"相對的詞是"從祀"或"順祀"。《春秋·定公八年》:

冬……從祀先公(杜注:從,順也。先公,閔公、僖公也)。

《左傳》和《公羊傳》都把"從祀"釋爲"順祀"。

甲骨卜辭中所見的祭祀,絕大部分確是順祀。尤其是周祭,即五種祀典,是嚴格按照先王世系和即位的順序逐個致祭的。可是有些祭祀却允許逆祀。例如歲祭,就可以逆祀。有一條第五期卜辭說:

乙丑卜貞:王賓武乙歲,征至于上囙(上甲),卯,亡尤。

續1·26·11【《合》35440】

由武乙到上甲,是逆序的。第二期的歲祭卜辭裏,屢見逆祀之例,如:

丁卯卜行貞:王賓父丁歲宰眔祖丁歲宰,亡尤。 明後2047【《合》23030】

☑父丁歲宰眔大丁歲五宰,亡尤。 人文1254【《合》22770】

丁酉卜尹貞:王賓父丁歲二宰眔匚(報丁)歲☑

庫1206(《論集》編按:拓本見《美》211)【《合》22701】

上引諸辭中的父丁,是祖庚、祖甲對武丁的稱呼。由武丁而及祖丁、大丁或報丁,都是逆序的。

有一條二期卜辭說:

己丑卜大貞:于五示告:丁、祖乙、祖丁、羌甲、祖辛。

佚536(亦見《粹》250)【《合》22911】

郭沫若《殷契粹編考釋》認爲"丁者武丁,祖乙者小乙",羌甲即《殷本紀》"沃甲"(41頁,新版423頁),其說可信。這五示的排列完全是逆序的。

祈年之祭也允許逆祀。《屯南》37是一塊三、四期卜骨,有如下二辭:

庚寅卜:屰(逆)自毓桒年,王☑

自上囙(上甲)桒年。

卜辭屢見"自上甲衣至于多毓"之語(《前》2·25·4【《合》35437】、《京津》3226【《合》22623】等),有時也說"自上甲衣至于毓"(《金》119等。《論集》編按:《金》119拓本見《合》22621。同類卜辭參看《綜類》141頁)。《甲》2905【《合》10111】有如下兩條桒年卜辭:

癸亥卜古貞:桒年自囙(上甲)至于多毓。九月。

甲子卜古貞:桒年自囙。九月。

"甲子"一辭的"桒年自上甲",顯然就是"桒年自上甲至于多毓"的省語。上引《屯南》37的"自上甲桒年"與"桒年自上甲"同意,"逆自毓桒年"應該就是"逆自毓至于上甲桒年”的意思。自毓至上甲是逆序的，所以卜辭在“自”上加“逆”字。這個“逆”字的用法，跟上引《左傳》“逆祀”之“逆”相同。“多毓”的“毓”，一般讀爲后王之“后”，其實很可能應該讀爲高後之“後”，指“毓（後）祖”而言。（《論集》編按：《甲》2805【《合》27075】爲三期卜骨，上有“貞：自上囲來□”“貞：其屰”二辭，左右相對。“屰”顯然也是指由後王追溯到上甲的那種次序而言的。“自上甲”一辭“自”字倒書，從屈萬里釋。）【編按：後來作者認爲“毓”當讀爲“戚”，參看本書所收《論殷墟卜辭“多毓”之“毓”》。】

《粹》259【《合》27437】是三期卜骨，有如下二辭：

> 辛亥卜□貞：其又□己☐
>
> 貞：其自帝甲又，。

商王每稱去世的父王爲“帝”，此辭的帝甲是廩辛、康丁對祖甲的稱呼（看島邦男《殷墟卜辭研究》第一篇第二章“禘祀”，《古文字研究》第一輯408—409頁有譯文）。《國語・周語》：“玄王勤商，十有四世而興。帝甲亂之，七世而隕”，也稱祖甲爲帝甲。帝甲一辭末一字从“彳”从“屰”，應釋爲“逆”。自時王之父開始舉行又祭，當然是逆序的。此“逆”字之義與上引《屯南》37“屰”字相同。前人幾乎都把這個字誤釋爲“徙”（如《粹編考釋》、《綜類》等。《論集》編按：《屯南》2557也是三期卜骨，有“屰自父甲酒”“先祖丁酒，于□又正”等辭。父甲即祖甲。“祖丁”疑指武丁。“屰自父甲酒”意謂自父甲開始舉行酒祭，其事與上引《粹》259所言相類。“其自帝甲又，逆”其實也可以説成“其逆自帝甲又”。“先祖丁酒”當是把祖丁的酒祭放在父甲的酒祭之前的意思。這是順序，“自父甲酒”則是逆序。方述鑫同志的博士學位論文《殷虚卜辭斷代研究》83頁引廣州博物館藏片，有“翌日父甲旦其屰”一辭，似亦屬第三期，“其屰”也應指自父甲開始逆序進行祭祀。又，《屯南》3210爲三、四期卜骨，其上的一條卜辭有“叀高祖乙歲逆”之語，此辭的確切意義尚待研究。從上引資料看，在祭祀卜辭中使用表示祭祀先王的次序的“逆”字，似乎主要是第三期的風氣）。

由以上所述可以知道，商代祭祀雖以順祀爲常，但在有些祭祀裏也允許逆祀，似乎並不認爲失禮。商人與周人對逆祀的看法，可能並不完全相同。

有的學者在研究卜辭的時候，由於没有注意到逆祀的存在而産生了誤解。例如有一條三期卜辭説：

> 己卯卜㫚貞：□帝甲□其眔祖丁☐　　後上4・16【《合》27439】

三期卜辭“帝甲”應指祖甲，上文已說明。“祖丁”在這裏可能指廩辛、康丁的祖父武丁，當然也有可能就指《殷本紀》的祖丁。祭祖甲而及武丁或祖丁，是逆祀。王國維由於不知道商代有逆祀，在《殷卜辭中所見先公先王考》裏解釋這條卜辭說：“案祖丁之前一帝爲沃甲，則帝甲即沃甲，非周語帝甲亂之之帝甲也。”(《觀堂集林》卷九)這是不正確的。

嚴一萍先生曾綴合一版𠂤組殘甲，上有以下諸辭：

> 乙巳卜：㞢大乙母妣丙一牝。不。
>
> 乙巳卜：㞢外丙乎。
>
> 丙午卜：㞢大丁𤘘用。　　綴新 16【《合》19817】

這對於研究卜辭祭祀系統是一個重要貢獻。但是此版所記，祭外丙在祭大丁之前，跟《殷本紀》世系和五種祀典的順序都不相合。嚴先生主張𠂤組卜辭屬文武丁，認爲置外丙於大丁之前，是“復古之君”文武丁的一種特殊安排，“是殷商晚期新舊派對於‘兄終弟及’及‘立長立嫡’的宗法制度衝突的反映”(《甲骨文斷代研究新例》，《慶祝董作賓先生六十五歲論文集》547—548 頁，亦見嚴著《甲骨學》1183—1185 頁)。我們覺得這一現象似乎也可以用逆祀來解釋。上引《粹》259 說明“又祭”允許逆祀。𠂤組卜辭的“㞢祭”就是第二期、三、四期和五期卜辭的又祭。所以這版𠂤組卜甲所記的㞢祭也有是逆祀的可能，不一定反映外丙的位置在大丁之前。

1982 年 12 月 11 日寫畢

《論集》編校追記：

《佚》909【《合》12450】“貞：于祖辛。”“于祖辛。”二辭中“于”上一字，一般釋爲“屰”。如可信，也應與祭祀次序有關。“逆于祖辛”可能是說先祭祖辛以後先王，然後及於祖辛。又上引《屯南》3210 一辭全文爲：“叀高祖乙歲逆，三牢。”大概也是說在舉行歲祭時，先祭高祖乙以後先王，然後及於高祖乙。

原載《出土文獻研究》(文物出版社，1985)，又載《古文字論集》，今據後者收入。

釋　“求”

羅振玉和王國維把殷墟甲骨文裏的字和字都釋作“求”。其實這兩個字不但字形有别,用法也不相同,並且有時還出現在一條卜辭之中,[①]把它們當作一個字是缺乏根據的。後來,郭沫若和唐蘭都指出當釋“㚔”;[②]郭氏還推闡孫詒讓釋爲“⿱𠂇示”之説,認爲跟《説文》“⿱𠂇示”字古文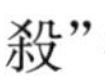、“殺”字古文本是一個字,在卜辭裏多應讀爲“祟”。[③] 他們的説法已爲絶大多數甲骨學者所接受,因此在甲骨文裏就找不到“求”字了。[④]

我們認爲釋爲“㚔”是正確的,釋爲“⿱𠂇示”或“殺”則不可信(下文用“△”代替字,以便書寫)。朱芳圃在《殷周文字釋叢》裏指出,“⿱𠂇示”屢見於甲金文(多爲偏旁),字形跟“△”截然有别,不能混爲一談(65—66 頁)。這是很正確的。把“△”跟“殺”字古文當作一個字,從表面上看似乎很合理,但也經不起仔細推敲。這需要從蔡國之“蔡”在上古的寫法談起。

蔡國之“蔡”,西周金文作、、等形,春秋金文多作、等形(《金文編》30 頁【見 1985 年版 37 頁】),戰國金文作(鄂君啓節【《集成》16・12110—12112】“鄒”字偏旁),古印作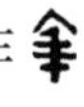(《璽彙》97 號印“鄒”字偏旁),三體石經《春秋》僖公二十八、二十九年古文作(《魏三字石經集録》31 上、34 上)。石經“蔡”字古文的寫法跟《説文》“殺”字古文全同。“蔡”、“殺”古音相近。近人大都認爲金文

---

① 如《粹》854【《合》28266】“□□卜,其年于示又十⊠”。由於此稿寫得比較匆促,所引甲骨卜辭未能全部注出《合》的片號,讀者諒之。

② 郭説見《通》57 和 136 片的考釋,唐説見商承祚《福氏所藏甲骨文字考釋》1 頁。

③ 見舊版《甲骨文字研究・釋蝕》及《通》426 片考釋。

④ 甲骨文裏有象形的“裘”字。《説文》以“求”爲“裘”的古文,但是它們其實從來是兩個不同的字。朱駿聲《説文通訓定聲》、林義光《文源》都已經指出了這一點。朱、林二氏對“求”字字形的解釋都是有問題的,分“求”、“裘”爲二字則可從。

和三體石經假借"殺"字爲蔡國之"蔡"。這應該是正確的。所以"殺"字古文較原始的寫法是，《說文》和石經的古文的形體已有訛變（1975 年岐山董家村窖藏出土的西周中期的衛鼎乙有字，似是反寫的殺字古文。見《文物》1976 年 5 期 39 頁圖一六【《集成》5・2831】）。

唐蘭先生在《殷虛文字記・釋》裏，反對把金文裏用作國名的、等字讀爲"蔡"。他認爲這個字本从"大"，跟"殺"字古文不可能是一個字。五十年代在壽縣和淮南市蔡家崗先後發現蔡侯墓之後，這個字應該讀爲"蔡"已經不容懷疑了。唐先生也承認了這一點。⑤ 但是他指出的這個字本从"大"那一點仍然是正確的。只不過這並不能證明這個字不是"殺"字古文，而只能證明《說文》和三體石經的古文已有訛變。在蔡家崗墓所出的蔡侯產劍上，蔡侯之"蔡"有、、等不同寫法（《考古》1963 年 4 期圖版肆 1、3、2【《集成》18・11604、11603、11602】。《論集》編按：1980 年安徽霍山縣春秋晚期墓所出的蔡侯申戈的"蔡"作，見《文物》1986 年 3 期 45 頁圖五【《集成》17・11142】）。後兩種字形顯然是以"大"爲主體的。智龕在《蔡公子果戈》一文中指出，見於傳世兵器銘文中的字也應該讀爲"蔡"，當是這種寫法的簡體（《文物》1964 年 7 期 33 頁）。這些是這個字本从"大"的有力證據。據中華版《殷虛文字記》，唐先生在他自用的《殷虛文字記》的《釋》篇上批有一個""字（參看注⑤）。甲骨卜辭裏屢見地名和侯之稱（參看《綜類》36 頁）。唐先生大概認爲跟有可能是一個字。從上舉蔡國兵器裏蔡國之"蔡"的那些寫法來看，這種猜測說不定是正確的，卜辭裏的地名""和"侯"也許就應該讀爲"蔡"和"蔡侯"。⑥

既然"殺"字古文本來从"大"，"△"當然就不可能是"殺"字了。總之，無論是把"△"釋作"希"，還是釋作"殺"，都是不可信的。

甲骨文"△"還可以寫作（《前》5・40・5【《合》14720】）、（《續》5・5・6

---

⑤ 1977 年唐先生曾在他自用的《殷虛文字記》的《釋》篇上批"此條誤"三字，見中華書局 1981 年出版的《殷虛文字記》122 頁。

⑥ 卜辭裏還有一個寫作、、、等形的字，經常在提到"𠬝"的人祭卜辭裏出現。這個字的字形跟相近，不過它的下部的兩道較長的斜筆一般是直的，跟"大"的下部有別，上端或作，下部或加◊，也跟用作地名的不一樣。這個字跟究竟是什麼關係，有待研究。

【《合》20024】)等形。金文"求"字作、、等形(《金文編》467 頁【見 1985 年版 588 頁】),跟它們很相似。⑦ 金文又有字,一般都隸定爲"㝑"(《金文編》428 頁【見 1985 年版 538 頁】),所从的"求"跟甲骨文"△"字完全相同。所以我們認爲羅、王把"△"釋作"求"是可從的。事實上,就是極力主張"△"當釋"希"的郭沫若,有時也仍舊把"△"釋作"求"(見《粹》401 和 987 片釋文)。

"求"大概是"蛷"的初文,求索是它的假借義。《說文・蚰部》:"蠢,多足蟲也。从蚰,求聲",或體作"蛩"。隸、楷一般把這個字寫作"蛷"。甲骨文"△"字有時寫作(《合》33953)、(《合》30175)等形,非常像多足蟲。《周禮・秋官・赤犮氏》鄭注:"貍蟲,䗪、肌求之屬",《釋文》:"求,本或作蛷"。這個"求"用的正是本義(《論集》編按:關於"求"跟"蛷"的關係,唐蘭先生早已指出,參看唐著《中國文字學》64—65 頁)。甲骨文△字也有寫作的(《甲》1356 等)。這是省去頭部橫畫的寫法,跟从"大"的不能混爲一談。

甲骨卜辭裏的地名△(《巴黎》14。《論集》編按:照片見《法》23)和人名"子△"的△(《丙》311【《合》811】),有人讀爲"蔡"。1974 年武功出土的駒父盨蓋銘文裏有"還至于"一句(《文物》1976 年 5 期 94 頁【《集成》9・4464】),一般都讀爲"還至于蔡"。現在看來,這種讀法是有問題的。

從"△"在甲骨卜辭裏的用法來看,把它釋作"求"也是合理的。

在古漢語裏,"求"跟"得"是相互呼應的一對詞,例如:

> 《易・隨》:"隨有求,得。"
>
> 《詩・小雅・正月》:"彼求我,則如不我得。"
>
> 《穀梁傳・隱公三年》:"求之爲言,得不得未可知之辭也。"

在甲骨卜辭裏,"△"跟"得"也往往前後相呼應,例如(卜辭釋文一般用寬式):

(1) 貞:呼△,先得。

(2) 呼△,先从東得。 丙 63,合 12051 正

(3) 貞:呼歌△,得。

---

⑦ 甲骨文有寫法跟上引金文"求"字第一形完全相同的地名字(見《寧》一 393 等)。因爲從文例上不能證明跟△是一個字,所以上面沒有引用。(《論集》編按:《寧》一 393 與 394 綴合後之拓本見《合》33362,其釋文見本文下文談"△豕"一條的《論集》編按。此版△字從文義看應該當求索講,舊以爲地名,不確。)

(4) 貞：吹弗其得。　　《殷虚古器物圖錄》13 頁

(5) 貞：[羍]芻自宎，呼△，得。

(6) 貞：羍芻自宎，不其得。　　合 135 正甲、乙

(7) [庚]午貞：令步以曳△黄(尪)，得。

(8) 庚午貞：令霝以才它△黄，得。

(9) 甲戌貞：令△黄，得。

(10) 甲戌貞：令霝以才它△黄，得。

(11) 甲戌貞：令步△黄，得。　　甲 806，合 32509

(12) 庚辰卜賓貞：△雨我，[得]。

(13) □△雨我，弗其得。　　乙 5279，合 12862 正

(14) ⍁其呼△，得。　　乙 712，合 8892

(15) ⍁呼△，得。　　乙 7658，合 8893 正

把這些“△”字釋作“求”，是非常合適的。(5)、(6)二辭的“羍芻”指逃亡的打牧草的奴隸。[⑧] (7)至(11)各辭裏的“黄”讀爲“尪”，指一種有殘疾的畸形人。殷人舉行焚人求雨之祭時，常用他們爲犧牲。[⑨] 所以這兩種人都有需要加以搜求(“△黄”尚見於《續》5・27・7【《合》32905】)。(12)、(13)二辭中“我”字的意義詳下文。

卜辭屢言“△雨”：

(16) 乙卯卜：王△雨于土(社)。

外 50，合 34493(同文之辭見《掇一》549，即《合》32301)

(17) 癸巳，其△雨于東⍁

(18) 于南方△雨。　　安明 2481，合 30175

(19) 癸巳，其△雨于⍁

(20) 于□方[△]雨。　　合 30176

(21) ⍁其△雨于⍁　　合 33953

(22) 癸巳卜賓貞：△雨□。　　合 12868

(16)跟卜問焚人求雨的“𡆥”祭之辭同版，[⑩]“△雨”無疑應該釋爲“求雨”。卜辭

---

⑧ 參看胡厚宣《甲骨文所見殷代奴隸的反壓迫鬥爭》，《考古學報》1976 年 1 期。

⑨ 參看拙作《説卜辭的焚巫尪與作土龍》，收入胡厚宣先生主編的《甲骨文與殷商史》。

⑩ 關於𡆥祭，參看注⑨所引文。

或言：

(23) 于岳△，又(有)大雨。 佚74，合34226

(24) 于夒(?)△，又大[雨]。 京津3930，合30403

這些也都顯然是求雨之辭，"△"也應釋"求"。

卜辭又屢言"△雨我"，"我"也作"娥"。除上引(12)、(13)二辭外，此語還見於下引各辭：

(25) 甲子卜賓貞：𢦏△雨娥于河。 佚389，合557

(26) 甲子卜賓貞：于岳△雨娥。 合12864

(27) 甲子卜賓貞：△雨娥于☐ 珠1150，合12867

(28) 庚子卜□貞：△雨娥于丁。 人文1542【《合》16973】

(29) 貞：△雨我于岳。 文錄367，合14521

(30) [貞：于]岳[△]雨我。 京津436，合12687

下引二辭"△"下已殘去的那個字大概也是"雨"字：

(31) 貞：其△□我于河(?)，㞢(有)雨。 乙1987，合12651

(32) ☐其△□我于☐ 乙6890，合16971

我們在前面已經指出，(12)、(13)二辭的"△"跟"得"相呼應，應該釋爲"求"。上舉其它各辭裏"△雨我"的"△"，自然也應釋爲"求"。"我"或作"娥"，說明它在這裏不是用來表示你我之"我"的。我們初步認爲這個字應該讀爲"宜"。

在古代，"宜"和从"宜"聲的"誼"，跟"義"是通用字。中山王墓銅器銘文中的"宜"字，多應讀爲"義"(《中山王嚳器文字編》33頁)。《周禮・春官・肆師》鄭玄注引鄭司農曰："古者書'儀'但爲'義'，今時所謂'義'爲'誼'。"(參看段玉裁《說文解字注》"誼"字條)"義"从"我"聲，[11]所以"我"和从"我"聲的"娥"可以讀爲"宜"。古有"宜"祭。《周禮・春官・大祝》："大師，宜于社，造于祖，設軍社，類上帝……"。《禮記・王制》："天子將出，類乎上帝，宜乎社，造乎禰。諸侯將出，宜乎社，造乎禰……天子將出征，類乎上帝，宜乎社，造乎禰。"《爾雅・釋天》："起大事，動大衆，必先有事乎社，而後出，謂之宜"，《詩・大雅・緜》"廼立冢土，戎醜攸行"

---

⑪ 《說文》認爲"義"字从"我"、"羊"會意。朱駿聲等人已指出"義"字當从"我"聲，《說文》之說不可信。"蟻"字古作"蛾"，可證"義"字必从"我"得聲。

句《毛傳》亦有此文。《禮記・王制・正義》解釋宜祭之名說:“云宜者,令誅伐得宜,亦隨其宜而告也”,並引了《爾雅》“謂之宜”的孫炎注“求便宜也”。《詩・緜・正義》也解釋說:“以兵凶戰危,慮有負敗,祭之以求其福宜,故謂之宜。”卜辭的“求雨宜”應該就是求雨水得宜的意思。這也可以說是一種宜祭。

在卜辭裏,還可以看到其他種類的一些“求宜”之辭。有的卜辭說“△年我”,“我”也可以寫作“娥”,與“求雨宜”之辭同:

(33)貞:勿△年我。 合10127

(34)□卯卜㱿貞:△年娥于河。 林1・21・14,合10129

(35)甲[申卜]貞:于丁△年娥。 佚153,合10130

(36)甲申卜貞:于[丁]△年娥。 佚143,合2523

(以上兩條爲同文卜辭,所缺之字可以互補。後一條原缺刻丁字)

(37)貞:勿于丁△年娥。 掇一380,合10128

“△年我”應該讀爲“求年宜”,當是祈求年成方面的福宜的意義。

有的卜辭說“△方我”:

(38)丙寅卜㱿貞:勿曰□△方我。

(39)貞:勿曰□△方我。 合6767

(《論集》編按:《天理》152【《合補》1976】“貞:令戊呼△方我”可補入此條後)

(40)辛未卜貞:令𤔲以□射从斲,△方我。 續3・46・6,合5766

(41)己亥卜王:△方我。 乙9080【《合》20466】

卜辭屢言“受方又(祐)”或“受某方又”(如《合》64、8617等),意即在與敵對方國作戰時受鬼神保佑。“△方我”應該讀爲“求方宜”,“方宜”當指與方作戰之宜。上引各條“求方宜”的卜辭,跟“求雨宜”和“求年宜”的卜辭有一個明顯的區別,就是從來不提鬼神。所以,這些卜辭裏的“求方宜”似乎不應解釋爲向鬼神祈求與方作戰的福宜,而應該解釋爲尋求與方作戰的適宜機會。有一條卜辭說:

(42)戊辰卜𠂤:呼𢍏△小方我。七月。𣪊(?)。 乙8505【《合》20472】

“△小方我”當讀爲“求小方宜”,大概是尋求與小方作戰的適宜機會的意思。𢍏應爲人名。

有的卜辭說“△戎我”,“我”也可以寫作“娥”,與“△雨我”、“△年我”之辭相同:

(43) 己巳卜王：呼△戎我。　　合 5048

(44) 丙戌卜玦：令戌(也可能當釋"何")△戎娥。　甲綴 33【《合》19907】

(45) 壬寅，衛□△戎我于[?] ⍁　　佚 383【《合》19957】

卜辭有說"受今來戎又(祐)"的(《粹》916【《合》20191】)，意即在與目前來犯的戎作戰時受到鬼神保祐。"△戎我"當讀爲"求戎宜"，"戎宜"指與戎作戰之宜。上引幾條卜辭裏也沒有出現鬼神名稱(末一辭中"于"後一字似是地名)，這些卜辭裏的"求戎宜"，似乎也應該解釋爲尋求與戎作戰的適宜機會。

卜辭有時說"得方⿱扌中"：

戊戌卜殻貞：戌得方⿱扌中，𢦏。　　合 6764

(《合》6765 與此同文，但無"𢦏"字或殘去"𢦏"字。《合》6766 殘片也有"方⿱扌中"二字)

⿱扌中可能是"我"的繁文，也可能是"戎(⿻中一)我"二字合文。"得方⿱扌中"大概是得到跟方作戰或跟"方戎"作戰的適宜機會的意思。卜辭又有說"雀得亘我"的：

辛巳卜殻貞：雀得亘我。

辛巳卜殻貞：雀弗其得亘我。　　丙 119，合 6959

商王曾命雀伐亘：

癸卯卜殻貞：呼雀衔伐亘，𢦏。十二月。

勿呼雀衔伐亘，弗其𢦏。　　乙 6310，合 6948

此外，關於雀與亘作戰的卜辭屢見，不具引。"雀得亘我"大概就是雀得到與亘作戰之宜的意思。"得方我"(或"得方戎我")、"得亘我"等辭，可以證明"△方我"、"△戎我"的"△"確實應該釋爲"求"。

卜辭還有說"△方"、"△戎"的：

(46) 辛□(丑?)卜玦：令᠎卣△方。　　屯南 604

(47) 辛丑卜⿶凵屮：御步于學戊，其△方。　　前 1·44·5

(48) 甲午卜玦：令去⺋△方。　　甲綴 35【《合》20464】

(49) ⍁△方。　　京津 3090【《合》20465】

(50) ⍁王：令去△戎⍁　　人文 3140【《合》20243】

(51) ⍁逆△戎⍁　　京津 3045【《合》20553】

後兩條卜辭“戎”字下本來也可能有“我”字。“△方”也應釋爲“求方”，大概是尋求敵方與之作戰的意思(《論集》編按：但上引第47辭先說舉行祭祀於學戊，“求方”也有可能跟卜辭中屢見的“匄方”同義，是向鬼神祈求戰勝敵方之意。關於“匄方”，參看本書所收《“畀”字補釋》)。

有一條卜辭說：

(52) 戊午卜王：上(尚?)△子辟我。　　續5·5·6【《合》20024】

同版有“戊午卜王：勿御子辟”等辭，御是禳除災殃之祭。“△子辟我”當讀爲“求子辟宜”。“上”疑當爲尚且之“尚”。大概王是在決定不爲子辟舉行禦祭之後，才卜問是否爲他向鬼神求福宜的，所以卜辭說“尚求子辟宜”，意思就是說，雖然不舉行禦祭，但仍爲子辟求宜。

有的卜辭只說向鬼神“△我”，而沒有說明爲何“△我”：

(53) 于王亥△我。

(54) 勿于王[亥△我]。　　丙440，合478正

(55) □△我于大示。　庫325，合40448(《論集》編按：拓本見《英》25)

(56) 于夒△我。　　懷1571【《合補》10646】

這些卜辭裏的“△我”，可能是泛求福宜的意思。(56)末一字原作，今暫定爲“我”字繁文。⑫

在卜辭裏，“△”與“匄”時常同見於一辭之中：

(57) 于父乙△㞢(有?)匄。

(58) 勿于父乙△㞢匄。　　乙7809，合272正

(59) 于高祖△又(有?)匄。

(60) 于毓(後)祖△又匄。　　粹401，合32315

【編按：此辭“毓”字不應讀爲“後”，參看本書所收《論殷墟卜辭“多毓”之“毓”》】

(61) 己亥卜爭貞：亳㞢(有)，勿△㞢匄，亡匄。十月。

續3·41·4，合17452

---

⑫ 《安明》2111【《合》32444】的一條卜辭說：“癸巳卜：成△。”末一字或以爲“我王”合文，或以爲“王”字異體。從《懷》1571“我”字看，這個字可能也是“我”字。“成△我”的“△”似當讀爲“咎”，詳下文。

(62) 丁未卜爭貞：△雨匄于河。十三月。

(63) 貞：于岳△雨匄。　　綴新 4,合 12863

(64) □未卜賓貞：△雨匄。十三月。　　合 12643

(65) ▨貞：△雨匄▨　　誠 101,合 12866

(66) △雨匄。　　前 3·29·3

(67) 于□△□(雨?)匄。　　京津 984,合 15753

(68) 勿△雨匄,不蔑。　　合 13038

(69) 甲寅卜：乍△雈匄□▨　　合 34172

(70) 庚辰[卜□]貞：□其△雈匄其亦(?)□奏▨　　合 4660

“匄”是“丐”的古體。“丐”、“求”二字意義相關。雖然上引各辭的意義還不是十分清楚,但是可以肯定這些卜辭裏的“△”也應該釋爲“求”。(66)同版之辭卜問“禾㞢(有)及雨”,可知在當時作物急需雨水,“△雨匄”顯然是祈求降雨的意思。“匄”字在古書裏有乞求與給予兩義。卜辭“匄”字有一些似乎也應該當給予講。例如有一條卜辭說:“□□卜㱿貞：𢀛方衛率伐不,王告于祖乙,其正,匄又(祐)”(《合》6347),這裏的“匄又”似乎就應該當給予保祐講。“△……匄”的“匄”可能也應該當給予講。“△有匄”就是祈求鬼神有所賜與的意思,“△雨匄”就是祈求鬼神賜給雨水的意思。

在卜辭裏,除前面引過的“△雨于土”、“△雨娥于河”、“△年娥于河”、“△我于大示”、“△雨匄于河”等類句子外,還可以看到不少“△A 于 B”這種類型的句子,例如:

(71) 貞：王△牛于夫。

(72) 貞：勿△牛于夫。　　丙 413,合 940 正

(73) 貞：△馬呂于多馬。　　合 5723

(74) 癸亥卜□貞：△玨(玉?)于□。

(75) 貞：△玨于壴。　　合 16976 正

(76) □戌卜□貞：余△莧臣于□。　　庫 188【《合》39519】

(“△莧臣”又見於《乙》4065,即《合》7239 正。《論集》編按：《庫》188 即《英》1806)

這種卜辭裏的“△”顯然也應該釋爲“求”。上引諸辭大概都是卜問商王向臣屬或各地徵求實物或奴隸之事的。“呂”本指銅,周代金文作“鋁”。“馬呂”有可能指馬

方所産的銅。(《論集》編按:《前》8·14·2【《合》20333】“丁丑卜王貞:令竹△于卜,囚【編按:此字“囗”中無“卜”,乃“肩”之初文,應訓“克”,見本集所收《說“囗凡有疾”》】出朕事”一辭中之△,似亦應爲徵求或尋求之意,“卜”當讀爲“外”。)

卜辭裏幾次提到△牛△羊一類事。除上引(71)、(72)二辭外,這類事還見於以下各辭:

(77) △在□牛。　合 11156

(78) 貞:△勿(物)牛。　存上 983,合 11157

(79) 甲寅卜賓貞:△牛▨　合 7565

(80) 貞:△我羊。　前 4·50·4,合 16974

這些卜辭裏的“△”大概也都應該當徵求講。

有的卜辭說“△豕”或“△彘”:

(81) 丁未子卜:叀(意與“惟”近)今日△豕,冓(遘)。

庫 1657,合 40877

(《論集》編按:拓本見《英》1906。《合》33362“□□卜:王往田从來△豕,擒”“▨往田于來,△豕▨”應補入此條下。又《屯綴》29 習刻卜辭有“△又豕”之語)

(82) 甲子卜:丁呼△彘五,往,若。　京津 3023【《合》21566】

從文義看,都應該是尋求野豬的意思。卜辭裏屢見“逐豕”和田獵獲豕之辭,可見“豕”也可以指野豬。(《論集》編按:《屯南》3599“辛王其△牢虎,亡𢦏”、4140“▨田,△牢虎,亡𢦏”、《合》28369“叀宫麋△,亞,擒”等辭中的△似亦爲尋求之意。)

有一條卜辭說:

(83) 丁巳卜行貞:王賓父丁△十牛,亡尤。　粹 302【《合》23180】

很多人釋“△”爲“殺”,把“十牛”看作它的賓語。這是不正確的。我們可以引一條文例相類的卜辭來比較一下:

戊申[卜]旅貞:王賓大戊桒,五牛□卣,亡尤。在十月。　合 22828

這一條辭裏的“桒”是祭名,不能與“五牛”連讀。上一條辭裏的“△”也應是祭名,不能與“十牛”連讀。“△”仍應釋“求”。(《論集》編按:上引《粹》302 即《合》23180,諦審此辭“父丁”下一字,似是“奏”或“桒”,並非△字。)

此外,表示"要求"之義或其引申義的"△"字,在卜辭裏還可以找到一些,這裏就不列舉了。(《論集》編按:《合》903 正以"父乙唯伐△"與"父乙不唯伐△"對貞,"唯伐△"可能就是要求舉行伐祭的意思。)

在卜辭裏也有不少不能當"要求"或其引申義講的"△"字,主要就是郭沫若讀爲"祟"的那些字,如"旬有△"的"△","羌甲△王"、"南庚△王"……的"△"。我們認爲這種"△"字仍應釋爲"求",但似應讀爲"咎"。"求"和"咎"都是群母字,上古音都屬幽部,所以"求"可讀爲"咎"。《說文・人部》:"咎,災也。"《周易》中"无咎"之語習見。

卜辭裏有用法跟讀"咎"的"求"很相似的字(參看《綜類》80 頁),陳夢家釋爲"咎",[13]大概是正確的。跟讀"咎"的"求"大概是本字跟借字的關係。

最後提一下"△"字上部變作"口"形的一種異體:

(84) □旬又(有),王曰徬(防?)。 虛 716A【《合》27826】

(85) 丙子卜:今日召方幸(卒)。 後下 24・13,合 33026

(84)的"旬有"跟常見的"旬有△"大概是一回事。(85)跟《屯南》190 同文。《屯南》190 拓本不清晰,"召"上一字似與一般"△"字同形(《論集》編按:《合》33184 有"丁未□壴令□△召方□"一辭,所卜之事當相類)。卜辭有說"貞:呼△㝚卒"的(《京津》2207,《合》572)。"△㝚卒"的文例跟"召方卒"全同,可證確是"△"的異體。甲骨文裏的和,用法相近(參看《綜類》211 頁),大概也是一字的異體。這個字跟"△"字的關係待考。

1984 年 8 月 23 日寫畢

原載《古文字研究》第十五輯(中華書局,1986),又載《古文字論集》,今據後者收入。

---

⑬ 見《綜述》569 頁。甲骨文裏還有字,跟可能是一字異體。李孝定釋此字爲"咎",見《甲骨文字集釋》2665 頁。

甲骨綴合拾遺

作者對甲骨綴合沒有專門下過工夫,只是在閱讀甲骨文資料時順便綴合過一些碎片。現在挑出爲他家所未綴的三十例,摹錄於下,供同道們參考。由於未能核對甲骨原物(少數連拓片的印本也找不到,只能據摹本),綴合很可能有錯誤;由於見聞不廣,還有可能收入他家已綴之例,希方家指正。

一、摹　　本

(見後)

二、説　　明

(1) A:合32385(佚986、甲綴29)。B:合35277。中間一辭所記先王名,"大庚"、"大戊"相倒,"中丁"上的"己○"依次序似應指雍己,非直系先王,"祖辛"上脫"祖乙"。此辭可能是習刻,"己○"疑是"雍己"合文"㔾"之誤刻。

(2) A:屯南2236。B:屯南2239。同類卜辭見合21473。

(3) A:合21948(乙1108)。B:乙1124。C:乙1521。乙綴418已將A、B兩片綴合,今加C片。"子妥不死"之語亦見合21890。

(4) A:乙1120。B:合21889(乙832)。

(5) A:合22157(乙1469)。B:合22032(乙1594)。

(6) A:合2402。B:合19976。

(7) A:英2000(庫1635反)。B:同上2032反(庫1634反)。此二骨正面皆爲僞刻,彼此不相接,可知僞刻時骨已斷裂。同類刻辭見本文(27)例。

(8) A:合20153(京津1599)。B:合20081(明613)。同文卜辭見合20082。(《論集》編按:"㞢"與"亡"下一字似是"聲"。)

(9) A：懷898(合14354爲此片照相的印本,不如懷898清晰)。B：合14822。C：合14824。

(10) A：合14863(後上28・7)。B：合14825。C：合1159。“辛巳”一辭的同文卜辭見合25025。

(11) A：合3020(林1・20・4)。B：合11048(林2・15・4)。“丙午”一辭的同文卜辭見合10067。

(12) A：合2281正。B：合2304。

(13) A：合22300(乙8809)。B：合21418。同文卜辭見合20086。

(14) A：合19996(甲516)。B：合22266。C：合39668(南・坊4・140)。附片：合21560。疑附片本可與C綴合,但所據之C爲摹本,故斷處不能密合。

(15) A：屯南1074。B：屯南1076。

(16) A：合30273(後下42・8)。B：合30687(後下34・8)。

(17) A：合28029(粹1155)。B：合27789。“丁卯”一辭的同文卜辭見屯南463。

(18) A：合33925(京津3860)。B：合27915(摭續124)。

(19) A：合27165(續2・2・4)。B：合27164(鄴三下40・4)。

(20) A：屯南2291。B：屯南2991。C：屯南620。《〈小屯南地甲骨〉綴合篇》第8例已將B、C兩片綴合(《考古學報》1986年3期),今加A片。

(21) A：屯南3572。B：屯南2194。

(22)正 A：合1855正(乙7589)。B：合2073正(乙8039)。

(22)反 A：合1855反(乙7590)。B：合2073反(乙8040)。

(23) A：合10980(京津3000)。B：合21043。

(24) A：合19437(存上1166)。B：合19207(存上1080)。“虫父工”之稱見合5623、5624、5625、9663、23558等片,或釋爲“虫尹工”,與字形不合。此辭謂“叀虫弟令司虫父工”,更可證“工”上一字確爲“父”字。

(25) A：乙3201(合4510誤將乙3726,即本例所收的F綴於此片左下角)。B：合10463(乙4044)。C：合4509(乙2872)。D：合4511(乙4139)。E：乙4048。F：乙3726。此龜左右對貞。右邊正面卜辭全文當爲:“乙酉卜㱿貞：令䀠比兔,不潸,受又。”左邊反面卜辭全文當爲:“貞：勿令䀠比兔,弗其受又。”

(26)正 A：合249正(乙3331)。B：合232正(乙6410)。

(26)反 A：合249反(乙3332)。B：合232反(乙6411)。

（27）A：合9450。B：合9435（六·曾18）。同類刻辭見合5574、9433等。

（28）A：合40819（南·師2·108）。B：合21390（寧2·67）。此片與合21394（珠1023）爲同時所卜。所據之A爲摹本，所以綴合後的行款顯得有些不自然。

（29）A：京津2109。B：合5573（京津263，同書2157重出）。

（30）A：合5709正（零拾117）。B：合4366（京津2120）。“乙亥”一辭的同文卜辭見合5708正。

1986年9月

《論集》編按：

本文是提交1986年在山東長島召開的中國古文字研究會第六屆年會的論文。交《古文字研究》發表時略有修改，（14）例A段是黄天樹同志發現的，原未綴入。

摹　本

（1）

（2）

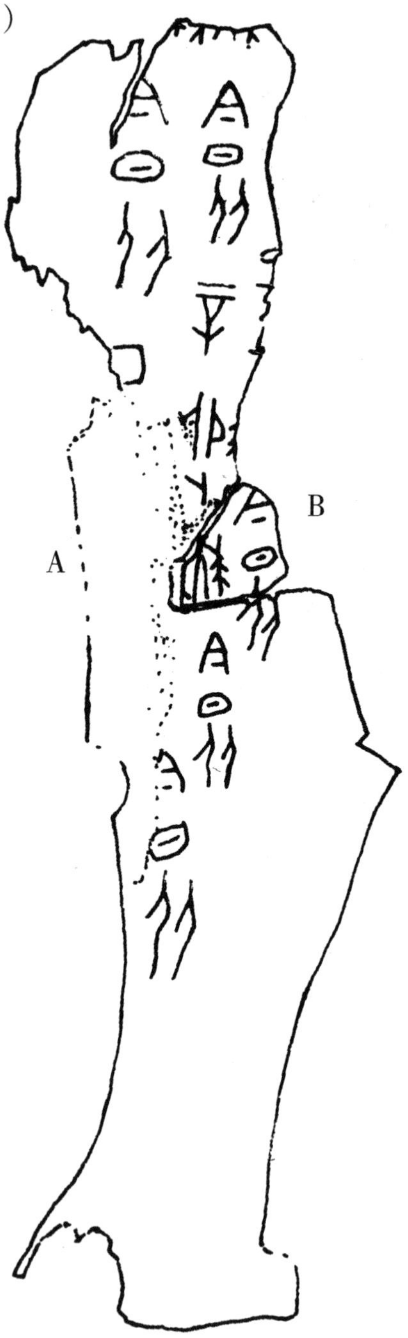

（3）

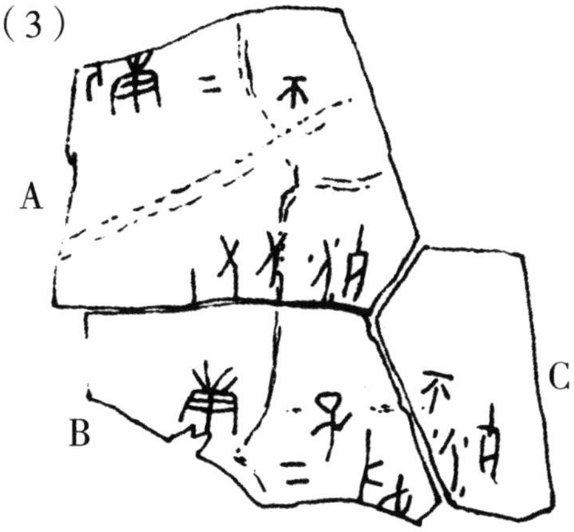

（4）

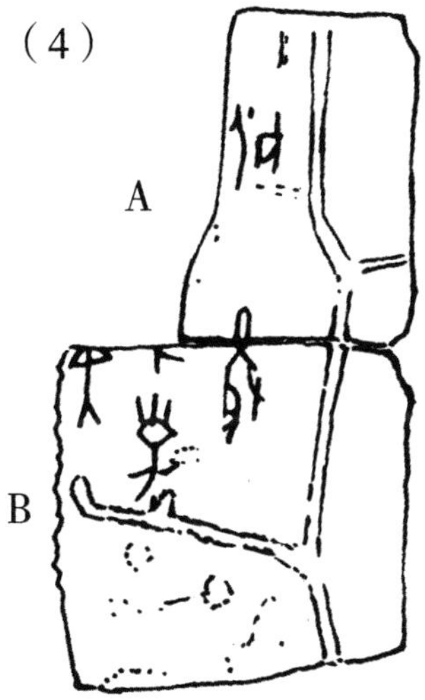

（5）

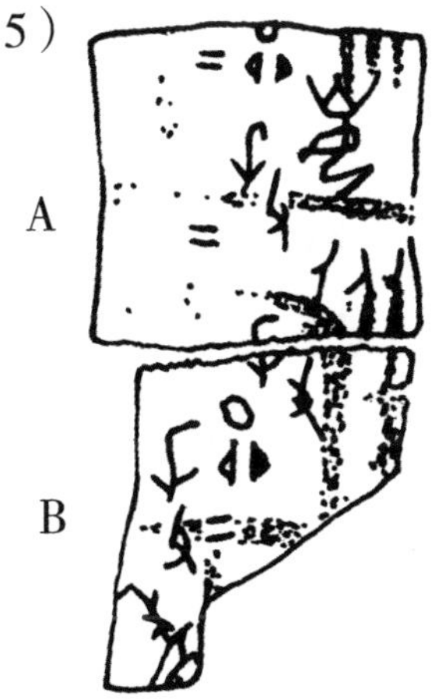

（6）

（7）

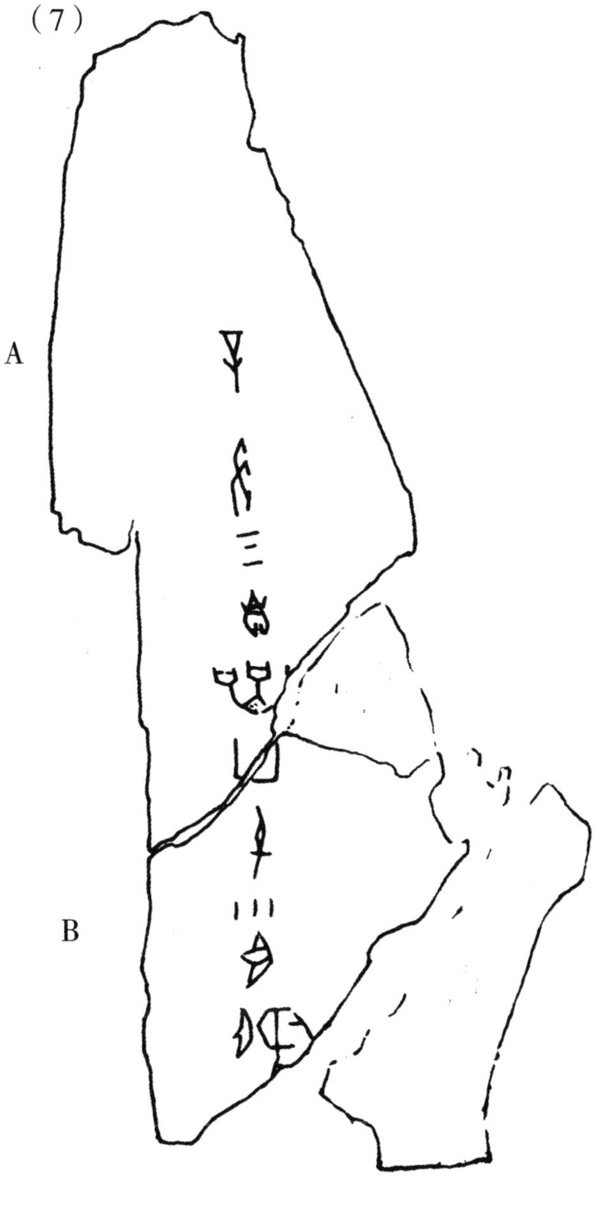

（8）
A
B

（9）
A
B
C

（10）
A
B
C
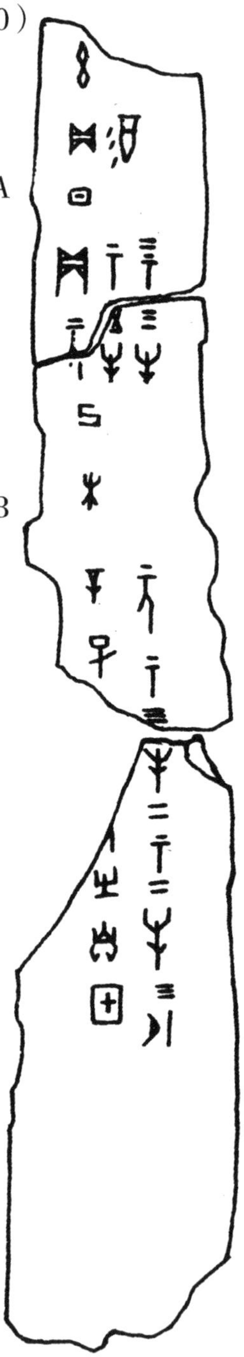

（11）
A
B

（12）
A
B

（13）

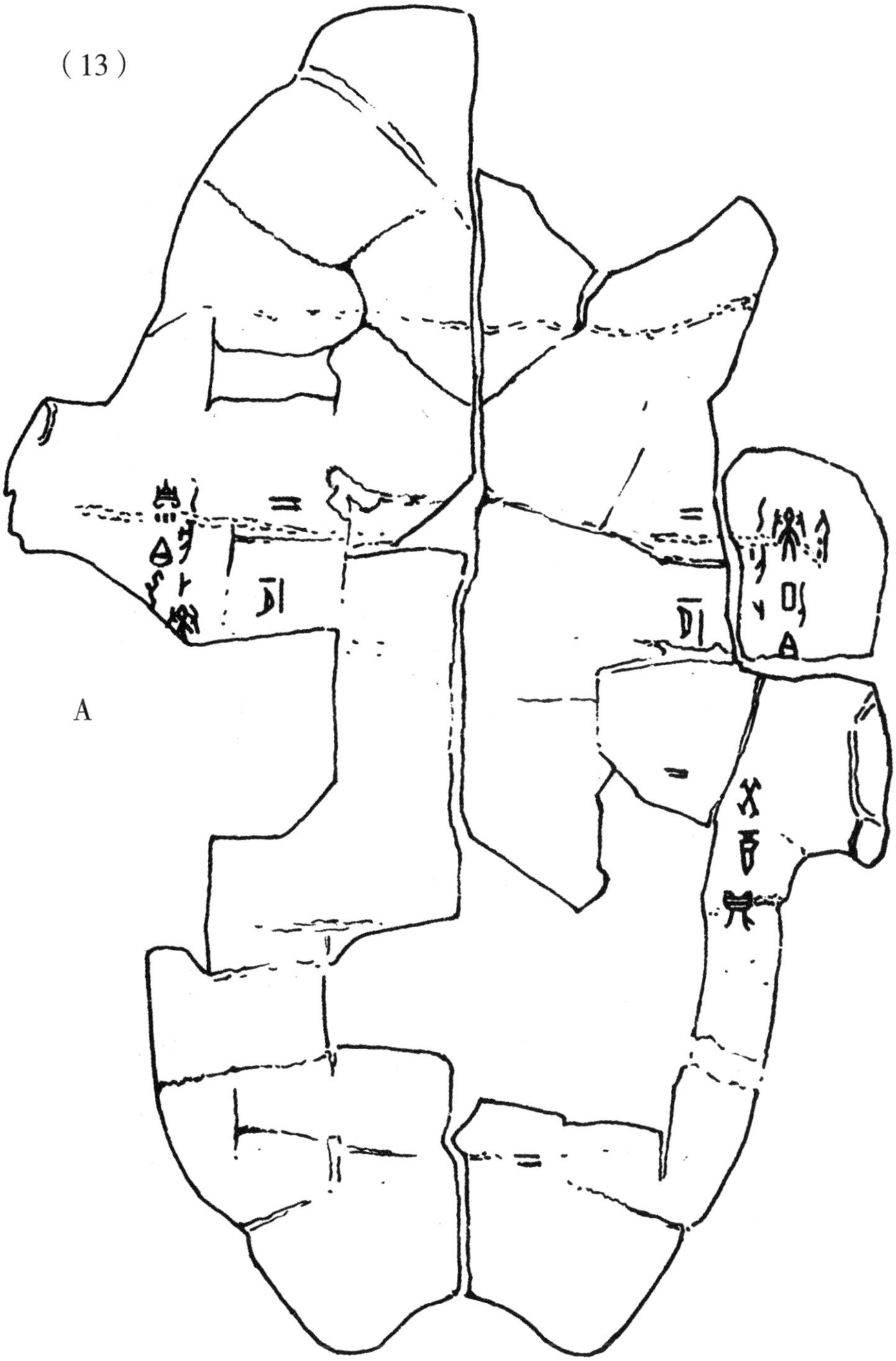

（14）

（15）

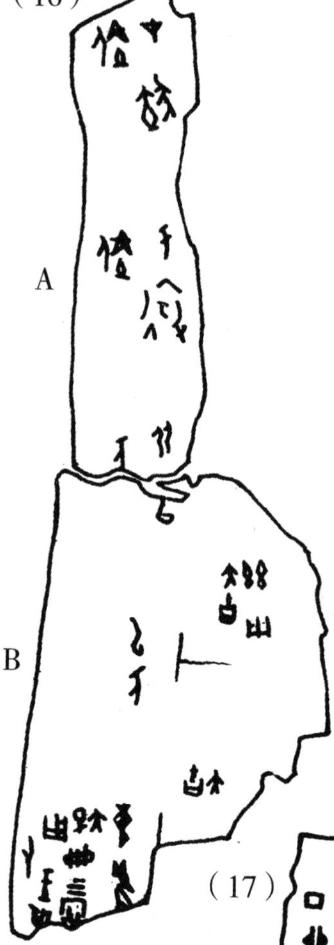

（16）

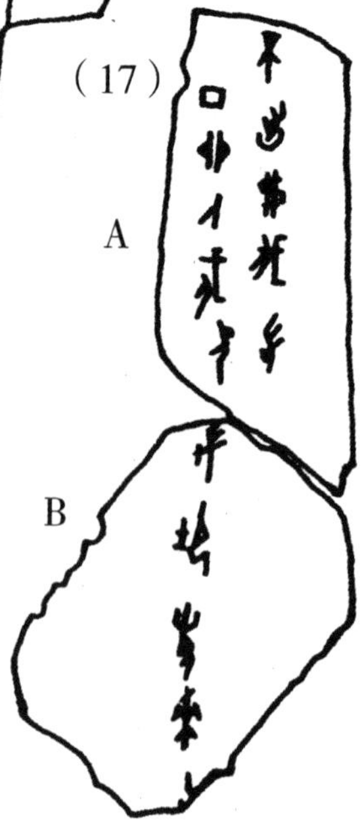

（17）

(18)

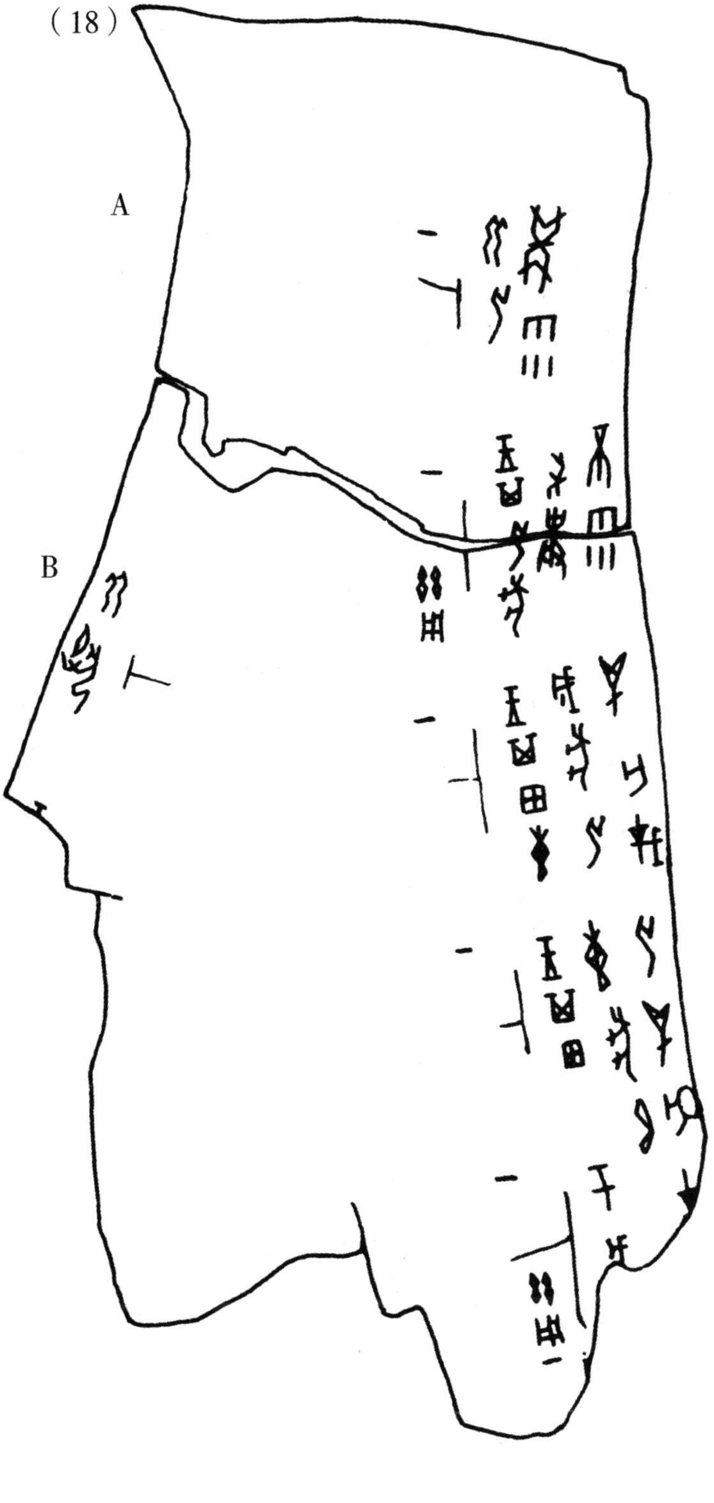

(19)

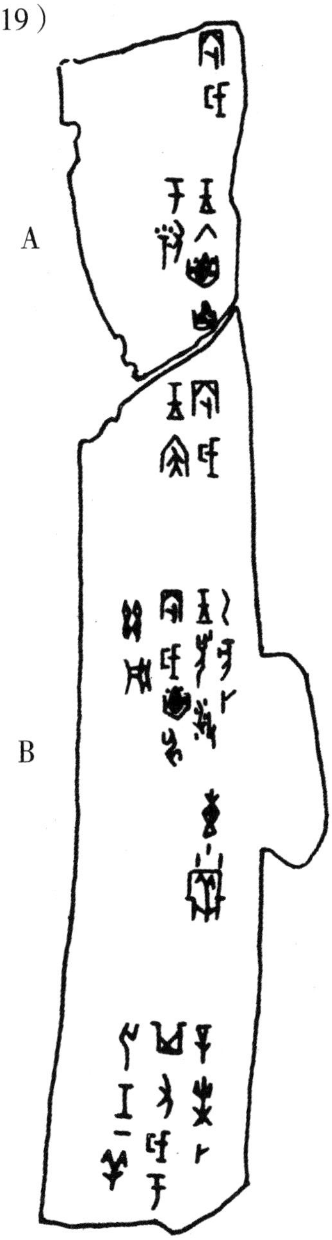

(20)

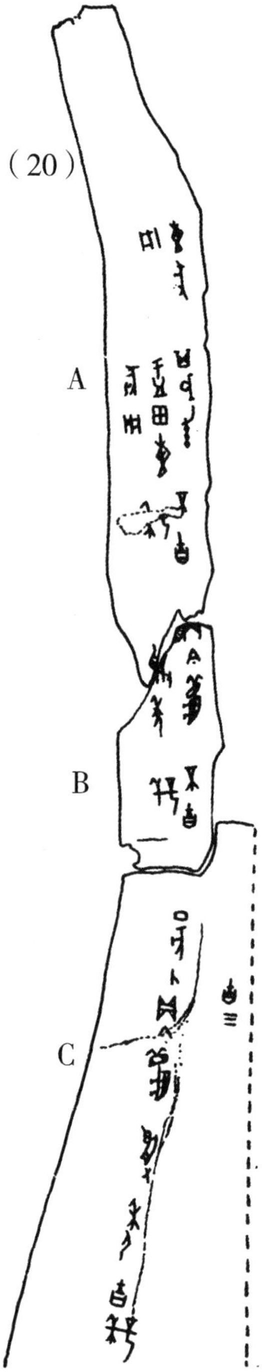

(21)

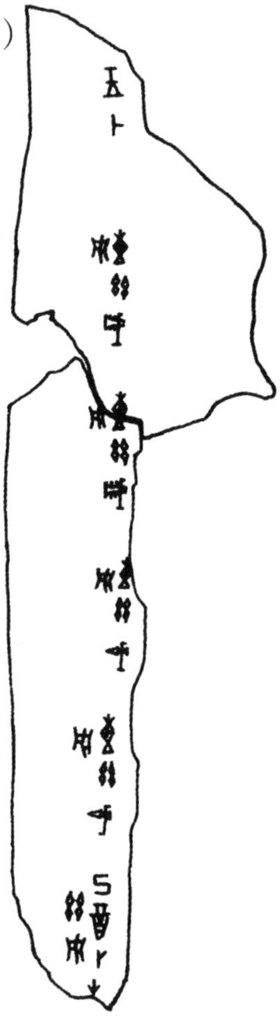

(22)正

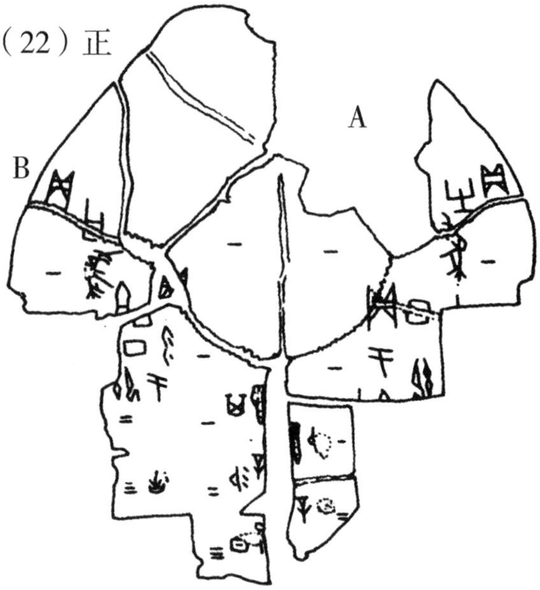

(22)反

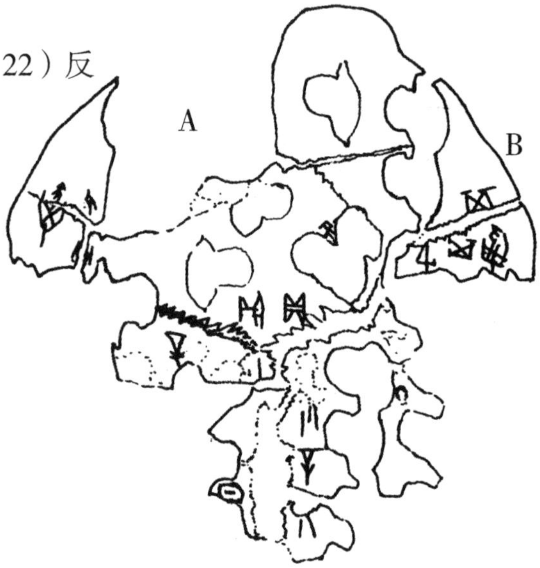

(23)

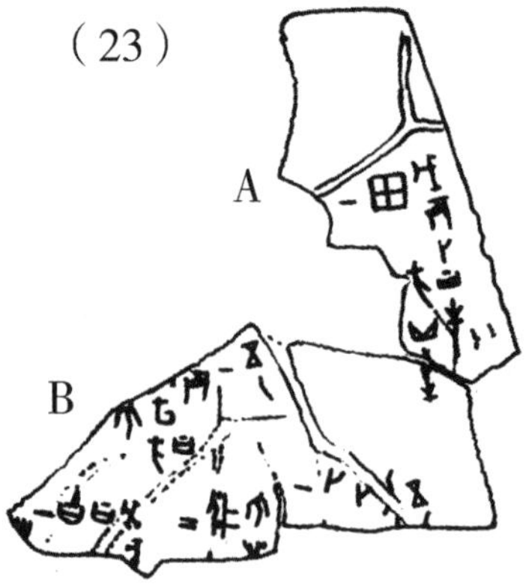

(24)

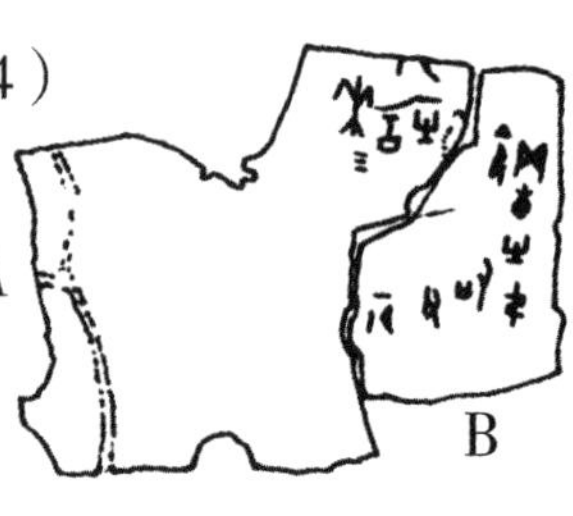

（25）

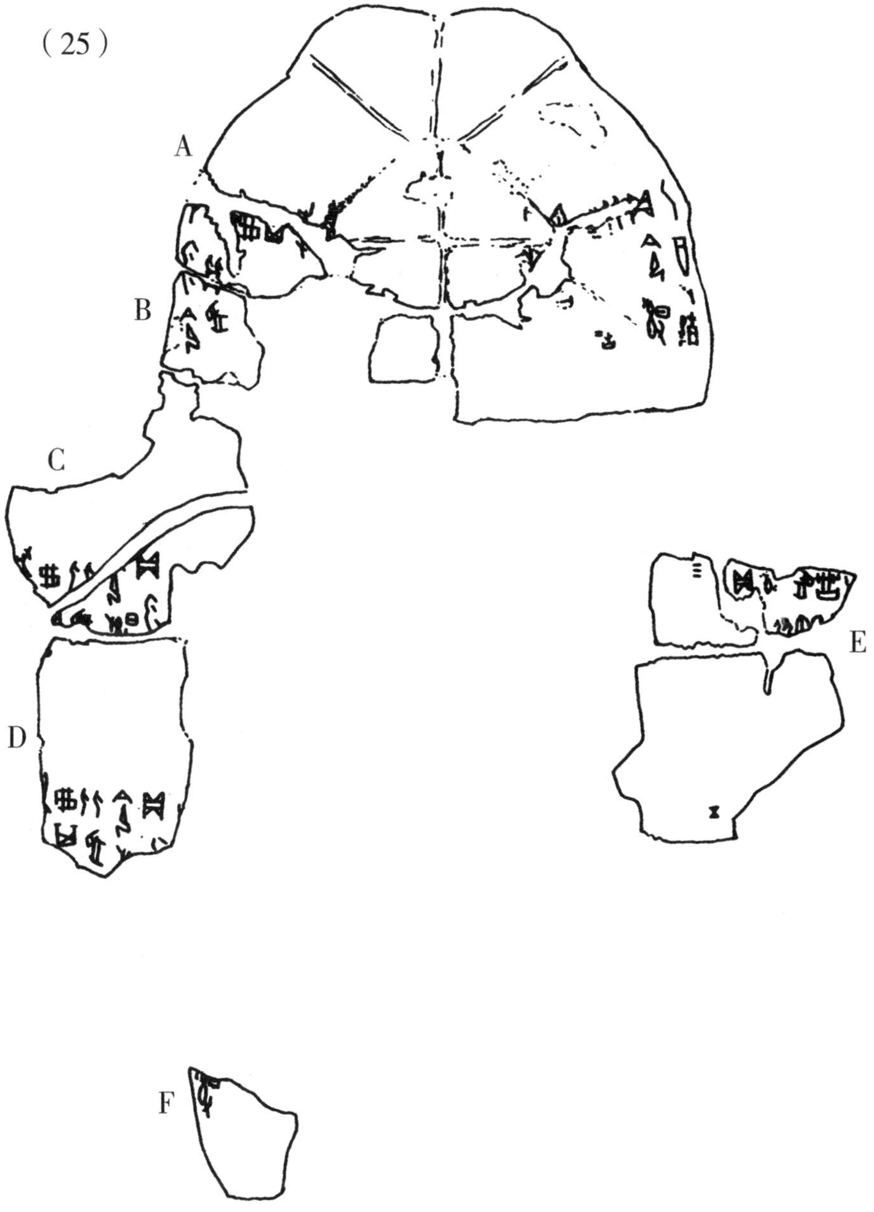

（26）正

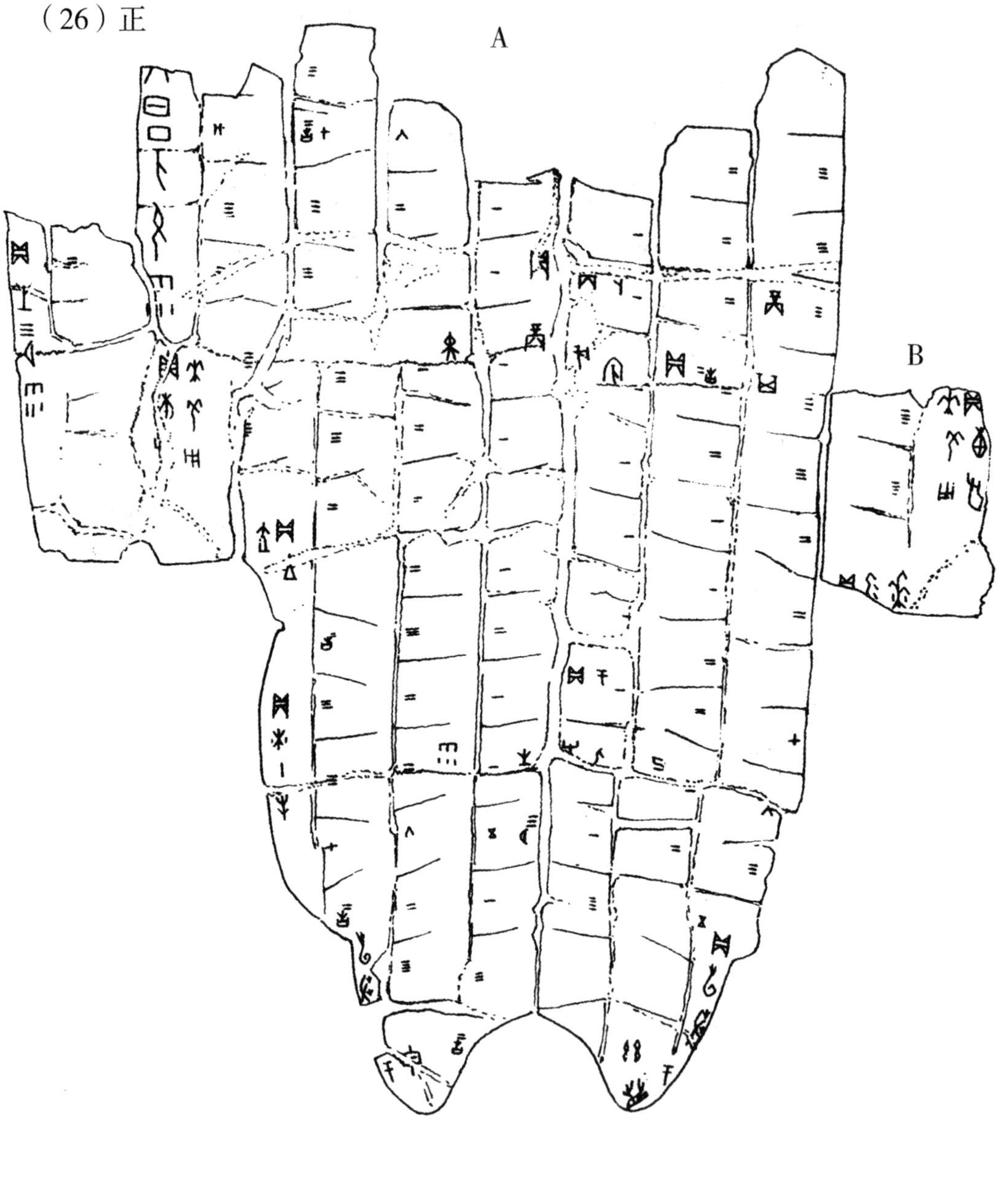

（26）反

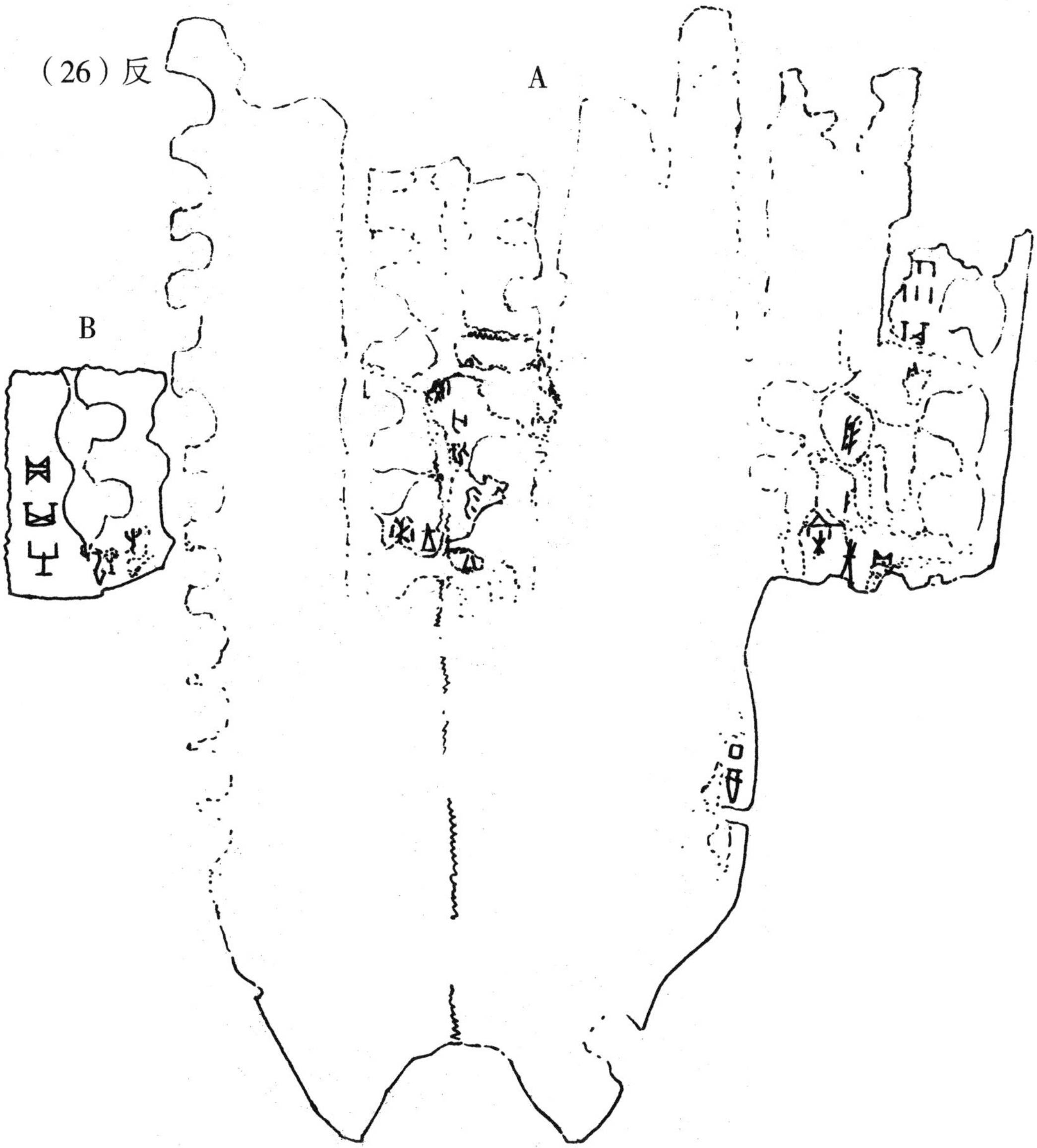

（27）

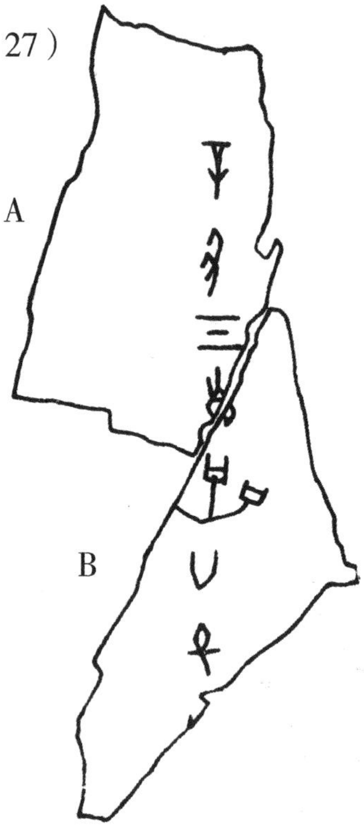

（29）

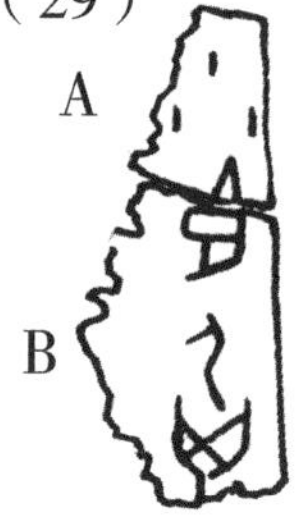

（28）

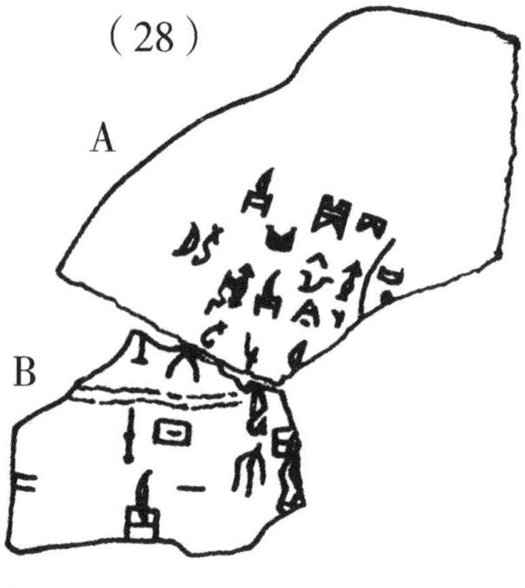

（30）

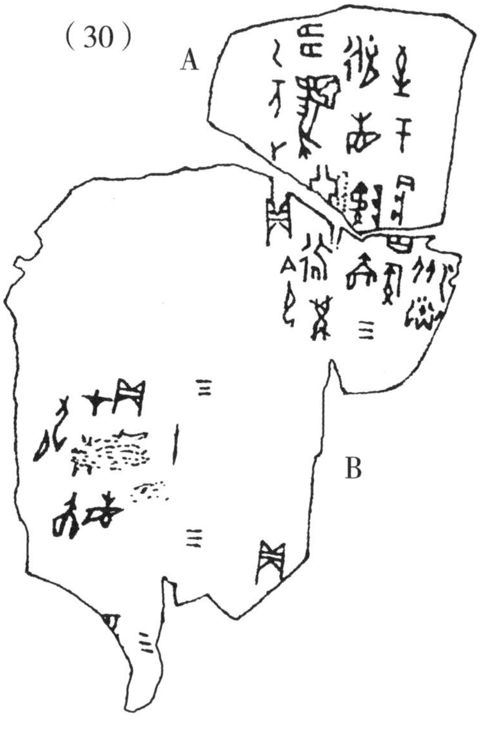

原載《古文字研究》第十八輯(中華書局,1992),又載《古文字論集》,今據後者收入。

釋殷墟卜辭中與建築有關的兩個詞——“門塾”與“𠂤”

《合》30284 是一片三、四期殘骨,上存如下三條卜辭:

于𠂤西畬,王弗[每]。

于宧門𦾔畬,王弗每。

☐𦾔☐王弗每。

前兩辭卜問應該在“𠂤西”還是在“宧門𦾔”舉行“畬”這種儀式。《合》30285(即《美》27)也是三、四期殘骨,上有與《合》30284 第 2 辭同文的卜辭。此片殘骨的摹本已見於《庫》1002。由於摹本中“𦾔”字所从的兩個偏旁之間有相當明顯的距離,前人多誤以爲是兩個字。例如陳夢家《綜述》478 頁引《庫》1002(陳書誤爲 1003),釋作“于宧門丮亯畬”;島邦男《綜類》58 頁“丮”字條和 263 頁“亯”字條下,也把這個字拆成兩個字。從《合》30284、30285 的拓本來看,“丮”和“亯”的筆畫上下相接,顯然是一個字的兩個偏旁。我們認爲這個字應該釋作“孰”。

《説文·丮部》“孰”字作“𩰫”,分析爲“从丮,𦎫聲”。但是“孰”、“𦎫”二字韻部相距甚遠,“孰”字無由从“𦎫”得聲。所以《段注》删去“聲”字,以“孰”爲會意字。從出土文字資料看,“孰”字原來根本就不从“𦎫”。據雲夢睡虎地秦簡和馬王堆帛書等資料,早在秦代和漢初,人們就是把“孰”字寫作从“亯”或“享”的(“亯”、“享”是一字異體),从“𦎫”的寫法在當時似乎並不存在(參看漢語大字典字形組編《秦漢魏晉篆隸字形表》192—193 頁)。再往上追溯,《金文編》所收的“伯侄(實應釋“致”)簋”的“孰”字,也从“亯”而不从“𦎫”(《金文編》1985 年版 178 頁)。可見我們現在所用的“孰”字的字形,是從先秦秦漢文字一脈相承地沿襲下來的,並非《説文》所收的“𩰫”形的省變之體,與“敦”、“淳”等字的“享”旁由“𦎫”省變而成的情況不同。《説文》中屢見跟秦漢時代實際通行的篆文不合的字形,這類篆文字形反而不如隸書、楷書近古。“戎”、“早”、“卓”等字裏的“十”形,《説文》篆文都作“甲”,便是明顯的例子。“𩰫”大概也屬於這一類。(《論集》編按:《古文四聲韻》

入聲 4 頁下引《古老子》“執”字、《古孝經》“熟”字、《華嶽碑》《雲臺碑》“築”字，《汗簡》卷下之一“女”部 67 頁上引裴光遠《集綴》“築”字，皆假“埶”字爲之。所从之“埶”也都从“亯”。《四聲韻》上平聲 10 頁上所引《道德經》“誰”字實亦“埶”字，蓋誤釋借爲“埶”之“埶”爲“誰”。此字所从之“埶”的左旁作上下二“日”形，亦當是“亯”之訛變。）

《合》17936（即《京津》2676）有  字，从“亯”从“丮”的變形“  ”，《甲骨文編》（以下簡稱“文編”）112 頁釋爲“埶”，當可信。可惜上下文已殘，意義不明。甲骨文中的有些合體字，其偏旁既可寫作左右並列，也可寫作上下相疊。例如：“獸”（獸）也可作“𤢙”（《文編》544—545 頁。《乙綴》424【《合》21729】有作  的“獸”字，《文編》未收），“多”也可作“ 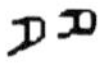 ”（《珠》7【《合》2607】，參看金祖同《殷契遺珠・發凡》2 頁上），“邑”也可作“  ”（《合》21583、21728），“男”既可作“  ”（《文編》524 頁），也可作“  ”（《文編》當作未識字收入 958 頁）。所以，見於上引卜辭的“宔門𩫖”的“𩫖”字也應該釋爲“埶”。“宔”字，于省吾先生釋爲“廷或庭之初文”（《甲骨文字釋林》85 頁），當可信。“門埶”無疑應該讀爲“門塾”。《爾雅・釋宮》：“門側之堂謂之塾。”《尚書・顧命》、《儀禮》等書都有關於塾的記載，不具引。1976 年在陝西省岐山縣鳳雛村發現了一處西周時代的大型建築基址。從遺跡看，向南的大門門道兩邊都有面積頗大的塾，門内就是庭（陝西周原考古隊《陝西岐山鳳雛村西周建築基址發掘簡報》，《文物》1979 年 10 期 28—29 頁。參看王恩田《岐山鳳雛村西周建築群基址的有關問題》，《文物》1981 年 1 期 76 頁）。從卜辭可以知道門塾之制在商代就已存在。

前引《合》30284 第 1 辭中“西”上一字，字形跟《說文》訓“小阜”的“𠂤”字相合。“𠂤西”跟“庭門塾”一樣，是可以舉行儀式的場所，“𠂤”也應該代表着一個與建築有關的詞。

在三、四期關於“尋”祭的卜辭裏，提到了稱爲“ 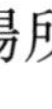 辟”的場所：

> 壬戌卜，王其尋二方白（伯）。
> 弜（勿）尋。
> 王其尋二方白于  辟。
> 于南門尋。　　合 28086
> 王于門［尋］。

于辟尋。

于宧(庭)𡩜尋。 懷 1391【《合補》10390】

從字形和用法來看,“”跟《合》30284 的“𠂤”應該是一字的異體。《合》28097 有殘辭云:“□方白,其畣于□。”也許《合》30284 提到的“畣”,跟《合》28086 提到的“尋二方伯”是相關聯的兩件事。

許進雄先生在《懷特氏等收藏甲骨文集》的釋文裏解釋“辟”說:“可能爲之異構,乃階梯之象形。辟可能借爲壁。乃於階壁處舉行尋祭。”(74 頁)以、爲一字是有道理的。《佚》67(即《合》7860)是一片第一期殘骨,其上有如下兩條相間卜辭:

鼎(貞):隹(唯)山令。

鼎:允隹山令。

商承祚先生考釋說:“與爲一字,即古師字也。金文从之字亦作,筆畫增減,古人任意爲之。”(《殷契佚存》考釋 15 頁上)《菁》3(即《合》10405 正)是一塊第一期大卜骨,其上的癸酉日卜旬一辭的驗辭部分裏提到了“宧”:

……五日丁丑王賓(賓)中(仲)丁,陰才(在)宧(庭)。十月。

這裏的“”跟前面所引的與“庭門塾”對貞的“𠂤西”的“𠂤”以及與“門”和“庭𡩜”對貞的“辟”的“”,顯然也是一字的異體。但是究竟應該把它們釋讀爲哪一個字,卻頗費斟酌。

商承祚先生認爲《佚》67 第一期卜辭裏的和“即古師字”,恐怕有問題。因爲第一期卜辭裏表示“師”的“𠂤”字通常都寫作而不寫作,更不會寫作(《合》7859 正與《佚》67 同文,此片“允隹”一辭中“山”上一字也作,可證此字確與表示“師”的“𠂤”有別)。此外,把跟分成兩個字,也是缺乏根據的(參看《甲骨文字集釋》4129 頁)。在第三期以後的卜辭裏,、的區分就不那麽嚴格了。但是上引的“𠂤西”、“𠂤辟”的“𠂤”,從文例上可以斷定跟“庭”的“”是一個字;“𠂤西”的“𠂤”作,更是甲骨文中已知的表示“師”的“𠂤”字所沒有的寫法。所以它們也不能讀作“師”。訓“小阜”的“𠂤”,一般都認爲是“堆”的古字。“堆”、

“師”的古音還算相近,“師”這個詞原來有可能確實就是用訓“小阜”的“𠂤”字表示的。那麼甲骨文把表示“師”的“𠂤”字寫作,便是有意跟“𠂤”字的其他用法相區別。也有可能跟本來是兩個字,後來才混而不分。

《菁》3大骨的“”字,寫法跟《說文》“阜”字相合,所以舊皆釋“阜”。《佚》67的“”、“”二字,《文編》也都釋爲“阜”(534頁)。徐中舒先生認爲“阜”字象窖穴壁上供人出入用的脚窩或獨木梯之形(《黄河流域穴居遺俗考》,《中國文化研究彙刊》9卷7頁。《怎樣考釋古文字》,文化部文物局古文獻研究室編《出土文獻研究》215頁)。上引許進雄説與徐説大致相合,似乎頗有成立的可能。但是仔細推敲起來,也還有問題。首先,以“阜”爲階梯之名,於古漢語無徵。其次,以“阜”爲階梯的象形,對“陰”、“陽”、“隄”、“防”、“障”、“隔”、“陴”、“隍”等大量从“阜”之字所以从“阜”的道理,無法作出適當的解釋。再次,卜辭裏提到的“𠂤西”、“𠂤辟”,是舉行祭祀或其他儀式的場所。“階壁”似不宜用作這種場所。在舉行儀式的地方,階大概不會僅有一處,“階西”的説法也嫌不够明確。

由於舊説都有問題,我們姑且提出一個新的假設供大家參考。根據甲骨文中、爲一字的現象,既可以把它們都釋爲“阜”,也可以把它們都釋爲訓“小阜”的“𠂤”。我們傾向於把它們釋爲“𠂤”。“𠂤”是“堆”的古字,在古代有可能用來指稱人工堆築的堂基一類建築。堆是高出於地面的。从“隹”聲的字往往含有高出的意思。《説文》:“崔,高也。”“崔,大高也。”“陮,陮隗,高也。”“顀,出頟也。”都是例子。臀部古稱“脽”。《漢書·武帝紀》元鼎四年“十一月甲子,立后土祠于汾陰脽上”,顔師古注:“脽者,以其形高起如人尻脽,故以名云。”臀部所以名脽,大概就是由於它比背部和腿部突出。“脽”、“臀”古聲母相近。“脽”屬微部,“臀”屬文部,二部陰陽對轉。這兩個詞無疑有同源關係。《釋名·釋形體》:“臀,殿也,高厚有殿遌也。”以“殿”爲“臀”的聲訓字。古代稱高大的堂爲殿。《初學記》卷二十四居處部引《蒼頡篇》:“殿,大堂也。”古所謂堂,本指後世所謂堂基而言。“𠂤”(堆)與“殿”也應是同源詞。“𠂤”(堆)之轉爲“殿”,猶“脽”之轉爲“臀”。所以上引卜辭裏的“𠂤”很可能是指殿堂而言的。《左傳·莊公二十一年》“鄭伯享王于闕西辟”,《正義》:“闕西辟者,辟是旁側之語也。”卜辭“𠂤辟”之“辟”當與此“辟”字同義。“𠂤西”則應指殿堂之西。《菁》3的“庭(庭)𠂤”大概指大庭的殿堂(關於大庭,詳下文)。“𠂤辟”、“𠂤西”的“𠂤”也有可能是指“庭𠂤”而言的。

第二期卜辭裏的地名有“翼山”(《合》24352、24355、24354),又有“翼”(《合》24356),後者疑亦當釋爲“翼自(堆)”(上引卜辭中的地名“翼”本來寫作从二“止”从“翼”,參看李學勤《青銅器與山西古代史的關係》,《山西文物》1982 年 1 期 14 頁)。不過這個“自”大概不是指殿堂的,其義似當與上引《漢書》“汾陰脽上”之“脽”相近。卜辭有地名“桒隹”(《合》33150、33151、33152),又有所謂“桒三隹”(《合》33149),“桒四隹”(《屯南》994),“隹”或即“”(自)之加聲旁字,與《說文》隹隗之“隹”不必視爲一字。

商代晚期銅器四祀𠨘其卣的銘文提到“召大庙(庭)”(《錄遺》275【《集成》10·5413】)。于省吾先生認爲見於卜辭的“召庭”即其省稱(《甲骨文字釋林》85頁),當可信(“召庭”見《後》上 12·1。《通》615 片【《合》37468】將此片與《前》2·23·1 相綴合,但《綴新》則認爲不能綴合,見該書第 10 册 60 頁)。卜辭中提到的“庭”可能多數屬於大庭一類。《尚書·盤庚》說盤庚“命衆悉至于庭”,“庭”大概也指大庭。

商代的大庭當與宗廟、宫室建築中附屬於主體建築物的庭不同,與王國維《明堂廟寢通考》設想的居於四宫之中充當所謂太室的“廣廷”也決非一事。60 年代至 70 年代,考古研究所在河南偃師二里頭發掘了一座屬於商代早期(也有人認爲屬於夏代)的大型建築遺址。整個基址“是一座大型的夯土臺基,整體略呈正方形……東西長約 108、南北寬約 100 米。……臺基中部偏北的地方有一塊高起部分,呈長方形,東西約 36、南北約 25 米,是殿堂的基座。臺基的北、西、南三面有牆基,在牆基內側有一周柱子洞,在南北兩牆基的外側還各有一排柱子洞。整體呈廊廡形式的建築。臺基南面中部有一塊東西長約 34、南北寬約 2 米的延出部分……上面有宫殿大門的門柱痕跡”(《河南偃師二里頭早商宫殿遺址發掘簡報》,《考古》1974 年 4 期 234 頁。基址平面圖見 235 頁)。商代的大庭有可能就是這類建築。上述基址中部偏北的殿堂基座,可能就是所謂“庭自”。基址南面的大門遺址很寬闊,原來可能有塾,即所謂“庭門塾”。有的古建學者爲這一基址所作的復原設想圖,門的兩側就畫有東塾、西塾(楊鴻勛《西周岐邑建築遺址初步考察》,《文物》1981 年 3 期 23 頁圖 1)。卜辭或言“啓庭西户祝于妣辛”(《合》27555,同文卜辭見《合》30294),“庭西户”似當指這類建築的西牆上的門。上引《合》28086 末一辭的“南門”和《懷》1391【《合補》10390】第一辭的“門”,大概都跟《合》30284、30285 的“庭門”一樣,是指大廷南面的正門而言的。“庭西户”則爲邊門。“户”字象單扇門,可能邊門是單扇的。以上所說大庭之制,是很不成熟的設想,究竟有多少合理的成分，有待今後的考古發現和對卜辭的進一步研究來加以檢驗。

1986年11月19日寫畢

原載《出土文獻研究續集》（文物出版社，1989），又載《古文字論集》，今據後者收入。

從殷墟甲骨卜辭看殷人對白馬的重視

古籍中有“殷人尚白”(《禮記・檀弓上》)之說。據說尚白馬是殷人尚白的表現之一。《禮記・明堂位》:“夏后氏駱馬黑鬣,殷人白馬黑首,周人黃馬蕃鬣。”鄭玄注:“順正色也。……殷黑首,爲純白凶也。”同書《檀弓上》:“殷人尚白……戎事乘翰,牲用白。”鄭玄注:“翰,白色馬也。《易》曰‘白馬翰如’。”對殷人尚白之說,現代學者往往致疑。如金祥恆先生在《釋赤與幽》一文中,據殷墟卜辭卜問的用牲毛色有很多種類的現象疑“殷尚白”之說非事實(載《中國文字》第8期);黃然偉先生且有《殷人尚白說質疑》的專文(載《大陸雜誌》31卷1期,文未見)。殷人尚白之說究竟有沒有真實性,是一個相當複雜的問題,目前恐怕很難得出公認的結論。但是殷人的重視白馬,在殷墟卜辭裏却是確有證據的。

殷人實際使用的馬當然不會限於白馬一種。在跟使用馬匹有關的卜辭裏,可以看到赤馬、駁、騽、騺等多種表示不同毛色的馬名(參看王宇信《商代的馬和養馬業》,《中國史研究》1980年1期100—101頁)。但是殷人最重視的則是白馬,這可以從一些卜辭裏清楚地看出來。

殷人在占卜“取馬”、“以馬”、“來馬”等事時,一般不指明馬的毛色,例如:

(1) 己子(巳)卜:雀取馬,以。

(2) [□□卜]𢀛以馬自甭。十二月。允以三丙。　乙4718,合8984

(3) □辰卜古鼎(貞):乎(呼)取馬于𡆥,以。三月。

續5・4・5,合8797正

(4) 甲申卜𣪊鼎:以馬。　乙7647,合8961正乙

(5) 不其以馬。　乙7676,合8961正甲

(6) 癸未卜亘鼎:𡜦來我馬。　七・T・1,合9172正

(7) 古來馬。

(8) 不其來馬。　乙5305,合945正

唯有“白馬”却在這類卜辭裏屢次出現，例如：

(9) 鼎(貞)：乎(呼)取白馬，以。　　乙 5305，合 945 正

(10) 甲辰卜㱿鼎：奚來白馬。王固曰：吉。其來。

(11) 甲辰卜㱿鼎：奚不其來白馬。五[月]。　　丙 157，合 9177 正

(12) 鼎：戠不我其來白馬。五[月]。　　掇二 124，合 9176 正

(9)與上引(7)、(8)二辭同版。《英》336 正(《庫》426)有如下一條殘辭：

(13) 鼎：徲弗☐白馬☐

大概也是關於“來馬”或“以馬”的卜辭。

在爲馬的災禍、死亡等事占卜時，一般也不指明馬的毛色，例如：

(14) 鼎(貞)：我馬㞢(有)，隹(唯)囚(憂?)。

(15) 鼎：我馬，不隹[囚]。　　丙 201，合 11018 正

(16) 甲午卜：王馬尋駢，其禦于父甲亞。　　文錄 312，合 30297

(17) 鼎：馬不𡿺(殟)①。　　京津 1686，合 11024

(18) ☐馬其𡿺。　　零拾 140，合 11023

在這類卜辭裏出現的指明毛色的馬名，確鑿無疑的也只有白馬：

(19) 丙午卜鼎(貞)：隹(唯)子ㄖ𡆥(害)白馬。

北大藏于省吾先生舊藏甲骨墨本一 · 32

(20) 丙午卜爭鼎：七白馬𡿺(殟)，隹丁取。二月。

甲 3512，合 10067(《合》3020 + 11048 爲同文卜辭)

上舉二辭的卜日皆爲丙午，字體也極相近，有可能爲同時所卜。此外只有《合》13705 殘辭“☐王☐爻馬亡疾”中的“爻馬”，也許可以讀爲“駁馬”。

從以上所說的情況可以清楚地看出，殷人對白馬的確特別重視。更有意思的是，殷人還屢次爲將要出生的馬崽是不是白色的而占卜，例如：

---

① 𡿺字從張政烺先生釋。張說見《釋甲骨文“俄”、“隸”、“蘊”三字》，《中國語文》1965 年 4 期 296—298 頁。張先生認爲卜辭𡿺字有“殟”和“蘊”兩種讀法，“蘊”指蘊藏地下以殉葬。今按讀“蘊”之說恐有問題。卜辭𡿺字前所加否定詞皆爲“不”。如𡿺當蘊藏講，前面的否定詞應用“勿”(關於“不”、“勿”的區別，參看拙著《說“弜”》，《古文字研究》第一輯 121—122 頁)。又𡿺如確當蘊藏講，應有以被蘊藏者爲直接賓語的用例，而實際上這種用例從未出現過。

(21) 甲申卜：馬隹(唯)白子。 京津 3024，合 20085

(22) 小⿰馬匕子白。不白。 續 5·26·8，合 3411

(23) ☐王：小⿰馬口☐白。 林 1·14·19

(24) ☐騬子白。不。十一月。 菁 11·8，合 3412

(25) □□卜□⿰馬冊子白。 屯南 2650

(26) 丙辰卜□鼎(貞)：㿝□馬子白☐ 合 5729

(27) ⿱羽馬毓(育)，白。 乙 1654，合 18271

(28) 不其白。 乙 1697，合 14751 正

(22)的“⿰馬匕”當是“牝馬”之“牝”的專字，也可能就是“匕(牝)馬”的合文。(23)的字體與(22)極相近，疑所卜是一事，“⿰馬口”即“⿰馬匕”之殘文。(24)的“騬”、(25)的“⿰馬冊”都應該是一種馬名。前一字也見於《合》11051的一條殘辭：“癸酉，王：騬☐”。其字體與(24)極相近，疑所卜亦爲一事。(26)的“㿝□馬”當指取自㿝之馬，參看上文所引的第(3)辭。(27)、(28)從字體、行款看似爲對貞之辭，但《合》18271與14751兩片卜甲的斷處不接。《合》7850(《簠》雜94)有“不其白”一辭，疑亦與馬之生育有關。(27)的第一字，《甲骨文編》釋爲“騽”(398頁)，可從。② 但《文編》將此辭的“白騽”二字連讀，則是不對的。《爾雅·釋畜》：“驪馬黃脊，騽。”《說文》：“騽，馬豪骭也。”唐蘭先生認爲卜辭“騽”字的解釋當從《爾雅》(同注②)。殷人希望騽馬也生白子，其崇尚白馬的心情躍然可見。至於殷人是否如《明堂位》所說，特別崇尚黑首的白馬，已不可考。

最後，附帶解釋一條可以與上引占卜馬崽是否白色之辭相比照的卜辭：

(29) 丁亥卜□(王?)：子白羌毓(育)，不□(其?)白。
京津 2064，合 3410

卜辭或言“賁白人”，姚孝遂先生以爲“‘白人’當指其膚色而言”。③ 上引卜辭裏的“子白羌”疑指商王之子所“幸”的白皮膚的羌族女子。有一條卜旬之辭的驗辭說“之日子羌女老”(《合》21021)，“子羌女”與上辭的“子白羌”可能是一類人。上辭可能是在“子白羌”即將生育時卜問所生之子的膚色是否白色的卜辭。如果上面

② 關於“羽”和“習”的關係，參看唐蘭《殷虛文字記·釋羽雩習騽》，中華書局，1981，20—22頁。

③ 見《商代的俘虜》，《古文字研究》第一輯378頁。卜辭屢言以“三白羌”爲人牲，一般以爲“三白”當讀爲“三百”。姚文從瞿潤緡說，謂此“白”字亦“當如字讀”。這一點有待進一步研究。

的解釋大致不誤的話，白羌究竟屬於古代的哪一個種族，殷王室血統中是否可能含有少量白種的成分，就都是可以研究的問題了。

1987 年 1 月 24 日寫畢

本文是提交給 1987 年安陽中國殷商文化國際討論會的論文。原載《殷墟博物苑苑刊》創刊號（中國社會科學出版社，1989），又載《古文字論集》，今據後者收入。

關於殷墟卜辭的命辭是否問句的考察

命辭指卜筮時提出所卜或所筮之事的話。在殷墟出土的商代後期甲骨卜辭裏,命辭往往用"鼎"(貞)字引出。古人說"卜以決疑"(《左傳·桓公十一年》),《說文》把"貞"字訓爲"卜問",所以長期以來,研究殷墟卜辭的學者都把命辭一律看作問句。但是絶大多數命辭所用的句子,在語法形式上跟占辭、驗辭所用的陳述句並無區别,至少在字面上看不出區别。因此從70年代開始,有些研究殷墟卜辭的外國學者,對命辭是問句的傳統看法提出了疑問。

漢語裏雖然有專門表示疑問的句末語氣詞,但並不是非用不可,有時是非問句和陳述句除了語調不同外,形式上可以毫無區别。由於這個原因,並由於殷墟卜辭裏句末語氣詞很少見,研究卜辭的中國學者一直沒有把命辭跟占辭、驗辭形式上沒有區别這一點,看作把它們理解爲問句的障礙。外國學者在很長一段時間裏也是接受這種看法的。最先提出懷疑的是美國加州大學伯克利分校的吉德煒(David N. Keightley)和華盛頓大學的司禮義(Paul L-M. Serruys)兩位教授。

1972年,吉德煒在提交給太平洋沿岸亞洲研究學會在加州蒙特利舉行的會議的論文《釋貞——商代貞卜本質的新假設》裏,提出了命辭不是問句的主張。我們沒有讀到這篇論文,下面引的是法國學者雷煥章(Jean A. Lefeuvre)神父在《法國所藏甲骨錄》釋文部分裏對此文内容所作的概括:

> Keightley在一篇題作《釋貞》之論文中,提出一就當時而言非常新的意見:甲骨文中之"命辭",不是疑問句,而是一有關未來之陳述命題;這些"命辭"之文法,亦皆無任何問句之形式;若將其視爲某種"意圖"或"預見"之宣示,則有關甲骨文命辭解釋上的許多困難,便可迎刃而解。……《說文》釋"貞"爲"卜問",乃屬後起之解釋;……最後,他將"貞""正"連結,而釋序辭中之"某(貞人)貞"爲"由某(貞人)正之。"(123頁)

司禮義在刊登於1974年《通報》的《商代卜辭語言研究》中,也主張命辭不是問句,並以“正”“定”一類意義來解釋貞卜之“貞”。他認爲“貞”的意義近於檢驗、校正,命辭所説的就是需要檢驗、校正的行動方針等等。此外,他還批評了有些學者認爲卜辭裏常見的“其”和“唯”以及出現在句末的某些“乎”和“不”是表疑問的語詞的看法(《通報》卷60·Ⅰ-3,21頁以下)。

此後,美國斯坦福大學的倪德衛(David S. Nivison)教授在提交給1982年在檀香山舉行的商代文明國際討論會的論文《問句的問題》(以下簡稱“倪文”)裏,對命辭是否問句的問題進行了更爲深入的探討。他接受了我國學者李學勤教授關於𠂤組卜辭語末助詞的研究成果,在承認𠂤組卜辭的命辭裏確有一些具有語法標誌的問句的前提下,從多方面論證一般的命辭並非問句。這篇論文裏的不少意見在後面的討論中將會引到,這裏就不多作介紹了。

倪德衛的學生,現在執教於芝加哥大學的夏含夷(Edward L. Shaughnessy)教授,在他的博士論文《周易的構成》裏也對殷墟卜辭的命辭進行了研究。在命辭是否問句的問題上,他的意見大致與倪德衛相同。此外,他還論述了殷墟卜辭在形式和内容上從早期到晚期的變化,以及與之相應的占卜作用的變化(1983年縮微膠卷複印本52—57、66—67等頁)。這篇論文還指出,周原卜辭往往以“囟……”一類話結尾(如“……囟有正”),“囟”應該讀爲“思”,訓爲“願”;典籍等所載的東周時代卜筮的命辭,幾乎都使用“尚”字(如“余尚得天下”),也是表示願望的,所以它們也都不可能是問句(同上58—59、76—81等頁。參看夏含夷《試釋周原卜辭囟字——兼論周代貞卜之性質》,1983年8月手寫中文稿複印本)。

在上述幾位之外,還有一些研究卜辭的外國學者也是主張命辭非問句的,如前面提到過的雷焕章和加拿大英屬哥倫比亞大學的高嶋謙一教授(參閱《法國所藏甲骨録》123—126頁)。

近年來,國内學者中也有人對命辭是問句的傳統看法産生了懷疑。李學勤在提交給1983年在香港中文大學舉行的國際古文字學研討會的論文《續論西周甲骨》裏,根據他對周原卜辭“囟”字的研究,也認爲周原卜辭的命辭都不是問句,並提出了殷墟卜辭的命辭有些也不是問句的意見。這篇論文已在《中國語文研究》第7期和《人文雜志》1986年1期上公開發表。李學勤的意見是有一個發展過程的。他很早就把周原卜辭的“囟”字讀爲“斯”,但起初仍把用“囟”字的卜辭看作問句(李學勤、王宇信《周原卜辭選釋》,《古文字研究》第四輯250等頁)。在發表於《文物》1981年9期的《西周甲骨的幾點研究》裏,他指出周原卜辭有些不是問句,“與殷墟卜辭大多爲問句不同”(8頁),但仍然把周原卜辭裏用“囟”的句子看作問句(8、9、10 等頁)。到《續論西周甲骨》裏,他提出了周原卜辭裏的“斯……”和《左傳》《國語》所載卜筮之辭裏的“尚……”“這樣以命令副詞開首的句子,絶不是問句”的看法,並認爲“既然西周卜辭的‘斯正’、‘斯有正’之類不是問句,殷墟卜辭的‘正’、‘有正’也肯定不是問句”(《人文雜志》1986 年 1 期 71 頁)。看來,他已經改變了“殷墟卜辭大多爲問句”的觀點。不過,絶大部分國内學者目前仍持命辭都是問句的傳統看法。

命辭是否問句的問題“涉及對所有卜辭的理解”(同上 71 頁)。對這樣重要的問題有必要繼續進行研究和討論,以求取得比較一致的認識。我們準備就這個問題提供一些資料和看法,希望能有助於研究和討論的深入。主張命辭不是問句的學者,大都撇開《説文》的定義,對“貞”字另作解釋。但是正如倪文已經指出的那樣,“貞”字的意義實際上並不能決定跟在它後面的命辭的語氣(倪文 1、10 等頁)。所以我們不想涉及“貞”字的解釋問題,只準備具體討論一下在殷墟卜辭的命辭裏,究竟有哪些可以確定是問句,有哪些可以確定不是問句。下文引用卜辭時,釋文一般用寬式,如讀爲“貞”的“鼎”直接寫作“貞”,讀爲“在”的“才”直接寫作“在”。有些有爭論的字暫用一説,如“𤴓”字暫釋作“正”(此種“正”字右上角加 * 號作標誌)。釋文中句末一律標句號,即使已經確定是問句的也標句號不標問號。卜辭附記的月名等,釋文中一般略去。

一、卜辭句末疑問語氣詞和置於辭末的否定詞“不”

在殷墟卜辭裏,曾被認爲是句末疑問語氣詞的字,有“乎”“才”(哉)和“抑”“執”。此外,出現在卜辭末尾的否定詞“不”,很多人也認爲是古漢語反復問句所用的“否”的前身。這些意見是否可信,需要分别加以討論。

(一)關於“抑”和“執”

見於殷墟卜辭的最確鑿無疑的句末疑問語氣詞,是李學勤在《關於𠂤組卜辭的一些問題》一文(以下簡稱“李文”)的“語末助詞”節裏指出來的“”(亦作)和“執”(《古文字研究》第三輯 39—43 頁)。但是李文把前者釋爲“𠬝”,則是有問題的。

羅振玉把字釋作“𠬝”,字釋作《説文》認爲“从反‘印’”的“抑”字古體,並指出“印”“抑”古本一字(增訂本《殷虚書契考釋》中 54—55 頁)。這些都是正確

的。古文字表意偏旁中“爪”形和“又”形往往可以通用,所以也可作。但是由於羅振玉考釋“㞾”“抑”二字時强調从“又”从“爪”之别,後來《甲骨文編》《甲骨文字集釋》等書都誤把歸入“㞾”字。島邦男《殷墟卜辭綜類》才加以糾正(參看張桂光《古文字中的形體訛變》,《古文字研究》第十五輯177頁)。在卜辭裏,“㞾”多指祭祀人牲,“抑”則用爲句末語氣詞,有時也用爲國族名或人名(如《合》21708、21710等。《合》22590、25020兩條出組同文卜辭裏的“抑”疑亦人名)。兩個字的用法截然有别。

李文所以把“抑”釋作“㞾”,是有原因的。李文討論𠂤組語末助詞時,舉了下引兩組卜辭加以對比(標點依原文,出處改用《甲骨文合集》片號):

(1) 丙辰卜,丁巳其陰(本作“侌”,從于省吾釋)不? 允陰。 合19781

(2) 丙辰卜,丁巳其陰㞾? 允陰。 合19780

(3) 丁丑卜,方其正*今八月不? 合20473

(4) 辛亥,方正*今十一月㞾? 合20818

(1)(2)爲一組,(3)(4)爲一組。李文認爲這兩組卜辭可以證明“㞾”和“不”在句中的作用相同,並説“兩字均屬古之部,音近可通”(《古文字研究》第三輯40頁)。如果採釋“抑”之説,跟“不”就音遠不可通了。但是上引(3)辭末尾的“不”其實並非“語末助詞”,詳後文(本節第四小節)。(1)(2)兩辭原來是完全同文的,只是前一條“抑”字的下部已殘去,乍看起來有些像“不”。既然與“不”相通的證據有問題,這個字當然仍以釋“抑”爲宜。倪文雖然採用了李文的研究成果,却仍然把這個字釋作“抑”,可謂有識。

下面就來看看𠂤組卜辭使用句末疑問語氣詞“抑”和“執”的例子。凡李文已舉之例都在辭前加*號,但釋文有時略有出入。

李文指出𠂤組卜辭有時“把正反兩問併於一辭之中,正問用助詞‘㞾’,反問用助詞‘執’(有時相反)”(41頁)。李文所説的這種命辭,可以認爲是由兩個正反相對的分句組成的選擇問句(其實也未嘗不可以就稱爲反復問句),兩個分句分别綴以句末語氣詞“抑”或“執”。其例如下:

*(5) 癸酉卜貞:方其正*今二月抑,不執。余曰:不其正*。允不。

合20411

*(6) 癸酉卜,王貞:自今癸酉至于乙酉,邑人其見方抑,不其見方執。

合799

*(7) 乙酉卜，王貞：余辪朕老工延我莫，貞：允唯余受馬方祐抑，弗其受方祐執。 合 20613

(8) □辰卜，王□于（?）大方□敦抑，不執。 合 20468

(9) ⧄獲正*方抑，弗獲執。 合 20427

*(10) 丙寅卜，□貞：衣今月虎其𢀛抑，不𢀛執。旬六日壬午𢀛。

合 40819 + 21390

（李文未拼。《論集》編按："月"下一字，虎頭上有"ㅠ"形，或非"虎"字，李文隸定爲"虒"）

*(11) 丙寅⧄今月虎不其𢀛［抑］，𢀛執。 英 1779【《合》40820】

*(12) 丙寅⧄衣今月［虎］不其𢀛［抑］，𢀛執。 合 21394

(13) 辛丑卜，自貞：子辟雫疾臣不其囚畬抑，囚畬［執］。 合 21036

*(14) 壬⧄貞：⧄牛在⧄弗克以抑，其克以執。 合 19779

*(15) □□卜，[glyph]：不其延雨□（李文釋爲"至丙"合文）抑，延雨執。

合 19778

(16) ⧄貞：⧄有囚抑，亡囚執。 合 19784

*(17) ⧄疾抑，亡執。 合 21047

以上爲前一分句用"抑"後一分句用"執"之例。前一分句有的是正面問有的是反面問。以下爲前一分句用"執"後一分句用"抑"之例：

*(18) 癸卯卜，王：缶蔑正*戎執，弗其蔑抑。三日丙午遘方，不獲。

合 20449

(19) 庚戌卜，自貞：方其正*今日執，不［抑］。 京津 2984

*(20) ⧄唯□咎執，不抑。 合 19785

*(21) 辛酉卜，貞：有至今日執，亡抑。亡。

合 20377（參看《庫》1194 摹本）

《合》20224（即《甲》2271）有如下一辭：

(22) 辛丑卜，曰：缶亡以□，有以抑。

據文例，"亡以"下一字應爲"執"，但原拓此字不清，難以確定。如果不把上引諸例的"抑"和"執"理解爲句末疑問語氣詞，辭義絶大多數根本講不通，看作句末疑問語氣詞就文從字順了。可見李說是不可移易的。

從上引諸例看,前一分句用“抑”的比較常見。較晚的古漢語裏置於選擇問句的兩個分句之間的連詞“抑”,也許就是由這種“抑”演變而成的。“執”相當於古書中的哪個詞,或者跟哪個詞有關,尚待研究。

在“把正反兩問併於一辭之中”的選擇問句式的命辭之外,自組卜辭中也有他組卜辭中常見的那種正反對貞的命辭。這種命辭之末有時也加“抑”字:

(23A) 戊申卜:方自南,其正*抑。

(23B) 戊申卜:方自南,不其正*抑。 合 20415

(24A) 涉三羌,既獲抑。

(24B) 毋獲抑。 合 19755

(25A) 甲午卜,䢅:亡䍞抑。

(25B) 甲午卜,䢅:由(?)䍞抑。 屯南 4310

(26A) 甲戌卜,☐兕☐獲抑。

(26B) 甲戌卜☐豢兕☐抑。 合 21768

這些“抑”字無疑也是用作句末疑問語氣詞的。《合》20196 是一塊殘卜骨,右下方有如下一辭:

(27A) 甲戌卜,玦:其抑。

其上方尚有一條殘辭:

(27B) ☐不其。

這兩條卜辭大概也是正反對貞的關係,但反面命辭未加“抑”字,似可説明不加句末疑問語氣詞的命辭也有可能是問句。

此外,在自組卜辭裏還可以看到一些句末加“抑”的命辭:

*(28) 辛亥卜:方正*今十一月抑。 合 20818(即前引第 4 辭)

(29) 癸亥卜:小方不正*今秋抑。 合 20476

*(30) 戊戌卜:王貞:余並立員宁史眔見奠抑。 英 1784

*(31) 戊午卜,曰:今日啓抑。允啓。 合 20898

*(32) 戊戌卜:其陰翌己抑。啓不見雲。

合 20988(《合》19786 有同文殘辭)

*(33) 丙辰卜:丁巳其陰抑。允陰。

合 19780(《合》19781 同文。即前引 1、2 兩辭)

*(34) 己酉卜：皋陰其雨抑。不雨，𠭁(曾)啓。 合21022

(35) 己未卜：不〓(義近"遘")雨抑。狩取。 合20757

*(36) 甲辰卜：乙其焚又□中(?)風抑。小風，延陰。 合20769

(37) ⧄鹿抑。明陰，不其⧄ 合20717

(38) 庚戌卜：今日狩，不其擒抑。 合20757

(39) 戊辰卜，王□豕允獲抑。 合19782

(40) 己巳⧄缶豕遘豕抑。 合19787

(41) 辛亥卜，貞：犬囚凡疾抑。 合21053(倪文已引此條)

(42) 辛卯[卜]：〓其㾓抑。 懷1518【《合補》6740】

*(43) 壬申卜，扶：弜(勿)又，其若(?)抑。 合20805

(44) 戊戌卜：弜追□抑。 合19783

(45) ⧄王貞：馬方⧄亟陟曰喪抑。⧄ 合20407

(46A) 丙寅卜：又涉三羌，其得□抑。

(46B) 丙寅卜：又涉三羌，其圅至自抑。 合19756

*(47) 丙寅卜：⧄羌，其圅涉河抑。不圅。 合19757

李文認爲這些命辭末尾的"抑"也是疑問語氣詞，其説可信(《論集》編按：《懷》1507【《合補》6666】"壬子卜，〓：其至五日抑"，也是這一類的例子，應補入)。這些命辭有的可能原來也是屬於對貞卜辭的，只是跟它有對貞關係的辭没有發現而已。

在殷墟卜辭裏，句末用疑問語氣詞"抑"和"執"的，實際上並非只限於𠂤組。下引兩條賓組卜辭的命辭，也用"抑"和"執"組成正反相對的選擇問句：

(48) 壬午[卜]，爭貞：□其來抑，不其來執。 合800

(49) 貞：禦婦抑，勿執。 合802

《合》797和798兩條用"抑"和"執"的殘辭，從字體看大概也屬於賓組。

另有兩條午組卜辭，句末也加"抑"：

(50) 壬戌卜：〓侯□余〓乎見尹以〓侯抑。 合22065

(51) □申卜：〓禦子自祖庚至于父戊抑。 合22101

這兩條也應是問句(《論集》編按：子組卜辭也有加"抑"之例，如《合》21586"甲子卜，我貞：呼〓，獲抑""不獲抑"這一對正反對貞之辭)。

（二）關於“乎”

《粹》425 是一片𠂤組殘甲（《合》20098 即此片加《甲》264），上部有如下二辭：

（52A）丁未卜，扶：㞢咸戊、學戊乎。

（52B）丁未，扶：㞢咸戊牛。不。

郭沫若解釋說：“案此二辭，一綴以‘乎’，一綴以‘不’，蓋均表示疑問之語詞，不者否也。凡卜辭本均是疑問語。”（《殷契粹編考釋》66 頁下）“不”的問題後面再談，這裏先討論“乎”。

司禮義不同意郭沫若那種意見。他質問說，如果命辭是問句，“乎”是句末疑問語氣詞，“爲什麽在大量所謂問句裏只有一個用‘乎’的例子呢？”（《通報》卷 60 · Ⅰ-3，23 頁）但是在𠂤組卜辭中，跟上引（52A）同類型的以“乎”結尾的命辭，實際上是屢見的，如：

（53A）乙巳卜，扶：㞢卜丙乎。

（53B）☐扶：☐兄☐乎。 合 19817

（54）丙午卜，王：桒卜丙乎。 合 19891

（55）丁酉卜，王：㞢祖丁乎。 合 1843

（56）甲午卜☐又升歲大乙乎。 合 19815

（57）□□卜：□大庚乎。 合 22168

（58）□巳卜，王：㞢兄戊乎。 合 2403

（59A）［庚］辰卜，□：㞢兄戊乎。

（59B）［庚］辰卜，王：㞢□丁乎。辛巳。 英 1803

（60）戊寅卜：又子族乎。不。 合 21288

（61）戊子卜，𠂤：□母乎。 合 19890

（62）□未卜，□：㞢母庚乎。 合 19963

（63）己未☐又妣☐乎。 合 15868

（64）壬午卜：燎土，延巫帝乎。 合 21075

既然𠂤組卜辭中“乎”字句屢見，郭說是不是就可以成立呢？那倒不一定。上引各辭都是卜祭之辭，而且句式相當一致，“乎”字一般緊接在被祭者之名後面，前邊不出現牲名等詞。如果“乎”確是疑問語氣詞，爲什麽只在這種句子裏出現呢？

它會不會指跟祭祀有關的某件事呢？所以用“乎”字結尾的這種命辭究竟是不是問句，還有待研究。

（三）關於“哉”

下引三辭的末一字都是“才”：

（65A）貞：呼伐舌人才。

（65B）貞：勿人才。 合 6252

（66）☐五牡二☐用才。 合 34406

《合》6252 即《粹》1089，屬賓組。《合》34406 即《粹》552，屬歷組。《殷契粹編釋文》把這三條卜辭的“才”都讀爲“哉”。在古漢語裏，表疑問語氣的“哉”通常用於反詰句，“而且要靠疑問代詞或反詰副詞的幫助，才能表示反詰”（王力《漢語史稿》中册 449 頁，中華書局，1980）。從這種情況看，把卜辭的“才”讀爲“哉”顯然是不合適的。

上引（65）的兩條卜辭是相間刻辭，其間尚有如下一辭：

（65C）辛亥卜，古貞：于。

命辭只有一個“于”字，無義可說，其後當有未刻出的字。兩條同版卜辭的“才”字之後，是否也有未刻出的字呢？（66）說不定也屬於這種情況。

（四）關於“不”

自組卜辭裏常見末尾有否定詞“不”的卜辭（參看李文 39—40 頁）。賓組早期卜辭（如《合》12910、11787、11790、11953 等）、歷組卜辭（如《合》33829、33943、《屯南》325、4350、《英》2429 等）以及午組等字體較特殊的一些卜辭（如《合》22067、22045、22187、22289、22290 等，參看李文 42 頁）裏，也都有一些這樣的例子。前面已經說過，郭沫若認爲出現在卜辭末尾的否定詞“不”是“表示疑問之語詞，不者否也”。這種意見得到了相當廣泛的贊同。

陳夢家在《殷虛卜辭綜述》裏，曾提到以“不”結尾的問句的來源。殷墟卜辭裏有一些“V 不 V”格式的卜辭，如“雨不雨”（這是最簡單的例子，這種格式裏的謂詞是可以有主語、賓語或修飾語的）。很多人把它們看作與現代漢語的反復問句相當的句式。陳氏在《綜述》的“文法”章中，曾以跟“雨”有關的卜辭爲例，對卜辭語法進行過分析。他認爲卜辭的“‘雨不雨’省而爲‘雨不’，就是後來的‘雨否’”（87

頁)。

應該承認,“V 不 V”和“V 不”這兩種格式的反復問句,在殷代語言裏都有可能存在。

本文開頭已經提到過,漢語問句句尾不一定都帶疑問語氣詞。無論現代漢語或古代漢語都是如此。吕叔湘《中國文法要略》說:“是非問句在口語裏可以單用語調來表示……古代口語裏想來也應該有這樣的句法,但文言中實例甚少。”(商務印書館,1956,287 頁)楊樹達《高等國文法》從典籍中舉出了一些例子,如:“我生不有命在天?”(《書・西伯戡黎》)“功成而不居,其不欲見賢?”(《老子》)“虞帝之明,在兹壹舉,可不致詳?”(《漢書・薛宣傳》)等(商務印書館,1955,533 頁),但也大都是反詰句。古代書面語中少見這種句例,大概是怕人誤認爲非問句,這種現象恐怕不反映當時口語的實際情況。

在現代口語裏,選擇問句,尤其是其中的反復問句,不用句末疑問語氣詞的情況更爲常見。像“你去不去”這類反復問句,甚至是以不用爲常的。在古代典籍中,一般的選擇問句幾乎都用句末疑問語氣詞;反復問句常見的是“V 否”式,“V 不 V”式幾乎看不到。這種現象恐怕也不能反映古代口語的實際情況。70 年代發現的雲夢秦簡的“法律答問”等部分有很多選擇問句,絶大多數都不用句末語氣詞(兩個分句間一般有連詞“且”)。此外還有不少“V 不 V”式反復問句及其變式(如“……論不論”“……當論不當”),這些問句全都不用句末語氣詞(參看馮春田《秦墓竹簡選擇問句分析》,《語文研究》1987 年 1 期)。

我們在“關於‘抑’和‘執’”那一小節中,舉過(10)“……其𠧟抑,不𠧟執”和(20)“……咎執,不抑”等例句。如果去掉句尾的語氣詞,就變成“V 不 V”和“V 不”式反復問句了(這裏只是作平面的比較,並不認爲用句末語氣詞的形式一定先產生)。此外,如陳夢家所設想的,由“雨不雨”省略成“雨不”的可能性,也是存在的。所以在殷代語言裏,這兩種問句有可能都已經出現了。70 年代岐山董家村出土了西周中期的五祀衛鼎,銘文中有“正乃訊厲曰:汝賈田不”之語(《文物》1976 年 5 期 38 頁【《集成》5・2832】)。這裏的訊辭顯然是“V 不”式問句。這對殷代已有這種問句的想法是一個有力支持。

但是承認殷代語言裏可能有“V 不 V”式和“V 不”式的問句,並不一定導致承認“V 不 V”和“V 不”這兩種格式的卜辭是問句。如果撇開“××卜”之類序辭不說,除了單獨由命辭構成的卜辭之外,還存在很多包含命辭、占辭、驗辭三部分的卜辭,以及很多包含命辭和占辭或驗辭兩部分的卜辭。而且各部分之間的界綫,尤其是命辭跟驗辭的界綫,並非總是很清楚的。所以"V 不 V"或"V 不"格式的卜辭究竟能不能看作反復問句式的命辭,是需要仔細推敲的。下面先討論"V 不","V 不 V"在下一節討論。

如果把末尾爲否定詞"不"的卜辭跟有關的卜辭聯繫起來進行考察,就能發現這種卜辭末尾的"不"字實際上並不屬於命辭,而是簡化的驗辭或用辭(用辭指記於命辭、占辭之後,或記於兆旁的"玆用"、"不用"一類詞語)。

屬於𠂤組的《合》21052 有如下一對正反對貞的卜辭:

(67A) 癸酉卜:自今至丁丑其雨不。

(67B) 自今至丁丑不其雨。允不。

仔細對比一下這兩條卜辭就可以看出,A 辭末尾的"不"跟 B 辭末尾的"允不"一樣,也是驗辭。所以釋文中"不"字前邊應該加句號,把它跟命辭隔開(下文引用卜辭時,就直接按我們的理解加標點)。這一對卜辭貞卜從癸酉日到丁丑日這段時間裏會不會下雨。結果沒有下雨,所以在反面命辭後面記上"允不",等於說"允不雨",意即果然沒下雨。由於結果是否定的,在正面卜辭後面當然不能用"允"字,所以只記一個"不"字,等於說"不雨",意即沒有下雨。在小屯南地發現的𠂤組卜甲上也有這類對貞卜辭:

(68A) 乙未卜:其雨丁。不。

(68B) 乙未卜:翌丁不其雨。允不。　　合 20398(《屯南》4513 + 4518)

正反對貞的卜辭在兩條命辭後都加驗辭的現象屢見不鮮。例如《合》32171 有一對己亥日貞卜的卜辭:

(69A) 己亥卜:不雨。庚子夕雨。

(69B) 己亥卜:其雨。庚子允雨。

兩辭正反對貞,"庚子夕雨"、"庚子允雨"說的是同一件事,其爲驗辭確鑿無疑。

屬於𠂤組的《合》21387 有三對正反對貞的卜辭:

(70A) 辛卯卜,𠂤:自今辛卯至于乙未虎圅。不。

(70B) [辛卯卜,𠂤:自今辛卯]至[于]乙未虎不其圅。允不。

(70C) 丁酉卜,𠂤:自丁酉至于辛丑虎[圅]。不。

(70D) 丁酉卜,𠂤:自丁酉至于辛丑虎不其圅。允不。

(70E) 丁巳卜,𠂤:自丁至于辛酉虎不其圅。允。

(70F) 丁巳卜,𠂤:自丁至于辛酉虎㝵。不。

這些卜辭也都是在正面命辭後加驗辭"不",在反面命辭後加驗辭"允不",或簡化爲"允"。(《論集》編按:上引諸辭中的"虎"原來也是在虎頭上加"ㄇ"形的。)

也是屬於𠂤組的《合》20961有兩條相鄰的同日貞卜的卜辭:

(71A) 丙戌卜:雨今夕。不。

(71B) 丙戌卜:三日雨。丁亥唯大食雨。

A辭貞卜丙戌當天晚上是否下雨,B辭貞卜三天内是否下雨。結果丙戌晚上沒下雨,到丁亥大食之時下了雨。所以B的命辭後記"丁亥唯大食雨",A的命辭後記"不"。"不"爲驗辭也是很明顯的。

屬於賓組早期的《合》12909正有兩組卜辭。一組在乙卯日卜,共三辭,分別貞卜丙辰、丁巳、戊午這三天是否會下雨。一組在庚申日卜,也有三辭,分別貞卜辛酉、壬戌、癸亥這三天是否會下雨。原文如下:

(72A) 乙卯卜:丙辰雨。不。

(72B) 丁巳雨。允雨。

(72C) 戊午雨。不。

(72D) 庚申卜:辛酉雨。允雨。

(72E) 壬戌雨。不。

(72F) 癸亥雨。允雨,小。

A、C、E三辭末尾的"不",顯然跟其餘三辭末尾的"允雨"和"允雨小"一樣,也是驗辭。

屬於歷組的《合》33874有五條卜雨之辭:

(73A) [甲戌卜]:丙子[雨]。不。

(73B) 甲戌卜:丁丑雨。允雨。

(73C) 己卯卜:庚辰雨。允雨。

(73D) 庚辰卜:今日雨。允雨。

(73E) 庚辰卜:辛巳雨。不。

A、E兩辭末尾的"不"顯然也是驗辭,情況跟上例相同。𠂤組、賓組早期和歷組的卜雨之辭末尾的"不",大概都是驗辭。

從字體看似屬賓組晚期或出組早期的兩片甲骨上,也有末尾爲否定詞"不"的卜雨之辭：

(74) 貞：今夕雨不。 合 12221

(75) 貞：今夕雨不。 珠 1164【《合》12037】

這兩個"不"也以是驗辭的可能性爲大。

下引兩條自組卜辭雖然不同版，卜日也差一天，但顯然是從正反兩方面貞卜同一件事的：

(76) 丙子卜：小方不其正*今八月。允不。 合 20475

(77) 丁丑卜：小方其正*今八月。不。

合 20473（即第 1 小節所引第 3 辭）

(77)的"不"顯然是驗辭，意即"不正*"。自組卜辭中屢見末尾爲"不"的卜"方正*""方至"之辭，如：

(78) 壬申卜，曰：今五月方其正*。不。 合 20412

(79) 癸酉卜，方至今。不。 合 20409

(80) 乙巳卜：今日方其至。不。 合 20410

(81) 丁未卜：今日方正*。不。 乙 106（《合》將此片拼入 20412，似非）

這些卜辭裏的"不"都應該是驗辭。

這類驗辭偶爾也有可以不說"允不"而只說"不"的，如：

(82) 壬寅卜：自今三日方不正*。不。 合 20412

這並不奇怪，因爲在其他類型的驗辭裏也有這種省說"允"的情況，如："貞：今夕不雨。之夕不雨。"（《合》12433）

有一條自組卜辭說：

(83) 戊寅卜：方至。不。之日有曰方在崔鄙。 合 20485

這條卜辭的"不"也應是驗辭，意即"不至"。"至"當指至於商之近畿。後面說有人報告方在某地之鄙，這跟方不至並不矛盾。

有些卜辭末尾的"不"是用辭。在殷墟卜辭裏，最常見的表肯定的用辭是"兹用"和"用"，最常見的表否定的用辭是"不用"和"不"。在刻於兆旁的用辭裏，否定的用辭往往是"不"。例如《合》32041 和《屯南》783 都是歷組卜骨，前者在三個卜兆旁刻有用辭，一個刻"用"兩個刻"不"，後者在六個卜兆旁刻有用辭，兩個刻"兹用”四個刻“不”。這種用辭“不”的性質明確,不會引起誤解。但是當用辭“不”刻於卜辭之末時,就很容易被誤解爲是命辭的一部分了。

下面所引的是分別見於三片甲骨的三組卜辭:

(84A) 又刀妣庚升。不。
(84B) 弜又刀妣[庚]☐。用。 合 22374
(85A) 又六妣一豕。不。
(85B) 六妣即日。用。 合 19906
(86A) 乙巳卜,犾:㞢大乙母妣丙一牝。不。
(86B) 丙午卜,犾:㞢大丁羝。用。 合 19817

(86)屬𠂤組,(84)、(85)字體較特殊,甲骨學者一般也都把它們歸入第一期。(84)A、B是一對正反對貞的卜辭。(85)、(86)的A和B也都有密切關係。各組A辭末尾的“不”,顯然跟B辭末尾的“用”一樣,也是用辭,意即“不用”。在𠂤組卜辭刻在辭尾的用辭裏,“不用”出現的次數比“用”少得多,這是因爲大部分“不用”都簡化爲“不”了。

總之,卜辭末尾的否定詞“不”,有些是驗辭,有些是用辭,我們還沒有發現任何確與後世的“否”相當的用例。

卜辭末尾的否定詞“不”,有時寫得特別小,跟前面的字極不相稱,如《合》11787、20961的“不”。有時“不”跟命辭之間有月名隔開,如:

(87) 己酉卜,王:司娥冥(?)允其于壬。一月。不。 合 21068
(88) 乙亥卜:今日雨。三月。不。 合 20903
(89) 癸卯[卜],王曰:祉其龔,余呼延。九月。不。 合 21386

這些正是它們不屬於命辭的證據(卜辭中偶有月名隔斷命辭末一字與其前文字的反常現象,但與上舉諸例似不能混爲一談)。

二、殷墟卜辭中是否有“V不V”式問句和其他不用句末疑問語氣詞的選擇問句

我們認爲“V不V”式卜辭,包括用否定詞“弗”的同型卜辭“V弗V”,也跟上面剛討論過的很多“V不”式卜辭一樣,是由命辭和驗辭構成的,並非反復問句式的命辭(當然也不可能是由兩個正反相對的獨立問句構成的命辭,下文對這種情況不一

一指出)。

屬於𠂤組的《合》21022 有如下一對正反對貞的卜辭:

(90A) ☐雲其雨。不雨。

(90B) 格雲不其雨。允不,啓。

A 辭"其雨"後的"不雨",顯然跟 B 辭"不其雨"後的"允不,啓"一樣,也是驗辭而不是命辭的一部分。

屬於歷組的《英》2429 有癸未日卜的一組卜辭,共三條,分别貞卜甲申、乙酉、丙戌這三天會不會下雨:

(91A) 癸未卜:甲申雨。允甲(原缺刻横畫)雨。

(91B) 癸未卜:乙雨。不。

(91C) 癸未卜:丙戌雨。不雨。

C 辭的"不雨"、B 辭的"不",無疑跟 A 辭的"允甲雨"一樣,也都是驗辭。B 的命辭把"乙酉"省説成"乙",驗辭也把"不雨"省説成"不"。

下引兩組歷組卜辭都有一條"雨不雨"式卜辭,通過跟同組卜辭對比,也都可以看出是應該分成命辭和驗辭兩部分的:

(92A) 戊戌卜:今日雨。允。

(92B) 癸卯卜:雨。不雨。 屯南 2288

(93A) 癸巳卜:乙未雨。不雨。

(93B) 己酉卜:庚戌雨。允雨。 屯南 4399

《屯南》釋文把(93)的 A、B 兩辭標點爲:"乙未雨? 不雨。""庚戌雨? 允雨。"這是正確的(命辭應不應加問號不是這裏所要討論的問題)。但是(92B)却標點爲:"雨? 不雨?"跟(93)的標點相矛盾(《論集》編按:姚孝遂、肖丁《小屯南地甲骨考釋》已指出《屯南》2288 的"不雨"是驗辭,見 125—126 頁)。

屬於歷組的《屯南》744 有如下一對正反對貞的卜辭:

(94A) 癸卯卜:甲啓。不啓,終夕雨。

(94B) 不啓。允不啓,夕雨。

A 辭的"不啓,終夕雨"跟 B 辭的"允不啓,夕雨",説的是一件事,都是驗辭。"甲啓不啓"不能連讀。《屯南》釋文的標點把"不啓終夕雨"全都包括在命辭裏,更無道理。

在𠂤組、歷組的"V不V"式卜辭裏，跟氣象有關的佔了很大一部分，下面再舉些例子：

(95) 壬午卜：來乙酉雨。不雨。 合21065

(96) ☐今夕雨。不雨。 合20916

(97) 己丑卜，□：自今五日至癸巳雨。不雨，癸☐ 合20921

(98) 丙戌卜：舞[glyph]舞[glyph]，雨。不雨。 合20974

(99) ☐麃，啓。不啓，□往。 合20718

(100) 乙酉卜：今日雨。不雨。 合33875

(101) 壬子卜：今日雨。不雨。 合33889

(102) 癸丑卜：甲雨。不雨。 合34490

(103) 甲戌卜：今日雨。不雨。 屯南87

(104) 戊申卜：啓。不啓。 合33974

(105) 甲辰卜：乙巳錫日。不錫日，雨。 合34015

跟上面討論過的那些例子比較，可以看出這些卜辭裏的"不雨""不啓""不錫日"也都是驗辭。

下邊兩條歷組卜辭裏的"己不雨"和"丁未不雨"之爲驗辭，極爲明顯：

(106) 己未卜：今日雨。己不雨。 合33895

(107) 丁雨。丁未不雨。 屯南254

但是如果省去了"己"和"丁未"，我們就有可能會把"雨不雨"連起來讀。這個例子對於我們分析"雨不雨"式卜辭，是很有啓發的。

上文指出，𠂤組的"方其至不""方其正*不"一類卜辭裏的"不"是驗辭，意思就是"不至""不正*"。由此可見下引𠂤組卜辭裏的"方至不至""方其正*不正*"等辭中的"不至""不正*"也都是驗辭：

(108) 丁卯卜：今日方至。不至。 合20470

(109) 辛亥卜：方至。不至。 合20486

(110) □□卜：今日方其正*。不正*。延雨自西北，小。 合21021

見於賓組早期和歷組卜辭裏的"獲不獲""擒不擒"等，也應該屬於同類情況。下面舉兩個例子。爲了便於比較，同版有關的卜辭也一併抄出：

(111A) 丁酉卜，王：逐喜告豕，獲。不獲。

(111B) 己亥卜,王:[逐]斐告豕,[獲]。允獲。 合 40153

(112A) 壬午[卜]:癸未王蠱,擒(原作"隼",下同)。不擒。

(112B) 弗擒。

(112C) 乙酉卜:今日王[逐]兕,擒。允擒。

(112D) 弗擒。 屯南 664

(111)屬賓組早期,(112)屬歷組。只要跟同版的有關卜辭對照一下,就可看出"不獲"和"不擒"都是驗辭。

下引兩辭裏的"弗擒""弗獲"也都應該是驗辭(113 屬歷組,114 屬賓組早期):

(113) 戊戌卜:王其逐兕,擒。弗擒。 屯南 2095

(114) 己未卜:雀獲虎。弗獲。 合 10201

(《合》10202 有同文之辭,同版尚有"辛酉卜:王獲。不獲"一辭)

不過前引(112)的 A、B 和 C、D 都以"擒"與"弗擒"對貞,A 的驗辭則不用"弗"而用"不"。也許會有人根據這一點,懷疑(113)的"弗擒"和(114)的"弗獲"應該屬於命辭。按照這種看法,這兩條命辭都可以理解爲反復問句(把"雀獲虎弗獲"看作問句,其結構與秦簡"今郡守爲廷不爲"相同,參看上引馮文 28 頁)。我們知道,殷墟卜辭的驗辭雖然以用"不"爲常,但是也有用"弗"的例子,如:

(115) 丁巳卜,王:昏弗其獲正*方。九日冞告弗及方。 合 40833

(116) 庚午貞:辛未敦召方,錫日。允錫日,弗及召方。 合 33028

所以上引(113)(114)的"弗擒""弗獲"恐怕還是以看作驗辭爲妥。

賓組早期卜辭裏有如下兩辭:

(117) 小馳子白。不白。 合 3411

(118) 丙申卜:巫[illegible]。不[illegible]。 合 5651

根據上文的討論,"不白""不[illegible]"也應是驗辭。(117)貞卜小牝馬將生的崽是不是白色的。賓組早期卜辭裏還有一條殘辭說:"☐[illegible]子白。不。"(《合》3412)"不"也應是驗辭,意即"不白"。

下面討論一下使用動詞"有"和"亡"的一些卜辭。

在現代漢語裏,反復問句"有沒有 ×"也可以說成"有 × 沒有 ×"。殷墟卜辭所用的跟"沒有"相當的詞是"亡"(應讀爲"無"或"罔")。有些卜辭在說了"有 ×"之後緊接着就說"亡 ×",從形式上看跟"有 × 沒有 ×"這類問句很相像。例如:

(119) 于己丑有來。亡來。 合 33063(《合》35328 同文)

(120) ☐其有遘。亡遘。 懷 642

(121) 己亥卜,爭貞:𢀛有夢(?),勿求有𠚕。亡𠚕。 合 17452

我們在討論“抑”和“執”的問題的時候,舉過(16)“☐有囚抑,亡囚執”那樣的正反相對的選擇問句。如果不用句末語氣詞,跟上引那些卜辭就很像屬於同一類句型了。那末上引那些卜辭是不是就可以看作正反相對的選擇問句呢?我們的回答是傾向於否定的。

上引(119)(120)是歷組卜辭。與(119)同版的,有“弗及方。允及”一辭。“允及”顯然是驗辭。依通例,“弗及方”的驗辭應爲“允不及”或“及”。此辭“允”字下可能漏刻一“不”字,也可能“允”字是衍文。《京津》350【《合》24771】一辭說:“貞:今夕雨。之夕允不雨。”依例,驗辭中的“允”和“不”必有一字爲衍文,情況與此相似。從“弗及方。允及”這條辭的情況來看,同版“于己丑有來亡來”一辭中的“亡來”大概也是驗辭。同屬歷組的(120)的“亡遘”,似乎也應以看作驗辭爲妥。上引的(121)屬賓組。我們在《釋“求”》一文中曾指出,卜辭中“求有𠚕”“求雨𠚕”等語屢見,並把(121)的“勿求有𠚕”四字連起來讀(《古文字研究》第十五輯 202—203 頁)。如果這種讀法符合實際的話,後面的“亡𠚕”即使屬於命辭,也不可能跟“有𠚕”構成選擇問句。

有一條歷組卜辭在說了“亡囚”後,緊接着又說“有囚”:

(122)[癸]未[貞]:旬亡囚。有囚。 合 34989

同版還有兩條卜旬之辭,“亡囚”後都沒有“有囚”二字。(122)的“亡囚”之“囚”和“有囚”之“囚”的寫法很不一樣,“有囚”二字顯然是後刻的,大概也是驗辭。

還有些卜辭說了“弗×”緊接着又說“有×”,或是說了“有×”緊接着又說“不其×”(下引 123 屬𠂤組,124、125 屬出組,126 屬賓組早期):

(123) 癸未卜,扶貞:𤖅弗疾。有疾囚【編按:此字字形中間無“卜”,其釋讀參看《說“口凡有疾”》】凡。 合 21050

(124) 癸亥卜,出貞:子𠭯弗疾。有疾。 合 23532(《合》23533 同文)

(125) 丁酉卜,貞:子弗疾。有疾。 英 1948

(126) 壬申卜,貞:弜(此字在此用爲人名)其有囚。不其囚。 合 4331

【編按:此辭“貞”字及二“囚”字下原來都還可能有字,“有囚”後恐不能加句號,且“不其囚”的“囚”,字形中間無“卜”,前一“囚”字殘去下半,是否有“卜”

不詳。故此例應刪去】

這些卜辭有沒有可能是正反相對的選擇問句或兩個獨立的問句呢？既然“有 ×”“亡 ×”疊用的卜辭都不大可能是這種問句，這些卜辭是這種問句的可能性當然就更小了。前三辭裏的“有疾”“有疾囚凡”多半是驗辭。(126)的“不其囚”要說成驗辭似有困難，因爲在卜辭裏“其”似乎通常是不出現在述說已經實現的事情的句子裏的。我們懷疑這條卜辭的“不其囚”是占辭。上文中被我們看作驗辭的那些字句，有的說不定實際上也是占辭。【編按：自“(126)”以下之文應删去。上文“前三辭”應改爲“這三辭”，“多半是驗辭”應改爲“可能是占辭或驗辭”。】

下引出組卜甲上一辭疊用“有”“亡”二字：

(127) 癸酉卜，出貞：旬有亡囚在入(內)。 合 41228

此辭“有”字寫作“㞢”，同於賓組卜辭，當屬出組早期。卜甲在“入”字下缺損，原來可能記有月名。“囚”字一般讀爲“禍”，竊疑當讀爲“憂”，另詳他文【編按：參看本書所收《說“囚”》、《从殷墟卜辭的“王占曰”說到上古漢語的宵談對轉》】。“入”字古通“內”。殷墟卜辭所見先祖名“入乙”，陳夢家釋爲“內乙”(《綜述》417 頁)。《合》34189 有下引兩條對貞卜辭：

(128A) 庚辰卜：于卜勺(?)土。

(128B) 庚辰卜：于入勺(?)土。

卜辭中“外丙”作“卜丙”，上引兩辭中的“于卜”“于入”顯然應該讀爲“于外”“于內”【編按：《合》34189 即《安明》2331，許進雄《明義士收藏甲骨釋文篇》早已指出，寫此文時因未加注意而失引，是嚴重失誤】。卜辭或言“其自卜有來囚”(《合》32914)“在(或應釋“于”)卜有囚”(《屯南》550。參看《小屯南地甲骨綴合篇》6號，《考古學報》1986 年 3 期 270 頁)“于卜☐彷(防)☐”(《合》34530)，“卜”皆應讀爲“外”；或言“王曰彷，亡囚在入”(《屯南》756)“彷在入，亡至囚”(《屯綴》14號，《考古學報》1986 年 3 期 277 頁)“在入戉(此字形近“旬”，疑即“旬”之誤刻)有囚”(《屯南》附 12。《論集》編按：此辭全文爲“辛酉卜：在入戉有囚”，其下方尚有“辛☐入束☐王☐”一殘辭。《合》32962 與《屯南》附 12 同文，有“辛酉[卜]：在入束有[囚]，王曰彷”“[辛]酉卜：[在入]戉[有]囚”二辭。可知原以“在入束有囚”與“在入戉有囚”對貞，“戉”不會是“旬”的誤字。上引《屯南》756“王曰彷，亡囚在入”一辭的序辭作“辛酉貞”，亦當爲同時所卜。此版尚有“甲午☐王☐入束

□"殘辭,内容亦與上引諸辭有關),"入"皆應讀爲"内"(《論集》編按:卜辭中當讀爲"内"之"入"與當讀爲"外"之"卜"還有一些,因與卜囚無關,不具引)。"有亡"相當於現代漢語的"有沒有","旬有亡囚在内"的意思,就是一旬之中有沒有内憂,這肯定是一個問句。但是(127)所據的是摹本,而且這種疊用"有""亡"的句式在已著録的卜辭中是一個孤例,所以此辭可能有誤刻或誤摹之處。【編按:《合》41228 的拓本見《合》23620、《上海博物館藏甲骨文字》17647 · 403、《雲間朱孔陽藏戩壽堂殷虚文字舊拓 · 殷虚文字拾補》15 · 5,後者並附摹本。《合》41228 所摹"囚"字乃"其"之誤摹,"其"上一字不清,但斷非"亡"字。參看《雲間朱孔陽藏戩壽堂殷虚文字舊拓》(綫裝書局,2009 年 12 月)所附孫亞冰《〈甲骨文集錦〉校勘記》636 頁。故卜辭確無"有亡×"的文例。】

總之,在殷墟卜辭大量不帶句末疑問語氣詞的命辭裏,撇開上面提到的"旬有亡囚"一條不論,我們還沒有找到一條確鑿無疑是選擇問句或反復問句的命辭。

有的研究者不但把"V 不 V""V 不"等格式的卜辭看作問句,甚至認爲下邊這類卜辭也是問句(標點依《屯南》釋文):

(129) 庚子卜:辛雨,至壬雨?　　屯南 197

(130) □丑(同版有丁酉卜一辭,"丑"上缺文可補爲"辛")卜:今日雨?至壬雨?　　屯南 154

從標點可以看出來,《屯南》釋文把(129)理解爲一個選擇問句,把(130)理解爲兩個獨立的問句。不過這種差別並不重要,重要的是《屯南》釋文認爲這兩條卜辭都是要求在並非正反相對的兩件事(129 的"辛雨"和"至壬雨",130 的"今日雨"和"至壬雨")之間進行選擇。這種看法顯然不妥。由於占卜本身性質的限制,卜辭裏不但不可能出現特指問句(參看倪文 4 頁),也不可能把兩項並非正反相對的陳述組成問句(不論是組成單一的選擇問句,還是用兩個獨立的問句組成一條命辭)。舉例説,殷代人貞卜用牲數時,供選擇的不同數字總是一個個分開貞卜的,決不會在一條命辭裏提出兩個數字。因爲在一次占卜中,占卜者只能從卜兆看出用某個數是否合適,無法看出在兩個數裏哪一個數比較合適。上引(129)(130)兩辭是在緊挨着的前後兩天裏進行的兩次占卜的記録。庚子那天貞卜第二天辛丑是否下雨,辛丑那天貞卜當天是否下雨,其實卜的是一件事。結果辛丑那天沒下雨,第二天壬寅才下雨,所以兩條卜辭的命辭後面都記上了驗辭"至壬雨"。《屯南》釋文把"至壬雨"當作命辭的一部分是不對的。《屯南》釋文中還有一些類似的錯誤,這裏不能詳細討論了。

三、殷墟卜辭命辭裏的非問句

根據上兩節的討論,在殷墟卜辭的命辭裏,目前能够確定爲問句的,只有𠂤、賓、午等組中帶句末疑問語氣詞"抑""執"的那一部分(最多再加上出組早期的"旬有亡囚在內"那條命辭)。倪文認爲既然卜辭中確有句末疑問語氣詞,因此不帶句末疑問語氣詞,同時也無法從其他方面證明是問句的命辭,就都應該看作非問句(4—5 等頁)。這個意見我們不能同意。前面已經說過,漢語裏問句不用句末疑問詞的情況相當普遍,是非問句跟陳述句除了語調之外可以毫無區別。第一節講帶"抑"的對貞卜辭時舉過的(27B)"▨不其𠙵"一辭,就很可能是不用句末疑問語氣詞的是非問句。所以我們不能肯定字面上無問句特徵的命辭一定不是問句。要證明這一點,必須拿出正面的證據來。倪文提出了命辭不是問句的一些具體論證,但是這些論證恐怕都有問題。

倪文引用了下面這條卜辭:

(131) 丁酉卜王貞勿死玦[曰]不其[死] 外 240(即《合》21370)

認爲命辭"勿死"是一個祈禱,不可能是問句(4 頁)。但是"勿"在這裏應爲人名,其下尚有缺文。李文 34 頁引這條卜辭,釋爲:"丁酉卜王貞,勿[不]死。"是正確的。"勿不死"當然不一定是問句,但也無法斷定它一定不是問句。

倪文又引《尚書》和卜辭裏以"余其"開頭的一些句子,認爲這些句子都有決斷語氣,不可能是問句(7 頁)。其實在他所引的卜辭的例子裏,只有下引一辭裏的"余其"句可以這樣解釋:

(132) 戊戌卜𣪘貞王曰侯虎往余不爾其合以乃使歸

菁 7(即《合》3297 正)

可是此辭貞卜王應否跟侯虎說"往(?)余不爾其合以乃使歸","余其"句的語氣並不能決定整條命辭的語氣。所引其他諸例如"余其作邑""余其從"等,都無法證明一定表示決斷語氣。《尚書·多士》有問句"我其敢求位"。《左傳》有"吾其廢乎"(閔公二年)"吾其濟乎"(僖公五年)"吾其何得"(襄公二十八年)"吾其入乎"(哀公二十六年)等問句。因此說"余其"句一定不是問句是缺乏理由的。

倪文還認爲用幾個句子構成的命辭也不宜看作問句。他說,由 A、B、C 三句構成的命辭,如果當作問句看待,不可能理解爲“A? B? C?”,而只能理解爲“A,B,C——這是確實的嗎?”因爲占卜者不可能從一個卜兆得到對三個問題的回答。可是作後一種理解時,“這是確實的嗎”這層意思是解釋者加上去的,命辭本身並沒有說(8—9 頁)。這種說法也不是很有力的,因爲A和B可能是C的條件。拿倪文所舉的實例,“王叀乙往于田,丙迺啓,亡災”(《合》28605)這條命辭來說,就可以譯爲:“如果王在乙那天‘往于田’,而天到丙那天才開朗,不會有災禍嗎?”我並不是說這條命辭非這樣理解不可,只是說目前還難以斷定它一定不是問句。

倪文指出理解命辭時不應憑空補上它本身沒有說過的話,這當然不錯。但是應該承認命辭往往有省略。這裏只舉一個簡單的例子。《合》29654 有如下兩條命辭:

(133A) 叀小𡨦。

(133B) 叀牛,王受祐。

如果我們說,A 辭的意思實際上是“叀小𡨦,王受祐”,大概不會有很多人反對。(《論集》編按:這跟理解卜辭時憑空加上“這是確實的嗎”的意思不同,此段應删。)

倪文還提出一個論證:人們通常在對是否會下雨沒有主觀看法,或者認爲不能下雨時,才問“會下雨嗎”。在預料天會下雨時,才問“不會下雨嗎”。因此,卜雨的命辭如果是問句的話,在記應驗之辭時,應該在正面命辭,即“雨”這類命辭之後記“允不雨”;在反面命辭,即“不雨”這類命辭之後記“允雨”。可是實際上却是正面命辭後記“允雨”,反面命辭後記“允不雨”。這也可以證明命辭不應看作問句(9—10 頁)。這種分析對反詰句也許是合適的,但是命辭大概不會是反詰句。如果殷人卜雨時從正面問會下雨嗎,得兆有雨,結果真的下了雨,驗辭當然記“允雨”。即使貞卜者提問時覺得下雨的可能性極小,或者主觀上不希望有雨,那也不會影響驗辭。要知道驗辭“允”字後所記的事,並不一定是貞卜者所希望出現的,賓組卜辭中屢見的“允有來艱”就是例子。所以驗辭的記法並不能用來判斷命辭是不是問句。

上文曾經提到李學勤在《續論西周甲骨》裏,指出殷墟卜辭的“正”“有正”肯定不是問句。他的論證也是可以商榷的。周原卜辭的“囟”究竟應該讀爲“斯”還是讀爲“思”,或者應該讀爲别的什麼字,現在還難以斷定。即使確實應該讀爲“斯”,從《論語》《孟子》有“斯謂之仁已乎”(《顔淵》)“斯不亦惠而不費乎”(《堯曰》)“斯可受餽與”(《萬章下》)等問句的情況來看,也不能說“斯正”“斯有正”等語一定不是問句。至於不用"斯"字的"正""有正"等語表示何種語氣,就更無從說起了。附帶說一下,就是以"尚"開頭的卜筮辭,恐怕也很難從語義上證明它們絶對不可能是問句。《禮記·檀弓上》就有"尚行夫子之志乎哉"這樣的問句(《檀弓上》鄭玄注:"尚,庶幾也。"古書中以"庶"或"庶幾"開頭的問句屢見)。

那麼,殷墟卜辭裏究竟有沒有可以確證爲非問句的命辭呢?我們認爲下舉這種卜辭裏的命辭可以肯定不是問句:

(134) 辛酉卜,𣪊貞:今□王勿比望乘伐下𠂤,弗其受有祐。 合6482

這種命辭可以分成兩部分。前一部分說的是不做某件事或不以某種方式做某件事,後一部分說的是不能受保祐、出外將碰上雨等等不吉利的情況。它們通常屬於正反對貞卜辭裏的反面卜辭。例如上引(134)就有一條同版的正面卜辭:"辛酉卜,𣪊貞:今□王比望乘伐下𠂤,受有祐。"如果把(134)的命辭當作問句理解,只能翻譯爲:"今□"(時間詞)王不跟望乘一起去伐"下𠂤",不能受到保祐嗎?這跟正面命辭的意思——王跟望乘一起去伐"下𠂤"能受到保祐,實際上不是正反相對的,而是一致的。而且殷人正是爲了想知道王跟望乘一起去伐"下𠂤"能不能受到鬼神保祐而進行這次占卜的。如果先提出不準備跟望乘一起去伐"下𠂤",還問什麼受不受保祐呢?所以這種命辭只能理解爲陳述句。

作爲陳述句,(134)的命辭應該譯爲:"今□"王不要跟望乘一起去伐"下𠂤",(如果跟望乘一起去伐"下𠂤",)將不能得到保佑。這種在否定形式的陳述句之後,隱含一個意義相反的假設句的例子,在金文和典籍中都可以看到,例如:

其唯我諸侯百姓,厥貫毋不即市,毋敢或入緣(闌?)宄(宄?)貫,(如不即市,或敢入緣宄貫,)則亦刑。 兮甲盤【《集成》16·10174】

無敢寇攘,踰垣牆,竊馬牛,誘臣妾,(如敢寇攘,踰垣牆,竊馬牛,誘臣妾,)汝則有常刑。 《尚書·費誓》

古者聖王唯毋得賢人而使之,(如得賢人而使之,)般爵以貴之,裂地以封之,終身不厭。 《墨子·尚賢中》

人君唯毋聽寢兵,(如聽寢兵,)則群臣賓客莫敢言兵。 《管子·立政九敗解》

吾獨不得廉頗、李牧時爲吾將,(如得廉頗、李牧時爲吾將,)吾豈憂匈奴哉! 《史記·馮唐傳》

毋妄言,(如妄言,)族矣! 《史記·項羽本紀》

這種句法其實直到現在還在使用。例如說:"别碰它,會觸電的!"意思是說,如果碰了它,就可能觸電。在這種句子裏,末一個分句有時可以用反詰式的感嘆句,但決不會用真正的問句。楊樹達在《古書疑義舉例續補》的"省句例"中,周法高在《上古語法札記·(二)"唯毋"解》(《史語所集刊》二十二本)中,都對這種句子作過討論,可以參閱。

我們所討論的這類命辭在殷墟卜辭裏相當常見,下面再舉些例子:

(135) ☐弜舞今日,不其雨。允不。 合 20972

上條屬𠂤組,舞是求雨的一種方法。

(136) 貞:翌辛巳王勿往逐兕,弗其獲。 合 40126

(137) 翌丁卯勿(從正面卜辭可以知道是指"勿奏舞"),亡其雨。

合 14755 正

(《論集》編按:本文發表後,承吉德煒教授寄示《釋貞》複印本。此文 23—24 頁已指出"翌丁卯勿,亡其雨"一辭如作爲問句理解,與其對貞卜辭"貞:翌丁卯奏舞,有雨"不能構成正反對立;如作爲陳述句理解,就不存在這個問題。這一意見是很正確的)

以上屬賓組。

(138) 弜逆執,亡若。 合 32185

上條屬歷組。

(139) 貞:馬弜先,其遘雨。 合 27950

上條屬何組。

(140) 弜呼射,弗擒。 合 28815

(141) 弜用黑羊,亡雨。 合 30552(《屯南》2623 同文)

以上屬無名組。(141)的對貞之辭是:"叀白羊用于之,有大雨。"跟(141)不構成嚴格意義的正反關係,情況稍有些特殊。

跟上舉這種命辭有對貞關係的正面命辭,如果孤立的看,一般是既可理解爲問句,也可理解爲陳述句的。但是既然它們的對貞之辭肯定是陳述句,把它們看作陳述句顯然要比看作問句合理。

何組和無名組卜辭裏常見的“貞：壬弜田，其雨”(《合》28716)“辛王弜田，其雨”(《合》33533)“弜省𨛭田，其雨”(《合》28993)一類反面命辭，也只能看作陳述句。拿“壬弜田，其雨”這條來說，我們只能把它譯成“壬日不要去田獵，天將下雨”，如果當作問句譯成“壬日不要去田獵，天將下雨嗎”，就不知所云了。這類命辭一般也有對應的正面命辭，如《合》28993 的“叀𨛭田省，不雨”。這些正面命辭當然也以看作陳述句爲妥。這類命辭跟前面講過的那一些，情況略有不同。例如前面所舉的(135)“☐弜舞今日，不其雨”，從表面上看似乎跟“壬弜田，其雨”完全同類型，而且也未嘗不可以按照翻譯後者的辦法，翻譯爲“……今日不要舉行舞祭，天將不會下雨”，但是實際上兩者是有區别的。因爲舉行舞祭正是爲了求雨，提出不要舉行舞祭，是怕舉行後老天無動於衷仍然不下雨；至於是否舉行田獵，對於天是否下雨則根本沒有影響。所以我們認爲“☐弜舞今日，不其雨”這類命辭的第一個分句之後隱含一個意義相反的假設句(就此例來說，就是“如果在今日舉行舞祭”)，“壬弜田，其雨”這類命辭的第一個分句之後則並不隱含這種假設句。但是如果把“壬弜田，其雨”這條命辭裏的“其雨”改爲“其遘雨”，就應該把它歸到“☐弜舞今日，不其雨”那種類型裏去了。因爲如果不去田獵而呆在家裏，根本談不到遘不遘雨的問題，我們只能認爲“其遘雨”是指如果去田獵將會遇到雨。

在下引的一對正反對貞的歷組卜辭裏，反面的命辭大概也是跟“壬弜田，其雨”同類型的：

(142A) 辛亥卜：北方其出。
(142B) 弜稱衆，不出。　　合 32030

“稱衆”之意當近於“舉衆”。殷人不“稱衆”，不可能使敵方不出犯。但是敵方如不出犯，就不必“稱衆”來對付它了。所以(142B)的意思不可能是：“不稱衆，北方不出犯嗎？”而只能是：“不要稱衆，北方不會出犯。”屬於無名組的《合》28012 有“弜注涂人，方不出于之”等辭，顯然也是同類型的。

在𠂤組卜辭裏，卜旬之辭的命辭幾乎全都只有一個“旬”字(《合》19863、20966、21314、21316 等等)，卜夕之辭的命辭也大都只有一個“夕”字(《合》20103、20918、21350 等等)。“旬”這種命辭偶爾也見於賓組早期卜辭(《合》13361、13376 正)以及𠂤歷間組和歷組卜辭(《合》32821、34995、《美》13、19【《合》33142】、130【《合》33141】)。在一片大概屬於出組晚期的卜骨上，也有“癸巳，王：旬”等卜旬之辭(《合》26709)。“夕”這種命辭偶爾也見於賓組早期卜辭(《合》13363)。

𠂤組卜辭在已知各組殷墟卜辭中時代上限最早。既然𠂤組卜辭裏的卜旬、卜夕之辭基本上都用上述這種簡單的命辭,我們就沒有理由把它們看作"旬亡𡆥"、"夕亡𡆥"之類命辭的省略。"旬"、"夕"這種命辭當然也無法看作問句。如果把卜辭序辭中的"貞"或"卜"跟"旬"或"夕"連讀,字句的結構就跟古書裏的"卜日"(《周禮・春官・大宗伯》)"卜立君""卜大封"(同上《大卜》)以至倪文引用過的"問政"屬於一類了。

有一條字體跟𠂤組接近的卜辭說:

(143) 癸酉卜,貞:旬在入(內)。 合 20609

"貞旬在內"可以理解爲貞卜一旬中有無內憂,雖與第二節舉過的"貞旬有亡𡆥在內"同意,但也不必看作後者的省略形式。"旬在內"這樣的命辭也難以看作問句。

如果再仔細找一下,大概還可以在殷墟卜辭裏找出一些不能看作問句的命辭來。

四、結　　語

在殷墟卜辭的全部命辭裏,我們現在能够確定是問句或非問句的命辭只佔一小部分。在承認問句可以不帶句末疑問語氣詞的前提下,大部分命辭可以看作陳述句,也可以看作是非問句。說不定有些命辭在當時就有不同的讀法,既有人讀成陳述句,也有人依靠語調讀成問句。鑒於確實存在非問句的命辭,同時大部分命辭又無法斷定是不是問句,我們建議今後引用殷墟卜辭時,句末一律標句號,不標問號。因爲給非問句加問號,錯誤要比給問句加句號嚴重得多。

倪德衛和夏含夷都認爲命辭用問句限於武丁卜辭中時代最早的𠂤組卜辭(倪文4—5、13等頁,《周易的構成》52—53頁)。我們已經指出賓組和午組卜辭也有問句。不過這類例子比起𠂤組卜辭裏的問句來要少得多,而且其時代也都不晚於武丁時期。就是"旬有亡𡆥在內"那條出組早期卜辭,大概也不會晚於跟武丁緊接的祖庚時期。另一方面,在時代較晚的卜辭裏,可以肯定是問句的命辭還沒有找到,而肯定不是問句的命辭却已經發現了一些。這樣看來,雖然晚於𠂤組的卜辭不再用問句的說法不能成立,可是武丁或祖庚之後的卜辭不再用問句的可能性目前還無法排除。在𠂤組之後的武丁時期,問句的使用已經大大減少的可能性,當然也是存在的。

最後,還有一個跟命辭是否問句有關的問題需要在這裏討論一下。

夏含夷認爲殷墟卜辭的命辭由問句變爲非問句以及卜辭形式和内容上的其他變化,反映了從武丁到帝乙帝辛這段時間裏,占卜的作用曾經發生過重大變化。下面先簡單撮述一下他的意見。夏含夷認爲在各組卜辭中時代最早的𠂤組卜辭有三個特點:一、通常針對特定的具體事件進行占卜,公式化的卜辭很少。二、往往把正面和反面的問題放在一條卜辭裏提出,一般不用對貞形式。三、命辭時常用問句。繼之而來的賓組卜辭普遍使用對貞形式,命辭也不再用問句。但是占卜的形式及目的,一般説來在當時似乎還沒有發生變化。賓組卜辭在各組卜辭中數量最大,占卜主題的範圍也極廣。占卜作用的巨大變化發生在祖甲時期,一直延續到商王朝之末。這時,占卜主題的範圍縮小了,占卜次數也大大減少。除了數量上的變化之外,占卜的性質也發生了重大變化。𠂤組、賓組卜辭所具有的那種針對特定事件進行貞卜的現象,在帝乙帝辛卜辭裏已難以見到。占卜基本上已經公式化,似乎已經喪失了原來的神秘性,而且看來發生了一種不尋常的神學上的轉變。在武丁卜辭裏,不但命辭比較有特性,占辭也是這樣,而且占辭是有吉也有凶的。到了帝乙帝辛時代,占辭永遠是公式化的"吉""大吉"或"引吉";命辭也總是正面的,如"旬亡𡆥""往來亡災","旬有𡆥""往來有災"是從不出現的。"這反映出在商代末期,占卜已經不僅僅是解決關於即將來到之事的疑問的一種嘗試,而已經變成控制它們的一種手段了。"(《周易的構成》52—56頁)或者説,"占卜已經不再僅僅是知道未來的一種手段,而是控制未來的一種嘗試了"(同上67頁)。這些意見裏有不少合理的成分,但是總的來説是不能被我們接受的。

夏含夷似乎認爲除了問句形式的卜辭,只有正反對貞的卜辭才能充分反映出占卜的決疑的性質。這是不全面的。在正反對貞卜辭之外,提出供選擇的事物或對象的對貞或系列卜辭(以下簡稱"選擇性卜辭"),同樣能够充分反映出占卜的決疑的性質。正反對貞的和選擇性的卜辭在各時期的卜辭裏都是常見的,並非武丁時期的賓組卜辭所特有。

在𠂤組卜辭裏就可以看到上述兩類卜辭的不少例子。在第一節裏已經引了𠂤組卜辭中用句末語氣詞"抑"的正反對貞卜辭(如23至26諸辭),此外在第一、二節裏還陸續引過一些不用"抑"的例子(如67、68、70、90諸辭),下面再補充兩個例子:

(144A) 辛丑卜,𠂤:自今至于乙巳日雨。乙陰(此字據施謝捷釋),不雨。

(144B) 自今至于乙巳不雨。 合20923

(145A) 辛酉卜,王:祝于妣己,酒取祖丁。

(145B) 辛酉卜,王:勿祝于妣己。 合19890

選擇性卜辭在𠂤組卜辭裏好像不如正反對貞卜辭常見,下邊引的是兩個較典型的例子:

(146A) 辛酉卜:又祖乙卅宰。

(146B) 辛酉卜:又祖乙廿宰。 合19838

(147A) 甲申卜:禦婦鼠妣己二牝(此字爲"牝""牡"合文)。

(147B) 一牛一羊禦婦鼠妣己。

(147C) 一牛禦婦鼠妣己。 合19987

在歷組、出組以及其後的各組卜辭裏,正反對貞的和選擇性的卜辭都是常見的。爲了節省篇幅,這裏只引跟我們現在的討論關係最密切的黄組卜辭裏的一些例子:

(148A) 乙亥卜,貞:今日不雨。

(148B) 其雨。 合38122

(149A) 戊辰卜,貞:今日王田敦,不遘雨。

(149B) 其遘雨。 合37647

(150A) 其戠日。

(150B) 弜已戠日。 合38115

以上是正反對貞之例。

(151A) 乙巳卜,在兮:叀丁未轰衆。

(151B) 叀丙午轰衆。 合35343

(152A) 癸巳卜,貞:祖甲丁(?),其牢。

(152B) 其牢又一牛。

(152C) 叀騂。

(152D) 叀物。 合35931

以上是選擇性卜辭之例。可見占卜的決疑的性質一直到商末仍然沒有改變。在這方面,命辭是否問句並沒有多大關係。

倪文認爲《尚書・金縢》所敘述的占卜,是爲了祈求鬼神同意占卜者的請求,不是爲了決疑而進行的,並指出在《金縢》的全部敘述中連一個問句也看不到(4

頁)。這是一個誤解。《金縢》原文說:

既克商二年,王(武王)有疾,弗豫。二公曰:"我其爲王穆卜。"周公曰:"未可以戚我先王。"公乃自以爲功……植璧秉珪,乃告太王、王季、文王。史乃册祝曰:"惟爾元孫某,遘厲虐疾。若爾三王,是有丕子之責于天。以旦代某之身……今我即命于元龜。爾之許我,我其以璧與珪,歸俟爾命。爾不許我,我乃屏璧與珪。"乃卜三龜,一習吉。啓籥見書,乃并是吉。

仔細讀一下這段文字就可以知道,周公正是由於不同意爲武王之疾進行占卜,而採用"册祝"的方式向先王提出讓武王病愈的要求的。册祝跟占卜是兩回事。册祝後所以還要占卜,"即命于元龜",是爲了判斷先王是否答應周公的要求。這正好說明占卜僅僅是決疑的手段(《論集》編按:《論衡·知實》:"武王不豫,周公請命,壇墠既設,策祝已畢,不知天之許己與不,乃卜三龜,三龜皆吉。"把這一點說得很清楚)。

在殷墟卜辭裏可以看到的,占卜逐漸變得公式化的現象,占辭從有吉有凶變到有吉無凶的現象,只能說明人們對占卜的信仰在逐漸減弱,占卜者越來越傾向於只作出符合自己願望的判斷。這些現象並不能證明占卜從決疑的手段轉變成了控制將來的手段。

附記:

本文蒙朱德熙先生仔細審閱修改,作者十分感謝。

本文是提交給1987年在安陽召開的中國殷商文化國際討論會的論文,修改後發表於《中國語文》1988年1期。收入《古文字論集》時,所引卜辭的釋文的寫法一般改從初稿。今據《古文字論集》收入。此文後由Edward L. Shaughnessy(夏含夷)譯成英文,發表於*Early China*第14期(1989)。

釋“木月”“林月”

殷墟甲骨文的歷組卜辭裏屢見表示時間的“木月”一語(下面引録卜辭時,同版有關卜辭也一併録出):

(1A) 己卯卜:[illegible]侯⧄
(1B) 于木月至。 粹1273,合32806
(2) ⧄于木月⧄至。 安明2228
(3) 戊戌卜:王于木月入。 安明2667,合32940
(4A) 辛亥卜:乙卯又升歲于祖乙。
(4B) 辛亥卜:于木月又。 安明2313,合32349
(5A) 丁巳卜:叀宜酒。
(5B) 丁巳卜:叀今月酒宜。
(5C) 丁巳卜:于木月酒宜。
(5D) 丁巳卜:叀今月酒宜。
(5E) 丁巳卜:于木月酒宜。 京津3974,合32216
(6A) 己酉卜:召(旨?)方來,告于父丁。
(6B) 于木月告。 人文2520,合33015
(7) 己丑卜:木月雨。 人文2391,合33915
(8) □辰貞:⧄木月其雨。 屯南1543
(9) 辛亥貞:王木月正召⧄ 屯南4103
(10A) 癸未貞:叀乙酉征方。
(10B) 癸未貞:于木月征方。
屯南171(《美》458即《合》32243與此同文)

另有一條歷組卜辭,有用法跟“木月”相似的“林月”:

(11) 己丑貞:于林月酒。 人文2308,合34544

"木月""林月"究竟是什麽意思,尚無定論。

上引諸辭中的"月"字都寫作D或ᗡ(下文以前一形代表此字)。歷組卜辭中的"月""夕"二字通常都這樣寫。所以貝塚茂樹、伊藤道治二氏在爲上引(6B)(7)(11)三辭作釋文時,把D字釋爲"夕"(《甲骨文字研究·本文篇》567、588、608頁)。他們把(11)的"于林D酒"解釋爲在林這個地方在晚上舉行彡祭(同上568頁),對"木夕"則沒有作解釋。

我們認爲從卜辭文例看,"木D"的"D"以釋作"月"爲宜。例如:(1B)是貞問某人來到時間的卜辭。這類卜辭往往貞問某人是否在某個月來到,如"貞今三月𠂤至""貞生五月陕至""貞今二月師般至"等;但幾乎從不貞問某人是否在某"夕"來到。(10A)和(10B)是癸未日占卜的一對選貞卜辭,以"叀乙酉"跟"于木D"對貞。陳夢家在《殷虚卜辭綜述》中指出:"卜辭近稱的紀時之前加虛字'叀',遠稱者加虛字'于'。"(227頁)可見"木D"所指的時間距離卜日癸未比乙酉更遠。從上舉兩例來看,"木D"的"D"顯然不宜釋作"夕"。《粹編》和《屯南》的釋文把上引(1B)(8)(10B)等辭的D字釋作"月",是可以信從的。"于林D酒"一辭中的"林D",應該跟"于木月酒宜""于木月又""于木月告"等辭中的"木月"一樣,也是表示時間的詞語,不能把這兩個字割裂開來解釋。"林"後的D字也以釋作"月"爲宜。

"木月"的意思不好理解。所以郭沫若在《粹編》的考釋裏把(1B)釋爲"于來月至",並解釋說:"來字當作來,此作木,缺刻二筆,並非木字。"陳夢家在《綜述》中引用(1B)時,把"木月"釋爲"來夕";引用(5B)(5C)時,把"今月""木月"釋爲"今夕""來夕"(117頁),大概也認爲這些"木"是沒有刻全的"來"字。他把"D"釋作"夕",可能是由於考慮到卜辭中稱下一個月爲"生月"而不稱"來月"的緣故。但是"來夕"的説法在卜辭裏其實也是找不出來的。"木D"在卜辭中多次出現,而使用正常的"來"字的"來月"或"來夕"在卜辭中却從未出現過。可見把"木D"的"木"看作缺刻筆畫的"來"字,是毫無根據的。

嚴一萍有《釋木ᗡ》一文,認爲"木ᗡ"和"林ᗡ"都是"一字之析書","即'莫'字之別體"(《中國文字》第3册,合訂本第1卷220、221頁)。一字析書的現象確實屢見於甲骨文。但是在全部甲骨文裏,析書的字畢竟只佔很小的一個比例。有很多字根本沒有析書寫法。有析書寫法的字,它們的正常寫法一般也總要比析書的寫法常見得多。爲什麽"莫"字的這種"別體"却以析書爲常呢?而且(5B)(5D)與(5C)(5E)以"今D"與"木D"對貞,把後者看作一字的析書,顯然是不合理的。

再說,以"木"爲"莫"(暮)之別體,從卜辭文例看也並不妥當。拿(1B)"于木至"這條卜辭來說,我們在前面根據文例指出不宜釋爲"夕"的話,就同樣可以用來批評這種說法。總之,嚴氏的意見也是完全不能接受的。

《屯南》的作者沒有認出上引(9)辭"木"字下的殘文是""字,認爲這個"木""可能是尞字"(《屯南》下册第1分册1126頁)。這是不正確的。對上引(10)辭的"木月",作者加注說:"殆月名,但不知爲何月。"(同上849頁)這是比較穩妥的意見。但是從上面舉過的"木月"與"今月"對貞的現象來看,"木月"不像是某一個月的專名。

我們認爲"木月"就是卜辭中常見的"生月"。陳夢家在《綜述》中指出,卜辭稱貞卜時的那個月爲"今月"或"兹月",稱下一個月爲"生月"(117—118頁)。此說已爲學者普遍接受。把上引(5C)(5E)兩辭中與(5B)(5D)的"今月"相對的"木月"讀爲"生月",顯然再合適也沒有了。上引其他各辭中"木月"的用法,也跟卜辭中"生月"的某些用法十分相似。我們查一下《綜類》的""條,可以看到"王于生七月入""生月象(?)至""生月雨""于生月酒"等卜辭(163頁)。把這些卜辭跟上引各辭對照一下就可以明白,從文義上看,把"木月"讀爲"生月"是非常合理的。問題在於(木)和(生)的字形雖然相當接近,可是讀音却毫無共同之處,我們憑什麼把"木月"讀爲"生月"呢?要答覆這個問題,必須考察一下甲骨文裏(木)(屮)(生)三形的關係。

在甲骨文的表意偏旁裏,"木"和"屮"往往可以相通用。這是大家都知道的。"生"有時也可以跟"木"和"屮"通用。例如:"莫"字不但可以从四"屮"或四"木"(見《文編》24頁"莫"字條),也可以从四"生",如《安明》2760(《合》18429)的(許進雄《皇家安大略博物館收藏甲骨文字索引》釋此字爲"莫",見《中國文字》新4期187頁)。"芔"字既可以从四"屮"(見《文編》22頁"芔"字條。此條所收的从四"木"的字恐非"芔"字),也可以从四"生",如《安明》2727(《合》32963)的、《屯南》936的。"蓐"(實即"農"字初文)既可从二"木",也可从(見《文編》23—24頁"蓐"字條)。後者可以看作連寫的兩個"生"。地名"𨻰"所从的"蓐",也有从二"屮"和从二"生"兩種寫法(見《文編》24頁"蓐"字條最後一行)。"春"字一般从"木"或"屮"(見《文編》22—23頁"春"字條),但有時也从"生"。《甲》436(《合》20074)有下引一辭:

□ 侯今 于□衛(?),亡囚。从東衛(?)□

孫海波將“今”下一字收入附錄(643 頁),加注說:“此字从中从屯,當是芚之或體,新獲卜辭寫本誤摹爲之夕(引者按:《綜類》163 頁“ ”條又把這個字誤摹成“ ”合文)。”《文編》“春”字條說“春”或“省日作芚”(23 頁),可見孫氏認爲這個字就是“春”字。這是可信的。不過這個字其實不是从“中”而是从“生”的。《乙》8818 是一版屬於子組的完整龜腹甲,上面有好幾條卜辭。其中一條有“今䕺(秋)”,兩條有“今 ”:

庚申卜:今䕺亡彝(?)之。七月。

庚申卜:有彝(?)今 。

庚申卜:今 亡彝(?)。七月。

後兩條的“今”下一字,从二“生”从“屯”,顯然也是“春”字的異體(《文編》646 頁、《綜類》185 頁摹錄此字都有錯誤)。

《說文》一下“中”部:“中,艸(草)木初生也,象丨出形有枝莖也。古文或以爲艸字。”六上“木”部:“木,冒也,冒地而生……”。六下“生”部:“生,進也,象艸木生出土上。”一下“艸”部:“萅(春),推也。从艸,从日,艸春時生也。屯聲。”通過《說文》的這些解說可以知道,在古人心目中,草木是象徵生長的。甲骨文裏“生”旁跟“木”旁“中”旁可以通用,決不僅僅是由於它們的字形相近。

尤其值得注意的是,在甲骨文裏,具有表音作用的“生”旁有時也可以寫成“木”。近人多認爲古文字裏的 字是“眚”“省”二字的共同初文(參看《金文編》242 頁“省”字條、《甲骨文編》159 頁“眚”字條)。這是可信的。一般把 字分析爲从“目”“生”省聲。在甲骨文裏,這個字有時寫作从“木”:

貞:呼 叀牛。　　乙 4057,丙 126(《合》9504 正不清晰)

□呼 圃□。　　合 5980

《丙》釋文把上引前一辭的 釋作“省”是正確的,《甲骨文編》釋爲“相”(159 頁)不可信。“省牛”之語卜辭習見,“省圃”在文義上也是通順的。這種“省”字的“木”旁應該讀爲“生”,或者說是當作“生”字來用的。由此看來, 也可以認爲从讀爲“生”的“中”,不必一定分析爲“生省聲”。

在較早的古文字裏,同一個字形被用作兩個讀音很不同的詞的表意字的現象,是確實存在的。例如在甲骨文裏，既可用作“京”字也可用作“高”字，(夫)有時也可以用作“大”字。這些都早已有人指出來了。既然古人認爲草木象徵生長，他們有時直接把“木”或象草的“屮”用作“生”字，就可以説是順理成章的事了。這跟他們有時把“夫”用作“大”，是非常相類的現象(“大”字是以成年男子的形象來表示大的意思的，因爲成年男子比孩子等類的人大。“夫”的本義就是成年男子)。

事實上，卜辭“生月”之“生”就有寫作“屮”的例子。“生月”合文或作：

壬戌卜貞：王敦通，不𢀛𢦏。　　戩 1·9，合 34120

這還可以解釋爲“生”字由於跟“月”字密接而省去了底畫。但是下引這兩條卜辭裏跟“月”字有距離的“屮”字就不能這樣解釋了：

戊寅卜：月敦通，受[又]。　　屯南 3568

☐九月方不至。　　合 6732

這是“屮”可以用作“生”字的明證。《屯南考釋》認爲《屯南》3568 的“屮”“乃是生字之缺刻橫畫者”(101 頁)，恐非恰當的解釋。上文對“木”“屮”“生”之間的密切關係已經作過説明，而且已經指出甲骨文以“屮”或“木”作“省”字亦即“眚”字的聲旁。“生月”既然可以寫作“屮月”，當然也可以寫作“木月”。所以我們把“木月”讀爲“生月”是有相當充分的根據的。

上引(11)辭的“林月”，大概也應該讀爲“生月”。“木月”的“木”不能當作樹木的“木”字看，“林月”的“林”也不能當作樹林的“林”字看。《説文》説“屮”字“古文或以爲艸字”。甲骨文“兹”字作，本是“絲”字省寫，由於音近借表代詞“兹”。卜辭屢見的“兹用”有時寫作“用”(《合》32227、32253 等)，可見“糸”和“絲”本來也是一個字。“林月”之“林”跟“木月”之“木”的關係，與“艸”跟“屮”、“絲”跟“糸”的關係相類。

𠂤組卜辭中兩見一個从“月”从“木”的字，《合》20143 作，20145 作。這個字有可能是“木(生)月”合文。可惜卜辭已殘，文義不明，無法加以斷定。

有一條賓組卜辭裏有从“月”从“”的字：

癸卯卜，㱿：于翌酒☐尞。　　鐵 40·2，人文 81【《合》15738】

白玉崢根據嚴一萍的意見，把這個字也定爲“莫”字的異體(《契文舉例校讀(一)》，《中國文字》第 34 册，合訂本第 8 卷 3615—3616 頁)。我們認爲這個字跟“木月”

“林月”不一定有關係,可能是見於賓組卜辭的字(《合》13751 正、13752 正)的省寫。這大概是从“月”“喪”聲的一個字,在上引卜辭中似可讀爲昧爽之“爽”。

本文是提交給 1988 年在長春召開的中國古文字研究會第七屆年會(即成立十周年學術研究會)的論文。原載《古文字論集》,又載《古文字研究》第二十輯(中華書局,2000),今據後者收入。

對《關於殷墟卜辭的命辭是否問句的考察》一文的評論的答覆①

我非常感謝把拙文譯成英文的夏含夷教授和各位對拙文發表批評意見的學者。希望我們的討論能對殷墟卜辭、古漢語語法和中國古代占卜的研究起一些促進作用。

我想先説一下拙文中的幾處錯誤和疏失:

1. 拙文所引卜辭(69)一例的釋文有誤。(69A)一條應删去,"(69B)"、"(69C)"應改爲"(69A)"、"(69B)"。【編按:編集《古文字論集》時已據此删改。】

2. 倪德衛教授認爲用幾個句子構成的命辭不可能是問句。拙文第三部分曾就此提出疑問。我在指出由A、B、C三句構成的命辭中的A和B有可能是C的條件之後,還根據有些命辭確實略去了某些話的現象,指責倪德衛認爲理解命辭時不應該憑空添上它本身沒有説過的話的意見有片面性。這種指責是錯誤的。倪德衛指出,如果"A,B,C"本身不是問句,我們不能通過把它理解爲"A,B,C——這是確實的嗎?"的辦法,把它看成問句。這是完全正確的。"這是確實的嗎"這層意思是外加到命辭上去的。這跟我所説的根據同類命辭爲某些命辭補出所省略的話的情況,完全是兩回事。我接受倪德衛教授在這次所寫的意見中就這個問題對我所作的批評。

3. 拙文發表後,承吉德煒教授寄贈《釋貞》複印本。讀後才發現有些我自以爲是創見的意見,《釋貞》中早已提出來了。如此文23—24頁指出,"翌丁卯勿,亡其雨"一辭(即拙文第137例,譯文略去未譯),如作爲問句理解,跟它的對貞卜辭"貞:翌丁卯奏舞,有雨"不構成正反對立;如作爲陳述句理解,就不存在這個問題。

① 拙文《關於殷墟卜辭的命辭是否問句的考察》(原載《中國語文》1988年1期)由夏含夷教授譯爲英文發表在*Early China* 14期(1989)上。此期同時刊登了一些學者對此文的評論和我的這篇答覆的英譯文(亦由夏含夷教授翻譯)。

我的意見跟他完全相同。我在寫拙文時,沒有先想辦法把《釋貞》找來讀一下,是不應有的疏失。

4. 饒宗頤教授的《殷代貞卜人物通考》,我在多年前曾經借來讀過。但是當時對書中“舊說於貞字下每施問號,多不可通”的意見以及全書引卜辭都不標問號“但作斷句”的做法沒有給予應有的注意,以致寫拙文時根本沒有提到。這也是一個不應有的疏失。直到這次讀饒教授所寫的意見時,才發現這個問題。

下面,依次就下列四個問題發表一些意見:1. 占卜具有決疑的作用是否能決定命辭必爲問句。2. 關於“抑”和“執”。3. 關於“旬有亡囚”。4. 在商代後期,占卜的性質是否起過根本性的變化。

1. 在這次討論中,王宇信、范毓周兩位教授主張命辭都是問句。他們主要是根據占卜具有決疑作用這一點立論的。在語言方面,他們强調指出漢語中存在陳述句式的是非問句,但是並沒有爲命辭都是問句的論點提出積極的證據。范毓周以命辭常用“其”來證明它們是問句,這是沒有説服力的。我們翻一下楊樹達的《詞詮》(中華書局,1965,160—161 頁),就可以看到,“副詞”性質的“其”字既可以用於疑問句,也可以用於陳述句(如“予其大賚女”、“日月其除”等),而且還可以當“庶幾”講(如“帝其念哉”、“其雨其雨,杲杲出日”)。認爲命辭裏的“其”都表示疑問語氣,是由於先已有了命辭必爲問句的成見。這一點司禮義教授等學者早就指出來了。

主張命辭不是問句的學者,並沒有否定占卜的決疑作用。倪德衛在《問句的問題》和這次所寫的意見裏都强調指出,研究者應該把占卜者説什麽和做什麽這兩件事區分開來,不能因爲占卜的作用是決疑就斷定命辭是問句。這是很正確的。在拙文中已經舉出了一些從辭義看無法當作問句理解的命辭。例如“辛王弜田,其雨”(《合》33533)這條命辭,如果當作問句,無論是理解爲“辛日王不要去田獵,將會下雨嗎?”還是理解爲“是不是辛日王不要去田獵,將會下雨?”辭義都講不通。既認爲命辭都是問句,就應該令人信服地駁倒我們關於這類命辭的意見。可是王、范二位對此都連一句話也沒有説。王宇信爲了證明他的論點的正確,引用了幾個見於《左傳》的占卜實例。然而他在翻譯文公十八年、昭公五年、十三年和十七年的《傳》文中的命辭的時候,却並沒有把它們譯成問句。例如“余尚得天下”譯成了“我希望能得到治理楚國的權力”。這豈不是正好證明儘管占卜的作用是決疑,命辭却可以不是問句嗎?

2. 范毓周教授説,甲骨文中的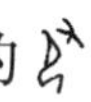和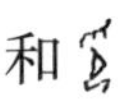本爲一字,應該釋爲“㞋”而不應該釋爲

“抑”。其實和是一個字,手形在後的則是另一個字。這兩個字的用法截然有別,前者爲“抑”字,後者爲“艮”字。對這個問題拙文已經作過說明(見《中國語文》1988 年 1 期 3 頁,譯文略去未譯),這裏就不重複了。附帶說一下,吉德煒教授在他所寫的意見的注 2 裏,說我在拙文中文本 3 頁上承認(或作)既可釋“艮”也可釋“抑”。這是一個誤解。在那裏我只討論了李學勤教授爲什麽會把“抑”釋爲“艮”,並沒有承認這個字也可以釋爲“艮”。不過對於我們現在的討論來說,這個字究竟應該怎樣釋只是一個次要問題。我們需要弄清楚的,是自組卜辭中使用在句末的“”和“執”究竟能不能看作句末疑問語氣詞。即使在没有確定究竟是什麽字的情况下,這個問題也還是有辦法加以討論的。

范毓周説:“在李、裘所列舉的自組卜辭在句末使用‘艮’和‘執’的諸例中,除了極少數可能爲方國部族或人名外,絶大多數是用爲人牲的名稱的。”我認爲即使承認“”可釋“艮”,范説也是不能成立的。把“”和“執”理解爲句末疑問語氣詞究竟是否正確,當然可以討論。但是我們至少應該承認,按照這種理解,全部有關的卜辭都可以講通。然而按照范説,不少有關的卜辭却講不通。下面所舉的就是一些明顯的例子(辭前加拙文編號,“抑”字改作“艮”):

(15) □□卜,叉*:不其延雨□艮,延雨執。

(16) ▨貞:▨有囚艮,亡囚執。

(33) 丙辰卜:丁巳其陰艮。允陰。

(34) 己酉卜:□陰其雨艮。不雨,曾啓。

(41) 辛亥卜,貞:犬囚凡疾艮。

何況釋“”爲“艮”還有問題呢? 附帶説一下,在范毓周所引的《合》21708 諸辭裏,“乙未余卜:艮敎”一辭中的“艮”是“㚔”(執)的誤釋。這些卜辭裏的“艮”(其實是“抑”)和“敎”應該是國族名,“執”是動詞,都與祭祀無關。

吉德煒認爲“抑”和“執”可能都應該當“或”(or)講,並根據“或”並不一定含有疑問語氣這一點,主張不必把用“抑”和“執”的命辭看作問句。對這一意見我也不能同意。拙文曾指出“較晚的古漢語裏置於選擇問句的兩個分句之間的連詞‘抑’”也許就是由殷墟卜辭的句末疑問語氣詞“抑”演變而成的,但是並没有把這兩種“抑”等同起來的意思。我並不認爲卜辭裏的“抑”可以當“或”講,更不用説“執”了。“抑”或“執”往往是命辭的最後一字,但是按照語言通例,當“或”講的詞的後面是不可能什麽話也没有的。爲了解決這個矛盾,吉德煒提出了一種解釋,然而說服力並不强。還應該指出,雖然古漢語裏的“或”並不一定含有疑問語氣,可是當“或”講的連詞“抑”却總是用來連接選擇問句的兩個分句的,連接非問句的“抑”是當“然而”(but)講的(參看《詞詮》368—369頁)。如果承認自組命辭裏的“抑”是後來當“或”講的“抑”的前身,把有關命辭看作問句顯然要比把它們看作非問句合理。

吉德煒還對“抑”和“執”提出了另一種說法。他認爲它們也有可能起着類似標點符號的作用,是用來區分命辭,指示占卜過程中的停頓的。這種假設在古今文獻裏找不到任何依據,而且對“抑”和“執”屢屢使用在沒有區分命辭的需要的場合的現象無法作出妥善解釋,所以也不能被接受。

但是正如吉德煒所指出的,把“抑”和“執”看作句末疑問語氣詞,也會碰到一些不好解釋的問題(這些問題對於吉德煒的兩種假設來說也是存在的)。我們不但沒有在自古流傳的古漢語文獻裏找到在語音和用法上都跟它們相合的詞,而且還無法解釋以下問題:殷代人爲什麽要使用它們的作用看起來似乎沒有區別的“抑”和“執”兩個詞?如果二者有别,區别究竟在哪裏?爲什麽“執”只能跟“抑”配合起來使用,“抑”則可以單獨使用,但是在一條命辭的兩個分句後面又不能全都用“抑”呢?所以關於“抑”和“執”的問題的確還需要進一步研究。但是就目前情況來看,李學勤的句末疑問助詞說仍然是各種說法中最爲合理的一種。

3. 倪德衛認爲拙文所舉的(127)“旬有亡囚在内”一辭並不是問句。他把這條命辭跟《南》所收的“《明》215”(即《明後》1838【《合》16348】)“☐亡不若在内”一辭相比較,認爲既然“《明》215”的“不若”是動詞“亡”的賓語,(127)的“亡囚”也應該是動詞“有”的賓語。所以他把“旬有亡囚在内”譯爲“In the next ten days there will be absence of misfortune in the interior”。我認爲他的意見是有問題的。“亡”跟“不”的詞性不同,“有亡囚”和“亡不若”的語法結構不能相提並論。現代的中國人還在說“心有不安”這種帶有點文言味道的話,“不安”是“有”的賓語,就跟上引卜辭裏的“不若”是“亡”的賓語一樣。可是像“心中有無内疚”或“心中有沒有内疚”這種格式的話,則只能理解爲問句,而不能理解爲以“無……”或“沒有……”爲“有”的賓語的陳述句。人們決不會把用“心中無内疚”就可以表達清楚的意思說成“心中有‘無内疚’”。我想殷代人也決不會把用“旬亡囚”就可以表達清楚的意思說成“旬有亡囚”。所以這條命辭只能理解爲一個問句。不過拙文已經指出,“有亡”連用的問句在卜辭裏只有這一個孤例,而且根據的還是摹本,其可靠性的確是有懷疑餘地的。【編按:關於此辭,參看本卷328頁所加編按。】

4. 我還是認爲在從武丁到帝乙、帝辛這段時間裏,占卜的性質並沒有發生過根本性的變化。直到帝乙、帝辛時代,占卜的作用仍然是決疑,它並沒有變成主要用來謀求鬼神祐助或既用來謀求鬼神祐助也用來決疑的一種手段。關於這個問題,我有兩點要說。

首先,從中國上古文獻來看,謀求鬼神祐助一般用祭祀、祝告等方法,占卜則是人們瞭解鬼神意志的一種手段。

其次,把占卜者說什麼和做什麼這兩件事區别開來,不但對於命辭是否問句的討論是必要的,就是對於占卜性質的討論也是必要的。占卜者往往有自己所希望得到的占卜結果。例如爲出行占卜的人,一般都希望出行時能平平安安,沒有意外。這種情緒當然有可能在命辭裏反映出來。我們不能只根據反映出這種情緒的命辭,就斷定占卜具有謀求鬼神祐助的作用。

夏含夷指出,商代晚期只有"旬亡囚"、"往來亡災"這樣的命辭,而沒有"旬有囚"、"往來有災"這樣的命辭。依我看,這種現象並不能說明占卜的性質已經有了巨大變化。在武丁時代的卜旬之辭裏,"旬有囚"這種命辭也是極其罕見的。在絶大多數場合,武丁時代的卜人跟帝乙、帝辛時代的一樣,也是只貞"旬亡囚"而不貞"旬有囚"的,儘管他們的真正用意是想知道在新的一旬裏會不會有可憂之事。我想商代卜人在對占卜結果沒有明顯傾向性的情況下,一般大概是採用正反對貞一類占卜方式的;在對占卜結果有明顯傾向性的情況下,則既可採用對貞的占卜方式,也可採用只從對自己有利的一方面提出命辭的占卜方式。看來,時代越晚,占卜者就越傾向於採用單方面的占卜方式。周代的占卜者甚至習慣於用表示願望的口氣來提出命辭。這是一種值得注意的變化,但是對占卜的本質並不會産生多大影響。我並不否認,在從武丁到帝乙、帝辛這段時間裏,殷人對占卜的態度有了不小的變化,占卜的方法和卜辭的形式也都有了一些變化。但是我看不出占卜的性質有什麼根本性的變化。

最後,對《金縢》的問題再說幾句。倪德衛指出,在《金縢》關於占卜的敘述中連一個問句也看不到。這的確是事實。但是他認爲《金縢》所說的册祝和占卜的儀式是結合在一起而不可分的,並且認爲占卜儀式還起着使册祝生效的作用。這些意見我都不能同意。迷信鬼神的古人顯然相信,他們對鬼神的祝告,鬼神全都能知道;不可能有通過占卜儀式來使祝告生效的想法。但是鬼神對他們的祝告採取什麼態度,他們却無法直接知道,只能通過占卜來判斷。《金縢》所記的册祝之辭在最後提到,將要進行占卜來判斷先王是否答應周公的要求,以決定是否把圭璧獻給他們。說這些話,顯然只是爲了敦促先王同意周公的請求。不能由此得出册祝和占卜的儀式不可分以及占卜儀式具有使册祝生效的作用的結論。《論衡·知實》說:“武王不豫,周公請命,壇墠既設,策祝已畢,不知天之許己與不,乃卜三龜,三龜皆吉。”我們同意王充對《金縢》所說的册祝與占卜的關係的理解。

1989 年 5 月 7 日寫完

原稿未刊。英譯文由 Edward L. Shaughnessy(夏含夷)譯,載 *Early China* 第 14 期(1989)。今據中文原稿收入。

殷墟甲骨文字考釋(七篇)

一、"小"與他字的合文

殷墟甲骨文中,"小"與他字的合文頗爲常見(這大概跟"小"的字形適宜於跟其他字寫成合文有關)。這種合文往往由於"小"被視爲不成字的點畫而遭到誤釋。如""爲"小甲"合文,到 1948 年才有方靜若撰文發其覆,直到近年才普遍得到承認。《拾》1·14(即《合》32599)的"小且(祖)乙"合文長期被誤釋爲"沮"字,姚孝遂先生在《契文考釋辨正舉例》中才加以糾正(見 1979 年出版的《古文字研究》第一輯 178 頁)。新近出版的徐中舒先生主編的《甲骨文字典》的序言,專門談了"小"的合文的問題,除提到"小甲"、"小祖乙"二例外,還指出一些作""的"小母"合文長期被誤釋爲"母"(序言 3 頁)。此外,被誤釋的"小"與他字的合文恐怕還有不少。下面舉兩個我們所注意到的例子。

《合》34395 有寫法跟上面提到的《合》32599 一例相似的"小祖乙"合文,由於字的下部已經殘去,似乎還沒有人釋出來。《殷墟甲骨刻辭摹釋總集》(以下簡稱"摹釋")把它誤摹成了从"水"从"A"之字。

《合》41410(即《南》坊 5·59)上方一辭作:"☐卯☐遘劦,王受又。""遘"下一字,《綜類》以爲即"辛"字(361 頁 1 欄),《摹釋》依原樣摹出而未釋。這其實就是"小辛"的合文,其結構跟前面提到過的"小甲"合文相似。上引這條卜辭"卯"上殘去之字可能是"翌辛"。

《英》2119 有如下一辭:

己巳卜,兄貞:其𠦪于盟室,叀宰。

"宰"上之字似"小",但中豎特長。跟同版的"戊辰卜,兄貞:翌辛未其㞢于盟室十大宰"和"戊辰卜,兄貞:翌辛未其㞢于盟室五大牢"這兩條卜辭對照一下,便可以知道上引一辭的“宰”當釋爲“十小宰”,“”是“十小”二字合文。《摹釋》把這個合文摹成一般的“小”字,是不正確的。

前面提到過的作“”的“小母”合文,《綜類》單列於“母”字後而未釋(135 頁 4 欄),但其中所收的《乙綴》89,即《合》19983 的兩例,重出於“母”字條(135 頁 2 欄)。《甲》397(即《合》32754)和《摭續》77 的“辛”,《綜類》也都收入“母辛”條(553 頁 1 欄)。《類纂》也單列“”於“母”字之後(172 頁下欄)。所收三例中,《合》19983 和《屯南》4049 二例未釋(後一例所加小點較多——共六點,《類纂》摹作五點,用法也與一般“小母”不同,情況比較特殊),《合》32290 一例則已釋爲“小母”。《合》32754 的“辛”,《類纂》也已釋爲“小母辛”(1468 頁上欄。《摭續》77 一例,《類纂》未收)。但是《類纂》把《合》19983“乙未卜”一辭、《合》19978“⧄亥(《類纂》誤摹作“寅”)乎⧄”一辭、《懷》1566【《合補》10478】“小母辛”一辭和《合》22258“辛卯卜”一辭中“小母”合文的小點全都摹脱,前三例都釋爲“母”(分別見 170 頁上欄、658 頁下欄、1468 頁上欄),後一例還將“女”形誤摹爲(173 頁下欄),則應加以糾正。上舉“小母辛”皆見歷組卜辭。歷組卜辭中還有“庚”(《明後》2524、2546,即《南》明 102、613,《綜類》收入 552 頁“母庚”條),依《甲骨文字典》序言,也應釋爲“小母庚”。在《懷》1559【《合補》6950】片上,“丁”與“大丁”、“祖丁”等同見;在《合》32834 片上,“丁”與“大丁”、“祖乙”等同見;一般都釋作“父丁”,其實也很可能應該釋作“小父丁”。

《合》15642、16147 都有字,14315 正有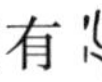、,14951 正有字,疑當分別釋爲“小羊”、“小牛”。《合》33609 有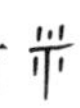字,疑當釋爲“小示”。《合》13135 有“攴(啓)”之文,疑“啓”上一字爲“小亦(夜)”合文。這些都有待進一步研究。

二、釋“遍又于小山”

《合》30456 的一條三、四期卜辭說:

□其又于小山,又大雨。

“其”下一字似尚無人考釋。這個字應該是从“宀”“”聲的一個形聲字。“”即“”(以下隸定爲“㚔”)的省寫。卜辭中數見的“不㚔”一語(見《合》22782、

24769、26502)，有時也寫作"不"(《合》24982)，可證(參看《甲骨文編》501—504頁。504頁所收的《粹》376一例即《合》24982)。清代學者多認爲"㲋"跟《説文》收爲"䜌"字古文的是一個字，可信(參看拙文《戰國璽印文字考釋三篇》，《古文字研究》第十輯89—91頁。我們認爲"玆"是繫聯之聯的古字，"㲋"象以手繫聯絲，"玆"亦聲，可能是《説文》訓"係"的"孿"字的初文，與"䜌"本非一字，但音義相通。"㲋"省作"𠬪"，字形仍能表示出以手繫聯絲的意思，只是從會意兼形聲字變成了純粹的會意字)。所以""應該釋爲从"支""䜌"聲的"變"字，""應該釋作"㝸"。散氏盤【《集成》16・10176】(《大系》稱"夨人盤")有"余又(有)爽䜌"之語，一般都讀"䜌"爲"變"。"㝸"跟"䜌"應該是一個字。這個字不見於字書，也許就是《説文》"𪖮"的異體。

"變"與"辯"音近字通。《易・坤・文言》"由辯之不早辯也"，《釋文》謂"由辯"之"辯""荀作變"。《禮記・禮運》"大夫死宗廟謂之變"，鄭玄注："變當爲辯，聲之誤也。"《孟子・告子上》"萬鍾則不辯禮義而受之"，孫奭《音義》引丁本，"辯"作"變"，謂"於義當爲辯"。《廣雅・釋言》："辯，變也。"《楚辭・九辯》王逸序："辯者，變也。""辯"古通"遍"。鄭玄《儀禮》注屢言今文"辯"作"徧"，如《鄉飲酒禮》"衆賓辯有脯醢"句注就説"今文辯皆作徧"。又《禮記・樂記》"其治辯者其禮具"，鄭玄注："辯，徧也。""辯"、"辨"同音通用。上引《樂記》文之"辯"，《釋文》所據本即作"辨"，謂"本又作辯，舊音遍"。《廣雅・釋詁二》："周、匝、辨……徧也。"《左傳・定公八年》"子言辨舍爵於季氏之廟而出"，杜注："辨猶周徧也。"上引那條卜辭的"變"據文義正應該讀爲"辯"(徧)。這一條是祭山求雨之辭。"又于"之"又"爲祭名，殷墟卜辭中常見。"又大雨"當讀爲"有大雨"。小山爲數很多，所以説"遍又于小山"。

三、釋　"蚤"

殷墟甲骨文中有一個寫作、等形的字，一般都釋爲"挓"(《甲骨文編》468頁)。今按，羅振玉認爲"它"與"虫"在甲骨文中本爲一字，其説不可信，已詳拙文《釋"蚩"》(香港中文大學國際中國古文字學研討會編《古文字學論集》初編218—219頁)。上舉之字从"虫"，不應釋作"挓"。

漢代人多把"蚤"字寫作上从"又"下从"虫"。顧藹吉《隸辨》收了兩個"蚤"字

(見樊安碑、逢盛碑),都是這樣寫的,顧氏按語認爲這是“省叉爲又”。但是在時代可以早到秦漢之際的馬王堆帛書裏,“蚤”字屢見,都寫作从“又”或从“父”,沒有一例是寫作从“叉”的(《秦漢魏晉篆隸字形表》954—955 頁。《漢徵》13・8 下所收的“蚉”字也應釋“蚤”)。馬王堆帛書《戰國縱横家書》中的“蚤”字作 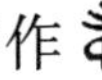(同上 955 頁),字形跟上引甲骨文一脈相承。所以我們認爲上引甲骨文應該釋爲“蚤”。

這樣看來,“蚤”字本來大概是从“又”从“虫”的一個會意字,可能就是“搔”的初文,字形象徵用手搔抓身上有虫或爲虫所咬之處。从“父”的是它的訛體。从“叉”的“蚤”當是改會意爲形聲的後起字。不過此字已見《説文》,出現的時代也不會很晚。

在已發現的殷墟甲骨文裏,“蚤”字出現的次數不多。《類纂》共收四例,都見於殘辭,文義不明(見 687 頁)。從《合》4890“☐勿令☐比蚤”一辭來看,似用爲人名。

戰國璽印文中有  字(見《璽彙》3334 號),《璽彙》和《古璽文編》(274 頁)都把這個字隸定爲“浧”。竊疑此字當釋爲“溞”。《爾雅・釋訓》:“溞溞,淅也。”字亦作“溲”。

四、釋“罝”字異體

《屯南》730 號有如下一條三、四期卜辭:

其田㪿,以 ,亡𢦏(災)。

《類纂》把“以”下一字隸定爲“罡”(1101 頁上欄),可從。《合》28825 有如下一條三期殘辭:

☐王其田☐以  ☐

“以”下一字似亦當隸定爲“罡”。其下部應是“疋”之變體。我曾懷疑殷墟甲骨文的 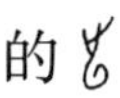 字可能是“疋”的異體(《論“歷組卜辭”的時代》,《古文字研究》第六輯 279 頁),如果把它倒過來,就跟上舉之字的下部頗爲相似了。《合》10207 正面有如下一條一期殘辭:

貞:呼  ☐虎☐

“呼”下从“网”之字，下部稍殘，但可以看出也是从“疋”的，《類纂》把這一例收入“罶”字條(225 頁上欄。《摹釋》也釋此字爲“罝”)，是不妥當的。

“疋”顯然是从“网”“疋”聲的一個形聲字，結合字形和辭義來看，應是一種田獵用網之名(《合》10207 一例似用爲動詞或人名)。這個字跟《爾雅・釋器》“兔罟謂之罝”的“罝”字大概是一字的異體。“且”、“疋”二字的韻母在上古都屬魚部。“且”是清母字，“疋”是生母字，聲母的讀音在上古也相距不遠。“疋”、“足”本由一語分化，“足”是精母字，聲母跟“且”就很接近了。所以“罝”跟“疋”是一字異體的可能性是很大的。

第一期卜辭中屢見一個从“网”从“兔”的字，王國維釋爲“罝”(《甲骨學文字編》7・15 下)，當可信。這是“罝”的表意初文，“疋”和“罝”都是它的後起形聲字。“冤”和“疋”的關係，跟甲骨文中“罞”的表意字“罶”(从“网”从“麋”頭會意)和形聲字“罶”(“矛”“目”二字古音陰入對轉)的關係相類。

五、釋　“匀”

有一條第一期殘辭用了一個从“吕”从“”的字：

□亘(?)貞：□其(?)□

此辭摹本見《合》40775(即《七》50 頁)；拓本見《美》619，但不甚清晰。上舉之字《甲骨文編》收入附錄(879 頁)，《綜類》則定爲的異體(106—107 頁)。這個字所从的“吕”就是古“吕”字，跟“口”毫無關係，《綜類》的意見是錯誤的。

這個字所从的一般都認爲是“蜀”字的初文，只有陳夢家提出了不同意見。于省吾曾把甲骨文中寫作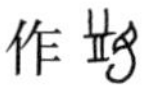、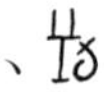等形的一個字釋作“旬”，認爲此字“右从勹作，即旬字，其作者變體也”(《甲骨文字釋林・釋旬》42 頁)。陳夢家進一步認爲(陳氏隸定爲“罒”)跟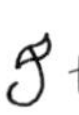也是一個字。他說：“我們以爲此字從目、從勹，勹即旬字。金文筍伯盨和伯筍父鼎(盨、甗)的筍字從竹、從目、從勹，其音符即卜辭的罒字。卜辭先公高祖中的眴，或從勹，或從罒，可證勹、罒是一。《說文》‘旬，目搖也’，義與瞚同；《說文》‘蝖，側行蟲也’，今之蚯蚓，勹象其形，加目爲罒。卜辭之罒(引者按：指用爲國名的罒)是後世的筍國，史籍作荀。”(《綜述》295 頁)我們認爲陳氏的意見是可取的。殷墟卜辭經常在癸日卜“旬亡囚”，“旬”寫作；但是第一

期的一種比較特殊的卜辭——子組卜辭,却不卜“勹亡囚”,而時常在癸日卜“至㚖亡囚”,例如:

癸酉卜,我貞:至㚖亡囚。　合21723

癸酉卜貞:至㚖亡囚。余次。

癸未卜貞:至㚖亡囚。　合21724

(同類卜辭還見於《合》21725—21729等。又《合》21910屬於與子組接近的一種卜辭,也在癸日卜“至㚖亡囚”)

其意義當與卜“勹亡囚”相同,“㚖”跟“勹”一樣也應該讀爲“旬”。這可以作爲陳說的一個佐證。【編按:蒙蔡哲茂先生見告,日本學者林巳奈夫早已把子組卜辭“至㚖亡囚”中的“㚖”釋讀爲旬,我因未見林文,未加徵引,是嚴重的疏失。】陳氏既說“勹、㚖是一”,又說“㚖”是从“目”从“勹”的“旬”字,意見有些游移不定。我們認爲似乎還是把“㚖”和“勹”看作一字的繁簡兩體爲妥。

在古文字裏,作爲字的組成部分的“口”形跟“一”形往往通用無别。例如:甲骨文中,字也可以寫作(參看《綜類》278頁4欄,《類纂》775—776頁)。《合》18554(即《前》6·66·1)有字,前人未釋,其實跟見於《英》2567的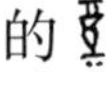(奠)是一個字。【編按:于省吾已釋此字爲“奠”,見《甲骨文字釋林》凡例3頁。】所以應該就是西周金文中作、等形的“匀”字(看《金文編》650頁“匀”字條。“匀”本从“勹”聲,《說文》誤爲从“勹”)。“吕”即“吕”字,“其本義當爲金名”(唐蘭《殷虚文字記·釋丁》107頁。殷墟卜辭裏有稱銅爲“黄吕”之例,參看燕耘《商代卜辭中的冶鑄史料》,《考古》1973年5期299頁)。金文中某些時代較早的“金”字所从的(看《金文編》905—906頁“金”字條)就是“吕”字的填實寫法(參看上引《殷虚文字記》108頁。上引西周金文“匀”字第一例,也可看作从“吕”的填實寫法)。金文“金”字所从的“吕”多簡化爲“=”,“匀”字所从的“吕”後來變爲“=”,與之如出一轍。

“匀”字既然本从“吕”,很可能就是“鈞”的初文。不過西周金文中的“鈞”既有寫作“匀”的,也有寫作从“金”从“勹”的(看《金文編》914頁“鈞”字、650頁“匀”字),可見从“金”的“鈞”字也出現得相當早。

六、釋“昏”字異體

在殷墟卜辭裏有一個从“日”从“”的字。

(1) 甲子卜,大貞:告于父丁,叀(音義近"唯")今酒。 合 23259

(2) 甲戌卜,旅貞:匕(妣?)舌(?)叀今酒。 合 26822

(3) ⧄貞:匕(妣?)歲⧄攸。 合 25163

(4A) 壬申卜,即貞:兄壬歲,叀䢅。

(4B) 貞:其。 合 23520

(5) 貞:其。 合 26857

(6) ⧄其⧄束(?)⧄ 合 26858

(7) ⧄于⧄ 合 18528

此外,此字還見於《甲》333【合 15762】、《安明》1376 等片的殘辭。上引諸辭除了(7)有人定爲第一期卜辭外,都是第二期卜辭。

從辭例看,上舉之字(下文用"△"代替)應該是用來表示一天中的一個時段的。卜辭或言"叀今夕酒"(《合》30839—30842)、"叀今昏酒"(《合》30838),"夕"字、"昏"字用法與(1)(2)兩辭的"△"相同。卜辭又或言"其暮燎"(《合》33744)、"其暮"(《合》33743)、"其暮,不遘雨"(《合》29807),"暮"字用法與(4B)(5)(6)等辭的"△"相同。(4)以"△"與"䢅"對貞。"䢅"字過去釋爲"農",但是有關卜辭都無法讀通。80 年代初,常正光先生發表《"辰爲商星"解》,指出卜辭"䢅"字當讀爲"晨"(四川大學學報叢刊第十輯《古文字研究論文集》142—143 等頁),十分正確。卜辭或言"癸亥卜⧄貞:匕歲⧄叀今䢅酒"(《合》25157),文例與上引之(2)非常接近。

根據"△"字的用法,並考慮到前人對它所从的字(下文以"×"代替)的意見,我們認爲"△"應該是"昏"字的異體。

羅振玉把"×"釋爲"浴"。這完全是看圖猜字,缺乏文字學上的根據。陳邦懷《殷虚書契考釋小箋》說:"此字從水從,當即溫字。從𥁕作,亦見于漢魯峻碑。碑云'内懷潤'。王先生懷祖曰:'溫字作。《說文》溫從水𥁕聲,𥁕從皿從囚。此碑溫字右邊作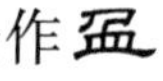,其上半即人字也。有人無口者,隸省耳。'(見《漢隸拾遺》)考卜辭溫字不從𥁕,知魯峻碑溫字從必有所本,非隸省也。"(以上皆見《甲骨文字集釋》3277 頁)此說似可信。《居甲》2252 的字和 2114 的字,也有學者釋爲"溫"(陳直《"居延漢簡甲編"釋文校正(續)》,《考古》1960 年 10 期 49 頁),寫法與魯峻碑"溫"字相近。"×"象人浴於溫水之中,當爲溫暖之"溫"的本

字。或謂溫暖字當作“昷”,則“ × ”可視爲“昷”之初文(參看《甲骨文字集釋》3278—3279 頁李孝定案語)。

張政烺先生指出“昷”字所从之“囚”本非囚犯之“囚”,當由甲骨文“”字變來,實爲蘊藏之“蘊”的古字,“昷”字用之爲聲旁(《釋甲骨文俄、隸、蘊三字》,《中國語文》1965 年 4 期 297—298 頁)。近來劉桓同志又在《殷契新釋・釋昷》中提出一個說法,認爲“昷”字所从的“囚”當由甲骨文字變來,本象人在母腹之中(《殷契新釋》174—180 頁,河北教育出版社,1989)。今按,甲骨文字也作(看《甲骨文字集釋》1453—1471 頁“死”字條),魯實先認爲是之異體(同上 1459 頁),似可信。此字作或形的都見於早期卜辭,作形的多用爲地名,都見於較晚的卜辭,後者似應是前者的變形。張先生以此字爲“蘊”之古字,似可信。“昷”字由“”變爲“昷”,是由表意字改爲形聲字。在漢字形聲化過程中,爲了使新舊字形有比較明顯的聯繫,往往把表意字字形的一部分改成形狀跟這部分字形相近或有關的一個聲旁,如改“戢”爲“聝”之類(參看拙著《文字學概要》153 頁。本文第三篇指出“蚤”字由从“又”變爲从“叉”,也是一個例子)。“昷”的表意初文本从“人”,它的後起形聲字的聲旁“囚”也从“人”,正合乎這一情況。

屈萬里《殷虚文字甲編考釋》說“△”字“象人浴於日光之下,疑是溫字之古文”(53 頁)。從卜辭用“△”字表示時段的情況來看,這個字似應是从“日”“ × ”聲的形聲字,屈說不一定可信。“昷”、“溫”同音,上古音與“昏”字相近。它們的韻母都屬於文部,而且在中古時代都屬合口一等。“溫”是影母字,“昏”是曉母字。古代影、曉兩母之字相諧的情況並不罕見。如“音”爲影母字,从“音”聲的“歆”爲曉母字,从“歆”聲的“媱”且有曉母(許金切)、影母(烏含切)兩讀。“畏”爲影母字,从“畏”聲的“痕”爲曉母字(呼恢切)。又“襾”字也有影母(衣嫁切)、曉母(許下切)兩讀。所以我們認爲卜辭用來表示時段的、从“日”“溫”聲的“△”字,應該就是“昏”的異體。上引(4)以“晨”與“△”對貞,古書也以“晨”、“昏”對舉,如《禮記・曲禮上》“昏定而晨省”。甲骨文有作的“昏”字(《甲骨文編》285 頁),但是在已發表的殷墟甲骨文裏幾乎都見於無名組卜辭,而“△”則幾乎都見於出組卜辭。不同組的殷墟卜辭,其文字形體和用字習慣往往不同,“昏”字又提供了一個例子。

第一期卜辭有說“貞:于用”的(《合》1824 正),這個“昷”字如非地名,也有可能應該讀爲“昏”。

七、釋　“注”

殷墟甲骨文裏有一個字,象用手將一個器皿里的液體注入另一器皿。其簡體有省去手形的,也有省去受注器形的。按其在卜辭裏的用法,基本上可以分成三類。

第一類用作跟牲畜有關的一個動詞,如:

(1) 貞:豭百。九月。　合 15827 正

(2) 癸丑[卜],賓貞: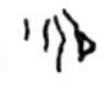(下部殘去)豭卅。九月。　合 11241

(3) 貞:勿二牛。　合 15826

第二類用作跟軍事有關的一個動詞,如:

(4A) 弜(勿)人,方不出于之。

(4B) 弜涂人,方不出于之。　合 28012

(5) 其御羌方,人,羌方異☐　合 27973

【編按:《安明》已將此片與《人文》2142(《合》27972)綴合,綴合後此辭完整,後半作“羌方異其大出”。我在此前發表的《卜辭“異”字和詩、書裏的“式”字》中已引過綴合後的全辭,寫此文時因疏忽仍引殘辭,很不應該】

(6) 弜戍受人。　合 28030

(7) 弜,其每。　屯南 3015

第三類作人、地名,如:

(8A) 庚寅卜,賓貞:及。

(8B) 貞:及。　合 940 正

(9) 甲戌卜,賓貞:、啓,王事。　合 5458

(10) ☐古貞:、旨☐　合 8440

(11) ☐貞:☐于☐　合 8253

個別辭條中此字用法不明,如:

(12) ☐唯兹☐媗☐　合 7695 反

此外,此字尚見於《合》7325(同辭尚有"人三千"等字,當屬上舉第二類)、《合》8254(似與上舉第9辭同文)、《合》15824、《合》18525、《合》18526(同辭尚有"五十"二字,疑是牲畜數,當屬上舉第一類)、《合》18544、《合》20604、《英》477等片的殘辭,不具引。爲了行文的方便,下文以"△"代表此字。

西周金文中,1976年扶風雲塘村10號墓出土的事喪尊銘文有"△"字,全銘如下:

事喪作丁公寶彝,孫子其永。

《陝西出土商周青銅器(三)》八三【《集成》11·5960】

此外,散氏盤【《集成》16·10176】有字,二見(《金文編》收入附錄1187頁),似爲人名。其字上从"网"下从"△"。

上引(1)和(11)的"△",聞一多釋爲"盉"(《釋爲釋豖》,《古典新義》543頁)。(6)即《粹》1198,郭沫若《粹編考釋》釋"△"爲"登"。(7)的"△",《屯南·釋文》隸定爲"昪"(1059頁),姚孝遂、肖丁《小屯南地甲骨考釋》釋爲"弄"(327頁),"弄"即"登"。新近出版的《類纂》和《甲骨文字典》則分別把"△"字釋爲"益"(《類纂》1027頁)和"易"(《字典》1063頁)。釋"△"爲"盉"和"登"都顯然不可信,釋爲"益"或"易"頗有道理,但是我們結合字形和辭例反復考慮,覺得還是把"△"釋爲"注"比較妥當。

第五期卜辭中有"黃呂"之文(《英》2567),燕耘《商代卜辭中的冶鑄史料》釋"黃呂"上一字爲"鑄"(《考古》1973年5期299頁)。第三期卜辭中有"黃呂"之文(《合》29687),"黃呂"上一字《類纂》也釋爲"鑄"(1035頁)。後一個"鑄"字下部的,我以爲就是"△"字(其上部的應與《合》6057正的爲一字,《類纂》1042頁釋爲"飲",恐非)。前一個"鑄"字的寫法跟金文"鑄"字基本相同。它所从的應該就是由"△"變來的。這跟金文(沬)字由甲骨文字變來的情況相似(關於甲骨文"沬"字,參看《甲骨文字集釋》3363—3367頁)。

"注"、"鑄"二字古通用。《史記·魏世家》"(文侯)三十二年……敗秦於注",《正義》:"注或作鑄也。""注"音與"祝"相近。《周禮·天官·瘍醫》鄭玄注:"祝當爲注,讀如注病之注,聲之誤也。""祝"、"鑄"古亦通用。《禮記·樂記》"封帝堯之後於祝",鄭玄注:"祝或爲鑄"。《淮南子·俶真》"冶工之鑄器",高誘注:"鑄讀如唾祝之祝。"這也是"注"、"鑄"古音相近之證。鑄器時的主要工作就是把熔化的金屬注入器範,“鑄”應該就是由“注”孳生的一個詞。从“△”跟“鑄”在字形上的密切關係來看,把“△”釋爲在音、義上跟“鑄”有密切關係的“注”的表意初文,似乎比把它釋爲“益”更合理些。

上引第一類“注”字,我曾懷疑它們應該讀爲“祝”,訓爲“斷”(《廣雅·釋詁一》、《公羊傳》哀公十四年注等都訓“祝”爲“斷”),指一種用牲之法。但是(1)(2)(3)三辭都不像是跟祭祀有關的卜辭,可見那樣解釋並不妥當。現在我認爲應該把第一類“注”字讀爲《説文》訓“去陰之刑”的“斀”字(古書多作“椓”)。上古音“注”屬侯部,“斀”屬侯部入聲。“注”是章母字,“斀”是知母字,這兩個聲母的上古音也很接近。(1)(2)兩辭“注”下一字或釋爲“豖”,非是。“豖”的字形中象生殖器的短畫跟豕身部分明顯相離。在(1)(2)兩辭中的那個字里,象生殖器的短畫却跟象豕的後腿的那道筆畫相接,可見它們沒有問題是“豭”字。把“注豭”讀爲“斀豭”顯然是很合理的,這就是我們現在所説的“劁猪”。豭被斀後就成爲卜辭中屢見的“豖”了(參看上引《釋爲釋豖》文)。公牛也可以斀,讀“注”爲“斀”,對(3)也是合適的。

上引第二類“注”字也許應該讀爲“駐”。也有可能這種“注”字是用來表示一種引申義的,即以注液體入某器來比喻派人到某地。這種引申義後來就演變成了“駐”這個詞。(4A)的意思大概是説,不必派人到□地,敵人不會來到那裏。(4B)的意思可以類推。但是,跟(4A)(4B)同版的一條卜辭説:“王其呼衛于哭,方出于之,又𢦏”。如果(4A)(4B)兩辭中“方不出于之”的“之”也指哭地的話,“弜注□人”“弜注涂人”就應該解釋爲不必把□人、涂人派到哭地去,或不必駐□人、涂人於哭地了。究竟怎樣解釋爲妥,還有待進一步研究。(5)已殘,所説的當是跟派人抵禦羌方有關之事【編按:此辭本已有人綴合爲全文,參上文編按】。

卜辭中,人名、族名、地名往往是三位一體的。見於卜辭的人、地名“注”,可能應該讀爲見於古籍和金文的鑄國的“鑄”。《禮記·樂記》:“武王克殷……封黄帝之後於薊,封帝堯之後於祝。”鄭注:“祝或爲鑄。”但是《吕氏春秋·慎大》則説“武王勝殷……封黄帝之後於鑄,封帝堯之後於黎”。王國維據鑄公簠定鑄爲任姓國。黄帝之後正有任姓,所以王氏認爲《吕氏春秋》的説法是正確的(《鑄公簠跋》,《觀堂集林》卷十八)。見於卜辭的注族大概是武王封鑄之前居於鑄地之族。不過所謂封古帝王之後,實際上往往是承認既成事實,而不是真的給予新的封地。卜辭之注也有可能就是武王所封的鑄的先人。關於鑄國的地望,郭沫若在《兩周金文辭大系考釋》裏有考證(見鑄公簠和鑄子簠的考釋),可以參閱。又前面提到過的或作"鑄"的地名"注",其所指之地在今河南省中部。《史記·魏世家》:"(文侯)三十二年……敗秦於注",《集解》:"司馬彪曰:河南梁縣有注城也",《正義》:"《括地志》云:注城在汝州梁縣西十五里(據《括地志輯校》,"十"上脱"四"字)。'注'或作'鑄'也"。其地當在今臨汝縣西北。卜辭的注地也有可能就在這裏。

尊是盛酒器。把上引事喪尊銘的"△"釋作"注",文義也是通順的。"孫子其永注"就是後人永遠注酒於此尊的意思,與常見於銅器銘文的"子子孫孫永寶用"同意。散氏盤的从"网"从"△"之字,大概是以"△"爲聲旁的,疑即見於《説文·网部》的"罜"字。

1989年11月18日寫定

原載《湖北大學學報(哲學社會科學版)》1990年1期,今據以收入。

釋殷墟卜辭中的“卒”和“褘”

殷墟甲骨文中常見寫作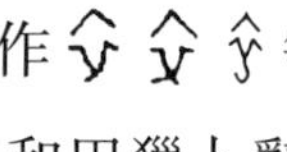等形的字。一般學者把它們都釋作“衣”。這些所謂“衣”字多見於祭祀和田獵卜辭。自王國維以來,學者們大都把祭祀卜辭中的“衣”讀爲“殷祭”之“殷”,認爲是一種祭名(參看《甲骨文字集釋》2721—2724頁)。田獵卜辭中的“衣”郭沫若讀爲地名“殷”,以爲指河南沁陽附近的古殷城(《通》635片考釋,《郭沫若全集·考古編2》496頁),信從者也頗多。但是把祭祀卜辭中的“衣”讀爲“殷”,辭義多不可通。而且這種“衣”從不以被祭者名作爲賓語(卜辭中從不見“衣上甲”“衣于上甲”一類說法),根本不像是一種祭名。田獵卜辭中的“衣”其實並非地名,李學勤同志早在50年代出版的《殷代地理簡論》中就已指出。不過他在《簡論》中仍把田獵卜辭中的“衣逐”之“衣”讀爲“殷”,認爲字當“訓‘同’或‘合’,‘衣逐’即合逐之意”(科學出版社,1959,7頁)。後來他把這一說法也否定了。跟祭祀、田獵無關的他種卜辭裏的所謂“衣”字,也大都很難索解。鑒於上述情況,必須對殷墟卜辭中所謂“衣”字的釋讀另作新的考慮。據我所知,最先作這種考慮的學者就是李學勤同志。他是在研究西周金文中某些“衣”字的過程裏,對殷墟卜辭中的“衣”字產生新的看法的。

70年代出土的周穆王時代的㦰簋銘有“衣搏無眈于㦰身”之文(《金文總集》2836【《集成》8·4322】)。唐蘭先生在《伯㦰三器銘文的釋文和考釋》中把上引銘文中的“衣”釋爲“卒”,加注說:“原作衣,即卒字,完畢,郾王戠戈萃作莪,寡子卣誶字作訬,並可證。”(《文物》1976年6期39頁注⑩)1980年出土的西周晚期的多友鼎銘有“癸未,戎伐筍,衣孚”、“衣復筍人孚”、“唯孚車不克以,衣焚”等文(《總集》1326【《集成》5·2835】)。李學勤同志在《論多友鼎的時代及意義》一文中,認爲鼎銘中的“衣”“顯係語詞……應讀爲‘緊’或‘伊’,用法和‘惟’相同”,並指出“‘衣’的這種用法也見於敔簋”(《人文雜志》1981年6期88頁)。但是他大概很快就放棄了“衣”爲語詞的意見。1986年,他在中國古文字研究會第六屆年會的一次發言中,表示同意唐先生對㦰簋“衣”字的釋讀,主張把多友鼎的“衣”字也釋爲“卒”,並指出殷墟卜辭中的“衣逐”也應釋爲“卒逐”。這個意見極富啓發性。

這兩年，我經過反覆考慮，逐漸認識到已發表的殷墟卜辭中的所謂“衣”字，除去一些辭義不可解的，都應該釋讀爲“卒”；殷墟卜辭中尚未被人釋出的一個从“衣”从“聿”之字，也是“卒”字的異體。在闡述我們的意見之前，需要説明一個情况。在本文寫作過程中，我曾跟李學勤同志通過電話，詢問他是否認爲殷墟卜辭中“衣逐”之外的“衣”字也應該釋讀爲“卒”。他回答説，他認爲至少有很大一部分應該釋讀爲“卒”；並告訴我，他在收入他那本早已交稿但尚未印出的文集中的一篇文章裏，已經討論了這個問題。【編按：見《多友鼎的“卒”字及其他》，收入《新出青銅器研究》，文物出版社，1990，134—137 頁。】所以李學勤同志不但最早指出殷墟卜辭中的“衣”字有應該釋讀爲“卒”之例，而且也最早看到這些“衣”字多數應該釋讀爲“卒”。

我們準備分别從字形和辭例兩方面來闡述我們的意見。下面先談字形。

《丙》34 至 38（即《合》9520 至 9524）是屬於賓組的五片成套卜甲，每片上有三對對貞卜辭（序數爲“二”的《丙》35，缺上部一對卜辭）。下面所引的是序數爲“一”的《丙》34 的上部和中部兩對卜辭（本文引卜辭，釋文一般用寬式，如“翼日”之“翼”寫作“翌”、假爲“在”的“才”直接寫爲“在”等）：

(1) 甲辰卜，[殼]貞：王勿卒入，于艾入。

(2) 甲辰卜，殼貞：王入。

(3) 貞：王咸酒登，勿賓翌日。

(4) 甲辰卜，殼貞：王賓翌日。

第一對卜辭在同套各片中無異文。第一條的“勿”後一字本作 （《丙》36，《合》9522）、（《丙》38，《合》9524）等形，王襄等人釋爲“卒”可信（參看《甲骨文字集釋》2725—2728 頁）。第二對卜辭有異文。“王賓翌日”一辭在《丙》36（《合》9522）上作“貞：王卒（原作 ）賓翌日”，在序數爲“五”的《丙》38（《合》9524）上作“貞：王  賓翌日”。這是“”爲“卒”的異體的證據。第二對卜辭提到的“翌日”祭顯然是在“酒登”之後進行的。“王卒賓翌日”跟對貞卜辭中的“勿賓翌日”一樣，都是承“王咸酒登”而言的。“咸”當訓“皆”或“已”，“卒”似可訓“終”。又“卒”“遂”古音相近（从“卒”聲的“萃”“瘁”等字之音與“遂”極近），此“卒”字似也有可能應讀爲“遂”。

殷墟甲骨文常有缺刻筆劃的現象。《丙》38 的  有沒有可能是缺刻“衣”形内

的交叉綫的“卒”字呢？如果注意到這套卜甲上一般的“卒”字所从的“衣”形下面都沒有尾巴形的筆劃，唯獨《丙》38 的  有末端上鉤的明顯“尾巴”，就可以知道當時的卜官是有意把它寫成這個樣子的，“衣”形中不加筆劃決不會是由於疏忽。爲了稱說的方便，下文把殷墟甲骨文的所謂“衣”字中寫法跟古文字一般“衣”字相合的稱爲“衣$_{a}$”，把“衣”形下面有末端上鉤的“尾巴”的稱爲“衣$_{b}$”。後者既包括“尾巴”下垂的和斜出的，也包括“尾巴”平出的如 （《合》20412）。我們認爲根據《丙》38 提供的字形上的證據以及大量有關辭例（關於辭例後面有專門的討論），可以把“衣$_{b}$”全都直接釋爲“卒”。古文字中作  形的“卒”字（小篆作 ）應該就是由“衣$_{b}$”演化而成的（“衣$_{b}$”作  一類形狀的很常見，顯然很容易演化成這種“卒”字）。

殷墟甲骨文中的从“衣”之字，有時把“衣”旁寫作“衣$_{b}$”形。例如賓組卜辭中屢見的从“衣”“匕”聲之字，其“衣”旁就有作  之例（見《甲骨文編》341 頁“依”字條。此字从“匕”而不从“人”，在卜辭中似當讀爲“庇”，一般釋作“依”是錯誤的。關於賓組卜辭中“人”與“匕”的區别，請參閲林澐《甲骨文中的商代方國聯盟》，《古文字研究》第六輯 68—74 頁）。唐蘭先生在《古文字學導論》中曾經指出：“凡同部（即由一個象形文字裏孳乳出來的）的文字，在偏旁裏可以通用——只要在不失本字特點的時候。”（齊魯書社，1981，235 頁）所以“衣$_{a}$”“衣$_{b}$”在用作表意偏旁時有相通的現象，並不能證明它們一定是一字的異體。

在“衣”形中加交叉綫的“卒”字主要見於賓組卜辭（𠂤組中也找到幾例，見《合》20196、20333）。在武丁之後的卜辭裏，這種“卒”字幾乎從不出現，而“衣$_{b}$”則用得很多。見於出組和何組卜辭的所謂“衣”字，幾乎都是“衣$_{b}$”。何組的“衣$_{b}$”往往把“尾巴”拖得特别長，如 （《合》31094）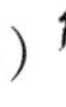（《合》31097）之類。這種寫法即使在殷墟甲骨文的从“衣”之字裏也是完全看不到的。這樣寫顯然是爲了跟“衣”字相區别，其爲“卒”字實無可疑。

不過以“衣”爲“卒”的現象在殷墟甲骨文裏也是確實存在的。“衣$_{a}$”從字形上看沒有問題應該釋爲“衣”；可是從辭例上看，除去其辭義不明者外，都應該釋爲“卒”。黄組卜辭似乎只有“衣$_{a}$”沒有“衣$_{b}$”，而“衣$_{a}$”的用法則與他組卜辭的“衣$_{b}$”相同或相類。在早期的卜辭裏也能看到少量以“衣$_{a}$”表“卒”的現象。可見西周金文以“衣”爲“卒”是有由來的。周原卜甲 H11∶3“王隻（？）田，至于帛，衣王田”一辭中的“衣”，也可能是用作“卒”的。“卒王田”疑與殷墟田獵卜辭中的“卒逐”意近。

一般把這條卜辭從左到右讀成“衣(殷)王田至于帛王隻田”,是不妥當的。

從早期的殷墟卜辭就有以“衣”爲“卒”的現象來看,似乎不能排斥“衣$_b$”最初是“衣”字的異體,後來才被專用來表示“卒”的可能性。

在無名組、歷組和某些介於何組和無名組之間的卜辭裏,有一個从“衣”从“聿”之字(《甲骨文編》356 頁)。這個字所从的“聿”往往省去手形而僅存筆形。這種省體大都見於歷組,筆形可以倒寫,即既可作 (《合》34572。這類寫法也見於無名組,如《英》2336 的 ),也可作 (《合》34238)。後一種省體往往被誤認爲从“衣”从“又”之字,其實根據辭例完全可以斷定是“褘”字。《殷墟卜辭綜類》把它們收入  字條(259 頁)是正確的(但《綜類》把  和“褘”分爲二字,則不如《甲骨文編》把前者看作後者的省體妥當)。“褘”字的用法跟“衣$_b$”(包括用法與“衣$_b$”相同的“衣$_a$”)十分相似。例如無名組、歷組等卜辭有“褘彡”(《合》32263、34572、34573 歷組,《英》2410 無名組)、“褘彡日”(《合》30990 何無名間)、“彡褘”(《合》34238、34415、34416,《屯南》2234,《英》2414 歷組,《合》41410 無名組,《合》32715 何無名間)、“翌日褘”(《合》27092、33370 無名組,《合》30991 何無名間)、“褘日”(《英》2466 歷組、《屯南》3676 無名組)、“日褘”(《屯南》2366 歷組)等文,他組卜辭則有“衣$_a$彡日”(《合》37386 黄組)、“彡衣$_b$”(《合》24471 出組)、“衣$_b$翌日”(《合》4858 賓組,《合》30373 何組)、“衣$_a$翌日”(《合》36511 黄組)、“衣$_b$日”(《合》24729 出組)等文。在後面討論辭例的部分,還能看到“褘”和“衣$_b$”都有跟“乃”相呼應的用例,這裏就不重複引用了。

無名組卜辭中幾乎看不到“衣$_b$”和“衣$_a$”(《合》41410 的一條無名組卜辭中有一個右旁殘泐或未摹出的“褘”字,或釋爲“衣”不可信。歷組有“衣$_b$”,見《英》2398、《屯南》290、《懷》1636【《合補》10640】等,但數量比“褘”少),而屢見於無名組卜辭的从“衣”的“褘”字的用法,正好跟他組的“衣$_b$”十分相似。由此看來,“褘”跟“衣$_b$”所表示的應該是一個詞。“卒”字本从“衣”形,“褘”也从“衣”,當即“卒”字的異體。“褘”應該分析爲从“衣”“聿”聲。“聿”“卒”二字,上古音都屬物部。“聿”跟終卒之“卒”,中古音都屬術韻,都是合口三等字,韻母完全相同。“聿”是以母(即喻母四等)字,“卒”是精母字。用以母字諧精母字,在古代也不乏其例。例如:“酉”是以母字,“酒”“醬”“遒”(取“即由切”之音)是精母字。“亦”是以母字,“迹”是精母字。【編按:鄔可晶指出,“迹”所从“亦”應爲“朿”之訛,此例不妥。】“匀”是以母字,“枃”是精母字。“由”是以母字,以从“由”聲的“胄”字爲聲旁的

“稍”是精母字。所以“卒”的異體以“聿”爲聲旁是完全合理的。跟“衣$_b$”表示同一個詞的“裈”字,其聲旁的讀音正好跟“卒”十分相近。這件事可以加强我們把“衣$_b$”釋爲“卒”的信心。

《合》19337 正的賓組殘辭說:“☐勿出☐卒彡☐。”“彡”上一字雖然半殘,仍可清楚地看出是在“衣”形中加交叉綫的“卒”字。這可以看作時常跟“彡”字連用的“衣$_b$”和“裈”應該釋爲“卒”的一個旁證。《合》13016 的一條賓組卜辭說:“丁亥卜,賓貞:□卒□往。”“卒”也是“衣”形中加交叉綫的那一種。“卒”上一字不清晰,好像也是“彡”字。

現在來討論有關的辭例。由於本文的主要研究對象是寫作“衣$_b$”和“裈”的“卒”字,對那種“衣”形中加交叉綫的“卒”字的辭例一般不作討論。

我們先來看一條何組卜辭:

(5) 乙丑卜,彭貞:其爲祖丁門賓于咎衣$_b$,必彡。 合 30282

此辭“賓”字旁注在“門”字左邊,也有可能應讀爲“其爲祖丁賓門……”。賓組卜辭屢見“我爲賓”、“我叀(意與“唯”近)賓爲”等語(見《合》15179—15188 等),可以參考。“于咎衣$_b$”和“必彡”都應該是說明進行“爲祖丁門賓”這件事的時間的。我在《釋“柲”》一文中曾指出:“第三、四期卜辭裏‘必’字常見,好像都是用作表示時間關係的介詞的。……‘必’似應讀爲‘比’……應該當‘及’、‘至’或‘臨近’講。”(《古文字研究》第三輯 20 頁)。所以“必彡”就是比及彡祭之時的意思。咎和彡都屬於殷人周祭系統的五種祀典之列。據學者們研究,舉行五種祀典的先後次序爲“翌—祭、壴、咎—彡”(參看常玉芝《商代周祭制度》190—191 頁,中國社會科學出版社,1987),咎祭結束後就開始進行彡祭。所以把上引卜辭中“于咎衣$_b$,必彡”的“衣$_b$”釋爲“卒”,訓爲“終”,是再合適也沒有了。全辭的意思是說到咎祭結束彡祭開始時“爲祖丁門賓”。我在《釋“柲”》一文的 22 頁釋此辭“衣$_b$”爲“衣”,疑“衣柲彡”作一句讀,是錯誤的。從這條何組卜辭和《合》32714 等提到“翌日、咎日、彡日”的無名組卜辭來看,有嚴密系統的周祭在何組和無名組卜辭的時代也一直在舉行,只是當時不像在出組和黃組卜辭的時代那樣,經常爲周祭的舉行進行占卜而已。

前面講“裈”字的時候,曾提到不少使用“卒彡”“卒彡日”“彡卒”“翌日卒”“卒翌日”等語的卜辭。現在把這些卜辭裏文字完整或比較完整的例子引在下面。

(6) 乙巳貞:裈彡,其饉。

(7) 弜(勿)饉。　　合 34572 歷組(34573 同文)

這是卜問舉行完彡祭後是否舉行饉祭的一對對貞卜辭。《儀禮・士冠禮》“卒筮，書卦”、同書《特牲饋食禮》“卒載，加匕于鼎”、“卒爵，拜”等，句例與“卒彡，其饉”相類。

(8) 癸巳貞：于彡𧝓叀(意與“唯”近)饉先。　　合 34415 歷組

此辭卜問到彡祭完畢時是否先舉行饉祭。陳夢家指出：“卜辭近稱的紀時之前加虛字‘叀’，遠稱者加虛字‘于’。”(《綜述》227 頁)此辭卜日癸巳離彡祭之卒一定還有一段時間，所以用“于彡卒”的說法。

(9) 辛亥卜貞：其衣$_b$翌日，其延尊于室。　　合 30373 何組

此辭意謂將在舉行完翌日祭後“延尊于室”。

(10) 甲寅卜：𧝓彡，于祖丁又☐。　　英 2410 無名組

此辭意謂舉行完彡祭後對祖丁舉行某種祭祀。

(11) □□貞：彡𧝓，其禦王自☐。　　合 34416 歷組

此辭意謂彡祭完畢後，爲王舉行禦祭。

(12) 丁卯貞：彡𧝓，王其桒□望乘。　　屯南 2234 歷組

此辭意謂彡祭完畢後，王爲“□望乘”而舉行桒祭。

(13)□□貞：叀𧝓彡日射，亡災。吉。　　合 30990 何無名間

祭祀卜辭一般不說“亡災”，田獵卜辭則常說“亡災”。所以此辭所說的“射”大概不是指射牲而是指射獵而言的。此辭意謂在舉行完彡日祭時去射獵，不會有災害。辭末的“吉”是占辭。《合》24471 的一條出組田獵殘辭裏也有“唯彡衣$_b$”之語。

(14) 丁卯王卜貞：今囚巫九畬，余其比多田于多伯征盂方伯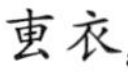，叀衣$_a$翌日步(下略)　　合 36511 黄組

此辭的“衣$_a$”顯然應該釋讀爲“卒”。“叀卒翌日步”的意思就是在舉行完翌日祭時“步”。《合》37386 一條跟田獵有關的黄組殘辭的命辭，一開始就說“衣$_a$彡日”。“衣$_a$”顯然也應該釋讀爲“卒”。“卒彡日”大概跟(13)的“叀卒彡日”一樣，也是說明田獵的時間的。

（15）辛丑貞：𡆥于河于彡衤聿。 合 34238 歷組

此辭意謂到彡祭完畢時𡆥於河。

（16）癸未貞：危(？)方⧄登于彡衤聿。 英 2414 歷組

《合》32896 的一條歷組卜辭說："癸亥貞：危(？)方以牛其登于來甲申。"(《合》33191 同文)可以與此對照。

（17）辛卯卜：升伐于衤聿彡。 合 32263 歷組

此辭意謂到舉行完彡祭時舉行升伐之祭。

（18）己丑卜：其又歲于翌日衤聿，又歲于大乙。 合 33370 無名組

此辭也可以標點爲"其又歲，于翌日衤聿又歲于大乙"，辭義基本不變。

（19）于翌日衤聿廼𡆥又大乙，王受祐。 合 27092 無名組

（20）于彡衤聿廼又戠，王受祐。 合 41410 無名組

上引二辭都先說"卒"再說"廼"。這樣的卜辭尚有以下一些：

（21）□□貞：王衣$_{b}$祀廼出。 合 15500 賓組

（22）⧄王(？)入卒(原作)廼⧄ 合 5181 賓組

（23）癸丑夕卜：衤聿日廼酒宜羌。

合 41303 歷組(關於"卒日"下文另有討論)

（24）⧄于丁⧄衣$_{a}$(此字有下垂的"尾巴"但末端不上鈎，在此顯然也是表示"卒"的)廼⧄祉戠⧄ 合 3953 正賓組

（25）⧄衤聿廼⧄又大乙⧄ 合 27094 無名組

古書中也不乏這類句子，例如：

卒哭乃諱。 《禮記·曲禮上》

卒䅵乃升羊豕魚三鼎。 《儀禮·有司徹》

卒乃羞于賓、兄弟、內賓及私人辯。 同上

卒乃復。 《尚書·舜典》

也說明把"衣$_{b}$"和"衤聿"釋爲"卒"是合理的。《禮記·雜記下》有"卒奠出"之文，《正義》解釋說"謂卒終已奠而出"，可與上引(21)相對照。

上面引過的用"卒"字的卜辭，有不少是卜問是否做完某件事再做另一件事

的。下面再引幾條這一類的卜辭。

（26）□□卜，爭貞：升伐衣$_b$，于□饎王。十一月。　合6667 賓組

（27）庚辰卜貞：衣$_a$升歲，作䜴自祖乙至于丁。十二月。　合377 賓組

此辭的“衣$_a$”無疑應該釋讀爲“卒”。這是早期卜辭以“衣$_a$”表“卒”的一個例子。

（28）丙午卜：百尞䘳，告于父丁，三牛。　合33033 歷組

此辭之意似謂尞祭結束後告於父丁（大概即以尞祭結束之事告於父丁），用三牛。“百”字之義待考。《英》2398【《合》41468】歷組殘辭有“衣$_b$尞”之文，惜上下文皆缺。

（29）乙未卜貞：自武乙彡日衣$_a$勺祼其即𦎫五宰，正，王受有祐。

英2518（參看《合》41741 摹本）黃組

此辭的“衣$_a$”無疑應該釋讀爲“卒”，但是究竟應該屬上還是屬下讀尚待研究。

有些用“卒”字的卜辭，卜問完成某件事後是否會出現某種情況：

（30）乙未卜：䘳𠬝，不雨。

（31）其雨。　合33986 歷組

這是一對對貞卜辭，都刻在卜兆之左，（30）的兆右有驗辭：“允攺，昃延攸。”“攺”讀爲“啓”，指天晴。同片有一條同一天占卜的卜辭：“乙未〼又歲祖〼卅宰，易（錫）［日］。玆用。羞中【編按：陳劍指出，“中”字黃天樹釋爲“中日”二字合書，見其《釋殷墟甲骨文中的“羞”字》，《古文字研究》第二十五輯，中華書局，2005，22頁】歲𠬝雨，不延雨。”“玆用”之後是驗辭，可見乙未那天舉行𠬝祭時下了雨，但𠬝祭後沒有繼續下。（30）的驗辭說“允啓”，應該就是指𠬝祭後雨止天晴而言的。這樣看來，（30）（31）大概是卜問𠬝祭結束時雨會不會停止的。

（32）䘳伐，有大雨。　英2336 無名組

此辭意謂完成伐祭會有大雨。這里所說的伐祭可能是爲求雨而舉行的。

（33）貞：衣$_b$□（下文以“△”代替），若，亡尤。

合23705 出組（《英》1996 同文）

此辭似是卜問“卒△”是否順利無尤的。“△”字待考。

上面引用過一些以“于彡卒”、“于翌日卒”等詞組表示時間的卜辭，這裏補充

一個相類的例子：

(34) 辛亥貞：壬子又多公歲。

(35) 弜又，于大歲律。　　合 33692 歷組(33693 同文)

這是一對對貞卜辭。(35)的意思大概是説不要在壬子那天"又多公歲"，到主要的歲祭結束時再舉行這種祭祀。或讀"大歲"爲"太歲"，非是。

用"卒"字的卜辭還有不少是卜問某件事能否完成或能否順利完成的，如：

(36) ⧄三婦宅新寢，衣$_{b}$宅。十月。　　合 24951 出組

(37) 辛亥[卜]，□貞：王其學，衣$_{b}$，不遘雨。之日王學，允衣$_{b}$，不遘雨。

合 12741(參看《存》下 126 摹本)賓組

(38) 丁巳卜，出[貞]：今日益編(?)，衣$_{b}$。之日允衣$_{b}$。　　合 26801 出組

跟(37)(38)文例相近的、有"卒"字的卜辭，數量頗多，但文字都殘缺得比較厲害，這裏就不引了(參看《合》26040、26041、26046、26047、12741、7897、26048、《英》1295 等)。

(39) 甲午卜，王貞：翌乙未桒，衣$_{a}$。之日雨，乙允衣$_{a}$。

合 40531 𠂤賓間

這也是早期卜辭以"衣$_{a}$"表"卒"的例子。"之日"以下爲驗辭，"之日"指進行占卜的甲午日。

(40) 辛□卜，出貞：□見其遘雨，克衣$_{b}$。

合 24878 出組(參看 12573、12738)

(41) 貞：不其衣$_{b}$。　　英 1294 賓或出組

(42) 丁丑貞：戊律，亡尤。　　合 34722 歷組

此辭當是卜問在卜日丁丑的第二天戊寅，某件事能否順利完成的。

(43) □□卜，喜[貞]：翌辛亥□𠂇，衣$_{b}$，[不]遘雨。

合 24886 出組(26042 同文)

"𠂇"是卜辭屢見的祭名，究爲何字待考。

(44) 甲辰卜貞：翌日乙王其賓宜于章，衣$_{a}$，不遘雨。　　合 38178 黄組

(45) 壬辰卜貞：王賓冎，衣$_{a}$，亡尤。　　合 35859 黄組

上兩條黃組卜辭的“衣$_a$”無疑也都是表示“卒”的。

(46) 甲子卜,□貞:翌乙丑我酌,衣$_b$,亡卷(害)。三月。

合 26039 賓或出組

(47) ▨酒巳(祀?),衣$_b$,亡卷。□[月]。　合 15694 賓或出組

(48) ▨酒翌日,衣$_b$,亡▨　合 34654 賓或出組

(49) 貞:酒彡,衣$_b$。　合 25947 賓或出組

有一條從字體看似當早於第三期的貞人何的卜辭說:

(50) 丁卯卜,何貞:王往于夕祼(?),不遘雨。允衣$_b$,不遘[雨]。

合 27862

驗辭中的“允卒”顯然是指命辭中提到的祭祀活動果能完成而言的。

在出組卜辭裏還屢見把“衣$_b$”放在受祭先人名之後的祭祀卜辭,例如:

(51) 丙辰卜,旅貞:翌丁巳魯于中丁,衣$_b$,亡卷。在八月。　合 22865

(52) 己卯卜,涿貞:翌庚辰彡于大庚,衣$_b$,亡卷。　合 22796

這種“卒”字應該跟(39)和(44)至(49)等辭的一樣,自成一讀,意謂上文所說的祭祀活動能“卒事”。

賓組祭祀卜辭裏有“……自上甲至于多毓,卒,亡卷”的說法:

(53) 癸巳卜,爭貞:翌甲午酒彡自囲至于多毓,衣$_b$,[亡卷]。

懷 32【《合補》69】

(“亡卷”據下辭補。“多毓”之“毓”一般讀爲后王之“后”,疑當讀爲高祖、後祖之“後”【編按:後來作者認爲“毓”當讀爲“戚”,參看本書所收《論殷墟卜辭“多毓”之“毓”》】)

(54) 貞:翌甲▨魯自囲▨,衣$_b$,亡卷。　合 2784

黃組祭祀卜辭裏也有這種說法,只是“卒”用“衣$_a$”表示,“亡卷”後加“自畎”或“在畎”二字。例如:

(55) 癸未王卜貞:酒彡日自上囲至于多毓,衣$_a$,亡卷自畎。在四月,唯王二祀。　合 37836

(56) [癸]□王卜貞:今囚巫九備,其酒彡日[自上囲]至于多毓,衣$_a$,亡卷在畎。在[十月]又二。王固曰:大吉。唯王二祀。　合 37835

同類的説法見於黄組卜辭的,還有“王賓執(?)自上囲至于武乙,衣$_{a}$,亡尤”(《合》35439)、“王賓□自匚(報丙)至于多[毓],衣$_{a}$,亡尤”(《英》2502)、“王賓自武丁至于武乙,衣$_{a}$,亡尤”(《合》35816)、“王賓䇂祖乙、祖丁、祖甲、康祖丁、武乙,衣$_{a}$,亡尤”(《合》35803)等。這些賓組和黄組卜辭中的“卒”應與上述出組卜辭中的“卒”同義。

出組卜辭不説“……自上囲至于多毓,卒”,而説“……自上囲卒至于多毓(“多毓”或作“毓”)”。例如:

(57) 庚戌卜,王貞:翌辛亥气酒彡秝自上囲衣$_{b}$至于多毓,亡蚩。在十一月。　合22646

(58) 癸丑卜,王曰貞:翌甲寅气酒魯自上囲衣$_{b}$至于毓,余一人亡囚,兹一品祀。在九月,遘示癸䰜彘。　英1923

同類的説法還有“气酒□[自]大乙衣$_{a}$(此條據摹本録,此字也有可能是“衣$_{b}$”之未摹全者)至[于]多毓,亡蚩”(《合》40922)。“卒至于”應該是最終至於、一直至於的意思。《尚書・酒誥》有“自成湯咸至于帝乙”之語。“卒至于”和“咸至于”的文例相似。

有一條賓組卜辭説:

(59) 貞:翌庚辰衣$_{b}$(此字是否有上鈎的尾巴,據印出來的拓本不能完全肯定,也有可能本是“衣$_{a}$”)亦㞢羌甲。　合1773正

同版有庚申日卜問“翌辛酉㞢于祖辛”之辭。羌甲是祖辛之弟。疑(59)是卜問㞢祭祖辛後是否也㞢祭羌甲的,“卒”似亦可訓“終”。

古書裏的“卒”可以把表示時間的詞當作賓語,如《詩・豳風・七月》“何以卒歲”、《左傳・襄公二十一年》所引逸詩“聊以卒歲”,殷墟卜辭中也有這類例子。先看兩條𠂤組卜辭:

(60) 丙寅卜,□貞:衣$_{b}$今月秜其屰抑,不屰執? 旬六日壬午屰。
合21390＋40819(參看21394)

此辭卜問從丙寅日起直到這一月終了,“秜”是否會“屰”。據驗辭,到十六天後的壬午日發生了秜屰之事。

(61) 乙丑卜:衣$_{b}$自今旬不𣦼。　合20412

“自今旬”指自今日起的十天,用作“卒”的賓語。與此辭同版之辭多卜問在某段時

間内，方會不會祟，如“壬寅卜：自今三日方不祟”、“壬申卜曰：今五月方其祟”。可知此辭意謂直到“自今旬”終了，方一直不會祟。同版還有如下一辭：

(62) 丙申卜：自今五日方衣$_b$不祟。衣$_b$。

此辭意謂在從丙申日起的五天内，方始終不會祟。其實也未嘗不可以說成“卒自今五日方不祟”。辭末的“卒”大概是驗辭。把“卒不祟”省爲“卒”，可能跟刻辭地位狹窄有關。

在黄組卜辭裏屢見“衣$_a$兹月亡畎寧”之文，例如：

(63) 壬戌卜貞：在獄天邑商公宫，衣$_a$兹月亡畎，寧。

英 2529（參看《合》36540—36545 同類卜辭）

這種“衣$_a$”無疑也是表“卒”的。“卒兹月”跟上引自組卜辭的“卒今月”同義。

有些卜辭裏有“卒日”或“日卒”之語：

(64) □未卜，大貞：衣$_b$日□不□雨。　　合 24729 出組

(65) 癸丑夕卜：㚸日廼酒宜羌。

(66) 癸丑卜：弜㚸，酒宜羌。　　英 2466 歷組

(67) 于大㚸日酒。

屯南 3676 歷組（原書所印拓本不清，釋文據原書摹本）

(68) 气（?）日酒。

(69) 于日㚸酒。　　屯南 2366 歷組

(65)至(69)各辭都是祭祀卜辭。(64)也有可能是祭祀卜辭，“日”後所缺一字可能是祭名。所以各辭的“日”很可能是指日祭，即白天舉行的祭祀如翌日、劦日、彡日之類而言的，跟一般的時間詞有別。但(69)“于日卒酒”或許是說到白天終了時舉行酒祭。

現在來討論本文開始部分提到過的“卒逐”。黄組田獵卜辭里常見“衣$_a$逐”之文，例如：

(70) 辛酉卜，在𩫖，貞：王田，衣$_a$逐，亡災。　　合 37532

(71) 丙午卜，在冒，貞：王其田柳，衣$_a$逐，亡災，禽。　　英 2566

這種“衣$_a$”無疑跟黄組卜辭中别的很多“衣$_a$”一樣，也應該釋讀爲“卒”。“卒逐，亡災”的意思可能是“完成逐獸之事，沒有災害”，也可能是“直到逐獸之事終了不會有災害”（按後一種解釋，“逐”字後逗號可取消）。有的黄組田獵卜辭說“卒，亡

災”:

(72) 戊午卜,[在□],貞:王其[田],衣$_{a}$,亡[災]。　　合37544

疑是“衣”字後偶脱“逐”字。如不以爲有脱字,“衣$_{a}$”(卒)字自成一讀,亦可通。前面引過的祭祀卜辭裹有不少這樣的“卒”字。

何組田獵卜辭中屢見“衣$_{b}$豕亡災”之文,例如:

(73) 戊午卜貞:王其田,衣$_{b}$豕亡災。　　合28877

(74) □□卜狄貞:[王]其田,衣$_{b}$豕亡災。　　合29391

《殷代地理簡論》以爲“豕”即“逐”字之省(7頁)。從黄組卜辭裹常見“卒逐亡災”之語來看,這樣解釋是合理的。但是在這種何組田獵卜辭裹,還未發現過一個“衣$_{b}$”後一字不省“止”而作“逐”的例子,這未免有些可怪。最好暫時存疑。(何組和黄組卜辭裹,“豕”“犬”二字往往難分。上述何組卜辭裹的“衣$_{b}$”後一字説不定是“犬”字。犬能逐獸,何組卜辭會不會竟是用“犬”字來表“逐”的呢?)

何組卜辭中又屢見“卒入”之語,例如:

(75) 壬申卜,狄貞:王其田,衣$_{b}$入,亡災。吉。　　合27146

(76) 乙未[卜],□貞:王[其田],衣$_{b}$入,[不]遘[雨]。　　合28881

《合》第二期部分收入如下一片:

(77) 貞:衣$_{b}$入,不遘雨。　　合24895

從字體看可能是屬於時代早於第三期的一種何組卜辭的。《合》31095的殘辭“☐衣$_{b}$入☐雨”,似亦屬此種類型。“入”當指返入或進入。“卒入”似可解釋爲完成返入或進入之事,一般應指在占卜的當天返入或進入。

賓組卜辭中常見“勿卒(作“衣”形中加交叉綫形)入”之文(見《合》1210、1535、4357、5739、7777、7781、7782、8828正、9520、9522—9524、16105等)。李孝定認爲“卒”當讀爲“猝”(《甲骨文字集釋》2726—2727頁)。我們過去也有這種看法(見《説甲骨卜辭中“戠”字的一種用法》,《語言文字學術論文集——慶祝王力先生學術活動五十周年》167、170頁)。但是何組卜辭的“卒入”顯然不能讀爲猝入,前引(22)賓組殘辭“☐王(?)入卒乃☐”的“卒”也不能讀爲猝(此辭“入”字後也許應加逗號)。可見把“勿卒入”讀爲“勿猝入”是有問題的。我們可以來看一下本文所引的第一條卜辭:“甲辰卜,[殻]貞:王勿卒入,于芆入。”“芆”可能應該讀爲

“夜未艾”（見《詩・小雅・庭燎》）之“艾”，訓爲“盡”（卜辭“艾”字原作“秽”，關於這個字的考釋請參看拙文《甲骨文字考釋・釋“𡨄”“秽”》，《古文字研究》第四輯153—157頁。但是那篇文章沒有討論到“于艾入”這條卜辭）。這條卜辭的意思可能是說，王不要在甲辰當天進入，等到夜盡之時，也就是第二天開始時才進入。這樣解釋就跟何組卜辭的“卒入”沒有矛盾了。賓組卜辭中，作“衣”形中加交叉綫形的“卒”字相當常見。究竟哪些應該讀爲“猝”，哪些應該讀爲終卒之“卒”，還是都應該讀爲終卒之“卒”，有待進一步研究。

殷墟卜辭中還有一些用“衣$_b$”或“衣$_a$”的卜辭，由於文字殘缺或辭中有不識之字等原因，辭義不清楚。這裏就不討論了。有幾條黄組之外的用“衣$_a$”的卜辭，辭意雖然還不很清楚，但看來辭中的“衣$_a$”很可能應該釋讀爲“卒”。我們把它們引在下面供參考：

(78) 庚午卜，自貞：衣$_a$河，亡若。十月。　　合 20611 自組

(79) 甲戌卜：翌乙⧄衣$_a$不⧄允不。　　合 18704 自賓間

(80) 桒衣$_a$甲（?）。　　合 22397 第一期特殊字體

(81) ⧄大史（事）⧄衣$_a$其遷。　　合 31792 何組

通過上面的討論可以看到，把殷墟卜辭中的“衣$_b$”和“褘”釋爲“卒”，在各方面都是合理的；已著録的殷墟卜辭中的“衣$_a$”，基本上也都應該釋讀爲“卒”。古人爲什麼時常以“衣”表“卒”有待研究。

最後略談一下西周金文中有可能應該釋讀爲“卒”的那些“衣”字。㦴簋和多友鼎銘文中的“衣”字前面已經提到過了。西周前期的沈子它簋蓋銘有“乃妹克衣告剌成工”之文（《金文總集》2843【《集成》8・4330】）。西周後期的敔簋銘有“奪俘人三（或當釋“四”）百，□于㷉伯之所，于烒衣諱，復付厥君”之文（同上 2837【《集成》8・4323】）。這兩篇銘文裏的“衣”似乎也都有表“卒”的可能。這些我們都不準備作進一步的討論了。這裏只想就周初的大豐簋銘文中的“衣”字談一些不成熟的意見。簋銘用了兩個“衣”字：

王衣祀于王丕顯考文王，事喜上帝。丕顯王作眚，丕緜王作庸，丕克乞衣王祀。　　《金文總集》2777【《集成》8・4261】

上文所引殷墟卜辭(21)說“王卒祀乃出”。簋銘“衣祀”和“衣王祀”的“衣”，很有可能也應該釋讀爲“卒”。“王卒祀于王丕顯考文王，事喜上帝”，可能是說王舉行

完對文王的祭祀，然後"事喜上帝"。"作告""作庸"疑當讀爲"作笙""作鏞"（參看拙文《甲骨文中的幾種樂器名稱——釋"庸"、"豐"、"鞀"》，《中華文史論叢》1980年2輯74頁）。"丕克气衣王祀"疑當讀爲"丕克訖(?)卒王祀"。上文所引的殷墟卜辭往往爲祭祀是否能"卒"而占卜。簋銘是有可能以"丕克訖(?)卒王祀"來贊美周王的。"卒王祀"的文例跟周原卜辭的"卒王田"相似。

補記：

關於"卒"字字形所表示的意義，我有一個猜測，寫在這裏供參考。"初"字从"衣"从"刀"會意，因爲在縫製衣服的過程裏，剪裁是初始的工序。"卒"字也从"衣"，其本義似應與"初"相對。這就是説，士卒並非它的本義，終卒才是它的本義。甲骨文中在"衣"形上加交叉綫的"卒"，大概是通過加交叉綫來表示衣服已經縫製完畢的，交叉綫象徵所縫的綫。下部有上鈎的"尾巴"的"卒"，如果本來不是"衣"字異體的話，其字形可能表示衣服已經縫製完畢可以折疊起來的意思。

正文中提到的何組田獵卜辭"衣$_b$豕亡災"的"豕"，新近出版的《類纂》釋爲"犬"（看609頁上欄27459、下欄28877、29389—29393、29395、31097等辭），應該是正確的。此"犬"字之義待考。【重印本按：鄔可晶《釋上博楚簡中的所謂"逐"字》（《簡帛研究2012》，廣西師範大學出版社，2013年10月，26頁）、王子楊《甲骨文字形類組差異現象研究》（中西書局，2013年10月，46頁）指出"犬"善逐，故即以"犬"表"逐"，似可從。陳劍《甲骨金文舊釋"䚽"之字及相關諸字新釋》已疑兔善奔逸，故早期古文字或以"兔"爲"逸"；古文字資料（包括魏石經古文）中表"逸"之"䖘"、"㸽"等字所从的"兔"，"代表的讀音就是'逸'"（《出土文獻與古文字研究》第二輯，復旦大學出版社，2008年8月，24頁）。】《合》31097一辭，"戊子"和"衣$_b$入"之下都有缺文，《類纂》沒有表示出來。這會影響到對"犬"字之義的考慮，所以在這裏附帶説一下。

原載《中原文物》1990年3期，今據以收入。

說“囚”

殷墟卜辭常見“亡囚”、“有囚”之語。一般學者多從郭沫若說，釋“囚”爲“冎”，讀爲“禍”。從“囚”字與見於占辭的“固”字的關係來看，郭說顯然不足信。占辭就是記在卜辭之後的判斷吉凶之辭。商王朝的占卜，多由王親自判斷吉凶。在占辭的開頭，賓組卜辭一般有“王固曰”之文，自組卜辭有時也有此文。出組卜辭有時有“王囚曰”之文。歷組卜辭有“王”之文，“王”下一字亦作“”(《屯南》930有“左卜曰”，但“王”下一般無“曰”字)。黄組卜辭(即一般所謂五期卜辭)往往有“王𡆥曰”之文(以上參看《綜類》307—311頁)。歷組“亡囚”之“囚”多作，所以字可以隸定爲“𠮷”。黄組的“𡆥”即此字簡體。甲骨文字多省作(卣)，情況跟“𠮷”省作“𡆥”相類。從文例看，“固”、“𠮷”必爲一字。其字必與“囚”同音或音近，故出組卜辭逕書作“囚”。一般釋“囚”爲“冎”(禍)，釋“固”爲“占”，二字讀音毫無共同之處，顯然是有問題的。唐蘭先生在《天》第5片的考釋裏認爲“固”當讀爲“繇”，其說不可易。《左傳・閔公二年》“成風聞成季之繇”，杜注：“繇，卦兆之占辭。”郭沫若先生在舊版《甲骨文字研究》的《釋繇》篇裏曾釋“囚”爲“繇”，頗有道理，可惜後來放棄了這個説法。“亡囚”、“有囚”的囚，唐蘭先生及其他一些學者讀爲“咎”，竊疑當讀爲“憂”。“憂”與“繇”古音更相近。《爾雅・釋詁》訓“繇”爲“憂”，郝懿行《義疏》謂“繇蓋慆之假借”。“慆”跟“憂”當是由一語分化的。

編按：

關於本文所討論的問題，可參看本書所收《從殷墟卜辭的“王占曰”説到上古漢語的宵談對轉》。

原載《古文字論集》，今據以收入。

釋“衍”“侃”

在殷墟甲骨文中一般認爲屬於三、四期的無名組卜辭裏，屢見“王”之語，“王”上一字也可以寫作、、、等形（參看《類纂》872—873頁）。爲了行文方便，下文以“△”作爲它們共同的代表。此語在田獵卜辭中最爲常見，下面舉幾條示例：

（1）叀壬田，弗每（悔），湄日亡𢦏（災），△王。　　合28712

（2）叀田，湄日亡𢦏，禽（擒），△王。　　合29239甲

（3）叀盄田，弗每，亡𢦏，△王，禽。　　合29273

（4）▨田▨𢦏，△王，歸禽。　　屯南699

有的田獵卜辭說“王△”，如：

（5）壬寅卜，王其田，叀㗊兕先，亡𢦏，禽，王△。　　合28398

此外還有單說“△”的，如：

（6）叀盄田，亡𢦏，△，禽。　　合29273

（7）于壬王迺田，湄日亡𢦏，△。　　懷1432【《合補》9207】

（8）既㚔，王其田，△。　　合29382

(6)跟上引的(3)同版，“△”顯然是“△王”或“王△”的意思。(7)和(8)的“△”也應該同義。

在田獵類之外的無名組卜辭裏，有時也可以看到“△王”或“王△”之語，如：

（9）乙巳卜，叀小臣△克又（有）𢦔（捷？），△［王］。　　合27878

（10）▨其□盧方白（伯）㳽▨，王△。　　屯南667

（此辭△字作，下方的“”是“口”形之省，《類纂》摹作“止”形，不可從）

（11）▨其乍（作）王𠈇于兹，△［王］。　　寧2·113

(12) 叀父庚庸奏，王△。　　合 27310

(9)跟一般認爲屬於第三期的何組的一條卜辭基本同文：

(13) 叀小臣△克又𢦏，△王。　　合 27879

由此可知(9)的末尾必定殘去了一個“王”字。“小臣△”的“△”應是小臣之名，跟“△王”的“△”碰巧用了同一個字。(11)“△”後的“王”字是據文例補的。

無名組之外的殷墟卜辭裏也有“△王”或“王△”之語，只是不如無名組常見。

一般認爲屬於第二期的出組偏早的一條卜辭有“王”之文：

(14) □吉，王于並。　　合 4387

《合》4387 跟《英》1948 和《合》23439 是成套卜骨。在《英》1948 上，跟上引卜辭相應之辭作：

(15) 癸巳卜，兄貞：丁、辛吉，于並。

在《合》23439 上，跟上引卜辭相應之辭作：

(16) □吉，于(此字原缺刻一道横畫)並。

二辭“吉”字後都省去“王”字。(14)的“王”下一字右側殘損，細察殘文，原來似應刻作，“亻”形左上方的一小點尚清晰可見。一般認爲屬於第一期的賓組的一條卜辭及其占辭說：

(17) □子卜，亘貞：。　　合 3753 正

王固曰：吉，。　　同上反

甲骨文字的方向的正反，往往沒有區別作用。上引二辭的末一字也都應是的異體，它們大概也是指“王”而言的。“王”跟無名組的“王△”似應是一回事。

賓組卜辭還有貞“”或“我”的：

(18) 貞：。　　合 563

(19) 戊寅卜，古貞：我。　　合 248 正

(18)“貞”下一字跟無名組“△”作的一形相合。(19)“我”下一字跟“”是同字的異體，賓組貞人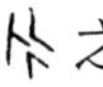之名偶爾也寫作(《英》126)，可證。上引卜辭中的這兩個字，跟“王△”的“△”大概也是表示同一個詞的。

其時代有屬一、二期和屬四期兩種説法的歷組的一條卜辭,有"△王"之語:

(20) □子貞:遊(牧)告𢧵□南,△王,䝱衆,受□。 屯南 149

此辭△字寫作。

在前面提到過的何組的卜辭裏,除上引的(13)有"△王"之語外,還有一條有"王△"之語:

(21) 辛未卜,晛貞:今日王△。 合 27827

此辭△字寫作,(13)的△則作("口"形原缺刻横畫)。據黄天樹《殷墟王卜辭的分類與斷代》,(21)應歸入"何組一類",(13)應歸入"何組二類"。"何組一類"跟"出組二類"(出組中時代較晚者)關係密切。"何組二類"跟無名組(黄書稱"無名類")關係密切(黄書 227—236、255—267 頁)。

其確切時代尚待研究的侯家莊出土的卜骨上,數見"王△"之語:

(22) 其用龞,弗每,王△。 侯 33(《董作賓先生全集》第二册 728 頁)

(23) 婁◪用◪王△◪ 侯 34(同上 729 頁)【《合》35362】

(24) 其用龞,弗母(悔),王△,克孥二人。 侯 35(同上)

這些卜辭的△字寫作。

一般認爲屬於第五期的黄組的一片卜甲,有"王其△"和"王△"之語:

(25) 戊戌卜貞:才(在)鷄犬□告麑鹿,王其比射,往來亡巛(災),王其△。 合 37439(即《佚》995,後者印得比較清晰)

(26) 丁巳卜貞:王焚(?)䓷,往來亡巛,王△。 同上

這片卜甲的△字寫作。

按照李學勤的殷墟卜辭兩系説,歷組跟無名組是同系的(參看上引黄天樹書 12 頁)。無名組卜辭一般説"△王",而很少説"王△"。已知的歷組和跟無名組關係密切的何組二類的兩個例子,也都説"△王"。已知的出組、何組一類和黄組的例子則都説"王△"。這也許不是偶然的。

從上引的那些卜辭來看,"△王"或"王△"顯然是屬於吉利範疇的好事。無名組和侯家莊卜骨上的卜辭,都有"弗悔"跟"△王"或"王△"同見於一辭的例子(見上引 1、3、22、24 諸辭)。"悔"是《周易》常用的表示吉凶的術語。《易·繫辭上》説:"悔吝者,憂虞之象也。"《公羊傳·襄公二十九年》"尚速有悔於予身"何休注:

“悔,咎。”“△王”或“王△”應該是跟憂虞和有咎相反的事。《屯南》釋2542片第5辭爲“王叀斿麋射,其每,派(原作 )王”。“其每”是“弗每”的誤釋。“其悔”和“△王”的意義相衝突,不會出現在同一條卜辭裏。

△字之不从“口”者,過去多釋爲“永”或“泳”;由於《説文》説“𠂢”从反“永”,也有學者釋爲“𠂢”或“派”(參看李孝定《甲骨文字集釋》3325—3327、3411等頁。以下簡稱此書爲“集釋”)。字从“口”者,或隸定爲“咅”或“㖐”(《甲骨文編》53頁、《類纂》字形總表16頁隸定爲“咅”,《屯南》1251、1252頁隸定爲“㖐”。此字亦有人釋爲“咏”)。字作“”者,或據石鼓文釋爲“行”(《集釋》610頁)。石鼓文中从“行”从“人”之字,很可能是“行”字異體。但是殷墟卜辭中跟 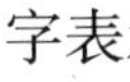 字表示同一個詞的 ,恐怕不能釋作“行”字。從文義上看,不論把△字釋爲“行”,還是釋爲“永”“泳”或“𠂢”“派”,“△王”和“王△”都難以講通。

應該承認,從字形上看,把不从“口”的△釋爲“永”還是有道理的。前面提到過的賓組貞人  之名,不但可以寫作 ,而且還可以寫作 (《合》12342)。後者跟周代金文“永”字的常見寫法相合,無疑可以釋爲“永”(金文“永”字見《金文編》744—749頁。金文“永”的字形既可向左也可向右,向右者見748頁。在商周時代,“永”的字形是否也可以用作“𠂢”字,還不清楚)。如果同意上文關於△在賓組、出組卜辭裏可以寫作 、 等形之説,就得承認把不从“口”的△釋爲“永”在字形上是有根據的。

但是釋△爲“永”不但從文義上看不合適,就是從字形上看也並不是毫無問題的。

“△王”、“王△”的“△”或其偏旁,從未見到作  或  之例。《摹釋》和《類纂》把《合》27681的 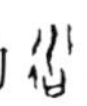 釋爲“杏”。這個字上部中間部分不作 ,而且從文例看實爲地名“㖐”,不應釋爲“杏”。同書把《合》37439“王△”的“△”摹作 ,其實此字寫法跟同片“王其△”的“△”基本相同,上部右側是三斜點而不是一豎。同書又把《合》27914的△摹爲 。但是《合》27914和《合》29394所著録的本是同一片卜骨,只是後者已略有殘損,同書在摹釋《合》29394時却把上述△字摹成了 。諦審《合》27914的圖版,△實从“行”,由於寫得草率,右邊的“亍”看起來就像是一筆了。(附帶説一下,被同書摹成  的《合》28679的△和摹作  的《合》29239甲的△,很可能原來也都是从“行”的,只是寫得比較草率而已。所以上文在列舉無名組△字的寫法時没有列入 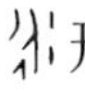 形。《合》27740和31678正,是無名組的成套卜骨,二

者都有“叀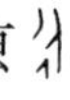令”一辭，似是人名。）同書還把《屯南》2542 的“丙午卜”和“王叀斿麋射”二辭的△摹作。其實它們跟同版另一辭的△一樣，也是从“行”的（參看《屯南》1436 頁摹本 213 號）。總之，“△王”、“王△”之“△”還沒有發現確實寫作一類字形的例子。另一方面，“△”的各種寫法在周代金文的“永”字裏也沒有出現過【編按：西周中期銅器格伯作晉姬簋“其永寶”之“永”作（《集成》7・3952），䜌公盨銘“永卩（孚）于寍（寧）”之“永”作（參看本書所收《䜌公盨銘文考釋》），其字形與△字作的一體比較接近。這或可看作“衍”“永”本用同樣字形的遺跡】。而且、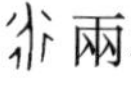兩種寫法以及加“口”的各種寫法，也就是“△”在賓組、出組之外各類卜辭裏的寫法，在賓組貞人之名的各種寫法裏也沒有出現過。所以即使從字形上看，“△”跟“永”也還是不能簡單地等同起來的。

黄組卜辭裏有一個屢見的貞人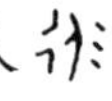（出處見《類纂》1502 頁“貞人統計表”），又有一個地名（見《合》36484、《英》2562 正）。前者的寫法跟△相合，後者跟見於《懷》1458【《合補》10355】的“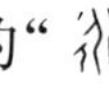（永）師”當爲一地。在黄組卜辭裏，二者的寫法從不相混。這也使我們傾向於對“△”和“永”加以區分。

我們認爲，結合字形和文義這兩個方面來看，“△”和“永”應該是兩個詞。但是它們在時代較早的殷墟卜辭裏使用着相同的字形，到較晚的時候才在字形上區別開來，以、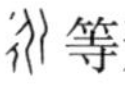等形表示“永”，以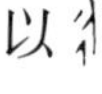、等形表示“△”，跟殷墟卜辭裏“月”、“夕”二詞用字變化的情況有些相似。

“△”究竟應該釋爲什麼字呢？這需要從金文裏的有關資料談起。

在時代較早的銅器銘文裏，可以看到寫法跟殷墟卜辭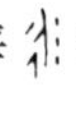字相合的字。其用作族氏或人名者，《金文編》當作未識字收入附録，即竹宦父戊方彝的和父辛爵的（《金文編》1250 頁）。其用作一般詞語者，見於兩件西周前期銅器，《金文編》收入“遖”字條（107 頁）。現在把這兩件銅器的銘文引録於下：

> 王伐彔子聑。叡氒反，王降征令于大保，大保克芍（敬）亡𠱾（譴）。王大保，易（錫）休余土。用兹彝對令。
>
> 太保簋，《金文總集》2675【《集成》8・4140】
>
> 中再乍（作）又寶彝，用卿（饗）王逆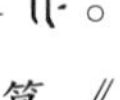。
>
> 仲再簋，《金文總集》2348【《集成》7・3747】

前人多把這個字釋爲“永”或“𠂢”。這跟釋甲骨卜辭的△爲“永”或“𠂢”一樣，在字形和文義上都有問題。《金文編》由於仲爯簋“用卿王逆”的文例跟矢作丁公簋【《集成》8・4300】和伯者父簋【《集成》7・3748】的“用卿王逆逬”相類，就把這個字收入“逬”字條，根據也嫌不足。還有學者把這個字釋爲“徠”、“旅”、“道”或“从”（參看周法高《金文詁林附録》1311—1316頁），都顯然不可信。

林義光《文源》10・5下“侃”字條釋太保簋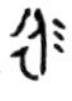字爲“衎”，他說：

> 侃古作（斁狄鐘），作（兮仲鐘），从彡（彡亦彡字，見攸字、穆字條），不从川。侃者衎之古文，和樂也（兮仲鐘“用衎喜前文人”、太保彝“王衎大保”，衎皆作侃），和樂之言有文飾故从人口彡……太保彝（引者按：即太保簋）“王衎太保”，衎作，即省，从彳與篆衎字从行同意。石鼓“維舟以衎”、“筍車載衎”，則又變爲。

林氏以爲“侃”字从“人”、“口”、“彡”，又以爲石鼓文之“衎”與“”爲一字，恐不確（卜辭的△的確既可作又可作，但石鼓文二“衎”字皆與陽部字爲韻，恐仍當從一般說法釋爲“行”）。不過，他把跟“侃”聯繫起來，則極富啓發性。

西周金文“侃”字一般作一類字形，但是時代較早的保侃母簋（《金文總集》2353【《集成》7・3743】）和萬尊（同上4874【《集成》12・6515】）則作和（參看《金文編》743頁）。萬尊說“用□多友”，字用法跟西周金文絶大多數“侃”字相類，其爲“侃”字絶無可疑。西周前期金文中還有字，見於保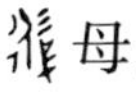母壺（《金文總集》5730【《集成》15・9646】）。這顯然是卜辭字的一種晚起的寫法，“口”形下的“”當是不應有的羨畫，斜竪就是表示删去的記號（《金文總集》4779【《集成》11・5887】日戊尊器主之名作，字形與卜辭更爲接近，此尊時代當不晚於殷末周初）。上引壺銘之字如果省去“彳”旁，就成爲保侃母簋的“侃”字了。不少學者認爲保衎母壺和保侃母簋爲一人所作，很可能是正確的。壺銘字體較簋銘爲古，可能壺是保侃母較年輕時鑄造的。卜辭的△既可寫作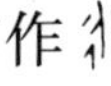也可寫作，後者應該是前者孳生的一個字。既已明白“侃”字即由字省變而成，就可以知道林義光把“”和“侃”聯繫起來是非常有道理的。不過根據我們的分析，“侃”字比字出現得晚，林氏說“”从“侃”省，把這兩個字出現的次序弄顛倒了。

柯昌濟《殷虚書契補釋》認爲甲骨文“、並爲衎字”（《集釋》3325頁），同人《韡華閣集古録跋尾》疑太保簋的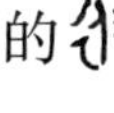也是“衎”字（《金文詁林附録》1312頁）。這

也是十分值得注意的意見。

從前面的討論可以知道，的字音應該跟“侃”相同或相近。“衍”、“侃”二字的古音正好很接近，《説文》“愆”字籀文作諐，蔡侯鐘“愆”字从“心”从“侃”（《金文編》721 頁），可證。所以從字音上看，釋爲“衍”是合理的。從字的形義看，“永”和“”既由一形分化，後者的本義就應該具有與“永”的本義使用同一表意字形的條件。“永”的本義是水長（《説文・十一下・永部》：“永，長也，象水巠理之長。詩曰：江之永矣。”），“衍”本指水的流布漫衍，正合乎上述條件。甲骨、金文的“永”字，有不少像是从“人”的。早在賓組卜辭裏就可以看到一些很像是从“人”的“永”字，如見於《合》656 正、1076 正、3898 正等片的“永”。但是賓組卜辭的大多數“永”字都作一類字形，“”顯然與“人”無關。从“”的兩側可以加小點來看（實例已見上文），它應該是象水流的。《説文》説“永”字“象水巠理之長”，可信。殷墟卜辭中屢見一個从“永”从“克”的人名（參看《類纂》874 頁）。這個字所从的“永”有寫作的（《屯南》2150），更可證“永”所从的“”或“”本象水流。好像是从“人”的一類字形，應是由一類字形訛變而成的。古文字从“彳”从“行”多不别。把从“彳”从水流形的字看作从“水”从“行”的“衍”字的初文或異體，是很合理的。林義光釋爲“衎”，合於字音的條件，但在形義上有問題。所以我們認爲應該從柯昌濟之説，把這個字釋爲“衍”。

無名組卜辭時常把“△王”、“王△”的“△”寫作。它的“”旁如果也是水流的訛形的話，這個字當然就更應該釋作“衍”了。但是也有可能它的“”旁確是“人”，那麼這個字就有可能並非“衍”字，而是一個可以跟“衍”通用的字。這個字還見於跟“△王”、“王△”無關的一些卜辭，如《合》4910、《英》2262、《合》33189、33190 等，有待進一步研究。

至於殷墟甲骨文中被很多學者釋爲“衍”的、寫作等形的字，雖然有可能是“衍”字的另一種寫法，但是也有可能是另一個字，而且可能是跟“衍”連通用關係也沒有的一個字。郭沫若釋此字爲“巡”（《集釋》3305—3306 頁），《甲骨文編》將此字隸定爲“衕”（84—85 頁），《類纂》將此字隸定爲“彴”（878 頁）或“巛”、“衜”（1475 頁），都不從釋“衍”之説。

古文字中，“口”、“言”、“心”用作表意偏旁時，往往可以通用。據此，“△”的各種加“口”的寫法，似乎可以釋爲籀文作“諐”的“愆”字。但是上述現象一般出現在時代較晚的古文字中，考慮到殷墟甲骨文的時代比較早，似乎還是把“△”的各種加“口”的寫法看作爲了表示“衍”的某個或某些假借義或引申義而造的分化字妥當。由於“侃”字是由“衍”字加“口”的寫法省變而成的，爲方便起見，似可把“△”的各種加“口”的寫法直接釋作“侃”。

下面再來討論“△王”、“王△”的意義。這也需要先從金文“侃”字的用法談起。

西周銅器銘文中“侃”字屢見。鐘銘一般說“侃”先人：

用喜侃皇考　士父鐘，《金文總集》7088 等【《集成》1・145 等】

用喜泂（可能是“衍”字的形聲異體，借爲“侃”）前文人

旲生鐘，同上 7060【《集成》1・105】

用侃喜前文人　兮仲鐘，同上 7009【《集成》1・68】等

用追考侃前文人

井人鐘三、四，同上 7049、7050【《集成》1・110、112】

用卲各喜侃樂前文人　㾜鐘一，同上 7158【《集成》1・246】

飲食器銘則說“侃”朋友等人：

用□侃多友　萬尊，同上 4874【《集成》12・6515】

用侃喜百生（姓）、倗友　弔䶂簋，同上 2674【《集成》8・4137】

《積古齋鐘鼎彝器款識》解釋叔丁寶林鐘（即士父鐘）“侃”字說：

侃義同衎。《玉篇》云：侃，樂也，又强直也。是侃本訓爲樂也。（3・7 上）

其言甚是。訓樂的“侃”和“衎”，其實本是同一詞的異寫（參看前引林義光關於“侃”字的意見）。

《詩經》用“衎”字：

君子有酒，嘉賓式燕以衎。　《小雅・南有嘉魚》

烝衎烈祖，以洽百禮。　《小雅・賓之初筵》

奏鼓簡簡，衎我烈祖。　《商頌・那》

上引第一、三兩詩毛傳和第二詩鄭箋，都訓“衎”爲“樂”。

殷墟卜辭的“△王”、“王△”，應該讀爲“侃王”、“王侃”，也就是“衎王”、“王衎”。“△”或寫作“衍”，“衍”字古與“衎”通。《易・漸・六二》“飲食衎衎”，馬王堆帛書本“衎衎”即作“衍衍”（參看高亨、董治安《古字通假會典》184 頁）。“△”的各種加“口”的寫法，大概就是爲“衍”的假借義“侃”（衎）而造的分化字，所以後來就省變成了“侃”字。把意義跟“悔”相反的“△王”、“王△”讀爲“侃王”、“王侃”，

顯然是合適的。“王侃”就是王喜樂。“侃王”就是使王喜樂,文例與“侃前文人”、“侃多友”相類。卜辭說“侃王”,一般是卜問所準備進行之事能否使王喜樂,或能否得到使王喜樂的後果。如前面引過的田獵卜辭(2)(3)(4)(5),都將“無災”、“擒”與“侃王”或“王侃”放在一起說。田獵如無意外,並有擒獲,王當然就會喜樂了。

賓組卜辭或言“不”(《合》4913),究竟應該釋爲“不永”,還是釋爲“不衍”,並應如何解釋,都有待研究。無名組卜辭或言“不”(《合》26883、27100),“”可釋爲“侃”,但是在這裏究竟應該當喜樂講,還是應該讀作別的字,也還有待研究。

太保簋“王衍太保,錫休余土”的“衍”,應從林義光讀爲“衎”。對簋銘的這句話可以有兩種理解:或理解爲王因太保有功而喜樂,故賜以土地;或理解爲王爲了使太保喜樂,賜他以土地。按照後一種理解,“侃太保”的文例與卜辭的“侃王”和銅器銘文的“侃多友”等一致。所以我們傾向於這一種理解。【編按:此說不確,參看本書所收《“花東子卜辭”和“子組卜辭”中指稱武丁的“丁”可能應該讀爲“帝”》。】

對仲爯簋的“用饗王逆衍”,由於夨作丁公簋等器的“用饗王逆造”等相類語句尚未得到確解,目前也難以作出確解。這裏姑且提出一個不成熟的意見。“衍”“延”古通(參看《古字通假會典》177頁),“逆衍”也許應該讀爲“逆延”。“延”字古訓“引”(《呂氏春秋·重言》“延之而上”高注:“延,引也。”),訓“進”(《儀禮·覲禮》“擯者延之曰升”鄭注:“延,進也。”)。“逆延”也許指王派來迎逆延請臣下的使者。伯父鼎說“用饗王逆事人”(《金文總集》1022【《集成》4·2487】),叔趯父卣說“用饗乃辟軝侯逆避出内事人”(同上5508【《集成》10·5428】),這是我們把仲爯簋的“逆衍”理解爲王的一種使者的根據。

最後,簡單概括一下本文的主要意見。我們認爲在殷墟甲骨文裏,“永”和“衍”這兩個詞本來是用相同的字形來表示的,後來出現了分化傾向,一般以、等表示“永”,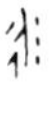、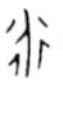等表示“衍”,這一分化在殷末應已完成。“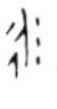王”、“王”的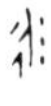當釋爲“衍”,讀爲“侃”(衎)。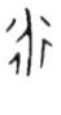可能是“衍”的異體,但也不能排除是另一個可以跟“衍”通用的字的可能性。(包括、等形)是表示“衍”的假借義的分化字,到西周時代省變成爲“侃”字。

1992年11月20日寫畢

原載《魯實先先生學術討論會論文集》(萬卷樓圖書有限公司,1993),又載《人文論叢》2002年卷(武漢大學出版社,2003),今據後者收入。

殷墟甲骨文在文字學上的重要性

現代考古學在中國興起以後,在仰韶、馬家窑、大汶口、良渚、龍山等新石器時代文化的遺存中,都發現了一些刻劃或描繪在陶器等物上的符號,這些符號是否文字尚有爭議。被有些學者認爲屬於夏代的、數量不多的所謂文字,其性質也是不明確的。已發現的商代前期的文字,爲數很少,還不足以形成有價值的研究資料。所以在能反映當時文字面貌的可靠的古漢字資料裏,發現於河南省安陽市殷墟遺址的、屬於商代後期(約公元前 14 至前 11 世紀)的甲骨文,仍然是時代最早的一種資料。

據胡厚宣先生在 80 年代所作的統計,從 19 世紀末開始發現殷墟甲骨文以來,出土的有字甲骨已達十五萬片左右(《八十五年來甲骨文資料之再統計》,《史學月刊》1984 年 5 期)。如以平均每片十字計,總字數已達一百五十萬左右。其他各種先秦古漢字資料,在數量上都比不上甲骨文。由於殷墟甲骨文的時代既早,數量又多,它在文字學上的重要性非常突出。

前面已經說過,除了少量商代前期的漢字,確實可靠的早於殷墟甲骨的漢字,迄今尚未發現。所以如果要研究漢字形成問題,主要只能依靠殷墟甲骨文。從殷墟甲骨文來看,當時的漢字無疑已經形成完整的文字體系了。在已發現的殷墟甲骨文裏,單字的數量已達五千左右。其中既有大量象形字和會意字,也有大量形聲字。假借的方法也使用得非常普遍,例如 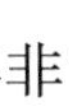 本是一種竹編盛物器之名"箕"的象形字,但却常被借用來表示音近的語氣詞"其"(如"今日其雨"的"其",這句話的意思大致相當於"今天將會下雨")。已發現的殷墟甲骨文資料絶大部分是占卜的記錄,即所謂甲骨卜辭。甲骨卜辭記錄語言是很忠實的,這從使用否定詞的情況就可以看出來。見於殷墟甲骨卜辭的否定詞,有"不"、"弗"、"勿"、"毋"等好幾個。"不"與"弗"、"毋"與"勿"在意義上的區別都是很細微的:細微到現代的語法學家感到很不容易説明。如果甲骨文記錄語言不是很忠實的話,就不會有這種情況。所以甲骨文所代表的漢字,無疑是能够完整地把漢語記錄下來的、相當成熟的一種文字體系。漢字萌芽的時代應該早於商代。甲骨文裏的象形字,有些已經很不象形了,如(刀)就不像一把刀。有些字爲了適應直行排列的需要,已經改變了字形原來的方向,如(犬)、(豕)等字都變成脚騰空尾著地了。這些現象也説明,漢字發展到殷墟甲骨文,已經有一段不短的歷史了。

另一方面,在殷墟甲骨文裏也還保留着一些比較明顯的原始文字的痕跡。在尚未形成完整體系的原始文字裏,用圖畫手法表意的字形往往隨語言環境而變化。例如:中國雲南省納西族(即麽些族)使用過的一種原始文字,把“吼”字寫作,在牛頭的嘴前方加象徵吼聲的綫條以示意。在這種原始文字裏,如果要表示“馬吼”的意思,不必在“吼”上加“馬”字,只要把“吼”字中的牛頭改爲馬頭就可以了。甲骨文裏也有類似現象。例如:甲骨卜辭裏時常提到對祖先舉行進獻食物的(脊)祭。“脊”在古書裏多作“登”。《禮記·月令》説“農乃登麥”、“農乃登黍”,鄭玄注:“登,進也。”甲骨文“脊”字象兩手捧着一種稱爲“豆”的盛食物的器皿,有時加上“示”旁寫作“禗”,表示向祖先的神主進獻食物。如果登祭所用的食物是鬯(一種香酒),“脊”字就可以改寫爲“䢃”,兩手所捧的“豆”爲“鬯”所取代。卜辭裏既有“禗鬯”、“脊新鬯”,也有“䢃鬯”、“䢃新[鬯]”,看來“䢃”僅僅是“脊”字有特殊用途的一個異體。但是在漢字發展較早階段,“䢃”應該是直接用來表示“脊(登)鬯”的,就跟納西文“吼”字的牛頭改爲馬頭以後可以用來表示“馬吼”一樣,到了甲骨文時代,這種比較原始的用字習慣基本上已被拋棄,但是“䢃”則作爲“脊”的一種異體保存了下來。卜辭裏偶爾可以看到後面沒有“鬯”字的“禮”字,也許仍然是用來表示“登鬯”的。此外如象畜牛羊於欄的“牢”字,卜辭裏用來指太牢的時候通常寫作“牢”,指少牢的時候通常寫作“宰”(古代以牛爲太牢,羊爲少牢),也是同類現象。在晚於殷墟甲骨文的漢字裏,這類現象基本上就看不到了。這樣看來,殷墟甲骨文的時代,即商代後期,距離漢字形成完整文字體系的時代,似乎也不會很遠。我們曾據此對漢字形成的時代作過推測,認爲漢字大約是在夏商之際由原始文字發展成完整文字體系的(《漢字形成問題的初步探索》,已收入拙著《古代文史研究新探》,江蘇古籍出版社,1992)。

漢字形成問題的最後解決,有待於比殷墟甲骨文更古的漢字資料的大量發現。但是從漢字形成問題的角度對殷墟甲骨文進一步作深入研究,對於解決這一問題無疑也是很重要的。

對於研究一個個具體的漢字來説,殷墟甲骨文同樣很重要。

中國傳統文字學以《説文解字》爲經典,殷墟甲骨文能糾正《説文》的很多錯誤。《説文》漏收不少字,還往往由於漏收了某個字而對以這個字爲偏旁的字作出錯誤的分析。甲骨文能糾正不少這一類的錯誤。例如:《説文》有"觲"、"垟"二字而没有"羊"字,所以認爲"觲"是由"羊""牛""角"三字組成的會意字,"垟"的右旁是"觲"的省略之形,起表示字音的作用。《説文》新附字有"騂",字形分析方法同"垟"。甲骨卜辭中"羊"字屢見,可證"觲"、"垟"、"騂"都是以"羊"字爲偏旁的形聲字。《説文》没有"岂"字,所以把"散"字分析爲由"人"字、"支"字和"豈"字的省略之形組成,但是"豈"字下又説"豈"由"豆"字和"散"的省略之形組成(此處"散"字,今本《説文》作"微",據段玉裁《説文解字注》改正),一書之中自相矛盾。甲骨文有"岂"字,可證"散"字由"岂"、"支"二字組成,與"豈"字並無關係。《説文》没有"斿"字,所以把"游"字分析爲由"㫃"、"汓"(泅的異體)二字組成。甲骨文有"斿"字,可證"游"字實由"水"、"斿"二字組成。限於文章篇幅,不能多舉例子了。

《説文》所根據的小篆是時代最晚的古漢字,不少字形已經變得看不出造字時所要表示的意義了。《説文》往往因此而錯誤地分析字形,錯誤地解釋字的本義。甲骨文在這方面更能起糾正的作用。例如:"宿"字據小篆應該隸定爲"宿",《説文》把這個字分析成"宀"和"佰"兩部分,認爲"佰"是"夙"的異體,起表示字音的作用("夙"、"宿"二字同音)。甲骨文"宿"字作,表示一個人睡在屋子裏的席子上,本是一個會意字,並不是以"佰"爲表音的偏旁的。"西"是象席子形的""的訛變之形。據學者研究,簟席的"簟"就是"西"的後起形聲字。《説文》認爲"西"象舌頭的樣子(見《説文・三上・谷部》)也是錯誤的。《説文》認爲"伐"的字形表示一個人拿着戈(古代的一種主要兵器),字的本義是"擊"。甲骨文"伐"字作,表示用戈砍一個人的頭。這個"人"是被伐的,而不是拿戈去伐別人的。甲骨卜辭曾提到伐人祭祀祖先的事,就是指砍下用作犧牲的人的頭。古人還把砍樹叫做"伐木",現代漢語有時還沿用這種説法,如説"伐木工人"。"擊"和"征伐"等意義,都是由"伐"的意義引申出來的。《説文》"出"字的小篆作,《説文》把"進"當作"出"的本義,認爲字形表示草木向上長出來。甲骨文"出"字作,象地坎。就是"止"字,象人的脚,當脚講的"趾"是它的後起字。古人穴居,"止"向坎外,表示人從居住的地方外出。《説文》根據訛變的字形作解釋,不可信。這類例子舉不勝舉。

殷墟甲骨文一方面可以糾正《説文》,一方面又可以爲《説文》提供例證,或幫助我們較好地理解《說文》的某些内容。《説文》所收的字,有一些在現存的沒有受到《說文》影響的古書裏從來沒有使用過,在甲骨卜辭裏却可以看到這些字,如“宀”、“𠬝”(“服”的右旁)、“辛”、“啇”、“𢦏”、“𢦔”、“㗊”等等。《說文》說“自”字的本義是“鼻”,現存古書裏沒有使用過“自”的這個本義。甲骨卜辭既說“疒(疾)首”、“疒目”、“疒口”,也說“疒自”,“自”字正使用這一本義。《說文》說“受”字中間的“冖”是“舟”字的省略之形。甲骨文的“受”字,中間部分確實作“舟”(金文同)。《說文》“鼎”字下說“籒文(一種古文字)以‘鼎’爲‘貞’”,甲骨卜辭也假借“鼎”字來表示“貞”這個詞(“鼎”、“貞”二字古音相近)。《說文》“折”字作,認爲字形表示用斤(與斧相近的一種工具)斷艸(草)。甲骨文“折”字有寫作的,表示用斤把樹木從中間砍斷(“木”本作),應該是“折”字比較原始的寫法。這一字形使我們對“折”字的構造和意義有了更深的理解。《說文》對“㗊”字的解釋是:“多言也。从‘品’相連。”甲骨文㗊字有寫作的,表示一個人有三張嘴,多言的意思明白如畫。“㗊”是簡化的形式,在甲骨文中也已經出現。這一類例子也是舉不勝舉的。

殷墟甲骨文有時還能幫助我們找出早已失傳的本義。楊樹達對“追”、“逐”二字的研究,是一個很好的例子。《說文》把“追”解釋爲“逐”,把“逐”解釋爲“追”,沒有指出這兩個字的本義的區别。楊氏指出,甲骨卜辭中凡是說到追逐人,一定用“追”字;凡是說到追逐野獸,一定用“逐”字。從甲骨文字形看,“逐”作“豖止”,“止”(趾)向“豕”表示追逐野猪;“追”作“𠂤止”,“止”向“𠂤”表示追逐很多人(甲骨卜辭常以“𠂤”表示師衆之“師”這個詞)。字形跟卜辭用法正相符合。可見“追”的本義是追人,“逐”的本義是逐獸,後來才變得人、獸不分(楊樹達《積微居甲文說・釋追逐》,中國科學院1954年出版)。

總之,對於文字學來說,殷墟甲骨文是非常重要的研究資料。過去,從文字學角度研究甲骨文的工作做得很不够。在這一領域内,還有大片園地等待我們去開墾。

1993年2月21日寫畢

原載韓國中國古文字學會編《古文字學論集》第一輯《甲骨學特集》(東文選出版社,1995),今據以收入。

釋殷虛卜辭中的“”“”等字

殷虛賓組卜辭中有一個寫作等形的字(見《甲骨文編》——以下簡稱“文編”——883頁5085、932頁5522。第三形見《合》16906),又有一個寫作等形的字(見《文編》883頁5084、5085),二者的用法大體相同,甲骨學者大都把它們看作一個字。過去有不少學者對它們作過考釋,但是成績並不理想,有必要進一步加以研究。爲了行文方便,下文以A爲前一字的代號,B爲後一字的代號。在兼指二者時,則以AB爲代號。引用卜辭時,釋文一般用寬式,如用作“唯”的“隹”字直接寫作“唯”,用作虚詞“惠”的“叀”直接寫作“惠”。

張秉權在《殷虛文字丙編》的考釋裏,對AB的主要用法作過説明。他在對見於《丙》1(即《合》6834正)的一條驗辭裏的“之夕甲子允𢦏”一語作解釋時説:

> ,相當於後代的什麽字,我們還不知道,不過它在卜辭中的用法,大概可分二種,一是用在牛、羊等犧牲之前……在那裏,字是當着動詞之用,如用牲之法的“卯”“沈”“燎”等字一樣(引者按:下文稱“甲種用法”)。另一種用法是介於二個日子之間,似乎是當作連接詞用的(引者按:下文稱“乙種用法”),因此德效騫氏(Homer H. Dubs)認爲很可能是“夜半”或“繼續至”的意思。德氏的解釋,固屬望文生義,但這個字之作爲連接詞如“及”“和”“與”等之用,也不是絶無可能的……(《丙》上輯(一)13頁)

在另一處他又指出,此字“介於二個相連的干支日名之間”時,“用法又分兩類”:

> 一類是字之前,加一夕字,如甲子夕乙丑等,另一類則不加夕字,如甲子乙丑等……意義似乎並無分别,《庫》88版所記的庚申月食是:“七日己未庚申月㞢食”(引者按:即《英》886反),而《金》594版所記的是:“己未夕庚申月㞢食”(引者按:即《英》885反)……(《丙》上輯(二)135—137頁)

儘管張氏沒有指出 AB 究竟是什麽字,他對 AB 用法的分析還是很有價值的。

下面就張氏指出的 AB 的兩種用法,各舉一些實例,作爲討論的根據。甲種用法的例子如:

(1) 己卯卜𣪕貞:御婦好于父乙,羊,㞢豕,冊十宰。　　合 271 正

(2) 貞:御于父乙三牛,冊卅伐、卅宰。　　合 886

(3) 丙午卜賓貞:八羊,眔酒卅牛。八月。　　合 16223 正

(4) 貞:宰于□乙。　　合 16222

(5) 貞:叀羊于父□。　　合 2310

乙種用法的例子如:

(6) 貞:甲子乙丑,王夢牧石麋,不唯囚,唯又。　　合 376 正

(7) 己巳卜賓貞:龜得媺(?)。王固曰:得。庚午夕辛未允得。　　合 926 正

(8) 壬寅卜𣪕貞:婦好冥(?)妫。壬辰癸巳冥,唯女。　　合 6948 正

(9) 戊辰卜𣪕貞:婦好冥(?)妫。丙子夕丁丑冥,妫。　　合 14003 正

(10) ⧄[丁]酉雨。之夕丁酉允雨,小。　　合 12908

(11) ⧄雨。之[夕]辛未允雨。　　合 12915

(10)是𠂤賓間組卜辭(關於殷虚卜辭的分組分類,參看黄天樹《殷墟王卜辭的分類與斷代》,文津出版社,1991)。乙種用法的 A 還見於《合》14020 等𠂤賓間組卜辭。A 偶爾也見於𠂤組卜辭。《合》21454 的一條𠂤組殘辭裏有字,其上一字殘存下端,似是"夕"字。這個 A 很可能屬於跟上引(7)"庚午夕 A 辛未"、(9)"丙子夕 A 丁丑"同類型的一個詞組。

不論是甲種還是乙種用法,主要都用 A,B 使用得不多。在乙種用法裏,B 出現得尤其少,我們所找到的確鑿無疑的用例只有上引(11)一例。

在已有的關於 AB 的考釋裏,最值得注意的是連劭名在《甲骨刻辭中的血祭》一文中提出的意見。他認爲 AB 跟殷虚卜辭裏一般釋作"皿""血""盟"的那些字其實是一個字。他說,寫作的"皿"字、寫作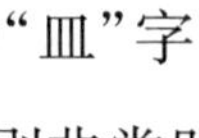的"血"字和寫作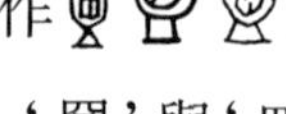的"盟"(盟)字,"雖然字形上的區別非常明顯,但在使用時却常常混淆,'盟'與'皿'在卜辭中一般都與'血'字表示的含義一致。同時同事的不同占卜,往往此辭用

‘血’,彼辭用‘盟’,或此辭用‘皿’而彼辭用‘血’。這三個字是否在商代已經分别代表不同的含義,根據現有的材料尚無法得出精確的答案”(《古文字研究》第十六輯 49—50 頁)。又説:“甲骨文字形結構的一般規律,同一字在不同組别的甲骨刻辭中,常常有不同的寫法。僅僅見於賓組的這個奇字(引者按:即我們所説的 AB。AB 主要見於賓組,但並非僅僅見於賓組,上文已指出),依辭例推斷,也應當釋爲血字。”(同上 50 頁)不論是我們所説的甲種還是乙種用法的 AB,連氏都解釋成指血祭的動詞。他的這些意見瑕瑜互見,需要仔細加以分析。

我們先討論他所説的“皿”“血”“盟”等字的關係。

跟確有在同時同事的不同卜辭中彼此换用的情況。歷組卜辭中曾在相鄰的幾天内,屢次卜問“大御王自圉”“用白豭九,下示畿牛”的事,各次的卜辭基本同文。在這些卜辭裏,“圉”跟“用”之間都有一個字,可能是祭名或表示用白豭的方法的。在見於《屯南》2707 的幾條大約在癸卯日貞問的卜辭裏,此字作。在見於《合》34103 的甲辰一辭裏,此字作(同版有一條癸卯日爲同事而卜的殘辭,可證《屯南》2707“□卯貞:其大御王自圉……”一辭的“卯”上缺字當爲“癸”。癸卯是甲辰的前一天)。在見於《合》32330 的甲辰一辭裏,此字作;在同版丁未一辭裏,此字作。殷虚卜辭的“䀄”(明)字也有从的(參看李孝定《甲骨文字集釋》——以下簡稱“集釋”——2267 至 2268 頁),前人釋爲“盟”應該可信。根據上述現象,只能得出跟一般所謂“血”字形近的,其實是“盟”的異體,或是可以跟“盟”通用的一個字的結論。各家大都是把它們釋作“盟”的。

出組卜辭的祭祀對象中有“盟子”(參看《類纂》1023 頁),上一字寫法有如下幾種:

合 22857　合 25168　合 22988　合 25167 英 2107

由此可見被很多人釋爲“血”的等字,也應該是“盟”的異體或跟“盟”音近相通的字。葉玉森早就據此把這些字釋作“盟”了(《集釋》1728—1729 頁),《類纂》也是這樣處理的(1023 頁)。西周前期銅器邢侯簋有字,一般也釋爲“盟”(《金文編》481 頁 1130)。

後面將會講到，被很多人釋爲“血”的等字，跟“皿”字有通用的情況。“皿”“盟”都是明母陽部字，古音極近，“血”字古音則跟它們相距甚遠。可見這些字也是“盟”的異體或跟“盟”音近相通的字。《類纂》把這些字也都釋爲“盟”(1023頁)，不過从的和从的等字則仍釋爲“血”(1022—1023頁)。其實前一類中的跟後一類中的，很難看成兩個不同的字。

總之，過去被釋爲“血”的很多字，實際上是“盟”的異體或跟“盟”音近相通的字。可是連氏却似乎想反過來把“盟”字釋成“血”。這是不是一個錯誤呢？我們認爲還不能把這一意見簡單地否定掉。

《説文・五上・血部》：“(血)，祭所薦牲血也。从皿，一象血形。”從字形上看，前人把等字釋爲“血”，是相當合理的。後面將會講到，這個字還有等寫法，更象皿中有血之形。問題在於“血”的古音跟與它們有異體或通用關係的“皿”和“盟”離得太遠。連氏在他的文章的開頭部分曾指出，“盟”的字義跟血有關，字音又跟當血講的“衁”相近，“皿”跟“盟”音也相近。他説：

> 盟即盟字。《説文解字・囧部》：“……盟，殺牲歃血，朱盤玉敦以立牛耳，从囧，从血。盟，篆文从朙，盟，古文从明。”今按：古从明聲字可與从亡聲字通，如萌通甿，所以，盟字可通爲衁。《説文解字・血部》：“衁，血也。从血，亡聲。春秋傳曰：士刲羊，亦無衁也。”今本《周易・歸妹》：“女承筐，无實，士刲羊，无血。”
>
> 皿，《説文解字・皿部》：“皿……讀若猛。”……今按：古盟字亦與孟字同音相借，《尚書・禹貢》：“又東至于孟津。”《史記・夏本紀》、《漢書・地理志》作：“又東至於盟津。”(《古文字研究》第十六輯49頁)

這些意見極有啓發性。“血”“衁”同義，可能是古代不同方言稱名之異。殷虚卜辭裏被很多人釋爲“血”的那些字本象皿中有血，既可看作“血”的表意字，也可看作“衁”的表意字。象鼻形的“自”字，古代也有“鼻”音(《説文・一上・王部》“皇”字下説：“自讀若鼻。”)“自”的本義就是鼻。很可能“自”和“鼻”也是古代不同方言稱名之異，“自”字本來既是“自”的表意字，也是“鼻”的表意字。這跟我們所説的“血”的表意字的情況似可互證。卜辭中過去被釋爲“血”的字，既然跟“盟”和“皿”同音或音近，顯然應該改釋爲“衁”的表意字。連氏的失誤在於不顧“血”的古音跟“盟”“衁”“皿”諸字相距很遠的事實，硬説“盟、衁、皿、血等字都是從一個來源派生出來的，在古代讀音相近”(49頁)，並把“衁”的表意字和“盟”字、“皿”字都誤讀成了“血”。

“盟”的初文“盟”,可能本是把“衁”的表意字所从的血形改成“囧”旁而成的一個異體,後來彼此才分化成兩個字。《説文・七上・囧部》“囧”字下引賈侍中說,謂“囧”“讀與明同”,其音與“衁”相當接近。把“衁”的表意字所从的血形改作“囧”,大概是爲了把表意結構改成形聲結構。不過,“盟”字一開始就作爲表示“衁”的引申或假借義的分化字而產生的可能性,似乎也不能排除。

“衁”的表意字和“盟”字往往从。《文編》釋此字爲“皿”(226 頁 0624),連劭名文從之。《金文編》也收 等字於“皿”字條(337 頁 0783)。《集釋》釋此字爲“血”(1727 頁),《類纂》釋此字爲“盟”(1023 頁),似乎不如釋“皿”爲妥。“皿”與“衁”“盟”音近可通。

下面討論 AB 跟上面所說的“皿”“衁”“盟”諸字的關係。

連文指出賓組卜辭的 AB 跟他組卜辭的“皿”“血(實爲“衁”的表意字)”“盟”諸字的用法相合,是正確的。在賓組之外的卜辭裏,“皿”“衁”“盟”諸字既有跟 AB 的甲種用法相同的用例,也有跟 AB 的乙種用法相同的用例。

前一種例子如:

(12) 乙巳卜出貞:其御王,五牛,𠕋羌五□五☒ 英 1977,出組

(13) ☒示壬,一牛(或釋“牛”)☒𠕋十☒宰。一月。

合 15338,出組(?)

(14) 辛丑卜:三羊,册五十五宰。 合 32181,即佚 872,歷組一類

(15) 辛亥☒酒御☒百宰☒三宰。 合 21247,𠂤組

(16) 戊寅卜:牛于妣庚。

(17) 戊寅卜:三羊。 英 1891,武丁時代一種特殊字體

(18) 戊寅卜貞:三卜用,三羊,𠕋伐廿、鬯卅、宰卅、𠬝三于妣庚。

合 22231,組别同上

(19) 戊寅卜:今庚辰酒三羊于妣☒ 合 22228,組别同上

(20) ☒來庚寅酒三羊于妣庚☒𠕋伐廿、鬯卅、宰卅、𠬝三。

合 22229,組别同上

(15)一例皆釋“盟”,(13)(14)二例《集釋》釋爲“盟”(2273—2274 頁),其他各例《類纂》也都釋爲“盟”(1023 頁)。今按:(13)(16)(17)(19)(20)諸例應釋“衁”。

(12)(18)二例究竟應該釋“衁”還是釋“皿”,有待研究。下引卜辭中有用法與上引“衁”“盟”等字相同而字形近於“益”的字:

(21) ▨二牛,册▨卺卅▨　　合27187,自歷間組

(22) 丙戌卜貞:丁亥酒豕册小宰丁子。

(23) 丙戌卜貞:酒丁亥豕册小宰丁子。

乙4810【《合補》6925】,武丁時代一種特殊字體

連文指出這些字不應該釋“益”,而應該釋“血”(56頁)。這是正確的。不過按照我們的説法,“血”乃是“衁”的表意初文。

跟乙種用法相同的例子如:

(24) 乙□(丙)。

(25) 丙丁。　　屯南4337,無名組

(26) 惠今己庚▨　　合31150,無名組

(27) 惠庚辛酒,有▨　　合31151,無名組

(28) 惠甲乙酒,有雨。　　合31148,無名組

(29) 王其田,丁戊其帆,亡戋,弗每。　　合27946,無名組

以上各例《類纂》都釋“盟”(1023頁,《屯南》4337二例誤摹爲,《合》27946一例摹作。後一例《南》明682已摹作此形)。今按:(24)至(27)各例應釋“皿”,(28)(29)二例應釋“衁”。《合》21374著錄如下一條字體近於子組的卜辭:

(30) 辛囧壬午王貞:不因(之異體,非“因”字)。

此辭“囧”字跟上引各例中的“皿”“衁”一樣,也介於相連的日名之間(“辛”爲“辛巳”之省),它們應該代表着同一個詞。據《説文》“囧”可讀“明”(已見上引),古音與“皿”“衁”相近,故可通用。

AB跟“皿”“衁”“盟”諸字不但用法相類,字形也有明顯的聯繫。上引(14)的“盟”的字形,可以分析爲从从囧,中間的○爲兩個偏旁所公用。跟賓組卜辭的A顯然是一個字。《合》19941自組殘甲上有字,用法不明。同組卜辭中還有用法跟AB的甲種用法相同的字:

(31) 辛(或釋“乙”)卯卜□(貞?):王御□□(或釋“且乙”)□□(或釋

“匕”）羊，冊□宰。　　鐵 67・2【《合》21182】

這個字既可以看作 AB 的異體，也可以看作“皿”的異體。只要把形簡化成或，這個字跟“皿”字的等形就沒有明顯區別了（《綜類》把這個字誤摹爲，見 385 頁第二欄）。

總之，從字形和用法兩方面來看，連文認爲賓組卜辭的 AB 相當於他組卜辭的“皿”“血（實爲“衁”的表意字）”“盟”諸字的意見，的確是有道理的。我們認爲 A 相當於，應釋爲“皿”；B 在 A 的字形上加一或口，相當於或，應釋爲“衁”的表意字。

有一點需要在這裏指出。跟他組卜辭的字形同類型的“衁”字，在賓組卜辭裏偶爾也能看到。例如：

（32）己未卜㱿貞：王夢，唯𡆥。

（33）己未卜㱿貞：王夢（此字拓本不清，與原形可能有出入），不唯。

合 1027 正

（34）貞：今春黍于，涉于河□。

英 814（“春”字拓本不清，參看《金》528）

（32）（33）的“衁”似用其本義。王因夢中見血而占卜是否有憂患，是很自然的。（34）的“衁”是地名，下文將會討論到。某些字在不同組的卜辭裏使用不同字形或某些詞在不同組的卜辭裏使用不同的字的現象是確實存在的。不過在出現這種現象的時候，例外往往還是有的，“衁”字就是一個例子。不少不同組的卜辭，其時代是相同或相接的。各組用字和字形上的特色不能百分之百地保持，是很自然的。

《屯南》238 的一條無名組卜辭有字，《合》22092 的一條午組卜辭有一個字从，它們大概都是 A 的異體。《合》18386 有字，似象“心”在“皿”中，也許是“寍”的初文。見於《屯南》附 2 的一條特殊字體的卜辭有字：

（35）御吴日丙，又丁妣。

此字的左旁也有可能是 A 的異體。此字的用法與 AB 的甲種用法相近，它們可能代表着相同的詞。

A 的字形所象的，似乎是後人稱爲“尊”“甂”的那類容器。鄭振香、陳志達

《殷墟青銅器的分期與年代》一文,認爲李濟所謂“瓿形器”其實也是一種尊,有人稱之爲罍是不正確的(考古研究所編《殷墟青銅器》43頁,文物出版社,1985)。這是很有道理的。不過,“尊”也是後人所加的名稱。這類容器在當時也許就稱爲“皿”。已發現的自稱爲“皿”的銅器,只有戰國時代的一件寧皿(容庚、張維持《殷周青銅器通論》61—62頁,圖版壹壹肆·226)。其形狀正與時代較早的所謂瓿相近。

在殷至西周早期銅器中,父辛鼎銘有族名(《金文總集》420【《集成》4·1656】),作父丁鼎有族名(同上2317【《集成》4·2317】),父癸爵有族名(同上4097【《集成》14·8972】),似乎都應該釋爲“皿”。這些字形所象之器,頸部甚矮,跟上述寧皿極爲相似。不過從卜辭的A有(《合》21454)、(《合》924正)等寫法來看,“皿”所指的器物應該是包括那些高頸侈口的所謂尊的。銅器銘文中還有寫作等形的一個字(《金文編》1146頁514),相當於卜辭的B,應是“衁”或“血”的表意字。又有字(同上1115頁370),跟它可能是一個字。

現在我們來討論,甲乙兩種用法的“皿”“衁”“盟”等字,究竟相當於古漢語書面文獻裏的什麼字。賓組和非賓組的用例放在一起討論。

先討論乙種用法。

“盟”字尚未發現乙種用法之例。“皿”或“衁”插在前後相接的兩個日名之間而構成的詞組(前一日名之後、有時加“夕”字,這種日名並可用“之”代替),如“甲子皿乙丑”、“庚午夕皿辛未”、“之夕皿丁酉”、“丙皿丁”、“丁衁戊”、“今己皿庚”(《合》31149又有“今丁皿□”)等,以及用“囧”和兩個相接的日名構成的“辛囧壬午”,都應該是表示介於前後兩天之間的一段時間的。“皿”“衁”和“囧”在這裏無疑都表示同一個詞。這種詞組表示的時間應該不會長。例如在前面舉過的(30)辭裏,“辛囧壬午”指貞卜的時間,這段時間顯然相當短。有的學者把乙種用法的“皿”和“衁”看作主要動詞,跟前面的日名連成一句讀,後面的日名跟下文連成另一句。這種讀法對剛才提到過的(30)辭就顯然不合適,對前引(24)“乙皿[丙]”、(25)“丙皿丁”兩辭,甚至根本無法應用,所以是不可信的。

我們認爲乙種用法的“皿”“衁”“囧”都應該讀爲“鄉(嚮)”。它們的上古韻部都是陽部。“鄉”是曉母字,“衁”也是曉母字。“皿”是明母字。“囧”是見母字,如據《説文》所引賈逵説讀爲“明”,便也是明母字。見、曉同系,關係密切(“卿”“鄉”

古本同字,“卿”是同系的溪母字)。“明”“曉”二母在上古有特殊關係,互通的現象也很常見(參看徐莉莉《論中古“明”“曉”二母在上古的關係》,《華東師範大學學報》哲社版1992年6期)。形聲結構的“衁”字本身,就是明、曉二母相通的一個例證。“衁”的聲旁“亡”是古明母字,“衁”則是曉母字。所以把“皿”“衁”和“囧”讀爲“鄉”,在語音上是合理的。

《詩·小雅·庭燎》第一章說:“夜如何其? 夜未央。”第二章說:“夜如何其? 夜未艾。”第三章說:“夜如何其? 夜鄉晨。”鄭箋釋“夜鄉晨”爲“今夜鄉明”。《釋文》:“鄉,許亮反,字又作嚮。”“鄉(嚮)”在古書中多作“向”。《易·隨·象傳》:“君子以嚮晦入宴息。”《釋文》:“(嚮)本又作向,王肅本作鄉。”《易·說卦》有“向明”,《三國志·魏書·管輅傳》裴注引輅别傳,有“雞向晨”、“日向暮”。此類語屢見魏晉南北朝所譯佛經等書,不具引。卜辭所見“甲子鄉乙丑”這類詞組裏的“鄉”,應與《詩經》“夜鄉(嚮)晨”的“鄉”同義。“甲子鄉乙丑”猶言“甲子夕鄉乙丑”,指甲子日即將結束乙丑日即將開始之時。同類詞組的意義可以類推。有一條黄組卜辭說:

(36) □惠丙□　合39440

“衁丙”大概也應讀爲“鄉(嚮)丙”,指丙日將開始之時。“鄉丙”的結構跟“嚮晦”“嚮明”相類。自賓間組卜辭中有如下一對正反對貞的殘辭:

(37) 甲子卜□囧甲子□不唯□

(38) 甲子卜□囧甲子□唯□　合18716+20603

(蔡哲茂《〈甲骨文合集〉綴合補遺(續)》68,《大陸雜誌》69卷2期)

這兩條卜辭的“囧”大概跟(30)的“囧”一樣,也應該讀爲“鄉(嚮)”。

“皿”“衁”“盟”都有甲種用法。我們可以把這種用法的“皿”和“盟”也讀爲“衁”,並像連氏那樣解釋爲指血祭,如“衁牛”“衁羊”可以解釋爲用牛或羊舉行血祭。不過它們似乎也有可能當讀爲“烹”。“烹”字後起,古代本用“享”或“亨”表示“烹”這個詞(“享”“亨”本由一字分化,“烹”又由“亨”字分化出來,參看拙著《文字學概要》224頁,商務印書館,1988)。“享”“鄉”古音極近,“享”與“饗”通。既然“皿”“衁”可以讀爲“鄉”,它們和音近相通的“盟”當然也有讀爲“烹”的可能。以上二說究竟何者爲是,有待進一步研究,也有可能二說皆非。但是,甲種用法的“皿”“衁”“盟”係指一種用牲之法,則是可以肯定的。

有些祭祀卜辭中的“盟”字和“衁”字,後面不帶“牛”“羊”一類賓語,如:

(39) 癸卯卜,王:□父辛、大甲酒卅☐　　合 19923,𠂤組

(40) 辛巳卜:三匚歲☐　　合 32391,歷組

(41) 丙午卜:祖丁歲,王各祿于父甲。　　英 2262,無名組

(42) ☐惠祼。　　屯南 958,無名組

(43) 庚午卜貞:王賓歲,亡尤。　　合 38633,黄組

上引(39)有“盟酒”,(40)(41)(43)有“盟歲”或“㿻歲”。這種“盟”和“㿻”恐怕不能當用牲之法講。卜辭中屢見“夕酒”“𦺇(晨)酒”“莫(暮)酒”“夕歲”“莫(暮)歲”等語(參看《類纂》1055 頁、924—925 頁。卜辭中祭名“酒”之前加表示時段之詞的例子很多,所加之詞除“夕”“晨”“暮”外還有“旦”“朝”“食日”“中日”“昃”“昏”“夙”等,參看宋鎮豪《試論殷代的記時制度》,胡厚宣主編《全國商史學術討論會論文集》306—307 頁,《殷都學刊》1985 年增刊),有時還能看到“明歲”之語(《類纂》925 頁收《合》102、15475 二例,都屬賓組)。加在“酒”和“歲”之前的“盟”和“㿻”,大概也應該讀爲“明”,指舉行祭祀的時間。上引(42)的“㿻”(也有可能應釋“盟”),由於卜辭不完整,其義待考。還有些祭祀卜辭中的“盟”和“㿻”,如前面提到過的那組卜問“大御王自上甲”之事的歷組卜辭裏的“盟”,也有待研究。

屢見於出組卜辭的祭祀地點“室”(參看《類纂》1023 頁),好像已有學者懷疑它與明堂有關。這是值得考慮的意見,不過“㿻”在這裏被用來表示“明”之外的某個詞的可能性,也還是存在的。

賓組卜辭的 A 還有用作地名之例:

(44) 貞:呼黍于,受年。　　合 9536

(45) ☐呼田于。　　美 266

(46) 不其受年。　　合 440 反

(47) ☐在。　　合 8920 反

從上引卜辭可知 A(皿)是一個種黍的農業區。前引(34)“貞:今春黍于,涉于河□”也是賓組卜辭,所說的“㿻”地也是種黍的農業區。二者疑指一地。《說文·十四下·子部》說“孟”从“皿”聲,可知“皿”“孟”古音相近。“皿”“㿻”“盟”音近相通,“盟”與“孟”也音近相通。前引連文已指出古書中“孟津”也作“盟津”。此外,古澤藪名“孟諸”也有作“盟諸”“盟豬”之例(參看《辭源》有關條)。上引卜辭

中的“皿”“盂”所指之地，疑即在古孟津一帶，爲今河南省孟縣以南黄河兩岸之地，所以(34)稱“涉于河□”。“河”下一字殘存上端形，疑本是“南”字。見於賓組和歷組卜辭的囧地，也是一個種黍的農業區（參看《類纂》1314頁囧字條）。這個“囧”跟“皿”“盂”是否指一地，有待研究。

見於黄組卜辭的寫作等形的地名（出處已見上文），以及見於歷組卜辭的地名（《合》34430），似乎都可以釋爲“盂”，可能跟上引賓組卜辭的“皿”“盂”指同一地方。無名組卜辭屢見一個寫作等形的地名。它跟上述地名的關係有待研究。

卜辭中有地名、族名、人名合一的現象，張政烺、張秉權等先生都曾加以指出。賓組骨臼刻辭有“婦”（《合》6614臼），可能指來自皿地或皿族之婦。賓組卜辭提到“多”（《合》10547。原辭似可釋爲“貞：令多皿出田”或“貞令☐多皿☐出田”），可能指很多屬於皿地或皿族的人。

上面講過的見於出組卜辭的祭祀對象“盟（或作“盂”）子”，有跟“中（仲）子”見於同版之例：

(48) 戊申卜□貞：其又[于]中子☐

(49) 戊申卜即貞：翌己酉□□于子，恵䢅（晨）。 合23556

疑“盟子”“盂子”的“盟”和“盂”，跟用爲地名的“皿”和“盂”一樣，也應該讀爲“孟”。“孟子”指長子或庶長子。

《合》9774正有如下一對正反對貞的賓組卜辭：

(50) 貞：用二小宰于。

(51) 貞：勿用二小宰于。

這兩條卜辭裏的“皿”究竟是地名，還是指某個祭祀對象，有待研究。

此外，在《合集》等甲骨著録書裏，還可以看到一些字義不明確的A和B，本文就略而不論了。

最後，關於甲骨文“皿”“盂”“盟”諸字的字形，還有一些問題需要討論一下。

在把A和一類字釋爲“皿”之後，前人釋爲“皿”的等字（《文編》226頁0625），又該如何處理呢？見於《合》18531的一個未識字从，見於《合》22507的一個未識字从，都是尊的縱剖面形，應該可以視爲A的異體。可以認爲由前者演變而成，可以認爲由後者演變而成，它們都仍可釋爲“皿”。見於《合》19970反（即《文編》所引的《乙》8662），字形比同版其他字小，也許是一個殘字的偏旁。如果它確是一個獨立的字，恐怕不能釋爲“皿”。因爲它所象之器，口大身淺，顯然不屬於尊瓿類。甲骨文“般”字多作等形（《文編》359—360頁1053），已有學者指出其左旁是豎起來的盤形。這樣看來，很可能是“盤”的象形初文。甲骨文“盂”“盟”的偏旁一般用“皿”字，但有時也用一類字形（參看《類纂》1023—1024頁有關字形）。這跟古文字“人”“大”“女”等字用作表意偏旁時有時可以通用一樣，並不能證明它們在獨立成字時是一字的異體。小篆的（皿）應該是由一類字形演變而成的。在演變過程中，字形象器身的部分在不斷變淺。這主要應該是爲了求書寫簡便。所以我們也不能用古文字中較晚的“皿”字來證明甲骨文的是“皿”字。

把一類字釋爲“皿”，其實也不是毫無問題的。前面舉過的自組的兩個字形，它們中部的那兩道短橫，有沒有可能跟賓組等字形裏的短橫和形一樣，也是象徵血的呢？如果真是這樣，這兩個字形以及由演變而成的一類字形，就也都應該看作“盂”的表意字了。過去，有很多學者就是把等字都當作同一字的異體處理的。由於“皿”“盂”音近，即使把一類字改釋爲“盂”，上文對有關卜辭的解釋也不會受多大影響。

此外，還有一個值得注意的問題。見於上引（14）的，有沒有可能並不是从“囧”的“盟”字，而是可以寫作等形的“盂”字的繁化寫法呢？如果真是這樣，“囧”字就應是由這種“盂”字割裂出來的一個字，就跟（易）是由（益）割裂出來的一個字一樣。“囧”也作等形（參看《文編》295—296頁0841—0844），中間的短筆，跟“盂”字等形中間象血的短筆也十分相似，似可作爲旁證。那麽，“盟”字恐怕就可以肯定是作爲“盂”的表意字的異體而產生的了。前引（42）的既像“盂”又像“盟”，似乎也可以說明這一點。按照這種想法，《說文》認爲“囧”象“窗牖麗廔闓明”之形就不能相信了，“朙”字也不能再看作會意字而應該看作从“月”“囧”聲的形聲字了。這個問題比較複雜，我們不敢貿然下結論，有待今後繼續研究。

1993年6月24日寫完

附記：

上引(18)的,字形介於、二者之間,似對認爲二者是一字的看法有利。

原載《第二屆國際中國古文字學研討會論文集》(香港中文大學中國語言及文學系,1993),今據以收入。

論殷墟卜辭“多毓”之“毓”

殷墟卜辭在說到以衆多的先君爲對象的祭祀的時候，常常用自某先君“至于多毓”“卒至于多毓”或“至多毓”一類話，來指稱被祭者。作爲這種祭祀起點的先君多數是上甲，例如（爲行文方便，本文把所引卜辭中指稱上甲的各種不同寫法一律釋作“上甲”）：

（1）癸亥卜，古貞：桒年，自上甲至于多毓。九月。　　合 10111

（2）庚戌卜，王貞：翌辛亥气酒彡劦，自上甲卒至于多毓，亡害。在十一月。　　合 22646

（3）癸丑卜貞：王賓劦，自上甲至于多毓，卒，亡尤。　　合 35437

（4）☐貞：酒翌日，自上甲至多毓☐自畎。在八月，唯王五祀。　　合 37843

（5）癸卯王卜貞：酒翌日，自上甲至多毓，卒，亡害自畎。在五月，唯王五［祀］。　　合 37844

這類卜辭不勝枚舉，請參閱《類纂》185 至 186 頁。

在這類卜辭裏，出現在“至于”之後的也可以是“毓”，例如：

（6）辛亥卜，涿（?）貞：王賓翌日劦，自上甲卒至于毓，亡尤。　　合 22621

（7）庚辰卜，尹貞：翌辛巳气酒彡劦，自上甲卒至于毓，亡害。在☐　　合 22647

（8）癸丑卜，王曰貞：翌甲寅气酒劦，自上甲卒至于毓（下略）　　英 1923

“至于毓”的意義，跟“至于多毓”應該是相同的。

《合》22625 有如下一辭：

（9）乙未卜，行貞：王賓奏，自上甲入乙于毓，亡尤。在十二月。

如“入乙”爲先王稱號，“于毓”似當與“至于毓”同義（“入乙”可讀爲“内乙”，見《綜述》417 頁)。

上甲之外的先君,有的也可以當"至于多毓"類型的祭祀的起點,例如:

(10) 庚子卜,爭貞:其祀于河,以大示,至于多毓。
合 14851(此辭"大示"之首可能仍爲上甲)

(11A) 自示壬至毓,有大雨。

(11B) 自大乙至毓,有大雨。 懷 1369【《合補》9522】

(12) 癸亥卜,行貞:王賓□自大乙卒至于毓,亡尤。 合 22722

(13) ▨乙亥其餗(?),自祖乙至多毓▨ 合 32548

(14) 甲寅貞:自祖乙至毓。 合 32113(32517、32114、32115 同文)

(15) 乙卯卜:酒品屯(?),自祖乙至毓。 合 30286

出現在上引這些卜辭裏的"至毓"、"至于毓"、"至多毓"、"至于多毓",其意義都應相同。

有兩條卜辭提到祭祀"五毓"之事:

(16) 庚子卜貞:其㞢于五毓宰。 英 1948

(17) ▨丑㞢于五毓,至于䢅䏎。 合 24951

"五毓"之"毓"與"多毓"之"毓"顯然同義。

王國維在《殷卜辭中所見先公先王續考》"多后"條中,提出了"毓、后、後三字實本一字"的說法。他釋"多毓"、"五毓"之"毓"爲后王之"后",並解釋說:

> 商人稱先王爲后。《書·盤庚》曰"古我前后",又曰"女曷不念我古后之聞",又曰"予念我先神后之勞爾先",又曰"高后丕乃崇降罪疾",又曰"先后丕降與汝罪疾"。《詩·商頌》曰"商之先后"。是商人稱其先人爲后。是故多后者,猶《書》言多子、多士、多方也。五后者,猶《詩》、《書》言"三后在天""三后成功"也。

至於卜辭中的先王稱號"毓祖乙"之"毓",王氏認爲應該讀爲先後之"後"。[①]

王氏之說迄今爲多數學者所信從,其實並無什麼堅强的根據。王氏認爲"后"的字形由甲骨文"毓"字从"人"的寫法訛變而成,顯然不可信。"毓"的古音跟"后""後"也不相近。從上引王氏文對《詩》、《書》的引證可以看出,后王之"后"是

① 王國維《觀堂集林》第九卷,中華書局,1959。

對先君的一種泛稱。而卜辭中作爲祭祀對象的"毓",根據前面引過的那些卜辭,却可以斷定是專指世次居後的某些先君的。上甲、示壬、大乙、祖乙等先君都是"后"。如果把"自上甲至于多毓"、"自祖乙至多毓"等語中的"毓",尤其是"自上甲卒至于毓"、"自示壬至毓"、"自大乙至毓"、"自祖乙至毓"等語中的"毓",讀爲后王之"后",文義是不可通的。卜辭中以"毓祖乙"與"高祖乙"對稱,②王氏把"毓祖乙"之"毓"讀爲"後",文義似乎可通。但是既然讀"毓"爲"後"缺乏字形、字音上的根據,此說當然也就不足信了。在親族關係上,跟"高遠"的意思相對的應該是"親近"。把"毓祖乙"的"毓"讀爲"後",即使從文義上看也並不貼切。

《屯南》37 有下引兩條對貞卜辭:

(18A) 庚寅卜:逆自毓桒年,王☐

(18B) 自上甲桒年。

跟前引(1)"桒年自上甲至于多毓"一辭對照起來看,"逆自毓桒年"無疑就是"桒年逆自毓至于上甲"的意思。自上甲至毓,所祭先君由遠到近,是順序的。自毓至上甲,則是逆序,因此在"自"字上加"逆"字。我在舊作《甲骨卜辭中所見的逆祀》一文中討論到這條卜辭時,已經認識到跟"上甲"相對的"毓"不能讀爲后王之"后",但是仍誤信讀"毓祖乙"之"毓"爲"後"的說法,所以說了下引這句話:

"多毓"的"毓",一般讀爲后王之"后",其實很可能應該讀爲高後之"後",指"毓(後)祖"而言。③

限於那篇文章的主題,當時未能就這一問題作較深入的討論。

在與上引拙文發表於同一年的,姚孝遂、肖丁所著的《小屯南地甲骨考釋》④(以下簡稱"姚釋")一書中,二位作者在考釋《屯南》275 提到"毓"的祭祀卜辭的時候,也沒有把"毓"讀爲"后",而且還對"毓"之所指作出了很具體的解釋。

《屯南》275 是一片歷組二類卜骨(關於殷墟卜辭的分類斷代,用黄天樹說,⑤下同),其上刻有如下兩辭:

(19A) 甲寅卜:其桒于毓。

---

② 《綜述》416 頁。

③ 文化部文物局文獻研究室《出土文獻研究》,文物出版社,1985,31 頁。又見裘錫圭《古文字論集》,中華書局,1992,228 頁。

④ 姚孝遂等《小屯南地甲骨考釋》,中華書局,1985。

⑤ 黄天樹《殷墟王卜辭的分類與斷代》,臺北文津出版社,1991。

(19B) 甲寅卜：其桒于四示。

《姚釋》解釋說：

> "桒于毓"與"桒于四示"相對，此可參考《存》2·767（引者按：即《合》34108）：
>
> "庚午卜，四示牛，五示羊"
>
> "四示"與"五示"相對。卜辭"五示"於《屯南》2342爲祖辛、羌甲、祖丁、小乙、武丁，有可能這些先王可統稱之曰"毓"。再據《屯南》647：
>
> "壬午卜，其剮毓父丁"，是"毓"與"父丁"（即"武丁"）連稱，指祖辛以下至"武丁"共五世而言。⑥

在此書的另一處，作者引《屯南》647一辭時，在"毓"與"父丁"間加了頓號，並說：

> "毓"、"父丁"不能連讀。卜辭於"祖乙"以下均可稱"毓"。《佚》415（引者按：即《合》32517）及《粹》237（引者按：即《合》32113下段）均有"自祖乙至毓"可證。郭沫若先生謂毓"當是后祖乙之省"，似不確。
>
> 《屯南》275"其桒于毓"與"其桒于四示"對貞，"毓"似不得單指"毓祖乙"，參見275片考釋。⑦

《姚釋》沒有討論到"多毓"，不過可以肯定，作者一定也是不同意把"多毓"讀爲"多后"的。

《姚釋》所引的《屯南》2342一辭也屬於歷組二類，其辭全文如下：

(20) □丑貞：王令旃尹取祖乙魚，伐告于父丁、小乙、祖丁、羌甲、祖辛。

歷組二類卜辭一般屬於祖庚時期。《姚釋》以此辭父丁爲武丁，是很正確的。羌甲即《殷本紀》沃甲。據《殷本紀》所記商王世系，祖乙傳子祖辛，祖辛傳弟沃甲，沃甲傳祖辛子祖丁，祖丁傳沃甲子南庚，南庚傳祖丁子陽甲，陽甲傳弟盤庚，盤庚傳弟小辛，小辛傳弟小乙，小乙傳子武丁。

與歷組二類大體同時的出組一類卜辭中有如下一條：

(21) 己丑卜，大貞：于五示告，丁、祖乙、祖丁、羌甲、祖辛。

合22911（即《佚》536、《粹》250）

---

⑥ 同注④，28頁。

⑦ 同注④，56頁。

出組一類一般也是屬於祖庚時期的。董作賓在《甲骨文斷代研究例》⑧中,郭沫若在《卜辭通纂·後記》⑨和《殷契粹編·考釋》⑩中,都認爲(21)的"丁、祖乙"指武丁、小乙,十分正確。所以(21)所"告"的五示跟(20)所"告"的五位先王是完全一致的。《姚釋》以祖辛等五王爲"五示",應該就是以(21)爲根據的。⑪

但是《姚釋》認爲祖辛至武丁五示就是"毓",其論據是不充分的。因爲根據《存》2·767以"四示"與"五示"並提這一點,並不能得出《屯南》275與"四示"對貞的"毓"一定就指"五示"的結論。而且《存》2·767從字體看,既不屬歷組二類,也不屬出組一類,跟《屯南》275不見得同時。這更削弱了《姚釋》論證的力量。

我們在前面引過的、提到祭祀五毓之事的(16)、(17)兩辭,跟上引(21)"于五示告"一辭一樣,也屬於出組一類。"五毓"無疑指世代居後的五位先人。這一點跟"五示"也有共同性。如果"五毓"跟"五示"所指相同,《姚釋》之説就可以成立了。可是根據現有的材料,我們只能説祖庚卜辭中的五毓有可能就是五示,或者説"五毓"所指與五示應有部分重複,但却不能肯定五毓一定就是五示。

而且《姚釋》所引作證據的,甚至還有實際上不利於其説的卜辭。我在上文中引過的(13)、(14)兩辭都屬於歷組二類,(13)説"自祖乙至多毓",(14)説"自祖乙至毓"。把這兩條卜辭跟"自上甲至于多毓"、"自大乙至毓"等辭比較一下,就可以明白,祖乙不但不屬於"毓"之列,而且跟"毓"還應該有一定的間隔。《姚釋》認爲祖乙之子祖辛就是一個"毓",與此矛盾。可是《姚釋》却引(14)來證明"卜辭於祖乙以下均可稱'毓'",這是不合理的。

總之,《姚釋》之説很有啓發性,但仍有可商榷之處,似尚不能成爲定論。下面來談談我們對"毓"的看法。

前面已經説過,卜辭中作爲祭祀對象的"毓",指世次居後的,也就是跟時王的血緣關係比較密切的某些先王。因此"毓"所指的具體的先王,應是隨着世代的推移而發生變化的。在本文開頭所引的提到"多毓"或"毓"的卜辭裏,既有屬於賓組、歷組、出組的卜辭,也有屬於在殷墟卜辭中時代最晚的黄類的卜辭(即3、4、5三辭)。前者的"多毓"跟後者的"多毓"決不可能指相同的人。但是"毓"所指的相對的世代的範圍,則應該是確定的。這從後面將會講到的、祭祀卜辭中以"毓"與

⑧ 董作賓《甲骨文斷代研究例》,《慶祝蔡元培先生六十五歲論文集》,歷史語言研究所,1935。
⑨ 郭沫若《卜辭通纂》,日本東京文求堂,1933。
⑩ 郭沫若《殷契粹編·考釋》,日本東京文求堂,1937。
⑪ 同注④,51頁。

“高”對貞的情況，就可以看出來。假定祖庚、祖甲時代以三世以內的先王，也就是曾祖以下的先王爲“毓”，帝乙、帝辛時代就也應該是這樣的，只是所指的具體的人則已經不同了。

從情理推測，“毓”的下限應是距時王最近的先王。前引(2)、(6)、(7)、(8)四條提到自上甲至於“多毓”或“毓”的卜辭，都是與周祭或類似周祭的祭祀有關的祖甲時代出組二類卜辭。⑫ 周祭的對象包括旁系先王。在祖甲時代的周祭裏，時王之兄兄己和兄庚(即孝己、祖庚)也都受祭。⑬ 他們顯然是屬於祖甲時代的“多毓”之列的。我在《甲骨卜辭中所見的逆祀》中，說“毓”指“毓祖”而言，把父、兄排斥在外，是不正確的。

要確定“毓”的上限，就困難得多了。討論這個問題的時候，必須把卜辭中與“毓”對稱的“高”也放在研究範圍之內。

有的祭祀卜辭以“毓”與“高”對貞：

(22A) 其高〼

(22B) 在毓。

(22C) 于父甲。

(22D) 于祖丁。　合27369

(23A) 其登在毓。

(23B) 其高□(此字不清，可能是“登”的異體)。　屯南606

上引卜辭中的“毓”應與“多毓”之“毓”同義，“在”字用法與“貞：其登鬯，其在祖乙”(《合》22925)“其奉在父甲，王受祐”(《合》27370)等辭中的“在”字相同。“其高□”可以理解爲“其于高□”或“其□于高”。祭祀卜辭中還有“高奉”(《屯南》132)、“高用”(《合》26991)、“其高祝”(《合》30621)等說法，“高”字用法與此相同。《合》30465說“奉高”，《屯南》3157說“奉于高”，《合》33305說“奉禾于高”，“高奉”的意思應與它們相同或相類。此例可以用作理解“其高□”的參考。由上引(22)、(23)諸辭可以看出，殷人是把世次早於毓的先祖們稱爲“高”的。

商代晚期銅器䙴卣銘，記王命䙴“歸祼于我多高”：

辛亥，王在廙，降令曰：歸祼于我多高。䙴(?)錫釐，用作毓祖丁尊。

《金文總集》5472【《集成》10·5396】

⑫ 常玉芝《商代周祭制度》，中國社會科學出版社，1987，17頁—19頁。

⑬ 同注⑫，84頁—85頁。

卜辭的"多毓"指屬於"毓"這個範圍的多位先人,"多高"應指屬於"高"這個範圍的多位先人。

卜辭中有以"毓祖"與"高祖"對貞之例:

(24A) 于高祖求,有匄。

(24B) 于毓祖求,有匄。　　合 32315

"毓祖"當指屬於"毓"這個範圍的各位或某一位先祖,"高祖"當指屬於"高"這個範圍的各位或某一位先祖。此外,"高祖"還屢見於其他卜辭,[14]"毓祖"還見於《合》32316、32632 等辭。

卜辭中還提到"高妣"(參看《類纂》"高妣"條。[15]《合》2383 有"多高妣"。《屯南》608"高祖"、"高妣"見於同辭)、"毓妣",[16]顯然是指"高祖"、"毓祖"之配的。

由"毓祖"這一稱呼可以知道,至少祖父是包括在"毓"的範圍之內的。上引(22)是廩辛、康丁時期無名類卜辭。其 A、B 兩辭卜問應該祭"高"還是應該祭"毓"。占卜結果當是以祭"毓"爲吉,所以 C 和 D 接着卜問應該祭父甲還是應該祭祖丁。"父甲"指廩辛、康丁之父祖甲。"祖丁"在這裏顯然不是指小乙之父祖丁,而是指廩辛、康丁的祖父武丁的。[17] 這也説明父和祖父都屬於"毓"的範圍。

"高祖乙"、"毓祖乙"這類稱號裏的"高"和"毓",其基本意義應該跟上文所討論的"高"和"毓"相同。它們不可能是僅僅用來表示一般的"先後"的意思的。如果只想區分同稱號先人的先後,完全可以使用數字,如"三祖丁"、"四祖丁"等稱號裏的"三"、"四"。

毓祖乙就是小乙,這在學者中已取得共識。這一稱號見於歷組二類、出組二類和歷無名間類卜辭,[18]是祖庚、祖甲對祖父小乙的稱呼。下引兩條歷無名間類卜辭中的"毓祖"也應指小乙:

(25) 甲午卜:其又歲于毓祖一牢。　　合 32316

(26) 甲申卜:其□于毓祖妣庚二牢。　　屯南 3186

殷墟卜辭卜歲祭之日,往往比所祭先人稱號中的日名早一個天干,例如在甲辰日卜

---

⑭ 《類纂》745 頁。

⑮ 《類纂》744 頁。

⑯ 《類纂》186 頁。

⑰ 《綜述》426 頁—427 頁。

⑱ 《類纂》1424 頁—1425 頁。

“又歲于小乙”(《屯南》1083),在丙寅日卜“又歲于父丁”(《合》32668)。所以(25)的“毓祖”應指小乙。小乙有配妣庚,屢見於卜辭(如《合》23330、27353、36262—36264等)。所以(26)的“毓祖”也應是指小乙的。

祖甲卜辭中還有稱小乙之配妣庚爲“毓妣”之例。《合》23326是出組二類卜骨,上有如下對貞卜辭:

(27A) 己巳卜,行貞:翌庚午歲其延于羌甲奭(?)妣庚。

(27B) 貞:于毓妣。

B辭的毓妣應該跟A辭的羌甲之配妣庚一樣,也是一位以“庚”爲號的先妣,但世次則在其後,無疑就是小乙之配妣庚。祖甲卜辭既可稱小乙爲“毓祖”而不加日名,當然也可稱其配妣庚爲“毓妣”而不加日名。上引(24)是歷組二類卜辭,屬祖庚時期,(24B)的“毓祖”如是指某一位先祖的話,就也應是時王對其祖小乙的稱呼。

“毓祖乙”之稱,有不少是出現在歷無名間類卜辭中的。歷無名間類卜辭多數屬於祖甲時代,但也有一些是屬於廩辛、康丁時代的。此外,還有少量出現“毓祖乙”的卜辭,難以斷定究竟是歷無名間類卜辭,還是無名類中時代較早的卜辭。所以,廩辛、康丁也曾稱小乙爲“毓祖乙”的可能性,似乎也不能排除。按照周代以下的親屬稱謂來說,小乙是廩辛、康丁的曾祖。如果確實存在廩辛、康丁稱小乙爲“毓祖乙”的情況,曾祖便也應該包括在“毓”的範圍裏了。

何組卜辭和無名類卜辭中屢見“毓祖丁”(參看《類纂》“毓祖丁”條。[⑲]《合》27321——即《甲》2502——何組卜辭將“毓祖丁”的“毓”字所从的“女”形和加點的倒“子”形上下析書,儼若二字。《類纂》以加點的倒“子”形爲“毓”字,而將“女”形誤認爲“御”字)。《粹》295的一條出組殘辭中的“毓祖乙”,曾被《粹編考釋》誤釋爲“毓祖丁”。此片即《合》23168,《類纂》已將此先王名正確地釋作“毓祖乙”。“毓祖丁”之所指,有武丁、祖丁、中丁三説。[⑳] 中丁説已無人相信,武丁、祖丁二説似乎勢均力敵。我們認爲根據“毓祖乙”的情況來看,“毓祖丁”應該是廩辛、康丁對其祖父武丁的稱呼。

《合》27183(即《粹》248)無名類殘辭有“毓祖丁、祖乙”之文。《粹編考釋》因

---

⑲ 《類纂》1419頁。

⑳ a.《綜述》424頁—425頁。

b.《屯南》下册第一分册,1007頁。

毓祖丁列在祖乙之前而定其爲中丁。其實卜辭中排列先王稱號時也可以是逆序的,前引(20)、(21)兩辭就是例子。所以《合》27183 不能用作毓祖丁非武丁的證據。這條卜辭的"祖乙"有可能指武丁之父小乙。如"祖丁"之前的"毓"字也管到"祖乙"的話,這便是廩辛、康丁稱小乙爲"毓祖乙"的一個例子。

跟"毓祖乙"對稱的"高祖乙",應從陳夢家說定爲祖辛之父祖乙的稱號。[21]"高祖乙"之稱見於歷無名間類卜辭,[22]是祖甲對祖乙的稱呼。在周代以下的親屬稱謂中,曾祖之父稱高祖,祖乙是祖庚、祖甲的高祖之父。前面曾根據"自祖乙至毓"等歷組卜辭指出,在祖庚時期祖乙已不在"毓"的範圍之内。這就是說,他已經屬於"高"的範圍了。所以祖甲稱祖乙爲"高祖乙"。在一塊屬於歷無名間類或無名類的卜骨上,有"高祖自乙"一辭(《屯南》1439),其意應爲:祭祀屬於"高"的範圍的先祖,從祖乙開始。這是"高祖乙"之"高"不能簡單理解爲表示其世次在"毓祖乙"之前的明證。附帶説一下,就跟"毓祖乙"一樣,卜辭中的有些"高祖乙"是廩辛、康丁對祖乙的稱呼的可能性,也不能完全排除。

從見於武丁時代賓組卜辭的"高妣己"、"高妣庚"這兩個稱號還可以知道,早在武丁時期祖乙就已經屬於"高"的範圍了。在武丁時代賓組卜辭中,《合》2351、2352 都有連稱的"高妣己、高妣庚";單稱的"高妣己"或"高妣庚",出現次數很多,不勝枚舉。[23] 有一條卜辭以"高妣己、妣庚"與"毓妣己"並提:

(28) 貞:以羌,升于高妣己、妣庚于毓妣己。

粹 397(《合》279 所據拓本,末二字不清晰)

"高妣己、妣庚"還見於《合》33,疑是"高妣己、高妣庚"之省文。武丁祖父祖丁之配有妣己、妣庚,[24]祖丁祖父祖乙之配也有妣己、妣庚。[25] 武丁卜辭中的毓妣己一定是祖丁之配,高妣己、高妣庚一定是祖乙之配。[26] 祖乙之配既稱"高"妣,祖乙一定已被視爲"高"祖,也就是已被劃在"毓"的範圍之外了。用周代以下的親屬稱呼來説,祖乙是武丁的高祖(曾祖之父)。由此可見"毓"的上限不會超過曾祖。《姚釋》

㉑ 《綜述》415 頁—416 頁。

㉒ 《類纂》1404 頁。

㉓ 《類纂》1436 頁、1437 頁、1440 頁、1443 頁、1444 頁。

㉔ a.《綜述》383 頁。
b.《屯南》94 頁—95 頁。

㉕ 《綜述》383 頁。

㉖ 《綜述》489 頁—490 頁。

認爲祖庚卜辭中的“毓”包括祖庚的高祖祖辛及其弟羌甲,是不妥當的。

何組卜辭中有“毓妣辛”(《合》27456 正),當是廩辛、康丁對祖父武丁之配妣辛的稱呼。

《綜述》引《思泊藏契》乙 23 一辭,有“毓妣己”。[27] 此版即《合》27377,屬無名類。“毓”下之字大部已殘缺,從上端殘存筆畫看,《綜述》所釋似可信。祖庚、祖甲卜辭中有“母己”,廩辛、康丁卜辭中也有“母己”。[28] 上引無名類卜辭的“毓妣己”,疑是廩辛、康丁對前者的稱呼或武乙對後者的稱呼。

在這裏應該談一下前引《姚釋》討論過的《屯南》647 一辭。此辭屬歷無名間類,當是祖甲時代卜辭,全文如下:

(29) 壬午卜:其□(此字从“刀”从“宜”)毓父丁□(此字象持倒“隹”於“示”上,有人隸定爲从“示”从“隻”)。

《姚釋》以父丁爲武丁,是正確的;但是將“毓”與“父丁”用頓號斷開,並認爲此辭的“毓”與《屯南》275 的“毓”都指祖辛以下諸先王,則是自相矛盾的。《姚釋》承認《屯南》275 的“毓”包括武丁在內,爲什麽此辭的“毓”却要把武丁放在“毓”之外另說呢?考古研究所的《屯南釋文》定此辭屬武乙時期,釋“毓”爲“后”,並解釋說:“武乙諸父中除康丁外可能還有廟號爲丁者,故對其中之一加后以便區別,稱爲后父丁。”[29]我們不同意把此辭定爲武乙卜辭,也不同意把“毓”釋爲“后”;但是同意把“毓父丁”看作一個人的稱號。“毓父丁”應指武丁。對祖甲來說,武丁是“毓”,而且是最親近的一位“毓”,也許此辭就是因此而在“父丁”上加“毓”字的。廩辛、康丁時期無名類卜辭有稱祖甲爲“宗父甲”之例(《英》2267),可相比較。當然,我們所提出的也只是一種假設,“毓父丁”究竟應該怎樣解釋,還可以進一步研究。

通過以上的討論可以知道,殷墟卜辭中指稱祭祀對象的“毓”,肯定包括時王的祖父以下的先王,肯定不包括高祖(曾祖之父)以上的先王,至於曾祖是否包括在內還有待研究。

我們認爲與“高”相對稱的“毓”,本應是指一定範圍內的親屬的一個詞。卜辭中的“毓”似乎只被用來指稱先王,這是爲卜辭的性質所決定的,並不能證明“毓”

---

[27] 《綜述》489 頁。

[28] 《綜述》440 頁—450 頁。

[29] 《屯南》下册第一分册,885 頁。

是專指一定範圍内的先王的一個詞。如認爲“毓”包括曾祖,它就是指三世以内親屬的一個詞。如認爲“毓”不包括曾祖,它就是指二世以内親屬的一個詞。前引㷭卣銘有“毓祖丁”。這很可能並非商王名號,而是作器者對先人的稱呼。

基於以下兩種考慮,我們傾向於把曾祖包括在“毓”的範圍裏。

首先,從“多毓”一稱來看,稱“毓”者的數量不能太少。把曾祖包括在内似乎比較合理。如果“毓”包括曾祖,當然也就包括祖父的兄弟了。那麽前文提到過的祖庚卜辭中的“五毓”,就有可能是指陽甲、盤庚、小辛、小乙和武丁而言的。

其次,如果把曾祖包括在“毓”的範圍裏,稱“高”的先祖的下限就是曾祖之父,亦即周代以下所謂“高祖”。這樣,殷、周兩代的親屬稱謂就接軌了。

最後,想就本文所討論的“毓”字,究竟相當於古籍中的什麽字的問題,説一些不成熟的意見。

我初步認爲這種“毓”字應該讀爲“戚”。“毓”和“戚”上古音都屬覺部(幽部入聲)。“毓”是余母(喻母四等)字,“戚”是清母字。余母上古音接近定母(曾運乾有“喻四歸定”之説),發音部位與精、清系聲母相近。從諧聲情況看,余、清二母也有關係。例如:“昜”屬余母,“鴹”(七羊切)屬清母。“鋭”(以芮切)屬余母,“帨”(此芮切)屬清母。“允”屬余母,从“允”聲的“夋”和“悛”、“竣”等字屬清母。所以從語音上看,“毓”字是有可能讀爲“戚”的。

《詩·大雅·行葦》“戚戚兄弟”《毛傳》:“戚戚,内相親也。”《孟子·告子下》“戚之也”趙岐注:“戚,親也。”《書·金縢》:“周公曰:未可以戚我先王。”僞《孔傳》:“戚,近也。”《正義》:“戚是親近之義,故爲近也。”“親戚”一詞在上古可以用來指父母兄弟,這是古漢語常識。《吕氏春秋·論人》:“論人者,又必以六戚四隱(高注:六戚,六親也)。何謂六戚?父、母、兄、弟、妻、子。”可見單獨的“戚”字也可以用來指親近的親屬。所以把卜辭中表示親近的親屬關係的“毓”讀爲“戚”,是很合適的;而且不管是對“毓祖”“毓妣”的“毓”,還是對“多毓”“五毓”的“毓”,都是很合適的。“毓”是生育之“育”的古字。生育是祖孫、父子等親屬關係形成的前提。説不定親戚之“戚”就是由生毓之“毓”分化出來的一個詞。

《禮記·大傳》:“四世而緦,服之窮也。五世袒免,殺同姓也。六世,親屬竭矣。其庶姓别於上,而戚單於下,婚姻可以通乎?”《正義》:“‘而戚單於下’者:戚,親也。單,盡也。謂四從兄弟(指同出自高祖之父的兄弟,屬“五世袒免”的範圍)因親盡於下,各自爲宗,不相尊敬。”《大傳》説五世或六世以後“戚單於下”,各自爲宗;殷人則稱二世或三世以内的親屬爲“毓”(戚)。這兩種親屬制度之間究竟是什麼關係,是值得進一步研究的。

本文是提交給 1995 年由中國社會科學院考古研究所舉辦的中國商文化國際學術討論會的論文。原載《中國商文化國際學術討論會論文集》(中國大百科全書出版社,1998),今據以收入。

從文字學角度看殷墟甲骨文的複雜性

我在《殷墟甲骨文在文字學上的重要性》一文中已經指出,在能夠反映當時文字面貌的可靠的古漢字資料中,殷墟甲骨文是時代最早的一種。同時還指出,甲骨文所代表的雖然是已經形成完整體系的漢字,但是由於其時代距離原始漢字最後形成完整文字體系的時間並不很遠,還保留了一些在後來的古漢字中所看不到的比較原始的文字現象(上引文章見《古文字學論集·第一輯·甲骨學特集》11—22頁,漢城:東文選,1995。以下簡稱"重要性")。

除了比較原始的一面,殷墟甲骨文也有超前發展的一面。我們所能看到的商代文字資料,主要是殷墟甲骨文和商代金文。殷墟甲骨文數量既多,內容也很豐富,比商代金文更受重視。但是能夠代表商代文字的正體的却是金文,甲骨文實際上是當時的一種俗體文字。在文字發展史上,俗體的發展往往有超前性,甲骨文正是如此。

商代的金文通常是鑄在青銅器上的。鑄器前,一般先用毛筆寫出字體規整的銘文,作爲製範鑄銘的底本。在寫族名或其他帶有裝飾性的銘文時,還往往使用較古的很象形的字體,就像在隸書時代的人有時還用篆文銘刻金石一樣。殷墟甲骨文主要是甲骨卜辭,通常是直接用刀刻在占卜用的龜甲獸骨上的。商代統治者每天都要進行很多次占卜,需要刻在甲骨上的卜辭數量很多。刻字的人爲了提高效率,不得不改變毛筆字的字體,如改粗筆爲細筆,改圓形爲方形等等。此外還往往用其他辦法,如簡化字形、改變文字結構的種類(如改表意字爲形聲字)等,來使文字變得比較便於書寫。因此殷墟甲骨文一方面具有某些原始性,另一方面作爲一種俗體文字,對同時代的甚至較晚的其他古漢字來說,無論在字體上或文字結構上,又都有一些超前的發展。

關於殷墟甲骨文的原始性,我們曾不止一次地指出,在甲骨卜辭中可以看到原始文字中用圖畫式手法表意的字形往往隨語言環境的變化而變化的那種現象的殘跡。在本文開頭所引到的《重要性》中,我們曾舉過甲骨卜辭講到"弄(登)鬯"的時候,有時把“异”字所从的“豆”换成“皀”的例子。在别的文章中還舉過其他例子(參看《漢字形成問題的初步探索》,拙著《古代文史研究新探》262—263 頁,江蘇古籍出版社,1992。並參看拙著《古文字論集》145 頁,中華書局,1992)。在這裏我們再舉兩個跟“逐”字有關的例子。

《合》32832 有下引卜辭:

> 辛未貞:王其⿱隹止于□(此字不可確釋,應爲地名)。
>
> 于壬⿱隹止。

這兩條卜辭裏的“⿱隹止”字,前人不識,因此辭義也無法講通。如果認識到了甲骨文原始性的一面,並對照一下下引的這些卜辭,問題就迎刃而解了:

> 癸未卜貞:翌戊子王往逐※。　　合 10506(《合》557 有與此同文的卜辭)
>
> 癸未卜㱿貞:多子獲⿱隹※。　　合 10501 正
>
> 戊子卜宓貞:王[往]逐⿱隹※于沚,亡災。之日王往逐⿱隹※于沚,允亡災,獲⿱隹※八。　　合 9572

第一條卜辭的“※”跟其他條的“⿱隹※”,顯然指同一種東西。它是商王田獵時所追逐的獵物。“⿱隹※”應該是从“隹”“※”聲的字,所以可以假借“※”字來表示它。甲骨文“逐”字本作“⿱豕止”。“止”即“趾”的初文,象人的脚。“止”向“豕”,表示有人在追逐野猪。前面所引的那兩條卜辭裏的“⿱隹止”,顯然應該理解爲“逐⿱隹※”。這樣理解,那兩條卜辭就都可以講通了。

由於所逐的是⿱隹※,就把“逐”字所从的“豕”改爲“⿱隹※”,並用它來表示“逐⿱隹※”。這跟我們在《重要性》裏講到過的、在納西原始文字裏只要把“吼”字所从的牛頭形改成馬頭形就可以用它來表示“馬吼”的現象,是十分相似的。應該指出,納西原始文字裏的牛頭和馬頭都是象形的;甲骨文裏用來代换“逐”字所从的象形字“豕”的“⿱隹※”字,却已經是一個形聲字了。在用圖畫式手法表意的字形裏,竟使用形聲字作爲偏旁,這當然是文字體系發展的一種反映。不過這一點並不足以改變以“⿱隹止”來表示“逐⿱隹※”這一文字現象的原始性。在後來的古漢字裏是絶對看不到這類現象的。

殷墟甲骨文還有構造跟“⿱豕止”相類的“⿱兔止”字。卜辭或言“⿱兔止鹿”(《合》10294、10296),文例也跟“逐”字相類(卜辭中“逐鹿”之語屢見,參看《類纂》328—329 頁)。前人多將“⿱兔止”看作“逐”字的異體(見《甲骨文編》“逐”字條 69 頁第二、三行),應該是可信的。這個字原來也應該是可以用來表示“逐兔”的(“逐”原來也應

該可以用來表示“逐豕”)。【重印本按:此字不能釋“逐”,其用法實與“?”同,爲从“兔”聲之字,參看葛亮《甲骨文田獵動詞研究》(《出土文獻與古文字研究》第五輯,上海古籍出版社,2013年9月,78—81頁),葛文讀“?”爲“當”。】

唐蘭釋“?”爲“逸”,李孝定從之(《甲骨文字集釋》3085頁,中研院史語所,1982)。古漢字對从“止”和从“辵”(辶)往往不加區别,前面説過,“逐”字原來就是从“止”的。所以從古漢字字形變化的通例來看,唐先生釋“?”爲“逸”似乎很有道理,可是實際上他却錯了。這一方面是由於對文例不夠重視,另一方面也是由於沒有很好認識到殷墟甲骨文原始性的一面。

甲骨文又有“?”字(《合》10654),亦作“?”(《合》8256,參看《甲骨文編》“逐”字條69頁第一行,所引“明570”即《合》8256的摹本)。葉玉森認爲“?即逐之異體”(《拾》6頁第8片考釋。這一片其實並無“?”字,只有“鹿”字,葉氏誤將它跟下方的“亡”字合在一起,錯認爲“?”字)。由於這個字只見於文義不明的殘辭,它究竟是不是“逐”的異體,還無法肯定。不過從“?”、“?”二字的情况來看,這兩個字是有可能被用來表示“逐”或“逐鹿”的。

“?”字見於辭尾記“十月在𦊙”的一條殘辭。在同時期的卜辭中,還有幾條也在辭末記“十月在𦊙”(“𦊙”或作“?”,二者是同一地名的不同寫法。這些卜辭都收録在《類纂》238頁)。這幾條大都也是殘辭,只有《合》10945“貞:弗其擒。十月。在?”一條是完整的。這一條顯然與田獵有關。有“?”字的殘辭所記的月名和地名跟這一條相同,大概也與田獵有關,“?”是“逐”字異體的可能性是相當大的。

現在我們來看另一個也是跟“逐”字有關的、反映甲骨文原始性的例子。

下面所臨摹的是《合》20715號卜甲(即《鐵》193·1、《京津》2998):

此片上的“辛巳”一辭,我認爲應該釋讀爲:

辛巳卜自貞:甫往?(逐)鹿,不其□

“甫”是人名,卜辭中屢見。“?”字象犬逐兔,應該是“逐”的另一種異體。前人多將它們看作兩個字,辭義就講不通了。這個字原來也應該是可以用來表示“犬逐兔”或“以犬逐兔”一類意思的。說不定刻這條卜辭的人,仍是爲了强調在所卜問的田獵活動中將要用犬逐鹿而選用這個字的。這條卜辭的“鹿”字也刻得特别象形,刻字者似乎有一種復古的傾向。

在原始文字裏,語音並不相近的兩個或幾個不同的詞,可以用同樣的字形作爲它們的表意字。例如在納西原始文字裏,象空氣流動的“ ”字,既代表“風”這個詞,又代表“春季”這個詞,因爲春天常常颳風,而這兩個詞的語音則相距甚遠(參看方國瑜《納西象形文字譜》66 頁,雲南人民出版社,1981)。這類現象在古漢字中仍有殘存,而以殷墟甲骨文最爲顯著。例如在相當多的甲骨卜辭裏,“月”和“夕”的字形並無區别,“ ”也可以代表“夕”,“ ”也可以代表“月”。在後來的古漢字裏,“月”和“夕”作爲表意偏旁有時可以通用;作爲單字時不加區别的情況雖未絶跡,但已極爲少見,跟殷墟甲骨卜辭的情況顯然有别。

殷墟甲骨文裏還有一些比較原始的文字現象,由於已經在我們的其他文章裏講過,這裏就不重複了(參看上引《古代文史研究新探》263—264 頁)。

下面我們再來看殷墟甲骨文超前發展的一面。

由於字體上改粗筆爲細筆、改圓形爲方形等變化,在殷墟甲骨文裏出現了一些對古漢字來說顯得很特殊的字形。例如“日”字,殷周金文多作 等形(《金文編》455 頁,中華書局,1985),小篆“日”字的外框仍作豎橢圓形而不作方形,可是在殷墟甲骨文裏屬於早期的武丁時代的很多甲骨卜辭,却已經把“日”字寫作“ ”了。這種跟隸書已經相當接近的寫法,並未爲晚於殷墟甲骨文的古漢字所繼承。隸書“日”字的寫法是來自篆文草體的。

殷墟甲骨文裏簡化字很多,有不少簡化字似乎是爲它所獨有的。例如子丑寅卯的“子”本作 、 等形,但是早在武丁時代的甲骨卜辭裏,就已經相當普遍地使用了它的簡化字形 。這種字形在我們所能看到的其他古漢字資料中還没有出現過。晚期的甲骨卜辭一般也不用這種簡化字形,而仍用 一類字形。因此曾有甲骨學者認爲 是由 演變而成的。這就把字形演變的過程弄顛倒了。又如“霍”字本作“雨”下三“隹”形,字形繁複,不便書寫。甲骨文裏對它有兩種簡化方法。一種是簡存輪廓的方法,即把它寫作 ,見於晚期卜辭。這也可以看作草體字,並非典型的簡化字。另一種是改變結構的方法,即把它改爲从“雨”“隻”(古“獲”字)聲的形聲字,見於早期卜辭(參看《甲骨文編》186 頁“霍”字條)。這兩種簡化字形也都没有爲後人所繼承。後人所用的是減少“霍”字“隹”旁數量的方法。《說文》"霍"字篆形从二"隹"（周代金文已有从二"隹"的"霍"，參看《金文編》263頁），隸書、楷書一般只保留一個"隹"。

還應該指出，有些一般認爲出現得較晚的字形，在殷墟甲骨文裏其實就已經出現了。例如"涉"字，在古漢字裏通常把它所从的"止"和"屮"分寫在"水"的兩邊，不但甲骨文、金文如此，直到戰國時代楚國的簡帛文字仍然如此（參看高明《古文字類編》468頁"涉"字條，中華書局，1980）。一般認爲把"涉"字寫作从"水"从"步"是從小篆開始的。其實早在武丁時代的甲骨卜辭裏，就已經出現了這種"涉"字，例如《合》21256"□涉東"一辭中的"涉"。這個"涉"字所从的趾形比一般武丁卜辭寫得更爲象形，但"水"旁已經省作"⌇"，"止"和"屮"寫在同一側，與一般"步"字無别（武丁卜辭中還有在"水"的兩邊都有"步"的"涉"字，趾形也寫得比較象形，見《合》20464。从"水"从"步"的"涉"可能是由它簡化而成的。《合》1051正有字，一般釋爲"涉"，島邦男《綜類》63頁"涉"字條所引《乙》5317即此例。但從文例看，此字似爲地名，而且此字所从二趾方向一致，一般"涉"字所从二趾形則分别象左右脚，即"止"和"屮"，彼此方向相反。所以此字似非"涉"字）。

再舉一個"昃"字的例子。"昃"字在殷墟甲骨文中屢見，其字形通常用"日"旁和象人形的"大"旁的相對的位置關係，來表示日已西斜的意思，是一個表意字（參看《甲骨文編》284—285頁"昃"字條）。戰國時代六國璽印的"昃"字仍然从"日"从"大"，跟甲骨文相近（參看羅福頤主編《古璽文編》166頁"昃"字條，文物出版社，1981）。"昃"有一個从"日""夨"聲的異體"昊"，一般認爲最早見於東周時代的滕侯昃戈（參看高明《古文字類編》491頁"昃"字條）。其實在武丁卜辭裏，這種"昃"字也已經出現。有一條武丁時代的殘辭說：

　　□萅日大啓。昃亦雨自北，𣍝昃啓。　合20957（即《乙》32，後者較清晰）

此辭的第二個"昃"字作，是表意字；第一個"昃"字作，則是从"日""夨"聲的形聲字（即《甲骨文編》284頁"昃"字條所引"乙32"一例）。

我們很難肯定，後來的"涉"字和"昊"字跟殷墟早期甲骨卜辭中的這種"涉"字和"昊"字之間，是否確有傳承關係。由於缺乏中間環節，二者是不同時代的人所分頭造出來的可能性，還無法排除。不管事實如何，在武丁卜辭中就已經出現了从"步"的"涉"字和"昊"字的現象，都可以看作漢字發展史上超前發展的例子。

殷墟甲骨文有二百多年的歷史，由早期到晚期有不少發展變化。一般說，比較原始的文字現象是隨着時間的推移而不斷減少的。例如我們前面所討論到的反映甲骨文原始性的那些“逐”字異體，就都見於武丁時代和武丁至祖庚時代的卜辭，而不見於中期和晚期的卜辭。又如“月”和“夕”的字形不分的現象，在早期和中期卜辭中時常能看到，在晚期卜辭中就已經極爲少見了。關於“月”“夕”字形問題，還有一點需要在這裏說明一下。武丁時代的賓組卜辭和緊接着的祖庚祖甲時代的出組卜辭——它們跟同時代的其他組卜辭相比，在字形上具有明顯的規範化傾向——對“月”和“夕”的字形已經作了區分。不過它們以“”爲“月”，以“”爲“夕”，“月”比“夕”少一筆，跟後世正好相反。晚期卜辭才確定用多一筆的爲“月”，少一筆的爲“夕”，爲後世所承襲。由早期到晚期，反映甲骨文超前發展一面的特殊字形，似乎也在不斷減少。例如前面舉過的“𡇒”見於早期、中期而不見於晚期，“涉”、“昊”、“霎”則只見於早期。這跟反映甲骨文原始性一面的特殊字形的不斷減少，都是文字寫法的隨意性愈來愈受到限制的表現。總之，由早期到晚期，殷墟甲骨文的文字面貌的複雜性有了明顯的降低。

原載韓國淑明女子大學校中國學研究所《中國學研究》第十輯(1996)，今據以收入。

殷墟甲骨文“彗”字補説

殷墟甲骨文有字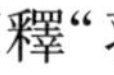,舊釋“羽”。唐蘭早在30年代就將此字改釋爲“彗”,並指出加點作、等形者與爲一字。[①] 其説十分正確。但是近人却往往不信唐説而仍釋此字爲“羽”。因此蔡哲茂在1993年發表《説》[②]一文,對唐説作“進一步補充證明”。蔡文對“彗”的字形及其在卜辭中的各種用法有全面的論述,所論大致可信。本文擬就卜辭中當疾癒講的“彗”字的問題爲蔡文作些補充,並對幾個从“彗”之字試作考釋。

卜辭“彗”字有疾癒一類意義,是楊樹達最先指出的。他所根據的是下引這條卜辭:

(1) ☒旬□𡆥(憂)。旬㞢(有)求(咎)。王疒(疾)首,中日彗。[③]

此辭最後的“王疾首,中日彗”是驗辭。楊氏在《讀胡厚宣君殷人疾病考》一文中解釋這兩句説:

> 彗爲掃竹(引者按:《説文·三下·又部》:“彗,掃竹也。”),用以掃除,故引申有除字之義。孛星似彗,古書謂爲除舊布新之象,雪字从彗,亦訓除(原注:《廣雅·釋詁》三)。皆受義於掃竹之彗。卜辭蓋謂王病首中日而除也。[④]

蔡文指出古書中有當疾癒講的“彗”字,如《方言·三》:

> 差、間、知,愈也。南楚病愈者謂之差。或謂之間,或謂之知。知,通語也。或謂之慧,或謂之憭,或謂之瘳,或謂之蠲,或謂之除。

《廣雅·釋詁一》:

---

① 《釋彗雪習騽》,《殷虛文字記》,中華書局,1981,19—20頁。

② 《第四屆中國文字學全國學術研討會論文集》,臺北:大安出版社,1993,81—96頁。

③ 《合》13613,即《前》6·17·7。

④ 《楊樹達文集之五·積微居甲文説》,上海古籍出版社,1986,85頁。

> 爲、已、知、瘥、蠲、除、慧、間、瘳，瘉也。

並指出卜辭中當疾癒講的“彗”，就是《方言》、《廣雅》的“慧”（92—93 頁）。這是很正確的。楊氏沒有認識到這一點，是其疏失。但不知何故，蔡文把所引古書中的“慧”都寫作“彗”，似應改正。《黃帝內經素問·藏氣法時論第二十二》：“心病者，日中慧，夜半甚，平旦靜。”“日中慧”正與卜辭中的“中日彗”同義。

蔡文又說：

> 陳邦懷以爲“肙”字（引者按：指甲骨文字），用爲捐，其義爲棄、爲除（原注：陳邦懷《殷代社會史料徵存》卷下“克捐王疾”條，19—20 頁，天津人民出版社，1959 年），和楊樹達一樣把疾癒認爲是從“除”的意義得來……
>
> 從甲骨文的肙讀作蠲（或讀間——引者按：讀“肙”爲“蠲”或“間”，是吳匡、蔡哲茂《釋“肙”》一文之說）、㓱讀作瘳（引者按：亦爲《釋“肙”》之說）、讀作彗（引者按：似當作“慧”），我們所瞭解的只是語音的假借現象，並無法落實到它字面的意義或引申義……（92—93 頁）

言下之意是不同意楊樹達“彗”字由掃竹之義引申出病除之義的意見。但是楊氏的意見恐怕不應輕易否定。

過去講“慧”字疾癒義的學者，大都認爲這種意義是由聰慧義引申的，其引申軌跡跟訓疾癒的“知”“憭”一類字相似。只有清儒王樹枏《廣雅補疏》，除了强調“彗”有“解曉”“解釋”之意以外，還說：“慧從彗得意，蓋除舊更新之象。”⑤他的後一說與楊說相近。馬王堆漢墓帛書《五十二病方》所載治疣方有如下一則：

> 以月晦日之丘井有水者，以敝帚騷（掃）尤（疣）二七，祝曰：“今日月晦，騷（掃）尤（疣）北。”入帚井中。

唐孫思邈《千金要方》卷二十三去疣目方也有“以禿條帚掃三七遍”的方法。⑥ 這種用掃帚可以掃去疾病的巫術思想，無疑有很古老的根源，似可用爲楊、王之說的佐證。所以“彗”的疾癒義很可能是由掃竹義引申出來的，而古書所用的“慧”則是一個假借字。在疾癒義諸字中，“彗”當與“除”爲類，而不應與“知”爲類。

蔡文引錄了很多條使用當疾癒講的“彗”字的卜辭，我們在下文中擇要轉引，

---

⑤ 據徐復主編《廣雅詁林》轉引，江蘇古籍出版社，1992，59 頁。

⑥ 以上見馬王堆漢墓帛書整理小組《馬王堆漢墓帛書〔肆〕》釋文注釋部分 39 頁及同頁注四，文物出版社，1985。

並加以說明。卜辭釋文有時跟蔡文稍有出入。

(2) □□卜貞：▨疒(疾)▨彗。⑦

(3) □□卜□貞：□□彗。⑧

這兩條或有"疒"字，或有明顯與疾病有關的字，辭末的"彗"字無疑應該當疾癒講。

(4) □。⑨

蔡文將此條殘辭釋爲"疾"，並用括號注明"或爲合文"(83頁第32條)。我認爲此辭殘存之字應該是一個字，可隸定爲"㿋"，就是當疾癒講的"彗"的專字，似可看作爲了表示"彗"字的疾癒這一引伸義加"疒"旁而成的分化字。也有可能，造字的人的本意，是想直接用這個字形來表示用彗掃去臥床病人的疾病的意思。不管採取哪一種看法，都可以把這個字分析爲"从疒，从彗，彗亦聲"。不過蔡釋仍有合理之處。由於"㿋"字已包含"疒"形，應有可能被當作"疒(疾)㿋"合文來用，就像較晚的古文字中""被當作"大夫"合文來用一樣。⑩

(5) 壬子卜貞：雍目㞢(有)彗。⑪

(6) 己酉卜貞：亞从止(趾)㞢(有)彗。三月。⑫

(7) □□卜，出[貞]：王止(趾)□㞢(有)彗。⑬

蔡文認爲"有彗""表示疾癒"，並說："……(39)——引者按：即本文之(5)——卜問雍這個人眼睛㞢彗，或(44)——引者按：即本文之(6)——卜問亞从的趾有彗，應都是指疾癒而言"(93頁)。其說可從。上引(7)應是卜問王的趾疾是否會痊癒的。古人所說的趾，就是現代人所說的脚。

(8A) [貞]：㞢(侑?)匕(妣)庚，㞢(有)彗。

(8B) 其㞢(侑?)于匕(妣)庚，亡其彗。⑭

---

⑦ 《合》13434。此片"彗"字右邊的"于"字當屬另一殘辭。

⑧ 《合》13431。

⑨ 《合》13861。

⑩ 其實殷墟卜辭中確已存在這類合文，如以"庸"爲"庚庸"，"受"爲"受又"等，參看拙著《古文字論集》，中華書局，1992，143—144、149—150頁。

⑪ 《合》13422。此辭"卜""目"二字下也有可能各有一已殘去之字。

⑫ 《合》13426。

⑬ 《合》23803。

⑭ 《合》698正。

上引這兩條是見於同版卜甲的正反對貞之辭，卜問如“㞢”祭妣庚，疾病能否去除。他辭有卜問“妣庚肙王疾”的（《合》13707 正）。蔡文認爲“㞢祭妣庚以祈求㞢𢀛”和“妣庚可蠲王疾”，“正可並觀比較𢀛、肙的意義相同”（93 頁）。

上引這對卜辭以“有𢀛”跟“亡其𢀛”對貞，一用“其”一不用“其”，很可注意。美國司禮義教授曾指出，在一對正反對貞的卜辭裏，如果其中一條用“其”而另一條則不用；用“其”的那條所說的事，一般都是占卜者所不願意看到的。例如卜辭屢以“其㞢（有）𡆥”與“亡𡆥”對貞，因爲占卜者不希望“有𡆥”。[15] 又如求雨卜辭往往以“㞢（有）雨”與“亡其雨”對貞，因爲占卜者不希望這時候不下雨。[16] 上引那對卜辭不說“其有𢀛”而說“亡其𢀛”，說明占卜者希望有𢀛而不希望無𢀛。把“𢀛”解釋爲疾癒、病除，對這一現象來說也是很合適的。

“有𢀛”或“亡其𢀛”還見於下引各辭（第 14 辭蔡文未引）：

（9A）己卯卜貞：今夕小子㞢（有）𢀛。

（9B）貞：翌庚辰小子㞢（有）𢀛。五月。

（9C）□小子㞢（有）𢀛。[17]

（10）癸酉□貞：王□延㞢（有）𢀛。[18]

（11）貞：翼（翌）戊申㞢（有）𢀛。[19]

（12）［王］固曰：翼（翌）丁酉其㞢（有）𢀛。[20]

（13）戊申貞：耖又（有）𢀛。[21]

（14）□翼（翌）戊又（有）𢀛。[22]

（15）貞：亡其𢀛。[23]

（16）貞：亡其𢀛。[24]

---

⑮ 一般把“𡆥”釋讀爲“禍”，我們則釋讀爲“憂”，見拙著《古文字論集》105 頁。

⑯ Paul L－M Serruys, *Studies in the Language of the Shang Oracle Inscriptions*,《通報》，卷 60，Ⅰ－3，25—33 頁。同人 *Towards a Grammar of the Language of the Shang Bone Inscriptions*,《中央研究院國際漢學會議論文集》，1981，臺北，342—346 頁。

⑰ 《合》3266。

⑱ 《合》13423。

⑲ 《合》13424。

⑳ 《合》13425“固”字一般釋讀爲“占”，其實應從唐蘭釋讀爲“繇”，參看拙著《古文字論集》105 頁。

㉑ 《合》21782。

㉒ 《京津》4762【《合》32918】。

㉓ 《合》13430。

㉔ 《合》13438。同版尚有同文殘辭。

上舉各辭中,(12)是占辭,其他都是命辭。(14)的"彗"字作。《甲骨文編》(以下簡稱"文編")和《類纂》釋爲"羽",是不正確的;但他們都以、爲一字,則可從。㉕ 唐蘭在《釋丮雪習䨲》篇的眉批中,已經引録了一條用字的卜辭,㉖可見他也認爲、是一字。㉗ 上舉各辭中的"彗",也都應該是當疾癒、病除講的。

上引(12)的"其有彗"出現在占辭中,並無"亡彗"與之相對,所以加"其"字並不表示占卜者不希望有彗。《合》809 正面的一對正反貞的命辭説:

(17A) 壬寅卜,穷貞:今十月雨。

(17B) 貞:今十月不其雨。

同版反面屬於這對命辭的占辭説:

(17C) 王固曰:其雨,唯庚;其唯辛雨,引吉。

正面的命辭以"雨"與"不其雨"對貞,可知占卜者希望下雨。反面的占辭顯然以下雨爲吉,但在"雨"和"唯辛雨"之前都加了"其",與(12)在"有彗"前加"其"同例。

《合》33717 有如下一辭:

(18) □午卜,今夕又(有)歸。

李宗焜認爲"歸"與"彗""極可能是一字"。㉘ 其説可信。

甲骨文中从"帚"的"㝛"(𡩡)字,有時寫作从㉙或㉚。早期金文中的"婦"字,卜戈婦爵寫作从,㉛山婦觶寫作从。㉜ 曾爲《西清古鑑》所著録的一個方鑑,銘文共三字,左字爲"射",右字似是"桑",中間一字作。㉝ 過去多稱此器爲"射女鑑",把中間一字的右旁跟右邊的那個字合起來看成一個字。其實中間一字也是"婦"字。《攈古録金文》著録一同銘之盤,但將銘文摹倒(卷一之一,79 頁)。盤銘所用之字雖與鑑銘同,字序却不一樣,"婦"字在左,"桑(?)"字在中,"射"字

㉕ 《文編》,中華書局,1965,167 頁。《類纂》,中華書局,1989,698—699 頁。

㉖ 《殷虚文字記》,20 頁。

㉗ 關於這個問題,請參看蔡文 84—85 頁。

㉘ 見其博士學位論文《殷墟甲骨文字表》,北京大學中文系,1995,177 頁。

㉙ 《合》19506,即《甲》3692。

㉚ 《合》19507,即《前》5·32·1。參看《文編》123—124 頁。

㉛ 《金文總集》4044【《集成》14·8734】。

㉜ 同上 6402【《集成》11·6144】。此種寫法的"婦"字,李孝定已釋出,見《金文詁林附録》1117 頁。

㉝ 《金文總集》6878【《集成》16·10286】。

在右。"婦"字右旁作,寫法較繁。由以上所說,可知(帚)、(彗字所从)二形本可通用。[34] 甲骨文"歸"字作"歸",似應爲从"𠂤"(卜辭多用作"師")"帚"聲之字(《說文》以爲"歸"字"从止,从婦省,𠂤聲",恐不可信)。此"帚"旁大概就讀"彗"的音。"彗"是匣母祭部字,"歸"是見母微部字,聲韻皆近,所以可以相諧。【編按:此文採"彗"爲祭月部字說(月部的"雪"从"彗"聲),今按宜從"彗"爲脂質部字說("彗"、"惠"聲通之例很多),脂質部與微物部關係密切。古音質、緝二部關係也很密切,故緝部的"習"本从(彗)聲,"彗"古文作"篲",从"習"聲。】總之,把甲骨文的"帚帚"和"彗"看作一個字,應該是可信的。上引(18)的"又帚帚",無疑就是當疾瘉講的"有彗"。

上引"帚帚"字所从二"帚",方向一致。甲骨文又有象二帚相對的字,多見於子組卜辭,絕大多數用作貞人名。[35] 有一條子組卜辭稱所祭先人爲"壬",[36] "壬"上一字應是此字異體。蔡文謂此先人名即見於賓組卜辭的"帚壬",並指出賓組人名"帚"也間或作。[37] 其說似可信。此字與"帚帚"用法不同,當非一字。《文編》將字隸定爲"帚帚",並將上引《合》33717[38] 的"帚帚"字收在字條內(336 頁 0982 號),是不正確的。《綜類》和《類纂》都將它們分爲二字。[39]

《乙》4810 有从"日"从"帚帚"之字:

(19A) 戊戌卜貞:𣇫卜丁酉。

前引唐文已指出,"習"本是从"日"""(彗)聲之字;《說文》"彗"字古文作"篲",當从"習"聲,可證"彗""習"古音相近。[40] 甲骨文有从"馬"""(彗)聲之字,《文編》釋爲"騽",可信。[41] 這也是"習"从"彗"聲之證。既知"帚帚"、"彗"爲一字,上引卜辭中的"𣇫"自然就可以斷定是"習"的異體了。卜辭中有"習龜卜"、"習一卜"、

㉞ 關於這個問題,請參看蔡文 87—89 頁。蔡文說婦好墓銅器銘文中"帚"字有作的。由於已發表的婦好墓銅器銘文拓本有的不甚清晰,情況究竟是否如蔡文所說,尚需研究。

㉟ 出處見《類纂》1492 頁。

㊱ 《合》21573。

㊲ 蔡文 89—90 頁。

㊳ 即《寧》1・444。

㊴ 《綜類》,汲古書院,1970,439 頁;《類纂》1156 頁。

㊵ 《殷虛文字記》21 頁。

㊶ 參看拙著《古文字論集》234 頁。

“習二卜”等語,“習”當讀爲“卜筮不相襲”(《禮記・曲禮上》)之“襲”。[42] 上引卜辭於戊戌日貞“習卜丁酉”。丁酉是戊戌的前一天,疑“習卜丁酉”是襲丁酉日之卜而卜,也就是將丁酉日所卜之事原樣重卜一次的意思。

(19A)所屬的《乙》4810【《合補》6925】,是一塊字體比較特殊的早期腹甲,除上部的右側缺去一塊外,大體完整。(19A)刻在此甲上部左側邊。在這條卜辭之右,腹甲中綫之左,有三個有刻辭的卜兆,分爲上下兩層。下層有兩個卜兆。左面卜兆旁的刻辭爲:

(19B) 丁酉。

右面卜兆旁的刻辭爲:

(19C) 戊戌。

上層那個卜兆旁的刻辭爲:

(19D) 戊戌,王弟取戈,若。

腹甲中綫之右,跟(19A)相對的位置上原有一辭,只殘存第一字“戊”的半筆。跟(19D)相對的位置上原亦有一辭,只殘存第一字“戊”的大部分。跟(19C)相對的位置上的刻辭爲:

(19E) 丁酉。

跟(19B)相對的位置上的刻辭已因卜甲殘缺而失去,估計可能是“戊戌”。這些刻辭可能彼此都有關係,至少一部分彼此有關係。(19C),可能還有(19D),大概是“習”(19B)、(19E)而卜的。可惜(19)B、C、E 三辭都只記了卜日,而沒有記所卜之事。

在《乙》4810 的上述各辭下方,還刻有多條卜辭,其中兩條卜辭中有从“日”从“帚”之字:

(19F) 丁戊貞:晞。

(19G) 庚寅貞:㠯晞。

此字也見於字體跟《乙》4810 同類型的一塊小殘甲:

---

[42] 參看拙著《古文字論集》332 頁。我在那篇文章裏,認爲卜辭所說的習卜專指骨卜跟龜卜的相襲,是片面的。從下文可知,第二天襲前一天的卜而卜,也可稱習卜。

(20) ▨晶庚。[43]

《文編》把《乙》4810的“晶”和“𣊭”都釋爲“婦日”合文。[44] 所釋雖誤,以二者爲同字則可從。“晶”大概是“𣊭”的簡體,也應釋爲“習”。前面已經説過,“習”本从“彗”聲,“帚”應有“彗”音。所以即使把“晶”看作从“日”“帚”聲之字,也可以把它釋爲“習”。

(19F)的右側有如下一辭:

(19H) 丙戌卜貞:酒丁亥豕冊小宰丁子。

此辭上方還有一條同文卜辭。據此,(19F)的“丁戊”可能是“丁亥”的誤刻。大概當時先於丙戌日卜問是否於次日丁亥祭丁子(即子丁),至丁亥日又卜問是否“習”丙戌日之卜而再卜。

(19G)疑與同版的如下二辭有關:

(19I) 己丑,又(侑?)庚匕(妣)。

(19J) 庚寅,先。

此二辭位置接近。它們跟(19G)相距較遠,但内容顯然有關。(19G)的“習”似指襲(19I)之卜而言。【編按:陳劍指出,(19J)釋文中的“先”字,似應釋爲“尋”。其形右向,右方不从長豎筆或“簟”旁,與長子口墓出土子口扁足圓鼎(《鹿邑太清宫長子口墓》61頁圖二四:1)“尋作”(似應與“肇作”相對)之“尋”字同。“尋”常訓爲“重”,與“習/襲”義近。(19J)與(19G)不知是否可理解爲爲同一事所舉行的相近之貞。】

甲骨文中的从“彗”之字,除前人已釋出的“䨮”(雪)、“習”、“䮧”(騽)和上文所説過的“㿪”字以外,還有兩個可以在這裏討論一下。

一個見於下引殘辭:

(21) 庚戌[卜],□貞:翼(翌)□□(此二字當是記日干支,可能是“辛亥”)▨羌十▨。[45]

此字从从,《類纂》隸定爲“𦚧”(700頁1906號),疑是从“肉”“彗”聲之字,似

---

[43] 《合》21515。“庚”也有可能屬另一辭。

[44] 606頁2153號。

[45] 《合》353。

可釋爲"膤"。"膤"與"煠"通。《廣雅・釋詁二》訓"膤"爲"爚"(瀹),指把肉放入開水中加熱但很快取出來不讓它爛熟。上引殘辭中的"膤"可能是人名,也可能是用牲之法。

另一個从"彗"之字見於《合》3406反(即《乙》970),舊多摹作,[46]《類纂》隸定爲"𦐇"。前引李宗焜《殷墟甲骨文字表》據《乙編》將此字摹作(177頁),比較準確。其下部有些像"衣",但拓本上所見筆畫不是很清晰。如此字確从"衣",似可釋爲見於《儀禮》、《禮記》等書的"褶"字。此字見於一塊殘卜甲的背面,其下有"白"字,前後可能尚有缺文。如"白"應讀爲"伯",此字便可能是用作地名的。

《綜類》(249頁)在(彗)部收有見於下引殘辭的字:

(22) 癸□王□于□亡□。[47]

《綜類》在此字之旁加有疑問號,表示所摹可能不準確。從《佚》著錄的拓本看,此字下部殘去,殘存部分作,應是"翟"的殘字。[48] 在上引卜辭中似用爲地名。《說文・四上・羽部》:"翟,山雉尾長者。从羽,从隹。"甲骨文"翟"字上部究竟是"彗"是"羽"尚待研究。

原載《華學》第二輯(中山大學出版社,1996),今據以收入。

㊻ 《綜類》249頁4欄、《類纂》699頁1905號。

㊼ 《佚》995【《合》37439】。"于"下之字據《綜類》摹。

㊽ 參看《金文編》250頁"翟"字,中華書局,1985。

釋西周甲骨文的“卲”字

西周甲骨文中屢見“卲”字,所从的“卜”往往跟“刀”一起寫在“口”上而作“𠮞”形(“卜”寫在“召”的右邊的,只有下引第3例一例),本文一律寫作“卲”。下面列舉此字用例,同版甲骨上可能有關之辭也一併録出:

(1) □(此□表示原應有之缺字)□囟克事。

卲曰:並囟克事。　　　　鳳雛 H11:6+32①

(2) □(此□表示原應有之缺字)迺則祼□隊逖囟亡咎。　用。

既弗克□□。

卲曰:母。　　　　H31:4②

(3) 卲曰:巳。

召曰:其□▨　　　　H11:5③

此片第二辭首字或釋作“引”,不確,今從徐書17頁釋作“召”,疑亦當讀爲“卲”。

(4) 卲曰:巳。　　　　H11:76④

此辭首字殘存下部“口”旁,據文例定爲“卲”字。其“口”形甚寬,“卜”旁原當寫在“口”上。

---

① 摹本見王宇信《西周甲骨探論》,中國社會科學出版社,1984,頁318·138。以下簡稱此書爲“探論”。照片見陳全方《周原與周文化》,上海人民出版社,1988,圖版35左上、39左上。以下簡稱此書爲“陳書”。徐錫臺《周原甲骨文綜述》,三秦出版社,1987,亦有周原甲骨照片的圖版,但大都極不清晰。以下簡稱此書爲“徐書”。又:以下引卜辭注出處時,逕稱鳳雛H11、鳳雛H31爲H11、H31。

② 《探論》,頁342·291。陳書,圖版25中。

③ 《探論》,頁318·139。陳書,圖版28右下。

④ 《探論》,頁313·117。陳書,圖版27右上。

(5) 其事騜陟三(四)白馳。卲曰:巳。　　邢臺南小汪 H75 所出卜骨[5]

(3)(4)(5)都説“卲曰巳”,可見是西周卜辭中較常用之語。扶風齊家村採集的一片西周卜骨上有“□曰巳”一辭,[6]“曰”上一字不清晰,或釋作“伐”,似不確。此字原來似亦有可能是“卲”。

(6) 卲　　H11:43[7]

此塊卜甲殘片上單刻一個“卲”字。西周卜甲殘片有單刻一個“貞”字的,如鳳雛 H11:10[8] 和昌平白浮 M2[9] 所出的一片,情況與此相類。

“卲”字見於《説文·三下·卜部》:

卲,卜問也。从卜,召聲。

學者們幾乎都援用此文來解釋西周甲骨卜辭中的“卲”字,但是這其實是有問題的。

在已發現的西周甲骨卜辭中,提出所卜之事的命辭,間有在其前加“卜曰”的,[10]但絶大多數不加“卜曰”而逕述所卜之事。[11] 命辭字數一般不多,但是十字上下的命辭還是屢見的。岐山鳳雛所出、時代屬於滅商之前的卜辭中,還有連前辭長達三十字的命辭(H11:1)。

已發現的以“卲曰”開頭的句子則都很短。有些句子在“曰”字後只有一個字。而且這些句子寫刻時都自成一行。例(1)的“卲曰”句與其右方“□□囟克事”一辭有相當大的距離。例(2)的“卲曰”句與其右方的文字也有較大距離,而且字形顯

---

⑤ 河北省文物研究所、邢臺市文物管理處《邢臺南小汪周代遺存的發掘》,《文物春秋》1992 年增刊,247 頁。

⑥ 《探論》,頁 343·299。徐書 445 頁有照片圖版,但甚不清晰。

⑦ 《探論》,頁 319·140。陳書,圖版 46 右上。

⑧ 《探論》,頁 318·137。

⑨ 同上,頁 285·5。

⑩ H11:62、H31:2、H31:3、齊家 80FQN 採集:112。依次見《探論》,頁 317·135,頁 341·288、289,頁 347·302。

⑪ 周原卜甲中的 H11:1、84、112、174 四片(《探論》,頁 286·8、9,頁 287·12、13),命辭前有“貞”字,但其時代皆屬滅商之前。所舉前三片,學者已據其內容定爲滅商前物。H11:174“王”字寫法與它們一致,時代也應接近(參看《探論》,213—214 頁)。此四片“貞”字所从之“鼎”皆作 ,寫法與殷墟甲骨卜辭中借爲“貞”的“鼎”字相合,而與一般西周甲骨卜辭“貞”字所从的“鼎”不同。這一點也可證明這四片都是滅商前物。已發現的一般西周甲骨卜辭中雖然也有“貞”字,但似尚未發現在命辭前加“貞”字的明確例子。齊家 H3〔2〕:1那版卜甲上的“保貞宮”一辭(《探論》,344 頁)及鳳雛 H11:13“卜貞既魄”一辭(同上,頁 316·131),應如何理解,尚待研究。

然大於那些文字。(3)(4)除“卲曰”句外無其他文字。例(5)之辭分刻四行,“卲曰巳”爲自右至左的最後一行。從摹本看,此行與前一行的距離,似乎也要比其他三行彼此間的距離稍大一些(以上情況請參閱文末附圖)。總之,“卲曰”句有相當大的獨立性,不像是命辭的一部分;獨立起來看,也不像是命辭。所以我認爲這種“卲”字不能援用“卜問”之訓來解釋,而應該讀爲卜兆之“兆”。

《説文・三下・卜部》:

> 𠁻(𠧞),灼龜坼也。从卜,兆象形。𠂈(兆),古文兆省。

馬王堆帛書《老子》乙本用从“卜”的“𠧞”字,見“我博焉未𠧞”句,[12]但原釋文誤釋爲“垗”。[13]“兆”“召”在上古都是定母宵部字。《説文》“鞀”字或體作“鞉”。西周甲骨卜辭中的“卲”應該就是“𠧞”的異體。《説文》訓“卲”爲“卜問”可能别有所據,但與西周甲骨卜辭中“卲”字的用法不能相合。

按照我們的意見,“卲曰”句應該看作占卜者據卜兆而作出判斷的占辭。以下對前引各例稍作解釋。

先説例(1)。鳳雛所出卜甲有如下一辭:

> 曰:豐囟克事。 H11:21[14]

例(1)右方一辭可據此補足爲:

> [曰]:□(此字不識)囟克事。

“豐”和此辭“囟”上一字,各家多認爲是人名,[15]可從。“卲曰:並囟克事”一辭中的“並”,各家也多認爲是人名。[16]若此説正確,此辭當是没有保留下來的一條卜問“並囟克事”的命辭的占辭。但是也有可能“並”字是當副詞用的,此占辭是在分别卜問了兩個以上的人是否“克事”以後所作出的判斷,意謂所卜之人並能“克事”(各家多認爲“克事”是勝任之意,可從。“囟”是虚詞)。

例(2)“卲曰母”的“母”,或讀爲“毋”,[17]似可從。但此“毋”字究竟應該看作與

---

[12] 國家文物局古文獻研究室《馬王堆漢墓帛書〔壹〕》,文物出版社,1980,老子乙本及卷前古佚書圖版235行上。

[13] 同上書,96頁。

[14] 《探論》,頁297・49。陳書,圖版28右上。

[15] 《探論》,73—74、103—104頁。

[16] 同上,73—74頁。

[17] 同上,150頁。

“勿”同意的否定詞，還是應該讀爲有無之“無”，[18]還需要研究。由於“卧曰母”三字距離其右方之辭頗遠，字形又顯然較大，也有可能並不從屬此辭，而是另一條沒有保留下來的命辭的占辭。

例(3)第一辭及(4)(5)兩辭都說“卧曰巳”。疑“巳”當讀爲“已”（“已”字本由“巳”字分化），訓爲“止”或“罷”。由於資料不足，這只是很不成熟的假設，有待進一步研究。

鳳雛所出的一塊卜甲殘片上有如下兩辭：

〼曰吉。

其五〼王受〼　　　　H11：189[19]

頗疑“曰吉”之上所缺之字即爲“卧”。在殷墟甲骨卜辭的占辭中，“王固曰：吉”之語是常見的。

鳳雛所出卜甲中，有幾片記有筮數。有一片在筮數之下還刻有“曰……”等字：

七六六七一八曰：其□□魚。　　　　H11：85[20]

1950年殷墟四盤磨所出的一塊卜骨上，也有類似刻辭：[21]

七八七六七六曰□

七五七六六六曰□

易筮所得的筮數與龜卜骨卜所得的卜兆，都是判斷卜筮結果的根據。“卧曰”句中的“卧”字，地位與上舉記筮數之辭中的筮數相當。這可以看作“卧”應釋讀爲卜兆之“兆”的一個旁證。

最後附帶討論一下見於殷墟卜辭的、可能是卜兆之“兆”的表意初文的“𡆥”字。

我在《說“𡆥”》一文中曾指出，出現在殷墟卜辭的占辭之首的“王固曰”的“固”字，也可以寫作“㖶”，還可以以“𡆥”字爲之。其字必與“𡆥”同音或音近。

---

[18] “毋”“無”古通，參看高亨、董治安《古字通假會典》，齊魯書社，1987，772—776頁。以下簡稱此書爲“會典”。

[19] 《探論》，頁289・21。

[20] 同上，頁323・157。陳書，圖版33下。

[21] 郭寶鈞《1950年春殷墟發掘報告》，《中國考古學報》第五册(1951)，圖版肆壹・1。

“𡆧”應該從唐蘭先生讀爲“繇”,殷墟卜辭中常見的“旬亡𡆥”的“𡆥”,則當讀爲與“繇”音近的“憂”。[22] 今按,《屯南》2688 號把“𡆥”字寫作,分明像鋸去臼角的肩胛骨上有卜兆之形(象徵骨臼),則“𡆥”應是卜兆之“兆”的表意初文,“卲”“𠨷”皆其後起形聲字。“兆”字在金石篆文中寫作,[23]並不象卜兆形,用作卜兆之“兆”,當出於假借。

“𡆧”“𠮦”从“𡆥”(兆)从“口”,與“占”字从“卜”从“口”同意,應是繇辭之“繇”的本字。繇辭之“繇”與籒書之“籒”通。《漢書・文帝紀》:“占曰:大横庚庚。”顔注:“李奇曰:‘庚庚,其繇文也。占,謂其繇也。’繇本作籒。”[24]其上古音屬幽部,“兆”則屬宵部。但二部古音相近。而且“繇”字本身除與“猷”“猶”“由”“陶”“籒”等幽部字相通外,就又與“謡”“傜”“徭”等宵部字相通[25]。可見我們說殷墟卜辭有時以“𡆥”(兆)爲“𡆧”(繇),於音理並無不合。“𡆧”(繇)有可能就是由“𡆥”(兆)派生的一個詞。

附　　圖

(1) H11:6+32

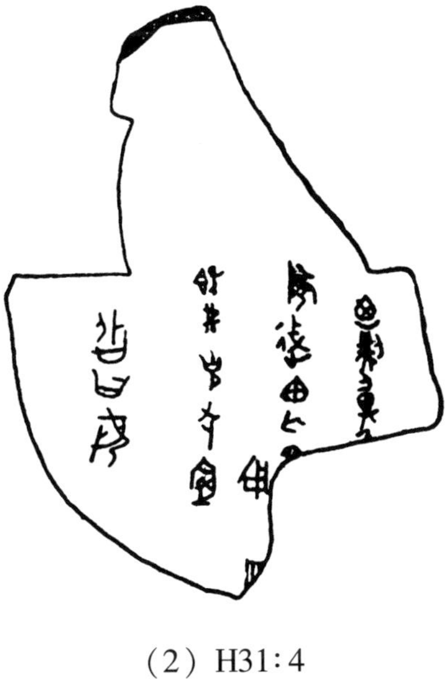

(2) H31:4

㉒ 裘錫圭《古文字論集》,中華書局,1992,105 頁。

㉓ 羅福頤《漢印文字徵》,文物出版社,1978,12・11 下,“姚”字偏旁。

㉔ 引文據《會典》717 頁標點。

㉕ 《會典》,714—717 頁。

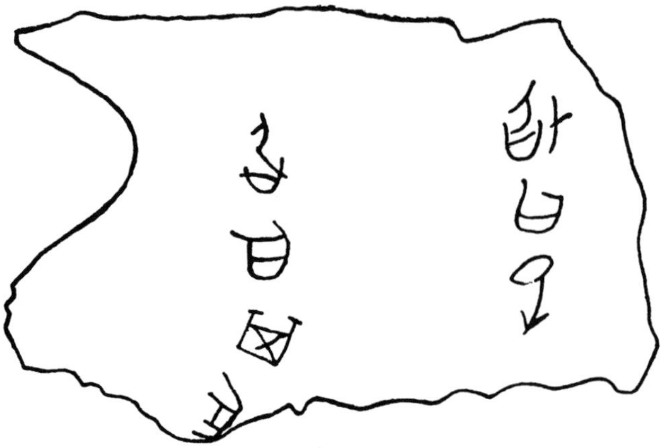

（3）H11∶5

（4）H11∶76

（5）南小汪 H75 所出卜骨

（6）H11∶43

原載《第三屆國際中國古文字學研討會論文集》(香港中文大學中文系，1997)，今據以收入。

殷墟甲骨文考釋四篇

一、釋　　“⿱庚心”

甲骨文中有上从“庚”下从“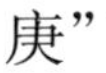”之字。甲骨學者起初把“”看作“貝”的異體,認爲這個字就是《說文》收作“續”字古文的“賡”字。① 于省吾先生在《甲骨文字釋林》的《釋心》篇中,把“”改釋爲“心”。② 十分正確。《釋心》把“⿱庚心”列爲待考的从“心”之字,我認爲“⿱庚心”應該是“心蕩”之“蕩”的專字(按照一般的說法,也可稱爲本字)。

“⿱庚心”字見於下引兩條殘辭:

貞:王心⿱庚心,亡來□自□。一月。二。　　合12

貞:王[心]⿱庚心,[亡]來□自☒。三。　　合18384,即後下21·15

【編按:陳劍指出,此《合》18384,蔡哲茂《甲骨綴合集》第350組已將其與《合》13及《山東省博物館珍藏甲骨墨拓集》0632綴合(《合補》未收),此處所引之辭已補全爲“貞:王心蕩,亡來艱自方。”上引《合》12一辭應與此同文】

這兩條應爲同文卜辭,前者爲第二卜,後者爲第三卜。後一條的“心”、“亡”二字據前一條補出,前一條的“⿱庚心”字殘去“心”旁,據後一條補足。

在與上引二辭同期同類的殷墟卜辭中尚有如下一條殘辭:

壬午卜□貞:王心□,亡艱□入☒。　　合7182

此辭“心”下已殘去之字很可能也是“⿱庚心”字。殷墟卜辭中有“亡囚(憂?)才(在)入(內)”的說法(參看拙文《關於殷墟卜辭的命辭是否問句的考察》,拙著《古文字論

---

① 《甲骨文編》,中華書局,1965,505頁。《甲骨文字集釋》,中研院史語所,1982,3871頁。

② 《甲骨文字釋林》,中華書局,1979,367頁。

集》266 頁,中華書局,1992。此文在論及“亡囚才入”一語時,曾引用以“于卜”、“于入”對貞的一對卜辭,來證明“入”可以讀爲“内”。這對卜辭的“于卜”、“于入”應讀爲“于外”、“于内”,許進雄在《明義士收藏甲骨釋文篇》第 2331 片釋文中早已指出來了。此文失於徵引,是不應有的疏失,附正於此)。此辭的“亡艱□入”疑本亦作“亡艱才(在)入(内)”。據此辭,上引兩辭“來”後一字可以補作“艱”。“亡來艱自西”(《合》7099 正)、“亡來艱自南”(《合》7093)、“亡來艱自方”(《合》6668 正)一類話,在殷墟卜辭中是屢見的。

從王因“心㦖”而卜問是否會有艱險之事發生的情況來看,“心㦖”顯然指心臟的一種不正常的現象。把卜辭文義上的這一綫索跟字的結構結合起來進行考慮,可以肯定“㦖”就是古書中所說的“心蕩”(出處詳下)的“蕩”的專字。

“㦖”字的結構跟“唐”字相類。《説文・二上・口部》:“唐,大言也。从口,庚聲。啺,古文唐从口、昜。”“㦖”可以分析爲“从心,庚聲”或“从心,唐省聲”,其字音應與“唐”相似。上古音“唐”、“昜”相近。上引《説文》“唐”字古文从“昜”聲,就是明證。“唐”與从“昜”聲的“湯”也音近可通。大家都知道,殷墟卜辭所記的祭祀對象“唐”,就是古書中的“湯”。“蕩”字从“湯”得聲,而且跟“唐”一樣也是定母字。我們把以“心”爲形旁的、讀音跟“唐”相似的“㦖”字釋爲“心蕩”之“蕩”的專字,顯然是很合理的。

《左傳・莊公四年》:

> 楚武王荆尸授師孑焉,以伐隨。將齊,入告夫人鄧曼曰:“余心蕩。”鄧曼嘆曰:“王禄盡矣。盈而蕩,天之道也。先君其知之矣,故臨武事將發大命而蕩王心焉。若師徒無虧,王薨於行,國之福也。”王遂行,卒於樠木之下。

鄧曼認爲楚國先君知道王禄將盡,所以使王心蕩,給他一個警告。商代人則認爲“王心㦖”預示可能會有艱險之事發生。彼此的想法是很接近的。

《説文・十下・心部》:“愓,放也。从心,昜聲。”“愓”、“蕩”同音,一般認爲“愓”就是“放蕩”之“蕩”的本字(參看《説文通訓定聲》“愓”字條)。“心蕩”之“蕩”與“放蕩”之“蕩”,義本相通。《左傳・莊公四年》杜預注,釋“心蕩”之“蕩”爲“動散”。“放”、“散”義近。所以我們也未嘗不可以把“㦖”直接釋爲“愓”。也許比較合適的辦法是把“心㦖”釋爲“心愓(蕩)”。

二、釋　“宷”

《合》10678 有如下殘辭：

壬辰☐焚☐

“焚”上一字，《類纂》隸定爲“宷”而未釋（771 頁）。

《説文·二上·釆部》：“，悉也，知宷諦也。从宀，从釆。，篆文宷从番。”西周時代的五祀衛鼎“余審賈田五田”句中的“審”作（《金文總集》1325【《集成》5·2832】，參看《金文編》54 頁 0116 號“宷”字），中間从“米”不从“釆”。由此可知甲骨文“宷”字應釋爲“宷”（審）。可惜只見於一條殘辭，文義無法詳考。

三、釋　“温”

《甲骨文編》330 頁“疒”字條所收最後一例爲：

所注出處爲“燕（指《殷契卜辭》）863【《合》17960】”。此字所从的，與“疒”字所从的截然有别，可見釋作“疒”是有問題的。

《燕》863 片上只有上引這一個字。我認爲該書編者將這一片的拓片放歪了。如果轉一個 90 度的角度來看，這個字就變成了。

李孝定《甲骨文字集釋》第十一卷“温”字條，從陳邦懷説釋甲骨文字爲“温”，並説：“中央研究院藏鼎有單文，與此當係一字，特所从人形立臥有别耳。”（3277—3278 頁）其説可從。張秉權《丙》中輯（二）317 號考釋，有與之略同的説法，可參考。所謂“中央研究院藏鼎”，指西北岡 1435 號墓出土的大圓鼎，銘文實作：

《金文總集》4641 頁補 3【《集成》3·1230】

《集釋》所摹有些出入。

前舉《燕》863 片之字，與上引鼎銘顯然是同一個字，所以也應該釋爲“温”（精確地說,是釋爲溫暖之“溫”的本字“𥁕”)。

四、釋 “河”

黄組卜辭(即一般所謂第五期卜辭)中屢見一個寫作、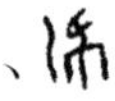等形的字(《甲骨文編》850 頁 4798 號。下文在沒有必要摹出字形時,以“△”號來代表此字)。其最常見的文例是作爲地名用在前辭“干支卜在△貞”中,如:

(1) 戊寅卜,才(在)△貞:今夕𠂤(師)不㞒(震?)。 合 36430

(2) 癸巳卜,才(在)△貞:王旬亡畎(憂?)。 合 36780

有時也說“在△東兆貞”:

(3) 癸卯卜,才△東兆貞:王旬亡畎(憂?)。 合 36896

(4) □巳卜,才△東[兆]貞:今夕𠂤(師)不㞒(震?)。 合 36432

有一條殘辭說到“涉△”:

(5) □酉卜,□□貞:□涉△□于盧☒

合 36893(即《林》2・15・16。《合》將此片拓本倒置)

另有一條殘辭似是卜問祭△之事的:

(6) □戌卜,才(在)貞:其□于△叀牛。才(在)[十月]又一。

合 36922

還有一條殘辭因殘缺太甚,不知所言爲何事:

(7) □申卜,才(在)□貞:王□□△☒

安明 3039

除魯實先曾釋△爲“漏”外,似乎還沒有人考釋過這個字(據松丸道雄、高嶋謙一編《甲骨文字字釋綜覽》508 頁 4798 號)。釋“漏”顯然是不可信的。

此字在上舉第 5 辭中作(《甲骨文編》850 頁△字條所摹稍有誤),第 6 辭中作(《類纂》487 頁字條摹作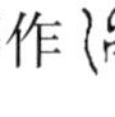),第 7 辭中作。許進雄《明義士收藏甲骨釋文篇》摹錄上舉最後一形有失真處,但已正確指出此字爲“地名,或作,常在該地卜旬、卜𠂤㞒不㞒,當是常巡視的重要據點”(235 頁,1977)。

從上舉的幾種寫法來看,多數△字所从的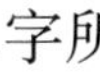實爲字的訛變之形。由於△字左側从“水”,所以右側所从的、等形的下方往往添加象水的小點,有時在其右上方也加小點。此右側所从之字,既見於殷墟甲骨文(《甲骨文編》213 頁將此字附於“何”字初文之後),也見於殷周金文(如西周重器何尊銘文中的器主之名,見《金文編》562 頁“何”字條)。它就是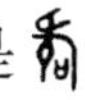簋器主名(《金文編》1173 頁)和同簋“河”字(同上 727 頁)聲旁的初文。郭沫若《兩周金文辭大系》同簋考釋將“河”字聲旁隸定爲“᭠”,以爲是“何”字異體。唐蘭《᭠尊銘文解釋》也將器主之名隸定爲“᭠”,但認爲是“歌”字異體。③ 唐說似較可信。

殷墟甲骨文“河”字,或以寫作、等形的“柯”字初文爲聲旁,或以寫作、等形的“何”字初文爲聲旁。④ “柯”、“何”皆从“可”聲,“᭠”(歌)也从“可”聲。所以△應該是“河”字的異體。同簋“河”字从“᭠”聲,是△當釋“河”的明證。

從文例看,釋△爲“河”也是合理的。殷墟卜辭中“涉河”之語屢見(參看《類纂》490 頁“河”字條“涉河”部分),前引第 5 辭正有“涉△”之語。卜辭中有“河東兆”之稱:

貞:虎□方其涉□河東兆□其□。　　合 8409
弜(勿)于河東兆奠,即又☐　　合 34255

前引第 3、4 兩辭也稱“△東兆”。殷墟卜辭中祭河之辭極爲常見,今舉一例於下:

甲戌卜:王其又河叀牛,王受又(祐)。　　屯南 2699

可見把前引第 6 辭的△釋作“河”是很合適的。有一條出組卜辭說:

壬辰卜,行貞:今夕亡𡆥(憂?)。才(在)河。　　合 24420

“壬辰卜,行貞……在河”與“壬辰卜,在河,行貞”,在意義上並無區别,只不過出組習慣於把進行占卜的地點記於辭末而已。由這條記“在河”的出組卜辭可以知道,把黄組卜辭中“在△貞”的“△”釋爲“河”,也是完全合適的。至於這種地名“河”,究竟是泛指臨河之地的,還是專指臨河的某一個邑的,還有待研究。

---

③ 《唐蘭先生金文論集》192 頁注一五,紫禁城出版社,1995。

④ 參看《甲骨文編》431—433 頁、《甲骨文字集釋》3261—3273 頁。

周原卜甲 H11∶30 有“燎于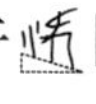□”殘辭（徐錫臺《周原甲骨文綜述》35 頁十一號，三秦出版社，書首跋文署 1987 年），“于”下一字顯然也是从“㢠”之初文的“河”字的殘文。“燎于河”之語在殷墟卜辭中也是常見的（參看《類纂》492 頁“河”字條“燎河”部分）。

徐錫臺在《周原出土的甲骨文所見人名、官名、方國、地名淺釋》一文中考釋上引周原卜甲時，不知“于”下一字是殘文，把它摹作，並說：“爲地名。殷虚卜辭中常見，《甲骨文編》收入附錄（字號是 4798）。是第五期帝王游幸之地，究竟是現在的什麽地方，因爲牽涉的問題太多，尚不能定。”⑤但徐先生在後來發表的《周原出土卜辭選釋》一文中，已將 H11∶30 的“于”下一字釋爲“河”，並說：“字左从水，右像人荷物狀，疑爲河字。”⑥按理他在這時應該已經認出了殷墟甲骨文的△字，可是在文章裏却一點也沒有提到有關的問題。他在更後出版的專著《周原甲骨文綜述》中考釋 H11∶30 時，仍然沒有提到殷墟甲骨文的△字；而且在此書的《周原甲骨文字型對照表》中，只引了殷墟甲骨文中从“柯”字初文的“河”字來跟周原甲骨文的“河”字對照，不但沒有引△字，就連从“何”字初文的“河”也沒有引用（見該書 326 頁）。這是頗令人不解的。

最後，就已知的古文字資料，談一下“河”字字形的變化。

殷墟卜辭中各組卜辭的“河”字，寫法相當不一致。𠂤組兼用从“柯”字初文和从“何”字初文兩種寫法。賓組、出組、歷組基本上只用从“柯”字初文的寫法（出組晚期卜辭，個别的有用从“何”字初文的，如前舉《合》24420 的“河”字）。何組和無名組基本上只用从“何”字初文的寫法（但無名組早期卜辭，用字風格與歷組比較接近，往往用从“柯”字初文的寫法）。黄組卜辭只用从“㢠”字初文的寫法。時代大概屬西周早期的周原卜甲 H11∶30 的“河”字，寫法與黄組相同。時代約屬西周中期的同簋銘則用从“㢠”的寫法，亦即在“㢠”字初文上加了一個“口”旁。看來，典籍所用的字形“河”，可能是出現得比較晚的。不過戰國時代的金文、陶文和印文等，都已經用从“可”的“河”字了。⑦

附帶說一下，《金》第 728 片屬黄組卜辭，其摹本將“癸酉卜”一辭的地名“云奠□邑”中的“邑”上一字摹作，舊時學者多認作从“柯”字初文的“河”。但饒宗頤

⑤ 《古文字研究》第一輯，中華書局，1979。

⑥ 《考古與文物》1982 年 3 期 61 頁。

⑦ 參看高明《古文字類編》，中華書局，1980，464 頁。

《殷商貞卜人物通考》已經指出,從此片原物看,此字絶非"河"字(615 頁,香港大學出版社,1959)。現在此片拓影已經發表,即中華書局 1985 年出版的《英國所藏甲骨集》的 2525 號。其"邑"上一字由於有泐痕的干擾,尚不能確釋(稍有些像"折"字),但毫無疑問不是"河"字。

追記:

此稿寄出後,偶閱李學勤先生 50 年代舊作《帝乙時代的非王卜辭》,發現此文引用《前》8・6・2【《合》36428】、《續》3・29・5【《合》36431】等片黄組卜辭時,已將"泂"字釋作"河"(《考古學報》1958 年 1 期 67—68 頁)。故拙文《釋"河"》篇應視爲對李釋的補證。

1996 年 5 月 24 日

原載李學勤、吴中傑、祝敏申主編《海上論叢》(二)(復旦大學出版社,1998),今據以收入。

甲骨文中的見與視

殷墟甲骨文中既有□字，又有□字，前者“目”下人形是跪坐的，後者“目”下人形是直立的，通常把二者都釋作“見”字（見《甲骨文編》367—368頁“見”字條）。張桂光在80年代提出了它們應該是兩個不同的字的看法。他指出這兩個字的辭例有別，“可確證爲見字的‘其來見王’‘不其來見王’‘印啓，不見云’（引者案：此條似出《合》20988，原辭應釋爲“戊戌卜：其陰印？翌己攺，不見云”）等，見字都作□不作□，在稍覺相似的‘□方’與‘□方’諸例中，作‘□方’的幾乎前面都帶‘乎’或‘令’，作‘□方’的則無一帶‘乎’或‘令’的”。他認爲“□乃是□的異文，以釋‘望’爲妥”，其主要證據是“朢”“也有从横目作□的”（轉引自《甲骨文字詁林》606—607頁）。

姚孝遂在《甲骨文字詁林》0625“見”字條按語中說：

> 卜辭“□”與“□”形體有別，用法亦殊。“□”可用作“獻”，“□”則不能。但其餘則可通用。卜辭二者似已出現合併之趨勢，今姑併列。（609頁）

又在0626“見”字條按語中說：

> 考之卜辭，“朢乘”之“朢”從無作“□”之例。“□”與“□”在卜辭均可爲人名，亦均可爲動詞，但二者從不相混。而“□”與“□”則可相通，契文“覓”字从“□”與从“□”互作可證。（611頁）

姚先生指出“‘□’可用作‘獻’（引者按：指“皁見百牛”、“見新来”等例），‘□’則不能”，完全正確。他說這兩個字“可通用”，並未舉出實例，估計主要是指它們都可用爲人名（包括族名），並且都可出現在“方”字或方國名之前而言的。“□”、“□”都可用作人名，就跟姚先生所指出的“□”、“□”都可用作人名一樣，並不足以證明二者爲一字。“□方”之辭與“□方”之辭，在文例上仍有區別，張桂光已經指出。所以姚先生說這兩個字“形體有別，用法有殊”是對的，說二者在卜辭中“似已出現合併之趨勢”，則缺乏根據。

姚先生所説的“契文‘見’字从‘’與从‘’互作”這一點，也不能證明二者爲同一個字。唐蘭先生在《古文字學導論》中早已指出：

> 凡同部（即由一個象形文字裏孳乳出來）的文字，在偏旁裏可以通用，——只要在不失本字特點的時候。……欠、丮、卩、尾、企等字，本是有區别的，在偏旁裏却常可通用。（235—236頁，齊魯書社，1981年增訂本）

“”、“”用作偏旁時互作，應是同類的現象。

總之，張桂光分甲骨文“”、“”爲二字，是可以成立的。但是他釋“”爲“望”，却難以成立，姚先生在上列按語中已經指出來了。甲骨文“朢”字寫作从横目形者極少，而且其人形下端已經加“土”，跟“”的區别仍是很明顯的。如找不到“”、“朢”用例相同的確證，僅僅根據這種“朢”字是不能證明二者爲一字的。那麽，“”究竟是什麽字呢？新出的郭店楚簡提供了重要綫索。

郭店簡的整理者在考釋簡本《老子》時，發現簡文中上从“目”“下部爲立人”的字是“視”字，“與簡文‘見’字作者有别”（《郭店楚墓竹簡》114頁注〔六〕，文物出版社，1998年5月）。例如：《老子》今本35章的“視之不足見”，簡本就作：

> 之不足　　《老子》丙5號簡，《郭店楚墓竹簡》9頁

“見”的這種寫法是楚文字中常見的。“視”的這種寫法過去較少見，但包山楚簡屢見官名“日”（參看滕壬生《楚系簡帛文字編》706頁，湖北教育出版社，1995），過去釋爲“見日”，其實應釋爲“視日”。《史記·陳涉世家》：“周文，陳之賢人也，嘗爲項燕軍視日。”項燕爲楚將，其軍中所設之視日，與包山簡之視日，性質當相類。《史記集解》引如淳説，以“視日時吉凶舉動之占”釋《陳涉世家》的“視日”，恐非是。

我認爲甲骨文的“”字也應釋爲“視”。這種“視”是形聲字“視”的表意初文。

殷墟卜辭中有以下諸辭（字以“△”代替）：

> 貞：登人五千，乎（呼）△𢀛方。　　合6167
>
> 貞：乎△𢀛，𢦔。　　合6193

丁未卜,貞:令立△方。一月。　　合6742

□△方于宋(?)。　　合6743

貞:乎登△戎。　　合7384

勿乎△戎。　　合7745

把這類卜辭中的△釋爲“視”,是很合適的。

《左傳·僖公十五年》記秦晉二國韓之戰之事説:

晉侯逆秦師,使韓簡視師,復曰:“師少於我,鬬士倍我。”

同書《哀公二十三年》:

夏六月,晉荀瑶伐齊,高無丕帥師御之。知伯視齊師,馬駭,遂驅之,曰:“齊人知余旗,其謂余畏而反也。”及壘而還。

上引卜辭的“視”,當與《左傳》“視師”之“視”義近,有爲了準備戰鬥而觀察敵軍情況之意。

卜辭中還有“△㞢自(師)”之語:

丙午卜,㱿貞:乎自(師)往△㞢自(師)……　　合17055

丙午卜,㱿貞:勿乎自往△㞢自。　　合5805

㞢師是屬於商王的,並非敵人。“視㞢師”之“視”,當與“視𢀛方”、“視方”等語之“視”有異。《尚書·文侯之命》記王命説:

父義和,其歸視爾師,寧爾邦。

“視㞢師”之“視”,當與“視爾師”之“視”意近。

其他殷墟卜辭裏的△字,釋作“視”也都是講得通的,不一一贅述。《合》36970的一條殘辭中有“△史”之文,也許可以讀爲“視事”。

周原卜甲也有“視”的表意初文:

工于洛

H11:102(王宇信《西周甲骨探論》301頁,中國社會科學出版社,1984)

龍□乎(呼)□　　H11:92(同上)

《尚書·洛誥》記成王命周公“監我士師工”。“視工”之“視”,用法與《洛誥》“監”字相似。或釋“視工”爲“見工”,讀爲“獻工”,非是。“呼視”的説法與殷墟卜辭相合。

在西周金文中,雖然早已出現個别从"見""氏"聲的"視"字(參看《金文編》619 頁"視"字),"視"的表意初文仍然時常被使用(下引銘文中此字用△代替,其原形多已收入《金文編》618 頁"見"字條):

牆盤:方緣(蠻)亡不䢅△。 集成 10175

𧻚伯簋:王命益公征眉敖。益公至告,二月眉敖至△,獻貴。 集成 4331

九年衛鼎:眉敖者膚卓吏(使)△于王,王大黹。 集成 2831

㝬鐘:𠬝孳廼遣閒來逆卲王,南夷、東夷具△廿又六邦。 集成 260

駒父盨蓋:南仲邦父命駒父簋南諸侯,率高父△南淮夷,厥取厥服,堇夷俗,豖(?)不敢不敬(?)畏王命,逆△我,厥獻厥服。 集成 4464

雁(應)侯鐘:……雁侯△工遺王于周……𢦏伯內右雁侯△工……△工敢對揚天子休…… 集成 107

這些△字過去都被釋作"見"。牆盤銘既有此字,又有下部人形呈坐姿的"見"字(見"𢼸史剌祖迺來見武王"句)。結合殷墟卜辭和楚簡中"△"、"見"有别的現象來看,西周金文的"△"無疑也應釋爲"視",而不應看作"見"的異體。

應侯鐘的"△工"是應侯之名,不知是否即取義於見於上引周原卜甲的"視工"。其他各例所説之事,都跟周王朝與蠻夷之邦間的關係有關。《周禮·春官·大宗伯》:"時聘曰問,殷覜曰視。"同書《秋官·大行人》:"王之所以撫邦國諸侯者,歲徧存,三歲徧覜,五歲徧省……"。《説文·八下·見部》:"諸侯三年大相聘曰覜。覜,視也。"段注:"鄭(引者按:指鄭玄《周禮注》)説殷覜,不用三年大聘之説。許則以《周禮》之覜即三年大聘。故《大行人》曰:'王之所以撫邦國諸侯者,歲徧存,三歲徧覜,五歲徧省。'省與覜同。閒歲而舉,所謂三年大聘。下於上,上於下,皆得曰覜,故曰相。許説與《周禮》不相違也。"又説:"《小行人》曰:'存、覜、省、聘、問,臣之禮也。'按:五者皆得訓視。"上引牆盤等器銘中的"視",應即"殷覜曰視"的"視",其義與覜、省、聘、問等相近。"下於上,上於下,皆得曰覜。"故駒父盨蓋銘中既有"駒父視南淮夷"之文,又有南淮夷"逆視我"之文。

時代不出春秋戰國之間的侯馬盟書,有"䚁"、"見"二字(分别見於《侯馬盟書》字表 337 頁和 309 頁),前者各家皆釋"視"。盟書"見"字下部人形已作直立形,看來當時晉國已不用"視"的表意初文了。不過,盟書中"明殛視之"一語中的"視"字有少數作"見",不知是同義相代,還是使用"視"字表意初文的殘跡。戰國中期偏晚的中山王墓銅器中,兆域圖有从"目""氏"聲的"視"字(參看《金文編》233 頁

“眂”字條，戰國時代的三晉璽印文字等也有這種“視”字）；中山王嚳壺“則臣不忍見□”句中的“見”字，下部人形也已作直立形（參看《金文編》619 頁“見”字條）。中山國開始不用“視”字表意初文的時間，應在此之前。郭店楚簡的時代與中山王器相近，可見楚國使用“視”字表意初文的時間拖得比較晚。不過郭店楚簡中也出現了少量下部人形作直立形的，與“視”字表意初文無別的“見”字，如《五行》篇第23、29 等號簡的“見”字（見《郭店楚墓竹簡》32、33 頁）。可見在當時的楚國，“視”字表意初文的地位已經開始動摇了。【重印本按：楚墓出土竹書中所見的少數例外，當是受了所據他系文字底本的影響而産生的，請參看拙文《〈戰國文字及其文化意義研究〉緒言》（《出土文獻與古文字研究》第六輯，上海古籍出版社，2015 年 2 月，226 頁）。】

追記：

西周早期的匽（燕）侯旨鼎説：“匽侯旨初見事于宗周，王賞旨貝廿朋，用作姒寶尊彝。”（《集成》2628）玨方鼎説：“己亥，玨事于彭，車叔賞玨馬，用作父庚彝。”（《集成》2613）楊樹達《書康誥見士于周解》指出，康誥“見士于周”的“士”應讀爲“事”，“見事于周”的文例與“見事于宗周”同，“見事猶言述職”（《積微居小學述林》卷六）。其言甚是。但楊氏將玨方鼎的“事”也釋作“見事”，現在看起來是錯誤的。此二字應釋爲“視事”。“視事”爲古代常用語，如《左傳・襄公二十五年》説：“崔子稱疾不視事。”從銘文看，玨當是奉車叔之命視事于彭地，故受其賞。玨方鼎之“視事”初未曾注意，雷神父（Jean A. Lefeuvre，中文名爲雷煥章）提醒，謹誌謝意。

原載《甲骨文發現一百周年學術研討會論文集》（文史哲出版社，1999），又載復旦大學出土文獻與古文字研究中心網站（2008 年 5 月 10 日），今據後者收入。

釋　“戹”①

殷墟甲骨的黄組卜辭(即一般所謂第五期或帝乙帝辛卜辭)中,屢見“茲”一語(字在下文中如無必要寫出原形,皆以“△”代之),舉例如下(釋文一般用寬式):

(1) 戊戌王卜貞:田弋,往來亡災。王占曰:大吉。在四月。茲△。獲狖十又三。　合 37473

(2) 壬戌王卜貞:田𡧊,往來亡災。王占曰:吉。在七月。茲△。　英 2546

(3) 戊辰卜,在敦貞:王田浼,不遘大雨。茲△。在九月。　合 37646

(4) 己丑卜貞:王巡于召,往來亡災。在九月。茲△。獲鹿一。　合 37429

(5) 丙子卜貞:翌日丁丑王其振旅,延巡,不遘大雨。茲△。　合 38177

(6) 甲午卜,在冐貞:□从東,叀今日,弗悔□在十月。茲△。王征□唯十祀。　合 37856

(7) 辛未卜,在河貞:今夕師不震。吉。茲△。　合 36428

(8) 其遘雨。茲△。小雨。　合 38169

(9) 其雨。茲△。　英 2589

(10) 不雨。茲△。不雨。　懷 1885【《合補》11642】,摹本見合 41869

(11) 癸未卜[貞]:茲月有大雨。茲△。夕雨。

合 38165,後下 18・13 較晰(此條與“于生月有大雨”對貞)

△字舊多釋爲“御”。郭沫若認爲“茲御”猶言“茲用”,他在《卜辭通纂》第十八片《考釋》中説(下引文中的“茲”原來皆作隸定形):

“茲御”字多見,且多見於卜田獵之辭。由其字形觀之,大抵乃一人手筆,蓋同一時期之卜骨。御者用也,“茲御”殆猶它辭言“茲用”矣。(《郭沫若全

---

① 本文所説的“戹”音 wǒ,跟由“戹”變來的用作“軛”“扼”等字偏旁的“厄”非一字。

集·考古編2》231頁)

胡厚宣先生在發表於《中央研究院歷史語言研究所集刊》第八本第四分的《釋兹用兹御》一文中(下文引胡先生意見皆出此文,不再一一注明),指出殷墟甲骨中時常綴於“卜辭之末或卜兆之旁”的成語“兹用”,“猶言‘用此卜’‘從此卜’‘按照此卜而施行’也”。關於“兹御”,胡先生同意郭氏的意見,他說:“……帝乙帝辛時除‘兹用’之外又常用‘兹御’一辭,蓋‘御’亦‘用’也。”(原文中“兹”字作隸定形,今改作“兹”,下同。)

我們認爲前人把△看做“卸(御)”的異體,是有問題的。在殷墟甲骨文裏,“御”字所从的“午”的確有簡作直豎的,但主要見於歷組等時代較早的卜辭(如《合》32043、32597等),而且直豎的長度明顯地長於△字所从的位置偏上的短豎。二者在卜辭中的用法也顯然不同。島邦男《殷墟卜辭綜類》把△字排在第41頁“卩”字之後,把“午”旁作直豎的“御”字排在第56頁,介於一般的“御”字和从“示”的“御”字之間。可見島氏認爲後者是“御”字異體,前者則是另一個字。這是完全正確的。在黄組卜辭中,除了被前人看作“御”字的△,幾乎看不到“御”字。《類纂》第155頁所收的屬於黄組卜辭的《合》36321的“御”字,乃是“兹”字殘文的誤摹(《綜類》第553頁第二欄“京5087”條已正確地摹此字爲“兹”)。但黄組卜辭中屢見一個从“宀”从“午”的地名字(參看《類纂》第761頁),“午”旁的寫法一般都跟黄組卜辭用作地支的“午”字相同,而跟△字所从的短豎不同。在《合》37362下方“壬寅”一辭和37363中部“壬子”一辭中,這個地名字都與△字同見,把它們比較一下,就可以明白地看出△字決不會是从“午”的。

“兹△”的含義也不可能跟“兹用”相同。“兹△”和“兹用”在各條卜辭中所佔的位置的確很相似。它們一般都放在命辭之後。如果有占辭、驗辭,則放在占辭之後、驗辭之前(“兹用”的這類例子多見於無名組卜辭,如《合》28663“大吉。兹用。允大啓”,跟上文所引的“(1)……王占曰:大吉。在四月。兹△。獲犷十又三”,都是前爲占辭、後爲驗辭的格式。又如《合》33402“不擒。兹用。弗擒”,跟上文所引的“(10)不雨。兹△。不雨”,都是前爲命辭、後爲驗辭的格式,而且連契刻的行款也完全相同)。但是二者出現的情况還是有所區別的。胡先生已經注意到,“迄帝乙帝辛時,則祭祀卜辭如‘其牢’‘其犆’‘叀羊’‘叀䍙’之類每記‘兹用’,田獵卜辭如‘王田’‘王省’‘王戋’(此字我們釋“逖”)‘王从’之類每記‘兹御’”。此外,黄組的卜雨之辭也記“兹△”,例已見前。如果“兹△”的意思就是“兹用”,就不應該出現這種情况。

在一片屬於出組的卜骨上,有如下一對對貞卜辭:

(12) 甲子卜,[王]曰貞:翌□□咸毓祖乙□方其☐

(13) 甲子卜,王曰貞:肄(?)毋。兹不用。△于雨。　　合22758

第二辭在記了“兹不用”之後,又記“△于雨”,大約是驗辭。雖然文義還不是很清楚,但可以看出“△”跟“兹用”的“用”顯然是不同義的。這條卜辭的△字,短豎寫得非常短,而且位置非常偏上。前期卜辭中的△字大都這樣寫,跟“午”旁作直豎的“御”字的區別十分明顯。

以前已有個別學者對“兹△”與“兹用”同義的說法表示過異議。許進雄雖然把△跟“午”旁直豎的“御”混爲一字(《明義士收藏甲骨釋文篇》——以下簡稱“明釋”——167頁2128片考釋),但認爲這種“御”字與从“午”的“御”字有別,“爲駕馭,與爲禦除之義不同”(《懷》釋文17頁324片考釋);並認爲第五期田獵卜辭中的“兹△”,“表示已依兆而動用車馬之事”(《懷》釋文104頁1856片考釋)。《安明》3047片有如下黄組殘辭:

(14) □雨。[兹]小△。

許氏考釋說:

> 兹△或以爲與兹用同義,但兹用於第五期多用於祭祀的卜問,而兹△則於卜雨及田獵、征戰時用之。都是有關使用馬車的時機,其意義與御的禦除病疾完全不同,後來可能形近而混淆,使御兼有禦除及駕馭的意義。小△大概是小規模的車駕隊伍。(《明釋》236頁3047片考釋)

爲什麽“卜雨”也都與使用車馬有關,許氏並無具體說明。拿我們在前面所引的(9)、(10)、(11)三條卜雨之辭來看,就看不出跟使用車馬有什麽關係。許氏認爲“兹△”與“兹用”不同義,是正確的。但是“兹△”和“兹用”在各條卜辭中所佔的位置的確很相似,“兹△”的性質應該跟“兹用”相類,也是記録占卜本身情況的一種刻辭。許氏的解釋恐難成立。附帶說一下,《明釋》第241頁3139片辛丑卜的一條命辭的釋文中,在“亡災”之前有“弗△”,許氏釋其義爲“不用車馬”。其實“弗”後一字應釋爲“每”(悔)。此字只存下部,故被誤釋爲△,《類纂》“御”字下所引《合》38177(即《明釋》的第3139片)釋文沿其誤。

△所从的短豎,跟《說文》認爲是“主”字所从的“丶”字(見《說文・五上・丶

部》)相似。所以陳邦懷釋△爲“住”,認爲“人止曰△,馬止曰駐,音同而義異也”(參閱松丸道雄、高嶋謙一《甲骨文字字釋綜覽》55頁)。陳氏以△與“御”爲二字,是正確的。但釋△爲“住”,卜辭文義難通,仍不可信。

我們認爲△當釋爲“厄”,讀爲“果”。

《說文·九上·卩部》:

> ,科厄,木節也。从卩,厂聲。賈侍中說,以爲:厄,裹也。一曰:厄,蓋也。

“厂”字見《說文·十二下·厂部》,篆形作。前人多謂“厂”非“厄”字聲旁。“厄”可能本是一個表意字,但字形所要表示的意義已難以確知,“木節”當非其本義。

前面已經說過,△字所从短豎的位置是偏上的。有時,△字的短豎寫得比“卩”旁還高,如《合》20091自組卜辭“□王勿△伯緈史”的△字寫作。

還有幾個從文例可以肯定是△的字,作以下諸形:

 合34345(即下文所引第30辭)

 合24122(參《明》119摹本,即下文所引第15辭)

 合21586(即下文所引第43辭)

它們顯然很容易演變成《說文》的“厄”。所以我們認爲△可以釋爲“厄”。

“厄”與“果”上古音都屬歌部,中古都是合口一等的果韻字。“果”是見母字,“厄”是疑母字,聲母屬於同系。形聲字中,見母字以疑母字爲聲旁的,有“詭”“垝”“侅”“蛫”、“澆”“驍”等字;疑母字以見母字爲聲旁的,有“崖”“厓”(“睚”“涯”等字从之)、“沂”“釿”“斷”、“豻”“犴”“岸”“齗”、“妍”“研”“訮”“鴈”“豜”“齞”、“翗”、“吟”、“唫”“崟”“趛”“頷”、“嵬”“隗”、“銀”“垠”“齦”“眼”、“頟”“詻”等等,不勝枚舉。“厄”、“果”二字韻同聲近,“厄”應該可以讀爲“果”。

《周禮·春官·大卜》“以邦事作龜之八命”,“五曰果”。鄭玄注引鄭司農云“果謂事成與不也”,但他不同意此說,認爲“果謂以勇決爲之”,舉楚司馬子魚卜戰命龜時以死自誓爲例。這兩種說法中,顯然是鄭司農的比較合理。古多訓“果”爲“成”。《論語·子路》:“言必信,行必果”,皇侃《義疏》引繆協云:“果,成也。言必合乎信,行必期諸成。”《文選》卷二十五謝宣遠《於安城答靈運》詩“幸會果代耕”句李善注:“許慎《淮南子》注曰:果,成也。”《國語·晉語八》:“若是道也果,可以教訓,何敗國之有?”韋昭注:“果,必行也。”意亦與“成”相近。“果”字的這種意義,應是由“結出果實”之義引申出來的,跟現代人所説的“實現”相近。卜辭“兹戹(果)”的“戹(果)”當取此義。

胡先生在我們前面引過的那篇文章裏,解釋“兹用”以及與之同類的“兹不用”、“兹毋用”、“用”、“不用”等辭語時,先引用了“其用兹卜”、“叀元卜用”、“从三卜”、“其用四卜”一類卜辭,然後説:

> 凡此“用某卜”“从某卜”之事皆在卜辭(引者按:此“卜辭”是狹義的,指命辭而言)中,與“兹用”等之綴於卜辭之末或卜兆之旁者異。蓋既卜之後已見吉凶,至於用不用,則又或決之於卜焉。然由此足證所謂“兹用”“兹不用”“兹毋用”者,必爲“用此卜”“不用此卜”“毋用此卜”之省,“用”“不用”者又爲“兹用”“兹不用”之省,則絶無疑。

我們探討“兹戹(果)”的意義,可以用類似的方法。

殷墟甲骨文中不但有關於“用卜”的命辭,還有卜問占卜是否能“戹(果)”的命辭,如:

(15) 乙丑[卜],王曰:兹卜戹。　　合 24122,参看明 119

此辭屬出組,“戹”字在此可以理解爲“實現”,也可以理解爲“應驗”。如果卜問“今日有雨”,結果此日真的有雨,此卜就可以認爲是“戹”了。同樣,如果卜問“今日不雨”,結果此日真的沒雨,那也是“戹”。

(16) 貞:王占戹。　　合 10989 正

此辭屬賓組,是卜問王之占斷是否能應驗的。上辭的“兹卜”和此辭的“王占”,究竟指哪一次占卜,已不可知。下面舉一個卜問王占是否能應驗之辭,記明所卜占辭内容的例子。

《合》94(即《珠》620)是一塊正反有字的賓組卜骨,正面刻有多條卜辭,其中有如下兩條左右緊挨的關於婦好有子的卜辭:

(17) 辛丑卜,𣪘貞:婦好有子。二月。

(18) 辛丑卜,亘貞:王占曰好其有子,戹。

此骨反面,在與正面的(18)相當的位置上,刻有如下一條占辭(《合》94 反印得很

模糊,需參看《珠》620反):

(19) 王占曰:吉,厄。

(18)卜問王之占以爲婦好會有子,是否能應驗。(19)應即(18)的占辭,意謂(18)的兆是吉利的,婦好有子之占能够應驗。

自組卜辭有卜問"兹不厄"的:

(20) 庚子卜:兹不厄。六月。　　懷1524【《合補》6747】
(《合》22008有同文卜辭,但殘去"庚"、"不"二字)

疑"兹"即指"兹卜",此辭是卜問某次占卜是否不能應驗的。

賓組卜辭中還有單獨用一個"厄"字的命辭。《合》5611是一塊正反有字的賓組腹甲,正面中部右、左二側有如下一對對貞卜辭:

(21) 貞:王其有曰多尹。
(22) 貞:勿曰多尹。

下部右、左二側有如下二辭:

(23) 貞:厄。
(24) 貞:王其有曰多尹,若。

反面在與正面的(23)相當的位置上,刻有如下占辭:

(25) 王占曰:厄。

在與正面的(24)相當的位置上,刻有如下占辭:

(26) 王占曰:若。

它們顯然分别是(23)和(24)的占辭。綜合上引各辭來看,很可能在(21)(22)這對對貞卜辭裏,(21)得到了肯定;(23)所卜問的,就是這一卜是否確能應驗。其占辭對此加以肯定,所以(24)又進一步卜問,王如"有曰多尹",是否能得到"若"的結果。"貞:厄"之辭還見於《合》16335賓組腹甲正面,但與同版其他卜辭的關係,不如上例明確。

賓組卜辭中又數見"貞:不其厄"之辭(《合》4570、15151、15152各有一例),也有可能是卜問占卜是否不會應驗的。可惜它們都出現在殘片上,或者同片無他辭,或者雖有他辭但關係不明,無法進一步加以論證。

上引胡文根據關於“用卜”的卜問,指出商代人在“既卜之後”,雖“已見吉凶,至於用不用,則又或決之於卜焉”。根據上文的論述可以知道,商代人在既卜而見吉凶之後,有時還要爲這次占卜是否會應驗而另作卜問。胡文認爲“兹用”之義必爲“用此卜”。我們認爲“兹厄”之義應爲“此次占卜果”,亦即“此次占卜應驗”。有學者把“兹用”“不用”這類刻辭稱爲“用辭”(黄天樹《殷墟王卜辭的分類與斷代》,340頁,文津出版社,1991),“兹厄”這類刻辭可以稱爲“果辭”。

殷墟卜辭中的果辭,實際上並非只有“兹厄”一種,而且並不像前人所説的那樣只出現在黄組卜辭之中。

《屯南》39是一塊無名組殘骨,下面所録的是此骨上部的三條卜辭:

(27) 壬王其田敝,不雨。引吉。

(28) 壬其雨。吉。

(29) ☐雨。☐(此處殘去之字應爲“吉”或“引吉”)。兹厄。

(29)位於此骨上端殘斷處,文字大部殘失,從其前的(27)、(28)二辭看,也應是田獵卜雨之辭。從此辭可知無名組也有果辭“兹厄”。這條果辭以及(27)和(28)的占辭“引吉”和“吉”,都刻在卜兆旁,跟所屬命辭不相連接。無名組的用辭也多如此。

《合》34345是一塊一、二期卜甲的小殘片(《合》誤入第四期),上有如下三字:

(30) 兹小厄。

這也應是果辭。同樣的果辭也見於上引(14)黄組卜辭,只不過“兹”字已經殘失。“小厄”似可理解爲“小有應驗”。

蔡哲茂《〈甲骨文合集〉綴合補遺(續九)》(見《大陸雜誌》84·1)第3號,綴合了一塊刻有多條卜辭的賓組卜骨,其中有如下一辭(見《合》12456):

(31) 丙戌卜,內:翌丁亥不其雨。丁亥雨。

此辭刻在卜兆的左邊,在此兆的右邊又刻有如下四字(見《合》12357):

(32) 兹不厄。雨。

“兹不厄”應該就是(31)的果辭,“雨”則應跟(31)的“丁亥雨”一樣也是驗辭。(31)的命辭説丁亥日不會下雨,結果這一天却下了雨,與果辭所説的“不果”相符。

作爲用辭,“兹用”、“兹不用”也可以説成“用”、“不用”。同樣,作爲果辭,“兹厄”、“兹不厄”也可以説成“厄”、“不厄”。下面先舉無名組的例子：

(33) 引吉。厄。壬雨，癸雨，甲迺啓。 合 29899

此例殘失命辭，存占辭、果辭和驗辭。此例“厄”字之形，看上去跟前面引過的《合》21586 一例很相似，但恐怕是泐痕起了作用，實際上應與常見的△同形。

(34) 辛巳卜：翌日壬不雨。吉。

(35) 其雨。厄。雨小。 屯南 2713

(34)、(35)爲對貞卜辭。(35)的果辭、驗辭，跟命辭分刻在卜兆的兩邊。

(36) 于𤉲亡𢦏。厄。 合 30526

此例“厄”字刻在命辭上方偏左，應是就卜兆刻的，舊多誤與命辭“于”字連讀。

(37) 吉。厄。不雨。 合 31758

(38) 吉。不厄。 合 31757

上二例皆殘失命辭。從現存文字的行款看，命辭跟它們也應是分刻的。

下面是何組的例子：

(39) 丁丑卜，狄貞：王其田，遷往。

(40) 丁丑卜，狄貞：王遲往。厄。

(41) 丁丑卜，狄貞：王其射，獲。厄。

(42) 貞：弗擒。 合 29084

(39)與(40)，(41)與(42)，都是對貞卜辭。(40)、(41)的命辭之後，都記有果辭“厄”。

下面是子組的例子：

(43) 甲子卜，我貞：呼擒(原作以畢擒豕形，也可能不應讀爲“擒”)，獲。厄。 合 21586

這個“厄”也是接刻在命辭之後的。同版有“庚午卜，我貞：呼擒(?)，獲”一辭，“獲”後未加果辭。

下面所舉的是一條字體較怪的武丁卜辭：

(44) 戊申：其雨。厄。己酉雨。 合 22384

此條中的“厄”也應是果辭,“己酉雨”應是驗辭。

《合》10459 的一條𠂤組殘辭中有“不厄”二字,由於辭義不明,尚難確定其是否果辭。

從上文所舉實例看,從武丁時代到帝乙帝辛時代,果辭很可能一直是存在的;只不過果辭在黃組卜辭中出現的頻率,的確大大超過了時代在前的各組卜辭。

在果辭中,說“不厄”的明顯地比說“厄”的少,黃組甚至只說“兹厄”而從不說“不厄”。“不用”在用辭中所佔的比例,高於“不厄”在果辭中所佔的比例。但黃組用辭也只說“兹用”而從不說“不用”,情況與果辭是一致的。

上引胡文說:“綜合所有卜辭而觀之,其記‘用’與‘不用’者終居少數,知貞卜之‘用’與‘不用’乃偶爾或記之也。”在殷墟卜辭中,記“厄”與“不厄”者也是少數,而且比記“用”與“不用”的還要少。只有在黃組卜辭中,“兹厄”和“兹用”的出現頻率似乎差不多。使用“兹厄”最多的,是黃組的田獵卜辭。

如果一條卜辭有占辭和驗辭,果辭的位置總是在占辭之後驗辭之前。它們究竟是在占卜之後、所占卜之事有結果之前刻記的,還是在所占卜之事有結果之後跟驗辭一起刻記的呢? 答案應是前者。驗辭所記事實已可說明占卜是否應驗,似無必要在記事實之前,先說占卜果或不果。前面已經說過,商代人在占卜之後,有時還要爲占卜會不會“果”而專門進行卜問。一部分果辭當是這種卜問的結果的記錄。商代人應該是在進行了這種卜問之後,就記下這些果辭的,似不會等到記實際應驗情況時再一起去記。從黃組卜辭中有較多的果辭,但尚未發現卜問占卜是否會“果”的卜辭的情況來看,大概根據對本辭卜兆的、與占吉凶不同的另一種角度的考察,也能判斷占卜會不會果,並不一定要爲此另外進行占卜。記錄這種判斷的果辭,更應該在當時就刻下來,不會等到記驗辭時再去刻。所以嚴格說,“兹厄”應該理解爲“此次占卜會應驗”。這是事先的判斷,而不是事後的記錄。

附帶說一下,在上述這方面,用辭的情況跟果辭很相似。各條卜辭中的用辭,不論是記錄關於“用卜”的卜問結果的,還是記錄根據原辭卜兆所作的判斷的,也都不會等到所占卜之事有了結果之後,才跟驗辭一起去刻。

從某些卜辭的行款來看,也能得到同樣的結論。前面引過的(10)的果辭“兹厄”,跟驗辭“不雨”之間的行距,要稍大於跟命辭“不雨”之間的行距,驗辭應該是過了一段時間才刻的。前面已經說過,《合》33402“不擒。兹用。弗擒”一辭的行款,與(10)完全相同。看來其驗辭也是在刻了用辭之後,過了一段時間才刻的。

用辭和果辭好像從來沒有同在一條卜辭中出現過。祭祀卜辭,不管是黄組的,或是早於黄組的,好像都只有用辭而沒有果辭。祭祀卜辭卜問的主題,是舉行怎樣的祭祀,如是否祭某位或某些祖先,用哪些種類、多少數量的祭牲等等。需要決定的,是要不要按照命辭所說的去舉行祭祀。因此從用不用卜的角度進行判斷,是比較自然的。這大概就是祭祀卜祭只有用辭的原因。在其他種類的卜辭裏,這方面的情況則比較複雜。例如在田獵卜辭裏,黄組的似乎只有果辭;早於黄組的則既有記果辭的(如前面舉過的第41、43兩辭),也有記用辭的(其例較多,前面舉過的《合》33402即其一例),而所以産生這種不同的原因却很難看出來。所以我們在區分果辭和用辭的同時,也應該承認二者的實際意義的確差不多。在絶大部分情況下,判斷爲"果"的占卜應該是"用"的,判斷爲"不果"的占卜應該是"不用"的。

"厄"字在一般的命辭中也多次出現,前面引過的《合》20091"▨王勿厄伯絣史"就是一例。下面再多舉些例子:

(45) 丙寅卜:今有厄蔑(?)。 合 20470

(46) 庚子卜:朕厄缶□王▨ 合 20336

(47) ▨王貞:▨勿韋令人▨丙午至于戊戌,曰方其𧹞▨朕厄。 合 20418

(48) □未卜王:勿令自泰朕厄。四月。 合 4243

(49) 丁亥卜:元眔厄。 合 40796

(50) 貞:𠂤眔厄。

(51) 𠂤不眔厄。 合 940 正

(52) 丙申卜:巫厄。不厄。 合 5651,"不厄"似是驗辭

(53) 王厄。 合 15149

(54) 貞:戔厄。 合 4758 正

(55) 𠂤厄。

(56) 奠厄。 合 12439 正

(57) 貞:𠂤不其厄。 合 7239 正

(58) 貞:其厄劇(?)。

(59) 貞:劇(?)不其厄。 合 795 正

(60) 貞:厄由。

(61) 由不厄。 合 4530 正

(《合》947 正以“若山”與“山不若”對貞,反面即《丙》230——有占辭“王占曰:不其戹。”可參考)

(62) 貞:延不戹。　　合 9296 正

(63) 貞:毋再𠬪戹☐　　合 7427 正

(64) 亞立事戹。　　合 5683

(65) 王恆錫戹。

(66) 貞:王恆錫戹。

(67) 貞:王恆錫戹。　　英 1177 正,摹本見合 40437

上引諸辭中的“戹”,是否也應該讀爲“果”? 如讀爲“果”,又應該如何解釋? 對此我們還沒有確定的看法,只能留待以後研究了。

最後談談周原甲骨和西周金文中的“戹”字。

周原齊家村一號卜甲上部有左右相對的如下二辭(見王宇信《西周甲骨探論》344 頁):

囟戹于永終。

囟戹于休令。

此甲“戹”字寫法與殷墟甲骨中一般的“戹”字基本相同,舊亦誤釋爲“御”。“囟”是周原甲骨中常見的語詞。“休令”當讀爲“休命”。“戹于永終”、“戹于休命”的語法結構,跟前面引過的殷墟卜辭(13)中的“戹于雨”相類。疑這種“戹”字也應讀爲“果”,“果于”某事就是某事果然實現或果能實現的意思。

西周時代的師𩛥鼎有  字,儹匜有  字。殷墟甲骨“戹”字所从的短豎,也有作傾斜形的(如上文講△的字形時所舉的《合》34345 一例),可見上舉金文也應釋爲“戹”。

師𩛥鼎銘文說:

……臣保天子,用厥烈祖戹德。

《商周青銅器銘文選》202【《集成》5·2830】

“戹德”應讀爲“果德”。《周易·蒙卦·象傳》:“山下出泉,君子以果行育德。”孔穎達疏釋“果行”爲“果決其行”。《論語·子路》的“行必果”,繆協釋爲“行必期諸成”,上文已經引過。“果德”可以理解爲果決之德或堅持到成功之德。

儹匜銘文說:

今汝亦既有厄誓……亦既厄乃誓,汝亦既从辭从誓,式可。

《商周青銅器銘文選》258【《集成》16・10285】

此銘二“厄”字也應讀爲“果”。“果誓”猶言“信誓”。“果乃誓”之意,即“實現你的誓言”。

編按:

此文釋爲“厄”之字,實應釋讀爲“孚”,請參看《䜌公盨銘文考釋》一文中“永卩(孚)于峃(寧)”句的解釋及彼文“《十講》追記”。

本文是提交給1999年在安陽召開的紀念甲骨文發現一百周年會議的論文。原載王宇信、宋鎮豪主編《紀念殷墟甲骨文發現一百周年國際學術研討會論文集》(社會科學文獻出版社,2003),今據以收入。

七十年代以來殷墟甲骨文研究的進展

從殷墟甲骨文的發現到現在,已經有一百年了。70 年代以來,也就是近三十年來,殷墟甲骨文研究的進展速度,明顯超過了過去的七十年。我們認爲比較重要的進展是:1. 重要資料書、工具書的出版;2. 甲骨分類、斷代研究的深入;3. 卜辭語法研究的深入;4. 文字考釋的進步;5. 與自然科學的結合。下面對這幾方面的進展作簡單的介紹。

1. 重要資料書、工具書的出版

集大成的甲骨資料書《甲骨文合集》十三册(郭沫若主編,胡厚宣總編輯),在1978 至 1983 年間由中華書局出版。《甲骨文合集補編》七册(彭邦炯、謝濟、馬季凡編),在 1999 年由語文出版社出版。前者收甲骨 41956 片,後者收甲骨 13450 片。這兩部書將現有的有研究價值的殷墟甲骨文資料的絶大部分,按分期、分類(卜辭内容的類)的編排原則彙集在一起,儘管還有一些缺點,畢竟大大便利了研究者,對甲骨學有很大的貢獻。

工具書方面,島邦男的《殷墟卜辭綜類》(1967 年初版,1971 修訂版),是劃時代的作品。此書按甲骨文字的字形特點規定部首,編排字頭,每個字頭下按原字形集錄出現這個字頭的辭條,除去少量很常用的字頭,全都有辭必錄。此書爲研究卜辭的語言文字和卜辭所反映的各種問題提供了極大方便,無怪吉德煒(David N. Keightley)在他的《商代史料——中國青銅時代的卜辭》一書的獻詞中,要特別對島邦男表示感謝。

跟《綜類》同體例的《殷墟甲骨刻辭類纂》(姚孝遂、肖丁主編),在 1989 年由中華書局出版。此書取材於《甲骨文合集》和《小屯南地甲骨》等書,彌補了《綜類》不可能收入 70 年代以後發表的新資料的缺憾,並解決了依靠《合集》的研究者無法將《綜類》所錄辭條跟原著錄書核對的困難。不過就跟《合集》及其《補編》不能完全取代舊的著錄書一樣,此書也不能完全取代《綜類》。

近年出版的比較重要的工具書,還有《甲骨文字字釋綜覽》(松丸道雄、高嶋謙一編，東京大學東洋文化研究所，1993）、《甲骨文字詁林》（于省吾主編，姚孝遂編撰按語，中華書局，1996）、《百年甲骨學論著目》（宋鎮豪主編，語文出版社，1999）和《甲骨綴合集》（蔡哲茂著，1999）等，不能逐一介紹了。《論著目》收錄論著頗爲齊全。我們在以下的敘述中不能一一列舉有關的文章和專著，這一缺陷可以通過翻檢此書來彌補。

甲骨文資料書、工具書的電腦化，已有人在認真進行。近年來，臺南的成功大學的甲骨研究者和資訊工作者，合作進行建立甲骨拓片資料庫的工作，取得了很大成績。有的學者，如加拿大英屬哥倫比亞大學的高嶋謙一，以個人之力，也在進行這方面的工作。甲骨拓片資料庫比起印刷的資料書來，有頗大的優越性。資料庫能隨時補充新資料，調整排列次序，就是一個明顯的優點。香港中文大學中國文化研究所建立甲骨文全文資料庫的工作已接近完成。該庫收有《甲骨文合集》等書的全部釋文，建成後，其檢索功能將比《殷墟甲骨刻辭類纂》完善得多（《類纂》中一些很常用的字頭下所列的辭條是舉例性的，並且各字條中相當普遍地存在着漏收辭條的現象）。

2. 甲骨分類、斷代研究的深入

這裏所說的分類，指按照卜辭字體、字形等特徵，把殷墟甲骨分成不同的類別。早在1957年，李學勤就明確指出，要想正確地給甲骨卜辭斷代分期，必須先給它們分類（《評陳夢家殷虚卜辭綜述》，《考古學報》1957年3期124頁）。而且在此之前，貝塚茂樹和陳夢家，實際上已經對部分卜辭使用了分類的研究方法，然而在70年代之前，一般學者對斷代必先分類這一點缺乏認識。就連貝塚和陳氏，對此也沒有很明確的認識。70年代以後的情況就不一樣了。在考古發掘工作的推動下，甲骨分類、斷代的研究有了重要進展。

1973年，中國社會科學院考古研究所在小屯南地殷代遺址的早期地層和灰坑中，發現了刻有𠂤組和午組卜辭的甲骨（《小屯南地甲骨》上册第一分册《前言》17—18頁，中華書局，1980），證實陳夢家認爲這些卜辭屬於武丁時代、貝塚茂樹認爲王族卜辭（即陳氏所說的𠂤組卜辭）屬於武丁時代的看法是正確的。

1976年，考古所在小屯村北發現了商王配偶婦好之墓。“婦好”之名既見於武丁時代的賓組卜辭，也見於一般認爲屬於武乙、文丁時代的一種卜辭。這種卜辭的前辭中的“貞”字之前或其後偶有“𤯍”字（以下寫作“歷”），一般認爲是貞人名。李學勤在1977年11期《文物》上發表《論“婦好”墓的年代及有關問題》一文，稱這種卜辭爲“歷組卜辭”，認爲其時代應屬“武丁晚期到祖庚時期”，賓組和歷組卜辭中的"婦好"指同一個人。此文拉開了關於歷組卜辭時代的討論的序幕。

在這場討論中,維護舊説反對李説的,主要有蕭楠(考古所中從事小屯南地甲骨整理工作的劉一曼、曹定雲、郭振祿三位的集體筆名【編按:據中華書局2010年7月出版的蕭楠《甲骨學論文集》"前言"介紹,"蕭楠"是劉一曼、溫明榮、曹定雲、郭振祿四人組成的中國社會科學院考古研究所甲骨整理小組的筆名】)、羅琨、張永山、謝濟、陳煒湛等人(臺灣甲骨學者也多數反對李説);支持李説的,主要有林澐、裘錫圭、李先登、彭裕商、黄天樹等人。儘管這場討論尚未結束,兩方都未能説服對方;但是在討論過程中,甲骨斷代的理論和方法已經有了很大的進步,大多數人已經認可了先分類後斷代的觀點。主張歷組早期説的研究者,對殷墟甲骨的分類、各類之間的關係和各類甲骨所屬的時代,進行了比較全面的考察;除論文外,還發表了系統地論述殷墟甲骨分類、斷代問題的三種專著:《殷墟王卜辭的分類與斷代》(黄天樹著,文津出版社,1991)、《殷墟甲骨斷代》(彭裕商著,中國社會科學出版社,1994)、《殷墟甲骨分期研究》(李學勤、彭裕商著,上海古籍出版社,1996)。至於歷組卜辭時代問題的最後解決,恐怕還需要等待殷墟考古工作者提供能確鑿説明其時代的新的地層證據。

在70年代之前,已有不少學者指出,曾跟自組和午組卜辭一起被定爲屬於文丁時代的子組卜辭(貝塚茂樹稱爲多子族卜辭),也應屬於武丁時代。70年代以後,這一點爲越來越多的學者所接受。林澐在70年代末發表《從武丁時代的幾種"子卜辭"試論商代的家族形態》一文(載《古文字研究》第一輯,中華書局,1979),除論證包括子組、午組在内的一些"非王卜辭"屬於武丁時代外,還提出了這些卜辭的占卜主體都是稱"子"的貴族家族首腦的主張。這一主張也得到了很多學者的同意。1991年,考古所在花園莊東地發現一坑甲骨,從地層看屬於武丁時代,甲骨的占卜主體是一位"子",但與子組卜辭的"子"並非一人,其卜辭的字體、内容都有自己的特點(劉一曼、曹定雲《殷墟花園莊東地甲骨卜辭選釋與初步研究》,《考古學報》1999年3期)。這一發現爲研究武丁時代的"非王卜辭"提供了重要的新資料。

不同時期的或同時期而不同類的卜辭,其語言文字和所反映的各種事項,往往各有特點。所以無論研究卜辭的語言文字,還是研究卜辭所反映的歷史、文化等方面的問題,都必須以分類、斷代研究爲基礎。我們對近三十年來在這方面取得的成績,應該給予足夠的重視。

3. 卜辭語法研究的深入

長期以來,卜辭語法的研究是甲骨學的一個弱點。70年代以來,這種情況有了比較明顯的改變。在這方面,我們應該銘記不久前逝世的美國華盛頓大學退休教授司禮義神父(Paul L – M Serruys)的功績。他對卜辭語法的研究,比前人深入了一大步。前人認爲卜辭中的否定詞"弜",用法與"弗"相同。他第一個指出,"弜"的用法實際上與"勿"相同(《甲骨刻辭的語言中的否定詞》,華盛頓大學亞洲語言文學系學術會議論文,1969。又見同人《商代卜辭語言研究》,《通報》60卷Ⅰ–3,59頁,1974)。他又曾指出,在一對正反對貞的卜辭裏,如果其中一條卜辭用"其"字,而另一條則不用,用"其"的那條所說的事,一般都是占卜者所不願意看到的。如求雨的卜辭往往以"有雨"與"亡其雨"對貞,因爲占卜者不希望不下雨(上引《商代卜辭語言研究》25—33頁。又見《關於商代卜辭語言的語法》,《中央研究院國際漢學會議論文集・語言文字組》342—346頁,1981,臺北)。這一敏鋭的觀察也是可信的。

中國學者長期以來把卜辭的命辭看作問句,只有饒宗頤曾在1959年出版的《殷代貞卜人物通考》中指出,甲骨學者在命辭之末"每施問號,多不可解"(上册71頁),並對書中所録命辭都加句號。但是他並未對他的看法作詳細論證,因此在當時未能引起注意。70年代美國學者吉德煒和司禮義提出了命辭不是問句的看法,其影響逐漸擴大。80年代,在世界範圍内展開了命辭是否問句的討論。1989年《古代中國》(*Early China*)14期的《論壇》(*Forum*),還專門組織過一次這方面的書面討論。直到最近,還有學者發表這方面的文章。

參加命辭是否問句的討論的,中國學者有李學勤、裘錫圭、陳煒湛、朱歧祥、范毓周、王宇信、張玉金等人;外國學者除了上面已經提到的兩位,還有倪德衛(David S. Nivison)、夏含夷(Edward L. Shaughnessy)、高嶋謙一、雷煥章(Jean A. Lefeuvre)等人。在上舉諸人裏,中國學者除李、裘二人認爲命辭中既有問句也有非問句外,都主張命辭全部是問句;外國學者則認爲命辭全部或一般不是問句(持後一種看法的是倪德衛和夏含夷,他們承認𠂤組卜辭的命辭中有問句)。這一討論對卜辭語法的研究起了推動作用。

70年代以來,對卜辭語法研究用力較勤的學者,除上面提到過的以外,還有管燮初、趙誠、唐鈺明、沈培、羅端(Redouane Djamouri)、劉克甫(M. V. Kryukov)等人,不能一一列舉了。

4. 文字考釋的進步

曾有人認爲甲骨文中可以認識的字差不多已經釋完了,在甲骨文字的考釋方面已經沒有多少事可做了。這種看法是沒有根據的。70年代以來,由於新出土的古文字資料的啓發，甲骨文中有些很常用的然而却長期被誤釋的字，得到了正確的釋讀。例如：字長期被誤釋爲“弘”，于豪亮根據70年代出土的秦漢簡帛中“引”的字形，將此字正確地改釋爲“引”（《說引字》，《于豪亮學術文存》74—76頁，中華書局，1985）。對“𡧊”字過去有三種看法：或以爲當釋“宜”（秦篆“宜”字寫法與此很接近），或以爲當釋“俎”，或以爲此字可以兼表“宜”、“俎”二詞。後兩種看法佔絶對優勢。由於70年代出土的西周銅器三年𤼈壺銘文中有寫作的“俎”字，“𡧊”當釋“宜”而與“俎”無關，已成爲絶大多數學者的共識。和長期以來都被釋爲“見”。張桂光在80年代曾根據卜辭文例指出它們是不同的字，認爲是“見”，則是“望”的異體。但是相信他的人極少。90年代出土的郭店楚簡中，横目形下作跪坐人形的字和横目形下作直立人形的字，用法有别。前者爲“見”，後者爲“視”。可見甲骨文的和的確是兩個字，但後者是“視”而不是“望”。隨着新的古文字資料的不斷發現和研究的不斷深入，這類例子一定還會不斷出現。

前面說過，不同時期或同時期而不同類的卜辭，其語言文字往往各有特點。就文字而言，同一個字在不同期或不同類的卜辭裏可以寫得很不一樣（如“以”字或作，或簡化爲，後者即《說文》“㠯”字），同一個詞在不同期或不同類的卜辭裏可以用不同的字來表示（如有無之“有”或以“㞢”字表示，或以“又”字表示）。所以考釋甲骨文字時，應該注意將有關的屬不同的期或類而文例相同或相近的卜辭相互對比。70年代之前，已有學者使用這種方法，如島邦男、金祥恆等釋爲“以”時（島邦男著，溫天河、李壽林譯《殷墟卜辭研究》248頁，鼎文書局，1975。金祥恆《釋㠯》，《中國文字》8册，1962），司禮義指出“弜”與“勿”用法相同時，都是這樣做的。70年代以後，林澐、裘錫圭等人比較自覺地使用了這種方法。如林澐在《甲骨文中的商代方國聯盟》一文中，就是用這種方法來區别甲骨文中的“从”、“比”二字的。他並著重指出，不少甲骨學者分不清這兩個字，是由於他們“對甲骨分期和分類在文字研究上的重要性認識還不夠”（《古文字研究》第六輯72頁，中華書局，1982）。隨着這種重要性爲越來越多的研究者所認識，甲骨文字的考釋一定會有越來越多的新成果。

研究卜辭的語言，也需要認識甲骨分期和分類在語言研究上的重要性。在前面提到過的研究卜辭語法的學者中，已經有人注意到了這種重要性（參看沈培《殷墟甲骨卜辭語序研究》220—224頁，文津出版社，1992）。

5. 與自然科學的結合

這方面的進展主要出現在從1996年開始的“夏商周斷代工程”中。由於有研究天文、曆法的學者和甲骨學者緊密合作,在對卜辭所反映的殷代天象和曆法的研究中取得了一些成果。賓組卜辭所記五次月食的絶對年代的擬定,是一個比較重要的例子。對黄組卜辭所反映的跟曆法有密切關係的周祭制度的研究,從40年代以來,通過董作賓、陳夢家、島邦男、許進雄、常玉芝等學者的先後努力,已經取得了很好的成績。"工程"中對他們所排的周祭祀譜又有所改進。此外,有關的自然科學的學者,在甲骨學者的密切配合下,展開了用加速器質譜法對殷墟甲骨系列樣品進行^{14}C測年的工作。樣品是根據分期、分王並照顧甲骨的類的原則選取的。測定的年代必將對甲骨分類、斷代的研究産生影響。

除上述五方面外,甲骨學在近三十年來還有很多進展,這裏不能一一介紹了。希望甲骨學在即將到來的二十一世紀中發展得更快更好。

1999年11月15日寫完

本文是提交給1999年在法國巴黎召開的甲骨文發現百周年紀念國際會議的論文。原載《倉頡》首特輯(巴黎:語匯叢刊),今據以收入。

關於殷墟卜辭中的所謂"廿祀"和"廿司"

在有些黄組卜辭的結尾部分(通常在記月份之語後),記有"王𠙵祀"、"唯王𠙵祀"或"唯𠙵祀"之語:

癸丑卜,泳貞:王旬亡畎。在六月。甲寅酒翌上甲,王𠙵祀。　　合37867

[癸]亥王卜貞:酒彡日自上甲[至]于多毓,卒,亡壱自畎。[王占]曰:吉。在三月。唯王𠙵祀彡。

合37864+37851(許進雄綴合,見《古文字研究》第十八輯271頁)

☐王𠙵祀,彡日上甲。　　合37866

☐貞:王☐伐,卒,[亡]尤。在六月。[唯]王𠙵祀。　　合35368

☐唯𠙵祀。　　合37869

下辭"𠙵"後缺文也應是"祀"字:

[癸]□王卜貞:[旬亡畎。王]占曰:吉。在二月。甲□劦日祖甲,唯王𠙵□。　　合37868

商代晚期銅器銘文也有"唯王𠙵祀"之語:

戊辰……在十月一。唯王𠙵祀,劦日,遘于妣戊,武乙奭,彘一。

肄簋,集成4144

甲子……在十月又二。遘祖甲劦日,唯王𠙵祀。

寢孳方鼎(《張頷學術文集》5頁,中華書局,1995)

後一例"𠙵"字横畫兩端稍稍出頭。【編按:陳劍指出,此形原本應就是普通之"口"形,《天馬—曲村》348頁、《新收殷周青銅器銘文暨器影彙編》924等所收拓本清晰可辨。《張頷學術文集》5頁所收拓本不甚清晰,其摹形有誤。此銘末行自左上斜往右下有一道裂紋(拓本上作泐痕),《張頷學術文集》5頁所摹即係誤將此字中之泐痕摹作"口"之左豎筆(從其摹本中此字全形在行中的位置過於偏右也可看

出此點）。】

上引卜辭和銅器銘文中的“ㅂ祀”，學者們幾乎全都釋爲“廿祀”。

還有幾條黄組卜辭在末尾記“王ㅂ司”：

癸未卜，在上𩰫貞：王旬亡畎。王ㅂ司。	合36855
癸未卜，在上𩰫貞：王旬亡畎。在九月。王ㅂ司。	合36856
癸未王卜貞：旬亡畎。在九月。在上𩰫。王ㅂ司。	合37863
□𩰫□夕亡畎□月。王ㅂ司。	合37862

上引各條皆爲王在上𩰫時所卜，前三條且應爲同日所卜。學者們幾乎也都釋“ㅂ司”之“ㅂ”爲“廿”，並把“司”讀爲“祀”。

在殷墟卜辭裏，記數的“廿”字一般都不作ㅂ而作凵、凵等形。① 黄組卜辭也不例外，如《合》37472戊寅一辭和37486一辭，都是黄組田獵卜辭，其驗辭記獲獸數量，“廿”都作凵。商代金文中，戍嗣鼎“貝廿朋”（《集成》2708）和宰椃角“唯王廿祀……”（《集成》9105·1）的“廿”也都作“凵”。過去有學者把見於上文引過的肆簋的□字釋爲“㞢廿”二字，把小子𧻓卣“貝唯□蔑汝曆”的□字（《集成》5417·1）也釋爲“廿”，都是不正確的。後者的寫法與ㅂ有别，李學勤先生在《帝乙時代的非王卜辭》一文中釋爲“丁”，②是合乎字形的。即以甲骨、金文中記年數之例而言，宰椃角“廿祀”之例上文已舉過，《合》29714“叀廿祀用”一辭中的“廿”也作凵，都與前舉“ㅂ祀”諸例不同。

在周代金文裏，“廿”一般作凵、凵等形，直到戰國時代才出現廿的寫法，但作ㅂ之例在周代金文中從未見過。③

從上述情況來看，釋“ㅂ祀”、“ㅂ司”之“ㅂ”爲“廿”，其正確性是十分可疑的。這個字的字形實際上跟“口”字毫無區别。島邦男在《殷墟卜辭研究》中，跟一般甲骨學者一樣，也把“ㅂ祀”釋爲“廿祀”。④ 但是他的《殷墟卜辭綜類》（以下省稱“綜類”），既把我們在上面引過的《合》37866（其摹本見明義士《殷虚卜辭》228）

---

① 參看《甲骨文編》，中華書局，1965，95—96頁。此書95頁所收《前》2·14·4和96頁所收《前》4·28·1作ㅂ的二例，皆見於“王ㅂ司”語中。《前》2·14·2和4·28·1即本文前面引過的《合》36856和37863。

② 李學勤《帝乙時代的非王卜辭》，《考古學報》1958年1期，69頁。

③ 參看《金文編》，中華書局，1985，136頁。

④ 溫天河、李壽林譯《殷墟卜辭研究》，臺北鼎文書局，1975，145頁。

“王ᗜ祀彡日上甲”一辭收入“王幾祀”條中(第 244 頁 2 欄),又把它收入“口”字條中(第 118 頁 1 欄)。可見如果僅從字形著眼,誰都會把這個字釋爲“口”。

我們認爲這個字確實就是“口”字。當然,“口祀”、“口司”在文義上都講不通。但是在商代的甲骨、金文中,“口”字有時是當作“曰”字用的。把這種“口”字釋作“曰”,文義就可通了。

最早指出商代甲骨、金文中的有些“口”字應該釋爲“曰”的學者,大概是高去尋先生。40 年代後期,高氏在整理史語所所保存的殷墟出土獸骨時,發現 1936 年春殷墟第十三次發掘中出土的一塊牛距骨上有記事刻辭,其文如下:

> 王口則大乙㴝(所从“隹”形原倒,以下遇此字不再注明),于白麓㕑。宰丰。 乙 8688(《合》35501 印得不清晰)

高氏爲此寫了《殷墟出土的牛距骨刻辭》一文,發表於《中國考古學報》第四册。他認爲此辭的“口”字,根據文義“當釋爲曰,或原本是曰字的省筆”,並舉出了過去發表的商代甲骨、金文中以“口”爲“曰”的兩個例子:

> 一、《殷契粹編》所載 1160 片卜骨上,刻有兩條上下相挨近的卜辭,“其曰游尸吕”“其曰毋実吕”,下一辭的“曰”字很清楚的作ᗜ。二、時代相當殷末或周初的“亞受鼎”銘文“王曰斅[illegible]馬彭,錫貝,用作父丁障彝,[illegible]”的曰字也作ᗜ形。(引者按:此鼎銘見《集成》2594,時代屬商無疑)

我們在下面爲他補充兩個例子。

《合》36557(即《前》2・20・4)是黄組殘甲,上有左右並列的兩條殘辭,左方一辭如下:

> □□[卜]貞:王口㳄,征□□于夫,征至盂,[往]來亡災。在七月。

《合》36741(即《後》上 11・15)也是黄組殘甲,上面也有左右並列的與《合》36557同文的兩條殘辭,但殘去之字較《合》36557 爲多。經仔細觀察,發現二者實爲同一片殘甲的不同時期的拓片,拓《合》36741 所著錄的拓片時,原甲已進一步殘損,上引一辭的第一個“征”字、“至”字下半和“盂”字,以及“在七月”三字,都已殘去。所以對《合》36741 的“王口㳄”一辭沒有必要加以引用。此辭的“口”字顯然是用作“曰”的。《類纂》“曰”字條把《合》36557 和 36741 的“口”字都誤摹爲“曰”,當是受了卜辭文義的影響。《綜類》“口”字條所摹不誤。

商王帝辛時代的四祀邲其卣銘文的開頭部分有如下文字:

乙巳,王口障文武帝乙宜,在召大廊,遘乙翌日。　集成 5413·3

此銘“口”字也顯然是用作“曰”的。《商周青銅器銘文選》據文義逕釋此字爲“曰”(3 册,第 9 頁)。

上引高文還引了如下一條黄組卜辭:

癸丑卜,𬾞貞:王旬亡畎。在四月。甲寅彡日戋甲,曰劏祖乙𥜽。

前 1·42·1(即《合》35657)

並指出其最後一句的文例,與距骨刻辭的“曰則大乙𥜽”相同。但是高氏又以爲距骨刻辭的“王曰”是“王命曰”的意思;上引卜辭的“曰”,根據吳其昌的意見當讀爲“粤”,“兩者曰字的涵義或許有所不同”。其實吳説並不可信,上引卜辭的“曰”很可能是“王曰”的省文。兩者文例相同,正是距骨刻辭的“口”應該釋爲“曰”的强證。《綜類》和《類纂》受了文義的影響,都把距骨刻辭的“口”誤摹成了“曰”。

總之,在商代的甲骨、金文中,確實存在着以“口”爲“曰”的現象。《合》37865 有如下一條黄組卜辭:

□□王卜貞:酒彡日自上甲[至于]多毓,卒,亡𢀛自[畎。王占曰:]吉。在三月。唯王曰□

常玉芝《商代周祭制度》認爲此辭與《續》2·1·3 一辭(《續》2·1·3 即我們在本文開頭部分所引的《合》37864,常書尚未以此片與《合》37851 綴合),“是一事兩卜”,將此辭開頭所缺干支補爲“癸亥”。⑤ 這是完全正確的。此辭之末“唯王”下一字作⊟,爲“曰”字無疑。常書將此字摹作⊔,釋爲“廿”,是由於受了以“⊔祀”爲“廿祀”的成見的影響。此例可以證實“⊔祀”之“⊔”確是當“曰”字用的。

《合補》12927 有如下一條黄組卜辭:

癸亥王卜貞:旬亡畎。王占曰:大吉。在四月。甲子工典,其酒翌日。唯王祀翌。(《合補》此片爲常玉芝《甲骨綴合新補》將《合》35400、37898、38307、38732 四片綴合而成,常文見《殷都學刊》1994 年 1 期)

有學者認爲此辭末句“王”、“祀”二字之間漏刻祀數。其實此例正好説明這種句子“王”、“祀”之間並非一定要出現數字,可以作爲釋“王⊔祀”爲“王口(曰)祀”的旁證。

---

⑤ 常玉芝《商代周祭制度》,中國社會科學出版社,1987,296 頁。

《合》38454 的一條黄組卜旬之辭,在辭末記“王曰祼”:

癸亥卜貞:王旬亡畎。在六月。王曰祼。

這也是“王ㅂ祀”、“王ㅂ司”的“ㅂ”,應是用爲“曰”的“口”字的有力旁證。既知“王ㅂ司”不是記年數之語,“司”就沒有必要讀爲“祀”了。有學者把卜辭裏的有些“司”讀爲“祠”,在此不知是否適用。

我們在《從幾件周代銅器銘文看宗法制度下的所有制》一文中,曾根據于省吾先生的説法,指出甲骨、金文中的有些“曰”字應該訓爲“謂”。[⑥] “王曰祀”、“王曰司”、“王曰祼”等語的“曰”,也應是屬於這一類的,其義實近於“命”,只不過由於沒有必要,並未把受命者是誰講出來。以“王曰祀”爲例來説,這句話不應標點爲“王曰:‘祀’”。而應該把它的意思理解爲“王令臣下舉行祭祀”或“王下令舉行祭祀”。上文引過的其他以“口”爲“曰”的卜辭和銅器銘文以及牛距骨刻辭中的“曰”,大概也都應該當作“謂”或“命”來理解。其中,高文引作“亞受鼎”的那件銅器的銘文,可能是把受命者是誰説出來的唯一例子。鼎銘中的“戱”(此字姑從高文隸定)可能是作器人名,“王曰戱□馬彭(此字恐應釋“酒”)”可能就是王讓他去“□馬酒”的意思。【編按:參看本書所收《釋古文字中的有些“悤”字和从“悤”、从“兇”之字》。】

應該承認,總的來看,商代甲骨、金文中的“曰”,只有很小一部分是寫作“口”的。但是現在所能見到的“王曰司”和“王曰祀”諸例中的“曰”,却全部或絶大部分寫作“口”。上文引過的《合》37868 一辭中,“[王]占曰:吉”的“曰”用一般寫法,“唯王曰[祀]”的“曰”則寫作“口”,尤其值得注意。如何解釋這種現象,是一個棘手的問題。是否在商代晚期的書手中,存在着想把一般的“曰”(即與現代漢語一般的“説”字相當的“曰”)跟意義與“謂”、“命”相似的“曰”,從字形上區分開來的傾向,所以往往把後者寫成“口”呢? 這一問題目前還無法下結論,有待今後繼續研究。

最後還需要對跟周祭有關的“王曰祀”的含義談一點意見。在本文開頭部分所引的記“王曰祀”的卜辭和銅器銘文中,有不少提到了屬於周祭系統的某次祭祀。所提到的祭祀,有的是翌祭或彡祭的開端,如《合》37867 的“酒翌上甲”、37864 +37851 的“酒彡日自上甲”、37866 的“彡日上甲”,有的是彡祭工典前一旬的㫷

---

⑥ 《盡心集——張政烺先生八十慶壽論文集》,中國社會科學出版社,1996,133 頁。

祭,如《合》37868 的“劦日祖甲”、寢孳方鼎的“祖甲劦日”。⑦ 總之,這類卜辭和銅器銘文的寫刻時間或所記時間,都在周祭中的某種祭祀即將或剛剛開始的時候。記“唯王幾祀”的卜辭所提到的屬於周祭系統的祭祀,則既有某種祭祀的開端,也有處於某種祭祀進程之中的,即既非開端,也不屬於緊挨後一種祭祀的那一旬,如《合》37838 記“唯王三祀”之辭提到了“彡羌甲”,《合》37852 記“唯九祀”之辭提到了“遘祖乙彡”,《合》37855 記“唯九祀”之辭提到了“遘小甲彡夕”(彡夕是在彡日前夕舉行的祭祀)。這種現象應該不是偶然的。由此看來,與周祭有關的“王曰祀”,很可能含有王下令開始舉行周祭中的某種祭祀的意思。《合》37864 + 37851 一辭,命辭部分說“酒彡日自上甲[至]于多毓,卒,亡蚩自畎”,占辭部分記“王占曰:吉”,辭末在“在三月”之後記“唯王曰祀彡”。這說明由於關於彡祭的占卜得了吉兆,王下令開始進行彡祭。

上文引過的《合補》12927 一辭,即在占辭之後記“甲子工典,其酒翌日,唯王祀翌”的癸亥卜旬之辭,可以用作討論這一問題的參證。“工典”、“酒翌日”,是翌祭的開端。大概由於卜旬得大吉之兆,所以準備從次日甲子開始舉行翌祭。辭末的“唯王祀翌”,似應跟“唯王曰祀翌”義近,含有王下令舉行翌祭的意思。

總之,“王ㅂ祀”決非記年數之辭,而是記王下令舉行某種祭祀之辭。

追記:

《合》37677(即《珠》118)著錄的黄組田獵卜辭說:

> [□□卜]貞:王[田□]往來亡[災。王]占曰:吉。[□□□](疑是“在□月”三字)。王ㅂ叟。

“王ㅂ叜”的ㅂ顯然不能釋爲“廿”,而應該讀爲“曰”。此句在辭末,與文中所舉的“王ㅂ祀”、“王ㅂ司”、“王曰祼”等同例。這也是“ㅂ祀”、“ㅂ司”的“ㅂ”不能釋爲“廿”而應讀爲“曰”的證據。

正文原載《文物》1999 年 12 期,“追記”原載《文物》2000 年 2 期,今據以收入。

---

⑦ 關於周祭中的劦祭與彡祭相銜接的情況,參看⑤所引書 181—184 頁。肄簋所記的“劦日遘于妣戊武乙奭”,是否屬於卜辭所見的周祭系統,學者間尚有爭議,參看⑤所引書 130—131 頁,這裏暫不討論。

説“囗凡有疾”

殷墟甲骨文的賓組和𠂤組卜辭裏屢見“囗凡有疾”一語。其第一字的字形見《甲骨文編》151 至 152 頁。[1] 賓、出等組卜辭裏常見的“旬亡𡆥”的𡆥字,就是由此字和“卜”字構成的。爲了書寫的方便,我們將此字隸定爲“囗”。下面所錄的是卜問某人是否“囗凡有疾”的賓組卜辭的一些例子(釋文用寬式,如表示“婦”的“帚”字逕釋爲“婦”,表示“有”的“㞢”字逕釋爲“有”,“疒”字逕釋爲“疾”等等):

(1a) 貞:婦好弗其囗凡有疾。	
(1b) 貞:婦好囗凡有疾。	合 709 正
(1c) 王占曰:吉,囗凡[有]疾。	合 709 反
(2) 己酉卜,賓,貞:姑囗凡有疾。	合 13868
(3a) 己卯卜,賓,貞:子戠囗凡[有疾]。	
(3b) 貞:子戠囗凡有疾。	合 13874 正甲
(3c) □子戠弗其囗凡有疾。	合 13874 正乙
(4) 庚寅卜,爭,貞:子不囗凡有疾。	合 223
(5) 貞:子妻囗凡有[疾]。	英 131
(6) 丁酉卜,㱿,貞:杞侯炽弗其囗凡有疾。	合 13890
(7) 庚辰卜,丙,貞:侯專囗凡有疾。	合 12883
(8a) 戊申卜,貞:雀囗凡有疾。	
(8b) 戊申卜,貞:雀弗其囗凡有疾。	合 13869
(9) 壬午卜,賓,貞:卑囗凡有疾。一月。	合 13880,又見合補 4019 正
(10) 乙卯卜,爭,貞:囗凡有疾。五月。	合 13876

① 所據爲中華書局 1965 年版。此書將此字與“𡆥”字合爲一字,不妥。此字見 151 頁第 6 行以下,第 5 行以上爲“𡆥”字。

(11) ▨貞：爭弗其口凡有疾。　合 13893

(12) 丁卯卜，王，貞：貫(?)壴口凡有疾。十二月。　合 9650

在𠂤組卜辭裏也有“口凡有疾”或“口凡疾”之語，例如：

(13) 癸酉卜，貞：万邑(?)口凡有疾。　合 21052

(14) 辛亥卜，貞：犬口凡疾抑?　合 21053

(15) □卯卜，，貞：安口凡疾。四日□未夕肇(?)老。　合 21054

(16) 己酉卜，王□子□㞢，口[凡]有疾。　合 13724

(17a) □丑卜□口凡有[疾]。之日㞢。

(17b) □丑卜：□(此缺字當爲“弗”或“不”)其口凡有疾。允不。

甲綴 57 + 合 21035

上引(13)至(15)三辭的“疾”字，原來皆作矢著人腋下之形。②

有一條𠂤組卜辭說：

(18) 癸未卜，炈，貞：委(?)弗疾有疾口凡?　合 21050

“口凡”後置，頗爲特殊。𠂤組卜辭裏有選擇問句式的命辭。③ 此辭的命辭大概就是卜問委這個人是否口凡有疾的選擇問句。“口凡”後置，可能是由於這兩個字跟前面的“弗疾”和“有疾”都有關係。

“口凡有疾”除了可以說成“口凡疾”之外，還有其他比較簡略的說法。賓組的《合》13881 甲、乙有如下一對卜辭：

(19a) 貞：蔑口凡[有疾]。

(19b) 蔑弗其凡有[疾]。

後一辭將“凡”前的“口”省去不說。下引四辭皆見於賓組的《合》811 正：

(20a) 子口凡有疾。

(20b) 子弗其凡。

---

② 此種“疾”字見《甲骨文編》330 頁 0965 號。《合》21059“▨子▨口凡有疾”一辭的“疾”字，雖然已殘去大半，仍可看出也是屬於這一種的。

③ 參看拙文《關於殷墟卜辭的命辭是否問句的考察》，拙著《古文字論集》，中華書局，1992，252—253 頁。

(20c) 子求冂凡。

(20d) 子求弗其凡。

比較各辭,可知(20b)、(20d)的"弗其凡",意即"弗其冂凡有疾";(20c)的"冂凡",意即"冂凡有疾"。後面沒有其他文字的"冂凡"屢見於賓組卜辭,下面再舉幾個例子:

(21) 壬午卜,殻,貞:婦冂凡。　合 795 正

(22) 子妥冂凡。　合 10936 正

(23a) 貞:雀冂凡。

(23b) 雀不其冂凡。　合 1677 反

(24) 戊午卜,貞:[illegible]不其冂凡。　合 4951

還有一些賓組卜辭,全辭只有"冂凡"二字,見《合》1578、6597 正、13920 等片。這些後面沒有其他文字的"冂凡",可能都是指"冂凡有疾"而言的。

不過"冂凡"也並不是只能跟"疾"和"有疾"相配的,請看下引關於子漁的兩條賓組卜辭:

(25) 貞:翌乙巳子漁冂凡賓㞢祖歲。　合 13871

(26) 貞:翌癸卯子漁不其冂凡。　合 13872

前一辭"冂凡"之後的"賓㞢祖歲",指一種祭祀活動。後一辭"子漁"前有"翌癸卯",文例與前一辭相同;並且癸卯跟前一辭乙巳,中間只隔一個日辰。看來此辭的"冂凡"多半也是指"冂凡賓㞢祖歲"或類似的事情而言的。至於卜問"冂凡有疾"的命辭,就我們見到的來說,提到日辰的連一條也沒有。因此後面沒有其他文字的"冂凡"並非指"冂凡有疾"的可能性,也不能完全排除。

"冂凡"究竟是什麽意思呢? 甲骨學者對此作過不少解釋。張玉金不久前發表的《說卜辭中的"骨(引者按:即我們所說的"冂")凡有疾"》一文中,列舉了前人的六種說法,④今引錄於下:

其一,郭沫若認爲是"游盤"的意思。他曾把我們釋爲"骨凡"的那兩個字釋爲"繇凡",認爲"繇"字象契骨呈兆之形(後來他放棄了這個說法,把此字改釋爲"冎",認爲它是骨字的初文)。他把"繇"讀爲"游",而把"凡"讀爲"盤",認爲"游盤"的意思就是游樂。(原注:看〔臺〕李孝定《甲骨文字集釋》第 4 卷

---

④ 見《考古與文物》1999 年 2 期 88 頁。

第 1488 頁,中央研究院歷史語言研究所專刊之五十。)

其二,唐蘭認爲是"攸同"的意思。我們釋爲"骨"的那個字,唐蘭釋爲"卣",認爲是象卣形。他把"卣"讀爲"攸",把"凡"讀爲"同",認爲"卣凡"即相當於古書中的"攸同"。"攸"是"維"的意思,"攸同"意即"維同"。(原注:看唐蘭《天壤閣甲骨文存考釋》第 4 至 14 頁。)

其三,李孝定認爲是"骨痛"的意思。這個詞語中的第一個字,李氏從郭沫若的後一說釋爲"冎",他說:"竊謂冎當讀如字,即骨之古文。"我們釋爲"凡"的那個字,他釋爲"同",認爲"同"應當讀爲"痛"。(原注:看《甲骨文字集釋》第 4 卷第 1498 頁。)

其四,饒宗頤認爲是"禍重"的意思。這個詞語中的第一個字,饒氏也從郭沫若後說釋爲"冎",認爲是"骨"的初文,但他讀爲"禍"。我們釋爲"凡"的那個字,他釋爲"同",並讀爲"重"。(原注:看饒宗頤《殷代貞卜人物通考》第 114 頁,香港大學出版社,1959 年。)

其五,嚴一萍認爲是"禍風"的意思。這個詞語中的頭一個字,他也釋爲"冎",並同饒氏一樣也讀爲"禍"。但他認爲"凡"即是"風"。所謂"禍風",就是伴隨着禍的風,它帶來了疾病。(原注:嚴一萍《卜辭徵醫》,饒宗頤所引,見《殷代貞卜人物通考》第 114 頁。)

其六,沈寶春認爲是"骨骫"的意思。他跟我們一樣,把那兩個字釋爲"骨凡"。他把"凡"讀爲"骫"。他認爲"骨骫"意即骨端之曲折不正。(原注:沈寶春《釋凡和骨凡㞢疒》,見《第二屆國際中國古文字學研討會論文集》,1995 年。)

張玉金信從釋"冂"爲"骨"之初文"冎"並讀爲"禍"之說,以及讀"凡"爲"盤"訓爲安樂之說。他認爲"禍"字在此應訓爲"毁"(據《釋名・釋言語》"禍,毁也"),"'骨凡'意思就是毁壞安康、損害健康。'骨凡有疾'是說毁壞安康而有了病"(91 頁)。這是對"冂凡"的第七種解釋。

從卜辭文例看,上引七說絶大多數沒有成立的可能。這需要從不久前逝世的比利時籍的美國華盛頓大學退休教授司禮義(Paul L – M Serruys)在卜辭文例方面的一個發現談起。他曾指出,在一對正反對貞的卜辭裹,如果其中一條卜辭用"其"字,而另一條則不用,用"其"的那條所說的事,一般都是貞卜者所不願看到的。如求雨的卜辭往往以"有雨"與"亡其雨"對貞,因爲貞卜者希望下雨,不希望不下雨。[5] 這一意見十分正確。

在卜問某人有無疾病的正反相對的命辭裏,"其"字都加在"有疾"一辭中,因爲貞卜者不希望此人有病。例如:

(27a) 貞:墉亡疾。

(27b) 癸酉卜,貞:墉其有疾。　　合 13731

(28a) 貞:斫亡疾。

(28b) 貞:斫其有疾。(下略)　　合 13752 正

(29a) 貞:𢦏(?)亡疾。

(29b) 貞:𢦏(?)其有疾。　　合 13757

(30a) 丁[亥卜,殻],貞:子漁亡疾。三月。

(30b) 丁亥卜,殻,貞:子漁其有疾。　　合補 3985(即《合》13722 + 13723)

但是在卜問某人是否"囗凡有疾"的正反相對的命辭裏,反面的命辭一定說"弗其"或"不其",正面的命辭則從不在"囗凡"之前加"其"字。本文所引的全部例子都是這樣的。就是在未爲我們所引的那些同類的卜辭裏,也没有出現過例外。[6] 這說明貞卜者是希望所提到的人"囗凡有疾"的。

前引(1a)、(1b)那對正反對貞之辭,卜問婦好是否"囗凡有疾",(1c)是屬於它們的占辭,以婦好"囗凡有疾"爲吉。在《合》14199 正著録的賓組卜甲上,上部右側一辭爲"貞:㲋弗其囗凡有疾",與之相對的左側一辭應是貞㲋"囗凡有疾"的正面卜辭,但已殘泐難辨。此甲反面上部,與正面左側一辭相應的部位,刻有占辭"王占曰:吉,㲋囗凡",也以此名㲋之人"囗凡有疾"爲吉。占辭對吉凶的判斷,跟命辭通過用不用"其"而透露出來的意向正相符合。

在卜問"囗凡有疾"之辭裏提到的人,都是商王的親屬或臣下。其中如婦好,是武丁最寵信的配偶;雀、㚔、[illegible]等人是武丁最信任的臣下。這從武丁時代的卜辭裏可以清楚地看出來。在一般情況下,武丁決不會希望他們生病。把"囗凡有疾"的"囗凡"釋讀爲"游盤"、"骨痛"、"禍重"、"禍風"、"骨骴"或"毁盤"等說法,即使不管它們在字形、音韻和訓詁方面是否站得住,而僅從上面所說的這一點來看,就

⑤ 司禮義《商代卜辭語言研究》,《通報》60 卷 I-3,25—33 頁。又見其《關於商代卜辭語言的語法》,《中央研究院國際漢學會議論文集·語言文字組》,1981,342—346 頁。

⑥ 《類纂》1179 頁"囗凡有疾"部分録有《合》13877"乙卯……貞[illegible]其囗凡有疾"一辭。此辭其實應該釋讀爲"乙卯[卜,□],貞:[illegible][弗]其囗凡有疾",並非例外。

都顯然無法成立。此外,前引(25)"翌乙巳子漁冂凡賓㞢祖歲"一辭,用這些說法也難以講通。

在前人對"冂凡"的解釋中,只有唐蘭先生的"攸同"說值得我們考慮。古文字"同"字"口"上偏旁的寫法與"凡"無別。而且在古文字裏,同一個字往往有加"口"和不加"口"兩種寫法。所以唐先生根據文義把甲骨文裏的有些"凡"字釋爲"同",是有道理的。我在《甲骨文中的幾種樂器名稱——釋"庸""豐""鞀"》一文中,曾指出甲骨文的字,一般認爲从"凡",其實就是金文(桐)字的前身;並指出"庸"字的聲旁最初作"凡"形。"庸"、"同"古音極近,只有像唐先生那樣釋"凡"爲"同",才能對這個字的結構作出合理的解釋。⑦ 這些都是唐說的佐證。上引張玉金文在批評唐說時指出:"甲骨文中有'同'字,寫成''……而'骨'的'',從來也没有寫成''的。"(89頁)"冂凡"之語見於賓組和𠂤組卜辭。我還没有在賓組卜辭中見到過从"口"的"同"字。𠂤組卜辭的情況比較複雜,可以分爲多種字體有別的類,我在出現"冂凡"的那些類裏也没有見到過从"口"的"同"。即使在賓組卜辭和這些𠂤組卜辭裏有从"口"的"同",也一定是很罕見的。張文以"冂凡"的"凡"没有加"口"的寫法來否定唐說,是缺乏説服力的。但是唐先生並未說明"攸同有疾"究竟應該如何理解,他釋"冂"爲"卣",也難以使人信從。所以我們需要對唐說加以補正。

賓組和𠂤組卜辭的占卜主體是商王。我們認爲"冂同有疾"的"同",是指"跟王一同"而言的。上古時代的人,多以爲人的疾病生死是由鬼神決定的。殷墟卜辭說"王疾身,唯妣己害"(《合》822正)、"有疾趾,唯黄尹害"(《合》13682正)……,就反映了這種思想。因此尊貴者有疾病時,有些跟他有特殊關係的人就會向鬼神禱告,請求把疾病移給自己。《尚書・金縢》記武王有疾,周公旦向先人太王、王季、文王禱告,要求"以旦代某(指武王)之身",便是一個著名的例子。

春秋晚期的楚昭王和春秋戰國間的宋景公,都有在天象顯示其身將有大禍(實即死亡)時,拒絶將災禍移給臣下的美行。前者之事見《左傳》和《史記・楚世家》。《左傳・哀公六年》:

> 是歲也,有雲如衆赤鳥夾日以飛三日,楚子使問諸周大史。周大史曰:"其當王身乎?若禜之,可移於令尹、司馬。"王曰:"除腹心之疾,而寘諸股肱,何

⑦ 拙著《古文字論集》,中華書局,1992,196等頁。

益？……"遂弗禜。

這年秋天，昭王病卒軍中。《史記》記此事，在敘述了周太史之語後說："將相聞是言，乃請自以身禱於神。"這一情節雖爲《左傳》所無，揆之情理，却是應有之事。宋景公之事見《史記·宋世家》及《新序·雜事第四》，今從略。

商代人無疑比周代人更信鬼神。商王有疾病時，必定會有某些親屬和臣下，作出願意代王承受疾病的表示。卜問某人是否"口同有疾"，當是爲了想知道此人是否確能分擔王的疾病，也就是鬼神是否同意由此人來分擔王的疾病。所以貞卜者才會表示出希望此人"口同有疾"的意向，王的占辭才會把此人"口同有疾"看作吉利之事。

前引(1a)、(1b)那對貞婦好能否分擔王疾之辭，見於一片比較完整的龜腹甲。此甲之上，在(1a)、(1b)兩辭上方，有如下一對卜問王疾之辭：

(31a) 庚戌卜，亘，貞：王其疾口。

(31b) 庚戌卜，亘，貞：王弗疾口。王占曰：勿疾。　　合709正

占辭雖說"勿疾"，實際上恐怕仍然有疾。婦好能否分擔王疾之貞，很可能跟王的這次疾病有關。

前引(17a)、(17b)卜問能否分擔王疾，在"口同有疾"一辭之後記驗辭"之夕𡆥"，在"□(所缺當是"弗"或"不"字)其口同有疾"一辭之後記驗辭"允不"。對這兩條驗辭應該解釋一下。"𡆥"字，丁山釋爲"死"，缺乏文字學上的根據。但是此字之義與"死"相類，則是大多數學者的共識。"之夕"指貞卜當天的夜裏。大概此次貞卜所得結果，是不能分擔王疾。正好在貞卜當天的夜裏就死了。所以管理卜事的人在正面命辭之後記"之夕𡆥"，表示發生的情況確與讓分擔王疾的願望相背；在反面命辭之後記"允不"，意即占卜應驗，果然不能分擔王疾。《合》13794有如下一辭：

(32) 丙午[卜，□]，貞：□(所缺當爲人名)口[同]有疾，不𡆥。

此辭以"不𡆥"與"口[同]有疾"並提，可以與(17a)、(17b)相對照。前引(16)"子□𡆥，口[同]有疾"一辭中"𡆥"上所缺一字，也應該是"不"字。

《合》13753一辭說：

(33) [甲]申卜，貞：⿱罒䖵口[同]有疾。旬又二日[乙]未，⿱罒䖵允口[同有疾]。百日又七旬又[六日庚]寅，⿱罒䖵亦有疾。[乙未]夕皿(向?)丙申□(也可

能無此缺字)𡆥。

曓是在被確認能分擔王疾之後得病死去的,跟上面所說的的情況很不一樣。他的死也許會被當時人視爲代王而死。

下面我們來討論"冂"究竟應該釋爲什麽字。"冂"字無疑"象卜用牛肩胛骨之形"。[⑧] 但是不少甲骨學者因此釋此字爲"冎"或"骨"之初文,則不可信。唐蘭先生討論"冂"爲何字時早已指出,古文字"冎"作,且已見於甲骨文,"冂"與"冎"或"骨"決非一字。徐寶貴在其待刊稿《石鼓文研究與考釋》中指出,《説文》説"肩"字"从肉,象形",石鼓文"豣"字"肩"旁象形部分的寫法,與甲骨文中象牛肩胛骨的寫作等形的字相似,應即由此字訛變而成,[⑨]所以"甲骨文此字(引者按:即我們所説的"冂"字)有可能就是'肩'字的象形文"。此説可從。賓組卜辭數言"疾冂"(參看《類纂》1179 頁),上引(31)即其一例,釋爲"疾肩",文義允愜。賓組骨臼刻辭和歷組骨面刻辭中指稱卜用之骨的"冂"字(參看《類纂》835 頁),[⑩]釋爲"肩"也是合理的。"肩"字本象卜用牛肩胛骨,自可用來指稱此物。需要指出的是,"冂"(肩)與"囚"(卜兆之"兆"的初文),[⑪]在有些卜辭如賓組卜辭裏分得很清楚,在有些卜辭如歷組卜辭裏則有混淆現象,情況比較複雜,容另文討論,在這裏就不多説了。

"冂同"之"冂",自然也應釋"肩",不過用的乃是引伸義。肩膀能任擔重物,所以在古漢語裏,"肩"字引伸出了"任"、"克"等義。《詩・周頌・敬之》"佛時仔肩",毛傳:"仔肩,克也。"鄭箋:"仔肩,任也。"《尚書・盤庚下》"朕不肩好貨",僞孔傳:"肩,任也。我不任貪貨之人。"同篇又説:"式敷民德,永肩一心。"僞孔傳釋後一句爲"長任一心以事君"。《爾雅・釋詁》訓"肩"爲"勝",又訓爲"克"。《説文・七上・克部》"克,肩也",段注:"肩謂任。任事以肩,故任謂之肩,亦謂之克。""肩同"的"肩"應該訓爲"克"。"肩同有疾"就是能分擔王疾的意思。前引(25)的"肩同賓㞢祖歲",就是能與王一起爲㞢祖的歲祭舉行賓禮的意思。《盤庚下》"永肩一心"的"肩",用法跟"肩同"的"肩"相近,其實也可以訓爲"克"。

---

⑧ 李孝定《甲骨文字集釋》1492 頁。參看拙文《釋西周甲骨文的"卲"字》,張光裕等編《第三屆國際中國古文字學研討會論文集》,1997,32—33 頁。

⑨ 石鼓文"豣"字已收入商承祚《石刻篆文編》,見中華書局 1996 年版 459 頁。

⑩ 歷組骨面刻辭,《類纂》此頁有大量例子。賓組骨臼刻辭用"冂"字之例,見此頁"其它"類中。

⑪ 以"囚"爲卜兆之"兆"的初文之説,見注⑧所引拙文。

殷墟卜辭中還有"肩𠙴朕事"(《合》20095、20333)、"肩御"(《合》22172)、"肩出"(《類纂》832—833 頁)、⑫"肩往"(《合補》6654)、"肩來歸"(《文錄》650)、"肩告"(《類纂》834 頁)等語。其中的"肩"也都可以訓爲"克"。《合》20576 正有數條貞"雀亡囚南土肩告事"之辭,"肩告事"的"肩"似以訓"任"爲妥。

《合》17168 一辭說:

(34) 丙子卜,賓,貞:令 葬(?)我于屮自,肩告,不𢦏。(《合》17169 與此同文而略有殘損)

《合》17170 一辭說:

(35) 貞: 不其肩告,其𢦏。(《合》17115 與此同文但嚴重殘損)

此二辭分別以"肩告"與"不𢦏"並提,以"不其肩告"與"其𢦏"並提,可與前引(16)、(17a)、(17b)及(32)等辭相互參照。從那幾條卜辭看,"肩同有疾"也是與"不𢦏"並提的,而 "之夕𢦏"則說明他的確不克分擔王疾。

唐蘭先生在《天壤閣甲骨文存考釋》中解釋"冂同"時,還說了這樣一段話(標點符號多爲引者所加):

卜辭"𠂤凡"或作"𠂤 "(《前》5·21·7),⑬ 从兩手持凡,即"挏"之本字。又有殘辭云:"……史(引者按:此字原加人名號)……舁……疒"(《前》5·21·8。按:即《合》5645)"……卜,乎(按:即一般釋"爭"之字,原加人名號)……舁……屮……"(《續》5·22·9。按:即《合》16080),當是"𠂤舁屮疒"之闕文。舁即"興"字也。《說文》興字"从舁从同,同力也"。卜辭作 則象兩人奉凡,以象意聲化例推之,當爲凡聲。凡 同一字,故後从"同"作"舁"。然則"𠂤同"、"𠂤䢔"與"𠂤舁",其聲義當相同。古書用"興"字者,義多若"同"。《微子》云"小民方興相爲敵讎",即小民方同相爲敵讎也。又云"殷邦方興沈酗于酒",即殷邦方同沈酗于酒也。又云"我興受其敗",我同受其敗也。《吕刑》云"民興胥漸",民同相漸也。《詩·抑》"興迷亂于政",同迷亂于政也。是則"𠂤興"當讀爲"𠂤同"。

---

⑫ 《類纂》誤以"肩出"之"肩"爲"囚"字。

⑬ 《前》5·21·7 即《合》21056,《人文》444 與之同文。原辭全文爲:"癸亥卜,貞:子 肩 。""子"下一字《人文》444 較完整。

唐先生說[字形]爲“挏”之本字,“興”當讀爲“同”,是否正確,有待進一步研究。他認爲“冂[字形]”與“冂同”同義,“興”字也本有“同”義,則是很對的。

《合》13754 有一對貞亞是否“克興有疾”之辭,爲唐先生撰天壤閣《考釋》時所未及見,其文如下:

(36a) 壬子卜,貞:亞克興有疾。

(36b) 弗其克。

“弗其克”,意即“弗其克興有疾”。⑭ 從“其”字加在“弗”下來看,貞卜者是希望亞克興有疾的。“克興有疾”之意無疑與“肩同有疾”相同。這一方面說明唐先生補爲“卣興有疾”的殘文,更可能是“克興有疾”的殘文,一方面也證實了唐先生認爲“興”有“同”義的正確。同時,這對卜辭也爲我們釋“冂同”之“冂”爲“肩”並訓爲“克”的說法,提供了有力的佐證。

追記:

1999 年 12 月去巴黎開會,遇到吉德煒教授(David N. Keightley),承告知倪德衛教授(David S. Nivison)在多年前發表於《古代中國》(*Early China*)裏的一篇論文,已經指出“冂凡有疾”是正面的事,並把“冂凡有疾”跟“克興有疾”聯繫在一起。不過倪教授認爲“凡”當讀爲“興”,當病好起來講,“有”在這裏當代詞用,因此對“冂凡有疾”的具體解釋跟我們完全不同。謹誌於此。本文未引此說,是一個疏失。感謝吉教授的提醒。倪教授的文章估計即《百年甲骨學論著目》3497 號著錄的發表在《古代中國》第三卷的《動詞“虫・又・有”在上古漢語中的代詞用法》,因本文印發在即,未及找來拜讀。

1999 年 12 月 24 日

編按:

此文除了對冂字的考釋可以保留外,其他的說法基本上都是錯誤的。參看本書所收《從殷墟卜辭的“王占曰”說到上古漢語的宵談對轉》。又可參看沈培《殷墟花園莊東地甲骨“皀”字用爲“登”字證說》一文中的下引一段話(《中國文字學報》第一輯,商務印書館,2006 年 12 月,51—52 頁):

---

⑭ 《合》18919 有殘辭“▨弗其[克]興[有]疾”。

裘錫圭先生曾寫過《說“口凡有疾”》一文。文章發表後不久,他告訴我,這篇文章把“口凡有疾”讀爲“肩同有疾”是不對的,應當讀爲“肩興有疾”,他在那篇文章的“追記”裏提到的美國學者倪德衛讀“凡”爲“興”的看法是正確的,“興疾”猶古書中的“起病”,“肩興有疾”就是“能起(某人)所有的或所得的病”的意思。他還指出,卜辭“興”可省去上面雙手作[illegible]形,更可以再省去下面雙手而作“凡”。但裘先生一直沒有把他的這一意見寫成文章。近來,蔡哲茂有《殷卜辭“肩凡有疾”解》一文指出“凡”當是“興”之省體,可謂不謀而合。

附錄:

我在發表於 2002 年 1 期的《中國語文》上的《從殷墟卜辭的“王占曰”說到上古漢語的宵談對轉》一文的注 11 中已指出此文對“凡”字的解釋是錯的,將另撰文正之。

2005 年 5 月末,在芝加哥大學的古文字學研討會上,我作了《關於“口片有疾”》的發言,說明在“口片有疾”的釋讀和解釋上,我除保持“口”當釋“肩”訓“任”訓“克”的意見外,改從 Nivison 教授 1977 年發表的有關意見。當時未交正式論文,但在會上發了參考資料。現將其中撮述 Nivison 教授論點的第 8 段和第 2 段“片、凡、同”、第 9 段“興、起與病好”,按原樣抄錄於下,以供參考。關於“興”,漏了最重要的一條,即《書·顧命》“今天降疾,殆弗興弗悟”,乃讀書不熟所致(蔡哲茂在收入 2006 年 12 月出版的《屈萬里先生百歲誕辰國際學術研討會論文集》的《殷卜辭“肩凡有疾”解》一文中已經引到了這條資料)。

8. Davi S. Nivison《早期上古漢語中動詞“有”的代詞性用法》,《古代中國》3 期,1977

在名詞性短語“有×”中,動詞“有”具有代詞性或指示性的形容詞用法。

從意義上說,可以把“某人有×”或“某處存在×”等,看作跟“有×”相應的句子。

壬辰卜,㱿,貞:呼子室禦㞢(有)母于父乙……

乙巳卜,㱿,貞:呼子室㞢(祭名)于㞢(有)祖宰。

有母——子室所有之母——子室之母

有祖——子室之祖(子室爲武丁子輩,父乙爲武丁之父)

參看 4.(11) 㞢祖

田獵卜辭"禽有鹿"、"禽有冢"中的"有鹿"、"有冢"指存在於某地亦即某地所有之鹿或冢;"射有豕"、"射有鹿"即射某地之鹿或豕。參考"其射在喪(地名)冢,禽"。

"受有年"、"受有祐"等等之"有"性質相似。在所有者或所存在之處不必指出或無法指出時,"有 ×"之"有"幾乎可以說等於 This、That。古書中"有衆"、"有民"、"有周"、"有夏"等等之"有"也就是這種"有"。

Nivison 認爲"口有疾"的"有疾"即"某人所有之疾""某人之疾",他以"口有疾"與"克興有疾"對比,並引"口"之例,認爲"口"之""應釋讀爲"興","口"應即"克"。他懷疑即的早期形態。按他的解釋,"婦好口有疾"的意思就是婦好的病會好起來。

2. 、凡、同

興　《甲骨文編》收爲"興"字異體

讀"凡"的有人認爲象"盤()",有人認爲象"帆";

讀"同"的可能跟桶、筒的初文(用)有關。

所从的有人認爲象抬重物的工具。

9. "興"、"起"與病好

《論語·衛靈公》:"在陳絶糧,從者病,莫能興。"

《管子·戒》:"管仲寢疾,桓公往問之,曰:'仲父之疾甚矣,若不可諱也。不幸而不起疾,彼政我將安移之。'"

張家山 247 號墓《二年律令·賜律》:

賜衣者……二千石吏不起病者,賜衣襦、棺及官衣常(裳)。　238 號

西周金文"癲"

原載《故宫博物院院刊》2000 年 1 期,今據以收入。

從殷墟卜辭的"王占曰"說到上古漢語的宵談對轉

《周禮·春官·占人》:"凡卜筮,君占體,大夫占色,史占墨,卜人占坼。"鄭注:"體,兆象也。色,兆氣也。墨,兆廣也。坼,兆舋(璺)也。體有吉凶,色有美惡,墨有大小,坼有微明。尊者視兆象而已,卑者以次詳其餘也。周公卜武王,占之曰:'體,王其無害。'凡卜象吉,色善,墨大,坼明,則逢吉。"從殷墟出土的商代後期王朝卜辭來看,當時主要的占者也是"君",即商王,不少卜辭記錄了王的占辭。

殷墟王卜辭可以根據其字體和某些其他特徵分組(或稱"類")。① 各組卜辭記占辭的頻度不同,占辭的形式也不都一樣。何組和無名組的占辭一般很簡單,通常只有"吉"、"大吉"或"引吉"等一兩個字,從來不記占者爲何人。多數卜辭組記占者。時代較早的師組所記的占者,主要是一位名爲出的人,情況比較特殊。其他各組所記的占者幾乎都是王。非王的占者,如歷組的"左卜",②極爲罕見。

賓組卜辭有大量占辭,占辭的開端絶大多數作"王固曰"。③ 歷組和出組所記的占辭都很少。出組占辭的開端作"王囚曰"。④ 歷組占辭的開端除一見"左卜冎曰"⑤外,一般作"王冎"。⑥ "王冎"之"冎"也許可以看作"冎口(曰)"的一種特殊合文。⑦ 黃組的占辭很多,雖然占語跟何組、無名組一樣簡單,但一般都有"王𡆥

---

① 參看黄天樹(1991)、李學勤(1996)。

② 見《屯南》930。

③ 見《類纂》836—840頁。

④ 見《合》24118(即《後》下10·2)、《合》24917(同上書下17·9)。參看《綜類》311頁。

⑤ 同注②。

⑥ 見《類纂》843頁,參看《綜類》311頁。

⑦ 關於這種特殊合文,參看裘錫圭(1992)143—144頁及150頁。商代文字有以"口"爲"曰"之例,參看裘錫圭(1999)41—42頁。

曰”作爲開端。⑧

“𡇈”和“𡆥”所从的“𠙵”，本作等形，⑨雖然被隸定爲“𠙵”，實與“國”“圍”等字所从之“囗”字無關。此字“象卜用牛肩胛骨之形”，但不能像有些學者那樣釋爲“骨”，而應釋爲“肩”之初文。⑩“𠙵”和“𡆥”是兩個字，在賓組卜辭中區分得非常清楚，⑪但在有些組的卜辭裏却混而不分。如在歷組卜辭中，常見的“旬亡𡆥”等辭中的“𡆥”，⑫跟記卜骨來源的骨面刻辭中指牛肩胛骨的“𠙵”字，⑬寫法並無區別，實際上是以“𠙵”字兼充“𡆥”字。歷組卜辭把常見於他組卜辭的“𠦪年”“受年”⑭寫作“𠦪禾”“受禾”，⑮以“禾”字兼充“年”字，情況與此相類。歷組占辭的“⿱冎口”，按照字形可以隸定爲“⿱冃口”，但是實際上是以“𠙵”爲“𡆥”的，所以我們按照一般的習慣把它隸定爲“⿱冎口”。⑯

黄組的“⿴凵卜”應是“⿱冎口”的簡體，其簡化情況可與下舉二字比較。尊卣之“卣”的本字，甲骨文本作“𥂴”，从“皿”“㐭”聲（“卣”是“㐭”的楷書變體），但“皿”旁多省作，爲金文所承襲，其後遂演變爲見於《說文・五上・乃部》的“𠧪”（變體作

---

⑧ 見《類纂》841 頁。

⑨ 參看《甲骨文編》149—150 頁“占”字、150—152 頁“𡆥”字。附帶說一下，《甲骨文編》“占”字條列於“𡇈”形“占”字之前的不从“𠙵”的“占”字，多不可信。其中，有的是別的字的誤摹，如《乙》6680 一形似是由的誤摹，《乙》6259【《合》17696 反】一形是⿱卜凵的誤摹。《乙》6259 爲卜甲反面，其正面《乙》6258【《合》17696 正】有“……亡⿱卜凵”一辭，可證。有的是“司”字的誤釋。這類“司”字所从的“㇆”置於“口”旁之上，在外的一筆又寫得比較直，有些像“卜”，所以被誤釋爲“占”。如《佚》505（《合》8200）的“𢍏司”，是卜辭屢見的人名。《甲骨文編》未收的《人文》3149 片的“𢍏司”之“司”，寫法與此片類似（參看《綜類》506 頁）。我在《說“以”》一文中提到𢍏司時，已經引用了這兩片，見裘錫圭（1992）109 頁注⑱。又如《續》5・7・5（《合》21068）一辭卜問司娥分娩之事，寫法類似的“司娥”又見《合》21067，辭曰：“乙丑卜王貞：司娥子余子。”《甲詁》3422 頁“占”字條亦誤釋此“司”字爲“占”。我在《關於殷墟卜辭的命辭是否問句的考察》一文中，已引用過《續》5・7・5 一辭，見裘錫圭（1992）261 頁（我引此辭時，誤釋干支“己酉”爲“丁酉”，附正於此）。

⑩ 見裘錫圭（2000）6 頁。

⑪ 關於賓組卜辭中“𠙵”（肩）字的用法，參看裘錫圭（2000）6 頁。賓組卜辭中“𡆥”字的用法與之截然有別。此文對“𠙵凡有疾”一語中“凡”字的解釋是錯誤的，將另撰文正之。

⑫ 如《類纂》830 頁上欄所錄 34036 至《英》2484 諸辭中被釋爲“𡆥”的那些字。

⑬ 如《類纂》835 頁上欄所錄骨面刻辭中被釋爲“骨”的那些字。

⑭ 見《類纂》530—535 頁。

⑮ 見《類纂》523—526 頁。

⑯ 有一種不屬於子組卜辭的子卜辭（“子卜辭”指以稱“子”的人爲占卜主體的那些卜辭），把占辭的開端寫作“子𠙵曰”（《合》20051）。“𠙵曰”顯然等於出組的“𡆥曰”，也是以“𠙵”爲“𡆥”的。

“逌”)。⑰ 甲骨文“迺”字,其下部本作“口”形,但亦多省作  ,爲金文所承襲,其後遂演變爲見於《說文・五上・乃部》的“𠧨”。⑱ “⿱𡆥口”變爲“⿶凵卜”,情況與此二字類似。

從文例看,各組占辭開端所用的“𡆧”“𡆥”“⿱𡆥口”諸字,其所表示的應該是同一個詞。王國維認爲“⿶凵卜”“與𡆧爲一字”,⑲《屯南》考釋疑“⿱𡆥口”“爲𡆧之異構”,⑳都是正確的。“𡆧”跟“⿱𡆥口”的差別,其實只在“口”旁位置的不同。甲骨文“⿻弓口”字的“口”旁有寫在“弓”旁之中的,可相比照。㉑ “𡆥”與“𡆧”“⿱𡆥口”無疑同音或音近,所以可以用來表示同一個詞。

我曾在題爲《說“𡆥”》的一篇短文裏,根據上述情況指出,多數甲骨學者既釋“𡆧”爲“占”,又從郭沫若釋“𡆥”爲“冎”,讀爲“禍”,是有問題的。因爲“占”和“禍”的字音毫無共同之處。我主張從唐蘭《天壤閣甲骨文存考釋》說,把“𡆧”釋讀爲“繇”;同時主張把“有𡆥”“亡𡆥”的“𡆥”釋讀爲“憂”。因爲“繇”“憂”二字音近。㉒

後來,我又在一篇考釋周原甲骨文“卟”字的文章中,談到了“𡆥”和“𡆧”的問題。㉓

周原甲骨文中屢見以“卟曰”發端之辭。“卟曰”所引出的話大都很簡短,甚至只有一個字,如“母”(毋)、“巳”(已)之類。我認爲這種“卟”字不能像《說文・三下・卜部》的“卟”字那樣訓爲“卜問”,而應該看作“𠧞”的異體(卜兆之“兆”,《說文・三下・卜部》作“𠧞”,“兆”被收作“𠧞”的古文),以“卟曰”發端之辭應爲占辭。

在這篇文章的結尾部分,我指出《屯南》2688 號卜骨上的一個从兩個“卜”的“𡆥”字,“分明象鋸去臼角的肩胛骨上有卜兆之形,則‘𡆥’應是卜兆之‘兆’的表意初文,‘卟’、‘𠧞’皆其後起形聲字。‘兆’字在金石篆文中寫作  ,並不象卜兆形,

⑰ 關於“卣”字,參看《甲詁》2648 頁。其所錄各家之說,以王國維說爲善。

⑱ 參看《甲詁》1037—1039 頁。

⑲ 《甲詁》2177 頁。

⑳ 《甲詁》2183 頁。

㉑ “⿻弓口”字見《甲骨文編》48 頁。《甲詁》據個別辭例,認爲“⿻弓口”與“口”在“弓”形之中者應加區別(2604 頁)。我們認爲,即使二字用法確有不同,也不妨礙它們本爲一字的異體。

㉒ 裘錫圭(1992)105 頁。

㉓ 此文即裘錫圭(1997)。

用作卜兆之‘兆’，當出於假借”。[24] 爲了與《說“𡆥”》相照應，我還說了下面這段話：

> “固”“𠷎”从“𡆥”（兆）从“口”，與“占”字从“卜”从“口”同意，應是繇辭之“繇”的本字。繇辭之“繇”與籀書之“籀”通。《漢書・文帝紀》：“占曰：大横庚庚。”顔注：“李奇曰：‘庚庚，其繇文也。占，謂其繇也。’繇本作籀。”（引文據《古字通假會典》717頁標點——按：《會典》引《漢書》及顔注有删節。）其上古音屬幽部，“兆”則屬宵部。但二部古音相近。而且“繇”字本身除與“猷”“猶”“由”“陶”“籀”等幽部字相通外，就又與“謠”“傜”“徭”等宵部字相通（《會典》，714—717頁）。可見我們說殷墟卜辭有時以“𡆥”（兆）爲“固”（繇），於音理並無不合。“固”（繇）有可能就是由“𡆥”（兆）派生的一個詞。[25]

但是仔細一想，“王固曰”的“固”應該是動詞，與占卜有關的“繇”字在古書中訓爲“卦兆之占辭”（《左傳・閔公二年》杜注）或“兆辭”（同上《襄公十年》杜注），似無用作動詞之例。從這一點看，前人釋“固”爲“占”，比我們釋“繇”合理。然而釋“占”在字音上却又難以講通。這使我感到進退兩難。直到注意到了古音學家的宵談對轉說，問題才得到解決。

確立上古音陰陽對轉學說的清儒孔廣森，有宵侵對轉的說法。嚴可均對孔說加以改進，提出了幽侵對轉、宵談對轉的說法。[26] 嚴氏的談部包含了緝、葉二部的字。章炳麟在前人區分緝、葉的基礎上，進一步修正嚴說，主張幽部與冬、侵、緝對

㉔ 同上注32—33頁。“兆”在金石篆文中的字形，我在那篇文章的注㉓中只引了漢印“姚”字的偏旁，應補引漢印“兆”字（羅福頤（1978）2・2上）、秦漢金文“庣”和“姚”的偏旁（容庚（1935）9・5上、12・4上）、秦陶文“姚”字偏旁（高明（1991）69頁）等。殷墟甲骨文中有一個中間爲水形，左右各有一個背向水的人形的字。水形有與一般“水”字相同的，但多數簡化爲一條曲綫（見《甲骨文編》445頁。《文編》釋“泚”，誤）。于省吾在《殷契駢枝三編・釋兆》篇中釋此字爲“兆”，認爲字形本象大水至而人逃散，是“逃”的初文（《甲詁》146—147頁）。其說可從。卜辭偶有將此字寫作  的（《合》13517），二人形相倒，金石篆文的“兆”就是由這種寫法演變而成的。于先生沒有將《釋兆》篇收入《甲骨文字釋林》，這似乎並不意味着他已放棄此說。他在《釋林》的《釋宀》篇中引錄卜辭時，就把上舉《合》13517（即其所引“綴合295”）的那個字釋爲“兆”（于省吾（1979）334頁）。我們對“𡆥”的字形的解釋，實際上回到了郭沫若在《甲骨文字研究》舊版的《釋繇》篇中所提出的“𡆥”“象契骨呈兆之形”的舊說（郭說見《甲詁》2159頁）。但此文釋“𡆥”爲“繇”，則缺乏根據。“繇”只有“占辭”義（詳下文），既不能當卜兆講，也不能當“契骨呈兆”講。

㉕ 裘錫圭（1997）33頁。

㉖ 陳復華（1987）26—29頁。

轉,宵部與談、盍(即葉部)對轉。[27] 幽侵對轉說得到不少學者認可,宵談對轉說却長期受到冷落,不久前情況才有了變化。進入上世紀 90 年代後,不斷有學者專門寫文章或在有關的文章裏支持宵談對轉說。[28] 看來,在上古漢語中曾經有過宵談對轉的現象這件事,大概可以肯定下來了。

在上古音中,“兆”是定母宵部字,“占”是章母談部字。在中古音中,它們都是開口三等字。上古音章母跟端母和端母跟定母的關係都很密切,這是大家所公認的。按照宵談對轉說,“兆”和“占”是聲母相近、韻母有嚴格的陰陽對轉關係的字。“占”的意思是根據兆象對吉凶作出判斷,它應該是由“兆”派生的一個詞。與“𠙵”(兆)相通的“固”(𡆥)字,可以分析爲从“口”从“𠙵”(兆),“𠙵”亦聲。將此字釋爲“占”,是完全合理的,前人的釋讀並沒有錯。反過來說,“𠙵”(兆)字在“王𠙵曰”中讀爲由它派生的、音近的“占”,也是完全合理的。當占辭講的“繇”,與“兆”和“占”有可能是同族詞。但從古書中“占”“繇”二字的用法來看,把“王固曰”的“固”釋爲“繇”,的確不如釋爲“占”合理。

一般認爲宵談對轉是《詩經》時代之前的語音現象。[29] 但各家所舉宵談對轉的例證,却沒有明確早於《詩經》時代的。所以殷墟卜辭所反映的“兆”“占”對轉的現象,對宵談對轉說來說,是具有重要意義的一個例證。

有的从“兆”聲的字,在古文字中有从“涉”的寫法。這也只能用宵談對轉說來解釋。

西周金文中有一個用作女姓的形聲字,形旁是“女”,聲旁是一個以一條曲綫爲主幹,兩邊各有一個“止”形的字,寫法跟散氏盤“涉”字右旁相同。[30] 甲骨文“涉”字作兩“止”分別在“水”之兩邊形,“水”形多數簡化爲一條曲綫。[31] 散氏盤“涉”字是在這種簡化的“涉”字上再加“水”旁而成的。上舉用作女姓之字的聲旁,顯然也應該看作“涉”的簡體。這個字舊多釋“姚”,[32]《金文編》在上世紀二、三十年代刊行的舊版,就把此字收爲“姚”字。後來,釋“姚”之說受到了多數學者的懷疑,《金文編》新版就將此字當作未識字收入附錄了。[33] 于省吾曾疑此字“涉”旁

㉗ 同上注 40 頁。

㉘ 王玉堂(1991)、施向東(1992)、馮蒸(1993)、梅廣(1994)7—10 頁、龍宇純(1998)378—380 頁。

㉙ 參看王玉堂(1991)52 頁。

㉚ 此从“女”之字見《金文編》1254 頁,散氏盤“涉”字見同書 742 頁。

㉛ 《甲骨文編》446—447 頁。

㉜ 參看《金詁附》2307 頁、《金詁補》4705 頁。

㉝ 《金文編》1254 頁。《金文編》科學出版社 1959 年版即已收此字於附錄,見 1000 頁。

"或兆之變體"。[34] 李孝定在《甲骨文字集釋》中批評于說無據,[35]並在《金詁附》2307 頁的案語裏說此字"似當隸定作㛤。商氏釋姚無據"。[36] 可是在上世紀 40 至 90 年代發現的戰國楚簡帛文字裏,長沙帛書和包山簡的"逃"字[37]以及郭店《老子》簡甲組中借爲"兆"的"菲"字[38]和借爲"盜"的"䫀"字,[39]其聲旁寫法都與上舉金文从"女"之字的聲旁相合。由此可見前人釋此字爲"姚",其實是正確的。

"姚""逃""䫀"這三個从"兆"聲之字,都見於《說文》。"菲"字雖然不見於《說文》,但據《老子》簡肯定與"兆"同音或音近。這些字在古文字中爲什麼可以寫作从"涉"呢?于省吾"兆之變體"的說法,正如李孝定所批評,是缺乏根據的。我認爲這一現象只能以"兆""涉"古音相近來解釋。在上古音中,"兆"是定母宵部字,"涉"是禪母葉部字。在中古音中,二者都是開口三等字。葉部是談部的入聲。禪母上古音與定母極爲接近,也是古音學者的共識。按照宵談對轉說,"兆"和"涉"是聲母極爲相近、韻母有嚴格的陰入對轉關係的字,所以二者作爲聲旁可以通用。

宵部的"盜"字,在古書中還有與談部字相通的例子。周穆王八駿中有"盜驪"(《穆天子傳》卷四、《列子·周穆王》),《荀子·性惡》則稱之爲"纖離":"驊騮、騹驥、纖離、綠耳,此皆古之良馬也。"楊倞注:"皆周穆王八駿名……纖離即《列子》盜驪也。""纖"是心母談部字。心母與"盜"字所屬的定母,在形聲字中可以相諧。例如:"肖"是心母字,"趙"則是定母字。"屖""犀"是心母字,"墀"(墀)、"遲"(遲)、"穉"(穉)等則是定母字。"盜"和"纖"是宵談對轉的關係,可以與楚簡假借从"涉"聲的字爲"盜"相印證。

前面說過,一般認爲宵談對轉是《詩經》時代之前的現象。這應該是就《詩經》音這一系統的上古音來說的。古今漢語都有多種方言。同一種語音演變的現象,在不同方言中發生和完成的時間,往往是不一致的。上舉楚文字中从"涉"聲的"逃""菲""䫀"等字,究竟只是戰國時代楚人所沿用的一些並不確切反映實際語音

---

[34] 《甲詁》146 頁。

[35] 同上注。

[36] "商氏"指商承祚,商說《金詁附》2307 頁亦已引錄。

[37] 滕壬生(1995)145—146 頁。

[38] 《郭簡》圖版 5 頁 25 號簡。

[39] 《郭簡》圖版 3 頁 1 號簡、5 頁 31 號簡。

的形聲字舊字形呢，[40]還是可以看作與談部對應的陰聲字轉變爲後來的宵部字的過程在當時的楚方言中尚未完成的一種反映呢？希望今後能找到性質明確的資料，來解決這個問題。

我在《說“𡆥”》中，主張把殷墟卜辭中“有𡆥”“無𡆥”的“𡆥”讀爲“憂”。在本文末尾想討論一下，從語音上看，這樣讀究竟是不是合適。

“𡆥”作爲卜兆之“兆”的本字，是定母宵部字，“憂”是影母幽部字。在中古音中，二者都是開口三等字。宵、幽是音近的鄰部，關係極爲密切。這在上文引錄過的關於周原卜辭“卲”字的拙文中的那段話裏，已經談到了。从“兆”聲的字就有與幽部字相通之例，如“斛”通“鍬”、“窕”通“悠”。[41]

影母跟定母的距離似乎遠了一些。不過偶爾也能看到影、定相諧聲的情況，如定母的“倡”（直立切）以影母的“邑”爲聲旁。而且從某些出土文字資料看，“憂”字似與“舌齒音”字有較密切的關係。

今本《周易·否卦》六三爻辭“包羞”的“羞”，馬王堆帛書本作“憂”。[42]“羞”是心母字。“憂”的本字是“𢝊”，《說文》以爲从“心”从“頁”會意。楚簡中的“𢝊”字有數種寫法。近年李運富指出，其中被隸定爲“㥑”的那種字形，[43]實際上是从“佤”的。“㐁”本象簟席形。“佤”即“宿”的異體（“宿”字中的“百”是“㐁”在隸書中的簡訛之形）。“宿”有幽部入聲和幽部兩讀，與“憂”同部，“佤”應是用作“㥑”的聲旁的。他還指出，古文字中“首”“頁”往往不分，“音義分化是以後的事”。“首”也是幽部字，“𢝊”所从的“頁”（首）也應該是聲旁。這些意見是有道理的。[44]“宿”是心母字，“首”是書母字。楚簡“𢝊”字還有寫作从“心”从“㐁”而不加“人”形的，[45]應是以“㐁”爲聲旁。“㐁”在韻書中有“他念”“他點”二切，是侵部字。侵部與“𢝊”所屬的幽部有對轉關係。據韻書，“㐁”爲透母字。唐蘭認爲“㐁”實即“簟”

---

[40] 楚國簡帛文字中獨立成字的“涉”，兩“止”間是橫置的“水”，其形不簡化，與用作聲旁者有異，見滕壬生（1995）813 頁、張守中（2000）159 頁。

[41] 高亨（1989）734、739 頁。

[42] 馬王堆帛書整理小組（1984）1 頁。

[43] 字形見滕壬生（1995）663—664 頁（末二形所摹有誤）。滕書誤釋爲“優”，《包山楚簡》釋文則隸定爲“㥑”。

[44] 其說見李運富（1997）122—125 頁。郭店楚簡“𢝊”字有寫作从“百”的，見張守中（2000）145 頁，“百”“首”本一字，可證成李氏从“首”聲之說。附帶說一下，李氏在論證“㥑”从“宿”聲時，根本否定古文字中有“㴊”字存在，把西周金文中的“㴊”字也釋爲“宿”，則是不正確的。

[45] 滕壬生（1995）799 頁“𢝊”字條所收前二形。

之初文,[46]可信。"簟"是定母侵部字。

從上述"恖"(憂)字的異文和諧聲情況來看,把定母字"囙"(兆)讀爲"憂",應該是可以的。不過我們讀"囙"爲"憂",還缺乏很確鑿的證據,"有囙""亡囙"等辭中的"囙"究竟應該讀爲什麽字,還需要繼續深入研究。[47]

參考文獻

陳復華、何九盈　1987　《古韻通曉》,中國社會科學出版社。

島邦男　1977　《殷墟卜辭綜類》,汲古書院。

馮　蒸　1993　《上古漢語的宵談對轉與古代印度語言中的-aṃ＞-o,-u型音變》,第二十六屆國際漢藏語言學會議論文,收入同一作者《漢語音韻學論文集》,首都師範大學出版社,1997。

高　亨、董治安　1989　《古字通假會典》,齊魯書社。

高　明、葛英會　1991　《古陶文字徵》,中華書局。

漢語大字典字形組　1985　《秦漢魏晉篆隸字形表》,四川辭書出版社。

㊻ 唐蘭(1981)266頁。

㊼ 關於"囙"字的釋讀,除了讀爲"禍"之外,影響較大的還有讀爲"咎"的説法(參看于省吾(1979)231—232頁)。但此説的證據實難成立。《龍龕手鑑》中音"其九反"的"囙",實爲"臼"的俗字,詳張涌泉(2000)330頁。"許由"之名銀雀山漢簡作"許囙"、與"由"相當之字實應釋爲"囚",同墓所出《孫子》和《孫臏兵法》簡中的"囚"字寫法相同(參看漢語大字典字形組(1985)411頁"囚"字中欄)。從上古音看,"囚"跟"由"的關係也比"咎"跟"由"的關係密切。周初銅器魯侯簋"魯侯有囙工"的"囙工",如所釋無誤,疑當讀爲"肇工(或讀"功")"。"肇""兆"同音。《詩・大雅・江漢》"肇敏戎公("公"當讀"工"或"功")",與金文"汝肇敏于戎攻"語例相同(參看于省吾《澤螺居詩經新證》73頁,中華書局,1982)。疑"肇工"之"肇"當與上引文"肇"字同義。高亨《詩經今注》(上海古籍出版社,1980)據《爾雅・釋言》釋《江漢》"肇"字之義爲"敏"(464頁注26),或可信。楚墓卜筮簡的占辭中,屢言"有憂於躬身"或"宫室"(參看滕壬生(1995)663—664頁"優"字條各字下辭例,原辭"有憂"之上多有"少"或其他字,今略去,下同),有時也説"有憂於宫人"或"宫中"(同上664頁),還有説"有憂於遨(邇)"的(同上)。此外又有説"有外憂"(同上664頁,又799頁"恖"字條)或"外有憂"的(同上663頁)。躬身、宫室等憂,如與"外憂"相對而言,應爲"内憂"。殷墟卜辭或言"其自卜(外)有來囙"(《合》32914)、"防囙在卜(外)"、"在卜(外)有囙"(《屯南》547＋550,《考古學報》1986年3期270頁),或言"防在入(内),亡至囙"(《屯南》2095＋H38:24,同上277頁)、"王曰:防亡囙(疑指亡失之囙,下同)在入(内)"(《屯南》756)、"旬有亡囙在入(内)"(《合》41228)【編按:葛亮指出,《合》41228"有亡囙"一條原所據摹本有誤,參看《關於殷墟卜辭的命辭是否問句的考察》328頁"編按";《屯南》756仍應讀爲"王曰防,亡囙在入(内)",不應改讀,原所説"亡囙""疑指亡失之囙,下同",似亦不確】。可知所謂"囙"亦分内外。卜辭又有"于一人囙"之語(《合》4978、《屯南》726),"一人"指商王,辭意與"有憂於躬身"相近。"囙"字用法與楚簡"憂"字的相近,似可看作"囙"當讀"憂"之一證。

胡厚宣等 1978—1982 《甲骨文合集》,中華書局。

黄天樹 1991 《殷墟王卜辭的分類與斷代》,文津出版社。

荆門市博物館 1998 《郭店楚墓竹簡》,文物出版社。

李孝定、周法高、張日昇 1977 《金文詁林附錄》,香港中文大學出版社。

李學勤、彭裕商 1996 《殷墟甲骨分期研究》,上海古籍出版社。

李運富 1997 《楚國簡帛文字構形系統研究》,嶽麓書社。

龍宇純 1998 《上古音芻議》,《中研院史語所集刊》六十九本二分。

馬王堆漢墓帛書整理小組 1984 《馬王堆帛書〈六十四卦〉釋文》,《文物》3 期。

梅 廣 1994 《訓詁資料所見到的幾個音韻現象》,《清華學報》新 24 卷 1 期,新竹:清華大學出版社。

裘錫圭 1992 《古文字論集》,中華書局。

——— 1997 《釋西周甲骨文的“卲”字》,香港中文大學中文系等《第三屆國際中國古文字學研討會論文集》。

——— 1999 《關於殷墟卜辭中的所謂“廿祀”和“廿司”》,《文物》12 期。

——— 2000 《說“冂凡有疾”》,《故宫博物院院刊》1 期。

容 庚 1935 《金文續編》,商務印書館。

容 庚等 1985 《金文編》,中華書局。

施向東 1992 《試論上古音幽宵兩部與侵緝談盍四部的通轉》,中國音韻學會第六屆年會論文,收入同一作者《漢語和藏語同源體系的比較研究》,華語教學出版社,2000。

孫海波 1965 《甲骨文編》,中華書局。

唐 蘭 1981 《古文字學導論》,齊魯書社。

滕壬生 1995 《楚系簡帛文字編》,湖北教育出版社。

王玉堂 1991 《侵宵對轉說與詞的音義關係研究》,《古漢語研究》3 期。

姚孝遂、肖丁等 1989 《殷墟甲骨刻辭類纂》,中華書局。

于省吾 1979 《甲骨文字釋林》,中華書局。

于省吾、姚孝遂等 1996 《甲骨文字詁林》,中華書局。

張守中 2000 《郭店楚簡文字編》,文物出版社。

張涌泉 2000 《漢語俗字叢考》,中華書局。

中國社會科學院考古研究所 1980—1983 《小屯南地甲骨》,中華書局,上

下册。

周法高　1982　《金文詁林補》,中研院史語所。

附記:

本文初稿漏舉楚文字"逃""�"二字,承沈培兄告知,甚爲感謝。

又,朱德熙先生在跟我合寫的《信陽楚簡考釋(五篇)》一文中的"錟朼"條中,指出"錟"通作"銛","錟"(銛)有"鍬臿"、"鋒利"、"挑取"等義,"桃"(挑)也有這些意義,所以信陽楚簡227號的"錟朼(匕)"就是《儀禮・有司徹》的"桃(或作挑)匕"(《朱德熙古文字論集》62—63頁,中華書局,1995)。史傑鵬認爲"桃""錟"二字宵談對轉,在此可以看作通假字(《〈儀禮〉今古文差異釋例》,《古籍整理研究學刊》1999年3期2頁)。此說若確,又爲宵談對轉提供了與楚簡有關的一個例子。

原載《中國語文》2002年1期,今據以收入。

從一組卜辭看殷曆月的長度和大小月的配置

關於殷墟卜辭所反映的殷曆的月的長度和大小月的配置,已有不少學者作過研究。最新的帶有總結性的成果,見於常玉芝先生的《殷商曆法研究》。① 此書很便於參考,下文引用時簡稱爲“常書”。研究這兩個問題的學者,一般是根據一些在相連的兩個以上月份裏占卜的同版卜辭群來做推論的。但是各家對同版卜辭先後次序的排定,對由於甲骨殘破等原因而缺去的整條卜辭或辭中部分文字的擬補,以及對卜辭文義或其反映的現象的解釋,往往有分歧。因此對這兩個問題的研究難以得到一致公認的結論。

研究月長和大小月配置的最理想的卜辭資料,應該是逐月占卜某件事在一個整月中的吉凶的成組卜辭。這種卜辭雖然極爲少見,但確實是存在的。那就是占卜“天邑商公宫(或“皿宫”)卒兹月亡畎寧”的一組黄組卜辭。② 董作賓早在40年代撰寫《殷曆譜》時,就在下編卷七《月譜》中使用了屬於這一組的兩版經過綴合的殘骨。③ 其第一骨由四個殘片拼成,④但最上方《菁》10・1【《合》36540】“癸巳卜貞”殘片,與其他殘片不相接,是否確屬此骨難以肯定,應加剔除。其第二骨由兩個殘片拼成。⑤ 後來有兩位甲骨學者,分别對這兩版殘骨有所補綴,大大提高了它們在殷曆研究上的價值,第一骨的補綴並證明董氏的研究有誤。所以有必要根據新的綴合重新加以研究。

爲了行文方便,先討論第二骨。此骨的補綴出自曾毅公。⑥ 他在此骨上端又

---

① 常玉芝《殷商曆法研究》,吉林文史出版社,1998,266—299、337—340 等頁。

② 此組卜辭中的“卒”字舊釋“衣”。關於此字,請參看李學勤《多友鼎的“卒”字及其他》,見同作者《新出青銅器研究》,文物出版社,1990,134—137 頁。

③ 《董作賓先生全集》乙編第二册,藝文印書館,1978,597—602 頁。

④ 《董作賓先生全集》乙編第二册,599 頁復原圖右側一骨。

⑤ 《董作賓先生全集》乙編第二册,599 頁左側一骨。

⑥ 曾毅公《綴》183 號,修文堂書店,1950。此綴合已收入嚴一萍《綴新》,爲 315 號。嚴書 1975 年由藝文印書館出版。

加綴了上下相接的兩個殘片(附圖一)。我們按卜骨上常見的自下而上的卜序,將此版各辭的釋文寫在下面:

(1) 癸巳卜貞:才(在)黄林𠂤⧄天邑商公宫卒[兹月亡畎寧]。

(2) 壬戌卜貞:才(在)獄天邑商公宫卒兹月亡畎寧。

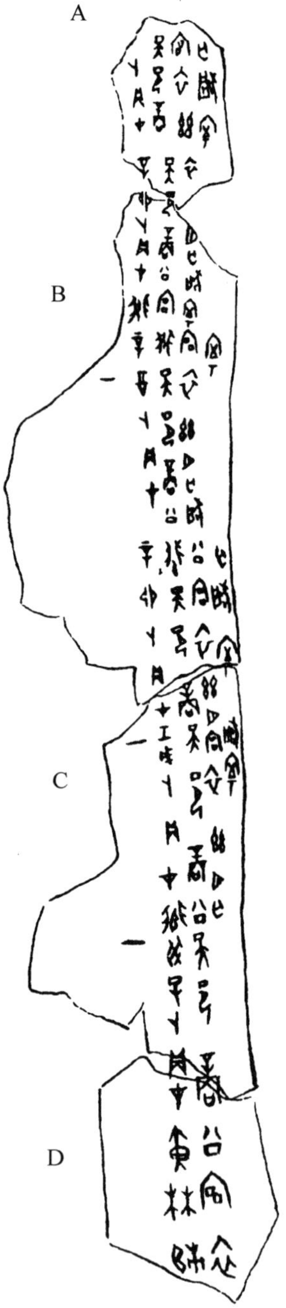

A 林1・27・8
(即《合》36544)
B 綴附圖65
(即《合》36541)
C 金621
(即《英》2529)
D 明376
(即《合》36547)

圖一 據《綴新》315

(附注爲本文作者所加)

(3) 辛卯卜貞:才(在)獄天邑商公宮卒兹月亡畎寧。

(4) 辛酉卜貞:才(在)獄天邑商公宮卒兹月亡畎寧。

(5) 辛卯卜貞:才(在)獄天邑商公宮卒兹月亡畎寧。

(6) □□卜貞:才(在)[獄]天邑商[公]宮卒兹[月]亡畎寧。

(4)(5)二辭和(3)的絕大部分文字,都在曾氏補綴之片上,董氏進行研究時對這三條卜辭未能加以利用。

(1)所卜之月應起自此辭卜日癸巳,終於(2)之卜日壬戌前一日辛酉,是29天的小月。(2)所卜之月起自壬戌終於庚寅,也是29天的小月。(3)所卜之月起自辛卯終於庚申,是30天的大月。(4)所卜之月起自辛酉終於庚寅,也是30天的大月。由此可見,殷曆既有連大月,也有連小月,而且其連大月與連小月可以緊接着出現。這對殷曆研究有重要意義。

常書曾舉出殷曆有連大月的兩個例證。

一個例證是見於《後》下1·5(即《合》24440)的著名的"月一正曰食麥"刻辭。此刻辭所記正月干支起自"甲子"終於"癸巳",二月干支起自"甲午"終於"癸[亥]",兩個月都是30天的大月。⑦ 但是這兩個月記日干支"一甲十癸"的整齊格局,跟一般卜辭所反映的實際曆法顯然不符。⑧ 此刻辭的性質尚待深入研究,似非確據。

另一個例證是大龜四版之一的《甲》2124(即《合》339)。常書說:

> 該版卜辭記有五月、六月、七月、八月共四個月的月名,其干支與月名的所屬關係如下:
>
> 五月　　丙寅　丁卯
>
> 六月　　丁未　壬子　丁巳
>
> 七月　　丙寅　丁卯　辛未
>
> 八月　　癸丑　甲寅　乙卯
>
> 卜辭記錄五月有丙寅日,七月也有丙寅日,是五月與六月總共有六十日……是五月與六月爲連大月。⑨

今按,從此版卜辭的內容看,並不能肯定五月丙寅和七月丙寅都是月首或其他

⑦ 見常書268頁。

⑧ 見常書381—322頁。

⑨ 見常書298—299頁。

序數相同之日。如果五月丙寅爲月首,七月丙寅則爲第二日,五、六兩月的總日數就只有59天,這兩個月就只能是一大一小了。所以此例也不是連大月的確證。

常書"小月的新證據與長度"節,有兩處説到連小月的問題。

第(20)例討論《合》26682的卜辭時説:

> 這是一版出組牛胛骨卜旬辭,卜辭記錄九月有癸卯、癸丑日,十月有癸酉日,一月有癸未日。九月癸丑日到一月癸未日中間有癸亥、癸酉、癸未、癸巳、癸卯、癸丑、癸亥、癸酉八個癸日,月份有十月、十一月、十二月三個月。因此,如果九月的癸丑日在九月的最後一旬,一月的癸未日在一月的第一旬時,十月、十一月、十二月必有一個月是個只有兩個癸日的小月;如果九月的癸丑日是在九月的中旬,或者一月的癸未日在一月的第二旬時,十月、十一月、十二月就有兩個月是有兩個癸日的小月了。那麽,該版就是連小月的證據。⑩

這裏提出來的,只是建立在假設之上的一種推測。而且如果十、十一、十二三月只佔七個癸日,最多只有79天,即使三個月都是小月,天數也不够。這種假設恐難成立(此點蒙張培瑜先生向我指明)。

第(25)例討論《合》37893的卜辭時説:

> 這是一版黄組龜腹甲卜旬辭,文辭走向由右向左,故知是左腹甲刻辭。上面只存有四條卜旬辭,三條記有月名,一條記錄癸未日在二月,一條記錄癸卯日在三月,還有一條干支殘,是"五月"。我們曾研究過黄組龜腹甲卜旬卜辭的契刻規律,是先下後上,先右後左,先内後外。依照這個規律,我們可以復原該腹甲左右兩半部的有關卜旬辭及月份如下:
>
> | | | |
> |---|---|---|
> | 癸未 | 二月 | (左腹甲) |
> | [癸巳] | [三月] | (右腹甲) |
> | 癸卯 | 三月 | (左腹甲) |
> | [癸丑] | [三月] | (右腹甲) |
> | 癸亥 | [四月] | (左腹甲) |
> | [癸酉] | [四月] | (右腹甲) |
> | [癸未] | 五月 | (左腹甲) |
>
> ……由二月的癸未日到五月的癸未日其間共有癸巳、癸卯、癸丑、癸亥、癸酉五

⑩ 見常書288頁。

個癸日,其間的月份有三月、四月兩個月,這樣,三月、四月必有一個月是只有兩個癸日的小月。還有一個可能是,卜辭記錄癸未日在二月,癸卯日在三月,這其間刻於腹甲右半部的癸巳日如果是在二月,那麼,三月、四月兩個月就只有癸卯、癸丑、癸亥、癸酉四個癸日了,這樣,三月、四月就都是只有兩個癸日的小月了,這也就證明了殷曆月有連小月的現象。⑪

這裏提出來的後一種假設,跟上面批評過的假設有同類問題。如果三、四兩月只佔四個癸日,最多只有49天,比兩個29天的小月還要少9天。此版卜辭恐不能如此理解(此點亦蒙張先生指明)。

總之,到目前爲止,前面舉出的經曾毅公補綴的"玆月亡𡆥寧"卜骨,是殷曆有連大月和連小月的惟一確證。

董作賓等學者認爲殷曆是採用平朔的一種曆法。採用平朔的曆法,由於朔望月的平均值略大於大小月天數的平均值29.5天,需要設連大月加以調劑(一般每隔一年多設一次),但決不會設連小月,通常是一大一小相間排列的。既知殷曆確有連小月,而且連大月跟連小月可以緊接着出現,就可以斷定它沒有採用平朔。從上古的科學發展水平來看,殷人顯然不可能知道定朔。所以殷曆一定像很多古天文學研究者所主張的那樣,不是以朔爲月首,而是以朏,即新月初見之日爲月首的一種觀象授時曆。

下面討論董氏《月譜》所用的第一骨。此骨的補綴出自蔡哲茂先生。⑫ 他在此骨上端加綴了一個殘片(附圖二)。我們按自下而上的卜序將此版各辭的釋文寫在下面:

(1) 甲午卜貞:才(在)𤞷天邑商皿宮卒玆[月]亡𡆥寧。

(2) 乙丑卜貞:才(在)𤞷天邑商公宮卒玆月亡𡆥寧。才(在)九月。

(3) 甲午卜貞:才(在)𤞷天邑商公宮卒玆月亡𡆥寧。

(4) ☐天邑商公宮卒玆月亡𡆥寧。

(3)辭上半包括卜日干支在內的那些文字,在蔡先生補綴之片上。董氏在《月譜》中將(3)的卜日干支補爲"乙未",並認爲此版卜序應是自上而下的。⑬

董氏所以不採用常見的自下而上的卜序,顯然是爲了避免出現一個月有31天

⑪ 見常書294—295頁。

⑫ 蔡哲茂《甲骨綴合集》256號,中研院史語所,1999。

⑬ 《董作賓先生全集》乙編第二册,599—600頁。

的情況。(2)辭之末記“在九月”,其卜日乙丑應爲九月首日。按自下而上的卜序,(1)的卜日甲午應是八月首日。這樣,八月份就應起自甲午終於甲子,共有31天,比一般陰曆的大月還要多出1天。如認爲卜序自上而下,(3)應爲八月之卜,自董氏所補卜日乙未起算,到九月首日乙丑的前一天甲子共30天,則八月是一般的大月。但是,如蔡哲茂先生所指出,從他的補綴來看,(3)的卜日並非乙未,而是甲午。⑭因此即使把(3)看做八月之卜,此月起甲午終甲子,仍有31天。可見用自上而下的卜序來避免一個月有31天,完全是徒勞的。

圖二　據《甲骨綴合集》256

我們當然仍應按照常見的自下而上的卜序來釋讀這版卜辭。由此可知此年八月確有31天。九月起自乙丑終於癸巳,則是29天的小月。

早在1956年,日本學者藪內清就已在《關於殷曆的兩三個問題》一文中,指出卜辭反映的殷曆,有包含四個癸日的超過30天的大月,並對這種現象做了解釋。現據常書所述,引其主要論點於下:

> 藪內清先生根據殷曆有四個癸日的大月的現象,提出殷曆月應是以新月初見爲月首的創見,他説“以新月確定月初的辦法”“與平朔法之以一月爲29日和30日遞相交換者不同,而與定朔法較爲近似。平朔法之一月爲29.53日的平均朔望月,而定朔法則以真朔到真朔爲一月,所以一月的長短與這個平均值有相當的差别;其最長之月可達30.5日,最短之月則僅爲28.5日。换句話説,一月之長短是在28.5日與30.5日之間,時常變化着的。新月之出現,雖然以真朔爲基礎而定在其後第幾天——普通都在真朔後第一或第二天出現,但如新月出現的時候,受了月的軌道狀態或有時受了氣象狀態的影響,就很難得確切地決定從真朔到新月的日數。因此如以新月之出現爲月初,則我們不難想象得到,一月之長短必與上述之上下限(28.5—30.5日)可能有一日或以上的差錯……以觀測新月爲決定月初之根據,那麼一月之中包含四個癸日的

⑭ 《甲骨綴合集》,413頁。

情形,並不是不可能的事”。[15]

這是很精闢的見解。上文對殷曆連小月的説明,可以與此互證。

常書“大月的新證據與長度”節,舉了(8)至(13)共六個一個月有四個癸日的例證。[16] 此外,《年中置閏法》節所舉例證(15),也可以用所記之月中有包含四個癸日的月份來解釋。[17] 可見超過 30 天的大月在殷曆中並不是罕見的。

根據一個月有四個癸日的現象,只能斷定一個月的日數超過了 30 天,究竟超過了多少天是無法判斷的。上面舉出的經蔡哲茂先生補綴的“茲月亡畎寧”卜骨,則明確告訴我們,殷曆中有 31 天的大月。過去有不少學者懷疑卜辭中一個月有四個癸日的現象,是否一定要以一個月的日數超過 30 天來解釋。他們認爲這種現象可能是殷人誤計誤刻、今人誤解一些卜辭間的時間關係或卜辭所記月份有閏月等原因所造成的。現在有上舉“茲月亡畎寧”卜骨與一月四癸日現象互證,這種懷疑應該可以打消了。

上舉兩版“茲月亡畎寧”卜骨,也是殷曆小月爲 29 天,至少一般爲 29 天的最明確的證據。常書認爲殷曆有日數少到 25 天的小月,所根據的是見於《合》10976 正的一對帶有驗辭的正反對貞的卜辭:

> 辛未卜,爭貞:生八月帝令[多]雨。
>
> 貞:生八月帝不其令多雨。
>
> 丁酉雨,至于甲寅,旬有八日。九月。

常書分析説:

> ……於辛未日卜問“生八月”帝是否會命令多下雨,“生月”指下一個月,“生八月”即下一個八月,因此卜日辛未日是在七月;驗辭記錄九月的丁酉日至甲寅日連續下了十八天雨。辛未日距丁酉日二十七天,如果假設辛未日是七月的最後一天,丁酉日是九月的首日,那麼八月也只有壬申日至丙申日的二

---

⑮ 見常書 339 頁。

⑯ 見常書 276—281 頁。常書 279—280 頁對(12)的論證不够妥當,但此例卜骨所記之月確實至少應有一個包含四個癸日的月份。

⑰ 見常書 311 頁。常書此處所提出的“一個三十一天的大月(七月),後接兩個三十天的大月(八月、九月)”的設想,對殷曆來説是合理的,請參看本文最後一節。不過那個 31 天的月份不一定是七月,也可能是八月或九月。

十五天。[18]

此說是不能成立的。此驗辭雖然記於九月,辭中提到的丁酉至甲寅這18天却不能斷定都屬於九月。況且這條驗辭無論從所刻位置(係刻於正面卜辭一側),還是從內容看,都應該是對"生八月帝令多雨"的肯定,丁酉至甲寅這18天一定有很多天是屬於八月份的。

在殷曆中到底有沒有大於31天的大月和小於29天的小月呢?這個問題目前還難以答覆。估計即使有,也是比較罕見的,而且天數增多和減少的幅度大概很小,25天的小月之類大概不會出現。

從殷曆不但有連大月而且還有連小月,大月可以有31天,以及連大月可以跟連小月緊接着出現等現象來看,這種曆法無疑還停留在"隨時根據天象調整的""觀象授時的歷史階段"。[19] 目前多數古天文學研究者正是持這種觀點的。可以說,上舉"茲月亡畎寧"卜骨,對這種觀點提供了有力的支持。

我們在根據卜辭編排周祭祀譜或其他日譜的時候,應該考慮到殷曆的上述特點。爲了說明這一點,在本文之末簡單討論一下跟帝辛的征人方日譜和周祭祀譜有關的一個曆法問題。

問題的癥結在於有關的帝辛十祀卜辭中,既記有九月甲午又記有十二月甲午。素來關心這一問題的李學勤先生,不久前在《再說帝辛元至十一祀祀譜》一文中,對這一問題發表了最新的看法。他說:

> ……九月甲午到十二月甲午,共121天,即使是四個大月,仍然多出一天。
>
> 董譜(引者按:指董作賓《殷曆譜》下編的《帝辛日譜》)是以加入閏九月來解決這個問題的,但我在50年代已說明,董譜閏九月的卜辭都沒有真正與征夷方卜辭聯繫的證據,應予剔除,所以所謂閏九月其實是不存在的。……
>
> 因此,我們不得不承認這裏出現了兩項曆法上的混亂:第一,從十祀九月開始,曆日變爲"一甲十癸"。第二,十祀十二月甲午,應爲正月之誤。
>
> 曾有學者提出商行"一甲十癸"之說……後來,董作賓、胡厚宣等先生舉出相反的證據,其說遂無人提起。不過,甲骨文中確有一"一甲十癸"的曆譜,即有名的《後編》下1·5胛骨,上於"月一正曰食麥"後列甲子至癸巳共30天。於"二月父秣"後列甲午至癸亥共30天。是否商代在一定情況下,真的實

---

[18] 見常書291—292頁。

[19] 引號中語引自常書462頁。

行過“一甲十癸”的“曆法”？特別是在像征夷方的戰爭中，爲了便易，暫時用了這種簡單的“曆法”？（引者按：李先生此文 247 頁有征夷方卜辭所記年祀月份的摘錄表，其十祀部分爲：十祀九月甲午、九月癸亥、十月癸酉、十月——原書誤印作十一月——癸巳、十一月癸卯、十一月癸丑、十一月癸亥、十二月癸酉、十二月癸未、十二月癸巳、十祀十二月甲午。九月甲午至癸亥爲三十天，如十二月甲午爲下一祀正月甲午的誤記，而九至十二四個月都是三十天的大月，這四個月的記日干支就完全符合“一甲十癸”說了。）

也有學者主張商月有 31 天者，然所舉幾例，或可說有閏月，或可解非同年，個別的或屬誤計。恐怕不能因爲有零星例外，認爲有 31 天的月存在。說是誤計，看來更合理些。⑳

現在，殷曆有 31 天之月這件事，似乎可以認爲已經得到了確證。與其把十二月甲午看成正月甲午之誤，似乎還不如承認九至十二這四個月中有一個 31 天之月。九月之首爲甲午，可能只是一種巧合。如果九月就是 31 天之月，“一甲十癸”的格局在九月下旬就會被打破。

前引藪內清文已經指出，“以新月確定月初的辦法”“與定朔法較爲近似”。採用定朔的曆法，有可能出現三個月連小、四個月連大的情況。我曾就上述帝辛十祀的曆法問題，請教過古天文學專家張培瑜先生。張先生認爲在以朏爲月首的觀象授時的曆法中，四個月連大而且其中有一個月爲 31 天的情況，是完全有可能出現的。當然，觀象授時的曆法，規律性不强，情況比較複雜，也有可能李先生和我們的看法都跟實際情況有出入。

附識：

此文蒙張培瑜先生閱正，作者十分感謝。

原載《揖芬集——張政烺先生九十華誕紀念論文集》（社會科學文獻出版社，2002），今據以收入。

---

⑳ 李學勤《夏商周年代學札記》，遼寧大學出版社，1999，248—249 頁。

釋　　“封”

殷墟甲骨卜辭中有从“又”从“木”之字,作等形(以下隸定爲“杈”)。①此字不甚常見,較完整之辭例爲筆者所知者僅下引二辭:

甲午卜,王其省杈于楙,匕(比)☐往來亡𢦔(災)。　　合27781

☐子(地支之“子”),王弗杈。　　乙1781

此外尚有少量其文字嚴重殘缺之辭例,不具引。②

《甲骨文編》③及《甲骨文字集釋》④,皆以此字爲“《説文》所無”,未加考釋。後出之《甲骨文字詁林》則於“杈”字條收有數家之説:張亞初釋爲“栯”,⑤王獻唐以爲是“封”字初文,⑥王襄及白玉崢以爲是“叙”字簡體(前者從釋“叙”爲“叡”之説,後者從釋“祡”之説),⑦《詁林》編者姚孝遂按語則“疑爲‘𠬝’字(引者按:即“埶”字)之省,假作‘邇’”。⑧ 竊以爲上舉諸説中,王獻唐之説最可注意。《詁林》引錄其説稍嫌簡略,今據王氏原著介紹其説於下。

卜辭中有一屢見之字,作从“丮”持“”形(“丮”象人伸出兩手),⑨羅振玉等

① 孫海波《甲骨文編》,中華書局,1965,124頁。

② 此類殘辭見《合》862、18159。島邦男《殷墟卜辭綜類》,東京:汲古書院,1977,188頁,“杈”字條收有卜辭六例。“後下21・13”即《合》18142,《綜類》摹作“杈”者,實爲一般釋爲“秉”之从“又”从“禾”之字。“明105”即《合》17445,“杈”亦从“又”从“禾”之字之誤摹。“存2・514”即本注所引之《合》18159。“林1・29・11”即本注所引之《合》862。“鄴三46・5”即本文上文所引之《合》27781。“七S81”即《合》692,《綜類》以爲“杈”字者,實爲一般視爲“妻”字異體之之殘文。

③ 孫海波《甲骨文編》,124頁。

④ 李孝定《甲骨文字集釋》,中研院史語所,1982,945頁。

⑤ 于省吾、姚孝遂等《甲骨文字詁林》,中華書局,1996,1369頁。

⑥ 同前注,1369—1370頁。

⑦ 同前注,1370頁。參看同書1065、1068頁。

⑧ 同前注,1370頁。

⑨ 孫海波《甲骨文編》,111—112頁,“埶”字條。

釋爲“苣”(炬),于省吾等釋爲“埶”。⑩ 王氏則以爲此字象“人跪執燭形”,乃“燭”之初文;⑪又由於此字字形中之□(以下隸定爲“屮”),亦可寫作□或□,而雙手執燭與單手執燭,其義並無不同,遂以爲“杈”字即是此字異體,古音與“燭”相近之“尌”乃其後起字。其言曰:

> 單手所執之燭,契金小篆共有二體,一作□,一作□。於此更得一音讀佐證,《説文》,樹,籀文作□,石鼓文作□,從□豆聲,即作□之體也。尌字小篆作□,從□豆聲,又作□之體也。《説文》,尌,立也,即經典樹立之樹。樹木字當作樹,樹立字當作尌。經典假樹爲尌,籀文石鼓,假尌爲樹。樹體後起,古通作尌,尌從又從寸,皆一事也。又寸所執之燭,作□作□,亦一事也。火把之燭,無論手執植地,皆必直立。譬況直立之意,曰如燭直,久而直立之意因緣簡呼曰燭,燭體作□作□,並以其字當之。迨後燭音或轉他部,恐與淆溷,又加豆音注之,即豰尌二體所從起也,亦即尌訓直立所從起也。

王氏認爲“尌”乃“杈”字加注“豆”聲而成之字,允爲卓識。筆者於《釋殷墟甲骨文裏的“遠”“𢓊”(邇)及有關諸字》一文中曾指出:

> 在古文字裏,形聲字一般由一個意符(形)和一個音符(聲)組成。凡是形旁包含兩個以上意符,可以當作會意字來看的形聲字,其聲旁絶大多數是追加的。也就是説,這種形聲字的形旁通常是形聲字的初文。(此後原舉“寶”、“耤”二例,從略。)⑫

从“又”从“木”之“杈”加注“豆”聲而成“豰”(尌),亦上述現象之一例。“尌”“豆”二字上古音皆屬侯部。“尌”屬禪母,“豆”屬定母,二母上古音極近。⑬ 以“豆”爲“尌”字聲旁,極爲合理。讀音與“尌”相同或相近之“侸”“豎”“裋”等字,亦皆以“豆”字爲聲旁。《説文・五上・壴部》將“尌”分析爲“从壴,从寸持之”,非是。

然而王氏將卜辭“杈”字與並無相似用例之“𢂋”字合而爲一,定爲“燭”字初

---

⑩ 于省吾、姚孝遂等《甲骨文字詁林》,427—435頁,“蓺”字條。

⑪ 王獻唐《古文字中所見之火燭》,齊魯書社,1983,21—22頁。王氏關於□可表示燭以及雙手執燭與單手執燭同義之説明,見此書17—21頁,文繁不録。

⑫ 裘錫圭《古文字論集》,中華書局,1992,3頁。

⑬ 周祖謨《禪母古音考》,《問學集》,中華書局,1981,139—161頁。

文,並謂"尌"之樹立義即由"燭"義引申而出,則極爲牽强,顯不足信。從樹立之義考慮,"尌"字初文"杈"之字形,無疑象以手植木,"木"即樹木之"木",與燭絶無關係。高鴻縉《中國字例》謂"尌""爲樹植之意,動詞,石鼓文从ㄋ(手)植木,豆聲"。[14] 羅振玉《殷虚書契考釋》謂"尌""樹"本一字,其言曰:

> 《説文解字》:"樹,生植之總名。从木,尌聲。"籀文作尌。案樹與尌當是一字。樹之本誼爲樹立,蓋植木爲樹,引申之則凡樹他物使植立皆謂之樹。石鼓文𣪊字从又,以手植之也。……許書凡含樹立之誼者,若尌若侸(引者按:《説文・八上・人部》:"侸,立也。从人,豆聲。讀若樹。")若豎,其字皆爲樹(引者按:據文義,此"樹"字以作"𣪊"或"尌"爲宜)之後起字。古文从木之字,或省从屮,於是査乃變爲壴,既訛爲壴,遂於壴旁增木,而又訛又爲寸,於是樹之本誼不可知矣。[15]

高、羅二氏之説皆可從。"尌"(尌)本从"木","樹"又加"木"旁,與"莫"本从"日","暮"又加"日";"然"本从"火","燃"又加"火"類似。

王獻唐爲維護其"燭"字説,反對以植木使立爲"尌"之本義,故力詆羅氏"尌""樹"一字之説,但並不能提出使人信服之理由。[16] 前引王文以未經證實之"杈""𢪏"一字説,解釋"𣪊"之亦可作"尌"(尌),亦不如羅氏"尌"字左半之"査"因省變而成"壴"之説合理。

王氏認爲官夌父簋□字與"杈"爲一字,[17]亦有問題。王氏以"木"爲燭,故可將此二字皆視爲以手執燭而合爲一字。今既知"杈"象以手植木,則手形在"木"下之"夌"字自不得與之爲同字。

《説文・五上・壴部》:"壴(壴),陳樂立而上見也。从屮从豆。""尌""鼓"二字之左半,《説文》皆以爲是此字。"尌"字左半由"査"變來,已詳上文。"鼓"字左

---

⑭ 轉引自周法高《金文詁林》,香港中文大學,1975,3062 頁。

⑮ 轉引自《甲骨文字詁林》,2783 頁。羅氏釋殷墟卜辭中作□□等形之字爲"尌"。此字實當釋"嘉",參看《詁林》2783—2784 頁所引陳漢平説。羅釋不確。但羅氏以"尌""樹"爲一字,實以籀文及石鼓文"尌(樹)"字爲據,其誤釋並不影響此説。

⑯ 王氏在《古文字中所見之火燭》中,認爲"尌""樹"二字間只有假借關係,其文前已引録。其書22—23 頁尚有專駁羅氏此説之文,主要據其"𢪏""杈"一字説立論。此一根據本身即不能成立。

⑰ 王獻唐《古文字中所見之火燭》,19 頁。

旁，古文字作□□□□等形，[18]本象鼓，且可獨立成字，即“鼓”之初文。[19] 二者雖形近，本不相關涉。徐鍇《說文解字繫傳》釋“壴”字之形曰：“豆，樹鼓之象（意謂此“豆”非俎豆字而象鼓在架上之形）。屮，其上羽葆也。象形。”除羽葆之說待商外，此釋對“鼓”字所从之“壴”極爲適合。然由於《說文》將兩種“壴”形混而爲一，徐鍇已不知“壴”尚有由“查”變來之形。《說文》“壴”字，釋義遷就“鼓”字所从之“壴”；分析字形則對由“查”變來之“壴”比較適合。《說文》所收之从“壴”之字，除“尌”“憘”及从“尌”聲諸字外，其所从皆爲本鼓形之“壴”。

關於兩種“壴”形之混同，王獻唐亦已有所論析，其言曰：

> 《說文》，□，陳樂立而上見也。《繫傳》謂樹鼓之象，饒炯從之。（見《說文解字部首訂》）字象鼓及筍虡崇飾，爲鼓字古文。……契金文彭鼓諸字，從□者甚多，字作□（引者按：此形不可信），作□，作□，作□，初與封左□形各別。迨後岂之中畫，或不通下，彼此相混。其體已見金文，小篆沿之……[20]

本象鼓形之“壴”中畫“不通下”之例，早在西周金文中即已出現，如西周中期瘐編鐘個別器“鼓”字所从之“壴”作□，[21]西周晚期士父鐘、弔㚸簋“喜”字所从之“壴”略同。[22] 西周中期器有□中盤，[23]“中”上氏名一般釋爲“尌”，其“豆”上“木”形已變作□。則逕省“木”作屮之“尌”字，此時可能亦已存在。故兩種“壴”形相混之例，有可能在西周中晚期即已開始出現。西周晚期器有□中簋【《集成》8・4124】，“中”上氏名一般亦釋爲“尌”，[24]似“查”亦有變而混同於象鼓之“壴”者。然此字究竟是否“尌”字，似尚不能完全肯定。

入東周後，金文所見象鼓形之“壴”中畫“不通下”之例明顯增加。[25] 兩種“壴”

---

⑱ 孫海波《甲骨文編》，220—221 頁。容庚《金文編》，中華書局，1985，329 頁。

⑲ 此種“壴”字殷墟卜辭屢見，參看姚孝遂等《殷墟甲骨刻辭類纂》，中華書局，1989，1071—1073 頁。

⑳ 王獻唐《古文字中所見之火燭》，23—24 頁。

㉑ 《集成》1・250。

㉒ 容庚《金文編》，327 頁。

㉓ 《集成》16・10056。

㉔ 容庚《金文編》，328 頁。

㉕ 同前注，327 頁“喜”字、329 頁“鼓”字。此二字下所引王孫鐘、沇兒鐘、子璋鐘、王孫誥鐘、邵鐘、郄王子鐘等皆春秋器。同書 328 頁“彭”字所引戰國時鄂君啓舟節“彭”字之“壴”旁，中畫亦不通下。

形相混之例,亦應有所增加。楚、徐金文中晝不通下之“壴”,上部有作者。㉖ 據楚簡,在上方之“木”旁亦可省作,㉗而古文字中“豆”字用作在下之偏旁時可省去上横,六國文字中即獨立之“豆”字一般亦不加上横。㉘ 此種情況亦易使兩種“壴”形相混。如上海博物館所藏楚竹書中之《孔子詩論》,“查”(用作“樹”)作,㉙“憙”字所从之“壴”作,㉚字形基本相同。後者由於下有“心”旁,下部筆畫稍有簡省,楚簡中常見之“壴”旁作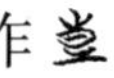一類形狀之“喜”字,亦有此類現象。㉛ 由於“豆”不加上横畫,“喜”等所从之一類“壴”旁及見於子璋鐘“鼓”字之(壴)旁,㉜與“尌”字所从之“壴”恐亦不易分辨。至睡虎地秦簡,“尌”字所从之“壴”與“喜”“憙”“鼓”等字所从之“壴”皆寫作,㉝二者確已毫無分別。兩種“壴”形混同之過程,在戰國晚期已基本或完全完成。【重印本按:臨潼出土秦陶文“廚”字作(《陶文圖録》6·113·1,第5册1959頁),則秦代似尚有未混“查”與“壴”者。】

在此文之末,應對文首所引兩條卜辭略作解釋。

後一辭言“王弗尌”,由於文句過簡,辭義難以求索。

前一辭言“王其省尌于㭱”,“省”之義爲省視。卜辭或言“王省,往來亡災”,㉞或言“王其省田”、“王其省噩田”、“王其省盂田”,㉟或言“王往省牛”,㊱或言“[王]往省黍”、“王勿往省黍”。㊲ “省尌”即“省樹”,當爲與“省田”、“省牛”、“省黍”相類之事。“樹”本動詞,在此理解爲“所樹”,當指命人省視種植於㭱地之樹木。

“㭱”可分析爲从“林”“白”聲,應即卜辭屢見之地名“白”㊳之繁體。加“林”當

㉖ 如沇兒鐘、王孫誥鐘“喜”“鼓”二字之“壴”旁及王孫鐘用作“鼓”之“壴”字。出處同上注。

㉗ 滕壬生《楚系簡帛文字編》,湖北教育出版社,1995,438—439頁,“柰”字。此書釋此字爲“祟”,不妥。

㉘ 同上注,389—390頁“豆”字。

㉙ 馬承源等《上海博物館藏戰國楚竹書(一)》,上海古籍出版社,2001,27頁第15號簡。此“查”字可視爲“尌”之省,亦可視爲“梪”字異體。

㉚ 馬承源等《上海博物館藏戰國楚竹書(一)》,30頁第18號簡。34頁第22號簡亦有“憙”字,“壴”旁作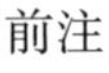。

㉛ 滕壬生《楚系簡帛文字編》,387—388頁。

㉜ 容庚《金文編》,329頁。

㉝ 張守中《睡虎地秦簡文字編》,文物出版社,1994,71頁。

㉞ 姚孝遂等《殷墟甲骨刻辭類纂》,212頁“王省”條。

㉟ 同前注,211—212頁“省田”條。

㊱ 同前注,212頁“省牛”條。

㊲ 同前注,212頁“省黍”條。

㊳ 同前注,381頁“在白”、“于白”兩條。

表示白地多林木,與卜辭加“水”旁於地名以示其地有河流同例。殷墟出土之牛距骨刻辭提及“白麓”,[39]可知白地有山麓,山麓一般多林木,此亦白地多林木之旁證。上舉卜辭說明白地之林木應有一部分爲人工所栽培,植樹業在商代似已有一定規模。

原載《龍宇純先生七秩晉五壽慶論文集》(學生書局,2002),今據以收入。

㊴ 胡厚宣等《甲骨文合集》,中華書局,1983,第12册,4444頁,編號35501。

關於殷墟卜辭的“瞽”

殷墟甲骨卜辭中有一個寫作(《合》16013)、(《合》16014)、(《屯南》1066)等形的字,象上端作或等形的人以手拄杖之形。《合》16041 一辭有此字,寫作,手中無杖。但《合》16042 一辭,與此辭字體相同,內容相關,爲一時所卜,辭中此字作,手形中間一豎特長,應該就是象所拄之杖的。《合》16041 一形似可視爲特例。① 此字一般都釋爲“老”。② 但其上端與甲骨文中其他被釋爲“老”的、等字及較晚的古文字中的“老”字都截然有別,將此字也釋作“老”,顯然是有問題的。爲了行文的方便,下文以“A”稱代此字。

島邦男《綜類》將 A 從“老”字中分出,列於“見”系字之後,③顯然認爲此字上端與“目”有關,可謂卓識。甲骨文“目”字作、等形,④如將象目眶下部的綫條去掉,就變爲,如將象眸子的部分也一併去掉就變爲了。對“目”字作這樣的改變,應該是爲了表示目有殘疾、目不能見。所以 A 所象的應該是盲人,字形表示出盲人需要依靠拐杖的特點,跟“老”字的構形相類,但二者並非一字。

《甲骨文字字釋綜覽》中與《甲骨文編》“老”、“考”二條相應的 1044 號字條,注

---

① 《甲骨文編》1044 號摹錄此字之見於《燕》654(即《合》16016)者,手中無杖。但原字實有杖,爲《文編》所摹脱。《文編》此號所收《鐵》76・3(即《合》17136)和《珠》1008(即《合》16042)二形,也摹得跟原形有出入。見《甲骨文編》,中華書局,1965,357 頁。

② 《甲骨文編》,357 頁 1044、1046 號。《甲骨文字集釋》,中研院史語所,1982,2739—2740 頁。《甲骨文字詁林》第 1 册,中華書局,1996,70—71 頁 0034 號、76—77 頁 0039 號、619 頁 0610 號。《甲骨文編》以字形無杖者爲“老”(即 1044 號,所收之字,原形實多有杖,《文編》摹錄有誤,參上注),以有杖者爲“考”(即 1046 號),是錯誤的。“老”字所从之“匕”即由杖形變來,“考”所从之“丂”爲聲旁,與杖形無涉。

③ 《殷墟卜辭綜類》,汲古書院,1971,108 頁。

④ 《甲骨文編》,157 頁 0463 號。

明張聰東釋此號字爲“瞽”。[⑤] 張氏是德籍華人學者,釋“瞽”之説見於他在 1971 年以德文出版的專著《卜辭中反映的商代文化》。我沒有見到過這部著作,不知其説究竟。我想他可能是由於《綜類》的啓發而釋 A 爲“瞽”的。如果真是這樣,他的意見應該是正確的。下面談談 A 應該釋爲“瞽”的理由,希望不至於跟張氏的意見完全重複,而能對他的意見起補充的作用。【編按:根據社科院歷史研究所宋鎮豪先生提供的資料來看,張氏是由於此字“象人扶杖之形,目未契刻完整,意謂目盲”,而認爲此字可能是“瞽”字初文。】

認爲象盲人的 A 就是“瞽”的表意初文,有兩個比較重要的理由。

(1) 在先秦時代,“瞽”是稱盲人之詞中最常用的一個,爲統治階級服務的盲人樂師,一般就稱爲“瞽”。如《詩・周頌》有《有瞽》篇,講瞽“在周之庭”設樂之事,《毛傳》:“瞽,樂官也。”《周禮・春官・敘官》記掌樂的“大師”的屬下有“瞽矇,上瞽四十人,中瞽百人,下瞽百有六十人”。《大師》職文説:“大祭祀,帥瞽登歌……大射,帥瞽而歌射節……大喪,帥瞽而廞……”通稱瞽矇爲“瞽”。

(2) 在《説文》保存的表意字中,還可以找到 A 的後身。《説文・八下・兆部》:

,廱(壅)蔽也。从人,[⑥]象左右皆蔽形。……讀若瞽。

這個讀若“瞽”的“兆”字,《説文》説爲“象左右皆蔽形”,頗爲難信,其實就是“瞽”的表意初文 A 的訛變之形。其所从人形即 A 的拄杖人形的省變(A 的人形也偶有寫作不拄杖的,見前文,或許“兆”就是由這種字形變來的),人形上端兩旁的曲綫則是由 A 的人形上端象上眼眶的綫條變來的。

從有關辭例看,把 A 釋爲“瞽”也是合適的。

《合》16013 有如下的卜辭和占辭:

癸卯卜,𡆥,貞:呼多 A □

貞:勿呼多 A  □

王占曰:其有雨。甲辰□丙午亦雨,多□

⑤ 松丸道雄、高嶋謙一編《甲骨文字字釋綜覽》,東京大學東洋文化研究所,1993,251 頁。

⑥ 此“人”字《段注》改作“儿”。“儿”本是人形位於文字下部時的一種變形。《説文・八下・儿部》:“(《段注》作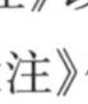),仁人也,古文奇字人也。象形。孔子曰:在人下,故詰屈。”

殷墟卜辭中有“多臣”、[7]“多射”、[8]“多犬”、[9]“多工”、[10]“多万”[11]等稱。爲王朝服務的瞽人爲數很多,把“多A”釋爲“多瞽”,是很合適的。

上引卜辭是求雨之辭,從其占辭即可看出。字一般釋爲“舞”。此字寫法與象兩手執牛尾之類東西的常見的“舞”字顯然不同,恐不能也釋爲“舞”。但卜辭或言“呼有雨”、“呼亡雨”,[12]可見此字確指一種與求雨有關之事。求雨既要用舞,也要用樂,所以會與瞽有關。

卜辭或言“以A”:

⧄不其以A。	英320
⧄其以A。	合16041
允以A。一月。	合16042(“允”字不清,參看《珠》1008)
⧄A于戎以。	合16040(或釋“⧄于戎以A”)

“以”有“致送”之義,卜辭中屢卜“以臣”、[13]“以射”、[14]“以犬”、[15]“以万”[16]一類事,把“以A”釋爲“以瞽”,也是很合適的。

下引二辭所卜,可能爲彼此相類之事。

丁亥貞:王令保、A 𡉚□(此處原空一字)侯商。

屯南1066(1082有同文殘辭)

貞:惠⧄A⧄𡉚⧄ 合17179

蔡哲茂先生在《説甲骨文葬字及其相關問題》一文中指出,“𡆥”當從前人釋爲“葬”,“𡉚”、“𡉚”一字,可能當從張政烺先生釋爲“蘊”,也有埋葬義,與“𡆥”字用法有相類之處。[17] 上引第二辭也許可補足爲“貞:惠□、A令葬□”。

---

[7] 參看陳夢家《殷虚卜辭綜述》,科學出版社,1956,507—508頁。

[8] 同上注,511—512頁。

[9] 同上注,514頁。犬是掌田獵之事的。

[10] 同上注,519頁。

[11] 見《合》28007、《屯南》4093、《英》1999。“万”當讀爲“萬舞”之“萬”,多万是舞人,參看拙文《釋“万”》,拙著《古文字論集》,中華書局,1992,207—209頁。

[12] 見《英》996。

[13] 《合》636、637、638言“以子商臣”(636“商”上無“子”字),5567言“以王臣”。

[14] 《類纂》,中華書局,1989,23頁“以射”條。

[15] 《合》8979言“以三百犬”。

[16] 《類纂》24頁“以万”條。

[17] 據蔡先生所贈打印稿。

上引第一辭有一條同版的同時所卜之辭:“丁亥貞:王令陕、彭甾□(原空一字)侯商。”陕、彭爲二人,保、A 似亦應爲二人。“保”可用爲職名,骨臼刻辭所記“示”卜骨者有“保”(《合》17634),可證。有一條卜辭說“令家弋(代)保□”(《合》18722),“保”似亦職名。上引卜辭的“保”和“A”,估計都是以職名稱人的。“A”當指服務於王朝的大致相當於《周禮》“大師”的瞽人之長,他在執行任務時,當然是要帶着下屬的,其中除瞽人外,還應有像《周禮・春官》所說的“眡瞭”那樣的輔佐瞽人的人員。據上引二辭,某些葬禮中似有瞽人参與,跟《周禮・春官・大師》所說“大喪,帥瞽而廞”相應。

下引二殘辭缺字不多,但辭義不明:

□申卜,賓,[貞]:令 A 火□古。十三月。　　合 16014

⧄呼⧄ 逵 ⧄ A。　　合 840

卜辭中說奴隸等人的逃亡,多用“逵”字,趙平安先生將此字釋讀爲“逸”,[18]可從。上引第二辭不知會不會與瞽的逃亡有關。此外還有些說到“A”的意義不明的殘辭(見於《合》16016、17136、17179、《甲》205 等),這裏就不引了。

下引二辭中有象目而無下眶之字:

⧄貞:王奏兹 ⧄　　合 16017

⧄亥⧄ ⧄　　合 18936 正

從甲骨文中象人有三口以表示多言的字,可以不要人形而只作“嵒”一類現象來看,[19]上舉這個字很可能也是“瞽”字的表意初文,跟 A 是一字的繁簡二體。上引前一辭中有“奏”字,所卜之事當與音樂有關,這增加了這個字當釋爲“瞽”的可能性。

殷墟卜辭中還有一個作(《合》8987)、(《合》31139)等形的字。爲了行文的方便,下文以“B”稱代此字。B 見於以下各辭:

壬辰卜,亘,貞:弗其以畲 B。　　合 8987

癸丑卜:惠 B、般(此字“攴”旁在左,“舟”旁在右)監凡。

惠 B、髭令監凡。　　合 27740

[惠]B、□令監凡。

---

[18] 《戰國文字的“遊”與甲骨文“逵”爲一字說》,《古文字研究》第二十二輯,中華書局,2000。

[19] 參看拙文《說“嵒”“嚴”》,《古文字論集》,99—104 頁。

叀 B、□令。

丁卯卜：叀 B、般⍁

叀 B、髭令監凡。　　合 27742（参《摭續》190）

□□卜：亞般歲， B□⍁　　合 27938

B□剛于柾酒。　　合 31139

其又⍁ B□⍁　　屯南 879

最後三辭中的“B”下一字是同一個字，但此字尚未爲學者所釋出。

B 的字形跟 A 相似，區別在於其所从人形不是立而拄杖而是跪坐的。《甲骨文字典》疑 B 是 A 的異體，在卜辭中爲人名。[20] 上引第一辭説“以奮 B”，文例與“以 A”相類，《字典》疑 B 是 A 的異體，應該是正確的（《字典》仍釋 A 爲“老”則非）。所以 B 也應釋爲“瞽”，“兆”字也有可能是由這類“瞽”字變來的。

上引第一條卜辭是武丁時代的賓組卜辭，其餘各條都是無名組卜辭，而且各條的時代大概相當接近。《合》27740、27742 兩版上的卜辭，似是卜問讓誰配合瞽去監凡的。監凡之事的性質待考。最後三辭則都跟祭祀之事有關，瞽大概是參與這些祭祀之事的。這三條卜辭中的第一條所説的“亞般”，跟“監凡”卜辭中所説的“般”可能是同一個人。“”（亦作）的用法跟“競”相近，[21]似有比、並一類意思。般這個人在上述兩種事情裹，都被當作跟瞽配合的候選者，值得注意。

《合》2656 正有如下一辭：

□午［卜］□貞：婦好允見屮。

末一字下部殘去，《類纂》225 頁將此辭收入字條，但摹録時則將此字下部寫作立人形。賓組卜辭“瞽”字以作 A 形者爲多，此字下部原來大概作立而拄杖的人形。疑“屮瞽”指屮地或屮族之瞽，而上引《合》8987 一辭中的“奮瞽”則指奮地或奮族之瞽。

有一條骨臼刻辭説：

乙巳，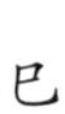示屯。亘。[22]

---

[20] 徐中舒主編《甲骨文字典》，四川辭書出版社，1988，1009 頁。

[21] 參看《類纂》，64 頁字條和 69 頁“競”字條。

[22] 《合集》給這條骨臼刻辭的編號是“5299 反”。《甲骨文合集釋文》（中國社會科學出版社，1999）已指出：“此爲 5299 之臼刻辭，圖版誤作反。”

"示"上一字應爲指女性之瞽的專字,其字仍可讀"瞽"。我過去曾讀骨臼刻辭的"示"字爲"視",[23]這是錯誤的。"示"卜骨者既有目不能視的女瞽,"示"當然就不能讀爲"視"了。

《集成》4·1737 著録一殷代鼎銘,其文爲:

册宅

風格似族名金文。殷末周初銅器,其所鑄族名金文有"册"字者,器主必屬史官世家。上引銘文第二字,左邊爲"口",右邊也是"瞽"之表意初文。先秦有所謂"瞽史"。《國語·晉語四》:"瞽史之紀曰:唐叔之世,將如商數。"又説:"瞽史記曰:嗣續其祖,如穀之滋,必有晉國。"上舉殷鼎的器主也許就是一位瞽史。

甲骨文中還有以省拐杖形的"A"爲偏旁的字。《合》3522 正有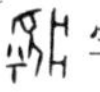字,不知是不是"夢"或从"夢"之字的異體;《安明》1078 有字,不知是不是"蔑"的異體,待考。

追記:

李家浩先生在《讀〈郭店楚墓竹簡〉瑣議》中指出:"《説文》説'兆''讀若瞽',所以《古文四聲韻》卷三姥韻引《汗簡》'瞽'作'兆'。"並指出宋育仁《説文解字部首箋正》和楊樹達《積微居小學述林》都認爲"兆"是"瞽"的初文(《中國哲學》第20輯,第342頁和356頁注⑧,遼寧教育出版社,1999)。本文失於徵引,謹補記於此。李文釋郭店楚墓竹簡《唐虞之道》中舜父之名的第一字爲"兆",但有些學者則釋爲从"宀""瓜"聲之字,此字究竟是否"兆"字,尚可進一步研究。

2004年4月22日校清樣時補記

原載《夏商周文明研究·六——2004年安陽殷商文明國際學術研討會論文集》(社會科學文獻出版社,2004),今據以收入。

---

[23] 《説"嵒""嚴"》,《古文字論集》,100頁。

“花東子卜辭”和“子組卜辭”中指稱武丁的“丁”可能應該讀爲“帝”

中國社會科學院考古研究所1991年在安陽殷墟花園莊東地發掘出一坑武丁時代甲骨。其中有刻辭的部分,已在雲南人民出版社2003年出版的《殷墟花園莊東地甲骨》中全部發表。這批甲骨的占卜主體稱“子”,卜辭中多次提到一位當時還活着的,稱爲“丁”的、地位很高的人物。最近,陳劍在《故宫博物院院刊》2004年4期上,發表了《説花園莊東地甲骨卜辭的“丁”》一文(以下簡稱“陳文”),指出“丁”就指當時的商王武丁,證據確鑿,應無可疑。陳文簡稱這批甲骨卜辭爲“花東子卜辭”(陳文52頁),本文沿用此稱。

出土於殷墟H127等坑的“子組卜辭”,其占卜主體也稱“子”,時代也屬武丁之世,卜辭中也多次提到一位當時還活着的、稱爲“丁”的、地位很高的人物。陳文指出,這個“丁”跟花東子卜辭的“丁”一樣,也是指武丁的(59頁)。這也應該是可信的。

陳文指出花東子卜辭中有“丁衍(侃)子”的説法:

> 490片(引者按:這是《殷墟花園莊東地甲骨》的片號)於己卯日數次貞卜“子”獻“䀠”送來的玉器於“丁”,第4、5辭云“子見(引者按:陳文在前面已指出“見”有“獻”義)䀠以玉,丁衍(侃)”、“丁衍(侃)子”,足見“丁”之地位比“子”高。(53頁)

作者並在“丁衍(侃)”後加注説:

> “衍”字於花東子卜辭中常見,原皆釋爲“永”。此從裘錫圭先生説釋讀爲“侃”,意爲“喜樂”。花東子卜辭中此字寫法與後代文字如西周金文中的“永”字相同,裘錫圭先生指出“衍(侃)”和“永”“在時代較早的殷墟卜辭裏使用着相同的字形,到較晚的時候才在字形上區别開來”。見裘錫圭《釋“衍”“侃”》,《魯實先先生學術討論會論文集》頁9,1993年,臺北。(引者按:此文又見馮天瑜主編《人文論叢》2002年卷,武漢大學出版社,2003。)

讀陳文後,再去讀子組卜辭中那些提到"丁"的卜辭,發現其中也有丁"侃子"的說法。

有一塊經綴合的子組卜骨,上有三條同文卜辭(其中一條爲殘辭),其辭如下:

乙巳,彴卜:丁來自正,彴子。 合 21734 +21735 + 英 1896

(《合》的兩片的綴合,見黄天樹《甲骨新綴 11 例》之 7,《考古與文物》1996 年 4 期 69 頁。《英》一片的加綴見常耀華《子組卜辭新綴四例》之第三組,《追尋中華文明的踪跡——李學勤先生學術活動五十年紀念文集》17 頁,復旦大學出版社,2002。與此同文的卜辭又見《天理大學附屬天理參考館藏品·甲骨文字》314。關於此辭釋文,參看《甲骨文合集釋文·二下》21734 片)

在這條卜辭裏,"丁"是"來自正"和"彴子"這兩件事的共同的施事者。

子組卜辭屢見"彴"字,有的是貞人名或婦名,有的用爲一般詞語(上引卜辭中兩種"彴"字同見)。各家都以爲"彴"與"自組卜辭"用作貞人名的"衎"是同一字的繁簡兩體。對這個字主要有釋"衎"和釋"巡"兩種說法。① 現在看來,當以釋"衎"之說爲是。子組卜辭的"彴子",就是花東子卜辭的"衎(侃)子"。有一條子組卜辭說:

己丑,丁來于衛,②彴。 合 21744

這跟無名組卜辭貞問王去田獵是否"衎(侃)",③出組偏早的卜辭貞問王是否"衎(侃)于並",④情況相類。把這條卜辭的"彴"釋讀爲"衎(侃)",也很合適。

---

① 參看李孝定《甲骨文字集釋》,中研院史語所,1982 年第四版,3305—3306 頁;于省吾主編《甲骨文字詁林》,中華書局,1996,2294—2295 頁。後者列此字爲 2341 號,字頭"彴"下漏收从"行"之形,編者按語認爲此字當釋"衎"。

② 這個衛是地名,其字所从"囗"形上下的脚趾形,不作"韋"而作"韋",但一般都把這個字釋作"衛"。如此字確是"衛"的異體,則當讀爲"郼",與殷商之"殷"通。《吕氏春秋·慎大》:"湯立爲天子,夏民大說……親郼如夏。"高誘注:"郼讀如衣,今兖州人謂殷氏皆曰衣,言桀民親殷如夏氏也。"以"郼"爲"殷",尚見於《吕氏春秋》的《慎勢》、《具備》、《高義》、《分職》等篇,參看陳奇猷《吕氏春秋校釋》,學林出版社,1984,853 頁注三三。《尚書·康誥》有"殪戎殷"之語(《左傳·宣公六年》說"周書曰'殪戎殷'",所引應即《康誥》),《禮記·中庸》則作"壹戎衣",鄭玄注:"衣讀如殷,聲之誤也,齊人言殷,聲如衣。"可與上引《吕氏春秋》高注互證。殷商、殷墟之名,可能就來自見於上引卜辭的"衛"地。

③ 參看拙文《釋"衎""侃"》,《魯實先先生學術討論會論文集》6 頁,《人文論叢》2002 年卷 328 頁。見該文所引(6)、(8)二辭。

④ 參看上注所引《論文集》6—7 頁、《人文論叢》329 頁。見該文所引(14)、(15)、(16)三辭。

"㣺"字的"川"旁有寫作  、 等形的。⑤ 殷墟卜辭中屢見一個从"永/衍"从"克"的人名,⑥其"永/衍"旁有寫作  的(《屯南》2150),跟上舉那種"㣺"字很相似。這也是"㣺"當釋"衍"的有力證據。

殷墟王卜辭中的"衍"字(包括其下已加"口"形者),多作  ,  ,  等形,⑦與"㣺"有較大差別。在殷墟卜辭中,同一個字在不同組的卜辭裏往往寫得很不一樣。例如"三、四期卜辭"(即無名組卜辭)中的"黍"字,跟賓組卜辭中常見的那種"黍"字就寫得很不一樣,以致很多人把前者錯認成了"粟"字。⑧ 所以子組卜辭中的"衍"字寫得跟別的組不一樣,是不足怪的。

丁"侃子",是說丁因子而喜樂,有丁喜歡子,贊賞子的意思。花東子卜辭和子組卜辭的占卜主體"子",都是地位很高的大貴族。有資格"侃"他們的,實非時王武丁莫屬。

西周早期的太保簋銘有"王衍(原作 )太保"之語:

> ……王降征命于太保,太保克敬無譴。王衍太保,錫休余土,用茲彝對命。
>
> 集成 8 · 4140

我在《釋"衍""侃"》中對"王衍太保"作了如下討論:

> 太保簋"王衍太保,錫休余土"的"衍",應從林義光讀爲"衎"(按"衎"、"侃"通)。對簋銘的這句話可以有兩種理解:或理解爲王因太保有功而喜樂,故賜以土地;或理解爲王爲了使太保喜樂,賜他以土地。按照後一種理解,"侃太保"的文例與卜辭的"侃王"和銅器銘文的"侃多友"等一致。所以我們傾向於這一種理解。⑨

現在看來,我當時的選擇是錯的。"王侃太保"的意思應該是"王因太保有功而喜樂",其文例與"丁侃子"相同。

下面討論花東子卜辭和子組卜辭用來指稱武丁的"丁"字,究竟應該如何

---

⑤ 《甲骨文編》,中華書局,1965,84—85 頁。

⑥ 姚孝遂主編《殷墟甲骨刻辭類纂》,中華書局,1989,874 頁。

⑦ 參看注③所引拙文《釋"衍""侃"》。

⑧ 參看拙文《甲骨文中所見的商代農業》,拙著《古文字論集》,中華書局,1992,155—157 頁。關於殷墟卜辭中同一個字在不同組的卜辭中寫得不一樣的現象,陳劍的博士學位論文《殷墟卜辭的分期分類對甲骨文字考釋的重要性》(北京大學,2001)有詳細論述。

⑨ 注③所引《論文集》12 頁,《人文論叢》335 頁。

理解。

陳文指出由於子組卜辭中指稱武丁的"丁"字,其寫法"與純粹表示日期之'丁'和表示死去之人的日干名……之'丁'不同,前者大都作方形,而後者多作近似圓形或扁圓形",因此有人把前者改釋爲方圓之"方"。作者接着說:

> 在花東子卜辭中,人名之"丁"的寫法也有這個問題。……在有些不同的"丁"同辭或同版的花東子卜辭中,確實可以看出存在着將人名"丁"有意寫得比較大,比較近於正方形的傾向……但統觀全部花東子卜辭,所有的"丁"絶大部分都作扁方形,實在是難以强分的。……在數量很大的賓組卜辭中,前辭中干支之"丁"與命辭中表示祭祀對象日干名之"丁"也是絶大多數看不出有什麽區别,但在有些賓組卜辭……同辭或同版的純粹表示日期的"丁"與表示祭祀對象日干名的"丁"字却有着顯著區别,或是大小不同,或是作方形與作較圓轉之形不同。它區分純粹表示日期的"丁"和表示死者日干名的"丁",與子組卜辭中兩類"丁"字都作圓轉形又不同,我們當然不能將這些賓組卜辭中表示死者日干名的"丁"改釋爲别的字。是否可以推測,當時確有在字形上對純粹表示日期之"丁"與用來稱呼人(不論生者死者)的"丁"加以區分的意圖和努力,但標準並不統一嚴格,也並未通行呢?(56 頁)

根據上引論述來看,我們沒有理由把子組卜辭和花東子卜辭用來指稱武丁的"丁"改釋爲"方"。稱武丁爲"方",找不出任何道理。這也説明此字不能釋作"方"。

在知道了"丁"指武丁之後,很容易把這個"丁"就看成武丁的日名"丁"。但是這又與多數學者認爲"商人的所謂日干'廟號'死後才確定的看法相矛盾"(陳文 56 頁)。退一步説,即使認爲"廟號"日名在其人活着時即已確定,由於有同一日名者數量必定十分龐大,也難以設想當時會用一個單獨的日名來稱呼活着的人。《殷墟花園莊東地甲骨》的考釋認爲花東子卜辭中有指稱活着的人的"子丙"和占者"子丁"。陳文已引用沈培先生的説法,指出二者都是由於誤解卜辭文義而産生的實際上不存在的人名(56—57 頁)。總之,把指稱活着的武丁的"丁"就看作他的日名,也是不合理的。所以陳文説:"看來花東子卜辭的所謂'丁'指稱商王武丁,到底應該如何解釋,確實還有待進一步研究。"(57 頁)

我們認爲這個"丁"很有可能應該讀爲"帝"。

日本學者島邦男在其《殷墟卜辭研究》第一篇的《禘祀》章中,認爲殷墟卜辭中有些指稱祭祀對象的"丁"應讀爲"帝","第五期卜辭"中用作祭名的"丁"應讀爲"禘"。[⑩] 島氏認爲"丁"可以"與同音的帝通假"。[⑪] 其實"丁"與"帝"並不同音,但是"丁"是端母耕部字,"帝"是端母支部字,而且在中古音中都屬開口四等。這就是説,這兩個字的聲母相同,韻母有嚴格的陰陽對轉關係,上古音很接近,確有相通用的條件。古書中"帝"或與"奠"、"定"通。《周禮・春官・瞽矇》"世奠繫"鄭玄注:"故書'奠'或爲'帝'。……杜子春云:'帝'讀爲'定',其字爲'奠',書或爲'奠'。"同書《小史》"奠繫世"鄭玄注:"故書'奠'爲'帝'。杜子春云:'帝'當爲'奠','奠'讀爲'定',[⑫]書'帝'亦或爲'奠'。"以从"奠"聲的"鄭"爲聲旁的"躑"和"擲",分别跟以从"帝"聲的"啻"爲聲旁的"蹢"和以从"啻"聲的"適"爲聲旁的"擿"相通。這也是"帝"、"奠"古音相近的反映。"奠"和"定"一樣,都是定母耕部字,中古音也都屬開口四等。但是這兩個字的聲母是定母,跟"丁"和"帝"所屬的端母只是鄰紐的關係。"帝"既可與"奠"、"定"相通,當然有可能跟"丁"相通。

島氏在《禘祀》章中所舉出的指稱祭祀對象的"丁"應讀爲"帝"之例,恐怕没有一條能真正成立。但是他認爲"第五期卜辭"(即黄組卜辭)中所見的只祭"武丁、祖甲、康祖丁、武乙、文武丁等直系五先王"的"丁"祭之"丁",按照祭祀性質看應該讀爲"禘"的意見,[⑬]雖然還不能就視爲定説,至少也是很值得考慮的。(丁祭之"丁",學者或改釋爲"方"讀爲"祊",恐不可信。)

島氏在《禘祀》章中還指出了殷墟卜辭中很重要的一個現象。他指出商王有時"附帝號於父名而稱之",如第一期稱父小乙爲"父乙帝",第二期稱父武丁爲"帝丁",第三期稱父祖甲爲"帝甲",第四期稱父康丁爲"帝丁",第五期稱父文武丁爲"文武帝"。他還據殷末銅器𠨘其卣指出,"即帝辛時也稱父乙爲帝乙"(引者按:銘文作"文武帝乙")。[⑭] 島氏認爲商王以帝號稱父,與周金文稱"帝考"、"啻考"同性質,"這些帝號都是只用於對父的尊稱"。[⑮]

我於舊作《關於商代的宗族組織與貴族和平民兩個階級的初步研究》一文中,在引用了上述的島氏意見之後説:

---

⑩ 溫天河、李壽林譯《殷墟卜辭研究》,鼎文書局,1975,174—186 頁。此《禘祀》章又有趙誠譯文,發表於《古文字研究》第一輯,中華書局,1979。

⑪ 上注所引書 179 頁。

⑫ 《周禮・地官・司市》和《考工記・弓人》也有"奠"讀爲"定"之例,參看高亨、董治安《古字通假會典》"奠與定"條,齊魯書社,1997,88 頁。

⑬ 注⑩所引書 180—186 頁。引號内語見 180 頁。

⑭ 注⑩所引書 183 頁。𠨘其卣見《殷周金文集成》10・5413。

⑮ 注⑩所引書 184 頁。

島氏的發現很重要,但是他對稱父爲“帝”這一現象的意義並沒有充分理解。嫡庶的“嫡”,經典多作“適”。不論是“嫡”或“適”,都是从“啻”聲的,“啻”又是从“帝”聲的。稱父爲“帝”跟區分嫡庶的觀念顯然是有聯繫的。

《大戴禮記·誥志》:“天子……卒葬曰帝。”《禮記·曲禮下》:“君天下曰天子……措之廟立之主曰帝。”按照這種説法,凡是天子,死後都可稱帝。所以《史記》的夏、殷二本紀,在每個王名上都加“帝”字。但是從卜辭看,商王只把死去的父王稱爲帝,旁系先王從不稱爲帝。例如第三期卜辭裏屢見“帝甲”之稱,但是稱祖庚爲“帝庚”之例却從未見過。所以《誥志》和《曲禮下》的説法並不完全可信。《史記》不管直系、旁系,在每個王名前都加“帝”字,是不正確的。……⑯

我還指出,卜辭中數見“王帝”之稱,“大概就指時王之考”;《庫方二氏所藏甲骨卜辭》著録的“一塊三、四期的肋骨,刻有卜問‘帝’的日名的卜辭……李學勤同志認爲‘是武乙爲康丁選擇日名’,‘帝’是武乙對其父康丁的稱呼。”⑰在將拙文編入我的文集《古代文史研究新探》時所加的按語裏,我又指出:“《合》35931 五期卜辭説‘乙巳卜貞:王賓帝事,亡尤’,疑‘帝’即帝辛對帝乙的稱呼。”⑱所謂“五期卜辭”就是黄組卜辭。近年來,不少學者認爲黄組卜辭中含有文丁卜辭。所以《合》35931 的“帝”,也有可能是文丁對其父武乙的稱呼。

在上引拙文中,我還接着説了如下的話:

商人所謂上帝(卜辭多稱“帝”),既是至上神,也是宗祖神(原注:郭沫若《先秦天道觀之進展》,《青銅時代》1952 年版 9 頁)。按照上古的宗教、政治理論,王正是由於他是上帝的嫡系後代,所以才有統治天下的權力。《尚書·召誥》説“皇天上帝改厥元子兹大國殷之命”,可見商王本來是被大家承認爲上帝的嫡系後代的。周王稱天子,也就是天之元子的意思。上帝的“帝”跟用來稱嫡考的“帝”,顯然是由一語分化的。

從以上所説的來看,商王用來稱呼死去的父王的“帝”這個詞,跟見於金文的“帝(啻)考”的“帝”(啻)和見於典籍的“嫡庶”的“嫡”,顯然是關係極爲

⑯ 拙著《古代文史研究新探》,江蘇古籍出版社,1992,298—299 頁。

⑰ 同上 299 頁。

⑱ 同上 299 頁。

密切的親屬詞。也可以説,這種"帝"字就是"嫡"字的前身。[19]

現在看來,我一方面指出卜辭中稱先王的"帝",跟上帝的"帝"以及後來所謂嫡庶的"嫡",在語義上有緊密聯繫;一方面又局限於當時所見的資料,仍然接受島邦男認爲這種"帝"只用來稱父的看法,把它限定爲當時的商王對已死的父王的一種稱呼,是有問題的。按照上述前一方面的認識,"帝"應該是强調直系繼承的宗族長地位之崇高的一種尊稱。既然作爲王室宗祖神的上帝和已死的父王都稱"帝",其他的直系先王就也都應該可以稱"帝"。2004 年 7 月在安陽市袁林舉辦的安陽民間收藏甲骨拓片展的展品中,有一片屬於第三期的何組卜骨的拓片,上有如下一辭:

丁丑卜,䀠貞:其壬(?)丁宗門告帝甲眔帝丁,受𠂇(佐?)。[20]

此辭不但稱時王的父親祖甲爲帝甲,並且把時王的祖父武丁也稱爲帝丁,可見"帝"在用來稱先人時,的確不是只限於稱父親的。

嫡庶之"嫡"這個詞的使用,是不必考慮所涉及的人是死是活的。與"嫡"有密切關係的"帝"這個稱呼,按理也應該可以用於活着的人。就王室來説,既然直系先王可以稱爲"帝",活着的王作爲王室以至整個統治族的最高宗族長,也應該可以稱爲"帝"。所以我認爲子組卜辭和花東子卜辭的占卜主體,那兩位出自商王室的稱"子"的大貴族,是有可能把時王武丁尊稱爲"帝"的;這兩種卜辭裏指稱武丁的"丁",是有可能應該讀爲"帝"的。當然,這種"帝"的涵義跟戰國時代才出現的作爲比"王"更高一級的統治者稱號的"帝",是有明顯區别的。後者應該是由已經喪失了宗祖神意義的"上帝"之"帝"轉化而成的。

島邦男認爲"第五期卜辭"將他所論的祭先王的"禘祭"之"禘",記作"丁"而不記作"帝","想是爲了要與屬外祭之祭祀上帝的'帝'有所區别"。[21] 我認爲子組卜辭和花東子卜辭把稱武丁的"帝"記作"丁",有可能是爲了要與稱上帝和先王的"帝"有所區别,也就是要在字面上把稱時王和稱鬼神的"帝"區分開來。

原載《黄盛璋先生八秩華誕紀念文集》(中國教育文化出版社,2005),今據以收入。

---

[19] 注⑯所引書 300 頁。

[20] 我未去安陽看展覽,蒙黄天樹先生提供此拓片的摹本,十分感謝。【編按:此片已收爲段振美等編《殷墟甲骨輯佚——安陽民間藏甲骨》第 548 號,文物出版社,2008。】

[21] 注⑩所引書 186 頁。

說"娰"(提綱)

殷墟卜辭中有女性稱謂"司",其字在何組、黄組卜辭中作"娰"。此稱謂既可用於生人,亦可用於死人。自殷墟婦好墓發現以來,由於墓中既出"婦好"銅器,亦出"司辛"銅器(銘文於"司辛"字加"女"旁,朱鳳瀚等先生指出,其字仍應讀"司辛"而不應讀"司母辛",所謂"司母戊"大鼎之"司戊"亦同。其說甚確)及"司辛"石牛,論者多以爲"司辛"即婦好,"司"乃王之法定配偶之稱。

1962年,金祥恆先生發表《釋后》,將此種"司"字釋爲"后"。婦好墓發現後,此說漸佔優勢,至今幾已成爲定論。有關論文中,朱鳳瀚先生1992年發表之《論卜辭與商周金文中的"后"》,[①]論述最爲全面。但竊以爲此說尚有商榷餘地。

嚴一萍先生於1966年發表《釋小》一文(以下將隸定爲"㚸"),以"㚸"爲"后夸"合文,朱文從之。朱文讀卜辭中作爲祭祀對象的"㚸"爲"后夸","龏㚸"爲"龏后夸","小㚸"爲"小后夸",以"夸"爲后之名;又以爲卜辭中之祭祀對象"司夸"(亦作"司婍")與"司娉"爲一事,即指"小㚸","司娉"之"娉"猶西周金文"玟王"、"珷王"中之"玟"、"珷",所包含的"司"(后)字不必讀出;又以爲卜辭中另一祭祀對象"司鈶"之"鈶"本亦爲"后台"合文,而在此亦不必讀出"后"字,"台"即爲此后之名。這些意見都很可疑。

卜辭中從來未見"龏司夸"、"小司夸",說"龏㚸"、"小㚸"之"㚸"爲"司夸"合文缺乏根據。"龏㚸"與"小㚸"雖有人以爲是一人,實不足信。二"后"同名爲"夸",可能性也不大。說"娉"、"鈶"本爲合文,而有時可以與金文"玟"、"珷"一樣只作單字用,更難信從。

出組卜辭中之"龏㚸"亦作"龏"。[②] 即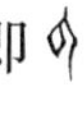,李亞農、金祥恆等先生釋"以",並指出(㠯)即其省文,近年來已爲學界普遍接受。""所从之"以"、"㚸"所从

① 載《古文字研究》第十九輯,中華書局,1992,422—443頁。以下簡稱"朱文"。

② 《明後》2087,朱文引作"龏夸……"。

之“㇆”(司),無疑皆爲此字聲旁。“以”、“司”古音相近,金文“姒”字多兼从“㠯”(或作“台”)“司”(或作“㇆”)二聲。由此可知“㚸”所从之“㇆”確當讀“司”而不當讀“后”。“台”(从“口”“㠯”聲)、“司”古音相近,古文字从“㝵”之字後多變作从“辛”。所以余永梁先生的《殷虚文字考》釋“㚸”爲“辝”(《説文》以之爲“辤”之籀文,“辤”、“辭”本由一字分化)。“㚸”字有从“以”聲的異體,可爲余説添一證。[3]

不但“以”、“司”音近,卜辭時代“㝵”(𢆶)字亦兼有“司”一類讀音。與“𤔲”相通之“辭”,[4]西周金文作“𤔲”,[5]殷墟卜辭中“司㞢父工”[6]亦作“𢆶㞢父工”(《合》5623、5625、9663等),皆可證。前引“司䌛”之“䌛”當是从“幺”(糸)“司”聲之字,郭沫若先生《粹》430片考釋認爲“𤔲”字之省,應可信。[7] 則其字亦與“司”“㝵”等音近相通。故“㝵”、“㛅”、“㚸”、“㛇”、“䌛”皆非“后”之名,而應爲同表某一其音與“司”近同的女性稱謂之字。饒宗頤先生《殷代貞卜人物通考》對卜辭“司”“㚸”等字意義的解釋不可信,[8]但饒先生認爲卜辭“司”、“㚸”二字相通,卜辭所見的祭祀對象“龔㚸”與“龔司”是一事,[9]則正確可從。然則上舉各字所表示的女性稱謂應即是“司”(姛)。在此一稱謂之上爲何能再加“司”字,容後解釋。

傳世晚殷銅器有“姛丩爵”:

乙未,王賞娶丩,才(在)寑(寢),用乍(作)尊彝。　　集成9098

又有同人同時所作“乙未鼎”:

乙未,王賞娶[丩]帛(?),才寑,用乍[尊]彝。　　集成2425(其釋文有誤)

李學勤先生在《〈中日歐美澳紐所見所拓所摹金文彙編〉選釋》中指出:“1975年,在殷墟小屯村北F11房址中間的方形祭坑裏發現一件方鼎蓋,銘云:‘王作妸(女丩)弄。’與《劫掠》560卣文字相同”,娶丩(李文釋“姒丩”)與“女丩”(李文釋“妸”)應爲

---

③ 以上所論,詳裘錫圭《説“以”》,《古文字論集》,中華書局,1992,106—110頁。

④ 《説文》以“𤔲”爲“辭”之籀文。

⑤ 《集成》8792𤔲工丁爵、器號10174兮甲盤:“王令甲政𤔲成周四方責。”

⑥ 《合》19207+19437,即裘錫圭《甲骨綴合拾遺》第24條,見《古文字論集》,237頁。

⑦ 郭沫若《殷契粹編考釋》,大通書局,1971,475頁。

⑧ 上引裘錫圭《説“以”》,《古文字論集》,108頁,從饒説謂卜辭“三司”或作“三㚸”,亦有問題。所謂“三㚸”見《合》22559,“三”實爲卜兆序數。

⑨ 《人物》664、825—826、826—827頁。

一人,[10]其說甚是。"嬃"即來自卜辭之"㑥""婤"等字,《集成》釋爲"婤",可取。

1975 年扶風白龍村發現的時代屬殷周之際的所謂"司母㠯康"方鼎,銘文作:

附圖一　司母㠯康方鼎(《集成》1906)

《集成》"說明"的"備注"指出,銘文"或可釋𠂤母康及㚸康"。其後一說是對的。說得更精確些,此銘應釋爲"嬃嫝","女"旁兩用,文例與婦好墓等處所出的所謂"司㚸母"銅器銘文在"司㚸"之側加"女"旁者相類,"康"、"㚸"皆爲"婤"之名。[11]

"婤"、"嬃"等字前人多釋"姒",當然是不錯的。不過,從甲骨、金文看,殷人似無周人所用的不同於氏的姓。"姒"在商代甲骨、金文中是用作一種女性稱謂的。

"姒"本有"姊"義,爲女子年長者之稱。《爾雅·釋親》:

女子同出,謂先生爲姒,後生爲娣。

郭璞《注》認爲"同出謂俱嫁事一夫"。楊伯峻先生《春秋左傳注》認爲郭說非是,"同出"當指"同父所生",娣姒猶言姊妹,並據《列女傳·仁智傳·魯公乘姒》篇指出男子亦可稱女兄爲姒;又指出古代妯娌間,年幼者稱年長者爲姒,年長者稱年幼者爲娣,而不計夫之長幼,此種"娣姒"正是其本義"姊妹"之引申。[12] 其言皆是。

在母系社會中,年長婦女地位最尊,"姒"在上古當爲女子之尊稱,猶宗法社會中以宗子之"子"爲男子之尊稱。殷人似無姓,夏人是否有周人所用之姓,也很難說。夏代去母系時代較近,女子蓋以稱"姒"爲榮。商代男子則當以稱"子"爲榮。夏人姒姓,殷人子姓之說,疑即由此而起。[13] 商代王之配偶中,其尊者當可稱"姒",卜辭中之"婤"可能多爲此種人。但其他貴族配偶之尊者應亦可稱"姒"。甚至不能完全排斥卜辭中的某些"婤",係稱呼王或其他貴族之姊的可能。

---

⑩ 李學勤《新出青銅器研究》,文物出版社,1990,300 頁。

⑪ 《集成》5538、5539 尊,5680、5681 方尊,6880—6889 觚,皆將一般所謂"司㚸母"釋爲"司㛸",是正確的。

⑫ 楊伯峻《春秋左傳注》,中華書局,1990,852—853 頁。

⑬ 徐中舒先生認爲"商代沒有姓,所謂當時的子姓,就是子族",可參考。語見其《先秦史論稿》,巴蜀書社,1992,71 頁。

加於"姛"稱之上的"司",當取女子年長義。卜辭有"司妣"(《合》21555、40886,後者即《英》1893)、"司母"(《合》30370)之稱,可認爲與"小妣"(《合》2449)、"小母"(《合》651、27602等)相對。"司姛"亦可認爲與"小姛(㚸)"相對。當"女子年長"講的"司"(姒)和當"女子年長或尊貴者"講的"司/姛"(姒),在當時可能有讀音上的區別(如聲調不同等);或者當年長講和年長者講的"姒"同音,當尊貴者講的"姒"的音則稍有不同,現已不可確考了。稱王配爲"后"疑是周人之習。"司"、"后"雖由一字分化,但從卜辭"姛"之各種寫法所包含之表音成分來看,卜辭中用作女性稱謂之"姛"只能讀爲"姒"。

附記:

本來答應會議組織者提交論文《説"姛"》,因時間不夠未能完成,只向會議交了個提綱,交給《論文集》收入時稍有增改,但與完整、嚴謹的學術論文尚有相當大的距離,所以標題下的"提綱"二字仍然保留。

原載《古文字與古代史》第二輯(中研院史語所,2009),今據以收入。

談談殷墟甲骨卜辭中的“于”

“于”是古漢語中極爲重要的一個介詞。現存最早的成系統的古漢語資料——殷墟甲骨卜辭,大量使用“于”字,向來爲研究介詞“于”的起源和發展的學者們所注意。他們的研究已經取得了相當好的成績,但有些問題還需要進一步探討。本文將逐個討論下列問題:一、殷墟卜辭中究竟有沒有用作動詞的“于”?二、在“于”由動詞演變爲介詞的過程中起關鍵作用的“位移動詞 +‘于’+ 處所詞”的結構,其見於殷墟卜辭者,究竟應該如何分析,其中的“于”是動詞還是介詞?三、殷墟卜辭所見的介詞“于”的虚化程度。四、殷墟卜辭中介詞“于”可加可不加的現象,應該如何解釋?第二個問題也可以看作第一個問題的一部分,由於情況比較特殊,單立一節加以討論。

一

大多數學者認爲介詞“于”是由動詞“于”演變而成的,“于”的動詞義近於“往”(《詩經》毛傳訓“于”爲“往”)。我們同意這種意見。

“于”的動詞用法是否見於古漢語文獻呢?有些學者認爲,《詩經》以及《尚書》和西周青銅器銘文中置於動詞之前的“于”(《尚書》及銘文之例皆甚少),應訓爲“往”,是動詞;有些學者則不同意,認爲是一種虚詞(含“助詞”)。本文不準備討論這個問題,只談殷墟卜辭中的“于”。

殷墟卜辭作爲現存最早的古漢語資料,按理最有可能保存“于”的動詞用法。不過學者們已經舉出來的殷墟卜辭用“于”爲動詞的例子,恐怕有很大一部分是靠不住的。造成這種情況的原因,主要是所據卜辭的釋文或對所據卜辭的理解、分析有問題。

先舉卜辭釋文有問題的例子。

（1）楊樹達《釋于》引《前》4・21・7（引者按：即《合》38231）"貞卿事于尞北宗，不遘大雨"一辭，認爲"卿事"當讀爲"卿士"，"于當訓往，于尞北宗，謂往尞祭於北宗也"。（〔1〕22頁）今按：此辭原有殘失之字，實應釋爲："［□□卜］，貞：卿□史于尞□北宗，不［遘］大雨。"由於有缺字，文義難以確定。而且卜辭"卿"字多應讀爲"饗"，間或讀爲"嚮"，未見有讀爲卿大夫之"卿"者。即使"卿史（"史"、"事"通）"連文，也應指祭祀之事，決不能像楊氏那樣讀爲"卿士"，當作"于尞"的主語。

（2）郭錫良《介詞"于"的起源和發展》（以下簡稱"郭文"）引《合》36567"□午卜，在商貞：今日于亳，無災"，認爲是"于"作動詞之例。（〔6〕218頁）郭文引卜辭，全據《殷墟甲骨刻辭摹釋總集》①。（〔6〕218頁）此辭《總集》摹釋有誤，實應釋爲："［□□］王卜，在商，貞：今［日步］于亳，無災。"同版尚有"甲寅王卜，在亳，貞：今日步［于］𨾴，無災"、"乙卯王卜，在𨾴，貞：今日步于𩰫，無災"等辭，可以比照。各辭中的"步"是動詞，"于"是介詞。

這裏有一點需要說明。郭文認爲"步/往＋于＋處所詞"一類結構中的"于"也是動詞，"步于"、"往于"是"連動格式"。（〔6〕220頁）我們不同意這種意見，第二節會討論這個問題。

（3）郭文所引"于"作動詞之例，又有《合》4630"丙戌卜，貞：令犬延于京"一辭。（〔6〕219頁）從《合》的圖版看，"犬延"與"于"之間當有一殘失之字，應爲動詞，表示準備命令犬延去做的事，"于"則是介詞。下面所舉的是與上引卜辭同時期並且同屬賓組的兩條卜辭：②

丙戌卜，貞：勿令犬延。

貞：勿令犬延田于京。　英834

此二辭見於一版，位置上下相鄰。它們跟上引卜辭都是卜問命令犬延之事的，而且所記卜日也相同，應該是圍繞同一事件卜問的三條卜辭，郭文所引卜辭"于京"上的缺字大概就是"田"。

（4）張玉金《甲骨文語法學》所舉代詞"之"作動詞賓語的例句中，有如下兩條卜辭：

□□卜，亘貞：于之？　合18866

---

① 姚孝遂主編《殷墟甲骨刻辭摹釋總集》，中華書局，1988。郭文稱此書爲"《甲骨文摹釋總集》"。

② 關於殷墟卜辭的分類、分組和分期，請參看下舉二書：黃天樹《殷墟王卜辭的分類與斷代》，科學出版社，2007。李學勤、彭裕商《殷墟甲骨分期研究》，上海古籍出版社，1996。

貞：勿于之？　　合 18867

他認爲上兩例中的“于”都是動詞，意思是“前往”。（〔7〕30、31 頁）從《合》的圖版看，前一辭見於一塊甲骨殘片，文字一行直下。原片在“之”字下折斷，“之”下原來還應有字，其中當有此辭謂語中主要之詞，“于”仍應是介詞。後一辭也在一塊殘片上，“貞勿”與“于之”分爲兩行。殘片的下端斷碴緊貼“勿”“之”二字，左側斷碴緊貼“于之”二字。所以原辭“之”字後應有殘去之字，“勿”字後也可能有殘去之字，“于”仍應是介詞。這種殘辭是不能看作一個句子的。

下面舉對卜辭的理解、分析有問題的例子。

（1）郭文把下引這類卜辭中的“于”看作動詞：

丁丑卜，翌日戊王其⿺辶戈，于囚無災？于梌無災？于喪無災？于盂無災？于宫無災？　　合 28905

文中論證説：

一般把“其⿺辶戈”同“于”某連讀，認爲“于”是介詞表示處所。但是緊接着幾個“于某無災”怎麼辦？這就只有認爲是省略了動詞“⿺辶戈”了。這樣解釋是很勉强的。在甲骨中單獨的“于某無災”的用例非常多，漢語的句子一般是不省略謂語動詞的，脱離謂語動詞的介詞結構很少能獨立成句。因此，這種“于”字應是動詞，而不是介詞。（〔6〕220 頁）

這種論證是有問題的。

上引釋文中的“⿺辶戈”原來从“⿺辶朩”而不从“戈”。“⿺辶朩”字的釋讀，意見分歧，但可以肯定是一個指巡行、田遊之類行爲的動詞。“⿺辶朩”字跟表示進行這種行爲的處所的字之間，也可以不用“于”字，如：

翌日乙王其⿺辶朩喪，無災。　　合 29028

戊辰王其⿺辶朩盂。　　合 29115

可見“⿺辶朩于 X”應該連讀，“于”是引出處所的介詞。

上引郭文所舉的，是一組卜問王究竟應該到何地去“⿺辶朩”的選貞卜辭，各辭原來是分開刻的。在一組選貞卜辭中，第二辭以下省去謂語動詞是屢見的，如：

叀（用法近虚詞“唯”）牛用。

二大牢。　　合 30937

第二辭是“惠二大牢用”的省略說法。

> 其告秋上囲(即古書所見殷先公上甲,卜辭多稱“囲”,或釋“報甲”)二牛。
> 三牛。
> 四牛。 合28206

第二、三兩辭將“其告秋上囲”省去(“二牛”、“三牛”、“四牛”,是“以二牛”、“以三牛”、“以四牛”的意思,不過這種介詞“以”,在殷墟卜辭中少見使用)。卜“迖”的選貞卜辭,第二辭以下省去動詞,只說“于X無災”,是同樣的道理。殷墟甲骨多殘碎,在卜“迖”的一組選貞卜辭中,如第一辭已殘去,後面的“于X無災”諸辭就像是“單獨的”了。郭文的有關論證不能成立。

(2) 楊樹達《釋于》據《簠室殷契類纂》轉引如下一辭:

> 辛丑卜,行貞,王步,自□(此字爲一不能確釋的地名字,楊文摹出原形,由於字形較繁,姑以“□”代之)于雇,亡巛(即“無災”。此辭見《合》24347)。

楊氏訓此辭的“于”爲“往”。(〔1〕22頁)郭文也引了幾條同類型的卜辭,認爲“自+處所詞+于+處所詞”“這種格式中的‘于’只能是動詞,不可能再說它前面省略了別的動詞”。(〔6〕219頁)

其實,“王步自”某地“于”某地,是一個句子,不能像他們那樣分成兩句。殷墟卜辭有時說“步于”某地,上文已經引過這種例子;有時說“步自”某地,如:

> 辛酉卜,尹貞:王步自商,無災。 合24228
> 癸未卜,□貞:王其步自尋,無災。 合24399

前一種卜辭裏的“于”,除郭文外,一般都看作介詞。後一種卜辭裏的“自”,大概無例外地都看作介詞。這兩種卜辭可以證明,“王步自”某地“于”某地,應該連成一句讀,其中的“于”跟“自”一樣也是介詞。

殷墟卜辭中屢見“自”某先人“至/至于”某先人這類表示祭祀對象的短語(如“自祖乙至父丁”、“自大乙至于中丁”)以及“自”某時間“至/至于”某時間這類表示時間的短語(如“自今至丁丑”、“自今至于庚戌”,參看〔5〕343—344頁)。一般都把這兩類短語中的“至/至于”看作介詞。從這個角度看,“自”某地“于”某地這類短語中的“于”,也是應該看作介詞的(這類短語中“于”所引出的處所,通常只是商王出行過程中的一站,而不是最後終點,所以其前一般不用“至/至于”而用“于”)。

(3) 楊樹達《釋于》引《甲》218(即《合》22315)"□未卜,令雀先于□"一辭,認爲"先于□者,先往□也"。(〔1〕22頁)郭文加引《合》29117"从向歸,乃先于盂"一條,並說:"'先于盂'即先去到盂地,這種格式也不能説省略了别的動詞。"(〔6〕219頁)

他們都把"先"當作副詞。"先"在殷墟卜辭中的確常常用作副詞,但也屢有用作動詞的例子。如:

丁酉卜,馬其先,弗悔。 合 27946

馬其先,王兌从,不遘大雨。 屯南 1127

沈培在《殷墟甲骨卜辭語序研究》(以下簡稱"沈書")中討論"'于'字結構"的語序時,引到了《合》41"貞:勿呼衆人先于誖"一辭。(〔4〕127頁)他把此辭的"先"看作動詞,認爲"是'先行'的意思"。(〔4〕128頁)我們同意他的看法。古文字"先"字上部本作"止"(趾)形,"先行"很可能就是"先"的本義。所以"先于"某地的"于"仍應是介詞。

前面說過,郭文把"步/往+于+處所詞"當作連動格式。所以即使承認"先"是動詞,按照郭文的觀點,"先于"之"于"仍可看作動詞。我們自然也不同意這種看法。這個問題在第二節裏也會提到。

(4) 劉翔等編著的《商周古文字讀本》引《前》1·8·1("8"爲"48"之誤,此片即《合》7861)"王去于臺"一辭,作爲用"于"爲動詞之例,謂此辭之意爲"王離開(此字于省吾釋"朿",下文即以"朿"代之)地前往臺(此字一般讀爲"敦",下文遇此字,皆逕作"敦")地"。(〔3〕360頁)

與上引卜辭同屬賓組的《合》5127一辭,說"王往去朿于敦";《合》5130一辭,說"王往去朿,若","去朿"前皆有"往"字,"去朿"顯然是商王準備到敦地去做的一件事,不能解釋爲"離開朿地"。"去朿"類卜辭中"于敦"的"于",跟"王往田于南"(《合》28595)、"王其往田于阢"(《合》28904)等辭中的"于"一樣,也是介詞。

《合》7966正有"貞:于敦去火。六月"一辭,"去火"跟"去朿"一樣,也是要到敦地去進行的一件事。如果像《讀本》解釋"去朿"那樣,把"去火"解釋爲"離開火地","于敦"就不應該置於"去火"之前了。

(5) 殷墟卜辭屢見"使人于"某地的說法,這裏舉郭文所引的一條卜辭爲例:

庚申卜,古貞:王使人于陕,若? 〔6〕219頁引合376正

郭文把"使人于"某地這類句子歸入"兼語式的'于'字句",認爲"'于'是'去到'義

的動詞”。(〔6〕219 頁)

“使人于”某地這類句子的意思,的確是派人去到某地(説“派人到某地去”,也許更好些)。卜辭中的介詞“于”往往仍有“到”的意思,前面引過的“步于”某地、“先于”某地等類句子中的“于”就是例子。“使人于”某地一類句子的“于”跟那些句子裏的“于”一樣,也可以看作介詞,而不必看作動詞。介詞“于”往往有“到”義的問題,後面還會有討論。

尤其值得注意的是,武丁時代的師組卜辭中有如下一辭:

> 辛丑卜,:戠(待),勿使人洗(此字近人多釋“沚”,今仍從羅振玉釋,卜辭多用作國族名或地名)。 合 20346 正

“勿使人洗”跟見於武丁時代賓組卜辭的“王勿使人于洗”(《合》5530 甲),意思顯然相同。可見“使人于”某地這類句子裏的“于”,並非一定要用,其性質以看作介詞爲宜。

現在要問,殷墟卜辭中究竟有沒有用爲動詞的“于”? 應該承認,在郭文所舉的卜辭中,有少量卜辭確實可以看作是用“于”爲動詞的。

郭文正式舉出的第一條用“于”爲動詞的卜辭是:

> 壬寅卜,王于商。 合 33124

文中解釋説:

> “王于商”即王去到商邑(引者按:説“王到商邑去”,也許更好些),句中沒有别的動詞,“于商”跟“入商”的格式相同,“于”是動詞。(〔6〕218 頁)

這應該是正確的,夾在主語“王”和賓語“商”之間的“于”,只能看作動詞。這條卜辭屬於武丁時期的師組或師歷間組。

郭文在討論“使人于”某地一類句子時,認爲這類句子跟“令/呼 + 名詞 + 于 + 處所名詞”格式的句子同性質,都是“兼語式的‘于’字句”。(〔6〕219 頁)前面已經説過,“使人于”某地這類句子不必看作兼語式。但是“令/呼 + 指人的名詞 + 于 + 處所詞”這種格式,很可能確是兼語式。

郭文舉了這種格式的兩個例子:

> 貞:呼去伯于冥。 合 635 正
>
> 丙戌卜,貞:令犬延于京。 合 4630

後一辭釋文有誤，就是我們在前面講過的“卜辭釋文有問題”的第(3)例。不過我們可以補充兩個結構跟“令犬延于京”同類的例子：

貞：令㞢伯于敦。 英 1977

辛亥卜，出貞：令暮(原字从“隹”不从“日”)伯于□(這是一個不能確識的地名字，姑以“□”代之)。 英 1978

在動詞“令”含有册命一類意思的卜辭裏，可以出現引出進行“令”這一行爲的處所的介詞“于”：

乙亥貞：王其夕令[illegible]侯商于祖乙門。

于父丁門令[illegible]侯商。 屯南 1059

但是上面補充的兩條卜辭裏的“令”，似乎只是一般的“命令”的意思，“于”所帶的處所詞不大可能指發令的地點。“呼去伯于冥”的“冥”，似乎更不可能指“呼去伯”的地點。所以像郭文那樣，把這類句子裏的“于”看作兼語式中的後面一個動詞，把它的意義理解爲“往于”，是有道理的。

卜辭的“使”本身有派遣的意思，“令”“呼”的情況則不同。“令”人、“呼”人，不一定是派人往某處，也可能是爲了叫人來，或者讓人做某種跟“往”“來”無關的事。所以“使”人“于”某地一類句子中的“于”，可以看作介詞；“令/呼”某人“于”某地一類句子中的“于”，則不宜看作介詞。

上引“呼去伯”一辭是武丁時期的賓組卜辭，其他兩條是時代與之相近的祖庚時期的出組早期卜辭。在武丁時期的賓組卜辭裏還有一些與“呼”有關的，可以看作動詞的“于”字，曾爲沈書所舉出。

沈書在指出卜辭中置於處所詞之前的“于”，有些“含‘在……’的意思”之後，説了下引一大段話：

另一種“于”字，含有明顯的“到……”的意思：

(23a) 己巳卜，爭貞：呼衆人于誖。

(23b) 勿呼衆人先于誖。 英 607

……像(23a)“呼”和“于”同用的例子還有：

(24a) 貞：方女呼于敦。

(24b) 勿⧄。

(24c) 貞：[方]女于敦。

(24d) 勿于敦。 7852 正

(引者按:原書脱漏此出處。又原書引《合》,皆不加書名,今從之)

(24a)中的"呼于敦"顯然是"呼某人到敦"的意思,而不是"在敦呼某人"的意思。像下例中的"呼于唐"也應該是此意思:

(25a) 貞:呼取牛。

(25b) 呼于唐。 8808 正

這是一組處於對貞位置的卜辭,很可能這兩條卜辭一條是説"要呼人去取牛"的意思,一條是説"要呼到唐去取牛"的意思。

像下面一例中"令"後的"于"也當是"到……"的意思:

(26) 辛亥卜,出貞:令暮伯于□(此字沈書摹出原形,今以"□"代之)。 英 1978

(24a)的"方女呼于敦"又可以説成(24c)的"[方]女于敦",與(24c)同類的例子還有:

(27a) 方于莧。

(27b) 方勿于莧。 8648 正

(28a) 妾(卜辭原作,恐非"妾"字,下同)于冥。

(28b) 妾勿于冥。 190 正

(29a) 貞:弓芻于詩。

(29b) 貞:弓芻勿于詩。 151 正

(30a) 雍芻于秋。

(30b) 雍芻勿于秋。

(30c) 雍芻于莧。

(30d) 雍芻勿于莧。 150 正

這些句子裏的"于"我們雖然不能肯定它們是動詞,但是至少動詞意味比較强的。([4]129—130 頁)

沈書雖然不説肯定的話,但顯然是傾向於把這些"于"看作動詞的。按照上引有關解釋,很難説它們不是動詞。

沈書所舉的(26)一辭,我們在前面也舉過,已指出郭文把這類句子裏的"于"看作動詞,是有道理的。

沈書所舉(24)的 c、d 以及(27)至(30)各辭,都是同一格式的正反對貞卜辭。

正面卜辭的格式是“指人的名詞(這裏說的“名詞”包括名詞性詞組,下同)+于+處所詞”,反面卜辭的格式是“指人的名詞+勿于+處所詞”,只有(24d)在“勿”字上省去了“方女”。《合補》5120(《合》11018正+《乙》4084),有與(24)同卜一事的“己巳卜,爭貞:方女于敦”、“貞:方女勿于敦”一對卜辭,反貞之辭“勿”上“方女”二字不省。

(24a、b)跟(24c、d)是所謂“成套卜辭”,③所記內容本應完全相同。沈書認爲(24c)的“[方]女于敦”與(24a)的“方女呼于敦”同意,可以信從。(24b)“勿”下殘去之字,應該是“呼于敦”或“于敦”。

殷墟卜辭否定詞的用法,“勿”跟“不”有明顯不同。“勿”“一般用在謂語動詞是表示占卜主體能夠控制的動作行爲的否定句裏”。(〔7〕40頁)所以上述格式的卜辭,不會是客觀地貞卜某人或某種人會不會到某地去的。如果是這樣,否定詞就應該用“不”。沈書將(27)以下各辭作爲“與(24c)同類的例子”舉出來,就是說,在理解這些卜辭的意義時,也需要在“于”字前加入“呼”,而把句首名詞所指的人看作被呼者。這跟卜辭“勿”字的用法是符合的。

《合》418正,有如下一對正反對貞的武丁時期賓組卜辭:

貞:其洗于婠。

庚子卜,丙:勿于婠。

基本上也屬於上述格式,只不過正面卜辭加了個語氣詞“其”。反面卜辭“勿”上省去國族名或人名“洗”(殷墟卜辭中,國族名、地名和人名往往是三位一體的),與(24d)省去“方女”同例。正面卜辭的“其”字,不加在“洗”字之後而加在其前,可能就是由於所貞卜的並非洗的主動行爲。

《合》2246正甲、乙又有如下一對正反對貞的武丁時期賓組卜辭:

壬戌卜,賓貞:師般〼(據反貞之辭,缺字似可補爲“以□呼于敦”或“以□于敦”)。

貞:師般以□(此字原殘失)勿于敦。

---

③ “成套卜辭”是張秉權提出來的概念,指分别刻記在屬於同一次貞卜的、所貞內容全同的一事多卜的不同序數卜兆旁的卜辭組。這種不同序數的卜兆可以集中排列在一版甲骨之上,也可以分散在數版甲骨之上,後者同組各兆(通常是正反對貞的各對卜兆)一般都不同版。所以成套卜辭既有同見一版的(如沈書所引24a、b、c、d。在此例中,一條卜辭管幾個卜兆),也有分見數版的。參看張秉權《成套卜辭與成套甲骨》,同作者《甲骨文與甲骨學》第九章,臺北:國立編譯館,1988。

我認爲這對卜辭也是屬於上述格式的，“師般以□”應理解爲“師般所以之□”，與“用望乘以羌自囲”（《合》32021）、“酒危方以牛自囲”（《合》10084）等辭中的“望乘以羌”、“危方以牛”同例。④

如上所述，“方女呼于敦”以及“指人的名詞＋于＋處所詞”格式的句子，其所表示的語義，跟“呼/令＋指人的名詞＋于＋處所詞”格式的句子應該是相類的。前者所用的“于”，也應該跟後者的一樣，看作當“到……去”講的動詞。至於前者爲什麽要把表示被呼者的名詞放在前面，而且經常不把“呼”字說出來？這兩種格式除了語法結構不同，表達的語義是否還有實質性的不同？它們跟“呼雀往于帛”、“勿呼雀往于帛”（《合》6460反）一類說法，在語義上又有什麽異同？這些都是需要繼續研究的問題。

沈書所舉其餘二例，即（23a）、（25b），都是“‘呼’和‘于’同用的例子”，其中的“于”確實也很可能是動詞。但似乎還不能完全排除這兩例“于”字之前省略了動詞而“于”仍是介詞的可能。

在殷墟卜辭中不時可以看到這種現象：在一組彼此意義相同或相關的卜辭中，有的卜辭省略謂語動詞不記。除了前面講過的選貞卜辭，其他類型的成組卜辭也有這種情況。拿所謂“成套卜辭”來說，組内同記一事的各條卜辭之間，在文辭的繁簡上可以有很大差異，往往有省略謂語動詞等重要詞語的情況。例如：“王惠（用法近虚詞“唯”）洗戛比伐巴方”（《合》6476，兆序“一”），可以簡化成“王惠洗（原字缺刻“洗”所从“止”形外圍小點）戛”（《合》6583，兆序“五”）。⑤ 正反對貞的一對卜辭，也有將其中一條的謂語動詞等省略的，如：

禦[illegible]南庚。

勿于南庚。　　合721正

“勿于南庚”顯然是“勿禦[illegible]于南庚”的省略。

④ “師般以□勿于敦”一辭中的“師般以□”，也未嘗不可以看作句子。那麽，全辭的意思就是：師般送來“□”（當是一種人），不要送到敦地。”“不要”後隱含“叫/讓他（指師般）”的意思。沈書所舉諸辭中的“方女”、“雍芻”等，也有是句子的可能。“芻”作動詞是“打牧草”的意思（例如《合》148“呼牧于朕芻”。如以“雍芻”等爲名詞，則“芻”當“打牧草者”講）。“女”作動詞是“送致女子”的意思，用法與《孟子・萬章下》“二女女焉”的第二個“女”、《國語・越語下》“請句踐女女于王……”的第一個“女”相近。

⑤ 參看注③所引書209—210頁。《合》6476相當於此書所說的《丙》“插圖貳”，《合》6583相當於《丙》“插圖叁”。

按照上引沈書對(25a、b)意義的解釋,(25b)的“呼于唐”似乎未嘗不可以看作“呼取牛于唐”的省略,是承(25a)而省略了“取牛”二字。(23a)也有可能是由於有對貞的(23b)“勿呼衆人先于誖”一辭,而省略了“于”字前的動詞“先”。雖然《合》41著録的與(23a、b)有“成套”關係的一對同文卜辭,其正面卜辭“于”上也無“先”字;但《合》8028有“呼先于誖”、“貞:勿呼”一對卜辭,與(23a、b)和《合》14兩對卜辭,當是同貞一事或貞問相類之事的,其正面卜辭“于”字上即有“先”字。所以(23a)、(25b)也許還不能看作用“于”爲動詞的確例。

羅國强《“于”的動詞用法探討》(以下簡稱“羅文”),提出了兩條别人没有舉過的用“于”爲動詞的卜辭:

貞:王小生七月于商? 合7790

戊午卜,旅貞:王其于阭(此字羅文摹出原形),無災? 合24457

前一條是武丁時期賓組卜辭,後一條是出組卜辭,大概屬祖甲時期。羅文指出,以前一辭與“貞:王小生七月入于商”(《合》7791)、“貞:王小(卜辭此字實作“于”)生八月入于商”(《合》7793)等辭比較,“可以認爲A句(指上引前一辭)漏刻了‘入’”;後一辭與“戊辰卜,旅貞:王其田于阭,無災”一辭同版,“更有理由認爲……漏刻了‘田’”。(〔9〕74頁)但羅文認爲漏刻之説其實未必能成立,其理由如下:

> ……如果能肯定“于”確實可以作動詞,我們也可以把“入于”看作同義連文,那麽,例(10)A句(指上引前一辭)就未必是漏刻。例(11)A句(指與上引後一辭同版之辭)可以斷爲:“戊辰卜,旅貞:王其田,于阭,無災?”這樣不採用“漏刻説”仍能與(11)B句(指上引後一辭)吻合。(〔9〕74頁)

“入”和“于”顯然不同義,“入于”怎麽能看成“同義連文”呢?卜辭動詞“田”後的地名,可以用“于”引介,也可以不用,“田盂”(《合》29113、37566、37570等)、“田宫”(《合》37598、37600等)、“田雍”(《合》37470、37620、37653等)一類話是常見的,“田阭”之文也見於《合》37784、37785,怎麽能把“田于阭”的“于”看作動詞,把“于阭”跟“田”斷開呢?羅文的理由恐難成立。殷墟卜辭中奪字之例屢見。⑥ 上引兩辭“于”上缺刻一字的可能性還是比較大的,所以也不能當作用“于”爲動詞的

⑥ 参看胡厚宣《卜辭雜例》“奪字例”節,《中央研究院歷史語言研究所集刊》第八本第三分,1939年10月,401—405頁。

確例。

在我們尚未注意到的卜辭裏,大概還會有用作動詞的“于”,不過數量應該是不會多的。

從上面的討論來看,殷墟卜辭中確有用爲動詞的“于”,但數量不多,在卜辭所用的全部“于”字中,顯然只佔極小的比例。“于”的動詞用例幾乎都屬於武丁、祖庚時期,即殷墟文化的早期階段;並且幾乎集中出現在“呼/令+指人的名詞+于+處所詞”以及“指人的名詞+于(“于”前偶有“呼”字)+處所詞(其反面爲“指人的名詞+勿于+處所詞”)”的格式之中,而這兩種格式表示的語意又顯然是相類的,它們所反映的有可能是“于”字比較特殊的一種習慣用法。看起來,在殷墟卜辭的時代,“于”的動詞用法大概已處在瀕臨消亡的階段了。

二

郭文對“于”由動詞演變爲介詞的途徑有説明,認爲介詞“于”是由與位移動詞連用的動詞“于”虚化而成的。

郭文把殷墟卜辭“步/往+于+處所詞”這種格式中的“于”看作動詞。文中説:

> “步”是出行,“往”是去往,都只表示外出的行動,而不表示要去向哪裏,一般不帶處所賓語;“于”是去到,表示要到某地去,必須帶處所賓語。“于”和“步”、“往”連用,是連動格式……⑦
>
> 在甲骨文中,“于”字用作介詞的類型也有多種,它是由“去到”義動詞虚化而成的。它應是先用來介紹行爲的處所,再擴展介紹行動的時間和動作涉及的對象。(〔6〕220頁)

又説:

---

⑦ 郭文除舉出“今日王步,于敦”(按照郭文標點,下例同)、“王往,于敦”等例句外,還舉了“王往,于田”一句,認爲“于”和“田”都是動詞,“‘于田’即去進行田獵”。(〔6〕220頁)以“于”後之“田”爲動詞,恐不確。這個“田”應爲名詞。卜辭“田”字用爲名詞者常見,如“我田”(《合》1370、9611等)、“我北田”(《合》9750)、“二田喪、盂”(《合》30044)等,舉不勝舉。即使郭文所舉之辭確與田獵有關,“田”也應指田獵的土地,而不能視爲動詞。在較原始的農業中,往往在焚田獵獸之後,以所焚之田爲農田,利用所焚草木爲肥料。田獵之“田”與農田之“田”,義本相因。

……“于”和“往”義動詞的運動方向一致,用在往義動詞之後,意義不變,是動詞;用在“入”、“來”、“至”等“來”義動詞之後(引者按:郭文此前引有“今二月王入于商”、“方其來于沚”、“自瀼至于膏”諸例句),運動方向相反,“于”的意義起了變化,抽象化,只表示引進“來至”這一行爲的處所,開始向介詞轉化(引者按:這種介詞“于”仍有“到”義,如“來于”可理解爲“來到”)。同時也用於非往來義動詞之後,也常常發生運動方向的不一致,如“土方征(引者按:此字原从兩“止”,或釋“圍”)于我東鄙”,“于”也只表示行爲的處所。這種用例的大量出現,“于”的意義虚化,也就是語法化成爲表示行爲處所的標誌,由動詞轉化爲介詞。(〔6〕221頁)

我們不同意郭文把殷墟卜辭“步/往+于+處所詞”格式中的“于”看作動詞,但是同意郭文認爲介詞“于”是由與位移動詞連用的動詞“于”演變而成的看法。

梅祖麟《介詞“于”在甲骨文和漢藏語裏的起源》(以下簡稱“梅文”),在介詞“于”的形成途徑上,吸取了郭文的觀點;(〔8〕325、326、327、328頁)並指出蒲立本在1986年發表的根據傳世文獻討論“方位介詞‘于’、‘於’、‘乎’”的文章裏,已經認爲介詞“于”可能來自用於連動式中的表“去到”義的動詞。(〔8〕328頁)⑧

梅文對卜辭中“往于X”、“步于X”一類結構的分析,則與郭文有所不同。郭文肯定這類結構中的“于”是動詞。梅文認爲從歷時的觀點看,在“‘于’字只有動詞的用法,沒有介詞的用法”的“某個遙遠的時代”,“‘往于X’只有一種形成方式,自動詞‘往’加動賓短語‘于X’……”;(〔8〕327頁)但是從共時的觀點看,既然“甲骨文”(指殷墟卜辭)中已有“來于X”之類的“動+介賓”結構,“往于X”一類結構也可以這樣分析,其中的“于”可以看作介詞。(〔8〕327、328頁)梅文又根據“語法化理論所說的層次重疊”來看“往于X”這類結構,說了下面這段話:

另外一種層次重疊是AB兩個成分,詞序關係固定,字面上完全看不出來有什麼區别,去聽也聽不出來有什麼差異,但AB之間同時具有XY和X'Y'兩種關係,而XY是舊的關係,X'Y'是新的關係,XY正在變成X'Y'。上面談的甲骨文的“往于X”是個實例……(〔8〕330頁)

看來梅文像是把殷墟卜辭的“往于”看成“同時具有”“動動”和“動介”兩種關係的。

---

⑧　由於沒有讀過蒲立本的原文,我們根據梅文對蒲文所作的概括,可能有不確切之處。

我們認爲殷墟卜辭"往+于+處所詞"一類結構中的"于",只應看作介詞。殷墟卜辭中介詞"于"已大量使用,而"于"的動詞用法,從上一節的討論來看,實已瀕臨消亡。在這樣的背景下,當時人應該會把"往+于+處所詞"一類結構中的"于",看作與"來+于+處所詞"等類結構中的介詞"于"同類,而不會把它們看作與動詞"于"同類。

我們還可以對有關卜辭作具體考察。

殷墟卜辭中,在動詞"步"與處所詞之間出現的詞,有"于"、"自"和"自……于……"。既然"自"是介詞,"于"當然也應看作介詞,而不宜看作動詞。請參看上一節關於"步自……于……"的討論。

下引一對正反對貞的卜辭,可以説明"往+于+處所詞"一類結構中的"于"不應看作動詞,而應看作介詞:

> 癸卯卜,殼貞:呼弘往于餡比□(此字不識,在此用爲人名,姑以"□"代之,此段下文同)。
>
> 癸卯卜,殼貞:勿呼弘往比□于餡。 合667正

這對卜辭貞問要不要叫弘這個人到餡地去與"□"這個人聯合(如果是貞問要不要叫弘聯合"□"到餡地去,就應該説"呼/勿呼弘比□往于餡")。正面卜辭的"于",似乎既可分析爲動詞,也可分析爲介詞。但是在反面卜辭中,"于餡"放在"比□"之後,"于"顯然只能分析爲介詞。可見正面卜辭的"于"也應分析爲介詞。前面討論"去束于敦"時舉過的"王往去束于敦"一辭,也可以説明"往+于+處所詞"中的"于"應該看作介詞。

前面提到過的"先+于+處所詞"的結構,情況與"往+于+處所詞"相似,"先"與處所詞之間,也可以插入表示要去進行之事的動賓詞組。例如:"勿呼婦好先于龐共人"(《合》7284等),也可以説成"勿呼婦好先共人于龐"(《合》7287正等,參看〔4〕130—131頁)。可見其中的"于"也是應該看作介詞的。

武丁時期賓組卜辭屢言"王往于敦",有時也説"王往出于敦"(《合》7941正)、"出于敦"(《合》7940等。參看〔2〕736頁)。既然"往于敦"的"于"應該看作介詞,"往出于敦"、"出于敦"的"于"當然也應該看成介詞。所以"出"後的"于"也不是動詞。

總之,我們認爲在殷墟卜辭裏,不但"來"義動詞後面的"于"是介詞,"往"義動詞後的"于"同樣是介詞。雖然"往"義動詞後的"于"很可能曾經是動詞,但是在

“于”的動詞用法瀕臨消亡而介詞用法則極爲常見的情況下,是會通過“重新分析”而被看作介詞的。(〔8〕327 頁)

三

上一節所引郭文指出,“于”“由‘去到’義動詞虛化而成”介詞,“應是先用來介紹行爲的處所,再擴展介紹行動的時間和動作涉及的對象”。(〔6〕220 頁)所言可從。

殷墟卜辭中引介處所和時間的“于”,其意義大多數仍與“于”的動詞義接近,即含有“到”的意思。

就引介處所的“于”來說,位移動詞後的“于”含有“到”義是十分明顯的;就是與位移動詞無關的“于”,也往往可以看作含有“到”的意思。沈書認爲“使人于𠂤”(《合》5536)、“呼取女于林”(《合》9741 正)、“王其𨑦(沈書釋爲“逖”)于□”(《合》28905)、“王其田于阦”(《合》24457)等類卜辭中的“‘于’字結構都是表示動作所到之處的”。(〔4〕128 頁)“使人于𠂤”的意思就是“派人到𠂤地去”,這種類型的卜辭在第一節裹已經討論過了。沈培在一篇文章中曾說過:“卜辭‘取于某地’的卜問不止一見,當即到某地取某物。”⑨可知他認爲“取女于林”的意思是“到林這個地方去取女子”。那麼,“𨑦于”某地的意思就是到某地去“𨑦”,“田于”某地的意思就是到某地去“田”。我認爲他的理解是有道理的。張玉金明確認爲卜辭中引介處所的“于”,大部分“有‘到’這種含義”,只有一小部分“具有‘在’這種含義”。(〔5〕17 頁)所言大致可信。

在“在”、“于”對舉的情況下,引介處所的“于”與“在”的區別可以看得很清楚。

黄天樹在《〈殷墟花園莊東地甲骨〉中所見虛詞的搭配和對舉》一文中指出:

> 介詞“在”和“于”對舉,表示地點遠近關係。在卜辭中,如果對貞的兩條卜辭所用“介詞”不同的話,一般是所卜地點較近的名詞前面加“在”,較遠的名詞前面加“于”。例如:

⑨ 沈培《殷墟卜辭正反對貞的語用學考察》,丁邦新、余靄芹主編《漢語史研究——紀念李方桂先生百年冥誕論文集》,中研院語言學研究所、華盛頓大學,2005,214 頁。

(1A) 壬戌卜:在㭃葬韋? 用。

花(引者按:《殷墟花園莊東地甲骨》的簡稱)195・7

(1B) 于襄葬韋? 不用。 花 195・8

……"在㭃"和"于襄"對貞,距離遠的地點前加介詞"于",距離近的地點前加介詞"在"。……

(2A) 己亥卜:子于㭃宿,枫(夙)攺牢妣庚? 用。 花 267・1

(2B) 庚子:歲妣庚,在㭃,牢? 子曰:"卜未子彭。" 花 267・2

……己亥日貞卜"于㭃","子"還未抵達㭃地,所以遠處的地點之前加介詞"于";己亥的第二天庚子日貞卜"在㭃"時,"子"已抵達㭃地,所以在近處的地點之前加介詞"在"。……

此文接着還引用了我在一篇文章中舉過的無名組卜辭以"于遠俚"與"在邇俚"對貞的例子。⑩ "于襄葬韋"、"子于㭃宿"的意思,可以理解爲"到襄地葬韋"、"子到㭃地住宿"。

我們再來看一個"在"、"于"同見於一辭的例子:

己亥卜,丙貞:王有石在𢊁北東,作邑于之。 合 13505

"𢊁"是卜辭屢見的地名,"于之"的"之"顯然就指"𢊁"(同版尚有"作邑于𢊁"一辭)。爲什麼"有石"之後說"在𢊁","作邑"之後不說"在之"而說"于之"呢? 這是因爲𢊁地有石材是一個事實,貞卜時那些石材已經在那裏了,所以介詞用"在"字;作邑則是一件擬議中的事,是在𢊁地有石材的條件下,想在那裏作邑,也可以說是想到那裏去作邑,所以介詞用"于"字。"在"、"于"的這種區别,在後代的漢語裏就模糊了。

關於引介時間的"于",陳夢家早就指出:"卜辭近稱的紀時之前加虛字'叀'(引者按:我們引卜辭時逕作"惠"),遠稱者加虛字'于'。"⑪沈書在引陳說後接着說:

卜辭中"惠"和"于"對貞的例子很多,如:

(131) 貞:惠乙酉酒。

貞:于來乙巳酒。 894

---

⑩ 黃天樹《黃天樹古文字論集》,學苑出版社,2006,406—407 頁。

⑪ 陳夢家《殷虛卜辭綜述》,科學出版社,1956,227 頁。

……

下面一些選貞卜辭，前一辭用“今日”、“今X月”，後一辭則用“于……”，如：

……

(135) 貞：今十二月我步。

貞：于生一月步。 6949正

(136) 今日乙郭啓，不雨。

于翌日丙啓，不雨。 30203

……

下面二辭也是在遠指的日子前加了“于”：

……

(140) 甲子卜，乙丑雨。

于丙寅雨。 20929

通過這些例子來看，引導時間的“于”字顯然有“到……”的意思。（〔4〕150—151頁）

張玉金認爲引介時間的“于”，一小部分“有‘在’這種含義”，他稱之爲“$于_1$”；大部分“有‘到’這種含義”，他稱之爲“$于_2$”。（〔5〕14、15頁）他還指出：

“$于_1$”在卜辭裏很罕見（“于”一般是“到”的意思），而“在”比較常見；“$于_1$”只出現在貞辭部分裏（這說明它多少還有些“到”的意思），而“在”既在貞辭中出現，也在一段卜辭後記時地部分裏出現……（〔5〕14頁）

總之，卜辭引介時、地的“于”大多數有“到”的意思。卜辭中有少數引介時、地的“于”，似乎只能譯爲現代漢語的“在”（〔5〕266、289頁），可能反映了引介時、地的“于”的進一步虛化。

在較晚的古漢語裏，引介時、地的“于/於”，仍有很多含有“到”義；但已有大量不含“到”義，多應理解爲“在”義，還有些“介地”的可理解爲“自”、“從”等義。而且早在《詩經》裏，就已出現了“在于”的說法（《小雅・鶴鳴》一章有“魚潛在淵，或在于渚”，二章有“魚在于渚，或潛在淵”。比較《小雅・魚藻》“魚在在藻”、“王在在鎬”）。

介詞“于”最初是用來引介行爲的處所的，由此一方面發展出引介行爲的時間的用法；一方面又發展出引介行爲所涉及的對象的用法，在卜辭中較常見的，是引介接受祭祀或求、告等行爲的對象。例如：

貞:燎于王亥九牛。　合 14737

貞:禱年于岳,燎三小宰,卯三牛。　合 385

王求雨于土。　合 32301

丙子卜,其告方来于丁,一牛。　合 33055

乙巳卜,貞:于翌丙告尸于亞雀。　合 22092

這種“于”可以理解爲“向”或“對”,它跟引介處所的“于”在意義上的聯繫是很明顯的。張玉金指出:“到什麼地方去,其實就是向着或對着這個地方,因此之故……意義爲‘到’的‘于’發展爲意義是‘向’、‘對’的‘于’。”(〔5〕276 頁)

引介處所的“于”還發展出了引介狀况所關涉的人(包括鬼神)或事物的用法。這種用法在卜辭中也已出現。就卜辭所見之例來看,這種“于”大致可以理解爲“對於”或“在……那裏”、“在……方面”。下面舉出辭例,並逐例加以說明:

貞:其于一人囚。　合 557

“囚”的釋讀衆說紛紜,但可以肯定是一個表示災禍一類意義的詞。“一人”指商王。這條卜辭貞問是否會有針對商王一人的災禍。“囚”在這裏是“有囚”的意思,表示一種狀況。他辭或言“王不于一人囚”(《屯南》726),就是說王不會有針對他一人的災禍。

丙寅卜,亘貞:王戠多屯,若于下上。

貞:王戠多屯,若于下乙。　合 808 正

關於“若”的意義,有不同看法,⑫限於篇幅不能在這裏討論。由於卜辭中屢見“上下若”、“下上弗若”之語,(〔2〕397—398 頁“下上”條)並有“帝若王”(《合》14198 正)、“大甲若王”(《合》3216 正)、“示若王”(《合》13260 甲)等辭,可知“若于下上/下乙”中的“若”應該是“被若”的意思。在古漢語中,用作謂語動詞的字,往往既可表主動義,又可表被動義;其主語既可以是施事者,也可以是受事者。這是大家都知道的。“被若”是一種狀況,而不是一種行爲。“王戠多屯,若于下上/下乙”,可以理解爲:“王戠多屯”這件事,在“下上/下乙”那裏被“若”。有些學者因爲“若于下上/下乙”的實際意義,與“爲下上/下乙所若”或“被下上/下乙若”相同,就說這種“于”“猶‘爲’也”,“引介施事詞語,可譯爲‘被’、‘受’”(〔5〕295 頁),這是

---

⑫ 參看沈培《關於殷墟甲骨文中所謂“于字式”被動句》,《北京大學中國古文獻研究中心集刊》2,北京燕山出版社,2001,38—59 頁。

不夠妥當的。郭文指出“若于下上”一類句子“不能算真正的被動式,‘于’引進的是動作適應的範圍,是一種廣義的處所”。(〔6〕223 頁)除“動作”一詞用得不夠妥當外,所說意見是很有道理的。

貞:有不若于父乙。 合 3255 正

這一辭的主語沒有說出來,其辭義大致可以理解爲:我們/王在父乙那裏有不被“若”之事/處。也有可能“不若于父乙”是“有”的賓語,其辭義可以理解爲:我們/王有不爲父乙所“若”之事/處。

乙丑卜,古貞:婦姘魯于黍年。 合 10132

張玉金解釋此辭說:“魯,嘉美。他辭或言‘王占曰:吉,魯’(乙 7782)、‘黍田年魯’(合 10133),是其例證。這條卜辭貞問:婦姘在黍子的收成方面會很好嗎?”(〔5〕298 頁)

有些學者認爲祭祀卜辭中有引介所用犧牲之名的“于”,但其根據都是有問題的。

時兵《也論介詞“于”的起源和發展》引了《合》15086“㞢于宰”一辭,⑬估計根據的是《類纂》的釋文(〔2〕1330 頁上欄)。從《合》的圖版看,15086 是賓出類殘甲,“㞢于宰”三字排成一橫行,此種行款在賓出類卜辭中罕見,當是失去下部文字的一條殘辭。對照見於《合》1946、23064、25937 等賓出類卜辭的“……㞢匚于丁卅牛”,可知此殘辭當釋爲“㞢□(應爲祭名)于□(應爲先人名)宰”,“㞢于宰”三字不能連讀。由於要避卜兆,此辭各豎行的兩個字之間的距離留得較大,下一字皆已殘失。此辭左邊一辭“勿御”兩字間的距離也較大,可相比照。

有一種漢語虚詞詞典,爲介詞“于”“引介動作行爲的受事”的用法,舉了如下一條殷墟卜辭爲例:⑭

貞:燎于宰(引者按:當爲“宰”的誤植)九牛。 合 15605

這其實也是一條殘辭,應釋爲:“貞:燎于⊠小宰⊠九牛⊠(“牛”後也可能已無字)。”“于”和牲名不能連讀。《殷墟甲骨刻辭摹釋總集》也將此辭釋爲“貞燎于小宰九牛”,還將見於《合》15606 的、内容與此相似的殘辭“貞:⊠燎于⊠小宰⊠牛⊠

⑬ 《中國語文》2003 年 4 期 245 頁。“㞢”用作祭名時,一般釋讀爲“侑”。

⑭ 張玉金主編《古今漢語虚詞大辭典》,遼寧人民出版社,1996,880 頁。

("牛"後也可能已無字)",也誤釋爲"貞…燎于小宰…牛"。⑮

張玉金《甲骨文虚詞詞典》爲"于""引介受事詞語"的用法舉出的辭例,有如下一條(〔5〕296 頁):

貞:翌丁卯侑于宰又一牛。 合 15080

此辭釋文無誤,但原辭"于"字後實有漏刻之字。此辭刻在一塊賓組晚期殘甲上。《合》339 也是賓組晚期卜甲,其上有如下一辭:

貞:翌丁卯侑于丁宰又一牛。

與上辭應爲同文卜辭(二辭中的"侑"、"又"二字原皆作"㞢")。可見上辭"于"下漏刻一"丁"字,"于"字不能與牲名連讀。前面已經説過,卜辭中是確實存在漏字現象的。

總之,卜辭中實際上並不存在引介牲名的"于"。學者所舉的卜辭中介詞"于"的用例,還有一些是可能有問題的,在此不能詳論了。

殷墟卜辭介詞"于"的虚化程度,明顯不及後世,主要反映在殷墟卜辭引介時、地的"于",絶大部分還含有"到"義,以及介詞"于"的某些虚化較甚的用法,在殷墟卜辭中尚未出現這兩點上。對前一點上文已有説明,關於後一點可以參看郭文有關部分。不過在本節的末尾,我們仍想對最能反映這方面情況的一個典型例子——動詞"出"後面的介詞"于"的意義變化,作一些説明。

卜辭"出于"的"于"引介外出所到的處所,含"到"義。傳世先秦文獻"出于/於"的"于/於",則大都引介所經由或所自出的處所,可以理解爲含有"經由"或"自"的意思。

沈書在討論卜辭中引介處所的"于"的意義時説:

像下面一些句子中的"于"結構也都是表示所到之處的:

(9) 方其來于沚。 6728

(10) 辛卯卜,貞:方不出于唐。 6716

(11) 壬午卜,□貞:曰方出于□(引者按:此爲一地名字,沈書摹出原形,但筆畫有脱漏,今姑以"□"代之),允其▨。十一月。

6719(引者按:爲 6717 之誤)

⑮ 見 359 頁。此書已見引於注①。

(12a) 出于敦。

(12b) 貞:王勿出于敦。 7940

“出于X”的“于”應是“到……”的意思,“出于敦”與下面的“往出于敦”、“往于敦”同義:

(13a) 壬辰卜,亘貞:王往出于敦。 7941 正

(13b) 乙亥卜,爭貞:王往于敦。 6647 正

(引者按:按沈書體例,此處兩條卜辭不應編爲13a、b,而應編爲13、14)

……(〔4〕128 頁)

此書並指出,有人認爲卜辭“于”字“有的是表示行爲動作的出處、來源,這是不正確的。從卜辭‘于’字的使用情況來看,它還不像後代的‘于’字那樣,可以表示‘從……’、‘自……’的意思”。(〔4〕129 頁)這些意見都是可信的。

卜辭或言:

王其呼衛于㚔,方出于之,有捷。 合 28012

“㚔”是地名,“之”就指㚔這個地方。由於敵邦有可能出來而到㚔地,所以準備叫人到㚔去防衛。這可以確證“出于”的“于”含有“到”義。

傳世先秦文獻中,“出于/於”的“于/於”罕見可理解爲含有“到”義者,⑯大都應理解爲含有“經由”或“自”的意思。下面舉幾個含“自”義的例子:

---

⑯ 高本漢認爲《詩·小雅·無將大車》“無思百憂,不出于熲”和《書·君奭》“其終出于不祥”的“出于”有“出來而到……”的意思。他在《詩經注釋》“六四八、不出于熲”條中說:

> 毛傳(據爾雅):熲(引者按:高氏此處括注其擬音,從略),光也;所以:(不要想到各種憂愁),你就不能出來而到光明之中。Legge 以爲此說不能成立。因爲“出于”是“從……出來”,不是“出來而到……”。其實“出”字(引者按:應說“出于”)兩種意義都有。關於後者,參看尚書君奭篇:出于不祥(就是“結果不祥”的意思)。(董同龢譯《高本漢詩經注釋》630頁,臺北:國立編譯館中華叢書編審委員會,1979年2月再版)

但是高氏講到的這兩處文字,原意都不是很清楚。而且《無將大車》鄭箋把“無思百憂,不出于熲”解釋爲:“思衆小事以爲憂,使人蔽闇不得出於光明之道。”“出於光明之道”恐怕是“由光明之道出”,而不是“出來到光明之道”的意思。《君奭》僞孔傳對“我亦不敢知曰,其終出于不祥”的解釋是:“言殷紂其終墜厥命,以出於不善之故,亦君所知。”“出於不善”的“出於”,恐怕也是“出自”而不是“出到”的意思。

不過漢魏人的解釋也不見得比高本漢高明。屈萬里《尚書今註今譯》把“我亦不敢知曰,其終出于不祥”譯爲:“我可也不知道,我們將來會不會終於走到不吉祥的路上去。”(142頁,臺灣商務印書館,1969年9月初版)他對《君奭》“出于”的理解與高本漢相同。《君奭》是西周初年的作品,篇中“出于”的“于”含“到”義的可能性是存在的。

戰之日,齊國佐、高無咎至于師,衛侯出于衛,公出于壞隤。

《左傳·成十六年》

(“至于”之“于”仍含“到”義。兩個“出于”都是“自……出來”的意思)

若逐之,必出於南門,而適君所。 《左傳·哀二十五年》

昔者江出於岷山,其始出也,其源可以濫觴。 《荀子·子道》

“出自”跟“出到”,意思正好相反。引介所自出的處所的“于/於”,跟“于”字“到……去”的原義已經毫無聯繫。這種“于/於”的出現,是介詞“于”更進一步虛化的突出反映。

四

在殷墟卜辭中有很多動詞,它們跟表示對象或處所的詞語之間,既可以加介詞“于”,也可以不加。下面舉出一些這樣的動詞,每個動詞下列一組或兩組以加“于”和不加“于”的卜辭相對照的例子。列兩組者,各組前加序數。

酒(祭祀動詞)

丁亥卜,于翌戊子酒三豭祖乙。庚寅用。四月。

酒六豭于祖乙。 合1526(所引是同版的一對選貞卜辭)

侑(祭祀動詞)

(1) 乙酉卜,侑出日、入日。 合補10644

辛未卜,侑于出日。 合33006

(2) 壬午卜,殻貞:侑伐(“伐”指砍頭人牲)囗十又五,卯十小宰。

侑伐于囗十又五,卯十小宰又五。

合901(所引是同版的一對選貞卜辭)

禱

壬子卜,禱禾示壬宰。 合33333

己卯卜,禱禾于示壬三宰。 合33314

告

(1) ☐告囗三牛。 合32334

☐告于囗三牛。 合32332

(2) 其告秋上囿二牛。 三牛。 四牛。 合 28206

其告秋于上囿一牛。 屯南 867

巡(第一節談到的“𨑒”,可能是此字異體)⑰

丁巳卜,貞:王巡宫,往來無災。 合 36639

丁未卜,貞:王巡于宫,往來無災。 合 36643

田

壬戌卜,[貞]:王田盂,往來無[災]。 合 37566

戊申卜,貞:王田于盂,往來無災。在☐ 合 36663

往

(1) 戊子卜,令發往雀自。 合 8006

[□□卜],殻貞:王往于庐自。 合 8219 甲

(2) 癸卯貞:呼呼(二“呼”字中當有一字爲衍文或錯字)往西至于卒。 合 8190 正

貞:我呼往于西。 合 10050⑱

沈書指出:“在祭祀卜辭裹,神名前加不加‘于’往往有很大的隨意性。”(〔4〕114 頁)從上面所舉的例子來看,在非祭祀卜辭裹,有些動詞所帶的詞語前,加不加“于”也是相當隨意的。在完全相同或很類似的語言環境裹,不少動詞跟表示對象或處所的詞語之間,既可以加“于”,也可以不加;即使從語用學的角度,也看不出什麽明顯的區别(如表示對象或處所的詞語是否焦點之類)。

對上述這種現象應該如何解釋呢?大部分似乎可以解釋爲語言中新舊格式的並存。在介詞“于”産生之前,後來可以用“于”引介的、表示行爲的對象或處所的詞語,無疑有很多是可以直接跟所從屬的動詞相結合的。加介詞“于”的格式産生後,舊的格式也仍然使用,就形成了“于”字可加可不加的現象。

郭文對卜辭中用“于”引進祭祀對象的意義,有如下説明:

“于”字擴展引進祭祀對象,是有着深刻的語言表達需要的。因爲祭祀常

---

⑰ 參看裘錫圭《釋“柲”》,同作者《古文字論集》,中華書局,1992,21 頁。

⑱ 此版書法呆滯,且有文義不完之辭,疑爲習刻。但此處所引之辭,文義完足,應該反映了真實的卜辭原貌。

常涉及四個對象:誰祭祀;祭祀誰(人);爲什麽祭祀(事);用什麽祭祀(物)。在甲骨文中構成一種動詞後面帶三個名詞語(人、事、物)的句式。例如:

(36) 壬子卜,禱禾示壬牢。 合 33333

(37) 其告秋上甲二牛。 合 28026

……語義關係就有欠明確,介詞"于"成了把祭祀對象區分出來的標誌。(〔6〕222 頁)

這些意見是有道理的。但是以"于"引進祭祀對象的格式出現後,舊的格式並未退出歷史舞臺。這樣就形成了神名前的介詞"于"可加可不加的現象。

前面所舉的"迻 X"和"迻于 X","田 X"和"田于 X",似乎也可以看作並存的新舊格式。但"往"的情況可能有所不同。有可能由於"往"跟表示所要去的處所的詞語之間,即使不加"于",引起誤解的可能性也不大,在"于"還是動詞的階段,"往 X"和"往于 X"兩種格式就已並存;在"于"發展成介詞後,兩種格式仍然並存。不過在處所詞是具體地名的時候,"往"後一般加"于",像"往雀𠂤"那樣的例子極少見。介詞"于"可加可不加現象的形成,是否還有其他原因,有待進一步研究。

在本文的結尾,還想附帶就近年來出現的關於介詞"于"的某些新見解說兩句話。

通過上文的討論,可以看出,認爲介詞"于"像漢語中其他很多介詞一樣,是由動詞演變而成的傳統看法,應該是可信的。《中國語文》2003 年第 4 期發表的時兵所著《也論介詞"于"的起源和發展》,對殷墟卜辭中是否有含"到"義的動詞"于"的問題避而不談,也無視殷墟卜辭引介處所和時間的"于"大都含"到"義的現象,提出了"于"的來源是"原始漢語的格助詞"的新見。《古漢語研究》2006 年第 2 期發表的董秀芳所著《古漢語中動名之間"于/於"的功能再認識》,無視介詞"于"有一個意義愈來愈虚化,用法愈來愈擴大的發展過程,提出了"于/於""是古漢語中非受事成分的標誌,可以用來引進除典型受事以外的任何與動詞有關的名詞性成分"的新見。他們的看法都是可疑的。

主要參考文獻

〔1〕楊樹達《積微居甲文說·釋于》,《楊樹達文集之五》,上海古籍出版社,1986 年 12 月。
〔2〕姚孝遂主編《殷墟甲骨刻辭類纂》,中華書局,1989 年 1 月。此書摹釋的卜辭,皆據姚氏主編的《殷墟甲骨刻辭摹釋總集》(中華書局,1988 年 2 月)。

〔3〕劉翔等《商周古文字讀本》,語文出版社,1989年9月。
〔4〕沈培《殷墟甲骨卜辭語序研究》,文津出版社,1991年11月。
〔5〕張玉金《甲骨文虛詞詞典》,中華書局1994年3月。
〔6〕郭錫良《介詞"于"的起源和發展》,同作者《漢語史論集》,商務印書館,2005年10月。文章曾發表於《中國語文》1997年2期。
〔7〕張玉金《甲骨文語法學》,學林出版社,2001年9月。
〔8〕梅祖麟《介詞"于"在甲骨文和漢藏語裏的起源》,《中國語文》2004年4期。
〔9〕羅國强《"于"的動詞用法探討》,《古漢語研究》2007年2期。

原載余靄芹、柯蔚南主編《羅杰瑞先生七秩晉三壽慶論文集》(香港中文大學中國文化研究所吴多泰中國語文研究中心,2010),今據以收入。

釋“⿷匚𠬶”

在一版字體特殊而比較接近歷組晚期的殷墟卜骨殘片上,有如下一條殘辭:

己未☐兄☐　明後 2599

兄是殷墟卜辭中時常與岳、河等同版或同辭出現的祭祀對象,陳夢家釋其字爲“兇”。[①] 此版“兄”字頭部近於“凹”形,與《合》33293 歷組卜辭“兄”字相似。“兄”上一字可隸定爲“⿷匚⿱𦘒⿱冖又”,按隸變通例,“⿱𦘒⿱冖又”旁可簡寫爲“𠬶”。

上引卜骨爲明義士舊藏,拓本著錄於臺北藝文印書館 1972 年印行的《殷虛卜辭後編》(簡稱“明後”);其摹本已先著錄於上海來薰閣書店 1951 年石印的《戰後南北所見甲骨錄》(明藏 44),但未摹出“⿷匚𠬶”字右下部的“又”形(《甲骨文編》中華書局 1965 年版 788 頁附錄 4252 號、《殷墟卜辭綜類》汲古書院 1971 年版 439 頁上欄,皆據此摹本收入此字)。

唐蘭先生在寫定於 1934 年的《殷虛文字記》中,已據尚未發表的拓本論及此字。所摹字形右下方有“又”形,隸定形作“⿷匚⿱𦘒⿱冖又”。唐先生認爲此字“象掃塵土而坌(引者按:通糞除之“糞”)以筐,匚爲筐象。今無此字,殆掃之異文耳”。[②] 然而“匚”不似盛塵土的筐,“匚”中小點應象水點(詳下),釋“掃”之說恐不能成立。

1991 年在殷墟花園莊東地,發現了一坑以某一位“子”爲占卜主體的武丁時代甲骨,一般簡稱爲“花東甲骨”。這批甲骨已著錄於《殷墟花園莊東地甲骨》(以下簡稱“花東”),其中的 391 號卜甲有一個寫作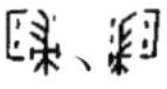等形的字,原整理者隸定爲“⿷匚⿰氵帚”,[③]今據原形改作“⿷匚帚”。殷墟卜辭用作“侵”的“⿰牛𠬶”字,往往省作“⿰牛帚”。[④] 寢

---

① 陳夢家《殷虛卜辭綜述》,科學出版社,1956,344 頁。

② 唐蘭《殷虛文字記》,中華書局,1981,29 頁。

③ 中國社會科學院考古研究所《殷墟花園莊東地甲骨》,雲南人民出版社,2003,第六册 1713 頁。

④ 劉釗等《新甲骨文編》,福建人民出版社,2009,460 頁。讀“⿰牛𠬶”爲“侵”,係唐蘭先生說,見注②所引書 30—31 頁。此說已爲學者普遍接受。

字,殷墟卜辭和商代金文一般作“⿱宀帚”,⑤而商代的寑玄爵則作“⿱宀𠬶”,⑥《說文》“寑”(寢)字籀文亦作“⿱宀𠬶”。花東甲骨的“⿸厂帚”跟上揭“⿸厂𠬶”字無疑是一字的異體。

《花東》391 的“⿸厂帚”字,見於下列各辭:⑦

> 己巳卜:子⿸厂帚⿱屮大。用。庚。
>
> 弜巳⿸厂帚⿱屮大。
>
> 辛未卜:⿸厂帚⿱屮大。不用。
>
> 弜巳⿸厂帚⿱屮大。用。

“弜”當讀爲“勿”,⑧“弜”後的“巳”是一個表示語氣的虛詞,不能讀爲“祀”。⑨ “弜巳⿸厂帚⿱屮大”就是不要“⿸厂帚⿱屮大”的意思。

《花東》作者說“⿸厂帚”字“从匸从㠯,音義待考”。⑩《新甲骨文編》收入此字時,亦僅加隸定。⑪ 姚萱《殷墟花園莊東地甲骨卜辭的初步研究》所附《花園莊東地甲骨卜辭釋文》,爲 391 號的“⿸厂帚”字加了如下注釋:

> ……《合集》20043(《乙編》115)有殘辭,“子”下之字下略殘,與此“⿸匚帚”(引者按:此據《花東》隸定)顯然當爲一字,殷墟甲骨文从不从裝飾性的小點往往沒有區别(引者按:上引《新甲骨文編》“⿸匚帚”字條已收入此“⿸厂帚”字殘文)。《類纂》(引者按:指《殷墟甲骨刻辭類纂》)1159 頁 2298 號字頭僅收《合集》20043 一辭,摹爲从“厂”作,李宗焜先生《論甲骨殘斷文字》已指出其誤(《中國文字》新廿九期,第 47 頁,藝文印書館,2003 年)。372 · 9(引者按:指《花東》372 號第 9 辭,辭序爲《花東》釋文所排定):“己酉卜:子⿱宀帚(寢)*燕(引者按:“*燕”是⿱屮大字權宜的釋文)。”與此版“子⿸匚帚*燕”可能有關(372 · 8 與 391 第 9、10 辭“甲午卜:子乍琡分卯,其告丁”係卜同事),“⿸匚帚”與“⿱宀帚(寢)”可能音近相通,表示的就是同一個詞。兩字中的“帚(𠬶)”都是聲符。从“𠬶”之字往往

⑤ 注④所引書,430—431 頁。容庚等《金文編》,中華書局,1985,529 頁。

⑥ 注⑤所引《金文編》,528 頁。

⑦ 注③所引書,第三册 786、787 頁。

⑧ 參看裘錫圭《說“弜”》,同作者《古文字論集》,中華書局,1992,117—121 頁。

⑨ 參看裘錫圭《卜辭“異”字和詩、書裏的“式”字》,注⑧所引書,132—135 頁。

⑩ 同注③。

⑪ 注④所引書,451 頁。

省略只从"帚","帚"字本身即是一例。⑫

這爲"𠤎帚"字的考釋提供了重要綫索。

1994年扶風縣莊白村出土了一件大銅盂的帶圈足的殘底,底内有銘文八字。從銘文字體和圈足上的花紋看,其器屬西周早期。⑬ 銘曰:

王乍(作)𦵦京中寑(寢)盂⑭

"盂"上一字可隸定爲"𠤎帚",與花東甲骨的"𠤎帚"顯然是一字的異體。

古文字中"匸"(指與《說文》中"區"、"匿"等字所从的相當者,而非與訓"受物之器"的"匚"相當者)、"𠃊"二形往往相通。中山王鼎銘有字,⑮黄盛璋先生據銘文語義及《汗簡》"魏"字古文字形釋爲"委",⑯已成定論。施謝捷《吴越文字彙編》所收越王州句劍十五、十六的鳥篆銘文中,有"𠃊禾"字,施先生也釋爲"委"。⑰他說:

"𠃊禾"從"𠃊"從"禾",亦見於甲骨文(引者按:殷墟甲骨文屢見"𠃊禾"字,有時也从"匸"作或,見注④所引書667頁,施先生釋甲骨文此字爲"委",已爲絶大部分甲骨學者所接受)。《說文》:"𠃊(引者按:《說文》篆文作),匿也。象迟曲隱蔽形。讀若隱。"又:"匸(引者按:《說文》篆文作),衺徯,有所俠藏也。從𠃊,上有一覆之。讀與傒同。"知"𠃊"、"匸"顯然意義相近。又:"匽,匿也。從匸晏聲。""區,踦區,藏匿也。從品在匸中。品,衆也。""匽"金文或作"𠤷","區"甲骨文作"𠤵"。知"𠃊"、"匸"作爲形旁因意近可换用。因此"𠃊禾"就是中山王鼎銘"是以寡人匿賃任之邦"的"匿"(引者按:甲骨文"𠃊禾"亦作"匿",已見上文按語),黄盛璋釋爲"委"……極確。《說文》:"委,委隨也。從女從禾。"徐鉉曰:"委,曲也。取其禾穀垂穗委曲之貌,故從禾。"現在看來,"𠃊禾"、"匿"應該是委曲、委積之"委"的本字,是"從𠃊(或匸)從禾"的會

---

⑫ 姚萱《殷墟花園莊東地甲骨卜辭的初步研究》,綫裝書局,2006,345頁注①。

⑬ 羅西章《西周王盂考——兼論𦵦京地望》,《考古與文物》1998年1期,76—77頁。

⑭ 銘拓見注⑬所引文78頁圖三。又見劉雨等《近出殷周金文集録》,中華書局,2002,第四册33頁1024號"王盂"。

⑮ 注⑤所引《金文編》,845頁。

⑯ 黄盛璋《中山國銘刻在古文字、語言上若干研究》,《古文字研究》第七輯,中華書局,1982,76—77頁。

⑰ 施謝捷《吴越文字彙編》,江蘇教育出版社,1998,127頁。

意字。⑱

施先生認爲“乚”、“匸”作爲形旁可换用,很有道理。“⿷匚帚”或作“⿺𠃊帚”,亦其一例。但是施先生似相信《説文》對“乚”、“匸”的解釋,並以爲“⿺𠃊委”、“⿷匚委”是“委曲、委積之‘委’的本字”,則不一定妥當。我認爲“匸”當象室屋(象横剖面,“宀”則象縱剖面)、庭院或其他可以儲物、待(呆)人之處,“乚”是其省形,《説文》對此二字的解釋稍涉虚玄,似有問題。“⿷匚委/⿺𠃊委”只應是“委積”之“委”的本字,“委曲”之義與“委積”之義到底有什麽關係,尚待研究。不過,“乚”除了是“匸”的省形外,也許又可以用來表示可起隱蔽作用的曲隅、角落,所以又有“隱”音,待考。

上引殘盂,一般稱作“王盂”,下文亦用此稱。王盂“⿺𠃊帚”字,羅西章先生釋“歸”;⑲李仲操、王輝二先生也釋“歸”,而皆讀爲饋食之“饋”。⑳ 其説皆不可從。釋“歸”之不合理,周寶宏先生已指出。㉑ 商周銅盂雖有用爲食器者,但多數似爲水器,尤其是器形巨大者,一般應是水器。㉒ 王盂的圈足徑即達 44.6 釐米,㉓其器之大可知,當爲水器無疑,説爲饋食之器也顯然是不合理的。㉔

王輝先生釋“⿺𠃊帚”爲“歸”時,曾指出此字有些像“浸”,但却不能釋爲“浸”。他説:

> 雖然,⿺𠃊⺀也與甲骨文水旁接近,……但浸字甲骨文作[甲骨文](《佚》845。引者按:此字一般認爲與“帚”爲一字,但《甲骨文編》釋爲“寑”,此文蓋從其説。《説文》有“寑”無“浸”,傳統小學家多以“浸”爲“寑”省),金文作[金文](成伯孫父鬲。引者按:見《殷周金文集成(修訂增補本)》第一册 637 頁,編號 00680。東北師範大學出版社 1995 年 9 月出版的董蓮池《金文編校補》318—319 頁已

⑱ 注⑰所引書,581 頁。

⑲ 注⑬所引文,81 頁。

⑳ 李仲操《王作歸盂銘文簡釋——再談葊京爲西周宫室之名》,《考古與文物》1998 年 1 期,83 頁。王輝《周初王盂考跋》,《一粟集——王輝學術文存》,藝文印書館,2002,上册 54 頁。王文是羅西章《西周王盂考》的跋,但王文原載香港中文大學 1997 年 10 月印行的《第三屆國際中國古文字學研討會論文集》,發表時間反在羅文之前,當據羅文原稿而作。

㉑ 周寶宏《讀古文字雜記五則》,《吉林大學古籍整理研究所建所十五周年紀念文集》,吉林大學出版社,1998,162—163 頁。

㉒ 朱鳳瀚《中國青銅器綜論》,上海古籍出版社,2009,上册 308—309 頁。

㉓ 注⑬所引文,76 頁。

㉔ 參看丁孟《再論王盂與葊京》,段德新主編《周秦文明論叢》第二輯,三秦出版社,2009,16—17 頁、19 頁。

> 指出此字从“米”而不从“水”。上引《集成》所附釋文亦釋此字爲“𡚕”)，漢簡作㴲(武威漢簡《儀禮·服傳》)，《説文》作“𣶒”，隸作浸，皆與此形不類，且浸亦無義可説，……㉕

但是後來出版的《近出殷周金文集録》㉖和《周秦文明論叢》第二輯所收的《再論王盂與𦳣京》一文，㉗却都逕釋此字爲“浸”而不加論證。

王輝先生在説明此字不能釋“浸”時，提到了“浸”字的源流。這是一個很複雜的問題，擬另文討論。此字所从的小點，很可能象水點。但上文已經説過，此字所从的“𠃊”是“匸”的省形。即使撇開“浸”字源流問題不談，不對此字所从的“𠃊”作出交代，而逕釋此字爲“浸”，也是不妥當的。何況正如王先生所説，“且浸亦無義可説”呢。《説文》：“𣶒，水出魏郡武安……”，以河流的專名爲“𣶒”字本義。上引《再論王盂與𦳣京》一文，引《説文》作“浸，水。出魏郡武安……”，據此認爲：“浸盂，指明此盂是水器。”㉘這是錯誤的。

周寶宏先生對“𠤭”的字形做過較好的分析。他説：

> 王盂此字所从與西周金文廷字所从相同或相近，當爲同一形旁。西周金文早期廷字作(何尊)、(盂鼎二)等形，……廷，孫斌來先生《釋廷》一文認爲象立於有曲形堂途之廷地形，𠃊形象廷中堂下至門之曲形堂途，即通道，……王盂此字所从，也應爲曲形堂途之廷地形，與帚會打掃、洗洒之義。“𠤭盂”即洗浴之盂。㉙

按照我們對“匸”、“𠃊”的理解，金文“廷”字所从的“𠃊”，應該就是表示廷(庭)這個地方的，似與“曲形堂途”無關。周先生似以“𠤭”所从的小點，與“廷”字字形中的“”相比附，這也有問題。但他認爲“𠤭”所从的“𠃊”“與西周金文廷字所从相同或相近”，“與帚會打掃、洗洒之義”，則很合理。由此看來，“𠤭”字所从的小點，應該象洒掃時用的水，“𠤭”的字形所表示的意思，是用帚和水洒掃室屋或庭院。此字作“𡨦”之形，把這一意思表示得更爲明白。“中寢𠤭盂”應是用來盛洒掃中寢所需之水的器物。

㉕　注⑳所引《周初王盂考跋》，54 頁。
㉖　出處已見注⑭。
㉗　注㉔所引文，16 頁。
㉘　注㉔所引文，16 頁。
㉙　注㉑所引文，163—164 頁。

上引周文最後說“‘⿷匚帚盂’即洗浴之盂”,與其上文自相矛盾,而且也不大合理。水盂是可以盛盥洗用水的。1935 年安陽洹北殷代王陵區 1400 號大墓出土一件有蓋銅盂,蓋内有“寢小室盂”四字銘文,學者據銘文及同出器物,定爲殷代王寢盥洗室所用水盂。[30] 此盂口外徑 40. 2 釐米,圈足徑 25. 8 釐米,[31]遠較王盂爲小,宜於用來盛盥洗用水,而不宜用於洗浴。即使是大型銅盂,也不大可能大到容人入浴。《禮記 · 玉藻》:“浴用二巾,上絺下綌,出杅,履蒯席……”,鄭注:“杅,浴器也。”“盂”、“杅”古通。但是用作浴盆的盂,一般應該是木製的,《玉藻》此處用“杅”字,不是偶然的。王盂不大可能是“洗浴之盂”。

1994 年山東海陽縣嘴子前春秋後期墓出土一件鑑形銅盂,口徑 69. 5 釐米,高 37 釐米,口沿有銘文七字:

𨛜所獻,爲下寢盂。[32]

此盂形體頗大,可能也是一件“⿷匚帚盂”。其他没有銘文的大型銅盂,有些可能也有類似用途。

我在即將發表於《出土文獻與古文字研究》第三輯的《復公仲簋蓋銘補釋——兼說琱生器銘“寢氏”》一文中,曾推衍《古籀篇》以“⿱宀帚(寢)”爲會意字的說法,認爲在殷周時代“寢”字各體中,“⿱宀⿱彐又”可視爲形聲兼會意字,“⿱宀帚”、“⿱宀埽”可視爲會意兼形聲字(“埽”爲“掃”之古字);“寢”字的這種構造,反映了古人對寢室的洒掃之事的重視。所以他們爲寢鑄造洒掃用的水盂,是很自然的事。

殷墟武丁時代卜辭中又有⿸厂帚字:

己未卜:帚子⿸厂帚亡(無)疒(疾)。　　合 13727

此字與上舉“⿷匚⿱彐又”、“⿷匚帚”、“⿷匚帚”諸字也應是一字的異體。其偏旁厂與“⿷匚帚”所从的“𠃊”,一正一倒,與甲骨文“室”字所从之“至”或作□,“刺”字所从之“刀”或作□同例。[33] 一般將此字隸定爲“⿸厂⿱彐又”或“⿸厂帚”,我們認爲可以隸定爲“⿷匚⿱彐又”。

此字舊多從王國維釋“寢”,李孝定《甲骨文字集釋》不信其說;唐蘭先生疑爲

---

[30] 陳夢家《殷代銅器》,《考古學報》第七册,中國科學院,1954,24 頁。

[31] 李濟等《殷虚出土伍拾叁件青銅容器之研究》,中研院史語所,1972,圖版玖之說明。

[32] 《山東海陽縣嘴子前春秋墓的發掘》,《考古》1996 年 9 期,7 頁,4 頁圖五 · 4。又見注⑭所引書,第四册 31—32 頁。

[33] 劉釗《古文字構形學》,福建人民出版社,2006,15 頁。

“掃”字異文,李先生亦以爲無據。[34] 于省吾先生主編、姚孝遂先生寫案語的《甲骨文字詁林》“㪏”字條未錄王、唐之說,[35]顯然也對此二說持否定態度。我們同意他們的看法。不過唐先生把“㝷”(㱿)和“屨”(㝷)都釋爲“掃之異文”,可見他把它們看作一字的異體,這是正確的。

陳夢家先生早期曾有“屨”即“㝷”之說。他的《商代的神話與巫術》一文的《第三章、祓禳・二、宮室的清潔》一節中,有《(4)㝷,掃,浸》一小節,其文如下:

令周子執㝷。　前6・63・1

(引者按:即《合》4882,原辭當釋“☐令周☐以子效☐㝷☐”)

壬□于掃,虫犬(祓),亡□。　鐵140・2

(按:即《合》14820,當釋“虫犬于婦壬”,“亡”爲另一辭殘文)

己未卜華子屨,亡疾。　下29・4

(按:“下”指《後》下卷,此片即《合》13727,上文已引過)

□未卜賓貞:令□帚,亡□,令夫征𢦏(延栽)。　前5・32・1

(按:即《合》19507,當釋“癸巳卜,王貞:令□㝷亡□令夫□征𢦏”)

右㝷掃屨帚皆㝷字,段作浸,謂手持帚濯寢室,猶水寢也(引者按:“水寢”見《佚》921,即《合》23532,陳文在前面已引用)。《莊子・天地》“一日浸百畦”司馬注“灌也”,《西京賦》“浸石菌於重涯”,薛綜注“濯也”,是浸本有灌濯之義。……

浸本是一種洒掃的清潔行爲,……古人不但於清潔行爲中附行巫術行爲,認爲洒掃以後可以有“亡疾”“延栽”的結果,並且認爲巫術的清潔行爲也可以有與實際的清潔行爲同等的效力……[36]

從我們所加的按語可以看到,陳先生對所引卜辭所作的釋文,錯誤很多。他甚至把上引第四辭中字形很清晰的“㝷”釋爲“帚”,不知是什麽緣故。他對這些卜辭的解釋,全都無法叫人相信,對“浸”字的訓釋也有問題。薛綜把《西京賦》“浸石菌於重涯”的“浸”釋爲“濯”,乃是因文生訓,“浸”字本身並無“濯”義。而且他既認爲“浸有灌濯之義”,“謂手持帚濯寢室,猶水寢也”,又説“浸本是一種洒掃的清潔行爲”;但是“洒掃”跟“灌濯”分明是兩回事,跟原意大概指沖洗寢室的“水寢”更不

---

[34] 《甲骨文字集釋》,中研院史語所,1982,2467頁。

[35] 《甲骨文字詁林》,中華書局,1996,第四册3029頁。

[36] 陳夢家《商代的神話與巫術》,《燕京學報》20期,1936年12月,551—552頁。

能混爲一談。所以陳先生的説法一直沒有得到學者們的重視。然而儘管上引這段話裏有很多錯誤,他所提出的“⿸厂𠬶”(⿰阝𠬶)即“𠬶”的意見,却仍然值得重視,詳下文。

饒宗頤先生也懷疑“⿰阝𠬶”(他隸定爲“⿸厂⿰帚又”)是“𠬶”的繁文,並提出了《後》下29・4(即我們在上文所引的《合》13727)的“子⿰阝𠬶”與他辭的“子⿱宀帚”、“子⿷匚帚”(他隸定爲“⿷匚⿰帚又”)是否“異文”的問題。他在20世紀50年代末發表的《殷代貞卜人物通考》卷十一“⿰帚又”(即“𠬶”)那一條中説:

> ……殷諸子有名“子⿸厂⿰帚又”者:
>
> 己未卜,:子⿸厂⿰帚又亡疾。(後編下二九、四。引者按:饒先生以“”爲貞人名,他家多以“子⿸厂⿰帚又”爲一人之名。)
>
> ⿸厂⿰帚又字疑是繁形,从⿰帚又增益厂旁。他辭又有子⿱宀帚(屯乙二三二“癸巳曰:子⿱宀帚亡……”引者按:“屯乙”指《乙編》,此片即《合》20044)、子⿷匚⿰帚又(屯乙一一五字大。引者按:即《合》20043,上文已引過。我們把“⿷匚⿰帚又”隸定爲“⿷匚帚”。“⿷匚⿰帚又”字所从的“匚”《通考》原印作“⿸厂一”,顯然是造鉛字者之誤。此字《類纂》等誤隸作“⿸尸帚”,已見上文),未知是否即子⿸厂⿰帚又之異文?㊲

出現“子⿸厂⿰帚又(⿰阝𠬶)”、“子⿱宀帚”、“子⿷匚⿰帚又(⿷匚帚)”的三條卜辭都屬武丁時代。前面引過的姚萱先生花東卜辭釋文的附注,指出“⿰𠂤帚”、“⿷匚帚”是一字異體,“子⿱宀帚”可能就是“子⿰𠂤帚”的另一種寫法。由此看來,上舉三名爲一名的異寫的可能性,應該是存在的。

唐蘭先生在其未定稿《甲骨文自然分類簡編》“帚部”155頁“𠬶”字條下,收入“⿰阝𠬶”字。㊳ 似乎唐先生晚年也把這個字看作“𠬶”的繁體了。但是他在“帚部”156頁又爲此字立“⿸厂𠬶”字條,排在“⿷匚𠬶”字條之前。“⿷匚𠬶”字就是唐先生在《殷虚文字記》中所釋的“⿰阝𠬶”(⿰阝⿱帚又)字,唐先生寫《簡編》時據《甲骨文編》,所以右邊的“𠬶”變成了“帚”。由此看來,唐先生又似乎並未放棄把此字和“⿷匚𠬶”字都視爲“掃”之異文的舊説。我們只能存疑。

殷墟卜辭中屢見“𠬶”字,作(《合》366)、(《合》583反)、(《合》4882)、(《合》6778正)等形。《説文》失收“𠬶”字,《八上・人部》解釋“㑴(侵)”字説:“漸進也。从人,又持帚,若埽之進也。又,手也。”那些从“𠬶”得聲的字,如“蔓”、

㊲ 饒宗頤《殷代貞卜人物通考》,香港大學出版社,1959年11月,下册728頁。此書實際出版時間爲1960年。

㊳ 唐蘭著、唐復年整理《甲骨文自然分類簡編》,山西教育出版社,1999。

"祲"、"梫"、"駸"、"綅",都被許慎分析爲"侵省聲"(大徐本《說文》以"⿰土𠬶"字爲"𠬶聲",小徐本則作"侵省聲",段玉裁《說文解字注》以大徐本爲誤,當是)。其實"侵"本身就是一個从"𠬶"聲的字。[39]

"𠬶"字之音,應該跟"侵"、"寢"等字相同或極爲相近,這是沒有問題的。至於"𠬶"的本義,由於卜辭所用"𠬶"字之義都很難確定,而且用的很可能是假借義,我們只能從字形方面來探求。

孫海波《卜辭文字小記》據《說文》"侵"字的解釋,認爲"𠬶"就是"侵"的初文,[40]似不可信。唐蘭先生將甲骨文作、等形,一般隸定作"帰"的字,釋爲"掃"。他認爲"𠬶"與"掃"義近,其異在於"以手持帚爲𠬶,但象掃之而已,而帰字則掃塵土於手中,實兼象坌除之義",[41]恐怕跟實際也有距離。

卜辭"𠬶"字往往在帚形前加小點(注④所引書 980 頁 0931 號所錄"帚"加小點之字,或即加點的"𠬶"的省體,待考)。我們在前面已經說過,"⿷匚⿰氵帚"(⿷匚⿰帚殳)的字形表示用帚洒掃室屋或庭院,小點表示洒掃所用的水。"𠬶"字所加小點也應是表示水的,或省去小點,與"⿷匚⿰氵帚"或省爲"⿷匚帚"同例。前面提到過的、卜辭中用爲"侵"的"⿰牛𠬶"字,見於《合》6057 著錄的大胛骨。《合》6057 正(即《菁》1)此字兩見,一作,一作,後者乃簡省之體。《合》6057 反此字一見,與正面簡體同。上舉第一形加在"牛"上靠近"𠬶"的一邊的兩個小點,也應是表示水的,字形表示用帚和水刷洗牛的意思。唐蘭先生雖然沒有說此字的小點象水,已指出其字形"當是象以帚拭牛之意",[42]大意是不錯的。此字的簡體也省去小點,與"⿷匚帚"、"𠬶"同例。根據以上所述,我們推測"𠬶"的本義大概是用帚進行洒掃、刷洗之類動作。

"⿰牛𠬶""⿷匚⿰帚殳"之音都應與"𠬶"相同或相近。卜辭"⿰牛𠬶"讀爲"侵",是學者公認的。姚萱先生指出花東甲骨中的"⿷匚⿰氵帚"可能與"寑(寢)"相通,應該也是可信的。"⿰牛𠬶"、"⿷匚⿰帚殳"字形表示的意義,則都可以說是"𠬶"的具體化,前者表示"𠬶"牛,即洗刷牛;後者表示"𠬶"室屋或庭院,即洒掃室屋或庭院。因此,對這兩個字跟"𠬶"字的關係,可以作如下兩種推測:一、二字與"𠬶"同音,可以看作"𠬶"在特定語言環境下的異體,近於現代的"她"、"牠"跟"他"的關係。二、二字之音與"𠬶"小有差別(二

---

[39] 注②所引書,27 頁。

[40] 《小記》發表於 1935 年 12 月出版的《考古社刊》第三期,手頭無此書,所據爲注㉟所引書第四册 3028—3029 頁的引文。

[41] 注②所引書,28—29 頁。

[42] 注②所引書,31 頁。

者之間可能也有差别），它們所表示的詞，是“叓”這個詞所派生的。第一種推測跟陳夢家先生“𡳐”即“叓”、饒宗頤先生“𡳐”爲“叓”的繁體的説法大致相同。“𡲵”字在卜辭中的用法，到文末再討論。

古文字中有一個構形方式、字形意義以至字音都跟“𡲵”相當接近的字，應該在這裏提一下。這個字就是“攸”。

西周金文“攸”字較完整的寫法，作⿲亻¦攴一類形體。[43] 甲骨文和殷周金文中屢見“攸”字，一般也釋爲“攸”。[44] 其實這種釋法是可疑的。[45] 即使此字確是“攸”字，也只能看作略去“人”、“攴”之間的小點或短豎的省體，就跟上文講過的“𠂤帚”是“歸”的省體，“㛹”是加點的“𢪇”的省體一樣。師酉簋同銘各器的“攸”字（借爲“鋚”），即有一例省作“攸”。[46]

《説文・三下・攴部》：“攸，行水也。从攴，从人，水省。”其説難通。有兩位日本學者對“攸”的字形有較好的解釋，現引録於下。

加藤常賢《漢字的起源》：

> 余意，若以¦爲水，則⿲亻¦攴爲滌之本字也。又若以¦爲落在身上之砂塵，則爲修之别字，即掃糞之意之本字也（引者按：古注有訓“脩”爲“掃除糞洒”者，“脩”即“修”之借字，詳下文）。前者之意，周禮大宰有滌濯之語，據司烜氏有滫滌之語（引者按：“滫滌”見《周禮・秋官・司烜氏》鄭注），則爲以水修滌身體之意，攴蓋表示祓除之意也。若爲後者之意，則爲敲打人之身體以拂除落下之砂塵之形也，正是掃糞之意也。今取後者，即以爲本義爲拭治也。
>
> 字音以周切，此音蓋由掃之音而來也。[47]

白川静《中國的神話》：

> “攸”的字形表示往人的脊背上撩水潔身，“攴”表示捆紮草葉等、拿它洗

---

[43] 注⑤所引《金文編》，217—218頁。

[44] 注⑤所引《金文編》，217頁。注④所引書，192頁。

[45] 戴家祥先生以“攸”爲“侮”之古字，見其主編之《金文大字典》，學林出版社，1995，上册416頁。魯實先《卜辭姓氏通釋之一》認爲“攸”即“役”之古文“役”（據注㉟所引書的引文，見第一册171頁）。

[46] 《殷周金文集成》著録師酉簋同文之銘六篇，“攸”作“攸”者，爲04290號銘文，見《殷周金文集成（修訂增補本）》，中華書局，2007，第四册2634頁。可參看注⑤所引《金文編》218頁。

[47] 加藤常賢《漢字的起源》，東京：角川書店，1970。引文用林潔明譯文，見周法高《金文詁林補》，中研院史語所，1982，第二册1057—1058頁。

的意思。"修"是已經潔完了身體的意思,爲了表示身體已經清潔,對"攸"加上表示乾淨的"彡",這跟"彦"的"彡"相同。用有葉子的樹枝潔身是"滌"字。……從這些字形也能看得出來,殷人確實使用"木棉垂"、"玉串"(譯者注:玉串,潔身時用的樹枝。木棉垂:用木棉做的纏飾玉串的東西)。㊽

同作者《字通》"攸"字條:

(會意)从人从水从攴。"水"寫作水滴的形狀。此字表示往人的脊背上撩水、洗滌脊背,是潔身、祓禊的意思。……修、滌從攸,潔完了身體、清除了污垢的狀態叫"修",潔身的東西叫"滌","滌"使用的樹枝叫"條"。㊾

加藤、白川二位先生對"攸"字字形的解釋勝於前人,但他們的有關説法也有不少問題,有些問題後面將會提到。

"攸"字的構造方式與"𣪊"和加點的"牜攵"類似,小點應該表示水,而不是砂塵。《説文》對"攸"的解釋雖然不確,但從"水"省的説法還是可取的。"𣪊"表示洒掃室屋或庭院,"牜攵"表示刷洗牛,"攸"應該表示擦洗人身,"攴"在此表示手持擦洗工具。擦洗工具可能如白川先生所説,是帶葉的樹枝或捆紮起來的草葉,也可能是别的東西。只是迄今所見傳世和出土文獻中的"攸"字,都是表假借義或引伸義,而不是表示本義的。

戰國文字往往以"攸"爲"修",如璽印與楚簡皆以"攸身"爲"修身"。㊿ 擦洗人身使之清潔的意思,可以引伸出修飾、修治等義(例如從擦洗人身引伸出"修身"之義,就是十分自然的)。《説文·九上·彡部》:"彡,毛飾畫文也。""修"字从"彡""攸"聲,可以看作表示"攸"字引伸義的分化字。但是白川先生認爲"彡""表示乾淨","'修'是已經潔完了身體的意思",則是不妥當的。

古書中有訓爲"掃除糞洒"一類意義的"脩"字。《周禮·天官·大宰》:"祀五帝則掌百官之誓戒,與其具、脩。"鄭玄注:"具,所爲共(供)。脩,埽(掃)除糞洒(引者按:《周禮·夏官·隸僕》有"掌五寢之埽除糞洒之事"及"祭祀脩寢"語。同書《天官·宫人》"掌王之六寢之脩"、《春官·典祀》"若以時祭祀,則帥其屬而脩除"、《春官·守祧》"其廟則有司脩除之,其祧則守祧黝堊之",也都用這種意義的

㊽ 白川静《中國的神話》,東京:中央公論新社,1975。此條材料承廣瀨薰雄先生代爲檢出並譯成中文。

㊾ 白川静《字通》,東京:平凡社,1996。此條資料亦承廣瀨先生檢示並譯成中文。

㊿ 王輝《古文字通假字典》,中華書局,2008,217頁"攸"字條。

“脩”字)。”《禮記·祭義》“宫室既脩,牆屋既設”鄭玄注:“脩、設,謂掃除及黝堊。”同書《中庸》“春秋脩其祖廟”鄭玄注:“脩謂掃糞也。”從我們的按語所引《隸僕》文來看,這種“脩”字以訓作“掃除糞洒”爲妥。洒掃是主要工作,糞除是洒掃一定要帶出的行爲。

上述這種“脩”字,自古都認爲是“修”的假借字。一般還認爲“掃除糞洒”一類意義是由“修”字的“修飾”義引伸出來的。如《周禮·天官·大宰》孫詒讓《正義》就説:“修本訓飾,引申之,埽除宫室壇兆,使之絜(潔)清,亦謂之修。”[51]從同爲“叟”的異體或孳乳字的“㹭”和“𣪊”,前者表示刷洗牛,後者表示洒掃室屋或庭院來看,表示擦洗人身的“攸”完全可以又有“掃除糞洒”宫室壇兆的意義。加藤先生認爲如把“攸”看成“掃糞之意之本字”,就不能把字形中的小點看成水,而應看作砂塵。這是完全没有必要的。“修”字的“掃除糞洒”義應該是從其母字“攸”繼承下來的較原始的意義,“修飾”義反倒應該是擦洗人身、洒掃宫室等義的引伸義。從“修”字除“修飾”等義外還表示“攸”字較原始的意義這個角度來看,也未嘗不可以把它看作“攸”的後起字。[52]

《説文·九上·彡部》:“修,飾也。从彡,攸聲。”段玉裁注:

> 飾,即今之拭字(引者按:意謂“拭”即表示“飾”字本義的後起字),拂拭之則發其光采,故引伸爲文飾。……此云“修,飾也”者,合本義引伸義而兼舉之。不去其塵垢不可謂之修,不加以縟采不可謂之修,修之从彡者,洒(引者按:此“洒”字讀爲“洗”,與“洒掃”之“洒”不同,参看《説文》“洒”字段注)㕞(引者按:《説文·七下·巾部》:“飾,㕞也。”“㕞”義近“拭”,後世多假“刷”字爲之,参看“㕞”字、“刷”字段注)之也,藻繪之也。[53]

段氏受“飾”由刷拭義引伸出文飾義的啓發,認爲“修”應含洗刷義。這是他的卓識。當然,實際情況應該是由“洗刷”義(包括擦洗、洒掃等)引伸出了“修飾”義。

洗滌之“滌”从“條”聲,“條”則从“攸”聲。“滌”與“攸”(修)應有語源上的關係。不過洗滌的意思跟擦洗人身、洒掃宫室一類意思尚有距離。加藤先生認爲“攸”所从小點如爲水,則應爲“滌之本字(引者按:此“本字”當指初文)”,還是有

---

[51] 孫詒讓《周禮正義》,中華書局,1987,第一册141頁。

[52] 臧克和先生就認爲“‘攸’就是‘修’字初寫,‘修’實爲‘攸’之孳乳”,見其《説文解字的文化説解》,湖北人民出版社,1994,116頁。

[53] 許惟賢整理《説文解字注》,鳳凰出版社,2007,上册743頁。

些問題的。至於白川先生把“滌”跟枝條之“條”聯繫起來,恐怕就只能視爲臆說了。

加藤先生認爲“攸”字之音“蓋由掃之音而來也”。這是很有道理的。“攸”讀“以周切”,是假借義之音,它的本義和引伸義的音,當以“修”之音爲準。“掃”和“修”上古音同屬心母幽部,其音雖不完全相同(中古音等次、聲調不同),但確實極爲接近。二者應有同源關係。“𠬶”和“掃”,結構成分和字義都相近。“𠬶”字如取“侵”音,上古音屬清母侵部。幽、侵陰陽對轉,清、心二母關係密切,“𠬶”跟“掃”也應是同源詞。所以“𠬶”跟“攸”(修)也應有同源關係。“侵”和“修”在中古都是開口三等平聲字,“𠬶”跟“修”在語音上的關係,比它跟“掃”的關係更爲密切。作爲“𠬶”的異體或孳乳字的“⿷匚𠬶”,跟可以訓“掃除糞洒”的“修”不但語音很接近,而且意義極爲相似。我們甚至不能完全排除王盂銘的“⿰𠂤帚”字,就可以讀爲訓“掃除糞洒”的“修”字的可能性。

最後,簡單討論一下殷墟卜辭中“⿷匚𠬶”字的用法。

作爲人名的“⿷匚𠬶”字不必討論,需要討論的,是文首引過的“⿷匚𠬶兄……”殘辭和花東甲骨“子歸(⿷匚𠬶)[glyph]”之辭中的“⿷匚𠬶”字。

前者的“⿷匚𠬶”應該指與祭兄有關的行爲。後者與“⿷匚𠬶”並提的[glyph],屢見於殷墟卜辭,也作[glyph]、[glyph]等形,下文統一以“△”代替。此字也往往表示與祭祀有關的行爲,可參閱《類纂》“△”字條“△・祭祀”類所録各辭。[54] 這裏選録三條示例(釋文用寬式):

甲午卜,喜貞:翌乙[未]酒卯,王□△。六月。　　合22826

辛酉卜,壴貞:王賓枫,△唯吉,不遘雨。　　合27382

貞:王往于夕祼,不遘雨,△惠(音義近“唯”)吉。　　合27862

“子⿷匚𠬶△”的“⿷匚𠬶”與“△”並提,也應是表示與祭祀有關的一種行爲的,當與“⿷匚𠬶兄……”的“⿷匚𠬶”同義,我們初步推測是指祭祀前對祭祀場所的洒掃糞除,性質與《周禮》所説的“祭祀脩寢”的“脩”相同。“⿷匚𠬶兄……”大概是説爲祭兄而“⿷匚𠬶”其祭祀場所,“子⿷匚𠬶△”大概是説子爲祭祀親自率人去做“⿷匚𠬶”和“△”的工作。

---

[54] 姚孝遂主編《殷墟甲骨刻辭類纂》,中華書局,1989,上册102頁。此書101頁“王△”類所録《合》27176一辭應移入“△・祭祀”類。即使沒有明確提到祭祀的“王△”之辭,恐怕實際上也大都與祭祀有關。

附識：

本文寫作過程中，蒙同仁陳劍、郭永秉、廣瀨薰雄諸先生給予幫助，永秉並代爲打印文稿，作者極爲感激。

2010 年 5 月中旬

又按：

永秉最近指出《殷周金文集成》6934、6935 著錄的兩件同文的殷代銅觚——叉⿷匚帚觚銘文中的⿷匚帚，應爲族氏或人名，可能與殷墟卜辭的“子⿷匚帚”有關。

2010 年 6 月 1 日

編按：

郭永秉指出，李學勤先生在《王盂與鎬京》一文中認爲王盂的⿷匚帚字从“帚”聲，讀爲“掃”，並據《周禮・隸僕》等指出該盂爲中寢貯水洒掃之用（原載《傳統文化研究》第 6 輯，1997；收入《當代名家學術思想文庫・李學勤卷》，北方聯合出版傳媒（集團）股份有限公司、萬卷出版公司，2010，184—186 頁）。本文寫作時沒有注意到李先生的意見，未加徵引，是很不應有的疏失。

原載《古文字研究》第二十八輯（中華書局，2010），今據以收入。

裘錫圭學術文集

第二卷

簡牘帛書卷

復旦大學出版社

目　錄

湖北江陵鳳凰山十號漢墓出土簡牘考釋 …… 1
在長沙馬王堆漢墓帛書座談會上的發言 …… 25
新發現的居延漢簡的幾個問題 …… 27
一、關於"元朔""元狩"年號簡 …… 27
二、關於烽燧遺址和簡文所記燧名的比定 …… 28
三、關於"候粟君所責寇恩事"册 …… 29
四、關於"建武初年軍情簡" …… 33
五、說"葆" …… 34
居延漢簡中所見的疾病名稱和醫藥情況 …… 37
關於新出甘露二年御史書 …… 45
說"薄土" …… 50
漢簡零拾 …… 52
一、楷櫝 …… 52
二、邸閣 …… 57
三、從漢簡反映的關於用車運糧的情況談《九章算術》的史料價值 …… 61
四、役使流亡 …… 65
五、"郡十一農都尉官二" …… 66
六、請詔 …… 68
七、直符 …… 70
八、心腹支滿 …… 71
九、舉書 …… 72
一〇、應書 …… 77
一一、致 …… 79
一二、稽落廄 …… 81

一三、堆 …… 81
一四、非常屋 …… 83
一五、守御器雜考 …… 84
一六、弩弓各部位的名稱 …… 88
一七、蘭車 …… 90
一八、鍤 …… 91
一九、卷 …… 93
二〇、术　竇此　沓 …… 95
《睡虎地秦墓竹簡》注釋商榷 …… 97
一、耆弱 …… 97
二、是 …… 97
三、泛蘚 …… 98
四、久書 …… 98
《居延漢簡甲乙編》釋文商榷 …… 100
再談甘露二年御史書 …… 165
馬王堆三號漢墓“養生方”簡文釋讀瑣議 …… 170
馬王堆醫書釋讀瑣議 …… 179
一、《十問》和《雜禁方》的簡文繫聯問題 …… 179
二、《帛書》在釋字、注釋等方面的問題 …… 183
讀《戰國縱横家書釋文注釋》札記 …… 191
談談辨釋漢簡文字應該注意的一些問題 …… 207
讀簡帛文字資料札記 …… 219
一、睡虎地秦簡四則 …… 219
二、馬王堆竹簡《合陰陽》一則 …… 222
三、馬王堆帛書《九主》一則 …… 224
讀漢簡札記 …… 226
一、關於“卷”的新資料 …… 226
二、關於每車載糧數量的新資料 …… 228
三、樂涫 …… 232
四、脩成 …… 232
五、大司空隆心公邑 …… 233

六、可能與陳良、李崇有關的一條簡文 …… 234
七、車師後王狐蘭支 …… 235
八、卑爰疐 …… 236
帛書《要》篇釋文校記 …… 239
《神烏傅(賦)》初探 …… 261
附:“佐子”應讀爲“嗟子” …… 269
田章簡補釋 …… 271
以郭店《老子》簡爲例談談古文字的考釋 …… 275
郭店《老子》簡初探 …… 283
中國出土簡帛古籍在文獻學上的重要意義 …… 311
漢簡中所見韓朋故事的新資料 …… 319
糾正我在郭店《老子》簡釋讀中的一個錯誤
——關於“絶僞棄詐” …… 326
中國古典學重建中應該注意的問題 …… 334
《太一生水》“名字”章解釋
——兼論《太一生水》的分章問題 …… 345
附:《〈太一生水〉“名字”章解釋》追記 …… 355
關於《孔子詩論》 …… 356
讀《馬王堆帛書〈式法〉釋文摘要》小記 …… 359
讀《郭店楚墓竹簡》札記三則 …… 361
一、説“先聖與後聖,考後而歸先” …… 361
二、《唐虞之道》和《管子・戒》 …… 365
三、《窮達以時》的“射”字 …… 367
談談上博簡和郭店簡中的錯别字 …… 372
由郭店簡《性自命出》的“室性者故也”説到《孟子》的“天下之言性也”章 …… 378
釋郭店《緇衣》“出言有丨,黎民所訁”
——兼説“丨”爲“針”之初文 …… 389
談談英國國家圖書館所藏的敦煌漢簡 …… 395
帛書《春秋事語》校讀 …… 401
談談上博簡《子羔》篇的簡序 …… 437
讀上博簡《容成氏》札記二則 …… 445

一、釋"蔽芾" …… 445
二、釋"擊" …… 447
北京大學中國古文獻研究中心郭店楚墓竹簡研究項目介紹 …… 450
釋戰國楚簡中的"𠂤"字 …… 456
《上海博物館藏戰國楚竹書(二)・子羔》釋文注釋 …… 465
《上海博物館藏戰國楚竹書(二)・魯邦大旱》釋文注釋 …… 485
《上海博物館藏戰國楚竹書(四)・相邦之道》釋文注釋 …… 493
釋《子羔》篇"銫"字並論商得金德之説 …… 496
説"亦紀先王之由道" …… 504
上博簡《相邦之道》一號簡考釋 …… 507
關於《老子》的"絶仁棄義"和"絶聖" …… 512
讀《長沙東牌樓7號古井(J7)發掘簡報》等文小記 …… 523
一、所謂B型"封檢"乃是一種牘 …… 523
二、"郵亭文書"的名稱似無必要使用 …… 524
三、"李建與精張諍田自相和從書"應是上報中部督郵掾的文書 …… 525
四、關於"算卒" …… 526
五、關於簡文的誤釋 …… 528
六、關於《價值》 …… 529
《天子建州》(甲本)小札 …… 530
説《魯邦大旱》"抑吾子如重命丌歟"句 …… 531
説"夜爵" …… 535
説清華簡《程寤》篇的"敝" …… 540
"東皇太一"與"大龕伏羲" …… 546

湖北江陵鳳凰山十號漢墓出土簡牘考釋

1973年9月,長江流域第二期考古工作人員訓練班在江陵縣城北面的鳳凰山發掘了一批西漢墓葬。其中的第10號墓,出土木牘六片,竹簡一百七十片,内容極爲重要,對於研究西漢前期的社會經濟情况,有很大的價值。

一、釋　　文

全部釋文分類抄錄於下(少數文字無法辨認的竹簡從略)。爲了後文稱引的方便,我們把每一片簡牘都編了號。釋文中有些字後面加了"?",表示所釋不很有把握。作者僅見簡牘照片,未見簡牘原物,釋文一定會有不少不應有的錯誤,希望同志們,尤其是接觸原物的同志們加以指正。

(一)記陪葬物的木牘

1 正

竹司(笥)二

望笥一

圂(?【編按:從較清晰的圖版來看,此字似當釋爲"圖"】)一

大奴一人

大婢二人

大食卑=一具

尺卑=一具

會卑=一具

食檢(奩)一具

櫝一具

小于(盂)一具

案一

布橐①食一

縑橐米二

布帷一長丈四二福(幅)

瓦器凡十三物

脯二束

豚一

柯一具

赤杯三具

黑杯五

1 背

酒柙二斗一

四年後九月辛亥平里五夫=(大夫)②伥(張)③偃敢告地下主偃衣器物所以蔡(?)具(?)器物□令會(?)以律令從事

(二)記出錢人名的木牘

2 正

載翁仲七十

莊伯五十

應小伯五十

□翁仲五十

陶仲五十

王它(?)五十

王翁季五十

胡兄五十

袁兄五十

氾氏五十

姚季五十

張母(?)卌

張蒼卌

楊公子卌

靳悍卌

張父卌

---

① "橐"字下部似有"糸"旁,釋文省去。下"橐"字同。

② "五"下一字據殘存筆畫和漢代人記履歷的習慣推定爲"夫="字。"五夫="即"五大夫"。戰國和秦代文字裏,"大夫"多省作"夫=",西漢前期仍沿此習,臨沂新出《孫臏兵法》竹簡"大夫"字即如此作(見《文物》1974年2期圖版伍之48)。

③ 張偃爲墓主姓名。據《湖北江陵鳳凰山漢墓發掘簡報》(以下簡稱"簡報"),10號墓棺内人骨架腰部旁出木印一顆,兩面有字,一面爲"張偃",一面爲"張伯"。可知墓主姓張,名偃,字伯。所以牘文的"伥"應讀爲"張"。"張""伥"二字皆从"長"聲,故可通用。

2 背

不予者　陳黑　宋則齊

(三)服約木牘

3 正

中服④

共侍約

3 背

□年三月辛卯中服=長張伯□兄□仲(?)陳伯等七人相與爲服約入服錢二百約二　會錢備⑤不備勿與同服即服直行共侍非前謁病不行者罰日卅毋(無)人者以庸賈器物不具物責十錢　共事已器物毀傷之及亡服共負之非其器物擅取之罰百錢·服吏令會不會=日罰五十會而計不具者罰比不會爲服吏余(?)器物及人·服吏李仲

(四)記算錢的木牘

4 正

市陽二月百一十二算=⑥卅五錢三千九百廿正偃付西鄉偃佐纏吏奉(俸)卩⑦受正忠(?)二百卌八

市陽二月百一十二算=十錢千一百廿正偃付西鄉佐賜　口錢卩

市陽二月百一十二算=八錢八百九十六正偃付西鄉偃佐纏傳送卩

市陽三月百九算=九錢九百八十一正偃付西鄉偃佐賜

市陽三月百九算=廿六錢二千八百卅四正偃付西鄉偃佐賜

市陽三月百九算=八錢八百七十二正偃付西鄉偃佐賜

市陽四月百九算=廿六錢二千八百卅四正偃付西鄉偃佐賜

市陽四月百九算=八錢八百七十二正偃付西鄉偃佐賜

---

④ 牘文此字作“舨”。“服”字篆文作“䑊”,“舨”應爲“䑊”的訛體。舢舨的“舨”是後起字,與此無關。

⑤ 牘文此字从“彳”。漢代人常將“亻”旁錯寫成“彳”旁,後面77號簡的“脩”字,“亻”旁也錯寫爲“彳”。

⑥ “算”字,牘文作笇笇等形,本應釋“笇”。“笇”“算”二字古通用,漢人多用“笇”。

⑦ “卩”是漢代人常用的記號。例如居延出土的漢代廩食簿裏,就往往用“卩”號表示某筆口糧已爲戍卒領走。這裏的“卩”號大概是表示某筆算錢已經處理掉。

4 背

市陽四月百九算=九錢九百八十一正偃付西鄉偃佐賜

市陽四月百九算=九錢九百八十一正偃付西鄉偃佐賜　四月五千六百六十八

市陽五月百九算=九錢九百八十一正偃付西鄉佐䨥⑧

市陽五月百九算=廿六錢二千八百卌四正偃付西鄉佐䨥

市陽五月百九算=八錢八百七十二正偃付西鄉佐䨥　五月四千六百八十七

市陽六月百廿算=卅六錢四千三百廿付□得奴

鄭里二月七十二算=卅五錢二千五百廿正偃付西鄉偃佐纏吏奉卩

鄭里二月七十二算=八錢五百七十六正偃付西鄉佐佐纏傳送卩

鄭里二月七十二算=十錢七百廿正偃付西鄉佐賜口錢卩

5 正

當利正月定算百一十五

正月算卌二給轉費卩

正月算十四吏奉卩

正月算十三吏奉卩

正月算九(?)傳送(?)卩

正月算□□虎(?)⑨即卩

當利二月定算百

二月算十四吏奉卩

二月算十三吏奉卩

二月算廿□□□繕兵卩

三月算十四吏奉卩

三月算十三吏奉卩

三月算六傳送

5 背

芻二石爲錢

⑧ “䨥”當即“㦬”字,見《集韻》。牘文此字似先寫作从“奪”,後來才改爲从“奮”。本片此字凡三見,最後一個所从的“奪”尚未改掉。

⑨ 此字不甚清,也可能是“常”字。

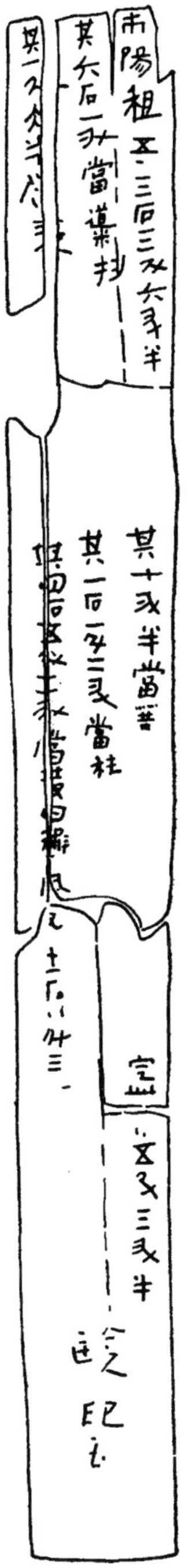

綴合後的記市陽租的大竹簡(摹本)

(五)記芻稿的木牘

6.

平里户芻廿七石

田芻四石三斗七升

凡卅一石三斗七升

八斗爲錢

六石當稿[10]

定廿四石六斗九升當食(?)

田稿二石二斗四升半

芻爲稿十二石

凡十四石二斗八升半

稿上户芻十三石

田芻一石六斗六升

凡十四石六斗六升

二斗爲錢

一石當稿

定十三石四斗六升給當□

田稿八斗三升

芻爲稿二石

凡二石八斗三升

(六)記田租的大竹簡

7.

市陽租五十三石三斗六升半　其六石一升當櫜(櫜)物　其一斗大半當麥　其七升半當□　其一石一斗二升當秏　其四石五斗二升當黄白□　凡□十一石八斗三升　定卌[一]石五斗三升半　監(?)印(?)

這片竹簡出土時碎成多片,整理者加以綴合,大體完整。現據照片,又於左側

[10] 簡文此字作"稾",所从之"高"省去"口",居延漢簡"稾矢"之"稾"也多如此寫。現在"稾"已作爲"稿"字異體而廢除,所以釋文用"稿"字。

綴合二小條,簡文遂全部可讀(見圖)。

(七)記穀物的大竹簡

8.

白稻米六升　麥八升(?)　黍(?)□升(?)　□□一斗四升　粢[11]秫□米……　粢……大半　粢白粟二……　稻米二斗四升大半升當□八　稻秫一(?)斗四升少半□□　……斗八升□　……大半升　□□□少半　青(精)米四□　……　……　……

(八)A 類竹簡(鄭里廩籍)

9. 鄭里稟(廩)籍　凡六十一石七斗

10. 户人聖能田一人口一人　田八畝　𠂇[12]移越人户　貸[13]八斗　二年四(?)月乙☐

11. 户人犅能田一人口三人　田十畝　十　卩　貸一石

12. 户人擊牛能田二人口四人　田十二畝　十　卩　貸一石二斗

13. 户人野能田四人口八人　田十五畝　十　卩　貸一石五斗

14. 户人厭[14]治能田二人口二人　田十八畝　十　卩　貸一石八斗

15. 户人廁(?)能田二人口三人　田廿畝　/　今□奴受(?)貸二石

16. 户人立能田二人口六人　田廿三畝　十　卩　貸二石三斗

17. 户人越人能田三人口六人　田卅畝　十　卩　貸三石

18. 户人不章能田四人口七人　田卅畝　十　卩　貸三石七斗

19. 户人勝能田三人口五人　田五十四畝　十　卩　貸五石四斗　……

20. 户人虜能田二人口四人　田廿畝　十　卩　貸二石

21. 户人積能田二人口六人　田廿畝　十　卩　貸二石

22. 户人小奴能田二人口三人　田卅畝　十　卩　貸三石□一石五……

23. 户人佗(?)能田三人口四人　田廿畝　十　卩　貸二石

24. 户人定民(?)能田四人口四人　田卅畝　十　卩　貸三石

---

[11] 《説文・禾部》:"齋,稷也。从禾,齊聲。粢,齋或从次。"

[12] 這類竹簡一般在"田□畝"以下寫着"十""卩"兩個記號,這一簡將這兩個記號重疊書寫。

[13] 各簡"貸"字皆作"貣",係訛體(居延漢簡有此例)。

[14] "厭"當爲"厭"之變體。漢印有厭姓,見羅振玉《璽印姓氏徵》。

25. 户人青肩能田三人口六人　廿七畝　十　卩　貸二石七斗

26. 户人□奴能田四人口七人　田廿三畝　十　卩　貸二石三斗

27. 户人□奴能田三人口□人　田卅畝　十　卩　貸四石

28. 户人射□能田四人口六人　田卅三畝　十　卩　貸三石三斗

29. 户人公士田能田三人口六人　田廿一畝　十　卩　貸二石一斗

30. 户人駢能田四人口五人　田卅畝　十☐

31. 户人朱市人能田三人口四人　田卅畝☐

32. 户人頙奴能田三人口三人　田□四畝☐

33. 户人□軻能田二人口三人　田廿畝　十☐

34. [户][人]公士市人能田三人口四人　田卅二畝☐

以上所録A類竹簡中,27號簡由照片中的二斷簡綴合。照片中還有這一類的殘簡三片,其文一爲"☐丅　貸三石",一爲"☐卩　貸二石",一爲"☐貸三石二斗"。疑分别爲31、33、34三簡所缺的下端。從10號簡至34號簡,共二十五片。各簡都記有田畝數與貸穀數,貸穀數據田畝數而定,每畝貸一斗。各簡田畝數除32號簡以外,全部完整無缺。32號簡"田□四畝"四字殘去左邊一半,"四"上一字只存横畫右端,可能是"十"字,也可能是"廿"字。如將該簡田數定爲十四畝,二十五簡田數相加共爲六百一十七畝,應貸穀六十一石七斗,與9號鄭里稟籍簡所記穀數恰好相等。這顯然不會是偶然的巧合。所以我們認爲9號至34號這二十六片竹簡本來是一册完整的稟籍,9號簡是這一稟籍的標題。(《論集》編按:此簡原來位置應在此册之末。)

(九)B類竹簡

35. 鄧得二、任甲二、宋則二、野人四·凡十算遣一男一女·男野人女惠

36. 寄三、齊一、□一、張母三、夏幸一遣一男一女　·男母邛、女□□

37. □□一、姚卑(?)三、□□三、寅三·凡十算遣一男一女·男孝、女綠(?)

38. 晨一、説一、不害二、□伏(?)三、異三　丨·凡十算遣一男一女　·男□女辯

39. ☐四、倀(張)伯三、翁□一、楊□二·凡十算遣一男一女　·男慶、女某□

40. 邸(?)期三、黑一、啤一、宋上一、恎(恥)二、除二·凡十算遣一男一女　·男邸(?)期、女方

41. □涓二、□多一毋寇[⑮]三、壯(?)辰(?)四・凡十算・遣一男一女・男辰女□

42. ……二、□則一・遣一男一女　男……

43. 靳□一□□▨

44. ▨是二上官(?)□二□三□□□遣一男一女　男……

45. ……奴四・凡十　男□女□人

(十)C類竹簡

46. 市陽□户遣人□倉(?)書

47. 郭、乙二户　儋行　少一日

48. 寇□都二户　兼行　少一日

49. □、昆論二户　善行　少一日

50. 越人□二户　唐行　少一日

51. 上官巴人、聖二户　奻　□舒　少一日

52. 貞二户　……

53. 安國、晨二户　赤行

54. 終(?)古、斯二户　□已行

55. 臣、□二户　□行

56. 首(?)、右□二户　□子行

57. □、從□二户　如行

58. 任但二户　□行

59. 莫□□二户　澤(?)

60. 儋、宇二户　庫▨

61. 狀(?)、小奴　□樹行　成

62. 平、中章　見

第46號簡的形制、字體,與47號以下各簡相似,有可能是這批竹簡的標題,姑列於此。

(十一)D類竹簡

63. ・楊人

---

⑮ 簡文此字作"寇",係訛體。居延漢簡308・32(《居》7125)"寇"字亦作"寇"。

64. ·郭貞
65. ·王則
66. ·楊(?)□
67. 大女楊凡人(?)
68. 女迣(?)
69. 楊閬　小
70. ☐　小
71. ☐　小
72. 扣毋智(智)　駒
73. 楊毋智(智)
74. 楊累
75. 王終古
76. 王聖
77. 郭脩
78. 倀(張)母訾
79. 倀奴
80. 倀時
81. 倀□
82. 徐來
83. 杜留
84. 朱但
85. 癨(厭)鹿(?)
86. 樂□
87. 黃如
88. 澤之
89. 毋佗
90. 成都
91. □敬
92. ☐歐(?)
93. 婧
94. 喜

95. 易(?)

96. 田(?)

97. 益(?)

98. 送

99. 緹(?)

這類竹簡在照片中尚有十餘片,因文字不能辨認從略。(《論集》編按:約略可辨者尚有“領(?)父”、“莫□”、“□居”、“俱”、“居”、“堅”、“□利”、“□辰”等。)

(十二)E類竹簡

100. 四月丁巳撩甲人舍平里酒二石四斗直三▨

101. ▨斗直九十、酵(?)八、新(薪)一束四▨

102. 四月丁巳石伯□人舍(?)平(?)里二百八十·□□寅(?)……

103. 六月十六日丁卯決鄉至十月十日·凡三月廿三日所出·凡千八百卌(?)八(《論集》編按:此條應移至F類之末。)

104. 市(?)陽錢(?)千八百廿　還(?)

105. ▨九百廿六

106. ▨千六百九十八

107. ▨平里五十三

108. ▨里錢凡二千九百卅二·受(?)敬里錢三百九(?)十八(?)

109. ▨廿□　移宣(?)□三百七十六·敬里五(?)十(?)□

110. ……三百　移至(?)……

111. ▨千二百四移鄭里……

112. ▨百六十五　□

這類竹簡在照片中尚有數片,但文字磨損不可辨,故從略。107號至112號諸簡較100號至106號諸簡爲寬,本來似另屬一簿,因爲彼此性質相近姑且歸爲一類。(《論集》編按:此類中尚應補入“▨千四百卌四　移□陽里……”一簡。)

(十三)F類竹簡

113. 六月廿二日付……二鈞₌二百五十一·凡五百二

114. 六月廿五日付五翁伯□緯(?)二百將(?)直百卌

115. 九月四日付五翁伯枲一唐卅・笥三合=五十四直百六十四(《論集》編按：此簡應移至118、119之間。舊誤釋"九"爲"七"故誤置於此。)

116. 六月十六日付司馬伯枲一唐卅二(《論集》編按：此簡應移至113之前，舊誤釋"六"爲"七"，故誤置於此。)

117. 八月十三日付□□與司馬伯分二唐=卅八直七十六

118. 九月一日……□六合=五十四直三百廿四

119. 九月七日付五翁伯笥二合=五十四直百八

120. 九月九日付五翁伯笥二合=五十直百枲一唐卅・凡百卅

121. 九月十三(?)日付□□□笥二合=五十四直百八

122. 九月十五日付□□笥二合=五十四直百八枲四絜=七直廿八・凡百卅六

123. 九月……五十四・凡百八

124. 十月十日付……五絜=四・凡廿(《論集》編按：103號簡爲F類之總結簡，舊誤置E類，應移置於此後。)

二、考　　證

(一)墓葬和簡牘的時代

鳳凰山9號墓所出木牘提到"十六年"，顯然是漢文帝的紀元(西漢時代一次紀元達到十六年的，只有文帝一人)，可以看作這批墓葬年代的上限。各墓都沒有發現五銖錢，五銖錢開始通行的年代可以看作這批墓葬年代的下限。所以《簡報》認爲這批墓葬的時代很可能在"西漢文帝至武帝元狩年間這段時期之內"。這個推論是合理的。

根據10號墓所出的1號木牘，可以進一步推定這座墓葬的絶對年代。1號木牘背面有"四年後九月辛亥平里五大夫張偃敢告地下主"之文。四年後九月辛亥顯然是墓主死去或下葬的日期。據《二十史朔閏表》，在《簡報》指出的墓葬時代的上下限内，景帝四年和武帝建元四年都有後九月。武帝建元四年的後九月爲辛未朔，該月不可能有辛亥日。景帝四年的後九月爲甲辰朔，初八日爲辛亥。所以木牘所記的四年沒有問題是景帝四年。這就是10號墓的絶對年代。

10號墓所出簡牘的年代的下限，是景帝四年，其上限大概也不會早於景帝四年很久。因爲這批簡牘全是名籍、賬目之類的普通文件，它們在埋入墳墓的時候，決不會是年代很久遠的東西。103 號簡記着“六月十六日丁卯”的日期。倒推上去,這個六月的朔日應爲壬子。據《二十史朔閏表》等,在景帝四年以前的二十年內,任何一年的六月都不是壬子朔;朔日干支與壬子僅差一天的,則是景帝三年六月的辛亥朔。最近,陳久金等同志據銀雀山出土曆譜,對西漢前期朔閏重加推算,景帝三年六月正爲壬子朔(見《臨沂出土漢初古曆初探》,《文物》1974 年 3 期)。可證 103 號簡的六月就是景帝三年的六月。前人的推算是有問題的。100 號和 102 號這二簡,所記的四月丁巳大概也在景帝三年。六月朔爲壬子,四月份是可以有丁巳日的。10 號簡有“二年四(?)月……”之文,大概也是指景帝二年。從上面這幾個例子來看,這批簡牘的年代大概多數屬於景帝初年。即使其中有年代較早的東西,估計也不會早於文帝晚年。

10 號墓的所在地江陵鳳凰山,在漢代應爲南郡郡治江陵的郊區。據《漢書》的《諸侯王表》、《景十三王傳》和《地理志》,景帝二年改南郡爲臨江國,封其子閼爲王。閼在位三年,於景帝四年死去,國除爲郡。所以這批簡牘大概有不少是臨江王國時代的東西。

(二)簡牘性質和墓主職務

這批簡牘,除去記陪葬物的 1 號木牘,以及性質較難判斷的 2 號木牘、8 號大竹簡和 F 類竹簡以外,都顯然是鄉里行政機構的文書。

A 類竹簡自己標明是“鄭里廩籍”,當是政府貸糧食給鄭里民户的記錄。各簡開頭的“户人某某”是各户户主的名字,“能田”指户中能從事農業生産的人,“口”指户中的全部人口。人口數下記各户田畝數,最後記貸穀數。田畝數與貸穀數之間,一般有“十”、“卩”兩個記號,大概表示這户的貸穀已經發放。《漢書》裏常見關於政府貸民種食的記載,如文帝二年正月詔“貸種食未入……”。封建統治者貸給農民種食,完全是從其本身利益出發的,主要爲了安定社會,以便在發展生産的基礎上增加剝削。鄭里廩籍所記貸穀數皆按民户田畝數每畝貸一斗計算,漢代一斗相當於現在二升左右。一畝二升,既不够種,更不够食,何補於民?

4 號、5 號木牘記鄭里、市陽與當利三地的算錢的收付。市陽和當利也應是里名。10 號墓出土一把刻字木尺,其文爲“市陽里人□□”。這是市陽爲里名的確證。⑯ 算

---

⑯ 在漢代,以“市陽”爲名的里很多。《秦漢印統》6·5 上有“市陽里”印,《居甲》2373 一簡有“觻得市陽里”之文。

錢即算賦,是漢代統治者向人民徵收的一項重要賦稅。[17] 4 號木牘上,幾乎每一筆算錢賬目下都有“正偃付西鄉偃(這個“偃”字有些條沒有)佐某”之文。西鄉當即鄭里、市陽里等所屬之鄉。佐即鄉佐。漢代於大鄉設有秩,小鄉設嗇夫,總領一鄉獄訟賦役之事,其下有鄉佐,“屬鄉主民收賦稅”。[18] 4 號木牘上名列鄉佐之上的偃,當是西鄉的主要官吏,即西鄉的有秩或嗇夫。正偃之“正”應爲里正的簡稱,《韓非子·外儲說》篇及《春秋繁露·止雨》等都把里有司稱爲里正。居延出土的一塊秋賦錢的封檢上有下列文字:

□□里父老□□□
□鄉　秋賦錢五千　正安□□□
嗇夫食(?)佐吉受　　526·1A,居 7413

正安與“里父老”同列,並將賦錢交付嗇夫、鄉佐,無疑是個里正,可證里正可稱正。5 號木牘各筆賬目以及 4 號牘二月份各筆賬目之末有“吏奉”、“口錢”或“傳送”等字,後面還都加上了“卩”形押記。這些是說明算錢處理情況的。4 號木牘正面第一行“吏奉卩”之後,尚有“受正忠(?)二百卌八”之文。“受”疑當讀爲“授”,“受正忠二百卌八”可能就是吏俸中的一筆開支。

7 號大竹簡記市陽租穀的數量。漢代稱田稅爲田租。“市陽租”即市陽里民户所交納的田稅。6 號木牘記平里和稿上二地的户芻、田芻和田稿的數量。漢代統治者除租穀以外,還普遍向人民徵收芻稿。6 號木牘就是平里和稿上里民户所出的芻稿稅的記錄。

B 類竹簡的内容比較費解,這裏引文字較完整的 35 號簡爲例,加以說明。

鄧得二、任甲二、宋則二、野人四·凡十算遣一男一女·男野人女惠

簡文所說的算,沒有問題跟 4 號、5 號木牘所說的算是一回事。鄧得、任甲、宋則、野人當是四個户主。各户所負擔的算數分别爲二、二、二、四,相加共爲十算。本類其他各簡户數有多至五、六户的,但各户算數的總和一般都是十算。“遣一男一女”大概是跟徭役有關的事情。雖然 B 類竹簡的具體涵義不是很清楚,但是仍然可以看出,這些竹簡不是私人的東西,而是鄉里行政機構的文書。

---

⑰ 關於漢代賦稅徭役的一般情況,請參閱韓連琪《漢代的田租口賦和徭役》,《文史哲》1956 年 7 期。

⑱ 見《續漢書·百官志》。從過去出土的漢簡中也可以看到鄉有秩或嗇夫下設有鄉佐(如居延漢簡 505·37A、218·50A、45·1A、526·1A 等)。

C類竹簡的一般格式是:"某某二户,某行"。有些簡在"某行"之下還有"少一日"三字。61號簡沒有"二户"兩字,51號簡沒有"行"字,62號簡既無"二户"兩字,也無"行"字,但是從簡的格式和字體可以斷定它們都屬於C類。各簡"二户"之上的文字,是户主之名。"行"應該是指出外服某種徭役。3號牘所載服約,規定服役者當行"不行"要罰錢(詳後),可以與此互證。"行"字之上的文字是服役者的人名。這次徭役大概是每兩户出一個人。51號簡所記的服役人名有兩個,61號簡在"□樹行"之下添一"成"字,也像是人名。這也許是表示服役者中途换人。有些簡在簡下端記"少一日"三字,可能是表示服役天數還欠一天。如果46號簡確是這批竹簡的標題的話,它們便應該是市陽里有關徭役的文書。3號木牘也與徭役有關,由於文句比較難懂,留到後面再去解釋。

A類和C類竹簡上的户主名,有少數是相同的,如越人、小奴和聖。但是這些同名者不見得就是一個人,因爲在漢代人名相同的現象是極爲常見的。A類竹簡本身就有兩個名市人的户主。C類竹簡60號的户主儋和47號的行者儋也顯然不是一個人。

D類竹簡大都只記一個人名,應該是鄉里的名籍。63號至66號四簡,人名上都加了一個圓點,可能是户主的標誌。只有名沒有姓的大概是家屬,有姓而不加點的恐怕也是家屬。本來,記家屬人名的簡一定分别排在各户户主簡之後,由於編繩朽絶,竹簡殘缺,現在已經無法恢復原狀了。67號簡稱"大女楊凡人(?)",69號簡人名下有"小"字。70號、71號二簡與69號簡同類,只是上端人名部分已經殘缺。從居延出土的戍卒家屬的廩食簿來看,在漢代凡是年十五以上就稱爲大男大女。簡文所謂"小"不知是否泛指十四歲以下的未成年人。72號簡在簡端人名之下隔開一段距離又寫了個"駒"字,可能是同屬一户的另一人名。

E類竹簡是鄉里行政機構的收支賬簿。100號和107號二簡都提到平里,108、109號簡提到敬里,111號簡提到鄭里,104號簡的"市(?)陽"和109號簡的"宣(?)□"等,大概也是里名。100號簡記買酒款待"撩甲人"的開支。撩有整理的意思,"撩"、"敹"同音,"撩甲"與《尚書・費誓》"善敹乃甲冑"同意,撩甲人就是整修盔甲的人。他們住在平里喝了二石四斗酒,這一簡就是記買酒開支的。5號木牘所記當利里二月算錢,有一筆注明用於"繕兵"。繕兵當指修繕鄉里所置備的兵器,顯然是包括"撩甲"一類事情在内的。101號簡也是記買食物等開支的,可能跟100號簡是同簡的斷片。"八"上一字似是"酨"字,馬王堆1號漢墓遣策屢見"酨羹"之稱,當是一種調味品。103號簡有"決鄉"之文,可能是指在鄉里結賬。107

號至112號諸簡大概都是記鄉里之間的錢的移受的。

根據以上所論,可以肯定10號墓所出簡牘絶大部分是鄉里行政機構的文書。瞭解了這些簡牘的性質,就可以進而推測10號墓墓主的職務了。最有可能保存這些簡牘的人,顯然是西鄉的鄉吏。前面已經講過,墓主名偃,4號牘所記西鄉主要官吏也名偃。這兩個偃非常可能是一個人。看來,墓主大概就是江陵西鄉的有秩或嗇夫。

(三)鄭里廩籍反映的一些問題

鄭里廩籍是貸民種食的記録,這一點已經交代過了。此外,關於這一廩籍還有一些需要討論的問題。

首先要討論的是田畝數字。廩籍所記民户共25户,能田者69人,人口105人上下,[19]田地617畝。平均每户有地24畝7分弱,每個能田者合9畝弱,每個人合6畝弱。據《漢書·食貨志》記載,平帝元始二年全國墾田數爲8270536頃,户數爲12233062,口數爲59594978,平均每户合67畝半以上,每口合14畝弱。這種統計數字,當然並不完全可信,但廩簿所記25户的佔田數字,大大小於全國平均數,這一現象怎麽解釋呢?從《漢書》的有關記載看,貸種食一般是以貧民爲對象的。廩簿所記的貸糧户,佔有的土地所以這樣少,主要應該由於他們都是貧户。從這裏可以看出,西漢前期土地兼併的情況已相當嚴重。這些貸糧户的户主,有兩個在廩簿上注明是"公士"(見29號、34號簡),公士是二十等爵中最低的一級。其他户主的名字上都沒有注爵名,很可能都沒有爵級。這也反映出他們的社會地位是比較低下的。

在這册廩簿裏,10號、15號二簡特別值得注意。10號簡户主名聖,户中只有他一個人。這一簡把其他各簡分開書寫的兩個記號併在一起,空出地位寫了"移越人户"四個字。"移"字的用法大概跟《史記·扁鵲倉公傳》"移名數左右"的"移"字相同,意思是把户口移入他户。17號簡户主名越人,"移越人户"大概就是説聖的户口移入了越人這一户。聖爲什麽要移户口呢?有可能他已經喪失土地而淪爲耕傭一類人了。15號簡沒有其他簡都有的那兩個記號,在空出來的地位上寫了"今□奴受(?)"四個字,意思可能是説,本來應該分配給15號簡户主的貸糧,現在改由"□奴"領取。有可能15號簡户主的土地也已經轉歸"□奴"了。總之,這兩

---

⑲ 27號簡口數已不可辨。該户能田三人,口數姑且以五人計。

簡很可能反映着貧民的破産。

鄭里廩籍共登記 25 户,是不是鄭里一里就只有 25 户呢? 前面已經説過,貸種食的對象通常是貧民。如果鄭里有不需要貸糧的户,其中特别是擁有大量土地的地主,就不會包括在廩簿所記的 25 户裏。不過 4 號牘記鄭里所負擔的算數爲七十二算,鄭里廩簿所記的能田者爲六十九人,兩個數字極爲接近。《漢書·高帝紀》如淳注引《漢儀注》:"民年十五以上至五十六出賦錢,人百二十爲一算。"可見負擔算賦的人與"能田"者基本上應該是一致的。鄭里的算數與廩簿所記 25 户能田者總數如此接近,説明鄭里的總户數即使超過 25 户,也只能是超過不多的幾家。應該指出,4 號牘和鄭里廩簿雖然屬於同一時期,但是時間可能有先後,因此它們所反映的人户情況也可能有變化。由於可能有少數人逃避算賦或因某種原因免除算賦,實際算數跟按一般規定應負擔算賦的人數也可能不完全相符。不過,這些因素顯然不會嚴重影響到我們的推論的正確性。

(四)關於田租

據《漢書》,文帝十二年曾取消田租,一直到景帝元年或二年才令民半出田租(《本紀》作元年,《食貨志》作二年)。所謂"半出"就是出漢初十五稅一的田租的一半,也就是三十稅一。7 號木牘所記的市陽租無疑是三十稅一的田租。漢代的田租並不按實際收獲量徵收,而是有定額的。有人根據《漢書·匡衡傳》匡衡收取封地四百頃的租穀千餘石的記載,估計每畝租穀約三升左右,即一石的三十分之一,證以獻帝九年曹操平鄴以後規定每畝收稅四升的事實,説似可信。市陽里田租共五十三石三斗六升半,如以每畝四升計算,應有田 1334 畝。據記載算錢收付的 4 號木牘,市陽里二月定算爲 112 算,鄭里二月定算爲 72 算。如以鄭里廩簿所記的 617 畝爲鄭里田畝總數,按鄭里、市陽里二月定算數的比例計算,市陽里應有田 960 畝。但是廩簿所記的户數既可能小於鄭里總户數,所記的田數當然也有可能小於鄭里的總田畝數。如果鄭里有大地主,實際田畝數便會比廩簿田畝數大得多。所以市陽里如有田 1334 畝,似乎也不能算多得不相稱。如以每畝田租五升計算,市陽里應有田 1067 畝,這與 960 畝的數字就很接近了。看來,每畝三、四升的田租額即使不完全符合實際,也不至於相差太多,其誤差大概不會超過一兩升。

7 號竹簡在田租總數後記着"當㮚物"、"當麥"、"當□"、"當秏"、"當黄白□"五筆賬。《説文·禾部》:"秏,稻屬,从禾,毛聲。伊尹曰:飯之美者,元山之禾,南海之秏。”這大概是一種品種比較優良的稻米。“橐”當即見於典籍的“橐”字。過去有人認爲橐是一種瑞禾的名稱，段玉裁等人已經指出了這種說法的錯誤。《漢書・百官表》所記少府屬官有導官，顔師古注：“導官主擇米。”（《續漢書・百官志》導官改屬大司農）出土西漢封泥有“橐官橐丞”（《封泥考略》1・37上），導官之“導”作“橐”。《史記・司馬相如傳》有“橐”字，《索隱》引鄭德云：“橐，擇也。”由此可知“橐”是導擇米之“導”的專字。據《後漢書・光武紀》十三年詔，在漢代，郡國通常要花很多“豫養導擇之勞”來爲帝王準備貢米。這種負擔無疑要落到農民身上。《說文》把“橐”字排在“租”“稅”二字後面，可見橐和租稅有密切關係。簡文的“橐物”大概就是指郡國準備上貢給皇帝的那種穀米。

從簡文所記來看，橐物等五項似乎是以一般穀物折合交納的。

“當橐物”等五筆賬的數字依次爲六石一升、一斗大半、七升半、一石一斗二升、四石五斗二升。它們的總數據簡文所記爲十一石八斗三升。由此可以算出“一斗大半”的“大半”是作半升而不是作半斗計算的。

（五）關於芻稿

《淮南子・氾論》說：“秦之時……入芻稿。”這說明秦代統治者是向人民徵收芻稿的。《續漢書・百官志》劉昭注引《漢官儀》：“田租芻稿以給經用。”《後漢書》的很多《本紀》多次提到有關田租芻稿的事。但是關於西漢時代的芻稿稅，除去《漢書・貢禹傳》所載貢禹上書中所說的“已奉穀租，又出稿稅”以外，就幾乎找不到材料了。因此，記西漢前期芻稿稅的6號木牘，是很可寶貴的。

從6號木牘來看，平里和稿上二地交納的芻都分爲户芻和田芻兩類，而户芻的數量大大超過田芻。户芻應該是按户徵收的芻稅。過去只知道芻稿稅與田租同類，户芻的存在是沒有人知道的。平里芻稅項下有“六石當稿”一條，稿稅項下有“芻爲稿十二石”一條；稿上芻稅項下有“一石當稿”一條，稿稅項下有“芻爲稿二石”一條。由此可知，芻的價值大於稿，一石芻可以抵二石稿。平里芻稅項下還有“八斗爲錢”一條，稿上芻稅項下還有“二斗爲錢”一條。西漢有時特許人民以菽粟當賦，意思就是允許人民以菽粟折錢交納算賦等本來收錢的稅。以芻“爲錢”也許就是以芻折錢納稅，記算錢的5號木牘，背面有“芻二石爲錢”五字，可能就是這個意思。

芻稿一般以束或重量單位計算。6號牘以石、斗、升等容量單位計算芻稿，似乎有些特殊。不過，樊毅復華下民租田口算碑有“養牲百日，常當充肥，用穀稿三千餘斛”之語，穀稿以斛計，也是用的容量單位。[20] 芻是牧草，稿是禾稈，以容量單位計算的芻稿，可能是經過莝斫以便於牲畜食用的碎芻稿。

（六）關於算賦

過去很多人認爲漢代的算賦一開始就是“人百二十爲一算”。其實，所謂“算”的本來意思只不過是徵收賦稅時的計算單位。“算”的對象可以是人，也可以是别的東西，例如武帝時曾算車船，算緡，算六畜等等。每算所負擔的賦稅額也可有不同標準，例如算馬牛羊就是“頭數出稅，算千輸二十也”（見《漢書・翟方進傳》注）。按照史料來看，在西漢初期，按人徵收的算賦並不存在一算百二十錢的定額。《漢書・高帝紀》：“今獻未有程，吏或多賦以爲獻，……令諸侯王通侯常以十月朝獻，及郡，各以其口數率人歲六十三錢，以給獻費。”既然吏可以爲了向中央王朝多送獻費而多賦於民，賦額當然就不會有嚴格的規定了。高帝詔書雖然規定了作爲算賦一部分的獻費的定額，却仍然没有爲算賦規定一個總的定額。

從4號牘關於算錢收付的記録來看，當時顯然並無一算一百二十錢的規定。根據木牘記載，算錢是分多次徵收的。例如市陽里的算錢在二、三兩月都收了三次，四月收了四次，五月收了三次，六月收了一次，共爲十四次。這一年其他六個月裏收算錢的情況由於材料缺乏無法知道，估計次數也不會少。上半年內十四次所收的賦，每算合227錢，如果再加上其餘半年所收的賦，估計每年要達到四百多錢的樣子。這個數字是120的四倍左右。記當利里算錢的5號牘的記賬方法，與4號牘不同。前者似乎是專記所收算錢的處理情況的，後者則主要記算錢的交付情況。二者的差異大概並不是由於算錢徵收方法的不同而造成的。

“人百二十爲一算”大概是到了武帝時才規定的，比起4號牘所反映的算賦額，這個數字是比較小的。不過當時在減少按人徵收的算賦的同時，增加了很多按財産徵收的賦稅，如算車船等。説明這時社會上的貧富分化已經非常嚴重，從財産很少的一般人民身上榨取算賦，是越來越困難了。因此，才不得不在一定程度上把賦稅的重點從人移到財産，以增加政府的收入。事實上，佔有大量財富的剥削階級決不會按規定交納各種賦稅，一定要千方百計地把負擔轉嫁到農民身上，最後受害的當然還是廣大的農民。

---

[20] 勞榦《漢簡中的河西經濟生活》引漢簡，有“茭五斗錢二”一條，亦以容量單位計算。此條簡文出處尚未查到。

4號、5號二牘所反映的算錢使用情況也很值得注意。所謂“吏奉”大概是指鄉里官吏的俸禄。“轉費”,居延漢簡也稱“轉錢”(見《居甲》755),是僱人僱車運輸糧食等物的費用。“繕兵”指修繕兵器的費用,這在前面已經講過了。“傳送”大概指將錢上繳上級機構或中央王朝。由此可見鄉里的行政費用是出於算賦的,並且所佔的比例還相當大。上繳中央王朝的算錢只是算賦的一小部分,所以前引高祖詔别稱之爲獻費。過去有人認爲獻費就是算賦的全部,有人認爲獻費是算賦以外的另一種賦,有人認爲獻費是封國所特有的一種賦。這些意見似乎都不完全正確。

4號牘正面“市陽二月百一十二算算十錢”條下,和背面“鄭里二月七十二算算十錢”條下,都注着“口錢”二字。關於漢代前期的口錢,史料極爲缺乏。武帝以後所謂口錢,跟算賦是分開的,十四歲以下出口錢,十五歲以上出算賦。用這種制度來解釋木牘的口錢,顯然講不通。《漢書・貢禹傳》説:“禹以爲古民亡(無)賦算口錢(有人在“賦”字斷句,有人在“算”字斷句,待考),起武帝征伐四夷,重賦於民,民産子三歲,則出口錢。”也許十四歲以下出口錢是武帝時才規定的制度,木牘所記的口錢是另一個意思(《漢書・昭帝紀》顔注引如淳曰:“《漢儀注》:民年七歲至十四,出口賦錢,人二十三。二十錢以食天子,其三錢者武帝加口錢以補車騎馬。”口錢可能本是算賦中規定上繳給皇帝的一個項目)。

(七)3號牘所載服約的解釋

服約釋文已見前,不重録。“服”應該是服役的意思。“中服”大概指由幾批服役者分期完成的較大徭役中時間安排在中間的一期。訂約的張伯等七人都是服長。服長是組織和監督服役者的人。《左傳・襄公二十三年》:“陳人城,板隊(墜)而殺人,役人相命,各殺其長。”陳役人所殺的長,就應該是服長一類人。“入服錢二百”大概是説訂約的服長每人要交二百個錢。後面的約文規定了很多罰錢的項目,事先交錢是爲了保證所罰的錢有著落。

服約正文分兩部分。從“會錢備”到第五行的“罰百錢”是第一部分,從“服吏令會”到“……器物及人”是第二部分,中間用圓點隔開。

第一部分是關於各個服長應該徵集的服役者和服役用具的規定。“會錢備,不備勿與同服”的意思不是很清楚,大概是説大家要把規定的錢交齊,誰不交齊就不要他做服長。“即服直行……”以下的約文,大意是説:如果需要各服長管轄的服役者一起去服役(即,若也。直,當也),不是事先請假(謁,白也,請也),因病不能去的每天罰三十個錢；家中無人可去的要出僱傭人的工錢（毋，同無。賈，同價）。服役用具不齊備，每一件罰十個錢。一起幹完事情以後，如果有用具在工作中毀壞和丟失，由服役者共同賠償物主（負，猶今言賠。《韓非子·說林下》有這種用法的負字，看孫詒讓《札迻》）。把別人的器物擅自拿走的罰一百個錢。（《論集》編按：牘文"即服直行"下有"共侍"二字，牘正面也題有"共侍約"等字。沙孟海《江陵鳳凰山十號漢墓出土二號木牘"共侍"兩字釋義》讀爲"供偫"，可從。文載《社會科學戰綫》1978 年 4 期。本文此段把"共侍"理解爲"一起"是錯誤的。）

雖然服長要向其他服長和上級保證他所徵集的服役者和服役用具都够數，不够就要罰錢；但是由於無人服役而出的傭價，顯然是要派不出服役者的家庭自己負擔的；由於"病不行"、用具不齊等情況而罰的錢，也無疑都是要那些不能按照規定做的服役者來負擔的。

服約的第二部分是關於服長向服吏報告等事的規定。服吏當是主管役事之吏。"服吏令會"的"會"字不能簡單地理解爲會集。從居延等地出土的漢簡來看，如果上級限定日期讓下級送去某種東西，或者要下級當面去報告情況、答覆問題或接受命令，往往在文書裏用"會"字（即所謂"期會"）。例如有一條漢簡說："十月壬寅甲渠鄣候喜告尉謂不侵候長赦等，寫移書到，趣作治，已成言，會月十五日，詣言府，如律令。"（142·33＋139·36，《居》3968）這就是命令候長赦在完成某項任務以後，趕在本月十五日那天去向上級報告。服約的"會"字也應該如此理解。"服吏令會"當是指服吏命令服長們去向他報告役事的情況，或去接受任務。"不會會日"應該作一句讀，意思就是不在規定的日期到服吏那裏去。居延漢簡關於期會的文書裏常見"未能會會日"之語（《居》5190、2650），可以與此對照。約文規定服長如果"不會會日"就要罰五十錢；雖然去了，但是關於役事的統計材料沒有準備好，也要同樣處罰，並且還要給服吏"余（?）器物及人"。"器"上一字如果確是"余"字，似應讀爲"敘"。由於沒有把統計材料準備好，所以要當面把與役事有關的器物和人力等情況給服吏講清楚。

約文之末還有"服吏李仲"四字，大概表示訂約時是服吏李仲參加或主持的。

前面講過，據 10 號墓所出木印，墓主姓張名偃字伯。服約記訂約服長之名，第一個也叫張伯，應該就是墓主。鄉吏充當服長，是很合乎情理的。39 號簡所記的户主也有一個叫張伯。不過這個張伯跟墓主也許不是一個人。

（八）關於 F 類竹簡

這類竹簡所記的，全是交付笥、臬等物之事。

笥有蓋,所以以合爲單位。其價格一般爲每合五十四錢,只有120號簡所記的笥二合是每合五十錢。枲就是麻,其單位爲絜或唐。《說文·糸部》:“絜,麻一耑(端)也。”段注:“一耑猶一束也。”居延漢簡也有“出枲一絜”之語(203·5,《居》3285)。122號簡記枲價爲每絜七錢。124簡有“□五絜絜四”之文,與122號簡枲價相差頗多,“五”上一字不可辨,是否“枲”字未敢斷定。枲一唐之價爲卅或卅二,可知唐比絜大得多。《說文·糸部》:“繆,枲之十絜也。”“唐”的意義疑與“繆”同類,但不知相當於典籍中的什麽字。117號簡有“分二唐”,價格爲每唐卅八錢,大概也是枲一類的東西。“分”疑當讀爲“黂”。“黂”爲麻子,但古人也用來指麻。如《淮南子·說林》“黂不類布而可以爲布”,《列子·楊朱》“常衣緼黂”,皆是其例。枲、黂對稱,枲應指牡麻,即不結子的夏麻,黂當指結子的秋麻。但是,如用來打繩、織布,夏麻似勝於秋麻,不知爲何“分”價反貴於“枲”。此外,113號、114號等簡還提到一些别的東西,文字不清,未能辨認。

這批竹簡没有記明付出這些東西的人是誰。從情理推測,這個人應該就是墓主。也許這些東西是墓主經營的家庭手工業的産物,交給别人是準備出售的。(《論集》編按:西漢前期鄉也往往經營手工業,這類竹簡仍是鄉文書,參看拙作《嗇夫初探》,《雲夢秦簡研究》272—273頁,中華書局,1981。)

三、從出土簡牘看當時勞動人民生活的苦難

從簡牘所反映的情況來看,當時一般勞動人民的生活顯然是十分困苦的。

鄭里廩籍説明,當時存在着大量每人平均佔地不到六畝的貧民(漢代畝的面積比現代小)。漢代一般田地的産量大約每畝爲二至三石。[21] 即使以較高的産量三石計算,六畝地也只能産糧十八石(漢代的一石只合現在五分之一石左右),成人食量一般爲每日六升(見戚其章《替漢代的奴隸所有者算一算賬》,《光明日報》1957年4月11日《史學》105期),如與家中未成年人扯平計算,每人每日平均食量應在五升左右。一天五升,一年就需要十八石。也就是説,一般貧苦農民辛勤勞動一年的收穫,除了糊一張嘴以外,就什麽也剩不下了。像13號簡所記的平均每人只佔兩畝地的特貧户,根本無法依靠土地生活。

---

[21] 看謝忠梁等《讀〈再論漢代是奴隸社會〉一文後的幾點意見》,《四川大學學報(社會科學)》1957年1期92頁。

但是,糊口都很困難的勞動人民,却還要負擔極其沉重的賦稅和徭役。

從算錢木牘看,每個成年人大概每年要繳納四百多錢的算賦。這是相當大的數字。漢代穀價一般每石數十錢至百錢左右,四百多錢起碼值四石多穀。漢代人民負擔的徭役,更是十分沉重。據文獻記載,丁男每年要爲政府服役一個月。此外,還要在所在郡國服兵役一年,並到京師當衛士或戍邊一年。政府還經常超過規定來役使人民,所謂“過年之徭”“逾時之役”(見《鹽鐵論·徭役》),是常見的現象。10號墓所出簡牘缺乏關於徭役量的明確材料。不過,從服約所記載的關於服役者罰錢的規定,已經可以認識到徭役給勞動人民帶來的災難了。此外,人民還得向政府交納田租、户芻、田芻、田稿等等租稅。

除去政府的賦稅和徭役等剝削以外,勞動人民還要受到貪官污吏的殘酷壓榨。在這方面,直接接觸人民的鄉吏爲害極深。元帝時貢禹曾指出,“鄉部私求,不可勝供”是使農民離開土地的重要原因(《漢書·貢禹傳》)。後漢的左雄也説:“鄉官部吏,職斯禄薄,車馬衣服,一出於民,廉者取足,貪者充家。”(《後漢書·左雄傳》)這類情況無疑早已存在。10號墓墓主張偃就顯然是一個靠掠奪人民來養肥自己的鄉吏。

據1號木牘,張偃是一個五大夫。五大夫是相當高的爵級,爵至五大夫就可以獲得免役的特權;㉒爵級中的五大夫與官級中的六百石相當,㉓一個普通鄉官按理説是得不到五大夫這樣高的爵級的。不過,據《史記·平準書》説:文帝時西漢政府和匈奴貴族之間的戰爭頻繁,“屯戍者多,邊粟不足給食當食者。於是募民能輸及轉粟於邊者拜爵,爵得至大庶長。孝景時,上郡以西旱,亦復脩賣爵令,而賤其價以招民”。可見當時可以入粟買爵。張偃的五大夫無疑是用他從勞動人民那裏榨取來的糧食和金錢買來的。張偃的葬具用漆棺,陪葬品有漆器二、三十件。在漢代,漆器是很貴重的。像張偃這樣“職斯禄薄”的鄉吏,如果不是殘酷地搜刮人民的膏血,能用上漆棺,並把大量漆器用來陪葬嗎?

當時的廣大勞動人民,一方面受到朝廷和貪官污吏的殘酷壓榨,一方面還受到地主、富商、高利貸者一類人的無情剝削,因此大量走上了破産的道路。文帝時鼂錯描寫農民生活的一段話很好地説明了這個問題:

㉒ 《史記·平準書》:“民多買復及五大夫,徵發之士益鮮。”《漢書·食貨志》:“令民入粟受爵,至五大夫以上乃復一人耳。”

㉓ 《漢書·元帝紀》永光元年三月詔:“賜吏六百石以上爵五大夫。”

今農夫五口之家,其服役者不下二人,其能耕者不過百晦(按:這可能是指百步爲畝的小畝),百晦之收,不過百石。春耕夏耘,秋穫冬藏,伐薪樵,治官府,給繇(徭)役。春不得避風塵,夏不得避暑熱,秋不得避陰雨,冬不得避寒凍。四時之間,亡(無)日休息。又私自送往迎來,弔死問疾,養孤長幼在其中。勤苦如此,尚復被水旱之災,急政暴虐,賦斂不時,朝令而暮改,當具,有者半賈(價)而賣,亡(無)者取倍稱之息。於是有賣田宅,鬻子孫,以償責(債)者矣。(《漢書·食貨志》上)

從這裏可以看到當時農民所遭受的剥削是極其沉重的。

當時人民生活困苦的事實,就是最高統治者自己也不得不承認,他們曾在詔書裏說:"歲一不登,民有飢色"(文帝十二年三月詔),"間者,歲比不登,民多乏食,夭絶天年"(景帝元年正月詔)。所謂"民有飢色"、"夭絶天年",不就是人民大量餓死的一種遮遮掩掩的說法嗎?

當時的賦稅徭役制度,是完全爲富人,尤其是爲佔有大量土地的大地主階級服務的。表面上,沉重的算賦和徭役是按人分攤的,不管你是只有兩畝地的貧民也好,是擁有兩百頃、兩千頃土地的大地主也好,全都"一視同仁"。這已經很不合理了。實際上,富人通過買爵以及與官府勾結等方法,非常容易取得免役的特權。全部徭役都是壓在一般人民頭上的。另一方面,對土地徵收的稅則非常輕。西漢前期曾有一段時期取消過田租,後來又改十五稅一爲三十稅一,而實際所收的田租還遠遠少於産量的三十分之一。前面講過,漢代一般的土地大約畝産二至三石,而田租只不過每畝三、四升。所以荀悦《漢紀》說"今漢民或百一而稅"。就拿芻稿稅來說,田芻、田稿也要大大輕於户芻。這種賦稅制度顯然是不利於佔地極少的貧民,而非常有利於佔地極多的大地主的。這樣就使大地主階級極其迅速地發展了起來。

荀悦《漢紀》說:"今漢民或百一而稅,可爲鮮矣。然豪强富人,占田愈侈,輸其賦太半。官收百一之稅,民收太半之賦。官家之惠優於三代,豪强之暴酷於亡秦。是上惠不通,威福分於豪强也。"他指出當時統治者的政策促成了大地主的發展。這種現象正是從文景時代開始嚴重起來的。

勞動人民在賦役和高利貸的重壓下紛紛破産,只得"賣田宅,鬻子孫"。大地主則正好趁這個機會大量收買土地。破産的農民爲了維持生活,還大量變成了大地主的傭農和佃户。《鹽鐵論·未通》說:"大抵逋流皆在大家,吏正畏憚,不敢篤責。"官吏畏懼大家的權勢,破産農民依附了大家,就有可能擺脱沉重的賦役。這是他們不得不接受大地主剝削的重要原因。農民的破產不但給大地主造成了兼併土地的機會,還給他們提供了勞動人手。大地主的發展是建築在千百萬貧苦農民的痛苦之上的。這批簡牘使我們對這一問題增加了一些認識。

《論集》編校追記:

此篇編入本書時,簡牘釋文頗有修改。8 號大竹簡"稱"改"秫",B 類竹簡"徙"改"遣",以及 103、115、116 各簡位置的糾正,都根據黃盛璋《江陵鳳凰山漢墓簡牘及其在歷史地理研究上的價值》(《文物》1974 年 6 期)。此外的修改大都根據李家浩同志的意見。又漢代錢的價值高低時有變化,本文沒有考慮到這個問題,是個缺陷。

又拙文《漢簡零拾》"從漢簡反映的關於用車運糧的情況談《九章算術》的史料價值"一條,指出漢代可能曾以六升大半升,即二石的三十分之一爲每畝田租額。如依此數計算,市陽里田租五十六石三斗六升半當出自八百畝稍多一些的田地。

原載《文物》1974 年 7 期,又載《古文字論集》,今據後者收入。

在長沙馬王堆漢墓帛書座談會上的發言

帛書《老子》(乙本)前的這四篇佚書,篇名是《經法》、《十大經》、《稱》、《道原》,前兩篇本身又分成許多單篇。《十大經》不少篇採取黃帝君臣問答的形式。《稱》是很多條諺語、格言式的文字的匯集,體裁類似《淮南子》的《說林》、《說山》和《說苑·談叢》。這四篇書,內容有一定聯繫,至於它們本來是不是一部完整的著作,我覺得還不能斷定。這幾篇雖然是佚書,但是其內容有些可以在現存的古書裏找到,有些部分連文字也完全相同。就目前已發現的來看,跟帛書中這幾篇關係密切的有以下一些古書:《管子》的《勢》、《君臣》、《心術》、《白心》等篇,《國語·越語下》、《說苑·談叢》以及《鶡冠子》、《慎子》、《韓非子》、《淮南子》等書的某些篇章。《淮南子》和《說苑》跟這幾篇帛書相同的部分,顯然是前者抄襲後者。《管子》、《慎子》等書跟帛書的關係還有待進一步研究。這幾篇帛書的內容包含道家、刑(形)名家、法家和陰陽家的思想,對於研究先秦諸子,有重要的參考價值。

馬王堆帛書裏有一種是講春秋時代的歷史事件的,沒有編年,一件事講一段,現在保存的約有十多段,其內容有魯隱公被殺、齊使公子彭生殺魯桓公、宋南宫長萬殺君、魯公子慶父殺君、宋襄公泓之敗、子贛見太宰嚭,等等。這很可能是《鐸氏微》一類的書。《漢書·藝文志》春秋家中有《鐸氏微》三篇。《史記·十二諸侯年表》說:"鐸椒爲楚威王傅,爲王不能盡觀《春秋》,采取成敗,卒四十章,爲《鐸氏微》。"其體裁顯然跟這部帛書很相似。《藝文志》所記的春秋家著作中,屬於《鐸氏微》這一系統的,尚有《張氏微》和《虞氏微傳》等書(參看《漢書補注》)。這部帛書可能是《鐸氏微》等書中的一種。據《經典釋文·序錄》,鐸椒是左丘明四傳弟子。這部帛書雖然記有《左傳》所沒有的事(如子贛見太宰嚭【編按:此說有誤,參看本書所收《帛書〈春秋事語〉校讀》402 頁】),並且所引用的議論也往往與《左傳》不同,但是所記的有關歷史事實則大部與《左傳》相合。例如帛書記慶父殺君事說:"魯壯(莊)公有疾,訊公子牙曰……對曰:'慶父財(材)'。訊公子侑(友),對曰:

‘臣以死奉煩(般)也’。五月公薨,子煩即立(位)。公子慶父殺子煩而立公子啓方。……處二年,共中(仲)使卜奇(齮)賊閔公于武諱(闈)。”其文字與《左傳》基本相同。這與鐸椒爲左丘明四傳弟子之説是符合的。

原載《文物》1974 年 9 期,今據以收入。

新發現的居延漢簡的幾個問題

《文物》1978 年第 1 期發表了幾篇介紹、研究 1972 年以來發現的居延漢簡的文章，讀後得益甚多，但是也有些不同和補充意見，現在寫出來供大家參考。

一、關於"元朔""元狩"年號簡

據甘肅居延考古隊《居延漢代遺址的發掘和新出土的簡册文物》一文（以下簡稱"隊文"）報導，在肩水金關發現了"元朔元年"簡和"元狩四年"簡。這是很值得注意的一件事。據《史記・封禪書》，武帝元鼎以前諸年號都不是當時所立，而是後來追加的。司馬遷以武帝時人說武帝時事理應可信，所以近代學者多信從此說。1972 年臨沂銀雀山二號漢墓發現元光元年曆譜，簡文稱"七年"，不加建元年號，①爲此說提供了一個實證。傳世漢代銅器或記元朔、元狩等年號，但真僞難辨，不足爲據。② 這次發現的所謂元朔簡，"僅四字'元愬元年'，疑是學字書"（10 頁）。③"學字書"所書年號有可能是多年前的舊年號，即使"元愬"釋文無誤，"元愬"也確是指"元朔"，仍不足以證明武帝元朔年間在當時已立年號。所以不必多加討論。所謂元狩簡是一份官文書，如果釋文無誤，就可以據此推翻《封禪書》關於武帝年號的說法，至少可以證明武帝時從元狩開始就有了當時所立的年號。此外，正如"隊文"所說，這"對探討漢代河西四郡和居延的開創，研究太初以前的曆法"，也將是"重要的發現"（10 頁）。因此有必要對這條簡文仔細考察一下。

我曾見過此簡照片，年號"元"下一字原無"犬"旁，所以徐苹芳同志《居延考古發掘的新收獲》一文（以下簡稱"徐文"）釋作"守"（27 頁）。其實這個字並非"守"

---

① 羅福頤《臨沂漢簡概述》，《文物》1974 年 2 期 34 頁。

② 參看《從馬王堆一號漢墓"遣册"談關於古隸的一些問題》注⑯，《考古》1974 年 1 期 55 頁。

③ 文內所注頁碼未標出處者，皆屬《文物》1978 年 1 期。

字,而是"鳳"字的草書簡體。年號是常用字,居延漢簡常常把年號寫得非常草率。這條簡文把"鳳"字所从的"凡"省爲"几",並且把兩旁的筆劃寫得比較短,看起來有點像"宀"的草體,又把"鳥"旁寫得有點像"寸"的草體。因此"鳳"就被誤認爲"守"了。此簡所記年月日爲"四年四月甲寅朔甲寅"。檢《二十史朔閏表》,武帝元狩四年四月爲己未朔,與甲寅相距至五天之多,而昭帝元鳳四年四月則正爲甲寅朔。這就證實了簡文"元"下一字確是"鳳"字而不是"守"字。所以這條簡文既不能推翻武帝元鼎以前年號爲後來追加的舊說,也不能用來研究漢代居延開創的時代和太初以前的曆法。

二、關於烽燧遺址和簡文所記燧名的比定

這次發掘證實破城子(甲渠候官)以南第四個烽燧遺址是當時的第四燧。這是一個重要收獲。以前陳夢家對甲渠候官的序數燧作過研究。④ 他根據簡文斷定序數燧是由南向北排列的,序數小的在南,序數大的在北。這是可信的。但是這次確定的第四燧,陳氏在復原序數燧位置的時候却定爲第九燧,可見他的復原仍有問題。

"隊文"引用的一條新出簡文提到"第柒燧",文章裏用括號加注說:"按即候官以南第一座烽臺。"(4 頁)這個注想必是有其它新出簡文作根據的。按照序數燧由南到北的排列次序,既然候官以南的第四烽臺是第四燧,第一烽臺也正應該是第七燧。過去在破城子一帶的 214 地點⑤出過如下一條簡文:

·候詣府,謂第七燧長由兼行候事·一事一對。　　214·35,居 5750

燧長的級別比候官低得多,候詣府(當是居延都尉府)讓燧長兼行候事,頗覺可怪。現在知道第七燧是離甲渠候官最近的一個燧,這件事就容易理解了。居延簡裏有下屬"以近次兼行"上司之事的例子:

閏月丁巳張掖肩水城尉誼以近次兼行都尉事……　　居甲 88

元鳳三年十月戊子朔戊子,酒泉庫令安國以近次兼行大守事……

同上 1584A

④ 《漢簡所見居延邊塞與防禦組織》,《考古學報》1964 年 1 期 75—77 頁。

⑤ 舊居延簡出土地據《居延漢簡甲編》、陳夢家《漢簡考述》(《考古學報》1963 年 1 期)。

第七燧長兼行甲渠候事,大概也是“以近次兼行”。

三、關於“候粟君所責寇恩事”册

《文物》1978年第1期全文發表的“候粟君責寇恩事”册,對於研究當時的社會情況以及獄訟和文書制度,都是很寶貴的資料。這一期發表的有關新出居延簡的五篇文章,除了“隊文”和“徐文”以外,一篇是“責寇恩事”册的釋文(以下簡稱“釋文”),還有兩篇都是專門研究這册文書的。“隊文”和“徐文”也用了不少篇幅來談這册文書。各家發表了不少好意見,但是仍有一些問題需要解決。

首先簡單介紹一下這册文書的內容。這册文書分四部分:一、十二月己卯(二十七日)居延縣給甲渠候官的移文。二、十二月辛未(十九日)居延縣都鄉嗇夫上報居延縣的文書。三、十二月戊辰(十六日)都鄉驗問寇恩的爰書。四、十二月乙卯(初三日)都鄉驗問寇恩的爰書。從這些文書可以知道甲渠候粟君是原告,居延縣都鄉居民寇恩是被告。甲渠候把寇恩告到縣裏,縣裏要都鄉處理。十二月乙卯爰書是第一次驗問寇恩的記錄。由於甲渠候不滿意這次驗問的結果,縣廷要都鄉再次驗問。都鄉於戊辰日再次驗問寇恩,於辛未日把這次驗問的結果上報縣廷,並抄附戊辰爰書。縣廷接到報告後,於己卯日移書給甲渠候,並抄附都鄉的報告和爰書。所以這些文書才會一起保存在甲渠官的檔案裏。乙卯爰書的簡型和字體都與其他文書不同,似非一次所移,可能是都鄉第一次上報縣廷以後,縣廷抄移給甲渠候的。不過與這份爰書相配的縣廷文書沒有保存下來。

下面把我們對這册文書的釋讀方面的一些意見分條談一下。

一、關於粟君責寇恩“牛不相當穀”的問題。從都鄉嗇夫上報縣廷的辛未文書來看,甲渠候粟君告寇恩的事有兩件。第一件,寇恩爲粟君運魚到觻得出賣,本來約定賣四十萬錢,結果只賣了三十二萬。第二件,寇恩從粟君那裏借了一條牛運魚,後來他把這條牛賣了,用粟君給他作運魚工價的那條牛來抵償。但是寇恩借的牛比作工價的牛貴二十石穀,二者不能相抵。

對於第二件事,各家有的沒有提到,有的作了錯誤的理解。“釋文”對有關文字的斷句也有問題。現在把辛未文書所引甲渠候告寇恩書中有關的一段話重加標點,寫在下面:

又借牛一頭以爲犏(運)⑥,因賣,不肯歸,以所得就(僦)直(值)牛償,不相當廿石。

"釋文"以"不肯歸以所得就直牛"爲一句(31 頁),是不正確的。

在都鄉驗問寇恩的記錄,即乙卯、戊辰兩份爰書裏,記着寇恩對粟君所告二事的答辯。他對第二件事的答辯,大意是説,粟君本來準備給他作僦值的那條牛和用來運魚的那頭牛,都值六十石穀,兩者價格相等,所以粟君所要求的"牛不相當穀二十石",即補償二牛價格差額的二十石穀,他不應該拿出來。"釋文"把爰書中"不當予粟君牛不相當穀廿石"句,斷成"不當予粟君牛"和"不相當穀廿石"兩句,也是不正確的。

二、關於"前言解"和"廷却書"。辛未文書在引了縣廷轉來的甲渠候告寇恩書和縣廷的指令以後,接着就説:"前言解,廷却書曰……"。各家把"解"字跟"廷"或"廷却書"連在一起讀,有的同志並以爲"解"就是"送、達"或"傳遞"的意思(33、39 頁),這都是不正確的。

在過去發現的居延簡裏已經出現過"前言解"之語(《居》3389),只是勞榦把"解"字誤釋成"殊"了。居延簡常用"解"字,一般當"解釋"、"解答"或"解辯"講。例如上級就某個問題責問下級時,常常説"解何",就是如何解釋的意思。⑦ 有的簡文説"謁言解":

卅井□言,謹拘(鉤)校二年十月以來計最,未能會會日,謁言解。 居 2650

這就是謁見上官當面解釋的意思。辛未文書的"前言解",意思是説,對於縣廷轉來的甲渠候告寇恩書,上次已經作了答覆。這是指都鄉已將第一次驗問寇恩的記錄——乙卯爰書上報縣廷而言的。

"廷却書"的"却",各家都釋作"郵"。居延簡"郵"字左旁多作"垂",但從來不寫作"去",而"却"字的右旁則常常寫作"阝"。⑧ 武威《儀禮》簡"却"字也作"郄"。⑨ 所以這個字不能釋作"郵",而應該釋作"却"。從辛未文書所引廷却書可以知道,縣廷接到都鄉上報的乙卯爰書後,懷疑寇恩的話不可靠,同時甲渠候把事

---

⑥ 此字從俞偉超同志釋。"釋文"釋"犏",不確。

⑦ 陳直《古器物文字叢考》,《考古》1963 年 2 期 85 頁。

⑧ 例如《居》2415"却胡亭"的"却"就寫作"郄";"郄"也可以看作"郤"的俗體,"卻"、"郤"二字同聲旁,可以通用。

⑨ 見《武威漢簡》圖版《有司》第 15、16,《泰射》第 59 等簡。

情捅到了府裏，⑩府令縣"明處"("處"有判斷的意思)，因此縣廷又下文書給都鄉，要都鄉再次驗問寇恩。"却"有退回、拒絶等意思。縣廷的第二次文書否定了都鄉的第一次報告，所以稱爲却書。

辛未文書所引縣廷却書應如下標點：

> 廷却書曰："恩辭不與候書相應，疑非實。今候奏記府，願詣鄉爰書是正。府録令明處。更詳驗問，治決言。"

"釋文"只在"恩辭不與候書相應"這一句上加引號(31 頁)，是錯誤的。"徐文"以"郵(却)書曰"至"更詳驗問治決"爲縣廷第二次指令(29 頁)，大體正確，但把"治決"後的"言"字劃在却書之外，是不對的。"治決言"就是治決後報告的意思。

三、關於居延縣給甲渠候官的己卯文書。有的同志認爲己卯文書是對甲渠候判罪的文書(34、40 頁)，這是不正確的。其理由"徐文"已經談到(34 頁)，這裏就不重複了。那末，居延縣給甲渠候官這份文書究竟是爲什麼呢？從文書内容看，應該是爲了要甲渠候"爰書自證"。甲渠候把這件事捅到府裏去的時候，曾表示自己"願詣鄉爰書是正"。既然都鄉對寇恩已經驗問明白，當然就輪到他來"爰書自證"了。甲渠候不屬縣、鄉管轄，所以用居延縣移文給甲渠候官的形式來通知他。

這份文書的最後幾句是：

> 寫移書到，□□□□□辭，爰書自證，須以政不直者法。亟報，如律令。

"政"應讀爲"正"。《居甲》1387 號簡有"箭道不端政，負五算"之語，⑪也借"政"爲"正"，可證。"須"是"待"的意思，這種用法的"須"字漢簡中常見，例如：

> ……方議罰。檄到，各相與邸(抵)校，定吏當坐者言，須行法。　居甲 385
>
> ☑使官一人持吏卒名籍詣府，須集帛書。　居甲 1051 下段

己卯文書的"須以政(正)不直者法"，應該解釋爲等待甲渠候的自證爰書以斷案，使不直的那個人(可以是寇恩，也可以是甲渠候)依法受到懲處。"亟報"就是要甲渠候官馬上回報的意思。

四、關於"先以……律辨告"。兩份爰書的開頭部分都有一句很長的話：

---

⑩ 此府應指居延都尉府。從《文物》1978 年 1 期圖版陸所載吏奉文書看，在建武初年，居延令屬居延都尉管轄。

⑪ 《居甲》誤釋"政"字爲"敝"。

先以證財物故不以實，臧（贓）五百以上，辭已定，滿三日而不更言請者，以辭所出入罪反罪之律辨告，乃爰書驗問……

對於這句話，各家似乎都没有講得很清楚。第一字原作充，各家或釋“先”或釋“无”。居延簡“先”字確實往往寫作充，下面所引的是文義確鑿無疑的一個例子：

……充（先）夏至一日以除燧取火……　　居甲 92

爰書此字從文義看也以釋“先”爲宜。它與下文“乃爰書驗問”的“乃”字是前後呼應的。這句話裏的“辨告”一詞也見於《漢書・高帝紀》：

吏以文法教訓辨告，勿笞辱。

“先以……律辨告”，當是官吏在正式驗問前先把有關法律給被驗問的人講清楚的意思。

“證財物故不以實，贓五百以上，辭已定，滿三日而不更言請者，以辭所出入罪反罪之”，就是這兩次驗問前所辨告的律的内容。“反罪之”和“律”字之間其實還應該有一個“之”字，大概由於不願意重複使用“之”字而被省略了。這條律的大意是説，在財物方面誣陷别人，説别人有五百錢以上的問題，辭定以後，滿三日不改變原辭，就要按照他所誣告人的罪來處理他自己。

五、關於“交”字。爰書有“”字：

商即出牛一頭，黄，特，齒八歲，平賈（價）直（值）六十石，與穀十五石，爲七十五石；育出牛一頭，黑，特，齒五歲，平賈直六十石，與穀卌石，凡爲穀百石，皆予粟君以當載魚就（僦）直。（20 頁圖三七 4—6 簡，22 頁圖三九 22、23 簡）

“釋文”釋此字爲“它”。此字横畫右端不向下彎，應該釋作“交”。《居甲》1851“茭”字所从之“交”作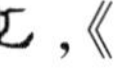，《居》5254“茭”字所从之“交”作，武威《儀禮》簡“交”字作（《武威漢簡》圖版《特牲》第 40 簡等），寫法都與此字相似。爰書“交”字應該讀爲“茭”。以前發現的居延簡也有借“交”爲“茭”的，如：

☐隨君房交（茭）錢二千　　居 2069

【編按：“隨”字前本有一殘字，據後來各家釋文應釋爲“卒”】

六月甲辰佐博賣交（茭）一束☐　　居 1092

【編按：廣瀨薰雄指出，此條“交”字作“茭”，故此例應删去】

這兩個“交”字都被勞榦誤釋爲“文”。用牛車載魚到觻得，途中需要用茭喂牛。“茭穀”就是抵茭價的穀。

六、關於“庚”字。爰書裏有“黃牛微庚”一語（見第 8 及第 24 簡）。“庚”即“庾”字，當讀爲“瘦”。隸書“更”、“叟”二字極易相混，所以蔡邕《獨斷》認爲“三老五更”本當作“三老五叟”。武威《儀禮》簡“嫂”字右旁作（《武威漢簡》圖版甲本《服傳》第 42 簡），與“更”十分相似，楷書的“嫂”字也有作“㛐”的異體。“釋文”釋此字爲“庚”，不確。（《論集》編按：《武威漢代醫簡》73 號“老瘦者”之“瘦”正作“庚”。）

此外“釋文”戊辰爰書部分有如下一句：

恩與業俱來到居延後，恩欲取軸、器物去……（31 頁）

按照漢代人的語言習慣，“後”字後面的逗號應該移到“延”字之後。

四、關於“建武初年軍情簡”

“隊文”在擇要介紹新出簡册時，提到了“建武初年軍情簡”，指出這是官吏之間“互通情報的一封書信”，並認爲這封書信“透露光武帝進兵隴東，與竇融聯合，籌劃進擊隗囂的一些重大政治、軍事活動”（8 頁）。“隊文”對書信所透露的情況的説明，似乎有些不够確切。

這封書信的照片見圖版捌，爲了討論的方便，先把釋文寫在下面：

·范君上月廿一日過當曲，言竇昭公到高平還，道不通。·天子將兵在天水。聞羌胡欲擊河以西，今張掖發兵屯諸山谷。麥孰（熟），石千二百。帛萬二千。牛有賈（價），馬如故。七月中恐急蔥蔥（匆匆），吏民未安（原文未完）

“竇昭公到高平還道不通”這件事，是見於《後漢書·竇融傳》的。傳文説竇融“遣同產弟友詣闕”，“友至高平，會囂反叛，道絶，馳還”。竇融字周公（見傳），昭公當即他弟弟竇友的字。據《後漢書·光武紀》隗囂反叛在建武六年五月，竇友詣闕因隗囂反叛而中止，應該也是差不多時候的事情。這封信提到“七月中”，大概就是在建武六年七月以後不久寫的。信中反映的應該是五、六、七、八這幾個月的情況。

《光武紀》：“（建武）六年……夏四月丙子，幸長安……遣虎牙大將軍蓋延等七將軍從隴道伐公孫述。五月己未，至自長安。隗囂反，蓋延等因與囂戰於隴阺，諸將敗績。”由此可知，光武在建武六年四、五月的時候，曾在長安住了一個多月，並曾派兵到隴阺一帶。光武對於竇融,早就“欲招之以逼囂、述”(《竇融傳》);對於隗囂,在他反叛之前也已經“知其終不爲用,叵欲討之”(《隗囂傳》)。但是這次出兵主要是爲了進攻公孫述;出兵以前,光武和竇融都還没有跟隗囂撕破臉皮,恐怕還談不到“聯合籌劃進擊隗囂”。就是在隗囂反叛以後的兩三個月裏,恐怕也還不會就出現這種情況。至少從上引那封書信中看不出這種情況。

《竇融傳》説,隗囂反後,竇友從高平馳還,“遣司馬席封間行通書,(光武)帝復遣席封賜融、友書,所以尉藉之甚備。融既深知帝意,乃與隗囂書責讓之……囂不納。融乃與五郡太守共砥厲兵馬,上疏請師期。帝深嘉美之……詔報曰:‘……今關東盜賊已定,大兵今當悉西。將軍其抗厲威武,以應期會。’融被詔,即與諸郡守將兵入金城。初更始時,先零羌封何諸種殺金城太守,居其郡。隗囂使使賂遺封何,與共結盟,欲發其衆。融等因軍出進擊封何,大破之……因並河揚威武,伺候車駕。時大兵未進,融乃引還。”這裏所説的光武與竇融共同策劃進擊隗囂的事,發生在竇融使者席封間道致書於光武並齎光武賜書回河西,以及竇融寫信給隗囂,隗囂表示不接受之後,估計已是七、八月份之後的事,很可能已經接近建武六年年末了。所以上引書信没有反映這些情況。

上引書信有“聞羌胡欲擊河以西”的話。所謂“羌胡”很可能就是見於上引《竇融傳》文的先零羌封何諸種。大概隗囂在背叛光武前後,曾想讓封何諸種“擊河以西”,牽制竇融的力量,以避免出現光武、竇融兩面夾攻的形勢。所以竇融要“因軍出”而痛擊他們。

據《光武紀》,光武在建武六年没有到過天水。上引書信説“天子將兵在天水”,與《紀》不合。不過,當時光武的軍隊已經到達隴阺一帶,隴阺就在天水郡境内,光武本人也到過離天水不太遠的長安。因此,在張掖一帶出現“天子將兵在天水”的傳聞,也是很自然的事情。

五、説 “葆”

《文物》1978 年第 1 期發表的新出居延簡裏有如下一條:

> 始建國三年五月庚寅朔壬辰,肩水守城尉萌移肩水金關吏所葆名如牒,書到出入,如律令。(圖版肆·2)

這是肩水城尉把要出入關的“吏所葆”者的名籍移送給肩水金關的文書。這條簡文對於研究漢代社會的階級關係有重要價值。

在以前發現的居延簡裏,屢次看到放在人名籍貫上的"葆"字:

葆 鸞鳥息衆里上造顔收年十二長六尺黑色 皆六月丁巳出 不
15·5,居2066

葆 鸞鳥大昌里不更李惲年十六▨ 51·5,居2957

葆 觻得敬老里王□年廿五▨ 62·43,居2335

▨遣葆觻得應(?)國里韓□爲▨ 334·29,居1263

▨奉(?)葆姑臧西比夜里▨河津金關毋苛留▨ 97·9,居甲569

▨葆小張掖有義里▨ 119·67,居6722

過去,大家對這種"葆"字的意義不理解。陳直先生認爲可能是"保舉及保釋的意思"(《兩漢經濟史料論叢》44頁),義亦難通。有了前面所舉的那條新出簡文,就可以斷定"葆"是一種身分,是爲他人所"葆"的一種人。上引前三條簡據發掘號都出於肩水金關。它們都是名籍的格式,文字完整的第一條在下部寫着"皆六月丁巳出",當是記錄出關日期的。它們很可能就是新出簡文所說的那種移送給金關的記"吏所葆名"的牒(出關日期當是關吏後來填上的)。後三條殘簡都出於接近金關的地灣,大概是被主人所派遣的葆的過所文書的殘片。⑫

在漢代以及少數可能稍早於漢代的史料裏,可以看到身分與"庸"相近的稱做"保"的一種人:

高漸離變名姓爲人庸保。 《史記·刺客傳》

相如身自著犢鼻褌,與保庸雜作,滌器於市中。 《史記·司馬相如傳》

自關而東,陳魏宋楚之間,保庸謂之甬。 《方言》三

盜徒皆飢寒傭保,何足窮其法乎? 《後漢書·張酺傳》

今富商大賈,多放錢貨,中家子弟爲之保役,趨走與臣僕等勤,收稅與封君比入。 《後漢書·桓譚傳》

中家子爲之保役,受計上疏,趨走俯伏,譬若臣僕,(富商大賈)坐而分利。
同上李賢注引《東觀記》

倪寬賣力於都巷(汪繼培謂當作"養"),匡衡自鬻於保徒者,身貧也。
《潛夫論·贊學》

---

⑫ 第五、六兩條也可能是葆跟別人一起出入關的過所文書的殘文,由於簡文殘缺無法斷定。

窮困賃傭於齊,爲酒家保。　《史記・欒布傳》(《漢書》"賃"作"賣")

因得逃竄,爲宜城山中酒家保,積十五年。　《後漢書・杜根傳》

今有取保一歲,價錢二千五百。今先取一千二百,問當作日幾何?

《九章算術・衰分》

"葆"、"保"二字古通,上引居延簡的"葆"無疑應該讀爲庸保之"保"。

前舉新出簡文還可以幫助我們弄清楚保這種人得名的由來。《方言》三"保庸謂之甬"郭璞注說:"保,言可保信也。"《史記》、《漢書》的幾種舊注全都襲用這種說法。近人或把"保"解釋爲"擔保",認爲保是因爲欠人錢"作抵押擔保從事勞役"的人。[13] 從"吏所葆"一語來看,這兩種解釋都不大妥當。《說文》:"保,養也。"《國語・周語上》"事神保民",韋昭注:"保,養也。"把"吏所葆"解釋爲吏所收養保護的人,文義比較妥貼。所以,保應該是由於爲人所收養保護而得名的,至少其初義應該是這樣。

保的具體情況大概比較複雜。大多數保的實際情況顯然跟傭客沒有多少區別,尤其是像《九章算術》所說的那種按作日多少計算工錢的保,完全可以看作一般的庸。但是上引第一條簡所記的保"年十二",尚未成人。第二條簡所記的保"年十六",歲數也不大。看來從小被主人收養的保大概也還是有相當數量的。至於《桓譚傳》所說的由中家子弟充當的保役,似乎是專門給富商大賈經手放高利貸或經營商業的,情況比較特殊,跟從事勞役的保似有本質的區別。

上引第一條簡的保,爵爲上造;第二條的保,爵爲不更。保可以有爵,說明他們在法律上是良民身分。這一點與庸一樣,[14]而與僮奴有別。

原載《中國史研究》1979年4期,又載《古文字論集》,今據後者收入。

---

[13] 《中國的奴隸制與封建制分期問題論文選集》106頁。

[14] 《居》2405號有"庸同縣陽里大夫趙勳",2291號有"庸安陽里公乘宋意"。爵爲公士的庸數見,不備引。

居延漢簡中所見的疾病名稱和醫藥情況[①]

一、疾病名

(一) 傷寒

(1) 第卅一隧卒王章以四月一日病苦傷寒　　居甲 19A,居 5987

(2) 第一隧卒孟慶以四月五日病苦傷寒　　同上

(3) 治傷寒滿三日轉爲☐　　居 7044

(4) 傷寒四物 烏喙十分　細辛六分 / 术　十分　桂四分 以温湯飲一刀刲(圭),日三,夜再行,解不出汗　　居甲 509,居 5066

(二) 寒熱

(5) 九月己丑病寒炅,盡庚寅,積二日,已偷(愈)　　居甲 243,居 4006

(6) ☐陶(?)宜和(?)里謝家,廼己酉病頭痛、寒炅,不能☐　　居甲 358,居 2915

(7) ☐廼戊戌病頭痛、寒炅,不能☐　　居 7876

(8) 第卅一隧卒尚武四月八日病頭痛、寒炅,飲藥五齋(劑),未偸(愈)　　居甲 19B,居 5997

(9) ☐當遂里公乘王同即日病頭恿(痛)、寒炅,小子與同隧☐飲藥廿齋(劑),不偷(愈)也,如爰書。敢言之　　居 3735

---

① 考古研究所編《居延漢簡甲編》、勞榦編《居延漢簡》二書釋文錯誤頗多,引用時對錯釋的字一般逕加改正不作説明,但我們所釋也不一定正確,請讀者覆按原書圖版。

(10) □亭燧□□里□□□□□□□頭痛、寒炅,不能飲　　居 7971

陳槃《漢晉遺簡偶述》指出“炅”字見於《素問》、《太素》,其意爲熱(《史語所集刊》16 本 315—316 頁)。今按“炅”、“熱”實爲一字異體。《老子》德經“靜勝熱”句,馬王堆帛書《老子》甲本作“靚勝炅”;又道經“或噤或吹”句,帛書甲本作“或炅或□”,乙本作“或熱或硽”。馬王堆漢墓帛書整理小組認爲“炅,从火,日聲,當即熱之異體字,不讀古迥切或古惠切”(文物出版社出版《老子(馬王堆漢墓帛書)》14 頁注 11),其說可信。馬王堆《老子》乙本卷前佚書《十六經·姓爭》篇:“夫天地之道,寒涅燥濕,不能並立”(文物出版社出版《經法(馬王堆漢墓帛書)》66 頁),又借“涅”爲“熱”。“涅”从“呈”聲,“呈”亦从“日”聲。小徐本《說文》:“炅,見也。從火,日聲”,其義雖已變,其音似尚未變。大徐本拘於“炅”字後起之音,删去“日”下“聲”字,遂使“炅”、“熱”二字之聯繫完全泯滅。《素問》“炅”字屢見,其用法皆與“熱”字相同。如《舉痛論》先言“炅氣”,後言“熱氣”,其義無別;又言“寒則氣收,炅則氣泄”,以“炅”與“寒”相對。由於《素問》一書“熱”、“炅”二字錯出,“炅”字後起之音又與“熱”相距甚遠,故注家雖知“炅”字之義與“熱”相同,仍不敢即定爲“熱”字異體。竊意《素問》西漢時抄本當全用“炅”字,後人改“炅”爲“熱”但又改之未盡,遂致“炅”、“熱”錯出。《長刺節論》“病風,且寒且熱炅,汗出,一日數過”,“熱炅”二字相疊。此蓋先有人以“熱”注“炅”,後人不明其意,遂將二字皆抄作正文。《太素·雜刺》“病風,且寒且炅,一日數過”,“炅”上即無“熱”字。故簡文“寒炅”即《素問》屢見之“寒熱”。

(三) 傷汗

(11) ☐日病傷汗,未視事……　　居甲 321,居 2724

(12) 第十燧卒高同病傷汗　飲藥五齋(劑)　　居甲 1386,居 2723

(13) 第八燧卒□上(以上諸字圖版不清,據勞榦釋)病傷汗,飲藥十齋(劑),癸未醫行☐　　居 4380

(14) 卒苻澤(?)月廿三日病傷汗　　居 7522

(四) 溫

(15) □士安(?)陵(?)高里孫非子　弩　疾溫　　居 2213

（五）頭痛

（16）壬寅到官□校計，十日癸丑病頭痛，戊午有瘳，謹遣霸詣府▨　居5376

（17）甘露二年十一月丙戌朔己丑，候［史奉親敢言之］，即日病頭痛　居6597

（18）甘露三年七月壬午朔壬寅，候史奉親敢言之，即日病頭痛　同上

（19）第廿四燧卒高自當以四月七日病頭恿（痛），四節不舉　居甲19A，居5987

寒熱部第6至10條皆言“頭痛、寒熱”，請參閱。

（六）心腹

（20）當北燧卒馮毋護　三月乙酉病心腹，丸藥卅五　居甲1478，居6270

（21）▨昨（?）日病心腹　居7133

（22）▨病心腹，積五日　居7153（即上條背面）

（23）元康二年二［月庚］子朔乙丑，左前萬世燧長破胡敢言之，候官即日疾心腹，四節不舉　居甲37，居400

（24）▨［心］腹，四節不舉▨　居9384

第23條末一字原作[illegible]，從陳直釋“舉”（《考古》1963年2期85頁）。此條“心”字寫法近於篆文，故《居》、《居甲》皆誤釋爲“比”，于豪亮同志又誤釋爲“此”（《考古》1961年8期453頁）。

（七）心腹支滿

（25）田卒□□國□□□安里李彊年廿七本始五年二月丁未疾心腹支滿死……　居甲1573，居25

（26）第二燧卒江諄（?）以四月六日病苦心腹支滿　居甲19A，居5987

第26條“心”字寫法亦與篆文相近，《居甲》誤釋“此”，《居》不誤。陳直先生認爲此字當釋“比”，爲“朏”字省文，訓爲“𤄯”（《考古》1960年10期47頁）。于豪亮同志從《居甲》釋“此”，讀爲“脊”，認爲“此腹支滿”是“背、腹、四肢漲偪”的意思（《考古》1961年8期453頁）。二說皆誤。“支滿”爲病名，《素問》屢見，如：

脅支滿	《藏氣法時論》
食而支滿,腹大	《刺瘧篇》
有病胸脅支滿者	《腹中論》
腹支滿	《氣交變大論》
其病支滿	《六元正紀大論》
心痛支滿	《至真要大論》

《韓詩外傳》卷三:"人主之疾十有二發,非有賢醫莫能治也。何謂十二發?痿、蹷、逆、脹、滿、支、膈、肓、煩、喘、痹、風,此之曰十二發。賢醫治之何?曰……無使府庫充實則滿不作,無使群臣縱恣則支不作……"。可知支和滿是相類的兩種病症。《素問·腹中論》有"心腹滿",《四時刺逆從論》有"心腹時滿",似皆與心腹支滿意近。(按:《素問》在"支滿"之外,又屢言"支鬲"。如《五藏生成篇》:"腹滿䐜脹,支鬲胠脅,下厥上冒"。"鬲"即《韓詩外傳》之"膈"。"支鬲"合"支"、"膈"二事言之,與"支滿"合"支"、"滿"二事言之同例。附識於此。)

（八）兩胠箭急

(27) 第卅七燧卒蘇賞三月旦病兩胠箭急,少偷(愈)　居甲 19B,居 5997

(28) 第卅三燧卒公孫譚三月廿日病兩胠箭急,未愈　同上

《素問·至真要大論》有"兩脅裏急"。"胠"、"脅"義近。《說文》:"胠,腋下也。"《廣雅·釋親》:"膀、胠、胉,脅也。"《素問·欬論》"兩胠"注:"胠亦脅也。"《六節藏象論》"胠脅"注:"胠謂脅上也。"疑"兩胠箭急"與"兩脅裏急"指同一種病。

（九）四節不舉

第 23 條言"疾心腹,四節不舉"。第 24 條殘文"☑腹四節不舉",疑本亦作"疾心腹,四節不舉"。第 19 條言"病頭痛,四節不舉",同樣病名也見於下引敦煌簡:

□戍卒杜充病頭痛四節不與(舉),不能☑　流·戍役類 4

《素問》屢言"四支不舉"(《陰陽别論》、《氣交變大論》、《五常政大論》),"支"讀爲"肢"(《靈樞經·本神》作"四肢不舉")。簡文"四節"當指四肢與身軀相交處的關節。四節不舉與四支不舉同意。

(十) 腸澼

(29) ☑四月戊寅病腸辟,庚辰治☑　　居甲 1945,居 1554

(30) ☑[寒]炅(熱)·腸辟,死　　居 1180

于豪亮同志指出“腸辟”當讀爲見於《素問》的“腸澼”,即痢疾(《考古》1961 年 8 期 452 頁)。

(十一) 帶下病

(31) ☑帶下病　　居甲 1326,居 1580

《史記·扁鵲倉公列傳》:“扁鵲名聞天下,過邯鄲,聞貴婦人,即爲帶下醫。”帶下病即婦女病。(耿鑒庭按:是婦女帶脈以下之病。)

(十二) 各種外傷

1. 傷腰

(32) 五鳳二年八月辛巳朔乙酉,甲渠萬歲燧長成敢言之,迺七月戊寅夜隨(墮)塢陛傷要(腰),有瘳,即日視事,敢言之。　　居甲 44,居 3759

“墮塢陛”就是從塢的臺階上摔下來的意思。

2. 傷頭、右手

(33) 十二月癸巳病傷頭、右手,膞(敷)膏藥　　居甲 876,居 438

3. 傷右手指

(34) 戍卒東郡畔戍里靳龜(?)　坐迺四月中不審日行道到屋蘭界中,與戍卒函何陽爭言,鬭,以劍擊傷右手指二所。地節三年八月己酉械毄(繫)

居甲 115,居 796

4. 傷右髀

(35) 戍卒東郡□里函何陽　坐鬭以劍擊傷戍卒同郡縣戍里靳龜(?)右脾(髀)一所。地節三年八月辛卯械毄(繫)　　居甲 680,居 1969

此外,居延簡中還有少數病名,由於簡文不清,無法辨認(如《居》5855 的病名似爲“肋雍(臃)種(腫)”,但不能確定)。

二、醫 藥 情 況

漢代邊塞的烽燧一般都備有藥物。有一條簡文說:

(36) 臨之燧長安爲部市藥,詣官封符,八月戊戌平旦入　　居甲 1560

在邊塞候望系統中,候長所轄的範圍稱部,一般包括五至八個燧,候長駐於其中的一個燧。部的上一級爲候官,也可以簡稱爲官,一個候官統轄好幾個部(參看陳夢家《漢簡所見居延邊塞與防禦組織》,《考古學報》1964 年 1 期)。上引簡文記臨之燧長爲了給他所隸屬的部買藥,到候官治所去請求發給出入關的符(即通行證)。

《居甲》1991(《居》1635)是一枚"守御器簿",上面分條記着某一個燧所有的各種守御器(參看徐元邦等《居延出土的"候史廣德坐不循行部"檄》,《考古》1979 年 2 期 175—176 頁)。其中最後一項是"藥咸一,橐三"。《周禮·伊耆氏》"共其杖咸"鄭注:"咸讀爲函。"簡文藥咸當讀爲藥函,即盛藥的木匣。在敦煌玉門候官所屬的顯明燧遺址裏曾發現一個木函蓋,上書"顯明燧藥函"五字,可證。由此可見,邊塞各燧一般都備有藥物。

有的簡文提到"官醫"。

(37) 臨木候長報官醫張卿,卿前許爲問事,至今未蒙教

居甲 921,居 5776

這是臨木候長寫給官醫張卿的信。官醫當是候官治所的醫生。一個燧的吏卒通常只有三、四個人,估計一般的燧不可能有專職的醫生。候長所治之燧是否有醫,有待研究。

上引第 13 條簡文說:"……癸未醫行☑",此外提到"醫"的簡文尚有以下幾條:

(38) ☑爲故第卅六燧長司馬章所傷,病,醫宋(?)昌(?)治,飲藥　鉼庭候長羅寧主　　居甲 599,居 2772

(39) ☑延就醫藥,敢言之　　居 4802

(40) ☑無醫治故不起病☑　　居 4720

從最後一條看,由於缺乏醫生而把病耽誤的情況,在當時大概是比較常見的。

簡文所見的醫療方法,最常見的是飲藥,除上引第 8、9、12、13、38 諸條外,尚見

於以下諸條:

(41) ……府貫季卿飲藥一齊(劑)……

居6759(此簡圖版不清,釋文據勞榦)

(42) 遣尉史承祿賫(?)七月吏卒病九人飲藥有瘳名籍詣府,會八月旦

居甲1649,居5858

飲藥多以劑爲單位,應該是指飲湯藥。至於第4條的傷寒四物方,從"以溫湯飲一刀圭"語來看,似是製成藥粉用溫開水吞服的。

上引第20條有"丸藥卅五"之文,下引藥方殘文也是講丸藥的:

(43) ☐大(?)如梧實,先餔食吞五丸 居3051

外傷或敷膏藥,見上引第33條。

此外,簡文中還有關於針灸的記載,如:

(44) ☐久(灸)脛,刺廿鍼 居4533

簡文中除上引傷寒四物方和丸藥方外,還有一些藥方殘文,現在也抄在下面:

(45) ……蜀椒四分,桔梗二分,薑二分,桂☐ 居9731

(46) ☐甘草五[分]☐ 居2187

(47) ☐并合和以方寸匕☐ 居甲1885,居1614

(48) ☐方用曾青☐ 居2255

總的來說,當時邊塞的醫藥衛生條件大概是很差的。這從戍卒生病者之多就可以看出來。有一條記戍卒勞作人數的簡文說:"初作,其九人養,二人作長。今年卒多病,率日廿人病,定作六十……"(《居甲》1540,《居》5039)。九十多個卒,九人當炊事員,二人當工長,平均每天二十人生病,因此實際勞作的人只有六十個或六十多個。雖説這屬於"今年卒多病"的特殊情況,但病人竟經常占總人數的五分之一以上,實在使人吃驚。還有一條簡文說:"十六人居署疾死……"(《居甲》2194,《居》1736),可惜由於上下文不全,計算不出病人的死亡率。秦末陳勝號召謫戍漁陽者起事時,說戍卒"戍死者固十六七"(《史記・陳涉世家》)。戍死者應該有很大一部分是病死的。漢代的情況也許不像秦代那樣嚴重,但戍卒病死者肯定不會少。

1972年以來甘肅省博物館又發掘了大量居延漢簡,可惜尚未發表,無法在此引用。

附：耿鑒庭先生跋

丙申之秋，余曾參閲數種漢簡書籍，釋其有關醫事、缺文不多辭句易解者，寫成《漢簡裏的醫藥疾病資料》，載於《江西中醫藥》1957年4月號。内容計分八類，第一類爲醫方，第二類爲藥名鱗爪，第三類疾病的記載，第四類爲《倉頡篇》有關疾病之句，第五類軍用藥函，第六類軍隊患病名册，第七類軍隊負傷的記錄簿，第八類獸醫。

今歲初春，裘君錫圭，以《居延漢簡中所見的疾病名稱和醫藥情況》一文見示，一如文題所云，分爲兩大類，其分類與取材多與拙作不同，而在文字學方面，則多附精闢見解，如釋炅字，即其一例。查清代考據學盛興，以校勘訓詁之學研討中醫古籍。成書單行者，有胡荄甫先生。成篇或散見者，有俞理初、俞曲園、孫詒讓、張孟彪、于香草諸先生，近代江蘇鹽城孫蜀丞先生亦有劄記若干條，頗精湛。今又觀裘君大作更覺辨析入微，爰綴數言以致拳拳之意。

庚申冬日揚州耿鑒庭跋於全國中醫中心圖書館中醫典籍研究室

附識：

1980年耿鑒庭先生囑寫此文，謂將在某雜志上發表。耿先生並爲小文寫了跋。後來，耿先生説此文無法在雜志上發表，遂由他請人刻了數十份，供醫史界參考。此文至今未曾公開發表過，今據原樣印出。

2008年9月11日作者識

原載《中醫藥文化》2008年6期，今據以收入。

關於新出甘露二年御史書

初仕賓同志《居延簡册“甘露二年丞相御史律令”考述》(《考古》1980 年 2 期 179—184 頁。以下簡稱“初文”),爲我們詳細介紹了 1973 年肩水金關出土的一份重要文書,讀後得益甚多,同時也感到在釋文和解釋方面還存在一些問題。現在簡單談談我們的一些意見,不妥之處希望初仕賓同志和讀者們加以指正。

本文分兩部分。第一部分是文書的釋文和注釋。我們的釋文在釋字和標點方面都與初文有不少相異之處。但是,在作釋文的過程裏,從初文得到的幫助仍然是很大的。有些字在圖版上很模糊,如第二牘第二行最末的“長安”二字,如果沒有初仕賓同志的釋文,我們是認不出來的。注釋力求減少條目。凡初文已經解釋清楚的問題,一般不再加注。本文釋文與初文不同之處,不準備一一指出,讀者可以自己作比較。本文第二部分專門討論這份文書的名稱以及漢朝政府發出這份文書的目的。

一

甘露二年五月己丑朔甲辰朔(此字衍),丞相少史充、御史守少史仁以請詔有逐驗①

---

① “請詔”之語屢見於漢代文獻。《漢書・宣帝紀》黄龍二年詔:“諸請詔省卒徒自給者皆止。”《居甲》1175A:“守大司農光禄大夫臣調昧死言:守受簿丞慶前以請詔使護軍屯食,守部丞☐(下略)。”《冀州刺史王純碑》:“君請詔究豫,督趣軍糧。”(《隸釋》卷七)請詔應該是請求詔許或經皇帝批準的意思。《王純碑》的“請詔究豫”當是“請詔使究豫”的省文(《後漢書・第五倫傳》附《第五種傳》:“以司徒掾清詔使冀州”,李賢注引《風俗通》:“汝南周勃辟太尉,清詔使荆州”,“清詔”都是“請詔”之訛,可參閲)。簡文“有逐驗”,居延破城子所出同一文書另一抄本的一片殘牘作“所逐驗”(初文 179 頁)。肩水金關所出的這份抄本,書法潦草,内容有删節(看注③),文字當不如破城子殘牘可靠。簡文自“丞相少史充”至“移郡太守”爲一句,意思是説:丞相少史充、御史守少史仁爲了已得皇帝批準加以逐捕追查的犯大逆無道罪的故廣陵王胥御者惠的胞妹,故長公主苐卿大婢外人的事,移文給各郡太守。

大逆無道故廣陵王胥御者惠同産苐(弟),故長公主苐卿大婢外人,移郡太守:逐得試(識)知外人者,②故長公主大奴千□等曰:外人,一名麗戎,字中夫,前太子守觀奴嬰齊妻。前死。③ 麗戎從母捐之字子文私④男苐(弟)偃,居主馬市里苐(第)。⑤捐之姊子,故安道侯奴林,⑥取不審縣里男子⑦字游⑧爲麗戎聟(婿),以牛車就(僦)載藉田倉爲事。始元二年中,主女孫爲河間王后,與捐之偕之國。後麗戎、游從居主柧(?)莽(?)苐(第),養男孫丁子□。元鳳元年中,主死,絶户,奴婢沒入諸官。⑨麗戎、游俱亡。麗戎脱籍,疑變更名字,遠走絶迹,更爲人妻,介罪⑩民閒,若死,毋(無)從知。麗戎此時年可廿三、四歲,至今年可六十所。爲人中壯,黄色,小頭,黑

② "試"、"識"皆之部字,古音極近,所以"試"可借爲"識"。馬王堆帛書《戰國縱横家書》第十六章"不試禮義德行"、"此天下之所試也"、"而王弗試則不明"三句(文物出版社出版《戰國縱横家書》58 頁),皆以"試"爲"識",與此同例。下文"故長公主大奴千□等"即"識知外人者"。初文把"逐得試知"作爲一句,是不正確的。

③ 破城子新出同文殘牘,此句作"嬰齊前病死"(179 頁)。金關出土的這份抄本删去"嬰齊""病"三字,遂致文義不明。

④ 此字暫從初文釋,究竟是不是"私"字尚待進一步研究。

⑤ 漢隸"艸"頭、"竹"頭往往不分,"苐"其實就是"第"的簡寫。"居主馬市里第"與下文"居主柧(?)莽(?)第"文例相同。第指長公主的府第。馬市里和"柧(?)莽(?)"是府第的所在地。

⑥ 初文釋此字爲"杜",與字形不合;又把"杜"字與下面的"取"字連起來講,也缺乏根據。古書裏只有"杜撰"、"杜造",並無"杜取"之說。而且"杜撰"一語的起源雖有種種不同說法,但其出現肯定大大晚於漢代,怎麽能引來說明西漢簡文中的"杜"字呢?我們釋此字爲"林",也可能不確,不過可以肯定這是"捐之姊子故安道侯奴"的名字。

⑦ "不審"是漢人常用語,意爲不知道、不清楚。不審縣里男子即籍貫不明的男子。《居》4534 有"同縣不審里"之語,可相比較。西漢簡"審"多作"㝓"(銀雀山漢簡屢見),《急就篇》皇象章草本"審"作 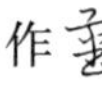,也不从"田",與此簡"審"字相近。居延漢簡還屢見"不審日"之語(《居甲》115、1543、《居》3720),意即某一天。《居甲》115"不審日"的"審"作"㝓",勞榦和《居甲》釋文都誤釋爲"害"。陳槃《漢晉遺簡偶述》有"不害日"一條(《歷史語言研究所集刊》十六本 313—314 頁),就是據勞榦錯誤的釋文立説的,附正於此。

⑧ 此字本作"洊",爲"游"字簡寫,漢簡屢見,但長期以來被誤釋。如《居甲》1570 誤釋"游徼"爲"洊徼",《居》6623 誤釋"游徼"爲"深徼"。漢代人名喜用"游"字,如稱"游"、"游君"、"子游"、"游卿"等(中華書局出版《漢書人名索引》30 頁王游,282 頁史游,98 頁邴游君,211 頁李游君,333 頁劉游君,80 頁張子游,235 頁蘇游卿,326 頁馬游卿)。《居甲》947 有令史游,803 有孫游君,396A 有狛游君,1527B 有山(?)游君,1040 有子游,914 有董子游;《居》9166 有游卿。這些"游"字全都被誤釋爲"洊"。

⑨ 《史記·平準書》:"其沒入奴婢分諸苑養狗馬禽獸,及與諸官。"可見"奴婢沒入諸官"是漢代慣例。初文釋"諸官"爲"詣官",非是。

⑩ "罪"上一字從字形看是"介",但"介罪"不好講。這份文書的抄寫人文化水平不高,可能"介"是"兆"的誤寫。漢代文字"兆"或作 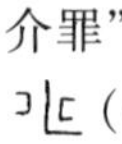(《金文續編》3·12 下),"姚"所从之"兆"或作 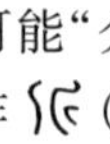(同上 12·4 上),寫法都與"介"字比較相近。"兆罪"讀爲"逃罪"。

髮,隋(橢)面,栒(鈎)頤,⑪常戚(蹙)頟(額)如頻(顰)狀,⑫身小長,詐瘣⑬少言。書到,二千石遣毋(無)害都吏嚴教屬縣官令以下,嗇夫、吏、正、父老,⑭雜驗問鄉里吏民,賞(嘗)取婢及免婢以爲妻,年五十以上,刑(形)狀類麗戎者。問父母昆苐(弟),本誰生子? 務得請(情)實、發生從(蹤)迹,毋督聚煩擾民。⑮ 大逆同産當坐重事,推迹未窮,毋令居部界中不覺(?)。得者書言白報,以郵亭行,詣長安傳舍。重事當奏聞,必謹密之,毋留,如律令。

六月,張掖太守毋適、丞勳敢告部都尉卒人,謂縣,寫移書到,趣報,如御史書律令,敢告卒人/掾□、守卒史禹(?)、置佐財。⑯

七月壬辰,張掖肩水司馬□以秩次兼行都尉事,謂候、[城尉],⑰寫移書到,[搜]索部界中,⑱毋有,以書言,會廿日,如律令/掾遂、守屬□。

七月乙未,肩水候福謂候長□□□□,寫[移書到,搜索]部界中,毋[有],以書言,會月十五日,須報府,⑲毋□□,如律令/令史□。

---

⑪ 鈎頤疑即尖下巴。初文釋"頤"爲"頸",非是。

⑫ "戚"字,簡文作。漢印"戚"作(《漢徵》12·17下)。《楊統碑》"戚"作。簡文"戚"字爲省變之體,讀爲"蹙"。"顰"古代只作"頻"。《易經·復卦》"頻復"注:"頻,頻蹙之貌。"《孟子·滕文公下》"己頻顣曰"。初文釋"戚頟如頻狀"爲"低額如顯狀",非是。

⑬ 疑"瘣"當讀爲"鬼"。《方言一》:"虔,儇,慧也。……自關而東趙魏之間謂之黠,或謂之鬼。"

⑭ 正指里正,父老指里父老。"吏"在嗇夫與正之間,疑指嗇夫以外的鄉吏,如鄉佐、游徼。

⑮ 《論集》編按:許青松同志謂"督聚"當讀爲"督趣",並引《漢書·成帝紀》"持節督趣逐捕"爲證,可從。本文注①所引王純碑亦有"督趣軍糧"語。

⑯ 置佐爲一種佐史。《居甲》381:"置佐桼(秦?)威寧。"《居》1038、8623皆有"置佐遷"(遷爲人名,8623"佐"字勞榦未釋),8451亦有"置佐"(勞榦誤釋置尉)。初文釋"置"爲"國",屬上讀,非是。

⑰ 此二字僅存左側少數筆畫,初文補作"塞尉"。"尉"字可信。上一字殘存筆畫確似"土"旁,但如爲"塞"字,"土"旁不應在左。《居甲》88:"閏月丁巳,張掖肩水城尉誼以近次兼行都尉事,下候、城尉,承書從事下當用者,如詔書。"文例與此簡同,據此將"尉"上一字定爲"城"字。

⑱ "索"上一字殘存筆畫甚少,初文補爲"逐"字。今案:漢簡中常見"搜索部界中"之語,如《居甲》1016"……書到,遣都吏與縣令以下逐捕,搜索部界中疑亡人所隱匿處",《居甲》1316"……搜(《居甲》誤釋"使")索部界中□亡人所依匿處"。此處"索"上一字也應是"搜",從殘存筆畫看似本作"叜"。《漢書·趙廣漢傳》"直突入其門,叜索私屠酤",亦以"叜"爲"搜"。《流》烽燧類45有"雜叜索部界中"之語,王國維釋文前四字皆誤,最近看到李均明同志對《流沙墜簡》釋文的校正,已加改正。

⑲ "須"當等待講。"須報府"意謂等待下級的報告以向都尉府彙報。漢簡中此類用法的"須"字常見(參看《關於新發現的居延漢簡的幾個問題》,《中國史研究》1979年4期106頁)。

二

初文把這份文書稱爲“甘露二年丞相御史律令”（見標題，又 180 頁左欄八至九行），是不妥當的。

這份文書的最末一句是：“……毋留，如律令。”“如律令”是漢代文書結尾的常用語，意謂按照律令行事（參看陳槃《漢晉遺簡偶述》“如律令”條，《集刊》十六本 338 頁）。漢簡所見文書以“如律令”收尾者，數不勝數。我們不能因此就把這些文書看作律令。這份甘露二年文書採取由丞相少史、御史少史“移郡太守”的形式，文書內容講的是通緝大逆同產亡婢外人的事。這只不過是一種移文，怎麽能稱爲律令呢？

張掖太守將這份文書寫移給都尉府的時候，加了一段公文套語，其中有“寫移書到，趣報，如御史書律令”之語。這只能説明這份文書可以稱爲“御史書”，並不説明這份文書是“律令”。

初文對於漢朝政府發出這份文書的目的，也有一些誤解的地方。

根據我們的釋文來看，這份文書所追查的只是亡婢外人一個人。外人本是蓋主的大婢。昭帝元鳳元年“主死絶户”之時，她趁機逃亡民間，一直沒被發現。將近三十年以後，由於她的胞兄故廣陵王胥御者惠犯了大逆無道罪，她又以“大逆同產”的身份受到追捕。按照漢律，“大逆不道，父母妻子同產皆棄市”（看《九朝律考・漢律考》75 頁）。簡文所説的“大逆同產當坐重事”，就是指此而言的。

初文由於對簡文有一些誤釋和誤解的地方，就得出了與我們不同的結論。

簡文開頭一段裏，“大逆無道故廣陵王胥御者惠”是“同產弟”的定語，“故長公主苐卿大婢外人”是“同產弟”的同位語。只要跟下文的“大逆同產”對照一下，就可以明白。但是初文却在“御者惠”後面加頓號，把“御者惠”和“大婢外人”二者看成是並列的，並認爲“大逆無道”“主要指廣陵王和長公主，外人等是參與其罪的從犯”（180 頁）。簡文“……務得請（情）實、發生從（蹤）迹，毋督聚煩擾民，大逆同產當坐重事，推迹未窮，毋令居部界中不覺（？）”這一段，本來是專門就追查外人而言的。初文把這一段誤釋爲：“……發主從（蹤）迹，毋□聚煩。復庇大逆，同產當坐。重事。推迹未罷，毋令居部家中不舉！”並把文義曲解爲：“清盡蓋主罪惡餘孽，勿使其重爲禍亂；私自容忍和包庇大逆罪的，連其兄弟一起治罪；都是關係重大的事，追查並未結束，不要讓罪人藏匿起來不予檢舉！”（183 頁）因此，初文得出了這份文書說明宣帝在“時隔三十年或已數年”以後,還“三令五申地追查蓋主、廣陵王謀反事”的結論(184 頁)。

應該承認,外人胞兄惠的大逆無道罪很可能跟廣陵王胥的事件有關。但是,外人的被追捕却並非由於她與廣陵王有任何關係,而僅僅由於她是惠的同産。外人作爲蓋主的大婢,在蓋主身死户絶之時本應没入官家,但她却跟丈夫一起潛逃民間,這也是有罪的。不過,這也並不等於她參與了蓋主的陰謀。相反,從這份文書裏一點也看不出官方有認爲外人參與了蓋主陰謀的意思。所以,把外人看作參與蓋主、廣陵王罪行的從犯,顯然是不妥當的。至於認爲這份文書說明宣帝於事隔三十年後,還在嚴厲追查蓋主謀反之事,就與事實離得更遠了。

《論集》編校追記:

此篇第一部分的釋文,原來把“麗戎”的“戎”誤釋爲“哉”(初文不誤),把“推迹”下的“未”字誤釋爲“求”(初文不誤),把“督聚”的“督”誤釋爲“趣”,把“都尉卒人”誤爲“都尉府卒人”,承于豪亮、李均明二位同志向我指出,今已改正。豪亮同志謝世已數年,思之淒然。

原載《考古與文物》1981 年 1 期,又載《古文字論集》,今據後者收入。

說 “薄 土”

江陵鳳凰山漢墓群出土遣策所記的陪葬物中屢見“薄土”,字亦作“溥土”。如167號墓遣策58號爲“薄土一枚”(《文物》1976年10期41頁),8號墓遣策169號爲“溥土一”(《文物》1976年6期74頁)。有的同志認爲“溥土”當讀爲“敷土”,就是《淮南子·墬形》所說的“禹乃以息土填洪水”的“息土”(李家浩《江陵鳳凰山八號漢墓“龜盾”漆書試探》,《文物》1974年6期64—65頁)。有的同志認爲“薄土,即簿土,載入簿籍的土地。它是死者生前私有土地的象徵物”(《江陵鳳凰山一六七號墓發掘簡報》,《文物》1976年10期35頁)。167號墓出絳紅色絹包裹的長方形土塊一塊,8號墓出盛泥土的竹笥一件(金立《江陵鳳凰山八號漢墓竹簡試釋》,《文物》1976年6期74頁)。這些泥土被認爲就是遣策所記的薄土。

我們認爲薄土應該是車上鋪墊用的一種東西,與泥土毫無關係。《急就篇》第十八章:“鞇靯韇鞍鑣鍚”,松江碑本作“茵茯薄杜簭鑣鍚”。碑本出於吳皇象本,應該較近於漢代原本。“杜”从“土”聲,《急就篇》的“薄杜”跟遣策的“薄土”無疑是一回事。《釋名·釋車》:“靯韇,車中重薦也。”《廣雅·釋器》“靯韇謂之鞇”,王念孫《疏證》:“靯韇,疊韻字。《廣韻》:鞣,他胡切。韇鞣,屧也。屧,履中薦也。韇鞣亦疊韻字。履中薦謂之韇鞣,猶車中薦謂之靯韇矣。”漢語雙音節單純詞的兩個音節或並列式雙音節複合詞的兩個詞素,其前後位置往往可以變動。前者如落拓——拓落,溟涬——涬溟,恍惚——惚恍,蔥蘢——蘢蔥。後者如菜蔬——蔬菜,衣裳——裳衣,人民——民人,朋友——友朋。因此,薄杜又稱靯韇,是毫不足怪的。王念孫所舉的韇鞣,音節次序也與靯韇相顛倒。

《廣雅》說靯韇就是鞇,但《急就篇》以鞇與靯韇並列,可見二者不是一種東西,《廣雅》的說法是不確切的。《急就篇》顔師古注:“鞇,車中所坐蓐也。”靯韇應是墊在鞇下面的薦。鳳凰山8號和167號二墓都陪葬軺車一乘,所以都需要薄土。8號墓遣策37號爲“豹首車絪”,絪(鞇)與薄土並用,與《急就篇》相合。絪是坐蓐,講究的用絲織品縫製,“豹首”是絲織品的花紋(《急就篇》“豹首落莫兔雙鶴”,顔注:

"豹首若今獸頭錦。")。又據鳳凰山168號墓遣策,該墓陪葬安車、軺車各一乘,與此相應,遣策所記薄土數也是"二"。這更可以確證薄土就是車中薦。

原載《文史》第十一輯(中華書局,1981),又載《古文字論集》、《裘錫圭學術文化隨筆》,今據《裘錫圭學術文化隨筆》收入。

漢簡零拾

本文討論的漢簡限於居延簡、敦煌簡等漢代戍邊吏卒所遺留下來的簡牘。出漢簡最多的居延地區（漢代居延都尉轄區）和大灣、地灣等地區（漢代肩水都尉轄區），都是漢代張掖郡的故地。習慣上將這些地區所出之簡統稱爲居延簡。本文所引居延簡，凡未加說明的，都屬1930年發現的第一批。引用這批漢簡時，通常既舉出其著錄號，也舉出其發掘號，發掘號置於著錄號之前。漢簡的幾種主要著錄書用簡稱。《居甲》指考古研究所《居延漢簡甲編》，《居》指勞榦《居延漢簡》（圖版之部1957年出版，考釋之部1960年出版。本文引勞榦的釋文和考證皆據此版），《流》指王國維、羅振玉《流沙墜簡》，《西》指張鳳《漢晉西陲木簡彙編》，《羅》指黃文弼《羅布淖爾考古記》。凡已見於《居甲》的居延簡，如無必要不再舉《居》的著錄號。文中提到的居延簡的具體出土地點，皆據《居甲》的"簡册索引"及陳夢家有關論文。爲了行文方便，在一般情況下對於兩行①和牘也一律稱爲簡。所引之簡的釋文中，原簡斷缺處用"▨"表示，不可辨認的字用"□"表示，據文義補出的字外加"[ ]"號。有些字雖然釋了，但把握不大，就在後面加"（?）"號。其中既有我們自己釋的，也有襲用《居》或《居甲》的釋文的，後者大多數是圖版中不清晰的字。釋文用字不嚴格按照原簡文，如烽燧的"燧"不寫作"㸂"、"隧"、"隊"，"願"不寫作"顛"。

一、椄　　櫝

居延都尉府甲渠候官所在地破城子出土的267·4號簡，是一種叫做"致"的文

---

① 兩行指能寫兩行字的較寬的簡。居延簡屢以兩行與札並提（《居甲》51、67、77、782等）。《獨斷》："三公以罪免，亦賜策……隸書以尺一木兩行"，"表者……文多用編兩行，文少以五行（五行即牘，《論衡·效力》"書五行之牘"）"。

書的標目,《居》4651 釋作:

·甲渠候官五鳳四年戍卒病不幸死用藁積君梟致

《居甲》1399 釋文同。這條釋文中"藁積君"三字都有問題。

爲了說明問題,必須從漢代對從軍而死的士卒的待遇談起。《漢書·高帝紀下》:

八年冬……十一月,令士卒從軍死者爲槥,歸其縣,縣給衣衾棺葬具。

顏注:

服虔曰:槥音衛。應劭曰:小棺也,今謂之櫝。臣瓚曰:……《金布令》曰,不幸死,死所爲櫝,傳歸所居縣賜以衣棺也。師古曰:初爲槥櫝,至縣,更給衣及棺,備其葬具耳。

陳邦懷先生《"居延漢簡甲編"校語》據上引《高帝紀》及注,指出《居甲》1399 釋文中的"積"字爲"櫝"之誤釋(《考古》1960 年 10 期 51 頁),十分正確。但是他沿用《甲編》"藁"字之釋,認爲"戍卒死,有櫝而無衣,故用藁薦裹屍於櫝中",[②]則可以商榷。

此簡"櫝"上一字本作,實即見於上引《高帝紀》的"槥"字的簡體。《急就篇》皇象章草本"槥"字作,馬王堆帛書《五十二病方》"嬰兒瘛"方"彗星"作"箕星"(《五十二病方》42 頁。《論集》編按:見《馬王堆漢墓帛書〔肆〕》五十二病方圖版 53 行,字作),可證。對"槥"字所从的"彗"稍加簡化,並將"木"旁移至下方(《急就篇》草書槥字"木"旁省横畫),即成此體。居延簡"槥"字屢見,寫法大都近於《居甲》1399,個别近於《急就篇》草書(如《居甲》1142)。《流》雜事類 15 號簡(有始建國年號)、銀雀山竹書《孫臏兵法·官一》也有這個字。前者寫法與《居甲》1399 略同。後者作,其"彗"旁當爲《急就篇》一類"槥"字的"彗"旁所從出之形。上引《五十二病方》借"槥"爲"彗"。馬王堆帛書《戰國縱横家書》第十二章,奉陽君李兑自稱爲"箕"(《論集》編按:見《馬王堆漢墓帛書〔叁〕》戰國縱横家書圖版 105 行,字作""),"槥"、"兑"也以音近相通(參看《戰國縱横家書》42 頁注㉘)。從上引資料看,在西漢時代,"槥"字"木"旁置於下方的寫法顯然是佔統治地位的。(《論集》編按:唐寫本《説文·木部》殘本之"槥"字篆文亦作""。又上引《孫臏

② 《居延漢簡考略》,《中華文史論叢》1980 年 2 輯 91 頁。

兵法》"楷"字見《銀雀山漢墓竹簡〔壹〕》圖版 416 簡。)

《急就篇》"棺槨楷櫝遣送踊",《漢書・元帝紀》(河平四年)"其爲水所流壓死不能自葬,令郡國給楷櫝葬埋",都將"楷櫝"二字連用,與居延簡同。

上引《居甲》1399 的"君"字,陳邦懷先生起初改釋爲"宗"(《考古》1960 年 10 期 51 頁),後來又改釋爲"泉"(《中華文史論叢》1980 年 2 輯 91 頁),以宗枲或泉枲爲人名。這個字其實是"帛"字,由於"巾"旁寫得比較草率,所以就不好認了。破城子出土的 176・54 號簡也以帛、枲與楷櫝並提:

> ☐九月簿餘楷櫝六具、帛六匹、絟(?)枲　　　　居甲 2537[3]

這種與楷櫝並提的帛、枲,顯然也是收斂死者所用的東西。帛大概是用來襯在楷櫝裏面或用來裹屍的。《説文・衣部》:"褙,棺中縑裏也",可知古人用絲織物作棺的襯裏。枲是用作捆棺的棺束的。《釋名・釋喪制》:"棺束曰緘。緘,函也。古者棺不釘也。"《墨子・節葬》:"榖木之棺,葛以緘之","桐棺三寸,葛以緘之"。《漢書・楊王孫傳》:"窾木爲匵(櫝),葛藟爲緘。"破城子所出 190・38 號簡説:

> 楷櫝毋減[4]六具・□☐　　　　居 5200

"毋減"應讀爲"無緘",即無棺束之意。

肩水都尉府肩水候官所在地地灣出土的 7・31 號簡,是關於處理一個病死戍卒後事的文書,其中也提到楷櫝用緘之事:

> ☐壽王敢言之:戍卒鉅鹿郡廣阿臨利里潘甲疾溫不幸死。謹與☐楷櫝,參絜堅約[5],刻書名縣爵里楷敦,參辦券書其衣器所以收　　　　居 1058

簡文中的"參絜"當指三束枲。漢代人稱麻、枲一束爲一絜。《説文・糸部》"絜,麻一耑(端)也",段注:"一耑猶一束也。"江陵鳳凰山十號漢墓出土的竹簡記"……枲四絜,絜七,直(值)廿八",[6]居延簡也有"出枲一絜"之語(《居》3285)。"參絜堅約"大概是把用作棺束的三束枲緊緊捆上的意思。(《論集》編按:本文原來誤釋簡文"堅"爲"盡",今據《甲乙編》釋文改正。)

---

③ 此簡《居》分作兩截,即 4293 與 4423 號。《居》和《居甲》的釋文都有錯誤,爲節省篇幅不一一指出,下同。

④ 此字寫法與《居甲》252"減"字相同。《居》未釋此字。

⑤ 此"約"字"勺"旁的一點用勾廓法。古文字中勾廓與填實每多無別,漢代文字有時尚如此,如"悤"既可作"忩"也可作"[illegible]"。

⑥ 《湖北江陵鳳凰山十號漢墓出土簡牘考釋》,《文物》1974 年 7 期 54 頁。

上引簡文又説“刻書名縣爵里槥敦”。“名縣爵里”是漢代常用語。《漢書·宣帝紀》地節四年九月詔:“其令郡國歲上繫囚以掠笞若瘐死者所坐、名、縣、爵、里。”槥敦疑即槥端。“敦”、“端”同聲母,韻部也相近(漢代韻文,真文與元通押之例常見)。《詩·豳風·七月》“有敦瓜苦”,《毛傳》:“敦,猶專專也。”以“專專”(即團團)釋“敦”,應爲聲訓。“專”、“端”都是元部字。“敦”與“端”,“敦”與“專”,都是一聲之轉。刻書名縣爵里槥端,就是把死者的姓名、爵級、籍貫刻在棺頭的意思。(《論集》編按:《玉篇·木部》:“橔,棺覆也。”疑簡文“敦”當讀爲“橔”,其制待考。)

“槥”字還見於破城子所出的其他幾枚簡。

157·20A:

> ☐戊辰朔丙子,甲渠塞尉元移南陽新野埻東里,瞿諸病死,爲槥一櫝,書到☐如律令　　居甲915

這大概是甲渠塞尉爲送亡卒槥櫝回鄉而發的文書的底稿。槥一櫝猶言槥一具。原釋文“櫝”字不誤,但“槥”字誤釋爲“秉”(在《居》和《居甲》的釋文中,“槥”字全都誤釋爲他字)。

18·21:

> 菅槥各一　　居8298

此四字較小,位置緊挨簡的左側。《居》釋作“簡筆各一”,非是。“菅”、“管”二字漢隸多不分,在此似當讀爲“棺”。此簡下部緊挨左側尚有二字,下一字不可辨,上一字頗似“行”字右半,所以此簡可能是一枚較寬的簡的右半邊,疑與運輸棺槥之事有關。

206·23:

> □復袍一領　皁復(?)絝(袴)一兩　□□□一　白革履一兩　白布衿(?)褕一領　·右在官　白布單衣一領　白布單絝一兩　白布巾一　·右在槥中　　居甲1142

此簡所記當爲死者的衣物,所以白布單衣等已“在槥中”。破城子曾出一枚簿籍標目簡,文爲“·竟寧元年戍卒病死衣物名籍”(49·17+217·76,《居甲》351),不知206·23號簡是否即此類名籍的遺簡。

上引7·31號簡有“參辨券書其衣器所以收……”之語,可知戍卒死後還要爲其衣服器物作券。"辨"與"判"、"别"義同。《周禮・秋官・朝士》"凡有責者,有判書以治則聽",鄭玄注:"判,半分而合者,故書'判'爲'辨'。"同書《天官・小宰》、《秋官・士師》都提到稱爲"傅别"的券書,注引故書,"别"亦作"辨"或"辯"(辯、辨古通)。《士師》注引鄭司農云:"'傅'或爲'符','辯'讀爲風别之'别',若今時市買,爲券書以别之,各得其一,訟則案券以正之。"《釋名・釋書契》:"莂,别也。大書中央,中破别之也。"簡文所説的"參辨"也見於《秦律・金布律》:

> 縣、都官坐效、計以負賞(償)者,已論,嗇夫即以其直(值)錢分負其官長及冗吏,而人與參辨券,以效少內,少內以收責之。其入贏者,亦官與辨券,入之。
>
> 《睡虎地秦墓竹簡》61 頁

秦簡整理小組注:"辨、分。參辨券,可以分成三份的木券。"(同上 62 頁)其説可從。

破城子曾出如下一簡:

> 戍卒觻得□里毋□建國病死 官襲一領 錢二百卌 / 官絝一兩 / 絑(袜)一兩 初元五年九月(下略)
>
> 287・24,居 5489

簡左側有二齒,應爲記死卒衣器的券,但不知是不是辨券。敦煌簡中有下引一殘簡:

> 戍卒潁川郡長翹里韓赤病死 官阜復絝一兩
>
> □□□□□□ 西 51・4

【編按:石繼承指出,查原簡"潁川郡"下尚有"陽翟邑"三字,"長翹里"之"翹"實爲"堯"字,"長"字之釋亦可疑】

此簡下端殘去,右側有殘損。左側是平直的,但"官阜復絝一兩"左側一行小字只剩右邊三分之一左右,可見也不是書寫時的原狀。從斷口情況看,很像是有意剖開的。再從上部字形較大的一行字與下方小字的位置關係來看,右側大概也曾經剖去一條。所以這一簡也許有可能就是參辨券的中間一塊。當然,也有可能是由於某種原因而被剖開的"戍卒病死衣物名籍"的殘片,而不是券。這類很像是書寫後有意剖開的記衣物的簡,在破城子也出了一些,如 317・28(《居》5365)、35・15

(《居》7982)、35·21(《居》7981)、217·30(《居甲》1209)等。317·28右側並有券齒。

本文開頭所引的267·4號簡,是一種叫做"致"的文書的標目。漢代的致不止一種,致物於人所用的文書以及領物所用的文書都叫做致(參看本文"致"條)。"甲渠候官五鳳四年戍卒病不幸死用槥櫝帛枲致",當指五鳳四年中甲渠候官屬下各部爲病死戍卒領取槥櫝帛枲的那些文書。

二、邸　閣

王國維《觀堂別集》卷一有《邸閣考》一篇,謂"古代儲峙軍糧之所,謂之邸閣,其名始見於漢魏之間",文中列舉古書和古印中關於邸閣的資料頗爲詳備。[7] 勞榦《居延漢簡考證》也有"邸閣"一條。他由於看到破城子出土的267·17號簡"言以卒守邸",對邸閣的起源有所討論。他說:"邸與邸閣,文獻所見較晚,然據此簡則至晚東西漢間已有之,蓋邊塞之邸惟有邸閣,不得有邸舍之邸也。自三國以後,軍事頻仍,邸閣遂常見於內地。"又說:"閣之本義爲樓閣,爲閣道……儲糧之邸略同於閣,故亦曰邸閣矣。"(《居延漢簡》考釋之部《考證》46頁)勞氏的這些意見是有問題的。

勞氏所引的267·17號簡在《居》的釋文裹編爲4670號,全文如下(亦即《居甲》1405):

(1) 八月丁丑鄣卒十人

其一人守客　二人馬下　一人吏養
一人守邸　一人使
一人取狗湛　一人守園[8]
一人治計　一人助

"一人守邸"之前一行的"客"字,其實應釋爲"閣"。由於所从之"門"用簡體,看起來很像"客"。下文要引到的28·13、257·9、257·24等簡的"閣"字,寫法與此略同,都被勞氏誤釋爲"客"。破城子所出139·39A,文例與上引267·17相同,簡文以"一人守邸"與"一人守閣"並列:

⑦ 王氏所舉渭城邸閣督印疑是渭陽邸閣督印之誤,見《十鐘山房印舉》2·38下。又傳世有臨菑邸閣督印(《漢徵》1·16下引),王氏漏舉。

⑧ 《居》釋文中此字誤作"圍",據勞氏《考證》45頁改正。

(2) ☐省卒三人 其一人守邸 一人守閣 一人馬下 一人門(?) (下略) 居3955

這一簡的"閣"字寫得很清楚,勞氏自己也釋作"閣"。這是《居》4670 釋文中的"客"字爲"閣"之誤釋的確證。不知勞氏講邸閣的時候,爲什麽竟把這一簡給忽略了。上引二簡都出土於甲渠候官治所,從字體看都是西漢簡。由此可見西漢時代在邊塞候官的治所同時設有邸和閣。

從有關簡文看,閣顯然是存放東西的地方。

破城子出土的28·13號簡記戍卒從守閣卒名積(?)者領取食鹽:

(3) 入鹽八斗七升 給(?)餅庭部卒卅人閏月食 陽朔五年正月辛亥第卅三卒夏奇第卅四卒范客子受守閣積(?) 居甲214

閣既然存放食鹽,當然也不會不存放糧食。"守閣"之稱也見於同地出土的3·24號簡:

(4) ☐郭(?)卒十九人 鴻嘉二年十月丙辰守閣☐ 居8267

《漢書·朱買臣傳》有稱守邸者爲"守邸"之例,與簡文稱守閣者爲守閣如出一轍。

從居延簡看,戍卒的衣服錢物常常"閣官",即存放在候官處。⑨ "閣"(擱)這些東西的具體地點,無疑就是候官治所的閣。

居延簡中屢見戍卒衣物名籍的散片。破城子出土的214·93(《居》7344)殘存三排衣物名,第二排末一行作"·右十一物閣官"。大灣出土的509·26(《居甲》2049)記戍卒史國的衣物。在九種衣物裏,有兩種注明"不閣"("縣官裘一領不閣","縣官革□二兩不閣"),其餘各種應該都是閣官的。此外提到閣衣物的還有以下二簡:

(5) ☐二、官裘一、絝一,閣☐ 146·23,居1082

(6) ☐絈八兩,省殄北,未閣衣裘☐言之。 259·14,居5702

布肯托尼(漢代屬卅井候官)曾出土寫有下引文字的一塊簽牌:

(7) 驩喜燧車又車卒許勃所假具弩一,有幡,韓羌爲閣。 83·5A,居7468

---

⑨ 在居延簡、敦煌簡中,單稱"官"一般指候官,例不勝舉。

可知有時戍卒把從公家借來的武器也存放在閣中。

下面所引的是與閣錢有關的幾條簡文:

(8) 第卅二卒宋善　五月辛酉自取卩(此數字潦草。"卩"爲記號)　畢(此字潦草)　錢二千　卩　九月戊辰閣　206·8,居甲1135

(9) 鄣卒許鎮　畢(此字潦草)　□　錢千六百　卩　五月丙寅自取(此數字潦草)　□☐　285·21,居甲1554

(10) 臨桐卒王博士　畢(此字潦草)　錢千　五月丙辰自取卩取(此數字潦草)　九月己巳閣　326·21,居甲1701

(11) 第卅八卒纍忠絝一兩,直(值)七百,其五百閣　其二百☐　82·11,居甲473

這幾枚簡都出於破城子。前三簡從格式字體和所記内容看,很可能本屬一册,當是甲渠候官所屬戍卒在候官治所的閣中存錢的名籍。簡文中寫得比較潦草的那些字,大概是錢被取走時填寫的。

在與"閣"有關的各條簡中,下引264·11號簡最值得注意:

(12) 甲渠候官　吏奉錢十五萬七百　私橐二百廿二
卒閣錢六萬四千　八月見穀
卒吏錢已發(此行圖版不清,據勞釋)　居4062

這一簡所記各物,應該都是存放在甲渠候官的閣中的。私橐當指戍卒的衣橐。甲渠候官治所破城子和肩水候官治所地灣等地,出了不少戍卒衣橐的封檢,如34·15(《居》7649)、326·8(《居》7429)、210·26(《居》4766)、100·1(《居》978)、179·2(《居甲》1018)等,大概就是戍卒衣橐閣官時所用的。上引這一簡所記的戍卒所閣的錢和私橐的數字都相當大。可知戍卒把暫時用不著的錢和衣物存在候官治所的閣中,是一種普遍現象。從吏俸錢和八月見穀這兩項看,從倉庫裏領出來的糧食和俸錢等物,大概通常也是存放在閣中的。我們在前面曾根據戍卒從守閣者領取食鹽的簡文,推斷閣也存放糧食,與此可以互證。

此外,與"閣"有關的簡文尚有以下數條:

(13) 雜予閣,謹以文理遇士卒,勿令冤失職(下略)　10·40,居甲100

(14) 新(?)始建國地皇☐卒閣名□☐　61·12,居9981

(15) 正月乙酉之官受閣　257·9,居4381

(16) 入閣　士吏千秋　257·24,居4387

(13)似是告誡屬下官吏善待士卒的文書,"……雜予閣"這一句雖然文字殘缺,但可以看出意思大概是說,對士卒閣物的要求應該滿足。(14)所說的"……卒閣名……"當指戍卒閣物的名籍,如前舉戍卒閣錢名籍之類。

居延簡中關於邸的簡比較少。除了前面引過的(1)、(2)兩簡以外,只找到如下一簡:

(17) ☐　守邸　第十七　258·9,居4250

這一簡也是出於破城子的。(《論集》編按:41·35即《居甲》317記:"居延候官定居燧長王□食,告曰:載肩水吏,逐亡卒。它毋所過,邸並河☐"。此簡"邸"字不知是否指邸閣之邸。)

見於居延簡的邸和閣是同時並設的。閣既然是存物之所,按理說邸就不大可能也是存物之所。《說文·邑部》:"邸,屬國舍。"《漢書》裏屢次提到設於京師的郡國邸和蠻夷邸,"邸"字正用此義。《水經·渠水注》說陳城內有東漢陳國相王君造四縣邸碑,可見郡國也可以爲屬縣設邸。官邸、旅邸的"邸",意義也與"邸"的本義相近。候官治所經常有下屬各部、各燧的吏卒來往,簡文提到的邸應該就是供這類人住宿的,其性質正與京師的郡國邸、郡國的縣邸相類。勞氏忽略了簡文裏屢次提到的閣,又主觀斷定邊塞不可能有邸舍,因此就得出了見於簡文的邸相當於後來的邸閣的錯誤結論。

在古代,存放東西的木板架子叫做閣。《禮記·內則》"大夫七十而有閣",鄭注:"閣,以板爲之,庋食物。"大規模的編木而成的棚棧也叫閣。《廣雅·釋宮》"棚、棼、栽、棧,閣也"(文字從《疏證》本),王念孫《疏證》:"《衆經音義》卷十四引《三倉》云:棚棧閣也,又引《通俗文》云:連閣曰棚。《九章算術·商功章》:負米往來七十步,其二十步上下棚除。劉徽注云:棚,閣也。除,邪道也。"指存物木架和棚棧的"閣",引申爲指儲存東西的建築的"閣",是極其自然的。勞氏認爲儲糧的邸閣由於建築與樓閣、閣道相似而得名,似嫌迂曲。

"邸"和"閣"這兩個名稱,本來是分別指一種供來往的人住宿的地方和一種專門存放東西的地方的。但是,住宿的人往往有隨身攜帶的東西需要存放。如果這個人是爲公家運送東西的官吏,或帶着大量貨物的商人,存放東西就顯得比住宿更爲重要。事實上一定有不少邸是同時起閣的作用的。"邸閣"這個名稱大概就是在這種背景下産生的。《文選》卷三十八任昉《爲范尚書讓吏部封侯第一表》李善注引《東觀漢記》:“上(指劉秀)初學長安,南陽大人賢者往來長安,爲之邸閤,稽疑。資用乏,與同舍生韓子合錢買驢,令從者僦,以給諸公費。”“閤”、“閣”二字古書往往相混。“邸閤”應即“邸閣”。“爲之邸閤”,是說劉秀熱情招待到長安來的同鄉的“大人賢者”,給他們準備安頓的地方。看來,“邸閣”這個詞有可能在東西漢之交就已經出現。後來,“邸閣”又逐漸演變爲與邸無關的、儲存糧食等物的閣的專稱。這一過程還有待研究。

三、從漢簡反映的關於用車運糧的情況談《九章算術》的史料價值

居延簡裏有很多關於用車運糧的資料,每車所載糧食一般爲二十五石:

(1) 入粟大石二十五石 車一兩(輛)
輸甲溝候官 始建國五年六月 令史 受訾(貲)家當遂里王護 16・2,居5077

(2) 入粟大石二十五石 車一兩
輸候官 始建國六年二月己丑將轉守尉⧄ 266・32,居甲1393

(3) 入粟大石廿五石 十二月丁(?)亥令史□受陽里王宣 33・3,居甲225

(4) 入粟大石廿五石 車一兩 正月乙未⧄ 156・22,居甲899

(5) 入粟大石廿五石 車一兩 ⧄ 59・2,居4419

(6) 入粟大石廿五石 ⧄ 154・26,居4488

(7) 入粟大石七十五石 ⧄ 52・23,居3719

(8) 入粟大石百石 車四兩
尉史李宗將 ⧄ 122・6,居2785

(9) 觻得常樂里王禹 尉將 車二兩麥五十[石] ⧄ 253・5,居483

(10) ⧄載肩水倉麥小石卅五石輸居延 75・25,居2891

(11) 第十部吏一人 載穀三十斛致官 ⧄ 95・12,居4792

(7)的車數已殘去,以每車二十五石計,七十五石正合三車之數。(10)、(11)未言車數,從所載糧食數字看,都應該是一車。漢代小石等於大石的十分之六,⑩(10)的小石卅五石相當於大石二十一石,比常規數字少四石。(11)的三十斛則多出五石(斛、石都相當於十斗)。(11)明記是第十部戍吏自運。(10)從殘存文字看,似乎也是記吏卒自運之事的。這兩車所載糧數與常規不合,可能與此有關。僱傭的僦人和服役的將車者輸送糧食的時候,大概一般比較嚴格地遵守二十五石一車的常規。

大灣曾出過一些本屬於一册"將轉守尉所賦僦人錢名"的散簡:

(12) 出錢千三百卌七　賦就(僦)人會水宜祿里蘭(?)子房一兩

506·27,居甲 2015

(13) 出錢千三百卌七　☐　502·8,居甲 1934

(14) 出錢四千七百一十四　賦就人表是萬歲里吳成三兩半

已入八十五石

少二石八斗三升　505·15,居甲 1961

(15) ·右八兩　用錢萬七百七十六　506·11,居甲 1998

(16) ·右凡十二兩　輸城官　凡失折秏五十九石三斗

505·36,居甲 1981(此簡或不屬此册)

(17) ·凡五十八兩　用錢七萬九千七百七十四　錢不𠙶就(僦)☐

505·20,居甲 1964

(18) ·元延四年八月以來將轉守尉黄良所賦就人錢名

506·26,居甲 2013

(14)的車數爲三兩半,按一車二十五石計算,共應載八十七石半。簡文記"已入八十五石,少二石八斗三升",兩數相加爲八十七石八斗三升,比推算的數字只多三斗三升。可知這批僦人所將之車,也以每車載二十五石爲常規。從(12)至(15)四簡看,各車僦費是相同的。(14)、(15)所記錢數除以車數而得出的數字,都與(12)、(13)所記一車僦費數相合(14 的半車,僦費本應爲六百七十三錢半,實際算六百七十三錢)。(17)的字體不如其他各簡工整,但從簡形和内容看,似仍應屬於此册。此簡似是全册的總結簡。按每車僦費 1347 錢計算,五十八車共合 78126 錢,簡文

---

⑩ 看高自强《漢代大小斛(石)問題》,《考古》1962 年 2 期。

所記用錢數較此數多出 1648 錢。這樣看來,這批車的僦費又好像並不完全一致。不過,五十八車才差了 1648 錢,出入應該説是很小的。這批車的僦費絶大多數應該是每輛 1347 錢。如果各車僦費很不一致的話,遺留下來的記僦費的(12)至(15)四簡不可能恰好都屬於一類。(18)是此册標題。

以上所述由居延簡看到的關於用車運糧的情況,與《九章算術》裏反映的情況非常相似。

《九章算術・均輸章》有如下一題:

> 今有均輸粟:甲縣二萬五百二十户,粟一斛二十錢,自輸其縣……戊縣五千一百三十户,粟一斛一十三錢,至輸所一百五十里。凡五縣賦,輸粟一萬斛。一車載二十五斛,與僦一里一錢。欲以縣户賦粟,令費勞等,問縣各粟幾何?

此書他處講到輸粟的時候,也都以一車二十五斛爲計算標準,跟居延簡正好相合。上舉大灣所出簡記每車僦費爲 1347 錢,這樣不整齊的數字也只有用“與僦一里一錢”這種以里計費的辦法,才能算出來。由此可知,《九章算術》算題裏假設的情況,的確是漢代實際情況的反映。這本書不但是我國古代數學的經典著作,而且還是我們研究漢代社會的重要史料。

錢寶琮先生根據《周禮》鄭注和《後漢書・馬援傳》,推定《九章算術》的編定年代在公元第一世紀的後半個世紀,也就是在東漢前期(錢氏校點《算經十書》84頁)。這個結論是頗爲可信的。《九章算術》在講到糧食數量時稱斛不稱石。這一點也可以證明它確是在東漢時代編定的。

從漢簡看,西漢時代通常稱十斗爲一石。王莽時代有時稱石,有時稱斛。稱石之例已見上引(1)、(2)兩簡。稱斛之例見下:

(19) 城倉以見已入正月食　載麥百二十斛　付甲溝給吏□十(?)人二月☒
長吏□□

210・13,居 279 頁,缺號,參看居 4747

(20) □正月禄用鹽十九斛五斗　154・10,居 4502

(19)稱甲渠爲甲溝,這是王莽簡的明顯標誌。此簡糧食數爲百二十斛,當載五車,每車合二十四斛,與二十五石之數極爲接近。(20)稱俸爲禄,這種現象也以在王莽時代爲比較常見。新出居延簡中屬於建武初年之簡多稱“石”,如所謂“建武三年居延都尉吏俸穀秩别令册”(《文物》1978 年 1 期圖版陸)、“建武三年甲渠候官粟君所責寇恩事册”(同上 20—23 頁)。《流》廩給類 7、10、12 三簡分别屬建武二十二年、二十九年、三十一年,都稱斛;9 號簡屬建武二十六年則稱石。大概建武初年多稱石,晚年則多稱斛。到明帝、章帝時代,如《流》廩給類 13 永平四年簡、14 永平十一年簡、15 建初二年簡、16 元和四年簡,《西》50・21 永平六年"當(實爲九月二字)食簡"、55・2 永平七年"大麥簡"、50・3"永平十二年簡",就都稱斛而不稱石了。《九章算術》稱斛,其編定年代應該不會早於建武晚年。

前面用來説明一車載二十五石的居延簡,從所記年代和字體看,大體上屬於西漢晚期和王莽時代。可能載糧的這種慣例到《九章算術》編定的時候尚未改變,也可能情況已變,但編書的人對書中反映較早時代情況的內容沒有徹底加以改寫。一般説來,《九章算術》所反映的情況的時代,早的大概不會早於西漢後期,晚的不會晚於東漢前期。

過去大家對於《九章算術》中關於漢代物價的史料比較注意,但是對於一些更重要的社會經濟史料却注意得不够。這裏舉幾個例子以引起注意。

《衰分》章:"今有取保一歲,價錢二千五百。今先取一千二百,問當作日幾何?"《均輸》章:"今有均輸粟……一車載二十五斛,與僦一里一錢……","今有均輸粟……乙縣……傭價一日一十錢……丙縣……傭價一日五錢……丁縣……傭價一日五錢……戊縣……傭價一日五錢……己縣……傭價一日五錢……六人共車,車載二十五斛……","今取傭負鹽二斛,行一百里,與錢四十"。以上都是與僱傭有關的資料。

《衰分》章:"今有田一畝,收粟六升太半升。今有田一頃二十六畝一百五十九步,問收粟幾何?"六升大半升這樣少的數量不可能是產量,應該是指政府收取的田租。前後漢絶大部分時間行三十稅一的田租制度,六升大半升正好是二石的三十分之一。在整個國家的大範圍裏,決不可能按照每畝地的實際產量去徵收三十分之一的田租。《鹽鐵論・未通》:"田雖三十,而以頃畝出稅。樂歲粒米粱糲而寡取之,兇年饑饉而必求足。"可見在所謂三十稅一的制度下,每畝地的田租實際上是有定額的。[⑪] 在實行三十稅一制的整個時期裏,田租額當然可能發生過變化。武帝曾説:"今內史稻田租挈重,不與郡同,其議減。"(《漢書・溝洫志》)可見有的地區還有過特殊的租率。不過,漢代一般田地的產量,正好每畝爲二至三石,[⑫]非常可

---

⑪ 看韓連琪《漢代的田租口賦和徭役》,《文史哲》1956 年 7 期 52 頁。

⑫ 看謝忠梁等《讀"再論漢代是奴隸社會"一文後的幾點意見》,《四川大學學報(社會科學)》1957 年 1 期 92 頁。

能漢代政府在相當長的一段時期内,是按照每畝産量二石的標準,以六升大半升爲每畝田租的定額的。[13] 如果我們的看法能够成立,《衰分》章的這個算題就可以算作關於漢代田租額的最具體的一條史料。

《均輸》章:"今有假田,初假之歲三畝一錢,明年四畝一錢,後年五畝一錢,凡三歲得一百,問田幾何?"這一題所説的假田,大概是國家假民的公田。由此看來,漢代的假税是很低的。這對於我們理解漢代"公家有障假之名而利歸權家"(《鹽鐵論·園池》)、"豪民侵陵,分田劫假"(《漢書·王莽傳中》)的局面,是很有幫助的。有人把見於居延簡的"率畝四斗"(《居甲》165、1028)的租率與假税混爲一談,恐怕不很妥當。

《均輸》章:"今有程耕,一人一日發七畝,一人一日耕三畝,一人一日耰種五畝,今令一人一日自發、耕、耰種之,問治田幾何? 答曰:一畝一百一十四步七十一分步之六十六。"這一題對於研究漢代農業生産力,是很有參考價值的。

此外,在賦税徭役和田價等方面還有一些可供參考的資料,這裏就不一一列舉了。我們在漢代史研究中應該充分發揮《九章算術》的潛力。

四、役使流亡

漢簡裏的重要史料,有時由於文字的誤釋、缺釋而爲人所忽略。下面所舉的是一個突出的例子。

183·13(《居甲》1039):

> 詔所名捕平陵長雚(?)里男子杜光,字長孫,故南陽杜衍……(中間磨滅,下同)……皆(?)坐役使流亡□户百卅三,擅置田監▨□□黑色肥大頭少髮,年可卌七……楊伯……史不法不道,丞相、御史□執□□□□▨(下略)

這幾乎可以説是已發現的漢簡中,與漢代社會性質有關的最重要的一條史料,但是由於《居甲》把"役使流亡"誤釋爲"後使涑止",大家就把它忽略了。《居》1517 未釋"流"字,又把"田監"釋作"田臨",錯誤更多。

這條簡文從字體、内容看顯然屬於西漢時代。拿它跟大家熟悉的西漢史料相比,至少有三點值得注意。

---

[13] 關於漢代前期田租額的推測,看注⑥所引文 57 頁。

一、簡文所說的“擅置田監”,是一般史料裏沒有明確提到過的情況。瞭解這種情況,對於研究漢代大土地所有者的剝削形式是很重要的。

二、簡文明確告訴我們,被追捕的大土地所有者的役使對象是流亡户。這一點更爲重要。漢代的賦役極其繁重。要一户農民同時負擔國家的賦役和“見稅什伍”的私家剝削,幾乎是完全不可能的。由此推測,大土地所有者役使的貧民,應該以沒有名數的逋流爲主。但是《史記·酷吏傳》說武帝時寧成家居,“乃貰貸買陂田千餘頃,假貧民,役使數千家”,《漢書·陳湯傳》說,成帝時陳湯上封事,言“關東富人益衆,多規良田,役使貧民”,都沒有涉及被役使的貧民是否逋流的問題。《鹽鐵論·未通》倒是指出了“大抵逋流皆在大家”的現象,可是又沒有告訴我們,在這些逋流裏,是否有成家成户地在“大家”的控制下從事農業勞動的人。跟這些史料比較一下,就可以知道上引簡文的可貴了。

三、簡文還提供了關於漢代政府與大土地所有者進行鬥爭的重要資料。大土地所有者役使逋流貧民,減少了政府的賦稅收入和可以支配的力量,彼此間有相當尖鋭的矛盾。西漢諸帝往往用遷徙富豪充實陵邑的辦法來跟他們作鬥爭。昭宣時名吏黄霸本爲淮陽郡陽夏人,由於“豪桀役使”而徙雲陵,⑭便是這方面的一個實例。上引陳湯封事也指出“關東富人益衆,多規良田,役使貧民”的情況,是在“天下民不徙諸陵三十餘歲矣”的背景下發展起來的。他並向成帝建議,“可徙初陵,以强京師,衰弱諸侯,又使中家以下得均貧富”。在西漢時代“酷吏”的打擊對象中,肯定也有役使流亡的大土地所有者。但是,像上引簡文那樣,明確記載對這種人下詔名捕的史料,在舊文獻裏還沒有看到過。這條簡文有助於我們瞭解西漢政府和大土地所有者爭奪勞動人手的鬥爭的尖鋭性。

從字體上看,這條簡文的時代不會早於宣帝,應屬西漢後期,跟上面提到的陳湯上封事那件事,可能相距不遠。

五、“郡十一農都尉官二”

破城子出土如下一簡:

守大司農光禄大夫臣調昧死言:守受簿丞慶前以請詔使護軍屯食,守部丞武☐以東至西河郡十一農都尉官二,調物錢穀漕轉糴,爲民困乏啓(?)調有

⑭ 據《漢書·循吏傳》。《史記·建元以來侯者年表》褚補作“以役使徙雲陽”。

餘給不☐　　　214・33A，居5742，居甲1175A（《居甲》發掘號作214・30A）

《居》和《居甲》的釋文都把"農都尉官"後面的"二"字當作重文號，是錯誤的。陳夢家在《漢簡所見居延邊塞與防禦組織》一文中引用此簡時已加糾正（《考古學報》1964年1期58頁）。

勞氏《考證》據《漢書・百官表》指出大司農調是非調，認爲此簡所錄爲元帝永光二年或三年詔（54頁），都是正確的。但是，他把"十一農都尉官"連爲一讀則有問題。這樣，"官"字後面的"二"字就沒有著落了（勞氏《考證》引簡文，"官"下一字作"上"，亦非）。正確的讀法應該是"☐以東至西河，郡十一，農都尉官二"。《漢書・食貨志上》："元帝即位，天下大水，關東郡十一尤甚。""關東郡十一"的文例與簡文"☐以東至西河郡十一"全同。

勞氏《考證》中關於農都尉的意見也有問題。他把65・18（《居》513）"領武校居延屬國部農都尉"的"部"誤釋爲"鄯"（《論集》編按：原簡似確作"鄯"，也許是"部"的誤字，參看藤枝晃《漢簡職官表》一文注②，見《簡牘研究譯叢》第一輯167頁），又忽略了10・32（《居甲》34）"屬國農部都尉"的"部"字，因此作出了"似邊郡屬國都尉之外，皆農都尉"的錯誤推論。據此，他又推測十一農都尉是指西河、朔方、五原、北地、安定、武威、張掖七郡的全部都尉中除去屬國都尉和主騎都尉以後，剩下來的那些都尉（54頁）。這當然也是不可信的。（《論集》編按：勞氏在《居延漢簡考證補正》裏又提出一說。他說："或者安定、金城、武威、張掖、酒泉、敦煌、西河、朔方、五原、北地、上郡十一郡，各有一農都尉，至哀平時始改也。"見《勞榦學術論文集》甲編上册448頁。此說亦誤。）

上引陳夢家文指出了勞氏的錯誤（《考古學報》1964年1期59頁注②），並提出另一種解釋。陳氏說："簡云'□□以東至西河（原文此處脫"郡"字）十一農都尉官'，所缺當爲敦煌，沿邊自敦煌至西河郡恰爲第十一（原注：參前述邊郡二十一郡）。如此似邊郡每郡各一農都尉。"（59頁）陳氏認爲"□□以東至西河"十一郡可能指敦煌、酒泉、張掖、武威、金城、隴西、天水、安定、北地、上郡、西河（參看陳文57—58頁），是可以考慮的。但是他也犯了把"十一農都尉官"連爲一讀的錯誤。他以錯誤的句讀爲根據，作出"似邊郡每郡各一農都尉"的推論，當然也不足信。

《漢書・地理志》對都尉治所大多數是注明的，但是注明是農都尉治的只有張掖郡番和一處。《地理志》無疑沒把農都尉治所注全。不過，如果西漢的農都尉真像勞氏、陳氏所想象的那麼多，《地理志》斷斷不會只孤另另地注出一個。所以，西漢的農都尉本來一定是相當少的。見於《漢書》的，爲《地理志》所遺漏的農都尉，只有上河農都尉一個。《漢書·馮奉世傳》附《馮參傳》:"陽朔中,中山王來朝,參擢爲上河農都尉。"同書《敘傳》:"(班)回生況,舉孝廉爲郎,積功勞至上河農都尉。"《馮參傳》顔注:"上河在西河(當從沈欽韓改作"北地")富平,於此爲農都尉。"簡文的"農都尉官二"有可能就是指張掖農都尉和北地郡的上河農都尉。

上面曾引過65·18號簡"領武校居延屬國部農都尉"之文(此段全文是"☑下領武校居延屬國部農都尉縣官,承書[從事下當用者如詔書]"),陳夢家認爲這是指居延的屬國都尉、部都尉和農都尉而言的,因此他斷定張掖郡有張掖、居延兩個農都尉(上引文59頁)。這個説法也有問題。居延是都尉一級的行政區域,怎麼可能同時有三種都尉呢?上引簡文大概應該點爲"領武校居延、屬國、部、農都尉",指張掖郡的居延都尉、屬國都尉、部都尉和農都尉。特别提出居延都尉,當是由於其地位特别重要,"領武校"這個加銜可能是專屬於居延都尉的。居延簡裏曾提到居延農官,但其品秩屬於縣和候官一級,與農都尉不能相比。

六、請　詔

上一條所引《居甲》1175A有"守受簿丞慶前以請詔使護軍屯食"之文。肩水金關新出的甘露二年逐驗大逆同産亡婢外人御史書也提到"請詔":

> 甘露二年五月己丑朔甲辰朔(此字衍),丞相少史充、御史守少史仁以請詔有逐驗大逆無道故廣陵王胥御者惠同産弟(弟)故長公主弟卿大婢外人移郡太守(下略)　　　　《考古》1980年2期圖版拾壹1

破城子新出的一枚殘牘,是同一文書另一寫本的散片,文字稍有出入,"逐驗"上一字不作"有"而作"所"(同上圖版拾貳4)。[15]

"請詔"之語也見於《漢書·宣帝紀》黄龍二年詔:

> 諸請詔省卒徒自給者皆止,御史察計簿,疑非實者按之,使真僞毋相亂。

《後漢書》裏又有用法與上引《居甲》1175A的"請詔"相似的"清詔"。《第五倫傳》附《第五種傳》:

> 永壽中以司徒掾清詔使冀州廉察災害,舉奏刺史、二千石以下,所刑免

---

⑮ 圖版中此字不清晰,請參考初仕賓《居延簡册"甘露二年丞相御史律令"考述》的釋文(《考古》1980年2期179頁)。

甚衆。

《黨錮·范滂傳》:

舉孝廉光祿四行,時冀州飢荒,盜賊群起,乃以滂爲清詔使案察之。

上引《第五種傳》李賢注所引《風俗通》也有“清詔”之語:

汝南周勃辟太尉,清詔使荆州。

但是,延熹五年的《冀州刺史王純碑》則不用“清詔”而仍用“請詔”:

以兖州從事,永和二年察孝廉,除郎謁者……其三年,有九夷之難,出將征西,君請詔兖豫,督趣軍糧。其所過歷,彈正□□,□赫馨烈,宣于方國。

《隸釋》卷七

石刻的文字無疑比屢經傳抄刊刻的古書可信。《後漢書》、《風俗通》的“清詔”應該是“請詔”的訛文。

舊注對於“請詔”的解釋,大體可分兩類。上引《漢書·宣帝紀》顏注引如淳曰:“是時有所省卒徒而群臣有請之以自給官府者,先時聽與之,今更悔之,不復聽也。”把“請詔”理解爲請求皇帝批準。另一種解釋則認爲“請詔”指請詔而出的使者或“承詔使”的官員。上引《宣帝紀》顏注引應劭曰:“時有請云詔使出者,省卒徒以其直自給,不復取稟假……。”同注引張晏說略同。上引《後漢書·第五種傳》李注:“《風俗通》曰:汝南周勃辟太尉清詔使荆州,又此言以司徒清詔使冀州,蓋三公府有清詔員,以承詔使也。”

綜合上引資料加以考察,前一種解釋應該是正確的。根據漢簡裏與省卒有關的簡文看,在上引《宣帝紀》“諸請詔省卒徒自給者”的兩種注解裏,如淳的注是可信的。于豪亮同志在《居延漢簡中的“省卒”》一文裏,已經作了很好的論證(《文物》1963 年 11 期 46 頁),可參閲。上引甘露二年御史書的意思是說,丞相少史充、御史守少史仁,爲了經皇帝批準加以逐捕追查的、犯大逆無道罪的故廣陵王胥御者惠的胞妹、故長公主苐卿的大婢外人的事,移文給郡太守。“請詔”也不能理解爲經皇帝批準的使者或三公府的“清詔員”。

但是,“請詔”的第二種解釋也不是毫無根據的臆測。上引提到“請詔”的幾條資料,除《宣帝紀》和甘露二年移文外,剩下來的西漢時代的一條和東漢時代各條,都是說官吏經皇帝批準派遣去執行某項任務。可能由於“請詔”一語經常使用在這種場合,到東漢時代,這個詞已經可以用來指稱請詔出使的人,所以應劭對《宣帝紀》的"請詔"才會作那樣的解釋。上引《後漢書・范滂傳》說"乃以滂爲清詔使案察之",如讀爲"乃以滂爲清詔,使案察之","清(請)詔"一詞便只能解釋爲一種經過皇帝批準的使者的名稱了。

最後,對上引《第五種傳》李賢注的錯誤再簡單說幾句。《第五種傳》說第五種以司徒掾的身分"清(請)詔"出使冀州,李注說成"以司徒清詔使冀州",略去了"掾"字,把"司徒清詔"看作一種身分,作爲"三公府有清詔員"的根據。這是不對的。在注中所引的那句《風俗通》裏,"太尉清詔"也不能連爲一讀。此外,從《冀州刺史王純碑》說王純以謁者"請詔究豫"來看,李注認爲"清詔"出使者限於三公府的屬吏,也是不對的。

七、直　　符

居延簡屢見"直符"之語:

> ☑五月戊寅,尉史蒲敢言之:廼丁丑直符,倉庫户皆完,毋(無)盜賊發者
> 264・9,居甲1375
>
> ☑廼壬申直符,倉庫户封皆完,毋盜賊　257・22,居4392
>
> ☑酉直符,倉庫户封皆完　72・6,居3641
>
> ☑直符一日一夜,謹行視事錢財物臧(藏)内户☑敢言之。
> 52・45,居3702
>
> ☑直符一日一夜,謹行視錢財物☑言之。　84・23,居4715
>
> ☑敢言之:廼壬子直符,謹行視☑　231・12,居4862

以下二簡内容與以上各簡屬於一類,但"直符"二字殘去:

> ☑年十月乙□朔乙酉,令史義敢言之:☑封皆完,□盜賊發者,門户☑
> 33・6(一作33・4),居3530
>
> ☑謹行視錢財物臧内户封皆完　266・16,居5214

于豪亮同志《居延漢簡校釋》有"直符"一條,認爲"直符""猶後世的值班"(《考古》1964年3期157頁),十分正確。但是他用來印證簡文的《漢舊儀》的那段文字,文義不是很顯豁。我們在這裏補充兩個古書用"直符"之語的例子。

《漢書・王尊傳》:

今將輔送獄,直符史詣閤下從太守受其事。

顏注“直符史若今之當直(值)佐史也”。從上引簡文看,直符之吏有尉史、令史,他們正是所謂“直符史”。《後漢書·張禹傳》注引《東觀記》“禹聞知,令直符責問”,又簡稱直符之吏爲直符。

“直符”並不限於指官吏當值。《論衡·讕時》:“且夫太歲在子,子宅直符,午宅爲破。”家宅正符合太歲之位,也叫做“直符”。

八、心腹支滿

居延簡提到的疾病中,有所謂“心腹支滿”:

田卒□□國□□□安里李彊年卅七　本始五年二月丁未疾心腹支滿死(下略)　293·5,居25,居甲1573

第二燧卒江諄(?)以四月六日病苦心服(腹)支滿。

4·4A,居5987,居甲19A

4·4A的“心”字從《居》釋。此“心”字寫法與篆文接近,因此《居甲》誤釋爲“此”,陳直誤釋爲“比”。[16] 225·22+5·18號簡有“即日疾心腹四節不舉”之語,“心”字寫法也與篆文相近,《居》400、《居甲》37皆釋作“比”,陳邦懷先生釋爲“此”,[17]誤釋情況與4·4A的“心”字相似。如果注意到上引293·5的“心腹支滿”的話,4·4A的“心”字按理是不應該釋錯的。

由於“心”字被誤釋,同時也由於“支”字的意義被誤解,對於“心腹支滿”存在一些錯誤的解釋。陳直根據他對“心”字的誤釋,讀“心腹”爲“朏腹”,解釋爲腹瀉,對“支滿”則略而未言。[18] 于豪亮同志從《居甲》釋“心”爲“此”,讀爲“脊”,認爲“此腹支滿”是“背、腹、四肢漲偪”。[19]

其實“支”和“滿”都是病名。《素問》屢見“支滿”之語,如:

脅支滿　《藏氣法時論篇第二十二》

---

⑯ 《“居延漢簡甲編”釋文校正(續)》,《考古》1960年10期47頁。

⑰ 《“居延漢簡甲編”校語》,《考古》1960年10期51頁。陳氏同時指出《居甲》37釋文中“曰”爲“日”字誤釋,“幸”爲“舉”字誤釋,則是正確的。本文已據之更正。

⑱ 注⑯所引文。又《古器物文字叢考》,《考古》1963年2期85頁。

⑲ 《“居延漢簡甲編”補釋》,《考古》1961年8期453頁。

食而支滿,腹大　　《刺瘧篇第三十六》
有病胸脅支滿者　　《腹中論篇第四十》
腹支滿　　《氣交變大論篇第六十九》
其病支滿　　《六元正紀大論篇第七十一》
心痛支滿　　《至真要大論篇第七十四》

《韓詩外傳》卷三把"支"和"滿"都列入"十二發":

人主之疾十有二發,非有賢醫莫能治也。何謂十二發?痿、蹶、逆、脹、滿、支、膈、盲、煩、喘、痺、風,此之曰十二發。賢醫治之何?曰:……無使府庫充實則滿不作,無使群臣縱恣則支不作……

支和滿應該是症狀有聯繫的兩種病,所以《素問》和漢簡都把"支"和"滿"連起來説。(《論集》編按:《文物》1978年1期19頁圖三六發表的新出居延簡有"匈脅支滿"之文,與上引《素問·腹中論篇》同。)

《素問·腹中論篇第四十一》提到"心腹滿",《四時刺逆從論篇第四十六》提到"心腹時滿",可能與"心腹支滿"意近。

九、舉　　書

居延簡提到的各種文書中,有所謂"舉書":

(1) 陽朔三年十二月壬辰朔癸巳,第十七候長慶敢言之:官移府舉書曰:十一月丙寅☐[甲]渠鉼庭燧以日出舉塢上一表一□,下餔五分通府。府去鉼庭燧百五十二里二百☐　　28·1,居甲211

(2) ☐未朔丁丑,第十(?)候長忠敢言之:官移府舉書☐通,辛未夜食二分通府。府去鉼庭百五十二☐　　73·29,居5806

(3) ☐第十候長柏(?)敢言之:官移府舉書曰:六月乙丑甲渠☐　　258·17,居甲1360

上引數簡都是候長對候官所移都尉府舉書作答覆的文書。所録舉書,文字都已殘缺,因此不容易看清它們的性質。下引簡文顯然是這類舉書的後半段:

(4) ☐[夜]過半通府。府去降虜燧百五十九里,當行一時六分,定行五時,留遲三時四分,解何?　　181·6B,居1350

由此可知這類舉書是對屬下亭燧傳達烽火不及時的問題提出責問的文書。

"舉書"的"舉"字應該怎樣理解呢?《吕氏春秋·自知》"故天子立輔弼,設師保,所以舉過也",高注:"舉,猶正也。"《論衡·累害》"鄉原之人,行全無闕,非之無舉,刺之無刺也","無舉"等於說無非可舉。敦煌出土的一條簡說:

(5) ·甲、鞮瞀、蘭、服絝者,輒逢(縫)絶,爲紲帶負索,毋令有舉。

流·器物類 34

(《論集》編按:負索之"索"舊誤釋"牽",據《文史》第十二輯李均明《〈流沙墜簡〉釋文校正》改正)

"毋令有舉"就是别讓存在可以被舉出的問題的意思,"舉"字用法與上引《論衡》相同。舉書的"舉"也應如此理解。舉書就是舉出問題的文書。

舉書所舉出的,當然並不限於傳達烽火方面的問題。下引居延簡中所錄舉書,就是指出其他方面的問題的:

(6) 河平五年正月己酉朔丙寅,甲渠鄣候誼敢言之:府移舉書曰:第十三燧長解(?)宫病(?)背(?)一(?)傷右舩(?)□□爰書言已乘持亭,解何? 今移舉各如牒。書到,牒別言。·謹案第十三燧長解(?)宫上(?)置(?)□□傷右舩(?)作治 35·22A,居7985、7986

這一簡有好幾個字不清楚,我們姑且沿用《居》的釋文。簡文所錄府舉書的大意似是說,第十三燧長病得很厲害,但上報的文書又說他已在執行任務,究竟是怎麽一回事,要求作出答覆。從"移舉各如牒,書到牒别言"的話來看,大概府舉書責問的事不止一件,舉書裏面本來包含分牒記着所責問的各件事的"舉"。居延簡中數見頂上有一圓形墨點,下面只寫着"右舉"二字的簡,如562·8(《居甲》2364)、345·5(《居》79)、18·16(《居》8295)等。這種簡原來就應該是編在這種"舉"的後面作爲標目的(古代書的篇題一般都放在篇後)。

"舉"按照所舉事項的性質分成好幾類。

以下所引各簡都提到"行塞舉":

(7) ·甲渠候官初元五年十(七?)月君行塞舉 311·3,居7232

(8) ▨四月君行塞舉 168·6,居5312

(9) ▨月尉史報(?)行塞舉 285·4,居甲1536

從書寫格式看,這些簡也是編在簡文提到的這些舉的後面作爲標目的。不過它們是歸檔的舉的標目,而不是前面所説的編在給下級的舉書裏面的舉的標目。敦煌也出土了與上引各簡同類的“地節五年三月行塞舉”一簡。[20] 上舉(7)、(8)二簡都出於破城子,(7)並有“甲渠候官”的明文,簡文中的“君”無疑指甲渠候。候是候官這一級機構的首長,地位相當於縣令長,所以可尊稱爲君。地位低於縣令長和候的官吏就只能稱卿了。

行塞就是視察邊塞亭燧。下引兩簡都與行塞有關:

(10) ☒長甲　坐君行塞,弩五關戾,□緩,適(讁)車☒ 403·15,居1104

(11) 坐候史齊行塞,官弩二(下文不清,略)

坐令史奉光行塞,弩三(下文不清,略)　14·6+213·21,居12

這兩簡都出於地灣。(10)大概是説某燧長或候長,由於肩水候行塞時發現他負責的亭燧存在弩不合要求等問題而受到讁罰。(11)所記之事與(10)同性質,只是所記行塞官吏地位較低。從這兩簡看,行塞舉應該是舉出所視察的亭燧在守禦設備等方面存在的問題的一種文書。

居延新出的“候史廣德坐罪行罰檄”,[21]可以幫助我們從已發現的居延簡裏把行塞舉找出來。檄文説:

(12) 候史廣德坐不循行部塗亭、趣具諸當所具者,各如府都吏舉;部糒不畢;又省官檄書不會會日,督五十。

檄背面記有候史廣德所在之部所屬各燧(自第十三至十八燧)守禦設備不合要求的情況。下面舉第十四燧爲例:

(13) 第十四燧長光

亭不塗　馬牛矢(屎)少七石

毋(無)非常屋　狗龍(籠)少一

羊頭石少二百　表幣(敝)

毋深目　積薪皆卑小

天田不畫,縣索緩

據檄文看,背面所録的應該就是“府都吏舉”。候史有循行所屬各燧的責任。上引(11)提到“候史齊行塞”,應該就是指循行所屬各燧而言的。廣德没有及時行塞,

---

[20] 沙畹書第37簡,據勞榦《敦煌漢簡校文》轉引。這一簡也有可能實際上是簽牌。

[21] 甘肅居延漢簡整理小組《居延漢簡“候史廣德坐罪行罰檄”》,《文物》1979年1期70—71頁。參看徐元邦、曹延尊《居延出土的“候史廣德坐不循行部”檄》,《考古》1979年2期175頁。

所屬各燧的守御設備出了很多問題,結果爲都尉府的都吏所舉。都吏是怎樣瞭解各燧的情況的呢? 應該也是通過行塞瞭解的。所以檄背面所錄的其實就是行塞舉。破城子等地出了不少文字格式和內容與(13)類似的,記某一個燧在守御設備等方面存在的問題的簡,如214·108(《居》7324)、214·49(《居甲》2431)、214·5(《居》7342)、214·47(《居》7364)、68·63(《居》3667)、82·1(《居甲》475)、112·23(《居甲》636)、127·22(《居》2638)、142·30(《居甲》797)、258·16(《居甲》1352)、264·32(《居甲》1383)、285·18(《居甲》1541)等。敦煌也出了此類殘簡,如《流》戍役類30。這些都應該是行塞舉的散片。

有些記各種守御設備的問題的簡,文字格式與一般的簡相似,例如:

(14) ☑ 户關椎、椄葉各二不事用 ☑ 194·1,居甲1144

(15) 烽不可上下,連梃□解,□多隨(墮)折,長□椎(?)皆榣,棓昕呼,稈色不鮮明,系索幣(敝)絶。弩長臂曲戾不可 127·24,居甲715

這類簡也可能是行塞舉或與行塞有關的舉書的散片。

在居延、敦煌等地,除了一般簡牘外,還出了一些記着文書名稱的籤牌。它們原來顯然是繫在歸檔的文卷上以便尋檢的。在地灣、破城子出土的籤牌中,有舉的籤牌:

(16) 地節四年三月卒兵舉 126·26A、B,居甲701A、B

(17) ☑吏去署舉 145·5,居3319

卒兵舉當是指出士卒兵器方面的問題的"舉"。上引第(5)簡要求注意維修盔甲和盛矢的蘭、服,"毋令有舉",可能就是針對卒兵舉而言的。有些居延簡,文字格式與上引(13)等行塞舉相類,而內容僅限於與盔甲、兵器有關的問題。例如:

(18) 第十五燧長李嚴

鐵鞮瞀二中毋(無)絮今已裝　五石弩一左强三分今已亭

鐵鎧(?)二中毋絮今已裝　槀矢十二干昕呼未能會₌[22]

六石弩一絙緩今已更絙　寅矢三十干昕呼未能會₌　3·26,居甲12

還有些記卒兵損傷情況的簡,格式與一般的簡相似。例如:

(19) 執胡燧卒崔時六石具弩傷兩弭,槀矢廿斥。 145·38,居甲825

---

[22] "會₌"當讀爲"會會日",這是活用重文符號之例。

(20) 第七燧五石具弩一絶費。 57·14,居甲404

不知道上舉這兩類簡裏有沒有卒兵舉。後一類簡也有可能是"折傷簿"或"折傷兵名"一類簿籍的散片。

吏去署舉顯然是關於戍吏離開崗位的問題的"舉"。上引吏去署舉簽牌出土於破城子。破城子還出了一些專記燧長不在署的簡,有的並附記驗問不在署者所得的結果。例如:

(21) 第二燧長景褒不在署 謹驗問褒辭:却(却)適(謫)燧卒周賢伐大司農茭郭東,病不任作,官記遣褒迎取。十月廿六日褒之居延郭東取卒周賢,廿九日還到燧,後都吏鄭卿。

194·17,居5218("謹驗問"以下本爲雙行小字)

(22) 甲渠第卅五燧長王常不在署。 206·16,居甲1146

(23) 孤山燧長王市明(?) 不在署□ / □□還□□ 8·10,居3630

同類的簡尚有《居甲》附32、206·27(《居》4136)、30·5(《居》4312)、194·7(《居》5220)、8·6(《居甲》55)等。有一條簡,格式與(23)極爲相似,但不説"不在署"而説"去署":

(24) 當曲燧長關武 □□去署 46·34,居5626

"去署"和"不在署"的意思大概是相同的。上舉這類簡很可能就是吏去署舉的散片。

還有些簡文也提到"去署"的問題。例如:

(25) 第十二燧長張宣(?)廼十月庚戌擅去署,私中部辟(壁)買榆木壹宿

82·2,居甲476(《論集》編按:"木"上一字從《甲乙編》釋文改作"榆")

(26) ☑長張褒坐去署,候長□博(?)候史李宗部主允

261·43,居甲1377

(27) ☑廣宗去署三宿☑ 239·33,居甲1273

從内容看大概是説對於擅離職守的燧長進行懲罰的事,似乎不會是去署舉。

破城子出土的一條簡提到"四時舉":

(28) 茭事當言府,會月十五日。四時舉及言轉畢到,皆會月廿日。

264·16A,居甲1382A

四時舉可能是指出四時簿裏的問題的“舉”。博羅松治出土的一條簡說:

(29) 四時簿出付入受不相應,或出輸非法,各如牒,書到

394・4,居2574

可能這就是上級移四時舉給下級的舉書的散片,簡文中提到的牒就是具體指出四時簿裏各項問題的四時舉。

舉可以有各種内容,其種類當然不止上面提到過的那一些。地灣出土的一條簡說:

(30) (上略)告肩水候官,官所移卒責(債)不與都吏移卿所舉籍不相應(按:此句二“不”字應删去一字),解何? 記到,遣吏抵校,及將軍未知。不將白之。 183・15B,居甲1049A

由此看,似乎卒債也有舉。

破城子出了如下一簡:

(31) 五鳳二年十月庚戌朔壬申,甲渠候漢彊敢言之:府移舉曰:甲渠候所移鄣齍 40・4,居甲287

這是甲渠候答覆都尉府所移之舉的一份文書的第一簡。由於後面的簡已經丢失,“府移舉”的詳細内容已經無從知道了(只能知道與甲渠候鄣儲存芻稿的齍的問題有關)。從殘存文字看,其形式似與上引(1)、(2)、(3)等簡所録舉書相同。大概舉書也可以簡稱爲舉。如果舉書所舉的事不止一項,一般都應該有分牒記事的“舉”,這些“舉”實際上正是舉書的主要内容。所以“舉書”和“舉”這兩個名稱没有嚴格界限是很自然的。

一〇、應　書

居延簡中屢次提到“應書”:

陽朔三年九月癸亥朔壬午,甲渠□□守候塞尉順敢言之:府書,移賦錢出入簿與計偕。謹移應書如牒,敢言之。 35・8A,居甲384

命者縣別課與計偕。謹移應書一編,敢言之。 47・6A,居甲346A

☐勝(?)部治所録曰:移財物出入簿。謹移應書如牒,敢言之。

169・18,居1287

移計餘□□見要(?)具簿·謹移應書一編,敢[言之]。 26·10,居甲190

☑移應書一編☑ 103·6,居3145

于豪亮同志《居延漢簡校釋》有"應書"一條。他解釋簡文的"應書"說:"上級官府就某一特定問題對下級有所探詢或索取資料,下級回復的文書便稱爲'應書'。"(《考古》1964年3期156頁)這是正確的。他又說:"《漢書·溝洫志》:'下丞相孔光、大司空何武奏請部刺史、三輔、三河、弘農太守舉吏民能者,莫有應書。'這裏的'莫有應書'向來的注釋家都沒有作出正確的解釋,王先謙《漢書補注》解釋說'言無應詔書者',雖然勉强可通,但是把'應書'釋爲'應詔書',就縮小了'應書'一詞運用的範圍。因爲在居延漢簡中,下級對上級均用'應書',決不僅限於'應詔書'。同時,'應書'是當時公文中的專用名詞,把它割裂開來講,也不妥當。"(同上)這段話却有可以商榷之處。于豪亮同志指出"應書"一語不限於指"應詔書",當然是對的。但是他認爲王先謙把《溝洫志》的"應書"解釋爲"應詔書",是"勉强"的"不妥當"的,這却很難使人接受。

"應詔書"之語見於《漢書》,《循吏·召信臣傳》:"元始四年,詔書祀百辟卿士有益於民者。蜀郡以文翁,九江以召父應詔書。"在古書裏,"應詔書"確實可以說成"應書"。《文選》卷三十八晉張悛《爲吳令謝詢求爲諸孫置守冢人表》說:"伏見吳平之初,明詔追錄先賢,欲封其墓,愚謂二君並宜應書。"便是明顯的一例。"應書"一語的這種用法一直沿襲到很晚的時代。例如南宋楊萬里《朝請大夫將作少監趙公行狀》就說:"孝宗詔侍從舉宗室文學政事可爲中外之用者各二人,吏部尚書蕭公燧首以公應書。"(《誠齋集》卷一一九)

從古漢語語法來看,把《溝洫志》的"莫有應書"解釋爲"無應詔書者"或"無人應詔書",也不能說有什麼問題。我們可以舉兩個例子來比較一下。《左傳·昭公二十六年》"王室其有間王位",杜注:"間王位謂子期也。""有間王位"就是"有間王位者"或"有人間王位"的意思。《左傳·成公十二年》:"若有害楚,則晉伐之。""若有害楚"就是"若有害楚者"或"若有人害楚"的意思。《漢書·文帝紀》"今萬家之縣,云無應令",顔注:"無孝悌力田之人可應察舉之令。""無應令"可以解釋爲無人應詔令,"莫有應書"爲什麼就不可以解釋爲無人應詔書呢?

破城子所出的185·35號簡,《居》9588釋作:

☑事 其六十二亭病一書
四亭毋(無)病書 ☑

此簡圖版不是很清楚,“病一”和“病”似乎都是“應”字的誤釋。如果我們的改釋可信,“其六十二亭應書”就應該解釋爲六十二亭應上級的文書(也可能是詔書),“四亭毋(無)應書”就應該解釋爲四亭無應書者。

總之,我們認爲“應書”一語有兩種用法,既可以當應詔書或應上級的文書講,也可以指下級用來“應書”的那種文書。不能由於看到了後一種用法,就否定前一種用法。

一一、致

漢簡屢次提到稱作“致”的文書。從有關簡文看,以“致”爲名的文書按其性質可以分成三類。

第一種是致物於人所用的文書。地灣所出 5・12 號簡說:

> 入狗一枚　元康四年二月己未朔己巳,佐建受右前部禁姦卒充輸,子元受,致書在子元所。　居甲 38

這裏所說的致書應該是輸狗一方給受狗一方的文書。《禮記・曲禮上》“獻田宅者操書致”,“書致”當指獻田宅者給受田宅者的文書,與簡文的“致書”性質相類。[23]這種文書是致物於人所用的,所以就叫做致。王引之《經義述聞》認爲《曲禮》“書致”之“致”應讀爲質劑之“質”。此說雖然勝於《禮記正義》把“致”解釋成動詞的說法,但仍與實際情況不完全符合。

第二類致是領東西所用的文書。《秦律・田律》裏曾經提到過這種致:

> 乘馬服牛稟,過二月弗稟、弗致者,皆止,勿稟、致。稟大田而毋(無)恆籍者,以其致到日稟之,勿深致。　《睡虎地秦墓竹簡》29 頁

秦簡整理小組的注把“以其致到日”的“致”解釋爲“領取飼料的憑券”,大體正確,不過致恐怕不一定都採用“券”的形式。

地灣出土的 284・4 號簡(A)提到“致”:

> 城官致,敢言之。以檄候(?)史殘(?)日食皆常詣官稟,非得稟城官。
> 居甲 1525A(“以檄”以下本爲雙行小字)

---

[23] 也可能“書致”二字應該分開來講。“書”指田契一類東西,“致”指“致書”。

這一簡當是一份文書的結尾部分。這份文書好像與某一個人的日食究竟應該從候官那裏還是從城官那裏領取的問題有關。"……城官致"的"致",有可能跟上引秦簡的"致"一樣,也是指據以領取糧食的文書(《論集》編按:88・14 即《居甲》528,有"卒稟致"之文,即應指士卒廩取糧食之致。此簡"致"字從謝桂華、李均明釋,見《敦煌學輯刊》1984 年 2 期 157 頁)。此外,《居甲》1399 所說的"甲渠候官五鳳四年戍卒病不幸死用棤櫝帛枲致",也應該是指用來領取棤櫝、帛、枲等物品的文書的。這個問題我們在本文"棤櫝"條中已經講過了。

在古漢語裏,"致"既可以當"送給"、"給與"講,也可以當把東西弄到自己這裏來講,所以送東西和領東西用的文書都可以叫做致。

第三類致是出入門關用的一種文書。陳邦懷先生《居延漢簡考略》"致籍"條曾加討論(《中華文史論叢》1980 年 2 輯 85—86 頁),可以參閱。肩水金關遺址出過一塊殘存左半的文卷簽牌,上書"凡出入關傳致籍"(50・26,《居》2457)。同地出土的 50・31 號簡有"……復傳致出關……"語(《居》2452),243・34 號簡有"……私市居延願以令取致……"語(《居》2301)。[24] 傳是出入門關所用的一種憑證,與傳並提的致應該是同類性質的東西。敦煌簡中也有關於致籍的資料。接近玉門關遺址的 T14 地點曾出土一塊文卷簽牌殘片,一面書"玉門都尉□屬吏〼",一面書"致籍"(《流》雜事類 43)。同地點所出的一條簡也提到致籍:

□適士吏張博　閏月丁未持致籍詣尹府　　　流・簿書類 48

上引陳文認爲敦煌簡提到的致籍"皆吏、卒對上級所用","不同於出入關之致籍",待考。

陳文引用了如下一份過所文書:

〼充光謹案,户籍在官者弟年五十九,毋(無)官獄徵事;願以令取傳,乘所占用馬〼八月癸酉,居延丞奉光移過所河津金關,毋苛留止,如律令。

218・2,居 2991(釋文據《居》圖版略有校改)

陳文認爲這類文書就是出入關所用的"致籍"的實物,不知確否。(《論集》編按:拙作原文誤以致籍爲致的登記簿,故此文略有删改。敦煌馬圈灣所出漢簡提到"玉門大煎都萬世候長馬陽所齎操妻子從者奴婢出關致籍""轉穀給塞外輸食者出關致籍""吏私牛出入關致籍",見《文物》1981 年 10 期 9—10 頁。可見陳文認爲敦煌

---

[24] 334・20A 勞榦釋文中有"當爲傳致……"語(《居》1226),"致"似爲"移"之誤釋,故未加引用。

簡提到的致籍不同於出入關之致籍的意見是不正確的。致籍當指記載出入關人員、車輛、馬牛等情況的那種簡,這種簡在居延和敦煌都有大量出土。陳文以218·2那種過所文書爲致籍本身,也是錯誤的。有關官府把需要出入關的人員等情況記下來移送所出入的關口,跟輸物給人用致書有相似之處,所以稱記載這種情況的文書爲致或致籍。)

一二、稽 落 廄

地灣所出221·20號簡,《居》8854釋作:

所取晉落㕔穀完☑

此簡圖版,第一、第六、第七三字皆不清。第五字顯然是"廄"。第三字實作"稽",馬王堆帛書和臨沂銀雀山漢簡"稽"字寫法多與此相似。如馬王堆《老子》甲本德經"稽式"之"稽"作""(《馬王堆漢墓帛書〔壹〕》),除"禾"旁尚未訛變爲"禾"以外(《說文》"稽"字从"禾"),與上引簡文全同。所以"晉落㕔"實是"稽落廄"的誤釋。

《後漢書·竇憲傳》:"與北單于戰於稽落山,大破之。"此山在居延之北今蒙古境內。廄置一般以所在地命名,上引簡文的"稽落"肯定是地名,但是很少有可能指在今蒙古境內的稽落山。此簡不出於居延都尉轄區而出於偏南的肩水都尉轄區,更減少了這種可能性。河西四郡本是匈奴故地,因此有不少匈奴遺留下來的地名。簡文的稽落大概就是這樣的一個地名。稽落有南北兩個,就跟祁連山有南北兩個一樣,並不奇怪。

這裏附帶談一下祁連廄。金關出土的37·17號簡(A)的勞氏釋文中有"郅連廄"(《居》6671)。從圖版看,"郅"似是"邸"的誤釋。"邸"、"祁"古音皆屬脂部,"氐"與"示"的聲母也相近。"邸連"似應讀爲"祁連"。祁連廄疑是張掖郡祁連山附近的一個廄。"至"與"示"古音也比較接近。即使從勞氏"郅連"之釋,也可以讀爲"祁連"。

一三、墵

居延簡裏常見"塢"、"墵"二字。這兩個字的寫法,變化比較多,下面各舉四個例子：

塢　居甲797　居4231　居甲1383　居甲1705

塢　居甲797　居4231　居甲1383　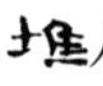居7008

由於“塢”字“烏”旁的上部往往寫得跟“隹”差不多，這兩個字有時不大容易分辨。它們在簡文裏出現時的語言環境也很相似，例如簡文中既常說“塢上”如何如何，也常說“墧上”如何如何。因此，過去研究漢簡的人往往把這兩個字弄混。其實，如果能比較細心地觀察一下，“塢”和“墧”在字形上的區別並不是很難掌握的。“塢”字“烏”旁的最下一横，右端一定往下彎，以形成“⼅”、“→”一類筆形。這是“墧”字的“焦”旁所沒有的特點。

居延簡常常以塢和墧並提，例如：

(1) 墧上深目少八

塢上深目少四　　142·30，居4262，居甲797

(2) 塢上轉射二所深目中不辟除，一所轉射空小不承長辟(臂)。

墧上轉射一所深目中不辟除，一所轉射毋(無)稱(?)。

89·21，居4231

(3) 塢上望火頭(?)三，不見所望，負三算。

墧上望火頭(?)二，不見所望，負二算。

82·15+52·17，居3738，居甲362

(4) 塢上樽(?)□少二。

塢上大表一古惡。

墧上不騷(掃)除，不馬矢(屎)塗。　　264·32，居3494，居甲1383

在上引前三例裏，如果把“塢”和“墧”當作一個字來釋，顯然是講不通的。

《居》和《居甲》的釋文對“塢”、“墧”二字的處理顯得很混亂。拿前舉四例來說，(1)的“墧”、“塢”二字，《居甲》都釋作“塢”，《居》的釋文是正確的，但勞氏在《考證》裏又將“墧”字釋作“堠”(44頁)。㉕ (2)的“塢”、“墧”二字，《居》都釋作“塢”。(3)的“塢”、“墧”二字，《居》也都釋作“塢”，《居甲》同。(4)的兩個“塢”字和一個“墧”字，《居》都釋作“塢”，《居甲》釋第一“塢”字爲“堠”，把第二“塢”字

㉕ 勞氏釋出“墧”字之例，還見於《居》1134。但他在《考證》裏又把這個“墧”字釋作“塢”。

和"墔"字都釋作"塢"。居延簡裏絶大多數"墔"字的右旁都與"侯"字截然有別,勞氏有時把"墔"釋作"堠"是缺乏根據的。《居甲》1383 釋"塢"爲"堠"更沒有道理。

勞氏在《考證》"塢堡"條中,根據居延、敦煌等地漢代烽燧遺址的情況以及有關簡文,推定塢是環於亭燧外的小城,堠是烽臺(44 頁等)。這大概是正確的,不過"堠"應該改釋爲"墔"。"墔"就是譙樓的"譙",古書中也寫作"樵"。《漢書·趙充國傳》"今留步士萬人屯田……部曲相保,爲壍壘木樵",顔注:"樵與譙同,謂爲高樓以望敵也。"同書《陳勝傳》"獨守丞與戰譙門中",顔注:"譙門謂門上爲高樓以望者耳。樓一名譙……。"所謂烽臺,一般是版築的或用墼壘成的土臺,當時上面一定還有供瞭望的樓,所以稱之爲"譙"。簡文把這個字寫成从"土",大概是著眼於墔以土臺爲基礎的緣故。

從居延簡看,塢和墔在舉烽火方面的作用是有所不同的。例如簡文中時常提到塢上的表:

(上略)[甲]渠鉼庭燧以日出舉塢上一表一□(下略)　　28·1,居甲 211

(上略)受□虜燧塢上表再通(下略)　　126·40+536·4,居甲 719

(上略)受並山燧塢上表再通(下略)　　332·5,居甲 1705

但是提到墔上的表的簡文似乎還沒有看到過。這方面的問題很值得深入研究。

破城子新出的"塞上蓬火品約",既提到塢也提到墔。甘肅省居延考古隊簡册整理小組的釋文把這兩個字都釋作"塢"(《考古》1979 年 4 期 360 頁),徐苹芳同志《居延、敦煌發現的"塞上蓬火品約"》一文則把這兩個字都釋作"堠"(《考古》1979 年 5 期 445 頁),恐怕都不妥當。可惜發表的圖版太模糊,對於"塢"、"墔"二字無法一一加以分辨。

一四、非　常　屋

本文"舉書"條曾經提到,居延新出的"候史廣德坐罪行罰檄"背面錄有指出第十三至十八各燧在守御設備方面的各種問題的"舉"。從這幾個燧的"舉"來看,除了第十五燧以外,其他各燧都有"毋(無)非常屋"的問題。

"非常屋"在過去發現的居延簡和敦煌簡裏,似乎還沒有出現過。[26] 甘肅居延

㉖ 看注㉑所引徐、曹文 179 頁。

漢簡整理小組《居延漢簡"候史廣德坐罪行罰檄"》一文解釋"非常屋"說:"非常,指禍變之猝然而至者。非常屋,似爲瞭望敵人專設的建築物。"(《文物》1979 年 1 期 71 頁)此說似嫌缺乏根據。

《漢書・五行志》(下之上)提到"非常室":

> 成帝綏和二年八月庚申,鄭通里男子王褒衣絳衣,小冠,帶劍,入北司馬門殿東門,上前殿,入非常室中,解帷組結佩之。

顔注引如淳曰"殿上室名"。宫殿中的非常室和邊塞亭燧的非常屋,當然不會沒有區别,但是其命名原因應該是相同的。從《五行志》提到的情況來看,非常室跟瞭望敵人似乎不會有什麽關係。恐怕只有在發現了更多的有關資料以後,才有可能真正弄清楚非常室和非常屋的性質。

一五、守御器雜考

(一)椄楪 篇

大灣所出 506・1 號簡是一枚"守御器簿",其上所記各種守御器名稱排成六横列。第五横列共有七行,《居》1635 釋作:

> 狗龐(籠)二
> 狗二少一
> 户關二
> 樓楪三
> 木椎二
> 門戊二
> 篇一

第六行的"門戊",《居甲》1991 釋"石戊",其實應該釋作"户戊"。陳直《"居延漢簡甲編"釋文校正》已經指出(《考古》1960 年 4 期 45 頁)。居延簡 68・109 記"門關、戊隨(墮)"(《居》3594),196・2 記"塢户戊一□□"(《居》2422,"户戊"二字原未釋)。敦煌曾出一方形簽牌,上書"户關、戊各二"(《流》雜事類 46),又出一簡有"户關、戊不調利"等語(《流》戍役類 30。"户"下一字或釋"與",非是)。王國維《流沙墜簡考釋》認爲"戊"當讀爲門牡之"牡",是正確的。關和牡都是用來關閉門户的。上舉“守御器簿”上記於“户關”和“户戊”之間的“樓楪”和“木椎”,無疑也是與關閉門户有關的東西。細按圖版,“樓”實爲“椄”的誤釋(《居甲》也誤釋爲“樓”)。這種與門關聯繫在一起的椄楪也見於下引二簡:

(上略)門關椄偞不事用　　82·1,居甲475

☐　户關椎、椄葉各二不事用　☐　　194·1,居甲1144

“椄偞”、“椄葉”都應該讀爲“椄楪”。上一簡的“椄偞”,《居》5241 誤釋作“□備”,《居甲》誤釋作“按接”。下一簡的“椄葉”,《居》5219 釋作“接葉”,基本正確,《居甲》釋作“椄□”則大誤。這一簡的椎也就是守御器簿的木椎。徐元邦、曹延尊同志《居延出土的“候史廣德坐不循行部”檄》一文(以下簡稱“徐文”)引用了新出的“橐他莫當燧始建國二年五月守御器簿”,其中第(20)簡有“樓楪四”一項,[27]“樓”大概也是“椄”的誤釋。此簿第(15)簡也有“木椎二”。《玉篇·片部》:“牋牒,小契。”《集韻·帖韻》:“牋牒,小楔。”“椄楪”和“牋牒”顯然是同一詞的不同寫法。用關、牡關閉的門户,要使它關得緊,必須在門户、關牡之間打上木楔。這就是在簡文中經常跟門關或户關聯繫在一起的椄楪的用途。至於跟門關和椄楪有密切關係的木椎,究竟是開關門户時所用的一種工具,還是與椄楪起類似作用的東西,還有待研究。

《莊子·在宥》:“吾未知聖知之不爲桁楊椄槢也,仁義之不爲桎梏鑿枘也。”“椄槢”與“椄楪”音近,成玄英疏:“椄槢,械楔也(此襲司馬彪注,見《釋文》)。……械不楔不牢……。”械楔與門楔的作用相近。《莊子釋文》:“(槢)崔本作牊,云讀爲牒。”依崔說,“椄槢”和“椄楪”就可以看作同一個詞的不同寫法了(《釋文》所引“槢”字向、徐音爲“徒變反”,亦與“牒”同)。

“椄楪”是疊韻連綿詞。漢簡有時簡稱椄楪爲楪:

☐不,户關、椎、楪皆故,有新未? 非子曰:故燧長有新關、椎、楪在三墔燧,未作,毋(無)累舉　　46·29,居甲342

☐户關、楪辟,皆以蒲□☐　　136·23,居7191

☐戊(?)一、楪三、椎一(下略)　　流·器物類32

據《集韻》,“牋”字或體作“楪”,不知道與椄楪也可稱“楪”的現象有無關係。

---

[27] 《考古》1979 年 2 期 175 頁。此簡本已發表,見《文物》1978 年 1 期 25 頁圖四二·21,但印得非常模糊,文字根本無法辨識,所以這裏只能引用徐文。

上引《居》1635 釋文“門〈户〉戊二”後面的一項是“篇一”。“篇”本作萹。隸書从“艸”从“竹”往往不分,釋“𠂉”爲“竹”是可以的,但釋“扁”爲“扁”則不可從。“萹一”與“户戊二”緊接,很可能也是跟門户有關的東西。根據這一綫索,這個字似可分析爲从“竹”从“龠”省聲,釋作“籥”。《禮記·月令》“修鍵閉,慎管籥”,鄭注:“鍵,牡。閉,牝也。管籥,搏鍵器也。”146·20“☐塢户侖一”,《居》1073 釋爲“候户扁一”,“扁”是“侖”的誤釋,“侖”也應讀爲“籥”,與上引守御器簿的“籥”可以互證。

（二）刈橐

上引506·1“守御器簿”有“艻馬矢橐各一”一項,意即艻橐馬矢(屎)橐各一。居延新出“橐他莫當燧始建國二年五月守御器簿”所記守御器,既有“馬矢橐一”,又有“艻橐一”,[28]可證。

勞氏《考證》把506·1的“艻”字釋作“刈”(47頁),是正確的。“刈”的意思是用刀割草。“艻”字从“艸”从“刀”,正可會割草之意。“刈”字古本作“艾”。《詩·周頌·臣工》“奄觀銍艾”,《釋文》:“艾音刈。”《詩·周南·葛覃》“是刈是濩”,《釋文》本“刈”作“艾”(這個“艾”跟當草名講的“艾”只是偶然同形)。“艻”可以看作“艾”的變體。“艻”字還見於下引各簡:

☐□卒艻胡麻☐　　　　失發掘號,居3210

(《論集》編按:此簡即《甲乙編》乙圖版玖伍123·63號簡的上段,“艻”所从之“刀”原寫作“力”,乃是訛體)

☐ 一人取慈其十束
　 廿人艻慈其百□□(六十)　束率人八束　　　　33·24,居3526

☐ 其一人養
　 定作八人艻茭五百☐　　　　403·16,居1102,居甲1818

官易檄有書,檄到,遣卒艻葦□莫(暮)還持狀詣官易

173·17+260·3+101·30,居8026+6850,居甲584

把這些“艻”字釋作“刈”,文義都很通順。上引四簡的“艻”字,前二簡勞氏都正確地釋作“刈”。第三簡誤釋爲“六”,第四簡誤釋爲“前”,當是偶然的疏失。但是,勞

---

[28] 《文物》1978年1期24頁圖四一之10、25頁圖四二之14。此二簡本應相連,見24頁附注。參看上引徐文175頁。

氏對"艻"字的正確釋讀,並沒有得到大家承認。上引第三簡的"艻"字,《居甲》未釋。第四簡的"艻"字,《居甲》從勞氏誤釋爲"前"。陳直《"居延漢簡甲編"釋文校正(續)》把"艻"寫作"艻",認爲是"鋤"字省文(《考古》1960 年 10 期 47 頁)。上引徐文也把"艻"寫作"艻"。所以不得不就這個字的問題多說了幾句。

刈橐當是刈草所用之橐。與刈橐並提的馬矢橐大概是揀馬糞用的。從居延簡中的守御器簿和行塞舉來看,各亭燧都必須儲存"馬矢(屎)"。214・108(《居》7324)記第八燧"卒張田取馬矢不在署(?)","取馬屎"疑即指用橐揀拾馬糞。264・32(《居甲》1383)記望虜燧"塢上不騷(掃)除,不馬矢塗",可知馬糞可以用來塗建築物。此外可能還有其他用途。

(三)藥咸

上引 506・1"守御器簿"所記的最後一項,《居》1635 釋爲"藥盛橐四",《居甲》1991 釋文同。從圖版看,此項本作"藥咸一、橐四",勞氏把"咸一"二字看作一字,誤釋爲"盛"。

"咸"、"函"古通。《周禮・秋官・伊耆氏》"掌國之大祭祀,共其杖咸",鄭注:"咸讀爲函。"《史記・司馬相如傳》(難蜀父老文)"上咸五,下登三",《集解》引徐廣曰:"咸一作函。"《漢書・天文志》"辰星過太白,間可椷(今本《史記・天官書》作"撼")劍",顏注引蘇林曰:"椷音函,函容也。"所以"藥咸"就是"藥函"。敦煌 T8 地點曾出一木板,上書"顯明燧藥函",板上並有印窩與繩道,供封緘之用(《流》器物類 56)。王國維定爲藥函之蓋,是正確的。

(四)沙造

破城子所出 55・10 號簡,《居》4454 釋作:

・不侵候建平四年十一月亭燧烽干轉射沙追數簿

此簡前七字在圖版上看不清("候"字,陳夢家改釋"部")。勞氏釋作"追"的那個字,從圖版看實爲"造"字。沙造與烽干、轉射並列,也應該是一種守御器。破城子所出 325・13 號簽牌上也寫着"沙造"二字(《居甲》1696)。

上面提到過的"候史廣德坐罪行罰檄"背面所錄的行塞舉中,第十七和十八燧的"舉"都有"沙竈少一"一項(《文物》1979 年 1 期 71 頁)。"造"、"竈"二字古通。《周禮・春官・大祝》"二曰造"鄭注:"故書'造'作'竈'。杜子春讀竈爲造次之造,書亦或爲‘造’。”武威醫簡:“爲東鄉造,炊以葦薪若桑。”(《武威漢代醫簡》75號)《羅》49(正):“爲東鄉造,水三斗,醇酒一斗☐。”“東鄉造”就是“東向竈”。上引55·10號簡的“沙造”無疑就是“行罰檄”的“沙竈”。居延簡或言“☐沙造中盜解(?)傷”(112·25B,《居》204頁),似是說沙竈内部的損壞情況的。

前面引過的“橐他莫當燧守御器簿”有“煙造一”一項(《文物》1978年1期24頁圖四一·9,參看上引徐文175頁)。“煙造”也應讀爲“煙竈”。

(五)累舉烽

破城子新出的“塞上蓬火品約”册的第8簡說:

·匈奴人入殄北塞,舉三蓬,後復入甲渠部,累舉亭上蓬,後復入三十井以內部,累舉塢(?)上□上蓬。(文字據下引整理小組釋文,並參考下引徐文445頁)

甘肅省居延考古隊簡册整理小組《“塞上烽火品約”釋文》將上引簡文標點爲:

……後復入甲渠部累,舉亭上蓬,後復入三十井以內部累,□(此框不當有,上引釋文已據徐文删去)舉塢上□上蓬。(《考古》1979年4期360頁)

兩個“累”字都屬上讀。徐苹芳同志《居延、敦煌發現的“塞上蓬火品約”》一文中也有此簡釋文,但沒有加標點。據文中表二看,兩個累字也是屬上讀的(《考古》1979年5期447頁)。

破城子所出227·31號簡,上書“累舉烽鹿盧”五字(《居》5259),其格式與上書“汲水桐(桶)若甀”五字的282·19號簡(《居甲》1517)全同。可知累舉烽鹿盧是一種器物,應即累舉烽所用的轆轤。“累舉”當是一種特殊的舉烽方法。整理小組釋文和徐文把“累舉”二字割裂開來,是不正確的。

前面講棓椳時引過的《居甲》342簡末三字爲“毋(無)累舉”,語尚未完,不知道跟累舉烽有沒有關係。

一六、弩弓各部位的名稱

我們所說的“弩弓”專指弩的弓體。居延簡中所見的弩弓各部位的名稱主要是“弣”(或作儛、橅)、“淵”和“燕”:

(1) 夷胡隧七石具弩,傷二橅、一淵、二燕、一弭,可繕,今力三石卌六斤六兩,元康三☐乙卯隧☐ 353·1,居231,居甲1796

(2) 執胡隧卒崔時六石具弩,傷兩弫。稾矢廿,斥(坼)。

145·38,居3675,居甲825

(3) ☐□五石具弩一,傷右弫。稾矢廿,斥。卩(此爲記號)。

217·23,居6993,居甲1203

(4) 第二隧六石具弩一,傷左橅。卩。 49·12,居6770,居甲355

(5) 元延二年八月乙卯,累虜候長敞敢言之:官檄曰:累虜五石弩一,傷右橅。受降隧五石弩二,其一傷兩橅,一傷右橅。遣吏持詣官,會月廿八日。謹遣驩喜隧長馮音持詣官,敢言之。 170·5A,居2404

(6) ☐□具弩十,其四傷淵(下略) 75·17,居6791

(7) 官六石第一弩,今力四石卅斤,傷兩淵,可繕治。

36·11,居641,居甲269

(8) ☐傷二淵,破弭。 5·6,居394,居甲39

(9) 甲渠第七隧四石具弩一,永光四年八月中受故隧長富蓋邑,傷一淵。

33·30,居3613,居甲237

(10) 却適(敵)隧長長壽六石具弩,傷左淵一。取。

283·56+283·45,居5791,居甲1514

(11) (上略)大黄力十石弩一,右淵絶(?)一分,負一算。(下略)

82·15+52·17,居3738,居甲362

(12) 六石弩一,傷淵中二(?)所☐ 54·1,居1070

(13) 三石弩一,傷淵中二所,□不可用。

65·16,居2(《論集》編按:此條是編校時新加入的)

(14) 官五石弩一,傷燕□□☐ 112·8,居914

對於(1)的"橅"和(2)的"弫",《居》和《居甲》都是釋得正確的。對於(10)的"淵"、(14)的"燕",《居》是釋得正確的(《居甲》誤釋"淵"爲"深")。(3)的"弫"被誤釋爲"張"。(4)的"橅"被誤釋爲"傺"。(5)的"橅"被誤釋爲"檢"。(1)的"燕"被誤釋爲"蠹"。(10)以外各簡的"淵"字多數被誤釋爲"洞"或"深"。

《釋名·釋兵》:"弓……其末曰簫,言簫梢也。又謂之弭,以骨爲之,滑弭弭也。中央曰弣。弣,撫也,人所撫持也。簫弣之間曰淵。淵,宛也,言宛曲也。"(引文據畢沅本)從《釋名》以"撫"爲"弣"的聲訓字看,"弫"應即"弣"字異體(漢代魚、侯二部不分),指弓中央手所把的部分。"僬"、"橅"都應讀爲"弣"。《廣雅·釋器》:"彇、弫,𤣥也。"簡文"燕"疑當讀爲"弫"。"弫"所从得聲的"亜"與"燕"都是影母字,二字韻亦相近(漢代韻文,真文與元通押之例常見)。《廣雅》的"彇"就是當弓末講的"簫"的專用字。"燕"(弫)與"簫"(彇)義同,指弓的末梢。弣和燕之間弓體彎曲的部分就是淵。從上引(1)看,燕(弫)與弭應有分別。大概弫、彇專指木製的弓體的末梢,弭則是加在弓體上的骨製或象牙製的弓末。弩弓是橫張的。左右淵當分指弓體左右部的彎曲部分,左右弣不知是否分指從左右淵至弓的中心的那兩段弓體。

敦煌所出有如下一簡:

> 淩胡燧　五石弩傷右古一所。　　流·器物類11

"古"不知是指弓的哪一部分。

一七、蘭　車

居延簡提到"蘭車"、"闌輿車":

> (上略) 乘蘭車
> 騂牝馬一匹　　502·6,居甲1913
>
> (上略)初亡時駕駠牡馬,乘闌轝車(下略)　　183·13,居甲1039

"轝"爲"輿"字異體,《居》1517誤釋爲"葷",《居甲》誤釋爲"輂"。

《續漢書·輿服志》:

> 近小使車,蘭輿,赤轂,白蓋,赤帷,從騶騎四十人,此謂追捕考案有所敕取者之所乘也。

"蘭"、"闌"字通,"蘭輿"即"闌輿"。《周禮·春官·巾車》"木車蒲蔽"鄭玄注引鄭司農,提到"贏(裸)蘭車":

> 蒲蔽謂贏蘭車,以蒲爲蔽,天子喪服之車,漢儀亦然。

孫詒讓《正義》:

> 贏,注疏本作嬴。賈疏云:此舉漢時有嬴長蘭,乘不善之車,故舉以説之也。丁晏云:《集韻·三十四果》:羸蘭,車名,喪服所乘。《續漢書·輿服

志》：小使蘭輿赤轂，此謂追捕考案有所敕取者之所乘也。案丁說是也。……
　　贏蘭疑謂車闌裸露無革繒之冡覆，惟以蒲蔽之而已。

據此，蘭車、闌輿車大概都是指車輿沒有皮革或繒帛裹覆，木欄裸露在外的車子。

一八、鍤

居延漢簡常常提到一種工具，其字左旁从“木”或“金”，右旁作以下諸形：

 居甲 344  居 5562  居 5929  居甲 2125

過去多釋作“鐺”、“櫺”或“梢”。這種工具在居延簡裏多次被提到，顯然是漢代人所極爲常用的。但是舊文獻裏所見的漢代常用工具的名稱，沒有一種能跟“鐺”、“櫺”或“梢”對得上。可見過去對這個字的釋讀是有問題的。由於 70 年代西漢文字新資料的發現，這個字的問題現在已經得到了解決。

江陵鳳凰山 8 號漢墓所出遣册中有如下一簡：

大奴師將田操 　　　　《文物》1976 年 6 期圖版捌・20

金立同志《江陵鳳凰山八號漢墓竹簡試釋》把“操”下一字隸定爲“梢”，謂即“楯”字（《文物》1976 年 6 期 71 頁）。這個字的右旁當是“臿”的變體，釋作“楯”是正確的。鳳凰山 167 號墓所出遣册有用法與此字相似的“鍤”字：

大奴一人持 

《文物》1976 年 10 期圖版肆・15（“鍤”字曾參考原物圖片）

“臿”旁寫法比較接近原形。從舊文獻看，臿是漢代最常用的起土工具。[29]《漢書・王莽傳》作“鍤”，與鳳凰山 167 號墓遣册同。上引簡文“楯”字可以看作當起土工具講的“鍤”的異體字，跟字書中的“楯”只是偶然同形（《說文》“鍤，郭衣鍼也”，跟當起土工具講的“鍤”也是同形的關係）。

馬王堆帛書《戰國縱横家書》第五章有“負籠操  ”句（《馬王堆漢墓帛書〔叁〕》）。“操”下一字，帛書整理小組先釋作“首”（《文物》1975 年 4 期 16 頁），後來改釋爲“臿”（《戰國縱横家書》16 頁）。跟《王莽傳》的“負籠荷鍤”對照起來看，

---

[29] 看于豪亮《漢代的生産工具——臿》，《考古》1959 年 8 期。

把這個字釋作“臿”，顯然是可信的（參看上引金文）。這個“臿”也是訛變之體。

根據鳳凰山遣册的“楯”字和馬王堆帛書的“臿”字，完全可以肯定居延簡裏過去被釋作“鏽”的字是“鍤”字，被釋作“槠”和“梢”的字都是“楯”字。它們都是當起土工具講的“臿”的專用字。居延簡里有些“鍤”字的“臿”旁，的確寫得跟齒字沒有區别。這是漢代人寫别字的一個例子。

下面是居延簡中有“楯”（鍤）字的簡文：

（1）入二月餘楯金百六十一　515・44，居甲 2239

（2）受正月餘楯金七☐　522・20，居 5929

（3）入鍤一　512・14，居甲 2125

（4）第二長别田令史□德車一兩　斧二　斤二　（中略）　楯六　（下略）　47・5，居甲 345（“斧二”以下爲小字）

（5）（上略）　楯十二不輸（？）

47・4，居甲 344（此爲與 4 同格式之簡的殘片）

（6）戍卒梁國睢陽第四車父宜（？）南里馬廣（？）　☐　鍤二　鋸二　☐　承鈷（缶？）二破　釜一完

303・1＋303・6，居甲 1581＋1580（與 4 同格式）

（7）☐　斧二　☐臿六　303・16，居 200（與 4 同格式之簡的殘片）

（8）☐本不受楯☐　227・61，居 5562

（9）☐　楯五一留　鋸二　（下略）

312・17，居 4476、4477（可能爲與 4 同格式之簡的殘片）

（10）付什器　（中略）　具楯（？）六枚　鈎十枚　斤二枚　斧二枚　☐

85・4，居 3360（除“付什器”外皆爲小字）

（11）☐　（中略）　斤二枚　斧二枚　☐　鍤一枚　（下略）

85・23，居 3358（與上簡同格式）

（1）至（3）似皆鍤金出入簿的散片。鍤金即鐵臿頭。樓蘭出土的魏晉簡也提到“臿金”（《流》器物類 60）。（10）、（11）是什器簿。（8）的性質不明。其餘各簡似乎都是記車上所配備或裝運的器物的。（《論集》編按：132・20A 有“問□長卿得楡耒”之語，“耒”上一字《甲乙編》釋“稻”，《居延漢簡釋文合校》改釋“楯”。214・17A“鳳叩頭報掾言，掾教留車釭楯……”，“釭”下一字《甲乙編》釋“楨”，《合校》亦改釋“楯”。）

（1）至（7）簡都出於大灣，這是很可注意的。大灣出了大量與屯田有關的簿籍，[30]應是西漢時代張掖郡的一個重要屯田地區。上引（1）所記鍤金的數字頗大。此外，大灣還出了下引兩條記鐵工具數量的簡：

今餘斧金卅八枚　　498·1，居甲1895

今餘鑿二百五 其百五十破傷不可用 / 五十五完　　498·9，居甲1899

這些簡所記的大量鐵工具，無疑跟屯田有關。

《睡虎地秦墓竹簡》"封診式"部分的"賊死爰書"有如下一句：

某頭左角刃痏一所，北（背）二所，皆從（縱）頭北（背），袤各四寸，相奭，廣各一寸，皆臽中類斧，腦角出（頔）皆血出……（265頁）

據注文，"腦"字簡文作"𡿺"（266頁注⑧）。從居延簡"𦥑"旁的寫法來看，似乎還是釋作"𦥑"，屬上句讀爲妥。【編按：郭永秉指出，從圖版看，此字與馬王堆帛書、張家山漢簡醫書等用作"㐫"的"𡿺"寫法一致，而與本文所舉"𦥑"字寫法有別，原整理者的意見應該是正確的。】

一九、帣

居延簡有"帣"字：

入帣七枚　㸁長安國受尉　　275·1，居甲1456

《居》6259誤釋此字爲"幕"，《居甲》已改正。"帣"字見於《説文·巾部》：

帣，囊也。今鹽官三斛爲一帣。

破城子出土的兩枚吏卒廩名籍的散簡，有表示糧食數量的"卷"字：

卒陳偃　粟一卷三斗三升　　57·19，居3222

士吏尹忠　穈一卷三斗三升，自取。又二月食，穈一卷三斗三升，卒陳襄取。　　57·20，居3306，居甲408

---

[30] 看沈元《居延漢簡牛籍校釋》（《考古》1962年8期），陳公柔、徐苹芳《大灣出土的西漢田卒簿籍》（《考古》1963年3期）。

第一簡的“卷”字《居》未釋。第二簡的“卷”字,《居》和《居甲》都誤以爲“小石”合文。居延簡所記吏卒月食量多爲“三石三斗三升少”,有時也作“三石三斗三升”,如180·3+180·2(《居》5276)。由此可知上引兩簡的一卷應該相當於三石。《說文》說鹽官以三斛爲一𢍰,用𢍰裝糧食也應以三斛爲標準。把上引兩簡的“卷”讀爲“𢍰”,顯然是非常合適的。

破城子出土的48·12號簡正面記“☑三石四斗一升爲大石卅二石五升”(《居》5831),反面有如下兩行殘文:

☑□一卷安(?)蔡(?)

☑□□賈(?)二卷安(?)蔡(?) 居5836

這兩個“卷”字似乎也應該讀爲“𢍰”,大概也是裝糧食用的。破城子還出了只存“四卷”二字的一枚殘簡(234·20,《居》3563)。地灣曾出過幾枚記出卷給北部、南部候長的殘簡:

☑□以候□□出二卷給北部候長·出二卷以給☑ 433·8,居甲1837

二卷以給北部候長 ☑ 232·18,居甲2465

☑北部候長·出二卷以給南部候長 232·33,居甲1271

這些簡的“卷”字可能都應該讀爲“𢍰”。[31]

敦煌簡也有以𢍰表示糧食數量的例子:

敦煌彊利里張廣成車二兩 粟十二卷□二石稌一斗後(?)卌四石二斗三升少 以稟卒凡卅一石六斗六升大卩 流·稟給類4

“粟十二”下一字上部从“𠔉”很清楚,下部可能是“巾”,也可能是“㔾”。即使是“卷”字,也應該讀爲“𢍰”。

敦煌還出了下引一簡:

入□□□三升卩 布單卷(𢍰)百五十二支(枚?) 車十六兩 粟米五百六石六斗六升大 (下略) 沙畹書406,據《敦煌漢簡校文》引

這裏提到的“布單卷(𢍰)”,顯然也是裝糧食用的。

---

[31] 地灣所出的433·3+433·32號簡,《居》127釋爲:“受降卒張譺·出黄目付倉石·出大卷以給肩水卒。”陳夢家《漢簡考述》改釋爲:“受降卒張□出廿卷付倉石出六卷以給肩水卒。”(《考古學報》1963年1期101頁)如陳釋可信,“卷”似亦當讀爲“𢍰”。

二〇、朮 賨此 沓

破城子出土的262・28號簡(A)記有以下幾項賬目：

絹糸(絲)二斤直四百卌四　絳縷五百朮　白縷五百朮　賨此丈五尺直三百九十　付子一斗直百廿五　弋韋沓一兩直八百五十

居5708,居甲1374A

這一簡的"朮"、"賨此"和"弋韋沓",都有加以説明的必要。

"朮"字在原簡上寫得很清楚,《居》和《居甲》釋作"系"是錯誤的。從文義看,"朮"字在這裏是當絲縷數量的一種單位講的。《西京雜記》卷五記鄒長倩資助勉勵公孫宏(弘)的事,鄒贈物中有"素絲一繸",鄒與公孫宏書中有"五絲爲𦀚,倍𦀚爲升,倍升爲緎,倍緎爲紀,倍紀爲緵,倍緵爲繸"之語,"朮"聲與"遂"聲古代音近相通。《詩・鄘風・定之方中》釋文引《鄭志》:"述,讀如遂事不諫之遂。"《禮記・月令》"審端徑術"鄭注:"術,《周禮》作遂。"《左氏》文十二年經"秦伯使術來聘",《公羊》"術"作"遂"。簡文的"朮"應該讀爲"倍緵爲繸"的"繸"。絲一百六十縷爲一繸。

賨此是一種細布。《急就篇》"服瑣緰𦅻與繒連",顏注:"緰𦅻,緆布之尤精者也。""緰𦅻"這個詞的寫法不很固定。《急就篇》皇象本作"俞此"。《説文・糸部》作"緰貲"("緰,緰貲,布也。")。《潛夫論・浮侈》作"緰此"("飾襪必緰此")。"緰"和"賨"都是定母侯部字,"賨此"沒有問題是"緰此"的另一種寫法。研究漢簡詞彙,《急就篇》是極重要的參考書。沈元《"急就篇"研究》曾指出漢簡的"桱桯"、"尚韋"都見於《急就篇》(《歷史研究》1962年3期77頁)。此外,如222・11(《居》3534)"毋尊布一匹"的"毋尊",也是見於《急就篇》的。

"弋韋沓一兩"條的"弋"字,《居》和《居甲》誤釋爲"它"。陳直《"居延漢簡甲編"釋文校正》曾對此條作過解釋。他説:"韋是皮臂韝,它爲袉字假借,廣雅作袖字解,一兩是一副……全簡大義,是皮袖臂韝一副……"(《考古》1960年4期43頁)。陳説不可信。此簡"沓"字應讀爲"䩬"。《急就篇》"履舄䩬裒緎緞紃",顏注:"䩬,生革之履也。"皇象本"䩬"作"沓",與簡文合。沓是一種鞋,所以以兩爲單位。"弋"疑當訓爲黑。《漢書・文帝紀贊》"身衣弋綈",顏注:"弋,黑色也。""弋"説明沓的顏色,"韋"説明沓的質料。訓黑之"弋"有專字作"黓"。

大灣所出 498·14 號簡,上記戍卒衣物,其中一項《居》7860 釋作"牛革鞜二兩"。"鞜"也許就是"鞜"的簡略寫法。

《羅》54 號簡背記"絡沓一兩"。這個"沓"字也應讀爲"鞜"。黄文弼沒有認出"沓"字,把"絡"解釋爲生絲,"一兩"解釋爲絲的重量(《羅》208 頁),不確。《説文·革部》:"鞮,革履也",段注據《韻會》所引《説文》,補"胡人履連脛謂之絡鞮"九字。鞮和鞜都是革履,絡沓當與絡鞮同義,應是皮靴一類東西。

1980 年 8 月 18 日晚寫畢

原載《文史》第十二輯(中華書局,1981),又載《古文字論集》,今據後者收入。其中《邸閣》、《役使流亡》、《桊》、《术 賓此 沓》四則又載《裘錫圭學術文化隨筆》。

《睡虎地秦墓竹簡》注釋商榷

《睡虎地秦墓竹簡》,文物出版社 1978 年 11 月初版。此書注釋寫得很好,解決了不少問題,但也偶有疏失,今就翻檢所及舉出幾條,供讀者參考。

一、耆　　弱

《司空律》:

居貲贖責(債)欲代者,耆弱相當,許之。(84—85 頁)

注釋:"耆,老。耆弱,意指年齡。"(86 頁)

今按:"耆"字有"强"義。《周書·謚法》:"耆,彊也。"《廣雅·釋詁一》:"駤、勁、堅、剛、耆……强也。"《左傳·昭公二十三年》"不懦不耆",杜預注:"耆,强也。"律文"耆弱相當",意即强弱相當。"老"雖爲"耆"之通訓,但此處不適用。(《隨筆》編按:《國語·晉語九》:"及臣之壯也,耆其股肱以從司馬,苛慝不産。"此"耆"字疑亦當訓"强",韋昭注訓"致",恐非。)

二、是

《倉律》:

嗇夫免,效者發,見雜封者,以隄(題)效之,而復雜封之,勿度縣,唯倉自封印者是度縣。出禾,非入者是出之,令度之,度之當堤(題),令出之。……入禾未盈萬石而欲增積焉,其前入者是增積,可毆(也);其它人是增積,積者必先度故積,當堤(題),乃入焉。(36 頁)

注釋在"唯倉自封印者是度縣"下加注說:"是,在此用法同'之'字,參看裴學海《古書虛字集釋》卷九。是度,即度之。下文'非入者是出之',即非入之者之出之。"(37 頁)

今按：上引律文中的“是”字應是起複指作用的代詞。“唯倉自封印者是度縣”句的結構（“縣”字姑且據注釋解作動詞，連上爲句），與“唯你是問”一類句子相同。按照一般的説法，“是”字在這裏是用來複指提前的賓語的。“非入者是出之”、“其前入者是增積”、“其它人是增積”等句裏的“是”字，也是起複指作用的，只不過“唯倉自封印者是度縣”句的“是”字所複指的，對於“是”字後面的動詞來説是受事者；這幾句“是”字所複指的，對於“是”字後面的動詞來説是主事者。王引之《經傳釋詞》認爲這種用於複指的“是”字“猶‘寔’也”，可以參考。上引律文注釋認爲“是”在句中的用法同“之”，是不確切的。

三、泛　　蘚

《秦律雜抄》：

射虎車二乘爲曹。虎未越泛蘚，從之，虎環（還），貲一甲。

注釋解釋“虎未越泛蘚”句説：“越，跑開，《小爾雅・廣言》：‘越，遠也。’泛，疑讀爲覂，《廣雅・釋詁一》：‘棄也。’蘚，疑讀爲鮮，《淮南子・泰族》注：‘生肉。’此句的意思可能是説老虎還没有棄掉作爲誘餌的生肉而跑開。”（140 頁）

今按：注釋之説似稍迂曲。“泛蘚”疑爲一雙音詞。《一切經音義》十：“《廣雅》曰：‘蹁躚，盤姍也。’”王念孫《廣雅疏證》卷六上：“《廣韻》：‘蹣跚，跛行貌。’蹣跚與盤姍同。《莊子・大宗師》篇‘跰𨇤而鑑於井’，《釋文》：‘跰𨇤，崔本作邊鮮。司馬云：病不能行，故跰𨇤也。’並與蹁躚同。……又《玉篇》：‘蹣跚，旋行貌。’《廣韻》云：‘蹁躚，旋行貌。’張衡《南都賦》説舞貌云‘蹴蹜蹁躚’，亦行不正之貌也。”疑律文“泛蘚”猶言“跰𨇤”、“邊鮮”（古輕重脣不別，“泛”與“跰”、“邊”音近），與“蹣跚”、“蹁躚”，以至“盤旋”、“盤桓”，皆爲音近義通之詞。此類聯綿詞本無定字，銀雀山竹書《十陣》有“畈山而退”語（《孫臏兵法》84 頁），“畈山”亦當與“蹣跚”、“盤旋”等詞義近。律文“虎未越泛蘚”，疑是虎未遠越而蹣跚旋行之意。

四、久　　書

《法律答問》：

亡久書、符券、公璽、衡羸（累），已坐以論，後自得所亡，論當除不當？

注釋:“久,讀爲記。《漢書·張敞傳》注:‘記,書也,若今之州縣爲符教也。’記書即地方政權對下級指示的文書。”(213 頁)

今按:秦時公家器物多有“久識”,下引各條秦律可證:

公器官□久,久之。不可久者,以鬃久之。其或叚(假)公器,歸之,久必乃受之。敝而糞者,靡蚩其久。官輒告叚(假)器者曰:器敝久恐靡者,遝其未靡,謁更其久。其久靡不可智(知)者,令齎賞(償)。(72 頁)

縣、都官以七月糞公器不可繕者,有久識者靡蚩之。(64 頁)

公甲兵各以其官名刻久之,其不可刻久者,以丹若鬃書之。其叚(假)百姓甲兵,必書其久,受之以久。入叚(假)而毋(無)久及非其官之久也,皆沒入公,以齎律責之。(71 頁)

從所引最後一條,可知公家假器物於百姓時,“必書其久”,即必須把器物上的久識記錄下來,以備查考。記錄器物之“久”的文籍,應該就是上引《法律答問》所說的“久書”。久書的性質與符券等相近,所以《法律答問》把它們放在一起來講。如果久書像注釋所說的那樣是上級指示文書的話,就不會跟符券等物並提了。

原載《文史》第十三輯(中華書局,1982),又載《古文字論集》、《裘錫圭學術文化隨筆》,今據《裘錫圭學術文化隨筆》收入。

《居延漢簡甲乙編》釋文商榷

中國社會科學院考古研究所編的《居延漢簡甲乙編》(以下簡稱"甲乙編"),已經由中華書局出版了。這對漢簡研究來說是一件大事。編者弄清了1930年出土的全部居延簡的出土地點,糾正了過去著錄上的不少錯誤,並在前人工作的基礎上對全部釋文作了修訂。既增加了這批資料的科學價值,也便利了使用這批資料的同志。這是值得我們感謝的。但是《甲乙編》也有美中不足之處。首先是圖版質量差。考古所編的《居延漢簡甲編》(以下簡稱"居甲"或"甲")和勞榦編的《居延漢簡》(以下簡稱"居"),它們的圖版本來就不够理想。這次重印,雖然抽換了部分圖版,有所改進,但是總的來看,質量更差了,被印得根本無法辨認的字更多了。其次,在釋文方面,雖然糾正了勞氏和《居甲》的大量錯誤,但是也有不少勞氏和《居甲》不誤而此書反誤的地方。因此對於研究漢簡的人來說,《甲乙編》並不能完全取代《居》、《居甲》二書。此外,在釋文方面還存在很多勞氏、《居甲》和《甲乙編》全都没有解決的問題,需要大家進一步去研究。

本文準備對《甲乙編》釋文作一些校補工作,既提出我自己的意見,也指出勞氏和《居甲》的釋文優於《甲乙編》之處,此外還想對部分簡文的意義順便作些解釋。希望能有助於使用《甲乙編》的同志。不妥之處請大家多多指正。

爲了文中稱引前後有關内容的方便,本文採用分條編號的辦法。每條之首用括號標出序數,並注明所討論的那條釋文的簡號。然後另起一行引録釋文,一般只節引有關部分,需要討論的字下加著重號。爲了節省篇幅,也有不先引録釋文而直接進行討論的情況。簡文裏有很多字,雖然知道它們是被釋錯了,但是却不知道究竟應該釋作什麽字。對於這種字我們一般是不涉及的。在被引録的釋文裏也包含了一些這樣的字。所以在這些釋文裏,那些没有被討論到的字,並不一定全都是我們所同意的。

下面就分條進行討論。

(1) 3・2(甲3)

收責錢今六月十日謹以府書驗問子都名親拜前居延令史喬子功

這是某單位(疑即甲渠候官)答覆府(疑即居延都尉府)所下的收債文書的簡(似是草稿)。府要求某單位驗問其屬下人員負債之事,限期收債回報,某單位遂在驗問後將情況上報。可惜前後簡文皆缺,詳情已不可知。

"錢"當釋"報",勞榦釋文(下文簡稱"勞氏")不誤。皇象本《急就篇》"報"字草書作,寫法與此相似。506・9A(甲1995A)有"驗問收責(債)報"之語,可相比較。

"今六"爲"會"字之誤釋,勞氏不誤。此"會"字亦爲草體。285・12"☐官告第四候長徐卿:鄣卒周利自言當責第七隧長季由☐百。記到,持由三月奉(俸)錢詣官,會月三日……"最後一句跟這一簡的"收責(債)報,會月十日"文義相類。

"拜"字原作,亦爲草體,當釋"辭"。3・35的"辭"字,寫法與此相似。漢代人多以"辤"爲"辭"(漢簡、漢碑習見)。居延簡"受"字草體多作(參看118條),所以"辤"字的草體可以這樣寫。133・11(甲764)有"謹驗問守候長就(?)辭"之語,194・17有"謹驗問褒辭"之語,文例都跟這一簡的"謹以府書驗問子都名親辭"相類。"子都"當是"親"的字。上引133・11的"辭"字作,也是草體,勞氏和《甲乙編》都誤釋爲"持"。104・29、145・36+145・24+317・4(甲826)、220・17都有草體"辭"字,舊皆誤釋爲"拜"或"擇"(于豪亮《釋漢簡中的草書》裏已糾正了"辭"字草書的誤釋)。

"前"當釋"故"。居延簡凡提到過去所任的官職,前面都加"故"字而不加"前"字(但可以説"前爲某職",把"前"用作副詞)。"喬"字勞氏釋"有",似於字形較合。

(2) 3・4

三堠隧長徐宗(此處原有空,下文原爲小字)自言故霸胡亭長甯就舍錢二千三百卅四責不可得

3・6(甲33)的格式、字體與此簡全同,文曰:"☐(《甲乙編》釋文脱此號)隧長徐宗(此處原有空,下文原爲小字,《甲乙編》誤爲大字)自言責故三泉亭長石延壽茭錢,少二百八十,數責不可得。"3・4"責"上一字,圖版不清,似本已磨損,就左側殘筆看不大可能是"四"字,疑本與3・6"責"上一字同,也是"數"字簡體(3・6

“數”字爲簡體)。

(3) 3·7

第二列第四行釋文作:

□石弩半寸已□

實當釋“□石弩□□半寸已亭”。3·26(甲12)“五石弩一,左强(舊誤釋“弦”)三分,今已亭”,可相比較。又219·3“五石弩强(舊誤釋“弦”)左一分”,52·17+82·15(甲362)“大黄力十石弩一,右淵(關於淵字意義參看下文第21條)强一分,負一算”,文例亦相近。此條“半寸”上一字不清,依文例當是“强”字。古代算術“凡有餘贏命曰强”。上引諸簡的“强”字,意謂弩弓弓身左半或右半的長度超過另一半。“亭”字古訓“平”,訓“均”。《史記·秦始皇本紀》“決河亭水”,《正義》:“亭,平也。”《漢書·張湯傳》“平亭疑法”顔注:“李奇曰:亭亦平也。師古曰:亭,均也,調也。”簡文“已亭”意謂已使弩弓兩邊長度相等。

第三列第一行釋文作:

稿矢九十析呼未能會=日

“十”當釋“干”,勞氏不誤,干指箭桿。又此行及同列第三行“析”字,勞氏皆不从“木”而从“口”。從圖版看勞氏是正確的。

第三列第四行釋文作:

□□□□沿治未□□□

勞氏則作:“□□□□□沿治”。今按:“沿”字之前字數應從勞氏,“沿治”疑當釋“作治”。58·3有“稿矢二羽幣(敝)補不事用,已作治成”、“䖵矢十羽幣(敝)補不事用,已作治成”等語,可相比較。

(4) 3·19(甲4)

居延穀胡隧長龍山里公乘樂憙年卅□補甲渠候史代張赦

“龍”本作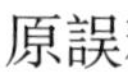,左旁明是“子”,右旁當是“瓜”。馬王堆一號墓遣策第15簡“瓠”字所从之“瓜”作,此即其省體(參看《長沙馬王堆一號漢墓》上123頁)。8·10又有“孤(原誤釋“龍”)山隧”,“孤”作,“瓜”旁與遣策“瓜”字更相似。

“補”上一字勞氏釋“徙”,甚確。此字在《居》的圖版中較爲清晰(見圖版526)。

(5) 3・20A

☑□甲渠候長就敢言之

“甲”上一字當釋“丑”，是記日干支的下一字。

(6) 3・21

甲渠候官候□□爲居延都尉大☑

“候□□”本作，僅有兩字。第二字爲“從”字，132・2、235・13 等簡“從”字與此相似。第一字疑當釋“僕”。武威漢墓所出《儀禮》簡“僕”字作(《武威漢簡》圖版《泰射》66、81 等簡)，與此形近。44・7＋190・7 亦有“僕從”之語，勞氏及《甲乙編》皆誤釋“傑廷”。

(7) 3・24

☑□□九人　鴻嘉二年十月丙辰守□☑

“□□九人”當釋“鄣卒十九人”(“十”字勞氏已釋)。“卒”上一字殘存右半“邑”旁，因“鄣卒若干人”之語在居延簡中屢見，故知爲“鄣”之殘字。

“守”下一字爲“閣”字草體。閣爲公家及士卒存物之所，詳拙文《漢簡零拾・二、邸閣》(《文史》第十二輯 5—8 頁)。

(8) 3・25(甲 18)

遣鄣卒杜霸持鉼庭

“鉼”字勞氏釋“詣”，似可從。

(9) 3・26(甲 12)

第三列第一行釋文作：

五石弩一左弦三分今已亭

“弦”當釋“强”，參看第 3 條。

第三列第二、三兩行釋文作：

稿矢十二干析呼未能會

蛇矢十三干析呼未能會

此二行“析”字，勞氏皆不从“木”而从“口”，是正確的。此二行末一字本皆作“會=”，字下有重文號(參看《居》圖版 527，第三行“會”字下重文號極明顯)，當讀爲“會會日”。漢代行政講究“期會”。上級爲某事規定一個會日(第1條所引的“會月十日”即其一例。《史記・淮南衡山王傳》“急其會日”,顔注:“促其期日。”),下級未能如期赴會,就叫“未能會會日”。3・7第三列第一行,“會會日”作“會=日”,第二個“會”字用重文號代替。由於“會”字下部恰與“日”字形近,此簡進一步省去“日”字,用一個重文號代替“會日”兩個字。這是古代使用重文號的特例,值得注意。勞氏和《甲乙編》都忽略了這個重文號。

(10) 3・28(甲17)

封□□書史毋□雖寇
都尉謂候長常勳等

第一行末二字似當釋“離署”,因圖版模糊,未能十分肯定。居延簡屢言“去署”(見82・2、95・9、145・5、261・43等),“離署”之意當與之相近,大概相當於現在所説的離開崗位。“離”上一字從文義上考慮有可能是“得”字。第二行“都”字當釋“告”,勞氏不誤。“常”當釋“索”,古代西北地區姓索者頗多。

(11) 3・31

☑福等□循行

“等”下一字當釋“自”。

(12) 3・33

……馬三匹□佐一人徒四人

“佐”上一字乃“廄”字。此“廄”字所从之“𣪊”,右旁作“支”,與51・23、198・13、232・14(甲2458)等簡“廄”字同。雖左側略殘,其爲“廄”字斷無可疑。秦漢時,官家的廄多設嗇夫,佐爲嗇夫之副。徒四人當是屬於廄的刑徒。198・13(甲1118)有“廄徒周昌”,可以與此互證(參看拙文《嗇夫初探》,中華書局出版《雲夢秦簡研究》260頁。此條簡文的廄佐、廄徒,拙文漏舉,應補充)。

(13) 3・35

☑史商敢言之遣書鄣卒魏郡内安定里霍不職等五人□□□□□敞劍庭刺傷狀无以證不言請出入罪人辭☑乃遣書不職等辭縣□二□姓名如牒不職等□辭曰敞實劍庭自刺傷皆證所置辭審它如

此條“遣書”二見,都是“爰書”的誤釋。“魏郡”下一字疑當釋“沙”。《漢書・

地理志》所記魏郡屬縣有沙而無内(内黄不能簡稱爲内)。“无”字中筆原來略出頭,漢代“无”、“先”二字都有這種寫法,此處據文義當釋爲“先”(參看拙文《新發現的居延漢簡的幾個問題》,《中國史研究》1979年4期107頁)。皇象本《急就篇》“先”字草書作,與此相近。“罪”下一字,釋文寫作似“人”非“人”似“入”非“入”的一個字。此字似以釋“人”爲宜。“縣□二□姓名”當釋“縣爵里年姓名”,與見於其他居延簡(7·31、239·46)及《漢書·宣帝紀》地節四年詔的“名縣爵里”同意。

新出居延簡“建武三年候粟君所責寇恩事”册說:

> ……先以證財物故不以實,臧(贜)五百以上,辭已定,滿三日而不更言請者,以辭所出入罪反罪之律辨告。乃爰書驗問恩辭,曰:……
>
> 《文物》1978年1期30頁

文例與此簡相似。“言請”的“請”,過去多以爲用作動詞,據此簡似應該讀爲情實的“情”。“證不言請”意即作證不講實情。“不更言情”意即不變更故不以實的態度而言實情。《漢書·游俠·郭解傳》:“及解年長,更折節爲儉”,“更”字用法與此同。“乃爰書驗問恩辭”及此簡“乃爰書不職等辭”二語中的“爰書”都是動詞。“爰書”作名詞用,“指把口辭易换成文辭的文書”(俞偉超《粟君所責寇恩事簡册略考》,《文物》1978年1期39頁)。作爲動詞用,意即“把口辭易换成文辭”,也就是説把口頭證辭等記録成文(此“文”即名詞“爰書”所指的文書)。過去,大家讀責寇恩事册,都把“乃爰書驗問”跟“恩辭曰”斷開(包括上引發表在《中國史研究》上的拙文),看來是不正確的。

此簡“劍庭”之語二見。“庭”應讀爲“挺”。《廣雅·釋詁一》釋“挺”爲“出”。《史記·陳涉世家》“尉劍挺”,《集解》:“猶脱也。”“劍挺自刺傷”意謂由於劍脱出鞘而刺傷自己。

(14) 4·1(甲11)

> 二月戊寅張掖太守福庫丞承憙兼行丞事敢告張掖農都尉護田校尉府卒入謂縣律曰藏官物非錄者以十月平賈計案戍田卒受官袍衣物貪利貴賈貰予貧困民吏不禁止湢益多

“卒入”爲“卒人”之誤釋,陳直《“居延漢簡甲編”釋文校正(續)》已指出(《考古》1960年10期47頁)。《論衡·謝短》:“兩郡移書曰敢告卒人,兩縣不言,解何?”此簡是張掖郡給張掖農都尉護田校尉府的文書,跟兩郡間所移文書相類,故曰

“敢告……卒人”。“臧官物非錄者”爲“貸它物非錢者”之誤釋。“湢”爲“浸”之誤釋。浸,漸也。這種用法的“浸”字《漢書》中習見。

(15) 4·2(甲13)

十七卒衣食 十二月二石

“食”字勞氏釋“倉”,可從。衣倉爲第十七隧戍卒之名。

(16) 4·4A、B(甲19A、B)

A面第二行釋文作:

第二隧卒江譚以四月六日病苦此服支滿

“此”當釋“心”。“心服支滿”即293·5(甲1573)之“心腹支滿”。“服”、“腹”殆因形、音相近而混。參看《漢簡零拾·八、心腹支滿》。

B面第三行釋文作:

……飲藥五齊未愈

“齊”原作“齋”,假借爲“齊”(劑)。

(17) 4·6A

☐□曰觀之所安人焉叟哉人焉叟

此簡所抄即《論語·爲政》“子曰:視其所以,觀其所由,察其所安,人焉廋哉,人焉廋哉”一章。“察其”作“觀之”乃異文。“□曰”當釋“所由”。此“由”字原作甴,武威所出《儀禮·燕禮》第32簡“由”作甴,字形相似。

(18) 4·23

廿五里掾當行二時五分定行十一時☐

“掾”當釋“檄”。此爲“郵書課”殘簡(“郵書課”之名見110·10、145·34、214·12等簡)。當時規定郵書傳遞每十里行“一時”(看133·23、231·2等簡自明)。此簡所記之檄,傳遞距離爲二十五里(簡文“廿五里”當讀斷,上文已佚,故不成句),當行二時五分。實際傳遞時間爲十一時,大大遲於規定速度。

(19) 4·26

己卯三月癸亥盡丁丑積十五日奉用錢六百自取

“己卯”爲“已得”之誤釋。

(20) 5·3+10·1……(甲2551)

行水兼與⿰月公十二

“⿰月公”當釋“船”。“船”字異體作“舩”,隸書“舟”旁多省作“月”。參看第60條。

(21) 5·6(甲39)

傷二洞破弭

“洞”當釋“淵”。弓身弣部與末部之間稱淵。參看《漢簡零拾·一六、弩弓各部位的名稱》。

(22) 5·10(甲92)

先夏至一日以⿰阝金隧取火

“⿰阝金”字舊釋“除”,于豪亮《居延漢簡釋叢》改釋“陰”。此字右旁斷非“金”字。

(23) 5·11(甲36)

此簡“姉”字勞氏釋“姊”甚是。《甲乙編》並不嚴格按照隸書字形寫釋文。甚至如“顉”和“願”,本非一字,只是可以假借來表示同一個詞,釋文都可以不加區分,而逕將“顉”字釋作“願”。這裏有什麼必要把大家都認得的“姊”,按照隸書寫法改作很少人認得的異體“姉”呢? 20·8(甲177)釋爲“姊”,是妥當的。

(24) 5·15

掾發留掾行兵遂竟寅閏月旦☐去☐倉問☐行□□尉君即王卒史□

此簡文字草率,圖版又不清晰,辨認很困難。“寅”、“倉”二字疑皆當釋“會”。“竟”字勞氏釋“茭”,“去”字勞氏釋“遠”,似皆可信(《甲乙編》將“遠”字上部認作“去”字)。

(25) 5·18+255·22(甲37)

即日疾此腹四節不舉

“此”應釋“心”,參看第16條。

(26) 6·4

□□□□候長生以來

第一、二兩字勞氏釋“四月”,可從。

（27）6·5

長吏雜試□□封移都尉府

“封”上一字勞氏釋“編”，可從。“編”上一字當釋“臬”。28·15（甲215）爲同類文書，亦有“長吏雜試，臬⧄”之語，惜“臬”下“編封”等字已殘去。

（28）6·6（甲35）

廣又從福糴秫四斗□五十四□從昕寇隧長史未央

“斗”下一字當釋“直”，讀爲“值”。“四”與“從”之間雖只一字地位，實有三字（第一、第三二字似後添），勞氏釋作“福爲度”（此簡第一字人名“廣”似亦當釋“度”），可從（參看《居》圖版194）。“昕”字勞氏釋“肵”，可從。

（29）6·8（甲44）

廼七月戊寅夜臨塢墜傷要

“臨”當釋“隨”，讀爲“墮”，勞氏不誤。“墜”當釋“陛”。“墮塢陛”就是從塢的陛階上掉下來的意思。“傷要”即“傷腰”。

（30）6·12

漢簡“筭”、“算”二字並見。釋文於此簡釋“筭”爲“算”，而於206·4、265·1等簡則釋“筭”，不統一。

（31）6·13

⧄□□于牒

“于”上二殘字，據殘存筆畫及文義推勘，當是“矢數”二字。此簡文例與227·15相同，可相比較。

（32）7·7A（甲45A）

地節二年六月辛卯朔丁巳肩水候房謂候長光官以姑臧所移卒被兵本藉爲行邊兵丞相史王卿治卒被兵以校閲亭隧卒被兵長爲買錢不相應或易處不如本藉今寫所治亭別被兵籍並編移書到光以籍閲具卒兵₌即不應籍更實定非籍隧兵所在亭各實弩力石射步數今可知貲事詣官會月廿八日夕須以集爲丞相史王卿治事課後不如會日者紱官□毋忽如律令

“長爲買錢”當釋“皆多冒亂”。“皆”所从的“曰”作三點，是草書寫法。“亂”

作,70年代出土的西漢簡帛上常見“亂”字的這種簡體。“冒”字勞氏《考證》40頁已釋。“並”本作“并”。“並”與“并”簡體字合而爲一,其實本是兩個不同的字。釋“并”爲“並”是錯誤的。“非籍”疑當釋“此籍”。“隧兵所在亭”的“隧”當釋“隨”。“今可知”的“今”當釋“令”。“坂官□”疑是“致案”的誤釋。“致案”之語也見10·40,參看第48條。漢隸“艸”頭“竹”頭每不別,此簡“籍”字皆从“艹”頭,釋“籍”或“藉”均可,釋文“藉”、“籍”錯出是不妥當的。

(33) 7·8(甲51)

札一比

疑當釋“札百”。

(34) 7·14

☑年廿八　屬同縣千金里公士高祁年卅一

“屬”字勞氏釋“庸”,“金”字勞氏釋“乘”,皆可從。居延簡中屢見與此簡文例相同之簡,今引較完整的一例於下:

田卒大河郡平富西里公士昭遂年卅九,庸舉里嚴德年卅九　303·13

這種庸當是受雇於戍卒代他們戍邊的人,參看黄烈《釋漢簡中有關漢代社會性質諸例》(《歷史研究》1957年6期74頁)。

(35) 7·20(甲59)

无以證不言請出入罪☑

“无”當釋“先”,參看第13條。此簡“先”字寫法與皇象本《急就章》極近。

(36) 7·30A

臨木卒徐博出

“博出”爲戍卒之名,當釋“博士”。326·21(甲1701)有“臨桐卒王博士”,與此卒同名,舊亦誤釋爲“博出”。漢代人喜以“博士”爲名,漢印有“杜博士印”、“路博士印”(《漢徵》3·2下),可證。漢隸“出”字簡體與“士”字幾無别,故古書中此二字有相混之例(《史記·吕后本紀》“齊内史士”,《集解》:“徐廣曰作‘出’。”參看《讀書雜志》中《荀子·大略》等條)。今人釋“博士”爲“博出”,如出一轍。

(37) 7·31

☐☐☐☐参絜堅☐劾書名縣爵里業敦

"参"上其實只有兩個字,當釋"枏櫝"。"堅"下一字當釋"約"。"劾"當釋"刻"。"業"當釋"枏"。詳《漢簡零拾·一、枏櫝》(《文史》第十二輯2—5頁。拙文誤釋"堅"爲"盡",當從此改正)。

(38) 7·32(甲62)

☐表是食水民食衆☐

"食"當釋"會"。表是、會水皆酒泉郡屬縣。

(39) 8·6(甲55)

甲渠萬歲隧長刑商

"商"字勞氏釋"齊",可從。

(40) 8·10

龍山隧長

"龍"當釋"孤",參看第4條。

(41) 9·1A(此爲《倉頡篇》木觚)

"戲表書插"之"戲"疑是右旁从"戔"聲之字,或即是"諓",讀爲"箋"。"臣俟"爲"臣僕"之誤釋。"僕"字寫法與武威《儀禮》簡同,參看第6條。"望"上一字,勞氏有"觀"、"觀"二釋,似以釋"觀"爲是。

(42) 9·2A(亦《倉頡篇》木觚)

"講"當釋"帶"。

(43) 10·2B

第二行釋文自"獄"字以下多不可信。"吏丞行事"疑當釋"充足行弟"。

(44) 10·16A、B(甲82A、B)

A面第二行"足衣强食"之"足"當釋"近"。B面第三行"對幼孫"之"對"疑當釋"劉"。劉幼孫爲人名。

(45) 10·22(甲80)

"河陽里",勞氏釋"市陽里",可從。

(46) 10·30(甲89)

車騎將=軍=中=二=千=石=

簡文“中”字下原無重文號,當讀爲“車騎將軍、將軍、中二千石、二千石”。釋文誤衍此重文號,文遂不可通。

(47) 10・37(甲94)

車父之名“益川”當釋“盈川”。“稿宝矢五十”,“矢”當釋“千”。

(48) 10・40(甲100)

襍予閣謹以文理遇士卒毋令冤失職稍稱令意且遣都吏循行廉察不如護大守府書致幸毋忽如律令

“稍”當釋“務”。“幸”當釋“案”。《漢書・杜周傳》:“使案邊失亡。”《後漢書・鍾離意傳》“府下記案考之”,李賢注:“案察之。”“致案”謂加以案考。

(49) 11・3(甲104)

以食□卒四人

“卒”上一字《居甲》釋“亭”,可從。

(50) 11・4(甲103)

“符第六百八”下有一横道,釋文以爲“一”字,非。

(51) 11・8(甲110)

☐金關爲出入六寸符☐

“金”上尚有一殘字,應釋作“與”(請比較文例相同的65・7、65・9、65・10等簡)。

(52) 11・12(甲107)

出錢九百買弓扣☐

居延簡所記與弓有密切關係的器物有櫝丸。28・19(甲217)“出弓櫝丸(原誤釋“横内”)七”,87・12(甲492)“弓一、櫝丸一、矢十二”,346・2也提到“櫝丸”(原誤釋“槓充”)。此簡“弓”下一字,據殘存筆畫看應即“櫝”字。其下本當有“丸”字,惜已殘去。

弓櫝丸是藏弓之器。《方言・九》:“所以藏箭弩謂之箙,弓謂之鞬,或謂之䩷丸。”《儀禮・士冠禮》鄭玄注:“今時藏弓矢者謂之韇丸也。”“櫝丸”、“䩷丸”、“韇丸”是一名的異寫。《詩・鄭風・大叔于田》《釋文》引馬融注、《正義》引《左傳》服虔注,《左傳・昭公二十五年》杜預注、《正義》引賈逵注,都曾提到這種器物,字作

“犢丸”或“櫝丸”(各書宋本多作“犢”)。上引馬融等注以“犢丸”稱藏矢之器,《廣雅・釋器》也把“韇䩮”解釋爲“矢藏”。可見在漢代確如鄭玄所說,藏弓和藏矢之器都有櫝丸之稱。

在草率的隸書裏,“木”旁“牛”旁容易相混。上引居延簡諸“櫝”字,其左旁與居延簡“牝”、“牡”等字“牛”旁並無若何不同,就是釋作“犢”也沒有什麽不可以。古書中“櫝丸”、“犢丸”兩種寫法並見是有來由的。

(53) 11・18(甲105)

田卒大河郡東平□北利里公士張福

“平”下一字當釋“陸”。大河郡即宣帝以後之東平國,其屬縣有東平陸。

(54) 11・20(甲102)

〼遣□史信成視田牧〼

“遣□史”,勞氏釋“遣從史”,可從。

(55) 11・26(甲108)

〼出入六寸符券齒百從第

“從第”當釋“從一至〼”(參看《居》圖版39)。

(56) 11・33

盾二

從圖版看,此“盾”字地位明顯偏右,應是殘去左旁的“䞅”字。䞅即弩䞅。“弩䞅”屢見於居延簡,指盛弩之套,亦可逕稱爲“䞅”,如255・19“入䞅十一”、239・39“䞅九”。

(57) 12・1D(甲2554C)

官□移檄就警備□□門毋爲虜其□□毋忽如律令

“□移檄就”似應釋“寫移檄到”,“到”從勞氏釋。“其”當釋“所”,“所”下一字疑是“乘”字。

(58) 13・6(甲115)

□□東郡畔戍里靳龜(此處原有空,下文原爲小字)坐迺四月中不害日行道到屋蘭界中……

“東郡”上二殘字從文例看當爲“戍卒”(看與此簡有密切關係的 118・18 自明),所剩殘畫也與“戍卒”二字相合。“害”當釋“審”。“不審”是漢代人常用語,意謂不知道、不能確定。漢簡中數見“不審日”之語,此外還有“不審里”、“不審縣里”等語,詳拙文《關於新出甘露二年御史書》(《考古與文物》1981 年 1 期 106 頁)。285・19(甲 1543)的“不審日”,勞氏及《居甲》所釋不誤,陳直《“居延漢簡甲編”釋文校正》反據此簡的錯誤釋文改“審”爲“害”(《考古》1960 年 4 期 45 頁),《甲乙編》釋文從之,實爲抉擇失當。159・23 的“不審里”,勞氏已正確釋出,《甲乙編》也誤改爲“不害里”。

(59) 13・9A

屬同縣延陵大夫陳遂成

“屬”當釋“庸”,參看第 34 條。

(60) 14・1A(甲 783)

毋餘肸

陳直《“居延漢簡甲編”釋文校正(續)》指出“肸”當釋“船”(《考古》1960 年 10 期 48 頁),可從。參看第 20 條。

(61) 14・2(甲 121)

駐北亭卒東郡博平僑里皇隨來 矢五十
三石承弩一 (下略)
弩循一

“矢五十”勞氏釋“有方一”,可從(參看《居》圖版 33)。此簡大概屬於所謂“被兵簿”(“戍卒被兵簿”之名見 311・35,“臨木部卒被兵簿”之名見 198・19,“吏被兵簿”之名見 403・2)。同類簡如 287・10(甲 1530),其所記兵器亦以“有方一”爲第一項,“三石承[弩一]”爲第二項。又 14・8 也記“有方一”於首項。在這類被兵簿裏,矢少有記在弩之前的,而且通常標明矢的種類,如“稾矢”、“寅矢”等,很少單稱爲“矢”。

(62) 14・6+213・21

坐候史商行塞官弩二□肩候……

坐令史奉光行塞弩三□肩候……

這兩行裏的“□肩候”，都應該改釋爲“關戾”。“關”爲草書簡體。“戾”所从的“户”和“犬”寫得比較開，加之圖版又比較模糊，所以就被誤認爲“肩候”二字了。“關戾”指弩關曲戾不正。403·15“☐長甲（此處原有空）坐君行塞，弩五關（舊釋“闌”）戾（舊未釋），□（絪?）緩，適（謫）車☐”，文例與此簡相似，可互證。

（63）14·12

爲蘭少卿將車

“卿”字勞氏釋“翁”，較可信。

（64）14·20（甲124）

☐□一✓二分別爲爰書移官其初役時折傷毋舉□

“役”當釋“假”。此“假”字左从“亻”，右側省爲“又”。“假”字从“亻”在居延簡中極爲常見。右側省爲“又”，與512·24（甲2130）“假”字同。“折傷”當指兵器折傷。45·7A提到“折傷兵名☐”，179·6（甲1015）提到“折傷兵簿”，皆其證。“其初假時折傷”，意謂公家兵器爲戍卒所假時本已折傷。512·24（甲2130）“戍卒昌邑國西邡西土里朱廣德，假有方一，完”，83·5A“驩喜隧車又車卒許勃所假具弩一，有幡”，都是戍卒假兵器的實例。本條簡文所説的，是候官讓下級將戍卒兵器折傷情況上報的事。“舉”當舉出問題講，詳《漢簡零拾·九、舉書》（《文史》第十二輯，17—21頁）。兵器初假時即已折傷，責任不在假用者，所以上報時不必舉出。

（65）14·21

☐鳳六年正月乙亥朔庚辰捕虜𨻶長豹受庾候令☐

“鳳”上可補“元”字。元鳳六年正月朔日正爲乙亥。“令”當釋“倉”。

（66）15·5

葆鸞鳥憲衆里上造顧收年十五

“憲”字勞氏釋“息”，“五”字勞氏釋“二”，皆可從。“顧”本作“顔”，漢印顔姓字每如此作（《漢徵》9·1上）。137·10“士吏顔譚”，舊釋“顔”，不誤。

（67）15·7A

魏賈字律君

“賈”字勞氏釋“買”，“律”字勞氏釋“偉”，似較可信。

（68）15·14

魏郡繁陽高武里大夫謝牧

“武”疑當釋“忘”。“牧”當釋“收”。

(69) 15・16

九月乙丑

“丑”當釋“巳”。

(70) 15・18

居延塢長王玟

“玟”當釋“戎”。

(71) 15・21

觻得石成里復賢

“復”當釋“諒”。傳世漢印有“諒福”印(《漢徵》3・3 上),可見漢代確有諒姓。

(72) 15・24

騎吏千乘里王狗

“吏”當釋“士”。

(73) 16・2

入粟大石二十五石 車一兩 輸甲渠候官 始建國五年六月

“渠”當釋“溝”。此爲王莽時簡。“二十五”不作“廿五”,“甲渠”改稱“甲溝”,皆莽簡特點,前人已指出。

(74) 16・3

第有毋客等四時如律令

“客”當釋“宏”。

(75) 16・4A

……寫移書到肩水視亭市里顯見處令民盡知之

“肩水視”當釋“扁書鄉”。139・13(甲 788)“書到,令長丞候尉明白大扁書鄉市里門亭顯見……”,文例與此相似。

(76) 16・10

宜考察

“宜”,勞氏釋“宣”,可從。

(77) 16·11

將軍使者大守議貨錢古惡小萃不爲用政更舊制設作五銖錢

“古”下一字,勞氏《考證》釋“惡”(21頁),可從。楊君石門頌、耿勳碑等“惡”字寫法與此相近。“古惡小萃”,勞氏讀爲“苦惡小碎”亦是。“政”當釋“改”。

(78) 17·11

□□□爵公士以上

“爵”上三字,勞氏釋爲“幾□歲”(2590號釋文。10137號重出,未釋“幾”字),似可從。

(79) 18·2A

八人輸罪十二付倉曹丞時

簡首四字當釋“人入□(穀?)錢”。

(80) 18·5

少府中常寺

“寺”,勞氏釋“方”,可從。“常”、“尚”古通,“中常方”即“中尚方”。《漢書·百官表》少府屬官有尚方令。

(81) 18·8

卒郭賜乙巳迹

“乙”上尚有一“之”字,勞氏亦漏釋。“乙巳”二字所佔地位甚小,勞氏等蓋誤認“之”字爲“乙”字。“郭賜之”爲戍卒名。傳世漢印有“孫賜之”印(《漢徵》6·17下)。

(82) 18·11(甲144)

即不角爭

“角爭”當釋“肯予”。

(83) 18·19

□二石三鈞十五斤

“二石”上一字爲“茭”，勞氏誤釋“麥”。

(84) 18・21

管筆各一

“筆”當釋“榗”，“管”疑當讀爲“棺”，詳見拙作《漢簡零拾・一、榗櫝》(《文史》第十二輯 2—5 頁)。

(85) 19・5(甲 140)

樂昌隧長鄉亭

“長”，勞氏釋“次”，可從。此字在《居》圖版 5 所收簡影上甚爲明晰。182・28(甲 2542)有“並山隧次鄉亭”之語，文例與此相同。

(86) 19・8A

甲子

此簡與 102・6(甲 589)、303・12A(甲 1584A)皆同文。據 303・12A，“子”上應爲“戊”字。細審此簡“子”字上殘文，確爲“戊”字而非“甲”字。102・6 之“戊子”又被誤釋爲“壬子”。

(87) 19・9(甲 148)

徐脱客　奉□□⊠

“脱”當釋“勝”。“勝客”爲漢代常見人名，傳世漢印有“王勝客印”、“石勝客”印(《漢徵》13・15 下)。

據《居》圖版 45，“奉”字下爲“用錢四”三字。

(88) 19・26＋90・45……(甲 156)

朱千秋入穀六十石六斗六升大直二千一百廿三・出錢千二百・凡錢三千三百廿三

“朱”，勞氏釋“介”，可從。古有介氏，如介之推。“出”當釋“入”。此“入”字上有一條裂痕，故被誤釋爲“出”。介千秋所入之穀，值錢 2123，又入錢 1200，故共爲 3323 錢。303・3(甲 1574)字體、文例與此簡相同，文曰：

董次入穀六十六石直錢二千三百一十・入錢二千一百八十七・凡錢四千

四百九十七

第二項亦作"入錢"而不作"出錢"。

(89) 19・33A(甲145A)

舉遂成所持刀

"舉",勞氏釋"與",可從。

(90) 19・34(甲159)

驛候書令　速移

"驛候書令"當釋"騂馬農令"【編按:市川任三《論西漢的張掖郡都尉》早已指出這一點,見《簡牘研究譯叢》第二輯,中國社會科學出版社,1987,237頁】。此官名亦見515・20(甲2217)。

"速",勞氏釋"連",可考慮。

(91) 19・36(甲163)

昌邑國邡

"邡",勞氏釋"邳",可從。昌邑國即山陽郡,屬縣有橐。"橐"、"邳"皆从"石"聲,故可通用。看陳直《"居延漢簡甲編"釋文校正》(《考古》1960年4期44頁)、于豪亮《居延漢簡釋地》(《考古與文物》1981年4期104頁)。

(92) 19・40(甲162)

貫贊取

大灣出土的一種記淮陽郡田卒衣物的簡上,常見"貫贇取"之語。此簡即其一例。"貫"下一字舊多釋"贊",不可信,疑是"贇"字。以下遇此字不再說明。

(93) 19・43(甲165)

率取四斗

"取"當釋"畝"。303・7(甲1585)"畝"字寫法與此同。

(94) 19・45(甲167)

四日庚戌長掾☐

"日",勞氏釋"月",可從。"長"疑當釋"受"。

(95) 20・3

其十歲十二日

“十”,勞氏釋“一”,可從。

(96) 20・11(甲 178)

元康二年六月戊戌朔戊戌肩水候長=生以私印行候事寫移昭武隧如律令

昭武爲張掖郡屬縣。“武”下一字顯非“隧”字,疑是“獄”字簡體。10・11(甲 72):

元康二年九月丁酉朔庚申,肩水候長長生敢言之,謹寫移唯官移昭武獄,敢言之。

文例與此簡近似,可相比較。95・4 又有“寫移閒田獄如律令”之語。

(97) 20・12A(甲 179A)

廿四□書到□

“廿四”下一字當釋“牒”。“書到”下一字當釋“叟”,讀爲“搜”(參看拙文《關於新出甘露二年御史書》,《考古與文物》1981 年 1 期 107 頁)。此簡所録文書原文,“書到”下一句應爲“搜索部界中”。

(98) 21・3A(甲 175),21・3B

21・3A 與 21・3B 兩張照片上所見的是同一面的文字,只不過拍攝角度有所不同而已。釋文把它們當作不同面的文字處理,是不對的。

(99) 24・2(甲 182)

此簡小字第三列第二行,釋文作“第廿六卒韓非”,“非”下原來尚有人字(《居》圖版 219 甚明晰),勞氏亦漏釋。傳世漢印有“吳非人”印(《漢徵》11・19 上)。

第三列第五行,釋文作“第廿八卒曾相意”。“曾”疑當釋“倉”。

第四列第四行,釋文作“第廿九卒廖贛”。“廖”,勞氏釋“褒”,似可從。

(100) 24・4

□勞名籍

“勞”上一字殘存左半“貝”旁,應是“賜”字。“賜勞名籍”之語亦見 49・14(甲 356)、159・14(甲 941)、267・11(甲 1401)等簡。

(101) 24・6

一兩其一輸載之空循書一輸一札折

此句釋文錯誤頗多,今改釋於下,但是很可能仍有誤釋之處:

一兩其一輪載乏(?)空偏(?)盡一輪一杊折

(102)24・15(甲180)

十月

“十”當釋“七”,陳邦懷《“居延漢簡甲編”校語增補》已指出(《考古》1961年8月456頁)。

(103)25・1

☑城北昌里房安年三十五

勞氏釋文作“戍卒河南郡緱氏北昌里房莽年三十五”。此簡照片上部不清晰,但“北”上一字尚可看出確是“氏”字,不應釋“城”。

(104)25・13A

誠官以晨付破虜卒以馬

“官”,勞氏釋“南”,可從。“晨”字下勞氏釋文有“時”字,是。此字原來旁注在“晨”字左下方。

(105)26・1(甲187)

給□□錢畢已

“給”,勞氏釋“約”,可從。“約”下兩字,于豪亮《釋漢簡中的草書》(中國古文字研究會第四屆年會論文)釋爲“至春”,甚是。262・29(甲1373)張中功貰買皁布章單衣券有“錢約至十二月盡畢已”語,262・16一殘券有“☑三月錢必(畢)已”之語,文例皆相近。

(106)26・2

□□□□□□　少馬六匹

此簡照片不清晰,勞氏釋爲“□氏戍卒□□□　用馬六匹”(6594號),可參考。“戍卒”二字似可信。

(107)26・9A(甲188)

會坐文事致論

“致”當釋“毄”,讀爲“繫”,指繫獄。此字右旁从“攴”,古“致”字不从“攴”,

"支"旁、"殳"旁則往往通用。勞氏逕釋此字爲"繫",也不算錯。

(108) 26·14

□臨木隧長樂博六月壬子盡丙午廿五日☑

此簡文字與"乙附12"相同。乙附12字體工整,此簡則爲草書,應即乙附12的草稿。乙附12在勞氏書中標爲26·14,見圖版415,釋文號爲6593。《甲乙編》將草書簡標爲26·14,將正書簡收入附錄,想另有所據。乙附12是整簡,今據《甲乙編》所釋錄其文於下:

出錢七百(?)　給臨木候長樂博六月壬子盡丙午(此字勞氏釋"子")廿五日奉　八月己酉自取

據此,此簡"臨"字上一字當釋"給","隧"字當釋"候"。"丙午"當從勞氏釋"丙子"。壬子至丙子正爲二十五日。丙午距壬子五十四日,已在六月之外。《甲乙編》注明"失照"之26·7,釋文作"☑　□□乙酉自取",疑即此簡下段。

(109) 26·21(甲200)

第三列第四行鄣卒名"李壽壬",勞氏釋"李壽王",可從。漢人以"壽王"爲名者極多。《漢書·律曆志》有"張壽王",傳世漢印人名有"王壽王"、"徐壽王"等(《漢徵》8·16—17)。

(110) 27·1A

亭燧□□里　□頭痛

☑吘手卷足展

釋文"亭"字不可信,"燧"疑當釋"陽"。"□陽"應爲地名。

"頭"上一字應釋"病"。

"手"上一字,勞氏釋"吟",可從。562·15是與此簡同類的文書,中有"口吟目窅手捲足展"之語,可相比較。"口吟"即"嘴閉"之意。

(111) 27·13(甲208)

後稾不過三日

"後"下一字即"稾"(廩)字別體。

(112) 27·18

釋文注明此簡照片見"乙叁伍版",實際上見於"乙柒伍版"。

（113）28・1（甲211）

下餔五分過府

“過”當釋“通”。73・29“辛未夜食二分通府”，181・1A“⧄過半通府”，文例皆與此簡相同。

（114）28・13（甲214）

官署

當釋“守閣”，參看第7條。

（115）28・15（甲215）

秋射令尉□及縣試

當釋“秋以令射長吏雜試”，《居》圖版220較晰。“秋以令射”之語亦見34・13（甲238）、202・18、312・9（甲1669）。“長吏雜試”之語亦見6・5。

（116）28・19（甲217）

出弓横內七

“横內”當釋“櫝丸”，參看第52條。

（117）29・7

騂北亭長敏　寫移言□

“敏”當釋“敞”。

“言”，勞氏釋“書”，可從。

（118）29・10

不寧者□□共爲異己之立等五家使庫⧄（此爲左邊一行文字，右行略）

29・8的格式、字體與此簡相似，簡文有“五家相證任”等語，所言之事也顯然與此簡有關，疑二者爲同簡的斷片，29・10在上，29・8在下，但中間尚有小段殘缺。29・10上端基本完整，29・8下端基本完整。29・8右行末尾“伍中□”，當與29・10之左行連讀。“異己”當釋“畢已”（“已”字勞氏不誤）。漢代券契上“錢畢已”之語屢見（參看第105條）。“伍中□不寧（?）者□□共爲畢已之”，疑謂五家之中若一家有債務，各家共同爲之清償。

“使”原作，漢簡“受”字每每簡寫爲此形（參看第1條）。臨沂等地出土的

西漢前期簡,“受”字草體多作,若省去上部即成此形。《甲乙編》25・12的釋文已將此種“受”字簡體正確釋出,不知此處爲何又沿用錯誤的舊釋。

(119) 30・2(甲193)

・蘭一丸

“丸”當釋“完”。此當是筆誤。

(120) 30・7(甲228)

・書✓移

“移”,勞氏釋“檄”,可從。《居》圖版242甚清晰。

(121) 30・8

主官掾昌取

“取”當釋“敢”,其下應加“▨”號。

(122) 30・12(甲205)

莫山燧

“莫”疑當釋“萁”或“箕”(漢隸艸頭、竹頭往往不分)。漢人書“其”字多作亓,與此字下半相近。

(123) 30・16(甲223)

車二兩

“二”當釋“一”。

(124) 32・11

□吏

當釋“斥免”。

(125) 32・12A(甲227A)

程使白馬元卿□爲付禁姦令致郭▨

“使”,勞氏釋“史”,似可從。“爲”上一字似是“幸”字簡體。

(126) 32・14A

觻得亭□長　以上封

“亭”當釋“高”。

“封”疑當釋“錢”，其下應加“ ☐ ”號。

(127) 32・16

買芯卌束=四錢給社

“芯”當釋“蔥”。此字下部所从之字，於“心”上加一點，乃“悤”字初文，其形出自金文“悤”字(《金文編》547—548 頁)，漢印“悤”旁亦如此作。漢碑“悤”旁多作“[illegible]”(居延簡亦有如此作者，如 506・10A)，“心”上一點改爲勾廓，“悤”字俗體“怱”、“总”等皆由此出。《璽印文字徵》(其中包括《漢印文字徵》舊版)羅振玉序，已據金文“悤”字，指出其書所收“芯”字實當釋爲“蔥”。70 年代所出西漢前期簡帛文字，“悤”旁皆作“心”上加點之形，可證羅說之確。但《漢印文字徵》1978 年新版並未接受羅序意見，仍將“蔥”字釋作“芯”(1・21 上)，實不可解。《漢徵》“芯”字下所收“萬芯□”印，其人名當釋“蔥奇”(印文見《續封泥考略》6・21 上)。“蔥奇”爲漢代常用人名。武帝時有嚴蔥奇(見《漢書・嚴助傳》，《藝文志》作莊蔥奇)。《漢徵》附錄6 頁下所收“笴[illegible]觭”印(見丁仁《鶴廬集印》)，其人名亦當釋爲“蔥觭(奇)”。封泥所見王莽封爵印屢用“聰”字(《封泥考略》9・12—13)，舊亦誤釋爲“耻”。

乙附 7“出錢百六十”，應即此簡上段。二斷片綴合後，長度正與一般的完整簡相等。蔥四十束，每束四錢，總錢數恰爲百六十。

(128) 32・18B

十一兩輸橐他

“兩”上二字殘存右半，疑當釋“七十”。32・18A 左行釋文“十六”似亦有問題，此處原文似不止二字。

(129) 32・24

☐忠寧君記

“寧”當釋“曼”。

(130) 33・4

☐封□白□□賦發者門曰☐

據 264・9(甲 1375)、257・22 等同類文書，可將上引釋文校正如下：

▱封皆完,□(此字已磨滅,據文例當是"毋"字)盗賊發者,門户▱

(131) 33・7

不侵候長昌

"昌",勞氏釋"晏",可從。這個字在圖版上很清晰,只要稍加注意就可以看出是"晏"字而不是"昌"字。《甲乙編》屢將勞氏釋文中與原簡文顯然相合的字改釋爲他字,也許是由於在根據賀昌群、馬衡的釋文校改勞氏釋文時,沒有仔細核對圖版的緣故。爲節省篇幅起見,在碰到這類字的時候,如果它們對簡文内容的理解沒有大的妨礙的話(如本條這一類的不甚重要的人名),我們就不一定都舉出來了。好在有勞氏原書在,讀者可以核對。

(132) 33・24

一人□芯其七束　廿人芀蒬其

"□芯其"當釋"取(?)慈其","芀蒬其"當釋"艾(刈)慈其"。133・15(甲765)尚有"伐慈其"之語。關於"刈"字,請參閲《漢簡零拾》。此簡"刈"字,勞氏已釋出。

"慈其"跟古書里的"兹其"、"兹基"、"鎡其"、"鎡基"、"鎡錤"、"鎡錤",當是同名的異寫。這是鋤、欘一類工具的名稱(看《周禮・地官・遂大夫》孫詒讓《正義》)。古代農具多木身,僅於口沿套金屬冠。簡文所謂刈慈其、伐慈其,疑指採伐用作器身的木料而言。

(133) 33・30(甲237)

甲渠第十隧四石具弩一……使故隧長富盖邑簿一編

"十",勞氏釋"七",似可從。"使"當釋"受",參看第118條。"簿一編"當釋"傷一淵",參看第21條。

(134) 34・7B

□叩=頭=

此當是"子卿(?)足下"四字草書。此簡爲私人書信,"子卿"爲受書者名,已見34・7A。

(135) 34・21B(甲241B)

卒人二百七十三

“卒”當釋“率”。

(136) 34·23

周逢彊 辛亥日

“彊”,勞氏釋“德”,似可信。

“辛亥”,勞氏釋“庚戌”,可從。

(137) 35·14

第十二隧

“二”上一字殘存右半,豎畫位置甚偏,疑是“廿”字。

(138) 35·22A

合移舉各如牒

“合”當釋“今”。

(139) 36·2(甲255)

☐十五日

勞氏釋“·五曰”,可從。此簡所記蓋爲一件文書所舉諸事之第五項,故以“五曰”開端。

(140) 36·3(甲259)

道鳴沙里陵廣地爲家私市

“道”疑當釋“遣”。

(141) 36·10(甲267)

卌二斤

“二”當釋“三”。

(142) 36·11(甲269)

傷兩洞

“洞”當釋“淵”,參看第21條。

(143) 37·1

肩水見新徒大男王武

“肩水”當釋“居延”(參看 37・33“居延復作大男王建”簡,其形制、文例皆與此簡相近)。“見新”當釋“鬼新(薪)”。

(144) 37・18

居延尉

“尉”上原有“都”字,釋文脫漏。

(145) 37・23

自有善人里所⧄

當釋“自有舍,入里一門⧄”。居延簡記屋舍位置,每用此類語句。如 340・33“自有舍,入里五門東入”、282・5(甲 2415)“舍在里中二門東入”、287・13(甲 2426)“舍在上中門第二里三門東入”、31・18“……第四里不(?)□三門北入”(此據《居》8587 號釋文,《甲乙編》未釋“里”字、“入”字)。

(146) 37・35

凡貲直十五萬

“貲”當釋“訾”。311・5“訾直萬五千”,“訾”字舊亦釋“貲”。漢人書“家貲”字皆作“訾”。

(147) 37・39

初元四年二月辛丑除　　見不吏

“吏”當釋“史”。“不史”爲吏名籍上常用術語,如 35・16(甲 251)“止北隧長居延欙山里公乘徐殷年卌二　不史不上功”,190・30 + 129・22(甲 716)“校甲渠候移正月盡三月四時吏名籍,第十二隧長張宣史,案府籍宣不史,不相應,解何?”

(148) 37・57

功一勞一
中除十五日

此二行爲並行小字,“中”字本在此二行之間的上方,當屬“功”字讀。“除”,勞氏釋“歲”,可從。此二行小字當連讀爲“中功一勞一歲十五日”。10・17(甲 78)“中功一勞二歲二月”,198・20(甲 1120)“中功一勞一歲三月一日半日”,文例皆與此同。

(149) 38・2

年□□

“年”下二字爲“若干”。

（150）38·12（甲256）

·右史

“史”疑當釋“夬”，讀爲“決”。38·41同。

（151）38·18A

絳襪一具

當釋作“絝（袴）襦一具”（看朱德熙、裘錫圭《馬王堆一號漢墓遣策考釋補正》，《文史》第十輯62頁）。《南齊書·王奐傳》“送袴褶三千具”，稱袴、褶一套爲一具，與此簡稱袴、襦一套爲一具同例。

（152）38·20B

令史宜倉史並佐常

“倉史”當釋“尉史”。“佐”字亦可疑。

（153）38·21

年卅六元康四年七月□□

“六”字不應有。勞氏釋文作“年卅六□四第七月□□”。《甲乙編》將“六□四第”改釋爲“元康四年”，甚確，但不應仍保留勞氏釋文中的“六”字。“七月”下似只有一字，疑是“除”。

（154）38·27

无以證不言請出入

“无”當釋“先”，參看第13條。“出入”下應加“〼”號。

（155）38·38（甲273）

官襲一領　單衣一領

“襲”當釋“裘”。居延簡“官裘”之稱屢見（見67·37、82·16、146·23等）。“單”疑當釋“章”。

（156）38·39

蘭冠□□一完

當釋"蘭=□各一完"。"蘭"字下有重文號。"各"上一字按文例很可能是"冠"字,但磨損得太厲害,已不可辨。

(157) 39·5B

田塗二十有二人者敬女官□知☐□者三考出幽□□明明之光也

"田塗"當釋"曰咨"。"官□"當釋"官職"。"出"當釋"絀",讀爲"黜"。"明"字下有重文號,按釋文體例應作"明=",而不應作"明明"。《尚書·堯典》:"帝曰:咨女二十有二人,欽哉,惟時亮天功。三載考績,三考黜陟幽明,庶績咸熙。"簡文似是引《堯典》而解說之者。

(158) 39·20

出塢上蓬火一通

"蓬"當釋"苣"。

(159) 39·45

■右二千石令詣書秋射

"詣"當釋"詔"。

(160) 40·1(甲285)

望虜苑髡鉗鈦左右止亡奴馮宣將劍亡

"虜"當釋"幸"。"鈦"字右旁寫法與下"左"字全同,當釋爲"鉉",勞氏及《居甲》皆不誤。"左"、"大"皆古歌部字【編按:"大"當爲祭部字,與"左"韻母相近】,古聲母亦相近,"鉉"應即"鈦"之異體。"亡",勞氏釋"大",可從。"將",勞氏釋"持",可從。

(161) 40·2A(甲286A)

☐次遷爲甲渠候長令遷壽之官

"次"上尚有"以功"二殘字可辨。62·56、478·11皆有"以功次遷……"之語。"遷壽",勞氏釋"遣壽",可從。

(162) 40·4A(甲287)

郭應

"應"當釋"廥"。

(163) 40·6(甲288)

戍吏毋過品刺史禁督且察毋狀各如律令

"戍"當釋"從"。"各"當釋"者"。

(164) 40·22

北調論非盜

"北調"當釋"已鞫"。

(165) 40·29(甲289)

……諸大夫以諭算及寡人之……吳起進□曰不害亦

"以諭"當釋"之論"。"算",勞氏釋"莫",可從。此字中部从"目"。漢隸"日"旁訛作"目"旁之例常見。"之"當釋"也"。"進"下一字,勞氏釋"對",可從。"害"當釋"審"。《吳子·圖國》有魏武侯謀事,群臣莫能及,武侯有喜色,吳起進諫之事(亦見《新序·雜事一》)。此簡所記即此故事,但文字不同。

(166) 41·14(甲293)

可天俱來者

于豪亮同志在《釋漢簡中的草書》一文中,指出居延簡"與"字草書舊多未釋出或錯釋爲別字。此"天"字亦爲"與"字草書之誤釋,于文漏舉。

(167) 42·16(甲297)

令居延甲渠候斗食令⧄

"令"當釋"今"。

(168) 42·24

病不幸死□子男

"死"下一字,勞氏釋"無"(5674號釋文),其實是"毋"字。"毋"、"無"古通。此字似經印刷工人描改,故不易辨認。

(169) 43·12A

⧄直□□金關

當釋"縣道河津金關"。

(170) 44·7+190·7

史僕廷……

當釋"受僕從"。關於"受"字參看第118條。關於"僕從"參看第6條。

(171) 44·22

□□責肩水

"責"上當是"自言"二字。

(172) 45·7B

己巳更過　肩水武昌令史

"更過",勞氏釋"受遣"(《考證》16頁);"武昌",勞氏釋"司馬"(2703號),似皆可從。"司馬令史"亦見90·2+90·12(甲536)。

(173) 45·21(甲313)

射=去埻帑

"埻"字原有重文號,釋文脱漏。"帑"下應加"▱"號。

(174) 45·24(甲332)

甲渠候長候史

勞氏作"▱候長候史",甚確,《居甲》亦同。此簡根本無"甲渠"二字。疑《甲乙編》所參考的某種釋文將簡首"□候長"三字(皆殘字)誤釋爲"甲渠",編者將兩種釋文糅合爲一而未細按圖版,故有此誤。

(175) 45·29(甲325)

酒二□直六十四□

"四□"疑當釋"肉廿"。

(176) 46·6(甲337)

將郵書詣官

"將"當釋"持"。

(177) 46·7(甲334)

出□六斗　　食候長候史私馬六匹十一月食

"出"下爲"廿一石"三字。"候長"上一字寫法與簡末"食"字不同,疑是"合"字,讀爲"給"。

(178) 46·12

右自𨻶長□

當釋"右自證爰書"。49·25、89·10皆與此同文。

(179) 46·23

▨又後不欲言變事爰書誼□召根不面見誼根且▨

"又"當釋"敞",參考下條。"召"上一字,勞氏釋"數",可參考。"面"當釋"肯"。

(180) 46·26

敬後不敢言臾南食□□曰□□今

此簡似與上條所引46·23有關。"敬",勞氏釋"敞";"敢",勞氏釋"欲",皆可從。"臾南食□□曰□……",當釋"變事爰□(此字可能是作廢之字)書誼……"。釋文"今"字不可信,據46·23似應爲"召"字。

(181) 46·28

□反欲言

"反"上一字當釋"敞"。此簡似與上兩條所引46·23、46·26等簡有關。

(182) 46·29(甲342)

子甘闗椎楪　非子甘

"子"疑當釋"不",其上應加▨號。"甘闗",勞氏釋"户關";"非子甘",勞氏釋"非子曰",皆可從。《居甲》亦同勞氏。關於"户關、椎、楪"之義,請參看《漢簡零拾·一五、守御器雜考》。

(183) 47·4(甲344)

櫁十二

"櫁"當釋"梧"(臿),參看《漢簡零拾·一八、鍤》。

(184) 47・5(甲 345)

　　㯭六

“㯭”當釋“栖”,參看上條。

(185) 49・6B

　　■第廿八隧戍卒靳干一完

49・6A(甲 349)之文爲“■第卅一隧戍卒靳干一完”。勞氏誤釋“卅一”爲“廿八”,《甲乙編》正之,甚是。從圖版看,49・6B 似無字(即使有字亦必與正面同文),《甲乙編》將勞氏對 49・6A 所作的錯誤釋文,充作 49・6B 的釋文,使人不解。

(186) 49・9

　　平日

“平”當釋“半”。

(187) 49・18(甲 358)

　　已百

勞氏釋“己酉”,可從。

(188) 50・23

　　樱邑

勞氏釋“穰邑”,可從。“穰邑”亦見 135・5。

(189) 51・6

　　居延亭檄甯當

“檄”字勞氏釋“徼”,可從。299・21 有“居延守游徼徐(?)成(?)”。疑此簡“徼”上一字爲“守”字草書,“守徼”即“守游徼”之省文。

(190) 51・16

　　□省卒□府

“省卒”上一字當釋“送”。254・15(甲 1307)有“送省卒詣官”之語,文例與此同。此簡圖版印刷前似經描改,文字多失原形。但是只要把“省卒”上一字與 254・15 的“送”字比較一下,就可以看出這個字確是“送”字。

(191) 51・21

□□候□

當釋“左後候史”。“左”字在勞氏書中已釋出。

(192) 52・8

☑邑取衣用三輔郡中乘取□☑

此爲過所文書殘片。“乘取□”,勞氏釋爲“乘所占馬”,可從。同類文書如218・2言“乘所占用馬”,303・12A(甲1584A)等言“乘家所占畜馬”,可參照。此簡“占”下一字下部已殘,也有可能不是“馬”字而是“用”字。原文可能作“乘所占用[馬]”,與上引218・2相同。

(193) 52・12

飲藥廿齊不偷已如爰書

“齊”當釋“齋”,讀爲“齊”,今用“劑”字(參看第16條)。“偷”讀爲病愈之“愈”。“已”當釋“它”。漢代爰書末尾皆有“……它如爰書”之語。此簡所說的爰書,當是“疾卒爰書”(見42・11A、255・40A)或“戍卒病死爰書”(見198・9,原缺“書”字)。

(194) 52・16

不害日

當釋“不審日”,參看第58條。

(195) 52・17+82・15(甲362)

小字第一列第一行“右深”當釋“右淵”,參看第21條。第二列第二行“塢”當釋“塢”,參看拙作《漢簡零拾・一三、塢》(《文史》第十二輯25頁)。

(196) 52・18,52・50(甲373)

此二簡可綴合。52・18“坐”上殘字即52・50末尾“餔”字的下半。綴合後的簡文爲:“第十二隧長長詣官自言,五月戊子餔坐入。”餔坐爲一天中的時段名之一,亦見160・7(甲2430)、222・8等簡。

(197) 52・20

縣南四里二百一十步縣南二里五十步幣繩反□幣☑

二“南”字皆當釋“索”。縣索是一種防禦設施,漢簡屢見,參看徐元邦等《居延出土的“候史廣德坐不循行部”檄》(《考古》1979年2期177頁)。“繩”字疑當釋

“絶”。

（198）52·21

吏卒

“吏”當釋“受”，參看第118條。

（199）52·26

莫山墜

“莫”當釋“萁”或“箕”，參看第122條。

（200）52·45

直□一日一夜謹行視錢□物臧內户▨敢言之

“直”下一字當釋“符”。“錢”下一字似是“財”。84·23“▨直符一日一夜謹行視錢財物▨言之”，文與此同。

（201）52·62

甲戌

勞氏釋“庚戌”，可從。

（202）53·1B（甲359A）

□□御史□主□

當釋“置監御史使主兵”。此簡上文（53·1A）曰：“八月辛丑大司徒宫下小府安漢公大傅大司馬大師大保車騎▨”。勞氏據之定此簡所記爲元始元年至三年間詔書（《考證》9頁），可信。《漢書·百官表》：“監御史，秦官，掌監郡，漢省。”此詔言“置監御史使主兵”，似不見於史，待考。

（203）53·12（甲371）

有它事

“它”當釋“宅”。此簡似是占書散片。簡上的很多“之”字當是占書不用後隨便書寫上去的。

（204）53·19（甲378）

訖二年　巳使

"訖"當釋"從"。"巳使"當釋"巳受","巳"讀爲"已"。"巳"、"已"本爲一字,在漢代尚未分化。

(205) 54·1

傷洞中一處

當釋"傷淵中一所"。關於弓淵,請參看第21條。

(206) 54·23A

□□五月初壘亭盡甲辰廿□

"□□五月"勞氏釋"五月庚辰","廿"下一殘字勞氏釋"五",皆是。從庚辰至甲辰正爲二十五天。

(207) 54·25(甲386)

章曰張掖都尉印

"印"字似當釋"章"。

(208) 55·10

不侵部建平四年十一月亭隧烽干轉射沙直聽簿

"直"當釋"造"。沙造即沙竈,爲守御器的一種,詳《漢簡零拾·一五、守御器雜考》(《文史》第十二輯29—30頁)。"聽"字勞氏釋"數",是。

(209) 55·11+137·6+224·3(甲383)

爲府發不事拘校所□

"發"字勞氏釋"職",可從。"事"當釋"身"。"所"當釋"而"。末一字勞氏釋"委",甚確。

陳夢家《漢簡考述》已指出甲383與甲385(55·13等)文字相接(《漢簡綴述》31頁)。甲385與甲393(55·23)的文字也是相接的。三簡繫連後的全文如下:

十一月郵書留遲不中程,各如牒。晏等知郵書數留遲,爲府職,不身拘(鉤)校,而委任小吏,忘(妄)爲中程,甚毋(無)狀。方議罰。檄到,各相與邸(抵)校,定吏當坐者言,須行法,毋忽,如律令·會月十六日。

檄文中提到的指出"十一月郵書留遲不中程"的那些"牒",應即63·12+甲1081(188·21等)、甲767(133·23)、203·2、231·2諸簡。此數簡字體皆與甲383等相同。綴合繫連後的文字如下：

·校臨木十一月郵書二封。張掖居延都尉。十一月壬子夜食，當曲卒同受收降卒▨臨木卒戎付誠勢北隧卒則。界中八十里，書定行九時，留遲一時，解何？

·校臨木郵書一封。張掖居延都尉。十一月己未夜半，當曲卒同受收降卒嚴。下餔，臨木卒□付誠勢北隧卒則。界中八十里，書定行十時，留遲二時，解何？

78·8"·校臨木十一月郵書▨"、甲1259(224·5)"·校臨木十一月(此三字旁注)郵書三封▨"、甲1238(224·23等)"▨乙未免(晚)食當曲隧卒威受收降卒嚴夜少半四分臨木卒▨"，字體、内容也都與以上諸簡相類，疑皆屬一册。

(210) 56·11

右吏報兵

"報"當釋"被"。"被兵"之語簡文常見(如7·7A、198·19、403·2等)，猶今言武器配備。

(211) 56·16(甲401)

卒所貪衣物

"貪"疑當釋"齎"。

(212) 56·21

▨長方敢言之

"長"下一字疑"等"字草書。

(213) 57·2A(甲396A)

此簡所見人名"洊君"爲"游君"之誤釋，參看拙文《關於新出甘露二年御史書》(《考古與文物》1981年1期107頁)。

(214) 57·7(甲398)

居延甲渠候長

"候長"疑當釋"候史"。

(215) 57·11(甲402)

齎如靳幡詣府

“如”是“弩”字簡體的誤釋。同類的“弩”字簡體見 18·15、170·5A 等簡。

(216) 57·15(甲 406)

商和親

此人名當釋“繇利親”。19·20(甲 142)有人名“繇利主”,127·17 有人名“馮利親”。漢印繇姓常見(《漢徵》3·7 下)。利親亦爲漢代常用人名。《急就篇》姓名有郝利親。漢印有“荆利親印”(同上 8·21 上“親”字下引)。

(217) 57·19

粟一裘三斗三升

“一”下一字當釋“卷”,讀爲“桊”。一桊爲三石。參看《漢簡零拾·一九、桊》(《文史》第十二輯 34—35 頁)。

(218) 57·20(甲 408)

一小石三斗三升

上引語在此簡上兩見。“小石”爲“卷”之誤釋,當讀爲“桊”,參看上條。

(219) 57·29(甲 410)

永始元年九月庚子虜可九十騎入甲渠止北隧略得卒一人盜取官三石弩一稾矢十二牛一衣物亡數司馬宜昌將騎百八十二人從都尉追

“始”上一字殘存右半,《居甲》釋“本”,似較可信。“亡”當釋“去”。其字从“大”从“口”,爲“去”之古寫,漢簡中數見(如 403·8 等)。“數”當釋“城”。城司馬官名,漢簡中數見(看陳夢家《漢簡綴述》45—46 頁)。

(220) 58·15A(甲 420A)

周却君

“却”當釋“郤”,勞氏不誤。“郤君”爲漢代常用人名(看《漢徵》6·26上)。“郤”、“舒”字通(二字本由一字分化)。

(221) 58·20

女小女來 子小□利

“女小女”與“子小□”皆當釋爲“子小女”。古代女兒亦稱子。在記戍卒家屬的居延簡上,“子未使女”、“子使女”之稱屢見(161·1、203·7、203·3、203·13、

55・25 等)。

(222) 58・26(甲 427)

病年月日署所病偷不偷報名籍候官如律令

“報”疑當釋“狀”。“偷”讀爲“愈”。

(223) 58・29

居延丞印

“丞”下實已無字,釋文殆以意增“印”字。但“延”、“丞”之間原來尚有一字,因受左側“渠”字“木”旁向右延伸的横劃的限制,寫得比較小,故爲釋者所忽略。諦審此字,似是“水”字。居延水丞疑即居延縣管理水利事務之丞。居延簡尚有“陽翟獄丞”(140・1B)、“禄福獄丞”(495・12B+506・20B)、“禄福倉丞”(15・18)等官名,命名方法與“居延水丞”相類。

(224) 59・3

出第廿五積麥六百五十三石

“麥”當釋“茭”。當時稱一大堆茭爲一積。317・11A(甲 1680A)“宗前受茭五十二積,今白五十三積,多一積……”,4・35(甲 28)“第廿二積茭千石　永始二年伐”,皆可證。由於形近,漢簡“茭”字每被誤釋爲“麥”,“麥”字有時也被誤釋爲“茭”。

(225) 59・17(甲 441)

第六隧長護得部卒⧄

“得”字勞氏釋“將”,可從。

(226) 59・40+220・12(甲 424)

察長史□

當釋“祭長史君”。

(227) 60・4B

使降卒

“使”字勞氏釋“受”,是。

(228) 61・3+194・12(甲 431)

坐發省治大司農麥卒不以時遣吏將詣官失期適爲驛馬載三堆麥五石致止害

二“麥”字皆應釋“茭”。後一“茭”字《居甲》不誤。前一“茭”字于豪亮同志在《居延漢簡中的“省卒”》一文中亦已釋出(《文物》1963 年 11 期 44 頁)。133·11(甲 764)言“省伐大司農茭”,194·17 言“伐大司農茭”,此簡所謂“省治大司農茭卒”,當指從日常工作中省下來,去砍伐、整理大司農所需要的茭的戍卒(參看上引于文)。

(229) 61·19

南界

“界”本作“介”。“界”、“介”古通。

(230) 62·24

滎陽宜秋里杜宣年廿八 □中□□十二月

“□中□”當釋“字中叔”。62·23“☐字子方,十二月☐”,文例與此同。

(231) 62·28B

王德可六月八願爲☐

“王德可六月”當釋“王尚叩頭白”【編按:所謂“尚”字,謝桂華、李均明、何雙全《〈居延漢簡甲乙編〉釋文質疑》(《中國史研究》1983 年 1 期)釋爲“嚴”,可從】。“白”字下原有一點,可能是表示停頓的記號,其左側一豎,是左行之字的殘劃,釋文將此殘劃與點合在一起,誤釋爲“八”字。

(232) 62·32

□壽□年廿二字池

“壽□”爲人名,勞釋“青肩”,實當釋“青臂”。漢印有“田青臂印”、“蘇青臂印”(《漢徵》4·12 下)。

(233) 62·47

☐肩水士吏胡充使

☐關正一倉□護

“使”當釋“受”。“關正一倉□”疑當釋“居延倉掾”。

（234）62·56

以功次遷爲……以三月辛未到官

“遷爲”疑當釋“遷補”。“三月”當釋“十二月”。

（235）63·12

此簡可與甲1081（188·21等）綴合，參看第209條。

（236）63·34

爲社內買馬▨

“社”字之下各字皆不晰。“內”字勞氏釋“市”，較可信。

（237）65·11

貸子□

“貸”當釋“戚”（“戚”字寫法見《漢徵》12·17下）。“戚子□”爲人名。

（238）65·16

三石弩□朽洞三□

當釋“三石弩一，傷淵中二所”。54·1“六石弩一，傷淵中一所”，文例與此同，參看第205條。

（239）65·17

移丙戌肩水候長

當釋“▨朔丙戌肩水候長▨”。

（240）65·18

部農都尉

“部”字勞氏釋“鄯”。此字從文義看似當釋“部”，但字形確爲“鄯”，待考。

（241）67·2（甲448）

相六

“相”字當從勞氏釋“桐”。“桐”、“桶”字通。282·19（甲1517）有“汲水桐”，68·63與264·32有“汲桐”，皆以“桐”爲“桶”。

（242）67·6

道賦廿三萬三千□百卌

“道賦”當釋“直(值)錢”。“廿”字左側稍殘,疑當釋“卅”。

(243) 67・7

枲履當年犬絲

“當年”當釋“常韋”。41・17(甲294)所記衣物有“常韋萬六千八百”一項。34・15戍卒衣橐封泥匣上所記衣物有“當(圖版不清,似應爲“尚”或“常”字,此處姑依原釋文書之)韋”,列“犬絑(襪)”之前。《流沙墜簡》器物類35所記衣物有“尚韋二兩”,列“狗皮絑(襪)二兩”之前。“尚韋”與“常韋”是同名的異寫(看李均明《〈流沙墜簡〉釋文校正》,《文史》第十二輯60頁)。皇象本《急就篇》“尚韋不借爲牧人”,亦用“尚”字。顔師古本作“裳韋”,“裳”、“常”古本一字。宋太宗本作“裳韓”。顔師古《急就篇》注謂“裳韋,以韋爲裳也”,似是臆測之辭。漢簡尚韋或以“兩”計,與鞋、襪及褲同,可證顔説之誤。沈元《“急就篇”研究》因《急就篇》中與“尚韋”同章者多爲履名,《鹽鐵論・散不足》亦以尚韋“與履類相比”,認爲“尚韋是一種履名無疑”(《歷史研究》1962年3期77頁)。今案:《鹽鐵論・散不足》謂“古者庶人鹿(麤?)菲草芰,縮絲尚韋而已”,“尚韋”與“縮絲”爲對文(“縮”當捆紮講)。故知“尚韋”一詞中的“尚”字本取其動詞義,當是“加上”之意;“韋”字本取其韋革之義。由此推測,尚韋似是加在鞋襪上防髒的皮罩,故每與鞋襪之類並提,並可以“兩”計。此物今日仍有用之者。

(244) 67・34(甲450)

具弩弦絶爲左索今□□☑

當釋“具弩弦絶爲左(此字左邊缺,勞氏釋“佐”,可能是正確的)索於下已☑”。

(245) 67・40(甲451)

譁諭臣充先昧死再拜以聞

“諭”字勞氏釋“論”,“先”字勞氏釋“光”,皆可信。第一字于豪亮同志釋“謾”(見《釋漢簡中的草書》),甚是。

(246) 67・41

廩亭□名籍出入簿

“亭”下一字似是“別”字。“名”下一字不清,恐非“籍”字。

(247) 68·4

甲渠候⧄

68·16“甲渠候⧄”即是從此簡表面上掉下的殘片,可綴合。

(248) 68·6

初元五年

從圖版看,此簡“元”上一字已全部殘去,釋文“初”字不知是以意補上的,還是另有所據。這類地方編者原應加上說明。

(249) 68·34,68·44

此二殘片可綴合。綴合後的簡文如下:

⧄項子君餘錢三百六十

⧄餘□(此字《甲乙編》釋“粟”,非。疑是“錢”字簡體)百廿

68·51、68·60 等與此似皆爲同一木牘之殘片。

(250) 68·36

第卅四㸑　第廿⧄

“廿”字已殘,有可能本是“卅”。

(251) 68·63

外塢户下□

末一字當釋“隨”,讀爲“墮”。

(252) 68·95

栓柱四井其二小　塢上矢目十二不事用　□一不入□少一

“井”字疑當釋“枚”。“矢目”疑當釋“深目”。“塢上深目”之語居延簡屢見。“□一不入□少一”當釋“狗一不入籠,少一”。264·32 有“狗少一,見一不入籠”之語,意與此同。

(253) 68·96

⧄一人積茭亭北君□使□卒茭毋□

"人"上一字已殘,不能斷定是否"一"字。"君"下一字當釋"教"。"卒"上一字當釋"亭"(《居》圖版577較晰)。

(254) 68・105

不最塗

"最"當釋"菆"。《禮記・檀弓上》言天子之殯,有"菆塗"之語。《正義》解釋說:"菆,叢也。謂用木菆棺而四面塗之,故云菆塗。"菆塗之法當不僅用於殯葬。

(255) 68・109

門關戊隧

"戊"下一字勞氏《考證》釋"隨"(46頁),可信。在此讀"墮"。

(256) 70・16

・第十部主𤇯主所

"所"上一字疑當釋"五"。232・28(甲2460)有"南部𤇯六所"之語,194・2(甲1126)有"呑遠部六所"之語,可參照。

(257) 71・6,231・6

此二簡似可綴合。231・6在上,71・6在下。綴合後的簡文如下:

第一𤇯長秦恭　第二𤇯長史臨　第三𤇯長趙匡

71・3"第一隧長秦恭",71・1"第三隧長趙匡",從字體看也當是一簡的斷片,與此簡同文。71・57"第十二隧長歸(?)猛",字體與71・1、71・3同,原來當屬一册。

(258) 71・24

此簡由兩段殘簡綴合而成。在勞氏書中,下段見圖版169,發掘號爲71・24;上段見圖版170,無發掘號;釋文亦未加綴合。這兩段殘簡,斷處不能密合,文字大小也不一樣,似不應綴合。

(259) 71・44+71・61+71・49

此簡由三段殘簡綴合而成。這三段殘簡字體雖相近,文義並不連貫,斷處也不能密合,不知何所據而加以綴合。《居》圖版169將此三簡列爲一行,但勞氏釋文並未加以綴合。

(260) 71・55

居延龍山里

“龍”當釋“孤”,參看第4條。

(261) 72·6

☐日直符

“日”當釋“酉”,乃記日干支下一字。同類簡言“迺丁丑直符”(264·9)、“迺壬申直符”(257·22)、“迺壬子直符”(231·12),可證。

(262) 73·13

掾並史金城丞南豐

“史”當釋“受”,參看第118條。“豐”上一字非“南”字。此字亦見漢印(《漢徵》附錄7下),下从“手”,上从“尚”省“口”,即“掌”字異體(據彭靜中《漢印文字新釋》)。古有掌姓,漢印有“掌安漢”印、“掌强之印”、“掌世”印(《漢徵》12·7上)。

(263) 73·17

徵千人丞

“徵”當釋“假”。

(264) 74·8(甲462)

絝一兩

“絝”當釋“絉”(襪)。

(265) 74·21(甲470)

☐□□言府一事

“言”上一字似是“書”字。

(266) 75·7

☐□載賞二兩八已載六兩

“八”當釋“凡”。

(267) 75·17

□石具弩十六□傷洞獾胡辟非如意臨渠三石具弩四皆傷　稾矢千五十其

卅四哷呼三辟非……二第廿…… 𠁁矢千二百其卌哷呼獾胡十八……

“六□傷洞”當釋“其四傷淵”。上引簡文提到的燧名中,“獾胡”當釋“獲胡”,“第廿”當釋“第六”。

(268) 75·19

五九卌五 六八卌八 五八卌 三八廿四

此簡爲九九表,圖版印刷前似經描改,字多失真。諦審圖版,上舉三“卌”字及“廿”字下似皆有“十”字(《居》圖版430、431較晰)

(269) 75·23

右入令史

陳夢家《漢簡所見居延邊塞與防禦組織》釋“千人令史”(《漢簡綴述》43頁),甚確。28·21A、503·12皆有“千人令史”官名。

(270) 75·25

乙封肩水倉麥小石卅五石輸居延

“乙封”當釋“載”。

(271) 76·17

斗食吏☐

“斗食”下一字顯非“吏”字,當釋“嗇”。斗食嗇夫之稱見10·17(甲78)及《開元占經》卷六十九所引《甘氏中官占》。

(272) 76·31

此簡多記衣物,釋文“屬”字是“履”的誤釋。

(273) 77·31

☐乙卯朔辛巳橐☐

“橐”當釋“南”。88·12(甲516)及《漢晉西陲木簡彙編》41·4等簡“南”字寫法與此相近。

(274) 77·53+77·56

☐小就里

此簡上端一字殘去大半,無法知道它是什麼字,由於剩下的部分有些像“小”,

釋文就把它當作了“小”字。從這個例子可以知道有的漢簡釋文是很隨便地寫出來的。所以我們在引用漢簡釋文的時候，如果條件許可，一定要仔細核對原簡圖版。

(275) 80・15

☐何目不立☐

“目”當釋“自”。80・2“詰普，卒受檄何自不☐”，文例與此相近。

(276) 80・22

出角一頭

“角”疑當釋“魚”。漢代人計魚數，多以“頭”爲單位。新出居延簡“建武三年候粟君所責寇恩事”册有“載魚五千頭”語(《文物》1978年1期30—31頁)。

(277) 81・5C

持曰厚賜誼叩頭幸=甚=去=時卒=不見游君容……

“持曰”當釋“前日”。“幸甚去”三字勞釋皆無重文號。從文義看，至少“去”字不應有重文號。

(278) 81・5D

金長射

“射”疑當釋“叔”。金長叔爲人名。

(279) 81・10

同物户籍臧鄉名籍如牒毋官獄徵事當得☐

此爲過所文書殘簡。“物”當釋“均”。同、均似皆爲請求發給文書者之名。“當得”之下尚有“以令取致”四殘字可辨。243・34爲同類文書殘簡，有“願以令取致”之語。

(280) 81・11A

廿五日見

“見”當釋“旦”。

(281) 82・1(甲475)

栘直一不調利　守御器不動　大小積薪薄燧烽苣少卅七　門關按備不

事用

“椓直”當釋“禄盧”，讀爲“轆轤”。“守御”下一字勞氏釋文釋“品”，考證釋“器”，當以釋“品”爲是。“陖”當釋“隨”，讀爲“墮”，勞氏不誤。“烽苣”當釋“承苣”。“按備”當釋“椄偞”，讀爲“椄牒”，參看《漢簡零拾·一五、守御器雜考》（《文史》第十二輯27—28頁）。

（282）82·2（甲476）

第十二隧長張宣迺十月庚戌擅去署私中部辟買榆木不直宿

“不直”爲“壹”字誤釋。217·16（甲1210）“私歸當道田舍壹（原誤釋“直”）宿”，239·33（甲1273）“⧄廣宗去署三宿（原誤釋“府”）”，185·5（甲1060）“⧄舍三宿”，文例皆與此簡相類。217·16的“壹”字被誤認爲“直”。此簡“壹”字象壺蓋的部分被誤認爲“不”，因此被誤拆成“不直”二字。

（283）82·20

證□一編

“證”下一字似是“辤”（辭）。

（284）82·32

槖矢銅鏃五十

“鏃”字勞氏釋“鍭”，是。

（285）82·34（甲484）

韋單絝布襴革履臬履

“布”下一字疑當釋“幝”，讀爲“褌”。

（286）83·1

雞一兩　稠二兩　林二兩

此是戍卒衣槖封檢殘片，所記當爲衣物名。“林”字勞氏釋“絿”（襪），可從。“雞”、“稠”等字也有問題。“雞”實爲从“糸”的殘字。

（287）83·5A

榦羌爲署

“署”當釋“閣”。

(288) 84·5

皁四尺矢七十七又筆一枚矢廿三

二“矢”字皆“錢”字簡體之誤釋。“皁”,簡文本作“早”。“皁”爲“早”之分化字(但漢簡已有“皁”字)。

(289) 84·14

士吏李奉　令明⧄

“令明”當釋“今調”。326·13+185·16(甲1697)“令史范弘　今調主官”,文例與此簡同。同類内容之簡尚有210·7、237·25、282·12等。

(290) 84·16(甲480)

俱起隧長孫同取

“取”當釋“所”。

(291) 84·27(甲486)

甲渠令史宗使城倉令史譚

“使”當釋“受”,參看第118條。

(292) 85·4

具椿六枚　弓二枚　弩二枚

“椿”疑當釋“楯”,參看《漢簡零拾·一八、鍤》。“弓”當釋“斤”。“弩”當釋“斧”。此牘所記皆“什器”,不能有弓弩。

(293) 85·23

弓二枚

此牘内容與上條所引85·4相近,“弓”亦爲“斤”之誤釋。此牘“斤二枚”後亦有“斧二枚”一項,釋文正確地釋出了“斧”字。

(294) 85·26

⧄黄昏時盡乙卯日食時四五束

“四”字勞氏釋“匹”,是。此簡當是記馬所食茭之數量者。73·17“⧄給假千人丞蘇奉親行塞南馬三匹,匹二束”,182·44(甲1041)“⧄二匹,己酉夕食盡⧄”,文例與此簡相近。32·15“出茭卌束,食傳馬八匹”,每匹正合五束,數量與此簡所記相同。

（295）87·7＋87·8（甲493）

除道卒徐博出

“博出”當釋“博士”，參看第36條。那一條提到的“臨木卒徐博士”，不知與此是否一人。

（296）87·17（甲489）

☐北傳作餘亩一枚少

“亩一”爲“壹”字之誤釋。漢簡“一”或作“壹”，釋者往往不識，參看第282條。

（297）88·3B

☐不行各塞可百里未知所指走

“各”當釋“去”。此觚言寇入侵事，“去塞可百里”意謂寇所至之處離塞約百里。308·3（甲1630）“去塞二百六十步”，文例與此同。陳夢家《漢簡所見居延邊塞與防禦組織》曾引“各塞可百里”的錯誤釋文，證北邊長城各塞皆長百里（《漢簡綴述》51頁）。

（298）88·7

☐月行以次傳行至望遠止

“以”字上爲一从“月”“行”聲之字，當釋“胻”，勞氏不誤。6·6（甲35）、273·1（甲1431）皆有“胻寇隧”之名，此簡之“胻”即其省稱。278·7A“廣田以次傳行至望遠止”，文例與此同。廣田、望遠皆隧名（563·1A“廣田隧以次傳行至望遠止”、273·29A“廣田以次傳行至望遠隧止”）。

（299）88·12（甲516）

當南候長惲敢言之惲除位受故候長杜彊及㨿兵物

“除位”二字義不可通。從圖版看，簡文“除”下一字似爲“伐”字。漢簡中“伐”、“代”二字常常相混（參看後304條），此處據文義當釋爲“代”。

（300）88·13（甲522）

此簡釋文“北”字爲“外”之誤釋。

（301）89·12（甲2428）

其一匹顧發

“發”當釋“茭”。“顧茭”當指雇人伐茭。

(302) 89・13A(甲532A)

故書二十三　黑墨千四　饔千一　故中架一　□小樽五十其五枚破　赤墨畫代二□一枚破

“故書二十三”,勞氏釋“故畫千三”,實當釋“故畫于三”。“黑墨千”、“饔千”之“千”亦當釋“于”。三“于”字皆當讀爲“盂”。鳳凰山十號漢墓記陪葬物的木牘,也把“小盂”寫作“小于”(《文物》1974年6期圖版伍:1)。“架”當釋“槃”(盤)。“樽”字勞氏釋“梧”,似可從。“小”上一字當釋“著”,讀爲“紵”。同牘“墨著大梧廿”之“著”,亦當讀爲“紵”。“一枚”上一字,于豪亮《釋漢簡中的草書》釋爲“其”,是。

(303) 89・17(甲511)

莫山隧

“莫”當釋“萁”或“箕”,參看第122條。

(304) 89・21

卒鄭鳳代發　候倉　塢上轉射一所　木析二

“代發”當釋“代(伐)茭”。此亦漢簡“代”、“伐”相混之一例。“候倉”爲人名,當釋“侯高”。“侯”從勞氏考證46頁釋。“塢上轉射一所……”在“塢上轉射二所……”條後,此“塢”字當釋“堆”,參看第195條。“木析”當釋“木枓(斗)”。徐元邦等《居延出土的“候史廣德坐不循行部”檄》一文引居延新出莫當燧守御器簿,有“長枡二”、“瓦枡二”(《考古》1979年2期175頁),疑“枡”亦“枓”之誤釋。

(305) 89・23

十五日謹補捕受索　無陰署

“受索”當釋“叟(搜)索”,參看李均明《〈流沙墜簡〉釋文校正》(《文史》第十二輯57頁)。“署”疑當釋“峇”。

(306) 90・1

出茭五百□☐

此簡格式、字體與90·23"出麥十四石一斗"、90·46"出麥六十石"、90·82"出麥四百一十五石□斗"等簡相同,"茭"當釋"麥",勞氏不誤。

(307)90·29(甲539)

漢中郡河陽

"河陽"勞氏釋"沔陽",可從。漢中郡有沔陽無河陽。

(308)90·49+90·89+90·68

右校佐卒史候史□□□高居里趙⧄

"佐"當釋"假"。"候史"當釋"漢中"。

(309)90·53(甲568)

田卒昌邑國□⧄

"國"下一字爲"方",其下一殘字似"與"。《漢書·地理志》山陽郡下注:"武帝天漢四年更山陽爲昌邑國。"山陽郡屬縣有方與。

(310)90·86(甲560)

始元年⧄

"年"字勞氏釋"三",可從。

(311)91·1

黄子心

"心"當釋"公"。漢印有"趙子公"(《漢徵》2·2上)。

(312)95·4

正月丁未甲溝鄣守候君寫移四日獄如律令

此簡稱甲渠爲甲溝,爲王莽時制。"四日"當釋"閒田"。《漢書·王莽傳中》記始建國天鳳元年莽以《周官》、《王制》之文改定郡縣之制,有"諸侯國閒田爲黜陟增減"之語。傳世王莽印有"成紀閒田宰"(《集古官印譜》16·28)、"□夜閒田宰"(同上16·29)及"廬江亭閒田宰"(《濱虹草堂藏古璽印》)等印。《流沙墜簡》簿書類42所記一候長籍貫爲"敦德亭(敦煌縣在王莽時所改之名)閒田東武里",王國維解釋說:"莽傳稱諸侯國閒田爲黜陟增減,乃用王制語。凡郡縣未封之地,皆閒田也。"(二·10上)同書烽燧類1又有"⧄閒田武陽里"之文。居延簡225·11記

“居成(居延在王莽時所改名)甲溝第三隧長”籍貫爲“閒田萬歲里”。482·11 又有“居成閒田造昌里”之文。此簡“閒田”大概就是指居成閒田的。

(313) 95·5(甲 570)

始建國天鳳二年二月戊寅下

“二月”勞氏釋“十一月”,可從。據《二十史朔閏表》,天鳳二年二月戊戌朔,是月無戊寅。十一月癸亥朔,戊寅爲十六日。

(314) 95·7

不侵隧長高仁　券□帛三丈三尺　八月甲寅延取隧長孫昌取　卩

“券□”當釋“桼(七)月祿”。“延”當釋“自”。細審圖版,“甲寅”二字上有後寫的“乙丑”二字。由於“乙丑”二字筆畫較少,不能蓋住下面的“甲寅”二字,所以爲考釋者所忽略。疑高仁祿帛本應在八月甲寅日親自領取,司祿者已事先記於簡上,後因故延至乙丑日方由孫昌代取,所以又在“甲寅”二字上寫“乙丑”二字,並注上“隧長孫昌取”小字一行。394·1“⍁長越就　正月祿帛一匹　二月癸巳自取”,文例與此簡同。但此簡爲草書,故“桼月祿”三字不易辨認。“俸”稱“祿”,“七”作“桼”,皆王莽簡特徵。

(315) 95·11

石憲詣官對狀

“石”當釋“召”。

(316) 96·1

始建國三年

“三”字似當釋“亖”。“四”作“亖”也是王莽簡特徵。

(317) 96·2

關內户塢户亭

“關”當釋“兵”。兵內疑即藏兵器之處。“亭”字疑當釋“齊”。

(318) 97·1B(甲 553B)

□四萬未⍁

此簡“四”下一字本作“万”。至遲從戰國開始,“万”字已被用作千萬之“萬”,

因此漢簡“万”字用作千萬之“萬”的可能性是存在的。但是《甲乙編》把這個“万”字印成繁體,則是不妥當的。

(319) 97·13(甲561)

關嗇夫安上左□

“安上”當釋“安世”。“左”字勞氏釋“佐”,是。此“佐”指作爲關嗇夫副手的關佐(關佐之稱見116·24、232·10等簡)。

(320) 99·1

最下一列第一行“晵六冠各二”,當釋“蘭=冠各二”,讀爲“蘭、蘭冠各二”。蘭爲置矢器。38·39有“蘭、蘭冠各一”之文,但“冠”字幾已磨滅。

第四行“革甲、鞮䡰各四”句“䡰”字,勞氏《考證》釋“瞀”(46頁),可從。“鞮瞀”屢見於居延簡,即頭盔。

第五行“靳□䡰各四”當釋“靳干、幡各四”。349·7B有“靳干、幡各三”之文。關於靳干、幡,請參看于豪亮《居延漢簡釋叢》(《文史》第十二輯44—45頁)。

(321) 100·39(甲575)

者吏雜星吏□☐

“星”當釋“量”。

(322) 101·3,101·7

此二簡可綴合,101·3當綴於101·7之下。綴合後的簡文爲“☐奉餘錢四千五百五十”。

(323) 101·24+276·10(甲583)

以尉婦 筆橐

“尉”當釋“付”。“筆”字勞氏釋“韋”,是。

(324) 101·27

凡還八千八百五十九

“千”上一字勞氏釋“入”,是。67·6提到“當還錢簿”,507·11提到“不侵候長柏詡所還重取奉錢千六百”,237·33記“入還到(圖版“還到”二字不清,此據勞氏釋文)錢千一百一十四”。此簡所記“千八百五十九”當是還入錢數。

(325) 101·30+173·17+260·3(甲584)

遣卒芀葦

“卒”下一字當釋“艾”(刈),參看《漢簡零拾・一五、守御器雜考》(《文史》第十二輯28—29頁)。

(326) 102・2(甲591)

⧄六石斗

勞氏釋“⧄石六斗”,是。此釋文“石六”二字誤倒,當是抄寫或排印之誤。

(327) 102・6(甲589)

壬子

當釋“戊子”,參看第86條。

(328) 103・4

阜履一兩

“阜”字勞氏釋“皁”,是。

(329) 104・19

李延壽車父不在
⧄ 廩
見

第一行“李”字及第二行“廩”字(簡文本作“稟”)之上,皆有“人”字殘文。原文當作:

[一]人李延壽車父不在
⧄[一]人稟
[一人]見

206・27上部有一行較大之字,文爲“第十五隧長王賞不在署”,旁注“廿八日出”四小字,其下又有三行小字,文爲:

一人齊同車子未到
一人王朝廿八日從候長未還
一人見

文例與此簡同。

(330) 104·29

▨破胡將　卒三人受

于豪亮《釋漢簡中的草書》指出"將"當釋"辭","受"當釋"其",皆是。

(331) 104·32(甲605)

南書二▨

"南"上尚有一"入"字,《甲乙編》及《居》、《居甲》皆漏釋。

(332) 104·42A

商□毋

此爲戍卒名,疑當釋"齊安世"。

(333) 108·6

□□候官

"候官"上殘字當釋"殄北"。

(334) 108·20

▨□有大□不去欲並入爲寇

"有"上一殘字據文義及殘畫似可釋爲"虜"。"大"下一字當釋"衆"。278·7亦有"疑虜有大衆不去欲並入爲寇"之語。

(335) 109·1(甲612)

·肩水候官元康元年五月鄣卒▨

"鄣卒"下尚有三殘字,當釋"稟名籍"。

(336) 109·3

治舩

"舩"疑即"船"字,參看第60條。

(337) 109·15(甲617)

到罷復傅木郭辟吉▨

"傅"字勞氏釋"傅",是。"吉"字勞氏釋"去",亦可考慮。木郭辟當指弩關之木郭及弩之木臂。

(338) 110・1A(甲 618B)

建始三年二月癸丑朔□

"建始"勞氏釋"更始",是。但更始三年二月爲己亥朔,建始三年二月則爲癸丑朔。《甲乙編》釋文殆以此改"更"爲"建"。今案:"癸丑"下一字已殘,從殘畫看似非"朔"字。漢簡記年月日並不一定舉出朔日,其例甚衆。286・15"更始二年八月戊申甲渠守候循告尉□"即是一例。更始三年二月己亥朔,癸丑爲第十五日。《甲乙編》不顧字形,硬把"更"釋作"建",是不對的。勞氏既釋年號爲更始,又把"癸丑"下一殘字釋作"朔",也自相矛盾。

(339) 110・17

□直四千 卌勒君兄帛 / 廿官帛 始建國二□

二"帛"字勞氏釋"泉",是。王莽時以"泉"爲"錢"字,莽錢文字可證。

(340) 110・18(甲 627)

□甲溝候官塞候士候長

"候士"當釋"庶士",陳夢家釋文不誤(見《漢簡綴述》54 頁)。《漢書・王莽傳中》記王莽即真後"更名秩百石曰庶士"。

(341) 110・24

□識罰

于豪亮《釋漢簡中的草書》已指出"識"爲"議"之誤釋。

(342) 111・7

高何商

"商"當釋"齊"。漢印人名有"王何齊"(《漢徵》7・8 下)。

(343) ×112・8

收五石弩一

"收"當釋"官"。

(344) 112・25B

沙迹中盜艓得

勞氏釋“沙造中盜解傷”,似可信。關於沙造,參看第208條。

(345) 112・29

候史吏已取

“吏”當釋“市人”,爲候史之名。326・22(甲1703)有“郭市人”,36・20B(甲274B)亦有“市人”之名。

(346) 113・1

魏郡黎陽

“陽”上一字實爲从“牛”、“黎”聲之字,當釋“犁”。“犁”、“黎”字通。

(347) 113・3

負卒日作簿

“負”疑當釋“省”。關於省卒,參看于豪亮《居延漢簡中的“省卒”》(《文物》1963年11期)。

(348) 113・6+139・24(甲646)

□田簿署歲上中下度得穀口率其有菑害者□頃取□奉□▨

“田”上一字當釋“豤”,讀爲“墾”。雲夢秦律“墾田”亦作“豤田”(《睡虎地秦墓竹簡》24頁)。“□頃取□奉□▨”當釋“署頃畝□率□▨”。

(349) 113・7(甲640)

凡粟三石三斗三升少算取 卒莊護粟三石二斗二升少▨
卒馬莫粟三石二斗二升少詣▨

此當是吏卒廩名籍的散簡(“吏卒廩名籍”之稱見55・24+137・20、203・25、287・9等)。據同格式的56・33、180・2+180・3等簡,此簡上部本應記某隧長之廩,“粟”字上當已殘去六、七字。審視圖版,“粟”上一殘字並非“凡”字。故釋文“凡”應改爲“□”,前面並應加“▨”號。釋文“算”、“莫”二字從圖版看實爲同一字,疑當釋“真”。“詣”疑當釋“護”,其下原來當有“取”字。蓋某隧長之廩粟由隧卒馬真領取,而馬真之廩粟又由同隧卒莊護領取。

(350) 113・12A(甲642A)

□□叩頭唯即日各持具簿奉賦□

"叩頭"上二字爲人名,勞氏釋"董雲",似可從。"即"字似當從《居甲》釋"卿"。其下一字不識,但斷非"日"字(頗疑是"即"字)。"各"字勞氏釋"爲",是。此字寫法與同簡上文"毋以它爲解"之"爲"相同。

(351) 113・12B(甲 642B)

第四候長行者致主

"主"當釋"走"。

(352) 113・28

更秩蓬解隧

"隧"當釋"隨"(墮)。

(353) 114・19A

病頭痛□炅

"炅"上一字當釋"寒"。"寒炅(熱)"爲漢簡常見的病名。

(354) 114・21

字游子

"子"當釋"君"。

(355) 116・40

☑成承祿償居延卒李明長顧錢二千六百

"錢"上一字斷非"顧"字,疑當釋"襦"。

(356) 117・16

☑里甲□□☑

"甲□□"當釋"田去疾"。

(357) 117・30

執胡隧長

"長"當釋"卒"。

(358) 117・43+255・25(甲 675),118・1(甲 676)

勞氏釋文指出此二簡可綴合(見《居》1943、1949 號),甚確。117・43+255・

25 應綴於 118·1 之下。綴合後的簡文爲:"☐孝文皇帝五年十一月壬寅下,凡卅八字。"332·9+179·5(甲 2550)"……孝文皇帝三年十月庚辰下,凡六十六字",文例與此同。

(359) 118·4

☐餐☐調目洛楊調謟品約☐

當釋"☐聾竈深目,各務諷誦品約☐"。"諷誦"二字從勞氏釋。聾竈和深目都是守御器。深目爲射箭時瞄準所用,居延簡常常提到,勞氏有考證。"聾竈"見《墨子·備城門》,孫詒讓《閒詁》謂即行竈(《備城門》"城上三十步一聾竈"之語二見,其中一處"竈"上一字作"龍"下"口")。新出居延簡中的"候史廣德坐不循行部檄"也幾次提到聾竈,但竈上一字作"籠"或"龔"(甘肅居延漢簡整理小組《居延漢簡"候史廣德坐罪行罰檄"》,《文物》1979 年 1 期 71 頁)。"品約"當即所謂"塞上蓬火品約",是關於在何種情況下舉何種烽火的規定(看徐苹芳《居延、敦煌發現的"塞上蓬火品約"》,《考古》1979 年 5 期)。這種規定是每一個戍卒所必須熟記的,所以簡文有"各務諷誦品約"之語。

(360) 118·11

☐丈一尺五月☐☐

疑當釋"☐丈一尺五寸☐(應爲"半"字或"大半"二字,但已不可辨)寸"。

(361) 118·18(甲 680)

戍卒東郡☐里函何陽　坐鬭以劍擊傷戍卒同郡縣戍里靳龜右股一所

"東郡"下應有縣名里名,"里"字上缺文至少應有兩字。此簡在"郡"、"里"兩字間折斷,斷處當已有碎片殘去。簡照中上下兩斷片緊接,故釋文以爲"郡"、"里"之間只缺一字。其實兩斷片之間應該拉開一些距離,方符合原狀。此簡與 13·6(甲 115)記同一事,但此簡以函何陽爲主,13·6 則以靳龜爲主。此二人同郡縣,13·6 記靳龜籍貫爲"東郡畔戍里",故知此簡"東郡"下所缺一字亦當爲"畔"。其下尚應有一用作里名之字,已無法補出。"股"疑當釋"脾",讀爲"髀"。

(362) 118·30(甲 684)

望東隧第卅一

"東"當釋"泉"。望泉燧之名亦見 255·40A(甲 1318A)、505·5(甲 1954)。

《甲編》圖版“泉”字似稍經描改(此簡亦見《居》圖版94,但文字印得模糊難辨)。

(363) 119·27

⧄□長七尺黑⧄

“長”字之上是横行的“二人”兩字。

(364) 119·49(甲692)

⧄傳與長俱送都尉丞案耳等

“丞”當釋“謹”。“耳”字勞氏釋“户”,可從。

(365) 120·55

王出卅□女五

當釋“王安世年廿五”。《甲乙編》釋文有120·51一簡,文爲“⧄王□卅年廿五”,下注“失照”。疑所謂120·51即120·55之重出者,“□卅”爲“安世”之誤釋。

(366) 120·95

⧄驛馬⧄

勞氏釋“騂馬”,可從。居延簡屢見“騂馬田官”(187·16、303·15+513·17)、“騂馬農令”(19·34、515·20)官名。

(367) 120·101

⧄□肩⧄

“肩”字上爲張掖之“掖”殘文。

(368) 121·12

大小□百射光以來

“射”疑當釋“佐”。

(369) 122·1,122·19

此二簡當綴合。綴合後的簡文爲:“第十七部建平四年十二月戍卒家屬當稟名籍。”

(370) 123·6

北司農部掾簿□

“司農”上一字疑是“大”字，因中間部分磨損，看起來有些像“北”字。“簿”下一字疑是“決”字。

（371）123·22

⧄嬰一直百卅□□安⧄

⧄六月辛亥卅六

“百”下一字與後文“卅六”之“卅”寫法不同，當釋“少”。“嬰”疑當讀爲“甖”。“亥”當釋“多”。“亥”上一字非“辛”字，疑當釋“奉”。

（372）123·47（甲696）

敞欲言變當

“當”應釋“事”。“敞欲言變事”之事亦見46·23、46·26、46·28等簡。

（373）123·55（甲687）

前數召候長敞詣官對狀

“數”當釋“檄”。

（374）123·63

⧄□卒芀胡麻因得　槧視老　母書⧄

此簡由兩段殘簡綴合而成。在勞氏書中，上段無發掘號，順序號爲3210，釋文作“會卒刈胡麻□”；下段發掘號爲123·63，順序號爲3212，釋文作“乘視老母□”。《甲乙編》釋文中“芀”字當從勞氏改作“刈”。“視”上一字勞氏釋“乘”亦較釋“槧”爲優。勞氏沒有將這兩段殘簡綴合。《甲乙編》加以綴合，但在中間留出了一些空隙。《甲乙編》釋文中的“得”字，在這二段殘簡的照片上全都看不到，所以釋文之末特別注明“中斷處照片稍殘缺”。《甲乙編》釋文“得”上一字爲“因”。這個字在上段殘簡的照片上只能看到上端的一些殘畫（《居》圖版155較清晰）。從這些殘畫看，這個字似乎不可能是“因”字。上述這兩段殘簡字體十分一致，很可能是同一簡的斷片，但是《甲乙編》的釋文究竟有沒有可靠根據，却是值得懷疑的。

（375）124·17（甲698）

⧄者□其家一⧄

此簡可綴合於306・22(甲1620)之下。綴合後的簡文爲:"⧄户一人復身,毋有所與。身不當事者,復其家一⧄"。

(376) 125・38B(甲700A)

⧄力盡夫□

"力"當釋"勿"。"夫"當釋"夜"。"夜"下仍是"勿"字。125・38兩面的文字都是出自《倉頡篇》的。A面左行爲"⧄置,苟務成史"。據新出居延簡中的《倉頡篇》首章抄本,"苟務成史"前一句爲"盡夜勿置"。125・38B的"盡夜勿"即此句之未抄全者。

(377) 126・36

萬一千一石

似當釋"⧄萬五千一百"。

(378) 126・40+536・4(甲719)

臨莫隧長留人戍守日西中時受止虜隧塢上表再通塢上苣火三通⧄

此簡由兩段殘簡綴合而成,斷處在"再通"之"通"與"塢"字之間。但是上段殘簡下端斷處尚存一殘字頂端,可見綴合的可靠性是有問題的。這兩段殘簡即使確屬同簡斷片,中間也一定尚有殘去的部分,不能不留餘地地直接綴合成一簡。"戍守"勞氏釋"戊申",是。

(379) 127・7(甲717)

私歸遮虜田=舍一宿

"田"字下勞氏無重文號,是。

(380) 127・16

⧄出隧長用稻李餘錢可上

"用稻李"疑當釋"周穉季",爲隧長之名。傳世漢印有"田穉季印"(《漢徵》14・16下)。"可上"二字疑是表示錢數之字的誤釋。

(381) 127・22

大積薪廿七　小積薪十二

疑當釋"大積薪二,上□□","小積薪一,上□□"。

（382）127·24（甲715）

弩長臂曲具

“具”字勞氏釋“戾”，是。此簡釋文錯誤尚多，有待進一步研究。

（383）127·27（甲714）

其十一人省作校更相校……堠上不乏人

“相”後之“校”當釋“代”。“堠”疑當釋“塢”。

（384）127·30

▨史明 狗少一 / 爲廚盂解造

“史明”二字在一小殘片上，勞書注明“碎無號”（順序號爲2642），並未把它跟127·30綴合成一片。此小片與127·30，不但斷處不能密合，文義也看不出聯繫，《甲乙編》把它們綴合成一片不知有何根據。127·30的釋文有誤。“爲”疑當釋“前”。“解造”當釋“解隨（墮）”。

編按：

此文所作校改未與後來出版的《居延漢簡釋文合校》（文物出版社，1987）一一核對，拙文有誤而《合校》正確之處一定不少，請讀者注意。

原載《人文雜志》1982年2—5期、1983年1—4期，今據以收入。

再談甘露二年御史書

初師賓、伍德煦二位同志在《考古與文物》1984 年 4 期上發表了《居延甘露二年御史書册考述補》(以下簡稱“初文”),對我在《考古與文物》1981 年 1 期上發表的《關於新出甘露二年御史書》一文(以下簡稱“拙文”)提出了不少批評意見,讀後得益甚多。但是有些意見我還不能贊同,所以草此短文作進一步的討論。

先討論這份文書裏幾個字的釋讀問題。

1. 拙文把“逐得試知外人者……”一句中的“試”字讀爲“識”,初文反駁説:“……本册作‘試’,簡文清晰。又試字解作考察、驗證、比較,識字則爲熟知……本册所提供麗戎之情狀則多約略之辭,還有不明瞭的……因此,仍暫依舊釋作‘試知’。”(76 頁)拙文只是説“試”應該讀爲“識”,對這個字是“試”這一點毫無懷疑。用“簡文清晰”來反駁鄙説,是沒有意義的。拙文所以要把“試”讀爲“識”,是因爲“試知”按字面無法講通。初文把試字解作“考察、驗證、比較”。以“考察”或“驗證”來解釋“試知”的“試”,顯然是不行的。以“比較”來解釋,似乎勉强可通。但是説“試”有比較的意思,在訓詁學上有什麽根據呢? 在古今漢語裏,試字從來沒有這種用法。我們只能根據古人的語言習慣去解釋他們的語言,不應該按照自己的意思去爲古人“創造”語言。而且初文實際上是想把“試知”解釋爲“約略知道一點”這類意思的,這跟“比較知道”也並不是一回事。

“識知”是漢人常語,這一點初文也是承認的(見 76 頁)。讀“試”爲“識”不但有音韻學上的根據,而且還有馬王堆帛書的實例爲證(看《考古與文物》1981 年 1 期注②),似乎可以成立。

2. “與捐之□之國”一句中“捐之”下一字,初師賓同志在《居延簡册“甘露二年丞相御史律令”考述》一文中釋作“隨”(文見《考古》1980 年 2 期,以下簡稱“考述”),拙文改釋“偕”,初文認爲這個字“左旁从阜,右半與同簡後文之‘楕’字同”,應釋作“隋”,仍讀爲“隨”(74 頁)。説這個字左旁从阜是對的,拙文認爲這個字从“人”不確。但是,説這個字的右半跟同簡“楕”字右半相同,却不可信。讀者只要核對一下原圖版(《考古》1980 年 2 期圖版拾壹),就可明白。所以這個字有可能應該釋爲“偕”。“偕”,仍可讀爲“偕”。【編按:郭永秉指出,從比較清晰的圖版(如《河西簡牘》,重慶出版社,2003 年;《肩水金關漢簡(壹)》,中西書局,2011 年)看,此字左旁與《甘露二年御史書》3 行“偃”字、6 行“傶”字所从“人”旁寫法接近,而與首行“陵”字所从“阜”旁有别,故以此字左半爲“人”旁並不誤,字仍當釋爲“偕”。】

3. 文書説麗戎逃亡後可能“更爲人妻,介罪民間”。“罪”上一字拙文釋作“介”(篆文和漢隸“介”字皆與此字相似),疑爲誤字。初文反對鄙説,認爲這個字應釋爲“蘖”的古文“朩”(爲印刷方便,以下寫作“蘖”),“蘖”是“伐木餘”,“有隱瞞,隱埋地下蔓延根株之義。蘖罪,即深匿其罪,或蔓蘖罪惡”。(74 頁)這樣解釋“蘖”字,在訓詁學上也是沒有根據的。“蘖”字通常指“樹木砍去後又長出來的新芽”,何來“隱瞞”、“蔓延”等義呢?

初文還在居延簡裏爲釋“蘖”的説法找了下面這個旁證:

> 居延簡大灣(A 35)所出之郵書課簡文,常見所謂“不今”、“不今驛”的郵站名稱,不今二字皆爲誤解。其字形爲“朩亍”狀,當釋“蘖亍”,“蘖”字寫法全同本册蘖罪之蘖字;亍,則音駐,有止、駐等義,見《説文》。隧亭名稱曰蘖亍,意思若斬斷截止,與“誅虜”、“伐胡”、“莫當”等隧名的命名之義近似。舊釋“不今”,則義不可解。(74 頁)

但是,“不今”之義固然不可解,“蘖亍”之義又何嘗可解?同樣一個“蘖”字,一會兒解爲“隱瞞、蔓延”,一會兒又解爲“斬斷”,全都出自主觀的推想,並無任何語言事實作爲根據,怎能取信於人呢?應該承認,“不今”確是誤釋,但是這並不是“蘖亍”的誤釋。被釋爲“不”的那個字也見於居延簡中的 61·19 號簡:

> ☑候長彭馳之南朩辟問…… 甲乙編圖版乙 55

從文義看,這個字正應該釋作“介”。居延簡中有“卅井南界𨻶”的地名(163·19。又 88·17 有“卅井南界”),又有“南界士吏”的官名(132·24)。上引簡文中的“南介”顯然應該讀爲“南界”,《甲乙編》釋文就是把這個“介”字直接釋作“界”的(勞榦仍釋爲“不”,見《居》3247 號釋文)。被釋爲“今”的那個字也見於 243·13 號簡:

> ☑騂北亇相☑ 甲乙編圖版乙 182

勞榦在這條簡的釋文裏把這個字釋作“亍”(《居》2431 號),《甲乙編》則釋爲“于”,其實這無疑是“亭”的簡體。“騂北亭”是居延簡中屢見的亭名(見 14・2 即《居甲》121、29・7、255・27 即《居甲》1316、339・3 等簡)。所以“不今”應該是“介亭”的誤釋。在初文所說的大灣所出的“郵書課簡文”(也有可能是也可稱爲過書刺的郵書刺的簡文)裏,既有“介亭卒同”(502・1A 即《居甲》1910A、495・19 即《居甲》1867),又有“界亭卒同”(505・23A 即《居甲》1967A)。“介亭”和“界亭”顯然是一回事,“介”也應讀爲“界”。《漢書・趙廣漢傳》曾提到京兆湖縣西界上的“界上亭長”。簡文的“界亭”也應是一個界上之亭。從有關簡文看,可能設在肩水候官轄區的南界上。

從以上所述來看,初文所舉的旁證非但不能證明文書裏“更爲人妻”之下的那個字是孽字,反倒可以證明這個字是“介”字。當然,這個字究竟是不是誤字,如果不是誤字應該當什麼意思講,這些問題還可以進一步研究。但是它決不會是“孽”的古文,則是毫無疑問的。

4. 初文說“中壯”的“壯”應該讀爲“狀”(74 頁),這是很好的意見。但是既然承認原字確是“壯”,就應該承認《考述》把它直接釋作“狀”是不妥當的。

5. “常戚額如□狀”一句中的“狀”上一字,《考述》釋爲“顓”,拙文改釋爲“頻”,初文仍堅持《考述》的意見(75 頁)。我們認爲釋字首先要根據字形。這個字的左旁跟居延簡中 13・4(《居甲》120)、149・43(《居甲》893)等簡的“步”字極爲相似(敦煌簡“步”字也有這類寫法,參看王夢鷗《漢簡文字類編》57 頁),但是跟“耑”字却顯然不同。不但是漢簡,就是其他文字資料裏的“耑”字(包括“耑”旁),其下半部也沒有一個是跟這個字的左旁的下半部相似的。所以這個字仍以釋“頻”爲宜。《考述》說“顓,同專”(《考古》1980 年 2 期 182 頁)。“如專狀”這種說法也是十分彆扭的。

這份文書裏還有一些字,拙文對它們的釋讀確實缺乏根據,但是初文的釋讀似乎也並不十分妥當,有待進一步研究,這裏就不談了。

下面,我們想討論一下,這份文書裏“請詔所逐驗大逆無道故廣陵王胥御者惠同産弟(弟)故長公主苐卿大婢外人”這個複雜的詞組究竟應該如何理解,“大逆無道”究竟是指誰而言的,被逐驗者的範圍究竟有多大。這是我跟初師賓等同志的主要分歧所在。

初師賓同志在初次發表這份文書的《考述》一文中,在上舉詞組中“御者惠”的“惠”字之後加了一個頓號(見《考古》1980 年 2 期 179 頁的釋文,180 頁引用此句時則在“同産弟”後加逗號,疑是筆誤),他認爲“御者惠、大婢外人,是詔書所要追查的”,大逆無道“主要指廣陵王和長公主,外人等是參與其罪的從犯”(180 頁)。拙文根據文書中只講到追查外人之事,並在將近結尾處把這件事說成“大逆同産當坐重事”的事實,認爲“大逆無道故廣陵王胥御者惠”是“同産弟”的定語,“故長公主弟卿大婢外人”是“同産弟”的同位語,“大逆無道”是指“故廣陵王胥御者惠”而言的,“請詔所逐驗”的只是外人一個人(《考古與文物》1981 年 1 期 108 頁,參看 106 頁注①)。初文反對鄙說,但具體說法跟《考述》略有不同。爲了討論的方便,先把初文有關部分引錄於下:

> “大逆無道”以下,册文依次列出四個人名,即:廣陵王劉胥、御者惠、蓋長公主第卿、大婢外人(麗戎)。但是,逐驗範圍、對象,却因蓋主、劉胥此時早已伏法而縮小到惠和麗戎二人的身上。《漢書》有關紀、傳,明載劉胥、蓋主犯“大逆無道罪”,此二人及燕王劉旦又爲武帝李姬所生,在法律上,恰屬於同産姊弟關係。而御者惠犯有何罪?他(她)與麗戎是否爲同産兄妹?簡文則無一字交代。漢時罪人及其所犯罪名的稱謂程式,目前所知確切的資料甚稀少。在這種情況下,僅憑句讀來斷定大逆犯專指御者惠,而麗戎僅因同産關係獲罪,這是相當困難的。(76 頁)

認爲“廣陵王劉胥、御者惠、蓋長公主第卿、大婢外人”是“依次列出”的四個人名,是《考述》沒有提出過的新説法。但是這種説法恐怕也是不能成立的。

首先應該指出,“請詔所逐驗”跟“大逆無道”是前後緊接的文字,如果在“大逆無道”之下出現的,真是四個“依次列出”的人名的話,這四個人不但都應該是“大逆無道”者,而且也都應該是被逐驗者。但是這份文書發出的時候(甘露二年,公元前 52 年),距蓋長公主之死(元鳳元年,公元前 80 年)已近三十年,距廣陵王胥之死(五鳳四年,公元前 54 年)也已有兩年,他們二人顯然已經無從“逐驗”了。爲了解決這個矛盾,初文又提出了“逐驗範圍”“因蓋主、劉胥此時早已伏法而縮小到惠和麗戎二人的身上”的説法。初文在前面討論這份文書中“移郡太守”這個“官文書往來行文的例辭”的時候,認爲此語可能並不像拙文所理解的那樣是此次文書的行文例辭,而“與‘請詔所逐驗’云云爲一事,乃申述此次行文之事由”,“指此前逐驗時移文郡守”之事(75 頁)。初讀這段文字時,覺得這種設想很離奇,讀了下文之後才明白這是爲逐驗範圍由大縮小的説法埋下的伏筆。可是這種説法也是不能成立的。因爲據《漢書·霍光傳》和《武五子傳》的記載,蓋長公主和廣陵王胥都是在事發之後被迫自殺的,根本不存在發命令"逐驗"他們的問題。逐驗範圍"縮小"云云,又從何談起呢? 由此可見"廣陵王胥"等四個人名決不可能是並列的關係。

初文還認爲"同産弟"是說明蓋長公主跟廣陵王胥的關係的,而不是說明外人跟惠的關係的。爲了把"廣陵王胥"等說成"依次列出"的四個人名,的確非如此解釋不可。然而這種解釋也是經不起推敲的。《漢書·武五子傳》說"李姬生燕剌王旦、廣陵厲王胥",可見旦長於胥。同傳說"及衛太子敗,齊懷王又薨,旦自以次第當立",也可以證明這一點。如果胥長於旦,旦就沒有資格"自以次第當立"了。蓋長公主是"旦姊"(見《武五子傳》),當然也是"胥姊"。古代妹妹可以稱弟,姐姐却從來沒有稱"弟"的。蓋長公主怎麽能稱爲廣陵王胥的"同産弟"呢? 可見"同産弟"只能是用來說明外人跟惠的關係的。既然如此,"長公主第卿"和"廣陵王胥"跟"大婢外人"和"御者惠"當然就不可能是並列關係,而只能是領有和被領有的關係了。

初文對"大逆同産當坐"一語也作了曲解,竟把"同産"就是親兄弟姊妹這一公認的說法斥爲"俗"說,認爲"同産"可以"泛指案犯本人以外的其它所有應負法律責任的親屬"(76 頁)。其目的是想把外人被追查的事跟蓋長公主的大逆無道罪直接聯繫起來(參看初文 78、79 頁關於外人跟蓋主所犯之罪有關的論述)。但是即使初文對"同産"的解釋可以成立,這種目的也是達不到的。外人是蓋長公主的大婢,奴婢跟親屬是有區別的。誰會相信奴婢也能稱爲主人的"同産"呢? 由此可見,"大逆同産當坐"只能是指外人是犯大逆罪的御者惠的同産弟這件事而言的。

通過以上的討論可以清楚地看到,初文對"請詔所逐驗大逆無道故廣陵王胥……"這個詞組的理解是完全不正確的。所以我仍然保持拙文在這個問題上的觀點。

最後附帶談一下拙文中的一個問題。由於把御者惠看作廣陵王胥的車夫,拙文曾稱之爲外人的"胞兄"。其實把"御者"理解爲御車者,不如理解爲侍御之人妥當。初文糾正了《考述》以御者惠爲車夫的說法,認爲惠"可能是廣陵王劉胥的近侍親幸"(78 頁)。這是很好的意思。看來惠多半是一個女子,至少不能肯定爲外人的胞兄(參看于豪亮《居延漢簡叢釋》,《文史》第十七輯 87—88 頁)。

1985 年 4 月 19 日寫畢

原載《考古與文物》1987 年 1 期,又載《古文字論集》,今據後者收入。

馬王堆三號漢墓"養生方"簡文釋讀瑣議

馬王堆三號漢墓出了兩卷內容以房中術爲主的竹木簡,發掘者稱之爲"養生方"。周世榮同志在1981年出版的《長沙馬王堆醫書研究專刊》第二輯上,發表了"養生方"的全部釋文(釋文全名爲《長沙馬王堆三號漢墓竹簡"養生方"釋文》,以下簡稱"釋文")。對古文獻學和中醫學史等學科的研究者來說,這是很重要的一批資料。湖南中醫學院等單位的一些同志,給這批資料作了注釋,我所見到的有以下幾種:

作　者	篇　　名	出　　處	所釋簡文在《釋文》中的位置	本文所用代號
易建純	《天下至道談·七損八益》注釋	《長沙馬王堆醫書研究專刊》第一輯	第二卷(伍)至(玖)	A
同上	《十問》標點考證注釋	長沙馬王堆醫書研究第二次學術討論會油印本	第一卷(之一)全部	B
肖佐桃等	《合陰陽方》標點考證注釋	同上	第一卷(之二)全部	C
彭堅	《雜禁方》標點考證注釋	同上	第二卷(壹)至(叁)	D
胡天雄等	《天下至道談》標點考證注釋	同上	第二卷(肆)至(貳拾壹)	E
鄧磐石等	《養生方》注釋	同上	全部	F

這些注釋大都很有參考價值。在馬王堆三號墓發掘後不久,作者蒙世榮同志給予方便,曾看過"養生方"原件的照片,並作了一些筆記。讀了"養生方"的注釋和釋文之後,覺得有些地方似乎尚有商榷餘地。現在把不成熟的意見寫出來,供大家參考。不妥之處,希望世榮同志以及其他關心"養生方"的同志加以指正。

拙文分成三節,從"簡文繫聯"、"釋字"和"標點注釋"這三方面來討論"養生方"簡文釋讀上的問題。各節中按簡文在《釋文》中的先後次序,逐條討論有關問題。各條之首加阿拉伯數字編號(三節統一編號),以便稱引。本文引用簡文時所標的出處,一律以《釋文》爲主,阿拉伯數字是《釋文》中的簡號。爲了跟簡號相區別,本文各條的編號外加括號。爲了書寫和印刷的方便,引用簡文時有時略去原字而直接寫它的通用字。

一、簡文繫聯方面的問題

(1) 第一卷(之一)第(肆)篇的最末一簡,即40號簡,文義與其前各簡不大連貫,原來的位置似應在同卷第(捌)篇的71、72兩簡之間。移正之後,71、40和72三簡的文字可以連讀如下:

> ……禹於是飲湩,(以上爲71號簡)酒食五味,以志治氣。目明耳聰,皮革有光,百脈充盈,陰乃□生,(以上爲40號簡)以安后□,家乃復寧。師癸治神氣之道。

“養生方”的文字多有韻。40號簡最後兩句的末一字分别是“盈”和“生”。它們跟72號簡第二句末一字“寧”都是耕部字,正好押韻。

第(捌)篇名爲“師癸治神氣之道”,是禹跟師癸的回答,上文説禹因治水勞累,身體衰弱,不能滿足房事要求,問計於師癸,師癸要他養好身體,使血氣通行。在師癸回答禹的話裏,有“……於味也移。道之以志,動之以事。非味也,無以充其中而長其節。非志也,無以知其中虚與實。……故覺寢而引陰,此(《釋文》誤爲“以”)謂練筋……動用必當,精故泉出”等語。40號簡的“酒食五味,以志治氣。……百脈充盈,陰乃□生”等語,正好跟那些話相呼應。可見把40號簡移到71、72兩簡之間,是完全合理的。

72號簡“后”下一字,《釋文》隸定爲从“女”从“月”从“匕”。或疑是“姚”的訛字,待考。后□應即禹的妻子。傳説禹娶塗山氏之女。此女之名在古書中有“女趫”、“女憍”、“女嬌”等寫法,也有書稱之爲“后趫”(參看梁玉繩《漢書人表考》卷二,中華書局《史記漢書諸表訂補十種》543頁)。“趫”、“憍”、“嬌”皆从“喬”聲,故可通用。簡文“后”下一字如確是“姚”字,或即上引塗山氏女名的音近訛字(“姚”、“喬”古音同部)。

(2) 同上(拾)秦昭王問王期一篇的倒數第二簡,即100號簡的最後四字爲“昭王曰善”。全篇理應在此結束。101號簡文曰:“鯀(原簡此字不清,可能不是“鯀”字)使,則可久交(《釋文》誤釋“也”),可以遠行,故能壽長。”其下有一大段空白，顯然是另一篇的結尾。這一簡的第一句只有下半，上半句當在另一簡之末。希望發掘者根據“養生方”的原物和照片，爲這一簡找出確切的位置來。

（3）第二卷第（壹）篇的7至11五簡，內容自成一個單元，但《釋文》所排簡序似有問題。8、9兩簡的文字顯然銜接不起來。10、11兩簡的文字如連起來讀，意思也很難講通。

9號簡其實應該排在10號簡之後，兩簡連讀之文如下：

> 取雄隹（“隹”、“鳥”同義，雄隹當指雄鷄之類的東西。《釋文》作“雄雄”，誤，詳第39條）左蚤（爪）四，小女子左蚤（爪）四，以鍪熬，并（以上爲10號簡）冶（“冶”當弄碎講，參看文物出版社出版《五十二病方》28頁注），傅人，得矣。

D的注釋曾引《醫心方》卷二十六“相愛方第五”與簡文對照，其文如下：

> 取雄鷄左足爪、未嫁女右手中指爪，燒作灰，傅彼人衣上。

文義跟上面那段經繫聯的簡文很相近，可證我們的排列方法是正確的。

11號簡似應排在8號簡之後。8號簡說：“取東西鄉（向）犬頭，燔冶，飲夫妻相去”，11號簡說：“取其左麋（眉）直（置）酒中，飲之，必得之。”連起來看，意思大概是說：取東西方向生長的犬頭（當爲植物之名，藥材中有狗脊、犬牙，命名方法與此相似），燔燒弄碎，放在水或酒裏吃下去，能使夫妻不和的情況有所改變。把對方的左眉毛放在酒裏吃下去，更爲有效，一定能得到對方的歡心。“得”字的意義跟上引9號簡“傅人得矣”的“得”字全同。“麋”借爲“眉”，古書屢見。如《荀子·非相》“伊尹之狀，面無須麋”。D在11號簡“左”字後面加逗號，並疑“麋”爲“糜”之誤，非是。

7號簡說：“取兩雌隹（《釋文》作“雌雌”，誤）尾，燔冶，自飲之，微矣。”所說之事似與10、9兩簡有關，原來位置疑當在9號簡後。所以7至11五簡原來可能是按8、11、10、9、7的次序排列的。

7號簡的“微”應讀爲“媚”。《儀禮·少牢饋食禮》“眉壽萬年”鄭注：“古文眉爲微。”《左傳·莊公二十八年》“築郿”，《公羊》、《穀梁》皆作“築微”。可見古代“微”與“眉”音近相通，所以“微”可以讀爲“媚”。同篇2、3兩簡上有“欲微貴人，垛門左右方五尺”之語，“微”也應讀爲“媚”。漢代婦女中流行所謂“媚道”，是妄圖以巫術取得人的歡心的一種迷信方法。《漢書·外戚傳》等曾屢次提到。本篇簡文的內容至少有一半屬於媚道的範圍。D把2號簡的“欲微貴人”解釋爲“要使貴人微賤”，又注釋7號簡的“微”字說：“原意爲貶抑……此處意即勝訴”，都不正確。

二、釋字方面的問題

（4）第一卷（之一）·（壹）·5“退”下一字，《釋文》隸定爲“艸”下“搏”。從原簡照片看，似乎从“手”从“簙”之字，疑即“搏”之異體。

（5）同上（貳）·8“民何夫”：B與F皆據文義定“夫”爲“失”之訛字。從照片看，此字似本作“失”。以下尚有“失”誤爲“夫”之例，不再舉出。

（6）同上“奏（腠）理靡寧”：從照片看，“靡”下一字上部爲“白”，中部爲“罒”（目），下部爲“寸”，應釋爲“曼”。漢印“曼”字皆从“寸”（《漢徵》3·16上）。《列子·周穆王》“簡鄭、衛之處子娥媌靡曼者”，“靡曼”之義與簡文正同。

（7）同上12“峴”字：原文似作“艸”下“見”，疑當釋爲“莧”。

（8）同上12、13二“執”字：應釋爲“埶”。B已改作“埶”，讀爲“勢”，甚確。

（9）同上（叁）·17“務”字：應釋爲“稽”。

（10）同上20“脊”下一字，《釋文》隸定爲左“去”右“肉”，下面用括號注“脚”字。B、F皆從之。此字實當釋“胠”。胠指人體腋下腰上的部分，所以與脊連言。

（11）同上（肆）·28“治氣搏精”、38—39“此謂搏精”：二“搏”字皆應釋爲“摶”，似可讀爲“團”或“專”。《史記·秦始皇本紀》所載琅邪臺刻石有“摶心揖志”之語，《索隱》注曰：“摶，古專字。”“摶”、“搏”古通。B、F皆從《釋文》以此字爲“搏”，訓爲“取”，非是。

（12）同上34“則隙氣日盡而新氣日盈”：“隙”應釋爲“陳”。“陳氣”與“新氣”，意正相對。

（13）同上36—37“云云相安形故能長生”：“相”應釋爲“柏”。“云”字下原有重文號，故《釋文》作“云云”，疑此重文號爲誤衍者，當删。第一卷（之一）·（拾）·99亦有“云柏”，《釋文》讀爲“魂魄”，甚確。此簡“云柏”亦應讀爲“魂魄”。“魂魄安形”四字爲句。B讀簡文爲“云云相安，形故能長生”，非是。

（14）同上（伍）·45“必鹽之而勿邑”：“邑”應釋爲“予”。“必”下一字可能不是“鹽”，而是“鹽”字的簡率寫法，疑當讀爲“銜”。

（15）同上45—46“必樂突而勿寫”：“突”應釋爲“矣”。

（16）同上（陸）·47—48“竣氣窌閉”、51—52“百脈窌廢”：二“窌”字皆應釋爲“窌”，即“宛”之異體。漢印“窯”字、“竇”字或从“宀”（《漢徵》7·18）。可見“宀”、“穴”二偏旁可通用。“宛閉”是鬱結不通的意思。“宛廢”大概是說因鬱結不通而不起作用。《史記・倉公傳》"寒溼氣宛篤不發","宛"字用法與簡文同。又此篇《釋文》中"竣"字屢見,原字右旁跟一般的"夋"字有别,究竟是否應釋爲"竣"未能完全肯定。如此字確是"竣"字,似可讀爲"朘"。《老子・五十五章》:"未知牝牡之合而朘作",《釋文》引《説文》釋"朘"爲"赤子陰"。

(17) 同上55"尚察於天下":"下"字爲原文所無,B將此字删去,甚是。

(18) 同上56"上自麇搖":"麇"應釋爲"麋"。"搖"字原文从"木"不从"手"。或疑此二字當讀爲"瓊瑶",待考。

(19) 同上58"有□□□":似可釋爲"有道之士"。

(20) 同上(柒)・61"貧者使多量":"多"下一字實爲《説文》訓"疾有所趣"的"暴"字(跟"曝"的初文"㬥"有别),但"暴"跟上文"强"、"長"不押韻,義亦難通,似是訛字。

(21) 同上"一旦":原文作"一曰",B、F皆已改正。

(22) 同上62"疏股":"股"本作"般",但從文義看確應爲"股"之訛字。

(23) 同上(捌)・71"何從":"從"應釋爲"泄"。

(24) 同上(玖)・76"草"上一字,《釋文》隸定爲"革"旁"朵",實應釋爲"鞣"。此上一字《釋文》作"牛",恐亦不確。

(25) 同上77"其受天氣也蚤其受地也葆":"地"下本有"氣"字。

(26) 同上81—82"夫春脠寫入入以韭者":簡文"人""入"二字很難分辨,此處的"入入"從文義看似應釋爲"人人"。

(27) 同上85"胥食而生者□":"者"下一字在照片上略有痕跡,似可釋爲"也"。

(28) 同上86"藥以涼形者也":"涼"應釋爲"流"。

(29) 同上(拾)・95"寧澤有光":"寧"應釋爲"曼",參看(6)。

(30) 同上97"心毋秫(怵)愓(蕩)":"秫"下一字从"易"不从"昜",當讀爲怵惕之"惕"。

(31) 第一卷(之二)・(壹)・102"握手土揗陽循村(肘)房":漢隸"土"、"出"二字易混。此簡"手"下一字據文義當釋"出"。"揗"疑當讀爲"腕"。此文當以"出腕陽"爲句。"陽"下一字,原文从"手"从"盾"不从"彳"。肘字實从"手",不當釋"村"(120、122等簡"肘"字同)。

(32) 同上104"而與天地乎存":"乎"應釋爲"牟",讀爲"侔"。

(33) 同上108"此謂五欲之徵備乃上":原文"徵"字下有重文號,當釋爲"此謂五欲之徵,徵備乃上”。

（34）同上(貳)·114“七而堅以强”:原文“堅”上有“至”字。第二卷(肆)·23有與此相近的文字,作“七動致堅以强”。“致”、“至”古通。

（35）同上(伍)·125第一字,《釋文》隸定爲从“疒”从“怨”,實當釋爲“瘱”。

（36）同上126“瘔者監甘甚也”:第一字當隸定爲“瘔”,即“疢”之異體。“監”應釋爲“鹽”,疑當讀爲“銜”。第二卷·(貳拾壹)·64有與此相近的文字,作“疢者鹽(《釋文》也作“監”)甘甚而養(癢)乃始”。第二卷·(壹拾陸)·50亦有同義的“疢”字。

（37）同上(柒)·130“八”上一字,《釋文》隸定爲“艸”下“澤”,原文實作“艸”下“遲”。此字與下句“脂”字押韻。

（38）同上131“十已而緓”:末一字右旁本作“叟”。此字與上句“膠”字押韻(“叟”、“膠”皆幽部字)。

（39）第二卷·(壹)·7“取兩雌雌尾”、10“取雄雄左蚤四”:原文“雌”、“雄”二字下都有重文號,所以《釋文》作“雌雌”“雄雄”。但是重文號有兩種,一種表示全字的重複,另一種表示部分字形的重複,如“夫=”(大夫)、“孫=”(子孫)的重文號。從文義看,上引簡文所用的重文號應屬後一種,原文當釋爲“取兩雌隹尾”,“取兩雄隹左蚤四”。“隹”、“鳥”同義,此處當指鷄一類東西,參看(3)。

（40）同上(叁)·16“遏”字,似當釋爲“遺”。

（41）同上(肆)·18第四字,《釋文》隸定爲“水”旁“星”,實當釋爲“淫”。

（42）同上“謨才”、20“謨用勿忘”:二“謨”字右旁本皆作“真”,字當讀爲“慎”,“才”讀爲“哉”。

（43）同上21“筋骨淩强”:“淩”應釋爲“洚”,疑當讀爲“隆”。

（44）同上“食以粉米”:“米”應釋爲“放”。“粉放”當讀爲“芬芳”,此句所屬的那段文字押陽部韻,“放”正是陽部字。

（45）同上(伍)·25“氣有八益有七孫(損)”:“有七損”句“有”字下原有重文號,此句當讀爲“又有七損”。“有”、“又”古通。“有”字本从“又”,“有”下的重文號也可以看作是表示部分字形的重複的,就跟(39)所説的“雌”、“雄”二字的重文號一樣。

（46）同上26“以抵其病”:“抵”應釋爲“振”。振,救也。A不誤。

（47）同上27“皮奏(腠)寧密”:“寧”應釋爲“曼”,參看(6)。“曼”有平滑細膩的意思。

（48）同上29“産痤膧橐”：“膧橐”當釋爲“穜（腫）橐”。“橐”、“睪”古通（參看《文物》1977年2期23頁注一〇）。“橐”應爲睪丸之“睪”的本字，指陰囊而言（橐、囊義近。《靈樞·經脈第十》“其病氣逆則睪腫卒疝”，睪腫即腫橐。《五十二病方》稱“腫囊”（見文物出版社出版《五十二病方》75頁），“囊”字誤釋“橐”）。

（49）同上（捌）·33“開尻”：“尻”上一字从“門”，但顯非“開”字，待考。

（50）同上34“女欲爲之”：“女”應釋爲“交”。

（51）同上“呻下之”：“呻”實爲从“口”从“印”之字。33號簡有“印下之”之語，“印”、“抑”本由一字分化，“印下”當讀爲“抑下”（參看E的注釋）。此从“口”从“印”之字亦當讀爲“抑”。

（52）同上35“靜身溫之”：“溫”應釋爲“須”。

（53）同上（玖）·38“爲之泰（太）疾”：“疾”上一字从“禾”，疑非“泰”字，待考。

（54）同上（壹拾壹）·43“此謂十熱”、（壹拾肆）·47“十熱豫陳”：二“熱”字原皆無“火”旁，當從E釋“埶”，讀爲“勢”。

（55）同上（壹拾貳）·44“持盈”：“持”原作“侍”。E不誤。

（56）同上（壹拾肆）·47“通永（脈）利筋”：“永”應釋作“𠂢”。

（57）同上48“五音”：簡文本作“五言”。

（58）同上（壹拾伍）·49“八動……八曰上暴”、（壹拾柒）·53“上暴者”：“上”下一字原作“具”下“木”，此字見於《說文》。第一卷120號簡記“八動”，“五曰上句”，“上句”與此處“上暴”相當。“句”、“具”古音相近。

（59）同上（壹拾陸）·50“五音”：此簡釋文中“五音”二見，原文皆作“五言”。

（60）同上“五曰誂”：“誂”應釋爲“齘”。從文義看，此簡之“齘”與第一卷126號簡之“齧”相當。《說文》：“齘，齒相切也。”音義與“齧”相近。

（61）同上（貳拾）·60第一字，《釋文》隸定爲“宀”下“具”，從照片看似可釋爲“富”。

（62）同上“豉”字，似應釋爲“豉”，此字見於《說文》。

（63）同上“妖乇”：此二字似皆誤釋，後一字可能是“心”字。

（64）同上（貳拾壹）·62“不先”：“先”似應釋爲“失”。

（65）同上63“纍念者”：“纍”下一字實爲从“水”“哀”聲之字。從文義看，此簡的“纍滾”與第二卷50號簡的“纍哀”，第一卷125號簡的“纍瀸”相當。

（66）同上64“監”字，應釋爲“鹽”，參看（36）。

(67) 同上“始”下一字,《釋文》隸定爲“齒”旁“刀”。據第二卷50號簡,此字應釋爲“齘”,參看(60)。

(68) 同上66“努樂之要務在犀久茍能進久女乃大喜”:“樂”上一字不應釋爲“努”,似是从“女”从“幼”之字。“進久”應釋爲“遲久”。“犀久”也應讀爲“遲久”(“遲”字本可寫作从“辵”“犀”聲)。

(69) 同上67“命曰天土(地)”:漢隸“土”、“士”難分,但此句“天”下一字顯然應釋爲“士”。此句所屬的那段簡文押之部韻,“士”是韻脚,如釋爲“土”就不押韻了。從文義上看,“天士”也比“天土”好。

釋文直接用通用字釋簡文的情況屢見,如直接釋“臧”爲“藏”,釋“刑”爲“形”,釋“椄”爲“接”,釋“昧”爲“味”,釋“虖實”爲“虛實”等。由於對理解文義並無妨礙,這裏就不指出了。

三、標點、注釋方面的問題

(70) 第一卷(之一)·(叁)·20“音(意)氣高揚”:《釋文》在“音”字下用括號注“意”字,B、F皆從之。今按“音”、“意”二字古音不相近,“音”不能讀爲“意”。“音氣”指人喉發出的聲音,睡虎地秦簡《封診式》“癘”條有“令號,其音氣敗”之語(文物出版社出版《睡虎地秦墓竹簡》平裝本264頁),可證。

(71) 同上(肆)·23—24“何曳之人也有惡有好有夭有壽”:“曳”當讀爲“世”,此文意謂世上之人爲何有惡有好有夭有壽。“世”、“曳”二字古音相近,从“世”聲的“枻”、“紲”、“泄”等字也可从“曳”聲而作“栧”、“絏”、“洩”等形,即其明證。B、F都以“何曳之”爲句,解釋很牽强,不可信。

(72) 同上31“宿氣爲(易)老新氣爲(易)壽”:《釋文》在二“爲”字下用括號注“易”字,B、F皆從之,大概認爲“爲”是“易”的訛字。但是改“爲”爲“易”,文義反而不易講通,恐怕不可信。

(73) 同上37“夜半之息也覺寤毋變侵形”:此文當以“覺寤毋變侵(寢)形”爲句,意思大概是説醒過來的時候不要變更睡的姿勢。B在“侵”字後加逗,以“形”字屬下句,不確。

(74) 同上(玖)·77—78“故辟(避)聶(懾)慸(驚)胠(怯)者食之恆張”:《素問·調經論篇第六十二》“虛者聶辟氣不足”,王冰注:“聶謂聶皺,辟謂辟迭也”,新校正:“按《甲乙經》作攝辟,《太素》作懾辟。”《靈樞·根結第五》也有“腸胃㒤辟”

之語。簡文“辟聶”當與“聶辟”同意,不應讀爲“避懾”。後二字讀爲“驚怯”亦可疑。辟聶有皺縮義。“皺縮”與“張”義正相對。所以簡文說辟聶者“食之恆張”。

(75) 第一卷(之二)·(壹)·106“以次(恣)戲道”:下文所言“戲道”的方法有先後次序,疑“次”字不必改讀爲“恣”。

(76) 同上(陸)·127“昏者男之精將旦(晨)者女之精責(積)吾精以養女精”:“旦”字後不應注“晨”字。C、E皆於“將”字、“責”字斷句,疑亦非。此文似當讀爲“昏者,男之精。將旦者,女之精。積吾精以養女精”。

(77) 第二卷·(壹)·1—2“夫妻相惡�户柘方五尺”、4—5“嬰兒善泣涂琇上方五尺”:D讀“户柘”爲“户牖”,注“琇”字曰:“疑爲堗,同音假借”,又疑當讀爲“垛”。今按,2號簡“户”下一字在照片上不清晰,《釋文》的隸定恐不可信。“琇”字右旁應釋爲“秀”,“秀”、“牖”古音相近,此字疑當讀爲“牖”。“秃”與“突”、“朵”古音並不相近(“秃”是屋部字,“突”是物部字,“朵”是歌部字)。即使此字的右旁確是“秃”,也不能把它讀爲“堗”或“垛”。

(78) 同上4“姑婦”:D把“姑婦”解釋爲“婦人”,不確。姑婦即婆媳。

(79) 同上(貳拾)·60“得之而物擇成死有薄”:E、F皆讀“擇”爲“澤”,在“成”字後加逗號,恐不確。“物擇”當讀爲“勿釋”,逗號似應加在“擇”字之後,擇和薄都是鐸部字,是韻脚。但“成死有薄”之義尚待研究。第一卷132號簡有“……起而大成死爲薄”之語,似亦當以“成死爲薄”作一句讀。

(80) 同上“走里”:E把走解釋爲去,“里”解釋爲“内”,F把“里”讀爲“裏”,似皆非。疑“走里”當讀爲“腠理”。“走”、“奏”古音極近。《釋名·釋姿容》:“走,奏也。”

爲節省篇幅,其它注釋問題就不多談。

1985年4月28日寫畢

原載《湖南考古輯刊》第四輯(嶽麓書社,1987),今據以收入。

馬王堆醫書釋讀瑣議

收入馬王堆三號墓所出全部醫書(包括過去稱爲"養生方"的竹木簡)的《馬王堆漢墓帛書〔肆〕》,已於最近發售(此書標明1985年3月出版,實際上到1986年才開始發售。以下提到此書時簡稱"帛書")。《帛書》編寫的質量很高,但仍有一些可以商榷之處,我們準備對簡文繫聯和釋字、注釋等方面的問題提出一些意見。爲了行文的方便,引用帛書和簡文時,一般用簡化字,有時並略去原字而直接寫它的通用字。讀者如有疑問,可以覆按《帛書》原文。(《論集》編按:收入本書時,文中簡化字已改回繁體。)

一、《十問》和《雜禁方》的簡文繫聯問題

(一)《十問》的簡文繫聯問題

(1)《帛書·十問》篇釋文中,第四問(黃帝問容成)第40號簡跟它的前後兩簡,即39和41號簡,文義不連貫(看《帛書》"釋文注釋部分"147頁。以下所引頁數都屬於這部分)。此簡原來的位置應該在第八問(禹問師癸)的72和73號兩簡之間(看150頁)。移正之後,72、40跟73三簡的文字可以連讀如下:

> ……禹於是飲湩,(以上爲72號簡)酒食五味,以志治氣。目明耳聰,皮革有光,百脈充盈,陰乃□生,(以上爲40號簡)以安后姚(此字寫法較怪,究竟是否姚字有待研究),家乃復寧。師癸治神氣之道。

《十問》的文字多有韻。40號簡最後兩句的末一字分别是"盈"和"生"。它們跟73號簡第二句末一字"寧"都是耕部字,正好押韻。

第八問名爲"師癸治神氣之道",是禹跟師癸的問答。上文説禹因治水勞累,身體衰弱,不能滿足房事要求,問計於師癸,師癸要他養好身體,使氣血通行。在師

癸回答禹的話裏,有"……於味也移。道之以志,動之以事。非味也,無以充其中而長其節。非志也,無以知其中虛與實。……故覺寢而引陰,此謂練筋。……動用必當,精故泉出"等語(150 頁)。40 號簡的"酒食五味,以志治氣。……百脈充盈,陰乃□生"等語,跟那些話是緊相呼應的。

據 152 頁〔注 4〕所附《十問》竹簡出土情況圖(即附圖三),73 號簡正好緊接在 40 號簡之後。如果此圖所標簡號與釋文簡號是一致的話,這可以算作我們的說法的一個重要旁證。

附帶談一下簡文提到的"后姚"的問題。《帛書》150 頁〔注 7〕說:"后姚,據簡文係禹妻,姚姓。案《書·益稷》載禹'娶於塗山',此處云后姚,與古書不合。"今按:塗山氏女之名在古書中有"女趫"、"女憍"、"女嬌"等寫法,下一字皆从"喬"聲,也有書稱之爲"后趫"(參看梁玉繩《漢書人表考》卷二,中華書局《史記漢書諸表訂補十種》543 頁)。簡文"后"下一字如確是"姚"字,或即上引塗山氏女名的音近訛字("姚"、"喬"皆古宵部字)。

(2) 上條已經指出 39、40、41 號三簡的文義不相連貫。40 號簡移走之後,39、41 號兩簡的文義還是連不起來。我們認爲 41 號簡原來應該緊接在 51 號簡之後,是第六問(王子巧父問彭祖)的最後一簡。移正之後的文字如下(下引簡文中"竣"字原來的寫法較怪,今暫從《帛書》釋文):

……與竣(朘)通息,與竣飲食,飲食完竣,如養赤子。赤子驕悍數起,慎勿(以上爲 51 號簡,見 148 頁)繇(圖版中此字不清晰,今暫從《帛書》釋文)使,則可以久交(此字《帛書》釋"立",非是),可以遠行,故能壽長。

"息"、"食"爲韻(之部入聲),"子"、"起"、"使"爲韻(之部),"行"、"長"爲韻(陽部)。"慎勿繇(?)使"正承"赤子驕悍數起"而言。此段上文說"故壽盡在竣"(49 號簡),跟 41 號簡的結束語"故能壽長"也是前後相應的。

從 152 頁的附圖三看,41 與 51 號兩簡相距甚遠。但是文義顯然相接的 58 與 59 號兩簡同樣相距甚遠。可見不能以此否定 41 與 51 號兩簡原來相接的可能性。

(3) 40、41 號兩簡移走之後,第四問(黃帝問容成)的文字終於 39 號簡的"補寫之時,於臥爲之",文義未完,而且最後一字已至簡尾,其下無空白,顯然不是原來的結尾。另一方面,41 號簡既已移至 51 號簡後成爲第六問的結尾,《帛書》編在第六問 51 號簡之後的 52 至 59 號八簡就無所歸屬了。我們認爲這八支簡原來正是第四問的後部,應該移至 39 號簡之後。37 至 39 號簡說:"……將欲壽神,必以奏

(腠)理息。治氣之精,出死入生……治氣有經,務在積精,精盈必寫(瀉),精出必補。補寫(瀉)之時,於臥爲之。"(147 頁)52 號簡說:"出入以脩奏(腠)浬(理),軲白內成,何病之有?"(148 頁)文義正好緊相承接。《帛書》把 52 號簡的"浬"讀爲"理"(見 149 頁注),很正確;把"浬"上一字釋作"美"則不可從。這個字的上部雖然寫得有些像"羊",下部却顯然跟"美"字不同,而跟 38 號簡的"奏"字相同。

此外,52 至 59 號諸簡的內容,還有很多跟第四問 23 至 39 號諸簡相呼應之處。如 23 至 39 號諸簡記黃帝問於容成曰:"何曳(世)之人也,有惡有好,有夭有壽? 欲聞民氣贏缺施(弛)張之故。"容成答以"治氣搏精"之道(146—147 頁)。52 至 55 號諸簡說:"彼生有殃,必其陰精漏泄,百脈宛廢,喜怒不時,不明大道,生氣去之。俗人芒生,乃持(恃)巫醫,行年未半(《帛書》釋此二字爲"桼十",讀爲"七十",似非。俗人不知養生,故年壽未半而形容已衰。七十始衰,只有善於養生者才能做到),形必夭貍,頌事自殺("頌"即容貌之"容"的本字,《帛書》149 頁〔注 8〕讀爲"庸",似非),亦傷悲哉。死生安在,徹士制之,實下閉精,氣不漏泄。心制死生,孰爲之敗?"(148 頁)彼此的文義前後相貫。24 至 27 號簡記容成答黃帝之言,有"君若欲壽,則順察天地之道"、"唯道者知之"等語(146 頁)。56 至 59 號諸簡說:"彼生之多,上察於天,下播於地,能者必神,故能形解。明大道者,其行陵雲……巫成柖以四時爲輔,天地爲經,巫成柖與陰陽皆生。陰陽不死,巫成柖與相視,有道之士亦如此。"(148—149 頁)彼此也是緊相呼應的。32 至 33 號簡說:"食氣有禁,春避濁陽,夏避湯風,秋避霜霧,冬避凌陰。"(147 頁)所謂"四時爲輔"當與此有關。總之,從內容上看,把 23 至 39 號諸簡與 52 至 59 號諸簡合爲一篇,是十分合理的。

(二)《雜禁方》的簡文繫聯及其有關問題

《帛書·雜禁方》釋文分爲三個段落。1 至 5 號簡爲一段。6 號簡至 8 號簡"飲"字爲一段。8 號簡末尾"夫妻相去"至 11 號簡爲一段。第一段無問題。二、三兩段簡文的繫聯和解釋都需要討論。

第二段原釋文如下:

> 與人訟,書其名直履中六。
>
> 取兩雌隹尾,燔冶,自飲之,微矣七。
>
> 取東西鄉(向)犬頭,燔冶,飲。(159 頁)

第三段原釋文如下:

夫妻相去八,取雄隹左蚤(爪)四,小女子左蚤(爪)四,以鍪熬,并九冶,傅,人得矣一〇。

取其左麋(眉)直(置)酒中,飲之,必得之一一。(159 頁)

第二段7號簡“微”字有注曰:“微,《禮記・檀弓下》注:‘猶無也。’此處指訟事消除。”

按照這種編排,8號簡所記的“取東西向犬頭燔冶飲”就成爲一件無目的的事了。而且6、7、10、11號諸簡下部都有空白,説明這幾簡書寫的體例是所記各事自爲起訖的,記一事完了,即使簡上尚有空白也不利用。9號簡無空白,文字與10號簡緊接。8號簡也無空白,其文字也有可能與他簡相接。但是决不可能像《帛書》釋文安排的那樣,前九個字跟後四個字分屬於兩件關係並不密切的事。由此可見《帛書》釋文對6至11號諸簡的繫聯、分段是有問題的。

我們認爲7至11號諸簡講的都是跟媚道有關的事。6號與7號兩簡的内容則並無聯繫。媚道是妄圖以巫術取得人歡心的一種迷信方法,在漢代女子中頗爲流行,《史記・外戚世家》等曾經提到過。彭堅同志在《〈雜禁方〉標點考證注釋》(長沙馬王堆醫書研究第二次學術討論會油印論文)裏,引《醫心方》卷二十六《相愛方第五》“取雄雞左足爪、未嫁女右手中指爪,燒作灰,傅彼人衣上”,與有關簡文對照,這對理解9、10號簡文義極有幫助。據上引《相愛方》,10號簡最後四字當讀爲“傅人,得矣”,《帛書》的標點不妥。“得”應即得人歡心之意。7號簡所説之事顯然與9、10號簡相類。《雜禁方》2、3號簡有“欲微貴人垛門左右方五尺”語,《帛書》注釋“微”字説,“讀爲媚,取悦。”(159頁)“媚”从“眉”聲。“眉”、“微”古音極近。《儀禮・少牢饋食禮》“眉壽萬年”鄭注:“古文眉爲微”。《左傳》莊公二十八年經文“築郿”,《公羊》、《穀梁》皆作“築微”。《帛書》把“微貴人”的“微”讀爲“媚”,十分正確。7號簡“微矣”的“微”也應該讀爲“媚”,在這裏意謂能達到媚人的目的。7號簡原來位置似應在10號簡之後或9號簡之前。《帛書》誤認爲此簡所言與6號簡有關,所以就只好把“微”勉强地解釋爲“指訟事消除”了。

前面已經指出,如果把8號簡末尾的“夫妻相去”四字跟其它簡的文字連起來讀,此簡上文所説的“取東西向犬頭燔冶飲”,就成爲無目的的事了。看來這四個字只能跟上文連讀。“取東西向犬頭”大概是採取順東西方向生長的犬頭的意思。犬頭似應是植物名。藥材中有狗脊、犬牙等,命名方法與此相類。“燔冶飲夫妻相去”可以有兩種讀法。如讀爲“燔冶飲,夫妻相去”,可能是説把犬頭燔燒弄碎,放在酒或其他液體裏喝下去,夫妻就會不和。如讀爲“燔冶,飲夫妻相去”,可能是説燔冶犬頭而飲之,是治夫妻相去的一種方法。11 號簡可能應該排在 8 號簡之後,“取其左眉”可能指妻取夫之左眉,“得”的意思顯然跟 10 號簡相同。

總之,7 至 11 號各簡的內容是屬於一組的,《帛書》對簡文的繫聯和解釋都存在着一些問題,但是各簡原來的位置我們也還無法完全確定。

二、《帛書》在釋字、注釋等方面的問題

(一) 足臂十一脈灸經

(1) 第 4 行釋文中从“手”“九”聲之字(見 3 頁),從圖版看似本是从“牛”“九”聲之字。此字下文屢見,不再重複指出。

(2) 15 行“數腸”之“腸”,釋文讀爲“喝”(4 頁),〔注 3〕釋爲“嘶啞”(5 頁)。今按:此字不如讀爲口渴之“渴”。帛書“渴”字用本義,相當於今之“竭”字,見《養生方》55 行(104 頁)、《天下至道談》32 號簡(164 頁)。故口渴之“渴”作“腸”。《陰陽十一脈灸經甲本》71 行釋文“益(嗌)渴欲飲”之“渴”(13 頁),從圖版看原來似乎也是“腸”字。

(3) 16 行釋文“足泰陽脈”之“陽”(5 頁),據圖版及文義,應釋爲“陰”。此當是抄寫或印刷之誤。

(4) 16 行釋文中的“循”字(5 頁),據圖版當釋“揗”而讀爲“循”。

(5) 20 行“足柎穜”,釋文讀爲“足跗腫”,〔注 2〕釋“跗”爲“脚面”(5 頁)。今按:“柎穜”當讀爲“胕腫”。《素問・五常政大論》有“寒熱胕腫”語,王冰注:“胕腫,謂腫滿,按之不起。”《山海經・西山經》“竹山”條:“……浴之已疥,又可以已胕”,郭璞注釋“已胕”爲“治胕腫”。胕腫蓋即今所謂浮腫。

(6) 25 行“以奏臑內”之“奏”,釋文讀爲“湊”,〔注 1〕解釋爲“至”(6 頁)。今按:“奏”古可訓“向”。《漢書・金日磾傳》“日磾奏廁心動”,顏師古注:“奏,向也。”這種用法的“奏”也可以寫作“走”。《史記・蕭相國世家》“諸將皆爭走金帛財物之府分之”,《索隱》:“走音奏。奏者,趨向之。”《漢書・張釋之傳》“此走邯鄲道也”,顏注引如淳曰:“走音奏。奏,趣也。”《靈樞經》的《經脈》、《經筋》等篇中,屢見與上引帛書“奏”字用法相同的“走”字。帛書《陰陽十一脈灸經》“上當走心”之“走”,亦用此義(見甲本 54—55 行、乙本 10 行)。所以上引帛書“奏”字沒有必要讀爲“湊”。這種“奏”字下文屢見,不再重複指出。

（二）陰陽十一脈灸經甲本

（7）45行“［聞］木音則愓然驚，心腸，欲獨閉户牖而處，［病甚］則欲［登高而歌，棄］衣［而走］”。釋文認爲“愓”和“腸”都是“惕”的誤字，〔注6〕引《靈樞·經脈》“聞木音則惕然而驚，心欲動”爲證（10頁）。今按：《靈樞》此處上下文與上引帛書大體相同，“心欲動”下尚有“獨閉户塞牖而處，甚則欲上高而歌，棄衣而走”等語。據帛書可知《靈樞》之文本當作“聞木音則惕然而驚，心動，欲獨閉户塞牖而處……”，今本“動”、“欲”二字誤倒。帛書“心腸”與《靈樞》“心動”相當，“腸”似應讀爲可訓爲“動”的“蕩”。《左傳·莊公四年》記楚武王伐隨國前“將齊（齋），入告夫人鄧曼曰：余心蕩”，杜注：“蕩，動散也。”《帛書》把“然”上的“愓”字看作“惕”的誤字是對的（此字《陰陽十一脈灸經乙本》作“易”，見89頁），把“腸”也當作“惕”的誤字恐怕有問題。緊接着“惕然驚”又說“心惕”，文義犯複，恐無是理。但此篇下文“少陰脈”條63行“心腸”的“腸”，據《靈樞》及《陰陽十一脈灸經乙本》似乎確是“惕”的誤字。兩處情況有別，不必一律處理。

（三）五十二病方

（8）《五十二病方》目錄的釋文有“［穜（腫）］橐”（25頁），正文的釋文也有“穜（腫）橐”條（193行，見48頁），〔注1〕：“腫橐，陰囊腫大，也見於同墓出土竹簡《天下至道談》（引者按：竹簡實作“腫囊”，詳後第58條）。《外臺秘要》卷二十六有陰囊腫痛方。”（48頁）從圖版看，所謂“橐”字與馬王堆一號漢墓遣策“囊”字相似（看《長沙馬王堆一號漢墓》上集139—140頁113—119號簡釋文及下集有關圖版），應該改釋爲“囊”。這種“囊”字由於它們的聲旁寫得過於草率，看起來有些像“缶”，所以很容易被認作“橐”。“腫囊”的病名跟《外臺秘要》的“陰囊腫痛”相合。

（9）15行“以男子洎傅之，皆不般（瘢）”，〔注1〕：“洎，本義爲肉汁。男子洎，與後318行的男子惡，俱指人精。”（28頁）今按：《周易》萃卦上六爻辭中的“涕洟”，馬王堆帛書本作“涕洎”。于豪亮同志在《帛書〈周易〉》一文中說：“洟和洎都是鼻涕之意。……洎字……从水自會意……正是鼻涕之意。《詩·澤陂》：‘涕泗滂沱。’傳：‘自鼻曰泗。’泗、洟、洎三字音近相通。洎應爲本字，泗與洟都是假借字。”（《文物》1984年3期19頁）“泗”與“洟”能否看作“洎”的假借字尚待研究，“洎”的本義爲鼻涕則是無可懷疑的。所以“男子洎”大概是男子的鼻涕而不是精液。

（10）51 行有“屋榮蔡”之語（32 頁），〔注 3〕釋“屋榮”爲“屋脊”（33 頁）。今按：古書中與房屋有關的“榮”字，如《儀禮・士冠禮》“東榮”之“榮”，意與屋檐相近，不應釋爲屋脊。233 行又有“四榮蔡”，“蔡”字稍殘，釋文未釋出（53 頁）。“四榮”應指房屋四面的屋檐。

（11）89 行釋文“以産豚冢（藙）麻（磨）之”，〔注 1〕：“藙，《說文》：‘煎茱萸。’……《新修本草》則稱爲食茱萸，是一種辛香的調味品。下面第 179 行藙之茱萸是同一物。《禮記・内則》：‘三牲用藙。’因而此處稱産（生）豚藙。”（37 頁）今按：注釋之說似嫌牽强。《五十二病方》中，鳥喙之“喙”皆作“冢”（看 28 頁 16 行釋文〔注 1〕）。又生死、生熟之“生”，馬王堆帛書一般皆以“産”字表示（看 3 頁〔注 10〕）。“産豚冢”疑即“生豚喙”，指沒有煮過的猪嘴或活猪之嘴。

（12）94 行釋文中的“食”字（38 頁），據圖版似應釋爲“金”。

（13）96 行釋文：

> 賁吙：“伏食，父居北在，母居南止，同産三夫，爲人不德。”已。不已，青傅之。（38 頁）

按：204—205 行所記咒語以“已不已，斧斬若”結束（50 頁）。疑上引咒語也應包括“已不已，青傅之”在内，釋文的標點不妥。此條的注釋說：“食、在、止、德，古之部韻。”（38 頁）“已”和“之”也都是之部字。

（14）183 行釋文“以己巳晨，㡪（寢）東鄉（嚮）弱（溺）之”（47 頁）。“晨”下一字從圖版看當釋爲“虒”，馬王堆一號漢遣册“卑虒”之“虒”皆如此作（見《馬王堆一號漢墓》下集圖版竹簡部分第 46、55、60、68、88、124 等號簡，參看朱德熙、裘錫圭《馬王堆一號漢墓遣策考釋補正》，《文史》第十輯 62 頁）。此“虒”字似當讀爲“嗁”（啼），屬上讀。

（15）196 行釋文中的“潼”字（49 頁），從圖版看其左旁實爲“禾”。

（16）200 與 206 行釋文中的“九”字（49、50 頁），從圖版看似應釋作“亢”。

（17）206—207 行釋文“……某頽已□，而父與母皆盡柏築之顛，父而衝，子胡不已之有？”（50 頁）今按：此段文字疑當標點爲：“……某頽已，□而父與母，皆盡柏築之，顛父而衝子，胡不已之有？”“已”、“母”、“之”、“子”、“有”皆古之部字。

（18）230 行釋文中的“己”字（52 頁），爲“已”之誤植。

（19）232、281、284 及 305 行釋文中的“灸”字（見 53、58、60 諸頁），從圖版看皆應釋“炙”。疑皆是抄寫或排印之誤。

（20）251行"葿者，荆名曰盧茹"，〔注7〕："盧茹，疑係茹盧之倒，與下412行茹盧本同物，即茜草（《神農本草經》名茜根）之别名。"（55頁）今按：盧茹之名見於古籍。《廣雅·釋草》："屈居，盧茹也。""葿"與"屈居"疑由一名分化（屈居之名亦見《五十二病方》413行）。盧茹，《本草》作"蕳茹"，謂"主蝕惡肉、敗創、死肌，殺疥蟲，排膿惡血，除大風熱氣"。251行所屬的病方是治痔的，正應該使用這種藥。《帛書》注釋之説似非。

（21）260行釋文"有可，以領傷"（56頁）。按：疑此文當讀爲"有（又）可爲領傷"。【編按：廣瀨薰雄指出，"以"字當釋"爲"。另復旦大學出土文獻與古文字研究中心2007級碩士生劉欣亦將此字改釋爲"爲"，並訓爲"治"。】

（22）308行釋文"肸詘肸詘，從竈出毋延，黄神且與言"（60頁）。今按："肸詘肸詘"原來寫作"肸=詘="。在古代，"A=B="式重文有"ABAB"和"AABB"兩種讀法。"肸=詘="恐怕應該讀爲"肸肸詘詘"。《左傳·襄公三十年》："或叫于宋大廟，曰'譆譆出出'。""肸肸詘詘"與"譆譆出出"爲一聲之轉（"肸"、"譆"皆曉母字）。427行釋文中的"浸熁浸熁"（72頁），恐怕也應該改讀爲"浸浸熁熁"。又427行"黄神"的注應該前移爲308行的注。

（23）352行釋文"并以彘職膏弁"（65頁）。從圖版看，"彘"下並無"職"字。

（24）361行釋文"先以湁脩（滫）……"（66頁）。從圖版看，"脩"所从的"人"的左側有三短横，這個字應該直接釋爲"滫"。"水"旁簡化爲三短横的寫法，至遲在戰國晚期的秦國文字裏就已出現（參看拙作《從馬王堆一號漢墓遣册談關於古隸的一些問題》，《考古》1974年1期51頁）。馬王堆帛書中這種寫法也很常見。不過在《五十二病方》中，把"水"旁簡寫成三短横的字似乎只有"滫"這一例。緊挨着它的"湁"字的"水"旁就沒有簡化。大概抄寫者先寫了個"脩"字，寫好後想加"水"旁改成"滫"，由於地位不够就採用了三短横的簡化寫法。

（25）369行釋文"身有癰者，自睪（擇）取大山陵：'某幸病癰……'"（67頁）。今按："自"當改釋"曰"，觀圖版自明。"睪"當讀爲"皋"。"睪"字古有"皋"音，或作"睾"，今"睾丸"字尚用之（銀雀山漢簡《尉繚子》"睪"字讀爲"櫜"，"櫜"、"皋"通，參看《銀雀山簡本〈尉繚子〉釋文（附校注）》，《文物》1977年2期23頁注10）。《儀禮·士喪禮》："北面招以衣曰：皋，某復。三。"鄭玄注："皋，長聲也。""取"當改釋爲"敢"，觀圖版自明。據文義，其下原來當抄脱一"告"字。上引釋文的〔注1〕説"某幸病癰"句"幸字上疑脱一不字"（67頁），甚是。可見帛書此段文字抄錄得極爲草率。"皋，敢告大山陵"是一段禁咒語的開頭，下引的睡虎地秦墓所出《日

書》中的兩段禁咒語可作比較:

人有惡夢,覺乃繹(釋)髮西北面坐鑄(祝)之曰:"皋,敢告壐(爾)豹琦,某有惡夢,走歸豹琦之所……"。(《雲夢睡虎地秦墓》圖版一三一883號簡反面,又圖版一六〇1089號簡文略同)

行到邦門困(閫),禹步三,勉壹步謼(呼):"皋,敢告曰:某行毋(無)咎,先爲禹除道。"(同上圖版一三九785號簡反面)

後來"皋"又變爲"諾皋",如姚寬《西溪叢語》卷上引晁伯宇《談助》云:

靈奇必要辟兵法:正月上寅日,禹步,取寄生木三,咒曰:諾皋,敢告日月震雷,令人無敢見我,我爲大帝使者。(關於"諾皋",參看余嘉錫《四庫提要辨證》卷十八"酉陽雜俎"條)

所以上引369行釋文應改作"身有癰者曰:'皋,敢[告]大山陵:某[不]幸病癰……'"。

(26) 370行釋文中的"桯"字(67頁),從圖版看似當釋"柱"。

(27) 371行釋文"……朝日未□□鄉(嚮)涶(唾)之"。據圖版及文義,"未"下一殘字可定爲"食"字,"鄉"上一殘字似可定爲"東"字。

(28) 412行釋文"後日一夜"(71頁)。從圖版看,"日"上一字似爲"后"字,釋文不應逕改作"後"。

(29) 413行釋文"屈居(据)□齊",〔注2〕:"屈据,據《名醫别錄》係藺茹别名。"(71頁)今按:此藥名《廣雅·釋草》正作"屈居"(參看上文第20條),釋文"居"字後不必加注"据"字。

(30) 442行釋文中的"倡"字(74頁),從圖版看似當釋"儈"。

(31)《五十二病方》殘片7第6行釋文中的"帛"字(79頁),從圖版看似當釋"布"。

(四) 陰陽十一脈灸經乙本

(32) 17行第1字,釋文作"痛"(90頁),從圖版看似當釋"甬"而讀爲"痛"。第2字,釋文作"缺",讀爲"缺",從圖版看似本是"缺"字。

(五) 養生方

(33) 3行釋文"以顛棘爲醬方"之"醬"(99頁),爲"漿"之誤植。

（34）21行釋文“人”字前後均有“籥”字（100頁）。從圖版看，“人”字上並無“籥”字。

（35）22行釋文釋“傅”下一殘字爲“策”之異體（100頁）。從圖版上的殘畫來看，此字似有可能是“箕”字。

（36）30行釋文“以雄雞一”之“以”字（101頁），從圖版看似當釋“取”。

（37）84行釋文釋“人”上一字爲“赤乞（齕）”（107頁），似不確。從圖版看，此字左旁確是“赤”，右旁却不是“齕”字所从的“乞”。“乞”由“气”省變而成，在秦漢之際還不可能有這種寫法。此字疑从“赤”聲，當讀爲“螫”。

（38）96行釋文中的“玩”字（108頁），從圖版看應釋“抏”。

（39）128行釋文“盡汁而止”之“止”（111頁），從圖版看應釋爲“已”。

（40）149行釋文“爨”字後括號内的“爨”字（113頁），爲“虋”之誤植。

（41）152行釋文“□［之］各一丸”（113頁），從圖版看似應釋爲“□吞一丸”。

（42）171行釋文“可以翕□折角”（114頁）。從圖版看，“翕”下一字似是“壺”。

（43）192—193行釋文“取女子未嘗男子者［布］，縣枲，懷之，見旋風以投之。風止，即□□帶之”（116頁）。今按：“取女子未嘗男子者［布］縣（懸）枲”似應連讀。又“者”下一殘字從圖版上的殘畫看似非“布”字。

（44）213行釋文讀“以渴請故”之“渴”爲“謁”（117頁）。疑此字仍當讀爲“竭”（參看上文第2條），“請”當讀爲“情”。

（45）213行釋文“女子之□有……”（117頁）。從圖版看，“之”下一殘字似有可能是“樂”字。

（46）214行釋文“善哉言也”（118頁）。今按：“言”下一字本爲殘文，從殘存筆畫看斷非“也”字。本段下文有“善哉言歟（乎）”之語（參看下條），此字也應是“歟”字。

（47）《養生方》圖版215與216行之間，尚有未標序數的一行字。此行在118頁釋文中漏釋。今試釋如下：

> 必至□思（？），氣不□□（似“鬱”字）。禹曰：善弌（哉）言歟（乎）！今我血氣外揖▨

（六）胎産書

（48）15行釋文“有（又）以洒澣”之“洒”（137頁）爲“酒”之誤植。

（七）十問

（49）5號簡"退"下一字，釋文隸定爲从草頭从"摶"，讀爲"薄"（145頁）。從圖版看似爲从"手"从"篿"之字，疑即"摶"之異體。

（50）35號簡"氣"上一字，釋文釋作"孳"（147頁），從圖版看似爲从"子"从"敖"之字。

（51）37號簡釋文"執"字（147頁）爲"埶"之誤植。

（52）61—62號簡釋文"弱者使之强，短者使長，貧者使多量（糧）"（149頁）。從圖版看，末一字當釋"暴"（乃疾暴之"暴"，與"曝"之初文从"米"之"㬥"有別）。但是從文義和韻脚情況看，此字確應作"量（糧）"，似可作爲訛字處理。

（八）合陰陽

（53）102號簡釋文有"土揹陽"一語，〔注2〕讀"土"爲"度"，讀"揹"爲"腕"（155頁）。今按：隸書"土"、"出"二字易混，此簡"揹"上一字當釋"出"。讀"揹"爲"腕"是正確的。

（54）130號簡釋文中的"遲"字（156頁），從圖版看上面應加草頭。

（55）131號簡釋文中的"緛"字（156頁），從圖版看應釋爲"緮"。《廣韻》謂"緮"同"鞧"。"緮"與上句"膠"字押韻（皆古幽部字）。

（九）天下至道談

（56）15—16號簡釋文"肌不至而用則𨕥"，〔注2〕："𨕥，當從胃聲，讀爲痿。帛書《養生方》作腄（垂）。"（163頁）今按：從圖版看，此字當釋"遀"。《集韻》謂"隨"古作"遀"，後人或斥爲妄說，簡文此字可證《集韻》之有據。"隨"與"垂"古音極近，故《養生方》用"腄"字，簡文用"隨"字。

（57）21號簡釋文"筋骨淩强"（163頁），〔注3〕："淩强，與竹簡《十問》秦昭王問王期條淩健同義。"（164頁）今按：從圖版看，此簡"强"上一字與注所引《十問》"健"上一字，寫法顯然有異。此字似應釋爲"洚"，讀爲"隆"（"隆"从"降"聲，"降"、"洚"音近）。"隆强"爲古語。古代的車蓋弓一名隆强。《釋名·釋車》："隆强，言體隆而强也。"

（58）29號簡釋文"强用之，不能道，產痤腫橐"（164頁）。按：據原簡照片，"腫"下一字似應釋"櫜"。"櫜"、"睾"古通（參看上文第25條）。"櫜"應爲睾丸之

"睾"的本字,指陰囊而言(櫜、囊義近)。"睾丸"的意思本應是陰囊中之丸。《靈樞·經脈》"其病氣逆則睾腫卒疝",睾腫與腫櫜同意。

(59) 48 號簡釋文中的"五音"(165 頁),從圖版看本作"五言"。50 號簡文亦有"五言",釋文寫作"五言〈音〉"(166 頁),以"言"爲"音"字之誤。此處將"言"字逕釋爲"音",是不妥當的。

(60) 63 號簡釋文"纍哀"之"哀"(166 頁),從原簡照片看,字的左邊尚有作三短横的"水"旁。《合陰陽》125 號簡文中,與"纍滾"相當之語爲"纍瀸"(156 頁),下一字亦从"水"。

1986 年 6 月 21 日寫畢

附識:

本文第一部分,即談簡文繫聯問題部分的初稿,曾作爲《馬王堆三號漢墓"養生方"簡文釋讀瑣議》一文的第一節,發表在《湖南考古輯刊》第 4 輯上。第二部分曾發表在《湖南中醫學院學報》1987 年第 4 期上。

原載《古文字論集》,今據以收入。

讀《戰國縱横家書釋文注釋》札記

馬王堆三號漢墓出土的《戰國縱横家書》的釋文,最初以《馬王堆漢墓出土帛書〈戰國策〉釋文》爲題,發表在《文物》1975 年第 4 期上(以下簡稱"釋文")。後來經過修訂,加上注釋、附録,印成了單行本;書名由帛書《戰國策》改爲《戰國縱横家書》(《馬王堆漢墓帛書:戰國縱横家書》,文物出版社,1976。以下簡稱"單行本")。文物出版社 1983 年出版的《馬王堆漢墓帛書〔叁〕》,收入了《戰國縱横家書》的全部圖版和《戰國縱横家書釋文注釋》(以下簡稱"帛書")。釋文和注釋的内容跟單行本基本無别,只是把簡化字改成了繁體字。

《戰國縱横家書》的釋文和注釋,總的來看,質量都很高;但是仍有一些可商榷或可補充之處,現在分條敘述於下。《帛書》編輯和印刷上的錯誤也擇要加以指出。爲使眉目清楚,並便於在本文中稱引,每條之首都加上序數。所引《戰國縱横家書》釋文、注釋後面所注的,是《帛書》的頁數。釋文中的小號數字爲原整理者所加,表示原文在圖版中的行次。

(1) **使田伐若使使孫疾召八臣,自辭於臣也。**(23 頁。圖版 8—9 行)

按:此句"辭"上一字的寫法,跟同章 5 行"自持"的"自"截然不同,而跟同行(即 9 行)"因在梁者"的"因"字相似,疑也應釋爲"因"。

(2) **臣爲此無敢去之一○。**(25 頁。圖版 10 行)

按:"敢"上一字實爲"未"字,由於中豎下端殘去,《釋文》和單行本都誤釋爲"无",《帛書》又誤改爲"无"的繁體。

(3) **且告奉陽君,相橋於宋,與宋通關。**(25 頁。圖版 12 行)

按:從上下文看,此句之意似謂齊國使者以"奉陽君相橋於宋,與宋通關"之事告訴趙君,並不是要奉陽君"相橋於宋,與宋通關","君"字後逗號應取消。

(4) **魚(吾)□與子□有謀也。**(26 頁。圖版 19 行)

按:"魚"下一字尚存少量殘畫,《釋文》釋爲"將"(《文物》1975 年 4 期 15 頁),似可信。

（5）**襄安君之不歸哭也〔注二四〕，王苦之。**（28頁。圖版39行） **注二四：歸哭，回國奔喪。襄安君不歸哭事未詳。以文義推測，襄安君可能被齊國扣留，未能歸國奔喪……**（30頁）

按：從上下文看，"襄安君之不歸哭"似應是比不能奔喪更爲嚴重的一件事。疑"哭"乃"喪"之形近誤字。《説文・二上・哭部》："喪，亡也。从哭从亡會意，亡亦聲。"《説文》對此字結構的分析不見得可信，但是由此可見"哭""喪"二字篆文字形相當接近。"襄安君之不歸喪"，疑指襄安君死於齊而齊不歸其喪。【編按：郭永秉指出，《吕氏春秋・知接》："（齊桓）公又曰：'衛公子啓方事寡人十五年矣，其父死而不敢歸哭，猶尚可疑邪？'管仲對曰：'人之情，非不愛其父也，其父之忍，又將何有於君？'"可見"歸哭"是非常重要的喪儀，此處"哭"字可通，似非"喪"之誤字。】

（6）**（蘇秦謂燕王曰）"……臣以信不與仁俱徹〔注九〕，義不與王皆立。"王曰："然則仁義不可爲與〔注一〇〕？"對曰："胡爲不**五—**可。人無信則不徹，國無義則不王。仁義所以自爲也〔注一一〕，非所以爲人也。自復之術，非進取之道也。……"**（32頁。圖版51—52行） **注九：徹，通達。仁疑當作人，《燕策》蘇代章作身，下文又説，"人無信則不徹"，均可證。**（32頁）**注一〇：仁義疑當作信義。前面説，"信不與仁俱徹，義不與王皆立"，後面又説，"人無信則不徹，國無義則不王"，都講信義可證。注一一：仁義疑也應作信義。《燕策》蘇秦章作："信行者所以自爲也。"**（引者按：《史記・蘇秦列傳》作"忠信者所以自爲也"。以上二注見33頁）

按：注一〇、一一疑"仁義"當作"信義"，可從。注九之説則不可信。如改"信不與仁俱徹"爲"信不與人俱徹"，其意義與下文"人無信則不徹"句正相矛盾，注九反據後者改前者的"仁"爲"人"，殊不可解。《燕策一・蘇代謂燕昭王章》前半部分的文字與帛書此章相似。其中與帛書"臣以信不與仁俱徹，義不與王皆立"相當的句子，是"臣以爲廉不與身俱達，義不與生俱立"。其下句"生"字顯然是"王"字之誤，上句也經過後人竄改，不能據以校改帛書。又上引帛書文中，"信不與仁俱徹，義不與王皆立"兩句，與"人無信則不徹，國無義則不王"兩句相對應。由此可知"國無義則不王"的"王"，應是"立"字之誤。帛書之意蓋以爲信義是爲人立國的起碼條件，所以説"人無信則不徹，國無義則不立"；但這只是"自爲"與"自復"之道，而不是"爲人"（指爲他人）與"進取"之道；如拘於信義，個人無法做到"仁"，國家無法做到"王"，所以説"信不與仁俱徹，義不與王皆立"。

（7）**楚將不出睢（沮）、章（漳）……齊不出吕遂（隧）〔注二〇〕……**（32頁。

圖版 54、55 行）

按：“睢”當作“睢”，《釋文》及單行本皆不誤。附帶說一下，第一六章注一中，“范睢”之“睢”也誤作“睢”（53 頁），單行本亦誤。

“呂”下一字亦見 103、128 行。此字實从“辵”从“旞”。睡虎地秦簡屢用此字，一般認爲即《說文・㫃部》的“旞”字（參看《秦漢魏晉篆隸字形表》455 頁）。銀雀山漢簡佚兵書中有“以勝不服於呂遂”之語，“呂遂”與“呂遴”無疑是同一地名的異寫。注二〇分“呂”與“隧”爲兩地（33 頁），非是。

（8）**寡人與子謀功（攻）宋……今燕王與羣臣謀破齊於宋而功（攻）齊……天下之欲傷燕者與羣臣之欲害臣者將成五八之……**（35 頁。圖版 56、58—59 行）

按：上舉第六章釋文中的三個“與”字，原文都不从“舁”，《釋文》及單行本釋爲“与”（但是由於使用簡化字，原文从“舁”的“與”字，二者也都釋作“与”）。《秦漢魏晉篆隸字形表》也將此字列爲“与”字（1014 頁）。《帛書》改單行本簡化字爲繁體字時，把這種“与”字也改成了“與”。這是不妥當的。此字從字形上看實當釋作“牙”。周代金文“與”字的聲旁本與“牙”字同形（看《金文編》166 頁“與”字、122—123 頁“牙”字）。兩漢人所書“與”字的聲旁仍多與“牙”字形近（看《秦漢魏晉篆隸字形表》183 頁“與”字、131 頁“牙”字）。“與”字蓋本从“牙”聲，“与”是“牙”的變形。“牙”“與”二字上古音都屬魚部。“牙”是疑母字，“與”是以母（喻母四等）字。但从“牙”得聲的“釾”“萮”等字也是以母字，“邪”字也有以母一讀。可見我們說“與”字本从“牙”聲是合理的。所以，上舉帛書釋文中的三個“與”字，應該改爲“牙”，讀爲“與”。這種用爲“與”的“牙”字在本帛書中還見於 65、68、74、78、85、86、89、101—104、106—110、116、117、120、122、123、126 等行（據日本學者小南一郎《帛書戰國策文字索引》62 頁，見《〈戰國策〉的基礎的研究》昭和六十一年度研究成果報告書，京都大學人文科學研究所，昭和六十二年）。

（9）**薛公以告臣，而五七不欲其從已聞也。**（35 頁。圖版 57—58 行）

按：“已”當作“己”，《釋文》不誤，單行本已誤。

（10）**是無六九它故**（37 頁。圖版 69—70 行）

按：據《帛書戰國策文字索引》，本帛書自 69 行以下，凡“有無”之“無”皆寫作“无”（60 頁）。《釋文》和單行本用簡化字，把“無”和“无”都釋爲“无”。《帛書》改簡化字爲繁體字時，不加別擇，一律改爲“無”。這是不妥當的。

（11）**秦雖强，終不敢出塞涑（溯）河，絶中國而功（攻）齊〔注九〕。**（37 頁。圖版 70 行） **注九：塞，殽塞，即函谷關。溯，沿。**（38 頁）

按:"河"上一字當釋"流"。漢代人往往把"㐬"旁寫得像"朿"。"疏"的異體"疎",大概就是由於"㐬"旁被誤認爲"朿"而産生的。但是二者從其頂端筆畫還是容易分辨的。凡頂端與中豎相接的筆畫近於"人"字形者,必爲"㐬"而非"朿"。根據這一點,可以肯定上引文"河"上一字不應釋爲"涑",而應釋爲"流"。整理者讀"涑"爲"溯"。但是"溯"一般指逆流而上,秦人出塞,必從河順流而下,似不應説"溯河"。"流河"猶言"流於河"。《墨子・親士》:"王者淳澤不出宫中,則不能流國矣。""流國"猶言"流於國",與此同例。流於河就是順河而下的意思。《孟子・梁惠王下》:"從流下而忘反謂之流。"此"流"字之義與"流河"之"流"有相近之處。

(12) **勺(趙)悍則伐之,願則摯(執)而功(攻)宋〔注一三〕**。(37頁。圖版72行) **注一三:願,老實**。(38頁)

按:漢代人一般以"顯"字及其變體表示意願之"願",帛書亦如此。整理者爲求印刷方便通常把它們直接釋作"願"。至於上引釋文中的"願",帛書原來是寫作"愿"的。50年代進行漢字簡化,把"愿"用作"願"的簡化字。但是在古書裏,"愿"只當謹慤講,用法與"願"不同。注一三把上面所説的那個字解釋爲"老實",可見整理者對"願"和"愿"是分辨得很清楚的。但是《釋文》和單行本用簡化字排印,"願"也變成了"愿"。《帛書》編輯改簡化字爲繁體字時,既没有注意注一三的解釋,也没有核對圖版,把當老實講的"愿"也當作簡化字,繁化成了"願"。

(13) **是故當今之時,臣之爲王守燕,百它日之節〔注二〇〕**。(37頁。圖版75行) **注二〇:百它日之節,百倍於其它時刻**。(38頁)

按:上引注文似把"節"理解爲時節。從文義看,似應理解爲蘇秦爲齊王"守燕"的節操。

(14) **綰子之請,貴循也〔注七〕,非以自爲也。□[桓]七九公聽之**。(39頁。圖版79—80行) **注七:綰當是綰字的異體,此處借作管。管子似指管仲。《説苑・尊賢》:"齊桓公使管仲治國,管仲對曰:'賤不能臨貴。'桓公以爲上卿。"**(引者按:此事已見《韓非子・難一》)**蘇秦借用管仲故事是要齊閔王重用他**。(39頁)

按:注七之説甚確。釋文將"公聽之"上一缺文補爲"桓",也是可信的(此句的下一句爲"臣賢王於桓[公]")。其上又一缺文,據文義似可補爲"故"。但上引釋文的標點是有問題的。依注七之説,此句標點應改爲:

管子之請貴,循也,非以自爲也。

"請貴"猶言"求貴"。本書第一章注一〇訓"循"爲"順"(24頁),此"循"字似亦可訓爲"順"。

(15) **勺(趙)氏之慮,以爲齊秦復合,必爲兩啻(敵)以功(攻)勺(趙)〔注六〕,若出一口。**(41 頁。圖版 90 行) **注六:兩敵,指齊、秦。《趙策二》蘇秦從燕之趙章説:"請言外患,齊秦爲兩敵而民不得安。"**(41 頁)

按:"兩啻"當讀爲"兩帝"。"爲兩帝"指齊、秦並稱爲帝。《齊策四·蘇秦謂齊王章》(此章在姚本中與其前《蘇秦自燕之齊章》合爲一章,今據鮑本分爲兩章):"蘇秦謂齊王曰:齊、秦立爲兩帝,王以天下爲尊秦乎,且尊齊乎?……兩帝立,約伐趙,孰與伐宋之利也?"此文的"兩帝立,約伐趙"跟上引帛書文的"必爲兩啻以攻趙",説的顯然是一件事。可見帛書的"啻"不應讀爲"敵"而應讀爲"帝"。整理者引《趙策二·蘇秦從燕之趙章》"齊秦爲兩敵而民不得安"句,以證帛書的"啻"應讀爲"敵"。此句下文爲:"倚秦攻齊而民不得安,倚齊攻秦而民不得安。"鮑彪注認爲"齊、秦爲兩敵"指"爲趙敵",跟"倚秦攻齊""倚齊攻秦"云云的語氣不合,其説不可信。此文的"兩敵"也應是"兩帝"之誤。疑其原文也作"兩啻",所以會被誤讀爲"兩敵"。

(16) **臣以足下之所與臣約者告燕王**(41 頁。圖版 91 行)

按:上引之文中的"與"字在帛書裏原來誤書爲"兵",整理者逕釋爲"與"。這種誤書爲"兵"的"與",還見於 137、147、150、152、153、156、158、166、176、226、229、236、257、269 等行(據《帛書戰國策文字索引》62 頁)。

(17) **楚雖毋伐宋,宋必聽。王以(已)和三晉伐秦,秦必不敢言救宋。□一二四弱宋服,則王事遫(速)夬(決)矣。**(47 頁。圖版 124—125 行)

按:"弱"上一殘字,據左側所存殘畫與上下文文義,似可釋爲"秦"字。

(18) **臣欲王以平陵予薛公,然而不欲王一二五之無事與之也。**(47 頁。圖版 125—126 行)

按:"事"上一字從帛書原文字形看,既可釋"无"也可釋"先",因爲帛書中"无"、"先"二字往往混而不別。整理者釋爲"无",《帛書》誤改爲"無"(參看本文第 10 條)。從文義看,此字似當釋"先"。上引帛書文的上一句是:"夏后堅欲爲先(48 頁注一六:"爲先二字疑當作先爲。")薛公得平陵,願王之勿聽也。"其"先"字寫法與此字無別。

(19) **三晉若願乎,王遂(遂)伇(役)之。三晉若不願乎,王收秦而齊(劑)其後〔注一九〕,三晉豈敢爲王驕。**(47 頁。圖版 128 行) **注一九:劑,斷。**(48 頁)

按:二"願"字本皆作"愿",當"老實"講,《帛書》誤改爲"願",參看本文第 12

條。關於"役"上一字,參看第7條。此字隸定之形,"手"旁應在"辵"旁之內。此章(第一四章)及第一二章釋文(43頁),"手"旁皆誤書在外。《釋文》不誤。單行本此章不誤,第一二章亦誤。"齊其後"之"齊"疑當讀爲"擠"。《史記·項羽本紀》:"漢卒皆南走山,楚又追擊至靈壁東睢水上。漢軍却,爲楚所擠,多殺。漢卒十餘萬人皆入睢水。"帛書"齊"字用法似與此文"擠"字相同。整理者讀"齊"爲"劑",訓爲"斷",恐不可信。附帶說一下,本書第二五章有"秦大舉兵東面而齎趙"語(78頁。圖版278—279行),整理者把"齎"也讀爲"劑"。這個字也有可能應該讀爲"擠"。

(20) **臣聞魏氏悉其百縣勝甲以上〔注一七〕,以戎〈戍〉大梁(梁),臣以爲不下卅萬。**(49頁。圖版141行) **注一七:勝甲,指能穿上甲胄作戰的士卒。**

按:"大梁"上一字,帛書原來就寫作"戍"。此字"戈"下偏旁是"人",但由於圖版不够清晰,看起來有些像横畫較長的"十"。"臣聞"句,《史記·穰侯列傳》作"臣聞魏氏悉其百縣勝甲以上戍大梁","戍"上無"以"字。《魏策三·秦敗魏於華走芒卯章》同(策文訛"甲"爲"兵",訛"上"爲"止",繆文遠《戰國策新校注》已指出應依帛書改正)。過去解此文者都將"以上"二字連下讀,認爲這個"上"字的用法,跟《吕氏春秋·似順》"簡子上之晉陽"句所用的那種"上"字相同(參看諸祖耿《戰國策集注彙考》1250頁注二六)。帛書"戍"上有"以"字,"以上"只能連上讀。可見過去把"以上"連下讀是不對的。《史記會注考證》解釋"勝甲"之"勝"說:"勝,如勝冠之勝,任也。"這是正確的。"勝衣"之"勝"亦同義。"勝甲以上"指包括剛够服兵役年齡的人在内的全部士卒。上面提到過的《戰國策新校注》,雖然已在用帛書校正策文,却仍將"以上"連下讀,認爲"勝甲""指合於選拔標準的精兵"(861頁注5,巴蜀書社,1987)。這是不妥當的。

(21) **以至於今**(49頁。圖版142行)

按:上引之文中的"於"字,帛書原寫作"于"。帛書通常用"於"字,但偶爾也用"于"字。《帛書》改單行本簡化字爲繁體字時,不加分别,把帛書原來寫作"于"的也改爲"於"。這是不妥當的。160行"以至于今"和228行"北至于"的"于",《帛書》釋文也都誤改爲"於"(52、68頁)。

(22) **楚、趙一四四怒於魏之先己也,必爭事秦,從(縱)已散而君后(後)擇焉。**(49頁。圖版144—145行)

按:"從已散",《穰侯列傳》作"從以此散",《魏策三》作"從是以散",從上下文看,語氣都不如帛書順。疑"從已散"爲原文,"已""以"古通,或本當有作"從以散”者。“從以此散”和“從是以散”都是由此增衍的。

(23) **秦兵笱(苟)全而君制之。何索而不得,奚爲[而一四六不成]。**(49頁。圖版146—147行)

按:《穰侯列傳》作:“秦兵可全而君制之,何索而不得,何爲而不成?”《魏策三》作:“秦兵已令(鮑本改“合”)而君制之,何求而不得,何爲而不成?”繆文遠《戰國策新校注》、郭人民《戰國策校注繫年》都認爲策文“已令”當從《史記》作“可全”。其實當從帛書作“苟全”。“苟”、“句”古通。本帛書48、85、130、132等行,都有讀爲“苟”的“句”字。《史記》“可”字應是“句”的形近誤字。

(24) **故大(太)后,母也,而以憂死。**(52頁。圖版149行)

按:此文“憂”字,帛書原來誤書爲“夏”。按釋文體例,此字應釋爲“夏〈憂〉”。帛書中屢見誤書爲“夏”的“憂”字,整理者一般釋作“夏(憂)”,“憂”字外不加尖括號而加圓括號,似認爲“夏”和“憂”是通用字,不知有什麽根據。附帶説一下,第二三章釋文“對曰:‘請令魏王可。’”句的“對”字(73頁),帛書原來誤書爲“封”(圖版252行)。此字按體例也應釋爲“封〈對〉”。同章249—251行“封”字屢見,寫法都與此字相同。此字即因上文多“封”字而誤。

(25) **夫[越山與河,絶]韓上黨而○攻强趙**(52頁。圖版153行)

按:此句前五字,《史記·魏世家》與《魏策三·魏將與秦攻韓朱己謂魏王章》皆作“夫越山逾河”。上引帛書釋文所補缺文中的“與”字應改爲“逾”。

(26) **伐楚,道涉谷〔注一〇〕,行三千里而攻冥戹之塞〔注一一〕**(52頁。圖版155行)

按:注一〇已指出:“涉谷,《魏策》作‘涉而谷’,《魏世家》作‘涉山谷’,並誤。”(54頁)注一一已指出:“(冥戹)《魏策》作危隘,又三千里作三十里,並誤。”(同上)這裏補充説明一下“冥戹”訛作“危隘”的原因。王念孫《讀書雜志·戰國策第三》“道涉山谷、危隘”條,認爲“危當爲黽字之誤”(引者按:冥戹之“冥”古書通作“黽”,《雜志》此條下文有説)。黄丕烈《重刻剡川姚氏本戰國策札記》卷下也説:“危即黽字形近之訛。”但是“危”“黽”二字字形其實並不很相近,此説尚可商榷。“戹”通“阸”(“冥戹”《魏世家》作“冥阸”),其音義與“隘”字極爲相近(“冥阸”《史記·春申君列傳》稱“黽隘”);而其字形又與“危”字極其相近。在上引之文的傳抄過程中,大概曾有人爲“戹”字加注過“隘”字,後來“隘”字誤爲正文,“戹”字訛作“危”,又脱去了“冥”字,就形成了今本《魏策》之文。也有可能“戹”先訛作“危”,然後才脱去“冥”字加上“隘”字。

(27) **秦固有壞(懷)、茅、刑(邢)丘,城垝津,以臨河内,河内共、墓必危〔注一七〕。**(52頁。圖版157行) **注一七:共墓,《魏世家》作共汲。《史記》索隱説:“汲亦作波。波及汲皆縣名,俱屬河内。”案《魏策》此句作“河内之共汲莫不危矣”,似原有莫字。後文“通韓上黨於共寧”,《魏策》作共莫,可證。墓與莫通。共,地名,在今河南省輝縣。莫地未詳,疑通沫**(引者按:當作“沬”)**,則在朝歌,今淇縣東北。一説,墓爲汲字之誤,汲字形誤作沒,沒墓音近,轉寫成墓。汲在今汲縣。諸地均在垝津(滑縣)之西。**(54頁)

按:後文“通韓上党於共、寧”句,《魏世家》與帛書全同。《魏策三》作“通韓之上党於共莫”,當涉上文而誤。大概策文中與帛書“河内共墓必危”相當的一句,原作“河内之共莫必危矣”(“之”“矣”二字原來也可能没有)。後來有人據《魏世家》在“共”字後加“汲”字,把“莫”誤認爲否定詞,所以不得不改“必危”爲“不危”,以求文義可通。也有可能“必危”先訛作“不危”,然後才有人據《魏世家》在“共”字後加“汲”字。注一七疑“莫”通“沬”,又疑“汲”字先訛作“沒”,又轉寫成“墓”,都很難使人相信。疑策文“共莫”當從帛書讀爲“共墓”,指共地的魏王室陵墓區。50年代初期,考古工作者曾在“輝縣固圍村、琉璃閣、趙固、褚邱四地”,發掘戰國時魏國墓葬“五十多座”。“1950年末發掘的固圍村1、2、3號墓,在已知的魏國墓葬中規格最高,應是魏國王室的異穴合葬墓”。“規模比固圍村三墓稍小的中型墓葬”,在30年代輝縣琉璃閣和汲縣山彪鎮的發掘中曾經發現過(據中國社會科學院考研究所編《新中國的考古發現和研究》292頁,參看考古研究所《輝縣發掘報告》、郭寶鈞《山彪鎮與琉璃閣》)。西晉初期發現的汲郡大冢,過去認爲是魏襄王墓雖不一定正確,但極有可能也是屬於魏王室的。由此可見,現在河南省的輝、汲之間,也就是戰國時代魏國的共、汲之間,確有魏王室的陵墓區。此即所謂“共墓”。王室陵墓的安危是國君極爲關心的事,所以勸説魏王者以“共墓必危”來打動他。

(28) **秦有葉、昆陽,與舞陽鄰,聽使者之惡,墮安陵是(氏)而亡一五八之,繚舞陽之北以東臨許,南國必危,國先害已。**(52頁。圖版158—159行)

按:“繚舞陽”以下,《魏世家》作:“繞舞陽之北以東臨許,南國必危,國無害已。”《魏策三》作:“秦繞舞陽之北以東臨許,則南國必危矣。南國雖無危,則魏國豈得安哉!”《魏世家》“國無害已”語,於義難通,當從帛書改作“國先害已”。蓋“先”字先被誤認爲“无”,又被改作“無”,情況跟本文第18條指出之例相似。今本策文當出自“先”已訛作“無”之本。蓋傳抄者因“國無害已”之語義不可通,遂以意增改成今本之文。

（29）**異日者秦**一五九**在河西，晉國去梁（梁）千里〔注二五〕，有河山以闌之，有周、韓而間之。從林軍以至於**（引者按：當作“于”，見第21條）**今，秦七攻魏，五入囿中〔注二六〕……所亡秦者，山南、山北，河**一六一**外、河內，大縣數十，名部數百〔注三〇〕。秦乃在河西，晉國去梁（梁）千里而禍若是矣。**（52—53頁。圖版159—162行）　**注二五：這是說：過去魏國舊都安邑去新都大梁有千里。注二六：林軍，《魏世家》作林鄉軍。林即林鄉，地名，在今河南省新鄭縣東。……此役在秦昭王二十四年，即魏昭王十三年（公元前二八三年）。**……（54頁）**注三〇：部比縣小。一說，當從《魏策》作“大縣數百，名都數十”。**（55頁）

按：“異日”句，《魏世家》與帛書基本相同，只是“間之”上一字不作“而”而作“以”。《魏策三》作：“異日者秦乃在河西，晉國之去梁也，千里有餘，河山以蘭之，有周、韓而間之。”多出的“之”“也”“餘”三字當爲後人所臆增。這從“河山以蘭之”句跟“有周、韓而間之”句不相對稱就可以看出來。“秦乃在河西……”句，《魏世家》亦與帛書基本相同，只是“晉”後脫“國”字。《魏策三》作：“秦乃在河西，晉國之去大梁也尚千里，而禍若是矣。”多出的“之”“大”“也”“尚”等字也應是後人臆增的。“晉國”指包括安邑、曲沃等地在內的河東地區，以其爲舊晉國的中心地區，直到戰國後期仍有“晉國”之稱。從文義看，上舉兩句中的“晉國”都應屬上讀。注二六說林軍之役“在秦昭王二十四年，即魏昭王十三年”。據《史記・秦本紀》和《魏世家》，是年秦拔魏之安城，兵至大梁而去。安城在今河南原陽縣西，南距林地不遠。帛書整理者似是據此定林軍之役於是年的。據《史記》，在此年之前，秦昭王十七年，魏入河東地方四百里於秦（見《六國表》《魏世家》）；十八年，秦擊魏至軹，取城大小六十一（同上）；二十一年，秦“攻魏河內，魏獻安邑，秦出其人，募徙河東，賜爵，赦罪人遷之”（見《秦本紀》《六國表》）；二十二年，秦“河東爲九縣”（見《秦本紀》）。可見在林軍之役前，原屬魏國的“晉國”之地已爲秦國所有（參看本帛書第一七章179行“魏亡晉國，猶重秦也”）。所以上引文說“秦在河西、晉國”。河西與晉國是並列的。《史記會注考證》在爲《魏世家》加標點時，把句讀號加在上述兩句的“晉國”和“晉”之後，並在前一句加注說：“秦在河西晉國句。言秦前日所有，止晉河西之地而未及河東也。”其解釋雖誤，句讀却是不錯的。

又按：“大縣數十，名部數百”，《魏世家》作“大縣數十，名都數百”，《魏策三》作“大縣數百，名都數十”。注三〇提出了兩種說法，我認爲前一說是正確的。戰國時代文獻中屢見“州部”之稱。《韓非子・顯學》：“故明主之吏，宰相必起於州部，猛將必發於卒伍。”同書《問田》：“公孫亶回，聖相也，而關於州部。”《莊子・達生》:"賓(擯)於鄉里,逐於州部。"《戰國策·楚策四·汗明見春申君章》:"今僕之不肖,阨於州部,堀穴窮巷,沈洿鄙俗之日久矣。""名部數百"的"部"應即指州部。"名"當訓"大"。《戰國策·秦策二·齊助楚攻秦章》:"王不如因而賂之一名都。"注:"名,大也。"《禮記·禮器》:"因名山升中於天。"注:"名,猶大也。"州部之州即州里之州。州部小於縣,所以説"大縣數十,名部數百"。如是名都,就大於一般的縣了(《史記會注考證》引中井積德曰:"蓋縣亦都也,然不可稱名都。如鄴、安邑之類,所謂名都。")。《魏世家》作"大縣數十,名都數百",顯然不合理。《史記集解》引徐廣謂"百"當作"十"、"十"當作"百";《魏策三》正作"大縣數百,名都數十",都是有見於此而以意改之的。其實"都"乃"部"的形近誤字,"十""百"二字並無問題。

(30) **今韓受兵三年,秦撓以講,識亡不聽,投質於趙,請爲天[下雁]行頓[刃〔注三三〕,楚、趙]必疾兵。**(53頁。圖版164行) **注三三:雁行,象雁群飛翔,序列略在後。一説,雁行即前行。**(55頁)

按:"請爲"句,《魏世家》作"請爲天下鴈行頓刃"(《魏策三》"請"上多一"而")字。帛書釋文所補缺文即以此爲據("鴈"、"雁"字通)。從帛書圖版看,"行"上一字尚有不少殘存筆畫,可釋爲"顔"或"顔"。"顔"即"顔"字異體(參看《秦漢魏晉篆隸字形表》627頁)。整理者據《魏世家》和《魏策》將此字補爲"雁",是不妥當的。《魏策三》鮑彪注説:"鴈行,言以次進。"金正煒《戰國策補釋》則以爲雁行指前鋒。他説:"漢書嚴助傳:如使越人蒙死徼幸以逆執事之顔行。文穎曰:顔行,猶雁行。在前行,故曰顔也。韓非外儲説:是則將令人主耕以爲食,服戰雁行也。(引者按:見《韓非子·外儲説左上·説五》)燕策:今使弱燕爲雁行,而强秦制其後。(引者按:見《燕策一·燕文公時章》)並以'雁行'爲前鋒。"(據《戰國策集注彙考》1285—1286頁轉引)《漢書·嚴助傳》王先謙《補注》説:"顔、雁一聲之轉,文説是也。顔之爲雁,猶岸之爲顔,皆以聲轉通用。因管子輕重甲篇有'士爭前戰爲顔行'之語,後世遂謂戰士在前者爲顔行也。"今按"顔行"與"雁行",其原義本有明確區别。"顔"義近"額"。所以古人稱前行爲顔行,以顔在人身上的位置來比喻前行在軍隊裏的位置。雁行本"謂相次而行,如群雁飛行之有行列"(見《辭源》)。如《詩·鄭風·大叔于田》"兩服上襄,兩驂鴈行",《禮記·王制》"父之齒隨行,兄之齒鴈行,朋友不相逾",皆用此義。但由於"顔"、"雁"音近,古書裏屢以"雁行"爲"顔行",如上引《戰國策補釋》所舉二例。又如《史記·韓世家》"縱韓不能聽我,韓必德王也,必不爲鴈行以來"(《韓策一·秦韓戰於濁澤章》略同),《韓非子·存韓》

"韓反與諸侯先爲鴈行,以嚮秦軍於關下矣"、"已又背秦先爲鴈行以攻關"。這種"雁"字可以看作"顔"的通假字,也可以就看作"顔"的音近誤字。《說文通訓定聲》"顔"字條認爲"顔行"之"顔"是假借爲"雁"的,可謂適得其反。從上引"今韓受兵三年"那段文字的文義以及《魏世家》《魏策》的"鴈行"帛書本作"顔行"來看,金正煒釋雁行爲前鋒顯然是對的,鮑注則是錯誤的(《史記會注考證》亦誤從鮑注)。

(31) **魏—六八得韓以爲縣,以衛〈衞〉大梁(梁),河北必安矣。**(53頁。圖版168—169行)

按:《魏世家》作:"魏得韓以爲縣衞大梁河外必安矣。"《魏策三》作:"魏得韓以爲縣則衞大梁河外必安矣。"《魏策》鮑彪注以"衞"爲國名,謂"衞時已附梁",蓋以衞、大梁、河外爲並列的地名。《史記會注考證》從之。《戰國策補釋》說:"則,猶而也。國語齊語:'以衞諸夏之地。'注:衞,蔽扞也。'衞大梁'當上屬爲句,鮑注恐非。"(據《戰國策集注彙考》1288頁轉引)上引帛書文作"以衞大梁",可證其說之確。《戰國策新校注》雖已指出"'則',帛書作'以'"(881頁注8),却仍從鮑說將上引策文標點爲:"……則衞、大梁、河外必安矣。"(880頁)這是不妥當的。《戰國策校注繫年》認爲"則衞大梁"的"則"當從帛書作"以","衞"應訓爲"捍蔽"(491頁注42),可從。此書還認爲"河外"應從帛書作"河北"(491頁注43),可能也是對的。

(32) **天下西舟(輈)而弛—六九秦**(53頁。圖版169—170行)

按:"弛"當作"馳",《釋文》及單行本皆不誤。

(33) **古之爲利者養人,□□立重。立重者畜人,以—七三利。重立而爲利者卑,利成而立重者輕,故古之人患利重之□奪□□□〔注八〕**……(57頁。圖版173—174行) **注八:奪上一字疑是自字。**(58頁)

按:上引一段釋文的標點不妥,據文義似應改爲:

> 古之爲利者養人□□,立重立重(此二字當爲衍文)者畜人以利。重立而爲利者卑,利成而立重者輕。故古之人患利、重之□奪……

"養人"後二缺文可據上下文補爲"以重"。上文曾謂晉國欲得伐齊之利,將"以重虞秦"(171行。"虞"疑當讀爲"娛")。這就是"爲利者養人以重"的例子。"立重"二字重出,當删其一。本帛書第二四章有"免楚國楚國之患也"之文(75頁,圖版263行),注九謂"楚國兩字,誤重出"(76頁),與此同例。按照古代抄寫慣例,如文章裏在某兩個字後緊接着又出現這兩個字,一般都使用重文號,重複抄寫的情況極其少見。帛書原文,"畜人"二字下有句讀號。整理者當是據此在釋文"畜人"下加逗號的。但是從文義看,此處實不應有停頓。帛書上的句讀號不見得都加得對,不能不加別擇地遵用。"奪"上一字左半殘損,右半爲"目",據文義可定爲"相"字。整理者疑爲"自"字,非是。這段文字以"古之"二字開始,從文義看並不合適。也許本來是以"故"字開始的,因涉下文"故古之人"句而誤。

(34) **……意齊毀未當於秦心也,廬(慮)齊(劑)齊而生事於[秦]。周與天下交長,秦亦**一八二**過矣。天下齊(劑)齊不侍(待)夏。近慮周,周必半歲;上黨、寧陽非一舉之事也,然則韓□一年有餘矣。天下休**一八三**,秦兵適敝,秦有慮矣。**(57頁。圖版182—184行)

按:"廬"當作"盧",《釋文》不誤,單行本已誤。"齊齊"似可讀爲"擠齊",參看本文第19條。"於""周"之間一字絶大部分殘去,整理者補爲"秦",據文義似應補爲"韓"。"盧齊齊"以下文字似應讀爲:

盧(慮)齊(擠)齊而生事於[韓]、周,與天下交長,秦亦過矣。

下文"然則韓□一年有餘矣"句中"韓"下一字,從殘存筆畫看應是"周"字。此句意謂秦若從事於征服韓、周,需要一年多的時間。

(35) **今三世以前,至於趙之爲趙,趙主之子侯者,其繼有在者乎?……剴(豈)人主之子侯,則必不善𢦏(哉)……**(60頁。圖版196、197行)

按:"趙主之子侯者"句,《史記・趙世家》作"趙主之子孫爲侯者"("趙"字上脱"趙之爲趙"四字),《趙策四・趙太后新用事章》作"趙主之子孫侯者","子"下皆衍"孫"字。"豈人主之子侯則必不善哉"句,《趙世家》脱"必"字,《趙策四》訛"侯"爲"孫"。皆應據帛書糾正。參看拙文《〈戰國策〉"觸讋說趙太后"章中的錯字》(《文史》第十五輯42頁)。

(36) **第一九章注一:……《史記・穰侯列傳》說:"昭王三十六年(公元前二七一年),相國穰侯言,客卿灶欲伐齊,取剛壽,以廣其陶邑。"造和灶音近通用。**(63頁)

按:所引《穰侯列傳》文中,"言"字後逗號應後移至"灶"字後。此注中二"灶"字應改作繁體。

(37) **大(太)上破秦**(65頁。圖版214行)

按:此句《史記・蘇秦列傳》作"其大上計破秦",《燕策一・齊伐宋宋急章》作

“夫上計破秦”,“秦”上一字皆作“破”。但是從帛書圖版看,“秦”上一字却顯然是“服”,不能釋作“破”。《戰國策新校注》指出策文“夫上計”的“‘夫’爲‘大’之訛。‘計’字爲衍文”(1057 頁注 3)。《蘇秦列傳》“其大上計”的“其”“計”二字,也有可能是衍文。

(38) **秦五世伐諸侯,今爲齊下,秦王之心茍(苟)得窮齊,不難以國壹棲(接)〔注一一〕,然則王何**二—五**不使辯士以若說說秦王曰:“燕、趙破宋肥齊,尊之,爲之下者,燕、趙非利之也。燕、趙弗利而執(勢)爲者,以不**二—六**信秦王也。然則王何不使可信者棲(接)收燕、趙,……”**(65 頁。圖版 215—217 行) **注一一:接與下文“接收燕趙”的接同,結合。**(66 頁)

按:上引文兩見“棲”字,整理者都在後面用圓括號注“接”字。“棲”“接”二字音義遠隔,彼此只可能有形近而誤的關係,而不可能有通用關係。“接”字似以加尖括號爲妥。整理者認爲“棲”當作“接”,是否確實可信,也還需要研究。“不難以國壹棲”句,《蘇秦列傳》作“不憚以國爲功”,《燕策一》作“不憚以一國都爲功”。後者多於前者的“一”“都”二字,可能是後人臆增的。“棲收燕、趙”句,《蘇秦列傳》和《燕策一》都作“接收燕、趙”。帛書整理者認爲“棲”當作“接”,應該就是以此爲據的。“接”字古與“捷”通,高亨先生纂著、董治安先生整理的《古字通假會典》的“接與捷”條,舉了大量例證(701—702 頁,齊魯書社,1989)。此書中接排在“接與捷”條之後的是“接與棲”條。條中指出《燕策一》“接收燕趙”句之“接”帛書本作“棲”,並說“按棲當作捷。”(702 頁)這是很有道理的。此句原文當作“捷收燕、趙”,“捷”當疾速講。帛書本把“捷”字錯成形近的“棲”,《蘇秦列傳》等本則把“捷”字錯成音近的“接”。“不難以國壹棲”的“棲”,也應是“捷”字之誤。《史記會注考證》釋“不憚以國爲功”爲“賭國求勝”,“不難以國一捷”也可以這樣解釋。

又按:上引釋文中讀爲“勢”的“執”應作“埶”,《釋文》不誤,單行本已誤。

(39) **……並立三王……諸侯贊齊而王弗從,是國伐也。諸侯伐齊而王從之,是名卑也。**(65 頁。圖版 220、221 行)

按:“並立三王”句,《蘇秦列傳》和《燕策一》都作“並立三帝”。從其上文看,作“三帝”是對的。帛書釋文“王”字後應加注“〈帝〉”。“諸侯贊齊”、“諸侯伐齊”兩句中的“諸侯伐齊”,《蘇秦列傳》也作“諸侯贊齊”(《燕策一》上下句皆作“諸侯戴齊”)。從文義看,作“贊齊”是對的。帛書作“伐齊”,當涉上句的“是國伐也”而誤。釋文應在“伐齊”之“伐”後加注“〈贊〉”。或謂此處作“伐”亦通,非是。

(40) **必如諫(刺)心**(65 頁。圖版 222 行)

按:“心”上一字當作从“言”从“朿”,《釋文》不誤,單行本已誤。

(41) **恐事之不〇誠(成),故出兵以割革趙、魏〔注六〕。**(68頁。圖版226行) **注六:割,宰割。革,通勒,强制。**(69頁)

按:《史記·趙世家》作:“恐事之不合,故出兵以劫魏、趙。”《趙策一·趙收天下且以伐齊章》作:“恐其事不成,故出兵以佯示趙、魏。”據《趙世家》文,帛書“割”字似應讀爲“劫”。“割”爲見母月部字,“劫”爲見母葉部字。上古音祭、月部字(王力先生合祭部於月部)與葉部字的關係至爲密切。例如:“世”聲字、“枼”聲字多相通(參看《古字通假會典》635—636頁)。“世”在祭部,“葉”在葉部。“蓋”从“盍”聲,二字相通(同上614頁)。“蓋”在祭部,“盍”在葉部。“割”从“害”聲。“害”爲祭部字,古與“蓋”通(同上614頁)。“割”與葉部的“劫”,古音無疑是很相近的。所以我們認爲帛書的“割”應從《趙世家》讀爲“劫”,也可以説“割”是“劫”的音近誤字。上引注六訓“割”爲“宰割”是不正確的,讀“革”爲“勒”則可從。“劫”“勒”義近。《戰國策新校注》認爲帛書借“革”爲“劫”(611頁注12),非是。

(42) **市〇〇朝未罷過(禍)及於趙。**(68頁。圖版227行)

按:《趙世家》作“市朝未變而禍已及矣”,《趙策一》作“恃韓未窮而禍及於趙”。《戰國策補釋》説:“市、恃音近,朝、韓形似,因以致誤。窮與終通,市朝未終亦猶未變也。”(據《戰國策集注彙考》903頁轉引)《補釋》據《趙世家》定策文“恃韓”爲“市朝”之誤,甚是。訓“窮”爲“終”恐非。帛書作“市朝未罷”,策文“窮”字似當是“罷”之形近誤字。

(43) **且五國之主嘗合衡(横)謀伐趙,疎分趙壤,箸之皈(盤)竽(盂),屬之祝諎(籍)〔注二六〕。**(68頁。圖版232行) **注二六:祝籍,祭祀的簿籍。《趙策》作譏柞,祝與譏,籍與柞,並音近而誤。**(69頁)

按:整理者讀“祝諎”爲“祝籍”,但“祝籍”之稱不見於古書。疑“祝諎”當讀爲“祝詛”。“諎”,《趙策一》作“柞”。古音“昔”聲與“乍”聲相近(參看《古字通假會典》904—905頁)。二者又都與“且”聲相近。古書中“狙”與“蜡”通(同上902頁),“耡”、“菹”皆與“藉”通(同上903頁)。《説文》“殂”字古文作“殅”。“作”字在古書中且有直接與“詛”相通之例。《詩·大雅·蕩》:“侯作侯祝。”《釋文》:“作本或作詛。”《正義》:“作即古詛字。”《尚書·無逸·正義》引此詩,“作”作“詛”(同上900頁)。這些都是“諎”可讀爲“詛”之證。《尚書·無逸》:“否則厥口詛祝。”《漢書》屢見“祝䄙”之文(《王子侯表》、《五行志上》),有時也作“祝𧬈”(《外戚·孝成許皇后傳》),顔師古注謂“䄙”“𧬈”皆古“詛”字。可見“祝詛”確爲古語。

又按:"疏分"之"疎",帛書原作"疏"。下文"疎服而聽"之"疎"同(原文見圖版233行)。參看本文第11條。

(44) **然則齊義,王以天下就之;齊逆,王以天下□ニ三五之。**(68頁。圖版235—236行)

按:《趙世家》作:"義,王以天下善秦;秦暴,王以天下禁之。"《趙策一》作:"然則韓義,王以天下就之;下至韓慕,王以天下收之。"據帛書,《趙世家》"義"字上當補"齊"字(《史記會注考證》謂當補"秦"字,非是),"善秦"當作"善之","秦暴"當作"齊暴"。上引《趙策》文的兩個"韓"字,鮑本作"齊",甚是。但鮑注說:"趙得天下之交而屈就齊,故齊以爲義。"把"王以天下就之"看作"義"的賓語,則是不正確的。策文"下至韓慕"顯然有誤。《戰國策校注繫年》認爲:"'下至'二字乃衍文。韓,乃'齊'之誤改,慕,乃'暴'字之訛。"(352頁注32)説似可從。

(45) **乘屈百之敝**(71頁。圖版241行)

按:"百"當作"匄",《釋文》及單行本皆不誤。

(46) **[東割於]楚**(71頁。圖版242行)

按:《史記·田敬仲完世家》作"南割於楚"。上引釋文所補"東"字應作"南",《釋文》不誤,單行本已誤。

(47) **韓欲地而兵案,聲,□發於魏**(71頁。圖版245行)

按:《田敬仲完世家》作"秦、韓欲地而兵案,聲威發於魏"。帛書"韓"字上似應據之補"秦"字。上引釋文"聲"字後逗號應取消。"聲"字下未釋的殘文,從圖版看應是"榮"字。《淮南子·俶真》有"以聲華嘔苻嫗掩萬民百姓"語,疑"聲榮"與"聲華"義近。

(48) **秦、韓並兵南鄉(嚮)楚**(75頁。圖版259行)

按:"兵"上一字,帛書原作"并"。《帛書》改簡化字爲繁體字時,誤以爲簡化字而改作"並"。

(49) **見田佴於梁(梁)南〔注二〕**(80頁。圖版283行) **注二:佴疑即《說文》侢字(兵字古文),從人,從干,從廾。從干的字,金文或作羊。**(81頁)

按:"田"下一字,寫法與武威漢簡"僕"字相合(《秦漢魏晉篆隸字形表》178頁),疑當釋"僕"。

(50) **楚人然後舉兵,兼爲正乎兩國〔注一五〕。**(83頁。圖版324行) **注一五:正,疑通征。兼爲正乎兩國,同時征伐兩國。**(84頁)

按:注說似不確。銀雀山竹書《孫子·形》:"故善者脩(修)道[而保]法,故能爲勝敗正。”整理者注:“十一家本作‘故能爲勝敗之政’。能爲勝敗正,意謂能在勝敗問題上成爲最高的權威。《管子・水地》:‘龜生於水,發之於火,於是爲萬物先,爲禍福正’,《老子》:‘清靜爲天下正’,‘正’字意義與此相同。疑後人誤讀‘勝敗正’之‘正’爲‘政’,又於‘政’上臆加‘之’字。”(《銀雀山漢墓竹簡〔壹〕》釋文注釋部分9頁注一九,文物出版社,1985)“兼爲正乎兩國”之“正”,應與“爲勝敗正”、“爲禍福正”、“爲天下正”之“正”同義。其義近於現代所謂“權威”“主宰”。

1990年8月7日寫畢

原載《文史》第三十六輯(中華書局,1992),又載《古代文史研究新探》、《中國出土古文獻十講》,部分條目又載《裘錫圭自選集》和《裘錫圭學術文化隨筆》。今據《中國出土古文獻十講》收入。

談談辨釋漢簡文字應該注意的一些問題

清代標榜漢學的經學家,强調要通經必先識字。我們要研究漢簡,使用漢簡裏的資料,首先遇到的也是識字的問題。漢簡所用的單字絶大部分是見於後代字書的。可是由於簡文往往書寫得很草率,不同於後代文字的異體又比較多,再加上簡片殘斷、文字殘泐等原因,無法辨釋或容易釋錯的字還是很常見的。在這篇文章裏,想簡單談談爲了減少簡文辨釋中的錯誤所應該注意的一些問題。

一、應該注意不要釋錯草體字

漢簡中有不少草書簡,夾雜草體字的隸書簡更是十分常見。漢簡裏也有一些不必看作草體的簡體字,不過它們跟草體的界綫並不是很清晰的。爲了稱說的方便,可以把它們包括在草體裏。漢簡文字辨釋中的錯誤往往跟不識草體有關。因此要想釋讀漢簡,不學一些草書是不行的。

現存的最重要的古體草書即章草的資料,是皇象本《急就篇》。王國維著有《校松江本急就篇》。此書的完成上距他跟羅振玉合撰《流沙墜簡》已有好幾年,但是他所以重視《急就篇》無疑跟研究漢簡有關。漢簡草體字形跟以皇象本《急就篇》爲代表的傳世章草相同或相近的非常多,不過彼此有較大出入的也時有所見。所以我們辨釋漢簡草體時一方面要經常參考《急就篇》等資料,一方面也不能太受它們的束縛。

故友于豪亮先生著有《釋漢簡中的草書》一文(《于豪亮學術文存》241—259頁,中華書局,1985),釋出了漢簡中前人不識或誤釋的不少草體字。我們在《〈居延漢簡甲乙編〉釋文商榷》中,也舉出了草體字被誤釋的一些例子(文載《人文雜志》1982年2—5期、1983年1—4期。以下簡稱此文爲"商榷")。下面再舉幾個這一類的例子。

1. 凡　居延簡75・7(以下引舊居延簡時,省去簡號前"居延簡"三字):

☑□載賞二兩已載六兩　　《居延漢簡甲乙編》圖版乙 67

（以下引此書圖版號時省去“《居延漢簡甲乙編》圖版”等字）

“已”上一字，勞榦《居延漢簡》（以下簡稱“居”）和中國科學院考古研究所《居延漢簡甲乙編》（以下簡稱“甲乙編”）都釋爲“八”，顯然不可信。謝桂華、李均明、朱國炤《居延漢簡釋文合校》（以下簡稱“合校”），對此字空而不釋。這種謹慎的態度是可取的。今按：此字應即“凡”字草體。草書中，在下的“口”旁往往變作形（漢簡及後世草書都如此），漢簡“曰”字或簡作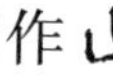（上引于文 257 頁），簡化方法都與此相近。“凡已載六兩”當作一句讀。

2. 諾　135・3＋157・3：

車上有人，疑類知弘，爲微司之。函。函即請同縣卒樊文之

甲 63・750

此簡二“函”字間一字，各家都釋爲“落”（參看《合校》224 頁）。今按：此字左旁與同簡“請”字左旁全同，是“言”的草體，字當釋“諾”。函是人名。由“車上”至“司之”，當是一個向函提出要求的人所說的話的後段。此人要函爲他微伺車上之人，函答應了他，所以簡文說“函諾”。漢簡所見草體字，在左邊的“水”旁一般不作（參看陸錫興《漢代簡牘草字編》210—215 頁，上海書畫出版社，1989），在左邊的“言”旁則多作（同上 42—48 頁。此書 215 頁“决”字條第二字从，但據《合校》605 頁此字當釋“護”，舊釋“决”不可信）。這可以說是一條規律，而且仍爲後代正規草書所遵循。《草訣歌》“有點方爲水，空挑却是言”兩句，就是說明這條規律的。

3. 譯、導　1979 年發現的敦煌馬圈灣漢簡中有如下一簡：

☑之兹平大原郡皆以故官行名曰行部胡長諸□

吴礽驤、李永良、馬建華《敦煌漢簡釋文》圖 4 最左一簡

（甘肅人民出版社，1991。下文簡稱此書爲“敦煌”）

此簡最後六字《敦煌》釋爲“胡澤長諸菜報”（7 頁 61 號）。今按：此六字當釋爲“胡譯長諸𦨣（導）□（此字不識）”。“胡”下一字的左旁不是“水”的草體而是“言”的草體，已詳上條。所以此字不應釋爲“澤”而應釋爲“譯”。據《漢書・西域傳》，西域諸國多置譯長，如鄯善有譯長二人，龜兹有譯長四人，不具引。簡文“諸”下一字，其上部寫法與皇象本《急就篇》第一章的“道”字相近，漢簡“道”字草體也有與此類似者（參看上引陸書 32 頁“道”字條第二行）。所以此字當釋爲“𦨣”。皇象本

《急就篇》第十一章“譯巢(導)贊拜稱妾臣”句中“譯巢”二字的寫法,跟上引簡文基本相同,可證所釋不誤。《急就篇》以“巢”爲“導”,漢碑“導”字也都寫作“巢”(參看劉球《隸韻》去聲三十七號韻“導”字條,中華書局,1985,175頁;翟云升《隸篇·三·寸部》,中華書局,1985,65頁。顧藹吉《隸辨》謂“導”字“諸碑皆變从木”,見中華書局,1986,149頁)。簡文“巢”字無疑也應讀爲“導”。馬圈灣漢簡中尚有如下一簡:

〼□在中未與相見其巢三(四)人在泉都期晦來

《敦煌》圖7從右數第四簡(參看同書5頁45號釋文)

“其”下一字亦當釋爲“巢”。

《史記·大宛傳》:“騫曰:‘爲漢使月氏而爲匈奴所閉道。今亡,唯王使人導送我。誠得至,反漢,漢之賂遺王財物不可勝言。’大宛以爲然,遣騫,爲發導驛,抵康居。”“爲發導驛”,《漢書·張騫傳》作“爲發譯道”。“道”、“導”古通。《史記》“驛”字前人多以爲“譯”之誤字,可從。《大宛傳》又說:“烏孫發導譯送騫還。”“發導譯”,《漢書》亦作“發譯道”。簡文的“胡譯長、諸導”即所謂“譯導”、“導譯”(“譯導”亦見前引《急就篇》文,但也許是用爲動詞的)。上引第二簡“其導四人”之“導”,當與“諸導”之“導”同義,即後代所謂“向導”。

《敦煌》所收馬圈灣漢簡釋文中尚有如下一條:

言大兵方路驛出令發菓過　　12頁128號

“路驛”疑當讀爲“絡繹”,“發”下一字亦當釋爲“巢”。簡言“發導”,《大宛傳》言“發導譯”,文例相同。

4. 亭　我們在《再談甘露二年御史書》一文中,曾指出居延簡中被很多人認爲是隧名的“不今”實當釋爲“介(界)亭”,“亍”並非“今”字而是“亭”的簡體(《考古與文物》1987年1期100—101頁)。此說似未爲研究者所認可。《合校》把所有的“介亭”都仍釋爲“不今”,就可以說明這一點。所以有必要在這裏申述一下我們的意見。

所謂“不今”都見於記郵書受付情況的“過書刺”(亦稱“郵書刺”,參看上引拙文101頁及李均明《漢簡“過書刺”解》。後者見《文史》第二十八輯48頁)。下面先據《合校》釋文把有關簡文節錄於下:

昏時騂馬卒良受沙頭卒同,□□□時良付不今卒豐

495·13+495·28(甲138·1874)

日入時受不今卒同，付沙頭卒同昏時　　495・19（甲 138・1867）

☐□日入時沙頭卒同□□☐時騂馬卒□付不今卒恭

495・21（甲 139・1891）

日出受沙頭卒同，付不今卒同食坐時　　502・1A（甲 141・1910A）

十二月乙卯日入時卒憲受不今卒恭，夜昏時沙頭卒忠付騂北卒護

502・9A＋505・22A（甲 141・1914A）

十二月丁卯夜半盡時卒憲受不今卒恭，雞前鳴時沙頭卒忠付騂北卒護

503・1（甲 143・1920）

二月甲子日入時卒憲受不今小史晏，昏時沙頭卒忠付騂北卒護

505・6（甲 145・1955）

二月甲戌夜食騂馬卒良受沙頭卒同，夜過半時良付不今卒豐

506・5（甲 149・1993）

所謂“不”本作（506・5）、（503・1）等形，沒有問題應該釋爲“介”（參看上引拙文及《秦漢魏晉篆隸字形表》72 頁“介”字條。下文引後者時簡稱“字形表”）。所謂“今”有以下一些寫法：

　502・1A，495・19 略同

　505・6，502・9A＋505・22A、506・5 等略同

　503・1

我認爲它們是“亭”的草體，證據有二。一、505・23A 也是過書刺，上有“付界亭卒同”之文（甲 146・1967A）。“介”“界”古通，495・19 和 502・1A 的“介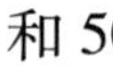卒同”應該就是“界亭卒同”。《漢書・趙廣漢傳》曾提到京兆湖縣西界上的“界上亭長”。上引簡文中的“界亭”似指設在肩水侯官轄區南界上的亭。二、字還見於 243・13：

☐騂北相☐　　乙 182

居延簡屢見“騂北亭”之名（14・2、29・7、255・27、339・3），上引簡文“騂北”後一字也應是“亭”字草體，可與“介”當釋“界亭”互證（參看上引拙文 101 頁）。過去把“亭”字的這種草體釋爲“今”或“于”（《甲乙編》及《合校》釋 243・13 的“亭”字爲“于”），是不正確的。漢簡中這類不見於傳世章草的草體非常容易被誤釋，“受”字草體“”曾被誤釋爲“使”就是一個例子。

二、應該注意不要釋錯古體別體

西漢前期簡所用的古隸裏,有很多接近篆文的古體。在時代較晚的居延、敦煌等地出土的邊塞漢簡裏,也還可以看到不少這類古體。此外,簡文中還有一些雖然不一定能算作古體但是字形爲後代人所不熟悉的別體。這些古體、別體也都比較容易被誤釋。我們在《商榷》中已經舉出了不少古體、別體被誤釋的例子,下面再舉幾個例子。

1. 綳 336・34A 是《急就篇》殘簡,自《居》至《合校》都把簡文釋爲:

絳緹緟紬絲絮☐ 《合校》529 頁

今按:此簡圖版見甲 131・1734A 和《居》64 頁。簡文第三字左旁爲"糸",右旁爲"壐",上从"爾"下从"土",因筆畫不甚清晰,被諸家誤認爲"重"。"壐"即《說文》"壐"字正篆(十三下・土部)。所以上面所說的這個字就是《說文・十三上・糸部》的"縼"字,也就是後世的"綳"字。上引"絳緹"句見《急就篇》第八章,皇象本作"絳緹綳紬絲絮綿",第三字正作"綳"。

2. 叢 349・15:

☐襄國東蘩(下文以△號代替)☐ 甲 132・1778

"襄國"是趙國屬縣,"東△"應爲里名。《居》中,此簡發掘號作 346・25,順序號爲 1795,釋文釋△爲"鹿";《甲乙編》及《合校》則釋△爲"麓"(《合校》541 頁),皆與字形不合。今按:此字上从"丵"下从"聚",應即"叢"字別體。《說文・三上・丵部》:"叢,聚也。从丵,取聲。""丵"似即"丵"的簡寫。"聚"字从"取"聲,與"叢"字音義俱近。傳世的漢代人所著之書,往往把"叢"字寫作"藂",如賈誼《新書・修政語下》"萬民藂藂,一人理之"、《鹽鐵論・論誹》"萑葦而有藂"、桓譚《新論》"餘皆藂殘小論"(《太平御覽》卷 602 引)。"藂"應即"蘩"之變體。

3. 枼 286・19B 所記賣肉帳中有如下一項:

胃百枼百錢 乙 217

第三字,《居》釋爲"粃"(《居》中此簡順序號爲 4345),《甲乙編》及《合校》都空而不釋。今按:此字應是"枼"字別體。227・15 的"牒"字的右旁作枼(乙 168),寫法與此字相似,可證。"枼""葉"古通,"百枼"即"百葉"。《廣雅・釋器》:"百葉謂之腞胵。"《説文・四下・肉部》:"腞,牛百葉也。"

三、應該注意不要誤合二字爲一字或誤分一字爲二字

釋讀漢簡者有時會把兩個字誤合爲一個字,或把一個字誤拆成兩個字。我們在《商榷》中已經舉出了不少這一類的例子,下面再舉幾個例子。

1.《合校》釋552・3+552・4號簡的右側一行文字爲:

三封都尉印一詣府一詣□□大守府六月九日責戍屬行謹□在尉所詣□壽掾革　　652頁。圖見乙280,參看《居》103頁

今按:"戍"上"責"字實爲"起□"二字的誤釋。依此類簡文通例,"起"字應連上"六月九日"爲一句讀。"□戍"二字疑當釋"戊戌",由於簡文寫得很草率,難以肯定。"屬"以下各字在圖版上極爲模糊,更難辨認。

附帶説一下,上引釋文所釋的第一字實當釋爲"二"。考釋者把此簡上端大字"入南書五封"的"封"字右旁彎筆的下部跟"二"字誤合爲一個字看,所以錯釋成了"三"字。"太守"上未釋二字似可釋爲"雲中"。《合校》對此簡左側一行的釋文是"十六年六月十七日平旦時橐他燧長萬世受破胡弛刑孫明"。"燧長"實爲"弛刑"的誤釋。

以上指出的誤釋都源自《居》(上引之簡在《居》中的順序號是2116),但《居》對此簡的其他誤釋有一些已爲《合校》所糾正,所以我們在前面引用了後者的釋文。

2.《居》釋506・2爲:

□□十八　出垩□責

圖見甲149・1996,《居甲》和《居》3頁的圖較《甲乙編》清晰,請參閲

此簡在《居》中編爲41號,又重出爲327號。此處所引爲41號釋文,"□□十八"下方右側一行釋文從略。《居甲》編此簡爲1996號,釋簡文首字及"出"下一字爲"氐",可從。《甲乙編》和《合校》的釋文中都未收此簡。今按:上引簡文似當釋爲:

氐(羝)羔十八　出氐(羝)羊一頭

“一頭”二字被《居》誤釋爲“頁”。

《居》中還有誤合三字爲一字的例子。我們在《商榷》中指出《甲乙編》46・7號簡釋文“出□六斗”應改爲“出廿一石六斗”(《人文雜志》1982年4期91頁)。“廿一石”三字《居》誤釋爲“薺”字(此簡在《居》中的順序號爲5614)。

3.《居》釋185・35(《居》順序號9588)爲:

⊠事 其六十二亭病一書
四亭毋病書　　圖見乙134

《甲乙編》和《合校》的釋文與此相同。我們在《漢簡零拾》中已指出“病一書”和“病書”都是“應書”的誤釋(《文史》第十二輯22頁)。把“應”釋爲“病一”是把一字誤分爲二字之例。

四、應該注意殘片的綴合

殘片的綴合不但能增加簡文意義的完整程度,而且還往往能使原來分别爲這些殘片而寫的釋文中的錯誤得到糾正,未釋之字得以釋出,重釋之字得以删除。下面舉幾個例子。舉例時先列出有關殘片在《合校》裏的釋文,然後再作説明。所以引《合校》而不引他書,是因爲《合校》最後出,他書的有些錯誤已爲《合校》所糾正。

1. 306・22,124・17

⊠千户一人復身毋有所與身不當事⊠　　306・22(甲123・1620)

⊠者□其家一⊠　　124・17(甲60・698)

此二簡可綴合。據文義及字形,“者”下一字當釋“復”。綴合後之簡文如下:

⊠千,户一人復身,毋有所與。身不當事者,復其家一⊠

2. 222・6+222・7,222・8

長吕尚詣官廪　正月□⊠

222・6+222・7(甲93・1233,參看《居甲》及《居》179頁圖版)

⊠亥餔坐入　　222・8(乙166)

此二簡可綴合。綴合後之簡文可釋爲:

⊠長吕尚詣官廪　正月丁亥餔坐入

3. 523·15,521·3

〼□靳□〼

〼一櫝丸一〼　　535·15(乙275,参看《居》373頁)

〼各一　櫜矢六〼

〼一　靳干各〼　　521·3(乙274,参看同上)

此二簡可綴合。綴合後之簡文可釋爲:

〼□鞮鍪各一　櫜矢六〼

〼一櫝丸一　靳干各〼

"鞮"字只存左旁,舊誤釋爲"靳"。"鍪"字只有"矛"旁可辨,也可能从"目"不从"金"。"鞮"上一字殘存左邊"金"旁,疑是"鎧"字。486·17有"〼□鎧、鞮瞀各[一]"之文。

4. 193·11B,193·27B

(前略)　第來子勢功爲居延〼　　193·11B(乙138,参看《居》302頁)

□□□郡□□居延□〼　(後略)　　193·27B(甲85·1105A)

此二片木牘殘片可左右拼合,上引兩行釋文所釋實爲同一行文字。此行文字殘存在193·27B上的筆畫較少,所以《合校》未將"第來子""功爲"諸字釋出,並將"勢"字誤釋爲"郡"。附帶説一下,釋文中的"爲"字也有可能是"多"的誤釋。

5. 239·83,239·85

二月甲子□□□□〼　　239·83(乙179)

甲子騂北卒聖〼　　239·85(乙179)

此二簡可左右拼合。拼合後之簡文應釋爲:

二月甲子騂北卒聖以〼

6. 393·6,393·10

▩□□　　393·6(乙245)

▩□賦□〼　　393·10(乙245)

此二片簽牌殘片可左右拼合,從拼合後的情況看,第二字斷非"賦"字,似應釋爲"檄"。

7. 52・50,52・18

第十二燧長✓長詣官自言五月戊子餔▨	52・50(甲42・373)
▨餔坐入	52・18(乙48)

此二簡可綴合,"餔"字原重釋。

8. 63・12,188・21+194・11

・校臨木十一月▨	63・12(乙57,参看《居》605頁)
▨□月郵書二封(下略)	188・21+194・11(甲84・1081)

此二簡可綴合,"月"字原重釋。

9. 346・14,346・17

▨八長七尺▨	346・14(乙241)
▨尺二寸黑色	346・17(乙241)

此二簡可綴合,"尺"字原重釋。

10. 101・7,101・3

▨奉餘錢四千▨	101・7(乙80)
▨千五百五十	101・3(乙79)

此二簡可綴合,"千"字原重釋。

11. 485・1,485・20,485・14

初元四年以令▨	485・1(乙265)
▨令秋射發▨	485・20(乙266)
▨發矢十二中▨(後略)	485・14(乙265)

以上三簡可綴合,"令"、"發"二字原重釋。

此外,乙附7和32・16,162・2和162・7,244・12和244・14,387・11和339・29,561・10和561・21,也都可以綴合。

從瞭解簡文意義的角度看,除殘片綴合外,還應該注意簡與簡的繫聯。這方面的問題在這裏就不討論了。

五、應該注意通用字的原形

漢簡經常使用通用字。從文字學的角度看,兩個相通用的字本是不同的字,只不過在某種或某些用法上彼此可以相通用而已。考釋者往往把漢簡裏的通用字直接釋爲本字或一般人所熟悉的通用字。嚴格說,這樣做是不妥當的。下面舉幾個例子。

1. 轂 漢代人有時借"轂"爲"穀"("轂"字多寫作从"攴"),如馬王堆帛書《五十二病方》就把"五穀"寫作"五轂"(《馬王堆漢墓帛書〔肆〕》圖版18頁94行)。居延和敦煌簡中也有這種現象。332·6:

宼 凡吏卒廿人用轂卌石 甲130·1713

敦煌馬圈灣漢簡41:

(上略)以私泉獨爲糴轂 《敦煌》圖4第三簡

皆借"轂"爲"穀"。但是除《馬王堆漢墓帛書》外,各家都把這種"轂"字直接釋爲"穀"。

2. 帍 居延簡屢見"寅矢"之名,13·10把"寅矢"寫作"帍矢":

陷堅帍矢百完 甲19·122

"帍"字从"巾""亡"聲,見於《廣雅·釋器》、《玉篇》、《廣韻》等書,與"寅"原非一字,但是各家都把上引的"帍"字直接釋作"寅"。

3. 瞀 505·34:

(上略)竹瞀素履(下略) 甲148·1987

此簡借"瞀"爲鍪,但是各家都把它直接釋爲"鍪"。

這類例子極爲常見,爲節省篇幅不多舉了。

六、應該注意文義

注意尋繹簡文的意義,對辨釋文字往往能起很大的作用。爲了做好這件事,需要注意到很多方面,如注意漢代人常用的詞語,注意簡文與典籍中有關文字的對照,注意同類簡文的對照,注意字的假借用法等等。在辨釋文字時,尋繹文義與分析字形這兩方面往往是缺一不可的。在前面第一、二、三諸節所舉的例子裏,除"叢"字別體一例外,釋字時都注意到了簡文的意義,所以也未嘗不可以移作本節的例子。我們在《商榷》中指出的誤釋和缺釋,也往往跟不注意文義有關。下面再補充幾個例子。

1. 乏興　《居》釋 148・38(《居》順序號 6218)爲:

⍁潁川郡長祝自建里李廣元鳳四年六月乙亥亡正興趙□⍁

圖見甲 69・857,參看《居》393 頁

《甲乙編》及《合校》則釋"亡"以下諸字爲:

亡□□故⍁　　《合校》247 頁

今按:《甲乙編》把《居》釋爲"趙"的字改釋爲"故",是正確的。但是"故"上一字實應從《居》釋爲"興"。"興"上一字據文義和字形當釋爲"乏"。"乏興"是漢代常用的法律術語。《漢書・景武昭宣元成功臣表》記成安侯韓延年"元封六年坐爲大常行大行令事留外國書一月,乏興,入穀贖,完爲城旦"。顔師古注解釋"乏興"說:"當有所興發,因其遲留故闕乏。"《急就篇》二十九章:"乏興猥逮詗讂求。"顔師古注:"律有乏興之法,謂官有所興發,而輒稽留闕乏其事也。"簡文所說的"亡乏興"似指因逃亡避事而犯乏興之罪。"亡"字後可加逗。簡文"乏"字寫作,與中山王壺"乏"字相似(見《金文編》90 頁)。睡虎地秦簡"乏"字作(《字形表》102 頁),即其草體。東漢碑刻和後代楷書的"乏"字應是由草體變來的。

2. 大如梧實　《合校》釋 265・2A 爲:

⍁□始捂實先餔食呑五丸　　442 頁。圖見乙 198,參看《居》147 頁

此簡在《居》中編爲 3051 號,"始"上一字釋作"火"。今按:此簡所記爲藥方,"□始捂實"應釋爲"大如梧實"。《武威漢代醫簡》29 號:"……凡三物皆冶合,丸以密(蜜),大如吾(梧)實,宿毋食,旦呑三丸。"(圖版 3 頁上,文物出版社,1975)76 號:"⍁相得丸之,大如吾實,先餔食呑二丸……"(同上 6 頁下)。83 號:"……凡六物皆冶合和,丸以白密,丸大如吾實,旦呑七丸,餔呑九丸,莫(暮)呑十一丸……"(同上 8 頁上)。文例皆與上引簡文相近。

3. 亭留待離　《合校》釋甲附 4 爲:

⍁丈人子惠尊即去日夜逐離到會水不而及離尊留侍難

669 頁。圖見甲 184・附 4

二"離"字,《居甲》和《甲乙編》皆釋作"難",《合校》改釋爲"離",是正確的。從文義上看,最末一個"難"也應該改釋爲"離",詳下文。"留"前一字,寫法與"即"前一字不同,《居甲》和《甲乙編》皆釋爲"亭",無論從字形還是從文義看,都比《合校》釋"尊"爲妥。此字似从"艸"从"亭"省,可釋爲"葶",讀爲"亭"(停)。簡文所

說的“離”顯然是人名。會水是酒泉郡屬縣。“而”字古通“能”（高亨、董治安《古字通假會典》34頁“能與而”條，齊魯書社，1989）。“侍”字古通“待”（同上405—406頁“侍與待”條）。所以上引簡文可釋讀如下：

> ☐丈人子惠（?）尊（?）即去，日夜逐離，到會水，不而（能）及離，葶（停）留侍（待）離。

《合校》釋“葶”爲“尊”，釋末一“離”字爲“難”，是由於沒有充分考慮文義。

4. 七月乙六日　《流沙墜簡》雜事類6是買賣布袍的券契，開頭一段文字是：

> 神爵二年十月乙六日廣漢縣廿鄭里男子☐寬☐賣布袍一陵胡隧長張仲☐所

各家都釋“月”上一字爲“十”，“六”上一字爲“廿”（參看林梅村、李均明《疏勒河流域出土漢簡》43頁）。今按：“月”上一字中豎很短，按西漢文字通例應是“七”字。“六”上一字明明是“乙”。各家當是由於“乙六日”之義難通，所以釋作“廿六日”的。這其實是誤解了文義。據陳垣《二十史朔閏表》，神爵二年七月爲乙巳朔。簡文“七月乙六日”應是“七月乙巳朔六日庚戌”的簡省說法。沙畹書中還收有一條與上引簡文配對的簡文，沙氏釋爲“神爵二年十月廿六日陵胡隧長陸仲☐買卒寬惠布袍一領……”（參看上引書37頁）。此條的“十月廿六日”也應是“七月乙六日”的誤釋。由此例可知正確理解文義對辨釋文字的重要性。

除以上所說的幾點外，爲了減少簡文辨釋中的錯誤，還應該注意到其他一些問題，例如不要把偏旁當作全字（《合校》218頁132·11號簡釋文中的“具”字，就是“貝”旁的誤釋），不要忽略重文號（564·10號簡“治”字下有重文號，各家皆未釋出），不要把符號當作字的筆畫（勞書時常把“·一事一封”誤釋爲“二事一封”，《合校》等已加糾正）或把字的筆畫當作符號（漢代人寫“凡”字有時在上面加添一道短豎，131·4+336·30號簡上這樣寫的“凡”字被各家誤釋爲“·凡”）等等。這裏就不詳論了。

原載《江漢考古》1991年4期，今據以收入。

讀簡帛文字資料札記

一、睡虎地秦簡四則

（一）

《睡虎地秦墓竹簡》的《法律答問釋文注釋》中有如下一條(《睡虎地秦墓竹簡》釋文注釋部分135頁,文物出版社,1990。以下引此書時略去書名):

“者(諸)侯客來者,以火炎其衡厄(軛)〔注一〕。”炎之可(何)? 當者(諸)侯不治騷馬〔注二〕,騷馬蟲皆麗衡厄(軛)鞅韅轅靷〔注三〕,是以炎之。

〔一〕炎,用火熏。衡,車轅前端駕馬的横木。

〔二〕當,通倘。騷,《説文》:“擾也。”騷馬,即騷馬蟲,寄生馬體的害蟲。

〔三〕麗,附著。……

簡文“騷馬”二字原加重文號,釋文已將重文補出。注釋認爲“騷馬,即騷馬蟲”。如果確實如此,簡文爲何不在“蟲”字下也加重文號呢? “騷馬蟲”的説法也嫌於古無徵。

《説文・五上・竹部》有“箾”字,訓爲“搔馬”。桂馥《説文解字義證》解釋説:“搔馬也者,《廣韻》‘箾,刮馬箆也’,《玉篇》‘箾,馬箾也,所以刮馬’,徐鍇曰‘箾,竹有齒,以搔馬垢污’。”(引者按: 徐説見《説文解字繫傳》)“騷”、“搔”同音,簡文“騷馬”似當讀爲“搔馬”。“治”字古訓“正”(《禮記・大傳》“上治祖禰”注:“治猶正也。”),訓“理”(《儀禮・喪服》“故名者人治之大者也”注:“治猶理也。”),其意義與一般的“作”或“從事”有别。例如“不治室屋”、“不治宫室”,並不是説根本不要住房,而是説不好好整治住房。“不治騷(搔)馬”大概也不是指根本不搔馬,而是指不好好搔馬或搔馬不得法而言的。“騷馬蟲皆麗衡厄……”,似當讀爲:“搔馬,蟲皆麗衡軛……"。由於搔馬不得法,例如在接近車子的地方搔馬,搔馬之時馬身上的蟲就跑到衡軛等物上去了。

（二）

《秦律雜抄釋文注釋》有如下一條(見80頁):

游士在,亡符,居縣貲一甲;卒歲,責之。

注釋解釋"游士"說:"游士,專門從事游說的人。《商君書・農戰》:'夫民之不可用也,見言談游士事君之可以尊身也。'《算地》:'故事詩書談說之士,則民游而輕其君。'都主張對游士加以嚴厲限制。"

戰國時代游士的情況頗爲複雜,恐怕不能把他們全都說成"專門從事游說的人"。例如荆軻,《史記・刺客列傳》說他"嘗游過榆次","游於邯鄲","雖游於酒人乎,然其爲人沈深好書,其所游諸侯,盡與其賢豪長者相結",是一個很典型的游士。他在自己的本國,曾"以術說衛元君";可是在游於各國的過程裏,却顯然不是"專門從事游說"的。這從《史記》的有關記載可以清楚地看出來。也許可以把"游士"解釋爲"外來的、沒有固定户籍的人士"。

（三）

《秦律雜抄釋文注釋》有如下一條(見85頁):

工擇榦〔注一〕,榦可用而久以爲不可用,貲二甲。・工久榦曰不可用,負久者〔注二〕,久者謁用之,而貲工曰不可者二甲〔注三〕。

〔一〕榦,《說文》:"築墻耑木也。"即築夯土墻所用的立木。

〔二〕負,虧欠。久,此處指裝設夯墻用的模板,與上面兩個"久"字讀爲"記"不同。《考工記・廬人》:"灸諸墻以眡其橈之均也。"《說文》引作"久",《考工記》注:"猶柱也。"意即支拄,所以夯墻時用木榦支拄模板也叫做"久"。

〔三〕而,此處用法與"乃"字同。

注釋對這一條裏的四個"久"字作了兩種截然不同的解釋,恐怕不合理。把"負久者"的"負"解釋爲"虧欠",把"久者"的"久"解釋爲"裝設夯墻用的模板"或"夯墻時用木榦支拄模板",似乎也都比較牽强。

按照目前的文字,上引律文的確很難講通;所以注釋者不得不作比較牽强的解釋。我們懷疑其中有抄錯的字。睡虎地11號墓所出竹簡中屢見錯字,大都已爲

《睡虎地秦墓竹簡》的作者所指出。例如:《秦律十八種》1 號簡把"澍"字誤寫成从"水"从"封",2 號簡誤"早"爲"早"(釋文注釋部分 19 頁),13 號簡誤"早"(皂)爲"早"(同上 22 頁),《法律答問》8 號簡第一個"傳"字誤爲"傅"(同上 81 頁)。其他例子尚多,不具引。上引律文"工久榦曰不可用"句中的"久",可能也是錯字。上一句說"工擇榦",這一句似也應說"工擇榦"。大概由於上下文多"久"字,就把"擇"字也誤寫成了"久"。《秦律十八種》102 號簡:"公甲兵各以其官名刻久之,其不可刻久者,以丹若鬃書之。"(同上 44 頁)104 號簡:"公器官□久,久之。不可久者,以鬃久之。"(同上 45 頁)據前一簡,後一簡"以鬃久之"之"久",應是"書"字之誤,情況與此相類。

上引律文所說的工當是用榦者,久者當是事先在榦上作出可用或不可用的標記(即所謂"久")的人。律文似乎是以久者爲主要對象的,但是大概尚有相關的律文沒有抄出,所以文義不是很顯豁。"工擇榦,榦可用而久以爲不可用,貲二甲"這一條,如果像我們所想的那樣,是以久者爲主要對象的話,"榦可用"後面似乎可以增加一個逗號。

秦簡律文中的"負"字一般當賠償講。《秦律十八種》所收的一條"倉律"的注釋,把"其不備,出者負之"的"負"解釋爲"賠償"(26 頁注一三),是很正確的。如果"負"的賓語指人,"負"就有"使……負擔"、"使……賠償"的意思。如《秦律十八種》所收的一條"金布律"說:"縣、都官坐效、計以負賞(償)者,已論,嗇夫即以其直(值)錢分負其官長及冗吏……"(80 號簡,釋文注釋部分 39 頁)。"分負其官長及冗吏"的意思,就是讓這些人分別負擔賠償額。我們所討論的律文中的"負久者"之"負",其意義應與"分負"之"負"相同。

按照以上所說,上引律文的内容似乎可以這樣理解:如果工人發現久者加上不可用標記的榦實際上可用,久者應罰二甲。工人認爲久者加上可用標記的榦不可用(久者也有可能以不加標記表示榦可用。如果是這樣,"加上可用標記"就應改爲"未加不可用標記"),應讓久者賠榦。但是如果久者能向上級證明原榦確實可用,認爲不可用的工人就應罰二甲。

(四)

《秦律十八種》中用了三個"稍"字,分見於下引三條律文:

……及隸臣妾有亡公器、畜生者,以其日月減其衣食,毋過三分取一,其所亡衆,計之,終歲衣食不足(引者按:簡文此字左从"足",右从一個形體複雜的

偏旁,但字義與"足"同,爲印刷方便逕寫作"足")以稍賞(償),令居之……(77—78 號簡,釋文注釋部分 38 頁)

官嗇夫免,復爲嗇夫,而坐其故官以貲賞(償)及有它責(債),貧窶毋(無)以賞(償)者,稍減其秩、月食以賞(償)之,弗得居……(82—83 號簡,同上 39—40 頁)

縣所葆禁苑之傅山、遠山,其土惡不能雨,夏有壞者,勿稍補繕,至秋毋(無)雨時而以繇(徭)爲之。(119—120 號簡,同上 47 頁)

整理者對上引第一個"稍"字加注說:"稍,《廣雅·釋詁一》:'盡也。'"(同上 39 頁注四);對第二個"稍"字加注說:"稍,逐漸。"(同上 40 頁注二)第三個"稍"字無注,譯文把"勿稍補繕"譯爲"不必逐步補修"(同上 48 頁),可見也是把"稍"訓爲"逐漸"的。

在古漢語中,"稍"用作狀語多當逐漸講。訓"稍"爲"盡"雖有根據,但用例極罕見。上引第一個"稍"字似仍以訓作"逐漸"爲妥。整理者把上引第一條中的"以其日月減其衣食"句,譯爲"應從丟失之日起按月扣除隸臣妾的衣食"(39 頁)。我們懷疑這一句的意思是按日按月扣除衣食,有些隸臣妾的口糧大概是按日發的,需要按日扣除。不管採取哪一種解釋,這種辦法所具有的逐漸償清欠項的性質是不會改變的。"終歲衣食不足以稍償"的"稍",用法跟上引第二條"稍減其秩、月食以償之"的"稍"其實很相近,都是就償清欠項的方式說的。如果律文只說"不足以償",大家都能明白是"還不够用來還清欠項"的意思。現在說"不足以稍償",意思就是"還不够用來逐漸還清欠項",並沒有什麼不好理解之處。所以對上引三條律文中的三個"稍"字,似乎沒有必要作兩種解釋。

二、馬王堆竹簡《合陰陽》一則

《馬王堆漢墓帛書〔肆〕》所收的《合陰陽》的釋文中,有一處把"旦"字釋成了"早"字。

我曾在拙作《文字學概要》中說:"已發現的秦代和西漢的簡册和帛書,在表示'早'這個詞(按:指早晚之"早")的時候,大都借用'蚤'字,偶爾也借用'棗'字,却從來不用'早'字。"(187 頁,商務印書館,1988)下面舉一些這樣說的根據。

睡虎地 11 號墓所出秦簡中有四個"早"字,一個是"旱"的誤字(《睡虎地秦墓竹簡》釋文注釋部分 19 頁,《秦律十八種》2 號簡),其他三個都用作廄皂之"皂"

(同上 20 頁,《秦律十八種》5 號簡。22 頁,《秦律十八種》13 號簡。86 頁,《秦律雜抄》30 號簡。釋文都逕釋爲"皂")。簡文非《日書》部分只有一處說到早晚之"早",用的字是"蚤"(同上 160 頁,《封診式》82 號簡)。《日書》部分有三處說到早晚之"早",兩處用"蚤"字(同上 200 頁,《日書甲種》129 號簡正。242 頁,《日書乙種》135 號簡),一處用"棗"字(同上 183 頁,《日書甲種》14 號簡正貳)。

漢語大字典字形組編的《秦漢魏晉篆隸字形表》(四川辭書出版社,1985。下文簡稱"字形表"),在"早"字條西漢時代欄內未收一字(442 頁)。"蚤"字條西漢時代欄共收九例,大部分用作早晚之"早"(954—955 頁,參看 1582—1583 頁)。《字形表》收字雖爲舉例性質,所反映的西漢時代"早"、"蚤"二字的使用情況,仍是很有參考價值的。

在居延等地出土的西漢時代簡中,早晚之"早"一般寫作"蚤",例如記時之詞"早食"就都寫作"蚤食"(《字形表》955 頁第一行所引"居延簡甲 769"的"蚤"字便是一例,參看同書 1582 頁末行所引有關文句);"早"字雖也屢見,但一般用作"皂",如居延簡 179·2A 的"早布複袍一領、早布襌衣一領"等。所以王夢鷗《漢簡文字類編》"日部"中未收"早"字,"白部"中則收了用作"皂"的"早"字(71 頁,藝文印書館,1974)。

直到東漢時代,仍有不少人以"蚤"爲"早",如班固《漢書》用"蚤"字(參看上引《文字學概要》272 頁),漢碑"早"、"蚤"並用(參看劉球《隸韻》卷六·三十二皓韻"早"字、顧藹吉《隸辨》卷三·三十二皓韻"早"字)。

我們當然不敢說,在秦代和西漢時代根本不存在用"早"字來表示早晚之"早"的現象。不過從已有的資料來看,在那個時代,尤其是在秦代和西漢前期,即使存在這種現象,也一定是非常不普遍的。

前面所說的《合陰陽》釋文中的"早"字,見於下引一段文字中(《馬王堆漢墓帛書〔肆〕》釋文注釋部分 156 頁,文物出版社,1985):

> 昏者,男之精將;早者,女之精責(積)。吾精以養女精,前脈皆動【編按:陳劍指出,"前"字當從《長沙馬王堆二、三號墓·第一卷·田野發掘報告》(文物出版社,2004 年,82 頁)釋爲"筋"】,皮膚氣血皆作,故能發閉通塞,中府受輸而盈。

馬王堆漢墓屬西漢前期。此文以"早"對"昏",是我們提出的"已發現的秦代和西漢的簡册和帛書,在表示'早'這個詞的時候……從來不用'早'字"的說法的一個反證。但是如果核對一下《合陰陽》的圖版,就能發現被釋爲"早"的那個字原來寫作旦(上引書圖版部分103頁127號簡),"日"下的豎筆並没有像一般的"早"字那樣延伸到横畫之下。

漢代人寫"旦"字,"日"和"一"之間往往加短豎。例如:羅福頤《漢印文字徵》所收的兩個"旦"字(7·4上,文物出版社,1978)、前面引過的《漢簡文字類編》所收的三個"旦"字(50頁),全都有短豎。陸錫興《漢代簡牘草字編》收了九個"旦"字,有八個有短豎(131頁,上海書畫出版社,1989)。《字形表》收了九個漢代的"旦"字,有七個有短豎(452—453頁)。所以我們所討論的《合陰陽》中的那個字,没有問題應該釋作"旦"而不應該釋作"早"(《漢代簡牘草字編》130頁收入"早"字條的"居214·39"一例,從原簡圖版看,"日"下豎筆超出横畫的部分極短,似乎也有可能是"旦"字。此簡圖版見中國社會科學院考古研究所《居延漢簡甲乙編》乙編圖版壹伍柒,中華書局,1980)。

前面所引的那段《合陰陽》釋文的標點,似乎也有問題。這段文字可能應該像下面這樣標點:

> 昏者,男之精。將旦者,女之精。責(積)吾精以養女精。前脈皆動,皮膚氣血皆作,故能發閉通塞,中府受輸而盈。

"將旦"就是天將明的意思。這段文字有韻。前三句句末的"精"和最後一句句末的"盈"都是耕部字。古漢語的句子,主語加"者"的一般是判斷句,從語法上看,以"男之精"、"女之精"作判斷句的表語,是很合適的。以"將"字"積"字屬上爲句,就不大合適了。"積"字上屬後,下面一句變成"吾精以養女精",也有些彆扭。所以我們把這一段的標點作了如上改動。至於"昏者,男之精。將旦者,女之精"這兩句究竟應該怎樣解釋,還有待研究。

三、馬王堆帛書《九主》一則

《馬王堆漢墓帛書〔壹〕·老子甲本卷後古佚書釋文》中的《九主》篇釋文有如下一段(《馬王堆漢墓帛書〔壹〕》釋文部分30頁,帛書381—382行,文物出版社,1980):

> 伊尹曁(既)明八啻之所道生,請命八啻□。[法]君明分,詁(法)臣分定,以繩八啻,八啻畢名。過在主者四,罪在臣者三,臣主同罪者二。[后曰]:"四主之罪,何也?"……

今按:“請命八啻”句與下文“八啻畢名”相應,語氣已完,“八啻”下缺字似不應屬上爲句。此缺字尚殘存左側豎筆(見上引書圖版 381 行),從殘筆形狀看有可能本是“曰”字。如這一推測符合事實,上引文字似可如下釋讀:

伊尹曁(既)明八啻(謫)之所道生,請命八啻(謫),曰:“[法]君明分,灋(法)臣分定,以繩八啻(謫),八啻(謫)畢名。過在主者四,罪在臣者三,臣主同罪者二。”[后曰]:“四主之罪,何也?”……

過去我參加整理帛書時沒有看到這一點,現在提出來供大家參考。“啻”即“謫”字右邊所从之字,“八啻”當讀爲“八謫”,《九主》篇釋文的注〔二五〕已經指出(見上引書 32 頁)。

《九主》篇上文中有“請明臣法,以繩適臣之罪”和“[請明]主法,以繩適主之罪”兩句(上引書 29 頁,帛書 354、355 行)。釋文前一句有注說:“適,疑當讀爲謫。繩謫,猶言繩責。”(同上 31 頁注六)此說可通,但原文似乎還可作另一種解釋。

《九主》肯定法君、法臣,而否定篇中所說的其他八種君臣。“以繩適(謫)臣之罪”、“以繩適(謫)君之罪”,當與下文“以繩八啻(謫)”(已見前引)同義。疑“適”(謫)當與“君”、“臣”連作一詞讀。“謫君”、“謫臣”是對法君、法臣之外的那八種被指謫的君臣的通稱,也就是所謂“八謫”。【編按:鄔可晶指出,此段中的“謫君”據帛書原文皆當作“謫主”。】

原載《簡帛研究》第一輯(法律出版社,1993),今據以收入。《馬王堆竹簡〈合陰陽〉一則》、《馬王堆帛書〈九主〉一則》又載《裘錫圭學術文化隨筆》。

讀漢簡札記

一、關於“帣”的新資料

我在《漢簡零拾》第十九則“帣”字條中,曾指出漢簡屢次提到盛糧食用的“帣”(有時也寫作“卷”),《說文》說“帣,囊也,今鹽官三斛爲一帣”,盛糧的帣也應以三斛,亦即三石爲標準容量。近讀1990年以來新發表的居延簡和敦煌簡,找到了幾條有關的新資料,現在逐條說明於下。

居延新簡 EPT56: 120:

> 入粟三石帣百九;又穈三石帣九十二,奇一石　正月乙丑□
>
> 甘肅省文物考古研究所等編《居延新簡》316頁,文物出版社,1990(標點爲引者所加。以下簡稱此書爲“新”)

此簡明言“三石帣”,可以證實我們的說法。“粟三石帣百九”,意謂一百零九個三石帣所盛的粟,共合粟三百二十七石。“穈三石帣九十二,奇一石”,共合穈二百七十七石。居延新簡 EPT59: 7有“三石布囊一”之文(《新》359頁),似乎當時用來盛放以斗石計量之物的袋,大號的多以三石(約合今六斗)爲標準容量。

甘肅省文物考古研究所編《敦煌漢簡》(中華書局,1991,以下簡稱“敦”)所收的敦煌後坑墩採集的一枚簡也提到“帣”。原書所作釋文如下:

> 入粟小石二百五十石多券八十三枚者一石　十二月庚戌使敦煌亭長却車六兩　《敦》266頁1227號

何雙全《敦煌新出簡牘輯錄》改釋爲:

> 入粟小石二百五十石爲帣八十三枚奇一石　十二月庚戌受敦煌倉長都車六輛　李學勤等編《簡帛研究》第一輯222頁,法律出版社,1993

從此簡圖版看(見《敦》圖版壹壹零),何釋改“多券”爲“爲桊”,改“者”爲“奇”,改“使”爲“受”,都是正確的。“長”字上一字及下一字,何釋亦與《敦》釋不同。由於這兩個字在圖版上都很模糊,只能存疑。

“入粟小石二百五十石,爲桊八十三枚,奇一石”,意謂收入粟小石二百五十石,裝爲八十三桊,還多出一石。每桊三石,八十三桊共二百四十九石,加上多出的一石,正是二百五十石。上引何文說此簡“中段文字‘爲桊八十三枚’一句,與正文字體相異,爲第二次書寫,可能是運輸糧食時出入庫的憑證編號”(《簡帛研究》第一輯,223頁)。這是不正確的。由此可知,用桊裝糧時,不管是以大石還是小石計,一桊都裝三石(漢代小石合大石的十分之六,看高自强《漢代大小斛(石)問題》,《考古》1962年2期)。爲了收付糧食時計算的方便,採取這樣的措施是很自然的。

《敦》1074是出自敦煌馬圈灣的一枚殘簡,原釋文如下:

☐吕安倉券檢繩遣車輸☐　　《敦》260頁,圖版玖玖

從圖版看,被釋作“券”的那個字也應改釋爲“桊”。由於此字所从的“巾”寫得比較斜,中畫墨色又比較淡,所以被認作了“券”。末一字右旁大部已殘失,從剩餘筆畫看,似非“俞”旁,當存疑。此簡所提到的“桊、檢、繩”,都應是裝糧所用之物。“檢”大概指裝糧於桊後用來封桊的簽牌。

馬圈灣所出,尚有如下兩條可能與桊有關的簡文:

入麥小石十三石五斗 ？ 居攝三年三月戊辰,大煎都士吏牛黨、候史尹欽,受就人效穀益壽里鄧尊。少不滿車兩,未豢。

《敦》230頁285號,圖版叁壹(釋文的標點爲引者所加)

■右已豢未豢定入麥小石三百卌四石七斗

《敦》231頁306號,圖版叁叁

此二簡的“豢”字疑當讀爲“桊”,用作動詞,就是以桊裝糧的意思。前面說過,漢簡有時把“桊”寫作“卷”。“桊”、“卷”、“豢”三字从同一個聲旁。“卷”既然可以借作“桊”,“豢”應該也可以借作“桊”。也有可能,“桊”字的動詞用法變讀爲與“豢”同音,所以特意借“豢”字來表示。

上引前一簡的“少不滿車兩,未豢”,意謂僦人鄧尊的這輛車所載的糧食(即麥小石十三石五斗)不够一輛車應載之量,而且沒有用桊裝好(關於漢代運糧之車應

載的糧食數量,參看本文下一則)。上引後一簡是一組"入麥"之簡的總結簡。上引前一簡應該就屬於這一組。這一批所入之麥,有的已用帣裝好,有的尚未用帣裝好,所以簡文有"已絭未絭"之語。

二、關於每車載糧數量的新資料

我在《漢簡零拾》第三則中,曾根據30年代出土的居延簡指出,在漢代,至少在西漢晚期和王莽時代,用車運糧以一車載大石二十五石爲常規。當時我找到了所記的載糧數量與常規明顯不符的兩條簡文,現轉引於下(前面的序數是原文對所引簡文所加編號):

(10) ☑載肩水倉麥小石卅五石輸居延 75·25

(11) 第十部吏一人　載穀三十斛致官　☑ 95·12

對此我作了如下解釋:

> (10)、(11)未言車數,從所載糧食數字看,都應該是一車。漢代小石等於大石的十分之六,(10)的小石卅五石相當於大石二十一石,比常規數字少四石。(11)的三十斛則多出五石(斛、石都相當於十斗)。(11)明記是第十部戍吏自運。(10)從殘存文字看,似乎也是記吏卒自運之事的。這兩車所載糧數與常規不合,可能與此有關。僱傭的僦人和服役的將車者輸送糧食的時候,大概一般比較嚴格地遵守二十五石一車的常規。(《古文字論集》575頁)

在讀了新發表的居延簡和敦煌簡之後,我發現這種解釋是不正確的。

從新發表的居延簡來看,一車載糧大石二十五石,的確是當時的常規。可以說明這一點的,有下引一些簡文:

●右十一月廿七日訖今月七日受十七兩粟大石四百二十五石

EPT40:12,《新》86頁

十七輛車載粟大石四百二十五石,每車正合二十五石。

出粟大石廿五石　一　⼁☑ EPT43:78,《新》106頁

下引之簡中有說"出粟大石廿五石,車一兩"的,可知此簡所記也應爲一車所載。

入粟大石廿五石車一兩☑ EPT43:177,《新》111頁

入粟大石百石車□兩三⍁　　　　EPT43:178,《新》111 頁

將"四"寫作"亖",是新莽簡特點。疑此簡所記之粟分裝四車,每車正合二十五石。

入粟大石廿五石　⍁　　　　EPT43:189,《新》112 頁

對照上引 43:177 號簡,此簡所記之粟也應爲一車所載。

居延平明里王放就人昌里漕陽車一兩　粟大石廿五石

EPT49:53A,《新》147 頁

入三年轉粟廿五石 車一兩
爲…… ⍁　　　　EPT50:57,《新》156 頁

⍁ 車一兩
爲小石卌一石六斗六升大　河平四年正月壬戌甲渠令史□世受甲渠

□□燧長　　　　EPT52:528,《新》263 頁

小石四十一石六斗六升大半升,正合大石二十五石。

入粟大石廿五石車⍁　　　　EPT57:26,《新》338 頁

此簡"車"字下當殘去"一兩"二字。

入粟大石廿五石 車一兩
○ 正月癸卯甲渠官掾譚受訾家茂陵東進里趙君

壯就人肩水里郅宗　　　　EPT59:100,《新》366 頁

出粟大石廿五石 車一兩 始建國二年正月壬辰訾家昌里齊憙就人同里陳豐

付吞遠置令史長　　　　EPT59:175,《新》371 頁

■右壬辰車五兩　粟百廿五石　與此千三百□□⍁

EPT59:176,《新》371 頁

此簡所記五輛之粟共一百二十五石,每車正合二十五石,當屬大石。

入粟大石五十石 車二兩
輸吞遠隊倉 始建國天鳳一年三月乙丑將輸守尉尊□□

⍁　　　　EPT65:412,《新》446 頁

此簡所記之粟大石五十石爲兩車所載,每車也合二十五石。

敦煌馬圈灣所出之簡中有如下三簡：

入 郡倉居攝三年正月癸卯轉兩
　 粟小石卌一石六斗六升大　≀　居攝三年四月壬辰大煎都步昌候史
尹欽隧長張博受就人敦煌高昌里滑護字君房　　《敦》230 頁 282 號，圖版叁壹

入 □□居攝三□□□□□□□一兩
　 □小石卌二□□斗□升　　□□三年三月戊辰大煎都士吏牛黨
□□□□□□□□□□□壽里□□□□　　《敦》230 頁 286 號，圖版叁壹

效穀陽玉里蓋安車一兩　粟小石卌一石六斗九升大　⧄
《敦》259 頁 1058 號，圖版玖柒

後二簡圖版非常不清晰，釋文據原書過錄。其中前一簡的“卌二□”疑當釋“卌一石”，後一簡的“九升”應是“六升”的誤釋。上文已經說過，小石四十一石六斗六升大半升正合大石二十五石。

總之，從漢簡看，當時用車運糧以一車載大石二十五石爲常規這一點，是可以肯定下來的。但是實際情況是很複雜的，與常規不合的情況總是存在的。每車載糧的數量當然不可能斠若畫一。

本文第一則中曾引過敦煌馬圈灣出土的一枚簡（《敦》230 頁 285 號）。據此簡，僦人鄧尊的一輛車所載的糧食只有麥小石十三石五斗。這當然是很特殊的情況。與此簡同出的有如下一簡：

入 郡倉居攝三年正月癸卯轉一兩
　 麥小石卅七石五斗　≀　居攝三年三月戊辰大煎都士吏牛
黨候史尹欽受就人效穀益壽里鄧尊　　《敦》230 頁 284 號

此二簡“居攝三年”以下文字全同，而後者所記一車載糧數則大大超過前者，可知前者所記糧數應是他車載剩的餘數。

但是上引《敦》284 所記的“小石卅七石五斗”，合大石二十二石五斗，仍少於標準量二十五石。而且與此同出的還有如下一簡：

入 郡倉居攝三年正月癸卯轉一兩半兩
　 麥小石五十六石二斗五升　≀　居攝三年四月壬辰大煎都步
昌候史尹欽隧長張博受就人敦煌利成里張賀字少平　　《敦》230 頁 283 號

一輛半載小石五十六石二斗五升，一輛也合小石三十七石五斗。敦煌後坑墩採集

之簡中也有内容與此相類的如下一簡：

入郡倉元年六月轉二兩麥小石七十五石　居攝元年八月己未步昌候長黨隧長尚受就人龍勒萬年里☐　《敦》266頁1234號

二輛載小石七十五石，一輛也合小石三十七石五斗。上文引過舊居延簡中"載肩水倉麥小石卅五石輸居延"一簡，所記數量與此相近。

以上所引一輛載小石三十七石五斗或三十五石之例，其所載糧食全都是麥；而與上引馬圈灣記入麥之簡同出的、從簡文格式等看很可能屬同一簿册的記入粟之簡，如上文引過的《敦》282等簡，其所記的載糧數則仍爲小石四十一石六斗六升大，即大石二十五石。這是很可注意的，不知是否由於同重量的麥的體積較粟爲大的緣故，不過我在《漢簡零拾》第三則中引過舊居延簡253・5"車二兩麥五十［石］"一簡，此五十石似當爲大石，則運麥時仍有一車載大石二十五石之例。

上文引過舊居延簡95・12"載穀三十斛致官"一簡。在新發表的居延簡中，也可以看到一車載三十斛的例子：

入粟三十斛　車一兩　二月☐　EPT14：5，《新》62頁

"三十斛"的"斛"當爲大石。如是小石，三十斛只合大石十八石，離二十五石的標準量就太遠了。

敦煌馬圈灣所出之簡中有如下一簡（爲排印方便，不按簡文原來格式抄録）：

入敦煌二年三月玉門轉一兩，穬麥小石卌八石七斗五升　已入卅七石，少十一石七斗五升　元始二年正月丁巳令史豐受就人敦煌安國里范仲

《敦》239頁532號，圖版伍伍

小石四十八石七斗五升，合大石二十九石二斗五升，與三十石相差甚微。可見一車載大石三十石，在當時也並非很罕見的現象。附帶説一下，上引簡文"仲"上一字，《敦》釋爲"范"；從圖版看，似有可能是"茝"字（參看羅福頤《漢徵》1・10上"茝"字，文物出版社，1978）。

上文所引的關於一車載三十斛（石）和載小石三十七石五斗等例，大都並非"吏卒自運"，可見我在《漢簡零拾》中所作的有關解釋是錯誤的。

總之，從漢簡所記的以車運糧的情況來看，當時確以一車載大石二十五石爲常規，但有時也有一車載到大石三十石的；而在運麥時，可能由於麥的體積較粟爲大，

一車往往只載小石三十七石五斗,即大石二十二石五斗。此外,當然還會有一些我們所不知道的不合常規的情況。各種不合常規的情況,主要當是由各種實際的需要造成的,跟運糧者是哪一種人並無多大關係。

三、樂　涫

《敦》826 號殘簡上有兩位戍卒的籍貫、姓名,原釋文作(此簡尚有其他文字,從略):

戍卒祿福疋竟　戍卒樂浪王譚　　《敦》251 頁,圖版柒捌

祿福是酒泉郡的縣名,樂浪則是郡名,戍卒的籍貫不可能只書郡名而不書縣名;而且敦煌是西北邊郡,樂浪是東北邊郡,樂浪郡的人決不會到敦煌來當戍卒。可見原釋文有問題。細審此簡圖版,"樂"下一字實作"涫"。《漢書·地理志》所記酒泉郡屬縣正有樂涫,故地當在今甘肅酒泉市與高臺縣之間。

清人洪亮吉曰:"《玉篇》《廣韻》'涫'字注云:'縣名,在酒泉。'今《志》(引者按:指《漢書·地理志》)从'官'作'涫',非。"陶憲曾駁之曰:"《説文》無'涫'字,'涫'下云:'从水,官聲。酒泉有樂涫縣。'則字本从'官'甚明。古寫本《玉篇》'涫'下云:'古亂、胡亂二反。《漢書》酒泉有樂涫縣。'是顧氏元書亦作'涫'(《廣韻》平聲二十六桓"涫"下亦云:"樂涫縣在酒泉。")。今《玉篇》《廣韻》作'涫',蓋唐宋《漢志》'涫'字或有誤从'宫'者,孫强、陳彭年輩因而收之。洪不加訂正,反以'涫'字爲非,其失甚矣。"所駁甚是(洪説、陶説皆轉引自王先謙《漢書補注》)。由於漢簡"樂涫"的出現,是非就更加明白了。

附帶説一下,上引《敦》826 釋文中的"疋"字,從圖版看可能也是誤釋的,當存疑。

四、脩　成

《敦》253、270、1010 三簡的原釋文如下:

戍卒循成富里左豐年三十五省府木工美水　府

《敦》229 頁 253 號,圖版貳捌

戍卒循成泉里索歆年三十　能爲梟履　步昌　□□☐

《敦》230 頁 270 號，圖版叁零

戍卒脩成當利里楊馮年三十　省府　取代　省府

《敦》258 頁 1010 號，圖版玖叁

從圖版看，此三簡的“成”上一字顯然是相同的，只不過前二簡的字跡不如後一簡清晰而已。前二簡釋文的“循”字應從後一簡釋文改爲“脩”。

此“脩”字左邊作“彳”。我在《考古發現的秦漢文字資料對於校讀古籍的重要性》一文中，曾指出漢簡中“脩行”的“脩”字，有時由於左邊作“彳”而被誤釋爲“循”；並指出：“漢代隸書‘亻’旁往往變作‘彳’，漢簡、漢碑中‘條’寫作‘絛’，‘假’寫作‘徦’一類現象很常見，並非只有‘脩’字如此。”【重印本按：見本集第四卷 367 頁。】“脩成”誤釋爲“循成”，與“脩行”誤釋爲“循行”同例。

古書中也時見訛“脩”爲“循”之例。上引拙文已指出《後漢書・百官志》劉昭注所引《漢官》和《晉書・職官志》中都有訛“脩行”爲“循行”之例【重印本按：出處同上】。見於上引簡文的地名“脩成”，在今本《漢書・地理志》中也訛成了“循成”。此《志》武都郡下有循成道（《漢書・百官公卿表》：“列侯所食縣曰國，皇太后、皇后、公主所食曰邑，有蠻夷曰道。”）。王念孫《讀書雜志・漢書第七》“循成道”條說：“‘循’當爲‘脩’，隸書‘循’、‘脩’二字相似，傳寫易訛（說見《史記・倉公傳》）。《魏書・地形志》、《隋書・地理志》、《水經・漾水注》並作‘脩城’。”漢簡“脩成”的出現，證明王氏的意見是正確的。脩城故地在今陝西略陽西北。

附帶說一下，從圖版看，上引《敦》253 號簡釋文中的“富”字，似可改釋爲“畜”；270 號簡釋文中的“泉”字、“歆”字和 1010 號簡釋文中的“取代”，似都與原文不符，當存疑。

五、大司空隆心公邑

《敦》220 號簡原釋文如下：

尉大君以秉傷辜半日死元夫𡊁等皆亡大司空隆心公急發覺臣謹案五品不孫典樂掌教大夫之□□　《敦》228 頁，圖版貳貳

從圖版看，“公”下一字實當釋爲“邑”。此“邑”字上部作三角形，隸書“邑”字屢見此種寫法，睡虎地秦簡的“邑”字和“邑”旁中已有此種寫法（看張守中《睡虎地秦簡

文字編》98 頁“邑”字及 99—100 頁从“邑”諸字），漢魏碑刻“邑”字和“浥”、“挹”等字偏旁往往作此形（看劉球《隸韻》卷十緝韻“邑”、“浥”、“挹”諸字，翟云升《隸篇》第六·23 頁下“邑”字）。

《敦》所附《敦煌馬圈灣漢代烽燧遺址發掘報告》討論上引《敦》220 以及可能與之同册的一些簡的時代説：

> ……T5：181 號簡（引者按：即《敦》220 號簡，《報告》引簡用發掘號，參看《敦》的《附錄》所收的《建國後所獲漢簡編號索引表》）載“大司空、隆心公”。據《漢書·王莽傳》，始建國元年正月，以“步兵將軍、成都侯王邑爲大司空、隆新公”。始建國四年，“改十一公號，以‘新’爲‘心’，後又改‘心’爲‘信’”。故 T5：180—184 號簡（引者按：即《敦》219—223 號簡），當爲始建國四年的爰書。（《敦》附錄 68 頁）

《報告》指出“大司空隆心公”是王邑，正確可信，不知釋文爲何將“大司空隆心公”後的王邑之名誤釋爲“急”。從文義上看，“大司空隆新公急發覺”也是有問題的。如要表示“馬上發覺”、“很快發覺”一類意思，只能説“即發覺”，不能説“急發覺”。

附帶説一下，《王莽傳》並未明言“改‘心’爲‘信’”即在始建國四年，因此《敦》220 等簡的時代晚於此年的可能性恐怕也是存在的。

六、可能與陳良、李崇有關的一條簡文

《敦》127 號簡原釋文如下：

> 必蒙天有期殄滅臣等爲故崇叩頭死=罪=唯　　　　《敦》225 頁，圖版壹叁

從圖版看，“有”宜改釋爲“右”，在此當讀爲“祐”。“等”上一字，寫法與見於《敦》250（229 頁，圖版貳捌）和 371（234 頁，圖版肆零）的“良”相同，不應釋爲“臣”而應釋爲“良”，疑指新莽始建國二年（公元 10 年）主謀殺害戊己校尉刁護，脅衆叛入匈奴的戊己校尉史陳良。

此簡當是屬於一位名“崇”者寫給上級的一份書奏的（“奏”指奏記，崇不稱臣，故知不是給皇帝的章奏），可能不是原件而是抄本或草稿。此名“崇”者與見於同出的 91 號簡的“大都護崇”（《敦》224 頁）似當是同一人。《漢書·西域傳下》説天鳳二年（公元 15 年。據《漢書·王莽傳中》應爲天鳳三年即公元 16 年）王莽“迺遣五威將王駿、西域都護李崇將戊己校尉出西域”，王駿兵敗被殺後，“李崇收餘士還

保龜茲。數年,莽死,崇遂沒,西域因絶”。大都護崇即西域都護李崇。

陳良之事見於《漢書》的《西域傳下》、《匈奴傳下》和《王莽傳中》。陳良等殺刁護是始建國二年九月的事(據《王莽傳中》所載始建國二年十一月立國將軍孫建之奏)。陳良等叛入匈奴三年之後,即始建國五年(公元 13 年),匈奴新單于立,欲與中國和親。天鳳元年(公元 14 年),王莽遣使賀單于初立,趁機求得陳良等人,押回長安燒殺之。

上引簡文所錄書奏說:“……必蒙天祐,期殄滅良等爲故。”如“良”確指陳良,此書就應是作於始建國二年陳良叛變之後,天鳳元年陳良被求得之前的。據《王莽傳中》,始建國五年西域都護但欽爲西域叛國所殺(據《西域傳下》,殺之者爲焉耆國),李崇爲都護最早也得在但欽被殺之後。他在作上述書奏時,很可能尚未任都護。疑戊己校尉刁護被殺後,繼任者即李崇,他作此書時的身份可能是戊己校尉。也許陳良事件發生之後,李崇就被派往西域,他在停留於玉門一帶時作了上述書奏。那麽,作此書的時間大概不會晚於始建國三年。

《敦煌馬圈灣漢代烽燧遺址發掘報告》已指出見於上引《敦》127 的崇即李崇(《敦》附錄 84 頁),其說可從。但是,《報告》將此簡與《敦》145 繫聯,則不可從(《報告》引簡用發掘號,所引 75:88 即《敦》127,75:106 即《敦》145,後者見《敦》225 頁及圖版壹肆)。此二簡字跡有異(請比較二簡的“叩”字),而且《敦》145 號簡最後有“臣厶叩頭叩頭”之文,與《敦》127 的“崇叩頭死罪死罪”相矛盾。《報告》認爲上述簡文是天鳳四年“王駿全軍覆沒,西域都護‘李崇收餘士,還保龜茲’”時的奏書(《敦》附錄 84 頁)。如果我們上文的推斷不誤,此說便不能成立了。

《敦》127 出自 1979 年馬圈灣發掘的 T5 探方。據《建國後新獲漢簡編號索引表》,《敦》40 至 480 諸簡皆爲 T5 所出。見於這些簡的當時年號,既有天鳳三、四年,也有居攝三年(《敦》282、283、284、285、286)、始建國元年(《敦》184、185)、始建國二年(《敦》358)、天鳳元年(《敦》187)等。所以《敦》127 屬於始建國時代的可能性是完全存在的。

七、車師後王狐蘭支

《敦》85 號簡原釋文如下:

故車師後亡侯虜支　將諸亡國千餘人　　《敦》223 頁,圖版捌從圖版看,"國"下三字甚不清晰,似當存疑。"虜"字是加注在旁邊的,寫得很小。

《漢書·西域傳下》謂始建國二年,車師後王須置離欲亡入匈奴,都護但欽斬之,"置離兄輔國侯狐蘭支將置離衆二千餘人,驅畜産,舉國亡降匈奴。是時,莽易單于璽,單于恨怒,遂受狐蘭支降,遣兵與共寇擊車師,殺後城長,傷都護司馬,及狐蘭兵復還入匈奴(《漢書補注》謂"'狐蘭'下疑更有'支'字")"。《匈奴傳下》也有大致相同的記載。本文上則所述陳良叛變之事,是緊接着這件事發生的。上引簡文提到的"故車師後亡侯虜支"應即狐蘭支。車師後王須置離被殺後,狐蘭支當襲其位。王莽篡位後,以"天無二日,土無二王"爲理由,將"四夷僭號稱王者皆改爲侯"(《漢書·王莽傳中》),所以簡文稱狐蘭支爲"故車師後亡侯虜支"。加"故"加"亡"加"虜"都是由於狐蘭支已經叛亡的緣故。將其名簡稱爲"支"則是由於已經寫明其具體身份的緣故,與本文下則所引《敦》90 稱烏孫的卑爰疐爲"烏孫歸義侯疐"同例。

《敦》86 説"故車師後亡侯弟虜布將兵二千餘人"(《敦》224 頁,圖版玖),"故車師後亡侯弟虜布"大概就是狐蘭支的弟弟。此簡和上引《敦》85 所説的,有可能就是始建國二年狐蘭支叛亡或入寇時的事。

與《敦》85、86 同出的有如下一簡(簡文據《敦》的釋文過録):

焉耆虜遝且將黍八千人皆發　與南將軍期會車師

《敦》225 頁 149 號,圖版壹伍

"南將軍"亦見《敦》114(《敦》224 頁,圖版壹壹),《敦》106 又稱"南逆將軍"(此據《敦》釋,見《敦》224 頁,圖版壹壹)。"南將軍"爲匈奴官號。據《漢書·匈奴傳下》和《西域傳下》,陳良叛變時,匈奴方面接應他的就是南將軍(《匈奴傳下》又稱"匈奴南犁汗王南將軍",《漢書補注》引周壽昌謂"此南犁汗王所屬南將軍"。"汗"在有的本子中作"汙")。上引之簡,格式、字體與《敦》85 相近,簡文所説似即匈奴遣兵與狐蘭支寇擊車師之事,則此次行動並有焉耆參加,這是過去所不知道的。

八、卑　爰　疐

《敦》486 號簡出自馬圈灣遺址,原釋文如下:

小昆彌卑爰惠和親共治國大善若不相信內計未　　《敦》238 頁,圖版伍壹

今按:"惠"即"疐"字,卑爰疐爲烏孫小昆彌末振將之弟,其事見於《漢書》。

《漢書·西域傳下》記烏孫小昆彌末振將在成帝永始年間(此年代據《漢書補注》所引徐松說),指使貴人烏日領刺殺大昆彌雌栗靡,“久之,大昆彌翎侯難栖殺末振將,末振將兄安日子安犂靡代爲小昆彌。……末振將弟卑爰疐本共謀殺大昆彌,將衆八萬餘口,北附康居,謀欲藉兵兼并兩昆彌。兩昆彌畏之,親倚都護。……至元始中(元始爲平帝年號,共五年,相當於公元1—5年),卑爰疐殺烏日領以自效,漢封爲歸義侯。兩昆彌皆弱,卑爰疐侵陵,都護孫建襲殺之”。《匈奴傳下》記哀帝建平二年(公元前5年),“烏孫庶子卑援疐”部下曾入侵匈奴,單于因此派兵攻擊烏孫,“卑援疐恐,遣子趨逯爲質匈奴”,後因漢朝干涉,匈奴將“卑援疐質子”遣歸。“卑援疐”和“卑爰疐”是同一人名的異寫。建平四年,息夫躬上疏,也提到“烏孫兩昆彌弱,卑爰疐强盛,居彊煌之地,擁十萬之衆,東結單于,遣子往侍”(《漢書·息夫躬傳》)。

上引簡文説:“小昆彌、卑爰疐和親,共治國,大善;若不相信,內計未……”。從語氣看,所議論的應是卑爰疐殺烏日領以自效以後的情況,其時代似當在平帝元始年間。

馬圈灣所出之簡中,還有兩枚與卑爰疐有關的簡。此二簡原釋文如下:

> 尉與車師前侯詡車師伯卑長疐清子俱求度以已巳到如律令
>
> 《敦》224頁89A,圖版玖
>
> 正月丙辰移書敦德　草　　　同上89B
>
> 五校吏士妻子議遣烏孫歸義侯疐清子女到大煎都候鄣
>
> 《敦》224頁90號,圖版玖

從圖版看,《敦》89A當改釋如下:

> 等(?)與車師前侯詡、車師侯伯、卑爰疐侍子俱(?)來,度以己巳到,如律令。

89B的“丙辰”似當釋爲“戊辰”。《敦》90的圖版不清,但可看出“清子”也是“侍子”的誤釋。“子”下一字,似非“女”字,當存疑。

上引《西域傳》説元始年間漢封卑爰疐爲歸義侯,可知89A的“卑爰疐侍子”與90的“烏孫歸義侯疐侍子”指同一個人。屬國君主遣子入侍皇帝稱侍子,實即人質。例如漢宣帝時,匈奴的呼韓邪單于和郅支單于就都向漢朝派遣了侍子(《漢書·匈奴傳下》)。卑爰疐向匈奴單于也派遣過侍子,《匈奴傳》稱爲質子,已見上文。上引二簡都與卑爰疐侍子入漢之事有關,當時卑爰疐應該尚未被殺,而且仍與漢朝維持着比較好的關係。

卑爰疐究竟在哪一年被殺,《漢書》是交代得不清楚的。上引《西域傳》說元始中卑爰疐封歸義侯,後來由於他侵陵兩昆彌,"都護孫建襲殺之"。《漢書補注》引徐松曰:"《段會宗傳》稱都護孫建在建平中,不應元始中尚在西域,或再任也。"《漢書・段會宗傳》說段會宗在元延年間使烏孫,誅殺末振將太子番丘,後來由於"小昆彌季父卑爰疐擁衆欲害昆彌,漢復遣會宗使安輯,與都護孫建并力",並未明言其事在建平中。《西域傳》雖然敘孫建殺卑爰疐之事於元始中卑爰疐封侯事之後,但也並未明言殺卑爰疐就在元始年間。上引《敦》89B 已稱敦煌爲敦德,89A 又稱車師君主爲侯,其時代至少應已晚到新莽初年。但據《漢書・平帝紀》,孫建在元始元年已是"右將軍",地位很高。此後他長期是王莽的親信,似乎不可能再去任西域都護。所以卑爰疐究竟在何時爲何人所殺,西域都護孫建與王莽親信孫建究竟是不是一個人,都是有待研究的問題。治西域史者早就注意到了這些問題,馬圈灣簡提供了新的綫索。

原校按:

寫此文時,《居延新簡》圖版本尚未發賣,故有關簡文皆引自 1990 年出版的只有釋文的平裝本。今亦未遑與圖版本一一核對,只是删去了平裝本 EPT59:176 號簡釋文"粟百廿五石"下明顯誤衍的"徘"字。

原載《簡帛研究》第二輯(法律出版社,1996),今據以收入。其中《關於"𢁉"的新資料》、《漢簡中所見的卑爰疐》又載《裘錫圭學術文化隨筆》。

帛書《要》篇釋文校記

馬王堆漢墓所出帛書《周易》,附有《二三子問》、《繫辭》、《易之義》、《要》、《繆和》、《昭力》等篇"易傳"(所舉最後三篇標題,爲帛書所原有)。《要》的篇幅最短,但由於內容重要,很受學者們重視。這篇帛書的照片尚未公佈,而釋文則已經發表了四種。現在按照發表時間依次加以介紹。我們用甲、乙等天干爲這些釋文編了號,下文稱引時就以此爲它們的簡稱。

甲、陳松長、廖名春《帛書〈二三子問〉、〈易之義〉、〈要〉釋文》(第三節爲《〈要〉釋文》),載陳鼓應主編《道家文化研究》第三輯,上海古籍出版社,1993年8月。

此文篇首說:"帛書原件已斷裂殘碎,經拼接復原。尚有若干零碎殘片,有待進一步試綴。"(424頁)可知作者看到了帛書原件,並做過拼接復原的工作。

作爲此文作者之一的廖名春先生,在下文將要加以介紹的《丁》的篇首,對《〈要〉釋文》寫作和發表的過程作了如下說明:

> 本篇帛書(引者按:指《要》篇)最初由筆者和陳松長先生各自作出釋文,筆者統一修改後,再交李學勤先生審校。筆者將李先生的審定稿寄給陳松長先生核對原件,加以校改。在此基礎上,再由筆者定稿,以陳松長和筆者的名義發表於《道家文化研究》第三輯。(《丁》26頁)

從這個說明看,釋文大概主要是根據帛書照片寫出來的,但在釋讀過程中核對過原件。

乙、池田知久《〈馬王堆漢墓帛書周易〉要篇之研究》(第二節爲《〈馬王堆漢墓帛書周易〉要篇釋文》),載東京大學《東洋文化研究所紀要》第百二十三册,1994年2月。

此文作者在1989年冬借得一份包括全部"易傳"在內的馬王堆漢墓帛書《周易》的"照相版的正片",釋文即以此爲底本(上引書113、135—136頁)。作者寫了兩種釋文。一種是反映“照相版”原貌和作者的整理工作的情況的,附有“訓讀”和詳細的“注”,見上引書135—192頁。作者發現“照相版”中有些帛書碎片的位置放得不對,寫釋文時作了如下處理:各個放錯位置的碎片上的文字照樣釋出,但用“/”號把它們跟上下文隔開,再把這種碎片上的文字(那些無法知道原來應有位置的碎片除外),放在“[ ]”形括號内,分别移入它們原來應有的位置。作者對那些根據《易·繫辭·下》跟《要》同文的段落或根據推測而補出的缺文也用“[ ]”號。爲了加以區别,下文引用《乙》的釋文時,把前一種用法的“[ ]”號改爲“{ }”號。另一種釋文是只反映作者整理成果的復原本,前一種釋文中放在兩個“/”號之間的文字已經删去。作者稱之爲“要篇經文”,見上引書193—200頁。下文中出現的“《乙》”,一般指前一種釋文。

據説,在《乙》尚未正式發表時,我國“學界已有複印本流傳”(王博《〈要〉篇略述》,《道家文化研究》第六輯321頁,上海古籍出版社,1995年6月)。

丙、池田知久《〈馬王堆漢墓帛書周易〉要篇之思想》(釋文見第三節《〈馬王堆漢墓帛書周易〉要篇之經文》),載《東洋文化研究所紀要》第百二十六册,1995年1月。

作者在寫此文時已經看到了《甲》。在此文第二節《陳松長、廖名春“帛書〈要〉釋文”之檢討》中,他對《甲》與《乙》不同之處逐一作了討論,認爲有些地方《甲》是正確的(上引書4—16頁,下文引用時簡稱爲“檢討”)。在此基礎上,他改定了《要》篇釋文的復原本,列爲此文的第三節,見上引書17—25頁。此文正式刊出前,也已在我國學界流傳,其釋文已轉載於《國際易學研究》第一輯。

《丙》省略了對已移正的碎片上的文字所加的“[ ]”號(其凡例第二條説明了這一點,《國際易學研究》轉載的凡例的譯文把這一條的意思譯反了)。

丁、廖名春《帛書〈要〉釋文》,載朱伯崑主編《國際易學研究》第一輯,華夏出版社,1995年1月。

據作者的篇首説明,《丁》是在《甲》的基礎上,根據他後來發表的《帛書釋〈要〉》一文中對《甲》所作的補正(其文見劉夢溪主編《中國文化》第十期,1994年8月),並吸取《乙》、《丙》“釋‘溥’、‘蘗’等字”的意見,改寫而成的(《國際易學研究》第一輯26頁,作者並特别注明《帛書釋〈要〉》一文是1993年10月投稿的)。

上述四種釋文,彼此頗有出入,情況相當複雜。

我在70年代曾被借調到文物出版社,從事銀雀山漢簡等出土文字資料的整理工作。在1976年下半年或1977年,我曾向馬王堆漢墓帛書整理小組中從事《周易》部分的整理工作的一位先生，借來經過初步整理的帛書《周易》部分的照片，對其中的《二三子問》、《要》、《繆和》、《昭力》諸篇，匆匆試作了一份釋文，供自己參考。目前，《要》篇各本釋文之間的分歧，已經引起了學術界的關注。我不揣冒昧，利用二十年前所作的試釋（下文簡稱爲"戊"），寫了這篇校記，發表出來供大家參考。

有一件事需要說明一下。陳松長、廖名春、池田知久三位先生所依據的帛書照片，大概都保持着或基本保持着帛書揭裱工作完成時的面貌，所以有不少碎片放錯了位置。《甲》和《乙》都做了調整碎片位置的工作。《乙》的成績較好。《丁》的作者在《帛書釋〈要〉》中也做了這方面的工作。我寫《戊》時所依據的帛書照片，是馬王堆漢墓帛書整理小組初步整理過的。《戊》在碎片位置調整方面所反映的，完全是整理小組的成績。我自己在這方面沒有做過任何工作。但在帛書文字的辨釋方面，《戊》如有錯誤，則應該完全由我負責，與整理小組無關。

陳松長先生在《馬王堆帛書〈繆和〉、〈昭力〉釋文》的"整理說明"中說，他所作的帛書《易傳》釋文"僅供學術界研究參考，最後定本當以文物出版社將出的《馬王堆漢墓帛書》第貳輯爲準"（《道家文化研究》第六輯 380 頁，上海古籍出版社，1995 年 6 月）。我的試釋和校記當然也屬於僅供參考之列。衷心希望《馬王堆漢墓帛書》第貳輯能儘快出版。

現在交代一下校記的體例。

已發表的那些釋文加上《戊》共爲五種。凡五種釋文不一致之處，一般都加以校勘。但《甲》已在文章篇首聲明："釋文（引者按：包括《二三子問》、《易之義》和《要》的釋文）盡可能用通行字體，如亓作其，荆作刑，耂作者，胃作謂，朕作勝，思作悔等。"（424 頁）對由此而造成的不一致（限於已舉出的那些例子），就不出校了。對各種釋文在所標缺文符號和標點方面的出入，如無必要指出，也不出校。

《甲》、《乙》、《丙》、《丁》都認爲帛書《要》篇原有二十四行，都在釋文中標明了帛書行次（由於帛書已攔腰斷開，《乙》和《丙》還把每行分成上、下兩部分）。《戊》雖然未標帛書行次，但其釋文在帛書分行處也都作了標記。所以校記就以帛書的行爲單位，除不必校的第二、三、五行外，每行寫一條校記。先將該行的五種釋文中的有關內容依次錄出（該行釋文中不必錄出的內容用省略號代替），然後加按語，對其中需要校勘之處逐一加以討論。《乙》和《丙》出自同一作者之手，引《丙》的釋文時只錄其與《乙》有所不同的部分。所引《甲》、《乙》、《丙》、《丁》的釋文之末，都加括號注明發表的書刊的頁次。

《戊》是匆匆寫成的，目前我手頭又沒有帛書照片或其複印本可資核對，所以其中一定有不少疏誤。爲求真實，引録時盡可能按照原樣，不作任何實質性的修改。如發現問題，在按語中説明。（作者校按：此稿寫成後，從友人處借得帛書《要》篇未經整理的照片，核對以後，發現拙稿有不少須加改正或補充之處。由於時間不够，無法改寫全文，只能用在有關文字後加"校按"的辦法來補救。讀者諒之。）

爲使眉目清楚，在每條校記前用專行標出數字編號，其後加括號注明所校釋文的帛書行次。

1（第一行）

《甲》、**《戊》**皆未録第一、二、三行。

《乙》 □□□□□□、德之□也。地……（137 頁）

《丙》同《乙》。

《丁》……肴有□□□□（26 頁）

按：《乙》的注已指出，有"德之□也"等字的殘帛片，説不定是原屬《易之義》篇（引者按：此篇抄在《要》篇前方），但被誤置於此的（137 頁注 4）。《丁》的第一行釋文沒有"德之□也地"這些字，而有不見於《乙》的"肴有"二字。後者也應是殘帛片上的字，其原來應有的位置恐怕很難確定。（校按：在這次借來的照片上沒有這些字。）《丁》的作者在《帛書釋〈要〉》中，根據"肴（爻）有"二字，斷定"帛書《要》篇第一、二兩行的内容，就是今本《繫辭傳下》的第十章"（63 頁。《繫辭》下第十章有"爻有等"語）。此説似難視爲定論。

2（第四行）

《甲》……反疏（434 頁）

《乙》……反疎（140 頁）

《丙》同《乙》。

《丁》、**《戊》**同《甲》。

按：我在《讀〈戰國縱横家書釋文注釋〉札記》中，批評其釋文把"流"誤釋爲"涑"時指出："漢代人往往把'㐬'旁寫得像'束'。'疏'的異體'疎'，大概就是由於'㐬'旁被誤認爲'束'而産生的。"（拙著《古代文史研究新探》85 頁，江蘇古籍出版社，1992）《要》篇抄寫時間不會晚於西漢早期，當時還不可能出現真的把右旁寫作"束"的"疎"字。《乙》釋不可從。

3（第六行）

《甲》……至命者也。易……（434 頁）

《乙》……至命者也。易/不躃任也。夫子/□德、則……（142 頁）

《丙》……至命者也。易□□□□□□□□德、則……(19 頁)

《丁》、《戊》同《甲》。

按：見於《乙》的"不腁任也夫子",《乙》的注已指出應移至第十行(142 頁注 4)。此六字在《甲》、《丁》、《戊》中,都正在第十行(參看下文第 7 條)。

見於《乙》、《丙》的"□德則",也應是碎片上的字。此三字在《甲》、《丁》、《戊》中,都位於第八行的"不能知易"之上。《乙》的注說"德"上一字殘損不可釋(143 頁注 5),《戊》亦未釋此字,《甲》、《丁》則釋爲"無"(參看下文第 5 條)。(校按："德"上一字只殘存筆畫的左端,如與第十二行"無立而求"之"無"相比較,可以發現二字左側最下部寫法有異。故此字以存疑爲妥。)

4(第七行)

《甲》明而甚〼行其義,長其慮,脩其〼易矣。……(434 頁)

《乙》明而甚不……行亓義、長亓慮、脩亓/亓友、言至一也。君子安不/□□□易矣。……(143 頁)

《丙》……脩亓[道]□□□□□□□□□□□□□易矣。……(20 頁)

《丁》、《戊》同《甲》。(《丁》不用"〼"號而據缺字數打"□"號,這一點與《甲》不同。前面已經說過,我們一般不校這類異同。下面遇到這類情況不再說明。校按：《戊》在"明而甚"下有"不"字,則與《乙》同。依例本不應說"《戊》同《甲》",而應將《戊》的有關文字録出。)

按:"甚"字下,《乙》、《丙》、《戊》有"不"字。但《乙》的注指出,此字說不定是別的字(144 頁注 1);《戊》原來也在"不"字上打了"?"號,可見都沒有很大把握。帛書此字一定是不清晰或不完整的,所以《甲》、《丁》皆未釋。(校按：此字只殘存上部,但似乎確是"不"字。)

見於《乙》的"亓友言至一也"和"君子安不",《乙》的注已指出應分別移至第十一行和第九行。在《甲》、《丁》、《戊》中,前六字都正在第十一行,後四字都正在第九行(參看下文第 8 條和第 6 條)。(校按：上條校記提到的"□德則"跟"君子安不"是同一碎片上的前後兩行。所以移正位置之後,一在第八行,一在第九行,也是前後相次的。)

《丙》本"脩亓"下的"道"字,是參照《荀子・正論》等篇的"脩其道,行其義"語而補出的(參看《乙》144 頁注 6)。

5(第八行)

《甲》……無德,則不能知易,故君子奠(尊)之。……(434 頁)

《乙》……此[由]不能知易。故君子奠之。/或擊之。立心,……(145 頁)
《丙》……故君子奠之。□□□□□……(20 頁)
《丁》……無德則不能知易。故君子奠……(27 頁)
《戊》……德則不能知易故君子奠……

按:關於《甲》、《丁》二本"不能知易"之上的"無德則"三字和《戊》本"不能知易"之上的"德則"二字,請參看上文第 3 條。《乙》、《丙》在"不能知易"之上有"此[由]"二字(加"[ ]"在此表示不能確釋,參看《乙》145 頁注 5),爲《甲》、《丁》、《戊》所無。此二字大概也是殘片上的字,此處恐非其原來應有的位置。(校按:此二字確是不應置此的碎片上的字,第二字非"由"字,是"乎"字。)

"君子"下一字从"酉"从"廾"(収)的變形,从"廾",與《説文》"尊"字正篆相合,其實可以直接釋作"尊"。馬王堆帛書"尊"字往往如此寫(參看《秦漢魏晉篆隸字形表》1071—1072 頁,四川辭書出版社,1985)。《甲》、《乙》、《丙》、《丁》都將此字隸定爲"奠",與本从"丌"的"奠"字相混,是不妥當的。《乙》的注説"奠"是"尊"的假借字(146 頁注 8),也不準確。下文遇此字時不再出校。"尊"字下,《甲》、《乙》、《丙》釋出"之"字,《丁》、《戊》則未釋。這大概是一個殘字。(校按:這個字確是"之",上部稍殘,但其實是錯置於此的一塊殘帛上的字。此字與下文就要提到的"或擊之立心"是連成一行的,應該移到第十二行去。所以《甲》的釋文應删去此字,《乙》的釋文應作"故君子奠/之或擊之立心/",《丙》的釋文應將"之"改成"□",並删去其後句號。)

見於《乙》的"或擊之立心",《乙》的注已指出應移至第十二行(145 頁注 6)。此五字在《甲》、《丁》、《戊》中,都正在第十二行(參看下文第 9 條)。

6(第九行)

《甲》……安得益吾年乎?吾□焉而産道,□焉益之,□而貴之,難〼危者安其立(位)者也;亡者保[其存者也;亂者有其治者也。是故]君子安不忘危,存不忘亡,治不[忘亂。是以身安而國]家可保也。……毄(繫)于(434 頁)
《乙》……安得益吾身乎。吾□/焉而産、道□焉益。益之/□□□。□而貴之、難。/[安]立者也。亡者、保[存者也。亂者、有治者也。]/亡□/忘危、存不忘亡、治不忘/之爲也。夫子/尚[身]、[國]家可保也。……毄于(146 頁)
《丙》……吾□□□□□□□□□□□□□[・夫子曰、危者、安]立者也。亡者、保[存者也。亂者、有治者也。君子安不]忘危、存不忘亡、治不忘[亂。是以]□□尚[身、國]家可保也。……(20 頁)

《丁》……安得益吾年乎。吾□□□□□□□□□□□□[夫子曰]：危老安亓立老也，亡者保[亓存老也。是故]君子安不忘危，存不忘亡，治不忘[亂。是以身安而國]家可保也。……系于(27 頁)

《戊》……安得益吾年乎吾▨[子曰]危者安其立者也亡者保[其存者也是故]君子安不忘危存不忘亡治不[忘亂是以身安而國]家可保也……毄于

按："益吾"之下一字當從《甲》、《丁》、《戊》釋"年"。《乙》、《丙》釋爲"身"，不可信。

見於《甲》和《乙》的"焉而產道□焉益之"(《乙》認爲"益"下缺重文號，其釋文重"益"字，不可信，參看下文第 17 條)，《乙》的注已指出應移至第二十行(147 頁注 2)。《戊》所據整理小組照片和《丁》都是如此處理的(參看下文第 17 條)。

見於《甲》和《乙》的"而貴之難"，《乙》的注已指出大概是放錯位置的字，但不知應移何處(147 頁注 3)。《丁》、《戊》無此四字。

"立(位)者"之上，《乙》沒有《甲》、《丁》、《戊》都有的"危者安其"四字。《檢討》對《甲》的這四個字是否爲帛書所原有表示懷疑(6 頁)，所以《丙》仍維持《乙》的復原本的有關釋文不變。其實這四個字是完全可信的，它們在我所見到的整理小組的照片上明明白白地存在着。只不過在《乙》所據的照片上，寫有這四個字的碎片還沒有被綴合上去而已。此句"其"字，《丁》作"亓"，當合乎帛書原貌；《戊》作"其"，大概是不小心寫錯的。(校按：在照片上，有"危者安亓"四字的碎片被誤置在緊接《要》篇之後的《繆和》篇的第七行。《甲》在將此四字移到"立者"之上並將照片上本置於此處的"而貴之難"上推到離"……□焉益之"尚有一字距離的位置之後，在"而貴之難"，跟"危者安亓立者也"之間實已不可能有空隙，但《甲》可能是由於二者文義不連，硬在中間打了一個"▨"號。)

"危者安其位者也"以下的一段文字，也見於《易・繫辭・下》。《戊》據《繫辭》在此句前補"子曰"二字。但在《要》篇下文見於《繫辭・下》的文字中，兩見與《繫辭》的"子曰"相當的"夫子曰"，所以《乙》的復原本(《丙》同)和《丁》，在此都補了"夫子曰"三字，前者並且以意補加了一個分章圓點(參看《乙》147—148 頁注 8)。由於不承認《甲》的"危者安其"四字，《乙》的復原本(《丙》同)還在"夫子曰"之後補了"危者安"三字(195 頁)。其所以不補"安"下的"其"字的原因，下面將會講到。

"亡者保"之下的缺文，各本都據《繫辭》加以擬補。《丁》和《戊》都按照帛書上實際存在的空缺的地位，補了"亓存者也，是故"六字。這大概是符合帛書原貌的。與下文"治不忘[亂]"相應的、見於《繫辭》的"亂者有其治也"一句,當爲帛書抄寫者所抄脱(參看《帛書釋〈要〉》63 頁)。《甲》所補缺文包含此句,帛書此處絶對容納不下。《乙》、《丙》所補缺文中也有"亂者"句。不過池田氏不承認"危者安其"四字爲帛書所原有,爲了減少所補缺文的字數,"危者"、"亡者"、"亂者"三句都不用"其"字。此外,見於《繫辭》"亂者"句和"君子安不忘危"句之間的"是故"二字,他也略去未補。但是即使作了這樣的處理,原來的空缺地位也還是不够用。他所補的"存者也亂者有治者也",字數比《丁》、《戊》所補的多了三個。

見於《乙》的"亡□",《乙》的注已指出本來不應置此(148 頁注 11,注中並指出第一字是殘字,不能斷定其必爲"亡"字)。他本皆無此二字。(校按:上條校記的校按中提到的"此乎",跟這兩個字是同一塊碎片上的前後兩行。此行第一字不當釋"亡",實爲"之"字的右半。第二字殘存右旁"首",當釋"道"。參看第 12 條的校按。)

"忘危"之上的"君子安不"四字,《乙》所據照片錯置在第七行。《乙》本第七行注已指出這四個字應移至此處(參看上文第 4 條)。但池田氏在寫此行釋文時,就已經忘掉了這件事。他在爲此行"訓讀"作注時說,"亡□"移去後出現的空位,跟上文空白的殘餘合起來約有三個字的地位,他據通行本《繫辭》補了"君子安不"四個字(149 頁注 17)。《乙》的復原本把這四個字跟緊接其上的"亡者保"之後的補文,一起放在作爲補字標識的"[ ]"號裏(195 頁)。"亡□"移去後實際上只能空出兩個字地位,但池田氏却需要補四個字,這正說明前面所補的字太多了。

《檢討》對《甲》的"君子安不"四字,就跟對"危者安其"四字一樣,也懷疑它們並非帛書所原有(6—7 頁),所以《丙》仍維持《乙》的復原本的有關釋文不變。看來池田氏把見於他所依據照片第七行的這四個字完全忘掉了。

《乙》的注指出"治不"之下的"忘"是殘字(148 頁注 12)。《甲》和《戊》都把這個"忘"處理爲據《繫辭》補出的缺字,估計原來剩下的筆畫一定非常少。(校按:此"忘"字只剩"亡"旁的左下角。)

見於《乙》的"之爲也夫子",《乙》的注已指出應移至第十三行(148 頁注 13)。這五個字在《甲》、《丁》、《戊》中正在第十三行(參看下文第 10 條)。(校按:校記第 3 條提到的"不朕任也夫子"、第 4 條提到的"亓友言至一也"、第 5 條提到的"或擊之立心",跟"之爲也夫子"是同一塊碎片上前後相次的四行字。所以移正位置之後,其所在的第十、十一、十二、十三這四行也是前後相次的。)

見於《乙》的"尚[身]"(其 148 頁注 14 說,"尚"字之釋並無充分把握,"身"也有可能本是“躳”)，可能也是放錯位置的碎片上的字。《甲》、《丁》、《戊》皆無此二字。（校按：照片上此處有一小碎片，上有“予樂”二字，但被放倒了。《乙》將倒置的“樂”誤認爲“尚”，並疑倒置的“予”是“身”或“躳”字。《戊》所據照片已將此碎片移到第十四行。參看下文第 11 條。)《乙》本“尚[身]”與“家”之間的“[國]”字，是據《繫辭》補出的(148 頁注 15)。《甲》、《丁》、《戊》都據《繫辭》在“家可保也”之上，補“是以身安而國”等字，當可信。

《丁》將“毄”(繫)字釋作“系”，與其體例不合。

7(第十行)

《甲》……夫子曰：德薄而立(位)奠(尊)，□□鮮不及。易曰“鼎折足，復(覆)公莡(餗)”，言不勝任也。夫子曰：……(434 頁)

《乙》……夫子曰、德溥而立奠、/簹、而知吉與凶、順於天□□/鮮不及。易曰、鼎折足、復公莡、亓剘屋。凶。言{不胼任也。夫子}曰、……(149—150 頁)

《丙》……夫子曰：德溥而立奠、[知小而謀大、力少而任重、]鮮不及。……言不胼任也。夫子曰、……(20—21 頁)

《丁》……夫子曰：德溥而立奠，[知小而謀大，力小而任重]，鮮不及。易曰：“鼎折足，復公莡，亓剘屋，凶。”言不朕任也。夫子曰：……(27 頁)

《戊》……夫子曰德薄而立尊[知小而謀大力少而任重]鮮不及易曰鼎折足復公莡(餗)亓刑屋凶言不朕任也夫子曰……

按：“德”下一字，《甲》、《戊》釋“薄”，《乙》、《丙》、《丁》釋“溥”而讀爲“薄”。此字究竟應該如何釋，要核對帛書原件或照片才能確定。（校按：此字寫法與《秦漢魏晉篆隸字形表》49 頁“薄”字條中欄第四行所收諸字相似，似以釋“薄”爲妥。)

見於《乙》的“簹而知吉與凶順於天”，《乙》的注已指出應移至第二十一行(150 頁注 2)。整理小組的照片和《丁》都是如此處理的(參看下文第 18 條)。《甲》删去了這九個字，但没有把它們移到應有的位置上去(參看《檢討》7 頁)。據《帛書釋〈要〉》(63 頁)，上條校記所說的“焉而產道□焉益之”和這九個字，是被錯置在第九、第十行的一塊殘片上的兩行字。所以移正位置之後，二者所在之行也是相鄰的，前者在第二十行，後者在第二十一行。《甲》、《乙》在“鮮不及”之上打了兩個缺文號。（校按：從照片上看，當是表示“簹而知吉與凶順於天”跟“鮮不及”之間的空位的。)《甲》在這兩個缺文號前，本應加“☐”號，或再打九個缺文號，以填補所删除的九個字的空位。《乙》的復原本(《丙》同)在移去不應有的字以後，據《繫辭》補了“知小而謀大，力少而任重”十個字，應該是正確的(參看《檢討》7 頁)。

《丁》、《戊》也補了這十個字(《丁》所補之文"力少"作"力小",是由於所據之本不同)。

《甲》在"復公茈"下脱漏"其刑渥凶"四字,《檢討》8 頁已指出。

"公"下之字,《戊》沒有釋作"茈",而將在下的偏旁按原形摹出。這是由於考慮到這個偏旁也有可能應該釋作"疋"(即"疏"字聲旁)。"茈"見於《玉篇》、《廣韻》,"疋"則可以看作"蔬"的異體。在漢代音中,"足"和"疋"都與"餗"相近。

《乙》、《丙》不將"任"上之字直接釋爲"朕"而加以隸定,實無必要。"勝"从"朕"聲,所以"朕"可讀爲"勝"。

8(第十一行)

《甲》曰"不遠復,無莫(祗)誨(悔),元吉。"天地昷,萬勿(物)潤,……易[曰]"三人行則損一人,一人行則[得]其友",言至一也。君子安其身而後動,易其心而後評,定位而後求。……(434 頁)

《乙》曰、不遠復、无莫誨。元吉。天地困、萬勿潤、……易[曰]、三人行、則損一人。一人行、則[得]{亓友。言至一也。}[夫子曰]、君子安亓身而後動、易亓心而后評、定位而后求。……(156 頁)

《丙》……一人行、則[得]亓友。言至一也。……定[亓]位而后求。……(21 頁)

《丁》曰:"不遠復,无莫誨,元吉。"天地昷,萬勿潤,……易[曰]:"三人行,則損一人;一人行,則[得]亓友。"言至一也。君子安亓身而後動,易亓心而後評,定位而後求。……(27 頁)

《戊》曰不遠復无莫悔元吉天地萬勿潤……易[曰]三人行則損一=人=行[得]亓友言至一也君子安亓身而後勤易亓心而后評定位而后求……

按:"莫"上之字,《甲》作"無",他本皆作"无",後者合乎帛書原貌。"莫"下之字,除《戊》外各本皆作"誨",《戊》作"悔"當是筆誤。(校按:從照片看確是"无"字"誨"字。)

"天地"下一字,《甲》、《丁》釋"昷",《乙》、《丙》釋"困",《戊》摹其原形而未釋。從所摹之形看,此字顯然不是"昷"字,而很可能是右邊稍殘的"困"字。《乙》釋可從。(校按:此"困"字所从之"木",寫法與第十三行"君子言以杲方也"句"杲"字所从之"木"相同。)《乙》的注疑"困"當讀爲"混"(158 頁注 5),也很可能是正確的。

《乙》的注指出,帛書此行第一個"易"字下缺去一字,第二個"則"字下缺去一至二字,故據《繫辭・下》分別補"曰"字、"得"字(156 頁注 1、157 頁注 2)。其他各本也都如此補字。《戊》沒有第二個“則”字,是不小心脱漏的。

《乙》又據《繫辭》在“君子安亓身”句前補“夫子曰”三字(《繫辭》原作“子曰”,關於《乙》加“夫”字的原因,請看上文第 6 條)。但《乙》的注已指出,其所據照片在“君子安亓身”句之前的十一行下的開始處約有七個缺字(159 頁注 9)。《乙》在將原在其所據照片第七行的“亓友言至一也”六字移到此處後,還要再補“夫子曰”三字,地位顯然不够。爲減少所補字數,《乙》的注也曾考慮到只補“子曰”二字(同上),不過恐怕還是像《甲》、《丁》、《戊》那樣不補字爲妥。《戊》所據整理小組照片,“亓友言至一也”六字在正確位置上。我寫釋文時,並未感到這幾個字跟“君子安亓身”句之間有可以補字的空位。

“君子安亓身而後動”以下三句,第一句雖用“後”字,後兩句却都用“后”字。《甲》、《丁》二本,三句皆用“後”字,當是筆誤。“動”字,《戊》作从“力”“童”聲(本行下文“危而動”之“動”同,二十一行亦有此字,皆不再出校)。从“童”當合乎帛書原貌,但他本直接釋作“動”也是合理的。(校按: 此字確从“童”。)

“易亓心”句末字,《戊》作“評”,他本皆作“評”。(校按: 從照片看,《戊》所釋誤。)

《乙》的注認爲帛書“定位而后求”句,“定”、“位”二字間奪一“亓”字(160 頁注 14)。《乙》的復原本和《丙》補出了這個字。

9(第十二行)

《甲》……易曰“莫益之,或繫之,立心勿恆,凶”,此之謂也。·夫子老而好易,居則在席,行則在囊。……(434 頁)

《乙》……易曰、莫益[之]、{或毄之。立心}/聞於无/勿恆。凶。此之胃也。·夫子老而好易。居則在席、行則在橐。……(160—161 頁)

《丙》……易曰、莫益之、或擊之。立心勿恆。凶。……(21 頁)

《丁》……易曰:“莫益之,或擊之,立心勿恆,凶。”此之胃也。·夫子老而好易,居則在席,行則在囊。……(28 頁)

《戊》……易曰莫益之或擊之立心勿恆凶此之胃也·夫子老而巧易居則在席行則在橐……

按:“莫益”下“之”字,《乙》把它當作缺文補出,《檢討》認爲《甲》釋出“之”字,當由於帛書實物上能見到此字(8 頁),所以《丙》去掉了它的“[ ]”號。《丁》、《戊》所釋皆有此字。(校按: 此“之”字原在從第八行移來的“或擊之立心”之上,參看第 5 條的校按。)

“或”下一字,《甲》釋“繫”,《乙》釋“毄”(即“毃”)。《檢討》指出帛書此字實作“擊”(8—9 頁),《丙》已改正。《丁》、《戊》亦釋“擊”。

見於《乙》的“聞於无”,《乙》的注已指出應該移走(162 頁注 7)。《甲》本將此三字(第三字《甲》釋爲“夫”)置於第十四行(參看下文第 11 條)。《丁》、《戊》皆無此三字。

“夫子老而”之下一字,《戊》釋“巧”,各本皆釋“好”。第十三行有“夫子何以老而好之乎”語,與此句呼應,此字似當以作“好”爲是。《戊》可能把上端殘損或不清晰的“好”字誤認作了“巧”。(校按:此“好”字原殘去上端。)

“行則在”之下一字,《甲》、《丁》釋“囊”,《乙》、《丙》、《戊》釋“橐”,後者是正確的(參看《檢討》9 頁)。

10(第十三行)

《甲》子它日教此弟子曰:“悳(德)行亡者,神needed(靈)之趨;知(智)謀遠者,卜筮之蔡”,……賜緍(?)行之爲也。夫子何以老而好之乎?……前羊(祥)而至者,弗羊(祥)而好(?)也。(434 頁)

《乙》子也日教此弟子曰、悳行亡者、神靈之趨。知謀遠者、卜筮之蘩。……賜緍行{之爲也。夫子}/而不□/何以老而好之乎。……前手而至者、弗手而巧也。(163 頁)

《丙》子它日教此弟子曰、……賜緍行之爲也。夫子何以老而好之乎。……前羊而至者、弗羊而巧也。(21 頁)

《丁》子它日教此弟子曰:悳行亡老,神needed之趨;知謀遠老、卜筮之蘩。……賜緍行之爲也。夫子何以老而好之乎?……前羊而至老,弗羊而巧也。(28 頁)

《戊》子它日教此弟子曰德行亡者神霝之趨知謀遠者卜筮之蘩……賜緍彳□之爲也夫子何以老而好之乎……前干(羊)而至者弗羊而巧也。

按:“它日”之“它”,《乙》釋“也”,認爲是“他”的省文或假借字(164 頁注 1)。《丙》從《甲》改釋“它”。但《檢討》説,“也”和“它”本爲同一字,只是由於帛書《要》篇的隸書“它”、“也”有别,故從《甲》釋(9 頁)。這是有問題的。“也”和“它”在古文字裏也是有區别的(參看葛英會、彭浩《楚簡帛文字編》301 頁“也”字及 339 頁“它”字,東京:東方書店,1992),《金文編》等認爲“它”、“也”一字,不可信。

“行亡者”之上一字,《甲》、《乙》、《丙》、《丁》皆作“悳”(《乙》、《丙》字形無中間横畫)。《戊》作“德”,可能是筆誤。

“神”下一字,應釋“needed”而讀爲“靈”,《乙》、《丙》直接釋爲“靈”,與其體例不合。《戊》將“靁”的三個“口”寫成倒“品”形，是反映帛書原貌的，由此可窺知《乙》釋此字爲“靈”的原因。

“卜筮之”之下一字，《甲》釋“蔡”，誤；《乙》釋“蘩”，認爲是“繁”的假借字（164頁注3），可信。《丁》從之。《戊》依帛書此字原形隸定，其字不从“每”而从“母”，可能帛書抄寫者以草頭的左半兼充“每”的上部（《說文》“每”字“从屮，母聲”）。

見於《乙》的“而不□”，《乙》的注已指出應該移走。（校按：“而不□”跟上條校記提到的“聞於无”在同一塊碎片上。）移走後，從《乙》所據照片第九行移來的“之爲也夫子”，就可以跟“何以老而好之乎”相綴合了（164頁注5）。他本皆如此綴合。

“賜緡”句，《甲》、《乙》、《丙》、《丁》所釋皆同。《戊》的釋文，“緡”下一字只釋出“彳”旁（此字恐非“行”字）；此字與“之爲也”之間，尚有一缺字。（校按：細審照片，“緡”下斷非“行”字，但《戊》在此字下所加“□”號似應删去。）

出現在“前”和“弗”之後的那個字，《乙》誤釋“手”，《丙》已從《甲》改釋爲“羊”（參看《檢討》9頁）。據《戊》所摹原形，此字確可釋爲“羊”。帛書《繫辭》四十五行下“吉事有羊（今本作“祥”）”之“羊”，與此同形（傅舉有、陳松長《馬王堆漢墓文物》126頁，湖南出版社，1992）。“弗羊而”之下一字，《甲》釋“好”，誤；當從其他各本釋“巧”。或疑二“羊”字實當釋“屰”，讀爲“逆”，待考。

11（第十四行）

《甲》察其要者，不趍（詭）其德。尚書多於（閼）矣，周易未失也，且又（有）古之遺言焉。予非安其用也。［子贛曰：賜］聞於夫［子曰］必（?）於□□□□如是，則君子已重過矣。賜聞諸夫子四孫（遜）正而行義，則人不惑矣。夫（434頁）

《乙》察亓要者、不趍亓雜。尚書多勿矣、周易未失也。且又古之遺言焉。予非安亓用也、［而樂亓辭也。］□□□有於□□。［子贛曰］、如是、則君子已重過矣。賜聞諸夫子。曰、孫正而行莪、人不惑矣。夫（165頁）

《丙》……□□必於□□……則人不惑矣……（22頁）

《丁》察亓要者，不趍亓福。尚書多於矣，周易未失也，且又古之遺言焉。予非安亓用也。□□□□□□□□必於□□［子贛曰］：如是，則君子已重過矣。賜聞諸夫子曰：孫正而行義，則人不惑矣。夫（28頁）

《戊》察其要者不趍亓應尚書多於矣周易未失也且又古之遺言焉予非安亓用也予樂▨尤於□□□□□如是則君子已重過矣賜聞諸夫子曰孫正而行義則人不

惑矣夫

按："不趍其"之下一字，《甲》釋"德"，《丁》釋"福"，《戊》釋"應"，《乙》、《丙》釋"雜"，但《乙》的注指出此字爲殘字，究竟是否"雜"字難以確定（166 頁注 1）。（校按：從照片看，各本所釋似皆非，究爲何字待考。）

《戊》所據照片在"予非安亓用也"之下有"予樂"二字，爲他本所無，大概是整理小組綴合上去的，當可信。從下文"夫子今不安亓用而樂其辤"（帛書十四至十五行）來看，"予樂"下可補出"亓辤（辭）也"三字。《乙》在"予非安亓用也"下補"而樂亓辭也"，第一字不確。（校按：有"予樂"二字的碎片原來錯置在第九行，參看第 6 條的校按。）

《甲》本"予非安其用也"與"必（？）於"之間的釋文，顯然有問題。"聞於夫"當是一塊小殘片上的文字。《檢討》指出此殘片就是《乙》所據照片第十二行的"聞於无"殘片，只是《甲》把"无"釋成了"夫"（10 頁。參看上文第 9 條）。《丁》、《戊》皆無此三字。其原來應有的位置當不在此，《甲》在其前後所補文字當然也不可信。

《甲》釋爲"必（？）"的那個字，《乙》釋爲"有"，《丙》從《甲》改釋爲"必"（參看《檢討》10 頁），《丁》也釋"必"，《戊》則釋"尤"。《甲》在"必"字後加"？"號，可見所釋並無很大把握。（校按：此字原作 ，似以釋"尤"爲較妥。又，第 5、6 兩條校按中提到的有"此乎"、"之道"兩行字的碎片應移綴在此行的"尤於"和下行的"百生之"之下。"百生"下"之"字只存左半，"之道"之"之"只存右半，正好拼成一個整字。"尤於"之下有一個基本殘去的字所遺留下來的一道筆畫的右尖端。"此乎"之"此"的右偏旁的彎筆正好缺收筆處的尖端，彼此也可拼合。所以此行釋文應在"尤於"下加"此乎"二字。）

《乙》、《丙》、《丁》都在"如是"之前以意補"子贛曰"三字，不知是否合乎帛書原貌。

"行"下一字，《乙》、《丙》釋"莪"，不可信，當從他本釋"義"。《乙》漏釋"人不惑"上"則"字，《丙》已加上。

12（第十五行）

《甲》子今不安其用而樂其辭，……子曰：校（謬）戋（哉），賜！吾告女（汝），易之道□□□□而不□□□百生（姓）之□□□易也。故易剛者使知瞿（懼），柔者使知剛，愚人爲而不忘（妄），僌（漸）人爲而去詐。……（434—435 頁）

《乙》子今不安亓用、而樂亓辭、……子曰、校哉賜。吾告女。易之道、□□□□□□□□以百王之□□□、易也。夫易、罔者使知瞿、柔者使知圖。愚人爲而不

忘、衛人爲而去詐。……(170 頁)

《丙》……子曰、校𢦏、賜。……(22 頁)

《丁》子今不安亓用而樂亓辤,……子曰:校☶,賜!吾告女,易之道□□□□□□□□□百生之□□□易也。夫易剛老使知瞿,柔老使知剛,愚人爲而不忘,衛人爲而去詐。……(28 頁)

《戊》子今不安亓用而樂亓辤,……子曰校𢦏賜吾告女易之道□▨百生□□□易也夫易㓻者使知瞿柔者使知圖愚人爲而不忘衛人爲而去詐……

按:"樂亓"之下一字,《甲》、《乙》、《丙》作"辭",《丁》、《戊》作"辤",後者合乎帛書原貌。二字古通。下文遇此字時不再出校。

《甲》讀"校"爲"謬",《帛書釋〈要〉》曾對此加以論證(67 頁)。"校"下之字,《甲》釋"𢦏",讀爲"哉",是正確的。"𢦏"字本从"戈""才"聲,帛書"𢦏"字尚未簡化,仍从"才"聲,所以《戊》釋作"𢦏"。《乙》將此字直接釋作"哉",《丙》改爲依帛書字形隸定(參看《檢討》11 頁)。此字既可寫作"𢦏",也可寫作"𢦏",似無必要加以隸定。《丁》本"校"字後出現的不是"𢦏",而是艮卦卦形,不知是什麼緣故。

"易之道"與"百"字之間,約有九個字的地位。《甲》本在其中的第五、第六字處,有"而不"二字(前後均爲缺文號),爲他本所無。《檢討》指出,《甲》本此處的"而不□",就是《乙》所據照片第十三行的"而不□",把這一殘片置於此處沒有根據(11 頁,參看上文第 10 條)。《甲》以外各本都沒有要這一殘片,是比較妥當的。(校按:"而不□"跟上條校記提到的"聞於无"在一塊殘片上,參看上條及第 10 條校記。)

"百"下一字,《甲》、《丁》、《戊》釋"生",《乙》、《丙》釋"王",但《乙》的注已指出,此字也有可能是"生"(171 頁注 5)。此字似當以釋"生"爲是。

"百生"之上,《乙》、《丙》釋出"以"字,他本皆未釋。"百生"之下,《甲》、《乙》、《丙》、《丁》都釋出"之"字,只有《戊》未釋。但《乙》的注已指出,這兩個字都是殘字,所釋未必一定正確(同上注)。(校按:"百生"之上確有其上一字殘留下來的筆畫,細審應是"此"字的殘筆。"百生"之下殘存"之"字的左半,可與應由第八、九兩行移來的碎片上的"道"字之上的"之"字右半拼合成整字,已見上條的校按。此處綴合後之釋文應爲:"此百生之道□□易也。"疑原文爲"此百生之道也,非易也"。"百生"應從《甲》讀爲"百姓"。)

《甲》本"故"字是"夫"的誤釋,這大概是筆誤。"夫易"下一字,《甲》、《丁》作"剛",《乙》、《丙》、《戊》作"㓻"。何者符合帛書原貌,需核對原件或照片才能斷定。(校按:從照片看,當釋“岡”而讀爲“剛”。)

“柔者使知”之下一字,《甲》、《丁》作“剛”,《乙》、《丙》、《戊》作“圖”,似當以後者爲是(參看《檢討》11頁)。(校按:從照片看應釋“圖”。)

《甲》本的“儆”當從他本改作“儆”。這一錯誤大概是印刷造成的。《國際易學研究》轉載的《丙》本中,出現了同樣的錯誤(44頁第十五行下)。《甲》本的“詐”當從他本改作“詐”而讀爲“詐”(參看《檢討》11頁)

13(第十六行)

《甲》……紂乃無道,文王作,諱而辟(避)咎,然後易始興也。予樂其知之□□□之□□□予何曰(?)事紂乎?……子曰:吾百占而七十當,唯周梁山之占也,……(435頁)

《乙》……紂乃无道、文王作謹而避咎、然后易始興也。予樂亓知之□、□□之自□□。予何止隻紂乎。……子曰、吾百占而干當。唯周粱山之占也、……(172頁)

《丙》……文王作、諱而辟咎、……予何止事紂乎。……(22頁)

《丁》……紂乃无道,文王作,諱而辟咎,然後易始興也。予樂亓知之□□□之□□□予何□□事紂乎?……子曰:吾百占而七十當,唯周粱山之占也,……(28頁)

《戊》……紂乃无道文王作諱而辟咎然后易始興也予樂亓知之□□□之自□□予何□事紂乎……子曰吾百占而才當唯周粱山之占也……

按:“道”上之字,《甲》作“無”,他本皆作“无”,後者合乎帛書原貌。

“作”下一字,《甲》、《丁》、《戊》皆釋“諱”,《乙》誤釋“謹”,《丙》已據《甲》改正(參看《檢討》11—12頁)。

“然”下之字,《甲》、《丁》作“後”,《乙》、《丙》、《戊》作“后”,後者當合乎帛書原貌。(校按:此字確是“后”。)

第二個“之”字下,《乙》、《丙》、《戊》釋出“自”字,似可信。

“予何”之下二字,《甲》作“曰(?)事”,《乙》作“止隻”,《丙》從《甲》改釋第二字爲“事”,《戊》作“□事”。第二字沒有問題是“事”字,第一字難以確釋,以打缺文號爲妥。《丁》本此處作“□□事”,比他本多打一個缺文號,不知何故。(校按:照片上“何”字左下方似有一旁注之字,所以《丁》多打了一個缺文號。)

“當”上一字,《甲》、《丁》釋爲“七十”合文,《乙》、《丙》釋“干”而讀爲“罕”(《乙》173頁注6),《戊》釋“才”。西漢隸書,“七十”合文與“才”形近,二者豎畫上端都突出在横畫之上。“干”字豎畫則不出頭。看來,此字絶對不會是“干”字。(校按:此字原作“丰”,決非“干”字。西漢早期的“干”字,上端仍沿襲篆文寫法作倒“入”形,參看《秦漢魏晉篆隸字形表》138 頁。)如釋此字爲“才”,就應訓爲“方始”或“僅只”。但在先秦和秦漢文獻中,似乎還沒有發現過這種用法的“才”字。而且《要》篇已有“毚”(纔)字(“吾好學而毚聞要”,見第八至九行),極少有可能又用這種“才”字。所以我在寫《戊》時釋此字爲“才”,是不對的,似應從《甲》釋爲“七十”合文。

“周”下一字,《甲》作从“木”的“梁”,他本都作从“米”的“粱”,後者當合乎帛書原貌。(校按:此字確从“米”。)二字古通。

14(第十七行)

《甲》……子曰:易,我復其祝卜矣,……又(?)仁□者而義行之耳。……(435 頁)

《乙》……子曰、易我後亓祝人矣,……又仁□□者而義行之耳。……(174 頁)

《丙》同《乙》。

《丁》子曰:易,我後亓祝卜矣!……又仁[守]老而義行之耳。……(28 頁)

《戊》子曰易我後亓祝卜矣……又□□者而義行之耳……

按:“我後亓祝卜矣”句,《甲》誤釋“後”爲“復”,《乙》、《丙》誤釋“卜”爲“人”。《乙》第十七行的“訓讀”讀“又”爲“有”(174 頁)。“又”下一字,《戊》未釋,《甲》、《乙》、《丙》、《丁》皆釋爲“仁”。但《乙》的注已指出,此字也有可能是别的字(174—175 頁注 1),可見原字一定是不完整或不清晰的。(校按:此字以存疑爲妥。)在此字與“者”字之間,《乙》、《丙》打了兩個缺文號,但《甲》、《丁》、《戊》都認爲只有一個缺字。據《乙》的釋文和注,“又仁”在第十七行上的末尾,下缺一字;“者”在第十七行下的開頭,上缺一字(174—175 頁注 1、176 頁注 6),合起來是兩個缺字。《甲》、《丁》、《戊》則認爲合起來只缺一個字,似較可信。但《丁》以意補此字爲“守”,恐不可信。

15(第十八行)

《甲》……好之而非也。……孔子(435 頁)

《乙》……好之而非也。……·孔子(177 頁)

《丙》、**《丁》**同《乙》。

《戊》……之而非也……·孔子

按:“之”上一字,《戊》未釋出而摹其原形(右旁左側殘缺),其他各本皆釋爲“好”。(校按:從照片看,此字右旁似不可能爲“子”字。此字似不能釋“好”。)

《甲》脱漏了"孔子"之前的分章圓點。

16(第十九行)

《甲》繇(籀)易,至于損益一〈二〉卦,未尚(嘗)不廢書而嘆,戒門弟子曰:二厽(參)子!夫損益之道,不可不審察也,吉凶之□也。……(435 頁)

《乙》繇易至於損益之卦、未尚不廢書而英、戒門弟子曰、二品子、夫損益之道、不可不審察也。吉凶之[門]也。……(179 頁)

《丙》同《乙》。

《丁》繇易至於損益一卦,未尚不廢書而英,戒門弟子曰:二三子!夫損益之道,不可不審察也。吉凶之[門]也。……(28 頁)

《戊》繇易至於損益一卦未尚不廢書而英戒門弟子曰二品子夫損益之道不可不審察也吉凶之□也……

按:此行第一字,《丁》从"缶"作,他本皆从"言"作,後者合乎帛書原貌。下文遇此字時不再出校。

《甲》本"至于"當作"至於","嘆"當作"英"而讀爲"嘆"(參看《檢討》13 頁)。他本皆不誤。

"卦"上一字,《甲》、《丁》、《戊》釋"一",《乙》、《丙》釋"之"。《檢討》雖然承認此字根據帛書照片難以確定爲"之",但仍認爲參照《淮南子・人間》"孔子讀易至損益之卦"語,必須釋此字爲"之"(13 頁)。其理由似不充分。而且《淮南子》實作"孔子讀易至損益",並無"之卦"二字。

"二"下一字,《乙》、《丙》、《戊》皆據原形加以隸定。此字由"參"省變,可用作"參"或"三"字。其偏旁在戰國文字中作 或 形,排列方式一般作上一下二形。《玉篇・厽部》"厽"字下注云:"《尚書》以爲'參'字。"這種用作"參"的"厽",就是此字的變體,《甲》釋帛書此字爲"厽(參)",可能是以《玉篇》爲據的。《丁》直接釋此字爲"三",與其體例不合。

"吉凶之"之下一缺字,《乙》因《淮南子・人間》"孔子讀易至損益"章中有"利害之反,禍福之門(今本作"門户",此從王念孫校),不可不察也"之語,補爲"門"字(180 頁注 4)。《丁》亦補"門"字。

17(第二十行)

《甲》……損者,秋以授冬之時也,萬勿(物)之所老衰也長[夕之]所至也,故曰産。道窮□□□□□□□。[益之]始也吉,其冬(終)也凶。損之始凶,其冬(終)也吉。損益之道,足以觀天地之變,……(435 頁)

《乙》……授者、秋以授冬之時也、萬勿之所□[象]也、長[夜之]所至也。故曰産。道窮{焉而産、道□焉益。益之}始也吉、亓冬也凶。損之始也凶、亓冬也吉。損益之道、是以觀天地之變、……(181—182 頁)

《丙》……授〈損〉者、……萬勿之所老衰也、……故曰産〈損〉。道窮焉而産〈損〉、道[窮]焉益。[益]之始也吉、亓冬也凶。損之始[也]凶、亓冬也吉。……(23—24 頁)

《丁》……授者,秋以授冬之時也,萬物之所老衰也,長□[之]所至也,故曰産。道寵焉而産,道□焉。益之始也吉,亓冬也凶;損之始凶,亓冬也吉。損益之道,足以觀天地之變……(28 頁)

《戊》……授者秋以授冬之時也萬勿之所老衰也長□之所至也故曰産道窮焉而産道□焉益之始也吉亓冬也凶損之始凶亓冬也吉損益之道足以觀天地之變……

按:上引文第一字,帛書原作"授"。《乙》的注指出,從文義上看,此字應作"損",當因形近而被誤抄爲"授"(182 頁注 3);其釋文復原本在這一"授"字之後,用尖括號注出"損"字。這是很正確的。《甲》直接釋此字爲"損",不妥。

《要》篇中"萬物"皆作"萬勿"。《丁》將此行的"萬勿"直接釋作"萬物",與其體例不合。

"萬勿之所"之下二字,《甲》、《丁》、《戊》皆釋爲"老衰"。《乙》未釋第一字,第二字釋"象"而加"[ ]"號,表示沒有把握(參看《乙》182 頁注 1)。《丙》已從《甲》改釋此二字爲"老衰"(參看《檢討》13 頁)。

"授〈損〉者……長□□所至也",與帛書上行"益之爲卦也……長日之所至也"爲對文。"長"下二缺字,《甲》補爲"夕之",《乙》、《丙》補爲"夜之"。《丁》未補第一字,可能是由於此字究竟是"夕"是"夜",難以斷定。《戊》亦未補第一字,但原來在缺文號下方加括號注"夜"字。"長夜"之語在古書中習見,此處似以補"夜"字爲較妥。"之"字,《戊》作爲可見之字釋出,當有些微筆畫殘存。(校按:"長"下二字皆有殘畫,"之"字可以釋出,其上一字從殘畫看可能是"夜"字,不大可能是"夕"字。)

帛書上行以"益之爲卦也"開頭的一整句,其結尾是"故曰益"("益"字轉在此行之首)。據此,以"授〈損〉者"開頭的一整句,其結尾應爲"故曰損"。所以《乙》的注認爲"故曰産"的"産"是"損"的錯字(182 頁注 6),其釋文復原本在這個"産"字之後,用尖括號注出"損"字。然而這並不是解決這一問題的唯一方法。李學勤先生在《帛書〈要〉篇及其學術史意義》一文中引此文時,作"故曰[《損》]"(《中國史學》第四卷85頁,1994年10月),似以爲此處原脱"損"字。我們也認爲帛書"故曰"後抄脱了"損"字,"産"字當屬下讀,詳下文。

"道"下的"窮"字,《丁》、《戊》用了隸定形,其實完全可以像《甲》、《乙》那樣用一般字形。

《甲》本"道窮"下有七個缺文號,其下又補了"益之"二字,共有九個字的地位。《乙》將原在其所據照片第九行的"焉而産道□焉益之"移至此處,十分正確。整理小組照片和《丁》都是如此處理的(參看上文第6條)。但《乙》的注認爲從上下文看,"益"字下應補重文號(181頁注2),其釋文中"益"字重出,分屬上下兩句,這却是有問題的。

《乙》的注認爲"道窮焉而産、道□焉益"這一句,是表示損益循環、相互爲因果的思想的,第二個"道"字下的缺字當是"極"、"冬(終)"一類字(183頁注7)。《丙》進而認爲這一句的"産"也是"損"的誤字,並將"道"下缺字補爲"窮"(參看《檢討》14頁)。我認爲池田氏説這一句表示損益循環的思想是對的,但是他的兩種釋文都有問題。上文已經説過,我們認爲此行"故曰"後原脱一"損"字,"産"當屬下讀。所以這一句的文字應爲:"産道窮焉而産道□焉。"第二個"道"字下的缺文,當是含有"開始"、"興起"一類意義的字。全句的意思是説,"生道"窮盡之時也就是"生道"又開始起作用之時。這樣解釋,前後文義完全可以貫通,"益"字並不需要重出。

《乙》本"損之始也凶"句的"也"字,爲帛書原文所無。《檢討》承認了這一點,但認爲這是帛書誤脱之字(14頁),所以《丙》保留了這個字而加上了"[ ]"號。

"損益之道"之下二字,《甲》、《丁》、《戊》作"足以",《乙》、《丙》作"是以",當以前者爲是。(校按:"以"上一字確是"足"字。)《檢討》没有討論"是以"、"足以"的是非,大概把這一不同之處忽略了。

18(第二十一行)

《甲》是以察於損益之總(?)者,不可動以憂(憙)。故明君不時不宿,不日不月,不卜不□□□□□□□□□□地之也,……(435頁)

《乙》是以察於損益之變者、不可動以憂憙。故明君不時不宿、不日不月、不卜不{筮、而知吉與凶、順於天}地之也。……(184頁)

《丙》……不卜不筮、而知吉與凶、順於天地之[變]也。……(24頁)

《丁》是以察於損益之變老,不可動以憂憙。故明君不時不宿,不日不月,不卜不

筮,而知吉與凶,順於天地之心,……(28 頁)

《戊》是以察於損益之變者不可勤以憂憙故明君不時不宿不日不月不卜不筮而知吉與凶順於天地之心……

按:"損益之"之下一字,《甲》釋"總",他本皆釋"變",後者是正確的(參看《檢討》14 頁)。

"憂"下一字,《戊》作从"心"从"壴"之形,當合乎帛書原貌。(校按:原字確作此形。)《丁》本此字字形微誤。此字可以視爲"喜"之異體("喜"从"口"从"壴",作爲表意偏旁"心"、"口"相通),也可以像《甲》、《乙》那樣釋爲"憙"。《甲》本此字所加括號應取消(參看《檢討》14 頁)。

"不卜不"之下,《甲》有九個缺文號,《乙》將原在其所據照片第十行的"筮而知吉與凶順於天"移至此處(184 頁注 1)。整理小組照片和《丁》都是如此處理的(參看上文第 7 條)。(校按:這九個字跟上條校記提到的"焉而産道□焉益之"在一塊碎片上,參看第 7 條的校按。)"天地之"之下一字,《丁》、《戊》釋爲"心",顯然是正確的。《甲》、《乙》誤釋爲"也",《乙》因此誤認爲"地之"之下原奪一字(185 頁注 4),《丙》並將這個莫須有的奪字補爲"變"。

19(第二十二行)

《甲》……故要之以上下。……(434 頁)

《乙》、《丙》、《戊》同《甲》。

《丁》……故爲之以上下。……(29 頁)

按:《丁》誤"要之"爲"爲之"。

20(第二十三行)

《甲》……五正之事不足以至之,而詩書禮樂不□百篇,難以致之。不問於古法,不可順以辭令……(435 頁)

《乙》……五正之事不足以堇之。而詩書禮樂不[讀]百扁、難以致之。不問於古法、不可順以辭令……(188 頁)

《丙》同《乙》。

《丁》……五正之事不足以至之,而詩書禮樂不□百扁,難以致之。不問於古法,不可順(令)以辭令,……(29 頁)

《戊》……五正之事不足㠯産之而詩書禮樂不□百扁難以致之不問於古法不可順以辭令……

按:"五正之事不足"之下二字,《甲》、《丁》釋"以至",《乙》、《丙》釋"以堇",

《戊》將第一字按原樣摹出,將第二字釋爲"産"。所摹之字的左上部不可見,右上部一筆頗像"以"的最右一筆,但其字下部似有"口"旁,所以不能看作"以"的殘字。(校按:所謂下部的"口"旁,其實是由於帛書變形而被擠到這裏來的"以"字的左旁。此字爲"以"字無疑。)此處第二字,《檢討》已指出從照片上看並不怎麽清楚(15頁),究竟是什麽字有待研究。(校按:細審照片,此字似確是"産"字,但左側稍殘。)

"百"下一字應從《乙》、《丙》、《丁》、《戊》各本釋爲"扁",《甲》誤釋爲"篇",但此字一般認爲應讀爲"篇"(參看《檢討》15頁)。"百扁"上缺字,《乙》補爲"讀",但《乙》的注已指出,此缺字也有可能是其他的字(190頁注8)。

《丁》在"不可順"之下有一個外加圓圈的"令"字,加圈當表示這是帛書"抄手圈掉的誤字"(參看《丁》7頁"說明")。他本皆無此字。(校按:此處原書一"令"字,但又被圈去,其下添注了一個字形較小的"以"字。)

21(第二十四行)

《甲》……足以觀得失矣。《要》千六百卌八(435頁)

《乙》……足以觀得失矣。　要千六百卌八(191頁)

《丙》同《乙》。

《丁》……足以觀得失矣。　　要　千六百卌八(29頁)

《戊》……足以觀得失矣　要千六百卌八

按:《乙》的注指出,"要"字之上有一個字地位的空白(192頁注1)。"要"與"千六百卌八"之間應無空白。《甲》和《丁》都沒有完全如實地反映出帛書此篇記篇名和字數的格式。(校按:"要"跟"千六百卌八"之間的空隙,比一般的兩個字之間的空隙稍大一些,《丁》釋可從,至少不能算錯。)

本文是提交給1996年在北京召開的道家文化國際學術研討會的論文。原載《道家文化研究》第十八輯(三聯書店,2000),今據以收入。

《神烏傅(賦)》初探

尹灣6號西漢晚期墓所出竹簡中,有一篇基本完整的《神烏傅(賦)》。這是我國古代文學史資料的重大新發現。《文物》1996年第8期發表了《神烏傅(賦)》大部分竹簡的圖版(校按: 全部圖版和釋文已發表於中華書局1997年9月出版的《尹灣漢墓簡牘》)。同期所載《尹灣漢墓簡牘釋文選》,選入了此賦的釋文。同期所載滕昭宗《尹灣漢墓簡牘概述》和第10期所載《尹灣漢墓簡牘初探》,都對此賦作了簡單介紹(後者對賦文内容的介紹較爲符合原意)。爲了使大家能更好地研究、利用《神烏傅(賦)》,我們專爲它寫了這篇《初探》以供參考。本文分兩部分。第一部分是《神烏傅(賦)》釋文的注釋,除解釋某些詞語並指出押韻之字外,還對某些字所以如此釋的根據加以説明。第二部分就我們所知,簡述此賦的發現在古代文學史上的意義。

一

尹灣6號墓共出竹簡一百三十餘支,其中二十一支較他簡寬一倍以上,《神烏傅(賦)》就抄在這批寬簡上。《尹灣漢墓簡牘初探》介紹説:"此墓出寬簡二十支(按: 此處沒有計入未經書寫的一支寬簡),十八支書寫此賦正文,一支書寫標題,另一支上部文字漫漶不清,下部有雙行小字,所記疑爲此賦作者或傳寫者的官職(乃少吏)和姓名。這些簡出土時順序散亂,現根據賦文内容排定順序,標題簡和另一簡暫列於賦的正文之後。"(《文物》1996年10期70頁)所謂"另一簡",文字多模糊不可確識,與賦文的關係不明,因此下面抄録釋文時將此簡略去。

我們的釋文是據"尹灣漢墓簡牘整理組"的定稿録出的(用括號注出的通用字稍有增加)。《尹灣漢墓簡牘釋文選》所發表的釋文,大體也是依據定稿的,但是該文執筆者保留了他本人的一些釋法,所以跟我們的釋文有出入。賦文分簡情況,在《釋文選》中已經標明,本文從略。

《神烏傅(賦)》釋文

惟此三月(校按:臺灣大學中文系周鳳五先生告訴我,"惟"下之字不當釋"此",乃是"歲"字。此字寫法與下文"今歲"之"歲"相似,周說可從,當據改),春氣始陽,衆鳥皆昌,執(蟄)虫坊皇(彷徨)。① 蝦(?)蜚(飛)之類,烏冣(最)可貴。② 其姓(性)好仁,反餔(哺)於親。③ 行義淑茂,頗得人道。④ 今歲不翔(祥),一烏被央(殃)。⑤ 何命不壽,狗麗此蓉(咎)。⑥ 欲勳(循?)南山,畏懼猴猨(猿)。去色〈危〉就安,自詑(託)府官。高樹綸棍(輪囷),支(枝)格相連。⑦ 府君之德,洋洫(溢)不測。⑧ 仁恩孔隆,澤及昆虫。⑨ 莫敢摳去,因巢(?)而處。⑩

---

① 陽、昌、徨,皆陽部平聲字。昌,興盛。《荀子・禮論》:"江河以流,萬物以昌。"虫,簡文原如此作。從秦漢簡帛文字看,當時已多用"虫"爲"蟲"。曹植《感婚賦》首四句說:"陽氣動兮淑清,百卉鬱兮含英,春風起兮蕭條,蟄蟲出兮悲鳴。"(丁晏《曹集詮評》卷二)語意與此賦首四句相近。

② 類、貴,微部去聲。"蜚"上一字漫漶,據殘存筆畫及文義暫定爲"蝦"字。《說文・十三上・虫部》:"蝦,蟲行也。"《淮南子・原道》:"跂行喙息,蝦飛蝡動,待而後生。"

③ 仁、親,真部平聲。烏鴉長大後反哺其親的傳說,古書中習見。

④ 茂、道,幽部上聲("茂"古有上聲讀法,且多與"道"押韻,見江有誥《唐韻四聲正》,《音學十書》311—312頁,中華書局,1993)。淑茂,見《漢書・劉向傳》"資質淑茂,道術通明",顏注:"淑,善也。茂,美也。"

⑤ 祥、殃,陽部平聲。

⑥ 壽、咎,幽部上聲("壽"古有上聲讀法,見王力《漢語語音史》,《王力文集》第十卷132頁,山東教育出版社,1987)。麗(lí),遭遇,《詩・小雅・魚麗》"魚麗于罶";字通"罹",《書・洪範》"不罹于咎"。校按:"狗麗"之"狗",作者本讀爲"拘",不確。虞萬里《尹灣漢簡〈神烏傅〉箋釋》:"狗,通'姤'。《易・姤》上九'姤其角',馬王堆帛書《易》作'狗其角'。《姤》卦下陸德明釋文云'古豆反,薛云古文作遘,鄭同。序卦及彖皆云遇也。'《廣雅・釋言》:'姤,遇也'王念孫謂姤遘同。"(王元化主編《學術集林》卷十二205頁,上海遠東出版社,1997)其說可從。

⑦ 山、猿、安、官、連,元部平聲。囷,文部平聲。以上六句,可以認爲第五句不入韻,也可以認爲是元、文合韻。府官,指官舍。綸棍,以音近讀爲"輪囷",高大貌。《禮記・檀弓下》"美哉輪焉"注:"輪,輪囷,言高大。"枝格,伸出的枝條。庾信《小園賦》:"草樹混淆,枝格相交。"高樹輪囷,枝格相連,是官府庭院的景象。

⑧ 德、測,職部(即之部入聲)。洫,此處實用作"溢"字簡體,字形與溝洫之"洫"相混。漢代人往往以"洫"爲"溢",參看《秦漢魏晉篆隸字形表》808頁"溢"字條(四川辭書出版社,1985)、《銀雀山漢墓竹簡〔壹〕》釋文注釋部分9頁注〔二一〕(文物出版社,1985)。《禮記・中庸》:"是以聲名洋溢乎中國,施及蠻貊。"

⑨ 隆、虫,冬部平聲。這個"蟲"也是原來就寫作"虫"的。

⑩ 去、處,魚部。今讀去聲的"去"字,漢以前多押平聲韻,但《廣韻》上聲語韻羌舉切有"去"字,訓"除"。此處與上聲"處"字押韻的"去"字有可能就讀羌舉切。摳,探取。《列子・黃帝》:"以瓦摳者巧,以鉤摳者憚,以黃金摳者惛。"張湛注:"摳,探也。以手藏物,探而取之。又曰藏彄。"莫敢摳去,當是無人敢取除鳥巢的意思。校按:臺灣清華大學中文系蔡雄祥先生認爲"摳去"應讀爲"驅去",較拙說爲優。

爲狸猩(狌)得,圍樹以棘。⑪ 道(?)作宫持,雄行求𣏌(材)。⑫ 雌往索菆,材見盜取。未得遠去,道與相遇。見我不利(?),忽然如故。⑬ □□發忿,⑭追而呼之:"咄!盜還來!吾自取材,於頗(彼)深萊。⑮ 止(趾)行(胻)肌腊,毛羽隨(墮)落。⑯ 子不作身,但行盜人。⑰ 唯(雖)就宫持,豈不怠哉?⑱"盜鳥不服,反怒作色:⑲"□□泊(?)涌(?),家(?)姓自□。⑳ 今子相意,甚泰不事。㉑"亡烏曰:㉒"吾聞君子,不行貪鄙。天地剛(綱)紀,各有分理。今子自已,尚可

---

⑪ 得、棘,職部。猩,應即狌字異體,"聖"、"生"音近。狌即黄鼠狼。《莊子·秋水》"捕鼠不如狸狌",亦以狸、狌連稱。這兩句的意思是説,爲了防止狸、狌來抓他們,用有刺的棘圍住他們在上面築巢的樹。

⑫ "求"下一字,右旁磨滅,據上下文及上句韻脚定爲"材"字。持、材,之部平聲。"持""材"與上兩句的"得""棘",也可以認爲是平、入通押。以下遇此類情況不再加注。漢代較草之字,在左的"木"旁與"手"旁每每不分。簡文"持"字也可釋爲"杺"。不管如何釋,可能都應讀爲"榯"。《玉篇·木部》:"榯,是之切,樹木立也。"在此可能即指圍樹而立的棘墻。簡文"雄"字大都把右旁寫作"鳥",只有下文"其雄惕而驚"句的"雄"字从"隹"。我們把它們一律寫作"雄"。

⑬ 菆、取、去、遇、故,魚部。"菆"、"取"、"遇"在先秦爲侯部字,漢代轉入魚部。簡文"雌"字也都从"鳥"作,我們直接把它們寫作"雌"。"菆"可當麻稈或草講,在此疑指可用來築巢的輕小材料。"盜鳥"之"盜"原作汜,此篇"盜"字六見,除"盜鳥嗔然怒曰"句原來寫作"盜"外,其餘各例(包括"盜鳥"一詞的另一例)都簡化爲此形。皇象本《急就章》第廿七章"盜"字作  ,簡文可能是由這種草體進一步簡化的。此處前四句敘説雌鳥遇見盜取他們的材料的鳥;後兩句文義待研究,可能是説盜鳥遇見雌鳥,先有某種反常表現,接着就恢復了原來狀態。校按:注⑥按語所引虞文解釋此處後四句説:"忽然,輕視、不經心的樣子。《玉篇·心部》:'忽,輕也。'末四句謂:盜鳥尚未遠去,在道與雌鳥相遇。因見雌鳥處於不利地位,輕忽之而偷盜如故。"(208頁)可供參考。

⑭ "發忿"的主事者當是雌鳥,但句首二字不可辨。

⑮ 之、來、材、萊,之部平聲。

⑯ 腊(从肉昔聲,不是簡化字)、落,鐸部。胻,即脛,小腿。腊,皴裂。《山海經·西山經》:"華山之首,曰錢來之山……有獸焉,其狀如羊而馬尾,名曰羬羊,其脂可以已腊。"郭璞注:"治體皴腊,音昔。"趾胻肌腊,意謂腿脚皴裂,與"毛羽墮落"爲對文。校按:"腊"上一字初稿釋"胱",可能是對的。注⑥按語所引虞文疑即"臏"或"膹"字,訓爲"腫"(209—210頁),似可從。

⑰ 身、人,真部平聲。作身,猶言"身作",親自勞作。可能是爲了趁韻而倒作"作身"的。盜人,偷人之物。

⑱ 持、哉,之部平聲。就,成。"哉"字在簡文中的寫法爲後世碑帖所用"𢦔"字所從出,其左下部由"口"旁草體變來,故逕釋爲"哉"。

⑲ 服、色,職部。

⑳ "姓"上一字,寫法與皇象本《急就章》第廿六章"援眾錢穀主辦均"的"眾"字相近,也許應該釋爲"眾"。此字寫法與下文"眾鳥麗於羅網"之"眾"明顯不同。但此篇簡文中確有同一字寫法明顯不同之例(即或用正體或接近正體的寫法,或用草體寫法),如注⑬所説的"盜"字。

㉑ 意、事,之部去聲。意,憑空猜想。第二句意義待考。

㉒ 亡烏,指雌烏。因有所亡失而稱"亡烏",與"盜烏"相對。

爲士。[23] 夫惑知反(返),失路不遠。悔過遷臧,至今不晚。[24]”盜烏噴然怒曰:[25]“甚哉!子之不仁。吾聞君子,不意不仾。[26] 今子〼□□,[27]毋□得辱。[28]”亡烏沸(怫)然而大怒,張曰〈目〉陽(揚)麋(眉),噴(奮?)翼申(伸)頸,襄(攘?)而大……[29]迺詳(?)車薄。女(汝)不亟走,尚敢鼓(?)口。[30]”遂相拂傷,亡烏被創。[31] 隨(墮?)起擊耳(?),聞不能起。[32] 賊□捕取,繫之于柱(?)。[33] 幸得免去,至其故處。絶繫有餘,紈樹欋棟。[34] 自解不能,卒上傅之。[35] 不□他拱(?),縛之愈固。[36] 其雄惕而驚,扶翼申(伸)頸,比(?)天而鳴:[37]“倉=天=(蒼天蒼

㉓ 子、鄙、紀、理、己、士,之部上聲。“今子自己”之“己”,據文義似當讀爲“改”。“改”亦之部上聲字。

㉔ 返、遠、晚,元部上聲。遷臧,猶言“遷善”。

㉕ 噴然,當是發怒之貌,疑“噴”當讀爲“濆”。《詩・邶風・谷風》“有洸有潰”《毛傳》:“潰潰,怒也。”

㉖ 《論語・子罕》:“子絶四:毋意,毋必,毋固,毋我。”

㉗ “〼”號代表因竹簡斷缺而失去的字,估計此處約缺去八個字,由“今子”至“□□”原應爲三句十二字。

㉘ “得”上一字初釋爲“令”,諦審字形,下部實與“令”字不類,故定稿缺釋。“辱”字寫法與皇象本《急就章》第卅章末句“辱”字極近似。

㉙ 這裏的省略號代表幾個漫漶不可辨的字,估計約有五個字。

㉚ “薄”疑當讀爲“簿”。簿、走、口,魚部上聲。“走”和“口”是由先秦的侯部轉入魚部的。鼓(?)口,疑猶言“鼓舌”。從“迺詳(?)車薄”跟上文“……襄而大”之間的缺字數來看,這幾句似應是亡烏的話。“迺詳(?)車薄”之義待考。

㉛ 傷、創,陽部平聲。

㉜ 耳、起,之部上聲。第一句之義待考。聞,疑當讀爲“昏”,二字古音近,“聞”古亦作“䎽”。

㉝ “賊”下一字初釋爲“皆”,諦審字形,上部實不作“比”,故定稿缺釋。“賊”或“賊□”當指捕取雌烏的人或動物。

㉞ 以上六句句末之字中,“取”、“柱”、“去”、“處”、“餘”是魚部字(“取”、“柱”由侯部轉入),“棟”是屋部字,似可看作魚、屋合韻。絶繫有餘,疑謂“賊”所加於雌烏的“繫”雖已斷絶(故雌烏能逃回原來營巢之處),但捆在雌烏身上的那段“繫”仍未脱落。末句“紈”字疑當讀爲“環”,二者皆匣母元部字。欋棟,疑其義與音近之“跼躅”相似。《史記・淮陰侯傳》:“騏驥之跼躅,不如駑馬之安步。”當指受拘束而不能正常行走的一種狀況。雌烏由於身上有“繫”又受過傷,所以只能繞樹“欋棟”。

㉟ 能(如來切)、之,之部平聲。“傅”原作 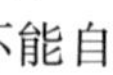,當是草體簡寫,下文“以意傅(賦)之”之“傅”寫法略同。這兩句的意思大概是說,雌烏不能自解其繫,雄烏把她弄到樹上幫助她。

㊱ “不”下一字,曾被疑爲“肯”字或“予”字。因與原形不甚相合,最後決定缺而不釋。“他”下一字曾釋作“措”,最後改釋爲“拱”。但“拱”與下句的“固”不押韻,恐怕仍有問題。此字究竟應如何釋,尚待研究。“縛”在此當“束”講。《廣雅・釋詁・三》:“約、縛……,束也。”這兩句的意思大概是說,雌烏身上的繫無法解開,反而束得越來越緊。

㊲ 驚、頸、鳴,耕部平聲。“頸”字古讀平聲,見上引《音學十書》294 頁。“比(?)”疑是“卬”(仰)之誤字。

天)！視頗(彼)不仁。[38] 方生產之時,[39]何與其汜?"顧謂其雌曰:"命也夫！吉凶浮泭,顠(願)與女(汝)俱。[40]"雌曰:"佐=子=(佐子佐子)!"涕泣侯(?)下:[41]"何□互家(?),□□□巳(?)。□子(?)□□,我(?)□不□。死生有期,各不同時。今雖隨我,將何益哉?見危授命,[42]妾志所待(持)。以死傷生,聖人禁之。[43] 疾行去矣,更索賢婦。毋聽後母,愁苦孤子。[44] 詩[云]:'云=(云云)青繩(蠅),止于杆。幾自(?)君子,毋信儳(讒)言。'[45]懼惶向論,不得極言。[46]"遂縛兩翼,投于汙則(廁?)。[47] 支(肢)躬折傷,卒以死亡。[48] 其雄大哀,躤(?)躅非回(徘徊)。[49] 尚羊(徜徉)其旁,涕泣從(縱)横。[50] 長炊(?)泰(太)息,憂悤

---

[38] 天、仁,真部平聲。

[39] 生產之時,萬物生長之時,指春天而言。

[40] 夫、泭、俱,魚部平聲("泭"、"俱"由侯部轉入)。泭,竹木筏。《論語・公冶長》:"子曰:道不行,乘桴浮於海,從我者其由與?""桴"即"泭"之通用字。敦煌寫本《經典釋文》,"乘桴"作"乘滸",謂字亦作"桴"(據黄焯《經典釋文彙校》210頁,中華書局,1980)。"滸"即"泭"字别體。雄烏的意思是說,不管吉凶,即使乘泭浮海,也跟你在一起。

[41] "佐子"之義待考。"侯"疑是"疾"之誤字。【編按:此注下本有"校按"指出,錦州自學青年蔡偉來信認爲"佐子"應讀爲"嗟子",其說可從。蔡偉來信的有關文字先已發表在《文物》1998年第3期。今將原校語删去,而將《文物》上發表的蔡偉來信附於本文之後。】

[42] 《論語・子張》:"士見危授命,見得思義。"

[43] 《孝經・喪親章》:"三日而食,教民無以死傷生,毀不滅性,此聖人之政也。"

[44] 以上十二句,或每句押韻,或間句押韻,皆押之部字。期、時、哉、持、之,平聲。矣、婦、母、子,上聲。

[45] 《詩・小雅・青蠅》:"營營青蠅,止于樊。豈弟君子,無信讒言。"引《詩》一般稱"詩云",首句"營營青蠅"簡文作"云云青繩(蠅)",應該一連用三個"云"字。但實際上只寫了一個加重文號的"云"字。所以釋文在"詩"字下補加一個加"[ ]"(補原文缺字的符號)的"云"字。不過也有可能書寫者在這裏是用重文號的每一點代表一個重文的,"云"字加兩點就代表三個"云"字,跟一般以兩點或兩短横代表一個重文不同。"止于樊",簡文作"止于杆"。"于"下一字寫得像"杅",但是這個字是跟"毋信讒言"的"言"押韻的,所以釋作跟"樊"、"言"同屬元部的"杆"字。也可以把這個字釋爲"杅〈杆〉",看作"杆"的形近誤字。"豈弟(愷悌)君子",簡文作"幾自(?)君子"。"豈"是溪母微部字,"幾"是見母微部字,古音很近(《十講》編按:《上海博物館藏戰國楚竹書(二)》所收《民之父母》1號簡,引《詩》"豈弟君子","豈"亦作"幾")。"弟"是定母脂部字,"自"是從母脂部字,古音也相當接近。但"幾"下一字不清,究竟是否"自"字尚待研究。

[46] 從引《詩》處至此,"杆"、"言"、"言"是韻脚,元部平聲。向論,可能指雌烏上面所引的前人的話。極,盡。

[47] 翼、則,職部。縛兩翼,當指收束兩翼。汙則,疑讀爲"汙廁",指廁所一類地方。

[48] 傷、亡,陽部平聲。

[49] 哀、徊,微部平聲,躤(?)躅,疑與"躑躅"義近。

[50] 旁、横,陽部平聲。如認爲"横"已轉入耕部,則是陽、耕合韻。

(遫)嘑〈唬〉呼,毋所告愬(訴)。㉑ 盜反得免,亡烏被患。㉒ 遂棄故處,高翔而去。㉓《傳》曰:"衆烏麗於羅罔(網),㉔鳳皇(凰)孤而高羊(翔)。魚鱉得於芘(笓)笱,㉕交(蛟)龍執(蟄)而深臧(藏)。良馬仆於衡下,勒靳(騏驥)爲之余(徐)行。㉖"鳥獸且相憂(憂),何兄(況)人乎? 哀=哉=(哀哉哀哉)! 窮通其菑(?)。㉗ 誠寫懸(?)以意傅(賦)之。㉘ 曾子曰:"烏〈鳥〉之將死,其唯〈鳴〉哀。"㉙此之謂也。㉚

神烏傅(賦)㉛

㉑ 呼、愬,魚部。"悤"即"悗"字,據此處文義應讀爲"遫",二字音近("悗"字在《集韻》中有"母本切"一音,與"遫"同音,見上聲混韻遫小韻)。"嘑""呼"二字同音,故"嘑呼"應爲"唬呼"之訛,"唬"當讀爲"號"。毋,通"無"。校按:注⑥按語所引虞文疑"長炊"爲"長歎(嘆)"之誤(219頁),可參考。

㉒ 免、患,元部。

㉓ 處、去,魚部。此"處"字爲名詞,但大概仍讀上聲。"去"也有上聲讀法,見注⑩。或謂此處"處""去"二字皆當如後世讀爲去聲,待考。

㉔ "麗"字的解釋已見注⑥。

㉕ 芘,讀爲"笓"。《廣韻・平聲・齊韻》部迷切鼙小韻:"笓,取蝦竹器。"笱,見《說文・三上・句部》,注爲:"曲竹捕魚笱也。"《詩・齊風》有《敝笱》篇。

㉖ 仆,"前仆後繼"之"仆",不是簡化字。衡,車轅前端橫木,服馬的軛即固定在衡上。勒靳,讀爲"騏驥",良馬之稱。"騏"爲群母之部字。"勒"與"革"、"棘"通(高亨、董治安《古字通假會典》385頁,齊魯書社,1989)。"革"、"棘"都是見母職部字。見、群二母音近,之、職二部陰入對轉。"驥"是見母微部字,"靳"是見母文部字,二字間有嚴格的陰陽對轉關係。所以"勒靳"可以讀爲"騏驥"(其實是"騏驥"有可能因音近被錯寫成"勒靳"。《十講》編按:劉樂賢《尹灣漢簡〈神烏賦〉"勒靳"試釋》認爲"勒靳"應讀爲"麒麟",從文義看,比讀爲"騏驥"好。劉文載《古籍整理研究學刊》2003年5期)。簡文所引《傳》文各句的末字中,"罔"(網)、"羊"(翔)、"臧"(藏)、"行"是陽部字。"罔"在古代有平聲讀法(上引《音學十書》292頁),則四字皆平聲。如認爲"行"已轉入耕部,可看作陽、耕合韻。

㉗ 菑,可能是"菑"的訛別之體,讀爲"災"(參看上引《古字通假會典》421—422頁)。

㉘ 以上幾句句末之字"哉"、"災(?)"、"之",皆之部平聲字("菑"的聲旁"甾"亦之部平聲字)。"寫懸"之意待考。"傅"、"賦"古通,詳王念孫《讀書雜志・漢書第九》"離騷傳"條,在本文第二部分中將會詳細講到。

㉙ 《論語・泰伯》:"曾子言曰:鳥之將死,其鳴也哀。人之將死,其言也善。"

㉚ 以上三句,前兩句句末之字中,"死"屬脂部,"哀"屬微部;後一句"也"上的"謂"字也屬微部,也許可以看作脂、微合韻。校按:漢代脂、微不分,參看羅常培、周祖謨《漢魏晉南北朝韻部演變研究(第一分册)》,科學出版社,1958。

㉛ 此是標題簡,賦文的抄寫多用草書,此簡所書則是相當標準的隸書。第三字"傅"的右旁上部作 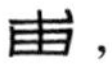,與賦文中二"縛"字右旁上部作 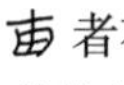 者有別。賦文"傳曰"之"傳"寫得較草,右旁作 ,與注㉟所引"傳"字草書比較一下,就可以知道簡文的草書也反映出了上述區別。漢人所寫文字,有把"尃"旁寫得像"專"旁的(即寫作"叀"一類形狀),但沒有把"專"旁寫作像"尃"旁的。所以此標題簡的第三字只能釋"傅"不能釋"傳"。同墓所出木牘中,有"君兄繒方緹中物疏",所記書籍中有"烏傅"與"列女傅一卷","傅"字右旁上部皆作" 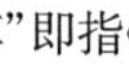 ",中豎上端向左彎,其爲"傅"而非"傳"更爲明顯(《文物》1996年8期22頁,圖五三:左)。"烏傅"即指《神烏賦》。"列女傅"當讀爲"列女賦"或"烈女賦"。關於"傅""賦"通用的問題,詳下文第二部分。開始釋讀尹灣簡牘時,曾把"神烏傅"、"列女傅"釋爲"神烏傳"、"列女傳",所以這裏就"傅""傳"二字之別多說了幾句。

二

《神烏傅(賦)》是一篇基本完整的創作於西漢時代(大約在西漢後期)的佚賦。它的篇幅雖然比不上字數以千計的那些所謂大賦,但是也不能算短。如果把殘去的字也算在裏面,全賦約有六百六十字左右。尤其值得注意的是,它具有獨特的風格,在現存的漢賦裏連一篇同類的作品也找不出來。

此賦講述了一個完整的鳥的故事,在目前所能看到的以講述故事爲特色的所謂俗賦中是時代最早的一篇。而且即使放在詩、賦之類作品的較大範圍中來看,仍然可能是講述完整故事的最早一例。《孔雀東南飛》在講述故事的技巧上當然大大超過此賦,但是其著作時代在東漢末或漢亡之後不久,晚於此賦已達兩百年以上。由此可見此賦在古代文學史上的重要地位。

此賦是通篇用擬人手法寫鳥的作品。目前所看到的這類文學作品,以《詩・豳風・鴟鴞》爲最早。其次就要數到此賦了。此賦之後,則有曹植的《鷂雀賦》(《曹集詮評》卷三)和敦煌所出的《燕子賦》(有兩種,見項楚《敦煌變文選注》374—430頁,巴蜀書社,1990)。《鴟鴞》、《神烏賦》、《鷂雀賦》基本上都用四言句,《燕子賦》甲種也使用大量四言句。各篇内容都講到不同類的鳥之間的爭鬥。《鷂雀賦》的篇幅只有《神烏傅(賦)》的一半左右,而構思及語言風格則都跟後者很接近。《燕子賦》甲種篇幅很長,内容比《神烏傅(賦)》豐富得多。但它的開頭一段説:"仲春二月,雙燕翱翔,欲造宅舍,夫妻平章……",風格跟《神烏傅(賦)》也頗爲接近。賦中講雀佔燕巢,並在燕子回巢時大加毆擊,跟《神烏傅(賦)》的内容也有相類之處。這些以擬人手法寫鳥的文學作品之間,大概存在着某種傳承關係。它們可能都是以民間口頭文學中的有關内容爲創作基礎的。

《神烏傅(賦)》引六句《傳》文作結,並將《詩》、《論語》、《孝經》等儒家經典裏的一些話塞入"鳥語"之中,充分反映出其作者是儒學久已確立其獨尊地位的時代的一個知識分子(我們認爲此賦大約作於西漢後期,這是一個重要原因)。但是總的來説,此賦的語言是相當通俗的,而且有些地方還顯得相當笨拙。跟司馬相如、揚雄、班固等名家的賦使用大量華麗瑰奇的詞藻而且句法比較靈活多變的情況相比,反差極爲明顯。顯然作者是一個層次較低的知識分子,而且是在民間口頭文學的强烈影響下創作此賦的(校按:朱曉海《論〈神烏傅〉及其相關問題》指出,《論語》、《孝經》、《詩經》,即此賦作者引及的經書,"特當時士子的啓蒙教材耳,王國維

《漢魏博士考》……已有說。是習至三國猶然……《鍾會傳》裴注引會自敘其母授讀歷程:'年四歲授《孝經》,七歲誦《論語》,八歲誦《詩》。'故本賦作者稱引彼等,既非在掉書袋,更非緣飾以經術。"見朱先生所贈打印本第5頁注18。這對理解此賦作者的社會層次及思想是很有幫助的)。曹植跟其父曹操一樣,其創作很受民間樂府詩的影響,所以他也能寫出《鷂雀賦》這樣的接近民間文學的作品。至於敦煌所出的《燕子賦》,則本身就可看作屬於民間文學的作品。這些作品在風格上的相似,是由它們跟民間文學的關係決定的。由此看來,四言的賦大概是比較接近民間文學的較早出現的一種賦(《荀子·賦》篇中的箴賦,基本上也用四言)。(校按:容肇祖在20世紀30年代發表的《敦煌本韓朋賦考》中指出,漢宣帝時王褒的《僮約》,其體裁類似《韓朋賦》等"用白話作成的韻文賦",並推測在漢代民間已有"說故事的白話賦",見《慶祝蔡元培先生六十五歲論文集》下册648頁。《神烏賦》的出土證實了他的卓見。)

《神烏賦》以"傅"爲"賦",也非常值得注意。

《漢書·淮南王傳》:"初,安入朝,獻所作内篇,新出,上愛祕之。使爲《離騷》傳,旦受詔,日食時上。"顔注:"傳,謂解說之,若《毛詩》傳。"王念孫《讀書雜志·漢書第九》"離騷傳"條,認爲"傳"字是"傅"字之誤。王氏說:

> 念孫案:"傳"當爲"傅"。"傅"與"賦"古字通(《皋陶謨》"敷納以言",《文紀》"敷"作"傅",僖二十七年《左傳》作"賦"。《論語·公冶長》篇"可使治其賦也",《釋文》:"賦,梁武云:魯《論》作'傅'。")。"使爲《離騷》傅"者,使約其大旨而爲之賦也。安辯博善爲文辭(見上文),故使作《離騷》賦。……若謂使解釋《離騷》,若《毛詩》傳,則安才雖敏,豈能旦受詔而食時成書乎?《漢紀·孝武紀》云:"上使安作《離騷》賦,旦受詔,食時畢。"高誘《淮南鴻烈解·敘》云:"詔使爲《離騷》賦,自旦受詔,日早食已。"此皆本於《漢書》。《太平御覽·皇親部·十六》引此作"《離騷》賦",是所見本與師古不同。

《漢書》原文到底作"離騷傳"還是作"離騷傅",自此成爲一個懸案。

日本學者小南一郎在發表於《東方學報》第六十三册(1991)上的《漢代章句之學的一個側面——以王逸〈楚辭章句〉爲中心》一文中指出,從漢代開始就有武帝命淮南王安作"離騷傳"或"離騷賦"兩種說法,而且還有說武帝命他作"離騷經章句"的(見王逸《楚辭章句·離騷後敘》)。他認爲這些說法並無矛盾。《四庫全書總目提要》"《楚辭章句》"條曾指出,王逸此書"《抽思》以下諸篇注中,往往隔句用韻,如‘哀憤結縎,慮煩冤也’、‘哀悲太息,損肺肝也’、‘心中詰屈,如連環也’之類,不一而足,蓋仿《周易・象傳》之體。……”。小南先生對《楚辭章句》的注文進行了全面研究,把上述那類注文稱爲Ⅰ式,一般的注文稱爲Ⅱ式。他認爲Ⅱ式注文是王逸自己寫的,Ⅰ式注文是在王逸之前就已出現的。有些篇的注純粹爲Ⅰ式或Ⅱ式,有些篇的注兩種類型夾雜。《離騷》篇注的情況比較特殊。此篇注屬於Ⅱ式,但偶爾夾有Ⅰ式,如“朝搴阰之木蘭兮,夕攬中洲之宿莽”句注中的“上事太陽,承天度也。……下奉太陰,順地數也。動以神祇,自敕誨也”。這當是王逸所採用的前人對《離騷》的解釋。小南先生認爲劉安所作的“離騷傳”或“離騷賦”應該就是這一類的東西。它既是對《離騷》的訓釋,又兼有以《離騷》爲素材的文學作品的性質,所以既可稱“傳”或“章句”,也可稱“賦”(小南先生文中還指出,這種體裁在漢人章句之學中並不罕見,如《爾雅・釋訓》“子子孫孫,引無極也”以下一段就是例子,詳細論證請閱彼文)。這些意見是很精彩的。四字一句隔句用韻的訓釋,在形式上完全可以看作賦(雙數句“也”字上一字爲韻脚,跟也是用四字句的《九章・橘頌》雙數句“兮”字上一字爲韻脚的情況十分相似)。但是小南先生對《漢書》原文到底作“傳”還是作“傅”,沒有明確表態。我認爲由於《神烏傅(賦)》的出土,可以肯定王念孫的意見是正確的,《漢書》原文應作“傅”。

用來表示詩賦之“賦”這個詞的“賦”字或“傅”字,不消說都是假借字。其本字大概是《說文》訓爲“布”的“尃”字。西周晚期的毛公鼎銘有“于外尃命尃政”等語。楊樹達《毛公鼎四跋》指出,《詩・大雅・烝民》的“明命使賦”,就是鼎銘的“尃命”,《烝民》的“賦政于外”就是鼎銘的“于外……尃政”(《積微居金文說》32—33頁,科學出版社,1959)。《烝民》也是借“賦”爲“尃”的。“尃”訓“布”,“布”有陳述之義。不論是“賦、比、興”的“賦”還是“詩賦”的“賦”,本字都應是“尃”,所取的都應是“陳述”、“鋪陳”一類意義。所以不用“尃”而用“傅”、“賦”,可能是由於“尃”義引申之後聲調發生變化的緣故。

作者對古代文學史所知甚少,本文中的疏誤及不妥之處,尚望方家不吝教正。

原載《文物》1997年1期,又載《尹灣漢墓簡牘綜論》(科學出版社,1999。加校按)、《中國出土古文獻十講》,今據《中國出土古文獻十講》收入。

附:“佐子”應讀爲“嗟子”

發表在《文物》1997年第1期的拙文《〈神烏賦〉初探》,對賦中“佐子”二字未能作出解釋。頃接錦州市刻苦自學訓詁學的青年蔡偉同志來信,告知"佐子"應讀爲"嗟子",亦即"嗟嗞",其言甚爲有理。今將來信有關部分抄錄於下:

"佐子"疑讀爲"嗟子"。《書·大傳》:"諸侯在廟中者,愀然若復見文武之身,然後曰:嗟子乎!此蓋吾先君文武之風也夫!"又作"嗟嗞"、"嗞嗟",詳見王氏《釋詞》卷八。

"嗟"从"差"聲,"差"从"左"聲,"佐"亦从"左"聲,讀"佐"爲"嗟",顯然是合理的。

原載《文物》1998年3期,今據以收入。

田章簡補釋

斯坦因第三次中亞考察所獲漢簡中,有一枚寫有“田章對曰”等文句的木簡,原始編號爲T·XXIII·1·i·7。1931年張鳳在他所編的《漢晉西陲木簡彙編》中首次發表此簡,列爲51頁第11號。張氏名之爲“田章簡”,今襲用此名。斯坦因第二、三兩次中亞考察所獲漢文文書,本來都委託法國漢學家沙畹進行研究。沙畹只發表了第二次所獲漢簡等文書就去世了,第三次的由其弟子馬伯樂繼續研究。馬伯樂在二次大戰中死於納粹集中營,其研究成果在他去世多年後才得到發表,即1953年在倫敦出版的《斯坦因第三次中亞考察所獲漢文文書》。田章簡在此書中的編號爲28。1984年文物出版社出版林梅村、李均明編的《疏勒河流域出土漢簡》(下文簡稱“疏勒”),此簡編爲730號。1991年中華書局出版甘肅省文物考古研究所編的《敦煌漢簡》,此簡編爲2289號。

張鳳對田章簡的釋文如下:

> 爲君子田章對曰臣聞之天之高萬萬九千里地之廣亦與之等山丘谿谷南起江海褭

“山丘”二字簡文原作岳玆。張氏所釋顯然與字形不符。馬伯樂釋爲“岳並”,勞榦《漢晉西陲木簡新考》改釋爲“岳茲”(釋文12頁,此書爲史語所單刊甲種之二十七,1985年出版於臺北),《敦煌漢簡》從之,其實也都不可信,《疏勒》比較審慎,對此二字缺釋。“谷”上一字簡文原从“糸”,所以《疏勒》改釋爲“谽”,《敦煌漢簡》從之。從文義看,此字似只能釋爲“谿”;簡文从“糸”可以看作訛體(漢簡从“奚”聲之字多寫作从“系”,脱去上部的“爪”便成“糸”了)。“谷”下之字,各家皆釋爲“南”,其實也有問題。簡末一字原作⿱雨衣,張氏釋“褭”,馬伯樂釋“褁”,勞氏釋“衺”,皆不可信。《疏勒》釋“震”,《敦煌漢簡》從之,應該是正確的。

要想正確釋出上舉被誤釋的字,必須先明瞭田章簡簡文的性質。容肇祖在《馮夢龍生平及著作》一文中談到了田章簡。他指出田章的故事見於敦煌寫本句道興

《搜神記》,應爲漢魏六朝間通行傳説,其故事中有從晏子故事演變而成的内容(如與《晏子春秋・外篇第八》"景公問天下有極大極細晏子對"章類似的内容,就見於田章故事),"田章"可能就是見於《晏子春秋》的"弦章"的訛傳,敦煌寫本《晏子賦》中正有與田章簡相似的内容,二者當從同一個故事模型而出(容文載《嶺南學報》二卷三期,今據陳槃《漢簡賸義再續・拾玖、田章及其所言之天地高廣》所引撮述其大意。陳文已收入其《漢晉遺簡識小七種》,爲史語所專刊之六十三,1975 年出版於臺北)。容氏的意見很精闢,可以信從。

現將《晏子賦》的有關内容引録於下,以供對比(引自黄征、張涌泉《敦煌變文校注》370—371 頁,中華書局,1997)。

> 王乃問晏子曰:"汝知天地之綱紀,陰陽之本姓(性),何者爲公?何者爲母?何者爲左?何者爲右?何者爲夫?何者爲婦?何者爲表?何者爲裏?風從何處出?雨從何處來?霜從何處下?露從何處起?天地相去幾千萬里?何者是小人?何者是君子?"晏子對王曰:"九九八十一,天地之綱紀;八九七十二,陰陽之本性。天爲公,地爲母;日爲夫,月爲婦;南爲表,北爲裏;東爲左,西爲右。風出高山,雨出江海;霜出青天,露出百草。天地相去萬萬九千九百九十九里。富者是君子,貧者是小人。出語不窮,是名君子也。"(此文似以"紀""母""右""婦""裏""來""起""里""子""海"爲押韻字。這些字都屬於上古至漢的古韻的之部。魏晉以後,字音已多有變化。由此看來,此文可能保留了不少從漢代傳下來的内容。)

陳槃在《漢簡賸義再續・拾玖、田章及其所言之天地高廣》條中指出,類似的問答還見於敦煌寫本《孔子項託相問書》(上引陳書 129 頁上)。現將《相問書》中的那段問答也引録於下(引自《敦煌變文校注》358 頁,括號内爲《校注》363—364 頁的校語):

> 夫子問小兒曰:"汝知天高幾許(原校:丙卷"許"作"里")?地厚幾丈?天有幾梁?地有幾柱?風從何來?雨從何起?霜出何邊?露出何處?"小兒答曰:"天地相却萬萬九千九百九十九里,其地厚薄,以(與)天等同。風出蒼吾(蒼吾,己卷作"槍梧"。甲卷全句作"風起輕山","輕山"應讀作"經—荆—山"),雨出高處(原校:己卷"處"作"山"),霜出於天,露出百草(原校:甲卷以上四句作"風起於山,雨出江海,霜出河邊,露出百草"。按:甲卷首句作"風起輕山",詳前)。天亦無梁,地亦無柱,與四方雲[氣]而乃相扶,故以爲柱,有

何怪乎?”

上引《晏子賦》和《相問書》所提問題,大概多數在田章簡原來所屬的田章故事中也提了出來,不過有些問題的內容稍有出入,提問的次序也有所不同。田章簡開頭的“爲君子”,顯然是“何者爲君子”一問的殘文(參看上引勞書72頁)。《晏子賦》問“天地相去幾千萬里”,《相問書》問“天高幾許,地厚幾丈”。田章簡已佚失的上文當首先問及天高和地廣,所以田章對曰:“臣聞之,天之高萬萬九千里,地之廣亦與之等。”在句道興《搜神記》田章故事中,向田章提問的是天子(王重民等編《敦煌變文集》下册885頁,人民文學出版社,1957)。從簡文“臣聞之”語看,此處問田章的也應是一個君王。

簡文“□□谿谷,□起江海”兩句,從《晏子賦》和《相問書》所提的問題以及簡文文義看,無疑是回答“風從何來,雨從何起”這樣的問題的。所以“起”上一字不應釋“南”而應釋“雨”。簡末“震”字的“雨”頭,中豎稍微出了一點頭,寫法與此字基本相同。《晏子賦》和《相問書》甲卷都説“雨出江海”,這是簡文“□起江海”句首字必爲“雨”字的確證。“谿谷”上二字寫法甚怪,但結合文義和字形來考慮,可以斷定必是“風發”。第一字上部寫法與“風”字完全相合,下部寫法訛變,與簡文“谿”字左旁訛作“糸”同例。漢簡“發”字簡體,上部往往作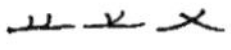等形(見陸錫興《漢代簡牘草字編》241頁,上海書畫出版社,1989),第二字上部寫法跟它們相同或相近。其下部右半的“殳”,寫法比較特殊,所从的“又”的曲筆下部寫得既粗又平,並與左面的“弓”旁下端相接,看起來好像全字底部的一道横畫(《十講》編按:“又”的第二筆,下部也寫得很平,看起來,也像跟第一筆下部連成了一道横畫),所以這個“發”字就不好認了。《晏子賦》説“風出高山”,《相問書》甲卷説“風起輕山”。谿谷是在山中的,“風發谿谷”意與“風出高山”等相近。簡末的“震”似當指雷。《詩·小雅·十月之交》“爗爗震電”,《毛傳》:“震,雷也。”但《晏子賦》和《相問書》都只提到霜、露,而沒有提到震雷,此字意義尚可進一步研究。

根據以上所述,可以把田章簡的釋文寫定如下:

>……爲君子?”田章對曰:“臣聞之:天之高萬萬九千里,地之廣亦與之等。風發絡〈谿〉谷,雨起江海,震……

從字體看,此簡時代當屬西漢無疑。

容肇祖指出了田章簡與敦煌寫本《晏子賦》的關係,還指出漢魏六朝時的田章傳説與更早的晏子傳説有關,這些都是很有意義的發現。勞榦在討論田章簡時説:

"晏子賦爲唐人話本,較此簡爲後,則自戰國以還,歷經六代。而民間遺說,在唐代尚存,亦足珍矣。"(上引勞書 74 頁)近年在尹灣漢墓中發現了在題材和體裁上都跟敦煌寫本《燕子賦》相近的《神烏賦》(參看拙文《〈神烏賦〉初探》,《文物》1997 年 1 期),近來我又在已發表的漢簡中發現了其內容與敦煌寫本《韓朋賦》的部分內容大體相合的一枚韓朋故事殘簡(有關論文待刊。《十講》編按:即拙文《漢簡中所見韓朋故事的新資料》,已收入本書)。看來漢、唐兩代的俗文學之間的確存在着很密切的關係。晏子傳說當起於春秋晚期或戰國時代,韓朋傳說當起於戰國晚期。有學者指出,《神烏賦》、《燕子賦》從民間故事角度看同屬"禽鳥奪巢"這一類型(劉樂賢、王志平《尹灣漢簡〈神烏賦〉與禽鳥奪巢故事》,《文物》1997 年 1 期)。《詩·召南·鵲巢》和《豳風·鴟鴞》說明這類民間故事在先秦時代早已存在。所以上面提到的那些漢代俗文學作品,一方面對後世產生了巨大影響,一方面其源頭又都可以追溯到先秦。它們在中國古代俗文學研究上的價值,應該得到應有的重視。

原載《簡帛研究》第三輯(廣西教育出版社,1998),又載《中國出土古文獻十講》,今據後者收入。

以郭店《老子》簡爲例談談古文字的考釋

考釋古文字的根據主要是字形和文例。郭店楚簡的内容是古書，而且其中的《老子》和《緇衣》有傳世本可以對勘，《五行》篇有馬王堆帛書本可以對勘；在根據文例釋字方面，有比一般古文字資料優越得多的條件。現在以《老子》簡爲例，談談古文字的考釋。

人所共知的字是不用考釋的。需要考釋的字有一些不同的情況，下面分類加以説明。

A. 最容易考釋也最容易爲人所接受的，是在字形和文例兩方面都有直接的文獻上的根據的那些字。例如：

1. ①（恆）

郭店《老子》甲6號簡：②“智（知）足之爲足，此△足矣。”今本（指王弼本）第四十六章作：“故知足之足，常足矣。”馬王堆帛書甲本“常”作“恆”（乙本此字殘去），應是《老子》原貌，此字後因避漢文帝劉恆諱而改作“常”。《説文・十三下・二部》：“恆，常也。……，古文恆从月，《詩》：‘如月之恆。’”簡文△字寫法與《説文》“恆”字古文相合。楚簡“恆”字大都如此寫。③ 嚴格説，此字實應釋作“亙”，讀爲“恆”。楚簡“恆”字有加“心”旁者（出處同上），可證。

2. （道）

甲6：“㠯（以）△差（佐）人宔（主）者，不谷（欲）㠯（以）兵㢠（强）於天下。”今本第三十章作：“以道佐人主者，不以兵强天下。”△字還見於甲10和甲13，今本第十五章和三十七章中的相應之字也都作“道”（郭店《老子》甲本其他“道”字及乙

---

① 此字在下文中以“△”代替，以下所釋各字皆同此例。

② 本節以下引用郭店《老子》簡時，省去“郭店《老子》”及“號簡”諸字。

③ 參看滕壬生《楚系簡帛文字編》，湖北教育出版社，1995，959—961頁。以下引此書，簡稱“楚系”。

本、丙本"道"字仍作从"首"的"道")。《汗簡・卷上之一・行部》引《古文尚書》"道"字或作,[④]《古文四聲韻・上聲・皓韻》"道"字引《古尚書》同,又引《古老子》,或作,[⑤]皆與簡文△字相合。

B. 有的字在字形方面需要稍加解釋。例如:

3. (絶)

此字在甲1中三見,今本第十九章中的相應之字都作"絶",如甲1的"△攷弃利"今本作"絶巧棄利"。《説文・十三上・糸部》:"絶,斷絲也。从糸,从刀,从卩。,古文絶,象不連體絶二絲。"中山王譽壺"絶"字作,[⑥]可知其字象以刀斷絲,《説文》古文誤將刀形斷開。《説文》"繼"字注有"反㡭爲繼"之説。其實,古文字中除"ナ"(左)"又"(右)等少數字外,字形寫成向左或向右,並無區别意義,"絶"字古文也不應例外。包山楚簡中的祭祀對象有"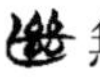無後者",[⑦]《包山楚簡》和《楚系》釋爲"繼無後者"。已有學者指出仍應釋爲"絶",絶無後者即絶子絶孫的人。《老子》今本第二十章末句"絶學無憂"的"絶",郭店簡本正作此形(見乙4)。古文字从一"幺"與从二"幺"往往同意,如从"玆"的"幾"字楚簡就省从一"幺"(《楚系》328頁,甲25也有這樣寫的"幾"字)。甲1的△沒有問題就是"絶"的簡體。望山二號楚墓遣策也有這樣寫的"絶"字,[⑧]但被《望山楚簡》和《楚系》誤釋爲"㡭"(繼)。

4. 攷(考)

甲1"絶攷弃利"的"攷"字,是見於《説文》的常用字。但今本跟它相當的字不是"攷"而是"巧",所以仍需從字形上稍加解釋,即要説明"攷"確可讀爲"巧"。這兩個字都从"丂"聲,古音很接近。《説文・五上・丂部》"丂"字下説:"古文以爲亏(于)字,又以爲巧字。""考"與"攷"在"考察"的意義上自古以來可以通用。例如:《尚書・舜典》"三載考績",《尚書大傳》"考"作"攷"。《周禮・夏官・職方氏》"攷乃職事",《逸周書・職方》"攷"作"考"。而"考"和"巧"在古代也可以相通。例如:《尚書・金縢》"予仁若考",《史記・魯世家》"考"作"巧"。《易・履・上

④ 《汗簡・古文四聲韻》,中華書局,1983,5頁。
⑤ 同上,44頁。
⑥ 《金文編》,中華書局,1985,858頁。
⑦ 見《包山楚簡》第249、250號簡,文物出版社,1991。
⑧ 《望山楚簡》二號墓第50號簡,中華書局,1995。

九》“視履考祥”,《蠱・初六》“有子考”,馬王堆帛書本“考”皆作“巧”。可見“攷”沒有問題可以讀爲“巧”。像這種很明顯的通用關係,在要求寫得簡明的注釋裏,當然就可以不必舉出證據了。

C. 有的字在字形方面沒有明顯的文獻根據,需要從分析字形等途徑加以論證。例如:

5. (視)

乙3“長生舊(久)△之道也”,今本第五十九章作“長生久視之道”。丙5“△之不足(見)”,今本第三十五章作“視之不足見”。郭店楚簡的整理者指出,簡文“見”字“目”下一般爲跪坐人形,“下部爲立‘人’”的則是“視”字,[9]其說可信。△應是“視”的表意初文。在過去發現的楚文字資料裏,“見”字下部都作跪坐人形。包山楚簡屢見官名“△日”,[10]以前釋作“見日”,其實應該釋爲“視日”。《史記・陳涉世家》:“周文,陳之賢人也,嘗爲項燕軍視日。”此視日也是楚官職名,不知與簡文的視日是否有關。明白了楚簡“見”“△”二字的區別,再去看較早的古文字,就可以發現在殷墟甲骨文、周原甲骨文和西周金文裏也存在這種區別。

在這些古文字中過去釋作“見”的那些字裏,凡下部作立人形的,也都應該改釋爲“視”。[11] 應該指出,郭店簡《五行》篇中的“見”字,有一些下部已作立人形,與“視”無別(見23、29等號簡)。可見用“目”下人形的寫法來區別“見”和“視”的辦法,在當時已經出現了將被放棄的趨勢(“視”的形聲字在古文字中早已出現,如何尊的“眂”,參看《金文編》619頁)。

6. (下文以“△a”代之);(甲31作。下文以“△b”代之)

甲1“△a△b亡又”,今本第十九章作“盜賊無有”。甲31“△a△b多又”,今本第五十七章作“盜賊多有”。“亡”通“無”,“又”通“有”,是古書和古文字資料中常見的現象。但簡文中與今本“盜賊”二字相應的△a△b則很特殊,需加解釋。△a應是一個形聲字。其右旁爲“兆”(參看《楚系》145—146頁“逃”字。甲25借作“兆”的“菲”字的“兆”旁也是這樣寫的),應是聲旁,左旁即“視”的表意初文,在用作形旁時其作用跟“見”應該沒有什麼區別。所以這個字應該就是見於《說文》的

---

[9] 《郭店楚墓竹簡》,114頁注6。

[10] 《楚系》,706頁。

[11] 參看裘錫圭《甲骨文中的見與視》,《甲骨文發現一百周年學術研討會論文集》,文史哲出版社,1998。

“覜”字。“覜”是透母宵部字,“盜”是定母宵部字,古音很接近,所以簡文借“覜”爲“盜”。△b 應是一個从“心”的形聲字。郭店簡往往把原作 、(《楚系》350 頁)、(郭店《老子》丙 12)等形的“則”字簡寫作 (《性自命出》2、19、20……等號簡)、(同上 25 號簡)、(《緇衣》2、4、5……等號簡)、(甲 36、乙 2、《緇衣》31 等號簡)等形。可知△b 就是从“心”“則”聲的“惻”字。“賊”本作 ,从“戈”“則”聲。⑫ “惻”、“賊”都从“則”聲,古音很接近,所以簡文借“惻”爲“賊”。

D. 有的字可以根據文例確定它應該如何讀,即確定它所表示的是哪個詞,但目前對其字形還無法作出合理的解釋。例如:

7. (失)

丙 11“執之者△之”,甲 11“亡(無)執古(故)亡(無)△”,今本第六十四章作“執者失之”、“無執故無失”。乙 6:“得之若纓(驚),△之若纓(驚)。”今本第十三章作:“得之若驚,失之若驚。”△可以隸定爲“遊”,曾見於楚帛書和包山楚簡,過去多釋爲“達”或“逆”,但有關文例難以講通。不久前已有學者據尚未發表的楚簡的文例得知此字當讀爲“失”,並指出帛書和包山簡的△字都應如此讀(有的△字當讀爲“佚”,通“逸”)。郭店簡增添了新的證據。但是我們迄今還不明白這個字爲什麼可以讀爲“失”。

E. 上面所舉的都是簡本與今本的文字彼此相合的例子。簡本中也有一些字,從字形方面看跟今本中與之相應的那個字對不上。這樣的字,如果在句子裏根本無法講通,就有可能是一個錯字。如果講得通,則説明簡本跟今本有異文。簡本最有價值的地方就在這裏。例如今本第十九章的“見素抱樸”,甲 2 作“ (視,在此當讀爲“示”)素保樸”,從文義上看似乎比今本好(“示素”的説法比“見素”合理。“保”“抱”音近可通,但“保樸”比“抱樸”好理解),很可能是《老子》的原貌。下面再舉幾個例子:

8. (辯)

甲 1“絶智弃△”,今本第十九章作“絶聖棄智”。郭店簡整理者讀△爲“辯”,應該是正確的。丙 8—9“是目(以)△牆(將)軍居左”,據今本第三十一章,△當讀爲“偏”。郭店簡《成之聞之》31—32“分爲夫婦之 ”,末一字無疑是△的異體,整理者讀爲“辨”。郭店簡《尊德義》13—14“ 孴(教)目(以) 兑……”,整理者讀

---

⑫ 見《説文・十二下・戈部》。

“曰”下二字爲“辯説”。郭店簡《五行》33—34“审(中)心然而正行之”,“”顯然是从“言”“△”聲的字,“然”在馬王堆帛書本中作“辯焉”。“偏”、“辨”、“辯”古音皆相近,彼此可以互證。但是整理者把△釋作“卞”則不可信。望山二號楚墓2、12等號簡也有字,《望山楚簡》考釋説:“《説文》‘鞭’字古文作,此作,字形稍有變化。字在此似當讀爲‘緶’。”⑬其説可從。△的寫法跟“鞭”字古文更爲相近。“鞭”的古音跟“辯”、“辨”、“偏”等字也很接近。帛書《老子》甲本中,“偏將軍”之“偏”作“便”。“便”在西周金文中寫作,⑭象以鞭打人,本是表示“鞭”的動詞義的。這也可以看作△是“鞭”字古文的一個旁證。簡本的“絶智棄辯”應爲《老子》原貌,“絶聖棄智”則爲後人所改。這個問題後面還將談到。

9. (下文以“△a”代之)、(下文以“△b”代之)

甲1:“绝△a 弃△b,民复(復)季子。”今本第十九章作:“絶仁棄義,民復孝慈。”簡本此句在“絶巧棄利,盜賊無有”句之後,今本則在其前。馬王堆帛書甲、乙本基本同今本。△a、△b顯然都是从“心”的形聲字。△a的聲旁是“爲”,其寫法與見於甲2、3、10、11、17、25、29等號簡的“爲”字相同。△b的聲旁是“虘”。⑮楚簡从“虘”聲之字的“虘”旁,其下部既可作“目”形,也可在“目”形下加一横。而且這一横既可跟“目”形下端相接,也可跟它稍有距離,就跟△b的情況一樣。⑯郭店簡△b是从“心”“虘”聲之字的可能性似乎相當大。而且,“庿”旁跟“虘”旁在郭店簡中已有相混的現象。在戰國時代齊等國的文字中,“庿”旁下加一横的現象很常見。⑰所以,我們不能排斥△b是“慮”字的可能性。退一步説,即使肯定△b是从“虘”之字,由於其字形與“慮”很相似,《老子》原文中此字本作“慮”,但被抄寫者誤書爲从“虘”的可能性,也是不能排除的。所以要決定這個字的釋讀,必須充分考慮文義。

事實上,除《郭店楚墓竹簡》稿本的作者外,還有很多學者已經把△b釋爲“慮”

---

⑬ 116頁注16。

⑭ 《金文編》,566頁。

⑮ 以下内容參看裘錫圭《糾正我在郭店〈老子〉簡釋讀中的一個錯誤——關於“絶僞棄詐”》,武漢大學中國文化研究院《郭店楚簡國際學術研討會論文集》,湖北人民出版社,2000,25—30頁。

⑯ 例見《楚系》246—249頁。

⑰ 參看吴振武《釋戰國文字中的从“庿”和从“朕”之字》,《古文字研究》第十九輯,中華書局,1992,490—499頁。

了。就我們所知的而言,就有池田知久、⑱高明、⑲崔仁義、⑳許抗生、㉑韓祿伯㉒等先生。他們的這種意見是正確的。已有的對"絶△a 棄△b"這一句的解釋,就我們所看到的而言,以許抗生先生的爲最好。他在《初讀郭店竹簡〈老子〉》一文中,把這一句釋爲"絶僞棄慮",並在注釋中說:

> 我則認爲"△b"字很可能是"慮"字,"△b"與"慮"形似而誤。《尚書·太甲下》"弗慮胡獲,弗爲胡成。"慮指思考、謀劃,爲指人爲,僞即是指人爲,老子主張無知、無爲,所以提出"絶僞棄慮"的思想。(102 頁)

這是很好的意見。在道家著作裏經常可以看到主張無爲、無慮的話,而且有時正是以二者並提的。《莊子·天道》說:"故古之王天下者,知雖落天地,不自慮也;辯雖彫萬物,不自說也;能雖窮海內,不自爲也。"《淮南子·原道》說聖人"……不慮而得,不爲而成",同書《本經》說體道者"……心條達而不以思慮,委而弗爲"。同書《精神》描述"真人"的境界時,用了下面這些話:

> ……無爲復樸……機械知巧弗載於心……清靖(靜)而無思慮……

這裏提到了"無爲"和"無思慮",還提到了"知巧弗載於心",可以跟《老子》簡的"絶智棄辯"、"絶巧棄利"、"絶僞棄慮"相對照。從以上所說的來看,把"絶△a 棄△b"釋爲"絶僞棄慮"是十分合適的。

簡文"絶僞棄慮"下一句作"民復季子"。研究者多數據《老子》今本,把"子"讀爲"慈",把"季"看作"孝"的訛字。但也有一些研究者認爲"季子"是《老子》原文,不應據今本改讀,如前引崔仁義書、㉓季旭昇《讀郭店楚墓竹簡札記》、㉔劉信芳《荆門郭店竹簡老子解詁》㉕等。我們同意他們的意見。《老子》今本第二十八章:"爲天下谿,常德不離,復歸於嬰兒"義近。

8、9 二例都是今本第十九章中的文字。從以上所說來看,此章中原來並沒有

---

⑱ 池田知久《荆門市博物館〈郭店楚墓竹簡〉筆記》,1998 年達慕思大學郭店《老子》國際研討會論文。

⑲ 高明《讀郭店〈老子〉》,《中國文物報》1998 年 10 月 28 日 3 版。

⑳ 崔仁義《荆門郭店楚簡〈老子〉研究》,科學出版社,1998,44 頁。

㉑ 許抗生《初讀郭店竹簡〈老子〉》,《中國哲學》第二十輯,99、102 頁。

㉒ 韓祿伯《治國大綱——試讀郭店〈老子〉甲組的第一部分》,《道家文化研究》第十七輯,190 頁。

㉓ 62 頁,注 227。

㉔ 季旭昇《讀郭店楚墓竹簡札記》,《中國文字》新 24 期,133—134 頁。

㉕ 劉信芳《荆門郭店竹簡老子解詁》,藝文印書館,1999,2 頁。

反對聖和仁義的内容。今本"絶聖"和"絶仁棄義"的説法,是對儒、墨重視聖賢、仁義的反動。因此這一章的時代就顯得比較晚。簡本反對的只是智、辯、巧、利、僞(指"背自然"的"人爲")、慮,思想樸素得多,此章時代就可以提早。這對研究道家思想的發展變化和《老子》書的源流極爲重要。此章文字,馬王堆帛書本已經改得與今本基本相同,更可見簡本的可貴。

10. 埶(設)

丙4:"埶大象,天下往。"今本第三十五章"埶"作"執",帛書本同。我們在《釋殷墟甲骨文裏的"遠"、"𤔲"(邇)及有關諸字》一文中,已經指出上古"埶""設"二字音近可通,武威《儀禮》簡多以"埶"爲"設",殷墟卜辭中也有這種例子。㉖ 在尚待發表的《古文獻中讀爲"設"的"埶"及其與"執"互訛之例》一文中,我們又舉出了古文獻中一些應該讀爲"設"的"埶"字,並指出這種"埶"字有時被誤寫爲形近的"執"。上舉丙4的"埶"字也應該讀爲"設"。《易·繫辭上》:"聖人設卦觀象,繫辭焉而明吉凶……"。"設大象"的"設"與"設卦觀象"的"設",用法極爲相近。今本的"執"應是"埶"的形近誤字。

11. 㸒(狀)

甲21:"又(有)㸒蟲〈蚰〉成,先天隆(地)生。"今本第二十五章作:"有物混成,先天地生。"帛書甲、乙本除"混"作"昆"外與今本同。郭店簡整理者注釋"又(有)㸒蟲〈蚰〉成"句説:"㸒,从'爿''百'聲(引者按:"百"與"首"爲一字異體),疑讀作'道'。帛書本作'物',即指'道'。'蚰'即昆蟲之'昆'的本字,可讀爲'混'。"㉗ 今按此段下文有"未智(知)亓(其)名,孳(字)之曰道"之語(今本作"吾不知其名,字之曰道"),第一句如説"有道混成",文章就不通了。可見"㸒"決不能讀爲"道"。郭店簡《五行》36也有"㸒"字:"吕(以)亓(其)外心與人交,遠也。遠而㸒之,敬也。"整理者注:"㸒,帛書本作'莊',解説部分作'莊'。'㸒'从'爿'聲,與'莊'可通。"㉘此言甚是。甲21的"㸒"無疑也應分析爲从"百"(首)"爿"聲,依文義當讀爲"狀","狀"也是从"爿"聲的。《老子》第十四章:"視之不見名曰夷,聽之不聞名曰希,搏之不得名曰微。此三者不可致詰,故混而爲一。(此處帛書甲、乙本有"一者"二字)其上不皦,其下不昧,繩繩不可名,復歸於無物。是謂無狀之狀,無

㉖ 裘錫圭《古文字論集》,中華書局,1992,7頁。

㉗ 《郭店楚墓竹簡》,116頁注51。

㉘ 《郭店楚墓竹簡》,153頁注47。

物之象,是謂惚恍。……"。甲 21 之"𤖅"(狀)應即"無狀之狀",此字作"狀"比作"物"合理。

郭店《老子》簡本中還有不少目前尚不能正確釋讀的文字,有待進一步研究。

本文是提交給 1998 年美國達慕思大學"郭店楚簡《老子》國際學術討論會"的論文。後載《中國哲學》第二十一輯("郭店簡與儒學研究"專號,遼寧教育出版社,2000),又載《郭店老子——東西方學者的對話》(學苑出版社,2002。有修改),今據《郭店老子——東西方學者的對話》收入。

郭店《老子》簡初探

1993年10月,荆門市博物館對已遭盜掘的郭店一號楚墓進行清理發掘,在木槨頭箱中發現了八百餘枚竹簡。① 這批竹簡經整理後,已全部發表在《郭店楚墓竹簡》(以下簡稱"郭店")一書中。②

在這批竹簡中,有七十一枚是抄錄《老子》的,其中部分簡已殘損,個別簡出土後經過拼接。整理者根據簡的形制、長短,把這七十一枚簡分爲甲、乙、丙三組。甲組簡三十九枚,其内容相當於今本的第十九章、六十六章、四十六章後半、三十章、十五章、六十四章後半、三十七章、六十三章首尾、二章、三十二章、二十五章、五章中段、十六章開頭一段、六十四章前半、五十六章、五十七章、五十五章、四十四章、四十章、九章。乙組簡十八枚,其内容相當於今本第五十九章、四十八章前半、二十章開頭一段、十三章、四十一章、五十二章中段、四十五章、五十四章。丙組簡十四枚,其内容相當於今本第十七章、十八章、三十五章、三十一章、六十四章後半。甲、丙二組都抄有第六十四章後半,③但文字頗有出入。此外,三組内容無重複。三組簡現存總字數爲今本《老子》的三分之一左右。④

郭店一號楚墓的發掘者,認爲此墓"具有戰國中期偏晚的特點,其下葬年代當在公元前四世紀中期至前三世紀初"。⑤ 在1998年5月美國達慕思大學艾蘭和韓祿伯二位教授召開的"郭店老子國際研討會"(下文簡稱"達大研討會")上,不少與

---

① 湖北省荆門市博物館《荆門郭店一號楚墓》,《文物》1997年7期35、46頁。

② 荆門市博物館編《郭店楚墓竹簡》,文物出版社,1998。

③ 分别見《郭店》老子圖版甲一〇至一三和丙一一至一四。

④ 關於《老子》簡的情况,參看《郭店》前言第一頁。前言説:"簡本現存二〇四六字,約爲今本的五分之二。"承彭浩先生見告,此數字是把《太一生水》篇包括在内的。該篇現存三〇五字,如將此數除去,郭店《老子》簡現存字數應爲一七四一。甲、丙二組都有第六十四章後半,如再將丙組相當於此章後半的七十五字減去,則爲一六六六字。所以説三組簡現存字數爲今本的三分之一左右。

⑤ 《荆門郭店一號楚墓》,47頁。

會者認爲,關於墓葬年代的說法可改爲"前四世紀晚期至前三世紀早期"。墓中所出《老子》簡的抄寫時間,大概不會晚於公元前300年左右,比已有的《老子》的最古本子——抄寫於秦漢之際或漢代初年的馬王堆帛書《老子》甲本(以下簡稱"帛甲本",馬王堆帛書《老子》乙本簡稱"帛乙本",泛指兩本時稱"帛書本"),⑥還早了一百年左右。其所抄《老子》在分章和文字內容等方面,跟帛甲本以下各本有很多不同,對研究《老子》的源流和思想,具有極爲重要的意義。本文準備在下列三方面作一些初步的探討:

一、郭店《老子》簡與"五千言"的關係;

二、郭店《老子》簡所反映的《老子》分章和章次的情況;

三、郭店《老子》簡與《老子》各本在文字內容上的異同。

一

在郭店《老子》簡抄寫的時候,是否已有篇幅跟帛甲本以下各本大致相同的《老子》,即所謂"《老子》五千言"或"《道德經》五千言"存在呢?郭店的三組《老子》簡是從"五千言"或"五千言"的內容較多的摘抄本裏摘抄下來的呢?還是在"五千言"這種本子出現之前,流傳在社會上的各種"老子語錄"中的三種呢?這是郭店《老子》簡出土後,很多人首先想到的問題。在"達大研討會"上沒有就這個問題展開討論,但是不同的看法已經提出來了。而且有的學者對郭店《老子》簡性質的看法,已經超出了上面所說的兩種設想。詳情見將要出版的會議論文集(《十講》編按:見邢文編譯《郭店老子——東西方學者的對話》138—143頁等,學苑出版社,2002),這裏不想作介紹了。

在這個問題上,我傾向於北京大學哲學系王博先生在會上提出的看法。他說:

> 甲組與乙組、丙組可能由不同的編者在不同的時間完成,但其內容又同見於今傳《老子》中。這種情形說明,也許在此之前已經出現了一個幾乎是五千餘字的《老子》傳本。郭店《老子》的甲組與乙組、丙組只是依照不同主題或需要,從中選輯的結果。⑦

---

⑥ 這兩本《老子》見國家文物局古文獻研究室編《馬王堆漢墓帛書〔壹〕》(以下簡稱"帛書"),文物出版社,1980。下引同。

⑦ 王博《郭店〈老子〉爲什麽有三組?》,達大研討會資料,1998年5月。

我同意他所說的“在此之前已經出現了一個幾乎是五千餘言的《老子》傳本”的意見。

如果在老聃死後,“五千言”形成之前,確有多種“老子語錄”在社會上流傳,而郭店的三組《老子》簡就是其中的三種的話,就很少有可能出現其內容全部見於“今傳《老子》中”的情況。很難設想,在晚於郭店《老子》簡的時代,即晚於公元前300年左右的戰國晚期,有人能把一二百年甚至更長的時間内所流傳的多種“老子語錄”的内容絲毫不漏地合編成一部“五千言”。所以今天偶然發現的三種“老子語錄”,其所抄各章竟然全都見於今傳《老子》,就未免顯得太過湊巧了(《十講》編按:參看《郭店老子——東西方學者的對話》142頁所記瓦格納在達大研討會上發表的意見)。

此外,郭店《老子》簡中,除了甲、丙二組都抄有今本第六十四章後半之外,三組内容沒有重複這一點,也很值得注意。如果它們是“五千言”編成前的三種“老子語錄”,彼此重複的部分似乎不可能這樣少。反之,把它們看作從“五千言”中有計劃地錄出的三種摘抄本,這種現象就很好理解了(《十講》編按:參看《郭店老子——東西方學者的對話》142頁所記譚樸森在達大研討會上發表的意見)。

王博先生認爲這三組簡是按照治國、修身等不同主題,從“五千言”中分别摘錄的,“乙組的主題是修身,丙組的主題是治國”,甲組可分兩部分,一部分(包括第一到第十及第十四到第十六章,見一至二〇號及二五至三二號簡,簡號據《郭店》,下同)“主要討論治國方法”,另一部分(包括第十一到第十三及第十七到第二十章,見二一至二四號及三三至三九號簡)“主題是關於道、天道與修身的”。⑧ 這些意見是否完全合乎事實尚待研究,但是這三組簡的摘錄看來確是經過籌劃的,不然彼此的重複不可能這樣少。

有些章顯然是有意抄在一起的,例如:甲組一〇號簡下段至一八號簡上段,接連抄了四個章,按甲組各章本身的次序是第六至第九章。第六章即今本第六十四章後半,開頭一段說:“爲之者敗之,執之者遠(當從丙組作“失”)之。是以聖人亡(無)爲古(故)亡(無)敗,亡(無)執古(故)亡(無)遊(失)。”(《十講》編按:“遊”當從趙平安說改釋爲“逸”,其文見《古文字研究》第二十二輯。)第七章即今本第三十七章,開頭就說“道恆亡(無)爲”。第八章即今本第六十三章,開頭就說“爲亡(無)爲”。第九章即今本第二章,有“是以聖人居亡(無)爲之事,行不言之教”之

---

⑧ 王博《郭店〈老子〉爲什麼有三組?》,達大研討會資料,1998年5月。

文。這四章都講到"無爲",抄在一起決非偶然。又如:甲二一至二三這三簡抄有兩章,前一章自簡首抄起,後一章結束後不再接抄他章,自成一個段落。前一章即今本第二十五章,章中屢次提到天地。後一章相當於今本第五章中段,開頭就說"天地之間"。這大概也不是偶然的。至於甲組和丙組都抄有第六十四章後半,究竟是什麼緣故,還有待進一步研究。

30 年代,唐蘭先生作《老子時代新考》,指出《莊子·天下》以及《韓非子》的《六反》和《内儲說下·六微》所引老聃的話,都見於今本《老子》;《韓非子》的"《解老》和《喻老》所解所喻的《老》",也"和今本《老子》大致差不多";因此斷定"在孔子卒後二百年左右,有一本業已流傳的著作和今本《老子》差不多,當時人以爲是老聃的語録,這大概是很真確的事實"。⑨ 我們根據郭店《老子》簡也可以斷定,至晚在戰國中期,已經有《老子》"五千言"在社會上流傳了。

《史記·老子韓非列傳》說老聃"居周,久之,見周之衰,迺遂去至關。關令尹喜曰:'子將隱矣,彊爲我著書。'於是老子迺著書上下篇,言道德之意,五千餘言,而去"。司馬遷認爲"五千言"爲老聃所親著,這當然不大可能是事實。但從情理推測,"五千言"似應跟儒家的《論語》一樣,爲學派宗師的弟子或再傳弟子,總之是離宗師的時代不遠的人所編成的。⑩ 老子言論的廣泛傳播,當在"五千言"編成之後。很難設想,老子死後會有多種内容很不一樣的語録在社會上流傳,而且直到戰國晚期才有人把它們合編成一部"五千言"。

唐蘭先生在《老子時代新考》中推測,《老子》的形成與《墨子》的形成同時,當在戰國早期。⑪《老子》的形成是否與《墨子》同時,是很難說的。但是把《老子》形成的時代定在戰國早期,還是比較合理的。如果《老子》確爲老聃的弟子或再傳弟子所編成,其成書年代很可能在公元前 5 世紀中葉或稍晚一些的時候,下距郭店《老子》簡的時代一百幾十年。

爲了行文方便,下文把郭店《老子》簡所從出的《老子》稱爲"簡本"。前面說過,甲、丙二組分頭抄録的第六十四章後半,在文字上有不少出入。這說明當時流傳的《老子》已有不少異文,不同的本子大概不會少,甲、乙、丙三組所根據的本子至少有兩種。但是由於具體情況不明,我們只能籠統地把它們稱爲"簡本"。

---

⑨ 羅根澤編《古史辨》第六册,599—600 頁,上海古籍出版社 1982 年重印。下引同。

⑩ 附帶說一下,《論語》中有孔子弟子的言論,《老子》中當然也可能有老子弟子的言論。

⑪ 羅根澤編《古史辨》第六册,606—608 頁、629 頁。

二

《老子》簡本的規模應該跟今本大體相同,但是從郭店《老子》簡可以看出,簡本在分章、章序和文字内容等方面,跟今本都有不少差别。本節先討論章序和分章方面的問題。在進行討論之前,有必要先介紹一下郭店《老子》簡抄寫方法中與章序和分章有關的一些情況。

如果不計重文號和合文號,郭店《老子》簡使用了三種形式的標點符號━、■、レ。我們依次稱之爲"小横"、"墨塊"和"鉤"。從它們所佔的位置來看,墨塊大都是抄寫時所加的,小横大都是閲讀時所加的。鉤也見於郭店簡的《成之聞之》篇(四〇號簡)和《性自命出》篇(三五、六七號簡),是表示一個大段落甚至一篇的終結的。在《老子》簡中,鉤見於甲三二、三九兩簡,由鉤號至簡末尾都留有較大的空白。甲組各簡本來可能就分爲兩部分,甲三二、三九分别是這兩部分的最後一簡。墨塊和小横用得比較多。墨塊主要表示一章的結束(郭店簡的《緇衣》篇,每章之末都有這種墨塊),但有時也用來表示句的結束,如見於甲一的三個墨塊和甲二的第一個墨塊。乙二"克"字下的墨塊是重文號之誤,情況特殊。小横多數加在句末,但有時也加在兩章之間,如甲六"此恒足矣"和甲二七"足下"之下的小横。乙六"是胃(謂)寵辱驚"句"辱"下有小横,可能表示此處抄脱一"若"字,情況特殊。

在郭店《老子》簡中,有一些章是從簡首開始抄寫的。其中有一章就自成一個段落的,即此章抄完並加墨塊後,在同簡上不再接抄他章(有時墨塊下已無抄寫餘地,可能原來是與從簡首抄起的某一章前後相接的,但多數在墨塊下尚有餘地),例見甲二四號簡及丙四至五、丙六至一〇、丙一一至一四等組簡;也有接抄另一章或多章後才成一段落的,例見甲二一至二三、甲一至二〇、乙一至八等組簡。甲組還有兩個包含數章的段落,最後所加的符號是鉤,見甲二五至三二、甲三三至三九。按照上文對鉤號性質的看法,甲組其他段落原來似應分屬這兩個段落,或都屬於其中一個段落,位置應在其前。三組中各個段落原來的確切位置,現在都已經無法知道了。

在包含兩個以上章的段落之中,抄完一章後往往加上墨塊,然後再接抄他章。有時還在墨塊下空出兩或三字的空位,然後再抄他章,見甲一八、三五兩簡。但不加符號就接抄他章的情況也並不罕見,例見甲五、一〇、一三、乙一五等簡。用來分章的小橫,大都應爲閲讀者所加。所以在這些地方,抄寫時大都也應是不加符號就接抄他章的。要介紹的情況就是以上這一些。

下面先討論章序問題。這個問題很不好討論。既然三組中各個段落原來的確切位置已經無法知道,它們在《郭店》圖版上的位置,當然就不能用作討論章序的根據了(參看《郭店》凡例第四條)。同一段落中各章的次序,似乎可以用作討論的根據。可是我們已經肯定郭店《老子》簡(以下簡稱"郭簡")是摘抄,既然如此,其所抄各章的次序就不一定符合簡本各章原來的先後次序。我們很難根據《解老》、《喻老》引用《老子》之文的次序,來研究其所據《老子》原來的章序。[12] 同樣,我們也很難根據郭簡的章序,來研究簡本的章序。關於簡本章序的綫索雖然不能説一點沒有,但確實極爲有限。

如果按照今傳王弼、河上公等八十一章本中各章的序數,來看郭簡的章序,絶大部分章序都顯得雜亂無章,但有兩處與今本密合。一處是甲二七至三二,先抄第五十六章,接着抄第五十七章。一處是丙一至三,先抄第十七章,接着抄第十八章。這種相合應該不是偶然的。後一例比較特殊,因爲第十七、十八兩章在簡本中本應爲一章,詳下文。至於第五十六、五十七兩章的接抄,很可能反映了簡本原來的章序。這就是説,這兩章的次序,簡本跟今本很可能相同。

《解老》、《喻老》在這方面的情況,跟郭簡相似。其所引《老子》各章的次序,有三處與今本密合。《解老》第八至十一段解説第五十八章,第十二至十六段解説第五十九章,第十七、十八兩段解説第六十章。[13]《解老》倒數第二段解説第五十三章,最後一段解説第五十四章。《喻老》第六段解説第六十三章,第七段解説第六十四章。看來簡本和《解老》、《喻老》所據本的章序,都至少有一部分是跟今本相合的。至於這部分所佔的分量到底有多大,就難以判斷了。

《史記》説老子"著書上下篇"。今傳各本皆分兩篇,帛書本亦同,只是篇序與今本相反。帛乙本兩篇之末分别寫有"德"和"道"的篇名。簡本是否分篇,目前無法判斷。好像已有學者指出,古人將《老子》分篇,主要應該是從篇幅是否適度考慮的,以"道"和"德"名篇,取的是各篇首章首句中的字,與《詩經》篇名同例,並無深意。所以簡本是否分篇,倒並不是一個重要問題。

---

[12] 參看金谷治《關於帛書〈老子〉》討論上下篇次序的部分,《道家文化研究》第三輯,上海古籍出版社,1993,303頁。

[13] 所舉段數據王先慎《韓非子集解》本,下同。

帛書本各篇内的章序與今本基本一致,但仍有三處不同。第二十四章在帛書本中位於第二十一、二十二兩章間(章名從今本,下同)。第四十、四十一兩章在帛書本中相倒。第八十、八十一兩章在帛書本中位於第六十六、六十七兩章之間。簡本比帛書本早了一百年左右,章序與今本不合之處可能要比帛書本多得多。簡本即使分上下篇,各篇所包含的章,也不見得會跟帛書本以下各本完全相同。下面討論分章問題時,將會提到簡本和今本的章序可能有異的一些例子。

在分章方面,從郭簡可以比較明確地看出簡本與今本的一些不同。⑭

今本有些章在簡本中本是或可能是獨立的兩章或三章,下面分條加以說明。

1. 第六十四章在簡本中本爲兩章

王弼本第六十四章全文如下:

> 其安易持,其未兆易謀,其脆易泮,其微易散。爲之於未有,治之於未亂。合抱之木,生於毫末。九層之臺,起於纍土。千里之行,始於足下。爲者敗之,執者失之。是以聖人無爲故無敗,無執故無失。民之從事,常於幾成而敗之,慎終如始,則無敗事。是以聖人欲不欲,不貴難得之貨;學不學,復衆人之所過,以輔萬物之自然而不敢爲。

從文義看,前半的中心思想是"爲之於未有,治之於未亂",自"爲者敗之"(簡本、帛書本"爲"下皆有"之")以下的後半的中心思想是"無爲"。以這兩部分構成一章,是很不自然的。

在郭簡中,甲、丙兩組都抄有此章後半,已見前述。甲組又抄有此章前半,見甲二五至二七,與所抄此章後半不相連接,中間爲他章隔開。

《喻老》所釋《老子》中也有第六十四章的内容。其第七段釋第六十四章開頭兩句,第十至十二共三段釋第六十四章最後"是以聖人欲不欲"(《喻老》所引無"是以聖人"四字)以下幾句。中間的第八、九兩段,則分别釋第五十二和七十一章中的句子。其對第六十四章前後兩半的句子的解釋,爲對他章句子的解釋所隔開。

以郭簡和《喻老》互證,可以斷定當時讀《老子》的人,是把第六十四章的前後兩半看作獨立的兩章的。在簡本和《喻老》所據之本中,這兩章間很可能還隔有他章。

第六十四章的前後兩半,在帛書本中是相連的。帛書本的篇内各章,彼此都是

⑭ 在分章方面,我們的有些意見,跟郭沂《從郭店楚簡〈老子〉看老子其人其書》一文中的有關意見相同或相近。文載《哲學研究》1998 年 7 期,有關意見見 49 至 50 頁。

連接抄寫的。帛乙本完全不用分章號,帛甲本偶爾在章前加小圓點。可惜第六十四章前半之末"始於足下"句的"下"字和後半開頭的一些字,在帛甲本中已經殘去,不知其間原來是否有分章圓點。⑮ 因此,帛書本時代的人究竟把第六十四章的前後兩半看成一章還是兩章,還難以判斷。

如果在簡本和《喻老》所據本中,第六十四章的前後兩半間的確隔有他章,這便是此二本的章序與帛書本以下各本不同的一個例子。下面各條涉及之章,在章序問題上大都有類似情況,不再一一説明。

2. 第四十六章在簡本中似本爲兩章

王弼本第四十六章全文如下:

> 天下有道,却走馬以糞。天下無道,戎馬生於郊。禍莫大於不知足,咎莫大於欲得。故知足之足,常足矣。

"禍莫大"句之上,各本皆有"罪莫大於可欲"一句(郭簡作"辠莫厚乎甚欲",又"禍"、"咎"二句互倒,且亦有異文),王本誤脱。此句以下文字,與前面"天下有道""天下無道"兩句,在文義上沒有明顯的聯繫。王弼注牽合前後兩段作解,十分勉强。

此章後段的内容見於郭簡甲五至六,前段"天下有道"等兩句則不見於郭簡。帛甲本有此章全文,但在"天下有道"之上和"罪莫大於可欲"之上都加了分章圓點。⑯ 彭浩先生以郭簡與帛甲本互證,斷定第四十六章後段本是獨立的一章。⑰ 其説可從。"天下有道"等兩句大概已見於簡本,也應是獨立的一章。

3. 第五十二章在簡本中似本爲三章

王弼本第五十二章全文如下:

> 天下有始,以爲天下母。既得其母,以知其子。既知其子,復守其母,沒身不殆。塞其兑,閉其門,終身不勤。開其兑,濟其事,終身不救。見小曰明,守柔曰强。用其光,復歸其明,無遺身殃,是爲習常。

郭簡乙一三抄有相當於此章中段,即自"塞其兑,閉其門"(簡文此二句相倒)至"終身不救(簡文作从"止""來"聲之字)"一段的文字。此章前後段的内容皆不

---

⑮ 見《馬王堆漢墓帛書〔壹〕》"老子甲本及卷後古佚書圖版"(以下簡稱"甲本圖版")57 行。

⑯ "甲本圖版"18—19 行。

⑰ 彭浩《關於郭店楚簡〈老子〉整理工作的幾點説明》,達大研討會資料。

見於郭簡。看來,此章中段在簡本中應爲獨立的一章。此章前中後三段文字,在文義上都沒有明顯的聯繫。如果這三段全都見於簡本,當時人應該是會把它們看成獨立的三章的。

帛甲本有第五十二章全文,但在"天下有始"句和"塞其悶("閲"之誤字,通"兑")"句之上,都加有分章圓點,⑱可以與郭簡互證。可惜帛甲本"見小曰明"句之"見"字已殘去,其上是否有分章圓點已不可知。

4. 第五章在簡本中似本爲三章

王弼本第五章全文如下:

> 天地不仁,以萬物爲芻狗。聖人不仁,以百姓爲芻狗。天地之間,其猶橐籥乎? 虛而不屈,動而愈出。多言數窮,不如守中。

郭簡甲二三抄有與此章中段,即自"天地之間"至"動而愈出"一段相當的文字。此段前後的文字皆不見於郭簡。看來此段在簡本中應是獨立的一章。此段以及其前的"天地不仁""聖人不仁"二句和其後的"多言(當從帛書本等作"聞")數窮,不如守中"句,彼此在文義上都沒有明顯的聯繫。如果它們都見於簡本,當時人應該是會把它們看成獨立的三章的。不過"多言數窮"句只有八個字,也有可能是在簡本之後的時代由他章錯入此章的。

5. 第二十章在簡本中似本爲兩章

郭簡中有相當於今本第二十章開頭一段的内容。由於這段文字在簡文中究竟訖於何處尚有疑問,我們在討論分章問題之前,先討論一下這個問題。

郭簡乙四至八抄有相當於今本第二十章開頭一段和第十三章全章的文字。現在把前者和後者的開頭部分的釋文寫在下面(原文所用之字爲字書所無或罕見者,以通用字代替。本文引簡除特殊情況外皆用此例。爲了說明的方便,下引簡文中原來用以斷句或分章的短横仍予保留,外加方括號,以與我們所加的標點相區别):

> 絶學亡(無)憂。唯與可,相去幾可(何)? 美與亞(惡),相去可(何)若? 人之所畏,亦不可㠯(以)不畏[-]人寵辱若驚,貴大患若身……

按照原有的斷句小横,簡文與今本第二十章開頭一段的末句"人之所畏,不可不畏"相當之句爲"人之所畏,亦不可以不畏",與今本第十三章首句"寵辱若驚"相當之句爲"人寵辱若驚"。後一句句首"人"字實嫌多餘,帛書本亦無此字。尤其值

---

⑱ "甲本圖版"29—30行。"悶"爲"閲"之誤字,爲《帛書》釋文部分7頁注18之說。

得注意的是,帛乙本與今本第二十章"人之所畏,不可不畏"相當之句,作"人之所畏,亦不可以不畏人",句末正好有一個"人"字。[19]

劉殿爵先生在研究帛書本時曾指出,"人之所畏,不可不畏"的意思是"别人所畏懼的,自己也不可不畏懼","人之所畏,亦不可以不畏人"的意思則是"爲人所畏懼的——就是人君——亦應該畏懼怕他的人"。[20] 兩相比較,帛書本的意思顯然比今本好。而且此句末如無"人"字,按當時漢語通例,就不應説"不畏"而應説"弗畏"。"弗畏"猶言"不畏之","之"即指"人之所畏"的事物。[21] 簡文既説"不畏",其後便應該有"人"字。所以簡文此句應同於帛書本,"寵辱若驚"句上的"人"字原應屬於此句,"不畏"與"人"之間的短横應爲閲讀者所誤加,其正確位置應在"人"字之下。

今本第二十章在"人之所畏"句之後,還有"荒兮其未央哉"至"我獨異於人而貴食母"一大段。帛書本亦有此段,只不過文字稍有出入。此段與上文在文義上不連貫,如已爲簡本所有,一定是獨立的一章。

6. 第四十五章在簡本中似本爲兩章

王弼本第四十五章全文如下:

> 大成若缺,其用不弊。大盈若沖,其用不窮。大直若屈,大巧若拙,大辯若訥。躁勝寒,静勝熱,清静爲天下正。

郭簡乙一三至一五抄有與上引之章相當的文字,其句序與所用之字與今本頗有出入。"大辯若訥"句,簡文作"大成若詘"(此異文在下節中將加以討論),"大直(簡文作"植")若屈"句在此句之後。尤其值得注意的是,簡文在"大直若屈"句下加墨塊後,才接抄與今本"躁勝寒"相當的"喿勝蒼(滄)"句以下的文字。前面講過,墨塊除用作章末符號外,也可以用作句號。但是"躁勝寒"以下一段與前面的"大成若缺"一段,在文義上明顯缺乏聯繫。所以我懷疑"大直若詘"下的墨塊是用

---

[19] 見《帛書》"老子乙本及卷前古佚書圖版"(以下簡稱"乙本圖版")234 行下。帛甲本此句基本殘去。

[20] 劉殿爵《馬王堆漢墓帛書〈老子〉初探(下)》,《明報月刊》,1982 年 9 月號,35 頁。

[21] 關於"不"、"弗"的用法,可參閲劉殿爵《馬王堆漢墓帛書〈老子〉初探(上)》,《明報月刊》1982 年 8 月號,15 頁。劉文説:"'不'字不包含代名詞賓語在内,但用'弗'字時,第三人稱代名詞賓語就必定省略不用",並舉了今本《老子》由於把"弗"改爲"不"而使文義模糊或改變的不少例子。今按:古漢語中"不"、"弗"的用法問題是很複雜的。在有些情況下,用"弗"字時,動詞仍可帶第三人稱代詞賓語。不過劉先生的説法對古本《老子》基本適用。

作章末符號的,這兩段是獨立的兩章。這兩章在簡本中就應該是前後相次的,後來的本子沿襲了這種章序,以致這兩章最後被誤認成了一章。

附帶說一下,甲一八至二〇抄有相當於今本第三十二章的文字,甲一九"萬勿(物)將自賓"句下有墨塊,也有可能是用作分章符號的。不過下面的一段文字中有"始制有名"等語,似與第三十二章的首句"道恆(今本作"常")亡(無)名"相照應。從這一點看,又不應分爲兩章,有待研究。

從以上所舉的例子看,在《老子》流傳的過程中,原來獨立的章可能有不少被三三兩兩地合併成了一章。前面說過,帛書本篇內各章是連接抄寫的,乙本完全不用分章號,甲本只是偶爾用分章號。郭簡用分章號較多,但兩章相連而無章號相隔的情況也是屢見的。由於存在這種抄寫習慣,相鄰之章很容易被人誤認爲一章。此外,章的合併還可能跟有些傳授者想把章數湊成七十二、八十一等有一定意義的數目有關。

這裏應該說明一個問題。簡文某一章的內容只相當於今本相應之章中的一段的現象,不能都用今本的一章在簡本中本爲兩章或三章的模式來解釋。有時,不見於簡本的段落跟見於簡本的段落,在意義上是有較明顯的聯繫的,甚至是不可分割的。例如郭簡乙三至四抄有相當於今本第四十八章前半的內容:

> 學者日益,爲道者日員(損)。員(損)之或員(損),以至亡(無)爲也,亡(無)爲而亡(無)不爲。

王弼本此下還有"取天下常以無事。及其有事,不足以取天下"之文。帛書本亦有此文,只不過文字稍有出入。此文之義與上文有比較明顯的聯繫,雖然不能說沒有原爲獨立的一章的可能,但是爲簡本時代之後的人所添加的可能性也是存在的。又如甲二四抄有相當於今本第十六章開頭一段的文字,末句爲"各復其堇(根)"。王弼本此句作"各復歸其根",其下尚有"歸根曰靜,是謂復命"至"沒身不殆"一段文字。帛書本亦有此段,只不過文字稍有出入。此段文義緊承上文,顯然不能獨立。如果不是郭簡只取此章一部分的話,此段文字就應該是後加的。

在《老子》流傳的過程裏,有沒有原來的一章被分割爲兩章的現象呢?通過郭簡可以發現一個這樣的例子。

郭簡丙組由四個段落組成。其中三個段落都只有與今本的一章或半章相當的內容:丙四至五所抄與第三十五章相當。丙六至一〇所抄與第三十一章相當。丙一一至一四所抄與第六十四章後半相當,前面已經說過,這半章在簡本中也是獨立的一章。唯有丙一至三這個段落,所抄的相當於今本中前後相連的兩章,即第十七和十八章。但是簡文在相當於第十七章和相當於第十八章的文字之間,未加任何表示區分的符號。而且今本第十八章的首句爲"大道廢,有仁義",簡文則作"古(故)大道廢,安又(有)仁義",句首有"故",語氣是承接上文的,顯非一章的首句。所以今本第十七、十八兩章,在簡本中肯定是一章。由此又可知丙組的四個段落,每個段落都只抄一章,情況非常一致。

從文義上看,第十七章所說的"太上下知有之"、"功成事遂,百姓皆謂我自然",可以理解爲"大道行"之時的現象,"其次親而譽之"等等則是"大道廢"之後的現象;以第十八章的"大道廢,有仁義"等語上承這些話,是很自然的。所以簡本不分章肯定合於《老子》原貌。

在帛書本中,"大道廢"之上仍有"故"字,[22]可見此章尚未被分爲兩章。分此章爲兩章,大概是"故"字脱落以後的事。

在《老子》流傳的過程中,原來的一章被分爲兩章的情況大概很少發生。《老子》分章方面的變化,其主要趨勢是合而不是分。

三

郭簡的文字内容,跟《老子》各本有不少相異之處,除去簡文訛誤所造成的差異外,大都對《老子》的研究有重要意義。就是其文字内容跟《老子》各本或其中部分或個別本子相合之處,有時也能對解決《老子》研究中所存在的問題起重要作用。例如:上一節中曾引過乙組簡中與今本第二十章開頭一段相當的内容,其首句跟今本一樣,也是"絶學無憂"。此句與其下文在文義上的聯繫不明顯,因此過去很多研究《老子》的人,都認爲此句原應上屬第十九章。[23] 郭簡中也有相當於今本第十九章的文字(見甲一至二),但與相當於第二十章開頭一段的文字不相接。"絶學無憂"句並不在前者之末,而仍在後者之首。可見此句原屬第十九章的說法是難以成立的。關於郭簡與《老子》各本在文字内容上的異同,有大量研究工作要做,這是長期的任務。在本節中,只能挑少數例子來討論一下。

1. 關於第十八、十九章

㉒ "甲本圖版"125行、"乙本圖版"233行上。

㉓ 參看陳鼓應《老子今注今譯及評介(二次修訂本)》,臺灣商務印書館,1997,123頁注⑥。

王弼本第十八章之文如下：

> 大道廢，有仁義。慧智（他本多作“智慧”）出，有大僞。六親不和，有孝慈。國家昏亂，有忠臣。

第十九章之文如下：

> 絶聖棄智，民利百倍。絶仁棄義，民復孝慈。絶巧棄利，盜賊無有。……

今傳他本及帛書本都沒有影響實質性内容的異文。

第十八章把“仁義”放在與“大僞”相類的地位上，第十九章明確主張“絶聖棄智”、“絶仁棄義”，顯然是對儒墨提倡仁義、推崇聖賢的反動，不是年輩比孔子還要略早些的老聃所能有的思想。過去把《老子》的時代往後拉的學者，往往以此爲論據。㉔ 對主張《老子》反映老聃思想的學者來說，這確是很難解決的一個矛盾。

其實，在上舉這兩章之間以及這兩章與《老子》他章之間，就存在着明顯的矛盾。第十九章說“絶仁棄義，民復孝慈”，孝慈是被肯定的。但在第十八章中，孝慈却與仁義一樣，跟絶對屬於被否定之列的“大僞”並列。第十九章說“絶聖棄智”，而《老子》全書中却經常以“聖人”指稱道德最高的人。早在二三十年代之間，唐蘭先生就在《老聃的姓名和時代考》中指出：“……‘聖人’在《老子》裏凡二十九見（《十講》編按：“聖人”在今本《老子》中實出現三十一次），足見老子是推崇聖人的，而第十七章（引者按：當作“第十九章”）却說‘絶聖棄智，民利百倍’，自相矛盾，那一節怕也有後人攙入的。”㉕有人認爲“絶聖棄智”的“聖”與“聖人”的“聖”異義，這是爲了彌縫矛盾而硬做文章。

郭簡的出土，使上述那些矛盾都得到了解決。

第二節裏說過，今本的第十七、十八兩章在簡本中是一章。此章後半相當於今本第十八章之文，如下（見丙二至三）：

> 古（故）大道廢，安（用法同“焉”，可訓“乃”）又（有）仁義；六新（親）不和，安又（有）孝慈；邦家緍（昏）亂，安又（有）正臣。

㉔ 例如顧頡剛先生在寫於30年代初的主張《老子》成書在《吕氏春秋》之後的文章裏就說：“我以爲在沒有儒家提倡仁義以前，《老子》說的‘絶仁棄義’是無意義的。”見《從〈吕氏春秋〉推測〈老子〉之成書年代》，羅根澤編《古史辨》第四册464頁，上海古籍出版社1982年重印。他還認爲“絶聖棄智”是在戰國末年才會出現的思想，見上引書516頁。

㉕ 同上注所引書351頁。

其中並無與今本“慧智出，有大僞”相當之句。此句應是在簡本之後的時代添加進去的，並非《老子》原本所有。老子並未以仁義、孝慈與大僞相提並論。

郭簡中與今本第十九章相當之文如下（見甲一至二。《十講》編按：此文的釋讀有誤，請參看《糾正我在郭店〈老子〉簡釋讀中的一個錯誤——關於“絶僞棄詐”》一文。“絶僞棄詐”應改釋爲“絶爲——亦可作‘僞’——棄慮”，“季子”不應改讀爲“孝慈”。又“鞭”應讀爲“辨”，當另文討論【編按：參看本書所收《關於〈老子〉的“絶仁棄義”和“絶聖”》】）：

絶智弃鞭（辯），民利百倍。絶攷（巧）弃利，覜（盗）恻（賊）亡（無）又（有）。絶僞弃怚（詐），民复（復）季〈孝〉子（慈）。……

原來老子既不“絶聖”，也不“絶仁棄義”。他在這一章中所反對的，只是智辯、巧利、僞詐。[26] 這是相當樸素的思想，在老子的時代當然是可以有的。顯然是簡本之後的時代的某個或某些傳授《老子》的人，出自反儒墨的要求，把“絶智棄辯”改成“絶聖棄智”，把“絶僞棄詐”改成“絶仁棄義”，並由於“絶仁棄義”的分量比“絶巧棄利”重，而把“絶仁棄義”句移到“絶巧棄利”句之前的。這種竄改以及第十八章“慧智出”句的竄入，在戰國晚期就應該已經完成了。而且經過竄改的本子，大概相當快地就把原來的本子排擠掉了。這從帛書甲、乙兩本都屬於這種竄改本的系統，就可以看出來。

《莊子・胠篋》説：“故絶聖棄知，大盜乃止（《十講》編按：《莊子・在宥》也説“絶聖棄知而天下大治”）。……削曾、史之行，鉗楊、墨之口，攘棄仁義，而天下之德始玄同矣。”究竟是《胠篋》篇作者所見到的《老子》已是經過竄改的本子呢？還是《老子》的竄改就是受到《胠篋》篇的這種思想影響的人所進行的呢？這是今後需要研究的一個問題。

明白了第十八、十九兩章的原貌，回過頭來看《老子》全書，就可以看出老子的確沒有絶仁棄義的意思。第十八章説“大道廢，有仁義”，第三十八章説“故失道而後德，失德而後仁，失仁而後義，失義而後禮”，第五章説“天地不仁，以萬物爲芻狗。聖人不仁，以百姓爲芻狗”，意思都是一樣的，即强調仁義的境界低於道德，道德喪失了才會講仁義。天地、聖人都是合乎道的，所以他們都“不仁”。老子推崇道，當然要這樣説，但是這並不意味着他“絶仁棄義”。第十八章把仁義、孝慈、忠

---

[26] 關於“辯”、“詐”等字的釋讀，詳我在達大研討會上的發言《以郭店〈老子〉簡爲例談談古文字的考釋》，待刊（《十講》編按：此文已載於《中國哲學》第二十一輯，遼寧教育出版社，2000）。

臣並提。前面已經説過,孝慈在第十九章中是受肯定的(《十講》編按:據簡本,"孝慈"本當作"季子",所以不能説十九章肯定孝慈,但六十七章以"慈"爲"三寶"之一,可見老子至少不會絶棄"孝慈")。第三十八章説:"夫禮者,忠信之薄而亂之首也。"可見老子也不會把忠臣看成是壞的。"忠臣",帛書本作"貞臣",簡本作"正臣",顯然也不是受否定的。那麽,仁義當然也不會被老子所絶棄。陳鼓應先生在達大研討會上,曾舉今本第八章的"與善仁",來説明老子肯定仁。㉗ 這一句帛乙本作"予善天",㉘《老子》原本是否用"仁"字還難以肯定。但老子並不反對仁這一點是千真萬確的。

一般稱之爲"黄老"的"道法家",也是不絶棄仁義的。㉙ 我們當然不能把老子跟道法家等同起來,也不能把他們對仁義的態度完全等同起來。但是他們之間的實際距離,顯然沒有我們過去所想像的那麽大。

2. 關於第二十五章

王弼本第二十五章之文如下:

> 有物混成,先天地生,寂兮寥兮,獨立不改,周行而不殆,可以爲天下母。吾不知其名,字之曰道,强爲之名曰大。大曰逝,逝曰遠,遠曰反。故道大,天大,地大,王亦大。域中有四大,而王居其一焉。人法地,地法天,天法道,道法自然。

郭簡中有此章,見甲二一至二三。以簡文與《老子》各本對照,有以下一些值得注意之處:

(1)各本首句皆同(帛書本"混"作"昆",二字通),而簡文則作"有䭫蟲成"。《郭店》一一六頁注五一:"䭫,从'爿''百'聲(引者按:"百"與"首"爲一字異體),疑讀作'道'。"今按此章下文有"吾(簡無此字)不(簡作"未")知其名,字之曰道"之語,首句如説"有道混成",文章就不通了。郭店簡《五行》篇三十六號簡也有"䭫"字,《郭店》一五三頁注四七説:"䭫,帛書本(引者按:指馬王堆帛書《老子》甲本卷後古佚書中的《五行》篇)作'𡍮',解説部分作'莊'。'䭫'从'爿'聲,與'莊'可通。"此言甚是。見於《老子》甲二一的"䭫",無疑也應分析爲从"百"(首)"爿"

㉗ 陳鼓應《初讀簡本〈老子〉》,達大研討會資料。

㉘ "乙本圖版"223 行下。帛甲本此句有脱文。

㉙ 參看拙文《馬王堆〈老子〉甲乙本卷前後佚書與"道法家"》,已收入拙著《古代文史研究新探》(江蘇古籍出版社,1992)及《文史叢稿》(上海遠東出版社,1996)。

聲,依文義當讀爲"狀"。"狀"也是从"爿"聲的。《老子》第十四章形容"道"的時候,有"是謂無狀之狀,無物之象,是謂惚恍"之語。"有狀混成"的"狀"就是"無狀之狀"的"狀"。

(2) 今傳各本在"獨立不改"(河上公等本"不"上有"而"字)句下,皆有"周行而不殆"(景龍碑等少數本子無"而"字)一句。帛書本無此句。高明先生在《帛書老子校注》(下文簡稱"校注")中,指出此句當爲後人所加。[30] 簡本亦無此句,對高說有利。

(3) "可以爲天下母"句,今傳各本除范應元本、司馬光本"天下"作"天地"外,皆同王本。前人有因此章上文有"先天地生"句,而主張此處當從范本者。帛書本此處正作"天地",似可證成此說。[31] 但是簡文此處却作"天下",與王本等大部分今本相合,使此說又顯得可疑了。當然,我們也不能因爲郭簡早於帛書本,就認爲《老子》原本一定作"天下"。在第一節裏已經說過,在郭簡的時代,《老子》已有不少異文。郭簡完全有可能誤用與原本不符的異文。我們從本章中就可以找出實例。此章"四大"的次序,各本皆爲道、天、地、王,唯獨郭簡作"天大,地大,道大,王亦大",與下文"人法地,地法天,天法道"之序不合,顯然不會是《老子》原貌。

簡本同於帛書本而異於今本之處很多,但同於今本而異於帛書本之處也頗有一些。躍進《振奮人心的考古發現——略說郭店楚墓竹簡的學術史意義》一文,在指出《老子》"帛書本與竹簡本比較相近"以後,又根據簡本與帛書本不合而與今本相合的例子,指出"帛書與竹簡不是同一傳承系統"。文中說:

> 第十五章王弼本"古之善爲士者","士"字,帛書本作"道"。高明注:"河上公本'古之善爲士者'注:謂得道之君也,顯見原本'士'當作'道'。"(引者按:高說引自《校注》,此書還指出"傅奕、樓古二本'士'作'道'",見290—291頁。)但是,竹簡本正作"士",與河上公本、王弼本同。說明先秦傳本如此,不能遽以論定原本即作"道",各有不同傳本。同一章有"孰能"排比句,今傳各本均有,唯帛書無(引者按:指帛書本無"孰能"二字,非謂全無以"孰能"開頭的兩句。據《校注》295—296頁,遂州、顧歡二本亦無"孰能"二字,並非"今傳各本均有"。今本中還有只在前一句用"孰能"者)。高明注:"今本中'孰能'二字,無論出現一次或兩次,皆後人所增,非《老子》原有。"但是,早於帛書本

---

[30] 高明《帛書老子校注》,中華書局,1996,349頁。

[31] 參看《校注》,349—350頁。

的竹簡本就有“孰能”二字,不能說“皆後人所增”。只能說有不同的傳本。[32]

這段話在細節上與實際稍有出入,我們已在按語中指出;其主旨則是很正確的。上面所說的“天下”和“天地”的異文,也是這方面的一個例子。

如果從今本出發看問題,則今本的異文往往有的同於帛書本,有的同於簡本。我們所舉的“天下”“天地”,躍進先生舉的“爲士”“爲道”以及“孰能”二字的有無,都是如此。在我們現在所討論的第二十五章中還有這樣的例子。今本“周行而不殆”上一句,王弼等本作“獨立不改”,河上公等本作“獨立而不改”。在“而”字有無的問題上,前者同簡本,後者同帛書本。本條之(6)要講到的“居”、“處”異文,也是一例。這些說明今本的異文往往各有傳承。下文中還會接觸到這類例子,不再一一點明。

從以上所說的情況來看,從先秦到漢代,《老子》的不同本子顯然已經很多了。今本的異文當然有很多是在漢代之後才產生的,但也有很多是從較早的時代的不同本子傳下來的。即使是不見於郭簡和帛書本的異文,也不能完全排斥其從先秦或漢初的本子傳下來的可能性。總之,情況極爲複雜。我們校釋《老子》,必須十分謹慎,切忌魯莽下斷語。

(4) 簡文中與各本“大曰逝,逝曰遠”之“逝”相當的字作“𤅊”。《郭店》一一六頁注五三謂此字“待考”。此字左从“水”,右邊所从之字當是聲旁。曾侯乙編鐘音律銘文中屢見用爲此字聲旁的那個字,其異文作“湆”,當是“𤅊”的異體。我和李家浩先生在《曾侯乙墓鐘、磬銘文釋文與考釋》中,認爲它們在鐘磬銘文中所代表的詞“很可能就是與‘遣’音近的‘衍’。‘衍’字古訓‘溢’,訓‘廣’,訓‘大’,有‘延伸’、‘擴大’、‘超過’一類意思”。詳細考釋見那篇文章。[33] 簡文此字大概也應該讀爲“衍”。從文義上看,“大曰衍,衍曰遠”是講得通的(《十講》編按:郭店簡和上博簡中从“音”得聲之字,多應讀爲“噬”“逝”等字。此處所討論之字,應從孟蓬生等學者之說,依今本讀爲“逝”。參看陳劍《郭店簡補釋三篇·三、身欲靜而毋款》及簡帛網站上發表的各家有關文章。陳文載《古墓新知——紀念郭店楚簡出土十周年論文專輯》,國際炎黄文化出版社2003年出版)。

(5) 今傳各本中,“王亦大”有作“人亦大”的。近代學者或以作“人”者爲是。

---

[32] 《文史知識》1998年8期,40—41頁。

[33] 湖北省博物館編《曾侯乙墓》上册附錄二,文物出版社,1989,553—554頁。

高明先生因帛書本作“王亦大”,反對此説。[34] 簡文也作“王亦大”,對高説有利。

(6)“王亦大”下一句,帛書本作“國中有四大,而王居一焉”,[35]簡文作“囿中又(有)四大安,王凥一安”。

囿,《郭店》誤釋“國”,我在校讀此書原稿時失校。此字亦見雲夢秦簡,是“囿”字異體。[36] “有”與“域”古音相近可通。[37] “囿”从“有”聲,亦可與“域”相通。[38] 簡文之“囿”,跟帛書本的“國”一樣,似皆應從今本讀爲“域”。

今本“王”字下動詞,王弼、河上公等大多數本子作“居”,景龍碑本、傅奕本作“處”。蔣錫昌曰:“按王注‘處人主之大也’,是王本‘居’作‘處’。《淮南·道應訓》引亦作‘處’。”朱謙之曰:“作‘處’是也。”[39]敦煌寫本亦作“處”。[40]

此字帛書本作“居”,簡文作“凥”。《郭店》釋文在“凥”字下加括號注“居”字。《説文·十四上·几部》:“凥,處也。从尸,得几而止。《孝經》曰‘仲尼凥’。凥謂閒居如此。”蓋以此字爲居處之“居”的本字。但楚簡實用此字爲“處”。包山楚簡第三十二號簡以“居凥名族”連言可證。[41] 李零先生在提交給達大研討會的《讀郭店楚簡〈老子〉》一文中已指出:“凥,乃‘處’字。……似不必注爲‘居’。”這是很對的。今本作“居”者與帛書本合,作“處”者與簡本合。

3. 關於第三十一章

王弼本第三十一章之文如下:

> 夫佳兵者不祥之器,物或惡之,故有道者不處。君子居則貴左,用兵則貴右。兵者不祥之器,非君子之器,不得已而用之。恬淡爲上,勝而不美。而美之者,是樂殺人。夫樂殺人者,則不可得志於天下矣。吉事尚左,凶事尚右。偏將軍居左,上將軍居右,言以喪禮處之。殺人之衆,以哀悲泣之,戰勝以喪禮處之。

---

[34] 《校注》,352 頁。

[35] “甲本圖版”142 行、“乙本圖版”240 行下。

[36] 張守中《睡虎地秦簡文字編》,文物出版社,1994,93 頁。

[37] 高亨、董治安《古字通假會典》,齊魯書社,1989,370 頁。

[38] 楊樹達謂秦公簋之“竈囿”,即《詩·商頌·玄鳥》之“肇域”,見《積微居金文説》(增訂本),科學出版社,1959,45 頁。

[39] 以上參看朱謙之《老子校釋》,中華書局,1984,103 頁。

[40] 據鄭成海《老子河上公注斠理》,臺灣中華書局,1971,169 頁。

[41] 滕壬生《楚系簡帛文字編》,湖北教育出版社,1995,1007 頁。

此章王弼無注,自宋代以來有不少人認爲不是《老子》原來所有,或認爲有注文羼入。[42] 但帛書本却有這一章,文字與今本並無太大出入,可見舊説是不可信的。[43]

郭簡亦有此章,其文如下(見丙六至一〇):

> 君子居則貴左,甬(用)兵則貴右。古(故)曰:兵者□□□□□(引者按:疑原文作"不祥之器也"或"非君子之器"),[不]得已而甬(用)之。銛纄爲上,弗嫐(美)也。嫐(美)之,是樂殺人。夫樂□(引者按:疑原文是"殺"),[不可]以得志於天下。古(故)吉事上左,喪事上右,是以𠊱(偏)將軍居左,上將軍居右,言以喪禮居之也。古(故)殺[人衆],則以哀悲位(莅)之,戰勝則以喪禮居之。

除了王弼本章首的"夫佳(帛書本無此字)兵者不祥之器(帛書本此下有"也"),物或惡之,故有道(帛書本作"欲")者不處(帛書本作"居")"一整句,以及"兵者不祥之器,非君子之器(帛書本作"故兵者非君子之器也,兵者不祥之器也")"句中的半句,爲簡文所無外,二者的字句是大體相應的。上舉的簡文所無之文,疑爲後加。但從帛書本已有其文來看,加入之時當亦頗早。

以簡文與《老子》各本中相應字句作對照,有以下一些可注意之處:

(1) 王弼本"恬淡"二字,今傳各本於"淡"字或有異文,但音義實無別。此二字帛甲本作"銛襲",[44]帛乙本作"銛憶",[45]帛書整理小組皆讀爲"恬淡";[46]簡文作"銛纄",整理者亦疑當讀作"恬淡"。[47]

遠在帛書本和郭簡出土之前,勞健在《老子古本考》中就指出"用兵而言恬淡,雖强爲之詞,終不成理",他認爲"恬淡""乃'銛鋭'之訛,謂兵器但取銛鋭,無用華飾也"。簡文和帛書甲、乙本皆用"銛"字,可見勞氏實有卓識。但他以下一字爲"鋭"字之訛,則不可信。簡文"銛"下一字从"糸""龏"聲。"龏"、"龔"同音,與"工"、"功"都是見母東部字。此从"糸""龏"聲之字似當讀爲"功苦"之"功"。《國語·齊語》"辨其功苦"韋注:"功,牢也。"《管子·七法》"器械不功"尹注:"功謂堅利。"銛功爲上,就是説兵器以堅利爲上。"龏"、"龍"上古音相近,《説文·三上·

[42] 參看《古史辨》第四册,315 及 462 頁;鄭成海《老子河上公注斠理》,207—208 頁。
[43] 參看《校注》,387—396 頁。
[44] "甲本圖版"156 行。
[45] "乙本圖版"246 行下。
[46] 《馬王堆漢墓帛書〔壹〕》釋文 15 頁注 59、99 頁注 34。
[47] 《郭店》,122 頁注一一。我加在此注後的按語謂"銛"字之釋可疑,不確,附正於此。

収部》說"龏"从"龍"聲。所以帛乙本的从"心""龍"聲之字也可讀爲"功"。帛甲本的"襲"應是从"龍"聲之字的形近訛字。"襲"、"淡"二字上古音相距不遠。"襲"屬邪母,"淡"屬定母。"襲"本以从二"龍"之字爲聲旁,此字即屬定母。"襲"屬緝部,"淡"屬談部,兩部有旁對轉關係。可能有人將"銛襲"一類異文讀爲"恬淡",遂爲今本所襲用。【重印本按:從圖版看,帛甲本之字實非"襲",張松如《老子說解》(齊魯書社,1998年,182、184頁)釋爲"龐",似可從。"龐"从"龍"聲,與乙本之"㦬"、簡文之"𦃇"音亦相近,此處謂帛甲本之"襲"爲形近訛字等語應删。】

(2)"銛功爲上"之下一句,簡文作"弗美也",帛書本作"勿美也",皆緊接上句而言,也應是就兵器說的。傳世各本及敦煌寫本中,此句有作"故不美"或"故不美也"的。[48] 語氣也是緊接上句的。"弗美"猶言"不美之",[49]疑是《老子》原本之舊,沒有說出來的"之"即指兵器。帛書本改"弗"爲"勿",傳本或改爲"不",與簡文距離不大。王弼本作"勝而不美",加上"勝而"二字,就把講兵器的話變成講用兵的話了。老子的原意是說,兵器是在不得已的情況下使用的東西,只要鋒利堅固合於實用就好,不應加以裝飾使之美觀(即勞健所謂"無用華飾"),如果這樣做,那就是以殺人爲樂了。

老子所處的春秋晚期,正是王公貴族刻意追求兵器精致華美之時,從古書中的吳越鑄劍傳說和徐君羨慕季札寶劍等故事就可以看出來。出土春秋晚期兵器,有的器身有美麗暗紋,有的有黄金或寶石裝飾,正是"美"兵的實例。所以老子會有上引那段話。

(3)帛甲本中與王弼本"殺人之衆,以哀悲泣之"相當之句,作"殺人衆,以悲依(哀)立之"。[50] 帛乙本此句有殘缺處,"之"上一字亦作"立"。[51]

傳世各本,"泣之"上二字多作"悲哀",只有范應元本同王本,作"哀悲"。《校注》395頁說:"王本'哀悲'二字,《道藏》王本則作'悲哀',與帛書甲、乙本同(引者按:此二字帛乙本實已殘去)。可見老子原本如此。"但簡文此二字却作"哀悲",與王本同。原本情況似尚難斷定。

與今本"泣"字相當之字,帛書本作"立",簡文作"位",整理者都讀爲"莅",無疑是正確的。羅運賢早在1928年印行的《老子餘義》中,就認爲此章"泣"字"當爲

---

[48] 參看《校注》,391—392頁。

[49] 關於"弗"、"不",參看注[21]。

[50] "甲本圖版"158行。

[51] "乙本圖版"247行下。

‘涖’之訛”,[52]可謂卓識。

4. 關於第三十五章

王弼本第三十五章之文如下:

> 執大象,天下往。往而不害,安平大。樂與餌,過客止。道之出口,淡乎其無味,視之不足見,聽之不足聞,用之不足既。

郭簡中有此章,見丙四至五,以簡文與《老子》各本對照,有以下一些值得注意之處:

(1) 此章第一字,今傳各本及帛書本皆作“執”,只有簡文作“埶”。“執大象”當然講得通,但“埶大象”也可以講通。“埶”字上古音與“設”相近,殷墟卜辭、馬王堆帛書、武威漢墓所出《儀禮》簡以及《荀子》等書中,都有以“埶”爲“設”的用例,[53]“埶大象”也可以讀爲“設大象”。《易·繫辭·上》:“聖人設卦觀象,繫辭焉而明吉凶。”《易·觀卦·彖傳》:“聖人以神道設教而天下服。”《韓詩外傳·卷五》:“上設其道而百事得序。”“設大象”的“設”,用法跟上舉各例相似。“執”、“埶”形近,在古書和出土文獻中都有互訛之例。《老子》原本究竟作“執大象”抑作“埶大象”,尚難斷定。(《十講》編按:魏啓鵬先生在《楚簡〈老子〉柬釋》中指出《國語·齊語》言西周時代“設象以爲民紀”,並謂“西周舊制的‘設象’,猶是陳列形之於文字的政教法令,以爲萬民所觀所誦,《老子》書中的‘大象’則昇華爲無形無聲的大道之象”,見《道家文化研究》第十七輯253—254頁,三聯書店,1999。據此,“埶大象”當是《老子》原文。)

(2) “安平大”之“安”,一般理解爲“安寧”,但王引之認爲應訓爲“乃”。他在《經傳釋詞》卷二“安、案”條中說:“安,猶於是也,乃也,則也。字或作‘案’,或作‘焉’,其義一也。……《老子》曰‘往而不害,安平大’,言往而不害乃得平泰也。”上面引過的李零《讀郭店楚簡〈老子〉》指出,簡文用作“焉”的“安”“均無宀旁”,與簡文中一般“安”字有別。這是可信的(《十講》編按:李文關於簡文“安”字的說法,從全部郭簡看有例外,但對老子簡可以這樣說)。此章“安平大”之“安”,正好沒有“宀”旁,可以證成王引之的說法。

---

[52] 據朱謙之《老子校釋》128頁轉引。

[53] 參看拙文《釋殷墟甲骨文裏的“遠”“𤞷”(邇)及有關諸字》(拙著《古文字論集》,中華書局,1992,7頁及有關注文),及《簡帛古籍的用字方法是校讀傳世先秦秦漢古籍的重要根據》(曹亦冰主編《兩岸古籍整理學術研討會論文集》,江蘇古籍出版社,1998,524—528頁)。

（3）此章末句，王弼本作“用之不足既”，他本“不足”皆作“不可”。“不足”乃“不可”之誤，前人早已指出。[54] 簡文末句與他本（包括帛書本）有一個重要的不同之處，即開頭無“用之”二字（今本有的無“之”字），而有“而”字。這也許合乎《老子》原貌。“不可既”指道之內藴不可窮盡，似乎不必專從“用”的角度來説這一點。

5. 關於第五十七章

王弼本第五十七章之文如下：

> 以正治國，以奇用兵，以無事取天下。吾何以知其然哉，以此。天下多忌諱，而民彌貧。民多利器，國家滋昏。人多伎巧，奇物滋起。法令滋彰，盜賊多有。故聖人云：我無爲而民自化，我好静而民自正，我無事而民自富，我無欲而民自樸。

郭簡有此章，見甲二九至三二。以簡文與各本對照，有以下一些值得注意之處：

（1）此章首句“以正”下動詞，部分敦煌寫本和日本古抄本以及遂州本等作“之”。據馬叙倫研究，此字在河上公本中原來也作“之”。[55] 過去有人認爲敦煌寫本等作“之”，是爲了避唐高宗李治之諱。帛書本此字作“之”，已使其説破産。簡文亦作“之”，可證明作“之”之本確有很古的依據。

（2）“吾何以知其然哉”句後，今本大都有“以此”二字，只有嚴遵《老子指歸》本等少數本子沒有。帛書本亦無此二字，高明先生在《校注》中指出，此二字實不應有，今本有此二字，乃後人竄入，理由十分充足（見一〇三頁）。簡文亦無此二字，爲高説添一强證。

（3）今本“天下多忌諱而民彌貧”以下四句，一般傳本只在第一句中間用“而”字，只有傅奕本第三句也用“而”字，范應元本四句皆用“而”字。帛書甲、乙兩本此段文字皆有殘缺，但可以看出四句也都用“而”字。[56] 簡文此段文字如下：

> 夫天多期韋，而民爾（彌）畔；民多利器，而邦慈（滋）昏；人多智，而戎勿（物）慈（滋）起，法勿（物）慈（滋）章，覜（盜）恻（賊）多又（有）。

前面兩句有“而”字，“人多智”下也有“而”字，但“法物滋章”下則無“而”字。如果

---

[54] 參看《校注》，416 頁。

[55] 以上參看鄭成海《老子河上公注斠理》，344 頁；《校注》，101—102 頁。

[56] 以上參看《校注》，104—105 頁。

不認爲簡文有誤脱,這段文字就只能分爲三句。這三句,前面表條件的小句都以“多”爲謂語的主體,後面表結果的小句用副詞“彌”、“滋”,語法很有規律。第三句中表結果的小句有三個,最後一個小句用了“多”字,但用法跟條件小句中的“多”並不相同,仍跟“彌”、“滋”一樣,是用爲副詞的。帛書本以下把這段文字當作四句來看,最後一句就變成在條件小句中用“滋”字了。這顯然是不合適的。所以我認爲簡文應是比較接近原本的,後人爲求句子長短整齊,把這段文字分成四句,失去了原意。

(4)簡文中與各本“天下多忌諱而民彌貧”相當的文字,是“天多期韋而民彌畔”。《郭店》釋文把“期韋”讀爲“忌諱”,把“畔”讀爲“叛”。從語音上講是完全可以的,但語義似難通。我懷疑“期韋”當讀爲“期違”,指約期和違期,“違”字用法與《孟子·梁惠王上》“不違農時”之“違”相似。“天多期違”當指天時變化太多和天時不正常等情況。老子雖然把道置於天之上,仍未完全把天看作自然的天。天法道,聖人也法道。聖人是有意志的,天也不一定沒有神性。老子把鬼神甚至天帝也置於道之下,這也並不等於否定他們的存在。所以他説“天多期違”並不可異。我們應該注意不要把老子現代化。

“畔”讀爲“叛”,在古書裏有不少實例。但是“叛”這種比較典型的動詞,一般不用“彌”來修飾。“民彌畔”的“畔”究竟應該讀爲何字,還需要研究。我懷疑它就是“貧”的音近訛字。在農業社會裏,天時不正,人民當然就要貧窮了。

從以上所説來看,簡文此句可能比較接近原本。大概後人把“期韋”誤讀爲“忌諱”(帛乙本已作“忌諱”,帛甲本此二字殘去),由於“天多忌諱”語義難通,就在“天”字下加上了“下”字(《十講》編按:本文對“期韋”和“畔”的意見是錯誤的,請看《中國古典學重建中應該注意的問題》一文中對此句的解釋)。

(5)今本“人多伎巧”句,有些本子作“民多知(或作“智”)慧”或“人多知巧”,敦煌寫本或作“民多知巧”,帛甲本作“人多知”(帛乙本此句殘去)。[57] 高明先生認爲此句原來當作“人多知巧”,帛甲本此句當脱一“巧”字,並把帛乙本的缺文補爲“人多知巧”。[58] 簡文此句作“人多智”,與帛甲本同(帛甲本“知”字當讀爲“智”)。《老子》原本此句有沒有“巧”字,似尚難斷定。

---

[57] 以上參看《校注》,105頁;鄭成海《老子河上公注斠理》,347頁。

[58] 《校注》,104—106頁。

（6）今本“奇物”，帛甲本作“何物”（帛乙本此二字已殘去），[59]簡文作“哦勿（物）”（《郭店》釋文誤“哦”爲“敧”）。一般把它們都讀爲“奇物”。此章上文“以奇用兵”句的“奇”字，帛書本作“畸”，簡文作“敧”。“何物”之“何”與“哦物”之“哦”，似乎不應該也都讀爲“奇”。疑此二字皆應讀爲“苛刻”、“苛細”之“苛”。傅奕、范應元二本“奇物”作“衺事”。“物”字本可訓“事”。《詩·大雅·烝民》“有物有則”毛傳：“物，事也。”《周禮·地官·大司徒》“以鄉三物教萬民”鄭注：“物猶事也。”例不勝舉。“苛物”猶言“苛事”，“苛”字用法與“苛政”“苛禮”之“苛”相類。

（7）今本“滋彰（或作“章”）”上二字，王弼等本作“法令”，河上公等本作“法物”，帛書本及簡文亦作“法物”（帛乙本“法”字雖殘去，“物”字尚存）。看來，作“法物”的比較可靠。但河上公注以“好物”、“珍好之物”釋“法物”，恐不可據。朱謙之説：“强本成疏‘法物猶法令’（引者按：强本指唐强思齊《道德真經玄德纂疏》，成疏指成玄英疏），知‘法令’義優。《淮南子·道應訓》、《文子·道原篇》、《史記·酷吏列傳》、《後漢書·東夷傳》引並作‘法令’。‘物’字蓋涉上文‘奇物’二字而誤。”[60]朱氏認爲“法物”爲“法令”之誤，不確。但如我們關於“苛物”的看法基本合乎事實，“法物”很有可能確是指法令一類事物而言的。黄釗先生認爲“法物”“似當釋爲‘著有法律條文的實物’”，如刑鼎之類。[61] 可供參考。

（8）章末四個排比句的次序，簡文與帛書本以下各本不同，但對文義無影響。簡文句序與他本不同但不影響文義之例頗有一些，下面第 7 條中還會碰到一個例子。

6. 關於第三十章末的三句話

今本第三十章末的三句話，王弼、河上公等本作“物壯則老，是謂不道，不道早已”。有些傳本有異文，但不影響文義，此三句亦見第五十五章末。從文義上看，它們跟第三十章上文的關係，不如跟五十五章上文的關係密切。姚鼐《老子章句》認爲第三十章末的三句是衍文。帛書本此二章末皆有此三句（文字與今本稍有出入，但不影響文義），《校注》386 頁在引了姚鼐之説後説：“今從帛書甲、乙本論之，《德經·含德》（引者按：即第五十五章）與本文（引者按：即第三十章）皆有此十二字，乃同文復（複？）出者，非衍文也。姚説非是。”

---

[59] “甲本圖版”41 行、“乙本圖版”193 行下。

[60] 朱謙之《老子校釋》，232 頁。

[61] 黄釗《帛書老子校注析》，臺灣學生書局，1991，309 頁。

郭簡中既有與今本第三十章相當的内容，也有與今本第五十五章相當的内容，分別見甲六至八和甲三三至三五。後者章末有“勿（物）壯則老，是胃（謂）不道”兩句，前者章末則無此文。由此看來，姚鼐的意見很可能是正確的。上引簡文無“不道早已”一句，不知是偶然遺脱，還是簡本原無此句。如屬後一種情況，此句應是在簡本與帛甲本之間的時代添入的。

7. 關於“大直若屈”等三句

王弼本第四十五章之文如下：

> 大成若缺，其用不弊。大盈若沖，其用不窮。大直若屈，大巧若拙，大辯若訥。躁勝寒，静勝熱，清静爲天下正。

今傳其他各本多同王本，有的有異文，但亦不影響文義。

此章内容見於郭簡。“躁勝寒”以下原來似應別爲一章，上節已加説明。此章簡文中與今本“大直若屈”等三句相當之文如下（見乙一四至一五）：

> 大攷（巧）若仳（拙），大成若詘，大植（直）若屈。

句序與今本有異，而且無“大辯若訥”句而有“大成若詘”句。此句首二字與章首二字重複，句義難以索解，需要參考《老子指歸》和帛書本，才能把問題弄清楚。

清人易順鼎《讀老札記》説：“《道德指歸論（引者按：即《老子指歸》異名）·大成若缺篇》‘大巧若拙’下又云‘是以贏而若詘’，疑所據本有‘大贏若詘’一句，無‘大辯若訥’一句。”高明先生指出，帛甲本與今本“大直若屈”等三句相當之文，作“大直如詘，大巧如拙，大贏如炳”，古音“内”、“出”相近，“如《廣韻》十四《黠》：‘豽’，別體作‘貀’（引者按：《爾雅·釋獸》：“貀，無前足。”《經典釋文》：“貀，本又作豽。”）”，《道德指歸論》的“贏而若詘”與帛甲本的“大贏如炳”相應，可證“易説至確”，“今本‘大辯若訥’乃爲後人竄改”。[62] 所言極是。

帛乙本此章殘缺殊甚，由章首至“躁勝寒”之前的文字，只剩下分別見於兩小塊已與帛書其他部分脱離關係的殘片上的“盈如沖其”四字和“巧（此字只殘存下端，從整理小組釋）如拙”三字，以及與左邊鄰行尚未斷開的連在“躁勝寒”之上的一個“絀”字。[63] 高明先生參照帛甲本，把帛乙本的這段殘文復原如下：

> [大成若（引者按：從下句殘文看，此字似以復原作“如”爲妥）缺，其用不

---

[62] 《校注》，44 頁。所引帛甲本之文見“甲本圖版”17 至 18 行。

[63] “乙本圖版”182 行下。

敝。大]盈如沖,其[用不窮。大直如詘,大巧]如拙,[大贏如]絀。[64]

這也是可信的。

帛書整理小組誤以爲甲本的"大贏如炳"有脱文,"原文當作'大贏如絀,大辯如訥'。炳,即訥字之誤"。其乙本釋文把有關文字復原如下:

[大直如詘,大辯如訥,大]巧如拙,[大贏如]絀。

高明先生已經指出了此釋文誤加"大辯如訥"句的錯誤。[65]

古書中"贏"、"絀"常爲對文。《荀子・非相》説"緩急嬴(通"贏")絀",《鶡冠子・世兵》説"蚤晚絀贏",《吕氏春秋・執一》説"長短贏絀",皆其例。"贏"指有餘,"絀"指不足。帛甲本"大贏如炳"的"炳"和易順鼎所引《道德指歸論》"贏而若詘"之"詘",[66]都應讀爲"絀"。高明先生認爲帛甲本"炳"字"假爲'肭','贏'指盈餘,'肭'謂虧損或不足"。[67] 此説則非是。有"虧損或不足"義的"肭",即"縮朒"之"朒"。其字从"月"("肉"聲,作"肭"者是訛體,《康熙字典》和《説文段注》等早已指出。"炳"和"絀"從語音上看不能與"朒"相通。

現在我們可以來解釋簡文的"大成若詘"了。這一句顯然與帛書本的"大贏如絀"相當。"成"和"贏"都是耕部字。"成"屬禪母,"贏"屬余母。余母即喻母四等,上古音與定母相近,故曾運乾有"喻四歸定"之説。與"禪"同从"單"聲的"憚"、"彈"等字古屬定母,可見禪母原來也跟定母相近。所以"成"、"贏"二字的上古音一定是很相近的。簡文"成"字應是"贏"的音近訛字。簡文"詘"字應讀爲"絀",與易順鼎所引《道德指歸論》"詘"字同例。總之,"大成若詘"就是"大贏若絀",簡文此句與帛書本和《指歸》所據本基本相合。【重印本按:簡文"大成若詘",北大本作"大盛如絀",整理者已指出郭簡"大成若詘"當據北大本讀爲"大盛如絀"(北京大學出土文獻研究所:《北京大學藏西漢竹書〔貳〕》,上海古籍出版社,2012年12月,126—127頁。引者按:"若"不必讀"如")。】

8. 關於"無爲而無不爲"

王弼本第四十八章前半之文如下:

爲學日益,爲道日損,損之又損,以至於無爲,無爲而無不爲。

---

[64] 《校注》,42—43頁。

[65] 《校注》,44頁。

[66] 《老子指歸》有的本子作"贏而若絀",參看王德有點校《老子指歸》,中華書局,1994,27頁。

[67] 《校注》,43頁。

“以至”以下文字,除《道德真經指歸(按:亦爲《老子指歸》異名)·爲學日益篇》所列經文作“至於無爲而無以爲”外,今傳各本或同於王本,或雖有異文但不影響文義。此段文字在帛甲本中全部殘毁。帛乙本在“云(損)之有(又)云(損)”下只殘存“以至於無”四字。

《老子》今本還有一處提到“無爲而無不爲”,即第三十七章之首的“道常無爲而無不爲”。此句文字今傳各本皆同,但帛書本則作“道恆無名”。

此外,王弼、河上公等本第三十八章“上德無爲而無以爲”句,《解老》所引及傅奕、范應元等少數本作“上德無爲而無不爲”(《解老》所引句末有“也”字)。帛書本除句末有“也”字外,同於王弼等本。王弼、河上公等本第三章“……爲無爲,則無不治”句,傅奕、范應元等少數本作“……爲無爲,則無不爲矣。”帛乙本此句作“……弗爲而已,則無不治矣。”(帛甲本此處殘毁)也近於王弼本。總之,在帛書本現存文字中,見不到“無不爲”的說法。[68]

高明先生根據上述現象以及他對《老子》思想的分析,提出了“‘無爲而無不爲’的思想不出於《老子》”,而“是戰國晚期或漢初黄老學派對‘無爲’思想的改造”的看法。他認爲《道德真經指歸·爲學日益篇》經文不說“無爲而無不爲”,而說“無爲而無以爲”,反映了“《老子》原本之舊”,《老子》“原來只有‘無爲而無以爲’,沒有‘無爲而無不爲’,今本多經後人妄改”。[69]

劉殿爵先生在《馬王堆漢墓帛書〈老子〉初探(下)》中,承認“高明的結論很可能是對的”,但同時又指出了與《道德真經指歸》經文有關的問題的複雜性。根據他的分析,不但“嚴遵所解的《老子》究竟作‘無爲而無以爲’抑‘無爲而無不爲’是無法判斷的”,就是注釋者谷神子所增的經文“作‘無爲而無不爲’的結論也無確實證據”。[70]

高明先生在《校注》中承認上引劉說“實爲中肯”,但仍保持原來的全部看法。他把帛乙本與今本第四十八章“以至”一句相當的文字復原爲“以至於無[爲而無以爲]”。[71]

郭簡中有與今本第四十八章前半相當的内容,在上一節中已經引過。其最後

---

[68] 以上參看高明《帛書〈老子〉甲乙本與今本〈老子〉勘校札記》(以下簡稱“札記”),《文物資料叢刊》2,文物出版社,1978,219—220頁。

[69] 《札記》,220頁。

[70] 劉殿爵《馬王堆漢墓帛書〈老子〉初探(下)》,38頁。

[71] 《校注》,54—56頁。

關鍵性的一句作“亡(無)爲而亡(無)不爲”,與今本全同。可見這種思想決非戰國晚期或漢初人所竄入。《莊子·知北遊》:“故曰:爲道者日損,損之又損之,以至於無爲,無爲而無不爲也。”引此章之文也作“無爲而無不爲”。高明先生認爲《莊子》之文有誤。[72] 從簡文也作“無爲而無不爲”來看,此說恐難成立。

前面說過,第三十七章的首句,今本作“道常無爲而無不爲”,帛書本作“道恆無名”。簡文此句作“道恆亡(無)爲也”(見甲一三),雖未言“無不爲”,但也比較近於今本。

《淮南子·原道》解釋“無爲而無不爲”說:“所謂‘無爲’者,不先物爲也;所謂‘無不爲’者,因物之所爲也。”[73]以“因物之所爲”釋“無不爲”,似乎很確當。這並非老子所不能有的思想。

“說有易,說無難”,看來這句話不但對語言研究適用,就是對文史領域的其他方面的研究也是普遍適用的。

1998年10月7日寫完

原載《道家文化研究》第十七輯(“郭店楚簡”專號。三聯書店,1999),又載《中國出土古文獻十講》,今據後者收入。

---

[72] 《札記》,220頁。

[73] 引文據張雙棣《淮南子校釋》本,北京大學出版社,1997,見該書60頁。

中國出土簡帛古籍在文獻學上的重要意義

中國古代，在植物纖維紙廣泛使用之前，各種書籍主要是抄寫在簡册和帛上的。古代曾經發現過戰國時代抄在簡册上的書，著名的有西漢時代在孔子故宅牆壁裏發現的所謂孔壁古文經書，西晉時代在一個戰國時代的魏國大墓裏發現的所謂汲冢竹書，但是實物早就不存在了。到了近代，從 20 世紀初以來，在甘肅、内蒙等地發現了不少漢簡，如敦煌漢簡、居延漢簡等，其中有古書的一些零星殘簡。40 年代初，盜墓者從長沙的一座戰國楚墓裏挖出了一些帛書，其中一幅完整的帛書有九百多個字，研究的人很多。中華人民共和國建立以後，1957 年在河南信陽長臺關楚墓裏發現一批竹簡，其中一部分是古書，可惜非常殘碎，數量也不多。1959 年，曾在甘肅武威磨咀子 6 號漢墓裏發現過《儀禮》的部分抄本。但是，簡帛古籍的大量發現，則是從 70 年代開始的。我們把最重要的幾次發現簡單介紹一下：

1. 銀雀山漢墓竹書　1972 年 4 月發掘山東臨沂銀雀山 1 號漢墓（下葬於漢武帝早期），發現一批竹書，有《孫子》、《晏子》、《尉繚子》、《太公》（今傳《六韜》爲其一部分）以及《齊孫子》（即《孫臏兵法》）、《地典》等多種佚書。可惜殘損嚴重，而且大都是原書的部分抄本。

2. 八角廊漢墓竹書　1973 年 5 至 12 月發掘河北定縣八角廊 40 號漢墓（可能是宣帝五鳳三年逝世的中山懷王劉脩墓），發現一批已因焚燒而炭化的竹書，有《論語》、《文子》、《太公》和内容大都見於《說苑》、《孔子家語》的《儒家者言》（整理者所定名）等書，殘損十分嚴重。

3. 馬王堆漢墓帛書　1973 年 11 至 12 月發掘長沙馬王堆 3 號漢墓（下葬於漢文帝十二年），發現了一批帛書，有《周易》以及與今本出入較大的《繫辭》和一些佚《傳》、《老子》兩本及其卷前後佚書、《春秋事語》、《戰國縱横家書》（以上兩種整理者定名）以及很多醫書、占書等佚書。此墓還出了講房中術的簡書。

4. 雙古堆漢墓竹書　1977 年 7 至 8 月發掘安徽阜陽雙古堆漢墓（大約是文帝

十五年逝世的汝陰侯夏侯竈之墓），發現一批竹書，有《詩經》（主要是國風）、《蒼頡篇》、《周易》（屬著龜家之本）、《萬物》（整理者定名）等書，並有《孔子事語》和《春秋戰國故事》兩種篇題木牘（整理者定名）。竹書殘損十分嚴重。

5. 張家山漢墓竹書　江陵張家山是一處西漢早期墓地。1983 至 1984 年間發掘 247 號墓，發現《脈書》、《引書》、《算數書》、《闔廬》、《奏讞書》以及漢律等竹書。1988 年初發掘 336 號墓，發現《盜跖（跖）》、《食氣却穀書》、《功令》和漢律十五種等竹書。

6. 慈利楚墓竹書　1987 年 6 月發掘湖南慈利石板坡 36 號楚墓（屬戰國中期），發現一批竹簡古書，可惜殘損得很厲害，正在整理中。

7. 郭店楚墓竹書　1993 年冬清理已遭盜掘的湖北荆門郭店 1 號楚墓（屬戰國中期偏晚），發現一批竹書，有《老子》（部分抄本）、《緇衣》以及《五行》（也見於馬王堆帛書《老子》甲本卷後古佚書）和多種其他佚書（大多數爲儒家著作）。

8. 上海博物館藏楚竹書　大約在 1993 至 1994 年間，大批楚簡出現在香港古玩市場上，大部分爲上海博物館所購回，據説都是古書。估計出土地跟郭店楚簡相近，數量多於郭店簡，正在整理中。

此外，1982 年發掘的江陵九店楚墓出土了《日書》；70 年代以來發掘的一些秦墓，如睡虎地 11 號秦墓等出土了秦律和《日書》；1993 年發掘的江陵王家臺 15 號秦墓（時代大概在秦統一前），除了出秦律和《日書》外，還出了三《易》之一的《歸藏》的殘簡；1993 年發掘的江蘇東海縣尹灣 6 號漢墓（西漢末期）發現了一篇西漢佚賦《神烏賦》。這些發現也都是很重要的。

近代以來發現的古代簡册，除了古書還有很多其他内容，由於在我們的討論範圍之外，這裏就不説了。

20 年代，王國維在《最近二三十年中中國新發見之學問》一文中，提出了"古來新學問起，大都由於新發見"的意見，他認爲"自漢以來，中國學問上最大發見有三，一爲孔子壁中書，二爲汲冢書，三則今之殷虚甲骨文字、敦煌塞上及西域各處之漢晉木簡、敦煌千佛洞之六朝及唐人寫本書卷、内閣大庫之元明以來書籍檔册"。王氏所謂"今"就是他在篇題中所説的"最近二三十年"，主要指 19 世紀末年以後的二十多年。70 年代以來古代簡帛古籍的發現，其重要性並不在王氏所説的三次大發現之下。這些年來，研究這些出土簡帛古籍的學者越來越多，也可以説已經形成了一門新的學問。

出土簡帛古籍有多方面的價值，我們只準備從古文獻學的角度簡單談談它們的重要意義。它們至少在下述三個方面具有重要意義：1. 提供了大量有價值的佚書。2. 提供了一些目前尚有傳本的古書的最早本子。3. 使我們對古書的真僞、時代和源流等方面的問題有了進一步的認識。以下分別作簡單說明：

1. 提供了大量有價值的佚書

在出土的簡帛古籍中，佚書多於目前尚有傳本的古書，其中有很多是很有價值的。

有些佚書是某一門類著作中目前所能見到的時代最早的書。例如：雙古堆和居延、敦煌漢簡中的《蒼頡篇》，是目前所能見到的最早字書。張家山 247 號墓出土的《脈書》、《引書》、馬王堆帛書中講經脈、導引、養胎的書和五十二病方等，是目前所能見到的最早的一批醫書。與帛書同出的講房中術的簡册，也是這方面所能見到的最早的書。張家山 247 號墓出土的《算數書》，是目前所能見到的最早的算術書。九店楚墓和一些秦漢墓出土的《日書》、王家臺秦墓出土的災異占、馬王堆帛書中的五星占、天文雜占和銀雀山竹書中的多種占候書，是目前所能見到的最早的一批占書。馬王堆帛書中的相馬經、銀雀山竹書中的相狗方和 70 年代所出居延簡中的相刀劍方，是目前所能見到的最早的一批相書。尹灣漢墓出土的《神烏賦》，是目前所能見到的最早的一篇以講故事爲特色的語言通俗的所謂"俗賦"。睡虎地秦簡上所抄的魏國的兩條户律，一些秦、漢墓出土的秦律、漢律以及張家山 336 號墓出土的《功令》(《十講》編按：張家山 247 號墓出土的《二年律令》中有《津關令》)，是目前所能見到的最早的一批律令。銀雀山竹書中大概作於戰國時代的《田法》、《庫法》、《市法》和青海大通縣上孫家寨西漢晚期墓出土的軍法，是目前所能見到的最早的一批法規。圖譜可以包括在廣義的書裏。在這方面，天水放馬灘秦墓出土的木版地圖和馬王堆帛書地圖，是目前所能見到的最早的地圖；張家山 336 號墓出土的文帝前元七年（前 173 年）曆譜，是目前所能見到的最早的曆譜（《十講》編按：據 2001 年出版的《張家山漢墓竹簡〔二四七號墓〕》，該墓出土曆譜記漢高祖五年四月至吕后二年後九月間各月朔日干支，"是目前已知年代最早的西漢初年的實用曆譜"）。這些佚書在文獻學上有很高的價值。

有些佚書雖然不見得是同類著作中最早的，但也很重要。例如：馬王堆帛書中的《老子》乙本卷前古佚書和《老子》甲本卷後古佚書對於研究所謂"黄老思想"和思、孟五行說，郭店楚簡中大量儒家佚書對於研究孟子之前的儒家思想，都是極其重要的關鍵性資料。馬王堆帛書《戰國縱横家書》中的佚書部分對於研究戰國歷史，銀雀山竹書中的《齊孫子》和《地典》等兵家佚書對於研究古代軍事思想，也都有重要意義。

2. 提供了一些目前還有傳本的古書的最早本子

出土的尚有傳本的簡帛古籍,都是這些書的最早的本子。雖然有不少只是部分篇章的抄本,原爲完本的也大都有不同程度的殘損,但是由於年代大大早於傳本,仍然非常可貴。馬王堆帛書《老子》甲本比敦煌卷子裏的唐代寫本至少早了八百多年,郭店《老子》簡又比帛書本早了一百年左右。那些過去只有宋刻本甚至元明刻本的古書,跟簡帛本的時代差距就更大了。所以這些簡帛古籍在校讎學方面的價值是不言而喻的,已經有不少學者在這方面做了很多工作。

以簡帛本校今本,可以發現不少篇章分合和章序變化等方面的問題。例如:《老子》中存在着原來的兩章被併成一章的情況,甚至還可能存在三章併成一章的情況。《晏子》中有一章被分成兩章的情況,《老子》偶爾也有這種情況。帛書本《老子》,《德》篇在前,《道》篇在後,次序與今本相反。篇中的章序彼此也略有出入。郭店《老子》簡可能是摘抄的性質,其各章次序恐怕大多數不能代表當時的完整的《老子》的章序。估計當時的《老子》的章序跟今本的出入比帛書本大。八角廊簡本《論語》的分章,比今本分得少。楚墓出土的《緇衣》的章序跟《禮記》中的今本有很多不同,分章也偶有不同。簡本還證明今本的第一章是後加的。馬王堆帛書中的《繫辭》所包含的章數和章序,跟今本都有較大出入。

以簡帛本校今本,還可以發現今本文字的很多衍脱和錯誤,或爲今本的通用字找出本字或常用字。這方面的工作,已有不少成績,爲節省篇幅,這裏只舉一個校出脱文的例子。《孫子·計篇》有一句講地形的話,今本作"地者,遠近、險易、廣狹、死生也"。銀雀山竹書本作"地者,高下、廣狹、遠近、險易、死生也"。除語序有所不同外,簡本多了"高下"二字。講地形不應不提地勢的高下,今本顯然誤脱了這兩個字。但是如果沒有簡本,誰也想不到這一點。

更爲重要的是,有時還能發現古今本之間出入很大的異文,這些異文牽涉到跟著書者的思想立場有關的重大問題。例如:今本《老子》第十九章説:"絶聖棄智,民利百倍。絶仁棄義,民復孝慈。……"。"聖"和"仁義"都是被絶棄的對象。第十八章説:"大道廢,有仁義。慧智出,有大僞。六親不和,有孝慈。國家昏亂,有忠臣。""仁義"跟"大僞"相提並論。近人指出,這是對儒墨提倡仁義推崇聖賢的反動,年輩高於孔子的老子不可能有這種言論。有不少人以此爲《老子》書晚出之證。從《老子》本書看,圍繞着這一問題也存在着矛盾。《老子》書中經常以"聖人"指稱道德最高的理想的人,爲什麽又要"絶聖"呢?第十九章説"絶仁棄義,民復孝慈”,“孝慈”是被肯定的,第十八章爲什麽又把“孝慈”跟被否定的“大僞”、“仁義”相提並論呢? 郭店《老子》簡的出土,使上述問題都得到了解決。郭店簡中有上引兩章的内容,但跟今本都有重要差異:“絶聖棄智”作“絶智棄辯”(《十講》編按:“辯”原作“鞭”之初文,實應讀爲“辨”),“絶仁棄義”作“絶僞棄詐”(《十講》編按:“絶僞棄詐”是“絶爲棄慮”的誤讀,參看《糾正我在郭店〈老子〉簡釋讀中的一個錯誤——關於“絶僞棄詐”》。又,今本的“民復孝慈”,簡文作“民復季子”,亦當以簡文爲是),第十八章中無“慧智出,有大僞”一句。由此可見,老子本來並不非聖,也沒有絶棄仁義。他認爲仁義、孝慈、忠貞都是低於“道德”的境界,“道德”喪失了才會去講這些東西,但是他並沒有把它們看成跟大僞、智巧等一樣的、應該加以絶棄的東西。這種思想老子完全可能有。帛書本這兩章已跟今本基本相同。竄改這兩章的,當是戰國晚期人。明白了這一點,才能對老子的思想有比較正確的認識。

今後如要研究已發現了簡帛本的古書,除簡帛本明顯有誤之處外,應該盡可能以簡帛本爲根據。

3. 簡帛古籍使我們對古書的真僞、時代和源流等方面的問題有了進一步的認識

簡帛古籍的出土,爲一批被人視爲僞書的先秦古籍恢復了名譽。

在近代疑古思潮興起以後,今傳《六韜》(本爲《太公》的一部分)、《尉繚子》、《晏子》等書,被很多人認爲不是《漢書·藝文志》著録的原本,而是漢以後人的僞作。但是在武帝初期的銀雀山漢墓中却發現了這些書中一些篇章的抄本,内容與今本基本相合。在古代,從一部書的寫成到流行,需要一段不太短的時間。已有學者指出,秦禁《詩》、《書》、百家語,挾書律到漢惠帝四年(前 191 年)才廢除。上舉這些書如爲漢代人所僞作,只能作於惠帝以後武帝以前這五十年時間裏。這一時期僞造的書,不大可能到武帝初就流行,所以上舉這些書應該都是先秦著作。

《鶡冠子》過去也被視爲僞書。此書的簡帛本尚未發現,但馬王堆帛書《老子》乙本卷前古佚書中,有不見於他書而與《鶡冠子》相合的文句。從《鶡冠子》的内容看,此書應是戰國末年作品。

《歸藏》是佚書,但在古書中有所引用。過去認爲古書所引的《歸藏》是僞書,非先秦之舊。王家臺秦墓出土的《歸藏》殘簡,文字與古書所引基本相合,可見古書所引《歸藏》確是先秦之書。

宋玉的《大言賦》、《小言賦》見於來源可疑的《古文苑》,過去講文學史的人幾

乎都不相信是宋玉作品。銀雀山竹書中有篇題爲《唐勒》的佚賦,學者已考定爲宋玉佚賦,其内容曾大量爲《淮南子·覽冥》篇所採用。有學者指出,《唐勒》賦的體裁跟《大言賦》、《小言賦》很相似。可見這兩篇賦很可能確爲宋玉所作。

今本《文子》長期以來被很多人認爲是主要抄襲《淮南子》而成的僞書,不是《漢書·藝文志》著録的原本。通過跟八角廊竹書中的《文子》殘簡對照,發現今本《文子》的問題比較複雜。今本《文子》是在古本《文子》的基礎上改編而成的,既不能簡單地看作真書,也不能簡單地看作抄襲而成的僞書。附帶説一下,由於古本《文子》跟《淮南子》的關係尚無定論,古本《文子》究竟是不是先秦著作,也還有待研究。

郭店楚墓出土的《老子》簡,一部分學者認爲是《老子》的摘抄本,一部分學者認爲是《老子》較原始的本子,目前尚無定論。但是,抄寫年代不會晚於漢初的馬王堆帛書《老子》甲本的出土,已經使《老子》形成於戰國末或漢初的説法遭到了破産。吴、齊兩種《孫子》在銀雀山漢墓中同時出土,也使今本《孫子》並非《吴孫子》而是《齊孫子》的説法不攻自破。

張家山漢代早期墓出土了見於《莊子》的《盗跖》篇,郭店楚墓出土了見於《禮記》的《緇衣》篇,這對研究它們的時代有很重要的意義。《盗跖》無疑是戰國作品,《緇衣》很可能如前人所説,確係子思所作。

在簡帛古籍的佚書中,可以看到《管子》、《淮南子》所從取材的一些作品,如前面已經提到過的爲《淮南子》所取材的《唐勒》賦。又如銀雀山竹書中的《王兵》篇,其内容分别見於《管子》的《七法》、《參患》、《地圖》等篇,而且很明顯的是《管子》襲用、割裂了《王兵》篇的内容。這對於研究《管子》成書過程是重要綫索。

前人早已指出,古代子書往往是某一學派傳習的資料彙編,其中既有先生的著述、言論,也有弟子、後學增益的内容。出土簡帛古籍在這方面有很好的實例。《漢書·藝文志》著録《孫子》八十二篇。今本只有主要的十三篇,其他各篇皆已亡佚。銀雀山漢墓出土的《孫子》除十三篇外,還有一些佚篇,其中有解釋十三篇中的内容的,也有記孫子事跡、言論的,顯然爲弟子、後學所增。在屬於十三篇的《用間》篇裏,簡本在伊尹、吕尚兩個用間的例子之後還有兩個今本没有的例子。一例文字有殘缺,意義不明。最後一例是:"燕之興也,蘇秦在齊。"蘇秦比孫武晚了一二百年,這一例顯然是後學所增的。添入此例,與作僞無關,只不過是爲了使"用間"的重要性有更好的證明而已。如果這一本子一直流傳下來,有些考證古書真僞的人,很可能就會以此來證明《孫子》的編成在蘇秦之後。總之,出土簡帛古籍使我們更清楚地認識到,在古書真僞問題上應該注意古書形成和流傳等方面的特點,不能把問題看得太簡單了。

從簡帛古籍可以看出,數術、方技方面的書,繼承性特別强。流傳下來的這類著作,往往是以較早的同類著作作爲基礎,逐漸修改增益而成定本的。張家山竹書和馬王堆帛書中的《脈書》,顯然是《黄帝内經・靈樞・經脈》篇的祖本。張家山竹書的《算數書》跟成書於東漢時代的《九章算術》的關係也極其密切。在有些時代相當晚的數術、方技類書籍裏,也可以看到跟這方面的簡帛古籍相合的内容。馬王堆帛書中講養胎方法的那一篇,在唐代的《千金翼方》中仍然保存着,字句與帛書基本相同,但被稱爲"徐之才(南北朝時名醫)逐月養胎方"。據學者研究,明代的《素女妙論》中的有些内容,可以跟馬王堆房中術書相印證。甚至在清代的數術書和不久前還在印行的黄曆裏,也保存着可以跟秦簡《日書》相印證的内容。

在古書的流傳方面,從簡帛古籍也可以看到一些值得注意的情況。

在秦墓發現的簡册裏,可以稱之爲古書的,只有法律、占卜書和少量像是官吏的識字和修身課本的東西。儒家經典、諸子著作等一概不見。這跟《史記・秦始皇本紀》所記,秦禁《詩》、《書》、百家語,"所不去者,醫藥、卜筮、種樹之書。若欲有學法令,以吏爲師"的規定完全相合。

馬王堆帛書《周易》、雙古堆竹書《詩經》、武威漢墓《儀禮》、八角廊竹書《論語》,都是我們所已知的各家之外的本子,可見當時經書傳授的情況極爲複雜。

前人已指出古書往往以一篇或數篇單行,這種情況在簡帛古籍中常見,前面實際上已經提到過不少實例,這裏就不細説了。

以古書的簡帛本與唐以前人的傳抄本和引文(宋初編的《太平御覽》的引文應歸入此類)以及宋代以後的傳刻本相對照,可以看出一個值得注意的現象,即傳刻本跟簡帛本在文字内容上的差異,要比唐以前的傳抄本跟簡帛本的差異大得多,有些非經典的著作還往往受到删節。這反映了印刷的流行對古書不利的一面:由於刻書的商人不負責,以獲利爲重,好的本子反而爲壞的本子所淘汰。

此外,在古書的體制等方面,出土簡帛古籍也大大加深了我們的認識。

總的來看,從文獻學角度對簡帛書古籍進行研究的工作做得還很不够,有待我們大家努力把工作做得更好更細,使研究向縱深發展。

附識:

本文是 1998 年 10 月在日本的中國出土資料學會所作講演的底稿。此文同時在該會的《中國出土資料研究》第3號(1999年)上發表。

本文提到的上海博物館所藏楚竹書,《文匯報》1999年1月14日11版鄭重所寫《"上博"看楚簡》有較詳報道,讀者可參閱。

1999年4月

原載日本中國出土資料學會《中國出土資料研究》第3號(1999),又載《北京大學古文獻研究所集刊》(一)(北京燕山出版社,1999。稍有增補)、《中國出土古文獻十講》,今據《中國出土古文獻十講》收入。

漢簡中所見韓朋故事的新資料*

一

在中國古代流傳的著名愛情悲劇故事中,時代最早的是戰國時代宋康王之臣韓朋及其妻的故事。在古書中,這一故事最早見於晉代干寶所撰的《搜神記》,①但所記韓氏之名有異文：今本《搜神記》作“憑”;《法苑珠林》卷二十七及《太平御覽》卷五五九引《搜神記》皆作“馮”;《太平廣記》卷四六三所録唐末劉恂《嶺表録異》引《搜神記》作“朋”,“朋”字下注:“一作‘憑’。”(武英殿聚珍版自《永樂大典》輯出的《嶺表録異》作“一云‘馮’”。)敦煌莫高窟所出唐代通俗文學作品中有《韓朋賦》一卷,②也是講述這一故事的,韓氏之名作“朋”,與《嶺表録異》所引《搜神記》相合。

“憑”本是“馮”的分化字,二字古通。③“朋”與“馮”、“憑”古音都屬並母蒸部,古代也可通用。戰國中晚期之交有一個曾任韓相的政客,在《戰國策》和《史記》中有“公仲侈”(鮑彪本《戰國策・秦策二》改“侈”爲“朋”)、“韓侈”、“韓朋”、“韓馮”等異名。王念孫《讀書雜志・戰國策第一・秦策》“公仲侈”條,引其子王引之說,對此人之名所以有歧異的原因作了解釋。他說：

> 《史記》作“馮”(引者按：見《田齊世家》),“馮”與“朋”聲相近,則作“朋”

---

* 本文是作者應邀在日本中國學會創立五十周年紀念大會上所作的講演的底稿。

① 《搜神記》卷十一,141—142 頁,汪紹楹校注《古小說叢刊》本,中華書局,1979。《搜神記》原書已佚,今本似爲明代人所輯集。此書韓朋(今本作“韓憑”)故事屢爲宋代以前古書所引用,當爲原來所有無疑。

② 見王重民等編《敦煌變文集》上集,人民文學出版社,1957,137—153 頁。又見項楚《敦煌變文選注》,巴蜀書社,1990,266—278 頁。本文引此賦據《選注》。

③ 參看高亨、董治安《古字通假會典》“馮與憑”條,齊魯書社,1989,45 頁。

者是也。《藝文類聚·寶部下》引《六韜》曰“九江得大貝百馮”,《鴻烈·道應》篇作“大貝百朋”,是“朋”、“馮”古字通也。(原注:“朋”之通作“馮”,猶“淜河”之“淜”通作“馮”。)其作“侈”者乃“倗”字之訛。“倗”“朋”古字亦通。(原注:《說文》:“倗,輔也。”字或作“傰”。《周官·士師》“爲邦朋”,故書“朋”作“傰”,鄭司農云:“傰讀如朋友之朋。”古文“多”字作“竕”,形與“朋”相似,傳寫往往訛溷。……)《韓子·十過》篇及《漢書·古今人表》並作“公仲朋”。

見於《戰國策·韓策一》的“公仲明”(“明”爲“朋”字之誤),馬王堆漢墓帛書《戰國縱横家書》作“公中(仲)傰”。[④] “傰”、“倗”是一字之異體,上引《讀書雜志》文已指出。可見王氏認爲“公仲侈”、“韓侈”之“侈”爲“倗”之訛字,是可信的。又稱“公仲朋”的“韓朋”與韓朋故事的主人公經歷不同,地位相差懸殊,自然不是一個人,但是二人之名或作“馮”或作“朋”則是一致的。

容肇祖在20世紀30年代發表了《敦煌本〈韓朋賦〉考》,[⑤]這是古代俗文學研究方面極爲重要的一篇論文。在韓氏之名的問題上,容氏據《嶺表録異》和《韓朋賦》,認爲“在唐以前,稱‘韓朋’的仍甚通行。自《搜神記》寫作‘韓憑’的一本通行,後來遂極少說‘韓朋’,大都說‘韓憑’了”(653—654頁)。從下文要說到的漢簡將韓氏之名寫作“傰”的情況來看,作“朋”的本子大概要早於作“馮”或“憑”的本子。

《搜神記》所記韓朋故事不到三百字,大意說:宋康王之臣韓朋妻美,王奪朋妻,並罰朋爲刑徒。朋妻密遺朋書,朋得書自殺。朋妻與宋王登臺,自投臺下而死,遺書願與朋合葬。王不聽,分埋之,二冢相望。其上一夜間各生一樹,旬日大盈抱,彼此根交枝錯,又有鴛鴦一對恆棲樹上,交頸悲鳴。

敦煌本《韓朋賦》長達二千字左右。前半部分的大意是:韓朋少年喪父,獨養老母,因將遠仕,娶賢妻奉母,夫妻情投意合。朋婚後不久即遠仕於宋,長期不歸,其妻念之,致書於朋。朋得書心悲,意欲歸家而無因由,懷書不謹,遺失殿前。宋王得書,甚愛其言,遣其臣梁伯馳往朋家,取朋妻入宫。這些情節都不見於《搜神

---

④ 《戰國縱横家書》圖版256行,見馬王堆漢墓帛書整理小組《馬王堆漢墓帛書〔叁〕》,中華書局,1983。

⑤ 原載《慶祝蔡元培先生六十五歲論文集》下册,中研院史語所集刊外編第一種,1935。後收入周紹良、白化文編《敦煌變文論文録》。下文引此文時簡稱“容文”。引文後括號内所注爲明文書局1985年版《敦煌變文論文録》的頁碼。

記》。賦的後半部分,主要情節與《搜神記》大體相合,但敘事較繁,在細節上頗有出入。

《搜神記》所記韓朋故事與《韓朋賦》之間,究竟存在着什麽樣的關係呢? 上引容文在承認二者"根本出於一個故事"(675 頁)的同時,强調後者並非由前者發展演變而成。容氏説:"《韓朋賦》所敘韓朋的故事,當爲唐以前民間的傳説,較之《搜神記》所載,更爲詳細得多。"(673 頁)又説:"從《韓朋賦》的内容去考證,可定爲不是因《搜神記》的記載而産生,而且《韓朋賦》爲直接樸實的敘述民間傳説的作品。"(679 頁)他顯然認爲在《搜神記》之前,韓朋傳説早已産生,而且直至《韓朋賦》出現的時代一直在民間流傳着。《搜神記》的作者按照他的趣味,以簡潔的文筆記録了這個民間傳説的梗概,《韓朋賦》則比較樸實、詳盡地敘述了這個民間傳説。所以他説《搜神記》沒有提到《韓朋賦》前半部分的情節,並非由於所根據的傳説中沒有這種情節,而是由於這種情節"是《搜神記》所不甚注重的,故未詳述"(674 頁)。容氏的這些看法是很精闢的,我們在漢簡中爲他找到了有力的證據。

二

1979 年,甘肅省文物考古研究所的前身甘肅省文物工作隊,發掘敦煌西北的馬圈灣漢代烽燧遺址,發現了一批爲當時人所廢棄的散殘木簡。這批簡經過整理已全部發表在中華書局 1991 年出版的《敦煌漢簡》中。其中原始編號爲 79・D・M・T6:16,釋文號爲 496 的一枚殘簡,所記正爲韓朋故事。

此簡上下端皆殘,正面存二十七字,反面在居中的部位有"百一十二"四字,應是此簡在原來所屬册書中的編號。下面是我們對此簡正面文字的釋文:

> ☐書,而召榦傰問之。榦傰對曰:"臣取婦二日三夜,去之來游,三年不歸,婦☐ 《敦煌漢簡》496A,上册圖版伍貳

原整理者的釋文把"榦傰"釋爲"幹備",把"來游"釋爲"樂游"。[⑥]

上引簡文"游"上一字本作"来",這種寫法的"來"字在漢簡中很常見,[⑦]並爲

⑥ 甘肅省文物考古研究所《敦煌漢簡》下册,中華書局,1991,238 頁。

⑦ 武威《儀禮》簡"來"字皆如此作,見徐富昌《武威儀禮漢簡字形表》58 頁,徐氏自印本。又如居延漢簡 3・20B、80・13 等簡"来"字亦近此形,見陸錫興《漢代簡牘草字編》,上海書畫出版社,1989,103 頁。

後世的簡俗體所沿襲。

“榦倗”二字在簡文中出現了兩次,圖版上的字形以第二次出現的爲較清楚。前一字右下部从“木”,後一字右旁作崩。“幹”本是“榦”的别體,釋前一字爲“幹”,不能算錯。但是簡文既从“木”,自然還是釋作“榦”爲妥。《敦煌漢簡》1143、1144 二簡也有此字,整理者隸定爲“榦”。[8] 漢簡“榦”字往往在“木”旁上加一横,“榦倗”之“榦”也如此。後世仍有這種寫法(參看注⑮)。後一字的右旁不是“葙”而是“崩”,馬王堆帛書《天文雜占》“崩”字寫法與此基本相同,[9]可證。睡虎地秦簡“倗”字[10]和前引《戰國縱横家書》“公中倗”之“倗”,寫法都與此字很相似。漢印也有寫法相似的“倗”字,過去曾被誤釋爲“倫”,于豪亮在《釋漢簡中的草書》一文中已加糾正。[11] 居延簡 35·4(即《居甲》245)有人名 ,過去被釋爲“備”,上引于文改釋爲“倗”,[12]大概認爲此字右旁是“朋”字。其實此字也从“崩”,只不過“崩”的寫法稍草而已。原整理者把“榦倗”的“倗”釋爲“備”,與上舉居延簡的誤釋如出一轍。

從簡文文義看,“榦倗”顯然是人名。“榦”是居延簡和敦煌簡中常見的姓氏。上引《敦煌漢簡》1143、1144 的“榦”字就是用作姓氏的。一般認爲這種“榦”字應讀爲“韓”,可信。《説文》“韓”字篆文从“韋”“倝”聲(見《説文·五下·韋部》),秦簡“韓”字同。[13] “榦”字从“木”“倝”聲,與之同聲旁。《説文》以“井垣”爲“韓”字本義,秦簡“韓”字正有這種用法,[14]而一般古書中“井韓”字則作“榦”或“幹”。[15] 這是“榦”“韓”相通的明證。“倗”與“朋”古亦通用,已見上文。又,《周易》諸“朋”

---

⑧ 《敦煌漢簡》上册圖版壹零肆、壹零伍,下册 263 頁。

⑨ 漢語大字典字形組《秦漢魏晉篆隸字形表》“崩”字條,四川辭書出版社,1985,652 頁。

⑩ 陳振裕、劉信芳《睡虎地秦簡文字編》“倗”字條,湖北人民出版社,1993,10 頁。

⑪ 《于豪亮學術文存》,中華書局,1985,252 頁。

⑫ 同上書,251—252 頁。

⑬ 陳振裕、劉信芳《睡虎地秦簡文字編》,196 頁。

⑭ 睡虎地秦簡《日書》甲種 21—22 號簡背面第肆欄:“廡居東方,鄉(嚮)井,日出炙其韓,其後必肉食。”“韓”正指井垣,參看睡虎地秦墓竹簡整理小組《睡虎地秦墓竹簡》,文物出版社,1990,211 頁。

⑮ 《淮南子·本經》:“雞棲井榦。”《史記·武帝本紀》“乃立神明臺、井幹樓”,《索隱》:“又諸本多作‘幹’,一本作‘榦’,音(《史記會注考證》指出“‘音’下當有脱字”。王叔岷《史記斠證》471 頁謂“音下疑脱韓字”,可從)。”“榦”即“榦”字異體,漢簡“榦”字多作此形。《莊子·秋水》:“出跳梁乎井幹之上”,《初學記》七、《事文類聚後集》五〇、《韻府群玉》一八引此文,“幹”皆作“榦”(據王叔岷《莊子校詮》,中研院史語所,1994,624 頁)。“幹”爲“榦”之别體,漢以前古書中“幹”字,本來皆應作“榦”,乃後人所改。

字,馬王堆帛書本多數作"倗",[16]也是二字通用之證。所以"榦倗"沒有問題可以讀爲"韓朋",上引《敦煌漢簡》496號應該是漢代人所記的韓朋故事的一枚殘簡。韓朋的"朋"漢簡作"倗",跟公仲朋的"朋"帛書作"倗",是平行的現象。看來漢代人是比較習慣於以"倗"爲人名的。

馬圈灣所出漢簡中的紀年簡,最早的是宣帝本始三年(公元前71年)簡,最晚的是新莽始建國地皇上戊三年(公元22年)簡。[17] 韓朋故事殘簡的抄寫時代,大概不會超出西漢後期和新朝的範圍。也就是説,它的時代比唐代的《韓朋賦》至少早六百年左右,比生活在東西晉之交的干寶的《搜神記》至少早三百年左右。由此可見這枚殘簡在古代文學史上的價值。

這枚殘簡所保存的漢代韓朋故事的內容極少,但是從其敘事方式仍可看出,其風格近於《韓朋賦》而遠於《搜神記》,而且原來的全文一定相當長。以殘簡與《韓朋賦》有關內容對照,可以斷定簡文所説的"書",就指韓朋之妻在家想念韓朋而寫的那封信。召韓朋加以詢問的人,按情理推測當是宋王。所以在我們已經看不到的上文中,一定有跟《韓朋賦》相似的、韓朋之妻的信被韓朋失落而爲宋王所得的內容。《韓朋賦》説朋將遠仕,念老母獨居,故娶賢妻,"入門三日,意合同居,共君作誓,各守其軀,君亦不須再娶婦,如魚如水,妾亦不再改嫁,死事一夫",接着就説韓朋出游之事。所謂"入門三日,意合同居",當然不是説入門三日以後才意合而同居;而是説由娶妻到出游,中間只有三天同居的時間,而情意則十分投合。這跟簡文所説"臣娶婦二日三夜,去之來游",也是基本符合的。

當然,民間傳説是不斷有所變化的。殘簡所反映的漢代關於韓朋的民間傳説,跟《韓朋賦》也有明顯的相異之處。如《韓朋賦》説:"(韓朋)懷書不謹,遺失殿前,宋王得之,甚愛其言,即召群臣,並及太史:'誰能取得韓朋妻者,賜金千斤,封邑萬户。'"其間並無王先召問韓朋的情節。殘簡中韓朋自言"三年不歸",《韓朋賦》則説:"韓朋出游,仕於宋國,期去三年,六秋不歸。"離家不歸的時間增加了一倍。

容文在對比《韓朋賦》與《搜神記》大致相合的那部分內容時指出:"《搜神記》載韓朋妻密遺朋書,即'其雨淫淫,河大水深,日出當心'三句隱語,在《韓朋賦》爲'天雨霖,大鼓無聲,小鼓無音'三句。《搜神記》爲宋王解釋隱語的名'蘇賀',《韓朋賦》爲宋王解釋隱語的名'梁伯'。這乂是傳説的不同。"(674—675頁)這跟殘

⑯ 高亨、董治安《古字通假會典》43—44頁"朋與倗"條。

⑰ 甘肅省文物考古研究所《敦煌馬圈灣漢代烽燧遺址發掘報告》68頁,《敦煌漢簡》下册。

簡與《韓朋賦》在情節上有出入的情況是類似的。

從以上所述來看,《韓朋賦》前半部分不見於《搜神記》的內容,其主要情節大體上在殘簡所代表的漢代韓朋故事中應該已經存在了,只不過在細節上彼此有一些出入而已。韓朋故事中的宋康王就是宋君偃,他是戰國後期宋國的亡國之君。關於韓朋及其妻的民間傳説,很可能在戰國後期就已經出現,以後經歷漢、唐等代不斷有所發展變化。殘簡所代表的漢代韓朋故事和《韓朋賦》,都是對當時的韓朋傳説的比較全面的記敘。記敘者無疑會對傳説作一些文學上的加工,但對傳説的主要情節應該不會做大的變動。

容氏在《韓朋賦》中發現了與後世流傳的《青陵臺歌》和《烏鵲歌》相同或相似的語句,因此得以肯定這兩首"在宋元間方始見於記載"的韓朋傳説中的歌謡,實際上"有更早的源頭"(671頁)。我們發現了漢代的韓朋故事的殘簡,因此可以肯定《韓朋賦》中不見於《搜神記》的內容,也確有"更早的源頭"。容氏所提出的"《韓朋賦》爲直接樸實的敘述民間傳説的作品","不是因《搜神記》的記載而產生"的主張,由此完全得到了證實。可以補充的一點是:在殘簡所代表的漢代的韓朋故事與《韓朋賦》之間,可能還出現過其他比較全面地記敘韓朋傳説的書面作品,而《韓朋賦》未嘗没有可能曾受到過這類作品的影響。

三

容文還有一個重要見解。容氏在《〈韓朋賦〉的體製》一節中説:

> 《韓朋賦》等一些作品(引者按:容氏上文除《韓朋賦》還提到了敦煌本《晏子賦》和《燕子賦》),是用白話作成的韻文賦,這種體製,在唐代以前,却不易見,然而不能説是古代没有的。漢宣帝時(紀元前93—前49)王褒的《僮約》,便是類似這種體裁。是否宣帝時,民間已有這種敘説故事的體裁爲王褒所採用,或者那時民間用口講述故事,而帶有韻語以使人動聽及易記,有如王褒的《僮約》,現在都没可考。或者在漢魏間,貴族盛行以賦作爲文學的玩意兒時,民間却自有説故事的白話賦?《韓朋賦》等,便是這類賦體僅留的型式。(680頁)

容氏的這一見解也已爲新出土的漢簡所證實。

1993年,考古工作者發掘東海縣尹灣6號西漢晚期墓,發現了一批簡牘,其中有一篇大體完整的《神烏傅(賦)》。全賦六百餘字,基本上用四字句,大部分句子逐句押韻。賦中講述了一個完整的鳥的故事,説一對烏鴉營巢時,有一隻"盜鳥"竊取其築巢材料,雌烏發現後,追逐盜鳥,與之論理,盜鳥不服,終至相鬥,雌烏受了重傷,臨死與雄烏訣别,要雄烏"更索賢婦,毋聽後母,愁苦孤子",爲了不拖累雄烏,自投"污則(廁?)"而死,雄烏極其悲哀,"遂棄故處,高翔而去"。

此賦題材跟敦煌發現的《燕子賦》相類,二者都應該是以民間口頭文學中的有關内容爲創作基礎的。《神烏賦》大約是西漢後期儒學久已確立其獨尊地位的時代的作品,所以賦中使用了不少《詩經》、《論語》、《孝經》等儒家經典裏的話。但是總的來看,其語言仍相當通俗,風格跟堆砌詞藻的一般漢賦截然不同,可以看作以講述故事爲特色的俗賦,只不過形態還比較原始而已。⑱ 此賦的著作時間當與王褒同時或相近,體裁與《僮約》也相當接近。容氏推測王褒之時民間已有類似《僮約》的"敘説故事的體裁","在漢魏間(引者按:似指漢魏之時,非謂漢與魏之間)……民間自有説故事的白話賦"。《神烏賦》的出土證實了他的卓見。

我們所討論的殘簡所記的韓朋故事,是什麽體裁呢?從現存殘文看,似是敘事散文或散體賦,但由於存字太少,還難以據此推定全篇的體裁。即使在用韻甚密的俗賦中,也往往間雜一些散句,所以還不能完全排斥這一韓朋故事採用有韻的賦體的可能性。如果確實如此,當然跟《神烏賦》一樣,是"那時民間用口講述故事,而帶有韻語以使人動聽及易記"的反映。即使是無韻之體,也應該具有類似後世"話本"的性質,大概主要是用作講故事的人的底本的。

從《神烏賦》和韓朋故事殘簡來看,漢代俗文學的發達程度恐怕是超出我們的預料的。敦煌俗文學作品中有不少是講漢代故事的,如《季布駡陣詞文》(即《捉季布傳文》)、《王陵變》以及講王昭君的和講董永的變文等。我懷疑它們大都是有從漢代傳下來的民間傳説作爲底子的。説不定將來還會發現記敘這些民間傳説的漢簡呢!前面説過,韓朋故事殘簡在原來所屬的册書中的編號爲"百一十二"。可見這部册書所包含的簡數量相當多,除韓朋故事外一定還有不少其他内容。其中很可能還有俗文學作品,可惜已無從得見了。

原載《復旦學報(社會科學版)》1999 年 3 期,又載《中國出土古文獻十講》,今據後者收入。

---

⑱ 參看拙文《〈神烏賦〉初探》,載《文物》1997 年 1 期。

糾正我在郭店《老子》簡釋讀中的一個錯誤

——關於"絶僞棄詐"

郭店《老子》簡甲組1、2兩號,抄有相當於《老子》今本第十九章的文字。今本的"絶仁棄義,民復孝慈",簡文作"㡭(此字下文逕書作"絶")悬弃慮(此爲隸定形,中間部分的"目"與"一"是分離的,下文以△號代替此字),民复季子"。荆門市博物館《郭店楚墓竹簡》(下文簡稱"郭簡")原稿,釋此句爲"絶愄(化)弃慮,民复(復)季〈孝〉子(慈)"。我在審校此稿時寫了如下一條按語:

> 簡文此句似當釋爲"絶悬(僞)弃慮(詐)"。"虘"从"且"聲,與"詐"音近。

《郭簡》出版時,此句的上一小句的釋文已改爲"絶愄(僞)弃慮",[①]注文中收了我的按語。[②] 這説明作者接受了我關於"悬"字的意見,但對"△"究竟應該釋爲何字持存疑態度。

《説文》把"慮"字分析爲从"思""虍"聲,但從出土古文字看,"慮"實爲从"心""盧"聲之字。[③] 在郭店楚簡的字形中,已經出現了"盧"旁與"虘"旁混同的現象。如"虘攴"字的"虘"旁都寫作"膚",[④]"膚"字的"盧"旁也多寫作"膚"。[⑤] 所以"絶悬弃△"的"△"字究竟應該釋爲"慮",還是釋爲从"心"、"虘"聲之字,的確是一個尚需考慮的問題。

在《郭簡》釋文中,除了上述已經改爲"慮"的"慮"字,還有六個"慮"字,下面列出有關的各條釋文。引録釋文時,原來加括注的字,一般直接寫成括號中所注的

① 《郭簡》,文物出版社,1998,111頁。

② 同上書,113頁注〔三〕。

③ 參看《戰國貨幣考(十二篇)·慮虒布考》注㉒,拙著《古文字論集》,中華書局,1992,449頁。

④ 張光裕主編《郭店楚簡研究·第一卷·文字編》(下文簡稱"張編"),藝文印書館,1999,105頁0206。

⑤ 同上書,346頁1048"膚"字條所收7·11一例及208頁0579"憹"字所从"膚"旁。1048"膚"字條所收6·43一例,"目"形與下方"肉"旁間有兩豎筆。

字;原作“慮”的字則改用隸定形,在其後括注“慮”字。不過第一條的“慮(慮)”乃是釋文原樣,並非我們所改:

(1) 故言則慮(慮)其所終,行則稽其所敝……

《緇衣》32—33,《郭簡》130 頁

(2) 身欲静而毋款,慮(慮)欲淵而毋𢡺,行欲勇而必至……

《性自命出》62—63,《郭簡》181 頁

(3) 凡人𢡺爲可惡也。𢡺斯吝矣,吝斯慮(慮)矣,慮(慮)斯莫與之結矣。

同上 48—49,同上頁

(4) 欲生於性,慮(慮)生於欲,悟生於慮(慮),静生於悟,尚生於静。

《語叢二》10—12,《郭簡》203 頁

第(1)(2)兩條的“慮”字,顯然是釋得對的。(1)的“慮”从“膚”聲,與春秋金文“盧”字从“膚”聲相類。[⑥] (2)的“慮”在“目”形下方有曲折綫條(《十講》編按:陳劍認爲此曲折綫條是“皿”的省形,此“慮”字蓋从“盧”聲)。在楚簡文字中,已知的那些“䖒”旁的“目”形下,則從未見過這種綫條。從文義上看,釋爲“慮”也是合適的,(1)並有《禮記》中的《緇衣》令本可以對照。

(3)(4)兩條的四個“慮”字,從文義看釋爲“慮”都不合適。

(3)說“凡人𢡺爲可惡也”,“𢡺”與“爲”連用,顯然不能讀作“爲”。《老子》簡甲組 13 號的“𢡺”字讀爲“化”,對這一句也不適用。這個“𢡺”字似乎可以讀爲“僞”(《十講》編按:李零等學者已將此字讀爲“僞”)。下一句的“吝”,似當讀爲“不自矜”(《老子》22 章)的“矜”。“矜”字古本从“令”聲。[⑦] “吝”字,中山王鼎與馬王堆帛書《老子》乙本皆用爲“鄰”。[⑧] 已有學者指出,“吝”所从之“吅”並非二“口”,而象相鄰的兩個地區,即“鄰”之古文(《古文四聲韻》上平聲真韻“鄰”字引《古老子》作○○,《古尚書》作ㄥㄥ。《汗簡》卷下之二也收有此二形)。[⑨] “令”、“粦”上古音都屬來母真部,其音至近。《詩·齊風·盧令》“盧令令”,《說文》引作

---

⑥ 金文“盧”字見《金文編》,中華書局,1985,340 頁 0788。

⑦ 看《說文》“矜”字段玉裁注,參看拙文《〈墨經〉“佴”“誯”“廉”“令”四條校釋》,北大中國傳統文化研究中心《國學研究》第三卷,264—265 頁。郭店《老子》簡甲組 7 號“果而弗矜”之“矜”从“命”聲,“令”“命”古通。滕壬生《楚系簡帛文字編》(湖北教育出版社,1995。下文簡稱“滕編”)1015 頁所收左从“命”右从“矛”之字亦當釋“矜”。

⑧ 《金文編》,638 頁 1490。

⑨ 參看《古字通假會典》“鄰與厸”條,齊魯書社,1989,98 頁。

“盧獜獜”。“憐”字或體作“怜”，古書中且有“憐”“矜”相通之例（《古字通假會典》97頁“憐與怜”條、95頁“矜與憐”條）。所以“受”沒有問題可以讀爲“矜”。“矜”有自尊自大或矜持之義（《經籍籑詁》卷二十五“矜”字條）。“受斯慮矣，慮斯莫與之結矣”這兩句中的“慮”，釋爲“慮”文義難通，應釋爲从“心”“虘”聲之字。劉信芳《荆門郭店竹簡老子解詁》認爲“弃△”之“△”“从心，虘聲，應即《說文》‘怚’字，‘驕也’”。[10] 此說對“△”字不見得合適，但如用於上引兩句的“慮”字，倒是很合適的。“虘”从“且”聲，二字用作聲旁時可以通用。《說文・十二下・女部》有“嫭”字，也訓“驕”（“驕”字從小徐本）。段注指出“嫭”字與“怚”字音義皆同。可見把从“心”“虘”聲之字釋爲“怚”，是合理的。《淮南子・繆稱》“矜怚（今本作“怛”，從王念孫校改）生於不足”，以“矜”“怚”連言，說明我們把“受斯慮矣”釋讀爲“矜斯怚矣”，也是合理的。簡文這兩句的意思是說，自矜就驕傲了，驕傲就沒有人跟他結交了。（《十講》編按：此段意見根據不充足，只能備一說。上博簡《孔子詩論》中从“阜”从“受”得聲之字，李學勤、龐樸、裘錫圭等釋“隱”，龐樸認爲“僞斯受矣，受斯慮矣”的“受”也應讀爲“隱”。此說若確，“慮”可以釋爲“怚”，讀爲“詐”。無論如何，釋此句的“慮”爲“慮”是不合適的。）

（4）的“慮”釋爲“慮”，文義也難通。在《語叢二》的釋文中，排在“慮生於欲”條之後的，是“悆（念）生於欲”條。“念”跟“慮”意義相近。但是“念生於欲”其實也是講不通的。疑此“念”字應讀爲“貪”，二字皆从“今”聲。所以（4）的“慮”也應釋爲从“心”“虘”聲之字，有可能也是“怚”字。

“△”的字形既跟（1）（2）的“慮”稍有差別，也跟（3）（4）的从“心”“虘”聲之字稍有差別，究竟應該把它釋作這兩個字中的哪一個呢？

楚簡从“虘”聲之字的“虘”旁，其下部既可作“目”形，也可在“目”形下加一横。而且這一横既可跟“目”形下端相接；也可跟它稍有距離，就跟“△”字的情况一樣（例見《滕編》246—249頁，“叡”字條）。郭店簡“虞”字“虘”旁的下部，也既可作  又可作 （《張編》173頁0450。《十講》編按：李家浩指出，此字即古文“閔”。則其中部並非“且”字。不過，此例仍可說明“目”形與“目”下加横之形可以相通）。由此看來，“△”是从“心”“虘”聲之字的可能性似乎相當大。但是前面已經說過，“虍”旁跟“虘”旁在郭店簡中已有相混的現象。而且在戰國時代齊等國

⑩　劉信芳《荆門郭店竹簡老子解詁》，藝文印書館，1999，2頁。

的文字中,“虍”旁下加一横的現象很常見。[11] 所以我們也不能排斥“△”是“慮”字的可能性。退一步說,即使肯定“△”是从“虘”之字,由於其字形與“慮”很相似,《老子》原文中此字本作“慮”,但被抄寫者誤書爲从“虘”的可能性,也是不能排除的。所以要決定這個字的釋讀,必須充分考慮文義。

對我的“絶僞棄詐”說,已有不少學者提出批評,有些意見很有道理。季旭昇《讀郭店楚墓竹簡札記》“二、絶爲棄作”條說:

> 從《老子》的哲學體系來看,《老子》的哲學主張有很多看起來和儒家的道德觀念或一般的價值取向針鋒相對,也就是說:很多儒家或一般以爲是主要的或正面的價值,在《老子》則視之爲次要的或負面的……“僞”、“慮”應該也是一般認爲重要的價值。因此如果把它們釋爲“僞”、“詐”,似乎和全章體例不合,因爲“僞”、“詐”並不是一般認爲重要的價值,相反地,它們是一般認爲負面的價值。[12]

龐樸《古墓新知——漫讀郭店楚簡》說:

> 僞詐從無任何積極意義,從未有誰提倡過維護過;宣稱要棄絶它,迹近無的放矢。所以,這種解釋難以成立。[13]

張立文《論簡本〈老子〉與儒家思想的互補互濟》指出,在簡本同章“絶智棄辯”、“絶巧棄利”兩句中,“‘智’與‘辯’,‘巧’與‘利’,其義相異相關,‘㥪’與‘㿈’(引者按:當是“慮”之誤植)其義也應相異相關”,釋爲“僞”“詐”,意義就相重了。[14] 所以我的“絶僞棄詐”的釋讀應該作廢。

“絶㥪弃△”這一句究竟應該怎樣釋讀呢?

上引季、龐二文雖然不同意把“△”釋讀爲“詐”,但都認爲這確是从“虘”聲的字,並且都主張把“絶㥪棄△”讀爲“絶爲棄作”(季文131頁、龐文10—11頁)。龐文說:“蓋爲和作,皆指人的有意作爲,即非自然的行爲,非真情的行爲;這是道家所一貫反對的。”(11頁)季文之說大體相同。但是“作”“爲”二字之義相重的程度,比“僞”“詐”更甚,上引張文對“僞詐”說的批評,完全適用於“作爲”說,此說顯然

---

[11] 參看吳振武《釋戰國文字中的从“虘”和从“朕”之字》,《古文字研究》第十九輯,中華書局,1992,490—499頁。

[12] 《中國文字》新24期,藝文印書館,1998,132—133頁。

[13] 《中國哲學》第二十輯,遼寧教育出版社,1999,11頁。

[14] 《道家文化研究》第十七輯,三聯書店,1999,135頁。

不能成立。

前面已經説過,劉信芳書釋"△"爲"怚"。"怚"訓驕,跟詐一樣,也是"從無任何積極意義,從未有誰提倡過維護過"的。釋"△"爲"怚",也與《老子》文例不合。劉先生似乎也覺察到了這個問題,他説:"驕者,欺也,字用如'矯'",並把"怚"譯爲"矯飾"(2 頁)。但是"怚"可訓驕不可訓矯,驕也引申不出矯的意思。其説顯然也不能成立。

既然以"△"从"虘"聲爲前提的、把此字釋讀爲"詐""作"或"怚"的各種説法都站不住,我們只能把"△"釋爲"慮"或視爲"慮"的誤字。

事實上,除《郭店》稿本的作者外,還有很多學者已經把"△"釋爲"慮"了。就我們所知的而言,就有池田知久、[15]高明、[16]崔仁義、[17]許抗生、[18]韓禄伯[19]等先生。他們的這種意見是正確的。

已有的對"絶愚棄△"這一句的解釋,就我所看到的而言,以許抗生先生的爲最好。他在《初讀郭店竹簡〈老子〉》一文中,把這一句釋爲"絶僞棄慮"(99 頁),並在注釋中説:

> 我則認爲"慮"字很可能是"慮"字,"慮"與"慮"形似而誤。《尚書·太甲下》"弗慮胡獲,弗爲胡成"。慮指思考、謀劃,爲指人爲,僞即是指人爲。老子主張無知、無爲,所以提出"絶僞棄慮"的思想。(102 頁)

這是很好的意見,我們可以爲此説作些補充。

先討論一下此句的"愚"應該釋讀爲"爲"還是釋讀爲"僞"的問題。

郭店簡中,表示一般的"作爲"之義的"爲"字極爲常見,都不加"心"旁。此句的"愚"顯然不是用來表示一般的"作爲"之義的。即使是主張將此字釋讀爲"爲"的季、龐二先生也承認這一點。上引季文説:"竊疑此字就是'爲'的分化字,表示'心之作爲'。"(131 頁)龐文説:"竹簡上,'僞'字原作上爲下心,它表示一種心態,爲的心態或心態的爲,即不是行爲而是心爲。"(11 頁)但是"心之作爲"和"心爲"的説法都有些"玄",難以掌握。

---

⑮ 《荆門市博物館〈郭店楚墓竹簡〉筆記》,1998 年達慕思大學郭店《老子》國際研討會論文。
⑯ 《讀郭店〈老子〉》,《中國文物報》1998 年 10 月 28 日 3 版。
⑰ 《荆門郭店楚簡〈老子〉研究》,科學出版社,1998,44 頁。
⑱ 《初讀郭店竹簡〈老子〉》,《中國哲學》第二十輯,99、102 頁。
⑲ 《治國大綱——試讀郭店〈老子〉甲組的第一部分》,《道家文化研究》第十七輯,190 頁。

《淮南子·脩務》有如下一段論“無爲”的話：

或曰：“無爲者，宋然無聲，漠然不動，引之不來，推之不往。如此者，乃得道之像。”吾以爲不然。……若吾所謂無爲者，私志不得入公道，嗜欲不得枉正術，循理而舉事，因資而立功，推自然之勢，而曲故不得容者，故事成而身弗伐，功立而名弗有，非謂其感而不應、攻而不動者。若夫以火熯井，以淮灌山，此用己而背自然，故謂之有爲。

“絶悬”之“悬”所指的，應即“用己而背自然”的作爲，也就是《淮南子·詮言》所説的“道理通而人爲滅”的“人爲”（此據景宋本，道藏本作“人僞”）。《莊子·庚桑楚》用“僞”字來表示這種“爲”：

性者，生之質也。性之動謂之爲。爲之僞謂之失。

《荀子》也用“僞”表示不是出自天性的作爲，如《性惡》説：

人之性惡，其善者僞也。

又説：

凡性者，天之就也，不可學，不可事。禮義者，聖人之所生也，人之所學而能，所事而成者也。不可學不可事而在人者，謂之性；可學而能可事而成之在人者，謂之僞。是性、僞之分也。

楊倞注“其善者僞也”句説：“僞，爲也。凡非天性而人作爲之者，皆謂之僞。故‘僞’字‘人’傍‘爲’，亦會意字也。”荀書中這種“僞”字常見。當然，荀子是肯定這種“僞”的，立場與道家截然不同。

“僞”字的上述意義和它的作假義、詐僞義，都是指一般作爲的“爲”字的引申義，在古書中有時就用“爲”字來表示。尤其是道家著作，往往就用“爲”字來表示“背自然”的“人爲”。所以把“絶悬”的“悬”釋讀爲“僞”或“爲”，都是可以的。但我傾向於釋“僞”，因爲這個字畢竟比一般的“爲”字多了個“心”旁。不管釋爲哪一個字，都應該理解爲指“背自然”的“人爲”，既不能看作一般的“爲”，更不能看作“僞詐”的“僞”。

有人認爲以“僞”指不是出自大性的“爲”，完全是荀子的創造，這是不對的。“僞”的這種意義跟僞詐等義，在古代應該是在相當長的一段時間裏同時並存的（《荀子》既用“僞”的這種意義，也用其僞詐義。《禮論》和《性惡》中都有“詐僞”，《樂論》説“著誠去僞”，《宥坐》説“言僞而辯”）。如果在荀子之前，“僞”字只有僞許一類意義,他斷不會用這樣一個壞字眼,來表示一個他對其價值十分肯定的概念。

上引許文注釋引了《太甲》“弗慮胡獲,弗爲胡成”之語,當是爲了説明古人説話、行文,確有以“爲”、“慮”並提的情况。《太甲》是僞古文。我們在下面引其他古書來給許文作補充。

在道家著作裏經常可以看到主張無爲、無慮的話,而且有時正是以二者並提的。《莊子·天道》説:“故古之王天下者,知雖落天地,不自慮也;辯雖彫萬物,不自説也;能雖窮海内,不自爲也。”《淮南子·原道》説聖人“……不慮而得,不爲而成”,同書《本經》説體道者“……心條達而不以思慮,委而弗爲”。同書《精神》描述“真人”的境界時,用了下面這些話:

……無爲復樸……機械知巧弗載於心……清靖(静)而無思慮……

這裏提到了“無爲”和“無思慮”,還提到了“知(智)巧弗載於心”,可以跟《老子》簡的“絶智棄辯”(《十講》編按:此字應釋讀爲“辨”)、“絶巧棄利”、“絶僞棄慮”相對照。

《荀子》有時也以“僞”與“慮”並提。《性惡》説:“聖人積思慮,習僞故,以生禮義而起法度。”《正名》説:“情然而心爲之擇謂之慮,心慮而能爲之動謂之僞。”

從以上所説的來看,把“絶㥶弃△”釋爲“絶僞棄慮”,是十分合適的。

簡文“絶僞棄慮”下一句作“民復季子”。研究者多數據《老子》今本,把“子”讀爲“慈”,把“季”看作“孝”的訛字。但也有一些研究者認爲“季子”是《老子》原文,不應據今本改讀。上引崔書注227説:

季子,傳世本《老子》作“孝慈”;帛書《老子》甲本作“畜兹”,乙本作“孝兹”。……但,傳世本、帛書《老子》是對仁義而言,而竹簡《老子》則是對㥶慮而言。所以,“季子”應指小兒的精神狀態,與“比於赤子”相應。(62頁)

上引季文“三、民復季子”條説:

我們以爲:本章的“季子”照原文讀就可以了,《説文》:“季:少偁也。从子稚省,稚亦聲。”《老子》常以“嬰兒”比喻原始渾樸的美德,今本第十章:“專氣致柔,能嬰兒乎?”二十章:“我獨泊兮其未兆,如嬰兒之未孩。”《郭店》本章的“季子”,猶言“嬰兒”,也是指道德純樸的本質。(133—134頁)

上引劉書説:

季子　猶稚子。《說文》:"季,少稱也。从子,稚省,稚亦聲。"《白虎通·姓名》:"季者,幼也。"以上二句,帛書甲改作"絶仁棄義,民復畜兹",乙本"畜兹"作"孝兹",王弼本作"孝慈"。已面目全非。(2 頁)

我同意他們的意見。《老子》今本第二十八章:"爲天下谿,常德不離,復歸於嬰兒。""民復季子"與"復歸於嬰兒"義近。

龐文在批評"僞詐"說時,指出"絶僞棄詐""和孝慈全無關係","宣稱'絶僞棄詐,民復孝慈',似乎不像一位思想家的言論"(11 頁)。這是有道理的。其實"絶爲棄作"、"絶僞棄慮"等,跟"民復孝慈"也都不能配合得很好。如真能做到"絶爲棄作"或"絶僞棄慮",產生的後果一定會遠遠超出"民復孝慈"。"絶僞棄慮"跟"民復季子"則是配合得很好的。按道家的看法,如果絶棄各種"背自然"的作爲和思慮,人們當然就會渾樸得跟稚子一樣。

《老子》今本的"絶仁棄義",郭店簡作"絶悬弃△"這件事,對古代思想史研究的重要意義,學者們論之已詳。我在發表於《道家文化研究》第十七輯的《郭店〈老子〉簡初探》中,也就此有所論述(42—45 頁)。在那裏,我曾據"民復孝慈"這句話,說老子對孝慈是肯定的(42 頁)。現在我同意這句話本應作"民復季子",原來的論據就沒有了。但從《老子》今本第六十七章對"慈"十分肯定來看,孝慈無疑跟仁義一樣,並不是老子要絶棄的東西。

1999 年 10 月 14 日完成

本文是提交 1999 年在武漢大學召開的郭店楚簡國際學術研討會的論文。原載《郭店楚簡國際學術研討會論文集》(湖北人民出版社,2000),又載《中國出土古文獻十講》,今據後者收入。

中國古典學重建中應該注意的問題

古典學跟其他學科一樣,是不斷發展變化的。尤其在近現代,往往由於觀念、方法的更新或重要新資料的發現,在較短的時期内就發生了劇烈的變化,呈現出新的面貌。這可以稱爲古典學的重建。

近代以來中國古典學的第一次重建,可以認爲是從二十世紀一二十年代開始的。

當時,一部分受國外學術思想影響的人文學者,在破除了對古代的聖人和經書的迷信之後,對傳統的上古史和古典學産生了深刻的懷疑,要求對它們進行全面的理性的審查。最早比較清晰、全面地表達出這種思想的,是從美國留學回來任教於北京大學的胡適。他在講義的基礎上寫成的《中國哲學史大綱》上卷於 1919 年出版。在《導言》中討論中國哲學史的史料問題時,胡適把經書完全當作一般的古書對待,並認爲《易經》只是"一部卜筮之書",《書經》也缺乏史料價值。[①] 在古書真僞和年代問題上,他大量接受以往學者辨僞的意見(這些意見以前往往爲一般學者所忽視),並且比他們走得更遠。[②] 他還認爲:"以現在中國考古學的程度看來,我們對於東周以前的中國古史,只可存一個懷疑的態度。"[③]胡氏的見解在當時的學術界産生了巨大的影響。

接着,胡氏的學生顧頡剛於 1923 年在《努力週報》上發表《與錢玄同先生論古史書》,提出了中國古史"層累地造成"説,又於 1926 年出版了他所編的《古史辨》第一册,[④]在學術界掀起了疑古的浪潮。顧氏在疑古史和疑古書兩方面,都比胡氏走得更遠。

從 20 年代到 30 年代,疑古逐漸成爲古典學界的主流思潮,傳統的古典學在很

---

① 胡適《中國哲學史大綱》上卷,商務印書館大學叢書,1936,24 頁。

② 同上書,10—25 頁。

③ 同上書,23 頁。

④ 顧潮《顧頡剛年譜》,中國社會科學出版社,1993,79—80 頁、125 頁。

多方面受到清算。經書的神聖外衣完全被剝除。很多先秦古書的年代被推遲,有不少書被看作漢以後的僞作(這裏所說的書包括書中的單篇)。雖然懷疑古書之風早就存在,但是只是到了這一次才發展成主流思潮,懷疑的廣度和深度也大大超過以往,從而明顯地改變了古典學的面貌。

就在顧頡剛等掀起疑古浪潮的時候,以研究殷墟甲骨卜辭和敦煌漢簡等新出土的古代文字資料⑤而馳名的王國維,在清華研究院 1925 年的"古史新證"課上,針對疑古派過分懷疑古史的偏向,提出了以"地下之新材料""補正紙上之材料"的"二重證據法"。⑥ 疑古派認爲周以後人所述古史多不可信。王氏根據甲骨卜辭中所見殷王世系,指出《史記·殷本紀》所記殷王世系"雖不免小有舛駁而大致不誤";⑦又根據甲骨卜辭所記殷先公"王亥"等名,闡明了《山海經》、《楚辭·天問》所說王亥等人事跡,證明即使是這類"謬悠緣飾之書","其所言古事亦有一部分之確實性"。⑧ 由於當時已出土的古代文字資料的局限性(如缺乏簡帛古籍等),王氏的努力在總體上並沒有能够遏止疑古的勢頭(《十講》編按: 此句爲這次編校時所加)。

二重證據法既是研究古史的方法,也是研究古書的方法。就上舉王氏使用這種方法的實例來說,他既證明了《殷本紀》所記殷王世系的可靠,也指出了其中的一些錯誤;他對《天問》所說王亥(《天問》稱"該")等人事跡的闡明,從解釋《天問》內容的角度來看,也是一個重要貢獻。王氏在講授、研究《尚書》、《詩經》時,也時常援用甲骨卜辭、銅器銘文等出土資料。王氏之後,由於他的影響和"地下之新材料"的不斷出土,用二重證據法研究古書的人逐漸多了起來。

在古典學的第一次重建中,由於對國外學術思想的借鑒(如研究先秦名學著作時對西方邏輯學的借鑒)和二重證據法的應用,在先秦古書的解讀方面涌現了很多新的見解,解決了不少疑難問題。

50 年代以後,由於考古事業的發達,地下的古代文字資料大量出土。尤其是 70 年代以來,陸續發現了大量漢代(多數屬於西漢早期)和戰國時代所抄寫的古書,如臨沂銀雀山、阜陽雙古堆、定縣(今稱定州市)八角廊等漢墓出土的竹書,長

---

⑤ 殷墟卜辭、漢簡以及跟古典學有密切關係的敦煌莫高窟寫卷,都是在十九、二十世紀之交發現的。

⑥ 《古史新證——王國維最後的講義》,清華大學出版社,1994,2 頁。

⑦ 同上書,52 頁。

⑧ 同上書,52—53 頁。

沙馬王堆漢墓出土的帛書,慈利石板坡、荆門郭店等戰國楚墓出土的竹書等,爲古典學提供了一大批極爲寶貴的新資料。

由於這批資料的出土,很多久已亡佚的先秦古書得以重見天日,不少傳世的先秦古書有了比傳世各本早得多的簡帛古本,古書中很多過去無法糾正的錯誤和無法正確理解的地方得以糾正或正確理解,不少曾被普遍懷疑爲漢以後所僞作的古書得以證明確是先秦作品,不少曾被普遍認爲作於戰國晚期的古書得以證明是戰國中期甚至更早的作品,先秦古書的體例也被認識得更清楚了。出土的古書之外的古代文字資料以及沒有文字的古代遺物和遺跡,有些也具有幫助我們糾正古書中的錯誤,理解古書中的難解之處,以至確定古書時代的作用。

受賜於上述那些資料,我們已經"走出疑古時代",⑨開始了古典學的第二次重建。這次重建的任務相當繁重。已出土的簡帛古書等資料,有不少尚未整理完畢,而且今後極有可能還會出土這類資料。已發表的資料的研究工作有待深入開展。不少傳世古書也需要結合簡帛古書重新加以研究。所以這次重建雖然可以認爲從70年代就已開始,目前所處的階段仍然只能看作初期。

古典學的重建往往跟其他人文學科的重建緊密聯繫在一起。在疑古思潮籠罩下的古史和古典學的重建之間的密切關係,是衆所周知的。包含重要的儒家和道家著作的郭店楚墓竹書在1998年發表以後,在人文學界引起震動。有的學者認爲,有了這批資料,"整個中國哲學史、中國學術史都需要重寫"。⑩ 由此可見古典學重建工作的重要性。參加這項工作的學者應該有極强的責任心。

在古典學的第一次重建中,學者們在古書真僞和年代問題上,一方面廓清了傳統古典學的不少錯誤觀念;一方面又"對古書搞了不少冤假錯案",⑪爲古典學和一些相關學科的發展帶來了負面影響。在用二重證據法校讀古書方面,也有不成功的例子。例如:《周易・萃》六二爻辭中有"引吉"之語,高亨在《周易古經今注》中,聞一多在《周易義證類纂・四・餘錄》中,都根據甲骨卜辭中常見的所謂"弘吉",說《周易》的"引吉"是"弘吉"之誤。到70年代,有學者證明卜辭中的所謂

⑨ "走出疑古時代"是李學勤先生發表一篇根據他在1992年的一個座談會上的發言整理而成的文章時所用的題目。此文又作爲導論收入他的一本就以《走出疑古時代》爲名的文集(遼寧大學出版社1994年出版)。

⑩ 杜維明《郭店楚簡與先秦儒道思想的重新定位》,《中國哲學》第二十輯"郭店楚簡研究"專輯,遼寧教育出版社,1999,4頁。

⑪ 李學勤《走出疑古時代》,9頁。

“弘吉”,其實是“引吉”的誤釋,《周易》並沒有錯。⑫ 希望在古典學的第二次重建中,學者們能吸取這些教訓,儘量少犯錯誤。

我參加了古典學重建的工作,想談談爲了做好重建工作應該注意的問題,與其他參加重建工作的學者們共勉。由於時間限制,我只準備談兩個方面的問題:以簡帛古書與傳世古書相對照方面的問題和古書真僞方面的問題。

先談前一個問題。我參加了《郭店楚墓竹簡》(以下簡稱“《郭簡》”)的審訂工作,想用這批竹簡(以下稱“郭簡”)中的例子來説明問題。下面所説的“我們”,包括原整理者和我自己。

出土的簡帛古書,有些是尚未失傳的書。釋讀這種簡帛古書,當然需要跟傳世本相對照。已失傳的簡帛古書也往往含有個别或一些可以跟傳世古書相對照的語句。如果不知道它們可以跟傳世古書相對照,釋讀時就非常可能犯本不應有的錯誤。我們對古書不够熟悉,編寫、審訂《郭簡》時檢索工夫又花得不够,犯了不少這類錯誤。這裏舉兩個例子。

《性自命出》34 至 35 號簡有如下一段話(依原釋文録):

> 憙(喜)斯慆,慆斯奮,奮斯羕(咏),羕(咏)斯猷,猷斯迮。迮,憙(喜)之終也。恩(慍)斯恴(憂),恴(憂)斯戁,戁斯戁,戁斯通。通,恩(慍)之終也。⑬

我爲“迮”字加了按語,認爲此字可能當釋爲“迮”。⑭

已有好幾位學者指出,《禮記·檀弓下》所記子游論禮之語中,有與上引簡文大體相同的話,其文如下:

> 人喜則斯陶,陶斯咏,咏斯猶,猶斯舞,舞斯慍,慍斯戚,戚斯嘆,嘆斯辟,辟斯踊矣。

把上引簡文跟《禮記》此文對照一下,就可以知道:簡文“迮”應該讀爲“舞”。“迮”从“亡”聲,“舞”从“無”聲,“亡”、“無”古通。我在《郭簡》中懷疑此字當釋“迮”,完全錯誤。隸定爲“戁”之字應釋爲“慼”。“慼”、“戚”古通。“戁”當讀爲“嘆”,“通”當讀爲“踊”。

---

⑫ 于豪亮《説引字》,《于豪亮學術文存》,中華書局,1985,74—75 頁。

⑬ 《郭店楚墓竹簡》,文物出版社,1998,180 頁。

⑭ 同上書,183 頁注 34。

上引《禮記》文"舞斯慍"一句不好理解。《禮記·釋文》所據本無此句,"慍斯戚"句《釋文》說:"此喜怒哀樂相對。本或於此句上有'舞斯慍'一句並注,皆衍文。"從上引簡文看,此說可信。簡文與《禮記》"陶"字相當的字是"慆",《說文》訓"慆"爲"說(悅)"。《禮記》"陶"字,鄭注訓爲"鬱陶",似不如據簡文讀爲"慆"合理。⑮

由於我們不知道上引簡文可以跟《禮記》對照,不但在釋讀上犯了不應有的錯誤,而且丟失了以簡文校正《禮記》的機會,並使在討論《性自命出》跟孔門的關係時可用的一條重要綫索變得模糊了。

再舉第二個例子。

《語叢一》31 號簡釋文爲:

豊(禮)因人之情而爲之,

32 號簡釋文爲:

善里(理?)而句(後)樂生。⑯

釋文雖然沒有將這兩條簡文連寫成一句,但將它們緊挨着排列,表示有可能應作爲一句讀。

同篇 97 號簡釋文爲:

即,廈者也。⑰

我爲此簡加按語說:"'即'疑讀爲'節'或'次','廈'疑讀爲'度'或'序'。"⑱

陳偉《〈語叢〉一、三中有關禮的幾條簡文》指出:《語叢一》31、32 兩號簡文的連讀缺乏根據。《禮記·坊記》說:"禮者,因人之情而爲之節文,以爲民坊者也。"類似表述在其他幾種古書中也可看到。所以 97 號簡應該排在 31 號簡後,二簡文字應連讀爲:

禮因人之情而爲之即(節)廈(度)者也。

---

⑮ 以上所說據彭林《〈郭店楚簡·性自命出〉補釋》,《中國哲學》第二十輯 315—319 頁。彭文有詳細論證,請參閱。彭先生讀《禮記》"嘆"字爲"戁",訓爲"恐"。他家則多讀簡文"戁"爲"嘆"。在這一點上,我們從他家之說。

⑯ 《郭店楚墓竹簡》194 頁。

⑰ 同上書,198 頁。

⑱ 同上書,200 頁注 19。

跟《坊記》的"禮者,因人之情而爲之節文"非常近似。⑲

陳先生的意見無疑是正確的。我們由於没有注意到《坊記》的那句話,把簡文繫聯錯了,而且由於把97號簡文誤認爲完整的句子,在"即"字下錯加了逗號。當然,同時也使在討論《語叢一》跟《禮記》的關係時可用的一條綫索變得模糊了。

通過郭簡的釋讀,我們深刻地認識到,像我們這種古書不够熟的人,在釋讀簡帛佚籍時,必須隨時翻看有關古書,必須不怕麻煩地利用索引書籍和電腦做大量的檢索工作,盡最大努力去尋找傳世古書中可以跟簡文對照的語句。

在將簡帛古書與傳世古書(包括同一書的簡帛本和傳本)相對照的時候,則要注意防止不恰當的"趨同"和"立異"兩種傾向。前者主要指將簡帛古書和傳世古書中意義本不相同之處説成相同,後者主要指將簡帛古書和傳世古書中彼此對應的、意義相同或很相近的字説成意義不同。下面各舉一例。

《老子》通行本第五十七章有如下一句:

天下多忌諱而民彌貧

有些傳本和馬王堆帛書本,句首有"夫"字,此外無重要異文。⑳《郭簡·老子》中與上引之句相應的文字見於甲30號簡,釋文如下:

夫天多期(忌)韋(諱)而民爾(彌)畔(叛)㉑

注67説:"據各本,簡文'天'下脱'下'字。"㉒認爲簡本此句主語原來應與傳本相同。

李零《郭店楚簡校讀記》不同意上引注文的意見,指出"天多忌諱"與此章下文"民多利器"相應,"或爲本來面貌"。㉓ 李若暉《郭店老子零箋》也有這種看法,並有較詳細的論證。㉔ 我認爲他們的意見是正確的。

我在《郭簡》出版之後,也發現此句"天"字下不應補"下"字,已在拙文《郭店

---

⑲ 《郭店楚簡國際學術研討會論文彙編》第二册,武漢大學,1999,110—111頁。校按:李天虹指出,讀爲"度"的那個字實應讀爲"文"(《釋楚簡文字"𢋍"》,《華學》第四輯85—87頁),其説可從。

⑳ 參看高明《帛書老子校注》,中華書局,1996,103—104頁。

㉑ 《郭店楚墓竹簡》113頁。

㉒ 同上書,116頁。

㉓ 《道家文化研究》第十七輯,三聯書店,1999,470頁。

㉔ 《古文字與古文獻》試刊號,楚文化研究會,1999,77頁。

〈老子〉簡初探》中指出。㉕ 不過我在那裹“懷疑‘期韋’當讀爲‘期違’”,“指約期和違期”,又懷疑“畔”“是‘貧’的音近訛字”,則都是不對的。“期韋”仍應據各本讀爲“忌諱”。《淮南子·天文》:“虹蜺、慧星者,天之忌也。”高誘注:“忌,禁也。”“天多忌諱而民彌叛”的意思是説,天頻繁地以特殊的天象示警於下民,下民反而更不聽話。《説文·三上·言部》:“諅,誡也。”“諱,諅也。”我傾向於把《淮南子》和《老子》的“忌”都讀爲“諅”。“諅”和“諅諱”都是教誡、警誡的意思。一般所熟悉的“忌諱”的意思,可能是由這種意思引申出來的。老子從天道自然的觀點出發,是反對“天多忌諱”的。但是他的這句話反映出,在他的心目中,天是能够這樣做的。這是研究老子思想的重要材料。今本此句無疑經過竄改。用“趨同”於今本的辦法來對待簡本的這句話,實在太可惜。

下面舉“立異”的例子。

《禮記·緇衣》第十七章説:

> 子曰:民以君爲心,君以民爲體。心莊則體舒,心肅則容敬。心好之,身必安之。君好之,民必欲之。心以體全,亦以體傷。君以民存,亦以民亡。……

《郭簡·緇衣》中與此章相應的,是見於8至10號簡的第五章,釋文如下:

> 子曰:民以君爲心,君以民爲體。心好則體安之,君好則民慾(欲)之。古(故)心以體法,君以民芒(亡)。……㉖

簡本“芒”字从“亡”聲,釋文據《禮記》本相應之字讀爲“亡”,無疑是正確的。《郭簡》他篇中,《語叢四》6號簡“皮邦芒𨟻(將)”之“芒”亦借作“亡”。《老子》甲25號簡以“莌”爲“兆”,《五行》6、8、28諸號簡以“藥”爲“樂”,情況與以“芒”爲“亡”相類。對簡本“法”字,我加有按語,認爲應讀爲“廢”。㉗ 借“法”爲“廢”的現象,在周代金文和秦簡、秦印中都能看到。㉘ 包山楚簡中也有這種用例。㉙ “心以體法”是比喻“君以民亡”的,與《禮記》本的“(心)亦以體傷”句相當,讀“法”爲“廢”

㉕ 《道家文化研究》第十七輯56頁。

㉖ 《郭店楚墓竹簡》129頁。

㉗ 同上書,132頁注27。

㉘ 王輝《古文字通假釋例》,藝文印書館,1993,759—760頁。

㉙ 如18號簡“宋强法(廢)其官事”等,參看劉國勝《郭店〈老子〉札記一篇》,《郭店楚簡國際學術研討會論文彙編》第二册193頁。

顯然是合適的。“以體廢”和“以體傷”的意思基本相同。

有的學者不同意我們對“法”字和“芒”字的讀法。周桂鈿《郭店楚簡〈緇衣〉校讀札記》在討論上引這一章時說:

> 結論部分,簡本是:“心以體法,君以民芒”,不好理解,主要是“法”與“芒”兩個字。今本作:“心以體全,亦以體傷;君以民存,亦以民亡。”這就比較容易理解。從今本說法來理解簡本的結語,“法”與“芒”都是雙向的,有兩種可能性的。也許本來正是如簡本所寫,後人爲了通俗明白,才改成今本的樣子。法,法則,體全心也全,體傷心也傷。民要君存,君就存,民要君亡,君就亡,這叫芒。把芒解釋爲“亡”,恐不合原意。㉚

像周先生這樣,把“心以體法”的“法”按照字面理解爲法則,句子根本講不通。周先生大概是按照“心以體爲法”的意思來理解這句話的。這樣的意思在古代也許可以說成“心法體”,但絶對不能說成“心以體法”。周先生對“芒”字的解釋更令人費解。爲什麽“民要君存,君就存,民要君亡,君就亡”就叫“芒”呢? 在古往今來的漢語中,找得出一個與此類似的“芒”字的用例來嗎? 他的説法恐怕難以成立。

劉信芳《郭店簡〈緇衣〉解詁》對這一章的“法”和“芒”也有獨特的解釋。劉先生說:

> ……“心以體法”與上文“君以民爲體”相照應,是謂爲君治國之法,本之於民。……或讀“法”爲“廢”,非是。法者,模也,範也。
>
> ……“法”、“芒”互文,若讀“芒”爲“亡”,甚不合文理。《說文》:“芒,草耑也。”又:“杪,木標末也。”又:“標,木杪末也。”芒爲草之耑,標爲木之耑,草之芒亦釋爲“杪”(《一切經音義》卷二引《字林》),而標可引申爲徽識(參段注),是“君以民芒”者,君之所以“好”,民之“安”、民之“裕”(引者按:此文讀簡本此章上文中之“悆”爲“裕”)乃標識也。傳本改“芒”爲“亡”,“君以民亡”讀不順適,故衍爲“君以民存,亦以民亡”。㉛

劉先生大概把“心以體法”和“君以民芒”理解爲“心以體爲法”和“君以民爲芒”。上面已經説過,這種理解是不合語法的。而且“心以體法”是以心與體的關係來比喻襯託君與民的關係的,怎麽能就解釋爲“爲君治國之法本之於民”呢? 把

㉚ 《中國哲學》第二十輯206頁。

㉛ 《郭店楚簡國際學術研討會論文彙編》第二册18頁。

"芒"解釋爲標識,也難以使人信從。在古今漢語中,"芒"字的這種用例也是一個也找不出來的。無論從語法還是從語義來看,"君以民亡"都要比"君以民芒""順適"得多。

周、劉二位先生對"心以體法,君以民芒"的解釋,應該可以看作不恰當地立異的例子。

不恰當的趨同和立異,對古典學的發展都很不利。我們一定要注意防止這兩種傾向。

現在來談古書真僞方面的問題。目前國内在這方面存在的主要問題,是部分學者對古書辨僞的已有成果不够重視。

疑古派以及其他做過古書辨僞工作的古今學者,確實"對古書搞了不少冤假錯案"。不過他們也確實在古書辨僞方面取得了不少成績,有不少正確的、有價值的見解。真正的冤案當然要平反,然而決不能借平反之風,把判對的案子也一概否定。對古書辨僞的已有成果,我們要給予足够的重視,決不能置之不理或輕易加以否定。可是現在有一些學者所採取的,却正是後一種態度。雖然他們多數只是對古書辨僞的一部分成果採取這種態度,在學術上的危害性也還是相當大的。

我們通過《列子》和僞古文《尚書》的例子,來看看這方面的情況。

過去大多數學者把《列子》看作僞書,[32]在70年代以來出土的簡帛古書中,也沒有發現過《列子》的踪跡。但是近年來却頗有一些學者熱心爲之翻案。[33]

辨《列子》之僞的,不但有文獻學家,而且還有語言學家。後者根據《列子》語言的時代色彩,判斷其成書年代不能早於魏晉,舉證甚多。[34] 主張《列子》非僞書的學者,必須把語言學家所舉的那些證據駁倒,才有可能證明他們的見解是正確的。然而實際上並沒有人認真這樣去做。我們至少可以說,《列子》的真僞目前還難以斷定。可是就在這種情況下,已有一些學者把《列子》當作真書,據以進行先秦思想史的研究了。例如有的學者就根據《列子》,得出了"列子學係稷下黃老學之先

---

[32] 參看張心澂《僞書通考》下册,商務印書館,1957,818—833頁。

[33] 例如《道家文化研究》第十輯(上海古籍出版社,1996),就發表了陳廣忠的《〈列子〉非僞書考》三篇。

[34] 這方面的論文,以較晚發表的張永言《從詞彙史看〈列子〉的撰寫時代》一文舉證最多,也最有説服力。此文載李錚、蔣忠新主編《季羡林教授八十華誕紀念論文集》,江西人民出版社,1991,189—208頁。

導"的看法。[35] 希望學術界對《列子》這部書繼續採取審慎的態度,不要把它當作先秦的書來用。

我們現在使用的十三經中的《尚書》,出自東晉元帝時代梅賾獻給朝廷的古文《尚書》。前人早已論定這是一部僞書,其中多出於今文《尚書》的各篇都是僞造的。這久已成爲古典學的常識了。可是這些年來,把僞古文《尚書》當作真《尚書》來引用的學者,却愈來愈多。[36] 這是很不正常的現象。

郭簡中的一篇佚書(《郭簡》定名爲《成之聞之》),引用了《尚書》的《大禹謨》的一句話"余才宅天心"。《大禹謨》不見於今文《尚書》,而見於梅賾古文《尚書》。可是在今傳《尚書・大禹謨》中却找不到上引的那句話。這是梅賾古文《尚書》,也就是今傳古文《尚書》是僞書的又一證據。[37] 然而却有學者根據郭簡引《書》的情況來爲僞古文《尚書》翻案。他說:

> ……郭店竹簡引用了多條《古文尚書》的材料,其中大部分見於今傳《古文尚書》(有幾條不見於今本,說明今本有佚文),這足以證明《古文尚書》不僞。[38]

他所說的"見於今傳《古文尚書》"的郭簡引《書》之文,全都見於《緇衣》篇。《緇衣》編入《禮記》後一直傳了下來。其中的引《書》之文,僞造古文《尚書》者當然可以分別採入相應之篇。而郭簡中的佚篇,僞造者見不到,其中的引《書》之文無從採入,所以在今傳古文《尚書》中就見不到了。[39] 這種現象只能用來證明今傳古文《尚書》之僞,怎麽能反而用來證明其"不僞"呢?

我們走出疑古時代,是爲了在學術的道路上更好地前進,千萬不能走回到輕率信古的老路上去。我們應該很好地繼承包括古書辨僞在内的古典學各方面的已有成果,從前人已經達到的高度繼續前進。只有這樣做,古典學的第二次重建才能正常地順利地進行下去。

㉟ 胡家聰《〈列子・天瑞〉中"天、地、人"一體的常生常化論——兼論列子學係稷下黄老學之先導》,《道家文化研究》第十五輯,三聯書店,1999,151—162 頁。

㊱ 參看程豐《關於〈僞古文尚書〉》,《中國典籍與文化》1996 年 4 期。

㊲ 李學勤《郭店楚簡與儒家經籍》,《中國哲學》第二十輯 19—20 頁。

㊳ 郭沂《郭店竹簡與中國哲學》,《郭店楚簡國際學術研討會論文彙編》第一册,武漢大學,1999,296 頁。

㊴ 參看廖名春《郭店楚簡〈成之聞之〉、〈唐虞之道〉篇與〈尚書〉》,《中國史研究》1999 年 3 期 36 頁。

附記:

此文是2000年3月25日在東京召開的"文明與古典"公開研討會上發言的底稿。

原載《郭店楚簡の思想史的研究》第四卷(東京大學文學部中國思想文化學研究室,2000),又載《北京大學中國古文獻研究中心集刊》(二)(北京燕山出版社,2001)、《中國出土古文獻十講》,今據《中國出土古文獻十講》收入。

《太一生水》"名字"章解釋

——兼論《太一生水》的分章問題

《郭店楚墓竹簡》(以下簡稱"郭簡")的《太一生水》篇,[①]其簡形、編組痕跡和字體、行款,都跟《老子》丙組[②]完全一致,二者原來無疑是合編爲一册的。但是《太一生水》的內容却不見於傳本《老子》,而且其思想和語言雖然有跟《老子》相合之處,但也有明顯不合之處。例如,所用"太一"、"君子"等詞不見於《老子》(《十講》編按:關於"君子",請看文末所附《追記》);又如雖然"太一"可以認爲就指"道",但是作爲此篇主要內容的由"太一生水"到"成歲而止"的宇宙生成模式,跟《老子》四十二章的"道生一,一生二,二生三,三生萬物"的模式仍有明顯差異。此外,由"太一生水"到"天地者太一之所生也"這一大段的文風,也顯然跟《老子》不同。所以郭簡的整理者,雖曾一度將《太一生水》的內容編入《老子》丙組,最後還是將它們分成了兩篇。

有些研究郭簡的學者,把《太一生水》看作對《老子》有些內容的解釋和發揮。如李學勤《荆門郭店楚簡所見關尹遺說》,認爲《太一生水》1 至 8 號簡文"顯然是對《老子》(王弼注本)第四十二章的引申解說"。[③] 又如陳偉《〈太一生水〉考釋》(以下簡稱"考釋"),認爲《太一生水》的內容可以分成三部分,"依次與傳世本《老子》第四十二章、第二十五章和第七十七章對應,似爲闡述《老子》這幾章大義的傳"。[④]按照這種觀點,可以把《太一生水》併入《老子》丙組,但仍應對它們加以區分,也許可以在原來的《老子》丙組前標"一",在原來的《太一生水》前標"二"。這樣處理,可能要比把它們分成兩篇妥當一些。

---

① 圖版見荆門市博物館《郭店楚墓竹簡》,文物出版社,1998,13—14 頁。

② 同上書,9—10 頁。

③ 《中國哲學》第二十輯,遼寧教育出版社,1999,161 頁。

④ 《古文字與古文獻》試刊號 65—66 頁,楚文化研究會,1999。參看同人《〈太一生水〉篇校讀並論與〈老子〉的關係》,《郭店楚簡國際學術研討會論文彙編》第二册,武漢大學,1999,318—321 頁。

我們所説的“名字”章,指《太一生水》篇中以“下,土也,而謂之地”開頭的那段文字。在解釋此章之前,需要先討論一下《太一生水》的分章問題。而在正式討論這個問題之前,又需要先討論一下 9 號簡的位置問題。

按照《郭簡・太一生水》的編排,1 至 8 號簡爲一段,講太一生成宇宙的過程和太一的一些特點。以“天道貴弱”開頭的 9 號簡,《郭簡》釋文單獨提行寫,表示此簡文字不一定跟在它前面和後面的簡文相連接。10 至 14 號簡也是一段,講天、地和道的名、字問題,並涉及天不足於西北、地不足於東南的問題。

1 至 8 號簡的繫聯,有堅强的内容上的依據,研究者皆無異議。現在列爲第 9 號的簡,郭簡整理者原來是把它排在現在的 13 號簡之前的。我在審訂《郭簡》原稿時,認爲 12、13 兩號簡文應該連讀,所以把這一簡抽出來,列於前後兩段之間,當時還懷疑此簡之後可能有缺簡。現在看來,這樣處理是不合適的。

跟《太一生水》原屬一册的《老子》丙組,其所屬之簡雖然有些已殘去下端,但從内容看並無缺簡。《太一生水》大概也不會有缺簡,9 號簡應該有一個跟他簡相連的確切位置。研究《太一生水》的學者中,崔仁義、⑤劉信芳⑥和陳偉,⑦都跟郭簡整理者一樣,把這一簡排在 13 號簡之前。我現在認爲這一簡應該排在 14 號簡之前。這兩種排列方法的優劣,可以從補缺文的情况看出來。

主張把 9 號簡排在 12、13 兩號簡之間的陳偉,對有關簡文是這樣釋補的(表示《郭簡》簡號的阿拉伯數字爲我所加):⑧

> 天地名字並立,故過其方。不思相[尚]。□□□$_{12}$天道貴弱,削成者以益生者,伐於强,積於[弱。是故天不足]$_{9}$於西北,其下高以强;地不足於東南,其上□□□。〔三〕[不足於上]$_{13}$者,有餘於下;不足於下者,有餘於上。

其注〔三〕説:“‘於西北’之前……補以‘天不足’爲好。依照原釋文(引者按:指《郭簡》釋文)簡序,裘先生將此三字補在 12 號簡下端。今改於 9 號簡下端。此簡約殘去六七字。在爲上句補上一‘弱’字,爲下句補上‘天不足’三字後,還有二三字的空缺,姑補以‘是故’二字。”⑨今按:《老子》丙組和《太一生水》,書寫的行款很

⑤ 《荆門郭店楚簡老子研究》,科學出版社,1998,37 頁。崔氏把《太一生水》的内容看作古《老子》的一部分。《郭簡・太一生水》9 號簡,是他的《老子》(A)第三組 12 號簡。

⑥ 《荆門郭店竹簡老子解詁》附錄一《太一生水》,藝文印書館,1999,76、78 頁。

⑦ 《〈太一生水〉考釋》65、71 頁,見《古文字與古文獻》試刊號。

⑧ 同上書,71 頁。

⑨ 同上書,71—72 頁。

整齊。從鄰簡看,9 號簡下端所缺應爲七個字無疑。上面提到的也把 9 號簡排在 13 號簡之前的劉信芳,在他的釋文裏,於"責(積)於[弱]"下補了一個完全沒有必要用的"也"字,⑩就是爲了湊滿這七個字。陳偉只補了六個字,是不妥當的。此外,在他的釋文裏,9(《十講》編按:當作 12)號簡下端的三個缺字空而未補。從上下文看,顯然很難找到可以補在這裏的三個恰當的字。

如果把 9 號移到 14 號簡之前,有關簡文應該釋補如下:

……天地名字並立,故過其方,不思相尚。[天不足]12於西北,其下高以强;地不足於東南,其上[□□□。■]13

天道貴弱,削成者以益生者,伐於强,責於[□。是故,不足於上]9者,有餘於下;不足於下者,有餘於上。■14

這樣補釋,陳偉釋文中的問題就不存在了。我認爲 13 號簡"其上□□□"句下,原來應有表示一章結束的墨塊,其下尚留有空白,詳下文。

《老子》丙組分爲四章,各章的抄寫自成起訖,章末還都有方形墨塊作爲一章結束的標識。《太一生水》14 號簡最後一句下也有這種墨塊,其下尚留有無字的空白。《太一生水》的內容沒有問題是可以分段的,研究者或分爲兩段,或分爲三段,其間異同我們不準備討論。這裏要討論的問題是:此篇抄寫時,是將各段不留空隙地接連抄寫,直到末尾才加一個表示結束的墨塊的呢?還是像《老子》丙組一樣分章抄寫,也就是說,把每段都當作自成起訖的一章來抄寫,並在章末加上墨塊的呢?就我所見,在《太一生水》的研究者中間,對這一問題有明確態度的,似乎只有兩位,即陳偉和李零。

陳偉雖然把《太一生水》分爲三段,但顯然認爲這三段是不分章地接連抄寫的。他的第二段起自 6 號簡中間的"是故太一藏於水",第三段起自 12 號簡中間的"天地名字並立"。⑪

李零《讀郭店楚簡〈太一生水〉》(以下簡稱"李零文"),以此篇 1 至 8 號簡爲第一段,9 至 14 號簡爲第二段。8 號簡下端殘去,他的釋文把此簡最後一句補足爲:⑫

---

⑩ 《荆門郭店竹簡老子研究》附錄一《太一生水》,76 頁。

⑪ 《〈太一生水〉考釋》,65—66、69、71 頁。

⑫ 《道家文化研究》第十七輯,三聯書店,1999,316—317 頁。參看同人《郭店楚簡校讀記》,同書 476—477 頁。

君子知此之謂[□,不知者謂□■]。

他在此句末補出墨塊,可見他認爲第一、二兩段,是自成起訖的兩章。不過這裏有一個問題。8號簡殘去的下端可容納七個字,他補的六個字加上墨塊,正好佔滿了這個空間。那麽,他所分的兩章就也可以看作是接連抄寫的了。其實既認爲8號簡是一章的末簡,其下端就可以留有無字的空白,就跟14號簡一樣,沒有必要將其下端的七個字的地位補滿。

趙建偉《郭店楚墓竹簡〈太一生水〉疏證》(以下簡稱"疏證"),認爲"君子知此之謂"下似可補"聖"字,他解釋説:"上文説太一(道、天道)的絶對性和永存性,這個'此'正是承彼而説,馬王堆帛書《德聖》也説'知天道曰聖'。"[13]郭沂的意見跟趙建偉略同。他在《試談楚簡〈太一生水〉及其與簡本〈老子〉的關係》一文中,認爲"君子知此之謂"下可補"聖人"二字。[14] 他們的意見相當合理。不過在他們的心目中,《太一生水》大概是不分章地接連抄寫的,所以他們都認爲"聖"或"聖人"之下還有缺文。這恐怕是畫蛇添足。從文義上看,1至8號簡這段文字以"君子知此之謂聖(或"聖人")"來作結,是非常合適的。這段文字結束後,應如李零所推測,原有表示一章結束的墨塊。前面已經説過,《老子》丙組以墨塊作爲一章結束的標識。《太一生水》14號簡的墨塊,也應是這種性質的,而不應是全篇結束的符號。1至8號簡那段文字結束時,理應也加墨塊。

《太一生水》篇原來究竟是分成幾章的呢?我認爲可能分爲三章。我們知道,如果一篇文字不分章地接連抄寫在簡册上,一簡的開頭正好是一句的開頭的情況,是並不多見的。《太一生水》包含十四枚簡,除首簡外,簡首正好是句首的簡有兩枚,即以"下,土也,而謂之地"開頭的10號簡和以"天道貴弱"開頭的9號簡。它們都很可能是分章抄寫的一章的首簡。它們的文義也支持這種看法。所以我認爲除1至8號簡外,10至13號簡和9、14兩號簡也應各爲一章。前者之末原來也應有墨塊,可惜由於13號簡下端殘去,已經看不到了。

爲了稱引的方便,可以把《太一生水》所包含的三章,分别命名爲"太一生水"章(1至8號簡)、"名字"章(10至13號簡)和"天道貴弱"章(9、14兩號簡)。

陳偉認爲《太一生水》的每一段,都是闡釋《老子》的某一章的。所以他把我們所説的"太一生水"章後部"是故太一藏於水"以下一段,跟"名字"章"故功成而身

---

[13] 同上書,387頁。

[14] 《中國哲學史》1998年4期,36頁。

不傷"以前的一段合併成一段,以與《老子》第二十五章對應。這是不合理的。我們可以承認《太一生水》是闡釋、發揮《老子》思想的,但是没有必要認爲它的每一章一定跟《老子》的某一章相應。

對"名字"章的文義,在研究者中間存在着不少誤解,所以我們選擇這一章來加以解釋。先把這一章的全文抄在這裏:

> 下,土也,而胃(謂)之地;上,燹(氣)也,而胃(謂)之天。道亦其志(字)也,青(請)昏(問)其名。以道從事者必託其名,故事成而身長;聖人之從事也,亦託其名,故功成而身不傷。天、地,名、志(字)並立,故怨(過)其方,不囟(思)相尚。[天不足]於西北,其下高以强;地不足於東南,其上[□□□。■]

下面逐句加以解釋。

下,土也,而謂之地;上,氣也,而謂之天。

池田知久監修《郭店楚簡之研究(一)》所收的河井義樹對《太一生水》10至14號簡的譯注(以下簡稱"河井注"),[15]對上舉這句話作了比較明確的解釋。河井注認爲"土"和"氣"是"地"和"天"的名,"地"和"天"則是字。"名"在這裏指本名、真正的名;"字"則是慣用名,是通稱。[16] 這樣解釋,跟下文"天地名字並立"句相應,無疑是正確的。但是河井注又認爲,由於"名"指"本名、真正的名",故可與"實"相當,實際上把"名"跟"字"的關係看成"實"和"名"的關係。[17] 這却是不够確切的。名者實之賓。名可以反映實,但不能等同於實。我認爲對"名字"章所説的"名"和"字"應該這樣解釋:"名"指能直接反映事物的本名,"字"(取義於與人名相配的"字")則指不能直接反映實質的一種慣用名。

《疏證》引《鶡冠子·度萬》"所謂天者,非是蒼蒼之氣之謂天也;所謂地者,非是膊膊之土之謂地也",來跟上舉簡文對照。[18] 這是很有意思的。《度萬》在上引之文後接着説:"所謂天者,言其然物而無勝者也;所謂地者,言其均物而不可亂者也。"可知是從把天地擬人化或神化的角度來立論的。如果從實際出發,天當然就是"蒼蒼之氣",地當然就是"膊膊之土"了。這跟上舉簡文正可互證。

道亦其字也,請問其名。

---

⑮ 《郭店楚簡之研究(一)》,大東文化大學大學院事務室發行,1999,53—57頁。

⑯ 同上書,55頁。

⑰ 同上書,並參看同書54頁的"口語譯"。

⑱ 《道家文化研究》第十七輯,388頁。

不少研究者認爲這一句的兩個“其”指天地,⑲有的研究者並且反對把“青昏其名”的“青昏”讀爲“請問”,認爲“青昏”就是天地原來的名。⑳ 這些看法是不能成立的。古書中從未見“道”是天地之字的說法。“天道”、“地道”指天之道、地之道,就跟“人道”指人之道一樣,不能用來證明天地有“道”之稱。說“青昏”是天地本名,在古書中也沒有根據。“請”从“青”聲,二字可通。“問”跟“聞”一樣,以“門”爲聲。“聞”在《說文》古文和楚簡中都作“䎽”,㉑以“昏”爲聲。郭簡《老子》乙組 9 號簡並有借“昏”爲“聞”之例。㉒ “問”、“聞”二字古通,㉓“昏”可借爲“聞”,當然也可借爲“問”(《十講》編按:《上海博物館藏戰國楚竹書(三)》所收《中弓》篇 11 號簡:“……既昏命矣,敢昏道民興德如何?”前一“昏”字讀“聞”,後一“昏”字讀“問”。這是“昏”可讀“問”的確證)。所以讀“青昏”爲“請問”,在文字學上是有充分根據的。有學者認爲把“青昏其名”讀爲“請問其名”,“下文沒有答案,比較可疑”。㉔ 這是由於沒有正確理解此章下文“必託其名”、“亦託其名”等語,請參看我們後面的解釋。

河井注正確地認爲上舉簡文是就道而言的。他指出:簡文所以要說“道亦其字也”,是由於上文所說的“地”和“天”也都是字。作爲真的實在的道,是不能名的,所以勉强以“道”爲其字。《老子》第二十五章:“有物混成,先天地生,寂兮寥兮,獨立不改,周行而不殆,可以爲天下母。吾不知其名,字之曰道,强爲之名曰大。”所表現的是同樣的思想。㉕ 這些意見是正確的。河井注把“請問其名”的“其”,理解爲指以“道”爲字者。㉖ “道亦其字也”的“其”,也應這樣理解。如果考慮到《太一生水》章的用語,也可以說“其”就指太一。《考釋》就認爲“其”指太

---

⑲ 見上引郭沂文(《中國哲學史》1998 年 4 期 37 頁)、魏啓鵬《楚簡〈太一生水〉箋注》(同人《楚簡〈老子〉柬釋》77 頁,萬卷樓圖書有限公司,1999)、彭浩《一種新的宇宙生成理論——讀〈太一生水〉》(《郭店楚簡國際學術研討會論文彙編》第一册 199 頁,武漢大學,1999)。魏、彭二位沒有說到“請問其名”的“其”指什麼。但是從情理推測,他們應該是認爲這個“其”也指天地的。從上引魏文 78 頁對“必託其名”的解釋,也能看出這一點。

⑳ 見李零文 319—320 頁,見《道家文化研究》第十七輯。

㉑ 楚簡“聞”字見滕壬生《楚系簡帛文字編》,湖北教育出版社,1995,849—850 頁。

㉒ 此點河井注已指出,見《郭店楚簡之研究(一)》58 頁。

㉓ 參看高亨、董治安《古字通假會典》156 頁“問與聞”條,齊魯書社,1997。

㉔ 《道家文化研究》第十七輯,319 頁。

㉕ 《郭店楚簡之研究(一)》,56 頁。

㉖ 同上書,57 頁。

一。[27]《疏證》認爲"其""指代'太一'",亦即道,這是對的;但又認爲"其"之所指包括"'天地'之道",還認爲"'青昏'是'道'之名",[28]這則是不對的。

以道從事者必託其名,故事成而身長;聖人之從事也,亦託其名,故功成而身不傷。

理解上舉簡文的關鍵是"託其名"這三個字。這裏的"其名"當然跟上句"請問其名"的"其名"一樣,也是指道之名的。從語法上看,"其名"可以是"託"的直接賓語,表示被寄託給某一對象的事物,性質跟"託天下"、"託身"、"託孤"等語中的賓語相同;也可以是"託"的間接賓語,表示所依託的對象,性質跟"託聖人之道"、"託鬼神"等語中的賓語相同,這種賓語跟"託"之間可以加"於"。《太一生水》的研究者,大都採取後一種看法。例如:《疏證》說:"'託'謂依託、依附。'名'即指太一。"[29]《考釋》把"託其名"理解爲"依託道的名義"。[30]《楚簡〈太一生水〉箋注》認爲"託""謂依靠、憑借"。[31]《郭店楚簡之研究(一)》所收的姜聲燦對《太一生水》11至14號簡的譯注(以下簡稱"姜注")也把"託"理解爲"依靠"。[32] 李零文把"託其名"譯爲"託'道'的'名'",[33]從其上下文看,也應是把"託"理解爲依託、依靠一類意思的。我認爲這種看法是不正確的,"其名"應看作"託"的直接賓語,是被寄託的東西,其理由如下:

一、道家强調道無名,如《老子》第一章說"無名,天地之始",第三十二章說"道常無名",第四十一章說"大象無形,道隱無名",《莊子・則陽》說"道不私,故無名",同書《天地》說"泰初有無,無有無名"。類似的話還可以找出不少。在道家看來,爲了指稱而加給道的名,都非本名,而是强加的名、假託的名。所以上面引過的《老子》第二十五章說:"吾不知其名,字之曰道,强爲之名曰大。"《韓非子・解老》說:"聖人觀其玄虛,用其周行,强字之曰道。"《莊子・則陽》說:"道之爲名,所假而行。""名字"章的"名",與"字"相對,專指本名,用法與道無名之"名"相同。因此"託其名"決不能理解爲依託或依靠道之名,因爲道本是無名的。姜注正是由於看到了這一點,所以把"託其名"理解爲"依靠道的實際"。[34] 但是前面已經說過,名不

[27] 《古文字與古文獻》試刊號,70頁注〔六〕。
[28] 《道家文化研究》第十七輯,389頁。
[29] 同上書,390頁。
[30] 《古文字與古文獻》試刊號,70頁注〔七〕。
[31] 魏啓鵬《楚簡〈太一生水〉箋注》,78頁。
[32] 《郭店楚簡之研究(一)》,54頁"口語譯"、57頁注(5)。
[33] 《道家文化研究》第十七輯,320頁。
[34] 《郭店楚簡之研究(一)》,54頁"口語譯"、57頁注(5)。

能等同於實，把道之名理解爲道之實，也是行不通的。

我認爲“其名”只能理解爲“託”的直接賓語。《漢書・韋賢傳》：“微哉，子之所託名也。”《三國志・吳志・周瑜傳》：“操雖託名漢相，其實漢賊也。”“託其名”的語法結構跟上引的“託名”相類。“託其名”只能理解爲寄託道之名於非其本名之名，也就是說只能用强加給道的假託之名。

二、上舉簡文是接着“道亦其字也，請問其名”說的，應該回答這個問題。如果把“託其名”理解爲依託或依靠道之名，就成爲答非所問了。所以有的研究者才會認爲如把“青昏”讀爲“請問”，“下文沒有答案”。我們把“託其名”理解爲寄託道之名於非本名之假名，上舉簡文就表示出了道本無名的意思，“請問其名”這個問題也就得到了解答。下文“天地名字並立”，正是相對於道有字無名說的。

總之，無論從道家思想還是從“名字”章的上下文看，“託其名”都不能理解爲依託或依靠道之名，而只能理解爲寄託道之名於非本名的假名。

在道家的語彙裏，“聖人”指真正理解道的人。“聖人之從事”當然也是“以道從事”。簡文在講以道從事故事功成而身長久、身不傷的時候，爲什麽要如此强調道無名呢？這在下面解釋“天地名字並立”等句時會有說明。

天、地，名、字並立，故過其方，不思相尚。［天不足］於西北，其下高以强；地不足於東南，其上［□□□。■］

天名“氣”字“天”，地名“土”字“地”，所以說“天地名字並立”。“方”，古可訓“正”。《吕氏春秋・圜道》：“先王之立高官也，必使之方。”高注：“方，正。”《廣雅・釋詁一》“端……正也”條也訓“方”爲“正”。馬王堆帛書《老子》乙本卷前佚書中的《稱》篇說：“天貴正，過正曰詭。”㉟“過其方”當與“過正”義近。天在上方，地在下方。也有可能“過其方”的意思就是超出自己的一方。《考釋》引《吕氏春秋》高注訓“過”爲“責”，引《考工記》鄭注訓“方”爲“等”，認爲“過其方”的意思是“要求平等”。㊱ 今按：“責”有責求、斥責等義，“過”只能有斥責義，不能有責求義，《考釋》之說不能成立。“不思相尚”大概是不願相互尊尚的意思。也有可能“尚”應讀爲“當”，“相當”與“相稱”同義（《十講》編按：楚簡帛中的“思”多應讀爲“使”。最早看到這一點的是劉信芳。他在發表於 1996 年出版的《華學》第二輯上

㉟ 《馬王堆漢墓帛書〔壹〕》，文物出版社，1980，83 頁釋文 166 行上。

㊱ 《古文字與古文獻》試刊號，71 頁注〔一〕。參看同人《〈太一生水〉篇校讀並論與〈老子〉的關係》，320 頁。

的《楚帛書論綱》中,就已將帛書的“思”讀爲“使”。在 2001 年 4 月 9 日發表在“簡帛研究”網站上的《〈太一生水〉與〈曾子天圓〉的宇宙論問題》一文中,他讀《太一生水》的“不思相尚”爲“不使相當”。其讀法可從。後一文最近已刊載於《中華文史論叢》第七十七輯,上引之文見 147 頁。“不使相當”當謂不讓對方與己相當)。

“故過其方,不思相尚(或“當”)”,是說天地不守本分,相互爭强。“天不足於西北”云云,就是爭强的後果。章末“其上□□□”句的三個缺字,有“低以弱”、[37]“下以弱”、[38]“厚以弱”、[39]“厚以廣”、[40]“高以强”[41]等不同補法,似應以補作“高以强”爲是。已有好幾位研究者指出,對中國大陸西北高東南低的現象,《淮南子・天文》等古書以神話方式來解釋;《太一生水》則以道家思想來解釋,爲傳世古書中所未見。現在我們要問,“名字”章强調道無名故以道從事者事功成而身長久、身不傷,天地名字並立故彼此爭强而造成天不足於西北、地不足於東南的後果,它所要表達的是道家的什麽思想呢?

我認爲本章所要表達的,主要是道超越萬物而天地則屬於物的範疇的思想。

道家著作常以無形與無名並提,上引《老子》第四十一章“大象無形,道隱無名”就是一例。此類說法在古書(包括馬王堆帛書《老子》乙本卷前佚書)中屢見,不煩具引。道是無形的,所以也是無名的,實際上是不可名,[42]也就是說,無法用語言確切地說出道是什麽。

物是有形的,所以也就有名。[43] 天名“氣”,地名“土”,就說明它們都是物,物與物不免彼此相爭,而且由於有形有名,都有被勝的可能。[44] 道無形無名,生天地萬物。[45] 它當然是超於萬物,制物而不爲物所制的。《淮南子・詮言》說:“……(萬物)皆爲物矣,非不物而物物者也。物物者亡乎萬物之中。”許注:“物物者,造萬物

㊲ 《荆門郭店楚簡老子研究》,37 頁。

㊳ 《郭店楚簡之研究(一)》,53—61 頁釋文、60 頁注(11)。

㊴ 《荆門郭店竹簡老子解詁》附錄一《太一生水》76 頁。

㊵ 《道家文化研究》第十七輯,391 頁。

㊶ 郭沂《試談楚簡〈太一生水〉及其與簡本〈老子〉的關係》。彭浩補法同,見其《一種新的宇宙生成論——讀〈太一生水〉》,《郭店楚簡國際學術研討會論文彙編》第一册 200 頁。

㊷ 《吕氏春秋・大樂》:“道也者,至精也,不可爲形,不可爲名。”

㊸ 《管子・心術上》:“物固有形,形固有名。”

㊹ 銀雀山竹簡《奇正》:“故有形之徒莫不可名,有名之徒莫不可勝。”見《銀雀山漢墓竹簡・孫臏兵法》,文物出版社,1975,121 頁。

㊺ 《淮南子・說山》:“故有形生於無形,未有天地能生天地者也,至深微廣大矣。”同書《泰族》:“夫道,有形者皆生焉。”

者也,此不在萬物之中也。"這裏所說的"物物者"就是道。不但是道,就是得道之人,也能達到"物物而不物於物"的境界。《莊子·山木》說:"若夫乘道德而浮游則不然……浮游於萬物之祖,物物而不物於物,則胡可得而累邪!"兵家借鑒道家思想,也有"制形而無形,故功可成;物物而不物,故勝不屈"的說法。㊻ 所以"名字"章認爲以無名之道從事者,能事功成而身長久、身不傷;而有名之物,即使是天地那樣高級的物,也不免要相爭相勝,以致形成了天地之間的不平衡狀態。

明白了"名字"章的主旨,它跟講太一(即道)生成宇宙和太一爲萬物母、萬物經的"太一生水"章在思想上的聯繫,就可以看得更清楚了。"天道貴弱"章似乎是從天道"損有餘而補不足"(《老子》第七十七章)的角度,來說明爲什麼地在西北方高而强,就要在東南方有所不足,天在西北方有所不足,就能在東南方得到補償的。㊼ 這樣看來,除9號簡外,《郭簡·太一生水》所排的簡序,可能是符合這批簡的原來次序的。

最後還應指出,我們所分的第二、三兩章原來只是一章的可能性,並不能完全排斥。作爲我們的第二章末簡的13號簡,下端殘去的一段可容納七個字。除去要補給"其上□□□"句的三個字,還剩四個字的地位。如果補上"人道貴强"之類的四字句,文義就可以跟我們的第三章首簡開頭的"天道貴弱"連上。不過在一章之內,先極力强調天地是物,接着馬上把"天道"當作"道"的同義詞來用,總顯得有些彆扭。所以我們還是把它們分成了兩章。

附識:

本來準備向這次會議(《十講》編按:指2000年8月在安徽大學召開的中國古文字學年會)提出的論文是《楚簡所見"戔"之變體》,大意如下:包山和郭店簡所見的"詧"(察)、"竊"二字和郭店簡所見的"淺"、"俴"(見《語叢二》19號簡,原未釋)等字的聲旁(以下以"△"代替),其實已見於三體石經,石經《春秋》"踐土"之"踐"的古文,所从聲旁與郭店簡"淺"字所从之"△",寫法幾乎全同。楚簡从二"戈"的"戔"字及"戔"旁,其二"戈"多作並列形,"△"實即由此種"戔"形訛變而成。郭店簡有"戠"字(見《性自命出》),可視爲"戔"之繁體;又有从"口""戠"省聲之字(見《尊德義》),有學者釋讀爲"察",可從。包山簡有與"殺"連文的"戔"字變體,讀"戔"

㊻ 見《淮南子·兵略》。"屈"訓"盡"。今本《淮南子》"勝"下有"而"字,據《太平御覽》卷271引文删。

㊼ 參看《考釋》72頁注〔四〕,《古文字與古文獻》試刊號。

或讀"殘"均可;又有从"邑""△"聲之字,其"△"旁加"刀",或可視爲"剗"。【編按:作者後來對"△"字的看法已有改變,認爲"△"與"戔"無關,有機會將另文加以論述。】由於時間不够,此文尚未完成,只得以《〈太一生水〉"名字"章解釋》代替。後者本是2000年3月27日在日本"中國社會文化學會三月度例會"上所用的講稿。

原載《古文字研究》第二十二輯(中華書局,2000),又載《中國出土古文獻十講》,今據後者收入。

附:《〈太一生水〉"名字"章解釋》追記

此文付印後發現兩處錯誤,須加改正。

一、開頭一段說《太一生水》"所用'太一'、'君子'等詞不見於《老子》"。實際上,《老子》三十一章說:"君子居則貴左,用兵則貴右",已用了"君子"一詞(此點蒙王博先生指出)。不過,《老子》此句的"君子"應指貴族,即統治階級而言,接近此詞原義;《太一生水》的"君子"則指有道德修養者,二者的用法仍異。今本《老子》三十一章中,"君子"一詞尚見於"兵者不祥之器,非君子之器,不得已而用之"句中。此句《文子·上仁》引作"兵者不祥之器(杜道堅《通玄真經纘義》本"器"下有"也"字),不得已而用之"。馬叙倫《老子覈詁》據此認爲"非君子之器"五字乃注釋之混入正文者。郭店《老子》丙組有與三十一章相應之文字,此句作:"兵者□□□□□[不]得已而甬(用)之。"(6—7號簡)"兵者"下所缺之字當爲"不祥之器也",可與馬說相印證。"非君子之器"的"君子"指有德者,含義與此章第一個"君子"不同,這也是此五字當爲後人竄入之證。

二、討論9號簡位置時,指出陳偉的有關釋文在補字方面有缺點,說了如下的話:

> 此外,在他的釋文裏9號簡下端的三個缺字空而未補。

"9號"爲"12號"之誤。

此文匆促寫成,一定還有未發現的錯誤,歡迎指正。

2000年7月28日

原載《古文字研究》第二十三輯(中華書局、安徽大學出版社,2002),又載《中國出土古文獻十講》,今據後者收入。

關於《孔子詩論》

拿到《上海博物館藏戰國楚竹書(一)》以後,一直忙於一些無法拖延的事,沒有時間好好研讀,只是抽空把《孔子詩論》部分粗讀了一下。讀後有兩點意思要說。

一、說《詩》者確是孔子

前年開新出簡帛研討會,馬承源先生介紹《孔子詩論》之後,我有一個即興發言,懷疑被釋爲孔子的那個合文,也許應該釋爲“卜子”,指卜子夏。當時我說過,究竟是孔子還是卜子,要等上博簡全都發表了才能論定。現在上博簡雖然只發表了一小部分,但是馬先生在《孔子詩論》的考釋中,已經把有關的資料都介紹了。讀了馬先生的考釋(下文簡稱“馬釋”),我已完全被説服。那個合文確實應該釋爲“孔子”,說《詩》者確是孔子。我的懷疑是錯誤的。

二、“陧”“隱”可能應釋讀爲“隱”

《詩論》第一簡:

孔子曰:詩亡隱志,樂亡隱情,文亡隱意☐

末一字下部原殘,從曹峰先生釋爲“意”(據陳劍《釋〈孔子詩論〉的幾條簡文》轉引,下文簡稱陳文爲“陳稿”)。同篇第二十簡:

……其陧志必有以喻也……

“喻”本作“俞”,從陳稿讀。“陧”字右旁原來位置偏上,馬釋認爲缺寫“心”旁(149頁)。但也有可能“陧”爲从“阜”“叟”聲之字,“隱”則爲从“心”“陧”聲之字,此二字自可通用。

馬釋已指出“㖁”字見於中山王鼎和《馬王堆漢墓帛書·老子乙本》,皆讀爲“鄰”(125—126頁)。早有學者指出,“㖁”的“吅”旁从二“□”(與“口”有别,即“邑”“國”等字所从),本是“鄰”的初文。“文”可能是附加的聲旁。在上古,“鄰”是來母真部字,“文”是明母文部字。來、明二母,真、文二部,皆可相通。如“吝”字,《説文》謂“从口,文聲”,即來、明相通之例。“吝”古通作“遴”(《古字通假會典》97、98頁),又是真、文相通之例。此外,來與明、真與文相通之例尚多,不煩贅舉。所以“㖁”字也可以看作與“⿰午吾”“⿰㠯司”等字同類的兩聲字。

結合簡文意義和“㖁”的讀音來考慮,“⿰阝㖁”“⿱㖁心”似可釋讀爲“隱”。

“隱”是影母文部字,韻部與“㖁”相合,但聲母距離似稍大。但在形聲字裏,確有影母與來母、明母相諧的例子。例如:以來母字“䜌”爲聲旁的,既有很多來母字,也有明母字“蠻”和影母字“彎”(此例承陳劍指出)。以影母字“嬰”爲聲旁的“瀴”,既有影母的讀音,也有明母的讀音(莫迥切)。以明母字“臱”爲聲旁的从“走”之字,除幫母的讀音外,還有影母的讀音(於蹇切。據《説文》,來母的“寽”以影母的“一”爲聲,但這與古文字不合,故不以爲證)。此外在經典異文中,“鄰”和“隱”都有與“乘”爲異文之例:

> 《禮記·郊特牲》“丘乘共粢盛”,鄭注:“乘或爲鄰。”
>
> 《書·盤庚下》“尚皆隱哉”,《漢石經》“隱”作“乘”(洪适《隸釋》卷十四·一下,《隸釋·隸續》149頁,中華書局,1985)。

這也可能是“鄰”“隱”二字古音相近可通的反映。總之,把“⿰阝㖁”“⿱㖁心”釋讀爲“隱”,在語音上是講得通的。那麽,“⿰阝㖁”大概就是隱蔽之“隱”的異體(二字皆从“阜”),“⿱㖁心”从“心”,應是表示心理、語言方面的“隱”的。後世將二者合爲一字,不加區分。

下面解釋簡文意義。

第一簡的“亡”應讀爲“無”。詩言志,樂表情,文達意。但詩文之志意不見得一目瞭然,樂之情也不是人人都能聽出來的。孔子之意當謂,如能細心體察,詩之志、樂之情、文之意都是可知的。所以説:“詩無隱志,樂無隱情,文無隱意。”“隱”有不可知之意。孔子説詩,也就是要明詩之志。

第二十簡的“其隱志必有以喻也”句,馬釋已指出屬於對《衛風·木瓜》的解釋(149頁)。《詩論》中釋《木瓜》之語,還見於第十八、十九二簡:

> ⧄因木瓜之報,以喻其怨者也……(18號)

……《木瓜》有藏願而未得達也□(19 號)

上錄釋文基本據馬釋,"怨"及"藏願"的釋讀則據陳稿。

陳稿對《詩論》釋《木瓜》之語有如下解釋:

……仔細體會,《木瓜》原文說"投我以木瓜,報之以瓊琚",對方投我以薄,我報之以厚,孔子從中看出的是"我"希望對方待己以厚,是爲"未得達"之"藏願";己待對方厚而對方待己薄,因此心中有"怨";借着回報對方的機會,用以厚報薄的方式將"怨"表達給對方知道,是爲"因木瓜之報,以喻其怨"。

我覺得他解釋得很不錯。《木瓜》作者通過禮物的投報,將"藏願"表達出來,就是使其"隱志"得"喻"。這跟"詩無隱志"並不矛盾。

我不用電腦,寫完後聽人說網上已有不少人把"陧""隱"以至郭店簡的"叟"字釋讀爲"隱"了。我的意見就作爲他們的補充吧。

原載《國際簡帛研究通訊》2 卷 3 期(2002),又載《經學今詮三編》(《中國哲學》第二十四輯,遼寧教育出版社,2002)、《中國出土古文獻十講》,今據《中國出土古文獻十講》收入。

讀《馬王堆帛書〈式法〉釋文摘要》小記

讀《文物》2000 年第 7 期所載《馬王堆帛書〈式法〉釋文摘要》(以下簡稱"摘要")後有幾點小意見,現在寫出來供大家參考。

(1)《一·天一》第七條釋文如下:

……地七年復逯(歸)。坆(仕)者,不遷,金(廢)。徙者,復利,七年而去之。取(娶)婦者,生而……(85 頁)

疑"徙者"一句當如下標點:

徙者,復,利七年而去之。

意謂徙者終將復歸故處,以七年後離開所徙之地爲好。"利七年而去之"的說法,跟上文第五條"利才(在)三年之中"有些相類。本條上文"……地七年復歸",當是說所得或所失之地七年後復歸故國,其事與徙者七年後復歸故處亦相類。

(2)據《摘要》所附"圖二·徙(上部)"(87 頁),可知《徙》這部分是緊挨着《天一》左側抄寫的。在"圖三·徙(下部)"中,《徙》的第一行,右側下方有"或胃(謂)爲大事"五字,其上爲空白。(88 頁)此五字與見於"圖二·徙(上部)"的《天一》末行"……[仕]者,發(廢),辱,不起。徙者,弗居。取(娶)婦者,婦辱,不生十二年之中"(釋文見 91 頁)應在同一行。

《天一》上文有如下一條:

……起,將死。(中略)取(娶)婦者,不利,子生而死,婦出。　　或胃(謂)爲憂。(《天一》第八條,85 頁)

由於《摘要》未附"天一(下部)"的圖,"或胃爲憂"四字的帛書原文不可見。但釋文既在"婦出"與此四字之間空二格,想必帛書此四字之上也一定留有空白,情況與上舉的"或胃爲大事"類似。按照此條釋文之例,末條釋文亦應在"不生十二年之中"下空兩格加上"或胃(謂)爲大事"這一句。作釋文者似不可能把此句漏去不釋,此句大概是謄錄或印刷過程中脱落的。

(3)《五·祭》有與二十八宿有關的如下一條:

……心尾箕掩,東井與(輿)鬼復,酉(柳)七星張折,翼軫掩,胴(胃)矛(昴)必(畢)折,此(觜)觿參掩,斗緊(牽)牛復,須女去(虚)危折,熒(營)室東辟(壁)掩,□衡,□衡,以[祭]或死之。(93頁)

按照《摘要》的《六·式圖》,東方七宿爲角、埂(亢)、觝(氐)、房、心、尾、箕,南方七宿爲東井、輿鬼、酉(柳)、七星、張、翼、軫,西方七宿爲恚(奎)、婁、胴(胃)、矛(昴)、必(畢)、此(觜)觿、參,北方七宿爲斗、牛、須女、去(虚)、危、熒(營)室、東辟(壁)。(93頁)

從上引那條所記南方七宿和北方七宿的情況來看,都在首二宿後注"復"字,中間三宿後注"折"字,末二宿後注"掩"字。依此例,此條開頭一句記東方七宿的,似可補足爲:"[角、埂(亢)復,觝(氐)、房]、心[折],尾、箕掩。""折"字似是帛書原來抄脱。記西方七宿的一句,"胴(胃)矛(昴)必(畢)折"之前,似應補"恚(奎)婁復"三字。此三字似亦是帛書原來抄脱。

補缺文後,此條中記二十八宿之文字似可標點如下:

角、亢復,氐、房、心折,尾、箕掩。東井、輿鬼復,柳、七星、張折,翼、軫掩。奎、婁復,胃、昴、畢折,觜觿、參掩。斗、牽牛復,須女、虚、危折,營室、東壁掩。

由於對《式法》全文尚未能深入研究,以上所論不一定正確,聊供參考。

原載《國際簡帛研究通訊》2卷5期(2002),又載艾蘭、邢文編《新出簡帛研究》(文物出版社,2004),今據後者收入。

讀《郭店楚墓竹簡》[1]札記三則

一、説“先聖與後聖,考後而歸先”

郭店楚墓所出儒家佚書中的《唐虞之道》,有如下一段文字:

> 夫聖人上事天,教民有尊也;下事地,教民有親也;時事山川,教民有敬也;親事祖廟,教民孝也。大教(太學)之中,天子親齒,教民弟也。先聖牙(與)後聖,考後而歸先,教民大川(順)之道也。[2]

“先聖與後聖,考後而歸先”,《郭店楚墓竹簡》(以下簡稱“郭簡”)原釋爲“先聖與後聖考,後而逿先”,已有一些學者對此句作出了不同的考釋;我們的釋文根據他們的意見作了改正。

李零《郭店楚簡校讀記》(以下簡稱“李文”)改釋此句爲“先聖與後聖,考後而甄先”,解釋説:

> “甄”,原從辵從炅,其聲旁與秦公簋“鎮静”的“鎮”字所從相同,這裏疑讀爲“甄”(兩字都是章母真部字,讀音相同)。“甄”有鑒别之義,與“考”含義相近。[3]

周鳳五《郭店楚墓竹簡〈唐虞之道〉新釋》(以下簡稱“周文”)改釋此句爲“先聖與後聖,考後而續先”,解釋説:

> 續,簡文圖版不清晰……按,字从辵,聲旁似是“炗”,即庶聲。若此説可

① 荆門市博物館《郭店楚墓竹簡》,文物出版社,1998。

② 同上書,39 頁 4—6 號簡,參看 157 頁釋文。

③ 陳鼓應主編《道家文化研究》第十七輯,三聯書店,1999,499 頁;《郭店楚簡校讀記(增訂本)》,北京大學出版社,2002,95—96 頁。

從,則疑當讀作“續”。庶,古音書母魚部;續,邪母屋部,二字旁對轉可通。簡文似謂成就後聖之事,承續先聖之志,即所以教導人民大順之道。……《孟子・離婁下》:“舜生於諸馮,遷於負夏,卒於鳴條,東夷之人也。文王生於岐周,卒於畢郢,西夷之人也。地之相去千有餘里;世之相後也,千有餘歲。得志行乎中國,若合符節,先聖後聖,其揆一也。”先秦文獻以“先聖”與“後聖”並舉者並不多見,此句透露的先秦儒家的門派特徵值得注意。④

白於藍《〈郭店楚墓竹簡〉讀後記》(以下簡稱“白文”)引“大教(太學)之中”和“先聖與後聖考”兩句,加以考訂,今節錄其文於下:

……後一句中“先聖牙(與)後耶(聖)考,後而逯先”有些文不成義,難以通讀。筆者以爲,此句中之“考”字實當下讀,因爲“先聖”和“後聖”乃是兩個並列名詞,常見於古代典籍,如《孟子・離婁下》:“先聖後聖,其揆一也。”《新語・道基》:“於是先聖乃仰觀天文,俯察地理,圖畫乾坤,以定人道,……於是後聖乃定《五經》,明《六藝》,承天統地,窮事察微,原情立本,以緒人倫。”由此可見,“考”字確應下讀。然而“考後而逯先”依然文不成義。筆者細審原簡圖版照片,所謂“逯”字實作“”,乃“歸”字,包山簡二一八號竹簡有“歸”字作“”,與此字字形極近,可相比較。故本句實爲“考後而歸先”。……所謂“後”、“先”二字乃是上承前句之“後聖”、“先聖”而言。至於“考”字,在此應讀爲“孝”……《書・文侯之命》:“追孝于前文人。”孔安國《傳》:“繼先祖之志曰孝。”《禮記・中庸》:“夫孝者善繼人之志,善述人之事者也。”簡文中“考(孝)後”之“考(孝)”字正用此義。“考(孝)後”意即繼後聖之志,述後聖之事。

“歸先”之“歸”在此當讀爲“餽”。……“餽”字古有祭義。《說文》:“餽,吳人謂祭曰餽。”……又餽、饋音義並近,古可通用。饋字亦有祭義。……故簡文之“歸(餽或饋)先”意即祭祀先聖。

《吕氏春秋・尊師》:“天子入太學,祭先聖,則齒嘗爲師者弗臣,所以見敬學而尊師也。”這段話從內容上看與簡文中本段文字有一定聯繫,而其“先聖”二字前用的正是“祭”字。⑤

---

④ 《中央研究院歷史語言研究所集刊》第七十本第三分,中研院史語所,1999,745頁。

⑤ 吉林大學古文字研究室《中國古文字研究》第一輯,吉林大學出版社,1999,111—112頁。

上引三家對《郭簡》句讀的糾正是一致的,對“先”上一字的釋讀則彼此不同。只要認真核對一下圖版,就可以知道白文釋此字爲“逯(歸)”是可信的。楚簡“歸”字一般都作“逯”。⑥ 李天虹遞交給1999年10月在武漢大學召開的郭店楚簡國際學術研討會的論文《郭店楚簡文字雜釋》第三條,也釋此字爲“歸”,所舉字形證據與白文同。⑦ 但後來此文正式發表時,此條已被删去。⑧ 我想這並不説明其作者放棄了這一看法,而是由於她在最後定稿前看到了白文,瞭解到别人已經發表了類似看法的緣故。

白文的釋字雖然正確,對“考”、“歸”二字意義的解釋却有問題。白文似乎認爲“太學之中”句跟“先聖與後聖”句有特别密切的關係,“歸(白文讀爲餽)先”就相當於《吕氏春秋》所説的天子入大學時的“祭先聖”。其實這兩句顯然是並列的,其關係跟上文“上事天”、“下事地”、“時事山川”、“親事祖廟”等並列句間的關係基本相同。所以把“歸先”讀爲“餽先”是缺乏充分理由的,把“考後”讀爲“孝後”似也嫌勉强。

前引李文顯然把“考後”的“考”理解爲“考查”、“考究”的“考”。李天虹在《郭店楚簡文字雜釋》中後來被她删去的那條關於“歸”字的意見中,引用了《廣雅·釋詁三》“歸,就也”和《詩·曹風·蜉蝣》鄭箋“歸,依歸”這兩條訓詁。⑨ 我認爲他們的意見是可取的。“考後”的“考”,用法跟《墨子·非命下》“考先聖大王之事”的“考”很相似。“歸先”的“歸”,用法跟《孟子·滕文公下》“天下之言,不歸楊則歸墨”的“歸”很相似。所以“先聖與後聖,考後而歸先”,就是以後聖爲考徵對象而以先聖爲依歸的意思。

古書所説的“先聖”、“後聖”,所指並不一致。例如前引白文所引《孟子》、《新語》二例,其所指就顯然不同。前引周文引《孟子·離婁下》的“先聖、後聖”,來説明《唐虞之道》的“先聖”、“後聖”,⑩我認爲是很有道理的。《離婁下》以“先聖”指舜,以“後聖”指周文王。《唐虞之道》“先聖”、“後聖”所指的範圍應該廣一些。“先聖”無疑包括堯,“後聖”大概包括武王。所以“考後”就是《荀子》的“法後王”,

---

⑥ 滕壬生《楚系簡帛文字編》,湖北教育出版社,1995,119—121頁。

⑦ 《郭店楚簡國際學術研討會論文彙編》第一册,武漢大學,1999,20頁。此《彙編》是在會議上分發的。

⑧ 武漢大學中國文化研究院《郭店楚簡國際學術研討會論文集》,湖北人民出版社,2000,94—99頁。

⑨ 同注⑦。

⑩ 同注④。

“歸先”就是以堯舜爲依歸。

對《荀子》的“後王”,前人多有誤解。清儒劉台拱、王念孫、錢大昕等人都指出,荀子所謂“後王”就指周之聖王文、武,這是正確的。[11] 荀子有時也像其他人那樣,把文、武稱爲“先王”,“因爲他們距離戰國時代有七八百年之久”;所以又稱之爲“後王”,則是爲了强調“他們是三代之王(引者按:指禹、湯、文、武諸聖王)中的最後之王”。[12] 這跟孟子在以文王與舜對舉時,稱文王爲“後聖”相類。錢大昕認爲“法後王”“與孔子‘從周’之義不異”。[13] 這是很有道理的。

《禮記·中庸》説“仲尼祖述堯舜,憲章文武”。後來的先秦儒家也莫不如此。“憲章文武”就是“法後王”,就是“考後”。“祖述堯舜”就是“歸先”。“考後而歸先”可以説是先秦儒家的共識。

但是在究竟如何“考後”如何“歸先”的實質性問題上,儒家中的不同派别是有不同的主張的。馮友蘭《中國哲學史新編》在指出荀子有時也把文、武稱爲“先王”之後,進一步説:

> 所以荀況批判孟軻,並不是説他法先王而不法後王,而是説他“略法先王而不知其統”(《非十二子篇》)。意思就是説,孟軻僅知先王的枝葉皮毛而不知先王的精神,不知先王的根本意思。[14]

這是很精闢的見解。《唐虞之道》竭力歌頌堯舜禪讓,並説:“不禪而能化民者,自生民未之有也。”[15]此文作者心目中的“歸先”,其主要内容無疑就是恢復堯舜的禪讓之制。荀子雖然也主張尚賢,却並不支持禪讓制。他在《正論》篇中,甚至説堯舜禪讓是“虚言”,是“淺者之傳、陋者之説”。[16] 如果荀子能看到《唐虞之道》,一定也會駡此文作者“略法先王而不知其統”。

---

⑪ 王念孫《讀書雜志·荀子第二》“欲觀聖王之跡則於其粲然者矣後王是也”條。此條所引劉説,即劉台拱(端臨)《荀子補注》説。陳登原《國史舊聞》卷拾〔一一六〕“法後王”條,録有錢大昕、俞正燮等人説,可參看(中華書局,2000,第一分册260—261頁)。

⑫ 馮友蘭《中國哲學史新編》第二册,人民出版社,1984,364—365頁。

⑬ 錢大昕《十駕齋養新録》卷十八“法後王”條,《嘉定錢大昕全集》第七册,江蘇古籍出版社,1997,494頁;馮友蘭《中國哲學史新編》第一册,人民出版社,1982,127—128頁。

⑭ 馮友蘭《中國哲學史新編》第二册,165頁。

⑮ 荆門市博物館《郭店楚墓竹簡》,40頁21號簡,參看158頁釋文。

⑯ 關於荀子在尚賢和禪讓這兩個問題上的看法,參看顧頡剛《禪讓傳説起於墨家考》,《古史辨》第七册下編,開明書店,1941,72—75頁、81—82頁。

二、《唐虞之道》和《管子·戒》

《管子·戒》有如下一段文字：

> 仁從中出，義從外作。仁故不以天下爲利，義故不以天下爲名。仁故不代王，義故七十而致政。是故聖人上德而下功，尊道而賤物。道德當身，故不以物惑。是故身在草茅之中而無懾意，南面聽天下而無驕色。如此而後可以爲天下王。

讀了《唐虞之道》以後，很容易看出這段文字的主旨跟《唐虞之道》相類，其作者主張天子年老時應該禪位給有道德者。

這段文字的有些語句也跟《唐虞之道》很相近，從下面的對照表可以看得很明白。

《戒》	《唐虞之道》
仁故不以天下爲利。	堯舜之王，利天下而弗利也。……利天下而弗利也，仁之至也。⑰ 極仁之至，利天下而弗利也。⑱
義故七十而致政。	古者聖人……七十而致政。⑲
是故身在草茅之中而無懾意，南面聽天下而無驕色。如此而後可以爲天下王。	夫古者舜居於草茅之中而不憂，身爲天子而不驕。⑳ 堯禪天下而授之，南面而王而〈天〉下而甚君。㉑

此外，《戒》篇"義故不以天下爲名"跟《唐虞之道》"禪，義之至也"，㉒《戒》篇"是故聖人上德而下功，尊道而賤物"跟《唐虞之道》"禪也者，上德授賢之謂也。上德則天下有君而世明。授賢則民興教而化乎道"，㉓《戒》篇"道德當身，故不以物惑"跟《唐虞之道》"方在下位，不以仄(匹)夫爲輕；及其有天下也，不以天下爲重。

---

⑰ 荆門市博物館《郭店楚墓竹簡》，39 頁 1—2 號簡，參看 157 頁釋文。

⑱ 同上書，40 頁 19—20 號簡，參看 158 頁釋文。

⑲ 同上書，41 頁 25—26 號簡，參看 158 頁釋文。

⑳ 同上書，40 頁 15—16 號簡，參看 157—158 頁釋文。

㉑ 同上書，40—41 頁 24—25 號簡，參看 158 頁釋文。關於"禪"字，參看同書 153 頁《五行》篇注四〇。

㉒ 同上書，39 頁 8 號簡，參看 157 頁釋文。關於"禪"字，參看㉑。

㉓ 同上書，40 頁 20—21 號簡，參看 158 頁釋文。關於"禪"字，參看注㉑。

有天下弗能益,亡天下弗能損”,[24]彼此的含義也都頗爲相近。

對上引《戒》篇文中的“仁故不代王”句,清末的張佩綸有如下意見:

> “代”當作“世”,唐寫本避太宗諱也。此蓋指堯禪舜,舜禪禹。[25]

他顯然認爲“不代(世)王”的意思是不繼世爲王,也就是實行禪讓。從此文主旨來看,他的意見是可取的。

郭沫若不同意張氏的意見,他說:

> “代”字無須改字。《莊子·逍遥遊篇》堯讓天下於許由。許由曰“子治天下,天下既已治矣,而我猶代子,吾將爲名乎?”又云“庖人雖不治庖,尸祝不越樽俎而代之矣”。即此所云“不代王”之意。[26]

《管子》尹注對“仁故不代王”的解釋,是“不以道輔君而代之王者,非仁也”。郭氏對“代”字的理解與之相同。把“不代王”解釋爲不代人而王,跟此文主張禪讓之旨矛盾,不可取。

《唐虞之道》以鼓吹禪讓制爲主旨,内容相當單純。《戒》篇基本上由後人所假託的、管仲在不同情況下對齊桓公所說的幾段話組成,内容比較駁雜。上舉關於禪讓的那段文字,是管仲的一大段話裏的一部分,而且跟上下文並沒有很緊密的聯繫。看來這段文字大概就是根據《唐虞之道》或與之類似的文章的一部分改寫而成的。

《唐虞之道》在我們所能看到的先秦文獻中,是主張禪讓最堅決最徹底的。顧頡剛在上世紀30年代寫過一篇《禪讓傳說起於墨家考》,[27]認爲堯舜禪讓的傳說爲墨家所創造。《唐虞之道》却並非出自墨家,而出自儒家。此篇講尊賢,講仁義,這些話墨家也可以講。但是此篇所說的“愛親”(篇中屢見,即“親親”)、“知命”、[28]“考後”(即“法後王”,詳見本文第一則),則直接跟墨家所主張的“兼愛”、“非命”、“法夏”[29]相衝突。這說明《唐虞之道》只能是儒家作品。[30] 所以《唐虞之道》的出土

---

[24] 荆門市博物館《郭店楚墓竹簡》,40頁18—19號簡,參看158頁釋文及159頁注二四。

[25] 引自郭沫若《管子集校》,《郭沫若全集·歷史編6》,人民出版社,1984,88頁。

[26] 同上。

[27] 《古史辨》第七册下編。

[28] 16—17號簡說舜“居草茅之中而不憂,知命也”,荆門市博物館《郭店楚墓竹簡》,40頁,參看158頁釋文。

[29] 《墨子·公孟》記墨子批評儒家公孟子說“且子法周而未法夏也”。“考後”就是“法周”。

[30] 參看丁四新《愛親與尊賢的統一——郭店簡書〈唐虞之道〉思想論析與考證》,《華學》第四輯,紫禁城出版社,2000,104頁。

對顧說是不利的。其實堯舜禪讓這個廣泛流傳的上古傳說,決不可能是戰國時代的某一學派所創造出來的。先秦諸子只不過是按照各自的觀點來解釋這一傳說,利用它爲自己的學說服務而已。他們對堯舜禪讓的細節也許會有所捏造,但決不可能憑空捏造出這樣一個傳說來。

羅根澤《管子探源》認爲《戒》篇爲“戰國末調和儒道者作”,[31]似有一定道理。道家一般是不重視甚至嗤薄禪讓的。[32]《戒》篇肯定禪讓,又强調仁義,是儒家傾向的表現。但是在講禪讓的那段文字裏,一點没有《唐虞之道》講得很多的“尊賢”方面的内容;却特别强調“道德”,則顯然是道家影響的反映。上文引過的《唐虞之道》“授賢則民興教而化於道”的“道”,跟《戒》篇所説的“道”,其内涵大概是不會相同的。所以《戒》篇對《唐虞之道》或類似著作的禪讓説是有所改造的。

本文上一則札記所引周文,認爲《唐虞之道》“極可能出自孟子或其後學之手,而考其時代則似以孟子本人較爲可能”。[33] 很可能曾取材於《唐虞之道》的《戒》篇,有如下兩句話:“以善勝人者,未有能服人者也。以善養人者,未有不服人者也。”應該説是脱胎於《孟子・離婁下》“以善服人者,未有能服人者也。以善養人,然後能服天下”這兩句的。[34] 這似乎對周説有利。但是《戒》篇講禪讓的那一段,一開始就説“仁從中出,義從外作”,這分明是《孟子・告子上》所批判的“仁内義外”之説。我們不能因此就認爲《唐虞之道》是主張“仁内義外”的儒家的作品,也不能根據“以善勝人”等兩句就認爲《唐虞之道》是孟子的作品。孟子對禪讓制的支持是很不徹底的。他爲禪讓的實行設定了一些幾乎不可能出現的條件。按照他的原則,實際上只能以“繼世以有天下”爲常規。我們只要讀一下《孟子・萬章上》就可以明白。他似乎不大可能寫《唐虞之道》這樣一篇堅決主張禪讓的文章。在儒家各派的資料目前很不完整的情況下,恐怕很難確定《唐虞之道》的作者屬於儒家的哪一派,更不用説確定爲哪一個人了。

三、《窮達以時》的“射”字

郭店楚墓所出儒家佚書中的《窮達以時》,列舉了一些賢者由於遇到明主而由

---

[31] 羅根澤《諸子考索》,人民出版社,1958,462—463頁。

[32] 《古史辨》第七册下編,85—90頁。

[33] 《中央研究院歷史語言研究所集刊》第七十本第三分,746頁。

[34] 羅根澤《諸子考索》,463頁。

"窮"變"達"的事例,其中一例是:

> 孫叔三躲(射)郘思少司馬,出而爲令尹,遇楚莊也。㉟

《郭簡》指出:"孫叔,即孫叔敖。郘(引者按:原寫作从恆)思少司馬,楚職官,亦見於包山楚簡(按:見129、130號簡。"少"疑當讀爲"小")。"㊱陳偉《郭店楚簡別釋》指出"郘思"即楚邑"期思","孫叔敖與期思有密切關係。《荀子・非相》云'楚之孫叔敖,期思之鄙人也'。《吕氏春秋・贊能》及東漢延熹三年所立《楚相孫叔敖碑》亦有此說。又《淮南子・人間訓》云:'孫叔敖決期思之水,而灌雩婁之野,莊王知其可以爲令尹也。'"㊲其說皆是。

據文義,"孫叔三射期思少司馬"似當指孫叔敖任期思小司馬時屢次被免職。所以我在《郭簡》按語中說:"……(射)似應讀爲斥退之'斥'。'射''斥'古音相近。"㊳

顔世鉉《郭店楚簡散論(二)》(以下簡稱"顔文"),對這個"射"字的讀法提出了不同意見,並對"孫叔三射期思少司馬"句有較爲詳細的討論。他說:

> 按,此字當讀爲謝(謝),《說文》:"謝,辤去也。"段注:"辤,不受也。《曲禮》:'大夫七十而致事,若不得謝,則必賜之几杖',此謝之本義也;引申爲凡去之稱。"又簡文躲也可讀作"釋",射和从"睪"之字相通之例,出土文物及傳世典籍均有是例,如鄂君啓節"彭躲(射)"即"彭澤",《詩・周南・葛覃》:"服之無斁",斁字《禮記・緇衣》引作射,《緇衣》簡41引作"懌"。《禮記・禮器》:"禮釋回增美質",鄭注:"釋,猶去也。"簡文"三射期思少司馬",射讀爲"謝"、"釋"均可通,指去職之意。《論語・公冶長》載子張之言:"令尹子文,三仕爲令尹,無喜色;三已之,無愠色。"邢疏:"三已者,《詩・墓門》箋:'已,去也。'《南山有臺》箋:'已,止也。'"《淮南子・道應》:"昔孫叔敖三得令尹無喜色,三去令尹無憂色。"令尹子文"三仕"、"三已"之說,乃大略之辭,"三"爲虛數;此事原係子文事,後傳訛而爲孫叔敖(原注:參〔清〕劉寶楠《論語正義・公

㉟ 荆門市博物館《郭店楚墓竹簡》,第27頁8號簡,參看145頁釋文,146頁注一一。

㊱ 同上書,146頁注一一。

㊲ 《江漢考古》1998年4期,68頁。楚國文字或以"亙"(恆字聲旁)爲"亟",故陳文將"郘"字直接釋爲从邑从亟之字,並由於"亟"、"期"上古音近而讀"郘思"爲"期思"。至於以"亙"爲"亟"現象的性質,有的學者認爲是形近致訛,有的學者認爲是音近通用("亙"屬蒸部,"亟"屬職部,二部有陽入對轉關係),在此不詳述。

㊳ 荆門市博物館《郭店楚墓竹簡》,146頁注一一。

冶長》第二十章,193—194 頁,中華書局,1998 年)。簡文云:"孫叔三謝期思少司馬。"孫叔敖爲期思少司馬之事,不見史籍所載;而"三謝"也當是大略之辭。㊴

此外,黄人二《郭店竹簡〈窮達以時〉考釋》又讀"射"爲"黜"。㊵ 按:"射"爲魚部字(或歸入魚部入聲鐸部),"黜"爲物部字,上古音有較明顯的距離,讀"射"爲"黜"恐不合適。

我讀"射"爲"斥",也有明顯的問題。我把"孫叔三斥期思少司馬"的意思理解爲孫叔三次從期思少司馬的職位上被斥退。但是按照一般句法,只能把這句話的意思理解爲孫叔三次斥退任期思少司馬者,這就跟此文文義不合了。讀"射"爲"黜",不但語音不合,而且同樣有這個問題。

顔文説:"射讀爲'謝'、'釋'均可通,指去職之意。"認爲這個字有去職之意,從句法和文義上看,都是比較合適的。但是文中所舉的訓詁方面的證據却有問題。去職之"去"取離去義。"謝"只有辭去義而没有離去義。如果説孫叔敖三次辭去期思少司馬之職,就顯不出他尚處於窮阨之境了。鄭玄注《禮器》"禮釋回"説:"釋,猶去也。回,邪辟也。"《釋文》讀鄭注"去"字爲"起吕反",這個"去"是去除之"去",也不能當離去講。所以顔文並未證明"謝"和"釋"有去職之意。"射"究竟應讀爲何字,尚需討論。

下面先引一段顔文已在注中提到過的劉寶楠的《論語正義》。劉氏在疏解《論語·公冶長》"令尹子文三仕爲令尹"那句話的時候説:

> 按《楚語》觀射父曰:"昔鬬子文三舍令尹,無一日之積,恤民之故也。"(引者按:見《國語·楚語下》"鬬且廷見令尹子常"章,所引乃鬬且語,劉氏誤記爲觀射父語。)《潛夫論·遏利篇》:"楚鬬子文三爲令尹而有飢色,妻子凍餒,朝不及夕。"皆言子文三仕三已,與《論語》正合。若《荀子·堯問》、《莊子·田子方》、《吕氏春秋·知分》、《淮南子·道應》、《史記·鄒陽傳》、《循吏列傳》,皆以三仕三已爲孫叔敖之事。閻氏若璩《四書釋地又續》云:孫叔敖之令尹,見宣十一年。叔敖死於楚莊王時,約令尹僅七八年。莊王之賢,豈肯暫已叔敖。意《莊子》《荀子》,原係子文事,傳訛而爲叔敖(以上引閻書,文與原文稍有出入,故未加引號)。其説是也。

㊴ 《江漢考古》2000 年 1 期,38 頁。

㊵ 《古文字與古文獻》試刊號,楚文化研究會,1999,129—130 頁。

劉氏同意孫叔敖三爲令尹之事是子文之事誤傳的説法,這本是自古以來絶大多數學者的意見。《吕氏春秋・知分》:"孫叔敖三爲令尹而不喜,三去令尹而不憂。"高誘注就説:"《論語》曰'令尹子文',不云叔敖。"清儒除閻若璩、劉寶楠外,翟灝《四書考異》、毛奇齡《四書賸言》、盧文弨《鍾山札記》等皆主此説,大概可信。

古書講孫叔敖三爲令尹之事時,對其去職多用"三去令尹"之語。除上引《吕氏春秋・知分》和顔文已舉出的《淮南子・道應》,還見於《莊子・田子方》、《淮南子・氾論》等。《史記》稱令尹爲相,故《鄒陽傳》和《循吏傳》述此事,都作"三去相"。孫叔敖三"射"期思小司馬之事,除去《窮達以時》,不見於任何古書,究竟是跟孫叔敖三去令尹一樣純屬傳説,還是有一定的事實背景,現已無從查考。但是"三射"的"射",似應跟"三去"的"去"有相近的意義。

上引《論語正義》文所引《楚語下》説"鬭子文三舍令尹",《國語》韋昭注:"舍,去也。""射"是船母魚部字,"舍"是書母魚部字,上古音很相近。"三射"的"射"無疑就應讀爲"舍"。不過韋昭直接把"舍"訓爲"去",恐怕並不十分妥當。"舍"在古代可訓"置"(這種"舍"亦作"捨")。"舍令尹"是放下令尹職位的意思,這當然意味着"去令尹",即離開令尹職位,但"放下"畢竟不等於"離開"。在上述子文和孫叔敖的傳説中,"三舍"、"三去"無疑都指因被免而去職,而不會指主動辭職。我們現在説"丢官",是指失去官位,而不是指主動抛棄官位,似可相比。

"舍"(捨)、"釋"二字音、義皆近,古代且可通用。[41]《顔文》認爲"三射"之"射"應有去職之意,並指出"射"可讀爲"釋",可以説已經基本上解決問題。主要的不足之處是援引《禮器》"禮釋回"來作解釋,而且更傾向於讀"射"爲"謝"。

從《窮達以時》的"射"字,可以看出書證對講通假的重要性。如果没有《楚語》的"三舍",即使有人把"三射"的"射"讀爲"舍",恐怕也不會有多少人相信。

補記:

拙文第二則談《管子・戒》與《唐虞之道》的關係。文章寄出後,看到拙文複印稿的研究生張富海向我指出,王博在發表於《中國哲學史》1999 年第 2 期上的《關於〈唐虞之道〉的幾個問題》一文中,早已指出《管子・戒》"仁故不以天下爲利"至"如此而後可以爲天下王"一段襲用了《唐虞之道》,並列表對照了二者相似的内容。拙文没有徵引王文,是很大的失誤。

---

[41] 高亨、董治安《古字通假會典》"舍與釋"條,齊魯書社,1989,839—840 頁。

王博先生曾贈我他所著的《簡帛思想文獻論集》。他的這篇文章已經收入此集。[42] 此集所收《孟子與〈唐虞之道〉》也談到《戒》跟《唐虞之道》的關係。[43] 我不但沒有注意到王先生發表在《中國哲學史》上的文章，而且在接到他的贈書後竟沒有及時認真閱讀，以至犯下不應有的錯誤，這是應向王先生及讀者們道歉的。

對《唐虞之道》應屬儒家而不屬墨家這一點，王文也有討論。其中指出《唐虞之道》對養生的態度與墨家不同，很重要。[44]

拙文提及《唐虞之道》的作者和孟子對禪讓的態度並不相同，但並未論證，王先生在《孟子與〈唐虞之道〉》中，已就此問題作了深入的分析，讀者可以參閱。

2002 年 6 月 15 日補記

原載《上海博物館集刊》第九期（上海書畫出版社，2002），又載《中國出土古文獻十講》，今據後者收入。

㊷ 王博《簡帛思想文獻論集》，臺灣古籍出版公司，2001，79—86 頁。

㊸ 同上書，74—75 頁。

㊹ 同上書，86 頁。

談談上博簡和郭店簡中的錯别字

本文所説的上博簡，指上海博物館1994年從香港購回的被盜掘戰國楚簡中已發表的那三篇竹書，見上海古籍出版社2001年出版的馬承源主編《上海博物館藏戰國楚竹書（一）》（以下簡稱“上博”）；郭店簡指1993年荆門市郭店戰國楚墓出土的竹書，著録於文物出版社1998年出版的《郭店楚墓竹簡》（以下簡稱“郭簡”）。從這兩批竹書看，當時抄書的人不時寫錯别字，有時把字寫得不成字，有時把字寫成另一個形近的字。郭店簡中有兩篇也見於上博簡，即《緇衣》和《性自命出》（《上博》稱《性情論》），彼此可以互校。本文所談的郭店簡的錯别字僅限於這兩篇。而且所舉的上博簡和郭店簡的錯别字，都是舉例性質的，較全面的情況可參閲後面要引到的“李文”。我們先談《緇衣》的錯别字，然後談《性自命出》的錯别字，最後還要討論一下上博簡《孔子詩論》中的一個怪字。引用簡文時，釋文一般用寬式，不需討論之字，如按原文寫出文義不易理解，就直接以其通用字寫出。加在所引簡號前的“上”字是上博簡的省稱，“郭”字是郭店簡的省稱。

一、緇　　衣

我們先據上博簡校郭店簡的錯别字。

郭6“謹惡以民涇〈淫〉”，上4作“謹惡以䖒民淫”，今本作“慎惡以御民之淫”。上博簡之“䖒”當讀爲“御”，詳廖名春《新出楚簡試論》278頁（臺灣古籍出版有限公司，2001）。《郭簡》把“以”下一字隸定爲“洡”，“裘按”疑此字應釋“渫”。劉樂賢《讀上博簡札記》（發表於“簡帛研究”網站，以下簡稱“劉文”），認爲“郭店簡與御、淫二字相應的字，都是錯寫”。其説可從。在郭店簡所據之本中，與今本“御”字相應之字亦應作“䖒”。郭店簡此字上端之“亡”與“木”的上半爲“虍”之誤摹，“木”的下半和下部横置的“水”爲“魚”之誤摹。

郭10“晉冬旨”，上6作“晉冬耆（寒）”，今本作“資冬祁寒”。《郭簡》釋

“旨”下一字爲“滄”，訓爲“寒”。此字上部雖然很像“倉”的古文，但寫法較怪，而且缺少應有的在下的長横，此字下部横置的“水”也缺少左上方的一筆，頗爲可疑。如果跟上博簡的“寒”字對照一下，就可以斷定此字乃是那種寫法的“寒”字的誤摹。李零《郭店楚簡校讀記》已將此字釋爲“寒”（《道家文化研究》第十七輯482頁，三聯書店，1999），但無説。

郭41“私惠不德”，上21作“私惠不褱（懷）德”；今本作“私惠不歸德”，鄭玄注：“‘歸’或爲‘懷’。”《郭簡》將“不”下一字隸定爲从“褱”从“土”。陳偉《郭店楚簡别釋》指出此字當是“壞”之訛體，讀爲“懷”（《江漢考古》1998年4期68頁）。上博簡爲其説提供了確證。

下面據郭店簡校上博簡的錯别字。

上5“君好則民㕣之”，郭8—9作“君好則民慾（欲）之”，今本作“君好之民必欲之”。上博簡“㕣”字乃“谷”字之訛，“谷”可讀爲“欲”。“㕣”字見《説文》，即“沿”、“鉛”等字聲旁。

上7“百姓以仁”，郭12作“百姓以仁道”，今本作“百姓以仁遂焉”。《上博》將“仁”下一字的左旁隸定爲“㚔”。劉文認爲“此字以頁爲聲符，此頁乃是古首字，即憂之聲符（參看《説文通訓定聲》），故可讀爲道”。李零《上博楚簡校讀記（之二）：緇衣》（發表於“簡帛研究”網站，以下簡稱“李文”），認爲此字“左半如何隸定還值得研究，右半從首，應讀‘道’，今本作‘遂’，即由‘道’字的含義演變”。今按，此字左旁實不成字，也應是誤摹之形，或許就是“道”字所从的“辵”旁的誤摹。【編按：黄錫全《楚簡續貂》（《簡帛研究》第三輯，廣西教育出版社，1998年）懷疑此字左旁是“犢”字，馮勝君舉出上博簡《周易》52號簡“觀”字寫法，指出該字實爲“觀”字之誤摹（《郭店簡與上博簡對比研究》，綫裝書局，2007年），皆可從。】

上17“於□義之”，郭34及今本皆作“於緝熙敬之”。如果把上17的“義”字跟郭34的“敬”字對照一下，就可以發現二者的字形很相似，前者應是對寫法跟後者相類的“敬”字的誤摹。“義”上一字，《上博》釋“幾”，但其下部與“幾”字寫法不合，疑亦誤摹之字，或許竟是誤摹與“緝熙”相當之兩字爲一字，待考。“義”下的“之”寫得像斜置的“止”字，也未嘗不可以看作誤摹。

上19“……集大命於氏身”，郭37作“其集大命於氒身”，今本作“其集大命於厥躬”。“氒”與“厥”通。《上博》讀“氏身”爲“是身”。李文也如此，並説：“‘是’原作‘氏’，郭店本作‘氒’，今本作‘厥’，‘氏’與‘氒’字形相近，可能是‘氒’的誤寫，但於義可通。”從竹書多錯别字的情況來看，似以將此“氏”字看作“氒”的誤字爲妥。上博簡《孔子詩論》16:“孔子曰：吾以《葛覃》得氏初之詩。”“氏初”疑亦“氒初”之誤。

上24“我既厭”,“我”下一字郭46作,今本作“鼀”。《上博》和《郭簡》都把我們按原形摹出的字釋爲“鼀”。這從文義看是對的,但從字形看則有問題。劉釗《讀上海博物館藏戰國楚竹書(一)》(發表於“簡帛研究”網站),指出上舉上24之字是古文“昆”字(參看張光裕主編《郭店楚簡研究・第一卷・文字編》233頁“昆”字,臺北：藝文印書館,1999。以下簡稱此書爲“張編”),甚確;但認爲此字以音近通“鼀”,恐非。此字與上舉郭46之字形近,後者其實是“黽”字(參看滕壬生《楚系簡帛文字編》950—951頁所收从“黽”諸字,湖北教育出版社,1995。以下簡稱此書爲“滕編”)。它們二者都應該看作“鼀”的形近誤字。(《十講》編按：有學者認爲楚簡習慣以“黽”爲“鼀”。)

二、性自命出

先據上博簡校郭店簡的錯别字。

郭9“其用心各異”的“異”,原來寫得不成字。郭17“觀其先後而逆順之”的“先後”,原來錯寫成“之逐”。《郭簡》皆已指出(分别見182頁的注五和注九)。上4和上9的相應之字確爲“異”和“先後”,證實了《郭簡》的意見。

郭9—11:“凡性……或之……性者古(故)也……”。上引按原形摹出之字,《郭簡》釋爲“交”。上4、上5的相應之字作,《上博》釋爲“忞”,讀爲“交”。上博簡此字“心”旁之上所从之字,顯然不是“交”,《上博》對此字的釋讀受了《郭簡》的誤導。其實上舉郭店簡之字本非“交”字。此字上部確與楚簡“交”字上部同形(楚簡“交”字見《滕編》784頁、《張編》48頁、《上博》的《孔子詩論》20、23),但其下部形近於“又”,則與“交”字截然有别。上博簡與此字相當之字,實應分析爲从“心”“室”聲。楚簡“室”字或作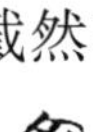、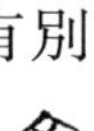等形(《滕編》603頁4行、7行),與其上部相近。同屬上博簡《性情論》的25號簡的“至”字作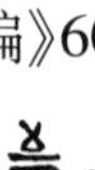,35號簡“至”字略同。上舉見於上4、上5之字的“室”旁所从之“至”,就是這種“至”字減省下面的横畫而成的。所以要加以減省,當是由於下面還要加“心”旁。根據上博簡的“𡫸”字,可以斷定郭店簡的相應之字就是“室”字的誤摹。《性情論》18號簡的“至”字作,如果“室”字所从之“至”作此形而又没有加最下面的小短畫,就有可能被誤摹成那種

樣子。

在上引簡文中,“室”和“寍”似應讀爲“實”。“室”和“實”上古音都屬質部,聲母也很相近。《說文》:“室,實也。”以“實”爲“室”的聲訓字。此二字應該可以相通。古以心實爲美德,可參閱《說文》“寋,實也”段注。“寋”在古書中多作“塞”,如《詩·邶風·燕燕》“秉心塞淵”。“室”和“寍”的關係跟“塞”和“寋”的關係相類。“實心者古也”之“古”,各家都讀爲“故”。《左傳·定公十年》:“齊魯之故,吾子何不聞焉。”杜注:“故,舊典。”《公羊傳·昭公三十一年》:“公扈子者,邾婁之父兄也,習乎邾婁之故。”何注:“故,事也。”據文義,此“故”實指故事。《禮記·曲禮下》:“君子行禮,不求變俗。祭祀之禮、居喪之服、哭泣之位,皆如其國之故,謹修其法而審行之。”《正義》:“皆如其國之故者,謂故俗也。”簡文之“故”,義當與上引諸“故”字相類。《性自命出》篇下文說:“有爲也者之謂故。”(郭 13)又說:“詩,有爲爲之也。書,有爲言之也。禮樂,有爲舉之也。”(郭 16)這說明《性自命出》的作者是把“故”跟“詩書禮樂”聯繫在一起的。《荀子·勸學》:“詩書故而不切。”也反映出詩書和故的關係。

一說“室”(寍)不必讀爲“實”,其義應近於“窒”(“室”、“窒”皆从“至”聲,應爲同源詞)。也可以說這個“室”是名詞用作動詞,“室性”的意思近於爲性築室,也就是給性一個框架。規定這個框架的根據就是故。(《十講》編按:關於“室性者故也”,請看已收入本書的《由郭店簡〈性自命出〉的“室性者故也”說到〈孟子〉的“天下之言性也”章》。)

郭 22—23:“笑,豊之淺澤也。樂,豊之深澤也。”《郭簡》讀“豊”爲“禮”,文義難通。上 13 相應之字爲“憙”(喜)。李零《上博楚簡校讀記(之三):〈性情〉》(發表於“簡帛研究”網站,以下簡稱“李文”),指出“郭簡本從心從豊,字之誤也”。郭店簡是把“憙”字所从的“壴”誤寫成了與之形近的“豊”字簡體。

郭 47:“有其爲人之快如也,弗不可。”《郭簡》釋“弗”下一字爲“牧”。上 38 相應之字爲“羧”。劉信芳《關於上博藏楚簡的幾點討論意見》(發表於“簡帛研究”網站),釋其字爲“養”,並說:“‘養’字原簡字形從攴羊聲,整理者隸作‘牧’,與字形不合。其字郭店簡《性自命出》47 作‘牧’。就其文義分析,應以作‘養’(從攴羊聲)爲正,郭店簡‘牧’字與‘養’義近……”。劉文釋“羧”爲“養”,甚確(劉文舉出了郭店簡“養”作“羧”的三個例子,《說文》“養”字古文亦作“羧”);但以“牧”、“養”義近溝通郭店簡與上博簡,恐不一定妥當。郭店簡被釋爲“牧”的那個字,字形跟一般“牧”字有明顯區別,疑即“羧”之誤摹。

郭60“凡於这毋愢(畏)”,上30作“凡於道迻(路)毋思(《上博》釋“愢”,從李文校正)”。李文説:“簡30‘路’,郭店本從辵從夊,據此可知是‘路’字之誤……‘畏’,郭店本作‘思’(引者按:此句“畏”、“思”二字應互易,當是打印之誤),字形相近,必有一誤,‘畏’當是‘思’字之誤。”從文義看,其説可從。“愢”字的“心”旁原來寫在下方,字形與“思”相近。

下面據郭店簡校上博簡的錯別字。

上6“忢於己者之謂悦”,郭12作“忢(快)於己者之謂悦”。《上博》讀“忢”爲“囿”,文義不可通。或以此字爲“慧”之省文,讀爲“快”(李文及白於藍《〈上海博物館藏戰國楚竹書(一)〉釋注商榷》,後者亦發表於“簡帛研究”網站),似亦難信。“右”、“夬”皆从“又”,其另一組成部分形亦相近,疑“忢”即“忢”之誤字。

上19“凡憂思後悲”,郭31作“凡憂思而後悲”。前者將“而”誤寫作形近的“”,各家皆將此字逕釋爲“而”。

三、《孔子詩論》中的一個怪字

《孔子詩論》中有一個怪字,見於下舉兩處:

……頌,德也。……大雅,盛德也。……(2號簡)

……曰:詩其猶門與(歟)? 戔(察?)民而餞之,其用心也將何如? 曰:邦風是已。民之有戚患也,上下之不和者,其用心也將何如? ……是已。有成功者何如? 曰:頌是已。(4—5號簡,已據“簡帛研究”網站上的文章對《上博》釋文有所校正)

《上博》釋此字爲“坪”,讀爲“平”。發表於簡帛網站上的有關文章多釋此字爲“塝”,讀爲“旁”。還有個别學者釋爲“塴”,讀爲“雱”或“滂”(楊澤生《上海博物館所藏楚簡文字説叢》)。把這個字釋讀爲“平”,從字形和文義兩方面看都不合適。釋讀爲“旁”、“雱”或“滂”,從字形上看要比釋讀爲“平”好,但從文義上看仍覺不够妥當(《十講》編按:據上博簡“坪”字,此字字形實與“坪”比較接近)。

我懷疑這個字是“聖”字的誤摹。《孔子詩論》3號簡的“聖”字作,如果“口”旁的左竪畫寫得跟“耳”旁的右竪畫貼近,“壬”旁上端斜筆又寫得偏左偏下,就有可能被沒有認出此字的抄書者誤摹成那種樣子(《十講》編按:其誤摹可能受到了“坪”形的影響)。上舉第二例在上方加了短横。楚簡“聖”字在“耳”旁上方加短横之例屢見(見《滕編》849 頁,上博簡《性情論》36 的"聖"字也在上方加了短横)。

把上舉2號簡文釋爲"頌,聖德也",跟同簡下文"大雅,盛德也"顯然十分相配。《大戴禮記・盛德》:"聖王之盛德,人民不疾……蠻夷懷服。""聖德"就是"聖王之盛德"。桓譚《新論・琴道》:"昔虞舜聖德玄遠,遂升天子。"(據嚴可均輯本,《全上古三代秦漢三國六朝文》一・552 頁,中華書局,1958)舜是聖王,故稱其德爲"聖德"。王充《論衡》也說"聖德",如"五帝三王皆有聖德之優者"(《道虛》)、"舜以聖德入大麓之野"(《亂龍》)。《周頌》主要歌頌文王、武王之德,文、武是聖王,所以說"頌,聖德也"。

4號簡"詩其猶聖門歟"的"聖門",疑當讀爲"聲門"。"聖"讀爲"聲"之例楚簡屢見,不煩舉證。楊雄《法言・問神》:"故言,心聲也;書,心畫也。"詩當然更是心聲。從《孔子詩論》看,孔子說詩,就是要明其所言之志(參看拙文《關於〈孔子詩論〉》,《國際簡帛研究通訊》2 卷 3 期 2 頁),也就是要明詩人之用心。可以說作爲心聲的詩,是通往詩人心靈的一道門。所以簡文說:"詩其猶聲門歟?"《老子》"閉其門"(見五十二、五十六章),以"門"比喻人獲得知識的門路,與此"門"字用法有相似之處。

一說"聖門"當讀爲"聲聞"。《孟子・離婁下》:"故聲聞過情,君子恥之。""詩其猶聲聞歟",意謂詩跟詩人心志的關係,類似人的名聲傳聞跟人的關係。這句話究竟應該如何解釋,還可以進一步研究。

我們在釋讀楚竹書的時候,應該把竹書中有錯別字這一點牢記心頭。如果遇到錯別字而不能辨明,就會無法理解或誤解文義。當然,在處理這類問題時必須謹慎,不要把不是錯別字的字誤認爲錯別字。本文不敢說一定沒有以不誤爲誤之處,歡迎批評。我不用電腦,寫此文時,電腦上的資料蒙沈培、陳劍、張富海諸君提供,謹誌謝忱。

原載《新出楚簡與儒學思想國際學術研討會論文集》(2002),又載《華學》第六輯(紫禁城出版社,2003)、《新出土文獻與古代文明研究》(上海大學出版社,2004)、《中國出土古文獻十講》,今據《中國出土古文獻十講》收入。

由郭店簡《性自命出》的“室性者故也”說到《孟子》的“天下之言性也”章

《郭店楚墓竹簡·性自命出》有“交性者故也”一語。① 我在《談談上博簡和郭店簡中的錯別字》(以下簡稱“錯別字”)一文中已經指出,上博簡《性情論》與上引之語“性”上一字相應之字,實作“室”下加“心”之形,可知“交性”應改釋爲“室性”;此“室”字原來被抄書者寫走了樣,形狀頗近“交”字,故致誤釋。② 對這個可加“心”旁的“室”字的意義,我在《錯別字》中作了兩種推測。一種是把這個字讀爲與“室”音近的“實”。另一種説法比較複雜,現將有關原文引録於下:

> ……其義(指此字之義)應近於“室”(原注:“室”、“窒”皆从“至”聲,應爲同源詞)。也可以說這個“室”是名詞用作動詞,“室性”的意思近於爲性築室,也就是給性一個框架。③

讀此字爲“實”,在音韻上當然沒有問題;但是當使性實講的“實性”這種説法,却從未見於古書。第二種推測的可信度似乎更低。《錯別字》在2002年春舉行的新出楚簡與儒學思想國際學術研討會上發表之後,引用此文讀“實”的説法的學者,總算還有兩三位,引用第二種推測的則一位也沒有。但是不久前我在馬王堆帛書中找到一條資料,發現還是此文的第二種推測比較接近事實。

---

① 荆門市博物館《郭店楚墓竹簡》,文物出版社,1998,179頁。所引語見11號簡。

② 載饒宗頤主編《華學》第六輯,紫禁城出版社,2003,51—52頁。此文在刊登於《華學》之前,已在廖名春編《清華大學思想文化研究所、輔仁大學文學院聯合主辦新出楚簡與儒學思想國際學術研討會論文集》(北京,2002)上發表過,有關内容見18—20頁。我在此文中指出,上博簡从“心”“室”聲之字的“室”旁所从的“至”,由於下面還要加“心”旁,把楚簡一般“至”字底部横畫下贅加的較短横畫省略了。今按,郭店簡《成之聞之》“經”字上方的“至”旁,連底部横畫也一併省略(見《郭店楚墓竹簡》,49頁8號簡)。上博簡《孔子詩論》的“憙”(喜)字,其上方的“壴”旁有將底部横畫省略的(見馬承源主編《上海博物館藏戰國楚竹書(一)》,上海古籍出版社,2001,33頁21號簡。“壴”旁底部横畫不省的“憙”字,見同書30頁18號、34頁22號簡),情況與此類似。

③ 饒宗頤主編《華學》第六輯,52頁。

馬王堆帛書《老子乙本卷前古佚書》中的《十大經・觀》這一篇,有不少語句與《國語・越語下》所記范蠡語相同或相似。其中的“時控三樂”一句,《越語下》作“時節三樂”。馬王堆帛書整理小組所作的注釋說:“控疑與挃爲一字,讀爲室,室、節音義相近。”④此注據文義讀帛書从“手”“室”聲之字爲“窒”,《錯別字》也據文義懷疑楚簡可加“心”旁的“室”字之義應近於“窒”,這兩個字所代表的無疑是同一個詞。但是把它們釋讀爲“窒”,是有問題的。“時窒三樂”和“時節三樂”的意義頗有距離,“窒性”的意思更與相關簡文的文義明顯不合。“室”是書母質部字,“節”是精母質部字,上古音的確相當接近(“叔”爲書母字,以之爲聲的“椒”即爲精母字)。帛書从“手”“室”聲的字和楚簡可加“心”旁的“室”字,它們所代表的那個詞,有可能是音、義都跟節制的“節”非常相近的一個詞,也有可能就是節制的“節”。由於在古漢語中找不出一個真正符合前者的條件的詞,並考慮到“控”和“節”有異文關係,“節性”之語又見於古書,我們認爲把上舉這兩個字釋讀爲節制的“節”,應該是合理的。所以“室(或加“心”旁)性”就是“節性”。

“節性”之語最早見於《尚書・召誥》:

節性,惟日其邁,王敬作所不可不敬德。

傅斯年《性命古訓辨證》認爲此文的“節性”應該當“節生”講,其說非是,徐復觀《中國人性論史・先秦篇》已詳加反駁。⑤ 徐氏認爲《召誥》所說的“節性”是“由‘敬’而來的節制個人的欲望”。⑥

《周禮・地官・大司徒》:

以五禮防萬民之僞而教之中,以六樂防萬民之情而教之和。

這裏雖然沒有出現“節性”之語,其實就是講以禮樂節民之性,《禮記・王制》說“司徒修六禮,以節民性”可證。上引《大司徒》文鄭玄注也說:“禮,所以節止民之侈僞,使其行得中。”

《禮記・樂記》:

人生而静,天之性也。感於物而動,性之欲(前人已指出此字當從或本作“容”)也。物至知知,然後好惡形焉。好惡無節於內,知誘於外,不能反躬,天

④ 國家文物局古文獻研究室編《馬王堆漢墓帛書〔壹〕》,文物出版社,1980,64 頁注〔三一〕。

⑤ 徐復觀《中國人性論史・先秦篇》,上海三聯書店,2001,4—10 頁。

⑥ 同上書,28 頁。

理滅矣。……是故先王之制禮樂,人爲之節……禮節民心,樂和民聲……

已有學者指出,《樂記》關於物和心、性的關係的看法,跟《性自命出》相近。[⑦]《性自命出》說:"好惡,性也。所好所惡,物也。"[⑧]《樂記》認爲人的好惡無節,爲物所誘,人與人的關係就會發生種種問題,所以先王要制禮樂加以節制。所謂"禮節民心",實際上就是說以禮節民之性。

《荀子·禮論》:

故人一之於禮義則兩得之矣,一之於情性則兩喪之矣。……凡禮……天地以合,日月以明,四時以序,星辰以行,江河以流,萬物以昌,好惡以節,喜怒以當。

楊倞注:"言禮能上調天時,下節人情。"《性自命出》說"喜怒哀悲之氣,性也。及其見於外,則物取之也",又說"情生於性"。[⑨] 好惡喜怒本是性,爲物所取而見於外就成爲情。上引《禮論》文所講的,也是人應以禮義節性的道理。

古人對節性這件事很重視。《性自命出》講到了"動性"、"逆性"、"出性"、"厲性"、"養性"、"長性",似乎不應不提"節性"。這也說明把"室(或加"心"旁)性"釋讀爲"節性",是很合理的。下面我們再來討論"節性者故也"的"故"字的意義。

《性自命出》本身對這個"故"字的解釋是"有爲也者之謂故"。[⑩] 關於"有爲",其下文還有這樣一段話:

《詩》、《書》、禮、樂,其始出皆生於人。《詩》,有爲爲之也。《書》,有爲言之也。禮、樂,有爲舉之也。[⑪]

這些當然是理解我們所討論的"故"字意義的最直接的根據。有關學者據此對"故"字作出的解釋,比較爲大家所熟悉的主要有下列幾種:

"'故'謂所爲之事。"[⑫]

---

⑦ 陳來《荆門竹簡之〈性自命出〉篇初探》,《中國哲學》第二十輯,遼寧教育出版社,1999,299頁。李學勤《郭店簡與〈樂記〉》,同作者《重寫學術史》,河北教育出版社,2002,260—265頁。李天虹《郭店竹簡〈性自命出〉研究》,湖北教育出版社,2002,69頁。

⑧ 荆門市博物館《郭店楚墓竹簡》,179頁。所引語見4號簡。

⑨ 同上書。所引語分别見2號和3號簡。

⑩ 同上書。所引語見13號簡。

⑪ 同上書。所引語見15—16號簡。

⑫ 趙建偉《郭店竹簡〈忠信之道〉、〈性自命出〉校釋》,《中國哲學史》1999年2期,36頁。

“故,……指有所特定之目的而作爲也。”⑬

“有意識、有目的的行爲即是故。”⑭

“……‘故’是指有爲者留下的《詩》《書》《禮》《樂》……”⑮

第一種說法稍嫌籠統。第二、三種說法的區別,主要在於前者以“故”爲動詞,後者以爲名詞。從“故”字的用法看,以說爲名詞爲妥。這些說法都有一定道理,不過我們認爲在理解簡文“故”字的時候,還需要多考慮一下傳世古書中的有關資料。

已有不少學者指出,“有爲爲之”、“有爲言之”之語也見於《禮記》。《禮記・檀弓上》“有子問於曾子曰問(聞)喪於夫子乎”章,有“然則夫子有爲言之也”語。《禮記・曾子問》“子夏問曰三年之喪卒哭金革之事無辟也者與”章,有“昔者魯公伯禽有爲爲之也”語。彭林《論有爲與無爲——從郭店楚簡看儒道性情同異》,認爲道家講“無爲”,儒家講“有爲”,彼此對立;《荀子・性惡》“人之性惡,其善者僞也”,“‘僞’與‘爲’字通,是人爲之義”,“就是‘有爲’”。⑯ 這些意見很有道理。不過彭文爲了强調“有爲”跟“無爲”的對立,似乎把“有爲爲之”、“有爲言之”等語中的“有爲”之“爲”,也看成了作爲之“爲”。這恐怕是有問題的。這種“爲”字(包括“有爲也者謂之故”的“爲”),一般都理解爲因爲之“爲”,讀去聲。《經典釋文》爲《禮記・檀弓上》的“有爲言之”加注說:“有爲,于僞反。”⑰可見古人也把這種“爲”字讀爲因爲之“爲”(“僞”字古讀去聲)。“爲”讀去聲的“有爲”意思是有特定目的或有用意。道家講“無爲”,意在反對人們不是出於自然的、有自己目的的作爲。“爲”讀去聲的“有爲”,跟“無爲”也是對立的。

簡文以“有爲也者”來解釋的“故”,跟荀子所說的當“人爲”講的“僞”,意義顯然很相近。而且《荀子》中還用過這種“故”字。《荀子・性惡》:

聖人積思慮,習僞故,以生禮義而起法度。

---

⑬ 劉昕嵐《郭店楚簡〈性自命出〉篇箋釋》,載武漢大學中國文化研究院編《郭店楚簡國際學術研討會論文集》,湖北人民出版社,2000,334 頁注㉓。

⑭ 梁濤《〈性情論〉與〈孟子〉“天下之言性”章》,載廖名春編《清華大學思想文化研究所、輔仁大學文學院聯合主辦新出楚簡與儒學思想國際學術研討會論文集》(北京,2002),159 頁。

⑮ 陳寧《〈郭店楚墓竹簡〉中的儒家人性言論初探》,《中國哲學史》1998 年 4 期,42 頁。

⑯ 載廖名春編《清華大學思想文化研究所、輔仁大學文學院聯合主辦新出楚簡與儒學思想國際學術研討會論文集》,232 頁。此文又載《光明日報》2002 年 4 月 9 日 B3 版。《莊子・天地》:“無爲爲之之謂天,無爲言之之爲德。”(《淮南子・原道》作“無爲爲之而合於道,無爲言之而通乎德”。)正與“有爲爲之”、“有爲言之”相對。

⑰ 《經典釋文》卷十一,《通志堂經解》本縮印本,中華書局,1983,169 頁下欄之右。

"習僞故"與"積思慮"爲對文。"思"、"慮"義近,"僞"、"故"之義亦應相近。這個"故"就應該是當"有爲也者"講的。《荀子・正名》:

說、故、喜、怒、哀、樂、愛、惡、欲,以心異。

王先謙解釋"說、故"二字說:

說者,心誠悅之。故者,作而致其情也,與《性惡》篇"習僞故"之"故"同義。二者對文。⑱

"說"讀爲"悅",指發自内心的喜歡。"故"是"有爲"的,有勉而爲之的意味。所以"二者對文"。《性自命出》說:"……逆性者悅也。節性者故也。……"⑲講"悅"和講"故"的兩句正好前後相次,與《荀子》似可互證。

"故"字在古書中的用法,跟"僞"頗有相似之處。對於當"人爲"講的"僞",荀子是完全把它當作一個正面的詞來使用的。《荀子》中這種"僞"字常見,早已爲大家所熟知。對當"有爲也者"講的"故",荀子當然也持肯定態度,所以他說聖人"習僞故"。而在立場相反的道家那裏,這種"僞"和"故"當然就都是被否定的了。《莊子・庚桑楚》:"性之動謂之爲,爲之僞謂之失。"同書《漁父》:"惜哉!子之早湛於人僞而晚聞大道也。"道家所說的"無爲"之"爲",其實也是指"人爲"而言的。⑳ 接着舉"故"的例子。《莊子・秋水》:"無以人滅天,無以故滅命。"同書《知北遊》:"真其實知,不以故自持。"同書《刻意》:"去知與故,循天之理。"《管子・心術上》:"恬愉無爲,去智與故。"又說:"人者,立於强、務於善、未(前人或以爲"本"之誤)於能、動於故者也。聖人無之。"道家否定"故",跟否定"僞"一樣,就是要人不要"有爲",不要"故意"。

"僞"除"人爲"之義外,還被用來表示"爲"的另一引申義,即"詐僞"之"僞"。《荀子》就同時使用這兩種"僞"字。㉑ "故"也由"有爲"之意引申出了"巧"、"詐"之類意思。《吕氏春秋・論人》"釋智謀,去巧故",同書《下賢》"空空乎其不爲巧故也",二處高誘注皆釋"巧故"謂"僞詐"。《淮南子・脩務》"推自然之勢,而曲故不

⑱ 王先謙《荀子集解》,《諸子集成》本,中華書局,1954,277頁。

⑲ 荆門市博物館《郭店楚墓竹簡》,179頁。所引語見11號簡。"逆"字原書誤釋爲从"丰"之字,據黄德寬、徐在國、李零等改釋,參閲李天虹《郭店竹簡〈性自命出〉研究》144頁。

⑳ 裘錫圭《糾正我在郭店〈老子〉簡釋讀中的一個錯誤——關於"絶僞棄詐"》,載武漢大學中國文化研究院編《郭店楚簡國際學術研討會論文集》,28頁。

㉑ 同上。

得容者”，高誘注：“曲故，巧詐也。”《荀子》也用這種“故”字。《王霸》指責“大國之主”“不隆本行，不敬舊法，而好詐故”，《王制》說將要滅亡之國“進退貴賤則舉幽險詐故”。前人由於不知“故”本可當“有爲也者”講，往往將上文舉過的“去知與故”等語中的“故”也訓爲“巧”或“詐”，這却是不必要的。道家所反對的是一切“有爲”之事，並不限於巧詐。[22]

梁啓雄將《荀子》“習僞故”的“故”解釋爲“事理”。他的《荀子簡釋》在《解蔽》篇“身盡其故則美”句下加注說：

> 《正名》“民易一以道而不可與共故。……（引者按：删節號爲我們所加）辨則盡故”，《性惡》“聖人積思慮習僞故以生禮義”，《臣道》“因其憂也而辨其故”和此句的“故”字都是指事理。[23]

他釋“習僞故”之“故”謂“事理”，不可從。但他所釋的其他各例的“故”，講成“事理”的確很合適。這一意義可以看作“有爲也者”的引申義。“有爲”是有目的的意思，“故”的原故、理由一類意思是由此引申出來的（做一件事的目的，往往也就是做這件事的原故、理由）。由此再引申，就可以生出道理、事理一類意思來。《國語·周語下》“柯陵之會”章：“敢問天道乎，抑人故也？”《易·繫辭上》：“是以明於天之道，而察於民之故。”這種與“天道”、“天之道”對稱的“人故”、“民之故”，其“故”字也可理解爲指事理。“人故”、“民之故”就是人事之理。《易·繫辭上》“感而遂通天下之故”、同篇下“又明乎憂患與故”的“故”，也都可以理解爲事理。[24]

就“有爲也者”本身的意義來講，其所指範圍也是相當廣的。“去知（或作智）與故”的“故”，似應指心知方面、思慮方面的“有爲也者”。《淮南子·原道》說聖人“保其精神，偃其智故”，同書《精神》又說“休精神而棄知故”。古人所說的精神通常是跟心知聯繫在一起的，可證與“知”、“智”並提的“故”，確指心知的一種作用。《原道》以“鏡水”比喻人心說：“夫鏡水之與形接也，不設智故，而方圓曲直弗能逃也。”其“智故”之義同。《文選·何平叔景福殿賦》“省生事之故”李善注：“賈逵

㉒ 《韓非子·揚權〈搉〉》：“聖人之道，去智與巧。”此例恐不能用爲《莊子》“去知與故”、《管子》“去智與故”之“故”當訓“巧”之證。上文曾引《吕氏春秋·論人》的“釋智謀，去巧故”，“去智與巧”與之同意，但與“去智與故”並不同意。

㉓ 梁啓雄《荀子簡釋》，古籍出版社，1956，298 頁。

㉔ 李天虹已指出“故”有“事理”之義，並引《易·繫辭上》“是故知幽明之故”孔《疏》“故謂事也……義理事故也”爲證，見其《郭店竹簡〈性自命出〉研究》146 頁。

《國語》注曰:‘故,謀也。’”㉕有爲的思慮,正與“謀”義相近。《韓非子・解老》:“諸夫飾智故以至於傷國者,其私家必富……”(其上文尚有“飾巧詐”之語)。同書《八經》:“衆諫以效智故,使君自取一以避罪。”這兩處“智故”似皆可理解爲智謀。前引《吕氏春秋・論人》文,以“釋智謀”與“去巧故”爲對文;同書《下賢》“空空乎其不爲巧故也”句的下文中,還有“鵠乎其羞用智慮也”句。《解老》既説“飾巧詐”,又説“飾智故”,“巧詐”相當於《吕氏春秋》的“巧故”,“智故”則相當於《吕氏春秋》的“智謀”、“智慮”。

上博簡《性情論》:“同方而交,以道者也;不同方而交,以故者也。[同悦]而交,以德者也;不同悦而交,以猷者也。”㉖前一句上半句的“道”與後一句上半句的“德”相對,前一句下半句的“故”與後一句下半句的“猷”相對。趙建偉訓“猷”爲“智謀”,訓“故”爲“巧故”。㉗ 這個“故”字似乎還不如解釋爲有目的的考慮,而且也未嘗不可以就把“以故”理解爲有原故、有目的。

“有爲爲之”的,還有成爲人們所遵循的成例、規範或制度的。荀子認爲“禮義法度”“生於聖人之僞”(《荀子・性惡》),就可以説明這一點。據前面引過的《禮記・曾子問》,“三年之喪,卒哭,金革之事無辟(避)也者”,本是周初魯公伯禽“有爲爲之”的一項措施。雖然孔子認爲後世不根據具體情況而一味沿襲這種做法,是“從其利者”,並不合禮,但是實際上這種做法也已經成爲大家遵循的一種禮制了。因此當“有爲也者”講的“故”,又産生了成例、規範、制度一類意思。《國語・魯語上》:“哀姜至,公使大夫宗婦覿用幣。宗人夏父展曰:‘非故也。’”韋注:“故,故事也。”“故事”就是後世所説的“成例”。《公羊傳》昭公三十一年:“公扈子者,邾婁之父兄也,習乎邾婁之故。”何休注:“故,事也。”其實此注也應説:“故,故事也。”《左傳》定公十年:“齊魯之故,吾子何不聞焉。”杜預注:“故,舊典。”這裏所説的“典”是“典則”、“典制”之“典”,不是“典册”之“典”。《禮記・曲禮下》:“君子行禮,不求變俗。祭祀之禮、居喪之服、哭泣之位,皆如其國之故,謹修其法而審行之。”《正義》:“皆如其國之故者,謂故俗也。”俗也是一種規範,所謂“祭祀之禮”等

㉕ 《文選》卷一一,胡克家刻本縮印本,中華書局,1977,上册179頁上欄之右。李善注所引賈注,疑是《晉語二》“反自稷桑處五年”章“多爲之故,以變其志”句中“故”字之注。韋昭注釋“多爲之故”爲“多作計術”。疑此“故”字指有計謀的事,實即“有爲”之事的一種。

㉖ 馬承源主編《上海博物館藏戰國楚竹書(一)》,256—257頁。所引語見25和26號簡。《性自命出》的相應文字中,“交以故者也”五字殘去。

㉗ 趙建偉《上博簡拾零・3、“不同方而交以古(故)者也”解》,“簡帛研究”網站,2003年7月6日。

等,其實就是一些禮制。成例、規範、制度通常是爲人們長期遵循的,往往起源很早。“故”的陳舊、固有、本來等義,應該是由上述這類意義引申出來的。

現在可以回到“節性者故也”這句話上來了。在心性修養過程中,節性屬初級階段,而且是比較被動的做法。“故”不大可能指節性的主體的主動行爲,而應該指能節制人性的成例、規範、制度之類的東西。古人常言以禮節性,《性自命出》也說:“禮、樂,有爲舉之也。”用來節性的“故”,肯定包括合乎儒家思想的各種禮制。《性自命出》還說:“《詩》,有爲爲之也。《書》,有爲言之也。”强調了《詩》、《書》跟當“有爲也者”講的“故”的關係。與《性自命出》一起出土的《六德》篇,在講了君、臣、父、子、夫、婦應有之德後說:“故夫夫,婦婦,父父,子子,君君,臣臣,六者各行其職而狃奮亡由作也。觀諸《詩》、《書》則亦在矣,觀諸《禮》、《樂》則亦在矣,觀諸《易》、《春秋》則亦在矣。”[28]用來節性的“故”,也應該包括儒家經典所反映的各種倫理道德規範。[29] 總之,所謂“故”主要應指合乎儒家思想的各種禮制和倫理道德規範。這些都是古人“有爲”而作的,所以可用當“有爲也者”講的“故”來指稱。

我在《錯別字》中已經指出,“節性者故也”的“故”,其義應與《左傳》、《公羊傳》、《禮記》中當“舊典”、“故事”、“故俗”講的“故”相類,[30]但言之不詳,所以重新論證如上。

下面我們來討論《孟子》的“天下之言性也”章。《孟子·離婁下》:

> 孟子曰:天下之言性也,則故而已矣。故者,以利爲本。所惡於智者,爲其鑿也。如智者若禹之行水也,則無惡於智矣。禹之行水也,行其所無事也。如智者亦行其所無事,則智亦大矣。天之高也,星辰之遠也,苟求其故,千歲之日至可坐而致也。

此章文字,尤其是開頭兩句,素來以爲難解。朱熹《孟子集注》等,把這兩句當作孟

---

[28] 荆門市博物館《郭店楚墓竹簡》,188 頁(書名號爲我們所加)。所引語見 23—25 號簡。三“在”字簡文原作“才”,陳偉認爲“也可能讀爲‘載’”,見其所著《郭店竹書别釋》,湖北教育出版社,2002,122 頁。

[29] 參看李天虹《郭店楚簡〈性自命出〉研究》,146 頁。李天虹在肯定陳寧提出的“故”指《詩》、《書》、《禮》、《樂》的說法的同時,又釋“故”謂“事理、法則”,認爲“可能因爲詩、書、禮、樂所載體現了事理,可以之爲法則”,所以可稱爲“故”。

[30] 見饒宗頤主編《華學》第六輯 52 頁、廖名春編《清華大學思想文化研究所、輔仁大學文學院主辦新出楚簡與儒學思想國際學術研討會論文集》19—20 頁。附帶說一下,我在那裏引《荀子·勸學》“詩書故而不切”,來說明《詩》、《書》跟當“有爲也者”講的“故”的關係,是錯誤的。那句話的“故”應該當陳舊講。《莊子·天運》:“夫六經,先王之陳迹也。”可參考。

子正面敘述關於性的意見的話,顯然是錯誤的。

梁濤在《〈性情論〉與〈孟子〉"天下之言性"章》一文的第一節中,指出"天下之言性也,則故而已","是孟子引述當時人的觀點";㉛並在第二節的開頭說:

> 1998 年在湖北荊門出土的郭店竹簡中,有《性自命出》一篇,其中明確提到"交性者,故也",將"性"、"故"聯繫在一起,並對"故"字作了專門解說。《性自命出》年代在孟子以前,反映的正是當時"天下之言性也"的情況,爲破解《孟子》"天下之言性"章提供了重要材料。㉜

這是很有道理的。可是他雖然相當正確地把"有爲也者之謂故"譯爲"有意識、有目的的行爲即是故",但在具體進行論述時則把"故"說成"修習",㉝這是有問題的。雖然修習也可以算作有目的的"人爲",但是"故"字在古漢語中却並無當"修習"講的用法。而且把"節性者故也"的"故"解釋爲"修習",文義跟同一段的"養性者習也"㉞就重複了。他對《孟子》"故者以利爲本"的解釋,基本上沿襲朱熹之說,㉟也是有問題的。

其實古人對《孟子》"天下之言性也"章的頭兩句,並非全都沒有作過較好的解釋。宋人僞託孫奭之名而作的《孟子》疏(即《十三經注疏》所收者),向來被譏爲淺陋。但此《疏》對這兩句的解釋却比趙岐、朱熹、焦循等人都好。其說曰:

> 孟子言今夫天下之人有言其性也者,非性之謂也,則事而已矣。蓋故者事也,如所謂故舊無大故之故同意。以其人生之初,萬理已具於性矣,但由性而行,本乎自然,固不待於有爲則可也,是則爲性矣。今天下之人,皆以待於有爲爲性,是行其性也,非本乎自然而爲性者耳,是則爲事矣。事者必以利爲本,是人所行事必擇其利然後行之矣,是謂"故者以利爲本"矣。㊱

陸九淵對《孟子》這兩句話的解釋,跟僞孫奭《疏》相近,但說得比較簡單。他說:

㉛ 廖名春編《清華大學思想文化研究所、輔仁大學文學院主辦新出楚簡與儒學思想國際學術研討會論文集》,157 頁。

㉜ 同上書,158 頁。

㉝ 同上書,159 頁。

㉞ 荊門市博物館《郭店楚墓竹簡》,179 頁。所引語見 11—12 號簡。

㉟ 同注㉝。

㊱ 《十三經注疏整理本》,北京大學出版社,2000,第 25 册,273 頁。

> 據某所見當以《莊子》“去故與智”解之。……當孟子時,天下無能知其性者。其言性者,大抵據陳迹言之,實非知性之本,往往以利害推說耳。是反以利爲本也。㊲

陸氏將《孟子》此處“故”字,與《莊子》“去知與故”之“故”聯繫起來,是其高明處,但釋“故”爲“陳迹”,仍不妥。他對“以利爲本”的解釋簡明扼要,比僞孫奭《疏》好。

上引兩種解釋,都把孟子的這兩句話,看作對時人關於性的言論的批評,其思路是正確的。綜合這兩種解釋的長處,並根據我們對“故”字的討論,將這裹所說的“故”理解爲人爲的規範、準則,孟子的原意就很清楚了。“孟子道性善”(《滕文公上》),認爲“君子所性,仁義禮智根於心”(《盡心上》),“仁義禮智,非由外鑠我也,我固有之也”(《告子上》)。他主張人應認識自己內心本有仁義禮智四端,“知皆擴而充之”(《公孫丑上》);反對人們把仁義禮智當作人爲的規範、準則(“智”指辨別是非的標準),勉强大家去遵循、履行。他說舜“由仁義行,非行仁義也”(《離婁下》),這就是說,舜是根據自己仁義的本性去行仁義的,並非去履行一種外在的仁義準則。“天下之言性也,則故而已矣”的意思應該是說,一般講性的人,把人性所固有的仁義禮智,僅僅看成外在的人爲的規範、準則了。對仁義禮智採取功利主義態度的墨家和認爲仁義禮智不合人類天性的道家,當然可以包括在“天下之言性”者之中。就是一般儒家的意見,如《性自命出》的以“故”節制人性的說法(這在當時大概是相當普遍的說法),告子“以人性爲仁義,猶以杞柳爲桮棬”的說法(《孟子・告子上》),也顯然是孟子的批評對象,說不定還是他心目中的主要批評對象(對於“仁”,《性自命出》的作者和告子等儒者,並沒有完全把它看作人爲的道德規範,孟子的話多少有些簡單化)。上引僞孫奭《疏》主要是根據孟子“舜……由仁義行,非行仁義也”的話來作解釋的,基本符合孟子原意。

既把仁義等看作規範、準則,就免不了如上引陸九淵所說的那樣,“往往以利害推說”。古人說話,往往把義和利聯繫在一起,如《左傳》昭公十年“義,利之本也”、《國語・周語中》“夫義,所以生利也”等等。在强調仁義是人性而徹底反功利的孟子看來,這當然就是“以利爲本”了。墨家不但說“義,利也”(《墨子・經上》),而且做一切事都以是否合乎國家、人民之利爲標準,認爲“仁人之所以爲事者,必興天

㊲ 《象山語錄》卷二,《四庫全書》本縮印本,上海古籍出版社,1987,第1156册,556頁下欄之右。

下之利"(《墨子・兼愛中》),更是强調"以利爲本",孟子當然也更反對。[38] 不過應該指出,孟子並不是反對對人有利的事,但他認爲只講功利而不講仁義是人性,必將導致喪失仁義的災難性後果。

對"天下之言性也"章的中間一段,大家的認識沒有多大分歧。陸九淵曾在我們引過的那段話的開頭說:"'天下之言性也則故而已矣',此段人多不明首尾文義,中間'所惡於智者'至'智亦大矣',文義亦自明,不失孟子本旨"。[39] 所以對這一段,我們就略而不論了。

"天下之言性也"章之"尾",即"天之高也"這一句,文義也難明。我們懷疑此章的"故"指星辰運行的常規,是當成例、規範一類意思講的"故"字的引申用法。"故"的引申用法,其意義可以與"人爲"無關,例如"故"的原故、陳舊、固有等義,就往往如此。《莊子・達生》:"吾生於陵而安於陵,故也;長於水而安於水,性也;不知吾所以然而然,命也。"這裏跟"性"、"命"並提的"故",也不會帶有"人爲"之意。《莊子》此語也見於《列子・黄帝》,張湛注:"故猶素也。"這個"故"似乎就可理解爲常規,也可理解爲固有的情況。孟子可能以研求星辰運行的常規,可以坐致千歲之日至這件事,比喻通過那些合於儒家道德觀念的"故",其實也可以發現人的内在之性是仁義的,或是比喻明白了自己心中本有四端,就可以擴而充之至於無窮。不過也有可能這句話的"故"指事理,孟子說這句話,只是爲了說明智者用智正確,其智就會很大。

我們不敢說已經解決了"天下之言性也"章的問題,但是《性自命出》的出土,確實大大加深了我們對此章的理解。

原載《第四屆國際中國古文字學研討會論文集》(香港中文大學中國語言及文學系,2003),又載《中國出土古文獻十講》,今據後者收入。

---

[38] 關於孟子的反功利,參看馮友蘭《中國哲學史新編》,人民出版社,1984,第二册,81 頁。

[39] 《象山語録》卷二,《四庫全書》本縮印本第 1156 册,556 頁上欄之左至下欄之右。

釋郭店《緇衣》“出言有丨,黎民所訁丨”
——兼說“丨”爲“針”之初文

《禮記·緇衣》“子曰:‘長民者衣服不貳……’”章引《詩》云:

彼都人士,狐裘黄黄。其容不改,出言有章。行歸于周,萬民所望。

此所引見《小雅·都人士》,其文與今本《毛詩》全同。郭店楚墓竹簡(以下簡稱“郭簡”)《緇衣》篇此章所引之《詩》則作:

亓(其)頌(容)不改,出言又(有)丨,利(黎)民所訁丨。[1]

與見於《禮記》的今本《緇衣》有較大出入。簡本引《詩》似有删節,《詩》之用字亦與今本有異:“丨”今本作“章”,“黎民”今本作“萬民”,“訁丨”今本作“望”。

《郭簡》因“丨”字起筆較重,將它隸定爲“𠃌”,“疑爲字之未寫全者”,[2]又將“訁丨”字釋爲“信”,皆有問題。白於藍《郭店楚墓竹簡考釋(四篇)》指出其問題說:

第一,所謂“𠃌”字原本寫作“丨”,〔注五〇〕云“疑爲字之未寫全者”純屬臆測之辭,難以令人信服。第二,所謂“信”字原本寫作“訁丨”,楚簡文字中信字習見,從未見有與此同形者。第三,從今本《詩經·小雅·都人士》之辭句來看,原句中本是有韻的,“黄”、“章”、“望”三字相押,此三字上古音均爲陽部字。簡本中的“丨”字從文義上看是與今本之“章”字對應,“訁丨”字則與“望”字對應,而“訁丨”字顯係一從言“丨”聲的形聲字。由此看來,簡本之“丨”與“訁丨”也可以認爲是同聲的,即含有韻。可見,簡本釋文及注釋中對此二字的理解均不足憑信。[3]

---

① 荆門市博物館《郭店楚墓竹簡》,文物出版社,1998,18頁17號簡。參看此書130頁釋文。

② 同上書,134頁注五〇。

③ 李學勤、謝桂華主編《簡帛研究二〇〇一》,廣西師範大學出版社,2001,上册192頁。

所言甚是。但此文釋“丨”字爲《説文》訓“左戾也”的“乀”,[4]却顯然不足信。[5]

除白於藍等少數學者外,一般研究郭店《緇衣》的學者都仍從《郭簡》釋“訁”爲“信”。上海博物館所藏戰國楚竹書(以下簡稱“上博簡”)中也有《緇衣》。雖然上舉引《詩》之文在此本中絶大部分已經殘去,但末二字尚存,最末一字也作“訁”,可證其並非从“人”的“信”字。[6]

對郭簡“丨”字,各家有多種釋讀方法,然而都難以信從。[7] 不過有的學者將此字與見於《説文》的“丨”字聯繫了起來,[8]則是值得注意的。《説文·一上·丨部》:

> 丨,上下通也。引而上行讀若囟,引而下行讀若退。

如僅從字形著眼,把簡文“丨”釋爲《説文》“丨”字,當然是合理的。[9]

上博簡《容成氏》所舉遠古帝王中有“椲丨氏”,[10]此篇整理者已指出“丨”字亦見於郭簡《緇衣》。[11] 何琳儀《滬簡二册選釋》認爲“丨”即《説文》“丨”字。他指出“‘韋’與‘軍’聲系可通”,“丨”有“退”音,而“‘退’與‘敦’亦可相通”,所以“椲丨氏”就是古書中的“渾敦氏”(亦稱“渾沌氏”)。[12] 由於從圖版上看,所謂“椲”字的右旁似與一般“韋”字有較大出入,“渾敦氏”之釋是否正確尚難論定。但“丨”字在郭簡和上博簡中的兩次出現,充分證明這確是一個完整的古文字,決非“字之未寫全者”。

“丨”字的來源可以追溯到殷墟甲骨文。甲骨文“十”字作丨,[13]“朕”字中小篆

---

④ 同上書,193 頁。

⑤ 參看蘇建洲《〈郭店·緇衣〉考釋一則》,“簡帛研究”網站,2003 年 6 月 25 日。

⑥ 此字見馬承源主編《上海博物館藏戰國楚竹書(一)》,上海古籍出版社,2001,54 頁《緇衣》10 號簡。此書釋此字爲“信”。

⑦ 參看蘇建洲《〈郭店·緇衣〉考釋一則》一文,但此文作者自己的説法似亦難成立。

⑧ 劉信芳《郭店簡〈緇衣〉解詁》,武漢大學中國文化研究院編《郭店楚簡國際學術研討會論文集》,湖北人民出版社,2000,170 頁。王寧《郭店楚簡〈緇衣〉文字補釋》,“簡帛研究”網站,2002 年 9 月 12 日。蘇建洲《〈郭店·緇衣〉考釋一則》一文亦以簡文“丨”與《説文》“丨”爲一字。

⑨ 上注所引劉文讀“丨”爲“引”,王文讀“丨”爲“絢”,蘇文讀“丨”爲“類”,讀“訁”爲“述”,似皆不可信。

⑩ 馬承源主編《上海博物館藏戰國楚竹書(二)》,上海古籍出版社,2002,93 頁 1 號簡。參看 250 頁釋文。

⑪ 同上書,251 頁。

⑫ “簡帛研究”網站,2003 年 1 月 14 日。此文認爲郭簡《緇衣》的“丨”當據“囟”音讀爲“細”,恐難成立。廖名春《上博簡〈容成氏〉札記(一)》已釋“椲丨”爲“混沌”(“簡帛研究”網站,2002 年 12 月 26 日),“混沌”與“渾沌”、“渾敦”爲一語之變,但廖文釋“丨”爲“屯”,字形不合。

⑬ 孫海波《甲骨文編》,中華書局,1965,94 頁。

訛爲“弅”的偏旁作“”,⑭兩手所奉之物與“十”同形。象兩手奉物形之字,有時兼以所奉之物爲聲,如“龏”即以“龍”爲聲;“奉”之初文“丰”,⑮即以“丰”爲聲;“共”字本作,⑯兩手所奉之“”,乃作形之“公”字的初文,本爲“瓮”之象形字,⑰“共”字原來即以之爲聲。“弅”字《說文》失收(後世字書“弅”字疑出附會),其音應與“朕”同。“朕”字上古音屬定母侵部,“十”字上古音屬禪母緝部。上古音禪、定二母發音相似,⑱侵、緝二部陽入對轉,可知“弅”、“十”二字之音極近。由此推測,“丨”當爲“針”之象形初文。“針”字上古音屬章母侵部。上古音章母與定母、禪母也都相近,如“真”字屬章母,以之爲聲旁的“填”、“闐”等字屬定母,“慎”字屬禪母;“隹”字屬章母,以之爲聲旁的“魋”、“椎”等字屬定母,“誰”、“脽”等字屬禪母;“詹”字屬章母,“澹”、“譫”等字屬定母,“蟾”、“贍”等字屬禪母。例多不煩列舉。可見“針”與“十”、“弅”的上古音都很接近。所以古人以針的象形符號來記錄數字“十”,這跟以肘的象形符號來記錄“九”,⑲是同類的現象(當然也不排斥古人以“丨”記錄“十”時,也考慮到“丨”正好是豎寫的“一”的可能);又以兩手奉針形作爲“弅”的字形,讓“丨”兼起聲旁的作用。簡文“丨”字應該就是這個“針”字初文。

“十”字在周代由丨演變爲、、等形,⑳“弅”所从的丨經歷了類似的過程,並且産生了贅加“八”字形的、等寫法。㉑ 加“八”形的多見於東周時代文字,楚墓竹簡“弅”字上部多作,㉒橫畫加長,但有時也有作的。㉓《說文》“弅”

---

⑭ 同上書,358—359 頁。

⑮ 容庚《金文編》,中華書局,1985,158 頁。

⑯ 同上書,164 頁。

⑰ 參看朱芳圃《殷周文字釋叢》,中華書局,1962,94—95 頁。

⑱ 參看周祖謨《禪母古讀考》,同作者《問學集》,中華書局,1966,139—161 頁。

⑲ 古文字“九”本象人肘形,是丁山、李孝定等人的說法,見李孝定《甲骨文字集釋》,中研院史語所,1982,4189 頁。

⑳ 容庚《金文編》133—134 頁。

㉑ 看上書 607—610 頁“朕”字的“关”旁。

㉒ 滕壬生《楚系簡帛文字編》,湖北教育出版社,1995,206 頁“尖”字條所收前三形即“弅”字(後二形乃“弆”字,參看李家浩《信陽楚簡“澮”字及从“类”之字》,《著名中年語言學家自選集·李家浩卷》,安徽教育出版社,2002,194—211 頁)。下文將要提到的楚簡中的从“酉”“弅”聲的“尊”字,見上引《文字編》1100 頁,又見張光裕主編《郭店楚簡研究·第一卷·文字編》,藝文印書館,1999,398 頁。

㉓ 馬承源主編《上海博物館藏戰國楚竹書(一)》57 頁《緇衣》13 號簡。又《容成氏》51 號簡(同注⑩143 頁)有从“糸”从“弅”之字,“弅”旁中豎上所加橫畫頗短。

的“火”旁是由加“八”之形訛變的。獨立使用的“針”的象形初文，由於要跟“十”字相區別，沒有發生在豎畫中部加點加横的變化。“針”字《說文》作“鍼”，舊多以“針”爲後起俗字。現在看來，它跟“暮”、“樑”、“洲”、“肱”等增加意符以表示原字本義的後起字有些相似。

在楚簡中，“弅”往往讀爲文部字或用作文部字的聲旁。劉國勝《信陽長臺關楚簡〈遣策〉編聯二題》指出，信陽楚墓所出遣策借“弅”爲“寸”，郭簡《尊德義》和望山楚墓遣策都有从“酉”“弅”聲的“尊”字。[24] “寸”和“尊”都是文部字。

《禮記・緇衣》“子曰：‘夫民（簡本“夫民”作“長民者”）教之以德，齊之以禮……’”章“則民有孫（遜）心”句的“孫心”，郭簡本作“愻心”（“愻”即“遜順”之“遜”的本字）；[25]上博簡本則作下加合文號的“恙”，[26]此篇整理者說：“‘恙’（引者按：“关”相當於我們的“弅”）字下有合文符，爲‘恙心’兩字……‘恙心’或可讀爲‘遜心’。”[27]“遜”也是文部字。沈培《上博簡〈緇衣〉篇“恙”字解》，根據楚簡借“弅”爲“寸”和以“弅”爲“尊”字聲旁的現象，肯定了“‘恙心’當讀爲‘遜心’或‘愻心’”；並指出《說文》“侺”字下說“古文以爲‘訓’字”，也是从“弅”聲的字讀爲文部字之例，而且“古書从‘川’之字多與从‘孫’之字相通”，“侺”用爲“訓”與上博簡以“恙”爲“愻”正可互相印證。[28] 這些意見都可以信從。上博簡《昔者君老》1 號簡有“母弟弅退”語，[29]李銳《上博館藏楚簡（二）初札》以爲此“弅”亦當讀爲“遜”。[30]

楚簡中還有“丨”和“十”用作聲旁之例。郭簡中“慎”字的常見之形，右从“斤”，左下从“言”，左上有从“幺”的，也有从丨、⊥、十的。[31] 陳劍《說慎》由於楚簡中“幺”可以寫作“彡”，懷疑楚簡“慎”字所从的“幺”可能與古文字中作“斦”形的“慎”字所从的“彡”有關，[32]大概認爲這種“幺”就是由“彡”訛變的。上博簡《容成

---

[24] 《江漢考古》2001 年 3 期，66—67 頁。陳偉《〈德義〉校釋》也指出“尊”與“弅”古音當相近，見陳偉《郭店竹書别釋》，湖北教育出版社，2002，135 頁（有關内容已見其發表於《中國哲學史》2001 年 3 期的《郭店簡書〈尊德義〉校釋》一文 109 頁）。

[25] 荆門市博物館《郭店楚墓竹簡》19 頁 26 號簡，參看此書 130 頁釋文。

[26] 馬承源主編《上海博物館藏戰國楚竹書（一）》。

[27] 同上書，189 頁。

[28] 饒宗頤主編《華學》第六輯，紫禁城出版社，2003，68—70 頁。

[29] 馬承源主編《上海博物館藏戰國楚竹書（二）》87 頁。

[30] “簡帛研究”網站，2003 年 1 月 6 日。

[31] 張光裕主編《郭店楚簡研究・第一卷・文字編》236—237 頁。古璽中也有作“慙”的“慎”字，參看陳劍《說慎》，《簡帛研究二〇〇一》，廣西師範大學出版社，2001，上册 212 頁。

[32] 上注所引陳劍文同頁。

氏》有左上方作“彡”形的“慎”字，㉝似可證成陳說。至於从丨或丨、十的“慎”，我認爲應分析爲从“斦”（𣂔）省，“丨”聲或“十”聲。“慎”和“十”都是禪母字。“慎”屬真部，真、文二部極爲接近。與“丨”、“十”有密切關係的“夰”既可讀爲文部字或用爲文部字的聲旁，“丨”和“十”當然也可以用作“慎”字的聲旁。上博簡《性情論》中的“慎”字有簡作“𧥛”的，㉞可以分析爲从“言”“十”聲。楚簡“十”字沒有只作一豎而不加點或短横的，㉟所以“慎”字所从的“丨”必須看作“針”的初文。郭簡《語叢四》有“𢻱”字，㊱徐在國《郭店楚簡文字三考》認爲此字从“十”聲，在簡文中讀爲“執”。㊲ 陳劍同意此字从“十”聲，但認爲在簡文中應讀爲“審”。㊳ 此字究竟應該讀爲何字，還可進一步研究。

《說文》“丨”字有“囟”、“退”二音。“囟”與可以用“丨”、“十”爲聲的“慎”同屬真部，其聲母與可以用“夰”爲聲的“愻”（遜）同屬心母。“退”屬微部，微部與“寸”、“尊”、“愻”、“訓”等字所屬的文部有陰陽對轉關係（《廣韻》“丨”音古本切，屬文部）；其聲母屬透母，跟“丨”、“十”、“夰”等字的聲母很相近。由此看來，《說文》的“丨”應該就是“針”的初文，只不過許慎已經不知道這一點了。其“引而上行”、“引而下行”之說雖然難以相信，“囟”和“退”這兩個讀音還是有根據的。

根據以上的討論，對簡本《緇衣》的“出言有丨，黎民所訂”可以有兩種釋讀方法。

一、根據“悆”即“愻”（遜）和古文以“侁”爲“訓”的現象，將上舉文句釋讀爲“出言有遜，黎民所訓”。

“出言有遜”的句法跟《詩·大雅·皇矣》“臨下有赫”、《詩·商頌·那》“執事有恪”相類。“有遜”猶言“遜遜”。㊴《論語·鄉黨》：“孔子於鄉黨，恂恂如也，似不

㉝ 馬承源主編《上海博物館藏戰國楚竹書（二）》93 頁 1 號簡、131 頁 39 號簡。

㉞ 馬承源主編《上海博物館藏戰國楚竹書（一）》109 頁 39 號簡有兩例。

㉟ “十”字見滕壬生《楚系簡帛文字編》181—183 頁、張光裕主編《郭店楚簡研究·第一卷·文字編》90 頁。

㊱ 荆門市博物館《郭店楚墓竹簡》106 頁 15 號簡。此簡原來排序有誤，當據北京大學中文系 2002 年訪問學者趙鋒先生的意見，移至 5 號、6 號兩簡之間，詳陳劍《郭店簡〈窮達以時〉、〈語叢四〉的幾處簡序調整》，《國際簡帛研究通訊》二卷 5 期，2002 年 6 月，6 頁。

㊲ 《簡帛研究二〇〇一》179 頁。

㊳ 陳劍《郭店簡〈窮達以時〉、〈語叢四〉的幾處簡序調整》。

㊴ 參看王顯《詩經中跟重言作用相當的有字式、其字式、斯字式和思字式》，《語言研究》1959 年 4 期，9—43 頁。

能言。其在宗廟朝廷,便便言,唯謹爾。"漢《慎令劉脩碑》:"其於鄉黨,遜遜如也。"㊵"恂恂"作"遜遜"。"出言有遜"就是出言謙恭有禮的意思。

《詩·大雅·抑》:"無競維人,四方其訓之。有覺德行,四國順之。"《周頌·烈文》:"無競維人,四方其訓之。不顯維德,百辟其刑之。""黎民所訓"之"訓"應與上引二"訓"字同義。朱熹《詩集傳》釋"四方其訓之"爲"四方皆以爲訓",可從。"黎民所訓"就是黎民皆以之爲榜樣的意思。

二、據"慎"可以"丨"、"十"爲聲和"丨"有"囟"音("囟"、"信"同音)的現象,將上舉文句釋讀爲"出言有慎,黎民所信"。"訃"不从"人",與一般"信"字有異,所以《郭簡》不加說明就釋"訃"爲"信"是不對的。但"訃"是"信"的一個特殊異體或通假字的可能性不能排除。

至於按照一般古音系統屬於侵、緝部的"丨"(針)、"十"、"犮"等字,爲何有真、文部的音,有待進一步研究。㊶

原載《古墓新知——紀念郭店楚簡出土十周年論文專輯》(國際炎黄文化出版社,2003),又載《中國出土古文獻十講》,今據後者收入。

㊵ 洪适《隸釋》卷八,《隸釋·隸續》,中華書局,1985,96頁。

㊶ 沈培《上博簡〈緇衣〉篇"𢘑"字解》一文對此有解釋,可參考。

談談英國國家圖書館所藏的敦煌漢簡

20世紀70年代以來,我國古代簡牘不斷有重要的新發現。在大家都把目光投注於新發現的時候,應該提醒一下:我們不要冷落了舊發現。例如英國國家圖書館所藏的、近代最早發現的一批漢簡,即斯坦因第二、三兩次中亞考察所獲敦煌漢簡,[①]其整理工作就遠遠沒有完成,值得我們好好加以注意。

蘭州大學的郭鋒先生,在《斯坦因第三次中亞探險所獲甘肅新疆出土漢文書》(以下簡稱"郭書")附錄二中指出,斯坦因第二次考察所獲敦煌木簡"尚有大批未予刊佈"。[②] 他說:

> 筆者1989年調查三探文書時,順便調查了二探未刊木簡……
>
> 據調查,二探所獲漢文木簡均編於Or.8211號下1—3326號內。其中1—992號即已經沙畹刊佈之木簡及少量紙文書(引者按:沙畹發表斯坦因第二次中亞考察所獲漢文資料的書,是《斯坦因東土耳其斯坦沙漠發現的漢文文書》——以下簡稱"沙書",書中發表的漢簡共七百件左右)。993—1351號,皆敦煌烽燧出土簡……爲未刊佈者。簡皆寸餘或不滿尺之碎片,或二、三字或十餘字,隸書,漫漶難識者居多。……1733—3326號,計一千五百餘號,亦皆未經整理刊佈之二探所獲敦煌木簡。由此可知,二探所獲木簡,其未刊佈之敦煌木簡尚有近兩千號(1733—3326號一千五百餘號與993—1351號三百五十餘號合計)。[③]

據我所知,所謂近兩千號的敦煌木簡,大部分是漢代人從已書寫過的木簡、木觚上

---

① 斯坦因進行第二次考察時,在發現敦煌漢簡之前,曾在新疆的尼雅遺址中,發現了也是屬於漢代的、精絶國的漢文木簡,但數量很少。

② 郭鋒《斯坦因第三次中亞探險所獲甘肅新疆出土漢文文書——未經馬斯伯樂刊佈的部分》,甘肅人民出版社,1993,124頁。

③ 同上,124—125頁。

削下來的帶字薄片,下文簡稱爲“削柹”(“柹”音 fèi,字亦作“杮”、“𣏾”,指削下的木片)。

我在1992年6月訪問倫敦大學亞非學院期間,蒙英國國家圖書館東方部吳芳思博士(Dr. Frances Wood)給予照顧,曾跟現在任教於亞非學院、當時正在該院攻讀學位的汪濤博士一起,用了兩三天時間,有選擇地看了一下館藏的斯坦因所獲敦煌漢簡。

斯坦因第二次中亞考察所獲敦煌漢簡的未發表部分,是我注意的重點。不過我不如郭鋒先生看得全,只看了1817號以後的部分。從1817號到3325號,都是一號一件。其中3230號到3242號這十三號,是看不出字跡的封檢等東西。此外將近一千五百號,除極少數是殘簡外,都是削柹。3326號是一個集體號,屬於此號的有三十七個盒子。最後兩盒放的是時代晚於漢代的厚木簡。其他三十五個盒子放的基本上都是削柹,每盒削柹數量大概都在十片以上。據圖書館方面估計,削柹總數在五千片左右,我所看到的應該只是一部分。削柹上的字數多寡不一,少數存字多的,有多到二十個字左右的。

由於時間不夠,我在看削柹時沒有錄文。據當時的印象,似乎絶大多數是從抄《蒼頡篇》或《三蒼》(指《蒼頡》、《爰歷》、《博學》三篇合編本)的木觚或木簡上削下來的。郭書介紹斯坦因第二次中亞考察所獲敦煌木簡未發表部分時曾說:

> 還有些簡,原出土編號已缺,有“□史計會”、“□有民人安”、“誦書□勿宣”等字句,涉及政治、文化、經濟方面。④

這裏所說的應該就是那些削柹。“誦書□勿宣”和“□史計會”,顯然是《蒼頡篇》“勉力諷誦,晝夜勿置,苟務成史,計會辨治”的殘文。⑤“書”和“宣”應是“晝”和“置”的誤釋。

這些削柹上的字句,有些是重複的,有的字句出現的次數不下三次,大概被削的木觚或木簡上所抄的《蒼頡篇》或《三蒼》有好幾本。這些削柹上的字跡大都不工整,似爲學書者所寫。學書的木簡,尤其是木觚,需要重複使用,所以才會有這樣多的削柹。

從字體看,這批削柹大概屬於西漢時代。記得有一片非《蒼頡篇》或《三蒼》的

---

④ 同注②,125頁。

⑤ 所引《蒼頡篇》文,見《居延新簡》(甲渠候官)EPT50:1A,上册(釋文)64頁、下册(圖版)127頁,中華書局,1994。“諷”,原簡作“風”,二字古通。

削柿或殘簡上,有"本始(或爲"元始",已記不清)元[年]"殘文。本始是宣帝年號,元始爲平帝年號,都屬西漢,只是平帝已到西漢末年。西漢元帝時史游編《急就篇》。這部跟《蒼頡篇》性質相類的啓蒙書,在東漢時很盛行,但在這批削柿上好像沒有出現過《急就篇》的字句。這似乎也可說明其時代不會晚到東漢。

儘管這批削柿上《蒼頡篇》或《三蒼》的字句有重複,由於削柿數量巨大,如果細心加以整理,所能得到的字句,一定會大大超出我們已經從敦煌、居延、阜陽等地出土漢簡上找出來的《蒼頡篇》和《三蒼》的字句的範圍。那些跟已經找出來的字句重複的,則可以據以改進過去對這些字句的考釋。所以這些從來沒有被專家整理過的《蒼頡篇》或《三蒼》的削柿,是很有研究價值的。當然,其他性質的削柿和那些沒有發表的殘簡,也都是有研究價值的。

郭書還認爲斯坦因第三次中亞考察所獲敦煌木簡,也還有六十餘枚沒有發表。書中說:

> 斯坦因三探在敦煌地區主要考察發掘了疏勒河流域沿綫烽燧,所獲木簡,馬斯伯樂刊佈了 166 枚。這次調查,看到尚有六十餘枚碎簡未予整理刊佈。這六十餘枚木簡大多僅存二、三字或無字……⑥

這種說法並不十分妥當。

林梅村、李均明《疏勒河流域出土漢簡》一書(以下簡稱"疏勒"),對斯坦因第三次中亞考察所獲的漢文文書的整理公佈情況有較全面的介紹,現引錄於下:

> 1917 年(引者按:似當作 1918 年),沙畹去世,第三次中亞考察所獲漢文文書的研究,改由沙畹的高足馬伯樂繼續進行。這批材料遲至 1953 年才得以發表,題爲《斯坦因第三次中亞考察所獲漢文文書》(引者按:下文簡稱"馬書")。在此之前,中國學者張鳳旅法留學時,從馬伯樂處得到第三次中亞考察出土簡牘的照片和出土地點編號。1931 年,他將上述材料連同沙畹書後所附第二次考察出土簡牘的圖版,在國內刊佈,並對文字作了考釋,成書《漢晉西陲木簡彙編》(引者按:下文簡稱"張書")。其中收錄了不少後來馬伯樂書中沒有的原簡照片。⑦

馬書未收而見於張書的簡,當然也應認爲已經發表。這樣的簡有二十多枚(不包括

⑥ 同注②,113 頁。

⑦ 林梅村、李均明《疏勒河流域出土漢簡》,文物出版社,1984,1 頁。

馬書有釋文無簡影而張書有簡影的簡)。

郭書從所謂未經整理刊佈的簡中,選擇了"尚可辨讀的四枚"加以釋錄,編爲〈一八四〉至〈一八七〉號。⑧ 其〈一八六〉號,題爲"敦煌道教符呪木牌",釋文後有按語說:"本木牌從書法看已入晉代(引者按:可能還要更晚)。又,本木牌照片已經張鳳收入《漢晉西陲木簡》中……"⑨實際上,其所釋錄的另三枚(都是漢簡),也都已見張書。〈一八四〉即張書53:3"真論簡",〈一八五〉即57:6"煙表簡",〈一八七〉即44:2"治所簡"。看來,在所謂未經整理刊佈的簡中,那些內容比較重要的,張書都已經發表。當然,其餘的簡,按照處理考古資料的慣例,也都是應該發表的。

我們還應指出,英國國家圖書館所藏的斯坦因所獲敦煌漢簡的已發表部分,也還有重新加以整理的必要。

沙書和馬書所收之簡,不但沒有包括斯坦因所獲敦煌漢簡的全部,而且有些簡只有釋文而沒有簡影。沙書發表的簡,有三百幾十號,也就是半數左右沒有簡影。馬書也有三十幾號沒有簡影。兩書對簡的編排也缺乏條理。

1984年出版的《疏勒》,將沙書、馬書的簡文順序號與斯坦因原報告出土號逐一進行核對,並加入馬書未收而見於張書的簡,"製成對照表,並按漢簡出土地點由西向東,每一地點依出土號由小到大排出新的順序號"。⑩ 此書的釋文對前人的釋文也有所改正。此書對學者很有用,但只有釋文而沒有圖版。

去年逝世的日本漢學家大庭脩先生,在1990年出版了《大英圖書館藏敦煌漢簡》一書(下文簡稱"大英")。⑪ 此書旨在據原物著錄這批簡,以彌補沙書、馬書的缺陷,除補上了很多二書所缺簡影外,還採用了《疏勒》的順序號,並作了新的釋文。但是在爲此書拍攝原簡照片時,有少數已爲沙書、馬書所收之簡的原物沒有找到,張書多出馬書的二十餘枚簡也沒有找到。所以此書仍未能完全包括斯坦因所獲敦煌漢簡中已發表過的部分。拍照時沒有找到的簡,並非都已遺失。我在英國國家圖書館看簡的時候,就發現張書多於馬書的那些簡,好端端地放在一格貯簡的抽屜裏。只是那個抽屜沒有編號,拍照的人大概就是因此而把那些簡遺漏的。《大英》圖版的效果也不理想,尤其是過去只發表過釋文的簡影,其字跡往往難以辨識。

---

⑧ 同注②,114—115頁。

⑨ 同注②,114頁。

⑩ 同注⑦,2頁。此書對所收的夏鼐和前西北考察團歷史考古組所獲敦煌漢簡,也按同樣原則統一編順序號。因與本文關係不大,正文中未提及。

⑪ 大庭脩著《大英圖書館藏敦煌漢簡》,京都:同朋舍,1990。

這當然跟這些簡本身的狀況有關,但是恐怕也不會跟攝影和印刷的技術毫無關係。總之,直到目前,斯坦因所獲敦煌漢簡的已發表部分,仍沒有完整的高質量的圖録。

我在抽看已發表的那些簡的時候,覺得這些簡的保存情況一般都相當好,在原簡上辨識文字,效果一般要比在照片或圖版上辨識好,有時可以改進前人的釋文。下面舉兩個例子,所舉簡文用《疏勒》的編號。

先舉沙書無簡影而《大英》有簡影的294號字多一面的簡文。此面簡文,沙書釋作:

五月戊午官吉土史□□當谷隊長……

《疏勒》在照錄沙書釋文時加按語説:"'吉'《校文》(引者按:指勞榦《敦煌漢簡校文》)釋'告',是。……'土'當釋'士'。"⑫《大英》釋作:

五月戊午官告士吏索下當谷隧長記□□吏持方□□□日不驗調官食入毋⑬

我據原簡釋作:

五月戊午,官告士吏索卩(卿)、當谷隧長,記到,士吏持算□□□日夜馳詣官,會□,毋以它爲

再舉馬書無而張書有的742號。張書稱之爲"真論簡",釋文如下:

真論亹=斐=廊比(陛)皼(?)絏(?)一所(?)以竖者虜(慮)時而行有子不史(使)不如朢(望)菜(蔡借爲歲)當時宗之樹得雨□(下闕)

《疏勒》釋作:

☑□論□斐廁比願□以爲者□時而行有子不吏不如野藥當時集之樹得雨⑭

勞榦《漢晉西陲木簡新考》釋作:

□□□□處從就示人爲者據時而行有子不史(事)不如望藥當時栗之□□□□□⑮

---

⑫ 同注⑦,50頁。

⑬ 同注⑪,81頁。

⑭ 同注⑦,80頁。

⑮ 勞榦《漢晉西陲木簡新考》,中研院史語所,1985,14頁。

我據原簡釋作:

黄誰〈鵠?〉高斐(飛),廁以䮴駃(鴛鴦),所以然者,辱(曼—慢?)時而行。有子不吏(使?),不如野桑,當時集(柞)之,樹得雨▨

其語句有些像格言,似是性質與後世"家教"、"賢文"之類啓蒙讀物相近的篇章的殘文。"鴦"、"行"、"桑",古音皆屬陽部,是韻脚。

上舉兩例中我所釋與各家不同之字,有些細看圖版還能看出來,有些則只有在原物上才能看出來。[16]

從上述情況來看,斯坦因所獲敦煌漢簡的已發表部分,也很有重新根據原物加以整理研究的必要。

最近,英國國家圖書館準備啓動上文所説的削柹的整理研究工作。這是一件好事。希望館藏的已發表的敦煌漢簡的整理研究工作,也能得到館方和漢簡學界的重視。

附識:

這篇短文的初稿本是爲2001年在長沙召開的簡帛學術研討會而寫的,當時因故未寫完,現在加以修改補充而成此文。

2003年5月4日

原載《長沙三國吴簡暨百年來簡帛發現與研究國際學術研討會論文集》(中華書局,2005),又載《英國國家圖書館藏斯坦因所獲未刊漢文簡牘》(上海辭書出版社,2007),今據後者收入。

⑯ 郭書據原物將上舉742號的簡文釋爲"□論高□廟以就納所比祭者遵(?)時而紀者子不史不如望(?)藥管時植(?)之樹得雨"(114頁〈一八四〉"敦煌論廟祭事簡"),錯誤特多。這是由於作者對漢簡文字不夠熟悉,並非由於原物字跡不如圖版清晰。而他釋出"高"字,仍可見直接讀原簡的好處。

帛書《春秋事語》校讀

説　　明

此帛書於1973年出土於馬王堆三號漢墓,原無標題,其所記皆春秋時代史事而重在有關議論,故整理者爲之擬定今名。

此書抄在幅廣約23釐米的帛上,横幅直界烏絲欄,墨書,每行字數多在三十至三十五個之間。原來卷在一塊寬約3釐米的木片上,揭裱時碎成大小不等的二百來塊碎片,由帛書整理小組加以綴合復原。帛書現在約長74釐米,卷首殘破殊甚,可能缺去了幾行。卷尾較完整,並留有幾行空白。現存文字九十七行,但殘損不完整之行頗多(參看張政烺《〈春秋事語〉解題》,《文物》1977年1期36頁。以下引此文簡稱"解題")。

此帛書字體爲早期古隸,含有較多篆意,抄寫時代當不晚於漢初。從不避漢高祖諱的情況來看(書中"邦"字屢見),大概抄寫於高祖稱帝之前(漢高祖五年——公元前202年——滅項羽而稱帝)。

有學者認爲,在秦文字中,"虚詞'也'在秦始皇及其以前都用'殹'……秦二世時多改用'也'",《春秋事語》用"也",當抄寫於"秦二世元年至漢高帝初年",即公元前210至前203年間(李裕民《馬王堆漢墓帛書抄寫年代考》,《考古與文物》1981年4期101頁)。按:秦惠文王時所刻的詛楚文大沈厥湫石就已用"也"字。睡虎地四號秦墓所出秦統一前夕秦國軍人所寫的兩塊家信木牘,都有"也"字。大約下葬於始皇三十年的睡虎地十一號秦墓所出秦簡中,也有不少"也"字。此墓所出秦律抄本是用"殹"字的,但其"工律"部分也出現了兩個"也"字。另一方面,秦二世時的文字也並不是很少用"殹"字的。例如秦權量上所刻的那些二世詔書,就是有些用"殹",有些用"也"的。可見上引説法的論據有問題。《春秋事語》只用"也"而不用"殹"的現象,也許是此書抄寫於秦亡之後的反映。秦禁詩書百家語,秦亡之前,不管在始皇時或二世時,恐怕都很少有人敢傳抄《春秋事語》這樣的書。

又有學者根據《春秋事語》不避秦始皇諱的現象(第九章有"正(政)必寧氏之門出"之文),認爲"作爲楚漢交爭時期的寫本,是最合理的"(李學勤《〈春秋事語〉與〈左傳〉的傳流》,同人《簡帛佚籍與學術史》277頁,時報文化出版公司,1994。以下引此文簡稱"傳流")。此種推測比較合理。

《春秋事語》共有十六章,每章都提行另起,行首有大圓點作爲一章開始的標識。每章各記一事,彼此不相連貫,既不分國,也不論年代先後。所記之事的時代的上下限與《左傳》一致。第十一章記魯隱公被弒,首句爲"魯桓公少,隱公立以奉孤",與《左傳》開頭一段文字説魯惠公夫人仲子"生桓公而惠公薨,是以隱公立而奉之"相合。第三章記知伯率韓、魏圍趙晉陽,三家反滅知伯之事。《左傳》最後也述及此事(參看《解題》36頁,《傳流》279—280頁)。

各章所記之事,基本上皆見於《春秋》三《傳》及《國語》等書。因重點在議論,記事頗爲簡略,但仍有可以補充傳世典籍之處。如第五章記隨會歸晉事,有繞朝諫秦君之語,並言隨會歸國後使諜讒繞朝於秦,秦君信而殺之,爲《左傳》等書所未載。《韓非子・説難》説:"故繞朝之言當矣,其爲聖人於晉而爲戮於秦也。"於此得其實證(參看《文物》1974年9期《座談馬王堆漢墓帛書》51頁唐蘭發言及《解題》37、38頁)。第二章記晉燕之戰,似亦不見舊籍,但也有可能是見於《史記》的齊晉伐燕入燕君之事的"傳聞之異"(參看楊伯峻《春秋左傳注》1280—1281頁,中華書局,1990)。

各章所記議論,有當事人在事件進程中所説的話,也有時人或後人對其事的評論。後一類大都不見於傳世典籍(參看《解題》37頁)。

《史記・十二諸侯年表》説:"鐸椒爲楚威王傅,爲王不能盡觀《春秋》,采取成敗,卒四十章,爲《鐸氏微》。"《漢書・藝文志》六藝略春秋家中,除《鐸氏微》外,還著錄了《左氏微》、《張氏微》、《虞氏微傳》等同類著作。《春秋事語》顯然也是這一類著作或其摘抄本(參看《解題》37頁、《傳流》277和284—285頁,以及《文物》1974年9期《座談長沙馬王堆漢墓帛書》51頁裘錫圭的發言【編按:即本書所收《在長沙馬王堆漢墓帛書座談會上的發言》】。此發言中説《春秋事語》所記子贛見太宰嚭事不見於《左傳》,是錯誤的,附正於此)。《鐸氏微》應是此類著作中出現較早者。《春秋事語》的著作時代似當晚於《鐸氏微》,但不會晚於戰國。

以下所錄《春秋事語》,基本上採用馬王堆漢墓帛書整理小組(以下簡稱"小組")的釋文,見小組所編《馬王堆漢墓帛書〔叁〕》釋文注釋部分第3至20頁(此書由文物出版社在1983年出版,以下簡稱“帛書”)。小組取各章首句或首句中的詞語爲章名,加在各章釋文之前。釋文中,爲異體字、假借字注明通行字時外加“()”號;錯字注出正字時外加“〈〉”號;凡據上下文義或參照其他古籍補出的字外加“【】”號;不可辨識的字或無法補出的殘缺文字用“□”代替(缺文字數據旁行推定,與實際情況可能有出入);爲了便於加標點,原用重文符號的一律改成原字。釋文還標明了帛書原來的行次,即在帛書每行的釋文之末用小字注明行數(以上參看《帛書》卷首4頁的“凡例”)。這些體例我們都加以沿襲,但把“【】”號改成了“[]”號,把多於五個的“□”號改成了省略號,把標明行數的漢字改成了阿拉伯數字。《帛書》“凡例”規定,帛書中常見的異體字,如“亂”作“乿”、“乳”,“其”作“亓”等,都用普通字體排印。我們在這方面不作統一處理,如“亂”的異體逕釋作“亂”,“亓”則不改作“其”。此外,在釋字和標點方面,對小組釋文也作了一些修改。這些修改全都在注釋中作了說明。注釋中在說到小組的釋文和注釋時,省稱爲原釋文和原注。引用原注時,只注出《帛書》釋文注釋部分的頁碼和注碼而略去書名。所引帛書圖版也見《帛書》,圖版原來就未編頁碼,引用時只注出行數。

一、殺里克章[①]

…………[②]□□□□□殺里克,□□曰:[③]“君…………$_1$□□□晉將无□□□□者…………$_2$□□□无解舍,[④]□□□幾亓(其)後者也。[⑤]今殺里克,…………$_3$□□□者死,忠者□□□疾之,幾或道之乎?[⑥]是塞……$_4$……於□□路(賂)弗予,[⑦]…………$_5$……韓閒(間)午秦□□今君將先□。”[⑧]$_6$

① 原注:《春秋》僖公十年(公元前650年)夏,“晉殺其大夫里克”。此章所記當時人的議論,別的古書裏沒有記載過。(3頁注〔一〕)殺里克之事,詳見《春秋》三《傳》(僖公九年、十年)、《國語》(晉語二、三)等書。晉獻公於魯僖公九年去世。大夫荀息受遺命立獻公所寵的驪姬所生之子奚齊爲君。時獻公之子重耳、夷吾皆逃亡在外,晉大夫里克欲迎亡公子爲君,殺奚齊。荀息繼立奚齊之弟卓子爲君,里克又殺卓子,荀息死之。夷吾許秦君及里克與另一晉大夫丕鄭以厚賂,得返國爲君(即惠公),即位後不踐其言而殺里克、丕鄭。

② 此處省略號代表因卷首殘損而缺去的文字(參看前面的“說明”),爲原釋文所無。所缺文字究竟屬於本章,還是屬於此前另一章,還是二者兼有,已不可確

知。《傳流》指出:“在第一章首行‘□□□□□殺里克’這一句‘殺里’二字右側,還能看到兩個字的殘筆。《馬王堆漢墓帛書〔叁〕》的《出版說明》說:‘前部殘缺較重,不知道缺多少行’,當即由此之故。”(276 頁)此文並據帛書前面十幾行的狀況,推測“原卷前面還有四行左右的文字”,“所殘去的乃是第一章的前面一部分”(277 頁)。

③ 原注:曰字上所缺,當是議論此事的人名。(3 頁注〔三〕)

④ 原釋文在“解”、“舍”二字間加逗號,今將逗號移至“舍”字之後。古書中有“解舍”之語。《管子·五輔》:“是故上必寬裕而有解舍,下必聽從而不疾怨。”尹注:“解,放也。舍,免也。”《韓非子·五蠹》:“故事私門而完解舍,解舍完則遠戰,遠戰則安。”帛書此處“解”“舍”二字似亦當連讀,“……无解舍”當是議論者批評夷吾歸國爲君後不應無所赦免之語。

⑤ “幾”字,帛書原文省从一“幺”。此書“幾”字全部如此寫。“亓”字,原釋文釋“其”,以下各篇皆同,不再加注。帛書“者”字原漏寫,旁注在“後”“也”二字之間的右側。

⑥ “或”下一字原未釋,細審可知是略有殘損的“道”字。本書 47 及 52 行皆有“道”字,可以比勘(注意其所从“首”旁上端筆畫偏左)。“幾”“豈”古通(參看高亨、董治安《古字通假會典》515 頁“幾與豈”條,齊魯書社,1989。以下引此書簡稱“會典”)。幾或道之乎,疑當讀爲“豈或導之乎”。“導”字似與下句“塞”字爲對文。

⑦ 原釋文讀“路”爲“賂”,當可信。《國語·晉語二》記夷吾返晉前謂秦使者公子縶曰:“中大夫里克與我矣,吾命之以汾陽之田百萬。䜲大夫丕鄭與我矣,吾命之以負蔡之田七十萬。”又言秦君若能輔之,歸國即位後當獻“河外列城五”爲報。《晉語三》謂“惠公入而背内外之賂”。《左傳》僖公十五年追述其事曰:“晉侯許賂中大夫,既而皆背之。賂秦伯以河外列城五,東盡虢略,南及華山,内及解梁城,既而不與。”鄭良樹《〈春秋事語〉校釋》謂“本句‘路’上缺文,可從《左傳》補入‘背’字”(同人《竹簡帛書論文集》19 頁,中華書局,1982。以下引此文簡稱“校釋”)。今按:《校釋》認爲此句言惠公背賂之事,可從。但從帛書圖版看,“路”上一字顯非“背”字。其字下部从“貝”,左上部殘去,右上部頗似“此”或“化”字右旁的殘畫,據文義似應釋爲“貨”。【編按:郭永秉據新整理的圖版指出釋“貨”可疑,參看他爲《長沙馬王堆簡帛集成》所撰寫的《〈春秋事語〉釋文注釋(稿)》(本文“編按”中提及永秉的意見,除注明出處者,皆據此稿)。】惜上文殘缺,無法通讀。

⑧ “秦”“今”二字間有兩個殘字,所存筆畫極少,無法確釋,所以從原釋文打了兩個缺文號。其第二字從殘畫看,有可能是“帀”(師)或“而”字。“閒”,原釋文逕釋作“間”。按:“間”爲“閒”的後起分化字。以下遇此字不再加注。

原釋文讀“午”爲“忤”,並在“韓間午(忤)秦”下加注說:韓間,人名。《左傳》僖公十五年(即晉惠公六年,公元前645年),晉國和秦國在韓交戰,“晉侯逆秦師,使韓簡視師”。杜預注:“韓簡,晉大夫,韓萬之孫。”簡與間通用。(3頁注〔五〕)原注以“韓間”爲“韓簡”,當可信。原釋文雖在“韓間午秦”下加注,但並未在此加逗號或句號,這是很審慎的。疑“秦”下一字或二字當屬上讀。《荀子·富國》:“午其軍,取其將,若撥麷。”楊倞注:“午讀爲迕,遇也。”“韓簡午秦……”之“午”,似當與此“午”字同義。

據《左傳》僖公十五年,秦穆公伐晉深入至韓,“九月,晉侯逆秦師,使韓簡視師。復曰:‘師少於我,鬬士倍我。’”接着,晉侯又使韓簡請戰。“壬戌,戰于韓原,……梁由靡御韓簡,虢射爲右,輅秦伯,將止之。鄭(指晉大夫慶鄭)以救公(指晉侯)誤之,遂失秦伯。秦獲晉侯以歸”。《國語·晉語三》所記略同。帛書此處所言“韓閒午秦□□今君將先□”,似應與韓之戰有關。

《國語·晉語三》:“惠公入而背内外之賂。輿人誦之曰:‘佞之見佞,果喪其田。詐之見詐,果喪其賂。得國而狃,終逢其咎。喪田不懲,禍亂其興。’既里、丕死,禍公隕於韓。”據此,時人是將晉惠公韓原之敗與其背内外之賂的行爲聯繫起來的。所以帛書此章所記時人議論,在說了惠公背賂之後,又說到韓之戰的事。

最後還應提出一點,從圖版看,第五、第六兩行的聯繫並無確據,也有可能此二行間原來尚有他行,但其殘帛已無存留或未被發現。

二、燕大夫章①

[·]燕大夫子□衒(率)帀(師)以御〈御〉晉人,②勝之。歸而飲至,③而樂。亓(其)弟子惠曰:④“□則樂矣,非先王□$_{7}$勝之樂也。⑤昔者文[王]□宗(崇),⑥能取而弗烕(滅),以申亓(其)德也。武王勝殷,登……$_{8}$……$_{9}$□□□非蠶夫何以貳□。以小勝大而……$_{10}$□□□生,樂則芒(荒),芒(荒)則□⑦□□憂□□□爲起民之暨也。燕以使人迵(通)⑧言□□□$_{11}$□□敗而怒亓(其)反惡□□□寇屬怨(怨)之勝憂□在后⑨□□□而……$_{12}$□□□君之憂。”處十一月,⑩晉人□燕南,大敗[燕人]。⑪$_{13}$

① 原注：此章所記的事，在别的古書裏沒有記載過。(4 頁注〔一〕)《解題》指出，此章稱晉人侵燕南(引者按：帛書"晉人□燕南"句"燕"上一字不清，釋文未釋，但從文義可以斷定是含有侵伐一類意義的字)，可知這個燕是在今北京市附近的北燕，而不是在今河南省延津縣東的南燕。(37—38 頁)

昭公六年(公元前 536 年)《春秋》："冬……齊侯伐北燕。"《左傳》："十一月，齊侯如晉，請伐北燕也。……晉侯許之。十二月，齊侯遂伐北燕，將納簡公。晏子曰：'不入……'"次年《經》正月記燕"暨齊平"，《傳》記二月燕齊盟，齊受燕賂，"不克而還"。楊伯峻《春秋左傳注》："《史記·燕世家》謂'齊高偃如晉，請共伐燕，入其君'，則至晉者非齊侯也，又非請許而請共出師。《燕世家》又云：'晉平公許，與齊伐燕，入惠公。'則非納而未成也。《晉世家》、《年表》與《燕世家》同(引者按：《史記·齊世家》景公"十二年——相當於魯昭公六年——，景公如晉見平公，欲與伐燕"。《燕世家》惠公——被納之燕君，《左傳》作"簡公"，《史記》作"惠公"——"四年——據《十二諸侯年表》應爲'九年'之訛，相當於魯昭公六年——，齊高偃如晉，請共伐燕入其君，晉平公許，與齊伐燕，入惠公，惠公至燕而死"。《晉世家》平公"二十二年——相當於魯昭公六年——，伐燕"。《十二諸侯年表》於齊景公十二年書"公如晉，請伐燕入其君"，十三年書"入燕君"；於晉平公二十二年書"齊景公來請伐燕入其君"，二十三年書"入燕君"；於燕惠公九年書"齊伐我"，燕悼公元年書"惠公歸至卒")。近年長沙馬王堆三號墓所出帛書《春秋事語》云：'燕大夫子□率師以禦晉人，勝之。歸而飲至，而樂。(下文殘缺)處十一月，晉人□燕南，大敗[燕]人。'(引者按："[燕]人"原釋文作"[燕人]")或即此事傳聞之異。"(1280—1281 頁)楊說可供參考。

② 此句前章首圓點已殘去，原釋文未補，今爲補出。"大夫"原作"夫="。此書中"大夫"字皆如此作。帛書"御"字原來書寫有訛，原釋文的隸定與原字稍有出入，今已改正。但我們的隸定仍可能有問題。

③ "飲"本作"歙"，爲"飲"之古字。《左傳》隱公五年："歸而飲至，以數軍實。"杜注："飲於廟以數車徒、器械及所獲。"同書桓公二年："凡公行，告於宗廟，反行飲至，舍爵策勳焉，禮也。"據帛書此文，大夫戰勝而歸亦有飲至之禮。

④ "惠"字原釋文誤作"車"。細審此字，上端中豎兩側各有一筆，與"車"字上端以一横畫穿過中豎者有異；其下部有長而彎曲之筆，亦與"車"字有異，故改釋爲"惠"。【編按：郭永秉據新圖版指出原整理者釋"車"不誤。】

⑤ 《校釋》：案上文云："勝之，歸而飲至，而樂。"則此文"□則樂矣"，"則"上

缺文,當是“勝”字明矣。“非先王□勝之樂也”,竊疑“先王”下缺文,亦當是“樂”字。《禮記・樂記》曰:“樂者爲同,禮者爲異。同則相親,異則相敬。樂勝則流,禮勝則離。”《疏》曰:“勝,猶過也;若樂過和同而無禮,則流慢無復尊卑之敬。”此樂勝之義也。弟子車見其飲至而樂,與先王之禮不合,乃舉樂勝之古義以諫之……(20頁)按:“□則樂矣”句“則”上一字,在帛書上尚存殘畫,顯非“勝”字殘文,《校釋》所補不可信。“非先王□勝之樂也”句之首有“非”字,故“先王□勝之樂”應爲合理之樂,“□勝”必非《樂記》所批評之“樂勝”。《校釋》於“勝”上補“樂”字,亦不可信。如必欲補字,或可補“戰”字。但此字是另一字的可能性當然也是存在的。

⑥ 此句原釋文作:昔者[文王軍]宗。原注云:宗字與崇字通用。此處指周文王伐崇事。《左傳》僖公十九年說:“文王聞崇德亂而伐之,軍三旬而不降,退修教而後伐之,因壘而降。”(4頁注〔四〕)按:從帛書圖版看,“文”字尚存上端殘畫,“宗”上一字尚存下部,細審似非“軍”字,故將此句釋文改爲“昔者文[王]□宗(崇)”。“宗”上一字雖非“軍”字,但似確爲从“勹”之字。《説文》謂“軍”字“从包省”,其實“軍”“旬”“匀”等字所从之“勹”,皆與“包”無關,而爲殷墟甲骨卜辭用爲“旬”的“力”字的變形(參看《金文編》650頁“匀”字“旬”字、933頁“軍”字,《古璽文編》517頁“均”字、337頁“軍”字)。此數字實皆从“力”(金文等多作[illegible])得聲。此點古文字學者多已看出。所以“宗”上一字如確實以由“力”變來的“勹”字爲偏旁,並从之得聲,仍然是可以讀爲“軍”的。

⑦ 《校釋》:案《左傳》襄公二十九年曰:“哀而不愁,樂而不荒。”(語又見《史記・吳太伯世家》)彼云“樂而不荒”,與此云“樂則荒”,義正相反,適可互證。荒,廢也,亂也。《詩・唐風・蟋蟀》篇云:“好樂無荒。”鄭《箋》曰:“荒,廢亂也。”是其證。(21頁)此説甚是。《校釋》又疑“荒則”下缺文是“墮”字,則無據。

⑧ 此字原釋文誤印作“迴”。後面第十六章92行“迴”字亦然。

⑨ 原釋文在“憂”字後加逗號。按:原文之意似謂燕國此次之勝乃來寇招怨之勝,必有後憂,“憂”字似也有可能屬下讀,故將逗號删去。

“后”字,原釋文誤爲“後”。古書中以“后”爲“後”之例屢見(參看《會典》324頁“后與後”條),此書中“后”“後”錯出(參看第九章注⑮)。疑本章“后”字,釋文本不誤,蓋編輯者誤以爲簡化字而改之爲“後”。此書中介詞“於”“于”並用,釋文“于”字皆被誤改爲“於”,情況與此類似。又此書“無”字皆作“无”(即《説文》“無”字古文),也往往被誤改爲“無”。

《集韻・平聲・元韻》於袁切“鴛”小韻有訓“讎”“恚”的“怨”,或體作“惌”。

帛書“窓”字用法正同。此書中“怨”皆作“窓”,以下不再加注。

⑩ “處”字原作。《説文·十四上·几部》以“処”爲正篆,“處”爲或體。西漢前期簡帛“處”字下部多作。與《春秋事語》同出一墓的帛書《相馬經》的“處”字,也不加“虍”而但作(參看《秦漢魏晉篆隸字形表》1015 頁,四川辭書出版社,1985。以下引此書簡稱“字形表”)。此書“處”字皆如此作,以下不再加注。

⑪ “大敗”之下的文字原已全部殘去【編按:郭永秉據新圖版指出“燕”字有殘存筆畫可辨】,原釋文補“[燕人]”二字,今從之。但所缺之字也不能完全排斥是“燕師”或其它字的可能性。

三、韓魏章①

[·知伯]□韓、魏以□趙襄[子於晉]陽,②深③……$_{14}$□赫曰:④“□⑤君□□□□而用之,猷(猶)尚莫敢不□,⑥……肖(趙)氏□□□□□⑦$_{15}$亡,二家之憂也。⑧今□波而報,君弗見,是辱二主⑨……子恐兵之環之$_{16}$而佴(恥)爲人臣,⑩臣恐□□□□□也。今在□□□鄉⑪……曰□□□□□$_{17}$□□□□弗隨……$_{18}$處一於此,難胃(謂)不敢。”韓……,三家爲一,以反知……⑫$_{19}$

① 此章記知伯率韓、魏圍趙晉陽,趙與韓、魏合謀,三家反滅知伯之事。此事屢見於古書,而以《戰國策·趙策一》、《秦策四》及《史記·趙世家》之所述爲較詳。原注:三家反知伯事在周貞定王十六年(公元前 453 年),……此所載□赫的議論,也是别的古書沒有記載過的。(5 頁注〔一〕)

② 此句原釋文作“□□□韓魏以□□□□□□□陽”,“陽”字後未加標點符號。原注:此處當即《戰國策·趙策一》所記“知伯從韓魏兵以攻趙,圍晉陽”事。(5 頁注〔二〕)《校釋》認爲“若據《國策》以校《事語》,則本句蓋當作‘知伯從韓、魏以兵攻趙氏,圍晉陽’”(22 頁)。按:此句“以”下三字尚存殘畫,第一字不可識,其下二字尚可辨識爲“趙襄”殘文。“趙”字存“走”旁上部及“肖”旁右半。“襄”字只存右側,但此字原來筆畫複雜(參閲 20、21 行“襄”字),雖然殘存部分甚少,仍可判斷其爲“襄”字。《校釋》於句首補“知伯”(引者按:其前尚應補章首圓點),於“陽”上補“晉”字,皆可從;認爲“以”字下可補“兵攻趙氏”,則與實際情況不符。

《戰國策·秦策四》“秦昭王謂左右”章:“昔者六晉之時,智氏最强,滅破范、中行，又帥韓、魏以圍趙襄子於晉陽，決晉水以灌晉陽，城不沈者三版耳。”（此據鮑本，姚本將此章併入其前“三國攻秦入函谷”章，“帥”上無“又”字。）《秦策》此章內容又見《韓非子·難三》、《史記·魏世家》、《說苑·敬慎》等，文字大同小異。前二者“智”皆作“知”，與帛書此章末句同。今據“又帥韓、魏以圍趙襄子於晉陽”句，在帛書此句“趙襄”與“陽”字間補出“子於晉”三字。句首“［知伯］”下缺字極可能是“率”字（“帥”“率”通。《秦策》“又帥”，《史記·魏世家》及《說苑·敬慎》皆作“又率”，《韓非子·難三》作“而從”，王先慎《集解》據《御覽》引文改作“又率”），但也不能完全排斥是“從”字的可能，故未補。

“魏”字，帛書原作“巍”。《說文》有“巍”（見《九上·嵬部》）無“魏”，大徐本“巍”字下注：“今人省山。以爲魏國之魏。”漢代人似皆用“巍”不用“魏”，且多將“山”寫在“鬼”下（參看《字形表》648—649頁）。原釋文逕釋“巍”爲“魏”，今從之。帛書“韓”字皆从“倝”，與《說文》合，今亦从原釋文逕寫作“韓”。

③ 此字只殘存右半，姑從原釋文作“深”。《校釋》認爲“所謂‘深□□□……’蓋言水浸晉陽之深度”（22頁），不知確否。

④ 原注：赫字上似是智字，所說未詳。（5頁注〔三〕）《校釋》：戰國初期，游士有杜赫其人……《事語》本章所載言論，蓋亦杜赫說辭乎？（22頁）按：“赫”上一字上端稍殘，下部與“智”字相合，顯非“杜”字，《校釋》之說不可從。

⑤ 此字基本完整而筆畫不很清晰，疑是“退”字，但把握不大。

⑥ “猷”原釋文逕釋爲“猶”。此字爲“猷”字異體，讀爲“猶”。“猷”“猶”本來也是一字異體，用法分化是後來的事（參看拙著《文字學概要》223—224頁，商務印書館，1988）。“不”下一字原釋文作“用”，此字只存左側筆畫，寫法與同行“用”字左側有別，故缺釋。或疑此字左側筆畫是“舟”旁簡寫，乃“服”字殘文。

⑦ 原注：帛書此章十四、十五、十六（引者按：當作“十五、十六、十七”）三行下端“肖氏”等九字（引者按：指十五行“肖氏”，十六行之“子恐兵之環之”、十七行之“曰”）與下章二四、二五兩行“以召人”等十三字，是依文義與殘帛形式復原的。（5頁注〔四〕）按：此注所言兩處復原的文字，都是已與帛書總體脫離並且只能用遥綴的辦法加以綴合的碎片上的文字。整理者對所置行次是否一定正確，可能尚無充分把握。

此章上文用“趙”字，此處又以“肖”爲“趙”。這並不可怪。《馬王堆漢墓帛書〔叁〕》所收另一種帛書《戰國縱橫家書》，既用“趙”字又借“勺”爲“趙”，而且有時一章之中（如第三、四、二十五等章）甚至一行之中（如第三章的21和26行、第四章的31和33行、第二十五章279行）二字並用，情況與此相類。

⑧ 《校釋》：案《國策·趙策一》首章載郗疵謂知伯曰："夫從韓、魏之兵而攻趙，趙亡，難必及韓、魏也。……城降有日，而韓、魏之君無喜志，而有憂色。"難及韓、魏，此韓、魏二家之所以有憂色也。本句"亡"上缺文，可據《國策》補"而趙氏"三字。（23頁）按：《校釋》對文義的解釋是對的，所補之字未必正確，"而"字、"氏"字都不是必有的。

⑨ 原注："二家"與"二主"均指韓、魏。（5頁注〔四〕）《戰國策·趙策一》"知伯從韓魏兵以攻趙"章，記郗疵警告知伯韓、魏將反，知伯以告韓、魏之君，魏、韓之君反駁説："夫勝趙而三分其地，城今且將拔矣。夫二家雖愚，不棄美利於前……是疵爲趙計矣，使君疑二主之心而解於攻趙也。今君聽讒臣之言而離二主之交，爲君惜之。"文中"二家""二主"的用法與帛書同（參看《校釋》23頁）。

⑩ "……子恐兵之環之而佴（恥）爲人臣"句，如綴合無誤，似亦是分析韓、魏之君心理之語。"……子"似即指韓、魏之君，"環"疑當讀爲"還"。"恐兵之還之"，即懼怕滅趙後韓、魏將成爲知伯的用兵對象。"佴"與"恥"皆从"耳"聲，故"佴"可讀爲"恥"，也可以把這種"佴"字就看作"恥"的異體（參看拙文《墨經"佴""誧""廉""令"四條校釋》，北京大學中國傳統文化研究中心《國學研究》第三卷260—261頁，1995）。此字也見於第十三、十四章。

⑪ "鄉"上一字原釋文作"之"。此字只存些微殘畫，細審似是"也"之殘文，原釋不可信，姑缺釋。

⑫ 原釋文在"知"字下只打一個缺文號。原注：知伯本與韓魏圍晉陽，趙襄子使張孟談陰約韓、魏，反擊知伯，見《戰國策·趙策一》。（5頁注〔五〕）《校釋》認爲"'知'下缺文，當是'伯'字"（23頁）。今按："知"字下所缺是否只有一字難以斷定，故改用省略號。

四、魯文公卒章[1]

［·］[2]魯文公卒，叔中（仲）惠伯□□□佐之。[3]東門襄中（仲）殺適（嫡）而羊（佯）以［君］令（命）召惠［伯］，[4]□□□□，[5]$_{20}$亓（其）宰公襄目人曰："入必死。"[6]［惠伯］曰："入死，死者君令（命）也。"[7]亓（其）宰［公］襄負人曰：[8]"□□□$_{21}$□□□□劫於禍而□□□□能无[9]患，亓（其）次……$_{22}$……也……何聽。"[10]……$_{23}$□□之□□□也，非君令（命）也，有子之所以去也。初

□□□□□以召人，今禍滿矣，[11]24不與君者，顧賓君令(命)以召子，[12]亓(其)事恶矣，而……无□初失備以25□君，今亓(其)謀……26入，東門襄[仲]殺而貍(埋)□□□□中。[13]27

① 本章記魯文公卒，叔仲惠伯立其嫡子爲君，東門襄仲殺嫡立庶(即宣公)，詐以君命召惠伯而殺之之事。原注：此事見《左傳》文公十八年(公元前609年)和《史記·魯世家》，但較詳。(6頁注〔一〕)按：帛書此章所記惠伯之宰勸諫惠伯之言，較《左傳》、《史記》爲詳，參看注⑩。

② 章首圓點已殘去，原釋文未補，今爲補出。

③ 原注：叔仲惠伯是魯國宗族，魯桓公的曾孫。魯文公死後，東門襄仲要立宣公，叔仲惠伯不同意，立文公嫡子惡而佐之。(6頁注〔二〕)《校釋》認爲"惠伯"與"佐之"間的缺文應爲"立適而"三字(24頁)，似可信。

④ 原注：東門襄仲是魯莊公的兒子，據《左傳》，他在取得齊國同意後，"殺惡及視(引者按：視爲惡之母弟)而立宣公"。又說："仲以君命召惠伯。"此章說"佯以君命"，當指假託叔仲所立的君的命。(6頁注〔三〕)

⑤ 《校釋》：案："惠伯"下缺四字，疑當作"惠伯欲往"。《左傳》曰："仲以君命召惠伯，其宰公冉務人止之。"仲，即襄仲。蓋惠伯欲往，公冉務人方始止之也。(24頁)此說頗有道理。此說若確，帛書原文"惠伯"二字皆應有重文號。帛書此行"惠"字下尚有一些空白殘帛，比照他行末尾，殘帛之下已殘去的行尾部分，似只能有三字地位，補"伯"字後只能再補二字，原釋文打四個缺文號，不知是否由於已考慮到"惠伯"二字應有重文的緣故。

⑥ "亓"字原釋文作"[其]"。按此字尚殘存右下方一筆，據文義當爲"亓"字無疑，故不用補文符號。《左傳》敘此事，作"其宰公冉務人止之曰：'入必死。'"公冉務人，帛書此句作"公襄目人"，下文又作"[公]襄負人"。原注："目"、"負"與"務"並音近。(6頁注〔四〕)

⑦ 原注：《左傳》作："叔仲曰：'死君命，可也。'"(6頁注〔五〕)

⑧ "亓宰"二字，原釋文作"其□□"，與上文"入死，死者君令也"合爲一句，"也"字後用逗號，後引號加在"其□□"之後。《校釋》從之，並說：《左傳》曰："其宰公冉務人止之，曰：'入必死。'叔仲曰：'死君命，可也。'"據《傳》文，"其"下所缺者，當是"可也"二字。(25頁)今按："亓"下一字殘存上部右側，筆畫形狀與上文"宰"字所从"宀"旁右側相同，故今將"其□□"改釋爲"亓宰"。"宰"與"襄"字形皆較長，在"亓"與"[公]襄"之間只補一個"宰"字，從位置上看是說得過去的。按

一般文例,上文既已出現“亓宰公襄目人”,此處即不必再重複“亓宰”二字。但寫文章或抄文章的人由於疏忽而重複此二字的可能性是完全存在的。這並不影響文義。《校釋》把“亓”下一字補爲“可”,與殘畫形狀全不相合,不可信。

⑨ 此“无”字原釋文誤爲“無”,參看第二章注⑨。

⑩ 原注:《左傳》作:“公冉務人曰:若君命,可死。非君命,何聽。”只有十六個字。此書所記公襄負人的話較詳,有一百五六十字。(6頁注〔六〕)

⑪ 原釋文將“禍”下一字隸定爲“潢”(引者按:實應隸定爲“藁”),注曰:潢疑是滿。(6頁注〔七〕)馬王堆帛書古地圖“滿”作潢(《字形表》796頁),此即其變形。今逕釋爲“滿”。

⑫ 原注:賁疑是賔的誤字,此處當利用講。(6頁注〔八〕)此字究爲何字,似尚須進一步研究。

⑬ 原注:從足旁的字似是路字(引者按:從圖版看,當指“貍”字下第二或第三個缺文號所代表的殘文)。《左傳》此處作“弗聽。乃入。殺而埋之馬矢之中”。(6頁注〔九〕)《校釋》:案:《左傳》曰:“殺而埋之馬矢之中。”然則《事語》“中”上缺文,當是“之馬矢之”四字明矣。(25頁)按:原注已指出缺文中有一从“足”之字。又“中”上一字尚存下部殘畫,顯非“之”字。可見《校釋》之說不可信。《校釋》寫作時,其作者尚未見《春秋事語》帛書圖版,故所補之字往往與其字在帛書上的殘存筆畫不合。以下對《校釋》補字之明顯錯誤者,不再一一指出。

五、晉獻公欲得隨會章①

·晉獻公欲得隨會也,②魏州餘請召之。③乃令君羊(佯)囚己,斬桎瑜(逾)……④$_{28}$曉朝曰:“魏州餘來也,台(殆)□□隨會也。”⑤君弗□也。⑥螽(魏)[州]餘果與隋會出,⑦曉朝鐕(贈)之以策,$_{29}$曰:“□□吾鐕(贈)子,子毋以秦□□人,吾謀實不用□。”⑧□□□與⑨吏□□聞之[曰]:⑩“□□$_{30}$□□□□□噌(贈)亡人以⑪……魏州餘……$_{31}$……矣果□不□⑫□是以二[子]弗知畏難而□□□□晉邦□□$_{32}$□□謀而曉朝得之,椁亓(其)心也。⑬二子畏亓(其)後事,必謀危之。”□□會⑭果使儏(諜)毚(讒)之曰:$_{33}$“是知餘事,將因我于⑮晉。”秦大夫信之,君殺曉朝。⑯$_{34}$

① 原注:此章事見《左傳》文公十三年(公元前614年),此所記有些不同。

評論者的話是別的書所沒有的。(7 頁注〔一〕)

② 原注:此在晉靈公七年,帛書作晉獻公,誤。據《左傳》,隨會在晉靈公元年奔秦。由於秦國用隨會,晉國人覺得不安,此時六卿相見,提出這個問題,並不是晉君提出的。……當是傳聞之異。隨會即士會,後來又叫范武子。(7 頁注〔二〕)

③ 魏州餘,晉國魏邑的大夫。"州",《左傳》作"壽",《史記·秦本紀》作"讎",三字皆音近。原注:據《左傳》是郤缺向趙盾提出召回隨會,"乃使魏壽餘僞以魏叛者,以誘士會"。此說"魏州餘請召之",也不同。(7 頁注〔三〕)

④ 原注:此處文有殘缺,當是弄斷脚上的刑具,逾墻逃走的意思。《左傳》作"執其孥於晉,使夜逸,請自歸於秦,秦伯許之"。(7 頁注〔四〕)

⑤ 曉朝,《左傳》作繞朝。此處所記繞朝之言不見於《左傳》。《校釋》:本章句首曰:"晉獻公欲得隨會也。"疑本句"台□□隨會也",所缺二文,當從句首作"欲得"也。(27 頁)

⑥ "君弗□也"四字,原釋文視爲繞朝之言的一部分,與上文"魏州餘來也,台(殆)□□隨會也"連爲一句,"……隨會也"之後用逗號,後引號加在"君弗□也"之後。《解題》中引用此句時把"弗"下一字釋爲"許"(《文物》1977 年 1 期 38 頁)。今按:此四字如屬曉朝言於秦君之語,其否定詞不應用"弗"字,而應用"勿""毋"一類字。故可定爲述事之語。"弗"下一字嚴重殘損,從圖片上看不出原來是什麽字;從文義看,當是"聽"一類字。"君弗□也",意謂秦君不聽信曉朝之言。此章之末"君殺曉朝"句中的"君"也指秦君。下文中曉朝所説的"吾謀實不用",就是指秦君不聽信他而言的。

⑦ "螽"與"𧎥"當爲一字異體(關於"𧎥"字參看第三章注②)。"隋"與"隨"通。"隨"本作"遀"(《説文》及帛書皆如此作),从"辵""隋"聲。

⑧ 《左傳》作:"繞朝贈之以策(杜注:策,馬檛),曰:'子無謂秦無人,吾謀適不用也。'"原釋文將"策"當作補出之字。今按:此字尚殘存"竹"頭,又有《左傳》之文可比對,故逕釋爲"策"。《校釋》認爲據《左傳》可將"秦"字下二缺字補爲"之無",並在"用"字下補一"也"字(27 頁)。從圖版看,"秦"與"人"之間的缺文,也有可能多到三個。

⑨ 此字殘存右側,原釋文未釋。

⑩ 原注:聞字上缺二字,當是評論者之名。(7 頁注〔一〇〕)

⑪ "噌"字原釋文逕釋爲"贈",此字殘去左旁,上文假"矰"爲"贈",此字原來恐亦作"矰"。

⑫ “不”下一字殘存左旁“其”,疑是“欺”字。

⑬ 原注:椁,忖度。(7 頁注〔一一〕)此注不知何據。

⑭ 原注:上面説“二子”,這裏應兼指州餘和隨會。(7 頁注〔一二〕)《校釋》則疑“會”上缺文是“晉隨”二字(27 頁)。從圖版看,“會”上缺文似也有可能多到三字。

⑮ 此字原釋文誤爲“於”,參看第二章注⑨。

⑯ 原注:這一段是《左傳》沒有的。《韓非子·説難》説:“故繞朝之言當矣,其爲聖人於晉而爲戮於秦也。”與此合。(8 頁注〔一三〕)

六、伯有章①

□□伯有②……$_{35}$是殺我也。遂弗聽。③伯有亦弗芒,④自歸亓(其)□。⑤伯有閉室,縣(懸)鐘而長飲酉(酒)。⑥閔子[辛聞之]$_{36}$曰:⑦“[伯]有必及矣。⑧吾聞之,□□事君无罪,⑨禮下无悆(怨),議賢讓能,同立(位)之人弗與□,□$_{37}$德守也。亓(其)次明備以候適(敵)。□□□有悆(怨)而使公子往,⑩是以同立(位)之人鮮〈解〉邦惡也。□贈□$_{38}$□□□也。令有不行而□□咎君……縣(懸)⑪鐘而長$_{39}$飲酉(酒),是怒亓(其)心而耤(藉)之閒(間),⑫非□也。三者皆失而弗知畏,……[伯]$_{40}$有,而使[子]産相。⑬$_{41}$

① 此章記鄭國執政伯有在楚、鄭交惡的情況下使大夫公孫黑如楚,公孫黑不聽,伯有歸家飲酒作樂,毫無顧忌,終於招來災禍之事。原注:此章事見《左傳》襄公二十九年及三十年(公元前 544 年及次年),此記事比《左傳》簡而有閔子辛的議論。(9 頁注〔一〕)

② “伯有”上所殘去者疑是分章圓點及“鄭”字。

③ 《左傳》襄公二十九年記此事曰:“鄭伯有使公孫黑如楚。辭曰:‘楚、鄭方惡而使余往,是殺余也。’伯有曰:‘世行也(杜注:言女——通“汝”——世爲行人)。’子晳(引者按:公孫黑之字)曰:‘可則往,難則已,何世之有!’伯有將强使之。子晳怒,將伐伯有氏。大夫和之。十二月己巳,鄭大夫盟於伯有氏。”帛書“是殺我也”爲公孫黑之語,《左傳》作“是殺余也”。

④ 原注:芒疑當讀爲攺,《説文》:“撫也。”是説伯有不安撫公孫黑。一説,芒即茫,《方言》二:“遽也。”弗芒是不慌不忙的意思。(9 頁注〔三〕)

⑤ 此字殘存上端,似是“家”或“室”字。

⑥ 《左傳》襄公三十年:“鄭伯有耆酒,爲窟室,而夜飲酒,擊鍾(鐘)焉。朝至未已。……既而朝(杜注:伯有朝鄭君),則又將使子皙如楚。歸而飲酒。庚子,子皙以駟氏之甲伐而焚之,伯有奔雍梁,醒而後知之,遂奔許。”原釋文未釋“伯有”之“伯”字。此字雖殘,“人”旁直豎仍存,當爲“伯”字殘文無疑。“閉室”之“閉”爲動詞。《校釋》以爲“閉室”乃“窟室”之别稱(29頁),恐非。“飲酒”,帛書原作“歆=”。“歆”爲“飲”之古字,已見第二章。因其字包含“酉”字旁,故加重文號後可讀爲“飲酉(酒)”。此與“夫”字包含“大”形,加重文號後可讀爲“大夫”同例。下文40行的“飲酉”,寫法與此同。長飲酒,長時間地飲酒。

⑦ 《解題》指出,《春秋事語》所記議論,出自兩種人,“一種是當事人”,“另一種是喜歡評論事情的人,大約就是所謂‘聖人’、‘賢人’、‘君子’之類。這些人又可以分爲兩類。一類是同時人,……另一類是後代人”。此文的“閔子[辛]”(“辛”字據十一、十五章補),屬於第二種的後一類,而且在《事語》所記議論者中出現次數最多。《解題》對此人有詳細的説明,今録之於下:

> ……這個人在書中出現三次,即:
>
> 六、《伯有章》,“閔子[辛聞之]曰”。事在公元前544—543年。
>
> 十一、《魯桓公少章》,“閔子辛聞之曰”。事在公元前712年。
>
> 十五、《魯莊公有疾章》,“閔子辛聞之曰”。事在公元前662—660年。
>
> 從公元前712年到公元前543年,凡一百六十九年,歷經魯桓公至襄公八個國君。其中魯桓、魯莊兩章年代太早,對閔子辛來説肯定屬於前代的傳聞。即使是《伯有章》所記,也不一定是同時代的事。……
>
> 閔子辛此人它書不見,疑即閔子騫。《説文》三篇上:“䇂,罪也,从干二,讀若愆。”䇂辛形近,愆騫音同,閔子騫名損,䇂、愆和損義亦相應。據《史記·仲尼弟子列傳》,閔子騫“少孔子十五歲”。孔丘出生在公元前551年,閔子騫出生當在公元前536年,當伯有失敗而死時才七歲。
>
> 這三條記載,先敘事,接着是“閔子辛聞之曰”,最後簡單敘述事情的結果。看上去好像是同時人在發議論,並補記出其言之是否應驗,事實上並非如此,而是閔子辛在作史論。……這種情況類似《資治通鑒》裏的“臣光曰”,《綱鑒易知録》上的眉批。由此可見這書和閔子辛有密切關係,可能閔子辛有一部論春秋的書,被選用了這幾條,也可能本書的編者就是閔子辛的門徒。(《文物》1977年1期37頁)

唐蘭在 1974 年 8 月《文物》編輯部召集的馬王堆漢墓帛書座談會上，也認爲閔子辛"可能就是閔子騫"(《文物》1974 年 9 期 51 頁)。楊伯峻則懷疑閔子辛有可能是見於《左傳》的善於發議論的魯大夫閔子馬。

《左傳》襄公二十三年記閔子馬勸季氏庶子公鉏不要因爲不得立爲嗣而不滿，杜注："閔子馬，閔馬父。"昭公十八年記閔子馬評論周原伯魯不好學，認爲原氏將亡。昭公二十二年記閔馬父評論周室之亂，謂"子朝必不克"，杜注："閔馬父，閔子馬，魯大夫。"昭公二十六年又記閔馬父評論王子朝告諸侯之辭之語。楊伯峻《春秋左傳注》在襄公二十三年注中說："閔子馬即閔馬父，長沙馬王堆三號墓出土帛書春秋事語，中有閔子辛，不知是此人否。"(中華書局 1990 年修訂版 1192 頁)

如閔子辛即閔子馬，他既然在襄公二十三年就已在規勸公鉏，在襄公三十年鄭國發生伯有事件時，完全有可能在當時就發議論。然而不但閔子辛究竟是閔子騫還是閔子馬，目前無法論定；甚至閔子辛實爲另一人的可能性，也還不能完全排斥。

⑧　必及，謂必及於禍。

⑨　《校釋》：案："事君"上缺文，疑當是"大上"二字；下文"其次明備以候適(敵)"，"其次"與"大上"相應也。帛書本《戰國策》第十二章曰："大上破之，其次擯之。"亦"大上""其次"相應，是其證。(29 頁)此說有理。下文"其次明備以候敵"句後原釋文用逗號，今依此說改爲句號。

⑩　"公子"當指公孫黑，然彼爲鄭穆公之孫，實乃公孫而非公子。第九章(衛獻公出亡章)稱公孫剽爲公子浮(12 頁)，與此同例。

⑪　此字殘去左半，右半"系"旁下尚有顯然屬於此字的一道横畫，極似"心"旁所含最長一筆的右半。如果此字下部原來確有"心"旁，"懸"字出現的時代就可大大提前了。【編按：郭永秉據新圖版指出，那道横筆實爲原圖版整理時誤將兩片剪開、後又重新粘貼到一起時留下的一道邊界綫，此字仍當爲"縣"。】

⑫　原注：藉通借。間，可乘之間隙。藉之間是給人以機會。(9 頁注〔五〕)

⑬　原注：據《左傳》，子皙伐伯有，伯有奔許，由許反攻鄭國死於羊肆。這時子皮執政，授子産政。(9 頁注〔六〕)

七、齊桓公與蔡夫人乘舟章①

・齊亘(桓)公與蔡夫人乘周(舟)。②夫人湯(蕩)周(舟)，禁之，不可，怒而歸之，未之絶，蔡人嫁之。③士說曰："蔡亓(其)亡乎。42夫女制不逆夫，天之道也。事大不報怒,小之利也。説之□小邦失[④]大邦之□□亡將□[⑤]$_{43}$……[⑥]是故養之以玩好,[⑦]申之以子□,尊以[⑧]……$_{44}$□□今蔡之女齊也,[⑨]爲□以爲此,今聽女辭而嫁之,以絶齊,是□怨(怨)以□也。□□□□[⑩]$_{45}$□惡角矣而力□□□□□乎。”[⑪]亘(桓)公衛(率)帀(師)以侵蔡,蔡人遂潰。[⑫]$_{46}$

① 原注:此章事見《左傳》僖公三年及四年(公元前657年及次年)。《左傳》只有敘事,沒有士説的議論。(10頁注〔一〕)

② 此章及第十四章皆以“周”爲“舟”。《老子》八十章“雖有舟輿”之“舟”,馬王堆帛書《老子》甲、乙二本亦皆作“周”。二字古通(參看《會典》778頁“周與舟”條)。

③ 原注:《左傳》僖公三年説:“齊侯與蔡姬乘舟於囿,蕩公。公懼,變色,禁之,不可。公怒,歸之,未絶之也。蔡人嫁之。”此作“夫人蕩舟”,與《韓非子·外儲説左上》所記同。(10頁注〔二〕)

④ 此“失”字殘存右側,原釋文未釋。

⑤ 原釋文“之”字下只打一個缺文號,“將”字下打了兩個缺文號。今據圖版反映的實際情況加以改正。

⑥ 原釋文此處作“□則□□□□”,第二字殘存左側“貝”旁,但上下文皆缺,無法肯定其是否“則”字,似以不釋爲妥,故用省略號代替這六個缺字。

⑦ “好”上一字原釋文未釋,今據殘畫及文義定爲“玩”字。此字“元”旁下部殘畫位置偏左,圖版57行“親”字“見”旁下部,寫法與此相近。《國語·齊語》:“皮幣玩好,使民鬻之四方,以監其上下之所好。”韋昭注:“玩好,人所玩弄而好也。”

⑧ “以”上一字殘存左側,原釋文釋作“重”,諦審可知是“尊”字殘文,故改釋。“尊”上一缺字疑當是“女”。“養之以玩好,申之以子女,尊以……”,都是小國事大國的手段。蔡嫁女給齊君,就是“申之以子女”。【編按:郭永秉據新圖版指出原整理者釋“重”不誤。又郭永秉已指出“以”字之下的殘筆是“名埶(勢)”二字(參看《馬王堆漢墓帛書〈春秋事語〉補釋三則》,《出土文獻與古文字研究》第二輯,復旦大學出版社,2008)。】

⑨ “女”用爲動詞。《左傳》桓公十一年:“宋雍氏女於鄭莊公曰雍姞。”杜注:“以女妻人曰女。”莊公二十八年:“晉伐驪戎,驪戎男女以驪姬。”杜注:“納女於人曰女。”

⑩ 原釋文此處打了五個缺文號,據圖版,此處缺字只能有三或四個,今暫定

爲四個。

⑪ 原釋文在“角矣”之後加句號。今按：彼此比力量强弱叫“角力”。《禮記・月令》孟冬之月：“天子乃命將帥講武，習射御，角力。”帛書此處“角矣而力……”似有可能當連爲一句讀，故將“角矣”後的句號取消。

⑫ 原注：《左傳》僖公四年作：“齊侯以諸侯之師侵蔡，蔡潰。”(10 頁注〔四〕)

八、晉獻公欲襲虢章①

・晉獻[公]欲襲郭(虢)，②□叔[曰]：③“君胡[不以]屈產之乘與垂革璧假道於虞？”④公曰：“是吾保(寶)[也]，47且宫之柯在焉，何益。”⑤對曰：“……宫之柯⑥……48且少長於君前，亓(其)埶(勢)有(又)庳(卑)。夫立(位)下而心需(懦)□□□□也。⑦不敢盡而……49□亓(其)達不見薦言是不見⑧亡之在一邦之後而卷(眷)在耳目之前，⑨夫……50果以假道焉。宫之柯□曰：“不可。夫晉之使者敝(幣)厚而辭庳(卑)，⑩……51□□□□有□□□□。”[弗]聽，遂受亓(其)求而假之道。⑪獻公之市(師)襲郭(虢)環(還)，遂□[虞]。⑫52

① 此章講歷史上著名的，晉向虞假道伐虢，虢滅後虞亦爲晉所滅之事。原注：此章事見《左傳》、《公羊傳》和《穀梁傳》的僖公二年(公元前658年)。但文與《穀梁傳》最相近。(11 頁注〔一〕)

② 《穀梁傳》僖公二年作“晉獻公欲伐虢”。“虢”，帛書作“郭”。原注：郭與虢音近通用。《公羊傳》作郭，與此相同。《左傳》、《穀梁傳》均作虢。(11 頁注〔二〕)原釋文“公”字不加補文號，從圖版反映的情況看，以加補文號爲宜。

③ 原釋文作“□叔□[曰]”。從圖版看，“叔”與下文“君”字之間似只能有一字空位(“君”字在另一片殘帛上，此殘帛在圖版上的位置放得稍爲偏下了一點。這從此殘帛44行上端“之”字與同行上文“養”字間留有不應有的小空隙可以看出來)，所以我們的釋文删去了“叔”和“[曰]”之間的缺文號。《穀梁傳》此句作“荀息曰……”(全句見注④)。原注：叔上一字當是荀字，荀叔即荀息，見《左傳》僖公九年。此假道於虞一事的策劃者，各書均作荀息。(11 頁注〔三〕)《左傳》僖公九年：“及里克將殺奚齊，先告荀息曰：‘三怨將作，秦晉輔之，子將何如？’荀息曰：‘將死之。’里克曰：‘無益也。’荀叔曰：‘吾與先君言矣……’”，杜注：“荀叔，荀息也。”

帛書"□叔"沒有問題應指荀叔,但"叔"上之字尚殘存左半。似是草寫的"土"旁,可知其字並非"荀"字而應是以音近與"荀"通用的一個字。疑是"均"字。

④ "罨"字,原釋文逕作"垂"。按:"罨""垂"音近相通,漢代人多以"罨"爲"垂",參看《字形表》341 頁"罨"字。原注:屈乘(引者按:當作"屈產之乘"),屈地所産的馬四匹。垂革,地名,革通棘,各書均作垂棘之璧。(11 頁注〔四〕)《穀梁傳》作"荀息曰:'君何不以屈産之乘、垂棘之璧而借道乎虞也?'""革""棘"古音相近(皆見母職部字),故可通用,參看《會典》385 頁"革與棘"條。《校釋》認爲各書皆作"垂棘",而"《事語》作'垂革',蓋'棘'省作'朿',又誤作'革'也"(32 頁),此說非是。

⑤ 原注:宫之柯,虞國大夫。柯各書均作奇。兩字均從可聲,通用。此節《左傳》作:"公曰:'是吾寶也。'對曰:'若得道於虞,猶外府也。'公曰:'宫之奇在焉。'"(11 頁注〔五〕)

⑥ 此處"柯"下有一殘字,原釋文釋"卑",可疑,故作爲未識之字處理。

⑦ 此句原釋文在"需""也"之間打了三個缺文號,從圖版看其間似可容納四字,所以我們多加了一個缺文號。

⑧ 原釋文於"其達不見薦言"後加逗號,以"是不見"連下文"亡之在一邦之後"爲句。今按:如此標點,文義似難通。疑原文當以"亓達不見薦"爲句,"言是不見"下蓋脱一"聽"或"從"字,兩句爲對文。此蓋言宫之奇少長於君前,其通達並非由於因其賢而爲人所薦,其所言雖然正確亦不能爲君所聽從。又疑"聽"或"從"字下,原來尚有脱文,與下文"亡之在一邦之後"連爲一句。

⑨ 原注:卷通眷,眷戀。此節帛書殘缺。《穀梁傳》說:"荀息曰:'宫之奇之爲人也,達心而懦,又少長於君。達心則其言略;懦則不能强諫;少長於君則君輕之。且夫玩好在耳目之前而患在一國之後,此中知以上乃能慮之。臣料虞君,中知以下也。'"王引之《經義述聞》說《穀梁傳》"之後"二字是衍文,"蓋後人增之……不可通也"。據此書則二字並非衍文,王說是錯誤的。(11 頁注〔六〕)按:"一國"(帛書作"一邦")指虢國。

⑩ 原釋文將"敝"下一殘字釋爲"重"。原注:《穀梁傳》作"宫之奇諫曰:'晉國之使者,其辭卑而幣重,必不便於虞。'"(11 頁注〔七〕)按:"敝"下一字殘存右側,從殘畫看不似"重"字,而應是"厚"字,故改釋。"曰"上一缺字,《校釋》以爲"當是'諫'字"(32 頁)。【編按:郭永秉據新圖版指出原整理者釋"重"不誤。除原整理者所舉《穀梁傳》例外,還可參看《左傳・僖公十一年》"幣重而辭甘,誘我

也”。】

⑪ 原釋文未釋“求”字,代之以缺文號。原注:《穀梁傳》作“虞公弗聽,遂受其幣而借之道。”(11 頁注〔八〕)按:“求”字在圖版上頗爲清晰。“求”似當讀爲“賕”,即指上文之“幣”而言。《説文・六下・貝部》:“賕,以財物枉法相謝也。从貝,求聲。”《漢書・薛宣傳》殿本注引蕭該《音義》:“賕,韋昭曰:行貨財以有求於人曰賕。”【編按:郭永秉據新圖版指出此字釋“求”可疑,當待考。】

⑫ 《校釋》:案:“遂”下缺文,當是“滅”字;此云晉師滅虢後,還兵滅虞也。(32 頁)《左傳》僖公五年謂“晉侯復假道於虞以伐虢”,“冬十二月丙子朔,晉滅虢,虢公醜奔京師。師還,館於虞,遂襲虞滅之”。《公羊傳》僖公二年謂“虞公不從其言(指宫之奇之言),終假之(指晉)道以取郭,還四年反取虞”。無第二次假道事。《穀梁傳》僖公五年對經文“冬,晉人執虞公”的解釋中,也没有提到第二次假道之事。

九、衛獻公出亡章[1]

・衛獻公出亡,[2]公子浮□□[3][寧]召子在立(位)。[4]獻公使公子段胃(謂)寧召子,[5]曰:“后(苟)入我□[6]正(政)必[寧]$_{53}$氏之門出,蔡(祭)則我也。”[7]右□□曰:[8]“不可。夫子失德以亡□亡而不莚(改),亓(其)德惡矣。[9]惡德者$_{54}$難以責。[10]吾子試□□,且□□以義也。聞路(賂)而起之,雖入不爲德。是權近斂以幾$_{55}$遠福,[11]福有不必,[12]難而不義,□爲勉者,復將惡之。[13]且□所鄉□□□將□□□□$_{56}$亓(其)心逆矣。知者弗親,[14]仁者弗貞,負路(賂)以塞后憂[15]□之……$_{57}$功大矣而不賞,卒必畏之。亡者欲傳美,將以疑君;居者疾亓(其)功,必傷以傳君。[16]□$_{58}$入而勒正,[17]能反邦者弗與治,是以勞箸[18]惡也,必有後患。”寧召子弗聽,遂伐□$_{59}$□□君浮,而入[19]……餘伐[寧]召子而伈(尸)之朝。[20]公曰:大(太)叔儀□□$_{60}$□□□□不貳,以爲[卿]。[21] $_{61}$

① 原注:此章事見《左傳》襄公二十六年及二十七年(公元前 547 年及次年),此所記議論較詳。(12 頁注〔一〕)

② 原注:衛獻公出亡事見《左傳》襄公十四年(公元前 559 年)。(12 頁注〔二〕)

③ 原注:《左傳》襄公十四年作“衛人立公孫剽”,《漢書・古今人表》作“衛

殤公猋”(當作猋),剽及猋並與浮(讀如殍)音同(引者按:宜言“音近”。又“殍”可能爲“殍”之訛體)。《史記·衛世家》作秋,亦音近通用。《史記·十二諸侯年表》作狄。當是秋字之誤。(12頁注〔三〕)

④ 原注:寧召子即寧喜,此時在衛國當權。召《左傳》作悼,音近通用。(12頁注〔四〕)按:寧喜稱悼子,見《左傳》襄公二十六年。“悼”从“卓”聲。“召”“卓”古音相近可通。見於《戰國策·楚策四》之人名“卓滑”,他書多作“召滑”(見《會典》809頁“召與卓”條)。故“悼子”可作“召子”。

⑤ 原注:公子段《左傳》和《公羊傳》作公子鱄,《穀梁》作專,段與鱄、專並音近通用。(12頁注〔五〕)按:此人爲衛獻公母弟,名鱄,字子鮮。《春秋》襄公二十七年記“衛侯之弟鱄(《穀梁》經文作“專”)出奔晉”,《左傳》傳文以“子鮮”稱之(二十七年《傳》記其言,自稱鱄),《公羊傳》襄公二十七年稱“公子鱄”。

⑥ 《校釋》疑此缺文是“也”字。(33頁)

⑦ 《左傳》襄公二十六年:“衛獻公使子鮮爲復(杜注:使爲己求反國)……以公命與寧喜言曰:‘苟反,政由寧氏,祭則寡人。’”

⑧ 原注:據《左傳》是右宰穀。(12頁注〔七〕)

⑨ 原釋文作:夫子失德以亡,□亡而不茝(改),其德惡矣。按:“以亡”下一字尚殘存左側“耳”旁,如是“職”字殘文,應上屬爲句;如是可釋爲“恥”之字,則應如原釋文下屬爲句。暫存疑。“茝”字(原釋文誤印作从“臣”)不見於字書,從漢字結構通例看當是从“艸”“配”聲的形聲字。“配”見《說文·十二上·臣部》,从“臣”“巳”聲。“改”字在新嘉量銘文中寫作从“支”从“巳”,亦當从“巳”得聲(參看拙文《卜辭“異”字和詩、書裏的“式”字》注30),所以“茝”可以假借爲“改”。馬王堆帛書《周易》井卦卦辭“改邑不改井”句中二“改”字皆作“茞”(傅舉有、陳松長《馬王堆漢墓文物》圖版108,湖南出版社,1992),應即“茝”字省寫。《左傳》襄公二十六年記寧喜欲入獻公,以告右宰穀,穀以爲不可,寧喜仍欲行其事,“穀曰:‘我請使焉而觀之。’遂見公於夷儀。反曰:‘君淹恤在外十二年矣,而無憂色,亦無寬言,猶夫人也。若不已,死無日矣。’”所記右宰穀之言,其意與帛書此句相近。

⑩ “責”作爲動詞用,有索債和要求履行職責等義。此句的意思當是說,獻公爲惡德之人,難以要求他實現承諾。

⑪ 斂,疑當讀爲“險”,“近險”與“遠福”爲對文。幾,通“冀”,希求。《左傳》襄公十六年:“國人望君,如望歲焉,日月以幾。”《釋文》:“幾,音冀,本或作冀。”

⑫ 此句“有”字疑當讀爲“又”。

⑬ 自“難而不義”以下,文義不明,姑據原釋文標點。

⑭ 知者,似當讀爲“智者”。

⑮ 后,通“後”(參看第二章注⑨)。帛書此章下文“必有後患”句用“後”字。

⑯ “傳君”原釋文作“傅君”。按:“君”上一字右旁上端寫法與此句上文“傅美”之“傅”不同,故改釋爲“傳”。從文義看,上文“傅”字也應是“傳”的誤字。二“傳”字皆應讀爲“專”。“傳”“專”古通(《論語·學而》:“傳不習乎?”《釋文》:“鄭注云:魯讀傳爲專。”)。“專君”之語見於古書。《淮南子·主術》:“羣臣輻湊,莫敢專君。”高誘注:“專,制。”帛書這一句的意思大概是說,跟從獻公出亡者欲“專美”(使獻公認爲只有他們是好的),將要使獻公懷疑你;留居於國中者嫉妒你的功勞,一定要以“專君”(控制君主,擅權)來中傷你。

⑰ 勒正,疑當讀爲“革政”,指變革朝政。“革”“勒”古通,《周易》“革”字,馬王堆帛書本作“勒”(《會典》385 頁“革與勒”條)。

⑱ 箸,原釋文作“著”。“著”本是“箸”的俗體。帛書此字上部所从,與 11 行、36 行的“芒”字和 42 行、46 行的“蔡”字的“艸”頭不同,但跟 66 行“箠”字的“竹”頭也顯然有別;似處於由“箸”向“著”演變的過程中,仍以釋作“箸”爲妥。

⑲ 原注:而入下疑當有獻公二字。《左傳》作:“二月庚寅,寧喜、右宰穀伐孫氏,不克。伯國傷。寧子出舍於郊。伯國死,孫氏夜哭,國人召寧子。寧子復攻孫氏,克之。辛卯,殺子叔及太子角。……甲午,衛侯入。”子叔即君浮。(12—13 頁注〔一一〕)

⑳ “而”下一字,原釋文隸定爲“㞙”,但未用括號注明用爲“尸”字,而在注中加以說明。原注:據《左傳》,伐寧喜的是公孫免餘。㞙當讀如尸,《左傳》(引者按:此爲襄公二十七年傳)作“殺寧喜及右宰穀,尸諸朝”。(13 頁注〔一二〕)據圖版,“而”下一字實寫作“伬”,不過“伬”應該就是“㞙”的訛體(“尸”“示”古音亦相近,“伬”也可以看作从“人”“示”聲的形聲字)。《周易》師卦爻辭中的“尸”字,馬王堆帛書本作“㞙”(《馬王堆漢墓文物》圖版 112—113。參看于豪亮《帛書〈周易〉》,《文物》1984 年 3 期 79 頁)。

㉑ 原注:《左傳》記獻公使公孫免餘爲卿,“辭曰:‘太叔儀不貳,能贊大事,君其命之。’乃使文子爲卿”。(13 頁注〔一三〕)

十、吳人會諸侯章①

［·吳］人會諸侯，②衛③君［後］，吳人止之。子贛見大（太）寧〈宰〉喜，④語及衛故。⑤大（太）宰⑥喜曰："其來後，$_{62}$是以止之。"⑦子贛（貢）曰："衛君［之來］，必謀亓（其）大夫，或欲，或不欲，是以後。欲其來者子之黨也，不$_{63}$欲其來者子之壽（讎）也。今止［衛］君，是隨（墮）黨而崇⑧壽（讎）也。且會諸［侯］而止衛君，誰敢$_{64}$不愳（懼）。⑨隨（墮）黨崇壽（讎），以愳（懼）諸侯，難以霸矣。"⑩吳人乃□之。⑪$_{65}$

① 原注：此章事見《左傳》哀公十二年（公元前483年）。（14頁注〔一〕）按：本章文字與《左傳》很接近。《傳流》以爲此章"帛書的內容是從《左傳》簡化而來"（278頁）。

② 原釋文補句首"吳"字而未補章首圓點。

③ 此篇"衛"字，原釋文皆作"衛〈衛〉"。按：此篇"衛"字寫法有誤，但中間部分的下部顯然與"衛"字不同（比較圖版第七行"衛"字），故不從原釋文而逕釋爲"衛"。

④ 原注：太宰官名。據《左傳》是子服景伯使子貢去見太宰嚭。喜作嚭。《論衡·逢遇》說"伍員、帛喜俱事夫差"，帛（伯）喜即太宰嚭，與此書合。（14頁注〔二〕）見於《禮記·檀弓下》的"陳太宰嚭"，《漢書·古今人表》亦作"陳太宰喜"（參看《會典》387頁"喜與嚭"條）。"子貢"作"子贛"，古書中亦屢見（參看《會典》2頁"貢與贛"條）。

⑤ 《左傳》謂子服景伯讓子貢去見太宰嚭，子貢"乃請束錦以行，語及衛故"。"語及衛故"句與帛書全同。

⑥ 上句"宰"字，帛書誤書作"寧"。此"宰"字不誤，原釋文亦作"寧〈宰〉"，非是。

⑦ 《左傳》作："太宰嚭曰：'寡君願事衛君，衛君之來也緩。寡君懼，故將止之。'"所記大宰之言與帛書相近。帛書此句不用"亓"字而用"其"字，下文子貢語中"亓"字一見"其"字二見。

⑧ 此"崇"字殘損，下行"崇"字則完整。其字上半爲"高"，下半爲"示"。馬王堆帛書《老子》甲本卷後古佚書《明君》篇422行"臺室則崇高，汙池則廣深"句

"崇"字作"㝫",所从之"高"省"口"旁。疑此形較不省"口"者早出,其結構可分析爲从"高"省"宗"聲,蓋以省去"口"旁的"高"字下部兼充"宗"字的上部。

⑨ 此句及第十五章87行之"誰"字皆殘存右旁"隼"(《説文·四上·鳥部》"鵻"字重文作"隼"),睡虎地秦簡"誰"字正从"隼"(張守中《睡虎地秦簡文字編》35頁,文物出版社,1994)。"誰"下一字原釋文作"則",諦審實爲"敢"字殘文(參看《字形表》258頁"敢"字條),故改釋。《左傳》所記子貢之語與帛書大體相合,此句亦作"誰敢不懼",可證此字確當釋"敢"。"懼"字作"愳",與《説文》"懼"字古文同。此帛書中"懼"字皆如此作。

⑩ 原注:《左傳》作:"子貢曰:'衛君之來,必謀於其衆。其衆或欲或否,是以緩來。其欲來者,子之黨也;其不欲來者,子之讎也。若執衛君,是墮黨而崇讎也。夫墮子者得其志矣。且合諸侯而執衛君,誰敢不懼。墮黨崇讎而懼諸侯,或者難以霸乎。'"(14頁注〔三〕)

⑪ 原注:《左傳》作:"太宰嚭說,乃舍衛侯。"(14頁注〔四〕)《校釋》:若從《左傳》,《事語》"乃"下缺文當是"舍"字。(34頁)按:此字尚存殘畫,決非"舍"字。《傳流》謂"疑爲澤字,讀爲釋"(79頁)。從殘畫看,此字確很可能是應該讀爲"釋"的一個从"睪"之字,但是左旁似乎並不从"水"。

十一、魯桓公少章[①]

·魯亘(桓)公少,隱公立以奉孤,[②]公子筆[③]胃(謂)隱公曰:"胡不代之?"隱公弗聽,亦弗罪。[④]閔66子辛聞之,曰:"□□隱公。夫奉孤以君令者,百圖之召也。[⑤]長將畏亓(其)威,次職亓(其)□。[⑥]67亓(其)□有……夫奉孤者□素以暴忠[⑦]□伐以□□□愳(懼)[⑧]□68□□□有姦心而□□□□正也害君耳聞□□心不怒□志也。事□□□疾□69□旌[⑨]而素不匡,非備也。□□□之,亓(其)能久作人命,卒必詿(詐)之。"亘(桓)公長,公[子筆]果以亓(其)70言詿(詐)之。公使人戏(攻)隱公□□釜。[⑩]71

① 原注:此章事見《左傳》隱公初及隱公十一年(公元前712年),也見《公羊傳》隱公四年,但閔子辛的評論爲各書所無。(15頁注〔一〕)

② 《左傳》:"惠公元妃孟子。孟子卒,繼室以聲子,生隱公。宋武公生仲子,仲子生而有文在其手,曰爲魯夫人,故仲子歸於我,生桓公而惠公薨。是以隱公立

而奉之。”

③ 此人《春秋》經文稱之爲“翬”(隱公四年、十年)或“公子翬”(桓公三年),《左傳》或稱之爲“羽父”。“箽”字不見字書,當因與“翬”字同从“軍”聲而通用。《史記·魯世家》作“揮”,亦从“軍”聲。

④ 原注:《左傳》說:“羽父請殺桓公,將以求太宰。公曰:‘爲其少故也,吾將授之矣。使營菟裘,吾將老焉。’”(15頁注〔四〕)

⑤ 疑“召”當讀爲“招”,即靶子。《吕氏春秋·本生》:“萬人操弓,共射其一招,招無不中。”百圖之招,似可理解爲“多方設法對付的目標”。

⑥ 此字存上部“宀”旁,可能是“官”字。此句之意似謂所奉之孤長大後將畏奉孤者之威,並用奉孤者所用之官員。

⑦ 後世的“暴”字在《說文》中本分作兩字,一从“夲”,一从“米”。後者就是“曝”的初文。帛書此字从“米”,“暴(曝)忠”大概是表明忠心的意思。

⑧ “思”上一殘字,原釋文未釋。此字尚存右邊“犬”旁,疑當是“猷”字。“夫奉孤者”以下一句疑當讀爲:“夫奉孤者□素以暴忠,□伐以□□,猷(猶)思(懼)……。”

⑨ 此字左从才右从“生”,原釋文摹其形而未釋。今按:其左旁當是“㫃”之省寫,故釋爲“旌”。

⑩ “攻”作“戉”,亦見馬王堆帛書《老子》乙本卷前佚書(參看《字形表》218頁)。原注:釜音父(引者按:“釜”从“父”聲,但依韻書反切折合今音則應讀fǔ),疑是社圃之圃的同音通用字。《左傳》說:“羽父懼,反譖公於桓公而請弒之。……十一月,公祭鍾巫,齊(齋)於社圃,館於寪氏。壬辰,羽父使賊弒公於寪氏。”(15頁注〔五〕)

十二、長萬章①

·長萬,宋之第士也。②君使③爲□。及魯宋戰,長[萬]□止焉。④君使人請之,來而戲之,[曰:“始]72吾敬子,今子魯之囚也,吾不敬子矣。”長萬病之。⑤因田□□□□□⑥□□曰:⑦“□□□□□73夫君者臣之所爲容也。朝夕自孱,日以有幾也。⑧是故君人者,刑之所不及,弗昔(措)於心;[伐之]74所未加,弗見於色;故刑伐已加而亂心不生。⑨今罪而弗誅,恥而近之,是絶亓(其)幾而臽(陷)之深【編按:郭永秉已指出“深”字實爲“惡”字誤釋(參看《馬王堆漢墓帛書〈春秋事語〉補釋三則》)】75□□□何□丘之聞之也,[⑩]□□□□□於君,[⑪]君鮮不害矣。” ·魯亘公少隱公立以奉孤76公子暈胃隱公曰胡不□□□公弗聽亦弗罪閔子辛聞[⑫]77

① 原注：此章事見《左傳》莊公十一年及十二年(公元前683年及次年)。也見《公羊傳》。某人的評論爲各書所無。(16頁注〔一〕)

② “茀”即“第”之俗體。原注：茀字疑與夷字通,夷士是平常的士。《穀梁傳》(引者按：見莊公十二年)說:“宋萬,宋之卑者也。”(16頁注〔二〕)長萬即南宫長萬,以勇力著稱,故《校釋》謂“‘第士’當作‘力士’,音近之誤”(36頁)。但“第”與“力”古音聲韻皆異,其說疑非。“第士”之確義尚待進一步研究。

③ 此字原釋文作“吏(使)”。按：此字左邊稍有殘損,“吏”形偏右,當是殘去“人”旁的“使”字。

④ 原注：止,被拘。《公羊傳》說:“萬嘗與莊公戰,獲乎莊公。莊公歸,散舍諸宫中。”(16頁注〔三〕)《校釋》:《左傳》云:“乘丘之役,公以金僕姑射南宫長萬,公右歂孫生搏之。”據《左傳》,“長萬”下缺文,疑是“生”字。《史記・宋世家》云:“戰於乘丘,魯生虜宋南宫萬。”生虜即“生止”也。(36—37頁)帛書“止”上一字尚存殘畫,很可能確是“生”字,《校釋》之說似可從。

⑤ 《左傳》莊公十一年作:“宋人請之,宋公靳之(杜注：戲而相愧曰靳),曰:‘始吾敬子,今子魯囚也,吾弗敬子矣。’病之。”

⑥ “因田”之下未釋之字中,第四、五兩字殘存筆畫尚多,前一字似是“沂”字(“斤”旁左側豎筆因帛破殘去),後一字左从“言”,疑是“護”字。【編按:郭永秉據新圖版指出此字可能是“讀”字而非“護”字。】原注:《左傳》在莊公十一年說“病之”,十二年說:“宋萬弑閔公於蒙澤。”是戲言在前,殺公在後,非同時事,此書當同。《公羊傳》所記則是因閔公忌恨長萬贊美魯侯,而說了侮辱長萬的話,所以“萬怒,搏閔公,絶其脰”。《史記・宋世家》說:“十一年秋,湣(閔)公與南宫萬獵,因博爭行,湣公怒,辱之,曰:‘始吾敬若,今若魯虜也。’萬有力,病此言,遂以局殺湣公於蒙澤。”並與此書略有不同。(16頁注〔六〕)按：帛書“因田□□□□□(沂護?)”,疑是說長萬乘田獵之機殺宋君於“沂護”(?)之地。言田獵與《史記》合,“沂護”(?)也許是蒙澤一帶地名。

⑦ 原注謂“曰”字之下“當是評論者的話”(16頁注〔七〕)。

⑧ 原注：孱音柴(引者按：今音應爲chán),謹慎。(16頁注〔八〕)《大戴禮

記·曾子立事》:“君子博學而孱守之。”盧辯注:“孱,小貌,不務大。”“日以有幾”與下文“是絶其幾”前後相應。“幾”當讀爲“冀”,用法與《左傳》襄公十六年“丑月以幾”之“幾”相似(參看第九章注⑪)。“朝夕自孱,日以有幾”,說的是臣下的心情。上文說臣下爲了君上而“爲容”,所以接着說臣下朝夕約束自己,天天對君上有所希冀。

⑨ 上句中的“伐”似應讀爲“罰”,“伐”“罰”同音通用(參看《會典》656 頁“罰與伐”條)。

⑩ 此處原釋文用句號,今據文義改逗號。《校釋》據“丘之聞之也”句,謂“丘,當是說者之名”(37 頁)。《傳流》認爲“丘”即孔子自稱,今錄其說於下:

> 鄭良樹先生在《校釋》中已說:“論者下文云:‘丘之聞之也’。丘,當是說者之名。”其所以不即定爲孔子者,推想有兩個原因。一個是帛書第七十三行下半殘泐不清,釋文作“因田□□□□□□□曰□□□□□□”,而“曰”字上兩字不似孔子名字;一個是第七十五行“今罪而弗誅”,像是同時人的口氣。實際上,細看七十三行的“曰”僅存左半,筆劃模糊,未必是“曰”。從文氣看,“夫君者”恐係議論開頭,說者之名應在七十三行尾損去的部分。至於七十五行的“今”可解釋爲“假如”,而不是“現在”。應該考慮到,在儒家作品中,自稱“丘之聞之也”的,恐怕只能是孔子了。
>
> 《左傳》哀公十二年:“仲尼曰:丘聞之,……。”《禮記·檀弓下》:“夫子曰:丘聞之,……。”《哀公問》:“孔子曰:丘聞之,……。”(《大戴禮記·哀公問於孔子》作“丘聞之也”)《儒行》:“孔子對曰:……丘聞之也,……。”凡此均可與帛書參照。(282 頁)

按:原釋文“曰”字之釋似無誤。此文之“丘”究竟是否孔子名,尚待進一步研究。

⑪ 原釋文在“於君”之上打了六個缺文號,今據圖版反映的情況改爲五個。

⑫ 原注:此處是抄書者誤重抄十一章。(16 頁注〔九〕)

十三、宋荆戰泓水之上章[①]

[·] 宋荆戰弘(泓)水之上,[②]宋人□□陳(陣)矣,荆人未濟。[③]宋司馬[④]請曰:“宋人寡而荆人衆,及未濟,$_{78}$擊之,可破也。”宋君曰:“吾聞[之],君子不擊不成之列,不童(重)傷,不禽(擒)二毛。”[⑤]士匽爲魯君$_{79}$稾(犒)師,曰:“宋

必敗。吾聞之,兵□三用,不當名則不克。[⑥]邦治適(敵)亂,兵之所迹(迹)[⑦]也。小邦□$_{80}$大邦邪以務(攘)之,[⑧]兵之所□也。諸侯失禮,天子誅之,兵□□□也。故……$_{81}$於百姓,上下无卻,[⑨]然后[⑩]可以濟。伐,深入多殺者爲上,所以除害也。今宋用兵而不□,$_{82}$見閒(間)而弗從,非德伐回,陳(陣)何爲。[⑪]且宋君不佴(恥)不全宋人之腹頸(頸),而佴(恥)不金〈全〉荆陳(陣)$_{83}$之義,[⑫]逆矣。以逆使民,亓(其)何以濟之。"戰而宋人果大敗。$_{84}$

① 原注:此章事見《左傳》僖公二十二年(公元前638年),也見《公羊傳》和《穀梁傳》,但士匽的評論爲各書所無。(17頁注〔一〕)

② 此句前之章首圓點,原釋文未補。原注:荆即楚。泓水在今河南省柘城縣境。(17頁注〔二〕)

③ 原注:《左傳》作:"宋公及楚人戰於泓,宋人既成列,楚人未既濟。"(17頁注〔三〕)《校釋》認爲"陳""列"義同,帛書"陳"上二缺文,當是"既成"二字(38頁)。《左傳》言"未既濟",意思是渡河尚未渡完,說法比帛書的"未濟"精確。

④ 原注:《左傳》作"大司馬固"。按《國語・晉語四》:"公子(重耳)過宋,與司馬公孫固相善。"韋昭注:"固,宋莊公之孫大司馬固也。"後來宋成公時,公孫固是宋國執政。《穀梁傳》作"司馬子反",當有誤字。《韓非子・外儲說左上》作"右司馬購",固購音近。《史記・宋世家》誤作目夷。按公子目夷時官左師,不官司馬。(17頁注〔四〕)

⑤ 原注:《左傳》作:"司馬曰:'彼衆我寡,及其未既濟也,請擊之。'公曰:'不可。'既濟而未成列,又以告,公曰:'未可。'既陳而後擊之。宋師敗績,公傷股,門官殲焉。國人皆咎公。公曰:'君子不重傷,不禽二毛,古之爲軍也,不以阻隘也。寡人雖亡國之餘,不鼓不成列。'"(17頁注〔五〕)《校釋》:《左傳》載楚人未既濟及未成列之前,司馬分别告於宋襄請擊楚;《事語》司馬於未濟前請擊楚,宋公即云:"君子不擊不成之列。"此《事語》記事與《左傳》不同一也。《左傳》宋襄公"不重傷,不禽二毛"云云,乃宋師敗績後之語;《事語》宋公未戰之前,即應司馬以此二句;此《事語》記事與《左傳》不同二也。《韓非子》云:"楚人未及濟,右司馬購强趨而諫曰:'楚人衆而宋人寡,請使楚人半涉未成列而擊之,必敗。'襄公曰:'寡人聞君子曰:不重傷,不禽二毛',……宋人大敗。"記事與《事語》甚近,蓋同一資料來源也。(38—39頁)重(chóng)傷,指使已有傷者再度受傷。二毛,指年紀較大,頭髮已有黑白二色的人。

⑥ 《解題》引此句作“兵有三用,不當名則不克”,將“兵”下一缺字補作“有”,並引下文解釋說:這是說兵在三種情況下可以用:一、“邦治敵亂”,二、“小邦□大邦邪以務之”,三、“諸侯失禮,天子誅之”。(38 頁)

⑦ 《說文》“迹”字籒文作“速”。帛書“迹”字所从之“夾”,並非“夾”而是“朿”的訛體。此種“速”字也見於馬王堆帛書《老子》乙本卷前佚書(參看《字形表》103 頁)。“策”字亦有訛體“筴”,見於字書。《楚辭·天問》“昏微遵迹”,王逸注:“遵,循也。迹,道也。”“迹”如作動詞用,可以當遵道、循道講。《詩·小雅·沔水》“念彼不蹟”,《毛傳》:“不蹟,不循道也。”“蹟”與“迹”是一字異體,兵之所迹,用兵所遵循之道。

⑧ 原釋文在“大邦”之後加逗號。原注:務,攘之異體字,取。(17 頁注〔六〕)《解題》引此句,“大邦”後不加逗號(參看注⑥),並解釋說:

> 第二項“小邦”後缺一字,其義當在亂和失禮之列。邪在這裏無義,如假爲迓是相迎,假爲御是捍御,義則相近。務由聲音求之,當即攘字。攘的意義是取,但不是平白無故地取。……是因其自來而取之。那末,第二項就應該解釋爲小國暴虐無道或興兵作亂,大國應戰而攘取之。(38—39 頁)

依上說,如要給此句加逗號,應加在“小邦□”之後。

“務”字也見於馬王堆帛書《老子》甲本卷後佚書《明君》篇:

> ……明君……有積也,有侍(待)也,有務也。……所積者兵也,所寺(待)者時也,所務者暴也。……[積]兵則必勝,寺(待)時則功大,務暴則害除而天下利。(《馬王堆漢墓帛書〔壹〕》36—37 頁)

讀爲“攘”義亦可通(參看《解題》38、39 頁)。但此字所从之羊,其下部與一般“羊”字有異。馬王堆帛書中的“羊”旁雖然也有作此形者(如《老子》甲本 154 和 156 行“不祥之器”之“祥”),畢竟極爲少見。因此此字究竟是否能釋爲“務”讀爲“攘”,恐怕還須進一步研究。由於沒有更好的釋法,此處從原釋文釋爲“務”。又,馬王堆帛書中有些“逆”字所从的“屰”也作羊(參看《字形表》108 頁及本書本章 84 行“逆”字)。此字如釋作“㔹”的話,也許可以讀爲“斥”。“斥”,《說文·九下·广部》作㡿,从“屰”聲。“朔”亦从“屰”聲,“遡”、“溯”與“泝”爲異體,“愬”、“謝”與“訴”爲異體。皆可證“屰”、“斥”音近。但從文義上看,將此字讀爲“斥”,似不如讀爲“攘”合理。

⑨ 原注:郤與隙字通,間隙。(17 頁注〔七〕)“无”字,原釋文誤爲“無”,參

看第二章注⑨。

⑩ 此字原釋文誤爲“後”,参看第二章注⑨。

⑪ 原注:回,不正。(17頁注〔八〕)非德伐回,當指宋君既無應有之德(如能使“上下無隙”等),作戰方法又不合理。上文説“伐,深入多殺爲上,所以除害也”,與此處“伐回”之語相照應。《史記・宋世家》襄公十三年泓之戰一段,最後記子魚的話説:“兵以勝爲功,何常言與?必如公言,即奴事之耳,又何戰爲!”帛書此句“陳何爲”,義與“又何戰爲”相近。

⑫ “金〈全〉”,原釋文直接釋作“全”。原注:《韓非子・外儲説左上》:“襄公曰:‘寡人聞君子曰:不重傷,不擒二毛,不推人於險,不迫人於阨,不鼓不成列。今楚未濟而擊之,害義。請使楚人畢涉成陳而後鼓士進之。’左司馬曰:‘君不愛宋民腹心不完,特爲義耳。’”與此書略同。(17頁注〔九〕)

十四、吴伐越章①

[・]②吴伐越,復亓(其)民,③以歸,弗復□□刑之,④使守布周(舟)。⑤紀譖曰⑥:“刑不㫬使守布周(舟),⑦游(留)亓(其)85禍也。⑧刑人佴(恥)刑而哀不辜,□怨(怨)以司(伺)閒(間),千萬必有幸矣。”吴子餘蔡觀周(舟),閽(閽)人殺之。⑨ 86

① 原注:此章事見《左傳》襄公二十九年(公元前544年)。《左傳》無評論。(18頁注〔一〕)

② 原釋文未補殘去的章首圓點。

③ “復”疑是“俘”之音近訛字。“俘”“復”聲母極近,韻部有陰入對轉的關係。

④ 從圖版看,“復”和“刑”之間也可能只缺一字,疑當是“而”字。此“復”字應該當返還講。“刑”當指肉刑。

⑤ 原注:布,排列,《左傳》作“吴人伐越,獲俘焉。以爲閽,使守舟”。(18頁注〔二〕)

⑥ 原注:譖音潛,見《集韻》。紀譖,人名,未詳。(18頁注〔三〕)

⑦ 此句原釋文作:刑不㫬,使守布周(舟)。原注:㫬疑與𢍷(𢍷)字同,讀如慎,《説文》慎古文作昚。刑不慎是用刑不當。(18頁注〔四〕)按:讀“㫬”爲“慎”可疑,疑“不㫬”即指所俘越人而言,故删去其後逗號,其義待考。

⑧ 原釋文讀“游”爲“留”，當可信。“游”“蝣”同音，“蜉蝣”（見《爾雅・釋蟲》）《孟子・滕文公上》趙岐注作“蜉蟉”，“蟉”从“留”聲。“由”“游”同音相通（參看《會典》718頁），而从“由”聲的“抽”或體作“搯”則从“留”聲（《說文・十二上・手部》以“搯”爲正篆，“抽”爲或體）。可見“游”“留”二字古音極近。

⑨ 原注：《左傳》作“吳子餘祭觀舟，閽以刀弑之”。（18頁注〔五〕）餘祭，帛書作“餘蔡”。“蔡”从“祭”聲，二字可通。衛獻公出亡章“蔡則我也”（54行），亦以“蔡”爲“祭”。

十五、魯莊公有疾章①

[・]②魯壯（莊）公有疾，訊公子牙曰：“吾將誰以[爲]子？”對曰：“慶父財（才）。”③訊公子侑，對曰：“臣以死奉煩也。”④五月，$_{87}$公薨，子煩即立（位），公子慶父殺子煩而立公子啓方。⑤君召，公子侑俱入。⑥閔子辛聞之，曰：“君以$_{88}$逆德入，怠（殆）有後患。夫共中（仲）䎃（圉）人𩥇⑦旅亓（其）扶〈挟〉以犯尚民之衆，⑧殺子煩而立君，除君𢘆（怨）也。今[召]$_{89}$而公子侑俱人〈入〉，不𢘆（怨）也。若不𢘆（怨）𢘆（怨）則德无事矣。⑨爲亓（其）親則德爲柰矣。⑩二子之襲失，暴於$_{90}$君，愧於諸。⑪毋（侮）德䛕（詐）𢘆（怨），⑫何叚（瑕）之不圖。”⑬處二年，共中（仲）使卜奇賊閔公于武諱。⑭$_{91}$

① 原注：此章事見《左傳》莊公三十二年至閔公二年（公元前662—前660年）。閔子辛的評論，爲各書所無。（19頁注〔一〕）

② 原釋文未補殘去的章首圓點。

③ 原釋文作：魯壯（莊）公有疾，訊公子牙曰：“吾將誰以？”□子對曰：“慶父財（才）。”原注：公子牙是莊公弟叔牙。以字和與字通用，說莊公死後將由誰繼承。《左傳》作：“公疾，問後於叔牙，對曰：‘慶父材。’”慶父是莊公次弟，叔牙兄。（19頁注〔二〕）按：此處似不會稱公子牙爲“□子”（《校釋》41頁謂“‘□子對’蓋當作‘牙子對’”，恐非是）。故知“□子”二字以屬上爲宜。“誰以”與“子”間缺字，按文義只能補作“爲”。《禮記・曾子問》“不俟子”鄭注：“子，嗣君也。”誰以爲子，猶言“誰以爲嗣”。也可能“子”就是“嗣”的音近誤字。

④ 《左傳》作：“問於季友，對曰：‘臣以死奉般。’”“侑”“友”音近通用，公子侑即季友，爲莊公季弟。原注：煩，《左傳》作般，《史記・魯世家》作斑，並音近通

用。(19 頁注〔四〕)按：般爲莊公夫人孟任之子(見《左傳》莊公三十二年)。

⑤ 《左傳》作："八月癸亥,公薨于路寢,子般即位,次于黨氏。冬十月己未,共仲(杜注：共仲,慶父)使圉人犖賊子般於黨氏。成季(即季友)奔陳。立閔公(杜注：閔公,莊公庶子)。"原注:《經典釋文·春秋左氏音義》說:"閔公名啓方。"《漢書·古今人表》作"魯閔公啓",脱方字。《史記·魯世家》作開,《索隱》說是避漢景帝諱。(19 頁注〔六〕)

⑥ 原注：據《左傳》,子般(煩)被殺後,季友奔陳。同時,"公子慶父如齊"(見《春秋》)。《左傳》閔公元年秋八月,"公及齊侯盟於落姑,請復季友也。齊侯許之。使召諸陳。公次於郎以待之。"……此書說"君召,公子侑俱入",即指把在齊國的慶父和在陳國的公子侑都召還魯國。(19 頁注〔七〕)

⑦ 原注：共仲就是慶父。圉人是養馬的奴隸。驜,是圉人的名,《左傳》作犖。《公羊傳》(引者按：閔公元年傳)作"鄧扈樂",鄧應是姓,圉和扈聲近,犖和樂、驜也聲近,並通用。據《左傳》,圉人犖在莊公時曾因調戲女公子而爲子般(煩)所鞭,所以慶父使他去殺子般。共仲下似有脱字。(19 頁注〔八〕)

⑧ 原釋文把"挨"隸定爲"扶",認爲是"抶"的誤字。按：細審圖版,此字似原書作"族"("㫃"旁的右部因筆畫與"矢"字的頭相近而省寫),後來在左偏旁上加筆畫改作扌(手),但未塗去原"㫃"旁的下部斜筆("㫃"旁寫法可與同行"旅"字比照),遂成此形。其右旁是"矢"非"夫",只要與同行"夫"字比較一下就能明白。所以我們暫且把這個字隸定爲"挨"。原注：旅與慮通,懷念。抶,《說文》:"笞擊也。"此處指圉人驜因被鞭笞而懷恨。(19 頁注〔九〕)按：原釋文對"挨"的隸定雖有問題,但以此字爲"抶"的誤字,從字形和文義上來看,很可能是正確的。"矢""失"二字古音陰入對轉,我們甚至可以把"挨"直接看作"抶"的異體。又疑此字仍應釋"族","族"與"辱"皆屋部字,此"族"字當爲"辱"之音近誤字。"犯尚"也許可以讀爲"犯上"。民之衆,義不可通,必有脱誤。《公羊傳》閔公元年記鄧扈樂之事說:"莊公存之時,樂曾淫於宫中,子般執而鞭之。莊公死,慶父謂樂曰:'般之辱爾,國人莫不知,盍弒之矣。'使弒子般,然後誅鄧扈樂而歸獄焉。"所述較詳,可參考。【編按:郭永秉已指出,此句應釋讀爲"旅(舉)其族以犯尚(黨)民〈氏〉之衆",據《左傳》,"黨氏"即子般(煩)的舅家,也是子般(煩)被殺之地(參看《馬王堆漢墓帛書〈春秋事語〉補釋三則》)。】

⑨ "无"字,原釋文誤爲"無",參看第二章注⑨。德,恩惠。此句之意似謂閔公、慶父與季友之間若不相怨,立君之德也就無意義了。

⑩ 德爲柰，意不可通，疑“爲”本應作“無”。爲其親則德無柰(奈)，可能是說如果是爲了彼此血緣親近，那末立君之德也就起不了什麽作用了。

⑪ 原釋文“失”下未加逗號，“失”下一字釋作“量”，“愧於諸”後未加句號，與下文連爲一句。按：“失”下一字中部从“収”，不可能是“量”字，今定爲見於《說文・十下・夲部》的“暴”字。其下部近似“土”，當是書寫之誤。馬王堆帛書“暴”字下部，往往寫作“”形(參看《字形表》448 頁)，甚易訛成“土”形。二子，當指慶父及季友。襲失，相繼有過失。暴於君，當指慶父爲暴於君。“愧於諸”下疑脫一“侯”字。愧於諸侯，疑指殺子煩之主使者之罪尚未討而季友即返國之事。《春秋》三《傳》皆肯定季友，閔子辛似不但批評慶父也批評季友(參看《校釋》42 頁)，這是很可注意的。

⑫ 原釋文於“思”字後括號中注“悔”字。按：《說文・三上・言部》“謀”字下收古文“思”，中山王墓鼎銘亦以“思”爲“謀”(張守中《中山王𰯼器文字編》43 頁，中華書局，1981)。銀雀山漢墓竹簡《兵之恆失》篇“兵多思，信疑者也”則用“思”爲“悔”(《字形表》762 頁。此篇最初編入文物出版社 20 世紀 70 年代所出的《孫臏兵法》，篇名題爲“[兵失]”，故《字形表》所注出處爲“孫臏”)。此句“思德”與“詐怨”爲對文(詐，僞也)，“思”不應讀爲“悔”而應讀爲“侮”，輕慢之意。《漢書・五行志》中之下：“又三家已强，皆賤公行，慢侮之心生。”師古注：“侮，古侮字。”“思”“侮”皆从“母”聲，故可通用。

⑬ 《廣雅・釋詁二》：“甈、罅、瑕、璺、斯、坼……裂也。”王念孫《疏證》：“罅、瑕聲相近。”《管子・制分》：“故凡用兵者，攻堅則軔，乘瑕則神。”尹注：“瑕，謂虛脆也。”何瑕之不圖，意即什麽空子都要鑽，與慶父後來利用卜齮對閔公的不滿，讓他殺閔公之事相照應。

⑭ 《左傳》閔公二年：“初，公傅奪卜齮田，公不禁。秋八月辛丑，共仲使卜齮賊公於武闈(杜注：宮中小門謂之闈)。”“齮”从“奇”聲，帛書“卜奇”即“卜齮”。“闈”“諱”皆从“韋”聲，帛書“武諱”即“武闈”。此句“于”字原釋文誤爲“於”。參看第二章注⑨。

十六、魯桓公與文姜會齊侯于樂章[①]

[・]②魯亘(桓)公與文羌(姜)會齊侯于樂。③文羌(姜)迵(通)于齊侯，亘(桓)公以訾文羌(姜)，文羌(姜)以告齊侯。齊侯使公子彭92生載公，薨于

車。④醫寧曰：⑤"吾聞之，賢者死忠以辱尤而百姓愚焉。⑥知（智）者瘟李（理）長［慮］93而身得比（庇）焉。⑦今彭生近君，□无盡言，容行阿君，⑧使吾失親戚之，⑨有（又）勒（力）成吾君之過，以94□二邦之惡，⑩彭生亓（其）不免［乎］，禍李（理）屬焉。⑪君以怒遂過，⑫不畏惡也。親閒（間）容昏，生95无匿也。⑬幾（豈）［及］彭生而能貞之乎？⑭魯若有誅，彭生必爲說。"⑮魯人請曰："寡君來勒〈勤〉［舊］96好，禮成而不反（返），惡［于］諸侯，无所歸窓（怨）。"齊侯果殺彭生以說（悅）魯。⑯97

① 原注：此章事見《左傳》桓公十八年（公元前654年）及《管子·大匡》。醫寧評論與《管子》略同。（20頁注〔一〕）標題中的"于"，原釋文作"於"，參看注③。

② 原釋文未補殘去之章首圓點。

③ 此句"于"字原釋文誤爲"於"，本章下文"于"字皆如此，參看第二章注⑨。《左傳》及《管子》在桓公會齊侯之前，皆記申繻（《大匡》作"申俞"）諫魯桓公勿攜文姜同行之語，帛書省略。《春秋》經記此事云："春王正月，公會齊侯于濼。公與夫人姜氏遂如齊。"《左傳》作"公會齊侯于濼，遂及文姜如齊"。《大匡》作"公不聽（指不聽申俞之諫），遂以文姜會齊侯於濼"。帛書將地名記爲"樂"。原注：樂即濼水，即今山東省濟南市北的小清河。（20頁注〔二〕）

④ 原釋文在"載"字後加逗號，以"公"字屬下爲句。疑"公"字本有重文號，爲傳寫者所抄脱，二"公"字分屬上下二句。下文所引《左傳》說"使公子彭生乘公，公薨于車"，可參照。原注：訾，譴責。《管子》作"文姜通於齊侯，桓公聞，責文姜，文姜告齊侯。齊侯怒，饗公，使公子彭生乘魯侯脅之，公薨于車，"當是把肋骨弄折致死。（20頁注〔三〕）《左傳》在"遂及文姜如齊"下接着說："齊侯通焉。公謫之，以告，夏四月丙子，享公，使公子彭生乘公，公薨于車。"彭生殺桓公的具體情況，《公羊傳》和《史記》述之較詳。《公羊傳》莊公元年說："夫人譖公於齊侯：'公曰：同（同爲桓公之子莊公之名）非吾子，齊侯之子也。'齊侯怒，與之飲酒。於其出焉，使公子彭生送之，於其乘焉，搚幹而殺之（何休注：搚，折聲也。扶上車，以手搚折其幹）。"《史記·魯世家》說："齊襄公饗公，公醉，使公子彭生抱魯桓公，因命彭生摺其脅，公死於車。"

⑤ 《管子》作"豎曼曰"，原注：醫寧當是齊國人，《管子》作豎曼。（20頁注〔四〕）按："醫"與"豎"，"寧"與"曼"，古隸皆相近。《管子》注以豎曼爲齊大夫。

⑥ 《管子》無“吾聞之”三字,此句作“賢者死忠以振疑,百姓寓焉”,尹注:“振,救也。賢者死於忠義,以救當時之疑,故百姓有所託焉。寓,寄託也。”俞樾以爲“振”當讀爲“抿”,義爲“拭刷”(《諸子平議》卷二“賢者死忠以振疑條”)。《校釋》:案:辱尤,《管子》作“振疑”……《事語》作“辱尤”;尤,過也;又假爲訧,《說文》卷三上:“訧,罪也。”謂賢者死於忠義,以辱姦者之過罪也;說亦可通。愚,《管子》作“寓”,《注》曰:“寓,寄託也。”作“寓”字,於義爲長。(43 頁)按:《校釋》訓“尤”爲“過”或“罪”,謂“寓”字較“愚”字義長,皆可從。釋“辱尤”爲“以辱姦者過罪”,則於義難通。疑“辱”爲“振”字之誤。“振”釋爲拯救或拭刷均可。

⑦ 《管子》作“智者究理而長慮,身得免焉”。原注:𥫗,通置,樹立。𥫗理是根據理。(20 頁注〔六〕)按:“𥫗”字不見字書,疑是“循”之形近誤字。“身得比(庇)焉”與上句“百姓愚(寓)焉”爲對文,言智者能使己身得安,賢者則能使百姓安。“庇”,《管子》作“免”,義雖可通,恐非原意。

⑧ “无盡言”之“无”,原釋文誤爲“無”,本章下文“無”字同,参看第二章注⑨。此處文字,《管子》作“今彭生二於君,無盡言,而諛行戲我君”。《解題》謂《管子》“‘二’當從帛書作‘近’”,“‘我’當從帛書作‘阿’,‘戲’字後加,當删”(39 頁)。《管子》尹注:“無盡言,謂不忠諫。”諛行,帛書作“容行”。原注:容行,隨人行動。(20 頁注〔七〕)按:“諛”“容”古音陰陽對轉,疑“容行”當讀爲“諛行”。

⑨ 原注:《管子》作“使我君失親戚之禮命”。此書之字下有脱略。(20 頁注〔八〕)《校釋》謂帛書此句“吾”下奪“君”字,下句亦以“吾君”屬辭可證(44 頁),其說當是,又謂“之”下奪“禮命”二字(44 頁)。

⑩ 《管子》作“又力成吾君之禍,以構二國之怨。”《解題》謂《管子》“禍”字“當從帛書作‘過’”(39 頁),甚是。

⑪ 《管子》作“彭生其得免乎,禍理屬焉”。

⑫ 《管子》作“夫君以怒遂禍”,帛書“過”字原釋文亦作“禍”。按:細審圖版此字,蓋先寫作“禍”,後將“示”旁改作“辵”旁而成“過”字,“君以怒遂過”與上文“又力成吾君之過”相應。《管子》“禍”字疑當爲“過”字之誤。《校釋》似以爲帛書上文“過”字當從《管子》作“禍”(44 頁),非是。【編按:郭永秉據新圖版認爲,帛書此字究竟是先寫“禍”後改爲“過”,還是先寫“過”後改爲“禍”,似仍有待研究。】

⑬ 原釋文“生”字下有一缺文號,從圖版看似無地位,故删去。“匿”字後,原釋文加括號注“慝”字,此處文義難通,“匿”字是否應讀爲“慝”尚不能定,故亦删去。“禍理屬焉”之下的文字,《管子》作“夫君以怒遂禍不畏惡親聞容昏生無醜

也”。舊多讀爲:“夫君以怒遂禍,不畏惡親聞容,昏生無醜也。”說解極爲牽强,由帛書可知其非。但“親閒容昏生无匿也”一句,仍不可解,有待研究。“无”字上端殘去,似也有是“先”的殘字的可能。

⑭ 原釋文“貞”字後加括號注“正”字,今删去。《管子》此句作“豈及彭生而能止之哉”。《解題》謂《管子》“止”字當從帛書作“貞(正)”(39頁)。從文義看,作“止”似亦通,待考。

⑮ 《管子》作“魯若有誅,必以彭生爲說”。

⑯ “惡[于]諸侯”句,原文是否確有“於”或“于”字,有待研究。從圖版看,“惡”字下部、“諸”字上部皆有殘缺,但其間似無足够地位再寫一個“於”字或“于”字。然從文義上看,此字實不能缺。此字原來有可能被寫漏,也有可能是因寫漏而旁注,故不佔地位。今姑從原釋文補出此字。【編按:郭永秉指出,“惡諸侯”其實可理解爲“使諸侯嫌惡”,“惡”下不必補出“於”或“于”字。《左傳·宣公十四年》“申舟以孟諸之役惡宋”(杜注:“楚子田孟諸,無畏抶宋公僕。”無畏即申舟),“惡宋”即“使宋國嫌惡”,與帛書“惡諸侯”的說法同例。】《左傳》桓公十八年於“公薨于車”之後,緊接着就說:“魯人告于齊,曰:‘寡君畏君之威,不敢寧居,來修舊好,禮成而不反,無所歸咎,惡於諸侯,請以彭生除之。’齊人殺彭生。”《管子》則在豎曼的議論之後,接着說:“二月(此二字不當有,前人已指出),魯人告齊曰:‘寡君畏君之威,不敢寧居,來修舊好,禮成而不反,無所歸死,請以彭生除之。’齊人爲殺彭生以謝于魯。”文字與《左傳》基本相同。帛書此段文字亦大同小異,但較簡單。《解題》指出《管子》“無所歸死”之“死”當從帛書作“咎”(39頁),可信。“咎”字當因上部與“死”相似而訛作“死”。王念孫《讀書雜志·管子第三》“歸死”條,謂“無所歸死,當依《左傳》作‘無所歸咎’”。這是由於他未能見到一百多年後出土的《春秋事語》的緣故。

附識:

此文寫成於20世紀90年代中期,本爲黄沛榮先生主持的以馬王堆帛書爲對象的研究項目的部分成果,蒙黄先生允許發表,甚爲感謝。

作者謹識 2003年11月11日

原載《湖南省博物館館刊》第一期(《船山學刊》雜志社,2004),今據以收入。

談談上博簡《子羔》篇的簡序

不久前出版的《上海博物館藏戰國楚竹書(二)》,收有馬承源先生整理的《子羔》篇。① 馬先生的釋文和考釋,爲學者們進一步研究這篇前所未見的儒家重要作品奠定了基礎。

今年1月,陳劍在"簡帛研究"網站上發表了《上博簡〈子羔〉、〈從政〉篇的竹簡拼合與編連問題小議》,②在《子羔》篇的14支簡中整理出了兩個編連組。

陳文指出簡1簡尾完整,簡6簡首完整,兩簡的文字可以連讀,簡6並可與簡2拼合成一支整簡。其所作釋文如下:

> □有虞氏之樂正宫䆑之子也。子羔曰:何故以得爲帝?孔子曰:昔者而弗世也,善與善相受也,故能治天下,平萬邦,使無有小大𢗼脃,使皆$_{1}$得其社稷百姓而奉守之。堯見舜之德賢,故讓之。子羔曰:堯之得舜也,舜之德則誠善$_{6}$與?伊(抑)堯之德則甚明與?孔子曰:鈞(均)也。舜嗇於童土之田,則$_{2}$

陳文又指出,簡11上段、簡10和簡11下段可以拼成一支整簡(簡11本由兩片殘簡拼成);簡12上方可拼香港中文大學文物館藏戰國楚簡3,二者也合成一支整簡,文字與上述整簡相連;簡13上下皆殘,但從内容看確應排在簡12之後,而且其間並無缺簡;"在這個編連組之前有第9簡,是這段内容的開頭部分,它跟第11簡能否相連不能肯定"。其所作釋文如下(方括號内是陳文以意補出之字):

> 子羔問於孔子曰:三王者之作也,皆人子也,而其父賤而不足稱也與?殹(抑)亦成天子也與?孔子曰:善,而問之也。久矣,其莫▨$_{9}$
> [禹之母……之女]也,觀於伊而得之,䖃(娠)三$_{11上段}$忎(年)而畫(?)於背而

① 馬承源主編《上海博物館藏戰國楚竹書(二)》,上海古籍出版社,2002。《子羔》篇竹簡全貌圖見此書4頁,各簡放大圖版見33—47頁,釋文與考釋見183—199頁。

② 此文將在《文物》今年第5期上發表,今據作者所贈打印本引用。【編按:見《文物》2003年5期,56—59頁。】

生,生而能言,是禹也。契之母,有娀氏之女$_{10}$也,遊於央臺之上,有燕銜卵而措諸其前,取而吞之,寍(娠)$_{11下段}$三忿(年)而畫(?)於雁(膺),生乃呼曰:$_{中文大學藏簡}$“欽(?)!”是契也。后稷之母,有郃氏之女也,遊於串(?)咎之內,冬見芺攼而薦之,乃見人武,履以祈禱曰:帝之武,尚使$_{12}$☐是后稷之母也。三王者之作也如是。子羔曰:然則三王者孰爲☐$_{13}$

我認爲陳文所作的拼合和編連都是正確的,把前一編連組簡文中的“伊”和後一編連組簡文中的“𣪘”都讀爲“抑”,文從字順,也顯然可從。

馬承源先生指出《子羔》篇的內容分兩大段,一段講堯、舜之事,一段講禹、契、后稷“三王”之事。③ 上舉的第一個編連組屬前者,第二個編連組屬後者。陳文對講禹、契、后稷之事的竹簡,已經做了很充分的拼合和編連工作,對講堯、舜之事的竹簡所做的工作則尚可補充。

在講堯、舜之事的竹簡的編連方面,陳偉先生在今年3月發表於“簡帛研究”網站上的《〈上海博物館藏戰國楚竹書(二)〉零釋》中,也提出了一個很好的意見。他把7號簡上半部的文字“亦紀先王之遊道不奉𥁰王則亦不大㕍”釋讀爲:“亦紀先王之遊道。不逢明王,則亦不大使。”並作了如下解釋:

紀,記載。遊,訓行。《戰國策·秦策四》“王資臣萬金而遊”,姚注:“遊,行。”道,訓言。《周禮·夏官·訓方氏》“訓方氏掌道四方之政事與其上下之志”,鄭注:“道猶言也,爲王說之。”遊道,猶言行。

奉,讀爲逢。二字皆从“丰”得聲,應可通假(引者按:《上博(一)》所收《孔子詩論》25號簡“有兔不奉時”之“奉”,整理者馬承源先生已讀爲“逢”;《上博(二)》所收《從政》甲篇8號簡“則奉災害”之“奉”,整理者張光裕先生也已讀爲“逢”)。“奉”後一字,疑是“明”字。在同篇1號簡有一字,上从“日”,下从“皿”,黄德寬先生認爲是“盟”字異體,讀爲“明”。此字下从“皿”,上部或許是“冋”字訛體,亦是“盟”字,讀爲“明”。“明王”,古書習見,同爲上海博物館藏楚竹書《從政》甲1號簡也有“昔三代之明王之有天下者”的表述。使,原从“氵”从“吏”。疑當讀爲“使”。《大戴禮記·衛將軍文子》記孔子語云:“有士君子,有衆使也,有刑用也,然後怒。”盧辯注:“使,舉也。”簡文此句大概是說:不遇明王,也就不能得到重用。《禮記·檀弓上》記孔子說:“夫明

③ 馬承源主編《上海博物館藏戰國楚竹書(二)》,183頁。

王不興,而天下其孰能宗予。"《孔子家語·本姓解》記齊太史子與說:"惜乎,夫子之不逢明王,道德不加於民,而將垂寶以貽後世。"可與簡書對讀。

如果上述大致不誤,我們有理由懷疑本簡應接在8號簡之後。8號簡下段記子羔之問說:"如舜在今之世則何若?"然後是"孔子曰"。7號簡上半段所記正是孔子回答的內容。孔子借題發揮,以自己的際遇作比況,所以連用了兩個"亦"字。

陳先生對"亦紀先王之遊道"的解釋恐怕有問題。像他這樣解釋,這句話就不大像孔子對子羔所提的"如舜在今之世則何若"這個問題的答話了。而且把"遊道"解釋爲"言行",也跟訓詁原則不合。"遊"可訓爲行走之"行",但不能訓爲行爲、言行之"行"。這句話裏的"遊"和"紀"可能都是假借字,其義待考。④ 但是陳先生"不逢明王"的讀法非常好,對"不逢明王,則亦不大湲"句含意的闡發也很精彩。因此他認爲這是孔子對子羔"如舜在今之世則何若"之問的答語,並據此推定7號簡應接在8號簡之後的意見,是可信從的。

陳劍已指出6號簡應與2號簡拼合,其文字上接1號簡。因此在把7號、8號兩簡的位置對調之後,5號簡就變得跟8號簡前後相接了。我們認爲這應該是符合《子羔》篇原來的編連次序的。爲了說明這一點,先把5號、8號兩簡的有關文字引錄於下(釋文基本用寬式):

……堯之取舜也,從諸卉(草)茅之中,與之言禮,敓尃☒5

☒□(此字不識)而和。故夫舜德其誠賢矣,采諸甽畝之中而使君天下而稱……8

馬承源先生在考釋5號簡末的"與之言禮"句時指出,"堯入卉茅之中與舜談禮教化之事",也見於上博簡《容成氏》篇(此篇亦已發表於《上海博物館藏戰國楚

---

④ 陳偉先生在他的文章的注10中,又認爲"遊"也有可能讀爲"流"、"留","遊道"猶"遺道"(《大戴禮記·勸學》"不聞先王之遺道")。但是這樣解釋仍有語義不合的問題。"流道"、"留道"的說法也嫌彆扭。對"亦紀先王之遊道"的解釋,我有一些不成熟的意見,寫在下面供參考。"遊"古與"由"通(高亨、董治安《古字通假會典》718頁,齊魯書社,1989)。郭店簡《性自命出》"唫遊哀也,喿遊樂也……"之"遊",劉釗《讀郭店楚簡字詞札記》讀爲"由"(武漢大學中國文化研究院編《郭店楚簡國際學術研討會論文集》92頁,湖北人民出版社,2000)。此簡"遊"字疑亦應讀爲"由"。"道"在此用爲動詞,古書中有"由"、"從"、"行"等訓(請參閱《經籍籑詁》)。《說苑·辨物》:"道也者,物之動莫不由道也。"正以"由道"連言。"先王之由道"猶言"由道先王",指遵循先王,按先王之道行事。"紀"疑當讀爲"己"或"其",此句意謂如舜生於今世,只有自己按先王(指古之舜)之道去做。【編按:作者後來對此句的解釋有變化,參看本書所收《說"亦紀先王之遊道"》。】

竹書(二)》);並引錄了記此事的《容成氏》8號簡文供參考。[⑤] 此簡原文如下(釋文基本用寬式):

> 於是乎始語堯天地人民之道。與之言政,敓簡以行;與之言樂,敓和以長;與之言禮,敓敀以不逆。堯乃悅。[⑥]

陳劍在發表於"簡帛研究"網站上的《上博簡〈容成氏〉的竹簡拼合與編連問題小議》中,已指出《容成氏》8號簡應該編在14號簡之後。14號簡最後一字"舜",就是8號簡首"於是乎始語堯天地人民之道"句的主語。

《子羔》篇原釋文未將5號簡末"敓"下之字釋出。劉信芳、陳劍、黄德寬等先生都釋此字爲"尃",並指出"尃"即《容成氏》8號簡"與之言禮,敓敀以不逆"句"敀"字的異文,[⑦]今從之。劉信芳先生認爲"敓"不應該讀爲"悅"而應該讀爲"說",大概也是正確的。

劉樂賢先生在發表於"簡帛研究"網站上的《讀上博簡〈容成氏〉小札》中,舉出了傳世古書中内容跟上引簡文很接近的、講堯舜論禮論政之事的兩段文字。今轉引於此,以供參考(但對劉文所引有删節)。《尸子》:

> 舜一徙成邑……堯聞其賢,徵諸草茅之中,與之語禮樂而不逆(劉文在"禮"字後加逗。竊疑"語禮樂"應連讀,"樂"、"而"之間蓋脱去一字);與之語政,至簡而易行;與之語道,廣大而不窮……

《路史》卷二十一:

> 語禮樂(劉文在"禮"後加逗,"樂"後不加逗),詳而不孛;語政,治簡而易行;論道,廣大而亡窮……

劉樂賢先生也認爲簡文的"敓"可能應讀爲"說"。他還認爲簡文的"敀"和"尃"當與《路史》"詳而不孛"的"詳"字同義,似可讀爲"溥"或"博"。這也是很有道理的。

我們認爲《子羔》8號簡首的"□而和",應該是記堯訪舜於草茅之中與之論禮樂政教之事的話的殘文,是那段話的最後三個字,《容成氏》記此事,用"簡以行"、"和以長"、"敀以不逆"這樣的句式,但劉樂賢先生所引傳世古書則不用"以"而用

---

⑤ 馬承源主編《上海博物館藏戰國楚竹書(二)》,189頁。

⑥ 同上書,100、256頁。此簡之末尚有一"堯"字,今略去。

⑦ 見劉信芳《上博藏竹書試讀》、陳劍《上博簡〈容成氏〉的竹簡拼合與編連問題小議》(注8)、黄德寬《〈戰國楚竹書〉(二)釋文補正》。諸文皆發表於"簡帛研究"網站。

"而"。《子羔》在這一點上與後者相同。在5號簡末"與之言禮斂尃"跟8號簡首"□而和"之間,無疑缺掉了不少字,但是參照《容成氏》的有關内容,顯然不會多到需要一支整簡來容納的地步。所以5號、8號兩簡原來應該是緊挨着的。

8號簡下端完整,上部殘去一段,可容十一或十二個字。5號簡上下皆殘,其在整簡中所處的位置不易確定,但下部無疑也殘去了一些字。看來,《子羔》篇原來的簡文除言禮之語外,一定兼有言樂及言政之語。從《容成氏》"與之言樂,斂和以長"之文來看,8號簡的"□而和"很可能是言樂之語的殘文。那末,《子羔》所記當是先言禮,繼言政,最後言樂的。不過政也以和爲貴,也有可能"□而和"是言政之語的殘文,其前已經完全殘去的一句是言樂的。

從目前掌握的情況來看,3號、4號兩簡,像原釋文那樣排在2號簡跟5號簡之間,是合適的。但是似乎不能排除3號、4號、5號三簡原爲一支或兩支簡的殘片的可能性。

經過上面的討論,關於《子羔》篇的簡序還剩下一個比較大的問題:講堯、舜的一段跟講禹、契、后稷的一段,究竟何者在前,何者在後。

原釋文是把講堯舜的一段排在前面的。《子羔》篇"釋文考釋"部分的"説明",在指出兩段之間相連的文字雖已缺失,但可以肯定二者屬於同一篇之後,講了決定前後次序的理由:

> 本篇最後文字內容是"叁天子",並有墨節,其下有相當於十三或十四個字的空白段,說明有關叁王內容的簡應列於後段,有關堯舜的內容列於前段,墨節是篇末結束記號。[8]

各家對此均無異議。

把有墨節和空白段的14號簡列爲全篇最後一簡,並認爲見於此簡的"叁天子"就指禹、契、后稷"叁王",無疑是正確的。但是由此而斷定講禹、契、后稷的簡應列於後段,講堯、舜的簡應列於前段,却是有問題的。

我們發現從簡的碴口和簡文内容看,屬於堯舜那段的7號簡可以跟篇末的14號簡拼合爲一簡。7號簡長32.9釐米,上端完整。[9] 14號簡長19.8釐米,兩端均

⑧ 馬承源主編《上海博物館藏戰國楚竹書(二)》,183頁。

⑨ 同上書,190頁。

殘。[10] 二者拼合後,約長52 釐米半左右,比同類型整簡短3 釐米左右。[11] 這是由於14 號簡下端稍有殘損的緣故。在見於《上海博物館藏戰國楚竹書(二)》第四頁的《子羔》篇竹簡全貌圖裏,14 號簡的縱向位置,大概是按照其末端跟中間一道編繩的位置相當的設想來安排的,根據並不充分。

將7 號簡與14 號簡拼合後,就可以完整地看到結束全篇的最後那段話了:

孔子曰:舜其可謂受命之民矣。舜,人子也,而叁天子事之。

“而”字在14 號簡上端,筆畫稍有殘泐,原釋文未釋。細審其字形,實與5 號、8 號兩簡的四個“而”字全同。

在這裏有必要說一下“人子”、“天子”這兩個詞語的含義。上引篇末語以二者對稱,9 號簡記子羔之問(“叁王者之作也,皆人子也,而其父賤而不足稱也與? 抑亦誠天子也與?”),也以二者對稱。“人子”指凡人之子,“天子”指天帝之子。所以本篇所說的“天子”,跟一般用來指稱作爲天下共主的帝王的“天子”是有區別的。夏、商、周三代王室的始祖禹、契、后稷,都有無父而生的神異傳說,所以子羔問孔子:他們究竟是地位低賤因而其名失傳的那種人的兒子呢? 還是真的是天帝的兒子呢? 10、11、12、13 等號簡文以肯定的態度講述了禹、契、后稷的降生神話,可見此文中的孔子承認他們是“天子”。據上引陳偉文,見於1 號簡簡首的“有虞氏之樂正宫宑之子也”一語,是孔子對子羔的一個問題的回答(1 號簡首在“有虞氏”之上有一個殘字,原釋文釋“吕”,陳先生改釋爲“曰”,是正確的)。各家多以爲“宫宑”即指舜父瞽瞍,可信,舜是瞽瞍之子,當然是“人子”。在古史傳說中,禹、契、后稷都是堯和舜之臣,見《尚書·堯典》、《史記·五帝本紀》等書。所以說:“舜,人子也,而叁天子事之。”用這句話結束全篇,真是再合適不過了。

7 號簡文“孔子曰”之上的部分,就是陳偉先生所確定的、孔子對子羔“如舜在

---

[10] 同上書,199 頁。

[11] 《子羔》的簡型和字體跟發表於同一書中的《魯邦大旱》和發表於《上海博物館藏戰國楚竹書(一)》(上海古籍出版社,2001)的《孔子詩論》相同(《上海博物館藏戰國楚竹書(二)》,203 頁。《上海博物館藏戰國楚竹書(一)》,121 頁)。《魯邦大旱》3 號簡爲完簡,長55.4 釐米(《上海博物館藏戰國楚竹書(二)》,207 頁);4 號簡也是完簡,長54.9 釐米(《上海博物館藏戰國楚竹書(二)》,208 頁)。《孔子詩論》2 號簡基本完整,長55.5 釐米(《上海博物館藏戰國楚竹書(一)》,127 頁)。陳劍將《子羔》6 號簡與2 號簡拼合爲一支整簡,前者長32.7 釐米(《上海博物館藏戰國楚竹書(二)》,190 頁),後者長22.9 釐米(《上海博物館藏戰國楚竹書(二)》,185 頁),綴合後應長55 釐米半左右。看來這種類型的簡的一般長度是55 釐米半左右,所以說7 號、14 號兩簡拼合後的長度比同類型整簡短3 釐米左右。

今之世則何若”這一問題的答語。《子羔》的寫作,採用了子羔與孔子一問一答的形式。爲什麽在孔子的答語之後,緊接着又出現一個“孔子曰”呢? 這不免使人產生疑惑。現在知道這個“孔子曰”所帶出的是總結全篇的話,其性質跟此篇上文中的那些“孔子曰”有别,疑惑就可以打消了。

7 號、14 號兩簡的拼合,説明講堯、舜之事的簡應屬後段,講禹、契、后稷之事的簡應屬前段。這樣,9 號簡就成爲此篇首簡了。9 號簡簡首完整,簡文從“子羔問於孔子曰”開始,作爲首簡十分合適。此篇記子羔提問,一般只説“子羔曰”。此處由於是一篇的發端,所以説“子羔問於孔子曰”。此篇篇名“子羔”是原來題的,見於 5 號簡背面。古人往往以篇首二字名篇。從這一點看,把 9 號簡列爲首簡也很合適。

對 9 至 13 號諸簡講禹、契、后稷之事的簡文,陳劍已作了整理。在本文開頭部分,已經引錄了他所作的釋文。13 號簡之後,應接講堯、舜之事的部分的第一簡,即原來的 1 號簡(此二簡之間有無缺簡已不可知)。現在把由 1 號簡至篇末 14 號簡講堯、舜之事的全部簡文,按照新的簡序鈔錄於下(釋文基本用寬式。作釋文時除依據原釋文外,還吸收了李鋭、孟蓬生、徐在國、黄錫全、黄德寬、陳偉、陳劍、楊澤生、劉信芳、劉樂賢等先生發表在網上的有關文章裏的不少意見,恕不一一注明):

> ……曰:有虞氏之樂正宫〈宑—瞽?〉寈(㝅—瞍?)之子也。子羔曰:何故以得爲帝? 孔子曰:昔者而弗世也,善與善相授也,故能治天下,平萬邦,使無有小大𡨧𡨧,使皆$_{1}$得其社稷百姓而奉守之。堯見舜之德賢,故讓之。子羔曰:堯之得舜也,舜之德則誠善$_{6}$與? 抑堯之德則甚明與? 孔子曰:均也。舜穡於童土之田,則$_{2}$……之童土之黎民也。孔子曰:□$_{3}$……吾聞夫舜其幼也,敏以學寺(詩?),其言$_{4}$……或(?)以文而遠。堯之取舜也,從諸草茅之中,與之言禮,説尃(博?)$_{5}$……□而和。故夫舜之德其誠賢矣,采諸畎畝之中而使君天下而稱。子羔曰:如舜在今之世則何若? 孔子曰:$_{8}$亦紀(己?)先王之遊(由?)道,不逢明王,則亦不大湰(使?)。孔子曰:舜其可謂受命之民矣。舜,人子也,$_{7}$而叁天子事之。$_{14}$

在已發表的上博竹書中,只有《子羔》和《容成氏》兩篇有簡背篇題。《容成氏》的篇題寫在此篇現存最後一簡 53 號簡背面。雖然此簡“簡文未完,下有脱簡”,[⑫] 但從全篇内容看,其簡文應已臨近結尾,後面的脱簡至多只能有一到兩支,所以此

---

⑫ 《上海博物館藏戰國楚竹書(二)》,292 頁。

篇整理者李零先生估計篇題“是在倒數第二、三簡的背面”。[13]《子羔》篇寫有篇題的5號簡,按目前的編排是倒數第三簡,情況跟《容成氏》相類。這也説明目前的編排是合理的。

最後簡單談一下《子羔》篇的主旨。此篇主旨從全篇結尾之語可以看得很清楚。“舜,人子也,而叁天子事之”,其内含之意是説,一個人是否有資格“君天下”,應決定於他的德是否“誠賢”(真的賢),而不應決定於他的出身是否高貴。此篇所説的禹、契、后稷之事,僅限於他們降生的神異傳説。説這些話是爲了證明他們是天帝之子,完全是爲“舜,人子也,而叁天子事之”這句話作鋪墊。《子羔》篇跟郭店楚墓竹簡中的《唐虞之道》交相輝映,都是早期儒家宣揚尚賢思想和禪讓制的作品。[14]

原載《上博館藏戰國楚竹書研究續編》(上海書店出版社,2004),又載《中國出土古文獻十講》,今據後者收入。

---

[13] 同上書,293頁。

[14] 關於《唐虞之道》和禪讓制,可參閲拙文《讀〈郭店楚墓竹簡〉札記三則》的第二則,見《上海博物館集刊》第九輯179—181頁,上海書畫出版社,2002。

讀上博簡《容成氏》札記二則

一、釋 “蔽 芾”

《容成氏》説,在尊盧氏、赫胥氏等上古帝王有天下之時,對人民之有殘疾或體態異常者,都能根據他們的特點給予合適的工作(請看馬承源主編《上海博物館藏戰國楚竹書(二)》——以下簡稱“上博(二)”——,250—252頁《容成氏》第1、2、3號簡的釋文和考釋,上海古籍出版社,2002)。此篇在列舉了“喑聾執燭,楣戉鼓瑟”等多項措施之後,接着説:

凡民俾敝者,教而誨之,飲而食之,思役百官而月請之。(3號簡,圖版見《上博(二)》95頁,釋文及考釋見252—253頁)

此篇整理者李零先生注釋此句説:

俾敝 待考。

思役百官而月請之 願其聽用於百官而月月請謁之。(同上253頁)

陳偉先生曾在《包山楚簡初探》中指出,包山楚簡中的一些“思”字,用法與“命”相當,似乎與古書中某些訓“願”的“思”字近似,“爲表示祈使的動詞”。(31—32頁,武漢大學出版社,1996)孟蓬生先生在《上博竹書(二)字詞劄記》(“簡帛研究”網站,2003年1月14日)的“思”字條中,舉出《容成氏》篇中“思民不惑”(19號簡)、“思民道之”(44)、“思民不疾”(49)三例,下按語説:

據三簡文義歸納,“思”當讀爲“使”。古音思爲心母之部,使爲山母之部。心山古音每相通,今人多以爲當合爲一音。如生與姓、辛與莘、相與霜等皆是。

其説可從。楚簡中此類“思”字似皆可讀爲“使”,上引《容成氏》“思役百官而月請之”之“思”,亦屬此類而爲孟文所漏舉。“月請之”,似應指讓“役百官”的民之“俾敂者”按月向官府請求工作或請求廩食,即《周禮》所謂“稍食”(參看孫詒讓《周禮正義·天官·宮正》“幾其出入,均其稍食”句疏)。

“俾敂”,何琳儀先生認爲“當讀‘卑末’,指出身地位低下者”(《滬簡二册選釋》,“簡帛研究”網站,2003 年 1 月 14 日)。“卑末”,《後漢書·樂巴傳》等皆用來指地位低下的吏。“凡民俾敂者”,其性質當與上文所言的那些殘疾者或體態異常者相近。讀“俾敂”爲“卑末”似與文義不合。

我以爲“俾敂”應讀爲“蔽芾”,“俾”从“卑”聲。“卑”和从“卑”聲之字,古或與“蔽”通。《史記·淮陰侯列傳》“從間道萆山而望趙軍”,《集解》引如淳注:“萆音蔽,依山自覆蔽。”《列子·楊朱》“卑宫室”,殷敬順《釋文》“卑”作“蔽”。“敂”當爲从“市”聲之字,“芾”亦从“市”聲,二字自亦可通。

《説文·六下·朩部》“朩”字《段注》説:

> 按《玉篇》“朩”作“市”,引《毛傳》“蔽市,小皃”(引者按:此《詩·召南·甘棠》《毛傳》文,今本“市”作“芾”)。玉裁謂《毛詩》“蔽市”字恐是用蔽厀之“市”字。經傳“韍”(引者按:“韍”“市”爲一字)多作“芾”作“茀”,可證也(引者按:《召南·甘棠》“蔽芾甘棠”,《韓詩外傳》卷一引作“蔽茀甘棠”)。

段玉裁的意見是對的。實際上不但不見於《説文》的“芾”字原來並不从“朩”,就是見於《説文》的那些从“朩”聲之字,原來也都應該是从“市”聲的。這些字,隸楷一般都寫作从“市”。這並非隸楷改變了篆書字形,而是隸楷承襲了戰國和秦漢時代實際使用的字形。如“旆”字在戰國早期的曾侯乙墓竹簡中就寫作从“市”(參看拙文《談談隨縣曾侯乙墓的文字資料》)。何琳儀《戰國古文字典》認爲信陽簡有“柿”字,即《説文》的“柫”(見下册 951 頁,中華書局,1998)。“沛”“肺”等字在漢代簡牘金石文字中也都寫作从“市”(參看《秦漢魏晉篆隸字形表》786、264 頁,四川辭書出版社,1985)。“沛”字亦見張家山漢墓所出《二年律令》443 號簡(《張家山漢墓竹簡〔二四七號墓〕》43 頁,文物出版社,2001),可證。《説文》从“朩”聲之字的篆形可能是有問題的(除“𣏟”“麻”一系字外,《説文》認爲以“朩”爲意符的“南”“索”“孛”“㶳”等字,從古文字看也都不是从“朩”的,另詳他文)。所以我們把簡文的“敂”讀爲“蔽芾”之“芾”,是不會有問題的。

《詩·召南·甘棠》“蔽芾甘棠”,《毛傳》:“蔽芾,小貌。”《詩·小雅·我行其野》“我行其野,蔽芾其樗”,《鄭箋》:“樗之蔽芾始生,謂仲春之時嫁取之月。”始生者必小,此“蔽芾”之義與《甘棠》略同。簡文所説的“凡民蔽芾者”,當指雖已成年但身材顯著比一般人矮小者。

張家山西漢早期墓所出《二年律令》的《傅律》中,有如下一條:

> 當傅,高不盈六尺二寸以下,及天烏者,以爲罷癃。(《二年律令》363 號簡,上引《張家山漢墓竹簡〔二四七號墓〕》37、182 頁)

《漢書・高帝紀上》“蕭何發關中老弱未傅者悉詣軍”句顔注所引如淳注引《漢律》(引者按:當即《傅律》),也有“高不滿六尺二寸以下爲罷癃”語(如淳此注也見引於《史記・項羽本紀》《集解》)。人民達到服徭役兵役年齡時向公家登記稱爲“傅”。秦漢時一尺約當今市尺七寸左右,六尺二寸合今四尺三寸多一點。“當傅”者如果身高不到四尺三寸,顯然無法正常服役,所以把他們當作“罷癃”,即有廢疾者對待。簡文的“凡民蔽芾者”,大體上應與《漢律》所說的“高不盈六尺二寸以下”者相當(如淳所引《漢律》可能因避漢惠帝諱改“不盈”爲“不滿”)。簡文說“教而誨之,飲而食之,使役百官而月請之”,當是教育這些人,使有一些工作能力,來爲官府服力所能及的雜役,以獲得廩食維持生活的意思。這在古代當然也可以算是一項惠政。

編按:

白於藍先生指出《容成氏》3 號簡的“敝”字應釋爲“敝”,“俾敝”應讀爲“罷弊”(白於藍《上海博物館藏竹簡〈容成氏〉“凡民俾敝者”考》,《文物》2005 年 11 期),其說可從。本文將“俾敝”讀爲“蔽芾”,非是。

二、釋　“擊”

《容成氏》22 號簡講禹建鼓以開言路之事說:

> 禹乃建鼓於廷,以爲民之有詓告者訏焉。鼓,禹必速出,冬不敢以滄辭,夏不敢以暑辭。(《上博(二)》114 頁,參考 267 頁釋文、注釋)

原釋文以“詓”爲“訟”的異體,在“訏”字下括注“鼓”字,釋“焉”“鼓”之間的那個字爲“敼”,在其下括注“撞”字。

陳劍《上博楚簡〈容成氏〉與古史傳說》(臺灣中研院史語所主辦“中國南方文明”學術研討會論文,2003 年 12 月)引用此段簡文時,在“詓”字後括注“謁”字,以“訏”爲从“千”聲,讀爲“訊”(見該文 9 頁及 20 頁注 44);又引拙說將“焉”“鼓”之間的那個字釋爲“毄”，讀爲“擊”（20 頁注 45），但未加論證。下面簡述我們這樣釋讀的理由。

從文義看，使鐘出聲可以説撞鐘，使鼓出聲似沒有説撞鼓的，而“擊鼓”之語則常見。《淮南子・氾論》：“禹之時以五音聽治，懸鐘鼓磬鐸，置鞀，以待四方之士，爲號曰：教寡人以道者擊鼓，諭寡人以義者擊鐘，告寡人以事者振鐸，語寡人以憂者擊磬，有獄訟者摇鞀。”此亦言禹事，而於鼓、鐘、磬皆用“擊”字。

再來看字形。我們所討論的字，其左旁顯非“童”字，但跟在古文字中與“童”相通的“重”字的一般寫法，的確很相近。然而我們所能看到的楚簡中的“重”字，中部作“目”形，下部作“壬”或“𡈼”形（張守中等《郭店楚簡文字編》121 頁，文物出版社，2000），與此字左旁明顯有别。所以此字既不从“童”，也不像是从“重”的，似難讀爲“撞”。

《説文》以爲“毄”字从“殳”从“軎”（《三下・殳部》）。从“軎”之説是有問題的。漢印“毄”字左旁作“東”下加“凵”之形（羅福頤《漢印文字徵》3・18 下，文物出版社，1978）。秦簡及西漢前期簡帛“毄”字與之相近（張守中《睡虎地秦簡文字編》45 頁，文物出版社，1994。漢語大字典字形組《秦漢魏晋篆隸字形表》204 頁，四川辭書出版社，1985。有的“毄”字，左旁“東”的上端二小斜筆寫得較平，被摹寫者摹成了一横，如前一書所收“毄”字第一例）。西漢前期簡帛一般在“東”的豎畫下部加一横畫，並往往將其下的“凵”的寬度寫得較小（陳松長《馬王堆簡帛文字編》123 頁，文物出版社，2001。駢宇騫《銀雀山漢簡文字編》106 頁，文物出版社，2001）。後來，“毄”字左旁“軎”所包含的“東”被寫成“車”，就演變出了《説文》的“軎”形和隸楷的“𨊠”形。

我們所討論的字，右旁作“攴”，左旁似可分析爲“”和“土”兩部分。古文字中“殳”“攴”兩個偏旁往往相通。秦漢文字（包括《説文》篆文）从“殳”的字如“毆”和“殺”，楚簡就都从“攴”（參看滕壬生《楚系簡帛文字編》258—259 頁，湖北教育出版社，1995）。楚簡字形頂端的“”形，有些是从“”形變來的。例如楚簡一般借“眚”字爲“性”和“百姓”的“姓”，此字上部可簡化爲（見上博藏《孔子詩論》16、20、24 號簡等，馬承源主編《上海博物館藏戰國楚竹書（一）》28、32、36 頁，上海古籍出版社，2001），而在郭店簡中此字上部則絶大多數作（上引《郭店楚簡文字編》63—64 頁）。楚簡等戰國楚文字中的“陳”字（由“東”下加“土”的字形變來），其所从“東”字上端也寫成了（上引《楚系簡帛文字編》1035—1037 頁。“東”的中豎下部兩側的斜筆，則被移到了中部“田”形兩側）。所以我們所討論的

字,可以分析爲从"土"从"毄"省,即"墼"字,在簡文中讀爲與之同从"毄"聲的"擊"。

張家山二四七號西漢早期墓所出竹簡中的"毄"字,其左旁偶有作者(《二年律令》90號簡二見,《張家山漢墓竹簡〔二四七號墓〕》14頁),寫法與我們所討論的字的左旁頗爲相近。由此看來,這個字就是"毄"字異體的可能性,似乎也不能排除。不管怎樣,這個字在簡文中都應該讀爲"擊"。

原載《古文字研究》第二十五輯(中華書局,2004),今據以收入。

北京大學中國古文獻研究中心郭店楚墓竹簡研究項目介紹[①]

北京大學中國古文獻研究中心的出土文獻研究室,這幾年一直在進行郭店楚墓竹簡(以下簡稱"郭簡")的研究工作,參加人員有裘錫圭、李家浩、沈培、陳劍和研究生張富海。已畢業的研究生馬月華也參加過一些工作。荆門市博物館編的《郭店楚墓竹簡》出版已經六年了,學者們對郭簡的研究在各方面都取得了很大進展。我們想在全面吸取他們的成果的基礎上,通過我們自己的研究,爲郭簡編寫出新的釋文,並加上比較詳細的注釋。這項工作估計在今年年底能够完成。以下分幾個方面,簡單介紹一下我們的工作內容。

一、增入新發現的原始資料

《郭簡》出版後,荆門市博物館在養護、整理郭店一號楚墓出土竹簡時,發現了一枚編書時被遺漏的有字整簡,是屬於《語叢三》9至16號簡那段簡文的(見《中國文物報》2002年5月3日);又發現了一片有字的簡尾殘片,可以拼接在《性自命出》57號簡下端,使之成爲一枚整簡。我們的釋文將補入這些簡文。此外,他們還在少量竹簡的背面發現了一個或兩個字,我們也將在有關篇的説明或注釋中提到。

二、殘片的拼接

除上面所説的新發現的殘片已由荆門博物館拼入《性自命出》57號簡外,李家浩在《郭簡》所著錄的殘片中,找出了可以分别拼入《老子乙》和《五行》的兩段殘片(《老子乙》的拼合已發表於《中國文物報》1998年10月28日)。

---

① 本文是提交給2004年4月在美國南Hadley舉行的第三屆中國出土文獻國際研討會的發言稿。

三、簡序的調整

學者們對《郭簡》很多篇的簡序提出了調整意見,其中有很多意見是合理的,我們將加以吸收。《成之聞之》篇的調整最大。調整以後,以"成之聞之曰"開頭的那枚簡已非首簡,而且"成之"二字應該上屬他句,所以此篇的篇名也必須改變。

除了吸收他家意見外,我們對簡序也作了少量調整。例如對《語叢四》的簡序,研究室的訪問學者趙鋒先生和陳劍各作了一處調整(見陳劍《郭店簡〈窮達以時〉、〈語叢四〉的幾處簡序調整》,《國際簡帛研究通訊》2 卷 5 期,2002 年 6 月)。陳劍還指出,《窮達以時》的 14 號簡應該移置到 9 號簡前,14 號簡末"母之白"三字中,"母之"二字應是原來寫顛倒的,二字位置互易之後,"之"字上屬爲句,"母白"讀爲"梅伯",跟 9 號簡上半連讀爲一句,即"梅伯初醢醢(此二字據趙平安先生釋讀),後名揚,非其德加",跟緊接着的"子胥前多功,後戮死,非其智衰也"爲對句。梅伯爲商紂所"醢",即做成肉醬,是古書盛傳之事。14 號簡移出後,13、15 兩簡的文字也正好可以相接(見上引陳劍文)。郭簡《緇衣》篇把所引《詩》句"匪其止共,惟王之邛"中的"之"字誤寫在"止"字之下(上博簡《緇衣》不誤),情況跟此篇誤把"之"字寫在"母"字下相似。陳偉先生也主張把《窮達以時》的 14 號簡移到 9 號簡之前,不過他把 14 號簡尾的"之白"跟 9 號簡文連讀,把趙平安先生讀爲"醢醢"的那兩個字讀爲"沈鬱",認爲"之白"指齊桓公小白(陳偉《郭店竹書別釋》,湖北教育出版社,2002 年 12 月,49 頁),恐怕是有問題的。

四、句讀的改正

學者們對《郭簡》釋文的句讀提出了不少改正的意見,我們將擇善而從。我們自己也對《郭簡》的句讀有所改正,這裏舉一個例子。

原釋文有如下文字:

> ……獨處則習父兄之所樂。句(苟)毋(無)大害,少枉內(入)之可也,已則勿復言也。(《郭簡》181 頁)

我們改讀爲:

> 獨處則習。父兄之所樂,苟無大害,小枉,納之可也,已則勿復言也。

讀“少”爲“小”,在“枉”後加逗,是廖名春等先生的意見,讀“內”爲“納”是郭沂等先生的意見。以“獨處則習”爲獨立的一句,把“父兄之所樂”後的句號改爲逗號,則是我們的意見。“獨處則習父兄之所樂”,很難講通。獨處時爲什麼一定要複習或練習“父兄之所樂”呢?“獨處則習”就好理解了。獨處時沒有師友可以請教或相與討論,所以只能複習或練習已經學過的東西。跟“獨處則習”分開後,“父兄之所樂”以下的文字,也好理解了,其大意是說,父兄所以爲樂之事,如無大害,雖然小有不正,也可以接受,但過後就不要再提起了。這裏所說的過後不要再提起,意思跟《禮記·少儀》所說的“毋循枉”相近。《禮記》鄭玄注解釋“毋循枉”說:“前日之不正,不可復遵行以自伸。”很多學者按照《郭簡》釋文,以“苟無大害”爲一句的開頭,似嫌突兀;把“枉”理解爲“冤枉”,也是不妥當的。

五、釋　　字

學者們對《郭簡》的釋字,提出了很多補充和改正的意見,我們將擇善而從。我們自己也在這方面做了一些工作,下面舉兩個例子。

據《郭簡》釋文,《性自命出》篇有“交性”的說法,跟“動性”、“厲性”、“養性”等並提,“交”字在這裏的意思很難解釋。裘錫圭指出,在《上海博物館藏戰國楚竹書(一)·性情論》(實即《性自命出》的別本)中,跟“交性”之“交”相當之字寫作“室”字下加“心”之形,可知“交性”之“交”其實是寫得走了樣的“室”字,由於其形近“交”而被誤釋了。“室”、“節”上古音相近。馬王堆帛書《老子乙本卷前古佚書》中的《十大經·觀》這一篇,把“時節三樂”(語見《國語·越語下》)的“節”寫作从“手”、“室”聲的“挃”。《性自命出》的“室性”,應該就是傳世古書中的“節性”(見《由郭店簡〈性自命出〉的“室性者故也”說到〈孟子〉的“天下之言性也”章》,《第四屆國際中國古文字學術研討會論文集》,香港中文大學中國語言及文學系,2003年10月,43—56頁)。

《禮記·緇衣》“上好仁則下之爲仁爭先”章,引《詩·大雅·抑》“有覺德行”句,“覺”作“梏”。郭簡《緇衣》(12號簡)與“覺”、“梏”相當之字作兩手捧黑色圓形物之形(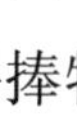),《郭簡》原書缺釋,學者們對此字有幾種釋法,但都難以憑信。張富海指出,此字就是當兩手捧物講的“匊”(後起字作“掬”)的表意初文。《說文·収部》有从“収”、“共”聲的訓“兩手盛也”的“𢍏”字。《廣韻》入聲屋韻“育”小韻:“𢍏,兩手捧物。《說文》音‘匊’。”(《集韻》入聲屋韻“匊”小韻收入“𢍏”。)“𢍏”應該就是簡文此字的一個後起字,是把象所捧之物的形符改爲聲旁"宊"而成的。"匊"、"梏"、"覺"的上古音都屬見母覺部,所以可以通用。

六、釋　義

"釋義"指解釋簡文之義。簡序、句讀和釋字的改變,都會引起釋義的改變。此外,學者們還對《郭簡》的釋義提出了很多補充和改正的意見,我們將擇善而從。我們自己在這方面也做了一些工作。

例如《六德》2—5號簡有兩個用法比較特殊的"尔"字:

> 作禮樂,制刑法,教此民尔使之有向也,非聖智者莫之能也。……聚人民,任土地,足此民尔生死之用,非忠信者莫之能也。

不少學者把"民尔"讀成"民黎"。沈培指出這種讀法缺乏根據。他認爲這兩個"尔",跟同篇36號簡"君子言信言尔,言煬言尔"的"尔"一樣,也是虛詞,《忠信之道》也有這種"尔"字。他從語法角度加以分析,斷定這種"尔"字的用法大體與"也"相當。如《忠信之道》5—6號簡:"口惠而實弗從,君子弗言尔;心疏[而貌]親,君子弗申(李天虹讀爲"陳",訓爲"示")尔;古(可能應讀爲故意之"故")行而鯖(李天虹讀爲"爭")悅民,君子弗由也。三者,忠人弗作,信人弗爲也。""口惠而實弗從"等並列的三句,前兩句句末用"尔",後一句則用"也"。同篇7—8號簡:"君子其施也忠……其言尔信……","施也"與"言尔"相對。上引《六德》的"教此民尔使之有向也"的句式,可與同篇40—41號簡"是故先王之教民也,不使此民也憂其身也"相比較;"足此民尔生死之用",意即足民以生死之用,可與《左傳·昭公二十八年》的"吾與戊也縣"(意即我給戊以縣)相比較(見《讀郭店楚簡札記四則》,《簡帛語言文字研究》第一輯,巴蜀書社,2002年11月,6—11頁)。陳劍指出《禮記·孔子燕居》"師爾過,而商也不及",《論語·先進》作"師也過,商也不及",前者的"爾"也相當於"也",表中頓,用法與《忠信之道》"其言尔信"之"尔"相同,爲沈說提供了一個很好的證據。

除了上述這些方面的工作,我們還對跟簡文有關的文獻學和思想史上的有些問題作了一些探討。這裏也舉兩個例子。

在調整了《窮達以時》的簡序之後,可以看出這是一篇首尾完具的短文。全文分兩段。第一段從"有天有人,天人有分"開始。第二段從已經移到原9號簡前的原14號簡之首的“善否己也，窮達以時”開始。此篇不但無缺簡，而且殘缺的文字也基本上可以參照《荀子·宥坐》、《韓詩外傳》卷七、《說苑·雜言》等篇中的有關文字補出。《窮達以時》裏的很多話，在《荀子·宥坐》等篇裏，是被當作孔子厄於陳蔡之間時教訓弟子的話的（文字有出入）。不少學者認爲《窮達以時》也應該是這樣的，只不過由於篇首有缺簡，所以看不到講孔子厄於陳蔡之間的記事文字。現在看來，這種看法恐與事實不符。

《窮達以時》篇的簡形和字體，跟《魯穆公問子思》篇全同，很多學者認爲當出自《子思子》。這是很有可能的。把篇中的話改編爲孔子厄於陳蔡之間時所說的話的，大概是戰國晚期甚至末期的儒者。《吕氏春秋·慎人》也有大量跟《窮達以時》相似的内容，但並沒有當作孔子的話，只是在篇末另有一段講孔子厄於陳蔡之間時跟弟子對話的文字。《慎人》篇寫成的時間並不一定比《荀子·宥坐》篇早，但在孔子厄於陳蔡之間的故事的演變方面，大概反映了較早的情況。

伍子胥之死晚於孔子厄於陳蔡之間好幾年，前人曾以《韓詩外傳》、《說苑》等所記孔子厄於陳蔡之間時所說的話提到子胥之死爲疑，明白了這些話的來源，問題就不存在了。

《老子》今本第十九章的文字，見於郭簡《老子》甲組1—2號簡。簡本與今本“絶仁棄義，民復孝慈”相當的文字，作“絶爲棄慮，民復季子”。“爲”字簡文原來加“心”旁，指違背自然的人爲，古書中有時也寫作加“人”旁的“僞”，但與“虛僞”、“詐僞”之“僞”的意義有别。有的學者認爲簡本反映《老子》原貌，今本爲戰國晚期道家所改。有的學者認爲今本反映《老子》原貌，簡本爲讀《老子》的儒家，甚至就是郭店楚墓墓主所改。兩派意見尖鋭對立，相持不下。我們認爲從《老子》的思想體系看，前一派的意見是正確的。

今本第十八章說：“大道廢，有仁義；慧智出，有大僞；六親不和，有孝慈；國家昏亂，有忠臣。”此章文字也見於簡本（丙組2—3號簡），但與相當於今本第十七章的文字連爲一章，且無“慧智出，有大僞”一句，其他文字彼此雖有出入但不影響文義。“慧智出”一句當爲戰國晚期以後人所加。這一章的意思是說，仁義、孝慈、忠臣，都是大道已廢，理想的道德不復存在以後，才出現的。這跟今本三十八章所說的“失道而後德，失德而後仁，失仁而後義”，是一個意思。仁義和孝慈是同一層面上的東西，《老子》原本怎麽會說“絶仁棄義，民復孝慈”呢？如果真要絶仁棄義，只能回復到大道，回復到道德，而決不會要求回復到孝慈。而且《老子》不但以“慈”爲“三寶”之首（六十七章），還說過“上仁爲之而無以爲”（三十八章），對“仁”也遠未深惡痛絶,怎麽會説"絶仁棄義"的話呢?

今本十九章的"絶聖棄智",簡本作"絶智棄辨",也應以簡本爲原貌。"絶聖"的説法跟《老子》的推崇"聖人"相矛盾,早已有人指出。"辨"字簡文假借"鞭"字初文爲之,有人讀"辯",有人讀"辨",應以讀"辨"爲是。"辨"指對美與惡、善與不善等等的分辨。老子認爲智、辨、巧、利、爲、慮,都是破壞人類渾樸自然狀態,也就是合乎道的狀態的東西,所以要加以棄絶,以回歸於道。這些東西跟在"大道廢"以後出現的"仁義"不在一個層面上。所以簡本顯然反映或接近《老子》原貌,今本應爲戰國晚期道家所改。

"民復季子"的"季子",不能理解爲排行最小的兒子,而應理解爲小孩子(參看廖名春《郭店楚簡老子校釋》,清華大學出版社,2003 年 5 月,12—13 頁)。馬王堆帛書《脈法》最後講學習脈法的幾句話裏,有"季子忠謹,學……"之語。古代醫和史(指書記)的職業一般都是父子相傳的,要從小學起。秦漢時學史者必學《蒼頡篇》。《蒼頡篇》一開始就説:"蒼頡作書,以教後嗣。幼子承詔,謹慎敬戒。"《脈法》的"季子"與《蒼頡篇》的"幼子"同義。能"絶爲棄慮",當然就能回復到幼子的純樸心態了。這跟今本二十章"常德不離,復歸於嬰兒"、五十五章"含德之厚,比於赤子",意思是很相近的。

從押韻看,今本十九章"絶聖棄智,民利百倍。絶仁棄義,民復孝慈。絶巧棄利,盜賊無有"這三句是押之部韻的。但是"倍"、"有"都是上聲字,"慈"却是平聲字,以致江有誥《先秦韻讀·老子》要把"慈"讀爲上聲。"季子"的"子"正是上聲字,由此也可知"孝慈"爲後人所改。

總之,簡本的"絶爲棄慮,民復季子",肯定是反映或接近原貌的。

限於水平,我們的工作一定會有很多錯誤和不妥之處,歡迎大家批評指正。

2004 年 4 月 17 日

原載《出土文獻研究》第六輯(上海古籍出版社,2004),今據以收入。

釋戰國楚簡中的"㫰"字

戰國楚簡中屢見一個从"日"从"几"的字。此字"日"旁有寫在"几"旁之中的,也有寫在"几"字上方或下方的,[①]我們一律隸定爲"㫰"。除了有時用爲人名或借爲"几"字(例皆見下)之外,這個字的意義都可以理解爲"期"。

楚簡的卜筮簡中屢見"㫰中"之語,以下所引是望山和包山楚墓卜筮簡中所見之例:

(1) ☐占之吉,㫰审(此字通"中",下文逕寫作"中")又(有)喜於志☐[②]

(2) 宋客盛公□豊(聘)於楚之歲,㽭层(下文逕寫作"荆尸")之月,乙未之日,鹽吉𠬝(下文逕寫作"以")保豪爲左尹𦩡貞,自荆尸之月以𦎫(下文逕寫作"就")荆尸之月,出內(入)事王,𦘠(下文逕寫作"盡")卒(卒)歲,竆(下文逕寫作"躳")身𡭽(尚)毋又(有)咎。占之恆貞吉,少(小)又(有)𢝊於躳身,𠭁(且)志事少(小)遲得,以亓(其)古(故)敚之。思攻解於人悳。占之甚吉,㫰中又(有)喜。[③]

(3) ……鹽吉占之曰吉。大、侯(后)土、司命、司禍(禍)、大水、二天子、峗山既皆成。㫰中又(有)喜。[④]

(4) 東周之客簪緹歸胙於栽(?)郢之歲,爨月己酉之日,郝䕶以少(小)寶爲左尹卲𦩡貞,既又(有)病,病心疾,少㤅,不內(納)飤(食),爨月㫰中尚毋又(有)羕(恙)……[⑤]

據《楚系簡帛文字編》,在尚未發表的天星觀楚墓卜筮簡中,"㫰中"之語更爲

---

① 参看滕壬生《楚系簡帛文字編》,湖北教育出版社,1995,580—583 頁"期"字條。

② 《望山楚簡》,中華書局,1995,25 頁 26 號。

③ 《包山楚簡》,文物出版社,1991,圖版八八・197—198 號。

④ 同上圖版九五・215 號。

⑤ 同上圖版九八・221 號。

常見,如“㕣中牆(將)大又(有)喜事”、“㕣中又(有)喜”等。⑥

上引各條的“㕣中”一般見於占辭,偶爾也見於命辭,如(4)。從上下文看,“㕣中”的“㕣”顯然應該理解爲卜筮所貞問的時期。如(2)的第二次占辭所說的“㕣”,就指第一次命辭所說的“自荆尸之月以就荆尸之月”,即自當年荆尸之月到次年荆尸之月這一整年時間。(3)的引文是第二次占辭。此例未被引出的第一次命辭說:“出內(入)時(侍)王,自夏尸之月以就窾(匝)歲之夏尸之月,盡窾(匝)歲,躬身尚毋又(有)咎。”⑦所引占辭中的“㕣”,就指“自夏尸之月以就匝歲之夏尸之月”這一整年時間。(4)的“㕣中”屬於命辭。此辭不是貞問出入侍王之事而是貞疾病的,沒有“自某月以就某月”一類話。爨月是卜筮舉行之月,“爨月㕣中”就指這一個月之中。

(1)爲望山一號墓所出。此墓所出之簡皆已殘斷。在一些斷簡上所見的命辭中,有“出內(入)寺(侍)王,自荆[尸](荆尸之月的簡稱)以就窾(匝)歲之荆[尸]……”一類話。⑧ (1)當是這類命辭的占辭的殘文,“㕣”指從當年荆尸之月到次年荆尸之月這一整年時間。

包山楚墓所出司法文書中有一組“受㕣”簡,爲數甚多,現舉一例於下:

> (5) 八月己巳之日,邵司馬之州加公李瑞、里公隋(原字有“邑”旁)得(原字無“彳”旁)受㕣,辛未之日不詧(察)陳□頜之剔(傷)之古(故)以告,陞門又敗。⑨

“受㕣”之義論者甚衆,當以陳偉“指接到時間約定”之說爲是。⑩ 上引簡文的大意是說,如果李瑞、隋得這兩名官吏到約定的辛未之日還不能弄清陳某受傷的情況而上報,就要受處罰。“受㕣”之“㕣”在此簡中就指約定的辛未這一日期。

包山楚墓所出的一組跟貸黄金糴種之事有關的簡,也經常使用“㕣”字。這組簡的開頭兩簡之文如下:

> (6) 大司馬卲𨛭敗晉帀(師)於襄陵之歲,享月,子司馬以王命命䢜陵公

---

⑥ 同注①,583 頁。

⑦ 同注③,圖版九四·212—213 號。

⑧ 同注②,26 頁 29 及 30 號簡,參看 31 至 34 號諸簡,並參看 93 頁注〔四四〕、94 頁〔四五〕、〔四六〕。

⑨ 同注③,圖版一二·22 號。關於“詧”字,參看拙文《〈太一生水〉“名字”章解釋》的附識,《古文字研究》第二十二輯,中華書局,2000,225 頁。“陞門又敗”疑當讀爲“登聞有罰”,待進一步研究。

⑩ 陳偉《包山楚簡初探》,武漢大學出版社,1996,52 頁。

□、宜昜(陽)司馬臤,貣(貸)郕異之黄金,以貣(貸)鄗郟以糴(糴)種。旮至屈柰之月賽金。⑪

其後十枚簡分記各地出面貸金的官吏之名和貸金數量,每簡簡文之末都有“逃旮不賽金”之語。現舉一例於下:

(7)州莫囂(敖)疥、州司馬庚爲州貣(貸)郕異之黄金四益(鎰)以翟(糴)種。逃旮不賽金。⑫

(6)的“旮至屈柰之月賽金”和(7)這類簡的“逃旮不賽金”,跟同簡的上文之間都有明顯的間隔。這兩句話彼此顯然有對應關係。

李家浩認爲“賽金”的意思就是“還金”。⑬ 其説可信。“賽”、“塞”古通。《史記·封禪書》“冬塞禱祠”的“塞”,有些本子作“賽”。《後漢書·宦者·曹節傳》“詔令大官給塞具”李賢注:“塞,報祠也,音蘇代反,字當爲‘賽’,通用。”清代學者多以爲“賽”是“塞”的晚出分化字。如鄭珍《説文新附考》卷三認爲“賽”字“古止借‘塞’……祀神字从‘貝’,於義爲遠,蓋出六朝俗制”。其實漢印、漢簡都有“賽”字。⑭ 楚簡“賽”字屢見,⑮將此字出現時間更加提前。不過古人認爲“賽”是“塞”的分化字的意見仍應是可信的。“塞”有“當”、“補”等義。《史記·項羽本紀》“故欲以法誅將軍以塞責”,《漢書·項籍傳》亦有此文,顔注:“塞,當也。”《漢書·東方朔傳》“隆夫重地,死無以塞責”,顔注:“塞,補也。”同書《公孫弘傳》“終無以報德塞責”,以“報德”與“塞責”對言。从“塞”字的這類意義引申出“賽禱”之“賽”的報答義或“賽金”之“賽”的償還義,都是很自然的。只不過前一種意義爲後世所沿用,後一種意義似乎很早就不用了。“逃旮”的“逃”,《包山二號楚墓簡牘釋文及考釋》讀爲“過”,⑯是正確的。楚簡“逃”字當讀爲“過”,已爲郭店簡所證實。⑰ 所以“旮至屈柰之月賽金”應是説明所約定的歸還黄金的期限的,“逃期不賽金”就是過

⑪ 同注③,圖版四五·103號、圖版四六·104號。

⑫ 同注③,圖版四九·114號。

⑬ 李家浩《包山二六六號簡所記木器研究》,《國學研究》第二卷,北京大學出版社,1994,535頁。

⑭ 漢印“賽”字見《漢印文字徵》6·19下,文物出版社,1978。漢簡“賽”字見居延簡16·4B、157·24A等簡和中華書局1991年出版的《敦煌漢簡》1144等簡,皆爲人名,舊多誤釋爲“寶”或“實”,但王夢鷗早在20世紀70年代已釋上舉居延簡二例爲“賽”(《漢簡文字類編》30頁、釋文5頁,藝文印書館,1974)。

⑮ 同注①,521—523頁。

⑯ 同注③,47頁注178。

⑰ 參看張光裕主編《郭店楚簡研究·第一卷·文字編》,藝文印書館,1999,260頁0760號。

期而沒有歸還黃金的意思。這兩個“㫚”也應理解爲“期”。

在朱德熙先生跟李家浩和我合撰的望山楚簡釋文與考釋中,對上引(1)的“㫚”字作了如下解釋:

> “㫚”字从“日”“几”聲。信陽楚墓竹簡二〇八號“一房机(几)”,“机”字寫作,右旁所从即㫚字……“几”、“季”古音相近,“㫚”當是季節之“季”的專字。“季中”指一季三個月的時間之內。一說“㫚”爲“𣅀”(引者按:指《說文》“期”字古文𣅀,从“日”“丌”聲,“丌”字在戰國文字中亦作“亓”)之訛體,當釋爲“期”。“期中”指卜筮所問的時期之內。[18]

我們的釋文與考釋遲至1995年才出版,但是早在1987年就已完稿。當時包山簡剛出土,我們還無法利用。從包山簡“㫚”字的用法來看,釋“㫚”爲“季”顯然是錯誤的,所以李家浩在《包山二六六號簡所記木器研究》中,肯定了“㫚”是“期”字訛體的說法。他說:

> 這種用法的“㫚”字顯然是作爲《說文》“期”字的古文“𣅀”來用的。“𣅀”从“丌”聲。“丌”、“几”二字在古代不僅字形相似,而且聲母相同,都是見母,疑“㫚”應當是“𣅀”字的訛體。[19]

目前,絕大部分學者都把“㫚”釋爲“期”,例如《包山二號楚墓簡牘釋文與考釋》就認爲“㫚”“應是期字的異體”。[20] 引用包山簡等楚簡的論著,通常也都把“㫚”釋爲“期”。包山簡中既有“㫚”字,也有从“日”从“丌”的“䢃”字。後者跟《說文》“期”字古文只有偏旁位置上的不同,無疑是一個字。大多數有關的楚簡文字編,如葛英會、彭浩《楚簡帛文字編》、[21]滕壬生《楚系簡帛文字編》、[22]張光裕主編的《包山楚簡文字編》[23]和張守中《包山楚簡文字編》[24],都把“㫚”和“䢃”一起收在“期”字條裏。只有白於藍《包山楚簡文字編》把“叽”(即“㫚”)跟“期”(䢃)分列爲兩個字。[25]

---

⑱ 同注②,93頁注〔三九〕。

⑲ 同注⑬。

⑳ 同注③,42頁注㊽。

㉑ 182—183頁,東京:東方書店,1992。

㉒ 同注①,580—593頁。

㉓ 同注⑰,204—207頁。

㉔ 文物出版社,1995,116頁。

㉕ 吉林大學碩士論文,1995,96、98頁。

我經過反復考慮,覺得白於藍的處理方法是正確的。"㠯"和"异"顯然都是形聲字。"几"和"丌"分別是這兩個字的聲旁,雖然它們的形、音都比較相近,畢竟前者古音屬脂部,後者則屬之部,而這兩部相通的情況是不多見的。所以從文字學上看,把"㠯"和"异"看作一字異體是缺乏根據的。而且從這兩個字在楚簡中的用法來看,也能得到同樣的結論。

在1998年公佈的郭店楚簡中,"异"字四見。《老子》甲30號簡:

(8) 夫天多异韋而民爾(彌)畔(叛)。㉖

此句與今本第五十七章"天下多忌諱而民彌貧"句相當,各家大都讀"异韋"爲"忌諱",可從。㉗《忠信之道》4—5號簡:

(9) 大信不异……不异而可要(?)者,天也。㉘

同篇8號簡:

(10) 忠,仁之實也。信,義之异也。㉙

此篇的三個"异"字,原釋文都讀爲"期"。㉚ 從文義看,(9)的"异"沒有問題應讀爲"期",(10)的"异"則應讀爲"基"。"期"、"基"皆从"其"聲,古通。㉛ "義之基"與上句"仁之實"爲對文。"异"所通的字"忌"和"基"都跟"期"一樣是之部字。

楚簡中的"㠯"字,除了可以理解爲"期"的用法,還有通"几"的用法。據上引李家浩文,包山楚簡中表示几案之"几"這個詞的字,既有"几"("一憑几"),㉜也有"㠯"("一房㠯")。㉝ 這種"㠯"字是假借爲"几"的。李文還指出,信陽楚簡的"一房梠",㉞就是望山楚簡的"一房机"。㉟ "梠"是"机"的異體,"机"是表示"几"字本

㉖ 荆門市博物館《郭店楚墓竹簡》,文物出版社,1998,圖版5頁。

㉗ 我在《郭店〈老子〉簡初探》中曾讀"异韋"爲"期違"(《道家文化研究》第十七輯,三聯書店,1999,56頁),不確。參看拙文《中國古典學重建中應該注意的問題》,池田知久監修《郭店楚簡之思想史的研究》第四卷,東京,2000,121—122頁。

㉘ 同注㉖,45頁。

㉙ 同上。

㉚ 同注㉖,163頁。

㉛ 參看高亨、董治安《古字通假會典》,380頁"基與期"、"基與朞"等條。

㉜ 同注③圖版一一二·260號。

㉝ 同上266號。參看李文525、534—536頁,出處見注⑬。

㉞ 《信陽楚墓》圖版一二一·2—08,文物出版社,1996。

㉟ 同注②59頁45號,參看同書132頁《補正·八》。

義的加旁字。[36] 見於包山簡的爲“李”(一種職務)的人名中有“秀几”:

(11) 秀几、戭(?)綅(?)爲李。[37]

又有“秀陷”:

(12) 宵□戠(識)之,秀陷、秀𡵂、秀□、郙賞、宵陵、秀□、秀膡志、郙遠。[38]

此條之末雖無“爲李”二字,但根據包山簡中屢見的“某某識之,某某爲李”的文例,[39]可以斷定秀陷等人也是爲李的。一般認爲“秀陷”和“秀几”是同一人名的異寫。《史記·周本紀》“明年敗耆國”,《集解》:“徐廣曰:一作‘阢’。”“陷”應即“阢”之異體。“𠫑”字用作偏旁的“梠”、“陷”這兩個例子,也說明“𠫑”、“几”可通。

從上述“𠀠”、“𠫑”二字的通假等用法,可以清楚地看到,“𠀠”確从“丌”聲,屬之部;“𠫑”確从“几”聲,屬脂部。二者涇渭分明,不容混淆。

包山簡中屢見用作人名的“𠀠”字,如“登𠀠”、[40]“疋𠀠”、[41]“遊𠀠”、[42]“秀𠀠”、[43]“番𠀠”。[44] 但是在前述“𠫑中”、“受𠫑”、“𠫑至……”、“逃𠫑”等場合,則從不用“𠀠”字而只用“𠫑”字。從這一現象看,認爲“𠫑”是“𠀠”的訛體的說法,也顯然不能成立。既然包山簡中“𠀠”字屢見,如果在上述這些有大量用例的場合,原來確實想用“𠀠”字的話,決不可能毫無例外都把它錯寫成“𠫑”。唯一的可能是,“𠫑”雖然有“期”義,却與“𠀠”(期)代表着不同的詞。

上舉包山簡人名“秀𠀠”,也是“爲李”的:

(13) 正義弫戠(識)之,秀𠀠爲李。[45]

以“𠫑”、“𠀠”爲一字者,自然會把“秀𠀠”跟“秀几”(秀陷)看作同一人名的異寫。

㊱ 同注⑬535—536頁。

㊲ 同注③圖版六六·146號。

㊳ 同注③圖版五二·119反。

㊴ 見同注③圖版三五—三八·80—86號、圖版三九—四〇·89—91號、圖版四二·96號、圖版四三·97號、圖版四六·103反等。

㊵ 同注③圖版七·15號。

㊶ 同注③圖版一七·36號、圖版四三·96號。此人名又作“浞𠀠”,見圖版三五·80號、圖版三七·83號。

㊷ 同注③圖版二二·47號。

㊸ 同注③圖版三七·84號。

㊹ 同注③圖版四三·99號。

㊺ 同注㊸。

《包山二號楚墓簡牘釋文與考釋》把“秀几”也釋爲“秀期”。[46] 滕壬生《楚系簡帛文字編》和張光裕《包山楚簡文字編》都把“秀几”之“几”收在“期”字條內。[47] 其實包山簡人名中以“秀”爲氏者很多，在上引(12)所記的爲李者之中，除“秀陷”外就還有四個以“秀”爲氏的人，“秀异”和“秀几”（秀陷）完全有可能是兩個人，把“几”釋爲“期”是明顯違反文字學原則的。而且即使“秀异”和“秀几”（秀陷）這兩種寫法中，確有一種是另一種的誤寫，也不能援此來證明表示“期”義的“𠀚”字也是“异”的誤寫。前面已經說過，這類“𠀚”字用例數量很大，但毫無例外地都用“𠀚”字而不用“异”字，情況跟偶見的人名誤寫毫無共同之處。

總之，可以理解爲“期”的“𠀚”字決不可能是“异”（期）的異體，也不可能是“异”的訛體。那麽，究竟應該把它釋讀爲什麽字呢？我認爲應該釋讀爲訓作“期”的“幾”（音“機”）。

先秦漢語中有可以理解爲“期”的“幾”字。《詩·小雅·楚茨》：“苾芬孝祀，神嗜飲食，卜爾百福，如幾如式。”《毛傳》：“幾，期；式，法也。”《鄭箋》：“卜，予也……今所以與汝百神之福，其來如有期矣，多少如有法矣。”《墨子·尚同中》：“春秋祭祀，不敢失時幾。”俞樾《諸子平議·九·墨子一》：“幾者，期也。《詩·楚茨》篇‘如幾如式’，《毛傳》訓幾爲期，是也。不敢失時幾者，不敢失時期也。”《左傳·定公元年》：“子家子不見叔孫，易幾而哭（哭指哭魯昭公）。”楊伯峻注據沈欽韓說，認爲“易幾”之“幾”亦應訓“期”。[48]

“几”與“幾”都是見母字。“几”字上古音屬脂部，“幾”字屬微部。二部之音至近。于省吾《釋“𠘧”》認爲甲骨文“𠘧”字从“几”，小點象血，字當釋“{釁}”。他說：

> 說文：“{釁}，以血有所刏涂祭也。从血幾聲。”按幾與几同音，故通用。至於飢之與饑，机之與機，典籍每互作。因此可知，𠘧與{釁}爲古今字。[49]

于先生說“幾與几同音”是不够妥當的，但二字音近可通應是事實。

李存智《秦漢簡牘帛書之音韻學研究》指出，在《詩經》中，脂、微二部合韻的現象，在江漢流域的《周南》、《召南》中“特別明顯”；“如果以秦漢簡牘帛書的情形做

㊻ 同注③，28頁1行。

㊼ 同注①，583頁、同注⑰，207頁。

㊽ 楊伯峻《春秋左傳注》，中華書局，1990，1525頁。

㊾ 于省吾《甲骨文字釋林》，中華書局，1979，23—24頁。

比較,楚地一帶出土的文獻,脂微及相應的陽聲韻真文二部的通假或合韻都非常頻繁,和《詩經》的現象頗吻合”。[50] 李玉《秦漢簡牘帛書音韻研究》也指出,在他的統計資料範圍内,脂、微通假現象“全部出現在古楚方言區内”。[51] 看來在漢代脂、微合流之前,楚地已經出現了這種合流的明顯趨勢。所以我們把楚簡中的“旮”釋讀爲“幾”,在語音上是很合理的。“旮”字从“日”“几”聲,應該是爲訓“期”的“幾”而造的專字。

當“期”講的“旮”出現在卜筮簡和一些一般的文書簡中,是否楚人在日常使用的語言中,當需要表達時期之義時,習慣於用“旮”而很少用“期”呢? 這能否看作戰國楚方言的一個小小的特點呢? 這個問題似乎值得進一步研究。

2000 年 9 月 24 日寫完

原校按:

白於藍在《〈包山楚簡文字編〉校訂》第一二一條中已從字音和用法兩方面對“肌”不能釋爲“期”作了論證,並說明此條“從林澐師說”(《中國文字》新 25 期 189 頁,藝文印書館,1999),讀者請參閱。

2001 年 2 月

後記:

此文本爲《慶祝李榮先生八十華誕論文集》而作。2001 年 2 月寄出此文校樣後,數年不見論文集出版,直到 2004 年 7 月才接到語言所方言研究室的一封信,信中說論文集“因各種原因,未能及時出版”,“現商務印書館已同意於 2004 年 9 月出版此書。事隔經年,您作爲作者之一,請於 2004 年 8 月前回函確認貴文是否已發表,或是否還願意在本論文集發表”。我於 7 月 26 日回信,表示仍願在此論文集中發表拙文,並要求在文末加如下追記:

近讀《新蔡葛陵楚墓》(大象出版社,2003),在此書所發表的楚簡中,看到一支殘簡,其文如下:

☐丗亡咎,△中☐ (零 336、341,圖版一七四,釋文見 219 頁)

---

[50] 臺灣大學中國文字研究所博士論文,1995,150 頁。

[51] 當代中國出版社,1994,108 頁。

我們以△號代替的,是一個从"日"从"幾"省聲的字,其用法與楚簡常見的"旮"字相同,原整理者讀爲"期"。這似可證實拙文將"旮"字讀爲訓作"期"的"幾"字的說法。【重印本按:葛陵簡亦屢見當"期"講的"旮"(多作"旯")字,張新俊、張勝波《新蔡葛陵楚簡文字編》(巴蜀書社,2008 年 8 月)已將"戠"收爲"旯"的異體(132 頁)。】

此信寄出後,一年多的時間又過去了,論文集的編者和出版社都沒有再給我關於論文集的任何消息。所以我決定將此文提交中國古文字研究會第十六次年會發表。李榮先生已於 2002 年 12 月辭世,現在發表此文,只能當做對李先生的一種紀念了。

2005 年 9 月 26 日

原載《古文字研究》第二十六輯(中華書局,2006),今據以收入。

《上海博物館藏戰國楚竹書(二)·子羔》釋文注釋*

子羔昏(問)於孒=(孔子)曰:[1]"厽(三)王者之乍(作)也,[2]膚(皆)人子也,[3]而丌(其)父戔(戔—賤)而不足禹(再—稱)也與(歟)?殹(殹—抑)亦成(誠)天子也與(歟)?[4]孒=(孔子)曰:"善,而昏(問)之也。[5]舊(久)矣,[6]丌(其)莫[□□□□。禹之母,□□氏$_{1/9}$之]女也,[7]觀於伊而旻(得)之,[8]寠(寠—娠)厽(三)忎(仁—年)而書(晝—劃)於伓(倍—背)而生=(生,[9]生)而能言,是墨(禹)也。[10]离(契)之母,又(有)廼(仍、娀)是(氏)之女也,[11]遊於央臺之上,[12]又(有)鷃(燕)監(銜)卵而階(措)者(諸)丌(其)寿(前),[13]叏(取)而軟(吞)之,[14]寠(寠—娠)$_{\text{2/11上段+10+11下段}}$三忎(仁—年)而書(晝—劃)於雁(膺),[15]生乃唇(呼)曰"銫(金)",[16]是离(契)也。句(后)稷(稷)之母,又(有)訇(詞/詒—部)是(氏)之女也,[17]遊於玄咎之內,[18]各(冬)見芺,攷(搴?)而薦之,[19]乃見人武,塈(履)㠯(以)悊(祈)禱(禱),[20]曰:"帝之武,尚史(使)[21]$_{\text{3/中文大學藏簡3+12}}$[⧄]是句(后)稷(稷){之母}也。[22]厽(三)王者之乍(作)也,女(如)是。"子羔曰:"肰(然)則厽(三)王者,管(孰)爲[23][⧄]$_{4/13}$[□]曰:"又(有)吳(虞)是(氏)之樂正宮〈宔/宊?—瞽〉寞(寞—瞍)之子也。"[24]子羔曰:"可(何)古(故)㠯(以)旻(得)爲帝?"孒=(孔子)曰:"昔者而弗殜(世)也,[25]善與善相受(授)也,古(故)能絧(絧/紿—治)天下,[26]坪(坪—平)墓(萬)邦,史(使)亡(無)又(有)少(小)大忌(肥)竁(磽),[27]史(使)膚(皆)$_{5/1}$旻(得)丌(其)社禝(禝—稷)百眚(姓)而弄(奉)守之。[28]兟(堯)見叁(舜)之悳(德)臤(賢),[29]古(故)讓(讓)之。"[30]子羔曰:"兟(堯)之旻(得)叁(舜)也,叁(舜)之悳(德)則成(誠)善與(歟)?伊(抑)兟(堯)之悳(德)則宜(甚)昷(明)與(歟)?"[31]孒=(孔子)曰:"鈞(均)也。[32]叁(舜)畬(嗇—穡)於童土之田,[33]則$_{6/6+2}$[⧄]之童土之莉(黎)民也。"[34]孒=(孔子)曰:"□[⧄]$_{7/3}$[⧄]虐(吾)昏(聞)夫叁(舜)丌(其)幼也,每(敏)㠯(以)好寺(詩),[35]丌(其)言[⧄]$_{8/4}$[⧄]或(?)㠯(以)旻(文)而遠。[36]兟(堯)之叏

(取)叁(舜)也,從者(諸)卉(艸—草)茅之中,[37]與之言豊(禮),敓專(?)[☐]$_{\text{9/5正}}$
[☐]而咊(和)。[38]古(故)夫叁(舜)之悳(德)亓(其)成(誠)臤(賢)矣,采者(諸)甾(甽—畎)畱(畮—畝)之中而史(使)君天下而爯(爯—稱)。”[39]子羔曰:“女(如)叁(舜)才(在)含(今)之殜(世)則可(何)若?”[40]孔=(孔子)曰:$_{10/8}$“亦紹(紀)先王之遊(由)道,[41]不弄(逢)盟(盟—明)王,則亦不大浊。”[42]孔=(孔子)曰:“叁(舜)亓(其)可胃(謂)受命(命)之民矣![43]叁(舜),人子也,而厽(三)天子事之。”$_{11/7+14}$

子羔$_{\text{9反/5背}}$

注釋

* 此篇原整理本在簡的綴合和排序上都有錯誤,今據陳劍 2003、裘錫圭 2004 加以改正,不再一一說明(其中,將原 7 號簡移至 8 號簡之後,是陳偉提出的,裘錫圭 2004 頁 2 至 4 有說明)。李學勤 2004 也已指出原 9 號簡應爲此篇首簡,講禹、契、后稷降生事諸簡應排在此篇前部。“子羔”爲原有的篇題,寫在倒數第三簡(即 9/5 號簡)的簡背,參看裘錫圭 2004(9 頁)。

① 此簡有二“昏”字,皆讀爲“問”;8 號簡又有一“昏”字,則讀爲“聞”。《上博(三)·仲弓》11 號簡:“……既昏(聞)命壴(矣),敢昏(問)……”,前一“昏”字表“聞”,後一“昏”字表“問”。“聞”、“問”音近,乃同源詞,猶“受、授”、“學、教”、“買、賣”之比。《說文》十二上耳部“聞”字古文作“䎽”,从“昏”聲。楚簡多用“䎽”字(一般寫作𦖞),但也屢借“昏”字爲“䎽”。《郭簡·性自命出》24—25 號簡:“𦖞(聞)笑聖(聲)則羴如也斯喜,昏(聞)歌謡則舀如也斯奮。”前句用“𦖞”而後句用“昏”。(《上博(一)·性情論》14 號簡亦上句用“𦖞”,下句用“昏”。)楚簡“𦖞”字亦“聞”、“問”兩用。如《上博(二)·昔者君老》4 號簡:“君卒,大(太)子乃亡(無)𦖞(聞)亡(無)聖(聽),不𦖞(問)不命……”,《上博(二)·容成氏》、《上博(四)·曹沫之陳》等,“𦖞”字皆“聞”、“問”兩用。《上博(二)·民之父母》5 號簡:“子夏曰:五至既𡪹(聞)之矣,敢𡪹(問)可(何)胃(謂)三亡(無)?”又以从“宀”“𦖞”聲之字表“聞”與“問”。

此簡“於”字寫法較特殊,與《說文》“烏”字古文第一形(“烏”“於”本一字)及三體石經“烏/於”字古文相近。此篇“於”字屢見,多作此形,只有 6 號簡(原 2 號簡)作,爲楚簡常見寫法(與《子羔》字體相似的《魯邦大旱》和《孔子詩論》的“於”,則都作楚簡常見寫法。又《上博(三)·彭祖》“於”字,1 號簡作近於“古文”

之形,4 號簡則作,兩種寫法並見,與《子羔》同)。近於“古文”的“於”還見於《郭簡》的《語叢》一、二、三和《上博(一)・緇衣》(參看馮勝君 2004 年北大中文系博士後研究工作報告《論郭店簡〈唐虞之道〉、〈忠信之道〉、〈語叢〉一~三以及上博簡〈緇衣〉爲具有齊系文字特點的抄本》13 頁、張富海 2005 年北大中文系博士學位論文《漢人所謂古文研究》79 頁)。

此篇“孔子”寫法與《上博(一)・孔子詩論》、《上博(二)・魯邦大旱》同,整理者或以爲此三篇字體相似,同出一手,原編爲一册。

② 厽,用爲“三”。《上博(二)讀本》:“厽:參之省體分化字,戰國文字做爲數量詞時與‘三’混用無別。”(35 頁注㊳)馬承源引《集韻》參“古作曑”,謂“‘厽’是古文‘曑’之省”(《上博(二)》193 頁)。關於此字字形源流,參閱《戰國古文字典》1418—1419 頁“參”字、1419—1420 頁“厽”字等條。

本篇“者”字寫法特殊。此篇和字體相似的《魯邦大旱》、《孔子詩論》的“者”字皆作此類形狀。包山簡、郭店簡“者”字往往作一類形狀(參看《楚文字編》221—222 頁),如省去“口”形下面的曲筆,稍加變化,就成爲這種特殊的“者”字了(據蘇建洲 2003 年 2 月 11 日發表在“簡帛研究”網站上的《〈上博〉、〈郭店〉文字考釋三則》,注〔12〕,何琳儀 2002 年 12 月 13 日在臺灣師範大學國文系作《上博簡〈性情論〉講疏》演講時,已提出這種看法)。

馬承源解釋此句說:“‘乍’讀爲‘作’,興起。《易・繫辭下》:‘包犧氏沒,神農氏作。’又:‘神農氏沒,黃帝堯舜氏作。’曑王指禹、契、后稷,即夏、商、周三代的始祖。”(《上博(二)》193 頁)

③ 虘,用爲“皆”,亦見楚帛書及《郭簡》的《語叢一》、《語叢三》(《楚文字編》219 頁。此字中部實作二“人”形,與《說文》“皆”字所从之“比”有別。楚文字不从“虍”的“皆”字,上部也都作二“人”形,今依一般習慣將此字下部寫作“皆”)。殷墟卜辭有“虘”字,或省作“虘”,當讀爲“皆”或“偕”。秦始皇二十六年故道殘詔版“皆”作“虘”,承前者之形;戰國中山王方壺“皆”作“虘”,則承後者之形而省“白”爲“日”。《說文》五上“虤”部“虘”字,古音與“皆”相近,亦即此字變體(以上據朱德熙、裘錫圭《平山中山王墓銅器銘文的初步研究》,原載《文物》1979 年 1 期,收入中華書局 1985 年出版的《朱德熙古文字論集》,有關內容見該書 93 頁及 107 頁注④)。“虘”字省二“虎”頭爲一,即成“虘”字(參看《戰國古文字典》1113 頁“虘”字條。上引朱書 107 頁注④將楚帛書从“虍”之“皆”字隸定爲“虘”,不如《戰國古文字典》“虘”“或省一虎頭”的說法爲妥)。楚簡“皆”字絕大多數不加虎頭,而“曰”

上作二“人”形則與“䖒”同(《楚文字編》218—219 頁)。《戰國古文字典》認爲“皆”即截取“𧷾”之下部而成(1113 頁),並謂“皆”字“六國文字从(虤之省),秦國文字始反作比,小篆遂誤以爲从比”(1183 頁“皆”字條)。但是上部从二“人”形的“皆”,在西周中期的皆壺銘中已經出現(《殷周金文集成》15・9535),當時从二“虎”的“𧷾”字是否已經出現,殊未可必。而殷墟卜辭中且已一見从“比”的字(《人文》1247、《合補》10334)。故關於“皆”形的起源,似尚有待進一步研究。或許“𧷾”的省變爲“䖒”,乃是受了已經存在的不从“虍”的“皆”字的影響。

④　䀠,不見於字書。古文字偏旁“攴”、“殳”可通,各家多逕釋此字爲“毆”,可從。據文義,此字當從陳劍 2003 讀爲“抑”(陳文 56 頁右欄倒二行引此文時在“毆”後括注“抑”)。秦樺林 2003 指出:“‘毆’屬影母脂部,‘抑’屬影母質部,爲陰入對轉,可以通假。”《魯邦大旱》篇亦借“䀠”、“戝”(疑“䀠”之異體或訛體)爲“抑”,參看彼篇注⑩。

天子,天之子,在此並不專指帝王。《說文》十二下女部“姓”字下說:“古之神聖母,感天而生子,故偁天子。”《史記・三代世表》之末所附褚少孫語引《詩傳》文,謂姜嫄因后稷無父而生,將其拋棄,后稷被棄後受到神力保護,“姜嫄怪之,於是知其天子,乃取長之”。“天子”用法與此篇同。

⑤　而,用爲第二人稱代詞。

⑥　舊,各家多讀爲“久”,參看林志鵬 2004(73 頁注〔25〕)。《楚文字編》謂“舊在簡文中多讀久”(237 頁)。何琳儀 2004 謂“舊矣”當屬下讀作“舊(久)矣其莫……”(446 頁)。

⑦　所補 1 號簡缺文中的“□□氏”,黄人二、林志鵬、廖名春、季旭昇等皆補爲“有莘氏”。《大戴禮記・帝繫》:“鯀娶於有莘氏之子,謂之女志氏,産文命。”《史記・夏本紀・索隱》:“又按《系本》,鯀取有辛氏女,謂之女志,是生高密。”(文命、高密,皆指禹)《吴越春秋・越王無餘外傳》:“鯀娶於有莘氏之女,名曰女嬉。”(參看林志鵬 2004 頁 69 注〔5〕)各家補“有莘”二字,似可信,但不知簡文“有莘”之“莘”寫作何字。

陳劍 2003 謂“簡 11 上段加上簡 10 再加上簡 11 下段,正好可以拼合爲一支首尾完具的整簡(引者按:即今之 2 號簡)”(57 頁)。《上博(二)讀本》(36 頁注⑫)指出,拼合後之簡上端尚稍有殘缺,是正確的。《讀本》將“氏之”二字補在此簡之首,我們則只將“之”字補在此簡之首,而將“氏”字補在上簡之末。實際情況已難斷定。

⑧ 伊,即伊洛之伊。《吕氏春秋·本味》述伊尹降生故事,謂伊尹之母“居伊水之上”,懷伊尹而身化爲空桑,“有侁氏女子採桑,得嬰兒於空桑之中”,即伊尹。“侁”與“莘”通,《列子·天瑞》張湛注及《水經注·伊水》述此事,皆作“有莘氏”。廖名春 2004 疑伊尹之母“‘居伊水之上,孕’即簡文‘觀於伊而得之’之本”,並謂:“如此,則簡文是將大禹出生的神話與伊尹出生的神話搞混了,故與文獻所載諸説皆不同。”(20 頁)但其後文又否定此説,認爲“伊”當讀爲“禋”(29—30 頁)。林志鵬 2004 在引用《水經注·伊水》“七谷水”“上承陸渾縣東禪渚,……即《山海經》所謂南望禪渚,禹父之所化”之文及其所述伊尹出生故事後説:

> 注文所云禹父鯀事見《山海經·中山經》,伊尹母化爲空桑事見《天問》“水濱之木,得彼小子。夫何惡之,媵有莘之婦”,後《吕氏春秋·本味》篇推衍此事較詳。《水經注》所云伊水一帶既有鯀化黄熊及有莘氏化空桑之傳説,知此地與有莘氏關係密切,簡文所謂有莘氏“觀於伊”而得生禹之説當另有根據。(70 頁注〔6〕)

古書中的神聖降生傳説,同一人的傳説有時有多種説法,不同人的傳説有時又有相同或相似之處,林氏的意見可從。

⑨ 垔,《説文》以爲“煙”字古文。按《説文》“禋”字古文作“䄄”,或疑“垔”與“䄄”爲一字,實“禋”之古文。釋簡文此字爲“垔”,並讀爲“娠”,是陳劍的意見。陳劍 2003(57 頁)對此字當釋爲“垔”的理由説得很充分,並指出从“垔”聲的“甄”與“娠”上古音都屬章母文部(“娠”,古多讀如“震”。《左傳》哀公元年“后緡方娠”,《釋文》“娠”音“震”),中古都是開口三等字,故“垔”可讀爲“娠”。各家或以此字爲“褢”之省文,或將此字隸定爲“寚”或“𡫏”,皆讀爲“懷”。按:戰國文字中,“衣”旁有所簡省時皆省上不省下,“鬼”字下部人形加“土”作“王”之例亦尚未見,其説似不可信。【編按:郭永秉指出,清華簡《金縢》12 號簡“鬼”字寫作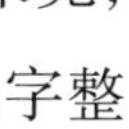(此字整理者原誤釋“畏”,此據劉洪濤《清華簡補釋四則》——復旦大學出土文獻與古文字研究中心網 2011 年 4 月 27 日首發——改釋),《祭公之顧命》15 號簡“盤”字寫作,“鬼”字或“鬼”旁皆下部加“土”作“王”之例。劉洪濤據“鬼”字這類寫法釋《子羔》篇字爲“寚”,讀爲“懷”,可從。】

“忎”讀爲“年”,亦見陳劍 2003 頁 57(“忎”原隸定爲“忝”)。

𦘔,上部作“𦘒”,下部作“目”形。曾侯乙墓竹簡“𦘔”字上从“𦘒”下从“周”(《戰國文字編》187 頁),“𠛱”字上从“𦘒”下从“刀”(同上 276 頁),“𦘒”當有“晝”

音，係從西周金文吳方彝、師兑簋、師克盨等“畫”字所从之（妻）變來（參看《金文編》203 頁）。各家釋此字爲“畫”，讀爲“劃”，可從。六國文字“畫”字有作上从“妻”下从“田”者（《戰國文字編》187 頁），“𡴘”疑即其變體，今隸定作“𤲅”。《詩・大雅・生民》說姜嫄生后稷“不坼不副”，係針對禹、契等人降生時情況而言。《淮南子・脩務》“禹生於石，契生於卵”，高誘注謂禹“坼胸而生”，契“偪（副）背而出”。《史記・楚世家》“陸終生子六人，坼剖而産焉”，《集解》引干寶曰：“若夫前志所傳，修己背坼而生禹，簡狄胸剖而生契。”《說文》訓“副”爲“判”。簡文“畫”（劃）字之義，當與“坼”、“副”、“剖”等字相近。“畫”有“分”義。《左傳》襄公四年“芒芒禹迹，畫爲九州”，杜預注：“畫，分也。”“劃”乃“畫”之分化字，《說文》除刀部有“劃”外，“畫”字古文亦有作“劃”者。《集韻》入聲麥韻“胡麥切”“畫”小韻：“劃、㓦，裂也。或从蒦。”馬承源引以說簡文“畫”字（《上博（二）》194 頁），可從。

伓，馬承源釋文作“伾（倍、背）”（《上博（二）》193 頁），考釋說：“‘伾’，讀作‘倍’。”並舉出古書“倍”、“背”相通之例及《郭簡・忠信之道》“信人不伓（背）。……不伓（背）死也”之文（同上 194 頁）。按：“伓”亦見馬王堆帛書（陳松長《馬王堆簡帛文字編》338 頁，文物出版社，2001）、銀雀山竹書（駢宇騫《銀雀山漢簡文字編》279 頁，文物出版社，2001）、武威《儀禮》簡（漢語大字典字形組《秦漢魏晉篆隸字形表》552 頁，四川辭書出版社，1985）等，多用作“倍”、“背”、“陪”等字。馬承源及上引《字形表》皆釋此字爲“伾”。今按“伓”从“不”聲，“不”、“倍”古音相近，此字似可直接視爲“倍”之異體。《春秋繁露・三代改制質文》：“至禹生，發於背。”《史記・楚世家・集解》引干寶，亦謂“修己背坼而生禹”，已見前引。

⑩　墨，春秋後期齊國的叔弓鐘、鎛銘文說商湯“處墨（禹）之堵”，禹之名亦加“土”旁。《上博（二）・容成氏》17、18、20—27、34 等號簡多次提到禹，字皆作“墨”。

⑪　离，馬承源已指出簡文此字與《說文》“离”字古文的字形比較相近，並以爲此字是商始祖“契名的本字”（《上博（二）》195 頁）。商始祖名，古書多作“契”，《說文》作“偰”，《史記・三代世表》、《漢書・古今人表》等作“离”。《說文》八上人部：“偰，高辛氏之子，堯司徒，殷之先。从人，契聲。”十四下内部：“，蟲也。从厹（即内），象形。讀與‘偰’同。，古文离。”七上米部“竊”字下又謂“离，古文偰”。

又迺是，馬承源釋文作“又（有）亟（乃、娀）是（氏）”（《上博（二）》193 頁）。“迺”（馬氏隸定爲亟）與“乃”，“是”與“氏”，古通用，古文字資料及傳世文獻中屢見其例。"廼""娀"通用之例則前所未見。馬氏把"又廼是"讀爲"有娀氏",當是由於古書都說契母簡狄是有娀氏女。在文字學方面,其考釋中只說:"若'娀'以戎得聲,與'廼'爲泥紐雙聲(引者按:此用章太炎娘日歸泥說),若从心紐則其音不諧(指一般讀"娀"爲"息弓切")"(同上195頁),並未認真證明"廼"(乃)可與"娀"通。徐在國2004爲之補充說:

> 《說文》:"廼……讀若仍。"(引者按:"廼"、"乃"同音,《說文》謂"仍"从"乃"聲。"乃、仍"之、蒸對轉。古書"乃、仍"相通之例見《古字通假會典》35頁"乃與仍"條。)典籍中"戎"、"仍"二字相通,如《左傳》昭公四年"夏桀爲仍之會",《韓非子·十過》"仍"作"戎"。"娀"字從戎聲,因此,"廼"可讀爲娀。(44頁)

按:《左傳》哀公元年謂夏后相之滅"后緡方娠,逃出自竇,歸于有仍,生少康焉,爲仍牧正"。同書昭公四年謂"夏桀爲仍之會,有緡叛之",十一年又謂"桀克有緡,以喪其國"。顧頡剛《有仍國考》說:"《韓非子·十過》篇云:'桀爲有戎之會,而有緡叛之。'知有仍又作有戎。"又說:"有戎蓋又即有娀;故《史記·殷本紀》云:'桀敗於有娀之虛。'與《左傳》《韓非》說類同……"(《古史辨》第七册下編325—326頁,開明書店,1941)陳劍指出,《史記·殷本紀》說"桀敗於有娀之虛,桀奔於鳴條,夏師敗績",《上博(二)·容成氏》39—40號簡記"(湯)陞自戎遂,入自北門,立於中□,桀乃逃之歷山氏,湯又從而攻之……",《書·湯誓·序》說"伊尹相湯伐桀,升自陑遂,與桀戰于鳴條之野,作《湯誓》",相互比較,可知"陑遂"即"戎遂",亦即有娀之虛。"陑"从"而"聲,爲日母之部字,上古音與"乃""仍"相近("陾"既有與"而"、"陑"相同之音,又有"仍"音)。"廼"和"娀"的通轉,與"陑"和"戎"、"娀"的通轉同例(2005年復旦大學中文系"上博簡研讀"課)。總之,有廼氏應即有仍氏、有娀氏。

⑫ 央臺,馬承源據《離騷》"望瑶臺之偃蹇兮,見有娀之佚女",讀"央臺"爲"瑶臺",謂"'央'、'瑶'聲紐通轉而假借"(《上博(二)》196頁),理由似不足。何琳儀2004則聯繫高唐神女傳說,讀爲"陽臺"(446頁)。陳劍又疑當讀爲見於《天問》之"璜臺","璜臺""瑶臺"本來皆非專名(張富海2004頁50—51注〔8〕)。"央"字究竟應該如何解釋待考。

⑬ 鴳,从"鳥""妟"聲,各家皆讀爲"燕"。《詩·邶風》篇名"燕燕",《上博(一)·孔子詩論》10及16號簡皆作"鴳鴳"。其字可視爲"燕"之異體(國名"燕",

古文字作“匽”。古書“宴”、“燕”通。“晏”即“匽”、“宴”之聲旁)。然簡狄傳說中遺卵之鳥,本有燕與鳳二説,所謂“玄鳥”亦有二解。《爾雅·釋鳥》及《説文》皆以“鶠”爲鳳之别名,則“鴳”似亦未嘗不可釋“鶠”,解爲鳳鳥。由於《孔子詩論》以“鴳”爲“燕”,今從釋“燕”之説。《集韻》去聲諫韻於諫切“晏”小韻,以“鴳”爲“鷃”之異體,用法與簡文“鴳”字不同。

監,馬承源釋文讀爲“銜”(《上博(二)》195 頁)。二字以音近相通。

階,从“阜”“昔”聲,不見於字書。馬氏釋文讀爲錯置之“錯”。此義後起字作“措”。

⑭ 軟,從馬承源讀爲“吞”。馬氏考釋説:“‘軟’,从申、从欠,《説文》所無,讀作‘吞’。《戰國策·趙策一》‘欲亡韓吞兩周之地’,《馬王堆漢墓帛書》‘吞’作‘呻’,从口、申聲。簡文作‘軟’,皆从申聲。”(《上博(二)》196 頁)

⑮ 此篇一般以“厽”爲“三”,而此簡則作“三”,合注①所言“於”字情況觀之,可知簡文抄寫時對用字和字形的統一並不很注意(參看陳劍 2003 頁 57,參看本文注㉛)。

雁,《説文》篆文訛變爲“雁”,以“鷹”爲其籀文(見四上隹部,籀文上部亦訛作“雁”)。簡文此字原誤釋“雇”,陳劍 2003(57 頁)改釋爲“雁”,讀爲胸膺之“膺”。《春秋繁露·三代改制質文》及《史記·楚世家·集解》引干寶説,皆謂契之生自母胸出。

⑯ 銫,此字原釋“欽”,但其右旁作(《上博(二)》45 頁圖版),明顯與 2 號簡“軟”字“欠”旁有别,而與《郭簡·五行》13、14 號簡“色”字相似,與 14 號簡之尤爲一致(參看《楚文字編》544 頁)。所以此字應釋爲“銫”。它跟現代新造的金屬元素字“銫”毫無關係,是不見於傳統字書的一個字。

楚簡屢見从“色”之字(《楚文字編》544—545 頁。參看滕壬生《楚系簡帛文字編》723—724 頁,湖北教育出版社,1995),可惜大都用作人名或意義不明,只有从“色”从“者”和从“色”从“是”這兩個字有義可説。望山二號楚墓遣册 11 號簡有“銫膚之純”語,12 號簡有“銫膚之裹”語(《望山楚簡》52、53 頁),《望山楚簡》的考釋説:“此字(引者按:指“銫”字)當指一種顔色,即‘赭’之異體。”(同上 120 頁之〔50〕)同批遣册 49 號簡有“丌(其)三亡童皆鞮衣”語(同上 62 頁),考釋疑“鞮”“即‘緹’之異體”,引《説文》:“緹,帛丹黄色。”(同上 128 頁之〔125〕)其説可從。楚簡中的其他从“色”之字,其本義大概也大都是一種顔色之名。“銫”應該分析爲从“色”从“金”“金”亦聲,是金色之“金”的專字,在簡文中則應該就讀爲金錫之“金”。契生而呼曰“金”,蓋與商得金德之說有關。【編按:參看本書所收《釋〈子羔〉篇“銫”字並論商得金德之說》。】

⑰　句,戰國文字中往往用作“后”,例不勝舉。最早指出這一點的是朱德熙《壽縣出土楚器銘文研究·三、王后考》(《朱德熙古文字論集》15—16頁,中華書局,1995)。

訇,从“言”“訇”(㕥、飼)省聲,既可釋“詞”,亦可釋“詒”,從馬承源讀爲“郃”,古書皆謂后稷母姜嫄爲有邰氏女。

⑱　玄,原釋“串”,張富海2004改釋“玄”(46—47頁。據陳劍“上博簡研讀”課,用來跟此簡“玄”字比較的字形,尚可添加邾公牼鐘及《說文》古文“玄”字)。咎,張富海2004以爲是見於金文的从“宫”“九”聲之字的借字,其義近於“宫”,玄咎當與閟宫性質相近,乃是求子的禖宫(48—49頁)。此說優於讀“玄咎”爲“玄丘”之說(“玄丘”說見白於藍《釋“玄咎”》,“簡帛研究”網站,2003年1月19日)。

⑲　原釋文以“芙攼”連讀(《上博(二)》197、198頁),非是。今從張富海2004的句讀,讀“攼”爲“搴”也是此文的意見(49—50頁)。此文對“芙”也有詳細的解釋(49頁)。“薦”當訓爲進獻,見林志鵬2004頁73注〔17〕。

⑳　以上據原釋文。馬承源考釋說:“‘武’,足迹。‘人武’是人的足印。”(《上博(二)》198頁)

㉑　“史”字原釋“吏”(《上博(二)》197頁)。此字楚簡常見,有“史”“吏”二釋。較早釋此字爲“史”的是張桂光《楚簡文字考釋二則》(《江漢考古》1994年3期)。“史”、“吏”本由一字分化,音近可通。但從文字學上看,此字似以釋“史”爲妥。如釋爲“吏”,則楚簡中習見“吏”字而不見“史”字(舊或釋信陽簡字爲“史”,不可信。李零疑此字爲“卑”,見其《長臺關楚簡〈申徒狄〉研究》,載《揖芬集——張政烺先生九十華誕紀念文集》,社會科學出版社,2002年5月,315頁),而此字在用作姓氏及某些職官名時又顯然應該讀作“史”,這就比較奇怪了。其次,秦簡“史”“吏”有別,而“吏”和“事”一般用同一字形。楚簡此字之形與“事”字明顯不同,二字用法也絶大多數不相混同,似以釋“史”爲宜。此簡所記姜嫄禱辭尚未完,“尚史”以下文字應在下一簡上部殘去的部分。從語意推測“史”應讀爲“使”(參看《上博(二)讀本》39頁注㊼)。“史”“使”同音。本篇5號簡二“史”字及10號簡“史”字也都應讀爲“使”。

㉒　張富海2004指出“之母”二字“涉上‘后稷之母’而衍”(46頁)。

㉓　"管"讀爲"孰",從原釋文(《上博(二)》198 頁)。《説文》六上木部"築"字古文作,其所从之即"管"之訛形。郭店簡"管"字屢見,多用爲"孰"或"篤",但有一例用爲"築",參看張光裕《文字編》313—314 頁"管"字條。

㉔　5 號簡(原 1 號簡)長 54.2 釐米,上端殘(《上博(二)》184 頁)。《子羔》篇簡長一般當在 55.5 釐米左右(裘錫圭 2004 頁 10—11 注〔11〕),此簡上端僅殘去 1 釐米强。其上端所存第一字上部已略有殘損,估計原簡簡首在此字上尚有一字,所以釋文補文號作一"□"。簡首殘文原釋爲"㠯"(《上博(二)》184 頁),今從張桂光 2004 改釋爲"曰"。張文説:

> 本簡簡首殘文,原釋文以爲"以"字,細審殘存筆劃,則似更像"曰"字之殘。前簡當有子羔關於舜是何出身的問話,然後才有孔子所作"有虞氏之樂正⿱宀占⿱宀卉之子也"的答語,再後才有子羔承此答語而進一步提出"何故以得爲帝"的發問以及孔子對這一發問的答語的。(35 頁)

依此説,"曰"前缺字可補爲"孔子"合文。

今所定 4、5 二號簡之間有無缺簡是一個問題。從此篇存簡情況看,似不會有缺去的整簡。4 號簡上下皆殘,現存簡文之末是子羔的問話"然則三王者,孰爲……"。"孰"這個疑問代詞在古代既用於指人,也用於指事(參看楊樹達《詞詮》243—244 頁"孰"字條三、四兩項,中華書局,1965),此處當用以指事。如子羔所問,大意爲:然則作爲天之子的三王爲何要臣事舜,舜又是什麽人呢? 則"孰爲"下所缺之字並不多,4 號簡下部殘缺部分應可容得下。所以 4、5 二號簡應是銜接的。

⿱宀占⿱宀卉,馬承源將二字點開,分屬上下句,以爲"⿱宀占"从"占"聲,可通"質",與"夔"亦爲一音之轉(《上博(二)》184—185 頁),説不可通。今從陳劍 2003 句讀(56 頁),"⿱宀占⿱宀卉"應爲舜父之名。《郭簡・唐虞之道》9 號簡所見舜父之名作寞,現在多數學者同意釋讀爲"⿱宀瓜(瞽)寞(瞙)"之説。楊澤生 2003a 曾懷疑"⿱宀占"所从的"占"是"古"之訛,"⿱宀占"讀作"瞽",但仍傾向將"⿱宀占"、"⿱宀卉"二字點開而讀"⿱宀占"爲"夔"(以"⿱宀占"所从之"占"爲"貴"之省)。李學勤 2004 則逕以此字爲从"古"聲,讀爲"瞽"(15 頁)。陳偉 2003 認爲"⿱宀占、形近"。按:如將"⿱宀瓜"所从之"瓜"的加粗部分改爲勾廓寫法,作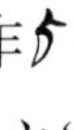一類形狀,或許是有可能訛變爲"占"的。"⿱宀占"當讀"瞽",似可肯定。但其所从之"占"是不是"古"或"瓜"的訛形,尚須研究。楊澤生 2003a 對"⿱宀卉"字有很好的考釋。他説:"我們懷疑此字所從的'卉'應該讀作'艸(草)',猶如同篇《子羔》5 號簡正面中的'卉茅'即'草茅',而'草'應該是聲旁。"他指出

“草”、“叟”古音相近,“宑”可能是“叟”字的異體(“叟”篆文亦从“宀”),應讀爲“瞍”,指舜父瞽瞍(亦作瞽叟)。按:“宑”是否“叟”之異體尚難肯定,讀爲“叟”、“瞍”肯定是對的。黃錫全2003對“宑”字的考釋略同。李學勤2004指出楚帛書的“卉木”也是“屮(草)木”(15頁)。《容成氏》15號簡有“卉備”,李零考釋說:“即‘卉服’,草服。”(《上博(二)》261頁)16號簡有“卉木”,李零考釋說:“即‘草木’。”(同上262頁)可見楚文字多以“卉”爲“屮”。

㉕　殜,用作“世”,郭店簡和上博簡中屢見(參看張光裕《文字編》262頁“殜”字)。劉信芳2003謂“‘弗世’謂不行父子相繼之禮”。孟蓬生2003指出“世,謂世襲,繼承”。他們所舉的古書用例有《公羊傳》昭公三十一年“大夫之義不得世”(孟引。按,當引《公羊傳》莊公四年“諸侯世,故國君爲一體也”)、《禮記·禮運》“大人世及以爲禮”(孔疏:“父子曰世,兄弟曰及。”劉引)等。或疑“而弗世”前原脱一表示禪讓義之字。

㉖　緺,可釋爲“絧”或“紿”,簡文用作“治”。字書訓“絧”爲“補”,從古文字字形看也有可能是“𤔔”的簡體。“𤔔”、“治”音義皆近。《郭簡·唐虞之道》10、13、23、26諸號簡,《上博(二)·從政乙》1號簡等,亦以“緺”爲“治”(“㠯”旁,《唐虞之道》省“口”,《從政》似作“㠯”)。三體石經“治”之古文作,亦此字(參陳劍“上博簡研讀”課)。

㉗　此句原整理者的標點、解釋不可通。陳偉2003謂“‘無有’爲沒有、不分之意”。從其所引古書用例看,他是把“無有”理解爲“不分”的。《上博(二)讀本》說“‘無有’意爲‘無論’”(30頁注⑪),與陳文的理解相同。古書中的“無有”確以當“不分”講的爲多。但此句的下句爲“使皆得其社稷百姓而奉守之”。如將“無有”理解爲“不分”,兩句句首似不能皆用“使”字(張桂光2004頁36堅持其楚簡爲“史”,爲“弁”之說,釋第二句句首之字爲“弁”,讀爲“遍”。其實楚簡“史”“弁”相混現象相當普遍,張說不可信)。我們懷疑此句的“無有”應理解爲“沒有”,意謂使天下萬邦的疆土沒有大小、肥磽相懸殊的情況,句意緊承上句“平萬邦”。此句跟下句雖然並非完全沒有因果關係,但其句式是並列的。

忌竃,馬承源考釋說:

“忌竃”即今字“肥脆”。“竃”从毳聲,古音當與“磽”相近,《孟子·告子上》:“雖有不同,則地有肥磽,雨露之養,人事之不齊也。”又《荀子·王制》:“相高下,視肥磽,序五種。”(《上博(二)》185頁)

馬氏讀此二字爲“肥磽”,可從。説“竃”即“脆”,“古音當與‘磽’相近”,則有問題。《上博(二)·容成氏》48—49 號簡:“文王時故時而教民時,高下、肥毳之利盡知之。”“肥毳”即“肥竃”。李零考釋“毳”字説:“從文義看,似應讀爲‘磽’。案:‘毳’有二音,一同‘脆’,爲月部字;一同‘橇’,爲宵部字。這裏可能是用後一種讀法。”(289 頁)此説較合理。“忢”字上部與楚簡所見“肥”字右旁相似(參看《楚文字編》262 頁“肥”字),各家皆讀爲“肥”。從古文字看,“配”(古文字作配)、“肥”似皆从“巳”(即“卩”)聲。似“巳”之古音與“配”、“肥”相近。此字从“心”“巳”聲,疑本是“悱”之異體。

㉘ 禝,即“禝”(此形見《詛楚文》),社稷之“稷”的專字。戰國文字多用此字,參看《戰國文字編》12 頁、《石刻篆文編》342 頁(中華書局,1996)、《楚文字編》19 頁。“畟”本作上“田”下“人”,“夊”形爲後加。楚簡多變“人”形爲“女”,3、4 號簡“稷”字亦作“禝”。

百眚,楚簡“百姓”字絶大多數如此作。《汗簡》卷中之一·三十一下生部引《王存乂切韻》“姓”字作𤯓(中華本 16 頁),《古文四聲韻》卷四·三十六下勁韻引《古孝經》“姓”字作𢙭(中華本 67 頁),疑皆“眚”之訛變。不過後者也有可能是借“性”爲“姓”。

弄,从“収”“丰”聲,“奉”之初文,亦見 11 號簡,楚簡帛文字“奉”皆作“弄”(《楚文字編》157 頁)。此字已見散氏盤(《金文編》158 頁)。《古文四聲韻》卷三·三下腫韻引《古老子》“奉”字作弄(中華書局 1983 年版 36 頁。《汗簡》卷上之一·十三上収部亦有此字,但中直上端稍彎,且脱去出處,見中華本 7 頁),與簡文形近。古璽文及侯馬盟書“奉”字字形亦近似(《戰國文字編》161 頁)。

㉙ 㚇,《説文·十三下·垚部》“堯”字古文作㚇,與此相合。《郭簡·六德》7 號簡及《古璽彙編》262 亦作“㚇”。《郭簡·唐虞之道》“堯”字於“㚇”下又加“土”,參看《郭簡》158 頁注三。《郭簡·窮達以時》3 號簡及《容成氏》6、8—10、12—14 等號簡之“堯”則只作一“先”。

坴,此“舜”字之形,與見於《郭簡·窮達以時》2 號簡和《容成氏》12—14、16、17 等號簡者相同。今從李零《容成氏》釋文隸定。禤健聰《楚簡文字與〈説文〉互證舉例》以爲可分析爲从“火”从“土”“允”聲(王蘊智等主編《許慎文化研究》309 頁,中國文藝出版社,2006)。馬承源已指出此字“从允聲”,但認爲其字“上部皆作‘厶’,下連‘亦’”,並謂此字當爲“夋”字(《上博(二)》187 頁),則非。《郭簡·唐虞之道》1、6、9、10、16、22、23、25 等號簡,上端形變作(張光裕《文字編》352 頁)。《汗簡》卷上之二·二十八下舛部引《尚書》“舜”字作(中華本 74 頁),《說文》五下舜部“舜”字古文作,字形進一步訛變。

臤,簡文作从“臣”从之形。此種“臤”字屢見於郭店簡,“又”上黑塊或變作短横(張光裕《文字編》104 頁“臤”字),字皆用爲“賢”,與此簡同。《郭簡·唐虞之道》又以爲“賢”(同上)。即其變體。陳劍《柞伯簋銘補釋》指出,字已見西周柞伯簋,亦用作“賢”。其字實爲“掔”(搴)之初文,以音近借爲“賢”。楚簡“臤”字多將“又”旁改爲此字,是使之音符化(《傳統文化與現代化》1999 年 1 期)。

㉚ 譞,此字右旁即“襄”字聲旁(《說文》八上衣部謂“襄”从“衣”“㗊”聲)。《說文》二上吅部:“㗊,亂也。从爻、工交吅。一曰窒㗊。讀若禳。籀文㗊。”散氏盤字(《殷周金文集成》16·10176),于省吾釋“㗊”(《甲骨文字釋林·釋咒》132 頁,中華書局,1979),蘇甫人盤、匜“襄”字所从之“㗊”作(《金文編》587 頁)。“㗊”字籀文所从之當是形傳抄之誤,小篆之訛變更甚。所从之“工”乃“土”之訛,“爻”乃“攴”之訛,前人皆已指出(“㗊”字从“又”之形與从“攴”之形皆習見,參看《戰國文字編》77 頁、《楚文字編》78 頁“㗊”字)。睡虎地秦簡“襄”字所从之“㗊”作(張守中《睡虎地秦簡文字編》133 頁,文物出版社,1994),“攴”訛作“殳”,“土”尚未訛。由於秦漢以後“㗊”字基本上已不獨立使用,故从“㗊”聲之字變而从“襄”聲。

㉛ 伊,此“伊”字用法與上文“觀於伊”之“伊”不同,當從陳劍 2003 讀爲“抑”,“伊”爲影母脂部字,可讀爲影母質部之“抑”(56 頁)。上文則以同爲影母脂部字之“殹”爲“抑”,參看注④。此篇表數詞“三”時“厽”、“三”並用(參看注⑮),表示“抑”時“殹”、“伊”並用與之同例。

㔷,此形“甚”字屢見於楚簡(《楚文字編》293 頁),但郭店簡中各家多以爲受齊魯系文字影響的《唐虞之道》則作(同上),與《說文》五上甘部之相近。“㔷”將“口”旁與“匹”所包含的“八”互易位置,可能是楚國特殊寫法。

昷,何琳儀 2004 認爲“當釋‘盟’,即‘盟’之初文,簡文中可讀作‘明’”(446 頁);黄德寬 2004 亦認爲“從‘日’、從‘皿’,爲‘盟’的異體,此處讀爲‘明’”(437 頁);陳劍 2003 認爲“或爲从‘日’‘皿’聲之字,或者就是‘盟(盟)’字異體,皆以音近而讀爲‘明’”(56 頁)。此字在此讀爲“明”無問題,其結構如何分析,尚可研究。

㉜ 鈞,馬承源誤釋“鈴”(《上博(二)》185 頁),以爲子羔之名(同上 186 頁)。

徐在國2004頁42、李鋭2004頁525、黄德寬2004頁437、何琳儀2004頁446、陳劍2003頁56等皆改釋“鈞”，後四文皆讀爲“均”。徐文、黄文對字形有説明。何文舉出《國語・晉語》“均是惡也”韋注訓“均”爲“同”的用例。

㉝　畓，馬承源讀爲“來”（《上博（二）》185頁），又疑讀爲“徠”，訓“勞”（同上186頁）。徐在國2004指出此字與《郭簡・老子乙》1號簡“嗇”字同形，改釋爲“嗇”，讀爲“穡”，並引古書，説明“穡”可當耕種講（43頁。各家説多同，徐文寫成於2003年1月2日，時間最早，論述亦較詳，故引之）。黄德寬2004指出《説文》“嗇”字古文正作“畓”（437—438頁）。

童土，馬承源引《莊子・徐无鬼》“堯聞舜之賢，舉之童土之地”一段，並據舊注謂童土是“荒蕪之土”（《上博（二）》186頁）。按舊注謂“童”指無草木。

㉞　蓩，馬承源指出：“《漢書・匈奴傳下》‘蓩庶亡干戈之役’，顔師古注：‘蓩，古黎字。’《集韻》：‘黎，或作蓩。’‘莉（引者按：原釋文將“蓩”寫作“莉”）民’即‘黎民’，古字通用。”（187頁）

㉟　每目好寺：“寺”上一字的筆畫有殘損之處，原釋文未釋此字，並將“每目□寺”與下文“其言”連讀而未加解釋（《上博（二）》187頁）。李鋭2004謂缺釋之字從輪廓看，“當爲‘學’字之省體”（526頁）。黄德寬2004謂“缺釋之字，細審殘形作，當是‘學’字”，讀此句爲“敏以學《詩》”（438頁）。郭永秉《説〈子羔〉簡4的“敏以好詩”》（《出土文獻與古文字研究》第一輯，復旦大學出版社，2006，326—330頁），通過有關字形的比較，指出“寺”上之字上部的筆畫不可能是“臼”的殘畫；與《子羔》字體相似的《孔子詩論》中“好”字三見，皆作上“女”下“子”形，把此字上部筆畫看作“女”旁殘畫，完全符合《詩論》“好”字“女”旁的字形，所以此字應釋爲“好”。郭文同意讀“每”爲“敏”，讀“寺”爲“詩”，但認爲“詩”並非指《詩經》，並引《禮記・樂記》“昔舜作五弦之琴，以歌《南風》”、《史記・樂書》“夫《南風》之詩者生長之音也，舜樂好之，樂與天地同意，得萬國之驩心，故天下治也”、《吕氏春秋・慎人》“舜自爲詩曰：‘普天之下，莫非王土；率土之濱，莫非王臣’，所以見盡有之”等文，説明舜的傳説確有與“好詩”有關者。其説可從。

㊱　𡕒，此字楚簡屢見，亦有不加“”者（參見《楚文字編》185頁“𡕒”字條），《包山楚簡》和《郭簡》隸定爲“㝵”。此字究竟相當於載籍何字，長期無定論。李天虹於2000年在《華學》第四輯上發表《釋楚簡文字“㝵”》一文，根據文義指出此字在楚簡中當讀爲“文”，爲絶大多數學者所同意。同年10月，李家浩在一次討論會

上指出,此字字形與《汗簡》卷中之二彡部和《古文四聲韻》卷三軫韻所引石經"閔"字古文相合。同年11月,李學勤在清華簡帛講習班上發表《試解郭店簡讀"文"之字》(後刊載於齊魯書社2001年6月出版的《孔子·儒家研究文叢(一)》),認爲此字上部所从爲用作聲旁的"民","𡕲"與"閺"當爲一字,此字與石經"閔"字古文皆从"彡""𡕲"聲,可釋爲《說文》的"彣"。(以上可參看李天虹《釋"𢉖"》及其"補記",李天虹《郭店竹簡〈性自命出〉研究》14—22頁,湖北教育出版社,2003。)按:"𡕲"的上部爲"民"應無問題,但需指出此"民"旁爲"民"字省體,且其上端多作✓形,同於《說文》"民"字古文,而與楚簡常見的"民"字不同。可能楚簡"𡕲"字是受到齊魯系文字影響的。李學勤認爲此字从"彡",從《上博(三)·彭祖》"彭"字从"⺀"(或作"𠃌",與"𡕲"字同),以及石經"閔"字古文从"彡"來看,似可信。但此讀"文"之字也屢見不加"⺀"者,而且楚簡"胃"字"膚"字的"肉"旁也常加"⺀",似不能視爲从"彡"。故此字究竟能否釋作"彣",似尚有研究餘地。以"𡕲"、"閺"爲一字之說,更有待研究。

黄德寬2004認爲4號簡(即現在的8號簡)的"其言……"可與5號簡(即現在的9號簡)文字連讀,即將"其言……或以文而遠"連爲一句讀;並引《左傳·襄公二十五年》仲尼曰"志有之:'言以足志,文以足言。'不言,誰知其志?言之無文,行而不遠",認爲可作簡文"注脚"(438頁)。依此說,原4、5兩號簡間的缺字似不多,二簡或有可能是同一簡的斷片。

㊲ 卉茅,當讀爲"草茅",詳注㉔。《郭簡·唐虞之道》謂"舜佢(居)於艸茅之中而不憂"(《上博(二)讀本》33頁已引,且釋"居"爲"蹲踞",可參考)。馬承源謂"卉茅""即草茅,指田野",引《戰國策·趙策四》:"昔者堯見舜於草茅之中,席隴畝而蔭庇桑,陰移而授天下傳。"(《上博(二)》189頁)堯聞舜賢"徵諸草茅之中,與之言禮……"之事,尚見於《尸子》、《資治通鑑外紀》卷一等,詳劉樂賢2004頁353—354。

㊳ 9/5號簡末"敓"下之字有殘損處,馬承源5號簡釋文未釋。考釋中"與之言豊,敓"條下說:

> 讀爲"與之言禮,悅"。關於堯入卉茅之中與舜談禮教化之事,今本古籍未詳(引者按:此言不確,參上注)。《容成氏》第八簡則云:"……於是虖(乎)鈶(始)語堯天地人民之道。與之言正(政),敓(悅)柬吕(以)行;與之言樂,敓(悅)和吕(以)長;與之言豊(禮),敓(悅)故吕(以)不逆。堯乃敓(悅)。"此簡之"言禮",當和《容成氏》舜與堯"言禮"同爲先秦堯舜禪讓傳說的内容之

一。(189 頁)

劉信芳 2003、黄德寬 2004(438 頁)都認爲 5 號簡末“敓”下殘字當釋“尃”,與《容成氏》“與之言禮,敓敀以不逆”的“敀”爲音近異文。劉文並認爲“敓尃”的“敓”和見於《容成氏》的“敓柬”、“敓和”的“敓”,不應讀“悦”而應讀“説”。陳劍則懷疑這種“敓”字應讀爲率皆的“率”(“上博簡研讀”課)。“敀”和“尃”,劉樂賢 2004 認爲“應與詳同義,似可讀爲溥或博”(354 頁,劉文所引與《容成氏》有關文字比較的《路史》卷二一有“語禮樂詳而不孛”之文),李學勤曾讀爲“薄”(同上 356 頁注〔4〕引)。

裘錫圭 2004 頁 4—6、李學勤 2004 頁 15—16、張桂光 2004 頁 38—39,都認爲 5 號簡(即現 9 號簡)現存部分之末的“與之言禮,敓尃”和 8 號簡(即現 10 號簡)現存部分之首的“而和”,是與上引《容成氏》自“與之言政”至“敓敀而不逆”這一段相似的文字的一首一尾。裘、李二文皆明確指出此二簡應相連,中無缺簡。本篇與《容成氏》兩段文字的内容應基本相同,只是句序先後不一。10/8 號簡第一字不識,張文隸定爲“砮”(38 頁),楊澤生 2003b 釋讀爲“協”,似皆難從。

㊴ 釆,馬承源誤認爲“番”所从的“釆”字,讀爲“播”(《上博(二)》192 頁)。各家多指出“釆”本有“由”一類音,並循此作解(關於“釆”的讀音可參閱裘錫圭《古文字論集·甲骨文中所見的商代農業》188 頁、《郭簡·唐虞之道》159 頁注〔一七〕、同書《忠信之道》164 頁注〔一五〕等)。黄德寬 2004 認爲“由諸畎畝之中”的“由”,“與本篇‘從諸卉茅之中’的‘從’可以對讀。《爾雅·釋詁》‘由、從,自也’,郭注:‘自猶從也。’‘由’、‘從’同訓,典籍互用無别”(439 頁)。按:“從諸草茅之中”的“從”是“跟從”的意思,“由”只有“自從”義而無“跟從”義,黄説非是。孟蓬生 2003 認爲此“釆”字當讀爲“抽”。他説:

> 《説文·手部》:“擂,引也。從手,留聲。抽,擂或從由。”又同部:“擢,引也。”又同部:“拔,擢也。”此三字同義,皆有選拔之義。“釆者畎畝之中”,是指把舜從畎畝中選拔出來。

此説近是。“抽”、“擢”聲母相近,“抽”爲幽部字,“擢”爲宵部入聲字。上古音幽、宵相近。“繇”既有屬幽部的“由”音,又有屬宵部的“徭”音,即其明證。“抽”、“擢”當爲同源字。《説文》“抽”字尚有或體“㨨”。《廣雅·釋詁三》訓“㨨”爲“縮”,王念孫《疏證》指出“縮”通《説文》訓“蹴引也”的“摍”。“縮”、“摍”是幽部入聲字,以“縮”訓“㨨”是聲訓。古書中有“擢”、“縮”相通之例(《古字通假會典》

805 頁〔擢與縮〕條),疑簡文"采"即可讀爲"擢"(上引裘文疑"采"即"搒"之初文,可參考)。《戰國策·燕策二》樂毅報惠王書:"先王過舉,擢之乎賓客之中,立之乎群臣之上。""采諸"即"擢之乎"。

甾,即"甽","川"旁上移與下"𤰶"字"母"旁上移同例。《説文》十一下く部:"𡿨(く),水小流也。……甽,古文く,从田从川。畎(畎),篆文く,从田犬聲。六畎爲一畝。"(參看《上博(二)》192 頁)

𤰶,即"畮",《説文》十三下田部以"畮"爲正篆,"畝"(畝)爲或體。"畮"从"每"聲,"每"从"母"聲。楚簡"海"从"母"或"毋"聲(《楚文字編》637 頁。楚文字"母"與"毋"初本一字),與"畮"从"母"聲同例。

叓,即"爯",在此當讀爲"相稱"之"稱"。《荀子·富國》:"德必稱位,位必稱祿,祿必稱用。"馬承源訓此"爯"爲"舉"(《上博(二)》192 頁),不確。

㊵　含,讀爲"今"。古文字多贅加"口"旁,此字亦可視爲"今"字加"口",不一定看作借爲"今"之"含"(hán)字。楚簡多以"含"爲"今",《楚文字編》61 頁"含"字條説:"(含)皆讀爲今。當是楚之今字異體。"按:中山王鼎三"含"字亦皆用作"今",參看張守中《中山王嚳器文字編》30 頁"含"字條,中華書局,1981。

㊶　原釋文此句句讀錯誤,今據陳偉 2003 改正。

紀,"紀"字"己"旁加"口",與楚帛書同(《楚文字編》721 頁)。此"紀"字陳偉 2003 訓爲"記載",不可從;裘錫圭 2004 曾懷疑當讀爲"己"或"其"(10 頁注〔4〕),更爲錯誤。"紀"之本義爲"别理絲縷"(參看《説文》十三上糸部"紀"字《段注》),引伸而有整理、治理之類意義。《詩·大雅·棫樸》"綱紀四方",鄭玄箋:"理之爲紀。"《國語·周語上》"紀農協功",韋昭注:"紀謂綜理也。"同書《晉語四》"禮以紀政",韋昭注:"紀,理也。""亦紀"之"亦"似表示"也就是","也只能"一類語氣。

遊道,陳偉 2003 謂"遊道,猶言行",不可從。"遊"可訓爲與行走有關的"行",不能訓言行之"行"。陳文注〔10〕又疑"遊"可通"流"或"留","遊道"意即"遺道"。但"流道"、"留道"之語皆不見古書,其説亦不可從。裘錫圭 2004 指出,古書中"遊"、"游"與"由"通,《郭簡·性自命出》"唫遊哀也,喿遊樂也……"之"遊",劉釗讀爲"由",此"遊"字亦應讀"由"。"道"當理解爲動詞,古書中有由、從、行等訓。《説苑·辨物》:"道也者,物之動莫不由道也。"正以"由道"連言(10 頁注〔4〕)。裘文讀"遊道"爲"由道",可從;但接着又説:"'先王之由道'猶言'由道先王'",則不可從。"先王之由道"當理解爲"先王之所由道",陳偉把"先王之由道"看作"紀"的賓語是對的。"紀先王之由道",意即把先王治天下所經由的道路(注意:這裏所説的“道路”不是直接翻譯“由道”之“道”的,直接與“由道”對應的是“經由”),亦即治天下的方法,整理出頭緒來,以便人們遵循(以上參看裘錫圭《説“亦紀先王之由道”》)。

㊷ 不弄盟王,從陳偉 2003 讀爲“不逢明王”。洩,陳文讀爲“使”,則可商,詳下。

陳偉 2003 説:

奉,讀爲逢。二字皆从“丰”得聲,應可通假。“奉”後一字,疑是“明”字。在同篇 1 號簡有一字,上从“日”,下从“皿”,黄德寬先生認爲是“盟”字異體,讀爲“明”。此字下从“皿”,上部或許是“囧”字訛體,亦是“盟”字,讀爲“明”。……使,原从“氵”从“史”。疑當讀爲“使”。《大戴禮記·衛將軍文子》記孔子語云:“有土(引者按:陳文誤作“士”)君子,有衆使也,有刑用也,然後怒。”盧辯注:“使,舉也。”簡文此句大概是説:不遇明王,也就不能得到重用。《禮記·檀弓上》記孔子説:“夫明王不興,而天下其孰能宗予。”《孔子家語·本姓解》記齊太史子與説:“惜乎,夫子之不逢明王,道德不加於民,而將垂寶以貽後世。”可與簡書對讀。

按:陳文説“不逢明王”句很精彩。《上博(一)·孔子詩論》26 號簡“有兔不弄(奉)時”之“奉”、《上博(二)·從政》甲 8 號簡“則弄(奉)災害”之“奉”,整理者皆已讀爲“逢”。可見上博簡慣於以“奉”爲“逢”。“盟”字之釋從文義看也無疑是可信的。但讀“洩”爲“使”,訓爲“舉”,認爲“大使”可當“重用”講,則可商。所引《大戴禮記》語以“有衆使也”與“有刑用也”爲對文,盧辯訓“使”爲“舉”,用的是“舉衆”、“舉兵”之“舉”,與選舉、任用之義無涉。後世重任臣僚,可言“大用”,亦無“大使”的説法。疑“大洩”或許可以讀爲“大仕”。《論語·公冶長》:“令尹子文三仕爲令尹,無喜色。”仕爲令尹之類大概就可以算作“大仕”了。

㊸ 受命之民,馬承源解釋説:“謂舜爲受天命的凡人。”(《上博(二)》191 頁)

參考論著目録

陳劍 2003 《上博簡〈子羔〉、〈從政〉篇的竹簡拼合與編連問題小議》,《文物》2003 年 5 期。此文已先於 2003 年 1 月 9 日發表於“簡帛研究”網站。

裘錫圭 2004 《談談上博簡〈子羔〉篇的簡序》,《上博館藏戰國楚竹書研究續編》(以下簡稱“續編”),上海書店出版社,2004 年。

李學勤 2004 《楚簡〈子羔〉研究》,見《續編》。

《郭簡》 《郭店楚墓竹簡》,文物出版社,1998 年。

《上博(二)讀本》 季旭昇主編,陳美蘭、蘇建洲、陳嘉凌合撰《〈上海博物館藏戰國楚竹書(二)〉讀本》,萬卷樓圖書股份有限公司,2003 年。本文所引爲此讀本中季旭昇所撰的《〈子羔〉譯釋》。

《戰國古文字典》 何琳儀《戰國古文字典》,中華書局,1998 年。

《楚文字編》 李守奎《楚文字編》,華東師範大學出版社,2003 年。

秦樺林 2003 《上博簡〈魯邦大旱〉虛字劄記》,"簡帛研究"網站,2003 年 2 月 14 日。

林志鵬 2004 《戰國楚竹書〈子羔〉篇復原芻議》,見《續編》。

廖名春 2004 《〈子羔〉篇感生簡文考釋》,見《續編》。廖氏發表在《福建師範大學學報》(社科)2003 年 6 期上的《上博簡〈子羔〉篇感生神話試探》,除多出第一節《孔子與子羔》外,內容與此文基本相同。

《戰國文字編》 湯餘惠等《戰國文字編》,福建人民出版社,2001 年。

徐在國 2004 《上博竹書〈子羔〉瑣記》,見《續編》。此文末所記寫作時間爲 2003 年 1 月 2 日。

何琳儀 2004 《第二批滬簡選釋》,見《續編》。此文初稿《滬簡二册選釋》已先於 2003 年 1 月 14 日發表於"簡帛研究"網站。

《望山楚簡》 湖北省文物考古研究所等《望山楚簡》,中華書局,1995 年。

張富海 2004 《上博簡〈子羔〉篇"后稷之母"節考釋》,見《續編》。此文已先於 2003 年 1 月 17 日發表於"簡帛研究"網站。

張桂光 2004 《〈上博簡〉(二)〈子羔〉篇釋讀劄記》,見《續編》。

陳偉 2003 《〈上海博物館藏戰國楚竹書(二)〉零釋》,"簡帛研究"網站,2003 年 3 月 17 日。

楊澤生 2003a 《〈上海博物館所藏竹書(二)〉補釋》,"簡帛研究"網站,2003 年 2 月 14 日。

黄錫全 2004 《讀上博楚簡(二)劄記八則》,見《續編》。本文所引內容已見其《讀上博楚簡(二)札記(壹)》,"簡帛研究"網站,2003 年 2 月 25 日。

劉信芳 2003 《上博藏竹書試讀》,"簡帛研究"網站,2003 年 1 月 9 日。

孟蓬生 2003 《上博竹書(二)字詞劄記》,"簡帛研究"網站,2003 年 1 月 14 日。

張光裕《文字編》 張光裕主編、袁國華合編《郭店楚簡研究》第一卷《文字編》,藝文印書館,1998年。

黄德寬2004 《戰國楚竹書(二)釋文補正》,見《續編》。此文已先於2003年1月21日發表於"簡帛研究"網站。

李銳2004 《讀上博館藏楚簡(二)劄記》,見《續編》。此文初稿曾分兩篇在"簡帛研究"網站上發表,即:《上博館藏楚簡(二)初劄》(2003年1月6日)、《讀上博簡(二)〈子羔〉劄記》(2003年1月10日)。

劉樂賢2004 《讀上博簡〈容成氏〉小劄》,見《續編》。此文已先於2003年1月13日發表於"簡帛研究"網站。

楊澤生2003b 《上海博物館所藏竹書劄記》,"簡帛研究"網站,2003年4月16日。

本文是作者2006年爲復旦大學出土文獻與古文字研究中心"上博簡字詞全編"項目而寫的參考資料,今據手稿收入。

《上海博物館藏戰國楚竹書(二)・魯邦大旱》釋文注釋*

魯邦大旱,哀公胃(謂)孔=(孔子):①"子不爲我圖(圖)之?"②孔=(孔子)倉(答)曰:"邦大旱,毋(毋)乃遊(失)者(諸)型(刑)與悳(德)虐(乎)?③售(唯)[☐]₁之可(何)才(哉)?"④孔=(孔子)曰:"庶(庶)民智(知)敓(說)之事視(鬼)也,⑤不智(知)型(刑)與悳(德)。女(如)毋(毋)忞(愛)珪璧帀(幣)帛於山川,⑥政(正)坓(型—刑)與[德☐]⑦₂出遇子贛(贛)曰:⑧"賜(賜),而昏(聞)衖(巷)逄(路)之言,⑨毋(毋)乃胃(謂)丘之倉(答)非與(歟)?"子贛(贛)曰:"否,殹(抑)虐(吾)子女(如)違(重)命丌(其)與(歟)?⑩女(如)夫政(正)坓(型—刑)與悳(德)㠯(以)事上天,此是才(哉)!⑪女(如)天〈夫〉毋(毋)忞(愛)圭璧₃帀(幣)帛於山川,毋(毋)乃不可?⑫夫山,石㠯(以)爲膚,木㠯(以)爲民。女(如)天不雨,⑬石牆(將)雧(焦),⑭木牆(將)死,丌(其)欲雨或甚於我,⑮或必寺(待)虐(吾)名虐(乎)?⑯夫川,水㠯(以)爲膚,魚㠯(以)₄爲民。女(如)天不雨,水牆(將)沽(涸),⑰魚牆(將)死,丌(其)欲雨國(或)甚於我,⑱或必寺(待)虐(吾)名虐(乎)?"孔=(孔子)曰:"於(嗚)虖(呼)![☐]₅

公剴(豈)不飯杺(粱—粱)飤(食)肉才(哉)?⑲殹(抑)亡(無)女(如)庶(庶)民可(何)。"⑳₆

注釋

*　本篇共六簡,前五簡的文字雖有殘缺,但文義明顯是連貫的,簡序亦無問題。第6簡情況比較特殊。劉樂賢2003說:

第6簡最後一字的後面有分章號,整理者據此認爲"《魯邦大旱》篇不與其他篇連抄,以示其爲獨立篇章"。按,因第5簡末端殘斷,孔子對子貢的答語

> 已佚,第5、6簡之間是否有缺簡或缺幾簡已無從得知。從現存文字看,第6簡和前面五簡的關係並不十分明顯,它與前面五簡的關係尚有待進一步研究。(62頁)

我們的釋文,前五簡的文字連寫(但尚不能完全排斥第1、2號簡之間及第2、3號簡之間有缺簡的可能),第6簡的文字空一行寫,以示其與前面五簡的關係尚待研究。

① 胃,原字上部變从“目”形。關於楚簡“胃”字字形,陳嘉凌有討論(《上博(二)讀本》43頁注①),可參考。

② 我,原字寫法較特殊,原整理者馬承源(《上博(二)》204頁)和陳嘉凌(《上博(二)讀本》43頁注②)對此皆有說明。本篇4、5二號簡“我”字則是一般寫法。

“圕”字所从之“者”,寫法與本篇以及書體與本篇相同的《子羔》、《孔子詩論》這兩篇中的“者”字一致,下部作“⊥”或“土”。此字所从的“者”的最下部的橫筆與“口”旁的下部合併爲一筆。馬承源指出“圕”字从“口”“者”聲,“者”及从“者”聲之字上古音與“圖”相近,據辭例“圕”當讀爲“圖”;並指出《玉篇·口部》“圖”字古文作“圂”,與此形近(《上博(二)》204頁)。其説可從。“圖”爲會意字,“圕”應是其形聲異體,而非其通用字,但後世已廢棄不用。《汗簡》卷中之一“口”部有“圖”字,作,注“見尚書”(《汗簡》17頁上欄之右,《古文四聲韻》上平聲模韻“圖”字下亦收此形,出處注“古尚書”,但字形有訛變),其“口”中所从即“者”字古文(參看《古文四聲韻》馬韻“者”字,45頁上欄之左—下欄之右),其字形屬古文經系統,來自齊魯系戰國文字(參看李學勤2004頁98,但我們同意多數學者的意見,認爲古文經的字體類型屬齊魯系,則與李文有異)。《玉篇》“圖”字古文所从之“者”亦屬此類,但省去了“彡”形。簡文“爲我圖之”的“圖”當謀劃講,是“圖”字的假借義或引申義。

《郭簡·緇衣》22號簡、《上博(一)·紂(緇)衣》12號簡,皆有“毋以小謀敗大惹”之文。《郭簡·緇衣》整理者據今本《緇衣》在“惹”字後括注“作”(130頁),《上博(一)·緇衣》整理者未加括注而在考釋中説“今本爲‘作’”(188頁)。孟蓬生2002認爲此字“當爲‘圖’之借字,圖與謀同義”,並舉上博簡《魯邦大旱》整理者讀“圕”爲“圖”作證(28頁)。其説可從。《汗簡》卷中之二“心”部(30頁上左)、《古文四聲韻》上平聲模韻(13頁下右),都收有下从“心”上从“者”聲的古文“圖”字(《汗簡》“者”旁訛變較甚),云出《裴光遠集綴》,可爲楚簡“惹”當釋“圖”之確證。圖謀需用心計,“恚”當是表示“圖”的謀劃義的專造字(後世字書“恚”字,音“示”,義闕,與此“恚”字無關),故不必以“恚”爲“圖”之借字。

③ 馬承源引《韓非子·二柄》等解釋“刑”“德”(《上博(二)》205 頁),可從。“刑,指刑罰懲戒;德,指德化賞慶。”(劉樂賢 2003 頁 60)或以爲此文之“刑”泛指“法制、法度”(林志鵬 2004 頁 148),恐非。

“遊”字楚簡屢見(亦見楚帛書),舊無確釋,郭店《老子》簡用此字爲“失”,趙平安 2000 據此認爲“旃”即甲骨文表示俘虜、奴隸逃亡的“㚔”的訛變之形,字當釋“逸”,“逸”、“失”音義皆近,故可以“遊”爲“失”。其說可信。

“虗”在楚簡中多用作“吾”,但也有一些是用作“乎”的(參看張光裕《文字編》358 頁)。“虗”當是从“土”“虎”聲之字,也有可能就是表示“虎”的假借義的分化字。“虎”和“乎”上古音都屬曉母魚部,故可借“虗”爲“乎”。

④ “……之何哉”是魯哀公之語。秦樺林 2003 說:“按傳世文獻的文例及《魯邦大旱》的通假字例,可在‘之’前補一‘女’字,讀爲‘若’。‘若之何哉’乃常語……當‘怎麼辦’講……”按,如補“女”字,可讀爲“如”,不必讀“若”。

⑤ 㐮,亦見 6 號簡,馬承源認爲是从“众”“石”聲之字,他指出“文獻中从石得聲字常與从庶得聲字通假”,此字“可讀爲庶民之‘庶’,當爲‘庶’之古文異體”(《上博(二)》205—206 頁)。其說可從。從甲骨、金文看,“庶”本爲从“火”从“石”“石”亦聲之字,可能是“煮”和“炙”的共同的初文(《甲骨文字詁林》2207—2208 頁,中華書局,1996)。“衆庶”是其假借義。甲骨文又有下从“㐺”上从“庶”的字(同上 164 頁),則是衆庶之“庶”的本字(同上 2207、2208 頁)。楚簡“㐮”字即其後身。傳世古書中則廢棄此字而只用“庶”字。

敓,馬承源指出即“奪”字異體,从“兑”聲,簡文讀爲“說”,即《周禮·春官·大祝》“六祈”“六曰說”之“說”,《淮南子·泰族》“雩兑而請雨”之“兑”亦通“說”(《上博(二)》206 頁)。其說可從。楚簡多以“敓”爲“說”。如卜筮祭禱簡“以其故敓之”之“敓”、《郭簡·語叢四》5 號簡“凡敓之道”之“敓”等。

“䰟”字“示”旁原寫在左下方,“鬼”頭部分變作“目”形。馬承源釋此字爲“視”(《上博(二)》205 頁)。黄德寬 2004 指出,此字構形與楚簡用作“畏”或“威”的“䰟”字(陳肪簋有“䰟”字,用作“鬼”)相類,“鬼”頭變作“目”形,與本篇“胃”字上部變作“目”形同例,故此字應釋爲“䰟”,讀爲“鬼”(439 頁)。李守奎 2004 說同。李還指出此字即《說文》九上“鬼”部“鬼”字古文“䰟”,並指出《郭簡·成之聞之》5 號簡“畏”字,“鬼”頭部分正作“目”形(此例陳嘉凌也舉出了,見《上博(二)

讀本》46 頁注⑧)。陳偉 2004 引《論語・先進》“季路問事鬼神。子曰:‘未能事人,焉能事鬼’”,以證明“‘事鬼’的‘鬼’可以兼賅鬼神”(117 頁)。

⑥ 炁,前人已指出此字與㤅(愛)實爲一字,《説文》分爲兩字,與分“㥑”、“憂”爲兩字同例。簡文“愛”當吝嗇、捨不得講(劉樂賢 2003 頁 61)。

簡文“璧”字“玉”旁本寫在左邊。此簡“璧”字筆畫稍有殘損,3 號簡“璧”字所从之“辟”作。《金文編》所收“辟”字多从“○”而不从“口”(648—649 頁),洹子孟姜壺“璧”字所从之“辟”,或从“○”,或既不从“○”亦不从“口”(24 頁)。學者多以爲从“○”之“辟”字實即“璧“之初文。“○”象璧,是形旁。“㣎”見於甲骨文,即刑辟之“辟”的初文,是聲旁。簡文所从之“”,其上方之“”疑即由“卩”訛變。珪璧之“珪”3 號簡作“圭”,《説文》三下“土”部以“珪”爲“圭”之古文。

“帣”是“㡀”的變體,可分析爲从“巾”“釆”聲,以“帣”爲“幣”亦見九店楚簡,詳見李家浩《包山楚簡“蔽”字及相關之字》(李家浩《自選集》272—277、285—286頁)。郭店簡亦以“帣”爲“幣”(張光裕《文字編》170 頁)。

⑦ 讀“政”爲“正”,“與”後補“德”字,皆據劉樂賢 2003 頁 61。

⑧ 贛,《説文》六下“貝”部作“贑”,謂从“竷”省聲。五下“夊”部“竷”字下引《詩・小雅・伐木》“竷竷鼓(各本作“舞”,從段注改)我”,今本作“坎坎鼓我”,可證古音“欠”當與“贛”相近,故簡文此字从“欠”聲。《説文》“贑”字籀文作,右上部應即“欠”字而小有訛變,字形實與簡文相合。參看李家浩《楚國官印考釋(四篇)》(李家浩《自選集》125—127 頁)。

⑨ 衖,已見包山楚簡,亦作“迸”,舊不能確識。相家巷秦封泥出土後,學者據封泥中“永巷”之“巷”作,釋出此字爲“巷”(白於藍 1997、趙平安 1998)。《説文》六下“𨛜”(䢽)部“巷”字正篆改“行”旁爲“𨛜”旁,又將蒷省作,遂以爲从“共”會意。馬承源指出上博簡《周易・睽卦》九二爻辭和《紂(緇)衣》篇的“衖”字(引者案:郭店《緇衣》1 號簡作“迸”),今本皆作“巷”(《上博(二)》207 頁)。

逄,可視爲“路”之異體。《上博(一)・性情論》30 號簡“凡於道逄毋思”,亦以“逄”爲“路”(《郭簡・性自命出》60 號簡此字作“”,即“夊”之變體,“口”旁省去)。馬承源指出,曾侯乙墓竹簡中“大路”、“戎路”、“朱路”之“路”皆作“逄”(《上博(二)》206 頁)。他還指出“巷路”之語見於古書(《後漢書・賈琮傳》“巷路爲之歌曰……”)。

⑩ 【編按:關於此句的解釋,參看本書所收《説〈魯邦大旱〉“抑吾子如重命丌

歟"句》。】

⑪ "才"字右下方有短横形句讀號。

⑫ "可"字右下方有"ㄴ"形句讀號。

⑬ "雨"字右下方有小點,不知是否句讀號。

⑭ 牆,《說文》十四下"酉"部收爲"醬(醬)"字古文。又三下"寸"部以"將"爲"从寸,醬省聲"。

爨,與《說文》"焦"字正篆合。《說文》十上"火"部:"爨,火所傷也。从火,雥聲。焦,或省。"

"焦"字右下方有"ㄴ"形句讀號。

⑮ 或,何琳儀謂"應如字讀,訓爲又,見《詞詮》168 頁(引者按:見中華本 126 頁)"(何說見安大 2004 頁 429)。"或"、"又"音義俱近,此簡"或"字學者多直接讀爲"又",但我認爲不如訓爲"又"妥當。這跟與"若"用法相似的"如"不必讀爲"若",第二人稱代詞"而"不必讀爲"爾"同例。下文各"或"字同。

關於"甚"的字形,陳嘉凌 2003 有較詳解釋(《上博(二)讀本》50 頁注⑱),可參考。

⑯ 或必,陳偉 2004 讀爲"又必",並指出:"'又'作爲副詞,可以用在反問句中,起加强語氣的作用。如《史記·游俠列傳》云:'要以功見言信,俠客之義又曷可少哉。'"(119 頁)其說有理,但"或"不一定要讀爲"又",參上注。

"名"上"虐"字,各家多讀爲"乎",陳偉 2004 頁 119 讀爲"吾",今從之。此簡及下簡"名"字皆从"月"。古文字"月""夕"二旁常可通用。郭店簡"名"字皆从"月"(張光裕《文字編》113 頁)。信陽簡"名"字亦从"月"(滕壬生《文字編》91 頁)。對"名"的解釋,異說紛歧。或讀"名"爲"命"(如上引陳偉 2004)。而上文"重命"的"命"又有一些學者讀爲"名"。"命"、"名"的確音近可通,訓詁方面的證據甚多,但本篇"命"、"名"並見,文義又不很明確(即不能斷定"命"必當讀"名"或"名"必當讀"命"),似乎還是嘗試各按原字解釋比較合理。劉樂賢在《讀上博簡〈民之父母〉等三篇劄記》中認爲:"'待乎名',是等到叫名字的意思,在求雨祭儀中,祭祀者必定會叫呼山川之名。"("簡帛研究"網站,2003 年 1 月 10 日)但在劉樂賢 2003 中已放棄此說。我認爲從"山川之名"的角度來理解此"名"字,可能是有道理的。"名"在此用爲動詞,似可當"稱名"講。《詩·大雅·雲漢》講西周大旱之事,有"靡神不舉,靡愛斯牲,圭璧既卒,寧莫我聽"之語。"稱"、"舉"義近(《爾雅·釋言》訓"偁"爲"舉"。"稱舉"、"稱謂"之"稱"古皆作"偁")。疑"靡神不舉"

本謂沒有一個神不稱舉其名而祭禱之,後人直接以"祭"釋此"舉"字,恐不一定恰當。"或必待吾名乎",意即"還一定要等待吾人舉稱其名而祭禱之嗎?"

⑰ "沽"讀爲"涸",據馬承源(《上博(二)》209 頁)。

⑱ 國,原字省"囗"旁爲"乚",東周文字中此種"國"字屢見,參看《金文編》426 頁、《戰國文字編》393 頁、滕壬生《文字編》512 頁。本篇用了四個"或",只有這一例以"國"爲"或"。不過從古文字看,"或"本就是"國"的初文。

⑲ 剴,陳嘉凌指出此字見《説文》,訓"大鐮",借"剴"爲"豈"亦見《郭簡・緇衣》12 及 42 號簡(《上博(二)讀本》51 頁注⑳)。《上博(一)・紂衣》與《郭簡・緇衣》12 號簡"剴"字相當之字已殘失,與 42 號簡"剴"字相當之字作"敳"。"剴"、"敳"皆从"豈"聲。

飯,原字右旁寫法近"攴",馬承源隸定爲"飤",釋讀爲"飽"(210 頁)。李守奎 2004 頁 48 改釋"飯",俞志慧 2004 頁 514 引施謝捷説亦釋"飯",今從之。前者指出"楚文字的反旁與攴旁形近易混",舉楚王酓章鐘銘和《郭簡・語叢二》45 號簡"返"字爲證。高佑仁 2005 指出此字右旁寫法實與"攴"旁有別(引者按:本篇 2 號簡"敓"字"攴"旁的寫法,即與此字右旁不同),又指出《上博(四)・曹沫之陣》2 號簡"飯"字"反"旁所从的"厂"的左側直筆上縮,情況與此字相似。

杪,此字右旁原作,馬承源隸定爲"杒",括注爲"梁"(《上博(二)》210 頁)。徐在國認爲此字"即從木的梁,讀作粱"(安大 2004 頁 429)。李守奎 2004 指出,《説文》有从"木""刃"聲之字,音義皆與"粱"無涉,故此字不應隸作"杒";包山簡地名大梁之"梁"寫作"梛",字或加"邑"旁,而有的加邑旁的"梛",其"刅"旁就與"刃"相近;所以可隸作"杪",釋作"梁","梛"可釋作"梁",簡文則借"梁"爲"粱"(481 頁)。陳嘉凌認爲,"杒"所从的"'刃'形實爲'刅'形之省,戰國文字'梁'往往只寫成'',從木、刅聲,刅聲也往往寫成刃形,馬讀爲'粱',可從"(52 頁)。他們的意見是對的。

⑳ 此字下有表示篇章結束的、橫貫竹簡的粗墨杠,其下尚有大段空白簡。

參考論著目錄

劉樂賢 2003 《上博簡〈魯邦大旱〉簡論》,《文物》2003 年 5 期。部分內容已見其《讀上博簡〈民之父母〉等三篇劄記》,"簡帛研究"網站,2003 年 1 月 10 日。

《上博(二)讀本》 季旭昇主編,陳美蘭、蘇建洲、陳嘉凌合撰《〈上海博物館藏戰國楚竹書(二)〉讀本》,萬卷樓圖書股份有限公司,2003 年 6 月。本文所引爲此

《讀本》中陳嘉凌所撰的《〈魯邦大旱〉譯釋》。

《汗簡》　李零、劉新光整理《汗簡・古文四聲韻》,中華書局,1983 年 12 月。

《古文四聲韻》　同上。此書中《汗簡》和《四聲韻》的頁碼是分別計算的。

李學勤 2004　《上博楚簡〈魯邦大旱〉解義》,《上博館藏戰國楚竹書研究續編》(以下簡稱"續編"),上海書店出版社,2004 年 7 月。

《郭簡》　《郭店楚墓竹簡》,文物出版社,1998 年 5 月。

孟蓬生 2002　《郭店楚簡字詞考釋(續)》,張顯成主編《簡帛語言文字研究》第一輯,巴蜀書社,2002 年 11 月。

林志鵬 2004　《〈魯邦大旱〉詮解》,見《續編》。

趙平安 2000　《戰國文字的"遊"與甲骨文"㚔"爲一字說》,《古文字研究》第二十二輯,中華書局,2000 年 7 月。

張光裕《文字編》　張光裕主編、袁國華合編《郭店楚簡研究》第一卷《文字編》,藝文印書館,1998 年 1 月。

秦樺林 2003　《上博簡〈魯邦大旱〉虛字劄記》,"簡帛研究"網站,2003 年 2 月 14 日。

黃德寬 2004　《戰國楚竹書(二)釋文補正》,見《續編》。此文已先於 2003 年 1 月 21 日發表於"簡帛研究"網站。

李守奎 2004　《讀〈上海博物館藏戰國楚竹書〉(二)雜識》,見《續編》。此文寫成於 2003 年 1 月 21 日。

陳偉 2004　《讀〈魯邦大旱〉劄記》,見《續編》。此文已先於 2003 年 1 月 27 日發表於"簡帛研究"網站。

《金文編》　容庚編著,張振林、馬國權摹補《金文編》,中華書局,1985 年 7 月。

李家浩《自選集》　《著名中年語言學家自選集・李家浩卷》,安徽教育出版社,2002 年 12 月。

白於藍 1997　《釋包山楚簡中的"巷"字》,《殷都學刊》1997 年 3 期。

趙平安 1998　《釋包山楚簡中的"衖"和"遈"》,《考古》1998 年 5 期。

何琳儀 2004　《第二批滬簡選釋》,見《續編》。此文初稿《滬簡二册選釋》已先於 2003 年 1 月 14 日發表於"簡帛研究"網站。

俞志慧 2004　《〈上博館藏戰國楚竹書〉(二)二題》,見《續編》。其第一部分初稿已於 2003 年 1 月 27 日以《〈魯邦大邦〉句讀獻疑》發表於"簡帛研究"網站。

《詞詮》　楊樹達《詞詮》,中華書局,1965 年 11 月。

曹峰2004 《〈魯邦大旱〉初探》,見《續編》。

安大2004 安徽大學古文字研究室《上海楚竹書(二)研讀記》,見《續編》。此文已先於2003年1月13日發表於"簡帛研究"網站。

滕壬生《文字編》《楚系簡帛文字編》,湖北教育出版社,1995年7月。

《戰國文字編》 湯餘惠主編《戰國文字編》,福建人民出版社,2001年12月。

高佑仁2005 《論〈魯邦大旱〉、〈曹沫之陣〉之"飯"字》,"簡帛研究"網站,2005年2月20日。

本文是作者2006年爲復旦大學出土文獻與古文字研究中心"上博簡字詞全編"項目而寫的參考資料,今據手稿收入。

《上海博物館藏戰國楚竹書(四)·相邦之道》釋文注釋*

先丌(其)欲,備丌(其)弜(强),牧丌(其)惓。青(静)吕(以)寺(待)時。時出古(故)此叓〈事〉,叓〈事〉出政。政母(毋)忘所刣(始),叓〈事〉[▨]1[①]

[▨]□訒□訒□人,[②]可胃(謂)𦥑(相)邦矣。"[③]公曰:"敢昏(問)民事。"孔子[④][▨]2

[▨]實官蒼(倉)。百攻(工)懽(懽—勸)於叓〈事〉,吕(以)實寳(府)軍(庫)。㝡(庶)□懽(勸)於四枳(肢)之褻(藝),[⑤]吕(以)備軍遊(旅)。[⑥][▨]3

[▨]□。[⑦]孔子退,告子贑(贛)曰:"虐(吾)見於君,不昏(問)又(有)邦之道,而昏(問)𦥑(相)邦之道,不亦墜(謙?)虐(乎)?"[⑧]子贑(贛)飞(曰):"虐(吾)子之𠫵(答)也可(何)女(如)?"孔子飞(曰):"女(如)䛥(訊?)。"[⑨]4

注釋

* 本篇共四簡,其文字皆不相連接。2、4 兩號簡皆有"孔子",内容也顯然有聯繫,自屬一篇。1、3 兩號簡在内容上並無與它們屬於一篇的明顯證據。且此二簡雖字體與2、4 兩號簡相近,但其"事"字(二簡均有)皆訛爲上部似"昏"之形,而2號簡"事"字則爲正常寫法,二者似不大可能屬於同一篇。又 1 號簡"先其欲"、"静以待時"等思想頗近於《管子》,與儒家似亦有距離。疑 1、3 兩號簡不應編入《相邦之道》篇。

① 【編按:關於此條簡文的釋讀,參看本書所收《上博簡〈相邦之道〉一號簡考釋》。】

② 對"人"字上所存殘字,原釋文以四個"□"表示(《上博(四)》235 頁)。

從原簡圖版看,第二個从“辵”的殘字與“人”字之間尚有一字地位,所以我們加了一個“□”。

③　“矣”字右下方原有起句讀作用的短横。

④　“孔子”原爲部分重文式的合文,右下方有重文號。4 號簡“孔子”同。

⑤　“庶”下一字,其筆劃絶大部分已磨滅。原整理者疑其“或爲‘民’字”(《上博(四)》236 頁),可參考。原整理者對“四肢之藝”的解釋可從,但釋文在“寳”字後括注“觀”字則不妥,今從范常喜 2005 仍讀此字爲“勸”。范文認爲“‘四肢之藝’也可能是泛指農事而言”,則不可信。

⑥　“軍”下一字下部殘損,原釋文的隸定(見《上博(四)》236 頁)不可從,今從范常喜 2005 釋爲“旅”。

⑦　此字筆劃有磨損處,原釋文釋“者”(《上博(四)》237 頁),似有可疑,今暫缺釋。

⑧　訡,原整理者釋爲“埜”,讀爲“欽”(《上博(四)》237 頁)。孟蓬生 2005 從“埜”字之釋,但指出讀爲“欽”不合理。他說:“疑‘埜’字讀若‘謙’。歆字古音在侵部,謙字古音在談部,且兩者皆爲喉牙音,故得相通。問話者爲一國之君,不問有國(統治國家)的道術,却問幫助治理國家的道術,有降低身份的意思,故孔子稱爲‘謙’。”今按:此字實从“言”,疑當分析爲从“言”“坎”聲。“謙”爲溪母談部字,“欠”、“坎”也都是溪母談部字。將此字釋爲从“言”“坎”聲之字,對讀爲“謙”之説更爲有利。今從孟文讀此字爲“謙”,加“?”號表示尚不能完全肯定此字當分析爲从“言”“坎”聲並讀爲“謙”。董珊 2005 認爲“訡”“從整體結構來看,可相當於曾侯乙編鐘所見之‘遣’字,在此當讀爲‘愆’”。似不可信。簡文“虐”字右下方有不成形的墨跡,不知原來是否有句讀號。

⑨　原整理者讀“如誳”爲“如斯”(《上博(四)》237—238 頁),無論從音韻還是從文義看,都不可取。董珊 2005 讀爲“如哂”,從文義看也不合理(孔子不可能向子貢表示嘲笑魯君的意思)。淺野裕一讀“如誳”爲“汝察”(據陳思婷 2005),陳思婷 2005 讀爲“汝思”,更不合理。孟蓬生 2005 讀“女誳”爲“如訊”。他說:“‘誳’即‘訊’字。《説文・言部》‘訊,問也。从言,卂聲。[illegible],古文訊从卤。’古音西聲與卂聲同屬心紐而韻部真文相近,故得相通。……‘如誳(訊)’的意思是説,君問我以相邦之道,我即以相邦之道來回答他。”此説較合理,今從之。爲謹慎起見,仍在括注的“訊”字後加“?”號。簡文“如誳”下有表示篇終的鉤號,其下留有大段空白。

參考論著目録

《上博(四)》 《上海博物館藏戰國楚竹書(四)》,上海古籍出版社,2004。

陳斯鵬 2005 《初讀上博竹書(四)文字小記》,“簡帛研究”網站,2005 年 3 月 6 日。

范常喜 2005 《讀〈上博四〉劄記四則》,“簡帛研究”網站,2005 年 3 月 31 日。

孟蓬生 2005 《上博竹書(四)閒詁》,“簡帛研究”網站,2005 年 2 月 15 日。

董珊 2005 《讀〈上博藏戰國楚竹書(四)〉雜記》,“簡帛研究”網站,2005 年 2 月 20 日。

陳思婷 2005 《試釋〈上博(四)·相邦之道〉之“如迺”》,“簡帛研究”網站,2005 年 4 月 3 日。

本文是作者 2006 年爲復旦大學出土文獻與古文字研究中心“上博簡字詞全編”項目而寫的參考資料,今據手稿收入。

釋《子羔》篇“鈀”字並論商得金德之説

《上海博物館藏戰國楚竹書(二)》(上海古籍出版社,2002)所收的《子羔》篇,通過孔子之口,述説了夏、商、周三代之王的始祖禹、契、后稷無父感天而生的神話傳説。現將其中關於契的那段文字引録於下:

> ……卨(契)之母,又(有)廼(仍)是(氏)之女也,遊於央臺之上,又(有)鷃(燕)監(銜)卵而階(錯)者(諸)其前,取而軟(吞)之,窒(娠)11號簡上段+10號簡+11號簡下段三忎(仁—年)而畫(劃)於雁(膺),生乃虐(呼)曰,是卨(契)也。……中文大學藏簡3號+12號簡

原整理者將本應分别綴合在10號簡上下兩端的11號簡上下段誤合在一起,又沒有發現已在考釋(第194頁)中引用的《香港中文大學文物館藏簡牘》3號簡可與《子羔》12號簡綴合。上面引録的釋文,已據陳劍《上博簡〈子羔〉、〈從政〉篇的竹簡拼合與編連問題小議》加以調整;“窒(娠)”字、“雁(膺)”字的釋讀以及“忎”讀爲“年”,也都根據此文。① 其他簡文的釋讀一般據原整理者。“有廼氏”的“廼”本音“乃”,“乃”、“仍”古通,據古書有關記載,有仍氏即有娀氏。②

上引簡文“生乃呼曰”後一字,見於12號簡首,原整理者釋爲“欽”,但其右旁明顯與11號簡下段“軟”字的“欠”旁有别,而與《郭店楚墓竹簡》中《五行》篇13、14號簡“色”字相似,與14號簡之尤爲一致。③ 所以此字應釋爲“鈀”。它與現代新造的金屬元素字“鈀”毫無關係,在傳統字書中也找不到。

---

① 見《文物》2003年5期,57頁。

② 徐在國《上博竹書〈子羔〉瑣記》,上海大學古代文明研究中心等編《上博館藏戰國楚竹書研究續編》44頁,上海書店出版社,2004;並可參看顧頡剛《有仍國考》,《古史辨》第七冊上編,開明書店,1941,325—326頁。

③ 參看李守奎《楚文字編》,華東師範大學出版社,2003,544頁“色”字。

楚簡屢見从“色”之字,[4]可惜大都用爲人名或意義不明,只有从“色”从“者”和从“色”从“是”這兩個字有義可説。望山二號楚墓遣册 11 號簡有“䊰膚之純”語,12 號簡有“䊰膚之裏”語,[5]《望山楚簡》的考釋説:“此字(引者按:指“䊰”字)當指一種顔色,即‘赭’之異體。”[6]同批遣册 49 號簡有“其四亡童皆䊰衣”語,[7]考釋疑“䊰”“即‘緹’之異體”,引《説文》:“緹,帛丹黄色。”[8]其説可從。楚簡中的其他从“色”之字,其本義大概也大都是一種顔色之名。“鉋”應該分析爲从“色”从“金”,“金”亦聲,是金色之“金”的專字,在上引簡文中則應該就讀爲金錫之“金”。契生而呼曰“金”,蓋與商得金德之説有關。

在採用五行相勝之序的早期五德轉移(即五德終始)説裏,商是得金德的。據《吕氏春秋·應同》,黄帝爲土德,夏爲木德,商爲金德,周爲火德。現在把其中講商的一段引録於下:

> 及湯之時,天先見金(有人在此讀斷)刃生於水。湯曰:“金氣勝!”金氣勝,故其色尚白,其事則金。

從《子羔》説契“生乃呼曰‘金’”來看,古代應有商自始祖契即得金德之説。

晉代王嘉《拾遺記》説:

> 商之始也,有神女簡狄遊於桑野,見黑鳥遺卵於地,有五色文,作“八百”字。簡狄拾之,貯以玉筐,覆以朱紱,夜夢神母謂之曰:“爾懷此卵,卵生貴子,以繼金德。”狄乃懷卵,一年而有娠,經十四月而生契。[9]

一般認爲《拾遺記》缺乏史料價值,但神母讓簡狄生契“以繼金德”的説法,倒跟《子羔》説契“生乃呼曰‘金’”很合拍。

近人治上古神話傳説者,多以少皞摯(亦作“質”,二字音近可通)與商始祖契爲同一傳説之分化,詳楊寬《中國上古史導論》,[10]並可參看胡厚宣《甲骨文商族鳥

---

④ 上注所引書 544—545 頁。參看滕壬生《楚系簡帛文字編》,湖北教育出版社,1995,723—724 頁。

⑤ 湖北省文物考古研究所等編《望山楚簡》,中華書局,1995,52、53 頁。

⑥ 上注所引書 120 頁之〔50〕。

⑦ 上注所引書 62 頁。

⑧ 上注所引書 128 頁之〔125〕。

⑨ 《拾遺記》卷二“殷湯”條,中華書局,1981,46 頁。

⑩ 《古史辨》第七册上編,開明書店,1941,257—258 頁。陳夢家本是主張此説的中堅人物,但他在 1956 年由科學出版社出版的專著《殷虚卜辭綜述》中,改而主張契是卜辭的王亥,少皞摯是卜辭所説“東方曰析”的“析”(339—340 頁)。他説“契從丯聲,古音與亥相同”,“‘折’‘析’古可通用”,都與事實不合。從古書和卜辭所反映的商先公情況來看,其新説也無法成立。故仍應以其舊説爲是。

圖騰的遺跡》。[11] 我們還可以爲此說作兩點補充。

一、《左傳》昭公二十九年記晉太史蔡墨之言曰：

……故有五行之官……木正曰句芒，火正曰祝融，金正曰蓐收，水正曰玄冥，土正曰后土。……少皞氏有四叔，曰重，曰該，曰脩，曰熙，實能金、木及水。使重爲句芒，該爲蓐收，脩及熙爲玄冥，世不失職，遂濟窮桑。

《國語·魯語上》說商之先世"契爲司徒而民輯，冥勤其官而水死"（《禮記·祭法》亦有此文，但"民輯"作"民成"）。前人已指出商先祖冥即少皞氏之玄冥。[12]

此外，殷墟卜辭中屢見一位其名作"夒"形右側伸出一手倒提一"戉"之形（以下姑從一般習慣隸定爲"䎞"）的受祭者。[13] "戉"本象斧鉞形。劉桓《釋䎞》據《國語·晉語二》蓐收之神"人面白毛，虎爪執鉞"之文，謂"䎞"（劉文隸定此字从"夏"）即指那位爲蓐收的少皞氏該。[14] 其說可從。不過我們認爲"䎞"與卜辭中屢見的、有時被加以"高祖"之稱的"夒"，應指同一先祖，二字應是同一人名的異寫，而劉文則認爲分指不同的人。劉文第58頁曾引用下列兩條卜辭：

貞：王其酒䎞于又（右）宗，又（有）大雨。[15]

即又（右）宗夒，又（有）雨。[16]

對照此二辭，本可得出"夒"、"䎞"是一人的結論。而劉文則認爲夒是商人高祖，䎞屬少皞族，並非商族祖先，乃是由於少皞族與商族有融合情況，所以"被視爲與商族祖先有着親緣關係和直接影響的傳說人物"而受祭於商族宗廟的。[17] 這種說法似不妥當。"夒"是泥母幽部字，"蓐"是日母字，"收"是幽部字。泥、日二母上古音極近，作爲商先祖名的"夒"應即"蓐收"的合音。也有可能"蓐收"是由"夒"音分化而成的。卜辭的"夒"和"䎞"應是同名異寫，都指蓐收。

少皞四叔中的玄冥和蓐收，跟商族先祖冥和夒是一回事，這正是少皞與契爲同

---

⑪ 歷史研究所編《歷史論叢》第一輯，中華書局，1964，134—137頁。

⑫ 参看楊寬《中國上古史導論》，《古史辨》第七册上編，開明書店，1941，262、265頁。

⑬ 参看《殷墟甲骨刻辭類纂》，中華書局，1989，578—579頁。

⑭ 劉桓《殷契新釋》，河北教育出版社，1989，51—52頁。

⑮ 《殷虚文字甲編》1259，即《合集》30319。釋文参照《殷墟甲骨刻辭類纂》579頁，所釋有所修改。此辭"䎞"字下部殘缺，倒"戉"形已不可見，但"夏"旁右側伸出的提"戉"之手的手臂上部尚存，劉文和《類纂》釋此字時都加"戉"旁，是正確的。

⑯ 《甲骨續存》1·1759，即《合集》30318。

⑰ 前引劉桓《殷契新釋》，65頁。

一傳説之分化的反映。

二、楊寬已指出少皞之名亦作質，契爲堯臣，據《吕氏春秋·古樂》質亦爲堯臣，質、契由一人分化。⑱ 按：古書多言契爲司徒，掌教民。⑲《古樂》説："帝堯立，乃命質爲樂。"而上古的樂官正是管教育的。《禮記·王制》："樂正崇四術，立四政，順先王詩、書、禮、樂以造士，春秋教以禮樂，冬夏教以詩書。"《周禮·春官·大司樂》："大司樂掌成均之法，以治建國之學政，而合國之子弟焉。"《書·堯典》記帝舜命夔："汝典樂，教胄子。"《郭店楚墓竹簡》所收的《唐虞之道》也説："［伯夷□］禮，畏(夔)守樂，孫(遜)民教也。"⑳可見質爲樂和契爲司徒非常可能是由一個傳説分化的。至於夔的典樂則應出自另一種傳説。

《上海博物館藏戰國楚竹書(二)》所收《容成氏》，敘述堯舜的輔佐，有立爲"司工"的禹(23號簡)，立爲"緹"的后稷(28號簡)，立爲"李"的皋陶(29號簡)和立爲"樂正"的""(30號簡)。《容成氏》原整理者李零考釋""字説：

> 其聲旁與第十八簡""字的聲旁只是繁簡不同，如何隸定還有爭論。此字與《包山楚簡》第一百二十簡、《郭店楚墓竹簡·語叢四》第八簡"竊"字寫法相同(引者按：包山120、121號簡"竊"字加有"米"旁)。堯、舜樂正古書多作"夔"，唯《吕氏春秋·古樂》作質，從讀音考慮，此字疑讀如"質"("質"是端母質部字，"竊"是清母質部字，聲音相近)。㉑

陳偉則主張讀""爲"契"。他説"竊、契二字古音韻部爲質月旁轉"，並舉出《説文》説"竊"从"禼"聲，"禼，古偰字也"，以及《莊子·馬蹄》篇《釋文》釋"竊轡"爲"齧轡"兩個例子，"作爲竊、契通假的補證"。㉒

我們可以爲陳説添點證據。上引李零考釋提到的寫作、等繁簡不同之形

---

⑱ 前引楊寬《中國上古史導論》，258頁。

⑲《書·堯典》："帝曰：契，百姓不親，五品不遜，汝作司徒，敬敷五教，在寬。"《孟子·滕文公上》："當堯之時，……舉舜而敷治焉。舜……使契爲司徒，教以人倫，父子有親，君臣有義，夫婦有別，長幼有序，朋友有信。"《大戴禮記·五帝德》："契作司徒，教民孝友，敬政率經。"《國語·鄭語》："商契能和合五教，以保於百姓者也。"

⑳ 文見10號簡尾及12號簡首。此文的繫聯、斷句和補字，以及"畏"讀爲"夔"，皆據陳偉《〈唐虞之道〉校釋》，《郭店竹簡別釋》，湖北教育出版社，2002，65、67、68頁。"伯夷"，陳文誤寫爲"伯益"。"孫民教"之"孫"當讀爲《堯典》"五品不遜"之"遜"，訓爲"順"，見劉釗《郭店楚簡校釋》，福建人民出版社，2003，154—155頁。

㉑ 馬承源主編《上海博物館藏戰國楚竹書(二)》，上海古籍出版社，2002，274頁。

㉒ 陳偉《〈上海博物館藏戰國楚竹書(二)〉零釋》，簡帛研究網，2003年3月17日。

的聲旁，屢見於楚簡，多出現在一個應該釋讀爲審察之“察”的从“言”之字裏。[23] 楚簡“竊”、“察”二字聲旁相同，說明二字之音很相近。古書中也正有二字通用的例子。[24] 而“察”是月部字。楚簡“紬”字的“帶”旁也間有寫作“”的。[25] 因此周鳳五認爲楚簡“察”字係从“帶”聲或“帶”省聲，“帶，古音端母月部；察，初母月部，二字可通”，還指出楚簡“竊”字也从“帶”聲。[26] 其說可從。【編按：作者後來認爲此字聲旁爲“帶”缺乏根據，有關問題有機會將另文加以論述。】從上述“竊”與“察”和“帶”在語音上的密切關係來看，“竊”在先秦時代，至少在楚方言裏，也應該是屬於月部的，也就是與“契”同部。在聲母方面，“竊”屬清母，“契（离）”屬心母，也相當接近。所以讀“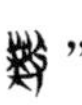”爲“契”，其實比讀爲“質”還要合理。從《容成氏》將禹、后稷、皋陶和四人並提來看，把這個字讀爲“契”也是很合理的（陳劍在 2003 年提交給臺北中研院史語所主辦的“中國南方文明”學術研討會的論文《上博楚簡〈容成氏〉與古史傳說》中同意讀爲“契”之說，指出：“《管子・法法》：‘舜之有天下也，禹爲司空，契爲司徒，皋陶爲李，后稷爲田。’與簡文基本相合。”陳文並已指出，前人或以少皞與商契爲一人之分化，《容成氏》說契爲樂正，《古樂》則說“質爲樂”，對此說有利）。

陳偉在讀“”爲“契”之後說：

> 在傳世古書中，擔任樂正之職的是夔或者《吕氏春秋・古樂》所記的質，契的職位則是司徒。如非傳聞有異，那麽較有可能的是，竹書作者或抄手將樂正夔誤寫成時代相同、地位也大致相當的契。

我們認爲誤寫的可能性似難存在。從我們前面說過的、樂正和司徒都掌教育的情況看，在先秦時代還有過契爲樂正的說法是很自然的。這正是“質爲樂”和契爲司徒本爲同一傳說分化的好證據。

---

[23] 參看《郭店楚墓竹簡》，文物出版社，1998，151 頁注〔七〕。《說文》中審察之“察”的本字是“詧”，有些學者把這個字釋作“詧”，比較準確。此字的各種字形見前引《楚系簡帛文字編》199—200 頁，但此書誤釋此字爲“對”。此書 200 頁所收“包 2・157”一例的聲旁，寫法與“”基本相同。

[24] 高亨、董治安《古字通假會典》，齊魯書社，1997，625 頁“竊與察”條。

[25] 見包山簡 270 號簡“靈光之紬（帶）”（《包山楚簡》圖版一一六，文物出版社，1991）、上博簡《容成氏》51 號簡“紬（帶）甲萬人”“紬（帶）甲三千”（《上海博物館藏戰國楚竹書（二）》143 頁，參看 290、291 頁考釋）。第一例舊誤釋爲“緤”。

[26] 周鳳五《讀郭店楚簡〈成之聞之〉札記》，《古文字與古文獻》試刊號，臺北，楚文化研究會，1999。黃錫全在《尖足空首布新品“下虒”考》（《中國錢幣》2000 年 2 期）和《楚簡“諦”字簡釋》（《簡帛研究二〇〇一》上册，廣西師範大學出版社，2001）二文中，也把我們所說的楚簡“察”字的聲旁，看作“帶”字之省。但他釋此字爲古音屬支部的“諦”的俗體“諦”，則不確。

陳偉又指出《容成氏》説契爲樂正,是"傳聞各異的可能性並不能完全排除",這是對的;但他認爲"《吕氏春秋·古樂》的質,作爲質部字,與竊、契音近,所指或即一般説是司徒的契",㉗似不如説"質爲樂"與契爲樂正爲一事之分化妥當。

總之,少皞與契爲同一傳説之分化的意見,應該是可信的。

在《月令》系統的五方帝中,少皞爲主秋季的西方帝。秋季"盛德在金",㉘天子"駕白駱,載白旂,衣白衣,服白玉"。其五行之德及所尚之色正與商人同。《禮記·月令》與《吕氏春秋·十二紀》究竟誰抄誰,存在不同看法。即使是《月令》抄《十二紀》,後者也不可能是吕不韋讓人憑空編出來的。其中所反映的思想,應該有很大一部分在戰國晚期之前就已存在,例如以青、赤、白、黑、黄五色配東、南、西、北、中五方等思想,在《吕氏春秋》之前就早已形成。㉙

以少皞爲西方白帝的説法似出現得相當早。《山海經·西山經》:"長流之山,其神白帝少昊("昊"、"皞"古通)居之。"《史記·封禪書》:"秦襄公既侯,居西垂,自以爲主少皞之神,作西畤,祠白帝。"《封禪書》記秦人祀神之事頗詳,當有秦人記載爲據。如此處所記無誤,則早在東西周之交,以少皞爲白帝的説法即已存在。《封禪書》又説:"櫟陽雨金,秦獻公(公元前384—前362年)自以爲得金瑞,故作畦畤櫟陽而祀白帝。"可知至晚在戰國前期,五行之金已經跟白帝聯繫在一起了。

少皞又稱金天氏。《左傳》昭公元年:"昔金天氏有裔子曰昧,爲玄冥師。"杜預注:"金天氏,帝少皞。"《正義》:"'金天氏,帝少皞',《帝系》《世本》文也。㉚ 金天,代號。少皞,身號。……二十九年《傳》云'少皞氏有四叔','脩及熙爲玄冥'。昧爲金天裔子,當是脩、熙之後。"同書昭公十七年"少皞氏鳥名官何故也"句杜預注的《正義》又説:"……《世本》及《春秋傳》皆言青陽即是少皞,黄帝之子,代黄帝而有天下,號曰金天氏。少皞氏,身號;金天氏,代號也。"羅泌《路史後紀》卷七《小昊紀》"於是興郊禪,崇五祀"下羅苹注:"董氏《錢譜》引《世本》云:少昊,黄帝之子,名契,字青陽。黄帝殁,契立,王以金德,號曰金天氏。"

據以上所引,《世本》已説少皞號金天氏,以金德王。但他們所引的《世本》的

㉗ 見前引陳偉《〈上海博物館藏戰國楚竹書(二)〉零釋》注23。

㉘ 《禮記·月令》孟秋之月:"先立秋三日,大史謁之天子曰:'某日立秋,盛德在金。'"

㉙ 參看汪濤《殷人的顔色觀念與五行説的形成及發展》,艾蘭等主編《中國古代思維模式與陰陽五行説探源》,江蘇古籍出版社,1998,285—289頁;范毓周《"五行説"起源考論》,上引書121—122頁。

㉚ 《大戴禮記·帝繫》無"少皞"文。頗疑"帝系世本"或不應分讀。《舊唐書·經籍志》著録宋均撰《帝譜世本》七卷。《新唐書·藝文志》"撰"作"注"。疑《帝系世本》即指此書。

文字,不大像《世本》原文,可能是漢代或其後學者的補文或注文。㉛《太平御覽》卷三等引《尸子》說:"少昊金天氏,邑於窮桑,日五色,互照窮桑。"㉜可惜《尸子》的時代也很成問題。不過上引《左傳》昭公元年《正義》,將昭公元年和昭公二十九年兩段都講到玄冥的文字相互對照,以見金天氏與少皞氏的關係,還是有道理的。看來少皞跟"金天氏"的關係,不會是秦漢以後人憑空造出來的。少皞稱金天氏,應與其得金德之說有關。顧頡剛認爲"少皞金天氏"之稱,乃劉歆輩爲編排新的五德終始系統而杜撰,甚至認爲《左傳》昭公元年及二十九年文中那兩處有關文字亦爲他們所竄入。㉝ 這種主觀武斷的說法,是難以使人信服的。

少皞和契在傳說中都得金德,這應該不是偶然的,很可能也是二者爲同一傳說之分化的反映。

從秦獻公已將金瑞與白帝聯繫起來看,以五色配五行的思想應該出現得相當早。《子羔》簡文將"金"寫作从"色"的"銫",可能與這種思想有關。不過"殷人尚白"之說(見《禮記·檀弓上》),從殷墟卜辭特別重視白馬的情況來看,似有很古老的淵源,㉞倒不見得是商得金德說出現後才産生的。

顧頡剛認爲我們上面引過的、見於《吕氏春秋·應同》的五德轉移說,就是此說創始者鄒衍的說法。㉟ 其說可從。鄒衍的主要活動時間約在公元前 3 世紀上半期,已可視爲戰國晚期人。㊱ 即使不考慮與少皞傳說的關係,僅就《子羔》篇來看,商得金德說的出現時代,也顯然要早於鄒衍。《子羔》篇如基本上是子羔與孔子間問答的實錄,應爲春秋末期作品;如是孔門後學託名之作,其時代也不會晚於戰國中期。㊲ 篇中所反映的契得金德的說法的出現時間,當然還要早於此篇的寫作,跟

㉛ 參看雷學淇輯《世本》按語,《世本八種》所收雷氏輯本,商務印書館,1957,2—3 頁。又,董氏《錢譜》引《世本》,少皞之名作"契",或以爲少皞與商契由一人分化之證(見前引《古史辨》第七册上編 257 頁);雷氏則因《路史》謂少皞名亦作"栔""挈",以爲係由"摯"字訛變(見上引雷氏書第 3 頁),也許是對的。不過"摯"、"質"與"契",其音相近,少皞之名與商始祖之名本由一名分化的可能性還是存在的。

㉜ 汪繼培輯《尸子》卷下第三條。

㉝ 《五德終始說下的政治與歷史》,《顧頡剛古史論文集》第三册,中華書局,1996,424 頁。

㉞ 參看裘錫圭《從殷墟甲骨卜辭看殷人對白馬的重視》,《古文字論集》,中華書局,1992,232—235 頁。

㉟ 《五德終始說下的政治與歷史》,《顧頡剛古史論文集》第三册,269 頁。

㊱ 參看錢穆《先秦諸子繫年》,中華書局,1985,438—441 頁。

㊲ 參看裘錫圭《新出土先秦文獻與古史傳說》,《中國出土古文獻十講》,復旦大學出版社,2004,19、30 頁。

鄒衍的時代顯然已有一段不短的距離。

系統的五德終始説爲鄒衍所創立,這是治中國古代思想史的人的共識。古人創立一種學説,爲了易於取信於人,總會在可能範圍内,儘量利用已有的相關説法作爲素材。商得金德之説在鄒衍之前就已存在,是一點也不奇怪的。黄是土色,《應同》以黄帝爲土德,與《月令》同。此説也應出現得比較早。《應同》説:“及文王之時,天先見火(有人在此讀斷)赤烏銜丹書集於周社,文王曰:‘火氣勝!’”而《墨子·非攻下》已説:“赤烏銜珪,降周之岐社,曰:‘天命周文王伐殷有國。’”珪上“天命……”等字如用朱砂書寫,就是“丹書”。看來,周得火德之説也有可能在鄒衍之前就已存在。

商得金德説的産生,也許跟我國古代商人最早大規模使用青銅器有關。這種説法究竟起於何時,有待研究。

追記:

連劭名《甲骨刻辭叢考》早已指出“夒”是蓐收,“蓐收的合音即是夒”,見《古文字研究》第十八輯 69 頁,中華書局,1992 年 8 月。草此文時没有注意到,是嚴重的失誤。謹志於此。

原載《中國簡帛學國際論壇 2006 論文集》(武漢大學簡帛研究中心、臺灣大學中文系、芝加哥大學顧立雅中國古文字學中心,2006),又載《簡帛》第二輯(上海古籍出版社,2007),今據後者收入。

說"亦紀先王之由道"

上博簡《子羔》篇7號簡上半部有如下文字：

亦紀先王之遊道不奉盟王則亦不大湲。①

陳偉先生在2003年3月發表於"簡帛研究"網站上的《〈上海博物館藏戰國楚竹書(二)〉零釋》中，把上引簡文釋讀爲：

亦紀先王之遊道。不逢明王，則亦不大使。

並作了如下解釋：

紀，記載。遊，訓行。《戰國策·秦策四》"王資臣萬金而遊"，姚注："遊，行。"道，訓言。《周禮·夏官·訓方氏》"訓方氏掌道四方之政事與其上下之志"，鄭注："道猶言也，爲王說之。"遊道，猶言行。

奉，讀爲逢。二字皆从"丰"得聲，應可通假。② "奉"後一字，疑是"明"字。在同篇1號簡有一字，上从"日"，下从"皿"，黄德寬先生認爲是"盟"字異體，讀爲"明"。此字下从"皿"，上部或許是"冏"字訛體，亦是"盟"字，讀爲"明"。"明王"古書習見，同爲上海博物館藏楚竹書《從政》甲1號簡也有"昔三代之明王之有天下者"的表述。使，原从"氵"从"史"。疑當讀爲"使"。……簡文此句大概是說：不遇明王，也就不能得到重用。《禮記·檀弓上》記孔子說："夫明王不興，而天下其孰能宗予。"《孔子家語·本姓解》記齊太史子與說："惜乎，夫子之不逢明王，道德不加於民，而將垂寶以貽後世。"可與簡書對讀。

如果上述大致不誤，我們有理由懷疑本簡應接在8號簡之後，8號簡下段

---

① 馬承源主編《上海博物館藏戰國楚竹書(二)》，上海古籍出版社，2002，40頁。

② 引者按：以"奉"爲"逢"之例，還見於上博簡其他篇。《上海博物館藏戰國楚竹書(一)》(上海古籍出版社，2001)所收《孔子詩論》25號簡"有兔不奉時"之"奉"，整理者馬承源先生已讀爲"逢"。《上海博物館藏戰國楚竹書(二)》所收《從政》甲篇8號簡"則奉災害"之"奉"，整理者張光裕先生也已讀爲"逢"。

記子羔之問說:“如舜在今世則何若?”然後是“孔子曰”。7 號簡上半段所記正是孔子回答的內容。孔子借題發揮,以自己的際遇作比況,所以連用了兩個“亦”字。

我對陳先生所作的簡序更動和他對上引簡文意義的整體理解(包括“不逢明王”的讀法),十分贊同;但是不完全同意他對“亦紀先王之遊道”這句話的解釋。我在《談談上博簡〈子羔〉篇的簡序》一文中說:

> 陳先生對“亦紀先王之遊道”的解釋恐怕有問題。像他這樣解釋,這句話就不大像孔子對子羔所提的“如舜在今之世則何若”這個問題的答話了。而且把“遊道”解釋爲“言行”,也跟訓詁原則不合。“遊”可訓爲行走之“行”,但不能訓爲行爲、言行之“行”。這句話裏的“遊”和“紀”可能都是假借字,其義待考。③

對這段話我還加了如下的注語:

> 陳偉先生在他的文章的注 10 中,又認爲“遊”也有可能讀爲“流”、“留”,“遊道”猶“遺道”(《大戴禮記・勸學》“不聞先王之遺道”)。但是這樣解釋仍有語義不合的問題。“流道”、“留道”的說法也嫌彆扭。對“亦紀先王之遊道”的解釋,我有一些不成熟的意見,寫在下面供參考。“遊”古與“由”通(高亨、董治安《古字通假會典》718 頁,齊魯書社,1989)。郭店簡《性自命出》“唫遊哀也,喿遊樂也……”之“遊”,劉釗《讀郭店楚簡字詞札記》讀爲“由”(武漢大學中國文化研究院編《郭店楚簡國際學術研討會論文集》92 頁,湖北人民出版社,2000)。此簡“遊”字疑亦應讀爲“由”。“道”在此用爲動詞,古書中有“由”、“從”、“行”等訓(請參閱《經籍纂詁》)。《說苑・辨物》:“道也者,物之動莫不由道也。”正以“由道”連言。“先王之由道”猶言“由道先王”,指遵循先王,按先王之道行事。“紀”疑當讀爲“己”或“其”,此句意謂如舜生於今世,只有自己按先王(指古之舜)之道去做。④

現在看來,我對“亦紀先王之由道”的解釋,除了讀“遊道”爲“由道”這一點外,都是錯誤的。

---

③ 朱淵清、廖名春主編《上博館藏戰國楚竹書研究續編》,上海書店出版社,2004,3—4 頁。所引拙文已收入拙著《中國出土古文獻十講》(復旦大學出版社,2004),此處引文見 320 頁。

④ 上注所引前一書 10 頁、後一書 327 頁。

我讀"紀"爲自己之"己"或"其",缺乏根據,因爲古書和古文字資料中都沒有這樣的用例。而且從句法上考慮,像陳偉先生那樣把"紀"看作動詞,確實要比把"紀"讀爲"己"或"其"合理。所以"先王之由道"不能理解爲"由道先王",而應該理解爲"先王之所由道",看作"紀"的賓語。先王之所由道,指先王治天下所經由的道路,意思跟"先王之道"差不多。陳先生把"遊道"解釋爲"言行"或"遺道"雖然有問題,但理解文義的大方向是不錯的。

我所以要把"紀"讀爲"己"或"其",主要是感到像陳先生那樣把"紀"解釋爲"記載",有不合理之處。孔子的時代距離堯、舜等先王已很遥遠。不論是先王之道,還是先王的言行,在當時都是已經記載下來的東西,而不是有待生於"今之世"的"舜"去記載的。而且記載王者的行跡,是史官的工作,對生於"今之世"的"舜"也並不適合。上引拙文説,像陳先生那樣解釋,"亦紀先王之遊道"這句話"就不大像孔子對於子羔所提的'如舜在今之世則何若'這個問題的答話了";上引拙文的注文又説,如將"遊道"解釋爲"遺道","仍有語義不合的問題",就是出於這樣的考慮的。

其實,在先秦古書中,動詞"紀"的較常見的用法,并不是與"記"通的當"載"講的用法,而是含有"治理"、"整理"一類意思的用法。我在當時忽略了這一點。《説文・十三上・糸部》:"紀,絲別也。"段玉裁《説文解字注》將"絲別"改爲"別絲",注文説:"別絲,各本作'絲別'。《棫樸(引者按:《詩・大雅》篇名)・正義》'紀,別絲也',又云'紀者,別理絲縷'。今依正。……引申之爲凡條理之稱。"《詩・大雅・棫樸》"綱紀四方",鄭玄箋:"理之爲紀。"《國語・周語上》"紀農協功",韋昭注:"紀謂綜理也。"同書《晉語四》"禮以紀政",韋昭注:"紀,理也。"《子羔》篇的"紀"也應該是這一類的。"紀先王之由道"的意思,就是將先王治天下的道路,也就是方法,整理出頭緒來,其目的當然是要人們明瞭、遵循先王之道。生於"今之世"的"舜",如果"不逢明王",就應該做這樣的事,而且也只能做這樣的事。孔子就是這樣的人,這一點上引陳文已經點出來了。

最後附帶提一下"泄"字的問題。上引簡文説:"不逢明王,則亦不大泄。"從文義看,"大泄"之意應與後世當重用大臣講的"大用"相近。上引陳文把"大泄"讀爲"大使",我懷疑也許可以讀爲"大仕"。《論語・公冶長》:"令尹子文三仕爲令尹,無喜色。""仕爲令尹"之類大概就可以算作"大仕"了。

原載《中國古代文明研究與學術史:李學勤教授伉儷七十壽慶紀念文集》(河北大學出版社,2006),今據以收入。

上博簡《相邦之道》一號簡考釋

《上海博物館藏戰國楚竹書(四)》收有《相邦之道》篇。[1] 此篇共四簡,其文字皆不相連接。2、4 兩號簡皆有“孔子”,内容也顯然有聯繫,自屬一篇。“相邦之道”一語見於 4 號簡。1、3 兩號簡在内容上並無與它們屬於一篇的明顯證據。而且這兩枚簡雖然字體與 2、4 兩號簡接近,但其“事”字(兩簡均有此字)皆訛爲上部似“昏”之形,而 2 號簡“事”字則是正常寫法,二者似不大可能屬於一篇。1 號簡“先其欲、服其强”和“静以待時”等思想頗近於《管子》(詳下文),與儒家也是有距離的。所以我認爲 1、3 兩號簡不應編入《相邦之道》篇。這兩枚簡能否與同出的其他簡編爲一篇,要等這批上博簡全部發表完畢才能弄清楚。

3 號簡原來的“釋文考釋”頗爲精當,存在的個别問題(“懽於四肢之藝”的“懽”不應讀爲“觀”而應讀爲“勸”,“軍”下一殘字應釋爲“旅”),也已有學者指出。[2] 1 號簡“釋文考釋”的問題較多,有必要重新加以考釋。下面先抄録原釋文和新定釋文,然後逐句作考釋。

原釋文 ……先其欲,備其弜(强),牧其惓(惓),靑(静)㠯(以)寺(待),寺=(待時)出,古(故)此事=(事使)出政=(政,政)毋忘所司(治),□(?)……(234 頁)

新釋文 先丌(其)欲,備(服)丌(其)弜(强),牧丌(其)惓。靑(静)㠯(以)寺(待)時=(時。時)出古此〈古=(故,故)出〉[illegible]=〈事,事〉出政=(政。政)母(毋)忘所訇(始),[illegible]〈事〉[▨]

釋文中的“=”是簡文所用的重文號,“〈 〉”是改正簡文錯誤的符號(“〈古=出〉”是對“古此”二字的改正),釋文之末的“[▨]”表示原簡在此殘斷。此簡簡首完整,但

① 《上海博物館藏戰國楚竹書(四)》,上海古籍出版社,2004,圖版 85—88 頁、釋文考釋 233—238 頁。下文引此書時,不標書名,只注頁碼。

② 范常喜《讀〈上博四〉札記四則》,“簡帛研究”網站,2005 年 3 月 31 日。

並非一篇的首簡,所以原釋文在前面加省略號。爲了使眉目清楚,現在略去各種符號,按照我們的釋讀把簡文再寫一遍:

> 先其欲,服其强,牧其惓。静以待時。時出故,故出事,事出政。政毋忘所始,事……

下面逐句進行考釋。

先其欲

"先其欲"以下三句,原整理者認爲是講"欲相邦者所需之個人修養及準備工夫"的(234 頁),我則認爲是講在上者用臣民之法的。"先其欲"意謂施政應先考慮到臣民之所欲。《管子・形勢解》:

> 人主之所以令則行、禁則止者,必令於民之所好而禁於民之所惡也。民之情莫不欲生而惡死,莫不欲利而惡害。故上令於生、利人則令行,禁於殺、害人則禁止。

這段話可以看作"先其欲"的注脚。

備(服)其强

"備"所从得聲的"葡"(𦬇),本是矢箙之"箙"的象形初文。[③] 古書或借"服"爲"葡"。如毛公鼎、番生簋的"魚葡",《詩・小雅・采薇》作"魚服"。古書中,"犕"和"備"也都與"服"通。[④]《管子・侈靡》:"教之始也,身必備之。"丁士涵讀"備"爲"服",[⑤]甚是。郭店簡往往以"備"爲"服"。[⑥] 此簡"備"字也應讀爲"服"。

《管子・侈靡》:"用其臣者[⑦]……强而可使服事……"又説:"不欲(指臣下無求於上),强能不服,智而不牧。"王引之解釋説:"'能'亦'而'也。'强能不服'言强而不服於上也。上文曰'强而可使服事',正與此相反。"[⑧]"服其强"意謂使臣民出其强力以服上事。"服"可視爲使動詞。《侈靡》的"不欲,强能(而)不服"可與簡文的"先其欲,服其强"對看。

牧其惓

---

③ 字形見《甲骨文編》154 頁(中華書局,1965)、《金文編》231 頁(中華書局,1985)。

④ 見高亨、董治安《古字通假會典》,齊魯書社,1997,440 頁"服與備"、"服與犕"兩條。

⑤ 見《管子集校》,《郭沫若全集・歷史編 6》,267 頁。

⑥ 參看張光裕主編《郭店楚簡研究・第一卷・文字編》,藝文印書館,1999,66 頁"備"字條。

⑦ 句讀從王念孫《讀書雜志・管子第六・侈靡》"用其臣……"條。

⑧ 同上注所引書"强能不服"條。

“巻”字从“心”“𢍏”聲(“𢍏”即“卷”、“拳”等字聲旁),整理者釋爲“惓”,認爲有“煩悶”義(234頁)。《上海博物館藏戰國楚竹書(一)·孔子詩論》4號簡“民之有慼巻”、同書《性情論》31號簡“凡憂巻之事欲任”,皆以“巻”爲“患”(《性情論》之“憂巻”,郭店簡《性自命出》62號簡作“憂患”)。而2000年荆門左塚3號楚墓所出漆梮上屬於B圖“□”形的第二欄文字,則以“民巻”與“民患”並列,整理者讀“巻”爲“倦”,[9]當可信。此簡“巻”字似亦當讀爲“倦”。

“牧”,《易·謙卦·初六·象傳》“卑以自牧也”鄭注、《莊子·天道》“使天下無失其牧乎”《釋文》引司馬注等,皆訓爲“養”。此簡“牧”字之義似應爲養撫。“牧其倦”意謂於臣民勞倦之時加以養撫。《管子·輕重甲》:“君出四十倍之粟,以振孤寡,牧貧病……”前人多以“牧”爲“收”之誤字。其實此“牧”字可視爲與“牧其倦”之“牧”同義,不必改字。

一說:此簡“巻”字當釋讀爲“患”。“牧”字當讀爲“謀”,二字皆明母字,韵部之、職陰入對轉,上古音相近可通(《管子·侈靡》“智者能牧”、“智而不牧”之“牧”,或許也可讀爲“謀”)。“謀其患”意謂爲臣民憂患而謀慮。記此供參考。

静以待時

“静以”以下簡文,整理者釋讀爲:“害(静)目(以)寺(待),寺=(待時)出,古(故)此事=(事使)出政……”。陳斯鵬《初讀上博竹書(四)文字小記》[10]指出此文第二個“寺”字(即有重文號者),實是“時”字。其說可信,今從之。此文當讀爲:“静以待時。時出故……”(詳下文),陳文謂“時=”仍當從整理者讀爲“待時”,則是不對的。

《管子·宙合》:

> 春采生,秋采蓏;夏處陰,冬處陽。此言聖人之動静、開闔、詘信、浧儒、取與之必因於時也。時則動,不時則静。

這段話是“静以待時”的最好注脚。

時出古此〈古=(故,故)出〉=〈事,事〉出政

此簡有二字(未計重文),3號簡亦有此字,整理者釋爲“事”(1號簡第二例見簡末,字較模糊,整理者未釋),從文義看是正確的。但此字上部被寫成與楚簡

---

⑨ 黄鳳春、劉國勝《記荆門左塚楚墓漆梮》,香港中文大學中國語言及文學系《第四屆國際中國古文字學研討會論文集》,497頁。此條資料蒙陳劍指示。

⑩ “簡帛研究”網站,2005年3月6日。

“事”字上部形近的“昏”,應視爲訛誤字。整理者以“時出”屬上讀,以“故此事使出政”作一句讀,文不成義。這主要是由於未察覺簡文抄寫有誤而造成的。

此簡現有二“出”字。“出”上一字(即“時”與“事”)皆有重文號,重文號位置貼近“出”字,其上一短横幾與“出”字上端平齊。楚簡“此”、“出”二字形近,此簡“古”字下的“此”應是“出”的誤字,其上“古”字原來也應有重文號。由於此重文號與“出”字貼近,抄寫者誤以二者爲同一字的筆畫,遂將“出”字誤寫作“此”。“古”字重文號的上一短横成爲“此”字“匕”旁的一筆,此筆之下尚有正常的“此”字所不應有的,其形介於點、劃之間的一筆,顯然來自“古”字重文號的下一短横。這一筆是這個“此”字係誤合“出”字與“古”字重文號而成的確證。所以有關簡文應該釋讀爲:

時出故,故出事,事出政。

《大戴禮記·四代》:“陽德出禮,禮出刑,刑出慮。”《管子·樞言》:“法出於禮,禮出於治。”同書《心術上》:“故禮出乎義,義出乎理。”其文例與此相同或相近。

在古漢語中,“故”有成例、常規、事理之類意義。⑪《孟子·離婁下》:“天之高也,星辰之遠也,苟求其故,千年之日至可坐而致也。”這裏所説的“其故”,指天體運行之理、天體運行之常規。《管子·四時》:“唯聖人知四時。不知四時,乃失國之基;不知五穀之故,國家乃路。”“五穀之故”指五穀的常規,亦即五穀生長之理,如春生夏長秋成熟之類。這種常規是由四時所決定的,所以《管子》先説“四時”,接着就説“五穀之故”。這正可用作簡文“時出故”的注脚。當然,古人認爲“四時生萬物”(《管子·輕重己》),一切事物都應服從四時的規律,“時出故”的“故”决不限於“五穀之故”。

人們必須按照“時”所決定的“故”來行“事”。例如五穀春生秋熟,人們就必須春種秋收。而爲了安排好各種“事”,就需要有在上者來施“政”。所以簡文接着又説“故出事,事出政”。《管子·輕重己》在説了“四時生萬物”之後,接着就説“聖人因而理之”。這跟“故出事,事出政”其實是一個意思。

政毋忘所訂(始)

“訂”是从“司”从“台”的一個兩聲字,整理者釋爲“司”,是可以的;但在“司”字後括注“治”則不妥。這個字應該讀爲“始”。《郭店楚墓竹簡·性自命出》3號

---

⑪ 參看拙文《由郭店簡〈性自命出〉的“室性者故也”談到〈孟子〉的“天下之言性也”章》,拙著《中國出土古文獻十講》,復旦大學出版社,2004,266頁、267—268頁。

簡“道䛐於情”（亦見《上博（一）·性情論》2 號簡）、15 號簡“詩、書、禮、樂，其䛐出皆生於人”（亦見《性情論》8 號簡），皆以“䛐”爲“始”。上文說：“時出故，故出事，事出政。”推本溯源，政是出自時的。政與時的密切關係，古書中說得很多。如《禮記·月令》（《吕氏春秋·十二紀》同）、《管子》的《四時》和《五行》以及《淮南子·時則》等，都是系統地講施政行事必須如何跟天時的運行相配合的。簡文說“政毋忘所始”，就是施政必須合乎天時的意思。

事……

此字有些模糊，原釋文用“□”表示（《上博（四）》234 頁），仔細辨認可知就是上文出現過的、上部寫作“昏”形的“事”字。“事……”跟“政毋忘所始”爲對文。上文說“事出政”，接着說政應如何，事應如何，是很合理的。可惜原簡下部殘缺，已無從知道講“事”之句的具體內容了。

通過以上考釋，可以看到簡文的思想跟《管子》的有些思想很接近。這是頗可注意的。

原載《中國文字學報》第一輯（商務印書館，2006），今據以收入。

關於《老子》的"絶仁棄義"和"絶聖"

在今本《老子》中,最激烈地反對"仁義"的話見於第十八、十九兩章(引文據通行的王弼本,自馬王堆帛書《老子》以下各本皆無能改變文義的異文):

> 大道廢,有仁義。慧智(他本多作"智慧")出,有大僞。六親不和,有孝慈。國家昏亂,有忠臣。(十八章)
>
> 絶聖棄智,民利百倍。絶仁棄義,民復孝慈。絶巧棄利,盜賊無有。……(十九章開頭三句)

前一章以"仁義"與"大僞"相提並論,後一章把"仁義"列爲應該徹底拋棄的東西。

上引兩章的内容都見於郭店楚墓所出的《老子》簡,[①]但都有重要的異文。今本十七、十八兩章,在簡本中是一章。此章後半與今本十八章相當的文字如下:

> 故大道廢,安有仁義;六親不和,安有孝慈;邦家昏亂,安有正臣。(丙組2—3號)

其中並無"慧智出,有大僞"這一句。簡本與今本第十九章開頭三句相當的文字如下:

> 絶智棄妾("辯"的古文),民利百倍。絶巧棄利,盜賊無有。絶㥌棄慮,民復季子。……(甲組1號)

首句不作"絶聖棄智",而作"絶智棄妾"。與今本"絶仁棄義,民復孝慈"相當的句子,作"絶㥌棄慮,民復季子";其位置不在"絶巧棄利"句之前,而在其後。從簡本看,"仁義"和"聖"都没有進入"絶棄"之列。

在上世紀二、三十年代關於《老子》時代的討論中,就有學者指出,主張"絶聖

---

① 《老子》簡的圖版和釋文,見荆門市博物館《郭店楚墓竹簡》(文物出版社,1998)。《老子》簡分甲、乙、丙三組,本文引用時只注明組别和簡號,不再注原書頁碼。所引簡文中無爭議的文字,不嚴格按原形釋寫。

棄智”、“絶仁棄義”，顯然是對儒、墨提倡仁義、推崇聖賢的反動，不是年輩比孔子還要略早些的老子所能有的思想，並以此作爲《老子》書晚出之證。還有學者指出，《老子》書中“聖”字常見，幾乎都用於“聖人”一詞，是指合乎“道”的具有最高修養的理想人物的；唯獨“絶聖棄智”這一例用於貶義，應該是出自後人的竄改的。② 郭店《老子》簡發表後，多數學者都認爲簡本没有説“絶聖”和“絶仁棄義”，應該合乎《老子》原貌，今本是經過激烈反對儒家的老莊後學的修改的。但是也有不少學者持另一種意見。他們認爲郭店《老子》是“儒家化”的《老子》，就“絶聖棄智”章的内容來説，今本反倒是反映原本面貌的，簡本則經過有儒家思想的編抄者的修改。③ 後一派不乏有影響的學者，信從者也頗多。上述兩派意見究竟哪一種符合事實，無論從文獻學還是從思想史、學術史的角度來看，都是一個亟待解決的問題。我是站在前一派的立場上來談這個問題的，不妥之處請大家批評。

在展開討論之前，有必要解釋一下上引簡文的意義。我們先來看跟今本第十九章開頭三句相當的簡文。

“絶智棄弁”句，郭店簡整理者讀爲“絶知棄辯”，大多數學者則讀爲“絶智棄辯”，我過去也同意這種讀法。但是美國學者韓禄伯則把這句話讀爲“絶知棄辨”。④ 還有一些學者也主張把“弁(鞭)”讀爲“辨”。⑤ 先秦古文字中，“知”、“智”二詞一般都寫作“智”。郭店簡中有很多“智”當讀“知”之例。“辨”、“辯”二字在古書中通用。郭店簡中的其他“弁”字，既有用作“辯”的(如《尊德義》13—14 號簡“教

② 參看拙文《郭店〈老子〉簡初探》，拙著《中國出土古文獻十講》，復旦大學出版社，2004，205 頁。

③ 周鳳五《郭店竹簡的形式特徵及其分類意義》，武漢大學中國文化研究院編《郭店楚簡國際學術研討會論文集》，湖北人民出版社，2000，60 頁注 6。沈清松《郭店竹簡〈老子〉的道論與宇宙論——相關文本的解讀與比較》，《中國哲學》21 輯，遼寧教育出版社，2000，149、160—161、175—177 頁。李零《郭店楚簡校讀記(增訂本)》，北京大學出版社，2002，18 頁。李學勤《論郭店簡〈老子〉非〈老子〉本貌》，《紀念林劍鳴教授史學論文集》，中國社會科學出版社，2002，6 頁；又見《中國社會科學院學術委員文庫・李學勤文集》，上海辭書出版社，2005，444—446 頁。“儒家化”是周氏文章中的話。李零《校讀記》認爲作修改的就是郭店一號楚墓“墓主本人”。

④ 韓氏在 2000 年出版的《老子〈道德經〉：郭店新出楚簡的翻譯與研究》中引用郭店《老子》簡時，將這一句直接釋寫爲“絶知棄辨”，見韓禄伯著、邢文改編、余瑾譯《簡帛老子研究》，學苑出版社，2002，13 頁。韓氏如此釋讀的根據，見他的《治國大綱——試讀郭店〈老子〉甲組的第一部分》，《道家文化研究》17 輯，三聯書店，1999，187 頁。

⑤ 注③所引李學勤《論郭店簡〈老子〉非〈老子〉本貌》引簡文作“絶智棄辨”(4 頁)。黎廣基《郭店楚簡〈老子〉“𢇍(絶)智棄卞(辯)”考》(“簡帛研究”網站，2004 年 3 月 29 日)、李若暉《評高華平先生論〈老子〉三本之性質》(同作者《郭店竹書老子論考》，齊魯書社，2004，227—229 頁)，也都主張讀此字爲“辨”，並有詳細論證。

以

以夋兑"即"教以辯說"),也有用作"辨"的(如《成之聞之》31—32號簡"分爲夫妻之夋"即"分爲夫妻之辨")。所以在文字學方面,把"絶智棄夋"讀爲"絶知棄辨"是毫無問題的。

從思想上看,老子是反對讓人們具有會破壞自然淳樸的生活狀態的"知"、"辨"能力的。所以他說"古之善爲道者,非以明民,將以愚之。民之難治,以其智多(馬王堆帛書《老子》甲乙本作"以其知也")"(六十五章),"愛民治國,能無知乎(帛書乙本作"能毋以知乎")"(十章);又說"絶學無憂。唯之與阿(帛書甲本作"訶",乙本作"呵",簡本乙組4號作"可"),相去幾何? 善(當從帛書甲乙本及簡本作"美")之與惡,相去何若"(二十章),"天下皆知美之爲美,斯惡已;皆知善之爲善,斯不善已"(二章)。對老子反對"知""辨"的原因,徐復觀有頗好的分析。他認爲老子所反對的是"心知",⑥"乃指以外物爲活動對象的分別之知。由分別之知,而有是非、好惡。由是非、好惡,而生與人對立、競逐之心;這便與德日遠,而易陷於危險之中。他之所謂'愚人之心'、'沌沌兮'、'我獨若昏'、'我獨悶悶'(以上皆第二十章),皆是形容超脱分別之知,而回歸到德的精神狀態"。⑦ "智"與"辯"當然也是老子所反對的,但"絶智棄辯"畢竟不如"絶知棄辨"徹底。所以我認爲應該從韓祿伯把"絶智棄辯"改讀爲"絶知棄辨"。

"絶巧棄利"句,簡本與今本相同。此句"利"字與上句"民利百倍"的"利"不同義,所表示的意思當與"巧"相類。河上公注以"塞貪路,閉權門"釋"棄利",近人多以"私利"或"貨利"解釋或翻譯此"利"字,似不合適。王弼注說"巧、利,用之善也",思路是對的。劉國勝《郭店〈老子〉札記》說:

> 我們以爲簡本《老子》此處"巧"、"利"二字表達的詞義是緊密相關的。……《荀子・王制》"辨功苦,尚完利",楊倞注:"利,謂便於用,若車之利轉之類。"郭店《性自命出》45、46號簡有文云:"人之巧言利辭者,不有夫詘詘之心則流。"這裏的"巧"和"利"是一個意思,兩詞詞義沒有多少差別。⑧

他的意見很有道理。"絶巧棄利"的"利",其實就是見於《老子》的"利器"(三十六、五十七章)、"利劍"(五十三章)的"利"。不過,"巧"、"利"二字的意思還是有

---

⑥ "心知"之語見《莊子》。《莊子・人間世》:"夫徇耳目內通,而外於心知,鬼神將來舍,而況人乎?"

⑦ 徐復觀《中國人性論史・先秦篇》,上海三聯書店,2001,305頁。

⑧ 注③所引《郭店楚簡國際學術研討會論文集》515—516頁。

區別的。“巧”指機巧、巧妙,“利”指便利、鋒利。“絶巧棄利”主要大概指抛棄巧妙、精良的工具和技術。《莊子・天地》所述的爲圃丈人拒絶使用桔槔汲水的故事,表達的就是這種思想。

“絶悬棄慮”句,多數學者釋讀爲“絶爲(或“僞”)棄慮”。我一度曾認爲“慮”是从“心”“虘”聲之字,“虘”从“且”聲,“且”聲與“乍”聲古音相通,因此把這一句釋讀爲“絶僞棄詐”。季旭昇、龐樸等學者已經指出,這種釋讀跟老子的思想方法和文章風格不合,理由很充分。所以我在《糾正我在郭店〈老子〉簡釋讀中的一個錯誤——關於“絶僞棄詐”》那篇文章裏,已經改而採用多數學者的釋讀。⑨

我在那篇文章裏指出,雖然從字形上看,“慮”很可能是从“虘”聲之字,但在楚簡中“虍(虐)”旁和“虘”旁已有相混的現象,“所以我們也不能排斥‘慮’是‘慮’字的可能性。退一步説,即使肯定‘慮’是从‘虘’聲之字,由於其字形與‘慮’很相似,《老子》原文中此字本作‘慮’,但被抄寫者誤寫爲从‘虘’的可能性,也是不能排除的。所以要決定這個字的釋讀,必須充分考慮文義”。⑩ 我的結論是,從文義看,這個字只能從多數學者釋讀爲“慮”。

李零《郭店楚簡校讀記(增訂本)》認爲“絶悬棄慮”仍應釋讀爲“絶僞棄詐”,因爲“從上博楚簡看到的‘僞詐’一詞看,其寫法正與這裏的寫法相同,而絶不可能讀爲‘僞慮’”。⑪ 李先生提到的有“僞詐”一詞的上博簡近已發表,即《上海博物館藏戰國楚竹書(五)・三德》的第二簡。李先生就是此篇的整理者,現將他所作釋文中的有關文句引録於下:

　　毋爲悬(僞)慮(詐),上帝牆(將)憎之

在此句考釋中,他重申了對郭店《老子》“絶悬棄慮”句的釋讀意見(上引書289頁,上海古籍出版社,2005年12月)。

應該指出,李先生釋讀爲“詐”的那個字,从“心”“叡”聲(楚簡一般讀“叡”爲“且”),跟郭店《老子》中聲旁不包括“又”旁的“慮”字並不完全相同;而就在《三德》篇的15號簡上,却真的有一個跟後者相同的“慮”字:

　　……百事不述(遂),慮事不成。……

⑨ 拙文已收入注②所引拙著,見230—241頁。
⑩ 同上注233頁。
⑪ 該書15頁,北京大學出版社,2002。

李先生把這個从"心"的"慮"字隸定爲从"又"的"虘",讀爲"且"(298 頁),顯然是不妥當的。陳偉先生在最近(2006 年 2 月 19 日)發表於"簡帛"網上的《上博五〈三德〉初讀》中,對此提出了意見。他說:

> 我們知道,"遂"有完成、成功義。……既然已經說"百事不遂",接着又說"且事不成",恐怕是有問題的。其實,釋文讀爲"且"的字,釋寫並不準確,"虘"下所从是"心"而不是"又"。這種寫法的字曾見於郭店《老子》甲 1 號簡,裘錫圭教授反復推求,最後釋爲"慮"。依照這一釋讀,前面的"百事不遂",可以理解爲自然發生的事情,而後面的"慮事不成"則是主觀策劃事件。比之整理者的意見,似更爲合理。

我認爲陳先生的意見是有道理的。所以《三德》篇不但不能證明郭店《老子》的"慮"應該釋讀爲"詐",反而爲釋"慮"說增加了證據。總之,"絶懸棄慮"應該釋讀爲"絶爲棄慮"。

以前我傾向於此句在"懸"字後括注表示"人爲"之義的"僞"(與詐僞之"僞"有别)。現在我認爲還是括注"爲"字爲妥。這主要是由於"絶爲"的"爲"跟屢見於《老子》的"無爲"的"爲"同義,而"無爲"是沒有人寫作"無僞"的。

道家反對人爲,也反對思慮。道家著作中常有主張無爲、無慮的話。所以把"絶懸棄慮"釋讀爲"絶爲棄慮"是很合理的。我在上引那篇拙文中,舉出了《莊子》和《淮南子》中同時說到無爲和無慮的幾處文字,這裏引録其中的一例。《淮南子·精神》描述"真人"的境界說:"……無爲復樸……機械知巧弗載於心……清靖(静)而無思慮……"。其中不但說到"無爲"和"無思慮",還說到"機械知巧弗載於心",可以跟"絶知棄辨"、"絶巧棄利"、"絶爲棄慮"相對照。

關於"民復季子",郭店簡整理者認爲"季"是"孝"的形近誤字,並將"子"字讀爲"慈",以與今本取得一致。他們的意見爲很多人所接受。但崔仁義、季旭昇、劉信芳、廖名春等學者,則認爲"季子"不必改讀。他們指出"季"字本有"幼稚"義,簡文"季子"就指稚子,並不是當排行最後的兒子講的,推崇"季子",跟《老子》他處推崇"赤子"、"嬰兒"同意。[12] 他們的意見可從。我們可以提供一個時代不晚於漢初

---

[12] 崔仁義《荆門郭店楚簡〈老子〉研究》,科學出版社,1998,62 頁。季旭昇《讀郭店楚墓竹簡札記》,《中國文字》新 24 期,藝文印書館,1998,133—134 頁。劉信芳《荆門郭店竹簡老子解詁》,藝文印書館,1999,2 頁。廖名春《郭店楚簡老子校釋》,清華大學出版社,2003,12—13 頁。

的稱稚子爲“季子”的例子。

馬王堆帛書《脈法》篇,開頭説“以脈法明教下”,結尾説:“脈之縣書而熟學之。季子忠謹,學……見於爲人……言不可不察也。”⑬“季子”應指初學脈法的幼童,跟《蒼頡篇》開頭四句“蒼頡作書,以教後嗣。幼子承詔,謹慎敬戒”,以“幼子”指初學書的幼童,情況相似。⑭《蒼頡篇》是秦漢時代想當“史”(即書記)的人所必學的。在古代,醫和史的職業多是世代相傳的,要從小學起。簡文的“季子”則應指尚未從學的幼童。

《老子》喜歡以“嬰兒”(十、二十、二十八等章)、“赤子”(五十五章)象徵合乎“道德”的渾樸無知的精神狀態。“季子”在這裏也起着同樣的作用。今本二十八章説:“……常德不離,復歸於嬰兒。”“民復季子”的意思與之相似。拋棄了人爲和思慮,當然就會回復到幼童那種渾樸無知的精神狀態中去了。

總而言之,老子認爲“知、辨、巧、利、爲、慮”是破壞他理想中的人類自然淳樸的狀態的罪魁禍首,必須加以絶棄,使人們能回歸到那種理想狀態中去。

下面看一下跟今本十八章相當的簡文。

簡文有三個分句,每句的下半句都以“安”開端。楚簡“安”字多用如古書中的“焉”,在此應訓爲“乃”或“於是”,這是絶大多數學者的共識。帛書本與今本十八章相當的文字,雖已有“有大僞”句,但“大道廢”上有“故”字,各分句下半句都以“安”(乙本)或“案”(甲本)開端,則仍與簡本相合。《荀子》中也屢見這種用法的“安”和“案”,如“身不能,不知恐懼而求能者,安唯便僻左右親比己者之用”(《王霸》),“學者以聖王爲師,案以聖王之制爲法”(《解蔽》)。

簡文的意思是説,在大道行於世之時,人際關係自然而和諧,根本没有講仁義、孝慈的需要,國家的臣工也無所謂正與不正之分;到大道已廢,人際關係發生各種問題的時候,才有講仁義、孝慈的需要,才會出現所謂正臣。如果撇開今本多出的“有大僞”這一句不管,簡文的含義跟今本“大道廢,有仁義”等三句並無不同。《老子》今本三十八章説:“故失道而後德,失德而後仁,失仁而後義……”,講的是同樣的道理。

有學者認爲簡本的“安”字是用爲疑問代詞的,“大道廢,安有仁義”的意思就是説,大道既廢,哪里還會有仁義。這樣就把仁義説成了大道的内容,抹殺了儒、道

---

⑬ 《馬王堆漢墓帛書〔肆〕》“釋文注釋”17 頁,文物出版社,1985。

⑭ 關於《蒼頡篇》“幼子承詔”的解釋,參看胡平生《玉門武威新獲簡牘文字校釋——讀〈漢簡研究文集〉札記》,《胡平生簡牘文物論集》,蘭臺出版社,2000,239—240 頁。

的根本區别,完全歪曲了《老子》的本意。《莊子·馬蹄》説:"道德不廢,安取仁義?"這一句的"安"確實是疑問代詞。但是"安取仁義"的前提不是"道德廢",而是"道德不廢"。這句話跟"大道廢,安有仁義"是從相反的角度講同一個意思的,後者的"安"只能訓爲"乃"或"於是"。

現在我們可以來討論簡本和今本的有關内容,究竟何者反映原本面貌的問題了。

先來看"大道廢"章。我們如果比較全面地考察一下《老子》的思想,就可以斷定《老子》原本不會以"仁義"、"孝慈"、"正臣"跟"大僞"相提並論。

老子强調在道德廢棄之後才有仁義,以仁義爲低於道德的境界。按照儒家的觀點來看,這當然是對仁義的貶低。但是由此並不能得出老子一定鄙棄仁義的結論。第三十八章説"失道而後德",而老子對德仍是肯定的。雖然仁義跟道德不在一個層次,但也不能因爲老子説"失德而後仁,失仁而後義",就斷定他一定徹底否定、鄙棄仁義。從《老子》的有關章節來看,老子對仁實際上是有一定程度的肯定的。

郭店《老子》簡發表後,有些學者舉《老子》今本第八章讚美水"與善仁"的話,來證明老子對仁的肯定。這一句在帛書本中作"予善天",⑮似不宜用作論據。不過第三十八章有"上仁爲之而無以爲"的話,《韓非子·解老》解釋説"仁者,唯其中心欣然愛人也。其喜人之有福,而惡人之有禍也。生心之所不能已也,非求其報也。故曰'上仁爲之而無以爲'也"。這確可以説明老子對仁是有一定程度的肯定的。第五章説:"天地不仁,以萬物爲芻狗。聖人不仁,以百姓爲芻狗。"這兩句話並不表明對仁的鄙棄,只不過是説明道德高於仁義而已。天地和聖人都是法道的,一切聽任自然,當然就"不仁"了。

實際上,先秦道家很多是並不鄙棄仁義的。我在《馬王堆〈老子〉甲乙本卷前後佚書與"道法家"》那篇文章中指出,先秦道家中以《管子》的《心術》、《白心》等篇爲代表的"道法家"對仁義相當重視。⑯《莊子·内篇·大宗師》説:"故樂通物非聖人也,有親非仁也,天時非賢也,利害不通非君子也,行名失己非士也,亡身不真非役人也。"對仁也並不鄙棄。

由於第十九章的"民復孝慈"簡本作"民復季子",這句話已經不能用來論證老子對孝慈的態度了。不過,第六十七章説:

……我有三寶,持而保之。一曰慈,二曰儉,三曰不敢爲天下先。慈故能

---

⑮ 見帛書乙本。甲本中此章"予善天,言善信"兩句訛脱爲"予善信"。

⑯ 此文已收入注②所引拙著,見330—352頁。

> 勇,儉故能廣,不敢爲天下先故能成器長。今舍慈且勇,舍儉且廣,舍後且先,死矣。夫慈以戰則勝,以守則固。天將救之,以慈衛之。

這段話説明老子對慈相當肯定。

“邦家昏亂”句的“正臣”,帛書本作“貞臣”,今本作“忠臣”,意義並無多大差别。第三十八章説:“夫禮者,忠信之薄而亂之首。”可見老子對忠信也相當肯定。他對正臣、貞臣或忠臣當然也不會持鄙棄的態度。

通過上面的分析可以斷定,《老子》原本决不可能以“仁義”、“孝慈”、“正臣”(或“貞臣”、“忠臣”)跟毫無正面價值的、絶對應該摒棄的“大僞”相提並論。由此可知今本十八章多出的“慧智(或“智慧”)出,有大僞”一句,一定是後人竄入的,簡本反映的是《老子》原貌。

“大道廢”、“六親不和”、“國(簡本、帛甲本作“邦”)家昏亂”這三句,都是説某種東西破壞了或出了問題,於是才出現勉强加以補救的東西。“慧智出”這一句,則是説有了“慧智”就引出了大僞。二者的視角是不同的。這也是後者爲後人所增入的旁證。

從簡本“絶知棄辨”章和“大道廢”章來看,老子認爲“知、辨、巧、利、爲、慮”是破壞他理想中的人類自然淳樸狀態,也就是破壞大道的東西;“仁義、孝慈、正臣”則是大道破壞以後,爲了應付人際關係的失調而出現的東西。老子主張絶棄知、辨、巧、利、爲、慮,使人們回復到合乎大道的狀態中去。達到了這一境界,仁義、孝慈、正臣等等當然就没有存在的餘地了。其思想邏輯十分清楚。今本十九章“絶仁棄義”與“絶巧棄利”等並列,混淆了老子思想的層次,顯然有問題。從老子對仁的態度來看,他也不會説“絶仁棄義”這樣的話。尤其應該指出的,是今本“民復孝慈”的説法的不合理。仁義和孝慈都是大道破壞以後才出現的東西,屬於同一層次。如果真要絶仁棄義,只能回復到道德,怎麽能回復到孝慈去呢? 今本説“絶仁棄義、民復孝慈”完全不合邏輯,無疑爲後人所改。簡本則應該是反映原本面貌的。

我們還可以看一下音韻學上的證據。今本“絶聖棄智,民利百倍。絶仁棄義,民復孝慈。絶巧棄利,盜賊無有”這三句押之部韻。先秦漢語已分四聲,而且詩文押韻往往四聲分用。⑰ “倍”和“有”上古是上聲字,“慈”則是平聲字,以致江有誥在《先秦韻讀》中要把這個“慈”改讀爲上聲。⑱ 而“季子”的“子”正是之部上聲字。

---

⑰ 參看周祖謨《古音有無上去二聲辨》,同作者《問學集》,中華書局,1966,32—80 頁。

⑱ 江有誥《音學十書》,中華書局,1993,163 頁。

這也可以證明簡本此句反映原本面貌,今本則爲後人所改。

"絶聖棄智"的話,在今本《老子》之外,首先見於《莊子・外篇》中前後相次的《胠篋》和《在宥》("智"皆作"知",二字古通)。這兩篇都激烈反對"聖、知、仁、義"。例如《胠篋》說:

……故絶聖棄知,大盜乃止。……削曾、史之行;鉗楊、墨之口,攘棄仁義,而天下之德始玄同矣。

《在宥》說:

吾未知聖知之不爲桁楊接槢也,仁義之不爲桎梏鑿枘也,焉知曾、史之不爲桀、跖嚆矢也。故曰:絶聖棄知而天下大治。

尤其值得注意的是,在《胠篋》篇中還出現了"則聖人之利天下也少而害天下也多"、"聖人生而大盜起,掊擊聖人,縱舍盜賊,而天下始治矣"、"聖人不死,大盜不止"、"此重利盜跖而使不可禁者,是乃聖人之過也"這一類話。"聖人"指儒、墨等推崇仁、義、聖、知的學派的偶像,成了批判對象。[19]

《莊子・外篇》中列於《胠篋》之前的是《駢拇》和《馬蹄》兩篇。這兩篇也都激烈反對仁義,而且也都以聖人爲批判對象。《駢拇》認爲"小人則以身殉利","聖人則以身殉天下","其於傷性以身爲殉,一也"。《馬蹄》說了不少批判聖人的話,最概括的一句是"毁道德以爲仁義,聖人之過也"。

羅根澤《莊子外雜篇探源》認爲《駢拇》、《馬蹄》、《胠篋》、《在宥》諸篇屬於一派,"爲戰國末年左派道家所作"。[20] 這是很有道理的(但"戰國末年"似以改成"戰

⑲ 關於"聖人",《在宥》篇的情況比較複雜。此篇第一、二章(第二章起"崔瞿問於老聃",至"故曰:絶聖棄知而天下大治"),思想與《胠篋》一致。第三章爲黄帝與廣成子的問答。第四章爲雲將與鴻蒙的問答。第五章起"世俗之人",至"覩無者天地之友"。這三章的内容與第一、二章無明顯聯繫。以上各章中都没有出現"聖人"。自"賤而不可不任者物也"開始的第六章,亦即本篇最後一章,不但内容與其前各章没有聯繫,而且思想與第一、二章顯然不同,而與我在注⑯所引拙文中曾引用過的《莊子・外篇・天道》中"類似道法家的論調"一致(《天道》之文見注②所引拙書347頁)。此章認爲法、義、仁、禮等皆不可廢,並說"聖人觀於天而不助,成於德而不累……",仍以"聖人"指作者心目中的理想人物。這一章與第一、二章顯然出自不同作者,應區别對待,前人早已指出(參看羅根澤《莊子外雜篇探源》,同作者《諸子考索》,人民出版社,1958,285頁)。本文所說的"《在宥》",指此篇第一、二章而言。

⑳ 同作者《諸子考索》,人民出版社,1958,284頁。有關的詳細論證見該書284—288頁。這幾篇"聖人觀"的一致,是羅氏把它們歸爲一派的重要理由之一。《莊子》中"聖人"常見,但是除了這幾篇,没有把聖人當作批判對象的。"絶聖"的話也不見於他篇。

國晚期"爲妥)。這一派既主張"絶聖",也猛烈抨擊聖人。在他們那裏,"絶聖"的"聖"和"聖人"的"聖"是統一的。《胠篋》既説"聖人不死,大盜不止",又説"故絶聖棄知,大盜乃止",清楚地説明了這一點。

今本《老子》用了三十二個"聖"字。三十一個出現在"聖人"這個詞裏,是用來指稱合乎道的理想人物的。唯獨第十九章的"聖"是被絶棄的對象,而且置於各種被絶棄對象的首位。這本來就很奇怪。如果跟上述《胠篋》等篇的情況對照一下,其不合理就更爲明顯了。所以這一句也無疑爲後人所改,簡本則應該是反映原本面貌的。

在這裏還應該提一下今本十九章第二、三兩句,跟簡本中與之相當的句子次序不同的問題。對那些激烈反對儒墨的道家來説,在他們所要絶棄的對象中,"聖"的重要性最高,"仁、義"僅次於"聖"。所以在把"絶知棄辨"改爲"絶聖棄智","絶爲棄慮"改爲"絶仁棄義"之後,需要把"絶仁棄義"這一句提到"絶巧棄利"句前面。㉑ 第十九章開頭三句的主旨,是要人們去除心知、巧利等東西,回復到合乎道的自然淳樸狀態中去。簡本以"民復季子"爲這三句的結尾,顯然比今本以"盜賊無有"結尾合理。這也説明簡本的句序應是原序。

總之,根據《老子》的思想體系和其他綫索來看,今本十八章和十九章開頭三句是經後人修改的,簡本則應該是反映原本面貌的。

由於在馬王堆帛書《老子》甲乙本裏,跟今本十八、十九章相當的文字,已與今本基本相同,上面所説的修改大概發生在戰國晚期。不少學者認爲這種修改就出自以《莊子・胠篋》等篇爲代表的、激烈反對儒家的老莊後學之手。這大概是正確的。【編按:郭永秉向我指出,應該説明,認爲"絶仁棄義"等句經《胠篋》等篇所代表的那派道家竄改,並不意味《胠篋》等篇一定出現在竄改之前,也可能這派道家先竄改了《老子》,然後才出現襲用竄改本文句的《胠篋》等篇。這個意見是很有道理的。】在聖賢們的仁義説教和統治者的仁義口號跟毫無仁義可言的政治和社會的現實形成强烈對比的戰國晚期,經過這種修改的本子,自然會迅速得到人們的認可,以致原本很快就退出了歷史舞臺。

在《老子》流傳的歷史中,還發生過一次情況頗有類似之處的修改。今本七十

㉑ 1998年5月在美國達慕思大學召開的郭店《老子》國際學術研討會上,德國學者瓦格納先生對第十九章開頭三句的問題有一個發言,他認爲今本符合原貌,是我們所不同意的。但他在反對有的人把"絶爲棄慮"釋讀爲"絶仁棄義"的時候説:"……在一個始於'智'的系列中,'仁'和'義'不應該排在'巧'和'利'的後面。"(艾蘭、魏克彬、邢文編譯《郭店老子——東西方學者的對話》,學苑出版社,2002,150頁)這則是很有啓發性的。

五章首句,馬王堆帛書本作:"人之飢也,以其取食逆(此形據甲本,乙本作"跣",字與"隧"通,當通道講)之多也,是以飢。"這應該是接近原本的。在漢代的某個時候,"以其取食逆之多也"被改成了今本的"以其上食稅之多"。[22] 老子的原意是說,在人類自然淳樸的狀態中,人們都專心從事單純的生產勞動,大家都能吃飽肚子;等到取得食物的途徑多了,人們反而會餓肚子。這正合乎《老子》"正言若反"(見七十八章)的特點。像統治者收取賦稅太多,人民就會餓肚子這種大家都明白的事情,老子是不會當作自己的心得去說的。這跟老子不會認認真真地去告誡人們必須"絶僞棄詐",是一個道理。但是在人們對統治者加在他們頭上的沉重賦稅十分不滿的情況下,指責統治者食稅太多的修改本,自然很容易取得普遍的認可,以致很快把原本排擠出了歷史舞臺。

上面所說的兩次修改,尤其是前一次,必然會使讀者對原作者的思想産生不合實際的認識,在文獻學和思想史、學術史等方面造成的影響都是比較嚴重的。我們應該既積極又實事求是地去發掘古書在流傳過程中遭到的這類修改。出土簡帛古書的重要價值,只有在解決這種問題的時候,才能充分地顯示出來。

通過上面所說的例子,我們還可以得到這樣的認識:在某種古書已發現的最古的本子裏,出現不同於後來所有本子的重要異文的情況下,可以用來判斷這種異文是否反映原本面貌的最重要的依據,就是這種古書的思想和文風。如果這種異文比後來各本的文字更符合原書的思想和文風,就可以肯定它是反映原本面貌的。我們千萬不要由於這種異文是孤例,就輕易懷疑它,否定它。在這樣的問題上,是不能搞少數服從多數的。

2005 年 5 月 25 日初稿,2006 年 5 月 8 日定稿

附識:

蒙香港大學單周堯教授、芝加哥大學夏含夷教授和南京大學魯國堯教授分別推薦,本文主要內容曾在查良鏞基金講座(2003)、顧立雅基金講座(2005)和法鼓基金講座(2006)演講過,謹誌謝忱。

原載《出土文獻與古文字研究》第一輯(復旦大學出版社,2006),又載《出土文獻與儒道關係》(灕江出版社,2012),今據前者收入。

---

[22] 參看拙文《考古發現的秦漢文字資料對於校讀古籍的重要性》,已收入注②所引拙著,見105—107頁。

讀《長沙東牌樓7號古井(J7)發掘簡報》等文小記

《文物》2005年第12期發表了《長沙東牌樓7號古井(J7)發掘簡報》、《長沙東牌樓東漢簡牘選釋》和《長沙東牌樓東漢簡牘所見書體及書法史料價值》三文(下文依次簡稱爲"簡報"、"選釋"、"價值")。這三篇文章對2004年5、6月間在東牌樓7號古井中發現的一批東漢晚期簡牘作了十分及時並且相當全面的報導,還對一些有關問題作了深入的論述,非常值得大家歡迎。讀後獲益甚多,同時也產生了一些意見,現在分條寫出,供大家參考。

一、所謂B型"封檢"乃是一種牘

《簡報》介紹所出封檢形制時分三型,對B型的說明如下:

> 船形。形體較大,文字書寫於槽內,部分簡字數較多,書寫規整,有完整的內容。標本1128號,有字簡。完整。爲一整木製作而成,中間挖槽,槽內兩端外斜,用於書寫。長23.9、寬9、中厚1、邊厚3.1釐米。(11頁)

此標本綫圖見同頁圖九·4。此外,《簡報》介紹簡牘內容時,舉出了"監臨湘李永、例督盜賊段(《選釋》作"殷")何言實核大男李建與精張諍田自相和從書"(12頁),即見於13頁圖一〇的"J7出土簡牘1001號",其形制也屬於B型"封檢"。《選釋》"李建與精張諍田自相和從書"節,有此文書的釋文,文長數百字,是一份完整的上報公文。《選釋》還介紹1001號實物形制說:

> 本件長23、寬8.4釐米,在東牌樓出土郵亭傳送的封檢中,形制最爲巨大(引者按:此言恐有問題,《簡報》介紹的1128號,尺寸較此爲大)。大庭脩先生將封檢分爲物品檢與書信檢……本件應屬書信檢中的公文檢。(73頁)

從《簡報》和《選釋》提供的1001號的情況來看,所謂B型"封檢"實際上不可能是封檢。封檢是用來蓋住文書、保護文書的,在其正面怎麼會書寫完整的文書呢?

《簡報》對 A 型封檢的介紹如下:

> 楔形。兩端向下斜削,封泥槽居中,有三道間隔槽。標本 1218 號,有字簡,長 19.2、寬 7.9、厚 1.9 釐米。(11 頁)

我認爲所謂 B 型"封檢"實際上是一種比較特殊的牘(下文稱之爲"船形牘"),A 型封檢就是用於這種牘的。

我們可以就已發表的數據,看看二者的大小厚薄有無相配合的可能。就有數據的 1001 和 1128 兩號船形牘來看,其寬度爲 8.4—9、長度爲 23—23.9 釐米,減去兩端高起部分,容檢長度當在 19 釐米上下(以兩端各長 2 釐米餘計算)。1128 號"中厚 1、邊厚 3.1 釐米",容檢厚度爲 2.1 釐米。1218 號檢的長、寬、厚,顯然是適合於用作這類船形牘的封檢的。尤其可以注意的是,1128 號船形牘"中間挖槽,槽內兩端外斜"(從圖版看,1001 號船形牘亦如此);而 B 型檢正好作"楔形","兩端向下斜削",其爲"槽內兩端外斜"的船形牘之檢,斷無可疑。我們看一下《簡報》發表的 1218 和 1128 號的綫圖(即 11 頁圖九的 1 和 4,1 的位置正好在 4 之上),就可恍然大悟。

由於 J7 中的簡牘是隨意廢棄的,要想找到原配的船形牘及其封檢,恐怕是不可能的。但是在新疆尼雅遺址却發現過佉盧文船形木牘及其原配封檢,其形制可參看向達譯《斯坦因西域考古記》58 頁後的第三十九圖(中華書局,1946)和胡平生、馬月華《簡牘檢署考校注》86 頁插圖(上海古籍出版社,2004)。佉盧文船形牘及檢與 J7 所出船形牘及檢,在形制上有一些區別:前者的牘的槽內兩端和檢的兩端都是平直的,檢的中段縛繩處高起,檢的內面也寫字。不過二者的總體形制則相當一致。已發表的居延、敦煌簡中似未見船形牘,這種牘大概到東漢晚期才流行起來。至於佉盧文船形牘,其出現應該是受漢文船形牘的影響。

二、"郵亭文書"的名稱似無必要使用

《簡報》在討論 J7 出土簡牘性質時,用不小的篇幅來論證"這批簡牘主要屬於郵亭文書",即"長沙郡和臨湘縣通過郵亭收發的公私文書"(12 頁)。

漢代公家文書種類繁多。其中,各種往來文書一般應由郵亭傳遞,這是不言而喻的。此外,官吏的私人信件有時也通過郵亭傳遞。我們認爲,在介紹和研究簡牘

時主要應該根據其内容加以分類,似乎沒有必要把是否通過郵亭收發作爲一種重要的分類標準。例如私信,應該既有通過郵亭傳遞的,也有通過其他途徑傳遞的,我們有必要按這種區别把私信分别劃入"郵亭文書"和非"郵亭文書"兩類裹去嗎?事實上,那些已經失去封檢的私信,恐怕多數也是很難加以這種劃分的。

"郵亭文書"這一名稱還存在有歧義的缺點,如果不加説明,很容易被理解爲屬於郵亭本身的文書。

《簡報》在指出 J7 所出簡牘"主要屬於郵亭文書"之後,還説了這樣一段話:

> 此外,這批簡牘也確實不斷提到"郵"、"亭"和"郵亭"。其中,"郵"有"督郵"、"督郵掾"、"中部督郵"、"中部督郵掾"及"郵侍者"、"郵書掾"等;"亭"有"諸亭"、"平亭"、"都亭"、"仇重亭"、"廣樂亭"、"長蘭亭"、"安定亭"及"亭長"、"中部亭長"等;"郵亭"有"郵亭長"、"郵亭掾"等。還有與"郵亭"有關的"馬驛"、"驛馬"、"驛卒"等。(12 頁)

作者似乎想借此加强對"這批簡牘主要屬於郵亭文書"的論證的力量,這恐怕是有問題的。

正如此文注〔1〕所指出,"'督郵'爲郡府屬吏,職掌督察糾舉所領諸縣"(21 頁。引者按:"諸縣"下宜加"違法之事"一類字眼,參看《辭源》"督郵"條)。既然督郵並非監督郵書事務的官吏,"督郵"之"郵"就不能與"郵書"、"郵亭"之"郵"相提並論(甚至有人認爲"督郵"之"郵"是"過尤"之"尤"的借字)。亭是漢代在地方上普遍設置的一種基層行政機構,一般的亭跟以傳送郵書爲務的郵亭截然有别。上引那段文字中所舉的亭,大都應該是一般的亭,跟"郵亭文書"沒有多大關係。即便是出現在簡牘上的"郵亭"、"郵書掾"一類名稱,如果其上下文並不能證明其所在簡牘是所謂"郵亭文書",那也就跟出現在簡牘上的其他亭名和官吏名一樣,在確定簡牘是否"郵亭文書"方面,並無什麽特殊作用。不引出有關文字而僅舉"郵亭"、"郵書掾"等名稱,是沒有多大意義的。

三、"李建與精張諍田自相和從書"應是上報中部督郵掾的文書

從《選釋》對"李建與精張諍田自相和從書"的釋文(見 72—73 頁)來看,這份文書應是"監臨湘李永、例督盗賊殷何"奉"中部督郵掾治所檄",對檄文所言民人

爭田事進行審查處理後,向上級回報的公文。接受回報的上級自然就是發檄的中部督郵掾。文書第10行末有"詣在所"三字,"在所"當然也是指中部督郵掾所在之所的。長沙郡中部督郵所督察的,應爲郡治所在的臨湘及其附近的一些縣(參看《簡報》12頁),"監臨湘李永"可能是中部督郵派駐臨湘的一個屬吏。

《選釋》認爲李永就是中部督郵,"在所"指"中部督郵、臨湘縣尉(引者按:《選釋》認爲殷何是臨湘縣尉,但並無確據)的上級長官所到之處"(73頁),恐怕是有問題的。

附帶說一下,這份文書的文義,有些地方很難讀懂,需要進一步研究;但是《選釋》斷句和解釋句義方面的問題,有少數還是很容易看出來的。例如第3行釋文"昔今强奪取[田]八石;比曉,張、昔不還田","曉"後逗號應移至"昔"後,"比曉張、昔,不還田",意思是"接連曉喻張、昔二人,但他們仍不還田"。《選釋》把"比曉"解釋爲"事情敗露"(74頁),是不對的。第5行"升羅,張、昔縣民",意思是說"升是羅縣民,張、昔是本縣(即臨湘縣)民";《選釋》解釋爲"升爲羅人,與張、昔同縣"(74頁),也是不對的。

四、關 於"算 卒"

《選釋》"户口簿籍文書"節指出,其所舉第2—4三件"户籍","在人名年紀下都注有'算(引者按:原作从"竹"从"弄"之字,下不再注)卒'二字。聯繫前引第1件特别注明家有'甲卒一人',知此處'算卒'是指'算甲卒'"(70頁),並進一步論證說:

> ……《周禮·地官·大司徒》記養民之法有六,第五爲"寬疾",鄭玄注云:"寬疾若今癃,不可事,不算卒;可事者,半之也。"賈公彦疏云:"……漢時癃病不可給事,不算計以爲士卒,若今廢疾者也。……"……證明漢代確有所謂"算卒"之制。第3件在"算卒九十"下注一"復"字,自然是指"復卒",也就是"復甲卒"。關於"復卒"和"復甲卒",正史却有記載。……既有"復卒"和"復甲卒",當然應該先有"算卒"和"算甲卒"。……第4件在"算卒"下均注有"篤夆"二字。此處"篤夆"之"夆",應爲"癃"之俗别……"癃病"重者稱爲"篤癃"。……"癃病"的輕重,與能否"算卒"關係密切,故成爲户籍的重要内容。(70頁)

《選釋》關於"算卒"的論述很有水平,但仍有可商之處。

秦漢時代,民人服徭役皆稱爲卒,不但"甲卒"、"戍卒"稱"卒",服"一月一更",即每年一個月的徭役時,也稱"卒",即所謂"更卒"(董仲舒説秦民"月爲更卒……漢興,循而未改"。見《漢書·食貨志上》)。《選釋》因其所引"户口簿籍文書"第1件有"甲卒一人"之文,就斷定"算卒"即指"算甲卒",恐怕有問題,至少不够全面。

《周禮》賈疏把鄭注的"不算卒"解釋爲"不算計以爲士卒"。《選釋》引用賈疏,大概是同意這種解釋的。但是賈疏所理解的、意義近於"當作"的"算",在漢代語言中似少見。孫詒讓《周禮正義》對"不算卒"提出了另一種解釋。孫氏説:

> "算卒"即《漢書·昭帝紀》之"更賦"(引者按:《昭帝紀》元鳳四年:"毋收四年、五年口賦,三年以前逋更賦未入者皆勿收。"),顔注引如淳云:更有三品,有卒更,有踐更,有過更。古者正卒無常人,皆當迭爲之,一月一更,是爲卒更也。貧者欲得顧更錢者,次直者出錢顧之,月二千,是爲踐更也。天下人皆直戍邊三日,行者便住一歲一更,諸不行者,出錢三百入官,官以給戍者,是爲過更也(引者按:孫氏引如淳語有所删節變動,故不加引號)。此云"不算卒",即不出更賦。……賈疏謂不算計以爲士卒,失之。(《周禮正義》第三册,748頁,中華書局,1987。標點有改動)

更賦就是政府向人民徵收的代役錢。在東漢晚期,大部分徭役可能已爲更賦所取代。孫詒讓認爲"不算卒""即不出更賦",可能是正確的。所以"算卒"也就是收更賦的意思。

上面引過的《選釋》的那段話,説"户籍"文書第三件"在'算卒九十'下注一'復'字,自然是指'復卒',也就是'復甲卒'"。其實"九十復"應連讀,指由於民家有九十歲老人而給予的復除。《選釋》後文所引《漢書·武帝紀》建元元年二月條"赦天下,賜民爵一級,年八十復二算,年九十復甲卒",可以爲證。

《武帝紀》的"九十復甲卒",是否説明《選釋》"算卒"就是"算甲卒"之説是正確的呢?恐怕不能這樣看。因爲從西漢武帝時代到東漢晚期,經歷的時間很長,"九十復"的具體内容不見得會一成不變。而且東漢晚期的更賦可能連"甲卒"之役也已取代(如果是這樣,爲甲卒者當有報酬或更賦方面的優待)。上引《武帝紀》文的顔注引張晏云"復甲卒,不豫革車之賦也",就是從免賦的角度來理解"復甲卒"的。即使當時仍有"甲卒"之役,"九十復"的内容也仍是"復甲卒",在當復之家沒有"復甲卒"的需要時,"復甲卒"的優待也很可能會改變爲減免更賦。總之,在"算卒"下注有"九十復"這件事,並不能推翻孫詒讓對"算卒"的解釋,而證明《選釋》的說法正確。

五、關於簡文的誤釋

《簡報》所發表的《選釋》有釋文的簡牘的圖版,其字跡往往不够清晰;有的雖然比較清晰,字又太小;我的目力很不好,無法一一辨識。上文引用簡文,都依據原釋文。這並不表示我對這些釋文完全同意。只是由於未能將釋文與圖版仔細核對,不敢輕易對其釋字的是非作出判斷。不過,對《選釋》的兩處明顯的誤釋,仍想在這裏提一下。

《選釋》"荊南頻遇軍寇文書"第1行釋文中,有"租茤法賦,民不輸入"之文。《選釋》認爲"茤""乃'芰'之古文",芰即菱角,菱角可以當糧食,"此處以'租茤'組詞,以'茤'爲'租'之一種,可以理解"(71頁)。

被釋爲"茤"的那個字,其實是"芻"的俗體。江蘇邗江5號漢墓所出"神靈名位牘",也有加草頭的"芻",而且"芻"的寫法與此字極爲接近(參看陸錫興《漢代簡牘草字編》11頁,上海書畫出版社,1989)。南北朝墓誌"芻"字亦有作"茤"者(參看秦公《碑別字新編》137頁,文物出版社,1985)。

漢代政府除收取田租外,還收取芻稿稅。《漢官儀》(《續漢書・百官志》劉昭注引)、《後漢書》的《光武紀》《和帝紀》等,都以"田租、芻稿"並提(參看韓連琪《先秦兩漢史論叢》469頁,齊魯書社,1986)。"租芻法賦"的"租芻",就是"田租芻稿"的省稱。

《選釋》對"李建與精張諍田自相和從書"最末一行的釋文是:

　　九月　其廿六日若(73頁)

這行字寫得很草率,跟前面寫得很工整的文書正文形成鮮明對照,顯爲收到文書之人所寫。《選釋》解釋行末的"若"字說:"第11行'若'爲章草。按:'若'即'諾',爲該上級長官(引者按:指接受這份文書的長官)所'畫'之'諾'。"(73頁)其說難從。

所謂"若"字本作(13頁圖一〇),是草書"發"字。上引《漢代簡牘草字編》241頁"發"字條第一行第三字(出《流沙墜簡・簡牘遺文》22號)、第二行第三第四

字(皆出居延漢簡),寫法都與此相似。後世所書章草“發”字出自漢代草書而稍有變化(參看余德泉《章草大典》926頁“發”字條,中州古籍出版社,2003),簡化字“发”是由其中較晚的一種寫法楷化而成的。

“李建與精張諍田自相和從書”爲光和六年九月十日所上(參看《選釋》72、74頁),“其廿六日發”是說這份文書在九月廿六日打開。漢印印文有作“願君自發”、“封完請發”的(參看羅福頤《漢印文字徵》12·21上“發”字條所引印文,文物出版社,1978)。這種印是打在封書信的封泥上的,“發”字之義與此全同。

六、關 於《價 值》

在過去發現的漢晉簡牘中,除了晚近出土的吳簡,還有不少反映漢字由隸變楷階段書體演變情況的資料。其中有一些是被講字體的人廣泛引用的,如敦煌簡中其書體被羅振玉評爲“楷七而隸三”的東漢永和二年簡(《流沙墜簡·屯戍叢殘》簿書類23號。羅說見同書《簡牘遺文》67號考釋)、樓蘭簡中其字體被羅振玉視爲楷書、被商承祚視爲行書的魏景元四年簡(《流沙墜簡·屯戍叢殘》雜事類56號。羅說出處同上,商說見1977年文物出版社編輯出版的《蘭亭論辨》下編14頁)。《價值》在論述見於東牌樓東漢簡牘的所謂“行書”、“正書”時,上述資料與有關論述一點也沒有提及,恐怕稍有不妥。

《價值》按照傳統說法,認爲熹平石經都“由大書家蔡邕書丹”(77頁)。馬衡《從實驗上窺見漢石經之一斑》早已指出,熹平石經有二十餘萬字,而蔡邕參與立石經之事,實際上“才三四年耳”,不可能以一人之力遍書群經。馬氏還說:“余觀所出之七經字體,雖面貌相似,而工拙攸分,或人書一經,或一經又分數人,皆未可定。”(《凡將齋金石叢稿》207頁,中華書局,1977)可見傳統說法是不可信的。

熹平石經的毁壞,主要發生在北魏到唐初這段時間裏(參看上引馬氏文199頁)。《價值》說“《熹平石經》魏晉時已經闕壞”(77頁),也是有問題的。

原載《湖南省博物館館刊》第三期(嶽麓書社,2006),今據以收入。

《天子建州》(甲本)小札

簡3說:"禮者,義之兄也。"簡3—4說:"禮之於层廟也,不精爲精,不美爲美。義反之,精爲不精,美爲不美。故亡禮大瀍(廢? 乏?),亡義大。"整理者以仁義之"義"說簡文"義"字。按,《說文・十二下・我部》:"義,己之威儀(段注改爲"義")也。"是"義"本"禮儀"之"儀"的初文。上引簡文"義"字皆應讀爲"儀"。"義"者"宜"也,禮應以義爲根據,不得言禮爲仁義之義之兄。儀出於禮,故可言"禮者,義之兄也"。禮、儀二者,禮爲根本,儀爲形式,故有"不精爲精,不美爲美"及"精爲不精,美爲不美"之不同。禮重玄酒大羹,即以不精爲精,不美爲美。儀者斤斤計較於形式,故與禮反。

簡8說:"□天子鴭(右旁應存疑)氣,邦君食盨(可從整理者讀爲"濁"),大夫承廌(薦),士受余(餘)。"所言當是天子與臣下共食之禮。"天子"下一字應从"金"聲,似可讀爲"歆","金"見母侵部,"歆"曉母侵部,古音相近。"歆氣"與"食濁"爲對,當指攝取食物之精華部分。"薦"當讀爲"餕",二字皆精母文部字。"餕"與"餘"義近。"餘"在這裏指最後剩下的食物。

2007年7月16日

補記:

"邦君食盨"句,本文從原整理者讀末字爲"濁"。陳劍先生釋《上海博物館藏戰國楚竹書(五)・鮑叔牙與隰朋之諫》簡3"器必盨愻"的"盨愻"爲"斶潔"(《談談〈上博五〉的竹簡分篇、拼合與編聯問題》,簡帛網2006年2月19日)。郭永秉告訴我《天子建州》"邦君食盨"的"盨",也應釋作"斶",訓爲"潔","食斶"與下文"承餕"、"受餘"形成對比。我現在覺得將"食盨"釋讀爲"食斶",似乎比釋讀爲"食濁"要好,但也還不能完全論定。謹記於此。

2007年12月25日

原載簡帛網(2007年7月16日),又載《簡帛》第三輯(上海古籍出版社,2008),今據後者收入。

說《魯邦大旱》"抑吾子如重命丌歟"句

《上海博物館藏戰國楚竹書(二)》所收《魯邦大旱》篇,記魯國大旱,哀公問計於孔子,孔子要哀公"毋愛珪璧幣帛於山川",並正刑、德之失;事後,孔子與子貢有如下一段問答(除需討論之句外,釋文用寬式):

> ……出遇子貢,曰:"賜,而聞巷路之言,毋乃謂丘之答非歟?"子貢曰:"否,戝虐子女適命丌與? 如夫正刑與德以事上天,此是哉! 如夫毋愛圭璧幣帛於山川,毋乃不可? ……"①

在這段文字裏,"戝虐子女適命丌與"是最難解的一句,各家異說紛紜,沒有必要在此一一引述,下面在吸收各家說法中有用部分的基礎上,談談我們對這一句的理解。

此句"戝"字與本篇簡6"㱿無如庶民何"句的"㱿",各家皆以爲是"殹"的異體,可從。原整理者馬承源讀此"殹"字爲"也",屬上"否"字爲句。② 簡6"殹無如庶民何"的上一句,是"……公豈不飯粱食肉哉",③馬承源也讀"殹"爲"也",屬上爲句。④

何琳儀指出:"從現有資料看,只有秦文字以'殹'爲'也',楚文字則無其例。"他認爲"此字當屬下讀爲繄,用作語首助詞"。⑤ 學者多從之。他將"殹"字屬下讀,很正確。但讀此字爲"繄",則於文義不安,下文所引秦樺林文有批評。

《上海博物館藏戰國楚竹書(二)》所收《子羔》篇,記子羔問於孔子之言曰(除

---

① 馬承源主編《上海博物館藏戰國楚竹書(二)·魯邦大旱》簡3—4,上海古籍出版社,2002,53—54頁。

② 同上,207頁。

③ 同上,56頁。

④ 同上,210頁。

⑤ 何琳儀《第二批滬簡選釋》,上海大學古代文明研究中心、清華大學思想文化研究所編《上博館藏戰國楚竹書研究續編》,上海書店出版社,2004,447頁。

個别與討論有關之字外,釋文用寬式):

> 三王者之作也,皆人子也,而其父賤而不足稱也歟?殹(殹)亦誠天子也歟?⑥

陳劍讀"殹"字爲"抑",⑦文義通順。俞志慧認爲《魯邦大旱》的"殹"不應讀爲"緊",而"當讀如同樣爲語首助詞的'抑',意義相當於或者",但沒有提到《子羔》篇的"殹"。⑧

秦樺林討論《魯邦大旱》的"殹"字時指出:

> 此字不應讀爲"緊","緊"用作句首助詞,典籍中多訓爲"是",起到加强肯定語氣的作用,如《國語・吴語》:"君王之於越也,緊起死人而肉白骨也。"韋昭注:"緊,是也。"所以"緊"不可能引導疑問句。而"歟""何"用於句尾,都是典型的疑問語氣句。⑨

這是有道理的。

同時,秦樺林也反對讀此字爲"抑"。他指出"'殹'屬影母脂部,'抑'屬影母質部,爲陰入對轉,可以通假";也承認陳劍讀《子羔》篇"殹"字爲"抑",是正確的。但是他認爲古書中"不也"的說法屢見,馬承源把"否殹(也)"連讀,應該是對的;又說"'抑'用於兩個問句之間時,多爲選擇連詞,且兩個問句的句式規整",6號簡"殹"字前後"絶非選擇問句",所以"'殹'不當讀爲'抑'",而應從馬承源讀爲"也",上屬爲句。⑩ 我們認爲這些意見是不可取的。

"抑"在古漢語中往往用作轉接連詞,如《論語・述而》:"若聖與仁,則吾豈敢。抑爲之不厭,誨人不倦,則可謂云爾已矣。"孔子問子貢,有沒有聽到人們說他回答魯哀公的話不正確。子貢回答說"否",意即沒有。但是子貢自己却對孔子的回答有意見,所以用轉接連詞"抑"引出自己的意見。這是很合理的。如將"殹"讀爲"也",屬上讀,語氣就嫌生硬了。6號簡的"殹"讀爲轉接連詞"抑",也是完全可以

---

⑥ 《上海博物館藏戰國楚竹書(二)》,42頁。

⑦ 陳劍《上博簡〈子羔〉、〈從政〉篇竹簡拼合與編連問題小議》,《文物》2003年5期,56頁。此文先已於2003年1月8日發表於"簡帛研究"網。

⑧ 俞志慧《〈上博館藏戰國楚竹書〉(二)二題》,《上博館藏戰國楚竹書研究續編》,512頁。本文所引内容已見俞氏2003年1月27日發表於"簡帛研究"網的《〈魯邦大旱〉句讀獻疑》。

⑨ 秦樺林《上博簡〈魯邦大旱〉虚字劄記》,"簡帛研究"網,2003年2月14日。

⑩ 同上。

的。所以我們雖然不同意俞志慧對有關語句的解釋,但仍同意把此篇的“殹”,跟《子羔》篇的“殹”一樣,也讀爲“抑”。

虐子,各家多讀爲“吾子”;女,各家多讀爲“如”,應該都是沒有問題的。本文開頭所引《魯邦大旱》簡文中的兩處“如夫”的“如”,原來也都是寫作“女”的。

邅,馬承源認爲跟《說文》“動”字的古文“連”是一個字,簡文用爲“重”。[11] 其說可從。但“重命”之語頗難確解,各家異說紛陳,從上下文的語意看,沒有一種說法能令人信服。不過有些說法仍有參考價值。

曹峰之文所引廣瀨薰雄之說,把“重命”解釋爲“重複命令”。[12] 我們認爲把“重”看作重複之“重”,是可取的。李學勤對“殹虐”句的解釋比較獨特,不將“邅”讀爲“重”;但他引《爾雅·釋詁》訓“命”爲“告”,[13]則是可取的。“命”訓爲“告”古書屢見,如《儀禮·士冠禮》“宰自右少退,贊命”及《特牲饋食禮》“祝命嘗食”鄭玄注,都訓“命”爲“告”。《國語·吳語》:“越王勾踐乃召五大夫曰:‘吾問於王孫包胥,既命孤矣。’”韋昭注也說:“命,告也。”這種“命”字似多含有囑咐、吩咐一類意味。

簡文“重命”的“命”,當指孔子告訴哀公應付大旱的措施而言。重複的“重”古多訓爲重疊或累積、累加之“累”。[14] 從下文看,子貢認爲孔子只應要求哀公“正刑與德”,不應又加上“毋愛圭璧幣帛於山川”,所以這裏用了“重命”的說法。

“丌”與“箕”、“基”同音,楚簡一般用作虛詞“其”。此句“丌與”之“與”無疑應讀爲“歟”,“丌”似可讀爲見於下引《詩·鄭風·大叔于田》的句末語氣助詞“忌”:

> ……叔善射忌,又良御忌(《毛傳》:“忌,辭也。”《鄭箋》:“‘忌’讀如‘彼己之子’之‘己’。”《釋文》:“忌,注作‘己’,同音‘記’。”引者按:“彼己之子”,今本《詩·王風·揚之水》、《鄭風·羔裘》、《曹風·候人》皆作“彼其之子”)。抑磬控忌,抑縱送忌。……叔馬慢忌,叔發罕忌。抑釋掤忌,抑鬯弓忌。

“丌”、“忌”上古音極近,而且《鄭風》的某些“忌”字和簡文的“丌”字,都用在以“抑”開頭的句子裏,二者很可能是表示同一個句末語氣助詞的。句末語氣助詞

---

⑪ 《上海博物館藏戰國楚竹書(二)》,207—208 頁。

⑫ 曹峰《〈魯邦大旱〉初探》,《上博館藏戰國楚竹書研究續編》,125 頁。

⑬ 李學勤《上博楚簡〈魯邦大旱〉釋義》,《上博館藏戰國楚竹書研究續編》,98 頁。

⑭ 宗福邦等主編《故訓匯纂》,商務印書館,2003,2356 頁第 4 欄。

"忌"音"記"。簡文此句之"丌",應該跟"彼其之子"的"其"一樣,也音"記"。⑮ 古漢語可以在句末語氣助詞之後,加表疑問語氣的"歟",例如"……也歟"一類句式就很常見,上文討論"殹"字時舉過的《子羔》篇的兩句就是實例。

"抑吾子如重命丌歟?"可以勉强譯爲"然而夫子您是不是把話說得有點疊牀架屋了呢?"或"然而夫子的囑咐是不是有點疊牀架屋呢?"由於是向老師提意見,想把話說得緩和一點,所以用了疑問語氣,並在句中加了"如"。

原載《華學》第九、十輯(上海古籍出版社,2008),今據以收入。

⑮ 《詩》、《書》中還有跟在疑問代詞"何"後的句末語氣助詞"其",音"基"(楊樹達《詞詮》,中華書局,1965,163頁),不知跟這裏討論的"丌"有無關係。

說 “夜 爵”

李學勤先生在《從清華簡談到周代黎國》一文中,對清華簡中的《耆夜》篇有簡明介紹,今引錄於下:

> 清華簡中有一篇原題《郘夜》,我曾有小文介紹,說明簡文“武王八年,征伐郘(耆),大戧(戡)之”,即《尚書·西伯戡黎》一事。“郘”讀爲“耆”或“黎”。……
>
> ……
>
> 清華簡《郘夜》,我以爲當讀爲《黎咤》,主要敘述戡黎還師“飲至”,即飲酒慶功的情景,參加者除武王外,有畢公、召公、周公、辛甲、作册逸(即史佚)、吕上(尚)父等人,而以“畢公高爲客”。飲酒間,武王、周公都先“夜(咤,意爲奠爵)爵醻(引者按:據有關文章,此字原簡作“壽”,讀爲“醻”。古書“醻”亦作“酬”,下文一般用“酬”字)畢公”,這顯然是由於畢公是伐黎的主將,功績最高。……①

李先生讀“夜”爲“咤”是有他的道理的。“夜”、“咤”二字古音相近,訓“咤”爲“奠爵”,也有《尚書·顧命》“咤”字古訓爲據。我因眼疾不用電腦,聽說網上有的文章把“夜爵”讀爲“舍爵”。“夜”、“舍”二字的古音,也是相近的。但是我覺得讀“夜爵”爲“咤爵”或“舍爵”,似乎不如讀爲“舉爵”妥當。

戰國楚文字資料中屢見地名“平夜”,我在《談談隨縣曾侯乙墓的文字資料》一文中,因“夜”與“輿”上古音同屬余母魚部(“夜”从“亦”聲,或歸入魚部入聲鐸部),讀“平夜”爲“平輿”。② 1994 年,河南省考古工作者在新蔡縣西北的葛陵村,發掘了一座戰國時代的楚國大墓。根據墓中隨葬銅兵器的銘文和竹簡的記載,可知墓主是楚國的平夜君成。新蔡西北部與西漢時已置縣的平輿毗鄰,埋在這裏的

---

① 李學勤主編《出土文獻》第一輯,中西書局,2010 年 8 月,1—2 頁。

② 裘錫圭《古文字論集》,中華書局,1992 年 8 月,406—407 頁、415 頁。

平夜君成，應該就是封在平輿的封君。這就證實了“平夜”確應讀爲“平輿”。[③]

“輿”、“與”同音，“舉”从“與”得聲，“夜”既可讀爲“輿”，當然也可讀爲“舉”。這裏有一個問題要説明。“夜”、“輿”、“與”都是余母（喻四）字，“舉”則是見母字。但是在上古，有一部分余母字跟見系字關係密切，如余母的“欲”从見母的“谷”，余母的“遺”从見母的“貴”，見母的“姜”从余母的“羊”。這類余母字和見母字的上古聲母的語音無疑是很接近的。這一現象首先由董同龢指出，[④]其後有不少學者增舉過這類例子。“與”和“舉”也屬於這一類。所以讀“夜”爲“舉”就跟讀“夜”爲“輿”一樣，在語音上是沒有問題的。現在，“夜”是開口字，“與”是合口字；但在中古，它們都是開口字。它們的上古音一定很接近，所以“夜”可以跟从“與”聲的“輿”、“舉”通用。【重印本按：郭店《老子》簡甲8“夜乎如冬涉川”（屬今本第十五章）中的“夜乎”，帛書甲、乙本作“與呵”，河上公本作“與兮”，亦“夜”、“與”古音相近之證（王弼本作“豫焉”，他本或作“豫兮”，“豫”、“與”同音，皆古開口字）。】

“舉爵”之語古書屢見，現擇舉三例於下：

《禮記·檀弓下》：邾婁定公之時，有弑其父者。有司以告，公瞿然失席……蓋君踰月而后舉爵。[⑤]

《儀禮·鄉飲酒禮·記》：凡舉爵，三作而不徒爵（鄭玄注：謂獻賓、獻大夫、獻工，皆有薦）。[⑥]

《儀禮·聘禮》：一人舉爵，獻從者，行酬，乃出。[⑦]

先秦飲酒之禮，有獻（主人敬賓客），有酢（賓客回敬主人），有酬（主人再敬賓客），還有旅酬。[⑧] 上引《聘禮》“行酬”，就指行旅酬。《儀禮·鄉飲酒禮·記》：“獻用爵，其他用觶。”[⑨]依此説，酬應用觶。《鄉飲酒禮》講到旅酬將始之時，就説“舉觶”而不説“舉爵”：

一人洗，升，舉觶于賓。

---

③ 河南省文物考古研究所等《河南新蔡平夜君成墓的發掘》，《文物》2002年8期，18頁。
④ 董同龢《上古音韵表稿》，《歷史語言研究所集刊》第十八本，商務印書館，1948年9月，31頁。
⑤ 《十三經注疏整理本》第12册《禮記正義》，北京大學出版社，2000年12月，370—371頁。
⑥ 《十三經注疏整理本》第10册《儀禮注疏》，北京大學出版社，2000年12月，195頁。
⑦ 同上注，510—511頁。
⑧ 關於旅酬，參看錢玄、錢興奇《三禮辭典》，江蘇古籍出版社，1993年3月，641—642頁。
⑨ 同注⑥，192頁。

賈公彦疏:“此一人舉觶,爲旅酬也。”[⑩]《儀禮・燕禮》講旅酬時説:

> 公又舉奠觶,唯公所賜,以旅于西階上……[⑪]

公所舉的也是觶。

不過,在古書中,觚和觶都可以泛稱爲“爵”。《儀禮・燕禮》講“主人”(指代替君主當主人的宰夫)獻賓和賓酢主人之儀,所用酒器爲觚,但自“主人升,坐取觚”往後的文字,屢屢以“爵”稱觚,而到“賓洗南坐奠觚”、“賓坐取觚”兩句,又復稱“觚”。[⑫] 鄭玄注解前一句説:“上既言‘爵’矣,復言‘觚’者,嫌,易之也。”賈公彦疏以“一升曰爵,二升曰觚,散文即通,觚亦稱‘爵’”來作解釋。[⑬] 觶同樣可以稱“爵”。如《儀禮・燕禮》説:

> ……公坐奠觶,荅再拜,執觶興,立卒觶。賓下拜,小臣辭。賓升,再拜稽首。公坐奠觶,荅再拜,執觶興。賓進受虚爵,降奠于篚,易觶洗。[⑭]

此文中的“虚爵”即指虚觶(此篇後文有“虚觶”,見注⑥所引書 307 頁)。同篇又説:

> 公坐取賓所媵觶,興。唯公所賜。受者如初受酬之禮,降,更爵洗……[⑮]

此文的“爵”也指觶而言。

《詩・小雅・賓之初筵》:“鍾鼓既設,舉醻逸逸。”[⑯]《正義》以“舉相酬之爵”解釋“舉酬”。[⑰] 如先秦時代酬的飲酒器用觶不用爵確爲定制,《正義》所説的“爵”便也應該是指觶而言的。《耆夜》説武王、周公都“夜爵酬畢公”,讀“夜”爲“舉”,顯然很合適,“舉爵”就是“舉相酬之爵”的意思。這裏的“爵”似乎也應該是指觶而言的。不過酬酒用觶不用爵也不見得真是一成不變的定制,《耆夜》“舉爵”的“爵”指真正的爵的可能性,也不能完全排除。

---

⑩ 同注⑥,166 頁。

⑪ 同注⑥,316 頁。

⑫ 同注⑥,297—298 頁。

⑬ 同注⑥,298 頁。

⑭ 同注⑥,305 頁。

⑮ 同注⑥,326 頁。

⑯ 《十三經注疏整理本》第 5 册《毛詩正義》,北京大學出版社,2000 年 12 月,1028 頁。

⑰ 同上注,1029 頁。

先秦時代酬的儀式是:“主人既卒酢爵,又酌自飲,卒爵復酌進賓……”。[18]《耆夜》的“舉爵”,有可能兼指“自飲”和“復酌進賓”這兩件事。

《禮記·檀弓下》“知悼子卒未葬”章,記晉平公在大臣死而未葬之時,飲酒擊鐘,宰夫杜蕢以讓侍臣飲罰酒的方式諫平公,平公覺悟受諫。章末的一段話如下:

> 平公曰:“寡人亦有過焉,酌而飲寡人。”杜蕢洗而揚觶(鄭玄注:舉爵於君也。……揚,舉也。……)。公謂侍者曰:“如我死,則必無廢斯爵也。”至于今,既畢獻,斯揚觶,謂之“杜舉”。[19]

《耆夜》篇是由於篇中有伐耆還師“飲至”,武王、周公“夜爵酬畢公”等內容而得名的。這跟“杜舉”由於杜蕢揚觶之事而得名有相類之處。所以,把“耆夜”讀爲“耆舉”,似乎也比讀爲“耆咤”或“耆舍”合理。

附記:

去年10月22日在北京香山開中國古文字研究會第十八次年會時,我跟李學勤先生談了“夜爵”應讀爲“舉爵”的意見。李先生告訴我,趙平安先生也持這樣的看法。頗爲彼此不謀而合感到高興,謹識於此。

又記:

本文寫作過程中,曾請鄔可晶君幫助檢索文獻資料,又曾就“與”字開合口的問題請教陳志向君;文章寫成後,蒙郭永秉君爲我打印文稿,在此一併致謝。

2011年1月4日

追記:

撰寫本文時,尚未看到《清華大學藏戰國竹簡(壹)》(中西書局,2010年12月)。今將該書對“夜爵”的注釋引録於下,以供參考:

> 夜,古音喻母鐸部,在此讀爲“舍爵”之“舍”,舍在書母魚部,可相通假。

---

[18] 《詩·小雅·瓠葉》“酌言醻之”鄭玄箋。《正義》指出鄭箋“皆準《鄉飲酒》、《燕禮》而爲說也”。皆見《十三經注疏整理本》第6册《毛詩正義》,北京大學出版社,2000年12月,1099頁。

[19] 《十三經注疏整理本》第12册《禮記正義》,北京大學出版社,2000年12月,337頁。《左傳·昭公九年》有一段文字,與《禮記》此章記同一事件,但内容有較大出入,“杜蕢”作“屠蒯”。我們所引録的《禮記》章末那段話的内容,《左傳》完全沒有。

或說讀爲《說文》的“詫”字,音爲端母鐸部,該字今《書·顧命》作“咤”,訓爲“奠爵”,與“舍爵”同義(下册152頁注〔九〕)。

本文曾據他文,說簡文以“壽”爲“醻”(酬)。從簡文圖版看,字實作“𠷎”,乃“壽”之聲旁。

這裏還要附帶談一個問題。在我們的印象裏,楚簡一般以从“止”“與”聲之字爲“舉”(參看李守奎《楚文字編》,華東師範大學出版社,2003年12月,85—86頁;滕壬生《楚系簡帛文字編》增訂本,湖北教育出版社,2008年10月,132—134頁;李守奎等《上海博物館藏戰國楚竹書(一—五)文字編》,作家出版社,2007年12月,72—73頁)。可能有人會因此懷疑讀“夜”爲“舉”之說,認爲這種用字方法太特别了。但是,楚簡用字有時確有很特别的例子。見於典籍的楚王及其先公名號中的“熊”,在新蔡葛陵楚簡之前出土的楚文字資料中,全都作“酓”。因此學者們曾認爲在戰國時代,只有楚國之外的國家才把這種“酓”字寫作“熊”(如秦國的詛楚文把楚懷王名寫作“熊相”,典籍用字多沿襲秦文字)。最近發表的清華簡中的《楚居》篇,記楚先公、先王名也都用“酓”字(參看上引《清華大學藏戰國竹簡〔壹〕》下册《楚居》釋文181頁)。但是葛陵簡中多次出現的楚先公名“穴熊”,雖然多數用“酓”字,却有二或三例是用“熊”字的(參看李家浩《楚簡所記楚人祖先“毓(鬻)熊”與“穴熊”爲一人說》,《文史》2010年第三輯,5—6頁。用“熊”字的見此文第6頁所引7、10、11三例。第10例“熊”爲殘字)。這就是楚簡用字的一種特例。所以楚簡一般以从“止”“與”聲之字爲“舉”,偶爾又用“夜”字爲“舉”,是完全可能的。我們現在所見到的楚文字資料畢竟有限,在將來發表的楚文字資料裏,可能還會出現用“熊”(酓)用“夜”(舉)的例子。

2011年2月2日追記

原載《〈清華大學藏戰國竹簡(壹)〉國際學術研討會會議論文集》(清華大學出土文獻研究與保護中心,2011),又載《出土文獻》第二輯(中西書局,2011),今據後者收入。

說清華簡《程寤》篇的“祓”

《清華大學藏戰國竹簡(壹)》收有久已亡佚的《程寤》篇。此篇開頭一段四次出現“敝”字,現將有關簡文按原整理者的釋文錄出,但釋讀上無爭議的古字一般直接寫作整理者所括注的通行字:

惟王元祀正月既生魄,太姒夢見商廷惟棘,廼小子發取周廷梓樹于厥間,化爲松柏棫柞。＝寤驚,告王。王弗敢占,詔(引者按:此字或當依古書所引《程寤》文讀爲“召”)太子發,俾靈名莵(凶),敝(祓)。祝忻敝(祓)王,巫率敝(祓)太姒,宗丁敝(祓)太子發。敝(幣)告＝宗䄏社稷,祈于六末山川,攻于商神,瞿(望),承(蒸),占于明堂。王及太子發並拜吉夢,受商命＝于皇上帝。①

整理者對“靈名莵”加了注,引《說文》和《九歌》注訓“靈”爲“巫”,認爲“名莵”“猶《周禮·男巫》之‘授號’”;②又對“敝”字加注說:

讀爲“祓”,《說文》:“除惡祭也。”《左傳》僖公六年注:“除凶之禮”,《小爾雅·廣詁》:“潔也。”③

整理者訓“靈”爲“巫”,可從。但是此處下文所說從事“敝”的工作的“祝忻”、“巫率”、“宗丁”都有私名,爲什麽獨獨這位靈却沒有私名呢? 而且太姒的夢,從其內容看,顯然並非不利於周人的惡夢。在占夢之前,有什麽必要先鄭重地舉行祓除凶、惡的祭禮呢? 整理者讀“莵”爲“凶”,認爲“名凶”即《周禮》的“授號”,並將“敝”讀爲“祓”,顯然是有問題的。

孟蓬生先生不同意整理者對“名莵”的理解。他說:

“卑霝(引者按:此二字係依簡文原形,下文中類似情況不再加注)名莵

---

① 李學勤主編《清華大學藏戰國竹簡(壹)》,中西書局,2010年12月,136頁。
② 同注①,137頁注4。
③ 同注①,137頁注5。

㪔"當作一句讀,不當逗。"霝名"與下文"祝忻"、"晉率"、"宗丁"文例相同,均爲大名冠小名結構。"霝"爲通名,"名"爲私名。"莧"音當同"蔑",借爲"總",爲動詞,有統領之意。……④簡文所謂"莧祓"即"總領祓事"或"主持祓事"之意。⑤

我認爲孟先生將"俾靈名莧㪔"作一句讀,以"名"爲靈之私名,讀"莧"爲"有統領之意"的"總",都是正確的。我在《釋古文字中的有些"悤"字和从"悤"、从"兇"之字》一文中指出,楚系文字和馬王堆西漢早期墓遣册中的"莧"字實應釋爲"蔥(葱)"。⑥ 不管將"莧"釋爲"蔑"或"蔥",都沒有問題可以讀爲"總"。靈名是總"㪔"事的,祝忻、巫率、宗丁則分頭"㪔王"、"㪔太姒"、"㪔太子發"。但是孟先生仍從原整理者讀"㪔"爲"祓",則是不妥當的。古人在占卜之前先要"蔽志",我認爲簡文"㪔"字應讀爲"蔽志"之"蔽"。

"㪔"字已見於上博簡《容成氏》篇3號簡,有關文字如下(無爭議的古字,直接寫作原整理者釋文中所括注的通行字):

凡民之俾㪔者,教而誨之,飲而食之,思(使)役百官而月請之。⑦

白於藍先生把"俾㪔"釋讀爲"罷敝(弊/憋)",⑧可從(我曾將"俾㪔"讀爲"蔽芾",非是)。

白先生認爲"㪔"可以直接釋爲"敝"。他同意李家浩先生釋楚簡"𢿢"字爲"敝",並認爲其所从之"釆"是改造"㡀"字上部字形使之聲化而成的意見。他所以將"㪔"也釋爲"敝"有兩點理由。首先,從字形看,如將"𢿢"字的"追加的聲符'釆'去掉,剩餘部分則與'俾㪔'之'㪔'字形全同"。其次,從上古音看,"敝"和有些从"敝"聲之字爲並母月部字,又有些从"敝"聲之字是幫母月部字,"而'市'、

④ 此處本引有書證,從略。"總"有"統"、"領"之義,可參看宗福邦等主編《故訓匯纂》(商務印書館,2003年7月)1771頁"總"字33、36等義項。又《左傳·僖七年》"若揔其罪人以臨之"杜預注:"揔,將領也。""揔"、"總"通。

⑤ 此爲孟蓬生先生在復旦大學出土文獻與古文字研究中心研究生讀書會《清華簡〈尹至〉、〈尹誥〉研讀札記(附:〈尹至〉、〈尹誥〉、〈程寤〉釋文)》(復旦大學出土文獻與古文字研究中心網站,2011年1月5日首發)一文後的回帖,回帖時間爲2011年1月9日。

⑥ 復旦大學出土文獻與古文字研究中心編《出土文獻與古文字研究》第二輯,復旦大學出版社,2008年8月,6—7頁。

⑦ 馬承源主編《上海博物館藏戰國楚竹書(二)》,上海古籍出版社,2002年12月,95、252頁。

⑧ 白於藍《上海博物館藏竹簡〈容成氏〉"凡民俾㪔者"考》,《文物》2005年11期,88—90頁。

‘芾’亦爲幫母月部字。可見,‘市’實可用作‘敝’字之聲符”。[⑨] 此説頗有道理。我在《説字小記》的《説“敝”》小篇中指出,“敝”字本象擊巾去塵之形,當是訓“擊”的“撇”字的初文,甲骨文“敝”字有省作“攴”形者。[⑩] 説不定“攴”就是由這種簡省之形變來的。

不過,在《程寤》篇簡文中,“攴”、“敝(敝)”二字同見,而用法不同。前引《程寤》簡文的“敝告”,整理者讀爲“幣告”,顯然是正確的。此篇後面的簡文中還有“惟梓敝不義”之文,[⑪]整理者訓“敝”爲“敗”,[⑫]有待進一步研究。但這個“敝”字的用法,也顯然與“攴”不同。這樣看來,也許“敝”、“攴”本爲一字異體,但二者的用法後來已經有所分化。也有可能“攴”是一個比較晚出的从“攴”“市”聲之字,其本義不一定與“敝”有關。即使屬於後一種情況,由於“敝”、“市”上古音相近,將“攴”讀爲“敝”或“蔽”,也是合乎音理的。

《左傳·哀十八年》:

《夏書》曰:“官占,唯能蔽志,昆命于元龜。”

杜預注:

逸書也。官占,卜筮之官。蔽,斷也。昆,後也。言當先斷意,後用龜也。[⑬]

僞古文《尚書》將上引《夏書》文編入《大禹謨》,作爲帝舜之語,又將“能”字改成了“克”。[⑭] 僞孔傳解釋説:

帝王立占卜之官,故曰官占。蔽,斷。昆,後也。官占之法,先斷人志,後命於元龜,言志定然後卜。[⑮]

其説與上引《左傳》杜預注大致相同。

---

⑨ 同注⑧,89 頁。

⑩ 裘錫圭《古文字論集》,中華書局,1992 年 8 月,638—639 頁。

⑪ 同注①。此句在 7 號簡上。

⑫ 同注①,138 頁注 30。

⑬ 《左傳正義》(《十三經注疏》整理本),北京大學出版社,2000 年 12 月,19 册 1959 頁。

⑭ 《尚書正義》(《十三經注疏》整理本),北京大學出版社,2000 年 12 月,2 册 114 頁。據《左傳·哀十八年》陸德明《釋文》,“能”字古文《尚書》作“克”,但傳本已將“克”改爲“先”,參看上引書同頁校注 2。

⑮ 上注所引書同頁。

天星觀楚墓出土的卜筮祭禱簡,數見"詖志"之語。沈培先生指出,上古音"詖"的聲旁"必"屬質部,"蔽"屬月部,二部關係密切,相通之例甚多,"必"聲與"敝"聲就有相通之例;⑯從文義看,"詖志"就應讀爲"蔽志"。⑰ 上博簡《柬大王泊旱》篇記柬大王(即楚簡王)因天旱及本身的疾病,想要祭楚邦的名山大川,謂釐尹高"尚詖而卜之於大夏"。⑱ 沈培先生認爲這個"詖"字也應讀爲"敝志"之"敝"。⑲ 沈先生的這些意見都是可信的。由此可知"敝志"也可以就說爲"敝"。

文王等人對太姒的夢極爲重視,在占夢之前鄭重地進行"敝志"之事是很自然的。所以我認爲簡文的"敂"字應該讀爲"蔽志"的"蔽"。古漢語動詞的賓語,有些是表示行爲、動作爲他而做出的對象的。例如在下引句子中:

伯氏不出而圖吾君,伯氏苟出而圖吾君,申生受賜而死。(《禮記·檀弓上》)

"圖吾君"就是"爲吾君圖謀"的意思。⑳ 前引《程寤》簡文中的"敂(蔽)王"、"敂(蔽)太姒"、"敂(蔽)太子發",也就是爲王、爲太姒、爲太子發蔽志的意思。

蔽志的具體操作方法,我們已經無法知道了。在情況不同的占卜中,所蔽之志的內容應該是不同的。對太姒之夢,文王等人一定希望這是周將代商受天命而有天下的徵兆。在占此夢前所敝之志中,應該包含這方面的內容。

天星觀卜筮祭禱簡中有下引一類語句:

詖(蔽)志,囟攻解于不辜、强死者。㉑

沈培先生認爲"蔽志"後面的話"即'蔽志'的內容,即占卜者在此次占卜前所定下的'志'"。㉒ 前引《程寤》簡文所說的、在蔽志之後緊接着進行的"幣告"、"祈"、"攻"諸事,也許也是在蔽志時定下來的。

攻是《周禮·春官·大祝》"六祈"之一,鄭玄注:"攻、說(引者按,說也是六祈

⑯ 沈培《從戰國簡看古人占卜的"蔽志"——兼論"移祟"說》,陳昭容主編《古文字與古代史》第一輯,中研院歷史語言研究所,2007年9月,398—400頁。

⑰ 注⑯所引文《二·戰國簡中的"詖"與"詖志"》節,394—408頁。

⑱ 《柬大王泊旱》3—4號簡,馬承源主編《上海博物館藏戰國楚竹書(四)》,上海古籍出版社,2004年12月,47—48頁。

⑲ 同注⑰。

⑳ 參看楊伯峻、何樂士《古漢語語法及其發展》,語文出版社,1992年8月,526頁。

㉑ 同注⑯,401頁注32,參看398頁所引例句(2)。"囟"字多數研究者讀爲"使"。

㉒ 同注⑯,401頁。

之一),則以辭責之。"㉓"攻于商神"之"攻",當與楚墓所出卜筮祭禱簡中屢見之"攻解"義近。"攻解"就是向鬼神攻說以求解除災祟的意思。卜筮祭禱簡提到的"攻解"對象中,數見上引天星觀"蔽志"簡所說的"不辜、强死者"一類作祟的鬼魂,但從不見占卜主體的先人以及經常受祭禱的那些神。《程寤》簡文的"商神",當指商王的先人以及那些爲商人所奉祀而不爲周人所奉祀的神。周人怕商神站在商人一邊,爲害於自己,所以要向他們進行攻說,估計是向他們講商紂的無道、周代商受命的正當性,並應允在滅商以後仍立殷後來奉祀他們,以求消除他們對周人的敵意。周滅商後,仍立紂子祿父(即武庚)爲殷遺民之君,祿父叛周失敗被殺之後,又以紂庶兄微子爲殷後,封於宋。這既是審度當時形勢而採取的政治措施,也是爲履行對商神的承諾而作出的宗教行爲。

《程寤》簡文在"攻于商神"和"占于明堂"之間,有"﨟承"二字。整理者讀"﨟"爲望祭之"望","承"爲蒸祭之"蒸"。㉔ 其說可疑。在蔽志和占夢這兩件事之間,似乎不太可能去舉行望、蒸這類常規祭祀。頗疑此二字當屬下讀,即主持占夢之人的名稱,有待進一步研究。

這次占夢的結果無疑是"吉",是"如志",㉕也就是說上天肯定了文王等人對太姒之夢的理解是正確的。於是"王及太子發並拜吉夢",認爲皇天上帝已經授給了他們天命。

附識:

蒙同事郭永秉君代爲檢索網上資料並打印文稿,十分感謝。

2011 年 5 月 26 日

附記:關於"瞉"

包山楚簡卜筮祭禱簡中,一條以"以其故敓之"開頭的貞辭中有"迻(移)古(故)箭(瞉)"之語(簡 213,湖北荆沙鐵路考古隊《包山楚簡》,文物出版社,1991 年 10 月,圖版 94),又有一條占辭之後(與占辭之間有一段空白)記有"凡此瞉既盡迻(移)"語(簡 204,同上圖版 91—92)。

㉓ 《周禮注疏》(《十三經注疏》整理本),北京大學出版社,2000 年 12 月,8 册 1987 頁。

㉔ 同注①,137 頁注⑩、⑪。

㉕ 注㉓引過的《周禮・大祝》鄭玄注,還有"玄謂類、造(二者皆爲六祈之一)加誠肅,求如志"之語,這裏借用了他的話。

一般認爲卜筮祭禱簡中的“移”應理解爲“移用”，沈培則認爲是“移去”、“移除”的意思（《從戰國簡看古人占卜的“蔽志”——兼論“移祟”說》，陳昭容主編《古文字與古代史》第一輯，中研院歷史語言研究所，2007年9月，422、428頁）。他又認爲“𥿋”“當讀爲訓‘敗、惡、壞’的‘敝’、‘弊’或‘憋’”（同上，430頁）。其說難以使人信從。

沈培批評了李零讀“𥿋”爲“弊”，訓爲“斷”的說法（同上，429頁）。其實這一意見不應簡單否定。李說的問題是沒有把“𥿋”跟“蔽志”（此“蔽”亦訓“斷”）聯繫起來。

我們認爲上引二簡“𥿋”字應讀爲“蔽志”之“蔽”。“移故蔽”就是“移用爲此前有關占卜所蔽之志”的意思。“凡此蔽既盡移”就是爲此次占卜所蔽之志已都被移用的意思。我想卜筮祭禱簡中“以其故敓之”後面所說的禱於某鬼神用某牲等文，就是所蔽之志的記錄。

又包山簡233“……瘢。以其故敓之……”一辭中的“瘢”，似亦有可能讀爲“蔽”，那麼，其後便可加一冒號。留待後考。

本文已提到，《柬大王泊旱》記楚簡王因天旱及本身的疾病，想要祭楚邦的名山大川，謂釐尹高“尚詍（蔽）而卜之”。所要“蔽”的，顯然是應祭哪些山川及如何祭祀的問題。從天星觀簡關於“詍（蔽）志”和包山簡關於“𥿋（蔽）”的簡文來看，所“蔽”的，應是向哪些鬼神“敓”祭並使用何種祭品，以及向哪些鬼神“攻解”等問題。兩方面的情況頗爲類似。《程寤》的“蔽”，看來也確應是包含確定“幣告”、“祈”、“攻”等事的內容的。由於分頭爲文王、武王和太姒所蔽之志可能彼此有所出入，所以需要靈名來總蔽。蔽志之後，當然還要占卜，如得吉卜，就可以按所蔽之志行事了。

原載《出土文獻與古文字研究》第四輯（上海古籍出版社，2011），今據以收入。

"東皇太一"與"大龐伏羲"

《楚辭·九歌》以《東皇太一》爲首章。在《九歌》所頌諸神中,東皇太一的地位最爲崇高。他究竟是誰,説法頗有分歧。在各説中,當以聞一多在其遺稿《東皇太一考》中所提出的伏羲説最爲可取。①

伏羲的神話傳説,在楚人中有很大影響。《楚辭·大招》:

> 伏戲(通"羲")《駕辯》,楚《勞商》只。

王逸注:

> 伏戲,古王者也,始作瑟。《駕辯》、《勞商》,皆曲名也。言伏戲氏作瑟,造《駕辯》之曲,楚人因之作《勞商》之歌。②

這説明伏羲是楚人傳説中重要的文化英雄。王逸注説伏羲氏作瑟,見《世本》。《周易·繫辭下》等,還説伏羲氏有作八卦、作網罟等文化功績。

先秦諸子提到伏羲的很少,但《莊子》一書却五次提到伏羲(《人間世》、《繕性》、《田子方》皆稱"伏羲",《胠篋》稱"伏羲氏",《大宗師》作"伏戲氏")。③ 在主要的先秦諸子中,老、莊跟南方文化的關係最深。④《莊子》屢稱伏羲,也可以看作伏羲傳説在楚地流傳廣泛的反映。

上世紀四十年代初長沙戰國楚墓盜掘出土的楚帛書上,有一篇講到創世神話

---

① 聞氏之文爲未完稿,經范寧整理,發表在《文學遺産》1980 年 1 期。

② 〔宋〕洪興祖《楚辭補注》,中華書局,1983 年 3 月,221 頁。

③ 先秦典籍提到伏羲的情况,可參看聞一多《伏羲考》,同作者《神話與詩》,中華書局,1959 年 9 月,3 頁。

④ 蒙文通認爲先秦道家有南北兩派,由楊朱發端的是北方道家,老、莊是南方道家;《漢書·藝文志》著録的道家"有楚國的人,又有齊國的人",也反映道家有南北兩派。説見《周秦學術流派試探》,載《光明日報》1961 年 7 月 24 日;收入蒙氏《中國哲學思想探源》,臺灣古籍出版社,1997 年 10 月,311—312 頁。《莊子》書中間有近於北方道家之言,當是南方道家受北方道家影響者之作。

的文字(帛書文字不止一篇,研究者多稱此篇爲“甲篇”,本文從之)。[5] 1968 年,金祥恆發表《楚繒書“雹(原文“雨”下有“晶”)虘”解》,將這篇文字一開頭就提到的那位創世者的名字釋讀爲“雹(包)虘(戲)”,亦即“伏羲”。[6] 此説已爲古文字學界普遍接受。

楚帛書甲篇説,伏羲出世時,宇宙尚處在沒有日月的、混沌、黑暗、無序的狀況中,伏羲娶“㲼□子之子”“女𡏳”爲妻,生下四個兒子;伏羲對宇宙進行了整頓,他的四個兒子成爲使宇宙間有四時、年歲的“四神”。過了千餘年,日月産生了,通過炎帝、祝融、共工和四神的努力,宇宙進一步得到整頓,日月有了正常的運行規律,每天分出了晝夜。從這篇文字,我們可以看到,在楚人的神話傳説裏,伏羲不僅是一位一般意義的文化英雄,而且是首出的創世英雄。

在這裏有必要談一下伏羲和女媧的關係問題。大家知道,漢代的圖像資料上常見上身作人形下身作龍蛇形的伏羲、女媧形象,而且其下身多作交尾形。當時人顯然相當普遍地把伏羲、女媧看作夫妻。研究楚帛書的學者,多數認爲“女𡏳”應該釋讀爲“女媧”或女媧的别名,[7]可惜他們的釋讀似乎都還嫌根據不夠堅實。不過,主張女媧説的曾憲通先生所提出的一個圖像上的證據,則是值得重視的。他指出武梁祠畫像石上有交尾的伏羲、女媧像,“其上下分别有四子翱翔”(引者按“四子”下身亦作蛇形,身形較伏羲、女媧爲小)。[8] 這跟楚帛書説伏羲娶女𡏳“是生子四”正好符合,[9]可見“女𡏳”確應指女媧,同時也説明漢代的伏羲、女媧畫像所反映的思想,淵源有自,決非起自漢代。

不少學者認爲,伏羲神話和女媧神話是各自獨立發生的。這是可能的。即便如此,由於伏羲是男性的創世英雄,女媧是女性的創世英雄,他們在先秦流傳的神話傳説裏,至少在某些地區的傳説裏,很可能早已被撮合爲夫妻,只是我們還沒有

---

⑤ 帛書甲篇圖版見饒宗頤、曾憲通《楚地出土文獻三種研究》,中華書局,1993 年 8 月,圖版五六,五七—五九,六九—七八。帛書的釋讀,説頗紛紜,可參看徐在國《楚帛書詁林》(以下簡稱“詁林”),安徽大學出版社,2010 年 8 月。

⑥ 《中國文字》第 28 册,臺灣大學中國文學系,1968 年 6 月,1 頁正—7 頁反。

⑦ 各家説法見注⑤所引《詁林》800—813 頁。

⑧ 曾憲通《長沙子彈庫楚帛書與帛畫之解讀》,同作者《古文字與出土文獻叢考》,中山大學出版社,2005 年 1 月,219 頁,圖見 220 頁。

⑨ 帛書此處下一句爲“□是襄而墢是各”,一般多讀爲“□是襄,天墢是各”,因此有學者認爲“子四”之“四”當屬下讀,不確。關於“是生子四”與武梁祠畫像的彼此相應,除上引曾文第 219 頁,並請參看其文第 215 頁。

發現早於楚帛書的有關文獻而已。楚帛書甲篇沒有提到女媧作爲創世英雄的著名事跡——煉石補天、摶土作人等事。這是由於楚帛書所錄文字内容的重點在天象、歲、時等方面,與一般神話傳説有異的緣故。⑩

上世紀三四十年代,芮逸夫、聞一多等學者,撰文主張伏羲女媧傳説源自苗、瑶族洪水傳説(這種傳説的主要内容爲:洪水過後,只有一對兄妹或姊弟存活,他們自相婚配,成爲人類始祖)。此説爲很多人信從,但其根據並不充足,實不可信。⑪ 有些學者認爲,苗瑶洪水傳説是在域外同類傳説影響下形成的,我國的這類洪水傳説(其分佈不限於苗瑶地區),或稱人類始祖爲伏羲、女媧,這是傳説本土化的結果。楚帛書反映的伏羲女媧傳説,跟苗瑶洪水傳説顯然屬於不同的傳説類型,這對這種看法是有利的。⑫

《楚辭・天問》:

登立爲帝,孰道尚之? 女媧有體,孰制匠之?

王逸注(原文對上二句與下二句分注):

言伏羲始畫八卦,脩行道德,萬民登以爲帝,誰開導而尊尚之也? 傳言女媧人頭蛇身,一日七十化,其體如此,誰所制匠而圖之乎?⑬

王逸大概是由於"登立爲帝"一問與女媧一問對提,所以認爲前者所問之事屬於伏羲的。這應該是正確的。或以爲此問沒有事主之名,所問亦應爲女媧之事。⑭ 這是不正確的。果真如此,"女媧"兩句的位置就應在"登立"兩句之前,這個道理是很明白的。

但是王逸對"登立"兩句文義的理解則有問題。我過去在《"登立爲帝,孰道尚之"解》中已經指出,《天問》"帝"字皆指天帝,"登"字之義應與《莊子・大宗師》"黄帝得之(指"道")以登雲天"之"登"同義;"道尚"當讀爲"導上","導上之""就

---

⑩ 參看李學勤《長沙楚帛書通論》,《李學勤集——追溯・考據・古文明》,黑龍江教育出版社,1989年5月,266—273頁;陳斯鵬《楚帛書甲篇的神話構成、性質及其神話學意義》,《文史哲》2006年6期,9頁。

⑪ 參看〔俄〕李福清《從比較神話學角度再論伏羲等幾位神話人物》,同作者《古典小説與傳説(李福清漢學論集)》,中華書局,2003年6月,189頁。

⑫ 注⑩所引陳斯鵬文,12—14頁。

⑬ 同注②,104頁。

⑭ 金開誠等《屈原集校注》,中華書局,1996年8月,下册374頁注⑦。

是引導之使之上天的意思”;“登立”一問和“女媧”一問都是以神話爲背景的。[15]由此可知在傳説中,伏羲這位創世英雄,後來登天成了神帝。

從上面所説的來看,伏羲在楚人心目中的地位顯然極高,《九歌》諸神中地位最高的東皇太一,非常可能就是伏羲。但是要落實這一點,必須回答一個相當棘手的問題:伏羲爲何稱“東皇太一”?

聞一多在《東皇太一考》中,認爲伏羲即太皞。他還説古書中的“西皇”指少皞,“則東皇必是太皞。……東皇是太皞,也便是伏羲了”。[16] 這是有問題的。

清儒崔述在《補上古考信録》中已指出,“自司馬遷以前,未有言炎帝、太皞之爲庖羲、神農者,而自劉歆以後始有之”;[17]並對伏羲與太皞不能爲一人,有專條加以考辨。[18] 我們固然不必肯定劉歆就是牽合伏羲與太皞的第一人,但是應該承認,這種牽合發生的時代,再早也早不過戰國晚期。《九歌》的東皇太一無疑不可能既是伏羲,又是太皞。或據伏羲與太皞已經牽合爲一之後産生的、伏羲風姓和伏羲木德等説法,來證明伏羲與太皞爲一人,應稱東皇,這是毫無價值的。

至於聞氏提到的“西皇”,情況比較複雜,有必要討論一下。《楚辭》中兩見“西皇”之稱,《離騷》説“詔西皇使涉予”,《遠遊》説“遇蓐收乎西皇”。後者的“西皇”與見於《月令》的五方帝、神中的西方神蓐收並提,當然是指西方帝少皞的。那麽,“東皇”不是很有可能指東方帝太皞嗎?

但是,經過清代以來很多學者的研究,已可斷定《遠遊》並非出自屈原,而是後人的作品。[19]《遠遊》還提到“太皓(通“皞”)”、“炎神”(舊校:一作“炎帝”)、“顓頊”,在東南西北四方帝中,唯獨對少皞不用本名而稱之爲“西皇”。這顯然是刻意摹仿《離騷》用語。但是《遠遊》作者對“西皇”的理解,並不能等同於屈原對“西皇”的理解。在《楚辭》之外的先秦文獻中,看不到以方位詞加“皇”字來稱呼四方帝的例子,《遠遊》作者對《離騷》“西皇”的理解是靠不住的。

---

⑮ 裘錫圭《古代文史研究新探》,江蘇古籍出版社,1992 年 6 月,147—148 頁。【重印本按:見本集第四卷 395—396 頁。】

⑯ 同注①,6 頁。

⑰ 顧頡剛編訂《崔東壁遺書》,上海古籍出版社,1983 年 6 月,40 頁上欄。

⑱ 同上注,41 頁下欄。

⑲ 對各家提出的否定《遠遊》爲屈原作品的理由,《屈原集校注》在《遠遊》的“題解”中有很好的概括。該書作者承認各家提出的説法“顯然都有參考價值”,但仍維護舊説。不過“題解”最後説:“今姑仍從舊説,仍次於《屈原賦》二十五篇之列”,可見作者内心還是有些傾向否定説的。同注⑭,下册 666—667 頁。

其實,爲了解釋伏羲爲何能稱"東皇",完全沒有牽涉太皞、少皞的必要。

《淮南子》中有"二皇"、"二神"之稱。《原道》篇説:

泰古二皇,得道之柄,立於中央,神與化游,以撫四方。是故能天運地滯,輪轉而無廢,水流而不止,與萬物終始。⑳

《精神》篇説:

古未有天地之時,惟像無形,窈窈冥冥,芒芠漠閔,澒濛鴻洞,莫知其門。有二神混生,經天營地,孔乎莫知其所終極,滔乎莫知其所止息。於是乃別爲陰陽,離爲八極,剛柔相成,萬物乃形。㉑

這裏所説的二皇與二神,顯然都是創世者。《原道》高誘注:"二皇,伏羲、神農也。指説陰陽,故不言三也。"許慎注《淮南》,亦以伏羲、神農爲二皇。㉒《精神》高注:"二神,陰陽之神也。混生,俱生也。"《太平御覽》一引高注:"二神,經天營地之神。"何寧疑其誤許注爲高注。㉓

顧頡剛、楊向奎在《三皇考》裏,認爲二皇可能即二神,並有具體論證,㉔其説可信。他們還指出:

淮南於戰國屬楚,淮南王劉安又是一個《楚辭》學家,所以他的書中多維持《楚辭》的古史系統而道二皇。㉕

又説:

這二皇,從《楚辭》看來,很像是東皇和西皇。但高誘因文中有"別爲陰陽,剛柔相成"之語,故於"二皇"注云"指説陰陽",於"二神"注云"陰陽之神也",這或者確是當初用"二"數來定名的本意。㉖

這些意見都很有道理。

聞一多在《伏羲考》裏,認爲"二皇"、"二神"就指伏羲、女媧。他説:

---

⑳ 何寧《淮南子集釋》,中華書局,1998年10月,上册4—6頁。

㉑ 同上注,中册503—504頁。

㉒ 同上注,上册4—5頁。

㉓ 同注㉑。

㉔ 顧頡剛、楊向奎《三皇考》,吕思勉、童書業編《古史辨》第七册中編,開明書店,1941年6月,70—71頁。

㉕ 同上注,70頁。

㉖ 同上注,71頁。

> (伏羲、女媧)二人名字並見的例,則始於《淮南子》(《覽冥篇》)。他們在同書裏又被稱爲二神(《精神篇》),或二皇(《原道篇》,《繆稱篇》)。[27]

我認爲他的看法是可信的。高誘認爲二皇、二神有象徵陰與陽的意義。既然如此,把他們說成伏羲、女媧這兩位男女創世者,顯然要比說成伏羲、神農合理,何況伏羲、女媧傳說正是楚地所流行的呢。漢代伏羲女媧畫像中,伏羲、女媧往往分執規、矩。曾憲通先生認爲"規圓以示天,矩方以示地"。[28] 我認爲執規、執矩正是二神"經天營地"的象徵。(校按:承郭永秉先生見告,《中原文物》1992 年 1 期李陳廣《漢畫伏羲女媧的形象特徵及其意義》一文第 5 頁,已指出伏羲女媧手執規矩,表示"他們是規天矩地,創造萬物的始祖神"。)

在古人的觀念中,男陽女陰,與陽相配的方向是東與南,與陰相配的方向是西與北。把二皇中的伏羲稱爲"東皇",是順理成章的。《離騷》的"西皇",應該就指女媧。在西王母、東王公傳說中,東王公比西王母晚出得多,情況比較特殊。但是他們的方位配置,也是反映了古人的思想定勢的。

《風俗通義・皇霸》引《春秋運斗樞》,以伏羲、女媧、神農爲三皇。這種三皇說或許就受有楚人稱伏羲、女媧爲二皇的影響。曹植《曹子建集》卷六所收諸《贊》,首列庖犧、女媧、神農三《贊》,取的就是這種三皇說,《女媧贊》說"或云二皇,人首蛇身",也稱伏羲、女媧爲二皇。

下面再來討論"太一"問題。

"太一"本是道家用來指稱化生天地萬物的宇宙本原的一個哲學名詞,基本上與道家所說的"道"同義。《老子》只說"一",說"大",還沒有使用"太一"這個詞。這個詞的出現時代,不會早於春秋戰國之交。

聞一多不知道楚帛書所說的創世英雄伏羲,他根據伏羲在傳說中的地位以及他與女媧的關係,認定伏羲"是開天闢地後最先出現的人物",並認爲"這便意味着宇宙間的一切都是他創造的"。聞氏"比較了太一和伏羲的權能與功績,覺得他們很有些類似,因而推測太一許就是伏羲的化名"。[29] 聞氏就是由這個假設出發,來寫他的《東皇太一考》的。

從我們所瞭解的楚人的伏羲傳說來看,他並不是創造一切的上帝,其"權能與

---

[27] 注③所引書,16 頁。

[28] 同注⑧。

[29] 同注①,5 頁。

功績”恐怕不好跟道家所説的太一比擬。

錢寶琮在《太一考》中討論“東皇太一”這個名稱時説:“倘使‘東皇’的解釋是執掌東方的天神,他的地位就不能十分高超,和‘太一’的徽號有些衝突了。”[30]我們並不認爲東皇是執掌東方的天神,但是“東皇”這個名稱,跟意味着唯我獨尊、包羅萬象的“太一”這個徽號,的確是有矛盾的。《漢書・郊祀志上》記漢武帝時“亳人謬忌奏祠泰一方”。這位“泰(通“太”)一”是以五帝爲其佐的“天神貴者”,相當於殷周的上帝。他的“權能與功績”,才可以與道家的“太一”相比擬。所以聞氏提出的伏羲稱“太一”的理由,是難以接受的。

那麽,如果東皇太一是伏羲,“太一”這個徽號究竟是怎麽來的呢?這一問題可以從楚帛書得到解決。

楚帛書甲篇的開頭一句是:“曰故(古)大熊雹(包)虘(戲)……”。現在大家已經公認,“熊”當釋讀爲“熊”。“大熊”顯然是伏羲的一個稱號。楚文字中又有一個“罷”字,過去不能確釋。郭店楚簡發表後,大家才明白,這個字在楚文字中,通常用來表示“一”這個詞。綜合多位學者的研究成果,現在已可斷定,“罷”和“熊”原來係由一字分化,它們表示的詞“熊”和“一”的讀音,在戰國時代的楚方言中也頗爲接近。我推測,在戰國時代楚地的文人和方士、巫史之流中,有些人有意把作爲伏羲稱號的“大熊”誤讀爲“太一”,從而産生了“東皇太一”的説法。下面先扼要介紹“罷”、“熊”兩字的研究情況,然後再解釋我的推測。

爲了行文方便,先把要引到的古文字字形列一個表。後文引用沒有隸定形的字形時,就用表中的序號代替。

字形表

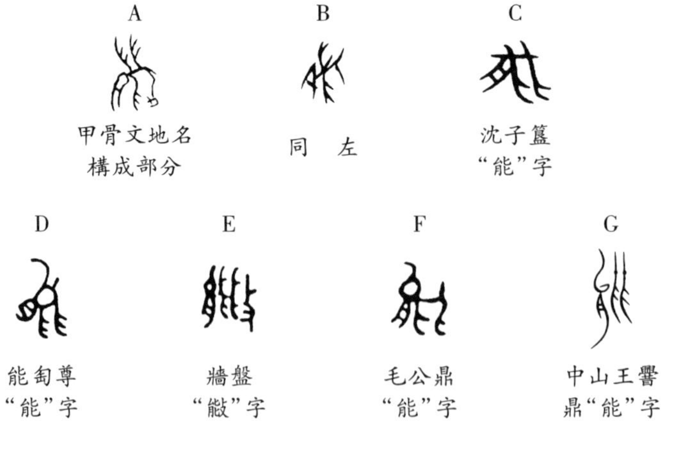

---

[30] 中國科學院自然科學史研究室編《錢寶琮科學史論文選集》,科學出版社,1983年10月,212頁。

H I J K

楚簡“𪓕”字	葛陵簡“竉”字	同　左	楚帛書“竉”字

字形表出處

A:《小屯南地甲骨》2169,中華書局,1980 年 10 月。

B:段振美等《殷墟甲骨輯佚——安陽民間藏甲骨》977,文物出版社,2008 年 9 月。參看小草《新公佈的甲骨文中的一個怪字》,復旦大學出土文獻與古文字研究中心網站,2009 年 9 月 14 日【重印本按:已收入劉釗《書馨集——出土文獻與古文字論叢》,上海古籍出版社,2013 年 12 月,39—41 頁】。

C、D:《金文編》,中華書局,1985 年 7 月,688 頁。

E:同上,223 頁。

F、G:同 C、D。

H:滕壬生《楚系簡帛文字編(增訂本)》,湖北教育出版社,2008 年 10 月,363 頁。

I、J、K:同上,871 頁。收入“熊”字條。

我們需要先從殷墟甲骨文講起。甲骨文無名組卜辭有一個形體比較複雜的地名字,左邊爲“水”旁,右邊上部爲 A,下部爲“盖”。這個地名字也見於一條黄組卜辭,但省去了“水”旁(殷墟卜辭地名或加或不加“水”旁之例極多),上部字形簡化爲 B。A、B 象某種獸形,顯然是可以獨立成字的。劉釗先生在 1985 到 1986 年間寫的一篇未刊稿中,通過跟金文“能”字(包括《金文編》收入“能”字條的鄂君啓節的“𪓕”字)對比,釋 A 爲“能”;並指出“能即熊”,A 的字形“肩頸處有鬃毛,這符合熊‘肩頸毛長’的特點,這一點還可於鄂君啓節‘能’字上窺見其孑遺”。[31] 但劉先生在爲《殷墟甲骨刻辭摹釋總集》做《小屯南地甲骨》釋文時,則逕釋 A 字爲“熊”。[32]《甲骨文字詁林》等書亦釋 A 爲“熊”。[33]

在 1997 年 10 月香港中文大學召開的“第三屆中國古文字學研討會”上,有兩篇討論楚簡字詞的文章談到了“𪓕”字。孔仲溫《楚簡中有關祭禱的幾個固定字詞試釋》,認爲甲骨文“熊”字(指本文字形表中的 A),與楚文字“𪓕”字“頗爲近似”,

---

[31] 劉釗《小屯南地甲骨新出字考釋・一、釋“能”》,未刊稿。

[32] 姚孝遂主編《殷墟甲骨刻辭摹釋總集》,中華書局,1988 年 2 月,下册 1001 頁下欄《屯》2169 釋文。據此書序言 10 頁所記“編輯的具體分工”,《屯南》釋文分歸劉釗。

[33] 于省吾主編《甲骨文字詁林》,中華書局,1996 年 5 月,第三册 1837 頁 1886 號。劉釗等《新甲骨文編》,福建人民出版社,2009 年 5 月,559 頁。

"疑'龍'即'熊'字之繁形古體"。[34] 陳偉武《戰國楚簡考釋斠議》,引吳振武先生說,也認爲"龍"字源自甲骨文 A。但陳先生通過與金文的有些"能"字(即 C、D)對比,認爲 A 應釋爲"能"而不應釋爲"熊"。[35]

從周代金文"能"字來看,A、B 的確以釋"能"爲妥。C 見於西周早期的沈子它簋,字形尚不从"㠯",與足形相連而超出象身軀的横畫的兩筆,雖然很短,但應該是由 A、B 一類字形上部的毛形演化而來的。E 見於西周中期的牆盤,其"能"旁雖已从"㠯",熊首和熊嘴形也已訛變爲"肉"形,並且還省去了象身軀的横畫,但是由足形上端向上延伸的筆畫,顯然是由較古字形中的毛形演變而成的。G 見於戰國時代的中山王鼎(中山王壺等"能"字也如此寫,出處同 G),時代比牆盤晚得多,其字形却與 E 的"能"旁很相似。不過,中山王器長銘的字體,美術性很强,"能"字足形直筆向上延伸,也許只是爲了與左邊的"肙"形取齊,並不象徵獸毛。D 見於西周早期的能匋尊,很象是由 B 一類字形演變而來的,毛形長筆上端向左彎,短筆與象身軀的一筆結合,形成"㠯"字形,或許有兼以表音的意思。在西周後期流行起來的明顯从"㠯"的"能",可能是由這類字形變來的。西周中期的縣改簋的"能"字,上部作,不从"㠯"(出處同 C、D),郭店楚簡中受齊魯文字影響的《語叢一、三》和《唐虞之道》的"能"字,上部多作、等形,與縣改簋相似,[36]這類寫法似乎也可以看作"能"所从的"㠯"是由毛形變來的痕跡。E 的"能"旁可以看作將"能"字表示毛形的古體與从"㠯"的"能"揉合而成的一種形體。"龍"和 I、J 等,時代雖然較晚,也是屬於這一類的。

"龍"在楚簡中多用爲"一"。陳偉先生指出,郭店簡《六德》簡 19 的"能與之齊",《禮記・郊特牲》作"壹與之齊",此簡"能"字也應讀爲"壹"。[37] "壹"、"一"同音通用。"龍"、"能"都可讀爲"一",也有利於把"龍"看作"能"的"繁形古體"。

《説文・十上・能部》釋"能"爲"熊屬"。古書中有"能"、"熊"相通之例。徐灝《説文解字注箋》在"能"字下説:"能,古熊字……假借爲賢能之'能',後爲借義所專,遂以火光之'熊'爲獸名之'能',久而昧其本義矣。"又在"熊"字下説:"'熊'之本義爲火光。《西山經》曰'其光熊熊',郭注'光氣炎盛相焜耀之貌',是也。竊

---

[34] 張光裕等編《第三屆國際中國古文字學研討會論文集》,香港中文大學,1997 年 10 月,581 頁。

[35] 張光裕等編《第三屆國際中國古文字學研討會論文集》,香港中文大學,1997 年 10 月,653—654 頁。

[36] 滕壬生《楚系簡帛文字編(增訂本)》,871 頁 2、3、4、5 行。

[37] 陳偉《郭店楚簡別釋》,《江漢考古》1998 年 4 期,70—71 頁。

謂此當从火能聲,假借爲能獸字。”其說大致可信。所以如果把甲骨文的 A、B 直接釋爲“熊”的本字,那還是可以的;但從字形演變的角度看,則只能釋爲“能”。由此看來,古“能”字應有“熊”音。下面就會講到,楚文字用作“熊”的“龕”字,也是“能”的“繁形古體”。沈子它簋的“能”字,用在“先王能福”一語中,㊳“能”也當取“熊”音,讀爲“宏/弘”。

在一般所說的上古音系統中,“熊”屬蒸部,“能”有之部、蒸部二音。“罷”爲什麽能與一般認爲屬於質部的“一”相通呢? 這是需要回答的。

大家知道,各代楚王之名多加有“熊”字。在楚文字中,通常把這種“熊”寫作“酓”。“酓”是侵部字。李新魁、麥耘二位音韻學家,根據這一現象,並結合方言和藏緬語等方面的證據,認爲“熊”字上古音本在侵部,後來才轉入蒸部。藏緬語的證據是麥先生提出來的,他還認爲“能”字也經歷過由侵部轉入蒸部的過程。㊴ 他們的意見是有道理的。

古書“揖”、“撎”通用。㊵ “揖”是緝部字,“壹/一”可能有過緝部音。

郭店簡《成之聞之》簡 18 和上博簡《君子爲禮》簡 9,都有“貴而罷讓(前者作“纕”,後者作“嬖”)”之語。㊶ 我在審校郭店簡釋文時,曾疑簡 18 的“罷”當讀爲“能”。從上博簡此語也用“罷”字而不用“能”字來看,此說應取消。李天虹先生讀“罷讓”爲“揖讓”。㊷ 季旭昇先生既表示同意李先生的意見,又從韻部考慮,認爲或可讀爲“抑讓”。㊸ 我傾向於讀爲“抑讓”。這個“抑”與《尚書・無逸》“克自抑畏”的“抑”同義。“揖讓”的意思似嫌太具體。“抑”、“一”上古音極近(“印”、“抑”同源,“印”爲真部字,“抑”爲質部字),而且“抑”在古書中也有通“揖”的例子。㊹ 這恐怕不是偶然的。當然,如果讀爲“揖讓”,就是“罷”通緝部字的毫無疑義的例子了。(校按:郭永秉先生見告,“抑”又通與“揖”同爲影母緝部字的“挹”,如含謙退

㊳ 簋銘見《殷周金文集成(修訂增補本)》,中華書局,2007 年 4 月,第四册 2716 頁 04330 號。

㊴ 麥耘《“熊”字上古音歸侵部補注》,華中語言網,http://ling.ccnu.edu.cn/message/yyxlwx/maiyun_xiong.doc。

㊵ 張儒等《漢字通用聲素研究》,山西古籍出版社,2002 年 4 月,985 頁“咠通吉”條。

㊶ 《郭店楚墓竹簡》,文物出版社,1998 年 5 月,50 頁 18 號簡。《上海博物館藏戰國楚竹書(五)》,上海古籍出版社,2005 年 12 月,89 頁 9 號簡。

㊷ 李天虹《郭店楚簡文字雜釋》,《郭店楚簡國際學術研討會論文集》,湖北人民出版社,2000 年 5 月,94—95 頁。

㊸ 季旭昇《說文新證》,福建人民出版社,2010 年 12 月,35—36 頁。

㊹ 同注㊵,“咠通归”條。

義的“挹而損”之語見《荀子・宥坐》、《説苑・敬慎》,《後漢書・杜篤傳》李賢注引《淮南子・道應》作“揖而損”,而《韓詩外傳》三則作“抑而損”。從字義看,挹、揖在此都用“抑”義。參看《古字通假會典》376頁“挹與抑”、701頁“揖與挹”等條。“挹”用爲“抑”義,如“挹退”等,古書屢見。《漢魏南北朝墓誌彙編・北周・大周柱國譙國公夫人故步六孤氏墓誌銘》講步六孤氏之父陸通,有“匡贊經綸,參謀挹讓”之語,“挹讓”是指陸通的性格。“挹讓”亦即“抑讓”,可與《周書・陸通傳》所言“通雖處機密,愈自恭謹”,“通性柔謹,雖久處列位,常清慎自守”等相印證。《舊唐書・郭子儀傳》“懇懷讓挹,守淳素之道”,“讓挹”亦猶言“挹讓”。)

很可能在戰國楚方言中,“能”、“熊”還是侵部字,“一”、“抑”則是緝部字。侵、緝陽入對轉,所以“翼”可以假借爲“一”,爲“抑”。至於聲母問題,下文將會談到。

現在再來看“䖌”字。

楚帛書甲篇:

> 曰故(古)□䖌雹(包)虘(戲),出自□霆,凥(處)於□□。[45]

“䖌”上一字已殘,所剩三殘筆,右二筆似“大”形兩腿下端,左一筆似“大”形左側手臂下端。有人釋此殘字爲“天”,也有人釋此殘字爲“大”。[46] 我同意釋“大”説,所以在前面引帛書此文時逕釋爲“大”。這裏由於下面就要引到對這個殘字的别的釋法,所以暫時用方框代替。

金祥恆在釋出帛書“包戲”的文章裏,主要根據《帝王世紀》説伏羲“一號黄熊氏”(見《禮記・月令》正義引文),釋“□䖌”爲“黄熊”。[47] 他據伏羲號“黄熊氏”的傳説,將帛書“䖌”字釋讀爲“熊”,以“□熊”爲伏羲稱號,是重要貢獻。但是他把“䖌”字前面的殘字釋爲“黄”,與殘存筆畫不合,不可信;又訓“黄熊”之“黄”爲“大”,似以“䖌”爲从“大能”會意之字,也是有問題的。

饒宗頤先生在《楚帛書新證》中也將“䖌”釋讀爲“熊”。他指出《易緯乾鑿度》説“太古百皇闢基……始有熊(或作“能”)氏”,“鄭玄注:‘有能氏,庖犧氏,亦名蒼牙,與天同生。’又云:‘蒼牙有熊氏庖犧得易源。’”,[48]爲伏羲與“熊”的關係增添了

---

[45] 同注⑤。

[46] 參看注⑤所引《詁林》582頁引馮時説。

[47] 同注⑥,7頁反—8頁反。

[48] 見注⑤所引《楚地出土文獻三種研究》,231頁。

一個早於《帝王世紀》的例子。

新蔡葛陵楚簡發表之後，大家看到，楚先祖名“穴熊”，在簡中既有寫作“穴酓”的，也有寫作“穴巃”的。[49] 這就完全證實了帛書“巃”字應該釋讀爲“熊”。葛陵簡“巃”字或作I、J等形，可見“巃”字上端過去被認作“大”的部分，是由一類筆形變來的，並非真正的“大”字。爲了行文方便，本文仍然沿用大家熟悉的隸定形“巃”，並不表示同意“巃”字从“大”的舊説。

宋華强先生在網上發表的《釋史牆盤銘文的“戠”》一文，把葛陵簡的“巃”字跟我們在字形表中列爲E的牆盤之字的左旁聯繫了起來，認爲前者所从的一類筆形，就由見於後者的一類筆形變來。[50] 這是很正確的。

但是，宋先生相信“䎝”字从“羽”“能”聲，乃“翼”之異體的舊説，[51]而且顯然不認可“能”爲“熊”之本字的説法。他完全把“䎝”和“巃”割裂開來，認爲“巃”是完全不同於“䎝”的“熊”字。因此他認爲E的左旁也是“熊”字，前人把它看作“能”字，是不正確的。[52] 其實從字形演變的情況來看，E的左旁沒有問題是“能”。我們只能根據E的“能”旁，來肯定“巃”在字形上跟“䎝”一樣，也是“能”的一個“繁形古體”。由於“能”本是“熊”的本字，以“能”的異體來表示“熊”這個詞或音，是很合理的。饒宗頤先生在讀“巃”爲“熊”的同時，仍認爲它是“能字之繁形”，[53]這是對的。我們決不能因爲“巃”應讀爲“熊”，就把E所从的“能”説成“熊”。“巃”和“䎝”都是“能”的“繁形古體”，它們之間是同源異流的關係。

葛陵簡甲三22、59有“䎟日癸丑”之文，宋華强先生讀“䎟日”爲“翼日”，認爲這是支持釋“䎝”爲“翼”的一個證據。[54] 范常喜先生已經指出，“䎟日”可以讀爲“翌日”，“翌”从“立”聲，是緝部字。[55] “翌”雖然後來與“翼”同音，早期則應讀緝部音，段玉裁《説文解字注》在“翊”字下早已指出了。“䎟”讀爲“翌”，增加了與“䎝”相通的“一”爲緝部字的可能性。

---

[49] 實例可參看李家浩《楚簡所記楚人祖先“妣(鬻)熊”與“穴熊”爲一人説》，《文史》2010年第三輯，5—6頁。李先生釋文將“巃”直接寫作“熊”。

[50] 武漢大學簡帛網，2011年1月6日。

[51] 參看宋華强《楚簡“䎝禱”新釋》，武漢大學簡帛網，2006年9月3日。

[52] 同注[50]。

[53] 同注[48]。

[54] 同注[51]。

[55] 范常喜《新蔡簡“咠禱”即“䎝禱”説》，武漢大學簡帛網，2006年10月17日。關於“一”可能有緝部音這一點，我們受到了此文的啓發。

葛陵簡“䏘”字,除了用於楚人先祖名之中,還有指犧牲毛色的用法,有時與“騂”相對。宋華强先生懷疑這種用法的“䏘(熊)”當讀爲“黑”,因爲“熊”與“黑”古音蒸職對轉。[56] 我懷疑這種“䏘”字應該讀爲《說文》訓“深黑”的“黤”,“黤”跟“酓”一樣,也是侵部字。

我們提到的爲“䏘”所通的字“酓”、“黤”和爲“罷”所通的字“一”、“抑(或“挹”)”,全都是影母字。這恐怕也不是偶然的。這似乎可以說明,在當時的楚語中,“能”和“熊”的聲母都是跟影母很接近的,所以“䏘”和“罷”才能與上舉這些字相通。

由以上的討論可以知道,“䏘(熊)”和“罷(一)”,在字形上本由一字分化,形體相似;在字音上彼此也相當接近。因此“大䏘(熊)”是有可能被誤讀爲“大(太)罷(一)”的。前面說過,楚簡有借“能”爲“一”的例子。既然“能”是“熊”的本字,它應該也有可能用來表示“熊”。如果確有“大能(熊)”的寫法,就更容易被誤讀爲“大(太)能(一)”了。

但是,在楚文字中,一般的“能”字很常見;楚人所以要保留“䏘”、“罷”這兩個“能”字的“繁形古體”,其主要目的顯然是分化文字的職務。以“䏘”表“熊”,其作用與借“熊”表示“能”的本義相似。表“一”的“罷”猶如“一”的大寫。它們還可以分别借來表示與它們的主借詞(即“熊”和“一”)音同音近的某些詞,以減少包括“能”字在内的、其他比較常用的音同音近字的假借負擔。在已發現的楚文字資料裏,似乎還沒有發現過“䏘”、“罷”二字的用法相交叉的現象,借“能”爲“一”似乎只發現過一例,以“能”表“熊”的現象好像還沒有發現過。這樣看來,“大熊”被誤讀爲“太一”的可能性,似乎又非常小。

所以我們認爲,在戰國時代的楚國,可能曾有人有意把“大䏘(熊)”誤讀爲“大(太)罷(一)”。爲什麽要有意作這樣的誤讀呢? 這就需要談一下楚人與熊的關係了。

已有多位學者,據楚先公和楚王之名有“熊”字的現象,推測楚人有崇拜熊或以熊爲圖騰的意識。[57] 這是值得重視的意見。

在楚王室先祖名中,最先出現的帶“熊”字之名,是“穴熊”和“鬻熊”,“熊”字居後,與其後以“熊”字置於名首不同。《史記·楚世家》以“穴熊”與“鬻熊”爲二

---

[56] 宋華强《新蔡葛陵楚簡初探》,武漢大學出版社,2010年10月,396頁注2,436頁注2。

[57] 參看蕭兵《楚辭文化》“楚王族與熊的關係”節,中國社會科學出版社,1990年12月,21—32頁。

人,但說他們之間,由於楚族“中微,或在中國,或在蠻夷,弗能紀其世”。

楚簡所記楚先祖名有“毓/毓酓”,已經李學勤先生考定爲“鬻熊”。[58](下文將此先祖名一律寫作“鬻熊”,不再用楚簡原來寫法。)葛陵簡中一見“鬻熊”,屢見“穴熊”(“穴”或从“土”,“熊”有“酓”、“䨻”兩種寫法,下文一律寫作“穴熊”)。[59] 從望山、包山、葛陵諸楚墓所出祭禱簡文來看,在受祭先人名序列中,鬻熊與穴熊不同時出現而處於相同位置。不少學者認爲二者實爲一人,但爲後人誤分爲二。李家浩先生對此有翔實論證,並指出“穴”、“鬻”古音可通,“穴熊”、“鬻熊”爲一名之異寫。[60] 其說可從(校按:清華簡《楚居》篇,“穴熊”作“穴酓”,謂其生“侸叔、麗季”,整理者指出:“麗季,即下文之‘麗’,《楚世家》云鬻熊‘其子曰熊麗’。”見2010年11月中西書局出版的《清華大學藏戰國竹書(壹)》下册184頁注19。這就完全證實了穴熊與鬻熊實爲一人)。穴熊之後的楚先公和楚王,在其名之上冠以“熊”字,當是爲了表示其爲穴熊直系後代的身分。

現已發現的銅器銘文和簡文等楚文字資料,在稱楚王及先公之名時,一般都借“酓”爲“熊”。只有葛陵簡,在用借字“酓”之外,也用本字“䨻(熊)”。在“穴熊”、“鬻熊”這兩種寫法裏,只見於葛陵簡的“穴”也應是本字,“鬻”則是借字。

蕭兵先生對“穴熊”得名的原因,有一個很有意思的解釋。他說:

> ……在以熊稱的楚王名最令人感興趣的是那較古老的“穴熊”——這分明說出自熊穴,或穴處的熊祖。《山海經》……《中山經》有一條重要材料……:
>
> > 熊山,有穴焉。熊之穴,恆出入神人。夏啓而冬閉;是穴也,冬啓乃必有兵。
>
> 這熊穴自是巨熊蟄居或冬眠之所。熊穴神人莫非暗指楚祖穴熊?[61]

他的意見值得重視。即使楚祖穴熊本人並非出自熊穴的神人,他以“穴熊”爲名也必然是由於楚人崇拜出自熊穴的神人甚至神熊。

蕭兵先生也注意到了楚帛書。他不大相信金祥恆先生“伏羲”的釋法,但是有一個“但書”:

---

[58] 李學勤《論包山簡中一先祖名》,注⑩所引李書262—265頁。

[59] 辭例參看注㊾所引文,同頁。

[60] 見注㊾所引文。

[61] 注㊼所引書,31頁。

但即令這裏指的是伏羲,作爲"楚祖",他仍然有個熊化身。[62]

伏羲是楚人神話傳説中的創世英雄,而不是"楚祖"。不過楚帛書甲篇的"曰故(古)大龕(熊)伏羲,出自□霆",無疑確有古老的與熊崇拜有關的神話背景。大概伏羲在楚人原始傳説中本是一頭神熊,"出自□霆"本指出自某處熊山或熊穴。楚帛書甲篇的編撰者或抄寫者,可能已經不明白這句話的原意了。鯀和禹都有化熊的傳説,説伏羲本是神熊,一點也不勉强。

對神話頗有研究的俄國漢學家李福清,在論述神話中文化英雄形象的演變時指出,在最原始的社會的神話中,文化英雄通常是動物,"很可能神話思維與觀念從動物形象漸漸演變到半人半獸的始祖,再演變到完全人格化的英雄"。他還指出,"文化英雄的形象比神的形象形成得早,後來文化英雄可以神化","因爲文化英雄常與創世者混合,所以一些創世功績也往往會歸於他。"[63]伏羲形象大概也經歷了"獸—半人半獸—完全人格化—神"的過程。

總之,楚人是有過熊的崇拜的,楚人傳説中伏羲的最早形象,大概就是神熊。隨着社會和文化的進步,這種崇拜當然會逐漸消退。我認爲,把楚先公和楚王之名中的"熊"寫作"酓",把"穴熊"寫作"鬻酓",並不是簡單的文字通假現象,而是帶有減弱甚至掩蓋楚人與熊的關係的意圖的。在現在看得到的楚文字資料裏,以"酓"代"熊"最早見於楚共王所作的楚王酓審盞,[64]時代在春秋中期後段。可見上述這種意圖出現得相當早。在戰國時代,楚國的文人和方士、巫史之流中的某些人,非常可能會由於伏羲的"大龕(熊)"稱號太不雅馴,而有意把它誤讀爲"大(太)罷(一)"。這樣就出現了"東皇太一"這個不倫不類的名稱。應該承認,伏羲作爲創世者的"權能與功績",畢竟與太一有一些可比擬之處。將"大熊"有意誤讀爲"太一",當然也與此有關。

前面説過,《帝王世紀》説伏羲"一號黄熊氏",但是《易繫辭下》正義引《帝王世紀》却改爲"一曰皇雄氏"(《太平御覽》卷78引《皇王世紀》,又將"皇雄"倒爲"雄皇")。[65] 這大概也是由於"黄熊"之稱不夠雅馴,而將它改爲同音的"皇雄"的。

既然伏羲爲何稱"東皇太一"可以得到解釋,聞氏東皇太一即伏羲的説法應該

---

[62] 注[57]所引書,26頁。

[63] 同注[11],170頁。

[64] 劉彬徽《楚系金文彙編》26號,湖北教育出版社,2009年5月,80頁。

[65] 參看徐宗元《帝王世紀輯存》,中華書局,1964年6月,2—3頁。

可以成立。

最後附帶說一個問題。我們說在楚人傳說中,伏羲本是神熊。那麼,在漢代的典籍和畫像中,伏羲爲何却是人首龍身或蛇身的呢?我們想到四種可能的解釋:一、古代不同地區的伏羲傳說可能本來就有差異,漢代人接受的是以伏羲爲龍蛇之身的傳說。崇拜熊的楚先民以伏羲爲神熊,反映伏羲與熊的關係的《易緯》和《帝王世紀》的說法就是源自楚系傳說的。二、可能女媧本來就是龍身或蛇身,伏羲受了同化。三、南方崇拜龍蛇,伏羲變爲龍身或蛇身,是受了南方思想的影響。四、有學者認爲中國古代發生過由崇拜熊到崇拜龍的變化。[66] 伏羲由熊變龍正反映了這種變化。真相如何,有待進一步研究。

作者附識:

承同事郭永秉先生幫助搜集網上資料,一起討論問題,並代爲打印文稿,十分感謝。

原載《"簡帛·經典·古史"國際論壇會議論文集》(香港浸會大學,2011年11月30日—12月2日),今據以收入。

---

[66] 葉舒憲《四重證據的立體釋古方法——〈熊圖騰〉與文化尋根》,吉林大學中國文化研究所主辦《華夏文化論壇》第五輯,2010年9月,37頁。

裘錫圭學術文集

第三卷

金文及其他古文字卷

復旦大學出版社

目　　錄

“錫朕文考臣自厥工”解 …… 1
“□侯獲巢”鼎銘補釋 …… 2
說“玄衣朱襮裣”
——兼釋甲骨文“虣”字 …… 3
史牆盤銘解釋 …… 6
說“[illegible][illegible]白大師武” …… 18
關於郢太府銅量 …… 21
昭明鏡銘文中的“忽穆” …… 22
《武功縣出土平安君鼎》讀後記 …… 23
西周銅器銘文中的“履” …… 27
說𢦏簋的兩個地名——“棫林”和“胡” …… 33
釋“建” …… 39
“稟人”別解 …… 43
說金文“引”字的虛詞用法 …… 45
談曾侯乙墓鐘磬銘文中的幾個字（與李家浩合著） …… 50
一、關於“贏音” …… 50
二、關於“坪”字 …… 52
三、關於“龤”字 …… 54
釋“無終” …… 61
關於晉侯銅器銘文的幾個問題 …… 67
釋“叐” …… 77
也談子犯編鐘 …… 83
關於子犯編鐘的排次及其他問題 …… 92
晉侯蘇鐘筆談 …… 97

沂南陽都故城銅斧應爲西漢遺物 …… 101
戎生編鐘銘文考釋 …… 102
𤔲伯卣的形制和銘文 …… 122
𠭯器探研 …… 132
應侯視工簋補釋 …… 146
𤼈公盨銘文考釋 …… 146
讀逨器銘文札記三則 …… 167
一、𢇍 …… 167
二、闢獫狁 …… 171
三、不肖唯死 …… 171
商銅黿銘補釋 …… 173
𤞷簋銘補釋 …… 176
談談三年垣上官鼎和宜陽秦銅鍪的銘文 …… 187
復公仲簋蓋銘補釋
——兼說琱生器銘“寢氏” …… 195

戰國貨幣考(十二篇) …… 205
一、桼垣一釿圜錢考 …… 205
二、榆次布考 …… 206
三、圓肩圓足三孔布彙考 …… 208
四、鄠布考 …… 216
五、慮虒布考 …… 217
六、殽布考 …… 218
七、鑄布考 …… 219
八、燕安陽布考 …… 219
九、高安布考 …… 220
十、圁陽布、圁陽刀考 …… 221
十一、莒刀考 …… 222
十二、明刀“中”字考 …… 224
致王毓銓先生函 …… 230
戰國平陽刀幣考(與李家浩合著) …… 235

談談"成白"刀 …… 239
先秦古書中的錢幣名稱 …… 248
關於"異泉"或可讀爲"當泉"的一點意見 …… 271

戰國璽印文字考釋三篇 …… 272
一、釋"脂"及从"脂"諸字——"焰"、"窞"、"瘤" …… 272
二、釋"脂" …… 276
三、釋"㐬"及从"㐬"諸字——"肇"、"欒"、"戀"、"鸞" …… 277
淺談璽印文字的研究 …… 286
"諸侯之旅"等印考釋 …… 291
古璽印考釋四篇 …… 297
一、釋與廄有關的幾鈕秦印 …… 297
二、釋"騎右將"印 …… 300
三、釋"猛" …… 302
四、釋"度" …… 302
"司馬聞""聞司馬"考 …… 305

關於石鼓文的時代問題 …… 307
詛楚文"亞駝"考 …… 320
讀《陝西綏德縣四十里鋪畫像石墓調查簡報》小記 …… 326

戰國文字中的"市" …… 330
談談隨縣曾侯乙墓的文字資料 …… 345
關於曹氏朱書罐文字釋文 …… 358
讀考古發掘所得文字資料筆記(二則) …… 359
一、滿城陵山二號墓出土的所謂"宫中行樂錢"和"銅骰" …… 359
二、鬱平大尹馮君畫象石墓大門南柱題記 …… 361
《秦漢魏晉篆隸字形表》讀後記 …… 363
殷周古文字中的正體和俗體 …… 394
說字小記 …… 411
一、說"敝" …… 411

二、說“尹” …… 412
三、說“制” …… 414
四、說“𡘋”“聽” …… 415
五、說“吉” …… 416
六、說“去”“今” …… 418
七、說“歌”“昌” …… 421
古文字釋讀三則 …… 424
一、釋“士” …… 424
二、釋“郝” …… 425
三、釋“寓”“遣” …… 427
《說文》與出土古文字 …… 434
釋“賈” …… 440
戰國文字釋讀二則 …… 444
一、戰國玉璜銘考釋 …… 444
二、“於王既正”印考 …… 447
釋古文字中的有些“𡘋”字和从“𡘋”、从“兇”之字 …… 451

解放以來古文字資料的發現和整理 …… 464
談談學習古文字的方法 …… 467
吳大澂 …… 475
金石收藏家的齋名與其藏品 …… 482
董作賓 …… 487
古文字學簡史 …… 490
古文字研究五十年(與陳劍合著) …… 503
推動古文字學發展的當務之急 …… 508

“錫朕文考臣自厥工”解

在不久前出土的“盂簋”的銘文裏,有“毛公易(錫)朕文考臣自乎(厥)工”之語(《考古學報》1962 年 1 期 3 頁【《集成》8・4163】)。

我認爲“自厥工”這個詞組所說明的,不是“臣”的等級,而是“臣”的來源。“毛公錫朕文考臣自厥工”的意思,就是毛公從他自己的工奴中拿出“臣”來賞賜給盂的父親。如果按字直釋,則是:毛公賞賜盂的父親以出自他的工奴的“臣”。

我們提出這樣的看法,是有其它西周銅器銘文作根據的。中觶銘說:“王易(錫)中馬自□侯四[illegible]。”(《歷代》卷十一【《集成》12・6514】)御正衛簋銘說:“懋父賫(賞)卬(御)正衛馬匹自王。”(《三代》6・49【《集成》7・4044】)這兩條銘文裏的“自□侯”和“自王”,都應該是說明所賞賜的馬的來源的。大概王賜給中的馬,是“□侯”進貢的四匹[illegible];懋父賞給衛的,則是王賜給懋父的一匹馬。上引盂簋銘文,語例和這兩條銘文全同,“自厥工”當然應該和“自□侯”、“自王”一樣,是說明處在它前面的那個詞所代表的事物的來源的。

“自”字的這種用法,在甲骨卜辭和典籍裏,有時也能見到。《京津》1176【《合》7092】的一條卜辭說:“貞:其㞢(有)嬄(艱)自南。”“有艱自南”的意思,就是有從南方來的壞事情。《詩・大雅・大明》說:“有命自天,命此文王。”“有命自天”的意思,就是有從天上來的大命。這兩個“自”字的用法,和上引諸銘中的自字,基本上是相同的。

原載《考古》1963 年 5 期,又載《古文字論集》,今據後者收入。

“□侯獲巢”鼎銘補釋

《考古》1965年9期《陝西長安張家坡西周墓清理簡報》,載有該墓出土的7號鼎銘文拓片(見448頁【《集成》4・2457】),釋作“㚔灰隻巢.孚厥金,□用乍肇鼎”(見449頁)。細按拓片,“金”下一字實乃甲胄之“胄”,豦簋、小盂鼎等皆有“胄”字,與此形近,可證(參《金文編》434頁1036“胄”字條,科學出版社,1959【見1985年版546頁】)。由此可知銘文不當在“金”字斷句,而應在“胄”字斷句。周人常用俘獲的銅武器鑄禮器或用器。西周後期的翏生盨銘說:“王征南淮尸(夷)……翏生從,執訊折首,孚戎器,孚金,用乍(作)旅盨。”(《三代》10・44【《集成》9・4459】)翏生用俘獲的戎器鑄盨,□侯用俘獲的銅盔鑄鼎,其事相類。

原載《考古》1966年2期(署名裘錫章),又載《古文字論集》,今據後者收入。

說“玄衣朱襮裣”

——兼釋甲骨文“虣”字

扶風莊白村新出土的㦰方鼎銘文有如下一句：

王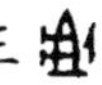(《論集》編按：此字應從于豪亮《說俎字》釋作“俎”)姜事(使)內史友員易(錫)㦰玄衣朱襮裣(裣)(見《文物》1976年6期57頁【《集成》5·2789】)

玄衣朱襮裣就是有朱襮裣的玄衣。裣是衿、襟的古字,《說文》:“裣,交衽也。”襮字从衣从戲,是個前所未見的新字,需要加以研究。

從古書和古文字資料來看,戲應該是虣字的古體。古代稱搏虎爲暴。《詩·小雅·小旻》說“不敢暴虎,不敢馮河”,《鄭風·大叔于田》也有“襢裼暴虎”之語。古書裏有時把疾暴的暴寫作虣,例如《周禮》的“暴”字就大都寫作虣。《文選·蕪城賦》李善注引字書說虣是古暴字。從字形上看,虣字从虎,應該就是暴虎之暴的本字。這個字也見於西周晚期的㝬盨和戰國時代的詛楚文,但寫法與古書略有出入:

勿事(使)戲虐從獄

㝬盨(見《歷代》15·151【《集成》9·4469】,原稱寅簋)

內之則虣虐不辜　　詛楚文

《集韻》、《類篇》都收虣字異體虣,與詛楚文合。郭沫若先生在《詛楚文考釋》裏說:“虣即暴虎憑河之暴,字不从戒,實象兩手執戈以搏虎。《周禮》古文作虣,从武,殆係訛誤。”(見《天地玄黃》)這是很正確的。㝬盨虣字从戌,戌本象戈鉞之類武器,从戌與从戈同意。這兩個虣字或从廾,或不从廾。這跟金文“執”字有執、埶二體(見《金文編》557頁。《自選集》編按:見1985年版705頁),是同類的情況。由此可以斷定,㦰方鼎襮字所从的戲也是虣字。襮字顯然是从衣虣聲的形聲字,應該就是古書裏的“襮”字的異體。

《說文》:“襮,黼領也。从衣,暴聲。”《爾雅·釋器》:“黼領謂之襮。”《詩·唐風·揚之水》“素衣朱襮”，毛傳：“襮，領也。諸侯綉黼丹朱中衣”，鄭箋：“綉當爲綃（此讀可能不確）。綃黼丹朱中衣，中衣以綃黼爲領，丹朱爲純也（純指衣緣）。”裣（衿）在古代也訓爲領。《詩·鄭風·子衿》“青青子衿”，毛傳：“青衿，青領也”，正義：“《釋器》云：‘衣皆（今本《爾雅》作“眥”）謂之襟’，李巡曰：‘衣皆，衣領之襟’，孫炎曰：‘襟，交領也’。衿與襟音義同。衿是領之别名，故云青衿青領也。”《顏氏家訓·書證》謂“古者斜領下連於衿，故謂領爲衿。”方鼎銘的“朱襮裣”，應該是指以黼紋裝飾的有丹朱純緣的下連於衿的斜領。“玄衣朱襮裣”，就是有這種斜領的玄色上衣。

認識了金文的虣字，甲骨文的虣字也就可以連帶認出來了。甲骨卜辭裏也有一個从戈从虎的字：

壬辰卜，爭，貞：其，隻（獲）？九月。

壬辰卜，爭，貞：其，弗其隻（獲）？　　乙6696【《合》5516】

☐淒虎？　　燕643【《合》10206】

貞：乎（呼）比侯？　　乙2661【《合》697】

（《論集》編按：《乙》4645【《合》3332】有同文卜辭，“虎”旁省作“虍”）

這個字所从的戈旁倒寫在虎旁之上，以戈頭對準虎頭，顯然是表示以戈搏虎的意思，無疑也應該釋作虣。上引前兩條卜辭，卜問如去搏虎能否有獲。第三辭説“虣淒虎”，就是搏淒地之虎的意思。第四辭的虣是侯國名。

甲骨卜辭裏還有一個从水从虣的地名字：

壬寅卜，才（在）曹，貞：王步于，亡𢦏（災）？　　前2·5·2【《合》36828】

☐才（在）［貞］：［王］步于☐，亡𢦏（災）？　　後上11·9【《合》36955】

殷人往往在有水之地的地名字上加水旁，例如地名函也作涵，地名妻也作淒之類，舉不勝舉。瀌無疑就是虣侯的封地。古有暴國。《爾雅·釋樂》塤字下釋文：“《世本》云暴辛公所作也。”《太平御覽》卷五九一等引《世本》宋均注謂暴辛公是周平王時諸侯。暴國之地後來爲鄭國所有，就是《春秋》文公八年公子遂會雒戎於暴的暴，故地在今河南原陽縣一帶。甲骨文的瀌跟古書的暴應該是一個地方。上引第一辭是殷王在曹地時所卜的，卜問從曹步於瀌，會不會逢到災禍。郭沫若先生認爲卜辭的曹“當是衛之曹邑……今河南滑縣南白馬城即其地”（《通》743片考釋）。

滑縣在原陽東北。曹、暴兩地相距不過一、二日程。殷王在曹地卜步于暴,是非常合理的。

甲骨文裹還有一個象以手執仗搏虎的字:

☐小臣☐(此字上端似略殘)?　　甲914【《合》27887】

□子卜:王其糞(此當是地名)☐?　　人文1845【《合》30998】

這很可能也是虣的異體。(《自選集》編按:从"攴"从"虎"之字亦見商周之際的斅作父癸爵——《金文總集》3921【《集成》14·9024】——,近人或釋爲"虢",待考。)【重印本按:從有關資料看,"斅"肯定不是"虣"的異體,各家多釋爲"毆"的表意字,參看葛亮《甲骨文田獵動詞研究》(《出土文獻與古文字研究》第五輯,上海古籍出版社,2013年9月,98—101頁)。】

根據甲骨、金文裹虣字的字形,還可以糾正古人訓詁上的一個錯誤。《詩·鄭風·大叔于田》毛傳:"暴虎,空手以搏之。"《吕氏春秋·安死》及《淮南子·本經》高誘注也都以"無兵搏虎"解釋"暴虎"。從古文字字形看,暴虎可以使用兵仗。認爲只有"空手""無兵"而搏虎才叫暴虎,是不正確的。古書裹又常常把暴虎解釋爲"徒搏"(見《爾雅·釋訓》、《詩·小雅·小旻》毛傳、《論語·述而》集解引孔注)。這大概是比較早的古訓。很可能最初說徒搏是指不乘田車徒步搏虎,漢代人錯誤地理解爲徒手搏虎了。

《論集》編校追記:

唐蘭先生在發表於《文物》1976年6期上的《用青銅器銘文來研究西周史》一文裹也把褻釋作襮(38頁注4)。我們這篇文章是在故宮博物院看到㦰方鼎以後寫的,早在1976年年初就交給了《文物》編輯部,但一直被拖到1976年底才發表(文中把銘文出處注爲《文物》1976年6期,是看校樣時添加的),所以沒有提到唐先生的文章。

原載《文物》1976年12期,又載《古文字論集》、《裘錫圭自選集》、《裘錫圭學術文化隨筆》,今據《裘錫圭學術文化隨筆》收入。

史牆盤銘解釋

扶風莊白一號西周青銅器窖藏的發現，是解放後西周青銅器最重要的一次發現。這群青銅器中的史牆盤，銘文長達二百八十四字，内容也很重要，尤其引起人們的注意。但是盤銘中有一些不常見的文字和用語，釋讀起來比較困難。本文是對盤銘的初步考釋，錯誤一定很多，希望同志們提出批評。

先把盤銘的釋文抄在下面：①

曰古文王，初𢽍龢（和）于政，上帝降懿德、大甹（屏），匍（撫）有②上下，迨（會）受萬邦。䌛（訊）③圉武王，遹征四方，達（撻）殷畯民，永不巩，狄（逖）虘𢼄④，伐尸（夷）、童。𡨦（憲）聖成王，ナ（左）右𧃒（綬）𩛥（糂）⑤剛

① 盤銘拓片見《文物》1978年3期，14、15頁【《集成》16・10175】。

② “匍有”讀爲“撫有”，見《積微居金文說》62頁。

③ 金文“訊”字一般左邊从“口”，右邊象以“糸”縛人之手形。“糸”與所縛人形也可以分開寫，如虢盤的“”（《金文編》110頁【見1985年版141頁】）。盤銘此字从“索”，與从“糸”同意。所从之“丮”與一般象人伸着兩手的“丮”字有别，實象繫縛兩手的人形，所以定爲“訊”字。

④ 此字屢見於甲金文，有釋“𢼄”釋“長”二說。甲骨文四方風名中南方風名用此字（《京津》520【《合》14294】），胡厚宣先生釋“𢼄”，楊樹達指出古稱南風爲凱風，“豈”、“敳”古音相近（《積微居甲文說》56頁），可證釋“𢼄”是正確的。（《論集》編按：此字與甲骨文𢼄字有别，不能比附。）

⑤ 此字屢見於金文，尚有以下幾種寫法：

鑘（舀鼎，《金文編》1029頁【見1985年版1289頁】）

𩜁（段金𩜁鼎，《三代》3・17【《集成》4・2365】）

𩛥（大鼎、大簋，《金文編》276頁【見1985年版347頁】）

𩛥（段金𩛥簋等，同上437頁【見1985年版550頁】）

字象米在有蓋之器或皿中，又从“㚃”（𠬶）聲。舀鼎此字“又”、“口”互易位置，“口”側寫。金文中這種亂換偏旁位置的現象並不少見，可參看《金文編》“寶”字（413、415頁【見1985年版516—525頁】）。舀鼎又把象器蓋的“亼”寫作“今”。這也許是由於“今”、“侵”古音同部，有意改寫爲“今”。上引第三、第四兩形从“帚”聲，與甲金文“寢”字多作“帚”、甲骨文“㑴”字多作“帰”同例（看唐蘭《殷虚文字記》）。《說文》：“糂，以米和羹也，一曰粒也。从米，甚聲。”籀文作“糣”，古文作“糝”。“侵”與“甚”、“朁”、“參”等字古音同部，聲母也相近（“葠”亦作“蔘”）。金文“𩛥”、“𩜁”等字應即“糂”之古體。

鯀(鯀)⑥,用䜌(肈)⑦𣪕(徹)⑧周邦。㴱(淵)悊(哲)康王,分尹啻(億)彊(疆)。弘(宏)魯卲(昭)王,廣𢿢(笞)⑨楚刑(荆),隹(唯)寏(貫)南行。𦖞(祇)䙲穆王,井(刑)帥宇(訏)誨(謀),𤔲⑩寍(寧)天子。天子圂(恪)⑪屖(纘)⑫文武長剌(烈),天子眉無匄,𩛥邢⑬上下,亟獄逗慕,昊炤亡(無)斁

---

⑥ 鯀還鼎“鯀”字作“鯀”(《金文編》591頁【見1985年版756頁】),此加“又”,象以手用“糸”釣魚。《詩·小雅·采綠》“之子于釣,言綸之繩”,鄭箋:“綸,釣繳也”,即釣竿上用來釣魚的生絲繩。“鯀”、“綸”古音同部,“綸”在韻書中有“古頑”一切,透露出它們的聲母在古代也是相同的。“鯀”應即訓“釣繳”的“綸”的初文。甲骨卜辭中屢見地名“魰”(《乙》191【《合》9378】、《京津》3512【《合》24382】、《前》5·45·5【《合》48】等),過去誤釋爲“漁”,據盤銘可定爲“鯀”字。甲骨卜辭的地名“鯀”,當即少康所居的綸(《左傳·哀公元年》)。在今河南虞城縣東南。

⑦ 此字从“𦣞”(墉),“戌”聲。金文屢見“肈帥井……”之語,虢叔旅鐘作“啓帥井……”(見《兩周金文辭大系》,以下正文及注中所引的見於《大系》的銅器,不再加注)。可知“肈”實从“戌”得聲,故“䜌”可讀爲“肈”。

⑧ 此即見於甲骨文和㱃尊的“𣪕”字(古文字中“丑”、“又”形通,从“鬲”之字往往在“鬲”下加“火”)。《說文》“徹”字古文作“𢾊”,故“𣪕”可讀爲“徹”(看唐蘭《㱃尊銘文解釋》,《文物》1976年1期63頁)。

⑨ 此字从“攴”,“能”聲。《說文》謂“能”从“㠯”聲,三台星的“台”《史記·天官書》等作“能”,可證“能”、“台”古音極近,故釋此字爲“笞”。

⑩ 此字金文習見,通常寫作“𤔲”,舊多釋“緟”。今按金文有“”字(《金文編》697頁【見1985年版894頁】),出現時代較“𤔲”爲早,應即此字初文。貉子卣有“”字(同上174頁【見1985年版224頁】),也應是一字。其字當从“田”聲。“田”、“陳”古音極近(齊之田氏即陳氏),金文“陳”字从“東”,此字从“田”聲而又加“東”旁,並不奇怪。《尚書·君奭》有“割申勸寧王之德”語,《禮記·緇衣》引作“周田觀文王之德”,鄭注:“……今博士讀爲‘厥亂勸寧王之德’。”疑此語第二字本作“𤔲”,《緇衣》所引本依其聲旁讀爲“田”,傳《尚書》之今博士則誤以左半之“𤔔”爲聲旁而讀爲“亂”。“田”、“陳”、“申”古音相近(《說文》以爲“陳”从“申”得聲),故古文家又讀此字爲“申”。毛公鼎有“今余唯𤔲先王命”之語,牧簋、蔡簋、大克鼎、師訇簋等皆有“今余唯𤔲𠦪乃命”一語。諸“𤔲”字讀爲“申”,文義似頗妥貼。(《論集》編按:關於此字,參看本書所收《談曾侯乙墓鐘磬銘文中的幾個字》。)

⑪ 讀此字爲“恪”,見《積微居金文說》30頁。

⑫ “屖”爲“饡”字古文,見《玉篇》、《集韻》、《汗簡》等書,字或从“尾”作“屖”,《集韻》“纘”字下亦有古文“屖”,蓋借“饡”爲“纘”,與盤銘同。

⑬ 此字从“邑”,“丅”聲。“丅”象“笄”形,應即“笄”字初文。《說文》“幵”字从二“干”(與干戈之“干”本作“𠀤”者非一字)。甲骨文“龍”字及金文“䒑”字所从之“干”皆作“丅”(《殷虛文字記·釋龍》)。甲骨文又有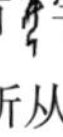字(《甲骨文編》869頁),象女人頭上插二“笄”,當即“妍”字初文。凡此皆可證“丅”爲“幵”所从之“干”的本來寫法。幾父壺記受賜之物有“丅𠦪(?)六”(《扶風齊家村青銅器群》圖三【《集成》15·9721】),疑即笄。“丅”和“幵”的關係,應與“屮”(古文“艸”字)和“艸”的關係一樣,是一字的繁簡兩體。所以盤銘此字應釋爲“邢”,可以看作地名字“汧”、“岍”的異體。六國古印有“㳄”字,疑當釋“訮”(甲骨文字也可能是“訮”)。古印又有“𨙸”字,舊釋“邛”(《古徵》6·6),疑亦“邢”字。

(斁),上帝、司(后)[⑭]稷亢保,受(授)天子䋣(綰)令(命)、厚福、豐年,方蠻(蠻)亡(罔)不𫊣見。青(静)幽高祖,才(在)㣈霝(靈)處。雩(粤)武王既𢦏殷,㣈史剌(烈)且(祖)迺(乃)來見武王,武王則令周公舍圗(宇)[⑮]于周,卑(俾)處甬(容)。叀(唯)[⑯]乙且(祖)逑(弼)匹氒(厥)辟,遠猷𠣀(腹)心,子𡖊𤔲明。亞且(祖)且(祖)辛,𡧊毓(毓)子孫,𩰪猶(髮)多孷(釐),櫅角𤎌光,義(宜)其𥜽(禋)祀。𨶉屖文考乙公,遽趬𡱂屯,無諫(責)農嗇(穡),歲[⑰]𤰈(稼)[⑱]隹(唯)辟。孝𣬉(友)史牆,夙夜不㒸(墜),其日蔑曆,牆弗敢取(沮),對揚天子不(丕)顯休令(命),用乍(作)寶䵼(尊)彝,剌(烈)且(祖)、文考弋(式)寏受(授)牆爾𪓐福,褱(懷)猶(髮)彔(禄)、黄耇、彌生,龕(堪)事氒(厥)辟,其萬年永寶用。

這篇銘文的前半篇是稱頌周王朝諸先王和當時的天子的。最後提到的先王是穆王,天子當然是穆王的兒子恭王。所以這件銅器的時代非常明確,是研究西周銅器斷代的一件重要標準器。銘文後半篇簡單敘述了器主史牆[⑲]家族的來歷,稱頌了幾個先人,最後以自贊和求福之辭結束。

銘文前半篇有韻。政、甹是耕部字。王、方是陽部字(上文"曰古文王"的"王"和"迨受萬邦"的"邦",也可以看作與"王"、"方"爲韻)。巩、童是東部字。王、邦、

---

⑭ 古文字正反往往無别,唐蘭先生認爲"司"、"后"二字古本同用一形,可從(唐説見《考古》1977年5期346頁。按:史牆盤和叔夷鎛的"司"字確應讀作"后",但甲骨文以及商代和周初金文裏稱呼王配的"司"字是否應讀爲"后",仍是一個有待討論的問題)。

⑮ 同窖所出76FZH1:8號鐘有與盤銘類似的語句,"圗"作"寓"。《説文》以"寓"爲"宇"字籀文。"舍寓"亦見五祀衛鼎(《文物》1976年5期56頁【《集成》5·2832】)。

⑯ 讀"叀"爲"唯",據《𣄰尊銘文解釋》(《文物》1976年1期63頁。按:嚴格講,語氣詞"叀"與"唯"仍有一定區别,參看《綜述》102頁)。

⑰ 甲骨文"歲"字多省作 等形(《甲骨文編》62頁),故知此即"歲"字。此字字形與"戉"難分,"戉"、"歲"古音相近,也有可能是借"戉"爲"歲"。

⑱ 此字甲骨文屢見,舊多釋作"嗇"(《甲骨文編》251頁)。盤銘上句用"嗇",下句用"𤰈",可證它決非"嗇"字。《詩·魏風·伐檀》毛傳:"種之曰稼,斂之曰穡","𤰈"象禾藝田中,應是"稼"的初文。甲骨卜辭或曰"今其雨,不唯𤰈"(《後》下7·2【《合》9619】),或曰"𤰈黍"(《明》479【《合》9617】),或曰"𠦪□(此字不識,爲一地名)𤰈"(《南》師1·130【《合》41543】)。"𤰈"釋作"稼",文義似皆可通。

⑲ 史牆之名亦見師酉簋。解放後由於訇簋的出土,曾一度把師酉簋的年代拉得很晚。如果此盤和師酉簋的史牆確爲一人,師酉簋便可能是懿王元年器,訇(詢)簋可能是懿王十七年器,師訇簋可能是孝王或夷王元年器。唐蘭先生曾定訇簋爲恭王十七年器(《文物》1972年11期53頁)。這樣,師酉簋應爲恭王元年器,師訇簋應爲懿王元年器。但是師酉簋的器形似乎不能早到恭王元年,師訇簋所載王命也與懿王即位時形勢不合。

王、彊、王、行是陽部字。(《論集》編按:“邦”爲東部字。“永不巩”不當斷爲一句,詳下文“編按”。“巩”非韻脚,自“曰古文王”至“隹寏南行”一段,可以認爲是東陽合韻。“政”“甹”二字不必一定看作韻脚。參看李學勤《論史牆盤及其意義》,《考古學報》1978 年 2 期 152 頁。)誨、子是之部字。剌、匄是祭部字。下、慕、斁是魚部字。年、見是真、元合韻。這些韻脚對斷句頗有幫助。

銘文中諸王的頌詞都自成段落,下面就逐段進行解釋。

銘文第一句是“曰古文王”。《尚書・堯典》開頭的“曰若稽古帝堯”,就是從這種句式演化出來的。這大概是周代人敘述古事時用的一種老套頭。在文王的頌辭裏有以下詞語需要解釋:

敹龢　同窖所出 8 號鐘有相同語句,“敹”作盭,二字同音。師訇簋也有“盭龢雩(于)政”之語。“盭”、“戾”同音,“戾”古訓“定”。“敹龢”應讀爲“戾和”,就是安定和協的意思。

大甹　西周金文數見“甹王位”之語。郭沫若先生讀“甹”爲“屏”,引《左傳》“俾屏予一人以在位”爲證(《大系考釋》21 頁)。盤銘“甹”字也應該讀爲“屏”。大屏當指有力的輔佐,“屏”字用法與《尚書・顧命》“建侯樹屏”、《詩・大雅・板》“大邦維屏”的“屏”字相似。

這段頌辭的大意是說:文王能使百姓安定和協,所以上帝降賜給他美好的德行和有力的輔佐,使他撫有上天下地和四方萬國。這跟《詩》、《書》中常見的文王受天命的說法,以及大盂鼎所說的“丕顯文王受天有大命”是一致的。

武王的頌辭有以下詞語需要解釋:

訊圉　“訊”、“迅”古通。“訊圉”也許是迅猛强圉的意思。“强圉”一詞後世只用於貶義,古代却不一定。例如《左傳・昭公十二年》記晉國中行穆子稱贊自己的軍隊說“吾軍帥彊禦”(“彊”通“强”,“禦”通“圉”),《周書・謚法》也說“威德剛武曰圉”。

達殷畯民　“達殷”見於《尚書・顧命》:“昔君文王、武王……用克達殷集大命。”近人解釋《尚書》,多讀“達”爲撻伐之“撻”,可能是正確的。“畯民”也見於《尚書》。《多士》:“……成湯革夏,俊民甸四方。”“俊”、“畯”同聲,“俊民”即“畯民”。大盂鼎說武王“畯正厥民”,跟“畯民”也是一個意思。[20]“畯”似當讀爲“悛”。《國語・楚語》“有過必悛”,韋昭注:“悛,改也。”“畯

⑳ 看《考古學報》1956 年 1 期 96 頁。

民”、“畯正厥民”就是使民改正向善，跟《尚書・康誥》“作新民”的意思相近。

永不巩　毛公鼎有“趯余小子圂湛于艱，永巩先王”之語。“永巩”和“永不巩”正反相對。“永”字之義不詳（或疑當釋爲“𠂢”，讀爲“俾”）。“巩”似當讀爲“邛”（《吉金文錄》1 卷 1 頁）。《詩・小雅・巧言》“維王之邛”，鄭箋：“邛，病也。”鼎銘大概是說懼怕給先王帶來憂恐，盤銘大概是說使民不再困窮。（《論集》編按：“不”上一字寫法與本銘結尾“永寶用”之“永”有異，究爲何字尚待研究。“□不巩”不當斷爲一句，詳下文“編按”。此處解釋不確。）

狄虘光伐尸童　這兩句是對文。“狄”與“伐”相對，應該跟曾伯霥簠“克狄淮夷”的“狄”字一樣，讀爲“逖”，是驅除的意思。虘和光當是兩個方國名。虘大概就是甲骨卜辭的𢧵方，也就是《詩經》的徂國。[21]《大雅・皇矣》“密人不恭，敢距大邦，侵阮、徂、共”，鄭箋：“阮也，徂也，共也，三國犯周而文王伐之，密須之人乃敢距其義兵，違正道，是不直也。”“光”是“微”字聲符，“微”古讀明母，與“密”字陰、入相轉。“虘光”應該就是徂、密二國。舊說密國在今甘肅靈臺縣西，徂國當相距不遠。他們緊挨着周人的根據地，所以遭到周人的驅除。據《皇矣》，伐徂、密等國是文王時候的事情。《史記・周本紀》等也說文王伐密須。可能文王征伐時沒有把他們趕得很遠，到武王時才把他們趕到遠處，所以盤銘把“逖徂密”的功勞歸於武王。“尸童”應該讀爲“夷、東”。東指處於殷之東方的東國。童是古代的一種奴隸名稱。東國之人多依附殷人而與周人爲敵，盤銘把“東”寫成“童”，可能是有意的。一般古書記周初征伐，只提到武王死後周公攝政時有伐淮夷、東國之事。但是《周書・世俘》說武王克殷後“遂征四方”，“凡憝國九十有九國……凡服國六百五十有二”，其中很可能有某些東方之國在內。《周書・作雒》說武王“建管叔于東”，就應該是對東國用兵的結果。所以武王完全有可能伐過“夷、東”。武王死後，“建于東”的管叔都起來叛周，“夷、東”當然也重新反叛了。或以爲“伐夷、東”仍應爲周公攝政時事，周公攝政時沒有用成王的紀元，所以盤銘記此事於武王頌辭之中，亦可備一說。

盤銘說武王“遹征四方，撻殷畯民”，與一般古書相合。“逖虘、光，伐尸、童”不見於

[21] 看《積微居甲文說》46 頁。

古書,極爲重要。(《論集》編按:“伐”上一字與同銘“散”字左旁不同形,當從劉楚堂隸定爲“豈”,讀爲“懲”。“□不巩狄虘”爲一句,“懲伐尸童”爲一句。關於“豈”字,參看本書所收《古文字釋讀三則·三、釋“寓”“遣”》。本文關於“狄虘完”的解釋全誤,應删去。)

成王的頌辭比較簡單。“左右”當指輔佐成王的主要大臣如周公、召公、畢公等。“綬䊶剛鯀”之義待考。“肇徹”的“肇”當與《詩·商頌·玄鳥》“肇域彼四海”的“肇”同義。鄭箋:“肇當作兆。”“兆”古訓“域”,當動詞用應是劃定區域的意思。《詩·大雅·江漢》“式辟四方,徹我疆土”,鄭箋解釋爲“征伐開辟四方,治我疆界於天下”。“肇徹周邦”大概是開拓確定周王國疆界的意思。

康王的頌辭只提到“分尹億疆”這件事。“億”古訓“安”。師望鼎有“不分不斐”語,《大系考釋》釋“分”爲“分”(80頁)。那麽,“分尹億疆”也許可以讀爲“分君億疆”,就是分封諸侯鞏固周疆的意思。《左傳·昭公二十六年》:“昔武王克殷,成王靖四方,康王息民,並建母弟以蕃屏周。”盤銘之意似與《左傳》相合。

昭王南征楚荆是一件大事,屢見於古籍和過去出土的金文,盤銘也把這件事當作昭王的主要功績,“廣笞楚荆”大概是廣泛地撻伐楚荆的意思。中方鼎二和中甗都有“王令中先省南國,貫行”之語。“貫行”就是貫通道路。“寏”、“貫”音近,“唯寏南行”的“寏”也應該讀爲“貫”。大約作於春秋初年的曾伯霥簠說:“克逖淮夷,抑燮䌛湯,金道錫行,俱既俾方。”與之同時的晉姜鼎說:“俾貫通□,征緐湯□,取厥吉金,用作寶尊彝。”《大系考釋》指出簠銘的“抑燮䌛湯”與鼎銘的“征緐湯□”有關,“蓋晉人與曾同伐淮夷也”,又指出“古者南方多産金錫”,“金道錫行者言以金錫入貢或交易之路”(186頁)。這兩件銅器的銘文清楚地説明,周人征伐南方的一個極其重要的目的,是想貫通從南方掠奪金屬的道路。盤銘所説的“唯貫南行”,顯然也應該這樣理解。唐蘭先生曾指出,昭王伐楚荆“第一是爲了掠奪南方的銅”(《考古學報》1962年1期37頁),這是很正確的。這段頌辭的開頭稱“宏魯昭王”,宏魯大概是宏大樸實的意思,附釋於此。

穆王的頌辭有以下詞語需要解釋:

祇覭 “祇”古訓“敬”。“覭”字金文屢見,不能確識,用法與“顯”字相近。

刑帥 金文一般説成“帥刑”,就是遵循效法的意思。

宇誨 “誨”、“謀”二字古通(《金文編》110頁【見1985年版140頁】)。《詩·大雅·抑》:“訏謨定命”,毛傳:“訏,大。謨,謀。”“宇誨”當讀爲“訏謀”,與“訏謨”同意。

𩐁寧　"𩐁"疑當讀爲"申"(看注⑩)。"申寧"與《詩·商頌·烈祖》"申錫無疆"的"申錫"文例相似。

這兩句頌辭的大意是說:穆王能遵循先王的偉大謀略,使繼位的恭王得到安寧。

恭王的頌辭有以下詞語需要解釋:

釁無匄　"釁"字習見於金文,或作"𩰫",象用水盆洗臉,即"頮"(沬)字異體,"釁"、"亹"等字皆由此字演變。"沬"、"眉"古音極近,所以金文多假借爲眉壽之"眉"。盤銘此字似當讀爲"亹"或"勉"("沬"與"勉"古音陰陽對轉)。"匄"似當讀爲"害",二字古通。

𡨦邢上下　"𡨦"从"寒"聲("㝡"、"寒"古當爲一字),"邢"从"开"聲,"𡨦邢"當是疊韻聯綿詞,疑與"蹇産"意近。《廣雅·釋訓》:"蹇産,詰詘也。"邵鐘說"余頡岡事君","頡岡"就是"詰詘",含有曲意奉事的意思。甲骨卜辭和金文、《詩》、《書》多以"上下"稱"上下之神"(即天神地祇)。"蹇産上下"大概是詰詘以事上下之神的意思。

亟獄逗慕　"亟"古訓"敬"。"獄"似當讀爲"熙",是發揚光大的意思。"逗慕"似當讀爲"桓謨"。"桓"古訓"大"。"桓謨"與上文的"訏謀"意近。

昊炤　似當讀爲"皓溔"。《文選·左思魏都賦》李善注引《廣雅》:"皓溔,大也。"

后稷　"后"下一字據文義推勘只能是"稷"。據《大雅·生民》、《魯頌·閟宫》,周人本以后稷爲上帝之子。《大雅·雲漢》"后稷不克,上帝不臨",《閟宫》"皇皇后帝,皇祖后稷",皆以后稷與上帝並提,與盤銘同。此字驟視似"畟"字,"畟"、"夋"形本相近。其左下方有"",疑即"禾"殘形。

亢保　《左傳·昭公元年》"吉不能亢身,焉能亢宗",杜注:"亢,蔽也。"

綰命　金文的求福之辭屢以"綰綽"或"綽綰"與"永命"或"眉壽"連言。綰綽與寬緩意近,綰命大概就是長命的意思。㉒

𡝩見　《說文》:"𡝩,擊踝也……讀若踝。"用在這裏解釋不通。古文字从"丮"、从"収"(廾)往往無別,疑"𡝩"也可作"戒"字用,在此似可讀爲"悈"。《爾雅·釋言》:"悈,急也。""悈見"就是急來朝見。

這段頌辭的大意是說:天子小心地維持文王武王的光輝,勤勉無害(?),委曲敬事上下神祇,積極地使先王的偉大謀謨發揚光大,心胸寬廣,無所厭惡,上帝和后稷保

㉒　看徐中舒《金文嘏辭釋例》,《史語所集刊》六本一分 39 頁。

護天子,授予他長命、厚福和好年成,四方蠻夷無不來朝。

銘文後半篇基本不用韻,只有開頭兩句的"祖"和"處"都屬魚部,亞祖一段的"釐"和"祀"都屬之部。下面把後半篇分成三部分來講解。

第一部分簡述史牆家族的來歷,大意説:静幽的高祖[23]在㪚地"靈處"。武王滅殷後,"㪚史烈祖"來見武王,武王命令周公在周地[24]給他住所,並讓他"處甬"。同窖所出30號鐘銘也述及烈祖見武王之事,文字與盤銘大體相同,但"俾處甬"作"以五十頌處"。"頌"、"甬"古音極近,"處甬"和"以五十頌處"顯然是指一件事情。(《論集》編按:唐蘭先生以"武王則命周公舍宇"爲一句,"于周俾處"爲一句,讀"甬叀"爲"通惠",下屬"乙祖"爲句,見《文物》1978年3期21頁。其意見值得考慮。本文以"俾處甬"爲一句,不一定對。)【編按:"于周俾處"當連讀。"[illegible]惠",陳劍讀爲"柔惠",見《金文字詞零釋(四則)》(張光裕、黄德寬主編《古文字學論稿》,143—146頁,安徽大學出版社,2008年4月)。】

從同窖所出銅器看,史牆一族是以㪚爲氏的。這應該是由於史牆的高祖居於㪚的緣故。史牆之子𤼈在所作銅器裏有時自稱爲㪚𤼈、㪚伯𤼈或㪚伯。"伯"應該理解爲伯仲之"伯",而不應該理解爲爵稱。"在㪚靈處"的"靈處"二字比較難解。《尚書·多方》"惟我周王靈承于旅","靈"字置於動詞之前,用法與盤銘相近。《尚書》"靈"字舊多訓爲"善","靈處"也許就是住得很好的意思。

盤銘稱史牆的烈祖爲㪚史,可知史牆的史官職務是從先祖繼承下來的。史牆的祖父在所作銅器的銘文裏自稱爲作册折(見24號方彝等)。在㪚氏家族所作的很多銅器的銘文末尾,都有寫作"𫵖"或"䄅"的族徽,表示他家世襲作册的職務。作册就是史官。武王命史牆的烈祖"處甬","以五十頌處",當與史官的職務有關。下面就來討論這個問題。

同窖所出的𤼈所作的76FZH1:6、13號簋銘説:"覭皇祖考司威義(儀),用辟先王",同人所作的76FZH1:9、10號鐘銘説:"丕顯高祖、亞祖、文考克明厥心,疋尹叙(敘)厥威義(儀),用辟先王,𤼈不敢弗帥祖考秉明德,圂(恪)夙夕左(佐)尹氏。""疋"有輔佐的意思。[25] 𤼈所輔佐的尹,無疑就是𤼈所作的76FZH1:21、22號壺銘所提到的作册尹。上引銘文説明㪚氏家族的正式職務是輔助史官之長掌管"威儀"。

㉓ "静幽"是贊美高祖之詞,以"幽"爲貶詞乃後起之説,見《積微居金文説》197頁。

㉔ 此"周"似應指周公封邑,在今陝西岐山一帶,看注㉖所引文。

㉕ 看《考古學報》1956年4期96頁。

古代所謂威儀也就是禮容。《新書》的《容經》和《禮容語》講的都是與威儀有關的事情,《容經》還專門談到什麽叫“威儀”,怎樣算是“有威儀”。《史記·儒林列傳》:“諸學者多言禮……於今獨有士禮,高堂生能言之,而魯徐生善爲容。”容貌之“容”,本字當作“頌”。《説文》:“頌,皃(貌)也。从頁,公聲。”《漢書·儒林傳》記徐生之事,就把“容”寫作“頌”。蘇林注:“《漢舊儀》有二郎爲此頌貌威儀事,有徐氏,徐氏後有張氏,不知經,但能盤辟爲禮容。”這個注清楚地説明“威儀”和頌是一回事。古代威儀的條目是很多的。《禮記·中庸》説:“禮儀三百,威儀三千。”《禮記·禮器》、《漢書·藝文志》等都有類似的説法。《禮記正義》説:“所以三千者,其履行周禮之别,其事委曲,條數繁廣,故有三千也。”(見《禮記》大題下)由此可知鐘銘的“以五十頌處”,就是掌管五十種威儀的意思。盤銘“俾處甬”的“甬”,没有問題應該讀爲“頌”(容)。“處”字的用法跟處官的“處”相同。(《論集》編按:以“俾處甬”爲句可能有問題,見上文“編按”。)【編按:“俾處甬”釋讀有誤,參看上文“編按”。】

説到這裏,應該回過頭去再考慮一下“靈處”的解釋。這個“處”字有没有可能也跟職務有關呢?古代巫史往往不分,而巫也稱爲靈。《楚辭·九歌·東皇太一》“靈偃蹇兮姣服”,王注:“靈謂巫也。”也許“靈處”可以理解爲“以靈處”,就是爲巫的意思。“處”與上句“祖”字爲韻,也可能這一句本來應該像“處容”一樣説成“處靈”,爲了趁韻便倒成“靈處”了。《史記·殷本紀》説武王伐紂勝利後“表商容之閭”,《索隱》引鄭玄云:“商家樂官知禮容,所以禮署稱容臺。”那麽在商代便已經有掌容之官了。西漢時徐生“以容爲禮官大夫”,他的子孫和弟子也有多人任禮官大夫,《漢書·儒林傳》蘇林注引《漢舊儀》還説“天下郡國有容史”。這些都是掌容之官。㪚氏家族便是西周王朝的容官。他們掌管的“頌”只有五十種,《中庸》等書則説“威儀三千”,數字相差懸殊。這大概主要是由於後代威儀的條目分得比較細。不過㪚氏家族掌管的“五十頌”,也很可能只是西周時代威儀的一部分。

《史記·殷本紀》説商紂末年“殷之太師、少師乃持其祭樂器奔周”。周王朝的禮樂官大概有不少是來自商王朝的。㪚氏家族也有可能本來服事過商朝,商亡以後便轉而事周。

盤銘下半篇第二部分稱頌了乙祖、亞祖辛和文考乙公三個先人。亞祖辛即史牆之祖作册折,文考乙公即作册折之子豐,乙祖即作册折銅器中所稱的父乙。㉖

㉖ 看《扶風莊白一號西周青銅器窖藏發掘簡報》,《文物》1978年3期。

乙祖的頌辭有以下詞語需要解釋:

遳匹　單伯鐘說"遳匹先王",𢼸尊說"克遳先王"。一般釋"遳"爲"逑",義不可通,今從張政烺先生釋爲"遳",讀爲"弼"(《文物》1976年1期66頁)。"弼匹"就是輔佐的意思。(《論集》編按:"遳"字之釋恐仍有問題,待考。)【編按:"遳"字當從陳劍《據郭店簡釋讀金文一例》讀爲"逑"。陳說見《甲骨金文考釋論集》,20—38頁,綫裝書局,2007年4月。】

遠猷腹心　意思說乙祖給君王出主意時看得遠,是君王心腹之臣。

子𠩺　"子"疑當讀爲"孜"。《說文》:"孜,汲汲也。""𠩺"字不識,似从"入"得聲,古音與"及"同部,疑當讀爲"汲"。"孜汲"等於說"孜孜汲汲",是勤勉不怠的意思。

㬰明　師𩛥鼎:"用刑乃聖祖考隣明𢦚辟前王"(《文物》1975年8期61頁【《集成》5·2830】),尹姞鼎:"……穆公聖粦明□事先王"(《錄遺》97【《集成》3·754】)。"㬰"、"隣"、"粦"是同一個詞的不同寫法。陳夢家認爲"粦"指耳目聰明(《考古學報》1956年3期119頁)。

亞祖辛的頌辭有以下詞語需要解釋:

𩫏毓　"𩫏"字不識,似从"垔"得聲,疑當讀爲"甄"。"毓"、"育"一字。"甄育"是甄陶教育的意思。

䊮髮　"䊮"疑當讀爲"皤"。《爾雅·釋詁》:"黃髮,壽也。"皤髮與黃髮同意,等於說長壽。

櫅角　疑當讀爲"齊愨",恭敬的意思。

𩰫光　"𩰫"字似是"異"(飴)字加注"戠"聲而成,疑當讀爲"熾"。"熾光"就是昌熾有光的意思。

文考乙公的頌辭有以下詞語需要解釋:

𠂤屖　王孫遺者鐘有"余𢀚恭𢦚屖"之語。"𢦚"字屢見於金文,左旁有時也寫作"𠂤"(如師𩛥鼎)。"𠂤屖"和"𢦚屖"當是同語的異寫。《大系考釋》讀"𢦚屖"爲"舒遲"(161頁)。或疑當讀爲"胡夷","胡"和"夷"都是古代常用的稱美之詞。

遽趩　同窖所出76FZH1:64號鐘和井人鐘都有"𨑌趩"之語。疑"趩"當讀爲"爽",古訓"明"。"遽"字不易解,疑當讀爲"虛"。

𣄰屯　《大系考釋》釋"賁屯",讀爲"渾沌"(81頁)。

乙公頌辭的最後兩句——"無誎農穡,歲稼唯辟",可能反映了西周中期政治經濟上的某些重要現象,應該比較詳細地討論一下。

五年召伯虎簋有"余老止公僕庸土田多諫"之語,《大系考釋》讀"諫"爲"債"(古"責"、"債"一字),解釋爲"止公所食邑,其歲貢於朝廷多積欠"(143頁)。盤銘的"無諫農穡",疑是指乙公所食田邑的貢賦交納及時,無可指責(也可解釋爲沒有欠債)。此說如確,就可以推知,早在穆、恭時代,周王朝奴隸主貴族規避拖欠貢賦的現象就已經很普遍了。不然,史牆便不會用"無諫農穡"來稱頌他的先人。"歲稼唯辟"應是指乙公不斷開闢土地,所種的莊稼年年增加。這些土地當然是乙公驅使他的奴隸去開闢和耕種的。這樣開闢出來的土地可能就是食邑食田之外的"私田"。[27] 散氏家族在周王朝擔任掌管威儀的史官,地位並不很高,但乙公(即"豐")和他的兒子牆、孫子瘋却鑄造了大量貴重的青銅器,[28]顯得跟他們的地位有些不大相稱。這跟散氏家族在農業上剝削奴隸特別有辦法,大概不是沒有關係的。唐蘭先生曾指出1975年董家村發現的屬於西周中期的裘衛銅器,反映了某些地位較低的貴族通過"千方百計地謀求擴大耕地面積",而成爲富有的"新興的農業奴隸主"(《文物》1976年6期32頁)。散氏家族的豐、牆、瘋等人也很可能是這種人。這種人的興起以及食邑食田"多諫"的現象,都說明在西周中期,商代以來在社會上占統治地位的奴隸主貴族宗族所有制已經發生了比較深刻的變化。

盤銘的最後一部分是史牆的自贊和求福之辭,有以下詞語需要解釋:

弗敢取　耳卣:"寧史錫耳,耳休,弗敢且,用作父乙寶尊彝。"(《三代》13·36【《集成》10·5384】)耳因爲受寧史賞賜,"弗敢且"而作卣紀念。史牆因爲經常受天子"蔑曆","弗敢取"而作盤紀念。二事相類。卣銘的"且"和盤銘的"取"都應該讀爲"沮"(《吉金文錄》4卷17頁)。"沮"古訓"止",訓"壞"。

烈祖文考弋竈授牆爾黼福　大意說:希望祖考把你們的好福氣傳授給牆。"弋"是西周金文中常見的虛詞,《大系考釋》讀爲"必"(見曶鼎等)。按

---

[27] 看《奴隸制時代》17頁。

[28] 莊白一號窖所出豐、牆、瘋等人所作的大量銅器,只是他們鑄造的銅器的一部分。例如豐、牆等人死後一定用了很多銅器陪葬,這些銅器就在窖藏之外。從宋代金文著錄書看,散氏家族銅器在當時已有出土。《歷代》10·88、《嘯堂》下98著錄的瘋鼎【《集成》5·2742】,與此次出土的三年瘋壺爲同人同年所作。《博古》3·23、《歷代》9·83等著錄的叀作散白娟氏鼎【《集成》4·2490】,銘末也有"𦍒"字族徽,"散白"疑指散伯瘋,叀可能是瘋的子弟(《大系》收散繺鼎,繺與瘋等人的關係尚未能定)。

"必"、"弋"古音不相近,《説文》以爲"必"字从"弋"聲,不可信。[29] 用作虚詞的"弋"應該讀爲《詩經》中常見的虚詞"式"。丁聲樹先生認爲"'式'者勸令之詞,殆若今言'應'言'當'"(《史語所集刊》六本四分487頁)。"竈"字亦作"竇"(《金文編》426頁),用法與金文常見的"宔"字相同。[30] 字雖不能確識,但從金文用例可以肯定其意義與"休"、"錫"等字相類。"䱽"是"䰻"的異體,古通"楚"(《大系考釋》119頁)。《戰國策·秦策》高注釋"楚服"爲"盛服"。"䰻福"疑即大福之意。(《論集》編按:按《國策》原文,"楚服"似指楚國之服,本文據高注訓"楚"爲"盛"不確。"䰻福"之義待考。)

褱髮彔黄耇彌生 "褱"當讀爲"懷"。《詩·檜風·匪風》"懷之好音",毛傳:"懷,歸也",就是給予的意思。"彔"上加"髮",當是形容福祿多如頭髮。【編按:此處關於"髮"的解釋有誤,參看本書所收《燹公盨銘文考釋》160—161頁。】"黄耇"、"彌生"都是金文求福之辭中屢見之語。[31]

龕事厥辟 "龕"即今"龕"字,當讀爲"堪"。這句話也見於眉壽鐘(《三代》1·4【《集成》1·40】),意思是在服事君王方面能勝任。

這段銘文中的其他語句都是金文常見的套語,就無需多加解釋了。

史牆盤銘是解放後發現的字數最多的一篇西周銅器銘文。它在西周的歷史、政治制度和社會經濟等方面都提供了重要史料,價值是很高的。從文字學的角度看,盤銘也很重要。例如盤銘的"鯀"、"䜌"二字,就可以糾正長期以來對甲骨文裏這兩個字的誤釋(看注⑥、注⑱)。最後,還應該指出,盤銘的文體也非常值得注意。前面已經講過,篇銘的前半篇和後半篇的某些句子是有韻的。此外,盤銘還特别喜歡用四字句,有時甚至爲了湊成四字而不大顧到語法。更有意思的是盤銘中還出現了一些對句或接近對句的句子,如"廣笞楚荆,唯貫南行","刑帥訏謀,𩟤寧天子"等。似乎可以説,這篇盤銘是已知的時代最早的一篇帶有比較明顯的駢文味道的作品。

原載《文物》1978年3期,又載《西周微氏家族青銅器群研究》(文物出版社,1992)、《古文字論集》,今據《古文字論集》收入。

㉙ "必"字實从"𠃬"而不从"弋"。"𠃬"是戈柲之"柲"的象形初文。(《論集》編按:參看本書《釋"柲"》篇。)

㉚ 這個詞習見於金文,各家説法紛紜,從金文用例看,此詞大概有獎勵的意思。

㉛ 看注㉒所引文。

說“白大師武”

扶風强家村新出土的師訊鼎銘文中有如下一段文字：①

> 訊敢𢦏(釐)王，卑(俾)天子萬(萬)年；白(伯)大(太)師武，臣保天子，用乎(厥)剌(烈)且(祖)□德。

“白大師”上二奇字在過去發現的金文裏從未見過，值得注意。

要認識這兩個字，先得把有關文辭的大意弄清楚。剌鼎銘有“天子萬(萬)年”之語，②所以上引銘文應該在“萬年”斷句。“敢𢦏王，卑天子萬年”和“白大師武，臣保天子”是並列的兩件事，主事者都是訊。

伯太師這個人在訊鼎銘文中屢次提到。上文曾說：“休白(伯)大(太)師肩𦗟訊臣皇辟”。“休”是贊美之意，與效父簋“休王易(錫)效父三”、䣄父方鼎“休王易(錫)䣄貝”的“休”字同義。“白大師肩𦗟訊臣皇辟”，語句構造與遹甗“師雍父肩史(使)遹事于𢦔侯”相同。𦗟疑是从甚聲之字，在此似當讀爲任。從這句話可以知道，訊所以能事皇辟(據銘文應該是指當時的周王的父親穆王)，是由於伯太師的推薦。銘文記周王對訊的賞賜，有“大(太)師金雁(膺)、攸勒”，大概師訊承接了伯太師的職務，至少是一部分職務。

“武”字在古代有“迹”的意思。《詩·大雅·下武》“繩其祖武”，毛傳：“繩，戒。武，迹也。”從師訊和伯太師的關係來看，“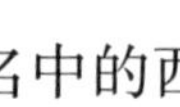白大師武”這句話，應該是遵循伯太師之迹的意思。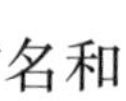字跟甲骨文四方風名中的西方風名相近。甲骨文和《山海經》裏都有關於四方名和四方風名的記載。在甲骨文所記的四方風名裏，跟《山

① 吳鎮烽、雒忠如《陝西扶風强家村出土的西周銅器》，《文物》1975年8期61頁【《集成》5·2830】。

② 《兩周金文辭大系》。以下引用《大系》著錄諸器，皆不再加注。

海經・大荒西經》所記西方風名"韋"相當的那個字,作以下諸形:③

京津 520【《合》14294】　乙 6533【《合》14295】　粹 1281【《合》30392】　前 4・42・6【《合》30393】

第三、第四兩字顯然都是从𣎵从韋之字的變體。第四字王國維釋爲"韡",④其説可信。《説文》:"東,木垂華實也。从木、马,马亦聲","韡,束也。从東,韋聲"。今按甲骨文𣎵字象木上有物纏束之形。《説文》从马聲之字如"函"、"笵"(即鑄銅器的"範"的本字)等,都有包含之意,也與纏束之義相近。所以"東"字的本義應該是纏束包裹一類意思,而不是《説文》所説的"木垂華實也"。正因爲如此,訓爲"束"的"韡"字才會把它用作形旁。

師𩛥鼎銘的韡字跟甲骨文的韡字很像是一字的異體。東字象"木"的周圍有物包束之形,正與𣎵字同意。所以,東應該就是東字,韡應該就是韡字。但是,甲骨文東、韡二字都用作西方風名,東字讀音當與韡字相同。鼎銘二字連文,東字讀音就不可能與韡字沒有區别。《説文》認爲東从马聲。可見東字有跟"函""範"等字相近的一種讀音。據此,鼎銘的"東韡"可以讀爲"範圍"。《易・繫辭上》"範圍天地之化而不過",韓康伯注:"範圍者,擬範天地而周備其理也",正義:"範謂模範,圍謂周圍。言聖人所爲所作模範周圍天地之化養,言法則天地以施其化,而不有過失違天地者也。"鼎銘説"範圍伯太師武"也就是法則伯太師的所作所爲而不違離的意思。𩛥受到伯太師提拔,又很敬佩伯太師,所以用"範圍伯太師武"來自勉。

我們説𩛥鼎和甲骨文的東字讀音不同。這一點也許有人要懷疑。其實在古代同一個字形表示兩個差别很大的語音的現象是相當常見的。甲骨文裏"月""夕"一字,甲骨、金文以至更晚的文字裏"豐"、"豊"一字,都是明顯的例子。在甲骨文裏,鳳字在早期是一個象形字,後來加注了"凡"聲,周以後鳳形簡化爲"鳥"就變成了从鳥凡聲的鳳字。但是在第三期甲骨裏,有時在鳳的象形字上加注"兄"聲。張政烺先生認爲這個字應該讀爲鳳皇的皇。⑤ 這是很正確的。可見鳳的象形字本來

---

③ 胡厚宣《釋殷代求年於四方和四方風的祭祀》,《復旦學報(人文科學)》1956 年 1 期。

④ 《殷虚文字類編》7・7。

⑤ 《邵王之諻鼎及毁銘考證》,《歷史語言研究所集刊》八本三分。

有“鳳”“皇”兩音。“鳳皇”是一個雙音詞,“範圍”也是一個雙音詞。很可能商代的柬字就跟鳳字一樣,也有“範”“圍”兩音。

原載《考古》1978 年 5 期,又載《古文字論集》,今據後者收入。

關於郢太府銅量

《文物》1978 年 5 期“文博簡訊”中發表的郢太府銅量【《集成》16・10370】,是一件很重要的楚國量器。國家標準計量局的同志曾對幾件戰國楚量器作過綜合研究,認爲郢太府銅量是五升量(楚量可能較大於秦量,所以此器每升容量稍大於 200 毫升)。器上銘文跟他們的研究結果可以互相印證。簡訊作者已經指出銘文的末二字是器物名稱,但是沒有把最後一字釋出來。從發表的拓本看,這個字上半从  ,跟長沙仰天湖和信陽等地所出楚簡文字的“竹”頭相同,下半是“少”字,應即从“竹”“肖”聲的“筲”字的異體(“肖”从“小”聲,“小”、“少”古爲一字)。“筲”亦作“籍”、“籍”,本是一種盛飯之器的名稱,由於這種器物一般有固定的容量,所以也可以用作量器的名稱。《論語・子路》“斗筲之人何足算也”,以筲與斗並提,就應該是指量器。筲的容量正好是五升。《說文》:“籍,飯筥也,受五升”,“籍……一曰:飯器,容五升”。《漢書・敘傳上》音義引《字林》:“筲,飯筥也,受五升。”釋銘文末字爲“筲”,與此器容量相合。古注中對於筲的容量尚有異說。《論語》鄭玄注說筲容一斗二升(《儀禮・既夕》鄭注又說筲容一觳,一觳也是一斗二升),《文選・王命論》注引《漢書音義》說筲容一斗。這二說的時代都晚於《說文》,用來解釋“斗筲”之“筲”,也顯然不如五升說合理,大概都是不可信的。銅量銘文“笭”上一字不清,簡訊疑是“敦”字,恐怕不一定正確。

《論集》編校追記:

《劫掠》A713 銅壺銘文曰:“□大□之笭一之。”(參看 R484【《集成》15・9580】)此壺“笭”字之義是否與郢太府銅量“笭”字相同,尚待研究。

原載《文物》1978 年 12 期,又載《古文字論集》,今據後者收入。

昭明鏡銘文中的“忽穆”

西漢後期盛行昭明鏡。解放前出版的銅鏡圖録，如羅振玉的《古鏡圖録》（卷中4頁下）、梁上椿的《巖窟藏鏡》（第二集上37、38）等書，都著録了這種銅鏡。解放後，昭明鏡在考古發掘中不斷出土，頻頻著録於有關發掘報告和圖録之中。

昭明鏡銘文中有“心忽穆而顉（願）忠，然壅塞而不泄”兩句。“忽”下一字主要有以下一些寫法【編按：下所引原有“《漢金文録》16·36下”一例，石繼承指出，此例原圖變形嚴重，且出處有誤，故删去】：

古鏡圖録中4下

巖窟藏鏡二上38

同上37

凡是考釋或提到昭明鏡銘文的書和文章，都把這個字釋作“揚”。從解放前的作品一直到最近發表的發掘報告，如《陝西咸陽馬泉西漢墓》（《考古》1979年2期131頁）、《安徽天長縣漢墓的發掘》（《考古》1979年4期329頁）、《江蘇盱眙東陽漢墓》（《考古》1979年5期421頁），全都如此。《金文續編》也把這個字釋爲“揚”字（12·3下）。但是“忽揚”之語不見於古書，“心忽揚而願忠”，語意難通。並且從上引的這個字的各種寫法來看，字形分明从“禾”而不从“手”，可見釋作“揚”是缺乏根據的。

漢碑“穆”字或作穆，省去“白”下之“小”（張遷碑。魏元丕碑作穇，偏旁互易）。昭明鏡“忽”下一字也應該是“穆”字。《史記·屈賈傳》載賈誼《鵩鳥賦》云：“沕穆無窮兮，胡可勝言”，《索隱》：“沕穆，深微之貌。”《漢書·賈誼傳》作“沕穆無間，胡可勝言”，顔師古注：“沕穆，深微貌。”《淮南子·原道》有“物穆無窮，變無形像”之語，《説苑·指武》亦有此語，“物穆”作“昒穆”。鏡銘的“忽穆”，與“沕穆”、“物穆”、“昒穆”顯然是一詞的變體或異寫。“心忽穆”大概是心意深微的意思。

原載《文史》第十二輯（中華書局，1981，署名東延），又載《古文字論集》，今據後者收入。

《武功縣出土平安君鼎》讀後記

讀《考古與文物》1981 年第 2 期羅昊同志《武功縣出土平安君鼎》一文後,有一些不同意見,現在條述於下以供參考。

一、關於此鼎原來的主人和國別

羅文釋鼎銘所記君名爲"評(平)安君",以此鼎爲"秦國故地出土的第一件有銘文的衛國青銅器"(19 頁)。從羅文所附銘文拓本看(見 20 頁圖三【《集成》5·2773】),所謂"評"字實作"訫"。《恆軒所見所藏吉金錄》22 頁著錄的"梁鼎蓋"【《集成》4·2304】銘有"鋹訫侯"。郭沫若考釋此銘說:"'鋹'乃'長'之異……'訫'者'信'之異。古璽'信'多作'䛺',从言,千聲。此从言身聲也……此器文字與形制與它梁鼎同,自是梁器,則長信侯自爲安釐王相者矣。"(《金文叢考》1954 年版 216 頁下)其說甚確。梁上官鼎器銘又有"宜訫"(《三代》2·53【《集成》4·2451】),應指見於《戰國縱橫家書·二六、見田僕於梁南章》的魏貴族宜信君的封邑(看《戰國縱橫家書》118 頁,參看黄盛璋《試論三晉兵器的國別和年代及其相關問題》,《考古學報》1974 年 1 期 19 頁)。所以,見於武功新出鼎銘的訫安君,無疑就是《戰國策》曾經提到過的魏信安君,此鼎當爲魏器而非衛器。

《戰國策·魏策二》:

> 秦召魏相信安君,信安君不欲往。蘇代爲説秦王曰……夫魏王之愛習魏信也,甚矣……

鮑彪注認爲此文的秦王當指武王或昭王,又謂"魏信即信安,省言之"。其實魏信很可能是信安君之名。如果確實如此,信安君便應該是魏國公族,或者就是當時的魏王的近親。

爲信安君說秦王的蘇代,其活動時期在前 4 世紀末期(看唐蘭《司馬遷所沒有見過的珍貴史料》,《戰國縱横家書》130 頁)。信安君鼎的“十二年”如爲魏王紀年,最可能是襄王十二年(據楊寬《戰國史》年表爲前 307 年)或昭王十二年(前 284 年)。但是,此“十二年”是信安君自己的紀年的可能性,似乎也不能完全排除。

鼎銘所記監鑄者官職爲“眂(視)事”,此職名也見於下引魏器銘文:

> 卅₌(“三十”合文)年,庨(?)減(令)癕,眂事鳳(?),冶巡封(鑄),膚(容)四分。　　卅年釜,錄遺 522【《集成》4·2527】
>
> (《小校經閣金文》2·98 稱“卅二年鼎”,“卅二”爲“卅”及合文符號之誤釋)
>
> 卅五年,庨(?)命(令)周収(?),眂事犽,冶期封(鑄),膚(容)斗(半)齋。下官。　　故宫藏鼎【《集成》5·2611】
>
> (有流入美國一盉,銘文與此略同,見《書道》第一册【《集成》15·9449】,疑爲僞刻)

此二器爲一地所鑄,鑄器時間相隔五年。器銘格式、字體與梁廿七年大梁司寇鼎(《三代》3·43【《集成》5·2609】,《文物》1972 年 6 期 23 頁圖六【《集成》5·2610】)等魏器很相似。其時代顯然屬戰國中後期,其國别即使不是魏,也必定不出三晉的範圍。戰國中後期三晉諸君中,只有梁惠王有三十五年。所以此二器可以確定爲梁惠王時所造的魏器。傳世有“右庫眂事”古印(《濱虹草堂藏古璽印》【《璽彙》0350】),當亦魏物。

二、關於“斗”字和一齋之值

羅文認爲“斗”是半斗的專用字,因此得出魏、衛等國的斗比秦斗大 3.55 倍的結論。其實在六國銅器銘文中,“斗”字一般都應讀爲“半”,當半斗講的極少見。魏器所記容量多以齋爲單位,所謂“斗”多指半齋。此鼎當亦同。一齋之量約在 7000 至 7200 毫升之間,此鼎實測容量爲 3567.75 毫升,正合半齋之數。關於這個問題,請參閱朱德熙、裘錫圭《戰國時代的“料”和秦漢時代的“半”》(《文史》第八輯。此文將上海市博物館藏平安君鼎的實測容量 1400 毫升誤爲容四分的梁廿七年鼎的容量。據國家計量局度量衡史組測定,後者的容量爲 1800 毫升。附正於此)。

上博所藏衛器平安君鼎銘文所記容量爲“四分齋”【《集成》5·2764】,實測容量爲 1400 毫升,一齋只合 5600 毫升,明顯地較一般魏器之齋爲小。這一點羅文已經指出。《文物》1980 年 9 期《河南泌陽秦墓》一文報導泌陽官莊北崗 3 號墓出土一件平安君鼎【《集成》5・2793】,銘文與上博所藏之鼎相近。但是此文沒有報導鼎的實測容量,希望有關單位能做一下實測工作,把結果公佈。如所得數值與上博所藏的平安君鼎相近,便可以初步肯定衛國的齋約小於魏國的齋五分之一左右。(《論集》編按:據《考古與文物》1982 年 2 期 60 頁黄盛璋文,泌陽器一齋合 6700 毫升,上博器情況特殊,原因待考。)

三、關於"爯"字

信安君鼎銘"十二年"下一字,羅文釋"受"。從銘文拓片看,此字似非"受"字,而實與"郢爰"金版印文"郢"下一字以及下引金村所出各器銘中置於所記重量之上的那個字相似:

十九,四寽廿九冢　　　左佰壺一,三代 12・15【《集成》15・9660】
(冢字從李家浩同志釋)

三寽七冢　　　公左私官鼎,《雒陽古城古墓考》圖版 187・9

四兩半□分二,中府

甘□銀製小像,《增訂洛陽金村古墓聚英》33 頁圖 18・2

此字舊多釋"爰",日本學者林巳奈夫改釋爲"爯",其說可從(參看安志敏《金版與金餅》,《考古學報》1973 年 2 期 70 頁至 71 頁)。信安君鼎銘"十二年"下一字,也應釋作"爯"。

信安君鼎蓋銘記"十二年爯二益六釿",器銘記"十二年爯九益"。雖然"二益六釿"和"九益"都另起一行,但在文義上與前一行的"十二年爯"應該是相接的。這兩個"爯"字都置於所記重量之上,與金村諸器同例。此類"爯"字似應讀爲"稱",當"稱量輕重"或"所稱量的輕重"講。

四、關於釿和鎰

信安君鼎以益與釿爲記重單位。羅文疑"釿到鎰是十進位"(20 頁)。今按,泌陽官莊秦墓所出平安君鼎蓋銘有"一益十釿半釿四分釿"之語,則一鎰所含釿數必大於十無疑。上引平安君鼎蓋銘"十"字,原簡報釋"七"。此字豎劃上所加横筆極

短,故知不應釋作“七”,李學勤同志《秦國文物的新認識》一文釋作“十”(《文物》1980 年 9 期 28 頁),是正確的。

羅文已指出,據信安君鼎器重折算,一鎰合 315.85 克强。古文獻中一鎰之重有二十兩及二十四兩二説。上舉數值與秦漢時代二十兩之重大致相當。如依此數值,將鼎蓋實測重量 787.3 克減去二鎰之重,剩下來的 155.6 克即六釿之重,每釿合 25.93 克强。這樣,一鎰大致相當於十二釿。古代銅器保存至今,其重量與原來必有出入。古人稱量也可能有誤差。因此根據個别銅器得出的重量單位的數值是難以爲憑的。對釿這種較小的單位來説,更是如此。上博所藏和泌陽出土的兩件平安君鼎,都有以釿、鎰爲單位的記重銘文。非常希望有關單位能做一下校量工作,將結果發表。

1981 年 7 月 4 日寫畢

原載《考古與文物》1982 年 2 期,又載《古文字論集》,今據後者收入。

西周銅器銘文中的"履"

根據西周銅器銘文的記載,西周貴族在轉移土地的佔有權或使用權的時候,通常要踏勘一次四界,實地把土地的範圍正式確定下來。這種踏勘地界的行爲就叫做"履"。以上所説的,在古文字和上古史研究者中間現在已經成爲常識了。但是有少數銅器銘文裏的"履"字却還沒有被辨認出來,或者雖然已經被個别人辨認了出來,但是還沒有得到大家承認。這是我們所以要寫這篇短文的原因。

我們先從已經爲大家所承認的"履"字説起。

大簋銘文説:①

> 王呼吴師召大,錫趞嬰里。王令膳夫豖②曰趞嬰曰:余既錫大乃里。嬰賓豖璋、帛束。嬰令豖曰天子:余弗敢𢿢(婪)。豖以嬰□(此爲器文,蓋文作□)大錫里。大賓豖訊璋、馬兩,賓嬰訊璋、帛束。……
>
> 【《集成》8·4298、4299】

"大錫里"之上一字,清人許瀚據《説文》"履"字古文□釋作"履"。他説:

> 履猶今言踏勘正疆界也。……履古文从舟从頁从足,此省足,猶齊侯鐘作頙省舟也。《左傳·僖四年》"錫我先君履",注云:"履,所踐履之界。"(《攈古録金文》三之二·36引)

許氏之説已爲絶大多數學者所接受。不過他所引的"齊侯鐘"(今人稱叔弓鐘或叔夷鐘)的"頙"字,實當釋"夏",與"履"無關。"大錫里"意即大所受賜之里。周王把本來屬趞嬰的里賜給大,並命膳夫豖辦理此事,所以"豖以嬰履大錫里"以定疆界。在"履大錫里"的時候,大的一方無疑也是有人參加的。(《論集》編按:"履大

---

① 大簋已收入《兩周金文辭大系》。以下所引銘文,凡見於《大系》者,不再注出處。銘文釋文用寬式,如"隹"直接寫作"唯","㠯"直接寫作"以","易"直接寫作"錫"等等,不列舉。

② 此字不能確釋,今姑從孫詒讓《古籀餘論》卷三釋爲"豖"。

錫里”也有可能應該解釋爲“爲大履定所錫之里”。)

1975年出土的五祀衛鼎的銘文説:

> 唯正月初吉庚戌,衛以邦君厲告于井伯……厲迺許曰:余審賓田五田。井伯、伯邑父、定伯、琼伯、伯俗父迺顜,事(使)厲誓;迺令參有司:司土(徒)邑人逋、司馬頞人邦、司工陶矩,內史友寺芻,帥裘衛厲田四田。迺舍宇于厥邑。厥逆疆眔厲田,厥東疆眔散田,厥南疆眔散田眔政父田,厥西疆眔厲田,邦君厲眔付裘衛田,厲叔子夙、厲有司醽季、慶癸、燹襛、荆人敢、井人鄙屖。衛小子者其鄉倂。……唯王五祀。

《文物》1976年5期38頁圖一五【《集成》5·2832】

上引銘文“帥”下一字,各家都釋爲“履”。跟大簋“履”字相比,不同之處是“頁”下加了趾形,“頁”上加了眉形(即一般“眉”字象眉毛的部分)。履踏需要用脚,加趾形是容易理解的。眉跟履有什麽關係呢?可能眉形是作爲“眉”字省體加注在“履”的表意字上充當音符的。“眉”、“履”二字古韻都屬脂部(中古時代的等呼亦同)。“眉”是明母字,“履”是來母字,上古明、來二母的關係也比較密切。“命”、“令”古本一字。以明母字“卯”爲聲旁的字如“聊”、“柳”、“留”等都讀來母(《説文》以爲“柳”、“留”等字从“丣”,不可信)。以來母字“翏”爲聲旁的字如“謬”、“繆”等都讀明母。所以以“眉”爲“履”的聲旁是完全合理的。“履”的表意字加注“眉”聲,與甲骨文“鳳”的表意字加注“凡”聲、金文“福”的表意字加注“北”聲③同例。這種在表意字上加注音符的現象,在古文字裏是很常見的。篆文“履”字的“尸”旁也許就是由眉形訛變而成的。

五祀衛鼎所記的邦君厲與裘衛之間的土地轉移事件,經過大臣井伯等人審理,所以履田的工作也由公家的三有司等官吏主持。唐蘭先生把“帥履裘衛厲田”翻譯爲“帶領着踏勘給裘衛的厲的田”,④是可信的。“帥”、“率”古通,“帥履”跟下文將要引到的永盂銘文裏的“率履”是一回事。履田之時,邦君厲和裘衛雙方無疑都是有人參加的。

跟五祀衛鼎同出的九年衛鼎,記貴族矩由於從裘衛那裏取了“省車”和一批車馬器,把“林晉里”給裘衛作爲代價。林晉里的林木本屬顔氏(顔氏似是矩之臣

③ 《金文編》8頁周乎卣“福”字【見1985年版9頁】。“北”和“福”古代同聲同部。

④ 《陝西省岐山縣董家村新出西周重要銅器銘辭的譯文和注釋》,《文物》1976年5期56頁。

屬），因此裘衛又送給顏氏夫婦以及“顏有司壽商”等人一些東西。於是：

> 矩迺眔濋粦令壽商眔啻曰：顜付裘衛林晉里。則乃成封（本作“夆”，下同）四封。顏小子具叀封，壽商□。……眔受，衛小子□。逆者其𠈇，衛臣虣朏。……　《文物》1976年5期39頁圖一六【《集成》5·2831】

上引銘文顜下一字應是見於五祀衛鼎的“履”字的變體，或以爲是从“水”“履”聲之字，讀爲“履”，亦通。“顜”字，戚桂宴《永盂銘殘字考釋》讀爲斠正之“斠”，⑤也許是正確的。“顜履付裘衛林晉里”，大概就是踏勘確定矩付給裘衛的林晉里的範圍的意思。參與這次土地交割的衛方的衛小子和衛臣，在矩方的壽商等人履林晉里的時候大概都是在場的。

比裘衛諸器早六年出土的永盂的銘文，也有寫法跟五祀衛鼎十分相似的“履”字。這個字由於筆劃稍有殘泐，曾被某些學者錯認爲“舊”字。後來吳鎮烽、戚桂宴二同志不約而同地都根據衛鼎“履”字，把這個字正確地辨釋了出來。⑥

永盂銘文說：

> 唯十又二年初吉丁卯，益公內（入）即命于天子。公迺出厥命，錫畀師永厥田滄易洛，疆眔師俗父田。⑦ 厥眔公出厥命，井伯、榮伯、尹氏、師俗父、遣仲。公迺命酉司徒函父、周人司工居、敔史師氏邑人奎父、畢人師同付永厥田。厥率履厥疆，宋句。……　《文物》1972年1期62頁圖三【《集成》16·10322】

吳鎮烽同志把上引文末一句解釋爲“率領察勘定田界的是宋句”，⑧完全正確。師永所受的田是周王賞賜的，主持踏勘田界的宋句，大概跟遣仲等人一樣，也是直屬朝廷的一個王官。大簋記膳夫豕“以嬰履大錫里”，豕也是以王官的身分主持踏勘田界的工作的。如果不提嬰的話，就可以說“豕率履大錫里”。

下面討論散氏盤的“履”字。這個“履”字雖然已經被有的學者辨釋了出來，但是還沒有爲大多數學者所承認。

散氏盤銘中數見一個寫作、等形的字（參看《金文編》187頁“眉”字。下文以△號代表此字。《論集》編按：《金文編》新版中此字在237頁）：

---

⑤ 《考古》1981年5期448頁。

⑥ 吳鎮烽《金文研究札記》，《人文雜志》1981年2期93頁。戚文見注⑤。

⑦ 此句內標點據注⑥所引吳文。

⑧ 同注⑥。

用矢𩤯散邑，迺即散用田。△自瀗涉以南至于大沽一封（本作“弄”，下同），以陟二封，至于邊柳，復涉瀗……以西封于敝城楮木……封于芻道，封于原道，封于周道，以東封于□東疆，右還，封于△道，以南封于𠦪逨道，以西至于難莫。△井邑田，自桹木道左至于井邑封道以東一封，還以西一封……矢人有司△田，鮮、且、散、武父、西宫襄、豆人虞丂、彔（麓）貞、師氏右、省、小門人繇、原人虞艿、淮司工虎孝、龠豐父、難人有司荆、丂，凡十又五夫。正△矢舍散田，司土（徒）屰□、司馬單𡫞、邦人司工騌君、宰德父。散人小子△田，戎、散父、效、栗父；襄之有司，橐、州、㬎、焂、從、𤔲；⑨凡散有司十夫。……

【《集成》16・10176】

在上引銘文裏多次出現的△字，舊或釋作“竟”、“頁”、“莧”、“蔑”等字，顯然都不可信。近人多從孫詒讓釋作“眉”，⑩只有章太炎把它釋作“履”。他説：

△字，銘凡三見（引者按：實爲六見），阮釋爲竟。按形，下乃從頁，上似從止，古文履字作𩑶，此當是履字。傳曰“賜我先君履”，義亦與竟相近，而文則非竟也。（《論散氏盤書二札》，東南大學南京高師國學研究會《國學叢刊》一卷一期93頁）

章氏分析字形有錯誤，但是我們如果把衛鼎的“履”字跟這個字比較一下，就可以相信章氏把它釋作“履”是正確的。這個字从“頁”，上加眉形，跟衛鼎“履”字相同。“頁”下無趾形，又省“舟”爲二短横，則跟大簋蓋文“履”字相近。後者“頁”下也沒有趾形，並把“舟”省爲一横。1978年岐山鳳雛村所出窖藏西周銅器中有白寛父盨兩件，甲器的“盨”字省去“皿”旁而在“須”字人形右側加兩點（《文物》1979年11期14頁圖九【《集成》9・4439】）。這跟散盤“履”字省去“舟”旁而在“頁”旁人形右側加二短横的情況是十分相似的。

從文義上看，把這個字釋作“履”也是完全恰當的。孫詒讓《古籀餘論》卷三“散氏盤”條説：

此字（引者按：指△字，孫釋“眉”）盤中五見（按：實爲六見），唯第二眉道爲地名，餘如眉井邑田、矢人有司眉田、凡十又五夫正眉（按：此句斷句有誤）、散人小子眉田，與此（按：指盤銘第一個△字）並爲正疆界之事。……

---

⑨ 襄有司人名讀法從吳闓生《吉金文錄》四・35上。

⑩ 看《金文詁林》2156—2204頁。

孫氏把這個字釋作“眉”是錯誤的，但是他對這個字的意義的理解則大致正確。王國維《散氏盤考釋》、郭沫若《兩周金文辭大系考釋》認爲這個字在盤銘裏都用作地名，文義便扞格難通了。除“△道”之“△”外，這些△字的意義跟上面討論過的那些銘文裏的“履”字完全相同，把這個字釋作“履”顯然是合理的。

盤銘詳細記錄了履田立封的情況，這跟九年衛鼎所說的“……顜履付裘衛林㫚里。則乃成封四封”可以相印證。盤銘還詳細舉出了各方參加履田的人員：夨人有司履田者十五人。“正履夨舍散田”者四人。散人小子履田者四人，加上散方襄地有司六人共爲十人。“正履夨舍散田”者四人的官職，分別是司土、司馬、㽙人司工和宰。他們可能是公家的官吏，前三人即所謂“參（三）有司”。五祀衛鼎記三有司和內史友帥履裘衛所得厲田，情況與此相類。“正”疑當作“正長”解。“正履夨舍散田”意即踏勘夨給予散的田地的長官。但是如果把“正”解作動詞，也可以講得通。這四個人的地位高於夨人和散人的有司，他們的責任在於使履田的工作公正地進行。如果把“正”看作動詞，把“正履……”當作跟“率履……”、“帥履……”類似的結構來理解，從文義上看也還是說得過去的。散人方面有四個小子參加履田。在裘衛諸器所記的土地交換事件中，也都有小子參加，與此同例。襄有司六人也是參加夨、散間土地交接工作的散方人員，但是他們可能沒有直接參加履田，所以銘文沒有稱他們爲“履田”者，而只是把他們跟散人小子合稱爲“散有司十夫”。

最後討論倗生簋（《大系》稱格伯簋）的“履”字。這個“履”字迄今尚未得到正確的釋讀。

倗生簋銘文說：

> 唯正月初吉癸巳，王在成周，格伯取⑪良馬乘于倗生，厥賓卅田則析。格伯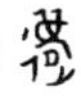，殹妊彶（及）仡厥從格伯安⑫，彶甸殷，厥紉雩谷杜木、邍谷旅桑，涉東門。厥書史戠武立□成，成壂。鑄保（寶）簋，用典格伯田，其萬年子子孫孫永保用。
> 【《集成》8・4262—4265】

此簋一般稱格伯簋，認爲是格伯所作。其實銘文明明說格伯從倗生那裏取了馬，以土地作爲代價，鑄簋“用典格伯田”的顯然應該是倗生而不是格伯。劉心源在《奇觚室吉金文述》（16・37）裏，早就指出了這一點，只不過他把“倗生”錯釋成了“甬

---

⑪　此字《大系》釋“叉”，不可信。他家多釋作“取”，《金文編》亦收入“取”字下。

⑫　吳闓生、楊樹達皆讀此“安”字爲“按”。吳氏謂“安者，按視之也”（《吉金文錄》三・26下）。楊氏謂“安當讀如按行之按”（《積微居金文說》27頁）。

生”。唐蘭先生稱此器爲倗生簋,[13]是完全正確的。【編按:上引簋銘釋“取”之字當從《兩周金文辭大系考釋》釋爲“叉”,受田作器的一方是格伯而非倗生,一般稱此簋爲格伯簋是正確的。參看本書所收《釋“叉”》。】

上引銘文“格伯”和“殹妊”之間的那個字,釋者衆說紛紜。有的說法,如釋“過”、釋“遽”、釋“道”諸說,早已無人相信。目前流行的是釋“還”和釋“遱”二說。[14] 金文“還”字“目”下从“衣”,“衣”中爲“圓”之初文“○”。[15] 此字寫法顯然與之不合。釋“遱”在字形上似較爲有據。但是字書並無“遱”字,從銘文上下文看,如讀作“夢”,文義也無法講通。並且倗生簋傳世共五器,此字人形下偏旁或作、等形,跟一般的“夕”字也是有區別的。所以這個字的各種舊釋沒有一種是真正可信的。我們認爲這個字也應該是“履”字。這個字跟上舉大多數“履”字一樣,也从上加眉形的“頁”,不過“頁”的頭部寫得比較接近於“目”,這大概是有意要讓它兼充音符“眉”的下部的緣故。甲骨文“麋”字作,“目”形兼充麋形的頭部和音符“眉”的下部,情況與此十分相似。“頁”旁人形下的偏旁,應即其他“履”字所从的“舟”的變體。加“辵”旁跟“履”字的意義也完全相合,而且篆文“履”正是从“彳”旁的(古文字裏“彳”、“辵”兩個偏旁可以通用)。所以從字形上看,這個字確實可以釋作“履”。

從文義上看,把這個字釋作“履”也很合理。格伯既然答應以卅田作爲取倗生之馬的代價,當然要爲此履田定界。銘文中所說的跟從格伯的殹妊和佮,無疑就是倗生一方參加履田的人員。銘文說“厥絧雩谷杜木、邍谷旅桑,涉東門”,跟散氏盤所記的履田細節十分相似,只不過散氏盤所記比較複雜、詳盡而已。

總之,通過在字形和文義上跟西周銅器銘文中已被公認的“履”字作比較,可以肯定散氏盤銘裏被多數人釋爲“眉”的那個字,以及倗生簋銘裏被多數人釋爲“還”或“遱”的那個字,都應該釋作“履”。這對於研究西周時代的土地制度應該是有一定意義的。

1982 年 5 月 21 日寫畢

原載《甲骨文與殷商史》第三輯(上海古籍出版社,1991),又載《古文字論集》,今據後者收入。

---

⑬ 《用青銅器銘文來研究西周史》,《文物》1976 年 6 期 31 頁。

⑭ 看《金文詁林附錄》1355—1358 頁。

⑮ 《金文編》79 頁【見 1985 年版 98—99 頁】。

説㲋簋的兩個地名——"棫林"和"胡"

1975年3月,扶風縣法門公社莊白大隊白家生產隊社員在村西南約250多米處發現一座西周墓。墓中出銅器十八件,有銘文的共十一件。其中,器主之名作"㲋"或"白(伯)㲋"的八件(三鼎二簋一甗二飲壺),作"白(伯)雍父"的一件(盤),作"䨕(紳)父"的一件(盉),作"孓"的一件(爵)。有銘銅器中,除最後提到的孓爵時代較早外,其他各器的時代是一致的。羅西章、吳鎮烽、雒忠如等同志的《陝西扶風出土西周伯㲋諸器》一文(以下簡稱"羅文"),根據器形、花紋和銘文字體,把它們定爲穆王時器,[①]十分正確。他們認爲㲋就是這座墓的墓主,[②]也是可信的。

《兩周金文辭大系》穆王部分收有與伯雍父和㲋有關的一組銅器銘文,現在把跟我們的討論有關的那些銘文抄錄於下:

竅鼎　隹(唯)十又一月,師雍父徜(省)道至于㝬……【《集成》5·2721】

遇甗　隹(唯)六月既死霸丙寅,師雍父戍才(在)古自,遇從。師雍父肩史(使)遇事于㝬侯……【《集成》3·948】

稆卣　稆從師雍父戍于古(此字疑爲古之誤摹)自……【《集成》10·5411】

臤尊(原稱觶)　隹(唯)十又三月既生霸丁卯,臤從師雍父戍于古自之年……【《集成》11·6008】

彔卣(原稱彔㲋卣)　王令㲋曰:"𪒠淮尸(夷)敢伐內國,女(汝)其吕(以)成周師氏戍于古自。"白(伯)雍父蔑彔曆,易(錫)貝十朋。彔拜䭫首對揚白(伯)休,用乍(作)文考乙公寶尊彝。(彔尊與此同銘,見《三代》11·36【《集成》10·5419】)【《集成》10·5420】

彔簋　白(伯)雍父來自㝬,蔑彔曆,易(錫)赤金。對揚白(伯)休,用乍

---

①② 《文物》1976年6期55頁。

(作)文且(祖)辛公寶𩰫簋,其子子孫孫永寶。(又一彔簋稱“彔作厥文考乙公寶尊簋”,見《三代》7·35【《集成》7·3863】)　　【《集成》8·4122】

伯㦰簋　白(伯)㦰肇其乍(作)西宮寶……　　【《集成》7·4115】

郭沫若先生在彔卣考釋裏指出伯雍父和師雍父是一個人,可信。

見於白家村㦰墓銅器的伯雍父和㦰,顯然就是見於上引那組銅器的伯雍父和㦰。這一點羅文已經指出。[③] 㦰墓所出的Ⅱ式鼎的銘文,説王命㦰率虎臣抵禦“潍戎”:

㦰曰:烏(嗚)虖(呼)!王唯念㦰辟剌(烈)考甲公,王用肇史(使)乃子㦰達(率)虎臣御潍戎……

《文物》1976年6期58頁圖一八【《集成》5·2824】

Ⅰ式簋的銘文説㦰“追𨟻戎于𩳁林,搏戎𢦏”:

隹(唯)六月初吉乙酉,才(在)𩁹自。戎伐𩁹。㦰達(率)有𤔲(司)、師氏𢓊(奔)追𨟻(攔?)[④]戎于𩳁林,博(搏)戎𢦏……

同上57頁圖一七【《集成》8·4322】

這裏所説的潍戎和戎顯然就是上引彔卣所説的淮夷,“𢦏”跟上引𤼈鼎、遇甗、彔簋諸器所説的“𢦏”也無疑是指同一個地點。

羅文釋“潍”爲“淮”,認爲伐淮戎就是伐淮夷。[⑤] 李學勤同志在《從新出青銅

---

③ 同上。不過羅文從《大系》説,認爲上引彔卣、彔簋的器主彔跟㦰是一個人,則是我們所不同意的。李學勤同志在《從新出青銅器看長江下游文化的發展》一文中,指出㦰和伯雍父應該是一個人。他説:“㦰和雍是一名一字”(《文物》1980年8期37頁),“彔尊、卣:‘王命㦰曰:“𠭰,淮夷敢伐内國,汝其以成周師氏戍于古自。”伯雍父蔑彔曆,……’㦰和伯雍父明爲一人,對王而言稱其名,對己(引者按:“己”指器主彔)而言稱其字”(同上84頁注⑦)。這些意見是很有道理的。㦰和伯雍父非常可能是一個人,而彔和㦰則肯定是兩個人。《大系》認爲彔卣、彔簋跟另一件傳世銅器彔伯㦰簋爲同一人所作,所以把彔卣銘文中的“彔”和“㦰”看作器主的氏和名,並把彔卣稱爲彔㦰卣。其實彔伯㦰簋銘文的字體顯然晚於彔尊、彔卣、彔簋等器(彔伯㦰簋器形未見)。從銘文内容看,彔伯㦰是小國之君,其父稱𨚕王。這跟見於上引諸器的彔和㦰的情況也顯然不能相合。李學勤同志指出彔伯㦰簋跟彔尊、卣等“時代不同,應是另一人所製”(同上84頁注⑦),完全正確。據㦰墓所出銅器,㦰之考爲甲公,祖爲乙公。據彔尊、卣、簋等器,彔之考爲乙公,祖爲辛公。這是㦰和彔非一人的明證。羅文以甲公、乙公都是㦰的父輩,乙公、辛公都是㦰的祖輩來解釋這一矛盾,恐怕是不妥當的。

④ 此字屢見於金文,一般釋作“御”。但是其寫法跟一般“御”字(如上引Ⅱ式鼎的“御”字)截然有别。舊説不可信。我們懷疑此字从“𢇍”(聯)得聲,當讀爲遮闌之“闌”,詳《戰國璽印文字考釋三篇》。【編按:此字實當釋讀爲襲擊之“襲”,請參看本書所收《關於晉侯銅器銘文的幾個問題》。】

⑤ 同注①52、55頁。

器看長江下游文化的發展》一文中指出：“(㦸鼎)淮戎的淮字从唯，與曾伯霥簠淮夷字(之?)淮字同。《尚書·費誓》：‘徂兹淮夷、徐戎並興。’徐可稱戎，淮夷也可稱淮戎。”⑥這些意見都很正確。

李文把“搏戎𠧧”解釋爲“在𠧧國遇敵搏戰”，⑦也是正確的。“搏戎𠧧”等於說“搏戎於𠧧”。古漢語裏常常可以看到這種結構的句子，如《左傳·襄公二十六年》“敗之圉”、《漢書·高帝紀》“大破章邯東阿”等等，多友鼎有“搏于邾”“或搏于龏”等語(《人文雜志》1981年6期封裏【《集成》5·2835】)，可見把𠧧看作地名，是合理的。遹甗稱𠧧侯，所以知道𠧧是諸侯國。30年代，柯昌濟先生在宗周鐘跋裏，唐蘭先生在《周王𠧧鐘考》裏，先後把“𠧧”讀作“胡”。⑧ 此說現在已爲學術界普遍接受。柯、唐二先生都認爲見於遹甗等西周銅器的𠧧國，就是見於《左傳》的歸姓胡國。這正是離淮夷地區不遠的一個國家。

但是，唐蘭先生在1976年考釋㦸墓所出銅器銘文的時候，雖然也承認見於這些銅器的㦸跟見於彔卣等器的㦸是一個人，却認爲“滩戎”與“淮夷”無關，“搏戎𠧧”的“𠧧”也跟見於遹甗等器的“𠧧”無關。他說：“滩戎應是住在焦獲澤的犬戎，在西周後期稱爲玁狁。”⑨又說：“㦸簋稱戎爲戎𠧧(胡)，這是由於戎又稱胡，而合稱爲戎胡……胡就是匈奴兩字的合音。……”。⑩ 唐先生爲他的說法作了很多論證，但是說服力並不强。

1973年，陝西藍田發現一件西周後期的𠧧叔仰姬鼎。⑪ 1978年，陝西武功任北村發現西周後期窖藏銅器，其中有𠧧叔𠧧姬爲他們的女兒伯媿所作的媵簋的三件蓋。⑫ 盧連成和羅英傑同志認爲這是𠧧爲隗(媿)姓之戎，亦即戎狄之胡的確證，因此對唐說加以肯定。⑬

但是，從上引的包括遹甗、彔卣等器的那組銅器來看，西周時代在離淮夷不遠的地方有一個𠧧國，是無可懷疑的。㦸簋的“𠧧”應該就指這個𠧧，也是通過對㦸墓所出銅器和上引那組銅器的對比研究必然要得出的結論。有幾件𠧧族銅器在宗

---

⑥ 《文物》1980年8期84頁注⑥。

⑦ 同上注37頁。

⑧ 柯跋見《韡華閣集古錄跋尾》甲編(1935年)，唐文載《國立北平故宫博物院年刊》(1936年)。

⑨ 《用青銅器銘文來研究西周史》，《文物》1976年6期33頁。參看38頁㦸方鼎二注②。

⑩ 同上注34頁，參看39頁注③。

⑪ 尚志儒、樊維岳、吳梓林《陝西藍田縣出土𠧧叔鼎》，《文物》1976年1期94頁【《集成》5·2767】。

⑫ 盧連成、羅英傑《陝西武功縣出土楚簋諸器》，《考古》1981年2期【《集成》9·4065—4067】。

⑬ 同上注132頁。

周王畿故地内出土，並不能使這種情況改變。對於㝬族的媿姓，也並非一定要像盧、羅二位同志那樣解釋不可。“鬼”、“歸”古音極近。劉翔同志認爲金文的媿姓㝬國就是文獻的歸姓胡國，㝬叔器出於藍田、武功，是由於㝬叔一支與周族通婚徙居宗周畿内的緣故。[⑭] 他的意見是值得考慮的。總之，上述㝬叔銅器並不能證明唐先生對𢦚鼎、𢦚簋的解釋正確無誤。

唐先生爲什麽把遇甗、彔卣等跟𢦚墓所出銅器顯然有密切關係的資料放在一邊不用，而要化很大的力量去創立與衆不同的新説呢？我看關鍵大概在於對𢦚簋地名𩲃林的理解。唐先生把“𩲃林”讀爲“棫林”。據他考證，棫林在今陝西省涇水以西扶風、寶鷄一帶。[⑮] 因此淮戎就不能是淮夷，而非是西北方的“戎胡”不可了。

“𩲃”字比較怪，但是顯然跟“棫”字一樣，也是从“或”聲的一個形聲字。唐先生把𩲃林讀爲棫林，是完全合理的。他認爲《左傳・襄公十四年》的棫林應在今扶風、寶鷄一帶，可能也是有道理的。但是他没有注意到，在《左傳》裏，除了在今陝西境内的棫林之外，還有一個在今河南中部的棫林，𢦚簋的棫林完全有可能是後者而不是前者。[⑯]

《左傳・襄公十六年》記晉以諸侯之師伐許，“夏六月，次于棫林。庚寅，伐許，次于函氏”。杜注：“棫林，函氏，皆許地。”當時許都於葉（《左傳・成公十五年》“許遷于葉”），在今河南葉縣。《春秋大事表・列國都邑表》認爲棫林在葉縣東北，大致可信（近年出版的《中國歷史地圖集》第一册25—26把棫林畫在今葉縣之東）。淮戎入侵所至的棫林，應該就是這個棫林。

𢦚簋銘説“𢦚率有司、師氏奔追鄧戎于棫林，搏戎㝬”，可見棫林跟㝬相近。下面就來討論㝬（胡）的地望。

關於《左傳》胡國的地望，主要有兩説。比較常見的是汝陰説。《漢書・地理志》汝南郡屬縣有女陰，下注“故胡國”。《續漢書・郡國志》“女陰”作“汝陰”，亦有“本胡國”之語，劉昭注引杜預曰：“縣西北有胡城。”汝陰即今安徽阜陽縣。柯、唐二先生都認爲西周的㝬國就在這裏，李學勤同志也這樣主張。[⑰]

---

⑭ 《西周金文所見南淮夷、玁狁研究》，中國社會科學院研究生院1982年畢業論文。（《論集》編按：本文所引内容見劉翔《周夷王經營南淮夷及其與鄂之關係》，《江漢考古》1983年3期40—41頁。）

⑮ 同注⑨33頁、39頁注②。

⑯ 唐先生考證棫林地望時還説：“棫字原作𩲃，下从田，即周字”，以此作爲棫林應在周原一帶之證（同上注）。這也是不妥當的。這個字所从的田，是中間加點的“田”，寫法跟金文一般“周”字顯然不同。羅文釋“𩲃”爲“域”可能是正確的。

⑰ 同注⑦。

另一說是郾城說。《史記・楚世家》記楚昭王二十年“滅胡”,《正義》引《括地志》云:“故胡城在豫州郾城縣界。”《老莊申韓列傳》“昔者鄭武公欲伐胡”句《正義》同。郾城之名今仍而未改。

此外,還有一種調和的說法。《路史・國名紀丁》胡國條認爲胡有歸姓、姬姓之别,歸姓胡國在汝陰,姬姓胡國在郾城:

古胡子國歸姓。范史汝陰本胡國。汝陰,今潁治,西二里有胡故城。……而《盟會圖》胡在豫之郾城。此姬姓胡,楚所滅之。

楊伯峻先生《春秋左傳注》(襄公二十八年)有類似的説法:

胡有二,一爲姬姓之國,《韓非子・說難篇》鄭武公謂胡爲兄弟之國,哀八年傳齊侯殺胡姬是也,爲鄭武公所滅,故城當在今河南漯河市東(引者按:漯河市是1950年分郾城縣地建立的)。此胡子(引者按:指見於《左傳・襄公二十八年》的胡子)則歸姓國,三十一年傳胡女敬歸可證(引者按:《世本》亦謂胡歸姓,見《史記・陳杞世家・索隱》、《老莊申韓列傳・正義》)。故城在今安徽阜陽縣治,定十五年爲楚所滅。

楊說較《路史》詳密。

但是,關於姬姓之胡的史料,實際上是不充分的。《韓非子・說難》:“昔者鄭武公欲伐胡,故先以其女妻胡君以娛其意。因問於群臣:‘吾欲用兵,誰可伐者?’大夫關其思對曰:‘胡可伐。’武公怒而戮之,曰:‘胡,兄弟之國也,子言伐之何也?’胡君聞之,以鄭爲親己,遂不備鄭。鄭人襲胡取之。”“胡,兄弟之國也”這句話,被當作胡爲姬姓國的主要根據。然而《韓非子》還曾說鄭武公“先以其女妻胡君”。古代同姓不婚,鄭是姬姓,如果胡也是姬姓,鄭武公怎麼能以其女妻胡君呢?陝西所出㝬器銘文中,㝬叔與㝬姬或仲姬並稱,可見媿姓之㝬是與姬姓通婚的。鄭武公妻之以女的胡君很可能也是歸姓的,“兄弟之國”一語不宜死看。《史記・老莊申韓列傳》抄錄了《說難》篇,《正義》在“昔者鄭武公欲伐胡”句下,引《世本》說“胡,歸姓也”。可見《史記正義》認爲鄭所滅的胡是歸姓的。至於《春秋左傳注》提到的齊的胡姬,來歷不明,跟郾城或阜陽之胡究竟有沒有關係,還有待研究。

所以郾城和阜陽很可能是歸姓之胡先後所居之地,並非一爲姬姓之國,一爲歸姓之國。古代國滅後又恢復的情況很常見。就拿春秋後期的胡國來說,《春秋・昭公二十三年》說“吳敗頓、胡、沈、蔡、陳、許之師于雞父,胡子髡、沈子逞滅”,《定公十五年》又說“楚子滅胡,以胡子豹歸”,可見胡國在昭公二十三年爲吳所滅以後,曾經復過國。(《論集》編按:《春秋・昭公二十三年》杜預注:"國雖存,君死曰滅。"則此時胡國並未滅亡。本文"就拿春秋後期的胡國來說"以下一段應删去。)春秋初年鄭武公取胡時,恐怕也沒有做到把胡國完全消滅。春秋後期的胡很可能就是由這個胡國延續下來的。

由於史料不足,以上所說的當然只不過是沒有多大根據的推測。但是從春秋初年的形勢來看,鄭武公所伐的胡應該在郾城而不在阜陽,却是完全可以肯定的。西周金文中所見的䩥(胡)國,其所在地自然也以定在郾城爲宜。郾城在葉縣之東,二地相距一百餘里。棫林故地也在葉縣之東,跟郾城相距更近。所以,我們對棫林和胡二地的考定,跟㦰簋所說的御戎於棫林搏戎於胡的情況完全相合。

最後附帶說一下鄭桓公所居的棫林的地望問題。《世本》說鄭桓公居棫林(《史記・鄭世家・索隱》、《左傳・昭公十六年・正義》等引)。傳統的說法認爲棫林在漢代京兆尹鄭縣境(今陝西華縣),是鄭國的始封之地。唐蘭先生不同意這種說法。他認爲桓公所居的棫林,就是他所說的在涇水之西今扶風、寶鷄一帶的棫林。他還認爲周代的西鄭也在這一帶。⑱ 不論是傳統的說法,還是唐先生的說法,都認爲鄭桓公所居的棫林在宗周畿內,並認爲鄭這個國名在桓公封於宗周畿內時即已確定。但是古本《竹書紀年》却說"晉文侯二年,周宣王子多父伐鄶,克之,乃居鄭父之丘,名之曰鄭,是曰桓公"(《水經・洧水注》引),認爲鄭國一開始就是在東方建立的。《漢書・地理志》京兆尹鄭縣下顔師古注引臣瓚曰:"周自穆王以下都於西鄭,不得以封桓公也。初桓公爲周司徒,王室將亂,故謀於史伯而寄帑與賄於虢會(鄶)之間。幽王既敗二年而滅會,四年而滅虢,居於鄭父之丘,是以爲鄭桓公。無封京兆之文也。"瓚說顯然本於《竹書紀年》。按照這種說法,鄭桓公所居的棫林似乎也應該在東方,會不會就是葉縣附近的棫林呢?這個棫林離"虢會之間"的確遠了一些。但是桓公之子武公曾襲胡而取之,而胡就在這個棫林旁邊。這樣看來,桓公曾居於葉縣附近的棫林的可能性,似乎也不能完全排除。

原載《考古與文物》叢刊《古文字論集》(一)(1983),又載《古文字論集》,今據後者收入。

---

⑱ 同注⑨39頁注②。

釋 “建”

于省吾先生《商周金文錄遺》第 85 號【《集成》5 · 2556】爲小臣鼎，鼎銘全文如下：

> 鹽(召)公匽(燕)，休于小臣貝五朋，用乍(作)寶障(尊)彝。

陳夢家《西周銅器斷代(二)》收入此器，稱爲“小臣攎鼎”。陳文發表於《錄遺》出版之前，所附鼎銘插圖是據于先生所藏拓本摹錄的，所摹稍有訛誤(見《考古學報》第 10 册 95 頁)。陳氏將小臣之名隸定爲“攎”，也是不正確的。此字與宜侯夨簋“啚”之“”當是一字(簋銘見《錄遺》107【《集成》8 · 4320】)，唐蘭先生《宜侯夨簋考釋》隸定爲“豋”，白川靜《金文通釋》隸定爲“䝨”(參看《金文詁林附錄》1718—1719 頁)，究竟是什麼字還有待研究。

上引陳文對鼎銘作了如下的考證：

> 器形所未見，就其字體文例定爲成王時器，召公應是召公奭的生稱。第三字構形複雜，不能識，但它介於兩名詞之間，必須是表示行動作爲的動詞。它和富鼎的“才匽”有所不同。
>
> 燕世家說“周武王之滅紂，封召公於北燕”，由於此器召公不“在燕”而是往(?)於燕，則召公亦猶周公之未就封於魯，並未就封於燕。就此點而言，鄭玄與司馬貞之說甚是正確：檀弓上正義引鄭玄詩譜謂周、召二公“元子世之，其次子亦世守采地，在王官”；燕世家索隱說“亦以元子就封而次子留周室，代爲召公”。
>
> ……
>
> 此器之小臣乃燕侯(召公元子)之小臣……召公至燕而以五朋賞於其子燕侯之小臣，此人乃作器以記其光寵。(《考古學報》第 10 册 94—95 頁)

陳氏所說大致可從，但他沒有釋出銘文中很關鍵的第三字(下文以“A”代之)，是一個缺陷。

殷墟晚期甲骨卜辭裏有字(下文以“B”代之):

□王卜才(在)B □才(在)二月。　　前2·4·4(《合》36908)

族名金文中有字(下文以“C”代之):

C　　觚銘,三代14·21【《集成》12·6921】

B和C顯然是一字的異體。傳安陽出土的一根石棒上刻有四字銘文,左側爲字(下文以“D”代之),右側爲“丁父”三字(《金匱論古初集》13頁),或以D與C爲一字(同上),當可信。D的字形中包含有一些小點,正與B相同。A應該是這個字的增繁之體,其左側豎畫與下方横畫没有相連成“乚”形,可能是範鑄不善所致。我們認爲這個字就是“建”的初文。

“建”字《説文》篆文作,平山中山王墓車馬坑所出銅鉞銘文作(《中山王譽器文字編》47、99頁),壽縣蔡侯墓鐘銘作(《金文編》92頁。《論集》編按:見1985年版119頁)。石鼓文“田車”石“騝”字右旁作(《石刻篆文編》10·3下),秦始皇嶧山刻石“建”字作(泰山刻石略同,參看《石刻篆文編》2·32上),寫法都同於蔡侯鐘銘,而不同於《説文》篆文。《説文》篆文从廴的“廷”字,周代金文作、等形(《金文編》92頁。《論集》編按:見1985年版118—119頁),字本从“乚”。“建”字本从“乚”而《説文》訛作从“廴”,與此同例。《金文編》“建”字條,除上引蔡侯鐘“建”字外(《論集》編按:中山王墓“建”字1985年版已收入),還收有一個字。把這個从“辵”的字釋作“建”,是不正確的。毛公鼎有字,清人多釋“建”。王國維《毛公鼎銘考釋》非之。他説:“説文建字與廷字俱在廴部,而古金文廷字與石鼓文騝字所从之建字均从乚,不从辵,則此从辵者非建字,疑律之或作也。”(參看《金文詁林附録》1330—1332頁)此説有理。所以字不應該釋作“建”而應該釋作“律”。

古書“建”字多訓“立”(《老子》“善建者不拔”注:“建,立也。”),訓“樹”(《儀禮·大射儀》“建鼓在阼階西”注:“建猶樹也。”)。《説文》解釋“建”字説:“立朝律也。从聿,从廴。”段注説:“今謂凡豎立爲建。許云立朝律也,此必古義,今未考出。”其實,訓“建”爲“立朝律”,於古無徵,應是附會已訛變的字形的臆説。林義光

《文源》引石鼓文“建”旁和嶧山刻石的“建”字,解釋其構造說:“建,立也。廷即廷省,从又持丨在庭中,有所樹立之形。”林氏把“聿”的下部跟“乚”旁合起來,看作“廷”的省文,恐不確。但是他認爲“建”字象“有所樹立之形”,顯然比《說文》的說法合理。

我們在前面舉出的A、B、C、D諸字,正象持物樹立於“乚”内之形。所樹之物似是木柱一類東西。B、D所从的那些小點,大概是象土粒的。樹立木柱一類東西的時候,爲了樹得正,往往需要有人把它扶住。A在所樹之物的兩側加上手形( ),應該就是表示這個意思的。其下作 ,則可能是表示樹立在柱礎一類東西之上的意思。“ ”下的横畫可以看作跟“乚”旁公用的筆畫(中山銅鉞“建”字下面的横畫也可以看作“乚”“聿”兩個偏旁公用的筆畫)。

在古文字裏,“丮”、“収”、“又”等表意偏旁往往可以通用,如“對”字既可作 、 、 等形,也可作 、 或 、 等形(《金文編》119—122頁。《論集》編按:見1985年版155—158頁)。“埶”字在金文中作 (盠彝、尊,《陝西出土商周青銅器(三)》196、197、193【《集成》16·9899、9900、11·6013】)、 (《金文編》137頁。《論集》編按:見1985年版178頁)等形,在甲骨文裏則作 (《前》6·13·2【《合》7928】)、 (《京津》4499【《合》28821】)等形(關於甲骨文“埶”字,另詳拙作《釋殷墟甲骨文裏的“遠”、“𤞷”(邇)及有關諸字》)。A、B、C諸字右側的偏旁是“丮”的繁體“𠃨”(古文字中“丮”、“𠃨”二形用作偏旁時無別,看齊魯書社版唐蘭《古文字學導論》240頁),如果把它省作“ ”(這跟 省爲“爯”相似),B所从的 和C所从的 就會變得跟“尹”字很相似。“尹”、“聿”二形在古文字中往往不别,如甲骨文“妻”字所从的“聿”有 、 二體(《甲骨文編》128—129頁),族名金文“妻”字所从的“聿”也有 、 二體(《金文編》158頁。《論集》編按:見1985年版202頁),此外甲骨文“伊尹”之“尹”也有作 之例(《甲骨文編》128頁)。“尹”、“聿”二字古音文、物對轉,很可能是由一字分化的(《論集》編按:看本書所收《說字小記·二、說“尹”》)。所以B和C很容易演變成从“乚”从“聿”的字。A所从的 ,如果省去象兩手的 ,並把“𠃨”旁簡化爲“ ”旁,則很容易演變成蔡侯鐘銘等“建”字所从的“ ”(“ ”的下部變爲“土”形,還可能有表示樹物於土上的用意)。至於中山銅鉞“建”字“乚”旁内側所加的“ ”,有可能是由B、

D 所从的象土粒的小點展轉演變而成的。總之,把 A、B、C、D 諸字看作"建"的初文,無論從它們的字形所表示的意義來看,還是從古文字字形演變的通例來看,都是講得通的。

《左傳・僖公二十四年》説:"昔周公弔二叔之不咸,故封建親戚,以蕃屏周。"《周禮・天官》説"惟王建國",《大宰》職説"掌建邦之六典"。中山銅鉞説"天子建邦"。《尚書・康王之誥》説"建侯樹屏",《周易・豫》也有"建侯"之語。小臣鼎"召公建燕"之"建",用法跟上引諸建字相類。由此可知,周代初年封北燕時,雖然實際上由召公的元子當燕侯,但是在初封之際,召公確曾親自涖燕,安排建國大事。

上引殷墟晚期卜辭的"建"字,是用爲地名的。《漢書・地理志》沛郡有建成。古代地名用字,"成"可通"城"。如《地理志》豫章郡的建成,《續漢書・郡國志》就作"建城"(沛郡的建成在東漢時代已省去,所以不見於《郡國志》)。沛郡建成之"成"大概也應讀爲"城",其地在先秦時代應名爲建。建成故地在今河南永城縣東南,見於卜辭的建,可能就在這一帶。

1985 年 1 月 9 日寫畢

《論集》編校追記:

《金文總集》6227 有"父丁"觚,與上引傳安陽出土石棒同銘,"建"字寫法與 C、D 接近。石棒之""應即之勾廓寫法。

原載《古文字研究》第十七輯(中華書局,1989),又載《古文字論集》,今據後者收入。

“稟人”别解

王輝同志《二年寺工壺、雍工敃壺銘文新釋》一文(見《人文雜志》1987年3期,以下簡稱“王文”),發表了兩壺銘文的正確摹本,並作了很好的考釋,讀後獲益良多。但是王文對二年寺工壺銘文中“稟人”一詞的解釋,似尚有商榷餘地,下面提出筆者的淺見,以供參考,不當之處請王輝同志及讀者指正。

二年寺工壺銘文分三段,一爲“二年,寺工師初,丞拑,稟人莽”,一爲“三斗,北寖”,一爲“莤府”。王文引用了《周禮》、《儀禮》、《國語》和睡虎地秦簡中關於“稟人”的資料,證明稟人是糧食倉庫的“收藏、出納管理人員”,並認爲此壺“銘文之所以要刻上稟人的名字,在於説明壺之容量是經過稟人校驗、核準的,莤府用它從倉稟取用米穀,具有標準器的性質”(王文83頁)。今按,壺爲盛液體的容器,不大可能用作從倉稟取用米穀的標準器。而且秦器銘文所記人名,凡列於“某工師(或“某工”)某、丞某”之後的,皆爲作器工人之名,例如:

三年,上郡守□造,漆工師□,丞□,工城旦□。

戈,錄遺583【《集成》17·11369】

廿五年,上郡守□造,高奴工師竈,丞申,工鬼薪詘。

戈,《朝鮮古文化綜鑒》第一卷圖版12【《集成》17·11406】

□三年,漆工熙、丞詘造,工隸臣牟。

高奴銅權,《文物》1964年9期43頁【《集成》16·10384】

此壺不應獨異。由此看來,壺銘“稟人”的含義似與典籍及秦簡中的“稟人”不同,需當另求别解。

我們懷疑壺銘的“稟人”,意即稟取糧食之人,稟食於公之人,詞例與後世所謂“稟生”相似。據《周禮》,在官府中工作的庶人,如府、史(《周禮·天官·序官》鄭玄注“凡府、史皆其官長所自辟除”)、胥、徒(同上注“此民給徭役者”)之類,沒有正式的祿,皆受“稍食”,亦即“稟食”的待遇(詳參《周禮·天官·序官》、《天官·宫正》、《夏官・校人》等條孫詒讓《正義》)。在官府中工作的非奴隸或刑徒身分的工匠,地位相當於一般的胥、徒,通常也接受這種待遇。《禮記・中庸》:"日省月試,既廩稱事,所以勸百工也。"鄭玄注:"日省月試,考校其成功也。既讀爲餼,餼廩,稍食也。《槀人職》曰:乘其事,考其弓弩,以下上其食。"鄭注所引《槀人職》文見《周禮・夏官》,說的是對製造弓弩等物的工匠的待遇。《周禮・天官・醫師》:"掌醫之政令……歲終,則稽其醫事,以制其食。"孫詒讓《正義》認爲"食"指無禄位的"散醫"的"稍食"。醫在古代也是被看作一種工匠的。《說文》:"醫,治病工也。"《急就篇》"篤癃衰廢迎醫匠",顔師古注:"醫匠,療病之工也。"漢代並設有稱爲"醫工長"的醫官。通過上引資料來看,在秦以前,爲公家工作的手工業者,似乎普遍接受廩食的待遇。壺銘提到的廩人莽,大概就是這樣的一位手工業者。

過去所見秦器銘文,其所記工匠之標明身分者,多爲刑徒(標明爲上造身分的工,如《三代》20・26【《集成》17・11361】"相邦樛游戈"的"櫟陽工上造閒"、《文物》1966年1期9頁圖九【《集成》18・12041】"廿一年寺工車軎"的"工上造但",似皆爲吏而非匠)。1975年內蒙所出一秦戈,在工師之名後記"工更長𤦡"之名(《文物》1977年5期31頁【《集成》17・11404】),楊寬先生認爲"更"當即服役的更卒(《戰國史》1981年版85頁注②)。這是研究秦的官營手工業中勞動者身分的重要新資料。如果我們對"廩人"的解釋可信的話,二年寺工壺銘也就可以看作是這方面的一條重要新資料了。

原載《人文雜志》1988年1期,又載《古文字論集》,今據後者收入。

說金文"引"字的虛詞用法

故友于豪亮同志《說"引"字》一文(《考古》1977 年 5 期 339—340 頁,又見《于豪亮學術文存》74—76 頁),指出甲骨、金文中過去被釋作"弘"的那個字實應釋作"引",十分正確。《金文編》1985 年新版已改從此說。但是于文對周代銅器銘文中"引"字意義的解釋,尚有可商之處,所以草此短文作爲補充。爲了印刷的方便,所引銅器銘文的釋文一般用寬式,如"墉"的表意初文直接釋作"墉",本不从"厂"的"厭"直接釋作"厭"。不能確釋的字用"□"號代替。凡見於《兩周金文辭大系》的銘文,都不注出處。

周代銅器銘文中的"引"字,除用作氏名、人名者(如小臣守簋銘的"引中"、頌器銘文中的"宰引"等)外,有如下諸例:

(1) 師訊鼎:用乃孔德,□純乃用心,引正乃辟安德。

《文物》1975 年 8 期 61 頁圖三【《集成》5·2830】

(2) 毛公鼎:丕顯文武,皇天引厭厥德…… 【《集成》5·2841】

(3) 叔弓(《大系》釋"夷")鐘:公曰……余引厭乃心。

【《集成》1·272、281、285】

(4) 秦公簋:高引有慶(?)。(秦公鐘亦有此文) 【《集成》8·4315】

(5) 毛公旅鼎:其用友(銘文本作上从"友"下从"甘"之字),亦引唯考。

三代 4·12 上【《集成》5·2724】

(6) 毛公鼎:令汝乂我邦我家內外……尸毋動余一人在位。引唯乃智(知)余非,墉又聞(銘文本作"聞"之表意初文,下例同。《金文編》誤釋爲"婚")。 【《集成》5·2841】

(7) 毛公鼎:雩之,庶出入吏于外敷命敷政,藝小大胥賦,無唯正聞,引其唯王智(知),乃唯是喪我國。 【《集成》5·2841】

《說"引"字》未引例(1),後來豪亮同志在《陝西省扶風縣强家村出土虢季家族銅器銘文考釋》中,釋此例“引”字之義爲“引導”(《于豪亮學術文存》9頁)。其他諸例的“引”字,《說“引”字》都用“長久”之義來解釋,我們認爲這種解釋至少對(5)(6)(7)三例是不合適的。

李零同志在《爲〈說“引”字〉釋疑》一文中,指出(6)(7)兩例的“引”“是個虛詞,應讀爲《尚書》中的矤,意義同況”(《考古與文物叢刊》第二號《古文字論集(一)》117頁)。陳初生同志《金文常用字典》也讀此二“引”字爲“矤”,認爲其意義“猶今言‘也’、‘又’”(1063頁)。他們把“引”讀爲“矤”是正確的。但是毛公鼎銘用“矤”字的那兩句話的意義,前人理解多誤,需要重新解釋,僅僅指出“矤”義同“況”或同“又”,還不能解決問題。此外,例(5)的“引”也應讀爲虛詞“矤”,李、陳二位同志都沒有指出。下面先談一下古書裏“矤”字的用法,然後對(5)(6)(7)三例的文義分别加以解釋。

《說文·五下·矢部》:“矧,況也,詞也。从矢,引省聲。”典籍中此字皆作“矤”。《爾雅·釋言》訓“矤”爲“況”,《說文》的解釋大概就是根據《爾雅》的。《尚書》中屢用“矤”字。有的可以訓爲“況”,例如:

> 今不承于古,罔知天之斷命,矤曰其克從先王之烈? 《盤庚上》
>
> 若考作室,既底法,厥子乃弗肯堂,矤肯構? 厥父菑,厥子乃弗肯播,矤肯獲? 《大誥》

但有的“矤”字却不能訓爲“況”(《尚書》孔傳一律訓爲“況”,不確),例如:

> 元惡大憝,矤惟不孝不友。 《康誥》
>
> 不率大戛,矤惟外庶子訓人,惟厥正人越小臣諸節,乃别播敷,造民大譽,弗念弗庸,瘝厥君;時乃引惡,惟朕憝。 同上
>
> 天休于寧王,興我小邦周,寧王惟卜用,克綏受茲命。今天其相民,矤亦惟卜用。 《大誥》

王引之《經傳釋詞》認爲這種“矤”字的意義近於“亦”或“又”。《書·大誥》正義引定本,“矤肯構”“矤肯獲”的“矤”字下都有“弗”字。段玉裁《古文尚書撰異》解釋說:“按‘矤弗肯構’‘矤弗肯獲’猶言‘益弗肯構’‘益弗肯獲’也。矤,況也。況,益也。”楊筠如《尚書覈詁》引段說後加按語曰:“蓋矤可訓況,亦可訓益,惟語有反正之别耳。”(陝西人民出版社,1959,166頁)楊說很有啓發性。王引之認爲與“亦”或“又”義近的“矤”,跟訓“況”的“矤”原來可能是一個詞,表示進一層說的語氣,只不過前者用於陳述句,後者用於反詰句而已。

上引例(5)的毛公旅鼎銘文,顯然是陳述句,“亦矧”連言,使進一層說的語氣加强。句末“考”字,近人多讀爲“孝”,可從。時代略早於毛公旅鼎的曆鼎銘文有“考友(本亦作从“友”从“甘”之字)唯刑”之語(《三代》3·45上【《集成》5·2614】),亦以“考友”爲“孝友”,彼此可以互證(金文以“考”爲“孝”之例尚多,不具引)。“其用友,亦矧唯孝”,意謂用所作之鼎行孝友之道。唐蘭先生譯此句爲:“這用來友兄弟,也大大地來孝父母。”(《西周青銅器銘文分代史徵》344頁)在“也”字後加上“大大地”,是上了釋“引”爲“弘”的舊說的當。撇開這一點不說,譯文大體是正確的。“亦矧唯”的用法跟前面引過的《大誥》的“矧亦惟”相近。

上引例(6)的毛公鼎銘文,近人多讀爲“……弘唯乃知,余非庸又昏”。這正如楊樹達在《毛公鼎三跋》中所批評的,“所說既皆牽强,尤失古人君立言之體”。楊氏認爲此文當以“弘唯乃知余非”六字爲句,“庸有聞”三字爲句,“此言:我居王位,惟汝能知余之過失,當以聞於余也。《書·康誥》云‘朕心朕德,惟乃知’,語意正與此同”(《積微居金文說》增訂本32頁)。楊氏襲舊說釋“引”爲“弘”,當糾正;把“余一人在位”(楊氏釋爲“我居王位”)跟“矧唯乃知余非,庸有聞”連爲一句,是否妥當,也有待研究,其他意見則都是可取的。

《尚書》中“乃知”二字用法與鼎銘相合之例,除楊氏所舉《康誥》之文外,尚有《君奭》“惟乃知民德”一例。《淮南子·原道》說“故蘧伯玉年五十而知四十九年非”,可知“知非”的說法在古代也是確實存在的。所以把鼎銘的“矧唯乃知余非”讀爲一句,是很合理的。“矧唯”之語也屢見於《尚書》,除前面講古書“矧”字之義時引過的《康誥》二例之外,《酒誥》中也有二例(“矧惟爾事服休服采。矧惟若疇圻父薄違農父若保宏父定辟,矧汝剛制于酒。”)。其義當與“亦惟”或“又惟”相近。

楊氏讀“墉又聞”爲“庸有聞”,也是正確的。《左傳·襄公二十五年》:“昔虞閼父爲周陶正,以服事我先王。我先王賴其利器用也,與其神明之後也,庸以元女大姬配胡公而封諸陳。”杜預注:“庸,用也。”鼎銘“庸”的用法與此相似。師唯鼎銘有“墉又(有)忘”之語,借“墉”表虚詞“庸”,與毛公鼎同。所不同的是師唯鼎文是反詰句,“庸”當訓“詎”(看唐蘭《西周青銅器銘文分代史徵》341頁)。“庸有聞”之“聞”指聞於君上而言。《左傳·昭公七年》“不敢以聞於君”,《淮南子·主術》“而臣情得上聞”,《史記·吳王濞傳》“王苟以錯爲不善,何以不聞”,“聞”字之義皆與此同。鼎銘下文緊接着說:“汝毋敢妄寧,虔夙夕惠我一人,雍我邦小大猷,毋折緘,告余先王若德。”語意與“矧唯乃知余非,庸有聞”正相承接。

上引例(7)的毛公鼎銘文中的“無唯正聞,引其唯王智”,近人多讀爲“無唯正昏,弘其唯王智"。《兩周金文辭大系考釋》解釋這兩句的意義說:"謂不問青紅皂白,一唯王意是從。"這可以代表一般人的意見。其實這兩小句是以"聞"與"智"爲對文,"正"與"王"爲對文的。"智""知"古同字,"聞"應即聞知之"聞",並非"昏"的借字。"正"應即正長之"正"。吳闓生《吉金文錄》認爲"正""謂執政在位之人"(1·2下),已經看到了這一點。"弘"是"引"的誤釋,在此也應讀爲"矧"。

周代統治者要求臣下對所管轄的事無不聞知,下引西周銅器銘文都是例證:

逆鐘:用□于公室僕庸臣妾、小子室家,毋有不聞智(知)。

《考古與文物》1981年1期11頁【《集成》1·62】

蔡簋:令汝……尸司王家外內,毋敢有不聞(按:其意似謂王家外內之事皆須聞於蔡)……厥有見,有即命,厥非先告蔡,毋敢□有入告。

【《集成》8·4340】

諫簋:先王既命汝□司王宥(囿),汝某否有聞,毋敢不善。

【《集成》8·4285】

諫簋的"某否",楊樹達《諫簋跋》讀爲"無不"(《積微居金文說》增訂本140頁),可從。【編按:諫簋"汝某否有聞"的"否"字,據《集成》4285拓本當爲"不"字,前人據不好的拓本誤釋爲"否"。】僞古文尚書《胤征》:"羲和尸厥官,罔聞知,昏迷于天象,以干先王之誅。""聞知"二字用法與逆鐘等相合,疑有所據。上引毛公鼎銘文中的"雩之",《大系考釋》認爲意近"前此或往者",可從。"……無唯正聞",意謂"庶出入吏于外敷命敷政,藝小大胥賦"等事,沒有一件是正長知道的【編按:此句也許可譯爲"沒有一件是報告正長的"】。"矧其唯王知"當是反詰句,意謂連正長都不知道,王還能知道嗎。"矧"字用法與古書中訓"況"之"矧"相同。官吏於外敷命敷政等事,正長、君王都無所聞知,當然是很不正常的情況,所以導致了"喪我國"的後果。鼎銘下文緊接着說:"厤自今,出入敷命于外,厥非先告父厝(按:父厝即指毛公),父厝舍命,毋有敢惷敷命于外。"這正是針對過去"無唯正聞"的不正常情況而發的。

《書·大誥》"洪惟我幼沖人"、《多方》"洪惟圖天之命"二句裏的"洪"字,《經傳釋詞》認爲是"發聲",但古書中未見相同用例。于省吾先生說:"凡《尚書》洪字,金文皆作弘。毛公鼎'弘唯乃智''弘其唯王智'二弘字與此洪字用法同,皆語詞。"(《雙劍誃尚書新證》)現在既已知道毛公鼎"弘"字是"引"之誤釋,應讀爲"矧",《大誥》和《多方》的"洪惟"恐怕也就可以推定爲"引(矧)惟"之誤了。蓋"引"先訛爲“弘”,又改作“洪”。《大誥》說:“弗弔天降割于我家,不少延。洪惟我幼沖人,嗣無疆大厤服,弗造哲迪民康,矧曰其有能格知天命?”“洪惟”句中“矧曰”之“矧”不誤。這當是由於這個“矧”字訓“況”,用法爲一般人所熟悉的緣故,似乎不能用作“洪惟”之“洪”非“引”之誤字的證據。

1988 年 8 月 9 日修改完畢

《自選集》編校追記:

本文所引《淮南子·原道》“故蘧伯玉年五十而知四十九年非”句中“知”字應改爲“有”,此句後應加“高誘注:‘今年所行是也,則還顧知去年之所行非也。’”一句。《辭源》“知非”條引《淮南子》誤“有”爲“知”,作者寫此文時偷懶未檢原書,上了《辭源》的當。【編按:《淮南子》茅一桂本、吳勉學本等正文“有”作“知”,與藏本等不同,當是以意改,似不足據。】

原載《古漢語研究》1988 年 1 期,又載《古文字論集》、《裘錫圭自選集》、《裘錫圭學術文化隨筆》,今據《裘錫圭學術文化隨筆》收入。

談曾侯乙墓鐘磬銘文中的幾個字

（與李家浩合著）

一、關於“𦫼音”

曾侯乙墓鐘銘中有一個稱爲“𦫼音”的律名,“音”上一字寫法很特別,下面所舉的是它的三種比較重要的異形:

(1)

中·3·4號鐘
【《集成》2·324】

(2)

中·3·6號鐘
【《集成》2·326】

(3)

上·2·4號鐘
【《集成》2·340】

(3)是加注“”字的繁體,此形中的“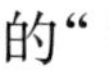”顯然是(1)(2)等形所從出的、比較原始的寫法。爲了書寫的方便,姑且把這個字隸定爲“𦫼”。

根據鐘銘音律名跟古書音律名之間已經確定下來的那些對應關係來推測,“𦫼音”應該相當於《國語·周語下》伶州鳩論樂的一段話裏提到的音律名“羽”和《周禮·春官·大司樂》中提到的律名“函鐘”(參看《談談隨縣曾侯乙墓的文字資料》,《文物》1979年7期29—30頁)。我們最初根據《周禮》稱“函鐘”的綫索,把“𦫼”釋爲古音與“函”極爲相近的“東”字,並認爲《國語》的“羽”是“函”的訛字(同上)。這一說法有兩個明顯的弱點。首先,說《國語》的“羽”是“函”的訛字,純係猜測,毫無佐證。其次,對(3)所从的“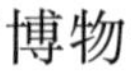”沒有作解釋,而“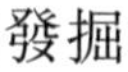”的上部恰好跟“羽”字十分相似。因此,我們在爲湖北省博物館的曾侯乙墓發掘報告修改鐘磬銘文的釋文和考釋時,對“𦫼”字提出了新的說法。

那次,我們是以《國語》的“羽”字和上引(3)所从的“”旁爲綫索而進行考慮的。殷墟甲骨文有“”字,舊多釋爲“羽”。唐蘭先生指出《說文》的“雪”字“从雨,彗聲”,而甲骨文“雪”字則从“雨”从“”,從而斷定“”即“彗”之初文(《殷虛文字記》,中華書局,1981,20 頁)。此說極爲可信。上引(3)加注在“昌”下的字也見於古印,字作,《古璽文編》釋爲“从羽,工聲”的“翌”字(此爲《說文》新附字),我們則懷疑這是以“彗”字初文爲聲旁的一個字。按照古文字結構的通例來看,把這個字加注在“昌”字之下,大概是爲了表示“昌”的讀音。這就是說,“昌”的讀音很可能跟“彗”相近。戰國古印“衛”字中間的聲旁或作(《璽彙》1339)、(同上 1334)、(同上 1335)等形(參看《古璽文編》44 頁“衛”字條,但此條 1337、1336、1334 三字的中間部分都有摹錄不精確之處),跟鐘銘“昌”字相似,而且“衛”與“彗”的古音也十分相近(《六韜·文韜·守土》“日中必彗”之“彗”,銀雀山漢墓竹簡本作“衛”)。因此我們把“昌音”改釋爲“韋音”,並認爲《國語》的“羽”就是“彗”字初文的訛字,“韋”、“彗”以音近相通。“習”字在甲骨文裏本从“彗”之初文,但後來錯成了从“羽”(上引唐書 20—22 頁)。“彗”字初文錯成“羽”字,是同類的現象。《國語·周語下》記伶州鳩論樂之語曰:“昔武王伐殷……王以二月癸亥夜陳,未畢而雨,以夷則之上宮畢,當辰,辰在戌上,故長夷則之上宮,名之曰羽,所以藩屏民則也。王以黃鐘之下宮布戎於牧之野,故謂之厲,所以厲六師也。以太蔟之下宮布令於商,昭顯文德,底紂之多罪,故謂之宣,所以宣三王之德也。……”。在這段文字裏,“所以藩屏民則也”、“所以厲六師也”、“所以宣三王之德也”等語,是分別用來說明“羽”、“厲”、“宣”等名所取之義的。但是“羽”字之義跟“藩屏民則”却缺乏明顯的聯繫。如“羽”確是“彗”字初文的訛字,就可以讀爲“衛”,正好含有“藩屏”的意思。

但是我們的第二種說法也有兩個弱點。首先,曾侯乙墓竹簡文字中从“韋”之字屢見,“韋”一般寫作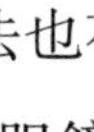,跟鐘銘“昌”字的寫法相距太遠。雖說在曾侯乙墓所出文字資料中,同一個字在竹簡文字和鐘銘中寫法不一致的現象頗爲常見;但要把上舉這兩種寫法說成一字的異體,如不能舉出很確鑿的理由,還是很難使人相信的。而且鐘銘“昌”字比起上引戰國印“衛”字所从的“韋”(依《說文》當爲“𩏑”)的寫法來,距離“韋”字原形更遠。上引戰國印“衛”字大概都屬於戰國晚期,在戰國初期的曾侯鐘銘裏是否有可能出現距離原形那樣遠的“韋”字,也是一個問題。其次,按照這種說法,《國語》“羽”字的來源可以得到解釋,可是《周禮》“函”字的來源却變得無法解釋了。

現在,我們想對“鬳”字再提出另一種說法。我們認爲這個字可能仍應釋爲“東”,但在鐘銘裏應該讀“韋”一類音。這個問題需要從殷墟甲骨文中西方風名的各種寫法說起。

甲骨文和《山海經》裏都有關於四方名和四方風名的記載,胡厚宣先生曾對此作過詳細的考證(《釋殷代求年於四方和四方風的祭祀》,《復旦學報(人文科學)》1956年1期)。在甲骨文所記的四方風名裏,跟《山海經・大荒西經》所記的西方風名“韋”相當的那個風名寫作以下諸形:

(1)　　(2)　　(3)　　(4)

京津520【《合》14294】　乙6533【《合》14295】　粹1281【《合》30392】　前4・42・6【《合》30393】

近人釋(1)爲“東”(2當是1的省寫),(3)(4)爲“韠”(二字皆見《說文・七上・東部》。參看李孝定《甲骨文字集釋》2299—2303頁及上引胡文),其說可信。據字書讀音,“東”音胡感切,“韠”音同“韋”。但是甲骨文中用作西方風名的“東”顯然也是讀“韋”一類音的。

我們認爲鐘銘“鬳”字當由“東”字的“□”一類簡體變來(看上引甲骨文第3形)。“東”字小篆作□(此據大徐本,段注本篆形經改動)。“□”這類寫法是有可能演變爲“□”的。“東”在鐘銘裏應該跟在甲骨文裏一樣,也讀“韋”一類音。所以即使不把“鬳”釋作“韋”而釋作“東”,我們在第二種說法裏提出的關於“鬳”字第(3)形和《國語》“羽”字的解釋也仍然有效。《周禮》“函鐘”之“函”也應該出自“東音”之“東”,只不過取的是它的“胡感切”一類讀音。關於“東”有兩種讀音的原因,請參看拙文《說□□白大師武》(《考古》1978年5期。《論集》編按:已收入本書)。

按照我們的最後一種說法,跟“鬳音”有關的資料全都可以得到比較合理的解釋。但是應該承認,這一說法仍然是缺乏確鑿證據的一種假說。希望以後能發現有關的新資料,使“鬳音”的問題徹底得到解決。

二、關於“坪”字

鐘銘中屢見律名“□皇”(下・1・1號等鐘)。磬銘中也屢見這一律名,“皇”上一字作（上·2號等磬）、（上·12號等磬）等形。我們把這一律名釋爲“坪皇”，而饒宗頤先生在《隨縣曾侯乙墓鐘磬銘辭研究》中則認爲“皇”上一字必爲“埀”字而非“坪”字（見該書24—27頁）。孰是孰非，似有辨明的必要。

跟磬銘“皇”上一字寫法相同或極爲相似之字，前此已屢見於帛書、銅器銘文與古印等古文字資料中：

(1) 九州不 長沙楚帛書

(2) 秦(?)王卑命競王之定救秦(?)戎

當陽出土鐘銘，《文物》1980年10期圖版叁·4【《集成》1·37】

(3) 夜君成之載貞(鼎) 鼎銘，三代3·11下【《集成》4·2305】

(4) 夜大夫□鉨 印文，璽彙102

(5) 阿(阿字亦爲反文) 印文，同上317

(1)的第四字，饒宗頤先生初釋“埊”，後改釋“埀”（參看饒宗頤、曾憲通《楚帛書》247頁字表188號條）。曾侯鐘銘“埀皇”之釋即承此而來。但是從字形上看，釋“埊”或釋“埀”，根據都不充分。早在60年代，嚴一萍在《楚繒書新考(中)》一文裏已將此字釋作“坪”，讀爲“平”。“九州不平”可謂文從字順，跟帛書上下文義也完全相合。上引(3)的第一字，清人或釋“墉”（如吳大澂《說文古籀補》收此字於附錄，注曰“疑古墉字”），日人高田忠周《古籀篇》也釋作“墉”，近人多承用之。嚴氏把這個字也改釋作“坪”，讀爲“平”（嚴文載《中國文字》27期，合訂本第七卷3022—3023頁）。可是在當時，釋“坪”之說從字形上看也是根據不足的，因此，並未得到應有的重視。曾侯墓鐘磬銘文告訴我們和是一個字。此外在同墓所出竹簡所記的贈車人名中有“夜君”（191等號簡），這跟上引(3)的“夜君”也無疑是一回事。在古文字裏，從未見過“甬”或“旁”有跟“、”相似的寫法；而《說文》“平”字篆文作（五上·于部），則顯然跟它們是一個字。可證嚴氏之說是完全可信的。上舉(2)(4)(5)三條中的从“土”之字，無疑也都是“坪”字。我們在發表於《文物》1979年7期上的《談談隨縣曾侯乙墓的文字資料》一文裏，釋出了上舉的那些“坪”字。由於當時尚未讀到嚴文，未能指出嚴氏首先釋出此字之功，十分抱歉。

我們在那篇文章裏曾指出，“夜”“輿”二字古音相近（二字聲母皆屬喻母四等。“輿”爲魚部字，“夜”爲鐸部字，有陰入對轉的密切關係），“平夜君”和古印文“平夜大夫”（見上引第4條）的“平夜”可讀爲“平輿”，戰國時爲楚邑；古印文“平阿”

(見上引第5條)也是地名,與西漢時沛郡的"平阿侯國"當爲一地,在今安徽懷遠縣一帶,戰國時也是楚邑;從而斷定"坪"字作 ⿱乎土 是楚國文字的獨特作風,曾國文字也用此形當是由於受了楚國的影響。戰國時代存在各國"文字異形"的現象。饒先生在《隨縣曾侯乙墓鐘磬銘辭研究》中,根據春秋戰國時代其他國家"坪"字的寫法來否定釋"⿱乎土"爲"坪"之說(26頁),這是不妥當的。饒先生還把"坙夜君"看作"宋夜姑"一類的人名(同上25頁),把"坙夜大夫"讀爲"坙射大夫"(同上26頁)。同一個"坪夜"作兩種解釋,也是不妥當的。曾侯墓竹簡所記贈車之人,多用官爵稱呼,坪夜君顯然是坪夜之地的縣君或封君。見於印文的坪夜大夫無疑就是坪夜之地的大夫,如讀爲"坙射大夫",是無義可說的。

上引當陽出土鐘銘(見第2條),是鑄在一套編鐘上的一篇銘文中的一段(參看《文物》1974年6期86頁及1980年10期35頁有關報導),語意不完,究竟應該怎樣解釋尚待研究。【編按:郭永秉指出,上海博物館藏楚竹書《平王問鄭壽》篇有"競坪王",學者已指出"競坪王"即"景平王",也就是楚平王,參看李零《楚景平王與古多字謚》,《傳統文化與現代化》1996年6期。】饒先生釋此銘"坪"字爲"坙",以"競坙"二字爲句,實際上並未真正把文義講通;認爲此鐘可能是秦昭襄王在二十九年破郢後所鑄之器(上引饒書25頁),更與鐘之時代及銘文字體顯然不能相合。

總之,我們認爲"坪皇"之釋並無錯誤,饒說恐不可從。

三、關於"䵼"字

鐘銘中屢見一個寫作"[illegible]"或"[illegible]"的國名。我們在參加曾侯乙墓文字資料考釋工作之初,就把這個字讀爲"申"。這是以我們對西周金文的"䵼"字的研究爲根據的。在看到曾侯墓文字資料之前,我們曾在《史牆盤銘解釋》一文中把金文的"䵼"字讀爲"申"(《文物》1978年3期27頁、32頁注⑩)。讀此字爲"申",對有關的銅器銘文都是合適的。不過我們當時所以這樣讀,主要是受了《尚書・君奭》"割申勸寧王之德"句的"申"字,《禮記・緇衣》引作"田",《緇衣》鄭注引"今博士"本又作"亂"的啓發,並無很確鑿的證據。

50年代曾在壽縣發掘過一座春秋晚期的蔡侯墓。在出土的銅器銘文裏可以看到,墓主蔡侯之名是一個从"爰"从四"甾"的字(《金文編》279頁0660號)。孫百朋先生早就指出這個字跟"䵼"是一個字(安徽省博物館編《壽縣蔡侯墓出土遺物》21 頁),而從各方面來看,此墓墓主最合理的人選正好是古書所記的名“申”的蔡昭侯(參看陳夢家《壽縣蔡侯銅器》,《考古學報》1956 年 2 期。又于省吾《壽縣蔡侯墓銅器銘文考釋》,《古文字研究》第一輯)。這本是“䌳”當讀“申”的有力證據。但是我們讀“䌳”爲“申”,是把它所从的“田”看作聲旁的,而用作蔡侯之名的那個字却不从“田”;所以當時還不敢確信二者爲一字異體,沒有把這個證據用上。曾侯鐘銘中寫作“从糸从二从二田”或“从又从四”的國名,跟壽縣蔡侯墓銅器銘文中的蔡侯名顯然是一個字。看到這個字有从“田”的寫法,我們才對它是“䌳”字異體這一點有了較大的把握。讀此字爲“申”,對蔡侯墓和曾侯墓的銅器銘文都十分合適,這大大增强了讀“䌳”爲“申”的說法的可靠性。許青松同志發表在《中國歷史博物館館刊》第 2 期(1980)“筆談《湖北隨縣曾侯乙墓出土文物展覽》”欄裏的文章,對此已經作了很好的闡述。此後,在考古刊物上又發表了在申國故地(今南陽市)出土的“南䌳伯太宰”和“䌳公”的銅器。這就完全證實了“䌳”確應讀爲“申”(詳下文)。但是現在仍有不少人懷疑此說。例如影響很大的《金文編》的 1985 年新版,就仍從孫詒讓等人的舊說釋“䌳”爲“緟”(861 頁 2113 號),還把从四“”和从二“”二“田”的“䌳”字異體當作未識字附在“叉”部之末(279 頁 0660 號。1959 年版附此字於“又”部之末,見 151 頁 0374 號)。所以有必要把我們對“䌳”字的看法比較全面地闡述一下。

西周金文中屢見一個从“𠂤”从“田”的字(《金文編》894 頁 2204 號),大都用作人名,只有方彝銘用作動詞,文曰“用𤲞文考烈”(《錄遺》510【《集成》16·9892】)。郭沫若認爲這個字是“䌳字之省文”(《大系考釋》10 頁𤲞卣考釋)。郭氏以“𤲞”“䌳”爲一字,允爲卓識。但是從已著錄的銅器銘文來看,“𤲞”在西周早期銘文中就已出現,而“䌳”則始見於西周中期銘文。與其說前者是後者的省文,還不如說後者是前者的繁文妥當。“𤲞”所从的“𠂤”或於“幺”形之中加一橫畫(如《金文編》所收𤲞父盉“𤲞”字),與“𤔔”相似,所以“䌳”就大都變而从“𤔔”了(伊簋“䌳”字仍从“𠂤”,見《金文編》861 頁)。至於加注“東”旁的原因,將在討論了“𤲞”字的本義之後加以說明。

從漢字結構的通例看,“𤲞”似應是一個从“𠂤”“田”聲的字。“田”字古音與“申”很相近。《詩·周頌·有瞽》“應田縣鼓”句鄭玄箋,謂“‘田’當作‘朄’”,“聲轉字誤,變而作‘田’”。“朄”字即从“申”聲(參看《說文通訓定聲》“朄”字條)。“田”、“陳”二字古音極近(《周禮·地官·稍人》鄭玄注:“‘甸’讀與‘惟禹敶之’之‘敶’同。”“甸”从“田”聲,“敶”據《說文》从“陳”聲。“惟禹敶之”見《詩·小雅·

信南山》,今本毛詩作“維禹甸之”。齊國的陳氏,《史記》等書稱田氏。《史記・田敬仲完世家》:“敬仲之如齊,以陳字爲田氏。”《索隱》:“據如此云,敬仲奔齊,以‘陳’‘田’二字聲相近,遂以爲田氏。”戰國時齊君所造銅器的銘文仍自稱陳侯),而“陳”字在《說文》中被分析爲“从𨸏,从木,申聲”(《說文》之說有誤,但反映出“陳”“申”二字音近),其所收古文且逕作“从𨸏,申聲”之形。這些都是“田”“申”音近之證。“⿰𠬪田”字以象兩手持絲或繩索形的“𠬪”爲形旁,以與“申”音近的“田”爲聲旁,應該就是申束之“申”的本字。《說文》以“七月陰氣成體自申束”釋“申”字,似以約束爲“申”字本義。但據大多數古文字學者的意見,“申”本象閃電,應是“電”之初文,則約束當是“申”的假借義。《說文》訓“紳”爲“大帶”。我們懷疑“紳”就是“⿰𠬪田”的後起字,本義爲約束,大帶乃其引申義。爲了述說方便,下文就把“紳”字當作“⿰𠬪田”的後起字來用了。

“申”字在古書中除訓爲約束外,又多訓爲“重”(chóng)。銅器銘文中的“⿰𤔔⿱田東”字也多應訓爲“重”(詳下文)。大帶名紳,也顯然與“紳”有重義有關。古人穿在裏面的衣服有小帶,外面的衣服上束革帶,大帶加在革帶上,是身上的最後一重約束(《禮記・雜記上》:“公襲……朱綠帶,申加大帶於上。”鄭玄注:“朱綠帶者,襲衣之帶……申,重也,重於革帶也。”正義:“云‘申,重也’者,《釋詁》文。云‘重於革帶也’者,謂於革帶之上重加此大帶。知非對小朱綠帶爲重者,以朱綠小帶散在於衣,非是揔束其身。若揔束其身,唯有革帶、大帶,故知對革帶爲重者。”這裏所說的是死後之制,但反映了生時用帶的方法)。這樣看來,“紳”的確切本義應該是加以多重約束或是在約束之上再加約束的意思,所以才會引申出“重”義,並被用作大帶的名稱。

“⿰𠬪田”變爲“⿰𤔔⿱田東”,除變“𠬪”爲“𤔔”外,還加了一個“東”旁。古文字的“東”字本象橐外有繩索纏束之形。林義光認爲“東”“束”古本同字(《文源》6・50 上),其說可從。過去我們曾懷疑“⿰𤔔⿱田東”字从“東”跟與之音近的“陳”字从“東”這兩件事應有聯繫。許青松同志進一步提出了“⿰𤔔⿱田東”字从“陳”省聲的看法(上引許文 22 頁)。現在我們懷疑“⿰𤔔⿱田東”所从的“東”不是加注的音符,而是加注的意符。因爲“東”本有“束”義,正與“紳”的本義相合。前面提到過的“𨍭”字,《說文》作“𨋕”,解釋爲“擊小鼓引樂聲也”。說不定這個字本來是从“東”或“束”的(林義光認爲“東”本有“束”義,見《文源》6・50 下),也是“⿰𤔔⿱田東”的後起字,《說文》所釋並非本義。

寫作“⿰𠬪田”“⿰𤔔⿱田東”等形的“紳”字,後來又演變出了“从𠬪从四⿻凵田”、“从糸从二⿻凵田二田”和“从又从四⿻凵田”等異體。對“紳”的本義來說,从“𠬪”比从“𤔔”合理。這大概是从“𦃃”的寫法後來被淘汰的原因。从“糸”和从“又”都是由从“𦥑”的寫法省變而成的。“[illegible]”應是“東”的省寫。上引許文指出漢印“曹”字所从的二“東”或省作二“[illegible]”(21頁)。我們在發表於《音樂研究》1981年1期的《曾侯乙墓鐘磬銘文説明》中,也曾指出“戰國時代韓國兵器銘文中有‘䢔’(散,即造)字,所从的‘東’有時省作‘[illegible]’”(19頁),這些都與“𦆁”字所从的“東”省作“[illegible]”同例。重疊“[illegible]”旁“田”旁,既可能是爲了求字形美觀,也可能是爲了把“紳”字的多重約束之義表示得更爲形象化。从四“[illegible]”的寫法有可能是由从二“[illegible]”二“田”的寫法訛變的。

以上討論了“紳”字在古文字裏的各種寫法以及它的本義,下面再談跟“紳”在古文字資料裏的用法有關的一些問題。

前面説過,壽縣蔡侯墓的墓主是蔡昭侯申。“自來學者,均以爲蔡昭侯的五世祖文侯名申,蔡昭侯不應與之重名”,今既知昭侯本名“紳”,“典籍作‘申’,係用借字”,重名之嫌就不存在了(見上引于文51頁。但于氏對昭侯名所用之字的字形的分析,與我們不同,他並不認爲這是“紳”字)。

大克鼎、伊簋以及1975年出土的五祀衛鼎的銘文中都有人名“𦆁季”(不一定指一個人)。“申”既是古國名,也是古氏名。把“𦆁季”讀爲“申季”,顯然是很合適的。

1975年,洛陽的一個春秋墓出土了“𦆁伯諺”壺(洛陽博物館《河南洛陽春秋墓》,《考古》1981年1期)。“𦆁”也應讀爲“申”。《左傳・文公八年》:“晉侯使解揚歸匡、戚之田于衛,且復致公壻池之封,自申至于虎牢之竟。”杜預注:“申,鄭地。”楊伯峻《春秋左傳注》據《欽定春秋傳説彙纂》,謂“當在今河南省鞏縣東、滎陽西之汜水境”。其地西距洛陽不遠。申伯諺有可能就是以這個申爲采邑的一個貴族。陳槃曾據《詩・大雅・崧高》,疑鄭地之申即申伯南遷前舊居(《春秋大事表列國爵姓及存滅表譔異(增訂本)》2・153下),這也許是正確的。

也是在1975年,河南南陽市西郊的一個春秋墓出土了“𦆁公彭宇”瑚(王儒林、崔慶明《南陽市西關出土一批春秋青銅器》,《中原文物》1982年1期【《集成》9・4611】)。1981年,南陽市北郊的一個西周晚期墓又出土了“南𦆁伯太宰仲爯父”簋(崔慶明《南陽市北郊出土一批申國青銅器》,《中原文物》1984年4期【《集成》8・4189】)。李學勤同志在《論仲爯父簋與申國》一文中已經指出,周宣王時所封的申伯之國就在今南陽市,南陽出南𦆁伯太宰銅器,是“𦆁”當釋讀爲“申”的確證(《中原文物》1984年4期31—32頁)。李文還指出申國在春秋早期爲楚文王所滅,申公彭宇當爲楚臣(同上)。這也是可信的。立國在今南陽之地的申所以稱

“南申”,有可能如李文所説是相對於“西申”而言的(同上32、39頁),但也有可能是相對於鄭地之申而言的。

《左傳・昭公十三年》:“楚之滅蔡也,靈王遷許、胡、沈、道、房、申於荆焉。平王即位,既封陳、蔡,而皆復之,禮也。”據此,申滅亡後似曾復國(參看上引陳槃書2・155上)。曾侯鐘銘的“申”可能就是指復國後的申而言的。

下面再來看看西周銅器銘文中不是用作人名和國名的“𤕌”字。引用銘文時,釋文用寬式,例如用作人稱代詞的“女”直接寫作“汝”,一般認爲應該讀爲“命”的“令”直接寫作“命”。

西周銅器銘文中屢見“𤕌先王命”之語:

> 昔先王既命汝佐胥𩵦侯,今余唯肇𤕌先王命,命汝佐胥𩵦侯監豳師戍。
>
> 善鼎【《集成》5・2820】
>
> 先王既命汝,今余唯𤕌先王命,命汝官司邑人師氏。
>
> 師𤼈簋蓋(《文物》1964年7期)【《集成》8・4283、8・4284】
>
> 今余唯𤕌先王命。 毛公鼎【《集成》5・2841】

這種“𤕌”字顯然應該讀爲“申”,當重申講。《書・益稷》“天其申命用休”,《多士》“予惟時命有申”,《逸周書・祭公》“維武王申大命,戡厥敵”,這些“申”字的用法都與上引“𤕌”字相似。

西周銅器銘文中又屢見“𤕌褱乃命”之語,例如:

> 昔余既命汝出納朕命,今余唯𤕌褱乃命。 大克鼎【《集成》5・2836】
>
> 余既命汝胥師龢父司左右走馬,今余唯𤕌褱乃命,命汝䵼司走馬。
>
> 師兌簋【《集成》8・4318】

這種“𤕌”字也顯然應該讀爲“申”。王人聰同志在《西周金文“𤕌褱”一詞補釋》一文中,闡發孫詒讓釋“褱”爲“就”之説,認爲“申就”即“重複申成之意”(《考古與文物》1987年2期49—50頁),十分正確。不過王文既讀“𤕌”爲“申”,又同意孫詒讓釋“𤕌”爲“緟”之説,則不妥當。“申”“緟”二字讀音相距甚遠,讀“申”和釋“緟”二説無法兼容。

西周銅器銘文中還屢見“𤕌圂”一詞,例如:

> 用印卲皇天,𤕌圂大命,康能四國。 毛公鼎【《集成》5・2841】
>
> 用𤕌圂奠保我邦我家。 叔向父簋【《集成》8・4242】

“𡇔”字尚無確釋。據文義推測,“𤳳𡇔”似有鞏固一類意思,“𤳳”字在這裏大概也應讀爲“申”。《左傳・宣公十五年》有“以事神人而申固其命”之語,《國語・楚語下》有“……億其上下,以申固其姓”之語。有可能“𤳳𡇔”就與“申固”同義。

史牆盤銘的“𤳳寧天子”和前面引過的方彝銘“用𦃟文考烈”兩句中的“𤳳”和“𦃟”,讀爲“申”,文義也都可以講通。

石鼓“吳人”鼓重言“𤳳𤳳”:

> 避(吾)其……𤳳𤳳……

可惜前後文字都殘缺得很厲害,文義不明。古書有“申申”一詞,如《論語・述而》“燕居,申申如也,夭夭如也”、《楚辭・離騷》“申申其詈予”。可見把石鼓的“𤳳𤳳”讀爲“申申”也是合理的。

總之,“𦃟”“𤳳”是紳束之“紳”的初文(如果謹慎一點,可以只說是申束之“申”的本字),在古文字資料中一般應該讀爲“申”(實際上是古文字資料中用“𤳳”字表示的詞,古書中一般都假借“申”字表示)。曾侯鐘銘中寫作“从糸从二二田”或“从又从四”的字,是“𤳳”的異體,應該讀爲申國之“申”。這個結論大概不會有很大問題。

曾侯乙墓竹簡文字中有“紳”字,也作“紳”或“鞞”。這是“靷”的異體,跟紳束之“紳”無關。在這裏說明一下,以免誤會。

最後應該指出,讀“𤳳”爲“申”並非始自我們。孫詒讓在《克鼎釋文》中說:

> 𤳳𦎫,金文屢見,薛(引者按:指宋人薛尚功)釋爲𥅠京,固非。李(引者按:據上文,係指與孫氏同時的、也寫過克鼎釋文的李文田)釋𦎫爲庸,甚塙(引者按:孫氏在《周師龢父敦拓本跋》中疑“𦎫”爲古文“就”之省,與此處意見不同);而釋𤳳爲申,則與上文顯孝于申字不合,不足馮。(《籀廎述林》7・15上。上引跋文見同卷28頁下)

可知早在清代就已有人釋“𤳳”爲“申”了,惜其說已不可詳考。“𤳳”“申”本非一字。對“申束”“申重”等義來說,“𤳳”實爲本字,“申”反而是假借字。孫氏由於克鼎銘文中已有“申”字,就不再考慮“𤳳”字是否有讀爲“申”的可能,這是不應該的。

追記:

《英》2415 反有如下一條記事刻辭:

丁卯出于丁三宰，才(在)□

李學勤同志在提交給1987年在安陽召開的中國殷商文化國際討論會的論文《論賓組胛骨的幾種記事刻辭》裏，讀"丁卯"下一字爲"申"(油印本3頁)，當可信。此字象以手作多道纏束之形，似即紳束之"紳"之表意初文。由此看來，"𩏩"似是把手形改爲"㝉"或"𤔔"旁，並把的下部改爲形近音符"田"而成的後起形聲字，"東"旁並非後加。"𤕤"可能如郭沫若所說，是省"東"而成的；或者是直接把旁改爲音符"田"而成的。有些較晚的"紳"字所从的上下相疊的二""，也許是直接由一類寫法訛變而成的；並不是先作上""下"田"，然後才訛變爲上下二""的。由於關於"紳"字的演變的資料還有缺環，其過程尚難完全論定。甲骨文又有从"又"从"東"之字(見《綜類》434頁第3欄)，是否"紳"之簡體尚待研究。

又，王輝同志認爲鳳翔南指揮秦公一號大墓殘磬銘"𩏩用無疆"與《詩·商頌·烈祖》"申錫無疆"、《漢書·韋玄成傳》"陳錫無疆"意近，"𩏩""申"通用(《研究古文字通假的必要性與應遵循的原則》，中國古文字研究會成立十周年學術討論會論文)，甚確。

本文是提交給1988年在武漢召開的"中國古代科學技術國際交流·曾侯乙編鐘專題"討論會的論文。原載湖北省博物館《曾侯乙編鐘研究》(湖北人民出版社，1992)，又載《古文字論集》，今據後者收入。

釋“無終”

1965年,陝西綏德縣墕頭村發現一座商代墓葬,出鼎、簋、瓿、壺、爵、觚、勺、斤、鑿、蛇頭匕、獸頭刀、戈、鉞(2件)、鏃(5件)、銅泡(3件)等青銅器共22件(《陝西綏德墕頭村發現一批窖藏商代銅器》,《文物》1975年2期《文博簡訊》82—87頁,以下簡稱“簡訊”。又見《陝西出土商周青銅器(一)》圖79—92、説明13—14頁,以下簡稱“陝一”。此書13頁所説銅器總數爲23件,銅鏃數爲7件,今據《簡訊》。據綏德縣博物館《陝西綏德發現和收藏的商代青銅器》一文注①,出這批銅器的坑實爲墓葬,見《考古學集刊》2集43頁)。在這批銅器裏,鼎、戈和夔紋鉞是有銘文的。鼎銘只一字,《陝一》釋爲“天”(13頁)。鉞銘也只有一字,《簡訊》和《陝一》都釋爲“饗”的初文(《簡訊》82頁、《陝一》14頁)。戈銘如下:

《簡訊》84頁圖七【《集成》17·10881】

《簡訊》和《陝一》都認爲是作器者的“族徽”,但是沒有説是什麽字(《簡訊》82頁、《陝一》14頁)。本文就是爲考釋此銘而作的。

關於墕頭這批銅器的時代,各家意見頗有出入。我們認爲鄭振香和陳志達的意見比較可信。他們在《殷墟青銅器的分期與年代》一文中,討論了墕頭銅器的時代,認爲“瓿近殷墟第一期,鼎、觚、爵近第一期偏晚,簋可能屬第三期,馬頭刀(引者按:即我們所説的獸頭刀)形近婦好墓出土的獸頭刀(按:婦好墓屬第二期),蛇頭匕與石樓後蘭家溝的一件近似”(《殷墟青銅器》68頁)。此文中沒有談到墕頭的戈的時代。曹淑琴《商代中期有銘銅器初探》認爲此戈“可早到二里岡時期”(《考古》1988年3期248頁)。我們認爲此戈可能也屬於殷墟一期。殷墟一期的小屯388號墓的隨葬品中,有形制跟它很相似的銅戈(李濟《記小屯出土之青銅器中篇》圖版貳伍之45,《中國考古學報》4)。

上揭銘文也見於流入日本的一件銅爵:

《中日歐美澳紐所見所拓所摹金文彙編》1786

此爵器形似尚未發表。同樣的銘文還見於《錄遺》414(即《金文總集》3351【《集成》13・7612】)著錄的一件爵,不過銘文下方刀形上所加的圓形是用填實手法表示的,形已近方。此爵也未見器形,從銘文拓本上不甚清晰的爵腹花紋來看,當是晚於墕頭之戈的商器。《金文編》1090 頁 247 號收上引戈銘爲第一例,上引後一爵銘爲第二例。第三例是《三代》14・51・10(即《總集》6575【《集成》12・6418】)著錄的“窬(?)父辛”觶的首字,當是此銘文的簡率寫法。此觶也未見器形,從銘文字體看似不晚於商周之際。(《隨筆》編按:1991 年參觀上海博物館,見所陳列的青銅器中有與上舉戈、爵同銘的觚,時代屬商代晚期,文作【《集成》12・7023】。)

《簡訊》《陝一》等以上揭銘文爲作器者的“族徽”,可從。所謂“族徽”其實就是族名。所以稱之爲族徽,當是由於寫法比較象形。我們認爲這一族名是由兩個字合成的。上方的跟屢見於殷墟甲骨文的“終”字初文(《甲骨文編》505 頁)顯然是一個字。甲骨文爲求契刻方便,把此字上部的弧綫改爲折成尖角的綫條。這跟甲骨文把“日”字的圓框改爲方框是同類的現象。《說文》“終”字古文作,據金文和碧落碑本當作(《金文編》859 頁)。西周時代的此鼎的“終”字作(同上),如把兩個圓點改用勾廓的手法表示,就跟上引族名合文中的“終”字很相似了。

上引族名合文中的下方一字(以下用“△”作代號),是在刀形的鋒刃部分加一圓圈而成的。古文字中的“厷”(肱)字作(《總集》169【《集成》3・1409】)、(《類纂》347 頁)等形,在“又”形象肱的部位加一圓圈以示意。△的圓圈應該具有類似的作用,可知此字的本義當爲“鋒刃”一類意義。△也見於甲骨文,但刀形已經簡化,字作、等形(《甲骨文編》737 頁。《合》20743 的似亦此字異體)。《類纂》把△字跟字都釋爲“刃”(958—959 頁)。後者在“刀”上加上象徵刃部的綫條而成,釋作“刃”十分正確。△跟這個字不宜釋作一個字,應該是鋒芒之“芒”的原始表意字。林潔明認爲“亡”即鋒芒之“芒”的本字。他說:“按匕蓋爲鋒芒之本字,从刀,一點以示刀口鋒芒之所在,當爲指示字,如本字从木一點以示木本之所在也。假借爲無有之亡,又借爲逃亡之亡,本義遂湮。”(《金文詁林》7059 頁)此說有理。△應即“亡”的原形,爲了稱說的方便,也可以逕釋爲“亡”。△在殷墟甲骨卜辭裏都用作人名(參看《類纂》958—959 頁。《合》20743 的也是人名)。商代人在假借△字來表示常用詞“有亡”之“亡”時,就把它簡化成了。這跟他們在假借“鼎”字來表示“貞卜”之“貞”時，把它簡化爲，是同類的現象。商代人在假借“發”的初文表示否定詞時，把它簡化爲“”，而甲骨卜辭中用作人名的“發”字初文一般不簡化（參看拙文《釋“勿”“發”》，《中國語文研究》2期39—41頁）。這跟△和“亡”的情況尤其相似。

甲骨文中的“方”字往往寫作（《甲骨文編》360—361頁）。在古文字裏，○、●、一等形時常相互變易。前面講過的“終”字有、、等寫法，就是一個例子。所以“方”字很有可能也是由△演變而成的。方圓之“方”的本字是“□”，由於字形與他字易混，很早就被假借字“方”取代。“方”“芒”都是陽部字。“芒”的聲母是明母，“方”字古音屬幫母，都是唇音，關係密切。例如：“百”是幫母字，从“百”聲的“陌”“貊”等字則是明母字。“辟”是幫母字，从“巾”“辟”聲的“幦”字異體則是明母字。“卯”是明母字，从“食”“卯”聲的“飽”字異體（見《廣韻》）則是幫母字。“丏”是明母字，以它爲聲的“賓”則是幫母字。所以古人完全有可能假借鋒芒之“芒”的表意字來表示方圓的“方”。△跟“方”的關係似可看作△是鋒芒之“芒”的表意字的旁證。

我們考察的由“終”“△”二字合成的族名，無疑應該讀爲“亡終”。“亡”“無”古通，例不勝舉。“亡終”就是見於《左傳》的戎狄族名“無終”。1986年，山西文物工作者在公安部門緝獲的走私文物中發現了一枚“亡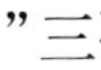”三孔布。朱華《略談“無終”三孔布》釋此幣面文爲“無終”（《中國錢幣》1987年3期），十分正確。可證“無終”在古文字裏確可寫作“亡終”。“亡終”合文把“亡”字寫在“終”字之下，是爲了利用“終”字弧綫下的空間。郭沫若所釋的見於商周之際銅簋的族名“須句”的合文，由於“須”字是省體，上部有空隙，“句”字反而寫在上方，情況與此有相似之處（《金文餘釋之餘・釋須句》。銘文及器形見《總集》1723【《集成》6・3034】）。我們在上文中指出，“方”字可能也出自△。那末“終”“△”二字的合文是否可以讀爲“終方”呢？這大概不可能。因爲銅器銘文中從未見過作器者稱自己的國族爲“某方”之例。

“無終”兩見於《左傳》。《左傳・襄公四年》：“無終子嘉父使孟樂如晉，因魏莊子納虎豹之皮，以請和諸戎。”《春秋・昭公元年》：“晉荀吳帥師敗狄于大鹵。”《左傳》記此事，說“晉中行穆子敗無終及群狄于大原”。無終子請和諸戎之事，也見於《國語・晉語七》。《漢書・地理志》右北平屬縣有無終，原注：“故無終子國。”其故城在今河北省薊縣（唐初所置的無終縣在今薊縣東面的玉田縣，所以不少書說無終在玉田)。以上是現存古書中關於無終的主要史料。

《晉語七》韋昭注:"無終,山戎之國,今爲縣,在北平。"《左傳·襄公四年》杜預注也說:"無終,山戎國名。"山戎的根據地據舊說在今河北省盧龍縣一帶(參看陳槃《春秋大事表列國爵姓及存滅表譔異》增訂本504—505頁,以下簡稱"陳書"),跟無終相近。這也許是韋、杜等人以無終爲山戎的一個根據。他們是否另有所據,已不得而知。《左傳·昭公元年·正義》說杜預《春秋釋例·土地名》"以北戎、山戎、無終三名爲一",而杜預在爲《春秋·莊公三十年》"齊人伐山戎"作注時又說:"山戎,北狄。"(《史記·齊世家·集解》引服虔曰:"山戎,北狄,蓋今鮮卑也。"或即杜預所本)。似乎他認爲北戎跟北狄是一回事。他既以山戎爲北狄,被他看作山戎的無終當然也就是北狄了。但是《春秋》經傳所記的北戎究竟能否與北狄等同,山戎與北戎究竟是什麼關係,無終究竟是否山戎,根據現存史料都難以斷定(參看陳書571等頁)。從《左傳》原文看,襄四年的"諸戎"似是對邊裔之族的泛稱。昭元年經文說"敗狄",傳文則說"敗無終及群狄"。據此,無終自應是狄族。所以就現存史料而言,說無終是北狄的一支比較妥當。它跟山戎、北戎的關係只能存疑。

據上文對銅器上的"無終"族名的考釋,可知此族早在商代(不晚於殷墟一期)就已存在,而且受商文化影響頗深,鑄有不少自銘族名的銅器,已發現的就有四器。(《隨筆》編按:加上博所藏之觚,共爲五器。)據《左傳》,無終在春秋時代曾成爲一部分北狄族的領袖,但在昭公元年爲晉所敗。

關於無終的地域,存在着一些問題。據舊說,無終子之國在今薊縣,離晉國頗遠,中隔燕國。爲什麼無終跟晉之間會發生《左傳》所記的那些事呢?《漢書·樊噲傳》說樊噲"破得綦毋卬、尹潘軍於無終、廣昌"。廣昌在今河北省西部的淶源縣北。跟廣昌並提的無終應該在其附近。顧炎武認爲這一無終當與跟晉發生交涉的無終有關,所以他懷疑"無終之國先在雲中、代郡之境,而後遷於右北平"(《日知錄》卷三十一)。《史記·趙世家》記武靈王十九年"王北略中山之地,至於房子,遂之代,北至無窮"。梁玉繩《史記志疑》疑無窮即無終("窮""終"音近義通,參看陳書571頁)。《戰國策·趙策二·王破原陽以爲騎邑章》:"昔者先君襄主與代交地,城境封之,名曰無窮之門。"程恩澤《國策地名考》也說"無窮似即無終",並據顧炎武說認爲其地在廣昌縣(即今淶源縣)。代的中心地區即漢代的代縣,在今淶源縣北面的蔚縣的東北。位於趙、代交界處的無窮之門,正應在淶源一帶,程恩澤認爲跟《樊噲傳》的無終是一地,似可信(亡終三孔布的鑄地大概也在這裏,參看上引朱華文)。對上引《趙世家》所說的無窮,可以有兩種解釋。如認爲"北至無窮"的上文“遂之代”只說明武靈王巡行的方向，並沒有到達代的中心地區的意思，這個無窮跟程恩澤考定的無窮就很可能是一地（程氏大概就是這樣理解的）。如認爲《趙世家》是說武靈王到了代地之後向北一直到無窮，那末這個無窮就應該像有些學者所說的那樣，在今張家口以北的塞外之地。如果代南、代北都有名無窮之地，而且無窮就是無終的話；在春秋戰國間爲趙所滅的狄族的代國，就很可能是無終和群狄爲晉所敗之後，餘部經過重新組合，在無終原來的根據地上建立起來的國家（參看段連勤《北狄族與中山國》76、96、97 等頁）。

顧炎武認爲無終由西向東遷徙，江永《春秋地理考實》和上面引過的陳書的意見與之相同。陳槃說：“無終貴貨輕土，遷徙無定，蓋初居晉北，厥後則……終於東遷至於河北玉田耳。”（陳書 572 頁下）但是馬長壽則認爲無終是由東到西遷徙的。他說：“無終初建牙於河北省的北部（玉田縣），史稱之爲‘山戎之國’。山戎被齊桓公所伐，無終遂西徙至山西北部的雲中、代郡一帶，與北戎合。”（《北狄與匈奴》13 頁）蒙文通主張無終先由西東遷，然後又由東西遷。他認爲無終是山戎而非狄，山戎即貊，西周時本在雍州周王畿之北，由於獫狁的逼迫而東遷，先至晉北，又經淶源而至玉田。《左傳・莊公三十年》記齊國由於山戎病燕而伐之，這時的山戎就應該居住在玉田。赤狄滅後，無終西還，“西走代邊”（指《趙世家》所說的無窮之地），與晉戰於太原時的無終就應該居住在這裏（據蒙文通《周秦少數民族研究》93—94 頁）。楊伯峻疑無終“本在今山西太原市東，後爲晉所併，遷至今河北淶源縣一帶，又奔於今薊縣治，最後被逼至張家口市北長城之外”（《春秋左傳注》935 頁）。他的意見在遷徙路綫上跟蒙說頗爲相近，但在遷徙時間上却與蒙說大相徑庭。

從無終在北狄中的重要地位來看，“無終”之名大概很早就從一般的族氏變成部落或部落聯盟的稱號了。游牧部落往往流動得很厲害，無終很可能在相當早的時候就到過，甚至已經散佈到了今山西、河北北部的不少地方。根據現存的一些零碎史料，恐怕很難對其遷徙路綫和時間做出科學的判斷來。再加上學者中間對無終的族屬存在不同看法，大家的意見就更難取得一致了。

無終戈在綏德墕頭古墓中發現，雖然不足以解決上述問題，至少爲我們考慮這一問題提供了一個新的綫索。在晉陝之間黄河兩岸以山西的石樓、柳林和陝西的清澗、綏德等地爲中心的地區內，分佈着一種青銅文化。遺物中既有大量商代後期的商式銅器，又有大量約略同時的北方系（或稱鄂爾多斯式）銅器。墕頭古墓就是屬於這一文化的，墓中所出的獸頭刀和蛇頭匕是北方系銅器。田廣金、郭素新認爲“相當於商周至春秋時期的鄂爾多斯式青銅器，應爲狄人的先期文化和狄人文化”

(《鄂爾多斯式青銅器》197 頁)。這一意見可以信從。上述晉陜之間的青銅文化,學者們多認爲是屬於商代某方國或某些方國的。已被提出來的方國有鬼方、土方、𢀛方等(鄒衡《夏商周考古論文集》278—281 頁。吕智榮《鬼方文化及相關問題初探》,《文博》1990 年 1 期。李伯謙《從靈石旌介商墓的發現看晉陜高原青銅文化的歸屬》,《北京大學學報》哲社版 1988 年 2 期)。這些方國也都可以認爲屬於北狄系統。銅器是會流動的。無終戈原來的器主也許跟墕頭古墓的主人並無關係。但是,屬於北狄的無終族所鑄之戈,出在屬於北狄的商代方國的墓葬裏,恐怕不能看作偶然的巧合。這似乎可以説明無終族在商代曾活動於陜晉交界一帶。這一帶的某個方國即爲無終族所建的可能性,似乎也不能完全排除。看來無終跟春秋時代記載裏所見的很多北狄部落一樣,其早期的活動地域是比較偏西的。

1990 年 10 月 14 日寫畢

本文是提交給 1990 年在太倉召開的中國古文字研究會第八屆討論會的論文,後收入《裘錫圭學術文化隨筆》,今據以收入。

關於晉侯銅器銘文的幾個問題

近年來,從位於山西曲沃和翼城之間的天馬—曲村遺址北趙晉侯墓地盜掘出土的晉侯銅器,在香港等地的古玩市場上屢有出現。1992 年以來,由北京大學考古系和山西省考古研究所合組的曲村考古隊,在對墓地進行的搶救性發掘中,也發現了一些晉侯銅器。今就所知晉侯銅器銘文,提出幾個問題加以討論。

一、晉侯墓地概況

在討論問題之前,有必要把已經探明的晉侯墓地的有關情況作一個簡單介紹。

據最近發表的北京大學考古系、山西省考古研究所《天馬—曲村遺址北趙晉侯墓地第二次發掘》一文(《文物》1994 年 1 期 4—28 頁。以下簡稱"發掘"),這一晉侯墓地的主要情況大約如下:各位晉侯及其夫人之墓一般爲"兩兩成對的並穴合葬墓"。這些墓分南北兩排。北排由東向西分別爲 M13、M9 和 M6、M7,M7 以西還有一對已被嚴重盜擾的墓葬未及發掘(同上 4 頁)。南排西面爲 M1、M2,東面爲 M8、M31(同上 4—5 頁)。

M6、M7 於 1991 年被盜(同上 5 頁)。M1、M2 於 1992 年 2 月、4 月被盜(《天馬—曲村遺址搶救清理晉國大墓》,《中國文物報》1992 年 9 月 6 日 1 版)。曲村考古隊於 1992 年 4 至 6 月清理發掘了 M1、M2,情況見《1992 年春天馬—曲村遺址墓葬發掘報告》(《文物》1993 年 3 期 11—30 頁。以下簡稱"報告")。這次發掘結束後不久,M8 又被盜掘,數十件銅器走私到香港等地(《發掘》4 頁)。鑒於這種嚴重情況,1992 年下半年對墓地進行了大規模的搶救性發掘。1992 年 10 月至 1993 年 1 月,清理發掘了 M6、M7 和 M8,還發掘了未經盜掘的 M9、M13,情況見《發掘》。接着,在 1993 年又發掘了與 M8 配對的 M31(《發掘》6 頁)以及在其西面的、包含一座晉侯墓和兩座夫人墓的一組墓葬——M64、62、63。此組墓葬也未經盜掘(《曲沃發掘晉侯邦父及夫人墓》,《中國文物報》1994 年 1 月 30 日 1 版。以下簡稱"邦父墓”）。

《發掘》根據各墓出土陶鬲形制的早晚，斷定 1993 年 1 月以前清理、發掘的七座大墓的排列順序應爲（箭頭表示“早於”）：

M9、M13 ⟶M6、M7 ⟶M1、M2 ⟶M8

並認爲“北趙晉侯墓地的晉侯及其夫人的墓位安排，似先啓用墓地北部，由東向西依次排列，然後再轉向墓地南部，由東向西依次排列”（10 頁）。此文還進一步根據各墓出土器物，定 M9、M13 的時代“大致在西周早中期之際的穆王前後”（10 頁），M6、M7 的時代“大致在西周中期偏早階段恭懿之時”（10—11 頁），M8 的時代“相當於西周晚期宣王之世”（11 頁）。位於 M8 之東的 M1、M2 的時代，《天馬—曲村遺址搶救清理晉國大墓》一文認爲“約相當於西周晚期偏早階段”（《中國文物報》1992 年 9 月 6 日 1 版）。位於 M8、M31 之西的 M64 等一組墓的時代，《邦父墓》一文認爲在“兩周之際”。這些都與《發掘》關於墓地啓用順序由東向西的説法一致。

二、晉侯穌是否晉獻侯

清理發掘 M8 所獲銅器中，有一件晉侯穌鼎、兩件晉侯斷（以下用“△”代替此字）方座簋、兩件晉侯△方壺。

鼎銘爲（本文中器銘釋文一般用寬式，如“隹”逕釋作“唯”、“乍”逕釋作“作”等等）：

晉侯穌作寶尊鼎，其萬年永寶用。　　《發掘》19 頁圖二四之 1

主持晉侯墓地發掘的李伯謙先生，認爲此鼎“可能爲五或七件一套列鼎中最小的一個”（《晉國始封地考略》，《中國文物報》1993 年 12 月 12 日 3 版。以下簡稱“考略”）。

簋銘爲：

唯九月初吉庚午，晉侯△作□（此字不識）簋，用享于文祖皇考，其萬億永寶用。　　《發掘》19 頁圖二四之 2

二簋同銘。《發掘》指出，除此二簋外，墓中“另有簋的方座殘片，原簋數應爲 4 件”（16 頁）。壺銘與簋銘大體相同，只是“作”下二字不作“□簋”而作“尊壺”（同上圖二四之 3）。上海博物館從海外市場收回的晉侯銅器中，有晉侯△方座簋一件，銘文與發掘出土者同（李朝遠《晉侯 方座簋銘管見》，香港中文大學中文系編集

《第二屆國際中國古文字學研討會論文集》232—236 頁,1993。以下簡稱“管見”。銘文拓影見 236 頁)。

M8 的隨葬銅器中還有有銘的編鐘。“鐘已大部被盜,只餘一套編鐘的最後兩件”(《發掘》18 頁)。較大一件的銘文爲“年無疆子子孫孫”,較小一件的銘文爲“永寶茲鐘”(同上 19 頁圖二四之 4、5)。上海博物館從海外搶救回來的晉侯銅器中,有十四件晉侯穌編鐘,銘文記載周王三十三年晉侯穌隨王征東方之事,跟 M8 發掘出土的兩件鐘屬於同一套編鐘(見朱啓新《不見文獻記載的史實》,《中國文物報》1994 年 1 月 2 日 3 版)。

在晉侯墓地已出銅器上所見的各晉侯名中,“晉侯穌”是唯一可以跟史籍所記晉侯名對得上的一個。

《史記·晉世家》:

> 釐侯十四年,周宣王初立。十八年,釐侯卒,子獻侯籍立。獻侯十一年卒,子穆侯費王立。

《索隱》在“子獻侯籍立”下注曰:“《系本》(引者按:即《世本》)及譙周皆作‘蘇’。”《考略》和《發掘》都認爲晉侯穌即《世本》所説的獻侯蘇(“蘇”字本从“穌”聲)。《發掘》並指出:“穌、籍二字古音相近,籍可能是穌字之誤。”(23 頁)這是很正確的。

但是,據《史記》的《晉世家》和《十二諸侯年表》,獻侯於宣王六年即位,十六年去世,M8 所出晉侯蘇編鐘記“唯王三十又三年”,與上述獻侯在位年代不能相合。因此鄒衡先生在《論早期晉都》一文中,認爲“晉侯蘇決不可能是晉獻侯,當爲晉穆侯無疑”。他認爲鐘銘的三十三年是宣王三十三年,據《史記》當時是晉獻侯之子穆侯在位的第十七年。鄒先生還説:

> 《晉世家》記明:“靖侯已來(引者按:靖侯爲釐侯之父),年紀可推。自唐叔至靖侯五世,無其年數。”司馬遷爲學嚴謹,靖侯以前不記年,靖侯以來所記之年當不會有誤。所以晉獻侯名蘇應是《世本》之誤。(《文物》1994 年 1 期 30 頁)

但是《史記》所記先秦時代各諸侯國年代,實際上錯誤很多,學者們曾屢加指出。鄒先生在晉侯蘇的問題上信《史記》而不信《世本》,理由似乎不足。

李學勤先生跟我説,他懷疑鐘銘的三十三年屬於厲王。這是很有可能的。這也就是説,《史記》認爲晉釐侯十四年相當於宣王元年,獻侯元年相當於宣王六年,可能都是有問題的。

從《史記》所記的晉穆侯伐條、伐千畝兩次戰役的年份,可以看出《史記》所記的晉穆侯的年代也存在問題。

《左傳・桓公二年》:"初晉穆侯之夫人姜氏以條之役生大子,命之曰'仇'。其弟以千畝之戰生,命之曰'成師'。"《史記・晉世家》:"穆侯四年,取齊女姜氏爲夫人。七年,伐條,生太子仇。十年,伐千畝有功,生少子,名曰成師。"據《晉世家》和《十二諸侯年表》,穆侯七年爲宣王二十三年,十年爲宣王二十六年。但是據《國語》等書,千畝之戰却在宣王三十九年。《國語・周語上》:"宣王即位不籍千畝。虢文公諫曰:'不可……'王不聽。三十九年,戰於千畝,王師敗績於姜氏之戎。"《史記・周本紀》也有類似文字。

《後漢書・西羌傳》綜述宣王與戎人的戰爭説:"及宣王立四年,使秦仲伐戎……後二十七年,王遣兵伐太原戎,不克。後五年,王伐條戎、奔戎,王師敗績。後二年,晉人敗北戎於汾隰,戎人滅姜侯之邑。明年,王征申戎,破之。"李賢注謂"並見《竹書紀年》"。據《西羌傳》所述,宣王伐太原戎應在三十一年,伐條戎、奔戎應在三十六年,征申戎應在三十九年。朱右曾《汲冢紀年存真》、王國維《古本竹書紀年輯校》等,皆如此繫年(參看方詩銘、王修齡《古本竹書紀年輯證》57—58頁,上海古籍出版社,1981)。晉穆侯伐條與伐千畝二役,中間相隔兩年。周宣王伐條戎、奔戎與千畝之戰也相隔兩年。彼此顯然是一回事,今本《竹書紀年》於宣王三十八年記"王師及晉穆侯伐條戎、奔戎,王師敗逋"。所繫之年雖非,認爲周、晉在此役中聯合伐戎,則是正確的。千畝之戰中,周、晉也應是聯合作戰的。《史記》把穆侯伐條、伐千畝定在宣王二十三年、二十六年,是不對的。

或以爲穆侯伐千畝有功,故將是年所生之子名爲"成師",宣王千畝之戰則王師敗績,因此二者不可能是同一次戰役(參看楊伯峻《春秋左傳注》,修訂本第一册92頁)。此説似不足信。錢穆《西周戎禍考・下》認爲"千畝之役王師失利而晉軍則有功"(《禹貢》2卷12期),不失爲一種合理的解釋。據上引《西羌傳》,古本《竹書紀年》於宣王三十九年未記戰於千畝王師敗績於姜氏之戎之事,而言"王征申戎破之"。申爲姜姓,申戎與姜氏之戎必有關,也許二者竟是同一戎族的異稱。疑宣王千畝之戰本有勝有敗,《周語》爲表明宣王不籍千畝之非,故强調其失敗一面;或者竟是硬將勝利説爲失敗,猶如今本《竹書紀年》宣王四十一年條,硬將古本所記"王征申戎破之"改爲"王師敗於申"。楊伯峻《春秋左傳注》既據《晉世家》與《十二諸侯年表》,認爲穆侯伐千畝在宣王千畝之戰之前十三年,二者並非一事;又承認穆侯伐條與《竹書紀年》所記宣王伐條戎、奔戎是一事(第一册 92 頁)。這是自相矛盾的。

《史記》所以會把穆侯伐條、伐千畝的時間弄錯,應該是由於所根據的穆侯的年代有誤。如伐條和伐千畝確如《史記》所記在穆侯的七年和十年,穆侯元年應相當於宣王三十年,獻侯蘇應在宣王二十九年去世,晉侯蘇鐘銘的三十三年仍然只能是厲王三十三年。獻侯在厲王三十三年時如不超過三十歲,是有可能活到宣王二十九年的。也有可能獻侯、穆侯之間本來還有一位晉侯,爲史籍所遺漏。此外還存在這樣一種可能性,即鐘銘的三十三年確爲宣王三十三年,獻侯去世、穆侯即位之年在宣王三十三年至三十六年這幾年中,穆侯伐條、伐千畝在其即位後的第七年之前,《史記》記爲七年、十年是錯誤的。實際情況究竟如何,只有在晉侯蘇鐘銘發表以後,才能進一步討論。

總之,我們認爲《考略》和《發掘》據《世本》定晉侯蘇爲晉獻侯是沒有問題的,有問題的應是《史記》所記的西周時代晉侯的年代。

三、晉侯△是誰

肯定了晉侯蘇就是獻侯,M8 的墓主並不能就此確定。因爲此墓除了晉侯蘇的銅器,還出了晉侯△的銅器。

《考略》因 M8 隨葬的列鼎爲晉侯蘇所作,認爲此墓墓主"很可能即爲獻侯本人"。但是《發掘》則説:

> 從晉侯穌和晉侯△作器均爲成套的列器來看,二人均有可能是此墓墓主,其世次也應當相鄰,即晉侯△應爲晉侯穌前一代或後一代晉侯。根據《晉世家》等文獻,晉獻侯之父爲晉釐侯,其名爲司徒……晉獻侯之子爲晉穆侯,其名爲費王(《索隱》:"鄒誕本作弗生,或作濞王,並音秘。")。穆侯死後,其弟殤叔自立,太子仇出奔。殤叔三年,周宣王崩。四年,穆侯太子仇率其徒襲殤叔而立,是爲文侯。因此,儘管文獻中記載的晉侯僅殤叔無名,但銅器銘文中的晉侯△不應是殤叔,因爲出晉侯△銅器的Ⅰ11M8 墓葬(引者按:Ⅰ11 爲發掘區之號)規模在已發掘的諸晉侯墓中最大,非晉大宗,又死於非命的殤叔是不可能享用這種規格的。基於這種認識,再參考出土器物的特徵,我們初步將這座晉侯墓的墓主範圍限定在晉獻侯和晉穆侯。(23 頁)

可見《發掘》認爲晉侯△有可能是晉穆侯,M8 有可能是晉穆侯之墓。

鄒衡先生在《論早期晉都》中,認爲 M8 是晉侯蘇之墓,但主張晉侯蘇是穆侯,並說:"至於'晉侯 X'(引者按:即我們所說的"晉侯△")爲其父作器,則此'晉侯X'非晉文侯莫屬,因爲該墓乃晉穆侯之墓。"(《文物》1994 年 1 期 30 頁)

張頷先生在《晉侯△簋銘文初識》中,同意晉侯蘇即晉獻侯(《文物》1994 年 1 期 33 頁)。但是他把△字釋爲"匹"之初文,並以"匹""仇"同義爲據,主張△"當爲文侯仇的別稱"。張先生還說:"至於此墓是否確屬晉文侯本人之墓,因目前資料還在整理之中,且墓葬曾經嚴重盜擾,還有待進一步的研究。"(同上 34 頁)可見他認爲 M8 有可能是晉文侯墓。

上面提到的上博所收的那件晉侯△簋的銘文,把△字的左旁寫得頗有些像甲骨文的"囚"字。因此李朝遠先生在《管見》中,把△字分析爲从"斤""囚"聲。他認爲"囚"可讀爲"咎",上古音屬群紐幽部,與晉文侯之名"仇"雙聲疊韻,可相通假(232 頁)。所以他也認爲這位晉侯就是文侯,M8 可能是文侯之墓(233—234 頁)。

鄒先生認爲 M8 所出晉侯△銅器,是晉侯△爲他的父親,即 M8 的墓主晉侯蘇所作之器。這是不可能的。如晉侯蘇死後其子爲他作送葬之器,器銘行文決不可能用現在所看到的這種格式。在那種情況下,其子在銘文中不應該稱晉侯,而應該用"嗣侯"、"嗣子"一類名稱(中山王墓所出圓壺上繼位之王加刻的銘文,自稱"胤嗣"而不稱中山王)。而且銘文中應明確表示出爲其父作器的意思,不會籠統地說"用享于文祖皇考"。所以即使承認晉侯蘇是晉穆侯,也沒有理由肯定晉侯△是晉文侯。

李先生把晉侯△之△釋爲从"斤""囚"聲之字,恐不可從。因爲在上面引過的、《發掘》所發表的晉侯△簋銘中,△字的左旁分明不是"囚"字而是"臣"字(請與《金文編》"姬"字條 789 頁 3 至 6 行各例的"臣"旁相比較)。上博所藏之簋,△字所从之"臣"省去了上部框内的一短畫,下部框內的一短畫改成了折筆,因此看起來就頗像甲骨文的"囚"字了。張先生把从"斤"从"臣"的△字釋爲"匹"之初文,也難以使人信從。所以認爲晉侯△就是文侯仇、M8 可能是文侯之墓的意見,大概也是不能成立的。

在已發表的晉侯銅器銘文中出現的晉侯名共有四個,但是只有晉侯穌能跟史籍所記的晉侯名對上。這是頗爲可怪的。我認爲那些跟史籍所記對不上的晉侯名,應該是晉侯的字。所以晉侯△很可能就是晉獻侯,"穌"是他的名,△是他的字。

△字不見於字書。从"叵"之字一般都以之爲聲旁,所以△字應該分析爲从"斤""叵"聲。从"叵"聲的"姬""筐"等字與从"其"聲的"基""箕"等字同音(《廣韻》都音"居之切",上古都是見母之部字),△應該就是"斯"的異體。

《說文·七上·禾部》:"穌,把取禾若也。从禾,魚聲。"《十四上·斤部》:"斯,析也。从斤,其聲。《詩》曰:斧以斯之。"段玉裁《說文解字注》指出"穌"即樵蘇之"蘇"本字。舊多以爲"樵"指取木,"蘇"指取草。金文"穌"字皆从"木"(《金文編》506 頁。晉侯穌之"穌"亦从"木")。樵蘇之"蘇"應該也可以當取木講。"穌"、"斯"二字的本義相近似,名"穌"字"斯"是很合理的。

晉侯△簋、壺都是"用享于文祖皇考"的祭器。古人鑄作祭器,其銘文確有器主自稱其字之例。伯公父瓚:"伯公父作金瓚(此字也有可能當釋"祼"),用獻用酌,用享用孝于朕皇考。"(《金文總集》6663,原名爵【《集成》16·9935、9936】)仲殷父簋:"仲殷父鑄簋,用朝夕享考宗室,其子子孫孫永寶用。"(同上 2535—2541【《集成》7·3964—3970】)"伯公父"、"仲殷父"都顯然是字。這類例子還可以舉出很多。所以晉獻侯在祭器銘文中自稱其字,是一點也不奇怪的。

如果我們的說法合乎事實,M8 就完全可以確定爲晉獻侯的墓葬了。

四、晉侯䵼是誰

1992 年春,上海博物館購回了四件流失在外的晉侯盨,鑄器者爲晉侯䵼(下文把△改用爲此字的代號)。馬承源先生在《晉侯△盨》一文中報導說:"晉侯△盨發現兩組六器,收歸四器。第一組,長方形盨,陸續發現四器,收歸三器;第二組,橢圓形盨,發現兩器,收歸一器,另一器銘文已基本損壞。"(上引《第二屆國際中國古文字學研討會論文集》221 頁。以下簡稱"馬文")今據馬文把兩組盨的銘文引錄於下(據同上 222 頁,拓影見 229 頁。釋文改用寬式):

> 第一組:唯正月初吉庚寅,晉侯△作寶尊及盨,其用田狩,湛樂于原隰,其萬年永寶用。
>
> 第二組:唯正月初吉丁亥,晉侯△作寶尊盨,其萬年子子孫孫永寶用。

李伯謙先生在《考略》中提到,他曾見到流入日本的晉侯△的一盨一盤。據他對器形和銘文的敘述,那件盨屬馬文所說的第二組。但所錄盨銘"寶"下無"尊"字,不知是抄漏的,還是原器即無此字。盤銘爲:"唯九月既望戊寅,晉侯△作寶盤,其子孫萬年永用。”

我在1993年7月參觀臺北故宫博物院時,曾在庫房中見到一件晉侯△鋪,銘文二十三字,也是近時入藏的。

上述晉侯△銅器都應出自北趙墓地的M1、M2。馬文指出:“……M2出土器物圖四二之4銅蓋紐,其形式和晉侯△盨的蓋紐完全相同,上海博物館三盨中,有一盨蓋紐不全,所發掘殘件當是此盨的劫餘物。”(227頁)《考略》也指出,M1、M2組出土的銅盨碎片,花紋有與流入日本的晉侯△盨相似者,晉侯△銅器可能由M1、M2組墓葬中盜出。今按,《報告》發表的M1所出銅容器殘片銘文(《文物》1993年3期10頁圖一五),是一篇排成三行的銘文的中段,其文字與行款與馬文所發表的第二組盨銘的中段完全相同,可見晉侯△諸器毫無疑問是出自M1、M2組墓葬的。M1的主人應即晉侯△,M2的主人則是其配偶。

M1、M2無論從它們在墓地中的位置,還是從所出銅器的形制花紋看,都應該早於M8。前面已經說過,M8應爲晉獻侯墓。據《史記》,獻侯之前的三代晉侯依次爲:厲侯福、靖侯宜臼、釐侯司徒,靖侯在位十八年,卒於共和元年(見《晉世家》和《十二諸侯年表》。如晉侯蘇鐘的三十三年屬厲王,靖侯在位的年代就應提前)。馬文認爲從銅盨形制看,晉侯△“不出厲、靖之間”(226頁);並以《集韻》“丵”有“福”音爲據,主張晉侯△就是厲侯福(222、226頁)。鄒衡先生在《論早期晉都》中説:“晉侯福(厲侯)夫妻墓即1992年4—6月清理的M1與M2……從陶器看,此墓之時代應屬西周中晚間,與晉厲侯年代相合。”(《文物》1994年1期30頁)可見他是同意馬文的意見的。

我們認爲晉侯△是晉厲侯的可能性是存在的,但是讀△爲“福”則可商榷。在《集韻》入聲屋韻方六切“福”小韻中,實際上只有“菐”字而没有“丵”字。“丵”既無“福”音,讀△爲“福”之説也就不能成立了。西周銅器盠尊、柞鐘的“對”字(《金文編》157頁,馬文224頁),寫法與晉侯△之△相同。馬文由於要把丵讀爲“福”,力主二者不是一個字(223—225頁)。這是比較勉强的。現在既已知道“丵”並無“福”音,△當然就應該釋作“對”了。

在史籍中找不到名“對”的晉侯,我認爲晉侯對的“對”也是字而不是名。可能以“對”爲字的晉侯有兩位,即厲侯福和靖侯宜臼。

《史記·晉世家》:“成侯子福,是爲厲侯。”《索隱》:“《系本》作‘輻’字。”疑“輻”爲厲侯名之本字,“對”爲厲侯之字,當讀爲“轛”。《説文·十四上·車部》:“轛,車横軨也。从車,對聲。《周禮》曰:參分軹圍,去一以爲轛圍。”轛就是車輿前面的木欄杆。《周禮·考工記·輿人》鄭玄注,以爲"轛者,以其鄉(嚮)人爲名"。輻和轛都是車的一部分,而且都是一種插入某處的木條。厲侯名"輻"字"轛",是有可能的。車輻兩兩相對,"對"字即使如字讀,也可以看作厲侯的字。

"對"與"碓"《廣韻》皆音"都隊切",上古都是端母微部字。《說文·九下·石部》:"碓,舂也。"如讀"對"爲"碓",就可以把它看作靖侯宜臼的字。先秦時代確有名爲二字、字爲一字之例,如公子務人字爲(《左傳·昭公二十九年》),任不齊字選(《史記·仲尼弟子列傳》)。所以靖侯是有可能以"宜臼"爲名,以"碓"爲字的。

從M1、M2所出陶器、銅器大概屬於西周中晚期之交來看(參看上引鄒文、馬文),M1的墓主晉侯對似以是厲侯的可能性爲大。但是晉侯對究竟是厲侯還是靖侯,恐怕要等晉侯墓地的全貌及其出土器物的情況全都弄清楚之後,才能作最後的判斷。

有一個跟晉侯對盨銘有關的問題,在這裏附帶提一下。第一組盨銘中"原隰"的"隰",原來寫的是从"辵"从"卩"从"𢇍"的一個字(以下把△改用爲此字的代號),馬文據文義讀爲"隰",十分正確。此字也見於下引西周銅器銘文:

> 戎伐□(地名,字不識),⿰亥戈率有司追△戎于棫林。
>
> ⿰亥戈簋,《金文總集》2836【《集成》8·4322】
>
> 南淮夷遷殳(?)內伐……王令敔追△于上洛□(地名,字不識)谷。
>
> 敔簋,《金文總集》2837【《集成》8·4323】

我曾在《戰國璽印文字考釋三篇》中,把上引銘文中的"追△"讀爲"追闌"(拙著《古文字論集》478—479頁,中華書局,1992),現在看來是不正確的。"隰"與"襲"《廣韻》皆音"似入切",上古都是邪母緝部字。疑"追△"之"△"當讀爲襲擊之"襲"。附記於此,待進一步研究。

五、關於晉侯"邦父"

據前面引過的《邦父墓》一文報導,在位於M8、M31之西的M64中發現的銅器,經初步清理,在兩件鼎上發現"晉侯邦父作尊鼎,其萬年子子孫孫永寶用"的銘文,瑚上銘文基本相同。此文作者據以斷定此墓爲晉侯邦父墓,並說:"'邦父'一名,不見於古代典籍,究竟爲何代晉侯,目前尚難確指;從隨葬青銅器的形制、花紋特徵分析,時代在兩周之際,而以晉穆侯弗生的可能性較大。"

從《邦父墓》所發表的那張鼎銘拓片看,“晉侯”下一字左旁的寫法,與一般“邦”字所从之“丰”稍有不同。其上端筆畫向左彎曲,金文中已見的“邦”字,“丰”旁沒有這樣寫的。其中畫下部所加筆畫,也很特殊。不知在未發表的晉侯“邦父”諸器的銘文中,此字是否全都這樣寫。所以此字究竟是否“邦”字,還是有討論餘地的。不過此字左旁如果不看作“丰”字,似乎只能看作“毛”字。从“邑”从“毛”之字不見於字書,而且也不適於用在“父”字之上當作人的名字。這樣看來,此字是“邦”字異寫的可能性還是比較大的。如“邦”字之釋可信,“邦父”有可能就是晉穆侯的字。

《史記·晉世家》:“獻侯十一年卒,子穆侯費王立。”《索隱》:“鄒誕本作‘弗生’,或作‘潰王’,並音秘。”《十二諸侯年表》宣王十七年下晉國一欄記“穆侯弗生元年”,《索隱》:“按《系家》(引者按:指《晉世家》)名費生,或作潰生,《系本》名弗生。則‘生’是穆公之名,‘費’‘潰’‘弗’不同耳。”其實,穆公之名不但上字有“費”“潰”“弗”之異,下字也有“生”“王”之異。上字的各個異文,古音彼此相近,顯然是同一詞的異寫。“弗”、“弼”古音相近,古書屢見的“輔拂”之“拂”與“弼”相通(參看高亨、董治安《古字通假會典》602頁“拂與弼”條,齊魯書社,1989)。如穆侯之名的下字本爲“王”,其名應取義於輔弼周王。這樣,把“邦父”看作他的字就很合理了。

可以跟“邦父”相配的晉侯之名,還有釐侯之名“司徒”。但是M64的時代晚於M8,把晉侯“邦父”定爲晚於獻侯的穆侯,顯然要比定爲早於獻侯的釐侯合理。

由於“邦”字尚不能確釋,而且穆侯之名還有異文,我們的說法只是一種大膽的推測。希望晉侯墓地今後發現的新資料,能使這一問題得到解決。

1994年2月13日寫畢

原載《傳統文化與現代化》1994年2期,今據以收入。

釋“𠬪”

周厲王時的融比鼎銘說：

隹(唯)卅又一年(或釋“卅又二年”)三月初吉壬辰,王才(在)周康宮徲大室,融比吕(以)攸衛牧告于王,曰:“女(汝)我田。牧弗能許融比。”王令眚史南吕(以)即虢旅。廼事(使)攸衛牧誓曰:“敢弗具付融比,其且射分田邑,則殺。”攸衛牧則誓。比乍(作)朕皇且(祖)丁公、皇考叀公隮(尊)鼎,融攸比其邁(萬)年子=孫=永寶用。

《商周青銅器銘文選》426(以下簡稱此書爲“銘文選”)【《集成》5·2818】

同銘簋蓋“我田”上一字作(《集成》8·4278)。

同人較早所作的融比盨銘說：

隹王廿又五年七月既□□□,[王]才永師田宮,令小臣成友逆□□內史無𩲃、大史旟曰:章氒(厥)罿夫融比田,其邑旃、𢀛、𦋶;复友(賄)融比其田,其邑复𪉊、言(也可能應讀爲“复、𪉊言”)二邑,畀融比。氒小宮融比田,其邑彶眔句商兒眔讎。戈復限余(舍)融比田,其邑兢、楙、甲三邑,州、瀘二邑。凡復友復友融比日(“田”之誤字)十又三邑。氒右融比,善夫克。融比乍朕皇且丁公、文考叀公盨,其子=孫=永寶用。。

銘文選424【《集成》9·4466】

鼎、簋銘文“我田”上一字,與盨銘前二處“融比田”上一字,應是同一字的異體。其字上从“爪”,下从“又”,中作、等形(盨銘此字所从之“爪”省作,與曩侯鼎、司寇良父壺及簋、仲枏父鬲等器“𤔲”字所从之“爪”省作、、等形[《金文編》977頁],伯晨鼎“晨”字所从之“臼”省作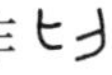[同上167頁]同例)。本文要討論的就是這個字。爲了行文方便,下文以△代表它。

在討論此字之前,對鼎銘和盨銘需要略作解釋。

融爲器主之氏。器主之名,鼎、簋、盨三銘寫法皆同,所从二"人"形皆右向,前人或釋爲"从",或釋爲"比",釋"比"是正確的。鼎銘末句中,融比改稱融攸比(簋蓋銘此處只稱"比")。王國維在《散氏盤考釋》中解釋這一現象說:"鬲从簋(引者按:即融比盨。王氏在下文中指出,"鬲从"之氏當釋作"融",今人多承用之)作於王廿五年,但稱鬲从。鬲攸从鼎作於卅一年,前稱鬲从,後稱鬲攸从。蓋是年始得攸衛牧之地,故兼稱鬲攸,猶晉之瑕呂飴甥、吳之延州來季子矣。"(七下一八上,《海寧王靜安先生遺書・觀堂古金文考釋》)此說可從。但王氏認爲"融攸从"與散氏盤銘所記之散有司"焂從鬲"爲一人(同上七下),則不可信。"融攸从"爲"融攸比"之誤釋,已見上述。"焂從鬲"之"從"从二"卩"。《金文編》所收"從"字,只有散氏盤與九年衛鼎二例从"卩"(577、578頁)。此二例從文義上都不能證明一定是"從"字,說不定本是"選"的初文(散氏盤銘見《銘文選》428【《集成》16・10176】,九年衛鼎見同書203【《集成》5・2831】)。王氏以"融""鬲"爲一字,似乎可信(王說見《散氏盤考釋》八下。此字所从實非"鬲"字,而是"甗"或"瓚"的象形字)。但是"融"顯然是氏,怎麽能移到相當於私名"比"的所謂"從"字之後去呢?王氏說"焂從鬲疑鬲焂從之倒"(同上七下),是强詞奪理的。此外,散氏盤人名究竟應該如何讀,尚無定論。"焂從鬲"究竟能否連讀爲一人之名,都還是問題。總之,王氏把融攸比和焂從(?)鬲視爲一人,是不正確的。我們不能由於此說而肯定"融从"的釋法。

鼎銘所記融比以攸衛牧告於王之言中,"汝"和"牧"都指攸衛牧。曶鼎記"曶使氒小子𩰬㠯限訟于井弔(叔)"之言曰:"我既賣(贖)女(汝)五[夫效]父,用匹馬束絲。限許曰:'既則卑(俾)我賞(償)馬,效[父則]卑復氒絲束。'……"(《銘文選》242【《集成》5・2838】)。第一句稱限爲汝,第二句則改稱限,與此同例。楊樹達《融攸从鼎跋》指出,融比鼎與曶鼎二銘皆記構訟之事,彼此可以互證,十分正確。但他把"牧"字連上讀,認爲"田牧"指"司田稼之人",則不可信(楊跋見《積微居金文說》28頁,科學出版社,1959)。

鼎銘所記攸衛牧誓言中,"且射"二字最難解。舊多讀"且"爲"租"。"射"字,上引楊跋讀爲"謝"(28—29頁),各家多連下爲句。所解皆牽强。《銘文選》的注釋說:"且射,讀爲沮厭,損毀之意。"(3・296頁)此說很有啓發性。但《銘文選》說"射,假作厭","射、厭古音同",則是錯誤的。"射""斁"古通,古書中"無斁"亦作"無射"。"斁"可訓"厭",所以"射"可訓"厭"。但"射""厭"二字的古音相差甚遠,彼此不能相通。《銘文選》把"其且射"與"分田邑"分成兩句,也不妥當。

我們認爲“且”確應讀爲“沮”,“沮”字古有“止”、“敗”、“壞”等訓(參看《經籍籑詁》)。“射”應讀爲“斁”。“斁”字古有“敗”、“壞”等訓(同上)。《詩·大雅·雲漢》“耗斁下土”,鄭箋:“斁,敗也。”《春秋繁露·郊祀》引此句,“斁”正作“射”。所以,誓辭的意思是說:如敢不把鬲比所應得的都付給他,而沮止破壞分田邑之事的話,就應被殺。誓辭末一字與三體石經“殺”字古文和《說文》“殺”字古文第二體等相似,故釋作“殺”。關於這個字,芝加哥大學東亞語言與文化系博士生郭錦,在提交給1993年香港中文大學中文系召開的第二屆國際中國古文字學研討會的論文《鬲攸比鼎三則——兼論中國早期之法律觀念及其法律的性質》中,有詳細的考釋,可以參閱。

據誓辭內容,並參照王國維指出來的、鬲比在鼎銘之末因得攸衛牧之地而稱鬲攸比的現象,可以知道鬲比是因爲攸衛牧不分給他所應得的田邑,而“以攸衛牧告于王”的。他的“告辭”裏的△字應該有“付與”之意。告辭的大意是說,攸衛牧應給鬲比田,但他却不肯這樣做。

鬲比盨銘記鬲比因王命而從他人處接受田邑之事。鬲比受命時之“右者”爲膳夫克,所以銘文說“厥右鬲比,善夫克”。楊樹達《鬲从盨跋》認爲銘文記賞田之事,並引伊簋“讎季內右伊”、免觶“井叔右免”來解釋此銘“右”字,都是正確的。但他把銘文中用作人名或地名的“章”讀爲賞賜之“賞”,則不確(楊跋見《積微居金文說》272—273頁)。

銘文中“凡復友復友(一般認爲此處誤重“復友”二字)鬲比田十又三邑”一語,是總括上文的。上文屢次出現“……V(動詞)鬲比田(或“其田”),其邑……”格式的句子。這些句子裏出現的全部邑名,加起來正好是十三個(參看吳闓生《吉金文錄》4·5頁)。出現在“鬲比”之前的動詞,共有△、“友”、“余”三個。郭沫若《兩周金文辭大系考釋》讀“友”爲“賄”,吳闓生《吉金文錄》讀“余”爲“舍”,爲多數學者所接受(參看上引楊跋)。△無疑也是一個有付與之意的動詞。這與我們關於鼎銘△字的意見可以互證。

鼎銘△字,阮元《積古齋鐘鼎彝器款識》(4·31上)、孫詒讓《古籀拾遺》(卷中13上)等釋“采”(孚),劉心源《奇觚室吉金文述》釋“爰”(2·15),郭沫若《大系考釋》釋“覓”(127頁),《銘文選》釋“受”(3·296頁),上引郭錦文釋“寽”。盨銘△字,各家多未釋,《大系考釋》釋“釣”(124頁)。釋此字爲“孚”、“爰”、“覓”或“釣”,於字形、文義皆不合。釋“受”於文義勉强可通,但與字形不合。釋“寽”在字形上可以說是合理的(參看下文),但與文義不合。故各家之說皆難以信從。

從字形、字義兩方面考慮,似可將△字釋爲“受”。《説文·四下·受部》:

> ,物落上下相付也。从爪从又。凡受之屬皆从受。讀若詩“摽有梅”。

饒炯《説文部首訂》“受”字條説:

> 炯案:説解當云:相付也。从爪从又,象上下相付之形,與廾同意。“爪”下説:丮也,覆手曰爪。此篆从之,象覆手持物以與人也。“又”下説:又手也。此篆从之,象以又手承其物也。一與一承,其義爲相付。……意與物落義固無涉。如部中所从,多取兩手意,不取物落意,亦可證。而説解訛爲物落者,據讀若詩義改之,謂受即詩之摽字,而不知从爪从又,無物落之義。……然則受之音何以得之,蓋由“交”意生之,故其義當訓相付也。(據《説文解字詁林》轉引)

林義光《文源》“受”字條説:

> 按:像兩人手相付形,本義爲付(原注:受、付雙聲旁轉),引伸爲落,落猶從上付於下也。(6·5下)

饒、林二氏之説雖有不同,但都認爲“受”的本義是“付”。這是有道理的。所以釋△爲“受”,合於上引銘文文義。

從字形上看,比照金文字(亦作)後來演變爲“寽”之例(“寽”字見《金文編》275—276頁),△字也確有可能演變爲“受”。

在這裏有必要談一下“寽”“受”二字的關係。古文字从“又”之字在戰國時代往往變作从“寸”,《説文》从“寸”之字、如“寺”“專”等,古文字本來都从“又”(《金文編》208—209頁)。林義光《文源》“寽”字條説:“亦又也(篆文从寸之字古多从又),蓋與受同形而聲義異,故變又爲寸以別文耳。”(6·5下)此説有理。“寽”和“受”這兩個詞,應曾混用過相同的字形。這從格伯簋銘可以得到例證。

西周中期的格伯簋,傳世有同銘者數器。銘文中有一個寫作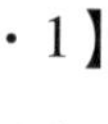(《金文總集》2781【《集成》8·4264·2】)、(同上2778【《集成》8·4262·1】,2782【《集成》8·4265】略同)、(同上2779【《集成》8·4263】,2780【《集成》8·4264·1】略同)等形的字(以下用○代表此字):

> 格白(伯)○良馬乘于倗生,氒貫卅田則析。
>
> 銘文選210,《金文總集》2778—2782【《集成》8·4262—4265】

此字前人有釋“受”(《積古齋鐘鼎彝器款識》7·16上,《攈古録金文》三之一·78)、釋“假”(《奇觚室吉金文述》16·37)、釋“取”(《文源》6·6上,《吉金文録》3·26上)、釋“叉”(《大系考釋》81—82頁)等不同説法。近人多從釋“取”之説,以爲受田作器者是倗生,故改稱此器爲倗生簋。我也曾在一篇文章中襲用此説(拙著《古文字論集》368頁,中華書局,1992【編按:即本書所收《西周銅器銘文中的“履”》】)。現在看來,此字實當從《大系考釋》釋爲“叉”。《大系考釋》説“字在此即是付義”(82頁),也是正確的。從全篇銘文看,格伯確應是受田的一方。

上引○字第一形如改爲豎寫,就與金文中作的“寽”字無别了。第二、三兩形的“爪”多加一筆,與多友鼎“孚”字所从之“爪”相同(“孚”字見《金文編》174頁)。據格伯簋銘文義,此字自當釋“叉”。“寽”字由省作,遂與之混同。

《説文·四下·叉部》有“”字:

,撮也。从叉从己。

篆形與“叉”字作△的寫法接近。小徐本篆文作,“从己”作“乙聲”,其形與△更爲相似。但此字讀音爲“力輟切”,與从“寽”聲之“鋝”、“埒”等字相同。徐灝《説文段注箋》以爲“叏與寽音同義近,己象所撮物”。則此字似與金文用來表示“鋝”的“寽”字相當。也就是説,“叏”字從字形看應與“叉”爲一字,從音義看則應與“寽”爲一字。這也可以看作“叉”“寽”二字曾經相混的一個痕跡。

西周中期的尊的器主之名(尊銘見《銘文選》186【《集成》11·6008】,《大系》稱爲觶),舊有釋“𠬪”(《積古》5·2,《大系》、《銘文選》等從之)、釋“受”(《攈古》三之一·34)、釋“孚”(《金文編》1959年版134頁)、釋“取”(《金文編》191頁)等不同説法。同時期的卯簋蓋銘的字(銘見《銘文選》244【《集成》8·4327】),舊有釋“孚”(《積古》6·19—20、《攈古》三之三·8下,《金文編》1959年版134頁從之)、釋“𠬪”(徐同柏《從古堂款識學》6·37)、釋“取”(孫詒讓《古籀餘論》3·38上,今人多從之)、釋“虐”(《奇觚》4·30)等不同説法。這兩個字也應該釋爲“叉”或“寽”。卯簋蓋之字,嚴可均《全上古三代文》已釋爲“寽”(13·10下),可謂卓識。此字在卯簋蓋銘中應如何解釋,尚待研究。

饒炯以爲“叉”在語源上與“交”有關。這是一個可以考慮的意見。“叉”和“交”古韻都屬宵部。“叉”是並母字。从“交”聲的“㼎”也是並母字,“駮”是幫母字。可見它們的聲母在上古也可能有較密切的關係。在上古漢語中,“交”似無付與義，但从“交”聲的“效”則有這類意義。這裏舉幾個例子。《左傳·襄公二十七年》“使諸侯僞效烏餘之封者”，杜注：“效，致也。”同書《文公八年》“效節於府人而出”，杜注：“效猶致也。”同書《昭公二十六年》“宣王有志而後效官”，杜注：“效，授也。”《戰國策·秦策四》“效上洛於秦”，高注：“效，致也。”融比鼎、盨和格伯簋銘文中的“叉”，也許就可以讀爲訓“致”和“授”的“效”，至少可以看作它的一個音義皆近的同源詞。

“受”字中部本从“舟”，既以它象徵所授受之物，又以它表示字音。比照此例，△字中部所从的、，有可能是“”（勹）的省變之形。它既象徵所付之物，又表示“叉”的字音。“勹”字古韻也屬宵部。从“勹”聲之字，“瓝”（即上舉“瓟”字異體）、“炮”也是並母字，“豹”、“箹”等是幫母字。可見“勹”是有可能被用來表示“叉”字之音的。格伯簋等器的時代早於融比鼎、盨，○可能是“叉”的初形，兩手之間的“－”象徵相付之物，後來才出現把它改成“勹”的省形以取聲的△那種寫法。不過△先已出現，○是△的簡寫的可能性，似乎也不能完全排除。

從上引鼎、盨銘文來看，融比應是厲王的一個寵臣。盨銘所記似是厲王將原屬其他臣下的田邑轉賜給融比之事。鼎銘所說的攸衛牧分田邑給融比之事，也應出自厲王之命。所以在攸衛牧不執行時，融比才會直接向厲王告發他。厲王喜歡做這種予奪隨心的事，無疑是觸怒貴族以致遭到流放的一個重要原因。

最後提一下可能與融比有關的攸融盨。此器銘文只有五個字：

攸融乍旅𩞁　　　　《金文總集》2988【《集成》9·4344】

器形見《西清古鑒》29·22（《金文總集》已轉録），與融比盨幾乎完全相同（融比盨器形見《澂秋館吉金圖》上·22。《大系圖録》、《金文通釋》皆已轉録）。所以攸融很可能就是融攸比。“攸”和“融”皆非私名，故可倒置。

本文是提交給1994年中國古文字研究會第十屆討論會的論文，原載《容庚先生百年誕辰紀念文集》（廣東人民出版社，1998），今據以收入。

也談子犯編鐘

張光遠先生在本刊第十三卷第一期上，發表了《故宫新藏春秋晉文稱霸“子犯和鐘”初釋》（以下簡稱“張文”），詳細介紹了從銘文的史料價值看，在已發現的春秋青銅器中堪稱第一重寶的子犯編鐘。李學勤先生讀了“張文”以後，很快就寫出了《補論子犯編鐘》（以下簡稱“李文”），發表在1995年5月28日的《中國文物報》上。這兩篇大作已經把關於子犯編鐘及其銘文的大部分問題解決了，讀後獲益甚多。現在把我們對張、李二文的補充意見寫出來，供關心子犯編鐘的讀者參考。

爲了論述的方便，先將鐘銘釋文抄錄於下。我們對張、李二家釋文擇善而從，但偶有與二家都不相同之處，在後文中將作出必要的説明。釋文按原銘分行，每鐘銘文之末標明此鐘在整組編鐘中按大小排列的位次（第二、三兩鐘銘文先後次序已據文義對調）：

隹（惟）王五月初吉丁未。子軋（犯）宕（佑）
晉公左右，來復其邦。者（諸）楚刱（荆）　　（第一鐘）
不聖（聽）令（命）于王所，子軋（犯）及晉公
達（率）西之六自（師），博（搏）伐楚刱（荆），孔休。　　（第三鐘）
大上楚刱（荆），喪氒（厥）自（師），滅氒（厥）瓜（孤）。子
軋（犯）宕（佑）晉公左右，燮者（諸）侯，卑（俾）潮（朝）　　（第二鐘）
王，克奠王立（位）。王易（錫）子軋（犯）輅車、
亖（四）馬，衣、常（裳）、帶、市、佩。者（諸）侯羞元　　（第四鐘）
金于子軋（犯）之所，
用爲龢（和）鐘九堵。　　（第五鐘）
孔盄（淑）叡（且）碩，乃
龢（和）叡（且）鳴。用匽（燕）　　（第六鐘）
用寧，用享用
孝。用旛（祈）釁（眉）壽，　　（第七鐘）

萬年無彊(疆)。子子
孫孫,永寶用樂。 (第八鐘)

以上是全部鐘銘的釋文。

關於子犯編鐘及其銘文,有兩個較大的問題需要先加討論。

第一個問題:對第二、三兩鐘的銘文,是否應該像我們在抄錄鐘銘時所做的那樣加以對調?

今年年初到臺北訪問,蒙張光遠先生厚意,讓我在故宫博物院銅器庫裏,對照張先生的釋文,從原器上觀讀子犯編鐘銘文。讀完後,當時就曾向張先生提出,第二、三兩鐘的銘文,從文義上看應該對調。張先生對鄙見不以爲然,張文的"附記"在引述鄙見後說:

> 果真如此,則是在原始鑄銘的過程中,曾疏忽鐘模大小順序而錯倒誤刻所致。但我們試將第一鐘銘跳接到第三鐘銘,而反接第二鐘銘,後續第四鐘銘……便會成爲子犯及晉文公率領大軍打敗楚師,全是因"踐土會盟"時楚荆不聽命於周天子而戰,然後周王才得鞏固王位;這樣一來,豈不就將子犯一生功勳中最大的"城濮之戰"給調失了。(30頁)

我覺得張先生的反駁似可商榷。

我提出對調的建議,基於下述考慮:按編鐘大小順序來讀銘文,第一、二兩鐘相接處的"諸楚荆、太上楚荆,喪厥師,滅厥□"這一句(釋文據張文),文義難通;第三鐘開頭的"不聽命于王所"這一句沒有主語;第四鐘開頭的"王克奠王位"這一句也顯得彆扭。而且這樣讀銘文,就只能像張文那樣,認爲鐘銘中講城濮之戰的只有"諸楚荆、太上楚荆,喪厥師,滅厥□"這一句;而"子犯及晉公率西之六師搏伐楚荆"這一句關於晉楚之戰的提綱挈領的話,則只能解釋成是講踐土之會以後一次不見於史書記載的戰爭的。這顯然很不合理。如果把第二、三兩鐘的銘文對調,這些問題就都不復存在了。

按照調整後的銘文,"不聽命于王所"的主語是"諸楚荆",這句話是講晉國進行城濮之戰的原因的;"子犯及晉公"至"滅厥孤",都是講城濮之戰的;"子犯佑晉公左右,燮諸侯,俾朝王,克奠王位",則是講踐土之會的。全篇銘文文從字順。在調整後的銘文裏,"諸楚荆不聽命于王所"根本不能解釋成踐土之會時的事情。張先生擔心對調第二、三兩鐘銘文,會把"城濮之戰""給調失",是完全沒有必要的。

張文介紹的院藏子犯編鐘共十二件,第五、六、七、八四鐘各有同樣的兩件,但第六鐘(乙)的銘文"反向右行"(6 頁)。這是子犯編鐘鑄銘有差錯的一個實例。第二、三兩鐘大小很接近(第二鐘通高 67.6 釐米,第三鐘通高 66.7 釐米,見張文 6 頁),其差距在全套子犯編鐘各相鄰二鐘間差距中是最小的(參看張文 6、8 兩頁)。鑄鐘銘時"曾疏忽鐘模大小順序而錯倒誤刻"的可能性,應該是存在的。李文同意對調第二、三兩鐘銘文,並說"這可能是由於各鐘本非同組的緣故"。這種可能性也是存在的。

第二個問題:這組編鐘第四、五兩鐘間以及第六、七兩鐘間,是否尚有缺失?

張文曾指出子犯編鐘第四、五兩鐘間和第六、七兩鐘間的高低和重量的差距特別大,"頗令人懷疑它們之間是否會有缺漏的可能"(27 頁)。但該文在後面又指出有關各鐘的銘文銜接得非常自然,所以它們之間不可能有缺漏(27—28 頁)。李文則認爲"第四、五鐘間和第六、七鐘間,似乎尚有缺失",其鐘銘釋文在第四、五兩鐘銘文間和第六、七兩鐘銘文間,各加了一行省略號。

在這一問題上,我們同意張文的意見。銘文的銜接是一項極爲有力的證據。此外在編鐘制度方面,也有證據證明子犯編鐘確爲八個一組,其間並無缺失。

有些西周後期的八個一組的編鐘,如中義編鐘和柞編鐘,其大小遞減情況與子犯編鐘很相似。【編按:此蒙孫華先生指示。】兹據《陝西出土青銅器(二)》(文物出版社,1980),將這兩組編鐘中各鐘的通高(以釐米爲單位)和鉦部銘文字數列表於下(鐘名前數字是原書中的編號):

鐘　名	通　高	鉦上字數
142 中義鐘甲	49	10
143　乙	46(甬長 14.5)	10
144　丙	46(甬長 15)	10
145　丁	43	10
146　戊	32	10
147　己	30	10
148　庚	24	4
149　辛	22	4
156 柞　鐘甲	52	31
157　乙	50	31
158　丙	49	31

續　表

鐘　名		通　高	鉦上字數
159	丁	46	31
160	戊	34	21
161	己	29	15
162	庚	25	5*
163	辛	21	5

* 柞編鐘庚鐘銘文不可辨,由戊、己、庚、辛四鐘銘文相連而成全銘,故可推算出庚鐘銘文爲五字。

這兩組編鐘都是第二、三兩鐘大小最接近,第四、五兩鐘間大小差距特別大。中義編鐘第六、七兩鐘間的差距也比較大。子犯編鐘的情況跟這兩組編鐘顯然很相似。

去年五月曾訪問上海博物館。上博舊館已撤,新館尚未建成。蒙馬承源館長厚意,讓我在臨時倉庫中觀看了他們從香港文物市場上搶救回來的十四件晉侯蘇編鐘。1992 至 1993 年間,曲村考古隊在北趙晉侯墓地發掘清理了被盜掘的八號墓,所獲銅器中有晉侯蘇鼎和兩件編鐘。上博購得的晉侯蘇編鐘顯然就出自此墓。晉侯蘇即西周晚期的晉獻侯。從銘文看,考古隊所獲的兩件與上博購得的十四件正好配成套。這十六件鐘按大小可分成八件一組的編鐘兩組,而其上的銘文則相連而成一整篇,第一組最小一鐘的銘文與第二組最大一鐘的銘文相銜接。這兩組鐘也都在四、五兩鐘間有一個特大的落差。

子犯編鐘的形制紋飾"保持着西周以來傳統風格"(見李文)。由以上所述可以知道,在各鐘之間的大小關係上,子犯編鐘也相當忠實地承襲了西周後期八個一組的編鐘的作風。總之,子犯編鐘沒有問題原來就是八個一組,第四、五兩鐘間和第六、七兩鐘間,都不會有缺失。

下面,解釋一下鐘銘中的一些詞語和文字。

1. 初吉

鐘銘第一句是"惟王五月初吉丁未"。《左傳》記僖公二十八年(即周襄王二十年·公元前 632 年)四月,晉敗楚於城濮之後,"作王宮于踐土",五月"丁未,獻楚俘于王"。張、李二文都指出,鐘銘所記"五月初吉丁未",即《左傳·僖公二十八年》所記之"五月丁未"。這是很正確的。

李文對"初吉"有如下討論:

該年曆朔,各家所推稍有出入。《春秋大事表》云四月丙寅朔,五月丙申

> 朔;《中國先秦史曆表》云四月丁卯朔,五月丁酉朔;楊伯峻先生《春秋左傳注》依王韜說,則云四月戊辰朔,五月戊戌朔。銘文說五月初吉丁未,按王國維先生四分一月說,初吉爲一日至七、八日,新城新藏加以修正,大月可至九日。即使用《春秋左傳注》,丁未也要到十日。這對研究初吉的意義極有價值。

今按,張培瑜《中國先秦史曆表》定襄王二十年五月爲丁酉朔,與據現代天文學方法推算出來的實朔相合(看該書138頁,齊魯書社,1987)。王韜《春秋朔閏至日表》定是年五月爲戊戌朔,後天一日。董作賓《春秋經傳史日叢考》論及僖公十二年朔閏時,曾指出王韜之表於朔日"有後天一日之傾向",並以王表爲是。文中說:"古用四分術平朔,朔策大於今測,三百四年,輒大一日,則用其術者,朔漸後天,此自然之勢也。西漢日食多在晦,即其例證。後世據漢傳七曆,逆推春秋於三百年上,故朔每先天一二日,按之事理,此不可能之現象也(引者按:推僖公二十八年五月爲丙申朔者,即犯此病),玆寧取後天一日之說,則王與新城之表,是矣。"(《董作賓先生全集》第八册142頁)所論甚是。由此可知襄王二十年(即僖公二十八年)五月朔日,當以定作戊戌爲合理。五月丁未應爲其月之第十日。

"初吉"之解釋頗多異說。除李文所引王國維及新城新藏之說外,尚有以初吉爲定點月相之說。持此種說法者所定初吉之日次,又有初一、初三及初二或初三等不同(參看黄盛璋《從銅器銘刻試論西周曆法若干問題》,黄盛璋主編《亞洲文明論叢》19頁,四川人民出版社,1986)。此外,黄盛璋《釋初吉》又在王引之對古書中"初吉"一詞的解釋的基礎上,提出了初吉非月相,乃指"初干吉日"的說法。文中說:"我們以爲初吉爲每月的第一個干日(甲、乙、丙、丁等)……一個月可能有三個同干之日,而月之上旬十日則必皆爲這個月第一個干日。古初以屬於第一的事物爲吉善,因此於此等第一個干日皆視爲月之吉日,'初吉'就是初干吉日之意。"(黄盛璋《歷史地理與考古論叢》312頁,齊魯書社,1982)鐘銘稱五月第十日爲初吉,可見在關於初吉的各種說法中,定點月相說以及王國維和新城新藏之說都不可信,只有黄說是正確的。

2. 博(圖一·1)

此字張文直接釋作"搏",但從字形看實爲"博"字。《金文編》776—777頁"搏"字條,收有从干尃聲之字(虢盤:博伐玁狁)、从戈尃聲之字(不𡢁簋:汝及戎大敦戟)和从尃聲之字(㦰簋:戎麸。圖一·2)。同書135頁"博"字條,收有師寰簋"博"字(圖一·3),並重收上舉"搏"字條最後一形。此形所从之,《金文

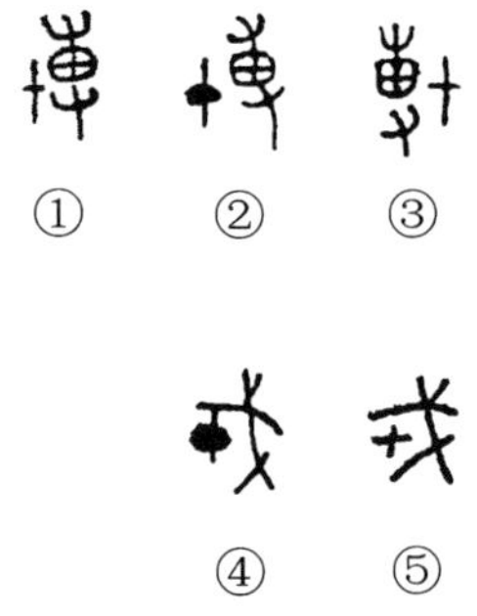

圖一

編》逕以爲“十”字,實爲象盾形的“毌”字,亦即干戈之“干”之本字。干、戈皆爲戎器,从“戈”、从“毌”、从“干”同意。劉心源《奇觚室吉金文述》釋虢盤“博”字說:“博即博,从干取義,後人省从十,《詩》用薄爲之(引者按:《小雅・六月》“薄伐玁狁”句)。”(卷八,18頁)此說有理,但“博”字所从之“十”應是“毌”之簡化。“戎”字本从“毌”,後來簡化爲从“十”,與此同例(圖一・4、5。參看《金文編》823頁)。所以从戈尃聲、从干尃聲和从毌尃聲之字,都應釋爲“博”。從字形和文例看,“搏”大概就是“博”的後起字,但《金文編》直接把“博”字的一些比較原始的字形釋作“搏”,則是不妥當的。《說文・三上・十部》:“博,大通也。从十,从尃。尃,布也。”這是由於附會已簡化的字形立說,錯把“博”的假借義當作了本義。張文將鐘銘“博伐楚荆”之“博”釋讀爲“搏”並不錯,但最好指出其字本作“博”。

3. 上

李文解釋鐘銘“大上楚荆”一語說:“《國語・周語》注:‘上,陵也。’用現代語說,即壓倒了楚人。”此說甚是。“上”、“尚”二字古通。《論語・里仁》:“好仁者,無以尚之。”皇侃《義疏》:“尚,猶加勝也。”此“尚”字用法也與鐘銘“上”字相近。【重印本按:現存子犯編鐘有兩套,另一套“大”下一字作,上有一横,當是“工”字,一般釋讀爲“攻”(《近出》1冊30頁)。】

4. 瓜(圖二・1)

鐘銘“滅厥”下一字,張文未釋;李文釋爲“禹”,讀爲“渠”,訓爲“帥”。竊疑此字是“瓜”之繁體,當讀爲孤卿之“孤”。

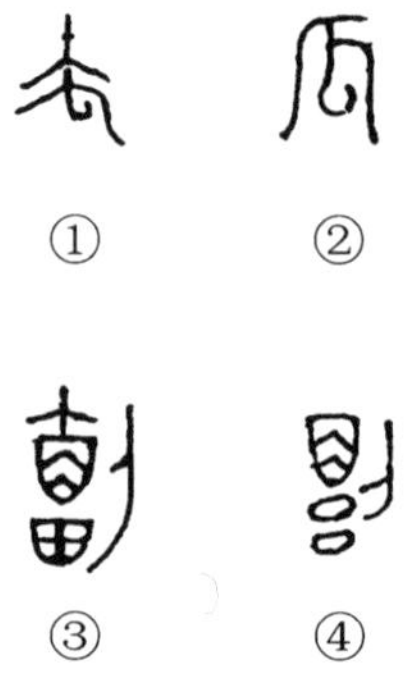

圖二

試以此字與《說文》“瓜”字篆文(圖二・2)對照,二者主要不同之處在於此字上端多出人形。圖二所示3、4二字分别見於西周前期的一個鼎(《金文總集》1206【《集成》5・2704】)和西周後期的一個瑚(同上2862【《集成》9・4484】。此二字皆收入《金文編》1202頁)。這兩個字的左上部顯然是同一個象形符號的不同寫法,所象之物當是某種果實,也許與《說文》的“卣”字有關。二者的不同之處在於上端形的有無,情況與上舉二“瓜”字十分相似。

這裏附帶談一下圖二所示3、4二字應該釋爲什麽字的問題。朱德熙先生在《長沙帛書考釋(五篇)》中將這兩個字都釋爲从“刀”、“曷”聲之字(《朱德熙古文字論集》208—209頁,中華書局,1995)。今按,朱先生釋圖二·4一字之左旁爲“曷”之古體,可從。“曷”、“割”二字上古音相近(从“曷”聲之“葛”與“割”同音),疑“剫”本是切割之“割”的表意初文,字形象用刀切割某種果實,左下部的扁圓形象徵從果實上切割下來的東西,“曷”字最初可能是作爲這個字的省文而産生的。圖二·3一字,據其所從出的鼎銘的文義,當讀爲刈禾之“刈”,“曷”、“刈”二字上古音亦相近(參看上引朱先生文)。這個字的結構似當分析爲:从“田”,从“剫”省,“剫”亦聲;蓋即刈禾之“刈”的異構。不論上述這兩個字應該釋爲一個字,還是釋爲兩個字;它們的左上部是同一個象形符號的不同寫法這一點,是不會有變化的。

李學勤先生釋鐘銘“滅厥”下一字爲“禹”,我們不同意;但他認爲這一句“係指楚帥子玉(令尹得臣)戰敗後自盡之事”,則十分正確。我們認爲鐘銘此句中的“厥孤”,正是指楚帥成得臣而言的。《周禮》屢言“孤”,例如:《天官·掌次》:“凡喪,王則張帟三重,諸侯再重,孤、卿、大夫不重。”《春官·大宗伯》:“孤執皮帛,卿執羔,大夫執鴈……”。《春官·典命》:“公之孤四命,以皮帛,眡小國之君;其卿三命,其大夫再命,其士一命。”鄭玄等人以少師、少傅、少保爲三孤。王引之《經義述聞》卷八“孤”條辨其非,指出:“蓋六卿中有秉國政者,其位獨尊,故謂之孤。孤者,獨也。譬之大國之卿,晉士會受黻冕之命而將中軍(宣十六年左傳),宋樂喜爲司城以爲政(襄九年傳),位在六卿之列而又獨尊也。”成得臣任令尹,是楚國的最高執政大臣。晉人稱之爲“厥孤”,即楚國之孤,是很合理的。

據《左傳·僖公二十八年》所述,城濮戰後,楚成王派使者對成得臣說“大夫若入,其若申、息之老何”(城濮之戰,申、息二邑子弟多戰死,故有是言),得臣只好自殺。這實際上是楚王命得臣死。所以《春秋》僖公二十八年經文說“楚殺其大夫得臣”,《史記·楚世家》也說“成王怒,誅子玉”。鐘銘“大上楚荆,喪厥師,滅厥孤”,意謂“晉大勝楚,使楚喪失其師衆,誅滅其執政大臣”,說法與《春秋》及《楚世家》相合。

5. 帶、市

張文(27頁)和李文,都把鐘銘記大子賞賜子犯車服那一句中“衣裳”之下的那兩個字,釋爲“黼黻”。不過張文在“衣裳”與“黼黻”之間加了頓號,李文則不加頓號,將全句標點爲:“王錫子犯輅車四馬,衣裳黼黻,佩。”古書中所謂“黼黻”,指禮服上繪綉的花紋,並非一種具體的物品,不能與“衣裳”和“佩”等並列。如要將“衣裳”之下二字釋作“黼黻”,就只能像李文那樣標點,將它看作説明衣裳的花紋樣式的一個詞。但是我們認爲這兩個字根本就不應釋讀爲“黼黻”。

第二字在原銘文中本作“市”。《説文·七下·市部》:“市,韠也。上古衣蔽前而已,市以象之。天子朱市,諸侯赤市,大夫葱衡。从巾,象連帶之形。……韍,篆文市从韋从犮。”“市”和“韍”是同字異體,所指之物亦稱蔽膝,屬於禮服之列。古書中有借“黻”爲“市”(韍)之例,但一般不借“市”(韍)爲“黻”。鐘銘的“市”,用的應該是本義,爲天子所賜車服中之一項。

“市”上一字,中从“巾”;兩側的兩個偏旁,寫法基本相同,顯然是同一個字(圖三·1)。這個字有些像“黹”字,張、李二文大概就是因此而釋“市”上之字爲“黼”的(一般認爲金文“黹”字多應讀爲“黼”,參看《金文編》553頁)。其實這個字的中段作“五”字形,與甲金文的“黹”字有明顯區别(圖四·1、2爲甲骨文“黹”字,分别見《合》28134、28135。圖四·3、4爲金文“黹”字,見《金文編》553頁)。而且甲骨文中已有在此字中段兩側加短豎而成之字(圖四·5、6,分别見《合》26879、28036),可見其淵源有自,與“黹”决非一字。

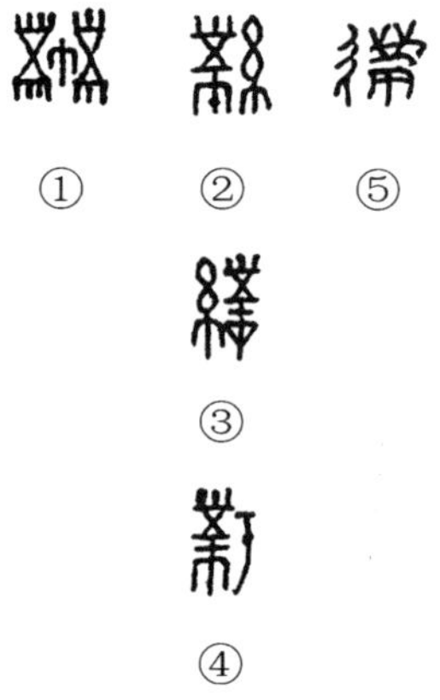

圖三

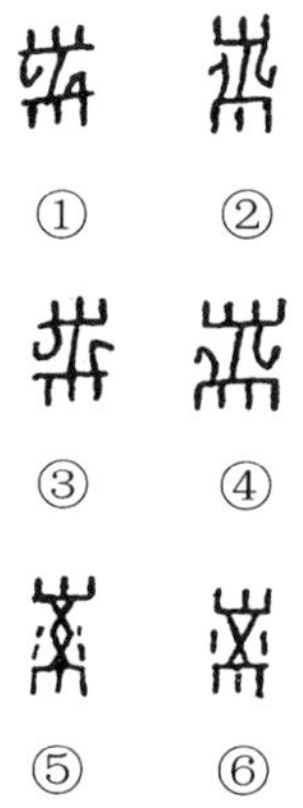

圖四

另一方面,這個字的上段和中段,與六國文字的“帶”字的上部則極爲相似。六國文字的“帶”一般加“糸”旁而作“縹”(參看朱德熙、裘錫圭《信陽楚簡考釋(五篇)》中的《革帶、緙帶、組帶》篇,《朱德熙古文字論集》67—68頁)。圖三所引2、3、4三字,皆見六國璽印(分别見《璽彙》1834、2871、3099)。2無疑是“縹”字,3也有可能是“縹”字。4是一個从“帶”之字,究爲何字,待考。2、4兩字“帶”旁的上部和3的右旁的上部,其寫法都與鐘銘“市”上之字兩側所从之字的上、中段相合。圖三·5是信陽楚簡的“縹”字(參看上引朱、裘文)。“帶”字上部所含的“五”字形,在楚簡“縹”字中已有所簡化。如將鐘銘“市”上之字的左右兩個偏旁减爲一個,並省去此偏旁的下段而將原居中央的“巾”旁移至其下，就成爲六國文字的“帶”字了。所以我們將這個字釋爲“帶”。在古代，市和佩都繫於帶。從這一點看，將這個在鐘銘中介於“衣、裳”和“市、佩”之間的字釋爲“帶”，也是非常合理的。

6. 堵

鐘銘“堵”字左旁爲“墉”之古文，邵鐘“堵”字亦如此（《金文編》884 頁），與《說文》“堵”字籀文相合。右半用作聲旁之字，其上部與“者”字上部相同，下部似从“土”。此字在西周前期的麥鼎“用饗多諸友”句中假借爲“諸”（參看《金文詁林附錄》2380 頁），散氏盤“楮”字（或釋“杜”）也以之爲聲旁（同上 1794—1795 頁），孫詒讓認爲即“‘堵’之省”（同上 2380 頁），可備一說。

此鐘言“用爲和鐘九堵”，邾公牼鐘言“鑄辝（台）和鐘二銽（堵）”（《金文總集》7084—7087【《集成》1·149—152】），邵鐘言“大鐘八隶（肆），其竈（簉）四堵”（同上 7136—7149【《集成》1·225—237】）。三者都是春秋器，都將“堵”用作成組的鐘、磬的單位（一般認爲邵鐘的“其簉”指與鐘相配的磬而言）。郭沫若《兩周金文辭大系·邾公牼鐘考釋》說：“銽者，《周禮·小胥》‘凡縣鐘磬，半爲堵，全爲肆’，鄭注‘鐘磬者編縣之，二八十六枚而在一簴謂之堵。鐘一堵，磬一堵，謂之肆’。《左傳》襄十一年‘歌鐘二肆及其鎛、磬’，杜注‘縣鐘十六爲一肆’。鄭說與《左傳》及杜異。鄭意謂鐘磬同在一簴，各八則爲堵，故曰‘二八十六枚’，鐘十六枚在一簴，磬十六枚在一簴，共二堵三十二枚始謂之肆。《左傳》及杜說則言鐘而不及磬，究杜意則鐘十六枚爲肆，磬十六枚亦爲肆。半之則鐘八枚爲堵，磬八枚亦爲堵。”《考釋》據金文中有關記載，認爲“杜說較鄭說近是”。子犯編鐘八枚一組，而銘言“用爲和鐘九堵”，可證鐘八枚爲一堵之說的確是可信的。

7. 用匽用寧

金文燕國字皆作“匽”或“郾”，鐘銘“匽”字則當讀爲與“宴”通用的“燕”。《詩·大雅·鳧鷖》“公尸來燕來寧”，意謂代表已故君王受祭的“公尸”，在祭祀之後受主人款待，燕飲而安樂。鐘銘“用燕用寧”，意謂在燕（宴）賓客等人時使用此鐘，使他們安樂。

此外，鐘銘中還有一些需要研究的問題，由於我們對這些問題尚無確定意見，就略而不論了。

原載臺北《故宫文物月刊》13 卷 5 期（總 149 期，1995），今據以收入。

關於子犯編鐘的排次及其他問題

臺北故宮博物院去年入藏的子犯編鐘,爲晉文公之舅狐偃所作(子犯爲狐偃之字),鐘銘講到了城濮之戰和踐土之會,具有很高的史料價值。今年年初我到臺北作短期訪問,蒙該院張光遠先生厚意,讓我在他們的銅器庫裏,對照張先生所作釋文,從原器上觀讀子犯編鐘銘文。當時曾向張先生提出,第二、三兩鐘銘文的次序,從文義上看應該對調。張先生對鄙見不以爲然。他在發表於《故宫文物月刊》第十三卷第一期上的《故宫新藏春秋晉文稱霸"子犯和鐘"初釋》中(以下簡稱此文爲"張文"),在引述鄙見之後說:

> 果真如此,則是在原始鑄銘的過程中曾疏忽鐘模大小順序而錯倒誤刻所致。但我們試將第一鐘銘跳接到第三鐘銘,而反接第二鐘銘,後續第四鐘銘……便會成爲子犯及晉文公率領大軍打敗楚師,全是因"踐土會盟"時楚荆不聽命於周天子而戰,然後周王才得鞏固王位;這樣一來,豈不就將子犯一生功勛中最大的"城濮之戰"給調失了。(《故宫文物月刊》13 卷 1 期 30 頁)

因此他認爲第二、三兩鐘銘文不能對調。

李學勤先生在發表於今年 5 月 28 日的《中國文物報》上的《補論子犯編鐘》中(以下簡稱此文爲"李文"),則同意鄙見,所作鐘銘釋文已將第二、三兩鐘銘文的次序對調。

最近,張光遠先生又在 8 月 6 日的《中國文物報》上發表《春秋晉國子犯和鐘的排次》一文(以下簡稱"排次"),再次論證第二、三兩鐘銘文不能對調,並提出了新的理由。

我在讀了張先生前文和李文之後,曾寫過《也談子犯編鐘》一文(以下簡稱"拙文"),討論有關問題。此文已送交臺北的一家刊物,目前尚未刊出。(《隨筆》編按:此文已發表於《故宫文物月刊》13 卷 5 期,1995 年 8 月出版。)讀了《排次》之後,覺得有必要把拙文中與編鐘排次有關的那部分文字抄出來,請《中國文物報》

發表，使讀者能更好地判斷兩種意見的是非。此外，對《排次》提出的新的理由，也有必要作些討論。

爲了讀者的方便，先將已按鄙見作了調整的鐘銘釋文抄錄於下（釋文用寬式，如“隹”逕作“惟”、“者”逕作“諸”等等）：

惟王五月初吉丁未。子犯佑晉公左右，來復其邦。諸楚荆 （第一鐘）
不聽命于王所，子犯及晉公率西之六師，搏伐楚荆，孔休。 （第三鐘）
大上楚荆，喪厥師，滅厥瓜（孤）。子犯佑晋公左右，燮諸侯，俾朝 （第二鐘）
王，克奠王位。王錫子犯路車、四馬，衣、裳、帶、市、佩。諸侯羞元 （第四鐘）
金于子犯之所，用爲和鐘九堵。 （第五鐘）
孔淑且碩，乃和且鳴。用燕 （第六鐘）
用寧，用享用孝。用祈眉壽， （第七鐘）
萬年無疆。子子孫孫，永寶用樂。 （第八鐘）

下面引錄拙文中說明第二、三兩鐘銘文應該對調的那部分文字：

我提出對調的建議，基於下述考慮：按編鐘大小順序來讀銘文，第一、二兩鐘相接處的“諸楚荆、太上楚荆，喪厥師，滅厥□”這一句（釋文據張文），文義難通；第三鐘開頭的“不聽命于王所”這一句沒有主語；第四鐘開頭的“王克奠王位”這一句也顯得彆扭。而且這樣讀銘文，就只能像張文那樣，認爲鐘銘中講城濮之戰的只有“諸楚荆、太上楚荆，喪厥師，滅厥□”這一句；而“子犯及晉公率西之六師搏伐楚荆”這一句關於晉楚之戰的提綱挈領的話，則只能解釋成是講踐土之會以後一次不見於史書記載的戰爭的。這顯然很不合理。如果把第二、三兩鐘的銘文對調，這些問題就不復存在了。

按照調整後的銘文，“不聽命于王所”的主語是“諸楚荆”，這句話是講晉國進行城濮之戰的原因的；“子犯及晉公”至“滅厥孤”，都是講城濮之戰的；“子犯佑晉公左右，燮諸侯，俾朝王，克奠王位”，則是講踐土之會的。全篇銘文文從字順。在調整後的銘文裏，“諸楚荆不聽命于王所”根本不能解釋成踐土之會時的事情。張先生擔心對調第二、三兩鐘銘文，會把“城濮之戰”“給調失”，是完全沒有必要的。

張文介紹的院藏子犯編鐘共十二件，第五、六、七、八四鐘各有同樣的兩件，但第六鐘（乙）的銘文“反向右行”（見張文 6 頁）。這是子犯編鐘鑄銘有差錯的一個實例。第二、三兩鐘大小很接近（第二鐘通高 67.6 釐米，第三鐘通高 66.7 釐米，見張文 6 頁），其差距在全套子犯編鐘各相鄰二鐘間差距中是最小的（參看張文 6、8 兩頁）。鑄鐘銘時“曾疏忽鐘模大小順序而錯倒誤刻”的可能性，應該是存在的。李文同意對調第二、三兩鐘銘文，並説“這可能是由於各鐘本非同組的緣故”。這種可能性也是存在的。

現在我們來看張先生在《排次》中提出來的新的理由。

張先生認爲按照對調鐘銘的讀法，“晉楚城濮之戰，起因全在楚國不聽命於周王室”，而這與歷史記載是不符合的。城濮之戰發生於晉文公五年（前 632 年）。張先生在指出晉文公元年至五年相當於楚成王三十六年至四十年之後説：

> 經查《史記·楚世家》，此五年中楚成王與周襄王之間，毫無交往記載，互不相涉，故知……著名的城濮之戰，晉師的伐楚，並非起因於“諸楚荆不聽命于王所”，那麼“子犯和鐘”第二及第三鐘銘的對調，就缺乏史料可作基礎。

這條新理由的提出，實際上否定了張先生過去提出的對調鐘銘會將城濮之戰“給調失”那條理由。因爲如果對調鐘銘真的會將城濮之戰“給調失”，城濮之戰的起因問題就無從談起了。但是張先生在《排次》中又説：“若是第二鐘與第三鐘對調，除了前析的未符史實外，還可能將‘踐土會盟’的起因‘城濮之戰’給調失。”想使這兩條理由同時並存。這未免有些自相矛盾。“調失”説的不能成立，已詳上引拙文；這次提出的新理由恐怕也難以成立。

齊桓、晉文的霸業都以“尊王攘夷”爲號召。城濮之戰是晉文公奠定霸業的關鍵。鐘銘把楚人不聽命於周王當作此戰的起因，是十分自然的。如果跟齊桓公伐楚之事對比一下，這一點就能看得更加清楚。

齊桓公三十年（楚成王十六年，公元前 656 年），“以諸侯之師侵蔡，蔡潰，遂伐楚”（《左傳·僖公四年》）。查《楚世家》，此前十四年中，楚王與周王之間也“毫無交往記載，互不相涉”。再前一年，即楚成王元年（前 671 年），楚、周之間有過一次交往，性質是友好的。《楚世家》記此事説：“成王惲元年，初即位，布德施惠，結舊好於諸侯，使人獻天子，天子賜胙曰：‘鎮爾南方夷越之亂，無侵中國。’”再往前推，楚、周之間就又多年没有交涉了。但是在齊桓公時代，楚國數次伐鄭，已成爲威脅中原諸侯的强大力量，所以作爲霸主的齊桓公要伐楚。管仲代桓公答覆前來詢問伐楚原因的楚國使者説：“爾貢苞茅不入，王祭不共，無以縮酒，昭王南征而不復，寡人是問。”(《左傳・僖公四年》)儘管當時楚人並未直接冒犯周天子,桓公仍要打出尊王的旗號。

城濮之戰以前的一段時間裏,楚國利用中原各國之間的矛盾積極北進,伐宋伐陳,氣焰很高,對中原的威脅越來越嚴重。這正是周天子和中原諸侯所不願看到的南夷“侵中國”的局面。晉文公爲圖霸而救爲楚所圍的宋國,與楚戰於城濮而勝之。作爲文公主要輔佐的子犯,在鑄鐘銘功時,把楚人不聽王命當作這次戰爭的起因,是完全可以理解的。這跟有關史料毫無矛盾之處。

張先生認爲我們對調第二、三兩鐘銘文,使“諸楚荆不聽命于王所”成爲城濮之戰的起因,“缺乏史料可作基礎”;但對自己由未經對調的鐘銘看出來的所謂發生在踐土之會以後的“再次伐楚”之戰,雖已承認其“爲史傳所佚”,却仍然深信不疑。這實在使人難以理解。

我們認爲,臺北故宫博物院所藏子犯編鐘中第二、三兩鐘銘文的次序,顯然應該對調。這是絶對不會有問題的。至於造成這一現象的確切原因,還可以進一步研究。

送交臺北那家刊物的拙文,不知將於何時刊出。刊出之後,大陸地區一般讀者仍不易看到。所以在這裏再將拙文對其他幾個比較重要的問題的意見,簡單介紹一下,供讀者參考:

1. 對於第四、五兩鐘間以及第六、七兩鐘間是否尚有缺失的問題,我們同意張文認爲從銘文内容看其間並無缺失的意見。此外,我們還指出有些西周後期的八個一組的編鐘,大小遞減的情況與子犯編鐘相似。尤其是中義編鐘,其第四、五兩鐘間以及第六、七兩鐘間,都有明顯大於其他相鄰各鐘的大小落差,情況與子犯編鐘如出一轍。這也可證後者並無缺失。

2. 鐘銘所記的“五月初吉丁未”,據前人有關推算應爲魯僖公二十八年(前632年)五月十日(根據完全合天的曆譜,此日應爲五月十一日。但董作賓曾指出,當時用四分術平朔,朔日有後天一日之傾向,故當以推作五月十日者爲是)。可證黄盛璋先生“初吉”指“初干吉日”之説是正確的。即每月上旬的十天皆可稱初吉。

3. 鐘銘“滅厥”下一字疑當釋“瓜”,讀爲“孤卿”之“孤”,指楚帥令尹子玉而言。

4. 鐘銘“市、佩”之上一字,不當釋“黼”而應釋“帶”。“市”字當用其本義,指蔽膝,不能讀爲“黼黻”之“黻”。市與佩皆繫於帶,故敘於帶之後。

5. 子犯編鐘八個一組,而銘文有“用爲和鐘九堵”之語。可證郭沫若一堵爲八鐘之說可信。

詳細論證皆見拙文,這裏只能從略了。

原載《中國文物報》1995年10月8日3版,又載《裘錫圭學術文化隨筆》,今據後者收入。

晉侯蘇鐘筆談

我們主要討論與鐘銘曆日有關的問題。爲了壓縮字數，把王占奎、王恩田、馬承源、李學勤四位先生先後發表的關於晉侯蘇鐘的文章，①分别簡稱爲“王一”、“王二”、“馬”、“李”；把張培瑜先生的《中國先秦史曆表》簡稱爲“表”。先依《李》列出鐘銘曆日以爲討論根據：

正月既生霸戊午

二月既望癸卯

二月既死霸壬寅

六月初吉戊寅，丁亥、庚寅

《馬》認爲根據這些曆日可以確定鐘銘“三十三年”屬厲王（厲王在位年數據《周本紀》定爲三十七年，三十三年即公元前846年）。是年正月應爲辛亥朔，戊午爲八日，在一月四分説既生霸範圍之内。鐘銘中屬二月的前後相次的癸卯、壬寅二干支顯然有誤，其次序應該互换。二月應爲辛巳朔，壬寅爲二十二日，癸卯爲二十三日，也分别在四分説的既望和既死霸的範圍内。《李》同意這些意見，並認爲《表》列是年“六月己卯朔，差一日，當爲戊寅朔”。

據《史記》，晉獻侯（即晉侯蘇）元年在周宣王六年，厲王三十三年爲獻侯祖父靖侯的十三年。《馬》據鐘銘認爲《史記》所記晉年有重大錯誤。《李》認爲鐘銘所記雖爲厲王三十三年事，但刻銘在獻侯即位之後，故追稱晉侯蘇。按：鐘銘似乎不大可能原原本本地去追記二十餘年前之事，並按追記時器主的身分去改變他在當時的稱呼。而且鐘銘記周王的賞賜，有秬鬯一卣、弓、矢百、馬四匹等物，受賜者似應是掌握“祀”“戎”大權的一位君主，而不像是其祖爲在位國君、其父也還健在的

---

① 王占奎《周宣王紀年與晉獻侯墓考辨》，《中國文物報》1996年7月7日；王恩田《晉侯穌鐘與周宣王東征伐魯》，《中國文物報》1996年9月8日；馬承源《晉侯穌編鐘》，《上海博物館集刊》第7期；李學勤《晉侯蘇鐘的時、地、人》，《中國文物報》1996年12月1日。

一位公孫。

《王一》、《王二》都發表在公佈鐘銘的《馬》文之前。《王二》主張三十三年屬宣王，並認爲鐘銘所記之東征即《國語》與《十二諸侯年表》所記宣王三十二年伐魯之事。但文中對《年表》所記年份比鐘銘早一年的原因的解釋，實不能成立。此文認爲：據《魯世家》，宣王元年應爲魯真公三十年，二年應爲武公元年；而《年表》誤作元年爲真公二十九年，三年爲武公元年。這"一年誤差"，《年表》用把武公在位年由《魯世家》所記的九年延長到十年的辦法來加以"彌合"。鐘銘三十三年東征的記載"不僅糾正了《國語》和《年表》'三十二年，宣王伐魯'的失誤，而且也糾正了《年表》關於周宣王元年相當於魯真公二十九年的錯誤"。按：《魯世家》與《年表》所記武公在位年數的差異，跟宣王紀年上的問題其實並無關係，此文關於"彌合"誤差的說法是沒有道理的。如果《年表》的宣王元年確如此文所說的那樣，比實際提前了一年，其三十二年就應是實際的三十一年，怎麽反而會相當於三十三年呢？如果《年表》確實錯了，《國語》爲什麽也錯，其原因文中也未交代。還應指出，作爲此文根據的、作者對《魯世家》中關於宣王即位的那段文字的理解，本身就是有問題的。《魯世家》說："真公十四年，周厲王無道，出奔彘，共和行政。二十九年，周宣王即位。三十年，真公卒。""共和"年數爲十四年，古今無異說。真公十四年，厲王奔彘。共和最後一年應爲真公二十八年，二十九年當然是宣王元年，正與《年表》一致。我們不能抓住《魯世家》的"即位"二字做文章，硬把宣王元年定爲真公三十年。從已公佈的鐘銘看，所記東征之事與宣王三十二年伐魯顯非一事，所記曆日跟無論哪一種曆譜的宣王三十三年（前795年）也都對不上。所以《王二》的意見可以不必考慮。

《王一》認爲宣王從"共和"的第一年起就應稱王。千畝之戰的年份，《國語》記爲宣王三十九年，《十二諸侯年表》記爲二十六年，即由於前者自即位算起，後者自親政之年算起（親政二十六年相當於即位四十年，跟三十九年相差一年，當是計算上的錯誤所造成的）。鐘銘的三十三年也應是即位年，即親政的十九年（前809年）。"此年上距《年表》之獻侯末年（前812年）還有四年（圭按：實爲三年）的差距。""獻侯與穆侯紀年之分野應發生在"宣王即位三十三年至三十六年（前806年。此年有伐條之役，穆侯參加了此役）這段時間裏。假設三十三年爲獻侯末年，其在位年應由《史記》所記的十一年增至十五年（圭按：如要給獻侯在位年增加四年，應假設獻侯死於宣王即位三十四年），而穆侯積年則相應地由二十七年減成二十三年。所以產生這四年誤差，當是由於在穆侯死後自立的殤叔在位的四年時間，本已計入《史記》所記的穆侯或文侯的紀年之内(圭按:從《晉世家》等記載來看,這四年計入文侯紀年的可能性似不存在),"但司馬遷在推算過程中,將這四年又單獨排出,故使穆侯元年比實際早了四年"。

我依照《王一》所定年份,即視鐘銘的三十三年爲傳統算法的宣王十九年(前809年),以鐘銘曆日與《表》對照,發現按一月四分説可以相合。是年正月丁丑朔,無戊午日。但《表》中上一年年末有閏月。從西周晚期的曆法水平來看,當時没有及時設置這一閏月的可能性是很大的(春秋時的正月尚屢有建亥之月,西周晚期更難避免)。所以我認爲此閏月可以視爲宣王十九年正月。此月丁未朔,戊午爲十二日,正在既生霸範圍内。鐘銘二月相當於《表》的十九年正月,是月丁丑朔。《馬》已指出鐘銘列二月癸卯於二月壬寅之前有誤,但發生錯誤的原因不一定像《馬》所説的那樣,是兩個干支的相互倒置。我認爲也有可能"壬寅"不誤,"癸卯"則是壬寅之前的那個癸日即"癸巳"之誤。癸巳是此月十七日,正在既望的範圍内。壬寅是二十六日,正在既死霸的範圍内。按《馬》的處理方法,周王當在壬寅日入成周,第二天癸卯就率師東征,似乎顯得過於匆促。鐘銘的六月相當於《表》的五月。是月甲戌朔,戊寅爲五日,不論按一月四分説還是按初干吉日説(我取後説),都在初吉的範圍内。丁亥、庚寅也都是此月内應有的日子。

正如《王一》所指出的,如認爲鐘銘三十三年屬厲王,《史記》所記晉國年代就錯得太厲害了。這與《晉世家》所説"靖侯以來,年紀可推"相矛盾。所以雖然我過去傾向厲王三十三年説,但現在經過慎重考慮,認爲就目前已有的研究成果來看,還是《王一》的意見比較合理。是否還能有更合理的説法,就有待大家進一步研究了。

在這裏應該説明一件事。如採用《王一》作者對"初吉"、"既生霸"等四個記時術語的新説來進行推算,鐘銘的曆日跟經過我們調整的宣王十九年曆譜就不能那樣相合無間了。這似乎説明他的新説還有問題(此新説見《考古與文物》1996年5期所載《金文初吉等四個記時術語的闡釋與西周年代問題初探》)。

最後附帶講一下鐘銘中的一個地名。鐘銘説:"……王至于⿱艹⿱東廾,分行。王親令晉侯蘇……伐夙(宿)夷……王至于匔(鄆)城……"。《馬》指出"分行"二字前的地名从"東"省,但未言其地望。《李》認爲此字"从'马'聲,即菡字,古音在談部。以音近求之,應即《春秋》桓公十一年的闞,在今山東汶上西"。按:闞在鄆城之東,周王由成周東征,如先至闞,再回頭打鄆城,似乎有些不順。《説文》認爲"東"和"氾"("范"字聲旁)等字都从"马"聲。我曾據此認爲師𩛥鼎""二字應釋"東

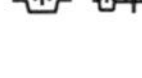

韎”,讀爲“範圍”(拙著《古文字論集》358 頁)。所以我懷疑鐘銘此地名當讀爲“范”,即《孟子・盡心上》“孟子自范之齊”之“范”。漢代於此置范縣,故址在今山東范縣東南。其位置在鄆城西北面,在宿夷所居的東平的西面。周王在此地“分行”,北路伐宿夷,南路伐鄆城,是很合理的。

原載《文物》1997 年 3 期,今據以收入。

沂南陽都故城銅斧應爲西漢遺物

《文物》1998 年第 12 期發表的《山東沂南陽都故城出土秦代銅斧》一文(見 25 頁)中,所謂"秦代銅斧",其銘文字體和格式都不似秦器而似西漢前期器,所記"廿四年"應非秦始皇的紀年。銘文所記最高官職爲"莒傷(陽)丞"。"莒傷(陽)"疑即陽都的異名(陽都本名陽,在莒縣西南),也有可能是陽都附近離莒縣不遠的一個後來被裁撤的縣。始皇二十四年時,秦的勢力也許還到不了這一帶。

陽都漢初屬齊國的城陽郡。文帝初年此郡從齊國分出,立爲城陽國。西漢諸侯王及列侯在本國都有自己的紀年。漢初的齊王,在位年限沒有長到二十四年的,銘文"廿四年"當是西漢前期城陽王的紀年。據《漢書》的《諸侯王表》和《高五王傳》,文帝二年封齊悼惠王劉肥之子朱虛侯劉章爲城陽王,在位二年;文帝四年劉喜嗣立,在位三十三年;景帝後元元年劉延嗣立,在位二十六年。銘文的廿四年當爲劉喜的二十四年(前 153 年)或劉延的二十四年(前 120 年)。

上引文謂"近幾年陽都故城遺址出土文物多屬漢代",此器仍當爲漢物而非秦物。

原載《文物》1999 年 5 期,今據以收入。

戎生編鐘銘文考釋

一、關於鐘的時代

在全面考釋銘文之前,先討論一下戎生編鐘的時代。這套編鐘由八件組成。八件一套的編鐘至遲在西周中晚期之交(夷王計入晚期)就已出現,直至西周末年,其主流的形制和紋飾似乎一直沒有發生過重大的變化。例如戎生編鐘鼓部居中位置所飾的所謂“夔鳳紋”,①就始終是這類編鐘這一部位常見的紋飾。由於這種情況,並由於能確切定其王世的鐘不够多,雖然已有學者從事這類編鐘的斷代研究,成績還不是很理想。本文作者對編鐘的形制和紋飾沒有深入研究,無法根據這一方面的綫索,來推定戎生編鐘的時代應該屬於西周中晚期之交至西周末這一時期裏的哪一段。所以我們的討論只能以銘文爲依據。

戎生鐘銘中有反映器主祖父和父親的時代的內容。從銘文看,戎生的祖父憲公、父親昭伯和他自己,似是周王朝所建立的一個小邦的三代君主。銘文說憲公“將(?)稱穆天子次(?)靈,用建于兹外土潏”,昭伯“召(當輔佐講)匹晉侯,用龔王命”(關於銘文的釋讀詳下節)。穆天子就是周穆王,“龔王”應讀爲“恭王”,是穆王下一代的周王。

“龔”、“共”、“恭”三字古通。② 古人常用“共(供)命”之語,如《左傳》中就有“其何以共命”(襄公三十一年)、“事大在共其時命”(昭公三十年)、“豈忘共命”(同上)、“寡君既共命焉”(哀公七年)等例。僅從文義上看,鐘銘的“用龔王命”似乎未嘗不可以讀爲“用共王命”。但是在過去所見的周代銅器銘文中,“共命”之

① 上海博物館青銅器研究組《商周青銅器紋飾》,文物出版社,1984,120—122 頁。稱之爲“花冠龍紋鳥體式”。

② 高亨、董治安《古字通假會典》,齊魯書社,1997,6—7 頁“共與龔”條、“恭與龔”條,3—5 頁“共與恭”條。

“共”跟古書一樣也都寫作“共”，如禹鼎的“共朕辟之命”、[③]叔弓鐘及鎛的“汝敬共台命”[④]和蔡侯申尊及盤的“虔共大命”；[⑤]而“恭王”之“恭”則作“龔”，如十五年趞曹鼎的“龔王在周新宫”、[⑥]五祀衛鼎的“余執龔王卹工”[⑦]和大克鼎的“肆克龔（恭）保厥辟龔王”[⑧]。所以“用龔王命”還是解釋爲“以恭王之命”爲妥。憲公既由於穆王的關係而受封於與晉毗鄰的滴水一帶，其子昭伯受恭王之命而輔佐晉侯，是順理成章的。

戎生鐘是昭伯死後戎生在位時所鑄造的。我們只知道昭伯曾於恭王世在位，但不知他死於何王之世。現代研究西周王年的學者，多數認爲懿、孝、夷三王在位之年都不長。戎生在位的時間，其游移範圍似應在懿王至厲王這段時期裏。一般認爲厲王在位三十七年，時間相當長，戎生活到厲王之後的可能性不是很大。而且按照我們對鐘銘的理解，戎生是在利用昭伯遺留下來的糧草征伐繁湯以取得吉金後，鑄造這套編鐘的（詳第二節）。鑄鐘時間離征繁湯應該不會很遠。由於糧草不宜儲存得太久，征繁湯的時間又不會離昭伯去世很遠。所以這套編鐘大概是在戎生即位後的頭幾年裏鑄造的。假定昭伯到恭王晚期才即位，他的在位時間恐怕也延不到厲王晚期去。這就是説，即使昭伯死得很晚，戎生在厲王之後仍然在位，他鑄鐘的時間也極少有可能晚於厲王。總之，從鐘銘内容看，戎生鐘時代的上限大概是懿王，下限大概是厲王。這一時間跨度仍嫌太大，我們還可以在鐘銘的行文和字形方面作些考察，看看有没有能把戎生鐘的時代定得較確切一些的綫索。

鐘銘行文有不少地方跟宋代發現的晉姜鼎的銘文很相似。這從下面的對照表可以看出來：

戎生鐘	晉姜鼎[⑨]
唯十又二月乙亥，戎生曰：……	唯王九月乙亥，晉姜曰：……
召匹晉侯	用召匹台辟

③ 《集成》5·2833。
④ 《集成》1·273·1、285·2。
⑤ 《集成》11·6010，16·10171。
⑥ 《集成》5·2784。
⑦ 《集成》5·2832。
⑧ 《集成》5·2836。
⑨ 《集成》5·2826。

今余弗叚廢其親光,對揚其大福,劼遣鹵積,俾譖征繁湯,取厥吉金,用作寶協鐘。	余不叚妄寧,敏揚厥光烈……劼遣我,錫鹵積千兩,勿廢文侯親命,俾□通□征繁湯□,取厥吉金,用作寶尊鼎。
用祈綽[綰]、眉壽。戎生其萬年無疆,黃耇有□,畯保其子孫。	晉姜用祈綽綰、眉壽,作疐爲極,萬年無疆,用享用德,畯保其孫子。

絶大多數學者認爲晉姜鼎器主是晉文侯的夫人,銘稱“文侯”,當作於文侯死後不久的春秋早期。

戎生鐘和晉姜鼎的銘文的開頭,都先記時,接着以“某某(器主名)曰”引出銘文。在過去所見的西周銅器銘文中,以器主“曰”開頭的例子是屢見的,如㦽方鼎以“㦽曰”開頭,[10]師望鼎以“太師小子師望曰”開頭,[11]大克鼎以“克曰”開頭,[12]禹鼎以“禹曰”開頭,[13]厲王所作的㝬簋以“王曰”開頭,[14]瘐鐘及簋以“瘐曰”開頭,[15]虢叔旅鐘以“虢叔旅曰”開頭,[16]梁其鐘以“梁其曰”開頭[17]等。但是先記時接着以器主“曰”引出銘文之例,過去却只見於東周銅器銘文。除晉姜鼎外,還有晉公盦、[18]郘鐘、[19]蔡侯申鐘及鎛、[20]陳肪簋、[21]陳逆簠、[22]配兒鉤鑃、[23]三兒簋、[24]哀成叔鼎、[25]陳侯因資敦[26]等。這是很可注意的。

⑩ 《集成》5・2824。
⑪ 《集成》5・2812。
⑫ 《集成》5・2836。
⑬ 《集成》5・2833。
⑭ 《集成》8・4317。
⑮ 《集成》1・247—250,8・4170—4177。
⑯ 《集成》1・238—242。
⑰ 《集成》1・187、189。
⑱ 《集成》16・10342。
⑲ 《集成》1・225—237。
⑳ 《集成》1・210、211,1・217—222。
㉑ 《集成》8・4190。
㉒ 《集成》9・4629、4630。
㉓ 《集成》2・427。
㉔ 《集成》8・4245。
㉕ 《集成》5・2782。
㉖ 《集成》9・4649。

在字形方面，從戎生鐘銘也可以看到一些與一般西周金文（包括西周晚期金文）不同的較新寫法。例如：鐘銘“月”字和“明”、“外”二字的“月”旁（鐘銘“外”字亦从“月”），其外框一筆收尾時都明顯上挑。這種寫法不見於一般西周金文，而與晉姜鼎“月”字和“明”字“月”旁的寫法相同。鐘銘“明”字左旁不作“囧”形而近於“四”字形。這種寫法也罕見於西周金文，而與晉姜鼎、春秋早期的秦公鎛[27]和春秋晚期的沇兒鐘[28]等器的“明”字相似。戎生鐘有“覲”字，此字屢見於西周金文，但其左下方的偏旁，過去所見的都作“尹”，[29]戎生鐘作“君”，也與一般西周金文不同，而與晉姜鼎“覲”字相合。此外如“趩”字“異”旁的兩手形不作而作，“龔”字“龍”旁象身軀的部分與頭部脱離而成“巳”字形，“黄”字上端不作“口”形而近於“止”字形等等，也都是不同於一般西周金文的較新寫法。

上舉這些行文和字形方面的現象，與我們根據銘文内容作出的戎生鐘鑄造時間不會晚於厲王的推斷似乎有矛盾。這一矛盾是可以解釋的。撰作、書寫戎生鐘銘的人，大概具有不爲傳統所束縛的特點，所以在文章和字形兩方面都採用了一些當時一般撰寫銅器銘文的人所不用的較新寫法。在字形方面，書寫者還使用了一些簡率的寫法。例如：“土”字直豎不加粗。“釁”字（借爲“眉壽”之“眉”）兩手所持覆皿形省作，“頁”形省作。第一個“考”字所从的“老”頭省作。這也可以看作不受傳統束縛的表現。

前面舉過的那些較新字形，有些在過去所見的西周晚期金文中偶爾也能見到，如“異”旁兩手的寫法見於梁其鐘“異”字，[30]“明”字左旁近“四”字的寫法也見於梁其鐘，[31]“龍”旁身軀部分近“巳”字的寫法見於大克鼎。[32] 此外，“黄”字頭近“止”形的寫法，在一般西周金文的“黄”字裏雖然難以見到，但在“廣”字的“黄”旁裏却是屢見的，甚至時代可能早到西周中晚期之交的瘐鐘的“廣”字也用這樣的“黄”旁。[33]如果根據這類字形把戎生鐘的時代下限從厲王往後拉，顯然不是很妥當的。

廣義地説，戎生鐘可以看作晉器。鐘銘和晉姜鼎銘在行文和字形上的相似，是

㉗ 如《金文編》（中華書局 1985 年版）480 頁所收秦公鎛“明”字第一例。與秦公鎛同出的秦公鐘的“明”字也有這類寫法，見《集成》1・291・265。

㉘ 此鐘“明”字亦見《金文編》480 頁。

㉙ 《金文編》620 頁。

㉚ 同注⑰、㉛

㉛ 《集成》1・192。這個“明”字“月”旁外框一筆收尾時也略有上挑的意味。

㉜ 《金文編》161 頁。

㉝ 《金文編》658 頁。

地域因素所決定的,也不能當作二者時代接近、戎生鐘的時代應晚於厲王的堅强證據。20世紀70年代發現的秦公鐘、鎛[34]是春秋早期器,一般認爲是秦武公(公元前697—前678年)所作。宋代發現的秦公鎛[35]和民國初期發現的秦公簋[36]是春秋中期器,多數學者認爲是秦景公(公元前576—前537年)所作。它們前後相距百年以上,但銘文中却有不少很相似的語句。戎生鐘跟晉姜鼎相隔的時間,大概不會比它們更長,有相似的語句並不奇怪。

總之,我們似乎還不能就以戎生鐘銘在行文和字形方面趨新的現象爲據,而把它的時代下限從厲王往後拉。但是,我們完全有理由根據這些現象得出這樣一個推論:在懿王至厲王這段時期裏,戎生鐘的年代應該是偏晚的。所以我們初步認爲戎生鐘是厲王時器。

二、銘文考釋

我們先抄錄戎生編鐘全銘的釋文,以便查閱:

隹(唯)十又二月乙亥,戎生曰:休辝(台)皇且(祖)憲(憲)公,桓桓(桓桓)趩趩(翼翼),啓乓(厥)明心,廣巠(經)其猷,臧(將?)爯(稱)穆天子汖(?)霝(靈),用建于兹外土潏,嗣(司)緣(蠻)戎,用倝(榦)不廷方。

至于辝(台)皇考卲(昭)白(伯),遠遠(爰爰?)穆穆,懿汖(?)不朁(僭),𩰫(召)匹晉侯,用龏(恭)王令(命)。

今余弗叚灋(廢)其覭光,對퐯(揚)其大福,劼遣鹵責(積),卑(俾)譖(潛)征緐(繁)湯,取乓(厥)吉金,用乍(作)寶𧽚(協)鐘。乓(厥)音雍雍,鎗鎗鏞鏞,㝅㝅(哀哀)䎽䎽(肅肅),既龢䖒(且)盄(淑)。余用卲[各]、追孝于皇且(祖)皇考,用𧟌(祈)𩍿(綽)[綰]、釁(眉)壽。戎生其萬年無彊(疆),黄耇又(有)槖,畯(畯)保其子孫,永寶用。

下面對鐘銘逐句進行考釋。

隹(唯)十又二月乙亥,戎生曰:

“二月”爲合文,借“月”字外框的上部爲“二”字的下一横。

---

[34] 《集成》1·262—269。

[35] 《集成》1·270。

[36] 《集成》8·4315。

休辝(台)皇且(祖)害(憲)公,

句首"休"字爲動詞,意與今人所言"贊美"相近。這種"休"字金文屢見,如圉方鼎"休朕公君匽侯錫圉貝"(《集成》4·2505)、效父簋"休王錫效父亼三"(《集成》7·3822、3823)等。(參看《唐蘭先生金文論集》160—161頁,紫禁城出版社,1995。)

辝,《說文》以爲"辤"字籒文(《十四下·辛部》),"辭"即其訛體。金文多借此字爲"台",當"我的"講,此銘同。

害,讀爲"憲"。《說文》無"害"字,《十下·心部》:"憲,敏也。从心,从目,害省聲。"西周金文屢見"害"字,从"心"之"憲"始見春秋早期的秦公鎛(《金文編》715頁)。"憲"實當分析爲"从心,害聲"。

桓桓趩趩,

"桓"、"趩"二字皆見《說文》,但金文中此二字之義似與《說文》本義無關。

金文中"桓桓"之語屢見,相當於古書中的"桓桓"。《尚書·牧誓》"尚桓桓",僞孔傳:"桓桓,武貌。"《詩·魯頌·泮宮》"桓桓于征",毛傳:"桓桓,威武貌。"《周頌·桓》"桓桓武王",鄭箋釋爲"桓桓有威武之武王"。

金文中"趩趩"之語亦屢見,相當於古書中的"翼翼"。《詩·大雅·大明》"維此文王,小心翼翼",鄭箋:"小心翼翼,恭慎貌。"《大雅·常武》"緜緜翼翼,不測不克",毛傳:"翼翼,敬也。"

銘文此句贊美憲公既威武又敬慎。

啓氒(厥)明心,

金文中屢見"敬明乃心"、"克明厥心"一類話。"明心"即明哲之心。啓,開啓,啓發。《國語·楚語上》說商王武丁得賢臣傅說,"升以爲公,而使朝夕規諫,曰:'……啓乃心,沃朕心……'"(僞古文《尚書》已取武丁語入《說命》篇)。《左傳·襄公二十五年》:"天誘其衷,啓敝邑心。""啓"字用法都與此銘相似。

廣巠(經)其猷,

《詩·小雅·小旻》:"哀哉爲猶(古與"猷"通),匪先民是程,匪大猶是經。"高亨《詩經今注》訓此"經"字爲"經營"(290頁,上海古籍出版社,1980)。"經其猷"之"經"亦可訓"經營",用法與古書中"經國家"(《左傳·隱公十一年》)、"整軍而經武"(《左傳·宣公十二年》)的"經"相似。晉姜鼎銘說"經雍明德,宣卬我猷",意與此銘"啓厥明心,廣經其猷"相近。"其猷"指憲公的謀猷。

𧼈(將?)再(稱)穆天子次(?)需(靈),

此句首字从"走""臧"聲。"臧"字屢見金文(《金文編》205頁),與"臧"通。

“臧”、“將”古音相近。“𢦔”、“臧”从“戕”聲,“將”从“牆”(醬)省聲,“戕”、“牆”同从“爿”聲。西周早期銅器有趦作日癸觚(《集成》12·7305),《殷周金文集成》釋器主名爲从“走”“將”聲之字,與此从“走”、“𢦔”聲之字似是一字異體。此字在本句疑當讀爲“將”。《逸周書·祭公》有“以將天命”之語。《儀禮·聘禮》“將命于朝”,鄭玄注:“將猶奉也。”《荀子·成相》“吏謹將之”,楊倞注:“將,持也。”銘言“將稱”,就是奉持稱揚的意思。

穆天子即穆王。西晉時汲冢所出竹書的整理本中,只有《穆天子傳》一書流傳至今。據《晉書·束皙傳》和杜預《春秋經傳集解後序》的孔穎達《正義》,汲冢竹書共七十五篇(《正義》稱“卷”),六十八篇“皆有名題”,只有七篇因竹簡折碎“不識名題”。最初負責整理汲冢竹書的荀勗,在爲《穆天子傳》作序時,已稱此書爲“穆天子傳”。此名自應爲竹書所原有。童書業《穆天子傳疑》一文,舉此書最可疑之四點,最後一點是此書稱“天子”而不稱“王”。他說:“案古稱天子多曰‘王’,金文、《尚書》等可以爲證。……漢世以後始多以‘天子’或‘上’稱皇帝,如《史記》、《漢書》記武帝事之體裁,每與《穆天子傳》合。”(童書業《中國古代地理考證論文集》42頁,中華書局,1962)其實西周金文中“天子”之稱常見,童文所言非實。由戎生鐘銘可知,在西周時代甚至已有人稱穆王爲穆天子。楊樹達《毛伯班毁跋》,由於《穆天子傳》中的人名毛班可與穆王時銅器班簋的銘文相印證,指出“其書固亦有所據依,不盡爲子虛烏有虛構之說也”(《積微居金文說》123頁,科學出版社,1959)。“穆天子”一名之有據,也說明《穆天子傳》雖然成書較晚(一般認爲作於戰國),但確有一些較古的史料作爲依據。

在秦公鐘、鎛銘文中,有从从“皿”的一個字(《集成》1·262、265、267、268),很多學者釋爲“盜”。戎生鐘此句“霝”上一字,又見於後文“懿”與“不僭”之間(字形似有所訛變)。此字之形與上舉之字的“皿”上偏旁相似,所以暫釋爲“次”(涎)。

霝,讀爲威靈之“靈”。《國語·晉語四》記公子重耳流亡至楚時回答楚王的話,有“若以君之靈得復(《左傳·僖公二十三年》記同一事,“復”作“反”)晉國”之語,韋昭注:“靈,神也。”鐘銘此句“靈”字義同。這種用法的“靈”字,《左傳》等書中常見,引伸而有“福”義(《廣雅·釋言》釋“靈”爲“福”)。漢代以後往往以“靈光”、“寵靈”等語指朝廷恩澤。就以上引《國語》、《左傳》裏的“以君之靈”一語來說,也未嘗不可以認爲已含有“託君之福”的意思。鐘銘“靈”字似乎也有可能應該這樣理解。

將稱穆天子次(?)靈,就是奉持稱揚穆王的神威或福蔭的意思。把鐘銘下文連起來看,可知憲公是靠這一點而受封的。他可能是穆王的一個有功之臣,也可能是穆王的一個親人,如穆王的庶子之類。"霝"上一字如確是"次"字,也許應該讀爲"羨餘"之"羨","羨靈"可能有餘光、餘蔭的意思。那麼,憲公也許是在穆王死後受封的,但從情理推測,最晚不會晚於恭王初年。

用建于兹外土潏,

建,即"建侯"、"建國"之"建"。從鐘銘看,憲公沒有"侯"一類正式封爵,所建立的顯然不是諸侯國,而是規模近於采邑的小邦。外土,當指王畿之外的土地。潏,當指潏水一帶。潏水有二,一在今陝西,一在今山西。此銘後文言昭伯"召匹晉侯",此處之"潏"自指後者。此潏水在汾水之東,在今臨汾市之北流入汾水。西周時建於潏水之邦,有可能是楊國。楊國所在地,漢代設楊縣,故城在今洪洞縣東南。《水經注・汾水》"西南過高梁邑"注:"黑水出黑山(引者按:在今浮山縣北),西逕楊城南,又西與巢山水會。《山海經》曰,牛首之山,勞水出焉,西流注于潏水,疑是水也。潏水即巢山之水也。"可見楊國正在潏水流域。【編按:細按拓本,"外土"後一字實不从"水",李學勤《戎生編鐘論釋》將此字釋讀爲語詞"遹",亦即"聿",連下文"司蠻戎"爲句(《保利藏金》,嶺南美術出版社,1999 年 9 月,376 頁),其說可從。】

《左傳・襄公二十九年》:"虞、虢、焦、滑、霍、楊、韓、魏,皆姬姓也,晉是以大。若非侵小,將何所取?武、獻以下兼國多矣,誰得治之?"由此可知楊本姬姓封國,後爲晉所併。《漢書・楊雄傳》:"其先出自有周伯僑者,以支庶初食采於晉之楊,因氏焉。不知伯僑周何別也。"班固取楊雄《自序》以爲其《傳》,可知楊雄已不知楊國始封之時以及始封者與周王室之確切關係。《新唐書・宰相世系表》等謂楊氏爲周宣王後,實不足據。【編按:郭永秉指出,董珊據 2003 年出土的周宣王四十二年逨鼎銘文中"余肇建長父侯于楊",指出《新唐書・宰相世系表》"楊氏出於姬姓,周宣王子尚父封爲楊侯"的記載爲可信,其說似可從。說見《略論西周單氏家族窖藏青銅器銘文》,載《中國歷史文物》2003 年 4 期。下文所作推論恐有問題。】或謂楊氏出自周景王、晉武公或晉出公,更爲荒唐。如此鐘所言"建于兹外土潏"之國確爲楊國,其始封應在穆王或恭王時,始封者有可能是穆王支庶。近時有些學者據北趙晉侯墓地 63 號墓所出楊姞壺,否定楊爲姬姓的舊說,恐不足信,詳王人聰《楊姞壺銘釋讀與北趙 63 號墓主問題》一文(《文物》1996 年 5 期)。應該承認,我們關於楊國的說法,論據很薄弱,只不過是供大家參考的一種很不成熟的推測而已。【編

按:既然此文“滈”字之釋不確,《新唐書・宰相世系表》謂楊氏爲周宣王後亦爲金文證實,以上關於楊國的推論自應取消。】

嗣(司)緣(蠻)戎,

西周、春秋時代,晉國附近多戎狄之族。《左傳・定公四年》說成王封唐叔於晉時“疆以戎索”,杜預注:“大原近戎而寒(杜氏對晉之始封地的認識有誤,這裏不討論),不與中國同,故自以戎法。”《國語・晉語二》記宰孔語,謂晉國之地“戎狄之民實環之”。《左傳・昭公十五年》記籍談答周王語,也說“晉居深山,戎狄之與鄰”。憲公於穆、恭時封在位於晉國北面的滈水流域,附近無疑有很多戎狄,所以有管理蠻戎之責。

分別以夷、蠻、戎、狄四稱與東、南、西、北四方相配,是晚起之事,童書業《夷蠻戎狄與東南西北》一文論之已詳(《中國古代地理考證論文集》44—45頁)。周代金文與古書中,以“蠻”指稱北方民族之例屢見,請參閱童文。晉公𥂴銘文說:“我皇祖唐公,□(膺)受大命,左右武王,□□百蠻,廣司四方……”(出處見注⑱)。“百蠻”應該主要就是指晉國附近的戎狄而言的。

用倝(榦)不廷方。

《詩・大雅・韓奕》:“榦不庭方,以佐戎辟。”薛漢《韓詩章句》訓“榦”爲“正”(《文選・西京賦》李善注引),鄭玄箋以“作楨榦而正之”釋“榦”字。“榦”从“倝”得聲,二字可通。“不庭方”即“不廷方”。在金文中,“不廷方”一詞還見於毛公鼎(《集成》5・2841)和五祀㝬鐘(《集成》2・358・2)。漢儒釋“不庭”爲“不直”,非是。此“庭”字與《詩・大雅・常武》“徐方來庭”之“庭”同義,毛傳釋“來庭”爲“來王庭”是對的。不廷方即不來王廷的、不聽命的方國,請參看徐同柏《從古堂款識學》卷一六和馬承源主編的《商周青銅器銘文選》第三册317頁對毛公鼎“不廷方”的解釋。

至于辝(台)皇考卲(昭)白(伯),

金文中用作名號的“卲”,一般相當於古書中的“昭”。例如“昭王”在剌鼎(《集成》5・2776)和史牆盤(《集成》16・10175)銘文中就都作“卲王”(鮮簋又在卲王的“卲”字上加“王”旁,見《集成》16・10166)。

趮趮穆穆,

“趮”字不見字書,當是从“走”“袁”聲之字。“趮趮”疑當讀爲“爰爰”。“袁”、“爰”二字古今音皆同。《詩・王風・兔爰》“有兔爰爰”,毛傳:“爰爰,緩意。”《爾雅・釋訓》:“綽綽、爰爰,緩也。”郭璞注:“皆寬緩也。”《爾雅・釋言》又以

“緩”釋“舒”。《禮記·玉藻》“君子之容舒遲”,《正義》:“舒遲,閑雅也。”爰爰應即寬舒閑雅之貌。

穆穆,金文及古書皆屢見。《詩·大雅·文王》“穆穆文王”,毛傳:“穆穆,美也。”

懿洓(?)不朁(僭),

“懿”下一字如確是“洓”字,似可讀爲“鮮”,訓爲“善”。“洓”、“鮮”上古音皆屬元部,聲母也相近。《爾雅·釋詁》訓“鮮”爲“善”。《尚書·無逸》:“文王卑服即康功田功,徽柔懿恭,懷保小民,惠鮮鰥寡。”楊筠如《尚書覈詁》認爲此文以“懷保”與“惠鮮”爲對文,“鮮”亦當訓“善”(238頁,陝西人民出版社,1959)。

番生簋蓋:“虔夙夜尃求不朁德。”(《集成》8·4326)吳闓生《吉金文錄》讀“朁”爲“僭”,並引《詩》“不僭不賊”爲證(3·25頁上,中華書局,1963)。此銘“不朁”亦應讀爲“不僭”。《詩·大雅·抑》“不僭不賊,鮮不爲則”,毛傳:“僭,差也。”鄭箋訓同篇“覆謂我僭”之“僭”爲“不信”,釋“不僭不賊”爲“不不信,不殘賊”。《集成》5·2766所著錄之鼎,器主人名亦是“朁”字。《集成》將此字隸定爲从二“虎”,非是。

䜌(召)匹晉侯,

金文“召”字(原應作从“酉”等偏旁之字,與此銘同,爲方便起見逕寫作“召”),往往用來表示輔佐義,相當於《爾雅·釋詁》中與“左右”、“相”、“導”、“助”等詞同訓爲一義的“詔”字,近人論之已詳。本銘“召”字亦然。

金文“匹”字亦有輔佐義。除本銘和晉姜鼎銘的“召匹”外,史牆盤“逑匹厥辟”(《集成》16·10175)、單伯鐘“逑匹先王”(《集成》1·82)的“匹”字也是例子。這種“匹”字其實本應作“匹配”講。古人於臣對君的關係,也用“仇”、“匹”、“妃(配)耦(偶)”等語,古書中例子甚多,張政烺先生在《奭字說》中論之甚詳(見《歷史語言研究所集刊》第十三本,165—171頁,商務印書館,1948)。所以不但晉姜對其夫文侯可以說“匹”,昭伯對晉侯,周王朝之臣對周王,也都可以說“匹”。有些學者讀這種“匹”字爲“弼”,是沒有必要的。

用龏(恭)王令(命)。

“龏”與“龔”,《說文》分爲二字,其實可以看作一字異體。“龔王”應讀爲“恭王”,已見第一節。

昭伯既受恭王之命輔佐晉侯,其封國大概會成爲晉的附庸。但從戎生在鐘銘下文中講自己的時候,隻字不提晉侯來看,大概還在相當大的程度上保持着獨立性。

今余弗叚灋(廢)其覞光,

金文中數見“弗叚……”或“不叚……”之類句式,說“弗叚”的尚有:

肆武公亦弗叚忘朕聖祖考幽大叔、懿叔,命禹仆朕祖考政于井邦。

禹鼎,出處見注③

今余弗叚組(沮?),余用作朕後男巤尊簋。

師寰簋,集成8·4313、4314

說“不叚”的,除了前面引過的晉姜鼎的“余不叚妄寧”,尚有:

天子不叚不其,萬年保我萬邦。

盠方尊,集成11·6013(16·9899、9900盠方彝同銘)

《詩經》中有“不瑕(或作“遐”)……”一類句式:

遄臻于衛,不瑕有害。　《邶風·泉水》

願言思子,不瑕有害。　《邶風·二子乘舟》

於萬斯年,不遐有佐。　《大雅·下武》

(“佐”當從林義光《詩經通解》讀爲“差”,或讀爲“左”亦通)

視爾友君子,輯柔爾顔,不遐有愆。　《大雅·抑》

此外,《周南·汝墳》的“不我遐棄”,是代詞賓語提前的否定句,如賓語不提前,應作“不遐棄我”,也有可能應該歸入這類句式。《詩經》的“不瑕(遐)”跟金文的“不叚”顯然是一回事。

以上所舉各例,除盠方尊、方彝之例外,句意大體上都可以理解。“叚”、“瑕”、“遐”所代表的,顯然是一個意義較虚的詞;而且去掉之後,對句意沒有明顯的影響。所以鐘銘的“余弗叚廢其覞光”,大體上就是“余弗廢其覞光”的意思。當然,“叚”所代表的詞絶不可能毫無意義,“弗叚”、“不叚”跟“弗”、“不”應該有所區别。馬承源主編的《商周青銅器銘文選》,在禹鼎“肆武公亦弗叚忘……”句的注釋裏說:“叚,通遐。弗叚,周人常語,師寰簋‘今余弗叚組’。弗遐忘即未嘗忘。”(第三册282頁注三)此注把“叚”讀爲“遐”,是沒有必要的;但是把“弗叚”解釋成“未嘗”,則極富啓發性。可惜《詩經》裏“不瑕有害”、“不遐有佐”、“不遐有愆”這些例子裏的“不瑕(遐)”,體會詩意却只能解釋爲“不會”而不能解釋爲“未嘗”。我們初步認爲“不叚”、“弗叚”大體上相當於現代漢語的“沒”。一般的“沒”可以認爲與“未曾”、“未嘗”相當,如“他沒來”;而“沒有”的“沒”有時又可以認爲與“不會”相當,如“修改一下就沒有問題了”、“這樣的人沒有出路”。按照這種理解,除了文義不明的盠方尊、方彝之例,其他例子似乎都能講通。

“灋”是“法”的古體,金文多借爲“廢”,秦簡仍如此。“法”與“廢”的音韻關係,跟“葉”與“世”的音韻關係相類。有的學者由於“法”、“廢”二字古音不同部,把金文中借爲“廢”的“法”改讀爲“乏”,是沒有必要的。

“覞”與“䚃”爲一字,金文屢見(參看第一節)。此字不見於字書,從字形和用例看,其義似與“顯”相近,究竟相當於古書中的什麽字尚待研究。

對訊(揚)其大福,

此句和上句中的“其”,都應該是指戎生的祖考而言的。

劼遣鹵責(積),

由此句至下文“用作寶協鐘”句,用語與晉姜鼎銘很相似,請參閱第一節兩器銘文對照表。

劼,《說文》訓“慎”,《廣雅・釋詁》訓“勤”,《廣韻》訓“用力”。此句“劼”字之義待考。晉姜鼎“劼”字,過去誤釋爲“嘉”,可據此銘糾正。

“遣”可以指對人的派遣,也可以指對物的遣送。此句用後一義。《儀禮・既夕禮》“書遣于策”,鄭玄注:“遣猶送也,謂所當藏物……”。商代晚期的我方鼎有“遣裸二,□貝五朋”之語(《集成》5・2763)。所遣亦物。

“鹵”當指鹽池等鹹地所出之鹽。《史記・貨殖列傳》:“山東食海鹽,山西食鹽鹵。”《史記正義》:“謂西方鹹池也,堅且鹹,即出石鹽及池鹽。”

責,讀爲“積”。“鹵”和“積”之間其實可以加頓號,二者應是並列關係。《左傳・僖公三十三年》“不腆敝邑,爲從者之淹居,則具一日之積”,杜預注:“積,芻、米、禾、薪。”晉姜鼎說“錫鹵責千兩”,千兩即“千輛”。《儀禮・聘禮》記有使者就館後主人所提供的食物等東西的數量(這些東西就是《周禮・秋官・大行人》記招待諸侯等賓客的標準時所說的“積”)。其中的米、禾、薪、芻,都是用車裝的,例如提供給正使的是“米、禾皆二十車,薪、芻倍禾”。可見把“責”讀爲“積”,是合理的。鹵鹽也可以用車裝。鐘銘“劼遣鹵積”的下一句是“俾譖征繁湯”。米、芻、鹽等物正是行軍遠征所必備的。這些東西就是後來所謂“糧草”。芻即“草”,是馬匹等牲畜的食物。

由於“劼遣”的意思不大清楚,“劼遣鹵積”這一句很不好講。從上下文看,並參照晉姜鼎“劼遣我,錫鹵積千兩”語,這一句的意思似乎只能理解爲戎生之父昭伯遺留給戎生很多糧草，爲征繁湯準備了條件，所以下面接着說"俾譖征繁湯"。晉姜鼎的"劼遣我，錫鹵積千兩"，也應該是說晉文侯遺留給晉姜糧草鹵鹽一千車，而且也是作爲征繁湯的條件來說的。"劼遣"也許有努力積聚遺給後人的意思。

卑（俾）譖（潛）征緐（繁）湯，

"卑"讀爲"俾"，大概沒有問題。但是"俾"的主事者究竟應該理解爲昭伯還是戎生自己，却頗費斟酌。晉姜鼎"俾□通□征繁湯□"句的意思，大概是說晉姜派人去做征繁湯等事。鐘銘此句緊接在"劼遣鹵積"句之後，似乎還是理解成昭伯遺下糧草，使戎生得以"譖征繁湯"爲妥。

"譖"疑當讀爲"潛"。《左傳》屢言"潛師"（僖公三十三年、文公七年、定公二年、哀公六年），又言"潛軍"（隱公五年）、"潛涉"（哀公十七年），都指不讓敵人覺察的軍事行動。由於事先充分準備好糧草，行軍途中不必到處尋找糧食，放牧牲口，所以能够進行"潛征"。

"緐"是"繁"的古體，《說文》有"緐"無"繁"。繁湯是古代以産銅著名之地。二十世紀七十年代洛陽西工區出土一把戰國銅劍，上有"繁（原加"邑"旁）湯（"昜"下原有"木"旁）之金"四字（《集成》18·11582）。從戎生鐘和晉姜鼎銘文看，器主征繁湯的目的都是"取厥吉金"。大約作於春秋早期的曾伯霥簠，也記征繁湯之事，銘文說："克逖淮夷，抑燮繁（原加"邑"旁）湯，金道錫行，俱既俾方。"（《集成》9·4631、4632）可知繁湯近淮夷，或即淮夷之地。郭沫若《兩周金文辭大系考釋》指出"古者南方多産金錫"，"'金道錫行'者言以金錫入貢或交易之路"（186頁，科學出版社，1958），是很正確的。史牆盤說昭王"廣䚃楚荆，唯寏南行"，我認爲"寏"應讀爲"貫"，"貫南行"實際上也是指開通金道錫行（拙作《古文字論集》374—375頁，中華書局，1992）。過去，有些學者據晉姜鼎和曾伯簠，認爲晉、曾兩國曾聯合起來征繁湯。其實在西周、春秋時代，很多國家對"繁湯之金"都有覬覦之心，前後爲掠奪其金而發動的戰爭，次數一定很多。戎生的征繁湯跟晉姜的征繁湯不是同一次戰爭。曾伯的征繁湯跟晉姜的征繁湯恐怕也不是同一次戰爭。

繁湯在南方，距晉地遠，所以出征前糧草的準備特别重要。

取氒（厥）吉金，用乍（作）寶𦔻（協）鐘。

吉金，堅實的品質好的銅。朱劍心認爲"吉金"之"吉"，"堅結之意也"（《金石學》3頁，商務印書館，1955）。此說可從。从"吉"聲之字多含"堅"意，如"硈"字，《說文》即訓爲"石堅也"。宋人著錄的約作於春秋時的遟磬銘文說："擇其吉石，自作遟磬。"（《歷代鐘鼎彝器款識法帖》38頁，中華書局，1986）其"吉"字即應讀爲

“硈”。或謂“吉金”是吉利或吉禮所用之金,非是。

“嚇”字見於金文和甲骨文,異體頗多,或从三“耒”,或从二“犬”,並有其他寫法。宋人釋金文中此字爲“協”,于省吾《釋嚇》證成之(《甲骨文字釋林》253—259頁,中華書局,1979),請參閲。

氒(厥)音雍雍,

此句指鐘聲和諧。周代鐘銘屢以“雍雍”形容鐘聲,參看下文“哀哀肅肅”句考釋。《詩・小雅・蓼蕭》“和鸞雍雍”,《正義》:“其在軾之和鈴,與衡鑣之八鸞,其聲雍雍然。”《邶風・匏有苦葉》“雍雍鳴鴈”,毛傳:“雍雍,鴈聲和也。”

鎗鎗鏞鏞,

此句與下句也都是形容鐘聲的。鐘銘多以“鎗鎗(字或作“倉”)鏓鏓(字或作“悤”)”形容鐘聲,見梁其鐘(《集成》1・188、192)、逑鐘(《文博》1987年2期,18—20頁)、㝬鐘(《集成》1・260)。《説文・十四上・金部》:“鎗,鎗鏓(此二字據段注補),鐘聲也。”“鏓,鎗鏓也。”此銘用“鏞”不用“鏓”。“鏞”从“甬”聲,與“鏓”音近。字書“鏞”字,或爲“鐘”之或體,或爲“鏞”之或體,其義與此“鏞”字無關。“鏞”與上二句末字“鐘”、“雍”,上古音都屬東部。

旅旅(哀哀)䳭䳭(肅肅),

“旅”字不見於字書。鐘銘此字借“哀”旁的上端兼充“㫃”旁的右部,字形較特殊。此字即使不从“㫃”,至少應該是一個从“哀”聲的字,讀爲“哀”是不會有問題的。《禮記・樂記》説“亡國之音哀以思”,又説“絲聲哀”。

此銘“䳭”字左旁本不从“朩”,但我們認爲是與“朩”字音同或音近的一個字,用作聲旁時二者可以通用。由於這個字不易隸定而且變體頗多,下文以“△”號來代表它。

周代鐘銘屢用从△聲的字來形容鐘聲,其例如下(爲書寫方便,保留原銘重文號):

倉=悤=,=雍=　　㝬鐘,集成1・260

鎗=悤=,=鏞=　　逑鐘,《文博》1987年2期18—20頁

鎗=鏞=,旅=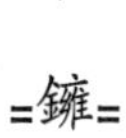=　　戎生鐘

鎗=鏓=,=鏞=　　梁其鐘,集成1・188

鎗=鏓=,=鏞=　　梁其鐘,集成1・192

靈音=雍=　　秦公鐘,集成1·263

(此爲70年代出土者,同出其他秦公鐘及鎛,寫法稍有出入,從略)

其音=雍=孔煌(喤)　　秦公鎛,集成1·270

=舉=　　叔弓鐘,集成1·277·2(1·285·8鎛文略同)

=雍=　　莒平鐘,集成1·179(同出其他莒平鐘,寫法有出入,從略)

梁其鐘以上爲西周晚期器,秦公鐘以下爲春秋器。西周各鐘中,梁其鐘△旁寫法訛變較甚。春秋各鐘△旁的寫法,早期的秦公鐘與㝬鐘極近,叔弓鐘和莒平鐘則已劇烈訛變。所列秦公鎛爲宋代所發現者,時代屬春秋中期。此鎛(宋人稱鐘)只有摹本傳流下來,其△旁顯然摹得有些走樣,估計原來寫法同春秋早期的秦公鐘相似。從㝬鐘至秦公鎛諸例看,下部"人"形之旁有點,是△字的重要特徵,上部之點則可有可無。叔弓鐘和莒平鐘略去了下部的點,上部則沿襲有點的寫法而加以變化,因此就跟古文字裏有些"殺"字的左旁難以區分了(關於這種"殺"字的寫法,請看李家浩《齊國文字中的"遂"》,《湖北大學學報》哲學社會科學版1992年3期30—31頁)。

△曾作爲獨立的字出現在一件西周早期鼎的銘文中:

乍(作)父戊鬻　　集成4·2012

由於是人名,無義可尋。

在時代大概介於西周早、中期之交的薛侯鼎銘文裏,薛侯之名是一個从"戊"从△的字:

䇷(薛)侯乍(作)父乙鼎彝。史。　　集成4·2377

清人釋此字爲"戚"(《攈古録金文》2·1·32上"胥侯鼎"釋文),《兩周金文辭大系考釋》從之。他們的意見是否正確呢?《説文·十二下·戉部》説"戚"字"从戉,尗聲"。金文"戉""戊"二字難分(《金文編》830頁"戉"字條,在虢季子白盤"戉"字下加按語説:"字形與戊同,與戊爲一字。"),上揭之字也可以認爲是从"戉"的。問題是△跟"尗"從字形上看難以合而爲一。

秦漢時代"叔"字的寫法,爲"尗"跟△的關係提供了重要綫索。羅福頤《漢印文字徵》收了二十個"叔"字,其左旁作等形而没有一例作"尗"(3·16下—17上,文物出版社,1978)。秦漢古隸中的"叔"字,左旁也作等形而不作

“朩”(陳振裕、劉信芳《睡虎地秦簡文字編》25 頁,湖北人民出版社,1993;漢語大字典字形組《秦漢魏晉篆隸字形表》197 頁,四川辭書出版社,1985)。較晚隸書裏寫作  的“叔”字,就是由這種“叔”字變來的。它們的左旁應該就是△字(《説文》“叔”字有从“寸”的異體,从△的“叔”,右旁一般都作“寸”)。

真正从“朩”的“叔”字見於西周金文(《金文編》191 頁),也見於詛楚文(商承祚《石刻篆文編》151 頁,中華書局,1996),是淵源有自的。从△的“叔”是它的一個異體。△跟“朩”“叔”(二字同音)顯然是讀音相同或極爲相近的字,所以可以代替“朩”充當“叔”字的聲旁。由此可知前人釋薛侯鼎的从△之字爲“戚”是可信的。《金文編》收西周金文中从“戉”从“朩”之字爲“戚”(831 頁),可能也是正確的。“戚”字還有直接從其象形初文演變而成的一體,到漢代還有人使用(參看林沄《説戚、我》,《林沄學術文集》14 頁,中國大百科全書出版社,1998)。一字多體是古文字裏常見的現象,不足爲奇。

既然△和“朩”作爲聲旁可以通用,戎生鐘的从“鳥”△聲之字,當然就可以釋爲“䲫”了。《説文・四上・鳥部》:“䲫,禿䲫也。从鳥,朩聲。鶖,䲫或从秋。”“鳥”和“隹”在用作形旁時往往可以通用,㝬鐘和逑鐘从“隹”△聲之字,應是“䲫”的異體。西周金文中有从“金”“朩”聲之字(《金文編》191 頁“叔”字最後一例),好像是表示市(韍)的一種顏色的。梁其鐘和秦公鐘、鎛的从“金”△聲之字,大概跟“鎗”、“鏓”、“鏞”一樣,是由於用來形容鐘聲而加“金”旁的。二者似乎不能看作一字異體。叔弓鐘、鎛和莒平鐘的从“戈”△聲之字,跟“戚”字是否有關,尚待研究。

我們認爲上引各鐘銘文中用來形容鐘聲的从△聲之字,都應該讀爲“肅”。△音與“朩”相同或極爲相近。“朩”爲書母覺部字,“肅”爲心母覺部字,上古音也很相近。从△聲之字當可讀爲“肅”。《老子》二十五章“寂兮寥兮”之“寂”,馬王堆帛書甲本作“繡”,乙本作“蕭”(同注②747 頁),亦可見“朩”、“肅”古音相近。《詩・周頌・有瞽》:“喤喤厥聲,肅雍和鳴,先祖是聽。”《禮記・樂記》:“《詩》云:‘肅雍和鳴,先祖是聽。’夫肅肅,敬也;雍雍,和也。”㝬鐘、逑鐘、梁其鐘、秦公鐘、秦公鎛和莒平鐘,都以从△聲之字與“雍”字連用。讀从△聲之字爲“肅”,與古書密合。

△字的讀音已大致明白,它究竟是以什麽爲本義的字,還需要今後進一步研究。我們沒有把△字隸定,如有必要,可以根據㝬鐘的△旁把它隸定爲“朮”。

哀哀肅肅,當是説鐘聲有時悲涼肅穆。

既龢叡(且)盄(淑)。

“盄”字見於《說文》,金文亦屢見,多借爲淑善之“淑”(《金文編》340—341頁)。

“叡”讀爲“且”也是金文屢見的,如春秋時代鐘銘形容鐘聲時常用的“中(終)翰叡(且)揚”。前人屢有論及,不具引。

“既和且淑”是贊美鐘聲的。宋代出土的秦公鎛銘文說:“作盄(淑)龢[鐘],厥名曰□邦。”(《集成》1・270)“淑和”鐘就是“既和且淑”之鐘。

余用卲[各]、追孝于皇且(祖)皇考,

逑鐘“用追孝、卲各、喜侃前文人”(《文博》1987年2期18—20頁),秦公鎛“以卲零(各)、孝享”(《集成》1・270),各以“卲各”與“追孝”或“孝享”並提,可見戎生鐘銘此句“卲”下脫一“各”字。從古文字字形看,“各”的本義是“來到”,乃“來格”之“格”的本字。“格”、“假”古通(同注②868頁“假與格”條),金文的“卲各”就是《詩經》中屢見的“昭假”(《文選・出師頌》李善注引《詩・魯頌・泮水》“昭假烈祖”,“假”作“格”)。“昭假”之解尚無定說。或謂“昭假”指鬼神顯靈並來到人世,如《大雅・烝民》“天監有周,昭假于下”,又可當使鬼神“昭假”講,如《魯頌・泮水》“昭假烈祖”,可備一說。已發現的金文中的“卲各”,用法同於《泮水》的“昭假”。

用旛(祈)䋚(綽)[綰]、釁(眉)壽。

“索”、“素”古本一字,“䋚”即《說文》之“𦃃”,晉姜鼎此字正从“素”。《說文・十三上・素部》:“𦃃,𦅫(緩)也。从素,卓聲。綽,𦃃或省。”晉姜鼎“晉姜用祈綽綰、眉壽”(《集成》5・2826)、蔡姞簋“用祈匄眉壽、綽綰、永命、彌厥生、靈終”(《集成》8・4198)、善夫山鼎“用祈匄眉壽、綽綰、永命、靈終”(《集成》5・2825),皆以“綽綰”與“眉壽”並提,可知戎生鐘銘此句“綽”下脫一“綰”字。

綽綰,意近寬裕。《爾雅・釋言》:“寬,綽也。”郭璞注:“謂寬裕也。”郝懿行《義疏》:“綽者,《說文》云‘緩也’。晉姜鼎銘有‘綽綰眉壽’之言,即‘綽緩’也。寬者,本爲屋寬大,寬亦緩也(引者按:“緩”是寬鬆、舒緩的意思,不要理解爲慢)。故《詩》‘寬兮綽兮’(按:見《衛風・淇奧》)、‘綽綽有裕’(按:見《小雅・角弓》),毛傳:‘綽綽,寬也。’《禮記・坊記》注:‘綽綽,寬裕貌也。’”“綰”从“官”聲,音與“緩”、“寬”皆近。《兩周金文辭大系》蔡姞簋考釋引《尚書・無逸》的“寬綽”說“綽綰”,也是很有道理的。祈求“綽綰”,當是希望生活寬裕舒服,壽命也長,即時間上也寬裕。

"眉壽"一詞見於《詩經》、《儀禮》等書。《方言一》:"眉,老也。"金文用來表示"眉壽"之"眉"的字,一般從宋代太常博士楊南仲的晉姜鼎釋文寫作"釁"。這其實就是"釁"的别體。楊氏釋文見《考古圖》卷一晉姜鼎銘文後。他在釋文附注中疑此字當讀爲"眉",並根據"釁"字變體"亹"及从"釁"聲之字的讀音,推測"釁"、"眉"古同音。這在當時應該説是很高明的見解。到了近代,郭沫若在《兩周金文辭大系考釋》中指出,這個字其實就是當洗臉講的"沬"(今音 huì)的古字,以音近假借爲"眉壽"之"眉"(152 頁)。這是很正確的。不過楊説也不能算錯,因爲"釁"可以看作"沬"的古字的一個分化字,也可以説,"沬"的古字的本義"洗臉"改用"沬"來表示後,它本身就演變成了"釁"字("沬""釁"二字的讀音有陰陽對轉的關係)。我們在釋文中按一般習慣把這個字寫作"釁",其實也不是不可以把它寫作"釁"。

此句以上四句的末字,"肅"、"淑"是幽部入聲字,"考"、"壽"是幽部字,彼此押韻。

戎生其萬年無彊(疆),黄耇又(有)槖,

黄耇,古代指老壽的一種説法,金文和《詩經》中屢見。《詩·小雅·南山有臺》"樂只君子,遐不黄耇",毛傳:"黄,黄髮也。耇,老也。"《正義》:"《釋詁》云:黄髮、耇、老,壽也。舍人曰:黄髮,老人髮白復黄也。孫炎曰:耇,面凍梨色如浮垢。"

"又"下一字从"老"省,下部爲"禾","禾"上是《説文·九上·印部》"从反'印'"的"抑"字正篆。此字音義待考。

畯(畯)保其子孫,永寶用。

金文中與此句用法相同的"畯"字很多,如"畯臣天子"(屢見)、"畯保四國"(㝬鐘)、"畯尹四方"(大克鼎)"畯在位"(㝬簋)等,一般讀爲"駿",訓爲"長"(《詩·周頌·清廟》"駿奔走在廟",毛傳:"駿,長也。"),參看《金文編》892—893頁"畯"字條。

全銘完,共一百五十四字,"二月"合文作兩字計,重文已計入,原脱二字未計入。

追記:

此文怱促寫成,交稿後想到一點新的意思,必須説一説。

拙文讀鐘銘"用龔王命"的"龏"爲恭王之"恭",太重視用字習慣而没有充分顧及文義，是不够妥當的。晉公𥂴説晉國始祖唐叔"膺受大命，左右武王，□□百蠻，廣司四方"。戎生鐘説其祖憲公受封於潏，"司蠻戎，用榦不廷方"。兩國對周王朝所負的主要責任，都是防範、對付處於今山西一帶的戎狄之族。根據這一點考慮，"召匹晉侯，用龔王命"句中的"龔"，似乎還是讀作"供"爲妥。"召匹晉侯"是説輔佐晉侯防範、對付戎狄，不一定含有爲晉侯之臣的意思。"用供王命"就是以此來滿足周王朝命其"司蠻戎，用榦不廷方"的要求的意思。

拙文已説過，憲公的受封有可能在恭王初期。如果他受封於穆王晚期，在位時間也有可能延至恭王甚至懿王時期。既把"用龔王命"讀爲"用供王命"，昭伯的即位就完全有可能在恭王之後了。如昭伯在懿、孝、夷三王或孝、夷二王時在位，戎生鐘便應鑄於厲王早期（鐘的鑄造應在戎生即位後不久，其理由拙文已説明）。如昭伯在位時間下延至厲王時，鑄鐘時間便有可能在厲王中期甚至更晚。由於昭伯活到厲王晚期的可能性仍然很小，鑄鐘時間晚到厲王之後的可能性也仍然不大。

編按：

蒙謝明文指出，鄭剛《古文字資料所見疊詞研究》（《中山大學學報（社會科學版）》，1996年3期113頁）一文已將从"金""朩"聲之字釋出，並已讀爲"肅"。其文曰：

> 古文字中結構和功能相似的疊詞還有一些，例如梁其鐘："用乍朕皇且文考和鐘，鎗鎗鏓鏓，鈫鈫鏞鏞，用卲各喜侃前文人"，四個疊詞都是修飾謂語的，這四個疊詞在㝬鐘中作"倉倉悤悤，雔雔雍雍"，鎗鎗鏘鏘常用來形容鐘聲，鏓即鎗的變音，《説文》："鏓鎗，鏓也"，指鐘聲。鈫是古文字研究中爭議較多的一個字。它有很多變體，但以、爲正體（如秦公鐘），字與漢代的叔字一致：（馬王堆一號墓竹簡101）、（同上296），也與中山守丘刻石"後淑賢者"的"淑"相同。叔叔雍雍即肅肅雍雍，《老子》25章"寂漠"，馬王堆出土帛書本作"繡呵繆呵"可證，二字並舌音屋部字（引者按："叔"、"肅"等字上古音當屬覺部）。典籍常以肅肅雍雍形容樂聲，例如《禮記・少儀》："鸞和之美，肅肅雍雍"，其用法和頻率與"叔叔雍雍"同。……

寫本文時未曾注意到鄭文，是嚴重的失誤。有一點需要指出，本文認爲"△"與"朩"聲音肯定相同或近似，但二者是否就是一個字還有待研究。鄭文則將此字直接釋爲“朩”,在這一點上彼此意見稍有不同。

2011 年 6 月 28 日

原載《保利藏金——保利藝術博物館精品選》(嶺南美術出版社,1999),今據以收入。

𤔲伯卣的形制和銘文

𤔲伯卣爲保利藝術博物館近期所購藏,屬扁圓壺形卣(或稱扁罐形卣),連蓋鈕高39釐米,連提梁高42.6釐米,口徑19×16釐米,最大腹徑21.8×19.2釐米(未計扉棱寬度),圈足下徑17.8×15.5釐米,重9.2千克。器身有較直的短頸,腹部最寬處偏下(即所謂“垂腹”),圈足有下垂的邊,蓋較高,總體給人以比較瘦高的印象。

蓋、器、圈足都飾有以雷紋爲地的繁縟的浮雕式花紋,前後左右都有扉棱,共四道扉棱。器腹和蓋頂飾獸面紋(舊稱饕餮紋),都是前後各一個獸面。器頸和蓋沿(指由蓋頂下垂的部分,用來罩住器口內伸出的子口)都飾“單體式”“彎角鳥紋”,①前後各有一對。蓋沿每對鳥紋的頭部都向着正中的扉棱。器頸前後兩面正中,不飾扉棱而飾突起的小獸頭,每對鳥紋的頭部都向着小獸頭。圈足飾四對龍紋,每對的頭部都向着一道扉棱,如把每對龍紋合在一起看,也可以看成以扉棱爲鼻梁的兩邊帶有身軀的獸頭紋。蓋鈕爲花蕾形,分六瓣(或稱瓜棱形、菌形),每瓣飾一倒蟬紋。頸部左右兩側,與其他部分的左右扉棱相當之處有豎環,與提梁兩端之環相銜。提梁表面飾四組“相顧式”“兩頭龍紋”,②亦有雷紋地,兩端環上飾有向外突出的立體的“掌形角”獸頭。③ 這些紋飾使全器顯得瑰麗而莊重。

此卣內底和蓋內鑄有相同的銘文。銘文二行十四字,框在猶如一個缺四角的長方形的大“亞”字內,連此“亞”字計,共十五字。器銘第一行的“乍”字小而偏左,大概是製字範時先漏後補的。在兩行銘文與“亞”形的兩條豎邊之間,器銘在中間部分,蓋銘在偏下部分,各有一小段背向內的弧綫,也許本是製字範時用來控制二

---

① 參看上海博物館青銅器研究組《商周青銅器紋飾》,文物出版社,1984,192—193頁。這種花紋也有人將之歸入夔紋或龍紋。

② 同①,132—133頁。

③ 關於掌形角,參看〔日〕林巳奈夫《殷周青銅器綜覽二——殷周時代青銅器紋樣的研究》,東京吉川弘文館,1986,正文99頁,圖版111頁。這種角,注①所引書109頁稱爲多齒角。所謂“掌形角”實爲角端的一種裝飾。

者間距的符號,範製成後沒有抹去,一併鑄了出來。

從此卣的器形和紋飾看,其時代顯然不會早於商代晚期,也不會晚於周代早期。

在已著録的商周銅卣中,與𨚕伯卣共同點最多的,可能是《商周彝器通考》(下文簡稱"通考")的609號饕餮紋卣。④ 此器也是扁圓壺形卣,也有四道扉棱,花紋種類和配置方式也與𨚕伯卣相近,而且提梁兩端所飾立體獸頭也帶掌形角。但是其器壁由腹部最寬處逐漸向内收縮以至口沿,紋飾雖可分頸、腹兩部,外形却並無明顯的頸部,器身顯得比𨚕伯卣粗矮一些。此卣時代《通考》定爲商代,⑤《殷周時代青銅器的研究》(下文簡稱"研究")則定爲西周早期。⑥

湖南寧鄉出土的癸(以下姑從前人釋此字爲"舉")卣那一類型的商代晚期卣,⑦以及《西周青銅器分期斷代研究》列爲Ⅱ型(扁圓體罐形卣)1式b的西周早期卣,⑧與𨚕伯卣都比較接近。二者也都是扁圓壺形卣,也都有四道扉棱並飾有較繁縟的花紋。前者以獸面紋爲主紋,後者有些器也如此。不過前者蓋沿飾三角紋,則與𨚕伯卣明顯不同。在器身造型方面,前者和後者的大多數也都同於或近似《通考》609號饕餮紋卣,而與𨚕伯卣有較明顯的距離。

就器身造型而言,與𨚕伯卣確實相近之器,大都屬於可稱作"縱梁四棱型"的那種卣。我們所説的縱梁四棱型卣,也是一種扁圓壺形卣,其主要特點如下:提梁是縱向的,即其方向與器身的短徑相平行;蓋的左右兩側各伸出一個"檐角"(或稱附耳);器、蓋、圈足都有四道扉棱並滿飾花紋。最後一點與𨚕伯卣一致。這類卣的大多數,除了蓋、圈足和提梁的造型都與𨚕伯卣相類外,器身也都有較直的短頸,造型與𨚕伯卣極爲相似。下面先舉1990年河南安陽殷墟郭家莊160號墓出土的、時代比較明確的亞址卣爲例。⑨

亞址卣以鳥紋和直棱紋爲主紋。蓋部檐角外端平面上飾蟬紋。蓋鈕爲六瓣花

---

④ 容庚《商周彝器通考》,哈佛燕京學社,1941,下編318頁。

⑤ 同④,上編413、420頁。

⑥ 〔日〕林巳奈夫《殷周青銅器綜覽一——殷周時代青銅器的研究》,東京吉川弘文館,1984,圖版267頁卣100。此卣器蓋皆銘有一個外形近於隸楷"日"的字。

⑦ 癸舉卣見《考古》1963年12期圖版肆之1、2。此卣失提梁,他書中此卣照片多有提梁,乃是後補的,與原形恐不符。同型完整器見注⑥圖版262頁卣57、59(卣58即癸舉卣),皆綯紋梁,兩端無立體獸頭,與𨚕伯卣不同。

⑧ 王世民、陳公柔、張長壽《西周青銅器分期斷代研究》,文物出版社,1999,124頁。

⑨ 中國社會科學院考古研究所《安陽殷墟郭家莊商代墓葬》,中國大百科全書出版社,1998,89頁、92頁圖69、93頁圖70、彩版9、圖版39·1。

蕾形,花紋不清。提梁表裏都飾龍紋,兩端飾立體的瓶形角(或稱茸形角、長頸鹿角)獸頭。如果不計紋飾具體種類方面的差異,只要把亞址卣的提梁改爲橫向,並把蓋部的檐角改爲蓋沿兩側的扉棱,它跟𤔲伯卣就沒有什麼重要區别了。出此卣的郭家莊160號墓的時代,發掘者認爲"應屬於殷墟文化第三期偏晚階段"。⑩ 他們所用的是殷墟文化四期分法。如按早中晚三期的分法,此墓似可認爲屬於殷墟晚期前段。

1965年河南輝縣褚邱出土的祖辛卣,⑪以及1971年湖南寧鄉黄材出土的戈卣,⑫也都是以鳥紋和直棱紋爲主紋的縱梁四棱卣,與亞址卣極爲相似,其時代也應相近。早在亞址卣出土之前,絶大多數學者就把這兩件卣定爲商器,這是正確的。《研究》把戈卣列爲西周早期器,⑬顯然不合適。

在過去的傳世品中,有好些件以鳥紋和直棱紋爲主紋的縱梁四棱卣,最著名的是端方舊藏的、據傳與陝西寶雞大銅禁同出的大小兩件形制全同的鼎卣,⑭以及據傳也出自寶雞的大小兩件形制全同的所謂"鳳紋卣"。⑮ 鼎卣與亞址卣等很相似。鳳紋卣的形制比較特殊,"頸部聳出四條較長的歧頭飛脊","梁上轉折處有兩個突起的牛首"。⑯ 但除此兩點外,也還是跟亞址卣等很相似的。《通考》把鼎卣和鳳紋卣都列爲"約在商代"之器。⑰ 近人或將鼎卣視爲商代晚期器,將鳳紋卣視爲西周早期器,⑱而更多的人則將它們全都視爲西周早期器。⑲ 我們認爲,從它們跟亞址卣的相似程度來看,應從《通考》商器之說,具體時代當屬殷墟晚期。

---

⑩ 同⑨,124頁。

⑪ 國家文物局主編《中國文物精華大辭典·青銅卷》,上海辭書出版社等,1995,36頁,0126號。

⑫ 中國青銅器全集編輯委員會《中國青銅器全集》4,文物出版社,1998,圖160—163。

⑬ 同⑥,圖版266頁卣93。

⑭ 兩器皆銘"鼎"字,現均藏美國紐約大都會藝術博物館。大者之圖見注④所引書下編607號。小者帶一小銅禁,圖見同書608號。

⑮ 大者藏美國華盛頓弗利爾美術館,圖見注④所引書下編612號。小者藏美國波士頓美術館,圖見《中國青銅器全集》6,文物出版社,1997,圖版153。

⑯ 中國青銅器全集編輯委員會《中國青銅器全集》6,文物出版社,1997,47頁。

⑰ 注④所引書上編413、414、420頁。

⑱ 白格利(Robert W. Bagley)《賽克勒藏商代禮器》,哈佛大學出版社,1987,376—377頁注5。其注列舉縱梁四棱卣時,將鼎卣列爲e項,鳳紋卣列爲g項,説後者似屬西周早期。

⑲ 注⑥所引《研究》列於西周早期的那些卣中,圖版266頁卣94即鼎卣之大者,267頁卣95即鼎卣之小者,卣97即弗利爾所藏鳳紋卣。朱鳳瀚《古代中國青銅器》(南開大學出版社,1995),認爲鼎卣時代"約西周早期偏早"(106頁)。中國社會科學院考古研究所《殷周金文集成》(中華書局,1984—1994)第10册也將鼎卣的時代注爲"西周早期"(説明5—6頁)。

上海博物館收藏的舉父丁卣，是一件以鳥紋和直棱紋爲主紋的、失蓋的縱梁四棱卣。馬承源先生1964年根據一些同銘銅器指出此卣當屬商器，之後又闡述道：

> 此種形制的卣，以前一般都斷爲西周早期器，這大概是由於端方舊藏的“柉禁”出於陝西寶雞的影響，其上的鼎卣正是同一類型。“柉禁”這一套青銅器是否是西周器本身是有問題的，更不能因此劃定界限，而斷其同類器亦爲西周，現在有這樣一件商卣，則這一類卣的所屬時代問題，需要重新提出來加以考慮了。[20]

這些意見是正確的，但沒有得到足够的重視。《研究》甚至把上述舉父丁卣也列爲西周早期器。[21]

在鼎卣、鳳紋卣之外，流往國外的以鳥紋和直棱紋爲主紋的縱梁四棱卣，還有舌卣，[22]和見於《研究》的卣54、61、97等。[23] 舌卣是與舌鼎、舌簋等器一起從安陽的一座殷墓中被盜掘出來的，時代屬殷墟晚期。[24]《研究》把卣54和卣61列爲殷墟晚期器是妥當的，把白鶴美術館所藏的卣97列爲西周早期器則不妥。此卣也應屬殷墟晚期。

縱梁四棱卣也有不少是以獸面紋爲主紋而以龍紋、鳥紋輔之的，如1973年河北靈壽西木佛村出土的亞伐卣、[25]1974年陝西岐山賀家村出土的卣、[26]1974年廣西武鳴勉（或作“免”）嶺出土的卣、[27]1985年江西遂川出土的亞䍙卣、[28]弗利爾美術館所藏傳爲安陽出土的𩿧卣[29]等，這裏不一一列舉了。這類卣也大都有較直的短頸。這就是説，它們在器身造型和花紋兩方面，都與𢐗伯卣很相近。其中不少卣連獸面等紋樣的具體型式都跟𢐗伯卣相類。

以獸面紋爲主紋的縱梁四棱卣，學者們都定爲商器。只有武鳴所出之卣，有少

---

⑳ 馬承源《上海博物館新收集的青銅器》，《文物》1964年7期。

㉑ 同⑥，圖版267頁卣99。

㉒ 同⑱，470頁，圖87·3。“舌”字姑從舊釋，不一定可靠。

㉓ 同⑥，圖版261、262、267。

㉔ 同⑱，468—471頁。

㉕ 正定縣文物保管所《河北靈壽縣西木佛村出土一批商代文物》，《文物資料叢刊》5，文物出版社，1981，117頁圖一、118頁圖二。“伐”字姑從原釋，不一定可靠。

㉖ 同⑫，圖168—169。

㉗ 同⑫，圖165—167。

㉘ 同⑫，圖164。

㉙ 中國青銅器全集編輯委員會《中國青銅器全集》3，文物出版社，1997，圖131。

數學者視爲西周早期器,但並無確據。[30] 這類卣的具體時代,絶大多數無疑也屬於殷墟晚期。

總之,我們認爲目前所見的縱梁四棱卣都可視爲商器,絶大多數屬於殷墟晚期;肯定屬於西周早期的,還一件沒有發現。

上文說過,蜩伯卣和《通考》609號饕餮紋卣的提梁兩端獸頭都有掌形角。在上文提到過的縱梁四棱卣裏,鼎卣、鳳紋卣和白鶴美術館所藏之卣也都如此。[31] 亞址卣的提梁獸頭雖然沒有掌形角,但同墓所出的兩件亞址方尊,在肩部四面的正中則都飾有掌形角獸頭。[32] 北京故宫博物院所藏的形制和花紋都與亞址方尊極爲相似的亞醜方尊,[33]以及臺北故宫博物院所藏的也屬於殷墟晚期的一件有肩尊,[34]在與亞址方尊相同的部位也都飾有掌形角獸頭。可見掌形角在殷墟晚期銅器上較多見。除提梁獸頭角形外,鼎卣和鳳紋卣提梁上的花紋,也都跟蜩伯卣一樣,是相顧式兩頭龍紋(白鶴之卣,由於所據圖版太小,提梁花紋看不清)。至於蜩伯卣的飾倒蟬紋的六瓣花蕾形蓋鈕,在縱梁四棱卣中就更多見了。這些現象也反映出蜩伯卣與縱梁四棱卣的關係密切。有些西周早期的扁圓壺形卣,蓋鈕也作飾倒蟬紋的六瓣花蕾紋,其中有的器在提梁兩端也飾有掌形角獸頭,如一般認爲屬西周早期的戈五卣。[35] 但它們在不少方面與縱梁四棱卣相去甚遠,不能跟蜩伯卣,甚至也不能跟《通考》609號饕餮紋卣相提並論。

從蜩伯卣在器形和紋飾上與殷墟晚期的縱梁四棱卣的密切關係來看,把它定爲殷墟晚期器,顯然要比定爲西周早期器合理。《通考》609號饕餮紋卣很可能也應定爲殷墟晚期器。

蜩伯卣這種樣式的卣,應該就是由縱梁四棱卣演變出來的。上海博物館所藏的竹斿卣,[36]除蓋沿兩側有扉棱而無檐角外,完全合乎我們所說的縱梁四棱卣的標準。它代表了由縱梁四棱型向蜩伯卣類型過渡的器形。此器以獸面紋爲主紋,全身花紋與蜩伯卣很接近,提梁也飾相顧式雙頭龍紋。如把它的縱梁改爲横梁,就在

㉚ 武鳴之卣,注⑥所引《研究》列爲圖版267頁的卣98,時代屬"西周ⅠA";注⑱所引書376頁注5列爲f項,認爲可能爲周代器。他們大概都是主要由於此卣出土於邊遠地區而持這種看法的。

㉛ 白鶴美術館之卣的獸頭角形見注③所引書圖版111頁3—171。

㉜ 同⑨,84—85頁、86—88頁圖64—66、彩版7、圖版40。

㉝ 故宫博物院《故宫青銅器》,紫禁城出版社,1999,圖83。"醜"字姑從某些學者之釋,不一定可靠。

㉞ 同③,圖版111頁3—169。

㉟ 同⑯,圖134、135。

㊱ 同⑪,40頁,0137號。

各方面都跟㓚伯卣沒有重要區别了。由此看來,㓚伯卣的時代應晚於大部分縱梁四棱卣。一般縱梁四棱卣(包括竹斿卣)的扉棱,都比較簡單樸實。㓚伯卣的扉棱則"透雕"意味濃厚,顯得比較輕靈。這似乎也可以看作時代較晚的反映。所以㓚伯卣大概是殷墟晚期後段之器。

㓚伯卣銘文的風格,與我們對器形時代的判斷完全符合。

此卣銘文字體確是殷墟晚期的,最明顯的是"彝"字的寫法。它跟一般彝字不一樣,不从表金屬義的"❢"旁而从"卜"旁。這種寫法的"彝"字,只見於殷墟出土的時代最晚的那類卜辭——黄組卜辭。㊲

像㓚伯卣這樣,把字數較多的成辭的銘文全部納入一個大"亞"字内的現象,在某些其他商代晚期銅器上,也可以看到。如䣄鬲和䣄簋銘文的大"亞"字,分别容納了十七個和十九個字,㊳字數比㓚伯卣還多。

下面討論㓚伯卣銘文的内容。此卣"亞"字内的二行銘文可以釋讀如下:

庚寅,犅(㓚)白(伯)㲽乍(作)又丰寶彝,才(在)二月生。

"犅"字屢見於甲金文。㊴ 此字从"牛","㓷"聲("㓷"即"剛"字初文),各家皆釋爲"㓚",可信。㊵ 作器者㓚伯應是㓚這個地方的統治者,"㲽"是㓚伯之名,从"言","权"聲。"权"字見於甲骨文,㊶象以手植木,應是"樹"之初文。石鼓文"樹"字作"尌",㊷就是在"权"字上加注"豆"聲而成的,詳見待刊稿《釋"樹"》。【編按:《釋"尌"》載《龍宇純先生七秩晉五壽慶論文集》(學生書局,2002)。已收入本書。】从"言"、"樹"聲之字相當於後世何字,待考。

在上面提到的殷墟晚期的黄組卜辭中,㓚是屢見的地名。下面所引的是部分在㓚貞卜之辭:

癸卯卜,才(在)㓚,貞:王旬亡畎。 合36808

㊲ 見於《甲》3932號,亦即《合》38225號黄組卜骨。孫海波《甲骨文編》"彝"字條已收入此字,見中華書局1965年版506頁。

㊳ 《集成》3·741和7·3990。

㊴ 注㊲所引《甲骨文編》34頁;容庚等《金文編》,中華書局,1985,55頁。

㊵ 參看于省吾等《甲骨文字詁林》第四册,中華書局,1996,2836—2838頁。《詁林》將"㓷"、"㓚"等字併爲一字,以"剛"爲字頭,則是不妥當的。

㊶ 同㊲所引《甲骨文編》124頁。

㊷ 商承祚《石刻篆文編》,中華書局,1996,274頁。《説文》"樹"字籀文與石鼓文合,但已改"又"旁爲"寸"旁。

癸亥卜,才(在)犅,貞:王旬亡畎。 合36951

癸亥王卜,才(在)犅,貞:旬亡畎。 合36807(36809同文)

□□王卜,貞:旬亡畎▨王𠮙(占)曰:大吉。才(在)犅𠂤(次)。

合36813

□□卜,才(在)犅𠂤(次),貞:□□亡畎。才(在)二月。 合補13428

□□卜,才(在)犅𠂤(次),貞:今[夕自(師)]亡畎,寧。才(在)十月又□。[43] 合36814

甲寅卜,才(在)犅,貞:今夕自(師)不𡆥(震?)。 合36435

甲子卜,才(在)犅,貞:今夕自(師)不𡆥(震?)。 合36436

□丑卜,才(在)犅𠂤(次),貞:王▨往來亡𡿧(災)▨。 合36811

□□卜,才(在)犅▨王省,往來[亡𡿧(災)]。 合36815

由上引卜辭可知,犅在商代晚期是相當重要的一個地方,商王曾率師駐蹕於犅,而且時間不短,但究竟是一次還是幾次,無從確考。《春秋·莊公三年》:"冬,公次于滑(《公羊》、《穀梁》"滑"作"郎")。"《左傳》:"凡師一宿爲舍,再宿爲信,過信爲次。"《公羊傳》何休注:"次者,兵舍止之名。"由於商王率師舍止於犅,所以卜辭又稱犅爲犅次。

古書中,"犅"多通作"剛"。[44] 有學者認爲上舉卜辭之犅,與《史記·秦本紀》昭襄王"三十年,客卿竈攻齊,取剛、壽"之剛爲一地,在今山東寧陽縣東北,[45]可能是正確的。卜辭之犅與犅伯之犅,似也應爲一地,犅伯應是商王的臣屬。

周初伐蓋(奄)銅器中有犅(或作剛)刦尊、卣。[46] 器主之氏,尊銘作"羍",與甲金文之"犅"只有从"羊"與从"牛"之別,《金文編》收入"犅"字條,[47]唐蘭先生也以爲與"犅"爲一字,[48]可從;卣銘作"𠚍",即甲金文"犅"字聲旁,二字自可通用。"𠚍"即"剛"之初文,古書"剛"亦通"犅",已見上文。犅刦尊、卣同銘,謂"王征蓋(奄),易(錫)犅刦貝朋"。頗疑犅刦即犅伯後人,於殷周之際背商而附周。也有可

---

[43] 黄組卜辭數言"今夕自(師)亡畎寧",見《合》36461等,此辭缺文據之補。

[44] 高亨等《古字通假會典》,齊魯書社,1987,321頁"剛與犅"條。

[45] 鄭傑祥《商代地理概論》,中州古籍出版社,1994,185頁。

[46] 尊銘見《集成》11·5977,卣銘見同書10·5383。關於周初伐奄銅器,參看陳夢家《西周銅器斷代》(二)13禽簋、14岡刧尊的考釋,《考古學報》第10册,73—76頁。

[47] 同[39]。

[48] 唐蘭《西周青銅器銘文分代史徵》,中華書局,1986,40頁。

能𫍱伯之國先爲周人所滅,𫍱刲爲周王所封於其地者或此被封者之族人,故亦以𫍱爲氏。奄在今山東曲阜一帶,寧陽與曲阜相鄰。如𫍱刲確居於寧陽之𫍱,周王征奄時對他有所賞賜,是很自然的事。𫍱刲卣的銘文與𫍱伯卣的一樣,也是容納在一個猶如缺四角的長方形的大"亞"字内的。

𫍱伯爲之作卣的對象是"又丰"。青銅器銘文所記的、器主爲之作器的對象可以是人,也可以是放置、使用器物的地方。前一種情况爲大家所熟知,下面舉幾個後一種情况的例子:

般子乍(作)氒(厥)寛圉宫鼎。　　般子鼎,集成4·2345

……用乍(作)圉宫旅彝。　　召卣,集成10·5416;召尊,集成11·6004

……攻(工)帀(師)□鑄西章(讀"郭"或"墉")寶𦉜(甗),四秉,用實旨酉(酒)。　　國差𦉜,集成16·10361

卣銘的"又丰"像是指地方的。

在一種時代下接黄組卜辭的殷墟卜辭——無名組卜辭中,有如下一條殘辭:

☐以多田伐又丰,廼☐　　合27893

"多田"可讀爲"多甸"。黄組卜辭有説王"比多田"、"比侯、田"或"比多田于(訓爲"與")多白(伯)"去征伐方國的。[49] 上引卜辭中的"又丰",也應是被征伐的一個方國。如果卣銘和卜辭的"又丰"所指相同,似可作如下推測:又丰本是與𫍱伯封地相鄰的一個方國,商王征服它之後,就交給了𫍱伯,讓他治理。[50] 接受又丰的𫍱伯可能是作卣的𫍱伯的先人;但如商王最後征服又丰的時間較晚,也有可能就是作卣的𫍱伯。此卣當是爲𫍱伯在又丰的統治據點鑄造的。

---

[49] 裘錫圭《甲骨卜辭中所見"田""牧""衛"等職官的研究》,載《古代文史研究新探》,江蘇古籍出版社,1992,343—344頁。

[50] 《左傳·昭公二十年》記晏子敘述齊地沿革,謂"昔爽鳩氏始居此地,季萴因之,有逢伯陵因之,蒲姑氏因之,而後大公因之。"逢伯陵是商代姜姓諸侯,時代比較靠前(參看王閣森等《齊國史》,山東人民出版社,1992,99頁)。"逢"从"夆"聲,"夆"从"丰"聲。頗疑"又丰"當讀爲"有逢",即出自逢伯陵。但據晏子之言,逢之中心地區當在山東臨淄一帶,與我們認爲𫍱之所在的寧陽相距較遠。黄組卜辭有説到征伐"三丰方"(《合》36530、36529)或"四丰方"(《合》36528反)之事的,舊或讀"丰"爲"封",疑亦當讀爲"逢"。"三逢方"、"四逢方"疑當指逢族所建立的一些方國,"三逢"、"四逢"之稱與後世"三楚"、"三齊"之稱相類。"又丰"或當讀爲"右逢",指三逢方中位置居右,亦即居西者(古以左爲東,右爲西)。據《合》36528反,四丰方中似包括羌方。逢爲姜姓,"姜"本爲"羌"之分化字,四逢方中有羌方並不奇怪。以上所説是極不成熟的推測,姑記於此,以待後考。

也有可能卣銘“又丰”並非專名，而應讀爲“右封”，指右面亦即西面的封疆。“丰”、“封”音近古通。古書所記的周武王弟康叔之名爲“封”，而康叔在所鑄銅器銘文中自稱其名爲“丰”，可證。[51] 所以此卣也有可能是㮚伯爲其靠近封地西界的統治據點鑄造的。春秋時的國差𦉜是爲在西郭或西墉使用而鑄造的，情況與此有些類似。

銘文之末的“生”字，也有兩種可能的解釋。

“生”可能跟一些商代晚期和西周早期的銅器銘文中的末字一樣，是器主所從出的族氏。例如上面舉過的也是外包大“亞”字的𨛭鬲銘文，其末字爲“沚”，就是常見於殷墟卜辭的一個族氏。[52] 傳世有亞沚爵，[53]可知此鬲銘文的大“亞”字可與“沚”連讀。㮚伯卣的“生”如確爲族氏，其大“亞”字也可與之連讀，即讀爲“亞生”。已有學者指出，“亞”本是職位名，族氏加“亞”字與族氏加表示作册職位的“册”字，是相類的現象。上古時代，族名與地名多相因。西周早期的雍伯鼎銘有地名“生”：

王令雍白(伯)啚(鄙)于生，爲宫，雍白(伯)乍(作)寶尊彝。

集成5・2531

可見“生”是有用爲族氏的可能的。按照上述解釋，卣銘“在二月”下應加句號。

另一種解釋是將“在二月生”連讀，把“生”看作月相，這是李學勤先生的意見。李先生告訴我，他認爲“二月生”就相當於“二月既生霸”，周初的保尊(《集成》11・6003)、保卣(《集成》10・5415)在銘末說“才(在)二月既望”，也將月相放在最後。我覺得這種解釋似乎比上一種更合理。外包大“亞”字的成辭銘文，並非全都在器主之名外另記族氏。上面舉過的外包大“亞”字的㮚𠭯卣銘，就沒有另記族氏。所以，“生”很可能是指月相的，㮚伯卣很可能是商周青銅器中記月相的最早一器。

不過，即使此卣“生”字並非族氏，那個大“亞”字仍應有表示㮚伯之族地位的作用。傳世商代晚期銅器中有一批“亞古”族爲父己所作之器。其中的簋銘最長，文曰：

---

[51] 同㊾，33頁。

[52] 参看姚孝遂等《殷墟甲骨刻辭類纂》，中華書局，1989，293—295頁“沚”字條和911—916頁“𢦔”字條所收有關卜辭。甲金文“沚”字象“止”(趾)在水滴中形，與後世从“水”“止”聲的“沚”實非一字，爲書寫方便，姑按一般習慣隸定。上文曾與𨛭鬲一起舉出的𨛭簋，與𨛭鬲應爲一人所作，銘末亦有“沚”字，但因末行“彝”字下已無空位，右轉置於前一行之末。

[53] 《集成》13・7817、7818。

己亥,王易(錫)貝才(在)寗,用乍(作)父己尊彝。亞古。

集成7·3861

觚、爵、盉之銘皆作“亞古父己”,[54]而卣銘則以大“亞”字將“古乍(作)父己彝”五字全都包容在内。[55] 此卣銘中除指稱器主的“古”字外,並沒有另記的族氏,據同組之器,大“亞”字應與“古”連讀,所以《集成》稱此器爲“亞古父己卣”。𤔲伯卣銘當然不必讀爲“亞𤔲伯……”云云,但“亞”字有實義,則是無庸置疑的。

殷周之際的㠱族銅器,其族氏除在“㠱”字外加“亞”者外,[56]還有在“亞”字内書“㠱侯”二字而置於銘末的。[57] 既稱“侯”又加“亞”,與𤔲伯既稱“伯”又在卣銘文外加“亞”,情況相類。

原載《保利藏金(續)——保利藝術博物館精品選》(嶺南美術出版社,2001),今據以收入。

---

[54] 《集成》12·7239、14·8927、15·9378。

[55] 《集成》10·5215。

[56] “亞㠱”族氏見亞㠱父己尊、卣及觶。各器銘文依次見《集成》11·5742、10·5078、12·6402。

[57] 見銘文爲“作父丁寶旅彝”的尊(《集成》11·5923、5924)和同銘的“殘圜器”(《集成》16·10351)。此外,在殷周之際的銅器中,又屢見在包含“㠱”或“㠱侯”的“亞”字下加“㲋”字的族氏,不列舉。

𣛕器探研

1804年刊行的阮元《積古齋鐘鼎彝器款識》(以下簡稱"積古"),在卷一"商尊"類20頁下著錄了"王主父丁尊"的蓋器銘文。兩銘同文同行款。文分兩行,行各五字,首行末字下有重文號(參看附圖三:A、B)。《積古》釋文多誤,根據現有古文字學知識,此銘可釋寫如下:

王由攸田𣛕=乍(作)父丁尊。。

銘末一字應是作器者的族氏,其字不識,下文不再論及。① 此尊銘中,下加重文號之字最引人注目,于省吾先生認爲與殷墟卜辭中屢見的"𣛕"是一字。② 爲了稱引的方便,我們姑且將此尊及與之同銘之器總稱爲"𣛕器"。

《積古》的銘文是摹刻的。此尊銘還著錄於吳式芬《攈古錄金文》(以下簡稱"攈古")和劉心源《奇觚室吉金文述》(以下簡稱"奇觚"),但也是摹刻本或翻刻本。原拓本似未見流傳。此尊器形也從未見於著錄。在商周青銅器中,除鳥獸形尊外,一般所謂尊極少有蓋。鳥獸形尊有器蓋對銘者,但已知各例的銘文都極簡短,字數沒有多如此尊的(非器蓋對銘者不在此列)。而《積古》中又確有將其他種類的器蓋對銘之器誤稱爲尊之例,如1·15"持勺父癸尊",他書多著錄爲彝或敦,即《集成》6·3211的"父癸簋"。因此所謂"王主父丁尊"究竟是不是尊,似頗成問題。但是《積古》的考釋說此尊銘是"元手拓本"(1·21上),可知阮元是親見親拓此器的,所定器名又似不會有大誤。由於原器不可見,只能存疑,姑且仍稱之爲尊。

---

① 于省吾先生釋此字爲"瀼"(《釋𣛕》,于省吾《甲骨文字釋林》,中華書局,1979,257頁)。古文字"襄"的聲旁,其主體由屢見於甲骨文的變來。其字形象徵人舉雙手,應即攘臂之"攘"的初文。尊銘此字右旁屢見於金文(《金文編》1101頁301號),一般用爲族氏,其下部或作,顯非人形。故本文不從釋"瀼"之說。

② 上注所引于文257等頁。

1840 年刊行的曹載奎《懷米山房吉金圖》(以下簡稱“懷米”),在上册 7 頁著錄了與㝬尊同銘的另一件“尊”。不過銘文行款不同,是排成四行的(參看附圖三:C)。《懷米》著錄的是曹氏自藏之器,既摹刻銘文,也摹刻器形。據器形圖,此器實爲一件失蓋的方罍。但載有此器銘的清代和民國時代金文著錄書,多襲曹氏之誤,仍稱此器爲尊,只有方濬益《綴遺齋彝器款識考釋》(以下簡稱“綴遺”)正確地稱之爲罍(詳下文的著錄表)。此罍後來流入美國,已著錄於羅森《賽克勒藏西周禮器》③(附圖一)。

附圖一 《賽克勒》方罍及其銘文

附圖二 僞銘舉例

《小校》5・31 下・3

此罍銘鑄於頸内,頸部高度有限,所以銘文排成四短行。《積古》尊銘排在首行之末的下有重文號之字,在此銘中排在第二行之末。可能由於地位局促,字下的重文號沒有鑄出來。

《積古》、《懷米》之後,在從晚清到上世紀 30 年代期間出版的金文著錄書裏,出現了一些與《積古》尊銘同文同行款而不同器的銘文拓本。這些銘文“由”字下部“口”形内無筆畫,《積古》“由”字“口”形内則有一短横。這些銘文拓本中有明顯的僞品(附圖二)。剔除僞品後的那些拓本,按它們各自的特徵可以分成三類,

---

③ 羅森(Jessica Rawson)《賽克勒藏西周禮器》圖錄 94 號,《賽克勒藏古代中國青銅器》ⅡB,哈佛大學出版社,1990,604—607 頁。

每類所拓的應爲同一器上的同一銘文。有一類拓本在晚清即已著錄(《綴遺》的摹本可歸入此類),其他兩類拓本似是在30年代的著錄書中才出現的。爲了稱引的方便,下文簡稱《積古》尊銘爲A、B,方罍銘爲C,上述前一類銘文爲D,後兩類銘文爲E和F(附圖三)。

A(蓋)　B(器)　C　D　E　F

附圖三　銘文一覽

A、B、C 據《攈古》,D、E、F 據《續殷》

D的文字稍漫漶。著錄D的大都以之爲尊銘,且多與一僞銘或F配成蓋器對銘。只有吳大澂《愙齋集古錄》(以下簡稱"愙齋")以之爲卣銘。疑當以《愙齋》爲是。

E和F是現藏於美國弗利爾美術館的一件卣的蓋銘和器銘,此卣已著錄於1967年出版的《弗利爾中國青銅器》(以下簡稱"弗利爾")④(附圖四)。此卣流入美國前,似乎只有1935年出版的王辰《續殷文存》(以下簡稱"續殷")著錄過E和F,1937年出版的羅振玉《三代吉金文存》(以下簡稱"三代")著錄過F。此二書都誤以F爲尊銘,《續殷》以之與D配成蓋器對銘,《三代》以之與C配成蓋器對銘。但《續殷》已正確地以E爲卣銘。從此二書的著錄情況看,鑄有E的卣蓋和鑄有F的卣身,在流入美國前似乎經歷過一個並未配成一器的階段。

《積古》的尊銘,行款跟D、E、F等卣銘相同,會不會本來也是卣銘呢?似乎不大可能。《積古》是明確區分尊類和卣類的,A、B的拓本又爲阮元所親拓,如果其器爲卣,似不會稱之爲尊。阮元該不會由於銘文說"作父丁尊",就把卣稱爲尊吧!

④　頗伯(John Alexander Pope)等《弗利爾中國青銅器》卷一,294—297頁52號器,華盛頓:史密森協會,1967。

蓋　　器

附圖四　《弗利爾》卣及其銘文

各書對麸器的著錄很混亂,從下面的著錄表可以看出大概情況:

麸器著錄表

A、B　“尊”銘,蓋器對銘

積古 1・20 下“商尊”類“王主父丁尊”

攈古・二之二 26 下“王主父丁尊”一

奇觚 17・5 上“王田尊”

孫稚雛《金文著錄簡目》(中華書局,1981。以下簡稱“簡目”)255 頁 4402 號,誤以爲《積古》《攈古》《奇觚》所著錄的,就是《三代》11・30 的“猋父丁尊”一(即 C 與 F)。嚴一萍《金文總集》(臺北:藝文印書館,1983。以下簡稱“總集”)4829 號據之(《總集》據《簡目》編成,編者序中已說明),以致漏收 A、B。《集成》亦未收 A、B。

C　方罍銘

懷米・上 7“商王主父丁尊”

吳榮光《筠清館金文》2・18“周十月戒田尊”

攈古・二之二 27 上“王主父丁尊”二

朱善旂《敬吾心室彝器款識》(以下簡稱“敬吾”)上 41 下左側“王主父丁尊”二

綴遺 26・6“王父丁罍”

續殷・上 61・4“父丁尊”二

劉體智《小校經閣金文拓本》(以下簡稱“小校”)5・31 下・2“乍父丁尊”一蓋銘(器銘僞)

三代 11·30·4“猋父丁尊”一之蓋器二銘之一(另一銘爲 F)⑤

總集 6·4828“猋乍父丁尊”一之蓋器二銘之一(另一銘爲 F)

賽克勒 94 號方罍

集成 15·9821“王罍”

D 卣銘

敬吾·上 41 下“王主父丁尊”一之蓋器二銘之一(另一銘僞)

愙齋 19·19·1“父丁卣”

綴遺 17·28 上“王父丁尊”之器銘(蓋銘僞)

續殷·上 61·2“父丁尊”一之蓋銘(器銘爲 F)

小校 5·32·1“乍父丁尊”二之蓋銘(器銘僞)

三代 11·30 下·1“猋父丁尊”二

總集 6·4829“猋乍父丁尊”二之器蓋二銘之一(另一銘爲 F)

集成未收

E 弗利爾卣之蓋銘

續殷·上 85 下·1“攸田乍父丁卣”

弗利爾 52 號卣蓋銘

總集 7·5447“王古卣”蓋銘

集成未收

F 弗利爾卣之器銘

續殷·上 61·3“父丁尊”一之器銘(蓋銘爲 D)

三代 11·30·3“猋父丁尊”一之蓋器二銘之一(另一銘爲 C)

總集 7·5447“王古卣”器銘、6·4828“猋乍父丁尊”一之蓋器二銘之下方一銘、6·4829“猋乍父丁尊”二之蓋器二銘之右方一銘、7·5577“猋乍父丁罍”銘⑥

集成未收

---

⑤ 《三代》誤析从二“耒”三“犬”之字爲兩字,故有“猋父丁尊”之稱。《簡目》《總集》皆襲其誤,但皆依銘文將三個“犬”寫成兩上一下,今爲印刷方便一律寫作“猋”。

⑥ 表中所列《總集》收在四個地方的銘文,實際上都是 F。所以造成這種情況是由於:一、雜取各書資料而不加核對,如猋乍父丁尊一襲《三代》,尊二襲《續殷》,而未發現二者有矛盾。二、受《簡目》誤導,如《簡目》295 頁 5099“猋乍父丁罍”條,本應將《三代》的出處注爲“11·30·4”,但却誤注爲“11·30·3”,《總集》據之,遂誤以 F 爲 C。

𣪘器著録的混亂情況告訴我們，使用金文著録書和工具書時，應該提高警惕，不能無條件地信賴。

《弗利爾》的作者們認爲從鑄造工藝看，52 號卣是僞器，與卣同時鑄成的銘當然也是僞銘。[7] 但是器、蓋二銘的字體實在看不出僞造的破綻。不僅羅振玉這位高明的古器物鑒定家兼古文字學家，把 F 收入了他所編的《三代》；就連把它們看作僞器的《弗利爾》作者們，也稱贊銘文做得漂亮。[8] 作僞者，即使是 30 年代的高手，能否達到這樣高的水平，也還是一個問題。所以此卣的真僞恐怕還需要進一步研究。

下面討論𣪘器銘文的内容。

上舉各𣪘器銘文的内容完全相同，顯然爲同人同時所鑄。大概是着眼於銘文的字體和文體的古樸，首先著録𣪘器的阮元和曹載奎都認爲它們是商器。此後雖有少數人持周器說，[9]但絶大多數人都同意商器說。按照現有關於商代銅器銘文的知識來看，𣪘器銘文的時代應屬晚殷（本文以"晚殷"指殷墟晚期）。

于省吾先生在《釋𣪘》一文中引用𣪘器銘時，指出"攸和𣪘均爲地名"，[10]把銘文上句"王由攸田𣪘"解釋爲"王由攸往畋于𣪘"。[11] 殷墟卜辭屢次提到王到𣪘地田獵之事，如：

癸未卜爭貞：王才（在）兹𣪘成（城？）獸（狩）。 合 7

戊子卜：王往田于𣪘，擒。 合 32077 反

壬王叀𣪘田，亡𢦏（災）。 合 29233

戊子卜貞：王其田𣪘，亡𢦏（災）。 合 33547

可見于先生的解釋是很合理的（關於王田𣪘的卜辭，于文開頭一段已引録過，見 253—254 頁）。不過于先生爲𣪘器銘作釋文時，沒有管"𣪘"字下的重文號，把下句釋爲"作父丁尊"，則是不妥當的。這樣，𣪘器就像是商王自己所作的了。

---

⑦ 同注④。

⑧ 注④所引書 297 頁。

⑨ 如《筠清館金文》用"周十月戒田尊"爲器名，柯昌濟《韡華閣集古録跋尾》認爲"攸田尊"爲"西周初葉器"（戊篇上 4 頁下）。

⑩ 二者皆爲殷墟卜辭中常見的地名，參看姚孝遂等《殷墟甲骨刻辭類纂》（中華書局，1989。以下簡稱"類纂"）72 頁"攸"字條、610—611"𣪘"字條。

⑪ 注①所引于書 257 頁。于先生引銘文並作解釋時，原將"𣪘"字依銘文原形寫作从三"犬"。從于文可以看出，于先生認爲从三"犬"者與从二"犬"者爲一字，現爲印刷方便逕寫作从二"犬"。

張玉金教授在《甲骨文虛詞詞典》"由"字條下,引𤠳器銘"王由攸田耒(張書爲印刷方便以"耒"代"𤠳",下同),耒作父丁尊",作爲"由"用作"表示動作行爲的處所起點"的介詞的例句,並解釋説:

> 此例的第一個"耒"是地名,第二個"耒"指人,可能即是耒地的犬官。此例是説:大王從攸地到耒地田獵,耒地的犬官因此製造了祭祀父丁的酒尊。⑫

張教授對銘文上句的解釋,跟于先生大致相同。不過在殷代語言裏,一般用"自"充當"表示動作行爲的處所起點"的介詞。殷墟卜辭裏有大量用例。銘文的"由"也許可以理解爲"經由",以與"自"相區别。

張教授認爲下句的"𤠳"指𤠳地的犬官,很有道理。從殷墟卜辭看,商王朝在不少地方設有稱"犬"的職官,管理田獵等事務。"在當司之地出現獵物時,犬即向王報告,並導王往獵。"⑬𤠳地的犬官由於商王來田獵而作器誌榮,是十分合乎情理的。

但是從殷墟卜辭看,設於某地的犬官是稱"在某犬"或"某犬"的,如"在盂犬"(《合》27919反、《合》28899)、"盂犬"(《合》27907)、"在成犬"(《合》27925)、"牢犬"(《合》27916、27923、37468)等等。某地犬官所管理的,只是其地與田獵有關的一些事務。他既非封君,又非全面主管政務的地方官,按理不可能以其地之名作一己之稱。認爲銘文下句的"𤠳"就指𤠳地的犬官,是缺乏根據的。

我們認爲,于省吾先生以𤠳器銘从三"犬"之字與"𤠳"爲一字,是有道理的(周代金文"𤠳"字多从三"犬",見下文);但是對這個字與殷周時代一般"𤠳"字的不同之處,也應該給予足够的注意。殷墟卜辭的"𤠳"字通常从二"耒"二"犬",間或从二"耒"一"犬"。⑭ 西周和春秋時代金文的"𤠳"字,倒大都是从三"犬"的,但全都三"犬"並列,從來没有像𤠳器銘這樣,把其中的一"犬"寫在另二"犬"之下的。⑮𤠳器銘把加重文號的"𤠳"字寫成這種樣子,一定有特殊的用意。

我在《再談甲骨文中重文的省略》一文中曾指出,殷墟卜辭中不但已經開始用一般的重文號,並且也已經開始用部分重文號。《屯南》88號有如下一辭:

> 叀柳,王受=。

---

⑫ 張玉金《甲骨文虛詞詞典》,中華書局,1994,254—255頁。

⑬ 李學勤《殷代地理簡論》,科學出版社,1959,6—7頁。

⑭ 孫海波《甲骨文編》4664號,中華書局,1965,835頁。

⑮ 容庚等《金文編》,中華書局,1985,1203頁208號。參看注①所引于文257—258頁。

此辭的重文號就是部分重文號。它原加在“受”字“又”旁的左下方,顯然表示這個“受”字應該讀爲“受又(祐)”。⑯ 所以“㚘”字加重文號,既可以表示“㚘”要重讀,也可以表示“㚘”要讀爲“㚘犬”。㚘器銘所以要把“㚘”字寫成从三“犬”並且把其中的一“犬”寫在另二“犬”之下,應該是爲了表示這個加重文號的“㚘”字,不能僅僅重讀,而要讀成“㚘㚘犬”三字。

我在《〈居延漢簡甲乙編〉釋文商榷(一)》中曾指出,居延簡3·26(即《居甲》12)的“未能會=”應讀爲“未能會會日”。由於“會”字下部正好與“日”字同形,所以加重文號的“會”字可以讀爲“會會日”。⑰ 其情況與㚘器銘加重文號的“㚘”字十分相似。

按照上述理解,㚘器銘應釋寫如下:

王由攸田㚘,㚘犬作父丁尊。

張玉金教授認爲作器者是㚘地犬官的說法,也就可以落實了。所以㚘器其實應該改稱㚘犬器。

此銘特別指出王來田㚘是經由攸地的。這也許是由於㚘犬也管理攸地的田獵事務,就跟卜辭所見的盂犬也管理斝地田獵事務,牢犬也管理利地田獵事務一樣。⑱ 宋代學者釋“㚘”爲“協”而無說,上引于省吾《釋㚘》一文極力證成之。如釋“協”可信,作爲地名似可讀爲“鄴”。但前人所考得的卜辭地名“攸”的地望,皆與鄴不相近。此問題尚待進一步研究。

商王朝犬官所作的銅器,尚有上文已經提到的牢地犬官所作之簋(附圖五)。其銘如下:

牢犬乍(作)父丁𩰫彝。 集成6·3608

從字體看,其時代亦應屬晚殷。“犬”字稍殘泐,著錄書多誤釋爲“豕”或缺釋,只有《北京圖書館藏青銅器銘文拓本選編》(以下簡稱“北圖”)正確釋出此字。⑲ 殷墟卜辭的“牢犬”(包括“在牢犬”)多見於無名組卜辭,但偶爾也見於殷墟卜辭中時代最晚的黃組卜辭(《合》37468)。簋銘的“牢犬”跟黃組卜辭的“牢犬”有

⑯ 裘錫圭《古文字論集》,中華書局,1992,149—150頁。

⑰ 《人文雜志》1982年2期51頁。

⑱ 參看注⑬所引書11頁、27頁。

⑲ 北京圖書館金石組《北京圖書館藏青銅器銘文拓本選編》,文物出版社,1985,101犬簋。張亞初《殷周金文集成引得》亦釋此字爲“犬”,見該書《釋文》62頁,中華書局,2001。

附圖五　《北圖》著録之宰犬簋

可能指同一人。

最後要簡單談一下器形方面的問題。

我們知道，晚殷的和早周（西周早期）的青銅器，往往很難區分。因爲青銅器的形制和紋飾，並未由於改朝换代而全面發生變化。即使對科學發掘的青銅器來説，問題也並非完全不存在。商代墓出土的青銅器，當然不可能是周代器；但是周代墓，尤其是早周墓出土的青銅器，却有可能是商代遺留下來的。而且有些墓葬本身究竟屬晚殷還是早周，就很難斷定。難以根據形制、花紋和出土情況斷代的晚殷早周青銅器，有些有時代性明確的銘文可據以斷代。可是青銅器研究者有時却由於不重視銘文的時代性，而斷錯了這種銅器的時代。比較常見的情況，是把晚殷器定成早周器。

麸犬方罍根據其銘文可以斷定是晚殷器，但是《賽克勒》的作者羅森教授却把它定爲早周器。她在方罍説明的注釋中説："李教授（指李學勤教授）認爲其銘文具有商代特徵，但是從器物的稀疏的紋飾來看，定其時代爲周是合適的。"[20]紋飾稀疏是不能作爲器物屬西周早期的充足理由的。羅森教授自己在方罍説明中就説："不論商代還是周代，都既製造、使用高度裝飾的方罍，也製造、使用樸素的方罍。"[21]1958 年春河南省文化局發掘的大司空村晚殷墓，就出過比麸犬方罍更樸素的方罍。[22]

⑳　注③所引書 606 頁注 1。

㉑　注③所引書 606 頁。

㉒　《考古通訊》1958 年 10 期圖版貳・5。

宰犬簋根據銘文也可以斷定是晚殷器,但是《北圖》的圖版説明却因爲"此器形制特異,與陝西寶鷄茹家莊周墓所出簋相近似",而定其爲西周器。㉓《集成》對此簋銘文的説明,也定其時代爲"西周早期"。㉔ 我們不應該根據器形,把銘文有明顯晚殷特徵的宰犬簋定爲早周器,而應該從宰犬簋的存在得出這種類型的簋在晚殷就已出現的結論。

我們認爲在爲有銘文的晚殷早周青銅器斷代時,必須充分注意銘文的時代性,不能只根據我們現有的關於晚殷早周青銅器形制、紋飾的很不全面的,甚至還包含不少錯誤的知識來作判斷。

弗利爾㝬犬卣的情況比較特殊。不但《弗利爾》的作者們定此卣爲僞器,就是曾在弗利爾美術館目驗此器的國内著名青銅器專家,也有從鑄造工藝的角度定其爲僞器的。《集成》未收此卣銘文,顯然也同意僞器説。此卣的形制在已知的商代卣中尚未見過,而跟早周的臣辰卣(或稱士上卣)則很相似。㉕ 這更增加了此卣爲僞器的可能性。但是臣辰卣應爲西周初年器,時代距殷亡很近,這種形制的卣在晚殷已經出現的可能性,似乎也不能完全排除。至於對鑄造工藝的看法,恐怕也是見仁見智的。很希望弗利爾美術館能就此卣年代作科學測試,以徹底解決其真僞問題。

附帶説一下,《集成》不收弗利爾卣銘,即本文所説的E、F,是有其理由的,但連A、B、D都不收,尤其是不收A、B,則顯然不妥。A、B早在1804年就已著録,而且此前未出現過類似銘文。當時的作僞者斷斷没有本事造出A、B這樣没有作僞破綻的銘文來。

原載《古文字研究》第二十四輯(中華書局,2002),今據以收入。

㉓ 注⑲所引書的圖版説明29頁。所舉茹家莊西周墓之簋,見陝西省考古研究所等《陝西出土商周青銅器(三)》,文物出版社,1980,42—43頁。

㉔ 見《集成》6·3608"宰□作父丁簋"的説明,6册説明79頁。

㉕ 臣辰卣圖象見容庚、張維持《殷周青銅器通論》,科學出版社,1958,圖182。

應侯視工簋補釋

新近出版的《保利藏金(續)》①收有保利藝術博物館新入藏的一對應侯視(舊釋見)工簋。這對簋是有很高歷史價值的西周中期重要銅器。上舉書中已有朱鳳瀚先生的說明文章和王世民先生的有關專論《應侯見工鐘的組合與年代》,對它們作了很好的介紹與研究,我們在這裏只想對簋銘的考釋稍作補充。

這對簋,兩器同銘,都是器蓋對銘,見上舉書第126—127頁(乙器銘文見圖一、二)。銘文說:

唯正月初吉丁亥,王才(在)𩁹,卿(饗)△,雍(應)侯視工習(侑),易(錫)玉五瑴、馬四匹、矢三千。……

上引文中用△號代替的,就是我們要著重討論的字。

此字本隸定爲从"酉"从"夏"。隸定爲"夏"的偏旁原作如下之形(據第127頁乙器銘文錄):

蓋銘　　器銘

此字象人著履形,應即"履"字初文而非"夏"字。西周金文中"履"字屢見,以中國歷史博物館所藏的大簋蓋的"履",與此最爲接近。不過可能由於範損,其"頁"形象人身的一筆跟履形沒有連起來,看起來像从"頁"从"舟"的字(《集成》8·4299)。五祀衛鼎"履"字,"頁"下有趾形,履形在其下方,也有些像"舟"(《集成》5·2832)。關於西周金文中"履"字的其他寫法,請參閱拙文《西周銅器銘文中的"履"》。② 篆文"履"字所从的"舟",就是由西周"履"字中的履形訛變而成的。

① 《保利藏金(續)》,嶺南美術出版社,2001。

② 裘錫圭《西周銅器銘文中的"履"》,《古文字論集》,中華書局,1992,364—370頁。

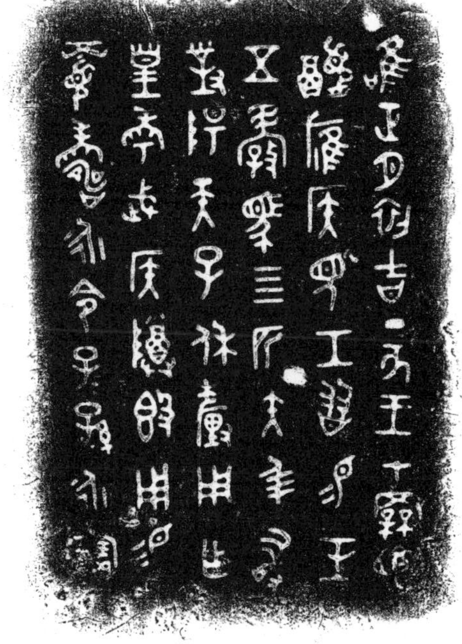

圖一　保利藝術博物館藏應侯視工簋(乙)蓋銘拓片

圖二　保利藝術博物館藏應侯視工簋(乙)器銘拓片

"履"與"豊"及从"豊"聲的"禮""體""醴""澧"等字,上古音都屬來母脂部。《周易》經文"履"字,馬王堆帛書本作"禮"。③ 傳世古書中也有"履"與"禮"或"體"相通之例。④《禮記·祭義》"禮者,履此者也",《説文》"禮,履也",都以"履"爲"禮"的聲訓字。可見"履"跟這些从"豊"聲的字古音極近。簋銘△字从"酉","履"聲,應該就是"醴"的異體字。

簋銘"㫚"字也屢見於西周金文。前人已指出,《説文》"友"字古文第二體即由此字訛變。此字在金文中或用爲"朋友""孝友"之"友",⑤或用爲勸侑之"侑"(詳見下文)。

在已著録的西周中期銅器中,有兩器也記有王饗醴而臣侑之事。師遽方彝銘:

> 王才(在)周康寢,卿(饗)醴,師遽蔑曆㫚(侑),王乎(呼)宰利易(錫)師遽琱圭一、瑗章(璋)四。　集成16·9897

③ 高亨、董治安《古字通假會典》,齊魯書社,1997,544頁"禮與履"條。

④ 同③;又543頁"體與履"條。

⑤ 容庚《金文編》,中華書局,1985,193頁。

穆公簋蓋銘：

> 王夕卿(饗)醴于大室，穆公晉(侑)。卫，王乎(呼)宰利易(錫)穆公貝廿朋。
> 集成8·4191

把應侯視工簋銘跟這兩段銘文對照一下，就可以知道前者的△字必爲"醴"之異體無疑。

周天子設盛禮饗賓，用醴而不用酒，就叫"饗醴"。被宴之臣與王相酬酢，就叫"侑"(或作"宥")。饗宴後一般還有酬幣，即王對被宴者加以賞賜。其事之在春秋時代者，見《左傳》、《國語》，今將有關文字引録於下。

《左傳·莊公十八年》：

> 虢公、晉侯朝王。王饗醴，命之宥，皆賜玉五瑴，馬三〈四〉匹。

《左傳·僖公二十五年》：

> 晉侯朝王。王享(通"饗")醴，命之宥。

此記晉文公定襄王之位後朝王之事。《國語·晉語四》記此事，作"王饗醴，命公胙(酢)侑"。

《左傳·僖公二十八年》：

> 王享醴，命晉侯宥。王命尹氏及王子虎、內史叔興父策命晉侯爲侯伯，賜之大輅之服、戎輅之服、彤弓一、彤矢百、玈弓矢千、秬鬯一卣、虎賁三百人。

此所記爲晉文公獻城濮之戰楚俘於王之後事。

前人釋上引諸例中"宥"(侑)字之義多誤，王引之始正之，孫詒讓、王國維皆曾推闡其說，可參看《春秋左傳注》莊公十八年《傳》文的注。⑥

應侯視工簋記王在饗宴後賜應侯"玉五瑴、馬四匹、矢三千("三千"爲合文)"。前兩項與《左傳》莊公十八年所記王賜虢公、晉侯之物相同。"矢三千"則比王命晉文公爲侯伯時所賜之矢還多，不過矢的規格也許沒有後者高。西周晚期的鄂侯鼎，記鄂侯馭方受王宴饗並"晉(侑)王"，宴後又行射禮，然後"王親錫馭[方玉]五瑴、馬四匹、矢五□"(《集成》5·2810)，所賜之物與賜應侯之物最近。從前引師遽方彝和穆公簋蓋的銘文看，非諸侯之臣所受賞賜，一般要比諸侯的輕得多。

---

⑥ 楊伯峻《春秋左傳注(修訂本)》第一册，中華書局，1993，206—207頁。

簋銘“瑴”字所从聲旁作，與“殼”所从的“殻”有異。《説文》“屋”字古文作，亦以此字爲聲，疑此字即“幄”之初文。也可能“屋”與“幄”本由一字分化。儹匜“黳”字聲旁作，[7]亦是此字。又散氏車父壺有人名“△姜”，△字从“水”从“酉”聲（《金文編》1256頁517號），疑即“渥”字，也可能是指酒味之“渥”的專字。散車父壺有同一人名，其字去“水”旁而加“女”旁（同上），當是由於用爲女名而變从“女”。在上古音中，“殻”“殼”“㲉”“瑴”與“屋”“幄”都是屋部字；前者屬溪母或見母，後者屬影母。而見、溪二母跟影母相通的現象是屢見的，如“區”字有溪母、影母二讀，以見母字“公”爲聲的有影母字“翁”、“瓮”，以見母字“圭”爲聲的有影母字“娃”、“哇”、“蛙”、“洼”。所以从“殼”聲的字也可以从“幄”（屋）聲。

最後附帶糾正一下我對戎生編鐘銘文考釋[8]中的一個錯誤。我把銘文中从“爿”“喬”聲的一個字錯釋成了“潏”，應加改正（同書所載李學勤先生關於戎生編鐘的文章所釋不誤）。不過我覺得這個字用爲地名的可能性似乎還不能完全排除。

原載《文物》2002年7期，今據以收入。

⑦ 同⑤，1245頁452號。

⑧ 裘錫圭《戎生編鐘銘文考釋》，《保利藏金》，嶺南美術出版社，1999，366、368頁。

豳公盨銘文考釋

保利藝術博物館新近購藏一件失蓋的有銘銅盨。從器形和銘文字體看,其時代當屬西周中期後段。銘文共十行,除最後一行爲九字外,每行皆十字,共九十九字(《十講》編按:末行實爲八字,全銘共九十八字,請參看本文文末的追記)。銘文的格式和内容與一般西周銅器迥異,劈頭就説天命禹治水,天爲民立法立王,導民以德,接着以較多文字講民之好德者應如何行事,最後以豳公説民當用德的一句話作結。豳公似即作器者,所以暫名此器爲豳公盨。從這篇銘文可以知道,當時人的確把禹看作受天之命平治水土的神人;並可據有關文字糾正後人對禹治水傳説的一些誤解。更爲重要的是,從這篇銘文還可看出,天授洪範九疇以爲人世大法的説法,在當時應已存在。此外,還可比較深入地瞭解到當時人關於德的一些看法。無論對研究上古思想,還是對研究上古文獻,這篇銘文都具有極其重要的意義。下面先將全銘的釋文寫出(括號内所注通用字,有些是假設性的),然後逐句加以解釋。

天令(命)禹尃(敷)土,墬(墮)山,[illegible](濬)川;迺(乃)奔(疇)方,埶(設)征(正),降民,監德;迺(乃)自乍(作)配,卿(嚮)民;成父母,生我王,乍(作)臣。氒(厥)顯(美)唯德,民好明德,憂(任)才(在)天下。用氒(厥)邵好,益□歖(懿)德,康亡(?)不楙(懋)。老(孝)㕛(友)恬明,巠(經)齊好祀,無䰜(悖)心。好德䎽(婚)遘(媾),亦唯協(協)天,敏用老(孝)申(神);復用䵣(祓)彔(祿),永卬(孚)于寍(寧)。豳公曰:民又(?)唯克用兹德,亡(無)誨(悔)。

天令(命)禹尃(敷)土,墬(墮)山,[illegible](濬)川;

在上古傳説中,禹本具有神性,是上帝派到下界來平抑洪水、整理大地的。這在上世紀30年代顧頡剛、童書業所寫的《鯀禹的傳説》一文中,已經説得很清楚了。[1]

---

① 此文已收入《顧頡剛古史論文集》第二册,中華書局,1988。見88—138頁。以下簡稱此文爲"顧文"。此文在收入《古史辨》第七册下編時,署顧頡剛、童書業二人之名。

《尚書・洪範》記箕子之言說:

> 我聞在昔鯀陻(堙)洪水,汩陳其五行。帝乃震怒,不畀洪範九疇,彝倫攸斁。鯀則殛死,禹乃嗣興。天乃錫禹洪範九疇,彝倫攸叙。

這裏所說的"帝"和"天"都指上帝。《尚書・吕刑》:

> 皇帝清問下民……乃命三后恤功于民。……禹平水土,主名山川。……

"皇帝"就指《吕刑》上文出現過的"上帝"。僞孔傳以"上帝"爲"天",以"皇帝"爲"帝堯",是錯誤的。② 《山海經・海内經》說"禹、鯀是始布土,均定九州",又說:

> 洪水滔天,鯀竊帝之息壤以堙洪水,不待帝命。帝令祝融殺鯀於羽郊。鯀復(腹)生禹,帝乃命禹卒布土以定九州。

這裏所說的"帝"當然也是上帝。郭璞注:"息壤者,言土自長息無限,故可以塞洪水也。"帝殺鯀後,"命禹卒布土",所布的仍應是息壤。《淮南子・墬形》:"禹乃以息土填洪水,以爲名山。"息土就是息壤。《山海經》雖然成書較晚,却保存了不少較原始的神話傳說。上引那段話顯然反映了鯀、禹治水傳說的較原始的面貌。③

"尃土"之"尃",古書作"敷"。《尚書・禹貢》:"禹敷土,隨山刊木,奠高山大川。"《大戴禮記・五帝德》:"使禹敷土,主名山川,以利於民。"《詩・商頌・長發》:"洪水芒芒,禹敷下土方。"(鄭箋:"禹敷下土,正四方。")字亦作"傅"。《史記・夏本紀》轉述上引《禹貢》語,作"以傅土,行山表木,定高山大川"。《荀子・成相》:"禹傅土,平天下,躬親爲民行勞苦。"《周禮・春官・大司樂》鄭玄注:"大夏,禹樂也。禹治水傅土,言其德能大中國也。"上引《五帝德》的"敷土",有的本子也作"傅土"。"敷"、"傅"皆从"尃"聲("敷"是"旉"之訛體),故三字可通用。"敷"與"布"音義皆近。《詩・小雅・小旻》毛傳:"敷,布也。"郭璞在注上引《海内經》"禹、鯀是始布土"句時說:"布猶敷也。《書》曰:禹敷土,定高山大川。"《說文・三下・寸部》:"尃,布也。"可知"尃"實"敷土"之"敷"的本字。④ 禹的"敷土",其原始意義

---

② 參看顧文 95—96 頁。

③ 參看顧文 104—106 頁及顧頡剛 1957 年發表的《息壤考》。後者也已收入《顧頡剛古史論文集》第二册,見 199—210 頁。

④ 《說文・三下・攴部》訓"敷"爲"㢾","㢾"通"施",義與"布"近。所以也未嘗不可將"敷"看作"尃"的後起字。

應指以息壤堙填洪水。古人將大地稱爲"禹之迹"、[5]"禹迹"、[6]"禹之績"、[7]"禹之堵",[8]就是以禹敷土的傳説爲主要背景的。[9]

"墬"是"墮"的初文,亦見包山楚簡,《汗簡》以爲"隋"字古文。《説文·十四下·𨸏部》"墮"字字頭作"隓",即由此形演變。[10] "墬"的字形象用手使"𨸏"上之土墮落,是一個表意字。其所从之"圣"後來變爲"左",當是由於"圣"、"左"形近,而"左"字之音又與"墮"相近的緣故。秦漢文字"隋"的右上部多作"圣"或"圣",尚存古意。[11]

禹之"墮山"在上引《禹貢》文中已變爲"隨山",《書序》也説:"禹别九州,隨山濬川,任土作貢。"《史記·夏本紀》轉述《禹貢》,改"隨山"爲"行山",已見前引。同書《河渠書》説:"《夏書》曰:禹抑洪水……以别九州,隨山浚川,任土作貢。""以别九州"以下與《書序》之文基本相同。《史記》與《書序》相同之處頗多。二者究竟誰抄誰,尚無定論。

"墮山"變爲"隨山",與鯀、禹治水傳説的演變有關。上引顧文已指出,在較早的傳説中,鯀和禹都以息壤對付洪水,用的都是"堙"的辦法;鯀所以失敗,是由於他"不待帝命",並非方法不對;認爲鯀用堙塞防堵的方法治水而致失敗,禹用疏導的方法治水而得成功,乃是鯀、禹治水傳説隨時代而演變的結果。[12] 在現存的古文獻裏,明確地把鯀和禹的治水方法對立起來的説法,最早見於《國語·周語下》:

> 靈王二十二年(公元前550年),穀、洛鬭,將毀王宫,王欲壅之。太子晋諫曰:"不可!晋聞古之長民者,不墮山,不崇藪,不防川,不竇澤。……昔共工棄此道也,虞於湛樂,淫失其身,欲壅防百川,墮高堙庳,以害天下。……其在有

---

⑤ 《尚書·立政》:"其克詰爾戎兵,陟禹之迹,方行天下,至于海表,罔有不服。"

⑥ 《左傳》襄公四年引"虞人之箴":"芒芒禹迹,畫爲九州。"春秋時的秦公簋説"鼏宅禹責","責"讀爲"蹟",與"迹"爲一字。簋銘見《集成》8·4315。

⑦ 《詩·商頌·殷武》:"天命多辟,設都于禹之績。"此"績"字或以爲功績之"績",或以爲亦應讀爲"蹟"。

⑧ 春秋時的叔尸(或釋"弓")鐘、鎛説成湯"咸有九州,處禹之堵",見《集成》1·275—276、283、285。

⑨ 參看顧文93—94頁。

⑩ 參看吉林大學李守奎博士學位論文《楚文字編·楚文字編歸字説明》,1997,54—55頁。

⑪ 參看《秦漢魏晋篆隸字形表》,四川辭書出版社,1985,270頁"隋"字,1036頁"墮"字。

⑫ 參看顧文104—108頁。

虞,有崇伯鯀播其淫心,稱遂共工之過,堯用殛之於羽山。⑬ 其後伯禹念前之非度,釐改制量,象物天地,比類百則,儀之於民,而度之於群生。共之從孫四嶽佐之。高高下下,疏川導滯,鍾水豐物,封崇九山,決汩九川,陂鄣九澤,豐殖九藪,汩越九原,宅居九隩,合通四海。……皇天嘉之,祚以天下……"

太子晉認爲只有共工和鯀那樣的人,才會"墮山",才會"墮高堙庳"。其實在較早的傳説裏,禹完全有可能被説成在"敷土"之外,也用"墮山"的辦法來"堙庳"。本銘的"墮山"無疑就應該這樣解釋,而不能根據《禹貢》等讀爲"隨山"。"墮山"當然不是指把所有的山都削平,跟禹的"奠高山大川"並不矛盾。奠高山大川應該是在敷土和墮高堙庳的基礎上進行的。對禹的治水,《禹貢》强調"隨山刊木"(《十講》編按:此語亦見《尚書・益稷》),《書序》强調"隨山濬川"。爲什麽把"隨山"這件事的重要性提得這樣高,很不好理解。現在看來,所謂"隨山"應該是關於鯀、禹治水方法的觀念發生變化以後,對"墮山"的一種"誤讀"("隨"本作"隨",亦从"陏"聲)。

""字从"叡"(奴)从"川"从"○"("圓"的初文)。《説文・十一下・谷部》"濬"字以"睿"爲字頭,訓爲"深通川也",分析字形説:"从谷,从卢(歺)。卢,殘地阬坎意也(《段注》據《韻會》改爲"从卢、谷。卢,殘也。谷,阬坎意也")。"《説文・四下・奴部》訓"奴"爲"殘穿也"。""字从"奴"从"川",與"睿"字从"歺"从"谷"意近,⑭而且把"深通川"之意表示得更爲明白,當爲"濬"字初文無疑。此字所从的"圓"之初文,應是加注的音符。"濬"與"浚"爲一字異體,古音學家或歸入真部,或歸入文部。《説文・二上・口部》"㕣"字(即"沿"、"鉛"所从之㕣)有古文作"容",學者多以爲"容"與"睿"爲一字。"㕣"乃元部字。與"濬"同从"睿"聲的"璿",有異體作"璇",亦屬元部("睿"爲祭月部字,與"璿"陰陽對轉)。"圓"字上古音,各家或歸入文部,或歸入元部。由此可知"濬"和"圓"的上古韻部一定很接近。"濬"爲心母字。"圓"爲匣母字,但與"圓"同从"員"聲的"損"即爲心母字。而且"圓"、"圜"古通,而與"圜"同从"睘"聲的"還"古通"旋","旋"則與"璿"同音。可見從聲母看,"圓"和"濬"也有可以相諧之理。所以""所从的"圓"字初

⑬ 《息壤考》208 頁引此文時指出:"先前的上帝,到此也變爲帝堯了。"出處見《顧頡剛古史論文集》第二册。

⑭ 《説文・四下・歺部》訓"歺"爲"列骨之殘也"。從古文字看,疑"歺"本象鏟臿之類挖土工具,"奴"象以手持"歺"工作形。

文應爲其音符。

顧文認爲較早的傳説不會説禹用疏導的方法治水,禹疏水之説開始盛倡於《墨子》。[15] 其實禹不但要平抑洪水,還要"奠高山大川"。"奠"的意思就是"定"。要定大川,就不能不進行疏導。《詩·小雅·信南山》説"信彼南山,維禹甸(古通"奠")之",《大雅·韓奕》説"奕奕梁山,維禹甸之",《大雅·文王有聲》説"豐水東注,維禹之績"。可見西周時人是相信禹"奠高山大川"的。禹使豐水東注,不就是疏導豐水嗎? 這正與本銘説禹"濬川"相合。顧文認爲鯀、禹治水方法相對立的説法是後起的,確是卓識,但將這種説法出現的時代定爲戰國,似嫌稍晚。而且顧文似乎認爲凡是跟禹疏水有關的説法,都是以鯀、禹治水方法相對立的觀念爲其背景的,只有在進入戰國時代以後才會出現。這就明顯與事實不符了。

《書序》和《河渠書》説禹"隨山濬川",必有已失傳的古書爲據。這種古書或其所從出的更早的古書,應該像本銘一樣,是以"墮山"與"濬川"並提的,但是"墮"字後來誤讀成了"隨"。《禹貢》的"隨山刊木"也應有所據,而且原來大概也是以"墮山"、"刊木"二事並提的。《左傳·襄公二十五年》"當陳隧者,井堙木刊","木刊"意即樹木被砍除。《禹貢》僞孔傳以"斬木通道"釋"刊木",可供參考。《夏本紀》將"隨山刊木"説成"行山表木",其意似謂禹巡行山陵,刊削樹木以爲表識。這顯然是附會之説。

迺(乃)彝(疇)方,埶(設)征(正),降民,監德;

此句與下句都以"乃"發端,不是獨立的句子,它們的主語仍是銘首的"天"。

"方"上一字上从"",下从"収"。陳劍《據郭店簡釋讀西周金文一例》指出""與"奉"由一字分化,"奉"應從冀小軍《説甲骨金文中表祈求義的奉字》一文的意見,定爲具有"禱"、"曹"一類讀音的字,""字讀音與之相近。[16] 其説可從。但是陳文主要根據西周金文中从"辵"、""聲之字的情況,認爲"''从'奉'字中完全分化出來,西周早期應當就已經完成",[17]似乎把話説得太絶對了一些。西周中期銅器穻鼎"捧"字"奉"旁作,[18]與有些""字無别。西周晚期銅器善

⑮ 顧文107頁。顧文把我們已在前面引過的《周語下》太子晉的那段話引在《墨子》的話後面,顯然認爲這段話爲戰國時人所假託。

⑯ 陳劍文見《北京大學中國古文獻研究中心集刊(二)》,北京燕山出版社,2001,389—395頁。冀小軍文見《湖北大學學報》1991年1期。

⑰ 上注所引陳文395頁。

⑱ 《集成》5·2755。

夫山鼎“搼”字“𠦪”旁作,[19]下部斜筆也比一般𠦪字少一層,豎畫上加一小横,則與後來的楚簡“”旁的寫法如出一轍。[20] 所以我們仍把“方”上之字隸定爲“𢍏”。甲骨文“奏”字作从“収”持“𠦪”形,但“収”形都加在“𠦪”的中部或上部兩側,從無加在下部的,與此字似無關。[21]《金文編》所收“𠦪”字多有在兩側加“屮”形的,而彔伯簋二例則將二“屮”加在“𠦪”的下方。[22] “艸”、“収”形近,“𢍏”字也許就由這種字形變來。[23] 我們認爲此字應从“𠦪”得聲,也就是説其讀音應與“禱”、“曹”相近。結合文義考慮,“𢍏方”當讀爲“疇方”。“疇”、“禱”皆从“壽”聲,古音相近。

“疇”有“類”義。《戰國策・齊策三・淳于髡一日而見七人於宣王章》“夫物各有疇”高誘注:“疇,類也。”《易・繫辭上》:“方以類聚,物以群分,吉凶生矣。”“疇方”可理解爲使方以類聚,也就是給方分出類。《國語・齊語》:“人與人相疇,家與家相疇。”韋昭注:“疇,匹也。”彼此相疇匹即成“疇類”(指人者後世作“儔類”),所以也可以把“疇方”之“疇”看作“相疇”之“疇”的使動詞,把“疇方”理解爲使方相疇而成類。“方”有“道”、“法”、“術”等義,[24]“疇方”之“方”應訓爲“法”。《史記・宋世家》的《索隱》引《尚書・洪範》鄭玄注,稱“洪範九疇”爲“天道大法九類”。《洪範》僞孔傳也釋“洪範”爲“大法”,釋“九疇”之“疇”爲“類”。這大法九類,就是《洪範》依次敘述的五行、五事、八政、五紀、皇極、三德、稽疑、庶徵、五福和六極(五福、六極合爲一疇),乃“是天道和人道的統一”,[25]亦即建立人世秩序的依據。此銘所説的“疇方”,應該就是以天錫禹洪範九疇的傳説爲背景的。此銘下文還有一些需要以《洪範》爲背景來理解的詞語和思想,可以與此互證。

“埶”爲“蓺”(藝)之初文,又是“勢”之古字。我在《釋殷墟甲骨文裏的“遠”“㺸”(邇)及有關諸字》、[26]《古文獻中讀爲“設”的“埶”及其與“執”互訛之例》[27]等

---

⑲ 《集成》5・2825。

⑳ 楚簡“”旁之形見上引陳文380頁。

㉑ 甲骨文“奏”字字形見《甲骨文編》,中華書局,1965,694頁3437號。《文編》列此字於附録,目前甲骨學界普遍從郭沫若《殷契粹編考釋》釋此字爲“奏”。

㉒ 《金文編》,中華書局,1985,707頁。

㉓ 這一意見是陳劍口頭向我提出的。

㉔ 參看《經籍籑詁》卷二十二“方”字條。

㉕ 《息壤考》207頁語,出處見《顧頡剛古史論文集》第二册。

㉖ 拙著《古文字論集》,中華書局,1992,7頁。

㉗ 《東方文化》36卷1、2號,香港大學亞洲研究中心,1998(實際出版時間爲2002年),39—45頁。

文中已指出,“埶”、“設”古音相近,在甲骨卜辭、漢代簡帛和古書中,都有將“埶”用作“設”的例子。郭店楚墓竹簡也以“埶”爲“設”。[28] 西周銅器銘文中同樣有這種例子。李學勤先生在《靜方鼎與周昭王曆日》等文中,已將靜方鼎銘“埶应”之“埶”讀爲“設”。[29] 本銘的“埶”也應讀爲“設”。“設征”之“征”則應讀爲正長之“正”,西周銅器員鼎以“征月”爲“正月”,與此相類(參看《金文編》94頁)。

天所設立的是什麼“正”呢?我認爲應是五行之官的正。《左傳》昭公二十九年記“秋,龍見于絳郊”,魏獻子因此問史官蔡墨,今世爲何不能生得龍。蔡墨回答說:

> 夫物物有其官,官脩(修)其方,朝夕思之,一日失職,則死及之。失官不食。官宿其業,其物乃至。若泯弃之,物乃坻伏,鬱湮不育。故有五行之官,是謂五官,實列受氏姓,封爲上公,祀爲貴神。社稷五祀,是尊是奉。木正曰句芒,火正曰祝融,金正曰蓐收,水正曰玄冥,土正曰后土。龍,水物也。水官弃矣,故龍不生得。……

據蔡墨所說,似乎萬物各按其類分屬五行之官,即所謂“五官”;五官是否稱職,對萬物的盛衰以及人、物之間的關係,都有決定性的影響;五官之長稱正。

據下引《國語・楚語下》所記楚大夫觀射父語,五行之官還有處理神民關係的職責:

> 昭王問於觀射父曰:“《周書》所謂重黎寔使天地不通者,何也?若無然,民將能登天乎?”對曰:“非此之謂也。古者,民、神不雜……於是乎有天地神民類物之官,是謂五官,各司其序,不相亂也。……及少皞之衰也,九黎亂德,民、神雜糅,不可方物。……顓頊受之,乃命南正重司天以屬神,命火正黎司地以屬民,使復舊常,無相侵瀆。是謂絶地天通。……”。

觀射父所說的“五官”應該就是蔡墨所說的“五官”。觀射父在這裏主要是講神民關係的,但他說“五官”是“天地神民類物之官”,在“天地神民”之外還加上“類物”。這就可以說明他所說的“五官”,就是分掌各類“物”的五行之官。上引《左傳》昭公二十九年蔡墨語的下文說:“少皞氏有四叔,曰重,曰該,曰脩,曰熙,實能

---

[28] 參看《郭店楚墓竹簡》,文物出版社,1998,175頁注⑯。

[29] 李學勤《夏商周年代學札記》,遼寧大學出版社,1999,22、76頁。中甗“埶应在曾”(《集成》3・949)、中方鼎“埶王应”(同上5・2751、2752)等“埶”字,用法與靜方鼎同,自然也應讀爲“設”。毛公鼎“埶小大楚(胥)賦”之“埶”(《集成》5・2841),也有可能應讀爲“設”。

金、木及水,使重爲句芒(按: 上文説"木正曰句芒")……顓頊氏有子曰黎,爲祝融(按: 上文説"火正曰祝融")……"。可知觀射父所説的司天地神民的"南正重"和"火正黎",確在蔡墨所説的五官之正之列。上引《楚語》文中楚昭王提到的《周書》,就是《尚書・吕刑》。觀射父以爲命重、黎是顓頊的事。但《吕刑》説:"皇帝哀矜庶戮之不辜,報虐以威,遏絶苗民,無世在下;乃命重、黎絶地天通,罔有降格。"命重、黎的乃是上帝。可知在較早的傳説中,"設正"正應該是天的事。

《洪範》所記箕子語,一開始就説鯀"汩陳其五行(僞孔傳: 汩,亂也),帝乃震怒,不畀洪範九疇";在陳述"九疇"内容時,又將"五行"列爲第一疇,由此可見五行在古人心目中的重要性。蔡墨説:"夫物物有其官。官脩其方,朝夕思之,一日失職則死及之。……"。他所説的"方",杜預注訓爲"法術",實與"疇方"之"方"同義。五行之官掌握的方,理當屬於《洪範》的第一"疇",不過《洪範》顯然無法把這些"方"都具體敘述出來。《洪範》第一疇中講了水、火、木、金、土的屬性,大概古人認爲這些是五行之官應該掌握的最基本的東西。從蔡墨、觀射父的話來看,古人認爲如果沒有五行之官掌握好有關的各種方,神民萬物就會失去應有的秩序,天下甚至天上都會大亂。所以我們把緊接着"疇方"説的"設正",解釋爲設立五行之官的正,應該是合理的。《易・繫辭上》和《禮記・樂記》都有"方以類聚,物以群分"之語,或許與"疇方、設正"有某種對應關係。而上引《楚語下》觀射父語中的"不可方物",則可能是方、物皆失其群類,不可掌握、治理的意思。

《洪範》講五行,只"不過將物質區爲五類,言其功用及性質耳",[30]其説甚爲樸素,與後世包羅萬象的陰陽五行説迥異。關於五官之正的傳説,帶有神話色彩,起源應該相當早。這種思想和傳説在西周時代完全有可能已經存在。

"降民"指降生下民。下文要引用的《孟子・梁惠王下》引逸《書》之文,有"天降下民"語,趙岐之注釋爲"天生下民"。也要在下文中引用的《左傳》襄公十四年文,有"天生民而立之君"語;《詩・大雅》有《生民》,所説"生民"皆與"降民"同義。大概上古傳説認爲洪水使下民死亡殆盡,所以在禹平水土之後,上帝要降民。

"監德"指監察下民之德。《左傳・莊公三十二年》:"國之將興,明神降之,監其德也;將亡,神又降之,觀其惡也。"爲惡即失德,單説"監德",應該是可以把"觀其惡"的意思也包含在内的。(《十講》編按:《尚書・吕刑》説:"上帝監民,罔有馨

㉚ 梁啓超《陰陽五行説之來歷》一文中語,此文發表於《東方雜志》1923年5月號,已收入《古史辨》第五册,上海古籍出版社,1982,所引語見350頁。

香德。”也可説明這一點。)《尚書·高宗肜日》説“天監下民”,《微子》説“降監殷民”,《吕刑》説:“上帝監民”,《詩·大雅·大明》説“天監在下”,《烝民》説“天監有周”,《商頌·殷武》説“天命降監”,説的都是監民之德的事。

迺(乃)自乍(作)配,卿(嚮)民;

此文的“作”有“造”、“立”之類意義。《孟子·梁惠王下》:“《書》曰:天降下民,作之君,作之師,惟曰其助上帝寵之……”,趙岐注:“《書》,《尚書》逸篇也。[31]言天生下民,爲作君,爲作師,以助天光寵之也。”“天降下民,作之君”與《左傳》襄公十四年“天生民而立之君”同意,“作”字用法與此銘同。“自作配”之意即天爲自己立配,猶“作之君”之意即天爲之(指民)立君。古人認爲作爲天下共主的王,是上帝將他立在下土以治理下民的,地上的王是天上的上帝的“配”。《詩·大雅·皇矣》歌頌文王受天命説:“天立厥配,受命既固。”西周晚期的毛公鼎所記時王之誥説:“丕顯文武,皇天引厭厥德,配我有周。”[32]周厲王在自作的㝬鐘銘中説“唯我嗣配皇天”,[33]在自作的㝬簋銘中説他“經擁先王,用配皇天”。[34] 西周晚期的南宫乎鐘歌頌周天子説:“天子其萬年眉壽,畯永保四方,配皇天。”[35]周人也承認,在殷王朝被他們取代之前,殷王是配天的。所以《詩·大雅·文王》説:“殷之未喪師,克配上帝。”天“自作配”應該就指在下土立王。

“卿”是“饗”的初文,在古文字裏可以用來表示“饗”、“嚮”(向)和卿大夫之“卿”等詞。此“卿”字應讀爲《洪範》“嚮用五福”之“嚮”(此字《漢書·谷永傳》引作“饗”,近人多從之,實非)。洪範九疇的第九疇是“嚮用五福,威用六極”,僞孔傳:“言天所以嚮勸人用五福,所以威沮人用六極。”《正義》解釋傳文説:“‘貧’,‘弱’等六者,皆謂窮極惡事,故目之‘六極’也。福者,人之所慕,皆嚮望之。極者,人之所惡,皆畏懼之。勸,勉也,勉之爲善。沮,止也,止其爲惡。福、極皆上天爲之。言天所以嚮望勸勉人用五福,所以畏懼沮止人用六極。”僞孔傳“嚮勸人”的“嚮”、《正義》“嚮望勸勉人”的“嚮望”,都是使動詞,有“使人嚮……”、“使人嚮望……”的意思。“嚮民”,意即使民有方嚮。“嚮”含引導義。郭店楚墓竹書中的《尊

---

[31] 《孟子》此處所引逸《書》語,僞古文《尚書》編入《泰誓上》,但文字和句讀有改動。

[32] 《集成》5·2841。

[33] 《集成》1·260。

[34] 《集成》8·4317。《集成》2·358著録的五祀㝬鐘銘,據釋文有“余小子肇嗣先王配上下”語(中國社會科學院考古研究所《殷周金文集成釋文》第一卷,香港中文大學中國文化研究所,2001,438頁),但“先王配上下”五字在所印拓片上不可辨,當存疑。

[35] 《集成》1·181。

德義》篇說:"故率民向方者,惟德可。"[36]"嚮民"就是"率民向方"。《尊德義》認爲只有德可以率民嚮方,本銘及《洪範》也主張以德嚮民,詳下文(《十講》編按:《禮記·樂記》:"樂行而民鄉(嚮)方,可以觀德矣。"可以參看)。天立配,就是要通過他來"嚮民"。

成父母,生我王,乍(作)臣。

"成父母,生我王"以及下文的"厥顋唯德,民好明德,憂在天下"等,可以看作對"作配嚮民"的具體說明。

"成父母,生我王",是說天爲下民生王,作民之父母。《洪範》:"曰天子作民父母,以爲天下王。"與此文若合符節,"生我王"猶言爲我生王。這當是用下民的口氣說話,"我"爲下民自稱。"生我王"與前引《孟子》所引逸《書》文中的"作之君"和《左傳》襄公十四年的"立之君",意義相近。

"作臣"之"作"與上文"作配"之"作"同義,可訓爲"立"。"臣"指王的輔佐。《左傳·襄公十四年》:"天生民而立之君,使司牧之,勿使失性。有君而爲之貳,使師保之,勿使過度。是故天子有公,諸侯有卿,卿置側室,大夫有貳宗,士有朋友,庶人、工商、皂隸、牧圉,皆有親昵,以相輔佐也。""作臣"之意與"有君而爲之貳"相近。

"臣"與上文"嚮民"之"民"都是真部字,押韻;還可認爲與首句屬文部的"川"合韻。

氒(厥)顋(美)唯德,民好明德,憂(任)才(在)天下。

"顋"見《說文·九上·頁部》,"讀若昧"。[37]《金文編》所收"顋"字,除毳盤、毳匜二例外,如魯伯盤、匜及殷穀盤諸例,"顋"形下皆有"水"形及"皿"形,"顋"殆爲省體。[38]各家皆以爲此字與《說文》訓"洒面"的"沬"爲一字,可信。[39]此文"顋"字疑當讀爲"美",二字上古音相近。"眉壽"之"眉",周代金文作"釁、瀪、覺"等形(一般隸定爲"鬢"),郭沫若認爲亦古"沬"字,以音近通"眉"。[40]其說亦可信。"眉"與"美"上古音同聲同部。"沬"既可通"眉",當然也可通"美"。"厥美唯德"

---

[36] 《郭店楚墓竹簡》57頁28號簡。

[37] 由於《說文》此字篆形已訛變,其訓釋及字形分析皆不可信。

[38] 《金文編》627頁。

[39] 參看上注所引《金文編》的按語,又請參看《金文詁林》11·5470—5471頁所引李孝定說,香港中文大學,1975。

[40] 《金文詁林》5·2172—2173頁已引其說。參看同書5·2190—2199頁所引李孝定說。

可以理解爲“其所贊美的就是德”。“其”之所指應包括天和作爲天之配的王。他們贊美德，就是要民好德用德。這就是“嚮民”。所以下面緊接着説“民好明德，任在天下”。

前面已經説過，《洪範》有“嚮用五福”的話，同篇“五、皇極”下説：“……斂時五福，用敷錫厥庶民。……而康而色，曰：‘予攸好德。’汝則錫之福。……”，僞孔傳：“……斂是五福之道以爲教，用布與衆民使慕之。……汝當安汝顔色，以謙下人。人曰：‘我所好者德。’汝則與之爵祿。”同篇“九、五福”下所列的五種福，第四種就是“攸好德”，僞孔傳：“所好者德，福之道。”僞孔傳的解釋不見得完全正確，但《洪範》認爲統治者應導民以德，應給予民之好德者以福，則是顯而易見的。這可以印證我們對“嚮民”和“厥美唯德”的解釋。除“民好明德”外，下文還有“好德婚媾”等語，跟《洪範》講“好德”是相應的。《論語・子罕》和《衛靈公》都説“吾未見好德如好色者也”，“好德”之義同。

“明德”爲周人常用語，屢見於周代銅器銘文及古書，不具引。《禮記・大學》“在明明德”句《正義》：“言大學之道在於章明己之光明之德。”釋“明德”爲“光明之德”。《詩・大雅・烝民》説：“天生烝民，有物有則。民之秉彝，好是懿德。”此銘則言天“降民，監德”、“作配，嚮民”、“厥美唯德”、“民好明德”，彼此立意相近。

“餥”字从“食”从“頁”，亦見仲叡父盤：

> 中(仲)叡父乍(作)婦姬尊般(盤)，黍梁(粱)遴(?)麥，用甿譴(此二字各家多釋“夙飽”)中(仲)氏。[41]

伯就(或釋“喬”)父簋又有从“飤”从“頁”之字：

> 白(伯)就父乍(作)簋……[42]

上舉盤銘之字，吴榮光釋“饗”，吴闓生以爲“食之繁文”；[43]簋銘之字，徐同柏釋“飷”，[44]《金文編》釋“飤”，[45]皆不可信。劉心源認爲簋銘之字从“飤”从“頁”，盤銘

---

[41] 《金文總集》8・6753。《集成》未收此銘。《金文編》收此銘“餥”字爲附録下239號。張亞初《殷周金文集成引得》(中華書局，2001)所附《〈金文編〉〈引得〉收字對照表》1501頁239號項注：“銘僞，未收。”《集成》編者不知何據而定此銘爲僞，恐不可從。

[42] 《集成》7・3762。

[43] 《金文詁林附録》，香港中文大學，1977，1770頁。

[44] 《金文詁林》7・3375頁。

[45] 《金文編》359—360頁“飤”字。此字收爲最後一例。

之字从“食”从“頁”,皆爲“饋”字之省。[46] 釋“饋”顯然錯誤,以此二字爲一字異體則是正確的,其偏旁分析亦可從。孫詒讓也以此二字爲一字異體。他疑盤銘之字“當从食从頁,或當爲惪聲之省,伯就父敦(引者按:舊皆誤以“敦”稱簋)从人,則似从優省,但字書未見,不知何義也。”[47]孫氏分析簋銘之字的結構有誤,但以爲盤銘之字从“惪”省聲,則極有啓發性。《說文・十下・心部》以“惪”爲“憂愁”之“憂”的本字,分析爲“从心从頁”會意。朱駿聲《說文通訓定聲・孚部》“百”(首)字條,指出“頁”亦古文“百”字,“惪”字條指出“惪”當从“頁”(首)聲,其說甚確。[48]據此,孫氏所說的“惪聲之省”可以改爲“从頁(首)聲”。我懷疑這個从“食”或“飤”、从“頁”(首)聲的字,是“飪”的古字。“飪”是日母侵部字。“首”是書母幽部字。按照章炳麟等人的古韻學說,幽、侵二部有陰陽對轉關係。從形聲字的諧聲情況看,日母字和書母字相諧的例子也是存在的。例如:“如”是日母字,“恕”是書母字。“爾”是日母字,从“鳥”、“爾”聲和从“黽”、“爾”聲的字是書母字。“然”是日母字,从“人”、“然”聲和从“女”、“然”聲的字是書母字。“豕”是書母字,“豜”(“蕤”的聲旁)是日母字。“飪”是弄熟食物的意思。上引簋銘和盤銘的“飪”大概都指已弄熟的食物,用的是引申義。本銘的“飪”似當讀爲任職之“任”。上引《洪範》僞孔傳將“曰:‘予攸好德。’汝則錫之福”解釋爲“人曰:‘我所好者德。’汝則與之爵祿”。《正義》解釋傳文說:“此言‘與爵祿’,謂用爲官也。”此銘言“民好明德,任在天下”,意與之近。不過我們釋“饔”爲“飪”,把握並不是很大,此字尚待進一步研究(《十講》編按:此字似以讀作“羞”爲妥,請看本文追記)。

“厥美惟德……”這一句,可以看作由銘文第一段到講民之好德者應如何行事的第二段的過渡。

用氒(厥)邵好,益□歆(懿)德,康亡(?)不楙(懋)。

“邵”有高、美之義。《法言・修身》:“公儀子、董仲舒之才之邵也……”,李軌注:“此二子才德高美。”汪榮寶《義疏》:“《說文》:‘卲,高也。’字當从卩。經典通用‘邵’。《廣雅・釋詁》:‘邵,高也。’又《小爾雅・廣詁》:‘邵,美也。’是邵兼高、

---

[46] 《金文詁林》7・3375頁。

[47] 《金文詁林附錄》,香港中文大學,1977,1770頁。

[48] 關於“惪”字聲旁,參看拙文《從殷墟卜辭的“王占曰”說到上古漢語的宵談對轉》,《中國語文》2002年1期,73頁。我在那篇文章中引了李運富《楚國簡帛文字構形系統研究》中的有關說法,而失引朱駿聲說。

美二義。"[49]"好"有美善之義。《洪範》:"凡厥正人,既富方穀,汝弗能使有好于而家,時人斯其辜。于其無好,[50]汝雖錫之福,其作汝用咎。"《正義》釋"汝弗能使有好于而家"爲"汝若不能使正直之人(按:近代各家多以爲上文"正人"不當理解爲正直之人,而應理解爲從政之人或爲正長之人)有好善於汝國家"。此銘"好"字之義與之相似。一說"邵"讀爲"劭",訓"勉"。[51]"好"即"好德"之"好"。"劭好"指對德的努力追求。

"益"下一字不識。"益□懿德"的意思可能是增益美德。"懿德"也屢見於周代銅器銘文和古書。前面引過的《詩・大雅・烝民》即有"好是懿德"語。

"康"的意思是平安。《詩・大雅・卷阿》"茀祿爾康矣"鄭箋:"康,安也。"《商頌・烈祖》:"自天降康,豐年穰穰。"鄭箋:"天於是下平安之福,使年豐。"《洪範》"五福","三曰康寧"。其第八疇"庶徵"之文,以"家用平康"與"家用不寧"對言。"康"下一字似"亡",但寫法與本銘最後一行的"亡"字不同,字形方向也是反的。然而從文義看,此字應爲否定詞,似乎又只能釋"亡"。徐寶貴《商周青銅器銘文避複研究》一文指出,銅器銘文中重出的字有"變形避複"的現象。[52]也許此字就是爲了避複而寫得跟一般的"亡"字不同的。據文義此字似應讀爲"無"或"毋"。"亡"、"無"、"毋"古皆通用。"楙"讀爲"懋",與瘐簋、瘐鐘同。[53]《爾雅・釋訓》、《説文・十下・心部》皆訓"懋"爲"勉"。"康亡不懋"蓋言雖安康而不懈怠,立意與《詩・唐風・蟋蟀》"無已大康"、《周頌・昊天有成命》"成王不敢康"相似。

"用厥邵好"的"好"和"康亡不懋"的"懋"都是幽部字,押韻。

老(孝)晉(友)恬明,巠(經)齊好祀,無䰜(悖)心。

此文以"老"爲"孝"。西周銅器銘文屢以"老"爲"考",《金文編》"考"字條所收卿尊至䟣簋諸例,幾乎都是用作"考"的"老"字;[54]又屢以"考"爲"孝",如"享孝"之"孝"或作"考",[55]"孝友"之"孝"亦有作"考"者。[56]"老"既可用爲"考",當然也

---

[49] 《法言義疏》,中華書局,1987,92頁。

[50] 今本此"好"字下有"德"字,據《十三經注疏校勘記》等刪。

[51] 《爾雅・釋詁》、《説文・十三下・力部》皆訓"劭"爲"勉"。

[52] 《考古學報》2002年3期,261—276頁。

[53] 參看《金文編》"楙"字條,《金文編》410頁。

[54] 《金文編》599頁後三行。

[55] 參看《金文編》596頁"考"字條仲枏父簋、遲盨二例按語。

[56] 曆鼎:"考(孝)晉(友)唯井(型)。"見《集成》5・2614。

可用爲“孝”。旅仲簋“享孝”之“孝”作,[57]很可能也是用爲“孝”的“老”字。本銘下文“敏用老申(神)”,亦以“老”爲“孝”。

“惩明”之“惩”从“心”、“盂”聲。“明”在古代被視爲一種美德。《國語·周語上》“十五年有神降於莘”條“國之將興,其君齊明衷正……”,即其一例。“惩”也應是一種美德。大克鼎銘贊美其祖師華父,有“盅靜于猷”之語。[58]“惩”與此“盅”字所表示者當爲同一詞。舊多釋“盅”爲“寧”,[59]不可信,待考。

“巠”當讀爲“經”。《禮記·樂記》:“廉直勁正莊誠之音作而民肅敬。”“勁正”,《史記·樂書》作“經正”,《集解》、《索隱》皆引三國時魏孫炎《禮記》注曰:“經,法也。”可知《禮記》古本本作“經”。“齊”有莊敬義。《禮記·孔子閒居》“聖敬日齊”鄭玄注:“齊,莊也。”“經齊”應與《樂記》之“經正莊誠”同義。“經正”似即後世所說的“正經”。古人重祭祀。《左傳·成公十三年》:“國之大事,在祀與戎。”《洪範》“八政”,“三曰祀”。所以“經齊好祀”是重要的美德。

“心”上一字寫法較怪,今據甲骨文釋爲“䰡”。甲骨文“䰡”字見下引卜辭:

乙巳卜,今日乙王其新庸羌(?),不遘䰡日。

其遘䰡[日]。　　合 29712

不遘䰡日。　　合 29711

其遘䰡日。　　屯南 2442

從文義看,“䰡日”應指一種不好的日子或太陽的一種不理想的狀況,但“䰡”字的確切含義尚無法知道。“䰡”似應爲从“鬼”、“貝”聲之字,或即“魌”之古字(《十講》編按:陳劍指出甲骨文“䰡”字應从“鬼”聲,請看本文追記。但銘文此字右旁,有的學者認爲是“兇”字——朱鳳瀚《𤼈公盨銘文初釋》,《中國歷史文物》2002年6期32頁,則此字或與甲骨文“䰡”字無關,待考)。“貝”、“魌”的上古音很接近。此銘的“䰡心”顯然指一種不合乎德的心態。“貝”和“悖”的上古音,聲、韻都相近,疑“䰡心”當讀爲“悖心”。《禮記·樂記》:“人化物也者,滅天理而窮人欲者也。於是有悖逆詐僞之心,有淫佚作亂之事。”“悖心”即悖逆之心。

好德昏(婚)遘(媾),亦唯協(協)天,敏用老(孝)申(神);

---

[57] 《集成》7·3872。

[58] 《集成》5·2836。

[59] 《金文詁林》9·4753—4755。

"𦖞"即"聞"之古字。西周金文皆以"𦖞遘"或"𦖞冓"爲"婚媾"。[60] "好德婚媾"在語法上不大通,大概是說對於婚媾之事也堅持好德,似有好德不好色之意。

"𣪍"應即商代文字中屢見的"𠭯"的繁體。《金文編》、《甲骨文編》皆釋"𠭯"爲"劦",[61]字與"協"通。《左傳·昭公二十五年》:"哀樂不失,乃能協于天地之性,是以長久。"《尚書·堯典》"協和萬邦"僞孔傳:"協,合也。"(《史記·五帝本紀》引述《堯典》,"協"亦作"合"。)"亦惟協天"也是承"好德"而言的,意謂好德之行合乎天意。

"敏"有"勉"意。《禮記·中庸》"人道敏政"鄭玄注:"敏猶勉也。""申"用作"神",亦見西周銅器作册嗌卣、[62]大克鼎、[63]此鼎、[64]此簋、[65]杜伯盨、[66]𩰫史㞷壺。[67]西周銅器銘文多稱先人爲神,如上舉𩰫史㞷壺稱"先神皇祖享叔";此鼎、此簋說"用作朕皇考癸公尊鼎,用享孝于文神","文神"顯然指先人;大克鼎說"天子明哲,顯孝于神","神"指先王。本銘的"神"無疑也是指先人的。"敏用孝神"也應是承"好德"而言的,意謂勤勉地以好德之行來追孝先人。

"天"和"神"都是真部字,押韻。(《十講》編按:我對上引銘文的釋讀,問題較多。我釋爲"敏"的字,各家多釋"𠭂",可從。李學勤《論豳公盨及其重要意義》將有關文句釋讀爲:"……婚媾亦唯協。天釐用考,神復用祓祿……","考"訓"壽","復"訓"報",見《中國歷史文物》2002年6期6頁。其釋讀較拙文合理。)

復用𩠹(祓)彔(祿),永卬(孚)于寍(寧)。

"𩠹"即古"髮"字。[68] 史牆盤[69]及𤼈鐘[70]皆有"𩠹祿"一詞,前者又有"繁𩠹多釐"之語。各家多讀"𩠹"爲"祓",訓爲"福",可從。[71]《詩·大雅·卷阿》"茀祿爾

---

[60] "𦖞遘"見𠧩伯簋(《集成》8·4331)、善夫克盨(同上9·4465)、壴卣(同上10·5401),"𦖞冓"見叔多父盤(《金文總集》8·6786)。

[61] 《金文編》903頁;《甲骨文編》526頁。

[62] 《集成》10·5427。

[63] 《集成》5·2836。

[64] 《集成》5·2821—2823。

[65] 《集成》8·4303—4310。各器同銘,但少數器有誤字或脱字。

[66] 《集成》9·4448—4452。

[67] 《集成》15·9718。

[68] 參看《金文編》"髮"字條,《金文編》639頁。

[69] 《集成》10·10175。

[70] 《集成》1·246。

[71] 參看《金文詁林補》5·2892—2895,中研院史語所,1982。我過去在《史牆盤銘解釋》中對此字的解釋是錯誤的。

康矣”，鄭箋訓“茀”爲“福”。《爾雅·釋詁》：“祿、祉、履、戩、祓、禧、褫、祜，福也。”郭璞注引上舉《詩》句，作“祓祿康矣”。《方言》卷七：“福祿謂之祓戩。”“復用祓祿”在語法上也不大通，意思可能是說又用好德之行來求得福祿，也可能是説又通過協天和孝神來求得福祿（《十講》編按：此處解釋有問題，參看上段編按）。

“永”字原作，與一般“永”字有別。西周中期銅器格伯作晉姬簋“其永寶”之“永”作，[72]除字形方向有左右之別外，寫法與此字相同，可證此字確可釋“永”。“卬”字亦見於西周晚期的儹匜。匜銘所記伯揚父對牧牛的判辭中有如下語：

> ……今汝亦既有卬誓：尃趍嗇，睦儹，寽亦兹五夫；亦既卬乃誓，汝亦既從辭從誓，式可。[73]

舊多釋此字爲“御”，不可信。《禮記·緇衣》所引《詩·大雅·文王》“萬邦作孚”之“孚”，上海博物館所藏《緇衣》簡作，[74]疑與“卬”爲一字。此字雖尚不能釋出，但其讀音應與“孚”相同或相近。《尚書·吕刑》：“五辭簡孚，正于五刑。”僞孔傳：“五辭簡核，信有罪驗，則正之於五刑。”楊筠如《覈詁》：“孚，讀爲符，信也，合也。《盤庚》‘以不浮于天’，《君奭》‘若卜筮罔不是孚’，並同。”[75]將儹匜諸“卬”字讀爲“孚”，義皆可通。疑本銘“卬”字亦應讀爲“孚”。“盜”爲“寍”字省文。[76]《說文·七下·宀部》以“寍”爲安寧之“寧”的本字。“永孚于寧”疑是永遠安寧之意。《吕刑》有“其寧惟永”之語，似與此同意。《洪範》“五福”之三爲“康寧”，已見前引。殷墟卜辭“兹”之“”，我以前曾釋爲“凸”（音 wǒ），讀爲“果”（《十講》編按：拙文《釋“凸”》寫於 1999 年，見《紀念殷墟甲骨文發現一百周年國際學術研討會論文集》，社會科學文獻出版社，2003），現在看來，也有可能應該釋讀爲“孚”，待考（《十講》編按：參看本文正文和文末的追記）。

---

[72] 《集成》7·3952。

[73] 《集成》16·10285。師翻鼎（《集成》5·2830）“用厥烈祖德”，“德”上一字舊多釋“介”，疑亦是“卬”字別體。

[74] 馬承源主編《上海博物館藏戰國楚竹書（ ）》第 45 頁《紂衣》1 號簡，上海古籍出版社，2001。郭店簡《緇衣》此字作“孚”，與今本同，見《郭店楚墓竹簡》第 17 頁 2 號簡。

[75] 《尚書覈詁》，陝西人民出版社，1959，306 頁。此書 107 頁解釋《盤庚》“以不浮于天”句時，對讀“孚”爲“符”的理由有所說明，可參閱。

[76] 參看《金文詁林補》4·2406—2407 頁“寍”字條周法高按語。

𤼈公曰：

“𤼈”字一般釋爲“豯”或“豳”，也有認爲“豳”即“豯”之訛形者。[77] 西周中期銅器善鼎記王命善輔佐㚿侯“監𤼈師戍”。[78] 同屬西周中期的趞簋記王命趞“作𢿌自(師)冢司馬”。[79] “𤼈”和“𢿌”應指同一地，一般以爲二者是一字異體，也有學者認爲“𢿌”是从“攴”、“𤼈”聲之字。[80] 二者即使並非一字，也應是可以通用的同音或音近之字。據上引善鼎和趞簋銘文，𤼈地駐有周王朝戍軍，設有冢司馬，顯然是一處要地，釋“𤼈”爲“豳”(邠)可能是正確的。“𤼈”在西周中期銅器銘文中有用爲族氏之例，如裘衛盉有人名“𤼈趞”，[81]五祀衛鼎有人名“𤼈𧾷”。[82] 但𤼈公似應爲𤼈地的一位封君，“公”上的“𤼈”不能視爲一般人名的氏。西周銅器有𢿌王盉，銘曰：“𢿌王作姬□(爲一从“女”之字，應爲女性人名)盉”，[83]從字體看，似應爲西周中期或稍晚之器。𢿌王與𤼈公的關係待考。

民又(?)唯克用兹德，亡(無)誨(悔)。

“民”下一字似未鑄全，從現存筆畫看，疑是“又”字。西周銅器銘文有“有唯”之語：

> 爾有唯小子亡戠　　　　　　　　　　　　　　　　　　　　　　　　　𣄰尊[84]
>
> 女(汝)有隹(唯)小子，余令女(汝)死(尸)我家……　　　　　　　　　師𩛥簋[85]

“又”、“有”古通，“又唯”应即“有唯”。在“唯”上加“有”，似有加强语气的作用(《十讲》编按：所谓“又”实为泐痕而非字，此段应删除，参看本文文末的追记)。

“用德”之类說法，《尚书》屢见。《盘庚上》：

> 用罪伐厥死，用德彰厥善。

《洪範》：

> 次六，曰乂用三德。

---

[77] 参看《金文詁林》12·5976—5985頁。《金文编》釋“豯”，688頁。

[78] 《集成》5·2820。

[79] 《集成》8·4266。

[80] 参看《金文詁林》12·5976—5985頁。《金文编》釋“豯”，688頁。

[81] 《集成》15·9456。

[82] 《集成》5·2832。

[83] 《集成》15·9411。

[84] 《集成》11·6014。

[85] 《集成》8·4311。

《梓材》:

先王既勤用明德……亦既用明德。……肆王惟德用……

《召诰》:

王其德之用,祈天永命。

《多士》:

予一人惟听用德。

《多方》:

惟我周王灵承于旅,克堪用德,惟典神天。

從上引諸例看,"用德"者是統治階級,而且常常是最高統治者。本銘的性質與上引《尚書》諸篇不同,但銘文中所說的"好德"、"用德"的"民",顯然也是指統治階級的。對天和神而言,地上的人都是民。過去學術界討論古代社會性質的時候,有些人認爲"民"本是對奴隸階級的稱呼。這是完全錯誤的。

"亡誨"似應讀爲"無悔"。《周易》爻辭中"无(無)悔"六見,此外還有"悔"、"有悔"、"悔亡"等說法。[86]《易・繫辭上》:"悔吝者,憂虞之象也。"《正義》:"悔者,其事已過,意有追悔也。""無悔"之"悔"也可以認爲有與"凶咎"相近的意義。《公羊傳》襄公二十九年"尚速有悔於予身",何休注:"悔,咎;予,我也。"本銘有時把"無"這個詞寫作"無",有時又寫作"亡",也許也是爲了避複。

豳公的話的意思大概是說,民能用此德,就沒有悔咎。《詩・大雅・皇矣》:"維此王季……其德克明……比于文王,其德靡悔。"鄭箋:"靡,無也。王季之德比於文王,無有所悔也。""克用兹德亡悔"與"其德靡悔",意義似有相通之處。

銘文已經解釋完畢,最後簡單提一下《洪範》的時代問題。

1928年,劉節發表《洪範疏證》,認爲《洪範》晚出,"其著作時代當在秦統一中國以前,戰國之末"。[87] 此後有不少學者主張《洪範》是戰國作品(但一般認爲早於戰國末),雖然也有學者持有不同的意見,但影響不大,《洪範》晚出成了學術界大多數人的共識。到了20世紀80年代,情況才有明顯變化。

---

[86] 參看高亨《周易古經今注》(重訂本),中華書局,1984,131—133頁。

[87] 劉文發表於《東方雜志》1928年1月號,後收入《古史辨》第五册,又收入劉氏文集《古史考存》。引文見《古史考存》,人民出版社,1958,14頁。

1980 年劉起釪先生發表《洪範成書時代考》，對《洪範》晚出説，特別是劉節的説法，作了比較全面的批駁，並提出了他自己對《洪範》時代的看法。[88] 他認爲從《洪範》的主要思想以及先秦文獻中稱引《洪範》時稱之爲《商書》來看，其"原件是商代的"，但在流傳過程中"確也加入了不少周代（引者按：指西周和春秋時代）的東西"，例如第一疇以水、火、木、金、土爲五行，就應出自春秋時期人之手。[89]

1986 年李學勤先生在《帛書〈五行〉與〈尚書・洪範〉》一文中，針對有的學者認爲《洪範》中"有'王省惟歲，卿士維月，師尹維日'句，師尹在卿士之下，與《詩》、《書》及早期金文不合"的意見，説了下引這段話：

> 按金文有卿士、師尹並列的，有叔多父盤，係西周晚期器，銘云："利于辟王、卿事、師尹"（原注：《小校經閣金文拓本》9，79・1），恰與《洪範》相合。這證明《洪範》肯定是西周時代的文字。[90]

在近時發表的《叔多父盤與〈洪範〉》一文中，李先生又就此問題作了比較詳細的闡述，同時把"《洪範》肯定是西周時代的文字"的結論改成了"《洪範》爲西周作品是完全可能的"，[91]語氣稍有變化。

我們在本文中已經指出，豳公盨銘中的一些詞語和思想需要以《洪範》爲背景來加以理解。這説明在鑄造此盨的時代（大概是恭、懿、孝時期），《洪範》已是人們所熟悉的經典了。由此看來，《洪範》完全有可能在周初就已基本寫定。如果我們對"設正"的解釋符合原意，《洪範》以水、火、木、金、土爲五行的内容，也應是原有的，並非出自春秋或戰國時代人之手。

《洪範》第二疇"五事"部分和《詩・小雅・小旻》第五章，都説到"肅、乂（《詩》作"艾"，二字通）、晢（通"哲"，《詩》作"哲"）、謀、聖"。有人認爲《小旻》襲《洪

---

[88] 此文發表於《中國社會科學》1980 年 3 期。1987 年劉先生對此文作了修訂，改名爲《〈洪範〉這篇統治大法的形成過程》，後來編入了他的文集《古史續辨》（中國社會科學出版社，1991），見 303—336 頁。

[89] 引號中語引自劉先生在《五行原始意義及其紛歧蜕變大要》一文中撮述其對《洪範》形成過程的看法的那段話，見艾蘭等主編《中國古代思維模式與陰陽五行説探源》，江蘇古籍出版社，1998，156 頁。

[90] 李文發表於《學術月刊》1986 年 11 期，後收入黑龍江教育出版社 1989 年出版的《李學勤集》。引文見《李學勤集》370 頁。【編按：注[88]所引劉起釪文亦引"㕓叔多父盤"（即叔多父盤）銘文反駁劉節。】

[91] 饒宗頤主編《華學》第五輯，中山大學出版社，2001，110 頁。此文引叔多父盤銘，改據《金文總集》6786。《集成》未收此銘。

範》,有人認爲《洪範》襲《小旻》,還有人認爲二者間無直接關係。從上述盨銘的情況來看,應以《小旻》襲《洪範》的可能性爲最大。

不過我們無法保證,在《洪範》與夔公盨銘無關的內容中,一定不會有後來羼入的東西;也不敢說我們對盨銘的釋讀不會有錯誤。所以對《洪範》的時代問題,還沒有到下最後結論的時候。

追記:

陳劍君閱此稿複印本後有一些值得重視的意見,謹記於下:

一、《尚書·君奭》:“我不敢知曰厥基永孚于休。”“永孚于休”之語可與盨銘“永孚于寧”相對照。

二、“厥顋唯德”之“顋”,與其讀爲“美”,不如讀爲“貴”,讀“貴”文義較明確。“顋”即“沬”,“沬”有異體作“靧”,从“貴”聲。

三、《甲骨文合集》14293 有“不婁(鬼)日”之文,20772 有“不(字倒書)㱛(“鬼日”合文)”之文,應與“不遘䫌日”同意,則“䫌”字似應爲从“貝”、“鬼”聲之字。盨銘“䫌心”疑當讀爲“回(回邪之“回”)心”或“愧心”。

又按:本文據幽、侵對轉說,讀从“食”或“飤”、从“頁”(首)聲之字爲“任”,終覺不安。《說文·十四下·丑部》:“羞,進獻也。”“首”、“羞”上古音極近,疑此字即羞食之“羞”的專字(後世或作“饈”),在此讀爲訓“進”的“羞”,有任用之意。《逸周書·皇門》:“乃方求論擇元聖武夫,羞于王所。”《國語·晉語九》“有武德以羞爲正卿”,韋注:“羞,進也。”《尚書·盤庚》:“予念我先神后之勞爾先,予丕克羞爾……”,僞孔傳:“言我亦法湯,大能進勞汝……”,《正義》釋“予丕克羞爾”爲“我大能進用汝,與汝爵位”。上舉各“羞”字皆有任用之意。前舉盤、簋銘文之字,從文義上看,釋作“羞”(饈)亦較釋作“飪”爲好。

又按:連劭名《甲骨刻辭所見的商代陰陽數術思想》認爲殷墟卜辭中的“‘帝五臣’或‘帝五丯臣’是五行之神”,“五行之神可稱爲‘五官’”(艾蘭等主編《中國古代思維模式與陰陽五行說探源》234 頁,江蘇古籍出版社,1998)。周人所說的由天帝設立的五官之正與“帝五臣”的關係值得研究。

《十講》追記:

各家皆以爲此銘末行“民”“唯”之間無字,全銘爲 98 字,可從。拙文盨銘釋文中“民”“唯”之間的“又”字及文中解釋“又唯”的那段話應刪除。

關於“卩”字,陳劍後來又向我指出,周原甲骨 FQ2 號卜甲所刻諸辭中,有“由卩于永終”、“由卩于休□”二辭(見曹瑋《周原甲骨文》,世界圖書出版公司,2002,146 頁),“卩”亦當讀爲“孚”,可與盨銘及《君奭》互證,其言甚是。

所舉 FQ2 號卜甲二辭,前者之“卩”作,左側一筆是直的,後者則作,左側一筆是斜的,似可證西周金文中所見之“卩”確由殷墟甲骨卜辭中所見的變來,殷墟甲骨卜辭之也確應讀爲“孚”。

2003 年 1 月 7 日

原載《豳公盨——大禹治水與爲政以德》(綫裝書局,2002),又載《中國歷史文物》2002 年 6 期、《中國出土古文獻十講》,今據《中國出土古文獻十講》收入。

讀逨器銘文札記三則

近日蒙"陝西寶鷄眉縣楊家村窖藏青銅器學術研討會"會務組寄贈《盛世吉金——陝西寶鷄眉縣青銅器窖藏》,[①]得以寫成讀銘文札記三則,謹供大家參考。這批銅器的器主之名一般釋爲"逨",其實此字很可能从"桒"的變體而不从"來",[②]爲了排字方便姑書爲"逨"。

一、𢓜

逨盤銘説:

逨肇𢓜朕皇且(祖)考服,虔夙夕敬朕死事。　　《盛世吉金》34—35 頁

"𢓜"當讀爲訓"繼"的"纂"。

此字已見於殷墟卜辭,作、等形,用爲動詞,多以田地之名爲其賓語,如"𢓜西單田"、[③]"𢓜屮田"[④]等。胡厚宣先生認爲此字後來變作《説文》收爲"徙"字古文的"𡱝",又變作"屎",屎田就是在田地裏施糞肥。[⑤] 胡先生把"𢓜田"解釋爲用糞肥,恐有問題;把"𢓜"跟《説文》"徙"字古文視爲一字,則是很有道理的。

李家浩先生曾對"𢓜"字作過深入研究,其説見於俞偉超先生的《中國古代公社組織的考察》一書中。[⑥] 他據漢印篆文、秦漢隸書和唐代文字,指出"徙"字右上

---

① 陝西省文物局、中華世紀壇藝術館《盛世吉金——陝西寶鷄眉縣青銅器窖藏》,北京出版社,2003。

② 裘錫圭《豳公盨銘文考釋》,《中國歷史文物》2002 年 6 期,15—16 頁、25 頁注 16。

③ 《合》9572。

④ 《合》9575、9576 等。

⑤ 胡厚宣《再論殷代農作施肥問題》,《社會科學戰綫》1981 年 1 期。

⑥ 俞偉超《中國古代公社組織的考察——論先秦兩漢的單—僤—彈》,文物出版社,1988,11—15 頁。

部本从“少”,“《説文》篆文‘徙’所从‘止’當是‘少’的訛誤”,並説:

> “沙”、“徙”古音相近。《戰國策·燕策一》“燕趙之棄齊也,猶釋弊躧”,姚本注:“一云‘脫屣也’。”馬王堆漢墓帛書《戰國縱横家書》第二十章與此相當的文字作“説沙也”。“説沙”當從姚本注讀爲“脫屣”,此爲“沙”、“徙”古音相近之證。據此,“徙”當爲从“辵”、“沙”省聲。⑦

他還指出西周銅器鬲鼎的字和豆閉簋字“収”旁之外的部分,都是“𠩺”的變體,⑧並指出:

> 西周銅器銘文中又常見“彤沙”一詞,逆鐘銘文“彤沙”之“沙”作“𡲬”,从“尾”从“少”。此字亦見於師毀簋,郭沫若先生認爲“从尾沙省聲”。在古文字中,作爲偏旁的“尸”與“尾”可以通用,如漢印“屈”字可寫作从“尾”或从“尸”。於此可證“𡰯”與“𡲬”當是一字,“𡲬”爲从“沙”省聲,“𡰯”也應當是从“沙”省聲。⑨

東周齊國銅器叔弓鎛有从“攴”“⿱少米”聲之字,⑩陳肪簋有从“収”“⿱少米”聲之字。⑪李家浩先生認爲後者與上舉豆閉簋的“屖”當是一字,可見“⿱少米”即“𡰯”的異體,同爲齊國銅器的陳侯因資敦銘有字,也是“𠩺”的異體。⑫ 這些意見都是可從的。但是李先生把東周銅器銘文“⿱少米”“屎”二字所从的“米”,隸定爲上从“少”下从“小”;認爲“徙”字古文和屎尿之“屎”所从的“米”是由之訛變的。這似乎是求之過深了。東周銘文“⿱少米”“屎”二字,似可認爲已由从“少”訛變爲从“米”。至於屎尿之“屎”與“𠩺”的變體“屎”究竟是什麽關係,似還可進一步研究。

李先生認爲殷墟卜辭的“𠩺田”當讀爲“徙田”,很早就把這一意見告訴過我。我則認爲既然“𠩺”和“沙”的古音相近,“‘𠩺田’似可讀爲‘選田’。因爲‘沙’是生母字,‘選’是心母字,上古爲一聲(今按:二者在上古可能並不是“一聲”,但是至少彼此的音是很接近的)。‘沙’字古屬歌部,‘選’字古屬元部,歌、元陰陽對轉。”叔弓鎛説“𢿐擇吉金……”,陳肪簋説“𢍜擇吉金”,二器“擇”字上以“𠩺”之變體

---

⑦ 同⑥,12頁。
⑧ 同⑦。
⑨ 同⑥,13頁。我們略去了原文的注,讀者如有需要請閱原文。
⑩ 鎛銘見《集成》1·285。
⑪ 簋銘見《集成》8·4190。
⑫ 同⑥,13頁。

“㬎”爲聲旁的字，讀爲“選”，文從字順，也可作爲旁證。[13] 此外，古書中从“徙”聲的“縰”與“踐”爲異文，[14]而“踐”又與“選”字以之爲聲旁的“巽”爲異文，[15]似亦可視爲“㞒”可讀爲“選”的一個旁證。

李家浩先生不同意我的“選田”的讀法，但同意我把叔弓鎛和陳肪簋的从“㬎”聲之字讀爲“選”，並把禹鼎等的“㞒”和从“㞒”聲之字讀爲與“選”古通的“纂”字。這些字見於下引文句：

> 肄(肆)武公亦弗叚望(忘)賸(朕)聖且(祖)考幽大弔(叔)懿弔(叔)，命禹㞒賸(朕)且(祖)考政于井邦。　　禹鼎[16]
>
> 王曰：閉，易(錫)女(汝)戠衣、市(黻)、䜌(鑾)旂，用㞒乃且(祖)考事，嗣(司)□俞邦君嗣(司)馬弓矢。　　豆閉簋[17]
>
> 陳侯因𬁼曰：皇考孝武趠(桓)公龏戠，大慕(謨)克成。其唯因𬁼，揚皇考，卲(紹)緟(踵?)高且(祖)黄啻(帝)，㞒銅(嗣)趠(桓)文……
>
> 陳侯因𬁼敦[18]

李先生解釋說：

> “選”、“纂”二字古通，如《詩·齊風·猗嗟》“舞則選矣”，韓詩“選”作“纂”。因此，禹鼎的“㞒”、豆閉簋的“㞒”、陳侯因𬁼敦的“㞒”，並當讀爲“纂”。《禮記·祭統》引孔悝鼎“纂乃祖服”(引者按：孔悝鼎銘原文爲“獻公乃命成叔纂乃祖服”，鄭注：“纂，繼也。服，事也。”鼎銘下文尚有“若纂乃考服”語)、《左傳》襄公十四年“纂乃祖考”，鄭玄注和杜預注並云“纂，繼也”。[19]

此說正確可信。“選”从“巽”聲，“纂”从“算”聲。《說文》以从“巽”聲的“饌”爲从“算”聲的“籑”的或體。“筭”與“算”通，或以爲即“算”字異體，而“巽”與“筭”古通。[20] 从“巽”聲的“選”、“撰”等字與“算”或从“算”聲之字相通之例，除“選”通

---

⑬ 以上意見見裘錫圭《甲骨文中所見的商代農業》，《古文字論集》，中華書局，1992，178—179頁。
⑭ 高亨、董治安《古字通假會典》，686頁。
⑮ 同⑭，196頁。
⑯ 《集成》5·2833。
⑰ 《集成》8·4276。
⑱ 《集成》9·4649。
⑲ 同⑥，14頁。
⑳ 同⑭，215頁。

“籑”外,古書中尚數見。㉑“⿸厂孨”、“屛”等字既可讀爲“選”,又可讀爲“籑”,是十分合理的。

由上所述,可知逨盤銘的“⿸厂孨”字也應讀爲訓“繼”的“籑”字無疑。“籑朕祖考服”的文例,與孔悝鼎銘的“籑乃祖服”、“籑乃考服”極爲接近。

西周金文有時又借“饌”爲“籑”。宋代著錄的害簋銘說:

王册命害曰:……用餴乃且(祖)考事,官嗣(司)尸(夷)僕、小射、厎魚。㉒

“餴”字右旁與“䈥”相似,《考古圖釋文》引楊南仲釋爲“饌”。㉓ 陳漢平先生讀此“饌”字爲“籑”,訓爲“繼”,㉔可從。

史牆盤銘說:

天子圝⿸尸食文武長剌(烈)。㉕

《玉篇》以“⿸尸食”爲“饡”之古文。《汗簡》“饡”字古文作 。㉖《集韻》去聲换韻“饡”字下,謂“古作⿸尾食、⿸尸食”;上聲緩韻“纘”字下亦謂“古作⿸尾食”。所以釋盤銘者皆釋“⿸尸食”爲“饡”,讀爲“纘”。《説文》:“纘,繼也。”《禮記·中庸》“武王纘大王、王季、文王之緒”,鄭注:“纘,繼也。”《詩·魯頌·閟宫》“纘禹之緒”,鄭箋釋爲“繼禹之事”。“纘”、“籑”二字,《廣韻》皆音“作管切”。訓“繼”的“籑”且有與“纘”爲異文之例。㉗ 二者表示的實際上是同一個詞。所以《説文》“纘”字《段注》説:“或段‘籑’爲之。”

《説文》:“饡,以羹澆飯也。”從詞義看,此詞的出現似當晚於“饌”。疑“⿸尸食”、“⿸尾食”本爲“饌”字異體,後來由於音近而用來表示“饡”。“⿸尸食”字似可分析爲从“食”,“⿸厂孨”省聲。“⿸尾食”字一般以爲从“尾”,似可分析爲从“孱”省聲。但是陳漢平先生認爲“⿸尾食”字實从“尽”,即“⿸厂孨”字之變,㉘這種可能也是存在的。

㉑ 同⑭,214頁有關各條。

㉒《集成》8·4258—4260。

㉓《考古圖、續考古圖、考古圖釋文》,中華書局,1987,281頁。《歷代》從此釋。《博古圖》誤釋此字爲“養”,《嘯堂》從之。

㉔ 陳漢平《屠龍絶緒》,黑龍江教育出版社,1989,190—192頁。

㉕《集成》16·10175。

㉖《汗簡、古文四聲韻》,中華書局,1983,13頁。

㉗ 同⑭,214頁。《書·堯典》“巽朕位”,《史記·五帝本紀》作“踐朕位”。而“踐”在古書中又與“纘”爲異文(同⑭,196頁)。俞樾《群經平議》曾疑“巽帝位”之“巽”或當讀爲“籑”,也許是正確的。

㉘ 同㉔,193頁。

禹鼎的“𠩺”、豆閉簋的“屛”和陳侯因資敦的“屎”,陳漢平先生都讀爲“纘”。這本來就跟把它們讀爲“纂”一樣,也是可以的。但是他將訓“繼”的“纂”跟“纘”截然分開,只承認二者同義,㉙這則是不妥當的。

董珊先生在“國學網站”上發表的《略論陝西眉縣發現的西周單氏家族窖藏青銅器銘文》一文(以下簡稱“董文”),已正確地將逑盤的“𠩺”字釋讀爲“纘”,但未作進一步說明。所以我引用李家浩先生的說法,稍加補充,寫了這條札記。

二、闢 玁 狁

四十二年逑鼎銘敘述王封長父於楊爲侯,命逑奠定其封之事,中有如下文句(參看《盛世吉金》70—72 頁,但下面的引文則據第一則札記所提到的董文中的寬式釋文錄出):

……汝唯克型乃先祖考,□玁狁,出捷于井阿、于曆巖……

“玁狁”上一字,下半爲𠬞,象相背的兩手,上半殘泐不清。各家似皆未釋此字。

細審此字,其上半應爲“門”旁的殘畫。《說文》“闢”字下收有“从門从𠬞”的或體(或謂是古文),西周銅器盂鼎、彔伯簋等器的“闢”字都作此形。㉚ 如將此字上半與盂鼎、彔伯簋等器的“闢”字上半仔細對照一下,就可知道前者確是“門”旁之殘。所以此字無疑應該釋爲“闢”。【編按:郭永秉指出,從較清晰的逑鼎銘文拓本看,此字釋“闢”似不能成立,謝明文認爲實是“叟”字(《試說金文中的“叟”字》,《中國文字》新三十七期,藝文印書館,2012 年 1 月)。】

“闢玁狁”之“闢”,用法與盂鼎“闢厥慝”之“闢”相同,意爲屏除。《荀子·解蔽》“是以闢耳目之欲而遠蚊虻之聲”,楊倞注:“闢,屏除也。”由“闢玁狁”之語,可知逑伐玁狁是爲了解除其威脅而主動出擊。

三、不 肖 唯 死

四十三年逑鼎銘第 18—19 行有兩句話,《盛世吉金》所載釋文釋爲:

㉙ 同㉔,192—193 頁。

㉚ 《金文編》,中華書局,1985,768 頁。

用乍余我一人死不雀死[31]

宋人著録的曐盨銘中有相似的文句（但兩句不連），董文據之改釋上述銘文爲：

用乍余我一人夗（怨）[32]，不小（淑）隹（唯）死。

此釋文可從，但讀“小”爲“淑”則不妥。二字古音不同部。

疑“不小”當讀爲“不肖”。《禮記·王制》：“上賢以崇德，簡不肖以絀惡。”同書《樂記》：“好惡著，則賢不肖別矣。”同書《中庸》：“子曰：道之不明也，我知之矣。賢者過之，不肖者不及也。”“不肖”之意即不賢、不善。

曐盨銘宋人摹本中，與“不小隹死”相應之句作：

不唯死[33]

“不”下之字舊釋“廷”或“弔（淑）”，都顯然與字形不合。此字似是摹得有些走形的“少”字。“少”、“小”古本一字，“不少”仍當讀爲“不肖”。

附識：

本文提要已於3月25日寄給“陝西寶鷄眉縣楊家村窖藏青銅器學術研討會”會務組。提要寫得較匆促，與此文稍有出入，應以此文爲準。

2003年3月31日識

原載《文物》2003年6期，今據以收入。

---

[31] 同①，56頁。

[32] 董文的正式釋文未釋此字，但在注14中說：“原字似右从卩左从倒口，或可釋‘夗’讀爲‘怨’，參看《集成》4469號盨銘。”其說可信，今從之。又此句釋文“乍”字後可加“（作）”。

[33] 《集成》9·4469。

商銅黿銘補釋

《中國歷史文物》2005年第1期發表了中國國家博物館在2003年徵集到的一件商代晚期銅黿的器形和銘文。同期還發表了李學勤、朱鳳瀚、王冠英三位先生的考釋文章,即《作册般銅黿考釋》、《作册般黿探析》和《作册般銅黿三考》(以下簡稱“李文”、“朱文”、“王文”)。這三篇文章對銅黿銘文作了很好的考釋,讀後獲益甚多,現將可以補充三文或與三文不同的意見簡述於下,以供參考。

丙申王迻于洹獲。

各家釋文皆於“洹”字後加逗。竊以爲“獲”應連上讀。“丙申王迻于洹獲”,意即“丙申王迻于洹之獲”。“獲”用爲名詞,當“所獲”講。在古漢語中,被有些語法學家稱爲“結構助詞”的“之”,出現得不是很早。雖然西周早期銅器銘文中,這種“之”字已經出現,如中方鼎的“唯王令南宫伐反虎(或釋“荆”)方之年”(《集成》5·2751)。但是同時期的大多數銘文仍然不用這種“之”字,例如:

唯明保殷成周年	作册翻卣,集成10·5400
唯公太保來伐反夷年	旅鼎,同上5·2728
唯王來格于成周年	厚趠方鼎,同上5·2730

《尚書·大誥》說“用寧〈文〉王遺我大寶龜,紹天明”(句讀從楊筠如《尚書覈詁》、曾運乾《尚書正讀》),“文王遺我大寶龜”意即“文王所遺我之大寶龜”,也不用“之”字。結構助詞“所”比“之”出現得還要晚,所以《大誥》也不用。商代晚期的銅黿銘把“丙申王迻于洹之所獲”說成“丙申王迻于洹獲”,是一點也不奇怪的。銘文以此語開端,是爲了說明銅黿所象之物,是商王在丙申日迻于洹時所捕獲的。如在“洹”字後加逗,“獲”只能視爲動詞,其後似不應不出現由“鱉”、“黿”一類字充當的賓語。

王一射,□射三,率無廢矢。

此句的釋讀,基本上從朱文。但是兩個“射”字之間的那個字很難確釋,李、朱、王三文所釋似皆難從，所以改用空框表示。李文釋此字爲“𠬪”，讀爲“贊”（4頁）。從字形上看，根據似嫌不足。不過從上下文看，這個字的意義是有可能屬於“贊助”、“佐助”這一類的。也有可能這個字是商王巡于洹時所帶隨從中的一種人的名稱。“王一射，□射三”，就是王發了一矢，“□”這種人（當不止一人）發了三矢的意思。“一”、“三”二字都特別小，大概是製銘文之模時後添的字。

王令寢馗于作册般曰：“奏于庸作，寶。”

“寢馗”下一字屢見於商晚期及西周前期銅器，也見於商晚期的宰丰骨，[1]一般都釋爲“兄”，讀爲“貺”。姚孝遂先生對此字有很重要的意見。他在《甲骨文字詁林》0306號“祝”字案語中說：

> 卜辭祝或省示。孫海波《甲骨文編》誤混入兄字，以爲“兄用爲祝”。實則凡卜辭祝字之省示者作或，象人跪形（引者按：“兄”作，象人立形），亦有象人立形作者，突出手掌形以區別於“兄”字，金文則以爲兄，已混。[2]

從見於殷墟甲骨文的从“禾”从之字，[3]西周早期銅器柞伯簋寫作从“禾”从“”[4]來看，姚先生認爲本與爲一字的意見是有道理的。

殷墟卜辭中的和，除了用爲以鬼神爲對象的“祝”字，還有以活人爲對象的、意義近於“告”的用例，如：

> 癸亥卜王貞旬。八日庚午有方曰在……　　合20966
>
> 乙巳王貞：啓呼曰：“盂方収人，其出伐屯（？）自高”，其令東迨于高，弗悔，不莆𢦏，王占曰：“吉”。　　合36518

以上二辭可與下引卜辭對照：

> 癸未卜貞：旬亡𡆥。三日乙酉有來自東，妻呼告旁戎……　　合6665正

在關於司田獵的職官報告獸情的黄組卜辭裏，可以看到“告麗鹿”（《合》37439）、“告麗兕”（《合》37467）等語，又可以看到“医（？）麓麗豕”之語（《合》

---

① 分見《金文編》616頁，《合補》11299反、11300反。

② 《甲骨文字詁林》，中華書局，1996，1・349頁。

③ 見《甲骨文編》311頁“稘”字條，又見《屯南》2739。

④ 《文物》1998年9期，56頁圖三。

37468),後者的“”字之義也顯然近於“告”。

我認爲黿銘的字,其義也應近於“告”。“奏于庸作,寶”就是商王命令寢馗告訴作册般的話。我對這六個字的標點與各家不同,解釋也完全不一樣。

我認爲此銘之“庸”,與見於西周金文的“僕庸”之“庸”基本同義,指“在勞動生産方面受統治階級沉重剝削的一種被奴役者”。⑤ 不應釋爲“母”或讀爲“汝”,而應讀爲“毋”。殷墟卜辭中此字當讀爲“毋”之例屢見,如“貞:往”(《合》24262)、“戍其遲歸于之,若,𢦏羌方”(《合》27972)等等。

“奏”可訓“進”,是大家都知道的。需要指出的是,在先秦漢語中,受“奏”者的地位並不一定高。《尚書·益稷》中禹所說的話裏,有“暨益奏庶鮮食”和“暨稷播,奏庶艱食鮮食”兩句,《僞孔傳》注前一句說“奏謂進於民”,可證。“庸作”猶言“庸之所作”,指庸徒們工作的地方。《左傳·昭公四年》說:“冀之北土,馬之所生。”“馬之所生”的意思就是馬生長的地方,可相比較。“奏于庸作”的意思就是送進庸徒工作之所,可能指將捕獲的身中四矢的黿送進鑄銅作坊,以仿鑄銅黿;或送進骨角器作坊,用其甲殼製器。從商王讓作册般辦這件事來看,似乎前一種可能性比較大。因爲銅黿有銘文,需要史官撰寫。不過上述兩種可能並非截然對立。銅黿鑄成後,原黿的甲殼仍可送進骨角器作坊當原料。“毋寶”的意思就是不用當作寶物,應指不用把黿的甲殼保存下來當作寶物。

按照我們的理解,黿銘記載了商王射獲並處理此黿的情況,可能爲作册般承王意而撰;並不是作册般因爲被商王賜以死黿,感到榮幸而作的。所以我們沒有採用“作册般銅黿”這一器名。

銅黿銘非常簡略,不易理解。作如上解釋,並無十分把握,聊備一説而已。

原載《中國歷史文物》2005 年 6 期,今據以收入。

---

⑤ 參看拙文《説“僕庸”》,已收入拙著《古代文史研究新探》,江蘇古籍出版社,1992。所引語見 370 頁。

㺇簋銘補釋

2005年9月,上海的兩家拍賣行曾舉辦"海外回流青銅器觀摩研討會"。會上展出的器物中,有一組器主名㺇的西周中期青銅器。次年就有幾位學者就㺇器寫了研究文章,本文要引到的有以下幾篇:

吴振武《試釋西周㺇簋銘文中的"馨"字》,《文物》2006年11期(下文簡稱"'馨'文"。此文於2006年4月寫成,當時曾以打印稿寄給數位同行徵求意見)。

李學勤《伯㺇青銅器與西周典祀》,陳昭容主編《古文字與古代史》第一輯,中研院史語所,2007年9月(下文簡稱"李文"。此文是提交給史語所2006年9月舉辦的"第一届古文字與古代史討論會"的論文)。

吴鎮烽《㺇器銘文考釋》,《考古與文物》2006年6期(下文簡稱"考釋")。

本文想在諸文的基礎上對㺇簋(指《考釋》所謂"一式㺇簋",有同形同銘的兩件。《李文》稱爲"伯㺇簋")蓋銘作一些補釋。

此簋蓋銘文圖版見《考釋》59頁,下面是全銘的釋文:

㺇肇乍(作)朕文考甲公寶𩰫彝,其日夙夕用氒(厥)𩡧(馨)香𦎫(敦)示(祀)于氒(厥)百神,亡(無/罔)不鼎(正);𤼶(芬)夆(芳)𩡧(馨)香,則登于上下;用匄百福、邁(萬)年,俗(欲)兹百生(姓)亡(無/罔)不寐(稟)氒(厥)臨夅(逢)魯。孫孫子其邁(萬)年杢(永)寶用兹彝,其諟(世)母(毋)朢(忘)。

在文字釋讀方面,除"寐氒"二字之釋及讀"鼎"爲"正"外,皆據上引諸文,擇善而從,恕不一一注明。

"𤼶"字,《考釋》釋爲"豳"。"𤼶"、"豳"本由一字分化,前人早已指出,可參看

《金文詁林》“燹”字條。[①]《考釋》讀“豳夆”爲“芬芳”：

> 豳通芬,《周禮・春官・司几筵》:“設莞筵紛純”,鄭注引鄭司農云:“紛讀爲豳”。紛、芬同聲。夆通芳。《史記・項羽本紀》的蠭(同蜂)午,《漢書・霍光傳》作旁午,是蜂旁相通之證。蜂从夆聲,旁从方聲,故夆、芳亦可通。芬芳見於先秦文獻,《楚辭・思美人》:“妒佳冶之芬芳兮,嫫母姣而自好。”《荀子・榮辱篇》:“口辨鹹酸甘苦,鼻辨芬芳腥臊。”[②]

其說可從。

《“馨”文》對簋銘“其日夙夕用氒𩱊香𩫖示于氒百神,亡不鼎,燹夆𩱊香,則登于上下”之文有解釋。此文釋“𩱊”爲“馨”,以爲“𩫖示”即㾓簋銘的“敦祀”,“是厚祀的意思”,都可從;但將“亡不鼎”之“鼎”“讀作‘丁’,作當、逢講”,將“燹夆”“試讀作‘巡逢’(燹、巡同爲精系文部字)”,則有問題。

我在2006年4月讀過吳振武先生賜寄的《“馨”文》打印稿後,曾覆信提出“亡不鼎”之“鼎”似可讀爲甲骨祭祀卜辭中屢見的“又(有)正”之“正”,“燹夆”似可讀爲“芬芳”。吳先生在正式發表的《“馨”文》的“附記”中提到了此事。他還提到李家浩先生的覆信認爲“簋銘‘燹’當燒講,‘夆’則應讀作蓬蒿之‘蓬’”。[③]

2007年11月,“中國簡帛學國際論壇”2007年會議在臺北臺灣大學舉行,吳振武先生提交了題爲《范解楚簡“蒿(祭)之”與李解獄簋“燹夆馨香”》的論文。[④]文中對他在《“馨”文》附記中提到的我和李家浩先生覆信的原文作了徵引。

吳先生在此文中表示同意我讀“鼎”爲“正”的意見,並補充說:

> 案甲骨祭祀卜辭中屢見的“又(有)正”之“正”,近年已有幾位學者指出應作合適、適當講,而“亡不正”一語,在卜辭中出現過。原注:參劉釗《卜辭“雨不正”考釋——兼〈詩・雨無正〉篇題新證》,《殷都學刊》第4期(2001年12

---

① 周法高主編《金文詁林》第十二册,香港中文大學,1975,5976頁潘祖蔭引周孟伯説、5980頁柯昌濟説。

② 《考古與文物》2006年6期,59—60頁。此文關於“蠭午”、“旁午”的引證稍欠精確,吳振武先生在《范解楚簡“蒿(祭)之”與李解獄簋“燹夆馨香”》(出處見下文)中引用此文時加有括注,現抄録於下:

> 武案:朱駿聲《説文通訓定聲》“蠭”下曰:“《史記・項羽紀》‘楚蠭起之將’集解:‘猶言蠭午也。’《漢書・劉向傳》‘蠭午並起’注:‘猶雜沓也。’按與‘旁午’同。”(7頁)

③ 《文物》2006年11期,61頁。

④ 本文所據爲此次會議所發的論文分篇複印本。正式的會議論文集大概不久就能出版。【編按:此論文集於2011年12月出版。】

月),頁1—3,又載氏著《古文字考釋叢稿》(長沙:嶽麓書社,2005年7月),頁71—78;張玉金:《殷墟甲骨文"正"字考釋》,《2004年安陽殷商文明國際學術研討會論文集》(北京:社會科學文獻出版社,2004年9月),頁11—16。另參季旭昇:《〈雨無正〉解題》,《古籍整理研究學刊》第3期(2002年5月),頁8—15。卜辭"正"字訓釋,蒙沈培先生指示,謹致謝忱。⑤

"鼎"、"正"上古音相近。"鼎"字本可訓"當",但從"鼎"的本義不可能引伸出"當"義,訓"當"的"鼎"字所代表的,應該是由"正"孳乳的一個詞。然而古書所見的這種"鼎"字,一般當"方當"講,而不當"適當"講。⑥ 這是我和吳先生所以要將鼎銘的"鼎"讀爲"正"的原因。不過我們也不能完全排除這樣一種可能性:訓"當"的"鼎"字本來也可以當"適當"講,但這種用法在古書中沒有保存下來。如果真是這樣,簋銘的"鼎"字就不必改讀了。【編按:鄔可晶指出,後來發表的與獄簋語句基本相同的衛簋銘文,此句作"亡不則"(朱鳳瀚《衛簋與伯獄諸器》,《南開大學學報(哲學社會科學版)》2008年6期)。故"鼎"字是否能讀爲"正"還有待進一步研究。】

在"㸒夆"的釋讀問題上,吳先生認爲李家浩先生的意見是正確的。他說:

> ……裘先生惠函曰:
>
> ……
>
> "㸒夆馨香"之"㸒夆",疑可讀爲"芬芳"。《說文·鬥部》之"鬩鬭"即"繽紛",金文地名"㸒"各家多以爲即"豳"(邠),故"㸒"可讀爲"芬"。"夆"屬東部(中古合口三等字),"芳"屬陽部(中古亦合口三等字)。東、陽二部音近(與"夆"同从"丰"聲之"邦"字,金文多與陽部字韻,陳世輝先生似有"邦"字本當屬陽部之說),故"夆"似亦有可能讀爲"芳"。《荀子·榮辱》:"鼻辨芬芳腥臊。"(2006年4月15日)
>
> ……
>
> 李家浩先生惠函曰:
>
> ……"㸒夆馨香"句……從語法和文意來看,下一分句的"則"是連詞,表上一分句所說的結果。"登"訓爲"升",與《詩·大雅·生民》"其香始升,上帝居歆"之"升"同意。此句是說"㸒夆馨香"之後,其香氣就"升于上下"……

---

⑤ 上注所引複印本6頁。

⑥ 參看《考釋》對"鼎"字的解釋,同注②,59頁。

《禮記·郊特牲》有一段文字，對於理解銘文"𤼽夆馨香，則登于上下"的文意很有幫助。原文說："周人尚臭……蕭合黍稷，臭陽達於牆屋，故既奠，然後焫蕭合羶薌。"鄭注："奠，謂薦孰（熟）時也。《特牲饋食》所云'祝酌奠于鉶南'是也。蕭，薌（香）蒿也。染以脂，合黍稷燒之。《詩》云'取蕭祭脂'。羶，當爲'馨'，聲之誤也。奠，或爲'薦'。"鄭注引《詩》見於《大雅·生民》，孔穎達疏："言宗廟之祭，以香蒿合黍稷，欲使臭氣通達於牆屋，故記酌於尸，已奠之然後燒此香蒿，以合其馨香之氣，使神歆饗之。"頗疑簋銘"𤼽夆馨香"與《郊特牲》"焫蕭合羶（馨）薌（香）"有關。"𤼽"應與"焫"相當。"焫"或作"爇"，燒也。"𤼽"也有燒義。《廣韻》上聲獮韻"𤼽"字注引《字林》云："逆燒。""夆"應與"蕭"相當，疑"夆"應該讀爲"蓬"。《說文·艸部》："蓬，蒿也。"徐灝《說文解字注箋》引《本草》唐本注云："白蒿……俗呼爲蓬蒿。"據李時珍《本草綱目》所說，"蕭"也爲白蒿（見 1995 年人民衛生出版社校點本上册 946—947 頁）。《禮記·郊特牲》孔穎達疏："馨香謂黍稷也。"據此，銘文的大意是說：早晚用黍稷祭奠百神，然後將黍稷混合蓬蒿一起焚燒，其香氣就升於上下，使百神歆饗之。（2006 年 5 月 1 日）

……（原文此處引《李文》和《考釋》關於"𤼽夆"的解釋，從略。）

比較上揭各家之說……李家浩先生解釋"𤼽夆馨香"句最爲合理。……而其他說法從釋讀、斷句、語法、證據等方面考量，則都難稱圓満（引者按："斷句"指《李文》以"鼎𤼽夆馨香"爲句，《考釋》以"亡不鼎豳夆"爲句）。筆者過去的說法，更是應該拋棄。⑦

我讀此文後，仍然保持原來的看法。我對"𤼽夆"二字的釋讀與吳鎮烽先生不謀而合，二人所舉語音方面的證據可以互補。這裏有兩點需要補充說明。以从"𤼽"聲的"𨷿"的讀音證"𤼽"字可與从"分"聲之字通，是受了龍宇純先生的啓發。𤼽公盨發表後不久，龍先生來信主張讀"𤼽公"爲"豳公"，舉了這條證據。後來龍先生又告訴我，這一點前人其實已經提到過。我最近讀了《金文詁林》"𤼽"字條，看到高田忠周主張釋"𡙜"爲"𨷿"（引者按：金文之"𤼽"即"𤼽"字，早已成爲多數學者共識），指出金文用爲邑邦名的"𤼽"、"𡙜"，"或謂假借爲豳，豳同邠……豳、𨷿同聲"。⑧ 龍先生大概就是指此而言的。"𨷿"、"紛"同音，"芬"、"紛"亦同音，

⑦ 注④所引複印本 5—7 頁。

⑧ 同注①，5979 頁。

“㸚”當然可以讀爲“芬”。我在信中提到的陳世輝先生的意見，見其《金文韻讀續輯(一)》蔡侯鐘條之注。[⑨] 總之，我認爲讀“㸚夆”爲“芬芳”，在語音方面是通得過的。

另一方面，讀“夆”爲“蓬”，認爲係指祭祀時焚燒的香蒿，則多少有些可疑。在漢唐時代，確如李家浩先生所指出，“蓬”、“蒿”已有混稱現象。但在先秦文獻中出現的“蓬”，如《詩・召南・騶虞》“彼茁者蓬”、《衛風・伯兮》“首如飛蓬”等，都指與蒿不同的蓬草；“蓬蒿”則分指蓬草和蒿草，如《國語・吳語》“以刈殺四方之蓬蒿”、《禮記・月令》(孟春之月)“藜莠蓬蒿並興”，似乎還沒有見到稱蒿爲“蓬”的例子(《辭源》“蓬”字注以蓬草——即飛蓬——與後世所謂“蓬蒿”——即茼蒿——混爲一談，大誤)。所以西周中期的人會不會把祭祀時焚燒的香蒿稱爲“蓬”，恐怕是一個問題。

把“㸚夆馨香”讀爲“芬芳馨香”，放在簋銘上下文裏來看也是合適的。本句之前一句中“用厥馨香敦祀于厥百神”的“馨香”，指有馨香之氣的祭品。《左傳・僖公五年》：“若晉取虞，而明德以薦馨香，神其吐之乎?”“馨香”二字用法與此同。上錄李先生致吳先生信中所引《禮記・郊特牲》孔疏“馨香謂黍稷”，如用來解釋此一“馨香”，是合適的。不過從簋銘“馨”字从“㿝”來看，指祭品的“馨香”應該也可以包括其他有馨香之氣的物品。而“芬芳馨香則登于上下”中的“芬芳馨香”，則顯然是指香氣本身而言的。

古代哲人認爲祭祀者必須有馨香之德，登聞於神，神才會接受他的祭祀，祭品的馨香才會起作用。

《左傳・僖公五年》記宮之奇諫虞公之言云：

> 臣聞之，鬼神非人實親，惟德是依。故《周書》曰：“皇天無親，惟德是輔。”又曰：“黍稷非馨，明德惟馨。”又曰：“民不易物，惟德繄物。”(杜預注：“黍稷牲玉，無德則不見饗，有德則見饗，言物一而異用。”)如是，則非德，民不和，神不享矣。神所馮依，將在德矣。

前面引過的《左傳・僖公五年》說到“薦馨香”的那句話，就是緊接此文之後的。此文所引《周書》，皆爲逸《書》之文，但都已被採入僞古文《尚書》。“黍稷非馨”句被採入《君陳》篇：

⑨ 《古文字研究》第五輯，中華書局，1981，176頁。

我聞曰：至治馨香，感于神明，黍稷非馨，明德惟馨。

僞《孔傳》釋云：

所聞之（之，有的本子作“上”）古聖賢之言，政治之至者，芬芳馨氣，動於神明，所謂芬芳非黍稷之氣，乃明德之馨，勵之以德。

“芬芳馨氣”與“芬芳馨香”同意。

《國語・周語上》“（惠王）十五年有神降於莘”條記内史過答惠王之言云：

國之將興，其君齊明衷正，精潔惠和。其德足以昭其馨香，其惠足以同其民人。神饗而民聽，民神無怨。故明神降之，觀其政德而均布福焉。國之將亡，其君貪冒辟邪，淫佚荒怠，麤穢暴虐。其政腥臊，馨香不登。其刑矯誣，百姓攜貳。明神不蠲而民有遠志。民神怨痛，無所依懷，故神亦往焉，觀其苛慝而降之禍。

韋昭注“其德足以昭其馨香”句云：

馨香，芳馨之升聞者也。

注“其政腥臊，馨香不登”句云：

腥臊，臭惡也。登，上也。芳馨不上聞於神，神不饗也。《傳》曰：“黍稷非馨，明德惟馨。”

“芳馨”也與“芬芳馨香”同意。

上引《國語》的那段話，應該是以《尚書》的《酒誥》和《吕刑》爲依據的。《吕刑》説上古苗民作虐刑，“上帝監民，罔有馨香德，刑發聞惟腥。皇帝（即上帝）哀矜庶戮之不辜，報虐以威，遏絶苗民，無世在下”。《酒誥》述殷末統治者之失德云：

……弗惟德馨香祀登聞于天，誕惟民怨（僞《孔傳》：紂不念發聞其德，使祀見享，升聞於天；大行淫虐，惟爲民所怨咎）。庶群自酒，腥聞在上。故天降喪于殷，罔愛于殷，惟逸（僞《孔傳》：紂衆群臣用酒沈荒，腥穢聞在上天，故天下喪亡於殷，無愛於殷，惟以紂奢逸故）。

從《酒誥》可知這種思想在西周初年即已存在。

簋銘的“芬芳馨香”大概語帶雙關，兼指器主舉行的祭祀及其德行的芳馨之氣。《考釋》解釋“登于上下”説：

> “上下”指天地,《書・堯典》的“光被四表,格于上下”傳:“故其名充溢四外,至於天地。”……《爾雅・釋詁》:“登,升也。”“馨香則登于上下”(引者按:《考釋》將“芬芳”斷屬上句,非是)與《者減鐘》的“龢龢倉倉(鏘鏘),其登于上下,聞于四旁(方)”之句可相比附。[⑩]

其說可資參考。“芬芳馨香則登于上下”,其意似即芳馨之氣升聞於天上、地上之衆神明。

簋銘上一句說器主獄“其日夙夕用厥馨香敦祀于厥百神,無(或“罔”)不正”,兩個“厥”字都是指器主的領格代詞。這種“厥”字西周金文常用,不煩舉例。西周銅器銘文屢稱器主的先人爲神,如稱“文神”、“文神人”、“皇神”、“先神”等。[⑪] 此文的“厥百神”無疑指器主一族的衆多先人。從西周銅器銘文多言作器以祭祀先人並向他們祈福來看,這樣的理解也是很合理的。

“其日夙夕用厥馨香敦祀于厥百神,無(或“罔”)不正”與“芬芳馨香則登于上下”,是相關而相對的兩件事。楊樹達《詞詮》指出,虚詞“則”有“表文中對待之關係”的一種用法;有時相關的兩句都用“則”,如“天地則已易矣,四時則已變矣”(《禮記・三年問》);有時只有後一句用“則”,如“我辭禮矣,彼則以之”(《左傳・襄公十年》)。[⑫] “芬芳馨香”後的“則”字就屬於這一類。所以從語法上看,將“豩夆馨香”讀爲“芬芳馨香”也是沒有問題的。

用“馨香”祀“厥百神”無不適當,“芬芳馨香”之氣又“登于上下”,神當然就會降福了。簋銘接着的兩句就是祈福之辭。“用匃百福萬年”,是器主爲自身祈福。“俗(欲)兹百生(姓)亡(無/罔)不寐乎(厥)臨隆魯”,是爲“兹百姓”祈福。後一句還需要作些解釋。

“不寐乎”三字寫得非常緊湊,只佔二字地位,情況與此銘上文“亡不鼎”三字全同。“乎”字寫法與翏作乎卣、小臣逋簋、司土司簋等類同,[⑬]而與本銘其他兩個“乎”字不同。本銘兩個“𦥑”字寫法有異,兩個“亡”字的寫法與“匃”字“亡”旁不同,“𢀩”字“止”旁寫法與兩個“邁”字和“諆”字的“止”旁不同。所以“乎”字寫法

⑩ 同注②,60頁。

⑪ 吳振武《新見西周爯簋銘文釋讀》,《史學集刊》2006年2期,85頁。𤼈鐘“用追孝敦祀卲各樂大神”(《集成》1・247—250)、𤼈簋“作祖考簋,其敦祀大神”(《集成》8・4170—4177),“大神”也都指先人。

⑫ 楊樹達《詞詮》,中華書局,1965,275—276頁。

⑬ 容庚等《金文編》,中華書局,1985,817頁。

的不同毫不足怪。各家皆合“⿱宀林乎”爲一字,《考釋》隸定爲“⿱宀夸”而無説,⑭《李文》也隸定爲“⿱宀夸”,括注“鬱”字,謂“‘鬱’是調酒的香料鬱金”。⑮ 西周金文“鬱”字,兩“木”之間,俯身人形或其變形之上,皆有“大”形。⑯ 本銘  上並無“大”形,似不能與其上“⿱宀林”字合爲一字而釋作“鬱”。釋作“鬱”,文義也難以講通。

我認爲“⿱宀林”應是“㐭”(廩)的形聲異體,从“宀”與“廩”从“广”同意,“林”用作“廩”的聲旁也十分合適。“林”、“廩”上古音都屬來母侵部,中古音都屬開口三等,彼此只有聲調之異,古可通用。古籍中先秦齊地名“雍廩”亦作“雍林”。⑰ 西周前期銅器員鼎有地名“眂⿰㐭攴”,“⿰㐭攴”即“㐭”字繁文(可能本爲其動詞用法的專字,當廩藏、廩給講),⑱郭沫若在《殷周青銅器銘文研究·雜説林鐘、句鑃、鉦、鐸》中謂“眂⿰㐭攴”即“眂林”。⑲《左傳·襄公十九年》“季武子以所得於齊之兵作林鐘”及《國語·周語下》“王將鑄無射而爲之大林”之“林”,在西周鐘銘中作“⿱林㐭”、“⿱林亩”、“⿰⿱林亩攴”、“⿰⿱林㐭刂”、“⿱㐭又”、“⿰金㐭”、“⿰金稟”、“⿰金⿱林㐭”等字。⑳ 前三字皆“㐭”(廩)或“稟”之異體。㉑“⿰⿱林亩攴”即前引“⿰㐭攴”之繁文。“⿱林㐭”可視爲“㐭”字加注“林”聲之繁文。㉒ 西周時代的免簋、免簠有“⿰⿱林㐭攴”字,大簋蓋銘亦有此字,而器銘則作“⿱林㐭”。㉓“⿰⿱林㐭攴”亦當是“⿰㐭攴”之繁文,可與“⿱林㐭”爲“㐭”之繁文互證。第四字應爲从“⿱林㐭”聲之字,第五字應爲从“⿰㐭攴”聲之字。从“金”从“㐭”、“稟”或“⿱林㐭”聲之字,則可視爲“林鐘”之“林”的專

---

⑭ 同注②,58、60頁。

⑮ 陳昭容主編《古文字與古代史》第一輯,中研院史語所,2007,181頁。

⑯ 同注⑬,356頁。《金文編》釋此字爲“鬰”而不釋作“鬱”,不妥。

⑰ 高亨、董治安《古字通假會典》,齊魯書社,1989,241頁。

⑱ 參看周法高主編《金文詁林》第八册,香港中文大學,1975,3880頁(馬薇廎説“⿰⿱林㐭攴”字部分)。

⑲ 同上注所引書,3878頁。郭沫若在《兩周金文辭大系考釋》中則只將此字隸定爲“敝”而無説(《郭沫若全集·考古編8》,科學出版社,2002,75頁)。

⑳ 同注⑬,410—411頁“⿱林㐭”字條。

㉑ 參看周法高主編《金文詁林》第七册,香港中文大學,1975,3575頁林義光説、3573—3574頁强運開説。並參看注⑱已引之第八册,3879—3881頁馬薇廎説。

㉒ 參看上注所引《金文詁林》第七册,3575頁林義光説。林義光以爲“⿱林㐭”由“⿱林亩”變來,恐有問題。因“⿱林亩”似應爲“嗇”而非“稟”。他説“林亦聲”,則是有道理的。還可參看注⑱已引之第八册,3882頁張日昇案語。

㉓“⿰⿱林㐭攴”字,《金文編》亦收入“⿱林㐭”字條,見411頁。免簋及免簠(《金文編》稱“免簠二”)之“⿰⿱林㐭攴”,爲器主免所“司”之對象,郭沫若釋讀爲“林”(注⑱所引書,3878頁),于省吾釋讀爲“廩”(同上,3878—3879頁)。大簋“余弗敢⿱林㐭/⿰⿱林㐭攴”之“⿱林㐭/⿰⿱林㐭攴”,郭沫若讀爲“婪”,又謂“如僅依聲紐讀爲吝字亦可”(同上,3871頁)。楊樹達從孫詒讓初説釋讀爲“遴”(同上,3875頁)。“吝”、“遴”音義皆近。“吝”屬文部,“遴”屬真部,“林”、“㐭”屬侵部。侵部與真、文存在通轉可能。

字。㉔ 總之,“林鐘”之“林”這個詞,典籍用“林”字表示,金文則用“亩”或“稟”字(强運開認爲“古廩、稟爲一字”,見《金文詁林》第七册,3573 頁)以及从“亩”或“稟”聲之字表示。從“林”與“亩”(廩)的密切關係來看,將“寀”釋爲“亩”(廩)的異體,應該是合理的。

簋銘“寀”(廩)字當讀爲“稟(禀)受”之“禀”。《左傳·昭公二十六年》“先王所禀於天地以爲其民也”,杜預注:“禀,受也。”“厥臨”是“禀”的賓語。《考釋》解釋“臨”字時,引《爾雅·釋詁》“臨,視也”,又引盂鼎“古(故)天異臨子”和《詩·魯頌》“上帝臨女”等作參考,㉕是可取的。《詩經》的《大雅·大明》和《魯頌·閟宫》都有“上帝臨女(汝)”語,鄭玄《箋》串講時,釋《大明》“上帝臨女”爲“天護視女”,釋《閟宫》的“上帝臨女”爲“天視護女”。簋銘的“臨”也含有“視護”之意,意近今所謂“照看”、“照顧”。“厥”應指上文的“厥百神”,也可能兼指其他神明。“禀厥臨”就是受到這些神的視護的意思。

“魯”字屢見於金文祈福之辭。徐中舒《金文嘏辭釋例》謂金文嘏辭中屢見之“屯魯”“即厚福、大福、全福之意”,亦即典籍中之“純嘏”,㉖其說近是。簋銘“□夆魯”之“□夆”,左旁不可識,《考釋》謂其“象兩個臣字正反相連,中間共享一筆,當爲‘臣’字繁構”,恐不可信。但《考釋》謂此字从“夆”聲,“似應讀爲逢,《書·洪範》:‘身其康强,子孫其逢吉。’馬注:‘逢,大也。’(引者按:所引馬融注見《釋文》。既用馬注,引經文似乎不必按僞《孔傳》斷句,宜從《經義述聞》在“逢”字斷句,“吉”字自成一讀)……‘𨽍魯’就是豐厚的福”,㉗則相當有道理。王引之《經義述聞》卷三“子孫其逢”條,述王念孫說,舉出了古書中“逢”當訓大的一些例證,並以爲“逢”、“豐”古通,“是古‘逢’、‘豐’聲義皆同也”。《國語·周語下》“景王二十二年穀、洛鬭”條,有“則此五者而受天之豐福”語。“逢魯”、“豐福”義近。依此解,“厥臨”和“逢魯”是“禀”的並列賓語。

不過,“□夆魯”之“□夆”似乎也有可能應該讀爲逢遇之“逢”,也就認爲“逢魯”跟“禀厥臨”一樣也是動賓結構。在上文引過的《國語·周語上》“十五年有神降於莘”條中,有“道而得神,是謂逢福;淫而得神,是謂貪禍”之語,韋昭注:“逢,迎也。”“逢魯”可能與“逢福”意近。不管是受魯還是逢魯,都應該與神的視護有關。《考

㉔ 參看注⑱所引書,3875 頁。

㉕ 同注②,60 頁。

㉖ 《徐中舒歷史論文選集》上册,中華書局,1998,545 頁。

㉗ 同注㉕。

釋》將“邁年俗兹百生”斷爲一句，誤讀“俗”爲“裕”，[28]又將“寎㐅”二字誤合爲“㝱”；可是對“亡不寎㐅臨㚔魯”的文義的理解却大致正確。《考釋》解釋此文說：

> 這句的主語應當就是上句的百姓，是說百神無不臨視，賜給貴族們豐厚的福祉。[29]

應該指出的是，按照古代哲人的意見，必須被臨視者的行爲是善的，神才會降福；如被臨視者有惡行，神就會降禍。

最後，簡單討論一下“兹百姓”的確切含義。我在《關於商代的宗族組織與貴族和平民兩個階級的初步研究》一文中，從鄭玄、郭沫若之說，認爲“百姓”本指族人。我說：

> “百姓”在西周、春秋金文裏都作“百生”，本是對族人的一種稱呼，跟姓氏並無關係。在宗法制度下，整個統治階級基本上就由大小統治者們的宗族構成，所以“百姓”同時又成爲統治階級的通稱。[30]

我認爲像西周青銅器善鼎銘文“余其用各（格）我宗子雩（義同“與”）百生”的“百生”，只能當族人講。[31] 㺇簋銘的“兹百生”也應指㺇的族人。還是在上文引過的《周語上》“十五年有神降於莘”條中，有如下一段話：

> 昔昭王娶於房，曰房后，實有爽德，協於丹朱。丹朱憑身以儀之，生穆王焉。是實臨照周之子孫而禍福之。

㺇想讓其族人受先人（厥百神）的視護而得福，生周穆王的丹朱之神則被認爲“實臨照周之子孫而禍福之”，其事正相類。

林澐先生在《“百姓”古義新解》一文中，不同意我關於“百姓”的意見，認爲“百姓”的古義仍應是“百官族姓”。[32] 根據㺇器群中另兩件㺇簋（《考釋》稱“二式㺇簋”，見其文61頁）和㺇盤、㺇盉的銘文，㺇是周王朝大臣周師的屬下，[33]只是一個中級貴族。以他的地位，似沒有資格在所作器銘中爲周王朝所有“百官族姓”祈福，更不可能要他們受㺇族祖先的臨視。林先生寫《“百姓”古義新解》時，㺇器尚

---

[28] 同注㉕。

[29] 同注㉕。

[30] 裘錫圭《古代文史研究新探》，江蘇古籍出版社，1992，312頁。

[31] 同上注，313頁。

[32] 《吉林大學社會科學學報》2005年4期，193—199頁。

[33] 參看《考釋》（同注②，64頁）及《李文》（同注⑮，184頁）。

未發表,而善鼎銘的"百生"則未在其文中加以討論。我想林先生如不以爲西周銅器銘文中的"百生"的"生"有兩種意義,有的指所謂"族姓",而有的則指"子姓"(族中晚輩)的話,那麽對見於善鼎、獄簋銘文的那種"百生",恐怕是很難作出確當的解釋的。

獄簋蓋銘

原載《安徽大學學報(哲學社會科學版)》2008年4期,今據以收入。

談談三年垣上官鼎和宜陽秦銅鍪的銘文

《文物》2005年第8期發表了《三年垣上官鼎考略》(以下簡稱"考略")和《洛陽宜陽發現秦銅鍪及其相關問題》(以下簡稱"問題")二文。讀后覺得二文對所報道的銅器銘文的考釋都有一些問題,曾想撰文發表意見,因抽不出時間而未果。不久,讀到了李學勤先生發表在《文物》2005年第10期上的《三年垣上官鼎校量的計算》(以下簡稱"李文")和吳振武先生發表在《吉林大學社會科學學報》2005年第6期上的《關於新見垣上官鼎銘文的釋讀》(以下簡稱"吳文")。[①] 二文都已對原釋文作了校正,但彼此的意見並不完全一致,我對二文關於"臾(斞)"這一容量單位的數值問題的論證,也還有一些意見。而對宜陽秦銅鍪銘文的釋文,似乎至今還沒有人提出不同意見。所以覺得仍有必要對這兩件銅器的銘文作些討論。

先談三年垣上官鼎。

鼎上有兩處刻銘,《考略》釋爲:

垣上官財(載)四斗(半)齋[②]

三年夕舷,大十六曳[③]

第一處刻銘釋文的"四斗(半)齋",吳文改釋爲"四分齋";[④]李文改釋爲"四八分齋",認爲是"四分齋又八分齋"的省略。[⑤] 從字形以及三晉記容銘文的一般文例來看,當以吳文爲是。

第二處銘文,李、吳二文均已正確地改釋爲:

---

① 吳文先於11月發表於武漢大學"簡帛"網,蒙吳先生先後賜寄打印稿和《學報》,十分感謝。

② 《文物》2005年8期,90頁。

③ 同上注,91頁。

④ 《吉林大學社會科學學報》2005年6期,5—6頁。

⑤ 《文物》2005年10期,93頁。

三年，已斛，大十六臾。[⑥]

《考略》已指出，"斛"通"角斗甬"（《禮記·月令》）之"角"，當"校量"講。[⑦] 李、吴二文都認爲"臾"通量名"斞"。《説文·十四上·斗部》："斞，量也。从斗，臾聲。《周禮》曰：桼（漆）三斞。"所引《周禮》文，見《考工記·弓人》，"漆三斞"爲制一弓所需之漆，可知斞之量值頗小，與古書中通常寫作"庾"的量名無涉。[⑧]

但是，李、吴二文對"大十六臾"的具體理解却有分歧。吴文説：

> 鼎銘中的這個"大"字，應該和李學勤先生所考出的安邑下官鍾"……斛（角）之，大……斗……益（溢）"之"大"的用法相同，是增大、多出的意思。本器實測大出856毫升（引者按：吴文曾在前面第6頁指出："按一齋容7200毫升計，四分之一齋應爲1800毫升。本器實測容2656毫升，顯然是大出了856毫升。"），正是銘文所記的"大十六臾（斞）"。[⑨]

而李文則説：

> 我在小文《滎陽上官皿與安邑下官鍾》中計算過兩器的校量銘文，均屬韓人所刻，銘文記的"大"、"少"是實測容積比預定容積大或小。三年垣上官鼎的校量銘文，當係魏人所刻，所記的"大"則是預定容積比實測容積大……[⑩]

認爲此鼎校量銘文所記的"大……"，其所指情況與安邑下官鍾的"大……"相反。從常理説，在校量器物容量時，如實測容量較原定容量爲小，在上舉這類校量銘文中，一般應以"少……"來表示，而不會從原定容量大於實測容量的角度，以"大……"來表示。李文的説法顯然不如吴文合理。

李文所以要把"四分齋"釋成"四八分齋"，理解爲"四分齋又八分齋"，並對"大……"作特殊的解釋，是由於李先生根據傳世的"㪤半弁"小銅量（以下簡稱"小量"），認爲一斞的量值應爲3.53毫升，並想使鼎銘所記的"大十六臾（斞）"符合這一量值的緣故。李文説：

> ……戰國魏的量制單位齋，據丘光明先生統計，其容積範圍在7140毫升

⑥ 同注⑤；同注④，5、7頁。"三年"後一字，後者釋"巳"，而括注"已"。

⑦ 同注②，91頁。其説本李學勤《滎陽上官皿與安邑下官鍾》（《文物》2003年10期）。

⑧ 參看朱德熙《戰國記容銅器刻辭考釋四篇·三、斞》，《朱德熙古文字論集》，中華書局，1995，29頁。

⑨ 同注④，7頁。

⑩ 同注⑤，94頁。

至7329毫升之間，取平均值7234.5毫升，則四分齋加八分齋爲2712.94毫升。

……

“臾”即量制單位“斞”。過去著錄有一件小銅量，現藏於中國國家博物館，器體正方形，有柄，柄上錯金“斞半关”三字，看字體應屬三晉。《中國古代度量衡圖集》說明該器……容積5.4毫升，並對其銘文作了解釋：“……‘关’即‘朕’字右旁所从的‘关’，朕、賸音近，銘文中當讀爲‘賸’。‘斞半賸’是‘一斞又半斞强’的省略說法，意思是一又二分之一强。”設斞的“一又二分之一强”爲1.53斞，一斞爲3.53毫升。

以這樣的斞值計算，鼎銘“十六臾(斞)”合56.48毫升。

據蔡、趙文(引者按：指《考略》)，鼎的實測容積是2656毫升。第一處銘文規定的“載四八分齋”，如上述爲2712.94毫升，減去2656毫升，得56.94毫升，這正是“大十六臾(斞)”，僅差0.46毫升，可謂密合。[⑪]

小量的銘文原作“斛半弅”，將其釋讀爲“斞半賸”，解釋爲“一又二分之一斞强”，是朱德熙先生在上世紀50年代提出來的意見。[⑫] 此說曾爲學界普遍認可，但近來有學者提出了不同意見。

程鵬萬先生在《中國歷史文物》2007年第3期上發表《斛半弅量新考》(以下簡稱“程文”)，主張把小量的銘文讀爲“容半寸”。他根據劉國勝先生關於楚簡中的有些“弅”字應該讀爲“寸”的說法，認爲小量銘文中的“半弅”也應讀爲“半寸”，“爲此量的容積，半寸即半立方寸”。[⑬] 關於讀“斛”爲“容”，他作了如下說明：

……上面討論了半弅，當是半寸，是量的容積，那麼斛字所處位置與戰國記容銘文中的“容”字相當。《史記·淮南衡山列傳》：“日夜從容王密謀反事。”《漢書·衡山王》(引者按：“王”后似脫“傳”字)從容作縱臾；《漢書·郊祀志》：“問於鬼臾區。”顔注：“鬼臾區，《藝文志》云：‘鬼容區’，而此志作臾區，臾容聲相近蓋一也。”臾爲余母侯部字，容爲余母東部字，臾、容聲同而韻爲陰陽對轉的關係，可以相通。如果斛字从臾得聲話(引者按：“話”上似脫一

⑪ 同注⑤。

⑫ 同注⑧，28—29頁。

⑬ 《中國歷史文物》2007年3期，76頁。

"的"字),當可以與容通,那麽斛半弃當可以讀爲容半寸。⑭

此文指出,經中國計量科學研究院精密測量,小量容積爲5.691立方釐米(相當於毫升);⑮據傳世的商鞅方升的容積和銘文推算,半立方寸合6.20立方釐米,小量容積與之相近。⑯

我過去跟很多人一樣,也是信從朱先生對小量銘文的釋讀的。現在仔細一想,其説確有不够合理之處。鑄造小量這樣的容積很小的量器,精密度的要求一定很高。"斛半弃"三字是字體工整的錯金鑄銘,並非器物鑄造好之後根據實際校量結果刻上去的,表示的應該是預定的容積。在鑄造這件精密度要求很高的量器時,其預定容積怎麽會不取一個確數,而取"一個半斞强"這樣的約數呢?所以朱先生的釋讀顯然不如程文合理。

吴文撰寫時,吴先生已經看到了程文的未刊稿。他認爲讀"斗弃"爲"半寸""很可能是正確的",並"用另外一種計算方法——即從戰國尺度上加以驗算"。他指出如以小量的容積5.691立方釐米爲半個立方寸,可折算出"一寸爲2.249釐米,一尺合22.49釐米。這一數值跟曾武秀先生1964年據文獻和相關實物推算出的戰國一尺之長爲22.5釐米基本相合,跟中國國家博物館所藏戰國花卉雲氣紋銅尺長22.52釐米亦大體相合。"⑰有力地證實了小量的容積確爲半個立方寸。

但是吴先生不相信讀"斛"爲"容"之説。他説:

> ……按從已見的戰國記容銘刻可知,容受之"容"一般多寫作"膚",個别也有寫作"庚"、"空"、"容"的,但却從未見有寫作"斛"或从"臾"之字的例子。因此,將"斛"讀作"容"恐怕是危險的,反不如舊釋"斞"來得可靠,儘管程文也曾舉出古書中有"臾"、"容"相通的例子。⑱

我的意見與吴先生不同。"臾"、"容"音近,古書中並有通用的明證。讀"斛半寸"爲"容半寸",文從字順,有何不可?如説以"斛"爲"容"在戰國記容銘刻中只此一見,那麽以"空"爲"容"也只一見,⑲爲什麽後者可以接受,前者就不能接受呢?

---

⑭ 同上注,77頁。
⑮ 同注⑬。
⑯ 同注⑬,76—77頁。
⑰ 同注④,8頁。
⑱ 同上注。
⑲ 參看注⑧所引書,26頁。

程文已經指出,“臾”和“容”都是余母字,韻部侯東對轉。這兩個字的中古音還都屬合口三等平聲,其韻母有極嚴格的陰陽對轉關係,上古音是非常接近的。三晉記容銘文用來表“容”的“賡”當从“庚”聲。“庚”與“容”的字音雖然不是相距很遠(“庚”爲陽部字,東、陽二部是鄰韻。“庚”的聲母是見母。《說文》段注指出“容”从“谷”聲,其古文“宂”从“公”聲。“公”、“谷”皆見母字。可以借作“容”的“空”是溪母字),其關係究竟不如“臾”與“容”密切(除韻部關係外,“臾”“容”都是合口三等字,“庚”則是開口二等字)。古文字的“臾”如果倒過來看,與“庚”有點相像。我懷疑三晉人也許先借“胷”(腴)字表示“容”,由於“臾”字不如“庚”字常用,便改“臾”爲“庚”,分化出“賡”字來表示“容”;或是改借本來就存在的“賡”字來表“容”。

吳先生認爲“斛半寸”的“斛”仍應釋讀爲量名“斞”,並根據他從垣上官鼎銘所推出的斞的量值(見後文),對這三個字的銘文的意義作出了很特別的解釋。他說:

> 量銘“斞半寸”,當指此量容半立方寸斞。若是積這樣的半立方寸斞十份(即五立方寸斞),便成一斞之容量。[20]

這樣解釋似乎有點違背漢語習慣,恐怕難以被人接受。

如果仍將“斛”字釋讀爲“斞”,但將銘文標點爲“斞,半寸”或“斞:半寸”,理解成指此量容一斞,體積爲半個立方寸,是否行得通呢?且不說古人不大可能按這樣的理解來寫這條銘文,就是以《考工記》的“漆三斞”來加以檢驗,也顯得不合理。吳文指出《考工記·弓人》提到“漆三斞”的那段話的意思是說,“使用‘筋三侔、膠三鋝、絲三邸、漆三斞’這些材料來製一張弓,對於上等工匠來說會有剩餘,對於下等工匠來說則會有不足。……如依朱先生對斞半斗量銘文的解釋,只能將一斞之值視作 3.6 毫升弱,一張弓所用之漆要少到 10.8 毫升弱,且‘上工以有餘’,似乎是不可能的”。[21] 如以小量之容量爲一斞,亦即一斞爲 5.691 毫升,三斞爲 17 毫升稍强,這些漆用於製一張弓,仍然遠遠不够。所以把小量的容積視爲一斞之值,也是行不通的。總之,還是像程文那樣把小量銘文釋讀作“容半寸”爲妥。

李文用作依據的一斞爲 3.53 毫升的量值實際上並不存在,其“四八分齋”的釋讀以及對“大十六臾”的特殊理解,當然也就沒有必要提出來了。

---

[20] 同注⑰。

[21] 同注④,8—9 頁。

吳文對小量銘文的釋讀不可從,但是對“臾”(斞)的量值的推算以及將小量的容積視爲十分之一“臾”(斞)的意見,還是很有參考價值的。吳先生認爲垣上官鼎實測容積比“四分鼐”大出856毫升,這就是鼎銘所記的“大十六臾”(有關文字已見前引),所以“一臾(斞)合53.3毫升”。㉒ 他又說:

> 按斞半弁量的器形照片、原器拓本和尺寸都曾經著錄(原注:國家計量總局等主編:《中國古代度量衡圖集》,57頁97號,文物出版社,1984年),……實測僅容5.4毫升。……5.4毫升正相當於我們據垣上官鼎所推出的一臾(斞)之值的十分之一,這恐怕不會是巧合。㉓

他還指出“如果根據從垣上官鼎推得之一斞之量值,一張弓所用之漆合160.5毫升”,這比一斞之值爲3.6毫升弱合理得多。㉔

《中國古代度量衡圖集》在“圖版說明”中,對小量的容積給出了兩個數據。在97號“斘半弁銅量”說明的開頭部分記其“容5.4毫升”,在後面又說:“經中國計量科學研究院用工具顯微鏡、測深卡尺測量……計算容積爲5.6909立方釐米。”㉕吳先生在我們上面所引的那段文字中用了前一個數據,在論證小量容積爲半立方寸時用了後一個數據(有關文字已見前引)。即使採用後一數據,也應承認小量的容積接近於吳先生從垣上官鼎推出來的臾(斞)的量值的十分之一。古人鑄造、校量器物(包括量器),一般都有誤差。器物長期使用、流傳或埋藏地下,也會使其容積、重量有所改變。我們今天根據記容銘文進行容積、重量等項推算時所依據的某些數據,如吳先生推算“四分鼐”時所用的以一鼐爲7200毫升的數據,也不是很精確的。因此我們根據器物和銘文推出的容積、重量等方面的數據,一般都不會很精確。對有關數據之間的符合程度,也不能要求太高。吳先生設一鼐之值爲7200毫升,從目前有關研究成果看,是比較合適的。他對鼎銘意義的理解也應該是正確的。按理說,他推出來的臾(斞)的量值應該比較可信。小量容積與臾(斞)的量值之間接近一比十的關係,也有可能如吳先生所說,“不會是巧合”。也就是說,臾(斞)的量值有可能合五個立方寸。把小量的銘文釋讀爲“容半寸”,對這一點並無

㉒ 同注⑨。

㉓ 同注⑰。

㉔ 同注④,9頁。

㉕ 國家計量總局主編《中國古代度量衡圖集》,文物出版社,1981,圖版說明14頁。丘光明《中國歷代度量衡考》(科學出版社,1992)引此數據作5.691(第182頁),爲程文、吳文所承用。又吳文所引《圖集》爲1984年第二版,頁數與初版有異。

影響。這樣看來,臾(斞)的量值可能在50至60毫升之間。但是對此我仍有些懷疑。按照吳先生的推算,原定容1800毫升的鼎,其實際容量竟然大出856毫升,也就是幾乎大出原定容量的一半。這樣的誤差未免太大了。這裏恐怕隱藏着我們目前還不知道的某種特殊情況。所以嚴格說,垣上官鼎銘文所記的臾(斞)的量值和小量容積與臾(斞)的關係,都還不能完全落實。目前似乎還不是對這些問題下結論的時候。

下面談宜陽秦銅鍪。

我認爲《問題》釋爲"府"的字,有可能實際上是兩個字。從所發表的銅鍪局部照片看,"府"字上有一長豎。㉖ 此豎在銅鍪綫圖所摹銘文中摹得比較短,㉗但仍可看出並非"府"字上端所應有的短豎。細審局部照片,在長豎中部偏上處,尚有較淺的刻劃,似爲刻得不規則的扁圓形。所以我懷疑所謂"府"字可以釋爲"中府"二字,或看作"中府"合文。

秦封泥有"中府丞印"。㉘《秦封泥集》的考釋,引用文獻、漢封泥、漢印和漢銅器銘中關於"中府"的資料頗爲完備,並指出"中府爲皇后、皇太后、太子、公子(引者按:疑"公主"之誤排)、諸侯王、王后金帛之藏府",㉙可參考。

《問題》釋鍪上所刻記重文字爲"二斤十一兩",說"銅鍪重量與銘文所記重量基本接近"。㉚ 但從銅鍪綫圖上所摹之字看,所謂"二斤"分明作"三斤"。如以秦漢一斤相當250克的約數計算,三斤十一兩相當0.92公斤强,比銅鍪實測重量0.66公斤,㉛的確大了不少。由於種種原因,古代器物上所記重量或容積,有時會與實測結果有出入。銘文刻錯的情況也可能偶爾存在。我們辨釋銘文,應儘量反映其原貌,不必勉强求其與實測結果相合。當然,如綫圖所摹"三斤"之"三"字有誤,上面這段話就應取消。

《問題》釋鍪上所刻記容文字爲"{{半}}斗"。㉜ 從綫圖看,"斗"上一字的下部磨損很嚴重,但跟其下的"斗"字顯然並不同形。以"{{半}}"爲"半"乃是三晉文字的特點,

---

㉖ 《文物》2005年8期,88頁圖二。

㉗ 同上注,89頁圖三。

㉘ 周曉陸、路東之《秦封泥集》,三秦出版社,2000,176—177頁。

㉙ 同上注,177頁。

㉚ 同注㉖,89頁。

㉛ 同注㉖,88頁。

㉜ 同注㉚。

秦系文字的“半”,下部均作“牛”或與之相近之形。[33] 此鋬是秦物,銘文風格也確屬秦文字,則“斗”上之字雖然下部嚴重磨損,也應逕釋爲“半”。

歡迎有機會接觸銅鋬原器的先生,根據原刻銘文對我的意見加以指正。

補記:

郭永秉閱讀此稿後,向我指出帛書《春秋事語》“魯桓公與文姜會齊侯於樂”章94行“容行阿君”句,《管子・大匡》作“諛行戲我君”,我在《帛書〈春秋事語〉校讀》中説:“‘諛’‘容’古音陰陽對轉,疑‘容行’當讀爲‘諛行’。”(《湖南省博物館館刊》第一輯,95頁注8,《船山學刊》雜志社,2004)這也是“臾”、“容”可通之證。我寫此文時沒有記起來,補記於此。永秉認爲“容”字古有媚悦之義(《吕氏春秋・似順》“夫順令以取容者,衆能之”高誘注:“容,説也。”),古書多見“容悦”(《孟子・盡心下》)、“容媚”(《漢書・諸侯王表序》)的説法,把《大匡》的“諛行”讀爲“容行”也許更好。

原載《古文字研究》第二十七輯(中華書局,2008),今據以收入。

---

[33] 參看袁仲一等《秦文字類編》,陝西人民出版社,1993,384頁。

復公仲簋蓋銘補釋

——兼說琱生器銘"寢氏"

最近讀了徐少華先生發表在史語所集刊上的《復器、復國與楚復縣考析》一文(以下簡稱"徐文")。[①] 此文根據周金文和楚簡等資料,鈎稽了傳世文獻失載的周代小國——復國的歷史,並考定了復的地望,有很高的學術價值。但文中對復公仲簋蓋銘的解釋似尚有可商之處,所以撰此《補釋》以供參考。

復公仲簋蓋銘著錄於《集成》4128號,[②]下面先錄出張亞初先生在《殷周金文集成引得》(以下簡稱"引得")中爲此銘所作的釋文:

> 復公仲若我曰:其擇吉金,用乍(作)我子孟媿寢小尊賸(媵)毁,其萬年永壽,用狃萬邦。[③]

本文要討論的是"用作我子……"一句,關鍵字是"媿"和"寢"。《引得》對前一字的隸定很忠實。後一字從拓本看實作"㛪"。大概由於這個字跟五年琱生簋銘"寢氏"之"寢"顯然是同字異體,[④]《引得》就把它們都隸定爲"寢"了。[⑤]

《殷周金文集成釋文》(以下簡稱"釋文")與《引得》的釋文有出入,前者把"媿"直接釋作"姆"("姆"見《說文》,訓爲"女師"),把"㛪"直接釋作"婦"。[⑥]《釋文》對這兩個字的釋法都是有問題的,詳下文。《集成》修訂增補本附有釋文,但並非取自《釋文》而是取自《引得》的。所以此書復公仲簋蓋銘釋文與《引得》相同。[⑦]

---

① 《中央研究院歷史語言研究所集刊》第八十本第一分,2009,197—215頁。

② 本文所用爲"修訂增補本",中華書局,2007。所引之銘見第三册2303頁。

③ 張亞初編著《殷周金文集成引得》,中華書局,2001,73頁8·4128號。

④ 五年琱生簋,《集成》稱"五年召伯虎毁(簋)",見注2所引書,第四册2636頁4292號。

⑤ 《引得》對五年琱生簋銘的釋文,見84頁8·4292號。

⑥ 中國社會科學院考古研究所編《殷周金文集成釋文》,香港中文大學中國文化研究所,2001,第三卷285頁。

⑦ 同注②。

徐文所引復公仲簋蓋銘,“用作我子……”一句的釋文與《釋文》相同,文中解釋説:

該簋是復公爲其長女外嫁所作的媵器,其女字“孟㛗”,“婦小”當是其名。按照媵器銘文稱字的習俗,“孟”後一字多爲出嫁女子的族姓,如孟姬、孟姜之類,然據上述《復公子簋》銘,復國爲“媿”姓而非“㛗”姓(引者按:復公子簋見《集成》4011—4013,銘謂“復公子伯舍曰敃新作我姑鄧孟媿媵簋”),傳世文獻和其他銅器銘文中,亦未見“㛗”爲族姓的明確例證,因而復公長女字“孟㛗”不一定符合器銘常見排行加族姓的組合形式,當有另外的涵義。《説文》一二下:“㛗,女師也,從女每聲,讀若母。”《玉篇》“女”部第三五釋“㛗”同於“姆”,皆爲“女師”,兩者實爲一字。又婦、姆都是對女性的稱呼,作爲名和字,相互關聯。⑧

這種解釋恐怕是有問題的。

所謂“㛗”字本作“嬶”。既然按照周代媵器銘文通例,女字的排行後一字應爲娘家之姓,“嬶”就不大可能是女子的私字,而應該是復國之姓“媿”的異體。

六國文字中有一個寫作如下等形的字:⑨

吳榮曾先生認爲此字“从每从山”,一般用作地名或姓氏名;結合字形與用法考慮,應該釋讀爲“魏”。⑩ 他指出西漢時“魏”字“从委从山从鬼”,“山”在字的下方,東漢時“魏”字仍从“山”,《説文》將“山”旁移至上方,但東漢隸書仍多將“山”寫在下方,無“山”的“魏”字則是後起的;在下有“山”旁的“魏”字中,“委”是由“毎”字中省去“母”形的兩點(即變“母”爲“女”)的那種“每”變來的,“鬼”是加上去的音符。⑪ 周波先生在新近發表的文章裏,同意這一意見並有所補充。他舉出了秦文

⑧　同注①,201—202 頁。

⑨　諸字形已見引於下舉二文:吳榮曾《戰國布幣地名考釋三則》,《中國錢幣》1992 年 2 期,5 頁;周波《中山器銘文補釋》,《出土文獻與傳世典籍的詮釋——“紀念譚樸森先生逝世兩周年國際學術研討會”會議論文集》,復旦大學出土文獻與古文字研究中心,2009,283—284 頁(此文經過修改已收入《出土文獻與古文字研究》第三輯)。各形原始出處見此二文。

⑩　注⑨所引吳文,5 頁。

⑪　注⑨所引吳文,5 頁轉 55 頁。

字中的“魏”字的例子（字形下方皆有“山”），[12]還指出馬王堆帛書中除了下有“山”旁的“魏”字，還有個別作“䰟”的“魏”字（見《春秋事語》29行），可作爲“鬼”旁是加注上去的的證據。[13] 他還認爲“魏”字中的“委”也有表音作用（《說文》將“巍”分析爲从“嵬”“委”聲），“䰟”當是表意字，“䰟”可以看作改造表意字而成的形聲字。[14] 上述這些意見都頗有道理。周先生“䰟”是表意字的設想恐難落實。但是形聲字的聲旁，在使用過程中被後來的人改成他們認爲更合適的另一個聲旁的現象，也是常見的。“魏”與“媿”音近，這個“䰟”字跟上文所說的“嬶”字所从的“䰟”，應該是有關係的。

李家浩先生指出，“戰國文字往往把‘口’旁寫作‘山’字形”。[15] 李先生找到的這種例子大都見於燕國文字，所以他認爲“把‘口’旁寫作‘山’字形”，“是燕國文字的特點”。[16] 這並不是說其他國家的文字就沒有這種現象。李先生已指出在他所舉的這種例子裏，例D屬於齊國。[17] 他還舉了《印典》1·440著錄的古印上从“言”从“䏙”的“信”字，指出其“言”旁所从的“口”作，寫作“山”字形的“口”旁就是由這類“口”旁演變出來的。[18] 這個“信”字也不是燕國文字。復公仲簋蓋的時代約屬春秋早中期，[19]其“嬶”字所从的“䰟”原作，“每”旁與“口”旁相接。六國文字中的“䰟”字，“每”與“山”連成一體，應該就是由這類“䰟”字演變而成的。[20] 大概“䰟”字起初是作爲“䰟”字變體，假借來表示“魏”的；後來下部的“山”形被當作真正的“山”旁，就成了表示“魏”的專字（也可以說是“䰟”的分化字）。

---

⑫ 注⑨所引周文，287—288頁，289—290頁。

⑬ 注⑨所引周文，288頁。

⑭ 注⑨所引周文，288—289頁。周文還將見於《汗簡》等書的“魏”之古文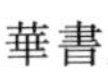隸定爲“𥝩”，分析爲从“山”“禾”聲，認爲可能與“䰟”爲一字異體（288頁）。這恐怕是有問題的。可能由委積之“委”的古字“𠤷”、“�”變來（參看張守中編著《中山王器文字編》，中華書局，1981，31頁。關於“𠤷”、“匿”，還可參看周文288頁注38）。

⑮ 李家浩《燕國“洀谷山金鼎瑞”補釋》，《著名中年語言學家自選集·李家浩卷》，安徽教育出版社，2002，150頁。

⑯ 同上注，154頁。

⑰ 同上注，154頁。

⑱ 同上注，153頁。

⑲ 同注①，202頁。

⑳ 注⑨所引周文283頁舉出西周早期卣銘中的字（《集成》5113），作爲“䰟”的最早字例。但商代和西周古文字中的“每”，其上部沒有作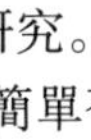形的，此字是否“䰟”字尚待研究。【編按：“䰟”、“䰟”由此字變來（即由表意字改成形聲字）的可能性，實不能排除，周說不能簡單否定。】

在上古音裏,“魏”是疑母微部字;“媿”字,《説文》以爲“愧”字正篆,但用作族姓之“媿”典籍作“隗”,[21]亦爲疑母微部字。以从“女”“晦”聲之字爲“媿(隗)”之異體,與吴榮曾先生釋“䀿”爲“魏”之説正好符合,彼此可以互證。

據宋代字書,“晦”是“誨”字古文。《集韻》去聲隊韻呼内切誨小韻“誨”字下有或體“晦”,注文説“誨”字“古从口”。《汗簡》卷上之一“口”部、《古文四聲韻》卷四(去聲)隊韻,都收有出自古《尚書》的“誨”字古文“晦”。[22] “誨”从“言”“每”聲,是之部字而不是微部字。但是上古有不少之部字與文部字有密切關係,微部是文部的陰聲,那些之部字的音跟微部字一定也是比較相近的。所以由上古到中古,有些這類的之部字(包括一些从“每”聲的字)就跟微部字合流了。之部與文部的關係,前人早已指出,陳劍先生在近年發表的《甲骨金文舊釋“尤”之字及相關諸字新釋》一文中,集中舉出了不少較確鑿的之部字與文部字相通的例子,[23]可以參閲。“敏”本是之部字,後來與文部字合流,進入軫韻。過去認爲“敏”字軫韻之音的出現不早於東漢,陳先生在上引論文中,根據《詩·大雅·生民》假借“敏”字來表示當“大拇指”講的“拇”,而“拇”的表意初文(即舊釋爲“尤”之字)及以之爲聲符的字,“在古文字中可以用來表示文部的‘慜’、‘旻’、‘閔’和‘文’等詞”等現象,推論“中古‘軫’韻的‘敏’字的讀音”,可能“有着更古老的方音來源”。[24] “誨”本是之部字,後來與微部字合流,進入隊韻。從“㛮”爲“媿(隗)”之異體和“䀿”應釋讀爲“魏”的現象來看,似也不能排除“誨”在先秦時代的方音中就有微部音的可能。

在聲母方面,“誨”是曉母字,“媿(隗)”、“魏”是疑母字。作爲舌根擦音的曉母,跟舌根鼻音疑母,是有相當密切的關係的。例如:“虍”(實即“虎”之簡體)和从“虍”聲的“虚”是曉母字,从“虍”聲的“虜”和从“虜”聲的“甗”是疑母字;从“虜”聲的“獻”是曉母字,从“獻”聲的“讞”、“巘”、“櫱”等是疑母字。“卉”是曉母字,从“卉”聲的“桒”、“哶”是疑母字。“化”是曉母字,从“化”聲的“訛”、“囮”等是疑母字。“兇”是曉母字,从“兇”聲的“峣”是疑母字。“誨”字是从明母的“每”得聲的。“微”字上古爲明母字,其諧聲字“徽”、“黴”等爲曉母字,而在古書中“微”又與“魏”字相通(“微子”、“微公”或作“魏子”、“魏公”,《史記·魯世家》的《索隱》並

[21] 同注①,208頁。

[22] 李零、劉新光整理《汗簡·古文四聲韻》,中華書局,1983,3、58頁。

[23] 陳劍《甲骨金文考釋論集》,綫裝書局,2007,75—76頁。

[24] 同上注,76—77頁。

說:“古書多用‘魏’字作‘微’。”)。[25] 在聲母的關係上,此例與古文字以“嫚”爲“媿(隗)”字異體和以“琞”爲“魏”的情況更爲相似。

總之,從文字結構和字音看,以“嫚”爲“媿(隗)”字異體,將“琞”釋讀爲“魏”,也都是講得通的。

吳榮曾先生將“琞”釋讀爲“魏”雖然有道理,畢竟缺乏確證。如果主要只根據媵器銘文通例,就將“嫚”定爲“媿(隗)”的異體,理由也不夠充足。但是這兩種說法正好可以互相印證,這不可能是偶然的巧合。雖然這兩種說法的某些細節(如關於字形、字音的某些解釋),可能還有不完全符合實際的地方;其主要結論(復公仲簋蓋銘的“嫚”是“媿”姓之“媿”的異體,六國文字中的“琞”應該釋讀爲“魏”),沒有問題是可以成立的。徐文將復公仲簋蓋銘的“嫚”釋作訓“女師”的“娒”,當作出嫁女兒個人的字,是不妥當的。六國文字“琞”字的各種舊釋(包括我們的“殺”字說),也都是不對的。【編按:施謝捷在2008年秋季學期爲復旦大學出土文獻與古文字研究中心研究生開設的“古文字專書研讀”課程中,已據吳榮曾的意見釋六國文字的“琞”字爲“魏”,並根據董珊等學者的意見對吳説有所補充。施先生的意見只在此課上發表而未形諸文字。】

下面討論“婦”字。

前面已經說過,“婦”與五年琱生簋的“嫚”是一個字。古文字中从“帚”與从“曼”有時可以相通。例如:宮寢之“寢”,商代的甲骨、金文一般作“帚”,西周師遽方彝亦作“帚”,[26]而商代的寢玄爵則作“㝦”,[27]《說文》“㝦”字(一般寫作“寑”,相當於典籍“寢”字)籀文亦作“㝦”。又如殷墟卜辭用作“侵”的“㑴”字,往往作“㑴”。[28] “嫚”或作“婦”是同類的例子。但“嫚”、“婦”爲一字雖是學者的共識,對這個字的釋讀却有兩種意見:或釋“婦”,或釋“寢”。爲了討論的方便,先將五年琱生簋和2006年新發現的五年琱生尊銘文中的有關文句引錄於下(少數無爭議的字改用通用字):

> 唯五年正月己丑……余獻寢氏以壺,告曰:“以君氏命,曰……”余□(此字形體較繁,釋法不一,姑以□代之,其意似與“贈”“賜”接近。下引尊銘之

---

[25] 高亨纂著、董治安整理《古字通假會典》,齊魯書社,1987,502頁。

[26] 劉釗等《新甲骨文編》,福建人民出版社,2009,430—431頁。容庚《金文編》,中華書局,1985,528—529頁。

[27] 注②所引書,第五册4377頁8296號。此字《金文編》528頁已收入。

[28] 注[26]所引《新甲骨文編》,460頁。

"□"同)于君氏大章(璋),報𡚬氏帛束、璜。…… 五年琱生簋[29]

唯五年九月初吉,召姜以琱生戠五尋、壺兩,以君氏命,曰:"……"余□大章(璋),報𡚬氏帛束、璜一,有司眔𡎸兩屖。…… 五年琱生尊[30]

晚清的孫詒讓在《古籀餘論》中,據《攈古錄金文》摹本考釋五年琱生簋銘(孫氏稱此簋爲"召伯虎敦第二器",第一器爲六年琱生簋)。他將"𡚬"釋讀爲"婦",以爲"婦氏蓋内官世婦之屬"。[31]《兩周金文辭大系考釋》謂其說"近是"。[32] 其他研究琱生簋的學者,大抵也都信從釋"𡚬"爲"婦"之說。至於"婦氏"的身份,則有林澐先生在《琱生簋新釋》中提出了"婦氏"指召族的"宗婦","應即召伯虎之母幽姜"的新說。[33] 此後,絕大多數研究者接受了"婦氏"指宗婦的意見,只是對"婦氏"究竟指召伯虎之母還是召伯虎之配,則有歧見。

我們認爲從文字學角度看,把"𡚬"釋讀爲"婦"是缺乏根據的。前面說過,古文字中从"帚"與从"㚚"有時可以相通。這並不是說,所有从"帚"之字都可以寫成从"㚚"。例如"歸"字的"帚"旁,就不能換成"㚚"(《金文編》85 頁"歸"字條所收貉子卣之字,右半作"㚚"。此卣器蓋同銘,見《集成》5409。其字形頗爲整飭,只有"歸"字右旁"帚"的下端多出很小的似筆畫非筆畫的痕跡,似是作字模時去掉寫錯的筆畫後留下的殘痕,《金文編》的摹錄是不忠實的,對照原銘可以清楚看出)。"婦"字也是如此。古文字中的"婦"字從來沒有寫作"嫚"的。殷墟卜辭極少用"婦"字,一般借"帚"爲"婦","㚚"則從來不借爲"婦"。所以"𡚬"雖有作"𡚬"的異體,仍不應釋讀爲"婦"。釋讀爲"婦",對此字所从的"宀"也很難作出交代。

《攈古錄金文》著錄的銅器銘文是有釋文的。此書稱五年琱生簋爲"召伯虎敦",爲與排序在前的也稱"召伯虎敦"的六年琱生簋相區別,在器名上加了"又"

---

[29] 同注④。

[30] 寶鷄市考古研究所、扶風縣博物館《陝西扶風五郡西村西周青銅器窖藏發掘簡報》,《文物》2007 年 8 期,19、20 頁。

[31] 〔清〕孫詒讓《古籀拾遺・古籀餘論》,中華書局,1989,《古籀餘論》30 頁。

[32] 《郭沫若全集・考古編 8》,科學出版社,2002,302 頁。《大系》稱五年琱生簋爲"召伯虎簋",下注"其二","其一"爲六年琱生簋。

[33] 《古文字研究》第三輯,中華書局,1980,124 頁。125 頁有"婦氏是宗婦的變稱"語,126 頁有"婦氏,宗婦幽姜"的解釋,可參看。

字。其釋文將銘文第二行的“𡟄”字逕釋爲“㑼”。[34]《金文編》舊版將“𡟄”當作“《說文》所無”之字附於“宀”部,[35]1985年版改而收入“㑼”字條。[36] 戴家祥先生主編的《金文大字典》也以此字爲“㑼字異體”。[37] 嚴志斌《四版〈金文編〉校補》已將復公仲簋蓋“𡚾”字補入“㑼”字條。[38] 我認爲諸家釋“𡟄/𡚾”爲“㑼”(寑)是正確的。

不過《說文》的“㑼”,雖已見於西漢早期簡帛(侵旁皆作㣽),[39]却尚未見於周代金文,應是由“㝲”變來的較晚形體,《金文編》在“㑼”字條的“𡟄”字下加注說“易从人爲从女”;《金文大字典》以“金文从人从女無別”爲“𡟄當即㑼字異體”的理由,都是不妥當的。在各種宫室中,寑與婦女的關係最爲密切,在“寑”字作“帚”或“㝲”之形上加一“女”旁,成爲作“𡚾”或“𡟄”的繁體,是很合理的,不必到《說文》的“㑼”字那裏去拐彎。所以“𡟄氏”應該釋爲“寑氏”,而不應釋爲“婦氏”。

還應該著重指出,五年琱生簋銘有兩處提到“寑氏”,第一處的“寑”作“𡟄”;第二處則不从“女”而从“土”,《攈古録金文》摹作,[40]是比較忠實於原形的。不過其釋文既不釋之爲“㑼”,也不按此字原形加以隸定,却按第一處“寑”字之形隸定爲“𡟄”,[41]不知是出於何種考慮。《大系》將此字隸定爲“𡎺”,[42]分明是由於有此字當釋“婦”的成見。從銘文拓本的圖版看,此字右下角似未拓好,但顯然並不存在“女”形。黄德寬先生主編的《古文字譜系疏證》將此字隸定爲“𡫸”。[43] 新出五年琱生尊有同銘二器,“寑氏”之“寑”皆作“𡫸”,[44]可證此書的隸定是可信的。我們在上文引五年琱生簋銘時,也採用了這種隸定方法。

“𡟄”有異體作“𡫸”,更說明此字不能釋“婦”而應釋“寑”。因爲我們難以找到“𡫸”當釋讀爲“婦”的理由,却能夠說明“寑”字爲什麽又可以寫作“𡫸”。這需

㉞ 〔清〕吳式芬《攈古録金文》,樂天出版社,1974,第二册1151頁(原本卷三之二頁三六上)。
㉟ 《金文編》,科學出版社,1959,427頁。
㊱ 《金文編》,中華書局,1985,528頁。
㊲ 《金文大字典》,學林出版社,1995,上册952頁。
㊳ 《四版〈金文編〉校補》,吉林大學出版社,2001,87頁。
㊴ 陳松長等《馬王堆簡帛文字編》,文物出版社,2001,307頁;駢宇騫《銀雀山漢簡文字編》,文物出版社,2001,257頁。
㊵ 同注㉞,1150頁(原本卷三之二頁三五下)。
㊶ 同注㉞,1152頁(原本卷三之二頁三六下)。
㊷ 同注㉜,301頁。
㊸ 《古文字譜系疏證》,商務印書館,2007,第四册3957頁。
㊹ 同注㉚。

要從寫作“帚”或“𡪢”的“寑”字說起。

“𡪢”顯然應該分析爲从“宀”“𠬶”聲。《說文》失收“𠬶”字,凡从“𠬶”聲之字皆說爲“侵(㑴)省聲”。“𠬶”字之音應同於或近於“侵”、“寑”。這是學者的共識。“帚”字,學者多說爲从“𠬶”省聲,只有唐蘭先生以爲从“帚”聲。㊺ 唐先生認爲“帚古讀如侵”,這是否與實際相符,尚待研究。但是“帚”是章母(照三)幽部字,“寑”是清母侵部字,幽、侵陰陽對轉;章系與精系的音相去也不算很遠,章、清二母就有一些諧聲相通的例子,例如:“隹”是章母字,“崔”、“趡”等是清母字;“悤”爲清母字,“㥮”既有清母之音(且勇切),又有章母之音(職勇切);“青”爲清母字,“鯖”既有同“青”之音(倉經切),又有章母之音(諸盈切)。所以,認爲“帚”所从的“帚”有表音作用,還是可以的。

“𡩡”所从的“埽”與“掃”爲一字異體(《說文》有“埽”無“掃”)。“埽”是心母幽部字。心母與清母同屬精系。“埽”與“寑”在聲母上的關係,比“帚”更密切。所以對“寑”字來說,“埽”也可以認爲有表音作用。

“帚”、“𡪢”、“𡩡”還都有會意字的性質。《周禮・夏官・隸僕》:“掌五寑之埽除糞洒之事。”高田忠周《古籀篇》說:“愚謂依《周禮・隸僕》所云,‘寑’字从‘帚’从‘㑴’,均皆會意耳。”㊻《隸僕》所說的“寑”指“五廟之寑”(見《周禮・隸僕》鄭玄注)。“寑”本爲生人所居之稱,生人居住之寑更需要經常“埽除糞洒”。《周禮・天官・宫人》:“掌王之六寑之脩。”《天官・大宰》“與其具、脩”鄭玄注:“脩,埽除糞洒。”1994年扶風莊白出土的西周早期大型銅盂殘底,有銘曰:“王乍(作)䕭京中帚𨂺盂。”㊼“盂”上一字是表示以“帚”對室屋或庭院進行洒掃的意思的,其字亦見殷墟卜辭,詳另文【編按:參看本書所收《釋“𢼸”》】。此盂原當是盛洒掃所用之水的。1994年山東海陽縣嘴子前春秋墓出土的大型銅盂,有銘曰:“𨇨所獻,爲下寑盂。”㊽此盂器形亦頗大,㊾這幾個盂也應是用於寑的洒掃等事的水盂。一些没有銘文的或銘文没有提到寑的大形水盂,大概也有不少是具有這種用途的。總之,在各種宫

㊺ 唐蘭《殷虚文字記》,中華書局,1981,27、30頁。

㊻ 據周法高主編《金文詁林》(香港中文大學,1974—1975)第九册4679頁轉引。

㊼ 劉雨、盧岩編《近出殷周金文集録》,中華書局,2002,第四册33頁1024號。

㊽ 同上注,31—32頁1023號。此銘“寑”字原文,即《說文・七下・㝱部》分析爲“从㝱省,𡪢省聲”、訓爲“病臥”之字,前人或以爲“寑”即由此字變來,恐非。下文注㊿所引西周中期銘文“寑”字已作“𡫾”形。

㊾ 參看《山東海陽縣嘴子前春秋墓的發掘》,《考古》1996年9期,7頁。

室中,寢是最需要經常加以洒掃的,這在古書和銅器銘文中都反映出來了。

帚是洒掃的主要工具,“𠬶”从“又”持“帚”,顯然含有洒掃的意思(《說文·八上·人部》:“侵,漸進也。从人,又持帚,若埽之進也。又,手也。”高田忠周就是據此認爲“寑”也是“會意”的)。“𠬶”、“寢”之音極近,“㝲”似可視爲形聲兼會意字,“𡩋”、“𡫸”似可視爲會意兼形聲字。上引的《古文字譜系疏證》說“𡨐”、“𡫸”是“寑字或體”,“𡫸”是“𡫸字或體”,[50]釋字正確,字形分析則可商。按照我們上面的分析,“𡨐”、“𡫸”與“寑”,“𡫸”與“𡫸”,在字形上都並無特殊關係。

見於琱生器銘的寢氏,應是召氏主管寢宮的家臣。商王朝已有主管寢宮的官,就稱爲“寢”,屢見於甲骨刻辭和銅器銘文。[51]“寢氏”一詞的結構類似“師氏”、“保氏”、“裘氏”等職官名。

儘管一些具有工具書性質的古文字著作已經將“𡨐”“𡫸”等字釋爲“寢”,近年來研究琱生器的很多文章,却仍然都釋之爲“婦”。大概這些研究者看到,在五年琱生簋銘中“以君氏命”的是“𡨐氏”,在新出五年琱生尊銘中“以君氏命”的是“召姜”,就認爲“𡨐氏”與“召姜”是一人,“𡨐氏”指“宗婦”之說由此而得確證,所以“𡨐氏”或“𡫸氏”必須釋讀爲“婦氏”。

其實在西周的禮制社會中,作爲召伯虎之妻或母的召姜,是不大可能與琱生直接發生對話、授受等關係的。在由她出面向琱生送禮並傳達君氏之命時,應該有人輔助她,居間辦事。寢氏就是這樣的人。簋銘與尊銘所記時間不同,君氏之命的內容也有出入,可見記錄的並非同一次活動。簋銘所記的那一次在前,那次召姜沒有出面,君氏之命直接由寢氏傳達,所以銘文中只出現寢氏,而沒有出現召姜。我懷疑寢氏的職掌與王官中“治王內”的內宰有類似之處。據《周禮·天官·內宰》,其職務有“致后之賓客之禮”一項,琱生似也可算是召家的賓客。研究琱生器的學者,對“君氏”是男性還是女性有分歧意見。由寢氏應有的職掌來看,君氏是女性的可能性似比較大。

現在可以回到復公仲簋蓋銘上來了。我們認爲“寢小”不像是人名,這兩個字應屬下讀,“寢、小、尊、塍”四字都是加在“簋”字上的定語。

加“寢”字,表示此簋準備置於寢中使用。前面引過的三件銅盂,其銘文也都

---

[50] 同注[43]。

[51] 張亞初《商代職官研究》,《古文字研究》第十三輯,1986,91 頁。郭永秉先生指出,西周中期的䍙(發?)鼎銘說“王令寢錫䍙(發?)大具”(《上海博物館集刊》第八期 128 頁),“寢”亦爲職官名。

表明其器爲寢中所用。

銅器銘文器名上加"小"者數見,如西周早期的事作小旅尊、觶的"小旅彝",[52]嬴霝德鼎的"小鼎",[53]叔䟒父卣的"兹小鬱彝"、"兹小彝",[54]春秋晚期的郤王盧的"少(小)奡(?)盧(?)",[55]戰國晚期的楚王酓忎盤的"少(小)盤"。[56] 這些銅器有的確實很小,如嬴霝德鼎、郤王盧;有的却並不怎麽小,如楚王酓忎盤。復公仲簋從蓋銘面積看,器形也不會很小,"小"是相對於宗廟重器等而言的。

張亞初先生説:

> 我們知道,自作或爲女子所作器,有的也稱爲尊。例如曾子白父匜云"曾子白□□自作尊匜"(《三代》17·28·5),伯狺父鬲云"伯狺父作井姬、季姜尊鬲"(《三代》5·26·2),……這些器銘的尊字,字義與寶字相近,是尊貴、高貴的意思。[57]

復公仲簋蓋銘的"尊"字也應如此理解。器名前"尊"、"賸"二字連文時,"賸"字可以放在前面,如西周晚期曩侯簋銘"曩侯作曩井姜妢母賸尊簋";[58]也可以放在後面,例如此簋蓋銘,又如春秋時的楚季茍盤銘"楚季茍作羋尊賸盥盤"。[59]

通過以上的討論,我們可以把復公仲簋蓋銘"用乍我子孟嬶㛖小尊(原有"阜"旁)賸𣪘"這一句,釋讀爲"用作我子孟媿寢小尊賸簋",翻譯成現代漢語,就是"用來爲我的女兒孟媿鑄作寢中所用的小型的寶貴的陪嫁銅簋"。

原載《出土文獻與古文字研究》第三輯(復旦大學出版社,2010),今據以收入。

---

[52] 注②所引書,第五册 5817 號、6460 號。
[53] 注②所引書,第二册 2171 號。
[54] 注②所引書,第四册 5428、5429 號。
[55] 注②所引書,第七册 10390 號。
[56] 注②所引書,第七册 10158 號。
[57] 《殷周青銅鼎器名、用途研究》,《古文字研究》第十八輯,中華書局,1992,275 頁。
[58] 同注㊼,第二册 470 號。
[59] 注②所引書,第七册 10125 號。此條材料蒙郭永秉先生檢示,此文亦承代爲打印,甚爲感謝。

戰國貨幣考(十二篇)

一、桼垣一釿圓錢考

戰國貨幣裏有一種面文作“□垣一釿”的圓孔圓錢(《辭典》上 251 頁),古錢家釋“垣”上一字爲“長”、“來”、“乘”或“北長”(《辭典》下 251—252 頁),顯然都與字形不合。根據周秦金文來看,這個字應該釋作“桼”。

戰國晚期的三件秦器——廿七年上郡戈(故宫藏【《集成》17・11374】)、①三年上郡戈(《錄遺》583【《集成》17・11369】)以及卌(?)三年高奴銅權(《文物》1964年 9 期 43 頁【《集成》16・10384】),都有“漆”字,所从的“桼”作□。春秋時代的曾伯霥簠有“霥”字,②所从的“桼”作□。

上引幣文“垣”上一字應該分析爲从“木”从“□”。它跟簠銘“霥”字和戈銘、權銘“漆”字所从的“桼”,都是由“木”字及其兩側象徵刻在漆樹上的出漆口子或漆汁的四道短劃構成的,只不過短劃的傾斜方向不同而已,無疑是一字的異體。所以,這種幣文應該釋爲“桼垣一釿”。

桼垣當即見於《漢書・地理志》的上郡屬縣漆垣。漢代的上郡之地在戰國時代本來分屬魏、趙,後來逐漸爲秦所佔。漆垣圓錢的形制和文字都不類秦幣,應該是漆垣未入秦時所鑄的。

戰國貨幣裏還有一種面文作“桼睘一釿”的圓錢(《辭典》上 251 頁),形制和文字作風跟桼垣圓錢相同,大概也是漆垣所鑄的。這種幣文的“睘”字可能跟“半睘”圓錢的“睘”字同義,③“桼睘”即漆垣所鑄圓錢之意。也可能“睘”是“垣”的假借

---

① 張政烺先生《秦漢刑徒的考古資料》一文中已引用此戈(《北京大學學報》1958 年 3 期 180 頁)。

② 此從方濬益釋,見《綴遺齋彝器款識》8・19 頁。

③ 關於半圜圓錢,看《起源》78 頁和《發展史》189 頁。

字,“桼睘”即漆垣。

戰國時代的齊國陶文裏有跟桼垣圓錢“桼”字相似的一個字:

丘齊遷(?)彫里㝵　《德九存陶》上·30

《補補》釋此字爲“杉”(6·1頁),《古陶》釋此字爲“木”(6·1頁),都不可信。這個字也應該是“桼”字,只是省略了左側的短劃。古有漆雕氏,陶文“彫”二字相連,是這個字當釋作“桼”的有力佐證。桼彫里當是漆雕氏聚居的一個里。

齊國古印也有“桼”字:

左攻(工)帀(師)戠(職)帀(師)鉨(璽)

《赫連泉館古印存》13頁【《璽彙》0157】

職桼師當是左工師屬下專管漆工的工師。

二、榆次布考

戰國貨幣裏有榆即布,下面摹錄的是文字較清晰的幾品(第三品文字方向跟它品相反):

尖足大布
東亞3·5

同左

尖足小布
奇觚12·22

方足布
東亞4·49

方若《言錢補錄》釋這種幣文爲“榆鄉”(《辭典》下23及35頁)。“榆”旁一字顯然是“即”,釋作“鄉”是錯誤的。

《匯》(元4·14)所收方足布有下引一品:

附注說:“字不可識,陳壽卿謂似‘桃原’。”《言錢補錄》改釋“桃鄉”。其實這也是榆即布,只要把它跟上引第三、第四品榆即布對照一下,就可以明白了。

榆即所鑄的還有一種面文有“半”字的小尖足布:

辭典454號

同左456號

奇觚12·22

東亞3·6

《言錢補録》以爲這種幣文右"爲'榆鄉'(當作"榆即")二字並書,左爲'半'",是正確的。大陰(陰)尖足布面文有時省併爲"阥"(《辭典》359 號),跟"榆即"的省併爲"𩛥"是同類現象。

榆即就是古書上的榆次。"即"、"次"二字古音極近,可以通用。《説文》"垐"字古文作"垔",山節藻梲之"節"《説文》作"楶",可證。④

《水經·洞過水》注引《竹書紀年》:"梁惠成王九年,與邯鄲榆次、陽邑。"《史記·秦本紀》:"(莊襄王)三年……攻趙榆次、新城、狼孟,取三十七城。"由此可知榆次在戰國時期主要屬趙,但前期曾屬魏,晚期又改屬於秦。榆次布和榆次半布大都是尖足布或型式近於尖足布的方足布。這兩種類型的布錢,根據它們的地名來看,幾乎都是趙幣(《發展史》107—115 頁)。榆次布和榆次半布無疑也是榆次屬趙時所鑄的。

上引各幣面文的"俞"旁往往簡寫作　、　等形。由此可知《古徵》附録所收的古印文　(39 頁)、　(34 頁)⑤等字,都應該釋作"俞"。

《古徵》附録又有　、　二字(7 頁),古印中都用作姓氏。第一字顯然是"榆"字,第二字疑是"榆"字簡體。　省作　,與古印文　(烏)省作　同例。⑥《姓觿》卷二"榆"字下引《姓苑》:"炎帝裔路子分居榆,後滅於晉,因氏。"(《論集》編按:上引第二字也許應該隸定爲"枘",並非"榆"字簡體,參看追記。)

王常《集古印譜》(6·35)有下引印文:

第一字疑當釋"鄃"。幣文"俞"字或作　。　如可以省作　,　就可以省作　。《姓觿》卷二:"俞……一作鄃。"(《論集》編按:此字當釋"郝",參看追記。)

如果　、　確是"俞"的省體,有兩種比較難認的幣文就可以釋讀出來了。

戰國貨幣裏有面文如下的一種方足布:

東亞 4·37　　匯·元 4·17　　辭典 258 號

---

④ 《讀書雜志》餘編上"簡髮而抶"條舉出了好幾個"即"、"次"通用的例證,可以參看。

⑤ 《古徵》把此字與"頭"合摹爲一字,似非。

⑥ 看本文《圓肩圓足三孔布彙考》篇"鴈次"條。

其“水”旁有時挪至上方：

東亞 4·37　　辭典 259 號　　發展史 104 頁

前人釋此字爲“涿”(《說文古籀補》63 頁)、“洮”、“溓”、“河”或“汝水”(《辭典》下 26 頁)，皆難信從。從古印“俞”字看，這個字似應釋作“渝”。⑦（《論集》編按：此字應釋“洀”，參看追記。）

《左傳》襄公二十三年經：“八月，叔孫豹帥師救晉，次于雍榆。”《公羊》、《穀梁》“榆”皆作“渝”。《魯語》下載子服惠伯追述此事之語，亦作“雍渝”。其地在今河南省濬縣西南，戰國時當屬魏。渝布疑即鑄於此處。（《論集》編按：此段應删。）

戰國貨幣裏還有面文如下的一種方足大布：

“金”上一字也像是“俞”字省體。這種方足大布，形制跟“涅金”布(《辭典》243—245 號)和“盧氏涅金”布(321 號)相同，面文應讀爲“俞涅金”。戰國時韓地有涅，⑧涅金疑是韓國的一種貨幣名稱。盧氏在戰國時正是韓邑，⑨俞也應是韓邑。據《戰國策》，韓有輸邑。《韓策三》：“安邑之御史死，其次恐不得也，輸人爲之謂安令曰……”程恩澤《國策地名考》：“《史記·鄺商傳》：‘得俞侯欒布自平齊來。’《索隱》曰：‘俞音歈，縣名，又音輸，在河東。’疑即此地。”⑩“輸”、“俞”音近相通，見於《韓策》的輸可能就是俞涅金的鑄造地。（《論集》編按：此種幣文當釋“舟百涅”，以上所作考釋是錯誤的，請參看追記。）

三、圓肩圓足三孔布彙考

戰國晚期貨幣裏有一種圓肩、圓足、頸部和兩足上各有一孔的布錢。這種布錢

---

⑦ 《昔則廬古璽印存》有“郘”印【《璽彙》2136】，第二字與上引幣文當爲一字。

⑧ 《水經·濁漳水注》引《竹書紀年》：“梁惠成王十二年，鄭(即韓)取屯留、尚子、涅。”

⑨ 《水經·洛水注》引《竹書紀年》：“晉出公十九年，韓龐取盧氏城。”

⑩ 《國策地名考》10·18 頁。《戰國策》“安邑之御史死”章，姚本在《韓策》，鮑本移入《魏策》，《地名考》仍之。其實戰國時韓也有安邑，在今翼城附近，見顧觀光《七國地理考》6·10“韓安邑”條。鮑氏移此章入《魏策》是錯誤的。

有大小二型,一律面記地名,背記重量。所記重量,通常大型的是"一兩",小型的是"十二朱(銖)"。[11] 在它們的背面首端大都還鑄有數字,如"一"、"二"、"十六"、"十九"、"廿"等,可能是表示冶鑄爐次或範次的。這種布錢的形制非常統一,顯然都是同一個國家在同一時期內所鑄造的。關於它們的國別有兩種意見。《起源》(38—39頁)和《發展史》(138—139頁)都認爲這種布錢是戰國晚期的秦幣。李學勤同志在《戰國題銘概述》裏認爲這種布錢是戰國"最晚的趙幣"(《文物》1959年8期61—62頁)。

秦國說的主要根據是這種貨幣以銖、兩爲重量單位這一點。其實,在戰國時代,採用銖兩制的並不只是秦一國。最近,燕下都文物發掘保管委員會的同志發掘了一座戰國時代的燕墓,出有金器多種,背面的刻文全都以銖兩記重。[12] 可見三孔布以銖兩記重,並不能證明它們一定是秦國的貨幣。(《論集》編按:上引燕下都金飾銘文,已發表於《中國古代度量衡圖集》172—173頁。又1979年在內蒙準格爾旗西溝畔匈奴墓中發現的銀"節約"上也刻有字體似戰國時代趙國文字的以銖兩記重的銘文,見《文物》1980年7期2頁。)

《概述》只是附帶談到這種三孔布,沒有說明把它們定爲趙幣的理由。其主要根據大概是這種布幣的形制。在戰國晚期貨幣裏有一種圓肩圓足布,除了沒有三孔以外,形制跟這種三孔布完全相同。它們的背面不記重量,但是也和三孔布一樣鑄有數字,只是不鑄在首端而鑄在正中間。這種布幣的面文大都作"閔"(藺)或"离石"。這兩地在戰國時代裏大部分時間是屬於趙國的。三孔布的形制既然跟這種布幣極爲近似,當然也很可能是趙幣。我們考查了三孔布的地名,發現絕大部分可以確定爲趙地,可見《概述》的意見是正確的。有些同志認爲三孔布可能是秦國佔領趙地以後所鑄的貨幣。但是三孔布的形制和文字完全是三晉的作風,秦政權決不會允許採用被征服國的幣制和文字來鑄錢,此說似難成立。

1. 南行唐

下揭三孔布面文,古錢家釋作"魚易行二"、"魯易二"(《辭典》下39頁)或"衡

---

[11] 有一種特別小的三孔布,背面也記"一兩",如《辭典》491、508號,疑是此型布幣中最晚之物。(《論集》編按:承王貴忱同志見告,此二品皆僞。)

[12] 在非秦國的戰國器物中,還有洛陽金村墓出土的卅七年銀器脚,也刻有用銖兩記重的銘文。這件銀器據唐蘭先生研究,是周赧王時代的東西(見《洛陽金村古墓爲東周墓非韓墓考》,載《大公報》1946年10月23日)。但是用銖兩記重的那段銘文,字體似較器上其他銘文爲晚,也有可能是秦人補刻上去的,所以還不能看作周人用銖兩制的確證。

陽”(同上500—501頁),《東亞》釋作“魚陽”(4·72頁),《概述》釋作“莆𧗠”(《文物》1959年8期61頁)。“𧗠”下的“=”顯然是符號而不是文字,釋作一二的“二”是錯誤的,但是《東亞》和《概述》根本不管這個符號也不妥當。在戰國文字裏,“=”這個符號一般用來表示重文或合文。[13] “𧗠”字不見於字書,古今地名用疊字的又極其少見,“𧗠”下的“=”應該是合文符號而不是重文符號,“𧗠”應該是“行”、“昜”二字的合文。

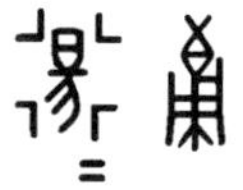

發展史142頁

“□𧗠=”這一地名也見於下引的戰國銅劍銘文:

王立(莅)事,□𧗠=倫(令)眀卯,右庫工帀(師)司馬𠂔,冶㝵報(?)齋(劑)[14]

□和□無疑是一字的異體。古錢家把這個字釋作“魚”、“魯”或“奐”顯然都是錯誤的。《概述》釋作“莆”,從字形上看比舊說合理,但是“莆𧗠=”這個地名還是解釋不通。

這個字也見於下引戰國印文:

下□閔	舉1·28【《璽彙》2244】

文例與此相類的印文尚有:

下南閔	《秦漢印統》8·48
下西閔	舉1·28
上東門尒(璽)	尊集一2·13【《璽彙》0169】

把這幾紐古印對照起來看,可以知道“閔”是“門”的借字。戰國齊印多借“聞”爲“門”與此同例。[15] 在上引“下南閔(門)”等三印上,“上”或“下”跟“門”字之間的那個字都是方位字,“下□閔”印的第二字也應該是一個方位字。在方位字裏,字形跟它比較接近的是“南”字。古文字“南”字的異體極多,其中如南疆鉦作□(《金文編》333頁【見1985年版420頁】),漢“亭南單印”作□(《續衡》7·15),寫

⑬ 看郭沫若《關於鄂君啓節的研究》,《文史論集》336—337頁。

⑭ 《周金文存》6·91頁【《集成》18·11674】。仿此劍銘的僞器很多,看黄盛璋《試論三晉兵器的國別和年代及相關問題》,《考古學報》1974年第1期26頁。《錄遺》599【《集成》18·11673】一劍,“𧗠”下無重文號,“右庫”作“左庫”,亦可疑。

⑮ 詳《“司馬聞”“聞司馬”考》,未刊。(《論集》編按:已收入本書。)

法都跟它頗爲相近。《尊集》一2·15頁著録的一紐古印有"宮"之稱【《璽彙》0093】,"宮"上一字顯然是它的異體,釋作"南宮"也很合適。

所以,上引三孔布面文可以釋爲"南行昜"。古代"昜"、"唐"二聲相通,其例習見。就地名而言,姚本《戰國策·趙策一》"趙收天下且以伐齊"章中,"羊腸"作"羊唐";《春秋·昭公十二年》"齊高偃帥師納北燕伯于陽",《左傳》"陽"作"唐",都是例子。幣文的南行昜應該就是古書上的南行唐。南行唐在漢代屬常山郡,其地在今河北省行唐縣附近,戰國時屬趙,《史記·趙世家》惠文王八年有"城南行唐"之文。

2. 上艾

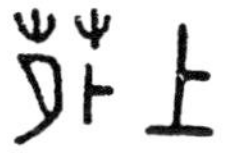

東亞4·37

下揭三孔布面文,《辭典》(通檢3頁)和《發展史》(146頁)都釋作"上苑"。第二字明明从"艸"从"外",釋作"苑"是錯誤的。

據《漢書·地理志》,太原郡有上艾縣。其地在今山西省平定縣東南,戰國時在趙國疆域内。上引幣文"芀"顯然是从"艸""外"聲之字。"外"、"艾"都是疑母祭部字,古音極近。《國語·晉語七》:"國君好艾,大夫殆;好内,適子殆",韋注:"'艾'當爲'外',聲相似誤也。"⑯三孔布的上芀應該就是《地理志》的上艾。

3. 平臺

東亞4·74

下揭三孔布面文第一字爲"平";第二字前人未釋。據《漢書·地理志》,常山郡有平臺縣。其地在今河北省平鄉縣東北,戰國時在趙國疆域内。上引幣文第二字从"屵"从"至",應即"臺"字異體。侯馬盟書"臺"字作(《侯馬盟書》349頁),幣文"臺"字即由此簡化。⑰

4. 鴈次

發展史145頁

下揭三孔布面文,《發展史》釋作"文雁鄉"。此幣左側一字是"即",不當釋"鄉"(參看《榆次布考》)。右側一字从从"产",拆成"文雁"二字也是錯誤的。

就是"鳥"字。春秋金文"鳥"字作(《金文編》209頁【見1985年版264頁】"鳴"字偏旁),如果省去頭部就跟字很接近了。戰國印

⑯ 此條蒙朱德熙先生指示。

⑰ 盟書"臺"字蒙李家浩同志指示。

文裏有字(《續衡》3·1"肖鳿"印【《璽彙》1017】),當釋"鳿"。又有字(《古徵》附11頁),當釋"鴽"(亦作"鴑","女"、"如"、"奴"古音相近可通)。又有字(《尊存》四集2·9"鷗慶"印【《璽彙》2523】),當釋"鷗"。是"區"的簡體,古印"歐"作(《古徵》8·3),可證。又有字(《古徵》附45頁),疑當釋"鳴"。戰國文字裏从"口"之字往往在"口"下加"="，如"和"字或作(《古徵》2·2),"吙"字作(《古徵》附12頁),⑱皆與"鳴"字同例。又有一個作(《古徵》附11頁)、(《賓釋》"王鵰"印【《璽彙》0533】)等形的字,《賓釋》釋作"鵰"。《說文》"周"字古文作;古印又有字(《古徵》附19頁),當釋"綢",可證此說是正確的。(《論集》編按:據楚簡"央"旁寫法,上引从"糸"之字當釋"紻",从"鳥"之字當釋"鴦"。)上舉這些字的"鳥"旁,尤其是"鷗"和"鳴"的鳥旁,都跟""很相似,可證它確是"鳥"字。(《論集》編按:關於从""諸字,參看追記最後一條。)

根據漢字構造的通例來看,"鳶"應該是从"鳥""产"聲的字。"产"就是"彦"字的聲旁。⑲"彦"、"鴈"都是疑母元部字,古音極近。鳶當是鴈的異體。

鴈即的"即"應該跟榆次布的"即"字一樣,讀作"次"。古代有不少以"次"煞尾的地名。僅就見於《漢書·地理志》的而言,除榆次外就還有勃海郡的安次、遼東郡的武次、武威郡的揟次以及平原郡富平的本名厭次。戰國時趙有鴈門。《史記·匈奴傳》:"武靈王北破林胡、樓煩,築長城,置雲中、雁門、代郡。"《漢書·地理志》和《後漢書·郡國志》"雁門"都作"鴈門"。鴈次應是戰國時趙國鴈門的一個重要城邑,但是它的確切地望已難以查考。

5. 上尃、下尃

三孔布面文有作"上尃"或"下尃"的(《東亞》4·72)。《發展史》以爲"'尃'爲'薄'省文,即薄洛津"(144—145頁),不確。

據《漢書·地理志》,信都國有下博。其地在今河北省深縣東,戰國時在趙國疆域内。"博"从"尃"聲,幣文的下尃無疑就是下博。古人以北爲上,南爲下,如漢代的上曲陽(今河北省曲陽縣西)就在下曲陽(今河北省晉縣西)之北。上尃大概

⑱ "吙"字從朱德熙先生釋。

⑲ 《說文》把"彦"字分析爲从"彣""厂"聲,不可信,看《金文編》506頁"彥"字條【見1985年版649頁】。

是下尃北面相距不遠的一個城邑。

6. 阿

三孔布面文有作“阿”的(《發展史》147 頁)。《發展史》認爲“阿即春秋之柯邑……戰國曰阿,今山東陽穀縣之阿城鎮”。

戰國時有兩個阿。《發展史》所舉的是屬齊的東阿。此外還有在燕趙之間的西阿。《史記・趙世家》:“(成侯)十九年……與燕會阿”,《正義》:“《括地志》云:故葛城,一名依城,又名西阿城,在瀛州高陽縣西北五十里。……以齊有東阿,故曰西阿城……”又:“(孝成王)十九年,趙與燕易土……燕以葛、武陽、平舒與趙”,《正義》亦引《括地志》葛城即西阿城條。成侯十九年趙、燕會阿時,阿也許還是燕邑。孝成王十九年燕、趙易地以後,阿就一定包括在趙國疆域之內了。戰國時齊國似乎沒有鑄過布錢。阿三孔布應該是趙國的阿地所鑄造的。

7. 北九門

三孔布面文有作“北九門”的(《東亞》4・74)。《發展史》認爲北九門就是見於《史記・趙世家》的九門(146 頁),可信。

《趙世家》:“(武靈王)十七年,王出九門”,《正義》:“本戰國時趙邑,《戰國策》云:本有宫室而居,趙武靈王改爲九門。”又:“(惠文王)二十八年……罷城北九門大城”,《正義》:“恆州九門縣城。”後一條《趙世家》文稱“北九門”,與幣文同。據《漢書・地理志》,九門爲常山郡屬縣。其地在今河北省藁城縣西北。

8. 安陽

三孔布面文有作安陽的(《東亞》47・3)。《發展史》認爲“此布當是昭襄王五十年拔寧新中更名爲安陽後所創鑄”(140 頁),不可信。

戰國時趙、齊、燕、魏等國都有以安陽爲名的城邑。既然以上所考的三孔布都可以斷定是趙幣,安陽三孔布的鑄地當然也應該在趙國境内找。

戰國時趙有東西兩安陽。《七國地理考》卷四“趙安陽”條:“西安陽,《漢志》屬五原(原注:在今榆林府城西北鄂爾都斯界,在黄河北岸)。本魏地,後入於趙。《史記》惠文王二十四年攻魏安陽取之,是也。……東安陽,《漢志》屬代郡。《水經・㶟水注》引《地理風俗記》曰:五原有西安陽,故此加東也。《史記》惠文王三年封長子章爲安陽君。《正義》引《括地志》云:東安陽故城在朔州定襄縣界(原注:在今宣化府蔚州東北一百里)。”這兩個安陽都有可能是安陽三孔布的鑄地。

解放後曾在包頭市郊發現過一種方足的安陽布範(《文物》1959 年 4 期 73 頁)。古代的西安陽在今内蒙古五原縣以東陰山以南一帶,離包頭很近。可見這種方足安陽布是西安陽鑄造的貨幣。[20] 由此看來,安陽三孔布鑄於東安陽的可能性似乎比較大。

9. 家陽

下揭三孔布面文,《發展史》釋作“安陽”,不確。“陽”字右方一字當從《補補》(7·6頁)釋爲“家”。

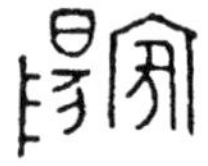

發展史139頁

《漢書·燕王旦傳》:“王驚病,使人祠葭水、台水”,注:“晉灼曰:《地理志》葭水在廣平南和……師古曰:葭音家。”疑家陽即葭水北岸之邑,當在今河北省南和縣附近,戰國時在趙國疆域內。(《論集》編按:關於家陽,請參看追記。)

10. 五陞

下揭三孔布面文作“五陞”。“井”、“巠”古音至近,“五陞”當即“五陘”。《戰國策·趙策二》:“至(王)遂胡服率騎入胡,出於遺遺之門,踰九限之固,絶五俓(鮑本作徑)之險,至榆中,辟地千里。”黄丕烈《札記》謂五俓之“俓”是“陘之假借”。《戰國策補釋》:“五徑……或爲五陘之訛。《爾雅·釋山》:山絶,陘。疏謂山形連延中忽斷者名陘。《吕氏春秋》天下九塞,井陘其一。地記太行八陘,其第五陘曰土門關,即井陘也。”(《論集》編按:《元和郡縣圖志·卷十七·河北道二》“恆冀節度使恆州井陘縣”條:“井陘口,今名土門口,縣西南十里。即太行八陘之第五陘也……《述征記》曰:其山首自河內,有八陘,井陘第五。”)《漢書·地理志》常山郡有井陘縣,應劭注:“井陘山在南,音刑。”疑幣文五陘即指井陘,戰國時當爲趙邑。

常州曾氏古泉拓本(北大藏)

一説“五”、“苦”音近,“五陞”當讀爲“苦陘”。苦陘在今河北省無極縣東北,戰國時爲趙邑。

11. 𥝌

下揭三孔布面文,《匯》釋“私”(《辭典》下38),與字形不合。古印亦有此字,《補補》釋“枱”(6·2頁),可信。

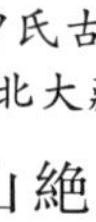

東亞4·73

有一種方肩方足布,面文作 (《辭典》260號),古錢家釋作“莘邑”、“許邑”或“郛”(《辭典》下26頁),都不可信。這個字應該

[20] 看曾庸《安陽布的鑄地》,《考古》1962年9期502頁。

隸定爲“郲”。“枲”即“枱”字,與“耒”(梠)爲一字異體。

“梠”、“枱”二字並見《說文》,義訓實同,《說文》家多主張二者爲一字異體。古文字从“吕”从“台”每無別。古印有“怠”字,《補補》釋“怡”(10・6頁),可信。又有“洺”字,《古徵》隸定爲“沇”(11・2頁),實即“治”字。“妈”(姒)、“始”古亦一字。“梠”、“枱”一字與以上諸例相類。

郲布與耒字三孔布當爲一地所鑄,後者的時代當晚於前者。“台”、“代”古音至近,疑此二種貨幣皆代邑所鑄。代本古國,戰國初爲趙所併。《漢書・地理志》代郡有代縣,在今河北省蔚縣東。(《論集》編按:耒、代恐非一地,參看追記。)

12. 妬邑

東亞4・73

下揭三孔布面文有“妬邑”、“女石邑”兩種可能的讀法。幣文中的二字地名,“邑”旁通常加在第一字上(中都、西都一類地名不在此例)。所以上引幣文讀作“女砳”的可能性似乎可以排除。“妬”从“石”聲。如果這種幣文確是“妬邑”二字的話,大概應該讀爲“石邑”。《漢書・地理志》常山郡有石邑,在今河北省獲鹿縣東南。《史記・趙世家》:“(武靈王)二十一年攻中山……王軍取鄗、石邑、封龍、東垣。”(《論集》編按:此幣面文也可能是一個从“邑”“妬”聲之字,參看追記。)

13. 上卬陽、下卬陽

三孔布面文有作“上□陽”或“下□陽”的(《東亞》4・71),一般釋“陽”上一字爲“邶”。《發展史》以爲上邶陽“當是在比水上游之陽”,下邶陽“即比水下游之陽地”(140—141頁)。《漢書・地理志》南陽郡有比陽縣,以處於比水之陽而得名,在今河南省泌陽縣西,戰國時當屬楚,不在鑄造布幣的區域之内,跟見於三孔布的卬陽似乎不會有關係。

其實“卬”不見得一定是“邶”字。中子化盤“化”字所从的“匕”作□(《金文編》458頁【見1985年版575頁】),“坤(市)南少(小)匕(貨)”空首布“匕”字作□(《東亞》2・118),寫法都跟“卬”字左旁相似。所以,這個字很可能是从“匕”得聲的。“化”、“和”古音相近。《水經・濁漳水注》:“……百尺溝,又東南逕和城北,世謂之初丘城,非也。漢高帝十一年封郎中公孫耳爲侯國(《漢書・功臣侯表》作“禾成侯公孫昔”)。”和城在今河北省寧晉縣東北,戰國時當屬趙。疑“卬陽”當讀爲“和陽”,上下和陽二邑皆在和城附近一帶。(《論集》編按:此條全誤,“卬陽”當從李學勤同志釋“曲陽”,參看追記。)

14. 邱與

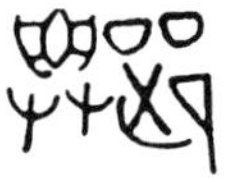

東亞4・74

右揭三孔布面文爲"邱與"二字,疑當讀爲"閼與"。"閼"从"於"聲,"疋"、"於"古音同部。㉑ 閼與在今山西和順縣西北,戰國時爲趙邑。《史記・魏世家》:"如耳見成陵君曰:昔者,魏伐趙,斷羊腸,拔閼與……"。《史記・秦本紀》:"(昭王)三十八年,中更胡傷攻趙閼與,不能取。"(《論集》編按:或以爲"邱與"當讀爲"且居",參看追記。)

除去以上所考的十幾種三孔布外,還見過面文作"鄓(?)鬵"的一種三孔布拓本(邵章《古泉小錄》拓本,北大藏),其地待考。(《論集》編按:此幣面文實爲"鬵"字,"鬵"作 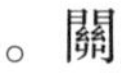,乃簡體。關於"鬵"字寫法,參看朱德熙、裘錫圭《關於侯馬盟書的幾點補釋》,《文物》1972年8期38頁。)

15. 餘論

根據以上所考,可以肯定三孔布是戰國晚期的趙國貨幣。

已經考出來的三孔布上的地名,幾乎都在趙國東半部。常見於趙國的尖足布或方足布上的西半部的地名,如晉陽、榆次、祁等,在三孔布上都看不到。看來這種布幣很可能是在趙的太原地區被秦攻取以後才鑄行的。《史記・秦本紀》:"(莊襄王)二年,使蒙驁攻趙,定太原。三年……攻趙榆次、新城、狼孟,取三十七城……四年,王齕攻上黨,初置太原郡",《正義》:"上黨以北皆太原地,即上三十七城也。"三孔布鑄造年代的上限大概不會早於秦莊襄王時代(公元前249至247年)。

四、鄔 布 考

戰國貨幣裏有一種面文作 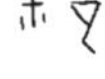、 等形的方足布(《辭典》186、188、190等號)。古錢家釋此字爲"邾"、"芾邑"(《辭典》下15頁)、"梁邑"(《辭典》總論25頁)、"鄹"、"郤"(同上24頁)或"邦"(《奇觚》12・13),都不可信。

戰國幣文裏"氏"字作 (《辭典》319號鄔氏半釿布)、(463號玆氏半布)、

㉑ 六國印和漢印都未見"閼"字而有"闟"字(《古徵》12・1下、《漢徵》12・5下),疑"閼"即"闟"之訛字。"闟"當从"旅"聲,或即"閭"之異體。六國印常見複姓"閭丘",《賓釋》"閭丘肯"印下釋作"閭丘",似可信。所以"疋"和"閼"的古音可能很相近。

(471 兹氏布)等形。上引幣文左旁即“祇”字,只是把“示”字寫在“氏”字下面,豎筆公用,所以就不容易認識了。“祇”或作“忥”,與“胡”或作“肓”(《古徵》4·3)、“唯”或作“崔”(《古陶》2·1)同例。

“祇”、“示”古音相近,可以通用。《周禮》一書中地祇之“祇”都作“示”。《左傳·宣公二年》提到一個叫“提彌明”的人,《釋文》本“提”作“祇”,《公羊傳·宣公六年》作“祁”,《史記·晉世家》作“示”。這些都是“祇”、“示”音近相通的明證。所以“鄏”應該是从“邑”“示”聲的“祁”字的異體。“祁”和“鄏”的關係,跟“峕”和“時”的關係相類(“寺”从“㞢”聲)。

方足布裹有一種祁布(《辭典》145、146 等號),是趙國的祁所鑄造的。鄏布的形制與祁布相似,大概也是祁地所鑄的。

五、慮虒布考

戰國貨幣裹有一種面文如下的尖足布:

東亞 3·9　　辭典 450 號　　奇觚 12·18、19　　同左

《匯》引吕堯仙釋作“節”(《辭典》下 35 頁),《奇觚》釋作“豕韋”(12·18、19 合頁),都不可信。

這種尖足布的面文有時是倒鑄的:

東亞 3·10　　同左　　辭典 399 號

末一品王懿榮誤釋爲長葛(《辭典》下 34 頁)。

根據上引各品幣文來看,這兩個字的上部都从“虍”。第一字的下部是“肉”字;中部作 θ、⊙ 等形,分別跟邾公華鐘“ ”字(《金文編》711 頁【見 1985 年版 914 頁】)所从的“膚”和盧氏半釿布“ ”字(《起源》圖版 18·3)的中部相同。所以這個字應該釋作“膚”。上引第二、第四兩品“膚”字下部作 ,象“邑”字所从的“卩”,可能是有意變“肉”爲“卩”,跟其它幣文地名字加“邑”旁同意(“膚”字中部也跟“邑”字上部形近)。上引幣文第二字,上部是“虍”,下部象虎身,應該釋作“虎”。

據《漢書・地理志》，太原郡有慮虒，“慮”、“膚”皆从“虘”聲，㉒可以通用。幣文的膚虎應該就是慮虒。“虒”字作“虎”可能是省文，也可能別有原因，待考。㉓

慮虒還鑄過一種面文有“半”字的尖足布：

   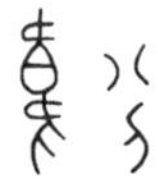

辭典 437 號　匯・元 8・12　同左　同左

上揭幣文“半”旁一字，顯然是剛才考釋過的那種幣文的合文。這一點《奇觚》已經指出。“膚”字在合文裏省去“肉”旁。這跟大陰布“大陰”合文裏“险”字省去“金”旁，榆次半布“榆即”合文裏“榆”字省去“木”旁，“即”字省去“卩”旁（參看《榆次布考》），是同類的現象。

慮虒布都是尖足布。尖足布多爲趙幣。慮虒在今山西省五臺縣北，戰國時正在趙國疆域内。

六、殽　布　考

戰國貨幣裏有一種面文作“一釿”的方足圓跨布（《辭典》160、161 等號）。第一字舊多釋作“京”字倒書（《辭典》下 13—14 頁），不可信。三體石經《春秋》僖公三十三年殘石“殽”字古文作（《魏三字石經集録》37 頁），與此形近，疑是一字的異體。上引幣文似可釋作“殽一釿”。《左傳・僖公三十二年》：“晉人禦師必於殽”，杜注：“殽在弘農澠池縣西”，戰國時當爲韓地。這種布幣的形制和字體，跟“杲（穎）一釿”布最爲接近，後者也是韓幣（《發展史》129 頁）。【編按：字當從吳榮曾先生釋讀爲“魏”，參看本書所收《復公仲簋蓋銘補釋——兼説琱生簋銘“寢氏”》。】

戰國貨幣裏還有一種跨部作尖角的方足布，面文作（《辭典》180 等號），舊釋“垂”（《辭典》下 14 頁）或“聚”（《發展史》63 頁），疑亦“殽”字古文的異體。這

㉒ 《説文》以爲“慮”字从“思”。漢代的且慮丞印的慮字作（《漢徵》10・15），可證《説文》之説不可信。

㉓ 《金石衡鑒録》卷六謂“虎奚長印”之“虎奚”即《後漢書・郡國志》漁陽郡傂奚（“傂”即“虒”字）。《儀禮・士冠禮》鄭注“蝷蝓醢”，一本“蝷”作“虓”（見阮元《校勘記》）。漢印“虪”姓字亦作“虩”（《漢徵》2・19—20）。可見漢以後“虒”、“虎”二字很容易相混。也許在戰國時代這兩個字已經開始相混。

種方足布的形制跟涅金、盧氏涅金等布比較接近(《發展史》62—63 頁),後兩種布也是韓幣(參看《榆次布考》)。(《論集》編按:“涅金”、“盧氏涅金”應改釋爲“百涅”、“盧氏百涅”,參看編校追記《榆次布考》條。)

七、鑄 布 考

戰國貨幣裏有一種面文作(《辭典》323 等號)或(314 等號)的方足布。古錢家釋這種幣文爲“鄧”、“酆”(無“邑”者釋“豐”)或“盧邑”(無“邑”者釋“盧”。以上見《辭典》下 29—30 頁),都不可信。于省吾先生在《雙劍誃古文雜釋》裏指出是“鑄”的古文,並認爲見於襄公二十三年《左傳》的鑄就是這種布幣的鑄造地(《雙劍誃殷契駢枝三編》附錄)。把這個字釋作“鑄”是正確的。但是,見於《左傳》的鑄在今山東肥城縣南,不在鑄造布幣的區域之內,把它當作鑄布的鑄造地是錯誤的。

“鑄”、“注”音近。鑄布的鑄造地大概是在戰國時代先後爲三晉各國所佔有的注。《史記・魏世家》:“(文侯)三十二年……敗秦于注”,《集解》:“司馬彪曰:河南梁縣有注城也”,《正義》:“《括地志》云:注城在汝州梁縣西十五里。‘注’或作‘鑄’也。”其地又名注人。《史記・趙世家》:“孝成王元年……田單將趙師……又攻韓注人,拔之”,《正義》:“邑名也。《括地志》云:注城在汝州梁縣西十五里。蓋是其地也。”注地在布幣流行的區域之內,“注”或作“鑄”古注又有明文,非常可能就是鑄布的鑄造地。

八、燕安陽布考

戰國貨幣裏有一種面文作“昜(陽)”的方足布(《辭典》166—172 號)。《發展史》根據這種布幣的形制和出土地把它定爲燕幣(106 頁),其說可信。這種幣文的第一字,古錢家釋爲“匋”、“宓”或“涂”(《辭典》下 14 頁),都與字形不合。近人有釋作“安”的,㉔可以信從。這個字所从的是“女”字的簡體。“匽”字所从的“妟”,燕伯匜作(《金文編》658 頁【見 1985 年版 841 頁】),燕國兵器有時作(《三代》19・42【《集成》18・11190】郾王職戈等),古印有時作(《古徵》6・4),

㉔ 日人編《朝鮮古文化綜鑒》第一卷(圖版 4・15),《吉林輯安歷年出土的古錢幣》(《考古》1964 年 2 期 83 頁)等。

可證。此字“女”旁中直兩側加小點,《古徵》所收的“安”字也有在“女”字中直兩側加點而作的(7·4頁)。

古代以安陽爲名的地方很多,燕國境内也有安陽。《水經·滱水注》:“又東得蒲水口,水出西北蒲陽山……又南逕安陽亭東。《晉書地道記》曰:蒲陰縣有安陽關,蓋安陽關都尉治。世俗名斯川爲安陽壙。”㉕從安陽亭、安陽關、安陽壙等名稱,可以推知這一帶在古代一定有過以安陽爲名的城邑。安陽關故址在今河北省完縣西北,跟燕邑曲逆、唐等故址極近。它所從得名的安陽在戰國時代也應該是燕邑。這個安陽大概就是燕安陽布的鑄造地。(《論集》編按:此布面文可能應讀爲“陽安”,參看追記。)

九、高安布考

戰國貨幣裏有一種面文作“一斨”的方足圓胯布(《發展史》130頁)。《發展史》釋第一字爲“亳”,不確。這個字的上半確是省“口”的“高”,但是下半顯然是“女”字而不是“乇”字,應該釋爲“高安”二字的合文。“高”字因與“安”字合書而省“口”,並以下部的“冖”兼充“安”字上部的“宀”。㉖ 在戰國文字裏,構成合文的字省去字形一部分的現象是很常見的。前面講過的榆次半布的“榆即”合文、慮虒半布的“膚虎”合文、大陰布的“大险”合文,都是例子。古印“司馬”合文有作“”的(《古徵》附53頁),“司”字因與“馬”字合書而省“口”,跟“高安”合文中“高”字省“口”同例。構成合文的兩個字合用部分筆劃的現象,在戰國文字裏也很常見。例如:曹公子戈“公子”合文作(《金文編》41頁【見1985年版51頁】),古印“公孫”合文作(《舉》1·33【《璽彙》3907】),“敦(淳)于”合文作(《舉》1·34【《璽彙》4031】),“𦎫(淳)于”合文作(《舉》1·34【《璽彙》4024】)。“𦎫于”合文以“于”字兼充“𦎫”字的“羊”旁,二者本來並不完全同形。這跟“高安”合文以“高”字下部兼充“安”字“宀”旁的情况尤其相似。

《史記·趙世家》:“(成侯)四年,與秦戰高安”,《正義》:“蓋在河東。”這應該就是高安布的鑄造地。據《趙世家》,高安布似可定爲趙幣。不過,高安在河東,有

㉕ 上引《水經注》文中的“安陽”,有校改爲“陽安”的,非是。看楊守敬《水經注疏》11·99頁。
㉖ “安臧(藏)”空首布“安”字作(《辭典》622等號),“安”字上部與“高”字下部相近。

可能曾爲魏邑,高安布爲魏幣的可能性也不能完全排除。(《論集》編按:或以爲此幣文應爲"高女"合文,讀爲"高奴",參看追記。)

十、圁陽布、圁陽刀考

戰國貨幣裏有一種面文作"易(陽)一釿"、"易(陽)二釿"或"半釿"的方足圓胯布(《辭典》199、202、198等號),以及一種面文作"易(陽)乇(貨)"、"易(陽)亲(新)乇(貨)"、"乇(貨)"或"半"的小直刀(《東亞》5·69、《發展史》171頁)。(《論集》編按:"乇"應改釋爲"刀",參看追記。)面文地名只作""()一字的,古錢家都以爲即"易"之省。這應該是可信的。古錢家又都以爲這個字就是"晉"字,㉗則不可信。尖足布和圓足布裏都有晉陽布(《辭典》411—422、492、493等號),"晉"字寫法與此迥然不同。㉘ 這個字應該釋作"言"。春秋晚期的郘王子鐘"諆"、"諻"等字所从的"言"作(《錄遺》4【《集成》1·182】),三年脩余(魚)令戈"譙"字所从的"言"作(《三代》20·25【《集成》17·11317】),古印"善"字所从的"言"或作、(《古徵》3·3),寫法都跟這個字極其相似。

幣文的言陽應該就是見於《漢書·地理志》的圜陽。《漢書》顔師古注認爲圜陽之"圜"本應作"圁"。《地理志》上郡白土縣下有"圜水出西,東入河"語,師古注:"圜音銀,其釋在下。"同《志》西河郡圜陰下師古注:"圜字本作圁,縣在圁水之陰,因以爲名也。王莽改爲方陰,則是當時已誤爲圜字。今有銀州、銀水,即是舊名猶存,但字變耳。"西河郡屬縣又有圜陽,師古注:"此縣在圁水之陽。"顔說是有所本的。《漢書·匈奴傳》:"晉文公攘戎翟,居于西河圜洛之間",晉灼注:"圜音嚚,《三倉》作圁。"㉙據《史記索隱》(匈奴傳),韋昭《地理志》注已經指出"圜"當爲"圁"。《水經注》裏圜水、圜陽、圜陰的"圜"字也都作"圁"。但是,漢代金石如平

㉗ 《辭典》下15—16頁,又總論34頁,《發展史》126、170—171頁,《起源》23、56頁。

㉘ 方足圓胯布面文有作"易一釿"的(《辭典》200號),第一字與某些"晉易"尖足布的"晉"字相同,疑是據釋爲"晉"之說僞鑄的。

㉙ 今本《史記·匈奴傳》作"圁洛",《索隱》:"西河圁洛,晉灼音嚚,《三倉》作圜……"。王念孫《讀書雜志》(《漢書》"圜水"條)指出《史記》正文"圁"當作"圜",《索隱》"三倉作圜"的"圜"當作"圁",今本爲後人所改,其說可信。

周鉦有圜陰地名;㉚圜陽宰印,㉛少室、開母二石闕,㉜郭仲理、郭季妃二石椁㉝和郭稚文墓石,㉞都有圜陽地名,其字全都不作"圁"。宋代的薛尚功,㉟清代的惠棟、王念孫等人,㊱都根據金石否定圜水之"圜"本作"圁"的説法。其實,顔師古雖然主張"圜"本作"圁",却也承認王莽時"圁"已誤作"圜"。可見漢代人是否把圜水的"圜"寫作"圁",跟"圜"是否本作"圁",並不是一回事。韋昭、晉灼、顔師古等人認爲圜水之"圜"本當作"圁",有《三倉》和"圜水"的字音爲證,是不容一筆抹殺的。尤其可以注意的是《舉》2・55 頁收有"圁水"半通印一紐,字正作"圁"而不作"圜"。這紐印從文字作風來看,應是秦或漢初印。由此可知,圜水的"圜"本來確實作"圁"。這個字當是在西漢時代被改成"圜"字的(平周鉦爲西漢器)。

"圁"字讀"銀",是一個从"囗""言"聲的形聲字。幣文的"言昜"應該讀爲"圁陽"。《地理志》在圜陰下注"惠帝五年置",在圜陽下無注。可見圜陽是個古城,在漢以前就已經存在。

圜陽故址在今陝西省神木縣東,戰國時當屬趙或魏所有。圁陽布也有屬趙或屬魏兩種可能。圁陽小直刀的形制跟邯鄲直刀、藺直刀等趙幣極其相似,《起源》把它們定爲趙幣是正確的(56 頁)。一般認爲小直刀是時代很晚的一種貨幣,圁陽刀的鑄造時間當較圁陽布爲晚。如果圁陽布是魏幣的話,圁陽便應該跟《圓肩圓足三孔布彙考》裏提到的西安陽一樣,是先屬魏而後來改屬於趙的。

十一、莒　刀　考

傳世戰國貨幣裏有面文作"邦⧄"的一品殘刀(《辭典》1059 號)。方若《古化雜詠》釋刀文第一字爲"簟"(《辭典》下 61 頁),《起源》(50 頁)和《發展史》(82 頁)都沿用其說。

齊地出土的一種明刀背文的第一字,跟上引殘刀面文第一字相似。《言錢補

㉚ 《歷代》卷一九。

㉛ 《兩罍軒印考漫存》4・3 頁。印文作"寰陽"。"寰"、"圜"字通。

㉜ 《金石粹編》卷六。

㉝ 北京大學舊藏。此條蒙張政烺先生指示。

㉞ 《文物》1965 年 9 期圖版一。

㉟ 《歷代》卷一九平周鉦考釋。

㊱ 《漢書補注》(地理志)、《後漢書集解》(郡國志)。

辭典 1192 號

錄》把這個字也釋作“篁”(《辭典》下 67 頁),㊲《起源》從之(53 頁),《發展史》釋作“鄿”(166 頁)。

上引齊明刀背文第一字的主要部分,跟殘刀首字沒有問題是一個字。但是這個字顯然不是“篁”字。櫨陽方足布“櫨”字所从的“虍”有作、等形的(《辭典》303、305號),明刀背文“虙”字所从的“虍”有作的(《起源》圖版 38・4),都跟上引殘刀文所从的和齊明刀背文所从的很相似。由此可知所謂“篁”字實際上是从“竹”“虘”聲的一個字。這個字應該釋作“莒”。莒國之“莒”,古文字都用“筥”字,其字或从“膚”聲作“簬”(筥大史申鼎),有時並加邑旁作“酅”(筥侯簋,見《金文編》234 頁【見 1985 年版 296 頁】)。“膚”从“虘”聲,“簬”和“篖”無疑是一個字。

上引齊明刀背文第一字,在它所从的“虘”字下還有兩個偏旁。有些像“肉”字,有可能是“邑”字的省文。所以這個字很可能就是“酅”字。

《起源》圖版 36・4 著錄一品臨淄出土明刀,背文作“平昜宋(?)”【編按:此摹本不確】,㊳地名平陽下一字似“牆”。上引齊明刀背文地名筥下一字也可能是“牆”的變體。“牆”是“醬”的古文,此處似當讀爲將軍之“將”。(《論集》編按:所謂“牆”字應從汪慶正同志釋爲“冶”,參看追記。)

用作地名的“筥”,古書皆作“莒”,齊國有兩個莒。一個是莒國的故都,在今山東莒縣附近。莒國於公元前 431 年(楚簡王元年)爲楚所滅,其地不久即爲齊所併。樂毅入齊時沒有攻下的,就是這個莒。另一個莒就是《左傳》昭公三年“齊侯田於莒”、昭公十年“桓子……請老于莒”的莒。這個莒的確切所在地古書沒有記載,《左傳》杜注說它是“齊東境”,恐怕也是臆測之辭。背文有莒字的明刀據說都出土於山東博山(《辭典》下 66—67 頁),說不定這裏就是桓子退老的莒邑的所在地,筥字明刀就是這個莒邑所鑄造的。《發展史》認爲齊明刀是齊地被燕人佔據時所鑄的(165 頁)。此說若確,見於上引明刀背文的莒便應該是入齊的燕將了。(《論集》編按:關於筥字明刀鑄地,參看追記。)

㊲　齊明刀背文有作的,《言錢補錄》以爲跟上引背文爲一字,待考。

㊳　此刀現藏山東省博物館,“平”字據該館拓片釋。平陽疑即在今新泰縣西北的東平陽。(《論集》編按:平陽也有可能指在今鄒縣的西平陽,參看李家浩同志和我合寫的《戰國平陽刀幣考》,載《中國錢幣》1988 年 2 期。)

莒邦殘刀可能是莒縣之莒所鑄的。刀文“筥”字所从的“䖍”的寫法，跟筥大史申鼎和筥侯簋“筥”字所从的“䖍”有很大出入；而跟戰國齊陶文裏的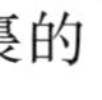、等字的中部極其相似。[39] 從這一點來看，這種刀幣大概是莒亡以後其地已入於齊時所鑄的。（《論集》編按：莒邦殘刀究竟爲何地所鑄，尚待進一步研究。李家浩同志認爲其面文實爲从邑从欉之字，不能釋爲“莒邦”。）【編按：施謝捷指出，《齊幣圖釋》（齊魯書社，1996）433 頁收有此刀完品拓本，其面文當釋爲“簸杏刀”。】

十二、明刀“中”字考

燕明刀背文裏常見一個寫作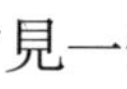、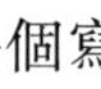、等形的字。[40] 這個字清人釋作“易字之省”、“倒六字”或“貨字之省”（《辭典》下 62、64 頁），《發展史》釋作“內”（162 頁），《戰國題銘概述》釋作“易”（《文物》1959 年 7 期 53 頁），都不可信。

根據文例和字形來看，這個字應該釋作“中”。（《論集》編按：從江村治樹《戰國新出土文字資料概述》得知，關野雄在刊登於 1965 年《東洋文化研究所紀要》35 的《刀錢考》中，就已釋此字爲“中”，見林巳奈夫編《戰國時代出土文物之研究》382 頁。【編按：關野文通過與明刀背文“左”、“右”的文例的對比，指出“”當爲“中”的俗字，見上引《紀要》40 頁。】）

在明刀背文裏，這個字多用作兩個字以上的背文的首字。兩個字以上的明刀背文，以首字作“左”、“右”、“”、“外”的四種爲最常見。不過，作“外”的一種數量比其它三種少。並且，首字作“外”的，下一字必爲“䖒”；首字作“左”、“右”、“”的，下一字則有很多種類。[41] 所以，在明刀背文首字裏，真正勢均力敵的只有“左”、“右”、“”這三種。僅從這一現象看，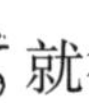就很可能是“中”字。

在明刀背文裏，這個字除用作首字外，有時也用作第二或第三字。例如（此字用～號代）：

左～	匯・亨 5・13	右～一	匯・亨 6・8
左～下	辭典 1103 號	右～三	同上

[39] 所引陶文見《古陶》1・2 頁，可能是“蔽”字（戰國文字中“䖍”“虘”二形有時相混），《古陶》釋作“蕈”，不可信。

[40] 《辭典》上 169—171 頁，《東亞》5・56—58 頁。

[41] 看《辭典》下 65 頁、《奇觚》13・26 頁。

左～千(?)	匯・亨5・7	右～昌	東亞5・53
右～	匯・亨7・10	右下～廾	續泉匯・亨2・7

有的明刀背文,第二或第三字作“上”或“下”。例如:

左上	辭典1096、1097號	右下二	同上
右上	《文物》1959年2期73頁	右下	辭典1120號
右上厶	匯・亨7・4	右下厶	東亞5・52
上	奇觚19・47	左下	辭典1103號
左下工	《文物》1959年2期73頁		

“中”跟“左”、“右”是對文,跟“上”、“下”也是對文。所以,對用作明刀背文第二或第三字的,釋作“中”也同樣是合適的。

從字形上看,把這個字釋作“中”也很合理。殷末周初的中父辛爵的“中”字作(《金文編》24頁【見1985年版29頁】),春秋戰國之際的沖子鼎“沖”字所从的“中”作(《金文編》576頁【見1985年版734頁】)。戰國時簡體盛行。例如:“馬”可省作(《古徵》10・1),“慶”可省作(《古徵》10・5)。上舉的那種“中”字如果仿“馬”、“慶”等字之例省去下部便成爲,再寫得草率一點便成爲明刀的字了。(《論集》編按:中山王墓鉞銘“中”字作,見《中山王譽器文字編》10頁,也可能由這種寫法變來。)戰國印“忠”字或作(《古徵》10・5),所从的“中”字的省略方法,正與明刀“中”字相類。

明刀的這種“中”字也見於下列戰國印:

(1)	軍壴(主?)車	簠集3頁【《璽彙》0368】
(2)	軍丞(?)	《古印集存》5册【《璽彙》5547】
(3)	下都加王□[42]	《文物》1959年7期53頁

(《論集》編按:所據印文摹本有誤,參看追記)

(4)	行韬	擷華2・6
(5)		舉1・43【《璽彙》5351】
(6)		《燕匋館藏印》【《璽彙》5352】

[42] 《藝林月刊》45期著錄“都王”玉印,疑即據此而僞。

(1)(2)(3)三組古印,根據形制和文字作風可以斷定是燕國官印。[43] (6)見於專門著錄燕地出土古印的《燕匋館藏印》。剩下的(4)(5)兩印看來也應該是燕印。古文字"口"形内加點不加點每無别,(1)(2)的第一字跟明刀"中"字顯然是一個字。中軍在古代幾乎是每一個國家都有的軍隊編制。《簠集》2 頁著錄"左軍丞(?)鍴(?)"燕印【《璽彙》0126】,可與(2)對照。(3)的"中下都"似應解釋爲中部的下都,可能就指燕國的易都。(《論集》編按:此説有誤,參看追記。)(4)是私印,中行是古代常見的姓氏。(5)(6)似格言印,印上著一"中"字可能是以持中自勉之意。

燕印裏還有兩個从"中"之字:

□ 《燕匋館藏印》

上揭印文第一字爲"忠"字。

生狗 《燕匋館藏印》【《璽彙》3496】

某 市王□ 塤室

上揭二印皆有从" "(或作)从"中"之字(第二印據陶器上印文)。燕國文字裏" "旁往往簡化爲 ,如"文安都司徒"印"安"字作 (《簠集》10 頁【《璽彙》0012】),[44]見於燕印的"宬"字(《古徵》附 25 頁),明刀背文作 (《續泉匯》亨2·9 頁)。上引印文應該隸定爲"审"。此字不見於《説文》,但見於春秋時代的筥大史申鼎(《三代》4·15【《集成》5·2732】)。鼎銘稱"鄴审之孫簷(筥)大史申","审"是大夫申之祖的字,大概應該讀爲"仲"。古有仲氏,上揭第一印的"审"字大概也應該讀爲"仲"。第二印的某审可能是地名。也可能"审"當讀爲"中",某审市即某地的中市。

上舉"中"字作 之例皆見於燕明刀和燕印,這應該是戰國時代燕國文字所獨有的寫法。

1965 年初稿,1978 年 5 月改定

《論集》編校追記:

二、榆次布考

原文釋 爲"鄃",不確。李家浩同志謂是"郍"字,可從。古有舟氏,如晉有大

㊸ 看《戰國題銘概述》,《文物》1959 年 7 期 53 頁。

㊹ 文安,漢代屬勃海郡,在今河北省文安縣東。

夫舟之僑。與都是“舟”的變體,參看李家浩《信陽楚簡“澮”字及从“关”之字》,《中國語言學報》第1期191—192頁。

原文所釋“渝”字亦當從家浩同志說改釋爲“洀”。《管子·小問》“洀”讀“盤”。家浩同志疑方足布面文“洀”字當讀爲樊,即陽樊。

原文所釋“俞涅金”之“俞”亦當改釋爲“舟”。家浩同志謂“舟”、“州”同音相通,幣文之舟即《左傳》所記南陽之州,本爲周邑,後入於晉,戰國時應爲韓邑。李說已爲溫縣出土戰國陶文所證實,參看本書所收《古文字釋讀三則·二、釋“郍”》。古印中用作氏名的“郍”也有可能應讀爲“州”。幣文“洀”字,似乎也有可能是地名“舟”(州)的繁文,參看上引《釋“郍”》。所謂“涅金”之“金”,據中山王墓銅器銘文當釋爲“百”(《中山王嚳器文字編》26頁)。所以原文所謂“俞涅金”、“盧氏涅金”、“涅金”應該改釋爲“舟(州)百涅”、“盧氏百涅”、“百涅”。“百涅”之義待考。

三、圓肩圓足三孔布彙考

9. 家陽

地名“家陽”又見許氏《古印集存》第六册所收之“家陽司寇”印(字體爲戰國三晉類型)。

《水經·青衣水注》:“《竹書紀年》梁惠成王十年瑕陽人自秦道岷山青衣水來歸”。李家浩同志認爲家陽即瑕陽,當是魏邑而非趙邑。這一問題有待進一步研究。

11. 弁

李家浩同志把一般釋爲“戈邑”的“郕”布面文釋爲“邙”,讀爲代邑之“代”(《戰國邙布考》,《古文字研究》第三輯)。其説可信。如此,“弁”似不應讀爲“代”,待考。

12. 妬邑

天津市歷史博物館所藏方若舊藏三孔布,其面文有作“鄅”者。此布面文也有可能是从“邑”“妬”聲的一個字。“妬”字从“石”聲,𨛫應即石邑。《後漢書·光武紀上》記光武改鄗爲高邑。𨛫變爲石邑,與鄗變爲高邑同例。

13. 上邙陽、下邙陽

李學勤同志認爲“邙”字所从之“匕”爲“曲”字異體,釋“上邙陽”、“下邙陽”爲“上曲陽”、“下曲陽”(見李零《戰國鳥書箴銘帶鉤考釋》,《古文字研究》第八輯62頁注③),可從。上曲陽、下曲陽正爲趙邑。原文此條全誤。所謂“坤南少匕”應釋“少曲坤南”,參看本書《戰國文字中的“市”》的追記。

14. 邛與

李家浩同志認爲“邛與”當讀爲“且居”。西漢上谷郡有且居縣,在今河北宣化縣東南,見《戰國於疋布考》,《中國錢幣》1986 年 4 期 57 頁。此布究竟鑄於何地,有待進一步研究。(按:李因古璽有作“叡居”的“且居”,已放棄此說。)

15. 餘論

承李學勤、李家浩二位同志分別見告,《辭典》上編 406 頁 1226 號三孔布面文“卝”,當釋爲“丱”,亦爲地名。家浩同志謂“丱”當讀爲“關”。《漢書・地理志》常山郡有關縣,故地在今河北欒城縣北,戰國時當爲趙邑。家浩同志的意見已發表於上引《戰國於疋布考》。他還在這篇文章裏指出,見於王貴忱同志所編的《三孔布彙編》61 頁的“邛陽”當讀爲“沮陽”(在今河北懷來縣南),60 頁的“亲處”當讀爲“新處”(在今河北定縣東北),59 頁的“陽湔”當讀爲“陽原”(在今河北陽原縣南)。

近年山西朔縣漢墓出“宋子”三孔布一枚。宋子見《史記・燕世家》,亦爲趙邑,在今河北趙縣北(朱華《山西省朔縣出土“宋子”三孔布》,《中國錢幣》1984 年 4 期)。1986 年,在山西省公安部門緝獲的走私文物中又發現“亡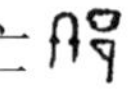”三孔布一枚。“亡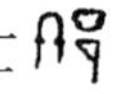”當讀爲“無終”。此無終當即《漢書・樊噲傳》“破得綦母卬、尹潘軍於無終、廣昌”之無終,戰國時亦爲趙地(朱華《略談“無終”三孔布》,《中國錢幣》1987 年 3 期)。

三孔布鑄地絶大部分曾屬趙國,這是沒有問題的。但家陽布或有可能爲魏邑所鑄,已見上文。上面曾提到酀布。《左傳・襄公九年》記諸侯伐鄭,“同盟于戲”,杜注:“戲,鄭地。”此地戰國時似當屬韓。《左傳・昭公九年》有地名“戲陽”,在今河南內黃北,戰國時似當屬魏。趙國境內似乎無名戲的城邑。因此李家浩同志懷疑戰國晚期三晉都鑄過三孔布。但是三孔布的形制和字體實在太一致了,似應爲一國所鑄。趙國境內本有上舉地名而後來失傳,或是這些地方本屬韓、魏而在戰國晚期曾一度屬趙的可能性,似乎也不能排除。此外,張頷、汪慶正等同志都主張三孔布爲中山國所鑄,也有不少人贊同。

本文未論及的三孔布尚有數品,留待後考。

八、燕安陽布考

承李家浩同志見告,已故的孫貫文先生據前些年喀左燕國遺址所出“昜安都”陶文,認爲《水經・滱水注》的地名“安陽”仍當從戴震校本作“陽安”,此布面文亦當讀爲“陽安”。其說似可從。

九、高安布考

李家浩、湯餘惠二位同志都認爲此幣面文應爲“高女”二字合文,“女”讀爲“奴”;此幣當爲戰國時魏邑高奴所鑄。湯說已發表於《戰國貨幣新探(五篇)》(吉林省貨幣學會首屆會議論文)。

十、閵陽布、閵陽刀考

“閵匕”、“閵陽匕”等刀幣的“匕”字實當釋作“刀”,釋“貨”是錯誤的。這一點我在1981年4月致王毓銓先生的信中曾經指出過。吳振武同志也有這種看法,見《戰國貨幣銘文中的“刀”》,載《古文字研究》第十輯。

十一、莒刀考

汪慶正《日本銀行及上海博物館所藏博山刀考略》指出我們釋爲“晒”的那個字實爲“冶”字(《中國錢幣》1985年3期5頁),十分正確。

我們推測博山刀就鑄於博山一帶,也是不對的。據朱活《古錢》,1979年山東莒縣故城有䣄刀陶範出土(《文物》1981年4期90頁)。

十二、明刀“中”字考

承李家浩、吳振武二位同志分別見告,此文所引第(3)印所據摹本有誤,原印鈐本已收入《璽彙》(5562號),首二字並非“中下”,而是“中昜”二字合文,“中昜都”當即《史記・燕世家》“田單伐我,拔中陽”之中陽。此文“(3)的‘中下都’似應解釋爲中部的下都……”一語當删。

補“三、4. 鴈次”條

李家浩同志謂印文“”旁當是“肙”之省,从“禾”者當釋“稍”,从“犬”者當釋“狷”,从“鳥”者當釋“鵑”。此說可考慮。本文認爲“”與“口”同,根據不足。

原載《北京大學學報》(哲學社會科學版)1978年2期,又載《古文字論集》,部分條目又載《裘錫圭自選集》和《裘錫圭學術文化隨筆》。今據《古文字論集》收入。

致王毓銓先生函

王先生：

來教奉悉，因近來備課較緊張，未能即覆爲歉。先生貨幣一書，很多人需要，重印定受歡迎。拙作《戰國貨幣考》現在看來問題很多，今將主要問題彙報如下：

1. 中山王墓銅器“百”作全，故方足大布“全涅”似當讀爲“百涅”，涅義待考。舊釋“涅金”誤。

2. 三孔布，拙文以爲皆趙幣，現在看來似有問題，因爲：A.《水經注》卷三十六青衣水注引《竹書紀年》“梁惠成王十年瑕陽人自秦道岷山青衣水來歸”，有瑕陽地名。我讀幣文家陽爲葭陽，但此地名不見於文獻，不如讀“瑕陽”妥當。而從《紀年》看，瑕陽似爲魏邑。B. 拙文謂“邙”字从“化”聲，無據。舊釋“邙”較妥。但邙陽不一定就是南陽郡比陽（今泌陽附近）。姚本《戰國策·趙策一》“或謂皮相國曰：魏殺吕遼而衛兵，亡其北陽而梁危……”，“北”字下姚氏有校注曰：“一作比”，鮑本正作比陽。此比陽似亦魏地，其地必不如泌陽之靠近南方。C. 天津市歷史博物館藏三孔布面文有作“戲”者。此戲自非陝西之戲。《左傳》襄九年記諸侯伐鄭，“同盟于戲”，杜注“戲，鄭地”。戰國時可能屬韓。《左傳》昭九有“戲陽”，在今河南内黄北，戰國時當屬魏。而趙國似無名戲之地。上舉AB兩點我寫《貨幣考》時都已注意到，但爲維持三布皆趙幣之説而强作他解。李家浩同志讀拙文後，指出我對家陽、邙陽二幣的考釋太牽强。他認爲三孔布可能三晉都鑄過。後來我又看到了“鄺”三孔布，覺得家浩同志的想法有道理。當然，三孔布絶大部分爲趙幣，還是沒有問題的。有沒有可能趙國境内本有上舉諸地名而後來失傳，或是這些地方本屬韓魏而在戰國晚期在某種特殊情況下一度曾屬趙國呢？我曾這樣考慮過，但拿不出絲毫實證，故不敢正式提出。

3. 從天津藏“鄺”三孔看，“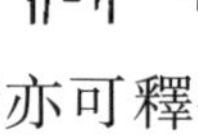”很可能應該看作一個字，从邑从妬，與鄺字从邑从戲同例。妬从石聲，故㚬亦可釋作砳。砳當爲石邑舊名。《後漢書·光武紀》上記光武改鄗爲高邑。“砳”變爲“石邑”，與“鄗”改爲“高邑”同例。

4. 拙文讀“余”爲“代”,嫌根據不足。家浩同志認爲一般所謂“郯布”之“郯”,實應釋爲“邙”(戰國文字“弋”“戈”二形每相混),邙布即代邑所鑄之布。他有一篇文章論及此事,尚未刊出。其說似較可信。

5. 家浩同志見告,近遼寧喀左燕國遺址出陶文,文曰:“昜安都王□鍴”。據此,燕安陽布面文實當讀爲“陽安”(燕虞陽布面文亦多從左至右讀)。《水經·滱水注》之“安陽”,戴震校本作“陽安”,應從之。其說似可信。

6. 圁陽刀“□”字,我從舊說釋爲“化”。家浩同志有《戰國貨幣文字中的“㡀”和“比”》一文(已刊《中國語文》1980年5期),指出舊所釋貨幣文“化”字多數應釋作“匕”(比),讀爲“幣”,說頗有理。舊釋“化”肯定是錯誤的。布幣上的“□”字皆爲反“人”形,確應釋“匕”(比)。“昜匕”布面文作□□,“昜”字爲反文,故“□”亦當視爲“匕”字反文。然而刀文如“言(圁)□”“白人□”等,末一字均作“□”而不作“□”,鄙意應釋爲“刀”。圜錢中之“明化”錢“一化”錢,舊本釋“明刀”“一刀”,竊謂不誤。蓋圜錢晚於刀幣,文作“明刀”“一刀”,意謂此種圜錢當明刀一刀之值。一刀圜錢頗小,蓋又晚於明刀圜錢。中山王墓銅器銘文以“刀”記重,常言“幾百幾十幾刀之重”,“一刀”之文例與之同。如釋爲“一化”或“一幣”,則不成詞矣。中山國文字每近於燕,其例甚多。拙文指出燕國“中”字往往作□,而中山王鉞“中”字作□,寫法與燕國“中”字至近,亦是一例。又齊刀“化”字左旁皆似“刀”而不似“人”,竊疑亦“刀”字繁文,其右旁皆作□,與“化”所从之“□”不類,而頗似“乇”字(“乇”“刀”二字聲母極近。乇,魚部入聲字。刀,宵部字。韻亦相去不遠)。但齊刀此字究竟是否刀字,目前尚未敢十分肯定。

7. 拙文注⑪謂特別小的記一兩的三孔布(《辭典》491及508號)疑是此型布幣中最晚之物。廣州古錢學家王貴忱先生貽書見告,508號係袁克文舊物,見其《古逸幣志》(《半月》雜志輯本),原物骨製,高三寸四分,當爲僞品。《辭典》係依縮小本複製。491號從木刻舊譜複製,疑亦僞品。其說當可信。

先生如引用拙文,希望注意以上各點。

接先生來教後,又將大著奉讀一過,間有所見,附疏於下。非謂能有益於大著,因來教意極懇摯,故不能不竭愚知,獻芻蕘之言,聊供先生參考。

《序》謂“沛錢當十斤”恐係秦漢間物故不取。按此應爲先秦物,上引李家浩發表於《中國語文》之文(下簡稱“李文”)有詳考。

頁12記卜辭中關於貝之資料,似可補充以下兩條:

□取貝六百　遷取貝百　　侯家莊17（侯27大著已引）

☐（正【編按：此字從各方面看恐非"正"字，有人釋"圍"，待考】）不（此非囚字，可書作㘥）易（錫）貝（二朋？一朋？）。一月。

南・坊3・81【《合》40073】

頁12引《前》5・10・4【《合》11426】條囚貝之囚本爲殘文，作，如補足之當爲，此字一般釋"葬"。葬貝是否可能指隨葬所用之貝？

頁13提到金文中有以貝爲貨幣之明證。近出西周中期衛盉銘謂："矩白（伯）庶人取堇章（璋）于裘衛，才八十朋，氒（厥）貯，其舍田十田。矩或取赤虎兩、麀（或釋麀，疑非）𧥝兩、𧥝韐一，才廿朋，其舍田三田"（《陝西出土商周青銅器（一）》172【《集成》15・9456】。考釋見《文物》1976年5期、6期有關文章）。似可補充。此銘先生大概已看到，恐萬一遺漏，故錄出之。

頁15以厥篚織貝證明南方貢貝。但自來都解"織貝"爲織物。當然，如南方所貢織物以貝爲文，亦可證南方與貝之關係。但爲審慎起見，此條似以刪去爲妥。

頁21所舉原始布，有的（如圖版伍、陸）可能是工具。又字原始布、盧氏原始布皆僞品，文字仿空首布而作，僞跡顯然。其銎部下端亦十分做作。

頁23倒二行引"梁二釿"等布，"梁"本作，斷非梁字。前人或釋杲（穎），較可信。

頁27《吕氏春秋・任地》說耜"其博八寸"，是指耜刃寬度，自來無異說，决不能讀爲"鎛"。鎛，古人只用以除草，竊意其物當似今北方所用小薅鋤，不能用以發土。古之錢即今之鏟，主要用以起土劃地，耘耨非其主要用途。布幣實取象於錢而不取象於鎛，此事似無可疑。布必非鎛之假字。布幣所以名布之義，今日已不可確知，如要勉强猜測，或許早期用爲貨幣之一錢，其價值與一定量之一段布（類似今之一匹）相當，故遂以"布"名錢，猶明刀、一刀圓錢名"刀"之比乎？

頁29說後期布甲型從空首布甲型演變而出非常合理，說它"直接從平常的中期布發展而來"，則有些難以接受。竊意所謂中期布不一定早於所有的晚期布。

頁32古代布帛單位亦有稱束者，金文常見"帛束"。《韓非子》所謂百束布仍有布帛之布的可能。《衛風・氓》之布，恐怕也仍是指布帛之布，至少這種可能性不低於布指布錢的可能性。

頁33倒2至倒1行，于先生所說的"幣"恐怕仍用幣之古義，非指金屬貨幣。

第四章第一節關於梁幣的考釋恐需大改。是㡀（幣）字，是百字，是五十,“=”爲合文號,可參閱上引李文。前文頁 6 等言及梁幣處皆應改。

頁 40 以一金爲一個布幣,無確證。梁幣“金”爲“百”之誤釋。解放後出戰國至西漢黄金甚多,除郢爰外,多數作圓餅狀,重量多近於一斤或一鎰。

頁 42 布文地名往往不可確考,空首布單字是否地名很難肯定,大著早已指出。僅據不一定可靠的幾個地名的考證就肯定魯國等用布幣,似不十分妥當。

頁 43 中期布地名“分”(邠),所據僅爲“分布”一品,此品頗可疑,即使可信,“分”也不見得一定是地名,即使是地名也不見得一定是邠。此一字關係布幣分佈情況,不可忽視。

頁 44 郛應爲《地理志》之垺(孫貫文先生在文化大革命前發表在《考古》的一篇短文中曾提到)。平周爲平匋(陶)誤釋(黄盛璋在《文物》發表的一篇文章中提到)。

頁 22 講空首布甲型提到安臧布,頁 45 倒 11 行說安臧空首布即空首布丙型,不知所指是否一種?

頁 46 說齊楚二國地方從未發現過布錢,同頁又說梁布發現於楚國北邊地區,似相矛盾。

頁 49 閿爲闢之古文,見《說文》,非開字。頁 32 等也提到“開封”,請注意。

頁 50 垐斷非造字。斥《說文》作 㡿,古文字學家一般認爲垐是近字,似可信。柝㯞字通,㯞从石聲,則近似可讀爲開拓之拓。又圖版叁壹似爲僞品。

齊刀杏字,我從王獻唐釋爲“大”,見拙作《戰國文字中的“市”》(《考古學報》1980 年 3 期)。

關於齊刀年代,“造邦”文不能爲據(造字誤釋)。從字體看齊刀文字確爲戰國作風,最明顯的是長作㕦,西周人斷不如此寫。又大作杏,昌作 [illegible],亦戰國作風,見於齊陶文戈文等。有字的齊刀不但不能早到西周,而且也不能早到春秋前期,此事似無可疑。

頁 59 倒 4 行,齊宣王當作齊宣公。如齊刀爲戰國時貨幣,則戰國初齊伐安陽與齊鑄安陽刀並無矛盾。

頁 74《說文》以 [illegible] 爲嗌字籀文,《漢書》“伯益”之益作森。但作爲文字,“益”是出現得很早的,決不晚於 [illegible],而肯定早於賺。

頁 76 表所引“周化”(圖版肆壹)恐爲僞品。又濟陰當釋畢陰。

頁 77“重一兩××珠”圓錢頗多僞品,如圖版肆貳之 10 恐不可信。

頁 79 倒 3 行,平安君鼎銘二“釿”字間一字爲“半”,非“及”字。郭老關於重量的考釋全誤。關於戰國時"寽",林巳奈夫《戰國時代の重量單位》(《史林》51卷2號1968)有比較好的研究,可參考。

圖版肆壹6恐僞。

以上意見恐多不當,僅供參考。字跡潦草,希原諒

敬禮

裘錫圭上

1981年4月3日

王毓銓先生原按:

裘先生函中所示拙著中的問題,頁碼皆指1957年科學出版社第一版舊頁碼。又函中最後原有對舊版中誤植及圖版錯號之勘誤十五條,新版皆已據之改正,兹從略。

原載王毓銓《中國古代貨幣的起源和發展》(中國社會科學出版社,1990),題爲"裘錫圭先生來函",今據以收入。

戰國平陽刀幣考

（與李家浩合著）

傳世戰國貨幣中，有一批傳爲山東博山出土的刀幣，正面或有“明”字，或無字，背面一般有三個或四個字，字形詭異，不易識讀，舊多稱爲博山刀。1978 年，我們發表《戰國貨幣考（十二篇）》，將博山刀背文第一字釋爲从“邑”从“竹”从“膚”之字，並指出即地名“莒”之專字。[①] 此後，汪慶正同志又認出第二字爲“冶”，[②]李學勤同志對幣文的釋讀也提出了一些值得重視的意見。[③] 此外，1979 年在山東莒縣故莒城出有博山刀範，[④]糾正了我們過去懷疑博山刀的“莒”是指齊東境之莒，而不是莒縣之莒的說法。目前可以說，博山刀背文的意義大體上已經弄清楚了。

圖一　山東淄博出土平陽刀幣

大約在四、五十年代之間，山東臨淄曾出一枚跟博山刀很相似的刀幣，但背文地名不是“莒”。此刀現藏山東省博物館，《我國古代貨幣的起源和發展》、《古錢新探》等都曾著錄（圖一）。[⑤] 此刀面文是“明”字，背文共四字，稍有殘泐，舊將第一、二字釋爲“安陽”，故或稱爲“安陽明刀”。我們在前面提到的那篇文章裏，曾據山東省博物館拓片釋此刀背文爲“平易（陽）㮀宋”，現在看來，

① 裘錫圭《戰國貨幣考（十二篇）》，《北京大學學報》（哲學社會科學版）1978 年 2 期 80 頁。

② 汪慶正《日本銀行及上海博物館所藏博山刀考略》，《中國錢幣》1985 年 3 期 3—5 頁。

③ 李學勤《論博山刀》，《中國錢幣》1986 年 3 期 2—4 頁。

④ 朱活《古錢》，《文物》1981 年 4 期 90 頁。

⑤ 王毓銓《我國古代貨幣的起源和發展》，科學出版社，1957，54 頁，圖版叁陸：3、4。朱活《古錢新探》，齊魯書社，1984，146 頁。

“𤕊”字應從汪慶正同志説改釋爲“冶”，“平陽”之釋則自信不誤。但是，最近發表的有關文章仍釋此刀背文地名爲“安陽”，所以草此小文，對我們的舊説作些論證。爲行文方便，以下逕稱此刀爲平陽刀。

平陽刀背文第一字可與下列“平”字比較：

	《説文解字・于部》
	《金文編》326 頁
	《古陶瑣萃》1・1
	古陶 5・2

上録第一字是《説文》所收古文。《説文》古文主要出自西漢前期故魯都曲阜發現的孔壁古文經。其他三個字見於戰國時代齊國的金文和陶文。其時代、地域都與平陽刀相近。平陽刀背文第一字的字形與上引陶文“平”字十分相似，顯然應該釋爲“平”，而不應該釋爲“安”。

在戰國文字資料裏，屢見地名“平陽”，其中“平”字跟平陽刀之“平”寫法相近的有下録印文和兵器銘文：

平昜(陽)右(?)司馬鉨	印，璽彙 0062(圖二：1)
平昜(陽)桁	印，《簠齋手拓印譜》1・19・12(圖二：2)
平陽高馬里戈	戈，三代 19・44・1【《集成》17・11156】(圖二：3)

平陽右(?)司馬璽之“馬”字是齊國特有的寫法。⑥ 平陽桁印之“桁”字還見於《璽彙》著録的 0299 號“右桁正木”、0298 號“左桁正木”、0300 號“左桁廩木”等印，朱德熙先生認爲應當讀爲“林衡”之“衡”。⑦ 1964 年山東五蓮縣盤古城發現“左桁正木”印八枚。⑧ 戰國時五蓮縣在齊國疆域内。平陽戈銘文格式與成陽戈銘文“成陽辛城里戈”相同。⑨《管子・輕重丁》：“管子對曰：召城陽大夫而請之。”《戰國策・齊策六》：“燕人興師而襲齊，王走而之城陽之山中。”成、城古通。成陽戈之“成陽”應即見於《管子》和《戰國策》之“城陽”。由此看來，上揭二平陽印和平陽戈大概都屬於齊國，其地名“平陽”應在山東境内。

---

⑥ 參看北文《秦始皇“書同文字”的歷史作用》，《文物》1973 年 11 期 2、3 頁。

⑦ 朱德熙《釋桁》，《古文字研究》第十二輯，中華書局，1985，327、328 頁。

⑧ 孫敬明等《山東五蓮盤古城發現戰國齊兵器和璽印》，《文物》1986 年 3 期 31—34 頁，圖七、九。

⑨《三代》19・44・2【《集成》17・11154】。

1

2

3

圖二　戰國印文和兵器銘文

據文獻記載,先秦時期在山東境内有兩個平陽:

一、《左傳》宣公八年曾“城平陽”,杜預注:“今泰山有平陽縣。”此平陽即《漢書·地理志》泰山郡的東平陽。《水經注·洙水注》:“洙水……又逕泰山東平陽縣。……河東有平陽,故此加東矣。晉武帝元康九年改爲新泰縣也。”其地在今山東新泰縣西北。

二、《左傳》哀公二十七年“春,越子使舌庸來聘,且言邾田,封於駘上。二月,盟於平陽”,杜預注:“西平陽。”孔穎達疏引杜預《土地名》云:“宣八年平陽,東平陽也,泰山有平陽縣。此年平陽,西平陽也,高平南有平陽縣。”《水經注·泗水經》:“又南過平陽縣西。”王獻唐説此平陽在今山東鄒縣西三十里,“地爲平陽社”。⑩

春秋時期,新泰的平陽屬魯,鄒縣的平陽原屬邾,大概後來也屬魯。前者遠在魯東北境,後者位於魯南。戰國時期,齊佔領了魯國東北部大片土地,新泰的平陽應歸齊所有。據前面所説的情況,上揭二平陽印和平陽戈的“平陽”,似應指新泰的平陽。

平陽刀的“平陽”與印文的“平陽”寫法相近,很可能也指新泰的平陽。不過從刀文“冶”字的寫法來看,似乎也不能完全排斥是指鄒縣的平陽的可能。

戰國文字中“冶”字富有變化,往往隨地區而異。⑪ 據目前所見的古文字資料來説,鄒滕陶文的“冶”字與應爲齊都臨淄所鑄的齊城戈的“冶”字就略有不同:

　鄒滕陶文,鐵陶22·3

　齊城戈,三代20·19·1

此二字的區别在於右半二横的位置,前者寫在“口”之上,後者寫在“口”之下。所

⑩ 王獻唐《春秋邾分三國考·三邾疆邑圖考》,齊魯書社,1982,5頁。

⑪ 參看黄盛璋《戰國“冶”字結構類型與分國研究》,《古文字學論集初編》,香港中文大學,1983,425—439頁。

謂鄒滕陶文是山東鄒縣、滕縣一帶發現的陶文的統稱,大多數是用單字璽印打印的。1964年在邾故都紀王城址採集到跟上揭鄒滕陶文"冶"字寫法相同的殘陶,⑫看來這種"冶"字陶文大概屬於邾國。傳博山出土的莒刀的"冶"字,其正規寫法與鄒滕陶文相同,而與齊城戈不同。這是值得注意的一個現象。莒、邾東西相鄰,位於齊國的南方,將"冶"字右半二横寫在"口"之上,也許是這個地區文字的書寫特點。平陽刀的"冶"字是變體,但右半二横也寫在"口"上,與鄒滕陶文和莒刀同,所以這種刀幣爲鄒縣的平陽所鑄的可能性,也不能完全排斥。

傳博山出土的莒刀究竟是莒國所鑄的貨幣,還是齊國佔有莒地時所鑄的貨幣?如果平陽刀確爲鄒縣的平陽所鑄,它又應該是哪一國的貨幣?這些問題只有留待以後再來討論了。

原載《中國錢幣》1988年2期,今據以收入。

⑫ 中國科學院考古研究所山東工作隊《山東鄒縣滕縣古城址調查》,《考古》1965年12期625頁,626頁圖三:10。

談談"成白"刀

戰國刀幣中有一種面文爲"成白"的直刀。[①] 其形制跟以"甘(邯)丹(鄲)"、"白(柏)人"等爲面文的趙國直刀相似,但後者的柄部一般鑄有兩條脊綫,刀身往往有背文;這種刀的柄部則只鑄有一條脊綫,刀身無背文。過去,古錢學者大都把這種刀視爲趙幣。80 年代,河北省考古工作者陳應祺先後發表《戰國中山國"成帛"刀幣考》(以下簡稱"刀幣考")[②]和《中山國靈壽城址出土貨幣概論》(以下簡稱"概論")[③]二文,提出了成白刀爲中山國鑄幣的主張。

陳氏在文中披露,70 年代末以來,河北省考古工作者在對位於平山縣三汲公社的中山國後期都城——靈壽城的遺址進行勘查時,發現了成白刀的鑄造遺跡,並採集到一件成白刀的殘石範;還發現了很多成白刀的實物,其數量在靈壽城遺址內出土的各種貨幣中佔首位。[④] 他根據上述情況,結合靈壽城遺址的時代及其他有關情況,作了深入的研究,斷定"'成白'是中山國在靈壽城所鑄的貨幣"。[⑤]

陳氏把成白刀定爲中山國鑄幣,很有道理,已有很多古錢學者承認了這一點。[⑥] 不過中山國興盛時疆域並不算小,成白刀的鑄地是否只有靈壽城一處,還有待今後有關考古發現的檢驗。

《刀幣考》說:"據有關資料,'成白'刀幣除在靈壽城址內及附近地區有較大數量的發現外,其他地區就很少發現。"(164 頁)這種現象以及成白刀柄部只鑄一條

---

① 見汪慶正主編《中國歷代貨幣大系 1 · 先秦貨幣》3861—3870,上海人民出版社,1988。以下簡稱此書爲"大系"。又見《中國錢幣大辭典 · 先秦編》,中華書局,1995,604 等頁。以下簡稱此書爲"大辭典"。

② 原載《中國錢幣》1984 年 3 期,收入中國錢幣學會編《中國錢幣論文集》,中國金融出版社,1985。本文稱引此文時所注頁碼,是《論文集》的。

③ 載《河北金融》1988 年增 4 期(錢幣專輯 1)。

④ 《刀幣考》153、156 等頁、《概論》51—53 等頁。

⑤ 《刀幣考》164 頁,參看《概論》53 頁。

⑥ 參看《大系》卷首"總論"31 頁、《大辭典》604 等頁。

脊綫等特點,都可以從成白刀是中山國鑄幣得到解釋。⑦

山西省原平縣在1963年曾發現一批戰國刀、布,種類甚多。其中的布幣,從面文地名和形制看,絶大部分都是趙幣。刀幣除明刀外,都是直刀,面文有"甘丹"、"白人刀"、"白刀"、"王刀"、"城"五種。⑧ 原平縣在戰國時爲趙地,所出直刀大概也都是趙幣。其面文種類多達五種,但却没有"成白"。這也可以看作成白刀不是趙幣而是中山貨幣的一個旁證。⑨

中山本是鮮虞族建立的國家,公元前5世紀末曾爲魏文侯所滅。至公元前四世紀早期,中山桓公復國,徙都靈壽。⑩《刀幣考》説:"靈壽城址經過勘探,根據現存遺物、遺跡和城址外存在大量戰國中期墓葬群的現象判斷,城址營建的年代,大約在公元前4世紀的前期,這和歷史記載'桓公徙靈壽'的年代大致相符合。中山國在公元前296年爲趙國滅亡後,城址也隨之廢棄……"(153—155頁)。成白刀大概是中山復國後鑄造的貨幣,其鑄造年代當在公元前4世紀早期至公元前3世紀初年這段時間裏。

平山中山王墓所出銅器上的刻銘多記有器物的重量,大的重量單位是"石",小的重量單位是"刀",例如:

……冢(重)一石四十二刀之冢(重)。⑪

---

⑦ 參看上注所引《大系》"總論"關於成白刀的討論。

⑧ 山西省文物管理工作委員會《山西省原平縣出土的戰國貨幣》,《文物》1965年1期。關於此批貨幣中的直刀的面文,請參看王毓銓《中國古代貨幣的起源和發展》,中國社會科學出版社,1990,87—88頁。面文中的"刀"字舊釋爲"七(化)"。我在1981年4月致王毓銓先生的信中改釋此字爲"刀",見上引王書172—173頁。吴振武在《戰國貨幣銘文中的"刀"》一文中,也釋此字爲"刀",且有詳細的論證,見《古文字研究》第十輯,中華書局,1983,311頁以下。

⑨ 石家莊地區文物管理所《河北靈壽縣出土戰國錢幣》一文,報導1979年在靈壽縣東城南村發現一瓮戰國刀、布(考古編輯部編《考古學集刊》2·83頁以下,中國社會科學出版社,1982)。其中的刀幣以明刀爲大宗,此外都是直刀,面文有"甘丹、甘丹化(引者按:應釋"刀",下同)、白、白人(引者按:據圖應爲"白刀")、白人化、王化、成白"七種,以"甘丹"刀爲最多(同上86頁)。據陳應祺研究,此窖藏時代當在中山國滅亡之後,大概是"趙國商賈之窖藏"(《概論》77頁)。其中所以有成白刀,當是由於這一帶在中山國時代接近國都,遺留下來的成白刀較多的緣故。從上引文章的語氣推測,所出成白刀的數量大概很少。這跟靈壽城遺址内所出刀幣中成白刀大大多於甘丹刀的情況形成鮮明的對照。

⑩ 參看王先謙撰、吕蘇生補釋《鮮虞中山國事表、疆域圖説補釋》,上海古籍出版社,1993,32—34、38—39等頁。

⑪ 銅圓壺XK:16圈足刻銘,河北省文物研究所《礜墓——戰國中山國國王之墓》,文物出版社,1995,上册405頁。

……冢(重)百一十刀之冢(重)。⑫

……冢(重)三百八刀。……⑬

唐代所鑄開元錢重十分之一兩,因此産生了“錢”這一重量單位。中山國以“刀”爲重量單位,無疑是當時以刀幣爲主要貨幣的緣故。一“刀”之重疑指一枚成白刀的標準重量。不過中山王墓銅器刻銘往往在“重若干刀”之後加上“之重”二字,似乎“刀”尚未最後演變成正式的度量衡單位。⑭

據《刀幣考》,“1980年在調查(引者按：指對靈壽城遺址的調查)中當地群衆起土時發現的一小窖刀幣”,“經過整理後統計”,其中“‘成白’刀幣共有1501枚”,每枚“重(不帶毛邊)14.5—15.3克,以15克爲多”(156—158頁)。漢代以前的一斤約合250克左右,15克相當於一兩稍弱。但是度量衡史學者丘光明,根據銘記重量的中山王墓銅器的實測數據進行計算,認爲一“刀”之重似應在12克左右,“刀”與“石”之比可能是800∶1。⑮ 這樣看來,一“刀”之重又像不是以成白刀爲根據的。實際情況究竟如何,尚待進一步研究。

靈壽城遺址出土的戰國貨幣中,明刀的數量也比較多。而且“往往‘匽’刀幣(引者按：即明刀)和‘成帛’刀幣(引者按：即成白刀)同時出土”。⑯ 上面提到的1980年發現的那窖刀幣,總數近二千枚,成白刀占78%,此外還有占19.5%的明刀和占2.5%的“甘丹”刀和“白刀”刀。⑰ 清人馬昂在《貨布文字考》中考釋成白刀時説:“此類與甘井貨(引者按：即甘丹刀)和明貨(引者按：即明刀)同時出土。”⑱所説成白刀出土情況與現代的相似。這些情況説明,燕、趙鑄造的刀幣,尤其是燕國的明刀,在中山國内也很流行。

據《概論》,1986年曾在靈壽城遺址内發現一處鑄錢作坊遺跡,出土了一些仿明刀鑄範和仿圓首圓肩圓足藺字布的鑄範,以及幾枚仿鑄明刀和一枚仿鑄藺字布(54—71頁)。《概論》作者根據“以往在城址内出土的貨幣”中没有上述仿幣的現象,認爲“當時鑄仿幣者是爲了對外地的經濟交往,不是爲了在中山流通”(80頁)。

---

⑫ 銅圓盒DK∶26口下部側壁刻銘,同上404頁。

⑬ 銅盉DK∶17腹部刻銘,同上405頁。

⑭ 參看朱德熙、裘錫圭《平山中山王墓銅器銘文的初步研究》,《文物》1979年1期51頁注21。

⑮ 丘光明《中國歷代度量衡考》,科學出版社,1992,334等頁。

⑯ 《概論》44頁。

⑰ 《刀幣考》156—158頁。

⑱ 據丁福保《古錢大辭典》下編66頁上轉引。

此説恐有問題,至少對仿鑄明刀不見得合適。明刀是中山國内很流行的貨幣,中山國人仿鑄的明刀怎麽會只用於對外經濟交流,而不用於國内呢?出土的古代貨幣只是當時人使用的貨幣的一小部分,靈壽城也不等於中山全國,上引的《概論》作者的論斷,未免有些輕率。傳世有一種極爲罕見的背文爲“成白”的明刀,也應是中山國所仿鑄的。⑲

對成白刀面文的解釋,迄今尚無定論。

清人初尚齡《吉金所見録》以“成白”爲“郕伯”之省文。他説:

> 劉青園(引者按:即著《虞夏贖金釋文》的劉師陸)曰:此種乃郕伯二字。尚齡按:此面文郕伯二字俱省偏傍。《史記》武王子郕叔封於成,爲畿内卿士,數世至郕伯。《左傳》“公會杞於郕”,杜注:“魯地。”又“衛師入郕”,杜注:“後屬魯,爲孟氏邑。”(原注:“郕”通作“成”。)⑳

此説從成白刀的時代特徵和先秦刀幣的鑄行地域看,都是不合理的,早已爲古錢學者所否定。

馬昂《貨布文字考》以“成”爲地名,“白”爲白色之“白”。他説:

> 按:成,《史記·三代表》有成侯國,《索隱》:屬鉅鹿。戰國時爲趙地。白者,物色之本質也。“成白”云者,猶言以此交質貨物,自成地所行也。上下二字各有取義,非連屬之文。㉑

此説解釋文義極爲牽强,從來無人相信。但馬氏關於“成”的説法,則爲近人鄭家相所襲用。

鄭氏在《中國古代貨幣發展史》中解釋“成白”説:

> 按史記三代表有成侯,索隱屬鉅鹿,白爲柏省,即柏人,原屬成國地,故柏人亦稱成柏。㉒

鄭氏把“成白”之“白”跟“白(柏)人”之“白”聯繫起來,是有道理的,詳下文。但是他把“成白”解釋爲原屬成國的柏人,則不可信。

---

⑲ 此刀拓影見《大辭典》577頁,《大辭典》稱之爲“[illegible]·弧背趙刀”,但也承認其“鑄行於中山國”(參看注㉞)。此刀“明”字外筆方折,與《概論》57頁圖四Ⅰ-35的那枚明刀的面文極爲相似。背文“成”字析書,並被“白”字從中隔開,頗爲特殊,或釋爲“成白七”,恐非。

⑳ 同注⑱。

㉑ 同注⑱。

㉒ 鄭家相《中國古代貨幣發展史》,三聯書店,1958,169頁。

《貨布文字考》引《史記》實有錯誤。《史記》的《三代世表》並無所謂"成侯國"。但《高祖功臣侯者年表》所列侯國中則有成，爲董渫所封。《索隱》在"成"下注："縣名，屬涿郡。"《貨布文字考》引作"屬鉅鹿"，也是錯的。《漢書·地理志》涿郡所屬有成，鉅鹿郡則無成。可惜涿郡的成的具體地點已無從考知。成侯國實爲漢初所封，其地又在涿郡，離在今隆堯縣附近的柏人尚有不算小的距離；可見柏人"原屬成國地，故……亦稱成柏"的說法，是不能成立的。

上面提到過的1980年在靈壽城遺址內發現的那窖刀幣，其中有五枚成白刀的面文作"成⿱白一"，"白"下有一横。㉓ 陳應祺據此認爲"成白"之"白"是"⿱白一"的省文，並釋之爲"帛"。他說：

> ……⿱白一字不是"白"字，也決不是"旦"字，而應是"⿱白一"字，爲"帛"字的簡筆寫法……在中山王嚳墓椁室內出的"兆窆圖"中就有"⿱白一"字，經黄盛璋先生考證(《古文字研究》七輯八二頁)，釋爲"帛"字，同時指出《侯馬盟書》中的"⿱白一"字，決非白字，而應爲"帛"字。我認爲此釋極是。所以"成白"之原字應爲"成帛"，其意可能是用此貨幣可以轉换成帛，表示了貨幣的職能。又如"白化"刀幣應讀爲"帛貨"。以前有的認爲"成白"、"白化"是鑄幣的地名，這是不符合原意的。㉔

陳氏把"成白"的意義解釋爲"可以轉换成帛"，顯然十分勉强，已有一些文章指出了這一點。他據黄說把"⿱白一"釋爲"帛"的簡體，也有問題。首先，侯馬盟書並無"⿱白一"字。陳氏所引黄說，見其《中山國銘刻在古文字、語言上若干研究》一文。黄氏在此文中說"兆窆圖"有"執⿱白一宫"，"第二字上所从爲'白'，亦見《侯馬盟書》，決知非'旦'，應是'帛'字簡作。……'執帛'是官名……"。㉕ 他其實只是說侯馬盟書有"白"字，而不是說侯馬盟書有"⿱白一"字。山西省文物工作委員會所編《侯馬盟書》中的字表，也只有"白"字而沒有"⿱白一"字。㉖ 由於黄氏說得不够清楚，陳氏把他的意思誤解了。其次，黄氏據文義讀"執⿱白一"爲"執帛"，是可以的；但因此就斷定"⿱白一"是"'帛'字簡作"，則根據不足。"白"字或从"白"聲的字，都有讀爲"帛"的可能。從"執⿱白一"應讀爲"執帛"這一點，是不能推出"⿱白一"必爲"'帛'字簡作"的結論

㉓ 《刀幣考》158頁、《大系》3861、《大辭典》605頁。

㉔ 《刀幣考》165頁。

㉕ 《古文字研究》第七輯，中華書局，1982，82頁。

㉖ 《侯馬盟書》，文物出版社，1976，303頁。

的。所以陳氏的說法是難以成立的。

《大系》卷首的"總論"又釋"成"爲"成旦"，讀爲"城旦"，認爲以"城旦"爲面文，表示此幣的鑄造由"管理'城旦'刑徒的衙門"負責。㉗ 此說也顯然不能成立。古文字"日"、"白"有别。在上面引過的《侯馬盟書》的字表中，"白"、"旦"二字正好前後並列，"旦"字所从之"日"，寫法與"白"顯然不同，便是一個明證。上引黄文也已指出"⿱白一"决非"旦"字。

石永士、王素芳在《建國以來燕幣的發現與研究》一文中，釋"成⿱白一"爲"成白一"。㉘ "⿱白一"分明是一個字，把它分拆爲"白一"二字，也是難以使人接受的。湯餘惠《戰國銘文選》"貨幣"部分"成⿱白一(白)"條的"注釋"說：

> ⿱白一，白字繁文，字下加横爲飾筆，六國文字習見。中山王墓出土兆域銅版銘文有"執⿱白一宫"，⿱白一即白，讀爲帛；"成⿱白一"即"成白"……㉙

此說可從。六國文字加横爲飾筆之例，如"向"作，"相"、"佃"所从的"目"、"田"下加横等，㉚情况都與"⿱白一"相似。趙直刀面文"白刀"之"刀"有作者，㉛也是加飾筆之例。六國文字中的"刀"旁往往變作，㉜情况相似。或釋此種直刀面文爲"白匕人"，㉝拆一字爲二字，其誤與釋"⿱白一"爲"白一"相類。

成白刀的"成"字，下部一般从"十"，只有少數承襲較古寫法，不从"十"而从"丨"。《大辭典》把从"丨"的釋爲"成"(602—603 頁)，从"十"的釋爲"城"(604—605 頁)，也是不正確的。"成"字所从的"丨"變爲"十"，跟數字"十"由"丨"變爲"十"同例。"十"並不代表"土"。城直刀面文"城"字下部作"土"，下有一横，"十"是"成"旁和"土"旁公用的筆畫。如沒有這下一横，就只能釋作"成"，而不能釋作"城"。

從以上所說的來看，成白刀的面文無疑仍應釋爲"成白"，問題在於這兩個字

㉗ 《大系》31 頁。《大系》3862 至 3870 號，把成白刀的面文都釋爲"成旦(省筆)"。

㉘ 《河北金融》1988 年增 4 期(錢幣專輯 1)35 頁。參看《大辭典》605 頁石永士、陳應祺所撰"城白一・直刀"條。

㉙ 湯餘惠《戰國銘文選》，吉林大學出版社，1993，125 頁。

㉚ 參看何琳儀《戰國文字通論》，中華書局，1989。本文此處所舉之例，都包括在該書 232 頁所舉裝飾符號"－"與"＝"互换之例中。該書 229 頁所舉加飾筆"－"之例亦可參考。

㉛ 《大辭典》601 頁有拓影，稱"白匕人・直刀"。

㉜ 參看注㉚所引書 207 頁所舉"刀"、"刃"互换例。

㉝ 同注㉛。

究竟應該如何解釋。

上面引過的石永士、王素芳的文章,認爲"成白應是趙國的城邑","中山國靈壽故城出土的成白刀化,應是中山國仿照趙國的成白刀化而鑄行的一種貨幣"。㉞成白刀的形制摹仿趙國的直刀,是明顯的事實。中山國確有連面文也摹仿的仿鑄燕趙貨幣的情況,已見上文,面文爲地名也是大部分戰國貨幣的通例,所以石、王之説應該説是比較合理的。但是,由於"成白"這一地名無考,所謂被仿鑄的"趙國的成白刀化"也從未發現過(如真有這種刀幣,其柄部應該跟邯鄲直刀、柏人直刀、城直刀一樣,也鑄有兩條脊綫),此説仍然難以信從。我認爲"成白"應該是兩個並列的都鑄有直刀的趙國城邑之名,下文就來討論這個問題。

在直刀面文中,有以下幾種跟我們的討論有關:

城	見大系 3872—3875(釋文誤作"成")、大辭典 603—604 頁
白人刀	見大系 3878—3886、大辭典 599—600 頁
白刀	見大系 3888—3972、3978—3993、大辭典 597—599 頁
白人	見大系 3887、大辭典 595—596 頁
白	見大系 3976、3977、大辭典 595 頁

《大辭典》疑"白匕"(按:"匕"當釋"刀",下同)是"'白人匕'的省寫"(597 頁),"白"是"'白人'的省寫"(595 頁)。其説可從。古錢學者普遍認爲"白人"即趙邑"柏人",其地在今河北省隆堯、臨城二縣間。城直刀一般也都認爲是趙幣,㉟"城"也應是趙邑之名。

"城"、"成"古通。㊱ 前面曾提到西漢時涿郡的屬縣有成。涿郡之地在戰國時大體上爲燕、趙所分有。其境内及周邊的不少城邑,曾在兩國間易過手。如《史

㉞ 同注㉘。此文(35 頁)及石、王二氏發表在《考古與文物》1983 年 6 期上的《試論"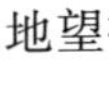"字刀化的幾個問題》(100 頁),都把背文爲"成白"的明刀看作趙國鑄幣。《大辭典》577 頁石永士所撰的"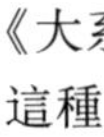·弧背趙刀"條,已承認這種明刀"鑄行於中山國",但仍説"'成白'爲趙邑,地望待考"。此條標題也仍稱這種刀爲趙刀。

㉟ 《大系》所附"先秦鑄幣釋文表"1136 頁,以"成"(按:實當釋"城")直刀爲中山國鑄幣,大概認爲這種直刀的面文是"成白"的省文(參看《大辭典》603 頁"城·直刀"條)。但城直刀有面文,柄部鑄兩條脊綫,這兩點都不同於成白刀而同於邯鄲、柏人等趙刀,看來不會是中山國鑄幣而應是趙幣。

㊱ 例如:《戰國策·楚策四》"城陽",鮑本作"成陽"。《史記·絳侯周勃世家》"攻東郡尉於城武",《漢書》"城武"作"成武"。《韓非子·難三》"不任典成之吏",《論衡·非韓》"成"作"城"。參看高亨、董治安《古字通假會典》,齊魯書社,1989,57—58 頁。

記・趙世家》說惠文王五年"與燕鄚、易",鄚和易在西漢時就都是涿郡屬縣。《趙世家》又說孝成王十九年"趙與燕易土,以龍兌、汾門、臨樂與燕,燕以葛、武陽、平舒與趙",悼襄王二年"李牧將攻燕,拔武遂、方城"。這兩處提到的那些城邑,也都是或屬涿郡或與涿郡相鄰的。把譚其驤先生主編的《中國歷史地圖集》第一册中的戰國時代的燕和趙的地圖,跟第二册中西漢時代的涿郡的地圖對照一下,就能明白。很可能涿郡的成在戰國時代曾爲趙邑,城直刀就鑄於此地。

此外,據《漢書・地理志》,廣平國屬縣有城鄉。此地名《漢書・王子侯表下》作"成鄉"。神爵三年封平干頃王子慶爲成鄉侯。同表又有"成陵"。神爵四年封平干頃王子充爲成陵侯。成鄉與成陵,表中都注明屬廣平。從這兩個地名看,廣平國境内很可能本有名"成(城)"之地。在戰國時代,廣平國地區主要屬趙。其境内如確有名"成(城)"之地,"城"直刀也有可能是鑄於此地的。可惜城鄉和成陵的地望也都已不可確考了。

前面說過,鄭家相認爲"成白"之"白"即指柏人。從"白人刀"和"白人"兩種直刀面文可以分别省作"白刀"和"白"來看,其說可以成立。《大辭典》"城・直刀"條引或說,認爲"'城'即'成白'的簡寫"(603 頁)。此說似難成立。[37] 但"城"、"成"相通,城直刀之"城"跟成白之"成",的確可以看作同一地名的不同寫法。柏人離中山國南境很近,它的北面就是中山跟趙互相爭奪的房子和鄗。城(成)不論是在涿郡,還是在廣平郡,離中山國興盛時期的國境都不會很遠。如果是在涿郡西南部或廣平郡北部,甚至還可以說離得相當近。中山國在仿照趙國的直刀鑄幣時,把這兩個離自己較近的鑄有直刀的趙邑的名稱用作面文,是相當自然的事。

成白刀也許可以看作具有自己的特色的仿鑄貨幣。中山國人在仿邯鄲刀、柏人刀、城刀這類趙國直刀鑄幣的時候,沒有採取全面摹仿的方針。他們取消了趙直刀上常見的背文,把趙直刀柄部的兩條脊綫減爲一條,並把"城"(寫作"成")和"白(柏)人"(省稱"白")這兩個鑄直刀的趙邑之名放在一起作爲面文,而沒有簡單地襲用任何一種趙直刀的現成面文。當然,我們也不能排斥中山國人對"成白"並不是像我們所說的那樣理解的可能性。也許他們把"成白"讀爲"成伯(霸)",以此表示自己的國家會强盛起來,其心理跟在本國刀幣背面鑄上"辟封"、"安邦"、"大昌"等吉語的齊國人相似。[38] 不過,即使事實的確如此,當時所以採用這兩個字,恐怕

㊲　參看注㉟。

㊳　參看拙文《戰國文字中的"市"》,拙著《古文字論集》456 頁及 465 頁注⑤。

也還是跟它們能與城和柏人所鑄直刀面文聯繫起來有關的。

原載《中國錢幣論文集》第三輯(中國金融出版社,1998),今據以收入。

先秦古書中的錢幣名稱

我們所説的錢幣就是鑄幣。不少古錢研究者認爲早在商代就已經出現的銅貝,是我國最早的鑄幣。這是有問題的。我國在鑄幣出現之前,曾把貝用作原始貨幣。鑄幣出現後,楚國曾在戰國時代鑄行仿貝的有字銅幣,即俗所謂"蟻鼻錢"、"鬼臉錢",但其形象離天然貝已頗遠。至於商周時代那種象形程度較高的無字銅貝,雖然在當時無疑是一種有價值的財物,却並不是鑄幣。

在商周時代,貝既是原始貨幣,也是重要的裝飾品,而且還被使用在喪葬等儀式中,如讓死者口中含貝或手中握貝。很多墓葬埋有貝,數量往往還很大。這些貝應該是作爲財物而埋藏的,但也不能排除其具有某種特殊的宗教意義的可能性。此外,貝還可能有其他爲我們所不瞭解的用途。總之,在當時貝是一種被廣泛使用的東西。

在出土的商周時代遺物中,有大量貝的仿製品,除了銅貝,還有石貝、玉貝、骨貝、蚌貝、木貝、土(陶)貝、鉛貝、銀貝、金貝和包金銅貝等。這些仿製品都曾被研究者視爲貨幣。王毓銓先生在《中國古代貨幣的起源和發展》一書中,批評了這種看法。他説:

> 這些貝的仿製品過去有人以爲都是貨幣,史學家也有同意這個説法的。我們以爲這説法不一定全對。譬如説石貝,是普通石頭做的,而且做得很壞,有的簡直不像貝。骨貝也是用的普通骨頭,大小不一,製作不一……像這樣的東西,人人可作,毫不費力,也不費財,怎麽可以用做貨幣?若果用作貨幣,土的、石的、骨的、銅的它們之間的價值比率怎麽定?貨幣本是支付手段和價值尺度,從這些問題上考慮,土貝、石貝、骨貝是很難能够擔負起這兩種貨幣的職能的。從各方面考察,土貝、石貝、骨貝的製作,可能一部分是爲殉葬用的(代真貝),一部分是爲裝飾品用的,它們大概不是而且不可能是貨幣。①

---

① 王毓銓《中國古代貨幣的起源和發展》,中國社會科學出版社,1990,25頁。

這些意見無疑是正確的。

其實,就是那些比土貝、石貝、骨貝貴重的金、玉等仿貝製品,包括銅貝在內,也同樣有"大小不一,製作不一"、彼此間的價值比率不好定等問題,很難作爲貨幣使用。另一方面,它們的裝飾功能倒是很明顯的。

拿商代的銅貝來說,已發現的實物並不多,目前所知的出土數量最多的一批,是1971年在山西保德林遮峪的一個商代晚期墓裹發現的。此墓出銅貝109枚、海貝112枚,"與車馬器共存",報道者推測是"轡飾",[②]應該可信。古代的馬勒或以貝爲飾,稱爲"貝勒"。《儀禮·士喪禮》《既夕禮》的《記》說:"薦乘車……纓、轡、貝勒縣于衡。"鄭玄注:"貝勒,貝飾勒。"勒即轡首,就是馬籠頭。灃西西周墓車馬坑出有貝勒實物,[③]可相印證。保德所出銅貝、海貝大概都是飾馬勒用的。

1978年清理的山東沂水劉家店子春秋莒國大墓,出有"嵌金漆勺"(可能是瓚),外壁嵌有金箔片和金貝,"計六十五枚。金貝仿天然貝,正中有豎溝一道"。[④]這是金貝用作裝飾的實例。

包金銅貝的裝飾性更爲顯著,在銅貝外包金無疑是爲了美觀。包金銅貝有些是在戰國墓裹發現的。例如在1937年發掘的輝縣琉璃閣60號戰國墓中,發現了一千多個包金銅貝,[⑤]是迄今所知發現最多的一次。在此墓下葬的時代,模仿鏟、刀之形的鑄幣早已出現,這種包金銅貝顯然只是較貴重的一種裝飾品,而不是一種鑄幣。

看來除了楚國的仿貝有字銅幣,各種仿貝製品,包括較早的銅貝在內,都不大可能是貨幣。楊寬先生說:

> 商周墓葬中曾發現沒有文字的銅貝或銀貝,但尚不能認定是當時的實用貨幣。銅貝作貨幣當起於戰國時代(引者按:指楚國鑄行的仿貝有字銅幣)。[⑥]

這話是很有道理的。

西周時代的𥎦卣銘有"易(錫)貝卅寽(鋝)"之語。[⑦] 有學者認爲貝以鋝計,應

② 吳振祿《保德縣新發現的殷代青銅器》,《文物》1972年4期64頁。

③ 參看黃錫全《先秦貨幣通論》,紫禁城出版社,2001,21頁。

④ 山東省文物考古研究所等《山東沂水劉家店子春秋墓發掘簡報》,《文物》1984年9期6頁。

⑤ 郭寶鈞《山彪鎮與琉璃閣》,科學出版社,1959,61頁。

⑥ 楊寬《戰國史》,上海人民出版社,1998,132頁。

⑦ 中國社會科學院考古研究所《殷周金文集成》10·5411,中華書局。

是作爲貨幣的銅貝。其實寽並不是只能用於金屬的稱量單位。西周銅器中,乃子克鼎、曶鼎和庚姬卣、尊的銘文,都以寽爲絲的稱量單位。⑧ 所以上引卣銘中的"貝"仍有可能是指天然貝而言的。也許由於是一種非貨貝的天然貝,故不以朋計而以寽計。即使確是用作貨幣的銅貝,既以寽計,便應該是稱量貨幣而不是鑄幣。⑨ 總之,把出現時代早於一般鑄幣的無字銅貝看作鑄幣,是缺乏根據的。

排除了銅貝,我國最早的鑄幣當然就只能是鏟形幣(以下稱"鏟幣")和刀形幣(以下稱"刀幣")了。"春秋時期……在中原,以農耕爲主的文化區内,出現了鏟狀的青銅鑄幣——空首布幣。在古黄河中下游北部,以游牧爲主的少數民族文化區内,出現了刀削狀的青銅鑄幣——尖首刀幣"。⑩ 這兩種鑄幣都是以本地區的常用金屬工具爲原型的。隨着春秋戰國時代經濟的發展,兩者都演化出了一些新的型式,鏟幣演化出來的型式尤爲紛繁。兩者流行的地區也有所擴展,不過大的分佈格局則並無顯著變化。終先秦之世,刀幣流行的地區始終是偏東的。相對而言,鏟幣的主要流行地區則是偏西的。不過,最西的秦國行錢較晚,從出土實物看,應是一開始就行用圓錢,沒有鑄過鏟幣、刀幣。南方的楚國則主要使用仿貝的鑄幣,已見前述(楚國的金板,即"郢爯"、"陳爯"等,是稱量貨幣而非鑄幣)。

現在大家都知道,空首布取形於古代起土、鏟土的工具——錢,這也就是錢幣稱"錢"的原因。但很少有人注意到,第一個明確指出這一點的,是晚清金石學大家陳介祺(字壽卿,號簠齋)。鮑康《觀古閣叢稿》"空首布形似鏟故俗呼鏟幣"條,錄陳氏之語說:

> 壽卿云:此(引者按:指一件空首的鏟形銅器)真是"庤乃錢鎛"之錢(引者按:所引文見《詩·周頌·臣工》。《説文·十四上·金部》:"錢,銚也,古田器。从金,戔聲。《詩》曰:'庤乃錢鎛。'")。以其至利於民,故上古取而象之以爲貨。非有此,則今日"錢"之名胡爲乎來哉?……今臆名之曰空首,而不知其象受柄;名曰鏟幣,則習見今鏟鍬之器,而不知其正合古錢之稱,爲人心

⑧ 所引銘文依次見注⑦所引書5·2712、5·2838、10·5404、11·5907。

⑨ 注③所引書80頁。

⑩ 張弛《中國刀幣彙考》,河北人民出版社,1997,16頁。

自然之知覺也。⑪

後人講錢幣稱“錢”的由來,多不提陳氏,是不公平的。

鮑氏所録陳氏語頗長,其中也有一些不正確的意見,如説鏟鎛之鎛,其名“亦因其形似田器而起”,布錢“下不齊者爲鎛,下齊者爲錢”等。今人或以爲指錢幣的“布”是“鎛”的假借字,也許是受了陳氏這種誤説的影響。

《國語·周語下》:

景王二十一年(公元前 524 年),將鑄大錢。單穆公曰:“不可……”。王弗聽,卒鑄大錢。

這是現存可靠的先秦史料中,明確説到作爲鑄幣的錢的最早一例。

漢代以下,習慣於稱圜錢爲“錢”,不少人認爲周景王所鑄大錢就是一種圜錢。《漢書·食貨志下》以爲此錢“文曰寶貨,肉、好皆有周郭”,顯然把它當成了中央有孔(即“好”)的圜錢。三國時吴國唐固注《國語》,甚至誤以王莽“大泉五十”圜錢爲景王所鑄大錢。《國語》韋昭注已指出唐氏之誤,並説“後有戰國秦漢,幣物改轉不相因,先師所不能紀,或曰大錢文曰寶貨,皆非事實”,對《食貨志》的誤説也作了批評。從出土先秦錢幣實物看,春秋晚期周景王所鑄的大錢只能是所謂空首布。這個“錢”字用的正是稱鑄幣的“錢”的本義。

《韓非子》屢言“錢”:

君至而行其城郭及五官之藏。城郭不治,倉無積粟,府無儲錢……張孟談曰:“……君其出令,令民自遺三年之食,有餘粟者入之倉;遺三年之用,有餘錢者入之府……”。君夕出令,明日,倉不容粟,府無積錢⑫…… 《十過》

夫賣庸而播耕者,主人費家而美食,調布而求易錢者,非愛庸客也,曰如是,耕者且深,耨者熟耘也。庸客致力而疾耘耕者,盡巧而正畦陌者,⑬非愛主

---

⑪ 據丁福保《古錢大辭典·總論》27 頁轉引,上海醫學書局,1938。在陳氏之前,馬昂在《貨布文字考》中已指出,爲馬氏之後的古錢家稱爲空首布的那種古錢,“其形制如鏟,究鏟形即古之錢形,《詩》‘庤乃錢鎛’。錢者本利於治平之器,或謂之銚,通謂之鏟”(據上引《辭典》下編 49 頁上轉引)。但馬氏所説不如陳氏明確,其下文又牽合“錢”與“簽”,認爲空首布之首是用來插標價值的竹簽的,頗爲荒謬。又説“而範銅爲財貨名錢者,始自秦惠無疑矣”(出處同上),也是錯的。所以我們只能以陳氏爲“錢”名由來説的創始者。不過馬氏指出空首布與錢的關係的功勞亦不可沒。

⑫ 陳奇猷《韓非子新校注》,上海古籍出版社,2000,217 頁注〔二三〕引日人物雙松曰:“無積,謂府無復積錢之所。”

⑬ “畦陌”下各本多有“畦畤”二字,從各家説删。

人也,曰如是,羹且美,錢、布且易云也。 《外儲說左上(說三)》

或令孺子懷錢挈壺甕而往酤,而狗迓而齕之。 《外儲說右上(說三)》

鄙諺曰:長袖善舞,多錢善賈。 《五蠹》

徵賦錢粟以實倉庫,且以救饑饉備軍旅也。 《顯學》

此外,《外儲說左下(經四)》"齊侯不聽左右"條"則鉅不費金錢"句的"錢"字,大概是衍文,⑭故不錄。

上引《外儲說左上》的一段文字不太好懂,高亨《韓非子新箋》解釋說:

亨按庸讀爲傭。《漢書·宣帝紀》:"調關東輕車鋭卒。"顏注:"調,選也。"《易·繫辭》:"辭有險易。"《釋文》引京注:"易,善也。""調布而求易錢"謂主人選擇錢布而求其良錢,以與傭客也。("易"訓善,可訓"良")……蓋錢布固有良否,故人擇之也。下文曰:"如是羹且美,錢布且易云也。"正承此言。

其說可供參考。⑮

我們知道,韓國是始終只行用鏟幣的。上舉《韓非子》中的這些"錢"字,也可以說是符合錢幣之"錢"的本義的。

在先秦錢幣中,圓錢出現得較晚。圓錢出現時,鏟幣已行用了很久,作爲這種鑄幣名稱的"錢"已深入人心,所以圓錢也就被稱爲"錢"了。

《史記·秦始皇本紀》後面的附錄(大概是東漢人據秦的官方史書《秦記》加上去的),說"惠文王生十九年而立,立二年,初行錢"。《史記·六國年表》也有秦惠文王二年"天子賀行錢"的記載(或以"天子賀"與"行錢"爲二事)。秦所行的"錢"就是圓錢。20世紀70年代以來,在睡虎地十一號墓等秦墓中,發現了一些秦律的抄本。秦律條文大都是秦統一前就製定的,律文中都以"錢"指稱錢幣。《商君書·徠民》是戰國晚期某人給秦王的書奏,⑯篇中有"官無數錢之費"語。《墨子》

---

⑭ 參看注⑫所引書719頁注〔七〕。

⑮ 高說見其《諸子新箋》,山東人民出版社,1962,222頁。高氏在此條之末說"調布而求易錢"句的"錢"字"或當在'布'字上,'錢布'連文與下文同",無據,不可信。高氏蓋因古書"布"字或訓爲"泉","刀布"即指刀幣或錢幣(詳本文後文),遂疑"錢布"即指錢幣,故有此說。其上文釋"調布"爲"選擇錢布",已露此意。不思《韓非子》原文如作"調錢布而求易","錢"字無由錯在"易"字下。此文"布"字應爲布帛之"布",詳後文。

⑯ 參看高亨《商君書注譯》,中華書局,1974,7—9頁。

城守諸篇(即書末《備城門》以下諸篇),大概"爲戰國後期秦國墨家的作品"。[17] 其中的《號令》、《雜守》兩篇屢見"錢"字。這些都是戰國時秦稱圓錢爲"錢"之例。

傳世戰國錢幣中有一種面文爲"半睘"的圓孔圓錢。[18] 由於這種錢曾發現於陝西,而且"半"字的寫法與秦篆相同,一般都認爲是秦幣。各家或讀"睘"爲"圜"(通"圓"),或讀"睘"爲"環"或"鐶",而以讀"圜"者爲多。[19] 有的學者認爲"半圜"之意即"半個貨幣單位的圜錢"。[20] 又魏國圓錢中有一種形制和文字風格跟"桼(漆)垣一釿"圓錢很相似的"桼睘一釿"圓錢。[21] 我在《桼垣一釿圓錢考》中,除指出"桼睘"有可能應讀爲"漆垣"外,認爲"睘"字也有可能"跟'半圜'圓錢的'睘'字同義,'桼睘'即漆垣所鑄圓錢之意"。[22] 所以在戰國時代,圓錢也有可能曾稱爲"圜"(圓)。《漢書·食貨志下》說"太公爲周立九府圜法"。很多人認爲"圜法"之"圜"即指圓錢。大約爲漢末人的李奇,在《漢書》注中就說:"圜即錢也。"他說的錢當然就是圓錢。但是《漢書》顔師古注不同意李說,認爲"圜謂均而通也"。"圜法"的確切含義尚待研究。

戰國文獻中的"錢",除用來稱鏟幣和圓錢外,還有不少已經當作錢幣的通稱來用了。如《戰國策·秦策五》"文信侯出走"章,記司空馬問趙王,趙跟秦相比,"金、錢、粟孰與之富"。秦用圓錢,趙國雖然也有圓錢,但主要用鏟幣和刀幣,上引《策》文中的"錢"顯然是錢幣的通稱。《戰國策·魏策一》"張儀爲秦連横說魏王"章,有"夫親昆弟,同父母,尚有爭錢財"之語。《莊子·徐无鬼》說"錢財不積則貪者憂"。"錢財"之"錢"也是錢幣的通稱。戰國時的書還有追述古事而說"錢"的,如《商君書·賞刑》說商湯、周武爲諸侯時,如果"以其錢賞天下之人,不人得一錢";《管子·版法解》說武王入殷,"決鉅橋之粟,散鹿臺之錢"。這種"錢"字也宜看作錢幣的通稱。其實,以"錢"稱呼圓錢這件事,就可以看作"錢"被當作錢幣通稱的反映。

前引《韓非子》中的那些"錢"字,如果脱離韓國這一具體環境來看,都可以看作錢幣的通稱。這說明鏟幣區的人很容易把"錢"用作錢幣的通稱。鏟幣區的經

---

[17] 李學勤《秦簡與〈墨子〉城守各篇》,同作者《簡帛佚籍與學術史》,臺北:時報文化出版企業有限公司,1994,130頁。

[18] 《中國錢幣大辭典·先秦編》,中華書局,1995,610頁。

[19] 參看注⑪所引書下編214頁;鄭家相《中國古代貨幣發展史》,三聯書店,1958,189頁。

[20] 注①所引書124頁。

[21] 注⑱所引書615—616頁。

[22] 裘錫圭《古文字論集》,中華書局,1992,429頁。

濟和文化都比較發達，所以“錢”字的這種用法也比較容易傳播開來。

《管子》是齊地作品。齊國主要用刀幣，到戰國晚期才鑄圓錢。刀幣的本名就是“刀”。齊刀幣的面文稱“大刀”，齊圓錢的面文也仍襲“刀”名（詳後文）。但《管子》書中對錢幣的稱呼，却是“刀”、“錢”並用的。《管子》有關錢幣的內容，幾乎都集中在《輕重》諸篇（即《管子》最後部分《巨乘馬》以下諸篇）。“刀”和“錢”這兩種名稱在這些篇中的使用，基本上是有分工的。在抽象地講貨幣制度和錢幣作用時一般稱“刀”。具體講到錢幣，如說鑄錢用錢之事，或說收多少錢、值多少錢的時候，則一般稱“錢”。

《輕重》諸篇以“刀”稱錢幣時，都下連“幣”字或“布”字（這種“布”字之義近“幣”，詳後文）：

> 黃金、刀幣，民之通施也。 《國蓄》
>
> 五穀者，民之司命也。刀幣者，溝瀆也。 《揆度》
>
> 故五穀粟米者，民之司命也；黃金、刀布者，民之通貨也。 《輕重乙》
>
> 今刀布藏於官府，巧幣萬物之輕重皆在賈之。㉓ 《山至數》
>
> 先王爲其途之遠，其至之難，故託用於其重，以珠玉爲上幣，以黃金爲中幣，以刀布爲下幣。 《國蓄》

“珠玉爲上幣，黃金爲中幣，刀布爲下幣”之語，還見於《地數》、《揆度》、《輕重乙》諸篇，不具引。《地數》篇有“刀幣之所起”語，此“刀幣”可能是“刀鎩”或“刀鏨”之訛，㉔故不錄。

稱“錢”者例如：

> 人君鑄錢立幣，民庶之通施也，人有若干百千（王念孫謂當作“十”）之數矣，然而人事不及，用不足者，何也？ 《國蓄》
>
> 今君鑄錢立幣，民通移，人有百十之數，然而民有賣子者，何也？ 《輕重甲》
>
> 令左司馬伯公將白徒而鑄錢於莊山，令中大夫王邑載錢二千萬求生鹿於楚。 《輕重戊》
>
> 曰某縣之壤廣若干，某縣之壤狹若干，則必積委幣，於是縣、州、里受公錢。 《山至數》

㉓ 此句中的“賈之”，馬非百認爲是“賈人”之誤，見其《管子輕重篇新詮》，中華書局，1979，上册 388 頁注〔一一〕，參看 360 頁注〔八〕。

㉔ 見郭沫若《管子集校》，《郭沫若全集·歷史編》8，人民出版社，1985，176 頁。

桓公曰:“何謂藏於民?”(此處各家多以爲脱去“管子對曰”)“請散,棧臺之錢散諸城陽,鹿臺之布散諸濟陰。君下令於百姓曰:‘民富,君無與貧;民貧,君無與富。故賦無錢布,府無藏財,貲藏於民。’……” 《山至數》

月人三十錢之籍,爲錢三千萬。 《海王》

中歲之穀,糶石十錢。……歲凶穀貴,糶石二十錢。 《國蓄》

魯梁之人,糴十百,齊糶十錢。……萊莒之糴三百七十,齊糶十錢。 《輕重戊》

此外還有不少稱“錢”之例,不具引。

李學勤先生把《輕重》諸篇定爲“戰國末世《管子》一系學者的著作”。[25] 其説可從。諸篇稱“刀幣”、“刀布”,當然是齊國用刀幣的反映;大量用“錢”字,似説明中原等地以“錢”爲錢幣通稱之習,已爲齊人所接受。而且在當時的齊國,儘管其所鑄圜錢的面文仍稱“刀”,一般人也許已稱之爲“錢”了。《輕重》諸篇中受數字修飾的“錢”,可能就指圜錢。

古書或稱錢幣爲“泉”。《周禮》有“泉府”之官。《地官·敘官》“泉府”鄭玄注:“鄭司農云:故書‘泉’或作‘錢’。”《管子·輕重丁》屢見當錢講的“泉”字,[26] 例如:

因使玉人刻石而爲璧,尺者萬泉。

齊西之粟釜百泉,則鏂(區)二十也。

齊東之粟釜十泉,則鏂(區)二錢也。

“二錢”之“錢”是《輕重丁》中唯一的“錢”字,其意義與篇中諸“泉”字全同。

漢代以下的學者,多以爲錢幣稱“泉”,係取流通如水泉之意。《漢書·食貨志上》:“故貨寶於金,利於刀,流於泉。”如淳注:“流行如泉也。”《周禮·天官·外府》鄭玄注:“布,泉也。布讀爲宣布之布。其藏曰泉,其行曰布,取名於水泉,其流行無不徧。”

他們不知道錢幣之錢本因象田器之錢而得名,認爲“泉”之名古於“錢”。《説文·六下·貝部》“貝”字下説:“古者貨貝而寶龜,周而有泉,至秦廢貝行錢。”《禮記·檀弓上》鄭玄注:“古者謂錢爲泉布,通布貨財。”《國語·周語下》韋昭注:“古

---

[25] 《管子〈輕重〉篇的年代與思想》,李學勤《古文獻叢論》,上海遠東出版社,1996,202頁。

[26] 參看注[23]所引書下册624—625頁注〔五〕。

曰泉,後轉曰錢。"《史記・天官書》集解引徐廣曰:"錢,古作泉字。"《史記・平準書》索隱:"按錢本名泉,言貨之流如泉也。"這種意見長期佔有統治地位。

當錢講的"泉"不但意義與"錢"全同,讀音也很相近,上古音都屬從母元部,只有開合之異。有些清代學者認爲二者有通假關係。段玉裁曾說《周禮》"泉"或作"錢","蓋周人或用假借字"。但他仍强調"泉""錢"是古今字,"周曰泉","錢"則至"秦乃以爲正字"。[27] 徐養原認爲:"泉、錢同聲,古蓋通用。秦爲廢貝之始,非名錢之始也。"孫詒讓《周禮正義》對徐説加以肯定。[28] 他們不强調"泉"和"錢"的先後,見解比較通達。

清末秦寶瓚《遺篋錄》,說他"初固疑'泉'字無據,故有'泉'之名寔後於'錢'之說",在認識到鏟幣即象田器之錢以後,"彌覺信而有徵"。[29] 民國時代丁福保的《古錢釋名》,也指出錢幣之錢得名於田器之錢,並說:"當知'錢'爲貨幣之本字,'泉'爲'錢'之同音通假字,非'泉'爲古字,'錢'爲今字也"。[30] "泉"之名早於"錢"的誤說,終於被明確糾正了過來。

不過,當初古人或將"錢"寫作"泉",可能仍是有字義方面的考慮的。這就是說,仍存在這樣一種可能:某些人由於對錢幣稱"錢"的由來已不清楚,有意把"錢"寫作音既相近,字形又較簡單,而且字義還能附會錢幣的流通特性的"泉"字。

長期以來一般學者都認爲,稱錢爲"泉"取義於流通如水泉,所以借爲"錢"的"泉"字並不讀"錢",而仍讀"泉"的本音,成了一個特殊的假借字。

公元1世紀初,王莽在居攝時曾鑄"大泉五十"圓錢,即真後繼續鑄造,並又鑄過其他數種圓錢,面文皆不用"錢"字而用"泉"字(《漢書・食貨志下》述王莽錢制,除後鑄之"貨泉"外,"泉"皆作"錢",非是)。說者多以爲王莽因漢帝之姓"劉"字从"卯""金""刀",故忌諱从"金"之"錢"字而用"泉"字。此說恐怕多少有些問題。王莽居攝時曾鑄行契刀、錯刀。在即真之初的始建國元年,他曾下詔說:"予前在大麓,至於攝假,深惟漢氏三七之阨,赤德氣盡,思索廣求,所以輔劉延期之述(術),靡所不用。以故作金刀之利,幾(冀)以濟之。……今百姓咸言皇天革漢而立新,廢劉而興王。夫劉之爲字'卯金刀'也。正月剛卯、金刀之利,皆不得行。……其去剛卯,莫以爲佩。除刀錢,勿以爲利。"可見王莽雖然忌諱"卯金刀",但在居攝時

---

[27] 段玉裁《說文解字注》六下《貝部》"貝"字注。段說又見其《周禮漢讀考》。

[28] 孫詒讓《周禮正義》卷十七《地官・敘官》"泉府"疏,中華書局,1987,3冊664頁。

[29] 據注⑪所引《辭典》下編49頁下轉引。

[30] 丁福保《古錢大辭典拾遺・總論》1頁上。

並不如此,而“大泉五十”圓錢在居攝時就已鑄行了。所以王莽用“泉”而不用“錢”,最初大概主要由於他也認爲“泉”名古於“錢”。至於即真後廢五銖而行各種“泉”,當然就跟忌諱“金”有關了。

《管子》的《輕重》諸篇中,用法與“錢”相似的字又有《國蓄》的“繦”:

> 歲適凶,則市糴釜十繦而道有餓民。
>
> 使萬室之都必有萬鍾之藏,藏繦千萬。使千室之都必有千鍾之藏,藏繦百萬。

有些學者根據漢以下的訓詁,釋“繦”爲“錢貫”,[31]恐有問題。此篇中尚有“中歲之穀,糶石十錢”、“歲凶穀貴,糶石二十錢”之語,已見前引。釜爲百升(同屬《輕重》的《海王》篇說“鹽百升而釜”),與石相當。如將上引第一條凶歲“釜十繦”的“十繦”解釋爲錢十貫,跟同篇凶歲石二十錢之數相去未免太遠。如果像有些人那樣,認爲十繦即十錢,也與此數不合。所以《國蓄》“繦”字的確切含義尚待研究。

《海王》:

> 鹽百升而釜。今鹽之重升加分(此字各家多訓爲半)彊,釜五十也;升加一彊,釜百也;升加二彊,釜二百也。

《地數》(亦屬《輕重》):

> 鹽之重,升加分耗而釜五十,升加一耗而釜百,升加什耗而釜千。

這兩篇的“彊”和“耗”,也有學者認爲應該當錢講,[32]這兩個字究竟能不能當“錢”講,《海王》的“彊”與《國蓄》的“繦”有無關係,也都是有待研究的問題。

前面說過,刀幣的本名就是“刀”。這從不少刀幣的面文就可以看出來。趙國刀幣面文或作“甘丹刀”、“白人刀”、“白刀”、“言昜刀”、“言昜新刀”、“言刀”等。[33]齊國刀幣面文大都稱“大刀”,如“齊大刀”、“齊之大刀”、“安陽之大刀”、“即墨之大刀”等。[34] 齊在戰國晚期所鑄圓錢,面文作“賹刀”、“賹四刀”、“賹六刀”,仍襲“刀”名。[35] 燕國明刀面文無“刀”字,但燕在戰國晚期所鑄圓錢的面文,則多作“明

---

[31] 注㉓所引書上册 238—239 頁注〔五〕。

[32] 注㉓所引書上册 196—197 頁注〔九〕、下册 420 頁注〔一四〕。

[33] 注③所引書 218—221 頁。關於此類面文中的“刀”字的釋讀,參看本文作者致王毓銓先生的信,見注①所引書 172—173 頁第 6 條。

[34] 注③所引書 277—279 頁、290 頁。

[35] 注③所引書 313—319 頁。

刀”、“一刀”。㊱

20世紀70年代發現的中山王墓所出銅器的刻銘,多以“刀”記重,如“冢(重)四百六刀之冢(重)”(十年扁壺)、“冢(重)一石八十二刀之冢(重)”(十一年壺)等。㊲ 中山國也是行用刀幣的。㊳ 作爲稱量單位的“刀”的值,可能跟所行用的主要刀幣的標準重量相當。

在先秦古書中,《管子》的《輕重》諸篇屢言“刀幣”、“刀布”,已見前引。《管子・輕重戊》說:“齊未亡一錢幣,修使三年而代服。”“刀幣”跟“錢幣”在語法上是同類結構。《管子》的“刀幣”似與我們今天所說的“刀幣”同義,但前者有可能已被用來泛指錢幣了。關於“刀”演變爲錢幣通稱的問題,詳後文。

《管子》的“刀布”似不能理解爲刀幣與布帛之幣的合稱。《國蓄》在說了“以珠玉爲上幣,以黄金爲中幣,以刀布爲下幣”之後,緊接着說:“三幣,握之則非有補於煖也,食之則非有補於飽也。”如下幣中有布帛,說“握之則非有補於煖”就不合適了。也屬於《輕重》的《乘馬數》說:“布織財物皆立其貲。財物之貲與幣高下,穀獨貴獨賤。”把“布織”當作一種財物,與幣對立起來。這也可以看作下幣中不包含布帛之證。《荀子》也數言“刀布”(詳下文)。晉左思《魏都賦》“刀布貿而無筭”張載注:“刀布,錢刀之謂也。荀卿書曰‘省刀布之斂’”。㊴《荀子・榮辱》楊倞注也說:“刀、布,皆錢也。”“布”字古有貨幣義(詳後文),“刀布”與“刀幣”義略同,《管子》的“刀布”也可能已被用作錢幣的通稱了。有些主張鏟幣本來叫“布”的學者,也許會認爲“刀布”是刀幣和鏟幣的合稱。但是齊國從來不用鏟幣,此說不能成立。所以要說“刀幣”“刀布”,也許是由於單說“刀”易於與錐刀之“刀”相混。

《荀子》書中數言“刀布”:

> 餘刀布,有囷窌,然而衣不敢有絲帛。 《榮辱》
>
> 今之世而不然,厚刀布之斂以奪之財,重田野之稅以奪之食。 《富國》
>
> 縣鄙將輕田野之稅,省刀布之斂,罕舉力役,無奪農時,如是則農夫莫不朴力而寡能矣。 《王霸》

㊱ 注③所引書319—322頁。

㊲ 注⑦所引書10・9683、9684。

㊳ 注③所引書216—218頁。

㊴ 《文選》,中華書局,1977,上册103頁。張載爲左思同時人。

荀子曾數次至齊,居於稷下,爲時甚久。[40] 其所著書用"刀布"一語,當是受了齊人的影響。荀子本爲趙人。趙國雖大量鑄行鏟幣,也鑄行了不少刀幣。這應該是荀子易於接受"刀布"一語的原因之一。

《韓非子》說"錢"不說"刀布",《荀子》則說"刀布"而不說"錢"。這是很值得注意的現象。

《墨子・經說下》稱錢幣爲"刀":

> 買:刀、糴相爲賈(價)。刀輕則糴不貴,刀重則糴不易。王刀無變,糴有變,歲變糴則歲變刀。若鬻子。

墨子是魯人而曾爲宋大夫。[41] 宋、魯所行用的錢幣的形制,大家都不清楚。《經說》雖不見得是墨子所親撰,跟他總該有點關係。篇中稱錢幣爲"刀",不知能否成爲研究宋、魯幣制的一條綫索。

趙國刀幣面文有作"王刀"的,[42]應與上引《經說下》的"王刀"同義。那麼,此幣文的"王"字,就無法像某些古錢研究者那樣把它解釋爲地名了。孫詒讓《墨子閒詁》引張皋文《經說解》對"王刀"的解釋說:"王者所鑄,故曰王刀。"大概"王刀"就指國家所鑄的刀幣。

刀幣區的人,無疑很容易像鏟幣區的人把"錢"用作錢幣的通稱那樣,也把"刀"用作錢幣的通稱。前面已經說過,《管子》所說"刀幣""刀布",有可能已經被用作錢幣的通稱。《荀子》的"刀布"和《經說》的"刀",從文義上看也都可以理解爲錢幣的通稱。

在刀幣退出歷史舞臺之後,以"刀"稱錢幣的現象仍能看到。《史記・平準書》講貨幣時提到了"刀",我們將在後面講"布"的部分加以討論。西漢桓寬《鹽鐵論・錯幣》三次以"刀幣"稱錢幣。此書襲用《管子》語言及文義處頗多,使用"刀幣"一詞,可能也是受了《管子》的影響。《漢書・食貨志上》:

> 《洪範》八政:一曰食,二曰貨……貨謂布、帛可衣及金、刀、龜、貝所以分財布利通有無者也。

此文顯然以"刀"總稱錢幣,所以顔師古的注說:"刀,錢幣也。"《食貨志下》:

---

[40] 參看錢穆《先秦諸子繫年考辨》103、136、143 等條,見同作者《先秦諸子繫年》,中華書局,1985,333—335、424—425、437—438 頁。

[41] 參看錢穆《墨子》(百科小叢書),商務印書館,1947,8 頁。

[42] 注③所引書 219 頁圖七二・3、220 頁,注⑱所引書 591 頁。

……故貨寶於金,利於刀,流於泉,布於布,束於帛。

此文的"布"指布帛之布,與錢幣無關,觀後文所引《食貨志下》在此文之前的那段文字自明。而此文的"刀"與"泉",大概都是泛指錢幣的。顔師古注引三國時魏人如淳的注説:"名錢爲刀者,以其利於民也。"前面已引過晉人張載的《魏都賦》注"刀布,錢刀之謂也","錢""刀"連稱,與《食貨志下》以"刀""泉"並提同義。孔穎達《禮記正義・檀弓上》"子碩欲以賻布之餘具祭器"句下之疏,謂古錢幣又有刀(所舉實例實爲王莽所鑄的契刀、錯刀),"故世猶呼錢爲錢刀也"。據此,唐人尚有稱錢爲"錢刀"之習。

下面討論一般認爲指錢幣的"布"字的問題。這個問題比較複雜,在討論前,需要先對錢幣流行之前,布作爲常用的實物貨幣的重要地位,作較詳細的説明。

吴榮曾先生在《從秦簡看秦國商品貨幣關係發展狀況》一文(以下簡稱"吴文")中説:

金屬鑄幣出現之前,一般等價物的作用總是固定在諸如牲畜、獸皮、貝殼之類的商品之上。我國在戰國以前,成爲貨幣的商品是布帛。這在古書上是有證可查的。《鹽鐵論・錯幣》:"古者市朝而無刀幣,各以其所有易所無,抱布貿絲而已。"《漢書・食貨志》所引的《太公九府圜法》(戰國人所作),也認爲除黄金、銅錢外,布帛同樣起着貨幣的作用。

他並指出秦律的材料"證明古書上關於布帛曾被當作貨幣使用的説法是可信的"。㊸ 這些意見是很正確的。

我們在講"刀"的時候,已經引過《食貨志上》"貨謂布、帛可衣及金、刀、龜、貝所以分財布利通有無者也"的話。《食貨志下》又説:

凡貨,金、錢、布、帛之用,夏殷以前,其詳靡記云。太公爲周立九府圜法:黄金方寸而重一斤。錢圜函方,輕重以銖。布帛廣二尺二寸爲幅,長四丈爲匹。故貨寶於金,利於刀,流於泉,布於布,束於帛。

此文説明了作爲貨幣的布匹的規格,强調了其流布貨財的作用。

《孟子・盡心下》:

有布縷之征,粟米之征,力役之征。君子用其一,緩其二。用其二而民有

㊸ 吴榮曾《先秦兩漢史研究》,中華書局,1995,187頁。

殍,用其三而父子離。

可知在孟子的時代,統治者向人民徵收的,除了穀物,最重要的也是布帛。同書《公孫丑上》:

耕者助而不稅,則天下之農皆悅而願耕於其野矣。……廛無夫里之布,則天下之民皆悅而願爲之氓矣。

"夫里之布"應指夫布和里布。趙岐注:"布,錢也。"[44]各家多從之。其實,"耕者"之"稅"與《盡心下》的"粟米之征"相當,"夫里之布"與《盡心下》的"布縷之征"相當。此"布"字所指不應是錢幣,而應是布縷。布在當時也是一種貨幣。

《周禮》有夫布、里布。《地官·載師》:

凡宅不毛者有里布,凡田不耕者出屋粟,凡民無職事者出夫家之征。

《地官·閭師》:

凡無職事者出夫布。

《周禮》是戰國時代作品,但所記制度有擬構的成分。《周禮》把夫布、里布當作一種比較特殊的賦稅,其實從上引《孟子》看,夫里之布在戰國時代乃是一種普遍的賦稅。《周禮》"夫布"、"里布"的"布",自東漢經學家以下,也大都訓爲泉,我們認爲從《孟子》看,這種賦稅名稱中的"布",原來肯定是指布縷的。《漢書·食貨志下》説王莽"又以《周官》稅民……郭中宅不樹藝者爲不毛,出三夫之布。民浮游無事出夫布一匹。其不能出布者,冗作縣官,衣食之"。可見王莽是把《周禮》"夫布"、"里布"的"布"理解爲布帛之布的。

上引《周禮·載師》所説的"屋粟",也不是專用於"田不耕者"的一種稅名。《管子·輕重甲》:

若此則澤魚之正(征)伯(百)倍異日,則無屋粟、邦布之藉。

《管子·輕重》"極力主張施行輕重之策,而不主張直接向人民進行賦斂"。[45]《輕重甲》主張免除的"屋粟、邦布之藉",當然是一般的賦稅,而不會是專對"田不耕

---

[44] 在趙岐之前,鄭司農(鄭衆)在注釋《周禮·地官·載師》"宅不毛者有里布……"之文時,已認爲《周禮》"里布"和《孟子》"夫里之布"的"布"可能應訓爲泉。與趙岐同時的鄭玄肯定了鄭衆訓泉的意見。見《周禮·地官·載師》鄭玄注。

[45] 注㉓所引書上册 13 頁。

者”等人的賦税。屋粟應相當於《孟子》的“農夫”之“税”、“粟米之征”，邦布應相當於《孟子》的“夫里之布”、“布縷之征”。由此更可見《周禮》中與“屋粟”爲類的“夫布”、“里布”，本是布縷之征的名稱。

《周禮·地官·廛人》：

> 掌斂市（王引之謂“市”下脱“之”字）絘布、緫布、質布、罰布、廛布，而入于泉府。

此處所説的市所徵收的各種布，依夫布、里布之例，其“布”字原來也應是指布帛之布的。

上引《廛人》文中的“罰布”，是向違犯市場法規的人徵收的。在整個國家內，無疑會有很多種類的罰布。《管子·君臣下》：

> 千里之內，束布之罰，一畝之賦，盡可知之。

“束布”之“束”應與“束帛”之“束”同義。一束十端，二端爲一兩，亦即一匹。上引之文是先秦確有讓被罰者繳布之事的明證。秦律有“貲布”。㊻《説文·六下·貝部》：“貲，小罰以財自贖也。”貲布就是罰布。

在先秦，不但統治者所徵收的很多項目以“布”爲名，就連喪禮的賻贈也有“賻布”之稱。《禮記·檀弓上》“子柳之母死”章：

> 既葬，子碩欲以賻布之餘具祭器。

同篇：

> 孟獻子之喪，司徒旅歸四布。夫子曰：可也。

“司徒”一句應據《七經孟子考文》所引古本及足利本，作“司徒敬子使旅歸四方布”。㊼“布”即指賻布。鄭玄注：“旅，下士也。司徒使下士歸四方之賻布。”“賻布”之稱也應是賻贈之物曾以布爲主的反映。

從秦律關於錢、布的一些條文，可以清楚地看出，在錢幣流行之前，布是最重要的貨幣；就是在錢幣已經流行之後，布也沒有很快就完全喪失其貨幣職能。

睡虎地秦墓所出秦律中有“金布律”。此律名爲漢晉所沿襲。漢代又有“金布

㊻ 《睡虎地秦墓竹簡》，文物出版社，1990，“釋文、注釋”114頁。

㊼ 參看阮元《十三經校勘記》，《十三經注疏整理本》12《禮記正義》，北京大學出版社，2000，277頁注②。

令”,《漢書·蕭望之傳》顔注説:“金布者,令篇名也。其上有府庫金錢布帛之事,因以名篇。”律、令雖有所不同,二者所用“金布”之名的意義應該是一致的。這一律名本身,就顯示了“布”的重要性。

下面是引自睡虎地秦律的三條簡末都署有“金布”二字的律文:[48]

> 布袤八尺,福(幅)廣二尺五寸。布惡,其廣袤不如式者,不行。　金布
>
> 錢十一當一布。其出入錢以當金、布,以律。　金布
>
> 賈市居列者及官府之吏,毋敢擇行錢、布(睡虎地秦墓竹簡整理小組注:擇行錢、布,意爲對銅錢和布兩種貨幣有所選擇);擇行錢、布者,列伍長弗告,吏循之不謹,皆有罪。　金布

上引第二條的“一布”,應指第一條所説的合乎質量要求的幅廣二尺五寸長八尺的一塊布。其尺度跟前引《食貨志》所述太公九府圜法中的規定不同(二者幅廣略有差異。圜法的一匹長達四丈,也許並非作爲貨幣的布的基本單位。不過即使確有長度較短的基本單位,其長度也不見得就是八尺)。可知以布爲貨幣時,各國對布的標準尺度的規定有不一致的情況(各國的尺的長度也可能有出入)。

睡虎地秦墓整理小組對上引第二條“錢十一當一布”句加注説:

> 簡文(引者按:指秦律等簡文)中很多錢數是十一的倍數,如五十五錢、一百一十錢,就是從布折算的結果。[49]

這裏指出的現象很重要。秦律説到跟財物有關的犯罪行爲或官吏失誤的時候,所舉錢數幾乎都是十一的倍數。[50] 金布律“稟(廩)衣”條所舉的作爲廩衣標準的錢數,爲百十一、七十七、五十五、卌四、卅三,也都是十一的倍數。[51] 這種情況充分説明,在行錢之前,布是最常用的貨幣。

從上引第三條律文可以知道,行錢以後,布的貨幣職能並未完全喪失,甚至在法律上還有與錢相等的地位。

前引《韓非子·外儲説左上》説,雇庸客的主人“費家而美食,調布而求易錢”,庸客也努力勞動,“曰如是,羹且美,錢、布且易云也”。雇庸的報酬,錢、布並用,正可與秦律互證。《韓非子·内儲説下(説二)》:

---

[48] 三條律文皆見注[46]所引書 36 頁。第三條所附整理小組注文見 37 頁。

[49] 注[46]所引書 36 頁。

[50] 參看前面引過的吴文,見注[44]所引書 186 頁。

[51] 注[46]所引書 42 頁。

衛人有夫妻禱者,而祝曰:"使我無故得百束布。"其夫曰:"何少也?"對曰:"益是,子將以買妾。"

布可以用來買妾,也説明仍有貨幣職能。有的學者認爲《韓非子》的"錢布"就指錢幣,有的學者甚至認爲"百束布"的"布"也指錢幣,是不妥當的。在古書中,錢幣從未有以束計算之例。

前引《管子·山至數》,先説散"棧臺之錢"、"鹿臺之布",接着説"賦無錢、布,府無藏財,貲藏於民"。所説的"錢布"也顯然指錢和布,與《管子》屢以"刀布"指刀幣的情況不同。睡虎地秦墓所出《日書》"夢"條所記禱辭,有"賜某大幅(富),非錢乃布,非繭乃絮"之語,也以錢與布並提。[52]

但是應該承認,在戰國時代,尤其是戰國晚期(自公元前三百年左右至秦統一),布在貨幣領域中的確受到了錢的很厲害的排擠。

從秦律看,雖然存在防止"擇行錢、布"的條文,但是跟貨幣有關的具體規定,幾乎都已經論錢而不論布了,布的貨幣職能顯然已在很大程度上爲錢所取代。在睡虎地秦簡中,被整理者定名爲"法律答問"的那一部分有如下一條:

"邦客與主人鬭,以兵刃、投(殳)梃、拳指傷人,擊以布。"可(何)謂"擊"?擊布入公,如貲布,入齎錢如律。

整理小組在"擊以布"下加注説:"擊,應即揩,《説文》:'撫也。'這裏有撫慰的意思。擊以布,用作爲貨幣的布來撫慰。"又在"入齎錢如律"下注:"齎,通資。律文規定繳布,實際則折錢繳納,參看《秦律十八種》中的《金布律》'錢十一當一布條'。"[53]這是布爲錢所取代的一個實例。當然,同時也是古代確有讓被罰者繳布之事的一個證據。

《管子·山至數》説:"邦布之籍,終歲十錢。"這説明在《管子·輕重》諸篇寫成的時代,齊國的邦布,即夫里之布一類賦稅,也已經收錢了。孟子以"布縷之征、粟米之征、力役之征"並提(《盡心下》),或以"耕者"之"稅"與"夫里之布"並提(《公孫丑上》)。荀子則以"田野之稅"、"刀布之斂"與"力役"並提(《王霸》),或以"刀布之斂"與"田野之稅"並提(《富國》)。孟子時代的"布縷之征",到荀子時代變成了"刀布之斂"。錢逐漸取代布顯然是戰國時代的普遍現象。

---

[52] 注[46]所引書 210 頁。睡虎地 11 號秦墓出《日書》兩種。此處引文出自甲種。乙種亦有此禱辭,作"賜某大畐(富),不錢則布,不繭則絮",見同書 247 頁。

[53] 同注[46]。

這一現象在《周禮》中也有反映。前面引過的《地官・廛人》,說廛人把市所徵收的各種“布”聚集起來“入于泉府”。《地官・泉府》:

> 掌以市之征布,斂市之不售貨之滯於民用者,以其賈(價)買之,物楬而書之,以待不時而買者。

“市之征布”就指廛人所繳納的那些“布”。泉府顧名思義是管錢的,繳納到他那裏去的市所徵的各種“布”,看起來應該已經是錢了,至少有相當大的部分已經是錢了。由收布變到收錢有一個過程。鄭玄大概認爲以“布”爲名的那些徵收項目本來就都是收錢的,在《周禮》注中把《廛人》的“布”和《地官・載師》“里布”的“布”都訓爲“泉”(對《地官・閭師》“夫布”之“布”,鄭氏未出注)。後人多從之。這是不正確的。

在這裏還應指出,有些時代較早的先秦古書中被後人理解爲指錢幣的“布”字,實際上也仍是布帛之“布”(有一例也可能用“布陳”義,詳下)。

《詩・衛風・氓》:“氓之蚩蚩,抱布貿絲。”此“布”字在漢代就已有人認爲是指錢的。[54] 現代認爲“布”是鏟幣之名的學者亦持此說。其實孔穎達《毛詩正義》已指出,如此“布”指錢,就不應說“抱”,“泉則不宜抱之也”。[55]《詩序》說《氓》是刺衛宣公時(公元前718至前700年)的淫佚之風的。這當然不一定可信。但此詩寫作時代應該不會比《國風》中的大部分詩晚,即不會晚於春秋早中期。當時錢幣肯定尚未流行。上引吳文中已經引用的《鹽鐵論・錯幣》,把“抱布貿絲”解釋爲以物易物的現象,應該是正確的。當然,如把這裏的“布”當作實物貨幣也不是不可以,但決不能當作錢幣。

《左傳・昭公二十六年》說齊景公準備將爲季氏所驅逐的魯昭公送入魯國,命其下“無受魯貨”,季氏派家臣到齊師中去,通過景公寵臣子猶(即梁丘據)的人高齮賄賂子猶,高齮把季氏家臣帶來的“幣錦二兩”(杜預注:二丈爲一端,二端爲一兩)拿給子猶看,跟他說:“魯人買之,百兩一布,以道之不通,先入幣財。”杜預注:“言魯人買此甚多,布陳之,以百兩爲數。”訓“布”爲“布陳”。但《周禮・地官・載

---

[54] 參看王先謙《詩三家義集疏》,中華書局,1987,上册290—292頁。但王氏認爲《氓》篇的毛傳、鄭箋訓“布”爲“幣”,即指錢幣(291頁),則不確。段玉裁《說文解字注・七下・巾部》“布”字下,在引了上面所說的傳、箋之文後說:“此‘幣’爲凡貨之偁,布帛金錢皆是也。”他對傳、箋的理解大概是對的。

[55] 注㊼所引《十三經注疏整理本》4《毛詩正義》270頁。

師》鄭玄注引鄭司農（鄭衆）對"里布"的注解説："或曰：布，泉也。《春秋傳》曰：'買之，百兩一布。'"則將此"布"字訓爲泉。大概鄭衆認爲"百兩一布"是説百兩錦只賣一錢，極言其賤，使子猶好接受。後人從此説者頗多。我們認爲鄭衆的意見不見得一定比杜預高明。即使認爲"百兩一布"確是説錦價之賤，既然秦律把一個標準單位的布稱爲"一布"（已見前引），這裏的"一布"當然也可以這樣理解（其具體尺度彼此可以不同）。從《傳》文所説之事的時代來看，這樣理解似較合理。

《墨子・貴義》：

> 子墨子曰：今士之用身不若商人之用一布之慎也。商人用一布布（後一"布"字或以爲是衍文，或以爲是"市"字之訛），不敢繼苟而讎（售）焉，必擇良者。今士之用身則不然……則士之用身不若商人之用一布之慎也。

此文的"一布"也被很多人理解爲一錢，我們認爲也應與秦律的"一布"同義，指用爲貨幣的一個標準單位的布。《墨子》一書，除《墨辯》（《經》《經説》《大取》《小取》）和城守諸篇，各篇的寫定時代應該不會晚於《孟子》。如果不算《貴義》的"一布"，各篇跟《孟子》一樣，沒有提到過錢幣。這似乎可以看作在從墨子到孟子的時代，錢幣的重要性還沒有像戰國晚期那樣突出的反映。《貴義》"一布"之"布"當然還是理解爲布帛之布爲好。

前面引過的《禮記・檀弓》"賻布"之"布"，鄭玄注也釋爲泉。此篇中關於賻布的兩章，説的都是春秋時代的事。不但"賻布"之"布"的本來意義不是錢，就是當時人實際送的賻布，一般大概也不會是以錢爲主的。

王毓銓先生認爲上舉各例中的"布"都指錢，因此得出鏟幣的稱呼"先説'布'後説'錢'"的看法，並認爲鏟幣所從取形的工具"也應該叫作'布'"，實即錢鎛之"鎛"，"布""鎛"以"同聲"而"通用"。[56] 他的結論是建築在有問題的證據上的，恐難成立。

西周前期銅器睘卣銘説："尸白（伯）賓睘貝、布。"[57]同人同時所作睘尊銘説："尸白（伯）賓用貝、布。"[58]兩銘雖有一字之差，意義並無不同。有些學者認爲此銘"布"字亦指鏟幣。其實西周人以"貝"、"布"並稱，與戰國人以"錢"、"布"並稱相類，"布"當然指布帛之布。如果加以曲解，把鏟幣出現的時間提早到西周前期甚至更早，對古代貨幣發展史的研究是很有害的。

---

[56] 注①所引書40頁。
[57] 注⑦所引書10・5407。
[58] 注⑦所引書11・5989。

我們指出古書中有不少“布”字被錯誤地理解成了指錢幣,並不意味着我們根本否認古書中的“布”字有指錢幣的用法。

在《周禮》中,除了作爲公家徵收項目名稱的“布”字,還有一些前人認爲指錢幣的“布”字:

外府掌邦布(指國家掌握之布,與前引《管子》“邦布”異義)之入出,以共百物而待邦之用凡有灋者(鄭玄注:布,泉也)。 《天官·外府》

以商賈阜貨而行布(鄭玄注:鄭司農云:布謂泉也)。 《地官·司市》

凡萬民之期于市者,辟布者(鄭玄注:故書“辟”爲“辭”。鄭司農云:辭布,辭訟泉物者也。玄謂辟布,市之群吏考實諸泉入及有遺忘)、量度者、刑戮者,各于其地之敘。 同上

國凶荒札喪,則市無征而作布(鄭玄注:有災害,物貴,市不稅,爲民乏困也。金銅無凶年,因物貴,大鑄泉以饒民)。 同上

若牧人無牲,則受布于司馬,使其賈買牲而共之(鄭玄注:布,泉)。 《夏官·羊人》

馬死,則使其賈粥之,入其布于校人(鄭玄注:布,泉也)。《夏官·巫馬》

上引《外府》“掌邦布之入出”及《司市》“市無征而作布”兩條,前引吳文曾舉爲“《周禮》中的布即錢幣的同義語”之證。[59]

前面討論過的“刀布”之“布”,一般也理解爲指錢幣。《史記·平準書》:“初大農筦鹽鐵,官布多,置水衡,欲以主鹽鐵。”“官布”的意思顯然跟《周禮》的“邦布”相似,司馬遷在這裏也應是以“布”來指錢幣的。

“布”字爲什麽能用來指錢幣呢?主張“布”是“鎛”的假借字,本爲鏟幣之名的說法,我們認爲是不能成立的,已見前述。前面已經引過的《周禮·天官·外府》鄭玄注說:

布,泉也。布讀爲宣布之布。其藏曰泉,其行曰布,取名於水泉,其流行無不徧。

《禮記·檀弓上》“賻布”鄭玄注又說:

古者謂錢爲泉布,所以通布貨財。

---

[59] 注㊸所引書187頁。

可知鄭氏認爲“布”是由於有流布之義而被用作錢幣之名的。這跟認爲泉水流行不息所以以“泉”名錢,刀利於民所以以“刀”名錢一樣,都是不足憑信的。比較有道理的,是下面介紹的、以貨幣制度的變化作爲以“布”名錢的原因的說法。

清儒朱駿聲在《說文通訓定聲・豫部》“布”字條講“布”字“轉注”義(即引申義)時說:

> 古以布爲幣,後製貨泉即以名之。

前面已經幾次引用過的吳文,在指出布帛在古代曾被當作貨幣使用之後說:

> 隨着青銅鑄幣使用的日益廣泛,布帛之類便從等價物中被排除出來。但人們習慣於把新出現的銅幣也稱之爲布。⑥⓪

他們兩家的意見基本相同。

這種意見雖然比較合理,仍有漏洞。前面已經指出過,錢幣流行後,布並未很快就完全喪失貨幣職能,而且一直到戰國晚期,還存在着以錢、布二物並稱的現象。在這種情況下,如把錢也稱爲“布”,無疑會在人們的交際中造成混亂。當時人會這樣做嗎?

我認爲由於布在相當長的一個時期内用作主要貨幣,“布”字應曾引申出貨幣一義,⑥①就跟幣帛之“幣”引申而爲貨幣之“幣”一樣。在戰國時代錢幣成爲主要貨

---

⑥⓪ 同上注。

⑥① 《詩・衛風・氓》“抱布貿絲”毛傳:“布,幣也。”鄭箋:“幣者,所以貿買物也。”似乎毛傳知道“布”字有貨幣一義。但可能“布,幣也”的意思只是說布是一種幣,並非說“布”字本身就當貨幣講,參看注㊹。《周禮・地官・載師》“宅不毛者有里布”鄭玄注:

> 鄭司農云:“宅不毛者,謂不樹桑麻也。里布者,布參印書,廣二寸,長二尺,以爲幣,貿易物。《詩》云‘抱布貿絲’,抱此布也。或曰:布,泉也。……不知言布參印書者何見(引者按:或於“何”字讀斷,以“見”字屬下),舊時說也。”玄謂宅不毛者罰以一里二十五家之泉……

由此可知古代又有認爲“里布”和“抱布貿絲”之“布”,是一種寬二寸長二尺上面蓋印書字的布幣的說法。此說用來解釋“里布”和“抱布貿絲”,顯然不合適。引此說的鄭衆已因其缺乏可靠根據而致疑,鄭玄更明確摒棄此說。不過在用布爲貨幣的時代,說不定確實存在過這種布幣,作爲一種輔幣。馬王堆一號漢墓所出 337 和 346 號二竹笥,“均盛絲織品碎塊一串”。據同墓所出遣策,此二笥所盛之物爲“聶幣”。又據所出竹笥木牌,一笥所盛爲“繒聶幣”,一笥所盛爲“麻布聶幣”(湖南省博物館等《長沙馬王堆一號漢墓》上集 152 頁,文物出版社,1973)。九店楚簡的《告武夷文》也有對武夷奉以“聶幣芳糧”之語(湖北省文物考古研究所等《九店楚簡》50 頁、108 頁注〔一七二〕,中華書局,2000)。頗疑上面所說的那種布幣就是聶幣。附識於此,以待進一步研究。馬王堆漢墓的“繒聶幣”乃帛幣,古代布帛皆可用爲貨幣,見前文所引《漢書・食貨志》。

幣之後,當貨幣講的"布"所指的實際内容,通常主要是錢幣,甚至就是錢幣。這就很容易使後人誤認爲這種"布"是專指錢幣的,"布,泉也"之訓於是就産生了。由於當貨幣講的"布"跟布帛之"布"容易混淆,前者很可能在戰國與秦代之際,就被也是當貨幣講的"幣"字從漢語中排擠掉了。這大概也是後人容易誤解這種"布"字的重要原因。

本指布帛之布而被誤認爲指錢幣的那些"布"字,沒有必要在這裏再加討論。先秦古書中其他被認爲指錢幣的"布"字,都可以用貨幣之義來解釋。"刀布"就指刀這種貨幣,跟"錢幣"指錢這種貨幣是同類的現象。《周禮》的一些"布"字,把它們理解爲指貨幣,可能比理解爲專指錢幣更合適。我們懷疑在《周禮》寫定的時代,布在貨幣領域裏還佔據着不算很小的份額。這可能就是《周禮》除了"泉府"這一官名外,總是用總稱貨幣的"布"字而不用"泉"字的原因。這也許正是《周禮》的時代早於屢屢談"錢"的《管子・輕重》和《韓非子》的反映。

《周禮・地官・司市》"國凶荒札喪,則市無征而作布"一語中的"作布",很可能確實是指鑄錢幣而言的。錢幣本是貨幣的一種。在一定的語言環境中,本來當貨幣講的詞被用來指錢幣是很自然的。《管子・輕重》諸篇中的"幣"字,就有很多是指錢幣的。例如動賓結構的"鑄幣"一語,見於《國蓄》、《山權數》、《輕重甲》、《輕重戊》等篇,所鑄之幣當然是錢幣。《山至數》"君有山,山有金,以立幣",所立之幣也顯然是錢幣。又如《山國軌》篇中屢見的"幣",從文義看也應是指錢幣的。所以像"作布"這樣的例子,並不是我們的說法的反證。

《辭源》、《辭海》、《漢語大字典》等詞典、字典,都爲"布"字立了"古代錢幣"的義項。其實應該取消這個義項而立"貨幣"的義項,但應注明漢代以後誤以爲這種"布"字就是錢幣之稱。

按照我們的看法,被前人訓爲泉的"布"字,本來連錢幣之稱都算不上,當然不可能是,也不可能曾是某種特定形式的錢幣的名稱,像"錢"曾是鏟幣之名、"刀"曾是刀幣之名那樣。但是在漢代,不但普遍誤以爲這種"布"字的意思是錢幣,而且還確實有人把它用作了鏟幣的名稱。

前文曾指出,《史記・平準書》"官布"之"布"應指錢幣。《平準書》之末以"太史公曰"開端的贊文中,又兩次提到"布":

> 農工商交易之路通,而龜貝金錢刀布之幣興焉。
>
> 虞夏之幣,金爲三品:或黄或白或赤,或錢,或布,或刀,或龜貝。

"金錢刀布"之語也見《鹽鐵論・錯幣》,也許可以看作古書中屢見的"金錢"、"刀布"二語的複合。但是從上引第二條看,"錢"、"刀"、"布"只能是錢幣的三種名稱。此文可能是連用錢幣的三種名稱,以表示古代錢幣制度的複雜多變,並沒有考慮到錢幣的具體形式問題;也可能是把這三種名稱分配給了古錢幣的三種不同形式。如屬後一種情況,只能是以"錢"對圓錢,以"刀"對刀幣,以"布"對鏟幣。從《平準書》正文以"布"爲錢幣的一般稱呼來看,上面所説的前一種情況大概符合司馬遷的原意。前面引過的《漢書・食貨志下》的那段文字,在講周代貨幣制度時,也沒有將"泉"、"刀"這兩種錢幣名稱跟特定的錢幣形式聯繫起來(那段文字只提到布帛,沒有把"布"當作錢幣名稱)。

但是,王莽改幣制時,則確實把"布"用作了鏟幣的名稱。王莽居攝時曾鑄"契刀"、"錯刀",是模仿古之刀幣的。居攝時和即真後都鑄了圓錢,面文稱"泉",亦即"錢"。即真後又鑄鏟幣,面文稱"布"。這是將見於古書的三種錢幣名稱(把"布"當作錢幣名稱,是根據漢代人自己的理解),分配給古代的三種主要錢幣形式的結果,不能作爲鏟幣本名"布"的證據。古錢家稱鏟幣爲布,可以説是受了王莽的影響。

附記:

張家山247號西漢早期墓所出《奏讞書》中,有一則"異時魯法",講柳下季(即春秋時魯大夫展禽,亦即柳下惠)斷獄事,其中屢言錢,如"盜一錢到廿,罰金一兩"等(《張家山漢墓竹簡〔二四七〕號》226頁,文物出版社,2001)。柳下季在這裏應該是被託名的。《奏讞書》所記另一先秦斷獄事,託名春秋時衛國名大夫史鰌(上引書225—226頁),情況相似。"異時魯法"所反映的,實際上恐爲戰國較晚時期的情況(魯國一直存在到戰國末期,於公元前256年爲楚所滅)。附識於此,以待後考。

本文是提交給2001年在太原召開的首屆中國先秦貨幣研討會的論文,原載《中國錢幣論文集》第四輯(中國金融出版社,2002),今據以收入。

關於“異泉”或可讀爲“當泉”的一點意見

錫全先生：

您好。頃讀2004年3期《中國錢幣》所刊大文《新見“異泉”小議》，有一點不成熟的意見，向您請教。竊以爲此錢面文二字是同方向的，右字有作者，疑即“尚”字，或作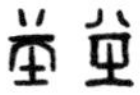，則疑是《説文》“堂”字古文“坣”之變。故此錢文或可讀爲“當泉”，不知您以爲如何？

即頌

研安

裘錫圭　上

2004年10月13日

編按：

石繼承指出，此文所説“右字有作者”，當指黄文18頁圖13，此圖將“坣泉”錢印倒，所謂“”實乃倒置之“泉”字。故此文只應從“坣”字立論，“右字有作者，疑即‘尚’字，或作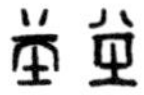”應改爲“右字或作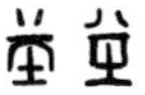”。

原載《中國錢幣》2004年4期，今據以收入。

戰國璽印文字考釋三篇

一、釋“脂”及从“脂”諸字——“焰”、“窞”、“癎”

戰國印文裏有一個寫作、等形的字：

(1) 　　古徵附5下,補補4·7下【《璽彙》2975】

(2) 痔　　古徵附5下【《璽彙》2981】

(3) 沽　　擷華1·57【《璽彙》2978】

(4) 遠①　　娑羅1【《璽彙》2980】

(5) 豣②　　古徵附5下【《璽彙》2971】

(6) 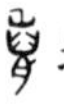坊　　尊集一3·17【《璽彙》2970】

(7) 奏　　古徵附5下【《璽彙》2977】

(8) 訞　　昔則9·10【《璽彙》2973】

(9) 栖　　古徵附5下【《璽彙》2974】

丁佛言《補補》收入(1),釋爲“脂”。《古徵》把(1)、(2)、(5)、(7)、(9)收入附錄,但是把(9)單列一行,大概表示它跟(1)、(2)、(5)、(7)可能不是一個字。其實(9)跟其它各例不但字形很接近,在印文裏的用法也完全相同——都用作姓氏,它們顯然是同一字的異體。

---

① 《論集》編按:此字《古璽文編》(41頁)據侯馬盟書釋作“復”。

② 此字右旁本作丅。“丅”、“开”疑本一字。參看拙作《史牆盤銘解釋》(《文物》1978年3期32頁注13)。《集韻·去聲·襇韻》以“豻”、“豣”爲一字,疑此“豻”字即由“豣”變來。

丁氏釋“ ”爲“脂”是正確的，可惜他沒有加以論證，因此沒有得到大家的重視，我們應該爲他申述一下把這個字釋爲“脂”的理由。

根據上面所引的各種寫法來看，這個字可以分析成上下兩部。下半顯然是“肉”字。上半又可以分析成上下兩部，下部的“ ”沒有問題可以釋作“臼”。上部的那個偏旁作“ ”、“ ”、“ ”、“ ”、“ ”等形，而以作“ ”的爲最常見。侯馬盟書“及”字作 、 、 等形，③所从“人”旁與此同形。戰國古印“疲”、④“汲”、⑤“鈒”、⑥“郧”⑦等字所从的“及”，“府”字⑧所从的“府”，其“人”旁也都如此作。又古印“長”字多作 、 等形，⑨“頁”旁多作 ，⑩下部人形寫法也與此相近。由此可知 確是“从人在臼上”的“臽”字。 或作 ，正是“人”的本形，或作 、 、 ，則跟 同樣是“人”的變形。

《說文・肉部》：“脂，食肉不猒也。从肉，臽聲。”小篆裏兩個偏旁左右並列的字，在先秦古文字裏往往可以寫作上下重疊式，下面僅就戰國文字的範圍舉幾個例子：

戰國文字	小篆
雇（《古陶》2・1 下）	唯
斬（同上 11・1 上）	漸
泉（同上 11・1 下）	沽
肻（《古徵》4・2 下）	肌
肙（同上 4・2 下）	朔
肓（同上 4・3 上）	胡

古印“胡”字收入《古徵》的共六個，全部寫作上下重疊式。所以古印的“ 臽”字沒有問題就是小篆的“脂”字。

③ 《侯馬盟書》300 頁。

④ 《古徵》附 13 上，《三補》7・11 上。

⑤ 《尊存三》1・32“衛加(?)汲”印【《璽彙》4113】。

⑥ 《集林》1・23 上“公孫鈒”印【《璽彙》3875】。

⑦ 《古徵》附 10 上。“郧”字應是爲汲邑、汲氏之“汲”而造的專用字。戰國人喜歡在用作地名、姓氏的文字上加注“邑”旁，參看後《釋“𢇍”及从“𢇍”諸字——“鞶”、“鬻”、“戀”、“彎”》。

⑧ 《尊存二》1・24“鄗遽饋府”印，2・10“府”字印。

⑨ 《古徵》9・3 下，又 12・5 上“張”字偏旁。

⑩ 《古徵》附 21 上“頫”、“頸”、“頃”等字偏旁。

上引各印的"䏣"字全都是用作姓氏的。"䏣"氏應該就是"閻"氏。戰國時代(主要指東方六國)通行的姓氏字,往往跟秦漢以下的不同。例如:戰國古印裏幾乎不見"趙"氏而常見"肖"氏,[11]"肖"氏顯然就是"趙"氏。劉向《戰國策敘錄》說他所校的"中戰國策書……本字多誤脫爲半字,以'趙'爲'肖',以'齊'爲'立',如此字者多"。其實"以趙爲肖"乃是用字的不同,並不是"誤脫"。古印又常見"胥"氏。[12] 戰國兵器銘文裏"工尹"的"尹"多寫作"胥",陶文裏"陶尹"的"尹"也多寫作"胥"。[13]"胥"氏應該就是"尹"氏。古印又有"閔"氏。[14] 戰國錢幣裏有"閔"布,閔即趙邑藺。[15]"閔"氏應該就是"藺"氏。"閻"、"䏣"二字都从"臽"聲。古印的"䏣"氏應該就是古書裏常見的"閻"氏。

認識了"䏣"字,見於古印的幾個从"䏣"之字,就都可以辨釋出來了。

我們先討論从"火"的"熖"字:

司徒 　　古徵附23下【《璽彙》3761】

宋 　　古徵附23下,補補4・7下【《璽彙》1423】

盍 　　尊集一5・10【《璽彙》2739】

《補補》把這個字收在"䏣"字條內,注曰"(䏣)或从火"。"䏣"字除上引"食肉不猒"一義外,還有另一種意義。《釋名・釋飲食》:"䏣,銜也。銜炙細密肉,和以薑椒鹽豉,已,乃以肉銜裹其表而炙之也。"這一義的"䏣"字有異體作"錎"。《廣韻・去聲・鬫韻》:"䏣,炙令熟。或作錎。"這大概是《補補》以"熖"爲"䏣"字或體的根據。但是從"錎"字的意義來看,它的結構應該是"从炙,臽聲",而古印"熖"字的結構却顯然是"从火,䏣聲"。上引古印"䏣"字都用爲姓氏,"熖"字則都用爲人名。從這一點看,它們也不像是一個字。所以《補補》把"熖"字當作"䏣"的異體是不可信的。

---

⑪ 看《古徵》4・3上"肖"字下所引各印。《補補》2・6上收了兩個"古印"裏當姓氏用的"趙"字,從字體看不是六國印。

⑫ 看《古徵》附6上"胥"字下所引各印。

⑬ 兵器銘文如"大攻(工)胥(尹)"(《三代》20・43上【《集成》18・11577】大工尹劍)、"右攻胥"(《三代》19・52下【《集成》17・11350】燕王詈鍨)。陶文如"十七年八月右匋胥"、"廿二年五月左匋胥"(《季》61下)。

⑭ 看《古徵》10・2下"閔"字下所引印文。

⑮ 劉心源《奇觚》12・15上。

我們認爲古印的"焆"字應該釋爲"焰"。"脂"字本从"臽"聲,"臽"、"脂"二字用作形聲字聲旁時當可通用。有很多形聲字,它們的聲旁在先秦古文字和小篆裏有繁簡的不同。有時候,古文字的聲旁較簡,小篆的聲旁本身就是以它爲聲旁的一個形聲字。下面僅就戰國文字的範圍舉幾個例子:

戰國文字	小篆
旹(《古徵》7·1上、《説文》古文)	時("寺"从"寸""㞢"聲)
坾(《古徵》13·3下)	壐("爾"从"冂"从"㸚""尒"聲)
忈(《説文》古文)	恐("巩"从"丮""工"聲)
螽(《説文》古文)	蠭("逢"从"辵""夆"聲)

有時候,古文字的聲旁較繁,它本身就是以小篆的聲旁爲聲旁的一個形聲字。下面也僅就戰國文字的範圍舉幾個例子:

戰國文字	小篆
坸(《古徵》13·3上)	均("勻"是"旬=旬"的聲旁)
斞(《金文編》14·9下)	斞("臾"是"脊=腴"的聲旁)
玶(《説文》古文)	玕("干"是"旱"的聲旁)
轣(《説文》古文)	靼("旦"是"亶"的聲旁)

小篆的"焰"字古印作"焆",正是後一類的例子。"焆"字跟"斞"字的情況顯然是極其相似的。

其次討論从"宀"的"窅"字:

邽(邦)  魏石【《璽彙》1893】

肖  娄羅【《璽彙》0913】

粤  棗華

這個字應該釋作"窞"。《説文·穴部》:"窞,坎中小坎也。从穴,从臽,臽亦聲。""宀"、"穴"兩個偏旁很早就已經相混。例如"竈"字,秦公簋从"穴",小篆也从"穴",而部鐘則从"宀"。⑯ 又如"寮"字,金文全部从"宀",⑰隸書也从"宀",而《説

⑯ 《金文編》7·35下【見1985年版541頁】。

⑰ 同上7·36上【見1985年版541—542頁】。

文》的篆文則从“穴”。侯馬盟書偶爾假“寓”爲“遇”,[18]“寓”顯然是“寓”的異體。在戰國印文裏,“宵”字从“穴”而作“窅”,[19]“窯”字則从“宀”而作“窯”。[20]《古徵》附錄收有字,[21]从“宀”从“犬”,疑即“突”字。所以古印“窞”字从“宀”是毫不奇怪的。小篆“窞”字从“臽”聲,印文則从“臽”聲。這跟上面所說的“焰”字的情況正可以互證。

最後要談的是从“疒”的“痻”字:

王　　古徵附 14 上

這個字應該釋作“瘤”。《廣雅·釋詁一》:“……瘤……創也。”《玉篇·疒部》:“瘤,瘡也,病走也。”“胎”、“閻”都从“臽”聲,用作形聲字聲旁時當可通用。“瘤”字古印作“痻”,跟“漾”字古文作“瀁”(“羕”、“養”皆从“羊”聲)、“悑”字或體作“怖”(“甫”、“布”皆从“父”聲)同例。上面曾經指出古印的“胎”氏就是“閻”氏,也可以與此互證。

二、釋　“脂”

戰國印文裏有一個从“肉”从“”的字:

半　　簠集下 52 上【《璽彙》1273】

胸[22]不　　尊集一 5·9【《璽彙》2735】

空侗　　婁羅 2【《璽彙》3972】

《古徵》附錄收有字,[23]未注出處,疑即上引第三例的誤摹。《三補》收入上引第一例,誤摹爲,釋作“胎”。[24]

---

[18] 《侯馬盟書》326 頁。

[19] 《古徵》7·5 上。

[20] 同上 7·5 下。

[21] 同上附錄 26(重頁)下。

[22] 疑“胸”即“胞”字,讀作“鮑”。齊鎛有“鞷”字,即《說文》“鞄”字,鎛銘用作鮑氏之“鮑”(《金文編》3·15 上【見 1985 年版 168 頁】)。【編按:此字下有合文號,當從施謝捷說釋爲“胡(姑)匋(陶)”合文(《古璽雙名雜考(十則)》,《中國古文字研究》第 1 輯,吉林大學出版社,1999,123 頁)。】

[23] 《古徵》附 5 下。

[24] 《三補》4·7 下。

這個字所从的跟《釋"胎"及从"胎"諸字——"焰"、"窖"、"瘤"》篇所引諸"胎"字所从的"台",字形差别很明顯,並且古印"胎"字都用作姓氏,上引諸例則都用作人名。可見它們决非一字。

根據偏旁分析,字無疑應該釋作"旨"。《說文·旨部》:"，美也。从甘,匕聲。，古文旨。"古印"甘"字或作,㉕字下部正與之同形。字上部的,近於"人"字,但字形方向跟一般"人"字相反,正是《說文》所謂"从反人"的"匕"。

《說文》"旨"字古文所从的"匕",字形方向跟上引諸印文和小篆相反。《金文編》收有八個"旨"字、六個"嘗"字,㉖它們所从的"匕"字的方向全都跟印文和小篆相同。不過在地下發現的古文字資料裏,也能够找到少數"匕"形方向跟《說文》古文相同的"旨"字。例如:齊國陶文"旨"字或作,㉗秦印"嘗"字所从的"旨"作。㉘ 可見《說文》"旨"字古文雖然不合於正規的寫法,但也並非後人所臆造。

上引印文第三例所从的"旨"作,"匕"形直筆上加了一道近乎小點的短横。國差鑰"旨"字作,㉙蔡侯盤"嘗"字所从之"旨"作,㉚齊國陶文"旨"字或作,㉛"匕"形上也都加有短横或小點。上引《說文》"旨"字古文同樣是加短横的。

既知即"旨"字,上引印文就可以確定爲"脂"字了。古印"脂"字的偏旁配置不採取並列式而採取重疊式,這跟《釋"胎"及从"胎"諸字——"焰"、"窖"、"瘤"》篇裏講過的古印"胡"字作"肓"、"胎"字作"胷"等現象是一致的。

三、釋"緜"及从"緜"諸字——"輦"、"巒"、"戀"、"鬱"

戰國印文裏有"緜"字:

閏 王譜5·6下㉜

㉕ 《古徵》5·1下。
㉖ 《金文編》5·15上—下【見1985年版326—327頁】。
㉗ 《古陶》5·2上。
㉘ 《舉》3·4下"白嘗"印。
㉙ 《金文編》5·15上【見1985年版326頁】。
㉚ 同上5·15下。
㉛ 《古陶》5·2上。
㉜ 近代印譜如《簠集》、《赫續》等收有同文之印【《璽彙》2662】,不知與明人所著錄者是否一物。

這個字很像“絲”字，不過它那道連結兩個“糸”的横劃是一般的“絲”字所没有的。明代印譜把這個字釋作“絲”。[33]《補補》把這個字釋作“系”，並解釋説：“許氏説‘系，繫也’……此上 即象連繫之形”。[34] 單就“𢇁”字本身看，釋“絲”或釋“系”似乎都不是没有道理的。但是如果結合古印裏的从“𢇁”諸字作全盤考慮，就可以看出“𢇁”既不是“絲”字也不是“系”字。

在古印从“𢇁”諸字裏，比較常見的是从“車”的“𨏔”字：

和 古徵13・2下

 尊集一5・6【《璽彙》2504】

(牙?) 尊集二4・28【《璽彙》2503】

亡(無)忌 只齋【《璽彙》2506】

罠 賓釋

上引諸例所从的“𢇁”字都省作“玆”形。古文字常常省“糸”爲“幺”，戰國文字裏這種現象尤其常見。例如：古印“孫”字多作 ，[35]“繯”字或作 ，[36]“綽”字或作 ，[37]《説文》古文“糸”字作 ，“𦣻”字作 （䌲），“綫”字作 （線）。上海博物館藏的長陵盉上的六國刻銘部分裏“𨏔”字兩見，一从 ，一从 。[38] 可證“玆”確是“𢇁”的省文。

《古徵》和强運開的《三補》都把“𨏔”字釋作“轡”，[39]黄賓虹的《賓釋》則把它釋作“䡅”。[40] 我們認爲黄氏是正確的。

古印裏有一個跟“𨏔”字很相似的字：

 伏選1・10下【《璽彙》2507】

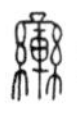洧 同上

———

[33] 《王譜》5・6下。
[34] 《補補》12・7上。
[35] 《古徵》12・5下。
[36] 同上13・1下。
[37] 同上13・2下。
[38] 《文物》1972年6期24頁圖九之1、5【《集成》15・9452】。
[39] 《古徵》13・2下，《三補》13・2下。
[40] 見《賓釋》“罠𨏔”印釋文。黄氏未加論證。

【《璽彙》2508。編按：施謝捷指出，"湶"字當從吴振武《燕國銘刻中的"泉"》釋爲"湶"(《華學》第二輯，中山大學出版社，1996)】

這個字所从的"𦃃"顯然是"䜌"的省文，東周時代的欒季陶罍刻銘有字，吳大澂、方濬益都釋作"欒"。[41] 這個字的省略方法跟"𦆽"字相似，彼此可以互證。上引印文的兩個"𦆽"字都用作姓氏。漢印裏也有用作姓氏的"轡"字：

轡最衆　　漢徵14·8上

這也是"𦆽"當釋"轡"的一個證據。

"轡"字不見於《說文》。《賓釋》認爲"鑾、轡一字"，其說可從。《說文·金部》："鑾，人君乘車，四馬鑣八鑾鈴，象鸞鳥聲和則敬也。从金，鸞省。"鑾是附著於車馬上的金屬物品，所以其字既可从"金"，也可从"車"。(《論集》編按：羅振玉在1925年寫的《璽印姓氏徵》後記中說："印文中有轡最衆印，轡字从車䜌聲，其文不見許書。古璽中人名有𦆽和，字又从車从䜌省，殆即車鑾之本字。今許書有鑾而轡佚矣。"然則釋"𨐌"爲"轡"及"鑾"之功當歸羅氏。)

"𦆽"字在古印裏用作姓氏，上引的幾個"𨐌"字，絕大多數也都用作姓氏。它們的字形和用法都這樣相似，應該是一字的異體。"𦆽"既然確是"轡"字，黄氏釋"𨐌"爲"轡"就應該是正確的。如果把古印裏其它幾個从"絲"之字一起考察一下，釋"𨐌"爲"轡"的正確性就完全可以肯定下來了。

古印裏有从"肉"从"絲"的一個字：

王　　古徵附5上，補補4·6下【《璽彙》0415】

郢　　尊集一3·38【《璽彙》1983】

又有从"心"从"絲"的一個字：

王　　古徵附54下，三補3·3上【《璽彙》0386】

睪(釋)之　　衡藏3·13【《璽彙》2676】

這兩個字，《古徵》把它們當作未識字而收在附錄裏。《補補》釋"𦞠"爲"胤"，《三補》釋"𢡆"爲"䜌"，都難以相信。但是按照釋"𨐌"爲"轡"的辦法，這兩個字都可

[41] 此銘見方氏《綴遺》25·22。《說文古籀補》6·1下"欒"字下亦收入此"欒"字。

以順利地釋出來:“⿱茲齊”即是“⿱䜌齊”,“慈”即是“戀”。

古印裏還有从“邑”从“茲”的一個字:

 栕　　古徵附6·6上【《璽彙》2122】

 □　　同上

【《璽彙》2123。編按:施謝捷指出,缺釋之字當從《古璽彙編》釋爲“諭”】

這個字應該釋作“⿱䜌邑”。春秋時晉國有欒邑,晉、齊都有欒氏,皆見於《左傳》。在東周金文裏,欒邑、欒氏字多作“䜌”。[42] 戰國印裏有“䜌”氏,[43]漢印裏“䜌”、“欒”二氏並見。[44] 大概“䜌”、“欒”本是一氏,後來才分化爲二。戰國人常常在用作地名、姓氏的文字上加注邑旁,造成專用字。例如古印“吕”氏字多作“郘”,[45]“左”氏字多作“⿰左阝”,[46]“魯”氏字多作“⿰魯阝”,[47]“齊”氏字多作“⿱齊邑”,[48]“胡”氏字或作“⿰胡阝”,[49]“𣍘”(曹)氏字多作“⿰𣍘阝”,[50]“梁”氏字多作“⿰刅阝”,[51]“⿱臼秝”(秦)氏字多作“⿱臼邑”。[52]“⿱䜌邑”字應該是欒邑、欒氏之“欒”(䜌)的後起專用字。

總之,把“茲”字看作“䜌”字的替代者,古印裏的从“茲”諸字全都能順利地釋出來。但是如果把“茲”釋作“絲”或“系”,這些字就難以認識了。由此可見“茲”決不會是“絲”字或“系”字。那末“茲”究竟是什麽字呢?爲什麽“⿱䜌韋”、“⿱䜌齊”、“戀”等字的聲旁“䜌”可以用“茲”代替呢?這是我們應該回答的問題。

把“茲”看作“䜌”字的簡體“⿱言絲”進一步簡化的産物,是很容易想到的一個解決

---

[42] 見䜌書缶(《錄遺》514【《集成》16·10008】)、䜌左庫戈(《三代》19·33上【《集成》17·10959】)以及下文注[55]所引䜌左庫戟。

[43] 《稽庵》上·5有“䜌啓封”印【《璽彙》2536】(《古徵》3·2下“䜌”字下引此印誤作“䜌𨝎”),《尊存六》2·6有“䜌□”印【《璽彙》2539。編按:施謝捷指出,此缺釋之字當從《古璽彙編》釋爲“敢”。注[58]引此印釋文同此】,《補補》3·4上“䜌”字下引“䜌敬(?)稈(?)”印【《璽彙》3552。編按:施謝捷指出,原釋“敬(?)”之字當釋爲“偖”】。

[44] 看《漢徵》3·7下“䜌”字及6·3下“欒”字下所引各印。

[45] 《古徵》6·5下。春秋時代的郘鐘和郘大弔斧也把“吕”寫作“郘”,看《金文編》7·35下【見1985年版541頁】。

[46] 《古徵》6·5下。

[47] 同上6·6下。

[48] 同上6·7上。

[49] 《尊集一》3·36。

[50] 《古徵》5·1下。

[51] 同上6·2上。

[52] 同上7·3下。

辨法。但是事實却並不這樣簡單。

《説文·言部》:"䜌,亂也,一曰治也,一曰不絶也。从言、絲。,古文䜌。""䜌"字从"絲"的意思《説文》没有明確交代,後人作了很多解釋(見《説文解字詁林》"䜌"字下),都比較牽强,難以使人信服。如果仔細考察一下古文字裏"䜌"字的寫法,就可以發現"䜌"字所从的根本不是"絲"字,而正是"𢆶"字。

西周春秋時代金文裏的"䜌"字,見於《金文編》的共有二十多個。[53] 其字作  等形,所从的兩個"糸"幾乎都連綴在"言"字中豎兩側的斜筆(有時連成直綫)或頂部的橫劃上,只有䜌書缶作,中伯作孌姬盨孌字偏旁作,是例外。中伯盨"䜌"字所从的"言"根本没有中豎兩側的斜劃。這顯然是作範時偶然的疏失所造成的。所以真正的例外只有䜌書缶一例。"䜌"字兩"糸"連綴在"言"字上的現象,其例外既然少到這個程度,就決不會僅僅是由於書寫上的習慣而造成的。尤其值得注意的是,中伯作親姬䜌人壺第一器的"䜌"字寫作,[54]《金文編》未收的䜌左庫戟的"䜌"字寫作,[55]它們顯然是由"言"、"𢆶"兩個偏旁所組成的。由此可知"䜌"字本是从"𢆶"的,西周春秋時人書寫"䜌"字時,把兩個"糸"連綴在"言"字的斜筆或橫劃上,是由於要借用它們兼充"𢆶"字頂端的橫劃。

在西周春秋金文裏,把"言"字中豎兩側的斜筆改成直筆的現象,是極其少見的。但是"䜌"字"言"旁中豎兩側爲兩個"糸"所附綴的斜劃,却往往變斜爲正,連成直橫。這也反映出書寫者確是想借用"言"字的筆劃來兼充"𢆶"字頂端的橫劃。

在戰國時代的文字裏,如石鼓文"鑾"字偏旁作,[56]古印"䜌"字或作、[57],[58]三年隰令劍"隰"字偏旁作,[59]都還保持舊的作風。但是在許慎作《説文》

---

[53] 《金文編》3·6下—7上"䜌"字、7·34下"𡪞"字及12·18上"孌"字偏旁【分别見1985年版144—145頁、539頁及805頁】。

[54] 《金文編》3·6下【見1985年版144頁】。參看《三代》12·18上中伯壺第一器拓本【《集成》15·9667】。

[55] 《考古學報》1974年1期27頁圖六。此器大約作於春秋時代或戰國前期。

[56] 《石刻篆文編》14·1下。石鼓時代暫從唐蘭先生説,定爲戰國前期。石鼓又有字(同上4·15上),一般釋作"𩣡",則石鼓"䜌"旁有新舊兩種寫法。但此字張政烺先生釋"䌛"(《獵碣考釋》,載濳社《史學論叢》一),舊釋大概是錯誤的。

[57] 《古徵》3·2下。

[58] 《尊存六》2·6"䜌□"印。古印"䜌"字或作"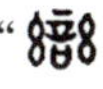",見《補補》3·4上。

[59] 《考古學報》1974年1期28頁圖七【《集成》18·11661】。

時,"䜌"字字形無疑久已訛變,因此他就把"䜌"字誤析爲"从言、絲"了。

我們在《釋"臽"及从"臽"諸字——"焰"、"窞"、"㿠"》篇裏已經指出,有些形聲字的聲旁,在戰國文字裏要比在小篆裏簡單,小篆的聲旁本身就是以戰國文字的聲旁爲聲旁的一個形聲字。現在我們已經知道古印裏的"𦆩"、"𨶜"、"𢘫"諸字都應該釋爲小篆裏相應的从"䜌"聲之字,並且又證明了"䜌"字本从"𢇍"而不从"絲"。根據這兩點,並結合前面指出的那種現象來考慮,可以肯定"䜌"字本身就是一個从"言""𢇍"聲的形聲字。"轡"、"𨷲"、"戀"諸字在古印裏寫作"𦆩"、"𨶜"、"𢘫",跟"時"字在古印裏寫作"峕"、"璽"字在古印裏寫作"坎",是同類的情況。

"轡"字在古印裏就有"𦆩"(轡)、"𦆩"兩體。這跟"均"字在古印裏有"坸"(均)、"均"兩體是相類的。

以上把"𢇍"字所以能够用作"轡"、"𨷲"、"戀"等字的聲旁的道理講明白了。但是我們還没有説明"𢇍"究竟是什麼字。"𢇍"字在秦漢以後顯然是失傳了。在已發現的古文字裏,關於"𢇍"字本身的資料也很貧乏。因此對於這個問題目前只能作些推測。

根據"䜌"从"𢇍"聲這一點,可以肯定"𢇍"字的讀音一定跟"䜌"相同或相近。"𢇍"字象兩"糸"相連,因此它的字義應該跟"聯"、"系"等字相同或相近。《補補》把"𢇍"釋作"系",是由於只看到了後一點。如果同時考慮到語音的條件,"𢇍"、"系"爲一字的可能性就不存在了。但是"𢇍"跟"聯"的關係則值得我們注意。"聯"、"䜌"二字都是來母元部字,古音很接近。可見"𢇍"跟"聯"無論在意義上或語音上,關係都是十分密切的。

尤其值得注意的是,根據古印文字來看,"聯"字正好也是从"𢇍"的。古印裏有从"耳"从"𢇍"的一個字:

旂 　　　　尊集一5・34【《璽彙》2389】

《三補》把這個字釋作"聯",⑩是正確的。但是强氏不知道"𢇍"和"絲"是兩個字,他根據小篆"聯"字的字形,把印文"聯"字説成"从絲省",這却是錯誤的。《説文・耳部》:"聯,連也。从耳,耳連於頰也。从絲,絲連不絶也。""𢇍"跟"聯"在語音上的密切關係,是"絲"字所没有的。"𢇍"跟"聯"在意義上的聯繫,也比"絲"直接得多。從漢字構造的原則來看,"聯"字从"𢇍"很合理,从"絲"則有些勉强。《説文》

⑩ 《三補》12・8上。該書"聯"字條所收的第一例,是上引"郢𨶜"印"𨶜"字的誤摹。

小篆“聯”字从“絲”，無疑是字形訛變結果。這跟“䜌”字所从的“𢆶”在小篆裏訛變爲“絲”，是同類的情況。

根據“聯”字本來的字形分析，它的結構應該是：从耳，从𢆶，𢆶亦聲。形聲字的聲旁如果在意義上跟形聲字也有顯著的聯繫，往往就是這個形聲字所從派生出來的詞根，或這個形聲字的初文。前者如“合”和“祫”（合祭曰祫）、“非”和“誹”（以言非人曰誹），後者如“冓”和“遘”。[61] “𢆶”跟“聯”的關係大概也不出這兩類。它可能是跟“聯”字聲義並近，並且爲“聯”所從派生的一個字，也可能就是“聯”的初文。

不過以上的推論是以承認《說文》以“連”爲“聯”之本義的說法爲前提的。其實許慎所說的本義不見得一定可靠。許慎以“耳連於頰”來解釋“聯”字的从“耳”，顯然很牽强。因此他以“連”爲“聯”之本義也可能有問題。說不定“聯”字另有已經佚去的本義，“𢆶”才是聯接之“聯”的本字。“聻”（聯）字所以有聯接的意義，乃是由於假借爲“𢆶”，就跟本爲草名的“蒙”假借爲冡覆的“冡”，端直的“端”假借爲開耑的“耑”一樣。

下面把見於金文的幾個从“𢆶”之字附帶討論一下。

商代金文裏有一個寫作、等形的字，[62]這個字也屢見於甲骨文，[63]寫法大致相同。清代人多據《說文》“䜌”字古文釋此字爲“䜌”，[64]近人多據“系”字籀文“”釋此字爲“系”。[65] 甲骨文“鷄”字聲旁或作“⿱爫系”，[66]似即“系”字所從出，“⿱爫𢆶”大概是“⿱爫系”的繁文。我們討論的這個字顯然是从“𢆶”的。甲骨卜辭裏既有“不”，[67]也有“不”。[68] 又子組卜辭數見“丁（方？）⿱爫絲”之語，[69]“⿱爫絲”有時也寫作“⿱爫絲”。[70] 可見“⿱爫𢆶”一定是跟“𢆶”同音或音近的一個字。“䜌”字古文有可能就是這個字的變體，但是它跟“䜌”字大概只有由於同音或音近而通用的關係，並非真的是一個字。“爪”本象抓物的手。《說文・手部》有从“手”“䜌”聲的“攣”字，訓

---

[61] “冓”字本象兩魚相遘形，或以爲“構”之初文，非是。

[62] 《金文編》12・35下【見1985年版851頁】。

[63] 《甲骨文編》503—504頁。

[64] 《金文詁林》7209—7210頁。

[65] 同上7210—7211頁。

[66] 《前》2・36・6【《合》37734】。西漢隸書“鷄”字亦有从“⿱爫系”者。

[67] 《存》上1475【《合》22782】等。

[68] 《合》16931。

[69] 《乙》830【《合》21695】、1650【《合》21729】。

[70] 同上1598【《合》21818】。

爲“係也”。丁山認爲“㬎”就是“孿”的古字,[71]可能是正確的。但是他認爲“孿”的本義應爲“纂”,似乎缺乏根據。

西周後期的弔䜌父簋銘裏有从“隹”从“𢆶”的一個字:

弔(叔)䜌父乍(作)姬旅𣪘

三代7·19上、8·16下、8·17上【《集成》7·4056、4057、4058】

《金文編》把這個字釋作“鷀”。[72] 根據上文討論的結果,這個字顯然應該釋作“鸞”。《三補》把“𩀌”字收入附錄,加注說:“从‘隹’與从‘鳥’同,疑即古文‘鸞’字。”[73]這個懷疑是正確的。但是《三補》在“聯”字下說“88”是“絲”省,在“䜌”(當釋“鑾”)字下說“88古絲字也”,與此自相矛盾。

西周金文裏還有从“止”或“辵”、从“卩”、从“𢆶”的一個字:

戎伐𤞞,𢦚達(率)有嗣(司)師氏奔追戎于䵼林。

𢦚簋,《文物》1976年6期57頁圖一七【《集成》8·4322】

南淮尸(夷)遷殳(?),內(入)伐溟昴參泉裕敏陰陽洛,王令敔追于上洛炂谷。 敔簋,嘯堂下·55,歷代14·141上—142下【《集成》8·4323】

商器鬲、簋[74]銘文裏的作器者名,大概也是這個字,只是“止”旁寫得有些走樣。[75]

前代學者對這個字的意見頗爲分歧,近人則多以爲是“御”字。敔簋“𨖷”字宋人釋“迎”,劉心源釋“絶”,[76]孫詒讓及郭沫若、唐蘭等釋“御”。[77] 商器“𨚵”字吳大澂疑是“顯”字,[78]《金文編》釋爲“御”。[79] 近出𢦚簋銘“𨚵”字,一般也都釋爲“御”。釋“御”的說法是建築在“88”爲“8”之形訛的猜測之上的,其實並無可靠的根據。其它各說更不足信。目前我們對這個字還提不出肯定的意見來。不過如果“𨚵”字所从的“𢆶”是一個音符,或是兼有表音作用的意符的話,這個字就很可能是遮

[71] 《金文詁林》2531—2532頁。

[72] 《金文編》4·14上【見1985年版264頁】。

[73] 《三補》附2上。

[74] 分別見《三代》5·38上【《集成》3·0741】、6·48下【《集成》7·3990】。

[75] 西周時代的伯簋銘(《三代》7·10上【《集成》6·3488】)“伯”下一字似从“刀”而不从“卩”,或是另一字。

[76] 《奇觚》7·3上。

[77] 孫說見《古籀拾遺》上·26上,郭說見《大系》敔簋考釋,唐說見《古文字學導論》。

[78] 《說文古籀補》附12上。

[79] 《金文編》2·28下【見1985年版115頁】。

闌之"闌"的古字。《說文》"䦨"讀若"闌",可證"𢆶"、"闌"古音相近。《廣雅·釋詁二》:"闌、閑、亢、闉、徼、迣,遮也。""追闌"猶言追蹤邀擊。

70年代在平山中山王墓中發現的"兆域圖"有从"辵"从"𢆶"的一個字:

不行王命者,恙(殃)子孫。

這個字當从"𢆶"得聲,似應讀爲"連",詳朱德熙先生和我合寫的《平山中山王墓銅器銘文的初步研究》(《文物》1979年1期51頁)。【編按:𢦟簋、敔簋"追郄"當讀爲"追襲",參看本書所收《關於晉侯銅器銘文的幾個問題》。中山王墓兆域圖"殃"下一字也有學者釋讀爲"襲"。】

最後還需要對古文字裏"𢆶"、"絲"二字有時混而不分的現象作些解釋。

"𢆶"、"絲"二字用作表意偏旁時往往可以通用。例如:"㬎"字所从的"絲",金文往往作"𢆶"。[80] "幽"字所从的"𢆶",金文偶爾也有作"玆"的。[81] 這類現象是不是可以看作"𢆶"、"絲"二字有別的反證呢?答覆是不能。唐蘭先生曾經指出:"凡同部(即由一個象形文字裏孳乳出來的)的文字,在偏旁裏可以通用——只要在不失本字特點的時候。例如大、人、女全象人形,所以在較早圖形文字常可通用。……欠、丮、卩、尾、企等字本是有區別的,在偏旁裏却常可通用……"。[82] "𢆶"、"絲"二字作爲表意偏旁可以通用,是唐先生指出的現象的又一個實例。

解放後發現的楚簡裏有字,[83]外形像"𢆶"字,但是從文義上看似乎應該釋作"絲"。這怎樣解釋呢?我們知道,在小篆裏獨立的"𢆶"字已經不存在,从"𢆶"的"聯"字和"𤔔"字也都已經訛變爲从"絲"。由此可見戰國時代正是"𢆶"字由通行到廢棄的過渡時期。在這一時期的文字資料裏出現少量"𢆶"、"絲"二字不分的現象,是不足怪的。這也不能證明這兩個字本來就沒有區別。

1981年修改1965年舊作而成

原載《古文字研究》第十輯(中華書局,1983),又載《古文字論集》,今據後者收入。

---

[80] 同上9·2【見1985年版628—629頁】。

[81] 同上4·16上【見1985年版270頁】。

[82] 《古文字學導論》(《論集》編按:見齊魯書社1981年出版的增訂本235—236頁)。

[83] 如信陽簡即有此字,見《文物參考資料》1957年9期《我國考古史上的空前發現——信陽關發掘一座戰國大墓》一文所附簡文圖版215及202號。

淺談璽印文字的研究

研究璽印文字通常以古璽印(指先秦印)和秦漢印爲主要對象。在先秦時代印章大都稱爲璽。秦始皇才規定皇帝的印稱璽,一般只能稱印。在漢代,除皇帝外,皇后、諸侯王等最高級貴族的印也稱璽。比二千石以上的官印,如太守、將軍和公卿的印稱章(西漢初似多稱印,見於傳世封泥的一些郡守印文可證)。其他官吏以及列侯、關内侯等人的印,跟平民的一樣,都稱爲印。戰國時代的東方國家(指位於秦國之東的那些國家)多把“璽”字寫作“鉨”,因爲古代璽印多數是用銅製造的。

從古書上看,關於璽印的最早的可靠記載屬於春秋時代。但是有一方傳世古銅璽,據傳出於殷墟,上有“亞離”等字(“離”字等包含在“亞”字中)。“亞離”是數見於商代銅器銘文的族名(銅器銘文也把“離”字寫在“亞”字裹),璽文風格也與商代文字相合。據此,璽印似乎早在商代就已經産生了。不過在現存古璽中,尚未發現確鑿無疑的西周和春秋時代的遺物,看來它們基本上屬於戰國時代。一般所說的古璽不包括秦統一以前的秦國璽印,因爲這些璽印跟秦代璽印很難區别,通常把二者統稱爲秦印。

在戰國和秦漢時代,璽印不是像後代那樣蓋在紙上,而是蓋在用法類似現在火漆的“封泥”上的。封泥可以封緘書寫在簡牘上的公文、書信,也可以封緘盛有東西的器皿、囊橐等物,甚至還可以封門户,用途很廣。在製造陶器的時候,也往往在器坯上打上製造部門或陶工的璽印。有些陶器上還打有吉語或格言印。此外,人們還把璽印烙在木材和漆木器上,戰國楚墓椁木上曾發現過烙印文字,秦和西漢前期的漆器往往烙有亭、市的印文(同時代的陶器上也往往有這類印文)。有的璽印是專用於在畜牲身上打烙印的,如燕國的“暴(?)都萃車馬”印和漢代的“靈丘騎馬”、“常騎”等印。在戰國楚墓中還曾發現過蓋有長方形朱印的絲織品。傳世漢代長條陽文印中,如“張文孟縑”、“大鄭布”、“巨侯万匹”等印,也應該是工商業者用來蓋在出賣的紡織品上的。這種用印方法跟後世在紙上蓋印的方法已經很接近了。研究璽印文字,對古人使用璽印的各種遺跡應該重視。《漢印文字徵》兼收封泥文字是很有道理的。保存在古代陶、漆器上的大量印文同樣是研究璽印文字的重要資料。

戰國、秦漢的璽印文字具有很高的研究價值。從印文内容看,它們提供了官制、歷史地理、社會經濟和思想習俗等多方面的研究資料。不少資料可以用來補充流傳古文獻的缺漏或訂正其錯誤。從清代以來,學者們已經在這方面做了不少工作。例如近人陳直的《史記新證》和《漢書新證》就引用了很多漢印。

從文字學的角度看,戰國、秦漢璽印文字的重要性更爲突出。已發現的戰國古璽數量相當多,璽文中不重複的單字數大概比同時代銅器銘文中的還要多,對戰國文字的研究是一批極爲重要的資料。王國維論定《説文》中的"古文"是戰國時代東方國家所使用的文字,就是以古璽文字爲主要依據的。秦漢印數量更多,是研究秦漢時代實際使用的篆文的一批最重要的資料,可以用來訂正《説文》篆形的很多錯誤,還可以補充不少《説文》未收之字。秦漢印文有些含有濃厚的隸書意味,有的就是早期的古隸,所以對研究隸書的形成也具有重要的價值。漢印文字的一些簡俗體也值得注意。例如看到了漢印"犀"旁的一些很容易跟"隹"旁相混的簡化寫法,就可以明白"稺"字爲什麽會訛變成"稚"。

篆刻藝術的愛好者,也需要從文字學和美學等角度對璽印文字進行研究。

在過去,一般人要研究璽印文字會碰到相當大的困難。因爲著録璽印文字的書主要是古印收藏家們所編的印譜,這些古印譜多爲鈐印本,鈐印的部數不多,而且大都從未公開發行過,一般研究者很難看到。即使是那些公開印行過的古印譜,大多數也早就成了舊書店中的珍本,窮書生是不敢問津的。此外,介紹關於璽印的各種知識的書也非常缺乏。從60年代以來,特别是近十年來,出版了一些關於璽印的重要著作,使上述情況有了改變。下面簡單介紹一下可供參考的主要著作。

羅福頤主編的《古璽彙編》(文物出版社,1981。下文簡稱"璽彙")和《秦漢南北朝官印徵存》(文物出版社,1987。下文簡稱"徵存"),爲研究官私古璽和秦漢至南北朝官印提供了比較完整的資料。清代以來已著録的和國内各地博物館等機構所藏的未著録的有關璽印,凡是有研究價值的,基本上都已收入這兩本書。但是限於客觀條件,應收而未收之印也還有一些。明人印譜,如顧氏《集古印譜》等也收有一些先秦古璽,有些相當重要。由於這些印譜現在一般只能找到摹刻本,《璽彙》對它們所著録的古璽一律未收。明人印譜所收秦漢至南北朝官印有些也相當重要,除少數有鈐印本可據者外,《徵存》也没有收入。所以要對古璽和秦漢至南北朝官印作深入的研究,只靠這兩本書提供的資料還是不够的。要研究秦漢時代的私印,那就只能完全依靠其他印譜了。收秦漢私印最多的印譜是清代陳介祺編的《十鐘山房印舉》。此書有商務印書館涵芬樓影印本,前兩年還出過涵芬樓本的翻印本。

《璽彙》、《徵存》所收印文都附有釋文,《徵存》還加上簡明的考證,爲讀者提供了很大方便。吳振武《〈古璽彙編〉釋文訂補及分類修訂》一文(香港中文大學國際中國古文字學研討會《古文字學論集·初編》,1983),對《璽彙》的釋文和編排提出了很多不同意見。使用《璽彙》時最好能參考這篇文章。

要想瞭解1949年以後在國内文物、考古書刊上發表的新出璽印資料及其研究情況,可以看王人聰編的《新出歷代璽印集錄》(香港中文大學文物館專刊之二,1982。下文簡稱"集錄")和同人編著的《新出歷代璽印集釋》(同上專刊之三,1987)。《集錄》所收資料以1980年爲下限。1983年以後逐年在書刊上發表的璽印資料,在從1984年開始出版的《中國考古學年鑒》裏有簡明的記錄,可供參考。

璽印文字的單字彙編,有羅福頤主編的《古璽文編》(文物出版社,1981)和同人所編的《漢印文字徵》(同上,1978)及其《補遺》(同上,1982)。

古璽印方面的通論性著作,有羅福頤、王人聰合著的《印章概述》(三聯書店,1963)和羅福頤的《古璽印概論》(文物出版社,1981。下文簡稱"概論")。前一書的主要内容已包括在後一書中。研究璽印文字的人至少應該初步具有關於璽印的各種知識,很有必要先讀一下這種通論性著作。

1985年齊魯書社出版的王獻唐遺著《五鐙精舍印話》,内容涉及璽印的形制、時代,印文的格式、字體,古代關於璽印的制度以及璽印發現、流傳和研究的歷史等很多方面,有些問題研究得很深入,雖然體例稍嫌雜亂,仍不失爲一部重要的印學專著,值得一讀。

下面再簡單談談研究璽印文字時應該充分注意的幾個問題。

要研究或引用璽印文字,最好先弄清楚三件事,即璽印的真僞、璽印的時代和國别以及印文的排列方式。

璽印較易作僞,流傳的僞品很多。關於辨别璽印真僞,《概論》有"古璽印及封泥的辨僞"一章可供參考。但是除了一些極明顯的僞印外,要論定一方璽印的真僞是很不容易的。即便是很有功力的學者們,也往往見仁見智,難以取得一致的意見。例如《璽彙》288號"將渠"大玉璽,有的學者斥爲僞物,有的學者則奉爲上品,至今還不能認爲已有定論。《璽彙》和《徵存》收入之印大體上都是可靠的,但是也偶有比較明顯的僞品。例如《璽彙》199號末一字應是根據清人誤釋而僞造的"鉨"

字,294 號書法極其拙劣,此二璽當是僞品無疑。另一方面,《徵存》附於書末的九十餘方僞印,其真僞也不見得全都沒有討論的餘地。總之,辨別璽印真僞是難度相當大的事,初學者只能謹慎對待,多看多想,以求逐漸獲得較强的辨僞能力。

判斷璽印的時代、國別,也是一個很複雜的問題。戰國時代東方國家文字的風格,跟秦篆有相當明顯的不同。這些國家的官制也多與秦有異。所以分別古璽和秦印還不算困難(《璽彙》中偶有秦印闌入,如 3232 號"顛里典"印和某些格言印。里典之稱見於秦簡)。秦印一般用白文,並加欄格,方印多加田字形格,長方印多加日字形格。篆文結體緊湊,筆法自然有力,特徵比較明顯。但是漢初印多與秦印相似。如印文內容沒有提供綫索,二者就很難區分。張頷《"安國君"印跋》(《中國歷史博物館館刊》2 期,1980),認爲出土於秦漢之際墓葬的"安國君"印,文字作風帶有六國文字風格,反映了"對秦國典章制度的違抗",凡是風格與此印相似的,都應是秦漢之際楚漢相爭時的東西。這給秦至漢初璽印的研究增添了一個新的課題。西漢、東漢、魏晉各個時代印文的風格都有自己的特點,多看一些自能逐漸掌握。這些印文中的官名、地名等,有些也有時代性,可以用作斷代的根據。但是西漢後期跟東漢前期的印,東漢晚期跟魏晉時代的印,也往往不易分辨。《徵存》對所收官印大都斷了代,初學者可以通過此書來揣摩劃分秦以後璽印的時代的方法。但是《徵存》的斷代也不可能毫無問題,例如書中所收的東漢印,有一些恐怕就應該劃歸西漢。除印文外,璽印的形制也可以幫助斷定時代,但是一般研究璽印文字的人缺乏接觸實物的機會,往往不能很好加以利用。考古發掘中出土於墓葬的璽印應與墓葬同時。這是判斷璽印時代的極其重要的根據。但是在漢墓中發現戰國古璽的情況已經多次發生,可見例外也是存在的。

如果研究戰國古璽,還要注意分國的問題。戰國時代東方各國的古璽,在璽的形制、璽文的格式和內容以及字形結構、用字習慣等方面,往往各有特點,可據以作分國的研究。一般說,楚、齊、燕三國的璽印,特徵都比較明顯。三晉的璽印,彼此間共同點較多,往往只能根據璽文內容如地名等來加以區分。如果想對這個問題有比較具體的瞭解,可以看文物出版社 1984 年出版的李學勤《東周與秦代文明》中的"璽印"一章和葉其峰《戰國官璽的國別及有關問題》(《故宫博物院院刊》1981 年 3 期)等文。古璽的出土地點是判斷古璽國別的重要根據。但是由於璽印會隨人而流動,這一根據也不是絶對可靠的。

在秦或秦漢之際的巴蜀文化或有濃厚的巴蜀文化特點的墓葬中,出土過印面有田字形格,文字奇詭不可識的一種銅印(《四川船棺葬發掘報告》61 頁圖 60・3,

《考古》1987年7期)。有些學者認爲這種印文是一種巴蜀文字(《新出歷代璽印集釋》22頁),大概是正確的。曾被收入《鄴中片羽》等書、傳爲殷墟出土的一方所謂"奇文璽"(圖見《中國文物報》1988年4月15日),其印文就是屬於這一類型的。過去或認爲這是殷代古璽,那就把時代和國别全都搞錯了。

印文的排列方式,也是研究戰國、秦漢璽印的人所應注意的。在古官璽和秦至漢初官印中,除了常見的由上而下、由右而左的印文排列方式外,還存在一些比較特殊的方式。在古官璽中,由左而右的印文排列方式不時能看到。兩字的如《璽彙》257的"左宫"。四字的按左上、左下、右上、右下的次序讀,如《璽彙》169的"上東門尔(鉨)"。此外還有一些四字印文是横讀的,即按右上、左上、右下、左下的次序讀,如《璽彙》65的"司寇之鉨"。秦和漢初官印的印文也有横讀的,如《徵存》35的"杜陽左尉"。此外還屢見對角讀法的印文,即按右上、左下、左上、右下的次序讀,如《徵存》32的"宜陽津印"。對角讀法也可以先左後右,即按左上、右下、右上、左下的次序讀,如《徵存》9的"南宫尚浴"。漢代私印有不少用回文讀法,即按右上、左上、左下、右下的次序讀,如《概論》54頁所引的"陽安世印""楊延壽印"等。此外在官、私璽印中都還有一些特殊的印文排列方式,但都很罕見,這裏就從略了。如果按常規來讀排列方式特殊的印文,就會不知所云或誤解文義。例如:《徵存》15號印文本來應該按照對角讀法讀爲"泰(太)上寖(寢)田左(末二字合寫在一格内,也有可能應讀爲"左田")"。"太上"爲"太上皇"省稱。有人認爲指漢高祖之父,有人認爲指秦莊襄王(秦始皇追尊莊襄王爲太上皇)。不管取哪一説,印文的意思都是清楚的。一般把這方印文讀爲"泰寢上左田",文義就難通了。

如果想對璽印文字進行深入研究,還需要注意提高文字學、古文字學的水平並充實關於古代官制和歷史地理等方面的知識。這應該是不言而喻的。

原載《中國文物報》1989年1月20日3版,又載《裘錫圭學術文化隨筆》,今據後者收入。

"諸侯之旅"等印考釋

本文要考釋的,是見於《安昌里館璽存》和《續衡齋藏印》的三紐跟"旅"有關的楚國官印。

《璽存》是鈐印本,共八册,但未標册次和頁碼。[①] 此書所收的主要是古璽,外加少量秦印。書首有民國二十三年"淮海憲喆且翁"的自敘。憲喆跟《古璽彙編》引用的《安昌里璽印彙》的編者宣哲無疑是一個人("喆"是"哲"的異體,"憲""宣"音近)。我沒有見到過《璽印彙》。從《璽存》所收古璽有一些不見於《璽彙》的情況來看,這兩部著錄同一家藏品的印譜的内容大概頗有出入。本文要考釋的《璽存》所收兩紐古璽,在《璽彙》中就都看不到。

下面是這兩紐古璽鈐本的複印本(爲便於稱引,以漢語拼音字母編號):

A

B

A 應釋爲"者(諸)侯之旅"。B 應釋爲"美鈦旅鉨(璽)"。[②] "美"疑即"样"字異體。《方言·五》:"槌……齊謂之样。"此字跟簡化字"样"不是一個字。"鈦"字不識。A、B 二印的"旅"字都加"辵"旁,跟伯其父匿、陳公子甗、曾伯霥匿等器的"旅"字相同。[③]《續衡齋藏印》1·14 頁著錄一紐白文的"戠(職)旅"印,"旅"字寫法跟上述二印基本相同,現摹其文於下:

---

① 作者所見的是中山大學古文字研究室藏本。蒙研究室曾憲通等同志熱情提供資料,十分感謝。

② 作者起初只注意到 A 印,蒙李家浩同志告知,B 印"鉨"上一字亦爲"旅",十分感謝。

③ 見《金文編》467 頁。加"辵"的"旅"也見於古陶文。齊陶文有人名 ,高明同志《古陶文彙編》釋此字爲"遊",是很正確的。高書將由中華書局出版【編按:此書已於 1990 年出版】。

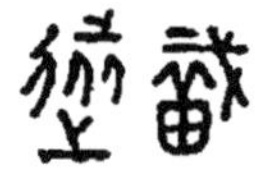

C

這紐古璽《璽彙》也沒有收入。④

B 的“金”旁的寫法是楚國所特有的。⑤ C 的是的變體,“戠”作也是“楚文字的特有寫法”。⑥ A 的印文雖然沒有上舉那種典型的楚文字特徵,但是字體風格顯然跟 B、C 很接近。所以這三紐古璽可以肯定都是屬於楚國的。

職旅即主管關於“旅”的事務的官。《周禮》所記天官冢宰的屬官有職內、職歲和職幣。“職歲”也見於楚官印。⑦ “職內”也見於齊官印。⑧ 此外在楚、齊官印中還屢見這類用“職”字的官名。“職”義近“主”。《周禮・天官・序官》“職內”鄭玄注:“職內,主入也。”B 的“徉鈦”似是邑名。“徉鈦旅”應指此邑的職旅之官。“旅”究竟指什麽呢?“諸侯之旅”印可以回答這個問題。

戰國時代,各國總稱其他國家爲“諸侯”,下面是引自諸子和雲夢睡虎地秦墓所出“法律答問”的一些例子:

魯國之法,魯人爲臣妾於諸侯,有能贖之者,取其金於府。

《吕氏春秋・察微》

故凶饑存乎國人……諸侯之客、四鄰之使,雍食而不盛。 《墨子・七患》

請以令爲諸侯之商賈立客舍,一乘者有食,三乘者有芻菽,五乘者有伍養。

《管子・輕重乙》

可(何)謂賣玉?賣玉,者(諸)候(侯)客節(即)來使入秦,當以玉問王之謂殹(也)。 《睡虎地秦墓竹簡》239—240 頁,文物出版社,1978

“者(諸)候(侯)客來者,以火炎其衡厄(軛)。” 同上 227 頁

上引 A 印的“諸侯之旅”,語例跟《墨子》的“諸侯之客”、《管子》的“諸侯之商賈”相

④ 《璽彙》引用印譜目錄中有《衡齋藏印》而無《續衡齋藏印》。

⑤ 參看葉其峰《戰國官璽的國別及有關問題》,《故宫博物院院刊》1981 年 3 期 87 頁。

⑥ 吳振武《〈古璽文編〉校訂》(博士學位論文 325 條)。關於“戠”字,參看朱德熙、裘錫圭《戰國文字研究(六種)》)(《考古學報》1972 年 1 期 87 頁)、石志廉《戰國古璽考釋十種》(《中國歷史博物館館刊》1980 年 2 期 110 頁)。石文所說的“戠從”印,就是上引的“戠旅”印。

⑦ 同注⑤。

⑧ 注⑥所引吳文 527 條,考定《璽彙》154 一印爲齊官印“職內師璽”。

同,應該當來自他國的旅人講。《左傳·宣公十二年》“老有加惠,旅有施舍”,《周書·大聚》“遠旅來至,關人易資”,都以“旅”指旅人。

秦簡“法律答問”中有一條,對“旅人”一詞專門作了解釋:

可(何)謂“旅人”? 寄及客,是謂“旅人”。 《睡虎地秦墓竹簡》238 頁

由此可知秦律中的“旅人”指“客”和“寄”兩種人。

“法律答問”所說的“客”無疑指來自他國的旅客。李解民同志在《睡虎地秦簡所載魏律研究》一文中指出:“秦簡律文部分出現的‘客’(引者按:下引諸條有的出現在解釋律文的話裏,並非全都見於秦律本文),如‘邦客與主人鬬’(《睡虎地秦墓竹簡》189 頁),‘盜出朱(珠)玉邦關及買(賣)于客者’(同前,211 頁),‘客未布吏而與賈,貲一甲’(同前,230 頁),‘者(諸)候(侯)客節(即)來使入秦’‘命客吏曰匧’(同前,240 頁),無一不是指秦國以外的來客。”[⑨]其說可信。

“法律答問”所說的“寄”,解民同志認爲“指國内流民”。[⑩] 這一意見我本來也是同意的,最近却有了不同看法。我認爲這個“寄”字可以讀爲“羈旅”之“羈”(這種“羈”字古書中多寫作“羇”,爲了印刷的方便,本文一律作“羈”)。“寄”“羈”二字古通。《禮記·王制》:“五方之民,言語不通,嗜欲不同。達其志、通其欲:東方曰寄,南方曰象,西方曰狄鞮,北方曰譯。”《吕氏春秋·慎勢》“不用象、譯、狄鞮”句高誘注,“東方曰寄”作“東方曰羈”。《周禮·地官·遺人》:“郊里之委積以待賓客,野鄙之委積以待羈旅。”鄭玄注:“羈旅,過行寄止者。……故書……羈作寄。杜子春云……寄當爲羈。”同書《委人》:“以稍聚待賓客,以甸聚待羈旅。”鄭注:“故書羈作奇,杜子春云當爲羈。”由鄭注可知在《周禮》古本中“羈旅”本作“寄旅”或“奇旅”,作“羈”是依杜子春說改的。《遺人》鄭注釋“羈旅”爲“過行寄止者”,《廣雅·釋詁三》“羈,寄也”,《左傳·昭公七年》“單獻公弃親用羈”句杜預注“羈,寄客也”,都以“寄”訓“羈”。看來,“羈旅”之“羈”大概是由寄止之“寄”分化出來的一個詞,這個詞本來就寫作“寄”,後來才假借“羈”字來表示它。“寄”本讀去聲,“寄(羈)旅”之“寄”則讀平聲,與“羈縻”之“羈”同音。這可能是後人要借“羈”字代替它的原因之一。所以我們完全有理由把上引“法律答問”的“寄”讀爲“羈旅”之“羈”。

戰國史料中所見的“羈旅”,一般指由他國來的人。如樗里疾在秦王面前稱犀

---

⑨ 《中華文史論叢》1987 年 1 期 50 頁。

⑩ 同上注。

首(即公孫衍)爲“羈旅”(《韓非子·外儲說右上·說二》),范雎在秦王面前自稱“羈旅之臣”(《史記·范雎蔡澤列傳》)。《韓非子·亡徵》說“羈旅僑士,重帑在外,上間謀計,下與民事者,可亡也”,“境内之傑不事而求封外之士……羈旅起貴以陵故常者,可亡也”,“大臣專制,樹羈旅以爲黨,數割地以待(持?)交者,可亡也”。這些“羈旅”也都顯然指外來的人。“法律答問”所說的“寄(羈)”,大概也是指外來的羈留者而言的。廣義的“客”不用說是可以包括“羈”的。不過“法律答問”既以“寄”與“客”並舉,“客”就應該專指不作較長時間羈留的外來旅客了。

上引楚印文“諸侯之旅”的確切含義,大概跟秦簡“法律答問”的“旅人”相同,當指從他國來的旅客和羈留者。職旅就是主管跟這些人有關的事務的官。“諸侯之旅”印應該是職旅用來封緘發給這些人的文書、證件或他們所攜帶的某些物品的。

戰國時代,經濟比較發達,超越國界經營商業已經成爲很普通的事。在各個主要國家裏,經常有很多“諸侯之商賈”在活動。戰國時代史料裏屢見“商旅”之稱:

> 是月也,易關市,來商旅(鄭玄注:“商旅,賈客也。”)。
>
> 《禮記·月令》“仲秋之月”,亦見《吕氏春秋·仲秋紀》
>
> 市買悖,故商旅絶。 《晏子·問上·第十一》
>
> 年饑……征當商旅,以救窮乏。 《周書·糴匡》
>
> 乃令縣鄙商旅曰:能來三室者,與之一室之祿。 《周書·大聚》
>
> 先王以至日閉關,商旅不行,后不省方。 《易·復卦·象辭》

“商旅”有可能主要指從他國來的商賈。《韓非子·難二》說“客商歸之,外貨留之”,《周書·大聚》說“外商資貴而來”,“客商”“外商”顯然都是專指從他國來的商賈的。秦律“盜出珠玉邦關及賣於客者”“客未布吏而與賈”等條所說的“客”(參看上引李解民文),可能泛指外來旅客。但是這些條文至少可以說明從事商業活動的客是很多的,其中當然會有不少專業的客商。此外,在外來人中,有某種技藝的人(如《晏子·諫下·第十三》所說的爲齊君爲履的“魯工”)以及想當食客或當官的“游宦之士”(《韓非子·八主》),大概也爲數不少。關於後一種人,在戰國時代史料裏有大量資料。他們之中,地位高的爲國君所接待,如“傳食於諸侯”的孟軻等人;地位低的則依附於私家。《管子·問》:“外人來游在大夫之家者幾何人?”可見私家有外來的游宦之士是很常見的事。睡虎地秦墓所出“秦律雜抄”中有所謂“游士律”,文曰:

游士在，亡符，居縣貲一甲；卒歲，責之。·有爲故秦人出，削籍，上造以上爲鬼薪，公士以下刑爲城旦。·游士律。 《睡虎地秦墓竹簡》129—130頁

這裏所說的“游士”很可能是專指外來的游宦之士的。這種人裏大概有不少是居留時間較長的“羈”。上引李解民同志文指出，在戰國時代的不少民家中有被主人剝削其勞動的寄居者。[11] 在這種人裏也可能有外來的羈旅。由於包括“羈”和“客”在内的“旅”的人數很多，所以需要設職旅這類官來管理有關的事務。楚以外的國家很可能也設有這類官，但名稱未必跟楚國相同。

上面引過的《周禮》的“遺人”和“委人”職文，都把“賓客”和“羈旅”分得很清楚。《周禮》所記秋官司寇的屬官，自大、小行人以下都跟接待國家賓客之事有關。戰國時代的國家賓客，主要是他國使者，如上面引過的秦簡“法律答問”所說的“來使入秦”的“諸侯客”之類。職旅管不管關於這類人的事務，還不清楚。

最後想附帶談一下戰國時代楚國的一種“王命”銅節跟“旅”的關係。這種銅節自清代以來曾多次出土，上有如下銘文：

王命：命傳賃一檐，食之。

《金文總集》7895—7898【《集成》18·12097—12099、12101】

“檐”當讀爲“擔”，指給人擔負重物的徒役，“賃一檐”當是讓持節者雇用一個檐徒的意思。[12] 如果把節銘跟《管子》所說的國家優待外來的客和商賈的措施對照一下，就可以對它的意義有進一步的理解。

上面引過的《管子·輕重乙》提到“爲諸侯之商賈立客舍，一乘者有食……”。《管子·大匡》說：

三十里置遽，委焉，有司職之。從諸侯欲通吏（郭沫若《管子集校》謂“吏”當作“事”。下引劉、丁二氏說皆見《集校》），從（當從劉師培說改作“徒”）行者，令一人爲負；以車若宿者（圭按：舊以“以車”屬上句，非是。“以車若宿者”與上“徒行者”爲對文，但“宿者”可能包括需要宿夜的徒行者），令人養其馬，食其委。客與有司別契，至國八（當從丁士涵說改作“入”）契，費（丁氏讀爲“悖”）義（丁氏讀爲“儀”）數而不當，有罪。

---

[11] 同上52頁。

[12] 關於節銘的考釋，參看拙文《戰國時代社會性質試探》，《社會科學戰綫》編輯部編《中國古史論集》，吉林人民出版社，1981，24頁。

《管子》所説的“客舍”和“遽”,跟節銘所説的“傳”是同類的設施。《大匡》説“令一人爲負”,跟節銘“賃一擔”意近。《大匡》説“食其委”,《輕重乙》説“有食”,跟節銘“食之”意近。看來,使用“王命”節的人,很可能也有不少是外來的旅客。从“賃一擔”的待遇來看,這種節大概是無車乘的徒行者所用的。

上引的《管子·大匡》和《輕重乙》所説的那類措施,是戰國時代的國家爲了招徠他國的人才和商賈而採取的。楚國設置的職旅之官,可能也兼有招徠的任務。

原載《文物研究》第6輯(黄山書社,1990),今據以收入。

古璽印考釋四篇

一、釋與廄有關的幾鈕秦印

傳世田字格白文古印中,有右下方一字爲"馬"、左方二字爲"將廄"的一種官印,如:

A

徵存 24(25 同文)

B

徵存 26(27 同文)

C

徵存 29

D

徵存 23

這種印的形制和字體都跟一般秦代官印相同,羅福頤主編的《徵存》把它們都列爲"秦官印",是正確的。陳直曾懷疑這種印是"秦楚之際"的官印,但並沒有提出什麽證據,難以信從。

這種印文究竟應該按照哪種字序來讀,是一個尚未解決的問題。

陳直按一般印文的正常字序,把上引的 A 讀爲"左馬將廄",D 讀爲"童("章"之誤釋)馬將廄"。[①] 這種讀法可以用圖形表示爲

3	1
4	2

。

王獻唐在《五鐙精舍印話》裏說:"秦之印文……官印可以'杜陽左尉'、'宜陽津印'、'泉丞'、'左將馬廄'、'左將中馬'、'官田臣印'、'邦候'、'廄印'、'鄭大夫'白文諸印表率之。"[②]從王氏所說的"左將馬廄",可以知道他對這種印文的讀法

① 《漢書新證》,天津人民出版社,1979,148 頁。

② 是書 336 頁,齊魯書社,1985。此書整理者所加標點有誤,已改正。

爲

2	1
4	3

。

周鑾詒《淨硯齋艎印錄》收有上引的 C,③並加按語說:"大興孫問羹兵部藏一印,曰'右馬將廏'。疑此類當回讀曰'某馬廏將'。"主張按

4	1
3	2

的次序來讀這種印文。孫文楷在《稽庵古印箋》裏曾提到過這種印文。他說:"按先秦官制罕聞其詳,惟廏將、職志等名附見史表。高氏《印攈》(引者按:指高慶齡《齊魯古印攈》)收'廏將'一種(指上引的 D,見高書 1・20)。留侯初從沛公,常(通"嘗")爲此官。④ 蓋帝初起,猶沿秦制也。"⑤孫氏並未完整地釋讀這種印文,從"廏將"的說法推測,他的讀法大概同於周氏。這種讀法目前佔有絶對優勢。60 年代日本平凡社出版的《書道全集》對上引的 B 的釋讀、⑥1979 年上海書畫出版社出版的《上海博物館藏印選》對上引的 B 的釋讀、⑦1982 年文物出版社出版的《故宮博物院藏古璽印選》對 A 的釋讀、⑧1987 年文物出版社出版的《吉林大學藏古璽印選》對 B 的釋讀、⑨牛濟普《秦印瑣記》對 A 和 B 的釋讀⑩以及《徵存》對上引各印的釋讀,都是採用這種讀法的。

第一、二兩種讀法對上引的 D 顯然不合適,因爲不管是"章馬將"還是"章將",都不像是一個可以成立的稱號。附帶說一下,D 的右上方之字,寫法跟漢印"章"字相合,毫無問題應該釋作"章"。《徵存》把它釋爲"龍"之古文,是不可信的。第三種讀法雖有文獻中的"廏將"作爲依據,可是所採用的字序在秦漢官印中却並無先例(秦漢官印釋文採用這種字序的都是誤釋),恐怕也難以成立。廏都是養馬的。按第二種讀法,"馬廏"連文;按第三種讀法,"馬廏將"連文,都嫌辭費。從這一點看,這兩種讀法也不够合理。

③ 見是書 3 册 1 頁,印文比《徵存》清晰。

④ 《史記・留侯世家》、《漢書・張良傳》都有"沛公拜良爲廏將"之文;《史記・高祖功臣侯者年表》、《漢書・高惠高后文功臣表》"留侯"條都有"以廏將從起下邳"之文。

⑤ 是書兩册本上,36 頁。

⑥ 《別卷》,47 頁。所收爲《徵存》27 著錄的印文。

⑦ 28 頁。所收爲《徵存》26 著錄之印。

⑧ 目錄 6 頁。所收爲《徵存》25 著錄之印,在該書中的編號爲 225。

⑨ 目錄 3 頁。所收爲《徵存》27 著錄之印,在該書中的編號爲 88。

⑩ 《中原文物》1988 年 4 期 70 頁。

秦官印時常採用對角式的,即

3	1
2	4

式的字序。[11] 我們認爲上引各印也應該按這種字序來讀,即把它們分别讀爲“左廏將馬”、“右廏將馬”、“小廏將馬”、“章廏將馬”。

傳世田字格白文官印中還有如下一印:

徵存 28

《徵存》列爲秦官印,可從。此印按正常字序應讀爲“左中將馬”,這是我們把上引各印讀爲“某廏將馬”的一個依據。《徵存》等把這鈕印讀爲“左中馬將”,上引王獻唐《五鐙精舍印話》把這鈕印讀爲“左將中馬”,都不可從。

雲夢睡虎地秦墓所出秦律的一條律文裏有“將牧公馬牛”之語,[12]可見“將馬”的説法是完全可以成立的。這種“將”字大概當“管理”講。在秦漢時代,以“將”字起頭的官職名並不罕見。據《漢書・百官表》,秦官有將行,[13]又有將作少府,漢景帝時更名爲將作大匠。傳世漢代官印有“將田己部右候”印(《徵存》544)。傳世田字格白文官印有“銍將粟印”(《徵存》17)。後一印《徵存》定爲秦印,陳直疑爲秦末陳勝起義軍攻下銍地後所造之印,[14]當可信。但二家都按

2	1
4	3

的字序讀此印爲“銍粟將印”,則不可從。由此看來,秦官印中出現“將馬”這一官職名,是一點也不奇怪的。廏的將馬無疑是管理廏馬之官,跟《史記》《漢書》所説的廏將有可能是一回事。

傳世田字格白文官印中還有如下二印:

---

⑪ 參看牛濟普《秦印瑣記》,《中原文物》1988 年 4 期 71 頁。他稱這種字序爲“交錯文”。

⑫ 《睡虎地秦墓竹簡》,文物出版社,1978,33 頁。

⑬ 60 年代在陝西藍田曾發現過一種陶製品,上刻“將行內者”四字,從字體看應爲秦代前後物,見《考古》1964 年 6 期 319—320 頁。將行在漢景帝時更名爲大長秋。

⑭ 《漢書新證》,238 頁。

徵存 12

徵存 30

《徵存》把它們列爲秦官印，可從。左側一印一般都讀爲“廄田倉印”，但似乎也不能完全排除讀爲“廄倉田印”的可能性。不論採取哪一種讀法，都可證明秦代的官廄有屬於它的公田。因此我們認爲右側一印應按對角字序讀爲“小廄南田”，而不應像《徵存》那樣讀爲“小田南廄”。南田應是屬於小廄的一塊公田，此印即管理此公田之官所用之印。此印讀法跟前面講過的“小廄將馬”印的讀法正可相互印證。

70 年代，考古工作者曾在秦始皇陵東側的一些所謂馬廄坑裏，發現過分别刻有“小廄”、“中廄”、“宫廄”、“左廄”等字的幾件陶器和刻有“大廄”等字的一件銅器。[15] 上面引過的那條秦律，也提到了“大廄、中廄、宫廄”等官廄名。秦印所説的“小廄”、“左廄”，跟始皇陵陶文所説的“小廄”、“左廄”應該是一回事。“章廄”疑指屬於章臺之廄。《史記·蘇秦列傳》：“（蘇秦）乃西南説楚威王曰：‘……今乃欲西面而事秦，則諸侯莫不西面而朝於章臺之下矣’。”同書《藺相如列傳》：“秦王坐章臺，見相如。”可見章臺是很重要的一處宫觀，理應設有專屬於它的廄。秦王朝的宫觀很多。秦律和秦陶文所説的“宫廄”，似應爲各宫之廄的總稱或泛稱。章廄可能就是屬於宫廄之列的。總之，從秦律和秦陶文中所見的廄名來看，我們對 A、B、C、D 等印的讀法也是合理的。

二、釋“騎右將”印

《璽彙》著録如下一鈕六國官印：

璽彙 48

---

⑮ 《秦始皇陵東側馬廄坑鑽探清理簡報》，《考古與文物》1980 年 4 期 40 頁。袁仲一《秦代陶文》，67—68，378—381 頁。“小廄”原被誤釋爲“三廄”。

釋爲"右牆(將)司馬"。[16] 此印最先著錄於陳紫蓬《燕匋館藏印》,原物後歸周叔弢,又由周氏捐獻給天津市藝術博物館。該館所編《周叔弢先生捐獻璽印選》(天津人民美術出版社,1984),錄此印於2頁下,也釋爲"右將司馬"。此印"馬"下之"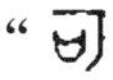"顯然不應該釋爲"司"而應該釋爲"可"。

1	4
2	3

式的字序在先秦官印中也從未見過。可見《璽彙》和《璽印選》的釋文是有問題的。

我們認爲上舉印文的右半並不是兩個字,而是一個偏旁上下相疊的字。這個字从"馬""可"聲,應是"騎"字異體。"騎"从"奇"聲,"奇"从"可"聲。从"奇"聲之字與从"可"聲之字古可通用。[17] 所以"騎"字既可从"奇"聲也可从"可"聲。[18] 六國古印中屢見上从"角"下从"可"的一個字,陳漢平釋爲"觭",[19]與此可以互證。六國古印的"騎"字也有从"奇"聲的。[20] 六國古印的"均"字有从"勻"、从"旬"(璽文原作从"日""勻"聲)二體,[21]金文"始"字有从"㠯"、从"台"二體[22],這些現象跟"騎"字有从"可"、从"奇"二體的現象是同類的。這類現象頗爲常見,限於篇幅不多舉例了。

上舉那鈕六國官印的印文,按常例應讀爲"騎右牆(將)"。從印文的格式和字體看,此印似是三晉之物。

在秦漢之際的反秦軍中,騎將的設置極爲普遍。《漢書·高帝紀上》記劉邦遣酈食其説魏王豹,豹不聽,食其還,劉邦問他,魏的大將、騎將、步卒將各爲何人。這説明一般軍隊中都有騎將。據《漢書·高惠高后文功臣表》和有關列傳,西漢開國功臣中有不少人在秦漢之際當過騎將,他們在征戰中也往往斬殺或捕到過對方的騎將。如傅寬"以魏五大夫騎將從爲舍人起横陽……從入漢中爲右騎將……從擊項冠、周蘭、龍且,所將卒斬騎將一人敖下……"。[23] 反秦軍的官職建置往往襲六國

---

[16] "牆"即"醬"字古文,見《説文》。六國古印多借作將軍之"將",参看《古璽文編》354頁"醬"字條。

[17] 参看高亨、董治安《古字通假會典》,齊魯書社,1989,665頁"阿與猗"條。

[18] 《古璽文編》98頁"觭"字條。

[19] 《古文字釋叢》,《考古與文物》1986年4期74頁。

[20] 見《古璽文編》246頁"騎"字條。瞿鏞《集古印譜》所收"韓騎"印"騎"字也从奇。

[21] 《古璽文編》317頁。

[22] 《金文編》802—803頁。"台"是从"口""㠯"聲之字。《古璽文編》290頁所收古璽"始"字也有从"㠯"、从"台"二體,但是那個被認爲从"台"的"始"字有可能實際上是另一個字。

[23] 《漢書·傅寬傳》。

舊制,在戰國時代騎將的設置一定也是很普遍的。上引印文的“騎右將”當與《傅寬傳》的“右騎將”同義,也許上引印文就應該讀爲“右騎將”。此外,此印文當讀爲“右將騎”的可能性,似乎也不能完全排除。傳世有風格跟齊國古璽相似的“左田牆(將)騎”印,㉔可證古代確有“將騎”職名。

三、釋　“猛”

在六國私印裏數見一個用作人名的、上从“犬”下从“皿”的字。《古璽文編》252 頁“猛”字條只收了《璽彙》4070 一例,其實《璽彙》918、1579、2035 諸號印的人名也都是這個字。㉕ 此外,這個字還見於《吉林大學藏古璽印選》48 號“甘猛”印。

“猛”字不見於字書,應該釋作“猛”。“猛”从“孟”聲,“孟”从“皿”聲。“猛”“猛”一字跟上一篇指出的“魯”“觭”一字、“㝁”“騎”一字等例相類。我們曾在《戰國璽印文字考釋三篇》中指出,有很多形聲字的聲旁在六國文字和小篆裏有繁簡的不同。有時候,六國文字的聲旁比較簡單,小篆的聲旁本身就是以它爲聲旁的一個形聲字。㉖ “猛”和“猛”也是這一現象的一個例子。

西周金文裏有一個通常隸定爲“𧰼皿”的未識字。㉗ “豸”似象一種凶猛的野猪,頗疑“𧰼皿”即“猛”之初文。

四、釋　“度”

六國古印文字裏有一個从“攴”从“石”的字,《古璽文編》隸定爲“䂳”(77頁)。這個字見於“䂳䞇”印(《璽彙》3211)和“䂳遉(?)”印(《二百蘭亭齋古銅印存》3·13。《古璽文編》未收此例),兩處都用作姓氏。我們認爲它就是“度”字的古體。

《說文·三下·又部》:“度,法制也。从又,庶省聲。”從古文字看,“庶”字本从

㉔ 《璽彙》307。釋文據吳振武《〈古璽彙編〉釋文訂補及分類修訂》,國際中國古文字學研討會《古文字學論集初編》491 頁,香港中文大學,1983。

㉕ 參看吳振武《〈古璽彙編〉釋文訂補及分類修訂》,國際中國古文字學研討會《古文字學論集初編》495、499、503 頁。

㉖ 《古文字研究》第十輯,81 頁。

㉗ 《金文編》1208 頁 235 號。

“石”,“庐”是“石”的訛變之形。林義光在《文源》“庶”字條裏指出“庶”“古作(毛公鼎),从火石聲”(11・6下),在“度”字條裏又指出“庶本从石得聲,則度亦石聲”(同上),認爲“度”字所从的“庐”本來也應作“石”。他的意見顯然是正確的。秦權量詔文中的“度”字間有作、等形的(容庚《金文續編》3・9下—10上),正是“度”字由从“石”變爲从“庐”的中間環節。“又”旁和“攴”旁在古文字裏往往可以通用。例如金文“啓”字有从“又”、从“攴”二體(《金文編》209—210頁),“攻”字或从“又”(同上219頁),“敬”字也有寫作从“又”的(同上652頁),類似的例子不勝枚舉。秦權量詔文中的“度”字大部分从“攴”,新莽嘉量“度”字也从“攴”(《金文續編》3・9下—10上)。从“又”的大概是簡體。由此可見“度”字本來應該是从“攴”“石”聲之字。

古文字的偏旁配置比較自由,變化較多。小篆中偏旁配置作上下重疊式的字,在先秦文字中往往寫作左右並列式。例如“齋”字在金文中作“禈”(《金文編》10頁),“禦”字在金文中多作“禦”(同上16頁),“男”字在甲骨文和金文中多作“舅”(《甲骨文編》524頁、《金文編》900—901頁)等等。所以六國古印文字中的“斫”沒有問題就是後來的“度”字。

前面說過,“斫”在印文中用作姓氏。度氏在古代的確是存在的。東漢有荆州刺史度尚,山陽湖陸人,《後漢書》有傳。《隸釋》卷七錄有桓帝永康元年所立的度尚碑,碑文說:“其先出自顓頊,與楚同姓,熊嚴之後(中缺)亦世掌位,統國法度。”《元和姓纂》(去聲十一暮)度氏條說:“古掌度支之官,[28]因以命氏。”《通志・氏族略第四》度氏條引《西京雜記》,謂“漢成帝時侍郎度安世,居山陽胡陸”。[29] 戰國時代應該已有度氏。

殷墟甲骨文中有一個从(“石”之初文)从“殳”的字,大概是“殸”的異體(《甲骨文編》386頁“磬”字條),似與“度”字無關。

1990年1月9日寫畢

追記:

此稿寄出後,於2月20日收到王人聰先生賜寄的、他與葉其峰先生合著的《秦漢魏晉南北朝官印研究》一書(香港中文大學文物館專刊之四,1990年1月)。此

---

[28] 《通志・氏族略》等作“古掌度之官”。

[29] 今本《西京雜記》作“慶安世”,恐誤,參看岑仲勉《元和姓纂四校記》。

書第一篇爲人聰先生所寫的《秦官印考述》,是迄今爲止研究秦印的最重要的一篇文章。拙文第一篇所釋各鈕與廄有關的秦印,王文都已按正確字序加以釋讀,所作論證與拙文亦大同小異,故拙文此篇實已可以作廢。繼思王書出版於香港,内地目前尚不易見到,又文中從羅福頤先生釋"章廄"爲"龍廄",與拙文不同,故仍存拙文未删。讀者可以王文有關部分之迻録與補充視之。

1990年2月24日

原載《文博研究論集》(上海古籍出版社,1992),今據以收入。

“司馬聞”“聞司馬”考

戰國古印上數見“司馬聞”或“聞司馬”之文:

左司聞信鉩	《封泥考略》1·1
司聞敀	《善齋璽印錄》1·15
聞司鉩	續衡1·12【《璽彙》30】
聞司鉩	簠集17【《璽彙》28】
聞司鉩	同上15【《璽彙》29】
右聞司	尊集一1·27【《璽彙》31】
右聞司	舉1·2【《璽彙》32】
右聞司鉩	尊集二1·14【《璽彙》33】

前人已知“”當釋“馬”,但是似乎還沒有人加以論證。上舉第一條印文裏,“司”與“聞”之間的那個字顯然是“馬”字,可證其它諸印的“”字確是“馬”的簡體。臨淄出土的戰國陶片上常見“關里馬柉”之文。“馬”字有作“”的(《鐵陶》44頁),也有作“”的(《鐵陶》55、70頁)。後者顯然是前者和“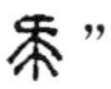”之間的過渡的形體。臨淄陶文屬於齊國。上引第一條印文見於臨淄出土的封泥上,無疑也屬於齊國。此外各印都是白文,文末多帶“鉩”字,也都是合乎齊印的格式的。由此可知把“馬”字寫作“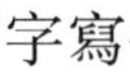”是齊國文字的獨特作風。

《賓釋》也收有上引“右聞司馬鉩”,考釋説:“聞、闍通”,認爲“聞”是“闍”的借字。其實,“司馬聞”和“聞司馬”的“聞”字都應該是“門”的借字(“聞”本从“門”聲)。《戰國策·齊策六》“齊王建入朝於秦”章:“齊王建入朝於秦,雍門司馬前曰……”。可見在戰國時代,至少在齊國已經有門司馬的官職了。有了司馬守門的制度以後,帝王的宮門就有了一個新的名稱——司馬門。這一名稱在漢代史料裏是很常見的。在戰國時代,司馬門之稱也已經出現。《戰國策·秦策五》“文信侯出走與司空馬之趙"章:"武安君北面再拜賜死,縮劍將自誅,乃曰:人臣不得自殺宫中,過司馬門,趨甚疾……"。《列女傳·卷六·辯通·齊鍾離春》:"鍾離春……謂謁者曰:妾,齊之不售女也。聞君王之聖德,願備後宫之埽除。頓首司馬門外,唯王幸許之。"以典籍和古印相比照,印文的"司馬聞"和"聞司馬"的"聞"應該讀作"門",是顯而易見的。

原載《古文字論集》,今據以收入。

關於石鼓文的時代問題

石鼓文是我國歷史上最著名的石刻,但是關於石鼓文的時代却長期以來聚訟紛紜,至今尚無定論。

我們在這裏不想對關於石鼓文時代的各種說法作全面的介紹。有不少說法,如前人提出的周成王時代說、漢代說、晉代說、北魏說和西魏說,以今天的學術水平來衡量,都是毫無價值的,完全可以略而不論。下面只準備對跟我們的討論有關的一些說法作必要的介紹。

石鼓是唐初在"岐州雍城(今陜西鳳翔縣)南"的田野中發現的(唐人或謂石鼓出陳倉,即今寶鷄,或謂出岐陽,皆不確切,參看下引唐蘭《石鼓年代考》11—12頁)。由於石鼓文中有些字的寫法,跟見於《說文》的、出自周宣王太史籀所編的《史籀篇》的"籀文"相合;石鼓《吾車》石的有些詩句,又跟《詩序》認爲是記宣王田獵的《小雅》的《車攻》和《吉日》相似;唐代人多認爲石鼓文也是記宣王田獵的,書寫者就是太史籀。

首先對上述看法提出有價值的異見的,是南宋前期的翟耆年和鄭樵。

翟耆年在所著《籀史》卷上《石鼓碑》條中說:

> ……篆畫行筆,當行於所當行,止於所當止。今位置窘澀,促長引短,務欲取稱,如"柳""帛""君""庶"字是也;意已盡而筆尚行,如"以""可"字是也。十鼓略相類。姑舉一隅,識者當自神悟。以器款(引者按:指銅器銘文)"惟"字,參鼓刻"惟何""惟鯉"之"惟",則曉然可見矣。蓋字畫無三代醇古之氣,吾是以云。前輩尚疑《繫辭》非夫子所作,僕於此書直謂非史籀跡也。

他根據字體風格指出石鼓文不可能早到周宣王時代,這是很有見地的。

鄭樵直指石鼓文爲秦篆。他著有《石鼓文考》三卷,已失傳。陳思《寶刻叢編》卷一載有他的《石鼓音序》,文中說:

> 此十篇皆是秦篆,以"也"爲"殹"(引者按:指將"也"寫作"殹",下同

例),見於秦斤;以"丞"爲"烝",見於秦權。

又說:

> 其文有曰"嗣王",有曰"天子"(引者按:指《而師》石之文)。"天子"可謂帝,亦可謂王。故知此則惠文之後始皇之前所作。

鄭樵從字形方面,以石鼓文與秦的銘刻文字相印證,這是他的高明之處。使用跟語助詞"也"相當的"殹",確是秦文字的特色。除秦權量銘文外(鄭氏所引的秦斤,即見於《歷代鐘鼎彝器款識》卷十八的平陽斤,也是一種權),鄭氏所漏引的秦詛楚文以及後世出土的秦虎符、秦簡等,都有這樣的"殹"字。而在先秦時代秦以外國家的文字資料裏,則還沒有發現過這種例子。但是鄭氏認爲石鼓文中的"嗣王""天子"都指秦王,從而斷定石鼓爲惠文稱王以後所作,則顯然是錯誤的。很多學者指出,石鼓文中的"公"指秦君,"嗣王""天子"則指周王(詳下文),這是正確的。

比鄭樵略晚一些的鞏豐(南宋孝宗淳熙間進士),也以石鼓爲秦物。他的有關著作已佚。明楊慎《丹鉛續録》卷十一"石鼓文"條引其說曰:

> 鞏豐云:岐本周地,平王東徙,以賜秦襄公。自此岐地屬秦。秦人好田獵,是石鼓詩之作其在獻公之前襄公之後乎?其字類小篆。地秦地,聲秦聲,字秦字,其爲秦詩何疑?(據《四庫全書》本)

鞏氏對石鼓時代的推測顯然比鄭樵合理。他認爲石鼓之作在獻公之前,也許是由於考慮到獻公時城櫟陽而都之,石鼓所在的雍地已非政治中心的緣故。

南宋之後,晚清之前,新出現的關於石鼓時代的說法都沒有什麼價值。晚清學者關於石鼓時代的意見中,吳大澂和震鈞的意見比較重要。

吳大澂並沒有寫過關於石鼓時代的專文,但是在題跋中表露了石鼓文是秦文字的看法。他在光緒十四年(1888)批校阮元《積古齋鐘鼎彝器款識》時,曾爲被阮元誤認爲秦器的宋徽宗時所鑄的嘉禮尊寫了如下一段跋語:

> 宋徽宗所鑄器,非周秦物。"薦"字(引者按:原文摹出篆形,字从四"屮"。現爲印刷方便改作一般楷體)與石鼓相同,"嘉"字稍異。阮芸臺識作秦器,是亦可證石鼓非周宣王之文字也。(顧廷龍《吳愙齋先生年譜》166頁,《燕京學報專號》之十,1935)

吳氏還在他臨石鼓的屏幅上寫過如下一則題跋:

> 許氏說文序謂諸侯力政,不統於王,分爲七國,言語異聲,文字異形。是以

周代鼎彝多奇文異字，不能盡辨。岐山爲古雍州，地屬秦之版圖。石鼓出自岐陽，其文盤曲深厚，得筆法於篆籀之間。秦自孝公而後，用法家言，伯長西陲，百餘年來，未統於王室，故其文字不盡守史籀遺法。後世謂石鼓爲宣王時物，又謂爲北周紀功之作，未敢信爲定論。（同上 166—167 頁）

揆其意，似以石鼓爲秦孝公以後物。

震鈞著《石鼓文集注》（在《十篆齋題跋》內），以石鼓文爲秦文公東獵時所刻，又在所著《天咫偶聞》中撮述其大略云：

考《史記・秦紀》，文公三年（公元前 763）以兵七百人東獵，四年至汧、渭之會，此即所云"汧殹沔沔（引者按：實爲"沔"字）"是也。又曰昔周邑我先秦嬴於此，後卒獲爲諸侯，乃卜居之，占曰吉，即營邑之，此即所云"遴道既平，嘉樹則里"，皆言營邑之事也。"日隹丙申"者，所卜得之日也。第一鼓（引者按：指《吾車》石）皆言獵事，則七百人東獵事有據矣。而且一鼓中，天子與公雜見（引者按：指《吾水》石既有"天子永寧"語，又有"公謂大□"語），豈有宣王獵碣，既偁天子復偁公之理；則天子，周王也；公，秦文也。（以上據下引郭沫若《石鼓文研究》33 頁轉引，"引者按"爲我所加）

此說頗有影響，後來羅振玉、馬叙倫等學者，也都認爲石鼓是秦文公時物。

1923 年，馬衡發表《石鼓爲秦刻石考》（原載北京大學《國學季刊》1 卷 1 期，已收入中華書局 1977 年出版的《凡將齋金石叢稿》），在鄭樵的基礎上，以豐富得多的秦銘刻資料與石鼓文對照，從字形方面進一步論證了石鼓爲秦刻。此文發表以後，石鼓文爲東周時代秦國石刻這一點，得到了學術界絶大多數人的公認。不過由於馬氏用來作對照的字形，往往是各國通用的而不是秦國特有的，因此實際上並沒有在鄭樵所舉的證據之外提供多少新的證據（參看下文所引馬幾道《秦石鼓》84 頁）。

馬氏在上引論文中，還提出了石鼓作於秦穆公的主張。他說：

……鼓文雖殘闕，猶有"公謂大□，余（引者按：此字實非"余"字，郭沫若改釋爲"金"，待考）及如□"句。公者，秦公也……鄭氏引鼓文曰天子，曰嗣王者，皆指周天子也。惜此章（原注：第七鼓。引者按：指《而師》石）文辭闕蝕，上下不相屬，不能得其文義；然第九鼓（引者按：指《吾水》石）猶有"天子永寧"之語，可知其爲祝頌之詞。夫秦自襄公有功王室，得岐西之地而列爲諸侯，至繆公始霸西戎，天子致賀（引者按：《史記・秦本紀》謂繆公"三十七年，秦用由余謀伐戎王,益國十二,開地千里,遂霸西戎,天子使召公過賀繆公以金鼓"。"繆"、"穆"通,"繆公"即"穆公"。穆公三十七年爲公元前623年)。鼓文紀田漁之事,兼及其車徒之盛,又有頌揚天子之語,證以秦公敦之字體及"烈烈桓桓"之文,則此鼓之作,當與同時。繆公時居雍城,雍城在今鳳翔縣雍水之南;《元和郡縣圖志》所紀出土之地,正爲雍城故址……以田漁之所獲,歸而獻諸宗廟,作詩刻石以紀其事,則石在雍城宜也。(《凡將齋金石叢稿》170—171頁)

文中所謂秦公敦即民國初年出土的秦公簋。馬氏以此器爲秦穆公所作,不確。據近人研究,此器時代大概不出春秋中期偏後的秦共公、桓公、景公三世(公元前608—前537,參看下引陳昭容文1083—1091頁)。竊疑當以孫常敘的桓公說較爲可信(見其所著《秦公及王姬鐘、鎛銘文考釋》,《吉林師範大學學報》1978年4期22頁。孫氏認爲簋銘的"十又二公"指襄公至共公十二君,中包靜公及出子,簋爲繼承共公之桓公所作。桓公在位年爲公元前603—前577)。從字體看,簋銘顯然早於石鼓文。馬氏認爲二者同時也不確,詳下文。

1933年,郭沫若發表《石鼓文研究》一文,提出了襄公說,認爲石鼓爲秦襄公在其即位後第八年(前770),送平王東遷凱旋而歸作西畤時所作(此文當時收入《古代銘刻彙考》發表,後又收入商務印書館1939年出版的《石鼓文研究》一書。此書已收入《郭沫若全集・考古編9》,科學出版社,1982)。今撮錄其主要論證於下:

據《元和郡縣志》天興縣下云"石鼓文在縣南二十里許,石形如鼓,其數有十"。唐天興縣即秦雍縣,石鼓所在地則所謂三畤原也。《秦本紀》"文公十年初爲鄜畤",《正義》引《括地志》云"三畤原在岐州雍縣南二十里,《封禪書》云秦文公作鄜畤,襄公作西畤,靈公作吳陽上畤,並此原上,因名也"。……(《全集・考古編9》36頁)

石鼓既在三畤原上,則與三畤之一之建立必有攸關,揆其用意實猶後世神祠佛閣之建立碑碣也。三畤之作,據《史記・十二諸侯年表》,西畤作於襄公八年,當周平王元年;鄜畤作於文公十年,當平王十五年;又據《六國表》,吳陽上畤作於靈公三年,當威烈王四年。今考《而師》一石有"天子□來,嗣王始□,古(故)我來□"等語,此中雖泐去數字,然爲新王始立之意,固甚明白。與此關係相合者,僅襄公作西畤一事而已。(同上37頁)

襄公立西畤之由,《秦紀》言之頗詳:

西戎犬戎與申侯伐周,殺幽王酈山下,而秦襄公將兵救周,戰甚力,有功。周避犬戎難,東徙雒邑,襄公以兵送周平王。平王封襄公爲諸侯,賜之岐以西之地,曰'戎無道,侵奪我岐、豐之地,秦能攻逐戎,即有其地'。與誓,封爵之。襄公於是始國,與諸侯通使聘享之禮,乃用騮駒、黄牛、羝羊各三(《封禪書》作各一)祠上帝西畤。

用知西畤乃襄公送平王而凱旋時紀功之作。考之石文雖辭多殘泐,而蛛絲馬跡猶有綫索可尋。如《汧沔》一石(引者按:即《汧殹》石)乃偁美其國都汧源之風物。《霝雨》一石乃追記出師之始,所謂"其奔其敔,□□其事"者,即攻戎救周之事也。《而師》一石之"□□而師,弓矢孔庶",乃天子之命辭,"而"即爾汝字,猶《書·文侯之命》言"其歸視爾師,寧爾邦,用賚爾秬鬯一卣,彤弓一、彤矢百,盧弓一、盧矢百"也。又其"嗣王始□,古(故)我來□",尤屬與送平王事若合符契。《作原》一石當是作畤時事……《吾水》一石應承《作原》之後……其餘《車工》(引者按:即《吾車》)、《田車》、《銮柀》、《馬薦》諸章乃紀畤成後畋獵以爲樂。《吴人》(引者按:即《虞人》)言"獻用",言"大祝",乃敘畋獵有獲以獻於畤也。(同上38—40頁)

郭氏在首先收入《石鼓文研究》一文的《古代銘刻彙考》的序裏,還把《詩·秦風·駟驖》跟石鼓文聯繫了起來,他說:

閱《秦風·詩序》,言"《駟驖》美襄公也。始命,有田獵之事、園囿之樂焉。"則是與《石鼓詩》乃同時之作。詩之"游于北園,四馬既閑",蓋即西畤之後苑矣。(《考古編9》40頁眉批)

在郭氏之後主襄公說最力的張光遠,也認爲《駟驖》與《石鼓詩》同時,並提出了《作原》石所述即墾建北園之事的說法。他還認爲襄公封爲諸侯並接受岐西之地以後,需要時間墾建北園,北園建成後才能産生《作原》《虞人》等詩,所以把作《石鼓詩》的年代定爲襄公十年(公元前768),比郭氏所定之年晚了兩年。此外,針對不少學者認爲石鼓文字體較晚的意見,張氏舉出了石鼓文中一些較古老、較繁複的字形,如从四"屮"的字和从四"木"的"囿"字等,作爲其時代可以早到春秋初年的證據(張光遠《先秦石鼓存詩考》,臺北,1966。又《秦國文化與史籀作石鼓考》,《故宫季刊》14卷2期,1979)。

1935年,羅君惕在《考古社刊》第3期上發表《秦刻十碣時代考》,其結論曰:

吾以爲碣文佚詩也;十碣,秦人刻之也,其時當在惠文、始皇之間。(104頁)

這篇《時代考》是羅氏從他的書稿《秦刻十碣考釋》中摘錄出來的。到1983年,這部書稿才由齊魯書社印行。其中的第六章是《時代》,内容較《時代考》爲詳,大意謂從字體看,石鼓文時代當從鄭樵說,斷爲惠文王以後始皇未同文前(《秦刻十碣考釋》322頁),但所刻之詩並非當時作品,而爲《詩經》未載之佚詩(同上283—288頁)。

古文字學家唐蘭對石鼓文作了深入的研究。他在1947年發表了《石鼓文刻於秦靈公三年考》(上海《申報》1947年12月6日、13日),主張石鼓文爲靈公三年(公元前422)作吳陽上下畤時所刻。1958年又發表《石鼓年代考》(《故宫博物院院刊》1958年1期,文物出版社。下文簡稱"年代考"),把石鼓年代改定爲秦獻公十一年(公元前374)。

唐氏從多方面論證石鼓時代早不到春秋時期,而只能屬於戰國時期。他所舉的證據,以詞彙、字形和字體風格方面的爲最重要。下面據《年代考》加以介紹。

在字體風格方面,唐氏除祖述《籀史》之説外,還將石鼓文與秦公簋銘作了相當詳細的比較。他說:

……象秦公簋所重出的(引者按:指簋與石鼓共有之字)"公"、"不"、"受"、"又"、"之"、"天"、"事"、"余"、"帥"、"是"、"乍"、"以"、"各"、"多"、"竈"、"方"等十六字以及其它偏旁相同的字,除了書法大致近似外,石鼓就比較方整,大小匀稱,布局緊密板滯,遠不如秦公簋的自然。象"碩"字偏旁的"頁",寫作,末筆的詰曲,秦公簋就不這樣;"禽"字下半的"内"末筆向外,秦公簋向内;"竈"字所从的"穴",已作,秦公簋還作,都是石鼓晚於秦公簋的鐵證。"舟"字右邊一筆上面弧形特別長,"轡"字所从的"叀",作不作,从"食"、从"皀"等字的末筆都是如此(引者按:下引馬幾道《秦石鼓》348頁指出,從銅器銘文看,本作的"皀"變作,是七世紀之後發生的現象);"趍"字所从的"多"作不作,末筆曳長了,這些寫法在春秋時代都是看不見的(引者按:此語與事實有出入,如"皀"字末筆的那種寫法就已見於春秋晚期銅器,看《金文編》359頁所收王孫鐘等"飤"字)。而象"爲"字之類,跟秦始皇刻石和陶量却特別相似(引者按:此語亦與事實有出入。商鞅量"爲"字的寫法與秦始皇刻石和陶量相似,石鼓文的"爲"字的寫法顯然比它們古,參看下引拙

著《文字學概要》65 頁)，可見石鼓時代決在春秋以後。(《年代考》10 頁)

在字形方面，唐氏所舉之例中比較重要的，是“四”字和偏旁“亘”。關於“四”字，他說：

“四”字春秋時一般作“亖”，齊國從國差𦉜(公元前589 年前後)一直到陳侯午錞(公元前 361)都還用“亖”字。……秦國的秦公鐘、秦公簋(公元前576—537。引者按：唐氏以秦公鐘、簋爲秦景公器)也都用“亖”字，而石鼓文却不只一次用“四”字，它的年代，顯然不能在秦公鐘、秦公簋之前。

……

在金文裏最早把“四”作數目字用的是吴國的者減鐘(引者按：此說因新資料的發現已需糾正。春秋前期的曾子斿鼎已有“四國”之文，見《文物》1964 年7 期圖版貳·2 及同期 10 頁馬承源文)……者減鐘的時代應該在公元前548 年，諸樊死的前後。……由此可見公元前548 年前後吴國已用“四”字而秦國還用“亖”字，戰國時期，一般已用“四”字，但齊國還用“亖”字(公元前361)，石鼓既爲秦物，應該屬於戰國時期是無疑的。(同上9 頁)

關於“亘”旁，他說：

“宣”字見虢季子白盤，在秦公簋的“超”字偏旁裏，還象回紋，但石鼓作已失了回旋的形象，詛楚文就干脆寫作了。……可以證明石鼓是很晚的作品。(同上 10 頁)

在詞彙方面，唐氏的主要證據是第一人稱代詞“吾”和語助詞“殹”。關於“吾”，他指出：在金文中，春秋末的銘文才用與“吾”通的“盧”“䱷”爲第一人稱代詞。在古書中，《尚書》和《詩經》都還沒有用“吾”字，“春秋末葉以後的《儀禮》、《論語》、《墨子》、《左傳》、《孟子》等”才常用“吾”字，“向上去，只有《周易》裏有過一個‘吾’字，中孚九二‘我有好爵，吾與爾靡之’”。他認爲“爻辭來源是很古的，但它的寫定，顯然在春秋末年，那末，它的有‘吾’字，正如《尚書》、《詩經》用‘予’字一樣，是受時代影響的緣故”。因此他認爲石鼓文用“吾”爲第一人稱代詞，是石鼓文晚出的證據。他說：

石鼓文裏的第一人稱代名詞跟甲骨、金文、《尚書》、《詩經》裏的系統有顯著的不同，它有兩個“余”字，兩個“我”字，十四個“避”字，這是一個新的現象。“朕”字消失了，而新加入一個“避”字，這個字雖然跟春秋末年金文的“盧”或

“𠭯”相通，但在人稱代名詞方面寫這個字，石鼓是最早的，詛楚文簡化爲“㐚”，小篆更簡化爲“吾”。

……齊靈公時代的叔夷鐘（公元前581—前554），秦景公時代的秦公鐘、秦公簋（公元前576—前537），越王勾踐十九年的者沪鐘（公元前478）等都還用“朕”字，但齊國的𨚕鎛用“𠭯”字，秦國的石鼓用“𨗴”字，𨚕鎛不可能早於叔夷鐘，石鼓當然也不可能早於秦公鐘、秦公簋。石鼓的“𨗴”最繁複，詛楚文（公元前310。引者按：唐氏認爲詛楚文刻於秦武王元年，一般認爲刻於惠文王後元十二年或十三年，即公元前313或312年）的“㐚”簡單了，小篆的“吾”更簡單了……可見石鼓應在秦公簋之後，詛楚文之前（公元前537—前310）。（同上8頁）

關於“殹”，他說：

語尾助詞的“也”字，在《詩經》裏已經很多，但是在春秋時代金文裏還沒有見過（引者按：很多學者釋春秋時代的𢿥書缶銘中“書”下一字爲“也”），石鼓兩見“殹”字，鄭樵舉詛楚文和平陽斤都有“殹”字（引者按：鄭樵未舉詛楚文），證明石鼓是秦物是正確的。近代出土的新郪虎符也有“殹”字，詛楚文爲公元前310年，新郪虎符約公元前230—前221年，平陽斤爲公元前221年，石鼓的時代和這些器物應該是很接近的。（同上8頁）

此外，唐氏還把《鑾車》石“迂□如虎”的“迂”讀爲人稱代詞“予”，用作“新的語彙”的例證（同上8頁）。這種讀法恐不可信（參看下引陳昭容文1102頁）。即使可信，由於用作人稱代詞的“予”只是“余”的一種異寫，充其量也只能看作新的字形而不能看作“新的語彙”。

唐氏在《年代考》中，認爲石鼓文刻於周太史儋見秦獻公之年，即獻公十一年（前374），比他原來所定的靈公三年推遲了四十八年。唐氏承認石鼓文的“嗣王”應指嗣位不久的周天子，獻公十一年相當於周烈王二年，他認爲這一年烈王“還可以稱嗣王”（《年代考》18頁。郭沫若在《石鼓文研究》三版小引中引唐氏此語，在“還可以”三字旁加著重點，並說唐氏“其自信似尚未堅”，見《郭沫若全集·考古編9》6頁）。靈公三年說曾得到蘇瑩輝、那志良等學者的贊同（蘇瑩輝《石鼓文刻於秦靈公三年說補正》，《大陸雜志》5卷12期，1952。那志良《石鼓通考》67頁，臺北，1958），獻公十一年說則少見有人贊同。

1961年，段颺發表《論石鼓乃秦德公時遺物及其他——讀郭沫若同志〈石鼓文研究〉後》(《學術月刊》1961 年 9 期),主張石鼓爲秦德公元年(公元前 677)徙都於雍時所立。他指出德公元年正是周僖(釐)王崩周惠王嗣位之年,認爲石鼓文的"天子""嗣王"是指周惠王的(41 頁)。戴君仁在《重論石鼓的時代》一文中,也主張石鼓爲德公元年雍城初建時所刻置(《大陸雜志》26 卷 7 期 211 頁,1963)。

1981 年,李仲操發表《石鼓最初所在地及其刻石年代》(《考古與文物》1981 年 2 期),認爲石鼓最初所在地是陳倉(83—84 頁),石鼓文爲秦宣公四年(公元前 672)作密畤於陳倉北阪時所刻(密畤所在地係據《水經注》)。他說:

> 秦宣公元年冬季,周天子因"五人作亂"出奔鄭國,此時"五人"立子頹爲王。至秦宣公三年,即周惠王四年夏四月,周天子在鄭與虢君的援助下復國。此事後,約數月時間,秦宣公即來陳倉北阪作密畤祠青帝。而《石鼓·而師篇》有"天子□來,嗣王□□,故我來□。"顯然與上述事實吻合。故鼓文"天子"當指周之惠王;"嗣王"當指周之王子頹;"故我來□"爲秦宣公述自己的活動。(85 頁)

同年,韓偉發表《北園地望及石鼓詩之年代小議》(《考古與文物》1981 年 4 期),提出了武公說。他根據位於秦都雍城以南的鳳翔高莊秦墓出土刻有"北園王氏""北園吕氏"等文字的陶缶的事實,並參照雍城周圍地勢,認爲《秦風·駟驖》所說的"北園",亦即石鼓詩所咏的園囿,就在雍城南面"後來稱爲三畤原的地方",最初當因其地在秦寧公所徙都的平陽(今陽平)之北而得名(92 頁)。他還認爲北園的範圍當包括部分原來屬於西虢的土地,只有在秦武公十一年(公元前 687)滅小虢後,才能在此修造園囿,"武公伐彭戲邽冀諸戎,把秦的勢力向東推進到關中中部,勵精圖治,武功顯赫,所以石鼓詩及駟驖三章均可能是武公時代的產物"(93 頁)。

1984 年,李學勤發表專著《東周與秦代文明》(文物出版社出版),第十四章《秦》談到了石鼓文,認爲"石鼓大約爲春秋中晚期的作品"(186 頁)。他同意唐蘭石鼓晚於秦公簋的意見。秦公簋的時代,他先定爲秦成公(公元前 663—前 660),後來在 1989 年發表於《中國歷史博物館館刊》總 13、14 期上的《秦公簋年代的再推定》中,改定爲秦穆公(公元前 659—前 621),所定時代較一般所定爲早。所以他認爲石鼓文的時代有可能早到春秋中期。

1988 年,美國學者馬幾道(Gilbert L. Mattos)發表專著《秦石鼓》(*The Stone Drums of CH'IN*,《華裔學志叢書》第 19 種)。他把石鼓文的字形跟秦武公鐘、秦公簋、詛楚文和小篆的字形作了相當全面的對比。根據這些研究,並考慮到周代字形一般的發展變化,他同意唐蘭石鼓文的時代在秦公簋和詛楚文之間的意見,但認爲唐蘭把石鼓定爲秦獻公物,時間過晚。他在《秦石鼓》的《石鼓的時代》章《從石鼓文與其他銘刻的關係看石鼓時代》節的末尾説,石鼓文時代"在秦公簋之後,但明顯早於詛楚文……總之,從它們的字體的角度來看,十個石鼓大概刻於前六至五世紀間的某個時間"(363 頁。馬幾道以秦公簋爲桓公器,見 96—97 頁)。在全書結語之末又説:"結合石鼓文的語言和字體的早期和晚期特徵來看,並考慮到在中國刻石的風氣似乎出現得比較晚,我們傾向於把石鼓時代定於前五世紀。"(369 頁)

1993 年,陳昭容發表《秦公簋的時代問題:兼論石鼓文的相對年代》(《歷史語言研究所集刊》六十四本四分),認爲研究石鼓文時代,以根據語彙發展、文字演變的綫索來進行考訂的方法爲較優;並著重討論了把這種方法使用得比較充分的唐蘭的《石鼓年代考》的是與非。她指出《年代考》中提出的關於石鼓時代的論證,除語彙、文字方面的以外,都缺乏説服力(1094—1096 頁);而語彙、文字方面的證據也只"足以支持石鼓文不早於春秋晚期的觀點,但不足以導致石鼓成於戰國中葉的結論"(1104 頁)。因此她跟馬幾道一樣,同意唐蘭"把石鼓文的相對年代定在秦公簋(公元前 576—前 537)之後,詛楚文(公元前 312)之前"(1104 頁),但不同意他把石鼓時代拉後到戰國中期。她的結論是:"石鼓文的製作應稍晚於秦公簋,早於詛楚文(公元前 312),更具體的年代宜在春秋晚期到戰國早期之間,距秦公簋近些,離詛楚文遠些。以目前的條件,尚不足爲石鼓訂出絶對年代。"(1106 頁)

以上介紹了各家對石鼓文時代的意見,下面談談我們的看法。

從研究方法來看,晚清以來討論石鼓文時代的學者,主要可以分成兩派:一派著重通過石鼓文内容與歷史記載的對照以確定其時代。一派著重於研究石鼓文的字體的時代特徵,也就是依據石鼓文的字形和字體風格等所表現的時代性以確定其時代。前一派有震鈞、郭沫若、段颺、李仲操、韓偉等人。後一派有吴大澂、羅君惕、馬幾道、陳昭容等人。馬衡、唐蘭可以認爲是兩種方法並重的。

上述後一派學者中,馬幾道和陳昭容的研究比較細緻,也比較科學;二人的研究結果幾乎完全相同。我在拙著《文字學概要》中談到石鼓文時代時説:"從字體上看,石鼓文似乎不會早於春秋晚期,也不會晚於戰國早期,大體上可以看作春秋戰國間的秦國文字。"(59 頁,商務印書館,1988)跟他們的意見相合。可以説,如果客觀地研究石鼓文的字體,必然會得出這樣的結論。

上述第一派學者主張的襄公、文公、武公、德公、宣公諸説以及馬衡主張的穆公說,其時代都早於春秋晚期,與石鼓文字體不合。

唐蘭是最早深入地研究石鼓文字體的時代性的學者,在這方面有不少精闢的見解。可惜他爲了要找出石鼓文的絶對年代,不得不比附史實,以致把石鼓文的時代定得過晚。他第一次所定的靈公三年,是在戰國早期的範圍之内的;但從石鼓文的時代應離秦公簋較近離詛楚文較遠的觀點來看,似仍嫌稍遲了一些。至於第二次所定的獻公十一年,就顯然太晚了。鄭樵、羅君惕等把石鼓文時代定得更晚,都是不可信的。

按照石鼓文稱"天子""嗣王"等内容來看,其年代必須合乎兩個條件:一、在當時秦與周應有相當密切的關係。二、當時的周王應該剛即位不久。郭沫若主要就是根據這兩點把石鼓文的年代定爲襄公八年的。可是在馬幾道、陳昭容所定的石鼓文時代的範圍内,却很難找到同時合乎這兩個條件的年份,所以他們都認爲目前還無法確定石鼓文的絶對年代。

平心而論,如果撇開字體的時代性不論,郭沫若的襄公説是相當合理的(他認爲"其奔其敔……"指攻戎救周,則不一定正確)。其他關於石鼓文絶對年代的説法,都難以滿足上述兩個條件。如德公説就只能滿足後一個條件,因爲史書中毫無德公時周、秦發生關係的記載。又如主張宣公説者,不但不能舉出當時周、秦發生關係的歷史記載;而且既認爲秦公當時站在周惠王一邊,又説鼓文的"嗣王"指作亂的王子穨,也是不合理的。唐蘭認爲周烈王二年還可以稱嗣王,也顯然很牽强。然而襄公八年在春秋之初,襄公説比其他各説更不能與石鼓文的字體相合。主張襄公十年説的張光遠,曾談到石鼓文的字體。但是他顯然是先有了石鼓詩應爲襄公時所作的看法,然後再去找字體上的證據的。他只指出石鼓文中有寫法古老的字形,却不管那些顯然很晚的字形。這是不合理的。就跟考古學遺跡的斷代必須以所包含的時代最晚的遺物爲根據一樣,石鼓文的時代也應該根據時代特徵最晚的字形來斷定(參看馬幾道《秦石鼓》355—356頁)。

總之,關於石鼓文的時代,直到目前還沒有出現一種既能很好照顧到其内容,又能很好照顧到其字體的説法。爲了解決内容與字體的矛盾,有必要强調指出羅君惕關於石鼓文時代的意見裏的一個合理因素。羅氏所定的時代雖然不足信,他所提出的石鼓所刻之詩是早於刻石時代的作品的想法,却十分具有啓發性。按照這種思路,我們完全可以把郭沫若的意見跟馬幾道、陳昭容的意見統一起來。

春秋晚期或戰國早期的秦國統治者,爲了宣揚秦的受命之君襄公的業績,完全有可能在雍都南郊祭上帝的地方,把襄公時所作的紀功、紀游之詩刻在石碣上。説不定當時就是爲了以襄公配享上帝而刻石鼓詩的。石鼓詩的寫作年份,既有可能如郭沫若所説,就在送平王東遷而歸的襄公八年;也有可能如張光遠所説,是在稍後一些的年份(但不一定是襄公十年)。因爲在稍後一些的年份追述八年之事,對平王仍可用嗣王之稱。至於刻石的具體年份,目前仍難以推測。石鼓刻於靈公三年作吳陽上下畤之時的可能性,似乎不能完全排除。但石鼓之刻決不會再晚於此年。

襄公説最受人詬病的一點,就是襄公所作的西畤實際上並不在雍南(郭氏所引的《括地志》實不可信,參看《年代考》12 頁)。既知作詩與刻石不在一時,這一點就不能用作石鼓詩作於襄公説的反證了。從這種觀點來看,從字形和字體風格方面提出來的石鼓文晚出的證據,也已不能成爲這一説的反證。但是對於唐蘭提出的詞彙方面的證據,還需要略爲説幾句。

先説"吾"。童書業在唐氏發表《石鼓文刻於秦靈公三年考》之後不久所寫的反駁文章裏,就已經指出,《尚書・微子》説"吾家耄遜于荒",《周易・中孚・九二》説"吾與爾靡之",可見"吾"開始用作第一人稱代詞的時代比唐氏所説的早(《論石鼓文的時代再質唐蘭先生》,《中央日報》1948 年 4 月《文物周刊》77 期)。郭沫若在《石鼓文研究》一書的《重印弁言》中也説:"《易經・中孚》九二'我有好爵吾與爾靡之',已有吾字。《易經》成書雖甚晚,然此爻辭則採自民歌,爲時當頗古。吾印乃陰陽對轉,《邶風・匏有苦葉》,《毛傳》以爲刺衛宣公,詩中三見印字,均作爲我字用。是則吾印殆古時民間俗語,故於民歌民風中見之。《石鼓文》作者採用俗語,故首於貴族詩歌中使用避字。"(《郭沫若全集・考古編 9》12 頁)這些意見是有道理的。唐蘭在《年代考》中爲了維護他關於"吾"的説法,以《周易》爻辭寫定時代較晚,出現"吾"字"是受時代影響的緣故"來作解釋(已見上引)。如果這種説法能够成立,别人也可以説,襄公之詩刻在石鼓上的時代較晚,出現"吾"字"是受時代影響的緣故"。

再説"殹"。秦國的"殹"與他國的助詞"也"相當。既然"語尾助詞的'也'字,在《詩經》裏已經很多"(《年代考》中語,已見上引);在襄公的詩裏出現"殹"字,也就不足爲奇了。至於秦公鐘、簋等未用"殹"字,是文章體裁使然,不足以證明當時秦人尚未使用"殹"字。所以唐氏提出的詞彙方面的證據,也不能用作石鼓詩作於襄公説的反證。

總之,我們初步認爲石鼓文是春秋晚期或戰國早期,也可以説是前 5 世紀(如認爲秦公簋非景公器,而是桓公或共公器,便可以説前 6 世紀晚期至前 5 世紀晚期之間)的秦人所刻的、秦襄公時代的一組詩。這當然只是一種假設。希望這種假設的提出,對石鼓文時代的研究多少能起一些促進作用。【編按:作者後來相信石鼓文作於春秋中晚期之際說,參看本書所收《〈石鼓文整理研究〉序》。】

1995年1月27日寫畢

原載《傳統文化與現代化》1995年1期,今據以收入。

詛楚文"亞駝"考

詛楚文是北宋時發現的戰國時代秦國的石刻文字,是秦王詛楚王的告神之文。學者多據其内容定秦王爲惠文,楚王爲懷王,當可信。① 北宋時先後在三個地點發現過詛楚文,每地各出一石。三石刻辭基本相同,但所告之神各異。出於鳳翔"開元寺土下"者爲告巫咸文,出於朝那湫旁者爲告"大沈氒(厥)湫"文,出於要册者爲告亞駝文。② 秦王此次詛楚,所告之神大概很多,所刻之石決不會僅有三塊。但其餘刻石尚未爲後人所發現,也可能發現時由於不受重視而即遭毁棄。

此三石所告之神中,巫咸爲上古著名神巫,大沈厥湫即指朝那湫。關於後者,郭沫若《詛楚文考釋》説:

> 大沈猶言大浸。《封禪書》所序"秦祠官所常奉天地名山大川鬼神"中有"湫淵祠朝那"。《集解》引蘇林曰:"湫淵在安定朝那縣,方四十里,停不流,冬夏不增減,不生草木。"又《正義》引《括地志》云:"朝那湫祠在原州平高縣東南二十里。"案今在甘肅平涼縣境。《告厥湫文》出朝那湫旁,地望正合。③

所言甚詳確。但"亞駝"究竟何所指,則迄今尚無定論。

北宋末的董逌在《廣川書跋》卷四"詛楚文·亞駝"條中説:

> 王存乂以"亞"爲"烏"。今考鐘鼎銘,"惡"或爲"亞"。古人於書蓋假借從聲,其書自當如此。《周禮》曰"其川虖池"。古文"駝"作"馳"字,"池"故"沱"也。《詩》曰"江有沱",其字本"洍",後世不知書學,故以"沱"爲"洍"(圭按:所引詩句見《召南·江有汜》,此詩"汜"字或作"洍",未聞"沱"字有作"洍"之説,疑董氏原文作"其字本'池',""故以'沱'爲'池'",後人改之),以

---

① 關於詛楚文的時代,請參閲陳昭容《從秦系文字演變的觀點論〈詛楚文〉的真僞及其相關問題》,《中央研究院歷史語言研究所集刊》第六十二本第四分,1993,574—576、502 頁。

② 關於各石出土的時間和地點,參閲注①所引文 571—573 頁。

③ 《郭沫若全集·考古編》第 9 卷,科學出版社,1982,300 頁。

“駝”爲“沱”。此宜讀“惡池”爲“亞駝”,不足怪也。烏池在周爲漚夷水,起北地,東入河,一名滱水,九澤一也。顧野王考其地在靈丘。《竹書紀年》穆公十一年取靈丘,則秦誓於此,所以夸大其功而求定於晉也。黄伯思學士以烏駝爲在烏氏。按烏氏在安定郡(圭按:在今甘肅平涼縣西北),烏水所出。觀秦方得晉地,恐不盡質於安定一郡,故知在靈丘爲是。(《叢書集成初編》影印《津逮秘書》本43頁)

《古文苑》卷一注引王順伯(即王厚之,南宋前期人)《詛楚文跋》説:“亞駞即呼沲河,顧野王考其地在靈丘。《竹書紀年》穆公十一年取靈丘,故亞駞自穆公以來爲秦境也。”這顯然是襲董説的。

《周禮·夏官·職方氏》説并州“其川虖池、嘔夷”。“虖池”今作“滹沱”,古書或作“惡池”。《禮記·禮器》:“晉人將有事於河,必先有事於惡池。”鄭玄注:“‘惡’當爲‘呼’,聲之誤也。呼池、漚夷,并州川。”《釋文》:“‘惡’依注音‘呼’,又音‘虖’,好故反。池,大河反。注同。”

“亞”“惡”古通。[④]“駝”“沱”皆从“它”聲,音同可通。“沱”“池”古亦通,《周禮》“虖池”,《後漢書·明帝紀》李賢注即引作“虖沱”。[⑤]从“它”聲之字,漢以後多訛變爲从“也”,“池”原來就是由“沱”訛變的一個字。[⑥]所以董氏把“亞駝”讀爲“虖池”(即滹沱),從音理和文字學上説是絶對没有問題的。但是他認爲“亞駝”就指晉的虖池,則不合理。秦人怎麽會去祭告晉國的山川之神呢?

董氏爲了使晉的虖池跟秦國拉上關係,竟把虖池和又名滱水的漚夷這兩條河混爲一談。其實晉的漚夷同樣不是秦人所應祭告的河川。董氏引用了《竹書紀年》所記秦穆公取靈丘之事,但是這個靈丘並不見得一定是與漚夷水有關的晉的靈丘。雷學淇《竹書紀年義證》在晉惠公二年的“秦取靈丘”條下説(雷書此條實即據董逌引文編入):

事未詳。靈邱地名齊、晉皆有之。齊之靈邱去秦絶遠。晉之靈邱,漢屬代郡,唐以後屬蔚州,即今大同屬縣也,去秦之雍城幾二千里。《廣川書跋》謂穆公所取之靈丘即此,恐亦未確。(臺北:藝文印書館,1977,471頁)

所説很有道理。退一步説,即使承認秦穆公所取得的是晉的靈丘,在當時的形勢

---

④ 高亨、董治安《古字通假會典》,齊魯書社1989,856頁“亞與惡”條。

⑤ 同④678頁“沱與池”條。

⑥ 參看裘錫圭《文字學概要》,商務印書館,1988,77—78頁。

下,秦國也只能在很短的時期内佔有其地。此事決不可能使三百多年後的惠文王産生要祭告晉國的漚夷或虖池的念頭。王順伯比董氏更進一步,竟説晉之虖沱"自穆公以來爲秦地",完全跟歷史事實不合。總之,説"亞駝"指晉之虖池,是難以使人信服的。

董氏引黄伯思説,認爲亞駝在烏氏。此説除"亞""烏"音近外並無他據,也難以成立。

要弄清"亞駝"究竟何所指,必須先弄清告亞駝文出土的確切地點。近代以來研究詛楚文的學者,或以爲亞駝石出土地無考,或引《廣川書跋》"最後得亞駝文於洛"(上引《叢書集成》本43頁下)、周伯琦《石鼓文音釋》"告亞駝文出於洛"[⑦]一類籠統説法,而不能確指其出土地點。直至近年才有學者解決了這一問題。

陳昭容在1993年發表的《從秦系文字演變的觀點論〈詛楚文〉的真僞及其相關問題》一文中説:

> 《祀亞駝文》之記載較略,首見於姚寬(?~1161年)《西溪叢語》:"秦誓文有三本傳於世,岐陽告巫咸,朝那告大沈,要册告亞駝。岐陽之石在鳳翔府署,朝那之石在南京蔡挺家,亞駝之石在洛陽劉忱家"(卷上第29頁)。……亞駝石出要册,地在今甘肅省正寧縣東六十里,《新唐書・地理志》寧州彭原郡真寧縣有"要册湫"(圭按:真寧縣清代改爲正寧縣)。亞駝神與要册湫之關係待考,然其爲秦境内之水神則可知。[⑧]

陳氏據較原始的記載指出亞駝石出於在今甘肅省東端的正寧縣的要册湫,並謂亞駝當爲秦境内之水神,顯然是可信的。由於"亞駝"之名尚無著落,她對亞駝神與要册湫的關係未下斷語。這種慎重的態度也是可取的。

要册湫東距在今陝西省的洛水不遠。這大概是董逌説亞駝石得於洛的原因。郭沫若曾以"滹沱在晉境北部,不當'出於洛'"作爲亞駝石是僞刻的證據之一。[⑨]其實,亞駝石的出土地只能證明"亞駝"並不指晉之虖池,而不能證明其爲僞刻。亞駝石跟詛楚文其他二石一樣,決不可能是僞刻,上引陳昭容文言之甚詳,可以參閲。

---

⑦　此附於所謂詛楚文"元至正中吴刊本"之後,見注③所引書340頁。周氏爲元代人,其説當襲自董氏。

⑧　同①,572—573頁。

⑨　同③,284頁。

《中國古今地名大辭典》“要册湫”條說：

在甘肅正寧縣東六十里。《唐書·地理志》真寧縣有要册湫。《寰宇記》（圭按：即《太平寰宇記》）：太平興國二年，封真寧縣界要册湫普濟王爲顯聖王。俗名聖水泉。

可知要册湫跟朝那湫一樣，在古代也是被奉爲神靈的。對山川等自然神的崇拜起自遠古，戰國時代的秦人當亦已視此湫爲神。詛楚文出於朝那一石所告之神，即朝那湫神。從情理推測，出於要册一石所告之神，自應是要册湫或與之有關的水神，“亞駝”很可能就是要册湫或與之有關的河流的古名。這一點似可通過見於《漢書》的“呼池苑”的所在地的考定而初步得到落實。“呼池”與“虖池”同音，上引《禮記·禮器》鄭玄注就把“虖池”寫作“呼池”。

《漢書·平帝紀》：

（元始）二年……罷安定呼池苑以爲安民縣，起官寺市里，募徙貧民……

顔師古在“罷安定呼池苑以爲安民縣”句下加注說：“中山之安定也。‘池’音大河反。”對此注的是非，後人有歧見。王先謙《漢書補注》引各家說較備，今錄之於下：

齊召南曰：案《志》（圭按：指《漢書·地理志》），中山國無安民縣，何也？全祖望曰：案曰呼沱，則是中山，非關中。況平帝由中山王爲天子，故首加恩於潛藩。但中山之安民縣，《前志》、《續志》（圭按：指《漢書·地理志》、《續漢書·郡國志》）皆無，殆亦不久併省。沈欽韓曰：《地理志》安定縣屬鉅鹿郡，非中山。案袁宏《後漢紀》：西誅隗囂，中郎將來歙兼領衆軍，在安民。《渭水注》（圭按：指酈道元《水經·渭水注》，所引文見卷十七“又東過冀縣北”句下，引文首句對原文有所省併）：略陽川水又西逕略陽道故城北。建武八年，中郎將來歙與祭遵所部護軍王忠、右輔將軍朱寵，將二千人，皆持鹵刀斧，自安民縣之楊城（元始二年平帝罷安定滹沱苑以爲安民縣，起官寺市里——圭按：此爲《水經注》文中之原注），從番須、回中，伐樹木，開山道，至略陽。案其行兵之道，則安民縣屬安定郡無疑。其縣西漢末置，東漢初即改併，故兩《志》俱未詳。《方輿紀要》：安民縣應在平凉府華亭縣界。先謙曰：趙一清云：《續志》注安定郡臨涇縣下引《謝承書》（圭按：指謝承《後漢書》）云：宣仲爲長，吏民扳留，改宜民，見《李固傳》，而《志》無此改，豈承之妄乎？案宜民疑即安民之訛，蓋西京已有是稱，不始於宣仲，昭（圭按：指注《續漢書》的劉昭）以謝說爲妄，當矣。

從上引《補注》,可知對呼池苑原來所屬的安定有兩種說法。全祖望從顏師古說,認爲是中山國的安定。沈欽韓則同意早於顏氏的酈道元的意見,認爲是指安定郡而言的。我們認爲全說顯然不如沈說合理,理由有三。首先,如沈氏所指出的,漢代鉅鹿郡有安定,中山國並無安定。其次,從《平帝紀》的上下文看,罷呼池苑以爲安民縣,募徙貧民,是應付此年"郡國大旱蝗"人民流離失所的措施之一,跟全氏所說的"加恩於潛藩"聯繫不起來。第三,在跟鉅鹿、中山有關的記載裏,找不到其地在漢代曾設過安民縣的痕跡,而安定郡境内在漢代却確曾設過安民縣。鉅鹿的安定,其北面確爲虖池河所流經。但是異地同名的現象是相當常見的,就跟詛楚文的"亞駝"一樣,安定呼池苑的"呼池"也不是非說成指流經今山西、河北二省的滹沱河不可的。

在肯定呼池苑在安定郡之後,還需要進一步弄清它的比較具體的位置。這只有從研究由呼池苑改成的安民縣的位置入手。

《水經注》說建武八年,來歙與祭遵部下"自安民縣之楊城,從番須、回中,伐樹木,開山道,至略陽"(參看前引《漢書補注》文)。此文當引自《東觀漢記》或各家《後漢書》之類舊史,是我們研究安民縣位置的主要依據。

漢代的略陽在今甘肅秦安縣東北。番須、回中的所在地則有異說。關於番須的資料很少,其大體位置只能據回中而定。回中的所在地,主要有兩種說法。一說以爲在汧,約當今陝西隴縣。如《後漢書·來歙傳》"伐山開道從番須回中"句李賢注說:

> 番須、回中,並地名也。番音盤。武帝元封四年幸雍,通回中道(圭按:見《漢書·武帝紀》),《前書音義》曰:回中在汧。汧,今隴州汧源縣也。

另一說以爲在安定郡之高平,約當今寧夏固原。《漢書·武帝紀》:"(元封)四年冬十月行幸雍,祠五畤,通回中道,遂北出蕭關。"顏師古在"通回中道"下加注說:

> 應劭曰:回中在安定高平,有險阻,蕭關在其北。……孟康曰:回中在北地,有山險,武帝故宫。如淳曰:《三輔黄圖》云回中宫在汧也。師古曰:回中在安定,北通蕭關,應說是也。……回中宫在汧者,或取安定回中爲名耳,非今所通道。

沈欽韓《漢書疏證》批評上引顏注說:

案《後書》,來歙與祭遵襲略陽,伐山開道,從番須、回中徑至略陽。是時祭遵屯汧,與雍相連,是回中道與回中宫初非異處,宫以道得名耳。《郡國志》汧縣有回城,名回中(沈氏原注:劉昭云:來歙開道處)。漢武由此道北至安定蕭關。《寰宇記》蕭關故城在原州平高縣東南三十里(圭按:平高縣即漢高平縣)。《明志》隴州(圭按:即今隴縣)西北有回城,亦曰回中,又西北有回中宫,又有番須口,即隴山口。而原州平高乃固原州(圭接:按照顔注所據應劭説,回中當在此),蕭關在其東,安得云"北通蕭關"乎?(據《漢書補注》轉引)

我們認爲沈氏的這一意見也是正確的。

來歙襲略陽的出發地——安民縣之楊城,無疑是離汧縣(今隴縣)和回中不遠的地點。《讀史方輿紀要》認爲安民縣應在今隴縣西北的華亭縣界(參看前引《漢書補注》文),就是著眼於此的。但其説實無確據。安定郡有安定縣,其地約當今甘肅涇川縣。涇川在隴縣東北,相距也不遠。我認爲作爲安民縣前身的"安定呼池苑"的"安定",很可能就是指這個安定縣而言的。那麽,安民縣就應在涇川附近。《續漢書·郡國志》安定郡臨涇縣下的劉昭注説,謝承《後漢書》謂臨涇曾改名宜民,似不確。趙一清認爲"宜民"當是"安民"之誤,實爲西漢時就有的名稱(參看前引《漢書補注》文)。此説若確,安民又當與臨涇相近。臨涇在今甘肅鎮原縣南,是安定縣北面的鄰縣。總之,安民縣的位置,也就是呼池苑的位置,應以在今涇川一帶的可能性爲大。這裏跟要册湫所在的正寧就相距不遠了。所以要册湫或與之有關的河流,在古代曾有過"亞駝",亦即"呼池"之名的可能性,應該是存在的。

根據以上所述,似可得出如下推論:詛楚文出於要册一石所告之神的名稱"亞駝",確應讀爲"虖池"(即"滹沱"),但其所指並非晋之虖池。漢代以前,在今甘肅東端涇川至正寧一帶,應有一條河流與晋之虖池同名。西漢末平帝時改爲安民縣的呼池苑即因之得名。要册湫當與此河有關,詛楚文的"亞駝"即指此湫或此河之神。

原載《文物》1998 年 4 期,今據以收入。

讀《陝西綏德縣四十里鋪畫像石墓調查簡報》小記

《考古與文物》2002年第3期所載《陝西綏德縣四十里鋪畫像石墓調查簡報》(以下簡稱"簡報"),發表了很重要的資料,讀後得益甚多,現在對該文所發表的中柱石銘刻的釋文稍作補正,並對文末倒數第二段關於漢代西河郡地理的說法提些意見。

銘刻拓本見25頁圖八,釋文見23頁。釋文基本正確,只有一些小的疏失。下段招魂辭釋文中,"嗟痛淑雅失(?)年"應改爲"嗟痛淑雅之夭年"。"云日日而下降兮"應改爲"去白日而下降兮",言死者去人世而降至地下。"䰕瑶"之"瑶"應釋爲从"云""䍃"聲之字,音當同"瑶"。"䍃"見《說文·三上·言部》,舊以爲即"謠"之古字。《簡報》在解釋銘辭意義時,把這裏所舉的兩個字讀爲"飄摇"。把此上一句中从"犬""量"聲和从"犬""章"聲的兩個字(後者與獐子的"獐"同形)讀爲"踉蹌"(25頁),都是很正確的。不知釋文爲什麽沒有像"榮名絶而不信(申)"句在"信"字後加括號注出"申"字(最好用"伸"字)那樣,在這兩處也分別加括號注出"飄摇"和"踉蹌"。由於說的是魂靈的"飄摇",所以兩字都从"云"旁,按照文字學慣例,可以說這兩個字都"从魂省"。應讀"踉蹌"的那兩個字都从"犬",可與"狼狽"二字都从"犬"相比。銘辭最後兩句是:"掾兮歸來無妄行,卒遭毒氣遇匈(凶)殃。"這兩句如不按節奏而按文義標點,似當讀爲:"掾兮歸來;毋妄行,卒遭毒氣遇凶殃。""毋妄行,卒遭毒氣遇凶殃",意思就是不要亂走以致遭到毒氣、凶殃。"毋"字是一直管到底的。《簡報》解釋銘辭意義時,在所引銘辭的"卒"字後加括號注"免"字(25頁),恐怕是不妥的。"卒"和"免"讀音相差太遠,字形也不相近。又"殃"字原刻實从"犬"而不从"歹"。此字與"殃"的關係跟"匈"與"凶"的關係是一樣的。石柱上段銘刻的釋文中有"鴝"字,所釋正確。但此字在《說文》以至現在的字典中都作"鴝",釋文似應加括號注出"鴝",以免讀者誤以爲是一般字書中所沒有的字。又有"塋"字,按原刻應釋爲"營",可加括號注出"塋"字。

《簡報》對漢代西河郡地理的説法問題較大(下文所引該文説法皆見26頁)。先説一個小問題。《簡報》舉出了中柱石上段銘文所提到的"六處地名",最後一處是"高顯冢塋"。"高顯冢塋",意即地勢高敞的墓地,怎麼能算作地名呢?

比較嚴重的問題是《簡報》隨便説古書有錯誤。爲了便於説明,先把原文引録於下:

> "西河"本魏地,戰國末併入秦,漢武帝元朔四年(公元前126——引者按:應爲125——年)分置出西河郡,據史載西漢時領三十六縣,東漢時管轄的屬縣有十三個(《漢書·郡國志》——按:應作《漢書·地理志》——《後漢書·郡國志》),大致範圍在今伊克昭盟地區……順帝永和五年(公元140年),南匈奴内部發生内訌而分爲兩派,擁護漢王朝,維護統一的一派力量薄弱……漢王朝被迫將西河治所由平定遷徙至今山西省離石(《後漢書·南匈奴傳》)。這就向我們提示了一個十分重要的問題,即史載有誤。誤之一,西河郡的大致範圍不僅僅是今伊克昭盟地區,而包括今陝北神木、榆林、米脂、綏德、清澗、吴堡等縣,至少在東漢時期應如此。西河郡屬縣應是東漢多於西漢,而非西漢領三十六,東漢領十三個縣。誤之二,西河郡治所由平定遷徙離石的時間應早於順帝永和年半個世紀,至少在和帝永元初或更早一些時間。1982年綏德縣蘇家圪坨楊孟元墓中"西河大守行長史事離石守長楊君孟元舍永元八年元月廿一日作"銘文刻石……與田魴墓中的銘文刻石即可證之。……

爲了便於與其誤説對比,再把《辭海》(1980年版)"西河"條第③義項的有關内容抄録於下:

> 郡名。……(2)漢元朔四年(公元前125年)置。治所在平定(今内蒙古東勝縣境)。轄境相當今内蒙古伊克昭盟東部、山西吕梁山、蘆芽山以西、石樓以北及陝西宜川以北黄河沿岸地帶。東漢永和五年(公元140年)移治離石(今縣)。……

由此可知,漢代的西河郡在武帝初置時,就不但包括伊克昭盟東部,而且也包括今陝西神木、綏德、清澗、吴堡等地,它們都屬於"陝西宜川以北黄河沿岸地帶"(至於《簡報》所舉的榆林之地,不管在西漢還是東漢,都屬於上郡而不屬西河;米脂之地則正介於兩郡之間,參看譚其驤主編《中國歷史地圖集》第二册17—18頁、59—60頁,地圖出版社,1982)。據我所知,從沒有一種"史"或一位學者,把漢代西河郡的轄區限定在今内蒙伊克昭盟的範圍内。《簡報》作者所謂"史載有誤",僅僅是他們的一種錯覺。

他們所以會産生這種錯覺,可能跟他們對"治所"的理解有關。郡的治所,性質跟現在的省的省會相類。郡的治所的改變,通常並不是跟郡的轄境的改變相平行的,就跟省會的改變通常並不跟省的轄境的改變相平行一樣。可是他們似乎認爲,當西河郡的治所設在位於今內蒙東勝市一帶的平定時,西河郡的轄區大體是限於今內蒙伊克昭盟地區的;在西河郡的治所遷到離石以後,其轄區才包括與離石相近的在今陝西沿黄河地帶的一些縣。不然,他們就不可能得出"西河郡屬縣應是東漢多於西漢"的結論,也不會把可以説明圜陽是西河郡屬縣的永元四年田魴墓刻銘,當作西河郡治"至少在和帝永元初"就已遷到離石的證據了。

其實,在郡治設於平定的時代,西河郡的轄區就包括了在今陝西東部和山西西部的那些屬縣。這不但有《漢書・地理志》的記載可憑,而且還有宋代出土的西漢銅器的銘文相印證。薛尚功《歷代鐘鼎彝器款識法帖》卷十九著録有平周鉦銘文,原爲篆文,釋文如下:

> 平周金銅正(鉦)重六斤八兩
> 平定五年受圜陰

薛氏引趙明誠《古器物銘》的考釋説:

> 右銅鉦……背文云"平定五年受圜陰"。士大夫頗疑前代紀年無爲平定者。余嘗考之,蓋非年號也。按《漢書・地理志》,平周、平定、圜陰三縣皆屬西河郡。圜陰,漢惠帝五年置。蓋此鉦先藏平周,後歸圜陰,復以授平定,故再刻銘耳。所謂五年者,當是景帝以前未有年號時也。前世既無平定年號,而三縣皆隸西河,故知其如此。

按《漢書・地理志》以西河郡爲"武帝元朔四年置",則此鉦似不能爲景帝以前物。據《史記・封禪書》,武帝至元鼎四年方定年號,此前則改元而不立年號,"建元"、"元光"、"元朔"、"元狩"諸年號皆定"元鼎"年號時所追加。故平周鉦之五年應爲元朔或元狩之五年。可知在西河郡初立的武帝時代,在今山西的平周和在今陝西的圜陰等縣,確已屬其管轄。西漢時代西河郡的轄區絶對不會比東漢時代的小。

從《漢書・地理志》和《後漢書・郡國志》所記西河郡屬縣來看,西漢和東漢的西河郡轄區並無重大變化(參看上引《中國歷史地圖集》)。東漢屬縣少於西漢,是由於對西漢的縣進行了省併。《後漢書・百官志五》:"世祖(東漢光武帝)併省郡縣四百餘所,後世稍復增之。”雖然“後世稍復增之”,東漢後期各郡屬縣數,仍有很多是少於西漢的。西河郡屬縣省併後,大概沒有“復增”或是增得很少,所以屬縣數大大少於西漢。不弄清有關情況,隨便說《地理志》和《郡國志》的記載錯誤,是不嚴肅的。

永元八年“西河大守行長史事離石守長”楊孟元墓中刻石,能否證明當時西河郡治已遷至離石,是一個需要研究的問題。西河長史和離石長是兩個官職,楊孟元是否就在守離石長的同時行西河長史事,從銘文尚無法肯定。而且此時漢對匈奴,威勢方盛,似無將郡治南遷離石的必要。總之,如無其他證據,還不能輕易否定《後漢書》永和五年徙治離石的記載。

原載《考古與文物》2003 年 5 期,今據以收入。

戰國文字中的“市”

秦和西漢前期的印章裏有不少市印,如“臨菑(淄)市”(《穡庵》)、“犛(斄)市”、“都市”(《舉》2・58下)等。在同時期的封泥和陶、漆器上也常見此類市印的印文。① 根據文獻,戰國時代的市官是經常需要使用璽印的。《周禮・地官・司市》“凡通貨賄,以璽節出入之”,鄭玄注:“璽節,印章,如今之斗檢封矣,使人執之以通商。”同書《地官・司關》“掌國貨之節以聯門市”,鄭注:“貨節,謂商本所發司市之璽節也。”《周禮》是戰國作品,關於市官用璽印的規定,顯然反映了戰國時代的情況。戰國時代的商業是很發達的,按理說在戰國璽印、陶器等遺物的文字裏,應該有大量關於市的資料保存下來。但是,在《古璽文字徵》的“市”字下却僅僅收有一顆“京(亭)市”小圓印,而且據有的同志的看法,這顆印還有可能是秦漢時代的東西。② 在《古陶文舂錄》裏,根本查不到“市”字。這跟秦漢文字資料裏“市”字大量出現的情況相比,實在顯得太不相稱了。

其實在戰國文字裏並不是沒有“市”字,只不過由於當時各國“文字異形”,我們現在辨認起來比較困難而已。下面對齊、燕、三晉和楚國文字裏關於市的資料分别加以考釋。

---

① 俞偉超《漢代的“亭”“市”陶文》,《文物》1963年2期;俞偉超、李家浩《馬王堆一號漢墓出土漆器製地諸問題》,《考古》1975年6期。從雲夢秦墓來看,秦的陶、漆器上已有“亭”“市”印文,見《湖北雲夢睡虎地十一號秦墓發掘簡報》,《文物》1976年6期;《湖北雲夢睡虎地十一座秦墓發掘簡報》,《文物》1976年9期。市印封泥見《封泥考略》、《續封泥考略》、《臨淄封泥文字》等書。

② 上引俞文37頁注34。這顆印,字體頗古而近小篆,可能是戰國時代的秦印。(《論集》編按:此印見《璽彙》3093號,也有可能是戰國時代周或韓的東西。)

一

在齊國文字裏,有一個寫作下列諸形的字:

過去誤釋爲“之垛(璽)”合文(《古陶》13·3 上),或誤釋爲“邦”或“封”(《補補》6·9 下、13·5 上)。結合這個字的形體和用法來考慮,可以斷定它是“市”字。

秦漢篆文“市”字作、等形(《漢徵》5·14 上),《説文》分析爲从“之”省聲,西周晚期銅器兮甲盤作(《金文編》298 頁【見 1985 年版 375 頁】),从“之”不省,齊國文字的就是由變來的,其主要變化只是“”旁邊的兩點挪了位置。它還有一些比較複雜的寫法已見上引,這跟齊國金文裏“平”字可以寫作、等形(《金文編》261 頁【見 1985 年版 326 頁】),是同類的現象。齊國“市”字所从的“土”當是後加偏旁。戰國文字往往在字義與土有關的字上加注“土”旁,如《説文》“宅”字古文作“垞”,“丘”字古文作“𡊣”,古印“险”(陰)字或作“墬”(《古徵》14·2 下)。古代的市是一個外有門垣,内有亭肆的建築群,“市”字加“土”與“宅”字加“土”同意。

在齊國文字裏,“市”字在印璽以及打在陶器上的印文裏是常見的。有“市”字的官印可分以下幾類。

(一) “市”字印

這類印文是一個單獨的“坊”字。考古研究所藏《古印集存》第六册收有此類印一鈕。張培澍《古陶瑣萃》1·25 和《塤室》等書著録的陶文,也有單印一個“坊”字的。③ 秦漢的市印有時也單用一個“市”字。④

(二) 市名印

有的市名印標出市所屬的邑名,如:

③ 過去著録的陶文大部分出土於山東和河北。我們討論齊國“市”字時所引陶文,都屬於山東臨淄等地出土的類型。

④ 俞偉超《漢代的“亭”“市”陶文》,《文物》1963 年 2 期。

不簹坤璺　　尊存一集1·3

此印第二字从邑笄聲,“笄”即“箕”字古文(《金文編》245頁【見1985年版308頁】)。不鄚當即不其。《漢書·地理志》琅邪郡有不其縣,故城在山東即墨縣西南,戰國時當屬齊。此印末一字只見於齊國文字,其意義與“璽”、“印”等字類似,詳後。《鄒滕》3·44及《塤室》等書著錄的陶文裏有“不萁坤璺”印文,第二字从芇(萁),與此略異。(《塤室》所收陶文又有“不簹坤璺”與“□鄍坤市之鉨”二印文並列一片者,疑僞。《濱虹草堂藏古璽印》有“不萁坤璺”印,亦疑僞。)

鄚□坤璺　　簠集5上【《璽彙》0355】

此印第二字左半爲“邑”,右半不可辨。“鄚□”當亦齊國地名。

郈坤　　鐵陶80上、海嶽

這是打在陶器上的印文。郈地無考。或疑“郈”當讀爲“郈”(《説文》“詬”字或體作“詢”),春秋時魯有郈邑,戰國時可能曾屬齊。

有的市名印,“市”上所加之字不是地名,而是一般性的限制語,如:

杏坤　　海嶽

這是打在陶器上的印文。“杏坤”之稱還見於後文將要談到的市量印和記月市印。

“杏”字屢見於齊國的刀幣和陶文(幣文作杏,陶文、杏並見)。齊刀面文有:

齊杏化(《論集》編按:此字不當釋“化”,參看追記)　　辭典890等號
齊之杏化　　辭典869等號
齊近(?)邦𨑓杏化　　辭典838等號
節䁾(墨)之杏化　　辭典981等號
安昜(陽)之杏化　　辭典1035等號

齊刀的背文有:

杏　　辭典911等號
杏吕⑤　　辭典880等號

⑤ 此字原作。爲“口”之變形,古印“法”字或作(《古徵》10·1下)可證。古印“吕”字或作(《古徵》7·1上),蔡侯盤“吕”字作(《金文編》362頁【見1985年版457頁】),故知此即“吕”字,舊或釋“甘”,非是。

杏行　　辭典 994 等號

齊國陶器上陶工所打的印文有:

杏匋(陶)里貞　　季 36 上

杏蒦圆里匋化　　季 58 下

杏蒦圆匋者⑥乙　　季 59 下

紹遷(?)杏匋里艸　　季 41 上

丘齊辛里𨛭杏心　　《望文生誼齋輯古陶文字》第一函,又山東博物館藏陶

此類齊陶印文中,里名與上引前四例相同而人名不同之例很多,不具引。

"杏"字過去一般釋作"去",讀爲"法",但是有關的幣文和陶文大都讀不通。王獻唐在《臨淄封泥文字目録》裏説:"'大'、'太'通用,本爲一字……一作,變,又變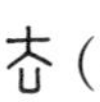(今傳齊刀文化,即大貨,猶言大泉,對小化言,列國布固有小化之文,其在齊國當時,則以圜金益化爲小化……)。"他解説"杏"字形體的變化是錯誤的,但釋此字爲"大"則很正確。古文字从"口"不从"口"往往無別,例如長沙出土楚帛書"丙"作"㔷",⑦古印"病"或作"𤶭"(《古徵》附 14 下),"邴"或作"郘"(《古徵》附 9 上),"淳于"或作"㹁吁"(《古徵》6·7 附下"吁"字),"邯鄲(鄲)"合文有時也在丹下加"口"(《古徵》附 23 上字引)。齊國文字把"大"寫作"杏",也是這一類的例子。齊刀背文常見的"杏",有時也作"大"(《辭典》912 等號);常見的"杏行",有時也作"大行"(《辭典》988 等)。這也是"大"、"杏"一字的證據。

把齊刀的"杏"讀爲"大",顯然比讀爲"法"合理。其理由上引王氏文已有説明。齊刀背文有"辟封"、"安邦"等吉語,把"杏昌"、"杏行"讀爲"大昌"、"大行"也是合理的。大行當是貨幣大爲流行的意思。

齊陶文的"大蒦圆"是"大蒦圆里"的省稱,同類陶文中還有中蒦圆里(也作蒦圆中里)、蒦圆南里、東蒦圆里(也作東蒦圆)等里名,可知蒦圆是包括幾個里的鄉一類單位的名稱。大蒦圆里當是蒦圆所屬的最大的一個里。齊陶文中與上引"紹遷(?)大匋里"類似的里名,有"紹遷(?)中匋里"和"紹遷(?)東匋里"。匋里當是陶工聚居之里,紹遷(?)大匋里即紹遷(?)所屬的最大的一個陶里。上引陶文第一

⑥ 此字原作,舊多誤釋爲"尚",今從朱德熙先生釋"者",見所著《釋者》(《論集》編按:已發表於《古文字研究》第一輯)。

⑦ 見商承祚《戰國楚帛書述略》所附摹本"戌一"一段,《文物》1964 年 9 期。原文釋爲"啻"。

條的“大匋里”也許就是“紹遷（？）大陶里”的省稱。最後一條的“郱大心”是陶工的名字。古人喜以大心爲名，春秋時楚有成大心（《左傳》文公五年、十一年等），宋有樂大心（《春秋》定公十年、十一年等）。

由此可知“杏坊”即大市。《荀子・非相》“俄則束乎有司而戮乎大市”，《史記・漢興以來將相年表》“高皇帝六年……立大市”，可證大市之稱是很古的。齊陶多出臨淄一帶，陶文大市疑當屬齊都臨淄。

除大市外，後文將要談到的市官印文裏還有中市之稱。此外，《塤室》著錄的一塊封泥上有“右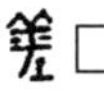□”三字半通印文，第二字大概也是“坊”字變體。古代的大都邑往往設有數市。《左傳・昭公三年》記晏子的話說：“國之諸市，屨賤踊貴”，“國之諸市”就是指齊國都的各個市。漢代長安有九市，臨淄所出西漢封泥有“左市”、“右市”、“西市”、“南市”等印文（王獻唐《臨淄封泥文字敘》25 頁），可知當時臨淄亦有數市。見於戰國齊印文裏的“中市”、“右市”很可能屬於齊都諸市之列，是漢代臨淄諸市的前身。

齊陶尚見下引市名印文：

坊　　季 72 下

第一字與“者”字作“”的一體相近，疑亦“者”之異體。“者”可能是地名，即春秋時魯邑之諸。又疑“者”當讀爲“都”，漢印有“都市”已見前引。“都市”之“都”當與《漢書・百官表》的“都內”、“都水”、“都船”等官名的“都”字同義，有總管之意。依後說，此印當歸入下面的市官印類。【重印本按：釋此字爲“者”無據。王恩田《陶文圖録》第一册 123 頁 2・35・2 釋此字爲“苛”。此字或有可能是“笥”，待考。】

（三）市官印

《稽庵》著録下引齊印【《璽彙》0152】：

坊帀（師）鉨

第一字，《古陶》以爲陳國之“陳”本字，⑧或疑當釋“鄟”或“鄣”，待考。市師爲一市之長。《周禮・地官・司市》：“凡市入……市師莅焉，而聽大治大訟”，鄭注：“市師，司市也。”

---

⑧ 《合證》等書所收陶文，有此印印文與“䏌者陳㝵再左里敀（？）亳（？）豆”印文同見於一片者，《古陶》是據陶文釋的。此種陶文疑僞。

《埧室》著録的一塊封泥有下引印文：

中坾之

《補補》(4·1上)“相”字下列“孟如”印，釋此字爲“相”，可信。市相當與漢代的市丞或市佐同性質。

《簠瓦》著録的齊陶裏有下列印文：

節墨之亓坾工

此當是齊國節墨邑所屬“亓市”的工官或工匠所用之印，今附述於市官印後。《南皮張氏碧葭精舍印存》著録同文印一鈕，文字拙劣，似是僞品。秦漢官市兼營工業，戰國時當已如此。

（四）市量印

此類印文在“市”字或市名之後加一量器名，如：

坾豆	埧室、《夢庵藏陶》7上
市區	季69上
王肎(?)坾豆	季31下
王肎(?)坾區	季71上
王肎(?)坾釜	季33下
夻(大)坾豆鑍	季31下
夻(大)坾區鑍	季72下、鐵陶7上

豆、區、釜都是先秦時代齊國所用的量名(《左傳·昭公三年》)。上引這些印文都見於陶片上，這些陶片當是官市所用或所造的量器的殘片。

上引最後兩條印文裏的“鑍”字，除上文已經引用過的“不其市鑍”、“鄭□市鑍”，和下文將要引到的“陵市□鑍”諸印文外，還見於下引古印和封泥：

子夆子鑍	臨淄出土古印，原藏山東博物館
粕(?)鄉鑍	臨淄出土封泥，見《封泥考略》1·2下
右里敀(?)鑍	古印，見簠集12下

《補補》(12·7上)和《古陶》(12·2下)都把這個字釋作“䍃”。這個字的上半是兩個“卩”一個“口”，“卩”象跪坐人形，有的印文把靠左的“卩”寫作“”，也還是

象人形,釋作“鋘”顯然是不可信的。⑨ 在“大市豆鑍”、“大市區鑍”等印文裏,豆和區本身就是器名,跟在它們後面的“鑍”決不會又是器名。各印的“鑍”字都在印文之末,地位和一般印文裏的“鉨”(璽)字相當,其字从“金”也和“鉨”字一致。看來,這應該是跟“鉨”字意義相類的一個字,究竟是什麼字,還有待進一步研究。⑩

王獻唐《海嶽樓集印》收有“辛宮□坤□”印(《季》30 上有“辛宮□坤☐”殘印文,可參考)。齊陶數見“□(主?)□”印文(見《簠瓦》、《合證》等書),格式與齊量器印文“□豆”、“□區”等全同,似乎□也是量器之名,疑當釋“料”。《說文》:“料,量也。”用以料物之器即名料,與用以量物之器即名量同例。(《自選集》編按:“□”或釋“王”。吳振武同志指出从“米”之字右旁非“斗”,他認爲此字當“分析爲从‘米’从‘豕’省聲,是齊量豆區釜鍾之‘鍾’的異體”,見《試說齊國陶文中的“鍾”和“溢”》,《考古與文物》1991 年 1 期 68 頁。)

《塤室》著錄的齊陶有“□陵坤□鑍”印文,市下一字疑即齊量名“□”之壞字(左關之鈢與子禾子釜同出,爲量器,銘見《三代》18・17 上【《集成》16・10368】),附述於此。(《論集》編按:此印文“坤”下一字也有可能是“相”之壞字。如果真是

⑨ 《說文古籀補》(12・74 下)釋“右敀里銅鍌”的□字爲鋘。《補補》和《古陶》釋“鑍”爲“鋘”,都是以此爲據的。所謂“右敀里銅鍌”爲陳簠齋所藏,實爲有柄的銅斗,有一大一小兩器,現在都已歸歷史博物館。這兩件銅斗的銘文與《簠集》12 上的“右里敀鑍”印相同,但文字寫法有出入。第四字上半,二器皆作“□”,沒有“口”旁,左邊的“卩”寫得像“夕”。第三字,小斗作“敀”(《衡齋金石識小録》上 8【《集成》16・10366】),大斗加“口”作“𢼸”(《三代》18・24 上【《集成》16・10367】)。“敀”字齊印常見,皆不从“口”(此字左半不一定是“白”字,爲印刷方便姑書作“敀”)。在大斗銘裏,“敀”字从“口”;而齊印無一不从口的“鑍”字,斗銘却不从“口”。雖說古文字从“口”不从“口”往往無別,這個“敀”、“鑍”二字有“口”無“口”相易的例子,還是顯得太湊巧了一些。尤其值得注意的是,《簠集》12 上著錄的“右里敀鑍”印“鑍”字所从的“口”,位置恰好寫得特别高,很容易被人看成上面的“敀”字的下部。所以,大斗銘似乎有根據印文僞造的嫌疑。小斗銘的“鍌”字和大斗如出一手,也有些可疑。這個問題現在還難下斷語,有待進一步研究。

⑩ 這個字也許應該釋爲“節”。《說文・卩部》有“卯”字,音義缺。王筠認爲“卯”字的音義應該跟“卩”相同,猶如“絫”、“𩺰”等字和“余”、“魚”等字的關係一樣(《說文釋例》卷八),其說似有一定道理。《說文》把“卩”當作符節之“節”的本字,從字形看似不可信,但讀“卩”爲“節”總應該是有根據的。齊器陳喜壺銘有“爲左大族,台寺民卯”之語(《文物》1961 年 2 期 45 頁【《集成》15・9700】),讀成“以持民節”,於義可通。《莊子・德充符》:“吾以南面而君天下,執民之紀……”“持民節”就是“執民之紀”(《吕氏春秋・本味》“火爲之紀”,注:“紀猶節也。”)。“鑍”當是从“金”“吅”聲的形聲字。“吅”和“卯”很可能同音。《周禮》以璽印爲節之一種,稱作璽節(見《地官》的《掌節》和《司市》),“鑍”也許是爲璽印一類“節”所造的專字。稱璽爲節,與後來稱印爲印信同意。

這樣,應改屬市官印。)

(五) 記月市印

有些打在陶器上的市印,在市名後綴有月名,如:

杏(大)坊九月　　海嶽

杏(大)坊月　　季 31 下、海嶽

後一印文的月名與齊器國差𦉜的月名疑爲一字,但所加重文號的意義不明。據《周禮·地官·賈師》,屬於司市的賈師(每二十肆設一人),除去定物價的日常工作外,還有“凡國之賣價,各帥其屬而嗣掌其月”的任務。鄭玄注引鄭司農云:“謂官有所斥賣,賈師帥其屬而更相代直月,爲官賣之,均勞逸。”記月的市印可能跟市吏在執行某些任務時分月更代當值的制度有關。

此外,《季》23 下著錄陶文有“坊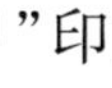”印文,由於第二字不識,性質不明,無法歸入以上五類市印中。(《自選集》編按:吳振武同志認爲此印第二字从金“冢”聲,當釋“鍾”,可從。見上引吳文 69 頁。此字右旁吳文摹作。據吳說此印當歸入市量印。)齊國陶文裏還有少量殘損厲害或字跡不清的市印印文,這裏就不徵引了。

齊國的“市”字也見於私印。有的私印以“市”爲名,如:

高坊　　稽庵【《璽彙》1142】

此印是陰文印,四周有界闌,齊印往往採取這種格式。同型的私印還有以“賭”爲名的:

宴(晏)賭信鉨　　尊集一 1 · 14【《璽彙》0235】

王賭　　衆華(朱之璣編,北大藏本)

這個字也應該是“市”的繁文。戰國文字裏的“府”字往往加“貝”作“腐”(《金文編》522 頁【見 1985 年版 656—657 頁】),“市”字加“貝”與此同例,也有可能加“貝”是爲了表示這個字是市買之“市”(即動詞之“市”)的專字。古人以“市”爲名極爲普遍,不煩舉證。

有的私印以“市”爲姓:

坊𣪘　　集林 1 · 8 上

古有“市”姓,燕國子之之亂中被殺的將軍市被,是其著者。

二

在燕國文字裏有一個寫作下列諸形的字：

《補補》(3・13上)釋作"用"，《古徵》收入附録(51上)，其實也應該釋作"市"。這個字的上部是"之"字，古印"齒"字或作(《古徵》2・5上)，可證。把兮甲盤"市"字所从的"丂"的彎筆拉直，並把"丂"旁的兩點也改成豎劃，讓它們都跟"之"的横劃相接，就變成燕國的"市"字了。秦漢篆文"市"字多作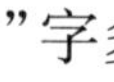，下部的演變情況與燕國"市"字極爲相似，所不同的僅是篆文把"之"字下部和"丂"字上部的横劃併成了一道。

見於著録的燕國市印有：

左市	古徵附51上引(《論集》編按：即《璽彙》354號)
㳄都市鈺	簠集2上【《璽彙》0292】
單佫都市鍨(?)	尊集一2・3【《璽彙》0297】
單佫都市王鍴(?)	簠集2上【《璽彙》0361】

後三印"都"字的偏旁作、等形，最後一印是單行長條印，這些都是燕印的特點。燕印地名多數稱都，上引印文的"都"字應該連上讀。

《塤室》著録的陶文裏也有燕國市印印文：

某市王

此紐市印第二字所从的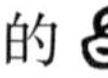，即"中"字，這是燕國文字的特殊寫法。即"宀"的簡體。从"宀"从"中"之字也見於䈞大史申鼎等銅器，詳《明刀"中"字考》。[⑪] 某宙市可能是某宙地方的市，也可能是某地的中市，"宙"讀爲"中"。"王"也見於上段所引的最後一印以及其它一些燕國官印，似是官職名，待考。

燕國私印也屢見"市"字，如：

𣪘(韓)市	集林1・24下【《璽彙》2821】

⑪ 《戰國貨幣考(十二篇)》，《北京大學學報》(社會科學版)1978年2期。

長市　《得壺山房印寄》（李佐賢編）【《璽彙》0870】

呈市　《瞻麓齋印徵》上·3【《璽彙》5570】

（《自選集》編按：“呈”或釋“甘士”）

剢市　舉2·26上

犀加（?）市臣　簠集48上【《璽彙》4119】

市臣也是古人常用的名字。漢印有“王市臣”（《遯盦秦漢印選二集》）和“淳于市臣”（《觀自得齋印集》）等人名。《續封泥考略》6·23下著錄“司馬市臣”封泥，似爲秦或漢初物。解放後西安發現的一件秦或西漢的錯金臥虎的銘文裏，也有“鄧市臣”之名（《文物參考資料》1958年1期80頁）。

三

本節討論三晉的“市”字。

傳世古錢有一種鑄有下引各種面文的大型平肩橋足空首布（《論集》編按：關於這種幣文的考釋，參看追記）：

(1) 少（小）匕　辭典796號

(2) 南小匕　東亞2·118下

(3) 南少匕　起源圖版11·3

(4) 中少匕　東亞2·117下

(5) 南少匕　辭典補遺1229號

(6) 南少匕　東亞2·118下

(7) 中少匕　辭典797號

(8) 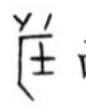西少匕　東亞2·119上

(9) 少匕　發展史51頁

幣文第一字舊多釋“封”，其實也是“市”字。(1)的“市”不从“土”，寫法與兮甲盤頗爲相近。其他幾種幣文的“市”字皆从“土”（丰、十當是“土”的變形），與齊國“市”字相同。(3)(4)(5)的“市”，“之”與“丂”的横劃已合併爲一，“丂”旁的兩點仍然保存，但已與横劃兩端相接。(6)(7)的“市”保存了“丂”旁的兩點之一。(8)

(9)的“市”已把兩點全都省去,“丂”的豎筆也挪到了旁邊,變化比較大,不過只要跟上面幾種幣文對照一下,就可以確定它們仍然是“市”字。《齊魯古印攈》(1·41)有“市東”半通漢印,《頌齋吉金續録》(圖100)著録“市北”勺,“市東”、“市北”之稱與幣文的“市中”、“市南”、“市西”相類。幣文(1)(9)的第二字舊多釋“甫”。從這類幣文的文例來看,(9)的第二字似應釋“東”。[12] (1)的第二字極似《説文》“朿”字,但也有可能是“東”的壞字。[13]

空首布出土於河南、山西一帶,屬於三晉(包括兩周)的範圍。其時代一般認爲要比平首布早。上舉有“市”字的空首布疑是春秋戰國間物。

三晉印文裏有一個寫作下引諸形的字:

《補補》(13·5上)釋作“封”,《古徵》(附20下)、《古陶》(附36下)皆收入附録。根據上舉的空首布面文,可以斷定這也是“市”字。上舉(8)(9)兩種幣文的“坾”字與印文“坾”字的主要區别,僅在於前者是反寫的而已。上引印文“坾”字後兩形多出了兩筆,疑與古印(配)字(《古徵》附34上)“巳”旁多出的兩筆一樣,是附加的贅劃。

以下舉出見於著録的三晉市印:

上坾

《古鑒齋藏印》第二册(李培基編,書中此印倒置)【《璽彙》4224】

據《古鑒齋藏印》序,此書所收之印多爲收藏者在舊綏遠省所得,故上引市印可能屬趙國。

青□坾　　《赫連泉館古印存》12【《璽彙》3443】

此印“青”下一字右旁爲“土”,左旁不能辨,印文格式似屬三晉類型。

陽坾　　尊集一2·16【《璽彙》0332】

《季》31下著録陶文有與此印同文而行款不同的印文。此印第一字古印屢見,多用作姓氏,有時加“邑”旁。《棗華》收“邑侄”印,第一字亦即此字。疑此字从水妥

---

⑫　此品幣文未見拓本,《發展史》所摹可能略有失真之處。

⑬　《奇觚》12·8下釋此字爲“朿”,19·2下釋此字爲“𠂔”。如釋“𠂔”不誤,或當讀爲“次”。《周禮·地官·司市》“上旌於思次以令市”,鄭玄注:“思次,若今市亭也。”

聲,“妄”當从“女”聲,或即“筊”字,“浽”疑即“汝”之異體。《漢書·地理志》汝南郡有女陽,即汝陽,在今河南商水縣西北,戰國時當曾屬韓所有。(《論集》編按:此印文考釋缺乏根據,待後考。)

《季》31 下著錄陶文又有“虖與坊”印文,疑虖與即閼與。《說文》謂“閼”从“於”聲,於、虖皆魚部字(“閼”可能由戰國文字及秦漢篆文的“闕”訛變。“闕”,即“間”字異體,金文或作“闒”,古音與“虖”極近⑭)。閼與在今山西和順縣西北,戰國時爲趙邑。

三晉的“市”字也屢見於私印,如:

胳(閻)坊	尊集一3·17【《璽彙》2970】
王坊	《續齊魯古印攈》3【《璽彙》0433】
長坊	衡藏2·4【《璽彙》0727】
石坊	衡藏3·4【《璽彙》1153】
亓母(綦毋)坊	古徵附20下
事坊	古徵附20下【《璽彙》1735】
稟坊	古徵附20下【《璽彙》2436】
吕坊	古徵附20下

《簠集》49 下有“焦巿”印,形制近於三晉印,第二字似亦“市”字,但寫法與上引諸印不同,疑是兩周印,待考。(《論集》編按:參看追記。)

1971 年在新鄭“鄭韓故城”發現一批戰國兵器。據報導,在韓國兵器銘文裏,鑄造兵器的機構有左庫、右庫、武庫和坒庫等名稱。⑮ 所謂坒庫的“坒”字,從銘文照片看本作□、□、□等形,⑯顯然也是“坊”(市)字,但後二形省去“之”下一筆,以致跟“往”字所从的“坒”相混。前面已經說過,戰國官市有兼營工業的,所以市庫可以鑄造兵器。

傳世古錢有一種比較少見的戰國圜錢,中間的孔比較大,邊上鑄“□坪”二字(《辭典》上255頁上),過去有人釋作“武平”(《辭典》下264頁上)。據上引新鄭所出韓國兵器銘文,可知這種幣文應該釋作“市平”。以“坪”爲“平”也見於新鄭韓

⑭ 關於閼與闕,參看《戰國貨幣考(十二篇)》注㉑,《北京大學學報》(社會科學版)1978年2期83頁。

⑮ 郝本性《新鄭“鄭韓故城”發現一批戰國銅兵器》,《文物》1972年10期。

⑯ 同上39頁圖20;圖版伍·5;40頁圖25等。

國兵器,[17]以及魏國的平安君鼎(《金文編》688 頁【見 1985 年版 883 頁】),這種圓錢顯然也是三晉的東西。

傳世漢代銅器有一種方形小器,正面有"官律所平"四字,背面有"鼓鑄爲職"四字(《漢金文録》4・32 上),清人多稱爲斗檢封,實際上是漢代官府加在標準度量衡器上的一種信記。這一類小器還有銘識"雒陽市平"(《漢金文録》4・29 下)或"市官所平"(《貞松堂集古遺文》15・22)四字的。市平應該就是市官所平的意思,用現在的話來說,就是經過市官校定認爲合乎標準。市平圓錢疑非實際流通所用的貨幣,而是用來檢驗錢幣重量的"法錢"或一種砝碼。

四

壽縣出土的鄂君啓車節和舟節,在敘述楚王爲鄂君啓的舟車商隊所規定的通商路綫時,都以"自鄂"三字開頭(《考古》1963 年 8 期,圖版捌【《集成》18・12110—12113】)。有些同志釋"鄂"下一字爲"生"(往),但是舟節中另有从"生"的""字,"生"的寫法與此字顯然有別。根據三晉的"坤"字來看,這個字也應該釋作"坤"。上文所引空首布(6)的"坤"字,寫法跟這個字非常相近。從鄂君啓節銘文可以看到楚王對商業是控制得很嚴的。當時雖以鄂地封啓,鄂市仍應在王朝掌握之中。金節規定鄂君的舟車商隊從鄂市出發,可能含有必須經過鄂市檢查的意思。

長沙楊家灣 6 號楚墓出土的漆耳杯,底部有"攻"二字戳印(《考古學報》1957 年 1 期《長沙出土的三座大型木椁墓》圖版叁・5)。第一字寫法與金節"坤"字很近,只不過"之"下右邊的彎筆寫成了與左邊一筆一樣的短斜劃。這個字大概也是"坤"字。"市攻"當讀爲"市工",意即市所屬的工官或工匠。(《論集》編按:參看追記。)

《書道》第一卷著録一枚兩面的楚私印,一面爲"陳逄",一面爲"陳",釋文作"陳封"(1958 年版 211 頁)。所謂"封"字與上引楚官印"坤"字相類,但它所从的"土",豎劃上端彎向左邊,與"之"下的左斜劃相接,形成"王"字形,則與"坤"字不同,而與鄂君啓節"㘸"字所从之"生"相同,所以也有可能不是"坤"字,而是"生"字的變體。"逄"(格)、"生"(往)二字意義相關,作爲一名一字是很合適的。

[17] 同上 40 頁圖 28。

(《論集》編按：参看追記。)

鄒縣一帶出土的一種國別尚難確定的陶文中常見“”字(《鄒滕》2,《鐵陶》34下、56上),舊釋“賣”(《古陶》6·3下),頗疑其右旁亦“坒”之變體,字當釋“䀢”(市)。附識於此,以待後考。

五

下面對上舉這些資料所反映的部分問題,作一個簡略的小結。

(一) 從齊國陶器上的“節墨之亓市工”印文、楚國漆耳杯上的“市工”印文以及韓國兵器上關於市庫鑄兵器的銘文,可以知道戰國時代各國的官市,至少是其中的一部分,是兼營工業的,其經營的方面包括陶器、漆器和冶鑄等業。打有市印的陶器,可能都是官市的產品。從“市中小匕”、“市南小匕”等空首布來看,似乎有的官市也管鑄錢。

(二) 從齊印的“中市”、“右市”和燕印的“左市”等名稱,可以知道當時有些大都邑設有幾個市。空首布的“市中”、“市西”,其含義似與“中市”、“西市”等有別。它們可能指一個大市裏的不同部分,也可能僅僅是指出鑄錢作坊所在的位置,猶如漢代常見的里名“市陽”,是指該里位於市的南面一樣。

(三) 齊國印文中關於市的資料比較多,從中可以看出關於市的官吏的一些情況：市官之長稱市師,副職稱市相。對於某些任務,市吏大概還有分月輪值的制度。

戰國時代各國的官市制度無疑是彼此有差別的,但是由於目前資料還不够多,在這方面還不能作出什麽肯定的結論。

補記：

有一種空首布面文作“官”(《辭典》699—701),第二字或作(《東亞》2·121上),舊釋“考”,可疑。這個字也有可能是“市”字。附誌於此,以待後考。又,李學勤、李家浩二同志對齊國和燕國的“市”字的看法,與鄙見不謀而合。閉門造車,出則合轍,謹誌於此。

1979年2月

《論集》編校追記：

齊刀幣面文末一字,本文從舊説釋作“化”,不確。這個字很可能是“刀”字繁文。這一點我在1981年4月致王毓銓先生的信中曾經指出過(《自選集》編按:見王毓銓《中國古代貨幣的起源和發展》,中國社會科學出版社1990年版173頁)。吴振武同志也有這種看法,見《戰國貨幣銘文中的"刀"》,載《古文字研究》第十輯。

本文所引空首布面文"市南少七"、"市中少七"等,李家浩同志認爲當讀爲"少曲市南"、"少曲市中"……(關於"曲"字,參看本書所收《戰國貨幣考》"上邙陽、下邙陽"條追記所引李學勤同志說)。他還指出少曲爲韓國地名,亦見於韓國兵器銘文。其說可從。

滎陽故城發現的戰國陶片上有"亩(廩)匋(陶)親(新)"印文。牛濟普同志釋末一字爲"市"(《中原文物》1984年2期46—47頁),可從。"新市"應爲陶工人名。此"市"字寫法與文中所引"焦市"印"市"字相近。滎陽陶文當屬韓國,焦市印也有可能屬韓國。《戰國貨幣考(十二篇)·榆次布考》編校追記指出邢丘遺址陶文"鄃"字所从的"舟",有兩種頗爲不同的寫法。所以三晉"市"字有兩種頗爲不同的寫法並不奇怪。

本文提到的出打有楚"市攻"印的漆杯的長沙楊家灣6號楚墓,原報告認爲其時代可能"在戰國末期與西漢初期之間"(《考古學報》1957年1期101頁)。除此漆杯外,鄂城鋼74號墓所出漆尊(《考古學報》1983年2期247頁圖二五)和雲夢睡虎地35號墓所出漆奩的底部,也都有同文戳印,寫法大致相同。鋼74號墓的時代,《鄂城楚墓》定爲"秦漢之際或西漢初"(《考古學報》1983年2期251頁,參看此文所附墓葬登記表)。睡虎地35號墓的時代,《湖北雲夢睡虎地秦漢墓發掘簡報》定爲漢初(《考古》1981年1期44—45頁。其實此墓時代很可能早於漢初,但不會早到此地爲秦佔領之前)。這些墓爲什麼會出打有楚印的漆器,是一個有待研究的問題。在馬王堆3號墓出土的、秦佔領楚地後由楚人用秦篆抄寫的帛書上,有不少字的構造同於戰國晚期的楚國文字。由此看來,秦佔領之後,楚地某些工匠仍舊使用楚印的可能性,應該是存在的。又按照一般印文由右向左讀的慣例,我們所討論的這種印文當讀爲"攻市"(鄂城及睡虎地二例皆"攻"字在右"市"字在左。長沙一例爲反文,故"攻"字在左"市"字在右)。那末"攻"也許應當工人講,"市"爲工人之名。

大冶縣鄂王城遺址出土的一件戈的"內"部,刻有"陳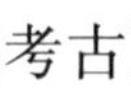"二字(《江漢考古》1983年3期27頁),應爲人名。第二字似亦是"㞷"字而非"市"字。

原載《考古學報》1980年3期,又載《古文字論集》、《裘錫圭自選集》,今據《裘錫圭自選集》收入。

談談隨縣曾侯乙墓的文字資料

應湖北省博物館之約,我和李家浩同志參加了隨縣曾侯乙墓文字資料的整理工作。墓中出土文字資料總計在一萬字以上。青銅禮樂器和用器大都鑄有銘文。挂在中室鐘架上的八組六十四件編鐘,件件都有關於樂律的銘文,總字數達二千八百字左右。架上的一件大鎛有可以確定墓葬年代的重要銘文。鐘架中下層的橫梁(即筍)以及挂鐘用的銅鈎和框架上,也都刻有關於樂律的文字。中室磬架上的四組石磬,絶大部分也都刻有關於樂律的銘文。有些磬上還保存着一至二個標明磬音的墨筆字。銅兵器中,約有九十件鑄有銘文的戈頭,還發現了三件有銘的銅殳和一件有銘的銅車軎。三個放置石磬用的漆盒都刻有關於樂律的文字,此外還有四個大漆盒有刻文,其中兩個並有重要的漆書。字數最多的一種文字資料是北室出土的竹簡。這批簡共二百四十多枚,大部分完整或基本完整,墨書,字數總計約六千六百字,主要記載喪儀所用的車馬兵甲。在晉代汲郡魏墓發現《紀年》、《穆天子傳》等竹書之後,這是先秦墓葬出土文字資料最多的一次。下面簡單談談這批資料的重要意義。

從内容看,這批資料的重要意義表現在以下幾方面。

一、確定了墓葬的主人和年代

墓中所出的銅禮器和用器上的銘文,幾乎千篇一律地是"曾侯乙乍(或作"詐",讀爲"作")時(持)甬(用)(終)"。大部分編鐘在樂律銘文之外,也有"曾侯乙乍時(或作"寺")"的銘文。這些銘文充分説明曾侯乙就是這座墓的主人。

與編鐘同出的那件大鎛的銘文,跟宋代在安陸發現的楚王酓章鐘全同,文曰:

隹(唯)王五十又六祀,返自西𬱵(陽),楚王酓章乍(作)曾侯乙宗彝,奠之于西𬱵,其永時(持)用享。

所謂五十六祀是楚惠王熊章的五十六年,相當於公元前433年。這是曾侯乙下葬年代的上限。銘文中"自"上一字,宋人金石書裹摹得像"迏"字。鎛銘此字,右旁寫法跟同出編鐘銘文中常見的"反"字相同,没有問題應該釋作"返"。有的同志認爲"返"指報喪,這幾件鐘鎛是楚惠王在曾侯乙死後趕鑄出來送給曾國的。[①] 那麽曾侯乙下葬的年代應該就在公元前433年。我們認爲"返自西旟"也可能指惠王自己從西旟返回楚都,當時曾侯乙不見得已經死去。尹姞鼎記"穆公作尹姞宗室于□林"(《録遺》97【《集成》3・754】)。從鼎銘全文看,尹姞當時顯然還活着,尹姞宗室應該是尹姞祭祀先人的宗室。所以曾侯乙宗彝也可能是指讓曾侯乙用來祭祀先人的宗彝。(《論集》編按:也有可能"尹姞"和"宗室"、"曾侯乙"和"宗彝"都是"作"的雙賓語。"作尹姞宗室"就是爲尹姞作宗室,"作曾侯乙宗彝"就是爲曾侯乙作宗彝。)按照這樣解釋,曾侯乙的死和下葬就有可能是公元前433年以後若干年的事情。就常理推斷,曾侯乙在惠王送給他鐘鎛那一年,年紀不會太輕。據骨架鑒定曾侯乙死於四十五歲左右,因此,他的死距離公元前433年很少有可能超過三十年。我們可以説曾侯乙墓是公元前5世紀晚期的一個墓葬。這樣説並不排斥曾侯乙在惠王贈給鐘鎛以後不久就死去的可能性。

墓中所出銅器銘文多把曾侯乙之名寫作,跟常見的"乙"字有些出入。然而墓中所出銅器上,也有把這個字寫作的(如所謂"漏斗"的銘文);一把鳥篆戟上還把這個字寫作。因此釋作"乙"應該是没有問題的。

在兵器銘文中,除了曾侯乙,還出現曾侯郕和曾侯邎(或作㢑)的名字。他們應該是曾侯乙的先人。傳世銅器有曾子邎所作的匿(《三代》10・1下【《集成》9・4488、4489】),不知其人與曾侯邎是否一人。

二、提供了關於曾國歷史的資料

曾侯墓的發現引起了史學界關於曾和隨是否一個國家的討論。[②] 這裏不準備介紹討論的内容,只想著重談談有關曾楚關係的問題。

據音樂研究所的黄翔鵬同志説,從音律上看,楚惠王所鑄的大鎛是擠掉了鐘架

---

① 李學勤《曾國之謎》,《光明日報》1978年10月4日。

② 看注①所引文及石泉《古代曾國——隨國地望初探》(《武漢大學學報》哲學社會科學版1979年1期)。

上原有的編鐘之一而硬塞進去的。這説明曾國朝廷對楚王極其尊敬,把楚王給曾侯鑄鐘鎛這件事看成很大的光榮。

在竹簡裏保存了更多可以説明曾楚關係的史料。簡文記載曾侯乙死後"賵"車的人有王、大(太)子、命(令)尹、遊(魯)鴋(陽)公、鴋(陽)城君、坪(平)夜君、鄴君、鄦君、鄗(?)君、郐君等人。"賵"字不識,但其義顯然與"賵"、"贈"等字相類。魯陽公和陽城君都是楚邑君的名稱,前者見《淮南子·覽冥》(《墨子》的《魯問》、《耕柱》兩篇稱魯陽君),後者見《吕氏春秋·上德》。平夜即平輿,"夜"、"輿"二字古音同聲同部。鄴當讀爲養,《左傳·昭公三十年》:"楚子……使監馬尹大心逆吳公子使居養。"這兩地也都是楚邑。由此看來,鄦君以下的三個君也應是楚邑君,③王、太子、令尹則沒有問題是指楚國的王、太子和令尹。有一條簡文以"大莫囂(敖)鴋喙適豧④之春"記時。這個大莫敖可能也是楚國的。曾人對楚王等人的稱呼方法反映出曾侯已經完全附屬於楚,其實際地位大概跟魯陽公、陽城君等人差不多。

簡文裏有喪儀用車所駕之馬的記録,大部分馬名上有贈馬者之名,在贈馬者中間,顯然不屬於曾楚兩國的人,只有"宋司城"和"宋客"。他們贈馬助曾侯之喪,也許是出於私人關係,並不代表國家。可能在當時曾國已經不能越過楚國而跟其他國家直接發生外交關係了。

簡文還記載了一些御車者的名字,其中有的人是有官銜的,如宮廄尹、宮廄攸(令)、审寶攸(令)、新官攸(令)、右命(令)、差(左)攸(令)、邻連囂(敖)、南(?)陵連囂(敖)。這些御車者按理説都應該是曾侯自己的屬下,但是他們的官名却多與楚國的相同。例如:楚有宮廄尹,見《左傳》襄公十五年和昭公元年。《左傳》昭公二十七年記楚有"右領",疑即"右令"之訛。秦漢之際楚地反秦軍將領有很多當過連敖(見《漢書·功臣侯表》等),連敖無疑是楚國官名。

在簡文所記的贈馬者中間,也可以看到很多楚國類型的官名,例如:

左尹——相同的楚官名見於《左傳》宣十一年、昭二十七年。

右尹——見於《左傳》成十六年、襄十五年。

大攻(工)尹——見於"鄂君啓節"。《左傳》亦數見工尹。

㸙尹——見於"鄂君啓節"。

③ 鄂君啓節有集尹,壽縣楚器銘文有集脰(廚),不知與集君有無關係。此墓還出析君所造之戟。析也是楚邑,《左傳》襄公二十六年有析公。

④ 豧應爲地名。申吕之吕古書或作甫,疑豧即吕或莒。

新賠(造)尹——《戰國策・楚策一》記棼冒勃蘇自報官名爲“新造盩”。傳世銅兵中有楚的“郝(邦?)之新部(造)”戈(《錄遺》566【《集成》17・11042】)。

宮廄尹——見於《左傳》襄十五年、昭元年。

大(太)宰——見於《左傳》成十年。

少帀(師)——見於《左傳》昭十九年。春秋時隨國也有少師,見《左傳》桓元年。

左司馬、右司馬——見於《左傳》文十年、襄十五年。

左峃(?)徒、右峃(?)徒——左峃徒疑即見於《史記》的《楚世家》、《屈原列傳》等篇的左徒。

贈馬者中間也有魯陽公、平夜君等楚邑君,上引左尹、右尹等人似乎也可能是楚官員。但是宮廄尹既是贈馬者,又是御車者,按理說應該是曾侯之臣,因此左尹、右尹等人也以是曾侯之臣的可能性爲大。看來曾國不但附屬於楚,連國內的官名跟楚國也非常接近。

總之,根據簡文看,到戰國初期,曾這個姬姓國家實際上已經完全淪爲楚的附庸了。

三、提供了關於古代車馬的資料

簡文裏用了多種馬名來區別馬的毛色,如白、黄、駋(騮?)、騏、駁、騂、騜、騍(騆?)、駣(騢?)、鸝等,絶大部分跟古書對得上。

簡文裏的車名繁多,大部分也可以跟古書對上,如迻(路)車、戎迻(路)、大迻(路)、輁(廣)車、乘輁(廣)、游車、安車、魚軒、墨乘(當即古書墨車)、敏(田)車等。但有些尚待研究,如陷車、端轂等。

“廣”是古代常用的一種兵車。簡文關於廣車的資料,對於理解古書的有關記載頗有幫助。在一條統計車數的簡文裏,有“輁(廣)車十乘又二乘”一項。對照有關簡文,可以知道這十二乘廣車的具體名稱是:乘輁(廣)、少輁(廣),大旆(或作輔,下同)、[5]左旆二乘、右旆二乘,大展(簡文作,或作輾,下同)、左展二乘、右展

⑤ 《說文》“旆”字从“”聲。簡文則从“市”(韍)聲。“”、“市”二字形音皆近。

二乘。《左傳》宣公十二年說楚子有"乘廣三十乘"。《左傳》襄公二十三年記齊侯伐衛,列舉了齊方的主要兵車,除齊侯所乘的"戎"以外,有貳廣(杜注:公副車)、先驅、中驅、啓、胠和大殿。簡文的少廣大概相當於《左傳》的貳廣,大展即大殿。古代作戰時一般以兵車載旆置於軍前。《左傳·宣公十二年》"令尹南轅反旆",杜注:"旆,軍前大旗。"載旆的先驅兵車本身也可以稱爲旆。《左傳·哀公二年》:"陽虎曰:吾車少,以兵車之旆與罕駟兵車先陣",杜注:"旆,先驅車也。"簡文"旆"字正用此義,"旆"和"殿"是相對的。《左傳·僖公二十八年》:"城濮之戰,晉中軍風於澤,亡大旆之左旃。"過去解釋《左傳》的人把大旆理解爲旗名,文義難通。其實《左傳》的大旆跟簡文的大旆一樣,也是車名。"亡大旆之左旃"就是丟失了主要先驅車上插在左邊的旃旗的意思。

簡文記載車的部件、設備和馬具也比較詳細。如輪、弼(相當於蔽)、幭(相當於幦)、弦(也作"弓",疑即"鞃")、軒、席、衡、軛、綏、韜、顯(韅)、鞅、縷(靷)、皲、轡、勒、韔、箙以至戈、戟等兵器,在簡文裏都提到了。此外還有不少有關的字没有認出來,或是不知所指,有待進一步研究。

簡文裏關於駕馬制度的資料也值得注意。所記有駕兩、駕三、駕四、駕六四種情況。駕兩稱爲麗,駕三稱爲驂。[6] 駕兩時所用的馬稱左服(原作"鞴",下同)、右服。駕三時稱左驂、左服、右服。駕四時稱左驂、左服、右服、右驂。駕六時稱左飛(騑)、左驂、左服、右服、右驂、右飛(騑)。古書注解一般認爲"驂"、"騑"異名同實。簡文記駕六馬,兩服外邊的兩匹必稱驂,最外邊的兩匹必稱騑,可見這兩個字應是散文則通,對文則別。《說文》對"騑"字的注解是"驂旁馬",前人讀《說文》多在"驂"字下加逗,其實許慎的意思很可能是說騑是驂外邊的馬,正與簡文"騑"字用法相合。《文選·卷五十七·陽給事誄》注認爲"在服之左曰驂,右曰騑",與簡文不合,大概是沒有根據的臆說。

四、提供了關於古代兵器的資料

墓中所出兵器的銘文和簡文裏關於各輛車上放置的兵器的記錄,對於研究古代兵器是很重要的資料。這裏僅就多戈戟、寢戈和殳的問題作些說明。

墓中出了三戈一矛同柲的戟,在曾侯內棺的彩繪裏也有這種多戈戟的圖象。

⑥ 《詩·鄘風·干旄》正義引王肅:"夏后氏駕兩謂之麗,殷益以一騑謂之驂。"

這是前所未有的發現。簡文所記的戟幾乎都加上"二果"或"三果"的說明語。很多同志認爲二果就是有兩個戈頭,三果就是有三個戈頭。這應該是正確的。"戈"、"果"古音極近。大概當時人爲了與一般的戈相區別,有意稍微改變一下"戈"字的音,用來稱呼戟的戈頭。一般的戈是有內的,多戈戟的第二、第三個戈頭通常却沒有內。這一點在墓中所出的戈頭的銘文裏也反映得很清楚。有內戈有在銘文中自稱爲戈的,也有自稱爲戟的,無內戈則只稱戟而不稱戈。有些有內戈和無內戈的銘文是相連的。前者的銘文爲"曾侯郕",後者的銘文爲"乍時"或"之行戟",連起來讀就是"曾侯郕乍(作)時(持)"或"曾侯郕之行戟"。傳世的無內戈都應該是多戈戟的第二或第三個戈頭。例如1954年江陵縣出土兩把有"楚王孫漁之用"銘文的戈,一把有內,現藏歷史博物館,⑦一把無內,現藏湖北省博物館。這兩個戈本來就應該是裝在同一把多戈戟上的,有內的在上,無內的在下。

在放置曾侯棺木的東室裏,發現了鑄有"曾侯乙之寢戈"字樣的戈頭。墓葬的棺室相當於宮室的寢,所以寢戈放在這裏。《左傳》襄公二十八年記盧蒲癸和王何爲慶舍之臣,"二人皆嬖,使執寢戈而先後之",可見寢戈一般爲親信侍臣所執持。

墓中出土了七件套在長杆上使用的三棱刮刀型的銅兵器,其中三件有銘,文曰:"曾侯郕之用殳"。過去只知道殳是無刃的,因此這幾件有刃殳引起了人們的注意。如果把簡文關於殳的記錄跟出土實物結合考察,可以發現這座墓裏不但有上述有刃殳,也有跟一般古書所說相合的無刃殳。《詩・衛風・伯兮》毛傳:"殳長丈二而無刃。"《說文・殳部》:"殳,以杸殊人也。禮,殳以積竹八觚,長丈二尺,建於兵車,旅賁以先驅。"同部又出"杸"字,注曰:"軍中士所持殳也。从木从殳。"《考工記・廬人》:"殳長尋有四尺……凡爲殳,五分其長,以其一爲之被,而圍之,參分其圍,去其一以爲晉圍,五分其晉圍,去一以爲首圍。"鄭衆注:"晉,謂矛戟下銅鐏也。"鄭玄注:"首,殳上鐏也。"從上引材料可以知道殳是長一丈二尺(約當現在八、九尺)的八觚形竹木杖。據《考工記》注,殳的兩端還有銅套。墓中出土了十四根長三米强的旗杆形物,一端有橫剖面爲八觚形的銅鐏,另一端有橫剖面爲圓形的銅帽,帽頂有一個半圓形紐。這種東西的形制和長度都跟古書裏所說的無刃殳相近,應該就是這種殳的實物遺存。簡文所記的殳正好也有兩種,一種稱"杸",一種稱"晉杸"。據現存簡文統計,前者共有七件,後者共有九件。顯然,"杸"就是有刃的殳,"晉杸"則是兩端有銅套的無刃殳。"杸"上"晉"字大概不是國名,疑與上引《考

⑦ 石志廉《楚王孫漁銅戈》,《文物》1963年3期。

工記》文的“晉”字義近。無刃殳帶有濃厚的儀仗性質,首上的紐也許是繫飾物用的。在山彪鎮1號大墓、洛陽中州路(西工段)2717號墓等東周墓葬裏,也出過與曾侯墓晉殳殳首類似的帶半圓形紐的銅帽,原報告稱之爲戈柲冒或戈鐏。⑧ 東周墓所出的有些沒有半圓紐的銅帽,也有可能是殳首。三棱刀型的殳頭過去也曾出土過,由於沒有銘文,大家都不認識。例如壽縣蔡侯墓所出的有刃殳頭,過去就被誤認爲矛。⑨

簡文裏還有大量關於人和馬的甲胄的記載,也是有用的資料。

五、提供了關於古代葬儀的資料

在談這個問題之前,有必要把古書裏的有關記載簡述一下。

據《儀禮・既夕禮》所記的士的葬儀,遷柩於祖廟後,要在庭中陳車和明器(包括兵器),行薦馬之禮,並“書賵於方”、“書遣於策”。到墓地後,車馬和明器都陳於墓前。下葬時,明器埋入墓内,車馬不隨葬。

據《周禮》記載,王的喪事要陳列大批車馬兵器。《春官・巾車》:“大喪飾遣車。遂廞之行之(據鄭衆注“廞”當訓“陳”,參看孫詒讓正義)。及葬,執蓋從車,持旌,及墓,嘑(呼)啓關,陳車。”《典路》:“若有大祭祀,則出路,贊駕說。大喪、大賓客亦如之(鄭玄注:亦出路當陳之)。”《車僕》:“大喪廞革車(即包括廣車在内的各種兵車)。”《夏官・司兵》:“大喪廞五兵。”《圉人》:“凡賓客、喪紀,牽馬而入陳,廞馬亦如之。”下葬時,所廞兵器大概都從葬。各種車馬之中,遣車及其馬是從葬的(《夏官・校人》:“大喪飾遣車之馬,及葬,埋之。”)。其他車馬想來在跟到墓地之後又都回去了。

曾侯墓竹簡所記的車馬和兵器,數量相當多。據現存的幾條統計車數的簡文,他人所贈之車共二十六乘,自備之車共四十三乘,總共六十九乘。在其他簡文裏還可以看到少量不能歸入這個總數的車子。這許多車子所駕的馬和所載的兵器,簡文裏沒有統計數字。據有關簡文初步統計,馬超過二百匹,戟約二十件(包括五十個左右戈頭),戈爲四十餘件,殳共十六件(其他兵器未統計)。由於竹簡已有殘損,原來的數字當更大些。這些車馬兵器應該就是曾侯乙葬儀中所廞的東西,可以

⑧ 《山彪鎮與琉璃閣》26頁,《洛陽中州路》100頁,所引二墓皆屬戰國。

⑨ 《壽縣蔡侯墓出土遺物》11頁。

跟古書的有關記載相印證。墓中所出的戈頭和殳都多於簡文所記的數量,箭鏃估計也多於簡文所記的矢數。看來簡文所記的大量兵器基本上已埋入墓內。墓中只有車馬器而沒車馬。從《周禮》等書有關的記載來看,簡文所記的車馬大概多數不會用來從葬。但是像曾侯這樣身份的人,很可能有一定數量的遣車馬埋在墓外的車馬坑裏。

六、爲古代音樂史提供了極其珍貴的史料

編鐘和編磬上關於樂律的成套銘文,全面反映了公元前5世紀我國在樂律學上所達到的高度水平,解決了古代音樂史上的很多重要問題。對於這批音樂史資料的重要意義,黄翔鵬同志已寫有專文論述,這裏只準備談談《國語》裏伶州鳩論律的一段話跟鐘銘相互印證的問題。

《國語·周語下》記伶州鳩回答周景王問律的話,有如下一段:

> 昔武王伐殷……王以二月癸亥夜陳,未畢而雨,以夷則之上宫畢,當辰,辰在戌上,故長夷則之上宫,名之曰羽,所以藩屏民則也。王以黄鐘之下宫布戎于牧之野,故謂之厲,所以厲六師。以太蔟之下宫布令於商,昭顯文德,底紂之多罪,故謂之宣,所以宣三王之德也。反及嬴內,以無射之上宫布憲施舍於百姓,故謂之嬴亂,所以優柔容民也。(《論集》編按:"嬴亂"當從黄丕烈重刻明道本作"羸亂"。"嬴內"之"嬴"亦當是"羸"之誤,參看汪遠孫《國語明道本考異》。這一點蒙李家浩同志指出。)

這裏提到的"羽"、"厲"、"宣"、"嬴亂"(《論集》編按:當作"羸亂"),至少有三個是見於鐘銘的律名。

鐘銘裏有一個律名叫"亘鐘",第一字也寫作"宣"、"洹"或"亘"。這幾個字都从"亘"聲,所以可以通用。鐘銘又提到周的一個律名叫"剌音"(鐘銘常把曾的律名跟其他國家的律名相對照)。"剌"、"厲"古音相近,可通用。西周金文中夷厲之"厲"作"剌",《史記·秦本紀》的"厲共公",《秦始皇本紀》末所附秦世系作"剌龔公",皆可證。在鐘銘的音律系統裏,剌音和亘鐘之間隔了一個律。[10]《國語》説"王以黄鐘之下宫布戎於牧之野,故謂之厲","以太蔟之下宫布令於商……故謂之

---

[10] 與鐘銘有關的音樂方面的問題,曾向黄翔鵬同志請教,得益甚多。謹致謝意。但本文可能有對原意理解錯誤之處,應由作者負責。

宣",黄鐘和太蔟之間也隔着一個律。顯然,鐘銘的"亘(宣)鐘"相當於《國語》的"宣","刺音"相當於"厲"。⑪

鐘銘裏還有一個叫"嬴孠"的律名(嬴或作贏、嬴,孠或作脬)。"嬴"和"嬴"古代常常相混(《論集》編按:此句當改爲:"嬴"从"嬴"聲,二字可通)。"孠"是"嗣"字的古文(見《説文》),"嗣"、"亂"音近古通,而古書的"亂"字又常常是"亂"字的訛字,⑫所以"嬴孠"跟《國語》裏的"嬴亂"(《論集》編按:當作"嬴亂")也沒有問題是一回事。【編按:郭永秉指出,"嬴孠"之"孠",趙平安《釋戰國文字中的"乳"字》(收入《金文釋讀與文明探索》,上海古籍出版社,2011,112—117 頁)改釋爲"乳"。】

《國語》說"故長夷則之上宫,名之曰羽","以無射之上宫布憲施舍於百姓,故謂之嬴亂(《論集》編按:當作"嬴亂")",夷則和無射之間也隔一個律。對比這個關係,鐘銘中與"羽"相當的律名,應是比"嬴孠"低二律的"音"。⑬ 這個律名有時寫作"音",應是的變體。《說文》的""字,甲骨文或作"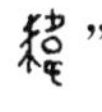"(《粹》1281【《合》30392】),鐘銘的大概就是""字。""(胡感切)、"函"古音極近,有可能應該讀爲"函",《國語》的"羽"則是"函"的形近訛字。《周禮·春官·大司樂》把夾鐘稱爲圜鐘,林鐘稱爲函鐘。"圜"、"亘"古音極近,圜鐘應該就是亘鐘的另一種寫法。但是從音律地位上看,亘鐘相當於姑洗,圜鐘(即夾鐘)是它的陰律,即比亘鐘低一個律。音相當於夷則,函鐘(即林鐘)也比它低一個律,這似乎可以作爲當讀"函"的一個旁證。⑭ (《論集》編按:關於字的讀音以及與"羽"的關係,我們另有新說,見《談曾侯乙墓鐘磬銘文中的幾個字》。)

⑪ 在曾侯編鐘的音律系統裏,刺音相當於大蔟(這裏沒有管高八度低八度的問題,下同),比黄鐘高二律。亘鐘相當於姑洗,比大蔟高二律。

⑫ 見郭沫若《管子集校》654 頁,又《歷史人物》37 頁。

⑬ 在曾侯編鐘的音律系統裏,嬴孠正相當於無射,按理說音也正好相當於夷則。但是鐘銘說曾國的蕤賓相當於(申)國的夷則,這個夷則要比音低二律。

⑭ 鐘銘中的應鐘(亦稱應音)的音律地位相當於黄鐘,也比古書所謂應鐘高一個律。

七、爲古代天文學史提供了珍貴資料

墓中所出的一個大漆盒蓋上,用朱漆書寫着二十八宿的全部名稱。在現存的有二十八宿全部名稱的資料裏,這是時代最早的一種,因此在天文學史上有重要價值。

古書所記的二十八宿有兩種系統,一種見於《吕氏春秋・有始》、《淮南子・天文》等,一種見於《史記・律書》等,前者爲後世所習用。漆盒所記的二十八宿屬於前一系統,但與《吕氏春秋》等比較,名稱及所用之字頗有出入,現在把相異之點列表於下:

《吕氏春秋》	漆　盒
亢	陸
房	方
婺女(《淮南子》作須女)	(伎?=妓?)女
危	(产?)
營室	西縈(營)
東壁	東縈(營)
奎	圭
婁	婁=(婁女合文)
昴	茅
畢	縪
觜巂	雈=(此隹或此雈合文?)
輿鬼	與鬼
柳	楢
張	=
軫	車

除女、室、壁、婁、張、軫六宿外,表内各宿在兩種資料裏的名稱實際上大概並無不同,只是由於使用異體或同音假借字而有字面上的差異。

漆盒上女宿的名稱如果確可釋爲“佊女”的話,也許是由女妭(魃)而得名的。室二星和壁二星東西相對,連起來形成一個“口”字,象室、廟之形。《考工記・輈人》:“龜蛇四斿,以象營室也。”《史記・天官書》“營室爲清廟(即《國語・周語》所謂“天廟”),曰離宫、閣道”,《索隱》引《元命包》:“營室十星,埏陶精類,始立紀綱,包物爲室。”看來古人起初是把室、壁四星合稱爲營室的(《元命包》所謂十星當包括離宫六星在内)。《史記・天官書》官本考證按語説:“按二十八宿列於《天官書》五宫者,唯二十七,壁不與焉。《爾雅》亦同。至分野則曰‘營室至東壁,并州’,較他宿亦多一‘至’字。殆室、壁本一星,若曰室之壁云爾。”此説可從。正由於室、壁四星本來合稱營室,所以後來或分别名之爲西營、東營,或以營室之名專歸於西營而名東營爲東壁。婁女之名也見於銀雀山漢簡,婁當是婁女的省稱。漆盒上地位相當於“張”的那個字,疑是“此□”二字合文,又疑是“砦”字,待考。軫宿本象車,所以漆盒稱之爲車。《史記・天官書》“軫爲車,主風”,《索隱》引宋均:“軫四星居中,又有二星爲左右轄,車之象也。”

關於曾侯墓文字資料的内容,就介紹到這裏。[15] 下面再從文字學的角度談談這批資料的重要意義。

這批文字資料不但數量很多,而且豐富多彩。用墨筆書寫的竹簡文字和用漆書寫的漆器文字,代表當時的日用字體。刻在石磬和漆器上的文字一般比較規整,石磬刻文的筆道裏還填朱漆。銅器銘文往往帶有美術字的意味,在兵器上還可以看到一些鳥篆。鐘銘絶大部分錯金,這樣多的成批的錯金銘文,過去從來没有看到過。

春秋戰國之間是漢字劇烈變化的時代。曾侯墓明確屬於戰國早期,所出大批文字資料,對於漢字發展史尤其是古文字的研究,具有很高的價值。在進行初步整理的過程裏,我們已經感到有不少古文字方面的問題可以依靠這批資料得到解決。下面舉幾個例子。

先談“戟”字的問題。根據墓中戈戟出土情況和戈頭有内無内的區别,可以肯定竹簡和戈銘裏的“⿰丰戈”、“⿰隹戈”、“⿰金丰”等字應該釋爲“戟”。這個字在戈銘裏有時還寫作  ,新鄭所出二年鄭令銅矛的 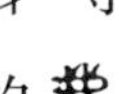 字,[16]就是這種寫法的變體。郝本性同志把銅矛的這個字釋作“戟”[17],曾侯墓的新資料證明他的釋文是正確的。戰國時代的

---

[15] 有些上面没有談到的資料,可能也很重要,只是由於研究得不够,内容還不很清楚。例如有一條比較特殊的簡文,開頭一句是“佣所□□六夫”,以下各句的格式都與此類似,如“遡(傳)二人”、“焚(燔?)牛一夫、芹二夫”等等。如果這是關於俑或殉葬者的記録的話,那就很重要了。

[16][17] 郝本性《新鄭“鄭韓故城”發現一批戰國銅兵器》,《文物》1972 年 10 期。

齊國戈銘有時自稱爲“𢦏”,⑱其字或加“金”旁作“鏚”,⑲以前我們懷疑它們是“戟”字而苦無確證,現在就可以放心地把他們釋作“戟”了。⑳

其次談“坪”字的問題。戰國時代的楚國文字裏有一個寫作 、 等形的字:

九州不 　　長沙帛書

阿　　古印,簠集 20 上,爲反文【《璽彙》317】

夜大夫□鉨　　同上 14 下【《璽彙》102】

夜君成之載貞(鼎)　　三代 3·11 下【《集成》4·2305】

秦(?)王卑命競王之定救秦(?)戎

枝江出土銅鐘,《文物》1974 年 6 期 86 頁【《集成》1·37】

過去我們就設想這個字是  的變體,應該釋爲“坪”,讀作“平”。“九州不平”是很通順的,與帛書上下文義也相合。西漢時沛郡有平阿侯國,在今安徽懷遠縣一帶,戰國時正在楚國境内。“夜”、“輿”古音相近,“平夜”可以讀爲“平輿”,平輿也是楚邑(見前)。但是最後那條鐘銘却讀不通,因此這個設想就落實不了。在曾侯墓的文字資料裏,不但簡文出現“坪夜君”,而且見於鐘銘的律名“坪皇”,在石磬上就寫作“皇”,這就確鑿地證明這個字應該釋作“坪”。至於那條鐘銘未能讀通,當别有原因,有待進一步研究。(《論集》編按:嚴一萍早在 60 年代就已釋出了楚帛書和平夜君鼎的“坪”字,參看《談曾侯乙墓鐘磬銘文中的幾個字》。)

再舉幾個比較簡單的例子。有些漆盒自銘爲“匫”,這顯然就是《説文·匚部》訓爲“古器”的“匫”字。由此可知清代人釋曶鼎的“曶”字爲曶,雖然受到後人的懷疑,實際上却是可信的。(《論集》編按:有人認爲“匫”應釋爲从“曶”聲的“匫”。今按《碧落碑》“惟恍惟惚”之“惚”以  爲之,《古文四聲韻》没韻“忽”字引《古老子》亦作 ,“匫”無疑應釋爲“匫”。)鐘磬銘文把五音之一的“徵”寫作 、、、

---

⑱ 見子□職戟(《三代》20·9 上【《集成》17·11105】)、平陸戟(同上 9 下【《集成》17·11056】)、陳子山戟(同上 12 下【《集成》17·11084】)、君子戟(同上 15 上【《集成》17·11088】)。

⑲ 見陳右戟(《三代》20·8 上【《集成》17·11062】)、大司徒戟(同上 8 下【《集成》17·11183】)、齊城戟(同上 19 上【《集成》18·11815】)。

⑳ “戟”字、滕侯昊戟作“敋”,从“各”聲(見《積微居金文説》112 頁)。“𢦏”字當从“丯”聲。《説文》有“挌”字,疑與“詷”、“䪼”等兩半皆聲之字同例,似“丯”聲在古代有與“各”相近的一種讀法,故“戟”字可从“丯”聲。又戟在古代亦名“孑”(《左傳》莊公四年),“孑”、“丯”(古拜切)古音同聲同部(“孑”爲入聲),也可能“𢦏”本讀“孑”(“戟”字似本从“倝”聲,“孑”“倝”陰陽對轉,音亦相近),後因同義通讀(如“石”也讀“擔”)而變讀爲“𢦏”。

、等形，與《說文》“徵”字古文可以互證，又一次證明《說文》古文可以憑信。簡文所記車馬具中有(縷)。《說文・革部》有“靷”字，訓爲“引軸”，籀文作。王國維在《史籀篇疏證》裏懷疑此字籀文右旁本从《說文・又部》訓“引也”的“曳”字(“申”、“引”音亦相近)，但苦無確證，最後說“未可專輒定之也”。簡文“縷”字應該釋爲“紖”，讀爲“靷”。這個字可以證明“靷”字籀文的右旁確是“曳”的繁體，王氏之說可以成定論了。

最後還應該指出，正如曾國跟楚國在政治上的關係一樣，在戰國初期，曾楚二國文字的關係也非常密切。前面提到過的“坪”字的寫法是相當特殊的，而在曾楚二國文字裏却都有這種寫法。這顯然不是偶然相合，而是彼此影響的結果。此外如“閒”作“”，“新”作“”，“事”作“”，“甲”字省去外框的一筆等，都是兩國文字共同的特點。類似的例子還有不少，這裏就不列舉了。

附記：

本文寫作過程中得到湖北省博物館譚維四、舒之梅等同志的很多幫助，謹致謝意。

原載《文物》1979 年 7 期，又載《古文字論集》，今據後者收入。

關於曹氏朱書罐文字釋文

創刊號中《陝西户縣的兩座漢墓》一文發表的陽嘉二年陶罐很有意思,我看釋文最後兩行中“神葬厭墳,封黄神地章之印”,似應作“神藥厭填(鎮),封黄神越章之印”。在古印和封泥中都有“黄神越章”印;《抱朴子》内篇《登涉》也說:“古之人入山者,皆佩黄神越章之印。”不過《抱朴子》所說之印“廣四寸,其字一百二十”,在出土實物中尚未見過。

原載《考古與文物》1980 年 4 期,今據以收入。

讀考古發掘所得文字資料筆記(二則)

一、滿城陵山二號墓出土的所謂“宮中行樂錢”和“銅骰”

據《滿城漢墓發掘報告》(文物出版社,1980;以下簡稱“報告”),滿城陵山二號墓(即中山靖王劉勝之后竇綰墓)出土兩套所謂“宮中行樂錢”,每套二十枚。一套“分别鑄‘第一’至‘第廿’字様(缺“第三”,但多一枚“第十九”……)”。另一套“鑄韻語一首,二十句,每錢鑄一句,句三字或四字”,《報告》撰寫者依韻脚和文義整理,錄文如下(引者按:《報告》所標“第一”、“第二”等字皆删去):

聖主佐　得佳士　常毋苛　驕次己　府庫實　五穀成　金錢抴
珠玉行　貴富壽　壽毋病　萬民番　天下安　起行酒　樂無憂
飲酒歌　飲其加　自飲止　樂乃始　田田妻鄙　壽夫王母

《報告》並解釋說:“驕次己”疑讀爲驕次已,“抴”疑讀爲施,“番”假爲“蕃”,“樂乃始”謂奏樂開始,“妻鄙”猶言妻黨、妻族,“田田”蕃盛貌(271—272頁)。

與“行樂錢”同出的,有“銅骰”一枚。“通體錯金銀。共十八面,分别錯出篆書或隸書‘一’至‘十六’以及‘酒來’和‘驕’字(後二面對稱)”(272頁)。《報告》推測“這件銅骰可能是和‘宮中行樂錢’配合使用的,應是一套行酒令的玩物”(273頁)。

上述這種銅骰過去曾有兩枚傳世。一枚爲陳介祺舊藏,著錄於《奇觚》11·28下、《漢金文錄》4·24下。所刻文字與滿城墓所出一枚基本相同,只是與“驕”相對的一面不作“酒來”而作“⿰妻畾”。另一枚著錄於《陶齋吉金錄》7·11上、《漢金文錄》4·25上,與“驕”相對的一面作“黠”(參看盧兆蔭《關於滿城漢墓漆盤銘文及其他》,《考古》1974年1期67頁)。

在解放後的考古發掘中,除了滿城漢墓,還有兩座漢墓出過同類木骰。馬王堆三號墓所出一枚,與“驕”相對的一面作“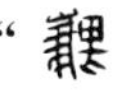”(《文物》1979 年 4 期 36 頁),與《奇觚》著錄的一枚相同。熊傳新同志釋此字爲“㜸”(同上 37 頁),顯然是正確的。漢印“猥”字所从之“畏”,往往與此字右旁同形(《漢徵》10・5 下),可證。江陵鳳凰山 10 號墓也出了一枚,但未見全形,據報導,與“驕”相對的一面作“嫢”(《文物》1974 年 6 期 50 頁),應即“㜸”的誤釋。(《論集》編按:臨淄大武鄉窩托村西漢齊王墓隨葬器物坑出此種文字的銅骰二件,見《考古學報》1985 年 2 期 241、242 頁,“㜸”被誤釋爲“嫐”。秦始皇陵園出此種文字的石骰一件,見《文博》1986 年 2 期 66 頁,“㜸”字誤摹爲“”。)

陳直在《兩漢經濟史料論叢》裏說,1948 年西安漢城也曾出過同類銅骰一枚。非數字的兩面,一面作“驕䛦”,一面作“自飲”(140 頁。又見陳氏《出土文物叢考(續一)》,《文物》1973 年 2 期 36 頁)。

陳直在《出土文物叢考(續一)》中已經指出,這類銅骰與所謂“行樂錢”有關,是行酒令的用具(同上)。《報告》的意見與陳氏相同。這個意見應該是正確的。這種骰和“行樂錢”,可以按照它們的用途姑且稱之爲酒令骰、酒令錢。

從酒令骰和“韻語”酒令錢上的文字之間的聯繫,也可以清楚地看出它們是配合在一起使用的。有一枚酒令錢上的文字作“妻鄙”(《報告》273 頁圖 184),上引陳直文釋爲“田田妻鄙”(《文物》1973 年 2 期 37 頁),爲《報告》所襲用。其實“妻”上之字顯然不是有重文號的“田”字,而應該是“畏”字的比較簡單的寫法。“畏妻鄙”就是怕老婆可鄙的意思。見於《奇觚》著錄的銅骰和馬王堆三號墓木骰上的“㜸”字,不見於任何字書,不像是一個單字,應該是“畏妻”二字的合文,與上引錢文正好相應。上舉各骰上都有“驕”字,則是與酒令錢的“驕次己”相應的。“驕次己”就是驕而恣己之性的意思,《報告》讀“己”爲“已”似乎缺乏根據。酒令錢上的文字,除了“起行酒”、“飲酒歌”等與行酒直接有關之語外,一般都是吉利語,只有“驕次(恣)己”、“畏妻鄙”兩句是例外。《奇觚》著錄的和馬王堆出土的酒令骰上,非數字的兩面正好刻上與這兩句相應的“驕”字和“畏妻”合文,這決不是偶然的。《陶齋》著錄的骰上的“䛦”,似應爲“告妻”合文,事必告妻也是畏妻的一種表現。當然,這只是沒有多大根據的一種推測,其確義還有待研究。漢城出土銅骰上的“自飲”,顯然與酒令錢的“自飲止”相應。滿城墓銅骰的“酒來”可能與“起行酒”相應。

陳直在《兩漢經濟史料論叢》裏說:漢城出土銅骰上與“自飲”相對的一面作“驕䛦”。爲什麼把“告妻”與“驕”合刻在一起,有待研究。陳氏引用《陶齋》著錄的銅骰的文字時,將“驕”誤衍爲“驕䓝”,說不定漢城出土銅骰本來也只作“驕”,但陳氏誤記爲“驕䓝”(參看上引盧兆蔭文67頁)。

《報告》爲酒令錢所作的釋文,除“田田妻鄙”這一句外,還有一些錯誤。“萬民番”的“民”字原作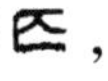,顯然是“匹”字。“萬匹番(蕃)”當是畜馬蕃滋的意思。“飲其加”的“加”原作,應是“右”字。“飲其右”就是讓坐在右邊的人飲酒的意思。“壽夫王母”也是襲用了陳直的誤釋。細審《報告》所印拓片(273頁圖184),所謂“王”字,其豎畫實際上出了一些頭,應該跟下面的“母”合起來釋作“毒”。“毒”字在漢印裏作(《漢徵》1·8上),在漢碑裏作(斥彰長田君斷碑)、(楊君石門頌),寫法與此字相近。所謂“夫”字原作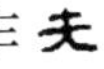,實當釋爲“无”(此點承李家浩同志告知)。西漢簡帛文字中“无”字常見,如馬王堆帛書《老子》甲本第一行的“无”字,寫法就與此全同(見《馬王堆漢墓帛書〔壹〕》)。西漢時代,有無之“無”這個詞,有“無”、“毋”、“无”等不同寫法。酒令錢“樂無憂”用“無”字,“常毋苛”、“壽毋病”用“毋”字,並不統一,所以這一句用“无”字也不奇怪。“田田妻鄙”是“畏妻鄙”的誤釋,“壽夫王母”是“壽无毒”的誤釋。由此可知酒令錢的文字都是三字爲句,並不存在什麽四字句。

酒令骰和錢具體究竟應該怎樣玩,還是一個謎。估計二十個“韻語”酒令錢不見得有固定的自一至廿的編號。也有可能在擲骰前先從中挑出十六個(其中應不包括骰上已經標明其文字的錢,如“驕次己”之類),背面向上,任意排成一列。然後按擲出的數字數出那個錢來。《報告》爲二十個“韻語”銅錢編排了一個固定的次序,不見得與事實相符。

二、鬱平大尹馮君畫象石墓大門南柱題記

1978年,在河南唐河縣發掘了一座王莽時代的畫象石墓,發掘報告《唐河漢鬱平大尹馮君孺人畫象石墓》刊登於《考古學報》1980年2期。

此墓石材上刻有題記多處,文字大都相當清晰,只有墓大門南柱上的題記殘泐較甚(《考古學報》1980年2期243頁圖7)。就報告中所印拓片看,題記全文十六字,均分爲四行,第二行第四字和第三行第三字全不可見,第二行第三字和第三行第四字殘去大半,第四行後三個字也有殘損。報告的釋文作:“鬱平大尹□□□□馮孺□□無□□□”(258頁),缺釋之字甚多。

如就報告中所印拓片仔細辨認,報告未釋諸字都是可以釋出來的,缺文也可據

文義補足。下面是我們的釋文:"鬱平大尹秩上大[夫]馮孺[久]復無有所與"。

據主室中柱題記,墓主於王莽始建國天鳳五年下葬。《漢書・王莽傳》中記始建國元年"更名秩……二千石曰上大夫"。王莽的大尹相當於漢的太守,其秩本爲二千石。題記用莽制,所以稱"秩上大夫"。

此墓有些題記稱墓主爲"鬱平大尹馮君孺久",故知"孺"下缺字當爲"久"字。報告釋"久"爲"人",但同時又説:"該墓'人'字的書法殊少見,與篆書'久'字很相似,我們認爲它也許是'久'字的别體,如是,孺久當是馮君之名,此墓應是馮君之墓了。題記(1)(引者按:即我們所討論的墓大門南題記)殘存'馮孺'字樣,和題記(2)、(3)、(4)'馮君孺人'不一致,因墓葬保存不好,尚難解釋。"(259頁)從我們復原的題記看,見於其它題記的"鬱平大尹馮君孺久"顯然是"鬱平大尹馮孺久"的尊稱,不可能指馮君之妻。撰寫報告的同志自己也認爲"孺"下一字不大像一般的"人"字而像"久"字。既知此墓題記與馮君夫人無關,這個字當然就不應該釋作"人",而應該釋作"久"了。把"孺久"看作馮君之名,"尚難解釋"之處也就沒有了。所以,報告附帶提出的非正式意見,實際上倒是正確的。

"復無有所與"是免除徭賦負擔的意思,是漢代常用語。如《漢書・郊祀志》説武帝登中嶽太室,"以山下户凡三百封密高,爲之奉邑,獨給祠,復無有所與"。同書《高帝紀》記高帝十二年以沛爲湯沐邑,"復其民,世世無有所與"。

此墓主室中柱題記把"七日"寫作"桼日",這是王莽時代用字的特點。報告把"桼"釋作"柒"(259頁),也不很妥當。

原載《人文雜志》1981年6期(題爲《讀考古發掘所得文字資料筆記(一)》),又載《古文字論集》,今據後者收入。

《秦漢魏晉篆隸字形表》讀後記

最近把漢語大字典字形組編的《秦漢魏晉篆隸字形表》(四川辭書出版社,1985。以下簡稱"字形表")粗略地翻閱了一遍。這部書的價值和好處,書首的前言已經作了很好的說明。我們只準備談一下書中的問題,供讀者們參考。《字形表》裏的錯誤,有很大一部分是從所依據的著作裏承襲下來的,其責任不能全由編者來負。爲了行文的方便,舉例時不再一一說明。所提意見不一定正確,歡迎指正。

《字形表》分字表、文句和附錄三大部分。我們把這三部分的問題分開來加以討論。

一、字表的問題

字表的問題大體上可以分爲釋字錯誤、摹字錯誤、字形取捨失當、字頭分合失當、爲資料所定的時代不確等項,下面分別舉出實例。

1. 釋字的錯誤

《字形表》凡例第八條說:"本表所採用的字形資料,一般都據原書的釋文歸屬字頭和摘引文句,如原釋文有未當之處,則參考衆說,擇善而從,少數的字在無說可參時,則憑編者自釋。"可見編者在釋字方面是相當審慎的。但是《字形表》所據各書的釋文往往問題甚多,例如《漢晉西陲木簡彙編》的釋文就是錯誤百出的。凡例所定的"參考衆說,擇善而從"的原則,事實上並未認真貫徹,編者的自釋也未能盡善。因此表中還是羼入了一些誤釋的字形。下面所舉的是部分例子。

45頁"芣"字條中欄所收"砂子塘西漢墓封泥匣"一例,下部偏旁不是"不"而是"夭"(本書727頁"夭"字條中欄所收字形與此相合),此字當釋"芺"。《說文》:"芺,艸也,味苦,江南食以下气。"

58—59頁"芑"字條中欄、下欄二例及所收"漢印徵"第二例,實際上都不从

“己”。中欄“芑是鍾”一例顯然从“卩”（也可寫作“㔾”）。戰國文字有从“中”从“卩”之字，李學勤等同志認爲是“范”字的省作（参看《中山王嚳墓文字編》50 頁。“范”字下部的右旁本是“卩”，参看本書 58 頁“范”字條）。鍾銘“芑是”當讀爲“范氏”。

59 頁“蘩”字條中欄所收馬王堆“一號墓竹簡一六二”一例，摹寫有誤，原字的中部本作“如”，應釋爲“絮”。参看朱德熙等《馬王堆一號漢墓遣策考釋補正》（《文史》第十輯 67 頁）。字表摹寫此字時受了誤釋的影響，把“如”的“女”旁向右伸的一筆分成兩截，把右截跟“口”旁合摹成了“又”旁。

60 頁“葆”字條收入了馬王堆帛書《老子》的“璪”、“琛”二字。這兩個字都从“玉”，在帛書《老子》中都當“寶”字用，應該就是“寶”的異體，不應該當作“葆”字的異體處理。

61 頁“草”字條所附字頭“皁”下所收之字中，中欄“侍其繇墓木方”和下欄“武威醫簡七一”二例，其實都是“早”字。“皁”本是“早”的分化字，但是把用作“皁”的“早”字逕釋爲“皁”是不妥當的，應該仍把它們收入“早”字條，而在文句部分注明讀爲“皁”。

62 頁“芙”字條所收“流沙簡·屯戍七·二”一例，實爲“癸”字簡體。此字見於簡文“……九月癸巳……”句中，如釋爲“芙”就講不通。“癸”字的這種寫法在居延、敦煌漢簡中屢見（参看王夢鷗《漢簡文字類編》73 頁），本書“癸”字條未收入，是一個缺陷。

66 頁“著”字條據《漢晉西陲木簡彙編》的誤釋收入“西陲簡五一·一五”一例。由於誤釋的影響，所摹字形大大失真。此字（下文以△號代替）見於“△絝一兩”句（“絝”即古“褲”字，舊釋“絳”，非是。關於“絝”的字形，参看上引《馬王堆一號漢墓遣策考釋補正》62 頁），有人釋爲“裘”（参看林梅村、李均明《疏勒河流域出土漢簡》87 頁 840 號釋文）。細審原圖版，此字似確實从“衣”，但並非“裘”字，也許可以釋爲“衰”（蓑）或“裝”。

86 頁“和”字條下欄所收“邵宮盉”一例應釋爲“私”，参看朱德熙等《戰國銅器銘文中的食官》（《文物》1973 年 12 期 59—60 頁）。

87 頁“哉”字條所收各字作“戎”、“戋”、“我”等形，無一从“口”。899—900 頁“𢦏”字條亦收作“戎”之形（引自“漢印徵”）。彼此矛盾。《漢印文字徵》把這類字都釋爲“𢦏”，比較合理。不能因爲它們在文句中假借爲“哉”，就把它們直接釋作“哉”。

104 頁“巡”字條中欄所引“西陲簡五六・一四”一例應釋爲“迹”。參看《疏勒河流域出土漢簡》78 頁 708 號甲面釋文。

151 頁“識”字條所收“漢印徵”第一例應釋爲“戠”。

188 頁“勒”字條下欄所收“石門頌”一例實爲“勤”字,參看 991 頁“勤”字條下欄。

196 頁“秉”字條中欄所收“居延簡甲九一五”一例應釋爲“橶”,參看拙作《漢簡零拾》“橶櫝”條(《文史》第十二輯 2—4 頁)。

223 頁“甯”字條所收“漢印徵”前二例都應該釋爲“寧”。第二例跟 311 頁“寧”字條上欄所收“睡虎地簡”一例和中欄所收“春秋事語九三”一例顯然是一個字。

228 頁“眛”字條下欄所收“熹・公羊・文七年”人名“先眛”之“眛”,分明是从“目”“末”聲之字。《公羊傳》各刻本“先眛”多作“先眜”,《左傳》、《穀梁傳》則作“先蔑”。“蔑”、“末”古音極近。可知此字當作从“末”聲的“眜”。《說文》既有“眛”又有“眜”,我們不應把熹平石經的“眜”釋爲“眛”。

251 頁“鵠”字條所收“滿城漢墓卮錠”一例,左旁寫法與 249 頁“鵲”字條中欄所收“相馬經”一例全同,應釋爲“鵲”。

255 頁“玆”字條中、下欄所收各字,字形與 46 頁“茲”字條所收各字相同,用法亦無區別,似宜移入“茲”字條(“玆”和“茲”可能是由一字分化的,但是既已據《說文》分作兩字,就應該儘量從字形上加以區分)。

257 頁“受”字條中欄所收“居延簡甲九五 A”一例實爲“爰”字,摹寫稍有錯誤。此字舊釋“受”,《居延漢簡甲乙編》10・34A(即甲九五 A)釋文已改正。《字形表》不應仍用舊釋。

260 頁“殃”字條有異體“疾”,收“流沙簡・小學一・二”一例。阜陽漢簡整理小組已據阜陽雙古堆漢墓所出《倉頡篇》,指出流沙簡此字實爲“瘻”之殘文(《阜陽漢簡〈倉頡篇〉》,《文物》1983 年 2 期 26 頁)。

264 頁“脾”字條中欄所收“導引圖”一例,實爲从“肉”“畀”聲之字。此字不見字書,唐蘭《試論馬王堆三號漢墓出土導引圖》讀爲“痹”(《馬王堆漢墓帛書・導引圖》所收《導引圖論文集》10 頁)。字表釋爲“脾”不可信。

266—267 頁“胠”字條上欄所收“足臂灸經”二例,其聲旁跟來去的“去”顯然不是一個字。字句部分 1238 頁讀此字爲“脚”,馬王堆漢墓帛書整理小組則以爲即“卻”字(見《馬王堆漢墓帛書〔肆〕》“足臂十一脈灸經釋文注釋”3 頁注五)。“卻”

以《說文》"臄"字正篆"谷"爲聲旁,後來簡化爲"却"。"脚"字即从"卻"聲。字表用爲字頭的"胠"从"去"聲,訓"腋下"。把"足臂灸經"中从"肉""谷"聲的字釋爲从"肉""去"聲的字,是不正確的。

303 頁"典"字條中欄所收"居延簡甲三四六 A"一例實爲"與"字,《居延漢簡甲乙編》47・6A(即甲三四六 A)釋文不誤。這種寫法的"與"字,漢簡屢見,但字表"與"字下未收。

304 頁"奠"字條中欄所收"武威簡・有司八"一例,並非从"土"从"奠"之字,而是从"土""真"聲的"填"字,以音近假借爲"奠"。《禮記・檀弓上》"主人既祖填池",鄭玄注:"填池當爲奠徹,聲之誤也。"

308—309 頁"曷"字條收入"馬王堆易一三"的"奞"字。此字實爲"犨"字異體,以音近通假爲"曷",參看拙作《釋"蚩"》(香港中文大學國際中國古文字學研討會編《古文字學論集》初編 219—221 頁)。

333 頁"粢"字條中欄所收一例,實从"禾",應移入 477 頁"粢"字條。

341 頁"譱"字條中欄所收"居延簡甲七三"一例,實爲"善"字,看《居延漢簡甲乙編》10・14(即甲七三)釋文。

343 頁"矯"字條所收"漢印徵"二例,左旁不是"矢"而是"欠"的反文或"旡"字,釋爲"矯"是錯誤的。疑此字當釋爲"歊",即《說文》"歊"字異體。

347 頁"尣"字條所收"史晨碑"一例實爲"冗"字。504 頁"冗"字條收入此字是對的。同一個字收入兩個字條,釋作不同的字,是不應有的疏忽。

348 頁"就"字條所收"漢印徵"第二例實爲"㝮"字。

350 頁"廩"字條中欄所收"居延簡甲二五三"一例實爲"稟"字。只要跟下一條"稟"字諸形對比一下就可明白。

397 頁"柒"字條所收"武威簡・特牲一七"一例實爲"桼"字。武威《儀禮》簡記簡次時皆借"桼"爲"七",此字亦不例外。字表摹寫此字有失真之處。

400 頁"鬱"字條上欄所收"五十二病方二五一"一例實爲"欒"字(《馬王堆漢墓帛書〔肆〕》圖版二六 253 行,釋文 55 頁。《字形表》據舊釋本,釋文與行數都與此本有出入)。由於誤釋的影響,此字摹得完全走樣。

408 頁"櫜"字條所收馬王堆"一號墓竹簡一一三"一例實爲"囊"字。此字寫法同於本頁"囊"字條中欄"一號墓竹簡二六九"一例(表中所摹與原字小有出入)。

437 頁"鄗"字條所收"漢印徵"一例應是"鄡"字。

483—484 頁"稅"字條收"老子甲八二"的"说"字。馬王堆帛書《老子》甲本

“人之飢也,以其取食迯之多也”,今本作“民之飢,以其上食稅之多”,故《字形表》附“迯”於“稅”。其實帛書本可能用“迯”爲“遂”,當途徑講,文義與今本不同(參看拙作《考古發現的秦漢文字資料對於校讀古籍的重要性》,《中國社會科學》1980年5期8—9頁)。“取食迯”,帛書《老子》乙本作“取食跷”,“跷”與“迯”應是一字異體。即使承認帛書《老子》用此字爲“稅”,也只能解釋爲音近通假,其字必另有本義。總之,附“迯”於“稅”是不合理的。

486頁“秏”字條中欄所收“居延簡甲一九八一”一例實爲“秏”(耗)字。由於誤釋的影響,字形也摹得有些走樣。此字見於“凡失折秏五十九石五斗”句,釋爲“秏”,義不可通。

487頁“兼”字條中欄所收“漢印徵補”一例似應釋“雙”。古有“雙”姓。

514頁有字頭“寘”,旁注“新附”,下收“流沙簡·補遺一·三”“于寘王”之“寘”。《說文》新附之“寘”,音“支義切”,訓爲“置”。“寘”音“填”,見《說文》,本字表519頁有“寘”字條。國名“于寘”也可以寫作“于寘”。這種“寘”字仍讀“填”,可以看作“寘”的異體,與訓置的“寘”形同實異,不能混爲一談。何況“流沙簡”一例本來就寫作“寘”,怎麽能釋爲訓置的“寘”呢?

518頁“乞”字條收“一號墓竹簡二二六”一例。此字從字形和文義看,沒有問題應該釋爲“空”。漢代人寫隸書往往羼入一些草書筆法。“工”旁寫得跟“乙”相似,是屢見的現象(參看拙作《從馬王堆一號漢墓“遣册”談關於古隸的一些問題》,《考古》1974年1期47、54頁)。《長沙馬王堆一號漢墓》簡文考釋部分疑此字爲“空”(上集147頁),過於謹慎;字表釋作“乞”,完全錯誤。

521—522頁“寢”字條有異體字頭“㓯”,旁注“見廣韻”,下收“漢孝太后寢兩半瓦”一例。按《廣韻》只有“㓯”,而且是“濅”的異體。此字應收入785頁“濅”字條,不能因爲瓦文用作“寢”就收入“寢”字條。

529頁“冣”字條中欄所收“縱横家書九九”一例,與530頁“最”字條所收“睡虎地簡”一例同形同義,應移入“最”字條。

535頁“覆”字條中欄所收“居延簡甲一一五”一例,實爲“迺”字(參看《漢簡文字類編》2頁“乃”字)。由於誤釋的影響,“辶”旁摹得有些走樣。

559頁“侁”字條所收“漢印徵”一例似當釋“伏”。

590頁“監”字條中欄所收“靈臺溝門西漢鏡”一例,是借“鹽”爲“監”(鑑)的,應收入“鹽”字條,而在文句部分此字之後,加括號注“鑑”字(文句部分1405頁注“鏡”字是不妥當的)。

593 頁把“一號墓竹簡二六六”的“緥”字當作“褺”字的異體處理。《説文》“褺”字訓“衽”,一號墓簡的“緥”則指手套。把它們視爲一字的異體是不妥當的。

594 頁“袍”字條收“流沙簡·屯戍一三·一五”的“絇”字。此簡原文爲:“·甲、鞮瞀、蘭、服(箙)綻者,輒逢(縫)絇,爲襟(紟)帶、負索,毋令有舉。”意思是説,把有破綻之處的甲、盔、箭袋等物縫補好,配上紟帶、負索,不要被找出差錯。“絇”字也許當包裹講,至少不會跟袍服之“袍”同義,不能視爲“袍”的異體。

703 頁“獦”字條所收“武威簡·泰射五〇”一例是“獵”的訛體(參看 270 頁“臘”字條),跟見於《玉篇》的當獸名講的“獦”無關,應收入 698 頁“獵”字條。後世所用的“獵”字異體“獦”,是由這種訛體演變而成的。

712 頁“災”字條中欄收“流沙簡·小學一·二”一例。阜陽漢簡整理小組已據雙古堆漢墓所出《倉頡篇》,指出此字實爲“秃”字(《文物》1983 年 2 期 26 頁)。由於誤釋的影響,摹寫也有失真之處。

717 頁“炷”字條所收“西陲簡五六·四”一例實爲“責”的草體,在簡文中讀爲“積”(參看《疏勒河流域出土漢簡》76 頁 691 號釋文)。

724 頁“奎”字條中欄所收“汝陰侯墓六壬栻盤”一例實爲“奎”字(補遺部分 1081 頁有“奎”字條)。

766 頁“患”字條下欄所收“青龍鏡”一例應是“惡”字。此字見於“辟去兇惡”句。

768 頁“慙”(慚)字條中欄所收“縱横家書四六”一例,原書釋爲“塹”,讀爲“慚”(《馬王堆漢墓帛書〔叁〕》29 頁),是正確的。不應逕釋爲“慙”。

780 頁“灌”字條中欄所引“居延簡甲八九一”一例實爲地名濯陽之“濯”,應移入 782 頁“濯”字條。附録 1702 頁亦收此例,字下所録文句“濯”字後加注了一個問號,其實是不必致疑的。

816 頁有“洊”字條,所收之字其實都是“游”字的簡體,參看《漢簡文字類編》62 頁及拙作《關於新出甘露二年御史書》(《考古與文物》1981 年 1 期 106—107 頁注⑧。)。

817 頁“泱”字條所收“漢印徵”第二例實爲“決”字。此字右旁寫法與 801 頁“決”字條上欄一例及中欄第一例相合。

847 頁“閉”字條中欄所收“居延簡甲七六五”一例實爲“關”字異體,參看于豪亮《居延漢簡叢釋》“自關、關白”條(《文史》第十七輯 96 頁)。

878 頁有字頭“摅”,旁注“見玉篇”,下收“馬王堆易六”一例,文句部分在此字後注“搋”字(1545 頁)。此字右旁在最下部有一般“虎”字所無的一道筆畫,應該就是“虒”字(參看 322 頁“虒”字條)。所以此字應該直接釋爲“搋”。《玉篇》“搋”字音“古獲切”,訓“批搋”,即“摑”字異體,與“搋”字無關。不過“搋”字倒確有一個作“搋”的簡體,《康熙字典》“搋”字下説:“一曰搋字省文。”

898 頁“戰”字條中欄所收“居延簡甲一九四〇”一例實爲“戟”字訛體,于豪亮《〈居延漢簡甲編〉補釋》已指出(《考古》1961 年 8 期 454 頁)。

907 頁“甾”字條中欄所收“老子甲一四三”、“老子乙二四一上”兩例,寫法與 50 頁“菑”字條所收大部分字所从的“甾”相合。《説文》“菑”字或體省“艸”作“甾”。若以《説文》爲準,上舉兩例應釋爲“甾”,附於“菑”字條。

909 頁“甍”字條所收“漢印徵”一例,從字形上看應該釋爲“瞢”。

909 頁“瓴”字條中欄所收“霸陵過氏瓴”一例實爲“瓵”字,參看周萼生《漢代冶鑄鼓風設備之一——瓵》(《文物》1960 年 1 期 72—73 頁)。

916 頁“繇”字條下欄所收“西陲簡五五・五”一例,實爲“就”字,參看《疏勒河流域出土漢簡》90 頁 890 號釋文。由於誤釋的影響,摹寫也有失真之處。

930 頁“絳”字條中欄“老子乙前一一六上”及“長沙劉驕墓木札”二例,其實都是“絝”字異體。參看《馬王堆漢墓帛書〔壹〕》釋文 70 頁、陳直《長沙發掘報告的幾點補正》(《考古》1961 年 5 期 265 頁)及上引《馬王堆一號漢墓遣策考釋補正》62 頁。“劉驕墓木札”實爲木簽牌,上書“被絝函”三字(見《長沙發掘報告》圖版捌伍・2。本書“器物目”1746 頁注出處爲《文物》1962 年 7、8 期合刊,非是)。“被”當讀爲“帔”,爲裙之別名,見《説文》、《廣雅》等書。“帔絝函”指存放裙褲的箱子。

934 頁“組”字條中欄“居延簡甲一二”一例實爲“絅”字。由於誤釋的影響,摹寫也有失真之處。字表補遺 1088 頁重出此字,摹寫不誤,並且正確地釋爲“絅”。一字兩釋,與上舉史晨碑“冗”字同。

937 頁“纍”字條收有“老子乙二〇一上”的“籯”字。此字見於“九成之臺,作於籯土”句,《馬王堆漢墓帛書〔壹〕》讀爲訓“盛土籠”的“虆”(見 91 頁,參看 8 頁注三二),是正確的。不過此字从“竹”,盛土籠應是其本義。《康熙字典》“篡”字下有“盛土籠”一訓,大概是有所依據的。“虆”亦作“蘽”(如《孟子・滕文公上》“蓋歸反蘽梩而掩之”),應即“籯”字變體(漢代隸書“竹”頭“艸”頭每相混)。字表由於帛書《老子》的“籯”今本作“累”,就把它看作“纍”的異體,這是不妥當的。

965 頁“甴”(塊)字條中欄“光晻甴宇瓦”一例,實爲“由”字,在瓦文中應讀爲“宙”。同欄所收“漢印徵”諸例,也都是“由”字。這些字的寫法跟 984 頁“由”字條中欄末行諸“由”字相合。關於“由”的字形,參看拙作《〈居延漢簡甲乙編〉釋文商榷》(《人文雜志》1982 年 2 期 53 頁 17 條)。

981 頁“畂”字條中欄“老子甲後四四二”、“孫子一三四”二例,其實都是“畛”字。“㐱”旁寫法跟 1024 頁“軫”字條中欄第一行諸例相同。

1006 頁“銖”字條中欄“江陵一六八號漢墓天平”一例,有不少人釋爲“端”,是正確的。由於釋“銖”的影響,此字的摹寫有失真之處。但是其左旁爲“立”而非“金”,還是很明顯的。

1013 頁有从“金”从“齒”的字頭,旁注“見玉篇”,下收“居延簡甲二一二五”一例。此字實爲“鍤”字,參看拙作《漢簡零拾》“鍤”條(《文史》第十二輯 32—33 頁)。

1029 頁“軌”字條中欄“相馬經三上”一例,實爲“軌”字(參看馬王堆帛書整理小組《馬王堆漢墓帛書〈相馬經〉釋文》,《文物》1977 年 8 期 17 頁)。《相馬經》有關文句爲“前有盧首,後有從軌,中有藏寶”。古音“首”、“軌”、“寶”皆幽部字,是韻脚,“軌”字不能隨便改釋。

1054 頁“辪”字條中欄“一號墓竹簡二八七”一例,實爲“辟”字。644 頁“辟”字條上欄“睡虎地簡二〇・一八六”及中欄“孫臏四三”二例,267 頁“臂”字條上欄“睡虎地簡五〇・九一”及中欄“老子甲二”二例所从之“辟”,《漢印文字徵》4・12 下“臂”字條最後一例所从之“辟”,寫法都與此字相似。

1059 頁“季”字條所收“流沙簡・簡牘二・七”一例,實爲“孝”字。

1067 頁“曳”字條中欄“居延簡乙一二〇・五七(原誤作“五三”)”一例,在簡文中緊接在“須”字之後,應釋爲“臾”。其字形亦與上條“臾”字相似。

1068 頁“醉”字條所收“一號墓竹簡一”一例,實爲从“酉”“夸”聲之字。關於“夸”旁寫法,參看上文批評 930 頁“絳”字條誤釋時舉出的參考文獻。

1072 頁“尊”字條下欄所收的“碩人鏡”的“隮”字,實爲从“阜”“真”聲之字。鏡銘假此字爲螓首之“螓”。“真”字之音比“尊”字更近於“螓”。

1076 頁“遽”字條所收“漢印徵補”一例,實爲“虒”字。此字寫法與 322 頁“虒”字條所收“一號墓竹簡”一例十分相似。

1080 頁“椿”字條所收“居延簡乙八五・四”一例,實爲“桶”字,參看上引《漢簡零拾》“鍤”條。

1081 頁“秝”字條所收“居延簡乙四〇一・六”一例,實爲“麻”字,因殘去左邊一筆,被誤認爲“秝”字。

1082 頁“瘼”字條所收“漢印徵補”一例,實爲“瘨”字。“瘨”字條已見 524 頁。

1085 頁“犯”字條所收“漢印徵補”一例,實爲“犯”字。“犯”字條已見 697 頁。

本書凡例七說:“少數音義迥異,而形體混同的字,與假借字的性質完全不同,歸屬字頭,則以字義爲準。如管與菅、豊與豐、薄與簿、昜與易等字,均依其所在之文句中的實義而定,菅用爲管,則歸在管字頭下,不歸在菅字頭下。”這個原則很正確,可惜編者沒有認真貫徹,時常把所收之字誤釋爲音義不同而形體混同的字。下面所舉的是部分例子。

64 頁“葸”字條所收“一號墓竹簡一五八”及“木牌四三”二例,從字形上看確可釋爲“葸”,但從文義上看,釋“葸”却不合適。此字用來指一種香草,應是“蕙字的訛别”(《長沙馬王堆一號漢墓》上集 142 頁),跟从“艸”从“思”的“葸”形同實異。

66 頁“芀”字條中欄“居延簡乙一二三・六三”一例,勞榦《居延漢簡》釋爲“刈”(見 3212 號簡釋文)。此字見於“……卒芀胡麻……”句,釋作“刈”顯然比釋作从“艸”“力”聲的“芀”字合理。居延簡“刈”字往往作“芀”(參看上引《漢簡零拾》28—29 頁。這個字跟从“艸”“刀”聲的“芀”字也形同實異),“芀”是其變體。馬王堆帛書《老子》乙本卷前佚書 158 行下的“刈”字,上从“卉”下从“刀”(見《字形表》895 頁),可證居延簡“芀”字確應釋爲“刈”。

93 頁有字頭“呺”,旁注“見廣韻”。所收之字出晉張朗碑,見於“孤弱呺摧哀慕”句(1140 頁),從文義看應是呼號、哭號之“號”的異體。《廣韻・宵韻》的“呺”字音“許嬌切”,注曰“呺然,大皃”,跟張朗碑“呺”字形同實異。

97 頁“趍”字條所收“西狹頌”一例,《隸辨》釋爲“趨”,引《廣韻》“趨”俗作“趍”爲證,其說可信。此字所从之“多”當是由“芻”字訛變而成的。《說文》“趍”字从“多”聲,與此字形同實異。或謂《說文》“趍”字與“趨”通,從字音上看可能性不大。

171 頁有字頭“詓”,旁注“見集韻”,下收“老子甲後三八一”一例,此字在帛書中用爲“法”,似即“法”字異體。《集韻・語韻》的“詓”字音“口舉切”,注曰“聲也”,音義與“法”字迥異,不能跟帛書“詓”字混爲一談。

188 頁有字頭“鞞”,旁注“見玉篇”。所收之字見睡虎地簡,指一種車馬具,睡虎地秦墓竹簡整理小組讀爲“靷”(見文物出版社 1978 年出版平裝本《睡虎地秦墓竹簡》228 頁注③),實即“靷”之異體。《說文》“靷”字籀文右旁,上下从“爪”、“又”,中从“申”(參看拙作《談談隨縣曾侯乙墓的文字資料》,《文物》1979 年 7 期

31 頁)。秦簡“鞞”字當由籀文省變而成。《玉篇》“鞞”字訓革帶,音與“紳”同,是“紳”的一個分化字,似不能與秦簡“鞞”字混爲一談。

228 頁“瞗”字條所收之字,出自銀雀山竹簡《五名五恭》篇(此篇被收入 1975 年出版的《孫臏兵法》,其實並無必屬《孫臏兵法》的證據)。此篇提到“瞗忌之兵”,“瞗忌”在同篇中又作“肋忌”,可知“瞗”是一個从“鳥”“目”聲的字,不然就不能與从“力”“目”聲的字相通了(參看《孫臏兵法》102—103 頁)。《説文》“瞗”字注曰:“目孰視也。从目鳥聲,讀若雕”,與銀雀山簡“瞗”字形同實異。

298 頁把“老子甲一四五”的“筞”字收作“策”的異體,這是可以的。但在“筞”的字頭旁注上“見字彙補”,却是蛇足。《字彙補》的“筞”,音義都與“策”不同,不能跟帛書“筞”字混爲一談。

前引凡例指出“豊”、“豐”一類形體混同的字,只能根據文義加以區分。但 319 頁“豊”字條所收二例,都是漢印上的單名(1265 頁),無文義可尋,又何從知其爲“豊”而非“豐”呢? 從漢代起名習慣看,這兩個字是“豐”字的可能性還更大些。

398 頁有字頭“欗”,旁注“見集韻”,下收“張景碑”一例,見於碑文“瓦屋欗楯”句(1307 頁)。《説文》:“楯,闌檻也。”碑文“欗”字即“闌”之後起字(字亦作“欄”)。《集韻・寒韻》“欗”字注:“木名,桂類。”此即木蘭之“蘭”的專字,與碑文“欗”字形同實異。

478 頁“采”字條收“孫臏一五四”一例,此字見於“賤令以采章”句(1350 頁),從文義上看應爲“采”之異體,與《説文》“穗”字正篆“采”形同實異。

486 頁有字頭“穈”,旁注“見爾雅”,下引“流沙簡・屯戍一四・三”及“洛陽金谷園村漢墓陶文”二例。662 頁有字頭“床”,旁注“見集韻”,下引“西陲簡二二・一〇”一例(即《流沙墜簡》屯戍叢殘廩給類三十二,爲樓蘭所出魏晉簡)。按:漢簡“穈”字及魏晉簡“床”字是“糜”的簡體,王國維在《流沙墜簡》屯戍叢殘戍役類三十一、三十二兩簡考釋中言之已詳。金谷園陶文“穈”字之義應與漢簡同。《詩・大雅・生民》之“穈”,《爾雅》作“虋”,指赤苗穀(字頭旁注“見爾雅”是錯的),與“糜”音義皆異。字表所收“穈”字應該作爲“糜”的異體處理。《集韻・支韻》“糜”字下正列有或體“穈”。魏晉簡的“床”也應該作爲“糜”的異體處理。《集韻》“床”字音同“糜”,但只收地名一義,蓋編者已不知其爲“糜”的異體。

486 頁有字頭“穆”,旁注“見集韻”,下引“睡虎地簡二五・四二”一例。此字在 1354 頁所錄文句中釋爲“穆(煬)”。《集韻・昔韻》“穆”字訓“禾終畝”,是《詩・小雅・甫田》“禾易長畝”之“易”的後起專用字,音義與上引簡文迥異。秦漢文字中“昜”、“易”兩個偏旁時常相混。既認爲上引簡文本應是从“昜”聲的字,就不應把它釋爲从“易”聲的“穃”。

580頁有字頭“倘”(原誤書右旁爲“商”),旁注“見集韻”,下收“孫臏二八八”一例。按:銀雀山簡文“倘”字皆用作“敵”。此字从“人”,應即仇敵之“敵”的異體。《集韻》馬韻、麥韻皆有“倘”字。前者音“展賈切”,注曰:“倘倘,行皃。”後者音“陟革切”,注曰:“無憚也”。這兩個“倘”跟銀雀山簡的“倘”形同實異。

600頁“袒”字條收“武威簡·燕禮五一”一例,又附異體“綻”,收“流沙簡·屯戍一三·一五”一例。按:《說文》的“袒”相當於一般所用的“綻”,附“綻”於“袒”是正確的。袒露之“袒”《說文》作“但”。武威《儀禮》簡的“袒”是用爲袒露之“袒”的,不應該釋爲《說文》的“袒”,應該當作《說文》“但”字的異體處理。

604頁有字頭“裚”,旁注“見集韻”,下收“睡虎地簡五二·一六”、“孫臏三五二”二例。按:在秦及西漢前期的文字資料中,“裚”字有時當製衣講(如睡虎地簡《日書》中的“裚”,見《雲夢睡虎地秦墓》圖版一三九·778反、一五四·1024),有時讀爲“制”(如字表所引二例)。可知“裚”是“製”的異體,與“浙”或作“淛”同例。《集韻·霽韻》的“裚”字音“子計切”,注曰“斷也”,音義與上述“裚”字有異,二者的關係待考。上述“裚”字宜作爲“製”字異體處理。

641頁“卩”字條收“居延簡乙一〇·二”與“古鏡圖錄·張氏鏡”二例,1431頁所錄前一例文句爲“伏地進卩”,但實際上居延簡10·2並無此語,所注出處當有誤。1431頁所錄後一例文句爲“宦至功卩(績)蒙祿食”。《說文》“卩”字與“節”同音,古音與“績”不同部。“宦至功績”,文義也不通。把“卩”讀爲“績”顯然是錯誤的。居延等地所出漢簡,“卿”字簡寫與“卩”相似(參看《漢簡文字類編》17頁)。尤其是《居延漢簡甲編》1919B“不得詣二卿(舊誤釋“上中”)坐前”句的“卿”字,簡直寫得跟“卩”字毫無區別。張氏鏡“卩”字,也應是“卿”字的簡寫,“功卩”應讀爲“公卿”,不能僅僅由於形似,就把它釋爲《說文》的“卩”字。

716頁“炅”字條除漢印、漢碑“炅”字外,還收了西漢簡帛的“炅”字。後者是“熱”的異體(參看拙作《考古發現的秦漢文字資料對於校讀古籍的重要性》,《中國社會科學》1980年5期24—25頁),與《說文》“炅”字形同實異,應附入“熱”字條。

771頁有字頭“惌”,旁注“見廣韻”,下引“春秋事語三七”一例。此例見於“禮下無惌”句,文句部分在“惌”字下注“怨”字(1492頁),從文義看是正確的。《廣韻·元韻》的“惌”字訓“惌枉”,義不相同。《集韻·元韻》“怨”字有或體“惌”,義正相合。所以此例應作爲“怨”字異體處理,字頭旁應注“見集韻”。

816頁“淚”字條收“漢印徵”的“泪”字爲異體。“淚”字異體“泪”起於何時還不清楚。漢印的“泪”也有可能是从“目”聲之字,似以存疑爲妥。

856頁有字頭“聭”,旁注“見玉篇”,下收“縱横家書三四·二〇五”、“孫臏一六七”三例。按:《玉篇》“聭”字同“媿”(愧),从“鬼”聲。西漢簡帛“聭”字用爲“恥”或“餌”(參看1535頁所錄文句),从“耳”聲。二字形同實異。

874頁“捄”字條收“武梁祠畫像題字”一例。按:《説文》:“捄,盛土於梩中也。一曰擾(段注改捊)也。”畫像題字“捄者”的“捄”是“救”的異體(从“手”从“攴”義通),與《説文》“捄”字形同實異。

978頁有字頭“圩”,旁注“見篇海”,下收“一號墓竹簡”二例。按:馬王堆一號漢墓簡文用“圩”爲“盂”(參看1594頁所錄文句)。“盂”有異體“杅”,“圩”也應是“盂”的異體。盂有木質、陶質者,所以字或从“木”从“土”。此“圩”字與《篇海》“圩”字形同實異。

988頁“勑”字條所收之字都是用作“敕”的(參看1600頁所錄文句),應即“敕”字異體“勅”的訛變之體,與《説文》訓“勞”的从“來”聲的“勑”形同實異。

1012頁有字頭“鉀”,旁注“見方言”,下收“于蘭家銅鉀”一例。按:《方言》“鉀鑪”是箭名。于蘭家銅鉀之“鉀”爲容器名,亦作“柙”,實即“榼”之異體(參看《鳳凰山一六七號漢墓遣策考釋》,《文物》1976年10期40頁),與《方言》“鉀”字形同實異。與此例類似的情況還有不少,如1013頁字頭“鐱”與所收之“鐱”(劍),字頭“釰”與所收之“釰”(刃),字頭“錐”與所收之“錐”(錐),都是形同實異的,不一一列舉。

1071頁“醖”字條有異體字頭“酭”,旁注“見玉篇”。《玉篇》:“酭,于救切,報也,或作侑。”這是“侑”的一個分化字,與簡帛文字中“醖”之異體“酭”不能混爲一談。

1076頁有字頭“呹”,旁注“見玉篇”,下收“碩人鏡”一例。“碩人鏡”“呹”字,今本《詩·衛風·碩人》作“笑”,“呹”應是“笑”之異體。“笑”字又有異體“咲”,當即“呹”之訛體。《玉篇》:“呹,於交切,婬聲。”與鏡銘“呹”字不能混爲一談。

1079頁“杇”字條所收“居延簡乙一四五·二八”一例,用爲“盂”字,實即“盂”之異體“杅”。《説文》“杇”字訓“所以涂也”,字亦作“圬”,與此字形同實異。

1086頁“捂”字條所引“居延簡乙二六五·二A”一例,從文義上看應釋爲“梧”。隸書草率者“手”旁“木”旁往往難分,所以“梧”、“捂”字形混同。此字下所引簡文“□始捂□先餔食蚤五分”,應改釋爲“□(大?)如梧實先餔食吞五丸”,乃是藥方。

凡例五說:"本表收列的字形,以見於字書和音義明確的新字爲正編;音義不能確定或已有考釋但還有待商榷的字,則編爲附錄。"按照這一原則,表中所收的字,有不少其實是應該放到附錄裏去的。下面也舉些例子。

658 頁"庰"字條只收一個"睡虎地簡"的"屏"字。《睡虎地秦墓竹簡》給這個字加注說:"屏,疑即庰字,不詳。"(275 頁注③)這只不過是提出一種猜想。字表並無其他理由就加以肯定,是不妥當的。此字不如收入附錄。

669 頁"長"字條收入"居延簡甲二〇八九"的"粻"字。此字在簡文中用爲人名,其義不詳,無從肯定它是"長"的異體,也不如收入附錄。

1071 頁"酳"字條只收"武威簡・少牢三〇"一例。今本《儀禮》此字作"酳"。"酳"是不見於字書的,如果不把它當作"酳"的訛體處理,就應該當作音義不明的字收入附錄。

在字表收爲某字異體的字裏,有的字雖然能够知道它在文句中當某字用,但是從字形上看,很可能不是這個字的異體,而只是跟這個字有通假關係的一個字,只不過其字形在後來已經失傳,這種字也以收入附錄爲妥。例如 214 頁"改"字條中欄"老子乙二三九下"的从"玉""亥"聲之字、283 頁"剽"字條中欄"孫臏一六五"的从"欠""票"聲之字、557 頁"仍"字條中欄"縱横家書九五"的从"口""乃"聲之字、958 頁"飄"字條中欄"老子乙二三八下"的从"艸""剽"聲之字(可能是"蔈"的異體,同欄"老子甲一三八"的"飄"字也从"剽"聲)、993 頁"劫"字條中欄"孫臏三〇九"的从"水""劫"聲之字等等。

我們在上文中曾指出字表 66 頁所謂"著"字可能是"衰"或"裝"字,267 頁"胠"字條上欄"足臂灸經"二例,並不从"去"聲,343 頁所謂"矯"字可能是"歊"字異體,484 頁的"说"不是"稅"的異體,593 頁的"緥"不是"褺"的異體,594 頁的"絁"不是"袘"的異體,1068 頁所謂"醉"字實从"夸",1072 頁所謂"尊"字異體"隫"實从"真",228 頁"鴖"字跟《說文》的"鴖"形同實異,486 頁"稠"字可能跟《集韻》"稠"字無關,816 頁"淚"字條所收的"汨"字可能不是"淚"的異體,856 頁"瑰"字跟《玉篇》的"瑰"形同實異。這些字還不能確釋,也都可以移入附錄。

此外,從字形或文義上看,字表中還有不少字,它們究竟是不是字表所釋的那些字,很值得懷疑。例如 29 頁"岦"字、114 頁"逑"字(右旁不似"求")、118 頁"迵"字(右旁不似"同")、165 頁"訴"字條中欄"武威王杖簡"一例(右旁不似"斥")、195 頁"夬"字條所收"漢印徵"一例(下部不从"又")、251 頁"鷄"字(左旁不似“業”)、272頁“膊”字條下欄“武威醫簡八八乙”一例(右旁不似“尃”)、300頁“笑”字條中欄“古地圖”一例(下部似从“夫”)、332頁“爵”字條“古文”字頭下所收“一號墓竹簡八七”一例、341頁“缶”字條所收“漢印徵”一例(此字有可能是“罃”)、365頁作爲“椶”字異體處理的从“艸”“兇”聲之字(此字也許與“葱”有關)、373頁“末”字條中欄“一號墓竹簡二〇八”一例(此字大概是“來”或“束”)、397頁“梢”字(右旁有可能是“胄”,或即“柚”字異體,參看上引《馬王堆一號漢墓遣策考釋補正》67頁)、458頁“星”字條中欄“居延簡甲五七五”一例(此字有可能是“量”)、496頁“耑”字、552頁“倗”字(舊或釋“倫”)、556頁“偕”字條下欄“蒼山畫像石題記”一例、591頁“軀”字上欄“睡虎地簡四三·二一〇”一例、635頁“頖”字(左旁不似“半”)、713頁“炮”字(右旁似“艮”)、837頁“乳”字條中欄“居延簡乙二八六·一九B”一例(左旁與“乳”有别)、1029頁“軲”字(從所收二例文義看,或許是“軸”的訛體)、1080頁“楞”字(右下部不似“方”)等等。爲審慎起見,這類字也不如收入附録。

2. 摹字的錯誤

簡帛和金石上的文字、筆畫往往有殘損不清之處。字表摹寫時作爲根據的,大都是照片或拓片的印本,筆畫難以辨清之處更多。因此摹寫不够精確甚至有明顯錯誤的情況相當常見。此外,受了誤釋或晚起字形的影響而摹錯字形的情況也是存在的。上文已經提到了因誤釋而誤摹的一些例子。由於時間不够,參考資料又不全,我們在閲讀過程中只核對了少數字形,下面把發現的問題擇要舉出一些(上文已提到的誤摹的例子從略)。

130頁“齕”字條中欄“古地圖”一例,右旁寫法與原字不符。《馬王堆漢墓帛書·古地圖》所收的地形圖和駐軍圖都有“齕”字,右旁都作“气”。駐軍圖有二“齕”字,復原圖所摹不誤。地形圖的“齕”字比較模糊,復原圖受“齕”字後世寫法的影響,把“气”旁摹成了“乞”。字表沿襲了這個錯誤。

137頁“器”字條上欄“五十二病方二五一”一例,中間“犬”旁的寫法與原字不符。原字見《馬王堆漢墓帛書〔肆〕》圖版二六253行。

149頁“譔”字條中欄“縱横家書二八七”一例,把右旁上部由“卩”省變而成的三角形,摹成了“口”字形。原字見《馬王堆漢墓帛書〔叁〕》圖版二三287行。

209頁“尋”字條中欄“老子甲一一七”一例,原字右上部从二“又”,與同欄“老子乙二二九上”一例相同,摹寫時錯成从“支”。原字見《馬王堆漢墓帛書〔壹〕》“老子甲本及卷後古佚書圖版”117行。

231 頁“省”字條中欄“老子乙一八四下”一例，上部摹作“木”字形，與原字不符。原字見《馬王堆漢墓帛書〔壹〕》“老子乙本及卷前古佚書圖版”184 行下。

265 頁“膾”字條下欄“武威醫簡四四”一例，右旁摹得完全走樣。原字見《武威漢代醫簡》圖版四 44 號簡。

285 頁“刺”字下欄“武威醫簡九〇甲”一例，左旁摹得不正確。這個字原來就不清楚。武威醫簡中 19、20、21、25 等號簡都有很清楚的“刺”字，寫法跟同欄“武梁祠畫像題字”一例大體相同。

298 頁“策”字中欄“老子乙二四一下”一例，原字跟同欄“老子甲後三七六”一例一樣，也是从半“木”的，只是代表樹枝的一筆寫得比較短小。字表摹寫時脱漏此筆，把半“木”變成了“卜”字形，相應的字頭也錯寫成从“卜”。

304 頁“畀”字條下欄“熹・春秋・僖廿八年”一例，原字上部中間的豎畫是跟下面的横畫相接的，摹寫時錯成上下斷開。234 頁“鼻”字條所收“漢印徵”第二例所从之“畀”，上下部原來也不是斷開的，但《漢印文字徵》已摹誤。參看拙作《“畀”字補釋》（北大中文系《語言學論叢》第六輯 138 頁注②、140 頁注④）。

342 頁“缺”字條上欄“足臂灸經”一例，原字“夬”旁上部是封口的（見《馬王堆漢墓帛書〔肆〕》圖版三 8 行，參看卷首彩色版），與 195 頁“夬”字條上欄及中欄第一行各例相同，摹寫時錯成開口，顯然是受了“夬”字後來寫法的影響。

407 頁“橐”字條中欄“老子乙二二二上”一例，把“石”旁摹得完全走了樣。

416 頁“贛”字條中欄“春秋事語六二”一例，原字右旁“貝”上是兩横（《馬王堆漢墓帛書〔叁〕》圖版五 62 行），與同條所收“漢印徵”前二例相同，摹寫時誤作“工”，顯然是受了“贛”字後來寫法的影響。

479 頁“積”字條中欄“縱横家書一四九”一例，原字右上方有殘損，字表摹寫得大失原形。這種並非罕見字的殘損字形，本來就不應該採錄。

521 頁“寢”字條下欄“張表碑”一例，誤摹“爿”旁爲“彳”旁，字頭亦同誤。此當是誤據翻刻本或《隸韻》。《漢隸字源》不誤。

815 頁“沌”字條所收“老子乙二三一上”一例，原字“屯”旁的中畫並無向左的長尾。

923—924 頁“紹”字條中欄“居延簡甲七一三”一例，右旁摹寫有誤。

1021 頁“矜”字條中欄“縱横家書一三二”一例，原字跟同條其他各例一樣，也是从“令”的。字表受後世字形的影響，把它誤摹成从“今”（《説文》段注指出，《説文》“矜”字原來也應是从“令”的）。

1061 頁“疏”字條異體字頭“踈”下所收中欄各例,除“居延簡乙二二〇(原誤“二二”)・一八”、“武威簡・有司五”、“西陲簡三八・三”三例之外,其餘的實際上都仍是从“㐬”的,只不過由於“㐬”旁下部中間的豎畫向上延伸,看起來有些像从“束”而已。其中,“老子甲後四二三”、“縱横家書二三二”、“江陵一六七號漢墓簡”三例的“㐬”旁上端,原作“ㄥ”或“𠆢”,都被誤摹成“束”字上端的樣子。“居延簡甲三〇二”一例,下部左右二筆原來寫得很直,並與上面的横筆相接,也被誤摹成“束”字下部的樣子。

1082 頁“佼”字條所收“漢印徵補”一例,把“交”旁誤摹成了“大”旁。《漢印文字徵補遺》本不誤。

字表字頭篆文的書寫也有少量錯誤。例如 52 頁“蓾”字“屈”旁所从的“尾”誤寫爲“尸”,316 頁“憙”字“喜”旁所从的“口”被寫脱,527 頁“疲”字和 667 頁“破”字的“皮”旁都誤寫爲“叚”(“疲”字頁邊字頭及索引字形亦誤爲“瘕”)。631 頁“骼”字條方括號内的字頭本應作“頜”,却錯寫了“頷”字。

3. 字形取捨方面的問題

字表有時忽略了很重要的字形沒有收入,有時又收入了不應收的字形,如筆畫殘缺的、圖版不清晰或經過描改的等等。上文已經附帶提到過這方面的問題,下面再擇要舉些例子。

15 頁“皇”字條字頭採《説文》从“自”的篆形,而所收字形却連一個从“自”的也沒有。其實在考古發現的秦漢篆文資料裏,是有从“自”的“皇”字的。如西安出土的高奴禾石銅權上的廿六年詔刻文(《中國古代度量衡圖録》圖一六六)和赤峰蜘蛛山出土的始皇詔陶量刻文(同上一一三),它們的“皇”字就都从“自”。《金文續編》所收鳳皇鏡“皇”字也从“自”。字表不應忽略不收。

198 頁“度”字條中欄、下欄都收有从“攴”的字形,上欄“睡虎地簡”一例大概也是从“攴”寫法的變體。在秦代權量詔書銘文裏,常見从“攴”的“度”字(參看《金文續編》三・九上——〇下),此條上欄不應一個也不收。

199 頁“事”字條上欄空無一字。按“事”、“吏”本由一形分化。在秦簡等秦文字資料裏,“事”、“吏”尚同形。字表把它們都收入“吏”字條,以致“事”字上欄全空。這是不妥當的。應該把秦代文字中的“事”字收入此欄,注明“事”與“吏”本由一形分化。

209 頁“尋”字條上欄空無一字。按字表認爲馬王堆帛書中的《五十二病方》屬於秦代。此方 83 行有跟“尋”字條中欄所收帛書《老子》甲、乙本二例相似的从

“舟”的“尋”字(見《馬王堆漢墓帛書〔肆〕》圖版一八),應收入此條上欄(附帶說一下,此字也有可能是《說文》中與“尋”字同从“彡”聲的“彤”字的初文,另詳他文。【編按:參看本書所收《〈說文〉與出土古文字》。】附錄1727頁第二字也是此字的異體)。

266頁“肩”字條中欄引“居延簡乙七五·一〇A”。此簡文字不成文理,字也寫得很怪,顯然是遊戲之筆,不應引用。

280頁“則”字條上欄只收从“鼎”之形。其實秦代文字裏屢見从“貝”的“則”字(《金文續編》所收秦權量詔書銘文的“則”字裏就有三例),不應忽略不收。

390頁“檄”字條只收“曹全碑”一例。其實漢簡中“檄”字屢見(參看《漢簡文字類編》56頁),不應忽略不收。

466頁“多”字條下欄收有“西陲簡五一·四”一例。此字在原書圖版印刷時經過描改,嚴重失真,不應收入。其字斷非“多”字,馬伯樂釋“長”,亦未必可信。

《說文》“秫”字或體作“术”。漢簡有“术”字,見《居延漢簡甲編》509(即89·20)等(參看《漢簡文字類編》54頁),477頁“秫”字條不應忽略不收。

542頁“錦”字條中欄“一號墓竹簡二七七”一例,“帛”旁寫法奇詭。此字在原報告圖版印刷時似經描改,不應收入。

786頁“濡”字條中欄“一號墓竹簡八九”一例,“需”旁寫法奇詭。此字在原報告圖版印刷時經過描改,嚴重失真,不應收入。

820頁“泉”字條中欄收有莽錢“泉”字。莽錢“泉”字中豎往往斷成兩截,象由泉穴流出之水,保存了較古寫法。字表不應不收這種字形。

1033頁“險”字條中欄“倉頡篇八”一例,左旁顯然有殘損,不宜收入。

1056頁“癸”字條中欄“居延簡乙二〇三·九”一例,本是習書之字,寫法很怪,不宜收入,而且表中此字下部好像沒有摹全。

字表引用了少量真僞有爭論的資料,如有武帝元朔年號的龍淵宫鼎銘和徐勝買地鉛券等。字表是有選擇地採錄字形的,這種有問題的資料,按理說完全可以避而不用。

4. 字頭分合方面的問題

字表處理字頭的分合,以《說文》爲主要根據。表中作爲某字異體處理的字頭,包括《說文》此字下所收異體,後人認爲是此字俗體的字(如“然”的俗體“燃”、“箸”的俗體“著”、“旳”的俗體“的”、“介”的俗體“个”等),以及字書所無而音義與此字相同的字(參看凡例六、七)。《說文》所收異體,有的跟正體實際上是兩個字,只是彼此有某種相同的用法而已,有的甚至可能連這種關係都沒有,如"棲"與"西","鳳"與"朋"等。字表凡例六所謂"字書所無,而音義與《說文》某字全同"的字,其用法實際上也往往只是跟"《說文》某字"用法部分相同而已。不過爲了字表的編排能有一個統一的標準,上述原則還是可以接受的。問題在於字表具體處理字頭分合的時候,有時並不遵守上述原則。下面所舉的是部分例子。

26 頁把"气"和"乞"分列爲兩條,中間並隔了一個"氛"字。其實"乞"本是"气"的省寫("气"字條所收的三個"气"都應讀爲"乞",參看 1104 頁所錄有關文句)。72 頁附"个"於"介",依照此例"乞"也應附於"气"。附帶說一下,附"个"於"介"是合理的。但是字頭"个"下所收的武威《儀禮》簡二例,其字形仍作"介",直接把它們釋爲"个"是不妥當的。應該仍釋爲"介",而在文句部分加括號注"个"字。

67 頁附樓蘭古文書的"蒣"字於"蓐"字條。"蒣"應是"蓐"的異體,不應附於"蓐"。附帶說一下,《集韻・號韻》的"蒣"訓"草名",與樓蘭文書"蒣"字形同實異,"蒣"的字頭旁所注的"見集韻"三字宜删。

73 頁"余"、"佘"二字有界綫分開。"佘"本是"余"的變體,依例可附於"余"字。

100 頁有"歮"字條,字頭之旁注"見字彙補",所收之字出"石門頌""途路歮難"句。此字即《說文》訓"不滑"的"歰"字的異體,後世用"澀"字。依例"歮"應作爲"歰"的異體處理,不應據"字彙補"立字條。

221 頁有"卞"字條。"卞"本是"弁"的變體,依例可附於"弁"字。

231 頁附"亹"於"眉",所收之字出自"趙寬碑""金城浩亹人也"句。浩亹即《漢書・地理志下》所載金城郡屬縣浩亹。"亹"、"亹"本來都是"釁"的訛體。周代金文眉壽之"眉"皆作"釁",二字以音近相通,並非一字異體。"亹"應附於"釁"而不應附於"眉"。文句部分在"亹"字後注"眉"字(1219 頁),是錯誤的。浩亹這個地名並無"浩眉"的寫法。

285 頁有"剋"字條,字頭之旁注"見爾雅"。一般認爲"剋"與《說文》"勊"爲一字,可以作爲"勊"的異體處理。

294 頁附"範"於"笵",旁注"見廣韻"。"範"、"笵"二字皆見《說文》("範"字見車部),意義不同,不能合爲一條。把"範"當作《說文》所無之字,更是不應有的錯誤。

303 頁有"亓"字條。"亓"即《說文》"丌"字之變,應該當作"丌"的異體處理。

305 頁附“䏏”於“差”。《玉篇》以“䏏”爲“髊”之古文,《説文通訓定聲》等以爲即“鬌”字,應可信。所以“䏏”應該作爲“鬌”的異體處理。

《説文》分“鼓”、“鼔”爲二字。317 頁“鼓”字條所收之字多从“支”。既以《説文》爲準,就應另立“鼔”字條。

“暴”在《説文》中是分爲兩個字的。一個在日部,下从“米”,是“曝”的初文。一個在“夲”部,下从“夲”,是疾暴之“暴”。448 頁“暴”字條,字頭是从“米”的;所收之字中,上欄嶧山碑一例,中欄“老子乙前三六上”、“老子乙二三八下”、“縱横家書一三七”、“老子乙前二六下”等例,却都是疾暴的“暴”(關於此字下部的寫法,參看 734 頁“奏”字條上中欄各例。“奏”在《説文》中也是从“夲”的)。既以《説文》爲準,就應該把兩種“暴”字分開。

《説文》“旃”字或體作“旜”。455 頁誤將“旃”、“旜”分爲二字。

《説文》“稈”字或體作“秆”。480 頁誤將“稈”、“秆”分爲二字。

《説文》以“氣”、“槩”、“餼”爲一字,492—493 頁誤將它們分爲三個字。

514 頁有“寮”字條,字頭之旁注“見爾雅”。一般認爲“寮”與《説文》之“竂”爲一字,可以當作“竂”的異體處理。

580 頁有“傂”字條,字頭之旁注“見字彙”,下收“慮傂尺”一例。慮傂爲地名,即《漢書·地理志上》所載太原郡屬縣慮虒。《字彙》謂“傂”同“傂”。《廣韻·支韻》息移切“斯”小韻有“虒”字,又有“傂”字,後一字下注曰:“傂祁,地名,在絳西,臨汾水,本亦作虒。”“傂”可作爲“傂”的異體處理,也可以把它直接附於見於《説文》的“虒”字,不應據《字彙》立字條。

《説文》以“覍”、“弁”爲一字,616 頁將它們分爲兩個字。

633 頁附“俯”於“俛”。“俯”與“俛”本來不同音,是兩個同義字(參看《説文》“頫”字段注),“俯”字宜獨立。

639 頁有“斌”字條,字頭之旁注“見玉篇”。一般認爲“斌”是“彬”的俗體,《玉篇》也説“斌”或作“彬”,應附入 550 頁“彬”字條。

761 頁以“忉”爲“忍”之異體。“忉”音“刀”,訓“憂心貌”。《説文》“忍”字訓“怒”,音“魚既切”。二字音義皆異,不能合爲一字。

791 頁附“老子甲一七”的“盅”字於“沖”字條。帛書《老子》“湓”字訓“虚”,今本多作“沖”,所以字表附之於“沖”。但是據《説文》沖虚之沖的本字是“盅”。《説文》:“盅,器虚也。从皿,中聲。《老子》曰:‘道盅而用之。’”字表既以《説文》爲準,就應該把“湓”看作“盅”的異體。

806 頁“洎”字條下欄收“三體石經·皋陶謨”的“臮”字。“臮”即《說文》“息”字。“息”字下部所从的三“人”，是“水”的訛形。“息”跟“洎”同音，而且本來也是由“自”旁和“水”旁構成的，古書中“洎”可用作“息”，把它們看作一字的異體，是有道理的。但是《說文》是把“息”跟“洎”分成兩個意義不同的字的。字表既以《說文》爲準，就不應該把它們合爲一字。

816 頁有“漯”字條，字頭之旁注“見玉篇”，所收之字出“鄐閣頌”“又醳(釋)散關之嶃漯，從朝陽之平燥”句。這個“漯”字是“濕”的訛體，《玉篇》“漯”下也說“《說文》亦作濕”，所以應該附入 783—784 頁的“濕”字條。此條中欄所收“濕倉平斛”一例，只要把右旁上部的“日”變爲“田”，就成爲“漯”了。

879 頁有“掃”字條，字頭之旁注“見廣韻”，下收“漢印徵”一例。一般認爲“掃”與《說文》之“埽”爲一字，《廣韻》也說“掃”同“埽”，應該把它當作“埽”的異體處理。

945 頁有“累”字條，字頭之旁注“見釋名”。“累”應由“纍”省變而成，可附於 937 頁“纍”字條。“纍”字條收“纝”而不收“累”，實爲抉擇失當。

1028 頁把“軟”字當作“輀”的異體處理。一般認爲“軟”與“輭”本爲一字。《說文》訓“喪車”的“輀”，音義皆與“軟”迥異，不能牽合爲一字。

5. 確定資料時代方面的問題

凡例四說：“本表按文字發展的歷史層次分爲三欄排列：第一欄(引者按：本文改稱上欄)爲秦，第二欄(本文改稱中欄)爲西漢，第三欄(本文改稱下欄)爲東漢魏晉。”這是很好的體例，可是實際做起來有不少困難，因爲在所引用的文字資料裏，其時代究竟屬於哪一段難以確定的情況，是並不少見的。西漢和東漢印文，有時不易區分。由於字表引用印文，主要根據《漢印文字徵》，要區分東西漢，困難更多。因此表中摹錄漢印文字之行，一般取消中下兩欄的界綫。除漢印外，在遺址出土的漢簡和傳世銅器銘文等資料裏，其實也存在不少這一類的情況。字表引用這些資料的時候，在確定時代方面，往往有欠妥之處。

表中幾乎把引自居延簡的字形，都放在中欄裏。居延簡的確大部分屬於西漢，然而東漢時代的東西也並不是十分罕見的。所以，這樣處理，並不是很妥當。126 頁“廷”字條中欄引了“粟君所責寇恩事簡”。這組簡記東漢光武帝“建武”年號，時代本來很明確，大概由於是居延地區出土的，竟然也被當作西漢簡處理了。表中偶爾也有把居延簡的字形放在下欄的情況，如 90 頁“吟”字條。可是這一條所引的 562·15 號簡，從字體看却顯然是屬於西漢的。

表中引用的敦煌簡字形,有的放在中欄,有的放在下欄。但是除了記年號的那些簡,所引的敦煌簡的時代,似乎大都是隨隨便便地定下來的。例如:21 頁“珍”字條中欄所引的“流沙簡·屯戍五·一八”、139 頁“鈎”字條中欄所引的“流沙簡·屯戍一四·一三”,從字體看都很可能是東漢簡。102 頁“乏”字條中欄引“西陲簡四九·一七”,此簡字體已近行書,當屬東漢無疑。23 頁“瑰”字、24 頁“琅”字、“玕”字、31 頁“蘇”字等條下欄所引“流沙簡·簡牘三·五、二、一四、六”等簡,從字體看並不是沒有早到西漢的可能。47 頁“萃”字條下欄所引的“流沙簡·簡牘二·三”、339 頁“會”字條下欄所引的“西陲簡五七·四”,從字體看更是極有可能屬於西漢(附帶說一下,“西陲簡”“會”字也是摹寫走樣的)。類似的例子可以舉出不少。

下面再舉一些斷定銅器時代方面的問題。31 頁“蘇”字條下欄引“蘇季兒鼎”(器見《貞松堂吉金圖》下·4,此書釋“季”下一字爲“弁”)。此鼎無論從形制上看,或從銘文字體看,都顯然是西漢器。40 頁“董”字條中欄引“董是洗”。此器顯然屬東漢。86 頁“和”字條下欄引“邵宮盉”。此器不但不可能晚到東漢,而且很可能是秦代或戰國末年秦國的東西(參看朱德熙等《戰國銅器銘文中的食官》,《文物》1973 年 12 期 59—60 頁)。293 頁“笵”字條和 343 頁“侯”字條的下欄都引“笵陽侯壺”。前、後漢皆有笵陽侯,但壺銘字體顯然屬於西漢,不應引於下欄。995 頁“金”字條下欄所引“萬金溫壺”、“日入千金壺”,也不知何所據而定爲東漢器。

陶瓦文字的時代也有定得不合適的。如 486 頁“糜”字條下欄所引“洛陽金谷園村漢墓”出土的“糜萬石”陶囷,據《洛陽西郊漢墓發掘報告》出自 3001 號墓,屬西漢晚期(看《考古學報》1963 年 2 期 48 頁表二、56 頁後的表六及 45 頁關於墓葬分期的說明),本應引於中欄。

6. 其他問題

除上面談到的幾方面外,字表還有一些問題。這些問題大都是技術性的。

先談關於字頭的一些問題。

有些字頭的字形,跟表中所收的字形不符。例如:110 頁字頭“辿”下所收的那些字形都作“徙”或“徙”。209 頁字頭“導”下所收的四個字形,都从“木”作“檃”(附帶說一下,《集韻·號韻》有“檃”字,訓“木名”,與“導”同音,當“導”用的“檃”也有可能不是它的異體,而是一個假借字)。608 頁字頭“屑”下所收的兩個字形都作“屑”。652 頁字頭“崩”下所收的五個字形都作“崩”。929 頁字頭“綈”下所收的唯一字形是从“夷”聲的。624 頁“飲”字條異體字頭中,有《說文》古文“㱃”,但是這個字頭下所收的却都是漢鏡銘文中“飲”字的簡體“次”。類似的例子可以舉出很多。有時還可以看到字頭的字形、表中所收的字形以及索引所用的字形,彼此全都不相符的情況。例如119—120頁“遂”字條,字頭作“遻”,所收之字作“遻”、“遻”等形,索引則用“遂”。

字條中所收的異體,有的出字頭,有的不出字頭,似乎並無一個明確的標準。有些異體不出字頭,顯然是不妥當的。例如348—349頁“享”字條所收字形多數作“亨”,但字頭裏却沒有“亨”,這是很不合理的(“享”和“亨”後來分化成兩個字)。491頁“糗”字條收了“一號墓木牌”等从“米”“百”(首)聲的異體,但沒有爲它出字頭。這種異體不但應該出字頭,而且還應該加上簡短說明,不然一般讀者很難理解。932頁“綦”字條的字頭,除了加上方括號表示表中無此形的《說文》正篆“綥”外,只有一個“綦”。其實此條所收的“睡虎地簡”一例和“漢印徵”前二例,都跟《說文》正篆一樣是从“畀”聲的,只不過偏旁配置改成了上下相疊,這種字形也應該在字頭中反映出來。907頁“曲”字條所收“魏蘇君神道”一例,跟《說文》“曲”字古文相合。1043頁“四”字條收了好幾個“亖”,跟《說文》“四”字籀文相合。這類異體也不應該不出字頭。有些沒有出字頭的異體,正好是一般讀者所熟悉的那種字形,例如248頁字頭“雝”下所收的“雞”、331—332頁字頭“爵”下所收的“爵”、443頁字頭“晄”下所收的“晃”、661頁字頭“庴”下所收的“斥”等。這類異體不出字頭,也是不合理的。總之,應出字頭而未出的異體很多,不一一列舉了。

有些字在《說文》裏的主要篆形和收在字表裏的字形,都是一般讀者所不熟悉的。按照本書體例,這些字爲讀者所熟悉的字形,在每頁上端和頁邊的字頭裏都不出現,索引也不收入(上文舉出的“遂”字條未收“遂”形而索引用“遂”的情況是少見的例外)。這無疑會使讀者感到不便。例如38頁“藐”字條的字頭是“藐”和“藐”,索引裏也只有這兩個字形而沒有“藐”。讀者如沒有文字學知識,很難在字表裏找到“藐”字的字形。同類之例,如有“寖”、“濅”而無“浸”,有“宗”無“寂”,有“慙”無“慚”,有“抍”無“拯”,有“較”無“較”等等,不勝枚舉。

上文還舉過爲一般讀者所熟悉的字形,在表中已經收入,但是仍然沒有出字頭的例子(包括講字頭跟表中的字形不符的現象時舉出的“徙”、“屑”、“崩”)。由於不出字頭,索引當然也不收入。這一類的例子可以舉出很多。這種既不合本書體例,又會使讀者感到不便的情況,是很不應該出現的。

前面講摹字之誤時,曾指出篆文字頭有書寫錯誤的情況。在楷書字頭的寫法等方面,也存在一些問題。例如:580頁字頭“倘”是“倘”的誤寫(頁邊字頭不誤)。

640 頁旁注“見正字通”的字頭“髟”,本應作“髟”(表中所收之字作此形,《正字通》亦有此字)。455 頁“旝”字的頁邊字頭誤作“旜”(索引同誤)。904 頁“匄”字條頁邊字頭誤作“匃”(索引同誤)。649 頁“巍”字條附有字頭“嵬”,旁注“見集韻”,其實《集韻》只有“嵬”,而且跟“巍”也不是一字異體,旁注宜删。770 頁有字頭“憋”,旁注“見玉篇”,其實《玉篇》只有“懒”,旁注應改爲“玉篇作‘懒’”。805 頁“污”字條有異體字頭“洿”,但所收“倉頡篇”一例“汙”在“皿”上,《集韻·莫韻》“汙”字正有異體“盓”,字頭應取此形。955 頁“蠭”(蜂)字條有異體字頭“蓬”,旁注“見集韻”,按《集韻》只有“蠭”,而且見於東韻,與見於鍾韻的“蠭”字音義皆異,旁注“見集韻”三字宜删去。上文中也曾提到過這方面的問題。

表中同屬一個字條的字頭,有時碰巧分屬兩頁,如“款”和“款”(620—621 頁),“懼”和“愳”(752—753 頁)等,容易使人誤以爲兩個無關的字。對這種情況應該有所説明。

表中所收字形下所注的出處,也有一些錯誤。例如 501 頁“安”字條中欄引“流沙簡·屯戍三·二〇”,“屯戍”實應作“簡牘”,而且原物是字紙而不是簡(103 頁“是”字條下欄所引“流沙簡·簡牘三·二二”也是字紙。附帶説一下,從字體看,“流沙簡·簡牘三·二〇”的時代,顯然不能早於東漢,在中欄加以引用是錯誤的)。631 頁“願”字條引“定縣竹簡九三”,“九三”應作“九四”。682 頁“駟”字條中欄引“老子甲後四三一”,“四三一”應作“四三二”。1004 頁“錢”字條中欄引“居延簡甲二”,“二”應作“一一”。1061 頁“疏”字條中欄引“居延簡乙二二·一八”,“二二”應作“二二〇”。1067 頁“曳”字條中欄引“居延簡乙一二〇·五三”,“五三”應作“五七”。522 頁“倗”字條中欄引“居延簡二四五”,“簡”字下脱“甲”字。607 頁“孝”字條中欄引“漢孝大廟寢兩半瓦”,“廟”應作“后”。477 頁“糯”字條中欄引“江陵一六七廿漢墓簡”,“廿”應作“號”,此是修版描改之誤。這方面的錯誤沒有被我們發現的,一定還有很多。又補遺部分 1078 頁“臡”字條引“碩人鏡”銘文,加注“今本作臡脂”語,“臡”應作“凝”,在這裏附帶説一下。

此外,表中還存在一些剪貼、印刷上的錯誤。相鄰兩字條,如 171 頁“譚”與“譪”、261 頁“蔾”與“欒”、326 頁“盪”與“溫”、496 頁“鐵”與“鐅”、827 頁“霖”與“扇”,中間皆脱漏界綫。608 頁“屑”、“展”二字條間,下欄有界綫,上、中欄缺界綫。295 頁“筍”字條内,第二、三兩行間又多出了一條界綫。在字形方面,原應置於 507 頁“宥”字條中欄的“倉頡篇”一例,錯入前面“寵”字條中欄。原應置於 527 頁“瘦”字條中欄的“倉頡篇”一例,錯入前面“痙”字條中欄。758 頁“愆”字條下欄所引"熹・詩・氓"一例,誤以"悝"字充之。995頁"金"字條中欄所引"翁川鼎二"一例脱漏字形。

附帶説一下,索引計算筆畫也有錯誤。如九畫的"侯"誤列七畫,十畫的"晀"誤列十一畫,十七畫的"臂"誤列十六畫。

二、文句部分的問題

《字形表》把表中所收字形所從出的文句,彙列於字表之後,以備查閲。這是很好的體例。古代文字資料裏的字,如果没有它們所從出的文句供參考,往往無法確釋。附錄文句,大大提高了《字形表》的使用價值。可惜文句部分存在的問題也很多。我們只挑閲了少量文句,就已經發現了不少問題。下面舉出的是部分例子。

1. 文字釋寫之誤

文句部分的誤字,有的是誤釋造成的,有的是抄寫錯的。由於無法一一分辨,只能混在一起舉例。

1105頁二七⑤"士岡宗兮微言□"(鮮于璜碑)。"岡"應作"罔"。

1107頁三一④"蘇旦……"(流沙簡・簡牘三・六)。"旦"應作"且"。

1115頁四九①第三例(張遷碑)及四九③第二例(劉韜墓誌)之"沛"皆應作"沛"。

1146頁一〇二⑩"▨玄之"(西陲簡四九・一七)。"之"應作"乏"。

1194頁一八七④"告大謂之實鞠"(居延甲七九)。"之實"應作"子賓",乃人名。附帶説一下,"鞠"字後應用括號加注"鞫"字(同頁一八七⑤"鞠"字同),又簡文"鞠"字下有"今可得出不"等字,應屬上讀,引文斷句亦有問題。

1205頁二〇五④"▨阸毆人死"(流沙簡・屯戍四・一三)。"毆"上一字應作"所"。

1254頁二九七④"戎馬食苦(枯)竿(稈)須庾"(老子甲後四三〇)。"須"應作"復"。

1346頁四七〇④"永元十七年四月板全改爲元興元年"(幽州書佐秦君闕)。"板全"應作"板令"。

1349頁四七六⑦第一例"受邦之詢(詬)……"(老子甲九〇)。"詢"應作"訽"。第二例"劬勞曰稷兮"(郙閣頌)。"曰"應作"日",又"稷"字後應注"昃"。

1399頁五七九⑧"……其下不勿"(老子一一七)。"勿"應作"忽"。

1509 頁八〇六③“君準則大聖”（淮源廟碑）。原文“準”作“准”，不應改爲繁體。

1522 頁八三四①“死者魂歸棺椁，無忘飛揚”（蓋縣永和五年墓磚，見《文物》1977 年 9 期 93 頁）。“忘”應作“妄”。

1548 頁八八四⑦“郤出槖他候長章鄉姊子子惠”（居延簡甲三六）。原簡文作“……且明時駕欲出，槖他候長章卿姊子子惠……”，引文誤“欲”爲“郤”，誤“卿”爲“鄉”，斷句亦誤。

1581 頁九五二⑤“秥丞蟬印”（漢印徵）。應釋“黏蟬丞印”。黏蟬是樂浪郡屬縣。

1583 頁九五五⑤“宜禾郡𤎅苐”（流沙簡・屯戍五・七）。應釋“宜禾部𤎅（烽）第”。

2. 斷句之誤

文句部分從所據資料摘引文句時，有時不能正確斷句。上文已經附帶提到過這種情況，下面再補充幾個例子。

1116 頁四九⑦“禾稼薄者皆勿敢檀（擅）予”（西陲簡五七・一四）。原簡文爲“律曰：諸使而傳不名取卒甲兵、禾稼薄（簿）者，皆勿敢擅予”。引文斷句有誤。又此文“予”上一字本作“擅”，不當釋“檀”。

1116 頁五〇④“率其有菑害者□頃”（居延簡甲六四六）。原簡文爲“豤（墾）田薄（簿）署歲上中下、度得穀口率、其有菑（災）害者□頃畝……”。引文斷句有誤。

1233 頁二五七⑤“陳寬受一人”（居延簡甲五一八）。原文爲“八月，陳寬受一人食三石三斗三升”。“一人食”指一人之口糧，不能在“人”字斷句。

1565 頁九一六⑨“蒲緐直四百”（西陲簡五五・五）。“緐”爲“就”之誤釋，在“字表的問題”節中已指出。此簡原文爲“……迺八月中爲計蒲（簿）就（僦）直（值）四百已得三百……”。引文斷句誤。

1639 頁一〇六一⑤第一例“疏𣪊之冠者，曰美”（老子甲後四二三）。帛書原文爲“然而左右之人縵帛之衣、疏𣪊之冠者，曰美[是不]若美□兵”。引文斷句誤。第三例“簿疏郭（椁）中”（蒼山畫像石題記）。據原文文義當以“簿疏椁中畫觀”爲句。

3. 對通假字不加注

凡例八規定，文句中的通假字“用（）將被通假字標出”。但是實際上有很多應注而且也能注的通假字,却並沒有加注。上文已經附帶提到過這種情況,下面再補充幾個例子。

1110 頁三六②“……以三月與茅晨出東方”(五星占)。“茅”應注“昴”。

1150 頁一〇七⑧“敬以逻書捕得福”(居延簡甲四二二)。“逻書”指逮捕文書,“逻”應注“逮”。

1160 頁一二三⑧“耿禹假赤循鳩尾杇”(流沙簡・屯戍一三・一〇)。“假”應注“假”。“循”應注“盾”。

1176 頁一四九②“永傳啻齡”(魯峻碑)。“啻”應注“億”。

1193 頁一八五②“市陽里張延年蘭渡肩水要虜燧塞天田”(居延簡甲八〇)。“蘭”應注“闌”(《說文》本字作“闢”)。

1195 頁一八九②“垓鬲尤艱”(石門頌)。“垓鬲”應注“閡隔”。

1203 頁二〇〇⑤“執匜(今本作設篚)於洗西南肂”(武威簡・少牢・一二)。“肂”字後應注“今本作肆”。

1210 頁二一四③“强衙改節”(景君銘)。“衙”應注“圉”。

1280 頁三四七①“辟除不羊宜古市”(七言之紀鏡)。“羊”應注“祥”。“古”應注“賈”。

1499 頁七八五⑦第一例“泰𡙇濅上”,第二例“齊哀濅印”(皆引“漢印徵”)。“濅”應注“寢”。前一例印文應讀爲“泰(太)上寢田左(佐)”。太上寢指太上皇的陵寢。秦始皇追尊莊襄王爲太上皇,漢高祖亦尊其父爲太上皇。

1602 頁九九一⑦“券書明白”(望都二號漢墓買券),⑧“會界上刻券”(西陲簡五七・四)。“券”應注“券”。

1610 頁一〇〇八③“李是鐘容十斗”(祝阿侯鍾)。“是”應注“氏”。“鐘”應注“鍾”。此下文句“鐘”當注“鍾”者尚有三例,從略。

1646 頁一〇七一⑥第一例“農夫醳耒”(景君銘),第二例“又醳散關之嶃漯”。“醳”當注“釋”。“漯”爲“濕”的訛體,已見“字表的問題”節。

4. 誤注

文句部分中,一方面屢見對通假字應注不注的情況,另一方面又存在誤注的情況。“字表的問題”節中曾提到1431頁六四一⑥“功(公)卩(卿)”之“卩”誤注爲“績”等例子,下面再補充三例。

1302 頁三八七⑩“俠椎(脊)”(武威醫簡二〇)。《武威漢代醫簡》注文說:“‘俠椎’即‘俠脊’。”意謂二者意義相同,並不是說“椎”可讀爲“脊”。注“椎”爲

“脊”是錯誤的。“俠”倒可以加注“夾”字。

1451 頁六八二⑦“戰士食參(驂)駟之食”(老子甲後四三一—四三二)。按同頁同條引睡虎地簡《司空律》說:“居官府公食者(此句原未引,今補),男子參,女子駟(四)。”據睡虎地秦墓竹簡整理小組的注,“參”指參食,即早晚兩餐皆食三分之一斗;“四”指四食,即早晚兩餐皆食四分之一斗(見《睡虎地秦墓竹簡》51 頁“參食”注、85 頁“四食”注)。“戰士食參駟之食”句中的“參駟”,當與《司空律》中的“參駟”同義,不應讀爲“驂駟”。此句意謂戰士按“參食”、“四食”的標準吃飯。漢以前的一斗,約當今二升。對戰士來說,參食、四食的標準是很低的。

1606 頁九九八①“蓮西宮銅烏鏨(奩)”(漢蓮西宮銅烏奩)。“連”、“奩”古音不同部,讀“鏈”爲“奩”無據。

此外,文句部分還有脱漏或重複文句的情況。例如:1205 頁二〇五③之下,漏錄 205 頁“毆”字條中欄所收“縱横家書一六一”一例的文句。此句原文爲“有(又)長毆(驅)梁(梁)北”。附帶説一下,漢以前“殳”“支”二旁相通,所以“敺”(驅)字有時寫得跟毆擊之“毆”沒有區别。此句“長”下一字,字表釋“毆”,其實可以直接釋爲“敺”。1609 頁一〇〇四⑩之下漏錄 1004 頁“錢”字條中欄所收“居延簡甲一一(原誤爲甲二)”一例的文句。此句原文爲“貸它物非錢者,以十月平賈(價)計”。1626 頁一〇三八②第四例“障塞無事”,與 1625 頁一〇三八①之下所錄文句重複,是誤衍之文。

三、附錄的問題

前面說過,字表所收之字,有不少應該移到附錄裏來。另一方面,附錄裏的字有一部分其實倒是可以正式收入字表的,並且其中不少字的正確釋讀,編者在按語裏已經指出來或已經提到了。例如:1647 頁第五字从“示”“才”聲,是“災”的異體,指“禍福之災”。1648 頁第一字从“示”“白”聲,“當爲魄之别構”。1657 頁第三字即“菑”,第四字即“燕”,第七字即“堂”。1658 頁第二字即“鄗”。1663 頁第六字即“諯”。1664 頁第一字“即訊之訛變”。1675 頁第四字即“饌”,第六字即“籑”(與“饌”爲一字)。1685 頁第一字从“米”“齊”聲,即“粢”字異體。1687 頁第六字即“寄”。1695 頁第六字即“船”。1697 頁第二字即“髭”,第五字是“療之别構”。1698 頁第二字是“麋之省字”。1699 頁第三字即“度”。1709 頁第二字即“梓之或體”。1724 頁第一字爲“尊之别構”。1730 頁第七字即“何”。此外還有些例子,不列舉了。編者把這些字收在附録裏,似乎有些過於謹慎。

收入附録的沒有加按語的字,也有不少是可以辨認的。這些字大多數還沒有人加以考釋(指在已發表的著作裏),有些字雖已有人考釋,但由於考釋發表得比較晚,尚未爲一般人所接受。編者對這些字取審慎存疑的態度,原也無可厚非。不過其中有少數字是很容易認出來的。例如:1687 頁第五字,寫法跟字表 223 頁"甯"字條所收"漢印徵"第一例相同(此字實應釋"寧",見"字表的問題"節)。1702 頁第一字,左旁是"心",右旁寫法跟 195 頁"夬"字條上欄一例及中欄第一行前二例相合,跟 745 頁"快"字條中欄第一行第一例的"夬"旁也相合,顯然就是"快"字。1706 頁第五、六二字,外从"門",内从上面所說的那種"夬"字,顯然就是見於《玉篇》、《廣韻》等書的"閃"。1717 頁第六字,寫法跟 253 頁"畢"字條上欄所收"睡虎地簡"一例相同。1729 頁第一字分明可以隸定爲"羧",此字見於《集韻》。這一類字,只要跟字表中有關的字對照一下,或者按照隸定寫法翻一下字典,就可以認出來。把它們也放在附録裏,恐怕是有些説不過去的。

附録裏還收入了少量已經見於字表的字。1668 頁第二字爲引自"相馬經"的从"骨""合"聲之字,此字已作爲"頜"(字表篆文字頭誤爲"頷")的異體收入 631 頁。1723 頁第二字爲引自"漢印徵補"的从"門"从"戈"之字,此字已作爲《集韻》所見之字收入 850 頁(此字實由《說文》从"鬥"从"戈"之字訛變,可作爲後者的異體處理)。1702 頁第五字也已見於字表,而且字表釋"灌",附録則疑是"濯"字,自相矛盾,已詳"字表的問題"節。

在上述跟收字有關的問題之外,附録裏還有不少其他問題。

附録在所收之字下所加的按語,有些是不妥當的,下面舉幾個例子。

1659 頁第六字下按語,說"相馬經"的"趙揄""當讀如'踊騰'。揄从走从侖,意兼聲"。"侖"與"騰"聲、韻皆異,从"侖"聲之字如何能讀爲"騰"?"意兼聲"之語也不知從何說起。

1660 頁第三字明明是"徙",字表 110 頁所收"徙"字大都是這樣寫的。按語不但仍依《漢印文字徵》釋爲"达",而且進一步懷疑是"逖"的簡寫。此字見"徙尉之印"。漢代蜀郡有徙縣。

1660 頁第五字是"迹"的異體。"迹"或从"赤",與《說文》"赦"或从"亦"同例。漢簡"迹"字多从"赤"。《漢簡文字類編》106 頁收了四個"迹"字,就有三個是這樣寫的。按語所引李均明文也已指出此字當釋爲"迹"。按語沒有接受正確意見,反而去發揮王國維錯誤的舊說,至少是依違於新舊說之間,這就有些落後於時代了。

1662 頁第三字見於秦簡,睡虎地秦墓竹簡整理小組認爲與“足”同義。這一意見是否正確,完全可以討論。但是按語認爲此字即“降”,却顯然不如整理小組的意見合理。按語認爲秦簡律文“其日降(此字姑依按語意見釋)以收責之,而弗收責,其人死亡”,“意思就是說,一天少還一點,仍應分期償清,只有死或逃亡的,才不收債”。“其日降”怎麽能解釋成“一天少還一點”呢?“而弗收責,其人死亡”怎麽能解釋成“只有死或逃亡的,才不收債”呢?原律文尚有下文,按語所引文字語意不完。讀一下《睡虎地秦墓竹簡》60 頁此條律文的全文,就可明白。

1664 頁第二字从“言”“夜”聲。按語謂此字“當讀如淵默之默”。“夜”、“默”二字聲韻皆異,从“夜”聲之字如何能讀爲“默”?

1671 頁第一字下引《金石文字辨異》,證明此字可能是“勢”,大概是對的。但是認爲此字“當讀如伺”,却沒有根據。“勢”、“伺”古韻不同部。這兩個字在古書裏也從來不相通假。

1708 頁第一字下按語說“麥、闋音近”。“麥”爲明母職部字,“闋”爲溪母質部字,何近之有?

附錄在注明所收之字的出處及引錄文句方面屢有錯誤,下面也舉幾個例子。

1655 頁第二字下引“一號墓竹簡六八”的文句。在引文最後一字下,原簡文還有應屬上讀的“一”字。引文斷句不當。

1658 頁第六字出處作“《居延漢簡》一〇〇三”,簡號上應加“甲編”二字。所引簡文,“當”上漏錄“付”字。

1665 頁第五字(下文以“△”代之)出處作“《居延漢簡》乙編圖拾肆”,未注出簡號“一七・八”,不合體例。所引簡文作“長代木△”,其實應釋爲“☐長代朱△”,“朱△”爲人名。

1667 頁第三字出處作“《西陲木簡》四〇三”。“四〇三”爲“四〇・二”之誤。

1676 頁第二字下所引居延簡七八・八的文句,《居延漢簡甲乙編》等書原來釋爲“校臨木十一月郵☐”,是正確的(但圖版上的“校”字似經描改,有些失真)。“校臨木十一月郵書”之語還見於其他一些居延簡(參看拙作《〈居延漢簡甲乙編〉釋文商榷》,《人文雜志》1983 年 1 期 99 頁 209 條)。附錄引錄簡文時,誤認爲原釋文不確,把“校臨木”三字隸定成兩個不見於字書的怪字。

1677 頁第二字从“木”从“壬”(tǐng),出自漢印。附錄引印文時,誤將此字隸定爲从“木”从“壬”(rén)。

1678 頁第二字與 1699 頁第三字出自《流沙墜簡》"屯戍叢殘"的同一條簡文,但前一字下所注簡號作"七・一二",後一字下所注簡號作"七・三"。

1691 頁第五字下引《居延漢簡》甲編一九六四的文句,作"□不僋就□"。《居延漢簡甲乙編》505・20(即《居甲》1964)的釋文,釋上引文句爲"錢不僋就☑",是正確的。附録不應仍用有錯誤的舊釋文。"僋"字見於《漢書》舊本。《漢書・循吏・黄霸傳》"又發騎士詣北軍,馬不適士",顔注引孟康曰:"關西人謂補滿爲適,馬少士多,不相補滿也。"宋祁校曰:"蕭該音義:適,僋足也。僋音相代反。韋昭音詩歷反。案今漢書僋字作適字注云適始歷反。予謂與韋昭音同。"此字有音有義,實可收入字表。上引簡文"僋"下"就"字應讀爲僦運之"僦"。又居延簡 232・6(《居甲》1247)、232・26(《居甲》1254)亦有"僋"字,舊誤釋爲"隨"或"值"。

1710 頁第四字"拫"下所引鏡銘作"長保二親子孫拫(福)"。"拫"从"复"聲。"复"、"福"二字古音雖然比較接近,但並不同部。"拫"應讀爲"復"。"子孫復"謂子孫能得復除。"手"旁、"彳"旁形近,也有可能鏡銘此字本來就應該釋作"復"。

1719 頁第六字出處作"《居延漢簡》二八五",簡號上應加"甲編"二字。所引簡文作"堅年苑既鉗鈦左右止",斷句不當,釋字也有錯誤,應改爲"朢幸苑髡鉗鈦左右止大奴馮宣將劍亡"。附帶說一下,此條按語說"鈦讀爲剉或挫,鉗鈦連詞",也是有問題的。《漢書・刑法志》顔注引臣瓚曰:"文帝除肉刑,皆有以易之……以釱左右止代刖。""鈦左右止"當與"釱左右止"同意。"左"和"大"的古音比較相近,"鈦"、"釱"二字的關係有待進一步研究(參看拙作《〈居延漢簡甲乙編〉釋文商榷》,《人文雜志》1982 年 4 期 90 頁 160 條。拙文謂"左"、"大"皆古歌部字,其實"大"是祭部字。這是很不應該犯的錯誤,附正於此)。

附録所收之字的摹寫也有不準確之處。例如 1670 頁第三字的左旁摹成"尚",就與原字不符。按語疑此字爲"削"字之訛。其實此字本來就是"削"字,只是"肖"旁所从的"月"的中間兩筆是豎寫的。摹寫時顯然是由於前人誤釋的影響,把這兩筆摹成了"口"形。1678 頁第二字見《流沙墜簡》屯戍叢殘烽燧類第四十五簡,李均明《〈流沙墜簡〉釋文校正》認爲是"索"字(《文史》第十二輯 57 頁),附録 1699 頁第三字下按語已加肯定,但是此條却襲用舊的誤釋,並由於誤釋的影響,把字形摹得完全走了樣。1695 頁第二字也摹得大爲走樣。此字原來大概是"襦"字,"需"的"雨"頭被誤摹成近似楷書"白"字的樣子。附帶說一下,此條所引簡文裏的"鮮丈"是"鮮支"的誤釋。鮮支是見於《廣雅》等書的絹名。附録中字形摹得不够正確的例子還有不少,這裏就不列舉了。

本書有些頁印刷時經過描改,附錄1693頁描改得最厲害,有的字甚至被描成了另一個字,如第九行"此或是褭字"的"褭"被描成"裹",第十二行"隸定"被描成"隸完"。

附錄的問題就談到這裏爲止。

最後,關於《字形表》的價值,還應該說幾句。《字形表》彙集了豐富的資料。其中,70年代以來發現的秦和西漢前期簡帛上的字形,是同類工具書裏從未收錄過的新資料,尤其值得重視。全書的體例也相當完善。對研究漢字的人來說,這是一部很重要很有用的工具書。其價值決不會因爲我們指出了它的一些缺點而降低。但是由於書中存在較多的錯誤,對初學者來說恐怕就很難算一本好書了。即使是專家,在使用此書時也要十分小心,應該盡可能核對原始資料,並參考有關著作,不然就有可能被錯誤的字形和釋讀引入歧途。

1986年8月1日寫畢

原載《古文字論集》,今據以收入。

殷周古文字中的正體和俗體

說明：此文是1987年1月在日本東京讀賣新聞社、東方書店主辦的"中國古文字と殷周文化——甲骨文・金文をめぐって"公開討論會上的演講，底稿已經丟失，只能找到會議現場日譯記錄的文本。此日譯文本曾請復旦大學外文學院副教授劉曉泠先生譯成中文，後來又請復旦大學出土文獻與古文字研究中心副研究員廣瀨薰雄先生譯成中文，我對他們十分感謝。現在用的是廣瀨先生的譯稿。由於原日語譯文基本上是演講時的同聲翻譯的記錄，其中有不少重複的話，也有一些不太妥當的說法和譯法。廣瀨先生在中文譯稿上對重複和不妥之處加有批注，現吸收批注意見對文稿有所刪改。爲了使語義清晰，也作了極少的補充。

我演講的題目是"殷周古文字中的正體和俗體"。我想在講這個問題之前說明一下我所謂正體和俗體是什麽意思。

即使是同一個時代的漢字，由於用途的不同，其書寫風格和字形也往往有不同的特點，産生或大或小的差別。一般來說，在比較鄭重的場合使用的字，寫法帶有明顯正規、保守的傾向；日常使用的字則比較草率、簡便。書寫風格上的不同經過較長時間的演變，往往會使字形出現明顯的差異。爲了方便，我們把正規字體叫正體，把比較簡便的字體叫俗體。

衆所周知，漢字有篆文、隸書、楷書等前後相承的字體。在漢字形體演變的過程裏，一個字的新的字形大都是由比較簡化的字形即俗體發展而成的。比較常見的情況，是俗體的某些寫法後來爲正體所吸收，或者明顯地促進了正體的演變。這裏舉一個比較明顯的例子。中國現在作爲規範字形使用的簡化字裏，就有相當多的過去的俗體字。也就是說，以前的俗體成爲現在規範的字體。古代也有類似的情況。有時候，一種新的正體就是由前一階段的俗體發展而成的。其典型的例子是隸書。到了漢代，隸書取代篆文成爲主要的字體。那麽隸書是怎樣形成的呢？它本來是由戰國時代秦國篆文的俗體發展而成的。因此可以說，俗體對漢字形體的演變起了主導作用。我認爲要從根本上瞭解殷周時代古文字形體的演變,必須研究殷周時代古文字裏的正體和俗體的關係。過去對這個方面研究得很不夠。今天講的也只是一些不夠成熟的意見。

我們從古文字資料和古書可以知道,早在商代用毛筆書寫的典册就已經大量存在。大家知道,中國很早就使用毛筆。新石器時代的陶器上的花紋和符號有很多顯然是用毛筆書寫的。"筆"字从"竹"从"聿"。上古時代,筆本來叫"聿"。我們看看商代"聿"字怎麽寫。"聿"字象手執毛筆形。所以"聿"本來就是毛筆的意思。

在河南省安陽市小屯殷墟遺址出土的商代甲骨和陶片、玉器、石器上,發現了用毛筆蘸墨或朱砂書寫的字。蘸墨書寫的字是黑色的,蘸朱砂書寫的字是紅色的,雖然數量不多,但已經出現在多種文字載體上。在中國,在我們現在使用的用植物纖維製造的紙張流行之前,一般使用竹木來進行書寫。細長而薄的竹木片叫簡,即竹簡、木簡。不僅中國有簡,日本也有很多。編聯很多簡而成爲册。在商代文字裏常常能看到册字。"册"字寫作、等形,直豎代表細長的竹木簡,或代表把簡片編聯成册的編繩【編按:也有人認爲"册"跟"栅"本爲一字,"册"也有可能象把很多竹木片或竹木棍編聯起來的栅欄,因此"册"的豎劃常常寫得有長有短】。重要的册叫"典"、"典册"。關於甲骨文裏究竟有沒有"典"字,學界有爭論。我不打算現在在這兒討論這個問題,但至少周代金文中有"典"字。"典"字寫作形,可能表示把册收藏在架上。可能是因爲典很重要,所以才加意保存。《尚書·多士》記載西周初年周公對臣服的殷商貴族的訓話說:"惟殷先人,有册有典。"就是說,商代的先人已經有典册。此外,古代有史官叫"作册",此"作册"的意思是製作典册。這個官名屢見於地下發現的商代甲骨文和金文中。據此可以說,這種官員在商代已經存在。

總之,從各種方面看,早在商代,用毛筆寫的册就已經大量存在,當時主要的文字資料無疑是典册。可惜竹木易腐,商代的典册沒能保存下來。

1949 年以來,我國的考古事業取得了很大的發展,發現了很多古代的簡册。不過時代最早的是戰國時代的簡册。不要說商代,連西周、春秋時代的簡册都還沒有發現。樋口(譯注:即樋口隆康)先生的演講談到,文字的萌芽可以追溯到很早的時代,但其資料很零碎,缺乏系統性。除了這種零碎的資料,在已發現的系統的古漢字資料裏,時代最早的是商代後期(約前 14—前 11 世紀)的甲骨文和金文。請看幻燈片:

金文(四祀邲其卣,商代晚期),引自《商周青銅器銘文選》第一冊13號

甲骨文(武丁時期),引自《甲骨文合集》10405正

左邊是甲骨文,右邊是商代金文。這片甲骨非常有名,是收入羅振玉《殷虚書契菁華》的大骨版,是武丁時期的;金文是鑄在青銅器上的文字,這個銘文也非常有名,是在商代晚期的青銅器銘文中字數較多的一件。我們現在能夠看到的商代的主要文字資料是甲骨文和金文。需要注意的是,這兩種文字資料在字體上有不同的特點。金文是鑄在青銅器上的文字,古代人非常重視銅器的鑄造。首先用正規的毛筆字寫銘文,作爲鑄造銘文的底本。然後製造模範,鑄造銅器,銘文和銅器同時鑄出。在這個場合使用的字體,一般來説很規整。因此可以説金文基本上代表當時的正體。當然,金文是鑄在青銅器上的文字,和原來的毛筆字在風格上有所不同,但應該基本能夠代表當時的正體吧。

甲骨文是什麽呢?我們一般所謂甲骨文,也稱甲骨卜辭,是在占卜後刻在甲骨上的文字。商代人用小刀把與占卜有關的事刻記在占卜所用的龜甲或獸骨上,就成了甲骨文。商代統治者非常迷信,對各種各樣的事情,例如一旬之中會不會有憂患，天會不會下雨，農業能不能有收成，打仗能不能勝利，以至生育、疾病、做夢等事，都要占卜一下。商代統治者頻繁進行占卜，需要刻在甲骨上的卜辭數量很大。以當時的條件，在堅硬的甲骨上刻字，非常費時費力。刻字的人必須想辦法提高效率。在這種情況下，不得不改變毛筆字的形體。所以兩種字風格不同。我們先看一下有什麽不一樣：

甲骨文、金文字體對照

其不同點主要是改毛筆字的圓形爲方形。例如孩子的"子"，頭部原來是圓形，甲骨文改爲方形。此外改填實爲勾廓，改粗筆爲細筆。這樣就形成了不同的書體。

甲骨文不但風格與金文不同，還使用了不少簡化的字形。例如子丑寅卯的"子"，在上古，跟子女的"子"寫法不同。我們看一下子丑的"子"的寫法：

甲骨文，十二支"子"的寫法

早期甲骨文，如剛才給各位看的武丁時期的甲骨文，"子"往往作，這是最普通的寫法，是簡體。本來應該寫作，中間部分表示孩子的頭，上部是孩子的頭髮，下部雖然很短，但表示軀幹。如果不瞭解較早的形體，我們就無法知道簡化後的字形究竟表示什麽。需要注意的是，子丑的"子"的這種簡體主要見於甲骨文中。例如在剛才講的商代金文裏，子丑的"子"不會這樣寫。金文用的是這一類的形體。在商代金文裏，見不到。所以説，甲骨文不僅在書寫風格上有特點，在字形上也有特點，往往簡化正規的字形。我們可以把甲骨文看作主要爲契刻卜辭用的一種比較特殊的俗體字，是爲了便於刻寫變成這種字體的。我剛才講過，甲骨文主要指甲骨卜辭。但商代人有時也在獸骨上，刻記一些跟占卜無關的值得紀念的事情。這類刻辭的書寫風格跟一般所謂甲骨文不同，而更像金文。我們所説的甲骨文，主要是甲骨卜辭，其字體有自己的特點，是商代的一種比較特殊的俗體。

在研究古代漢字形體演變的時候，應該充分注意甲骨文的這種特點。例如

“日”字,在剛才講的早期的、即武丁時代的甲骨文裏,到處能看到寫作⊟的“日”字,不太象形,而很接近後代的隸書。與此相反,在時代較晚的商代金文以至周代金文裏,“日”字却仍然寫作比較象形的字形,筆道圓轉。如果機械地按照時代先後編排字形演變表,就會得出“日”字由⊟演變爲⊖這種不合事實的順序來,認爲早期寫方形,後來改爲圓形。但這是不可能的。早期文字一般要比晚期更象形。早期文字不太象形,晚期文字却變得象形是不可能的事。

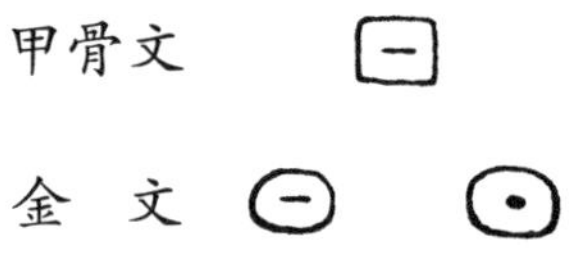

甲骨文、金文“日”字對照

那麽爲什麽會發生這種現象呢?那是因爲甲骨文是不太正規的文字,有自己的特點,使用平時不用的簡體。不過也有時候比較早期的甲骨文使用簡化的字體,晚期甲骨文却不用,結果晚期的字形比早期更古。例如剛才講的子丑寅卯的“子”,晚期的甲骨文一般作,比較象形,武丁時期的甲骨文反而不太象形。這是爲什麽呢?是因爲這個字在武丁時期多用特殊簡體,晚期却不用這種簡體。過去有一部分甲骨學者不瞭解這種情況,認爲晚期的是由早期的變化而成的。就字形而言,這當然是不對的。他們進而誤把使用、這一類寫法的早期甲骨文也歸於晚期,把甲骨文時代的早晚弄顛倒了。【編按:甲骨文字形的情況很複雜,即使在早期的甲骨卜辭裏,有時也使用一些與用毛筆寫的正體接近的字形。】産生這種錯誤有很多種原因,但主要是因爲他們没有充分認識甲骨文是一種特殊的俗體。

商代文字字體演變的過程,總的來説,是字形逐漸簡化。這是一個原則。除了像剛才所介紹那樣的特殊例子,早期的字形總是繁複,晚期則簡單。在文字形體逐漸簡化的過程裏,甲骨文的這種俗體明顯起了推進簡化的作用。當然有些簡體只在甲骨卜辭裏使用,而在金文裏不用,對正體没有直接影響,如上面講的子丑寅卯的。但也有很多簡體對正體字形的演變有明顯的影響。我們用“戍”字的例子來説明吧。

在講“戍”字的演變之前説明一下。有一種金文叫“記名金文”。這種金文通常不出現在一般的記事銘文中,往往單獨出現,主要用作族名和人名(但並不限於族名和人名)。這種金文象形程度通常很高,被學界稱爲“記名金文”、“族名金文”等。雖然有些學者不同意,但我們暫時採用一般的説法。這種金文可以説是當時的“古體”。例如虎族的人在銅器上鑄一個類似圖畫的“虎”字,龍族的人在銅器上鑄一個類似圖畫的“龍”字。這就

記名金文的例子

是“記名金文”。

現在我們看一下“戍”字的演變：

“戍”字寫法的演變

表中的第一個字是商代晚期的“記名金文”的“戍”字。這個“戍”字非常象形。這個字象人荷戈形。戈是殷周時代主要的兵器。這個字形表示防衛、戍守的意思。這是當時的“古體”，保持着很高的象形程度。“戍”在早期甲骨裏一般簡單地作，是相當簡化的。在這種字形裏，戈豎了起來，人和戈離開了，人持戈的手也看不見了。這是爲了使偏旁成字。横着的戈在漢字裏通常是不能獨立成爲一個字的。但是“戍”字所从的“戈”豎了起來，人和戈也分離了，字形表達的意思就不那麽清楚了。早期甲骨文雖然已經大量使用這種簡化的“戍”字，但偶爾也有這種寫法，這好像可以看成是由記名金文的“戍”向演變的過渡形體。在剛開始簡化的時候，仍然畫出持戈的人手，只是把戈豎着寫。在更進一步簡化後，我們就很難看出這個字形表示的是什麽意思了。這兩個字形都見於甲骨文，是商代的俗體。

商代晚期一般的金文裏也有“戍”字，寫作。從時代看，這些金文比早期甲骨文晚很多。從金文裏反映出來的商代正體“戍”字的寫法看，正體的演變顯然是受到這種俗體的强烈影響的。就是説，俗體的字形影響了正體的字形。這種例子還有很多，這兒就不講了。

下面看西周春秋時代的古文字資料。西周春秋時代的主要古文字資料是金文。上午兩位先生（譯按：即樋口隆康和李學勤）也講過，西周時代的文字資料也有甲骨文。但因爲數量不多，我們研究西周春秋時代的古文字主要依靠金文。我在前面已經講了金文代表當時的正體，但這不能一概而論。一部分寫得比較草率的金文，則明顯受到了當時俗體的影響。那麽當時的俗體是怎樣的呢？大量的俗體資料雖然現在已經沒有了，但在金文裏仍有所反映。换句話説，有些銅器銘文的字可以確定爲俗體。我們舉一個西周金文的例子。1960 年代陝西省武功縣出土的兩件𤸫簋蓋，大約是西周中期器，也有人認爲是晚期器。這兩件爲同人同時所作，銘文内容也相同。但是兩件簋蓋的書寫風格差别極爲明顯。請看圖：

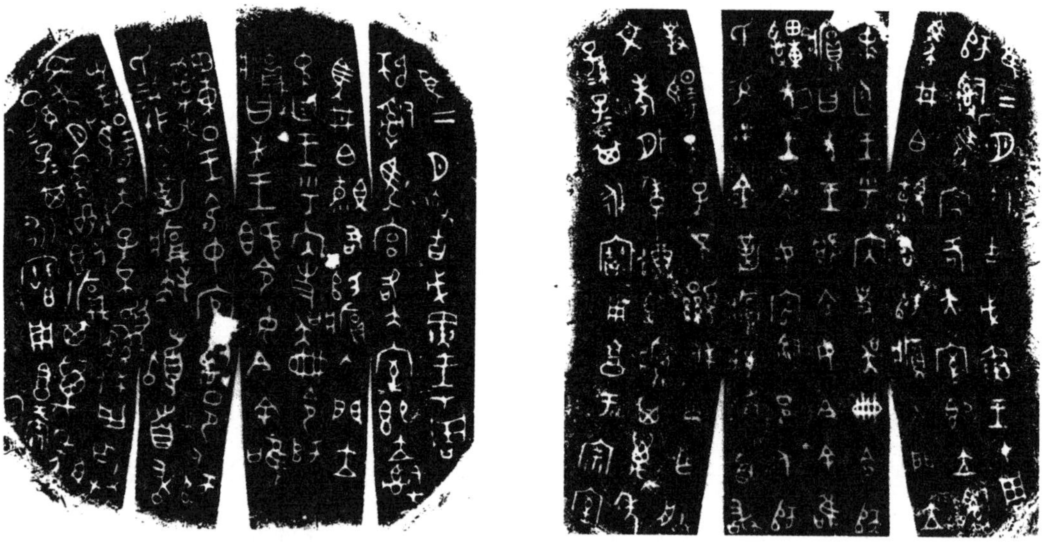

瘨簋蓋銘兩種對照,引自《陜西出土商周青銅器》第4册

右邊的一件字寫得規整,也許可以説寫得很漂亮;左邊的一件寫得很草率,可以説寫得不太好。實際上文字相同,時代也相同,作器者也是同一個人,但書寫風格不同。兩件銅器銘文中的"宀"旁,根據字典念 mián,象房子的屋頂和牆壁。規整的一件寫作,草率的一件寫作,形體不一樣。草率的字形()顯然是由規整的字形()演變而成的。這兩種寫法在兩件簋蓋裏並存,這説明當時正體和俗體並存。在比簋蓋晚一點的銅器上,就是那些字體很規整的銘文,也大都把"宀"旁寫作。也就是説,俗體的寫法影響了正體。後代小篆的寫法也是由此而來的。不管怎樣,兩件瘨簋蓋的例子説明,正體和俗體在西周時代也並存,俗體的字形影響了正體。但陜西省的金文學者吳鎮烽先生在1981年發表《師瘨簋蓋銘文辨僞》,認爲用正規的字寫的是真品,用草率的字寫的是僞作。這恐怕不可能。如果要做贋品,應該儘量模仿真品才對。然而相當多的字的寫法却截然不同,其不同又有不同的道理,例如剛才講的"宀"旁的差别就有它的道理,僞造是不可能的。吳先生對古文字正體和俗體並存的現象缺乏認識,所以把寫法草率的一件看成了僞器。我舉出的這個例子可以説明對正體和俗體問題的認識是非常重要的,不論是在闡明漢字形體演變的情況的時候,還是在研究殷周古文字的時候,都需要充分注意這個問題,否則就有上當受騙的危險。

"宀"的兩種寫法

再舉一個春秋時代的例子。這是一件傳世青銅器——欒書缶,請看幻燈片:

欒書缶銘,引自《商周金文錄遺》

欒書缶是非常重要的春秋時代的青銅器。這個銅器的銘文說出了作器人是誰,而且這個人在歷史上非常有名。作器的欒書是春秋中期晉國的元帥,在《春秋》經文和《左傳》中出現過好幾次。因此器物鑄造的時代很清楚。這件缶的銘文很特殊,春秋時代以前(包括春秋時代)的銘文大都在器內,而這篇銘文鑄在器的外面,文字錯金,非常精美,誰看原物都會被其精美吸引。不僅如此,字形也比較特殊,字體跟同時代一般的金文有明顯的差別,大概也吸取了俗體的一些寫法。缶銘"寚"(寶)字所从的"宀"簡化成𠆢。在春秋正規的金文中看不到這種寫法。這篇銘文中還有一些字也可以看作俗體。就是說,欒書缶銘的寫法受到當時俗體的很大的影響,而且這不是孤例。欒書缶銘之外的受到俗體影響的春秋金文如番君匿的"寶"字、邾公釛鐘的"⿱宀亏"字,其所从的"宀"旁的寫法都與此相似。在春秋時代的俗體裏,"宀"的這種簡化寫法相當流行。以上講的是春秋時代的例子。【編按:我們當時按照一般說法,把緣書缶當作春秋時代晉國欒書所鑄之器,是錯誤的。學者後來從考古學和古文字學的角度,證明緣書缶當是戰國楚器,器主並非春秋時代晉國的欒書(參看甌燕《欒書缶質疑》,《文物》1990 年 12 期;劉彬徽《論東周青銅缶》,《考古》1994 年 10 期;黄錫全《欒書之孫書也缶爲楚器說補證》,《古文字論叢》,臺北藝文印書館,1999;李學勤《緣書缶釋疑》,《中國古代文明研究》,華東師範大學出版社,2005)。因此,此文中關於緣書缶的話應全部刪除。但春秋時代已經出現把“宀”旁簡化爲𠆢的俗體寫法,由番君匜、鄀公鈁鐘等銘文以及下面就要提到的侯馬盟書仍可證實。】

寶　　寶　　宎　　安
欒書缶　番君匜　鄀公鐘　戰國燕印

“宀”旁作𠆢的例子

我們再看一下其他的例子。

1965 年在位於山西省侯馬市的東周時代晉國都城新田的遺址裏(我們所説的東周時代包括春秋戰國時代),發現了大量書寫着盟誓之辭的玉、石片。當事人結盟時,用毛筆把盟辭寫在玉、石片上,把它們埋在地下,數量很多。研究者稱爲侯馬盟書。這批盟書意義極爲重要。關於這批盟書的時代,雖然還有爭論,但研究者多數認爲是春秋晚期的東西,我們也暫時從這個説法。盟辭都是用毛筆寫的,總的來説字寫得很草率。請放幻燈片:

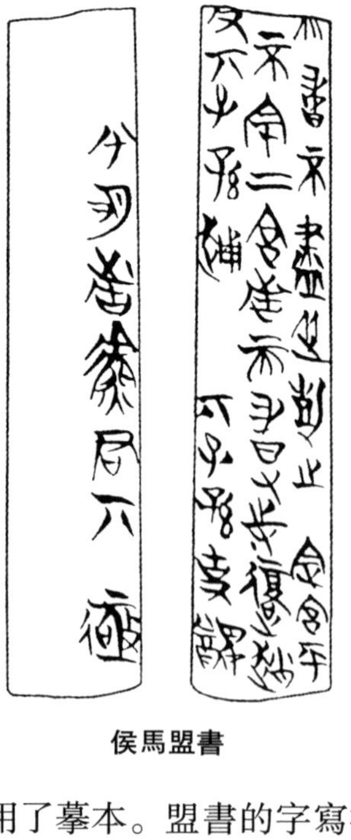

侯馬盟書

因爲照片不太清楚,所以這裏用了摹本。盟書的字寫得比較草率。在侯馬盟書裏,跟欒書缶一樣,“宀”寫作𠆢。“守”、“宔”、“定”、“宮”等字的“宀”旁都寫作𠆢。

因此可以説侯馬盟書也接近俗體。

此外也有和侯馬盟書形成對比的資料。1960 年代初(比侯馬盟書的出土年代早一點),侯馬市新田遺址的範圍内,離盟書發現地點不太遠的地方,有一個叫牛村古城的地方。位於其南側的晉國青銅器鑄造遺址發現了若干件有字的鑄銅器用的陶範一類東西【編按:也可能是陶模】。根據發掘報告,時代屬於春秋晚期到戰國早期。其時代和發現地都跟侯馬盟書基本相同或相近。請放幻燈片:

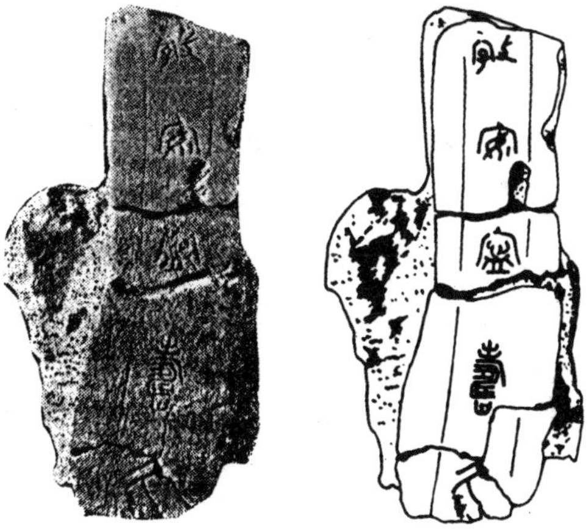

侯馬出土有字陶範,引自《文物》1964 年 9 期

左邊是照片,右邊是摹本。上面寫的是"㲉安寧壽久"五字,字很規整,很像後代的小篆。但其所屬時代無疑是春秋戰國時代。這説明,雖然是同時代的字,既有像侯馬盟書那樣草率的字,也有鑄在銅器上的這種規整的字,彼此差别很大。

接下來看下一個時代的古文字資料。在春秋戰國之交,古漢字發生了劇烈變化,這與當時社會的變化有密切的關聯。大家知道,春秋戰國之交中國古代社會發生的變化非常劇烈。春秋以前,佔有統治地位的是所謂宗法貴族。他們的地位世代相承。他們在經濟、政治、文化等方面都佔有統治地位,文字當然也爲他們所壟斷。一般來説,老百姓和文字没有多大關係。春秋戰國之交,舊的貴族階級逐漸爲新興剝削階級所取代,文字開始擴散到民間。進入戰國時代以後,隨着經濟、政治、文化等方面的巨大變化和飛速發展,文字的應用越來越廣,使用文字的人也越來越多,因此文字形體發生了前所未有的劇烈變化。這個變化極爲複雜,但主要表現在俗體字的迅速發展上。要講這一點,還有一些情況要先説明。

春秋時代有很多諸侯國,在各個主要國家中,建立在宗周故地即西周王畿的關中地區的秦國,是最忠實地繼承了西周王朝所使用的文字的傳統的國家。進入戰國時代以後,秦國由於原來在政治、經濟方面比較落後,又地處西僻,各方面的發展比東方(“東方”即函谷關以東地區)諸國遲了一步,文字的劇烈變化也開始得比較晚。所以跟東方諸國相比,秦國文字的正體受俗體的影響比較小。我剛才講過,在戰國時代,文字發生了劇烈變化,俗體字迅速發展起來,對正體産生了影響。但秦國的情況有點特殊,秦國文字正體受到的影響沒有東方諸國大。戰國時代,主要是戰國中期以後,即公元前4世紀以後,在東方各國的文字裏,從西周、春秋傳下來的傳統的正體已經被衝擊得潰不成軍了,形成不了一個完整的系統。而在秦國文字裏,雖然俗體也在逐漸流行起來,但是繼承舊傳統的正體却始終保持重要的地位,沒有受到俗體的强烈影響。所以古文字學家唐蘭先生把戰國時代的秦國文字跟東方各國的文字區分開來,把後者稱爲“六國文字”。唐蘭先生把戰國時代的文字分爲兩個系統,這很有道理,很多古文字學者都同意這個意見。【編按:唐先生的説法是由王國維“戰國時秦用籀文六國用古文”的説法發展出來的。】

戰國時代俗體盛行,各國文字俗體的字形又各有特點,形成了《説文解字·敘》所説的“文字異形”的局面。由於這種局面的形成,出現了一些從一般人的眼光來看很奇怪的字形。這裏舉兩個具體的例子:

六國文字“馬”(齊國)、“中”(燕國)的字形來源

第一個例子是“馬”字。最左邊的是西周金文中比較規整的字形。第二個例子是中間的“中”,最左邊的是西周時代一般的字形。到了戰國時代,這兩個字在有些國家裏有很奇怪的寫法。第一行靠右的是戰國時代齊文字的“馬”,這跟西周時代的“馬”很不一樣。第二行的是戰國時代燕國的“中”,跟“中”字本來的寫法也很不一樣。這些字有演變的過程。例如第一行中間的,是戰國時代齊國陶文的“馬”,可以看作由比較象形的“馬”與之間的過渡形體。那麽“中”又爲什麽變成這樣奇怪的形體呢?這是省略了下部之後演變而成的。第二行中間的兩個“中”字(、)都是寫在1970年代河北省平山縣的戰國時代中山王墓發現的器物上的。戰國時代中山國的“中”字省略了下部。再加一點變化,就變成這種形體了。中山國和燕國很近,燕國在北,中山國在南。所以文字有一些相似的地方。如果完全不知道這些演變過程,就很難推測出和是什麽字。可以説戰國時代文字的變化非常劇烈。戰國時代各國文字的面貌跟西周、春秋時代的傳統的文字很不相同，而且各有一些特殊的寫法。例如燕文字“中”寫作，楚、齊、晉沒有這種“中”。齊國“馬”寫作，其他國家不會這樣寫。這樣就形成了戰國時代“文字異形”的特點。

過去很多學者認爲六國文字是最難識的古文字，甚至說比甲骨文、金文還難辨識。這在很大程度上是由於他們對六國文字中俗體盛行這一特點缺乏充分的認識。這也說明瞭解正體和俗體的關係對古文字研究非常有用。

戰國時代俗體的情況相當複雜，一般以爲是六國文字特有的字形，不一定都是戰國時代或春秋戰國之交開始出現的寫法。某些字形其實是在較早的時代就已出現的俗體。有些字形早就在俗體裏有，但其影響力不大。到了戰國時代，在東方的某些地區流行了起來。齊國文字裏的平安的“安”就是一例。戰國時代齊國文字裏的“安”有一個特點。“安”本來从“宀”，齊國文字則寫作、等形。這種特殊寫法是在戰國中期以後的齊國文字裏才出現的嗎？恐怕不是這樣的。已經有學者指出，齊國文字“安”源於西周時代的格伯簋銘文中的“安”字。銘文中的“安”字寫作、等形，跟齊國文字“安”有明顯的關聯。這說明這種俗體早已出現。格伯簋銘的字體很草率，雖然是西周銅器銘文，但顯然受到了當時俗體的影響。這個字的俗體在較早的時代就已經出現，但在當時沒有那麽流行。到了戰國時代，在齊國地區，才廣泛流行。它們是這樣的關係。

格伯簋和戰國齊國文字“安”字對照

又如“宀”簡化爲ㄟ的現象，在戰國時代的燕國文字裏是常見的。這種簡化方法並不是戰國時代燕國的創造，而在春秋時代就已經流行了。這在前面已經講過了。再舉一個放棄的“棄”的例子：

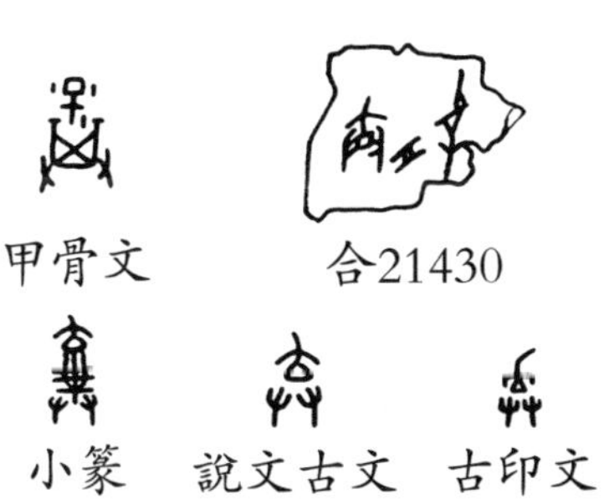

“棄”字的繁體和簡體

“棄”的字形表示雙手捧着用竹子編的箕，盛嬰兒去拋棄掉。小篆作，這源於更早的字形。戰國時代東方各國的“棄”不是這樣寫的。秦系文字作一類字形，後代的隸書、楷書都繼承了這個傳統。但東方各國的“棄”字，如《説文》古文（一般認爲《説文》古文是戰國時代東方國家的文字），由雙手和倒“子”構成。倒“子”象徵已經死去的要拋棄的嬰兒。六國文字的古印文“棄”字也是這樣（）寫的。我們現在所用的簡化字繼承了這個寫法，而以前的繁體字繼承了秦系文字的寫法。但是“弃”的寫法恐怕不是戰國時代才出現的。商代甲骨文中已經有“弃”字。雖然商代跟戰國時代年代的差距很大，中間有缺環，但也有可能這個字形確是由商代一直傳下來的。總之，我們不能認爲戰國時代所見俗體都是戰國時代才出現的，其相當部分是比較早期的寫法，到了戰國時代才流行起來。

六國文字裏正體和俗體的關係比較複雜。有的俗體字幾乎已經完全把原來的正體字排擠掉了，如上面舉過的齊國文字裏从“厂”的“安”，在現在可以看到的齊國文字裏，平安的“安”没有寫作从“宀”的。因此就齊國的範圍而言，俗體“安”完全把正體“安”排擠掉了。很多俗體字仍與正體字並存，並未完全把正體字排擠掉。王國維曾指出齊國的陳侯午敦、陳侯因資敦“係宗廟重器，其製作及文字自格外鄭重”。我補充説明一下。陳侯午是戰國時代田齊桓公（春秋時代齊國國君姓姜，到了戰國時代，田氏取代姜氏爲國君），公元前375—357年在位。陳侯因資是陳侯午之子，即後來稱王的齊威王因齊。這兩件器是國君製作的祭祀用的銅器，所以王國維説它們是宗廟重器。銘文的字體也比較規整，所以王國維説書寫風格跟東方諸國一般的文字即陶器、兵器、貨幣和璽印上的文字有所不同。陶器、兵器、貨幣和璽印上的文字没有陳侯因資敦那麽規整。這是王國維指出的。

在楚國文字裏也有類似情況。50年代，在安徽壽縣發現了楚懷王時鑄的鄂君啓節。鄂君啓是楚國的貴族，楚懷王頒給他用青銅鑄造的銘有文字的“節”。鄂君啓經營商業時，把貨物裝在船或車上，這些船或車在過關津時用“節”作爲憑證，上面寫的是用多少船或車運貨物，走怎樣的路綫等内容。鄂君啓節的鑄造年代也很清楚，是公元前323年所造。這是國家正式頒發的，銘文字體也比較規整。時代跟鄂君啓節相近的湖北省江陵望山一、二號墓所出的竹簡，其上用毛筆寫的字的字體就比較簡率。因爲竹簡的内容是隨葬品的清單和墓主人生前進行占卜的記録，不像高文典册很重要，所以字體比較簡率。有些字的寫法，竹簡和銅節顯然不同，各位請看：

楚國文字正體俗體對照

上一行是鄂君啓節,第一個是"馬"字,第二個是"金"字,第三個是"則"字。從字體看,這些字屬於西周春秋金文的系統。當然有一些變化,但不是很大。如果知道西周春秋時代正體中"馬"、"金"、"則"的寫法,不可能認不出鄂君啓節中的"馬"、"金"、"則"。時代相近的望山楚簡就很不一樣了。例如"馬"字沒有軀幹,只加了兩個橫筆。軀幹、尾巴都沒有了,剩下的只有頭。"金"字,鄂君啓節的有四個點,望山楚簡的則把它們兩兩相連,變成了兩道弧綫。"則"字,"鼎"的下部變了形,右旁的形體也變了。這裏舉的例子代表戰國時代楚國的正體和俗體。

總之,在戰國時代,正體和俗體同時存在,在比較鄭重的場合喜歡用規整的字,用正體;在不太鄭重的場合,用俗體。不過在我們看到的六國文字資料裏,幾乎找不到一種沒有受到俗體的明顯影響的資料。我們可以來看一下前面舉過的被王國維稱爲"宗廟重器"的陳侯午敦的銘文,其字體雖然很規整,但仍明顯受到了俗體的影響。請看其中的(獻)字。我們在下面舉春秋時代金文的例子作比較。春秋時代的"獻"字比較複雜,請看圖:

"獻"、"爲"、"鑄"的繁體簡體對照

陳侯午敦"獻"字下方的"獻"是取自春秋時代的齊國銅器的。與之相比,陳侯午敦的"獻"省去了"虍"頭,並把"鼎"簡化成了與"貝"相近的形體。"鼎"旁的這類簡化形體在周代文字的俗體裏應該出現得比較早,至少在春秋時代就已出現。

有些“鼎”旁的簡體甚至變得與“貝”完全混同,有的从“鼎”的字後來竟完全爲从“貝”的簡體所取代,如“鼎刂”變成了“則”,“鼎”變成了“員”。陳侯午敦“獻”字的“犬”旁顯然也是簡化的俗體。“獻”字的例子可以反映出陳侯午敦的字體也是受到俗體的明顯影響的。鄂君啓節的書體也值得重視。“爲”字在春秋時代多用一類寫法,還能看出表示用手拉大象的造字本意。鄂君啓節的“爲”則是楚文字俗體中常見的寫法。“鑄”字在春秋時代多用一類寫法,上部象用雙手拿器皿,下部也有器皿,中間从火。鄂君啓節的“鑄”字則省去了上面的器皿,可以看作戰國楚文字中常見的“鑄”字俗體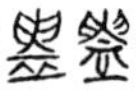等與古文字傳統“鑄”字之間的中間環節。可見鄂君啓節的字體也受到了俗體的明顯影響。所以我們在前面說,在六國文字裏,傳統的正體幾乎已經被俗體衝擊得潰不成軍了。但這種情況在秦國尚未出現。

秦王朝建立之後,統一了全國文字。不過,文字的統一實際上在秦統一六國的過程中,就已經在逐步進行了。秦王朝是逐個佔領東方各國的,在統一全國前,已經在新佔領的地區著手文字統一的工作了。秦王朝禁止使用東方各國文字中與秦文字不合的異體。因此,六國文字雖然非常混亂,但沒有給後代的文字太大的影響,因爲絶大部分與秦文字不合的異體已經被廢棄了。

上面主要講了六國文字的情況,下面再講戰國時代的秦國文字。秦國文字顯得比較保守。但是隨着秦國社會各方面的發展變化,秦文字也在不斷變化。人們在日常使用文字的時候,不斷在改造傳統的字形。俗體也發展了起來。在戰國中期,秦孝公任用商鞅進行變法。在當時的銅器銘文裏,就可以看到正體和俗體並存的情況。請放幻燈片:(圖見下頁)

商鞅方升是計量器,銘文中有製作日期,是秦孝公十八年(公元前344年)商鞅當權時所造。銘文的字體非常規整,跟後代的正規小篆幾乎沒有什麽不同,當然是當時的正體。商鞅矛鐓爲秦孝公十六年所造,比商鞅方升早兩年。矛鐓是矛柄下端的銅帽,銘文刻得很草率,字體也很隨便,可以看作當時的俗體。孝公之後,秦國在各方面迅速地發展起來,俗體也隨着發展起來了。文字的使用越來越頻繁,俗體也隨着越來越流行。在戰國晚期秦國的文字資料,即銅器(主要是兵器)銘文、漆器銘文,以至印文、陶文裏,都可以看到俗體字。在這些俗體字裏,已經出現了不少跟後來的隸書相同或相似的寫法。這種例子很多,在此只介紹一個“水”旁的例子。

商鞅方升銘，引自
《中國古代度量衡圖集》

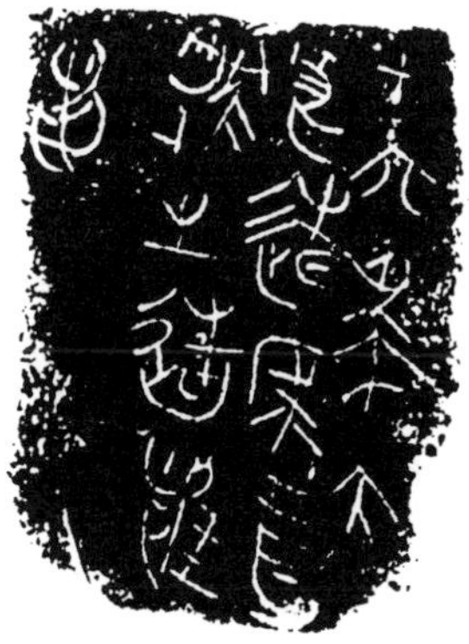

商鞅矛鐓銘，引自
《雙劍誃吉金圖錄》

這是從戰國時代秦統一前的文字資料中找來的。左邊是相邦樛游戈的“游”字。這把戈是公元前 4 世紀後期秦統一前所造。“游”字的“水”旁已經不作“巛”，而寫作三短橫，跟早期的隸書完全相同。再看右邊的例子。這是“漆”字，時代雖然有點晚，但還是秦統一前的例子。其“水”旁也寫作三短橫。所以說，後代隸書的“水”旁寫作三短橫，這並不是從隸書開始的。在秦統一前，篆文俗體已經有這個寫法。這種例子很多，這裏就不再舉了。總之，在戰國晚期，秦國文字的俗體也迅速發展了起來。

樛游戈

三年
上郡戈

秦國文字“水”旁寫作
三短橫“三”的例子

在俗體和正體的關係上，秦國文字跟六國文字有不同的特點。六國文字俗體的字形跟傳統的正體的差別往往很大。例如燕國文字“中”、齊國文字“馬”等跟更早的寫法有很大的差別。秦國的俗體比較側重於用方折、平直的筆法改造正體。正規篆文的圓轉筆道改變成方折、平直的筆劃。因此，雖然寫法的確不同，但字形跟正體有明顯的聯繫。像“水”變作“三”這樣難以看出彼此形體之間的聯繫的情況並不常見。一般地說,秦國文字正體和俗體的形體聯繫還是比較容易看出來的。在秦國文字裏,正體雖然不是沒有受到俗體的影響,但始終沒有像六國文字那樣到了被俗體衝擊得潰不成軍的地步,仍然保持着重要的地位。戰國時代秦國文字的正體後來演變爲小篆,俗體則發展成爲隸書。隸書在戰國晚期的秦國就已經基本形成了。1970 年代,湖北省雲夢縣睡虎地秦墓出土了大量的秦簡,這是大家都知道的。這座秦墓出土的竹簡上的文字可以看作早期隸書的具有代表性的例子。竹簡抄寫時間不一,可以分爲秦始皇統一前和統一後兩種。總之,不出戰國末年至秦代初年這段時間。這批竹簡數量很大,有一千多枚。簡文裏有很多左邊从“水”的字,它們都把“水”旁寫作“氵”,一個例外也沒有,根本看不到像正規篆文那樣的寫法。這是一個很大的特點。簡文裏還有很多字的寫法跟西漢早期的隸書毫無區別,或者只有很細小的區別。這兒舉幾個例子吧。

篆文

秦簡

秦簡古隸和正規篆文

上一行是正規篆文的“羊”、“明”、“州”、“人”。秦簡裏,“羊”字的寫法是這樣的,跟較晚的隸書和楷書的寫法很像。“明”字,普通隸書从“目”。其實這不是“目”,而是把這個偏旁(囧)上部的兩條綫簡化成一條,下部的綫拉直而形成的。漢代“明”字的左旁大都這樣寫,而不像現代楷書那樣从“日”(早期楷書的“明”字大都仍从“目”)。在秦簡裏,“明”字已經从“目”了。“州”和“人”的寫法跟後代隸書也沒有多大區別。因此睡虎地秦簡可以說是早期隸書的具有代表性的例子。到了西漢,隸書取代小篆,成了主要的字體。隸書本來是俗體,到了漢代發展成爲主要的字體。古文字時代就此結束。

以上簡單的論述就已經很清楚地說明,如果我們不好好把握正體、俗體關係的綫索,就難以闡明殷周古文字演變的過程。我們所做論述很膚淺,今後需要進行更深入細緻的研究。

如果我的演講有什麽不妥之處,請批評指正。

謝謝!

原載東方書店編《シンポジウム中國古文字と殷周文化　甲骨文・金文をめぐって》(東京:東方書店,1989)。收入本書時,由廣瀨薰雄回譯爲漢語,並經作者審定。

説字小記

一、説“敝”

《説文·七下·㡀部》:“㡀,敗衣也。从巾,象衣敗之形。”“敝,帗也。一曰:敗衣。从㡀,从攴,㡀亦聲。”殷墟甲骨文有“敝”無“㡀”。“敝”字作  等形(《甲骨文編》337 頁“敝”字、636 頁“敝彔”合文),左旁可以省作“巾”。從甲骨文字形看,“敝”字顯然象擊巾之形,巾旁小點表示擊巾時揚起來的灰塵。从“攴”从“巾”,擊巾的意思已能表示出來,所以巾旁小點有時被省去。由此可知《説文》“敝”字的解説是有問題的,“帗”或“敗衣”不可能是“敝”的本義。至於“㡀”字,它有可能實際上是省“敝”而成的;也有可能是以巾上有塵來表示破舊的意思的,雖然跟“敝”字左旁同形,但所取之義並不相同。如果後一種推測屬實,當破舊講的“敝”字就應該是假借來表示“㡀”字的意義的。

在漢字發展的過程裏,如果一個字有了比本義更爲常用的引申義或假借義,往往在這個字上加注意符,分化出一個字來表示本義。例如“溢”是表示“益”字本義的分化字,“暮”是表示“莫”字本義的分化字,“燃”是表示“然”字本義的分化字。我們認爲“撆”應該是表示“敝”字本義的分化字。

《説文·十二上·手部》:“撆,別也。一曰:擊也。从手,敝聲。”《廣雅·釋詁三》和《字林》(《晉書音義·中》引)都訓“撆”爲“擊”。“撆”的“手”旁也可以寫在左邊。《文選·五十一·四子講德論》“故膺騰撇波而濟水”句李善注:“《説文》曰:撆,擊也。撆與撇同。”同書卷七《甘泉賦》“浮蠛蠓而撇天”句李注:“張揖《三蒼注》曰:撇,拂也。”這個字也可以寫作“襒”。《史記·孟子荀卿列傳》:“(鄒衍)適趙,平原君側行襒席。”《索隱》:“按《字林》曰襒音匹結反,韋昭曰敷蔑反。張揖《三蒼訓詁》云:襒,拂也。”《索隱》所引張揖語與上揭《文選》注所引張揖語應爲一事,一作“襒”,一作“撇”,當是由於所據之本不同。《索隱》所引“襒”字之音,亦即

“撆”字之音（此音《廣韻》作普蔑切，《集韻》作匹蔑切）。“撆”還可以假借“蔽”字來表示。《史記・刺客列傳・荆軻傳》：“太子逢迎，却行爲導，跪而蔽席。”《索隱》：“蔽音匹結反，蔽猶拂也。”《集韻》屑韻匹蔑切“撆”小韻以“蔽”爲“撆”之或體。《史記會注考證》解釋《孟子荀卿列傳》“襒”字說：“《文選》注引《說文》‘撆，拂也’（引者按：《說文》訓“擊”，訓“拂”的是張揖《三蒼注》），《刺客傳》‘蔽席’，三字通用。”“撆席”的意思就是打掉或拂去席上的灰塵。“撆”字之義與甲骨文“敝”字字形所示之義相合，無疑就是表示“敝”字本義的分化字。

《說文・十一上・水部》：“潎，於水中擊絮也。从水，敝聲。”“潎”和“敝”（撆）顯然是同族詞。

注釋家多訓“撆”爲“拂”。《說文・十二上・手部》：“拂，過擊也。”《說文通訓定聲》解釋說：“按：隨擊隨過，蘇俗語謂之拍也，與拭略同。”古書“拂”字舊或訓“擊”，訓“拭”，訓“去塵”（參看《經籍籑詁》“拂”字條），與“撆”字之義極爲相近（《集韻》屑韻蒲結切“蹩”小韻所收“撆”字亦訓“拭”）。“撆”（匹結切）和“拂”上古同聲母，“撆”屬月部，“拂”屬物部，韻亦相近。這兩個詞也有可能是同族詞。

二、說　“尹”

《說文・三下・又部》：“尹，治也。从又、丿，握事者也。”許慎似以“尹”字所从之“丿”爲“事”之象徵，前人多疑之。羅振玉指出甲骨文“尹”字“从又、丨，許書所云从丿，殆傳寫訛矣”（《殷虚書契考釋》增訂本卷中19頁下）。王國維認爲“尹”所从的“丨”象筆形。他在《釋史》一文中說：“此官（引者按：指内史）周初謂之作册，其長謂之尹氏。尹字从又持丨，象筆形，《說文》所載‘尹’之古文作，雖傳寫訛舛，未可盡信，然其下猶爲聿形，可互證也。持中爲史，持筆爲尹，作册之名亦與此意相合。”（《觀堂集林》卷六）

羅振玉把甲骨文中的等字釋爲“尹”，把見於《前》7・23・1【《合》5452】等片的字釋爲“聿”。他考釋字說：“《說文解字》：‘聿，所以書也。从聿，一聲。’此象手持筆形，乃象形，非形聲也。聿父辛卣从（引者按：卣銘見《三代》13・25【《集成》10・5283】。金文“聿”字所从之“聿”有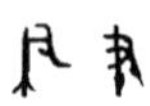等形，見《金文編》438頁），與卜辭同。”（前引羅書卷中40頁下）體會羅氏之意，應是以“丨”形是否穿出“又”形最上一筆作爲區分“聿”“尹”二字的主要標準的。甲骨文中實有作的“聿”字

(《甲骨文編》128 頁),但是羅氏在當時尚未見到。羅氏所說的那種"聿"字,它們在甲骨卜辭中的用法跟"尹"字毫無區别,應該看作"尹"的異體。葉玉森在《殷虛書契前編集釋》7·23·1 片的考釋裏,對羅氏的釋"聿"之説加按語說:"森按:本辭之' '似即' 尹'(卷六第三十七葉之四)。尹亦从又持丨,與 之構造法同,丨丨並象筆形。"(7·16 上)他實際上已經否定了羅氏分 爲二字的意見。《甲骨文編》《甲骨文字集釋》和《金文編》等古文字字書,都從羅氏之説把豎畫出頭的"尹"字收入"聿"字條,這是不妥當的。

王國維、葉玉森都認爲"尹"所从的"丨"象筆形。李孝定也持這種看法。他在《甲骨文字集釋》"尹"字條按語中說:"竊疑尹之初誼當爲官尹,字殆象以手執筆之形,蓋官尹治事必秉簿書,故引申得訓治也。筆字作 ,以其意主於筆,故特象其形作 。尹之意主於治事,故於筆形略而作丨也。"(908 頁)

我們認爲既然"尹"字所从的"丨"本象筆形,"尹""聿"二字就應該是由一字分化的, (尹)和 (聿)都應該是由 這種較原始的字形變來的。 二形後來雖然分化爲截然有别的"尹""聿"二字,但是在殷墟甲骨文裏有時仍可通用。甲骨文 字也可以寫作 (《甲骨文編》128—129 頁),這是用作偏旁時通用之例。甲骨卜辭中屢見的人名"伊尹",偶爾也寫作"伊聿":

丁丑卜:伊 歲,三牢。兹用。　　鄴三下 39·7【《合》32791】

這是獨立成字時通用之例。這些都是"尹""聿"同源的證據。《存》下 724 的一條殘辭中有 字,舊不識,其實就是"君"字。《甲骨文編》把這個字隸定爲"書"(47 頁),還把上引的"伊聿"說成"伊尹之刻誤"(128 頁"聿"字條),都是不合適的。

西周中期青銅器免簋的銘文說:"王受(授)乍(作)册尹者,卑(俾)册令(命)免……"。研究者多以爲此銘借"者"爲"書"。"書"本是从"聿""者"聲的形聲字。可能免簋銘的書寫者還知道"尹""聿"本爲一字,有借"尹"字兼充"書"字形旁的用意。

"尹"和"聿"不但在字形上同出一源,就是在語言上也應該是關係密切的親屬詞。二字聲母皆屬喻母四等,韻部又有文、物對轉的關係;上古音很相近。文字是古代統治階級的重要統治工具。由跟書寫文字有關的"聿"這個詞派生出稱呼官長的"尹"這個詞,是很自然的(參看上引李孝定文)。王國維認爲尹本是作册一類從事文字工作的史官的專稱,"《書》之庶尹、百尹蓋推内史之名以名之,與卿事、御事之推史之名以名之者同”(見上引《釋史》)。但是甲骨卜辭裏提到的尹似乎大都不是史官,王氏之説是否合乎實際尚待研究。

三、説　“制”

《説文·四下·刀部》:“(制),裁也。从刀、未。未,物成有滋味可裁斷。一曰:止也。”所説“制”字从“未”的理由牽强難信。

常見於秦代權量上的二世詔文中有“制”字。不少權量上的“制”字作等形,左旁斷成三截(《金文續編》4·8下。參看《秦金石刻辭》、《秦金文録》所收有關銘文)。這是值得注意的現象。

在古文字裏,“折”字的寫法跟“制”字的上舉寫法有相似之處。甲骨文“折”字作等形(《甲骨文編》22頁),金文多作(《金文編》38頁)。其左旁有兩種寫法。象樹木中斷,也象木斷形,也許就是的變體。如果把兩種寫法綜合起來,就成爲上舉“制”字的左旁了。這種“制”字顯然反映了比較原始的寫法。其左旁後來變而爲“未”,這跟“折”字左旁由變爲(手)如出一轍。

古文字的“折”象以斤砍斷樹木。所象的應該是以刀截割木材。《淮南子·主術》:“是故賢主之用人也,猶巧工之制木也。……無小大脩短各得其宜,規矩方圓各有所施。”高誘注訓“制”爲“裁”,與《説文》同。這個“制”字的意義,跟字形完全相合。古書中,裁割木頭之外的東西也有稱爲“制”的。《禮記·郊特牲》“詔祝於室,坐尸於堂”句鄭玄注,有“主人親制其肝”語,《正義》訓“制”爲“割”。《月令》孟夏之月“祭先肺”句鄭注,有“乃制肺及心肝爲俎”語,《正義》訓“制”爲“截割”。“制”字的制作、制斷、制御等義,大概都是由“截割”之義引申出來的。

“制”“折”二字不但形義相近,而且上古音極爲接近。它們的聲母都屬照母三等,韻部有祭、月對轉的密切關係(如同意王力《古韻脂微質物月五部的分野》的意見,把“制”歸入月部,這兩個字就屬同一韻部了)。从“折”聲的“浙”“狾”“晣”等字都有从“制”聲的異體。从“制”聲的“製”在秦簡裏有从“折”聲的異體(《雲夢睡虎地秦墓》圖版一五四·1024號簡)。《廣雅·釋詁一》以及《文選·二十九·張景陽雜詩》注引《漢書》李奇注都以“折”釋“制”。《尚書·吕刑》“制以刑”,《墨子·尚同中》引作“折則刑”。《論語·顔淵》:“片言可以折獄者,其由也歟?”據《經典釋文》,《魯論》“讀折爲制”。總之,“制”“折”二字形音義的關係是十分密切的。它們所代表的詞很可能有親屬關係。

最後簡單談談“制”字字形的演變。前面已經指出,“制”字左旁斷爲三截的寫法比較原始,从“未”的寫法是由它變來的。西漢前期簡帛文字中的“制”多寫作(《秦漢魏晉篆隸字形表》284 頁)。這種寫法顯然是直接由較原始的寫法,而不是由从“未”的寫法變來的。在這種“制”字裏,左旁的上中兩截被連了起來,下截挪到中間,寫得像一個“巾”字。秦權詔文“制”字或作(見《秦金石刻辭》上・5上“兩詔權”之“元年詔”),新莽一斤十二兩權“制”字與此相同(《金文續編》4・8下),它們的左旁已經變得跟“朱”字無別了。這種寫法應該出現在从“未”的寫法之後,較晚的隸書和楷書的“制”字大概是由這種寫法變來的。

四、說“恖”“聰”

《說文・十下・囱部》:“恖,多遽恖恖也。从心、囱,囱亦聲。”金文恖字作等形(《金文編》692 頁),不从“囱”聲。吳大澂由於毛公鼎字當讀爲“蔥”,就認爲它是“古蔥字,象形”(《說文古籀補》卷一“蔥”字條),顯然不可信。《金文編》“恖”字條解釋字形說:“从在心上,示心之多遽恖恖也。《說文》云‘从心、囱’,‘囱’當是之變形。又云‘囱亦聲’,乃由指事而變爲形聲矣。”(692 頁)“示心之多遽恖恖”的說法,有些難以捉摸,恐怕也有問題。

古“恖”字在“心”形的上口加點或短豎,比照“本”“未”“亦”等一般所謂指事字的構造方法來看,其本義似應與心之孔竅有關。“囱”“恖”“聰”同音,蓋由一語分化。“囱”指房屋與外界相通之孔。“恖”和“聰”本來大概指心和耳的孔竅,引申而指心和耳的通徹;也有可能一開始就是指心和耳的通徹的,但由於通徹的意思比較虛,“恖”字初文的字形只能通過强調心有孔竅來表意。古人以心爲思想器官。《春秋繁露・五行五事》:“聰者能聞事而審其意也。”“聞事”靠耳之聰,“審其意”就要靠心之“恖”了。大概由於“恖”“聰”同音,在語言中無法區別,“恖”義遂爲“聰”所吞併。後來,“恖”只用來表示恖遽等義,其本來意義就不爲人所知了。

西周金文有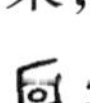字(《金文編》1251 頁)。六國古印亦有此字,其中間小圈中還加了一個小點(《古璽文編》286 頁)。于省吾先生曾釋此字爲“耳”(見《雙劍誃殷契駢枝三編》所附《雙劍誃古文雜釋・釋耳》),《古璽文編》也將上述印文收入“耳”字條。今按:此字在耳形的孔部加圈,與“恖”字在心形上口加點意近,疑即

“聰”字初文,釋“耳”似誤。

最後,簡單談談“悤”字字形的演變。秦簡、漢印和西漢前期簡帛上的“悤”字(多見於“蔥”“總”等字偏旁),猶多襲周人之舊,作“心”上加點形(《秦漢魏晉篆隸字形表》721 頁“悤”字、56 頁“蔥”字、925 頁“總”字。參看拙文《〈居延漢簡甲乙編〉釋文商榷(續二)》,《人文雜志》1982 年 4 期 87 頁)。較晚的漢簡和漢碑的隸書多變點爲“”(參看上引拙文),有時還在中間空白處加交叉綫而成“”形(如逢盛碑“聰”字和仲秋下旬碑“摠”字的“悤”旁),這跟漢代人寫(山)字有時也作等形同例(“山”字見《金文續編》9·3 下、《漢徵》9·6 下)。从“囱”聲的“悤”雖然已見於《說文》,但是其出現很可能在“悤”字的上述那些寫法之後。把“”“”改作从“囱”聲的“悤”,就跟把改爲“琴”、把“紖”改爲“弦”一樣,是把表意字字形的一部分改爲形近的音符,使表意字轉化爲形聲字的一種現象(關於這種現象,請參看拙文《釋“勿”“發”》,《中國語文研究》第 2 期 43 頁)。

漢隸“悤”旁又有寫作“忩”的(如嚴訢碑“蔥”字和鄭烈碑、夏堪碑“聰”字的偏旁。夏堪碑“聰”字从“蔥”聲)。這大概是由於“公”“悤”二字韻部相同,所以改“”爲“公”以就“悤”聲。但是“公”“悤”二字聲母不相近,“忩”長期以來被視爲俗體。今天所用的簡化字“总”,就是“忩”的變形。

五、說　“吉”

甲骨文“吉”字較原始的寫法是(《甲骨文編》42 頁)。于省吾先生認爲象豎起來的勾兵之形。他在《釋吉》一文中說:“形本象置句兵於笑盧之中。凡納物於器中者,爲防其毀壞,所以堅實之寶愛之,故引伸有吉利之義。《釋名·釋言語》:‘吉,實也,有善實也。’从吉之字,義多爲堅實。《詩·六月》‘四牡既佶’箋:‘佶,壯健之貌。’《書·立政》‘其克詰爾戎兵’馬注:‘詰,實也。’《國策·秦策》‘不足以結秦’注:‘結,固也。’《爾雅·釋詁》:‘劼,固也。’《釋言》:‘硈,鞏也。’《說文》:‘頡,直項也。’是佶、詰、結、劼、硈、頡均含有强固之義。古者戎器恒置諸笑盧之中,契文可見之字,如象置弓於上,象置中於上。中即毌,本象盾形……要之,吉之初文象置句兵於笑盧之上,本有保護堅實之義,故引申之爲吉善、吉利也。”(《雙劍誃殷契駢枝三編》28 頁。此篇未收入《甲骨文字釋林》)朱芳圃則認爲“吉”字所从的是“秸”的初文,古音與“吉”相近,“从乃附加之形符。古文通例，凡引申本義或假作他義之字，常加以別之。爲利器，故引申有善實堅固之義”。他所舉的从“吉”聲之字有善實堅固一類意義的例子，除于文已舉者外，還有《說文》的“齰，齒堅實也（圭按：《說文》本作“齒堅聲”）”“黠，堅黑也”二例。此外，關於“硈”字，于文引《爾雅》，朱氏則引《說文》“硈，石堅也”（《殷周文字釋叢》5—6 頁）。

今按二家之說都有可取和可商之處，下面結合于文提到的、二字加以說明。

甲骨文字（《甲骨文編》93—94 頁）就是早期金文中的字（《金文編》1071 頁）。唐蘭先生釋爲“古”（《古文字學導論》齊魯書社，1981，212 頁），十分正確。但他認爲“古”本是“从口毌聲”的形聲字，恐怕不可信，因爲“古”跟“毌”（音同“貫”）的韻母相去甚遠。丁山認爲“古”是“固”的初文。他在《殷商氏族方國志》中說：“……即四塞爲固之本字，象以盾守關塞之口形，此會意字也。”（《甲骨文所見氏族及其制度》146—147 頁）他通過“固”字來考慮“古”字的本義，很有啓發性；但是對“古”字字形的解釋却十分牽强，難以信從。

甲骨文字也可以寫作或（《甲骨文編》47—48 頁）。後一形也見於金文，舊或釋“弘”，今人多不敢信（《金文編》以此字爲“《說文》所無”，附於“弓”部之後，見 850 頁）。我們曾在題爲《釋“弘”“强”》的一篇待刊稿裏指出，把古文字裏的“弜”釋爲“弘”，是有道理的。同時又指出，六國文字裏屢見的“弫”是强弱之“强”的本字，此字也可以寫作“弜”，《說文》把“强”字分析爲“从虫，弘聲”，其實“强”就是以强弱之“强”的本字“弜”爲聲旁的。所以可能是一形兩用的，既用作“弘”字，又用作强弱之“强”的本字。

在上引這篇待刊稿裏，我們還結合“古”的字形，對這一字形爲什麽可以用來表示强弱之“强”這個詞的原因作了推測。我們認爲“古”是堅固之“固”的古字。“古”所从的“毌”象盾牌。盾牌具有堅固的特點，所以古人在“毌”字上加區別性意符“口”（跟“吠”“鳴”等字所从的有具體意義的“口”旁不同），造成“古”字來表示堅固之“固”這個詞。拉弓需要很强的力量，所以古人在“弓”字上加區別性意符“口”，造成“弫”（弜）字來表示强弱之“强”這個詞。現在所討論的“吉”字的形義，也應該用類似的方式來解釋。

于、朱二氏都認爲“吉”所从的象兵器，“吉”有堅實之義，這兩點是可取的。至於所象兵器的具體種類，當從于說定爲勾兵。勾兵是上古最常用的一種兵器。

朱氏爲了遷就“吉”字之音，以爲“秸”之初文，恐不可信。但是于文解釋“吉”字的形與義的關係説：“形本象置勾兵於笑盧之中。凡納物於器中者，爲防其毀壞，所以堅實之寶愛之，故引申有吉利之義。”這却不免有些迂曲，不如朱氏“爲利器，故引申有善實堅固之義”的説法合理。只不過我們既不承認是古音與“吉”相近的“秸”字的初文，對朱氏所説的“引申”就不能從語義引申的角度去理解了。這就是説，不能像朱氏那樣把“吉”字的善實堅固之義看作“秸”的引申義，而只能認爲古人是在具有質地堅實這一特點的勾兵的象形符號上加上區别性意符“口”，造成“吉”字來表示當堅實講的“吉”這個詞的。這種造字方法跟“古”字、“吕”字是一致的。由此可知“吉”字的本義就是堅實。吉利之義究竟是“吉”字的引申義還是假借義有待研究。

最後談談銅器銘文中屢見的“吉金”一語的含義。吉金之“吉”用的正是堅實這一本義。朱劍心《金石學》解釋“吉金”時説：“吉，堅結之意也。”（3頁）這是正確的。70年代扶風出土的伯公父瑚的銘文有“其金孔吉”之語（《陝西出土青銅器（三）》94），意思就是鑄器之銅非常堅實。《歷代鐘鼎彝器款識》卷八著録的周代石磬銘文有“擇其吉石”之語，吉石也就是堅實的石頭（這個“吉”字也許應該讀爲《説文》訓“石堅”的“硈”）。近人往往認爲吉金之“吉”取吉祥、吉利之義，這是不正確的。《辭海》説“吉金猶言善金”，也不够確切。

六、説“去”“今”

《説文・五上・去部》：“（去），人相違也。从大，𠙴聲。”同卷《𠙴部》：“𠙴，𠙴盧，飯器，以柳爲之，象形。笑，𠙴或从竹去聲。”文字學家或以爲“去”“𠙴”本一字，“去”所从之“大”本象器蓋。戰國文字及秦漢篆文中，“盍”字所从之“去”多作等形，確象器蓋相合之形（看《古文字類編》314頁“盍”字、《金文編》37頁“蓋”字、《漢徵》1・17上“蓋”字。《説文》“盍”字篆文作“盇”，與古文字不合）。但是這個“去”字其實就是“盍”的初文。形聲字从“去”聲而古音屬葉部的，如“怯”“�池”“居”等字，舊或以爲从“劫”省聲，其實都應該是从這個“去”字的。就是《説文》認爲是會意字的“劫”，也應該是以此爲聲旁的形聲字。這個“去”字的音跟古音屬魚部的來去的“去”相去很遠，二者不可能是一個字。殷墟甲骨文有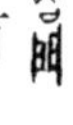字（《後》下10・14【《合》4853】、《京津》1610【《合》4854】。舊多誤拆爲二字），可

釋爲“闔”或“戾”(《說文・十二上・户部》:“戾,閉也。从户,劫省聲。”)。又屢見从“大”从“口”的字(《甲骨文編》230頁),一般都釋爲“去”,當可信。上引二字都見於賓組卜辭,時代相同,前者所从的“去”的寫法跟後者顯然有別,更可見“盍”所从的“去”跟一般的“去”本非一字。但由於這兩個字的下部都作“口”形,上部的和如果寫得比較簡率就容易分不清,所以後來就混爲一字了(參閱拙文《談談古文字資料對古漢語研究的重要性》,《中國語文》1979年6期438頁)。

下面我們來討論一下一般的“去”,即來去的“去”字的本義。從字音和字形來看,“去”應該是當開口講的“呿”的初文。《莊子・秋水》:“公孫龍口呿而不合,舌舉而不下,乃逸而走。”《釋文》引司馬彪注釋“呿”爲“開”。《吕氏春秋・重言》述齊桓公與管仲謀伐莒而事泄的故事,有“君呿而不唫,所言者‘莒’也”之語,高誘注:“呿,開。唫,閉。”《管子・小問》述同一事,“君呿而不唫”作“口開而不闔”。《淮南子・泰族》:“高宗諒闇,三年不言,四海之内寂然無聲;一言聲然,大動天下。是以天心呿唫者也。”此文“呿唫”也應該當開口閉口講,“唫”指不言,“呿”指“一言聲然”。《素問・寶命全形論》:“能達虚實之數者,獨出獨入,呿吟至微,秋毫在目。”王冰注:“呿謂欠呿,吟謂吟嘆。”慧琳《一切經音義》卷三:“欠故:音去。《埤倉》云:‘欠故,張口也。’案:欠故,張口引氣也。或作‘呿’。”“去”字在“口”上加“大”,字形所要表示的意義應該就是開口。“赤”字在“火”上加“大”表示火盛,“奞”字在“隹”上加“大”表示“鳥張毛羽自奮”(見《說文・四上・奞部》),造字方法與此相似。“呿”與“去”同音(“呿”字本有平、去二讀),字義也與“去”字字形表示的意義相合,無疑就是爲“去”字本義而造的分化字。“去”本从“口”,“呿”又加“口”旁。同類的例子在漢字發展過程中是很常見的。如“然”本从“火”,表示其本義的分化字“燃”又加“火”旁;“益”字上部本是橫寫的“水”,表示其本義的分化字“溢”又加“水”旁。

正由於“去”的本義是開口,所以有些从“去”聲的字有“開”義。《廣雅・釋詁三》:“祛(原作“裕”,從王念孫《疏證》改),開也。”《漢書・兒寬傳》“合祛於天地神祇”句顔注引李奇曰:“祛,開散;合,閉也。”《莊子・胠篋》篇《釋文》:“司馬(彪)云:從旁開爲胠。一云發也。”王念孫認爲袖口稱“袪”也取“開”義(見《廣雅疏證》)。“張開”“離開”二義相因(例如人張口則兩唇相離)。“去”字的“離去”義可能就是由“張開”義引申出來的。

“今”字的本義可能正與“去”字的本義相對。

甲骨文“今”字作等形(《甲骨文編》238—239頁),金文“今”字作等形(《金文編》363頁)。字形所要表示的意義很難索解,各家異説頗多。其中最值得注意的是林義光的説法。他認爲“今”“即‘含’之古文。爲‘口’之倒文,亦‘口’字(林氏認爲“侖”“龠”“食”“令”“命”等字所从之“”皆爲倒“口”,見《文源》1·9上、6·22下—23上)。象口含物形。‘含’从‘今’得聲,音本如‘今’。”(《文源》5·1下)林氏以“今”字所从的“”爲倒“口”,很有道理。古人爲了書寫的方便,很容易把倒“口”形寫成“”形。甲骨文字(《甲骨文編》331—332頁),自組卜辭多寫作(同上178頁,編者隸定爲“夌”,于省吾《甲骨文字釋林》讀爲“陰”),便是一個例證(“”和“夌”在卜辭中的用法相同,應爲一字異體,施謝捷同志有專文論之。其文似尚未發表)。甲骨文“㱃”字作(《甲骨文編》569—570頁)恐怕就是(歓)的簡體,所从的“”也未嘗不可以看作倒“口”的變形,後來由於“今”“歓”音近就變成聲旁“今”了(“歓”見《甲骨文編》369頁,象人俯首張口就酒尊而飲)。但是林氏認爲“今”是“含”的初文則有問題。“今”字如果象口含物形,象物的一小横就應該畫在“口”中而不應該畫在“口”外。“含”的初文大概是“”(甘)。俞樾《兒笘錄》反對《説文》“甘”字下“从口含一。一,道也”的説法,認爲“甘字象形而非會意。於口之中作一,其本義當爲含,一即所含之物也”。這是很有道理的。“今”大概是倒寫从“口”的“曰”字而成的,應該是當閉口講的“吟”(噤)字的初文。

甲骨文“曰”作(《甲骨文編》208—209頁),金文“曰”作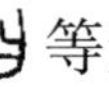等形(《金文編》315—316頁)。如果把它們倒過來,並把倒“口”寫作“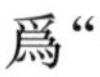”,就成爲“今”字了。“曰”字本象“口氣出”(《説文》)。“今”从倒“曰”,字形所要表示的意思應是閉口不出氣。于省吾先生指出“今”在甲骨文偏旁中往往作,金文“㱃”字也往往从(圭按:金文“念”字也多从,見《金文編》714頁。竊疑甲骨文字應釋作“念”。《論集》編按:金文“禽”字、“陰”字所从之“今”亦或作,見《金文編》950、938頁),又指出甲骨文“今日”“今夕”合文中的“今”也可寫作(《甲骨文字釋林》401—402頁,又111頁。參看《甲骨文編》628頁)。這種倒“口”形的“今”,不見得是倒“曰”形的“今”字的省寫,而很可能是比較原始的寫法。把倒“口”改爲倒“曰”,可能是爲了增加字形的明確性,以避免與他字相混。在獨立成字時,倒“口”所象徵的意思當是“閉口”,這應該就是“今”字的本義,不出氣只是閉口的一個後

果(在用作表意偏旁時,倒“口”一般不表示閉口,不能看作“今”字,上舉的象人俯首張口就酒尊的“飲”字就是例子。于省吾先生所舉的甲骨文中作A形的偏旁“今”,都是聲旁)。

古書中有當閉口講的“吟”字。《史記·淮陰侯列傳》:“雖有舜、禹之智,吟而不言,不如瘖聾之指麾也。”《索隱》:“吟,鄭氏音巨蔭反。又音琴。”“巨蔭反”之音與“噤”字之音相同。所以當閉口講的“吟”和“噤”可以看作一字的異體。這個字也可以寫作“唫”。上引《吕氏春秋·重言》“君呿而不唫”句,《說苑·權謀》作“君吁而不吟”,譚戒甫認爲《重言》的“唫”“當爲‘噤’”(據陳奇猷《吕氏春秋校釋》1165—1166頁注〔三四〕轉引)。《墨子·親士》:“臣下重其爵位而不言,近臣則喑,遠臣則唫。”畢沅校注謂“唫”“與‘噤’音義同”。這兩個“唫”字跟上引《淮南子·泰族》“呿唫”之“唫”,都可以看作“吟”(噤)的異體。上引《素問》“呿吟至微”的“吟”,王冰釋爲“吟嘆”是有問題的。同篇下文有“虚實呿吟”之語,“呿”“吟”二字之義顯然是正反相對的。山東中醫學院、河北醫學院《黄帝内經素問校釋》解釋“呿吟”說:“與‘呿唫’同,開閉也。在此指呼吸之微動而言。……《素問識》云:‘按《通雅》云吟即噤,閉口也。古吟、唫、噤通用。’”(上册349頁)此說可從。

當閉口講的“吟”應該就是表示“今”字本義的分化字。“吟”和“今”的關係跟“呿”和“去”的關係相同。至於口吟之“吟”(《後漢書·梁統附玄孫冀傳》“口吟舌言”,李賢注:“謂語吃不能明瞭。”此字亦作“唫”。《說文·二上·口部》:“唫,口急也。”),以及呻吟、吟嘆之“吟”(古亦可作“唫”),它們是不是當閉口講的“吟”的引申義,還有待研究。

七、說“歌”“昌”

甲骨文有一個寫作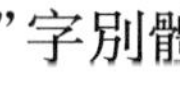等形的字,《甲骨文編》把它附在寫作等形的“何”字之後(212—213頁。“何”即負荷之“荷”的本字,參看《甲骨文字集釋》2629頁,《文編》定爲“丂”字别體,是錯誤的)。這個字也見於金文。《金文編》把“子何爵”的和“何尊”的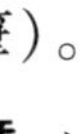收入“何”字條(562頁。“何尊”銘拓本中此字不清晰,似手臂形本有上彎之筆)。同書“河”字條收“同篁”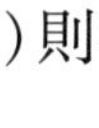字,注曰:“从水,炣聲。”(727頁)而“壺”等的字(1247頁)和“簋”的字(1173頁)則都作爲未識字收

在附錄裏。郭沫若《兩周金文辭大系》“同簋”考釋除指出“渮即河字”外,還引了“簋”的字,把它隸定爲“砢”,看作“何”的異體(又見“何簋”考釋)。唐蘭先生在《砢尊銘文解釋》中,把字也隸定爲“砢”,不過他並沒有把這個字看作“何”的異體,而説:“砢當是歌的異體,《廣雅・釋詁二》説:‘歌,息也。’”(《文物》1976年1期63頁注⑮)此説當可信。《集韻》歌韻虎何切“訶”小韻以“呵”“歌”爲一字,注曰:“《博雅》:呵呵、啞啞,笑也。一曰氣出。”

從字音和甲骨、金文的字形來看,“歌”顯然是從“何”字分化出來的一個字。甲骨、金文的“歌”字象人荷物而張口出氣。人荷重或從事其他重體力勞動時,呼吸的動作比較顯著(即一般所謂“氣粗”),“歌”字訓“息”或“氣出”,正與字形表示的意義相合。“歌”與“歌”形音並近,這恐怕不是偶然的(金文“歌”作“訶”,从“可”聲,見《金文編》621頁)。荷重或從事其他重體力勞動者,往往發出有節奏的呼喊聲如“杭呵”“杭育”之類,以減輕疲勞的感覺。這種呼喊聲大概就是最原始的歌。“歌”很可能是由“歌”派生出來的一個詞(《大系》“何簋”考釋説:“砢字……舊釋爲何,是也。余意古何、歌實本一字,从人可聲與从欠哥聲無别。”可參考)。

歌唱之“唱”,經傳多作“倡”,文字學者或以爲古當作“昌”(詳下)。《説文・七上・日部》:“昌,美言也。从日,从曰。一曰:日光也。《詩》曰‘東方昌矣’。,籀文昌。”《繫傳》本籀文作,从“口”。《汗簡》引《説文》“昌”字也从“口”(卷中之一34頁上)。甲骨文“昌”字作(《甲》185。《甲骨文編》誤收入288頁“旦”字下)。六國文字和漢代金石篆文“昌”字的下部作、、等形(《古璽文編》166—167頁、《古陶》7・1上、《漢徵》7・3上、《金文續編》7・2)。可見“昌”字本來確是从“口”的,《説文》篆文从“曰”,是後起訛形(參看拙文《甲骨文字考釋・釋“沓”》,《古文字研究》第四輯158頁)。俞樾《兒笘録》説:“今按:‘昌’者,‘唱’之古文也。《口部》(指《説文・口部》):‘唱,導也。从口,昌聲。’夫‘昌’之籀文本从‘口’……而‘唱’又从‘口’,此必後出字而非古字矣。其古字蓋止作‘昌’,从‘日’从‘口’會意。蓋夜則群動俱息,寂然無聲,至日出而人聲作矣。故其字从‘日’从‘口’,而其義則爲‘導’也。”俞氏認爲“昌”是古“唱”字很有道理,對“昌”字形義的解釋則不完全妥當。

王獻唐在《周昌鋘考》一文中批評俞氏説:“俞氏以‘昌’爲‘唱’,在諸家説中,最有條理,惟謂‘口’爲人聲,意少周折。人聲俱作,與‘導’義亦乏關連。蓋爲《説文》‘唱導’之訓所拘,致阻窒難通。”(《那羅延室稽古文字》92頁)所言頗爲中肯。

王氏自己對“昌”字的解釋的確比俞氏合理。他說:“歌唱以口,故‘昌’字从‘口’,其上作‘日’者,原始人群,衣褐難給,多取暖於日,黑夜伏處,苦乏燈燭,曉起見日初升,陽和被體,出幽暗之中,頓啓光明,不覺鼓舞歡呼,引其呼聲,而歌唱生焉。……原人曉起見日而喜,喜而發唱,同類聞聲知曉,相率興作。習久成俗,遂以人司之,當曉日初出,即唱而報曉,呼醒衆人。其制沿爲周代雞人,《周禮・春官・雞人》‘夜呼旦以嘂百官’,是也。……唱時天光初明,人豫知爲明發呼號,循聲而起,若由唱以引之。……故引申字有導意。”(同上93—95頁)王氏所言,除“原人曉起見日而喜,喜而發唱”之說稍有可疑外,大體似可信(王氏又以爲“昌明”“昌盛”亦爲“昌”字之引申義,是否可信尚待研究)。《說文・二上・口部》:“名,自命也。从口,从夕。夕者冥也。冥不相見,故以口自名。”“昌”字从“口”从“日”,造字方法正與“名”字相類。由此看來,“唱”最初很可能指日方出時呼喚大家起身幹事的叫聲。這種叫聲大概多數有一定的調子,是歌唱的一個源頭。

不少研究藝術史的人認爲藝術的産生與勞動有關。上文所論如果符合實際,可以爲此說提供一個證據。

原載《北京師範學院學報》1988年2期,又載《古文字論集》,其中《說“敝”》又載《裘錫圭學術文化隨筆》。今據《古文字論集》收入。

古文字釋讀三則

近年來,考古工作者和上古史研究者釋讀古文字資料的水平在不斷提高,但是仍不免時有誤釋,下面舉三個例子。

一、釋　“士”

1974年,湖南省考古工作者在長沙樹木嶺發掘了一座戰國墓,出土物中有單字銅印一枚,印文發表在發掘簡報《長沙樹木嶺戰國墓阿彌嶺西漢墓》一文中,字作“干”形(《考古》1984年9期790頁圖二),簡報釋作“干”(同上791頁)。1978年,湖南省考古工作者又在益陽赫山廟戰國墓群的24號墓中發現了一枚同文玉印(《考古學報》1981年4期533頁圖一二之15),發掘報告《湖南益陽戰國兩漢墓》也把印文釋作“干”(同上535頁)。

今按:“干”字在古文字裏寫作丫,上端不作平劃。上舉印文其實是“士”字,但是在兩篇報告裏都被倒置了。這兩枚“士”字印都出土於古之楚地。《璽彙》165號的“行士鉩”,從“鉩”字“金”旁的寫法來看無疑是一枚楚印,“士”字兩横劃等長,寫法跟這兩枚印完全相同。①

傳世戰國印中屢見“士”字印,《璽彙》即收入三枚(5121—5123)。此外,傳世戰國印中尚有“士鉩”(《璽彙》4581)、“上士”(《璽彙》4632—4634)、“王之上士”(《璽彙》4819—4823、4825、4826)、②“上士之又”(《璽彙》4844—4851、4824)、③

① 但是戰國時代楚地“士”字寫法不止一種,《璽彙》166“行士之鉩”也是楚印,“士”字就寫作士。

② 4826號印吳振武同志釋爲“王之上士卩”,見其博士研究生畢業論文《〈古璽文編〉校訂》8—9頁。

③ 這種印文的“又”字,《璽彙》讀爲“右”。“右”字古有高、上等義。

"信士"(《璽彙》1664、1665、4681、5695、1663、4670、4671、5405、5593)、④"正行治士"(《璽彙》4875)、"士正亡私"(《璽彙》4881—4883)等印。這些士印應該大都是身份爲士的人所佩帶的。

1974 年發掘的樹木嶺戰國墓是長 2.5 寬 1.8 米的豎穴土坑墓,隨葬品除銅印外有銅鼎、匕首、矛、玉璧各一件,此外還有已經朽爛的漆器(《考古》1984 年 9 期 790—791 頁)。發掘簡報據鼎和匕首的形制,定此墓爲越人墓(同上 791—792 頁)。看來墓主可能是爲楚國貴族服務的越族武士。1978 年發掘的赫山廟 24 號墓是長 2.9 寬 1.35 米的豎穴土坑墓,隨葬品有銅劍格、銅鏡各一件,陶壺、豆、勺、匕各二件。墓主也許是一個比較貧困的文士。

二、釋　"邢"

近年,北京大學等單位的考古工作者在調查河南溫縣東南十公里的北平皋村古城遺址時,採集到一些很有價值的東周陶文。調查簡報報導說:"我們在這一帶採集的陶器(主要是豆)標本中,曾發現數十件有戳印陶文,大都是一器一章,而印'邢公'二字,或僅印一'公'字……邢字……或从邑加土……或从阜加土……因陶文出土於一地,可見這幾種寫法是相通的。……從陶文所屬之盆、豆的形制來看,大都與晉文化第七、八段者類似,亦即相當於春秋中期至春秋戰國之交。"(《晉豫鄂三省考古調查簡報》,《文物》1982 年 7 期 7 頁)根據舊說,周代的邢丘就是漢以後的平皋。⑤"邢"字古代本寫作"邢"。所以調查簡報認爲"邢公"陶文的發現,確證"春秋晉國'地近河內懷'的邢丘,就是今天溫縣的北平皋村"(同上 8 頁)。這是很正確的。不過簡報把陶文的"公"看作爵稱,是否合乎事實恐怕還需要研究。簡報又認爲"陶文公字頗具西周晚至春秋時期的特點"(同上),其實戰國時代也有這類寫法的"公"字(參看《古璽文編》18—19 頁),這個字在斷定年代上並沒有多大價值。陶文時代的上限能否早到春秋中期,恐怕也還需要進一步研究。

---

④ 印文"信"字或作"詢",又往往假借"身"字爲之。《璽彙》對所收"信士"印往往誤釋或缺釋,5405 號印文原側置,皆據注②所引吳振武文訂正,見該文 191　192、289、662 等頁。又 1665 與 4681 號,4670 與 4671 號,都有可能是同一印的不同鈐本。

⑤ 《左傳・宣公六年》:"赤狄伐晉,圍懷,及邢丘。"杜注:"邢丘,今河南平皋縣。"《嘉慶重修一統志》卷二〇三《懷慶府二・古蹟》"平皋故城"條引《府志》:"平皋城在溫縣東二十里,邢城在平皋東北隅。"

需要指出的更重要的一點，是簡報把北平皋村所出的“郍公”陶文也釋爲“邢公”，使這種重要性一點也不低於“邢公”陶文的資料沒有起應有的作用。我們如果對簡報圖六（《文物》1982 年 7 期 7 頁）所發表的北平皋村遺址出土的幾種陶文仔細觀察一下，就可以發現左起上層第一、二兩種陶文都不能釋爲“邢公”。第一種陶文的首字作 ，顯然是从邑舟聲之字。第二種陶文的首字作 。李家浩同志在《信陽楚簡“澮”字及从“关”之字》一文裏已經指出，在戰國文字裏“舟”字可以寫作 、 等形（《中國語言學報》第一期 191—192 頁），可知這個字跟第一種陶文的首字是一字的異體。

戰國古印所見姓氏字中有 字（《王譜》6 · 35“郍鬻”印）。戰國貨幣中有一種方足大布，面文作“百涅”（《辭典》197 號）；又有一種方足布，面文作 （《東亞》4 · 37）、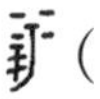（《辭典》259 號）等形（後一形“水”旁移至上方）。我在《戰國貨幣考（十二篇）· 榆次布考》中，根據榆次布“榆”字所从的“俞”往往寫作 、 等形的現象，錯誤地推測上舉三字應該分别釋爲“鄃”、“俞”、“渝”（《北京大學學報》哲社版 1978 年 2 期 70—71 頁）。李家浩同志很早就告訴我，他認爲這三個字應該釋爲“郍”、“舟”、“洀”。他還説“舟”、“州”音同相通，方足大布的“舟”應該指見於《左傳》等書的先屬於周後屬於晉的州邑，⑥“郍”是州邑、州氏的專字。⑦ “郍公”陶文在北平皋村出土，證明李説完全正確。

晉國的州邑，漢代置州縣，據《嘉慶重修一統志》卷二〇三引《懷慶府志》，故城在今沁陽縣東南四十里。沁陽是溫縣北面的鄰縣，古代的州、邢二邑無疑也是相鄰的，州邑的陶器在邢地出土是極爲自然的，“州”、“舟”二字古今都同音。阜陽雙古堆漢墓所出《詩經》殘簡，凡“舟”字皆作“州”（《文物》1984 年 8 期 3 頁 S035、S049、S050、S053 等簡）。北平皋村陶文中的“郍”無疑是州邑之“州”的專字。“舟百涅”布從形制看應是韓國貨幣（見上引拙文，《北京大學學報》哲社版 1978 年 2 期 71 頁）。據《史記 · 韓世家》，春秋末期韓宣子“居州”，戰國時韓國在州邑鑄幣也是完全合理的。

上面提到的“洀”布的鑄造地，也應該在這裏討論一下。先來看一下古書裏的

⑥　關於州邑，看《左傳 · 隱公十一年》、《國語 · 晉語四》（“二年春公以二軍下次於陽樊”條）、《左傳 · 昭公三年》、《左傳 · 昭公七年》。

⑦　《通志 · 氏族略》等引《風俗通義》：“州氏，晉有州綽、州賓，其先食采於州，因以爲氏。”州綽見《左傳 · 襄公十八年》，州賓見《左傳 · 襄公二十一年》。

“㴸”字。《管子·小問》“意者君乘駮馬而㴸桓”,舊注:“㴸,古盤字。”這個“㴸”是一個會意字。《集韻》平聲尤韻之由切“周”小韻有“㴸”字,訓爲“水文”。這個“㴸”是从“舟”聲的形聲字。李家浩同志疑幣文“㴸”跟《管子》的“㴸”是一個字,應讀爲陽樊之“樊”,“㴸”布是樊邑所鑄的貨幣(樊在今河南濟源縣)。我疑幣文“㴸”是从“舟”聲的形聲字,與“舟”通,“㴸”布也是州邑所鑄的貨幣。據《水經·沁水注》,州地有沁水支流朱溝水流經。⑧ “州”、“朱”音近,可能朱溝本名州水,水名與邑名相因,“朱”是“州”的變音。這個推測如果符合事實,幣文“㴸”字就應該是州水的專字,跟《集韻》“㴸”字只是偶然同形。州邑既瀕州水,所鑄貨幣當然可以用“㴸”作地名字。

最後附帶談一下戰國古印裏的  字。我在《戰國貨幣考》裏把這個字釋爲“榆”(70 頁)。現在看來,這個字應該釋爲“栦”。“舟”、“周”同音,“栦”有可能是《說文·木部》“椆”字的異體。

三、釋“寓”“㡣”

大克鼎有一段周王賞賜膳夫克田地和人的命辭:

……易(錫)女(汝)田于埜,易女田于渒,易女井匔田于㽙,㠯(以)氒(厥)臣妾,易女田于康,易女田于匽,易女田于𨺩原,易女田于寒山,易女史、小臣、霝龠、鼓鐘,易女井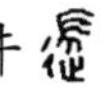匔人𦰡,易女井人奔于量。

三代 4·40—41【《集成》5·2836】

研究上古史的人討論到西周時代的社會性質或土地制度的時候,幾乎都要引用這段銘文。這段銘文裏第一個“井”字之後的那個字,研究古文字的人一般都釋作“家”,研究上古史的人當然也都跟着這樣釋讀。第二個“井”字之後的那個字,《金文編》當作未識之字收在附錄裏,郭沫若《兩周金文辭大系考釋》隸定爲“遈”,很多引用這段銘文的人都沿用郭氏的隸定。但是把前者釋爲“家”,把後者隸定爲“遈”,其實都是錯誤的。由於這兩個字的誤釋,有關的銘文的確切意義當然也就無法知道了。

---

⑧ 《水經》沁水“又東過武德縣南”注文:“朱溝自枝渠東南逕州城南,又東逕懷城南,又東逕殷城北。”

我們先來討論被誤釋爲"家"的那個字。大克鼎有"諫辥王家"之語,"家"字作,"宀"下偏旁的寫法跟這個字顯然不同。《金文編》"家"字條把這個字摹作,所摹"宀"下偏旁中段似有將泐痕當作筆劃之處,但是跟同銘的"王家"之"家"仍有明顯的區别。而且在《金文編》所收録的全部"家"字裏,所有其他的字的寫法都跟這個字不相類(看《金文編》405 頁【見 1985 年版 510 頁】)。可見這個字決不會是"家"字。我們認爲這個字應該釋爲"寓"(宇)。《説文·宀部》:"宇,屋邊也。从宀,于聲。《易》曰上棟下宇。寓,籀文宇从禹。"70 年代發現的五祀衛鼎有"寓"字,寫作(《文物》1976 年 5 期 38 頁圖一五【《集成》5·2832】)。㾊鐘也有這個字,寫作(《文物》1978 年 3 期 12 頁圖一八【《集成》1·252】)。克鼎"寓"字跟它們的主要區别,只不過是把"禹"旁的中劃拉得略爲長了一些。

五祀衛鼎的"寓"字也是用在跟田地有關的場合的,可以幫助我們理解克鼎"井寓匔田"的意義。這件銅器是裘衛由於從邦君厲那裏取得了一塊田地而鑄造的,[⑨]銘文記勘定田界的一段文字如下:

井白(伯)……迺(乃)令參有司……帥履裘衛厲田四田,迺舍寓(宇)于氒(厥)邑。氒逆彊(疆)眔厲田,氒東彊眔散田,氒南彊眔散田眔政父田,氒西彊眔厲田。……

"舍宇"之語也見於史牆盤,"宇"字作"寓"。盤銘記西周初年史牆先人歸周時所受待遇説:

武王則令周公舍寓于周,卑(俾)處甬。《文物》1978 年 3 期 14 頁圖二一【《集成》16·10175。編按:此處斷句、"甬"字釋讀有誤,參看《史牆盤銘解釋》13 頁所加"編按"】

史牆後人㾊所作的鐘銘也提到上引盤銘所述之事,"宇"字作"寓":

武王則令周公舍寓,㠯(以)五十頌處。 同上 12 頁圖一八

"宇"字古可訓"居"(《詩·大雅·桑柔》"念我土宇"和《大雅·緜》"聿來胥宇"的《毛傳》都訓"宇"爲"居")。"舍宇"就是給予居所的意思(看《金文詁林補》"宇"字條,第四册 2385—2387 頁)。邦君厲在給裘衛田地的同時,爲什麼還必須在他的

⑨ 裘衛從邦君厲那裏取得的,究竟是土地的使用權、佔有權還是所有權,有待研究,本文不準備討論。

邑裹給裘衛一方以居所呢？看一下銘文所述的這塊田地的位置就可以明白。這塊田地的北界和西界都緊接仍屬於厲的田地，東界和南界緊接散和政父的田地，跟裘衛原有的田地則是不相接的，按照當時田地分佈的情況推測，大概相距還很遠，裘衛要派人去耕種這塊田地，就需要在厲的邑內爲他們取得居所。

大克鼎所記的周王賞賜給克的田共有七處，“田”字上加定語的只有位於畯地的“井宇𦈢田”一例，記明同時賞給附屬於田地的臣妾的也只有這一例。可見這塊田地的情況是相當特殊的。鼎銘下文還有“錫汝井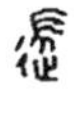𦈢人𦣻”一語，把它跟“錫汝井宇𦈢田于畯”一語放在一起來考慮，可以看出井和𦈢都是族氏，井人跟𦈢人之間存在着某種關係。“井宇𦈢田”的“宇”顯然是用作動詞的，“井宇𦈢田”意即井人所居之𦈢田。從上引五祀衛鼎銘文所反映的情況來看，這應該是井族派人居於𦈢族之地加以耕種的原屬𦈢族的田地。張政烺先生在《卜辭裒田及其相關諸問題》一文裹指出，在商代存在着統治者派人到其它方國去開荒種田的“寄田”現象（《考古學報》1973 年 1 期 107—108 頁）。看來周代各族之間存在着多少有些類似的現象。

明白了“井宇𦈢田”的性質，爲什麼在周王賜給克的田地裹唯獨這一塊有附屬於田地的臣妾的道理也就可以明白了。這些臣妾應該就是井族原先派去耕種這塊田地的奴隸，現在隨着田地换了主人。五祀衛鼎的器主裘衛要派去居住在厲的邑內耕種厲移交給他的田地的人，也應該是臣妾一類人。

下面再討論字（下文以“△”號代替它和它的異體）。

△字見於《金文編》933 頁（《論集》編按：見 1985 年版 1178—1179 頁，下文所引𨘿簋△字已收入 1985 年版 1178 頁），同條所收異體除克鼎文外共有六字。末一字顯然是另一個字，應該剔除，其它五字的寫法如下：

 公史△簋　 △父乙尊　 △作父丁卣

 △乘簋　 隨侯簋

它們在器銘中都是用爲作器者的族氏或私名的。[⑩] 60 年代灃西出土的𨘿盂也有△字：

命𨘿事于述土隮諆各司（以）昏（厥）寮女寮奚華。

⑩ 隨侯簋見《三代》10・6【《集成》9・4521】，隨侯名“△逆”，此字用爲雙名第一字，情況較特殊。

《考古》1977年1期圖版玖·2【《集成》16·10321】

其義待考。

△字从一個似"長"非"長"似"岦"非"岦"[11]的字,這個字見於尊:[12]

師對揚侯休　　錄遺206【《集成》11·6007】

生簋:

生乍(作)寶尊簋　　《周金文存》3·74

史牆盤:

伐尸(夷)童　　《文物》1978年3期15頁圖二二【《集成》16·10175】

在前兩器裏大概都用爲族氏,在史牆盤裏其義當與"伐"相近。這個字也見於殷墟甲骨文,第一期作、、、等形(看《甲骨文編》794頁、《綜類》11頁、《乙》4912【《合》7075正】、《合》6068正),三、四期作(《粹》1588【《合》28063】、1155【《合》28029】,《屯南》463),第五期作(《前》2·8·3【《合》36775】、《珠》417【《合》36776】),一般用作國族名,有時也用作地名、人名(下文以""代表這個字)。

殷墟第一期甲骨文裏還有一個寫作、等形的國族名,甲骨學者大都認爲跟字指同一個國族。下面所引的是兩條説同一件事的第一期卜辭:

癸未卜㱿鼎(貞):旬(旬)亡[囚。王固曰:㞢]求(咎),其㞢(有)來艱,气(迄)至七日己[丑],允㞢來艱自西,戈化告曰:𢀛方正(征)于我奠□。

合584正(《論集》編按:張玉金指出"气至"應屬上讀)

癸未卜㞢鼎:旬亡囚。七日己丑,友化乎(呼)告曰:𢀛方正于我奠。七月。　　合6068正

見於前一辭的人名"戈化",第二辭作"友化",可見跟的確指同一國族。這兩個字即使不是一字異體,至少也是同音或音近的通用字,當从聲。古文字从"彳"、从"止"、从"辵"往往相通,甲骨文字跟金文△字無疑是一個字。

---

[11] "岦"爲"微"字所从,屢見於古文字。《説文》未收"岦"字,因此"散"字的字形也分析錯了。

[12] 字舊或釋"耳"。此字字形特别突出耳孔,可能是"聽"的初文。

日本學者林巳奈夫在《殷周時代的圖象記號》一文中，已經指出甲骨文字就是圖式族名金文中的字（《東方學報》京都39册40頁。所引金文見《金文編》887頁【見1985年版1130頁】。此字常與字並見，舊或以與合爲一字，釋作“㓞”，非是）。由此可知字下部本是刀形的一部分。過去，古文字學者往往把字釋爲下部作人形的“長”字或“㞷”字，顯然是不正確的。⑬ 有的學者把字逕釋爲“刀”，也不可信。這個字的字形特别突出刀背的“腓子”（參看于省吾《甲骨文字釋林》358頁），跟象一般刀形的“刀”字不可能是一個字。見於金文的字各體中，尊的過去多釋爲“長”（《金文詁林附録》2115頁、《金文詁林補》4687頁），生簋的有“長”、“㞷”、“㟁”等不同釋法（《附録》2528—2529頁），史牆盤的有“長”、“㞷”、“髟”、“麾”等不同釋法（《補》4753—4759頁）。从“辵”的△字有“遂”、“逿”、“诜”等不同釋法（《附録》1318—1319頁、《補》4581頁）。這些考釋全都是不可信的。

最近，劉楚堂在《牆盤新釋》裏把“伐”釋爲“懲伐”，認爲字“當爲門字之右半”，“應係懲之古作，隸定爲㞷，从彳、攵、心，爲後來增繁”（《殷都學刊》1985年2期21頁）。劉氏認爲是“門”之右半，不確；認爲這個字就是“徵”所从的“㞷”，並把“伐”讀爲“懲伐”，則極有見地。《説文·王部》：“（徵），召也。从微省，壬爲徵，行於微而文達者即徵之。，古文徵。”分析字形，極爲牽强，顯然不可信。曾侯乙墓所出鐘磬銘文中，五音之“徵”用了一個寫作、等形的字表示（《曾侯乙墓鐘磬銘文説明》，《音樂研究》1981年1期17頁）。、和“徵”字小篆所从的，應該是由字的、、一類寫法演變出來的。劉氏把字隸定爲“㞷”是可從的。據此，甲骨文字可以隸定爲“㞷”，金文△字可以隸定爲“𨑢”。曾侯乙墓鐘磬銘文中的“徵”有時也寫作，《説文》“徵”字古文的左旁就是由它訛變而成的。這可能是“㞷”字的繁體，也可能是一個从“口”“㞷”聲的字，“徵”跟“㞷”的關係也可能有兩種。它有可能是“㞷”的後起繁體，也有可能是一個由“㞷”得聲

⑬ 但是甲骨文“㞷”字有寫作的，寫作的字很容易跟它相混。五期卜辭中有地名（《前》2·7·4【《合》36777】、2·8·5【《合》36346】），究竟是“㞷”字還是字的異體待考。我在《史牆盤銘文解釋》裏曾把盤銘字誤釋爲“㞷”，並誤於此字斷句，引出了一些荒謬的解釋（《文物》1978年3期26頁），附正於此。

的字。“徵”跟“㞷”、“䢓”的關係也可以這樣看。它可能是从“彳”“𢾅”聲的字（“𢾅”跟“徵”字古文“𢿎”應爲一字,从“攴”“𡉣”聲),跟“㞷”、“䢓”是一字的異體;也可能是从“攴”“徨”聲的字,即“𢾅”的異體,而聲旁“徨”則跟“㞷”、“䢓”是一字的異體。如果不求精確,可以把“𡉣”、“䢓”等字都看作“徵”的古字。因爲“𡉣”、“䢓”等字跟“徵”字即使不是一字的異體,至少也是通用字,“徵”字一直用到今天,“𡉣”、“䢓”等字却早已停止使用,也可以說它們已經爲“徵”字所取代了。⑭

前面說過,在殷墟甲骨文裏,“𡉣”、“㞷”一般用作國族名。從有關卜辭看,其地域跟𢀛方、羌方相近(參看《綜類》11 頁所錄有關卜辭),當在殷都西北方向。古代在今陜西境內有以徵爲名之地。《左傳・文公十年》:“秦伯伐晉,取北徵。”《國語・楚語》:“秦有徵、衙”,韋昭注:“徵、衙,桓公之子景公之弟公子鍼之邑。”《漢書・地理志上》左馮翊徵縣下顔師古注:“徵音懲,即今之澄城縣是也。《左傳》所云取北徵,謂此地耳。”據清《一統志》,故城在今陜西澄城縣西南二十五里。商代的“𡉣”族也許就居住在這一帶。《廣韻》蒸韻陟陵切“徵”小韻有从“邑”的“𨛫”字,下注“古國名”。《路史・國名紀乙》把“徵”列在少昊後嬴姓國內,不知是否另有所據。見於圖式族名金文的“㞷”,跟甲骨卜辭的“𡉣”、“㞷”大概指同一個國族。見於一般金文的那些𡉣氏和䢓氏是否都同出一源?它們跟見於卜辭的𡉣族究竟是什麽關係?這些問題還有待研究。⑮

---

⑭ 金文裏有一個寫作、、等形的字(下文用“△”號代替),學者多釋爲“徵”(《金文詁林附錄》1363—3079 頁)。但是見於𪇰簋、趞簋、揚簋等器的“取△五寽”一語,在 70 年代出土的楚簋銘中却作“取(遄)五寽”(《考古》1981 年 2 期 130 頁圖五)。看來這大概是一個跟“耑”有關的字(旁所从的可能是“耑”的省形。《論集》編按:李學勤同志《邲其三卣與有關問題》疑擊卣,即六祀邲其卣字从“玉”从“耑”省,即“瑞”字。見《全國商史學術討論會論文集》458 頁),不能釋爲“徵”。高田忠周在《古籀篇》裏認爲圖式族名金文跟石鼓文“作原”石的是一個字。後者自鄭樵以來多釋爲“遄”,因此他認爲前者是“遄”的省文(《金文詁林附錄》893 頁)。把圖式族名金文“㞷”釋爲“遄”,是錯誤的。但是把這個字跟石鼓文字聯繫起來,也許有道理。石鼓文字近人也有釋作“徵”的,郭沫若《石鼓文研究》即採此說(《郭沫若全集》考古編 9 册 53 頁)。又秦公簋有字,舊有“歸”、“御”、“遄”、“徵”等不同釋法(《金文詁林附錄》1333—1334 頁)。它所从的和石鼓文字應該是一個字。這個字究竟是“䢓”的異體,還是“遄”的異體,有待研究。

⑮ 《潛夫論・志氏姓》所列宋國子姓族氏中有徵氏。《通志・氏族略》“以名爲氏”項下有徵氏,注曰“杜云理徵之後”。理徵是傳說中的商末賢臣。這些資料可供參考。

現在我們可以回到克鼎"井遣匔人"一語的解釋上來了。郭沫若認爲"井、㝬(引者按：即"匔")、䢅(引者按：即"遣")均國族名"(《大系考釋》122頁)。金文"遣"字的確往往用作族名。但是從克鼎銘下文緊接着就說"錫汝井人奔于量"來看,前面"錫汝井遣匔人攕"這句話裏的"井遣匔人",似乎不大可能是指井人、遣人、匔人這三種人而言的。這裏的"遣"字更可能跟"井宇匔田"的"宇"字一樣,是用爲動詞的。《周禮·地官·縣正》"各掌其縣之政令徵比",鄭玄注:"徵,徵召也。"克鼎"遣"字似應讀爲徵召之"徵"(《論集》編按：孫詒讓《籀廎述林·卷七·克鼎釋文》早已釋此字爲"徵",但無說。近讀孫書,方始發現)。"井徵匔人"就是井族所徵發的匔人。從鼎銘看,井人本身也被周王賜給克服"奔于量"的勞役("量"疑當讀爲"糧",是"糧田"的簡稱,詳另文【編按:參看本書所收《西周糧田考》】),原來爲井族所役使的匔人被轉賜給克爲克服役,是很自然的事。

如果我們對上引克鼎銘文的解釋可信的話,這段銘文對研究西周時代的社會性質和土地制度就具有更重要的意義了。

原載《徐中舒先生九十壽辰紀念文集》(巴蜀書社,1990),又載《古文字論集》,今據後者收入。

《説文》與出土古文字

《説文》不但保存了大量早於隸書的古漢字字形,而且還把這樣一些單字以及關於字義、字形結構和字的用法的古説保存了下來,這些單字從不見於其他傳世古書(不包括抄襲、引用《説文》的書),但是却見於出土的古文字資料。這些古説既不見於其他傳世古書,也不能在這些古書中得到印證,但是却跟出土的古文字資料相合。這既説明《説文》對出土古文字的研究的重要性實際上超出了一般人的估計,同時也説明只有通過出土古文字才能比較充分地認識《説文》的巨大價值。此外,根據出土古文字還可以糾正《説文》篆形和説解的不少錯誤(有些是傳抄刊刻過程中形成的錯誤)。因此研究古文字的人固然絶對離不開《説文》,研究《説文》的人也同樣離不開出土古文字。關於根據《説文》裏的古漢字字形考釋出土古文字以及利用出土古文字糾正《説文》錯誤的問題,在有關著作裏談得比較多。在這篇短文裏只準備舉一些上面所説的那種單字和古説的實例,希望能使一般讀者對《説文》跟出土古文字之間密不可分的關係增加一些理解。

先舉單字的例子。

《説文・七上・多部》:"㝵,厚脣皃。从多,从尚。"此字不見於古書,而見於西周銅器周㝵壺(壺銘見《金文總集》5766、5767【《集成》15・9690、9691】。"㝵"字見《金文編》1137 號,"尚"旁省"口")。孫詒讓在《古籀拾遺》卷中"周壺"條中指出:"㝵字不見于經典,惟此壺有其文,亦足徵金刻之有餺(裨)于小學也。"(《古籀拾遺・古籀餘論》23 頁,中華書局,1989)

《三下・卜部》:"卲,卜問也。从卜,召聲。"此字不見於古書,段玉裁《説文解字注》"疑此即後人'杯珓'字,後人所增",朱駿聲《説文通訓定聲》襲用其説。但是在 70 年代晚期出土的周原甲骨卜辭裏却屢見"卲"字:

卲曰:並囟克叓。 H11:6

(摹本見陳全方《周原與周文化》圖版 77 頁,上海人民出版社,1988。此片與殘存"□囟克事"四字的 H11:32 可綴合,參看陳書 123 頁。H11:6的"叓"字一般釋爲"事",似誤。疑此字即史頌簋字右旁,在此辭中似當讀爲"續")

卲曰子(?) H11:5(同上68頁)

卲曰母(毋?) H31:4(同上64頁)

卲 H11:43(同上90頁)

其義當與《說文》所說相同或相近。段、朱等人疑"卲"爲後起之字,是錯誤的(參看李學勤《續論西周甲骨》,《人文雜志》1986年1期70頁)。

《五上・豆部》:"豢,豆屬。从豆,𢍏(篆作)聲。"此字不見於古書。嚴可均《說文校議》認爲《孟子・告子下》孫奭疏引《說文》"棬,屈木盂也",即此字說解。嚴章福《說文校議議》申其說,謂"《說文》無'棬'字……疑舊本'豢'下作'屈木盂也'。蓋疏謂'豢'即'桮棬'字,故引之以釋'棬'耳。字體依經,字義遵許,前人往往有此"。此說根據不足,而且棬爲盂屬,其字不應从"豆"。《段注》以此字爲《本草》"大豆黃卷"(即乾黃豆芽)之"卷"的專字,引《廣韻・阮韻》"豢,黃豆也"爲證;又由於認爲此字所从之"豆"不用本義而用假借義,疑其"蓋出漢制"。後人多從段說。《金文編》則由於金文中有"䕬"字(亦作"豋",是登祭之"登"的專字,古書多借用"烝"字),認爲《說文》"豢"字即其訛體(0765號。《甲骨文編》611號襲用此說)。最近,林澐教授指出,傳世周代銅器上官登爲豆形器,銘文自名爲(《周金文存》3・167【《集成》9・4688】,《金文編》2260號),从"金""𢍏"聲,即《說文》"豢"字異體(林澐《新版〈金文編〉正文部分釋字商榷》73、201條,古文字學會1990年會議論文。關於當釋"𢍏"的理由,參閱李家浩《信陽楚簡"澮"字及从"𢍏"之字》,《中國語言學報》第一期,1983)。他還指出,60年代出土的哀成叔豆自名爲(《金文總集》3104【《集成》9・4663】、《金文編》1426號),从"皿"从"舟""𢍏"聲,也應讀爲"豢"(上引林文137條)。其說可信。《說文》謂"豢,豆屬",與《六上・木部》謂"案,几屬"同例。豢爲豆類器皿,故其字从"豆"。前引其他各家之說皆誤。《廣韻》訓"黃豆"的"豢"可以看作《說文》"豢"的同形字。

《八下・舟部》:"彡,船行也。从舟,彡聲。"此字不見古書,《玉篇》以爲與彤祭之"肜"爲一字,信從者頗多,其實是不可信的。殷墟甲骨卜辭中有"尋舟"之語:

乙亥卜,行貞:王其舟于河,亡災。 合24609

□丑卜,行貞:王其舟于滴,亡災。在八月。 同上24608

庚申卜:王其舟。 屯南2296

與,唐蘭先生皆釋爲“尋”,可信。此説近年來已爲多數甲骨學者所接受(《甲骨文字集釋》1033—1038 頁)。但唐先生以古席長度往往爲一尋説“尋”字从㐁之意,似有問題。㐁即“宿”字所从之“㐁”,亦即“簟”之初文(此亦唐説,見《甲骨文字集釋》689—690 頁)。“尋”爲邪母侵部字,“簟”爲定母侵部字,上古音至近。甲骨文“尋”字或改从丨爲从㐁,蓋兼取㐁字之音。古“昃”字本从傾斜的“大”形(《甲骨文編》809),後改爲从“夨”聲,情況與此類似(參看拙著《文字學概要》34、153 頁,商務印書館,1988)。《説文》“尋”字从“彡”聲(《三下·寸部》)。卜辭“尋舟”之“尋”顯然應該讀爲从“彡”聲的“肜”字(“肜”和“尋”都是侵部字,聲母在上古也相近)。“肜舟”即行舟之意。馬王堆帛書《五十二病方》83 行有“尋”字,帛書原文寫作从“尋”从“舟”(《馬王堆漢墓帛書〔肆〕》圖版 18 頁、釋文注釋 36 頁,文物出版社,1985)。此字應該分析爲从“舟”“尋”聲,當即“肜”之異體,因音近而借爲“尋”。《漢印文字徵》附録3 頁下收有一個从“尋”从“月”的未識字,與此應爲一字(見於帛書和漢印的這兩個字的“尋”旁都寫作从二“又”从“寸”)。漢印此字的“舟”旁省爲“月”,與“受”字的“舟”旁在漢代金石篆文中往往作“月”同例(“受”字本从“舟”,詳下文)。古有尋氏(慕容翊編《中國古今姓氏辭典》232 頁),漢印“肜”字用爲姓氏,亦應讀爲“尋”。如無《説文》“肜”字,卜辭“尋舟”之語難以得到正確理解,帛書和漢印中的从“舟”从“尋”之字也無法確釋。

此外,《説文》中未爲現存古書所用之字,如《二下·走部》的“趞”、“趯”、“䞏”、“趛”、“趩”、“䟃”、“䞒”諸字,都見於金文(《金文編》174—178、181、183);《二上·口部》“咅”字、《三上·辛部》“䇂”字、《三上·収部》“异”字、《四下·𣥂部》“𣥂”字等等,都見於甲骨文(《甲骨文編》101、284、292、545);《三下·丮部》“丮”字、“𡛷”字、《三下·又部》“𠬶”字、“𠬝”字、《三下·用部》“𤰇”字(實即“箙”字初文)、《四下·叀部》“叀”字等等,都既見於甲骨文又見於金文(《甲骨文編》341、345、358、362、460、535,《金文編》443、448、458、462、566、647)。其例甚多,不能一一列舉了。

下面舉《説文》保存的古説的例子。

《四上·自部》:“自,鼻也,象鼻形。”“自”字的這一本義在現存古書中從未使用過。殷墟甲骨卜辭裏既有“疒(疾)首”、“疒目”、“疒耳”、“疒口”、“疒齒”、“疒趾”、“疒身”等語,也有“疒自”之語(《甲骨文合集》11506 正、反)。疾自就是鼻子有病,這是使用《説文》所説“自”字本義的實例(參看拙文《殷虚甲骨文研究概説》,《中學語文教學》1979 年6 期22 頁【編按:此文收入《古文字論集》時改名爲《殷墟甲骨文研究概況》,現已收入本書。】)。

《十上・馬部》:"篤,馬行頓遲。从馬,竹聲。""篤"字的這一本義在現存古書中也從未使用過。睡虎地秦墓出土秦律的雜抄部分有如下一條:

> 膚(臚)吏乘馬篤、辈(胔),及不會膚期,貲各一盾。(《睡虎地秦墓竹簡》釋文注釋部分86頁,文物出版社,1990)

《睡虎地秦墓竹簡》平裝本譯爲:

> 評比吏的乘馬,馬行遲緩、馬體瘠瘦,以及評比時不來參加,均罰一盾。(142頁,文物出版社,1978)

這條律文的"篤"字,用的正是《說文》所說的本義。

《十上・馬部》:"騑,驂旁馬。从馬,非聲。"古書注解以"騑""驂"二字互訓。研究《說文》的學者多主張把"騑驂旁馬"讀爲:"騑,驂,旁馬。"認爲許慎以"驂"釋"騑",又以"旁馬"申明其義(參看《說文解字詁林》"騑"字條)。從出土古文字資料來看,這種意見是有問題的。70年代出土的曾侯乙墓竹簡記葬儀所用車馬甚詳。每車所駕馬數有兩、三、四、六四種。駕兩時所用之馬稱左服、右服。駕三時稱左驂、左服、右服。駕四時稱左驂、左服、右服、右驂。駕六時稱左騑、左驂、左服、右服、右驂、右騑("騑"字原作"飛",二字古通。《史記・袁盎傳》"今陛下騁六騑",《漢書・爰盎傳》"六騑"作"六飛")。可見"驂""騑"二字對文有別。服馬外邊的馬稱驂,驂馬外邊的馬稱騑。《說文》釋"騑"爲"驂旁馬"正合古義,"驂"字後不應加逗(參看拙文《談談隨縣曾侯乙墓的文字資料》,《文物》1979年7期27頁)。

《四下・𠬪部》:"受,相付也。从𠬪,舟省聲。"漢代金石篆文"受"字中間部分多作冃(《金文續編》4・6上、《漢印文字徵》4・11下)。不論是"冖"(《說文》篆文原作冂)還是"冃",跟"舟"形都相去甚遠。但是殷墟甲骨文"受"字作  等形,殷周金文"受"字大體相同(《甲骨文編》539、《金文編》657),確實都从"舟"。小篆"受"字所从的"冃"是由"舟"省變而成的,"冖"是由"冃"省變而成的。林義光《文源》說金文"受"字"象相授受形,舟聲"(6・5下)。高田忠周《古籀篇》也說"受字从舟,形聲而包會意"(據《金文詁林》2540頁轉引)。其說可信。世上可接受之物至多,古人造"受"字時以舟來代表,顯然是由於"舟"跟"受"音近,可以兼起聲旁的作用。《說文》說小篆"受"字从"舟省聲",跟出土古文字若合符節。《段注》在"受"字下說:"舟省聲,蓋許必有所受之。"這是很正確的。

《五上・工部》:"巨(原作巨),規巨也。从工,象手持之。榘,巨或从木、矢。

矢者,其中正也。”《説文》認爲“巨”字“工”形上所加的“ コ ”象持“工”之手,很像是一種臆測,但是出土古文字却證實了這一説法。金文“巨”字作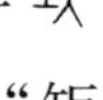等形,正象一人以手持工形;或變作,即“矩”字所從出(《金文編》731)。“矩”的“矢”旁爲人形之訛,《説文》所收或體又加“木”旁,字更後出(參看林義光《文源》6·28下)。《説文》對“榘”字的分析,由於根據的是後出訛體,當然不正確;説“巨”字“从工,象手持之”,則顯然也是“有所受之”的。

《三下·卜部》:“貞,卜問也。从卜,貝以爲贄。一曰鼎省聲,京房所説。”後面將要説到,殷墟甲骨卜辭是借“鼎”字來表示“貞”這個詞的。“鼎”和“貞”的上古音極近,二者都是端母耕部字。在商代,至少在商末之前,商族人没有專爲“貞”這個詞造過字,所以就假借“鼎”字來表示它。在周原出土的商末和西周時代的甲骨卜辭以及洪洞坊堆和昌平白浮出土的西周甲骨卜辭裏,都出現了在“鼎”字上加注“卜”旁而成的、表示“貞”這個詞的專字(王宇信《西周甲骨探論》第七篇第一部分“重要文字索引”中的“貞”字條,列出了這些“貞”字的出處,見該書365頁,中國社會科學出版社,1984)。按照漢字結構的原則,這個字應該分析爲从“卜”“鼎”聲(這個字在周代金文裏也很常見,但是都不同於本義,通常假借爲“鼎”)。在西周後期以後的古文字裏,“鼎”和“貝”的字形比較接近。“則”字、“員”字原來都是从“鼎”的,後來爲求簡化,把“鼎”旁改成了“貝”旁。“貞”字由从“鼎”變爲从“貝”,與此同例。所以從出土古文字來看,京房的“鼎省聲”之説非常正確。京房大概也是“有所受之”的。

《七下·鼎部》“鼎”字下又説:“古文以貞爲鼎,籒文以鼎爲貞。”(此據小徐本,大徐本脱去上句,只説“籒文以鼎爲貞字”)。《段注》和桂馥《説文解字義證》都認爲“貞”是“貝”的誤字。其實《説文》此説可以在出土古文字中得到印證,“貞”决非“貝”的誤字。郭沫若在《卜辭通纂》第十三片的考釋中説:

> 羅振玉云:“……卜辭中凡某日卜某事皆曰貞,其字多作,與相似而不同。或作鼎,則正與許君以鼎爲貞之説合,知確爲貞字矣。”(《殷釋》中·一八)案實即若等形之簡略急就者,猶或等之簡化爲也。古乃假鼎爲貞,後益之以卜而成鼎(貞)字,以鼎爲聲。金文復多假鼑爲鼎。(參看《金文編》第七,容庚以爲鼒字,非是。)許説“古文以貞爲鼎,籒文以鼎爲貞”者,可改云“金文以鼑爲鼎,卜辭以鼎爲鼑”。鼎貝形近,故鼑乃訛變爲貞也。(《郭沫若全集·考古編2》225頁)

這是很精闢的見解。許慎説“古文以貞爲鼎，籀文以鼎爲貞”，顯然是有根據的。“古文”資料一定跟金文一樣，也有借“貞”爲“鼎”的現象。籀文資料一定跟殷墟卜辭一樣，也有借“鼎”爲“貞”的現象。《金文編》舊版把借爲“鼎”的“貞”字誤釋爲“鼒”。1985年新版已糾正此誤，但是仍把借爲“鼎”的“貞”字列在“鼎”字後面，加注説：“又从卜，或曰假貞爲鼎。”（492頁）似乎對假貞爲鼎之説仍有保留。這種保留實在是多餘的。《甲骨文編》把直接釋爲“貞”（0455號），也是不妥當的（《甲骨文編》148頁第一行所收的《鐵》45·1的“貞”字从“卜”，不確。此“卜”旁實爲泐痕）。

通過上面所舉的這些例子，可以清楚地看到，《説文》和出土古文字合則兩美，離則兩傷。研究者千萬不要只注意一方面而忽略另一方面。

原載《説文解字研究》（一）（河南大學出版社，1991），今據以收入。

釋　“賈”

六國璽印文字中有一個常見的姓氏字，寫作下列諸形：

《古璽文編》隸定爲貫（141—142 頁，參看《璽彙》2986—3025。上引最後一形見《璽彙》3012，《古璽文編》所摹漏去右上方一小横，今已補上。此字形右上角略殘，但仔細辨認，可以看出原有小短横）。

中山王嚳墓銅器銘文中屢次提到的那位以“司馬”爲氏的相邦，其名亦用此字，寫法有下列兩種（張守中《中山王嚳器文字編》59 頁）：

大鼎、圓壺、方壺

圓壺，兆域圖略同

朱德熙先生和我在《平山中山王墓銅器銘文的初步研究》一文中，釋此字爲“賙”（《文物》1979 年 1 期 44 頁）。李學勤、李零、于豪亮等先生也都釋此字爲“賙”（李學勤、李零《平山三器與中山國史的若干問題》，李學勤《新出青銅器研究》178 頁。于豪亮《中山三器銘文考釋》釋此字爲“賙”而無說，文見《于豪亮學術文存》37—54 頁）。張守中先生則釋此字爲“貯”（《中山王嚳器文字編》59 頁）。上引第二形的“貝”旁省作“目”。這是六國文字中常見的現象（參看何琳儀《戰國文字通論》208—209 頁）。在璽印文字中，此字也有寫作从“目”的。《古璽文編》把它們歸入“周”字條（29 頁 3022 號、30 頁 1194 號），是不正確的。

此字也見於六國陶文，寫作下列諸形（高明、葛英會《古陶文字徵》225 頁）：

第一形見於齊陶工印文“鼉匋里王□”（高明《古陶文彙編》3・330、331）。第二形見“皐”印文（同上 3・820），第三形見“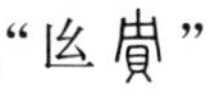”印文（同上 3・782）。二者都是一般的私印，前者用此字爲姓氏，後者用爲人名。顧廷龍《古陶文舂録》（6・3 下）、金祥恆《陶文編》（45 上）和上引的《古陶文字徵》都釋此字爲“貯”。

侯馬盟書和包山楚簡也有此字。盟書作（宗盟類二 35・8，山西省文物工作委員會《侯馬盟書》182 頁），用爲參盟人名。包山簡作、等形（湖北荆沙鐵路考古隊《包山楚簡》圖版 150），或用作人名（162 號簡“陳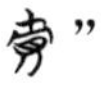”、190 號簡“屈”），或用作動詞。後者僅一例，見於下引 151—152 號簡文：

……款飤（食）田，疠於責（債），骨償之，左馭遊晨骨之。（《包山楚簡》圖版 69。“償”字從李學勤《包山楚簡中的土地買賣》釋）

《侯馬盟書字表》（《侯馬盟書》333 頁）和《包山楚簡字表》（《包山楚簡》圖版 150）也都釋此字爲“貯”。

現在看來，我們過去釋此字爲“賙”，肯定是錯誤的。包山楚簡中此字與“周”字都出現數次（“周”字見《包山楚簡》圖版 132），但二字在上的偏旁的寫法明顯有别。可見此字在上的偏旁斷非“周”字之省，此字不能釋爲“賙”。不少學者釋此字爲“貯”，主要是由於其字形與金文中一般釋爲“貯”的字相似（1985 年版《金文編》亦收此字之見於中山王器銘者於“貯”字條）。金文字或作（《金文編》432 頁），前者與此字的、等形極爲相近，後者與此字的、等形極爲相近。此字上部往往寫得像“用”字，其右上方的短畫應是附加的贅筆。張守中先生曾舉中山王器銘中“帝”作，“忞”作等例爲證，是很正確的（《中山王譽器文字編》59 頁。參看何琳儀《戰國文字通論》230 頁所舉“帝”“滂”等例）。所以把此字與金文的字看作一個字，應該説是很合理的。但是金文的究竟是不是“貯”字，却是一個問題。

80 年代，李學勤先生在他的一些文章中，曾屢次論證字應該釋作“賈”（見《重新估價中國古代文明》、《兮甲盤與駒父盨》、《魯方彝與西周商賈》等文。第一、三兩文已收入黑龍江教育出版社出版的《李學勤集》，第二文已收入文物出版社出版的李學勤《新出青銅器研究》），理由很有力，應可成爲定論。近來，李先生在《包山楚簡中的土地買賣》一文中，把包山 152 號的字也釋爲“賈”（《中國文物報》

1992年3月22日第三版)。這也是可信的。李先生尚未糾正他在考釋平山銅器所見相邦名時所提出的釋"賙"的説法。我們認爲既然□□等字應該釋爲"賈",□□等字無疑也應該釋爲"賈"。

從文例上看,把這個字釋爲"賈"是非常合適的。璽印中此字用作姓氏之例常見。"賈"正是古代的著氏,而"貯"氏則沒有聽説過。中山王墓銅器、侯馬盟書、包山楚簡和見於陶文的"□□"印,用此字爲人名。在古代以"賈"爲名的人也是常見的。從古書看,春秋時有臧賈(《左傳》襄公十七年、二十三年)、女賈(同上昭公二十六年)、王孫賈(見於《左傳》定公五年者爲楚臣,定公八年者爲衛臣)等人,戰國時有王孫賈(《齊策》六)、姚賈(《秦策》五、《趙策》四、《魏策》四)、起賈(《趙策》四)、須賈(《魏策》三)等人。漢初還有著名的陸賈。可見釋此字爲"賈",對用作人名之例也很合適。前引包山152號簡文以□與"儥"爲對文。李學勤先生在《包山楚簡中的土地買賣》中説:"'儥'字見《周禮》,即今鬻字,意思是賣……'賈'字《説文》云:'市也。'《左傳》桓公十年注:'買也。'"可見把這個用作動詞的例子釋作"賈",文義也極爲妥帖。齊陶工印文中的"賈鄙"是地名。古代齊國有賈氏(《左傳》襄公二十五年的賈舉、襄公三十一年的賈寅皆爲齊臣),這一地名可能由於其地曾爲賈氏聚居而得名。又,齊國維持工商族居之制甚久,這一地名也有可能是由於其地曾爲商賈聚居而得名的。至於甲骨、金文中的□字從文例上看應該釋作"賈"的理由,李學勤先生在有關文章中已經説得很清楚,這裏就不重複了。

傳世的一件六國銅鼎有如下銘文:

> 十一年,庫嗇夫肖不挲、□氏无踚所爲,空(容)二斗。
>
> 三代3・43上,總集1112,集成2608

"氏"上一字似亦應釋爲"賈"。賈氏疑指隸屬官府的世襲賈人,與掌管冶鑄者稱冶氏同例(冶氏見《考工記》。《太平御覽》卷六四二引《古文瑣語》有"晉冶氏")。舊作《嗇夫初探》誤釋"賈氏无踚"爲"貫氏大踚(令)"(裘錫圭《古代文史研究新探》450頁),極爲荒唐,附正於此。

最後需要討論一下本文所釋的从□及其各種變形的"賈"字,與秦漢文字中的"賈"字的關係。

《説文・六下・貝部》"賈"字篆形作□,从"貝""襾"聲。漢印"賈"字在上的偏旁有□□□等寫法(羅福頤《漢印文字徵》6・18下—19上)。雲夢秦簡多作襾(張世超、張玉春《秦簡文字編》475 頁)。《十鐘山房印舉》所收“周秦印”也多作襾(3·22 下“賈賀”、35 下“鮑賈”、36 上“賈睢”“賈意”)。《印舉》所謂“周秦印”大都是秦印和漢初印。近蒙澳門蕭春源先生見示所藏秦印之鈐本,“賈”字在上之偏旁有作襾者(“賈安”印),又有作襾者(“賈蟜”印)。後者疑是比較原始的寫法,襾襾皆由之演變而成。

从宁的“賈”字與秦漢文字中的“賈”字之間可能有的關係,不外以下三種。一、後者由前者訛變。如有的學者曾懷疑宁旁曾變方向而成亞形,然後又訛變爲襾形。二、二者是同一字改换偏旁的異體。李學勤先生已經指出,殷墟甲骨卜辭中的“多宁”應該讀爲“多賈”(《兮甲盤與駒父盨》,《新出青銅器研究》144—145 頁)。可見“宁”“賈”音近。所以“⿱宁貝”和“賈”有可能是聲旁不同的形聲字異體。三、二者本爲不同的字,但可以通用。從上面所舉的秦漢文字“賈”字的資料來看,第一種可能性似可否定。實際情況究竟是第二種還是第三種,有待研究。如果第三種情況屬實,⿱宁貝字嚴格地説就不應該直接釋作“賈”了。不過在目前所見的古文字資料裏,這個字絶大多數應該讀爲“賈”,則是沒有問題的。有的學者釋此字爲“貯”而讀爲“賈”。“貯”“賈”二字古音雖同部,聲母却遠隔,恐怕不見得能通用。在有新的發現之前,直接釋⿱宁貝爲“賈”是比較妥當的。

本文是提交給 1992 年在南京召開的中國古文字研究會第九屆討論會的論文,今據以收入。

戰國文字釋讀二則

一、戰國玉璜銘考釋

國内發表的先秦玉璜未見有銘文的,而流到國外的一件戰國灰緑色穀紋玉璜,竟刻有八字銘文,值得向關心古文字的同志介紹一下。

此璜據説出自洛陽金村(見下引後一書),曾爲美國 Richard C. Bull 夫婦所藏;據倫敦大學亞非學院汪濤博士 1995 年夏天來信,現已歸 Hotung Collection。汪先生寫信時,原物正在大英博物館展出。本文所用資料均爲汪先生所提供,盛誼可感。

此璜長 3 英寸强,銘文刻在由内緣延伸的一個窄弧上,兩面各刻四字。此窄弧似專爲刻銘而設。本文圖一取自紐約 Ronald 出版公司 1963 年出版的 Alfred Salmony 所著《魏代以前的中國玉》圖版 XXⅢ—16,是此璜反面的照片。此璜正反兩面形制花紋無别,所謂正反當是根據銘文次序而定的。圖二是銘文摹本,取自索斯比拍賣行爲 1983 年 12 月在紐約舉行的一次拍賣所印的圖録《重要的中國藝術品:Richard C. Bull 夫婦藏品》第 192 號。跟上引照片對照一下就可以看出,這一摹本相當可靠。

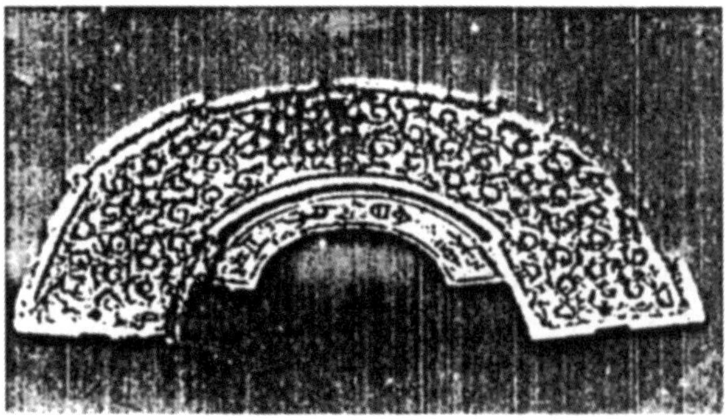

圖一

圖二

上引前一書據 James Cahill 和 A. G. Wenley，把銘文翻譯爲：“如果在上者（即統治者）是有德的（引者按：原文是 virtuous），在下者們（也就是他的臣屬們）將跟着他的脚步走。如果根部茂盛，穀粒也會這樣。”估計翻譯者把銘文“上”下一字釋爲“貞”（virtuous 既可當有德講，也可當貞潔講），“下”下一字釋爲“踵”，反面第一字釋爲“根”，但第二字不知釋爲何字。（《隨筆》編按：可能誤認爲“厚”。）上引後一書用漢語拼音把銘文釋爲：shang zhen xia chen huai hui he tong，應即：上貞下陳，槐會禾同。此書認爲銘文的意思是：如果統治者是有德的，他的屬下也會這樣。

我們認爲璜銘“上”下一字應該釋爲“覍”（弁）。李家浩先生在《釋“弁”》一文中說：

> 1978 年湖北江陵天星觀發現的戰國楚簡中，有一個从竹的字：
>
> 
>
> 朱德熙先生認爲此字下方所从象人戴冠冕之形，即《説文》訓爲“冠也”的覍字，或體作“弁”。“筧”當即“笲”字（原注：簡文此字似借爲鞭策之“鞭”）。

他同意此説，並指出三體石經古文“變”字作，《汗簡》古文“變”字作，其左旁都是“覍”的訛體；又指出古文字从“収”（廾）之字可以省从“又”，所以侯馬盟書中作等形的、與“改”連文的那個字，應該釋爲“弁”或“敍”（即覍之省），讀爲“變”；曾侯乙編鐘銘文中總是出現在宫、商、徵等音名前的、从“音”从或聲的那個字，應是變音之“變”的專字（《古文字研究》第一輯 391—393 頁，中華書局，1979）。這些意見都是正確的。把璜銘“上”下一字跟上引李文所引有關字形對照一下，就可以斷定此字也應釋爲“覍”（弁）。

璜銘“下”下一字左从“耳”右从“重”，不見於字書，按漢字結構通例看，應是从“耳”、“重”聲之字。此字與銘文下句“同”字押韻，“重”與“同”上古音都屬東部。上引前一書所據釋文以此字爲“踵”，不能説沒有道理。“⿰耳重”“踵”都从“重”聲，“⿰耳重”可以讀爲“踵”。把“下踵”解釋爲在下者跟着在上者的脚步走，在文義上也説得過去。但是釋“貞”之説既不可信，此説也就難以成立了。我們認爲“上弁下⿰耳重”應該讀爲“上變下動”。“⿰耳重”“動”都从“重”聲，“弁”“變”上古音也很近。上引李文已經舉出了“弁”及从“弁”聲之字讀爲“變”的實例。《書・堯典》“於變時雍”，孔廟碑引作“於卞時雍”，“卞”也就是“弁”的異體。

璜銘下句第一字顯然是“相”字。六國文字“相”字的“目”旁,下面往往加一道或兩道短横(參看《古璽文編》82 頁)。第二字从“𠙵”从“合”,屢見於戰國文字(多見於偏旁)。璜銘此字所从之“合”,“亼”旁下面和“口”旁上面的横畫併成一筆,與六國璽印“司”或作司同例(參看何琳儀《戰國文字通論》190 頁“借用筆畫”例,中華書局,1989)。此字在傳世古文中多訛作“畣”。《汗簡》卷上之二·亼部以畣爲“荅”之古文,謂出《牧子文》。黄錫全《汗簡注釋》説:

> 夏韻(引者按:指《古文四聲韻》)合韻錄此文作畣;錄石經荅作畣,此脱一畫。畣蓋合字别體,由畣而變。如中山王鼎弇作弇,《説文》鞈字古文作鞈,詛楚文作韐等。合孳乳爲荅(俗作答——引者按:恐荅是答之俗)。如陳侯因資錞“合𦾔氒惪”即“荅揚厥德”。《左氏宣二年傳》“既合而來奔”,注“合,猶荅也”。雲夢秦簡、馬王堆漢墓帛書《戰國縱横家書》等荅字並作合。豐、內、觀本《尚書》荅均作畣。下亼部錄石經荅作畣,應依夏韻正作畣。(212 頁,武漢大學出版社,1990)

《注釋》引用有關“𠮩”字的資料頗爲詳備,但還可稍作補充。葛英會、彭浩《楚簡帛文字編》收天星觀楚簡“韐”字而無釋(136 頁,東方書店,1992,東京)。古文字从“韋”之字往往也可从“革”,此字可釋爲見於《説文》的“鞈”或“韐”。信陽楚簡用“𠮩”爲應答之“答”,如:

> ……天下爲之女(如)可(何)?𠮩(答)曰……(河南省文物研究所《信陽楚墓》圖版一一四·1—09,參看一二五頁釋文。同一圖版 1—015 號簡也有“𠮩曰”)

《汗簡》等書所引古文以“畣”爲“荅”,與此相合。𠙵旁多由“口”旁變來(參看拙著《古文字論集》42 頁,中華書局,1992),“𠮩”有可能本是應答之“答”的專字。

《玉篇》以“𠮩”爲“會”之古文。上引著錄玉璜之後一書釋“𠮩”爲“會”,或即以此爲據。但據上節所言,古文字並不用“𠮩”爲“會”,而多用之爲“合”或“答”。璜銘“相𠮩禾同”無疑應該讀爲“相合和同”。“和同”爲先秦常用之語,如《左傳·成公十六年》“民生敦厖,和同以聽”,《管子·五輔》“上必寬裕而有解舍,下必聽從而不疾怨,上下和同而有禮義”(《管子》的《立政》《法禁》等篇也有“和同”之語)。

東周以下的成組佩玉中包括雙璜(參看《周禮·天官·玉府》孫詒讓《正義》)。

我們所討論的玉璜,原來應該是成組佩玉中的一件。銘文所説,既可理解爲指佩玉上下配件之間的關係,也可理解爲指君臣上下之間的關係,語帶雙關。

古人很重視由於佩玉者的行動使佩玉的某些配件相觸擊而發出來的聲音。《禮記・玉藻》説:

> 古之君子必佩玉,右徵、角,左宫、羽,趨以《采齊》,行以《肆夏》,周還中規,折還中矩,進則揖之,退則揚之,然後玉鏘鳴也。故君子在車則聞鸞和之聲,行則鳴佩玉,是以非辟之心無自入也。

《賈誼新書・容經》《大戴禮記・保傅》有類似的内容。"上變下動,相合和同"可以理解爲指佩玉下方的配件跟着上方的配件而擺動,由於衝牙等物相互觸撞而發出和諧的聲音。

如果著眼於君臣上下之間的關係,"上變下動"可以理解爲指在下者跟着在上者行動。"上變下動,相合和同"跟上引《管子・五輔》的"上下和同"意近。

鳴玉之聲近於樂聲。古人認爲音樂能使人際關係和諧。《禮記・樂記》説:"樂者爲同,禮者爲異。同則相親,異者相敬。……禮義立則貴賤等矣,樂文同則上下和矣……",又説:"故樂者,審一以定和,比物以飾節,節奏合以成文,所以合和父子君臣、附親萬民也。"璜銘雙關的語意,可以看作這種思想的一種反映。

二、"於王既正"印考

1965 至 1966 年間,湖北省考古工作者在江陵馬山區發掘了三座規模較大的戰國楚墓。其中的望山二號墓的部分椁板上烙有印文。印文有兩種,分别烙在不同的椁板上。我們要討論的,是下面附圖所示的那種烙印文字。據報道,該墓"内椁與外棺的空隙處,還各蓋一木板,南邊和北邊的木板上"各烙有這種印文六方(湖北省文化局文物工作隊《湖北江陵三座楚墓出土大批重要文物》,《文物》1966 年 5 期 34 頁。烙印拓本見 36 頁)。

上引烙印文字,何琳儀《戰國文字通論》釋爲"左(佐)王毁(樞)正"(146 頁),湯餘惠《"於王既正"烙印文考——兼論望山二號楚墓年代》釋爲"於王既正"(《文物研究》第 7 輯 354 頁,1991)。此印文左上角一字與楚簡的有些"既"字同形(看《楚簡帛文字編》127 頁"既"字 B224、B221、B80 等例)。

右上角一字,湯文已指出其寫法與長沙楚帛書和某些楚金文的"於"字相類。在楚簡上也可以看到這種寫法的"於"字(看上引書98頁"於"字X一·七、B七、B六一等例)。可見湯釋是可信的。

但是湯文讀"於王既正"爲"越王既征",認爲印文是以事紀年,當指楚懷王二十二年滅越之事(354—355頁),則有問題,因爲這種文例從未見於其他古印。齊國陶器上所見的印文,有提到某某立事歲的,但是這類印文都還有其他內容,主要用途並不在以事紀年。湯文認爲"于、於古書通用",而从"于"聲的"雩"又通"越",所以"於王"可以讀爲"越王"。其實古書中用爲介詞的"于"和"於"互爲異文,是由於二者用法相似,與一般的音近相通有別。"於"是影母字,"于""雩""越"則都是匣母字。所以讀"於"爲"越"也是缺乏根據的。

爲了弄清"於王既正"的涵義,需要先談一下另一枚楚印。傳世楚印中有"勿正關鉨"(《璽彙》295號。此印"關"字寫法是楚國特有的,已有多人指出)。石志廉先生在《戰國古璽考釋十種》中,讀此印"正"字爲征稅之"征",十分正確。他解釋印文意義說:

> 勿正(征)關鉨乃戰國時關卡免除征收關稅所用之官印。用此印打在貨物上作爲標記,運輸時路過關卡即可免征關稅……楚鄂君啓節銘文中的"見其金節則勿征,不見其金節則征"(引者按:原文"勿"作"毋",即"毋","征"作"政","毋征"下尚有一句)可爲其明證。(《中國歷史博物館館刊》總2期109頁,文物出版社,1980)

湯餘惠先生在《楚璽兩考》中對此印文的意義有進一步的解釋。他說:

> ……據《周禮·地官》記載:"司關掌國貨之節以聯門、市。"鄭玄解釋說:
>
> > 貨節商本所發司市之璽節也。自外來者則按其節而書其貨之多少,通之國門,國門通之司市;自內出者,司市爲之璽節,通之國門,國門通之關門,參相聯以檢猾商。
>
> 由此可見,門、關、市三者乃是一個統一的整體,共同職掌商稅征收事宜。如果再參照《管子·問篇》"征於關者勿征於市,征於市者勿征於關"的記載,我們似有理由認爲,周秦之際所實行的乃是一種不重複的商稅制,而門、關、市彼此溝通聯繫的主要憑據便是璽節。……
>
> 傳世還有"勿正關鉨",現藏天津藝術博物館。從文字風格看,亦屬戰國楚璽。"勿正關"當即"勿征於關"之省語。有人認爲此璽的"勿征"與鄂君啓

節的"見其金節勿征"屬於同種性質,這種意見是值得商榷的。……此璽的"勿征關"恐怕還是取"征於市者勿征於關"之義。(《江漢考古》1984年2期51頁)

此說可從。

"於王既正"印的"正"也應該讀爲"征"。"正"字的這種用法也見於古籍。《周禮》屢次把征稅之"征"寫作"正"。《國語・齊語》"使關市幾而不征"的"征",《管子・小匡》也作"正"(參看高亨、董治安《古字通假會典》59頁,齊魯書社,1989)。"勿正關鉨"的行款是由左往右的。我們討論的這方烙印的文字,大概也應該自左至右地讀爲"既征於王",意思就是已經在王那裏征過稅。當然,即使把印文讀爲"於王既征",也可以表示出同樣的意思。介賓詞組置於謂語之前,在古漢語裏也是允許的。按照上引湯文對"勿征關鉨"的解釋,烙有"既正於王"印文的木材,在進入市場或通過門關時,大概就不再征稅了。

《漢書・百官表》:"少府,秦官,掌山海池澤之稅,㠯給共養。"顏注:"應劭曰:名曰禁錢,以給私養,自別爲藏。少者小也,故稱少府。師古曰:大司農供軍國之用,少府以養天子也。"楚王也應該有歸他所有的山海池澤之稅,其中自當包括某些山林所產的木材之稅,所以在楚墓所用木材上會出現"既征於王"的烙印。

最後附帶談一下戰國時代齊國主管木材之官的璽印。

傳世六國官印中有"平昜(陽)桁""左桁正木""右桁正木""左桁槖木"等印(原文桁字都寫作上行下木之形),前人對這些印文的意義不得其解。朱德熙先生在《釋桁》中指出,這些印文中的"桁"當讀爲林衡之"衡",是主山林之官;並據印文字體風格等定各印爲齊印(《朱德熙古文字論集》166—167頁,中華書局,1995)。這些意見十分正確。1964年山東五蓮盤古城邊曾發現十三方戰國銅印,印文都是"左桁正木"(孫敬明等《山東五蓮盤古城發現齊兵器和璽印》,《文物》1986年3期)。這是這類衡官印屬於齊國的確證。

朱先生還根據傳世的"正木之鉨"指出上引印文中的"正木"和"槖木"都應是林衡屬下的職官之名(上引《論集》167頁),這也是可信的。"槖"字屢見於齊國文字,皆用爲"稟"(參看上引石文108—109頁。"稟""廩"古本一字)。"稟"字古訓"予"訓"給"。《廣雅・釋詁三》:"稟,予也。"《漢書・禮樂志》"天稟其性而不能節也"顏注:"稟謂給授也。"《淮南子・原道》"稟授無形"高注:"稟,給也。"稟木大概是主管將木材發給應該接受公家木材者的官。"正木"之"正"似亦當讀爲"征",正木大概是主管收木材稅的官。

原載《于省吾教授百年誕辰紀念論文集》(吉林大學出版社,1996),又載《裘錫圭學術文化隨筆》,今據後者收入。

釋古文字中的有些“悤”字和从“悤”、从“兇”之字

古文字中已被釋出的“悤”字,有殷墟甲骨文的、①西周金文的、、②春秋金文的③和六國古印的④等字。此外尚有一些寫法比較特殊的“悤”字和“悤”旁未被釋出。

春秋時代晉國的郘黛鐘(以下簡稱“郘鐘”)的銘文,有描述懸鐘磬的架子的兩句話,一般釋爲“喬喬其龍,既旃鬯虡”。⑤ 各家多讀“鬯”爲“暢”,訓爲“長”;⑥《兩周金文辭大系考釋》郘鐘考釋亦讀“暢”,但釋“暢虡”爲“開暢之豎虡”。⑦ 然而細審銘文,其字實非“鬯”字。郘鐘爲一套同銘編鐘,銘文字小,鑄造不精。在傳世十三件鐘銘拓本中,此字以《集成》230號作者,⑧最爲清晰。此字在其他各鐘拓本中,除不能看清者外,其下部皆作,其上部或不可見,或未鑄好或拓好,但與230號比較,可以確定本亦作一直豎。“鬯”字從來不作上加一直豎之形,可知此字並非“鬯”字。虡是懸鐘磬之架的豎柱,將這個字看成虡的形容詞,讀爲“暢”,訓爲“長”或“開暢”,也是不合適的。

---

① 《合》5346(《菁》11·4)。此字爲于省吾先生所釋,見其《甲骨文字釋林》,中華書局,1979,366頁。

② 《金文編》,中華書局,1985,692頁。

③ 蔡侯盤,《殷周金文集成(修訂增補本)》,中華書局,2007,第7册5476頁10171號。

④ “高悤”印,《古璽彙編》,文物出版社,1981,126頁1108號。參看《古璽文編》,文物出版社,1981,254頁。

⑤ 《殷周金文集成》,中華書局,1984,第1册252—262頁225—237號。注③所引《集成》(修訂增補本),第1册270—280頁225—237號。後者的拓片印得不如前者清楚,但附有釋文。

⑥ 如馬承源主編《商周青銅器銘文選(四)》,文物出版社,1990,八九〇號郘鐘釋文注〔四〕說:“鬯假爲暢,指虡之長。《詩·秦風·小戎》‘文茵暢轂’,毛亨《傳》:‘暢轂,長轂也。’”(592頁)

⑦ 《郭沫若全集·考古編8》,科學出版社,2002,493頁。

⑧ 同注⑤,257頁。參看《商周青銅器銘文選(二)》,文物出版社,1987,634頁拓本。

我認爲作爲此字下部的和，乃是“心”的異體。房山琉璃河西周早期燕墓M1193，出有同銘的克罍和克盉，兩器又都器蓋對銘，共有四篇相同的銘文。銘文開頭說：“王曰：大保，隹（唯）乃明乃心，享于乃辟。”其“心”字有下列三種寫法：[9]

盉蓋，器略同　　罍蓋　　罍器

學者對此字有“心”、“㐭”二釋。單從字形上難以判斷二說是非。[10] 但從文例上看，釋“心”應該是正確的。周代銅器銘文屢見“克明厥心”、“克明又（有）心”、“敬明乃心”一類話，[11]可證。罍銘“心”字的兩種寫法，分別跟上舉邵鐘“虡”上一字下部的兩種寫法相同，可知後者下部也應爲“心”字。跟本文篇首所舉諸“悤”字對比一下，可以斷定此字亦當釋“悤”。春秋時代，“心”字多作、等形，邵鐘“悤”字“心”旁保存“心”字較古異體的寫法，不免使人感到奇怪。不過從後面要提到的戰國楚文字中“悤”的寫法來看，這並非孤例。對産生這種現象的原因，在下文靠後的部分將會提出解釋。

古音“悤”聲、“從”聲相近。《禮記・檀弓上》“喪事欲其縱縱爾”，鄭玄注：“縱讀如揔領之揔。”邵鐘銘的“悤”字似當讀爲“樅”。“悤”、“樅”皆清母東部字。《詩・大雅・靈臺》：“虡業維樅，賁鼓維鏞。”鐘銘“樅虡”疑即指樅與虡二物。樅無疑與懸挂樂器有關，但究竟爲何物難以肯定。《靈臺》毛傳：“植者曰虡，横者曰栒。業，大版也。樅，崇牙也。”孔疏：“栒上加之大版爲之飾。《釋器》（引者按：指《爾雅・釋器》）云：‘大版謂之業。’孫炎曰：‘業，所以飾栒，刻板捷業如鋸齒也。其懸鍾（鐘）磬之處，又以彩色爲大牙，其狀隆然，謂之崇牙。’”其所言與出土先秦栒虡之制不能相合，恐難憑信。近人高亨以樅與崇牙爲兩物，認爲虡是“懸編鐘編磬的木架”，樅是“懸大鐘的木架”。[12] 但其說並無證據，只是一種推測。樅究爲何物，尚待研究。

又疑“悤虡”或當讀爲“從虡”或“崇虡”，意即高虡。《禮記・檀弓上》“爾毋從從爾”，鄭注：“從從謂大高。”《釋文》：“從音總，高也。一音崇。”有的从“從”聲之

---

[9] 克罍、克盉器蓋銘文，據周寶宏《近出西周金文集釋》（天津古籍出版社，2005）正文前第一、二張圖版。

[10] 參看上注所引書49—50頁。

[11] 張亞初《殷周金文集成引得》，中華書局，2001，522頁“心”字條。

[12] 高亨《詩經今注》，上海古籍出版社，1980，394頁注〔一一〕。高氏對“崇牙”的解釋，見同書491頁《有瞽》篇注〔四〕。

字有高聳義,除“聳”字外尚有“摐”。《太玄·逃·次四》:“喬木維摐(有的本子作“樅”),飛鳥過之或止降。”范望注:“上擦稱摐。”“悤虡”讀“摐虡”亦通。

《上海博物館藏戰國楚竹書(一)》所收《孔子詩論》篇,有一個以“辵”爲形旁,以字形與郘鐘“悤”字相合的字爲聲旁的字,篇中共出現三次(下引簡文,除所要討論之字外,皆以通行字形或通用字寫出,後文同):

《鵲巢》之歸,則者……(簡11)[⑬]

《鵲巢》出以百兩,不亦有乎?(簡13)[⑭]

其所愛,必曰吾奚舍之?賓贈是已。(簡27)[⑮]

學者對此字聲旁有“离”、“𠳵”、“惠”、“叀”等釋法,[⑯]皆不確。不過主張釋“𠳵”的何琳儀先生,指出它與郘鐘銘中我們釋爲“悤”的那個字是一個字,[⑰]則是正確的。

上舉簡文从“辵”之字的三個“悤”旁,形狀稍有出入。其上部有丨、⧫、十三種寫法。這三種寫法在本文篇首所舉的那些“悤”字中皆有相類之例(郘鐘“悤”字直豎上原來可能也有點,但難以確定)。上舉最後一例“悤”旁的下端變“U”爲“ㄑ”,這與古文字“心”字的演變情況相合。

這個从“辵”“悤”聲之字,應該是“送”字的異構。“悤”是清母東部字,“送”是心母東部字。此二字中古音皆屬合口一等,如不計聲調,其韻母當完全相同。清、心二母音亦相近。从“悤”(怱)聲的“蔥”爲清母字,而以其爲聲旁的从“木”、从“心”之字皆爲心母字。[⑱] 形聲字中清、心二母相諧之例頗多,不列舉。

上引簡11、13兩句,都是講《召南·鵲巢》的。《鵲巢》第一章說:“之子于歸,百兩御之。”毛傳:“百兩,百乘也。諸侯之子嫁於諸侯,送御皆百乘。”鄭箋:“……御,迎也。……其往嫁也,家人送之,良人迎之,車皆百乘……”第二章說:“之子于歸,百兩將之。”毛傳:“將,送也。”簡13“《鵲巢》出以百兩”,是就“百兩將之”說的,簡11的“送”當指娘家送女而言。“送者”二字已至簡末,此句後續文字當在另一簡之首,惜現已不可得見。由用車百輛,可見娘家送女之盛況,所以簡13說:“不亦有送乎!”

---

⑬ 馬承源主編《上海博物館藏戰國楚竹書(一)》,上海古籍出版社,2001,23頁。

⑭ 同上注,25頁。

⑮ 同上注,39頁。

⑯ 參看劉信芳《孔子詩論述學》,安徽大學出版社,2003,183—185頁,243—246頁。

⑰ 見其《滬簡〈詩論〉選釋》,原載《上博館藏戰國楚竹書研究》(上海書店出版社,2002),已收入黃德寬等《新出楚簡文字考》(安徽大學出版社,2007),今據後者引用,說見133頁。

⑱ 參看沈兼士主編《廣韻聲系》,中華書局,1985,下册586頁。

《説文·八上·人部》:“倂(俟),送也。”段注:“俟,今之‘媵’字。《釋言》(引者按:指《爾雅·釋言》):‘媵、將,送也。’”“媵”字聲旁“朕”和“俟”、“送”二字都从“灷”聲。《説文·二下·辵部》且以“送”爲从“俟”省聲,所收籀文从“俟”不省。所以簡11、13的“送”也可讀爲“媵”。古代以財物、奴隸以至姪娣陪嫁,皆稱“媵”。“不亦有送乎”似以讀“不亦有媵乎”爲好。以車百輛送女,所媵之物與人必多。

《詩·秦風·渭陽》云:

> 我送舅氏,曰至渭陽。何以贈之?路車乘黄。
> 我送舅氏,悠悠我思。何以贈之?瓊瑰玉佩。

簡27說:“送其所愛,必曰吾奚舍(猶言“予”)之?賓贈是已。”應該是説《渭陽》的。【編按:侯乃峰指出,廖名春在《〈詩論〉簡“以禮説詩”初探》(清華大學“簡帛講讀班”第22次討論會論文,2002年3月9日)中已指出,此句是解釋《秦風·渭陽》的(據《〈上海博物館藏戰國楚竹書(一)〉讀本》59頁轉引,北京大學出版社,2009年1月)。】“奚舍之”與“何以贈之”同意。

荆門左冢楚墓M3所出“棋局”上有很多漆書文字。其方框第三欄有十六組文字,每邊四組,其中三組爲單字,一組爲雙字。原整理者對此欄雙字的四組的釋文如下:[19]

> 吁(惠)　　智疋(疏)　　恭訢(慎)　　聖裕

被認作“惠”的那個字,根據上舉楚簡“悤”旁,也應該釋爲“悤”。對其字形的分析,詳後文。從同欄的雙字組的用字情況來看,把這個字釋爲“悤”,讀爲“聰”,是很合適的,但其前“吁”字之義尚待研究。頗疑“吁悤”當讀爲“虚聰”,意義與同欄的“智疏”有相類之處,但這只是一個缺乏證據的推測。

從楚文字看,“悤”與“兇”的關係值得注意。

《郭店楚墓竹簡》所收《五行》篇中“聰”字四見,分見於簡15、20、23、26。[20]其字左从“耳”,右邊的聲旁,前三例作,最後一例作。原整理者逕釋此字爲“聰”。[21] 何琳儀先生將此字隸定爲“聣”。他説:

> 此字右部明確从“兇”。“兇”與“悤”聲系可通(詳高亨《古字通假會典》

---

[19] 湖北省文物考古研究所等《荆門左冢楚墓》,文物出版社,2006,181頁。原文見同書彩版四三,文字摹本見182頁。

[20] 荆門市博物館《郭店楚墓竹簡》,文物出版社,1998,32、33頁。

[21] 同上注,149、150頁。

14),故“聦”爲“聰”之異文。[22]

其説可信。

據《古字通假會典》,从“㚇”聲之“鬷”和“稯”都與从“悤”聲的“總”通;[23]而“㚇”則从“兇”聲(《説文・五下・夊部》:“㚇……从夊,兇聲。”),所以上引何文説“‘兇’與‘悤’聲系可通”。唐蘭先生認爲古文字“凡人形可加足形而作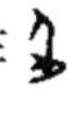”,所舉之例中就有“兇即㚇字”。[24] 石鼓文“作原”石“椶”字作从“木”“艐”聲之形(“艐”見《説文・八下・舟部》,从“㚇”聲),“㚇”旁作。[25] 金文“其”字有時加“丮”或“𠭯”旁,加“丮”旁者其人形下部往往加“女”形。[26] 春秋前期的秦公鎛和後期的秦公簋都有加“𠭯”旁的“其”,“𠭯”旁人形下部都加足形,後者的“𠭯”旁作,[27]風格與石鼓文“㚇”旁完全一致。唐蘭先生認爲金文“𡝩或誤作𡜤”,[28]其實“夊”和“女”在此都是贅形,似無分辨正誤的必要。總之,“㚇”肯定是由“兇”分化出來的,兩者本爲一字。《説文・七上・禾部》从“禾”“㚇”聲的“稯”字下收有籀文“稅”,注曰:“籀文‘稯’省。”其實“稅”應爲“稯”之古體(《説文》小徐本注文無“稯省”二字)。我懷疑“兇”在上古亦可讀“㚇”。“兇”爲曉母東部字(中古音屬合口三等),“㚇”爲精母東部字(中古音屬合口一等),“悤”、“聰”爲清母東部字(中古音屬合口一等)。“㚇”的音比“兇”更接近於“悤”、“聰”。

上博簡《容成氏》篇“聰”字兩見,也是从“兇”聲的。簡12一例左从“耳”,右从“兇”,下从“心”。[29] 簡17一例左从“耳”,右从“兇”。[30] 二例“兇”旁皆作。原整理者已對此二字作了正確的隸定,並括注爲“聰”。[31]

---

[22] 何琳儀《郭店楚簡選釋》,原載《文物研究》總12輯(黄山書社,1999),已收入注⑰所引書,今據後者引用,文見52—53頁。

[23] 高亨、董治安《古字通假會典》,齊魯書社,1997,14、15頁。

[24] 唐蘭《古文字學導論》,齊魯書社,1981,239、240頁。

[25] 郭沫若《石鼓文研究》,《郭沫若全集・考古編9》,科學出版社,1982,198頁。此書中作原石文字摹本,以“㚇”旁上端泐痕爲筆畫,將其上部摹作(見52頁),不可信。何琳儀《戰國古文字典》(中華書局,1998)所摹作原石“椶”字同誤,而且又以“㚇”旁下部“夊”形左側泐痕爲筆畫,誤“夊”形爲“女”形(上册406頁)。商承祚《石刻篆文編》(中華書局,1996,274頁)所摹較確。

[26] 同注②,307—308頁。

[27] 同注②,307頁。

[28] 同注㉔,240頁。

[29] 馬承源主編《上海博物館藏戰國楚竹書(二)》,上海古籍出版社,2002,104頁。

[30] 同上注,109頁。

[31] 同上注,258、263頁。

上舉楚簡各“聽”字“兇”旁,其下部人形一般不作立姿而作坐姿,也可以説是不作“人”形而作“卩”形。只有《五行》簡 26 一例不作“卩”形而作“”形,值得注意。在戰國文字中“卩”旁有簡化爲“”的。但楚國文字的“卩”旁,包括在楚文字中下部人形不作立姿而作坐姿的“見”、“欠”、“頁”等字(後二字多見於偏旁)的下部,一般簡化爲“”“”一類形狀;[32]雖然也有例外,如《上海博物館藏戰國楚竹書(四)・昭王與龔之脽》簡 10(上海古籍出版社,2004,42 頁)“見之”之“見”作,畢竟頗爲少見;而用作“兇”的“”,却是屢見的(詳下文),所以其下部不大可能是“卩”形的簡化。對這種字形,後文將會作進一步的分析。

楚文字中獨立的“兇”字,其下部也有“卩”形和“”形兩種寫法。

九店 56 號楚墓竹簡“兇”字作,[33]下部爲“卩”形。上博簡《用曰》篇簡 1 説:[34]

……視之以康樂,慝之以刑。

原整理者釋“刑”上一字爲“兇”,[35]當可信。其下部“卩”形兩旁短斜畫是飾筆,對字的音義無影響。[36]

上面提到過的左冢楚墓所出“棋局”,其方框第二欄也有十六組文字,都是講民的各種情況的雙字組,如“民䎽(昏)”、“民窮”、“民患”、“民柔”等,其中有一組是:[37]

民

原整理者釋爲“民凶”,[38]高佑仁先生指出“民”後之字“實以釋‘兇’爲佳”。[39] 此字寫法正與前舉《五行》簡 26“聽”字聲旁相合。

㉜ 參看李守奎《楚文字編》,華東師範大學出版社,2003,391—415 頁“邑”及从“邑”之字,542—543 頁从“卩”之字,527 頁“見”字,530—531 頁从“見”从三“兔”之字,531—533 頁从“欠”之字,534—537 頁从“頁”之字,539 頁“須”字等。

㉝ 同上注,447 頁。

㉞ 馬承源主編《上海博物館藏戰國楚竹書(六)》,上海古籍出版社,2007,105 頁。

㉟ 同上注,286 頁。

㊱ 參看何琳儀《戰國文字通論(訂補)》,江蘇教育出版社,2003,261 頁。

㊲ 同注⑲,彩版四三,文字摹本見 182 頁。

㊳ 同注⑲,181 頁。

㊴ 高佑仁《〈荆門左冢楚墓〉漆棋局文字補釋》,簡帛網,2007 年 11 月 24 日。

阜陽雙古堆西漢早期墓所出《周易》簡中,常見用作吉凶之“凶”的“兇”字,[40]一般寫作 ,[41]但有兩例作 ,[42]應是楚文字的孑遺。

楚文字中還有一個从“艸”“兇”聲之字,其“兇”旁下部也有兩種寫法。

包山楚簡遣策部分簡 255 所記物品中有如下一項:[43]

蘆二砧

原整理者釋第一字爲“莬”,讀“莬蘆”爲“蔥(葱)菹”,讀“砧”爲“缶”,[44]十分正確。“蔥”从“兇”聲與“聰”从“兇”聲是同類的現象。此字“兇”旁下爲“卩”形。白於藍、何琳儀二先生皆釋“莬”爲“葼”,[45]不可信。何先生大概由於看到葼不能作食用之菹,讀“葼”爲訓草名之“蘐”,[46]但蘐恐亦非作菹之物。

馬王堆西漢早期墓竹簡亦有“莬”字(“兇”字下部作立人形)。一號墓遣策簡150 所記爲:“莬種五斗,布囊一。”[47]原整理者考釋說:“莬,疑當讀爲蔥。㚇从兇聲,而㚇與悤音近相通。”[48]其說甚是。三號墓遣策簡 129 所記爲:“山莬苴(菹)一坮”,[49]整理者謂“‘山莬’似指‘山菘’或‘山葱’”,[50]當以後說爲是。此二墓竹簡以“莬”爲“蔥”,也許就是由於楚文字的影響。

古璽有以“莬”爲人名者,“兇”旁下部作“”:[51]

東(野?)

---

[40] 韓自强《阜陽漢簡〈周易〉研究》,上海古籍出版社,2004。“兇”字見簡 15、29、43、57、99、113、124、132、133、134、150、155、201、202、223、226、239、296、302、312、328、428、461、499、503、529、556、590、640、653、656—659。

[41] 如簡 15 之“兇”,圖版見上注所引書 3 頁。

[42] 見簡 43 與 428,見上注所引書 5 與 27 頁。

[43] 湖北省荆沙鐵路考古隊《包山楚簡》,文物出版社,1991,圖版一一〇。

[44] 同上注,59 頁注 509。此書讀“坮”爲“缶”,見同頁注 508。

[45] 白於藍《包山楚簡文字編》,吉林大學碩士學位論文,1995,8 頁。同作者《〈包山楚簡文字編〉校訂》,《中國文字》新 25 期,臺北:藝文印書館,1999,176 頁。何琳儀說見注 25 所引《戰國古文字典》上册 405 頁。

[46] 注㉕所引《戰國古文字典》上册 406 頁。

[47] 湖南省博物館等《長沙馬王堆一號漢墓》,文物出版社,1973,下集 233 頁。

[48] 同上注,上集 142 頁。整理者又引或說釋“稯”,則非是。

[49] 湖南省博物館等《長沙馬王堆二、三號漢墓》第一卷,文物出版社,2004,圖版二九。

[50] 同上注,56 頁。整理者將末字右旁隸定爲“舍”,疑所謂“舍”爲“缶”之訛體,當釋“坮”,讀爲“缶”。

[51] 注④所引書,368 頁 3995 號。

此璽爲白文,當是楚印。此“莌”字自然也應釋“蒠”而不能釋“葼”。戰國時人以“蒠”爲名,見於《戰國策》者,有趙葱(《趙策四・秦使王翦攻趙章》)、龐葱(《魏策二・龐葱與太子質於邯鄲章》)。古璽人名又有“�茵”,[52]何琳儀先生定此璽屬三晉系,以“茵”爲“莌之省文”。[53] 此“茵”字疑亦當釋“蒠”。

“兇”字的這種寫法,從文字學角度應該如何解釋呢?我認爲應該聯繫前面所釋的那種“悤”字來考慮。

《孔子詩論》“送”字“悤”旁作、等形,而左冢楚墓“棋局”“悤”字則作。後者可以看作前者的分解之形。也就是說前者所从的、,應該看作(凶)與或(“心”之省形)的合體,二者合用中間的弧綫。楚文字中“心”字常見的寫法是、(横的弧綫可以變得很平直,也可以變得更爲彎曲),[54]省去冒出横弧綫的尖端,就成、了。所以上舉那些“悤”字,可以看作由“心”和“”(或作、)組成的“悤”字加注“凶”聲而成的繁體。【編按:《璽彙》0842“長”印第二字,劉釗先生釋“蕙”(聰),見其《古文字構形學(修訂本)》306—307頁(福建人民出版社,2011年5月)。其字“蒠”旁所从之“悤”,與左冢“棋局”“悤”字接近。“悤”字由“”“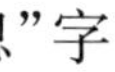”變“悤”或許也與此類字形的影響有關(關於“悤”字字形,參看本書所收《說字小記》中的《說“悤”“聰”》一篇)。】

《孔子詩論》的“悤”旁,跟郘鐘“悤”字在形體上是一脈相承的。這種“悤”字應有較郘鐘更古的來源。當初所以採用“心”字的這一體作爲偏旁,應該就是由於其上部與“凶”同形,可以兼起表音的作用。後來它就被看成了“心”的省形與“凶”的合體。前舉郘鐘“悤”字見於《集成》230號的一例,下部作,是一個例外。出現這種寫法的原因待研究。也許這竟是由於範鑄不善而形成的變體,並非來自“心”的另一種較古異體。

在用作“兇”字及“聣”、“莌”的偏旁時,應該看作从“心”“凶”聲的“恟”字的一種簡寫。“恟”是“兇”的異體。《集韻》平聲鍾韻虚容切匈小韻:

兇恟忷　《說文》:“擾恐也”,引《春秋傳》“曹人兇懼”。或作“恟”、“忷”。

---

[52] 注④所引書,211頁2126號。

[53] 同注㊻。

[54] 參看注㉜所引書,601—602頁“心”字,603—632頁从“心”諸字。

所以無論在獨立成字時，還是在用作聲旁時，都可以代替下部作“卩”形的“兇”字。

郭店簡《尊德義》篇簡 24 之首有“勞之旬”語。[55] 學者多認爲第一字是从“心”“离”省聲之字，唯陳劍先生有不同意見。他説：[56]

> ……此字上半所从當分析爲从“屮”从“凶”，楚簡文字將“艸”頭省爲“屮”者常見（引者按：其例可參看注㉜所引《楚文字編》34—35 頁“芒”之異寫至“藥”之異寫諸條），故此字上半實即“茵”字。“茵”字見於《古璽彙編》2126，作。“惹勞”可讀爲“劬勞”。从“凶”得聲的“惹”字通“劬”，猶“酗”字有或體作“酗”。進一步説，“惹”字以“心”爲意符，就可以直接看作“劬”字的異體。其間關係，猶六國文字中“勞”字亦或从“心”作（見中山王鼎、郭店《六德》簡 16 和《説文》“古文勞”等）。

他還引劉釗先生説，釋“旬”爲“飼”讀爲“究”；又引《詩・小雅・鴻鴈》“雖則劬勞，其究安宅”，來説“劬勞之究”。[57]

陳説較舊説爲優。但從前文所論來看，此簡首一字似應分析爲从“艸”“悩”聲，其與的關係，與左冢楚墓“棋局”“悤”字與《孔子詩論》“送”字所从的“悤”的關係相同，所以也可釋爲“莌（蔥）”。然而“蔥勞之飼”應該如何通讀，仍是問題。竊疑“蔥”或可讀爲放縱之“縱”，“飼”當從李零先生讀爲“軌”，[58]“縱勞之軌”意同“勞佚之節”。又疑“蔥”或可讀爲“送”，“送勞之軌”指人們彼此送往勞來的軌度（《楚辭・卜居》：“將送往勞來，斯無窮乎？”《漢書・薛宣傳》：“送往勞來之禮不行。”）。姑記此以待後考。

上博簡《融師有成氏》篇簡 6，還有一個好像是把“悤”和“兇”糅合在一起的字：[59]

> ……蔑市見，毀折鹿戔……

---

[55] 注⑳所引書，56 頁。

[56] 陳劍《郭店簡〈尊德義〉和〈成之聞之〉的簡背數字與其簡序關係的考察》，武漢大學簡帛研究中心《簡帛》第二輯，上海古籍出版社，2007，222 頁。

[57] 同上注，222—223 頁。

[58] 李説在上引陳文中已經引用，同上注，223 頁。

[59] 馬承源主編《上海博物館藏戰國楚竹書（五）》，上海古籍出版社，2005，157 頁。

原整理者釋此字爲“兇”,讀上引簡文爲“蔑師現兇,毁折鹿踐”。[60] 我認爲此字可能是將前文所考的那種“恖”字的下部改成“兇”而成的,也應該釋爲“恖”。由於上引簡文的意思不大清楚,不能肯定此字究竟表示哪一個詞;不過由於“兇”、“恖”音近,讀爲“兇”的可能性還是存在的。從形式上看,此字與前文所考的那種“恖”字的關係,似乎跟从“兇”聲的“蒠”與从“恼”聲的“蒠”的關係無别。也許當時一般人就是將那種“恖”字看作从“恼”聲的,跟前文對其字形的分析不同。

最後想談一下金文的“隐”字。

殷晚期的戊寅作父丁方鼎銘説(此鼎器主名的字形頗繁,右旁作“攴”,左旁作“虎”形,但下部與一般“虎”字的虎身不同,虎頭上下加四“口”。下文以“△”代替此字):[61]

戊寅,王口△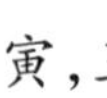馬酌,易(錫)貝,用乍(作)父丁尊彝。亞受。

“馬”上一字,前人皆誤釋或缺釋,《金文編》收入附録。[62]《殷周金文集成》和《殷周金文集成引得》的釋文,將此字隸定爲“隐”,[63]正確可從。其“心”旁之形,與憧季遽父尊、卣“憧”字和沈子它簋“念”字的“心”旁相似。[64] 此字當从“恖”聲,疑即“隁”字古體,《玉篇》訓爲“國名”,似當另有本義,待考。

上引鼎銘“口”字,高去尋先生以爲用爲“曰”,可從,[65]在此有“謂”、“命”一類意義。[66]“王曰△隐馬酌”,意思是王叫△去“隐馬酌”。“隐”字在此當用爲動詞,是一個假借字。“酌”字常見於殷墟甲骨卜辭,一般用爲祭名。孫詒讓、羅振玉等皆釋此字爲“酒”,但後來的學者頗多反對此説者。[67] 朱鳳瀚先生指出“卜辭中‘酌’字有時亦可寫作‘酉’”,“酌祭的形式是傾撒酒液,其音亦與酒同”。[68] 其説可信。由此可知“酌”即使不就是“酒”字,也應該可以讀爲“酒”。我認爲上引鼎銘的

---

[60] 同上注,324、325 頁。

[61] 同注⑤第 5 册 33 頁 2594 號。

[62] 同注②,1267 頁。

[63] 注③所引書,第 2 册 1308 頁 2594 號釋文。同注⑪,42 頁 2594 號釋文。

[64] 參看注②所引書 725、714 頁。

[65] 參看拙文《關於殷墟卜辭中的所謂“廿祀”和“廿司”》,《文物》1999 年 12 期,41 等頁。

[66] 關於甲骨、金文“曰”字有“謂”、“命”一類意義,參看上注所引拙文 42—43 頁。楊樹達《積微居甲文説·釋曰》已指出甲骨卜辭有些“曰字義與謂同”(《楊樹達文集之五》,上海古籍出版社,1986,23 頁)。拙文只提到于省吾説,漏引楊説,當補。

[67] 參看于省吾主編《甲骨文字詁林》,中華書局,1996,第三册 2702—2707 頁。

[68] 朱鳳瀚《論酌祭》,《古文字研究》第二十四輯,中華書局,2002,87、92 頁。

“馬酌”就是“馬酒”,“隐馬酌”之事應與漢代人所謂“挏馬酒”相類。

《漢書·百官公卿表》太僕屬官有家馬令,並記“武帝太初元年更名‘家馬’爲‘挏馬’”。[69] 顔注:“應劭曰:‘主乳馬,取其汁挏治之,味酢可飲,因以名官也。’如淳曰:‘主乳馬,以韋革爲夾兜,受數斗,盛馬乳,挏取其上肥,因名曰挏馬。《禮樂志》,丞相孔光奏省樂官,七十二人給大官挏馬酒。今梁州亦名馬酪爲馬酒。’”同書《禮樂志》“給大官挏馬酒”顔注:“李奇曰:‘以馬乳爲酒,撞(引者按:《顔氏家訓·勉學》引作“捶”,《集韻》音昌用切,訓“推擊”)挏乃成也。’師古曰:挏音動。馬酪味如酒而飲之亦可醉,故呼馬酒也。”《顔氏家訓·勉學》引《禮樂志》李奇注,加以解釋説:“捶挏,此謂撞擣挺挏之(引者按:挺挏,漢人常語,《淮南子·天文》“洞洞灟灟”高誘注:“洞讀挺挏之挏。”似有攪動之義),今爲酪酒亦然。”

前面已經講過,“悤”聲與“從”聲可通。上引鼎銘“隐”字,疑當讀爲司馬相如《子虚賦》“摐金鼓”之“摐”。此“摐”字古人訓“撞”或“擊”,[70]而撞擊盛在皮革夾兜一類東西裏的馬乳,是製馬酒的必經程序。“悤”與“挏”都是東部字,聲母皆屬舌尖音。也有可能“隐”字在此所表示的,竟是我們不知道的、“挏”由之演變而成的一個詞,“隐馬酒”之意與“挏馬酒”無别。商王命△造馬酒,並賜之以貝,所以△鑄造這件方鼎作爲紀念。如果以上所作推測大體符合事實,上引鼎銘便是我國以畜乳爲食物的最早記載。在當時,造馬酒之法應該是從北方遊牧民族傳入的。

附記:

本文寫作過程中,曾與陳劍、郭永秉二位同仁討論,獲益頗多,永秉並代爲打印文稿,十分感謝。

作者謹識

補記:

此文打印後請陳劍審閲,他提出了一些很重要的意見,現撮述於下:

一、將部鐘各器拓本“虡”上一字在電腦上放大後,發現此字在《集成》231、

---

[69] 出土西漢封泥中有“挏馬農丞”(孫慰祖主編《古封泥集成》,上海書店出版社,1994,16頁79號),就是挏馬令所屬的管農事的丞。

[70] 宗福邦等主編《故訓匯纂》,商務印書館,2003,928頁。

233、234、236 等號拓本上，可以看得相當清楚，其上部作形，似“匕”字。230 號此字上部似直竪，恐是鑄壞的，不足爲憑。所以此字不能釋爲“恖”。

二、郭店《語叢二》簡 11 有“悟”字，寫作，上博《孔子詩論》簡 26 亦有此字，寫作“”，“口”形與“心”形的弧筆合而爲一，似可作爲同篇“送”字“恖”旁下部的可以看作“凶”與“心”的合體的旁證。

三、《五行》簡 26“聰”字“兇”旁和《璽彙》3995“蔥”字“兇”旁的下部，在電腦上放大來看，其實是由左邊的“”和右邊的“”構成的，並非楚文字“卩”形變化的例外。而且楚文字中“卩”形變化的例外，除《昭王與龔之脽》的“見”字外，還見於《上博（五）·鮑叔牙與隰朋之諫》簡 5 的“見”字（）、曾侯乙鐘銘個別“顧”字的“頁”旁（《楚文字編》536 頁“顧”字第一例）。此外，“也”字“口”形下本來雖只一筆，但下部變作兩筆的異體，既有作“”一類形狀者，也有作“”一類形狀的（參看《楚文字編》694 頁）。“叀”旁和“皀”旁“食”旁的下部，多作“”一類形狀，但偶爾也有作“”一類形狀的（參看下條）。總之，在楚文字中“卩”形變爲“”一類形狀的可能性，還不能説是非常小的。因此獨立的“兇”字下部，雖然確實有作“”形的，也仍宜看作“卩”形之變，不必與“恖”字下部作“心”“凶”合體形者牽合。

四、《上博（六）·用曰》簡 4 説（釋文據原書）：

> 民日愈（愉）樂，䢄相弋（弋/代）勛

“䢄”所从的“㕯”原作“”。在戰國楚文字中，“叀”旁下部（在較早的古文字中作“”形），多變作“”一類形狀（個別作，如郭店《尊德義》簡 28“逋”字），但也有作“”或“口”的（《楚文字編》114 頁“逋”字第 2、4 行）。同樣，“皀”旁和“食”旁的下部（在較早的古文字中作“”形），多變作“”一類形狀（個別作或，如郭店《成之聞之》簡 17“即”字、《包山楚簡》簡 130“鉢”字），但也有作“”或“口”的（《楚文字編》314 頁“即”字第 5 行、315 頁“既”字第 5—7 行、317 頁“飤”字第 5—6 行、318 頁“饋”字第 3 行、318 頁“餡”字）。所以“㕯”應即“恖”字下部“”的變體。只是由於文義不明，還無法斷定“䢄”應該釋讀爲何字。

以上意見我基本上都同意。

邵鐘“虡”上一字的上部，與一般“匕”字尚有細微差別，即右邊斜畫較長，看起來有些像“瓜”字。但不管是“匕”是“瓜”還是别的什麽，釋“恖”之説是難以成立了。因此《孔子詩論》的“恖”旁，現在不能再跟邵鐘“虡”上一字聯繫。比照上述第二條提出的“悩”字之例，其下部可以直接看作“心”與“凶”的合體。這有左冢“棋局”“悤”字可以與之印證。這樣説並不排除用作《孔子詩論》“送”字偏旁的“悤”的形體，有較古的來源，當初是有意取“心”字作的異體，以取得兼表“凶”聲的效果的可能性。戰國楚文字中，確實保持着某些在同時的其他地區文字中已經看不到或極其少見的較古文字形體，例如以“目”形下的人形取坐姿或立姿來區别“見”、“視”二字的古老習慣，在楚文字中保持得最久；又如楚文字“逸失”之“逸”的字形中過去曾被隸定爲“旂”的部分，來自見於殷墟甲骨文的作“莘”的“逸”字（參看趙平安《戰國文字的“遊”與甲骨文“莘”爲一字説》，《古文字研究》第二十二輯，中華書局，2000）。我們所説的“悤”可能也是這一類的一個例子，不過這個例子所保持的是一種較古的異體。

仔細考察，不但《五行》簡26“聰”字和《璽彙》3995號“蔥”字的“兇”旁下部，是正常的“卩”形之變（只不過有左筆和右筆下部幾乎可以構成一條弧綫的特點），就是左冢“棋局”的“兇”字下部也並不作“”，而是作“”的，也就是先寫出“”，然後再加一筆，似仍以看作“卩”形之變爲宜，所以寫得這樣特别，可能是由於照顧特殊的書寫環境，不想把字形寫得太長。所以拙文認爲楚文字中有時用“兇”的異體“悩”的簡化形式來代替一般“兇”字的説法應該取消。至於《尊德義》的“葸”（蔥）字，既可以看成从“悤”（悩）聲，也可以看成从“悤”省聲。

阜陽《周易》簡的字，應該是受楚文字中下部作“卩”形的“兇”字影響的，不過“卩”形的簡化寫法則已經受到了秦和漢初文字的影響。

《孔子詩論》“悤”旁下部有、兩種寫法。這不但可以用“心”形的演變情況來説明，就是從上述第四條指出的“叀”、“皀”等字下部的演變情況來看，也是十分自然的。

拙文本應根據陳劍的意見重寫，但一則由於没有足够的修改時間，二則由於我對文中提出的某些字形的寫法的錯誤認識，某些學者同樣有（例如何琳儀先生對郘鐘“虡”上一字上部字形的看法和《荆門左冢楚墓》對“棋局”“兇”字的摹寫所反映的），所以採取了目前這種加附記的形式，尚希讀者見諒。

原載《出土文獻與古文字研究》第二輯（復旦大學出版社，2008），今據以收入。

解放以來古文字資料的發現和整理

解放三十年來的文物考古工作,在古文字方面也取得了巨大成績。這三十年裏發現了大量重要的古文字資料,我們在這裏試作一個粗略的介紹。

解放以來,在距今六千多年的半坡、姜寨等仰韶文化遺址裏發現了不少記號式陶文,在距今四、五千年的陵陽河等大汶口文化遺址裏發現了一些圖畫式陶文。這些陶文是研究漢字起源和形成問題的極其重要的新資料。很多同志認爲後者可以看作原始的漢字。在時代介於河南龍山文化和鄭州商代前期文化之間的偃師二里頭文化遺址裏,也發現了不少陶文。有的同志認爲二里頭文化就是夏文化,有的同志認爲是商代早期文化和滅夏前的商文化。二里頭陶文可能多數是記號而不是文字,但是由於其所處時代具有關鍵性,對於研究漢字形成仍然是很重要的資料。商代前期的陶文,在鄭州二里岡、南關外和藁城臺西等地都有發現,其中似乎既有文字也有記號。清江吳城商代遺址裏發現的陶、石器上的文字和記號,也有一部分屬於商代前期。但是它們的地方色彩比較濃厚,與古漢字的關係還有待進一步研究。

在甲骨文方面,三十年來有不少重要的發現。二里岡發現了一塊刻有"㞢"字的商代前期字骨(另一片字數較多的字骨地層不明,但仍有可能屬於前期)。在安陽殷墟範圍内,四盤磨、大司空村、高樓莊這幾個解放前沒有發現過甲骨文的地點,都發現了少量甲骨文。四盤磨的一片卜骨上,還刻有用數字組成的記號。這種記號在有些商周銅器上也可以看到,後來在西周甲骨上也發現了。1971 年在小屯西地發現了十塊完整的有字卜骨,文字較多的幾塊内容很重要。在 1973 年小屯南地的發掘中,發現了五千片左右有字甲骨。這次發掘從地層上證實自組卜辭和其他一些字體比較特殊的卜辭屬於武丁時期。這對甲骨分期的研究是一個重要貢獻。

解放以來還發現了不少周代的甲骨文。這是過去從未見過的。山西洪洞坊堆村發現的一片有字卜骨,研究者對其時代有西周和春秋戰國兩種意見。在長安灃西張家坡的西周遺址裏發現了幾片刻有用數字組成的記號的卜骨,在昌平白浮西周前期墓裏發現了幾塊有字卜甲。更重要的是 1977 年在岐山鳳雛村西周初期宮殿遺址裏發現的一批有字卜甲。據初步研究,其時代有可能早到商末,內容涉及商周之際的一些重要人物和事件,史料價值非常高。這批卜甲上,也有一些用數字組成的記號。

有的學者認爲上述那種用數字組成的記號是一種失傳的古文字。最近,張政烺先生在一次古文字討論會上指出,甲骨上的這種記號應該用八卦來解釋。每一個記號通常由六個數字組成,所用的數字不出"一"、"五"、"六"、"七"、"八"這幾種,單數代表陽爻,雙數代表陰爻,合起來就是一個重卦(陰、陽都有老、少之分,因此所用的單數和複數都不止一個)。他的意見爲絕大多數與會者所同意。古文字學上的這個懸案基本上得到了解決。

在金文方面,三十年來的收獲是驚人的。北至內蒙扎魯特旗,東至山東烟臺,南至廣西武鳴,西至甘肅涇川、靈臺和四川彭縣,都發現了有銘文的商周銅器。陝西、河南、河北、山東、湖北等省發現得尤其多。銘文重要的銅器多得數不勝數,下面舉的是一些最突出的例子:安陽婦好墓銅器群,喀左好幾處窖藏出土的大量商末周初銅器,臨潼出土的記武王滅商的利簋,寶鷄出土的記成王初遷於成周的𣄰尊,丹徒出土的記康王封宜侯的夨簋,房山琉璃河西周前期燕國墓地出土的大量銅器,扶風莊白一號窖藏出土的微氏家族銅器群,長安張家坡窖藏出土的盂簋、師旋簋等器,藍田出土的記錫田之事的永盂,岐山董家村窖藏出土的裘衛諸器和𠑇匜等器,扶風張家村窖藏出土的師𩵦鼎等器,郿縣出土的盠諸器,藍田出土的詢簋,扶風齊家村窖藏出土的柞鐘、幾父壺等器,扶風齊家村出土的厲王㝬簋,寶鷄出土的秦公鐘、鎛,壽縣蔡侯墓銅器群,隨縣曾侯乙墓銅器群,壽縣出土的鄂君啓節,平山中山王墓銅器群,新鄭兵器坑出土的大量韓國兵器。曾侯乙墓出土的六十四個編鐘,個個都有關於樂律的銘文,總字數達二千八百左右。這是空前的發現。中山王墓出了銘文分別爲四百六十九字和四百五十字的大鼎和方壺。這樣長的戰國銅器銘文也是從來沒有看到過的。除去上述諸例外,如新野、棗陽、隨縣、京山等地發現的零星的曾國銅器,黃縣、煙臺等地發現的㠱(紀)國銅器,莒南等地發現的莒國銅器,六合等地發現的攻敔(吳國)銅器等,對於研究這些國家的歷史也都十分重要。解放後發現的銅器,同坑同墓的關係大部分沒有亂。這大大方便了研究者。例如莊白一號窖包含了微氏家族四代人的銅器,對於研究西周銅器斷代很有幫助。

解放後古文字方面的重要發現還有楚簡和侯馬盟書。長沙、信陽、江陵等地的戰國楚墓都出過竹簡,內容主要有遣册、卜筮記錄和古書三種。曾侯乙墓也有大批竹簡,風格與楚簡極其相近。侯馬盟書發現於晉都新田遺址。盟辭多數用朱砂,少數用墨寫在玉、石片上。盟書數量很多,是研究春秋戰國間文字變化情況的重要資料。

此外,先秦的陶器文字,玉、石器文字,金、銀器文字,漆、木器和棺椁上的文字,以及貨幣、璽印等,解放後都有發現。由於資料比較零碎,這裏就從略了。

1972 年以來,陸續發現了臨沂銀雀山漢墓竹簡、長沙馬王堆漢墓帛書和竹簡、雲夢睡虎地秦墓竹簡和阜陽雙古堆漢墓竹簡。這些竹簡和帛書是用古隸書寫的,文字結構往往跟古文字很相近,對於研究古文字很有幫助。

解放後大規模開展了流散文物的徵集工作,由此也發現了不少重要的古文字資料,例如《西清古鑒》著錄以後長期不知下落的西周重要銅器班簋,就是北京市文物工作者從廢銅中重新發現的。

古文字資料的彙集整理工作,近年來有了進展。由郭老主編、胡厚宣先生具體負責的《甲骨文合集》已經開始出版,計劃三年内出齊【編按:此書已於 1978—1983 年由中華書局出版】。《商周金文合集》的編輯工作正在積極進行【編按:此書後改名爲《殷周金文集成》,已於 1984—1994 年由中華書局出版。該書的修訂增補本於 2007 年出版】。

在古文字工具書方面,解放後出了《金文編》、《甲骨文編》、《漢印文字徵》三書經過增訂的新版以及商承祚先生編的《石刻篆文編》。現在,容庚先生在進一步修訂《金文編》【編按:此書由張振林、馬國權摹補,已於 1985 年由中華書局出版】,羅福頤先生在修訂《古璽文字徵》【編按:此書後改名爲《古璽文編》,已於 1981 年由文物出版社出版】,于省吾先生主編的《甲骨文考釋類編》也已經完成初稿【編按:此書後改名爲《甲骨文字詁林》,已於 1996 年由中華書局出版】。

三十年來,由於新的古文字資料不斷出現,古文字研究水平也在不斷提高。在這方面作出貢獻的,除了已經去世的郭沫若、唐蘭、陳夢家等先生,以及前面提到過的各位先生以外,還有很多其他同志。限於篇幅,不能一一在這裏介紹。

我們也應該看到,目前整理研究和出版古文字資料的速度,遠遠不能滿足文物考古工作者和廣大讀者的需要。培養年輕的古文字工作者的措施也不够有力。這些是我們希望有關領導加以注意的問題。

原載《文物》1979 年 10 期,今據以收入。

談談學習古文字的方法

我想根據自己的經驗,簡單談談學習古文字的方法,供對古文字感興趣的青年同志參考。爲了行文的方便,提到當代的學者時,即使是作者的師友,也不加先生、同志等稱呼,先在這裏聲明一下。

"古文字"這個名稱所指的範圍可大可小。本文所説的古文字,主要指見於考古資料上的早於小篆的文字。

李學勤《談自學古文字》一文引用了已故古文字學家唐蘭的一句名言——"古文字學的功夫不在古文字"(《文史知識》1981 年 6 期 5 頁)。這就是説,如果想學好古文字,必須掌握古文字學之外的很多知識。

按照我的體會,在必須掌握的那些知識裏,最重要的是古漢語方面的知識。古文字是記録古漢語的。如果對古漢語很不熟悉,就没有可能學好古文字。

熟悉古漢語的主要方法就是讀古書。我們的條件跟封建時代的讀書人不一樣,不可能像他們那樣花非常多的時間去讀古書,但是至少要想法集中時間精讀一部篇幅適中的比較重要的古書。對學古文字的人來説,最適合精讀的古書也許可以説是《左傳》。《左傳》的注本有好幾種,我主張讀《十三經注疏》裏的《春秋左傳》注疏(杜預注,孔穎達疏)。不僅是《左傳》的本文,就是注和疏基本上也要一個個字地讀。這不但是爲了幫助讀懂本文,同時也是爲了掌握古代注疏的體例。讀完了這部注疏,以後使用其他各種注疏就比較方便了。讀《左傳注疏》時可以把楊伯峻《春秋左傳注》當作參考書。讀《左傳》不但能熟悉先秦語言,而且還能得到很多先秦歷史、社會、典制、風俗、思想等方面的有血有肉的知識。這些知識對於學習、研究古文字是非常有用的。

《左傳》之外的古書當然也要讀,但是由於時間條件的限制,讀法恐怕就只能以粗讀爲主了。李學勤在《談自學古文字》裏説:"在學古文字時讀古書,最好能以古文字材料與同時代的文獻對照閲讀。例如學西周金文,同時讀《尚書》、《逸周書》及《詩經》中西周作品,必能收左右逢源之效。"(6 頁)這是很有道理的。如果對戰國文字感興趣,就應該讀讀《戰國策》、《史記》和諸子等書。不過現在所能看到的戰國文字資料,多數是語言帶有仿古意味的(如某些金石銘刻)和文字特别簡單的(如璽印、貨幣)。因此對學習、研究戰國文字的人來説,《戰國策》、《史記》等書的史料價值超過作爲語言資料的價值。

與讀古書同時,最好看一點講上古漢語的語法和詞彙的著作,使自己的古漢語知識有條理。初學者可以看王力主編的《古代漢語》中的通論和王力《漢語史稿》中、下二册裏的有關部分。訓詁學方面的著作最好也讀一本。初學者可以看洪誠的《訓詁學》(江蘇古籍出版社,1984)。熟悉古漢語,主要靠踏踏實實讀古書。如果古書讀得不够踏實,古漢語方面的通論性著作讀得再多也不解決問題。初學者如果讀了不好的通論性著作,反而會使思想混亂,甚至還會誤入歧途。

有些研究古文字的人,爲了勉强把古文字資料的文義講通,不惜杜撰在古書中從來没有出現過的字義或曲解古人的訓詁,還不顧古漢語中詞語搭配的通例和語法規律,對文句作穿鑿附會的解釋,使得用古文字記録的古漢語變成了一種跟古書上的古漢語很不相同的特殊語言。我們如果熟悉了古漢語,就不至於上這類錯誤説法的當了。以後自己進行研究的時候,也可以避免犯同類的錯誤,除非是由於缺乏實事求是的態度而明知故犯。

在古漢語方面有一種比較專門的知識,對學習、研究古文字的人極爲重要,那就是古音學知識。

在古文字資料裏,通用字(也有人稱通假字)是很常見的。如果同一個詞可以用不同的字來表示,這些不同的字彼此就互爲通用字。除去少數很特殊的情况,兩個通用字的原來讀音一定是完全相同或非常接近的。有些人認爲兩個字只要聲母或韻母相同或接近,就可以通用,這種説法是不可信的。聲母相同而韻母明顯不同的字,或是韻母相同而聲母明顯不同的字,讀起來顯然有别,古人怎麽會把它們當作通用字來用呢?從古到今,語音在不斷變化。現在同音的兩個字,在上古的讀音有可能差别很大。現在的讀音差别很大的兩個字,在上古的讀音有可能很相近甚至完全相同。我們如果不知道上古音,就無法判斷古文字資料裏的某一個字是不是古書裏某一個字的通用字。有些古文字資料是韻文,釋讀這種資料,没有古音學知識也是不行的。形聲字往往因爲使用不同的聲旁而造成異體。要確定分别見於古文字資料和古書的兩個聲旁不同的形聲字究竟是不是一字的異體,也需要古音學知識。此外,在考釋古文字的時候,還會碰到其他需要用古音學知識的情况。我們即使自己不進行研究工作,爲了判斷别人在古文字研究中作出的跟古音有關的結論是否正確,也必須學古音學。

一說到古音學,青年同志往往談虎色變。的確,要想精通古音學是很不容易的,需要付出大量的時間。但是如果僅僅是爲了學習、研究古文字,並不需要很高深的古音學知識。我的古音學知識就很膚淺。初學者如果能認真讀一下王力的《漢語音韻》(中華書局出版的一本小册子)和《漢語史稿》上册,掌握音韻學最重要的一些術語和上古音聲母、韻部的概況及其後來演變的粗略情況,然後在碰到跟古音有關的問題的時候勤查工具書,就不至於出大紕漏了。

查字的上古音的工具書,比較容易使用的有近年出版的唐作藩的《上古音手册》。(《論集》編按: 1986 年北京大學出版社出版了郭錫良的《漢字古音手册》,也很容易使用。)董同龢的《上古音韻表稿》和周法高的《上古音韻表》,是上古音方面的重要工具書,可惜都不大容易找。如果實在找不到上面舉的那些書,在需要知道一個字的上古聲母的時候,可以先在《古今字音對照手册》或新版《辭源》裏查出這個字的中古聲母,然後再按照語音演變規律折合成上古聲母(在一般情況下,只需要根據語音演變規律,指出某兩個字的聲母在上古是否相同或相近,就可以解決問題);在需要知道一個字的上古韻部的時候,可以查清人朱駿聲編的按古韻部收字的字典《說文通訓定聲》(以下簡稱"定聲"。這部書近來出版了影印本,容易找到)。不過《定聲》的韻部名稱都是取自六十四卦卦名的,跟通用的古韻部名稱不一樣。要想知道二者的對應關係,可以看王力《古韻分部異同考》一文中的"諸家分部異同表"(王力《龍蟲並雕齋文集》第一册 77—79 頁)。《定聲》中少數字的歸部有錯誤,例如支部的"系""奚"等字誤入脂部,幽部的"竈"字誤入侯部等等(《定聲》稱支、脂、幽、侯爲解、履、孚、需),使用時應該注意。

《定聲》以小篆爲標準字形。它不但按古韻部收字,而且每部中還按聲旁排列形聲字,以某一個字爲聲旁的字都排在這個字後面。此外,《定聲》解釋字義有假借一項,其下列舉所釋之字的各種假借用法。這些特點使它成爲很適合學習、研究古文字的人使用的一種字典。但是《定聲》對形聲字結構的分析並非全都正確;由於時常把音義相近的字的關係跟本字和假借字的關係混爲一談,它所舉的假借用法也往往有問題。這些在使用此書時都應該注意。

在跟古文字有關的文章裏,把古文字資料裏的一個字說成上古音跟它並不相近的某個字的通用字的現象,是相當常見的。例如有人把見於戰國陶文的地名"格氏"的"格"讀爲"葛"。其實在上古音裏,"格"屬鐸部(魚部入聲),"葛"屬月部(祭部入聲),一般說並不存在通用的條件。有人把一種楚國金版上的文字誤釋爲

"鬲"，讀爲陳蔡之"蔡"。"鬲"是之部字，"蔡"是祭部字，也是不能通用的。我們有了古音學知識，就不會上這類錯誤說法的當了。以後自己進行研究的時候，也可以避免犯同類的錯誤。

有志學古文字的青年，在傳統文字學方面一般都是有基礎的。在這方面我們只想强調一下傳統文字學的經典著作《説文解字》的重要性。

古文字學發達以來，學者們指出了《説文》篆形和解釋上的不少錯誤。但是這並沒有從根本上影響《説文》的價值，也沒有降低《説文》對古文字學的重要性。《説文》是資料豐富、體系嚴密的一部小篆字典，是古文字和今文字(即隸書、楷書)之間的一道橋梁。如果沒有《説文》，不少字在古文字裏和隸、楷裏的字形就很難聯繫起來了，要把這些字的古文字辨認出來也就比較困難了。有些在古文字裏有明顯區別的字或偏旁，在隸、楷裏已經變得混而不分或很容易混淆了。要想弄清楚這方面的情况，也離不開《説文》。研究古文字的人如果對《説文》不太熟悉，就很容易鬧笑話。例如有一位在古史學方面頗有貢獻的已故學者，曾把甲骨文裏一個从"止"从"㚔"的字釋爲"達"("达"的繁體)。但是根據《説文》，"達"所从的聲旁本是从"羊""大"聲的一個字，跟"㚔"毫無關係("㚔"字據字書音 niè，"執"字本从此)。還有一位學者把古文字裏"年"字的異體  説成从"壬"聲，把它跟古音與"壬"同聲同韻的"稔"字聯繫了起來。但是根據《説文》，"壬"本作𡈼(古文字本作 )；上引"年"字異體，下部从"人"从"土"，跟"廷"的聲旁"𡈼"字同形，跟"壬"字却毫無關係。到楷書裏，這兩個字才被有些人寫得混而不分(按照字典仍有區別，"壬"字中横長，"𡈼"字下横長)。

《説文》還收了一些早於小篆的古文和籀文的資料，並保存了一些對字形的較古解釋。這些對研究古文字的人來説，自然也是十分重要的。例如：周代銅鼎銘文自稱器名所用的那個字，往往寫作从"卜"从"鼎"。《説文》"貞"字下説："卜問也。从卜，貝以爲贄。一曰鼎省聲，京房所説(這大概是由京房傳下來的舊説。上古"鼎"、"貞"二字讀音極近)。""鼎"字下又説："古文以'貞'爲'鼎'，籀文以'鼎'爲'貞'(此從小徐本，大徐本脱去上句)。"如果注意到《説文》"貞"字下所引"一曰"的説法以及"鼎"字下關於古文字用"貞"字、"鼎"字的情况的説明，就可以斷定銅鼎銘文中那個从"卜"从"鼎"的字，就是不省聲的"貞"字(這已爲西周甲骨文所證實)。銅鼎銘文把"鼎"寫作"貞"，跟《説文》所説的"古文以貞爲鼎"同例。"貞"在這裏是"鼎"的假借字。可是過去却有學者把金文中借爲"鼎"的"貞"字釋爲"鬲"，直到今天仍有一些人襲用這種誤釋。這就是由於對

《說文》不够熟悉的緣故。殷墟甲骨文裏貞卜的"貞"都作"鼎"。這跟"籀文以鼎爲貞"同例。一般把甲骨文中借爲"貞"的"鼎"字直接釋作"貞",嚴格説起來也不是很妥當的。

從上面所説的情況來看,要想學好古文字,不在《說文》上下一些功夫是不行的。但是《說文》是很難讀的一部書,精讀一遍要花很多時間。在古漢語等方面基礎比較差的青年人,讀起來尤其困難。由於對内容不能真正理解,讀了往往記不住,效果不大。按照我的經驗,在開始學古文字的時候,可以先很粗地翻閲一下《說文》,瞭解一下大概的情況,能精讀一部分當然更好,但不必急於通讀全書。對學古文字的人來説,最重要的是要養成勤查《說文》的習慣。不但在學習、研究古文字的時候一碰到有關問題就要去查,就是在閲讀書報的時候碰上了一個記不起它的小篆寫法的字,也應該去查一查。查《說文》並不是很輕鬆的事。即使有索引可以使用,也還是會有查了半天還查不到字的情況。我們決不能因爲怕麻煩就少查《說文》。勤查《說文》能減少以至消滅由於對《說文》不够熟悉而犯錯誤鬧笑話的可能。而且通過不斷翻查,對《說文》無疑是會逐漸熟悉起來的。

讀不懂《說文》的時候,可以參看段玉裁《說文解字注》(一般簡稱"段注")。有必要的話,還可以查閲《說文解字詁林》所收的其他各家的解釋。段注水平很高,但是武斷之處也很多,而且還時常擅改《說文》原文。所以引用《說文》不能根據段注本。

前面説過,《說文》的篆形和解釋有不少錯誤。因此我們一方面要充分重視《說文》,一方面又不能輕信《說文》,應該注意學者們根據古文字糾正《說文》錯誤的各種意見。不但是先秦古文字,就是秦漢金石簡帛上的小篆和隸書,也可以用來糾正《說文》的錯誤。所以學古文字的人對秦漢時代的文字資料也應該有所瞭解。

在古漢語等方面的知識之外,上古史和考古學(包括古器物學)等方面的知識,對學習、研究古文字的人來説也都是很重要的。例如:學殷墟甲骨文,應該有一些商代史和殷墟考古的知識。在殷墟考古方面,初學者可以看胡厚宣《殷墟發掘》。學金文,應該有一些商周史和青銅器研究方面的知識。在青銅器方面,初學者可以看容庚、張維持的《殷周青銅器通論》。

上面提到的各方面的知識,都是學古文字的人所應該具備的。在開始學古文字的時候,至少應該先在這些方面取得一些常識。在學古文字的整個過程裏,應該不斷積累這些方面的知識。

下面簡單談談學習古文字學範圍之内的知識時所需要注意的一些問題。

1. 要認識古文字發展的全過程

古文字的内容豐富多樣。按時代可以把古文字分爲商代文字、西周文字、春秋文字和戰國文字。戰國文字又可以按地域分爲六國文字和秦國文字（如稱秦系文字則可以包括春秋時代的秦國文字和小篆）。對六國文字還可以進一步作分國的研究。按照文字所附著之物的性質，古文字又可以分爲甲骨文、金文、石刻文字、璽印文字、貨幣文字、陶器文字、簡帛文字等種類。學習、研究古文字的人，可任意選擇自己的主攻方向。但是不管你如何選擇，對古文字發展的過程都必須有一個全面的認識。各種古文字之間都是有聯繫的，如果專攻一種不及其餘，所專攻的那種古文字決不可能研究得很深很透。李學勤在《談自學古文字》裏説他起初"是先學甲骨和戰國文字的，到六十年代不得不補學青銅器，説明不管先學什麽，想要在古文字學範圍内有所建樹，還得認識古文字發展的全過程"。這是經驗之談，值得我們重視。

但是我們强調認識古文字發展全過程的重要性，並不是要求學古文字的人對各種古文字都平均使用力量，更不是要求他們不分主次地同時學幾種古文字。人的精力總是有限的，如果齊頭並進地同時學幾種古文字，往往不能收到良好的效果。我們最好先集中力量學一種古文字，在基本掌握了這種古文字之後，再集中力量去學另一種。所謂集中力量學一種古文字，並不意味着在學這種古文字的時候對其他各種古文字一點也不能管。我們只要做到主次分明就可以了。至於究竟先學哪一種，後學哪一種，可以按照自己的興趣和需要去決定。

2. 學習的重點不要放在讀文編上而要放在讀原始資料上

已經出版的古文字文編相當多。綜合性的有高明《古文字類編》和徐中舒主編的《漢語古文字字形表》。甲骨文方面有孫海波《甲骨文編》等書。金文方面有容庚《金文編》。古印文字方面有羅福頤主編的《古璽文編》。古陶文方面有顧廷龍《古陶文孴録》等。貨幣文字方面有張頷《古幣文編》等。石刻文字方面有商承祚《石刻篆文編》。初學者往往把主要精力放在讀這類文編上。這種辦法不一定妥當。

我們知道學外文不能從讀字典入手。要想學好一種外文，必須大量閲讀這種文字的書和文章。使用漢字的人學古漢字，情況跟學外文當然有所不同。在開始學一種古文字的時候，先粗讀一遍有關的文編，是完全可以的。但是要想學好古文字，主要不能靠讀文編，而得靠大量讀原始資料。脱離了古文字的使用環境，孤立地一個字一個字地去學習，是不可能真正掌握古文字的。在這方面，學古文字跟學外文有很大的共同性。

在開始學古文字的時候只能讀有考釋或釋文的原始資料。例如學甲骨文可以先讀郭沫若的《卜辭通纂》和《殷契粹編》,學金文可以先讀郭沫若《兩周金文辭大系》,學石刻文字可以先讀《郭沫若全集・考古編》第九卷所收的有文字圖版的《石鼓文研究》和《詛楚文考釋》,學貨幣文字可以先讀丁福保主編的《古錢大辭典》的有關部分,學古印文字可以先讀羅福頤主編的《古璽彙編》。有了基礎以後,就應該去讀沒有考釋和釋文的原始資料。如果離開了別人的考釋、釋文就不能利用古文字資料,就是沒有學好古文字。

有的人不管古文字在資料裏的實際使用情況,也不怎麼注意古文字字形的真實的演變歷史,就字論字地孤立靜止地去研究古文字。他們喜歡用"看圖識字"的辦法,或者濫用"偏旁通用"(如"人"旁"女"旁可通用)的原則,去考釋古文字文編的附錄裏所收的未識字。其結論大都是不可信的。有志學古文字的青年千萬不要走這條道路。要想掌握考釋古文字的比較正確的方法,應該看唐蘭《古文字學導論》、《殷虚文字記》和于省吾《甲骨文字釋林》。不過他們的考釋也並非完全正確,閱讀時應該注意。

在這裏有必要說明一下,我們說要想學好古文字主要不能靠讀文編,並不意味着對文編可以不加重視。不論是學習還是研究古文字,都應該充分利用有關的文編。由於各種文編大都大量收入異體,還可以把它們當作索引來用。在需要查文編的時候,千萬不要因嫌麻煩而不去查。

除了上面舉過的各種文編外,彙集各家考釋甲骨文的說法的《甲骨文字集釋》(李孝定編)和彙集各家考釋金文的說法的《金文詁林》及其《附錄》與《補》(皆周法高主編),也都應該充分加以利用。

日人島邦男編的《殷墟卜辭綜類》,按甲骨文本身的字形特點建立部首、編排文字,每個字下匯錄使用這個字的甲骨卜辭(整條卜辭的字都按原形摹寫)。對學習研究古文字的人來說,這種工具書比一般的文編有用得多。可惜《綜類》對卜辭的摹錄有不少錯誤,使用時需要核對原始資料。

3. 對古文字資料的性質、時代等方面的問題都要有比較深入的瞭解

古文字資料的內容是由它們的性質決定的。例如甲骨卜辭、青銅器銘文、璽印文字、貨幣文字……其用途各不相同,因此內容也截然有別。同性質的資料,其內容也還會由於時代、地域等因素的影響而有不同的特點。古文字資料的文字形體和用字習慣,通常隨時代而異。資料的性質在這方面也有影響,例如重要的金石銘

刻的文字形體大都很規整,貨幣文字則往往比較草率。同時期同性質的資料,其文字形體和用字習慣也還會由於某種或某些原因而有所不同。例如同時期不同組的殷墟甲骨卜辭,其文字形體和用字習慣就有明顯的差别;春秋戰國時代,特别是戰國時代的金文和其他文字資料,其文字形體和用字習慣往往隨地域而異。不注意上面所説的這類情況,是不可能很好地掌握古文字的。所以學古文字不能把眼光局限在文字上,對古文字資料的性質、時代等方面的問題都應該有比較深入的瞭解。例如要學甲骨文,至少應該讀一讀陳夢家的《殷虚卜辭綜述》,比較深入地瞭解一下殷墟甲骨卜辭的性質、内容以及分期分組等問題。

如果想粗略地瞭解一下各種古文字資料的概況,可以讀唐蘭《古文字學導論》和李學勤《古文字學初階》。

4. 要及時吸收本學科的新知識

新的古文字資料和古文字學的研究成果是層出不窮的。我們前面舉到過的工具書和專著,大部分是30年代至70年代出版的,不同程度地存在着知識陳舊的問題。有的工具書雖然出版得很晚。但也沒有很好地吸收新的研究成果。所以我們既要充分利用工具書,又不能過分依賴工具書;應該隨時注意本學科的新資料和新成果的發表,不斷更新自己的知識。《考古》、《文物》、《考古與文物》、《古文字研究》等刊物上發表的有關文章以及新出版的有關專著,都應該力爭及時加以閲讀。

古文字學領域内的有些問題,已有較長的研究歷史。如果我們已經初步掌握了有關的基礎知識,就可以先找關於這些問題的最新著作來看,然後再根據這些著作提供的綫索,去補看一些比較重要的舊著作。這也可以算是"迎頭趕上"的一種辦法吧。

最後還想强調一下動腦和動手的重要性。不管多高明的古文字學者,他的意見總不可能一點沒有錯誤,各種古文字工具書更是免不了有較多的錯誤,因此我們在使用古文字工具書和閲讀古文字方面的著作的時候,一定要善於動腦,不要無條件地接受别人的説法。如果讓錯誤説法先入爲主地佔據自己的頭腦,新的正確的説法就吸收不進去了。這是非常危險的。我們在前面曾經屢次强調學古文字必須勤於翻書查書。此外還應該勤於做卡片做摘録。如果能持之以恒,對於學習以至以後的研究工作一定會有極大的好處。

原載《語文導報》1985年10期,又載《古文字論集》、《裘錫圭學術文化隨筆》,今據《裘錫圭學術文化隨筆》收入。

吴 大 澂

吴大澂是清末著名金石學家。原名大淳,避清穆宗諱改名。字清卿。有止敬室主人、白雲山樵、恒軒、愙齋等别號,晚年或署白雲病叟。光緒二年(公元1876年),吴氏購得一西周銅鼎,銘文中有"爲周愙(客)"之語,他考定爲微子入周後所作,名之爲愙鼎,愙齋之號由此而來(按:愙鼎時代應屬穆王前後,實非微子所作)。吴氏是江蘇吴縣人,生於道光十五年五月十一日(公元1835年6月6日)。同治七年(公元1868年)成進士,點翰林,十年授編修。歷任陜甘學政、河南河北道、幫辦吉林一切事宜、督辦寧古塔等處防務屯墾事宜、會辦北洋事宜、廣東巡撫、河東河道總督、湖南巡撫諸職。光緒二十年(公元1894年)中日甲午戰爭爆發後,自請率湘軍出關禦敵,次年兵敗褫職。二十八年正月二十七日(公元1902年3月6日)病逝於家。

吴氏在從政之外,花了大量精力從事金石學方面的研究工作。他對後世的影響,主要是這方面的工作所産生的。此外他還長於書法和繪畫,篆書尤爲世人所重。

吴氏生長在金石資料的搜集和著録工作正在以前所未有的規模和速度蓬勃開展的時代。他在青年時期就對篆文和金石感到興趣。當官以後,盡力搜購古代的銅器、璽印、貨幣、陶瓦和玉器等文物,收藏頗爲豐富。當時,陳介祺(公元1813—1884年)和潘祖蔭(公元1831—1890年)是全國最重要的兩個金石收藏家。吴氏師事潘氏,跟陳氏也有很深的友誼,此外還跟王懿榮(公元1845—1900年)等重要金石學家有密切交往,因此能够相當全面地掌握金石學的新資料和新成果。例如在同治末光緒初,陳氏在山東收購了不少先秦陶文,這是前所未知的古文字新資料,吴氏很快就得到了拓本。陳氏所得重器毛公鼎和潘氏所得重器盂鼎的銘文,吴氏也比一般人見到得早。陳氏不但是大收藏家,也是第一流的金石學家。陳、吴之間經常通過書信討論學術問題,這對他們兩個人的學術水平的提高都起了很大的促進作用。

吳氏的主要著作有以下幾種：

《説文古籀補》十四卷附録一卷　光緒七年(公元 1881 年)開雕,十年刊成。二十一年重加增訂,二十四年刊成。此書是先秦古文字的字彙。所收之字以金文爲主,兼及石鼓文和璽印、貨幣、古陶文字。按《説文》分爲十四卷,文字編排次序一依《説文》。初刊本收三千五百餘字(如不計異體,單字數近一千二百),增訂本增加一千二百餘字(單字增至一千四百餘)。不可釋和疑不能定之字另編爲附録(但正編中也收入了一些只能定其偏旁甚至只能定其部首之字,附在見於《説文》的同部首字之後)。

《字説》　光緒十二年撰寫完畢,約在同年刊成。包含三十二篇考釋古文字的短文。吳氏由於在《古籀補》中無法詳述自己對某些字的見解,別撰此書作爲補充。

《恒軒所見所藏吉金録》　此書木版大部分刻於同治十一、二年,但到光緒十一年才編印成書。收入吳氏手摹的一百三十餘件先秦秦漢銅器的圖像和銘文(秦量及兩件詔版據銘文拓本刻出,是例外)。除盂鼎銘外,皆無釋文。

《愙齋集古録》二十六册　吳氏生前未完成之作,後由其門生王同愈等人整理成書,公元 1918 年由商務印書館影印出版。著録銅器銘文拓本一千餘種,絶大部分屬商周時代,其餘屬秦漢時代。所收銘文多數有釋文,有些並有考釋或題跋,一部分爲吳氏手書,一部分爲他人所書。他人所書部分有一些抄録之誤,並且偶有不合吳氏原意之處。

《愙齋集古録釋文賸稿》　光緒十二年吳氏去琿春勘定中俄邊界時在公務之暇爲《愙齋集古録》所寫的銅器銘文考釋的手稿,公元 1919 年由商務印書館影印出版。共考釋先秦銅器銘文一百三十餘種。除毛公鼎等少數幾種外,都不録全銘,考釋詳略不一。有些内容不見於《愙齋集古録》。

《古玉圖考》　光緒十五年成書,約在同年刊成。圖繪傳世各類古玉(多爲吳氏自藏),附以考證。吳氏想通過實物與古書的對證,弄清古書所説的各種瑞玉、佩玉等物的形制,用意很好,"但由於勉强比附經書中的有關記載,有較大的穿鑿附會成分"(《中國大百科全書·考古學》548 頁)。

《權衡度量實驗考》　光緒二十年開雕。此書宗旨是根據"周秦漢唐之古器、古兵、古權、古尺、古量、古泉",推定古代度量衡的實際量值。全書原計劃包含尺、權、量三部分,實際只完成了前兩部分。以今天的水平來衡量,此書和《古玉圖考》的考證大部分價值不大。但是吳氏比較系統地根據古器物來考定古代制度的研究方法,在金石學的近代化方面,還是起了很積極的作用的。

金石學的内容大體上可以分爲古器物學和古文字學兩部分。上舉著作中,後兩種屬於古器物學,前幾種都屬於古文字學(《恆軒》同時也跟古器物學有關)。吳氏的貢獻主要在古文字學方面。下面對他在這方面的成就和不足之處試作評介。

吳氏對後世影響最大的著作是《說文古籀補》。從北宋夏竦的《古文四聲韻》開始,古文字字彙都採用按韻收字的辦法,同部首的字往往分散在很多不同的韻裏。由於摹刻技術不佳,字形走樣的毛病也很嚴重。尤其是元明以來的一些古文字字彙,大都輾轉摹錄以成書,可靠性很差。《古籀補》依《說文》次序編排文字,所收之字一般都直接據拓本摹寫,而且木版刻得很好,印出來基本不走樣(但增訂本刊刻質量遜於初刻)。這就從根本上改變了古文字字彙的面貌。吳氏把不能確識的字另編爲附錄,既豐富了内容,又增强了科學性,也是改進古文字字彙的一項重要措施。後來的各種古文字字彙大都襲用《古籀補》的編排體例。

《古籀補》不但體例優於過去的古文字字彙,而且所根據的資料有不少在當時來說是很新的,在釋字方面也反映了包括吳氏自己在内的那一時代金石學家的不少新的研究成果。所以此書的刊行對古文字學的發展起了相當大的促進作用。清末著名古文字學家孫詒讓(公元 1848—1908 年),在《古籀餘論》裏就曾屢次引用此書。可惜《古籀補》對各家(包括吳氏本人)的釋字之說的去取不一定恰當,以致正編裏收入了不少明顯是誤釋的字,而有些正確的意見却反而收入了附錄(參看羅振玉爲《金文編》初版寫的序)。見於吳氏其他著作的某些很好的意見,例如認爲齊陶文中的可能是"者"字(《吳愙齋尺牘》第七册所附《讀古陶文記》,寫於光緒八年。《叢稿》編按:見臺北文史哲出版社 1983 年出版的《吳愙齋大澂尺牘》415 頁),認爲盂鼎"我聞殷墜命"一語中的"墜"應該釋爲"述"讀爲"墜"(見《恆軒》盂鼎銘所附釋文及《愙齋集古錄》4・16 上),在《古籀補》裏甚至根本没有得到反映。這影響了後人對吳氏古文字學成就的全面瞭解。

《古籀補》凡例第一條就說:"古器所見之字,有與許書字體小異者……可見古聖造字之意,可正小篆傳寫之訛。"書中屢次根據金石古文字指出《說文》篆形和解說的問題,或者直接提出跟《說文》不同的說法。例如:卷三"對"字下指出《說文》說"對"本从"口",漢文帝改"口"爲"士",與事實不符(亦見此書自序)。同卷"寺"字下說"寺"即古"持"字。卷五"射"字下指出此字本"象手執弓矢形,小篆从身从寸非是"。吳氏以金石古文字糾正《說文》的主張和實踐,對促進古文字學的發展也有重要作用。

吳氏在古文字學上最重要的一個發現,是看出了《説文》所收"古文"的真實時代。這其實也是根據金石古文字糾正《説文》的一個例子。許慎認爲他根據孔子故宅壁中所發現的經書等資料收入《説文》的"古文",其字體比周宣王時的籀文更爲古老。後人對此一直沒有異議。吳氏對從西周到秦漢的各種金石古文字資料都很熟悉。他通過把《説文》"古文"跟金石古文字對比,發現前者實際上是周末的字體。陳介祺在光緒四年二月廿七日致吳大澂札中説:"尊論許氏所引皆六國時古文,心目之光實能上炬千古。"(《簠齋尺牘》)這是關於吳氏這一發現的最早記載。在光緒九年所寫的《古籀補》自序裏,吳氏正式發表了他對"古文"時代的看法。他説:"竊謂許氏以壁中書爲古文,疑皆周末七國時所作,言語異聲,文字異形,非復孔子六經之舊簡,雖存篆籀之跡,實多訛僞之形。"他舉出了《説文》所引"古、籀"的字形跟周代銅器銘文中習見的字形不合的很多例子,斷定前者當爲"周末文字",認爲許慎"不獲見古、籀真跡"。《説文》籀文的時代問題比較複雜,至今尚無定論。關於《説文》"古文"的時代,吳氏的新説確是劃時代的創見。

應該指出,吳氏實際上並不僅僅是通過跟時代較早的古文字的對比來判斷"古文"的時代的。他把"古文"跟戰國文字,主要是跟東方的六國文字("東方"相對於西方的秦國而言),也作了比較。陳介祺、吳大澂之前的清代金石學家,知道宋代發現的詛楚文是戰國時代的秦國文字,還已經知道古貨幣上的文字有不少屬於戰國時代。【重印本按:又,宋代趙明誠已考出酓章鐘爲楚惠王器,爲後來金石學家所信。】除此之外,對戰國文字的知識幾乎等於零。陳、吳二人對戰國文字的認識大大超過前人。尤其是吳氏,從《古籀補》《字説》等書中關於古璽、古幣和古陶文字的一些話可以看出,他已經比較清楚地認識到這些文字資料大都是"周末""六國"時的東西。他和陳介祺還考定了一些有銘文的六國銅器,如平安君鼎、子禾子釜等。吳氏已經注意到《説文》"古文"的字形跟他認爲屬於"周末""六國"的古文字往往很相近。他在《古籀補》卷十三"二"字、卷十四"鈞"字下指出,《説文》"二"字古文(从弋从二)與纕宻(此二字吳氏原未釋,但《古籀補》附錄中已指出第二字从安从心)君鉼"二"字相合,《説文》"鈞"字古文(从金旬聲)與子禾子釜"鈞"字相合,是"六國時異文""六國時字","非古文(指早於籀文的真正古文)也"。子禾子釜是陳介祺藏器,吳氏同意陳氏的意見,認爲子禾子就是田齊太公和(《愙齋集古錄》24·2),其時代已至戰國。纕宻君鉼也是戰國時東方國家銅器,吳氏顯然已經認識到了這一點。《古籀補》增訂本卷一三"績"字下更明確指出,古璽績字"省糸爲糹,乃六國時文字”,《說文》“糸”之古文作𢇁,“可知許氏所見壁經皆與此類,晚周之本也”。由此可見“古文”跟六國古文字的相似,確是吳氏判斷“古文”時代的一個重要根據。民國前期,王國維著文論定《說文》“古文”是戰國時代東方六國所用的文字。這一結論已爲絶大多數學者所接受。其實吳氏已經在相當大的程度上解決了這一問題。不過《古籀補》自序曾說“古文”“疑皆周末七國時所作”,看來吳氏對六國文字跟戰國時代的秦國文字應分爲兩系這一點,還沒有很明確的認識。這是他不如王氏之處。

從以上所說還可以看出,吳氏在戰國古文字的研究上也是有重要貢獻的。他也許可以看作戰國文字研究的奠基者,至少可以看作最重要的一個先驅者。

前面說過,吳氏對《說文》中的籀文的時代也有懷疑。此外,他對當時一般金石學家認爲是周宣王時的標準籀文的石鼓文的時代也有不同看法。《古籀補》自序曾說“石鼓殘字皆史籀之遺”,似乎他同意一般的意見。但是實際上他却是傾向於石鼓文是春秋戰國時的秦國文字的說法的(宋人提出過這種說法)。他在光緒八年十月十八日致陳介祺札中說:“石鼓疑亦非史籀書,筆法、篆體已漸開小篆之風(《古籀補》卷十“奔”字條指出石鼓文奔字“類小篆,變止爲屮自此始”)。或謂秦刻,在春秋戰國之間,文亦與周雅少異。妄存其說,以備參考。”(七册本《吳愙齋尺牘》)在他臨石鼓文屏幅的題跋和光緒十四年所寫的《積古齋鐘鼎彝器款識》批語裏,也說過類似意見(參看《吳愙齋先生年譜》166—167頁)。吳氏對石鼓文時代的看法跟現代古文字學者很接近。

吳氏的《字說》過去頗受推崇。其實此書中錯誤很多,例如曾爲不少人所稱許的對“帝”和“王”的字形的解釋,就都是不可信的。《字說》各篇中最有價值的是《“文”字說》。此篇指出古金文的“文”字往往从“心”,《尚書》“寧王”、“寧人”之“寧”應是从“心”之“文”的訛字(“寧”本當作“寍”,在古文字裏與中間从“心”的“文”字形近)。這是很有道理的。不過在清末金石學家中並不是只有吳氏一人看到這一點。王懿榮早在同治末年就跟陳介祺說過跟《“文”字說》相類的意見(見《陳簠齋尺牘》所收同治十三年十月十三日陳氏致潘祖蔭札)。

吳大澂之前的清代金石學家,考釋古文字時往往“皮傅經傳,鹵莽滅裂”,科學性很缺乏(參看容庚爲《古籀餘論》燕京大學刻本所寫的跋)。吳氏辨認字形比較細心,較前人有所進步,但仍有不少穿鑿附會之說。此外,吳氏雖然對古文字資料很熟悉,可是小學的基礎却並不是很好。例如:他認爲金文“从目从攴之字許書所無”(《愙齋集古録》23·4上),其實《說文·四上》明明有這個字,而且還是部首。

他考釋毛公鼎銘時說“褻即執之異文……此曰褻事即執事也”(同上4·8上,亦見《賸稿》。《古籀補》增訂本8·4上“褻”字條說法略有不同,但仍謂“古文以爲執字”),竟然不知道“褻”所从的“埶”與“執”,形音義截然有別。《字說·“世”字說》說“世”“止”同音(25頁下),《古玉圖考》說漢代剛卯刻文“借只爲執”“借月爲疫”(131頁下),其實這三對字,古韻部都不相近。訓詁也非吳氏所長。容庚說他“訓詁、假借猶不若孫氏(指孫詒讓)之精熟”(《古籀餘論》跋),是很對的。如果吳氏能有較好的小學方面的修養,無疑會對古文字學作出更多的貢獻。

附錄一:吳大澂主要著作目錄索引(按第一字筆劃排列。不注卷數者,原書僅一卷或不分卷)

1.《十六金符齋印存》二十六册(光緒十四年鈐印本)。

2.《古玉圖考》(光緒十五年自刻本,同文書局據原稿影印本)。

3.《字說》(光緒十二年自刻本)。

4.《權衡度量實驗考》(光緒二十年長沙節署開雕本)。

5.《吳愙齋尺牘》一册(致王懿榮信件,商務印書館影印本)。

6.《吳愙齋尺牘》七册(致陳介祺信件,第七册附有吳氏寄給陳氏的《讀古陶文記》;1938年商務印書館影印本)。

7.《周秦兩漢名人印考》(羅振玉影印本)。

8.《說文古籀補》十四卷附錄一卷(光緒十年自刻本,光緒二十四年自刻增訂本)。

9.《恆軒所見所藏吉金錄》(光緒十一年自刻本)。

10.《續百家姓印譜》(1916年羅振玉影印本)。

11.《愙齋專瓦錄》(1919年西泠印社影印本)。

12.《愙齋集古錄》二十六册(1918年商務印書館影印本)。

13.《愙齋集古錄賸稿》(1919年商務印書館影印本;1921年再版附《愙齋集古錄》後)。

附錄二:吳大澂研究主要參考書目索引

1. 陳公柔《吳大澂》(《中國大百科全書·考古學》547—548頁,1986年中國大百科全書出版社出版)。

2. 顧廷龍《吳愙齋先生年譜》(燕京學報專號之十,1931年哈佛燕京學社出版)。

3.《清史稿》卷四五〇《吳大澂傳》。

原載《中國古代語言學家評傳》(山東教育出版社,1992),又載《文史叢稿》,今據後者收入。

金石收藏家的齋名與其藏品

金石收藏家所起的齋名往往跟他們所重視的本人藏品有關。我們見聞有限，在這篇短文裏只準備談談清代後期以來的部分重要金石收藏家的這類齋名。

清代最大的，甚至可以說是古今最大的私人金石收藏家，山東濰縣（今濰坊市）陳介祺（字壽卿，1813—1884），以“簠齋”之號著稱於世。這個號就來自他爲所寶藏的古銅器曾伯簠而起的齋名“寶簠齋”。曾伯簠爲東西周之交的曾國國君所作。此人之名作“雨”下“桼”，一般隸定作“雨”下“黎”是錯的（參看方濬益《綴遺齋彝器款識》8・19）。此簠銘文提到伐淮夷等事，内容比較重要。而且簠銘一般較短，此銘却是例外。曾伯簠傳世有兩器。曾爲阮元所藏的一器，銘文完整，共92字。陳氏所藏一器，銘文“皇祖文考”句脱“祖”字，器主的自稱第二次出現時省去“伯”字而作“曾霥”，餘同阮器。已發現的銅簠銘文以它們爲最長。所以曾伯簠的重要性雖然跟陳氏所藏的毛公鼎不能相比，但確實還是值得視之爲“寶”的。

圖一

陳氏所藏的有銘文的周代銅鐘頗多，因此又有“十鐘山房”的齋名（見圖一：鈐有“十鐘山房臧鐘”印的楚公鐘拓本。“臧”通“藏”）。他所編的古印譜就以“十鐘山房印舉”之名行世。據陳氏曾孫陳育丞所寫的《簠齋軼事》，陳氏藏鐘較重要的有十一件，即邢人鐘（亦稱井人妄鐘）、戲鐘

(二器)、兮中鐘、己侯鐘、楚公豪鐘(三器)、虢叔旅鐘、古奇字編鐘(即《兩周金文辭大系》所謂者汈鐘)、許倪編鐘(即《大系》所謂𠊨兒鐘。“許倪”爲銘文中“□兒”二字之誤釋,“兒”前一字近人或釋爲从“辵”从“乘”之字),“舉其成數顔其室曰‘十鐘山房’”(《文物》1964 年 4 期 54 頁)。此十一鐘除上舉最後一鐘外,後來都爲日本泉屋博物館所購藏。濱田耕作編有《陳氏舊藏十鐘(泉屋清賞別集)》,出版於 1922 年。

陳氏所藏古印多達數千方,因此又曾起“萬印樓”之名,所鈐古印譜有題《萬印樓藏印》者。

陳氏是收藏古陶文的第一人,其陶文拓片多鈐有專用的齋名印,“用‘三代古陶軒’者,秦前文字也。用‘寶康瓠室’者(引者按:康瓠爲陶器名,見《爾雅·釋器》),兩漢文字也。……秦詔瓦量則用‘古瓦量齋’、‘集秦斯之大觀’識之”(陳繼揆《〈簠齋論陶〉序》,《文物天地》1994 年 5 期 12—13 頁)。

陳介祺不但是大收藏家,也是極重要的金石學家,可惜迄今爲止尚未看到能全面而深入地介紹他的學術成就的文章。

陳介祺的好友,編有《攈古録》的另一山東著名金石收藏家,海豐(今無棣)吳式芬(字子苾,?—1856)【編按:陳新指出,吳式芬的生年爲 1796 年,我在爲 1988 年出版的《中國大百科全書·語言文字卷》撰寫的“古文字學”詞條中(後修改爲《古文字學簡史》,已收入本書),已將其生年注出。此處漏標,是不應有的疏失】,以“雙虞壺”爲齋名。《雙虞壺齋印存》就是著録其所藏古印的印譜。“雙虞壺”指吳氏所藏的兩件同銘的虞司寇壺,爲周代虞國司寇伯吹所作(銘文摹本著録於《攈古録金文》二之三 30 下—32 上,拓本見《金文總集》5768、5769【《集成》15·9694、9695】)。

與陳介祺同時並與陳氏也有交往的南方金石收藏家,浙江歸安(今湖州市)吳雲(號平齋,1811—1883),有“兩罍軒”的齋名,著有《兩罍軒彝器圖釋》、《兩櫑(同“罍”)軒印考漫存》等書。吳氏起這個齋名,是由於他收藏了兩件基本同銘的春秋時代的齊侯壺(近人稱洹子孟姜壺,器銘雖提到齊侯但其器並非齊侯所作),並誤把壺當作罍的緣故(兩壺著録於上引《圖釋》4、5,銘文拓本見《金文總集》5801、5802【《集成》15·9729、9730】)。

吳雲還曾以“二百蘭亭”爲齋名,著有《二百蘭亭齋收藏金石記》、《二百蘭亭齋古銅印存》等書。這一齋名是由於他收藏了大量王羲之所書《蘭亭序》的傳刻本而起的。

行輩稍晚於陳介祺但與陳氏也有頻繁的書信往來的晚清著名金石學家,江蘇吳縣吳大澂(字清卿,1835—1902),同時也是重要的金石收藏家。他的齋名"愙齋"來自他所藏的愙鼎。光緒二年(1876),吳氏購得一西周銅鼎,銘文中有"爲周愙"之語。他讀"愙"爲"客",考定爲微子入周後所作,名之爲"愙鼎",並以之名齋(此鼎即見於《金文總集》1207【《集成》5・2705】的"眉□王鼎"。從鼎的形制看,其時代應屬穆王前後,實非微子所作)。吳氏彙集所藏金文拓本並加以考釋的著作,就定名爲"愙齋集古録"。可惜此書在吳氏生前沒有完稿,吳氏死後才由門人整理成書,於1918年由商務印書館出版,不但内容不完整,而且還有整理者臆增之處。

吳氏又因藏有古代銅虎符等物,起了"十六金符齋"的齋名,曾輯有《十六金符齋印存》。

清末民初以來最重要的金石學家兼收藏家,浙江上虞羅振玉(字叔言,號雪堂,實爲江蘇淮安人,上虞爲祖籍,1866—1940),很喜歡根據所獲古物(包括金石之外的書畫等物)來起齋名。他曾因"得宋高宗、馬和之唐風圖卷,顏所居曰'唐風樓'"(甘孺《永豐鄉人行年録》25頁,江蘇人民出版社,1980),因"得北宋拓蘇書豐樂亭記……以'豐樂'名堂"(同上28頁),因"得吳越投龍玉簡""顏所居曰'玉簡齋'"(同上30頁),因廣收古墓所出陶俑等明器而名所居曰"俑廬"(同上34頁),因得赫連勃勃所建夏國之"大夏真興"錢而名所居曰"赫連泉館"(羅氏輯有《赫連泉館古印存》及《續存》,方若《古化雜詠》誤以"赫連泉館"爲"赫連泉舍"),因藏有北朝初年寫本《大雲無想經》殘卷而題其居日本京都時所築書庫曰"大雲書庫"(上引《行年録》44—45頁),因得唐代元結"聱叟"硯而"以'聱硯'名齋"(同上86頁),因藏有清列朝皇帝翰墨而以"宸翰"名樓(羅繼祖《庭聞憶略》64頁,吉林文史出版社,1987)。晚年居旅順後,初因藏有漢石經魯詩殘石,"顏山居之堂曰'魯詩堂'"(上引《行年録》105頁);後因六經殘石皆備,遂易"魯詩堂"之名爲"六經堪"(同上107頁。"堪"通"龕")。又因先後得大小兩觶,皆商代物,而起"雙觶館"之名(同上107頁)。

羅氏在民國初年輯有《磬室收藏鉨印》,又刻有"磬室"二字收藏印。晚年編有《百爵齋叢書》、《百爵齋名人法書》。"磬室"之名當因得殷墟出土石磬而起(器見羅氏所編《殷虛古器物圖録》)。"百爵齋"之名當因藏有大量商周銅爵而起。

80年代去世的著名古文字學家,遼寧海城于省吾(字思泊,1896—1984),也曾收藏過不少先秦青銅器等古物。他所曾收藏的精品中有吳王夫差劍(見《雙劍誃古器物圖錄》上41【《集成》18·11637】)和少虡錯金劍(《金文總集》7735【《集成》18·11696】),因此以"雙劍誃"爲齋名("誃"通"簃",意爲樓閣旁的小屋)。其著作名稱用此齋名的,有《雙劍誃吉金圖錄》、《雙劍誃古器物圖錄》、《雙劍誃吉金文選》、《雙劍誃尚書新證》、《雙劍誃易經新證》、《雙劍誃諸子新證》、《雙劍誃殷契駢枝》等書。

以今天的學術水平來看,上面所說的這類齋名,有的是有問題的。我們已經說過,兩罍軒所以得名的齊侯罍,其實應該稱爲洹子孟姜壺。簠齋之名也有問題,因爲歷來被稱爲簠的周代銅器,據唐蘭等學者的研究其實是古書中所說的瑚。

問題最嚴重的,是以鑒定殷墟甲骨文而著名的、晚清金石學家兼收藏家王懿榮的齋名——"石渠瓦齋"。北京大學圖書館所藏《石渠瓦齋藏瓦》(拓本)第一册有王懿榮自序,記其藏瓦經過,謂"癸未(1883)得'石渠'半瓦,因以名齋"(石渠閣爲西漢宮廷中藏書之處,王氏認爲所得爲石渠閣遺瓦)。王氏所說的這個半圓形瓦當,其拓本見於此册中,瓦上文字實不能釋爲"石渠",而應釋爲"后寢(寢)",當與同出的"孝大"半圓形瓦當合讀(見圖二:"孝大"、"后寢"二瓦拼合圖)。陳直《秦漢瓦當概述》有下引的"孝大、后寢"一條:

圖二

> 按:此兩半瓦從整範中打印分爲兩瓦,當合讀爲孝太后寢,不知所指爲西漢之某太后。兩半瓦必同時出土,王廉生(引者按:"廉生"是王懿榮的字)曾得兩面,一九四五年,漢城(引者按:指漢長安城遺址)又出兩面,爲余所獲。后寢,羅氏誤釋作后深(引者按:羅振玉《秦漢瓦當文字》1·30下著錄此瓦,稱爲"□□后深殘瓦"),今訂正。(陳直《摹盧叢著七種》355頁,齊魯書社,1981)

其言甚是。

各家收藏印往往用古文字,所用之字有時也有問題。如吳雲"兩雷(罍)軒"印,誤以"韓"字充"軒"字(見圖三)。又如舊誤釋燕國貨幣、璽印文字中作下引之形的"安"字爲"匋"(參看拙文《戰國貨幣考·八、燕安陽布考》,拙作《古文字論集》442頁,中華書局,1992):

辭典167　　璽彙12

所見陶齋(端方齋名)收藏印中,“匋(陶)齊(齋)古匋(陶)”印前一“匋”字誤用上引“安”字第二形,後一“匋”字誤用其第一形。又有“匋(陶)齊(齋)所得”印,其“匋”字似是揉合一般“匋”字和燕國文字的“安”字而造出來的(見圖四)。

圖三

圖四

圖五

窸齋收藏印中,最常見的一種用窸鼎的“窸”字(見圖五:鈐有“匿(舊釋“簠”,實爲“瑚”)齊(齋)臧(藏)古西(酒)器”印和“窸齋”印的䰧父辛觶拓本。此拓本當是吳大澂得自陳介祺的,“陳氏藏器”四字爲吳氏所題)。這個字究竟能否釋作“窸”,近人尚有疑問,《金文編》就把它當作未識字收在附錄裏(見中華書局1985年版1224頁)。這直接關係到“窸齋”這一齋名的根據,已經不僅僅是印文用字正確與否的問題了。

原載《文物天地》1995年6期,又載《裘錫圭學術文化隨筆》,今據後者收入。

董 作 賓

董作賓,字彦堂,又作雁堂,别署平廬;清光緒二十一年二月二十四日(1895 年 3 月 20 日)生於河南省南陽縣,1963 年 11 月 23 日卒於臺灣省臺北市;是一位在甲骨學上有重要貢獻的學者。

董氏出生在一個商人家庭,幼讀私塾,1915 年春考入南陽縣立師範講習所,次年冬以第一名畢業。1918 年春赴開封,考入河南育才館(培養縣政府工作人員的學校),1919 年冬畢業。畢業後留在開封與友人一起辦報。

1921 年冬董氏赴北京求深造。次年在北京大學作旁聽生。1923 年至 1924 年在北京大學研究所國學門作研究生,兼任國學門歌謡研究會的刊物《歌謡周刊》的編校。1925 年至 1927 年先後任福建協和大學國文系教授、中州大學文學院講師、北京大學研究所國學門幹事、中山大學副教授等職。1927 年下半年任職於中山大學時,與傅斯年相識。傅氏是爲中央研究院籌建歷史語言研究所(下文簡稱"史語所")的主要人物,對董氏的學術生涯有重要影響。

1928 年春史語所籌備處在廣州成立,聘請當時因母病回南陽的董氏爲通信員。8 月董氏赴安陽小屯,爲籌備處調查殷墟甲骨出土情況。10 月史語所正式成立,聘董氏爲編輯員。同月,由董氏主持在小屯進行試掘,獲有字甲骨八百餘片及其他器物多種,是爲史語所第一次殷墟發掘。1932 年史語所改聘董氏爲研究員。從 1928 年 10 月至 1937 年 6 月,史語所共進行殷墟發掘十五次。由於抗日戰爭的爆發,這項考古工作才被迫中止。董氏是第一、五、九三次發掘的主持人,第二、三、四、六、七等次發掘的參加者,並受中央古物保管委員會委託,監察第十一、十三兩次發掘。此外,他還參加過城子崖的發掘工作(1930),主持過滕縣的發掘工作(1933),並調查過登封的周公測景(影)臺古跡(1936)。

董氏在史語所成立至抗日戰爭爆發這一時期中的主要學術工作,是整理、研究史語所發掘所得的殷墟甲骨。董氏的甲骨文斷代學説就是在這一整理研究過程中形成的。1933 年董氏發表著名的《甲骨文斷代研究例》一文(載《慶祝蔡元培先生六十五歲論文集》上册），奠定了他在甲骨學界的地位。

抗戰期間，董氏隨史語所內遷，大部分時間生活在昆明和四川南溪。抗戰勝利後，在1946年冬回到南京。1944年至1946年，董氏曾代理史語所所長職務。董氏在抗戰期間的主要學術工作，是根據甲骨文資料研究殷代年曆。其研究成果《殷曆譜》由董氏手寫成清稿付石印，出版於1945年。

1947年至1948年，董氏應美國芝加哥大學之聘，任中國考古學客座教授，講授甲骨、金文等課程。1948年底返國。是年，董氏被選爲中央研究院院士。董氏所編的著錄第一至九次殷墟發掘所獲甲骨文的《殷虚文字甲編》，以及著錄第十三至十五次殷墟發掘所獲甲骨文的《殷虚文字乙編》的上輯，也都於是年出版（《乙編》中輯於1949年出版，下輯於1953年在臺北出版）。《甲編》早在1936年就已編成付印，由於戰爭的影響，拖延到十餘年後才得以出版。《甲編》、《乙編》二書共著錄甲骨一萬三千餘片，史語所發掘所獲有字甲骨絶大多數已包括在內。

1949年，董氏隨史語所遷至臺北市，除任史語所研究員外，還被聘爲臺灣大學教授。1951年至1955年8月，任史語所所長，同時仍兼臺灣大學教授。1955年8月赴香港，任香港大學東方文化研究院研究員，以後又在香港大學、崇基書院、新亞書院、珠海書院等校任歷史學或甲骨鐘鼎文教授。1958年秋返臺，仍任臺灣大學教授和史語所研究員。1963年11月23日病逝於臺灣大學附屬醫院。董氏治學的晚期致力於古史年曆的研究，所著《中國年曆總譜》1959年由香港大學出版。董氏赴臺後比較重要的著述，還有《西周年曆譜》（1952，載《史語所集刊》二十三本下册）、《甲骨學五十年》（1955，後由嚴一萍擴編爲《甲骨學六十年》）等。此外，董氏還創辦了《大陸雜誌》和《中國文字》兩種學術刊物。

建立殷墟甲骨文斷代學説，是董氏在學術上最重要的貢獻。董氏在1931年發表於《安陽發掘報告》第三期的《大龜四版考釋》一文中，第一個指出殷墟甲骨卜辭中記"貞人"之名的現象以及"貞人"名在甲骨斷代上的重要作用。他指出很多卜辭開頭一句中的"卜"下"貞"上一字，是記占卜時命龜者之名的，並將這種命龜者定名爲"貞人"。他認爲殷墟甲骨卜辭是二百餘年間七世十一王的卜辭，應該根據坑層、同出器物、占卜事類、所祀帝王、貞人、文體、用字、書法這八種標準來加以斷代。在1933年發表的《甲骨文斷代研究例》中，董氏全面論證了他的斷代學説，把斷代標準定爲世系、稱謂、貞人、坑位、方國、人物、事類、文法、字形、書體十項，並將殷墟甲骨文的時代劃分爲五期：盤庚、小辛、小乙、武丁爲第一期，祖庚、祖甲爲第二期，廩辛、康丁爲第三期，武乙、文丁爲第四期，帝乙、帝辛爲第五期。斷代學説大大提高了甲骨文作爲歷史和語言資料的價值,把甲骨文研究推進到一個新的階段,具有極爲深遠的意義。但是董氏似乎認爲同一時期的甲骨文基本上應該有同類的書法、字形、文法、事類等等(實際情況與此有頗大出入),因此把本應分開的爲甲骨文分類(即按照字形、書法等方面的特點把全部甲骨卜辭分成一些不同的類型)和爲甲骨文斷代(即根據甲骨卜辭中出現的對先王的稱謂等綫索確定各類卜辭的時代)這兩個步驟混同了起來,這是不妥當的。這種簡單化的做法導致了董氏分期上的一些失誤。

在《殷曆譜》中,董氏又提出了分派的學説,作爲分期學説的補充。他根據甲骨卜辭所反映的禮制等方面的情況,把祖庚以前諸王和武乙、文丁劃入舊派,祖甲、廩辛、康丁和帝乙、帝辛劃入新派;認爲武乙、文丁卜辭,尤其是所謂"文武丁(即文丁)卜辭",具有復古傾向。據近人研究,董氏所謂具有復古傾向的武乙、文丁卜辭,多數可能是武丁時代和武丁至祖庚時代的卜辭,只是跟其他武丁時代和祖庚時代卜辭屬於不同類型而已,復古之説恐不可信。不過分派的學説不管其具體結論是否可信,確實揭示出了甲骨卜辭中一些需要加以解釋的重要現象,對於甲骨文的斷代研究和禮制等方面的研究是起了推進作用的。

總的來看,董氏的斷代學説,儘管有不够精確和錯誤之處,其主流顯然是正確的。董氏在甲骨斷代方面的開創和奠基之功,是爲學者們所公認的。

董氏在《殷曆譜》中大量使用把見於同一片和不同片甲骨上的很多有關卜辭按占卜日期排列起來進行綜合研究的排譜方法,並從"新派"的卜辭中整理出了商王按照嚴格規定的日程逐個祭祀先王、先妣的"五種祀典"(後來的研究者或稱爲"周祭")的制度。這些對於甲骨文研究也都起了較大的推進作用。但是董氏在研究殷代年曆方面所得出的結論,並沒有得到大多數學者的承認。

董氏所著單篇文章頗多,内容涉及甲骨學、古文字學、殷商文化與歷史、古史年曆與曆法、民俗與歌謡、古代藝術以及語言學等很多方面。其文集有 1962 年世界書局出版的《董作賓學術論著》和 1963 年藝文印書館出版的《平廬文存》。董氏卒後,其弟子嚴一萍搜集其著述,編成《董作賓先生全集》,由嚴氏所辦的藝文印書館於 1978 年出版。全書共十二册,董氏的專著和絶大部分文章都已收錄在内。

原載《中國現代學術經典·董作賓卷》(河北教育出版社,1996。題爲《董作賓先生小傳》),又載《文史叢稿》,今據後者收入。

古文字學簡史

古文字學(嚴格講應稱古漢字學)是以古漢字和各種古漢字資料爲研究對象的學科。

按照中國傳統文字學的觀點,古文字指先秦時代的漢字。現代的文字學者多數認爲秦統一後的篆文,即所謂小篆,也應該劃入古文字的範圍。20 世紀 70 年代以來,有不少秦和西漢早期的簡牘和帛書出土。這些簡帛上的隸書,字形還保留着篆文的不少特點,跟後來成熟的隸書有明顯區別,因此有人主張把秦和西漢早期的隸書也看作古文字。按照這種意見,古文字可以說是隸書成熟之前的漢字。

在中國,對古文字的研究開始得很早,但是,長期以來是包含在作爲“小學”一部分的傳統文字學和以古銅器和碑刻等爲主要研究對象的金石學裏的,一直到 20 世紀才有“古文字學”的名稱。人們所說的古文字學,内容並不一致,大體上可以分爲廣義和狹義兩種。

廣義的古文字學既包括對古文字本身的研究,也包括對各種古文字資料的研究。後一方面的研究繼承了金石文字之學的傳統,主要以各種古代遺留下來的實物上的古文字資料(如甲骨卜辭、銅器銘文等)爲對象,著重於釋讀這些資料,弄清它們的性質、體例和時代,並闡明研究這些資料的方法。這方面的研究也有人認爲應該稱爲古銘刻學。在廣義的古文字學裏,這方面的研究往往被視爲重點。狹義的古文字學主要以古文字本身爲對象,著重研究漢字的起源,古漢字的形體、結構及其演變,字形所反映的本義以及考釋古文字的方法。狹義的古文字學是文字學的一個分支。

古文字資料的種類很多。按照所研究的資料的範圍,古文字學已經形成了甲骨學(以研究殷墟甲骨卜辭爲主)、殷周銅器銘文研究、戰國文字研究、秦漢簡牘帛書研究(如去掉“秦漢”二字,可以包括對戰國簡册帛書的研究)等分支。

研究古文字的風氣是在漢代開始形成的,漢代人所看到的古文字資料主要有三種。一種是先秦銅器的銘文,東漢許慎在《說文解字》的敘裏說,各地“往往於山川得鼎彝,其銘即前代之古文"。西漢張敞"好古文字",宣帝時美陽(今陝西扶風)出土古銅鼎,他曾釋讀其銘文,事見《漢書·郊祀志下》。一種是相傳爲周宣王時太史籀所作的字書《史籀篇》的抄本。漢代人所説的籀文,就指《史籀篇》的字,其字體屬於大篆。一種是所謂古文經,即秦始皇焚書時被藏匿起來的一些儒家經籍抄本,如漢景帝時或武帝初期魯恭王在孔子故宅墻壁裏得到的《尚書》、《禮》、《論語》等書。這些經籍抄本的字體既不是隸書,也不是小篆和籀文,漢代人多稱之爲古文。推崇古文經的經學家如許慎等人,認爲這種字體比籀文還要早。但是據後人研究,所謂古文其實是戰國時代東方國家(指秦以東各國)的文字。

漢代推崇古文經的那一派經學家,後人稱爲古文學家。另一派經學家,反對古文經,只相信世代相傳的本子,後人稱爲今文學家。古文學家爲了讀通古文經,必須從文字學的角度研究古文,所以往往同時是文字學家。他們進行了收集古文並把古文跟當時使用的文字相對照的工作,有些人還進一步對漢字的構造進行了理論上的研究。《漢書·藝文志》著録的《古今字》等書,當是前一方面工作的成果。六書説的建立是後一方面工作的成果。六書一詞最早見於屬於古文經系統的《周禮》。不過據近人研究,把六書解釋爲"造字之本",大概是漢代古文學家的創造。公元1世紀末,許慎撰寫《説文解字》,爲古文學家對文字的研究作了出色的總結。

《説文》收字的體例是"今敘篆文,合以古、籀"。字形以小篆爲主,同時收入一些寫法跟小篆不同的古文和籀文。在解釋文字的時候,許慎依據六書理論,盡可能結合字形指出字的本義。所以即使按照不以小篆爲古文字的傳統文字學的觀點來看,許慎的工作也是帶有古文字研究的性質的。可惜許慎等古文學家所看到的古文字資料,時代都比較晚。在當時雖然古銅器銘文已經受到了有些人的注意,但是搜集、研究這種資料的風氣却還沒有形成,學者們很難加以利用。《説文》敘提到了鼎彝上的"古文",但是書中所收的古文看來全都出自古文經,實際上只是戰國時代的文字。籀文的時代也不算很早,而且許慎等人所看到的《史籀篇》是屢經傳抄的本子,有些字形顯然已經訛變。這些古文字以及小篆的字形往往不能反映本義。因此許慎對古文字的發展過程缺乏正確的認識,他對字形的解釋和所指出的本義也往往不可信。在當時的條件下,這些缺點是很難避免的。

從魏晉一直到宋初,古文字的研究沒有很大的進展。這一時期最受重視的早於小篆的古文字,仍然是古文學家所説的那種古文。曹魏正始年間將古文學家傳授的《尚書》和《春秋》刻石立於太學,每個字都用古文、小篆、隸書三體寫刻。這就是所謂三體石經。晉武帝咸寧五年(279,或謂在太康元年或二年,即280或281),

在汲郡(今河南汲縣)的一個被盜掘的戰國後期魏國大墓裏發現了大量竹簡書,共有七十五卷,十餘萬字,字體跟古文經相類。這就是所謂汲冢古文。這批竹書被收入官府,先後由荀勖、和嶠、衛恆、束晳等人加以整理,寫定爲今文。竹書原本早已不存,寫定之本除《穆天子傳》外也都已亡佚。據史書記載,南北朝時也間有古文簡册發現,但是其内容一點也沒有流傳下來。

在從魏晉到宋初這段時期裏,仍有人繼續做搜集古文的工作,而且還有人用古文寫刻碑碣或僞造典籍古本。他們所用的古文,有的有根據,有的則是杜撰的。五代末宋初的郭忠恕(?—977)根據當時所能見到的各種古文資料編成古文的字彙,名爲《汗簡》。稍後的夏竦(985—1051)編《古文四聲韻》(1044),材料來源跟《汗簡》基本相同,不過《汗簡》是按部首編排的,夏書則是按韻編排的。這兩部書雖然收入了不少杜撰的古文,大部分字形還是有根據的,是現代人研究戰國文字的重要參考資料。郭、夏之後,古文之學就逐漸衰微了。

在這一時期裏,有銘文的古銅器也時有發現,可惜仍然沒有形成搜集、研究金文的風氣。唐初在天興縣(今陝西鳳翔)發現了重要的先秦石刻——石鼓文。唐代人對石鼓文很重視,講字體、書法時往往提到它。由於石鼓文的字形跟籀文比較接近,當時人多附會爲周宣王太史籀所書。秦始皇巡行天下時所立的篆文刻石,在唐代也很受重視。南北朝時石經已有拓本;在唐代,秦刻石和石鼓也都有拓本流傳。

唐代篆文書法家李陽冰曾整理過《說文》。他根據秦刻石改了《說文》的一些篆形,如改(欠)爲等,受到後人的很多批評。李陽冰擅改古書是不對的,但是他根據古代遺留下來的實物上的文字資料糾正《說文》,這却是值得重視的。他解釋字形也時出己見,雖多荒謬,但也間有可取之處。例如許慎解釋"木"字說:"从中,下象其根",他則認爲整個字"象木之形"。

在宋代,由於金石學的興起,古文字研究出現了一個高潮。真宗咸平三年(1000)句中正等人考定乾州(今陝西乾縣)所獻"史信父甗",這是宋人研究古銅器銘文之始。由仁宗朝到北宋末年,搜集、著録、研究古銅器及其銘文的風氣日盛,南宋時,關中、中原等發現古銅器的主要地區先後爲金、元佔據,搜集新出土銅器的工作基本上陷於停頓,但由於北宋學風的影響,南宋前期著録、研究金文的風氣仍相當興盛,到後期就衰落了。

宋代學者在研究金文方面作出重要貢獻的,主要有北宋的楊元明(南仲)、歐陽修(1007—1072)、吕大臨(1046—1092)、趙明誠(1081—1129)和南宋的薛尚功等人。宋人編了不少古銅器和銘文的著錄書，流傳至今的有吕大臨《考古圖》(1092)、宋徽宗敕撰的《博古圖錄》、南宋趙九成《續考古圖》、薛尚功《歷代鐘鼎彝器款識法帖》(1144)、王俅《嘯堂集古錄》和王厚之(復齋)《鐘鼎款識》。前三種兼錄器形和銘文，後三種單錄銘文。吕大臨另編有《考古圖釋文》，按韻收字，是最早的一部金文字彙(或謂此書爲趙九成所編，似非)。政和年間王楚撰《鐘鼎篆韻》，紹興年間薛尚功撰《廣鐘鼎篆韻》，材料較吕書增多，但皆已亡佚(王書實際上還保存在元代楊鉤的《增廣鐘鼎篆韻》裏)。

殷周金文是學者們最早接觸到的早於籀文和古文的文字。宋代學者對金文的搜集、著錄和研究，在古文字學史上有重要意義。他們通過較古的金文已經認識到“造書之初”象形之字“純作畫象”，“後世彌文，漸更筆畫以便於書”(《考古圖》4・26上)。《考古圖釋文》的序對金文形體上的某些特點(如筆畫多寡、偏旁位置左右不一等)以及辨釋金文的方法作了簡明的概括，也很值得注意。宋人正確釋出的金文，大都是比較容易認識的。不過他們有時也有很好的見解，如楊南仲釋晉姜鼎銘文，疑“旛”爲“旂”字，讀爲“祈”，就比近代古文字學名家吳大澂、羅振玉等人以“旛”爲“祈”之本字的說法確切。

在石刻文字方面，石鼓文和秦刻石在宋代都繼續受到重視。南宋前期的鄭樵創石鼓文爲秦篆之說，認爲石鼓是秦惠文王以後始皇以前的刻石。時代稍後的鞏豐認爲是秦襄公至獻公時的刻石。這在石鼓文的研究上是一個很大的進步。北宋時還發現了戰國時秦王詛咒楚王於神的刻石，即所謂詛楚文，歐陽修(1007—1072)、董逌和南宋的王厚之、王柏等人都曾加以研究。

在宋人的六書研究中，可以看到金石學的影響。鄭樵《通志・六書略》對某些表意字字形的解釋明顯勝過《說文》。例如《說文》說“止”字“象艸木出有址”，《六書略》則認爲“象足趾”；《說文》說“步”字“从止、乢相背”，《六書略》則認爲“象二趾相前後”；《說文》說“立”字“从大立一之上”，《六書略》則認爲“象人立地之上”；《說文》說“走”字“从夭、止，夭者屈也”(從段注本)，《六書略》則說“夭”“象人之仰首張足而奔之形”。“步”、“立”、“走”等字一般都看作會意字，《六書略》却收在象形類裏。鄭樵對金石文字頗有研究(《通志》有《金石略》)。他能有上述那類見解，顯然是由於受了金石文字中較古字形的啓發。宋元間的戴侗作《六書故》，直接採用金文字形。由於金文字少，往往杜撰字形，因此受到後人的很多批評。不過戴氏說字頗有獨到之處，這也是後人所承認的。如他認爲是“星”的初文，“鼓”字所从的“壴”本象鼓形，就是很好的見解。

元、明兩代是古文字研究衰落的時期,金石學方面值得一提的,只有明人搜集、著錄古印的工作。這項工作宋人就開始做了。但是宋元時代的古印譜大都已經亡佚,流傳下來的如《説郛》所收的《漢晉印章圖譜》,資料貧乏,用處不大。明人所編古印譜,如顧氏《集古印譜》(1571),内容比較豐富,爲古文字研究提供了有用的資料。

在這一時期裏,古文字字彙繼續有人編纂,但是所收字形大都據前人之書輾轉摹錄,沒有多大參考價值。元初楊桓《六書統》、明代魏校《六書精蘊》等書也都想根據早於小篆的古文字來講六書。這些書"杜撰字體,臆造偏旁"之病甚於《六書故》,而見解則不及《六書故》,不爲後人所重。

進入清代以後,金石學和小學復興,古文字研究重新得到發展。清代古文字研究的水平是逐漸提高的。清初閔齊伋作《六書通》,後由畢弘述整理刊行。這是兼採古文、印文和鐘鼎、石刻文字的一部古文字字彙,流傳很廣,但是内容雜亂,摹錄失形,水平很低。乾隆時,清高宗先後命梁詩正、王傑等人仿《博古圖錄》體例對内府所藏古銅器加以著錄,編成《西清古鑒》(1751)、《寧壽鑒古》、《西清續鑒甲編》及《乙編》四書(後三書稿本民國時方印行),其水平尚在宋人之下。從乾、嘉之際開始,清人在古文字研究上才有明顯超過前人之處。道光以後,重要的金石收藏家輩出,陳介祺(1813—1884,號簠齋)是其中的代表。他們收藏的古文字資料在種類、數量、質量等方面都超過了前人。由於古文字資料的日益豐富,同時也由於小學、經學等有關學科的發達,古文字研究的水平不斷提高,到清代晚期同治、光緒時期達到了高峰。吳大澂(1835—1902)、孫詒讓(1848—1908)是高峰期最重要的學者。

清代古文字研究的重點仍然是金文。乾隆時,由於樸學的興起以及《西清古鑒》等書的編纂,士大夫中對金文感興趣的人逐漸增多。嘉慶元年(1796),錢坫刻《十六長樂堂古器款識考》,專收自藏之器,器形、銘文並錄。九年(1804),阮元(1764—1849)刻《積古齋鐘鼎彝器款識》,著錄所收集的各家銘文,加以考釋,以續《歷代鐘鼎彝器款識》。此後出現了很多跟錢書或阮書同類的著作,影響較大的有吳榮光(1773—1843)《筠清館金文》(1840)和吳式芬(1796—1856)《攈古錄金文》(1895),體例都是仿阮書的。

清代研究金文的主要學者,乾嘉時期可以上舉的錢坫、阮元爲代表,道咸時期有徐同柏(1775—1854)、許瀚(1797—1867,字印林)等人。徐同柏著《從古堂款識學》(1886)。許瀚曾爲吳式芬校訂《攈古錄金文》,他在金文方面的見解多見於此書。同光時期,金文研究出現高潮,主要學者有吳大澂、孫詒讓、方濬益(?—1899)、劉心源(1848—1915)等人。吳大澂跟金文有關的主要著作有《說文古籀補》(1884)、《字說》等書。《古籀補》是古文字字彙,所錄之字以金文爲主,兼及石刻、璽印、貨幣和古陶文字,釋字頗有出自己見者。此書一改《古文四聲韻》以來按韻收字的體例,分別部居悉依《說文》,不可釋和疑而不能定之字入於附錄。所錄之字皆據拓本慎重臨摹,跟過去那種輾轉摹錄、字形失真的古文字字彙大不相同。後來的古文字字彙,在編排的體例上大都仿照吳書。孫詒讓著《古籀拾遺》(1888)和《古籀餘論》(1929),訂正前人考釋金文之誤。方濬益著有《綴遺齋彝器款識考釋》(1935),但在他去世多年後才出版。劉心源的主要著作是《奇觚室吉金文述》(1902)。上述諸人對金文的考釋有很多超過前人之處。

宋代以來多把春秋戰國時鳥篆之類筆畫屈曲奇特的金文視爲夏商文字。龔自珍(1792—1841)曾疑王復齋《鐘鼎款識》著錄的、鑄有這類銘文的"董武鐘"是吳越器。方濬益明確指出:"若薛錄之四商鐘、王氏所錄之董武鐘,要亦周器,乃當時自有此一體,如秦之有繆篆、殳書者"(《綴遺》卷首《彝器說》中)。這是一種進步。在把銘文跟古籍中有關的歷史資料聯繫起來進行研究方面,清人也超過了前人。

貨幣文字真正成爲古文字研究的資料是從清代開始的。搜集、研究古錢幣的風氣開始得很早。但是宋代以來研究古錢的人大都把基本上屬於戰國的東周時代的刀、布等類錢幣,說成太昊、堯、舜等古帝王和夏商時代的東西,解釋幣文極盡穿鑿附會之能事。直到乾隆時敕撰的《錢錄》(1751),仍然停留在這種水平上。古幣文字的研究出現轉機,也在乾嘉之際。據蔡雲《癖談》(1827),錢大昕(1728—1804)曾說過"幣始戰國"的話。嘉慶時,初尚齡作《吉金所見錄》(1819),把古刀、布斷歸春秋、戰國。先秦古幣的研究自此漸上軌道。吳大澂《古籀補》收入了不少幣文,劉心源在《奇觚》裏也考釋了一些幣文。

乾嘉以後,璽印文字的研究也有相當大的進步。元、明時,除明代後期的朱簡(字修能,著有《印經》、《印品》)等極少數人外,皆不知古印中有早於秦代之物(明人古印譜中其實已收入不少戰國印,但他們大都不明其時代)。乾隆五十二年(1787),程瑤田(1725—1814)爲潘氏《看篆樓印譜》作序,釋出戰國印中的"私璽"二字,並說"'璽'但用'尒'者,古文省也"(《通藝錄》卷八《看篆樓印譜敘》)。這是清人辨識先秦古印的先聲。道光年間,張廷濟(1768—1848)編《清儀閣古印偶存》,稱先秦印爲古文印。同、光間,陳介祺編《十鐘山房印舉》,在漢印之前列"古璽"和"周秦"印兩類。按其內容,前者基本上是六國印,後者包括戰國時的秦印、秦代印和漢初印。陳介祺本認爲周秦印是周末與秦代之物,古璽是三代之物。光緒四年(1878),他在致吳大澂的信中説:"……朱文銅璽,前人謂之秦印,不知是三代,今多見,亦似六國文字"(五册本《簠齋尺牘》第五册戊寅四月二十二日札),對古璽時代的認識已接近實際。《古籀補》收入了一些璽文。在漢印篆文方面,嘉慶時就有桂馥(1736—1805)《繆篆分韻》(1796)等字彙刊行,摹錄印文比較謹嚴,勝於以前其他各類古文字字彙。

道光以後還發現了一些古文字資料的新品種,如封泥文字(即打在封泥上的印文,以漢代的爲多)、古陶文字以及在清末才發現的具有重要意義的甲骨文。古陶文字首先於同、光間在山東臨淄等地發現,稍後又在直隸易州(今河北易縣)等地發現,陳介祺是第一個鑒定"三代古陶文字"(實際上大都屬於戰國時代)並加以收藏的人。吳大澂第一個認真研究古陶文。他曾據陳介祺藏陶的拓本寫過一些考釋,還在《古籀補》裏收入了不少陶文。

安陽殷墟的甲骨文(主要内容爲卜辭)大約在光緒二十四年(1898)開始受到古董商的注意。次年,王懿榮(1845—1900)鑒定爲三代古文並加以收藏。殷墟甲骨文資料豐富,内容重要,時代屬商代後期,早於大多數銅器銘文,其發現在古文字學史上有重大意義。王懿榮在鑒定甲骨文的次年,就因八國聯軍侵入北京自殺殉國,所藏甲骨後歸劉鶚(1857—1909)。光緒二十九年(1903),劉鶚從所藏甲骨中選拓了一部分編爲《鐵雲藏龜》出版。這是第一部甲骨文著録書。劉鶚在序中已稱甲骨文爲"殷人刀筆文字"。次年,孫詒讓據《藏龜》寫成《契文舉例》。這是第一部研究甲骨文的專著。此書遺稿由甲骨學的奠基者羅振玉(1866—1940)在1917年印行。甲骨文發現後,古董商欺騙收藏家,把出土地點説成湯陰。羅振玉是學者中最早打聽到真實出土地點的人。宣統二年(1910),羅振玉作《殷商貞卜文字考》,考定甲骨出土之地是殷都故墟,甲骨文是殷王朝占卜的遺物,把甲骨文研究推進了一大步(他當時認爲殷墟只是"武乙之墟"則是錯誤的)。此書印行的次年,清王朝就覆滅了。

清代金石學的發達,在專門研究《説文》的著作裏也得到了反映。段玉裁(1735—1815)《説文解字注》在"鋚"字下引用金文的"攸勒"來作解釋。桂馥本是金石學家,他在《説文義證》裏屢次引用金石文字。王筠(1784—1854)在《説文釋例》裏更是常常用金文的字形跟《説文》的字形作比較。

隨着古文字研究的逐漸深入,《説文》的一些錯誤就變得越來越明顯了。吳大澂在《古籀補》自序裏指出《説文》中古文的形體跟習見的銅器銘文不合,懷疑他們皆"周末七國時"文字。陳介祺也有類似看法(《古籀補》陳序)。吳、陳二氏還都對《説文》所收的籀文的時代表示了懷疑。從《古籀補》、《字説》等書中關於璽文、幣文和陶文的一些話可以看出,吳大澂已經認識到這些文字資料基本上都是"周末"、"六國"時的東西。他在《古籀補》"二"、"鈞"兩字下,還明確指出《説文》中這兩個字的古文的字形跟六國銅器銘文相合,應是"六國時"文字,不是真正的"古文"。可見吳大澂對《説文》古文的看法,在很大程度上是以他對戰國文字的研究爲基礎的。(《叢稿》編按:關於這個問題,請參閲收入本書的《吳大澂》一文。)對《説文》篆形以及許慎講字形和本義的錯誤,吳大澂、孫詒讓等人也時常根據古文字加以指出。《古籀補》凡例第一條就説:"古器所見之字,有與許書字體小異者……可見古聖造字之意,可正小篆傳寫之訛。"

孫詒讓在光緒三十一年(1905)寫成《名原》一書,從文字學角度總結自己研究甲骨、金文的成果。他指出文字"本於圖象",漢字最初"必如今所傳巴比倫、埃及古石刻文,畫成其物,全如作繢(繪)",後來由於書寫不便逐漸簡化,"最後整齊之以就篆引之體",才成爲《説文》所載的那種文字。書中還很注意把同从一個偏旁的字放在一起來加以考察。《名原》在一定程度上跳出了金石學和傳統文字學的圈子,是古文字學史上有重要意義的一部著作。

到了民國時代,在西方學術思想的影響下,中國現代的歷史學、考古學和語言學逐漸形成,古文字學也逐漸加强了科學性。

民國前期古文字研究的代表學者是羅振玉和王國維(1877—1927)。羅振玉對古文字的研究開始於清末,不過他的學術活動主要是在民國時代進行的。羅氏對甲骨、銅器、金文拓本、璽印、封泥等古文字資料都有豐富的收藏。他既勤於著録、傳佈各種資料,也勤於研究、著述,貢獻是多方面的。在他的著作裏,最重要的是在《殷商貞卜文字考》的基礎上寫成的《殷虚書契考釋》(1915)。此書在甲骨文字的考釋和卜辭的通讀等方面取得了較大突破,爲甲骨學奠定了初基。王國維是在羅振玉的影響下開始從事古文字研究的。他在甲骨、金文和古文、籀文的研究上都取得了成就。在甲骨文方面,王國維新識之字並不是很多,但往往對通讀卜辭有重要意義。他的主要貢獻是以甲骨卜辭與典籍互證,進行歷史、地理和禮制等方面的研究。他在金文方面,著有《觀堂古金文考釋五種》和很多單篇文章。在古文、籀文方面,著有《魏石經考》、《史籀篇疏證》以及《戰國時秦用籀文六國用古文説》、《桐鄉徐氏印譜序》等文章。他認爲古文是戰國時東方六國的文字,説法比吳大澂精確。此説現已成爲定論。至於籀文究竟是不是戰國時秦國的文字,古文字學界尚有不同意見。

羅、王都已受到西方學術思想的影響,對舊的金石學有所不滿。羅振玉主張把金石學改爲古器物學(《雲窗漫稿・與友人論古器物學書》)。王國維曾把前人對古銅器和銘文的研究稱爲“古器物及古文字之學”(《國朝金文著録表序》),還時常單獨使用“古文之學”、“古文字之學”或“古文字學”之類名稱,可見他傾向於把金石學分爲古器物學和古文字學。這實際上反映了當時學術界客觀存在的趨勢。不過從羅、王的研究工作來看,他們還未能真正擺脱金石學和傳統文字學的束縛。

20 年代以後,隨着現代考古學的形成,古器物學爲考古學所吸收,古文字學正式成爲獨立的學科,並且在考古學、語言學等學科的影響下發生了巨大的變化。

1928 年,中央研究院歷史語言研究所開始發掘殷墟,古文字資料的出土情況開始由盜掘和偶然發現變爲科學發掘。雖然由於盜掘無法禁止,這種轉變只是局部性的,但是其意義仍然十分巨大。進入 30 年代以後,古文字研究的方法也出現了劃時代的變化。

郭沫若(1892—1978)在 20 年代末,爲了探討中國古代社會性質開始研究甲骨、金文。在 30 年代前期,他借鑒考古學的類型學方法,根據器物的形制、花紋和銘文的字體、内容,對西周王朝的銅器進行區分所屬王世的研究,又對周代諸侯國銅器(大部屬於東周時代)進行分國的研究,寫成了《兩周金文辭大系》這部名著,建立了銅器銘文研究的新體系。他還以馬克思主義的唯物史觀爲指導去研讀甲骨卜辭和銅器銘文,對它們的某些内容有了比前人深刻的理解。他的《卜辭通纂》(1933)和《殷契粹編》(1937),在卜辭的通讀上有重要貢獻。他在收入《殷周青銅器銘文研究》的《殷彝中圖形文字之一解》(1931)這篇論文裏,指出殷周銅器銘文中的很多“圖形文字”是“國族之名號”,一掃過去把這類文字任意釋爲“子”、“孫”等字,或視爲非文字的圖畫的謬説。

與郭沫若用新方法研究銅器銘文同時,參加殷墟發掘、負責出土甲骨整理工作的董作賓(1895—1963),對甲骨文也進行了分期斷代的研究。他在 1932 年寫成、1933 年發表的《甲骨文斷代研究例》裏,全面論述了殷墟甲骨文斷代的根據,把甲骨文時代劃分爲五期,大大提高了甲骨學的水平。後來他還在甲骨文斷代方面提出了一些補充的意見,如新、舊派的劃分等,這些意見引起了不少爭論。

清代以來,雖然古文字研究得到了迅速發展,考釋古文字的方法却一直没有人認真加以探討。有些研究古文字的人在語言文字學上缺乏修養,主要憑想象去考釋古文字,甚至自己就把釋字比作“射覆”。另一方面,由於一般文字學者不熟悉古文字,不能及時吸收古文字學者的研究成果,文字學也長期不能從一些有問題的舊觀念中解脱出來。唐蘭(1901—1979)針對這種情況,在1935年寫成了《古文字學導論》。此書分兩部分。第一部分"由古文字的立場去研究文字學"。第二部分闡明研究古文字,主要是考釋古文字的方法,特别强調了偏旁分析法和歷史考證法的重要性。這是古文字學的第一部理論性著作。郭沫若、董作賓等人從事的古文字研究工作,大體上屬於古銘刻學的範圍。唐蘭則把古文字學看作文字學的分支,把它跟古銘刻學(他稱爲古器物銘學)區分了開來。不過他也指出二者有十分密切的關係。

通過上述這幾位學者和其他一些學者的努力,古文字學終於擺脱了金石學和傳統文字學的束縛,呈現了新的面貌。如果把古文字學史分作古代、近代、現代三段,也許可以把漢代到清代道咸時期劃爲古代,清代同光時期到20世紀20年代劃爲近代,20世紀30年代以後劃爲現代。進入30年代以後,古文字學發展的勢頭很猛。可惜到1937年抗日戰爭爆發,殷墟發掘被迫中止,古文字學的發展也受到了一定影響。

1949年中華人民共和國建立以後,考古事業得到了前所未有的大發展。出土的古文字資料不但數量多,内容重要,而且絶大多數有科學的發掘記録。因此古文字研究者越來越重視考古學所提供的有關知識,使他們的研究的深度和科學性都有了增加。在新發現的資料裏,有些品種是從來没有見過的,其中有的過去從來没有發現過,有的雖然在古代曾經發現過但没有實物遺留下來,如西周甲骨文、春秋戰國間的"盟書"(民國時代曾有少量發現,但當時不明其性質)、戰國竹簡以及秦和西漢早期的簡牘和帛書等。這些資料的發現爲古文字學開闢了新的領域。一些舊領域的研究工作,也由於新資料的發現而有了很大進展。

以上對民國時代和中華人民共和國建立以後古文字學發展的大勢,作了一個粗略的概述。下面再以幾個重要研究領域爲綱,簡單地補充一些這一時期古文字研究的情況。

先補充甲骨學方面的情況。在甲骨文字的考釋方面,羅振玉、王國維之外還有不少學者作出了貢獻。其中最重要的是唐蘭和于省吾(1896—1984)。唐蘭在這方面的代表作是《殷虚文字記》(講義本1934,新版1981),于省吾的是《甲骨文字釋林》(1979)。在甲骨文斷代研究方面,對董作賓的意見作出補充和糾正的,主要有胡厚宣(1911—1995)、陳夢家(1911—1966)和日本的貝塚茂樹。貝塚在這方面的代表作是他和伊藤道治合寫的《甲骨文斷代研究法的再檢討》(《東方學報》京都第

23 期,1953)。陳夢家的研究成果包括在他的《殷虚卜辭綜述》(1956)裏。70 年代晚期開始的李學勤等人跟蕭楠等人關於“歷組卜辭”時代問題的爭論,現在還沒有得到結論,但是對甲骨文斷代的研究已經起了很大的推進作用。此外,在甲骨卜辭的文例、語法以及歷史、地理等方面問題的研究中,也有不少學者取得了成績。甲骨學的通論性著作以陳夢家《殷虚卜辭綜述》爲最重要。甲骨文字彙等工具書,主要有王襄(1876—1965)《簠室殷契類纂》(1920,增訂本 1929)、商承祚(1902—1991)《殷虚文字類編》(1923)、孫海波(1910—1972)《甲骨文編》(初版 1934)和李孝定《甲骨文字集釋》(1965)。日本島邦男(1907—1977)的《殷墟卜辭綜類》(1967)是一部有創造性的工具書。此書根據甲骨文的字形特點分部排字,除部分極常用的字外,每個字下都按甲骨文原樣摹出含有這個字的所有卜辭,極便於研究者使用。1978—1982 年出版了郭沫若爲主編胡厚宣爲總編輯的《甲骨文合集》。這是一部大型的甲骨文著録書,共 13 册,收甲骨 4 萬餘片。70 年代以前已著録的有研究價值的甲骨文資料,大抵已收入此書。

在殷周銅器銘文的研究方面,除郭沫若外,作出比較重要貢獻的還有唐蘭、陳夢家、楊樹達(1885—1956)、李學勤和日本的白川静等人。唐蘭有《論周昭王時代的青銅器銘刻》(《古文字研究》第二輯)等論文。陳夢家的主要著作是《西周銅器斷代》(《考古學報》第 9 册至 1956 年 4 期,未完)。楊樹達的主要著作是《積微居金文説》(初版 1952)。白川静的主要著作是《金文通釋》(1964—1984)。唐蘭和李學勤在西周銅器斷代問題上跟郭沫若有較大分歧。金文字彙等工具書有容庚(1894—1983)的《金文編》(初版 1925)、周法高主編的《金文詁林》(1975)及其《附録》(1977)與《補》(1982)。社會科學院考古研究所編的大型金文著録書《殷周金文集成》預計收銅器銘文萬件以上,1984 年已出了第一册。《甲骨文合集》和《殷周金文集成》的出版,對古文字研究無疑會起很大的促進作用。

在殷周時代的某些甲骨、銅器和其他物件上,可以看到一種用六個或三個數字組成的符號,其意義長期以來没有確解。張政烺在《試釋周初青銅器銘文中的易卦》(《考古學報》1980 年 4 期)等論文中證明它們是易卦,解決了古文字學上的這個懸案。

在民國時期和中華人民共和國建立後這一時期裏,戰國文字的研究逐漸發展成爲古文字學的一個重要分支。30 年代出版了對研究戰國文字很有用的兩種古文字字彙:羅福頤(1905—1981)《古璽文字徵》(1930;1981 年出版的故宫博物院編的《古璽文編》是修訂此書而成的)、顧廷龍《古陶文孴録》(1936)。1938 年出版的丁福保(1874—1952)主編的《古錢大辭典》,爲研究戰國幣文提供了方便。40 年代初在長沙戰國楚墓裏發現了一件寫有近千字的帛書,這是戰國文字的重要新資料。早在 1924 年出版的丁佛言(1879—1930)的《說文古籀補補》,值得在這裏特別提一下。此書釋出了不少戰國璽文,可惜由於缺乏論證,長期沒有得到應有的重視,《古璽文字徵》就沒有吸收此書的成果。中華人民共和國建立以後,一方面由於在民國時代已經打下了一定的基礎,一方面由於楚簡等重要新資料不斷發現,戰國文字的研究迅速發展起來。通過朱德熙(1920—1992)、饒宗頤、李學勤等一大批研究者的努力,在對戰國銅器、竹簡、帛書、璽印、貨幣和陶器的文字的研究上,都取得了較好的成績。王國維把戰國文字分成秦國和六國兩系,現在戰國文字研究已經進入了分國研究的階段。研究者對戰國文字的認識已經比過去深刻得多了。

秦和西漢早期的簡牘帛書的研究,是中華人民共和國建立後隨着這些新資料的發現而興起的。70 年代發現的幾批重要資料,如雲夢睡虎地秦墓竹簡、長沙馬王堆漢墓帛書和臨沂銀雀山漢墓竹簡等,現在都已完全或基本上整理完畢,正在陸續刊佈。此外,近年來又發現了一些重要的新資料。這方面的研究工作今後無疑會有很大的發展。

在古文字的考釋方面,還應該特別提一下早在 20 年代就出版的日本高田忠周的《古籀篇》(1925)。此書糅合各種古文字加以考釋,內容顯得有些龐雜,錯誤也較多,因此不爲古文字學者所重。其實書中頗有一些很好的創見。例如唐蘭在《古文字學導論》裏釋甲骨、金文的字爲"巫"(《導論》166—167 頁),此書早就如此釋了(《古籀篇》卷八・7 下)。

最後,簡單提一下這一時期裏古文字研究在文字學上的重要貢獻。

統治文字學界二千年之久的六書說,實際上是漢代學者主要根據他們對小篆的理解建立起來的,並不能很好地說明較古的漢字的構造。唐蘭在《古文字學導論》裏提出了"象形"、"象意"、"形聲"三書說。陳夢家在《殷虛卜辭綜述》裏提出了"象形"、"形聲"、"假借"三書說。他們衝破了六書說的樊籬,對文字學的發展起了促進作用。

在漢字起源問題上,唐蘭等古文字學者也批判了過去的一些不合理的說法。中華人民共和國建立後,新石器時代陶器上的符號的大量發現,尤其是大汶口文化象形符號的發現,使漢字起源問題的研究進入了一個更爲深入的階段。

由於《說文》"古文"的性質有了明確結論,並由於對各種古文字的研究越來越深入,古文字形體、結構發展變化的過程越來越清楚了。70 年代秦簡等新資料的發現,使大家對隸書的形成也有了比過去正確的認識。這一時期的古文字學者,對《說文》篆形和許慎講字形和本義的錯誤指出得更多了。可惜在這方面還沒有一部總結已有成果的高質量的專著。在傳統文字學得到改造的過程裏,古文字學起了很重要的作用。

本文是據《中國大百科全書・語言文字》卷(中國大百科全書出版社,1988)"古文字學"條刪改而成。原載《文史叢稿》,今據以收入。

古文字研究五十年

（與陳劍合著）

建國五十年來，尤其是70年代以來，古文字研究有了長足的進展。研究隊伍日益壯大，1978年成立了中國古文字研究會，迄今已舉辦了十二屆研討會。《甲骨文合集》、《殷周金文集成》等大型古文字資料著録書，以及一批很有用的古文字工具書陸續出版，爲研究者提供了很大便利。在古文字學理論的研究、殷周甲骨文研究、殷周金文研究、秦系文字研究、戰國文字研究等方面，都取得了很多成果，在廣度和深度上都明顯超過了前人。對各方面的具體研究成果，本文限於篇幅，難以一一介紹。

縱觀五十年來古文字研究發展的大勢，我們認爲有兩點值得特别加以指出：一、考古學對古文字學的促進。二、語言學跟古文字學的結合。下文擬以這兩點爲中心，對五十年來的古文字研究作一個簡單的回顧。

一

新中國建立以後，由於建設事業的需要，考古工作得到了前所未有的大發展。考古工作者通過頻繁的調查發掘工作，源源不斷地爲古文字研究提供新的資料。在這些新發現的資料裏，有的品種過去從來没有發現過，如西周時代的甲骨文、秦代的簡牘文字；有的品種雖然在古代曾經發現過但並無實物遺留下來，如戰國時代的簡册文字。它們的出土，迫使古文字研究者不斷開闢新的領域。一些舊領域的研究工作，也由於新資料的不斷補充而有了很大的進展。幾乎可以説，建國以後的古文字研究是由考古工作推着前進的。

這些新出的古文字資料不但數量多、内容重要，而且絶大多數有科學的發掘記録，這大大提高了它們對古文字研究的價值。過去古文字研究所使用的資料，大多係盗掘所得或因其他偶然因素而出土。由於缺乏明確的出土地點以及出土時的層位關係和共存物等資料,研究它們的國别、年代等問題的學者往往會遇到相當大的困難。有了科學的發掘記録,情況就好得多了。在五十年來的古文字研究中,研究者們越來越重視考古學所提供的有關知識,有意識地吸收和借鑒考古學的成果和方法,使他們的研究的深度和科學性都有了增加。

下面舉一些考古學促進古文字研究的實例。

殷墟甲骨文的分期斷代,是甲骨文研究的一個重要問題。30年代董作賓首次提出系統的甲骨分期斷代學説,這跟1928年開始的殷墟甲骨的科學發掘是緊密聯繫在一起的。建國五十年來殷墟甲骨分期斷代研究的進展也跟考古發掘有分不開的關係。1973年河南安陽殷墟小屯南地出土商代有字甲骨四千五百多片。這批甲骨數量大、内容豐富,而且有出土坑位和地層的記録。有些𠂤組、午組等卜辭出於殷墟早期地層,這就使50年代由陳夢家提出、後又經其他學者從不同角度論證過的𠂤組、午組等卜辭屬武丁時期的觀點得到了確鑿的證據。1976年殷墟發現了商王配偶"婦好"的墓葬。在殷墟甲骨卜辭裏,"婦好"之名既見於公認的武丁時代卜辭,也見於一般認爲屬於武乙、文丁時代的卜辭,即有些學者所説的"歷組卜辭",婦好墓的發現,引起了關於"歷組卜辭"的時代的討論。參加討論的人分成觀點對立的兩派,一派認爲這種卜辭應當屬於武丁和祖庚時代,另一派維護這種卜辭是武乙、文丁卜辭的舊説。這次討論尚未結束,雙方的認識最終要趨向一致,估計還得依靠更加明確和有力的考古學的證據。但是,通過這次討論,甲骨文分期斷代的理論和方法,已經有了明顯的發展。早在50年代,就有學者在考古類型學理論方法的影響下,指出甲骨文的分類與斷代應分成兩個步驟來進行,分類要依據字體、字形等特徵。這在甲骨斷代理論上是一個突破。但是直到70年代以後在關於歷組卜辭的討論中,這一觀點才真正受到重視。按照這種觀點進行甲骨分期斷代研究的專著已經有了三部。分類與斷代研究的日益精密,是殷墟甲骨文研究的重要進展,將越來越明顯地影響到甲骨文字考釋、商代語言研究、商代歷史研究等方面。

1991年秋,在殷墟花園莊東地出土了五百七十九片以"子"爲占卜主體的有字甲骨,爲研究"非王卜辭"提供了重要的新資料。

50年代以來,陸續發現了一些西周時代的甲骨。其中以70年代在陝西岐山、扶風一帶的古周原地區發現的最爲重要。已發現的刻字西周甲骨總計三百多片,其中少量卜甲的時代可能屬於商代末期。西周有字甲骨的出土,擴大了甲骨學的研究範圍,對研究商周之際和西周時代的歷史和語言文字都有重要意義。

五十年來不斷有西周、春秋時期重要有銘青銅器出土。著名的如利簋、何尊、裘衛諸器、包括師翻鼎在內的扶風强家窖藏銅器群、包括史牆盤在內的扶風莊白窖藏銅器群、河南淅川下寺春秋楚墓銅器群,以及近年新出土的晉侯銅器、子犯編鐘等。這些銅器銘文豐富了金文研究的內容,解決了以前古文字考釋中的一些疑難問題,對研究有關時期和地域的歷史、文化也都有很大價值。有些西周青銅器窖藏出了同一家族幾代人的器物,對研究西周銅器斷代有很大幫助。

1965 年底在山西侯馬晉國遺址發現了五千餘件寫在玉石上面的“盟書”,對於研究春秋戰國間的字體和當時的社會經濟等情況有重大意義。大約在 40 年代初,河南溫縣也發現過這類東西,過去有人稱之爲“沁陽玉簡”(發現地當時屬沁陽)。由於侯馬盟書的發現,其性質才得到了正確的認識。70、80 年代間在溫縣又發現了大量盟書,但迄今爲止只發表了簡報。

秦系文字的研究,由於考古新發現也有了較大的突破。秦系文字包括春秋戰國時代的秦國文字和秦代文字。70 年代以來,秦系文字的資料不斷發現,其中簡牘佔主要地位。繼 1975 年 12 月湖北雲夢睡虎地第十一號秦墓出土一千多枚竹簡之後,又陸續發現了四川青川木牘、甘肅天水放馬灘秦簡、湖北雲夢龍崗簡牘、湖北江陵王家臺秦簡等。其所用字體都是古隸。由於這些簡牘以及也是用古隸書寫的馬王堆漢墓帛書、銀雀山漢墓竹簡等大量西漢早期的帛書和簡牘的發現,大家才認識到早期隸書的真正面貌,並且認識到隸書不是秦統一後在小篆的基礎上形成的,而是在戰國晚期,以秦國文字的簡俗體爲基礎而形成。這在隸書的研究上是一個突破。七八十年代出土的春秋早期的秦公鐘、鎛和中期的秦公石磬的銘文,是秦系文字的寶貴資料。它們的發現使已經爭論了好幾百年的石鼓文時代問題有望得到真正的解決。

戰國文字研究是古文字學中較晚形成的一個分支,民國以來才發展起來。建國後尤其是近二十多年來,由於重要新資料不斷出土和研究者的努力,戰國文字研究幾乎成了古文字學中發展最爲迅速的一個部門。現在,戰國文字分國的研究已經相當深入,研究者對戰國文字形體的特點及各地區文字之間的差別,已經有了較前深刻得多的認識。

戰國文字的資料,種類很多,其中以金文和簡文最爲重要。金文方面,50 年代以來陸續有楚鄂君啓節、新鄭“鄭韓故城”兵器、河北平山中山王銅器、曾侯乙墓編鐘等多批重要發現。簡文資料更爲豐富。50 年代至 70 年代先後在湖南長沙、河南信陽、湖北江陵的楚墓和湖北隨州的曾侯乙墓中發現了大量竹簡。其內容一部分是遣策(包括送葬車馬的記録),一部分是占卜祭禱記録,此外還有少量的古書。80年代以來,又有荆門包山楚簡、郭店楚墓竹簡等新的重大發現。包山簡中有前所未見的一批司法文書,郭店簡則全是古書,十分珍貴。近年來的楚簡研究,在奇字難句的釋讀方面有不少突破。戰國文字素來號稱難認,其形體變化和用字習慣常常出人意表,如果不是有新資料的不斷出土,尤其是那些有較明確的文義可尋,甚至還可與傳世古書相對照的古書抄本的出土,有些過去未被釋出或被錯釋的難字,是很難被正確釋讀出來的。在楚簡文字的研究不斷深入的過程中,40年代發現的長沙楚帛書的研究也有了很大進展。

現在,對戰國楚系簡帛、秦和西漢早期簡帛和其他漢簡的研究,已經形成了"簡帛學"這一新的分支學科。其研究資料絶大部分是五十年來的考古發掘所提供的。

戰國時代的陶文、璽印文字和貨幣文字的研究,也取得了較大成績。在戰國貨幣研究中,國别研究是重要内容。考古發掘所得的貨幣因爲有明確的出土地點,對這方面的研究有特别重要的價值。

通過上面的簡單敘述,我們可以清楚地看出考古學對古文字學的巨大推動作用。然而令人遺憾的是,建國後一度銷聲匿跡的盜掘古墓現象,近些年來却又死灰復燃,而且愈演愈烈。盜掘出土的大量具有很高研究價值的古文字資料,被走私者販運至海外,令研究者難以利用。其中一部分雖然用重金搶救回國,也往往已殘缺不全,或因缺乏科學的發掘記録而給研究者帶來種種本不應有的困難。盜墓和文物走私狂獗,給古文字研究乃至整個傳統文化的研究造成的損失是無可估量的,我們迫切希望政府有力地加以遏制。

二

古文字資料記録的是古代的語言。研究古文字,必須要有語言學的觀點,要善於借鑒和吸收語言學的方法和成果。另一方面,研究上古漢語,也必須重視古文字資料。建國之前,在古文字學和語言學之間存在着嚴重的脱節現象。研究古文字的人往往缺乏語言學修養,考釋古文字時不免單就字形立論而流於臆測。研究上古漢語的人,也往往忽略古文字資料,得出的結論難免時有偏頗。五十年來,這種情況逐漸有了改變。

文字考釋是古文字研究的基礎工作,古文字研究各方面取得的進步,都是和文字考釋的成績分不開的。綜觀建國以來對古文字考釋作出較大貢獻的學者的有關論著,可以看出他們有一個共同的特點,就是比較注意從語言的角度看問題。這些學者對古文字資料作爲語言資料的性質有較深刻的認識,而且熟悉古代文獻,對古代漢語有比較全面深入的瞭解。他們在考釋文字時,很少只就形體立論,而是比較充分地考慮到古文字和所表示的詞的種種關係,考慮到它們在句子中的用法,把字形、詞義、語法幾方面的綫索結合起來研究,把古文字資料和古書中的有關資料結合起來研究。這樣得出的結論往往較爲可信。

一方面,語言學對古文字研究的影響不斷加深;另一方面,50 年代以來,尤其是進入 80 年代以後,利用古文字資料研究上古漢語的成果也逐漸增多。對殷墟甲骨文和周代金文的語法研究有明顯進步。除了通論性著作外,還出現了研究殷墟甲骨文語序、殷墟甲骨文虛詞和周代金文虛詞的專著。利用殷墟甲骨文和周代金文研究商周漢語的語音、詞彙的單篇論文也陸續出現。這些研究成果,已經使我們對商周時代的漢語的面貌較過去有了較爲清楚的認識,反過來又提高了古文字的考釋水平。

總之,跟語言學的關係愈來愈緊密,是近年來古文字學發展的一個趨勢。以語言學的思想指導古文字的考釋,用古文字資料研究上古漢語,二者互相促進,相得益彰。不過也應該看到,仍有不少人由於缺乏語言學的觀點和古漢語的修養,對古文字進行穿鑿附會的錯誤考釋。在用古文字資料研究上古漢語方面,薄弱環節和空白地帶還很多。有些漢語史論著使用古文字資料時,轉引二手甚至三手資料,所根據的文字考釋的說法也有一些是陳舊過時的。這些問題都是我們在今後的研究工作中需要注意的。

學術的進步,離不開新的材料、新的理論和方法。現在,考古發掘提供的新的古文字資料,已經使我們有應接不暇之感;在吸收借鑒考古學和語言學的理論和方法方面,也還有大量的工作可以做。面對這樣的形勢,我們有理由相信,通過研究者的共同努力,古文字學將取得更大的進步。

原載《中國教育報》1999 年 9 月 28 日 7 版,今據以收入。

推動古文字學發展的當務之急

近百年來,我國的文字學,也就是現今很多學者所説的漢字學,有了相當大的進步。其中,以先秦文字爲研究對象的古文字學發展尤爲迅速。文字學的進步,除了得益於近代語言學理論外,可以説主要是由古文字學帶動的。近年來,重要的古文字資料不斷出土,這是古文字學進一步發展的有利條件。但是在這世紀之交,面對很多學科在理論、方法和研究工具等方面不斷更新的形勢,古文字學前進的步伐不免顯得有些蹣跚。目前,在古文字研究方面,存在着新資料的發佈不及時、資料著録總集和工具書不能滿足研究的需要、理論性總結工作做得不够以及電腦化程度過低等問題。古文字學似乎受了它所研究的對象的古老性的影響,跟其他學科相比,顯得有些落伍。研究者往往費力多而收穫少。一些本來對古文字感興趣的學子,不免望而生畏,不敢涉足這一領域。這種情況必須迅速改變。

對於古文字學,新資料非常重要。殷墟甲骨文的發現對古文字學的重要意義,是衆所周知的。從微觀角度看,一些疑難問題也往往由於新資料的發現迎刃而解。例如商周古文字裏有一個跟秦漢篆文"宜"字基本同形的字,羅振玉考釋甲骨文時,根據字形表示的意義把它釋作"俎",從之者極多。很多學者並認爲"宜""俎"古本一字,後來才分化爲二。70 年代發現了扶風莊白一號西周青銅器窖藏,所出三年㾓壺銘中有"羔俎""彘俎"之文,"俎"字寫法接近小篆的"俎"字而與"宜"字迥別,證明"宜""俎"自古即爲二字。羅氏釋作"俎"的那個字只能釋爲"宜"。[①] 又如六國貨幣、璽印等文字中有一個很像"金"字但没有加點的字,過去釋爲"金"或"全",但是有關印文、幣文難以講通,70 年代在河北平山發現了戰國時代中山王的墓葬,所出銅器銘文中屢見此字,從文例上可以毫無疑問地斷定它應該讀爲千百之

---

① 參看于豪亮《説俎字》,《于豪亮學術文存》,中華書局,1985,77—80 頁。

"百"。印文、幣文中的這個字讀爲"百"也都文從字順。② 戰國楚文字中有些過去未能正確釋出的疑難字,由於在近年發現的荆門郭店楚墓竹簡和上海博物館從香港購回的一批楚簡中,出現在有傳世本可對照的古書或古佚書的語意明確的文句裏,也不費研究者什麽力氣就被釋讀了出來。③ 靠郭店楚簡釋出來的楚文字裏的"視"字古體,還使甲骨文和金文裏過去被混同於"見"字的"視"的表意初文得到了確釋。④ 所以,新資料如都能及時發佈,古文字研究者必將大大受益。但是新資料究竟能否及時發佈,牽涉到多方面的因素,古文字研究者一般無法決定。他們通常只能在這方面起一些促進作用,並爭取在新資料發佈後儘快加以利用。

從時代的要求看,古文字研究的電腦化是勢在必行的。好些年前就已經有研究者把古文字資料輸入電腦,或利用電腦編纂古文字學工具書了。周何、季旭昇、汪中文等學者用電腦編的《青銅器銘文檢索》,已於 1995 年正式出版。但是絶大多數古文字研究者還沒有在研究工作中使用電腦(用電腦寫文章跟作研究是兩回事)。電腦化不但能節省研究者的時間,而且能緩解各種資料著録總集和工具書總是跟不上學科發展形勢的狀況。由於新的資料和研究成果不斷出現,各種資料總集和工具書往往出版不久,甚至在出版之日,就已經不够完整或顯得過時了。在常規的出版條件下,顯然很少有可能及時更新這些出版物。然而如果能把它們製成光盤供研究者在電腦上使用,情況就會有所不同。光盤製作者用適當方式把資料總集或工具書輸入電腦以後,可以隨時增删資料或修改内容,並製成新的光盤。由於光盤本身很便宜,比較頻繁地更新光盤版應該是可能的。如果研究者各自直接把他需要的資料總集和工具書輸入電腦,那將造成人力的巨大浪費,實際上也是難以做到的。所以,出這些書的光盤版,不但能緩解出版物跟不上學科發展形勢的狀況,並且是在古文字研究領域中普及電腦化的必由之路。只有這樣,廣大研究者才有可能把自己的研究工作電腦化。但是要製作比較理想的光盤版,必須有質量很高的底本。如果用質量不高的底本,既不利於光盤的使用者,也不利於光盤版日後的升級。這在實質上也是一種浪費。所以,編出各種比較理想的資料總集和工具書,是在普及電腦化之前必須先做好的工作。當然,這種工作本身是可以利用電腦

---

② 參看朱德熙、裘錫圭《平山中山王墓銅器銘文的初步研究》,《朱德熙古文字論集》,中華書局,1995,93—94 頁。

③ 參看荆門市博物館《郭店楚墓竹簡》,文物出版社,1998。

④ 參看裘錫圭《甲骨文中的見與視》,《甲骨文發現一百周年學術研討會論文集》,臺北:文史哲出版社,1998,1—5 頁。

的,前面已經舉過實例了。

我們所説的古文字研究中的理論性總結工作,範圍很廣,諸如古文字學性質和任務的界定、古文字考釋方法的總結(包括對各種錯誤傾向的分析)、古文字結構類型的研究、古文字形體結構的演變規律的研究、古文字發展階段的劃分、古文字地域性的研究等等,都可包括在内。這種工作必須有很多比較具體的研究成果作爲基礎。不論是進行比較具體的研究,還是進行理論性的總結,都離不開有關的資料總集和工具書。這些書的質量的高低,直接影響着研究工作的速度和質量。如果有關的資料總集和工具書根本没有編出來,研究工作更會陷入舉步維艱的困境。

從上述情況看,爲了推動古文字學更快更好地發展,古文字研究者當前必須以主要力量投入的首要任務,就是編出高質量的各種資料總集和工具書,提供盡可能完整的各種古文字資料,全面反映古文字研究已達到的水平,以適應研究工作及其電腦化的需要。工具書多種多樣,最重要的、研究者使用得最頻繁的,是逐字索引和文字編這兩類。下文對工具書的討論就以這兩類爲限。

古文字研究者現在已經有了一批常用的資料總集和工具書。例如:甲骨文的資料總集有胡厚宣先生爲總編輯的《甲骨文合集》(中華書局,1978—1983)、嚴一萍《商周甲骨文總集》(藝文印書館,1983),逐字索引有島邦男《殷墟卜辭綜類》(汲古書院,1971 增訂版)、姚孝遂、肖丁主編的《殷墟甲骨刻辭類纂》(中華書局,1989),文字編有孫海波《甲骨文編》(中華書局,1965)。金文的資料總集有嚴一萍《金文總集》(藝文印書館,1983)、中國社會科學院考古研究所《殷周金文集成》(中華書局,1984—1994),逐字索引有前面提到過的《青銅器銘文檢索》(文史哲出版社,1995),文字編有容庚編纂、張振林、馬國權摹補的《金文編》(中華書局,1985)。錢幣文字的資料總集有汪慶正主編的《中國歷代貨幣大系 I(先秦貨幣)》(上海人民出版社,1988)、中國錢幣大辭典編纂委員會《中國錢幣大辭典·先秦編》(中華書局,1995),文字編有張頷《古幣文編》(中華書局,1986)。璽印的資料總集有羅福頤主編的《古璽彙編》(文物出版社,1981),文字編有故宫博物院《古璽文編》(文物出版社,1981)。陶文的資料總集有高明《古陶文彙編》(中華書局,1990),文字編有高明、葛英會《古陶文字徵》(中華書局,1990)。石刻的文字編有商承祚《石刻篆文編》(科學出版社,1957)。簡文的資料總集有商承祚《戰國楚竹簡匯編》(齊魯書社,1995),文字編有滕壬生編的包含楚帛書文字的《楚系簡帛文字編》(湖北教育出版社,1995)。此外還有一些同類性質的書,這裏不列舉了。

上述那些書在古文字研究中起了很大作用,它們的編著者是值得研究者感謝的。但是從當前的需要來看,它們都有比較明顯的缺點。

主要缺點是資料不全。就各種資料總集來説,不但缺乏這些書編成以後發表的資料(這種資料有些是極爲重要的,如銅器銘文中近年發現的晉侯蘇編鐘銘和子犯編鐘銘,楚簡中近年發現的郭店簡),就是編書時已經發表的資料也有應收而未收的。例如《甲骨文合集》就有不少漏收之片,我在《評〈殷墟甲骨刻辭類纂〉(上)》中已經舉過例子,⑤這裏就不重複了。另一方面,《合集》却收了不少不應收入的重片,還收了個别僞片,如 32676 應是據 33033 僞刻的,31942 應是據 20500 僞刻的。《殷周金文集成》所收之器的數量遠超過《金文總集》等書,但是對資料的去取也有一些問題。以此書最後印出的第十八册的最後一部分,分量不多的"符節類銘文"而言,就漏收了中國歷史博物館已收藏多年且曾公開陳列過的、有很高研究價值的"弁(偏)將軍信節",⑥但像所謂"采者節"(該書 12093 號)那樣的明顯的僞器却反而收入了。其他資料總集都或多或少存在資料不够齊全的問題,有的也收入了個别僞品。1995 年出版的《戰國楚竹簡匯編》,是在六、七十年代編纂的。70 年代以來發現的楚簡,其中包含了出土楚簡中最重要的幾批,此書都未收入,更不能滿足研究者的需要。

工具書的主要問題也是資料不全。《殷墟甲骨刻辭類纂》主要根據《甲骨文合集》,雖然增加了《合集》編成後出版的三種甲骨著錄書的資料,但是《合集》編成前出版的甲骨著錄書一概不再顧及。因此《合集》漏收的,《類纂》也跟着漏收。而且就是見於《合集》等書的辭條,也不時由於疏忽而沒有錄在相關的字頭下。此外,《類纂》還不收《合集》摹本和所謂"習刻"的辭條。因此屢次出現《殷墟卜辭綜類》已收的辭條,後出的《類纂》反而失收的情況。⑦《綜類》和《類纂》對甲骨卜辭中一些極常用的字的用例,採取擇錄的方式,所列辭條相當少。這對從語言角度研究甲骨卜辭,尤其是研究其中的常用虚詞的人,極爲不利。《青銅器銘文檢索》編成時,《殷周金文集成》尚未出全。《檢索》主要根據《金文總集》和邱德修《商周金文集成》(五南圖書出版公司,1983)。《殷周金文集成》中爲此二書所未收的大量器銘,除已見於馬承源主編的《商周青銅器銘文選》(文物出版社,1986—1990)者外,《檢索》基本上沒有採及。

---

⑤ 《書品》1990 年 1 期 7 頁。

⑥ 參看李家浩《貴將軍虎節與辟大夫虎節》,《中國歷史博物館館刊》1993 年 2 期 50 頁。

⑦ 參看注⑤所引拙著,7—8 頁。又參看此文下篇,見《書品》1990 年 2 期 6—7 頁。

文字編類的書,除前面沒有舉到的曾憲通《長沙楚帛書文字編》(中華書局,1993)、張光裕主編的《包山楚簡文字編》(藝文印書館,1992)、張光裕、黄錫全、滕壬生主編的《曾侯乙墓竹簡文字編》(藝文印書館,1997)等少數幾種,基本上每形必錄外,一般對單字雖每字必錄,對字形則是有選擇地收錄的。文字編不能代替逐字索引,這一編輯體例無可厚非。但是各種文字編,除無法顧及編成後發表的新資料外,往往由於編纂時不够細心,或所見資料有欠缺,而漏收一些單字和已收之字的有特點的字形。這是應該注意避免的缺點。

在資料不全之外,各種資料總集和工具書,還有不少體例上或實際操作上的問題。

先談資料總集的問題,同一種物品的不同拓本或照片,以及同一拓本、照片在不同著錄書或同一著錄書的不同版次以至同一版次的不同書本中的影本,往往會有清晰程度的差異。有一些時間有先後的拓本或照片,尤其是容易碎裂的甲骨的拓本,還會有完整程度和存字多少的差異。按理,各種資料總集應該選取最好的拓本、照片,在沒有原始的拓本、照片時應該選取最好的影本入錄,但實際上往往難以做到。有的資料總集甚至很少顧及這一點。由於印刷技術上的問題,有些很清晰的拓本、照片,印出來也會變得不清楚。資料總集在資料的分期、分類或其他編排原則上,也往往有可以商榷之處。在具體編排資料時發生錯誤的情況更爲常見。如把屬於某一期的甲骨編入另一期,把官印編入私印等等。有些資料總集還有比較特殊的問題。例如甲骨有碎片綴合的問題,《甲骨文合集》雖然在這方面做了很多有益的工作,但間有不當綴而誤綴的情況,又有過去已有研究者作出正確綴合而此書未加採用的情況。《合集》出版後,研究者又綴合了其中的不少碎片。⑧ 如果不掌握這些情況,引用到《合集》中的有關甲骨時,就有可能出問題。

各種逐字索引類的工具書,在文字的隸定和辭條的釋讀和編排等方面,都有或多或少的問題。關於《殷墟甲骨刻辭類纂》在這些方面存在的問題,在前面引過的我們的評論文章中有比較具體的説明,可以參考。方才指出的《合集》在綴合方面存在的缺點,也都爲《類纂》所沿襲。各種文字編,除資料不全外,主要的缺點有三:一、對字形的辨認、摹錄不正確。二、對各家釋字之説的選取不够恰當,或對某些有價值的釋字之説茫無所知。三、編者本人釋字錯誤。由於辨認、摹錄字形不

⑧ 蔡哲茂先生編有《甲骨綴合集》,其中有這方面的詳細資料,此書不久可以出版。【編按:此書已於1999年出版。】

正確,這類書裏有時會出現實際上不存在的字頭,而有的實際上存在的字頭却被抹殺了。在逐字索引類的書裏也有這種現象。

按照目前的需要,已有的各種資料總集和工具書幾乎都應該高標準重編。它們的各種缺點應該盡可能加以消滅,或使之減少到最低限度。此外,在這一領域還存在着不少空白。例如:銅器以外的金屬器上的古文字、寫刻或烙在漆木器上的古文字,寫或刻在石玉類物品上的古文字,都還沒有資料總集。除甲骨文和金文外,各種古文字資料都還沒有逐字索引。這些空白,多數是應該補上的,此外還可以根據時代、地域等標準編纂資料總集和工具書。現在已經有人在準備編纂《楚文字資料彙編》、《楚文字編》一類書了。這對推進古文字研究向縱深發展是有好處的。

在有了比較理想的資料總集和工具書以後,還需要有人經常注意各種新的資料和研究成果,加以搜集和整理,爲不斷補充、修改這些書作好充分準備。

上述關於資料總集和工具書的那些工作,大都工作量既大,難度也不小,個人很難完成,必須依靠集體的力量,而且只有動員整個古文字學界的力量,才有可能完成全部任務。目前在兩岸三地,真正有能力進行古文字研究工作的學術單位並不多,它們的人力、物力大都也很有限。而且各單位彼此很少通氣,不但缺乏協作,各自從事的工作還不免有重複,使有限的人力、物力遭到浪費。爲了完成上述任務,這種情況必須改變。建議各有關學術單位共同成立一個在研究工作方面起協調作用的民間組織。在編纂各種資料總集和工具書的工作中,各單位之間要有明確的分工,以避免人力、物力的浪費,但又要做到在資料和研究人員等方面相互支援。一些大的項目也可以由兩個以上單位聯合起來完成。在編纂體例方面,大家可以擬定一些共同的原則。各種書編出來後,可以由這個共同組織設立不同的專家小組加以鑒定。如有問題,可以提出改進的方案,以保證成果符合要求。如果兩岸三地的古文字學界真能齊心協力,做到既有分工又有合作,把人力、物力都用在刀刃上,就有可能在不太長的時間內,如在五年或稍長一些的時間內,完成編好各種重要的資料總集和工具書的任務。這樣才能爲古文字研究工作及其電腦化打下堅實的基礎,使古文字學在21世紀獲得應有的發展。

最後還想提一下秦漢文字的問題。古文字跟秦漢文字息息相關。已經有學者提出了把秦漢的小篆和古隸劃入古文字範圍的意見。在古文字研究中時常要用到秦漢文字的資料。古文字學界如果行有餘力,還應該編好秦漢文字的資料總集和工具書。這對古文字研究是大有好處的。

原載《學術史與方法學的省思——中央研究院歷史語言研究所七十周年研討會論文集》(中研院史語所,2000),又載復旦大學出土文獻與古文字研究中心網站(2007年12月16日),今據後者收入。

裘錫圭學術文集

第四卷

語言文字與古文獻卷

復旦大學出版社

目　　錄

納西象形文字 …… 1
人民群衆是漢字的創造者和改革者 …… 3
從馬王堆一號漢墓"遣册"談關於古隸的一些問題 …… 7
漢字形成問題的初步探索 …… 25
談談古文字資料對古漢語研究的重要性 …… 40
漢字的性質 …… 49
《辭源》《辭海》注音商榷 …… 59
《辭源》修訂本在注反切方面的一些問題 …… 76
文字職務的分化 …… 86
談談漢字整理工作中可以參考的某些歷史經驗 …… 96
研究漢字切忌爲感情所支配 …… 101
漢字的起源和演變 …… 103
四十年來文字學研究的回顧 …… 149
釋詞兩則 …… 162
　　一、釋"拉雜" …… 162
　　二、釋"涉獵" …… 164
談談《同源字典》 …… 169
再談古文字中的"去"字 …… 188
從純文字學角度看簡化字 …… 190
在紀念《漢字簡化方案》公佈35周年座談會上的發言 …… 194
讀古書要注意字的古義 …… 196
秦漢時代的字體 …… 205
大學生應該注意培養正確使用漢語漢字的能力 …… 230
一句至少被誤解了一千七百多年的常用的話——"予取予求" …… 235

究竟是不是文字
——談談我國新石器時代使用的符號 …… 237
讀《魏晋南北朝詞語例釋》 …… 239
不要以不誤爲誤
——語文瑣議之一 …… 243
積極慎重地進行現代漢語規範化建設 …… 249
貝、錢、幣
——雜談古代貨幣制度對語言文字的影響 …… 253
研究古代文化應該有訓詁常識 …… 255
二十世紀的漢語文字學(與沈培合著) …… 259
從方塊漢字能否廢除說到外來詞的譯法 …… 296
談談“異形詞”這個術語 …… 298
用出土文字資料檢驗清儒在語文學方面的一些具體見解 …… 304
談談進行古代語文的學習和研究的一些經驗教訓
——基礎要扎實些,考慮要全面些 …… 310
關於《規範字表》的一些想法 …… 319

《論衡》札記 …… 320
附: 關於《校釋》、《集解》二書的錯誤 …… 340
考古發現的秦漢文字資料對於校讀古籍的重要性 …… 347
談談地下材料在先秦秦漢古籍整理工作中的作用 …… 378
讀書札記九則 …… 389
一、“祭禽”解 …… 389
二、說“食” …… 390
三、說“索我於枯魚之肆” …… 391
四、說“宦皇帝” …… 392
五、說“遇負杖入保者息” …… 393
六、說“河海不擇細流” …… 394
七、“登立爲帝,孰道尚之”解 …… 395
八、《洛誥》“其作周匹休……”新解 …… 396
九、《戰國策》“觸讋說趙太后”章中的錯字 …… 398

斗卮和題湊 …… 400
閱讀古籍要重視考古資料 …… 404
談談清末學者利用金文校勘《尚書》的一個重要發現 …… 412
說“揜函”
——兼釋甲骨文“櫓”字 …… 418
《墨經》“佴”“諿”“廉”“令”四條校釋 …… 423
《史記・殷本紀》注譯 …… 430
四十年來發現的簡帛古籍對傳世古籍整理工作的重要性（提要） …… 447
古文獻中讀爲“設”的“埶”及其與“執”互訛之例 …… 451
“地君之御”與“制地君” …… 461
簡帛古籍的用字方法是校讀傳世先秦秦漢古籍的重要根據 …… 464
“東夏”解 …… 469
讀書札記四則 …… 475
一、“耆其股肱”之“耆”當訓“强” …… 475
二、《王兵》與《管子》互校一例 …… 475
三、“秉時養人”之“秉”爲“並”之音近訛字 …… 479
四、《韓非子》“行事”當與秦漢人所言“行事”同義 …… 480
再談古文獻以“埶”表“設” …… 484
附：讀書札記一則（郭永秉） …… 494
再談古書中與重文有關的誤文 …… 496

納西象形文字

納西族是居住在我國雲南省西北部等地的一個兄弟民族。它曾經使用過兩種自造的文字。一種是較後起的表音文字,有的學者音譯它的名稱爲“哥巴字”。一種是歷史較久的、以形意符號爲基礎的文字,①納西人稱它作“木記號石記號”,這就是一般學者所說的“納西象形文字”。

“納西象形文字”並不是整個社會通用的文字。它只爲少數“東巴”(巫師)所掌握,主要使用在記錄經典等宗教性的用途上。

這種文字的構造原則和古漢字有很多相似的地方,以下主要根據麗江納西族記錄經典的文字,舉例加以説明:

1. 符號字。如卍(“好”,以吉祥的符號表“好”意)×(“十”)+(“百”)等。

2. 象形字。如(“星”)(“鷄”)(“齒”)(“屋”)等。

3. 象事字。如(“播種”)(“抱”)(“飛”)等。

4. 表意字。如(“美”,以花朵表“美”意)(“行星”,O上加表行動意)等。

5. 假借字。納西文字中同音或音近假借的現象極多。例如本讀 mɛ˥,是“女陰”的象形字,經典中常常借表讀 mɛ˧的一個助詞。本讀 pɯ˧,義爲“蒿”,本讀 pa˧,義爲“蛙”,這兩個字連在一起,可以借表“pɯ˧ pa˧”一詞,義爲“化育”。

6. 形聲字。形聲字數量很少,但可以分兩類。一類是在本字上加注聲符而成的。例如字義爲“山崖”,是山崖的象形,因爲“鷄”和“山崖”是同音詞,所以在“山崖”的象形字中加畫一個鷄頭以注明讀音。一類是由形符和聲符合成的。例如“小官”一詞通常借同音詞“蕨菜”的象形字來表示,但有時又加上一個端坐人形而寫做,就變成一個形符加聲符的形聲字了。

---

① 這種文字創始的時代還不能完全確定,不過至遲也應在明代以前。可參看《麽些象形文字字典》序。解放前漢人稱“納西”爲“麽些”,“麽些象形文字”就是“納西象形文字”。

納西文字的字形還不很固定,例如寫"鷄"字,可以把整個鷄畫出來,也可以只畫一個鷄頭。沒有本字的詞所用的假借字也不是很固定的。

此外,還存在一個字用作兩個以上聲音不同的詞的形意符號的現象。例如⊕字讀bi˧當"太陽"講,讀ɳi˥當"白天"講,讀sɔ˩當"早"講。

雖然"納西象形文字"已經大量地、固定地和語言中的詞結合起來,並且表音的成分也已經相當發展;但是,它仍然是一種很不成熟的文字。在使用這種文字的時候,通常並不完整地記錄語言。例如在下面所引的那段經典文字裏,"右邊""左邊"等意思不是用文字,而是由風和蛋的相對位置表示出來的。至於"吹""蕩漾""撞"等意思就更需要讀者自己從"畫面"上去體會出來了。就是在把語言記錄得比較完整的例子裏,也往往很難完全把字一個個地分析開來。文字的形體常常根據上下文而改變。例如"九"字通常作,但在說到"九對蛋"的時候,便畫九個蛋而作。這一變體也可以看作"九"和"蛋"的合文。有時一個字只要稍微添加一些東西,就能代表很複雜的意思。例如是"樹"字,在樹下加上一只脚寫成,就可以讀作"樹生脚會走路"。

附:"納西象形文字"簡介

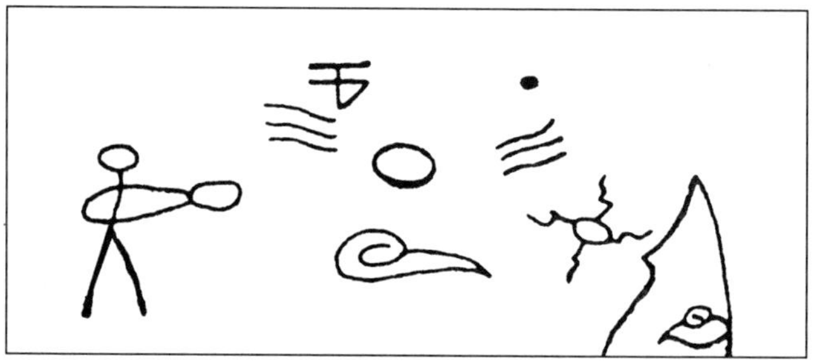

這是從麗江納西族經典"人類的來歷"中摘出來的一段"文字"。是"黑"字,是"白"的借音字。是"湖"字。根據納西經師的釋讀譯出的漢文如下:

"把這蛋抛在湖裏頭,左邊吹白風,右邊吹黑風,風蕩漾着湖水,湖水蕩漾着蛋,蛋撞在山崖上,便生出一個光華燦爛的東西來。"(引自傅懋勣《麗江麽些象形文"古事記"研究》29頁)

原載《文字改革》1962年8期(署名土),又載《古代文史研究新探》(作爲《漢字形成問題的初步探索》的附文),今據後者收入。

人民群衆是漢字的創造者和改革者

在我國歷史上,反動統治階級宣揚“倉頡作書”(書指文字)的神話,說漢字是由一個叫倉頡的“聖人”造出來的。他們還把文字看作自己的專利品,把人民群衆所寫的字斥爲“俗字”“破體”,誣蔑人民群衆是漢字的破壞者。歷史事實證明,正是人民群衆創造並改進了漢字。反動統治階級的謊言和誣蔑必須徹底加以肅清。

倉頡造字說的荒謬是顯而易見的。世界上獨立形成的文字通常萌芽於原始社會,經過長時期的發展,到階級社會初期才形成完整的文字體系。它們是人民群衆集體智慧的産物,決不是個别人所能創造出來的。漢字也是獨立形成的文字,它的創造者是人民群衆,而不是個别的人。古代有些比較進步的思想家已經多多少少看到了這一點。例如戰國末年的荀子就認爲倉頡只是衆多的“好書者”中間的一個(見《荀子・解蔽》)。到了近代,懷疑倉頡造字說的人就更多了。

地下發現的實物資料,也宣告了倉頡造字說的破産。解放後,在西安半坡村發掘的仰韶文化遺址裹,發現過一些刻有記號的陶器殘片,那些記號跟商、周古文字裹的數字和某些簡單文字非常相似。此外在山東出土的龍山文化陶罐上也發現了和青銅器刻銘是一脈相承的象形文字。仰韶文化和龍山文化都是我國原始社會時期的新石器文化。上述資料證明我國原始社會的勞動人民從西到東都在陸續創造文字,漢字決不是某一個“聖人”所製造出來的。魯迅在《門外文談》裹說:“有的在刀柄上刻一點圖,有的在門户上畫一些畫,心心相印,口口相傳,文字就多起來,史官一採集,更可以敷衍記事了。”這是符合文字産生的實際情況的。

但是,“文字在人民間萌芽,後來却一定爲特權者所收攬”(《門外文談》)。進入階級社會以後,文字成爲特權者進行統治的重要工具,勞動人民被剥奪了學文化的權利。他們爲了掩蓋文字起源於民間的真相,極力宣揚“倉頡作書”的神話。他們先把倉頡說成黄帝的史官,後來又把他說成是遠古的“帝王”,甚至稱之爲“倉聖”。他們爲了使倉頡與衆不同,還宣揚“倉頡四目”的奇談怪論。這一切無非是爲了一個目的,就是想通過文字創造的神秘化,來提高文字的尊嚴性,從而使把持文字的特權者也顯得更爲尊嚴。舊社會裏提倡"敬惜字紙",向人民灌輸文字神聖的觀念,也是同樣的用意。所以我們必須批判倉頡造字說,恢復人民群衆創造文字的歷史真面目。

人民群衆不但是漢字的創造者,而且是漢字的改革者。以漢字的衛道士面目出現的反動統治階級及其知識分子,即所謂士大夫,則是阻礙漢字發展的保守派。

對漢字的保守思想可以追溯到儒家的鼻祖——孔子。孔子主張"正名",認爲事物名稱的涵義不應該有變化(實際上是要求事物都保持奴隸制全盛時代的老樣子)。從這樣的立場出發,對文字也必須採取保守態度。《論語・衛靈公》記載,孔子曾說:"吾猶及史之闕(缺)文也,……今亡(無)矣夫。"據漢代經學家解釋,起先人們有不知該怎麽寫的字就空在那裏,"問諸故老"。到孔子的時候,所謂"是非無正,人用其私",寫字不按"老規矩"。所以孔子有這樣的感慨(見《漢書・藝文志》等)。歷代"正統派"的士大夫大都繼承了孔子對漢字的保守思想。他們認爲文字是聖賢傳下來的,是不能輕易變動的。實際上是以此來維護文字的尊嚴性,並且阻礙人民群衆掌握文字和改革文字。

人民群衆對待漢字的態度跟士大夫是截然不同的。對他們來說,文字只不過是書寫工具,他們所關心的是怎樣使漢字適應社會發展的需要,讓它變得更便於使用。所以,只有人民群衆才能成爲改革漢字的主力。

在漢字發展史上,篆書演變爲隸書是最重大的一次改革,而隸書就是由人民群衆手頭的篆書草體發展而成的一種字體。"隸書"這個名稱就顯示了它是來自下層的。隸書就是徒隸之書的意思。當時的統治階級看不起這種字體,所以把它叫隸書。古書裏說秦始皇命程邈作隸書,把隸書看作個別人創造的字體,這是錯誤的。不過,秦始皇確實曾經命人對新興的隸書進行過統一整理工作,把它作爲小篆的輔助字體加以推行。這是對漢字發展有重大意義的措施。

隸書比小篆好寫得多,到了漢代很快就取代小篆而成爲主要字體。士大夫也開始使用這種他們本來極端看不起的徒隸之書了。在士大夫手裏,隸書逐漸形成一種有一定的"波勢""挑法"的規整書體,後人叫做八分書。這種書體美觀倒是相當美觀,可是寫起來却又很費事了。在東漢中後期,當士大夫相競用工整的八分書勒石刻碑的時候,民間日常應用的隸書在草書的影響下,已經在向一種更簡易的新書體演變。到魏晋時代,這種新書體,即楷書(指我們現在理解的楷書,不是隸書的楷法),就基本形成了。在篆書演變爲隸書、楷書的過程裏,人民群衆起了主要的作用。

隸、楷擺脱了古文字象形原則的束縛，把漢字改造成由一些平直的筆劃所組成的符號，大大提高了書寫速度。這是一個巨大的進步。但是，“正統派”的士大夫雖然身受隸、楷之賜，却不承認由篆變隸是一個進步。相反地，他們還要給隸書加上種種罪名，什麽“變古”、“鄙俗”、“舛[chuǎn]駁”，等等，指責隸書破壞了聖賢造字的意思。宋、元以後，一些“竭力的要使文字更加難起來”的士大夫，還玩弄“以篆入隸”的把戲，按照篆文的結構來寫楷書，把一些很普通的字寫成一般人認不得的怪字。有的人直接用小篆寫書。清代的江聲就是一個典型。他不但用小篆寫《尚書》，寫畢沅的《釋名疏證》，甚至用小篆開藥方！秦始皇推行隸書本來是一件好事，“正統派”的士大夫却把這也算作他的一條罪狀。例如受宋太宗之命校定《説文解字》的徐鉉，在《上〈説文〉表》裏説：“及暴秦苛政，散隸聿興，便於末俗，人競師法，古文既絶，訛僞日滋。”其實“便於末俗，人競師法”不正是隸書比篆書進步的明證嗎？

方塊漢字發展到楷書以後，字體基本上固定下來。此後，方塊漢字本身的改革主要表現在簡體字的出現上。人民群衆迫切需要簡體字，反動統治階級則力圖保持漢字的舊面貌，反對簡體字，雙方的鬥爭是相當激烈的。

在舊社會裏，創造和使用簡體字的，主要是小手工業者、小商小販、刻字工人、民間藝人和店員、學徒這些人。他們大都是受壓迫的下層人民。在古代遺留下來的民間文書和宋元以來的小説、戲曲等通俗讀物的刻本裏，可以看到不少簡體字。其中有很大一部分一直沿用到現代，並爲我們的《漢字簡化方案》所吸收。尤其值得指出的是，在革命時期簡體字往往特别流行。太平天國就用了許多簡體字。有人統計，先後出現在太平天國公文經籍裏的簡體字有一百多個；同音代替，如以“付”代“副”等，也屢見不鮮。土地革命戰爭和抗日戰爭時期，簡體字在革命根據地和解放區軍民中非常流行。隨着全國解放，老解放區的簡體字流行到全國各地，被稱爲“解放字”。我們現在所用的“拥护”“干部”等字就是解放字。可見革命人民是十分歡迎簡體字的。

士大夫絶大部分是反對簡體字的。他們所排斥的“俗字”“破體”，主要就是楷書形成後出現的簡體字。除了封建政權以行政力量來排斥“俗字”“破體”以外，士大夫們還寫了很多正字法著作來跟“俗字”“破體”作鬥爭。早期正字法著作的態度一般還比較平實一些。例如唐代前期顔元孫的《干禄字書》認爲俗體在“籍帳、文案、券契、藥方”中可以使用，並未完全加以排斥。隨着封建社會越來越腐朽，士大夫在正字法方面的主張也越來越保守。宋以後的正字法著作中，指斥俗字“不知所从,無以下筆”、“過爲鄙淺”(見宋徐鉉《上〈說文〉表》)、“承襲鄙俚……斷不可從”(見清四庫全書館《辨正通俗文字》)一類的話,就多起來了。明清時代,科舉制度對字體的要求越來越嚴格,更助長了保守的“正體”的氣焰。清代最流行的一本正字法著作,龍啓瑞的《字學舉隅》,就是爲應試的士子而作的。一直到國民黨反動統治的年代,反對漢字改革的勢力仍然非常强大。1935 年,國民黨反動分子戴季陶爲了反對簡體字,就扮演了“爲漢字請命”下跪的醜劇。國民黨反動派對當時共産黨所領導的拉丁化運動,更是用極其殘酷的手段進行强烈的反對。

中華人民共和國成立後,勞動人民當家作了主人,漢字的歷史也揭開了新的一頁。在毛主席無産階級革命路綫指引下,我們大力進行了文字改革工作。漢字的簡化和整理工作取得一定成績;人民群衆創造的大量簡體字,從受排斥歧視的“俗字”“破體”變成了正體。推廣普通話和推行漢語拼音方案的工作都有了進展。我們正在爲實現毛主席指示的“要走世界文字共同的拼音方向”的目標而努力!但是改革和反改革的鬥爭並沒有止息。妄圖在政治上搞資本主義復辟的階級敵人,在文化上也必然要搞復辟。1957 年,資産階級右派分子曾經對文字改革工作大肆攻擊。他們反對漢字走拼音化道路,胡說《漢語拼音方案》(草案)是少數人關起門來搞的;還誣蔑漢字簡化“搞糟了”,要國務院撤回《漢字簡化方案》。劉少奇一夥反革命修正主義分子也誣蔑《漢語拼音方案》採用拉丁字母是“奴才思想”,攻擊簡化漢字“將來是要吃大虧的”。這些逆歷史潮流而動的反動派,都已經在歷史的巨輪下被碾得粉碎。他們對文字改革工作的瘋狂叫囂,絲毫也沒有影響億萬人民改革漢字的決心。經過偉大的無産階級文化大革命鍛煉的中國人民,在毛主席和黨中央的領導下,堅決貫徹黨的十大精神,在批林整風運動的推動下,一定能够積極而又穩步地把文字改革工作做得更好。

編按:

此文是在“批林批孔”的極左思潮支配下寫的。本文關於漢字形成問題的看法是錯誤的,作者後來的看法見本書所收的《漢字的起源和演變》及《文字學概要》的相關章節。本文關於正體俗體的意見也是片面的。

原載《光明日報》1973 年 10 月 25 日 4 版,今據以收入。

從馬王堆一號漢墓“遣册”談關於古隸的一些問題

一、“遣册”字體的特點

馬王堆一號漢墓所出的由三百十二枚竹簡組成的“遣册”,對於研究漢字字體發展的歷史具有很重要的意義。

以前發現過不少西漢時代的文字資料,但是西漢前期(指漢初至景帝時期)的隸書却很罕見。六十多年來,在我國西北部相當於漢代河西四郡和西域的地區,發現了大批漢簡。這是研究漢代隸書的極好資料。但是它們的時代再早也早不過武帝經營河西的年代。就目前所看到的西北漢簡來說,有明確紀年的時代最早的一簡,是敦煌附近發現的天漢三年簡。① 天漢三年已經是武帝在位的第四十三年了。1961 年,長沙砂子塘西漢前期墓出過一些寫有隸書的木封泥盒,但字跡不够清晰,數量也少,對研究字體幫助不大。② 西漢的石刻很稀少。時代較早的較重要的刻石——趙廿二年群臣上醻刻石和魯北陛刻石,都是小篆。有明確年代的最早的隸書刻石,是地節二年楊量買山記和五鳳二年刻石,都已經到了宣帝時代。③ 西漢的漆器銘文,如果不算字數很少的零碎資料,也沒有早於武帝

---

① 《流沙墜簡》(以下簡稱“流”)卷二廩給類 6。關於漢簡年代可參閱王明《簡與帛》(《考古通訊》1955 年 2 期 56 頁)。居延漢簡中的所謂太初三年簡,乃是太初三年以後所書而追述到太初三年的往事,陳夢家《漢簡考述》已經指出(《考古學報》1963 年 1 期 85 頁)。《新獲之敦煌漢簡》著錄的酒泉玉門都尉一簡,似爲敦煌置郡以前物,可能爲西北漢簡中年代最早之簡(夏鼐《考古學論文集》76 頁),可惜簡文未記年份。

② 《長沙砂子塘西漢墓發掘簡報》,《文物》1963 年 2 期。封泥匣照片不清,摹本似亦不很精確。

③ 關於西漢石刻,看徐森玉《西漢石刻文字初探》,《文物》1964 年 5 期。

時代的東西。④ 西漢的印文和瓦當文字,基本上是小篆。已發現的西漢前期的陶文,絶大多數是打在陶器上的印文,主要也是小篆。西漢銅鏡銘文中時代較早的,如“見日之光”等銘,也都是小篆。西漢前期的銅器銘文倒是篆隸並用的,而且隸書還比小篆用得普遍。但是,由於西漢前期沒有年號,這些銘文的時代不是很明確,並且資料也比較零碎,所以一般都不大注意。總之,在馬王堆一號漢墓發現以前,我們對於西漢前期的隸書是極其缺乏知識的。

馬王堆一號漢墓的絶對年代尚無定論,但是其時代早於武帝,則是一般所公認的。墓中所出的“遣册”、竹笥和陶罐上的簽牌以及漆器上書寫的文字,都是隸書;並且字跡也大都很清楚。這就使我們對西漢前期的隸書第一次有了比較清楚的認識。

一般把隸書分成古隸和八分兩個階段。八分指的是結體方整、筆畫有明顯的波勢和挑法的隸書,也就是通常所説的漢隸。八分形成以前的隸書就是古隸。馬王堆一號漢墓的隸書顯然屬於古隸。

下邊主要根據“遣册”,談談馬王堆一號漢墓隸書字體上的特點。

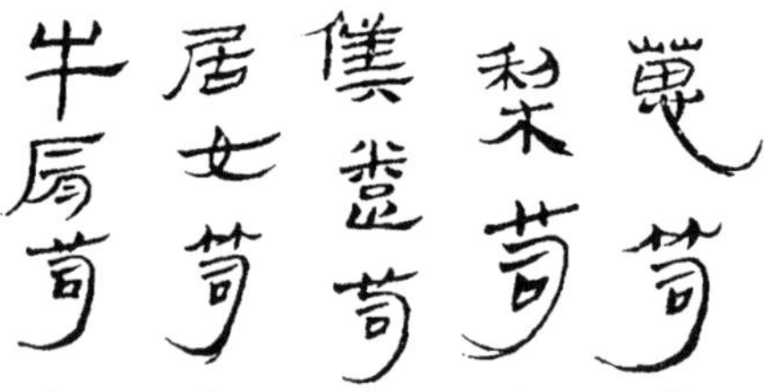

1　2　3　4　5

圖一　馬王堆一號漢墓出土竹笥簽牌

(一) 這批隸書的結體顯得很不方整。從筆法上看,“遣册”的文字沒有八分的那種波勢和挑法(圖版Ⅰ、Ⅱ)。竹笥簽牌上的文字,有的已經初步有了波勢和挑法(見圖一·1、2),但基本上仍與“遣册”的作風相同。

(二) 字形有相當一部分跟篆文還很接近。例如犬(圖版Ⅰ·1)、元(圖版Ⅰ·2)、衣(圖版Ⅰ·3)、方(圖版Ⅰ·4),以及見於偏旁的冘(圖版Ⅰ·4 沈字偏旁)、爪(圖版Ⅰ·5“菜”字偏旁)等字,跟篆文幾乎沒有多大區别。又如文(圖版Ⅰ·6)、高(圖版Ⅰ·5)、享(圖版Ⅰ·9“郭”字偏旁)、六(圖版Ⅰ·7)、木(圖版

④ 1968 年在中山靖王墓中發現漆盤及耳杯,上有銘文,記卅七年(《滿城漢墓發掘紀要》,《考古》1972 年 1 期 14 頁)。中山靖王卅七年相當於武帝元狩五年。梅原末治《支那漢代紀年銘漆器圖説》著録的最早一器爲昭帝始元二年耳杯。

Ⅰ・6、12)、牛(圖版Ⅰ・8、9)、生(圖版Ⅰ・12)、熏(圖版Ⅰ・13)等字上端的寫法,也都還保持篆文的特點。

(三)一方面存在着很多接近篆文的寫法,另一方面又已經出現了不少草書式的寫法。

在“遣册”裏,偏旁“止”絶大多數寫作,例如定(圖版Ⅰ・10)、足(圖版Ⅰ・9)、筳(圖版Ⅰ・14)等字。“辵”字所从的“止”進一步簡化爲,例如逢字(圖版Ⅰ・16)。草書的“止”旁有、等寫法,[⑤]與此相似。

偏旁“皿”中間偏右的豎劃往往與底劃連成一筆,例如蓋、盛、溫(以上皆見圖版Ⅰ・11)等字。草書“皿”旁多作,顯然是由此進一步簡化而成的。

偏旁“工”的中豎或者與下面的横劃連爲一筆,例如左(圖版Ⅰ・9)、侳(圖版Ⅰ・7)、脛(圖版Ⅰ・15)等字;或者與上下横劃併連爲一筆,例如空(圖版Ⅰ・17)。草書“左”字作[⑥]或[⑦],“工”旁寫法與此相似。

“綺”字所从的“可”有時寫作(圖版Ⅰ・3)。草書“可”字作[⑧]或[⑨],與此相似。

“枎”字所从的“夫”寫作(圖版Ⅰ・18),如果再寫得草一點,就成爲草書的了。

(四)文字形體很不統一,同一個字或偏旁往往有不同的寫法。例如“大”字就有兩種寫法(圖版Ⅰ・13;Ⅱ・19)。“橦”、“穜”所从的“童”多作(圖版Ⅱ・20),但偶爾也作(圖版Ⅱ・21)。“木”字及“木”旁多作、,但有時也作(圖版Ⅱ・19“枚”字偏旁)、(圖版Ⅰ・5“菜”字偏旁)。“口”旁主要有兩種寫法(圖版Ⅱ・22“合”字偏旁;Ⅱ・23“器”字偏旁);如遇“口”上偏旁中間有豎劃,還經常把“口”旁的左豎劃跟它合併爲一筆,例如周(圖版Ⅱ・24)、苦(圖版Ⅱ・25)等字。“皿”旁往往用草體,但用正體的也相當多(圖版Ⅱ・26“蓋”、“盛”二字偏旁)。“疏”字所从的“疋”(古代疋足二形多不别),有的作(圖版Ⅱ・27),有

---

⑤ 本文所引草書,凡不注明出處者,皆據葉夢得本章草急就章(即松江石刻本),《吉石庵叢書》三集有影印本。

⑥ 《流》卷二烽燧類2背。背係草書。

⑦ 此“左”字據宋克書急就章(文物出版社影印本),松江本“左”字下劃與上不連。

⑧ 《流》卷三・21。係草書簡。

⑨ 此字爲松江本“何”字偏旁,宋克本“可”字寫法同(“可”字在松江本闕文中)。

的作（圖版Ⅱ・28）；“遳”字所从的“足”，“遣册”作（圖版Ⅱ・29），竹笥簽牌作（圖一・3）；“止”旁或作草體，或作正體。“遣册”竹頭作（圖版Ⅰ・6、8等），竹笥簽牌竹頭則有（圖一・2、5）、（圖一・3、4）兩種寫法。“遣册”艸頭作（圖版Ⅰ・5、17；Ⅱ・39 等），竹笥簽牌艸頭則作（圖一・5）。在較晚的隸書裏，竹頭艸頭往往相混。從簽牌竹頭可以寫作來看，艸頭在當時很可能也已經有這種寫法了。

文字形體不統一的現象，在隸書裏始終存在。但是，像馬王堆一號漢墓的隸書那樣，在同時書寫的一批文字裏，就存在這樣多不統一的寫法的現象，在後來的隸書裏是很難看到的。

以上所說的四點，都反映出這種隸書的不成熟和不穩定。它顯然正處在相當劇烈的變化過程中。馬衡在考釋居延簡中的元帝永光二年文書時，評論簡文字體說：“蓋西漢文字變化，故一篇之中兼有篆、隸、草也。”⑩其實永光二年文書已經是相當成熟的隸書，不過馬氏的話用來評論馬王堆“遣册”的隸書，那倒是很確切的。

馬王堆“遣册”所代表的古隸，在當時應該是很通行的一種字體。

在已著録的漢代銅器銘文裏，就可以看到不少跟“遣册”很相似的隸書。例如陽信家鈪鏤（圖二・1）、魏其侯盆（圖二・3）、王長子鼎（圖二・4）、王長子鍾（圖二・5）、昆陽乘輿鼎（見《考古》1963 年 2 期 67 頁圖）等銘，以及雲陽鼎（圖二・2）和安陵鼎蓋（圖二・7—9）上以“今安陵”開頭的那幾段銘文，字體的作風就顯然跟“遣册”很相似。

在文字的具體寫法上，它們之間也有不少相似之處。雲陽鼎和安陵鼎蓋的“第”字艸頭與“遣册”艸頭相同，“元”字的寫法也與“遣册”接近。陽信家鈪鏤的“蓋”字“皿”旁，與“遣册”“皿”旁草體相似。鈪鏤“信”字和“遣册”“信”字的“言”旁（圖版Ⅱ・30），都保存着“言”字所从的“辛”旁的中劃。王長子鍾“鐘”字所从的“童”，與“遣册”“橦”、“穜”二字所从的“童”相似。昆陽乘輿鼎“佐”字所从的“左”，“工”旁寫法與“遣册”相似。昆陽乘輿鼎和王長子鼎的“六”字，都與“遣册”相似。陽信家鈪鏤、魏其侯銅盆、昆陽乘輿鼎、王長子鼎、王長子鍾以及安陵鼎蓋的“重”字，全都保留篆文“重”字从“東”的遺意，也是與“遣册”“童”旁的寫法一致的（篆文“童”也从“東”）。

---

⑩ 《居延漢簡考釋兩種》，《考古通訊》1957 年 1 期 108 頁。該文書見《居甲》2553。

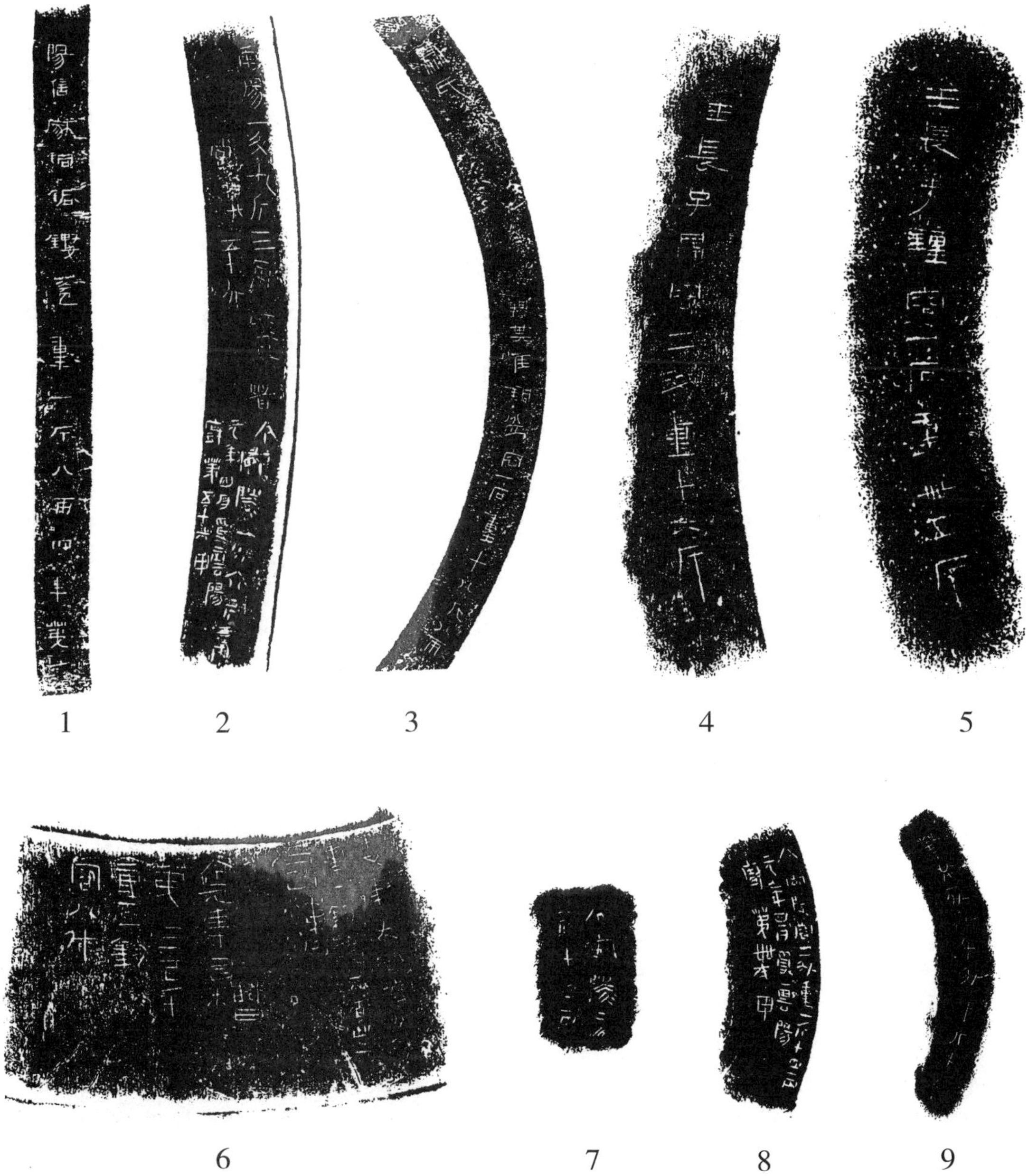

圖二　銅器銘文拓本(取自容庚《漢金文録》)

1. 陽信家鉦鏤(《漢》4・8上)　2. 雲陽鼎(《漢》1・7上)
3. 魏其侯盆(《漢》4・5上)　4. 王長子鼎(《漢》1・18上)
5. 王長子鍾(《漢》2・16上)　6. 右糟鍾(《漢》2・5下)
7—9. 安陵鼎蓋(《漢》1・7下)

除以上諸器外,如右糟鍾(圖二・6)、女陰侯鼎、⑪美陽鼎、⑫廣陽鼎蓋、⑬𨐨車宫鼎、⑭陽周倉鼎⑮等器的銘文,也都與"遣册"比較接近。

從字體上看,上述這些銅器都應該是西漢前期的東西。這些銅器有不少是紀年的,但都沒有年號。如雲陽鼎和安陵鼎蓋記元年,昆陽乘輿鼎記三年,陽信家銗鏤記四年,女陰侯鼎記六年,右糟鍾有二銘,一記十五年,一記今元年。這正符合西漢前期沒有年號的特點。⑯

有的銅器還能考出比較確切的年代。例如陽信侯劉揭封於文帝元年,傳子中意,於景帝六年有罪免。⑰ 可知陽信家銗鏤的時代不會早於文帝四年,也不會晚於景帝四年。西漢一代,一次紀元超過十二年的只有文帝。可知右糟鍾的十五年必爲文帝十五年,鍾上另一銘的今元年可能是文帝後元年。馬王堆一號漢墓的時代大概也不出文景兩代。

1972年,在山東臨沂銀雀山的一座漢墓裹發現了大批竹簡,内容爲《孫子兵法》等古書。據發掘者估計,墓葬年代最晚不會晚於武帝初年。這批重要的漢簡目前正在整理中。根據初步觀察所得的印象,大部分簡文的字體也與馬王堆一號漢

---

⑪ 《漢金文録》(在《秦漢金文録》中,以下簡稱"漢")1・9下。

⑫ 同⑪,1・22上。

⑬ 同⑪,1・19下。

⑭ 同⑪,1・21下。

⑮ 同⑪,1・28下。

⑯ 陳直《古器物文字叢考》認爲昆陽乘輿鼎是武帝末期物。他説:"三年之上不記年號,應屬於武帝末期之紀年。桂宫行鐙題二年少府造,與此體例正同。《三輔黄圖》記桂宫武帝太初四年秋造,從前對漢器不記年號者,皆指爲武帝未有紀年(引者按:宜作"年號")以前之物,據此可以知其不然。"(《考古》1963年2期81頁)今按,昆陽乘輿鼎從字體上看爲西漢有年號以前之物無疑,最晚不能晚於武帝初期。(武帝前期在當時亦無年號,建元至元鼎年號皆後來追加。觀《史記・封禪書》自明,前人多已言之。《漢金文録》、《小校經閣金文拓本》等書所著録漢器中記元朔、元狩、元鼎年號諸器,皆爲僞作,字體卑弱,與武帝時真器迥然有別。又所謂建元弩機,建元乃建光之誤釋。《漢》2・5上之中私府鍾記"四元七年正月甲寅"疑四元即相當於元狩,器爲元鼎元年未改元[指無年號之改元]時作,元鼎元年正月癸卯朔,甲寅爲十二日。《封禪書》以元狩爲三元,未數元朔,似誤。)陳文所舉桂宫行鐙之二年,應爲武帝後元二年。武帝後期已立年號,但最後二年無年號,後元之稱爲後來所加。居延簡中,後元二年亦止稱二年(看陳夢家《漢簡年曆表敘》,《考古學報》1965年2期108頁)。此係武帝最後兩年之特殊情況,並不能説明武帝後期銘文有不用年號之習慣。

⑰ 據《史記・惠景間侯者年表》、《漢書・高惠高后文功臣表》。漢表又有陽信胡侯吕青,陽信當從《史記・高祖功臣侯者年表》作新陽。哀帝時鄭業亦封陽信侯(《外戚恩澤表》作陽新),與陽信家銗鏤之時代顯然不合。

墓"遣册"極爲相似。同年還在雲夢縣城關鎮大墳頭的一座漢初木椁墓裏,發現了記載殉葬品的木牘,字體也與馬王堆"遣册"相似。⑱ 希望以後有更多的有關資料出土,使我們對西漢前期的古隸能有進一步的認識。

下面想根據"遣册"提供的綫索,談談隸書的形成和古隸與草書的關係。

二、從古隸和秦篆的關係看隸書的形成

我們在第一節裏指出,馬王堆"遣册"的古隸有相當一部分跟篆文很接近。那是指篆文的正規寫法說的。現在我們要討論古隸跟篆文裏的簡率寫法的關係。

在統一前的秦國銅器(主要是兵器)、陶器和漆器銘文,統一後的秦代銅器(主要也是兵器)銘文、權量詔文,以及所謂"周秦印"的印文裏,可以看到不少不同於正規篆文的簡率寫法。其中很多是跟隸書,尤其是跟馬王堆"遣册"一類的古隸相近的。下面我們準備把上述秦篆資料跟馬王堆"遣册"等隸書進行對比。由於過去講字體的著作對於秦國的陶文、漆器銘文和"周秦印"不大注意,對於秦權量詔文字體的性質又有不同的意見;因此我們在引用這些資料以前,需要作些說明。

1. 秦國陶文

在西安一帶出土的古陶上,常見"咸□(地名)里□(人名)"或"咸□□(地名)□(人名)"一類印文。解放後在西安半坡一個戰國晚期墓裏發現過一個有"咸□里□"印文的陶罐。⑲ 1960 年前後陝西省考古研究所在咸陽故城遺址進行調查和試掘時,發現了不少這一類的陶文,調查者也認爲是戰國遺物。⑳ 所以這類陶文大體上可以看作戰國晚期的秦國文字。

2. "周秦印"

在古印裏可以看到具有下列特點的一種印文:字體基本上屬小篆一類,但顯然比一般漢印上的小篆爲古。格式絶大多數是邊上有框的陰文印,印文之間也大都有陰文闌格。以往的金石家多把這種古印稱爲周秦印。例如陳介祺的《十鐘山房印舉》,就在古印和漢印之間專設"周秦"一類來容納這類印文。(《新探》編按:在古印中分出"周秦印",是陳氏的創見。)大概這種古印中字體較古的,是戰國時代

---

⑱ 《湖北雲夢西漢墓發掘簡報》,《文物》1973 年 9 期 34、35 頁。

⑲ 《西安半坡的戰國墓葬》,《考古學報》1957 年 3 期 80、81、86、87 頁。

⑳ 《秦都咸陽故城遺址的調查和試掘》,《考古》1962 年 6 期 283、284、286、289 頁。

的秦印;字體較晚的既有秦印,也有秦漢之際和漢初的東西。解放後,在西安半坡的一個戰國墓裏,發現過一枚這一類型的“志從”印。[21] 在四川巴縣冬笋壩的狹長形土坑墓(船棺葬)裏,發現過這一類型的“中仁”、“萬歲”、“富貴”等印。墓葬時代大部分似亦不晚於秦代。[22] 看來,周秦印的主要成分應該是戰國時代的秦印和統一後的秦代印。我們下面引用這類印文時,儘量選擇字體較古的例子。

3. 廿九年漆樽銘[23]

漆樽解放前長沙出土,銘文全文是:“廿九年大后□□吏丞向,右工帀(師)爲,工大人臺。”(《新探》編按:李學勤同志就原器觀察,指出“大后”與“丞”之間爲“詹事”二字,見《文博》1986年5期21頁。)以前很多人根據出土地點和器物形制,把這件東西看作楚器。其實從銘文字體看,顯然不是楚國文字,而是秦國文字。從銘文格式和所反映的官制看,也可以得出同樣的結論。公認爲秦器的相邦義戈銘文說:“十三年,相邦義之造,咸陽工帀田,工大人耆,工穨。”[24]把它跟漆樽銘對照一下,就可以明白後者也是秦國的東西。漆樽銘文的“大后”應該是昭襄王的母親宣太后,廿九年是昭襄王二十九年。宣太后是楚人,入秦以後,跟楚國總還有一定的聯繫。在楚地發現她的漆器是毫不足怪的。《史記·秦本紀》記:“(昭襄王)二十八年,大良造白起攻楚,取鄢、鄧。……二十九年,大良造白起攻楚,取郢爲南郡。”至是,楚國原來的中心地區已爲秦所佔有。說不定廿九年漆樽就是在秦所佔領的楚地製作的。

4. 秦權量詔文

《顔氏家訓·書證》說:“開皇二年五月,長安民掘得秦時鐵稱權,旁有銅塗(當是銅詔版),鐫銘二所。……其書兼爲古隸。”後來,就有很多講字體的人,認爲秦權量上刻得比較草率的詔文就是秦代的古隸。有的甚至認爲所有秦權量上的詔文都是古隸。我們不同意這些意見。

秦王朝對統一度量衡極爲重視,權量上的詔文是打算傳之萬世的。二世皇帝怕後代子孫不知道二十六年詔出自始皇,還特地在旁邊加刻一道詔書加以說明。

---

[21] 同⑲,85頁。

[22] 《四川巴縣冬笋壩戰國和漢墓清理簡報》,《考古通訊》1958年1期13、14、18頁。該文定此類墓葬爲戰國末期。印文圖版又見《考古通訊》1955年6期49頁。

[23] 蔣玄佁《長沙》第一卷圖版玖。(《新探》編按:據李學勤同志說,此器形制介於樽、卮之間,有三足似樽,器較小並有把似卮,今姑名爲樽。舊名爲奩,非是。)

[24] 《録遺》584【《集成》17·11394】。

這樣的正式法令當時必然要求用小篆來寫,決不會允許用剛出現的"施之於徒隸"的隸書來寫。在刻得比較草率的詔文裏,的確有一些很接近隸書的字。但是早在隸書尚未形成的戰國時代,秦篆裏就已經出現了接近隸書的寫法(詳下)。所以我們不能因此就把刻得草率的詔文看作隸書。事實上,詔文大部分字還是篆文的結構。最明顯的例子是"灋(法)"字。在戰國時代的秦篆裏,把"水"旁簡化成三點的隸書式寫法已經出現(詳下)。但是在已發現的秦權量詔文裏,"灋"字的"水"旁却都用篆文的寫法,沒有一個寫成三點的。雲夢大墳頭漢初墓出土的古隸木牘,把"洀"(《新探》編按:應作汧)字寫作 。這說明早期古隸的"水"字旁有時仍然沿用小篆的寫法。但是這仍不足以證明草率的權量詔文就是秦隸(這是就這種詔文的整體來說的。至於其中的有些字,我們也承認它們已經跟隸書沒有什麽區別)。因爲在權量詔文裏,"灋"字的水旁作" "而不作"氵",是普遍的現象。總之,刻得草率的權量詔文基本上還應該看作草率的小篆,而不能就看作隸書。

下面,我們把上述資料裏所見的與隸書接近的寫法摘舉出來,與馬王堆"遣册"等進行對比。

篆文正規寫法	秦篆中接近隸書的寫法	馬王堆遣册	其它漢代隸書
(偏旁水)	(漆)三年上郡戈,《錄遺》583㉕【《集成》17・11369】 (洛)始皇廿五年上郡戈(反面),《朝鮮古文化綜鑒》卷一圖版 12【《集成》17・11406】 (漆)始皇廿七年上郡戈,故宫拓本【《集成》17・11374】 (蒲)"咸蒲里奇"陶尊,《關中》第一集㉖ (治)"日敬毋治(怠)"印,《舉》3・2 上㉗	(圖版Ⅱ・21)	
(大)	商鞅鐓,《雙劍誃吉金圖錄》下・50【《集成》18・11911】 廿九年漆樽 廿六年詔廿斤權,《秦》13 上㉘	(圖版Ⅰ・13)	

㉕ 李學勤《戰國時代的秦國銅器》謂此戈之三年當爲莊襄王或始皇之三年。見《文物參考資料》1957 年 8 期。以下所引秦兵器紀年皆據此文定。

㉖ 《關中秦漢陶錄》,考古研究所藏陳直稿本,以下簡稱"關中"。又《關中秦漢陶錄補編》,以下簡稱"關中補"。

㉗ 《十鐘山房印舉》,以下簡稱"舉"。

㉘ 《秦金文錄》,以下簡稱"秦"。

續　表

篆文正規寫法	秦篆中接近隸書的寫法	馬王堆遣册	其它漢代隸書
（言）	始皇四年吕不韋戈"讐"字偏旁，《湖南省文物圖録》60【《集成》17・11308】 "謝㸤"印"謝"字偏旁，《尊存》三3・47㉙	（"信"字偏旁，圖版Ⅱ・30）	
（者）	昭襄王卌年上郡戈"逪"字偏旁，故宫拓本㉚【《集成》17・11370】 始皇廿七年上郡戈"逪"字偏旁 廿六年詔權之九，《秦》5上 元年詔版之十二，《秦》39上	（"緒"字偏旁，圖版Ⅱ・31）	《居甲》89
（女）	□三年高奴權"奴"字偏旁，《文物》1964年9期㉛【《集成》16・10384】 元年詔版之二"始"字偏旁，《秦》36下	（圖版Ⅱ・32）	
（昔）	始皇廿七年上郡戈"趞"字偏旁 "帶錯"印"錯"字偏旁，《舉》3・47上	（圖版Ⅱ・33） （圖版Ⅱ・34）	《居甲》798"籍"字偏旁 《流》2雜事43"籍"字偏旁
（龍）	元年詔版之十二"襲"字偏旁㉜ "龍欲"印，《尊存》三3・48	（"襲"字偏旁，圖版Ⅱ・35）	《居甲》162"襲"字偏旁
（首）	廿六年詔權之九 廿六年詔廿四斤權，《秦》12下	（圖版Ⅰ・10）	校官碑
（皆）	廿六年詔權之九	（圖版Ⅱ・36）	

㉙ 《尊古齋印存》，以下簡稱"尊存"。

㉚ 雲陽鼎"餥者"一銘的"者"字與此戈"者"旁略同（見本文圖二・2）。該鼎銘文係前後三次分刻，此二字時代最早，或尚在秦代。

㉛ 此權上有"□三年"鑄銘，又有二十六年及元年二詔刻銘。所引"奴"字見於鑄銘，時代在秦統一前。此字"女"旁接近隸書，郭沫若同志在《古代文字之辯證的發展》一文中已指出，見《考古》1972年3期12頁。

㉜ 此字《秦》不清，參看《秦金石刻辭》上・17上。

續　表

篆文正規寫法	秦篆中接近隸書的寫法	馬王堆遣册	其它漢代隸書
(母)	元年詔版之三,《秦》37 上	("梅"字偏旁,圖版Ⅰ·2)	《居甲》2155
(乘)	"公乘"印,《舉》3·50 上 "王乘"印,《舉》3·43 下	(圖版Ⅱ·37)	
(癸)	"王癸"印,《舉》3·54 上 "秦猤"印"猤"字偏旁,《舉》3·52 上	("葵"字偏旁圖版Ⅱ·38)	
(年)	公主家鬲,《漢》4·6 下㉝		昆陽乘輿鼎
(樂)	公主家鬲"櫟"字偏旁		昆陽乘輿鼎
(羊)	十三年相邦義戈"義"字偏旁,《錄遺》584㉞【《集成》17·11394】 "謝羒"印"羒"字偏旁		《居甲》1876
(原)	"咸少原嬰"殘陶器,《關中補》		《居甲》91 華山廟碑
(明)	廿六年詔權之九		《居甲》715
(於)	兩詔權之四,《秦》21 下		《居甲》336 北海相景君銘
(立)	廿六年詔橢量之三,《秦》25 下 廿六年詔權之九		《流》1 醫方 2 北海相景君銘
(爭)	"趙綒"印"綒"字偏旁,《舉》3·46 上【編按:施謝捷指出,所謂"綒"字實當釋"綏",其右旁本作 ,原摹有誤】		《居甲》115 韓敕造孔廟禮器碑

㉝ 公主家鬲一般認爲漢器。但器上的十六年一銘,格式與一般漢器銘文不同,字體也很古,不能晚於秦始皇十六年,應爲秦統一前物。本表"年"、"樂"二字皆引自十六年一銘。

㉞ ㉕所引李文定爲惠文王時器。

在對照表裏,“年”、“樂”二字下所引的隸書是與“遣册”時代接近的古隸。“羊”以下六字只找到了較晚的隸書作對比。不過,這些字形也應該是先由古隸從秦篆繼承下來,然後較晚的隸書又繼承了古隸的。“遣册”“羊”字不作而作(圖版Ⅱ·34),這是古隸有異體的反映。“原”以下諸字“遣册”未見。但“遣册”有“鎵”字(圖版Ⅱ·36),右旁與秦陶文“原”字所从之“泉”相似。

我們認爲,秦篆中的簡率寫法跟漢代古隸的密切關係説明了一個重要問題:隸書是在戰國時代秦國文字的簡率寫法的基礎上形成的。

就各種日常使用的字體來説,一種新字體總是孕育於舊字體内部的。並且孕育期不會很短。如果新字體包含過多的新成分,那它是不大可能得到社會上一般人的承認的。隸書和小篆都形成於秦始皇時代,隸書應該是從戰國時代的秦國文字中逐漸發展出來的。如果認爲先有小篆,然後才從小篆發展出隸書,隸書的孕育期就未免太短了。

在戰國時代,文字異形的現象非常嚴重。六國文字與秦國文字的面貌有顯著差别,秦篆本身也不統一。早在秦孝公時代的銅器上,我們就看到既有像商鞅量銘文那樣的很規整的文字,㉟同時又有像商鞅鐓銘文那樣的很草率的文字。往後,文字的使用越來越頻繁,文字的演變也隨着越來越劇烈。在秦篆不斷簡化的過程中出現了大量異體,並且有很多是破壞篆文結構的簡率寫法;用方折的筆法“解散”篆文圓轉筆道的風氣,也逐漸流行了開來。正是由於存在着這些情況,秦朝統一全國後,不但需要廢除六國文字“不與秦文合”的異體,並且還需要對秦國本身的文字進行一次整理。這次整理所規定的字體就是小篆。此外,適應文字實際使用的需要,在那些破壞篆文結構的簡率寫法的基礎上,還形成了一種比較簡便的輔助字體。這就是隸書。

小篆跟戰國時代的正規秦篆没有什麽本質區别。《説文解字·敘》説小篆是李斯等人“取史籀大篆,或頗省改”而成的。所謂“或頗省改”,大概主要是對秦篆已有的異體進行整理,把那些比較簡單而又不破壞篆文特點的寫法規定爲正體。整理者也可能根據類推的原則,對某些文字進行簡化,但是這種情況大概不會多。小篆對那些破壞篆文特點的簡率寫法是排斥的。相傳爲李斯所書的嶧山、琅邪臺、泰山等秦刻石,全都是標準的篆文;在戰國時代秦篆裏已經出現的那些簡率寫法,幾乎一點看不到痕跡。但是難寫的篆文實在不合時代的需要,李斯等人的規範化

㉟ 《秦》30下。

并沒有起多大作用,大量草率的權量詔文就説明了這一點。

隸書與小篆相反,全面地繼承了戰國時代秦篆裏破壞篆文特點的那些新因素。

我們在前面舉出的秦篆中接近隸書的那些簡率寫法,有很多在戰國時代的資料裏就已經出現,它們顯然是隸書形成的基礎。有的僅見於秦統一後的資料裏。秦代時間很短,這些寫法大多數也應該是從戰國時代的秦篆裏繼承下來的。今天我們看到的秦篆資料數量很少,而且只限於銅、漆、陶器及印章,寫在簡帛上的文字還沒有被發現。因此,前面舉出的秦篆中接近古隸的簡率寫法,跟當時實際存在的相比,無疑只是極小的一部分。

用方折的筆法“解散”篆文的圓轉筆道,對隸書的形成也有巨大意義。有一些字僅僅由於這一點,就有了濃厚的隸書意味。例如昭襄王廿一年相邦冉戈的(廿)字、(帀)字,㊱就是這樣。這種方折的筆法在廿九年漆樽銘以及很多權量詔文中,都表現得很明顯。

所謂程邈“作”隸書,其實際情況大概就是把秦國文字中接近隸書的那些新因素集中起來,加以系統化,使之初步形成一種獨立的字體。在整理過程中很可能會根據類推的原則對某些文字作些改造,不過數量大概也不會很多。

從秦篆跟漢代古隸的密切關係來看,㊲秦代古隸的面貌大概跟漢代古隸相當接近。當然,在秦隸裏接近篆文的成分無疑會更多些。

戰國時代六國文字的簡率化傾向,比起秦國文字來是有過之而無不及的。郭沫若同志已經指出,楚國帛書等文字“體式簡略,形態扁平,接近於後世的隸書”。㊳六國文字有些簡體的寫法也跟隸書很接近。例如六國文字的“大”字往往寫作,㊴在偏旁裏也寫作,㊵而馬王堆“遣册”裏的“大”字也有類似的兩種寫法。可見由古文字向隸書發展,是當時各國文字發展的普遍傾向。

秦始皇統一全國以後,除了以小篆爲標準字體來統一六國文字以外,還命程邈“作隸書”,對來自秦國民間的簡易書體進行了統一整理工作,正式承認它是小篆

㊱ 《三代》20・23下【《集成》17・11342】。

㊲ 除去前面對照表所舉之例以外,秦篆裏某些很特殊的寫法,在“遣册”裏也可以找到相似的例子。例如元年詔版“稱”字所从的“爪”有時寫作(元年詔版之三、之八,《秦》37上、38上),“遣册”的“爪”旁有時也寫作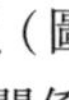(圖版Ⅱ・41“稻”字偏旁)(圖版Ⅱ・42“菜”字偏旁)。這恐怕不是偶然的巧合,而是二者關係密切的反映。

㊳ 同㉛所引郭文8頁。

㊴ 《金文編》550頁【見1985年版695頁】。楚簡“大”字亦多如此。

㊵ 齊陶文常見之字,亦作,見《古陶》5・3。

的輔助字體。由於隸書比小篆好寫得多,到了漢代很快就代替小篆而成爲主要的字體。也可以說,秦始皇實際上是以隸書統一了全國文字。此後,漢字的字體雖然還有自隸書到楷書的演變,文字的結構基本上就沒有大變化了。所以秦始皇統一文字的工作在我國文字發展的歷史上是有重大意義的。

三、古隸和草書的關係

馬王堆"遣册"的古隸裏,已經出現了不少跟草書很接近的寫法。這是很值得注意的。古隸和草書究竟是什麽關係呢? 要回答這個問題,必須對草書形成的時代有一個比較明確的認識。

《説文解字・敘》説"漢興有草書",沒有具體指出草書形成的時代。漢末的蔡邕和趙壹都認爲草書作於秦代。㊶ 如果這種説法可信,"遣册"裏的草書成分就可能是受草書影響而産生的。但是從漢簡所反映的情況來看,草書似乎不可能形成得這樣早。

從居延等地所出的有明確時代的漢簡來看,武帝昭帝時代的漢簡上只有草率的隸書和個别接近草書的字。宣帝簡中,如 271・17 的神爵二年簡、㊷283・7 的甘露三年簡,元帝簡中,如 562・3A 的永光元年簡,都已有濃厚的草書意味。(《新探》編按:以上三簡依次見於《甲乙編》乙編圖版貳零肆、貳壹零、貳捌貳。)成帝簡中,如《居甲》1526A 的陽朔元年簡(圖三)和 170・5A 的元延二年間(《新探》編按:見乙編圖版壹貳叁),則已是相當純粹的草書。由此看來,草書正式形成爲一種字體,大概在西漢中期偏後。張懷瓘《書斷》上"章草"條引王愔云:"漢元帝時史游作急就章,解散隸體麤書之,漢俗簡墮,漸以行之。"㊸把章草跟史游作《急就章》聯繫在一起是沒有道理的,但是史游的時代倒很可能跟草書形成的時期相去不遠。

既然草書形成於古隸之後,古隸裏的草書成分就應該是自然發生的。作爲一種字體的草書則是以這種草書成分爲基礎而逐漸形成的。

在第一節裏,已經指出了"遣册"的草書式寫法跟後來的草書的關係。就是從

㊶ 蔡邕説,張懷瓘《書斷》上"草書"條自梁武帝草書狀轉引(《法書要録》卷七)。趙壹説見其所著《非草書》(《法書要録》卷一)。

㊷ 簡前之號爲發掘號。

㊸ 見《法書要録》卷七。

“遣册”的某些正規寫法，也可以看出古隸和草書的密切關係。孫星衍在《急就章考異》裏曾提出“草從篆生”的説法，他舉的一個較重要的實例是“鹿頭从艹”。㊹ 章草“鹿”字作 ，上端的艹確比一般隸書的“鹿頭”更像鹿角。但是這種寫法在一般小篆裏又何嘗找得到？“遣册”鹿字作 （圖版Ⅱ·39），這才是章草“鹿”字所從出的字形。“遣册”“鳥”字作 （圖版Ⅱ·40），章草的“ ”也很像是從它演化出來的。看來，“草從篆生”的説法應該改爲“草從古隸生”。

圖三 居延出土陽朔元年簡

古隸在使用過程中産生了孕育着草書的新因素，這跟秦篆在使用過程中産生了孕育着隸書的新因素是同類的現象。戰國時代的秦篆發展出小篆和隸書兩種字體，古隸也發展出八分和草書兩種字體。不過，小篆雖是戰國時代秦篆的正統繼承者，它的地位却很快被旁支的隸書所取代了。作爲古隸正統繼承者的八分則没有喪失它的地位。草書由於太“草”，雖然曾經風行一時（主要在東漢時代），並且對八分的演變爲楷書也起了很大影響，但是始終不能成爲主要的字體。

最後，還應該指出，雖然古隸草書成分的主要繼承者是章草，但是後來的隸書也受到這些成分的一定影響。

我們在第一節裏舉出的見於“遣册”的一些草書式寫法，在後來的隸書裏大都有後繼者。在西北漢簡裏，偏旁“止”往往用草體，例如“武”作 ㊺ ㊻，“足”作 ，㊼等等。至於“辵”字所从的“止”，在後來的隸書裏已經把 當作正規的寫法了。漢簡的“皿”旁有時寫作 ，㊽“左”字所从的“工”有時寫作 ，㊾有時甚至就用一點來代替。㊿ 這些寫法比“遣册”的草體更加簡單。衡方碑和北海相景君銘碑陰“鴻”字所从的“工”寫作 ，也是用的草書筆法。不過，從全面看，這類現象在後來的隸書裏不能算很普遍，尤其是在比較正規的八分書裏更爲少見。並且，它們在吸收這類草書式寫法的

㊹ 孫書見《岱南閣叢書》，《叢書集成初編》已收入。

㊺ 《居甲》72。

㊻ 《流》卷二烽燧類1。

㊼ “踵”字偏旁，《流》卷二烽燧類6。

㊽ “盡”字偏旁，《居甲》1458、2048等。

㊾ 《居甲》2218、2280等。

㊿ “佐”字偏旁，《流》卷二簿書類13、《居甲》100等。

時候，往往加以隸化。例如上舉的、之類，雖然筆畫很簡單，却已經沒有“遣册”草體的那種草書味道了。八分的挑法很可能是在古隸裏的草書筆法改作隸書筆法時萌芽的。[51]

《新探》編校追記：

雲夢秦簡出土後，隸書形成時代已可推至戰國晚期，參看拙作《文字學概要》67—72頁（商務印書館，1988）。

原載《考古》1974年1期，又載《古代文史研究新探》，今據後者收入。

---

[51] 看魏建功《草書在文字學上之新認識》，《輔仁學誌》十四卷1、2期合刊。

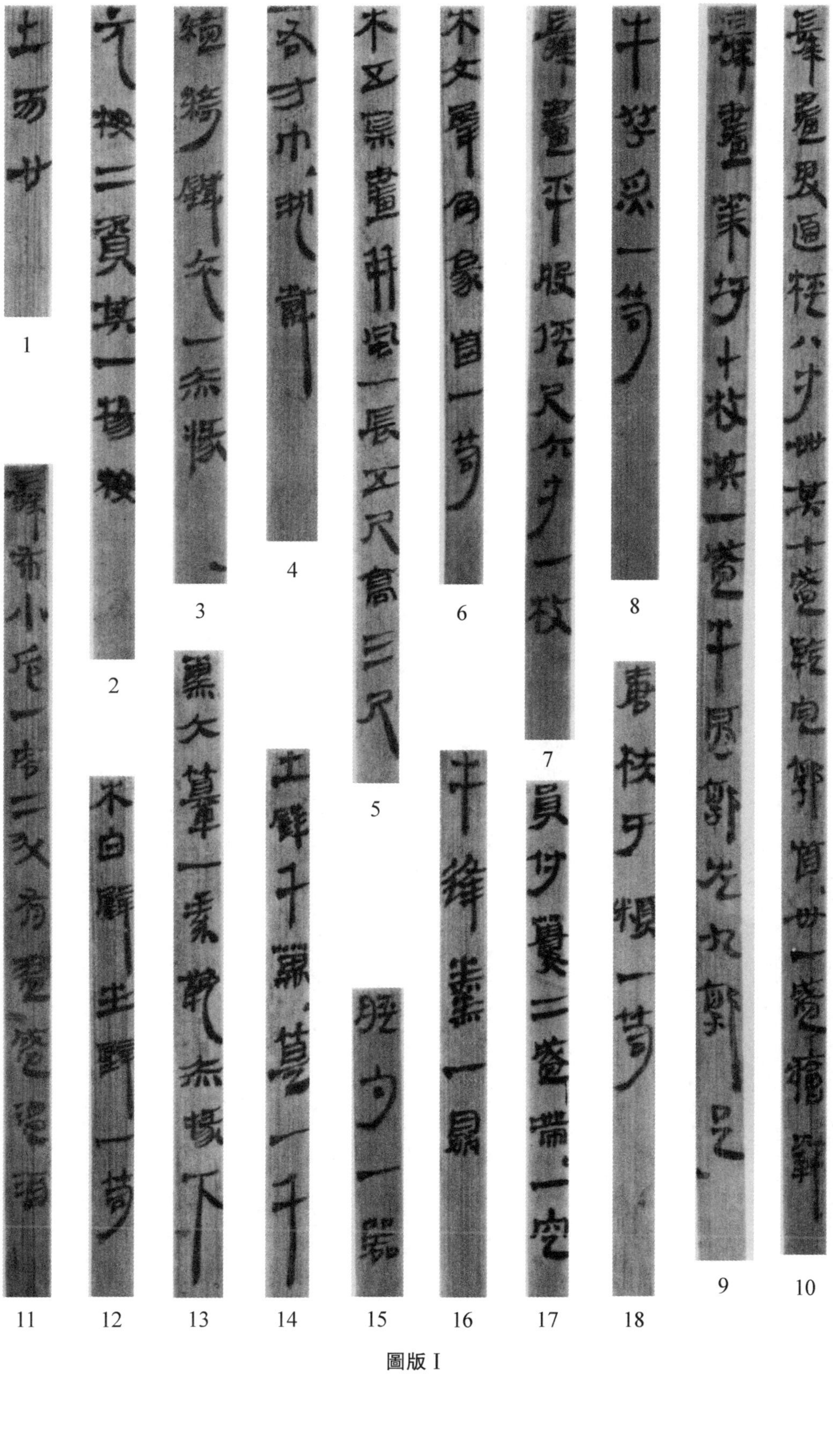

圖版 I

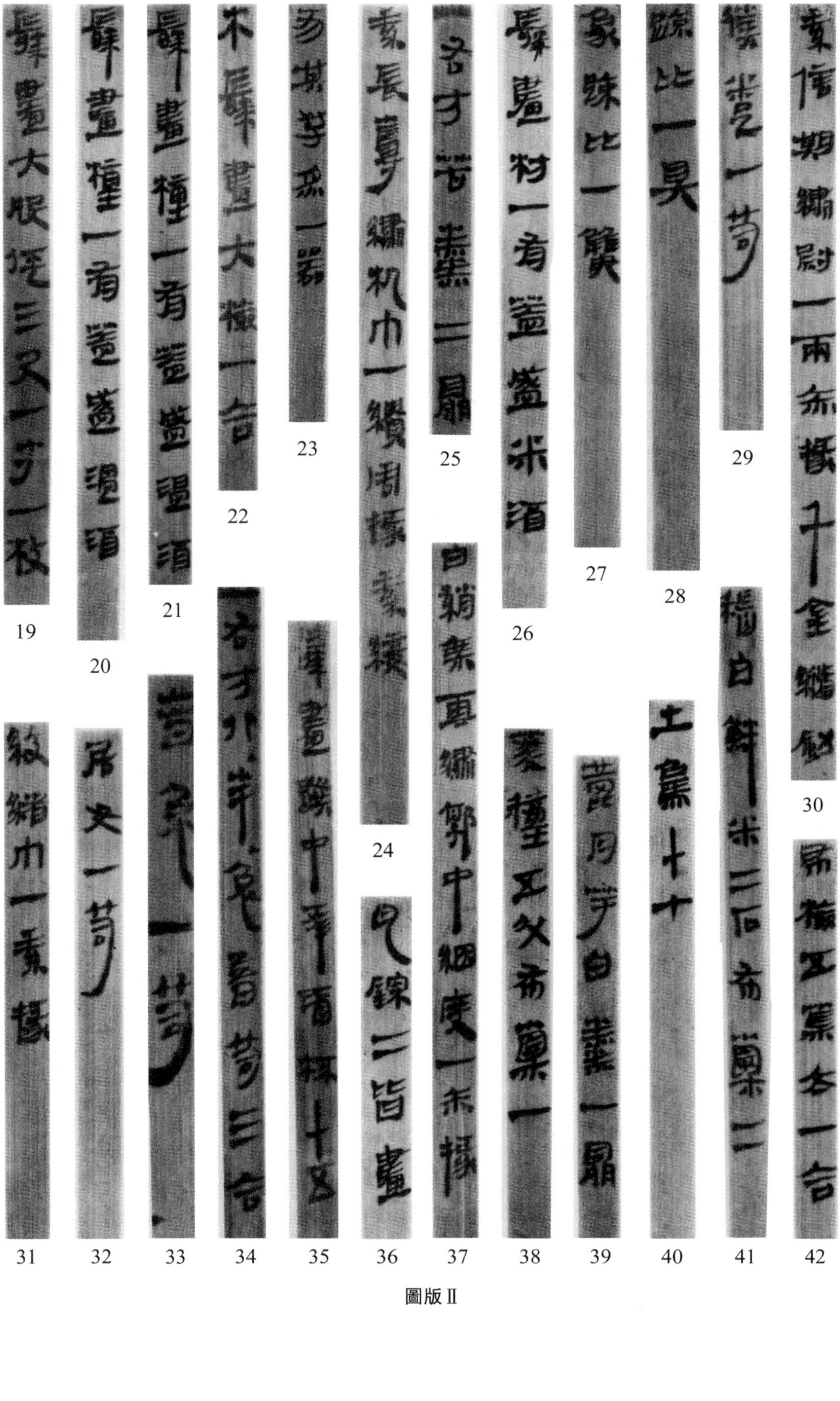

圖版Ⅱ

漢字形成問題的初步探索

一

在討論漢字形成問題以前,必須把與文字形成有關的幾個概念簡單解釋一下。

文字是記録語言的一種符號。“文字”這個詞可以用來指一個個的字,也可以用來指記録某種語言的文字符號的整個體系(以下簡稱“文字體系”)。研究文字形成是以文字體系爲對象的。

世界上獨立形成的古老文字體系,如古埃及的聖書字、古美索不達米亞的楔形文字、中美洲的馬亞文和我國的漢字,都是以圖畫式的表意符號,即所謂象形符號,以及少數表意的記號爲基礎而發展起來的。當某個圖形或記號被比較固定地用作語言裏某個詞的符號的時候,它就初步具有了文字的性質。但是要做到使語言裏的每一個成分都有記録它的符號,是需要一個很長的過程的。在這個過程裏,那些已經出現的詞的符號,還不能完整地把語言記録下來,因此也就不能完全排擠掉非文字的圖畫式表意手法,往往跟圖形混在一起使用。爲了跟後來成熟的文字相區別,我們把它們稱爲原始文字。原始文字出現以後,經過很長的時間,通過一系列大大小小的改進,才發展成爲能够完整地記録語言的文字體系。

二

考古工作者發現的跟漢字形成有關的較古資料主要有兩種:一種是原始社會晚期的仰韶、馬家窑、龍山和良渚等文化的記號,一種是原始社會晚期的大汶口文化的象形符號。我們先來討論第一種資料。

在陝西中部長安靈臺、郃陽莘野村、西安半坡和臨潼姜寨等地的仰韶文化遺址裏,都曾經發現過刻在陶器上的記號。① 它們幾乎全都刻在同一種陶器的同一個部位——半坡早期類型直口鉢飾有寬帶紋或倒三角紋的外口緣上。這充分説明它們並不是任意的刻劃,而是具有一定意義的記號。下面是半坡發現的記號的一些例子:②

半坡早期距今大約六千年左右。

馬家窑文化主要分佈在甘肅和青海東部等地,時代晚於仰韶文化。在馬家窑文化半山類型和馬廠類型的陶壺、陶罐上,有時可以看到用顏料描畫的記號。1934年出版的《半山及馬廠隨葬陶器》一書收集了一些這樣的記號。例如:③

近年在青海樂都的柳灣發現了大規模的原始社會晚期的墓地。這一墓地的馬廠類型墓葬出土的陶壺,有不少是畫有記號的,下面所舉的是一部分例子:④

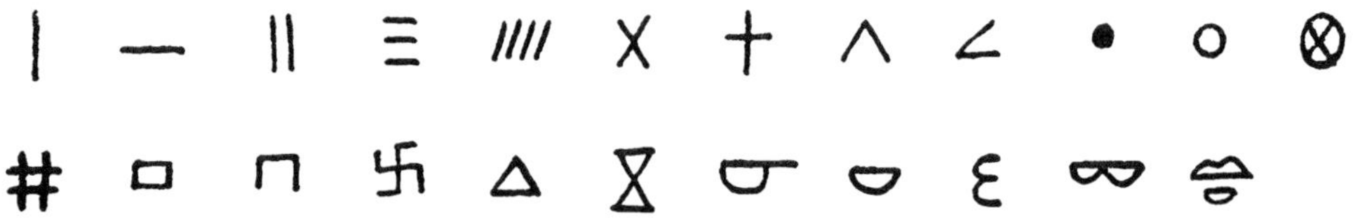

龍山文化的記號似乎發現得不多。在山東章丘龍山鎮城子崖的龍山文化層裏,曾經發現兩片刻有形記號和一片刻有形記號的陶片。⑤ 在青島趙村的龍山文化遺址裏曾經發現一片有×形記號的陶片。⑥

良渚文化分佈在江浙一帶,約略與龍山文化同時。解放前在杭州市良渚發現的一些陶片上刻有下列記號:⑦

① 《西安半坡》196—198 頁。《文物》1975 年 8 期 82 頁。

② 《西安半坡》197 頁,又圖版 169—171。

③ 見該書 178—179 頁。

④ 《考古》1974 年 6 期 376 頁。馬家窑文化的記號有時也刻劃在陶器(《考古》1974 年 5 期 307—308 頁)或小骨版(《甘肅考古記》第 3 圖)上。

⑤ 《城子崖》54 頁,又圖版 16。

⑥ 《考古》1965 年 9 期 481 頁。河南龍山文化遺址也發現過記號,見《考古》1978 年 1 期 36 頁等。

⑦ 《良渚》25 頁。《杭縣良渚鎮之石器與黑陶》15 頁。

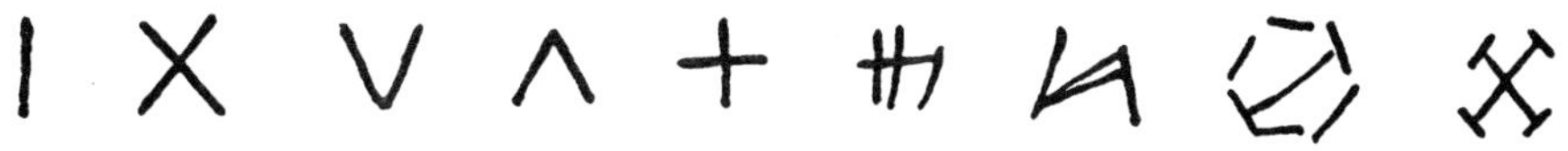

解放後上海馬橋遺址良渚文化層出土的某些陶器器底上，也刻有“ⅹ、ⅩⅩ、Ⅹ”等記號。⑧

有些地區邊遠或時代較晚的原始文化也使用記號，這裏就不涉及了。

從總體上看，上面所舉的這類記號，跟以象形符號爲主要基礎的古漢字顯然不是一個系統的東西。但是它們對漢字的形成仍然是有影響的。爲了説明這種影響，需要從這類記號的用途談起。

人們最先需要用記號記錄下來的，大概莫過於容易遺忘的數目了。上面舉出的那些記號裏應該包含着一些記數的記號。我國雲南的納西族曾經使用過的一種原始文字，即所謂納西象形文字（以下簡稱“納西文”），以“×”代表“十”，以“＋”代表“百”。⑨ 不太久以前，也是住在雲南的哈尼族，在訂立買賣契約的時候，還在用“米、十、一、○”等記號分別代表一百元、五十元、十元和一元。⑩（《新探》編按：據汪寧生《從原始記事到文字發明》，哈尼族以丶代表一元，丨代表十元，×代表五十元，米代表百元，見《考古學報》1981年1期12頁。）這些用來記數的文字和記號，都跟古代原始社會晚期的記號十分相似。

很多研究者已經指出，有些原始社會晚期的記號跟古漢字裏的數字十分相似。例如：常見的記號“×、∧、＋”跟古漢字“五、六、七”三個字的最古寫法相同。⑪ 半坡的“)(”很像古漢字的“八”。“丨、一、‖、三、\\\\\\、////”等記號跟“一、二、三、亖（四）”等字的相似，也是很明顯的。既然記數是原始社會晚期的記號的一種職能，古漢字從“一”到“八”這幾個數字的寫法跟這種記號相合，就不會是一種偶然現象。這些數字應該是漢字從這種記號裏吸取過來的。

半坡遺址發現的記號，有的是在好多件陶鉢上重複出現的，而且刻有相同記號

⑧ 《考古學報》1978年1期115、116、118、119頁。崧澤等地早於良渚文化的崧澤期文化層中也發現過記號，見《考古學報》1962年2期7頁圖6等。

⑨ 關於納西文，請看《麼些象形文字字典》、傅懋勣《麗江麼些象形文“古事記”研究》及拙文《納西象形文字簡介》（《文字改革》1962年8期封裏）。本文所用納西文材料大都引自傅書，以下不再一一加注。“麼些”即“納西”的舊譯名。

⑩ 《民族團結》1962年8期10頁。

⑪ 關於古漢字“五、六、七”三字的寫法，看于省吾《雙劍誃殷契駢枝三編・釋一至十之記數字》。“五”的另一種寫法“ⅹ”，也見於上引馬家窰文化和良渚文化的記號。

的陶鉢碎片往往發現於同一窖穴或同一地區。發掘者根據這種現象認爲它們“可能是代表器物所有者或器物製造者的專門記號”。⑫ 郭沫若同志也認爲它們是“花押或族徽之類”的東西。⑬ 柳灣馬廠墓地發現的記號,有的也是多次出現的。由於同墓出土的器物上的記號往往有好多種,這種記號屬於器物所有者的可能性比較小。發掘者推測它們“很可能就是製陶專門化以後氏族製陶作坊或家庭製陶的一種特殊標記”。⑭《半山及馬廠隨葬陶器》的作者也曾提出過有的記號可能是陶工的標記的說法。⑮ 看來我國原始社會晚期的記號,除去記數以外,還可以用作族或個人的標記。

在商周時代的陶器上,我們仍然能够看到不少跟原始社會晚期的記號極爲相似的刻文。例如在偃師二里頭和鄭州的商代前期遺址裏發現的大口尊,就往往在口沿內刻着這類記號。⑯ 它們大概也是器主或製器者的標記。

在上古,往往用家族或氏族的名稱稱呼個人,也就是說,人名往往就是族名。所以陶器上的記號大概多數是族的標記。見於商周文字的某些族名和族徽,跟這種記號顯然有密切的關係。在商周時代的青銅器上,常常用比當時一般文字更古老的字體,銘記器物主人的族名或族徽(這跟現代的某些姓氏和地名還保持較古讀音是同類的現象)。我們稱這種文字爲族名金文。郭沫若同志指出,有一些族名金文跟原始社會晚期的記號極爲相似,例如:⑰

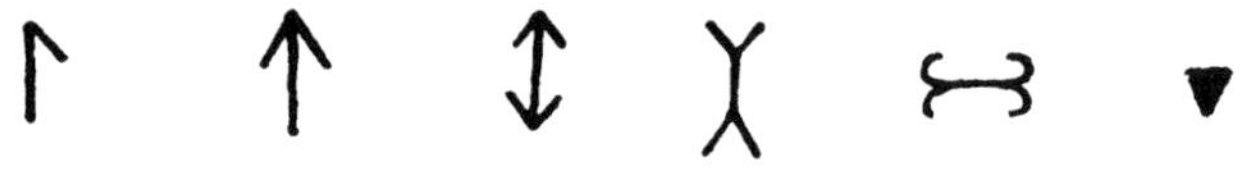

它們應該就來自這種記號。族名金文裏還有一種用幾個數字組成的記號式族徽,例如:

---

⑫ 《西安半坡》198 頁。

⑬ 《古代文字之辯證的發展》,《考古學報》1972 年 1 期 1 頁。

⑭ 同注④。

⑮ 見該書 177 頁。

⑯ 《河南偃師二里頭遺址發掘簡報》,《考古》1965 年 5 期 222 頁。《鄭州二里岡》17 頁,又圖叁壹。《鄭州南關外商代遺址的發掘》,《考古學報》1973 年 1 期 83—84 頁。這些大口尊上的刻文可能并非全部都是記號,例如南關外的“”就有可能是“目”字。

⑰ 同注⑬。

郭沫若同志認爲它們跟原始社會晚期的記號也是一個系統的東西。⑱

用記號來記數和用來作某種標記,這兩種職能並不是互相排斥的。一個記號完全有可能既用來記數,又用作族或個人的標記。很可能有的記號還有其他表意作用。舉例說,雲南的傈傈族曾經用"×"這個記號表示會面或碰頭的意思,⑲在古代原始社會晚期,×形記號也有可能曾經被用來表示類似的意思。

在漢字裏,除去上面講過的數字和族名以外,還有少數文字可能來自原始社會晚期的記號,例如一部分天干字就有這種可能。表次序的十個天干,在上古屬於最常用字,無疑有極其悠久的歷史。十干中"甲、乙、丁、癸"四個字的最古寫法作"十、⌇、○(也作●)、※"。這些字形的意義很難解釋,而在上面舉過的原始社會晚期的記號裏則可以找到形狀相同或極其相似的例子。這幾個字非常可能是漢字從這種記號裏吸取過來的。

這裏應該說明一下,我們說漢字吸取了一些記號,並不等於承認這些記號本來就是文字。上舉的原始社會晚期的記號顯然不可能構成完整的文字體系,同時也不像是原始文字。族或個人的標記大概接近於郭沫若同志所說的"花押"的性質(商周時代的記號式族名金文可能仍有不少是花押性質的族徽)。就是記數的記號,也不見得是跟語言裏的數字嚴格相對應的。例如某氏族以"×"代表五這個數目,但是在具體應用時很可能有時以它代表五個人,有時以它代表五頭牛,有時又以它代表五個陶罐,並不是嚴格把它當作"五"這個詞的符號來使用的。前面舉過的哈尼族用"米、十"等記號代表一百元、五十元……的例子就可以說明這一點。漢字吸取某些記號的過程,就是把它們改造爲文字的過程(有些記號式的族徽則可能是未經改造地繼承下來的)。總之,某些記號爲漢字所吸取,並不能證明它們本來就是文字。

來自記號的漢字,主要是數字等極常用的一些字。因此漢字吸取改造這些記號的過程一定發生得很早。在漢字的原始文字階段的早期,這種過程應該就已經開始了。

---

⑱ 見注⑬所引文5頁。這類由數字組成的記號可能産生得比較晚,它們也見於商周時代的卜骨(《在甲骨金文中所見的一種已經遺失的中國古代文字》,《考古學報》1957年2期)以及某些骨角器,如安陽侯家莊1001號商代大墓出土的"骨柶"和長安灃西西周遺址出土的圓棒式骨角鏃(《灃西發掘報告》23、91頁)。(《新探》編按:據張政烺先生研究,這種由數字組成的符號是八卦符號,見張先生的《試釋周初青銅器銘文中的易卦》等文。)

⑲ 《文物》1962年1期12頁。

三

上一節討論的那種記號,雖然對漢字的形成有影響,却顯然不是漢字形成的主要基礎,大汶口文化象形符號跟古漢字的關係就不一樣了。

大汶口文化是解放後新發現的一種原始社會晚期的文化,主要分佈於山東省,時代早於山東的龍山文化,很可能就是它的前身。在屬於大汶口文化晚期的莒縣陵陽河遺址發現了四個象形符號:[20]

在同時期的諸城前寨遺址發現了一個殘缺的象形符號(見右圖),[21]這顯然是陵陽河最後一例的殘文。這五個象形符號全都刻在同型的大口陶缸上,並且除前寨一例情況不明外,其餘四例都刻在陶缸外壁靠近口沿的部位,跟半坡記號都刻在直口鉢外口緣上的情況類似。它們都刻得比較大,位置也很顯眼,看來應該是器物主人的標記。這些象形符號跟上節所說的那種記號,作風顯然不同。它們應該不是花押性質的標記,而是表示器物主人的族氏的。[22]（《新探》編按:現在看來,這一點尚難肯定。）

把大汶口文化象形符號跟古漢字比較一下,就可以看出二者的關係是很密切的。

目前所能看到的最古的成批漢字資料,是商代後期的甲骨文和金文。其中,前面講過的族名金文的字體又比當時一般的金文和甲骨文更爲古老。這從下面的對照表可以清楚地看出來(表中個别字取自偏旁。《新探》編按:表中族名金文“虎”字誤用西周金文,應改用《金文編》1985 年版 1077 頁第 2 行“尊文”的“虎”旁):

---

⑳ 《大汶口》117—118 頁。參看《文物》1974 年 1 期 75 頁。

㉑ 同注⑳。

㉒ 除去上舉象形符號外,在大汶口墓地發現的一個背壺上有朱繪的  形圖象(《大汶口》72—73 頁)。在滕縣崗上村大汶口文化墓葬出土的某些陶器的底部,劃有比較簡單的符號(《考古》1963 年 7 期 353、355 頁)。由於材料比較零碎,是否與上舉象形符號具有同樣性質,還不能斷定。

族名金文也許可以代表商代前期甚至更早的漢字的字體。

解放後曾發現一些商代前期文字的零碎資料。鄭州白家莊出土的一個商代前期銅罍的頸部鑄有三個蛙類動物的圖形,唐蘭同志認爲就是“黽”字,並推測爲器主的族氏。[23] 歷史博物館所藏的一件傳世的商代前期銅鬲的口沿上有一個[illegible]字,有人釋作“戉”,有人釋作“亘”或“回”,[24]其實可能是“耳”字,大概也是器主的族氏。近年在河北藁城臺西的商代遺址裏發現了一些時代早於殷墟甲骨文的陶文,有“止”、“刀”、“目”等字,也是“器物所有者的族氏或人名”。[25] 其字體與族名金文

---

[23] 《文物》1973 年 7 期 6 頁。

[24] 《文物》1961 年 1 期 42 頁、《考古》1964 年 9 期 461 頁。

[25] 《文物》1974 年 8 期 52 頁。

接近,例如"止"字在這種陶文裏就寫作。[26] 江西清江吳城商代遺址也發現了可能屬於商代前期的陶文。[27] 不過這些陶文似乎具有跟中原地區文字不同的地方特色,有不少字還不能確認,尚待進一步研究。此外,解放初曾在鄭州二里崗發現兩件商代字骨。一件只有一個"屮"字,據說出土於商代前期地層。一件字數較多,但地層不明。[28] 除了吳城陶文和二里崗字骨以外,已發現的商代前期文字都跟商代後期的族名金文具有相同的特點,即字形跟圖畫比較接近,而且看來都是當族名用的。這兩個特點也正好是大汶口文化象形符號的特點。

如果再把大汶口文化象形符號跟古漢字的字形具體地比較一下,對於二者的密切關係就能看得更加清楚了。

在上舉的大汶口文化象形符號裏,陵陽河第一例象鉞形,跟上圖所示的商代族名金文所从的"戉"相似。[29] 第二例象斤形,跟族名金文"�"(析)字所从的相似。[30] 它的柄部末端作小球形,跟上引族名金文所从的"戉"以及族名金文裏有些"戈"字的柄部同形。第三例象日在雲氣上或地上, 于省吾同志釋"旦"。[31] 金文"旦"字作,如果把填實的下部改爲勾廓,跟陵陽河的"旦"就相當接近了。這是一個象事之形的符號。第四例在"旦"下加"山","山"有五峰。族名金文"山"字也有畫作五峰的。[32] "旦"和"�"應該是同一族名的繁簡兩體。加"山",大概是因爲"旦"又是地名。在上古,地名和族名幾乎是二位一體的。甲骨文的地名字往往加"山"旁,例如地名"斲"也寫作"嶄",[33]地名""也寫作"",[34]跟"旦"或作"昜"是同類的現象。

由此看來,大汶口文化象形符號跟古漢字相似的程度是非常高的。它們之間似乎存在着一脈相承的關係。

大汶口文化象形符號應該已經不是非文字的圖形,而是原始文字了。在漢字

㉖ 同注㉕50 頁。

㉗ 看《文物》1975 年 7 期所載《江西清江吳城商代遺址發掘簡報》及《關於江西吳城文化遺址與文字的初步探索》。

㉘ 《鄭州二里岡》38 頁,又圖叁拾。

㉙ 《金文編》804 頁【見 1985 年版 1029 頁】。

㉚ 《頌齋金文續錄》2 梫父乙鼎。《金文編》釋爲"枚",不確。

㉛ 《文物》1973 年 2 期 32 頁。

㉜ 《金文編》520 頁【見 1985 年版 655 頁】。

㉝ 地名"斲"見《粹》934【《合》32903】等片,"嶄"見《續》3·46·6【《合》5766】等片。

㉞ 《甲骨文編》760、844 頁。

形成的過程中,圖形怎樣演變爲代表詞的原始表意字,其具體途徑我們是不清楚的。大汶口文化用作族名的象形符號,在這方面給了我們重要的啓發。即使是很原始的人,在看到一把石斤的圖形的時候,也完全有可能說出“斤”這個詞來。這並不等於“斤”字就已經産生,因爲人們並沒有經常把斤的圖形當作語言裏“斤”這個詞的符號來使用。用作族名的象形符號就不一樣了。一個以“斤”爲名的族,用一把斤的圖形來表示自己的族名。在熟悉這個族的人們中間,這個圖形就通過族名這個環節跟語言裏“斤”這個詞牢固地聯繫在一起了。所以,一個圖形只要經常被用來表示族名,就會成爲代表一定的詞的符號,也就是說,就會具有作爲一個文字的基本條件。我們把大汶口文化用作族名的象形符號稱爲原始文字,而不直接稱爲文字,是由於在當時還不可能存在完整的文字體系。

從以上的分析來看,用象形符號表示族名,很可能是原始表意字産生的一個重要途徑。在商代文字裏寫法特別古老的族名金文大量存在的事實,對我們的這種推測是有力的支持。

在已發現的大汶口文化的原始文字裏,族名“旦”已經有了加“山”的繁體,並且在陵陽河和前寨這兩個距離並不算近的遺址裏都發現了“㫱”字。看來這種文字已經不是最初期的原始文字了。我們期待考古工作者發掘出更早的原始文字來。(《新探》編按:關於大汶口文化象形符號的性質,作者的看法已有變化,請參閱拙著《漢字的起源和演變》,見陰法魯、許樹安主編《中國古代文化史(一)》第四章,北京大學出版社,1989。)

從各方面推測,陵陽河等大汶口晚期遺址的年代可能在公元前第三千年中期。就漢字形成的歷史來說,在大汶口文化原始文字和商代文字之間還存在一些重要的缺失環節。並且,已發現的大汶口文化原始文字只是用作族名的一些單字,因此我們對當時的原始文字的全貌還是不清楚的。就是在已發現的商代前期文字裏,也還找不到明確的記錄連貫的語言的資料。這些情況都給研究漢字形成問題造成了困難。

在下一節,我們將在二、三兩節討論的基礎上,根據文字發展的一般規律和甲骨文的有關資料,並參照納西文的一些情況,對漢字形成的過程作一些初步的推測。

四

世界上獨立形成的古老文字體系都是意音文字,即兼用表意、表音兩種方法的文字。各種意音文字體系都包含三種不同性質的文字:表意字、借表意字充當的表音字以及兼用表意表音兩種方法的文字。我國傳統文字學把第二種稱爲假借字,第三種稱爲形聲字(在漢字裹形聲字也可以用作假借字)。

各種古文字的表意字,絶大多數是象形字(包括象事之形的字),少數是記號字。根據第三節所説的情況來看,我國古代表意字的産生可能跟象形符號的用作族名有很密切的關係。大約在公元前第三千年中期,在某些文化比較發達的地區,原始的象形字大概就已經相當流行了。在氏族林立的古代,在一個地區内流傳着上百個甚至幾百個用作族名的象形字,是完全可能的。這必然會有力地推動原始文字進一步發展。漢字裹也包含一些記號字。我們在第二節裹已經指出,在原始漢字的早期階段,記號字大概就已經開始産生了。

表意字是古代意音文字的基礎。但是,如果僅僅依靠表意字來記録語言,必然會碰到很多不易克服的困難,因爲語言裹難以給它們造表意字的詞實在太多了。爲了克服這種困難,人們很早就想出了借字表音的辦法,借用某些表意字來表示跟它們聲音相同或相近的詞。這樣就出現了表音的假借字。第一節舉過的各種古文字都包含大量假借字,就是還處在原始文字階段的納西文也不例外。

古漢字裹的假借字是數不勝數的。例如借用"箕"的象形字""表示語氣詞"其",借用象鳥形的"隹"表示語氣詞"唯",借用象鋸形的""表示第一人稱代詞"我"等等。古漢字的假借字有很多是常用字,假借字開始出現的時間一定也很早。

假借方法的廣泛應用,使一個字可以代表幾個同音或音近的詞的現象大量産生。爲了避免混淆,人們把某些表意字或表意符號當作表示字義類别的標誌,即傳統文字學所謂"形旁",加在這種容易引起歧義的假借字上來區别它們的不同用法。另一方面,爲了幫助閲讀者識别某些表意字,有時又需要在表意字上加注表示它的讀音的假借字,即傳統文字學所謂"聲旁"。由於這兩種情況,就産生了既有表意成分又有表音成分的形聲字。

在前面舉過的各種古文字和納西文裹,都有不少通過加注形旁或聲旁而形成的形聲字。古漢字早期的形聲字,絶大部分也應該是通過加注形旁或聲旁而形成的(直接用形旁和聲旁構成的形聲字一般出現得比較晚)。在甲骨文裏可以找到不少這樣的例子。例如翌日的“翌”本來是假借“翼”的象形字“”來表示的。後來爲了明確字義曾在假借爲“翌”的“翼”字上加注形旁“日”,造成形聲字“”。又如“鳳”字本來寫作“”,象有高冠長羽的鳳鳥,後來加注表示“鳳”字讀音的聲旁“凡”,成爲形聲字“”。從納西文已經有形聲字這一點來看,漢字在形成完整的文字體系以前,大概也已經在使用形聲字了。

漢字裏還有一種爲了明確文字的本義或引申義而加注形旁的現象。例如:在甲骨文裏,開啓的“啓”寫作“攴”(攴),象用手開門户。由於詞義引申,“攴”又有天晴的意思。後來就在當天晴講的“攴”字上加注“日”旁造成“晵”(啓)字。此外,甲骨文裏常常在指稱女子的族名字上加“女”旁,例如指井族女子的“井”字寫作“妌”,指竹族女子的“竹”字寫作“竹”,還常常在地名字上加“水”旁或“山”旁,加“水”旁的如地名“甹”也寫作“涄”,地名“妻”也寫作“淒”,加“山”旁的例子在第三節講大汶口文化的“𡵂”字的時候已經舉過了。這些人、地名的加旁字和“啓”一類字也未嘗不可以看作形聲字,如“啓”是从“日”“攴”聲,“妌”是从“女”“井”聲。但是它們跟前面舉過的“㬫”一類形聲字不一樣,並不一定需要假借字作爲產生的前提,因此不見得一定全都出現在假借方法應用之後。考慮到這一點,我們似乎也不能僅僅根據大汶口文化晚期的“𡵂”字,就斷定當時的原始文字已經發展到使用假借字和形聲字的階段。不過這種可能性也不能排除。根據考古和史學工作者的研究,在大汶口文化晚期,生產已經相當發達,階級分化也已經比較明顯。原始文字在當時已經發展到使用假借字和形聲字的可能性並不是不存在的。

納西文是已經使用假借字、形聲字,但還經常夾用非文字的圖畫式表意手法的一種原始文字。(《新探》編按:參看注⑨所引拙文。此文從麗江麼些象形文《古事記》中引用了一段把假借字、形聲字跟圖畫式表意手法混在一起使用的納西文。)漢字在形成完整的文字體系以前,大概也有相當長的一段時期是處在類似的階段的。

漢字究竟是在什麼時代脱離了原始文字階段,基本上形成能够完整地記錄語言的文字體系的呢?從大量發現的甲骨卜辭和一些篇幅較長的銅器銘文來看,商代後期的漢字已經是完整的文字體系了。在商代後期,不少象形字已經變得很不象形,寫刻文字的技巧也已經極爲純熟,看來漢字脱離原始文字階段大概已經有一段時間了。但是另一方面,在商代後期文字裏也仍然可以找到一些比較原始的跡象。

首先,在甲骨文裏,有些象形字往往隨語言環境而改變字形,有時字形改變以後一個字可以讀成兩個字。

甲骨卜辭裏常常提到商王對祖先舉行進獻食品的“𢍜”祭。“𢍜”在典籍裏多作“登”。《禮記・月令》:“農乃登麥”,“農乃登黍”,鄭玄注:“登,進也。”卜辭“𢍜”字象兩手捧着豆形器進獻食品,有時還加上“示”旁寫作“禵”,表示向祖先的神主進獻。如果登祭所用的食品是鬯(一種香酒),“𢍜”字就可以改寫爲“𥃀”,兩手所捧的“豆”爲“鬯”所代換。卜辭裏既有“禵鬯”、[35]“𢍜新鬯”,[36]也有“𥃀鬯”、[37]“𥃀新[鬯]”,[38]看來“𥃀”僅僅是“𢍜”字的一個異體。但是在漢字發展的較早階段,情況恐怕並不如此簡單。納西文在這方面可以給我們一些啓發。在納西文裏,字形隨語言環境變化的現象很常見。例如納西文的“九”字通常作,在麗江納西族的經典《古事記》裏,當說到“九對蛋”的時候,就把“九”字的小點改作蛋形,寫作,既表示了“九”的意思,同時又表示了“蛋”的意思。又如納西文的“吼”字通常寫作,象牛出聲氣,如果把牛頭換作馬頭,就可以用來代表“馬吼”兩個詞。在漢字發展的較早階段,“𥃀”大概也是用來代表“𢍜鬯”這兩個詞的。到商代後期,這種比較原始的用字習慣基本上已經被拋棄,但是“𥃀”字則作爲“𢍜”字的異體而保存了下來。有一條卜辭說:“其禯,王受又(祐)?”[39]“禯”字後面沒有再加“鬯”字,大概仍然當作“禯鬯”兩個字用,應是原始的用字方法的殘餘。

類似的例子在甲骨文裏可以找到不少。例如象埋牲於坎的“凵”字,[40]當所埋犧牲是牛羊的時候寫作“凷”,[41]當所埋犧牲是犬豕的時候就寫作“㘥”。[42] 有一條卜辭說:“□申卜,今日□㘥?”[43]這個“㘥”字也很可能應該讀爲“凷犬”。又如象畜牛羊於欄的“牢”字,在指大牢的時候通常寫作“牢”,在指小牢的時候通常寫作

㉟ 《綴一》457【《合》27180】、《人文》1810【《合》27406】。

㊱ 《京津》4230【《合》30977】、《綴一》396【《合》30974】、《續》1・40・5【《合》30973】(後二例用“禵”字)。

㊲ 《安明》1691【《合》30980】。

㊳ 《佚》410【《合》27216】。

㊴ 《粹》544【《合》30524】。

㊵ 見《甲骨文編》21頁,羅振玉釋“薶”(埋)。

㊶ 《前》1・32・6、《粹》38【《合》14609】等。

㊷ 《前》7・3・3【《合》16197】、《續》2・18・8【《合》14313】。

㊸ 《後》下4・4【《合》21257】。

“宰”。因爲古代以牛爲大牢,羊爲小牢。在甲骨卜辭裏,“宰”上往往加“小”字,但是也有不少不加“小”字的“宰”。後一種“宰”字很可能像現代曾經使用過的合文式單位字“浬”(海里)、“哩”(英里)那樣,是既可以讀爲“牢”,也可以讀爲“小牢”的。其它的例子這裏就不列舉了。[44]

上面指出的這種現象顯然是甲骨文跟原始文字還比較接近的反映。

其次,原始文字記錄語句的時候,經常有一些必不可少的詞語被省略掉,文字的排列也往往很混亂,並不一定跟語言裏各個詞的次序相對應。納西文經典裏就極其普遍地存在這種現象。在這方面,甲骨文也多少保留了一些原始的痕跡。

有一條卜辭說:“甲申卜,禦婦鼠妣己二牝。”[45]卜問用“二牝”作爲犧牲祭祀妣己以祓除婦鼠的災殃是否可行。“牝”顯然是“牝”、“牡”二字的合文。對於“二牝”可以有兩種理解,一種是“二牝二牡”,一種是“二牛,一牝一牡”。無論是哪一種情況,在這句話裏都有必不可少的字沒有寫出來。也可能寫卜辭的人是直接以“二牝”來代替“一牝一牡”的。那就跟文字與語言相對應的原則離得更遠了。此外,不管怎樣解釋,在這句話裏,“牝”、“牡”這兩個詞都不是直接相連的,但是寫卜辭的人却把它們合寫成一個“牝”字。從這個角度來看,“二牝”也是文字排列不合語序的一個例子。

前面引用過的“其)(禨”這條卜辭也很可能是文字排列不合語序的例子。其中第二字在卜辭裏一般用作地名或人名,“其)(禨”大概應該讀爲“其禝)(鬯”。)(鬯就是)(這個地方所産或這個人所進貢的鬯。按照這種讀法,“禨”字所代表的兩個詞在語句裏也是不相連的,並且“禝”的位置反在“)(”字之前。(《新探》編按:此文也許有讀爲“其)(鬯禝”的可能。)

在甲骨文裏,卜辭行款比較紊亂的現象也相當常見。在少數商代後期的銅器上,還可以看到銘文排列得很亂的現象,例如在一個大“亞”字裏雜亂地填塞着一些族名、祖先名和其他文字,[46]或是把有的字填寫在別的字的空隙裏。[47] 這些現象大概也跟原始文字排列方式的影響有關。

從上述這些跡象看來,商代後期距離漢字基本形成完整文字體系的時代似乎

---

[44] 參看《考古》1972 年 5 期 45 頁。

[45] 《前》1・33・7【《合》19987】。關於“禦”字用法,參看上注所引文 44—45 頁。

[46] 如亞𣄰觚(《三代》14・30 上【《集成》12・7288】)、亞若受鼎(同上 3・10 下【《集成》4・2400】、3・11 上【《集成》4・2402】)、亞若受尊(同上 11・26【《集成》11・5937、11・5938】)等。

[47] 如盥卣(《三代》13・22 下【《集成》10・5265】)等。

也不會很遠。

《尚書·多士》記載西周初年周公對商朝遺民的訓話説:"惟爾知,惟殷先人有册有典:殷革夏命。"周公特别强調殷的先人有典册記載"殷革夏命"之事,也許我國就是從夏商之際才開始有比較完備的記事典册的。漢字基本上形成完整的文字體系,很可能也就在夏商之際。當然,完整的文字體系基本形成以後,原始文字是不會馬上就絶跡的。在一段時間裏,原始文字和完整的文字體系可能會在不同的地域或不同的用途上同時並存。這跟比較進步的原始文字,甚至完整的文字體系産生以後,原始的記號還在繼續應用,是一樣的道理。漢字的原始文字的形式也可能不止一種,在夾用圖畫手法的原始文字以外,還可能存在不夾用圖畫手法但只表示語言裏一部分詞語的原始文字。

根據我們前面的討論,在大汶口文化晚期,原始漢字有可能已經發展到使用假借字和形聲字的階段。從大汶口文化晚期到夏商之際,可能有近千年時間(約從公元前三千年中期到公元前十七世紀左右)。在這一段漫長的時間裏,原始漢字無疑是在不斷改進之中的,例如:假借字、形聲字的比重不斷提高,[48]表意字字形逐漸簡化並趨於比較固定,圖畫式的表意手法逐漸摒除,記録語言的完整程度越來越高,文字的排列越來越整齊等等。尤其是在夏代,我國大概已經正式進入階級社會,統治階級爲了有效地進行統治,必然迫切需要比較完善的文字,因此原始文字改進的速度一定會大大加快。夏王朝有完整的世系流傳下來這件事,就是原始文字有了巨大改進的反映。這種改進爲漢字在夏商之際基本形成完整的文字體系打下了基礎。

原始文字在原始社會裏開始出現的時候,顯然是廣大的勞動人民所創造的(《新探》編按:究竟是否如此,還有待研究)。但是,"文字在人民間萌芽,後來却一定爲特權者所收攬"。進入階級社會以後,在漢字由比較進步的原始文字發展成完整的文字體系的過程裏,起主要作用的大概就是爲統治者服務的巫、史了。納西文在過去是由納西族的"東巴"(巫師)掌握的。目前所能看到的最古的成批漢字資料——商代後期的甲骨卜辭,也顯然出自當時的巫、史之手。倉頡造字的神話當然不足信,但是相傳倉頡是黄帝的史官,把史官跟"造字"聯繫在一起,還是有一定道理的。

㊽ 如果大汶口文化晚期的原始文字還沒有發展到使用假借字和形聲字的階段,這一條就應該改成:"假借字和形聲字開始出現並不斷增多"。

最後,把我們對於漢字形成問題的意見作一個簡單概括。漢字大概是以我國原始社會晚期出現的象形符號爲基礎,並吸收改造了原始社會晚期流行的一些記號而發展起來的。在漢字形成完整的文字體系以前,大概經歷過一個既使用表意字、假借字、形聲字,又仍然夾用圖畫式表意手法的原始文字階段。漢字基本上形成完整的文字體系的時代,可能是夏商之際。

附記:

本文寫作過程中得到朱德熙先生和嚴文明同志的幫助,謹誌謝忱。

原載《中國語文》1978 年 3 期,又載《古代文史研究新探》,今據後者收入。

談談古文字資料對古漢語研究的重要性*

長期以來,國内古漢語研究工作所憑藉的資料多偏重於自古流傳下來的文獻,地下發現的古文字資料多多少少有些被忽視。古文字資料作爲語言研究的對象,確實存在一些缺點,例如:資料往往比較零碎,有相當多的文字現在還不認識,有些資料裏經常出現重複的話(如甲骨文裏有很多求雨、求年的卜辭,金文裏有很多求福的套語)。但是另一方面,古文字資料顯然有比傳世古書優越的地方:一、不少古書的年代問題聚訟紛紜,因此它們所記録的語言的時代也成了問題。地下發現的古文字資料,年代絶大部分比較明確。除去傳抄的古書以外,它們記録的通常就是當時的語言。就拿傳抄的古書來説,由於抄寫的時代較早,年代問題也不像很多傳世的古書那樣嚴重。有的古書正是由於地下古抄本的發現,初步解決了年代問題。例如過去很多人認爲《尉繚子》是漢以後的僞作,現在由於在銀雀山漢墓裏發現了西漢前期的抄本,基本上可以肯定爲戰國時代作品。二、古書屢經傳抄刊刻,錯誤很多,有的經過改寫删節,幾乎面目全非。地下發現的古文字資料,除去傳抄的古書以外,很少有這種問題。就是傳抄的古書,通常也要比傳世的本子近真。三、古書裏保存下來的商代、西周和春秋時代的作品很貧乏。尤其是商代作品,不但數量極少,而且顯然經過後人比較大的修改,不能代表商代語言的真面貌。古文字資料裏有數量很多的商代後期的甲骨文和西周、春秋時代的金文,正可以補古書的不足。四、流傳下來的古書絶大多數是自古以來一直受到封建士大夫重視的典籍。地下發現的古文字資料,品種比較雜,往往有在古書中很難看到的内容,如近年在雲夢秦墓裏發現的秦律和在馬王堆西漢前期墓裏發現的房中術作品等。它們有時能提供一些古書裏比較少見的語言資料。例如《説文》説:"貲,小罰以財自贖

---

* 本文所説的古文字資料包括近年來發現的秦和西漢前期用古隸書寫的資料在内。古漢語主要指先秦漢語。

也”,“嫜,保任也”,這兩個詞在古書裏都很少見,在秦律裏則是常用詞。[①] 此外,由於漢字裏表意的字形和形聲字的形旁表示字義,形聲字的聲旁表示字音,因此古文字字形本身,對於研究古漢語的詞義和語音也具有重要價值。字形是不斷變化的。如果根據古書裏較晚的字形來研究詞義和語音,往往會造成錯誤。由於上面指出的種種原因,古文字資料對古漢語研究有很大的重要性。

隨着古文字學的發展,從本世紀 20 年代末開始,就出現了一些比較系統地利用古文字資料來研究古漢語的著作。[②] 但是總的來看,我國語言學界對古文字資料是不够重視的。大量古漢語研究者所使用的資料,基本上局限在流傳的古書的範圍裏;即使使用古文字資料,也往往是不完備的第二手材料。解放以後,這方面的情況有所改進,但是並沒有根本的變化。[③]

在這篇短文裏,我們準備在語音、語法、構詞法和詞義等方面分別舉出一些實例,來强調一下古文字資料對古漢語研究的重要性。由於作者的語言學修養很不够,所舉的例子恐怕不能很好地揭示出這種重要性,而且很可能還有錯誤,希望同志們指正。

首先談談語音方面的問題。

講古音離不開諧聲,講諧聲一般都以《說文》爲根據。但是從地下發現的古文字資料來看,《說文》小篆的字形以及《說文》對字形的分析有不少是有問題的。例如:《說文》說“帥”从“𠂤”聲(據段說),金文作,“𠂤”是的訛變之形。《說文》說“畀”从“由”聲,甲骨文作,象矢形而突出扁平的鏃部,應是金鎞箭的“鎞”的初文,根本不从“由”。《說文》說“幵”从“幵”聲,甲骨文作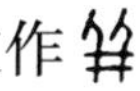,象二人相並,根本不从“幵”(《說文》“幷”下又說“一曰从持二爲幷”,比从“幵”聲之說近真)。我們在研究古音的時候,最好把這類靠不住的諧聲例子剔除出去。[④]

① 看《雲夢秦簡釋文(二)》,《文物》1976 年 7 期 5—10 頁。“嫜”在簡文中作“結”、“姑”。

② 這類著作裏,較早的有何定生《漢以前的文法研究》(中山大學《語言歷史學研究所周刊》3 集 31、32、33 期)、《尚書的文法及其年代》(同上 5 集 49、50、51 期),容庚《周金文中所見的代名詞釋例》(《燕京學報》6 期)等文。

③ 解放三十年來,比較系統地利用古文字資料研究古漢語的著作,主要有以下幾種:管燮初《殷虛甲骨刻辭的語法研究》、《甲骨文金文中“唯”字用法的分析》(《中國語文》1962 年 6 期),陳夢家《殷虛卜辭綜述》第三章《文法》,黃景欣《秦漢以前古漢語中的否定詞“弗”“不”研究》(《語言研究》3 期)。

④ 王力先生在《古韻脂微質物月五部的分野》一文裏已經注意到這個問題。文載北大中文系《語言學論叢》5 輯。

爲了説明古文字對研究諧聲的重要性,我們舉出从“去”得聲之字的問題來討論一下。“去”是魚部字,但是从“去”得聲之字的讀音却分成兩系。一系是屬魚部的,如“呿”、“袪”等。一系是屬葉部收-p 尾的,如“劫”、“怯”、“峌”、“鉣”等。《説文》把“峌”、“鉣”説爲从“劫”省聲,但“怯”字仍然説爲从“去”聲。古音學家則大都把屬於葉部的从“去”聲的字全都看作从“劫”省聲。經驗告訴我們,“省聲”的説法往往是不可信的。並且從漢字結構的通例看,“劫”字本身就應該是一個从“去”聲的字。《説文》把“劫”當作會意字,説“人欲去以力脅止曰劫”,顯然是牽强附會。所以从“劫”省聲的説法並没有把問題解決。高本漢提出一個解釋,認爲“去”字在諧聲時代是收-b 尾的,但是這在音理上又講不通。⑤

從古文字來看,這個問題非常簡單,原來小篆的“去”把較古的文字裏兩個讀音不同的字混在一起了。古文字裏有  字,⑥从“大”从“口”,表示把嘴張大的意思,這就是“口呿而不合”(《莊子・秋水》)的“呿”字的初文,也就是離去的“去”字。張開跟離去這兩個意義顯然是有聯繫的。古文字裏又有一個象器皿上有蓋子的  字(也寫作 ),“蓋”字所从的“盍”字上部的“去”就是這個字。⑦ 這個字應該讀爲“盍”,正好是葉部字。甲骨文有 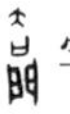 字,⑧前人不識,其實就是“闔”,也就是《説文》訓“閉”的“峌”。在小篆裏 、 這兩個形狀相近的字已經混同了起來。這樣,問題就清楚了。从“去”得聲的魚部字,所从的是離去的“去”。从“去”得聲的葉部字,所从的則是象器蓋相合的“去”(盍)。過去認爲是會意字的“灋”(法)字也可能是从“去”(盍)聲的。有些从“去”的字有魚部和葉部兩讀,這應該是後起的混亂現象。

古文字資料還可以爲一些古音現象提供重要的例證。我們從馬王堆三號墓出土的竹書裏舉一個例子。這座墓是西漢文帝時代下葬的。墓中出了一些講房中術的竹書,估計是漢初人從《漢書・藝文志》所著録的《務成子陰道》、《堯舜陰道》、《湯盤庚陰道》一類書裏抄録下來的,其著作年代大概在戰國晚期。這些東西當然是古文化中的糟粕,但是從語言學的角度看,却仍然是有價值的。例如這些文章大

---

⑤ 看董同龢《上古音韻表稿》(《史語所集刊》十八本 58 頁)。

⑥ 《甲骨文編》230 頁。

⑦ 《説文》“盍”字篆文作“盇”,古文字多从“去”,看《金文編》31 頁【見 1985 年版 37 頁】“蓋”字、277 頁【見 1985 年版 348 頁】“盍”字。

⑧ 《後》下 10・14【《合》4853】。

都用韻,對於研究古音就是很好的材料。在古音學中,古音有無四聲問題⑨和王力先生提出來的脂微分部問題,⑩是兩個很重要的問題。在這批材料裏,四聲分用和脂微分用的現象都比較明顯。這裏舉比較典型的《師癸治神氣之道》一篇,簡單說明一下。這篇文章除開頭一小段外,基本上每句用韻,現在把各句的韻脚依次抄錄於下,後面加括號注明韻部和聲調(個別不入韻的字用"○"號表示):

紀、始(之部上聲,"紀"字本讀上聲)

行、央(殃)、宗(東陽合韻,平聲)

續、族(侯部入聲)

忘(與上"行"、"央"、"宗"等字爲韻。"忘"在韻書中有平聲一讀,漢人韻文都押平聲)

施、移(歌部平聲)

志、事(之部去聲)

節、實、疾(脂部入聲)

陰、筋("陰"是侵部字,"筋"是文部字,可能反映了-m尾和-n尾的相混。二字皆平聲)

詘(屈)、骨、○、出、○、物(微部入聲)

○、味、氣(微部去聲)

蔥(聰)、光(東陽合韻,平聲)

盈、生、○、寧(耕部平聲)⑪

這一篇文字的韻脚,四聲分用和脂微分用的現象非常明顯,連一個例外也沒有。在同時代的古書裏,似乎還沒有能夠這樣清楚地集中地說明這兩個問題的資料。

其次談談語法方面的問題。

商代後期的甲骨文是我們現在能夠利用的最古的漢語資料。古漢語裏的很多語法現象,都可以在甲骨文裏找到最古的例子。但是我們在研究漢語史的時候,在這方面注意得很不够,甚至連研究甲骨文的學者已經指出的有關材料都沒有充分

---

⑨ 關於這個問題,可看周祖謨先生的《古音有無上去二聲辨》,見《問學集》。

⑩ 看王力先生的《漢語史論文集》、《漢語史稿》上册及注④所引文。

⑪ 此材料尚未公開發表,蒙湖南省博物館給予引用的方便,謹致謝意。(《新探》編按:此篇已發表於文物出版社1985年出版的《馬王堆漢墓帛書〔肆〕》,釋文見149—150頁。我們認爲其釋文見於此書147頁的40號簡應移入其釋文見於150頁的72、73號二簡之間。所引韻脚中的"味、氣、聰、光、盈、生"即見於40號簡。參看拙文《馬王堆醫書釋讀瑣議》,《古文字論集》525—526頁。)

利用。例如陳夢家在《殷虚卜辭綜述》裏講卜辭語法的時候,指出"王吉兹卜"的"吉"字是當動詞用的(103 頁),研究漢語史的同志在講意動用法的時候,似乎很少引用這條材料。

甲骨卜辭還反映了一些商代特有的語法現象,這就更值得我們注意了。這裏舉否定詞"毋"的例子簡單說明一下。

卜辭最常用的否定副詞可以分爲兩組,即"弜(一般釋"勿")、弜"和"不、弗"。前者通常是表示意願的,往往可以翻成現代漢語的"不要"。後者通常是表示可能性或事實的,往往可以翻成"不會"或"沒有"。[12] "毋"在古書裏的用法跟"勿"相近。在卜辭裏,一般"毋"字的用法也接近於"勿",例如:

貞:王聽□,毋告。
貞:王于甲午告。 乙 5317【《合》1051】
丙申卜,□貞:翌丁酉其又于中丁。
貞:毋又。 續 1・12・4【《合》22861】
庚午卜,王曰貞:翌辛未其田,往來無災,不遘囚。兹用。
庚午卜,王曰貞:毋田。 京津 3454【《合》24502】

向先王禱告不禱告,舉行不舉行"又"祭,去不去田獵,都是要不要這樣做的問題。這類卜辭的"毋"字都可以用"勿"或"弜"代替。[13]

但是在與語氣詞"其"的關係上,"毋"却跟"不、弗"相似。卜辭裏"勿、弜"之後幾乎從來不用"其"字,"不、弗"之後則常常用"其"字。"毋"字之後也可以用"其"字,並且這樣的"毋"字的用法也就不再跟"勿、弜"相似,而變得跟"不、弗"相似了。例如:

貞:翌戊申毋其星(晴)。 柏 12(《新探》編按:拓本見《合》11496 正)
丁亥卜貞:既雨。
貞:毋其既[雨]。 乙 5574【《合》1784】

---

⑫ 另詳《說"弜"》一文,待刊。(《新探》編按:已發表於《古文字研究》第一輯。)

⑬ 除去下面講到的"毋其"以外,還有少數"毋"字的用法似乎與"不、弗"沒有明顯的區別。如第二期卜辭裏的成語"兹毋用"和"兹不用",在意義上似乎就沒有什麽區別(看胡厚宣先生《釋兹用兹御》,《史語所集刊》八本四分)。但是這類成語大概是占辭的一部分,在占辭裏"勿"字的用法也有與"不"相似的現象,這類現象尚待研究(詳上注所引文)。還有些卜辭,由於辭義不够明白,所用"毋"字到底屬於"勿、弜"組還是"不、弗"組,不容易肯定,但絕大多數不帶"其"的"毋"字的用法顯然與"勿、弜"相似。

戊毋其雨。

壬毋其雨。 安明 1867【《合》29901】

貞：毋其延有祟(《新探》編按：實爲“求”字，疑當讀爲“咎”)。

丙 297【《合》17079】

貞：王目 。

王目毋其 。 乙 3018【《合》13623】

貞：婦妌毋其有子。 丙 190【《合》13931】

癸亥卜，㱿貞：我史𢦏缶？

癸亥卜，㱿貞：我史毋其𢦏缶？ 丙 1【《合》6834】

天是晴是雨，王是否遭祟、有病，婦是否懷孩子，這些都不是要不要這樣的問題，而是會不會這樣的問題。所以上引這些卜辭裏的“毋”字的用法都與“不、弗”相似。最後所引的《丙》1 號的卜辭，其同版卜辭有說“多臣弗其𢦏缶”的，此辭的“毋其”顯然與“弗其”同意。⑭

總之，在卜辭裏，不帶“其”的“毋”基本上屬於“勿、弜”一組，而帶“其”的“毋”則屬於“不、弗”一組。這是很值得注意的一種現象。此外如卜辭裏的否定詞“不”和“弗”、語氣詞“惟”和“叀(惠)”的細微區別，詞序的各種變化⑮等等，都是與商代語言的特點有關的重要語法問題。不把這一類問題搞清楚，對於商代語言絶不可能有深刻的認識。

對於周以後古漢語語法的研究，古文字資料也是很重要的。例如去年第二期的《文物》上發表了馬王堆三號墓出土的一幅帛書的片段(圖版貳、叁)，這幅帛書對於解決係詞“是”産生的時代問題就極爲重要。王力先生最初認爲係詞“是”出現於六朝。⑯ 後來洪誠先生根據《史記》和《穀梁傳》的材料，把這個時間提前至漢初。⑰ 王先生在《漢語史稿》中册裏修改了自己的說法。但是他認爲《史記》有經後人改動的地方，難以爲據，《穀梁傳》年代未定，也不能用，只承認《論衡》裏的係詞“是”可信，因此把係詞“是”産生的時代定在西漢末或東漢初(353—354 頁)。上面所舉的帛書是根據星辰、彗星、雲氣等天象判斷吉凶的一種占書。在一些彗星的

⑭ 有人認爲“𢦏”應該讀爲“捷”，是戰勝的意思，看管燮初先生《說𢦏》(《中國語文》1978 年 3 期)。

⑮ 關於詞序請參看後面論複合詞構詞法的一段。

⑯ 《中國文法中的係詞》，《漢語史論文集》241 頁。

⑰ 《論南北朝以前漢語中的係詞》，《語言研究》2 期。

圖像下分别注着"是是帚彗"、"是是竹彗"、"是是蒿彗"、"是是苦彗"等句子。這些句子裏的第二個"是"字顯然是係詞。這幅占書是漢初人所抄錄的。從内容看,原書大概爲戰國後期的楚國人所著。⑱ 由此可見,係詞"是"大概在戰國後期就産生了。⑲【編按:上引馬王堆帛書《天文氣象雜占》"是是帚彗"等語,"是是"原皆作"是="。據魏宜輝《再論馬王堆帛書中的"是="句》(《東南文化》2008年4期)、楊錫全《出土文獻"是="句淺析》(復旦大學出土文獻與古文字研究中心網站,2009年11月3日)等研究,帛書"是="當讀爲"是謂",即同幅占書上文出現過的"是謂"之省。以帛書《天文氣象雜占》爲係詞"是"出現時代的證據,應存疑。】

再舉一個跟"是"字有關的例子。在先秦時代,代詞"是"用作賓語的時候常常前置。《馬氏文通》就已經指出"是"字用作介詞"以"的賓語的時候以"倒置爲常"(336等頁)。王力先生在《漢語史稿》中册裏又進一步指出,用作賓語的"是"在某些情況下可以自由地放在動詞前面(見357—358頁)。在現有的古文字資料裏,代詞"是"始見於大約作於周昭王前後的沈子簋。我們檢查了一下西周、春秋金文裏"是"字作賓語用或者可能作賓語用的二十來個例句,發現"是"字全部是前置的。例如沈子簋的"懿父廼(乃)是子"("是"似指作器者自己),陳逆簋的"子孫是保"("是"指這件簋),陳公子甗的"子子孫孫是尚"("是"似指這件甗),虢盤的"是㠯(以)先行",毛公肇鼎的"是用壽老"等等,連一個例外也沒有。由於這一事實的啓發,我們又檢查了一下古書裏把"是"字用作賓語的句子,發現凡時代可靠的西周、春秋時代的作品(如《詩經》和《尚書》中時代可靠的各篇),所用的賓語"是"也全部是前置的。尤其是《詩經》,"是"字前置的句子非常多,如"君子是識"(《大雅·瞻卬》)、"他人是保"(《唐風·山有樞》)、"是刈是濩"(《周南·葛覃》)、"是剝是菹"(《小雅·信南山》)等等。到《論語》、《左傳》等書裏,賓語"是"的位置已經變爲以後置爲常。不過,《論語》裏"以"和"用"的賓語"是"仍然都是前置的。《左傳》由於是根據較古史料編纂而成的,在大量出現賓語"是"後置的句式的同時,也保留了不少賓語"是"前置的句子,如"寡人是問"(僖公四年)、"小國是懼"(襄公二十八年)、"商人是因"(昭公元年)等等。《論語》和《左傳》大約分别編成於戰國初期和中期。賓語"是"位置的變化也許是在春秋晚期開始發生的。所以我們可以得出一條規律:在西周春秋時代(春秋晚期也許要除外),代詞"是"用作賓語時

⑱ 看顧鐵符先生《馬王堆帛書"天文氣象雜占"簡述》,《文物》1978年2期。

⑲ 與秦律竹簡同出於雲夢睡虎地11號秦墓的一種占書,也有用法與上引帛書相似的"是"字。

必定置於動詞或介詞之前。這是代詞“是”不同於“之”、“此”等詞的一個重要特點。如果沒有古文字資料,這條規律是不大容易肯定下來的。

下面再談談構詞法方面的問題。

對於研究古漢語單純詞的構詞法(也可以說是單純詞的分化),古文字資料是極有啓發性的。例如:從甲骨文看,“史”、“事”、“吏”、“使”四個字的寫法本來並無區別。[20] 這就告訴我們,這四個語音相近、意義相關的詞,應該是由一個詞分化而成的。

對於研究古漢語複合詞的構詞法,古文字資料也很重要。例如:邢公畹先生曾經指出古漢語在構詞法上曾經有過跟臺語一致的現象——大名冠小名。[21] 在甲骨文裏就有不少這方面的資料。除去邢先生已經談到的“大乙”、“大戊”等先王名也可以倒作“乙大”、“戊大”等例子外,還可以在一、二期卜辭裏找到很多大名冠小名的地名,如“丘商”、“丘剌”、“丘雷”、“自榮”、“自喜”、“自祫”等等。[22] 結合《左傳》裏的“丘輿”(成公二年)、“丘蕕”(昭公四年)、“城潁”(隱公元年)、“城濮”(僖公二十八年,也見於經)、“城棣”(襄公五年)等地名來看,似乎可以確定,在較早的漢語裏,地名的構詞法曾以大名冠小名爲常。這個例子還給我們一個啓示,如果要展開漢語跟親屬語言的比較研究,應該儘量利用時代較早的古文字資料。

最後,談談詞義方面的問題。

古文字表意字的字形對於詞義研究的重要性是不言而喻的。這裏舉兩個字形能够糾正古書訓詁的例子。先說“保”字。《說文》:“保,養也。”“養”其實並不是“保”的本義。《尚書·召誥》:“夫知保抱攜持厥婦子以哀籲天……”,以“保”與“抱”並提。在古文字裏,“保”的較古寫法是 ,象一個人把孩子背在背上。所以唐蘭先生認爲“保”的本義是負子於背,襁褓的“褓”是“保”的孳生字,“養”是“保”字的後起意義。[23] 這個意見是很正確的。再說“暴”字。暴虎馮河的“暴”,古書訓爲徒搏。從漢代學者開始,就把徒搏理解爲徒手搏虎。但是,暴虎之“暴”的本字是“虣”,甲骨文寫作 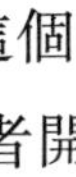,詛楚文寫作 ,象用戈搏虎。可見暴虎應指徒步搏虎,並

---

⑳ 參看楊樹達《積微居金文說》103 頁。

㉑ 《漢臺語構詞法的一個比較研究》,收入《中國語文研究參考資料選輯》。

㉒ 以上所引甲骨文地名分別見於《乙》4518【《合》9774】、《前》1·24·3【《合》780】、《南》明 395【《合》24367】、《粹》1210【《合》24298】、1211【《合》24336】、《存》下 663【《合》22606】等。“自”當讀爲京師、洛師的“師”,也可能應讀爲“次”。

㉓ 《殷虛文字記·釋保》。

不是一定不拿武器。古代盛行車獵,對老虎這樣凶猛的野獸通常是用車獵取的,所以徒步搏虎是勇敢行爲。馮河是無舟渡河,暴虎是無車搏虎,這兩件事是完全對應的。㉔

某些詞在古文字資料裏的用法,對於詞義研究也有重要價值。例如《說文》說:"自,鼻也。象形。"從字形上看,這個解釋應該是正確的。但是在全部古書裏,使用"自"字的這個本義的例子一個也找不到。有一條甲骨卜辭說:"貞:有疾自,唯有壱。"(《乙》6385【《合》11506】)跟卜辭裏常見的"疾身"、"疾齒"等語對照起來看,"疾自"無疑是鼻子有病的意思。這個"自"字用的正是本義,可以補古書的不足。

如果要全面研究古漢語的詞彙,更是離不開古文字資料。

總之,古文字資料對於古漢語研究的各個方面都能提供重要的材料,並且還能解決不少僅僅依靠古書難以解決的問題。對於古漢語研究,古文字資料絕不是可有可無的,而是必不可少的。目前我們所能看到的古文字資料,數量已經相當可觀。僅就有字的甲骨片來說,就多達十多萬片,估計甲骨文資料的總字數可能已經超過百萬。隨着我國考古事業的發展,古文字資料一定還會不斷地豐富起來,古文字資料對古漢語研究的重要性自然也會越來越增加。古文字資料大都是由考古工作者發掘出來的。由於這個特點,多年來古文字學一直跟考古學有密切關係,跟語言學的關係則若即若離。古漢語研究中或多或少地有忽視古文字資料的傾向,這恐怕是一個原因。這種情況不但影響到古漢語研究工作的進展,同時也影響到古文字研究工作的進展,因爲古文字學是非常需要語言學的指導和幫助的。希望語言學界多多關心古文字學,把對古文字資料不够重視的傾向迅速扭轉過來。

附記:

朱德熙先生對本文多次提出修改意見,給作者很大幫助,謹誌謝忱。

原載《中國語文》1979年6期,又載《古代文史研究新探》、《裘錫圭自選集》,今據《裘錫圭自選集》收入。

㉔ 關於"虣"字,參看拙作《說"玄衣朱襮裣"》,載《文物》1976年12期。

漢字的性質*

從比較文字學的角度來看,漢字跟古埃及的聖書字和古代兩河流域的楔形文字是同類型的。近代研究比較文字學的學者,起初把這種類型的文字稱爲表意文字。這種類型的文字都包含大量表音的成分,把它們簡單地稱爲表意文字,顯然是不妥當的。到本世紀40年代,有人提出了“過渡文字”(指由表意向表音過渡的文字)的說法。但是,把古漢字、聖書字、楔形文字等有幾千年歷史的成熟的文字體系稱爲過渡文字,顯然也是不妥當的。進入50年代之後,採用表意文字說和過渡文字說的人越來越少了,代之而起的是“詞—音節文字”(word-syllabic writing,或譯“表詞—音節文字”)“表意—音節文字”等說法。國內在50年代也有人提出了漢字不是表意文字,而是“綜合運用表意兼表音兩種表達方法”的“意音文字”的主張。[①] 下面談談我們對漢字性質的看法,重點放在分析漢字所使用的符號的性質上,因爲一種文字的性質就是由這種文字所使用的符號的性質決定的。至於究竟給漢字這種性質的文字體系安上一個什麽名稱,那只是一個次要的問題。

文字是語言的符號。作爲語言的符號的文字,跟文字本身所使用的符號,是不同層次上的東西。例如漢字“花”是漢語裏的花草之{花}這個詞的符號。[②] “艹”(草字頭,原作“艸”,即古“草”字)和“化”則是“花”這個字所使用的符號(“花”是一個形聲字,“艹”是形旁,“化”是聲旁)。

在漢字裏,像“花”這樣可以從結構上進行分析的字,一般稱爲合體字。合體字的各個組成部分稱爲偏旁。秦漢以後所造的合體字,基本上都是用已有的字充

---

* 本文是正在寫作中的《漢字》一書的第二章,現在先發表出來,希望得到批評指正。在寫作和修改的過程中,得到了朱德熙先生的很大幫助,謹致謝意。(《自選集》編按:《漢字》後來改名《文字學概要》,於1988年由商務印書館出版。第二章的文字與此篇稍有出入。此篇收入本集時,文字亦有少量的修改。)

① 周有光《文字演進的一般規律》,《中國語文》1957年7期。又見《字母的故事》2—7頁,上海教育出版社,1958年修訂版。

② 爲了行文的方便,並爲了明確字跟詞的區別,我們一般用花括號來標明文章裏提到的詞或語素。

當偏旁的(有些字用作偏旁時有變形的現象,如在上方的"艸"變作"艹",在左邊的"水"變作"氵"等)。在上古漢字裹,有不少表意字是用兩個以上不一定能獨立成字的象形符號組成的,如象用手開弓射箭形的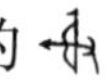(射)字。這類字是否可以稱爲合體字,是需要商榷的。我們姑且把它們稱爲準合體字。

有些漢字從結構上看不能分析,一般稱爲獨體字。對於獨體字來說,也存在語言的符號跟文字所使用的符號這兩個不同的層次。例如古漢字裹的"⊖",作爲{日}這個詞的符號來看,是一個有音有義的字;作爲"日"字所使用的符號來看,則僅僅是象太陽之形的一個象形符號。這種區别在拼音文字裹同樣存在。例如英文裹的"a"作爲英語裹不定冠詞{a}的符號來看,是有音有義的;作爲英文所用的符號來看,則僅僅是一個表示一定語音的字母。爲了使概念明確,下面把文字所使用的符號稱爲"字符"。

語言有語音和語義兩個方面,作爲語言的符號的文字,也必然既有音又有義。就這一點來說,各種成熟的文字體系之間並沒有區别。只有根據各種文字體系的字符的特點,才能把它們區分爲不同的類型。

英文可以説是一種表音文字,但是這並不是説英文只有音沒有義,只是説英文的字符,即二十六個字母是表音的,不是表意的。例如:英文的 sun 是英語裹{sun}這個詞的符號。它既有音,即{sun}這個詞的音——[sʌn];也有義,即{sun}這個詞的義——太陽。但是 sun 所使用的字符 s、u、n,跟它所代表的詞只有語音上的聯繫,沒有意義上的聯繫,所以我們把它叫做表音字。同樣,我們所以把古漢字⊖(日)叫做表意字,是因爲⊖作爲字符,即太陽的象形符號來看,跟{日}這個詞只有意義上的聯繫,沒有語音上的聯繫。如果作爲{日}這個詞的符號來看,它也是音、義兼備的。③

討論漢字性質的時候,如果不把文字作爲語言的符號的性質,跟文字本身所使用的字符的性質明確區分開來,就會引起邏輯上的混亂。

各種文字的字符,大體上可以歸納成三大類,即意符、音符和記號。跟文字所代表的詞,在意義上有聯繫的字符是意符,在語音上有聯繫的是音符,在語音和意義上都沒有聯繫的是記號。拼音文字只使用音符,漢字則三類符號都使用。

漢字的字符裹有大量意符。傳統文字學所説的象形、指事、會意這幾種字所使

③ 以上一段所説,大體上是根據趙元任先生的意見。參看 *Language and Symbolic Systems*,劍橋大學出版社,1968,105 頁。

用的字符，跟這幾種字所代表的詞都只有意義上的聯繫，所以都是意符。我們所說的表意字就是總括這幾種字而言的。形聲字的形旁跟形聲字所代表的詞也只有意義上的聯繫，所以也是意符。

意符内部還可以分類。有的意符是作爲象形符號使用的，它們通過自己的形象來起表意作用，如古漢字裏的“人”“日”等字所使用的、等符號，又如構成（射）字的弓箭形和手形。幾何形符號如果不是用作記號，而有以形表意的作用，如一、二、三、亖（古“四”字）、□（古“方”字）、○（古“圓”字）等字所用的符號，也應該歸入這一類。古漢字裏的獨體字，基本上都是用單個象形符號造成的表意字。

有的意符不是依靠自己的形象來起作用的。這種意符通常都是由已有的字充當的表意偏旁，它們就依靠本身的字義來表意。例如：合體表意字“歪”由“不”“正”二字組成，它的意思就是“不正”。“不”和“正”在這裏就是依靠它們的字義起作用的意符。形聲字的形旁一般由依靠本身字義來指示形聲字字義的字充當，所以也應該歸入這一類（少數在象形字上加注音符而成的形聲字，如“齿”的繁體字“齒”等，在這方面是例外。這種字過去多看作加聲的象形字）。

在有必要區分上述這兩種意符的時候，可以把前一種稱爲形符，後一種稱爲義符。在漢字變得不象形之後，形符基本上就不使用了。

漢字的字符裏也有很多音符。假借字就是使用音符的。人們在假借某個字來表示一個跟它同音或音近的詞的時候，通常並不要求它們之間原來在意義上有什麽聯繫。例如古漢字借“箕”的象形初文來表示語氣詞{其}，{其}、{箕}二詞在意義上就毫無聯繫。又如近代假借花草之“花”來表示動詞{花}（如花費、花錢），花草之{花}跟動詞{花}在意義上也毫無聯繫。所以儘管本來是表意字，“花”本來是形聲字，在它們借來表示語氣詞{其}和動詞{花}的時候，都是純粹作爲音符來起作用的。當然，“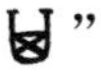”和“花”作爲語氣詞{其}和動詞{花}的符號來看，也是既有音又有義的；但是作爲假借字所使用的字符來看，則只有表音作用。這跟作爲{日}這個詞的符號看既有音又有義，作爲“日”字的字符看則只有表意作用的情況是一致的。

有時也能看到被假借的字跟借它來表示的詞不但同音或音近，而且在意義上也有某種聯繫的現象。這種現象大概有很多是無意中造成的。在漢語裏，彼此的語音相同或相近並且意義也有聯繫的詞，是很常見的。人們在爲某個詞找同音或音近的字充當假借字的時候，很有可能無意中找了一個跟這個詞在意義上也有聯繫的字。有意假借一個跟某個詞在意義上也有聯繫的字來表示這個詞的情況,也是存在的。例如明代初年怕"元由""元來"的"元"跟元朝的"元"相混,假借意義跟它相近的"本原"的"原"字來代替它。這種情況並不常見,可以作爲假借的特例來處理。

形聲字的聲旁也是音符。聲旁也有兩類。一類是單純借來表音的,如"花"的聲旁"化"。另一類跟形聲字所代表的詞在意義上也有聯繫。例如一種用玉石等物作的耳飾叫做{珥}(與"耳"同音,古代讀去聲),"珥"字从"玉"("玉"用作左旁時寫作"王")从"耳","耳"就是跟"珥"在意義上有聯繫的聲旁。這種聲旁可以看作音符兼意符。

漢字的音符跟拼音文字的音符有很大區別。即使撇開漢字還同時使用意符和記號這一點不談,也不能把二者等量齊觀。拼音文字的音符是專職的,漢字的音符則是借本來既有音又有義的現成文字充當的。有很多漢字在充當合體字的偏旁的時候,既可以用作音符,也可以用作意符,而且還能兼起音符和意符的作用。例如"耳"字在"餌""鉺"(音耳,金屬元素名)等字裏是音符,在"聰""聾"等字裏是意符,在"珥"字裏是音符兼意符。一般拼音文字所使用的字母,數量都相當少。漢字音符的情況則不同了。從原則上説,漢字裏每一個字都有可能借用爲音符;實際上用作音符的字,數量也很大(古今用作聲旁的字估計在一千左右)。同樣的字音往往借用不同的字來表示。如果要强調漢字和拼音文字的音符的區別,可以把漢字的音符稱爲"借音符"。不過爲了行文的方便,我們在下文中仍然稱它們爲音符。

下面再討論漢字字符裏的記號。

用記號造的字,字形跟所代表的詞沒有內在聯繫,不易爲人們所接受。所以用記號造字的情況是極爲少見的。在文字體系形成過程的開始階段,可能有少量在原始社會中長期沿用的記號被吸收到文字裏來。古漢字裏X(五)、∧(六)、十(七)、八(八)等數字,大概就來自這種記號。除此之外,用記號造字的情況就很難找到了。④ 但是在漢字發展的過程中,由於字形和語音、字義等方面的變化,却有很多意符和音符失去了表意和表音作用,變成了記號。

由於漢字字形的演變,獨體表意字的字形大都喪失了原來的表意作用。例如古漢字的⊖變成隸書、楷書的"日"之後,已經一點也看不出太陽的樣子了。如果

④ 天干中的"十"(甲)、"乙"(乙)、"•"(丁)等字,可能也是源於原始社會所使用的記號的。參看拙作《漢字形成問題的初步探索》,《中國語文》1978年3期164頁。

不考慮“日”字的歷史，根本無法找出“日”這個字的字形跟{日}這個詞有任何聯繫。可見“日”字的字符已經從意符變成了記號，“日”字已經從表意字變成了記號字。同類的例子舉不勝舉。唐蘭先生在《中國文字學》“記號文字和拼音文字”節裏説：“圖畫文字和記號文字本是銜接起來的。圖畫演化得過於簡單，就只是一個記號。”（109 頁）這是很正確的。

有人把“日”這一類字形由象形到不象形的變化，看作由表形到表意的變化，認爲是表形符號，“日”是表意符號。這是不妥當的。所以會産生這種看法，大概是由於沒有把字符的作用跟文字的作用區分開來。“日”這一類字使用的字符變爲記號這個事實，並沒有改變這些字作爲語言裏相應的詞的符號的性質。字形變得不象形之後，這些字仍然保持着原來的字音和字義。這一點並不能反過來證明它們的字符沒有變成記號。如果因爲“日”字還有意義，就把它的字符看作表意符號，把它看作表意字；那末根據“日”字還有讀音這一點，豈不是也可以把它的字符看作表音符號，把它看作表音字了嗎？這顯然是不合理的。

由於記號字仍然代表着它們原來所代表的詞，它們在用作合體字的偏旁，或假借來表示其他詞的時候，仍然能起意符或音符的作用。例如“日”字雖然已經變成了記號字，“晴”字所从的“日”却並不是記號，而是以“日”字的身份來充當意符的（只取“日”字之義而不取其音）；“馹”字（音日，古代驛站用的馬車）所从的“日”和假借來記錄外國地名日内瓦的“日”，也不是記號，而是以“日”字的身份來充當音符的（只取“日”字之音而不取其義）。總之，儘管“日”一類字自身使用的字符是沒有表意表音作用的記號，它們仍然能够作爲意符或音符來起作用。

所以，漢字字形的演變雖然使絶大部分獨體字——它們也是構成合體字的主要材料——變爲記號字，却並沒有使合體字由意符、音符構成的局面發生根本的變化。漢字絶大部分是合體字。合體字的性質沒有發生根本的變化，也就是漢字的性質沒有發生根本的變化。所以我們既要充分認識到記號字跟表意字的不同，又不能過分夸大記號字的出現對漢字的整個體系所發生的影響。唐蘭先生在《中國文字學》裏説：“截至目前爲止，中國文字還不能算是記號文字……還是形聲文字”（109 頁），已經把這個意思很扼要地講了出來。

在獨體表意字之外，還有一些字也由於字形的演變而成了記號字。

準合體字有不少變成了記號字。例如：“立”字本作，象人立地上，“並”字（現已併入“并”字）本作，象兩個人並立在地上，演變成隸書、楷書之後，就都變成不能分析的記號字了。前面講過的“射”字雖然從表面上看仍可分成兩個偏旁，

但是由於弓箭形被改成形近的“身”字,實際上也已經成爲記號字了。

合體表意字也有少數變成了記號字。例如:“表”字本作(衺),由“衣”“毛”二字合成。“表”本是罩在皮衣外面的衣服的名稱。古人的皮衣有毛的一面朝外,所以“表”字从“衣”在“毛”上示意。這個字寫成“表”之後,也就只能看作一個記號字了。

形聲字偶爾也會演變成記號字。例如从“禾”“千”聲的字,就變成了形旁、聲旁全都遭到破壞的記號字“年”。

字形的演變還造成了一些半記號字,即由記號跟意符或音符組成的字。這類字大都是由形聲字變來的。例如:“春”字本作“萅”,《說文》分析爲“从艸,从日,艸春時生也,屯聲”。後來聲旁“屯”跟“艸”旁省併成“𡗗”旁。這個偏旁既無表音作用,也無表意作用,是一個只有區別作用的記號。可是偏旁“日”仍有表意作用,所以“春”就成了由記號跟意符組成的半記號半表意字。

還有不少字,雖然其結構並沒有由於字形演變而遭到破壞,但是由於語音和字義的變化,對一般人來說實際上也已經變成了記號字或半記號字。比較常見的一種情況,是形聲字的聲旁由於語音的變化喪失表音作用,轉化爲記號。例如“恥”(“耻”的本來寫法)本是从“心”“耳”聲的字,後來“耳”“恥”二字的讀音變得毫無共同之處,“耳”實際上成了僅有區別作用的記號,“恥”實際上成了半記號半表意字。“恥”字寫作“耻”,始見於東漢碑刻,可能當時“耳”“恥”二字的讀音已經有了很大距離,有的人不知道“耳”是聲旁,就把“心”旁改成了讀音與“恥”相近的“止”(漢隸中“止”和“心”的字形相當接近)。“耻”可以看作由記號“耳”跟音符“止”組成的半記號半表音字。

合體字的表意偏旁由於字義的變化喪失表意作用,轉化爲記號的情況也是存在的。例如:形聲字“特”的本義是公牛,所以用“牛”爲形旁。由於這個本義早已不用,對一般人來說,“牛”旁實際上已經成爲記號。

形聲字有時還會由於語音和字義兩方面的變化而完全變成記號字。例如上面所舉的形旁喪失表意作用的“特”字,由於聲旁“寺”的表音作用也已經由於語音演變而喪失,對一般人來說,實際上已經完全成爲記號字了。

假借字也可能變成記號字。假借字是借用已有的字作爲音符來表示跟這個字同音或音近的詞的。對根本不認得被借字的人來說,假借字實際上只是個記號字。有些假借字所借之字的原來用法已經被人遺忘。在這種情況下,如果所借之字不是形聲字,假借字就會變成記號字。例如:“我”字在較早的古文字裏寫作,象一種鋸或刃形近鋸的武器。它本來所代表的詞,一定就是這種鋸或武器的名稱。由於第一人稱代詞{我}跟這個詞同音或音近,古人就假借“我”字來記錄它。可是在相當早的時候,“我”字本來所代表的詞就已經廢棄不用了。因此作爲你我之“我”所用的字符來看,“我”已經喪失表音作用,變成了一個硬性規定的記號;作爲一個文字來看,“我”已經從假借字變成了記號字。現在用來表示虛詞{其}的“其”字,⑤一般人並不知道它本來所代表的詞是{箕},實際上也已經成爲記號字了。

如果被借字是形聲字,當本義已經湮沒的時候,聲旁一般仍有表音作用。例如“笨”本來當竹子裏的白色薄膜講,後來這個字被假借來表示愚笨的{笨},本義不再使用,形旁“竹”實際上已經變成記號,但聲旁“本”仍有表音作用。

總之,由於種種原因,在我們現在使用的漢字裏,原來的意符和音符有很多已經變成了記號。相應地,很多表意字、形聲字和假借字,也就變成了記號字或半記號字。

通過以上的分析,可以得出如下結論:漢字在象形程度較高的早期階段(大體上可以說是西周以前的階段),基本上是使用意符和音符(嚴格說應該稱爲借音符)的一種文字體系;後來隨着字形和語音、字義等方面的變化,逐漸演變成爲使用意符(主要是義符)、音符和記號的一種文字體系(隸書的形成可以看作這種演變完成的標誌)。如果一定要爲這兩個階段的漢字分別安上名稱的話,前者似乎可以稱爲意符音符文字,或者像有些文字學者那樣把它簡稱爲意音文字;後者似乎可以稱爲意符音符記號文字。考慮到後一階段的漢字裏的記號幾乎都由意符和音符變來,以及大部分字仍然由意符、音符構成等情況,也可以稱它爲後期意符音符文字或後期意音文字。

前面說過,有人把漢字這種類型的文字體系稱爲“詞—音節文字”。此外,還有人把漢字稱爲“詞文字”(word writing,或譯表詞文字)或“語素文字”。⑥ 這些名稱應該怎樣理解呢?

---

⑤ “其”由“”變來,演變情況大致如下:—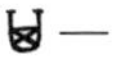——其。有人認爲“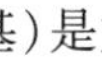”(音基)是加注的音符。“箕”是由“其”分化出來專門表示它的本義的。

⑥ 關於漢字是詞文字的說法,參看布龍菲爾德的《語言論》(袁家驊等譯,商務印書館,1980,360頁)。詞—音節文字說是美國的 Gelb 在 1952 年發表的 *A Study of Writing* 中提出來的(第三章,芝加哥大學出版社,1963)。語素文字說是趙元任在 1959 年發表的《語言問題》中提出來的(商務印書館,1980,144 頁)。趙氏在這本書裏稱語素爲“詞素”,現在一般都稱“語素”。

首先應該指出,語素文字説跟詞文字説在基本觀點上並無多大分歧。語素是語言中最小的有意義的單位,能够獨立活動的語素就是詞。上古漢語裏單音節詞佔絶對優勢,漢字一般都是代表單音節詞的。但是有很多單音節詞後來變成了不能獨立活動的語素,在今天一個漢字往往只是一個語素的符號,而不是一個詞的符號。這是有些人不願意把漢字叫做詞文字,而要叫做語素文字的原因。按照這種考慮,詞—音節文字這個名稱也可以改爲語素—音節文字。⑦

所謂語素文字究竟是一種什麽樣的文字體系呢? 拼音文字可以按照字符所表示的是音節還是音素,分成音節文字和音素文字,"語素文字"是不是可以理解爲字符表示語素的文字呢? 不能這樣理解。一般認爲"日"這一類字是典型的語素字。但是我們只能説"日"字表示語素{日},而不能直接説字符"日"表示語素{日}。這一點前面早就説明了。有的人是因爲看到漢字裏一個字通常代表一個語素,稱漢字爲語素文字的。像這樣撇開字符的性質,僅僅根據文字書寫的基本單位所代表的語言成分的性質,來給文字體系定名,也是不妥當的(這裏所説的文字書寫的基本單位,就是一般所説的字。漢字的筆畫可以稱爲用筆的基本單位)。英文是以詞爲書寫的基本單位的,大家不是並沒有把它看作表詞文字,而是把它看作音素文字的嗎? 這樣説來,語素文字這個名稱是不是根本就不能成立呢? 那倒也不必這麽看。音素、音節、語素,是語言結構系統裏由低到高的不同層次(這裏所説的"語言結構"是廣義的,包括語音結構)。我們可以把語素文字解釋爲字符屬於語素這個層次,也就是説,字符跟語素這個層次發生關係而跟音素、音節這兩個層次沒有關係的文字;或者解釋爲能够表示語言的語素結構(即能够表示詞由什麽語素構成)而不能表示語言的音素或音節結構的文字。語素—音節文字可以解釋爲既使用屬於語素這個層次的字符,又使用表示音節的字符的文字。

按照上面的解釋來看,漢字究竟應該稱爲語素文字呢,還是應該稱爲語素—音節文字呢? 下面就來探討這個問題。

漢字的意符和記號都不表示語音,前者只跟文字所代表的語素的意義有聯繫,後者只能起把代表不同語素的文字區別開來的作用。它們都是屬於語素這個層次的字符。所以漢字裏的獨體、準合體和合體表意字以及記號字和半記號半表意字,

---

⑦ 趙元任在注③所引書中"文字"章的一個小標題裏,已稱漢字爲"語素—音節文字"(102 頁),他還認爲如果當初假借字能自由發展,漢字會由語素—音節體系發展爲純音節體系(105 頁),但是他對稱漢字爲語素—音節文字的理由沒有作具體説明。(《自選集》編按:本文原來的注介紹趙説不够正確,承伍鐵平先生指出,今已作修改。)

都可以看作語素字。

但是,漢字使用的音符,雖然都由原來是語素的符號的現成文字充當,却應該看作表示音節的符號。使用音符的假借字(就記錄漢語固有語素的假借字而言),以及由意符和音符構成的形聲字,通常也以一個字代表一個語素,但是我們不應該因此就把它們也都看作語素字。

那些記錄具有兩個以上音節的音譯外來詞的假借字,它們表示語素的音節結構的性質,是十分明顯的。例如元代假借來記錄出自蒙古語的官名的“達魯花赤”這四個字(“達魯花赤”的本來意義是統治者、掌印者),顯然都是作爲音節符號使用的。記錄漢語裏固有的雙音節語素的假借字,如“倉庚”(鳥名)、“猶豫”之類,表示音節結構的性質也很明顯。

那些用來記錄漢語固有的單音節語素的假借字,其實同樣具有表示音節結構的性質。只不過在一個語素只包含一個音節的情況下,語素和音節之間的層次界綫容易被忽略而已。作爲字符來看,假借來表示動詞{花}的“花”跟“達魯花赤”的“花”,其本質並無不同,二者都是表示 huā 這個音節的符號。它們的不同在於前者單獨用來表示一個單音節詞的音,後者則只表示一個多音節語素裏的一個音節。“花”作爲假借字所使用的字符看,只有表音節的作用;但是作爲記錄動詞{花}的假借字來看,則既有音也有義(即“花”字的假借義)。“達魯花赤”這四個字必須連在一起才能表示出一定的意義,其中每一個字都只能看作一個沒有意義的表音節的符號。如果不是按照一般習慣以“書寫的基本單位”當作“字”的定義,而是以“語素或詞的符號”當作“字”的定義的話,只有“達魯花赤”這個整體才有資格稱爲假借字。

英文裏表示不定冠詞的“a”字所使用的字母“a”,其本質並不因爲單獨成字就跟與其他字母拼合成字的“a”有所不同。漢字裏表示動詞{花}的假借字“花”,以一個字代表一個語素這一點,當然也不會影響到它所使用的字符的表音節的本質。所以假借字都可以看作音節字。

形聲字的聲旁也是表音節的符號。例如:讀音相同的“餌”、“洱”、“鉺”、“珥”代表四個不同的語素,但是它們都有一個共同的表音成分——聲旁“耳”。這個“耳”顯然應該看作表音節的符號(“珥”所从的“耳”兼有表意作用,已見上文)。由於形聲字的形旁只跟語素的意義有聯繫,可以把形聲字看作介於語素字跟音節字之間的一種文字。半記號半表音字的性質,也可以這樣看。

前面曾經指出,漢字使用的音符跟拼音文字的音符有很大區別。這種音符作爲表音節的符號來看,跟音節文字的音符當然同樣是有很大區別的。漢字既使用表音節的符號,也使用屬於語素這個層次的符號。表音節的符號都是借現成的文字,即語素的符號充當的,而且借來表示同一個音節的字往往有很多個。[⑧] 這些都是跟音節文字不同的地方。

通過以上的分析可以知道,漢字不應該簡單地稱爲語素文字,而應該稱爲語素—音節文字。不過,對漢字使用的表音節的符號跟音節文字的音符之間的區別,也應該有足够的認識。

語素—音節文字跟意符音符文字或意符音符記號文字,是從不同的角度給漢字起的兩種名稱。前者著眼於字符所能表示的語言結構的層次,後者著眼於字符的表意、表音等作用。這兩種名稱可以並存。意符和記號都是屬於語素這個層次的字符,所以語素—音節文字這個名稱對早期和晚期的漢字都適用。

原載《中國語文》1985 年 1 期,又載《裘錫圭自選集》,今據後者收入。

---

⑧ 這種現象有很大一部分是由於本來不同音的字演變爲同音字而造成的。例如《新華字典》yī 音節下所收的全部形聲字使用了"意"、"衣"、"奇"、"殹"、"咠"、"伊"、"韋"、"多"等十來個不同的聲旁,但是這些形聲字有很多在古代並不同音。爲了區別同音詞而借用不同的字來表示同一音節的現象也是常見的(參看游順釗《中國古文字的結構程序》,《中國語文》1983 年 4 期 277 頁、279 頁注⑰)。例如:"潢"和"湟","蟥"和"蝗",都是同音的。爲了從字形上把它們區別開來,分别使用了"黄"和"皇"這兩個聲旁(這跟拼音文字有時爲了區别同音詞把它們拼得不同形的情况相似)。此外,借用不同的字來表示同一音節的現象,當然也有不少僅僅是由於選擇音符缺乏規律性而造成的。

《辭源》《辭海》注音商榷

本文所說的《辭源》指由1979年至1983年陸續出版的四册修訂本,《辭海》指1979年版。這兩部詞典都是作者隨時需要請教的"老師"。由於經常使用,發現其中也還存在不少問題。現在先把平日翻閱時碰到的一些有問題的注音提出來討論,希望對這兩部重要詞典的修訂工作多少能起一些作用。無論是《辭源》還是《辭海》,作者翻閱所及的都只是全書中很小的一部分。所以本文指出的問題,完全是舉例性質的。作者水平有限,恐怕會有以不誤爲誤之處,請識者指正。

下面把單字注音跟詞條注音分開來討論。有些需要討論的例子,既可以看作單字注音的問題,也可以看作詞條注音的問題。我們主要根據討論的方便來歸類。文中引用《新華字典》、《現代漢語詞典》、《中文大詞典》、《漢語詞典》、《國音字典》、《康熙字典》時,簡稱"新華"、"現代"、"中文"、"漢語"、"國音"、"康熙"。

一、單字注音的問題

在這一節裏,我們按照問題的性質,把要討論的例子分别歸入四個小節。

1. 把不讀常用字音的義項收在常用字音之下

(1) 怵 《辭海》怵字只出 chù 一音,義項③釋曰:

> 被誘惑而動心。《漢書·食貨志下》:"善人怵而爲姦邪。"

按:當"誘"講的"怵",讀音與怵惕之"怵"有别。《漢書·武帝紀》"怵於邪說"句顔師古注:"如淳曰:怵音怵惕,見誘怵於邪說也。師古曰:……如說云見誘怵,其義是也,而音怵惕又非也。怵,或體訹字耳。訹者,誘也,音如戌亥之戌。"顔氏認爲訓"誘"的"怵"是"訹"的異體,與怵惕之"怵"雖同形而實無關。這是正確的。《廣韻》收"訹"字於入聲術韻辛聿切卹小韻内,《集韻》卹小韻内已將訓"誘"的"怵"作爲異體列於"訹"字之下。這個"怵"字的今音應據同小韻的"卹"、"恤"等字定爲

xù,《辭海》讀怵惕之"怵"的音是不對的。《辭源》不誤。上引《漢書》顔注説"訹"音如"戌"。這兩個字本來完全同音,《廣韻》把它們都收在衃小韻裏。現在"戌"讀平聲,彼此的聲調就不同了。

(2) 枷 《辭海》"枷"字只出 jiā 一音,義項②釋曰:

衣架。《禮記·曲禮上》:"男女不雜坐,不同椸枷。"陸德明釋文:"枷,本又作架。"

按:椸枷之"枷"實即"架"字異體,應讀爲 jià,不應讀枷鎖之"枷"和連枷之"枷"的音。《辭源》不誤。《廣韻》去聲禡韻古訝切駕小韻:"架,架屋,亦作枷,《禮記》曰'不同椸枷'。"上舉《辭海》"枷"字義項②所引《釋文》,其後原來尚有"徐音稼"一語,"稼"、"架"同音。

(3) 唬 《辭源》"唬"字第一音爲 xià,下收兩個義項。義項㊀爲"虎吼"。義項㊁釋曰:

哭號。《漢郎中鄭固碑》:"俯哭誰訴,印唬焉告。"(《隸釋》六)

按:當"哭號"講的"唬"實即"號"字異體,應讀爲 háo,不應該讀當"虎吼"講的"唬"字的音。《説文·木部》"虠"字以聲旁"唬"爲"號"之省。《集韻》平聲豪韻乎刀切豪小韻:"號、皋、号、唬,《説文》'呼也',或作'皋'、'号'、'唬'。"《漢冀州從事郭君碑》"卜商唬咷"(《隸續》卷十九),亦以"唬"爲"號"(參看《隸辨》平聲豪韻)。《辭海》"唬"字下未收此義。

(4) 彙 《辭源》"彙"字只出 huì 一音,義項㊂釋曰:

刺蝟。"蝟"本字。……

按:《説文》以"彙"、"蝟"爲一字。古書"彙"字多訓爲"類",是假借義。這兩種意義的"彙"字本來都讀"于貴切"(見《廣韻》去聲未韻于貴切胃小韻),今音應爲 wèi。訓"類"的"彙"讀爲 huì,是特殊情況。作爲"蝟"字異體的"彙"當然不能讀 huì,而仍應讀 wèi。《辭海》不誤。

(5) 矜 《辭源》"矜"字第一音爲 jīn,其旁所列《廣韻》反切爲"巨巾"、"居陵"二切,下收"矛柄"、"憐憫"等義項。按:"矛柄"爲"矜"之本義,其字亦作"穫"。"憐憫"等爲"矜"之假借義,其字一般不寫作"穫"。《廣韻》中"矜"(穫)字三見。平聲真韻巨巾切穫小韻:

穫,矛柄也,又鉏穫也,古作"矜"。

欣韻巨斤切勤小韻：

殣，矛柄，古作“矜”。

蒸韻居陵切兢小韻：

矜，本矛柄也，巨巾切，《字様》借爲矜憐字。

由此可知“巨巾切”、“巨斤切”爲“矜”字本義之音，“居陵切”爲假借義“矜憐”之音。“巨巾”、“巨斤”二切的今音皆爲 qín。“居陵切”的今音本應爲 jīng，但矜憐之“矜”已變音爲 jīn。所以《新華》、《現代》、《辭海》等都給表示本義的“矜”注 qín 音，給表示“憐憫”等義的“矜”注 jīn 音。《辭源》給它們都注 jīn 音是不對的。“巨巾”、“居陵”二切，讀音和所屬之義都不相同，《辭源》把它們都列在 jīn 音之旁也是不妥當的。

(6) 麋 《辭海》“麋”字只出 mí 一音，義項②釋曰：

通“湄”。《詩·小雅·巧言》：“居河之麋。”陸德明釋文：“麋，本又作湄。”陳奐傳疏：“湄本字，麋假借字。”

義項③釋曰：

通“眉”。《荀子·非相》：“伊尹之狀，面無須麋。”

按：“麋”字既已通假爲“湄”和“眉”，就應該讀“湄”和“眉”的音。《辭源》“麋”字條另出 méi 音，下列“通‘湄’”、“通‘眉’”兩個義項，是正確的。從原則上說，在 A 字通假爲 B 字的情況下，如果 A 字原來的讀音跟 B 字不同，必須改讀 B 字的音。有些人不同意這個原則，是沒有道理的(參看盛九疇《通假字小議》，《辭書研究》1980 年 1 期)。不過，“麋”和“湄”、“眉”在古代倒都是同音字。《廣韻》把它們都收在平聲脂韻武悲切眉小韻裏。按漢語語音演變的常規，“武悲切”的普通話今音應爲 méi，“麋”讀 mí 是特殊情況。因此《辭海》把借爲“湄”和“眉”的“麋”字讀爲 mí，就更顯得不合理了。

(7) 又 《辭海》“又”字只出 yòu 一音，義項⑥釋曰：

通“有”。《詩·周頌·臣工》：“亦又何求?”

按：“又”既通假爲“有”，就應該讀爲“有”。《辭源》爲通“有”的“又”字另出 yǒu 音，是正確的。古代“有”、“又”二字可以相互通用。《辭海》把通“又”的“有”讀爲 yòu，但通“有”的“又”却不讀爲 yǒu，未免自相矛盾。

（8）丞　《辭源》"丞"字只出 chéng 一音，義項㊂釋曰：

通"拯"。《文選》漢揚子雲（雄）《羽獵賦》："丞民乎農桑。"注："《聲類》曰：'丞亦拯字也。'"

按："丞"既通假爲"拯"（有的古文字學家認爲"丞"即"拯"之初文），就應該讀爲"拯"。《集韻》上聲抍（拯）韻抍小韻已將"丞"字作爲異體列於"抍"字之下（《集韻》從《說文》，以"抍"爲"拯"之正體）。《辭海》爲通"拯"的"丞"別出 zhěng 音，是正確的。

（9）蚤　《辭源》、《辭海》都只給"蚤"字注 zǎo（子皓切）一個音。《辭源》"蚤"字義項㊁釋曰：

通"爪"。《儀禮・士喪禮》："蚤揃如他日。"注："蚤讀爲爪，斷爪揃須也。"

《辭海》"蚤"字也收有通"爪"的義項。按：爪牙、爪甲之"爪"音 zhǎo（側絞切）。"蚤"既通假爲"爪"，就應該讀爲 zhǎo。《辭源》、《辭海》都把通"爪"的"搔"讀爲 zhǎo，但是通"爪"的"蚤"却不讀爲 zhǎo 而仍讀爲 zǎo，這是自相矛盾的。《集韻》上聲巧韻側絞切爪小韻："叉、蚤、搔，《說文》'手足甲也'，或作'蚤'、'搔'，通作'爪'。"可見古人確是把當爪甲講的"蚤"讀爲"爪"的。《說文》："叉，手足甲也。从又，象叉形。""爪"本象覆手形，當爪甲講也是假借用法。所以《集韻》以"叉"爲爪甲之"爪"的本字。

（10）介　《辭源》、《辭海》都只給"介"字注 jiè 一個音。《辭海》"介"字義項⑬釋曰：

通"个"。《書・秦誓》："如有一介臣。"《禮記・大學》作"若有一个臣"。

《辭源》"介"字也收有通"箇"（个）的義項。按：《釋文》注《書・秦誓》"一介臣"的"介"字說："介，音界。馬本作'介'，云'一介，耿介心端慤者'。字又作'个'，音工佐反。"《集韻》去聲箇韻居賀切箇小韻："箇、个、介，《說文》'竹枚也'，或作'个'、'介'，通作'個'。""居賀"、"工佐"二切同音，今音爲 gè。由此可知，"一介臣"之"介"如當耿介講應讀爲 jiè，如認爲通"个"就應讀爲"个"（gè）。兩音兩義，各有所當。一方面說"介"通"个"，一方面又仍然把它讀爲 jiè，是不妥當的。現在還在書面語裏使用的"一介書生"的"介"，一般都讀爲 jiè，在古代是否也有兩音兩義。待考。

（11）横　《辭源》“横”字第一音爲 héng，義項㈥釋曰：

學舍。通“黌”。見“横舍”、“横塾”。

《辭海》“横”字 héng 音下也收有通“黌”的義項。按：“横”和“黌”在古代本是同音字，《廣韻》把它們都收在平聲庚韻户盲切横小韻裏。但是現在這兩個字的讀音已經變得不同了。通“黌”的“横”自然應該改讀爲“黌”（hóng），不應仍讀 héng 音。這跟前面指出的通“眉”的“麋”應讀爲 méi 而不應讀爲 mí 的情況相同。

（12）錫　《辭源》“錫”字第一音爲 xī，義項㈢釋曰：

細布：同“緆”。《儀禮・燕禮》：“冪用絡若錫。”注：“今文‘錫’作‘緆’。……”。

《辭海》“錫”字 xī 音下也有通“緆”的義項。按：“錫”和“緆”本是同音的入聲字，《廣韻》把它們都收在錫韻先擊切錫小韻裏。現在“錫”字讀陰平（《國音》、《漢語》讀陽平），“緆”字在口語裏已經不用，《國音》、《漢語》、《辭源》、《辭海》等都給它注 xì 音。按照這種注音，通“緆”的“錫”就應該改讀爲 xì 而不應仍讀爲 xī。不過，《廣韻》錫小韻裏現在尚在使用的“析”、“蜥”、“淅”、“晳”、“裼”等字都讀陰平，“緆”字的讀音其實也未嘗不可以改定爲 xī。這樣，通“緆”的“錫”也就不存在改讀的問題了。

（13）荼　《辭源》“荼”字第一音爲 tú，義項㈢釋曰：

茶。茶古字本作“荼”。《爾雅・釋木》：“檟，苦荼。”參看“茶”。

《辭海》則爲作爲“茶”字古體的“荼”另出 chá 音。我們認爲《辭海》是正確的。《釋文》注《爾雅・釋木》“檟，苦荼”條的“荼”字説：“荼，音徒，下同。《埤蒼》作‘𣘻’”。這可能就是《辭源》讀 tú 的根據。但是《釋文》接着就説：“案今蜀人以作飲，音直加反，茗之類。”“直加反”就是“茶”（chá）的音了。《廣韻》平聲麻韻宅加切（音同直加切）秺小韻裏既有“荼”字也有“茶”字。“荼”字下注“苦菜”，“茶”列爲“𣘻”的俗體。《集韻》直加切秅小韻：“茶、𣘻、荼，茗也，一曰葭荼，或从‘木’，亦省。”明確指出當“茗”講的“荼”讀爲“直加切”（chá），“茶”就是省“荼”而成的。

我們並不否認在較早的時候，作爲“茶”的古體的“荼”有可能跟當苦菜講的“荼”一樣，也是讀“同都切”（tú）的。但是既然至遲在唐代，一般都已經把它讀爲“直加切”，我們在今天就沒有理由不給它注 chá 音了。

2. 未注應注的又音

（14）痑　《辭源》"痑"字第一音爲 tuō，旁列"託何"、"他干"二切。義項㊀釋曰：

> 馬病。見《説文》。後稱疲極曰痑。《全唐詩》六一〇皮日休《上真觀》："襹褷風聲疣，跁踦地力痑。"

按：tuō 爲"託何切"的今音，"他干切"的今音應爲 tān。唐人用"痑"字多讀"他干切"，《辭源》所引皮日休詩就是一個例子（《全唐詩》此詩"痑"字下注"音灘"二字）。《辭源》只給"痑"字注 tuō 音而不注 tān 音，是不妥當的。又《廣韻》託何切的"痑"字有"馬病"、"力極"二義，他干切的"痑"字只有"力極"一義。據此，"馬病"和"力極"實應分爲兩個義項，前者只注 tuō 一音，後者則注 tuō、tān 二音。

（15）窌　《辭源》"窌"字第一音爲 jiào，旁列"匹皃"、"居效"二切（後一切見《集韻》）。義項㊀釋曰：

> 地窖。《周禮·考工記·匠人》："囷、窌、倉、城，逆墻六分。"注："穿地曰窌。"《荀子·榮辱》："餘刀布，有囷窌，然而衣不敢有絲帛。"注："窌，窖也。"

《辭海》"窌"字只注 jiào 一音。按：jiào 爲"居效切"之今音。《集韻》去聲效韻居效切教小韻："窖、窌，《説文》'地藏也'，或作'窌'。"《釋文》注《考工記·匠人》説："窌，劉古孝反（引者按：音同居效切），依字當爲'窖'，作'窌'，假借也。"由此可知，古人是把讀"居效切"的"窌"看作"窖"的異體字或假借字的。从"窌"和"窖"的聲旁來看，它們本來應該是不同音的兩個字。《説文·穴部》："窌，窖也。从穴，卯聲。"又："窖，地藏也。从穴，告聲。"把它們當作兩個同義字。《辭源》"窌"字所引《荀子注》釋"窌"爲"窖"，大概也是把它們看作同義字的。這種"窌"字顯然不能讀"居效切"，而應該讀"匹皃切"，今音爲 pào。《辭源》、《辭海》只給"窌"字注 jiào 音而不注 pào 音，是不妥當的。嚴格説起來，讀 jiào 的"窌"跟讀 pào 的"窌"雖然同義，但並不代表同一個詞，應該當作兩個義項來處理。讀 pào 的"窌"是"窖"的同義字，讀 jiào 的"窌"是"窖"的通用字。

（16）蓋　《辭源》"蓋"字只出 chuò 一音，旁列"丑略"、"呵各"二切。按：《新華》、《現代》都根據現代方言給"蓋"注 hē 音。這個音出自"呵各切"。《辭源》只注出"丑略切"的今音而不注出"呵各切"的今音，是不妥當的。《辭海》"蓋"字注 hē、ruò 二音比較合理（ruò 音是《集韻》入聲藥韻"日灼切"的今音）。

（17）亢　《辭源》把"亢"字的"星名"這一義項收在 gāng 音之下。按：當星名講的"亢"在古代有數種讀音。《釋文》注《爾雅·釋天》當星名講的"亢"字説：

“音剛，又口浪反，或户剛反。”《康熙》、舊《辭源》、《國音》、《漢語》、《現代》和《辭海》等，都只給當星名講的“亢”注相當於“口浪切”（kàng）的音。這顯然反映了長期以來一般知識分子的讀音習慣。《辭源》只取 gāng 音而不取 kàng 音，是不妥當的。

《辭海》説當喉嚨講的“亢”通“吭”。但是“吭”的喉嚨一義注 háng 音，“亢”的喉嚨一義則只注 gāng 音，這也是不妥當的。《集韻》平聲唐韻寒剛切沆小韻以“亢”爲“吭”的異體。“寒剛切”的今音即 háng。既説“亢”通“吭”，就應該給它加注 háng 音。

（18）緉　《辭海》“量”字第一音爲 liàng，義項⑤釋曰：

> 通“緉”。雙。《晉書·阮孚傳》：“未知一生當著幾量屐。”

但是“緉”字下只注 liǎng 一音。這也是不妥當的。“緉”是當“雙”（指鞋）講的“兩”的後起分化字，讀音本有上聲、去聲兩種。《詩·齊風·南山》“葛屨五兩”句《釋文》：“兩，王肅如字，沈音亮。”《廣韻》上聲養韻良獎切兩小韻、去聲漾韻力讓切亮小韻都有“緉”字，義同。《康熙》、舊《辭源》、舊《辭海》中的“緉”字，也都注上聲、去聲二音。跟“量”相通的“緉”顯然是讀去聲的。《辭海》既指出“量”通“緉”，就應該在“緉”字下加注 liàng 音。《辭源》也只給“緉”注 liǎng 音，而且把通“緉”的“量”也讀爲 liǎng。這樣做，避免了通用字讀音不同的矛盾，可是却違背了語言事實。顔師古《匡謬正俗》卷七：“或問曰：今人呼履、舄、屐、屩之屬一具爲一量，於義何耶？答曰：字當作兩。《詩》云‘葛屨五兩’者，相偶之名。屨之屬二乃成具，故謂之兩。兩音轉變，故爲量耳。”這最後一句話可以證明通“緉”的“量”確實不是讀“兩”的本音而是讀去聲的。

（19）麑　《辭源》説當幼鹿講的“麛”同“麑”。但“麛”注 mí 音，“麑”注 ní 音，無從相“同”。《集韻》平聲齊韻綿批切迷小韻：“麛、麑……，《説文》‘鹿子也’，或从兒……”。《辭源》既説“麛”同“麑”，就應該給“麑”加注 mí 音。《辭海》正是這樣做的。

（20）坋　《辭源》據《廣韻》指出當塵土講的“坌”同“坋”。但“坌”注 bèn 音，“坋”注 fèn 音，無從相“同”。《廣韻》去聲慁韻蒲悶切（bèn）坌小韻：“坌，塵也，亦作坋。”《辭源》既指出“坌”同“坋”，就應該給“坋”字的塵土一義加注 bèn 音。

（21）抓　《辭源》“抓”字注 zhāo、zhuā 二音，旁列“側交”（平聲肴韻）、“側絞”（上聲巧韻）、“側教”（去聲效韻）三切。“爪”字注 zhǎo（側絞切）一音，義項㊀釋曰：

覆手持取，見《說文》。爪，俗字作“抓”。

按：“抓”在古代有與“爪”同音的“側絞切”一讀，《辭源》已列出。既說“抓”就是“爪”的俗字，給“抓”字注音的時候就應該注出跟“側絞切”相應的 zhǎo 音。《辭源》在“抓”字的第二義項之末說“㊀㊁兩義古俱讀 zhāo”，“古俱讀 zhāo”可以改爲“本讀 zhāo、zhǎo 等音”。

（22）蝥、蟊　《辭源》說“蛑賊”同“蝥賊”，又說蝥賊之“蝥”同“蟊”，這是對的。但“蝥”、“蟊”二字只注 máo 音，“蛑”字只注 móu 音，這就不合理了。“蝥”、“蛑”既不同音，“蛑賊”怎麼能同“蝥賊”呢？《廣韻》把蝥賊之“蝥”收在平聲尤韻莫浮切謀小韻裏，同小韻有“蛑”字，注曰：“蝤蛑，似蟹而大。”在《集韻》中，“莫浮切”作“迷浮切”，屬侯韻，所收“蝥”字下注明“亦作‘蟊’”，“通作‘蛑’”。“莫浮切”的今音應爲 móu，現在“蝥”被讀爲 máo，情況跟同小韻的“矛”字相同（《辭源》“蝥”字 máo 音之旁列“莫交”、“莫浮”二切。前者是斑蝥之“蝥”的音，實與蝥賊之“蝥”無涉）。《辭源》既不把蛑賊之“蛑”讀爲 máo，就應該像《辭海》那樣給“蝥”字注 máo、móu 二音。“蟊”字也可以這樣注音。

（23）徘　《辭源》“裴”字第一音爲 péi，義項㊁釋曰：

通“徘”，見“裴回”。

但“徘”字下只注 pái 音。按：“裴”和徘徊的“徘”本是同音字，《廣韻》都收在平聲薄回切裴小韻裏。“薄回切”的今音應爲 péi。“徘徊”的“徘”現在讀 pái，是比較特殊的情況。《辭源》既不把裴回的“裴”讀爲 pái，就應該像《辭海》那樣給“徘”字加注 péi 音。

（24）呵　《辭海》“哈”字第一音爲 hā，義項①釋曰：

通“呵”，張口呼氣。如：哈一口氣。

“呵”字下跟“張口呼氣”相當的義項是“吹氣使溫”，只注 hē 一音。按：《國音》“呵”字下注明“噓氣使暖”一義有口語音 hā。《辭海》既說當張口呼氣講的“哈”通“呵”，就應該注出“呵”字的這個音。既然不注這個音，就只能說“哈”表示“呵”的口語音，而不應說“哈”通“呵”。因爲讀 hē 的“呵”跟讀 hā 的“哈”，雖然意義相同，也還是不能相通的。附帶說一下，《辭海》把“呵腰”的“呵”讀爲 hā，這個“呵”

跟“哈腰”的“哈”的通用關係,非常明顯,《辭海》却反而不加指出,這也是不妥當的。又:當笑聲講的“哈哈”,大概也是表示“呵呵”的口語音的。

在這一小節的末尾,簡單提一下《辭源》有時不注出跟傳統讀音不合的現代讀音的問題。《辭源》在遇到一個字的現代讀音跟傳統讀音不合的情況的時候,或採用現代讀音,或採用由傳統讀音折合的今音,並無嚴格的規律。如果採用傳統讀音,有時在釋義時附帶指明現代讀音。例如:“風”字的諷勸義收在 fèng 音之下,釋義時說明“今音 fěng”。“汰”字的淘汰義收在 dài 音之下,釋義時說明“此義今讀 tài”。有時則完全不管現代讀音。例如:口吃的“吃”(chī)只注 jí 音(《新華》、《辭海》皆作 jī),土著的“著”(zhù)只注 zhuó 音(見“著”字條),裨益的“裨”(bì)只注 bēi 音,儐相的“儐”(bīn)只注 bìn 音,婀娜的“婀”(ē)只注 ě 音,“娜”(nuó)只注 nuǒ 音。《辭源》不注輕音。因此現在讀輕音的字,《辭源》都不注現代讀音。例如:苜蓿的“蓿”注 sù 不注“·xu”,助詞“了”注 lè 不注“·le”。後者的 lè 音未注反切,恐怕沒有什麽根據。《辭源》主要爲閱讀古書服務,理應較多地照顧傳統讀音。但是跟傳統讀音不合的現代讀音,最好還是注出來,因爲使用這部詞典的畢竟是現代人。

不注現代讀音的問題,在《辭海》裏也不是沒有。例如上面舉過的“儐”字,《辭海》也是只注去聲一音的。有些輕聲字,《辭海》也沒有注爲輕聲。例如上面舉過的“蓿”字,《辭海》的注音就是“xù,舊讀 sù”。“蓿”的 xù 音恐怕跟《辭源》給“了”注的“lè”音一樣,是從它們的輕聲讀音反推出來的。

3. 反切折合今音方面的問題

(25) 會 《辭海》“會”字第二音爲 kuài,下收兩個義項:

①總計。見“會計”、“要會”。②姓。漢代有會栩。

第三音爲 guì,下收一個義項:

蓋子。《儀禮·士虞禮》:“命佐食啓會。”鄭玄注:“會,合也,謂敦蓋也。”

又詞條“會稽”的“會”也注 guì 音。按:《辭海》給“會”字注的 kuài、guì 二音,中古的反切都是“古外切”(參看《辭源》“會”字條)。古外切的今音按理應爲 guì。但是《廣韻》去聲泰韻古外切儈小韻所收的字,凡是現在尚在使用的,普通話絶大部分都讀 kuài,如“儈”、“膾”、“獪”、“鄶”、“澮”等。只有“檜”和“劊”讀 guì(《國音》、《漢語》都給“檜”、“劊”注 kuài、guì 二音。《古今字音對照手册》中,“檜”音 kuài,“劊”有 guì、kuài 二音)。會稽的“會”和當蓋子講的“會”,既然本來跟會計的

"會"一樣也讀"古外切",現在完全可以跟會計的"會"一樣也讀爲 kuài。《辭源》就是這樣處理的。在有些方言裏,會稽的"會"讀 guì,但會計的"會"也讀 guì。可見把它們分讀兩音是沒有必要的。附帶說一下,用作姓氏的"會",《廣韻》讀"黄外切"(去聲泰韻黄外切會小韻:"會,合也,……又姓,漢有會栩。"),《康熙》則讀"古外切"。《辭源》據《廣韻》讀 huì,似較《辭海》讀 kuài 爲妥。

(26) 仄 《辭源》給本讀"阻力切"的"仄"字注 zé 音。按:"仄"是莊母入聲字。入聲消失後,莊母入聲字多數讀陽平,但是"仄"字却是讀去聲的。《國音》、《漢語》、《新華》、《現代》、《辭海》等都給"仄"注 zè 音。《辭源》讀爲 zé 是不妥當的。附帶說一下,"仄"和"側"本來都讀"阻力切",現在"側"讀爲 cè,跟"仄"已不同音。《辭源》爲通"仄"和"昃"的"側"字別出 zè 音,但是却沒有爲通"側"的"仄"字別出 cè 音,不免自相矛盾。

(27) 狊 《辭源》給"狊"字注 jù、xù 二音,跟前者相應的反切是入聲錫韻"古闃切"。按:入聲消失後,入聲字的聲調變化沒有很嚴格的規律。因此,爲口語中不用的入聲字今音定聲調,往往會遇到困難。"狊"也是口語中不用的字,不過爲這個字定聲調倒還不能算困難。"狊"的聲母屬見母,見母入聲字的聲調以變爲陽平者居多。《廣韻》收入古闃切郹小韻的字如"湨"、"鶪"和"郹",現代的字典、詞典都注 jú 音,《辭源》也不例外。跟這些字同反切的"狊"字,當然也應該讀爲 jú。《中文》也收入"狊"字,其讀音正是注爲 jú 的。《辭源》注爲 jù,缺乏理由。"狊"的反切下字"闃",現在讀去聲。但"闃"的聲母屬溪母,見母和溪母的入聲字,聲調變化的情況並不一致。我們不能根據"闃"字今音的聲調來決定"狊"字今音的聲調。

(28) 鋄 此字《辭海》音 wàn。按:據《廣韻》,"鋄"字音"亡范切",是微母上聲字。微母上聲字今音仍讀上聲,此字應從《辭源》音 wǎn。"鋄"的反切下字"范"是全濁聲母上聲字,由於"濁上變去",今音爲去聲。我們不能根據"范"字今音的聲調來決定"鋄"字今音的聲調。

(29) 夆 《辭源》給本讀"符容切"的"夆"字注 fēng 音。按:"夆"是濁聲母平聲字,應讀陽平。《國音》、《辭海》等注爲 féng,可從。

(30) 芿 《辭源》給本讀"而證切"的"芿"注 rèn 音。按:"而證切"的今音應爲 rèng,《中文》不誤。《廣韻》去聲證韻而證切小韻的第一個字是"認"。"認"字有"而證"、"而振"兩音(後一音見《廣韻》去聲震韻而振切刃小韻)。它的今音 rèn 是出自"而振切"的。不能因爲而證切小韻有"認"字,就把"而證切"的今音也定爲 rèn。《辭海》"芿"字讀 réng,當是取《集韻》平聲蒸韻如蒸切之音。這也是可以的。

4. 其他方面的問題

(31) 萑 《辭海》"萑"字第二音爲 tuī,釋曰:

通"蓷"。藥草名。即茺蔚。

按:《爾雅·釋草》以"蓷"釋"萑"。二字音近義同,所代表的詞當有同源關係,但既已分化,就不能再混爲一談了。《辭源》據《廣韻》給當茺蔚講的"萑"字注 zhuī 音,是正確的。《辭海》認爲"萑"通"蓷",不取 zhuī 音,而取"蓷"的 tuī 音,是錯誤的。

(32) 行 《辭源》把"行"字的道路一義收在 háng 音之下,跟行列之"行"同音。按:當道路講的"行"本與行走之"行"同音,所以《經典釋文》經常爲行列之"行"注音,却從不爲當道路講的"行"字注音。《康熙》、舊《辭源》、舊《辭海》、《國音》、《漢語》、《現代》等字典、詞典,都給當道路講的"行"和行走的"行"注一個音。但是有些人由於感到"行"字的道路之義跟行走之義的關係不如跟行列之義的關係密切,誤把當道路講的"行"跟行列的"行"讀成了一個音。《辭源》的注音就是由此而來的。《辭海》給"行"字道路一義注的音是:"xíng,又讀 háng"。"又讀 háng"可删。

(33) 邢 《辭源》、《辭海》都給"邢"字出 gěng 音,《辭海》釋曰:

古地名。亦作耿。《史記·殷本紀》:"祖乙遷于邢。"在今河南溫縣東。一說在今山西河津。

按:《史記》謂祖乙遷於邢,《尚書序》則謂祖乙遷於耿。舊說讀"邢"爲"耿",認爲故地在今山西河津縣。近人王國維則認爲祖乙所遷之邢,應即位於今河南溫縣的邢丘(見《觀堂集林》卷十二《說耿》)。《辭源》取舊說,給"邢"注 gěng 音是合理的。邢丘之"邢"無"耿"音。《辭海》既取王說,就不應再給"邢"字另出 gěng 音了(但可在介紹"一說"時指出舊音"耿")。

(34) 榦、幹 《辭源》"榦"字只出 gàn 一音,義項㊃釋曰:

欄。《莊子·秋水》:"吾樂與?吾跳梁乎井榦之上。"《釋文》:"司馬(彪)云:井欄也。"

同書"幹"字義項㊅音 hán,釋曰:

井上木欄,通"韓"。《莊子·秋水》:"出跳梁乎井幹之上,入休乎缺甃之崖。"

按:"榦"和"幹"是異體字,《辭源》"榦"、"幹"二字下所引《莊子・秋水》"井榦(幹)"句,也是同一個句子。但是引用時不但對前後文字的取舍有所不同,連所據的本子也不一樣("跳梁"上一字一爲"吾"一爲"出","井"下一字一作"榦"一作"幹")。這實在太不審慎了。更不應該的是同一個當井欄講的"榦"(幹)字,一處音 gàn,一處音 hán,叫人無所適從。這兩個音本來都是有根據的。《釋文》注《莊子・秋水》"井幹"的"幹"字說:"古旦反,司馬云井欄也。諸詮之音《西京賦》作韓音。"《集韻》去聲翰韻居案切𣓌小韻:"榦……一曰井欄承轆轤者。"平聲寒韻河干切寒小韻:"韓、韓、榦、幹,《說文》'井垣也'……"。"古旦反"、"居案切"相當於 gàn,"韓音"、"河干切"相當於 hán。可是在一部詞典之內,忽而音 gàn,忽而音 hán,無論如何是說不過去的。《國音》、《漢語》、《辭海》等都只取 hán 音。從井榦(幹)之"榦"(幹)也作"韓"來看,取 hán 音是比較合理的。

二、詞條注音的問題

詞條注音的問題不大容易分類,所以這一節就不再分小節了。下面對有問題的一些注音逐個進行討論。

(35) 菥蓂 蓂莢之"蓂"音 míng,菥蓂之"蓂"音 mì(參看《辭源》)。《辭海》"菥"字下有"菥蓂"一條,"蓂"字未注音,而"蓂"字下又只收蓂莢之"蓂"的音義,這樣會使人誤以爲菥蓂之"蓂"也讀 míng。

(36) 朱提 《漢書・地理志上》犍爲郡"朱提"下顔注引蘇林曰:"朱音銖,提音時。"《集韻》把朱提之"朱"收在虞韻慵朱切殊小韻裏("銖"字古與"殊"同音,也收在殊小韻裏。慵朱切相當於《廣韻》的市朱切),朱提之"提"收在之韻市之切時小韻裏。《辭海》給"朱提"注 shú shí 二音,是正確的。"殊"是濁聲母字,按理應讀陽平。所以雖然"殊"的今音是 shū,《辭海》却把朱提的"朱"讀爲 shú。不過這個字其實也未嘗不可以就讀爲 shū(殊小韻的"殳"現在一般也讀爲 shū)。《辭源》可能是由於沒有注意到蘇林用來注音的"銖"字的古音同"殊",仍然用一般的"朱"字的音來讀朱提的"朱",這是不妥當的。朱提的"提"應該讀什麼音,《辭源》也沒有交代(《辭源》"提"字有 shí 音,出自"是支切",與朱提之"提"無關)。

(37) 枳首 《爾雅・釋地》有"枳首蛇",以一身有二首而得名,"枳"當讀爲"歧"(qí)或"枝"(zhī)。《集韻》把它兼收在支韻翹移切祇小韻和章移切支小韻裏(參看《中文》)。從近年出土的秦漢簡帛文字來看,讀"歧"或"枝"的

“枳”其實就是“枝”的異體(“枝”字古代也有“歧”音),就跟“胑”是“肢”的異體一樣。這個“枳”跟枳樹之“枳”(zhǐ)形同而實不同。《辭源》“枳”字下有“枳首蛇”條,但“枳”字只注 zhǐ 一音,顯然把枳首之“枳”也讀爲 zhǐ 了。《辭海》無“枳首蛇”條。

(38) 侯官　福建的侯官縣因漢代在此置有候官而得名(候官是以候爲首長的負責斥候等事的一種機構)。“侯本作候,清以後通作‘侯’”(見《辭海》“侯官”條)。這個“侯”字應讀爲“候”(hòu)。1912 年,侯官縣與閩縣合併爲閩侯縣。閩侯之“侯”現在仍讀爲 hòu。《辭源》“侯”字下有“侯官”條,但“侯”字只注 hóu 一音,顯然把侯官之“侯”也讀爲 hóu 了。《辭海》“侯”字出 hòu 音,注曰“見閩侯”。但“侯官”條“侯”字不注音,只能理解爲讀作 hóu。“閩侯”條的“侯”字也沒有注音。

(39) 蜚鴻　“蜚”的本義是一種發臭的小飛蟲,音 fěi。《山海經·東山經》提到一種名“蜚”的怪獸,“蜚”也音 fěi。古書中常常借“蜚”爲“飛”,這種“蜚”字音 fēi。“蜚鴻”的“蜚”,一般都讀爲 fēi。但是《辭海》“蜚鴻”條義項①却音“蜚”爲 fěi,釋曰:

> 害蟲名。《史記·周本紀》:“麋鹿在牧,蜚鴻滿野。”司馬貞《索隱》引高誘曰:“蜚鴻,蠛蠓也。言飛蟲蔽田滿野,故爲災,非是鴻雁也。”

揣其意,蓋以“蜚”爲蟲名,所以讀上聲。但是《辭海》引爲根據的《史記索隱》雖然認爲蜚鴻不是鴻雁而是飛蟲,却並沒有說“蜚”不應讀爲“飛”。《索隱》原文此下尚有“隨巢子作‘飛拾’,飛拾,蟲也”一句。《史記正義》反駁《索隱》說:“此云‘蜚鴻滿野’,《淮南子》(本經篇)云‘飛蛩滿野’,高誘注云:‘蛩,蟬、蠛蠓之屬也。’按飛鴻、拾、蛩,則鳥、蟲各別,亦須隨文解之,不得引高誘解此也。”可見《索隱》之說並非定論。而且《索隱》既然認爲飛拾、飛蛩、蜚鴻都是飛蟲,無疑也是把蜚鴻的“蜚”讀爲“飛”的。《辭海》把“蜚”讀爲 fěi,毫無根據。《辭源》不誤。

(40) 蜚雲　《辭源》“蜚”字以 fěi 爲第一音,fēi 爲第二音。“蜚雲”條解釋爲浮雲,但“蜚”字後不標數碼“2”,表示仍讀第一音 fěi。按:“蜚雲”既指浮雲,“蜚”就應該讀爲“飛”(fēi),讀爲 fěi 無義。《中文》謂“蜚雲”即“飛雲”是正確的。

(41) 蜚遽　《辭源》把“蜚遽”的“蜚”也讀爲 fěi。按:蜚遽是司馬相如《上林賦》裏提到的一種神獸。《漢書·司馬相如傳》顏注引張揖曰:“飛遽,天上神獸也,鹿頭而龍身。”“蜚”作“飛”。《辭源》“飛”字下“飛遽”條,也指出“飛遽”即“蜚遽”。這個“蜚”字顯然也應該讀爲 fēi。《辭源》大概是由於看到《山海經・東山經》裏當獸名講的“蜚”讀 fěi,所以把神獸名蜚遽的“蜚”也讀爲 fěi 的。其實,蜚和蜚遽是兩種不同的獸,沒有必要把兩個“蜚”字讀成一個音。

(42) 蜚廉　“蜚廉”亦作“飛廉”,是古代傳說中的神獸名,又是古代的神名和人名。《辭海》把作人名用的“蜚廉”的“蜚”讀爲 fēi,作獸名用的“蜚廉”的“蜚”讀爲 fěi。其實後者同樣應該讀爲 fēi。《辭海》致誤的原因,跟《辭源》把蜚遽之“蜚”誤讀爲 fěi 的原因大概是相同的。《辭源》把用作獸名、神名和人名的“蜚廉”之“蜚”,全都讀爲 fěi,比《辭海》錯得更厲害。《辭源》已經指出“蜚廉”亦作“飛廉”(參看“飛廉”條),可是又把二者讀成不同的音,這是自相矛盾的。

(43) 於越　《辭海》給“於越”的“於”注 wū 音。按:“於越”的“於”一般都讀“於”字“央居切”的音,不讀“烏”音。《經典釋文》常常給讀“烏”的“於”字注音,但是見於《春秋》的“於越”的“於”却不注音。一般的字典、詞典也都沒有把“於越”的“於”讀爲“烏”。《辭海》的注音不知有什麼根據。“央居切”折合今音應爲 yū,但是本讀“央居切”的介詞“於”現在却是讀爲 yú 的。“於越”的“於”究竟應該讀 yū 還是讀 yú,倒是一個需要討論的問題(作姓氏用的“於”,《新華》、《現代》、《辭海》讀 yū,《國音》、《漢語》、《辭源》讀 yú)。

(44) 渾渾　《辭源》“渾渾”條有三個義項,“渾”都讀爲 hún。義項㊂釋曰:

> 水流奔涌貌。同“滚滚”。《荀子・富國》:“……財貨渾渾如泉源……”注:“渾渾,水流貌。……渾,户本反。”

按:《集韻》上聲混韻古本切袞小韻:“滚、混、渾,大水流貌,或作混、渾。”既認爲“渾渾”同“滚滚”,就應該把它讀爲 gǔn gǔn,《辭海》正是這樣做的。如取《荀子注》“户本反”之音,則應讀爲 hùn。總之,讀 hún 是缺乏根據的。“渾渾”的其他兩個義項,《辭源》讀 hún hún,《辭海》讀 hùn hùn。由於“渾”字平聲、去聲(本讀上聲)二讀的意義不易分清,很難定其是非,有待研究。

(45) 渾元　“渾元”的“渾”,《辭源》讀平聲,《辭海》讀去聲。按:《廣韻》上聲混韻胡本切混小韻:“渾,渾元。”這個“渾”是全濁聲母上聲字,今音變讀去聲。可見《辭海》的注音較《辭源》有據。附帶說一下,“渾一”、“渾沌”的“渾”(亦作“混”),《辭源》也讀平聲,《辭海》也讀去聲,恐怕也應該從《辭海》。

(46) 閒氣　《春秋演孔圖》:“正氣爲帝,閒氣爲臣。”“閒氣”之“閒”,《辭源》讀平聲,《辭海》讀去聲。按:“閒氣”跟“正氣”相對。跟“正色”相對的“閒色”之

“閒”讀去聲,“閒氣”之“閒”也以讀去聲爲宜。

(47) 諒陰 《辭海》讀“諒陰”爲 liáng ān,釋曰:

> 亦作“諒闇”、“梁闇”、“亮陰”。指帝王居喪。《論語·憲問》:“高宗諒陰,三年不言。”……一說“諒陰”是凶廬,即守喪之處。見劉寶楠《論語正義》引鄭玄注。

“諒闇”、“梁闇”、“亮陰”等條注音皆同。按:“諒闇”的解釋主要有兩種。一種爲僞古文《尚書》孔傳之說(以下簡稱孔說)。《說命》、《無逸》孔傳皆釋“亮陰”爲“信默”。一種本爲《尚書》今文家說,鄭玄主之(以下簡稱鄭說)。《尚書大傳·毋逸》:“《書》曰:‘高宗梁闇,三年不言。’何謂梁闇也?《傳》曰:‘高宗居倚廬,三年不言。’”《禮記·喪服四制》引《書》“高宗諒闇,三年不言”,鄭玄注:“‘諒’古作‘梁’。楣謂之梁。‘闇’讀如鶉鵪之‘鵪’。闇謂廬也。廬有梁者,所謂柱楣也。”這兩種說法的讀音是不同的。依孔說當讀 liàng yīn,依鄭說當讀 liáng ān,《喪服四制》的《釋文》說得很清楚。在“諒陰”、“亮陰”、“涼闇”、“梁闇”這些寫法裏(古書裏還有“亮闇”、“諒闇”、“涼陰”等寫法),除“梁闇”這種寫法只能用鄭說的讀音外,其他幾種寫法都可以有兩種讀法。《集韻》平聲侵韻於金切音小韻:“闇,默也,何休曰‘高宗諒闇’。”可見如用孔說,下一字即使寫作“闇”,也要讀 yīn。“諒陰”的解釋,過去多從孔說,《經典釋文》就是一個例子(看《禮記·喪服四制》的《釋文》。《釋文》沒有給《尚書》的《說命》和《無逸》中的“亮陰”出音,就是由於按照孔說這兩個字的音“如字”)。《辭海》既然只把鄭說當作次要的“一說”,“諒陰”的讀音當然仍應從孔說注爲 liàng yīn,而不應像現在這樣從鄭說注爲 liáng ān,不過在提到鄭說時可以附帶指出這種讀音(“梁闇”一條的注音和解釋應另作處理)。《辭源》“闇”字第三音爲 ān,所屬義項㈦釋曰:“治喪之廬。見‘諒闇’。”“陰”字第二音爲 ān,所屬義項㈣釋曰:“默。《書·說命》上:‘王宅憂,亮陰三祀。’注:‘陰,默也,居憂信默,三年不言。’一說通‘闇’,爲居喪之廬。……”。按:“亮陰”之“陰”只有在解釋爲“廬”的時候才讀 ān。《辭源》一方面主要採用以“默”釋“陰”的孔說,一方面却不把“陰”讀爲 yīn 而讀爲 ān,這是自相矛盾的。而且《辭源》在把“諒闇”的“闇”和“亮陰”的“陰”讀爲 ān 的同時,並沒有把“諒”和“亮”讀爲 liáng。這樣,“諒闇”、“亮陰”等就被讀成了 liàng ān,上一字的音從孔說,下一字的音從鄭說,這顯然是不妥當的。

(48) 趣舍 《辭海》讀“趣舍”爲 qū shě,釋曰:

亦作“取舍”、“趨舍”。趨向或舍棄;進取或退止。……

“趨舍”條的注音同“趣舍”。“取舍”條分兩個義項。義項①讀 qǔ shě,釋曰:“採取和舍棄;選擇。……”。義項②讀 qū shè,釋曰:“同‘趣舍’。猶言行止。《漢書·王吉傳》……顏師古注:‘……取,進趣也;舍,止息也。’……”。按:《辭海》認爲“趣舍”、“趨舍”跟“取舍”相通,但是“趣舍”和“趨舍”的讀音却跟“取舍”的兩個義項的讀音都不完全相同,上字的讀音跟“取舍①”不同,下字的讀音跟“取舍②”不同,這顯然是不合理的。其實,《辭海》“取舍”條在義項②下注明“同‘趣舍’”,義項①下則不注“同‘趣舍’”,是對的。至少就多數情況來看,這樣處理是合理的。“取舍①”的“取”,用的是本義,取跟舍(捨)棄,意義相對。“取舍②”的“取”通“趣”(趨),趣跟舍止,意義相對。“趣(趨)舍”應該跟“取舍②”一樣,讀爲 qū shè(《莊子·天地》“趣舍滑心”的“趣舍”,很多人認爲應該讀爲“取舍①”,但這種情況很少見)。《辭源》雙音詞條一般不注第二字的讀音,但從“趣舍”條的釋義“趣向或舍棄”來看,編者大概也是把舍讀爲 shě 的。

(49) 辨護 《辭源》“辨”字下所收詞條裏有兩條“辨護”。第一條釋爲“照管”,“辨”讀本音(biàn)。第二條釋爲“照顧,維護”,“辨”讀爲 bàn。按:“辨護”的這兩種意義並無多大區别,實在看不出分讀兩音有什麽道理。《公羊傳·宣公十五年》注文有“辯護”之語,《校勘記》説:“‘辯’當作‘辨’。‘辨’即今人所用之‘辦’字。辨護謂能幹辦護衛也。”《辭源》的兩條“辨護”似可併爲一條,“辨”讀爲“辦”(bàn)。

(50) 漸漬 《辭源》“漸”字有 jiàn、chán、jiān、qián 四音。“漸”字下所收詞條“漸漬”的“漸”,顯然應該讀第三音。但是這個字後所注的,却是表示第二音的“2”。這無疑是筆誤或排印的錯誤,是《辭源》校勘工作不够細緻的一個例子。《辭源》所注反切之後標出的韻目、聲調和聲紐,屢有明顯錯誤(參看下文所引唐文 474 頁。我們也發現了幾例,如“斮”字音“側角切”,應屬覺韻而標爲藥韻;“紬”字音“直由切”,聲紐應爲“澄”而誤標爲“泥”;“讜”音“多朗切”,應爲上聲而標爲去聲;“咬”音“古肴切”,應爲平聲而標爲上聲)。“呵”字條甚至把義項㊂之前所列的“呼箇切”的聲紐“曉”誤植爲“箇”。漢語拼音的注音也有一些技術性錯誤,如“棫”字的注音作 húō,竟給一個字音標了兩個調號。如果校勘工作能做得細緻一些,這類錯誤是可以避免的。

《辭源》在注反切方面也有一些問題。唐作藩同志在發表於《中國語文》1984 年 6 期上的《〈辭源〉(修訂本)注音疑誤舉例》裏,已經舉了不少例子,可以參閲。

我們也搜集了一些這方面的例子,準備另寫一篇文章加以討論。

1985 年6 月29 日寫畢

原載《北京大學學報(社科版)》1985 年5 期,又載《古代文史研究新探》,今據後者收入。

《辭源》修訂本在注反切方面的一些問題

《辭源》修訂本(以下簡稱"辭源")不但用漢語拼音和注音字母給單字注音,而且還注出了《廣韻》的反切。"《廣韻》不收的字,採用《集韻》或其它韻書、字書的反切。"(見出版說明)這爲學習、研究古代語文提供了方便,受到很多人歡迎。但是《辭源》在注反切方面還有一些做得不够妥當的地方,下面把我們平日翻閱時發現的一些問題提出來,供使用和修訂《辭源》的同志參考。唐作藩同志在發表於《中國語文》1984 年 6 期上的《〈辭源〉(修訂本)注音疑誤舉例》中,已經指出了不少這方面的問題。本文引用此文時簡稱"唐文"。作者水平有限,又沒有時間對《辭源》全書的反切作通盤的考察,所提意見恐怕會有很多錯誤,希望大家指正。

一

《辭源》裏有不少應注反切而未注的地方,下面分别情況,舉例加以說明。

《辭源》注反切好像有一條不成文的規定:一個反切在一個字條内只能出現一次。因此在有些有兩個以上讀音的字條裏,雖然有的讀音確實出自某個反切,但是由於這個反切已經注在其它讀音之後,這個讀音後面就只好空而不注了。下面舉幾個例子。

當姓氏等義講的"任"字,古代讀平聲"如林切"。當"保"、"堪"等義講的"任"字,古代既可讀去聲"汝鴆切",也可讀"如林切"。現在後一種"任"字只讀去聲,前一種"任"字仍讀平聲。《辭源》"任"字條以去聲爲第一音,平聲爲第二音。第一音後注"汝鴆"、"如林"二切,表示這一去聲讀音的"任"字在古代有平聲的又音。真正出自"如林切"的第二音後面,反而不注這個反切。

按照傳統的韻書、字書,"寫"字的傾泄、排除等義跟摹寫、書寫等義,都讀上聲"悉姐切"。《國音字典》、《漢語詞典》、《辭海》等都是依此注音的。《辭源》"寫"字條有上聲、去聲二音。去聲爲第一音,下收上舉前一類義項,注明古讀上聲(《辭源》把這些義項讀爲去聲,是否妥當尚待研究,但這不是本文所要討論的問題)。上聲爲第二音,下收上舉後一類義項。去聲後注“悉姐切”,上聲後反而不注(《辭源》“寫”字第一音下還收有一個本讀去聲的“通‘卸’”的義項。“悉姐切”對它根本不適用,詳後第三節)。

三台星的“台”和台州的“台”本來都讀“土來切”(《廣韻》平聲咍韻土來切胎小韻:“台,三台星,又天台,山名。”台州即因天台山得名)。現在三台的“台”讀 tái,台州的“台”讀 tāi。“土”是清聲母字。“土來切”的今音按理應讀陰平,三台的“台”讀陽平是特殊情況。《辭源》“台”字條以 tái 爲第二音,tāi 爲第三音。第二音後注“土來切”,跟“土來切”密合的第三音後反而不注這個反切(第二音下還收有一個“通‘鮐’”的義項,這個義項的今音實際上並不是出自“土來切”的,詳後第三節)。

“大”字本來有“唐佐切”、“徒蓋切”二讀。現在一般的“大”字讀 dà,“大夫”(口語中指醫生)、“大王”(指舊時的國王或强盜頭目)等少數複合詞裏的“大”字讀 dài。這兩個音都出自“徒蓋切”。“徒蓋切”的今音按理應讀 dài,讀 dà 是特殊情況。《辭源》“大”字條以 dà 爲第一音,dài 爲第二音。第一音後注“唐佐”、“徒蓋”二切,跟“徒蓋切”密合的第二音後反而不注這個反切。

宫闕的“闕”和闕失的“闕”本來都讀入聲“去月切”(《廣韻》月韻去月切闕小韻:“闕,門觀也……又失也,過也,不供也,又姓……”)。現在宫闕的“闕”讀去聲,闕失的“闕”讀陰平。《辭源》“闕”字條以去聲爲第一音,陰平爲第二音。第一音後注“去月切”,第二音後不注。

上面舉出的這種注反切的方法顯然是不合理的。我們應該尊重事實,只要某個今音確實出自某個反切,就應該在這個今音之後注上這個反切。硬性規定一個反切在一個字條内只能出現一次,是沒有道理的。

《辭源》對那些“同某”或“通某”的字的讀音,有時注反切(如“同‘藻’”字的“藻”字,“同‘辭’”的“辤”字,“辨”字“通‘貶’”的義項,“辯”字“通‘便’”的義項等),有時不注反切。唐文舉出了《辭源》沒有注出已見於《廣韻》、《集韻》的反切的一些例子(《中國語文》1984 年 6 期 473 頁),其中的“藁”、“鑒”等例就屬於這一類(“藁”同“槀”、“稾”,“鑒”同“鑑”)。我們認爲這類字的反切,只要有可能最好還是注出來。下面再舉幾個這一類的可注反切而未注的例子。

“並”字“通‘傍’”的義項的讀音 bàng 未注反切。按:《集韻》去聲宕韻蒲浪切傍小韻:“傍、並……,近也,或作‘並’……”。上舉讀音後應據《集韻》注“蒲浪切”。

“亡”字“通‘無’”的義項的讀音 wú 未注反切。按:《集韻》平聲虞韻微夫切無小韻:“無、无、亡……,《說文》‘亡也’,奇字作‘无’……或作‘亡’……”。上舉讀音後應據《集韻》注“微夫切”。

“渾”字“通‘混’”的義項的讀音 hùn 未注反切。按:《廣韻》上聲混韻胡本切混小韻:“渾,渾元。”《集韻》户衮切(音同胡本切)混小韻:“混、渾,《說文》‘豐流也’,一曰雜流,或作‘渾’。”“渾元”在古書中也作“混元”,是“渾”、“混”相通的一個例子。上舉“渾”字讀音後應據《廣韻》注“胡本切”。如認爲《廣韻》以“渾元”作釋,跟“通‘混’”的說法有別,至少可以據《集韻》注“户衮切”。《辭源》把詞條“渾元”的“渾”誤讀爲 hún,可能根本沒有注意到《廣韻》混韻中的“渾”字。

“号”字條注“同‘號’”,列 háo、hào 二音,未注反切。按:“号”字去聲一讀當據《廣韻》注“胡到切”,唐文已指出。《集韻》平聲豪韻乎刀切豪小韻:“號、皋、号、唬,《說文》‘呼也’,或作‘皋’、‘号’、‘唬’。”平聲一讀應據《集韻》注“乎刀切”。唐文認爲“‘号’本無平聲讀法”。如果 hào 音後注出《集韻》反切,就不會有這種誤解了。這可以說明爲“同某”或“通某”的字注反切是很必要的。

《辭源》有時還由於不注意這種字的反切而誤讀其音。例如通“爪”的“蚤”字應讀“爪”字“側絞切”(zhǎo)的音,見《集韻》上聲巧韻側絞切爪小韻,《辭源》沒有注意,仍把它讀爲“子浩切”(zǎo)。有的被注爲“同某”或“通某”的字,如果注意到它的今音所從出的反切,就可以發現它實際上並不“同某”或“通某”。例如:《辭源》“比”字第二音爲 pí,未注反切,所屬義項㈦釋曰:“同‘皮’。《左傳》莊十年:‘自雩門竊出,蒙皋比而先犯之。’注:‘皋比,虎皮。’”其實古人雖釋皋比爲虎皮,却並沒有把“比”看作“皮”的通用字。《左傳》“皋比”的“比”,《經典釋文》音“毗”,《康熙字典》“比”字條把它收在“房脂切”下是正確的。“皮”字本讀“符羈切”,中古音不跟“比”同韻,上古音也不跟“比”同韻部。從今音來看,說“比”通“皮”似乎沒有問題,從反切來看就大有問題了。上面所說的這種情況,更能說明爲“同某”或“通某”的字注反切的必要性。

《辭源》對《廣韻》、《集韻》僅在注文中作爲異體或通用字提到的那些字,更是往往不注反切。唐文已經舉出了“嗅”字,下面再舉兩個例子。

“枷”字第二音 jià 未注反切,所屬義項㈢釋曰:“衣架。通‘架㈠’。《禮·曲禮上》:‘男女不雜坐,不同椸枷,不同巾櫛。’……”。按:《廣韻》去聲禡韻古訝切駕小韻:“架,架屋,亦作‘枷’,《禮記》曰‘不同椸枷’。”已在注文中提到了同“架”的“枷”。上舉 jià 音後應注“古訝切”。

"它"字"同'他'"的義項的讀音 tuō,"同'駝'"的義項的讀音 tuó,都未注反切。按:《集韻》平聲戈韻湯何切佗小韻:"佗、他,彼之稱,或从'也',通作'它'。"唐何切駝小韻:"駝……通作'它'。"已在注文中提到了通"他"和通"駝"的"它"。上舉 tuō、tuó 二音後應據《集韻》分別注"湯何切"和"唐何切"。

不見於《廣韻》、《集韻》而見於其他韻書、字書的反切,《辭源》有時加以採用,有時置之不理。其去取似乎並沒有一個明確標準。這也是不妥當的。

唐文所舉的《辭源》未注出已見於《廣韻》、《集韻》的反切的例子裏,有"朦"字一例。這個字的情況比較複雜。《廣韻》、《集韻》所收的"朦"字的反切,的確跟它的今音相合。但是《廣韻》、《集韻》給"朦"字注的意義,却跟《辭源》所收"朦"字義項不合(如《廣韻》平聲東韻莫紅切蒙小韻和上聲董韻莫孔切蠓小韻所收的"朦"字都訓"大貌",《辭源》"朦"字無此義)。這大概是《辭源》不注"朦"字反切的原因。這樣做不能說沒有道理。不過《辭源》"朦"字條收有"朦朧"一詞。《集韻》東韻謨蓬切(音同莫紅切)蒙小韻既有訓"大貌"的"朦",也有訓"朦朧"的"朦"。《辭源》對後者也置之不理,是缺乏道理的。恐怕應該在"朦"字 méng 音下增添跟"朦朧"有關的義項,把《集韻》的"謨蓬切"列在這個義項前面。

二

由於語音演變(如濁上變去、入聲消失)或其他原因,一個字的不同義項的讀音從不同變爲相同的現象,是很常見的。《辭源》在遇到這種情況的時候,有時把原來的不同讀音的反切分別列在相應的義項之前。例如:"上"字讀 shàng 音的義項,有的本讀去聲,有的本讀上聲。《辭源》"上"字條把本讀去聲的那些義項排在前面,本讀上聲的那些義項排在後面。shàng 音之後只注去聲"時亮切",本讀上聲的那些義項之前另出上聲"時掌切",單獨佔一行地位。這樣做是合理的(由於"時亮切"只能管 shàng 音下所收的一部分義項,最好不要像現在這樣,把它直接注在 shàng 音之後,而要像"時掌切"那樣,放在有關義項之前單獨佔一行地位。以下對類似情況不再說明)。但是有時《辭源》却對分屬於原來不同音的義項的反切不加區分,把它們都列在統攝各義項的今音之後。這就不够妥當了。下面舉幾個例子。

"只"字 zhǐ 音後列"諸氏"、"章移"二切,下收兩個義項:"㈠語氣詞。……㈡祇,僅僅。……"。按:"諸氏切"爲義項㈠之音(《廣韻》上聲紙韻諸氏切紙小韻:"只,語辭。"《集韻》注文作"《說文》'語已詞'"),"章移切"爲義項㈡之音(《廣韻》

平聲支韻章移切支小韻:"只,專辭。"此義"只"字今音按理應爲 zhī,但今皆讀 zhǐ,也許此今音另有來源)。所以 zhǐ 音後"章移"一切應移至義項㊁之前(要這樣做,義項㊁必須另起一行排,其上並應空出一行以容納移來的反切。以下對類似情況不再説明)。

"背"字 bèi 音後列"補妹"、"蒲昧"二切,下收八個義項。按:這兩個反切所屬之義不同。背脊、背面的"背"本讀"補妹切",義項㊀至㊂屬此音。向背、違背、背誦之"背"本讀"蒲昧切",義項㊃至㊆屬此音。義項㊇釋爲"日暈的外圍"。這一義項的"背"字,有人認爲應讀"補妹切",有人認爲應讀"蒲昧切"。從排列的位置來看,《辭源》似乎主張讀"蒲昧切"。所以 bèi 音後的"蒲昧"一切應移至義項㊃之前(如認爲義項㊇的"背"應讀"補妹切",可以把它向前移到義項㊂之後)。

"覆"字 fù 音後列"芳福"、"敷救"、"匹北"三切,下收七個義項。按:《廣韻》入聲屋韻芳福切蝮小韻:"覆,反覆,又敗也,倒也,審也。"去聲宥韻敷救切副小韻:"覆,蓋也。"其義不同。入聲德韻匹北切覆小韻"覆"字未釋義,"匹北切"當是讀"芳福切"的"覆"字的又音(《集韻》匹北切的"覆"字注"反也")。此外,宥韻扶富切復小韻中也有"覆"字,注曰"伏兵曰覆"。這個反切《辭源》未收。如以《廣韻》爲準,應該把當"遮蓋,掩蔽"講的義項㊃和當"埋伏"講的義項㊄移至最後,把 fù 音後"敷救"一切移至前一義項之前,再在後一義項之前另出"扶富切"。

"著"字 zhuó 音後列"張略"、"直略"二切,下面依次收"附著"、"穿著"、"土著"、"酒器"等義項。按:"張略"、"直略"二切所屬之義不同。穿著之"著"本讀"張略切"(《廣韻》入聲藥韻張略切芍小韻:"著,服衣於身。"),附著之"著"本讀"直略切"(藥韻直略切著小韻:"著,附也。")。這種區別在保存濁聲母的方言裏至今還存在。土著之"著"和作爲酒器名的"著",都取義於附著,本來也都讀"直略切"("土著"指附著於土地不流動的人,"著"本應讀 zhuó,但現在已經習非成是地改讀爲 zhù 了。著這種酒器是因"著地無足"而得名的,見《禮記・明堂位》鄭注,《釋文》讀"著"爲"直略反")。所以應該把"穿著"這個義項移到"酒器"那個義項之後,把 zhuó 音後的"張略"一切移到它前面來。在"酒器"那個義項之後,原來還有"'着'的本字"一個義項。這個義項實際上包含了很多意義。這些意義有本讀"直略切"的,也有本讀"張略切"的,現在的讀音也並不都是 zhuó。所以這個義項應該另作處理。

有時候,《辭源》列在同一個讀音後的不同反切,不但分屬於不同的義項,而且其今音實際上也並沒有變得相同。下面也舉兩個例子。

“蜆”字 xiǎn 音後列“呼典”、“胡典”、“苦甸”三切,下收兩個義項:“㊀小黑蟲……俗名縊女……。㊁小蛤。……”。按:“胡典”、“苦甸”二切是義項㊀的音,“呼典切”是義項㊁的音,《廣韻》注文説得很明白。而且“胡”是全濁聲母字,按濁上變去的通例,“胡典切”的今音應是 xiàn,不能像“呼典切”那樣仍讀上聲。所以對“蜆”的兩個義項來説,不但反切應該分開,就是今音也應該分開(《國音字典》、《漢語詞典》、《辭海》給“蜆”字注的今音都與《辭源》相同,《中文大字典》不誤)。

“矜”字 jīn 音後列“巨巾”、“居陵”二切,下收“矛柄”、“憐憫”等義項。按:“巨巾切”是“矛柄”這個義項的音,“居陵切”是“憐憫”等義項的音(參閲拙作《〈辭源〉〈辭海〉注音商榷》)。而且“巨巾切”的今音應爲 qín,“矜”字的 jīn 音出自“居陵切”(韻尾有變化),跟“巨巾切”無關。所以對“矜”字的“矛柄”這個義項和“憐憫”等義項來説,不但反切應該分開,就是今音也應該分開(《新華字典》、《現代漢語詞典》、《辭海》等都給“矛柄”一義注 qín 音,給“憐憫”等義注 jīn 音)。

“賑”字 zhèn 音後列“章刃”、“章忍”二切,下收兩個義項:“㊀富饒。……㊁救濟。通‘振’。……”。按:據《廣韻》,“章忍切”是義項㊀的音(《廣韻》上聲軫韻章忍切軫小韻:“賑,隱賑,《説文》‘富也’。”),“章刃切”是義項㊁的音(去聲震韻章刃切震小韻:“賑,贍也。”這個“賑”與“振”同音,實即“振”的分化字)。這兩個反切的今音也不相同,“章忍切”的今音是 zhěn。所以“賑”字注音錯誤的情況跟上舉的“蜆”、“矜”二字是同類的。但是《集韻》上聲軫韻和去聲震韻都有訓“富”的“賑”字。如果從《集韻》,“章刃”、“章忍”二切對義項㊀就都適用了,以 zhèn 音來統攝兩個義項也就勉强説得過去了。不過即使如此處理,在義項㊁之前仍應把“章刃切”單列一次,以表示這個義項只能讀“章刃切”不能讀“章忍切”。

三

《辭源》在遇到一個字的本來不同音的義項後來變爲同音的情況的時候,有時如上一節所指出的那樣,把分屬不同義項的反切不加區别地同列在統攝各義項的今音之後,有時又用只屬於某個或某些義項的反切來統攝同讀一種今音的全部義項。下面舉幾個例子。

“寫”字 xiè 音後注“悉姐切”,下收三個義項:“㊀移置。……㊁宣泄,排除。……㊂解,脱。通‘卸’。……”。按:“悉姐切”是㊀、㊁兩個義項的音,跟通“卸”的“寫”字無關。《集韻》去聲禡韻四夜切卸小韻:“卸、寫,《説文》‘舍車解馬也,从卩、止、午’,或作‘寫’。”義項㊂之前應據《集韻》另出“四夜切”。

“台”字 tái 音後注“土來切”,下收兩個義項:“㊃三台,星名。……㊄通‘鮐’。見‘台背’。”按:“鮐”字在《廣韻》中只有“土來切”一音,但在《集韻》中則有“湯來切”(音同土來切)、“堂來切”二音。台背之“台”也有與之相同的兩種讀音。《釋文》注《詩·大雅·行葦》“黄耇台背”的“台”字説:“湯來反,徐又音臺。”“台”就是讀“堂來切”的。《集韻》也把台背之“台”收在咍韻堂來切臺小韻内。在第一節裏討論“台”字 tāi 音的反切時已經説過,按理“土來切”的今音應爲 tāi,三台之“台”讀 tái 是特殊情況。“堂”是全濁聲母字,“堂來切”的今音正是 tái。台背之“台”的 tái 音顯然是出自“堂來切”,而不是出自“土來切”的。義項㊄之前應據《集韻》另出“堂來切”。

“進”字 jìn 音後注“即刃切”。義項㊄釋曰:“收入的錢財。通‘賮’、‘贐’。……”,義項㊅釋曰:“竭盡,通‘盡’。……”。按:在古代,“進”跟“贐”、“盡”本來並不同音。“進”既通假爲“贐”或“盡”,就應該改讀“贐”或“盡”的音。《集韻》去聲稕韻徐刃切燼小韻:“賮、贐、進,《説文》‘會禮也’,或从‘盡’,亦作‘進’。”義項㊄之前應據《集韻》另出“徐刃切”。竭盡之“盡”,《廣韻》音“慈忍切”,但是通“盡”的“進”字不見於《廣韻》、《集韻》。義項㊅的解釋如確實可信的話,其前應另出“慈忍切”,注明據“盡”字反切補。如果不這樣做,這個義項原來的讀音跟其他義項不同的事實就表示不出來了。

“倍”字 bèi 音後注“薄亥切”,下收“㊀照原數加等”、“㊁更加”、“㊂背向”、“㊃背棄”、“㊄背誦”五個義項,並注明“㊂㊃㊄通‘背’”。按:“薄亥切”是㊀、㊁兩個義項的音。㊂、㊃、㊄三個義項的“倍”字跟讀“蒲昧切”的“背”字相通,本來也應該讀“蒲昧切”。“倍”字的這個音不見於《廣韻》、《集韻》,但在古書中還是有根據的。《周禮·春官·大司樂》鄭注“倍文曰諷”的“倍”當背誦講,《釋文》音“佩”。“佩”就是讀“蒲昧切”的。段玉裁《説文解字注》“倍”字條對“倍”的讀音有所討論,可以參閲。義項㊂之前應另出“蒲昧切”,注明據“背”字反切補。

“俳”字 pái 音後注“步皆切”,最後一個義項,即義項㊂釋爲“徘徊”。又所收詞條有“俳佪”,注明“同‘徘徊’”。按:俳佪之“俳”與俳倡之“俳”古代不同音。“步皆切”爲後者之音。《集韻》平聲灰韻薄枚切裴小韻:“俳、徘,徘徊,便旋,或从‘彳’。”義項㊂之前應據《集韻》另出“蒲枚切”。

“徘”字 pái 音後注“薄回切”(音同蒲枚切),所收詞條有“徘倡”,注明“同‘俳倡’”。前面已經説過,俳倡之“俳”與徘徊之“徘”本不同音。“徘”字下既有“徘倡”詞條,就應該先出“同‘俳’”的義項,其前另出“步皆切”,注明據“俳”字反切補。

四

除了上面指出的那些方面的問題,在《辭源》裏還可以看到一些選用反切不當的情況。下面舉幾個例子。

“枒”字 yé 音後注“吾駕切”,又據《集韻》注“余遮切”,所屬義項㊀釋曰:“木名。《說文》:‘枒,木也。’……也作‘梛’、‘椰’。”按:《廣韻》去聲禡韻吾駕切迓小韻:“枒,木名,……”,平聲麻韻以遮切邪小韻:“椰,椰子,木名,出交州,……”《集韻》去聲禡韻魚駕切訝小韻:“枒,木名,……”,平聲麻韻余遮切邪小韻:“枒、梛、椰,木名,出交趾……”《集韻》魚駕切的“枒”跟《廣韻》吾駕切的“枒”相當,今音爲 yà。《集韻》余遮切的“枒”是“椰”的異體,跟《廣韻》以遮切的“椰”相當,今音爲 yé。《辭源》“枒”字義項㊀既以“枒”爲“椰”之異體,讀爲 yé,就不應該再注《廣韻》的“吾駕切”了(義項㊀引《說文》“枒”字,也不一定恰當。這個“枒”可能是音“魚駕切”的“枒”)。

“綠”字 lǜ 音後注“力玉切”,下收“青黃色”一個義項。lù 音後據《正字通》注“力竹切”,下收“草名。即藎草。同‘菉’”一個義項。按:《廣韻》入聲燭韻力玉切錄小韻既有“綠”字也有“菉”字。《辭源》“綠”字 lǜ 音後注“力玉切”是正確的。“綠”字“同‘菉’”的義項的 lù 音後不注“力玉切”,而據晚出的《正字通》注“力竹切”則是錯誤的。“力玉切”的今音讀 lù,合乎常規。綠色的“綠”讀 lǜ,是特殊情況。“力竹切”屬屋韻,“力玉切”屬燭韻。雖然它們的今音都是 lù,古音却並不相同。

“鞣”字 róu 音後注“人九”、“人又”二切。按:“人九切”屬上聲,“人又切”屬去聲,聲調都跟“鞣”字今音不合。《集韻》平聲尤韻而由切柔小韻也有“鞣”字。“鞣”字的 róu 音當出此切。《辭源》應據《集韻》在 róu 音後注“而由切”,“人九”、“人又”二切都只能看作又音。

“羨”字 yán 音後注“于線切”,下收兩個義項:“㊇墓道。通‘埏’。……㊈引進,延請。通‘延’。……”。按:《廣韻》去聲線韻于線切衍小韻的“羨”字,訓爲“延也,進也”,並無墓道之義。而且“于線切”的今音也不是 yán 而是 yàn。《集韻》平聲僊韻夷然切延小韻:“埏、羨,登也,方也,墓道也,或作‘羨’。”“夷然切”的今音正是 yán。對義項㈧來說,yán 音後顯然不應注"于線切",而應據《集韻》注"夷然切"。《廣韻》平聲仙韻以然切(音同夷然切)延小韻:"延,稅也,遠也,進也,……"。如認爲義項㈨的"羨"通"延","夷然切"對它也適用。如認爲這個"羨"就是《廣韻》于線切的"羨",那就應該爲它另立 yàn 的音項。像現在這樣,既給它注"于線切",又把它讀爲 yán,說它通"延",是自相矛盾的。

"粗"字 cū 音後注"徂古切",所屬義項前注明"同'麁'、'麤'"。按:"徂古切"的今音爲 zù,與"粗"字今音不合。"粗"和"觕"都與"麤"相通。《辭源》在"麤"和"觕"的 cū 音後都注"倉胡切",但"粗"字的 cū 音後却注"徂古切",這是自相矛盾的。"粗"字通"麤"的讀音不見於《廣韻》而見於《集韻》。《集韻》平聲模韻聰徂切(音同倉胡切)麤小韻:"粗、觕,大也,疏也,物不精也,或作觕,通作麤。""粗"字 cū 音後應據《集韻》注"聰徂切"。"粗"和"觕"在古代都還有"徂古切"的讀音。古書中屢見"麤"與"粗"或"觕"連文之例("麤粗"見盧校本《春秋繁露・俞序》、《論衡・正說》等,"麤觕"見《漢書・藝文志・數術略》、《公羊傳・隱公元年》何休注等)。這種"粗"和"觕"就顯然應該讀"徂古切"。所以"粗"和"觕"的"徂古切"一音也還是應該表示出來的。但是恐怕需要爲它另立 zù 的音條,不能簡單地把它注在 cū 音之後。

"廈"字第一音爲 shà,其後注"胡雅切",下收兩個義項:"㈠房屋。古作'夏'。夏有大義,故稱大屋爲夏屋。……㈡兩厢,廊。見《玉篇》"。第二音爲 xià,不注反切;下收"㈢見'廈門'"一個義項。按:"胡雅切"的今音爲 xià,跟㈠㈡兩個義項的今音不合。《廣韻》"廈"字只有"胡雅切"一音。《集韻》"廈"字有兩音,訓"大屋"之"廈"音"亥雅切"(音同胡雅切),訓"旁屋"之"廈"音"所嫁切"。"所嫁切"的今音正是 shà。《辭源》在 shà 音後不注"所嫁切"而注"胡雅切",在 xià 音後反而不注"胡雅切",無論如何是說不過去的。大廈之"廈"本應讀"胡雅切",當旁屋、廊廡講的"廈"古代也可以讀"胡雅切"(《玉篇・广部》:"廈,胡假切,今之門廡也。""胡雅"、"胡假"二切同音)。這些可以在釋義時加以說明。

"呵"字 hē 音後注"虎何切",下收三個義項:"㈠大聲喝斥,同'訶'。……㈡噓氣。……㈢笑聲。……"。㈠、㈡兩個義項間空出一行,另出"呼箇切"。按:《廣韻》把讀"虎何切"的"呵"當作"訶"的異體,把讀"呼箇切"的"呵"訓爲"噓氣",後者同小韻還有訓爲"欱欱,大笑"的"欱"字。這些是《辭源》注反切的根據。但是"呼箇切"的今音是 hè,聲調跟㈡、㈢兩個義項的今音不合。《集韻》平聲歌韻虎何切訶小韻:"呵、欱、《博雅》'呵呵,啞啞,笑也',一曰氣出,或从'欠'。"據此,㈡、㈢

兩個義項的“呵”字在古代也有“虎何切”的音。它們的今音顯然是出自這個反切的。《辭源》給㊁、㊂兩個義項注反切,不應該不取《集韻》的“虎何切”。按我們的意見,據《廣韻》注的“虎何切”應該置於義項㊀之前,專屬這一義項。㊁㊂兩個義項之前應該據《集韻》再一次出“虎何切”,“呼箇切”只能作爲又音附列於下。

“豻”字第一音爲 án,其後注“俄寒”、“可顔”二切,下收“㊀古時生於北地之野狗”一個義項。第二音爲 àn,其後注“五旰”、“侯旰”二切,下收“㊁古代鄉亭的拘留所”一個義項。按:《廣韻》去聲翰韻侯旰切翰小韻所收的“豻”字訓“野狗”。可知“侯旰切”(今音爲 hàn)是義項㊀的又音,與義項㊁無涉。àn 音後的“侯旰切”應該移到 án 音後面的“可顔切”下面去。

以上,我們主要根據平日翻查《辭源》時摘録的資料,粗略地討論了《辭源》注反切方面的一些問題。我們注意到的問題是很不全面的。讀者如果想比較全面地瞭解一下這方面的問題,可以參閲唐文。最後提出一個願望:希望在《辭源》進一步修訂的過程裏,跟反切有關的各種問題都能得到妥善的解決。

1985 年 6 月 29 日寫畢

原載深圳大學國學研究所主編《中國文化與中國哲學》(東方出版社,1986),又載《古代文史研究新探》,今據後者收入。

文字職務的分化

在漢字裏,由於語義引申以及文字的假借和合併等原因,一字多職的現象,也就是一個字表示多種意義或多種音義的現象,不斷在産生。另一方面,爲了增加文字表達語言的明確性,對多義字(包括多音義字)也在不斷分化它們的職務。

分化文字職務的方法,主要有三種:假借别的字來分擔部分職務,利用異體字進行職務的分工,造一個字來分擔部分職務。在應用後兩種方法的時候,文字職務的分化同時也是文字的分化。爲了分化職務而造的字,我們稱它爲分化字。

下面把分化文字職務的情況分成五類(造分化字細分爲三種情況),分别舉例加以説明。

(一) 假借别的字來分擔部分職務

有些字在有了常用的假借義或引申義之後,本義另借别的字來表示。例如:

何——荷 “何”的本義是擔荷(《説文·人部》:“何,儋也。从人,可聲。”“儋”跟“担”的繁體“擔”本爲一字。甲骨文“何”字作,象人有所擔荷之形),由於假借來表示疑問代詞“何”,本義另借荷花的“荷”字表示。

前——翦 “前”是“剪”的初文(“前”本作“歬”,《説文·刀部》:“歬,齊斷也。从刀,歬聲。”“歬”是前進之“前”的本字,《説文·止部》:“歬,不行而進謂之歬。”)。由於“前”假借爲“歬”,另借“翦”字來表示它的本義(“翦”本作“翦”。《説文》:“翦,羽生也。一曰矢羽。从羽,歬聲。”)。較早的古書幾乎都借“翦”爲前斷的“前”,如《詩·召南·甘棠》“勿翦勿伐”。後來又造了“剪”字來表示“前”的本義,借“翦”爲“前”的辦法就逐漸不通行了(唐顔元孫《干禄字書》把“剪”當作“翦”的俗體)。

內——納 “內”的本義是納入(《説文·入部》:“內,入也。”),《荀子·富國》:“婚姻娉內,送逆無禮。”引申而爲內外的“內”,本義另借“納”字表示

(《説文·糸部》:"納,絲溼納納也。从糸,內聲。")。

有些字借用别的字來表示它們的某個假借義或引申義。例如:

女——汝 "女"字在古代曾假借來表示第二人稱代詞(先秦古書中常見,如《詩·召南·行露》"誰謂女無家,何以速我獄")。後來這一意義改借汝水的"汝"字來表示。

見——現 看見的"見"引申而有呈現的意思(古書常見,如《史記·淮陰侯列傳》"情見勢屈")。後來爲了跟本義相區别,假借"現"字來表示這一意義(據《集韻》,"現"的本義是"石之次玉者"或"玉光")。

指——旨 指示的"指"引申而有意旨的意思(《漢書·河間獻王德傳》:"文約指明",顔師古注:"指謂義之所趨,若人以手指物也。"),後來假借本當味美講的"旨"字來表示這一意義("指"的這個引申義,或者説"旨"的這個假借義,另有爲它而造的分化字"恉",但使用得不普遍)。

起分化職務的作用的假借字,通常都是由本義跟所要表示的假借義很少有可能混淆的字充當的,而且有不少字的本義是不常用的,如上舉的"翦"、"納"、"現"。不然,一方面減少了舊有的字義混淆的可能性,一方面又會增加新的字義混淆的可能性。

多義字轉移給假借字表示的意義,跟仍然由它自己表示的意義,通常都是不同的詞,在語音上一般也是有差别的,上舉各例中只有"指"和"旨"語音全同,是一個例外。

有些多義字利用異體字分化職務。例如:

邪——耶 "邪"字从"邑""牙"聲,本是地名字(琅玡古作琅邪),假借來表示邪正的"邪"(本字作"衺"),又假借來表示句末語氣詞"耶"(古書常見,如《史記·項羽本紀》"羽豈其苗裔邪")。漢隸常常把"牙"旁寫得跟"耳"旁難以分辨,所以"邪"字有作"耶"的異體(《干禄字書》分文字爲正、通、俗三體,"耶"列爲"邪"字的"通"體)。這兩個異體的用法本來没有區别。後來邪正的"邪"不再寫作"耶",疑問語氣詞"耶"也不再寫作"邪",兩個異體分化成用法不同的兩個字。

猶——猷 "猶"的本義是玃屬獸,假借爲謀猶的"猶"(《詩·小雅·小旻》:"謀猶回遹。")、猶如的"猶"以及猶豫的"猶"等等。"猶"字有一個偏旁位置不同的異體"猷"。後來"猷"被專門用來表示謀猶的意思,"猶"則用來表示其他意義,兩個異體分化成用法不同的兩個字(在古代猶如的“猶”也可以寫作“猷”,如《爾雅·釋言》“猷,若也”)。

亨——享　“亨”(亦作亨)和“享”(亦作享)本是一字異體,《說文》小篆作(由變來)、(開母廟石闕作)兩形,用法並無區別。本來,祭享、享受的“享”也可以寫作“亨”(《易·大有》九三爻辭“公用亨于天子”。東漢劉熊碑“子孫亨之”),亨通的“亨”和亨飪的“亨”(烹)也都可以寫作“享”(《周易》“元亨利貞”的“亨”,馬王堆漢墓帛書本《周易·乾卦》和東漢時代的張公神碑都作“享”。“烹”,古書一般寫作“亨”,如《詩·豳風·七月》“七月亨葵及菽”,但睡虎地秦墓竹簡《日書》作“享”,如“享而食之”)。這兩個字的分工可能是在唐代才基本固定下來的(《干祿字書》說“亨”是“亨通、亨宰字”,“享”是“祭亨字”。不過在較晚的古書裏仍可看到以“亨”爲“享”之例,如《太平廣記》卷二五二錄《玉堂閒話》“俳優人”條,有“經年與人旋磑亨利”之文)。後來又爲“亨”字的烹調一義造了加“火”旁的分化字“烹”,原來的一個字分化爲用法不同的三個字。

利用異體字分化職務是常見的現象。除上舉各例外,如“常”和“裳”,“雅”和“鴉”,“諭”和“喻”,“吏”和“事”,“烏”和“於”,“句”和“勾”,“弁”和“卞”,“沈”和“沉”,“著”和“着”等等,都是由異體字分化爲用法不同的文字的。

(二)造與母字僅有筆畫上的細微差別的分化字

有些多義字通過筆畫上的細微變化,分化出一個字來分擔它的職務。例如:

母——毋　古文字通常借“母”字來表示否定詞“毋”。到戰國時代,才有人把“母”字的兩點改成一畫,分化出“毋”字來表示這一假借義(戰國時代秦國的詛楚文刻石用“毋”字,但是絶大多數戰國時代的文字資料仍借“母”爲“毋”)。

巳——已　已然之“已”這個詞,本來假借地支“巳”字表示(漢代人除有時借“以”表“已”外,一般都以“巳”表“已”,如孔龢碑“事巳即去”。漢簡中以“巳”表“已”之例屢見)。後來才用在“巳”字左上角留缺口的辦法,分化出“已”字來(《說文》無“已”字)。過去也有用有鈎無鈎來區別“已”、“巳”的:“已”仍寫作“巳”,地支“巳”寫作“巳”,末筆不帶鈎。

刀——刁　“刀”字在古代本有“雕”音(《漢書·李廣傳》“刁斗”作“刀

斗"。《公羊傳・僖公十八年》"豎刁"作"豎刀"。漢印刁姓字皆作"刀")。後來才變"刀"字的一撇爲一挑,分化出"刁"字來取代讀"雕"的"刀"(《説文》無"刁"字)。

此外如"气"分化出"乞"(乞求之"乞"本借"气"字表示),"荼"分化出"茶","余"分化出"佘","洗"分化出"冼"("佘"、"冼"都是姓氏用字),"角"分化出"甪"(lù。"角"本有"録"音)等等,也都是這一類的例子。這類分化字的讀音跟母字保留的讀音通常都是不同的。

如果沒有充分的資料,上述這種文字分化的現象,跟利用寫法略有出入的異體字(如"亨"和"享","著"和"着")分工的現象,往往不易區別。可能上面所舉的例子有些本應歸入異體字分工,我們由於掌握資料不充分,把它們的性質理解錯了。

有少數造分化字的情況,介於對母字作筆畫上的細微改動,跟下面就要講到的改換母字偏旁之間。例如:

陳——陣　陳列的"陳"引申而有戰陣的意思(《論語・衛靈公》:"衛靈公問陳於孔子。"),後來改"東"旁爲"車"旁,分化出"陣"字來表示這一意義(《説文》無"陣"字)。"東"和"車"的字形很接近,改"陳"爲"陣"既可以看作改換母字的偏旁(古代戰爭中車很重要,"陣"字的"車"旁跟字義多少有些聯繫),也可以看作對母字作筆畫上的細微改動。

辨——辦　《説文・刀部》:"辨,判也。从刀,辡聲。""刂"是"刀"字篆文"𠚣"在隸書楷書裏的變形。辨別的"辨"引申而有辦治、辦理的意思(《史記・項羽本紀》:"項梁常爲主辦。"),後來改"刀"旁爲"力"旁,分化出"辦"字來表示這一意義(《説文》無"辦"字)。改"辨"爲"辦"也介於改換母字偏旁跟對母字作筆畫上的細微改動這兩種情況之間。

(三) 通過加注或改換偏旁造分化字

在各種分化文字職務的方法裏,這是最常用的一種。這裏所説的"偏旁"包括表意的(以下稱意符)和表音的(以下稱音符)兩種。不過在造分化字的時候,大都加注或改換意符,很少加注或改換音符。下面把這種造分化字的方法分爲加注意符、改換意符以及加注或改換音符三類,分別舉例加以説明。最後再專門講一下用這種方法給雙音節詞造分化字的情況。

(1) 加注意符　有些有比較常用的假借義或引申義的字,通過加注意符分化出一個字來表示它們的本義。這種分化字跟母字是後起字跟初文的關係。例如：

它——蛇 “它”本作等形，是“蛇”的象形初文，表示指示代詞是假借的用法，後來加注“虫”旁分化出“蛇”字來表示本義（《説文》以“蛇”爲“它”的或體）。

莫——暮 “莫”本作，象日落草莽之中，是“暮”的初文，表示否定詞是假借的用法，後來加注“日”旁分化出“暮”字來表示本義（《説文》無“暮”字）。

衰——蓑 “衰”字小篆作，象衣上有草，本義是草雨衣，假借來表示衰弱之“衰”、等衰之“衰”（cuī）等詞，後來加注“艸”旁分化出“蓑”字來表示本義（《説文》無“蓑”字。古代曾爲衰弱一義造分化字“㾐”，但不通行）。

止——趾 “止”字本作，本義是脚（《漢書·刑法志》“斬左止”“斬右止”，就是“斬去左脚”“斬去右脚”的意思）。“止”引申而有停止、禁止等義，後來加注“足”旁分化出“趾”字來表示本義（《説文》無“趾”字）。

州——洲 “州”字本作，象水中間有陸地，本義是水中可居之地，引申而爲州縣之“州”，後來加注“水”旁分化出“洲”字來表示本義（《説文》無“洲”字）。

益——溢 “益”字小篆作，象水從器皿中漫出來，是“溢”的初文。“益”引申而有增益、利益等義，後來加注“水”旁分化出“溢”字來表示本義。

北——背 “北”本作，象二人相背，是“背”的初文。“北”（bèi）引申而爲南北的“北”（北方是背陰的一方），後來加注“肉”旁分化出“背”字來表示本義。

原——源 “原”所从的“泉”是“泉”字的變形。“原”字从泉出厂下會意（“厂”音 hǎn，象山石的邊崖，跟“廠”的簡化字“厂”無關），本義是水的源頭。“原”字引申而有本原的意思，又假借爲平原的“原”（《説文》以“邍”爲平原之“原”的本字。據金文，此字中的“录”是“彖”字之誤），後來加注“水”旁分化出“源”字來表示本義（《説文》無“源”字）。

有些字通過加注意符分化出新字來表示假借義。這種分化字跟母字是後起本字跟假借字的關係。例如：

胃——謂 “謂”這個詞本來借“胃”字表示（東周時的吉日壬午劍銘文有

"胃之少虞"之語),後來才加注"言"旁造出本字"謂"(雲夢秦墓發現的竹簡文字裏已有"謂"字,但西漢前期的竹簡、帛書仍多借"胃"爲"謂")。

師——獅 "獅"是古代的音譯外來詞,本來假借師衆的"師"字表示(《漢書·西域傳上》烏弋山離國"……有挑拔、師子、犀牛"),後來才加注"犬"旁造出本字"獅"(《説文》無"獅"字)。

牟——麰、眸、侔 "牟"的本義是牛鳴(《説文·牛部》:"牟,牛鳴也。从牛,象其聲气从口出。"),古代假借來表示當大麥講的"麰"(《詩·周頌·思文》:"貽我來牟。"),又假借來表示當瞳人講的"眸"(《説文·目部》:"盲,目無牟子。"),又假借來表示當齊等講的"侔"(《漢書·司馬相如傳下》:"德牟往初。")。後來通過加注偏旁分化出"麰"、"眸"、"侔"等字,作爲這些詞的本字(《説文》無"眸"字)。

有些字通過加注意符分化出新字來表示引申義。例如:

取——娶 "取"引申而有娶妻的意思(《詩·豳風·伐柯》:"取妻如之何。"),後來加注"女"旁分化出"娶"字來專門表示這一引申義。

景——影 《説文·日部》:"景,光也。""景"引申而有陰影的意思(《周禮·地官·大司徒》:"正日景以求地中。"),後來加注"彡"旁分化出"影"字來專門表示這一引申義(《説文》無"影"字)。

奉——俸 "奉"的本義是兩手捧物,引申而有供給的意思,供給的意思又引申而有俸祿的意思(《漢書·王莽傳上》:"其令公奉、舍人賞賜皆倍故。"),後來加注"人"旁分化出"俸"字來專門表示這一引申義(《説文》無"俸"字)。

坐——座 "坐"引申而有座位的意思(《三國志·魏志·王粲傳》:"賓客盈坐。"),後來加注"广"旁(音 yǎn,與"廣"的簡化字"广"不同),分化出"座"字來專門表示這一引申義(《説文》無"座"字)。

兩——緉、輛 "兩"引申而爲成對的鞋的單位詞(《詩·齊風·南山》:"葛屨五兩。"),又引申爲車的單位詞(《詩·召南·鵲巢》:"百兩御之。"古代的車一般用兩輪,所以稱車爲兩)。後來通過加注偏旁分化出"緉"、"輛"二字來專門表示這兩個引申義(《説文》無"輛"字)。

(2) 改换意符 改换母字意符而成的分化字,多數是表示引申義的。例如:

振——賑 振起的"振"引申而有賑濟的意思(《禮記·月令》季春之月

"命有司發倉廩,賜貧窮,振乏絶"),後來把"手"旁换成"貝"旁,分化出"賑"字來專門表示這一引申義(《説文》以振救爲"振"的本義,恐非。又《説文》有訓"富"的"賑",跟賑濟的"賑"無關)。

赴——訃 "赴"的本義是"趨",引申而有奔赴告喪的意思(《禮記・文王世子》:"死必赴。"),後來把"走"旁换成"言"旁,分化出"訃"字來專門表示這一引申義(《説文》無"訃"字)。

綿——棉 我國本來只有絲綿,没有木棉。中古時代種植木棉以後,起初仍用"綿"字表示木棉,後來才把"糸"旁改成"木"旁,分化出"棉"字來(《説文》無"棉"字)。

張——帳、脹 擴張的"張"引申而有帳幕的意思(《史記・袁盎傳》:"乃以刀決張",《集解》音"帳"。《説文・巾部》:"帳,張也。")、膨脹的意思(《左傳・成公十年》:"將食,張,如廁",杜注:"張,腹滿也。"),後來通過改换意符分化出"帳"、"脹"二字來表示這兩個引申義(《説文》無"脹"字)。

下面再舉兩個通過改换意符造分化字表示假借義的例子:

澹——贍 "澹"的本義是水摇貌(《説文・水部》:"澹,水摇也。"《文選》卷三張衡《東京賦》:"淥水澹澹",李善注引《説文》:"水摇貌也。")。古代曾假借它來表示"贍"這個詞(《漢書・食貨志上》:"猶未足以澹其欲也",顔注:"澹,古贍字也。贍,給也。"),後來才把"水"旁改成"貝"旁,分化出"贍"字來。

莩——殍 "莩"字本來當一種草名講(《説文・艸部》:"莩,艸也。"),或當蘆葦秆子裏的薄膜講(《漢書・中山靖王傳》:"非有葭莩之親",顔注:"莩,葭裏之白皮也。")。古代稱餓死的人爲"餓莩"(《孟子・梁惠王上》:"民有飢色,野有餓莩。"),這個"莩"字是假借字,後來把"艸"旁改爲"歹"(è)旁,分化出"殍"字來作爲本字(讀 è 的"歹"由"歺"變來,與好歹的"歹"無關)。

(3) 加注或改换音符 加注音符的例子如:

午——啎 "午"是"杵"的初文,古代曾假借來表示牾逆之"牾"這個詞(《禮記・哀公問》:"午其衆以伐有道。"),後來加注音符"吾",分化出"啎"字來作爲這個詞的本字(《説文・午部》:"啎,逆也。从午,吾聲。""牾"是"啎"的訛體)。

食——飼 "食"引申而有餵食的意思(《戰國策・齊策四》:"左右以君賤

之也,食以草具。”),後來加注音符“司”,分化出“飼”字來表示這一意義(“飼”字本來通用於人、獸。《説文》無“飼”字)。

改換音符的例子如:

潦——澇 “潦”指下雨引起的地面積水(《韓非子·外儲説右上》:“天雨,廷中有潦。”),引申而有水大淹沒田地莊稼的意思(《後漢書·順帝紀》永建六年“連年災潦”),後來把聲旁“尞”改爲“勞”,分化出“澇”字來表示這一意義(《説文》“澇”字爲河流名,跟災澇之“澇”無關)。

濫——灠 “濫”可以當用水漬果子講(《禮記·內則》:“飲:……漿、水、醷、濫”,鄭注:“濫,以諸和水也”,《釋文》:“乾桃乾梅皆曰諸。”)。後來爲了跟其他用法的“濫”字相區別,把聲旁“監”改爲“覽”,分化出“灠”字來表示這一意義(《説文》無“灠”字。《集韻》上聲敢韻:“灠,漬果也,一曰染也,或作濫。”“灠”、“漤”同義,現在這兩個字都讀爲 lǎn,一般看作一字的異體。《廣韻》無“灠”字,“漤”字在感韻。《集韻》也把“漤”字收入感韻,並不把它當作“灠”的異體)。

(4)通過加注或改換偏旁爲雙音節詞造專用的分化字 通過加注或改換偏旁,把記錄雙音節詞的假借字改造成專用字的現象,是很常見的。例如:

吳公——蜈公——蜈蚣 蟲名“蜈蚣”本來假借“吳公”二字表示(《廣雅·釋蟲》:“蝍蛆,吳公也。”)。後來在上一字上加注“虫”旁(《莊子·齊物論》釋文引《廣雅》作“蜈公”)。最後,兩個字都加上了“虫”旁。這樣就從“吳公”分化出了“蜈蚣”二字(《説文》無“蜈”字。“蜙”字重文作“蚣”,與“蜈蚣”無關)。

毒冒——瑇(玳)瑁 “玳瑁”一詞本來假借“毒冒”二字表示(《漢書·郊祀志》:“毒冒犀玉。”)。後來在這兩個字上加注“玉”旁,分化出了“瑇瑁”二字。“玳”是“瑇”的異體,現在用“玳”不用“瑇”(《説文》無“瑇”字,“瑁”字當天子用來冒諸侯所執的圭的一種玉器講,與“瑇瑁”無關)。

阿那——婀娜 形容姿態柔美的“婀娜”一詞,古代曾假借“阿那”二字來表示(《文選》卷三〇陸機《擬古詩十二首·擬青青河畔草》:“皎皎彼姝女,阿那當軒織。”)。後來在這兩個字上加注“女”旁,分化出了“婀娜”二字(《説文》無“婀娜”二字而有“娿”字,但意義與“婀娜”無關。後來“娿”被當作“婀”的異體)。

蒲陶——蒲萄——葡萄　“葡萄”是漢代自西域傳入的一個音譯外來詞。這個詞《史記》、《漢書》記作“蒲陶”(《史記·大宛傳》:“有蒲陶酒。”《漢書·西域傳》中屢見“蒲陶”),兩個字都是假借字。《後漢書》、《玉篇》等作“蒲萄”(《後漢書·西域傳》:“伊吾地宜五穀桑麻蒲萄。”),“陶”字的“阜”旁改成“艸”頭,“蒲”字因爲本有“艸”頭未加改動。後人爲了統一字形,又把“蒲”字的聲旁“浦”改成“匍”,兩個字都變成了專用字(《說文》有“萄”字,爲草名,跟“葡萄”無關)。

此外如“夫容”、“目宿”加“艸”頭而成“芙蓉”、“苜蓿”,“科斗”、“即且”加“虫”旁而成“蝌蚪”、“蝍蛆”,“丁寧”加“口”旁而成“叮嚀”,“方皇”加“彳”旁而成“彷徨”(亦作仿偟,舊又作徬徨、傍偟),“常羊”(亦作尚羊)加注或改換偏旁而成“徜徉”(亦作倘佯)等等,都是這一類的例子。

有時對並非用假借字記錄的雙音節詞,也通過加注或改換偏旁爲它們造專用字。例如:

綠耳——騄耳——騄駬　古代有一種名馬叫“綠耳”(《穆天子傳》卷一:“天子之駿……綠耳。”據說這種馬是因兩耳綠色而得名的)。後來爲了表示“綠耳”是馬名,把“綠”字的“糸”旁改成了“馬”旁(《商君書·畫策》:“騏驎騄耳。”)。最後又在“耳”字上加注“馬”旁,把兩個字都變成了專用字(《廣雅·釋獸》有“騄駬”。《說文》無此二字)。

此外如“流黃”變爲“硫黃”、“硫磺”,“馬腦”變爲“馬瑙”、“瑪瑙”,“虎魄”變爲“虎珀”、“琥珀”等等,似乎也都可以看作這一類的例子。

有些記錄雙音節詞的字,在兩個字裏只有一個字加過或改過偏旁,如“伐閱”變爲“閥閱”,“展轉”變爲“輾轉”等等。

從上舉諸例可以看到,使用漢字的人往往喜歡把記錄雙音節詞的字改成具有同樣的偏旁。也就是說,他們希望用來記錄雙音節詞的兩個字之間有明顯的形式上的聯繫。有時爲了達到這個目的甚至可以完全不管文字學的原則。例如“鳳凰”本作“鳳皇”,“鳳”字从“鳥”“凡”聲,“凰”字所从的“几”則既無音也無義,純粹是爲了跟“鳳”字取得形式上的聯繫而加上去的。

(四) 造跟母字在字形上沒有聯繫的分化字

有些分化字不是以母字的字形爲基礎,而是另起爐竈地造出來的。例如:

鮮——尟(尠)　據《說文》,"鮮"的本義是一種魚名。一般假借它來表示新鮮的"鮮"(據《說文》,本字作鱻)和鮮少的"鮮"(《詩·鄭風·揚之水》:"終鮮兄弟。")。後來另造"尟"字來表示後一個假借義("尟"字已見《說文》,"尠"是較晚出的異體。這個後起本字出現後,假借字"鮮"仍然很常用。現在"尟"、"尠"已經作爲異體併入"鮮"字)。

步——埠　船埠的"埠",宋以前本用"步"字表示(柳宗元《永州鐵爐步志》:"江之滸,凡舟可縻而上下者曰步。")。後來另造从"土""阜"聲的"埠"字來表示這個詞。

有些字看起來像是抛開母字字形另造的分化字,實際上却有比較曲折的產生過程。例如陰陽的"陽"引申而有佯裝的意思(《漢書·田儋傳》:"儋陽爲縛其奴",顔注:"陽即僞耳。"),這一意義後來用"佯"字表示。從表面上看,"佯"似乎是抛開母字字形另造的分化字。其實,古代多借用"詳"字來表示由"陽"引申出來的"佯"這個詞(上引《田儋傳》語,《史記》就作"田儋詳爲縛其奴"),"佯"應該是改換"詳"字偏旁以表示其假借義的分化字。

分化文字職務的方法,大體上有以上所說的五種。此外還有些比較特殊的情況,這裏就從略了。

原載王問漁主編《訓詁學的研究與應用》(內蒙古人民出版社,1986),今據以收入。

談談漢字整理工作中可以參考的某些歷史經驗

在漢字發展演變的過程裏,有很多值得我們在今後的漢字整理工作中認真加以參考的歷史經驗。對這一問題作全面論述,不是這篇短文所能勝任的,下面只準備簡單談談字數和字形變化這兩方面的歷史經驗。

先談字數。一般都認爲漢字是不斷增多的,而且增加的數量相當可觀。就大型字典收字的情況來看,確實是這樣。例如:公元 2 世紀編纂的《説文解字》收字 9353 個,加上重文共 10516 個。本世紀 70 年代開始編纂,去年已出版了第一卷的《漢語大字典》,全書收字 56000 左右,是《説文》字數的五倍多。但是大型字典裏收了很多實際上已經死亡的字,如果以各個時代一般使用的漢字爲考察對象,就會發現漢字的數量其實是相當穩定的。

我們所説的一般使用的漢字,就是除去很生僻的字和比較專門的專業用字以後的實際使用的漢字,跟有些人所説的“通用漢字”大致相當。在具體劃定一般使用的漢字的範圍的時候,人們很難取得完全一致的意見。所以即使是統計現在一般使用的漢字的數量,也很難得出一個公認的精確數字。統計歷史上一般使用的漢字的數量,困難當然就更大了。不過在這方面作一些比較籠統的估計,還是有可能的。由於掌握的資料太少,我們只能考察一下漢字發展史的上古和現代這兩頭的情況。先看現代漢字的情況。1965 年 1 月由文化部和中國文字改革委員會聯合發佈的《印刷通用漢字字形表》收字 6196 個。1981 年國家標準局發佈的《信息交換用漢字編碼字符集 · 基本集》收字 6763 個(其中比較常用的一級字 3755 個)。據鄭林曦先生統計,現代書報刊物的用字數爲 6335 個(鄭林曦《精簡漢字字數的理論和實踐》,1981)。據另一種統計,掌握了 3800 個漢字,就能閲讀一般書刊内容的 99.9% 左右;掌握了 5200 個漢字,就能閲讀一般書刊内容的 99.99% 左右(陳明遠《數理統計在漢語研究中的應用》,《中國語文》1981 年 6 期 468 頁)。又據香港的一個統計,4 份中文報在 45 天内所用字數爲 4687 個(陳重瑜《試評漢字簡化的一些論説》,《文字改革》1985 年 4 期 13 頁)。此外,從漢字構詞能力的角度來看,據中國人民大學語言文字研究所統計,4990 個漢字就"構成了《現代漢語詞典》中的幾乎所有的詞"(據上引陳明遠文 469 頁)。從上面舉出的一些數據來看,大致可以説,現在一般使用的漢字的數量是五六千左右(一般知識分子個人掌握的字數只不過兩三千左右)。

接着來看一下上古漢字的情況。在已發現的内容比較豐富的古文字資料裏,商代後期(約公元前 14—前 11 世紀)的殷墟甲骨文字是時代最早的一批資料。出土的殷墟有字甲骨已達十五萬片左右(胡厚宣《八十五年來甲骨文材料之再統計》,《史學月刊》1984 年 5 期),總字數當以百萬計,大體上應該能够反映商代後期一般使用文字的情況。1965 年出版的《甲骨文編》根據當時已出版的 40 種甲骨著録書的資料,整理出單字 4672 個。此書《編輯序言》認爲"其中有些字還可以歸併;目前甲骨刻辭中所見到的全部單字的總數,約在四千五百字左右"(引者按:《甲骨文編》中也有應分而誤合之字,但數量不多)。于省吾先生在 1973 年發表的《關於古文字研究的若干問題》一文中也説:"截至現在爲止,甲骨文不重複的字約共四千五百多個。"(《文物》1973 年 2 期 33 頁)在此後新發表的甲骨文資料裏,出現了一些《甲骨文編》所未收的新字,但數量不是很多。如果把商代後期一般使用的漢字數量估計爲五千個左右,大概離事實不會很遠。周代遺留下來的主要文獻是十三經。據《十三經集字》統計,十三經共用單字 6544 個(據錢玄《秦漢帛書簡牘中的通假字》轉引,見《南京師院學報(社科版)》1980 年 3 期 47 頁)。十三經由於後世的傳抄刊刻,用字情況已不完全是原貌,但是在單字總數方面大體上總還是能够反映周代的情況的。十三經的時代延伸得比較長,幾乎包括了整個兩周時代,而且其中還有一些秦漢時代的東西。如果有可能以周代某一段一二百年的時間爲範圍來進行統計,當時一般使用的字數大概要比十三經使用的字數低一些。

從上述情況來看,從商代到現代,一般使用的漢字的數量似乎並沒有顯著的變化,很可能一直在五六千左右。在這三千多年裏,新字在不斷産生,但是舊字也在不斷退出歷史舞臺。二者相抵,字數的變化就不大了。一般説來,時代越晚,新詞增加得越快。但是由於複合詞在漢語裏越來越佔優勢,音譯外來詞又大多數用假借字記録,所以需要爲它們造新字的新詞却並不是越來越多。這是一般使用的漢字的數量有可能比較穩定的重要原因。

漢字使用意符、音符和記號三種字符(字符專指文字所使用的符號,記號指跟文字所代表的詞在語音和意義上都沒有聯繫的字符,參見拙文《漢字的性質》,《中國語文》1985 年 1 期 36 頁),跟拼音文字相比,的確有結構複雜、不易記憶的特點。這種性質的文字體系,單字如果太多,使用的人就會無法掌握。所以漢字裏常常用假借等方法,讓一個字在不同場合代表不同的語素,也就是用一個字代表兩個以上不同的語素(對雙音節或多音節語素來說,則是語素的一個音節)。但是如果單字太少,讓一個字承擔過多的任務,或是讓一個字代表兩個容易混淆的語素,又會影響記錄語言的明確性,使用起來也會發生困難。在漢字發展的過程裏,幾乎始終同時存在文字分化和文字合併這兩種相反相成的現象。前者如由"師"分化出"獅"("獅子"在古代本作"師子"),由"陳"分化出"陣"(軍陣之"陣"古本作"陳")等等。從漢字歷史上看,新字大部分是分化字。後者如順屰之"屰"併入迎逆之"逆",開耑之"耑"併入端正之"端",又如漢字簡化中把"鬥"併入"斗"等等。進行合併是爲了控制單字的數量,進行分化是爲了加强記錄語言的明確性。字太多了固然不行,字太少了也同樣不行。漢字裏一般使用的字數從古到今變化不大,顯然不是一個偶然的現象。

建國後,有少數語文工作者主張通過以同音借代爲主的合併文字的辦法,大量壓縮通用漢字的數量,有的人甚至想把通用漢字砍掉一半以上。從三千多年的漢字發展史來看,這種辦法顯然是行不通的。如果方塊漢字還要長期使用下去的話,只允許漢字合併而絶對不允許進行新的文字分化,恐怕也是做不到的。

其次談字形變化。這裏所説的字形變化是廣義的,既包括某一個字的寫法的變化,也包括某一個語素前後使用不同的字,即原來用甲字表示後來改用乙字表示的那種現象。鬥爭的"鬥"這個詞本來用"鬥"字,由於漢字簡化改用"斗"字,就是後一種現象的一個例子。

一般都認爲歷史上漢字字形變化的主要趨勢是簡化。這應該説是正確的。但是在這個問題上也存在一些不够全面的認識。

有的人把字形簡化跟減少筆畫等同起來。這跟歷史事實有出入。

在漢字發展史上,由古文字演變爲隸書,是最重要的一次字形簡化。這次簡化使帶有圖繪性質的象形的字符變成用點、横、撇、捺等筆畫組成的字符,大大方便了書寫。由於這次簡化的主要目的是改造那些需要描畫的不便於書寫的形體,所以並不斤斤計較筆畫的多少。有些字經過隸書的改造,筆畫甚至反而增多了。如"日"字的外框在古文字裏是可以一筆畫成的圈圈,在隸書裏却分解成了三筆(豎、折、横)或四筆(豎、横、豎、横)。但是隸書的"日"書寫起來的確比古文字的"日"方便,所以我們還得承認由古文字的"日"變爲隸書的"日"是簡化。

爲了擺脱古文字的象形性質以便書寫,隸書不得不破壞了一部分字的結構。經過隸書的改造,獨體表意字(大致相當於一般所謂象形字)的字形大都喪失了表意作用,它們成了所謂"不象形的象形字",用我們的話來説就是成了記號字。一部分圖繪意味比較濃厚的合體表意字的構造也遭到了破壞。例如象二人並立之形的  字,變成了字形毫無意義可言的記號字"並"(現已併入"并"字)。但是由常見的成字的偏旁所組成的合體表意字和形聲字的結構,絶大多數沒有遭到破壞。尤其是形旁的表意作用和聲旁的表音作用都很明確的那些形聲字,它們的結構幾乎全都沒有遭到破壞。僅僅爲了減少一些筆畫而破壞文字結構的情況,在古文字演變爲隸書的過程裏是並不多見的。所以從歷史上看,不但不能把字形簡化跟減少筆畫等同起來,甚至能否把減少筆畫看作字形簡化的主要内容都還是個問題。

還有人由於過分强調簡化的重要性,而忽視了對漢字的發展起了正面作用的大量字形繁化現象的存在,至少對這種現象的重要性估計不足。

在漢字發展的過程裏,一方面存在爲了書寫的方便而簡化字形,甚至不惜因此破壞文字結構的現象,另一方面也存在爲了改進文字的功能,主要是字形的表意、表音功能,不惜使字形繁化的現象。

形聲化是漢字發展的一個極爲重要的標誌,而形聲化就往往是跟字形的繁化聯繫在一起的。前面舉過的"獅"字就是一個例子。假借字"師子"的"師"加上"犬"旁,成爲形聲字"獅"。對於"獅"這個詞來説,它的字形就繁化了。這類例子是極其常見的(被加偏旁的字不限於假借字)。有些表意字後來被改成了字形較繁的形聲字。例如象坎穴形的"凵"字,後來就改成了从"土""欠"聲的"坎"字。有時爲了改善假借字或形聲字聲旁的功能,也不惜改用筆畫較多的字。例如:表示古漢語裏主要的第二人稱代詞的假借字,本來用"女"字,後來改用表音更確切,並且其原來字義跟假借義不會發生混淆的"汝"字。形聲字"褲"本來寫作"袴",後來聲旁"夸"爲表音更確切的"庫"所取代。"褲"字《康熙字典》未收,大概出現得很晚,從傳統文字學的觀點看是一個"俗字"。"庫"字未簡化時比"夸"多四筆。但"夸"、"褲"不同音,"庫"、"褲"同音,所以大家寧願多寫幾筆,接受了這個俗字。

此外,還存在僅僅爲了避免跟其他字的字形相混淆而繁化某個字的字形的現象。例如"上"、"下"二字本來寫作"二"、"二",爲了避免與一二之"二"相混,後來各加一豎而寫作"上"、"下"。"四"字古作"三",改作"四"也是爲了避免跟"一"、"二"、"三"相混。這跟數字大寫的用意相同("四"用作數字,可能是假借用法,大寫數字也大都是假借字)。

上面所舉的那些字形繁化的現象,大多數起了改善字形的表意、表音功能的作用。當然,改善字形的表意、表音功能,也並非一定要繁化字形。簡化字形跟改善字形的表意、表音功能也有相一致的情況。例如改“嬭”爲“奶”,既是簡化,又改善了聲旁的表音功能。但是在許多情況下,簡化字形對字形的表意、表音功能是起破壞作用的。漢字裏的記號字大部分是字形簡化的産物。這是爲了書寫方便不得不付出的代價。

從歷史上看,對於漢字的發展,字形的簡化是不可缺少的,改善文字功能的字形繁化也同樣是不可缺少的。只重視前者的作用而不重視後者的作用,是不妥當的。如果古人把字形的表意、表音功能放在無足輕重的地位,絶對排斥字形繁化,一味追求字形簡化,漢字裏的記號字就會大大增多。記號字的字形跟字音、字義都沒有聯繫,掌握起來要比掌握合乎規律的形聲字和表意字困難得多。在我們現在使用的漢字裏,記號字已經佔有不算小的比例了。如果這種字大大增多的話,漢字勢必成爲非常難掌握,甚至根本無法掌握的一種文字。

最後還應該指出,簡化字形的重要性在古代和現代是有所不同的。古人爲了把象形的古文字簡化成隸書而破壞一部分字的結構,是不得已的,也是值得的。今天,在比隸書更便於書寫的楷書早已形成的情況下,僅僅爲了減少一些筆畫而去破壞某個字的結構,或打亂某一組字的系統性(如讓有些从“盧”聲的字从“户”),這樣做究竟是不是必要,是不是值得,就大可懷疑了。有的人援引隸書改造古文字的例子,作爲這類簡化的歷史依據。這是不合適的。在不太遠的將來,隨着電腦和複印機等設備的普及,書寫文字的負擔肯定會大大減輕。今後的漢字整理工作,究竟應該把重點放在簡化上,還是放在文字結構的合理化上,這恐怕是一個需要認真考慮的問題。

原載《語文建設》1987年2期,又載《現代漢字規範化問題》(語文出版社,1995)、《裘錫圭學術文化隨筆》,今據《裘錫圭學術文化隨筆》收入。

研究漢字切忌爲感情所支配

過去有不少人認爲漢字跟拼音文字相比是一種落後的文字,漢字沒有發展成爲拼音文字是歷史的錯誤,是由於封建統治階級起了阻障作用。這種看法未必妥當。漢語中單音節語素佔優勢,同音語素很多。記錄這樣的語言,漢字這種類型的文字體系顯然是比較適宜的。脱離漢語的特點,抽象地討論漢字跟拼音文字的優劣,是沒有意義的。

應該承認,在文字信息處理方面,漢字的確有不如拼音文字方便的地方。我們相信在科學技術迅速發展的今天,這方面的困難是有辦法克服的。漢字信息處理技術目前已經達到了相當高的水平。我們應該更快地發展有關的科學技術,使漢字信息處理變得越來越方便;而不能脱離實際,爲了文字信息處理的方便,勉强地去改革漢字。

我們説不能脱離漢語實際抽象地討論漢字跟拼音文字的優劣,並不意味着反對把漢字作爲一種符號體系或信息載體來研究其優缺點。

要想提高漢字研究和教學的水平,這方面的工作是必不可少的。爲了今後更好地開展漢字的整理和改革工作,更需要這方面的研究成果作爲考慮的出發點。這方面的研究我們過去做得很不够,而且研究者往往容易被感情所支配。認爲漢字不能拼音化的同志千方百計給漢字評功擺好,甚至把缺點也説成優點。主張漢字拼音化的同志則只看到漢字的缺點,甚至連漢字真正的優點也不願承認。只有克服了這兩方面的偏向,才有可能使我們的研究走上軌道。

最後附帶談一下對當前一部分人濫用繁體字的意見。50 年代以來的漢字整理和簡化工作雖然有缺點,但成績還是主要的。《簡化字總表》、《現代漢語通用字表》是我們使用漢字的規範。在沒有必要的場合使用已廢除的繁體字,尤其是在面向大家的招牌上和電影、電視的字幕裏使用繁體字,是沒有道理的。如果一定要使用繁體字,就應該使用得正確。但是很多喜歡寫繁體字的人,對繁體字並不熟悉。因此,把“复印”錯誤地繁化爲“復印”(繁體字本作“複印”)、由於不願寫簡化的

“昜”旁而把“易”旁誤寫爲“昜”旁一類現象,就隨處可見了。在中央電視臺介紹電視片《末代皇帝》的演員的專題節目裏,屏幕上甚至出現了“西太後”字樣。這並不是寫繁體字,而是寫不折不扣的錯別字。希望有關方面加以引導,使這種怪現象及早消滅。

原載《漢字文化》1989 年 1 期,今據以收入。

漢字的起源和演變

世界上目前正在使用的各種文字以漢字爲最古老。漢字的歷史究竟可以上溯到什麽時代？漢字從古到今發生過哪些重要變化？這是關心中國文化史的人都很感興趣的問題。下面介紹一下這方面的知識。

第一節　漢字的起源

事物的形成一般都要經歷一個或長或短的過程,文字也不例外。以别的語言的文字爲依傍,有時能爲一種語言很快地製定出一套完整的文字來。但是就完全或基本上獨立創造的文字來說,從第一批文字的出現到能够完整地記録語言的文字體系的最後形成,總是需要經歷一段很長的時間的。還不能完整記録語言的文字可以稱爲原始文字。漢字是一種獨立創造的文字,它無疑是在經歷了相當長的原始文字階段以後,才發展成爲完整的文字體系的。所以漢字起源的問題實際上包含了下述兩方面的内容:漢字是怎樣從最原始的文字逐步發展成爲能够完整地記録漢語的文字體系的;漢字這一文字體系的形成過程開始於何時結束於何時。由於缺乏原始漢字的資料,對這兩個問題目前都還無法作出確切的答覆。下面先對已有的關於漢字起源的一些説法略作討論,然後簡單談談我們對漢字形成的過程和時間的一些初步推測。

（一）關於漢字起源的舊説

1. 倉頡造字的傳説

這一傳説最早見於戰國晚期的文獻:

奚仲作車,倉頡作書,后稷作稼,皋陶作刑,昆吾作陶,夏鮌作城,此六人者,所作當矣。　　《吕氏春秋·君守》

沮誦、倉頡作書。　　《廣韻》魚韻"沮"字下引《世本》

倉頡之作書也,自環者謂之私,背私謂之公。　　《韓非子·五蠹》

秦代李斯所編的字書《倉頡篇》也是由於首句是“倉頡作書”而得名的。古人稱文字爲“書”,作書就是造字。

倉頡作書的傳説在戰國晚期顯然已經很流行。這一傳説無疑在較早的時候就已經出現了。它有没有某種程度的可靠性呢?漢字當然不是個别人造出來的。不過在漢字形成的過程裏,尤其在最後階段,很可能有個别人曾起過極其重要的作用。倉頡也許就是這樣的人。早在戰國晚期,就有學者作過類似的解釋。《荀子·解蔽》説:“好書者衆矣,而倉頡獨傳者,壹也。”認爲倉頡只是衆多“好書者”中由於用心專一而最有成就的一個。

但是上引《吕氏春秋》所舉的六個人,除倉頡外都是見於時代較早的典籍的古史名人,唯獨倉頡在現存的早於戰國晚期的古籍中從來没有提到過,在戰國晚期的古籍中也没有關於倉頡的時代以及他在造字之外的事跡的任何記載。漢代人多認爲倉頡是黄帝的史官(《尚書·序》孔穎達《正義》:“司馬遷、班固……皆云倉頡黄帝之史官也。”),恐怕未必有確據。魏晉以後人把倉頡説成早於黄帝的遠古帝王,就更荒誕無稽了。(參看唐蘭《中國文字學》53—54頁。以下引作“唐書”。【編按:近年發表的上海博物館藏戰國楚竹書中的《容成氏》,所舉遠古帝王中有“倉頡氏”,可見戰國時人已以倉頡爲古帝王。但他大概不是一個真實的歷史人物。】)也許倉頡只是古人所虚擬的一個文化英雄。

在上引《世本》中跟倉頡並提的沮誦,也是名不見經傳的人物。漢魏間的宋衷的《世本》注説:“黄帝之世始立史官,蒼頡、沮誦居其職。”(《初學記·卷二十一·史傳第二》引)恐怕也是想當然的説法。近人唐蘭、高亨懷疑“沮誦”就是“祝融”(唐書52頁、高亨《文字形義學概論》27—28頁。高氏認爲祝融是倉頡的官名),是否可信,尚待研究。

2. 文字出自八卦説

這是較晚出的一種説法。

古代學者很早就認爲在文字産生之前,結繩和八卦曾經起過某些類似文字的作用。一般認爲作於戰國晚期的《易·繫辭·下》説:

古者包犧氏之王天下也……始作八卦,以通神明之德,以類萬物之情,作結繩而爲罔(網)罟,以佃以漁……

又説:

上古結繩而治，後世聖人易之以書契。

包犧氏就是伏犧氏。“書契”據漢末鄭玄注，指寫有文字的木質契券。後來這個詞往往用作“文字”的同義語。東漢許慎所著的《說文解字》“敘”（通“序”）文的第一段，是根據上引《繫辭》文改寫的。比較重要的改動是把“結繩而治”歸在晚於伏犧氏的神農氏名下，並指實“後世聖人”爲“黃帝之史倉頡”。不過不管是《繫辭》還是《說文》“敘”，都沒有直接把八卦跟文字聯繫起來。

《尚書》僞孔傳的“序”說：

古者伏犧氏之王天下也，始畫八卦，造書契，以代結繩之政，由是文籍生焉。

這篇序的作者大約是魏晉時人。他認爲三皇時代就已出現文籍，所以把“造書契”這件事提早到了伏犧之世，與“畫八卦”並列，同時不得不把爲書契所取代的“結繩之政”推到了伏犧王天下之前。但是他也還沒有直接把八卦跟文字聯繫起來。

據《易經》的《象傳》和《說卦傳》，乾、坤、震、巽、坎、離、艮、兌八卦分別是天、地、雷、風、水、火、山、澤的象徵。易緯《乾鑿度》進一步認爲八卦就是“天”“地”等八個字的“古文”。易緯本出漢代，但是今所傳《乾鑿度》一般認爲是宋代僞書。上引說法究竟出於何時尚難確定。如果撇開此說不管，最先明確主張“天”“地”等字出自相應卦形的，似是一些宋代學者。下面舉比較有代表性的鄭樵的說法略加評論。

鄭樵在《通志·六書略·第五》“因文成象圖”節中說：

有近取：取兲（天）於☰（乾體）。取巛（地，亦爲坤字）於☷（坤體）。取𣱱（水）於☵（坎體）。取火（火）於☲（離體）。……有遠取：取“山”於☶（艮體）。取“雷”於☳（震體）。取“風”於☴（巽體）。取“澤”於☱（兌體）。

在“論便從（縱）”節中又說：

坎、離、坤，衡卦也。以之爲字，則必從。故☷必從而後能成“巛”，☲必從而後能成“火”，☵必從而後能成“𣱱”。

鄭樵顯然是先有了“天”“地”等字應該出自相應卦形的成見，然後去硬加比附的。“山”“雷”“風”“澤”諸字跟相應的卦形實在太不相像，只得立了一個“遠取”的名目來搪塞。近取諸例中，“天”與乾卦，“火”與離卦，其實也都並不相似。“巛”在古書中有用爲“坤”字之例(《經典釋文·周易音義》說“坤”“本又作巛。巛,今字也。”),但並無用爲“地”字之例。漢碑“坤”字作川 巛等形,即“巛”字所從出。王引之《經義述聞》卷一“巛”字條,據漢碑和《玉篇》等,指出漢人借“川”爲“坤”,“巛”即“川”之變體。這是很對的。“川”字本作“巛”,三筆的中部都不作尖折形,跟坤卦之形也聯繫不上。只有“水”字跟坎卦的確比較相似。但是八卦是由陽爻“—”和陰爻“--”組合而成的八組符號,古文字中的“水”則是個象形字,二者的相似只能認爲是一種巧合。“水”字決不會是根據坎卦造出來的。古人以坎卦爲水的象徵,倒有可能是由於受了坎卦之形與“水”字相似的啓發。總之,“天”“地”等字出自八卦之說是完全不可信的。

清末民初的劉師培也認爲“八卦爲文字之鼻祖,乾坤坎離之卦形即天地水火之字形”(《中國文學教科書》“象形釋例”節)。他還把結繩也扯了進來,說“字形雖起於伏羲畫卦,然漸備於神農之結繩”(同上“論字形之起源”節)。這種很沒有道理的說法,在當時却產生過不小的影響。

在商代和西周時代的甲骨文、金文和陶文等資料裏,屢見一種用三個或六個數字組成的符號,如(八一六)(六一八六一一)等。近年來經過張政烺等學者的研究,證明是一種易卦(張政烺《試釋周初青銅器銘文中之易卦》,《考古學報》1980年4期)。相傳的周易卦形中的陽爻可能是由數字“一”變來的,陰爻可能是由數字“∧”(六)變來的(參看樓宇烈《易卦爻象原始》,《北京大學學報》哲社版1986年1期)。這種爻形出現的時代,無疑要比漢字起源的時代晚得多。從這些新的研究成果來看,文字之形出自八卦的說法的荒謬性就更明顯了。

(二)跟漢字起源有關的考古資料及其研究情況

在已發現的各種性質既明確、內容也比較豐富的古漢字資料裏,時代最早的是商代後期(約前14—前11世紀)的殷墟甲骨文。它所代表的是已經能够完整地記錄漢語的文字體系。現代考古學在中國興起以後,主要是50年代以來,陸續發現了少量商代前期(約前17—前14世紀)的漢字以及一些跟漢字的起源可能有關的考古資料。後者主要指刻劃或繪寫在原始社會時期遺物上的各種符號以及被有些學者認爲是夏代文字的一些符號。這些資料還不足以解決漢字起源問題,但是對這方面的研究工作起了相當大的推進作用。

根據外形上的特點,大體上可以把原始社會時期遺物上的符號分爲兩大類。一類是象實物之形的。一類是幾何形符號。有些雖非幾何形但也不像是象實物之形的符號,可以附在後一類裏。下文稱後一類爲甲類,前一類爲乙類。

1. 原始社會時期的甲類符號

就已發現的情況來看,甲類符號絕大部分刻劃或繪寫在陶器上,小部分刻在龜甲、獸骨或骨器上。這類符號分佈得很廣,在仰韶、馬家窑、龍山、良渚等文化的遺址中都有發現(參閱拙文《漢字形成問題的初步探索》,《中國語文》1978 年 3 期。下文引作“探索”。我們所説的“遺址”包括墓地在内)。它們行用的時間也很長久。就上限來説,在距今七八千年的早於仰韶文化的大地灣一期文化遺址和接近裴李崗文化的“賈湖”遺址裏,都已發現了這類符號。大地灣一期文化的符號發現於甘肅秦安縣大地灣,是用顏料繪寫在陶鉢形器内壁上的(《文物》1983 年 11 期 22—25 頁)。“賈湖”符號發現於河南舞陽縣賈湖,是刻在龜甲等物上的(《河南舞陽賈湖新石器時代遺址第二至六次發掘簡報》,《文物》1989 年 1 期)。就下限來説,這種符號不但直到原始社會末期還在使用,而且在進入歷史時期以後,在漢字已經形成的情況下,仍然在某些領域延續使用了很長的一段時間。在商代以至春秋戰國時代的陶器上,都可以看到不少這一類的符號(參看高明《中國古文字學通論》36 頁。甚至在某些西漢陶器上都還可以看到這類符號,參看《廣州漢墓》上册 89—91、210—211 頁)。

在甲類符號裏,仰韶文化早期的半坡類型遺址出土陶器上的符號,時代既比較早(距今約六七千年),資料也比較豐富,因此在關於漢字起源的討論中最受人注意。我們就以它們爲例來討論一下甲類符號跟漢字的關係。

在半坡類型各遺址中,西安半坡和臨潼姜寨這兩個遺址發現的符號數量最多。下面是半坡遺址發現的符號的一些例子(引自《西安半坡》197 頁圖 141,又圖版 167—171):

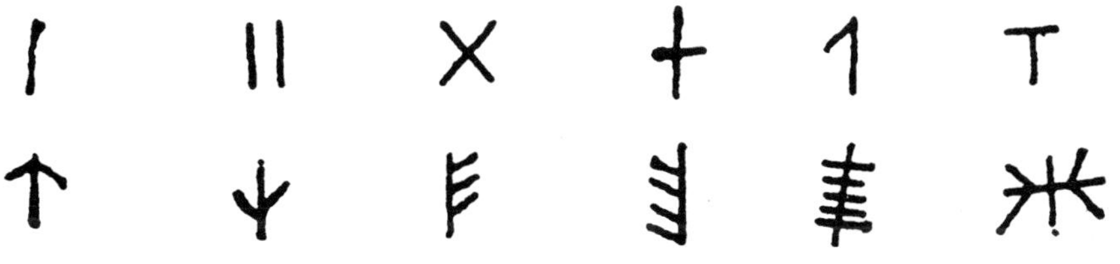

臨潼姜寨遺址發現的符號,有不少跟半坡的相同或相似,此外還有一些形體比較複雜的例子,如(引自《考古與文物》1980 年 3 期 15 頁):

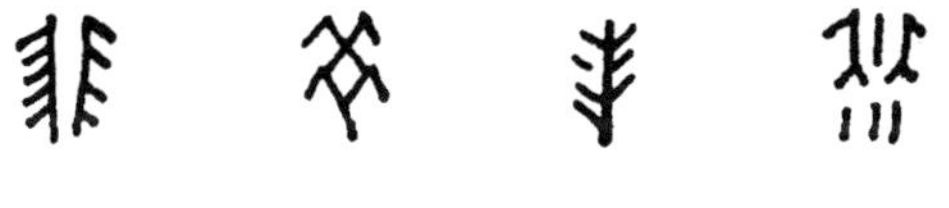

半坡類型符號一般是單個地刻在陶鉢外口緣的黑寬帶紋或黑色倒三角紋上的,例外很少。

對半坡類型符號的性質存在不同看法。有些學者認爲它們是文字。有的並且把它們跟古漢字直接聯繫了起來,如認爲㐅是“五”字,十是“七”字,丨是“十”字,丅是“示”字,屮是“艸”字,阝是“阜”字,等等(于省吾《關於古文字研究的若干問題》,《文物》1973年2期32頁)。有些學者則認爲這種符號還不是文字,而“可能是代表器物所有者或器物製造者的專門記號”(《西安半坡》198頁)。還有學者認爲它們只不過是製造陶器時“爲標明個人所有權或製作時的某些需要而隨意刻劃的”(汪寧生《從原始記事到文字發明》,《考古學報》1981年1期23頁。下文引作“汪文”)。

這種符號所代表的顯然不會是一種完整的文字體系。它們有沒有可能是原始文字呢?恐怕也不可能。我們絲毫沒有掌握它們已經被用來記錄語言的證據。從同類的符號在漢字形成後還在長期使用這一點來看,它們也不像是文字(參看上引高明書35—36頁)。把半坡類型的幾何形符號跟古漢字裏象實物之形的符號相比附,更是我們所不能同意的。這兩種符號顯然是不同系統的東西。我們不能因爲前一種符號跟後一種符號裏形體比較簡單的例子(如草的象形符號)或某些經過簡化的形式(如殷墟甲骨文裏的“示”和某些“阜”旁)偶然同形,就斷定它們之間有傳承關係。

但是已發現的半坡類型符號,絕大部分都刻在同一種陶器的同一個部位上,規律性很强。有些符號不但重複出現在很多個器物上,而且還出現在不同的遺址裏。看來這種符號,至少是其中的一部分,很可能已經比較固定地用來表示某些意義了。除了用作個人或集體的標記之外,這種符號也有可能用來表示其他意義。

沒有文字的民族往往已經知道用符號記數。我國原始社會使用的甲類符號估計也不會沒有這種用途。古漢字除了使用象實物之形的符號之外,也使用少量幾何形符號。一、二、三、亖(四)、㐅(五)、∧(六)、十(七)、八(八)、丨(十)等數字是最明顯的例子(數字“九”很多學者認爲是一個假借字)。跟這些數字同形或形近的符號,在我國原始社會使用的甲類符號裏是常見的。很多學者認爲這種符號就是這些數字的前身,這是有道理的。不過這並不能證明原始社會使用的記數符號是文字。因爲這種符號並不跟語言裏的數字嚴格相對應。過去雲南的哈尼族由於不會使用文字,在訂立買賣契約的時候,用木、十、丨、·四種符號分別代表一百元、五十元、十元和一元。要表示五元就點五個點(汪文12頁)。這是記數符號並非文字的一個實例。

此外還應該指出一點。由於構成甲類符號的要素一般比較簡單,不同地區的人很容易造出相同的符號來。這種同形的符號,其意義往往並不相同。所以雖然古漢字有些數字的外形跟半坡類型符號相同,我們仍不能得出這些數字就源於半坡類型符號的結論。它們完全有可能出自其他原始文化。

商代和西周時代(主要是西周前期)的銅器上常常鑄有族徽(這裏所說的族徽包括族名)。大部分族徽具有象形程度明顯高於一般銅器銘文的特點,而一小部分則跟原始社會的甲類符號很相似,例如:

它們也有可能源於這類符號(參看郭沫若《古代文字之辯證的發展》,《考古學報》1972年1期4—5頁)。原始社會裏用作個人或集體的標記的符號,是很容易變成族徽的。在商周時代,這一部分族徽符號是否已經成爲文字,還是一個問題(參看汪文39頁)。它們的性質也許就跟後代的花押差不多。

總之,我們認爲我國原始社會時期普遍使用的甲類符號還不是文字。除了有少量符號(主要是記數符號)爲漢字所吸收外,它們跟漢字的形成大概就沒有什麼直接關係了。而且即使是那些爲漢字所吸收的符號,也不見得一定是來自半坡類型符號的。有些學者以半坡類型符號爲據,說漢字已有六千年以上歷史。這是不妥當的。

近年在西安市郊區長安縣花樓子的客省莊二期文化遺址裏,發現了一些刻在骨片和骨器上的甲類符號(《陝西長安花樓子客省莊二期文化遺址發掘》,《考古與文物》1988年5、6合期)。有人稱之爲甲骨文,認爲跟殷墟甲骨文有淵源關係。這恐怕也是不妥當的。

2. 原始社會時期的乙類符號

在田野考古中,乙類符號主要發現於山東的大汶口文化晚期遺址,一般都刻在一種大口的陶尊上。大汶口文化晚期的年代約爲前2800—前2500年。近年王樹明在《談陵陽河與大朱村出土的陶尊"文字"》一文中,集中發表了大汶口文化乙類符號的資料(文見《山東史前文化論文集》,齊魯書社,1986。下文引作"王文")。據此文,已發現的刻有符號的陶尊和殘器片共有十六件。其中十五件是在莒縣的陵陽河和大朱村採集或出土的,一件是在諸城縣前寨採集的。出土的大都出自墓葬。這些墓葬大部分有豐富的隨葬品,墓主身份似比一般人高。

十六件陶尊及殘器片上,共刻符號十八個,可以歸納爲八種,下面每種各舉一例(各種符號以拼音字母爲代號,旁注數字表示出現次數):

A(3) B(3) C(1) D(1)

E(3) F(1) G(4) H(2)

B 是在 A 下加山形而成的。G 跟 H 上部的中間部分象同一種東西。這些符號絶大多數刻在陶尊外壁靠近口沿的部位(下文依王文稱爲頸部),少數刻在外壁近底處。通常一個陶尊只刻一個符號,只有兩件陵陽河採集的陶尊刻有兩個符號。一件頸部刻 G,近底處刻 E。一件在頸部兩側分刻 G 與 D。G 四見,都塗朱。H 兩見。完整的一例即上圖所示,下部盆形是朱繪的(未刻),其他部分塗朱。殘缺的一例不塗朱。他種符號各例,除諸城前寨採集陶片上殘去左上部的符號 B 塗朱外(《文物》1974 年 1 期 75 頁),全都不塗朱,就是跟塗朱的 G 共見於一器時也不塗朱。

在山東泰安、寧陽二縣之間的大汶口墓地的發掘中,曾在一個大汶口文化中期的墓葬中發現過一件背壺,器身上半有如下朱繪符號(《大汶口》73 頁):

這個符號跟晚期陶尊上的乙類符號是否屬於一個系統,尚待研究。

上舉 A—D 四例,在 1974 年出版的《大汶口》考古報告中就已發表。在 70 年代有好多位學者對這種符號作過研究。1986 年發表的王文和接着發表的李學勤的《論新出大汶口文化陶器符號》(《文物》1987 年 12 期。下文引作“李文”),根據新的資料作了進一步的研究。

對這種符號的性質主要存在兩種看法。有些學者認爲它們是文字,並且把它們當作比較原始的漢字加以考釋。例如:于省吾在《關於古文字研究的若干問題》

裏釋A爲“旦”(《文物》1973年2期32頁)。唐蘭在《關於江西吳城文化遺址與文字的初步探索》等文中釋A爲“炅”,B爲“炅”的繁體,C爲“斤”,D爲“戌”和“戉”(《文物》1975年7期72—73頁。唐氏以爲“戌”“戉”古爲一字)。李學勤釋B爲“炅山”合文(下文所引《起源》155頁),F爲“封”,並指出E也見於甲骨文和銅器銘文,在那些資料裏用作人名或族氏(李文78頁)。有些學者則認爲這種符號還不是文字,例如汪寧生認爲它們“屬於圖畫記事的範疇”,是“代表個人或氏族的形象化的圖形標記”(汪文27頁)。此外,這兩派學者裏都有人主張某些符號與祭祀或器主的身份有關。

在良渚文化(?)或作風接近良渚文化的某些遺物上,可以看到跟上舉大汶口文化乙類符號相類甚至相同的符號。

南京北陰陽營遺址二號灰坑曾出土一個大口陶尊,頸部刻有如下符號(引自李文79頁)。這個符號跟上面舉過的H很相似,似可看作同一符號的異體。據發掘單位的文章,北陰陽營二號灰坑遺存“大體與張陵山類型相近……可能屬於張陵山類型向良渚類型過渡階段”(《文物》1978年4期52頁)。

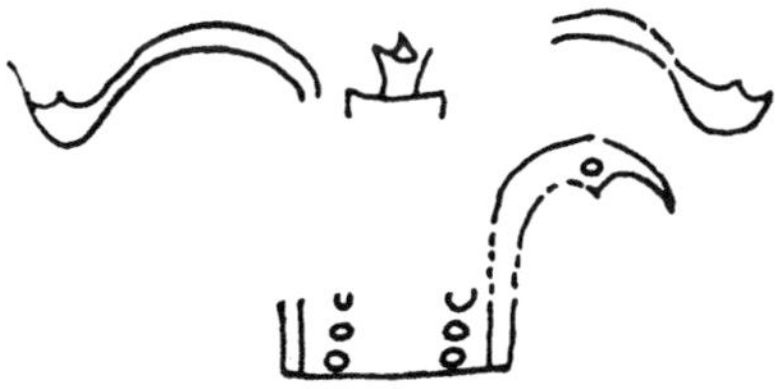

解放前流入美國、現藏於華盛頓的弗利爾美術館的幾件古玉器,也刻有這類符號。首先注意到這批資料並加以研究的,是日本學者林巳奈夫。後來李學勤也進行了研究,其意見發表在《考古發現與中國文字起源》(《中國文化研究集刊》第二輯,1985。下文引作“起源”)以及上引李文中。下面主要根據李學勤的文章介紹一下這批玉器上的符號(有關的圖皆轉引自《起源》157頁)。

這批玉器包括一件“玉臂圈”(?)和三件玉璧。玉臂圈兩側各刻一個符號:

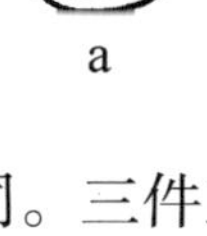

a

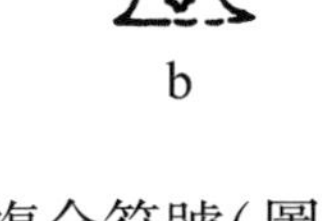

b

a跟上面舉過的A相同。三件玉璧上各刻一個複合符號(圖見下頁)。這三個複合符號都以“作鳥立於山上之形”的符號爲主體。其山形跟上面舉過的B的山形一

c

d

e

樣,也有五個峰,“不過峰頂是平的”。《起源》把這個符號釋爲“島”字(155 頁)。c 的下部包含一個跟“臂圈”的 a 相同的符號,只是象太陽的圓圈形内加了文飾。d 的山形之内,上部有一個跟“臂圈”的 b 有點相似的符號,底部所添加的究竟是符號還是文飾不易斷定。e 的山形之内也有一個符號。這個符號也許是一個甲類符號。刻有 c 的玉璧的邊緣上還刻有如下兩個符號:

f

g

李文已指出 f 跟上面舉過的 F 是同一符號的異體(78 頁)。

林巳奈夫和李學勤都認爲上述玉器是良渚文化的遺物。良渚文化的年代約爲前 3300—前 2200 年。大汶口文化晚期的年代正在其範圍之内。這兩種文化分佈的地域比較接近,並有某些同類型的器物,彼此顯然是互有影響的。所以李學勤認爲“這兩種文化有共同的文字聯繫,實在情理之中”(《起源》156 頁)。他把大汶口文化乙類符號和上述玉器上的符號都看作文字,所以用“共同的文字聯繫”這種説法。不同意把大汶口文化乙類符號看作文字的學者,當然也不會同意把上述玉器上的符號看作文字。

近年在國内博物館藏品中也發現了兩件刻有這類符號的玉器。兩件玉器都是大型玉琮,形制相類。首都博物館收藏的一件,上端兩側面各刻一個符號。其中一個跟上舉玉璧上的幾個符號相類,也是以“作鳥立於山上之形”的符號爲主體的複合符號。另一個符號已磨損不可辨。李文認爲這件琮屬良渚文化玉琮中最晚的一式(78—79 頁)。中國歷史博物館收藏的一件據傳出於山東省,上端正中刻有跟“玉臂圈”的 a 相同的符號,底部内壁一側刻有斜三角形。發表者認爲此琮與“玉臂圈”應爲大汶口文化遺物(石志廉《最大最古的♀紋碧玉琮》,《中國文物報》1987 年 10 月 1 日 2 版。此文稱“玉臂圈”爲“矮筒形小玉琮”)。還有學者認爲此琮是山東龍山文化遺物(安志敏《關於良渚文化的若干問題》,《考古》1988 年 3 期 241 頁、245 頁注⑭)。由於在考古發掘中尚未發現過刻有這類符號的同類玉器,上述那些玉器究竟應該歸屬於哪種文化,還是有待進一步研究的問題。

我們過去曾經根據前面舉出的 A—D 四個符號,斷定大汶口文化乙類符號是用作族名的原始文字,並認爲它們跟古漢字之間很可能"存在着一脈相承的關係"(《探索》165—166 頁)。現在看來,這樣說是不妥當的。正如上引汪文所指出的,"真正的文字要從表音開始,是能够記録語言的符號。陶器上這幾個孤立的圖形,還不能證明這一點"(28 頁)。而且如果說 A—D 這幾個符號確實跟古漢字很相似的話,新出的 G、H 兩個符號以及玉器上的鳥立山上形符號和符號 b,跟古漢字顯然就不怎麽相似了。所以把這類符號看作原始文字是根據不足的,把它們直接看作古漢字的前身就更不妥當了。

估計刻在陶尊上的乙類符號可能有兩種用途。有的用作性質接近後世的族氏或人名的標記,有的用作器主或其所屬之族的職務或地位的標記。在同一個陶尊上出現的兩個符號也許是分屬這兩類的。汪文說:"這些圖形(引者按:指乙類符號)刻於陶器上,當是作爲作器者的一種氏族標記。例如,石斧形標記可能代表善製石斧的氏族……"(28 頁)。他說的這種標記接近我們所說的後一種標記。不過古代往往"以官爲氏"、"以爵爲氏"、"以技爲氏"(參看《通志·氏族略》),後一種標記往往會轉化爲前一種標記,二者的界綫不是絶對的。玉器上的符號的用途尚待研究。

一個象形符號如果用作了性質接近後世族氏或人名的標記,從表面上看起來似乎可以認爲已經變成了文字。例如一個名"鹿"的族用象鹿之形的符號(也可以說"鹿的圖形")作爲自己的標記,這跟用"鹿"的象形字來記録"鹿"這個族名豈不是一回事嗎?但是實際上問題並不這樣簡單。早在舊石器時代,只要人們已經會畫鹿,就有可能指着鹿的圖形說出"鹿"這個詞來。我們能不能說這時"鹿"字就產生了呢?當然不能。因爲這跟有意識地用鹿的象形符號來記録成句的語言中的"鹿"這個詞,完全是兩回事。根據考古工作者的研究來看,在大汶口文化晚期,社會的貧富分化已經相當顯著,階級的形成已經不是遥遠的事情了。在這種條件下使用的作爲族或個人標記的象形符號,跟原始社會較早時期的圖畫當然不能等量齊觀。但是在並非用來記録成句語言中的詞這一點上,二者却是相同的。所以我們還不能把這種符號看作文字。

另一方面也應該看到,大汶口文化乙類符號雖然不能斷定爲原始文字,畢竟是我國已發現的最像古代象形文字的一種符號。從有些符號在並非出於一地的遺物上不止一次地出現的情況來看,這種符號的穩定性顯然也是相當强的。它們無疑可以看作原始文字的先驅。如果文字形成的過程接着開始的話,它們的大多數應該是會轉化成文字的。大汶口文化分佈的地域接近古代中國的中心地區。有些大汶口文化乙類符號的作風,跟古漢字確實很相似。看來這種符號雖然不見得是原始漢字的前身,但是很有可能曾對原始漢字的産生起過某種影響。

在這裏附帶討論一下前面講甲類符號時提到過的、商周銅器上象形程度比較高的那類族徽的性質。下面是這類族徽的一些例子:

龍　　　　蠆　　　　耒　　　　戎(?)

上引汪文認爲這類族徽跟大汶口文化乙類符號一樣,是一種"圖畫記事",而不是真正的文字(33 頁)。這類族徽的確可能有相當大的一部分,早在原始漢字産生之前就已經出現。在當時它們當然還不是文字。但是汪文也承認"圖畫記事"中的"大部分圖形成爲後來文字的前身"(40 頁)。在漢字形成的過程裏,那部分族徽無疑大都轉化成爲文字了。而且象形程度較高的族徽肯定也有一部分是在漢字形成後才被使用的。這部分族徽一般都應該是文字。所以我們認爲商周銅器上象形程度較高的族徽,至多只會有很小的一部分還不是文字。它們的絶大部分是沒有理由不當作文字看待的。由於族徽具有保守性,同一個字在銅器上用作族徽時的寫法,往往要比一般使用時更接近圖形。這種區别是文字的古體與今體之别,而不是圖形與文字之别。事實上銅器上的族徽的寫法也不是一成不變的。同一個族徽往往有時寫得比較象形,有時則寫得跟一般金文比較接近。有些圖繪性比較濃厚的、現在還無法確釋的族徽,在殷墟甲骨文中有作爲族名或人名使用的例子。它們作爲文字的性質是不容懷疑的。這一點郭沫若在《殷彝中圖形文字之一解》中早就指出來了(見《殷周青銅器銘文研究》)。

在一般稱爲族徽文字的象形程度較高的金文裏,有一些字是用作個人的私名的。所以有的學者把這種金文稱爲記名金文,而不稱爲族徽金文或族名金文。我們在下文中也採用這一名稱。

3. 關於所謂夏代文字

一般認爲夏代已經進入階級社會時代。目前除少數學者外,大家都認爲夏代應該有文字,至少應該已有原始文字。但是在考古發掘中却還沒有發現確鑿無疑的夏代文字。

在河南偃師縣的二里頭文化遺址裏發現過一些刻在陶器上的符號,例如(引自《考古》1965年5期222頁):

這些符號大多數刻在大口尊的內口沿上。它們大都發現於二里頭遺址的三、四期地層,屬於二里頭文化後期。二里頭文化後期,有人認爲相當於商代早期,有人認爲相當於夏代。持後一種看法的學者大都把上舉這種符號看作夏代的文字。我們認爲這種符號跟原始社會時期的甲類符號屬於一個系統,不但不可能是成熟的文字,而且也不可能是原始文字。

陝西商縣紫荆的二里頭文化遺址裏也發現過少量刻在陶器上的符號,個別的可能是象形符號。報導者認爲可能是夏代文字(王宜濤《商縣紫荆遺址發現二里頭文化陶文》,《考古與文物》1983年4期1—2頁)。由於資料太少,尚難肯定其性質。

河南登封縣王城崗的龍山文化晚期遺址裏也發現過一些刻在陶器上的符號。有的學者認爲這個遺址是夏代的,並把所出陶器符號看作夏代文字(李先登《夏代有文字嗎》,《文史知識》1985年7期51—52頁)。由於已發表的資料太少,其性質也難以肯定。

4. 商代前期的文字資料

由於至今還沒有發現確鑿無疑的夏代以前的漢字(包括原始漢字),商代前期的漢字是已知的最古的漢字。可惜已發現的資料也很貧乏。

50年代以來發現了不少商代前期的遺址,但是出土的文字資料却很少。在鄭州二里崗和南關外的商代前期遺址裏發現了一些刻在陶器上的符號(《鄭州二里岡》17頁,又圖31。《鄭州南關外商代遺址的發掘》,《考古學報》1973年1期83—84頁)。它們跟二里頭文化陶器符號一樣,大多數刻在大口尊的內口沿上,也是跟原始社會時期的甲類符號同類的東西,並不是文字。在二里崗還發現過兩塊字骨(《鄭州二里岡》38頁,又圖30)。一塊只刻有一個像是“㞢”的字(“㞢”字見於殷墟甲骨文),出自商代前期地層。一塊是採集品,上面刻有十來個字,字形跟殷墟甲骨文相似,文例則比較特殊。

河北藁城縣臺西商代遺址裏也發現過一些刻在陶器上的文字和符號,其中一部分的時代稍早於商代後期(季雲《藁城臺西商代遺址發現的陶器文字》,《文物》1974 年 8 期)。它們一般都是單個地刻在陶器上的,確實像文字的有"止"、"目"、"刀"等(同上 50 頁):

止 目 刀

其字體古於殷墟發現的商代後期的陶文和甲骨文。

江西清江縣吳城商代遺址裏發現的刻在陶器上的文字和符號,也有一些是早於商代後期的(唐蘭《關於江西吳城文化遺址與文字的初步探索》,《文物》1975 年 7 期。《江西清江吳城商代遺址第四次發掘的主要收獲》,《文物資料叢刊》2)。它們既有單個地刻在器物上的,也有四五個以至十來個刻在一起的。可惜後一類刻文還沒有讀通。吳城出土的有些陶器上的文字或符號,作風比較獨特,似乎不屬於商文化的系統。

在已發現的商代前期銅器裏,有銘文的銅器非常少,器上的銘文通常只有一兩個字。有的究竟是不是應該看作文字,還有討論餘地(參看李學勤《論美澳新收藏的幾件商周文物》,《文物》1979 年 12 期 73 頁;曹淑琴《商代中期有銘銅器初探》,《考古》1988 年 3 期 247—252 頁)。

總之,已發現的商代前期的文字資料又少又零碎,顯然不能充分反映漢字當時的發展水平,對我們研究漢字的起源沒有重大參考價值。

(三)對漢字形成過程的推測

由於確鑿可信的夏代以前的漢字尚未發現,商代前期漢字的資料又很貧乏,我們只能以商代後期的漢字爲主要依據,參考文字發展的一般規律和某些時代較晚的原始文字的情況,對漢字形成的過程試作一些初步的推測。下面所用的古漢字一般都引自殷墟甲骨文,少量的引自銅器銘文(如"方""圓"的古字)。在原始文字方面則引用雲南的納西族所使用過的納西圖畫文字(以下簡稱"納西文")的資料(參看傅懋勣《納西族圖畫文字和象形文字的區別》,《民族語文》1982 年 1 期 1 頁)。

在文字產生之前,人們早已在用實物、圖畫或各種符號記事表意了,而且所用的各種方法跟古漢字的造字原則有很多共通之處(參看汪文 40—41 頁)。所以從技術上看,文字産生的條件很早就出現了。可是文字産生的社會條件却出現得相當晚。在社會生産和社會關係發展到使人們感到必須用記錄語言的辦法來記事和傳遞信息之前,文字是不會産生的。而這種形勢通常要到階級社會形成前夕甚至階級社會形成之後才會出現。孤立地來看似乎可以認爲是跟語言中的某個詞相對應的符號的出現,如上一小節所説的用作性質接近後世族氏的標記的象形符號的出現,並不意味着文字形成的過程已經開始。只有用符號記錄成句語言中的詞的認真嘗試,才是這一過程開始的真正標誌。

按照一般的想法,最先造出來的字應該是最典型的象形字,如象人形的“人”字、象鹿形的“鹿”字等。因爲這一類字顯然最容易造。但是實際情況恐怕並不是這樣的。跟這類字相比,圖畫的表意能力不見得有多大遜色。唐蘭在《中國文字學》裏曾經引原始巖窟藝術裏人射鹿的圖畫,跟古漢字裏的“人射鹿”三個字對比(91 頁):

誰都能看出來,如果僅僅爲了表示人射鹿這類意思,並沒有必要撇開圖畫去另造文字。從後面要談到的納西文的情況來看,在原始文字階段,文字和圖畫大概是長期混在一起使用的。對人、鹿等物和射這種具體動作的象形符號來説,文字和圖畫的界綫是不明確的。

人們最先需要爲它們配備正式的文字的詞,其意義大概都是難於用一般的象形方法表示的,如數詞、虚詞、表示事物屬性的詞等等。原始文字産生之前,人們在用圖畫、符號等記事表意的時候,已經在使用抽象的幾何圖形和象徵等比較曲折的表意手法了。這些方法可以用來爲一部分上面提到的那些詞造字。有些詞的意義可以用抽象的圖形表示,如古漢字最初以“□”“○”來表示“方”“圓”這兩個詞。古漢字裏襲用原始社會時期劃道道的記數方法的“一”“二”“三”“亖”(四)這幾個數字,其字形也可以認爲是抽象圖形。還有一些詞的意義可以用象徵等手法表示。如古漢字用成年男子的圖形  表示“大”這個詞,因爲成年人比孩子“大”(也有人認爲“大”字以張開兩臂的人形表示大的意思,這也是一種曲折的表意方法)。用這些方法造出來的字雖然外形往往仍然像圖畫,本質上却跟圖畫截然有別。例如用“亣鹿”表示“大鹿”，跟畫一頭很大的鹿來表示這個意思，是根本不同的兩種表意方法。不知道亣表示“大”，就無法理解“亣鹿”說的是什麽。如果把它們當圖畫看待，只能理解爲一個人跟一頭鹿在一起。鹿這類具體事物的象形符號，大概是在“大”這類跟圖畫有明確界綫的文字産生之後，才在它們的影響之下逐漸跟圖畫區分開來，成爲真正的文字符號的。

凡是字形本身跟所代表的詞的意義有聯繫，跟詞的語音沒有聯繫的字，包括前面講過的“鹿”、“射”、“≡”、“大”各類字，我們都稱爲表意字。顯然，語言裏有很多詞是很難或完全不可能爲它們造表意字的。上面指出過的那些難以用一般的象形方法表示其意義的詞，其中的大多數，即使採用象徵等比較曲折的表意手法，也仍然無法爲它們造出合適的文字來。

在文字産生之前，人們還曾使用過跟所表示的對象沒有內在聯繫的硬性規定的符號，把這種符號用作所有權的標記，或是用來表示數量或其他意義（如前面舉過的哈尼族用於記數的米和十）。原始社會時期使用的甲類符號，顯然有很多是屬於這種性質的。我們姑且用一個現成的詞——“記號”，作爲這種符號的專稱，那些難以爲它們造表意字的詞，是不是可以分别爲它們規定某種記號作爲文字呢？

在文字形成過程剛開始的時候，通常是會有少量流行的記號被吸收成爲文字符號的。古漢字裏“X”（五）“∧”（六）“十”（七）“八”（八）這幾個數字的前身，大概就是原始社會時期用來記數的記號（參看第二小節）。但是要新造很多記號字却是有困難的。記號字的字形跟它所代表的詞沒有內在聯繫，比較難認難記，不容易被人接受。它的局限性實際上比表意字還要大得多。

要克服表意字和記號字的局限性所造成的困難，只有一條出路：採用表音的方法。這就是借用某個字或某種事物的圖形作爲表音符號（以下簡稱“音符”），來記録跟這個字或這種事物的名稱同音或音近的詞。這樣，那些難以爲它們造表意字的詞，就也可以用文字記録下來了。這種記録語言的方法，就是文字學上所説的假借。用這種方法爲詞配備的字就是假借字。假借字所用的音符嚴格説應該稱爲“借音符”，以與拼音文字的音符相區别。

從民族學資料來看，有不少還沒有文字的民族，在利用實物表意的方法中就已經用上了表音原則。例如：雲南的景頗族過去通行“樹葉信”。他們把一些不同種類的樹葉和其他東西分别用來表示某種固定的意義。在景頗族載瓦支系用來談情説愛的樹葉信中，“蒲軟”樹葉所表示的意思是“我要到你們那裏去”，“豆門”樹葉所表示的意思是“你快打扮起來吧”。因爲在他們的語言裏，當到達講的那個詞跟樹名“蒲軟”同音，當打扮講的那個詞跟樹名“豆門”同音（汪文 5—6 頁）。看來表音原則早在文字出現之前就已經普遍爲人們所熟悉了。

前面已經說過，最先需要爲它們配備文字的那些詞，有很多是難以用表意的造字方法來對付的。人們無疑很快就會發現可以用自己本來就熟悉的表音原則來解決面臨的問題。所以，跟圖畫有明確界綫的表意字的開始出現和假借方法的開始應用這兩件事，在時間上不會有什麽顯著的距離，大體上應該是同時發生的。

在古漢字裏有大量假借字，而且有很多是用來記録極爲常用的詞的。例如常用的語氣詞“其”，就是用音近詞“箕”的象形字 來記録的。在納西文裏，使用假借字的情況跟古漢字差不多。例如“有”這個常用詞，就是用音近詞“蕪菁”的象形字來記録的。這種現象説明假借字的歷史一定非常悠久。在文字形成的過程中，表意的造字方法和假借方法應該是同時發展起來的，而不是像有些人想象的那樣，只是在表意字大量産生之後，假借方法才開始應用。

前面曾經指出，跟圖畫有明確界綫的表意字的産生，有助於使那些本來跟圖畫分不出明確界綫的象形符號，逐漸跟圖畫區分開來，成爲真正的文字符號。假借方法也能起這樣的作用。那些性質還不明確的象形符號如果經常跟假借字放在一起使用，或是被假借來記録跟它們所象的事物的名稱同音或音近的詞，就會較快地成爲真正的文字符號。在這一小節開頭我們曾說過，“用符號記録成句語言中的詞的認真嘗試”是文字形成過程開始的真正標誌。根據以上的討論我們可以進一步說，跟圖畫有明確界綫的表意字和假借字的出現，是文字形成過程正式開始的具體標誌（參看汪文 42 頁）。

假借方法的普遍應用大大提高了文字記録語言的能力。但是假借字多起來以後，又出現了新的問題。被假借的字原來有自己所代表的詞，同時又被假借來記録同音或音近的詞，而且假借它的詞可以有好幾個。因此閲讀文字的人有時難以斷定某一個字在某一具體場合究竟代表哪一個詞。

爲了克服假借所引起的字義混淆現象，人們把有些表意字或表意符號（以下簡稱“意符”）用作指示字義的符號，加注在假借字上。例如：在殷墟甲骨文裏，“翼”的象形字 （象鳥或蟲的翼），在假借來表示當明天講的“翌”這個詞的時候，有時加注“日”字，寫作 。在納西文裏，“蕨菜”的象形字 在假借來表示同音詞“小官”的時候，往往加注端坐人形而寫作 。這種由表音的符號和指示字義的符號一起組成的字，就是文字學上所說的形聲字，表音部分稱爲聲旁，表意部分稱爲形旁。

人們爲了使文字跟它們所表示的詞的聯繫更爲明確，一方面在一些被假借的字上加注形旁，另一方面還在一些表意字上加注音符。例如：在殷墟甲骨文裏，“鳳”字本作，象高冠(?)美羽的鳳鳥，後來加注音符(凡)而成爲(“鳳”“凡”古音相近。大約在周代，鳳鳥形簡化爲“鳥”旁，“凡”旁移到上方，就成了“凤”的繁體“鳳”)。在納西文裏，“山崖”寫作。納西語當山崖講和當鷄講的那兩個詞同音，所以在山崖的象形符號上加畫一個鷄頭作爲音符。過去的文字學者把在象形字上加注音符而成的字看作象形字的一種特殊類型，其實還不如看作一種特殊的形聲字合理。

形聲字起初都是通過在已有的文字上加注指示字義的意符或音符而産生的。就漢字的情況來看，直到它已經成熟之後，這仍然是形聲字産生的主要途徑。

形聲字的應用大大提高了文字表達語言的明確性，是文字體系形成過程中一個極爲重要的步驟。但是這件事似乎並没有很快導致文字體系的最後形成，已經使用形聲字的納西文就是一個例證。

下面是引自麗江納西族經典《古事記》的一段原始文字(據傅懋勣《麗江麽些象形文“古事記”研究》，武昌華中大學1948年版29頁)：

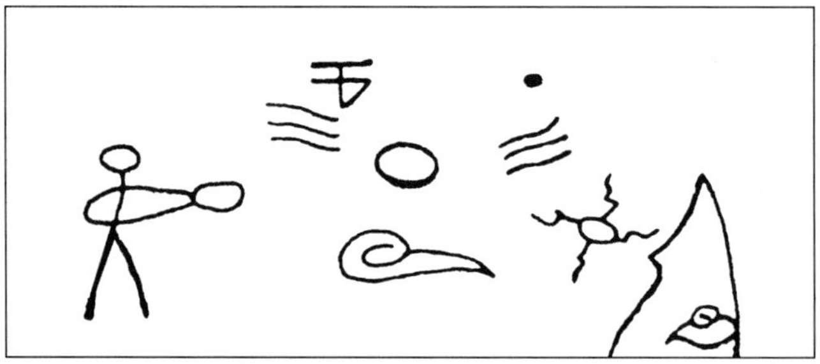

表示拿蛋。本是“解開”的表意字，在納西語裏當“解開”講和當“白”講的那兩個詞同音，所以這裏假借它來表示“白”。是“黑”的表意字。是風。是蛋。是湖。表示蛋破發光。最右邊是上文已經提到過的“山崖”的形聲字。據納西族經師的解釋，這段原始文字的全部意思是：把這蛋抛在湖裏頭，左邊吹白風，右邊吹黑風，風蕩漾着湖水，湖水蕩漾着蛋，蛋撞在山崖上，便生出一個光華燦爛的東西來。在這段原始文字裏，雖然已經使用了假借字和形聲字，但是很多意思仍然是用圖畫手法表示出來的。

漢字一定也經歷過跟納西文相類的、把文字跟圖畫混合在一起使用的原始階段。不過二者的具體情況肯定會有較大的不同。納西文主要是用來幫助經師記憶

經典的,所以圖畫的成分很多。原始漢字當然不會長期停滯在這種階段。

在殷墟甲骨文裏可以看到接近圖畫的表意手法的一些殘餘痕跡。其中比較突出的一點,就是某些表意字往往隨語言環境而改變字形。例如:甲骨卜辭裏時常提到商王對祖先舉行進獻食品的“𢍜”祭(“𢍜”在典籍裏多作“登”。《周禮・夏官・羊人》“祭祀割羊牲,登其首”,鄭玄注“登,升也”)。甲骨文“𢍜”字作 ,象兩手捧着一種叫做豆的盛食器皿。如果卜辭提到的𢍜祭所用的食品是鬯(一種香酒),“𢍜”字往往改寫爲“𩰪”,兩手所捧的“豆”换成“鬯”。卜辭裏既有“𢍜鬯”之文,又有“𩰪鬯”之文,看來“𩰪”僅僅是“𢍜”字有特定用途的一個異體。但是在漢字發展的較早階段(這裏所說的“漢字”包括原始漢字),情况恐怕並不如此簡單。納西文在這方面可以給我們一些啓發。在納西文裏,字形隨語言環境而變化的現象很常見。例如“吼”字通常寫作 ,象牛嘴出聲氣,如果說到“馬吼”,通常就把這個字裏的牛頭换作馬頭,並不需要另加一個“馬”字。在漢字發展的較早階段,“𩰪”也應該是用來表示“𢍜鬯”的。到商代後期,這種比較原始的用字習慣基本上已經被拋棄,“𩰪”字則作爲“𢍜”的特殊異體而保存了下來。類似的例子在甲骨文裏還可以找到一些。此外,文字排列方式跟語言中的詞序不完全相應的現象,在甲骨文裏偶爾也能看到。這些都可以看作古漢字曾經經歷過把文字跟圖畫混在一起使用的原始文字階段的證據(參看《探索》168—169 頁)。

在形聲字出現之後,原始漢字大概還經過了多方面的改進,才最後發展成爲能够完整地記錄漢語的文字體系。估計在不斷增加新字的同時,至少還需要進行這樣一些改進:逐漸摒棄圖畫式表意手法,簡化字形並使之趨於比較固定,使文字的排列逐漸變得與語序完全一致。

對漢字的形成過程目前只能作以上這些很初步的推測。

附帶說一下,在古埃及的聖書字和古代兩河流域的楔形文字等古文字體系裏,也可以看到表意字、假借字和形聲字這幾種性質的文字。由於漢字跟這些古文字體系都具有兼用意符和音符的特點,有的學者稱它們爲意符音符文字,簡稱意音文字。

(四)對漢字形成時間的推測

由於缺乏資料,對漢字形成過程從何時開始的問題,目前還無法進行認真的討論。我們在第二小節裏曾推測大汶口文化晚期(約前 2800—前 2500 年)的乙類符號有可能曾對原始漢字的產生起過某種影響。按照這種推測,漢字形成過程開始的時間可能在公元前第三千年的中期。

下面我們來討論漢字大約在什麼時候脱離原始文字階段而形成完整的文字體系。由於前面屢次講到的研究資料的局限性,我們只能主要根據商代後期漢字的發展水平來推測漢字形成完整體系的時間。

商代後期的漢字不但已經能够完整地記録語言,而且在有些方面還顯得相當成熟。前面已經説過,商代的記名金文情況特殊,象形的程度比較高。一般的金文和甲骨文跟這種金文相比,寫法要簡單得多(參看第二節的第二小節裏講商代字體變化的部分),不少字已經變得不大象形了。有些字還由於文字直行排列的需要,改變了字形原來應有的方向,例如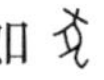(犬)、(豕)等字都已變得足部騰空,(疒,即疾字初文)所包含的人形和牀形也已經豎了起來。當時,在上層統治階級的政治和社會生活裏,文字已經使用得相當廣泛,爲他們服務的史官一類人的書寫技巧也達到了很高的水平。從這些方面看,商代後期距離漢字脱離原始文字階段而形成完整文字體系的時代,應該已經有一段不太短的時間了(參看董作賓《中國文字》、《中國文字在商代》、《從麼些文字看甲骨文》等文,皆已收入《董作賓先生全集》乙編第四册)。

但是另一方面,在商代後期文字裏仍然可以找到一些比較原始的跡象,例如前一小節提到過的,某些表意字隨語言環境而改變字形,以及文字排列偶爾跟語序不相應等現象。這些現象在西周以後的漢字裏基本上已經絶跡。從這方面看,商代後期距離漢字形成完整文字體系的時代似乎也不會很遠。

《尚書・多士》記載西周初年周公對商朝遺民的訓話説:"惟爾知,惟殷先人有册有典:殷革夏命。"周公特别强調殷的先人有典册記載"殷革夏命"之事,也許我國就是從夏商之際才開始有比較完備的記事典册的。漢字形成完整的文字體系,很可能也就在夏商之際。前面説過,原始漢字可能開始出現於公元前第三千年的中期。大約到這一千年的末期,夏王朝建立了起來,我國進入了階級社會時期。統治階級爲了有效地進行統治,必然迫切需要比較完善的文字。因此原始漢字改進的速度一定會大大加快。夏王朝有完整的世系流傳下來這件事,就是原始漢字有了巨大改進的反映。漢字大概就是在這樣的基礎上,在夏商之際(約在前17世紀)形成完整的文字體系的。有的學者主張漢字形成於夏初(孟維智《漢字起源問題淺議》,《語文研究》1980年1期106—108頁)。由於大家都缺乏確鑿的根據,究竟誰是誰非,只有留待發現有關的新資料以後再去判斷了。還有學者認爲"中國象形文字出於商代後期(盤庚、武丁以後)的卜人集團"(徐中舒、唐嘉弘《關於夏代文字的問題》，中國先秦史學會編《夏史論叢》127、140 頁）。這未免把漢字形成的時間估計得過晚了。

在漢字由原始文字發展成爲完整的文字體系的過程裏，起主要作用的應該是爲部落首領或國家統治者服務的巫、史一類人。漢代人説倉頡是黄帝的史官，未必有可靠的根據，但是把史官當作造字的人還是有點道理的。

第二節　漢字形體的演變

即使只從商代後期算起，漢字也已經有三千三百多年的歷史了。在這段很長的時間裏，漢字的意音文字的本質没有改變，但是無論在形體上還是在結構上，都發生了很重要的變化。我們將在這一節和下一節裏分别説明這兩方面的變化。在這一節裏，先簡單説明漢字形體的主要變化，然後再對各種主要字體分别作些介紹。

（一）漢字形體的主要變化

從形體上看，漢字主要經歷了由繁到簡的變化。這種變化表現在字體和字形兩方面。字形的變化指一個個字的外形的變化。字體的變化則指文字在字形特點和書寫風格上的總的變化，而且通常是指較明顯較巨大的變化而言的。這兩方面的變化往往交織在一起而難以截然劃分。

1. 字體的主要變化

漢字字體演變的過程可以分成兩個大階段，即古文字階段和隸、楷階段。前一階段起自商代終於秦代（公元前 3 世紀晚期），後一階段起自漢代一直延續到現代。

由象形變爲不象形，是字體演變過程中最容易覺察到的變化。在整個古文字階段裏，漢字的象形程度在不斷降低。古文字所使用的字符（“字符”是我們爲文字所使用的符號，也就是構成文字的符號所起的專名），本來大都很像圖形。古人爲了書寫的方便，把它們逐漸改變成用比較平直的綫條構成的、象形程度較低的符號。這可以稱爲“綫條化”。在從古文字演變爲隸書的過程裏，字符的寫法發生了更大的變化。它們絶大多數變成了完全喪失象形意味的、用點畫撇捺等筆畫組成的符號。這可以稱爲“筆畫化”。下面所舉的是“馬”“魚”二字字體演變的簡單情況。

古文字				隸書	楷書
記名金文	甲骨文	周代金文	小篆		
				馬	馬
				魚	魚

隸書書寫起來要比古文字方便得多。由古文字變爲隸書,應該看作漢字形體上最重要的一次簡化。從表面上看,楷書對隸書的改變似乎不大。但是楷書的筆畫書寫起來比隸書更加方便,所以由隸變楷也是一次重要的簡化。

2. 字形的簡化和繁化

字體的變化跟字形的簡化往往是相伴的,這從上面所舉的"馬""魚"二字就可以看出來。在第二小節裏講古文字階段的字體演變和隸書改變古文字字形的方法的時候,還會舉到可以説明這一點的例子。

在字體沒有發生顯著變化的情況下,字形的簡化也在不斷進行。早在殷墟甲骨文裏就有很多這樣的例子,如:

(采)

(墉)

漢字演變爲楷書之後,字形仍在不斷簡化。50 年代以來,還在政府的領導下有組織地進行了大規模的漢字簡化工作。前面舉過的楷書的"馬"和"魚",就在 50 年代簡化成了我們現在所用的"马"和"鱼"。

另一方面,在漢字發展的過程裏也存在着字形繁化的現象。字形繁化可以分成兩類。一類純粹是外形上的繁化,一類是文字結構上的變化所造成的繁化。

前一類繁化有時是爲了明確字形以避免混淆而進行的。例如“上”“下”二字在古文字裏本來多寫作“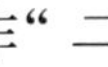”“”,爲了避免相互混淆,並避免與“二”字相混,後來各加一豎而寫作“上”“下”。但是在多數情況下,這類繁化似乎只是書寫習慣上的一種變化,並沒有什麽有意義的目的。例如變爲(辛),變爲(角)等。總的來看,純粹外形上的繁化只涉及全部漢字的一個很小的部分,繁化的程度也很輕微,通常只不過增添一兩筆而已。

文字結構上的變化所造成的繁化,最常見的是增加偏旁,如第一節裏舉過的“鳳”的象形字加注音符“凡”的例子,又如“韭”字俗寫加草頭作“韮”等。漢字裏有大量加旁字,但是大部分加旁字跟未加偏旁的原字都分化成了兩個字。例如“獅”這個詞本來用假借字“師”表示(《漢書》《後漢書》都把“獅子”寫作“師子”),後來加“犬”旁分化出了“獅”字來專門表示這個詞。像上舉“鳳”“韮”那樣,用法跟原字毫無區别的加旁字,爲數並不太多。所以大部分加偏旁的現象可以解釋爲文字的分化或字數的增加,不必看作字形的繁化。不過如果以詞爲本位,加偏旁的分化字的出現就應該看作字形的繁化了。例如對“獅”這個詞來説,由寫作“師”變爲寫作“獅”,的確是字形的繁化。漢字簡化有時也是以詞爲本位的。例如:鬥爭的“鬥”本來寫作“鬥”,50 年代漢字簡化時用音近字“斗”取代了它。從文字的角度來看,這是文字合併或字數減少的現象。從詞的角度來看,鬥爭的“鬥”這個詞由寫作“鬥”變爲寫作“斗”,是字形的簡化。

即使是加旁字,如果就組成它們的偏旁來看,字形變化的主要趨向仍然是簡化。因爲在漢字形體演變的過程裏,偏旁跟獨立的字一樣,寫法絶大多數是由繁趨簡的。有些偏旁還經歷了比一般的字形演變更爲劇烈的簡化。例如在隸書裏,“水”用作左旁時變爲三短横或三點,寫法比獨立成字時簡單得多。所以有的學者認爲:“就漢字的單個符號來看,並不存在繁化的趨向。”(周有光《字母的故事》,上海教育出版社 1958 年修訂版 9 頁)這是有道理的。當然,少數例外還是有的,如前面所説的“上”“下”之類。

(二)漢字的各種主要字體

在這一小節裏,我們先簡單介紹一下研究漢字字體的主要資料,然後再分頭介紹古文字階段和隸楷階段的各種主要字體。

1. 研究漢字字體的主要資料

研究漢字的字體,主要依靠各種古代遺物上的文字資料。下面主要按照遺物的性質,分類加以介紹。漢字字體比較劇烈的變化都發生在南北朝之前,所以我們介紹這些資料的時候也以南北朝之前的爲主,南北朝的附帶提到一點,隋唐以後的就從略了。

A. 甲骨文

指刻在占卜用的龜甲獸骨以及一般獸骨和骨角器上的文字。寫而不刻的字在甲骨上也有發現,但數量很少。在已發現的甲骨文裏,最重要的是殷墟甲骨文。

殷墟甲骨文發現於商代後期王都的遺址——殷墟(河南安陽市西北),絶大部分是這一時期商王室的占卜記録,即研究者所説的甲骨卜辭。從清末開始發現以來,在殷墟已經出土了十多萬片刻有卜辭的甲骨(絶大多數是碎片)。這是研究商代文字的最重要的資料。在殷墟也發現了刻有跟占卜無關的文字的獸骨和骨器,但數量不多。

50 年代以來,在山西省、北京市和陝西省的一些地方陸續發現了一些西周時代的甲骨卜辭。其中以周原的發現最爲重要。1977 年在陝西岐山縣鳳雛村周原遺址西周前期宫室廢墟的窖穴裏發現了大量卜甲碎片,其中有近三百片刻有卜辭。據研究有一小部分卜辭的時代早到周滅商之前。1979 年在同屬周原範圍的扶風縣齊家村一帶也發現了一些刻有卜辭的西周時代甲骨。

B. 金文

指鑄在或刻在銅器上的銘文。古代銅器銘文的搜集和研究,早在宋代就已開始。一千年來陸續發現的有銘文的古銅器爲數頗多,屬於先秦時代的就有萬件以上。

在第一節裏已經説過,在商代前期銅器上,銘文極爲少見,而且一般只有一兩個字。到了商代後期,有銘文的銅器逐漸增多,不過銘文内容多數仍然很簡單,主要記作器者之名(多用族名)和所紀念的先人的稱號(如父乙、祖己等)。在商代後期較晚的階段,出現了一些篇幅較長的銘文,已發現的最長銘文有四十餘字。

西周是銅器銘文的全盛時代。這一時期的銅器銘文不但數量多,而且篇幅也往往比較長。比較突出的,如西周前期的大盂鼎有 291 字,西周後期的毛公鼎有 498 字。春秋時代也有長篇銘文,但已不如西周時代多見。研究西周、春秋時代的文字,金文是最重要的資料。

進入戰國時代以後,銅器銘文發生了很大變化。從西周到戰國早期,銅器銘文中習見的内容變化不大,主要是器主敘述作器緣由以及祝願子孫保有器物等類的話。大約從戰國中期開始,傳統形式的銘文已經變得很少見,“物勒工名”式的銘文則大量出現。這類銘文字數一般不多,所記的主要是作器年份、主管作器的官吏和作器工人的名字等。春秋以前,銅器銘文大都是鑄在器物上的。戰國中期以後,則往往是在器物製成後用刀刻出來的,兵器等物上的銘文還往往刻得很草率。

秦漢時代的銅器銘文,除了度量衡銅器上的銘文情況比較特殊外,大多數是物勒工名式的和標明器物主人或使用地點的簡短銘文。魏晉以後的銅器銘文一般就不大受研究者重視了。

C. 石刻文字

先秦的石刻文字往往見於戈、磬等器物上,非器物的刻石爲數不多,其中最著名的是石鼓文。

石鼓文刻在十個一米左右高的高脚饅頭形的石碣上(《說文》:"碣,特立之石也。"),原來立在秦國雍城(今陝西鳳翔縣)南面的三畤原上,唐初始見記載,後來曾經經過幾次遷徙,現在收藏在故宫博物院内。由於這些石碣的外形稍有些像鼓,一般稱之爲石鼓。石鼓各石都刻有一首四言詩,原來共有七百餘字,由於石的表面不斷剝蝕,殘脱的字已達一大半。關於石鼓的時代,歷來有很多爭論。由於石鼓有些字的寫法跟《說文解字》所收的、相傳爲西周宣王時文字的"籀文"相似,過去很多人把它看作周宣王時的東西。經過一些學者研究,石鼓已經證明是東周時代秦國的東西。但是關於它的具體年代仍有不少異說,最早的早到春秋早期,最晚的晚到戰國中期。從字體看,石鼓文似乎不會早於春秋晚期,也不會晚於戰國早期,大體上可以看作春秋戰國間的秦國文字。【編按:近些年來,以石鼓文爲春秋中晚期秦國文字的説法漸爲多數學者所接受。】

石鼓文之外,比較重要的先秦石刻文字,還有北宋時發現的秦王詛楚王的告神之文,即所謂詛楚文。當時大概每告一神即刻一石,埋在祀神之處。北宋時發現了三塊這樣的刻石,每塊刻有三百餘字,除神名各異外,文字基本相同。由於原石早佚,現在只能看到摹刻本。多數學者認爲詛楚文是秦惠文王詛楚懷王之文,其時代屬戰國中晚期之交。石鼓文和詛楚文是研究春秋戰國時代秦國文字的重要資料。

秦統一後,始皇巡行天下,在多處地方立石銘功,二世時又在各處刻石上加刻了一道詔書。這些石刻文字是研究秦代篆書即一般所謂小篆的最好資料。可惜原物幾乎都已毁壞,只有琅邪臺刻石尚有殘塊存留(保存的主要是二世詔部分)。此外,嶧山刻石的文字尚有徐鉉摹本的石刻傳世,泰山刻石也有殘拓的摹刻本傳世(傳世的会稽刻石摹刻本恐不可信,所謂泰山刻石宋拓本實際上是一種失真的摹刻的拓本,參看《燕京學報》17 期所載容庚《秦始皇刻石考》)。

西漢石刻文字傳留下來的不多。東漢時代,刻碑之風興起(碑有特定的形制,秦始皇刻石等不能稱碑只能稱碣),有大量碑文和摩崖文字(刻在崖壁上的文字)等傳留下來。在近代發現漢代簡牘之前,碑刻是研究漢代字體的最重要的資料。東漢碑刻一般使用工整的隸書。現代書法家所寫的隸書多數出自漢碑。魏和西晉時代的碑刻一般也用隸書。

漢末曾將儒家主要經典刻石立於洛陽太學。由於其事始於靈帝熹平四年(175年),世稱熹平石經。其字體也是工整的隸書。曹魏正始(240—249年)間,又將《尚書》《春秋》二經的"古文"本刻石立於洛陽太學,每個字都用古文、小篆、隸書三種字體書寫三次,世人稱爲正始石經或三體石經。兩種石經都早已毀壞,但自清末、民國以來發現了一些殘石,對研究古代文字形體頗有幫助。

晉以後,墓誌逐漸流行。墓誌放在墓葬内,多數刻在石質的板上,也可以看作石刻文字。

東晉時代的碑刻(包括墓誌)往往使用一種介於隸書、楷書之間的字體(即後面要講到的"新隸體"。魏和西晉時代的碑刻,有少數已經使用了這種字體)。南北朝時代的碑刻一般就用楷書了。

D. 簡牘文字

我國在使用植物纖維紙之前,長期以竹木簡爲主要書寫材料。簡是細長條的薄片,用繩把簡編連起來就成爲册,通常用毛筆蘸墨在上面書寫。殷墟甲骨文屢見"册"字,《尚書·多士》也説"惟殷先人有册有典",可見至遲在商代簡册就已通行了。商代和西周春秋時代的主要文字資料應該是簡册文字,可惜竹木易腐,未能保存下來。

已發現的簡册以戰國時代的爲最早。西漢和西晉時代都曾發現過大批戰國時代的簡册(西漢時代發現的就是後面要講到的"古文經"。西晉時代發現的是"汲冢竹書"),但原物早已毀壞。50年代以來,在湖南長沙市、常德市、慈利縣、河南信陽市和湖北江陵縣、荆門市等地的楚墓裏都出過竹簡。此外,1978年在湖北隨州市發現的戰國早期的曾侯乙墓也出土了一批竹簡。這是已發現的時代最早的一批簡。曾是附屬於楚的小國,文字作風與楚國基本相同。

秦簡是在70年代第一次發現的。1975年底,湖北雲夢睡虎地11號秦墓出土了一千一百多枚竹簡。這座墓是在始皇三十年(前217年)或稍後的時間下葬的。竹簡抄寫時間不一,估計不出戰國末年至秦初這段時期。

從清末(20世紀初)以來,在西北地區兩漢和魏晉時代的邊塞等遺址裏,陸續發現了很多漢簡和一些魏晉簡。50 年代以來還在各地的漢墓裏發現了很多漢簡。西北邊塞遺址出土的漢簡包括所謂敦煌漢簡、居延漢簡等,一般都是木簡,時代起自西漢武帝晚期終於東漢晚期。墓葬出土的漢簡大都是竹簡,時代有不少屬於西漢早期,補上了邊塞漢簡時代上的空白。魏晉簡主要出土於新疆羅布泊西南的"樓蘭遺址"以及新疆民豐北部的尼雅遺址,都是木簡。"樓蘭遺址"所出木簡記年的較多,所記年份由曹魏晚期延續到東晉初,而以西晉的爲多。【編按:1996 年長沙走馬樓發現大批三國時的吳簡,數量大大超過以往發現的魏晉簡。】

古代往往以簡、牘並稱。簡很窄,通常只寫一行字。牘是可以寫幾行字的長方形木板(寬度不一)。已發現的最早的牘出土於戰國晚期的秦墓。漢代的邊塞遺址和墓葬也都出過一些木牘。

對研究字體來說,簡牘文字跟下面就要講到的帛和紙上的文字非常重要。因爲這些文字一般是以當時日常使用的字體書寫的,不像金石文字往往比較保守,傾向於使用比較舊的字體。秦簡是研究秦代隸書的最重要的資料。漢簡是研究隸書的發展變化和草書形成過程的最重要的資料。魏晉時代簡、紙上的文字是研究行書、楷書等字體的重要資料。

E. 帛和紙上的文字

在使用植物纖維紙之前,除竹木簡外還有一種比較重要的書寫材料,這就是帛。古人常說"竹帛",以帛與竹簡並提。

已發現的時代最早的一件帛書,也是屬於戰國時代的楚國的。這件帛書是 1942 年在長沙的一個楚墓中盜掘出來的,早在 40 年代中期就流入了美國。它是一張長 47 釐米高 38. 7 釐米的帛,上面有墨書的九百多個字,還有一些跟文字配合的彩色圖像。

1973 年在下葬於西漢文帝十二年(前 168 年)的長沙馬王堆三號漢墓中發現了大批帛書,有《老子》《易經》等典籍和醫書、占書等等,種類很多。其中有一件字體爲篆書的占書,是秦統一前一年(前 222 年)抄寫的。大部分帛書的字體屬於早期隸書。其中一部分,字體跟篆書比較接近,可能抄寫於秦末或漢初。此外的抄寫於西漢早期。

2 世紀初蔡倫改進造紙方法之後,植物纖維紙開始較多地用於書寫。作爲書寫材料,紙跟帛的性質比較接近。帛由於價格高昂,不能取代簡牘。紙出現後逐漸把簡牘排擠出歷史舞臺,成爲主要的書寫材料。這一過程大概到四世紀才基本完成。

比較重要的時代較早的字紙,發現於上面提到過的魏晉時代的“樓蘭遺址”,其年代範圍大概跟同出的簡牘差不多,内容有書信、文書和簿籍殘片等。在敦煌莫高窟和新疆吐魯番等地,發現過一些晉代和南北朝的卷子和字紙,對研究字體也有一定的參考價值。

自古流傳下來的魏晉以來名家書跡,一般也屬於帛紙文字。可惜現存的大都是臨摹本或臨摹本的刻本。

F. 其他

除上面所舉的五大類外,還有不少對研究字體有用的古代遺物上的文字資料,例如在山西侯馬市和河南溫縣發現的、時代大約在春秋戰國間的盟書(用朱或墨寫在玉、石片上的盟辭),戰國時代的貨幣文字,戰國秦漢時代的印章文字,商代以來的各種陶瓦製品上的文字,戰國以來的各種漆木器上的文字等。這裏不一一介紹了。

以上介紹的這些資料,同時也是研究漢字字形和結構的重要資料。

2. 古文字階段的字體

我們把早於小篆的各種字體和小篆都看作古文字。這是現代多數文字學者的觀點。按照傳統文字學的觀點,小篆是不算古文字的。古文字階段字體變化的情況非常複雜。所以這一階段的字體不像隸楷階段的那樣,有公認的分類方法。下面先介紹一下傳統文字學對古文字字體的看法,然後主要根據古代遺物上的文字資料,簡單講一下古文字在字體方面的演變情況。

A. 傳統文字學對古文字字體的看法

按照傳統文字學的看法,我們所說的古文字包含古文、大篆(以籀文爲代表)和小篆三種字體。許慎《說文解字》“敘”說他編書的體例是“今敘篆文,合以古、籀”。“篆文”在這裏指小篆。“古、籀”指古文和籀文,是小篆之前的兩種古文字。《說文》所收的字,其字形一般根據小篆,如果古文或籀文的寫法跟小篆不同,就兼錄古文或籀文。書中所錄的籀文出自相傳爲西周晚期宣王時代的太史籀所編的字書《史籀篇》,古文出自西漢時代在孔子故宅墻壁裏發現的以及張蒼等人所獻的、用古文字抄寫的《尚書》《春秋左氏傳》等儒家經典,下文簡稱古文經。

許慎在《說文》“敘”裏對上述幾種字體的時代和相互關係有所說明。他說:“及宣王太史籀箸大篆十五篇,與古文或異。”可見他認爲古文的時代最早,籀文即大篆,是在古文之後出現的。但是《說文》所錄古文出自古文經,《尚書》等儒家主要經典爲孔子所傳,《春秋左氏傳》相傳爲春秋時人左丘明所編寫,他們的時代都晚於太史籀，爲什麽古文經的字體却古於籀文呢？許慎認爲這是由於孔子和左丘明有意要用較古的字體傳寫經書。所以他在說了籀文“與古文或異”之後，緊接着就說：“至孔子書六經，左丘明述《春秋傳》，皆以古文。”至於小篆，許慎認爲是秦始皇併天下後李斯等人“省改”“史籀大篆”而成的、用來統一全國文字的標準字體。古文字學在近代興起之後，學者們通過對古代遺物上的文字資料的研究，發現許慎對古代字體的看法並不符合實際。

首先，許慎對古文的看法有問題。他把早於籀文的字體稱爲古文，當然是可以的。但是認爲古文經的字體就是古文，則是錯誤的。據王國維等學者研究，《說文》所録的“古文”的字形跟早於籀文的殷墟甲骨文和西周金文都不相近，然而跟戰國時代東方國家（指秦之東各國）遺物上的文字却往往相合。這說明西漢時代發現的古文經，是戰國時代東方國家儒生用當時通行的字體抄寫的。所以《說文》中的“古文”實際上是戰國時代東方國家的文字，而不是早於籀文的古文字（參看王國維《桐鄉徐氏印譜序》《戰國時秦用籀文六國用古文說》，分見《觀堂集林》卷六、卷七）。前面講過的三體石經的古文，跟《說文》的古文是同性質的。

其次，許慎對大篆跟小篆的關係的看法也有問題。按照他的說法，西周晚期的大篆在春秋戰國時代的秦國似乎沒有發生過什麽變化，小篆是秦統一後李斯等人通過對大篆進行簡化而制定出來的。但是從春秋戰國時代的秦國遺物和秦代遺物上的文字來看，秦代的小篆顯然是由春秋時代秦國使用的篆文逐漸演變而成的。例如：可以代表春秋戰國間的秦國篆文的石鼓文，把“吾”寫作（見於偏旁），把“中”寫作（與《說文》“中”字籀文相近），字形確實比小篆繁。但是在戰國中晚期之交的詛楚文裏，“吾”（見於偏旁）和“中”的寫法就已經跟小篆相同了。可見這兩個字的簡化是秦國文字演變的結果，並不是在秦統一後才由李斯等人規定的。在書寫風格的變化上也存在類似情況。實際上在統一前夕的秦國篆文跟統一後的小篆之間，無論在字形上還是在書體上都不存在任何明顯的區別。這一點很多學者都已經指出來了。錢玄同在爲卓定謀《章草考》所作的序裏說：“許叔重（引者按：叔重是許慎的字）謂李斯諸人取大篆省改爲小篆，實則戰國時秦文已如此，可見李斯諸人但取固有的省改之體來統一推行，並非創自他們也。”這是很正確的。

有些講字體的人以《說文》所録的籀文以及石鼓文、毛公鼎銘文等代表大篆。還有些人把所有早於小篆的古文字都稱爲大篆，相應地把包括小篆在內的、隸書之前的文字都稱爲篆文或篆書。現代的有些古文字學者又根據自己的研究給大篆下了新的定義，如唐蘭認爲“由春秋到戰國初期的文字，就是所謂大篆”（唐書 156

頁)。由於對“大篆”的理解有分歧,目前很多文字學者都避免使用這個名稱。

不少古文字學者認爲傳統文字學把籀文看作周宣王時的文字也是錯誤的。王國維認爲籀文是戰國時代的秦國文字。唐蘭對籀文的看法跟他對大篆的看法一致。他們的意見不一定正確,限於篇幅不能在此討論了。

現在,大家往往把“甲骨文”“金文”用作早於小篆的字體名稱。嚴格說,這也是不大妥當的。因爲同樣是甲骨文或金文,甚至同樣是殷墟甲骨文或周代金文,由於早晚不同或用途不同,在字體上往往仍有較大差別。下面就會談到這方面的情況。總之,對古文字階段的字體,目前還沒有理想的分類方法。

B. 古文字在字體方面的演變情況

爲了講述的方便,我們把古文字階段分成商代、西周春秋時代和戰國至秦代三個小段。下面依次介紹各段字體演變的主要情況。

a. 商代

研究商代文字的字體,主要根據殷墟甲骨文和商代金文。

首先應該指出,甲骨文跟金文在字體上有不同的特點。在商代,毛筆是主要的書寫工具。我們今天雖然已經無法看到用毛筆書寫的商代典册,但是還能在商代後期遺留下來的甲骨和玉、石、陶等類物品上看到少量毛筆字。金文基本上保持着毛筆字的樣子,甲骨文就不同了。商代統治者頻繁進行占卜,需要刻在甲骨上的卜辭數量很大。在堅硬的甲骨上刻字非常費時費力。刻字的人爲了提高效率,不得不改變毛筆字的筆法,主要是改圓形爲方形,改填實爲勾廓,改粗筆爲細筆,如:

與此同時,他們還比較劇烈地簡化了很多字的字形。我們可以把甲骨文看作當時的一種比較特殊的俗體字,而金文大體上可以看作當時的正體字。所謂正體就是在比較鄭重的場合使用的正規字體,所謂俗體就是日常使用的比較簡便的字體。商代人有時在獸骨上刻辭記錄跟占卜無關的有紀念意義的事件。這種刻辭的字體,作風就往往跟甲骨卜辭不同,而跟銅器銘文相似。

甲骨文(不包括跟金文作風相似的少數記事刻辭)和金文各自的形體,又由於時代的早晚或用途的不同而產生差別。商代後期的甲骨文有兩百多年歷史,可以按照形體的特點分早晚期。早期甲骨文一般要比晚期更象形。在金文裏,記名金文的象形程度顯著地高於用於記事的一般金文。後者大都見於商代後期的晚期銅器上,字形跟晚期甲骨文接近。記名金文不管是見於早期銅器的,還是見於晚期銅器的,一般都比早期甲骨文還要象形。在記名金文裏,彼此的象形程度也有高低之别,不過這種差别似乎並不是完全爲時代的早晚所決定的。下面把上述這幾種文字列表對照一下(部分例子取自偏旁):

	虎	犬	牛	止	戍
記名金文					

早期甲骨文					
一般金文					
晚期甲骨文					

從上面的字形對照表,可以把商代文字形體變化的情況看得很清楚。上引記名金文中象形程度較低的那部分字,即“犬”“牛”“止”的第二體,也許大體上可以代表跟早期甲骨文同時的正體(早期甲骨文中有些時代較早的“止”字,寫法跟記名金文第二體相似)。至於象形程度較高的那部分記名金文,可能還保持着商代前期甚至更古的漢字的面貌。象形程度較低的記名金文和早期甲骨文,比起這種記名金文來已經大爲簡化。晚期的一般金文和甲骨文,又進一步簡化了它們。“虎”“犬”等字,早期多畫出腹部,晚期就都把腹背合併成一筆了。

在文字形體演變的過程裏,俗體所起的作用十分重要。有時候,一種新的正體就是由前一階段的俗體發展而成的(如隸書,詳後)。比較常見的情況是俗體的某些寫法後來爲正體所吸收，或者明顯地促進了正體的演變。從上面的字形對照表就可以看出，在商代後期文字裏，正體（在表中由金文代表）的演變是受到甲骨文一類俗體的强烈影響的。

b. 西周春秋時代

研究西周春秋時代的字體，主要根據金文。

西周金文的形體，最初幾乎完全沿襲商代晚期金文的作風。到康、昭、穆諸王的時代，字形逐漸趨於整齊方正，但是在其他方面變化仍然不大。恭、懿諸王以後，變化才劇烈起來。西周金文形體演變的主要趨勢是綫條化、平直化（第一小節講漢字形體的主要變化時所説的綫條化包括了平直化）。商代晚期和西周前期金文的字形，象形程度仍然比較高，彎彎曲曲的綫條很多，筆道有粗有細，並且還包含不少根本不能算作筆道的呈方、圓等形的團塊，書寫起來相當費事。爲了改變這種情況，就需要使文字綫條化、平直化。

綫條化指粗筆變細、方形圓形的團塊爲綫條所代替等現象，例如（下引諸“火”字取自偏旁）：

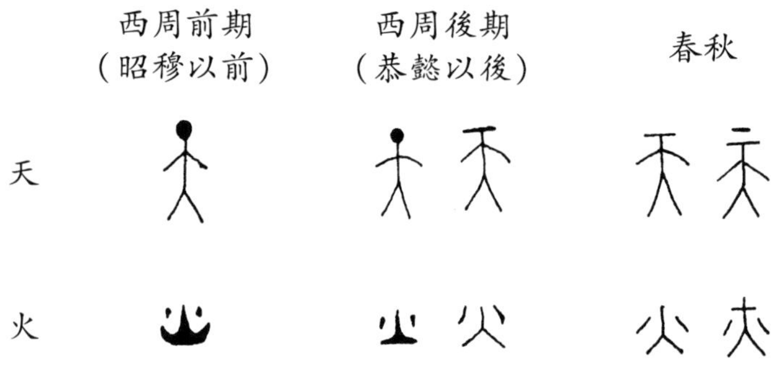

到西周晚期，綫條化已基本完成。平直化指曲折象形的綫條被拉平，不相連的綫條被連成一筆等現象，例如（下引部分“貝”字取自偏旁）：

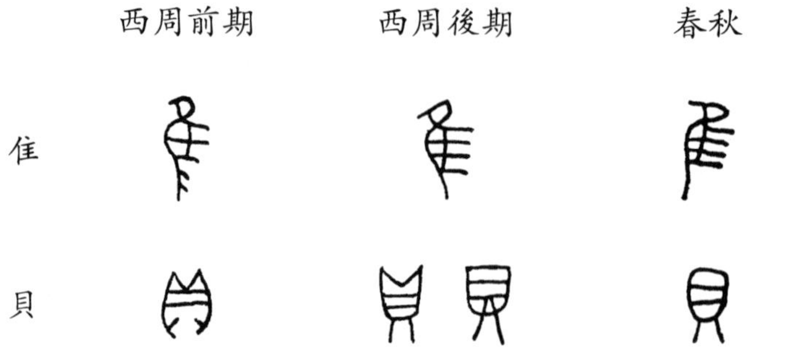

經過這些變化，文字的象形程度顯著降低，書寫起來就比較方便了。

在春秋時代，不同地區的金文逐漸形成了自己的特色。一個地區可以是一個國家，如秦國自成一區；也可以包含幾個國家，如楚、徐、吴等東南國家構成一區。各地區金文的特色主要表現在書寫風格上，字形構造大體上還是相似的。

西周春秋時代一般金文的字體，大概可以代表當時的正體。一部分寫得比較草率的金文，則反映了俗體的一些情况。前面講研究資料時提到過的、侯馬等地發現的春秋戰國間的盟書文字，也有俗體的作風，有些字的寫法跟後來的六國文字已經很相似了。

c. 戰國至秦代

在春秋、戰國之交，古代社會發生了劇烈變化。這對漢字形體的演變産生了巨大影響。春秋以前，貴族階級在經濟、政治、文化等方面都佔有統治地位，文字當然也爲他們所壟斷。春秋戰國之交，舊的貴族階級逐漸爲新興剝削階級所取代，文字開始擴散到民間。進入戰國時代以後，隨着經濟、政治、文化等方面的巨大變化和迅速發展，文字的應用越來越廣，使用文字的人也越來越多，因此文字形體發生了前所未有的劇烈變化。這主要表現在俗體字勢力的迅速發展上。

在春秋時代的各個主要國家裏，建立在宗周故地的秦國是最忠實地繼承了西周王朝文字的傳統的國家。進入戰國時代以後，秦國由於原來比較落後，又地處西僻，各方面的發展比東方各國慢了一步，文字的劇烈變化也開始得比較晚。因此秦國文字正體所受到的俗體的衝擊，要比東方各國文字輕一些。在戰國時代（主要是戰國中期以後）東方各國的文字裏，傳統的正體已經被衝擊得潰不成軍了。而在秦國文字裏，繼承舊傳統的正體却始終保持着重要的地位。因此古文字學者把戰國時代的秦國文字跟東方各國文字區分開來，稱後者爲六國文字。

六國文字中流行的俗體字，以各種簡體字爲多，例如：

馬 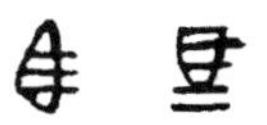　　獻 

樂 　　區 

此外也有一些加點畫或偏旁的繁化字，例如：

平 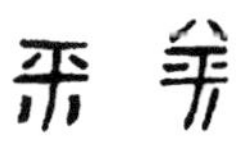　　阿 

由於存在大量的往往相當劇烈的簡化現象以及數量不算太少的繁化現象，六國文字的面貌就跟傳統的正體很不一樣了。

跟六國文字相比,戰國時代的秦國文字顯得比較保守。春秋時代秦國金文(如秦公簋、秦公鐘等)的形體,跟西周晚期周王朝的金文很接近。它們的主要區別在於秦國金文字形規整勻稱的程度有了提高。戰國時代秦國文字的正體繼續沿着這個方向發展,同時字形有所簡化。從總體上看,其形體跟西周晚期寫得比較規整的金文仍然頗爲接近。但是秦國人日常使用文字的時候,也在不斷破壞、改造舊的字形。在秦國文字裏,俗體也在發展。在戰國中期以後的秦國的銅器(主要是兵器)銘文、印文和陶文等資料裏,可以看到很多俗體的寫法。有不少寫法跟後來的隸書已經極其相似甚至完全相同。例如惠文君四年(前334年)或惠文王更元四年(前321年)所造的相邦樛游戈的"游"字,以及莊襄王三年(前247年)或秦王政三年(前244年)所造的上郡戈的"漆"字,其"水"旁都已經寫成三短橫了。

在正體和俗體的關係上,秦國文字的情況跟六國文字很不一樣。六國文字俗體的字形跟傳統的正體的差别往往很大。秦國的俗體側重於用方折、平直的筆法改造正體,其字形一般跟正體有明顯的聯繫。而且秦國文字的正體雖然並不是一點沒有受到俗體的影響(戰國時代秦國文字正體中出現的簡化現象,就可能跟俗體的影響有關),但是沒有像六國文字的正體那樣被俗體衝擊得潰不成軍,始終保持着自己的系統。後來,正體演變爲小篆,俗體則發展成爲隸書。二者的變化基本上是平行的。

戰國時代,文字劇烈變化,而各國文字變化的情況又往往不一樣(上面舉過的六國文字簡化和繁化的例子,就大都只見於一個或一部分國家),因此形成了"文字異形"的局面(《說文》"敘":"其後……分爲七國……言語異聲,文字異形。")。下面從戰國中期以後的文字資料裏舉兩個例子(下引部分"者"字取自偏旁。三晉——魏、趙、韓——的文字比較接近,作爲一個單位處理):

此外如燕國把"中"寫作,齊國把"馬"寫作,三晉把"隹"寫作,都是很獨特的。秦始皇統一全國後,六國文字與秦文不合的異體都被廢除,因此它們對後來的漢字沒有顯著的影響。

隸書在戰國晚期的秦國已經初步形成。雲夢睡虎地秦墓發現的簡文就是早期的隸書。在這批數量很大的簡文裏,左旁从"水"的字屢見,"水"旁幾乎全都寫作三短横,例外極少。此外還有不少跟漢代的隸書相同或相似的字形。《漢書・藝文志》和《說文》的"敘"都說隸書是秦代官府爲了應付當時繁忙的官獄事務而造的一種簡便字體。從漢代以來還廣泛流傳着程邈爲秦始皇造隸書的傳說。這些說法顯然跟事實有出入。唐蘭在《中國文字學》裏指出,《漢書》等說秦代"由於官獄多事,才建隸書,這是倒果爲因,實際是民間已通行的書體,官獄事繁,就不得不採用罷了"(165 頁)。這是很正確的。也許在秦的官府正式採用隸書辦事的時候,曾由程邈對這種字體作過一些整理工作,所以就産生了程邈造隸書的傳說。

在秦代,小篆是法定的主要字體,但是在日常使用的文字裏,隸書顯然已經佔據了統治地位。到了漢代,隸書取代小篆而成爲主要字體,漢字發展史就進入了隸楷階段。小篆在漢代逐漸成爲主要用來刻印章、銘金石的一種特殊字體。

3. 隸楷階段的各種主要字體

下面分頭介紹一下隸楷階段的各種主要字體。

A. 隸書

上面已經講過了隸書的形成,現在講隸書形成後的發展變化。

秦代和西漢早期的隸書,在字形構造上還有較多跟篆書相似的成分,在書體上也還沒有形成東漢碑刻上所見的標準隸書的那種作風。一般稱這種隸書爲古隸或秦隸。

在東漢碑刻上的標準隸書裏,大部分字的字形構造跟後來的楷書已經很接近。其書體具有下述特點:字的結體一般呈扁方形。向右下方的斜筆大都有略向上挑的捺脚。較長的横畫收筆時也往往略向上挑,形成上仰的捺脚式的尾巴。先豎後横的彎筆收筆時大都上挑,而且幅度往往比較大。向左下方的斜筆(即撇)收筆時多數也略向上挑。收筆時上挑的横畫,整道筆畫往往略呈微波起伏之勢,較長的捺有時也有這種筆勢。書法家用來形容隸書書法特點的"挑法"、"波勢"等語,就是指這些筆法而言的(早期隸書中已出現挑法,但還不成熟,使用得不普遍)。一般把上述這種類型的隸書稱爲八分或漢隸。

從漢簡上的隸書來看,至遲在西漢宣帝時期,八分書體就已成熟。但是石刻文字中的隸書比較保守,八分書體的特色要到東漢中期以後才充分顯示出來。所以過去根據石刻文字研究隸書的人,大都把八分形成的時間定得比較晚。如果以漢簡爲主要根據,結合字形構造和書體的情況來考慮,可以把武帝(或武帝後期)和昭帝時代看作由早期的隸書向成熟的隸書,或者説由古隸向八分過渡的時期。不過隸書成熟後,字形構造還在繼續發生變化,總的傾向是變得跟後來的楷書越來越接近。

八分的形成使隸書的書法有了比較明確的規範,但是這種字體書寫起來却相當費事。人們日常使用文字的時候,往往並不完全按照這種字體的要求去書寫。大約在東漢中期,從日常使用的隸書裏演變出了一種跟八分有明顯區别的比較簡便的俗體。在東漢後半期,雖然士大夫們相競用工整的八分書勒石刻碑,一般人日常所用的隸書却大都已是這種俗體了。這種俗體在很大程度上抛棄了收筆時上挑的筆法,還接受了當時的草書的一些影響,如較多地使用尖撇等,呈現出由八分向楷書過渡的面貌。講字體的人時常引用的熹平元年(172 年)陶瓶上的文字,就是屬於這種字體的。有的學者把這種字體稱爲新隸體,下文採用這個名稱。“八分”之稱大約出現於漢魏之際。正是由於當時一般使用的隸書已是新隸體,才有必要爲碑刻上那種正規的隸書另起八分的專名(參看啓功《古代字體論稿》34 頁)。

在漢字字體演變的過程裏,由篆書變爲隸書是最重要的一次變革。以成熟的隸書跟篆書作比較,可以看出隸書改造篆書字形的方法主要有以下幾種(爲印刷方便,隸書字形用楷書表示):

(1) 解散篆體,改曲爲直 這是隸書改造篆書的最重要的方法,如把篆書“”(日)字長圓形的外框分解爲兩道竪畫和兩道横畫,或是分解爲竪、折、横三筆。

(2) 省併 如把篆字“”(大)字象兩臂的兩筆併爲一横,象身軀和左腿的兩筆併爲一撇;把篆書“”(寒)字中間象人在草中的部分省併爲無意義的筆畫結構“共”。

(3) 省略 如“雷”字篆書本从“雨”从三“⊕”,隸書省从一“田”;“屈”字篆書本从“尾”,隸書省从“尸”。

(4) 偏旁變形 在篆書裏,一個字用作偏旁時的寫法,通常跟獨立成字時沒有明顯區别。在隸書裏,獨立成字和用作偏旁的寫法明顯不同的情況,就時常可以看到了。例如“水”字用作左旁時作三短横或三點,“人”字用作左旁時作“亻”(這種寫法實際上比“人”更接近篆文),“邑”字用作右邊的形旁時作“阝”(用作聲旁的,如“浥”“挹”的右旁仍作“邑”),“阜”字用作左旁時也作“阝”等等。偏旁的寫法往往隨所處的位置而異,例如“水”旁的位置在上或在下時就仍作“水”,如“沓”“漿”。有時即使位置相同,寫法也不同,例如在下的“火”有變作四點的(如

“然”),也有仍作“火”的(如“炙”)。因此同一個偏旁在不同的文字裏可以分化成多種形式。

(5) 偏旁混同 隸書爲求簡便,把某些生僻的或筆畫較多的偏旁,改成形狀相近、筆畫較少、又比較常見的偏旁,如把“活”、“括”等字的聲旁“昏”(音 kuò)改成“舌”。省併、省略和偏旁變形,也會造成偏旁的混同。例如由於偏旁變形,在左的“肉”旁、一部分在下的“肉”旁、“朕”“服”等字的“舟”旁和“青”字的“丹”旁,都變得跟“月”旁沒有區別了。

經過上述這些變化,漢字象形的性質幾乎完全喪失,很多字的結構遭到了破壞,但是書寫起來就方便多了。

B. 草書

“草書”有廣狹二義。廣義的,不論時代,凡是寫得潦草的字都可以算。狹義的,即作爲一種特定字體的草書,則是在漢代才形成的(上引啓功書 38 頁)。這是主要用於起草文稿和通信的一種輔助字體。大約從東晉時代開始,爲了跟當時的新體草書相區別,稱漢代的那種草書爲章草。新體草書相對而言稱爲今草。

早在戰國時代秦國文字的俗體演變爲隸書的過程裏,就出現了一些跟後來的草書相同或相似的草率寫法,如把“止”旁寫作“乙”之類。隸書形成後,這些草率寫法作爲隸書的俗體繼續使用,此外還出現了一些新的草率寫法。草書就是在這些新舊草率寫法的基礎上形成的。

從居延漢簡中記年號的簡來看,有些宣帝和元帝時簡的字體已有很濃厚的草書意味;有些成帝時簡,如陽朔元年(前 24 年)簡,其字體就已經是相當純粹的草書了。所以草書形成的時代可以暫定爲西漢晚期。

唐張懷瓘《書斷·上》“章草”條引南朝宋代王愔的話說:“漢元帝時史游作《急就章》,解散隸書粗書之,漢俗簡墮,漸以行之”(《法書要錄》卷七),把章草的出現跟《急就章》聯繫了起來。這是不可信的。“急就章”是史游所編字書《急就篇》的别名。《急就篇》以六十三字爲一章,共分三十一章,所以有人稱之爲“急就章”。這個别名在漢代可能還沒有出現。魏晉時代的書法家喜歡用章草寫《急就篇》(吳國皇象寫的一本現在尚有輾轉摹刻之本流傳)。今所傳趙孟頫、宋克等所書章草《急就章》也都輾轉出自皇本。但是敦煌漢簡、居延漢簡中的《急就篇》殘簡却全都用隸書抄寫,可證王愔所說之妄。湊巧的是史游的時代倒跟我們根據漢簡推測的草書形成的時代大致相合。

在魏晉時代,由於下面就要講到的早期行書和楷書的影響,章草逐漸演變爲今草。我們現在所能看到的東晉大書法家王羲之的草書(皆爲後人臨摹之本或其刻本,其他字體之帖亦同),大都已經是今草了。今草的字形多因襲章草,但是改掉了跟隸書相近的筆法,連筆較多,有時對章草的筆畫還略有省併,書寫起來更爲方便。此外也有些字形是直接由行書或楷書草化而成的。章草每字自成起訖,今草則字與字可以相連。總之,今草比章草更草,因此也更難辨認。唐以後更有所謂狂草,寫出來人多不能識,幾乎完全成了一種供欣賞的藝術品。

C. 行書

據説行書是東漢晚期桓、靈時代的劉德昇所創造的。他的行書"雖以草創,亦豐妍美,風流婉約,獨步當時"。漢魏之際的著名書法家鍾繇曾跟他學過這種書體(張懷瓘《書斷·中》,見《法書要録》卷八)。

我們所熟悉的行書是介乎楷書和今草之間的一種字體。在劉德昇的時代,今草還不存在。他所創的行書當然不會跟我們所熟悉的行書完全一樣。可惜劉氏的書跡已經看不到了,現存鍾繇字帖中的墓田丙舍帖(爲王羲之臨本的摹刻本),有人認爲是行書,但也有人認爲是楷書,還有人認爲根本不能反映鍾氏書法的真面目。所以早期行書究竟是怎樣的一種字體,還是個問題(法帖所載作風跟後來的行書無別的鍾繇行書不可信)。

在我們所能看到的魏晉時代日常所用的文字,如"樓蘭遺址"出土的簡、紙文字裏,除了比較規整的新隸體和處於章草向今草過渡的階段中的草書之外,還有不少字體風格介乎二者之間的文字。它們在字形構造方面跟新隸體沒有多大不同,在書體上則受到草書的較大影響,比規整的新隸體活潑得多。它們的情況並不完全一致。有些簡紙上的字似乎只能看作比較草率的新隸體。有些簡紙上的字則比較明顯地呈現出一種獨特的風格,筆畫的寫法和文字的結體都明顯地比新隸體更接近楷書;無論是對新隸體還是對章草而言,都稱得上是一種"風流婉約"的新體。如曹魏晚期的景元四年(263 年)簡以及時代大約不晚於東晉初的署名"濟逞"的兩封信和署名"超濟"的一封信,就是比較典型的例子。我們認爲這種字體就是早期的行書。這是在帶有較多草書筆意的新隸體的基礎上,通過在筆畫的寫法和文字的結體上進行美化而形成的一種字體。

今所傳王羲之行書的字體幾乎都是介乎楷書和今草之間的,只有姨母帖比較古拙。而此帖的字體正好跟上面提到的濟逞的書信相似。這可以當作上述那種字體就是早期行書的一個證據。

由魏晉向上追溯,在 70 年代發現的安徽亳縣東漢晚期曹氏宗族墓的部分刻字墓磚上,也可以看到風格跟上舉早期行書相似的字體。其時代大致與劉德昇相當。可見行書的形成也是有群衆基礎的,並非劉氏一人的功勞。

前面提到過的鍾繇的墓田丙舍帖,要比以上所舉的那些早期行書更像楷書,不過總的風格跟它們還是比較一致的。南朝宋代的羊欣説:"鍾書有三體:一曰銘石之書,最妙者也。二曰章程書,傳秘書、教小學者也。三曰行狎書,相聞者也。"(羊欣《采古來能書人名》,《法書要錄》卷一)行狎書後人多作行押書,跟行書是一回事。墓田丙舍帖正是書啓一類"相聞"的文字。現在的傳本可能有臨摹失真之處,不過大體上大概還是可以反映出鍾氏行書的面貌的。

楷書是在行書的基礎上形成的(詳下),今草的形成也受到行書的影響。另一方面,楷書的形成和發展以及草書書體的變化,又對行書産生了很大影響。在王羲之等東晉書法家手裏,隨着今草的形成,行書也相應地變成介乎楷書和今草之間的一種字體,面貌跟早期的行書有了不同。行書沒有嚴格的書寫規則。寫得規矩一點,接近楷書的,或稱爲真行或行楷。寫得放縱一點,草書味道較濃的,或稱爲行草。

D. 楷書

我們所知道的最早的楷書書法家是鍾繇,所能看到的最古的楷書是鍾繇宣示表、力命表等帖的臨摹本的刻本(薦季直表很多學者認爲不可信)。宣示表等帖的字體顯然是脱胎於早期行書的。如果把比較規整的早期行書寫得端莊一些,把在早期行書裏已經出現的横畫收筆用頓勢的筆法普遍加以應用,再增加一些捺筆和硬鈎的使用,就會形成宣示表那種字體。鍾繇的行書如墓田丙舍帖本來就比一般的早期行書更接近楷書。他在一些比較鄭重的場合,如在給皇帝上表的時候,把字寫得比平時所用的行書更端莊一些,這樣就形成了最初的楷書。以上所説如果基本符合事實的話,我們簡直可以把早期的楷書看作早期行書的一個分支。明人孫鑛在《書畫跋跋》中説:"余嘗謂漢魏時,隸乃正書,鍾、王小楷乃隸之行。"這是很精闢的見解。"鍾、王"之"王"指王羲之。他的某些楷書和他的兒子王獻之的楷書,在鍾氏楷書的基礎上又有發展,顯得更爲美觀。

應該指出,儘管楷書在漢魏之際就已形成,但是在整個魏晉時代,使用楷書的人却一直是相當少的,恐怕主要是一些文人學士。從魏晉時代的文字資料來看,當時一般人所用的仍然是新隸體或介乎新隸體和早期行書之間的字體。已發現的晉代的古書和佛經的抄本也大都使用新隸體,而且有的還有意增加一些八分筆意。碑刻(包括墓誌,下同)選擇字體更爲保守,這在前面講研究字體的資料時已經提到過了。有些東晉碑刻上的新隸體想摹仿八分而又學不像,顯得很不自然,大亨四年(即義熙元年,公元405年)所立的爨寶子碑就是一個典型的例子。

有些研究字體的學者,由於看到魏晉時代的碑刻上用的是八分和新隸體,一般人所用的也大都是新隸體之類的字體,就認爲當時根本不可能有楷書和跟楷書相近的行書存在,傳世的鍾王楷書和行書基本上都靠不住。這是不正確的。他們不知道古人在不同的用途上往往使用不同的字體,而且文人學士,特别是開風氣之先的書法家所寫的字,跟一般人所寫的字往往有很大距離。鍾王楷書跟新隸體同時並存,是一點也不奇怪的。在魏晉時代的"樓蘭遺址"出土的、時代不會晚於東晉初期的字紙上,不但可以看到早期行書,而且還可以看到作風跟鍾王很相似的楷書。可見那種認爲魏晉時代不可能有楷書、傳世鍾王字帖都靠不住的説法,是完全站不住脚的。

進入南北朝以後,楷書終於成了主要的字體。東晉時代的有些新隸體,跟行、楷已經相當接近。到了南北朝,就出現了在鍾王楷書的影響下由新隸體演變而成的一種楷書。在南北朝早期的碑刻上,佔統治地位的已經是這種楷書了(其形成似當在東晉時代)。這種楷書在結體和筆法上保留了新隸體的一些比較明顯的痕跡,而且在使用於碑刻時,就跟東晉碑刻上的新隸體一樣,往往有仿古的傾向,筆法略帶八分的意味,因此其面貌要比鍾王楷書古拙。在北朝的碑刻裏,這種楷書較長期地佔據着統治地位。由於使用這種楷書的北魏和東西魏的碑刻很多,後人稱之爲魏碑體。

南朝到了齊梁時代,碑刻上就出現了跟鍾王體很接近的楷書。北朝到了後期,碑刻上的楷書也出現了向鍾王體靠攏的現象。唐以後,魏碑體基本上退出了歷史舞臺,到了清代才由於書法家的提倡而重新受到重視。

鍾王楷書脱胎於行書,作爲碑刻上的正體來用,結體和筆法都有不够莊重的地方。南北朝時人已經爲了這個原因對鍾王楷書作了一些改造。不過直到唐初的歐陽詢,才較好地完成了這項改造工作。因此也有人認爲楷書到唐初才真正成熟。例如認爲"鍾王小楷乃隸之行"的孫鑛就説:"若楷書則斷自歐陽始,點點畫畫,皆具法度,無一筆遷就從便,意正與隸同,法正與行草相配也。"(《書畫跋跋》)

楷書的"楷"當楷模講,"楷書"的原意就是可以作爲楷模的字或有法度的字,本來並非某種字體的專名。魏晉時代人曾稱工整的八分書體爲"八分楷法"或"楷法"。脱胎於行書的鍾繇楷書,在當時顯然沒有資格稱"楷書",説不定本是包括在鍾書三體的行狎書即行書裏的。從南北朝到唐代,楷書有正書、真書、隸書等名稱。

正書、真書都是相對於行書、草書而言的，隸書是相對於八分而言的（後人或稱楷書爲今隸，漢隸爲古隸。這種"古隸"的意義跟前面講隸書時所説的"古隸"不同）。"楷書"這個名稱也曾經跟"楷法"一樣，被用來指稱過八分。唐張懷瓘《書斷·上》"八分"條就説八分"本謂之楷書。楷者，法也，式也，模也"（《法書要錄》卷七）。不過在唐代，"楷書"大概也已經用來指稱我們所説的楷書了。宋以後，"楷書"就成爲我們所説的楷書的專稱了。

楷書通行後，漢字字體就沒有很大的變化了。

第三節　漢字結構的主要變化

從結構上看，漢字主要發生了三項變化：（一）形聲字由少數變成多數。（二）所使用的意符從以形符爲主變爲以義符爲主。（三）記號字、半記號字逐漸增多。下面分別加以説明。

（一）形聲字由少數變成多數

在漢字發展的過程裏，形聲字在全部漢字裏所佔的比重逐漸上升，由少數變成了佔壓倒優勢的多數（這裏所説的"全部漢字"指全部表意字、形聲字和記號字、半記號字，不包括借這些字充當的假借字。關於記號字、半記號字參看第三小節）。

漢字形成完整的文字體系之後，新增加的字大多數是通過加偏旁或改偏旁等途徑從已有的字分化出來的。有的通過在假借字上加注意符而形成，如前面講字形繁化時舉過的"獅"字。有的通過在某個字上加注意符表示它的引申義或本義而形成。例如："取"引申而有娶妻的意思（《詩·豳風·伐柯》："取妻如之何。"），後來加"女"旁分化出了"娶"字。"莫"本作，象日落草莽之中，是表示"暮"這個詞的，後來由於常常假借來表示否定詞"莫"，加注"日"旁分化出"暮"字來表示本義。有的通過在某個字上加注音符而形成。例如"食"本有"使……食"的意思，後來加"司"旁分化出"飼"字來表示這一意義（也有可能"飼"是把"飤"的"人"旁換爲"司"旁而成的字）。改變某個字的偏旁而成的分化字，多數是表示引申義的。例如張開的"張"引申而有發脹的意思（《左傳·成公十年》："將食，張，如廁。"），後來把它的"弓"旁改成"肉"旁，分化出"脹"字來專門表示這一意義。通過上述這些途徑分化出來的字，絕大部分是形聲字。

由於用圖形表示字義是造表意字的重要方法，漢字象形程度的不斷降低，對造表意字很不利,並使很多已有的表意字的字形難以再起原有的表意作用,但是形聲字一般却不受影響。這不但促使人們越來越多造形聲字,少造表意字,而且還促使人們陸續把一些表意字改成形聲字。例如"昃"(昗)字本作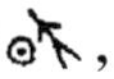,用人跟太陽之間的位置關係來表示日已西斜的意思,後來通過把傾斜的人形改爲形近的音符"矢"而變成形聲字。前面講過,"鳳"字曾由象形的表意字變爲从"鳥""凡"聲的形聲字,這也是這方面的一個例子。有時爲了簡化等目的,也會把表意字改成形聲字。例如當捕兔網講的"罝"在甲骨文裏寫作从"网"从"兔",是一個表意字,後來通過把"兔"旁换成筆畫較少的聲旁"且"而變成形聲字。爲了簡化等目的把形聲字改成表意字的現象也是存在的,例如把从"山""嚴"聲的"巖"改成从"山、石"會意的"岩",把从"户""睘"聲的"扆"(有加"木"旁的繁體)改成表意字"閂"("一"象門閂)。不過這種現象要比表意字改成形聲字的現象少見。

一方面,在新增加的文字裏形聲字佔了絶大多數;一方面,已有的表意字還有不少陸續被改成了形聲字。因此形聲字在全部漢字中所佔的比重就逐漸上升了。有人曾對殷墟甲骨文裏已認識的那部分字的結構作過研究,發現形聲字還明顯地少於表意字(參看李孝定《中國文字的原始與演變(上篇)》"甲骨文的六書分析"節,臺北史語所集刊四十五本二分 374—380 頁,1974)。在周代,特别是在春秋戰國時代,形聲字增加得非常快,新造的表意字則已很少見。這從有關的古文字資料裏可以清楚地看出來。可能早在春秋時代,形聲字的數量就已經超過表意字了。關於《説文解字》所收的九千三百多個小篆裏的形聲字的數量,有幾種統計數字,一般認爲形聲字佔百分之八十以上。南宋鄭樵在《通志・六書略》裏對兩萬三千多個漢字的結構作過研究。根據他的統計數字,形聲字的比重已經超過百分之九十。不過在常用字裏,表意字比較多,所以形聲字的比重就比較低。有人根據教育部 1952 年公佈的常用字表裏的二千個字作過統計,算出形聲字約佔百分之七十四。在漢字裏,有些字的結構應該歸入哪一類尚無定論,因此上引的那些統計數字是不可能很精確的。但是這些數字所反映的、形聲字由少數逐漸變成佔壓倒優勢的多數的情況,顯然是合乎歷史事實的。

形聲字既有表音成分,又不像有些假借字那樣有造成誤解的可能。在使用意符、音符的文字裏,尤其是在漢字這種記錄單音節語素佔優勢的語言的文字裏,這是最適用的一種文字結構。形聲字比重的上升,是漢字發展的主要標誌。

(二)所使用的意符從以形符爲主變爲以義符爲主

漢字的意符可以分成形符和義符兩大類。

有的意符是作爲象形符號使用的,它們通過自己的形象來起表意作用,如古漢字裏“人”“日”等字所使用的、等符號,又如構成(射)字的弓矢形和手形。我們把它們稱爲形符。幾何形符號如果有以形表意的作用,如“一”“二”“三”等字表數用的横畫,也可以看作形符。在古漢字裏,那些從結構上不能進一步分析的獨體字,如上舉的“人”“日”“一”和前面舉過的“鹿”“大”等字,一般都是用形符造成的表意字。有些形符只能用來構成合體表意字,本身不能獨立成字。例如:古人畫一前一後的兩只脚作爲(步)字。象人的左脚(參看第二節的第二小節裏講商代字體變化時所列的字形對照表),獨立使用時就成爲“止”字(“止”的本義就是脚,“趾”是表示它的本義的分化字)。但是象右脚的(㞢)却不能獨立成字(《説文》把“㞢”也看作一個獨立的字,是有問題的)。又如(立)字使用的兩個形符,象站着的人,一象地面,表面上跟“大”字、“一”字同形,實際上却跟這兩個字沒有關係,所以也應該看作不能獨立成字的形符。

有的意符不是依靠自己的形象來表意的。這種意符通常都是由已有的字充當的表意偏旁,它們就依靠本身的字義表意。例如:合體表意字“歪”由“不”“正”二字構成,它的字義就是“不正”,“不”和“正”在這裏就是依靠本身的字義來表意的。我們把這種意符稱爲義符。形聲字的形旁一般由依靠本身字義來指示形聲字字義的字充當,這種形旁也是義符。在我們現在使用的漢字裏,有少數義符不能獨立成字,只作偏旁用,如“辶”(由“辵”簡化)“疒”“宀”等。它們通常是很常用的偏旁,所代表的意義是一般人所熟悉的(“疒”和“宀”在古文字裏本來可以獨立成字。“辵”本是由用作偏旁的“彳”和“止”合成的一個偏旁。《説文》把“辵”看作獨立的字,所根據的恐怕是後起的用法。這種用法也已淘汰。“彳”其實也可以看作不能獨立成字的義符,它本是“行”用作偏旁時的省體,“彳亍”的用法是後起的)。

形符和義符的界綫也並非總是很明確的。在古文字裏,有些表意字的偏旁既可以看作形符,也可以看作義符。例如(林)字,無論把構成這個字的兩個看作形符——樹木的象形符號,還是看作義符——由“木”字充當的表意偏旁,都可以從字形體會出樹林的意思來。不過從隸、楷的角度來看,這類偏旁就只能歸入義符了。

在象形程度較高的古文字裏,表意字絶大部分是用形符造的,形符是意符的主流。漢字由象形到不象形的變化,破壞了絶大部分形符的表意作用,但是對依靠本身的字義來起作用的義符則並無多大影響。因此隨着漢字象形程度的降低,造表意字的方法就逐漸由主要用形符變爲主要用義符了。春秋戰國以後新造的表意字不但只佔全部新增加的文字的一個很小的部分，而且大多數是用義符構成的合體字，如"劣"（弱而少力爲劣）、"羴"（"羶"的異體，指羊的臭味）之類，用形符造的字如"凹""凸"等爲數極少。

一方面，在造表意字的時候，形符使用得越來越少。另一方面，舊有的表意字裏的形符也在不斷減少。在漢字象形程度不斷降低和字形不斷簡化的過程裏，人們陸續把一些象形意味較濃厚的合體表意字裏由不能獨立成字的形符充當的偏旁，改成能够獨立成字的偏旁。例如：前一節講商代字體變化時舉過的"戍"字，本象人荷戈形。早在殷墟甲骨文裏，這個字就已經簡化爲，荷戈人形改成一般的"人"字，横置在人肩上的戈形也豎了起來，跟一般的"戈"字取得一致。當匹配、對偶講的"雔"（chóu）本來寫作，象兩鳥相對，後來變作，左邊那個向右的"隹"改成了一般的"隹"字。涉水的"涉"本來寫作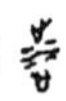，以一脚在水南一脚在水北示意，後來變作，成爲从"水"从"步"的字。折斷的"折"本來寫作，象用斧斤砍斷樹木之形，後來斷木形改成兩個"屮"，再後兩個"屮"又改成外形與之相近的（手），就成爲从"手"从"斤"的字了。這類表意字經過改造之後，大都可以認爲已經變成了由義符組成的字。

爲了儘量使偏旁成字，以便書寫，往往不得不在字形的表意作用方面作些犧牲，"戍""雔""涉""折"等字後來的字形，其表意作用顯然不如原來的字形明確。有時爲了使偏旁成字，甚至不惜完全破壞字形的表意作用。例如"射"字象弓矢的部分後來改成形狀略有些相近的（身）字，跟字義就完全失去了聯繫（《説文》以"弓弩發於身而中於遠"説"射"字从"身"之意，是牽强附會的）。

形聲字的形旁一般是義符。因此形聲字比重的不斷上升，也意味着義符的重要性在逐漸增加，形符的重要性在逐漸降低。而且有些形聲字的産生是直接跟某些形符的消失聯繫在一起的。用形符造的表意字加注音符之後，往往通過把形符改爲義符的途徑變成一般的形聲字，如前面舉過的"鳳"字。還有一些表意字通過把用作偏旁的形符改爲音符的途徑轉變成形聲字，如前面舉過的"昃"（昃）字。

由於在造字的時候，形符使用得越來越少，義符則使用得越來越多（主要用作形聲字的形旁），並且已經使用的形符也有不少陸續爲義符或音符所取代，大概早在春秋時代，義符的重要性就已經超過了形符。在漢字演變爲隸、楷的過程裏，獨體表意字所用的形符大都變成了喪失表意作用的記號（關於記號參看第一節第三小節）。例如"人"字和"日"字所用的形符變成隸書的"人"和"日"以後，已經一點也不像人和太陽的樣子,只能認爲已經變成了記號。充當表意字偏旁的不能獨立成字的形符,如果在隸書形成前還沒有爲成字的偏旁所取代,在隸書形成和發展的過程裏也大都變成了記號。例如構成“立”字的人形和地面形合在一起變成了一個記號,“步”字下部的右脚形也變成了記號。這樣,曾經作爲漢字意符主流的形符就基本上退出了歷史舞臺。在現代漢字裏,可以認爲真正是用形符造成的字,如“一”“二”“三”“凹”“凸”等,爲數極少,而且幾乎都是使用幾何形形符的。

(三)記號字、半記號字逐漸增多

在第一節裏已經說過,漢字裏用記號造字的情況極爲少見。但是在漢字發展的過程裏,由於字形象形程度的降低和簡化、訛變等原因,有些表意字和形聲字所用的意符或音符喪失了表意或表音作用,變成了記號。與此相應,這些表意字和形聲字就變成了記號字或半記號字(半記號字指由記號跟意符或音符組成的字)。例如前面講過,“日”字所用的形符在隸書裏已經變成記號,因此“日”字就從象形的表意字變成了記號字(注意:稱一個字爲記號字,只是表明它所用的字符已經喪失了跟字音字義的內在聯繫。至於記號字作爲文字所具有的表音表意作用,包括它用作合體字偏旁時的表音表義作用,是不會因此而喪失的。例如“日”變爲記號字後,不但仍有字音字義,而且在“晴”“晦”等字裏仍能起意符的作用,在“馹”“衵”等字裏仍能起音符的作用)。又如“春”字本作“萅”,从“日”从“艸”“屯”聲,後來聲旁“屯”跟作爲形旁之一的“艸”省併成記號“夫”,因此這個形聲字就變成了半記號字。

估計早在古文字階段,就已經有一些表意字和少量形聲字變成了記號字或半記號字。前面提到過的“射”字,在屬於古文字的小篆裏已經寫作从“身”,就未嘗不可以認爲已經變成了記號字。

在漢字演變爲隸、楷的過程裏,有一大批表意字和一些形聲字變成了記號字或半記號字。在前一小節裏已經說過,在這一過程裏,獨體表意字所用的形符和象形意味較濃厚的合體字所包含的不能獨立成字的形符,大都變成了記號。這就是說,獨體表意字大都變成了記號字,包含不能獨立成字的形符的合體表意字也大都變成了記號字(如“立”)或半記號字(如“步”)。由形聲字變成的半記號字,上面已經舉過了“春”字。此外如“布”(本从“巾”“父”聲)、“在”(本从“土”“才”聲)、“寺”(本从“寸”“之”聲)、“責”(本从“貝”“朿”聲)等,都是例子。少數形聲字,如本來是从“禾”“千”聲的“年”字,甚至完全變成了記號字。

50年代的漢字簡化也採用了一些記號字和半記號字，如“头”是記號字，“鸡”“疟”是半記號字。

總之，在我們現在使用的漢字裏，記號字、半記號字的數量已經相當可觀了。

還有不少字，雖然從表面上看，其結構並未由於字形演變和簡化等原因而遭到破壞；但是由於語音和字義等方面的變化，對一般人來說，實際上也已經變成了記號字或半記號字。比較常見的一種情況，是形聲字的聲旁由於語音的變化喪失表音作用，實際上變成了記號。如“淦”的聲旁“金”、“斛”的聲旁“角”、“特”的聲旁“寺”，對一般人都已經起不了表音作用了。“特”的形旁“牛”由於字義的變化也已經起不了表意作用了（“特”的本義是公牛，此義早已不用）。所以可以說“特”字實際上已經變成了記號字。上面舉過的由形聲字變成的半記號字“寺”“責”等，情況與“特”類似。還有上面舉過的、下部偏旁已經變成記號的表意字“步”，也可以認爲實際上已經變成了記號字，因爲一般人大概不會知道“止”跟“步”在意義上有什麼聯繫。此外，在這方面還有一些比較複雜的情況，這裏不能一一說明了。

對以上所說的漢字在結構上所發生的變化，可以作如下概括：在象形程度較高的早期階段（大體上可以說是西周以前），漢字所使用的字符主要是意符（以形符爲主）和音符（嚴格說應該稱爲借音符，下同），形聲字在全部文字裏尚未佔多數；後來隨着字形等方面的變化，所使用的字符逐漸變成既有大量意符（以義符爲主）和音符，也有相當多的記號，同時形聲字逐漸由少數變成了多數。

在第二和第三節裏，我們對漢字發展過程中形體和結構這兩方面的主要變化分別作了介紹。事實上，這兩方面的變化是緊密聯繫在一起的。漢字象形程度的降低，是促使人們少造表意字多造形聲字的重要原因之一。而形聲字成爲漢字主流這件事，回過頭來又爲漢字象形程度的進一步降低創造了條件。文字結構的變化，客觀上常常造成字形繁化或簡化的後果。文字形體的變化，也常常造成改變或破壞文字結構的後果。記號字的大量出現，主要是漢字形體的變化所引起的。這從文字結構上看是一種倒退，然而却是爲了簡化字形、提高書寫速度所必須付出的代價。但是記號字如果增加得太多，漢字就會變成極難記憶的一種文字，使用起來一定會非常不方便。在今天，如何處理好字形簡化跟文字結構的矛盾，仍然是一個需要認真對待的問題。

原載《中國古代文化史》（一）（北京大學出版社，1989），今據以收入。

四十年來文字學研究的回顧

我們所說的“文字學”取其傳統用法,指以記錄漢語的方塊漢字爲研究對象的學科。四十年來,在語言學的帶動下,文字學的理論水平有了提高。同時,埋藏在地下的古代漢字資料的不斷發現,以及國家的語文工作和語文教學等方面的實踐,都對漢字的研究工作起了較大的促進作用。因此在文字學領域內取得了多方面的進展。下面擇要作簡單的介紹,並附述我們對某些問題的看法,偏頗之處希望大家指正。文中加注時,以加方括號的數字爲文章或書的代號,請參閲文末所附參考文獻目録。

一、漢字性質的研究

漢字的性質,也就是漢字屬於哪一種文字類型的問題,早在50年代就受到了注意。70年代末期以後,這個問題成了文字學研究的熱點,討論的人很多,意見頗爲分歧。

各種不同説法大體上可以概括成兩大類。一類是根據漢字所能起的表意、表音等作用來爲它定性的,另一類是根據漢字所能表示的語言結構的層次(也可以説語言單位的大小)來給它定性的。

屬於前一類的,有表意文字説、意音文字説(見〔1〕)、商代甲骨文爲形意文字周代以後漢字爲意音文字説(見〔2〕)、古漢字爲表形文字隸變後漢字爲表意文字説、古漢字爲意符音符文字(即意音文字)隸變後漢字爲意符音符記號文字説以及表音文字説(關於以上三説出處參看〔3〕)。

要評價這些説法,首先必須分清作爲詞或語素的符號的文字和文字所使用的符號(如拼音文字的字母)這兩個不同層次。詞和語素都是音義結合體。作爲詞或語素的符號,不管哪種文字都是既表音又表意的。要劃分表音、表意等類型,必須從文字所使用的符號的性質著眼(參看〔4〕10—11頁)。

有人根據既表音又表意是所有文字的共性這一點,批評表意文字、表音文字、意音文字等説法全都毫無意義。這是從作爲詞或語素符號的文字這個層次來看問題的。但是主張上述那些説法的人,雖然不見得都對我們所説的兩個層次有清晰的認識,大體上都還是根據漢字所使用的符號的性質來給它定性的,如説形聲字的形旁是表意的,聲旁是表音的等等。可見那種批評是不恰當的。

從漢字使用的符號的性質來看,表音文字説顯然很難爲人所接受。漢字大量使用表意符號(如象形字所用的象形符號、會意字的偏旁、形聲字的形旁),而且其表音符號(如被"假借"的字和形聲字的聲旁)是借用既有音又有義的文字充當的,跟拼音文字的字母大不相同。一般所説的"表音文字"都是指拼音文字而言的。有的人過分强調假借方法的表音性質及其使用的普遍性,把漢字也稱爲表音文字,是不妥當的。這一點已經有很多人指出來了(參看〔3〕)。

大多數持表意文字説和持意音文字説的人,他們的實際看法似乎並無本質的分歧。前者一般並不否認假借方法和形聲字的聲旁具有某種表音作用,他們堅持把漢字稱爲表意文字,是爲了强調這種表音作用跟拼音字母的表音作用的區别以及漢字跟拼音文字在總體上的區别。後者雖然强調漢字使用了很多表音符號,但是也並不否認這種區别的存在。二者之間的分歧也許可以歸結爲側重點的不同。個别人承認漢字是意音文字而把商代甲骨文排除在外,這是不妥當的。甲骨文大量使用假借字,形聲字雖然不如周以後的漢字多,但也並不少見。既然承認周以後漢字是意音文字,就没有理由不承認甲骨文是意音文字。

主張甲骨文是形意文字和主張古漢字是表形文字的人,把象形符號看作表形符號,跟表意符號並列。象形符號實質上是用圖形來表意的一種符號。它們所要表示的仍然是文字所記録的詞的意義,而不是詞的什麽"形"。所以"表形"的説法恐怕是有問題的。有的人稱古漢字爲象形文字。如果只是爲了指明文字所用的符號在外形上的特點,當然是可以的;但是如果跟稱古漢字爲表形文字是一個意思,那就不妥當了。

主張把隸變後的漢字稱爲意符音符記號文字的人,認爲漢字裏的很多意符、音符,在隸變以後已經成爲既無表意作用也無表音作用的"記號"。例如他們認爲"日"所用的符號由"⊖"到"日"的變化,就是由象形的意符到記號的變化,而不是像很多人所説的那樣,是由表形符號到表意符號的變化(但是"日"字所用的符號變成記號,並不妨礙"日"字作爲語言裏"日"這個詞的符號,仍然具有音義。因而"日"在用作合體字偏旁的場合,也仍然能起表意或表音作用。這正是有些人把記號誤認爲表意符號的原因(參看〔4〕11 頁)。持此說者承認隸變後的漢字所使用的符號仍以意符和音符爲主,所以此說與意音文字說並無大的分歧。

屬於前面說過的、爲漢字定性的後一類說法的,主要有語素文字說和語素—音節文字說(參看〔3〕)。有的同意語素文字說的人,爲了突出漢字的特點,主張稱之爲"方塊、拼符、語素文字"(見〔5〕337 頁)。持語素文字說者,一般都承認在單音節詞佔絶對優勢的古代,漢字可以稱爲表詞文字。持語素—音節文字說者一般也承認那個時代的漢字可以稱爲表詞—音節文字。有人認爲現代漢字是"記寫單音節詞和詞素以及音節的文字"(見〔6〕)。"詞素"和"語素"是一詞的異譯。一個單音節詞通常就是一個能獨立活動的語素。所以此說似可併入語素—音節文字說。

這裏必須指出,對"語素文字""語素—音節文字"這類名稱,實際上存在兩種不同的理解。這種不同也跟"兩個層次"有關。持語素文字說者幾乎都是以每個漢字通常都是一個語素符號這一點爲立說根據的。有些持語素—音節文字說者也同意這種看法。他們所以稱漢語爲語素—音節文字,只是爲了强調漢字都是單音節的,或是爲了强調有些漢字(如"葡萄""日内瓦")只記錄雙音節或多音節語素中的一個音節。但是有的主張語素—音節文字說的人却不同意這種看法,認爲即使根據文字所能表示的語言結構的層次來爲它定性,也必須著眼於文字所使用的符號,而不能把作爲語素符號的字當作單位來考慮問題。他們認爲漢字所用的意符只跟語素的意義有聯繫,沒有表意表音作用的記號只能起區分不同語素的作用,所以都是屬於語素這個層次的。由這兩類符號構成的字,只能表示出語言中語素這一層次的結構(即表示出詞和句子由哪些語素構成),而不能表示出語言的語音結構。至於漢字使用的音符,雖然跟音節文字的字母有很大區別,却應該看作屬於音節這一層次的符號(如"隍""喤""惶""湟"等形聲字的聲旁"皇",是表示這些同音節字的音的,加上"阜""口""心""水"等意符作形旁,才構成分别代表不同語素的字)。所以他們得出了漢字是語素—音節文字的結論。這種語素—音節文字說跟上面所説的那一種貌同實異,但是跟意音文字說在實質上則是一致的(持上述這兩種語素—音節文字說者,只是在對待"倉庚""日内瓦"之類由兩個以上的字組成的假借字組的時候,才有共同立場。他們都認爲在這類假借字組裏,每一個字只是一個記錄音節的符號。對"葡萄"一類字,二者的看法就不同了。主張後一種說法的人認爲它們的本質跟一般形聲字相同,不能由於它們所記錄的是雙音節語素,就把每一個字看作一個記錄音節的符號)。

一般所說的音節文字和音素文字,都不是根據這些文字中的字的性質,而是根據它們使用的符號即拼音字母的性質來定名的。已經有人指出,在判斷漢字是否語素文字的時候,“拿漢字同英語或俄語等其他文字的字母比”,是不合理的;然而要是拿漢字跟英文的字比,漢字如稱爲語素文字,英文就要稱爲詞文字了(〔5〕341—342頁)。可見上述前一種對“語素文字”和“語素—音節文字”的看法是有問題的。上述後一種“語素—音節文字”説是否完全合理,也還有待討論,因爲有些人認爲被假借的字和形聲字的聲旁,跟音節文字的字母有本質區别,把它們也看作表音節的符號未必妥當。

有人認爲漢字是一種特殊的音節文字。對兄弟民族所用的跟漢字同類型的文字如老彝文等的性質,也有人這樣看。這就跟把漢字看作表音文字一樣,顯然是不妥當的。

總之,語文學界對漢字性質問題尚未取得一致意見,但是對這一問題的認識已經比過去深刻得多了。

跟漢字性質有密切關係的、漢字是否適合漢語的問題,也有不少人加以討論。在50、60年代,人們往往强調漢字與口語脱節的一面。近年來則有很多人認爲,由於在漢語裏迄今爲止單音節語素仍佔優勢,而且新詞大都由已有的語素合成,所以作爲語素文字或語素—音節文字的漢字,跟漢語基本上仍是適合的。

二、漢字起源的研究

50年代以來,考古工作者在原始社會時代的遺址裏(本文所説的遺址包括墓葬),發現了不少刻劃或描繪在器物上的符號,其數量和重要性都遠遠超出過去的發現。例如在屬於仰韶文化早期的一些半坡類型遺址裏發現了很多形狀大都比較簡單的刻劃符號(多作幾何形),在大汶口文化晚期的一些遺址裏發現了一批象實物的圖形符號等等。這些發現推進了對漢字起源問題的研究。

大家對這些符號的性質尚無一致意見。有些人認爲它們是文字,並且直接把它們當作早期的漢字加以辨釋(如〔7〕)。有些人認爲它們都還是非文字的標記(如〔8〕)。有些人認爲半坡類型遺址出土的以及與之相類的那些符號不是文字,大汶口文化象形符號則是原始的漢字(如〔9〕32—37、39—40頁)。從各方面看,上述前一類符號大概不可能是文字(參看〔8〕、〔9〕)。不少人根據半坡遺址發現的符號,説漢字有六千年以上的歷史,恐怕是不妥當的。在偃師二里頭等可能屬於夏代的遺址裏也發現過這類符號。很多人認爲是文字,但也沒有提出足够的證據。近年在西安市郊區的龍山文化晚期遺址裏發現了一些刻有符號的骨片和骨器。有人稱這些符號爲甲骨文,認爲跟殷墟甲骨文有淵源關係。在河南舞陽縣距今七八千年的賈湖新石器時代遺址裏發現的龜甲上的簡單刻劃符號,也有人稱爲“原始文字”。這些説法都嫌輕率。不過上述那類符號,至少是其中的一部分,跟古漢字大概也不是毫無關係的。即使在不承認這類符號是文字的人裏,也有人認爲古漢字裏“一、二、三、四、五、六、七、八、十”等數字和某些天干字的字形,有可能出自這類符號(見〔10〕)。

大汶口文化象形符號在外形上跟古漢字相當接近。同類型的以至完全相同的符號,在傳世的某些古玉器上也有發現。這些古玉器有人定爲良渚文化遺物(見〔11〕)。但是迄今爲止還没有發現這類符號確已用作文字的證據。這類符號究竟是不是文字,它們跟古漢字究竟是什麽關係?這是漢字起源的研究中亟待解決的問題。但是如果没有新資料發現,恐怕很難取得突破性的進展。

在漢字起源的研究中,研究者除了大量使用考古資料外,還普遍把兄弟民族的各種原始記事方法和納西原始文字(或稱納西圖畫文字)用作比較的資料。有些人並提出了關於漢字形成過程的一些比較具體的設想,如認爲在漢字形成過程之初,假借方法就已普遍應用;在漢字的原始文字階段,文字和圖畫曾混雜在一起使用;形聲字在原始文字階段就已出現等等(見〔8〕〔10〕等)。

對漢字最後形成能完整記録語言的文字體系的時代,目前主要有兩種看法。一種認爲形成於夏商之際(見〔10〕),一種認爲形成於夏初(見〔12〕)。有人認爲“中國象形文字出於商代後期的卜人集團”(見〔13〕),恐怕把漢字形成的時代估計得過晚了。

三、六書的研究

四十年來,講漢字結構的人大多數仍然沿用六書説。在六書中,討論得比較多的是轉注和假借。

“轉注”究竟是什麽意思?這是爭論了一千多年的老問題。對轉注的不同解釋非常多,幾乎所有可能想到的解釋都已經有人提出過了。在今天要想確定許慎或創立六書説者的原意,恐怕是不可能的。這些年來講轉注的人,多數把轉注解釋爲新字孳生的途徑。不過他們所説的轉注現象的具體範圍則或廣或狹,仍然很不一致。新字如何孳生,當然是很值得研究的問題。然而研究這個問題完全可以拋開轉注問題不管,把二者糾纏在一起,只有壞處沒有好處。我們應該把轉注問題看作文字學史上已經過時的一個問題,完全沒有必要再去爲它花費精力。

對假借的看法也存在分歧,其癥結在於假借和引申的分合。有些人認爲假借就是借用本爲其他詞造的字來表示同音或音近的詞,一個字由於語義引申而表示新的意義不能看作借用,所以由於語義引申而引起的一字多義現象應該排除在假借現象之外。有些人則認爲一個字由於語義引申而表示新的意義,也應該看作假借。還有些人比後者更進一步。他們主張嚴格區分六書的假借即無本字的假借跟有本字的通假,認爲凡是無本字的假借都是由語義引申引起的(見〔14〕〔15〕)。應該承認,把引申包括在"假借"裏,曾是傳統文字學中長期佔統治地位的一種觀點。就實際情況來看,由引申和由借字表音引起的一字多義現象,有時也確實很難區分。但是語義引申畢竟是語言現象而不是文字現象。所以引申跟假借還是區分開來爲好。認爲無本字的假借都由語義引申引起,很可能符合許慎的原意。但是不論在漢字裏,還是在世界上曾經使用過的與漢字同類型的其他古文字裏,都存在很多顯然跟語義引申無關的無本字的借字表音現象。所以此說是不能成立的。

形聲字結構方面的一些現象,如省聲、聲旁有義和"右文"等,也有不少人寫文章或在文字學通論性著作裏作過研究。由於有些人把原始社會時代遺址裏發現的、外形跟指事字比較接近的簡單刻劃符號看作文字,指事字和象形字究竟哪一種先出現的老問題,又一次引起了人們的興趣。但是這個問題恐怕是沒有什麽意義的。因爲早在文字形成過程開始之前,"指事"和"象形"的表意方法就都已經在廣泛使用了。文字形成過程開始的時候,這兩種方法當然都會被用來造字,我們有什麽必要去討論二者出現的先後呢?

與多數人沿用六書説同時,也有人想打破六書説的框框。早在 30 年代,唐蘭就提出過把古漢字的結構分爲象形、象意、形聲三書的主張。50 年代有人提出了新的三書説,主張把古漢字分爲象形、假借、形聲三種基本類型(見〔16〕76—80 頁)。後來又有人在此説的基礎上提出了表意、假借、形聲三書説。表意包括六書中的象形、指事和會意(見〔4〕106—107 頁)。

四、異體字、古今字和通假字的研究

過去研究文字學的人往往只講文字形體和六書,忽略了對漢字跟漢語之間的複雜關係的研究。50 年代,爲了配合文字改革工作,很多人强調文字對語言的從屬性,但是很少有人去研究漢字跟漢語裏的詞的各種具體關係。60 年代以後,情況有了一些變化。如吕叔湘《形、音、義》(《文字改革》1964 年 3、4 期,已收入所著《語文常談》)和李榮《漢字演變的幾個趨勢》(《中國語文》1980 年 1 期)等文,就都很注意從字跟詞的關係的角度去研究文字現象。有不少人參加的關於異體字、古今字和通假字的討論和研究,也反映出對字跟詞的關係的重視,因爲異體字、古今字和通假字實際上都是指同一個詞的不同書寫形式而言的。下面對這些討論和研究作簡單的評介。

50 年代進行異體字整理時,基本上是從一個個的字出發來考慮問題的。因此很多本來應該加以整理的、雙音節複合詞的異形(如“交代”和“交待”、“折中”和“折衷”等),就沒有得到整理。後來有不少人指出,在漢字規範化中不能只注意字的異形,而不注意詞的異形。這是一個進步。對詞的異形的各種具體情況,也有人進行了比較深入的研究。

但是一方面研究有了進展,一方面却出現了術語的混亂。所謂詞的異形就是詞的不同書寫形式,也可以説就是廣義的異體字(在 50 年代的異體字整理裏,有些被合併的異體字也並不是同一個字的異形,而是可以用來表示同一個詞的不同的字,如“琱”和“雕”)。但是有不少研究詞的異形的人,爲了强調自己的觀念跟舊的以單字爲本位的異體字觀念的不同,使用了“異體詞”或“異形詞”的名稱(如〔17〕)。這樣就在概念上把詞跟詞的書寫形式也就是語言跟文字弄混了。有些人還把音近的同義詞或同一個詞在不同方言中的變體(如“跟頭”和“斤斗”、“羅唆”和“嚕蘇”等)也包括在“異體詞”的範圍裏。按照這種觀點,整理“異體詞”就不但要整理文字,而且還要“整理”語言了。出現這種情況就跟“名不正”有關。

附帶説一下,大約從 60 年代開始,有些人在講到漢語拼音的拼寫法的時候,把“正字法”改稱爲“正詞法”。現在這種説法已經佔了絶對統治地位。這也是不妥當的。漢語拼音的分詞連寫等問題當然跟漢語裏的詞的劃分有關。但是在拼寫漢語時,把表示一個雙音節或多音節詞的字母連寫在一起,只不過是反映而不是創造一個語言事實。如果不採取連寫的辦法,這個詞並不會因此而喪失詞的資格。方塊漢字不用分詞連寫法,漢語裏的雙音節和多音節詞照樣存在。可見就拼寫方法而言,我們要正的並不是語言中的詞,而是詞的書寫形式,即文字。所以,“正字法”這個舊名稱恐怕還是應該恢復的。

在很多拼音文字裏,作爲書寫單位的一個字通常就代表一個詞。但是在漢字裏,字跟詞往往不是一對一的關係。人們容易由於注意了字而忽略了詞,甚至被文字現象牽着鼻子走,以致誤解了語言現象。認識並指出這一點,確實很重要。但是我們不應該走到另一個極端,在應該説"字"的時候,也不説"字"而説"詞"。

古今字指同一個詞的、通行時代有古今之别的不同書寫形式。在古今字的範圍應該怎樣劃的問題上有分歧意見。有些人主張把古今字跟通假字分開來,只把有"造字相承的關係"的那些字(如"縣"和"懸"、"説"和"悦"等)定爲古今字(見〔18〕)。有些人認爲古今字跟通假字是從不同角度對同詞異字現象作出的"不同歸類",二者"不是平行關係",古今字應該包括通行時間有古今之别的通假字;而且古今字不但"可以指形義不同的兩個字,也可以指形不同但義同的異體字"(見〔19〕)。後一種意見符合歷史上使用"古今字"這類説法的實際情况。"古今字"本來是在解釋古書中的難字時所用的一種術語,並不是用來説明文字産生的先後的。我們似乎没有必要賦予這個舊術語以新的意義,把古今字限制在有造字相承關係的範圍裏。

"通假"有狹義、廣義之分。一般認爲狹義的"通假"指本有本字的假借,不過實際上有很多人把假借字跟假借字相通的現象(如"女"通"汝")也包括在狹義的通假裏。廣義的"通假"跟古人所説的"通用"相當,不同的字被用來表示同一個詞的各種現象,幾乎都可以納入其範圍。有些人把廣義的"通假字"説成"通用字和假借字的簡稱"(見〔20〕)。他們把假借字(指狹義的通假字)排除在通用字之外,賦予通用字以不同於傳統觀念的新定義(如〔20〕認爲通用字就是"同源字")。這恐怕是不妥當的。

通假字的讀音問題,即本讀 A 音的字用作一個讀 B 音的字的通假字時,究竟應該改讀 B 音還是仍讀 A 音的問題,曾引起較多的討論。對這個問題有三種意見:(1)"通假字一般不應當讀同本字的音讀,而仍應讀……自身的音讀。"(見〔21〕)(2)"凡古代字書、韻書或前人注疏裏注有通假字與本字讀音相同的反切或直音的,則通假字的今讀同本字",不然就讀原來的字音。(3)"不管古代字書、韻書或前人注疏裏是否注有通假字與本字讀音相同的反切或直音,只要它確切是通假字,其今讀應當同本字。"(皆見〔22〕。此文作者持第三種意見)一個字用作另一個字的通假字,意味着這個字被用來表示通常由後者表示的一個詞。詞是通過一定的語音來表示一定的意義的。兩個表示同一個詞的字當然應該讀同一個音(參看〔22〕)。上舉第三種意見顯然是正確的。

在關於通假字的定義和讀音的討論之外,還有人對古代文獻中的通假現象進行了其他方面的研究。例如有人研究了秦漢帛書簡牘中的通假字,認爲秦漢之際大量用通假字,"其主要原因是沿襲舊的用法",並非由於字少(見〔23〕)。這類研究也可以歸到下一節所說的歷代漢字的研究中去。

五、歷代漢字的研究

四十年來,由於新資料的發現和研究者的努力,先秦古文字的研究有了比較明顯的進展。其中,戰國文字研究的成績尤其突出。40 年代以前,研究戰國文字的人很少。50 年代以後,隨着楚簡等重要新資料的不斷發現,研究者逐漸增多,對戰國文字特點的認識也漸趨深刻,有很多過去不認識的字被陸續辨釋了出來。前人把戰國文字分成秦和六國兩系。現在戰國文字的研究已經進入了分國研究的階段。

這四十年裏,除發表了大量古文字學方面的論文和一些比較專門的古文字學著作(如于省吾《甲骨文字釋林》、山西省文物工作委員會編《侯馬盟書》、饒宗頤、曾憲通《楚帛書》等)外,還出版了不少古文字的文編(即單字彙編),如孫海波《甲骨文編》(中華書局,1965)、容庚《金文編》(科學出版社,1959。又張振林、馬國權摹補本,中華書局,1985)、商承祚《石刻篆文編》(科學出版社,1957。包含秦漢篆文)、羅福頤主編的《古璽文編》(文物出版社,1981)、張頷《古幣文編》(中華書局,1986)、高明《古文字類編》(中華書局,1980)、徐中舒主編的《漢語古文字字形表》(四川人民出版社,1981)等。這些文編對 50 年代以來考釋古文字的成果有或多或少的反映。進入 80 年代後,還出版了一些古文字學的通論性著作,如李學勤《古文字學初階》(中華書局,1985)、林澐《古文字研究簡論》(吉林大學出版社,1986)、高明《中國古文字學通論》(文物出版社,1987)、陳煒湛、唐鈺明《古文字學綱要》(中山大學出版社,1988)、陳世輝、湯餘惠《古文字學概要》(吉林大學出版社,1988)等。唐蘭在 30 年代寫成的《古文字學導論》也在 1981 年由齊魯書社正式出版。

在古文字學的論著中,可以看到不少根據古文字糾正《說文》篆形和解說的錯誤的意見。可惜還沒有一本總結這方面成果的高質量的著作。

70 年代,考古工作者發現了大量秦和西漢早期的簡牘和帛書。這是劃時代的新發現。通過這些資料,大家才認識到早期隸書的真正面貌,並且認識到隸書不是秦統一後在小篆的基礎上形成的,而是在戰國晚期的秦國,以秦國文字的簡俗體爲基礎而形成的。漢語大字典字形組編的《秦漢魏晉篆隸字形表》(四川辭書出版社,1985),收入了一些秦和西漢早期的簡牘、帛書文字的字形。

對漢以後的歷代漢字,研究工作做得比較少。雖然新發現的和長期流傳的這一時期的文字資料爲數很多,研究的人也不算少,可是從文字學角度進行的研究却相當少見。

對字體方面的問題,注意的人還算稍多一些。尤其是郭沫若在60年代中期提出《蘭亭序》真僞問題之後,魏晉時代楷書、行書的真面貌究竟如何這個老問題,又引起了一些人的興趣(參看〔24〕)。郭沫若根據某些東晉時代的墓誌和晉代的古書寫本的字體,懷疑像《蘭亭序》那樣漂亮的字體在當時不可能存在。有些人則根據出土的其他魏晉時代文字資料,認爲那種字體在當時是可能存在的,傳世魏晉名家的楷書、行書的後人臨摹本大多數是可靠的。通過討論,對魏晉時代在不同社會階層中和不同用途上使用着新舊不同的字體的現象有了比較清楚的認識。對先秦以下各種字體作全面研究的專著,有啓功《古代字體論稿》(文物出版社,1964)。

對漢以後各代文字在字形和結構上的特點以及各代用字的特點,進行研究的人少得可憐。這方面已發表的比較重要的研究成果,見聞所及的只有一些研究敦煌卷子所用文字和其他唐代文字的論文,以及一本研究晚明刻本小説用字的薄薄的專著(〔25〕)。這方面的研究工作很需要加强。

已出版的漢以後各代文字的文編,除上面已經提到過的上包秦文的《秦漢魏晉篆隸字形表》外,還有羅福頤《漢印文字徵》(文物出版社,1978)及《補遺》(同上,1982)、秦公《碑别字新編》(文物出版社,1985)、洪鈞陶《草字編》(文物出版社,1983—1984)等。杭州大學的同志正在編寫的《敦煌吐魯番俗字典》,無疑會成爲對文字學研究很有用的工具書。可惜書尚未成,作爲主編的中年學者郭在貽就在今年年初過早地辭世了。

正在分册出版的《漢語大字典》,收古今所用漢字約五萬六千多個。這部字典在楷書字頭下"收列了能够反映形體演變關係的有代表性的甲骨文、金文、小篆和隸書的形體",並"酌附字形解説"。這在字典體例方面是一個創舉。

附帶説一下,對漢字在歷史上發生的簡化、繁化和分化、合併等現象,也有人寫文章或在文字學通論性著作裏進行了研究。

六、現行漢字的研究

在漢字的整理和改革、漢字規範化、語文教學、字典和詞典的編纂、出版印刷以及漢字信息處理等方面的工作的推動下,現行漢字的研究(也可以説是應用漢字學方面的研究）取得了不少成績。下面的介紹是挂一漏萬的。

在字量的研究上，多年來各有關機構做了大量工作，在通行漢字的數量和字的使用頻率等方面取得了很多數據。國家語委漢字處在這些工作的基礎上，經過進一步的研究，制訂了包含2500個常用字和1000個次常用字的《現代漢語常用字表》，於1988年1月由國家語委和教委聯合發佈。國家語委漢字處還制訂了包含7000個字的《現代漢語通用字表》，於同年3月由國家語委和新聞出版署聯合發佈。這兩個表的科學性比過去的同類字表有所提高。不但所用的數據比較精確，而且選字時較多地考慮了字的構字和構詞能力等方面的條件。爲了瞭解現行漢字的總數量及其他使用情況，國家語委漢字處（前身爲文改會漢字處）等單位還進行了姓氏、地名等方面用字情況的調查研究。對方言用字也有人作了一些調查研究。

對現行漢字的構形成分，也就是構成全部字形的單元，一直有人在研究。構形成分有不同的層次。層次不同，單元數量大不一樣。如果以傳統文字學所說的偏旁爲構形成分，即使只以一般所謂通用字爲統計範圍，單元數量也要多到1000左右。如果不顧六書結構，把本身由偏旁組成的偏旁全都分拆開來，單元數就會大大減少。如果以筆畫爲構形成分，並對相似的筆形加以歸併，單元數甚至可以降到10以下。1984年，文改會漢字處跟武漢大學合作，用電腦對《辭海》1979年版所收漢字的"結構、部件"等進行了統計，部分統計成果已在《中國語文》1985年第4期上發表。研究構形成分的人，尤其是具有某種實用目的（如想爲漢字信息處理的機械化、電腦化服務）的研究者，在分解全部字形時往往同時採用不同層次的構形成分。如王竹溪《新部首大字典》（1988年上海翻譯出版公司、電子工業出版社聯合出版）有56個部首（大多數有變體），它們同時也是"漢字組成的單元"，其中就既有筆畫和筆畫結構，也有偏旁。

構形成分的研究跟漢字教學有密切的關係。60年代中期，爲了教學的方便，在《文字改革》等刊物上還曾開展過關於規定偏旁部件名稱問題的討論（參看〔26〕）。

在現行漢字字形的表意表音作用方面，研究得比較多的是聲旁的表音作用。研究成果除論文外還有專著（〔27〕〔28〕）。

漢字的整理、簡化和規範化以及字典和詞典的編纂，推動了對異體字、通假字的研究。這方面的情況前面已經提到過一些，這裏就從略了。

我國學者早在20年代就開始用心理學的實驗方法，研究漢字習得和閱讀的難易程度等方面的問題了。這些年來仍有人從事這方面的研究，但人數極少，進展較慢。近年來在國外還出現了從神經心理學等角度研究漢字問題的動向。考慮到漢字教學以及漢字的整理和改革等工作都需要這方面的知識,我們認爲應該積極開展這方面的研究工作。

爲了加强對現行漢字的研究以適應各方面的需要,已經有人提出了建立現代漢字學的建議(見〔29〕)。

七、通論性著作

四十年來出版了不少文字學的通論性著作。其中比較有影響的,有梁東漢《漢字結構及其流變》(上海教育出版社,1959)、蔣維崧《漢字淺說》(山東人民出版社,1959)、楊五銘《文字學》(湖南人民出版社,1986)、蔣善國《漢字學》(上海教育出版社,1987)以及舊著重印的唐蘭《中國文字學》(上海古籍出版社,1979)等書。文字形體方面的通論性著作,有蔣善國《漢字形體學》(文字改革出版社,1959)。限於篇幅,對這些書的内容就不作評介了。

參考文獻目録

〔1〕周有光《文字演進的一般規律》,《中國語文》1957 年 7 期。

〔2〕張照《論文字發展的規律》,《中國語文》1965 年 6 期。

〔3〕陸錫興《近年來關於漢字性質的討論》,《語文導報》1975 年 10 期。

〔4〕裘錫圭《文字學概要》,商務印書館,1988。

〔5〕中國社會科學院語言文字應用研究所編《漢字問題學術討論會論文集》,語文出版社,1988。

〔6〕鄭林曦《漢字記寫的是漢語的哪個層次?》,《語文建設》1988 年 2 期。

〔7〕于省吾《關於古文字研究的若干問題》,《文物》1973 年 2 期。

〔8〕汪寧生《從原始記事到文字發明》,《考古學報》1981 年 1 期。

〔9〕高明《中國古文字學通論》,文物出版社,1987。

〔10〕裘錫圭《漢字形成問題的初步探索》,《中國語文》1978 年 3 期。

〔11〕李學勤《論新出大汶口文化陶器符號》,《文物》1987 年 12 期。

〔12〕孟維智《漢字起源問題淺議》,《語文研究》1980 年 1 期。

〔13〕徐中舒、唐嘉弘《關於夏代文字的問題》,載中國先秦史學會編《夏史論叢》,齊魯書社,1985。

〔14〕陸宗達《六書簡論》,《北京師範大學學報》社科版 1978 年 5 期。

〔15〕王伯熙《六書第三耦研究》,《中國社會科學》1981 年 4 期。

〔16〕陳夢家《殷虛卜辭綜述》,科學出版社,1956。

〔17〕高更生《談異體詞整理》,《中國語文》1966 年 1 期。

〔18〕洪成玉《古今字概說》,《中國語文》1981 年 2 期。

〔19〕陸錫興《談古今字》,《中國語文》1981 年 5 期。

〔20〕劉又辛《大型漢語字典中的異體字、通假字問題》,《中國語文》1979 年 4 期。

〔21〕趙天吏《古音通假的條例以及通假字的讀音問題》,《開封師院學報》1979 年 2 期。

〔22〕盛九疇《通假字小議》,《辭書研究》1980 年 1 期。

〔23〕錢玄《秦漢帛書簡牘中的通借字》,《南京師院學報》社科版 1980 年 3 期。

〔24〕《蘭亭論辨》,文物出版社,1977。

〔25〕李榮《文字問題》,商務印書館,1987。

〔26〕費錦昌《關於規定偏旁部件名稱問題的討論》,《語文現代化》(叢刊)1980 年 1 輯。

〔27〕周有光《漢字聲旁讀音便查》,吉林人民出版社,1980。

〔28〕倪海曙《現代漢字形聲字字匯》,語文出版社,1982。

〔29〕周有光《現代漢字學發凡》,《語文現代化》(叢刊)1980 年 2 輯。

原載《語文建設》1989 年 3 期,又載《文史叢稿》(作爲《殷墟甲骨文研究概況》的附文),今據後者收入。

釋詞兩則

一、釋“拉雜”

漢樂府《有所思》：

……何用問遺君？雙珠瑇瑁簪，用玉紹繚之。聞君有他心，拉雜摧燒之……（《宋書·樂志四》漢鼓吹曲辭鐃歌）

此詩中“拉雜”二字之義似尚無確詁。

舊版《辭源》“拉雜”條注：

樂府。有所思。拉雜摧燒之。拉雜。不問好醜併於一處也。今吳諺於不整齊潔静者謂之拉雜。見〔吳下方言考〕。

新版《辭海》釋“拉雜”爲“混雜；雜亂”，其意當同。這是一種比較通行的解釋。

“拉雜”二字古音都屬緝部，中古音都屬合韻。古音緝部和葉部都是韻尾爲-p的入聲韻，兩部之字，義多相通。《廣韻》入聲緝韻以下諸韻都來自這兩部。有一批按古音系統屬於這兩部，中古音主要屬合、盍等韻，聲母與“拉雜”相近的雙音聯綿詞，詞義都與混雜或不整齊之意有關，如“擸㩍”（《廣韻》訓“和雜”，《集韻》訓“和攪也”，《類篇》訓“和攪貌”）、“𧝏𧜗”、“䙇𧜗”、“䙇𧜵”（以上三詞《集韻》《類篇》皆訓“衣敝”）、“儠㒓”（《集韻》《類篇》皆訓“惡貌”）、“脻臘”（《集韻》《類篇》皆訓“肉雜也”）、“䌐颯”（《集韻》訓“紛雜貌”，《類篇》訓“絲雜貌”）、“拉颯”等（《晉書·五行志中》：“太元末京口謡曰：‘黄雌鷄，莫作雄父啼，一旦去毛衣，衣被拉颯栖。’”《辭海》《辭源》皆以“零亂”“穢雜”釋“拉颯”）。這些顯然都是同源的親族詞（現在還在使用的“垃圾”一詞即由“擸㩍”變來，參看《辭源》《辭海》有關諸條。“邋遢”一系的詞跟這一詞族有密切關係）。吳諺當不整齊講的“拉雜”無疑也是屬於這一詞族的一個聯綿詞。所以用“混雜”一類意思來解釋“拉雜”，應該說是相當有根據的。現代漢語用“拉雜”表示“沒有條理”，這一意義跟混雜和不整齊兩義都聯繫得起來。

但是對《有所思》的“拉雜摧燒之”來說，上述那種解釋却不見得合適。從此詩上文看，所“摧燒”的只是飾有珠玉的一根瑇瑁簪（參看余冠英《樂府詩選》5—6 頁注及下引《兩漢文學史參考資料》507 頁注④），所謂“混雜”、“雜亂”或“不問好醜併於一處”，實在有些無從說起。

大概就是由於考慮到了上面指出的問題，北京大學中國文學史教研室選注的《兩漢文學史參考資料》，對《有所思》的“拉雜”作了“‘拉’，猶‘折’；‘雜’，猶‘碎’”的新解（中華書局 1962 年版 507 頁注⑤）。新版《辭源》襲用了這一解釋。這一解釋也有不妥之處。因爲訓“拉”爲“折”雖有根據（《說文》：“拉，摧也。”“摧”古訓“折”。《說文》：“摧……一曰折也。”《廣雅・釋詁一》：“摧、挫、摺……擠……折也。”古書中，訓“折”的“摺”和“擠”都有與“拉”通作的例子，參看王念孫《廣雅疏證》），但是訓“雜”爲“碎”却是於古無徵的。而且“摧燒”的“摧”《參考資料》釋爲“摧殘，毀壞”，也不妥當。這個“摧”實應訓爲“折”（參看上面括號內附注），“摧燒”是說折斷瑇瑁簪將它燒掉。如果把“拉”也訓作“折”，意義就犯複了。

我們認爲《有所思》的“拉雜”確是一個疊韻聯綿詞，不能拆成兩個詞來解釋。但是一個聯綿詞有可能具有兩種或更多的意義。有時候，兩個書寫形式完全相同的聯綿詞，意義相距頗遠，是否應該看作屬於同一詞族，都還是問題。例如：《集韻》葉韻尺涉切謵小韻“呫”字下注：“呫囁，附耳小語聲，一曰多言。”同韻莊輒切庿小韻“惵”字下注：“偛惵，黠貌，一曰心動貌。”敕涉切鍤小韻“偛”字下又注：“偛惵，黠貌，一曰皮皺。”《廣韻》盍韻才盍切雥小韻“搕”字下注：“擸搕，和雜。”盧盍切臘小韻“擸”字下又注：“擸搕，破壞也。”（《廣韻》盍韻私盍切偅小韻也有“搕”字。當破壞講的“擸搕”的“搕”可能應讀此音。《集韻》“私盍切”作“悉盍切”，所收“搕”字下注：“破聲。一曰持也。”）所以《有所思》的“拉雜”很可能具有與“混雜”“不整齊”之類意義不同的其他意義。

《廣韻》合韻盧合切拉小韻有“磖”字，注曰“磖礁”。《集韻》也有此字（“盧合切”作“落合切”），注曰：“磖礁，破物聲。”《類篇・九下・石部》“磖”“礁”二字注文同。“礁”字在《集韻》中有兩個音。合韻昨合切雜小韻有“礁”字，注曰：“礁碟，山高貌。”業韻有士劫切小韻，只收“礁”一個字，注曰：“磖礁，破物聲。”據此，“磖礁”之“礁”讀士劫切。不過在《廣韻》中，“礁”字只見於徂合切（與《集韻》“昨合切”同音）雜小韻，注曰“山高”，並無士劫切一音。“磖礁”之音與“拉雜”極近，“破物聲”

正可用作《有所思》的“拉雜”的確詁。這個“拉雜”跟“磖磼”可以看作由於細微的語音差別而形成的同一個詞的兩個變體,至少可以看作關係極其密切的親屬詞。如果“磼”字取徂合切一讀,二者便完全同音,可以直接看作同一個詞的兩種異寫了。如果把“拉雜摧燒之”勉强譯成現代口語,也許可以譯爲“喀嚓折斷燒掉它”。

前面說過,《廣韻》“攋”字下釋“攋揰”爲“破壞也”。這裏所說的“破壞”恐怕應該理解爲“破壞貌”。前面曾經提到過,“磼礏”一詞《廣韻》釋爲“山高”,《集韻》釋爲“山高貌”;“攋揰”一詞《廣韻》“揰”字下釋爲“和雜”,《集韻》釋爲“和攪也”,《類篇》釋爲“和攪貌”。可見韻書中的不少注文是應該加上“貌”字來理解的。“攋揰”與“磖磼”音近,“破壞貌”與“破物聲”義亦相因(“揰”也可訓“破聲”,已見前引)。《有所思》的“拉雜”如釋爲“破壞貌”,似亦可通。

《新探》追記:

裴務齊正字本《刊謬補缺切韻》入聲合韻徂合反“雜”小韻:“磼,磼礏,山高;又磖磼,壞皃。”(周祖謨《唐五代韻書集存》618 頁。蔣斧印本《唐韻》及敦煌所出“斯”2071 號《切韻》的入聲合韻“磼”字注略同,見周書 716、105 頁)據此,“磖磼”確有與“拉雜”全同之音;並且既可訓爲破物聲,也可訓爲破壞貌。

二、釋“涉獵”

“涉獵”是至今尚在書面語中應用的一個文言詞。《現代漢語詞典》把“涉獵”解釋爲“粗略地閱讀”,新版《辭海》解釋爲“瀏覽群書,不深入鑽研”。

在現存古籍中,“涉獵”一詞首見於《漢書》。《漢書·賈山傳》:

> 山受學祛(指賈山的祖父賈祛),所言涉獵書記,不能爲醇儒。

同書《司馬遷傳·贊》:

> ……至於采經摭傳,分散數家之事,甚多疏略,或有抵梧。亦其涉獵者廣博,貫穿經傳,馳騁古今上下數千載間,斯以(已)勤矣。

此後,《三國志》《後漢書》等書也都使用過這個詞,用法與《漢書》相類。但是《文選》卷四左思《蜀都賦》有“蹴蹈蒙籠,涉獵寥廓”之語,可見在古代“涉獵”一詞並不是只能用於跟學問之事有關的場合的。上引《蜀都賦》文據《文選》五臣注本。李善注本“涉獵”作“涉躐”。“躐”爲“躐”之俗體。高步瀛《文選李注義疏》謂“《說文》無'躐'字,當依五臣作'獵'"(中華書局1985年版994頁),今從之。

古人解釋"涉獵",主要有兩種說法。《漢書·賈山傳》顏師古注:"涉若涉水,獵若獵獸,言歷覽之不專精也。"《後漢書·班超傳》"有口辯而涉獵書傳"句李賢注略同。此爲一說。《文選·蜀都賦》吕向注:"涉獵,經過也。"此爲又一說。顏注認爲"涉獵"一語中"獵"字的意義是由獵獸之義引申的。這種說法不但對《蜀都賦》所用的那種"涉獵"來說根本講不通,就是對顏氏所注的那種"涉獵"來說也顯得很牽强,顯然是不可信的。吕注則過於簡單,有待闡發。

《辭通》將"涉獵""涉歷""涉略"(所引之例實作"略涉")"涉躐"諸詞歸爲一組,加按語曰:"歷、獵聲轉義通,《文選》宋玉《風賦》'獵蕙草'注'獵,歷也'。"(卷二四138頁。《風賦》見《文選》卷一三,所引爲李善注)"歷"字古訓"經"(《漢書·天文志》"及五星所行合散犯守陵歷鬭食"句顏注引韋昭曰:"經之爲歷。"),訓"過"(《說文》:"歷,過也。")。《辭通》指出"獵"字古可訓"歷",對我們理解"涉獵,經過也"這條吕注是很有幫助的。不過《辭通》作者似乎並不主張把"涉獵"的"獵"訓爲"歷"。他解釋"涉獵"這組詞的意義的注文,是"不專精之義",組內雖然收入了《蜀都賦》的"涉躐"(案語中已指出"躐當作躐,躐、獵同音通假"),但並未另作解釋,對上引吕注根本沒有理會。看來他引用"獵,歷也",僅僅是爲了說明"歷、獵聲轉義通",所以"涉獵"可以轉爲"涉歷",並不是爲"獵"字釋義。新版《辭海》"獵"字第三義項注:

經歷。如:涉獵。宋玉《風賦》:"獵蕙草"。

認爲"涉獵"的"獵"跟"獵蕙草"的"獵"同義,當訓爲"歷"。這應該是符合上引吕注之意的(但《辭海》"涉獵"條並未提到經歷一義,却全文引錄了《漢書·賈山傳》顏注,跟此條矛盾)。

在古書裏,"涉歷"一詞也跟"涉獵"一樣,可以用來表示瀏覽一類意義。三國魏鍾會爲其母作傳,說她"雅好書籍,涉歷衆書,特好《易》《老子》"(《三國志·魏書·鍾會傳》裴注)。《魏書》《北史》等也有"涉歷經史""涉歷文史""涉歷書傳"等文(參看《辭通》)。與《蜀都賦》"涉獵"同義的"涉歷"也見於古書。《後漢書·郎顗傳》載郎顗所上章奏說"又比熒惑失度,盈縮往來,涉歷輿鬼,環繞軒轅",又說"涉歷天門",都是例子。《蜀都賦》的"涉獵寥廓",當脫胎於揚雄《羽獵賦》的"歷五帝之寥廓,涉三皇之登閎"(《文選》卷八、《漢書·揚雄傳上》)。揚雄分用"涉"、"歷"二字,左思易之以"涉獵"。由此看來,把"涉獵"的"獵"訓爲"歷"是很合理的。

“涉”字在古代也可以訓爲“歷”(《穀梁傳・襄公二十七年》“與之涉公事矣”句《正義》引徐邈云“涉猶歷也”)。吕向把《蜀都賦》的“涉獵”訓爲“經過”,是完全有根據的。“涉獵”和“涉歷”所具有的瀏覽這類意義,應該是由經過這類意義引申出來的。爲了説明這一點,需要考察一下“涉”字的各種引申用法。

“涉”的本義是“徒行濿水”(見《説文》)。由於語義引申,對水以外的某些事物,甚至某些抽象的概念,也可以用“涉”字。例如:《左傳・僖公四年》説“不虞君之涉吾地也”,“涉”的對象是土地。同書《昭公十三年》説“楚君子干(子干爲楚君名)涉五難以弑舊君”,《穀梁傳・襄公二十七年》説“與之涉公事矣”,“涉”的對象都是某種事情。《晉書・儒林・孔衍傳》説“涉世聲譽過之”,“涉”的對象是人世。《後漢書・文苑・杜篤傳》“歷載三百”句李賢注説“此言三百者,謂出二百年、涉三百年也”,“涉”的對象是時間。《漢書・游俠・陳遵傳》和漢末的《竹邑侯相張壽碑》(《隸釋》卷七)都有“略涉傳記”之語,“涉”的對象是書籍。最後舉出的這種“涉”字,用法跟一般解釋爲瀏覽的“涉獵”和“涉歷”十分類似。“歷”字也有相近的引申用法。《漢書・楚元王傳》附《劉向傳》有“歷周、唐之所進以爲法”之語,顔注:“歷謂歷觀之。”由此可見,把瀏覽這類意義看作“涉歷”和“涉獵”的引申義,是很合理的。

上面講“涉”的引申用法,舉出了以時間爲對象的例子。“涉歷”也有類似用法,如漢末公孫瓚表袁紹罪狀,有“紹既興兵,涉歷二年”之語(《三國志・魏書・公孫瓚傳》裴注引《典略》,亦見《後漢書・公孫瓚傳》),《晉書・孔愉傳》附《孔坦傳》所載奏議也有“涉歷三載”之語。這種“涉歷”也可以解釋爲“經歷”或“經過”(《辭通》没有顧及“涉歷”的這種用法)。慧琳《一切經音義》卷七“交涉”條説:“《倉頡篇》云水中行爲涉歷也。”(上海古籍出版社 1986 年影印《正續一切經音義》第一册 252 頁)如所引無誤,“水中行”當是“涉歷”的本義,就跟“徒行濿水”是“涉”的本義一樣。由“水中行”之義引申出“經歷”“經過”之義,是很自然的。

“涉”跟“涉歷”“涉獵”,意義很相近,其主要區别在於“涉”雖然也可以訓爲“歷”,但是往往當涉及或進入講(《漢書・高帝紀・贊》顔注引晉灼曰“涉猶入也”),“涉歷”“涉獵”則强調經歷的意思。如果“涉歷”的本義確是水中行的話,一定是指距離較長的水中行而言的。在水中走兩步不會叫做“涉歷”。上引的“略涉傳記”的“涉”,其用法有可能是直接由“涉”的本義引申出來的,也就是説,是以涉水者與水的關係來比喻學習者與衆多的書籍的關係的。“涉歷”“涉獵”的瀏覽這類意思，説不定也是直接由“涉歷”的本義引申出來的。不過這樣説，跟説瀏覽這類意義由經過之義引申，實際上並沒有多大矛盾。因爲涉歷水中就是從水中經過的意思。

在這裏應該指出，一般解釋爲瀏覽的“涉獵”，其含義實際上並不是這樣單純的。古人使用這種“涉獵”的時候，既可以把某種範圍的書籍（如“書傳”“經史”）或泛指的“群書”“群籍”當作對象，也可以把某種學問當作對象（參看《辭通》）。《三國志・蜀志・向朗傳》“初朗少時雖涉獵文學”，《後漢書・儒林・李育傳》“頗涉獵古學”，就是後一種情況的例子。即使對象是書籍，也不一定是僅就閱讀而言的。就拿《賈山傳》的“所言涉獵書記”這一句來説，如果以“瀏覽”或顔注所説的“歷覽”取代“涉獵”，文義顯然不可通。可見用瀏覽一類意思來解釋這種“涉獵”是不够全面的。“涉獵”有經過的意思。既是“經過”，當然談不上對學問或書籍進行深入的鑽研。顔注説“涉獵”“言歷覽之不專精也”，撇開把“涉獵”的含義看得太窄這一點不論，這句話還是很有道理的。由此看來，在以某種學問爲對象時，“涉獵”大概是指一般地學習或研究這種學問而言的；在以某種範圍的書籍或泛指的“群書”“群籍”爲對象時，“涉獵”大概是指廣泛瀏覽或參考這些書籍而言的。

最後，對“涉獵”是否聯綿詞的問題略作討論。

從表面上看，“涉獵”很像是“捷獵”、“狎獵”等詞那樣的疊韻聯綿詞（關於“捷獵”“狎獵”，參看《辭源》有關條）。此外，古代的植物名裏有“獵涉”。《爾雅・釋木》：“欇，虎櫐。”郭璞注：“今虎豆，纏蔓林樹而生，莢有毛刺。今江東呼爲欕欇，音涉。”郝懿行《義疏》：“虎櫐即今紫藤……云江東呼欕欇者，謝靈運《山居賦》云‘獵涉蘡薁’，自注云‘獵涉字出《爾雅》’。是獵涉即欕欇，皆音同假借字也。”古代的植物名有不少是聯綿詞。在古漢語裏，有些聯綿詞上下二字可互换，例如上面舉過的“捷獵”就可以倒作“獵捷”。“獵涉”這種植物名的存在，也容易使人把“涉獵”看作聯綿詞。

從我們在上面介紹過的《辭通》對“涉獵”“涉歷”等詞的處理情況來看，此書編者好像就是把“涉獵”看作疊韻聯綿詞，並把“涉歷”看作由於音轉而從“涉獵”派生出來的一個詞的。新版《辭源》“獵涉”條第一義項注：

> 經歷。宋書謝靈運傳山居賦：“野有蔓草，獵涉蘡薁。”也指瀏覽書籍。參見“涉獵”。

此條雖然把植物名“獵涉”誤訓爲“經歷”，但是從語氣看似乎也是把“涉獵”和“獵涉”看作上下字可以互換的聯綿詞的(把“獵涉”訓爲“經歷”,當是襲《聯綿字典》之誤。新版《辭源》“欗檑”條已指出《山居賦》的“獵涉”即“欗檑”,並注明“參見獵涉”,不知“獵涉”條爲何犯此錯誤。此條說“獵涉”“也指瀏覽書籍”,也是有問題的,因爲古書中並無這種實例)。

我們既然認爲“涉獵”之“獵”應訓爲“歷”,當然不同意把“涉獵”看作聯綿詞。“涉獵”二字確實疊韻,但是疊韻的雙音詞並非全部是聯綿詞。至於檑的別名“獵涉”跟“涉獵”究竟有沒有關係,是還有待研究的問題。而且據《爾雅》郭注,“欗檑”(獵涉)是檑的較晚起的名稱,恐怕很難用作“涉獵”本是聯綿詞的確證。按照上文對“涉獵”和“涉歷”的考察,這兩個詞都應該是複合詞。我們推測“涉獵”是由“涉歷”分化出來的。用跟“涉”同韻的“獵”來取代“歷”,可能是爲了念起來順口。前面說過,《蜀都賦》的“涉獵寥廓”當脱胎於《羽獵賦》的“歷五帝之寥廓,涉三皇之登閎”。“涉獵寥廓”的前一句是“蹴蹈蒙籠”。“蹴蹈”二字古音雖不同部,韻母還是相當接近的。左思在下一句不用“涉歷”而用“涉獵”,很可能是爲了求字音和諧。這對我們考慮“涉獵”一詞出現的原因是有啓發性的。

1988年3月9日完稿

原載《王力先生紀念論文集》(商務印書館,1990),又載《古代文史研究新探》。其中《釋“拉雜”》又載《裘錫圭自選集》、《裘錫圭學術文化隨筆》。今據《古代文史研究新探》收入。

談談《同源字典》

王力先生的《同源字典》是漢語語源研究方面的重要著作。劉又辛、李茂康二位先生在《漢語詞族(字族)研究的沿革》一文中,評論此書說:“這部書在詞族研究的理論和方法上批判地繼承了前人的成果,對許多有關的問題,如同源詞確定的原則問題、音轉問題等,有許多精闢的見解;有利於把這項研究從玄學的迷途中解放出來而走向科學的道路。”(《古漢語研究》1990 年 1 期 8 頁)同時,他們也指出:“正如王力先生自己所說,這部書並不是十全十美的。……王先生在理論和方法上提出的原理和條例,在實踐上就往往不能貫徹。即使理論上,也還有一些需要深入討論的問題。”(同上)應該說,他們的評論是頗爲公允的。在本文中,我們想談談《同源字典》的編寫原則和長處,附帶討論一些有關的問題,希望能有助於使王先生留給我們的這份寶貴遺産更好地在語文研究工作中發揮作用。

王先生對漢語語源的研究很早就加以注意了。1941 年,他作過一個題爲“理想的字典”的演講,其内容後來寫成文章發表在 1945 年的《國文月刊》上(據《龍蟲並雕齋文集》一・379、378 頁。以下引此書簡稱“龍蟲”)。這篇文章指出,好的聲訓有可能揭示被訓字和訓釋字之間的“字源上的關係”,也就是“字族的關係”(同上 353 頁)。在 1946 年發表的《了一小字典初稿》一文中,每個字條都有“語源學”一項。雖然内容並不限於嚴格意義的語源學的範圍,但是確有不少語源研究方面的有價值的意見,如“仆”字條說“按仆覆雙聲,音義皆近”(同上 386 頁),“仕”字條說“今按,‘仕’‘事’古音相近或相同,義亦同源。從政必有所事事;故曰‘仕’”(同上 389—390 頁),等等。1947 年發表的《新訓詁學》一文,也談到語源研究方面的問題。文中對章炳麟關於“詞族”的研究,既肯定了其成績,也中肯地指出了其嚴重缺點(同上 317　320 頁)。

在 1954 年至 1957 年間寫出來的《漢語史稿》中,王先生在談“語音和語法、詞彙的關係”時,提到了有雙聲疊韻關係的“反義詞”和韻母有對轉或旁轉關係的“駢詞”(《王力文集》九・64—66 頁。以下引此書簡稱“文集”);在談古漢語的形態問題時,又指出上古漢語"靠着聲母的變化或韻母的變化"來表示"不同的語法用途","中古漢語的形態"則"表現在聲調的變化上面"(同上273頁),並舉出了通過變讀爲去聲,名詞或形容詞轉化爲動詞、動詞轉化爲名詞、內動詞轉化爲外動詞和一般動詞轉化爲致動詞(即使動詞)的很多實例(同上274—280頁)。這些都跟語源研究有關。在《漢語史稿》第四章"詞彙的發展"裏還有"同類詞和同源詞"一節,專門討論"語源""詞族"等問題(同上696—706頁)。

在1962年基本完成、1981年出版的《中國語言學史》裏,王先生講到了聲訓與語源研究的關係(42—53頁)以及與古代方言有關的"語轉"現象(26—28頁),並對王念孫、章炳麟、高本漢等人關於"語源""詞族"的研究作了評介(160—162、168、193—194等頁)。1965年,王先生發表了一篇語源研究方面的重要論文——《古漢語自動詞和使動詞的配對》(下文簡稱"配對")。文末指出自動詞和使動詞的配對既是構詞法的問題,也是"詞族問題的一個方面"(《龍蟲》三·29頁)。

從1974年到1978年,王先生集中力量進行漢語語源的研究,"用四年的時間,三易其稿"(《同源字典》序文2頁),寫成了包含439個同源字條、涉及三千多個單字的《同源字典》(下文簡稱"字典"。根據《字典》的部首檢字表統計,如不算出現在括號裏的字,不重複的單字數爲3059個)。發表在《中國語文》1978年第一期上的《同源字論》,可以説是這部《字典》的導論。跟漢語語源研究有關的各種重要問題,此文大都已經討論到了。1979年,王先生又寫了一篇語源研究方面的論文——《漢語滋生詞的語法分析》(下文簡稱"分析"),發表在1980年出版的北大中文系《語言學論叢》第六輯上。這兩篇論文都收入了商務印書館1982年出版的《同源字典》的卷首,對《同源字論》的內容還作了很多補充(也有可能此文在《中國語文》上發表時預先作過删節)。

王力先生的語源研究的特點是比較客觀比較謹慎。他認爲前人研究漢語語源有兩大缺點:"聲音不相近而勉强認爲同源,意義相差遠而勉强牽合"(《字典》41頁。以下注《字典》頁數時一般省去書名)。他指出,據有的學者研究,"一個詞族可以收容一二百字。但是仔細審察其實際,在語音方面,則通轉的範圍過寬,或雙聲而韻部相差太遠,或疊韻而聲紐隔絶;在字義方面,則展轉串連,勉强牽合",可信程度不高(序文1—2頁)。此外,他還著重批判過前人研究語源時喜歡"遠紹"的錯誤傾向,即"假定某一種語義曾於一二千年前出現過一次,以後的史料毫無所見,直至最近的書籍或現代方言裏才再出現"。他認爲這種現象"語言史上是不會有的"(《新訓詁學》,《龍蟲》一·324—325頁。參看《理想的字典》,同上371頁)。

爲了免蹈前人的覆轍,王先生在編寫《字典》時定下了一些原則。根據我們的體會,主要有下述四條。

1. 要求同源字“必須韻部、聲母都相同或相近”(20 頁),“而且必須以先秦古音爲依據,因爲同源字的形成,絶大多數是上古時代的事”(12 頁)。王先生在《〈同源字典〉的性質及其意義》一文中,把這一原則簡明地説成“同源字必須是雙聲兼疊韻的”(《王力論學新著》178 頁,廣西人民出版社,1983)。

2. 判斷同源字時,在字義方面主要“以古代訓詁爲根據,避免臆測”(43 頁)。《〈同源字典〉的性質及其意義》把這一原則簡明地説成“同源字必須有訓詁的根據”。

3. 不作系統的詞族研究,分條列出同源字。每條所收同源字,不求其多,但求可信(序文 1—2 頁,參看 43 頁)。

4. 不武斷地肯定兩個同源字哪個是源哪個是流。王先生在《同源字論》裏,把“不武斷地肯定某詞源出某詞”看作高本漢的詞族研究勝於章炳麟的一個優點(41 頁);在《字典》序裏,又指出他所以不把這部書“叫做《語源字典》,而叫做《同源字典》”,就是由於“有時候某兩個字,哪個是源,哪個是流,很難斷定”(序文 1 頁)。可見他對這一點相當重視。

下面就依次來看看《字典》貫徹這幾條原則的情況,附帶討論一些有關的問題。

先來看第一條原則貫徹的情況。《同源字論》裏有“從語音方面分析同源字”一節,指出了同源字之間在聲母和韻母上可能有的各種關係(12—20 頁)。《字典》正文的編排,以韻部爲綱,聲紐爲目。每個字條按所列第一字的古音編入相應韻部的相應聲紐之下。條中所列的同源字,全都用音標注出擬構的古音,它們彼此間在聲韻上的關係,另加括號注明。讀者對《字典》所收的同源字之間的語音關係,可以一目瞭然。

應該説,王先生定爲同源的字,在語音上都是有同源的可能的。不過在韻母的關係上,旁轉、旁對轉、通轉這類稍嫌疏遠的關係,其出現次數似乎還是多了一些。在某些公認的同源詞之間,的確存在着這類語音關係。可是如果在把並未被公認爲同源的、一對意義相近的詞確定爲同源詞的時候,除去情況一般的意義相近,只能提出這類語音關係作爲根據的話,説服力就不强了。總的來看,《字典》對同源字語音關係的要求還是嚴格的。這就是説,第一條原則是貫徹得相當好的。

附帶説一下,《字典》在注音方面偶有可商之處。例如:“函”字古音,王先生歸入談部,因此“含”(侵部字)和“函”的擬音不同,“頷”和“顄”的擬音也不同(605、606頁)。其實“函”“含”古通,《説文》“函”字或體作“肣”,从“今”聲,不少古音學家把“函”歸入侵部,大概是正確的(參看陳復華、何九盈《古韻通曉》383頁。王先生曾在所著《漢語音韻》中把“函”歸入侵部,但《漢語語音史》仍歸入談部)。“含”和“函”,“頷”和“顄”,在上古大概是同音的。485頁“艾、乂、忞”條給“艾”注相當於今音 ài 的音,給“乂、忞”注相當於今音 yì 的音。此條“艾”字當“懲”講,從來都認爲這種“艾”字與“乂、忞”通。我們可以把它們都讀成 yì,也可以把它們都讀成 ài(《集韻》去聲泰韻牛蓋切艾小韻收“乂”字,注曰:“創乂,懲也。或作忞,通作艾。”)。《字典》給它們分注兩種音,恐怕是不妥當的。375頁“邕、臃”等字條把“軉”的音也注成 iong。“軉”跟“瓮”同音,似應注 ong 音。264頁“偪”等字條把“廦”當作幫母字。但是在字書、韻書中,這個字只有滂母的音(“廦”字有幫母音,但跟“廦”不是一個字,一从“广”,一从“厂”),不知王先生是否另有所據。《字典》注同源字的音韻關係,也有個別使人難解之處。如292頁“百、佰”條給這兩個字注了相同的音,但却把它們的關係注成“疊韻”而不注成“同音”。按《字典》的體例,同音不同調的字,包括有長入、短入之別的字,都只看作疊韻而不看作同音。但是“百”和“佰”的聲調並無不同,不知爲什麽不看作同音。或許竟是筆誤?

應該指出,王先生給有些字注不同於一般讀法的音,是有他的道理的。如267頁“扼”等字條,把當大車軛講的“槅”注爲與“軛”同音。這種“槅”字在字書、韻書裏只有跟“革”相同的音,但是跟它同義的“鬲”字則讀“軛”音。王先生當是由於認爲“‘軛(枙)、槅(鬲)’實同一詞”(268頁),而把“槅”也讀爲與“軛”同音的。

上舉第二條原則也貫徹得相當好。《字典》“大量地引用古人的訓詁”(序文2頁),很多字條還引用了段玉裁、王念孫、徐灝等在語義研究上有較高成就的清代學者的有關意見;而且無論是古人的訓詁,還是清儒的意見,基本上都是引用得當的。這大大增强了王先生關於同源字的判斷的可信性。我們只要略爲翻閲一下《字典》,就能强烈地感到這一點。

當然,如果求全責備的話,在這方面也還是可以找到一些缺點的。下面舉幾個例子。

130頁以“据、戟、撠、挶”爲同源字,所引的跟“戟”字有關的古代訓詁是:

說文:“戟,有枝兵也。”左傳哀公二十五年:“公戟其手。”注:“抵徒手屈肘如戟形。”

一般認爲,與“据、挶”義近的“戟”是見於《說文》的“丮”的假借字(《說文·三下》:“丮,持也。象手有所丮據也。……讀若戟。”),“撠”是“丮”的異體。王先生好像認爲“撠”義與“戟”的本義有聯繫,可是他所引的《左傳》注却並不能證明這一點。從所引的《左傳》那句話的上下文看,杜注的意思顯然是說衛侯把自己的手的形狀弄得像戟形。這跟“撠”的意思很難聯繫起來。

236—237頁以“柔、揉、輮、肉”等爲同源字。王先生在引用了《考工記·輪人》“揉輻必齊”、《荀子·勸學》“輮以爲輪”等文之後,解釋說:“按,揉木爲輪,故車輞稱‘輮’。”(輞即車輪周圍的框子)這是很有道理的。他所引的關於“輮、肉”同源的訓詁資料如下:

> 爾雅釋器:“肉倍好謂之璧。”注:“肉,邊也。”孫注:“肉,身也。”漢書食貨志下:“肉好皆有周郭。”韋昭曰:“肉,錢形也。”律曆志上:“圜而環之,令之肉倍好者。”集注引如淳:“體爲肉,孔爲好。”說文“輮”字下段注:“按,輮之言肉也。凡物邊爲肉,中爲好。”

以此來說明肉好之“肉”與“輮”同源,是有問題的。從所引《爾雅》孫炎注“肉,身也”和《漢書》如淳注“體爲肉”等語來看,古人大概認爲肉好之“肉”是骨肉之“肉”的引申義。段注“輮之言肉也”是說明“輮”字得義之由的,意思說“輮、肉”音近,凡物之邊稱爲“肉”,所以車輪之邊稱爲“輮”。這跟王先生“輮”得義於“揉”的說法是相矛盾的。《釋名·釋形體》說:“肉,柔也。”王先生沒有引用,想來是不信此說的。即使承認骨肉之“肉”與“柔”同源,“輮之言肉也”與“輮”得義於“揉”這兩種說法仍然無法並存。

320頁“經、綱”條引了古書中提到“經紀”“綱紀”“紀綱”的一些話,還引了《左傳正義》“經者,綱紀之言也”這條訓詁資料。從表面上看,似乎可以說明“經、綱”二字同源。可是稍往深處一想,就産生了疑問。“經”字的經紀之義應該是由“織縱絲”這一本義引申出來的,“綱”字的綱紀之義應該是由“網之大繩”這一本義引申出來的。這兩個本義並不相近。如果不能說明它們確有共同的來源,就不能斷定“經、綱”二字有同源關係。我們當然不能完全排斥“經、綱”二字同源的可能性,但是僅僅根據二者的引申義相近,是不能證明它們有同源關係的。

必須指出,《字典》引用古代訓詁和清儒之說不够恰當的情況,是相當罕見的。這方面的缺點是無傷大體的。

《字典》有對古代訓詁注意得不够的情況。這裏舉一個例子。“管”等字條把當門閂講的“關”列爲當鎖鑰講的“管”的同源詞(551—552 頁)。但從所引的訓詁資料,却看不出它們在意義上有多密切的關係。古書中訓爲“貫”或“穿”的“關”字,《字典》收入“貫(毌)”等字條,認爲是“貫”的同源字(552—553 頁)。這是很正確的。《説文》:“關,以木橫持門也。”“毌,穿物持之也。”由此可見當門閂講的“關”跟貫穿之“貫”,在意義上也是有明顯聯繫的(門關橫持門,是要貫穿在附著於門扇的門耳裏的)。把它看作“貫”的同源詞,顯然要比把它看作由於形似樂器的管而得名的、當鎖鑰講的“管”的同源詞合理得多。《字典》把《説文》對“關”字和“毌”字的解釋分引在“管”等字條和“貫”等字條裏,沒有注意到其間的聯繫。這是很可惜的。王先生在《分析》裏認爲當門閂講的“關”是由當貫穿的“擐”滋生的(52 頁。這是動詞滋生名詞之例,《分析》誤列於名詞滋生動詞類)。這個意見基本上是正確的。《分析》是在《字典》書稿完成後寫的。也許我們可以認爲《字典》裏“管”“關”同源的意見已經被王先生自己否定掉了。

附帶説一下,有很多字根據古代訓詁可以對它們的語源得出兩種甚至更多的、看來都有一定道理的解釋,研究者往往各主一説。例如“語”字,《禮記・文王世子》注、《廣雅・釋詁四》等都訓爲“言”。《説文》“言”字下説:“直言曰言,論難曰語。”《字典》著眼於“語”跟“言”音義皆近,認爲二者同源(138 頁)。章炳麟《文始》則著眼於“語”有“論難”的性質,認爲“語”由啎逆之“啎”孳乳(五・5 頁)。由於一個字往往代表兩個以上的詞,即使都承認某詞出自某字,對其得義之由仍可有不同解釋。例如“臀”字,《釋名》和《字典》都認爲出自“殿”字。《釋名・釋形體》説:“臀,殿也,高厚有殿遌也。”大概認爲殿堂是高起的(“殿”“堂”本指堆土而成的殿基、堂基),臀部也是高起的,因而得名。《字典》則認爲“殿”字古代訓爲“後”,臀部在身後,因而得名(514 頁)。《文始》認爲“堆”孳乳爲“脽”,其音對轉,變易爲“臀”(二・6 下),意見跟《釋名》相近。按照《字典》的體例,當然只能用一種説法。但是對讀者來説,最好也能知道別的有一定道理的説法。這是一個矛盾。

上舉第三條原則對《字典》的編纂形式起了決定作用。序文説:“在這部《同源字典》中,每一條所收最多不過二十多個字,少則只有兩個字,寧缺毋濫。收字少了,就能避免或減少錯誤,具有實用價值。”(2 頁)就漢語語源研究的現狀來看,這樣做是很明智的。

不過,王先生這樣做,並不意味着他認爲凡是被他歸入不同字條的字,彼此都沒有可以確定的同源關係。他有時在某個字條裏加按語,指出這一字條的字跟另一條的字也同源或可能也同源。例如:103 頁“剖、副、劈”等字條之末説:“按,

‘劈’等字和‘擘’等字亦同源。參看‘擘’等字條。”268—269 頁“嗌、咽”等字條中說:“段玉裁曰:‘嗌者,扼也,扼要之處也。咽嗌雙聲。’按,依段說,則‘嗌、扼’亦同源。參看‘扼’字條。”280 頁“擴”等字條之末說:“按,‘擴’與‘廣’亦同源,參看‘廣’字條。”293 頁“暮、晚”條之末說:“按,‘莫(暮)’字亦與‘冥’字同源。參看‘冥’字條。”359 頁“涼”等字條之末說:“按,‘涼’亦與‘冷’同源,參看‘冷’字條。”369—370 頁,“藏、臟”“藏、倉、贓”兩條相次,後一條中說:“按,‘贓’與‘藏’亦同源。參看‘臟’字條。”426—428 頁,“比、妣”等字條、“比、密”等字條和“比、頻”條相次,最後一條之末說:“按,比同的‘比’,密比的‘比’,頻比的‘比’,可能都同源。參看上文兩‘比’字條。”453 頁“屈、詘”條之末說:“‘屈、詘’可能與‘曲’等字亦同源。參看‘曲’等字條。”502 頁“温、韞”條之末說:“按,‘韞’與‘鬱’等字亦同源,參看‘鬱’字條。”可見王先生不但不把他認爲有可能但還不能確定是同源的字寫在一條裏,而且還往往把他已經確認爲同源的字也分寫成不同的字條。

在王先生加了上述那種按語的字條之外,《字典》裏彼此顯然有同源關係或很可能有同源關係的字條還多得很。而且它們之間的關係,王先生無疑大都是知道得很清楚的。例如 407 頁有“非、誹”條,王先生解釋說:“‘非’是不對,‘誹’是認爲不對,故得同源。”排在這一條後面的是“非、匪、微”條,其中的“非”當“不是”講(407—408 頁)。這兩條的“非”顯然是同源的。王先生雖然沒有加按語指出,但無疑也是這樣看的。據我們觀察,如果一個字代表着兩個以上同源詞,而這些詞又各有自己的同源詞的話,王先生往往是把它們分别寫成兩個以上字條的。除“非”字外,上面舉過的“藏”字也是一個例子(“藏、倉、贓”條的“藏”訓“匿”,讀平聲。“藏、臟”條的“藏”是府藏之“藏”,讀去聲)。“比”字其實也可以看作一個例子。比同的“比”、密比的“比”和頻比的“比”之間的同源關係,恐怕不大會有人懷疑。此外還有這一類例子,如 265—266 頁“踣……伏、覆”條和 266 頁“伏、服”條中的“伏”字,97 頁“事、使”條和 97—98 頁“史、事、士、仕”條中的“事”字,等等。有關字條的同源關係,大都沒有加按語指出。

王先生對由同一個字代表的同源詞,採取分而不合的處理方法,大概主要是由於他覺得這樣處理,眉目清楚,寫起字條來也比較方便。附帶說一下,如果由同一個字代表的兩個同源詞,各自都沒有同源詞收入《字典》,或者只有其中一個有同源詞收入《字典》的話,《字典》通常也不出條目來表示它們的同源關係。例如:讀 zhé 的“折”和讀 shé 的“折”是同源詞,《配對》和《分析》都曾舉到過(《龍蟲》三·48 頁、《字典》49 頁),《字典》正文就沒有收。《字典》正文有“顯、見、現”條(559

頁。"見"讀"現",跟"現"表示同一個詞),但却没有"見、現"條,大概也是由於呈現的"現"在較古的文獻裏一般都寫作"見"的緣故。這一體例恐怕不能認爲是恰當的。對於可能出自中古經師私意、對口語没有多大影響的"讀破",我們可以不管。可是對上舉那種同源關係,《字典》似乎不應該不反映。

在前面舉過的,王先生加了按語的那些字條裏,他認爲跟别的字條確有同源關係的那部分,多數並没有牽涉到同一個字代表兩個以上同源詞的問題。不過,王先生不把那些有同源關係的字條合寫成一條的主要原因,可能仍與上面所説的、對同一個字所代表的同源詞採取分而不合的處理方法的原因相同。

從上舉的"非、誹""非、匪、微"這一類字條的情況來看,王先生對他認爲彼此確有同源關係的字條,顯然多數是不加按語指出的。對他認爲雖有可能但還不能確定有同源關係的那些字條,不加按語的情況無疑會更多,下面也舉幾個例子。《字典》裏,在前面舉過的、王先生已經指出"可能與'曲'等字亦同源"的"屈、詘"條之後,緊接着就是"剧、劂"條(453 頁)。條中引了"剧,剞剧,曲刀"、"劂,曲鑿也"等注釋,可是並没有加按語指出"剧、劂"可能與"屈、曲"等字同源。王先生在《新訓詁學》裏曾指出"'鬻'字可能就是'糶'字的前身"(《龍蟲》一·327 頁),可是《字典》302 頁"糶"等字條和 310 頁"鬻"等字條都没有加按語指出。王先生在《漢語史稿》裏講同源詞的時候,曾指出楊樹達《高等國文法》列舉的 16 個否定詞,按上古語音來説都是脣音字。其中 5 個屬幫母,即"不、弗、否、非、匪"。按照王先生所注的擬音來看,"非、匪"的上古音跟"不、弗、否"很接近(《文集》九·702—703 頁)。在《字典》裏,"不、否、弗"(102 頁)跟"非、匪、微"(407—408 頁)不但分爲兩條,而且都没有加按語指出它們可能同源。

我們猜想,王先生不給"非、誹"、"非、匪、微"這類字條加按語,可能是由於認爲它們的同源關係極爲明顯,不煩指出。至於不給很多彼此可能有同源關係的字條加按語,大概主要是爲了跟那種不够科學的詞族研究嚴格區别開來,避免在没有充分把握的情況下,把同源詞的範圍擴得太大。

在《字典》裏,一個字重複出現在兩三個字條裏是很常見的事。在一般情況下,這種字在不同字條中所代表的是不同的詞(既有前面舉過的彼此有同源關係的詞,也有並無同源關係的詞,如 99 頁財寶之"財"和 100 頁與"纔、才"等字通的"財",120 頁用作疑問詞的"安"和 543 頁安靜之"安",等等)。但是也存在一些表示同一個詞的同一個字重複出現在兩個字條裏的情況,而且各條中爲這個字引用的訓詁資料通常也基本相同。這種成對的字條大部分似可合併爲一條。例如 154

頁“渚、沚、洲(州)”條和235頁“州、洲、島”條,224頁“標……杪”條和226頁“藐、杪、秒……”條(後一條中加了“‘杪’與‘標’等字亦同源,參看‘標’等字條”的按語),279頁的“隙……閒”條和549頁的“閒、隙、澗、干”條(這兩條有兩個重見的詞),535—538頁“……延、衍”條和572頁“延、施、移”條,616頁“……鐵、孅”條和630頁“纖、孅”條,629頁“斬……塹”條和629—630頁“鑱、攙、塹”條(兩條緊接),261頁“惻、憯、慘”條和616—617頁“憯、慘”條(這兩條的“憯”同義,“慘”義稍有不同,情況比較特殊)。141頁“娛、虞”條緊接在140頁“娛、憪”條後,兩條“娛”字之義無別,而且後一條未列“娛”字資料,按體例宜合併成一條。305頁“暴、瀑”和“暴、爆”兩條相次,後一條也未列“暴”字資料,似乎表示“瀑、爆”都由“暴”字的同一意義滋生。如果確是這樣,這兩條也宜合併。

《字典》裏偶有兩個字條對同一個詞所作的語源上的解釋互相矛盾的情況。如《史記·南越列傳》“犁旦”的“犁”,既收在419—420頁“遲、邌(黎犁)”條內,認爲與訓“徐、遲”的“邌”表示同一個詞;又收在421頁“黧、黎、犁”條內,訓爲“黑”,並加了“在黑的意義上,‘黧、黎、犁’實同一詞”的按語。這當是由於疏忽而造成的。280—281頁“壑……坑、坎、陷”條以“坎”與“壑、坑”等字爲同源詞,433頁“窠、科……坎”條又以“坎”與“窠、科”等字爲同源詞;449—450頁“蔆……隱”條以“隱”與“蔆”等字爲同源詞,602—604頁“暗……陰、隱”條又以“隱”與“暗、陰”等字爲同源詞,也使讀者感到不好理解。不過,“壑、坑”等字跟“窠、科”等字,“蔆”等字跟“暗、陰”等字,從音、義上看,似乎還不是全無同源的可能的。因此“坎”“隱”兩詞的重見,究竟是完全由於疏忽而造成的,還是反映作者認爲有關字條間有同源關係,就難以斷定了。

《字典》在收字方面有一些比較明顯的遺漏。例如204—205頁“高、驕”等字條未收“僑”(《說文》訓“高”)、“鐈”(《說文》訓“似鼎而長足”)等字,440—441頁“叉、杈”等字條未收“汊”字,470—471頁“暱、尼、邇”等字條未收“禰”字(《左傳·襄公十三年》“所以從先君於禰廟者”句《正義》:“禰,近也,於諸廟,父爲最近也。”)。又如一般都認爲“藏、葬”是同源詞,《配對》也舉了這個例子(《龍蟲》三·24頁),可是《字典》却只收“藏”未收“葬”。以一人之力來編這樣一部缺乏現成的書作爲參考的《同源字典》,收字有所遺漏是難免的。這一點王先生自己在序裏就指出來了。讀者在這方面自不應有過高的要求。

對上舉第四條原則,即不武斷地肯定兩個同源字哪個是源哪個是流,閱讀和使用《字典》的人必須有充分的認識。《字典》列舉同源字的時候,常用 A:B 的形式。

讀者很容易認爲這表示A是B的源,其實並不一定如此。《字典》正文通常避免對同源字的源流關係表示明確意見。一般說,“A:B”主要表示A、B是同源字,並不意味着B一定是由A滋生的。不然,對如下這類例子就無法理解了:

起:興

　熙:興　　(84頁)

分:半

　……

　判:別

　辨:別　　(523頁)

“興”這個詞當然不可能是同時由“起”和“熙”這兩個詞滋生出來的,“別”這個詞也不可能是同時由“判”和“辨”這兩個詞滋生出來的。不過,綜觀全書,好像王先生在多數情況下還是把他認爲是源的字放在A的位置上的。

王先生採取我們所說的第四條原則,並不意味着他認爲同源字之間的源流關係不必研究或無法研究。他一方面指出有時很難斷定兩個同源字哪個是源哪個是流,一方面又指出“在多數情況下,源流還是可以斷定的”(序文1頁,參看47頁)。在《配對》、《同源字論》和《分析》等文中,他對很多同源字的源流關係表示了明確的意見。值得注意的是,王先生在這方面的意見是有一些變化的。例如《同源字論》說:

硯,硯臺;研,用硯臺磨。(27頁)

柄,把子;秉,握住把子。(28頁)

顯然認爲“硯、柄”是源,“研、秉”是流。在《分析》裏則把“研—硯”、“秉—柄”當作動詞滋生名詞的例子(51頁),認爲“研、秉”是源,“硯、柄”是流。後一種意見應該是正確的(王先生在1984年脱稿的《漢語詞彙史》的第三章《滋生詞》的“語法分析”節中,用《分析》之說,以“研—硯”、“秉—柄”爲動詞滋生名詞之例;但在“語義分析”節中仍保留《同源字論》“柄”滋生“秉”的說法。一章之内前後矛盾。“語義分析”節中已將《同源字論》“硯”滋生“研”的説法改爲“研”滋生“硯”,“柄”滋生“秉”的說法也許是由於疏忽而漏改的。以上所引《漢語詞彙史》文,依次見《王力文集》第十一卷590、570、571諸頁)。附帶說一下,《字典》“研、硯”條引《說文》“硯,石滑也”,並引段注“今之研墨者曰硯,其引申義也”(558頁)。這跟“研”滋生“硯”的看法和此條下文“(硯)字本作研”的說法是相矛盾的。硯臺之“硯”應該看作“研”的假借字。

王先生對有些同源字的源流關係的看法似有問題。例如《分析》所舉名詞滋生動詞之例有：

獸—狩　　禽—擒

認爲狩獵、擒獲之義由野獸、禽獸之義滋生(53頁。此文把“禽”解釋爲“獵物”)。但是殷墟甲骨卜辭裏“獸”字常見,主要用來表示狩獵義,用來表示野獸義的極爲少見(《屯南》2326“叀徣彔燹,禽又小獸”,可能用“獸”爲野獸義);“禽”字也常見,主要用來表示擒獲義,用來表示禽獸義的連一例也沒有。從字形上看,“獸”字本來寫作从“單”从“犬”。“單”大概象一種狩獵工具,犬是獵人的最好助手。此字本義也以說成狩獵爲妥(“狩”是“獸”的分别字)。野獸是狩獵的對象,所以“獸獵”之“獸”(狩)滋生出了野獸之“獸”。甲骨文“禽”字象一個捕鳥獸用的有柄的網。其本義也以說成擒獲爲妥(“擒”是“禽”的分别字)。禽獸是人們擒獲的對象,所以“禽獲”之“禽”(擒)滋生出了禽獸之“禽”。在《分析》所舉其他名詞滋生動詞之例裏,恐怕還有少數有問題的例子。

上面所舉的一些例子說明,判斷同源字哪個是源哪個是流,的確不是一件很容易的事。王先生編寫《字典》時,通常採取不明確說哪個是源哪個是流的態度,是很明智的。

從以上所說的可以看到,王先生在編寫《字典》的過程裏,是相當嚴格地貫徹了上舉的四個原則的。跟全面研究漢語語源的前人著作,如章炳麟的《文始》和高本漢的《漢語詞族》相比,《字典》在科學性和實用性上大大超過了它們。其主要原因就在這裏。

此外,王先生對漢語語源的研究,還有兩個值得指出的長處。

首先,王先生做到了擺脫字形的束縛,完全從語言的角度去研究語源。

王先生在他的著作裏曾强調指出,“研究語義的産生及其演變,應該不受字形的束縛”(《新訓詁學》,《龍蟲》一・324頁),“研究‘詞族’的時候,應該擺脫字形的束縛,從聲音和意義兩方面找它們的親屬關係”(《漢語史稿》,《文集》九・704頁)。他認爲“章炳麟一部《文始》,其成功的部分就是突破了字形的束縛,從音義聯繫的觀點上得到了成功”(《新訓詁學》,《龍蟲》一・323頁);而其缺點之一則是以《說文》中的“初文”作爲研究的根據,犯了“拘牽形體”之病(《同源字論》,39—40頁)。他還認爲雖然清儒段、王等人主張以聲音明訓詁,但是“由於他們是從文字的角度上研究問題,不是從語言的角度上研究問題”,就沒有可能“寫出一部同源字典或語源字典來”(《字典》序文1頁)。

王先生在寫《字典》的時候,確實很好地貫徹了“從語言的角度上研究問題”的主張。《同源字論》說:“我們從語言的角度來看同源字,就會發現,同字未必同源,不同字反而同源。”(5頁)《字典》不但在編寫體例上充分體現了這一點,而且還常常强調指出這方面的實例。例如“娛、虞”條指出:“在虞樂的意義上,‘虞、娛’實同一詞;憂虞的‘虞’則是另一詞。”(141頁)“屈、詘”條指出:“說文:‘屈,無尾也。’那是另一字(引者按:這個“字”實指“詞”),讀九勿切,與屈曲的‘屈’無關。”(452頁)又指出:“在屈曲、屈折、冤屈、屈服的意義上,‘屈、詘’實同一詞。‘屈、詘’可能與‘曲’等字亦同源。”(453頁)。類似的例子很多。《字典》一方面經常指出某些字“實同一詞”,或在某種意義上“實同一詞”(有時還指出據字形强生分別的不當,如607頁說:“按,‘耽、湛、媅、酖’實同一詞。……朱駿聲曰:‘嗜色爲媅,嗜酒爲酖。’這是從字形上强生分別。”);另一方面,如前面曾說過的,《字典》不但把由同一個字表示的無同源關係的詞分別收入不同的字條,而且往往把由同一個字表示的同源詞也分別收入不同的字條。由此可見《字典》擺脫字形束縛的徹底程度。

王先生關於某些詞的語源的好意見,正是由於他能擺脫字形的束縛而取得的。下面舉兩個例子。

“埠”在中古時代本來寫作“步”。柳宗元《永州鐵爐步志》說:“江之滸,凡舟可縻而上下者曰步。”從“舟可縻而上下”的說法來看,他似乎認爲這種“步”字的意義是由“步”字本義引申出來的。至少這樣認識“步”(埠)的語源的可能性是存在的。《字典》則拋開字形,完全從音義上考慮,認爲“步”(埠)就是當“水涯”講的“浦”的音轉(176頁)。這一意見顯然比較合理。

《文始》“目”字條說:“目又變易爲顧……又使人者,有旻,有眣,皆以目顧視使之也。故顧又孳乳爲故,使爲之也(引者按,《說文》:“故,使爲之也。”)。《史記・馮唐列傳・集解》據如淳引漢軍法曰:令人故行,不行,奪勞二歲。故即今顧庸(引者按,今作雇傭)之本字,所謂使爲之也。然作顧亦可通。”(五・4下)章氏遷就“顧”“故”本義來解釋“雇(傭)傭”之“雇”的語源,說法比較牽强。《字典》則拋開字形,認爲“雇”是當“買、賣”講的“賈”的同源詞(124—125頁)。古書裏“雇”的意義,用《字典》的說法來解釋,顯然比用章說來解釋合理。如《漢書・鼂錯傳》有“斂民財以顧其功”語,注:“顧,讎也,若今雇賃也。”《後漢書・桓帝紀》有“以見(現)錢雇直(值)”語,注:“雇猶酬也。”很難設想“使爲之”的意思能引申出報酬的意思,而由“買、賣”的意思引申出報酬的意思則是很自然的。

必須指出，在語源研究中，字形方面的綫索是很重要的。進行語源研究，一方面要擺脱字形的束縛，完全從語言的角度出發；另一方面又要注意利用字形方面的綫索。這兩方面決不是相互排斥的。王先生在後一方面也做得相當好。他在《漢語史稿》裏指出了“主張凡同聲符的字其意義一定也有相通之處”的“右文”說的缺點，但同時也承認“這個意思是大致不錯的”（《文集》九・704 頁）。可見他並不反對在語源研究中利用“右文”的綫索。他在《同源字論》裏指出“多數分别字都是同源字”（23 頁）。分别字跟原來的字，大多數在字形上也是有明顯的聯繫的。有時他還引用到古文字裏的字形資料，如在講“受、授”本同字時，就引了甲骨文的“受”字（238 頁）。

王先生對有些詞的語源的看法的變化，就跟注意到了字形方面的綫索有關。下面也舉兩個例子。

王先生在《配對》裏把“瘳”和“療”看成配對的自動詞和使動詞，認爲“療”是由“瘳”滋生的（《龍蟲》三・25 頁）。在《字典》和《分析》裏，他把“療”跟“藥”看成同源字。《分析》舉“藥—療”爲名詞滋生動詞之例，認爲“療”是由“藥”滋生的（47 頁）。這應該是正確的（《字典》對“藥、療”之間的源流關係沒有明確表示意見。從字條標目“療：愮，愮：藥”來看，可能認爲“療”滋生“愮”，“愮”又滋生“藥”，跟《字典》完稿後所寫的《分析》的意見有所不同。但是也有可能這一字條的標目中的字序，主要是由同源字之間的聲韻關係決定的，並不反映王先生對它們之間的源流關係的看法）。從《字典》“療、愮、藥”條所引的有關資料來看，王先生對“療”字語源的看法的改變，大概跟他注意到“療”字或體作“瘵”跟“藥”字同聲旁，《詩・陳風・衡門》“可以樂飢”句《釋文》說“樂，本又作瘵”，以及“詩大雅板‘不可救藥’左傳作‘不可救療’”有關（215—216 頁）。這些似乎都可以看作字形方面的綫索。

王先生在《新訓詁學》裏，認爲“趾”字由指稱足變爲指稱脚趾，是語義演變中縮小式的例子（《龍蟲》一・321—322 頁）。後來他發現脚趾之“趾”在古代寫作“指”（《史記・高祖本紀》：“乃捫足曰：‘虜中吾指。’”），手指、脚趾本來是同名的，脚趾義跟“趾”的本義並無關係（《字典》421 頁“指、恉”條、94—95 頁“趾、址”條）。王先生的舊說顯然受了“趾”字字形的束縛，而後來所以能糾正此說，又是由於有脚趾之“趾”本來寫作“指”這一字形方面的綫索。這充分說明擺脱字形的束縛跟利用字形方面的綫索是並行不悖的。關鍵在於無論是擺脱字形的束縛，還是利用字形方面的綫索，都必須緊緊抓住從語言的角度出發這一點。我們覺得王先生關於"趾"的新說可信,一個重要的原因就是這一説法從語言角度考慮也是合理的。手指的用處很大,其名稱無疑出現得很早。在需要爲脚趾命名的時候,由於脚趾跟手指有明顯的相似之處,就用"指"來命名它,這是很自然的事。

王先生有時也有對字形方面的綫索不够重視的情況。他不把"居"跟"踞"聯繫起來,而把"居"看作"家"的同源字,是一個比較明顯的例子。《説文》以"凥"爲居處之"居"的本字(此字見於楚國的鄂君啓節),以"居"爲蹲踞之"踞"的初文。"踞"本指跟現代的"垂足而坐"相似的一種姿勢(《馮漢驥考古學論文集》155頁及160頁注㉒)。從古文字字形看,"凥"正象有人踞几而坐,實應是"踞"的初文。踞坐是一種比較安穩、舒適的坐姿。居處之義應是由踞坐之義引申出來的。王先生考慮"居"的語源的時候,抛開字形方面的綫索,只重視古人的聲訓(《説文》:"家,居也。"),恐怕是不够妥當的。

王先生的語源研究的另一長處,是注意分析同源詞之間的語義和語法關係的各種類型。

《同源字論》有"從詞義方面分析同源字"一節,對同源詞之間在語義上的各種類型的關係進行了細緻的分析(20—38頁)。《分析》一文則對同源詞之間的語法關係作了很好的分析(46—56頁)。《配對》也可以看作研究同源詞之間的語義和語法關係的一篇論文(《龍蟲》三·11—29頁)。在《字典》正文裏,有時也對所收的同源字作語法關係方面的分析。有的例子是上舉那些論文所未收的。例如《分析》一文"同音不同字的滋生詞"一節中,沒有"名詞—形容詞"一項。《字典》"穗、穟"條説:"'穗'和'穟'是名詞和形容詞的區別。"(464—465頁)就可以補其缺。

近人對用四聲或清濁音别義的同源詞的語義和語法關係作過較多的討論。像王先生這樣對同源詞的語義和語法關係作全面分析的,似乎還沒有。這種分析工作無論從研究語源的角度,還是從研究古漢語構詞法的角度來看,都是非常有益的,無疑有助於研究的深化和科學化。

王先生在這方面的某些具體意見,似有商榷的餘地。例如王先生講自動詞轉變爲使動詞的時候,把"買、賣""賒、貰""受、授""貣、貸""糴、糶"等例子也包括在内(《文集》九·279頁,《龍蟲》三·18—19、22—23頁,《字典》37、119、164、238、255、302等頁),這就不大妥當。"受、授""買、賣"等都是一件事的兩個不可或缺的方面。既不能説授、賣等行爲在先,也不能説受、買等行爲在先。我們很難設想,先民會先有明確的接受、買入等概念,然後通過用"受、買"等表示"使受、使買"等意思,而形成授與、出賣等概念。楊樹達認爲:"古人言語施受不分,如買與賣,受與授，糴與糶，本皆一辭，後乃分化耳，教與學亦然。”（《靜簋跋》，《積微居金文説》191頁。参看《字典》302頁“糶、糴”條所引徐灝説。楊説與徐説接近）這一意見可能比較接近實際。梅祖麟先生在《四聲别義中的時間層次》一文中，把“受、買”等稱爲内向動詞，“授、賣”等稱爲外向動詞（《中國語文》1980年6期438—439頁）。這比稱它們爲自動詞、使動詞合理。王先生在《分析》裏沒有用“自動詞、使動詞”的説法。他把自己過去看作自動詞和使動詞的“見”和“見（現）”稱爲主動詞和被動詞，“折”（shé）和“折”（zhé）稱爲不及物動詞和及物動詞（49頁）。看來，王先生對“受、授”、“買、賣”等例的看法，大概也已經有了變化。可惜他在這方面沒有留下明確的意見。

總的來看，王先生對漢語語源的研究，方法是正確的，成績是主要的。《字典》是王先生在這方面的主要成果。它提供了大量可靠的和比較可靠的同源詞以及有關的訓詁資料，爲我們更深入地研究漢語語源準備了較好的條件。正如本文第一段引過的劉、李二位先生的文章，在評論《字典》時所指出的那樣，“我們今後漢語詞族的研究就要在這個基礎上前進”（《古漢語研究》1991年1期9頁）。

附録：

在讀《字典》的過程裏，發現了一些排印等方面的技術性錯誤和其他小疏失，現在列舉於下，供讀者參考。

21頁倒4行“月望本寫作‘望’”。後一“望”字似應作“朢”。“望”字比“朢”晚出。

24頁13—14行的四個“詞”字依文義都應作“字”。

30頁6行訓“柔順”的从“木”之字應改爲从“手”。

37頁15行“馬”字前脱漏“驖”字。

40頁倒4行“文始”後“七”字應作“二”。又所引《文始》認爲“出”與“生”同義，“生”孳乳爲“青”，所以“出”也可孳乳出與青有關的意義。這種説法當然不科學，但並不包含“生”“出”同源的意思。王先生以“出”“生”二字“聲音相差很遠”來批評此説（見倒3行），是不恰當的。

43頁2行“摩”當作“攀”。

56頁2行“幫”當作“邦”。

106頁倒5行“説文：‘繫，約束也。’”。按，《説文》原文與此大異，此是《玉篇》文。

131 頁 5 行“kua”後衍“:”號。

151 頁 11 行“盧”字應改爲“慮”。

169 頁倒 1 行“已”當作“己”。

217 頁 8 行“同音”似當作“音近”。本頁 5 行爲所舉之字注的古音並不全同。

223 頁 6 行“票”後所注異體,上部不應从“白”而應从“囟”。

265 頁 2 行“‘福’屬長人”。“福”當作“富”。

265 頁倒 3 行“‘葡’應是‘備’的初文”。按,從古文字看,“葡”本爲“箙”字初文。

267 頁 5、6、12 諸行的“陝”字應改爲从“阜”从“夾”。

285 頁 9—10 行引“敎、毅”二字資料,加按語說:“在擊的意義上,‘椓、敎、毅’實同一詞。”但 284 頁這一字條(“斫”等字條)的標目脫漏此二字。

306 頁 6 行“徐鍇”當作“徐灝”,“廣韻”當作“篇韻”。

311 頁 1 行兩引《集韻》“鐵生衣”語。“生”字原作“上”,《康熙字典》誤引作“生”。

351 頁“杭、航”等字條中的“斻”字皆應改爲从“方”从“亢”。

375 頁 16 行括號內“癰”字所从的“雍”缺上面的“亠”。

379 頁“缸”等字條所收的見於《廣韻》《廣雅》的“缸”字異體,从“瓦”从“缶”,實爲从“瓦”从“工”之字的訛體(參看周祖謨《廣韻校本》下册 33 頁及《廣雅疏證》卷七下),似不必引用。正常的从“瓦”从“缶”之字是“缶”的異體。

402 頁 14 行、403 頁倒 10 行从“金”从“執”之字當作从“金”从“埶”。

402 頁倒 9 行从“木”从“造”之字當作“槌”。

402 頁倒 9 行、403 頁 7 行都引了《後漢書·禰衡傳》裏的同一句話,但是“參”下一字 402 頁从“木”从“過”,403 頁則作“撾”,不統一。

430 頁 12 行“inai”的“n”當作“u”。

430 頁倒 6 行“‘餵、喂’是近代的‘餧’字,由上聲變爲去聲。”按,“餧”音“於僞切”,本爲去聲寘韻字(“僞”本去聲字),並非從上聲變爲去聲。

481 頁 16 行从“羊”从“易”之字當作“羯”。

485 頁 3 行“子”字當作“予”。

506 頁 17 行“侵”上脫“朋”字。

517 頁“脣”等字條 17 行所引“說文:‘宸,屋宇也。’”,已見引於同條 12 行。15—16 行引“胗”字資料,但此條標目脫漏此字。

536 頁 2 行引朱駿聲《說文通訓定聲》:“……由漸而滿曰引,滿而審所向在弜矢,離弦曰發。”據原書當作:“……由漸而滿曰引,已滿曰彎,滿而審所向曰弜,矢離弦曰發。”

541 頁倒 6 行“濱”當作“瀕”。

542 頁倒 3—2 行“荀子脩身:‘君子有扁善之度’。注:‘扁,讀爲辯。’”按,《荀子》原文無“君子有”三字,注文原作“扁,讀爲辨”。“扁善之度”之“扁”,按王念孫說當讀爲“偏”,與“辯”無關。

572 頁倒 7 行“延、施、移”條引《說文》“移,禾相倚移也”。按,《說文》:“迻,遷徙也。”以“迻”爲移徙、移易之“移”的本字(指與假借字相對的本字)。此條似應引《說文》“迻”字。

594 頁 11 行“四止則不通字義也”。按,“字”當作“之”。

596 頁“鏶、鍱”條內有“葉”字,但標目無此字。

596 頁“襲、疊”等字條內提到與“襲”通的“習”字,但標目無此字。

605—606 頁“含、啥”等字條的標目裏有“函、涵、嗛”等字,但條內缺有關資料。

617 頁倒 1 行、618 頁 3 行从“帚”之字的“帚”旁未寫全。

618 頁 13 行从“牛”从“市”之字當作从“牛”从“市”。

618 頁倒 5 行“三分”後引號當前移至“三也”後。

619 頁 7 行“參之”後當加逗號。

626 頁 16 行“復作”後脫“詩”字,其後並應加逗號。

以下爲檢字表的問題:

631 頁左欄 ài 音所收“艾”字,注 485、486 兩個頁碼。後一頁碼應删去。此頁“艾”字又見 655 頁中欄 yì 音下,讀 yì 是對的。

631 頁左 ǎng 音所收“盎”字應讀去聲。

631 頁右 bèi 音所收“婢、庳”二字當讀 bì。

632 頁左 bì 音所收“廦”字,注 264、276 兩個頁碼。見於 264 頁者實爲“壁”字,从“厂”不从“广”,應讀 pī 或 pì,參看正文 172 頁。

632 頁右 cēn 音所收从“木”从“參”和从“竹”从“參”二字應删去。此二字又見 649 頁左 shēn 音下,讀 shēn 是對的。

633 頁左 chéng 音所收“瞪”字,據《字典》所取之音,其今音當爲 dèng。

634 頁左 cuán 音所收的三個从“贊”之字,“先”旁都誤作“旡”旁。

634 頁右 dāo 音所收“舠”字後括號內的“船”字,其右旁當作“召”。

634 頁右 dí 音所收“髢”字當讀 dì。

635 頁左 dié 音所收从“衣”之字的聲旁應改爲“執”。

635 頁中 dǔ 音所收“渚”字應讀 zhǔ。

636 頁右 fù 音所收“仆”字，據《字典》所注之音，其今音當爲 pū。

637 頁左 gāo 音所收“縞”字應讀上聲。

637 頁右 hán 音所收“琀”字應讀去聲。

638 頁左 háng 音所收第三字的右旁當作“亢”。

638 頁右 huītuī 的後一陰平號應改爲陽平號。

639 頁左“huì”應下移一行。

639 頁左 hún 音所收“混”字應讀去聲。

640 頁左 jiǎn 音所收“劗”字，據《字典》所注之音，其今音應爲 cuán。

641 頁左 jiù 音所收最後一字應删去。此字已見 634 頁左 cù 音下，讀 cù 是正確的。

642 頁左 kuì 音所收“潰、殨”二字，據《字典》所注之音，其今音當爲 huì。如以現在實際讀音爲準，至少“殨”字應讀爲 huì。

643 頁中 lòu 音所收“髏”字當讀陽平。

644 頁右 miàn 音所收从“虫”从“面”與从“虫”从“丏”（檢字表誤爲“丐”）二字都應讀陽平。

644 頁右 mǐn 音所收“忞”字應讀陽平。

646 頁中 pí 音所收“陂”字，據《字典》所注之音，其今音應爲 bēi。

647 頁右 qū 音所收“胠”字，據《字典》所注之音，其今音應爲 qiè。

648 頁右 què 音所收“缺”字，宜讀陰平。

651 頁中 tuī 音所收“頹”字應讀陽平。

651 頁右 wàn 音所收“蔓”字，注 389、585 兩個頁碼。前一頁碼應删。此頁“蔓”字又見 643 頁右 mán 音下，讀 mán 是正確的。

652 頁左 wěi 音所收“萎（餧）”字應讀去聲，參看上文“430 頁倒 6 行”條。

652 頁左 wén 音所收“狠”字，據《字典》所引音切，其今音當爲 wán。

652 頁左 wēng 音所收“瓮”字應讀去聲。

653 頁右 xiè 音所收最後一字本从“埶”，誤从“執”。

654 頁右 yǎn 音、655 左 yè 音皆收“魘”字。這兩個音都有根據。如以《字典》所注之音爲準，可删去讀 yǎn 者。

655 頁左 yào 音所收“籥”字當讀 yuè,“鑰”字亦以讀 yuè 爲宜,yào 是口語音。

655 頁右 yǒng 音所收“臃、壅、擁”諸字宜讀通行的陰平音(即與“邕、癰”等字讀一個音),“䗁”字當讀 wèng。

656 頁中 yǔ 音所收“芋”字應讀去聲,“竽”字應讀陽平。

656 頁右 yùn 音所收“隕、殞”二字宜讀通行的上聲音。

658 頁左 zhì 音所收从“金”从“執”之字應作从“金”从“埶”。

658 頁右 zhù 音所收“屬、矚”二字應讀上聲,“躅”應讀陽平。

658 頁右 zhuī 音所收第二字以下各字(包括第二字)都應讀去聲。

659 頁右 zuàn 音所收“纂”字應讀上聲;“篹”字據《字典》所注之音,其今音應爲 zhuàn。

659 頁右 zuǐ 音所收“冣”字,據《字典》所注之音,其今音應爲 jù。即使取“最”音,亦應讀去聲。

669 頁广部十一畫以上所收“廦”字,注 264、276 兩個頁碼。見於 264 頁者實爲“廦”字。

674 頁木部七畫所收从“木”从“豕”之字爲“椓”字之誤而重出者。“椓”字見 675 頁木部八畫。

684 頁肉部八畫所收从“肉”从“豕”之字爲“豚”字之誤,應改正字形,移入七畫。

687 頁衣部十一畫第一字(外加括號者)應从“執”而錯从“埶”,第二字應从“埶”而錯从“執”。

691 頁金部十一畫第一字應从“埶”而錯从“執”。

1990 年 7 月 30 日寫畢

本文是提交給 1990 年召開的紀念王力先生誕辰九十周年學術討論會的論文。原載《紀念王力先生九十誕辰文集》(山東教育出版社,1992),又載《古代文史研究新探》,今據後者收入。

再談古文字中的“去”字

馮蒸同志:

來信及大作已收到。

大作已拜讀,甚有啓發。但竊以爲敝説與尊説實難融爲一體。尊説由《説文》出發。敝説則由古文字出發。我既不信《説文》𠙴爲笶盧、凵象開口之説,也不信“去”从“𠙴”聲之説。故據古文字分爲二字,以前一字爲从大、口會意,即離去之去,亦即呿之初文;以後一字爲象器蓋相合,即盍之初文。口犯切之凵,古文字學者多從朱駿聲、楊樹達等人説,以爲是“坎”之初文。既不信此字象開口,則吴承仕以爲呿之本音當在閉口韻之説自亦不必信。且“呿”非罕見之字,傳統讀音在魚部,當屬可信。如謂呿可由談部變入魚部,或錯讀爲魚部字,則凡从去聲字之讀音皆可如此解釋,亦不必假設有$去_1$$去_2$之别矣。又敝文所取字及字旁皆出自賓組卜辭,此組卜辭中,(大)從來不作(壺字的蓋形則作);而形之寬窄在古文字中實無辨字之作用。故尊文中有關假設似尚有進一步考慮之必要。

平心而論,敝説實亦未能視作定論。關鍵之一在於甲骨文中的字尚不能從辭例上確證爲離去之“去”。尊説以《説文》爲據,自有其價值,甚望早日發表,以推進“去”字諧聲問題的研究。

大作8—9頁似有一些筆誤,我用鉛筆在稿上改了一下,不知是否合乎您的原意。

《漢字文化》上似有不少學術論文。我未訂此刊,您手頭如有多餘的複本(特别是有您文章的那些期),甚盼賜讀。

祝

春節好

裘錫圭

1991年2月3日

附:《漢字文化》原編按

北京大學的裘錫圭教授在1979年第6期的《中國語文》上發表了一篇題爲《談談古文字資料對古漢語研究的重要性》的論文。最近,北京師範學院的馮蒸先生對此文中所討論的古文字“去”字問題從《說文》的角度又作了新的探索,寫了一篇《〈說文〉中應有兩個“去”字說》,並寄給裘教授請益。裘教授寫了這封回信。古文字中的“去”字是一個十分重要而複雜的學術問題,裘信和馮文並十分重要。今徵得二位先生同意,一同在本刊發表。裘信的題目爲本刊編者所加,馮文見本刊本期9—14頁。歡迎學術界繼續對這個問題進行討論。

原載《漢字文化》1991年2期,今據以收入。

從純文字學角度看簡化字

近幾年來,漢字簡化的功過,成了不少人的話題。這個問題只有在多方面的、深入的調查研究工作的基礎上,才能得到比較科學的結論。我們沒有在這篇短文中全面討論這個問題的奢望,只想從純文字學的角度淺談一下簡化的利弊。

從漢字字形的表意表音作用來看,有很多簡體顯然優於繁體。例如繁體“衆”早已成爲字形講不出道理的記號字,簡體“众”則是很好理解的會意字。繁體“塵”是造得不很成功的會意字(籀文本从三“鹿”,大概表示衆鹿疾奔塵土飛揚的意思),簡體“尘”也是很好理解的會意字。繁體“滅”是聲旁已經起不了表音作用的形聲字(因爲充當聲旁的字早已不獨立使用,一般人不認識),簡體“灭”則是造得相當成功的會意字。繁體“竈”的結構難以説清(《説文》以爲是省聲字),簡體“灶”是一個會意字,字形的表意作用雖不很理想,但還是可以理解的(竈是砌造時需要用“土”的、燒“火”煮物的一種設備)。繁體“叢”的結構也難以説清,簡體“丛”的“从”旁却有很好的表音作用。繁體“郵”是不大好理解的會意字(《説文》:“郵,境上行書舍。从邑、垂。垂,邊也。”“垂”是邊陲之“陲”的初文),簡體“邮”的“由”旁也有很好的表音作用(但“由”的古音與“郵”不同部)。類似的例子還可以舉出不少。

有些字的繁簡體都是形聲字,而簡體聲旁的表音作用明顯優於繁體,如肤、帮、护、赶、运等。有些簡體的聲旁从古音系統看雖不如繁體合理,但對今人而言則比較適用,如递、桩、胶、犹、惊、补、舰、担、胆、迟、酝等。這類簡體也應該看作比繁體優越。

還有很多字的繁簡體,從字形的表意表音作用來看難分高下。下面也舉些例子。

有些字的繁簡體都是字形講不出道理的記號字(至少一般人不能理解這些字形的表意表音作用),如“長”和“长”、“爲”和“为”、“貝”和“贝”、“單”和“单”、“婁”和“娄”、“對”和“对”等等。

在都是形聲字的繁簡體裏,有些形旁相同的繁簡體,它們的聲旁的表音作用沒有明顯的優劣(講表音作用根據今音)。如“糧”和“粮”、“園”和“园”、“犧”和“牺”、“極”和“极”、“礬”和“矾”等,是繁簡體聲旁的讀音都跟字音相同的例子。如“認”和“认”、“遠”和“远”、“腫”和“肿”、“選”和“选”、“釀”和“酿”、“擾”和“扰”等,是繁簡體聲旁的讀音都跟字音不完全相同的例子。不過認識上舉的“牺”“极”“矾”“选”諸字的聲旁的人,要比認識它們的繁體的聲旁的人多得多。從這一點看,也可以認爲這些簡體的聲旁的表音作用優於繁體。有的聲旁相同的繁簡體,它們的形旁的表意作用沒有明顯的優劣,如从“思”的“慮”和从“心”的“虑”(在較古的篆文裏,“慮”其實是从“心”“虍”聲的字,不過《說文》中的“慮”字已从“思”)。有的繁簡體的形旁和聲旁都不同,但是表意和表音作用都沒有明顯的優劣,如从“音”“鄉”聲的“響”和从“口”“向”聲的“响”。

有時,字形的表意表音作用還算不錯的形聲字,簡化成了字形的表意作用還算不錯的會意字,如“陽”簡化成了“阳”。它們的優劣也很難評定。

依據偏旁類推原則產生的簡化字,字形的表意表音作用跟繁體一般也分不出高下。

判斷文字的優劣不但要看字形的表意表音作用(對拼音文字來說,只看字形的表音作用),而且還要看字形是否既簡單又不會彼此混淆。所以在字形的表意表音作用上跟繁體難分高下的簡體,只要字形不會跟別的字相混,就可以認爲比繁體優越。

另一方面,也有大量的簡體,是通過破壞或削弱繁體的字形的表意表音作用,來達到簡化的目的的。

有些簡體同時破壞了形聲結構的繁體字形的表意和表音作用,如从“艸”“闌”聲的“蘭”字的簡體“兰”,从“旨”“尚”聲的“嘗”字的簡體“尝”,从“頁”“豆”聲的“頭”字的簡體“头”,从“鳥”“凡”聲的“鳳”字的簡體“凤”,从“示”“齊”省聲的“齋”字的簡體“斋”(不過後兩例繁體聲旁的表音作用已不明顯)。

有些簡體完全破壞或削弱了形聲結構的繁體的聲旁的表音作用。前一種情況的例子如“顾”(顧)、“爷”(爺)、“际”(際)、“层”(層)、“导”(導)、“邓”(鄧)、“标”(標)、“鸡”(鷄)、“触”(觸)等字,後一種情況的例子如“灯”(燈)、“邻”(鄰)、“淀”(澱)、“灿”(燦)、“吨”(噸)、“岭”(嶺)、“础”(礎)、“拥”(擁)、“价”(價)、“袄”(襖)等字。需要特別指出的,是原从“盧”聲的幾個形聲字的簡體。从“盧”聲的十多個比較常用的形聲字,除去“驢”字都跟“盧”同音。漢字形聲字聲旁的讀音跟字音大都不能密合。从“盧”聲的字是很難得的一組表音作用很健全的形聲字。可是其中的“芦”“庐”“炉”“驴”四個字,由於是在全面採用偏旁類推的簡化方法之前推行的“約定俗成”的簡化字,却把聲旁改成了聲母跟字音有明顯區别的“户”字。這是很可惜的。

有些繁體的字形的表意作用,受到了破壞或削弱。例如:从“手”从“帚”的會意字“掃”簡化成了“扫”。从“食”“羊”聲的“養”字簡化成了“养”。“买”“卖”二字繁體所从的“貝”、“产”字繁體所从的“生”,在簡體裏都看不到了。類似的例子還可以舉出一些。

在古文字演變爲隸書的過程裏,爲了書寫的方便,破壞或削弱了很多字形的表意表音作用。這是合理的,因爲古文字實在太難寫了。在楷書早已成熟的時代還這樣做,是否很有必要,就需要認真考慮了。

由於簡化,漢字體系裏增加了一些基本結構單位(即有些學者所説的部件),如“头”“乐”“专”“戈”(“尧”字上部)等。偏旁的簡化,如“金”旁簡化爲“钅”、“言”旁簡化爲“讠”等,也起到了這樣的作用(至少應該認爲增加了基本結構單位的變形)。需要特别指出的,是“柬”旁的簡化。在“柬”字和“闌”“楝”等字中的“柬”旁並未簡化的情況下,把“揀”“煉”“練”這幾個字的“柬”旁簡化爲“东”,是不够妥當的。何況這個簡化的形體還十分容易跟“东”相混呢。爲了減少一些字的筆畫,而去增加原來已經十分龐大的漢字體系基本結構單位的數量,恐怕不能認爲是一件合算的事情。

“同音代替”的簡化方法最爲人所詬病。但是平心而論,有很多同音代替的例子還是合理的。如以“才”代“纔”、以“冬”代“鼕”、以“出”代“齣”、以“板”代“闆”等,有什麽不好呢?臺灣省並未實行漢字簡化,但是臺灣人通常都寫“台灣”而不寫“臺灣”。這充分説明合理的同音代替是大家所願意接受的。但是爲了照顧文字表音表意的明確性,使用這種方法的時候的確應該十分謹慎。

所謂“同音代替”的“同音”,實際上包括“音近”。因此使用這種方法有時會造成一字多音的現象。例如:讀上聲的“斗”由於代替了“鬥”,增加了去聲一音。讀陽平的“别”由於代替了“彆”,增加了去聲一音。讀陰平的“干”由於代替了“幹”,也增加了去聲一音。其他簡化方法也有可能造成一字多音現象。不同的字用了同樣的簡化字形,或者某個字的簡體跟别的字同形,都有可能造成這種現象。例如:“脏”(“髒”“臟”)有平、去二音。“纤”(“縴”“纖”)有 qiàn、xiān 二音。“籲”的簡體跟吁嘆之“吁”同形,因此“吁”就有了 xū、yù 二音。“癥”的簡體跟病證之“證”

的後起字“症”同形,因此“症”就有了平、去二音。由於“麼”的簡體跟讀 yāo 的“么”同形,“寧”的簡體跟讀 zhù 的“宁”同形,《簡化字總表》不得不規定把讀 yāo 的“么”寫作“幺”,把讀 zhù 的“宁”寫作“宀”。甚至普通話審音工作都有可能造成一字多音現象。1985 年發表的《普通話異讀詞審音表》規定“曝”(pù)在“曝光”一詞裹讀 bào,就使這個字變成了多音字。漢字裹多音字很多,引起了不少麻煩,讀音的錯誤往往跟多音字有關。因此增加一字多音現象顯然是不合適的。

使用同音代替的方法時,如果被代替的字和代替它的字的意義有可能混淆,也會引起麻煩。1964 年發表的《簡化字總表》規定,在“迭”和“疊”、“象”和“像”、“余”和“餘”以及“折”和“摺”的意義可能混淆時,仍應使用“疊”“像”“餘”“摺”諸字。1986 年重新發表《總表》時又進一步規定,“疊”“覆”“像”不再作“迭”“复”“象”的繁體字處理。這些規定就可以說明問題。(《隨筆》編按:但“象”和“像”的意義,實際上很少有混淆的可能。)在異體字整理中也有類似問題。如以“并”代“並”就很不妥當,因爲“相並”和“合并”這兩種意義很容易混淆。考慮到以“並”爲偏旁的“普”“碰”等字仍在使用,取消“並”字就更顯得沒有道理了。

我們衷心希望在今後的漢字整理工作中,不要再破壞字形的表意和表音作用,不要再給漢字增加基本結構單位,不要再增加一字多音現象,不要再把意義有可能混淆的字合併成一個字。

原載《語文建設》1991 年 2 期,又載《現代漢字規範化問題》(語文出版社,1995)、《裘錫圭學術文化隨筆》、《簡化字研究》(商務印書館,2004),今據《裘錫圭學術文化隨筆》收入。

在紀念《漢字簡化方案》公佈 35周年座談會上的發言

對待簡化字,首先要從現實出發,其次是在評價簡化字的時候應該盡可能地客觀。不管是進行科學研究也好,從事語言文字的實際工作也好,這兩點恐怕都是很重要的。

首先一點是要從現實出發。從這點出發,我完全擁護堅持以簡化字爲我們當前使用漢字的規範。這個道理非常簡單,因爲世界上使用漢字的人裏面,90%以上是使用簡化字的,而且其中大部分人(像大陸上四十歲以下的人)基本上不熟悉繁體字,只熟悉簡化字。在這種情況下,如果廢除簡化字,或者對簡化字進行很大的改動,對於語言文字的使用是很不利的。我們只能而且必須以簡化字爲使用漢字的規範,對目前社會上使用漢字不規範的現象應該盡可能加以引導。當然,這不等於說簡化字的一些規定就不能更改了。我們重新公佈《簡化字總表》的時候,就已經作了一些修改,比如重叠的"叠"和交迭的"迭"不再合併,形象的"象"和畫像的"像"不再合併。不過總的來講,簡化字毫無疑義是應該堅持的。

關於第二點,我只想從純文字學的角度簡單談一談。現在有些人對簡化字有反感,認爲所有簡化字都是破壞文字的構造的,都是不如繁體字的。我感到這個看法是很片面的。事實上,從字形的表意表音作用來看,有相當一部分簡化字是優於繁體字的,不管是會意字還是形聲字都有例子。有些字,簡體和繁體都講不出什麽道理,但簡體寫起來比繁體簡單,如果這個簡化字形不容易跟其他的字形相混,也應該認爲優於繁體字。另外一方面,我們也不能認爲簡化字全都那麽好,不能認爲字形簡單就一定容易認、容易記,就一定對文字信息處理有利。從文字學的角度看,漢字簡化至少有這樣一些問題:破壞了相當一部分漢字的結構,增加了漢字構造的基本單位(部件),增加了本來就已經够多的多音字的數量,不適當地合併了一些意義容易混淆的字。希望我們的語言文字主管部門吸取這些教訓,在今後進一步整理或簡化漢字的時候不要再出這一類的問題。

原載《語文建設》1991年3期,今據以收入。

讀古書要注意字的古義

讀古書必須按照古人的語言習慣和用字習慣去理解字義，這是十分明白的道理。可是要做到這一點却並不容易。不但初學者往往按照自己的語言習慣和用字習慣去讀古書，以致發生誤解；就是研究者，甚至是頗有經驗的研究者，有時也不免犯這種錯誤。在這篇小文裏，我們從平常讀書時注意到的這類錯誤裏，選出一些例子，加以說明，希望能促使初學者提高警惕，在讀古書時少犯這種錯誤，在讀跟古書有關的今人著作時少受這種錯誤的影響。我們所從取例的著作，有一些從總體上看是相當不錯的。我們指出的個別錯誤自然無損於這些著作的價值。從另一方面說，既然在比較好的著作裏也有這種錯誤，强調讀古書要注意字的古義，就更顯得有必要了。

有一種中國哲學史，在論述漢代思想家王充對卜筮的態度時，說了這樣一段話：

> 他指出卜筮完全是人根據自己的主觀願望祈求福祐，關於占卜吉凶，全係人們隨意解釋。如像同爲一件事，子貢占卜得凶，而孔子占卜得吉，乃是因爲孔子較子貢有"詭論之材"(《卜筮篇》)，即孔子解釋卦辭時更善於詭辯。①

作者的這種說法跟王充的原意幾乎完全相反。

在漢代，世俗認爲龜、蓍是神物，卜兆、筮數是天地對卜筮者的答覆，因此往往"捨人議而就卜筮，違可否而信吉凶"(《論衡・卜筮》)。王充對這種迷信思想的確是反對的。可是他反對卜筮並不徹底。《論衡・卜筮》裏還有這樣的話：

> 夫鑽龜揲蓍，自有兆數；兆數之見，自有吉凶；而吉凶之人，適與相逢。吉人與善兆合，凶人與惡數遇；猶吉人行道逢吉事，顧睨見祥物，非吉事祥物爲吉人瑞應也；凶人遭遇凶惡於道亦如之。

① 任繼愈主編《中國哲學史》第2册，人民出版社，1963，123頁。

可見王充認爲卜筮所得的兆數,本身是有客觀的吉凶的,吉人必得吉善的兆數,凶人必得凶惡的兆數。

王充還認爲雖然兆數有吉凶,可是一般的占者(對兆數的吉凶作出判斷的人)水平太低,解釋兆數時往往把吉凶弄顛倒;尤其是那些比較特殊的兆數,只有孔子這類智者才能作出正確的解釋。他的原話是這樣的:

> 世人言卜筮者多,得實誠者寡。……夫鑽龜揲蓍,兆數輒見。見無常占,占者生意。吉兆而占謂之凶,凶數而占謂之吉。……夫蓍筮龜卜,猶聖王治世;卜筮兆數,猶王治瑞應。瑞應無常,兆數詭異。詭異則占者惑,無常則議者疑。疑則謂平未治,惑則謂吉不良。……魯將伐越,筮之,得"鼎折足"。子貢占之以爲凶。何則?鼎而折足,行用足,故謂之凶。孔子占之以爲吉,曰越人水居,行用舟,不用足,故謂之吉。魯伐越,果克之。……周多子貢直占之知,寡若孔子詭論之材,故覩非常之兆,不能審也。(《論衡·卜筮》)

王充在這裏顯然是贊美孔子的。可是上引哲學史的作者却根據"魯將伐越"以下一段話,得出了王充認爲"孔子解釋卦辭時更善於詭辯"的結論。這跟他不瞭解"詭"字的古義有很大關係。

在現代漢語裏,"詭"總是用於貶義的。在古代,"詭"有"不同"、"殊異"等義,本是一個中性的詞。例如《吕氏春秋·淫辭》說:"言行相詭,不祥莫大焉。""相詭"就是相異、相反的意思。言行相反是壞事,但是"詭"字本身却並不包含不好的意思。《漢書·劉輔傳》記辛慶忌等人上書救劉輔說:"竊見諫大夫劉輔前以縣令求見,擢爲諫大夫。此其言必有卓詭切至當聖心者。"顔師古注:"卓,高遠也。詭,異於衆也。"這裏所說的"卓詭",顯然是肯定的話。在《論衡》本書中,"詭"字也有不少中性的或肯定的用例,如《講瑞》:"然則鳳皇騏驎,都與鳥獸同一類,體色詭耳,安得異種。"《自紀》:"其論說始若詭於衆,極聽其終,衆乃是之。"《吉驗》:"堯體就之如日,望之若雲……有殊奇之骨,故有詭異之驗。"所以《卜筮》篇用"詭異"來形容兆數的特殊,用"詭論"來贊美孔子異於衆人的論斷,是毫不足怪的。上引哲學史的作者以今人的眼光來看《卜筮》篇的"詭"字,所以才會誤解王充本來講得很清楚的意思。

有一篇研究漢初"黄老思想"的論文說:

> 在古佚書(引者按:指馬王堆漢墓出土的帛書《老子》甲乙本卷前後佚書)中,名法不是主從關係,而是自然地溶爲一體。用那時對法家學說的稱呼,即

"刑名之言"。[②]

這篇論文的作者認爲"刑名之言"這一名稱,是名家與法家"自然地溶爲一體"的體現。他大概把"刑名"的"刑"理解成刑法的"刑"了。

其實,"刑名之言"的"刑"應該讀爲"形"。从"彡"的"形"是一個晚出的字,大概到東漢時代才出現。在我們所能見到的西漢時代的簡帛文字裏,"形"這個詞都是用"刑"字表示的。古書中也保留着不少以"刑"爲"形"的例子,"刑名之言"的"刑"便是一例(當刑法名稱講的"刑名"與此無關)。《辭海》"刑名"條第一義項說:

> 亦作"形名"。原指形體(或實際)和名稱。……先秦法家則把"刑名"和"法術"聯繫起來,把"名"引申爲法令、名分、言論等,主張循名責實,慎賞明罰。《韓非子·二柄》:"人主將欲禁姦,則審合刑名;刑名者,言與事也。爲人臣者陳而言,君以其言授之事,專以其事責其功。"因而以後有人稱他們的學說爲"刑名"、"刑名之學"或"刑名法術之學"。又因名家也著重研究刑名問題,所以名家也稱爲刑名家或形名家。

這條解釋寫得很好,只是末一句稍有語病,因爲"刑名家"和"形名家"只不過是同一名稱的不同寫法而已。上引論文的作者在引用帛書《經法·名理》篇文時,曾根據帛書原整理者的釋文在"刑名出聲"的"刑"字後加括號注出"形"字。[③] 可是從他對"刑名之言"的理解來看,他對"刑"字通"形"的古義並沒有真正掌握。

《辭源》"刑名"條第一義項,把"刑名"定義爲"戰國時法家的一派,即刑名之學"。條中對"刑名"二字的意義沒有分別作解釋,只在最後說:"'刑'通'形',故刑名也作'形名'"。初學者讀了這一條,恐怕也會認爲"刑名"的"刑"就是刑法的"刑",或作"形名"則是不規範的寫法。也許這一條文的編寫者自己就沒有認識到"刑名"應該讀爲"形名"(《辭源》"形名"條解釋的角度跟"刑名"條完全不同,而且根本沒有提到"形名"跟"刑名"的關係)。《辭源》是幫助人們閱讀古書的詞典(參看《辭源》卷首出版說明),可是屢有由於不明字的古義,或者說由於受到今義的影響,而作出不妥當的解釋的情況。下面舉兩個例子。

先秦多以"金"稱銅,跟後世多以"金"稱黃金不同。如《考工記》講青銅所含

---

② 程武《漢初黃老思想和法家路綫——讀長沙馬王堆三號漢墓出土帛書札記》,《文物》1974年10期47頁。

③ 同上注46頁。

銅、錫的比例時說:“金有六齊:六分其金而錫居一,謂之鍾鼎之齊。……金錫半,謂之鑒燧之齊”,就把“銅”稱爲“金”。《左傳·僖公十八年》:“鄭伯始朝于楚,楚子賜之金,既而悔之,與之盟曰:無以鑄兵。故以鑄三鐘。”杜預注:“古者以銅爲兵。”注文的“銅”就相當於《左傳》的“金”。《辭源》“金”字的第一義項是“黄金”,第二義項是“金屬的通稱”,但却没有釋爲“銅”的義項。這跟先秦古書中“金”字的用法是不相應的。第一義項的書證是《書·舜典》的“金作贖刑”。先秦贖刑本用銅,漢儒馬融和僞《孔傳》據漢代法律釋《舜典》之“金”爲黄金,前人早已指出其誤(參看清人孫星衍《尚書今古文注疏》上册54—55頁,中華書局,1986)。唐孔穎達《尚書正義》解釋僞《孔傳》“金,黄金”之語說:“此傳‘黄金’、《吕刑》‘黄鐵’,皆是今之銅也。”雖然曲意回護《孔傳》,但是已經明確指出《舜典》的“金”是銅。《辭源》編者却從僞《孔傳》之説,把《舜典》的“金”解釋爲黄金。這是不應該的。

《辭源》“金石”條第三義項說:

> 金銀、玉石之屬,常以喻堅固、堅貞。《荀子·勸學》:“鍥而不舍,金石可鏤。”……

這也是有問題的。在金屬中,黄金和白銀都是硬度不高的。古人“常以喻堅固、堅貞”的“金石”一詞中的“金”,當然主要是指銅,而不是指金銀的。

《辭源》“糞”字條把“掃除”列爲第一義項,這是很正確的。但是第二義項爲“糞便、污穢”,所引書證爲《左傳·僖公二十八年》“榮季曰:‘死而利國,猶或爲之,況瓊玉乎,是糞土也,而可以濟師,將何愛焉’。”這就不妥當了。“糞”字的初義是掃除,引申而有穢土、污穢等義。糞便義是出現得相當晚的。《辭源》把糞便與污穢二義併爲一個義項,並且把糞便義放在前面,是對“糞”字意義古今演變情況瞭解得不够清楚的表現。《辭源》“糞土”條把《論語·公冶長》和《左傳·襄公十四年》的“糞土”解釋爲“腐土、穢土”,這是正確的。“糞”字第二義項所引的《左傳·僖公二十八年》的“糞土”,也應該理解爲穢土,跟糞便是扯不上關係的。

《辭源》是我們讀古書時不能須臾或離的工具書,有不少優點,遺憾的是錯誤或不精確之處比較多。很希望有關方面能把它認真修訂一下。這對初學者將是功德無量的事。

有一篇推薦一種古文名篇選讀的文章,在介紹這種選讀“注釋詳密”的優點時,舉了下面這個例子:

> 如釋《過秦論》“贏糧而景從”的“贏”字,廣考同類選本,或釋爲“擔負”、

> "擕帶",編者認爲這顯然是望文生義,不足爲據;因查《説文》:"贏,賈有餘利也,从貝,𣎆聲。"又查《左傳·襄公三十一年》孔穎達疏:"贏,讀爲盈,盈是滿也。"由此義引申出"裝足",早見於《荀子·議兵》:"贏三日之糧,日中趨百里。"可知"贏糧"者,乃裝足糧食也。編者認爲,注釋非如此,不足以啓迪後學。④

但是被選讀編者斥爲"望文生義"的"擔負"一解,實際上却是有可靠的古訓作爲根據的。

《方言》卷七:

> 攍(引者按:有的本子此字右旁作"贏",音義同)、膂、賀、𦡊,儋也(郭璞注:今江東呼擔兩頭有物爲𦡊)。齊、楚、陳、宋之間曰攍(郭璞注:《莊子》曰:"攍糧而赴之。"引者按:見《莊子·胠篋》,今本作"贏糧而趨之")。……

錢繹《方言箋疏》解釋説:

> 古擔荷字多作"儋",與"擔"同。《廣雅》:"攍、旅、何、㨒,擔也。"(引者按:見《廣雅·釋詁三》)又《釋言》:"攍,負也。"賈誼《過秦論》"贏糧而景從",李善注引《方言》"贏,擔也"(引者按:此據《文選》卷五十一。見於《新書》、《史記》、《漢書》的《過秦論》,"贏"皆作"贏")。《後漢書·鄧禹傳》"鄧公贏糧徒步",李賢注引《方言》,"攍"亦作"贏","儋"亦作"擔"。又《儒林傳·論》曰:"贏糧動有千百。"注云:"贏,擔負也。"《莊子·胠篋》篇"贏(引者按:應作"贏")糧而趨之",《釋文》引《方言》"攍"作"贏"(引者按:應作"《釋文》引《廣雅》'攍'作'贏'")。"贏"、"贏"並與"攍"同。

又《玉篇·卷六·手部》:"攍,擔也。《莊子》云:攍糧而趣之,本亦作贏。"按:今本《莊子·胠篋》作"贏",前已言之。

由以上所引可以清楚地看到,把"贏糧"的"贏"釋爲"擔負"並非望文生義,而是有確鑿可靠的古訓作爲根據的。選讀編者不知道"贏"通"攍"的古義,釋爲"裝足",倒多少有些望文生義的味道。上引那篇推薦選讀的文章,以此來説明此書"注釋詳密"的優點,可説是找錯了例子。

下面再舉一個不恰當地把古義跟自己所熟悉的字義牽合在一起的例子。

---

④ 上海古籍出版社編《古籍書訊》12期,1983年6月4日。

《孫子·作戰》:

> 其用戰也,勝久則鈍兵挫鋭,攻城則力屈,久暴師則國用不足。夫鈍兵挫鋭,屈力殫貨,則諸侯乘其弊而起,雖有智者,不能善其後矣。

曹操注訓上文中的"屈"爲"盡"。這是古書中常見的義訓,例如:《吕氏春秋·安死》"智巧窮屈",高誘注:"屈,盡也。"《荀子·王制》"使國家足用而財物不屈",楊倞注:"屈,竭也。""竭"、"盡"義同。"屈"字篆文本作从"尾""出"聲,《説文》訓爲"無尾"。"無尾"、"竭盡"二義是明顯相關的。段玉裁《説文解字注》説:"今人'屈伸'字古作'詘申',不用'屈'字。此古今字之異也。"訓"無尾"或"竭盡"的"屈"字讀 jué,字音也跟"屈伸"之"屈"有别。"屈伸"之"屈"可以看作"詘"的假借字。

有一種《孫子》的譯注,爲上引《作戰》篇文加了這樣一個注:

> 屈力,力量消耗,或力量不能伸張。⑤

這位譯注者既知道曹操訓"屈"爲"盡",也知道曹注對《孫子》的文義是合適的。這從他把"攻城則力屈"譯爲"攻城就會使力量耗盡",把"屈力殫貨"譯爲"力量耗盡,經濟枯竭",⑥就可以看出來。但是他在注釋裏却不把"屈力"釋爲"力量耗盡",而釋爲"力量消耗",而且還加上"或力量不能伸張"一句,可見對曹注並不完全同意。

在後來出版的修訂本裏,這位譯注者把他對"屈"字意義的看法表示得比較明確。修訂本對原來的注釋作了不少增補和修改。"攻城則力屈"句原無注,修訂本釋爲"攻擊城堡則力量不能伸張"。⑦ "屈力"在修訂本中改釋爲"指力量消耗失却鋒利"。⑧ 在譯文部分,"攻城則力屈"改譯爲"攻城就會使兵力消耗","屈力殫貨"改譯爲"力盡、財竭"。⑨ 由此可以清楚地看出,譯注者雖然在譯文中把"屈"譯爲"盡"或"耗盡",却並不承認"屈"字本來就有這一意義。他顯然認爲"力屈"、"屈力"的"屈",就是他所熟悉的"屈伸"的"屈";並認爲由"力量不能伸張"可以引申出"力量消耗失却鋒利"的意思,由此又可以引申出"力量耗盡"的意思。至於像曹注那樣直接把"屈"釋爲"盡",在他看來無疑是因文生義,是不謹嚴的。他所以會有這些錯誤看法,就是由於不知道"盡"確是"屈"字的古義,不知道當竭盡講的

---

⑤ 郭化若《孫子今譯》,上海人民出版社,1977,55 頁注⑨。
⑥ 同上書 4 頁。
⑦ 郭化若《孫子譯注》,上海古籍出版社,1984,89 頁注②。
⑧ 同上書注③。
⑨ 同上書 39 頁。

“屈”跟屈伸的“屈”在語言中本是毫不相干的兩個詞。

附帶説一下,把訓“竭盡”的“屈”誤解爲屈伸的“屈”,是古已有之的。《黄帝内經素問·調經論篇第六十二》:“外門不閉,以出其疾,摇大其道,如利其路,是謂大瀉,必切而出,大氣乃屈。”唐代王冰注:“言欲開其穴而泄其氣也。切謂急也,言急出其針也。……大氣謂大邪氣也。屈謂退屈也。”從文義看,這個“屈”也應該訓爲“竭盡”,但是王冰却把它當成了“屈伸”的“屈”。這是因爲“屈”字在唐代通常已經只用於屈曲義而不用於竭盡義了。

如果太粗心大意,甚至在讀時代很晚的淺近古文時,都會由於忽略某些字的極爲常用的古義而犯錯誤。例如從先秦古書直到近代人寫的古文,都常常用“與”字表示句末疑問語氣詞“歟”。讀過幾篇古文的人,幾乎都知道“與”可通“歟”。可是由於忽略這一點而讀錯時代很晚的古文裏的句子的情况,却相當常見。

吴宣德《〈不下帶編〉〈巾箱説〉校點舉疑》,指出中華書局出版的《不下帶編、巾箱説》標點本137頁“世傳灝八十二歲成名,且在其子成名之後,殆好事者爲之。與梁氏世居東平州……”標點有誤,“‘與’字應屬上。與,今作歟,句末語氣詞”。⑩

王海根在《整理古籍要有訓詁修養》一文中,也談到了跟“與(歟)”有關的標點錯誤:

> ……如1985年湖南人民出版社的《譚人鳳集》……第169頁:
>
> “前言黨衆猶軍隊也,則不知所謂黨衆者亦有確數可得稽?與其在黨者亦有標幟可得辨?與資遣而後果安歸?與既歸,而後能不更爲亂,與不資遣者其將聚爲亂歟?”
>
> 讀了真令人不知所云!稍一琢磨,便發現文中四個“與”字義同“歟”,均爲句末疑問語氣詞,大概是由於加工者未明其“奥秘”,將“與”字後的問號“?”的位置挪錯了地方,“牽一髮而動全身”,使此段話語意轉爲晦澀難明了。⑪

我在拙著《文字學概要》裏也曾指出,魯迅用文言寫的一篇佚文《會稽禹廟窆石考》初次發表時,整理者由於没有看出其中的一個“與”字應該讀爲“歟”,把“豈以無有圭角,似出天然,故以爲瑞石與?晋宋時不測所從來,乃以爲石船……”標點成了“豈以無有圭角,似出天然,故以爲瑞石。與晋宋時不測所從來,乃以爲

⑩ 《古籍整理出版情况簡報》143期,中華書局,1985年7月,20頁。

⑪ 安徽省古籍整理出版領導小組等主辦《古籍研究》1987年4期,113頁。

石船……”。⑫

中華書局出版的《郎潛紀聞初筆、二筆、三筆》標點本319頁有如下一句：

> 余喟然曰：此漆園所稱宋人者與有不龜手之藥而洴澼絖，則何邪？

也是由於不知道“與”當讀爲“歟”，沒有在“此漆園所稱宋人者與”句後加疑問號，以致文意變得難以索解。同頁還有如下一句：

> 夫程朱大賢人也，人即至不肖，有不趣向者誰與。

這一句結尾的“與”也應該讀爲“歟”。標點者似乎也沒有覺察，所以在句末沒有用疑問號。

安徽出版的《古籍研究》1987年2期刊登了經過標點的《王侍郎奏議》遺稿六篇。其中的《論刑威好惡摺》中有如下幾句：

> 謂賊難剿，則前何以勝？謂賊易剿，則後何以不勝？豈兵之初勇而後怯，與抑賊之先弱而後强？與蓋其前之勝敢於欺也，後之不勝敢於怠也？（2頁）

兩個通“歟”的“與”字也被標點者當作一般的“與”字，誤斷入後句了。附帶說一下，上引文最後一句句末的問號應該改爲句號。

上海古籍出版社出版的、段玉裁《說文解字注》的標點本，對《說文・四下・肉部》“羸”字下解說“或曰嘼名”句的段注作了如下標點：

> 或曰、不定之詞。云嘼名、蓋羸爲蠃之古字。與驢蠃皆可畜於家。則謂之畜宜也。（177頁）

這也是由於不知道“與”當讀爲“歟”而斷錯句的例子。這裏的“嘼”並非野“獸”之“獸”的簡體。《說文・十四下・嘼部》：“嘼，犍也。”段注認爲畜牲之“畜”本應作“嘼”。“蠃”跟“騾”是一字異體。段氏根據《說文》所說的“或曰嘼名”，推測“羸”就是“蠃”的古字，所以說：“蓋羸爲蠃之古字與（歟）？”上引標點本誤將“與”字斷入後句。值得注意的是，有一位已故的學問很好的著名語文學者，在他晚年所寫的一篇論文裏引用“羸”字段注時，也犯了同樣的錯誤。這當然只是一個偶然的疏失，不必因此而責備這位學者。但是這件事確實給了我們一個很好的教訓。這就是說，讀古書時一定要十分注意字的古義，一點也不能掉以輕心。不然，很好的學者也會在很平常的問題上犯錯誤。

---

⑫ 裘錫圭《文字學概要》，商務印書館，1988，202頁。

初學者怎樣去掌握字的古義呢？除了多讀、細讀古文和一些古代漢語讀本中的"常用詞"部分外，還應該勤查《辭源》、《辭海》和《經籍籑詁》等工具書（注意：籑字从"食"，通"撰"，不要認作"纂"字）。我們在前面說過，《辭源》的錯誤較多（其他工具書同樣有錯誤，只是數量有多有少而已）。這是就錯誤的絶對數量說的。從總體來看，錯誤部分無疑只佔一個很小的比例。對讀古書的初學者來說，《辭源》仍是必須參考的重要工具書。

原載《中國典籍與文化》1992年1期，又載《裘錫圭學術文化隨筆》，今據後者收入。

秦漢時代的字體

一、緒　言

秦漢時代是漢字字體演變史上極爲重要的一個階段。

秦代的正規字體是作爲古文字殿軍的小篆,但是在日常使用的文字裏,形成於戰國晚期的隸書已經成爲主流了。隸書本是由秦國篆書的簡率寫法演變而成的一種輔助字體。到了漢代,隸書被視爲正規字體,小篆逐漸變成只在一些特殊場合使用的古字體。

秦代和西漢早期的隸書保留篆書的成分比較多,今人多稱爲古隸。西漢中期,隸書逐漸成熟,並形成了魏晉以後稱爲八分的那種書體。比八分的形成稍晚一些,還在隸書草體的基礎上形成了草書。這是兩漢時代的重要輔助字體。

八分形成以後,在書體方面受八分影響不大、書寫起來比較方便的隸書,始終大量存在。這種隸書,在字形構造方面大體上跟八分同步變化;在書體方面早期跟古隸接近,後來逐漸形成了自己的風格。大約在東漢中期,從這種隸書裏演變出了一種溶入草書筆法的、呈現由隸書向楷書過渡的面貌的俗體,今人或稱之爲新隸體。到東漢晚期,又在新隸體和草書的基礎上形成了行書。隸書就是通過新隸體和行書而演變成爲魏晉以後所使用的楷書的。不過,終東漢之世,在比較鄭重的使用文字的場合,八分始終佔有統治地位。

從漢字字體演變史的全局來看,隸書未嘗不可以看作古文字和楷書之間的過渡字體,秦漢時代未嘗不可以看作古文字逐漸演變爲今文字的過渡階段。

二、研究秦漢字體的資料

研究古代字體最重要的資料,是當時人遺留下來的書跡。秦漢時代人的書跡,主要見於簡帛、石刻、銅器、印章、陶瓦等物上。以下分項進行介紹。戰國晚期的秦國文字資料,跟秦代的文字資料往往不易區分,而且對研究秦代字體也很有用處。所以我們一般把這兩種資料合在一起介紹。

1. 簡帛文字

秦漢時代的主要書寫材料是竹、木製成的簡、牘。

秦簡是在70年代才初次發現的。1975年底,湖北省雲夢縣睡虎地十一號秦墓出土了一千一百多枚竹簡,其内容有秦律和《日書》(與時日有關的占書)等。這座墓是在始皇三十年(前217年)或稍後的時候下葬的。竹簡抄寫時間不一,估計不出戰國晚期至秦代初年這段時期。其字體屬於古隸。跟睡虎地十一號墓同墓地的四號秦墓出土了兩塊家信木牘,從内容看是寫於戰國末年秦統一前夕的,字體是比較草率的古隸。此後,秦簡、秦牘續有發現。1979年在四川青川縣一座戰國晚期的秦墓裏,發現了一塊抄有律文的木牘。1986年在甘肅天水市放馬灘一座戰國晚期的秦墓裏,發現了四百六十枚竹簡(内容主要爲日書)以及四塊注有文字的木板地圖。1989年在雲夢縣龍崗的一座秦代墓裏,又發現了一批秦律竹簡和一塊木牘。這些簡牘的字體也都屬於古隸。

漢簡發現得比較早,數量也比較多。從清末20世紀初以來,在西北地區的兩漢時代邊塞遺址裏,陸續發現了很多漢簡。50年代以後,還在湖南、湖北、安徽、山東、河北、甘肅、青海、江蘇等地的漢墓裏,發現了很多漢簡。

邊塞遺址出土的漢簡,習慣上按出土地區分成三類:

A. 敦煌漢簡　發現於甘肅省的敦煌、安西、酒泉、鼎新(毛目)等地。這些地方在漢代屬敦煌、酒泉兩郡,但是一般把這些地方出土的漢簡統稱爲敦煌簡。

B. 居延漢簡　發現於甘肅和内蒙兩地的額濟納河(即弱水)兩岸等地。這些地方的邊塞在西漢屬張掖郡的肩水和居延二都尉管轄,但是一般把這些地方出土的漢簡統稱爲居延簡。

C. 羅布泊漢簡　發現於新疆羅布泊北岸。由於出土地接近所謂樓蘭遺址,也有人稱之爲樓蘭漢簡。這種簡爲數不多。已發現的邊塞漢簡絶大多數是居延簡和敦煌簡。

上述這些漢簡通常是在漢代邊塞地區的官署和烽燧的遺址裏發現的,大都是屯戍吏卒遺留下來的文書、簿籍以及私人書信等類東西。其時代起自西漢武帝晚期,終於東漢晚期(但東漢晚期的簡數量不多)。

墓葬裏發現的漢簡,多數是書籍和記隨葬物品的"遣册"。邊塞漢簡裏沒有早於武帝晚期的簡。墓葬漢簡裏,如臨沂銀雀山一號墓、長沙馬王堆一號、三號墓、阜陽雙古堆一號墓、江陵張家山二四七號等墓和江陵鳳凰山漢墓群所出的簡,都屬於西漢早期(指武帝初年以前)。

邊塞漢簡基本上是木簡。墓葬漢簡裏竹簡比較多。此外,邊塞遺址和墓葬都出土了一些木牘。

已發現的西漢早期簡一般用古隸,只有銀雀山漢簡裏有一種用篆書抄寫的占書。邊塞漢簡一般用隸書,但也有不少草書簡,此外還有少數篆書干支簡。在西漢中晚期簡上,可以看到隸書逐漸成熟和草書逐漸形成的情況。在東漢中晚期簡上,可以看到一些新隸體。

在廣泛使用植物纖維紙之前,除簡牘外還有一種重要的書寫材料,這就是帛。古人常説"竹帛",以帛與竹簡並提。但是帛比竹木貴重,使用量比簡牘少得多,並且還比簡牘容易損壞和腐爛,所以遺留下來的古代帛書爲數不多。

1973 年在下葬於西漢文帝十二年(前 168 年)的長沙馬王堆三號墓中發現了一批帛書,內容有《老子》、《易經》等典籍和醫書、占書等。其中有一件字體爲篆書的占書,大概是秦統一前一年(前 222 年)抄寫的。大部分帛書的字體屬於古隸。其中一部分,字體跟篆書比較接近,可能抄寫於秦末或漢初。其他的抄寫於西漢早期。

過去還曾在漢代敦煌、居延(包括肩水)的邊塞遺址裏,發現過少量寫在帛上的隸書,內容是書信和題署。

此外,50 年代以來,在甘肅武威市磨咀子的一些漢墓裏,發現了用帛或麻布製的銘旌,大都是篆書的。1973 年在甘肅金塔縣的漢代肩水金關遺址,出土了一件帛製的張掖都尉棨信,也是篆書的。

2. *石刻文字*

在發現秦漢簡牘之前,石刻文字是研究秦漢時代字體的最重要的資料。

秦統一後,始皇巡行天下,在嶧山、泰山、琅琊臺、之(芝)罘、碣石、會稽等地刻石銘功。秦二世時又在每處刻石上加刻一道詔書,説明這些石上的文字是始皇刻的。這些刻石是研究秦代小篆的最好資料。可惜原物幾乎都已毁壞,只有琅琊臺刻石尚有殘塊存留,保存的主要是二世詔文。不過,嶧山刻石的文字尚有完整的摹刻本傳世,泰山刻石尚有存字頗多的殘文的摹刻本見於宋人叢帖,都可以用作研究的參考。

泰山刻石

在這裏有必要對明人安國舊藏的所謂泰山刻石宋拓本(以下簡稱“安國本”)的性質作一些討論。

見於宋人叢帖(如流傳的所謂絳帖)的泰山刻石摹刻本(以下簡稱叢帖本),大約出自宋代劉跂的《泰山秦篆譜》,存字一百四十六(“大夫”的合文“夫=”作一字計。關於這一摹刻本,參看容庚《古石刻零拾·秦泰山刻石考釋》。在劉跂之前,宋人只知道泰山刻石上尚可辨識的字爲二世詔文,而不知道始皇刻文仍有存留)。安國本較叢帖本多出十九字(大都是殘字,但也有個別整字,如“治道運行”的“運”)。可是在二者共有的文字裏,安國本的有些字反而不如叢帖本完整,如二世詔“金石刻辭不稱始皇帝”句中的“刻”、“辭”、“稱”三字以及“如後嗣爲之者”的“者”字。有的字二者殘損情況不同,如二世詔“其於久遠”的“遠”字,安國本“袁”旁右側略殘“辵”旁完整,叢帖本則“袁”旁完整“辵”旁全殘。這是很可怪的。更值得注意的是,有些字的寫法二者有明顯出入。現擇要舉例於下:

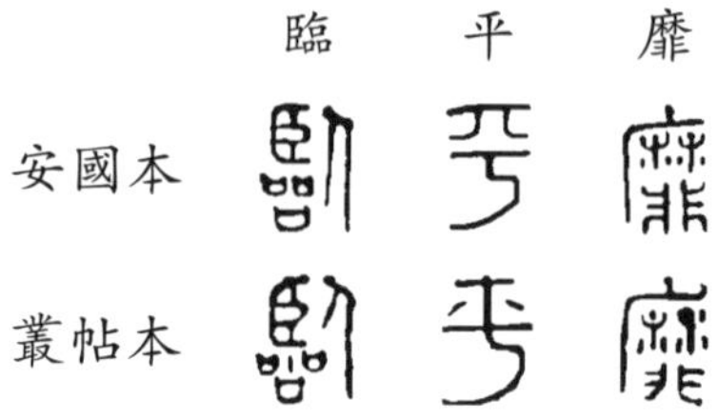

西周晚期銅器毛公鼎“臨”字所从的“臣”,跟三個“口”都有綫條相連(見《金文編》583 頁),《漢印文字徵》八・一二下“臨”字條所收第一例亦同。可見叢帖本“臨”字所从“臣”下豎畫必爲刻石所原有,而非摹刻者所臆增。安國本“平”字篆形與《說文》相合。但是先秦古文字中的“平”字,中豎絶大多數直通頂畫(參看《金文編》326 頁)。《漢印文字徵》五・六上“平”字條共收十四例,中豎沒有一例不通頂畫。《金文續編》五・四下至五上“平”字條共收三十五例,除一例之外,中豎也都直通頂畫。那個例外是平陸鼎的“平”字,它的中豎也是穿出下一道橫畫的,只不過沒有一直延伸到頂畫而已。所以叢帖本“平”字的寫法一定是反映刻石原貌的。安國本“靡”字篆形也與《說文》相合,但是漢印“靡”字篆形却與叢帖本相合(看《漢印文字徵》一一・一九上)。在早於漢印的古文字資料裏,“靡”字尚未見到,“非”字的寫法也與叢帖本“靡”字所从之“非”相合(看《金文編》760 頁“非”字)。而且據馬衡研究,《說文》“非”字篆形本來也作非,今本作𣏟,實爲後人所改(《談刻印》,《凡將齋金石叢稿》299 頁,中華書局,1977)。所以叢帖本“靡”字的寫法也一定是反映刻石原貌的。叢帖本爲後人所摹刻,無疑不能完全保持刻石原貌。但是由上面所舉的例子來看,此本篆形基本可靠;而安國本的篆形則有後人臆改之處。可見後者斷非拓自原石。

容庚在 30 年代所寫的《秦始皇刻石考》中,早已指出安國本“靡”字所从之“非”的寫法有問題,並指出全拓“石花(指石上泐痕)板滯”。他明確認爲此本“非原石拓本”(《燕京學報》17 期 154 頁)。這是很正確的。還有人由於安國本的書法“較之《琅琊臺刻石》乏古厚峻拔之氣”,而疑其爲“複刻”(楊震方《碑帖敘錄》128 頁,上海古籍出版社,1982)。這也是有道理的。

宋趙彦衛《雲麓漫鈔》卷三,在記述劉跂訪得泰山秦篆之事以及刻石原文與《史記》所載之文的異同後說:“北海王壽茂松(引者按:茂松爲王壽之字)刻於石。”上引容文懷疑安國本就出自此刻。這也很可能是正確的。不管是否如此,根據上文的分析已經完全可以斷定,安國本所據拓者是後人對泰山刻石殘文的一種不很忠實的摹刻。傳世泰山刻石明拓本只存二世詔中的二十九個字。從字形和泐痕看,所據拓者應該就是這一摹刻的殘石。萬一不是這樣,就應是另一種摹刻的殘石(清人宋鳳翔《秦泰山刻石殘字考》疑爲劉跂之前的江鄰幾摹刻的殘石)。二十九字殘石至清乾隆初毁於火,嘉慶二十年時發現了尚餘十字的碎塊,今存泰山岱廟。

由於現在還有不少研究碑刻和書法的人,認爲安國本是原石拓本,今存岱廟的十字殘石是原石的殘餘;我們不得不多花了一些篇幅來討論它們的性質。

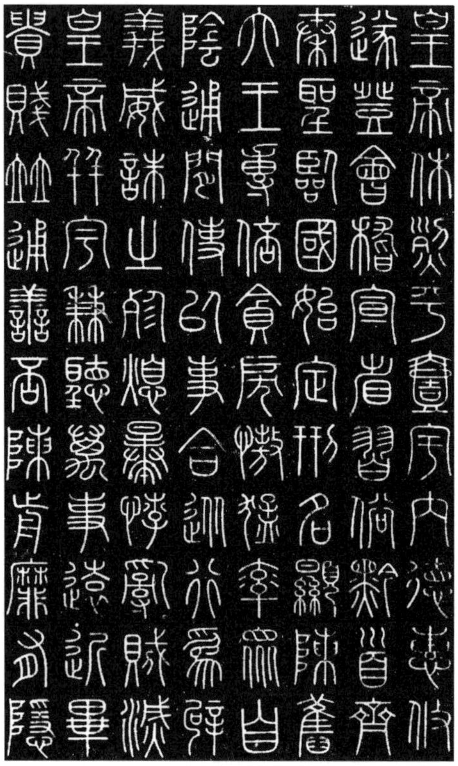

會稽刻石

傳世尚有會稽刻石摹刻本，係傳自元人（元人摹刻之石，其文字在清康熙中被石工磨去，現只存拓本），過去有人懷疑過它的可靠性。此本“臨”、“平”、“靡”三字篆形，與泰山刻石安國本全同。此外，“陳”（右旁中部从“申”）、“甲”（所从之“十”，豎畫不出頭）、“中”（作中）、“得”（右旁上部从“見”不从“貝”）、“皆”（从白不从曰）、“同”（从冂不从冃）等字和“逃”字所从的“兆”（作兆），其篆形都與《說文》相合，而與秦和西漢金石上所見的篆書不合（新莽天鳳五年鬱平大尹馮君畫像石墓題記的“中”字篆形與《說文》合，這是漢代金石文字中少見的例外。秦詛楚文的摹刻本，有把“中”摹作中的，當據元至正刻本詛楚文改爲中）。又“刑名”之“刑”左旁作“幵”而不作“井”，也與秦漢文字不合（參看張書巖《試談“刑”字的發展》，《文史》第二十五輯）。可見此本很不可靠，前人的懷疑是正確的。

已發現的西漢和王莽時代的石刻文字不多，而且都比較簡短。字體有篆有隸。其中比較著名的，篆書的有趙廿二年（趙王遂廿二年，前158年）群臣上醻刻石、魯六年（魯恭王六年，前149年）北陛石、居攝二年（7年）上谷府卿與祝其卿二墳壇、天鳳五年（18年）鬱平大尹馮君畫像石墓題記等；隸書的有地節二年（前68年）巴州民楊量買山記、五鳳二年（前56年）刻石、河平三年（前26年）麃孝禹刻石、建平五年（前2年）郫縣刻石（只存摹本）、天鳳三年（16年）萊子侯刻石等。

東漢時代，尤其是東漢後期，刻碑之風盛行，所以遺留下來的石刻文字很多。東漢後期的碑刻，篇幅往往較長，書法也多有可觀，如石門頌（即楊孟文頌，爲摩崖）、乙瑛碑（即孔廟置守廟百石卒史碑）、禮器碑（即韓勑造孔廟禮器碑）、孔宙碑、華山碑（即西嶽華山廟碑）、史晨前後碑、西狹頌（爲摩崖）、韓仁銘、曹全碑、張遷碑和熹平石經（只存一些殘石）等，都是爲後代書法家所推崇的。東漢石刻文字一般是隸書，但也有一些是篆書，比較著名的有袁安碑、袁敞碑、祀三公山碑、開母廟石闕銘、少室石闕銘等。隸書碑的碑額也多爲篆書。

3. 金文

銅器銘文一般簡稱金文。戰國晚期和統一後的秦金文，多見於兵器、權量、虎符和鼎等器物上。

秦統一後，把始皇二十六年（前221年）統一度量衡的詔書刻在或鑄在很多權、量上。二世時，爲了說明這些是始皇時的刻辭，又在很多權、量上加刻了一道詔書。有些二世時新造的權、量，則同時刻上或鑄上兩道詔書。一部分秦代權、量上還有記重量或地名的銘文。銘有詔書的秦代權、量，以及原來嵌在或釘在權、量上的刻有詔書的銅板，即一般所謂“詔版”（亦作“詔板”），發現得很多。這些權、量、詔版上的銘文，佔了已發現的秦代金文的大部分。秦代金文一般是篆書，但是在作風草率的刻銘中往往夾雜與古隸相同的字形，如見於某些權、量的（皆）、（明）、（者）等字。

漢代金文多見於鼎、鍾、鐙（燈）等日用器物和兵器、權量等物上。字體有篆有隸。

漢代銅鏡往往有銘文，字體也有篆有隸，但多訛體、簡體，情況比較特殊。

4. 印章文字

戰國晚期和統一後的秦印，歷來發現得很多。印文大部分是篆書，小部分是古隸或接近古隸的篆書俗體。已發現的漢印，數量更多。印文一般是篆書，但隸書的影響也不時可以看到。秦印文往往有闌格。漢初尚多沿襲此風，西漢中期以後一般就不用闌格了。

在用紙之前，一般印章主要用來打在封文書信札或其他物品的封泥上。漢代封泥文字已大量發現，秦代封泥文字發現得還不多（王獻唐在30年代所寫的《臨淄封泥文字敘》裏，認爲出土於臨淄縣城東門外偏北一帶的、有闌格的封泥文字屬於秦代）。

5. 陶文

陶瓦之類物品上的文字，一般稱爲陶文。戰國晚期和秦代的陶文，見於磚瓦、陶器、陶俑等物上，有用戳印打出來的，也有刻劃出來的。字體的情況跟上面介紹的秦印相似。有些秦代陶量上有用四個字一方的大戳打出來的始皇詔書，頗有後代活字排版的意味。

漢代陶文的情況比較複雜。瓦當頭上模製的文字一般是篆書。磚上模製的文字有篆有隸（磚面上裝飾性的模製文字多爲篆書，如西漢時的“海內皆臣，歲登成孰,道毋飢人"十二字方磚等【編按:學者多已指出,"道毋飢人"之"飢"實爲"飤"字,意即道上無乞食之人】),刻劃出來的文字一般爲隸書(發現得較多的,有洛陽東漢刑徒墓地出土的墓中磚誌),但有時也能看到草書等字體(例如在70年代發現的安徽亳州市東漢晚期曹氏宗族墓墓磚上隨意刻劃的文字裏,除了篆書,當時使用的各種字體幾乎都能看到)。用毛筆書寫的文字偶爾也能在磚上看到(如河北滄縣北塔村東漢墓出了一塊面上寫有五行字的朱書磚,字體屬新隸體,見劉化一《記新出土的一塊漢代朱書磚》,載《書法》1987年1期35頁)。陶器上的文字,用戳印打出來的、模製的、刻劃的和用筆書寫的都有。用戳印打出來的多爲篆書,其他的多爲隸書。東漢中、晚期,主要是晚期,有在墓中放置寫有鎮墓文的陶瓶的風氣。這種鎮墓文是研究新隸體的重要資料。

除以上所舉各種資料外,秦漢漆木器上的文字、秦漢貨幣上的文字以及東漢時代隨葬用的買地鉛券和墓壁題字等,也都是有用的資料,不一一介紹了。

研究秦漢時代的字體,還有一種書面資料,那就是《說文》中的小篆。不過《說文》的篆形有一部分是有問題的。前面討論泰山刻石安國本和會稽刻石摹刻本的可靠性的時候,已經指出《說文》中的有些篆形跟見於秦漢金石的小篆不合。下一節中還會談到這方面的問題。

三、秦漢時代的小篆

《說文解字敘》在講到秦始皇統一文字的時候,是這樣說的:

> 其後(按:指孔子之後)……分爲七國……文字異形。秦始皇帝初兼天下,丞相李斯乃奏同之,罷其不與秦文合者(按:實際上李斯當時還沒有任丞相)。斯作《倉頡篇》,中車府令趙高作《爰歷篇》,太史令胡母敬作《博學篇》,皆取史籀大篆,或頗省改,所謂小篆者也。

這段話給人這樣一種印象,似乎秦始皇用來統一全國文字的小篆,是李斯等人通過對籀文進行簡化而制定出來的一種字體。其實,籀文並非秦國在統一前夕所用的文字。小篆不是直接由籀文省改而成的,而是由春秋戰國時代的秦國文字逐漸演變而成的(參看拙著《文字學概要》48—51頁,商務印書館,1988)。傳世的新郪虎符和70年代發現的杜虎符都是秦在統一前所鑄造的,但是銘文的字體跟統一後的小篆並無區別。這說明在秦統一前後的篆書之間,實際上無法劃出一條界綫，李斯等人作小篆的説法是有問題的。錢玄同在爲卓定謀《章草考》所作的序裏説：“許叔重（引者按：即《説文》作者許慎的字）謂李斯諸人取大篆省改爲小篆，實則戰國時秦文已如此，可見李斯諸人但取固有的省改之體來統一推行，並非刱（創）自他們也。”這是正確的。

新郪虎符

由此可見，過去把統一前秦國的篆書劃入大篆，把統一後的篆書稱爲小篆，是不妥當的。爲了照顧傳統，我們仍把秦漢時代的篆書稱爲小篆。但是我們使用這一名稱，只是爲了從時代上區分秦統一前後的篆書，並不是承認篆書在秦統一之際發生過什麽突變。

在秦漢兩代四百多年的時間裏，篆書是有變化的。從風格上看，時代較晚的篆書的形體，一般不如時代較早的緊湊、自然。在秦篆中，字的筆畫故作宛曲以求美觀的現象已屢有所見（如嶧山刻石“上”、“下”、“于”等字的豎筆）。在漢篆中，這種現象更爲常見，而且宛曲的程度往往超過秦篆。

此外，一般地説，時代越晚，篆書受隸書的影響就越深。隸書流行以後，一般人在寫篆書的時候，往往會自覺或不自覺地把隸書的成分攙雜進去。在上一節裏已經説過，秦代權量上刻得草率的詔文裏，往往雜有與古隸相同的字形。在上節提到過的西漢早期篆書刻石裏，魯六年北陛刻石“月”字的字形是古隸的，趙廿二年群臣上醻刻石由於筆法方折，有些字也有隸書意味。此後，隨着隸書的發展和人們對篆書熟悉程度的降低，隸書對篆書的影響就更爲顯著了。

在西漢中期以後金石上的篆書裏，即使是書法很工整的銘刻，也時有跟小篆不合而跟隸書相近的字形。例如在建平四年（前 3 年）的南陵大泉鍾的篆書銘文裏，“乘輿”二字的字形近於隸書（銘文見容庚《漢金文録》二・一下）。上節提到過的袁安碑，在東漢人的篆書裏可算是篆味比較足的，但碑文“除”字“余”旁的字形近於隸書；“事”字中部作亅（小篆本作丨），“海”字“每”旁上端作人（小篆本作山），都受了隸書的影響;“賓”字“丏”旁下部作乚,雖是漢印中常見的寫法,追溯其源,也應與隸書的影響有關。金石文字之外的篆書也有這類現象。《説文》中有些有問題的篆形,如上節提到過的不从月而从冂的“同”字,其形成大概也跟隸書的影響有關(《説文》“凡”不作月作冃,情況與此相類)。

在著名的篆書碑刻中,受隸書影響最深的是元初四年(117年)所立的祀三公山碑。此碑的書手主觀上無疑是想寫篆書的,但是由於他受隸書影響太深,不但筆法近於隸書,所用的字形也有不少同於或近於隸書。其中如“寸”、“處”、“立”、“闕”、“夾”、“無”等不少字,簡直完全是隸書,只是筆法跟當時通行的八分還有距離而已。因此整篇碑文呈現篆隸雜糅的面貌。這是隸書時代的人所寫的不標準的篆書,有些人評爲“由篆入隸之漸”(清翁方綱《兩漢金石記》語),或“由篆向隸演變的字體”(《中國美術全集·書法篆刻編1》圖版説明57頁),是不妥當的。所謂延光殘碑的書體的作風,跟祀三公山碑有些相近。此碑筆法非篆非隸,而字形真正合乎小篆的幾乎連一個也找不出來,是想仿古而根本未仿成的怪體,或以爲是“由篆趨隸之漸變時的書體”(同上60頁),也是不妥的。康有爲等人以上舉二碑的字體爲“繆篆”,離事實就更遠了。

袁安碑

上林共府銅升銘

在漢代金石銘刻中還可以看到這樣一種情況:整篇銘刻基本上是隸書,但是某些字的筆法雖仍似隸書,字形却是全部或部分依據小篆的。例如初元三年(前46年)上林共府銅升銘基本上是隸書,但“上林”二字可以看作用隸書筆法寫的小篆,“受”、“邪”的字形也比較接近小篆。一直到東漢晚期的有些隸書碑刻仍存此風。

如夏承碑的有些字和偏旁就用了小篆字形,“中”字甚至用了籀文字形。這跟我們今天用楷書來隸定古文字,是類似的現象。有些人把這種銘刻的字體評爲介於“篆隸之間”,似乎也不很妥當。

由於人們對小篆原來的字形越來越不熟悉,篆書的時代越晚,出現訛體的可能性就越大。所以在漢代篆書,尤其是東漢篆書裏,訛體要比秦代篆書多得多。《後漢書・馬援傳》李賢注引《東觀記》曰:

> 援上書:臣所假伏波將軍印,書“伏”字,“犬”外嚮。城皋令印,“皋”字爲“白”下“羊”;丞印,“四”下“羊”;尉印“白”下“人”,“人”下“羊”。即一縣長吏,印文不同。恐天下不正者多。符印所以爲信也,所宜齊同。薦曉古文字者,事下大司空,正郡國印章。奏可。

可見在東漢初年,印章上的篆書已常有訛體(“白下羊”、“四下羊”兩種訛體也見於漢隸,印文可能受了隸書影響)。上面提到過的袁安碑,據碑文當立於永元四年(92 年)。碑上“徒”字所从的“土”作㞢(時代較早的漢印,偶爾也有這種寫法),“正”字作乏,“薨”字變爲从“宂”,“閏”字變爲从“生”,都是錯誤的(碑文“葬”字从“竹”,也被人看作訛體。但是三體石經的古文和睡虎地秦簡的“葬”字都从“竹”,究竟是否訛體尚待研究)。

《說文》成書於東漢中期,自難完全避免當時訛體的影響。書中所以會有不少有問題的篆形,這應該是原因之一。此外,包括許慎在內的文字學者,對小篆的字形構造免不了有些錯誤的理解。這種錯誤理解有時也會導致對篆形的竄改。例如“戎”字,《說文》作,分析爲“从戈,从甲”。這個字在西周前期金文裏本作从“戈”从“◆”,後來“◆”簡化成了“十”。嶧山刻石、漢印和隸書、楷書中的“戎”字,都从“十”而不从“甲”。《說文》的篆形顯然有問題。在古文字裏,“甲”本作“十”,跟“戎”字所从的“十”的確沒有什麽區別。但是西周金文可以證明“戎”所从的“十”並不是古“甲”字,而是◆(毌,音貫)的簡化之形。“毌”本象盾牌。在古代,戈和盾分別是進攻和防衛的主要器械。兵戎的“戎”字由“戈”、“毌”二字組成是很合理的。大概漢代某些文字學者誤以爲“戎”字所从的“十”是古“甲”字(甲胄也是重要的戎器),所以把“戎”的篆文改成了。《說文》“早”字作,“卓”字作,也犯了類似的錯誤(“早”、“卓”二字的結構,目前還不能作確切的解釋)。附帶說一下,《說文》篆形的有些錯誤,是在後來傳抄、刊刻的過程中造成的,上節中提到的“非”字便是一例。

使用在某些特定場合的篆書,往往有獨特的風格。如印章文字要求“匀而滿之”(清孫光祖《六書緣起》論繆篆語,韓天衡《歷代印學論文選》334 頁,西泠印社,1985),即要求整個印面和每個字形都顯得匀稱,而且每個字形基本上能填滿分配給它的空間。要做到這一點就往往需要改變小篆筆畫原來的長短、曲直,有時還需要調整原來的偏旁位置。秦印中已有這種現象,漢印中這種現象更爲顯著。舉例説,秦漢印中“馬”字的寫法,一般都不屬於正規的小篆這種類型,而屬於這種類型。所以採取這種寫法,應該就是由於要求字形“匀而滿之”。這種寫法比較接近隸書。這是由於隸書的字形一般比篆書方正匀稱,而印文也要求寫得方正匀稱的緣故,不能簡單地看作印文受隸書影響。漢代其他金石篆書裏“馬”字的寫法(多見於偏旁),大都與印文同類型。這倒有可能主要是由於印文的影響。秦漢時代的私印和吉語印中有一些圓印。這種印更需要改變小篆原來的寫法。不過它們的改變方法往往跟一般的方印有異,而跟某些瓦當文字有相似之處。因爲後者的文字也是安排在圓形平面上的。

在漢印等物的篆書裏,還可以看到一些裝飾性特强的美術字。它們以筆畫屈曲爲特點,並且往往加上小曲綫、鳥紋或魚紋等作爲裝飾,有時還把整道筆畫改變成魚形或鳥形。例如(以下諸例引自羅福頤《古璽印概論》7 頁,文物出版社,1981):

王獲私印　杜臨私印　婕伃妾娋　武意(意)　日利

著名的滿城中山靖王墓出土的鳥篆壺的銘文和傳世的“永受嘉福”瓦當的文字,也都是這一類的美術字體。

《説文解字敘》説:

……秦書有八體:一曰大篆,二曰小篆,三曰刻符,四曰蟲書,五曰摹印,六曰署書,七曰殳書,八曰隸書。……及亡新居攝,使大司空甄豐等校文書之部,自以爲應制作,頗改定古文。時有六書:一曰古文,孔子壁中書也。二曰奇字,即古文而異者也。三曰篆書,即小篆,秦始皇帝使下杜人程邈所作也(按:“秦始皇”句或以爲原當在下文“即秦隸書”之後。説程邈作小篆,與《説文敘》上文説李斯等人作小篆矛盾。據古書所載,東漢蔡邕、南北朝羊欣、王僧虔、江式等人,都認爲隸書爲程邈所作)。四曰佐書,即秦隸書。五曰繆篆,所以摹印也。六曰鳥蟲書,所以書幡信也。

永受嘉福瓦當

秦書八體中的刻符、蟲書、摹印、署書、殳書和王莽六書中的繆篆、鳥蟲書,大概都是小篆的變體。

前面已經說過,印章文字對字形有特殊要求。這應該就是摹印自成一體的原因。王莽六書中的繆篆,一般都認爲相當於秦的摹印。近人羅福頤別創新說,認爲一般印章文字不能稱繆篆,只有漢私印中"故作屈曲迴繞的書法"的篆書,才是繆篆(《古璽印概論》7頁)。上面講美術體時所引的"王獲私印"、"杜臨私印",就是羅氏所舉的繆篆的例子。此說提出後,信從者似不多。

秦的蟲書和王莽六書中的鳥蟲書無疑是相類的。羅福頤認爲漢印中"不但筆劃屈曲,而且有些筆劃作魚形或鳥頭狀"的書體,應爲鳥蟲書(《古璽印概論》7頁)。上面講美術體時所引的"婕伃妾娋"等三印,就是羅氏所舉的鳥蟲書的例子。羅氏所定的"繆篆"和"鳥蟲書"這兩種書體,性質很接近,有時不大好區分。例如羅氏把"永受嘉福"瓦當的文字歸入繆篆(《古璽印概論》7頁),但是這些字的作風跟羅氏認爲是鳥蟲書的"婕伃妾娋"很相似,二者都是筆劃屈曲又有小曲綫作裝飾的,只不過前者的屈曲程度甚於後者而已,似不應分入兩類。馬國權在《繆篆研究》一文中,對鳥蟲書提出了另一種看法。他認爲漢印中"每字的若干筆道都以鳥頭爲裝飾"的,就是鳥書(《古文字研究》第五輯266頁);漢印和漢代其他篆書中,凡筆畫"故作蜿蜒"的(他認爲這是象徵蟲身的"蜿蜒迴繞"),包括羅氏認爲是繆篆的那些字在內,都是蟲書(同上266—267頁)。此說比較合理。不過以鳥爲飾的印文,筆劃一般也具有屈曲的特點,似乎沒有必要把鳥書和蟲書嚴格區分開來。秦的蟲書也許就是包括鳥書在內的。附帶說一下,馬文定爲書於幡信的蟲書實例的"張掖都尉棨信"的文字,據《中國美術全集·書法篆刻編1》所載徐祖蕃的說明,本是正規的小篆,只是由於原物出土時,"已團成皺折,絹面已破損;雖經修整亦未能恢復原貌,故使某些字的筆劃似帶有'婉'狀"(該書圖版說明44頁)。所以即使馬文關

張掖都尉棨信

於蟲書的說法能够成立,張掖都尉棨信也不能視爲蟲書的實例。

關於秦書八體中的刻符、署書和殳書的面貌問題,雖然也有人發表意見,但都語焉不詳或缺乏根據,這裏就不介紹了。

四、秦漢時代的隸書

《漢書・藝文志》和《說文解字敘》都說隸書開始出現於秦代,是爲了應付當時繁忙的官獄事務而造的一種簡便字體。此外,從漢代以來,還流傳着程邈爲秦始皇造隸書的傳說。這些說法跟事實是有出入的。

從考古發現的秦文字資料來看,隸書是在戰國晚期的秦國形成的。戰國時代是文字變化得非常劇烈的時代。跟東方六國相比,秦國文字顯得比較保守。但是秦國人在日常使用文字的時候,爲了書寫的方便也在不斷破壞、改造原來的字形。由此産生的秦國文字的俗體,就是隸書形成的基礎。

在秦孝公時代的銅器銘文裏,就可以看到規整的正體和草率的俗體並存的情況。孝公之後,文字的使用越來越頻繁,俗體也隨着越來越流行。在銅器(主要是兵器)銘文、漆器銘文以及印文、陶文裏,都可以看到一些俗體字(參看拙文《從馬王堆一號漢墓遣册談關於古隸的一些問題》,《考古》1974 年 1 期。以下所引秦國兵器銘文的出處皆見此文)。在這些俗體字裏,已經出現了不少跟後來的隸書相同或相似的寫法。例如:惠文君十三年(前 325 年)所造的相邦義(即張儀)戈"義"字所从的"羊"已經寫作(正規篆書作)。惠文君四年(前 334 年)或惠文王更元四年(前 321 年)所造的相邦樛游戈的"游"字、莊襄王三年(前 247 年)或秦王政三年(前 244 年)所造的上郡戈的"漆"字,其"水"旁都已經寫成三短横。類似的例子可以舉出不少。

在秦國文字的俗體裏,用方折的筆法改變正規篆書的圓轉筆道的情況很常見。有些字僅僅由於這種變化,就有了濃厚的隸書意味。昭王廿一年(前 286 年)所造的相邦冉(即魏冉)戈的廿(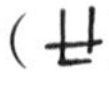)字、市()字,就是例子。

對於研究字體來說,70 年代發現的秦簡比上述那些資料更可寶貴。秦簡上的文字不但數量多,而且都是直接用毛筆書寫的,由此可以看到當時日常使用的文字的真正面貌。仔細觀察睡虎地十一號墓秦簡上的文字,可以知道在這批竹簡抄寫的時代,隸書已經基本形成。

睡虎地秦簡上的文字顯然不是正規的篆文。從筆法上看,在簡文裏,正規篆書的圓轉筆道多數已經分解或改變成方折、平直的筆畫。從字形上看，簡文裏很多字的寫法跟正規篆書顯然不同，跟西漢早期的隸書則已經毫無區別，或者只有很細小的區別了。例如（寫在下面括號裏的，是供參考的小篆字形）：

毋　州　立　老　羊　人　亦　者　明　皆　即　書

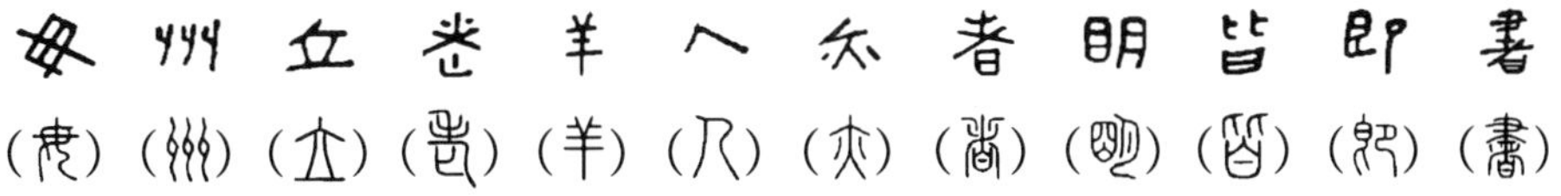

這些字形的形成，都跟使用方折、平直的筆法有關。在簡文字體方面還有一個非常值得注意的現象。簡文中左旁爲“水”之字常見，除了《語書》部分中“江陵”之“江”的“水”旁作“氺”外，其餘的全都作“三”。

根據上述情況，可以把睡虎地秦簡所代表的字體看作由篆書俗體演變而成的一種新字體。秦簡出土後，很多人認爲簡文就是秦隸，這應該是可信的。

1975 年在湖北江陵鳳凰山七十號秦墓裏，發現了兩顆同文的玉印（引自吳白匋《從出土秦簡帛書看秦漢早期隸書》，《文物》1978 年 2 期）：

甲　　乙

這兩顆印的字體顯然不同。甲印是正規篆書，乙印的作風則與秦簡相合。大概墓主人有意用當時並行的兩種字體各刻一印。這也可以說明秦簡的字體是跟篆書已經分家的一種新字體。

第二節已經説過，睡虎地十一號墓竹簡抄寫於戰國晚期至秦代初年；已發現的戰國晚期秦墓所出的簡牘，其字體也跟睡虎地十一號墓竹簡同類型。由此可知隸書在戰國晚期就已形成了。隸書顯然是在戰國時代秦國文字俗體的基礎上逐漸形成的，而不是秦始皇讓某一個人創造出來的。錢玄同在爲《章草考》所寫的序裏指出，康有爲、梁啓超都認爲隸書是自然形成的，不是個別人所創造的。他表示同意，並說隸書“當亦始於戰國之世，爲通俗所用”。唐蘭在《中國文字學》中指出，《漢書》等說秦代“由於官獄多事，才建隸書，這是倒果爲因，實際是民間已通行的書體，官獄事繁，就不得不採用罷了”（165 頁）。這些意見都是正確的。

在秦代，小篆是正規字體，隸書只是一種新興的輔助字體，社會地位比較低。

“隸書”這個名稱就表示了它的身份。有人說隸書由於“施之於徒隸”而得名(《漢書・藝文志》),有人說隸書由於秦官府“令隸人佐書”而得名(晉衛恒《四體書勢》,見《晉書・衛恆傳》)。總之,隸書是上層階級所看不起的。秦代統治者允許官府用隸書來處理日常事務,是迫於形勢不得不然,並不說明他們喜歡或重視這種字體。在比較莊重的場合,一般是不用隸書的。

但是,隸書書寫起來比小篆方便得多,要想長時間抑制它的發展,是不可能的。從秦代權量上的銘文,就可以清楚地看到隸書侵入小篆領域的情況。權量銘文的內容是統治者想傳之久遠的統一度量衡的詔書,按理當然應該用正規的小篆來銘刻。可是遺留下來的權量詔文却不乏刻得很草率的、作風接近隸書的例子。第二節裏已經說過,有些權量銘文中的“皆”、“明”、“者”等字的寫法,甚至跟當時的隸書全同。從總體上看,這種銘文還不能算隸書。因爲在這些銘文裏,“灋”字所从的“水”旁像隸書那樣寫作三短橫的例子,連一個也沒有發現過。但是這種包含着很多隸書成分的詔書銘文,確實預示着小篆即將爲隸書取代的命運。

秦詔版

在秦代,隸書在日常使用的文字裏已經成爲主流,而且已經動摇了小篆作爲正規字體的地位。到了西漢,距離秦王朝用小篆統一全國文字並沒有多久,隸書就成了正規字體。所以我們未嘗不可以說,秦王朝實際上是以隸書統一了全國文字。

睡虎地秦簡所代表的秦代隸書,還只是尚未完全成熟的隸書。這主要表現在以下兩方面。

首先,有不少字的寫法仍然近於正規篆書,例如:

木: 自: 行: 塞: 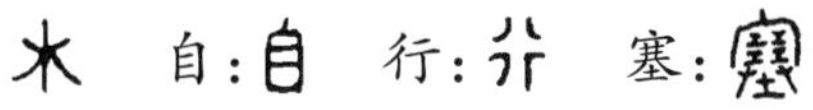

其次,有些字雖然已經有了跟成熟的隸書相同或相似的寫法,但同時仍然使用接近正規篆書的寫法,例如:

比: 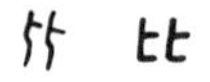

之: 

辵(偏旁): 

偏旁"辵"的各種寫法,實際上反映了它們由篆到隸的演變過程。

上面指出的這兩種現象,在西漢早期的隸書裏仍可明顯看到,只不過在程度上逐漸有所減輕而已。爲了跟成熟的隸書相區別,可以把秦和西漢早期的隸書合稱爲早期隸書。

在居延、敦煌等地發現的武帝晚期以後漢簡上的隸書裏,明顯地接近篆書的字形就大大減少了。這標誌着隸書的趨於成熟。例如"斗"字,西漢早期簡帛一般作斗、斗等形,居延簡則作斗、斗、斗、斗等形。"自"字,西漢早期簡帛一般作自、自等形,居延簡一般作自、自等形。"它"字,西漢早期簡帛一般作它、它等形,居延簡一般作它、它等形,"地"、"池"等字所从的"它"並多簡化爲"也",所以後來就變得跟"也"旁混而不分了("地"、"池"、"施"等字本來都从"它","池"和"沱"是後來才分化成兩個字的。《說文》"地"、"施"等字从"也"聲,是篆形受隸書影響而誤之例)。"大"、"木"等字,在西漢早期既有作大、木等形的,也有作大、木等形的。在居延簡裏,前一種寫法似乎已經絕跡。

在西漢中期到東漢晚期,隸書字形仍有不少變化,如"其"字由其、其等形變爲其,"五"字由五、五等形變爲五等等,總之,變得跟後來的楷書越來越相近了。

在隸書字形演變的過程裏,新的字形出現之後,舊的字形往往遲遲不退出歷史舞臺。不但早期隸書裏有這種現象,就是在成熟的隸書裏也常常可以看到這種現象。例如在東漢晚期的碑刻上,"其"字既作其,也作其、其;"五"字既作五,也作

X、五;"恭"、"慕"等字的"心"旁有𢖩、屮、忄、忄、心等多種寫法。又如"口"旁,早在秦代隸書裏就出現了少量作"口"的寫法,但是在西漢中晚期的漢簡上仍然習見作"ㅂ"的寫法("如"、"知"等字的"口"旁往往作此形),甚至在東漢晚期的碑刻上,都還能看到一些這樣的寫法。

下面再談談漢代隸書在書體上的變化。

我們在東漢晚期那種書法工整的碑刻上所看到的隸字,結體一般都是扁方的,用筆也有一套成規。向右下方的斜筆幾乎都有捺脚,捺脚往往向上挑。有些較長的横畫,收筆時也略向上挑,形成上仰的捺脚式的尾巴,先豎後横的彎筆,收筆時多數上挑,而且幅度往往比較大。向左下方的斜筆(即撇),收筆時多數也略向上挑。收筆時上挑的横畫,起筆時還往往有下垂的頓勢,整道筆畫略呈微波起伏之勢,較長的捺有時也有這種筆勢,如一、㇏。書法家用來形容隸書書法特點的"挑法"、"波勢"和"波磔"(磔指捺一類筆勢)等語,就是指這些筆法而言的。

上述隸書書體的特點,是有一個形成過程的。一般把具備這些特點的隸書稱爲八分,八分形成之前的隸書稱爲古隸。不過,"古隸"這個詞有歧義。它也可以用作跟楷書的别名——"今隸"相對的名稱。這種用法的"古隸"跟一般所説的隸書同義。爲了避免誤解,最好不要使用"古隸"的這一意義。

"八分"這個名稱大概在漢魏之際就已經出現。當時一般人日常所用的隸書,大都是第一節提到過的新隸體,其面貌跟標準的隸書已有顯著區别,所以有必要爲標準的隸書另起一個名字(看啓功《古代字體論稿》34頁,文物出版社,1979)。直到唐代,一般人還把當時通行的字體(即楷書)稱爲隸書,把標準的隸書稱爲八分。

關於八分得名的原因,古人的説法不一。有人認爲是由於這種書體以"字方八分"爲大小的標準;有人認爲是由於這種書體字形較扁,筆畫向兩旁伸展,勢若"八"字分散;還有人假託蔡文姬之名,説這種書體"割程隸八分取二分,割李篆二分取八分",所以稱爲八分(看唐蘭《中國文字學》169—170頁)。最後一説顯然不足信。前二説究竟哪一説符合八分命名者的原意,也難以斷定。也有可能這些説法都是不正確的。

八分究竟是在什麽時候形成的呢?

發現漢簡之前,石刻文字幾乎是研究隸書的唯一資料。在已發現的漢代碑刻的隸書裏,八分書體的特色要到東漢中期以後才充分顯示出來,所以前人往往把八分形成的時代定得比較晚。後來的研究者有大量漢簡上的隸書作爲依據,結論就跟前人大不相同了。

八分筆法的萌芽出現得很早。在拋棄了正規篆書的筆法之後,如果把字寫得很快,收筆時迅速提筆,橫畫和向下方的斜筆很容易出現尖端偏在上方的尾巴。把這種筆法稍加改造,用較慢的速度書寫,八分的挑法就形成了。魏建功早在40年代就認爲八分的挑法是草書筆法規整化的産物(《草書在文字學上之新認識》,《輔仁學誌》十四卷一、二期合刊236—240頁)。這是很有見地的。

早在秦代的隸書裏,就可以看到少量帶捺脚的斜筆和略有挑法的橫畫。在西漢早期的隸書裏,這類筆法的使用有明顯的增加。例如在馬王堆三號墓出土的抄寫於西漢早期的那部分帛書上,就有一些風格跟八分頗爲相近的字。江陵鳳凰山九號墓出土的漢文帝時木牘上的有些字,筆法也相當像八分。不過在西漢早期的隸書裏,豎長的字形和接近篆書的寫法還很常見,八分式的書法還遠沒有成熟。

在敦煌、居延等地發現的武帝晚期到宣帝時代的簡上,可以看到八分逐漸形成的過程。在敦煌簡裏,武帝天漢三年(前98年)簡和王國維考定爲武帝太始三年(前94年)以前之物的"使莎車續相如"簡,其書體都屬於古隸;而太始三年簡的書體則已經跟八分沒有多大區別了。在居延簡裏,有不少武帝征和至昭帝始元年間的食簿殘簡,書體大都呈現從古隸向八分過渡的面貌。還有一件昭帝始元七年(前80年)的出入符,雖然寫得不算很工整,其書體却已經可以看作八分了。此外,居延簡裏還有一些書體很像八分的昭帝時代的簡,不一一列舉了。在宣帝時代的簡上,出現了相當標準的八分書,如居延的本始二年(前72年)水門燧長尹野簡和敦煌的五鳳元年(前57年)簡等。由此可見,至遲在昭宣之際,八分已經完全形成。按照這種看法,古隸大體上跟早期隸書相當,八分是成熟的隸書的標準書體。

西漢銅器上的隸書銘刻所反映的字體變化的情況,跟漢簡大體相合。西漢早期銅器上的隸書,跟同時期漢簡上的古隸同類型。由於古隸本由篆書俗體演變而成,二者的界限有時不易劃定。有些西漢早期銅器上的銘文,如雲陽鼎銘文(《漢金文錄》一·七上),有人認爲是"書風比較灑脱,筆畫隨意不受方整小篆格局所囿"的篆書(《中國美術全集·書法篆刻編1》卷首《秦漢的書法藝術》28—29頁)。我們覺得還是看作古隸爲妥。在從武帝到宣帝時代的銅器上,可以看到古隸演變爲成熟的隸書的過程。不過宣帝以後銅器上的隸書,大都沒有把用毛筆書寫的八分的特色充分表示出來。例如宣帝時的陽泉使者舍熏鑪的銘文,從字的結體看跟八分相近,但筆畫沒有明顯的波磔。

標準的八分書寫起來是比較費事的。第一節裏已經說過,在八分形成以後,在

陽泉使者舍熏鑪銘文

書體上受八分影響不大、書寫起來比較方便的隸書,始終大量存在。近年來有人稱之爲"通俗隸書"(參看村莊《漢代書法分期》和賴非、王思禮《漢代通俗隸書類型》等文,載《漢碑研究》,齊魯書社,1990),是比較恰當的。目前所能看到的宣帝以後的西漢隸書刻石,其書體大都可以歸入通俗隸書。時代較早的,如第二節提到過的地節二年巴州民楊量買山記和五鳳二年刻石,尤其是後者,作風跟古隸還很接近。王莽時的萊子侯刻石也是無波磔的通俗隸書,不過由於字形和筆法的變化,面貌跟古隸已經很不相同了。東漢早期的三老諱字忌日記的書體,似可看作介於通俗隸書與八分之間,或以爲"是碑石中篆隸嬗變時期的面貌"(《中國美術全集・書法篆刻編1》圖版說明51頁),恐怕不大妥當。漢簡裏同樣存在通俗隸書。例如在宣帝時代的居延簡裏,就既可以看到八分,也可以看到通俗隸書以及介於通俗隸書與八分之間的書體。有些銅器和陶瓦上的隸書,也可以看作通俗隸書(上面提到的陽泉使者舍熏鑪銘似可看作介於通俗隸書與八分之間)。大約在東漢中期,從通俗隸書裏演變出了新隸體,爲隸書向楷書過渡奠定了基礎。這方面的情況將在下一節裏介紹。

五、漢代的草書、新隸體和行書

(一) 草書

"草"字在古代可以當粗糙、簡便講。草書之"草"大概就取這種意義。"草書"有廣狹二義。廣義的,不論時代,凡是寫得潦草的字都可以算。狹義的,即作爲一種特定字體的草書,則是在漢代才形成的(啓功《古代字體論稿》38頁)。大約從東晉時代開始,爲了跟當時的新體草書相區別,稱漢代的草書爲章草。新體草書相對而言稱爲今草。

早在秦國文字的俗體演變爲古隸和秦古隸繼續演變的過程裏,已經出現了一些跟後來的草書相似或相同的寫法。在上一節講秦簡古隸尚未完全成熟時所舉的字形實例裏,"之"字的第二種寫法以及"辵"旁的第三、四、五種寫法,都是富有草書意味的(成熟的隸書裏的"之"字和寫作 的"辵"旁,就是由這種寫法通過類似漢字簡化中的"草書楷化"那樣的途徑演變而成的)。"辵"旁第四種寫法把"止"寫作 。後來的草書裏的"止"旁,寫法與此相同。第二節提到過的睡虎地四號秦墓所出的木牘,寫得特別草率。"攻"字的"工"旁寫作 ,"㞜"(從)、"徒"、"定"等字的"止"旁都寫作 ,"遺"字的"辵"旁竟簡化成 。到了漢代,這類草率寫法繼續被使用,此外還出現了一些新的草率寫法。草書就是在這些新舊草率寫法的基礎上形成的。

在使用古隸的簡牘裏,可以看到整簡、整牘的字都寫得比較草率的例子,如上面所說的睡虎地四號秦墓木牘,又如臨沂銀雀山一號漢墓竹簡中的一部分古書抄本等。在這些簡牘上,雖然有一些跟後來的草書寫法相同的偏旁;但是絕大部分字,除了寫得草率之外,跟一般的古隸並無多大區别。所以這些簡牘的字體只能看作草率的隸書,不能看作狹義的草書。

古代有稱爲"篷"的書體。《玉篇・辵部》:"篷,士洽切(今音 zhá),行書貌。"《廣韻・洽韻》:"篷,行書。"《集韻・洽韻》:"篷,行書也。秦使徒隸助官書艸篷,以爲行事,謂艸行之間,取其疾速,不留意楷法也。从筆,从辵。"據《集韻》,這種書體在秦代就已出現。上述那種草率的隸書,也許就可以稱爲篷書。

從居延簡中有明確紀年的那些簡來看,武帝晚期和昭帝時代的簡上只有草率的隸書;宣帝簡中如登記號爲 271・17 的神爵二年(前 60 年)簡,元帝簡中如登記號爲 562・3A 的永光元年(前 43 年)簡,尤其是後者,其字體已有很濃厚的草書意味;成帝簡中如 284・8A 陽朔元年(前 24 年)簡和 170・5A 元延二年(前 11 年)簡,其字體就已經是相當純粹的草書了。

由此推測,草書的形成至遲不會晚於元、成之際,很可能在宣、元時代就已經形成了。

唐張懷瓘《書斷・上》"章草"條引南朝宋代王愔的話說:"漢元帝時史游作急就章,解散隸書麤(粗)書之,漢俗簡墮,漸以行之。"(唐張彥遠《法書要錄》卷七)王氏把章草的出現跟急就章聯繫起來,是不可信的。"急就章"是史游所編字書《急

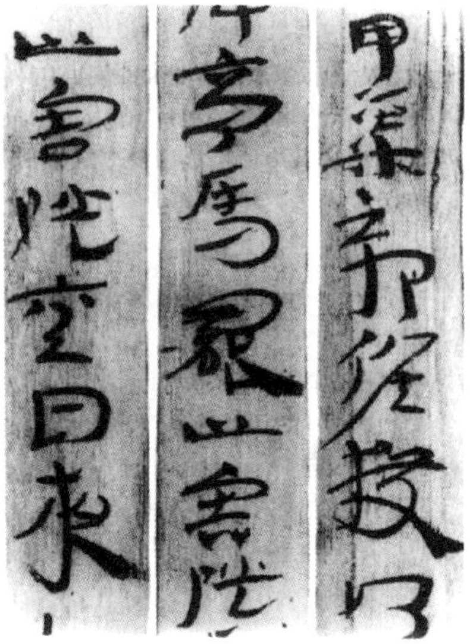

居延漢草書簡

就篇》的俗名。《急就篇》分三十一章(每章六十三字),所以人們或稱之爲"急就章"。這個名稱在漢代似乎還沒有出現。魏晉時代的書法家喜歡用章草寫《急就篇》,但是已發現的敦煌簡和居延簡中的《急就篇》漢代抄本,却都是用隸書寫的。所以章草決不會是史游作《急就篇》時所創造的字體。爲編一種書而創造一種字體,實際上也是不可能有的事(參看唐蘭《中國文字學》172 頁)。不過史游的時代倒恰好跟我們所推測的草書形成的時代大致相合。漢末的蔡邕、趙壹都說草書作於秦代,似無確據(蔡說見《書斷・上》"草書"條所引梁武帝《草書狀》。趙說見其所作《非草書》,收入《法書要錄》卷一)。過去有很多人認爲草書起於東漢,則又失之過晚。

草書的形成比八分稍晚一些。不過,作爲草書形成基礎的隸書草體(包括草體字、簡體字),有很大一部分在古隸階段就已經存在。所以也可以說,八分和章草是分别由古隸的正體和俗體發展而成的。這跟戰國時代秦國篆書的正體演變爲小篆,俗體發展成隸書的情況很相似(參看拙文《從馬王堆一號漢墓"遣册"談關於古隸的一些問題》,《考古》1974 年 1 期)。

草書字形不出自成熟的隸書而出自古隸的例子是常見的,不但是偏旁的寫法,就是整字的寫法也往往由古隸變來。例如:"夫"的草書當由古隸草體變來,"天"的草書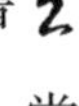當由古隸草體變來,"可"的草書當由古隸草體變來,"鹿"的草書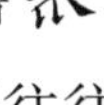當由古隸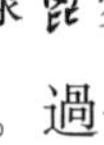變來(參看上引文)。古隸的形成以篆書俗體爲基礎,二者的字形往往很相近。過去的學者如清人孫星衍等,有草書字形出自小篆之說

（見孫氏《急就章考異》）。應該承認他們已經接觸到了事情的真相。

草書是輔助隸書的一種簡便字體，主要用於起草文稿和通信。西漢時代一般人使用的隸書俗體裏所包含的草書因素，比戰國時代秦國一般人使用的篆書俗體裏所包含的隸書因素要少得多。所以草書的形成不如隸書自然，群衆基礎不如隸書廣泛。在草書形成後的西漢簡裏，純粹的草書簡並不多見。

敦煌、居延等地出土的新莽簡和東漢簡上所見的草書，比西漢簡的草書成熟。東漢簡中草書簡所佔的比重，也明顯地升高了。這跟古書所反映的、草書在東漢時代比較流行的情況相合。

漢代草書的字形，有一些是先後有變化的。如"受"字草書，西漢簡多作（由古隸俗體簡化。隸書"爪"旁有時變作"日"，如"爭"字往往作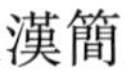），東漢簡則作、等形。傳世三國吳皇象所書《急就章》的摹刻本，"受"字作，跟東漢簡接近。

草書由於寫得快，很自然地改變了隸書的筆法。例如：隸書較長的撇，尾部往往比較粗；草書的撇，尾部一般是尖的。隸書基本上只用彎筆而不用鉤，彎一般轉得很慢；草書轉彎轉得很快，把有些轉折後的部分較短的彎筆變成了帶鉤的筆畫；如隸書（宀）、（冖）等偏旁裏的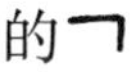，草書大都變作，接近於後來楷書的硬鉤。草書橫畫用挑法比八分少，點、捺等筆畫的寫法也都跟隸書有差別。草書除了往往劇烈簡化隸書字形外，還大量使用連筆，有的字甚至可以用一筆寫成，如"天"或作、"門"或作。不過跟今草比起來，章草使用的連筆還算是少的。章草每個字自成起訖，跟今草字與字時相鉤連的情況也不一樣。

關於章草命名的理由，過去有幾種說法。除了前面已經提到過的把章草跟《急就章》聯繫起來的說法之外，還有因東漢章帝提倡而得名、因可以施於章奏而得名等說法。這些說法都很難令人相信。"章"字有條理、法則等意義，近人多以爲章草由於書法比今草規矩而得名。

（二）新隸體和行書

大約在東漢中期，通俗隸書在草書的影響下演變出了一種比較有特色的俗體。這種俗體書寫起來比較方便，由於溶入了草書筆法，如較多地使用尖撇和接近後來楷書硬鉤的筆法，呈現出由隸書向楷書過渡的面貌。在東漢中晚期的木簡和鎮墓陶瓶上都可以看到這種字體。其中如敦煌發現的永和二年（137 年）簡和傳世的熹平元年（172 年）陶瓶，是經常爲講字體的人所引用的例子。前者的字體的風格，羅振玉《流沙墜簡》考釋評爲"楷七而隸三"。有些東漢晚期的墓壁題字和墓磚上的

熹平元年陶瓶

文字,如和林格爾護烏桓校尉墓的"莫府門""護烏桓校尉莫府穀倉"等題字,第二節裏提到過的亳州市曹氏宗族墓的有些墓磚刻文和滄縣北塔村墓磚上的朱書等,也是屬於這種字體的。爲了區別於八分和其他的通俗隸書,可以把這種字體稱爲新隸體(參看啓功《古代字體論稿》34 頁)。有的東漢後期刻石,如永興二年(154年)薌他君石祠堂石柱題記的字體,似乎也可歸入此類。不過由於是刻的而不是用筆寫的,新隸體的特點不像上舉那些例子顯著。

在東漢後期,雖然士大夫們相競用工整的八分書勒石刻碑,一般人日常所用的字體,却大都已經是新隸體了。

在東漢晚期還出現了一種新字體,就是行書。據説行書是桓、靈時代的劉德昇所創造的,他寫的行書"雖以草創,亦豐妍美,風流婉約,獨步當時"(張懷瓘《書斷·中》,《法書要録》卷八)。

我們所熟悉的行書是介於楷書跟今草之間的一種字體。在劉德昇的時代,楷書和今草還未形成,他所寫的行書的面貌,究竟是怎樣的呢?

今傳王羲之的行書幾乎都是介於楷書跟今草之間的那種行書,只有姨母帖(也稱十一月十三日帖)比較古拙。在魏晉時代的樓蘭遺址出土的簡紙文字裏,也有一些跟姨母帖風格相近的書跡,如魏景元四年(263 年)簡以及時代不晚於東晉初期的、署名濟逞的兩封信和署名超濟的一封信。這應該就是早期的行書(參看拙著《文字學概要》90—91 頁)。劉德昇所寫的行書,其面貌應該跟它們相近。

在亳州市曹氏宗族墓的少數墓磚上,也可以看到風格跟上舉早期行書相似的

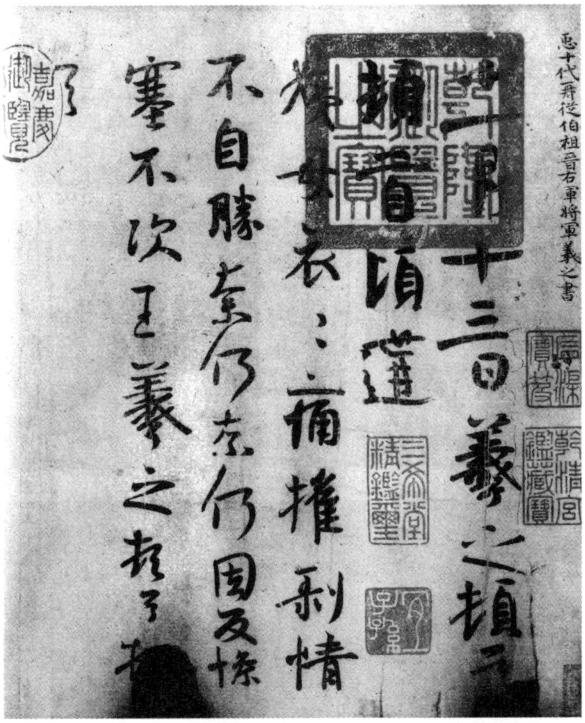

王羲之・姨母帖

字。其時代大致與劉德昇相當。可見行書的形成也是有一定群衆基礎的,並非劉氏一人的功勞。

行書可以認爲是在新隸體的基礎上,進一步溶入草書筆法,並從筆法和字的結體上再加美化而形成的一種字體。寫得比較規整的早期行書,如前面提到過的樓蘭出土的超濟的書信,跟我們所能看到的最早楷書——鍾繇的宣示表等帖,面貌相當接近。如果把這種早期行書寫得端莊一些,把在早期行書裏已經出現的横劃收筆用頓勢的筆法普遍化,再增加一些捺筆和硬鈎的使用,就會形成宣示表那種字體。所以我們在第一節裏,説隸書是通過新隸體和行書而演變爲楷書的。隨着楷書的形成和發展,漢字字體的演變就進入了一個新的階段。

原載《中國書法全集》卷7(榮寶齋,1993),其中部分章節曾以《安國舊藏〈秦泰山刻石〉宋拓本真僞辨》爲題載於《中國書法》1992 年 3 期,今據前者收入。

大學生應該注意培養正確使用漢語漢字的能力

什麼叫正確使用漢語、漢字的能力呢？如果寫出字來能讓人看得清，並且基本上沒有錯別字，寫出文章來能讓人看懂，並且基本上沒有用詞和語法等方面的錯誤，就可以算是具備了正確使用漢語、漢字的能力。（我們所說的“文章”是廣義的，包括各種書面語言。平時說話，不像寫文章那樣可以仔細推敲，所以不能像對寫文章那樣要求。如果說出話來也基本上沒有用詞和語法等方面的錯誤，當然更好。）一個大學生的語文水平理應達到上述的標準。

這樣的標準看起來似乎不高，實際上却需要付出很大的努力才有可能達到。例如要做到不寫錯別字就很不容易。郭沫若是舉世聞名的古文字學家，可是在根據他的手抄清稿影印的書裏，却可以看到把“冢”（音 zhǒng）寫作“冡”（“蒙”字的聲旁，與“蒙”同音）那樣的錯誤。我忝爲文字學教師，也免不了寫錯別字。我曾在很長一段時間裏把“偶爾”錯寫作“偶而”，此外還寫過一些別的錯別字。作爲一個學生，應該怎樣對待學者和教師的這類失誤呢？我們不能把他們的失誤用作放鬆對自己的要求的借口，而應該通過他們的失誤深刻認識培養語文使用能力這項任務的艱巨性，對自己提出嚴格的要求。事實上，我們只有對自己提出比前面所說的標準更高的要求，才有可能達到這個標準。仍以錯別字爲例來說，只有下定不寫一個錯別字的決心，才有可能做到基本上不寫錯別字。如果抱有寫幾個錯別字沒有什麼了不起的態度，其結果必然是筆下常有錯別字。

現在的大學生使用漢語、漢字的實際情況是怎樣的呢？實在不容樂觀。字寫得不錯、錯別字很少、文章也寫得頗爲通順的學生不是沒有，但是在全部學生中所佔的比例實在太小了。上我的文字學課的，是北大中文系二年級（不包括文學專業）的學生。根據“文化大革命”後十多年來改這門課的作業和試卷的經驗來看，上面所說的那種學生在全班學生中所佔的比例通常低於十分之二。

不少學生所寫的字不但不美觀，而且很難認。如果我改的不是自己所講的課的作業和試卷,也就是說,如果不是事先知道學生在作業和試卷裏要說哪些話,有些字恐怕猜一輩子也猜不出來。作業和試卷上所署的姓名裏的有些字,如果沒有學生名單可以對照,也是沒有辦法辨認出來的。難認的字除了不規範的甚至是個人自造的簡體字外,大都是寫得過於潦草的字。有些人的楷書水平還沒有超過一般的小學生,寫起字來却往往"龍飛鳳舞",草得要命,可又不合草書的規範。别人看到他們的字就頭痛,他們却"自我感覺良好",認爲自己的"書法"比那些規規矩矩寫字的同學高明得多。這實在有些可悲。

在舊社會裏,一般知識分子要想找到工作,最起碼的條件就是"字要拿得出去"。如果字寫得歪歪扭扭,難看難認,就沒有人會雇用他。解放以後,學生一畢業就有鐵飯碗,而且字的好壞通常跟工作崗位的好壞和升遷的遲速沒有關係。因此寫字訓練就越來越不受重視了。近年來,這方面的情況正在改變。1988 年北大中文系分配畢業生的時候,勞動部來要人。介紹給他們的學生中,有一位學習成績和平時的表現都很好,但是勞動部派來的同志由於他的字寫得太壞沒有要他。據北大校刊記者報道,在北大 89 届畢業生供需見面交流會上,"首鋼一位同志說:我們一看有些學生的字,就會決定不要"。同學們應該重視這些信息。

從我改過的作業和試卷來看,錯别字和用詞、語法等方面的問題也是相當嚴重的。有些小學生都不應該寫的錯别字,在某些大學生的筆下却時常出現。在全班範圍内找不出一份沒有錯别字的作業或試卷的情況並不罕見。沒有用詞、語法等方面的錯誤的作業和試卷,甚至更爲難找。

在北大校刊發表的有些文章裏和校園的有些招貼上,也能看到不少錯别字和用詞、語法等方面的問題。下面隨便舉些例子。

先舉錯别字的例子。1988 年 12 月 14 日北大校刊第 3 版上的《"夢巢"主人對你說》把"奄奄一息"的"奄"寫爲"淹"。同版的《叫賣聲中的隨想》把"裨益"寫爲"稗益"。第 4 版上的《花生米》把"媒妁"寫爲"媒約",把"獨當一面"的"當"寫爲"擋"。1989 年 1 月 6 日第 3 版的《臨别雜感》把"宣泄"寫爲"渲泄"。第 2 版的一個標題把"摯誠"寫爲"挚誠"(上舉例子中,有的也許是排印之誤)。在北大校園的招貼上,"啓事"幾乎全都錯寫作"啓示",其他的同音錯别字和寫錯偏旁或筆畫的字也都不少。1989 年 1 月,北大團委用校園裏的宣傳欄辦了一個攝影作品展。在爲照片作配的小詩裏,出現了不少錯别字,如"慕(驀)然"、"萎(委)棄"、"汁葉(液?)"、"頂(鼎)立"、"高距(踞)"等。

再談談用詞和語法等方面的問題。先從上面提到過的幾篇校刊上的文章裏找些例子。《“夢巢”主人對你說》裏有“香茗裊裊”的話。香氣可以用“裊裊”來形容,香茗却不能用“裊裊”來形容。如果把“香茗”改作“茗香”,就沒有問題了。同一篇文章說:“重複的舉動和話語,雖說平凡單調,但正是這簡單的體力技能培養,嘗盡酸甜苦辣後,始有靈魂上的震動和思想上的飛躍。”這句話也有問題。“培養”怎麼能作“嘗盡酸甜苦辣……”的主語呢?如果不想作大的改動的話,至少應該在“正是”之後加上“通過”或意義與之相近的詞。《叫賣聲中的隨想》裏有“樂得於幹小商小販”的話。我們可以說“樂得”怎樣做、“樂於”怎樣做,可是“樂得於……”這種說法却是不能成立的。從上下文看,上引那句話裏的“得”字應該删去。在《花生米》裏不妥的語句更多,如“一個媒約(妁)之言的配偶”、“實在給人笑意”、“越來越多的人爲了功利的目的去摻入一種信仰”等。1988 年 12 月 28 日北大校刊第 1 版的《理財的“洞天”》裏,出現了“洞天府地”、“分輕重之緩急,較成敗之利鈍,防近水之樓臺”等有問題的詞語。使用語言要尊重大家的習慣。不能因爲“天地”、“洞天”、“洞府”等說法都能成立,就造出“洞天府地”這種難以爲人們所接受的詞語來。在“近水樓臺”中間嵌入一個“之”字,雖然沒有必要,在語法上還是可以的。“輕重”與“緩急”,“成敗”與“利鈍”,原來都是並列關係,怎麼能在中間加“之”字呢?在上面提到過的爲照片作配的詩裏,有一首有這樣一句:“撥開你湍急的漩流和潦潑的水響”。“潦潑”應是“撩撥”的錯別字(“潦潑”的說法根本不存在)。這同時又是用詞不當的一個例子。《現代漢語詞典》對“撩撥”的解釋是“挑逗;招惹”。作者原來想表示的顯然是這個詞所沒有的意思。1988 年 12 月 14 日北大校刊第 4 版的《散文詩一首》裏有這樣一句:“當暮色的煙雲輕吻那一倏晚斂的夕陽,我再也走不上歸途。”《現代漢語詞典》對“倏”字的解釋是“極快地”。“一倏晚斂的夕陽”究竟是什麼意思,我百思不得其解。

一般說,中文系學生的語文水平應該比其他系高。在校刊上發表文章的和爲攝影作品配詩的,更不用說大都是被公認爲語文水平較高的學生。他們在使用漢語、漢字方面都還有不少問題,其他系學生的情況就可想而知了。

文章不通、錯別字多的人,閱讀能力也往往比較低。這兩方面是相互影響的。廣義地說,“使用漢語、漢字的能力”可以包括閱讀能力。語文使用能力低,無疑會嚴重影響學習。這對於文科學生來說是不言而喻的。對於理工科學生來說,問題同樣嚴重。曾經看到一位從事理工高校寫作課教學的老師所寫的材料,其中有這樣一段話:“當前,相當多的普通理工高校學生的語文能力不强,影響了專業課的學習。專業課教師往往要‘講書’‘講題’,否則學生就看不懂,做不出。”聽北大理科的老師說,在一些理科學生裏,確實存在由於語文水平低而讀不懂專業書的情況。這樣的學生大概也不會有把學到的知識正確地、清晰地表達出來的能力。

走出校門以後,語文使用能力低還會造成更嚴重的後果,對工作和個人前途都會有影響。尤其需要著重指出的是下述情況。有很多大學生畢業後將走上教師、編輯等崗位。有不少人將要發表文章,著書立說。他們在使用漢語、漢字方面的錯誤,將會産生極其廣泛的影響。在目前的出版物上,錯別字和用詞、語法等方面的錯誤是相當常見的。我們當教師的人也往往過多地犯這類錯誤。這些顯然是很多大學生的語文使用能力有問題的重要原因。今天的大學、中學教師絕大多數是過去的大學生。爲出版物撰稿的和編輯出版物的,大部分也是過去的大學生。這就是說,在使用漢語、漢字方面,一部分過去的大學生給現在的大學生以壞的影響,一部分現在的大學生將來又會給將來的大學生以壞的影響。這是一個惡性循環。我們應該盡力來打破這個循環。

要想普遍提高大學生使用漢語、漢字的能力,必須學校、教師、學生等有關方面共同努力,而且必須改進中、小學的語文教學。由於這篇短文的對象是大學生,我們只準備向他們提出一些供參考的意見。

正確使用漢語、漢字的能力不是短時間內所能獲得的。除了充分重視寫作課和其他有關課程外,還需要在課外盡可能多讀多寫,通過實踐不斷提高自己的語文使用能力。

對所讀的東西應該有所選擇。要多讀真正的名家的作品。即使是爲了消遣,也要選擇語文水平較高的作品,不要花大量寶貴的時間去看那些烏七八糟的、充滿語文方面的錯誤的通俗書刊。對於大學生來說,多讀這些東西,不但不能提高甚至還會降低自己的語文使用能力。語文方面的錯誤並不是通俗書刊才有。就目前的情況來看,就是在國家級的大報上,這方面的錯誤也是時常出現的。所以我們不論讀什麽,都要提高警惕,以免受這類錯誤的影響。

此外,還應該注意不要受目前一些不好的文風的影響。有些人爲了使自己的文章顯得有"科學性",有"水平",喜歡用比較複雜的說法表達本來用很簡單的話就可以說清楚的意思。例如他們不願說"期望太高",而一定要說"期望值定得太高"。這是完全沒有必要的。更糟糕的是有些人爲了顯示"學問",甚至濫用一些自己也不確切瞭解的時髦詞語或古詞語。很多用詞不當的情況就是這樣産生的。下面舉一個例子。最近在一篇書評裏讀到這樣兩句話:"他的《'土地廟'隨筆》導經("涇"字之誤)分渭,披榛採蘭;但惜墨成癖,有開物成務的學風。他遜志時敏,擅長‘大題小作’,堅持言有盡而意無窮。”“開物成務”和“遜志時敏”都是古書裏的話,大多數讀者大概不會理解它們的意義。不過這是翻一下詞典就能解決的問題。《辭海》對“開物成務”的解釋是“通曉萬物之理,按理辦事,得到成功”,對“遜志時敏”的解釋是“謂謙虛好學,時自策勵”。“有開物成務的學風”跟“惜墨成癖”,“遜志時敏”跟“擅長‘大題小作’”,彼此間有什麽必然的聯繫呢?把它們用在這兩個句子裏是很不合適的。其實,這種大多數讀者所不理解的詞語,如果不是無可替代,非用不可,即使意義完全合適,也不應該使用。寫文章跟進行科學研究一樣,需要的是老老實實的態度,來不得半點虛假。

要想切實提高自己使用漢語、漢字的能力,還需要有一絲不苟和不怕麻煩的精神。例如:讀報時碰到一個生字,寫文章時想到一個對它的寫法沒有把握的字,就應該去翻字典、詞典(如《新華字典》、《現代漢語詞典》等),必要時還應該去請教師友。對字的讀音也要注意。現在很多教師(包括我自己)、廣播員和演員都時常把字念錯,學生當然會受影響。要減少讀音錯誤,最好的辦法就是勤翻字典、詞典。碰到用詞、語法等方面的問題,也要勤翻字典、詞典和有關參考書,反復思考,必要時也要請教師友,以求得解決。寫出文章,要多看幾遍,多改幾遍,對每一個字、每一個標點都不要放過。這樣做,開始的時候一定感到很苦,習慣以後也就不以爲苦了。如果能持之以恒,一定會大有收獲。

原載《學者論大學生的知識結構和智能》(北京大學出版社,1992。題爲《注意培養正確使用漢語漢字的能力》),又載《裘錫圭學術文化隨筆》,今據後者收入。

一句至少被誤解了一千七百多年的常用的話——“予取予求”

《左傳·僖公七年》:

> 初,申侯,申出也,有寵於楚文王。文王將死,與之璧,使行,曰:“唯我知女(汝),女專利而不厭,予取予求,不女疵瑕也。後之人將求多於女,女必不免。”

杜預解釋“予取予求,不女疵瑕”句説:

> 從我取,從我求,我不以女爲罪釁。

杜説一千七百多年來一直爲人們所信從,“予取予求”成爲表示任意索取、貪得無厭一類意思的常用成語。《現代漢語詞典》“予取予求”條説:

> 原指從我這裏取,從我這裏求(財物)(見於《左傳》僖公七年),後代用來指任意索取。

這可以代表今人對“予取予求”的理解。

其實,杜預的解釋是有問題的,把“予取予求”理解爲“從我取,從我求”,跟古漢語一般句法不合,而且這樣理解,下文“後之人將求多於女”就顯得很突兀,文氣難接。

章炳麟《春秋左傳讀》“將求多於女”條説:

> 僖七年:“後之人將求多於女。”杜預注:“求多,以禮義大望責之。”此以“大”訓“多”,“望責”訓“求”。後之人將望責大於女,恐於詞未洽。然則“多”不當作本字讀,乃借爲“疷”,爲“祇”。《詩》“祇自疷兮”(引者按:見《小雅·無將大車》,《毛傳》訓“疷”爲“病”)、“俾我祇也”(見《小雅·何人斯》,《毛傳》訓“祇”爲“病”)。是“多”、“氏”聲通,如“姼”字或作“伿”也。此與上“不女疵瑕也”對。求多於女,猶言吹毛求疵耳。(《章太炎全集(二)》245頁,上

海人民出版社,1982。原書"疷"、"衹"、"蚔"諸字字形有誤,今改正。)

杜氏對"求多於女"的解釋,確如章氏所批評的,"恐於詞未洽"。但是章氏"多"通"疷"之說,顯然求之過深,同樣難以使人接受。此文的"求多",無疑跟《禮記·曲禮上》"分毋求多"的"求多"義近。"求多於女"就是對你有很多要求的意思。杜氏、章氏所以要對這樣一句本來很好懂的話作迂曲的解釋,就是由於按照正常的解釋,這句話的意思跟"從我取從我求"的意思連貫不起來。

我們認爲"予取予求"應該解釋爲"我只取我所要求的"。《左傳·昭公四年》:"王曰:'然則吾所求者無不可乎?'"《左傳·哀公二十八年》記盧蒲癸之語曰:"賦詩斷章,余取所求焉,惡識宗?""予求"與"吾所求"同義,"予取予求"與"余取所求"同義。古書屢言"其求",如《左傳·昭公二十二年》"夫大國之人令於小國而皆獲其求"、《昭公二十二年》"其求不多"等。"其求"即"其所求",與"予求"即"予所求"同例。

按照我們的解釋,"予取予求,不女疵瑕"跟"後之人將求多於女,女必不免",在文義上就十分連貫了。楚文王採取"無求備於一人"(《論語·微子》)的態度,對申侯的缺點能够原諒。他知道後來的楚王一定會對申侯有多方面的要求,不會原諒他的缺點,所以要他離開楚國。

由此可見杜預和後人對"予取予求"的理解跟原意正好相反。語文要服從社會習慣。作者指出人們對"予取予求"的原意作了錯誤的理解,毫無要大家改變這一成語的用法的意思。不過我們應該明確認識到,這一成語跟"出爾反爾"、"每況愈下"等成語相似,其意義跟出典中的原義是完全不同的。

由"予取予求"還演化出了"予取予攜"、"予取予奪"等說法。這些可以說是歧中之歧。

原載《古漢語研究》1993年2期,又載《裘錫圭自選集》、《裘錫圭學術文化隨筆》,今據《裘錫圭學術文化隨筆》收入。

究竟是不是文字

——談談我國新石器時代使用的符號

山東大學歷史系考古實習隊在丁公遺址1235號龍山文化灰坑中,發現了一片刻有十一個符號的陶盤底部殘片。這是很重要的發現。關於這些符號,至少有以下幾個問題需要討論:它們是不是文字?如果是文字,處於何種發展階段?跟殷墟甲骨文等早期古漢字有沒有關係?下面簡單談一下不成熟的看法。

這些符號顯然不是圖繪,也不是無目的的任意刻劃的產物。它們大概也不會是跟語言毫無關係的一種表意符號,不然爲什麽會有十一個符號排列有序地刻在一起呢?另一方面,從遺物的時代和符號的形式來看,它們也不可能是成熟的文字。所以它們大概是一種原始文字。不過我認爲這並不是一種處於向成熟的文字發展的正常過程中的原始文字,而是一種走入歧途的原始文字。

發掘簡報指出,這些"文字""字體的顯著特徵是多爲連筆字,與後代的行草相類"。這是很正確的。龍山文化的先民在創造文字的時候,大概不會走拼音的道路。而在漢字這一類意音文字的範圍内,如果想使一種原始文字逐漸發展成爲能爲社會所接受的成熟的文字體系,決不能讓字形變得如此草率難辨。簡報認爲這次發現的"文字"所以"和通常見到的甲骨文差别較大",是由於"兩者字體有别"。這種"文字"類似後世行草,"甲骨文是宫廷占卜文字,書寫比較正規,類似於楷書"。其實在商代後期,相當於後世楷書的是金文,甲骨文則是一種簡俗字體(參看拙著《文字學概要》42—44頁,商務印書館,1988)。在商代還不可能出現類似後世行草的字體,更不用説在龍山文化時代了。

我認爲只有在下面所説的情況下,才會出現丁公類型的"文字":原始文字出現之後,由於社會或其他條件的限制,不能正常地向成熟的文字體系發展,只爲極少數人所使用,並且只使用在一些較特殊的場合,成了一種行業"文字"或秘密"文字"。在這種情況下,"文字"符號完全有可能變得爲一般人所難以辨識。這並不一定表現在草率上,也可以表現爲符號之間區别不顯著等等。上面所説的這類原始文字的出現,既可能是自發的,也可能是周圍已有文字的先進群體的影響所促成的。總之,具體情況大概是比較複雜的。

一看到丁公"文字",我馬上想起了1936年西湖博物館在良渚發現的刻在一件橢圓形陶器口緣上的"黑陶文字"(何天行編《杭縣良渚鎮之石器與黑陶》6、8等頁)、1974年江西省博物館等在清江吳城商代遺址中發現的灰陶鉢和黄陶盂底部的刻文(江西省博物館等《江西清江吳城商代遺址發掘簡報》,《文物》1975年7期56頁、圖版拾·1、2。參看唐蘭《關於江西吳城文化遺址與文字的初步探索》,同上75頁),以及1981年萊陽縣文物普查小組在縣城南面的前河前村發現的西周陶盉上的刻文(李步青、吳雲進《山東萊陽發現一件罕見的仿銅陶盉》,《文物》1987年10月80—81頁)。這些都有可能是走入歧途的原始文字。此外,湖南等地發現的東周時代的奇字矛、奇字戈上的"文字",也有可能屬於這一類(參看湖南省博物館《長沙楚墓》,《考古學報》1959年1期圖版十一、十二。奇字戈發現較多,且有傳世品,出處不一一徵引了)。奇字戈上的"文字"顯然受了漢字的影響。

在這次發表的丁公"文字"中,除了簡報已經指出的第二行第一字,確實有些像甲骨文的夒字外,其餘的都不像甲骨文。第二行第一字跟"夒"的相似,可能是一種巧合。從目前已有的資料來看,無法斷定丁公"文字"跟包括甲骨文在內的早期古漢字有關。

原載《文物天地》1993年2期,又載《考古》1993年4期(作爲《專家筆談丁公遺址出土陶文》的一部分)、《裘錫圭學術文化隨筆》(題爲《筆談丁公遺址出土陶文》),今用原題,據《裘錫圭學術文化隨筆》收入。

讀《魏晉南北朝詞語例釋》

蔡鏡浩著的《魏晉南北朝詞語例釋》(江蘇古籍出版社,1990),是一本相當不錯的書。此書收入了很多魏晉南北朝時代使用的詞語。作者對這些詞語大都作出了正確的解釋,還附帶糾正了二十四史中有關各史標點本等因不明當時語例而造成的不少標點錯誤,頗有參考價值。但是此書也有不足之處,下面談談我所看到的一些問題。

作者在前言中說:"在撰寫過程中還參考了前人及時賢的不少論著,因體例及篇幅的限制,未能逐條作說明……"。我們覺得對這樣一部專著來說,不逐條說明所參考的論著,恐怕不是妥當的辦法。這使讀者失去了進一步研究有關問題的綫索,並且使他們弄不清究竟哪些意見是作者自己的創見。

此書所釋的詞義有很多在魏晉之前就已使用。作者有時對這種情況作了說明,如"可憐"條說"'憐'有愛義,自先秦即如此"(203 頁);"去、舉〔三〕"條說"'去''舉'之收藏義,先秦時即有"(271 頁);"挺身"條說"'挺身'一詞於漢代即有"(323 頁)等等。但是在不少詞條裏,對這種情況却沒有作說明。這會使缺乏經驗的讀者誤認爲作者所釋的詞義到魏晉南北朝時代才出現。下面舉幾個例子。

"繽紛"條釋曰:"糾纏扭鬬貌。"(19 頁)按:《說文·三下·鬥部》:"鬭,鬬也。从鬥,賓省聲。""鬩,鬬連結鬭紛相牽也。""鬩"音紛,"鬭鬩"即"繽紛",前人早已指出。可見此詞的"糾纏扭鬬貌"這一意義至遲在漢代就已經使用了。

"不翅"條釋曰:"同'不啻'。"(23 頁)按:從語言的角度看,"不啻"本是先秦以來的常用語,不煩解釋。從用字習慣看,把"不啻"寫成"不翅"也是古已有之的,如《莊子·大宗師》"陰陽於人,不翅於父母"。

"常"字條釋曰:"與'嘗'通,猶曾經之義。"(38 頁)按:借"常"爲"嘗"也是一種用字習慣,而且在《史記》、《漢書》中就有這種例子。如《史記·高祖本紀》、《漢書·高帝紀上》都有"高祖常(嘗)繇(徭)咸陽"之文;賈誼《過秦論》"嘗以什倍之地"句(見《新書·卷一·過秦上》),《史記·始皇本紀·贊》、《漢書·陳涉項籍傳・贊》都引作"常以十倍之地"。

"遲、想遲"條釋曰:"猶盼望、想念。"(43 頁)按:"遲"在先秦時代就有"等待"義(音 zhì),"盼望、想念"是其引申義。《後漢書・章帝紀》建初五年詔:"朕思遲直士,側席異聞。"注:"遲猶希望也,音持二反。"可見至遲在漢代已有這種用法。

"容、容可"條釋曰:"容猶能够、可能。"(280 頁)按:"容"字此義在古漢語中極爲常見,而且早在先秦時代就已使用,如《左傳・昭公元年》"五降之後,不容彈矣"。

有時,作者還由於沒有注意到所釋詞義的較古用例,而作出了不妥當的解釋。下面舉兩個比較典型的例子。

"不造、不遇"條釋曰:"'不造'爲不幸之義。'造'本有幸運之義,如:'及明帝龍飛,諸人皆爲鬼矣。吾與足下,得蒙大造,親過夙眷,遇若代臣。'(《南齊書・張敬兒傳》)'大造'即大幸,故'不造'有不幸之義。"(28 頁)按:"不造"、"大造"都是早在先秦時代就有的古語。這種"造"字古人一般訓爲"成"。《詩・周頌・閔予小子》:"閔予小子,遭家不造。"鄭玄箋:"閔,悼傷之言也。造猶成也。可悼傷乎我小子耳,遭武王崩,家道未成……"。《左傳・成公十三年》:"秦師克還無害,則是我有大造於西也。"杜預注:"造,成也。言晉有成功於秦。"作者所引的《張敬兒傳》的"得蒙大造",意謂得蒙明帝的栽培造就,"大造"的用法與上引《左傳》相近。"造"字本無幸運之義。但是指自然的創造化育的"造化"一語,引申而有幸運之義,作者大概是因此而誤解"造"字之義的。把"不造"和"不遇"合爲一條,也是不合適的。

"掘"字條釋曰:"猶秃、鈍。"(195 頁)條中對所引用例也都有解釋,現在把原文抄錄在下面:

又千歲燕,其窠户北向,其色多白而尾掘,取陰乾,末服一頭五百歲。(《抱朴子・仙藥》)孫星衍校勘云:《御覽》九百八十八引"尾"下有"曲"字。繼昌、陳其榮《校勘記》云:"'而尾掘',《御覽》九百二十二作'而尾屈',九百八十六作'而尾毛堀',一本作'而尾毛掘'。堀、掘皆與屈相當。"此說不妥,作"屈"、"曲"蓋不明"掘"有秃義而誤改。"尾掘"即尾秃。

行經鄧艾廟,令燒之……怒曰:"艾今在尚方摩鎧,十指垂掘,豈其爲神?"(《太平廣記》卷三二〇引《幽明錄》)"十指垂掘",即十指將秃,爲磨鎧所致。

陽羡縣小吏吴龕,有主人在溪南。嘗以一日,乘掘頭舟過水。(《太平御覽》卷五二引《幽明錄》)"掘頭舟"指平頭之小舟。

孝武欲擅書名,僧虔不敢顯跡。大明世,常用掘筆書,以此見容。(《南齊書·王僧虔傳》)"掘筆",即秃筆。

掘尾狗子自發狂,當死未死嚙人傷。(梁釋寶志《讖詩》)《隋書·五行志》亦載此詩,上句云"兀尾狗子始著狂","兀"猶秃也。此爲"掘尾"即秃尾之明證。(196 頁)

今按:作者所釋的"掘",其本字應作"屈"。《説文·八下·尾部》:"屈,無尾也。从尾,出聲。"段玉裁注:"《韓非子》曰:鳥有翢翢者,重首而屈尾。高注《淮南》云:屈讀如秋鷄無尾屈之屈。郭注《方言》'隆屈'云:屈尾。《淮南》'屈奇之服'許注云:屈,短也;奇,長也。凡短尾曰屈,《玉篇》巨律切,玄應書、《廣韻》衢勿切,今俗語尚如是。引伸爲凡短之稱。山短高曰崛,其類也。今人屈伸字,古作詘申,不用屈字,此古今字之異也。鈍筆曰掘筆,短頭船曰撅頭,皆字之假借也。"段注所説的撅頭船跟作者所引的後一條《幽明録》裏的掘頭舟是一回事。當無尾、短尾講的"屈",與屈伸之"屈"不同音,而與"掘"字同音,所以古人又借"掘"字來表示這個詞。作者認爲《抱朴子》"尾掘"之"掘"或作"屈","蓋不明'掘'有秃義而誤改"。實際上,"掘"字所以"有秃義",正是假借爲"屈"的結果。音"掘"的"屈"在古書中還時常當"竭、盡"講。這一意義跟"屈"的無尾之義是相通的。作者所引的前一條《幽明録》裏的"十指垂掘"的"掘",似應訓爲"盡"。作者把"十指垂掘"解釋爲"十指將秃",不大好理解。

此書中還有一些誤解所引古書文義的情況。例如:"登"字條引《三國志·魏志·少帝紀》"堯既聞舜而不登用……非急於用聖恤民之謂也",解釋説:"'不登用'即不立即任用。"(71 頁)按:"不登用"之"登",應與《尚書·堯典》"疇咨若時登庸"及《史記·夏本紀》"舜登用"之"登"同義,當"陞、進"講。作者理解爲"登時"之"登",是錯誤的。"奠"字條引庾肩吾《歲盡應令》"聊開柏葉酒,試奠五辛盤"句,解釋説:"此謂試以佳肴裝盛於五辛盤。"(74 頁)按:"五辛"指葱、韭等五種有辛味的蔬菜。古人元旦設五辛盤,見《荆楚歲時記》等書。這跟裝盛佳肴毫無關係。"間"字條②謂"間"有"後面"之義,引《世説新語》注所引《文章志》"明公何有壁間著阿堵輩"爲例(164 頁)。按:此例上文有"舉目徧歷溫左右衛士"語,"壁間"顯然不是指壁後而言的。"看〔一〕"條第①義爲"測試",第②義爲語助詞(199—200 頁)。但是在第②義的用例中,《齊民要術》的"候看"、"嗅看"、"嘗看",《百喻經》的"摸看"和《洛陽伽藍記》的"探看",恐怕還是看作第①義的用例爲妥。類似的用例與義項不相應的例子還有一些,不列舉了。

此書講同音通假時,有一些不大妥當的説法。"頓伏"條①釋曰:"猶顛仆,爲跌倒在地之義。'頓'、'顛'音近,'伏''仆'古音同。"(88 頁)按:"伏"是並母(後爲奉母)屋韻字,"仆"是滂母屋韻字,中古音並不全同。"伏"在上古屬職部,"仆"在上古屬屋部,連韻也不同。"忽"字條①釋曰:"猶假使。當爲'或'之同音假借。"(143 頁)按:"忽"、"或"二字上古、中古都不同音,古書中也沒有通假之例。"極"字條釋曰:"爲疲倦之義。'極'當爲'㔔'的借字。……王念孫《廣雅疏證》卷一:'窮、極、倦、㔔,一聲之轉也。'"(153 頁)按:"一聲之轉"跟通假是兩回事。王念孫並沒有"極"是"㔔"的借字的意思,"㔔"屬藥韻,"極"屬職韻,古音並不很相近。"清閒"條説"'清閒'通'清言',即閒談之義"(265 頁),也不妥當。閒談應是"清閒"的引申義。古書中並無當言語講的"言"與"閒"通用之例。

目錄部分的注音也有一些錯誤,如當"收藏"講的"去"應讀爲"弆"(jǔ),誤注爲 qù(8 頁),通"褩"的"殺"應讀 shài,誤注爲 shā(8 頁),當"多餘"講的"長"應讀 zhàng,誤注爲 zhǎng(12 頁)。

此書中引文的標點也偶有可商之處,如 24 頁"……因語曰:'梁國葛龔,先善爲記文,自可寫用,不煩更作。'""龔"字後逗號應移至"先"字後。"先"爲"先生"省稱。《史記・鼂錯傳》"學申商刑名於軹張恢先所","先"字用法與此同。又如 291 頁"彼設未辦,而日過中時不應食,故吾退耳","中"字後宜加逗。古人稱中午爲日中,"日過中"意謂時間已過中午。

以上意見不一定都對,歡迎此書作者和讀者指正。

原載《文教資料》1993 年 6 期,又載《裘錫圭學術文化隨筆》,今據後者收入。

不要以不誤爲誤

——語文瑣議之一

近年來,社會上使用漢語、漢字的情况很令人擔憂。且不談文學語言的粗俗化和學術語言“以艱深文淺陋,以‘摩登’文淺陋”等不良傾向(引號中語見季羨林先生發表在1995年8月9日《光明日報》第11版上的《我眼中的張中行》),光是一般的語文錯誤就够使人觸目驚心的了。在書報和其他各種印刷品、電視屏幕、影劇院的字幕、課堂的黑板以及馬路上的招牌和廣告上,都時常能看到錯别字和不通的語句。播音員、節目主持人、演員和教師們念錯字音,也早已成爲司空見慣的事情。針對這種情况,不少報紙開闢了指摘語文錯誤的專欄,有些報刊還發表了這方面的文章。這種糾正語文錯誤的工作,今後無疑應該用更大的力量進行下去。但是我們也應該看到,那些專欄和文章認爲是語文錯誤的例子,有一些(數量當然不多)實際上並無問題,而批評者的正面意見倒往往是錯的;還有一些,究竟是不是錯誤還很難説,批評者斷然斥之爲誤,也是不妥當的。這兩種情况的“糾誤”不但不能起正面的作用,反而會“添亂”。下面舉出一些這方面的例子,略加説明,供關心語文糾誤工作的讀者參考。

先從關於錯别字的問題談起。

1984年6月11日《北京晚報》第2版“語言醫生”欄,發表了題爲《“商榷”還是“商搉”》的短文。此文認爲根據“榷”“搉”二字的意義看,“商榷”應是“商搉”的誤寫,並要求出版部門今後“再莫將‘商搉’印成‘商榷’”。

我們知道,“榷”“搉”二字很早就可以通用,“商榷”和“商搉”這兩種寫法在古書裏都很常見,並不存在誰是誰非的問題(段玉裁《説文解字注》認爲“大榷”、“揚榷”、“辜榷”之“榷”——引者按:“商榷”之“榷”亦屬此類——其義都由“榷”字本義引申,“不當从手”。此説未免拘泥。值得注意的是,段氏之見正與上引短文相反)。但是1955年發佈的《第一批異體字整理表》已將“搉”當作“榷”的異體字加以廢除。所以《現代漢語詞典》(下文簡稱“現漢”)没有列“搉”爲字頭,只把它當作“榷”字“商討”一義的異體字放在字頭之後的括號裏。上引那篇短文要求大家拋棄合乎規範的“商榷”的寫法,而去用不規範的“商搉”的寫法,是毫無道理的。

《新華字典》由於“搉”字尚有“榷”字所無的“敲打”一義,仍將它列爲字頭。這是可以的。但是1990年重排本不加説明地爲“搉”字增加了以“商搉”爲用例的“商討”一義,這就違反了《異體字整理表》的規定,跟同書“榷”字條以“搉”爲“商討”一義的異體字的處理方式發生了矛盾。上引那篇短文的作者,正是在《新華字典》對“搉”字的這種不妥當的處理方式的影響下,形成“商榷”應改作“商搉”的看法的(在那篇短文的第一段裏有説明)。可見語文工作者在編纂或修訂字典、詞典的時候,應該十分謹慎,以免引起誤會。

1985年1月3日《電視周報》第2版“熒屏語文病院”欄的《錯别字何其多》一文,正確地指出了電視屏幕上的很多錯别字,但偶爾也有“以不誤爲誤”之處。

此文認爲“叫你知道我的利害”這句話裏的“利”字是“厲”的錯别字。這是不對的。在《現漢》“利”字下所收的詞條裏有兩條“利害”。前一條的解釋是“利益和損害”。後一條有異體“厲害”,其解釋是“難以對付或忍受”。上引那句話用的是後一種“利害”。“厲害”本是這種“利害”的訛别寫法。我們念書的時候,如果在作業裏用了“厲害”這種寫法,老師是要打叉的。可是一般人覺得“利”字的意思跟“難以對付或忍受”的意思聯繫不起來(關於“利害”爲什麽會有這種意思的原因,我在《文字學概要》190頁有一個推測,可以參考),因此認爲“厲害”是正確寫法的人越來越多。吕叔湘先生在發表於《讀書》1982年第2期上的《錯字小議》裏就曾談到,他所寫的稿子裏的“利害”,常常被編輯或校對改成“厲害”。《現漢》承認“厲害”是“利害”的異體,應該説是有道理的。但是我們不應該數典忘祖,反而把“利害”看作錯誤的寫法。

上面所引的那篇文章,還認爲“給與希望”的“與”是“予”的錯别字。這也是不對的。“與”和“予”都有“給”的意思,在這裏都可以使用。《現漢》“給予”條已注明“也作給與”。

再舉一個比較特殊的例子。在這個例子裏,被認爲有問題的字,其用法的確有些問題,但並非錯别字。批評者把它當作同音别字,得出了荒謬的結論。

1993年9月16日《光明日報》第6版“求疵”欄發表的《“入圍”應是“入闈”》説:

> 1993年8月26日《北京晚報》第4版,刊登《全運連着我和你》徵文啓事寫道:“……初評入圍的稿件將……”句中的“入圍”有誤,應是“入闈”。

……“入闈”指科舉時代應考監考的人進入考場(《現代漢語詞典》)。“圍”,《辭源》上有七個義項……若按此七項,寫作“入圍”,無論哪一義項,都無法說明“稿件取得發表的資格”。

“圍”、“闈”二字音同形近,但含義各異,所以用時務必加以區别。

就在發表此文的同一個版面上,登載了一封題爲《收到“獲獎通知”後的苦惱》的讀者來信,信中有“凡進入獲獎範圍的作品均發‘榮譽證書’”的話。跟這句話對照一下,就可以明白“初評入圍”是指應徵作品進入初評錄取的範圍。“圍”字的這種用法不合語言規範,的確有問題,但其意義還是可以勉强捉摸出來的。把它當作“闈”的同音别字,則大錯特錯了。科舉時代,考生入闈後才寫應試文章,寫出了文章也不一定被錄取。這跟應徵作品的“入圍”根本不能相比擬。如果把“初評入圍”改成“初評入闈”,文義就完全不通了。

接着談字音方面的問題。

1995年4月15日《光明日報》第2版發表的《聽覺的煩惱》一文,指出“標識”的“識”不應讀爲 shí 而應讀爲 zhì,是正確的;又認爲“銅臭”的“臭”不應讀爲 chòu,而應該像“其臭如蘭”、“乳臭未乾”的“臭”字那樣讀爲 xiù,則有商榷餘地。

“銅臭”的出典在《辭源》、《辭海》等常用詞典中就可以查到。東漢崔烈入錢五百萬買官,得爲司徒。有一天他問兒子,外間對他位居三公有何議論。兒子回答說“論者嫌其銅臭”。後來人們一直用“銅臭”來譏諷買官者或有錢人,大多數人是把其中的“臭”理解爲香臭之“臭”的。不論是30年代出版的《國語辭典》,還是現在普遍使用的《現漢》,都把“銅臭”的“臭”讀爲 chòu。但是《普通話異讀詞審音表》却規定“銅臭”的“臭”跟“乳臭”的“臭”一樣,也讀爲 xiù。這樣規定是否合理,恐怕還需要研究(崔烈之子可能並沒有把“銅臭”的“臭”當作香臭的“臭”,但是我們現在審音,並不是要正《後漢書》的讀音,而是要正一般人口中的音,似乎沒有必要去改變長期以來一般人對“銅臭”的理解)。所以上引那篇文章斷定 chòu 是誤讀,並不一定妥當。在誤讀之例舉不勝舉的情況下,實在沒有必要把這種其是非尚有爭議的讀音用作例子。(《隨筆》編按:1996年版的《現漢》修訂本“銅臭”條已改從《審音表》,但一般人說到這個詞的時候,恐怕不會遵從這一讀音。)

1993年6月13日《光明日報》頭版發表的《觀衆齊呼:淨化影視語言》一文,在正確地指出了影視語言中的一些讀音錯誤之後,還舉了下面這個例子:

自詡産品一流的廣告片,始終把“質量上乘(shèng)”讀爲“質量上乘

(chéng)”。

這種“乘”字的讀音也是有爭議的。

“上乘”本是佛教用語,世俗借用來表示高超、上等一類意思,可以看作引申的用法。(《隨筆》編按:《辭源》“上乘”條有三個義項,這種用法的“上乘”屬第三義項。或以這種“上乘”與車馬之“上乘”相比附,非是。)“上乘”之“乘”本與同爲佛教用語的“大乘”、“小乘”之“乘”同義。《康熙字典》“乘”字條把這一義項收在“實證切”(shèng)之音後面,所引“宋沙門契嵩《原教篇》”說:“五乘皆統之於三藏……皆去聲。”《國語辭典》“大乘”、“小乘”、“上乘”諸條,也把“乘”字的音注爲 shèng。但是《現漢》和新版《辭源》、《辭海》却都把這種“乘”字的音注爲 chéng。《辭源》“乘”字條引隋慧遠《大乘起信論義疏》上之上:“所言乘,運載爲義。……言行乘者自運運他,故名爲乘。”又在“大乘”條下解釋說:“梵語摩訶衍,摩訶義爲大,衍義爲乘,乘車運載的意思。……比喻修行法門爲乘大車,故名。”按照“乘”指“乘車運載”的說法,其音當讀爲 chéng。但是過去一般都讀此字爲 shèng,現在還有不少人這樣讀。《辭海》“上乘”條對佛教用語和世俗用語中的“上乘”分頭進行解釋,沒有指出其間的聯繫,並且讀音也注得不同。前者跟“大乘”、“小乘”一樣,“乘”字取 chéng 音;後者的“乘”字則注 shèng 音。這種把佛教和世俗所用的“上乘”看作無關的兩個詞並分讀兩種音的做法,顯然是不合理的;但也可說明過去一般人確實讀“上乘”之“乘”爲 shèng。我查了一下《審音表》,發現此表沒有審這種“乘”字的音。在這種情況下,我們只能姑且對兩種讀音都承認。把符合《現漢》等現行主要詞典的注音的 chéng 音簡單地斥爲誤讀,恐怕是不妥當的。曾聽到有人把“上乘”的“乘”讀爲 chèng,這才是地道的誤讀。

《審音表》有很多從俗的地方(上舉的“銅臭”之“臭”的審音,則是大反其道而行之的一個例外),有些人不知道《審音表》的規定,以舊音爲根據,把符合《審音表》規定的讀音當作誤讀。這也是不妥當的。徐有修《“鑿”字讀音辨》指出,由於1985 年修訂的《審音表》規定“鑿”字統讀爲 záo,我們就不應該繼續認爲,把“確鑿”、“穿鑿”、“方枘圓鑿”等詞語中本讀 zuò 的“鑿”讀爲 záo,是誤讀了(《語文研究》1995 年 3 期 40 頁)。這一意見是有道理的。不久前去世的夏衍先生,1991 年在一次關於廣播電視的談話中,談到新聞廣播中讀錯字音的問題的時候,舉的例子是“把‘葉公好龍’的‘葉公’讀成‘yè’”(《文摘報》1991 年 5 月 26 日文學藝術版《夏衍對廣播電視的意見》,原摘自《海上文壇》第 2 期)。這也是由於夏老沒有注意到《審音表》的有關規定。《審音表》已經規定,本讀 shè 的地名“葉”也讀作 yè。

下面再談跟使用詞語有關的問題。

1993 年 2 月 1 日《光明日報》第 1 版"大家談"欄發表了題爲《不要生造誰也不懂的詞語》的短文。文中説:

……語言文字使用的不規範,除了錯别字和濫用詞語外,還有一個生造詞語的問題。

請看筆者手頭的這個例子:

"長期以來所形成的對於詩的赤裸裸的命意的追求……"

這裏,什麽叫"命意"? 什麽叫"赤裸裸的命意"? 什麽又叫"對於詩的赤裸裸的……追求"?

……

上述的"命意",以及"赤裸裸的……追求"等詞語是不是可以歸入毛澤東所批評的那種"生造"和"誰也不懂"一類呢?

這些話恐怕没有多少道理。

"命意"並不是生造的詞語。《現漢》對"命意"的解釋如下:

①(作文、繪畫等)確定主題。

②含意:大家不瞭解他這句話的~所在。

詩一般都有命意。詩的命意可以是明白的、顯露的,也可以是晦澀的、隱藏的。"赤裸裸的命意"當指十分明白、顯露的命意,並没有什麽不可理解之處。"追求"是常用詞。理解了"詩的赤裸裸的命意",決不會不理解"對於詩的赤裸裸的命意的追求"。上引那篇短文的作者,認爲"'命意'以及'赤裸裸的……追求"'可以歸入"生造"和"誰也不懂"的詞語之列。看來他在分析被批評的那句話的結構的時候,大概把本是"對於"的賓語的"詩的赤裸裸的命意"分成了兩截,以爲"赤裸裸的命意"是跟後面的"的"連在一起,直接形容"追求"的,所以才會認爲這句本來並不很難懂的話"誰也不懂"。還應該指出,由於"命意"、"赤裸裸"和"追求"都不是什麽生造的詞語,即使被批評的那句話確實不通,也只能批評寫這句話的人"濫用詞語",而不能批評他"生造詞語"。

1992 年 7 月 13 日《光明日報》第 2 版"求疵"欄發表的《"未來"不能"再造"》説:

《半月談》1992 年第 7 期《老區,祝你重振雄風——鹽阜紀行》一文有這樣一句話:“老區,祝願你,重振雄風,再造一個更爲輝煌的未來。”

……“再造……一個未來”言外之意是説已經造過一個未來。這句話句意悖理,動賓搭配不當。可將“再造”改爲“創造”或“造就”等。

這種批評也是沒有道理的。“再造一個更爲輝煌的未來”,其“言外之意”並不是“已經造過一個未來”,而是“已經創造過(也可以説“有過”)一個輝煌的過去”。這樣説並無悖理之處。

1995年8月21日《中國教育報》第3版《語言文字》副刊第36期,發表了題爲《有億萬富翁嗎?》的短文。此文第一段説:

近讀天津《采風報》中題爲“中國30位億萬富翁發跡揭秘”的文章,題目、文中也(引者按:此“也”字應删,此句還有不通順之處,這裏就不評論了)多處出現“億萬富翁”一詞,文中寫道:“富翁龍虎榜的‘狀元’也許當屬王富生,他擁有的個人資産已超過人民幣10億元”。稍有數學知識的人便知10億是十位數,“億萬”是以萬爲基數有億個,即十三位數。這不是自相矛盾嗎?

這種批評一定會使被批評者哭笑不得。《現漢》“億”字下有詞條“億萬”,其解釋是“泛指極大的數目”。又有“億萬斯年”一條,其解釋是“形容無限長遠的年代”。“億萬”一語從古到今都是用來泛指上億的大數的(但要注意古以十萬爲億,與今不同),決不能理解爲指一億個一萬。如果真的要表示“十三位數”,按照漢語的習慣只能説“萬億”而不能説“億萬”。我們還往往用“千百”來泛指上千的數目,“千百”也決不能理解爲十萬。

“以不誤爲誤”的例子就舉這一些。希望大家注意這個問題,對各種“糾誤”的意見不要輕信,而要仔細鑒别其是非;在準備批評别人的錯誤的時候,也要反復考慮,多加研究,不要把不成熟的意見隨便拿出去發表。更希望有關的報刊編輯能注意這個問題,認真把關,不要把“以不誤爲誤”的“糾誤”意見發表出來。

我自己在主觀上是極力想避免“以不誤爲誤”的錯誤的。但限於水平,恐怕無法完全做到。在這篇小文裏可能會有把本來是正確的糾誤意見説成是錯誤的地方。讀者如發現問題,務請加以批評。如果有時間,我還想接着寫一些糾正語文錯誤的小文章。如果那些文章裏有“以不誤爲誤”之處,也希望大家加以指正。

原載《中國教育報》1995年10月7日3版,又載《裘錫圭學術文化隨筆》,今據後者收入。

積極慎重地進行現代漢語規範化建設

我想從一個語言文字工作者的角度,就加强漢語規範化工作的必要性談一些體會。

由於種種原因,社會上長期存在語文水平滑坡的現象,這在一定程度上制約了漢語規範化工作的進展。改革開放以來,政治、經濟和科技迅速發展的新形勢,對漢語規範化提出了越來越高的要求,可是相當多的人對此還缺乏足够的認識,有些人甚至還在改革開放或開發技術的旗號下,幹着跟漢語規範化背道而馳的事情。因此,當前在語言文字的社會應用方面,存在着大量亟需加以規範的混亂現象。

普通話作爲漢民族共同語的地位已由《憲法》確定,可是有些方言地區對推廣普通話却不够重視,部分人甚至以講方言爲榮。我認識一個韓國留學生。他是韓國一所大學的中文系的碩士,想在中國攻讀博士學位。他在訪問了北京、南京、上海等地的一些大學以後,得出一個結論:不能考南方的大學。因爲北京的老師講課他聽得懂;南方的老師講課,普通話太不標準,他很多地方聽不懂。這件小事告訴我們,不但從國内各地區、各民族之間越來越頻繁的社會交往的需要來看,必須大力推廣普通話,而且從對外開放、面向世界的需要來看,也必須大力推廣普通話。

在講普通話的人們中間,念錯字音的現象也比較普遍。教師、演員、節目主持人和播音員的語音,對群衆的影響極大。但是從他們的嘴裏却不時能聽到念錯的字音。我的讀中學的兒子把"因爲"的"爲"念成平聲。據他說,老師們大都這樣念。有一次在電視上看到一個諷刺念錯別字的相聲,演員諷刺别人把"曹禺"念成"曹偶",可是他自己也把"禺"字誤讀成了上聲。語音的混亂不但影響人與人之間的交際,還會影響中文信息處理中的漢字拼音輸入和人機對話,不可等閒視之。

在漢字字形方面,不合規範的混亂現象也很嚴重。其中比較引人注目的,是濫用繁體字。幾年前在電視上看到過一則報道我們在新加坡辦展覽的新聞,展覽會上的漢字標語竟然是用繁體的,而且在"系統"的"系"字左邊加了一個立人旁。寫這條橫標的同志不知道,這種用法的"系"字在繁體字裏就是没有立人旁的。新加坡是把我們的簡化字定爲規範漢字的,在新加坡辦展覽而用繁體字。這件事本身就是可笑的,也是有失國體的。何況寫繁體字的同志並不真正認識繁體字,還寫了錯别字呢！展覽會主管人決定用繁體字,主觀上可能是想推進對外開放。我們的很多商業經營者,在招牌、廣告、商品標簽和其他宣傳品上使用繁體字,大概也是想跟臺港地區和外國多做一些生意。但是這樣做實際上只會被人看不起,並不能達到原來的目的。在新加坡、臺灣等地的報刊上,已經出現了批評、譏諷我們濫用、錯用繁體字的言論,我們應該吸取教訓。要想多做生意,應該把精力放在提高商品和服務的質量上。

當前,在書報刊物、影視字幕等社會用字領域裏,錯别字泛濫成災,其危害性決不亞於濫用繁體字。有些錯别字早已存在,但過去只見於文化水平較低的人如中小學生筆下,現在却在中央一級的報刊上公然露面了。例如"即刻"、"即使"的"即"與"既然"的"既"相互錯寫,就是一個例子。這是社會語文水平降低的反映。

除了對錯别字和濫用繁體字進行治理以外,在字形規範化方面還有大量工作要做。對《簡化字總表》和《現代漢語通用字表》範圍之外的漢字的字形標準,至今還没有作出很明確的規定。簡化偏旁類推和關於新舊字形的規定,是否適用於所有漢字？對這個問題,大家的認識並不一致。有的很有影響的大字典,在處理這方面問題的時候顯得相當草率,没有一個統一的標準。字形規範問題如不徹底解決,隨着中文信息處理所用的字庫的不斷擴大,混亂情況就會越來越嚴重。

在詞語的使用上,混亂情況也是觸目驚心的。有的作者爲了增加作品的文采,喜歡"轉文",喜歡用書面成語,可是又没有真正掌握這些"文",不是寫錯了字,就是用錯了意思。有些作者在完全没有必要的情況下,在文章裏夾用外文(包括外文縮寫)。有些作者濫用翻譯得很草率的外來術語以至自己生造的術語,來掩蓋文章内容的空虚和無理。這些都是應該受到批評的不良文風。

對於方言和外語的詞語以至語法對普通話的衝擊,很多語文工作者認爲不必過於緊張。這些闖進來的東西如果没有生命力,經過一段時間自然會被淘汰,真正有生命力的,被群衆認可了,普通話就不妨吸收。這並不是壞事。可是,如果由於不恰當地接受方言和外語的影響,使漢語的表達能力受到了損害,語文工作者就有責任去管。例如有些同志指出,在外語影響下流行起來的"減少若干倍"的説法,既不合漢語規範,又影響表義的準確性,我們決不能讓這種説法取代"減少幾成"、

“減少幾分之幾”等正確説法。這種批評就是很必要的。

除了上面所提到的,在漢語規範化方面還有很多急需我們去管的問題。例如李嵐清副總理講話中指出的中文信息處理方面的管理工作,就需要有關部門馬上去抓。

總之,擺在我們面前的漢語規範化的任務是極其繁重又十分迫切的。國家語委和其他有關的政府部門,無疑需要在這方面大大加强工作力度並提高工作質量。全國人民也都應該關心並支持這方面的工作。我們語言文字工作者更是義不容辭,應該起好帶頭作用,爲漢語規範化做出應有的貢獻。

最後,還想對今後的漢語規範化工作談一點個人的希望。

在今天的社會裏,任何法規都必須合理、可行,才能有真正的權威,才能爲人們所普遍遵守。語言文字方面的規定,跟使用語言文字的每一個人都有切身關係,牽一髮而動全身,尤其需要有充分的合理性和可行性。今後不論是制定基礎性的法規,還是爲一些具體的字決定語音和字形的規範,希望都能在事先充分做好調查研究工作,充分貫徹群衆路綫,多方諮詢,反復討論,做到慎上加慎。切忌“我輩數人定則定矣”,率爾讓不够成熟的規定出臺。

漢語規範化的法規所適用的範圍,也就是必須受法規約束的社會行爲的範圍,究竟應該有多大,這是一個需要極其慎重地加以研究的問題。該管的不管,是錯誤。不該管或可以不管的一定要去管,也是錯誤。這個問題處理得稍有不當,就會引起嚴重的後遺症。

在字形、字音等方面的具體規定上,我們是有過一些教訓的。《第二次漢字簡化方案(草案)》的廢止,是一個突出的事例。在現行的規範裏,也還包含着少量不够合理或缺乏可行性的規定。例如對普通話審音表中的個別規定,正在修訂《現代漢語詞典》的同志們就認爲無法照辦。又如 80 年代重新發表《簡化字總表》時,恢復了加立人旁的“像”字的使用,這個規定也引起了一些麻煩。簡化字把加立人的“像”併入不加立人的“象”,似乎並沒有造成有關文義混淆不清的情況。但是在某些有關的詞語裏,究竟應該用加立人的“像”還是用不加立人的“象”,却是不容易決定的。根據 1990 年全國自然科學名詞審定委員會召開的專門會議所提出的《關於科技術語中“象”與“像”用法的意見》,“圖象”、“錄象”、“音象”等詞語裏的“象”都不加立人旁。可是一般人寫這些詞語時,却大都用加立人的“像”。這樣就使一些本來有統一寫法的詞語有了不同寫法。規範化的規定反而造成了新的不規範現象。這個例子説明,在規範化工作中,不論是改變舊的傳統,還是恢復舊的傳統，都要十分慎重。衷心希望今後盡可能防止各種疏失的出現，使漢語規範化工作能够十分健康地進行下去。

以上意見中的不妥之處，請同志們批評指正。

1995 年 12 月　北京

本文是在紀念文字改革和現代漢語規範化工作 40 周年大會上的發言。原載《語文建設》1996 年 2 期，又載《裘錫圭學術文化隨筆》，今據後者收入。

貝、錢、幣

——雜談古代貨幣制度對語言文字的影響

我國古代，跟有些國家一樣，曾經把學名叫貨貝和環紋貨貝的海貝用作原始貨幣。這兩種海貝形狀相近，在沒有失掉它們原來的色澤的時候，都相當美觀。它們被古人看作可以跟玉比美的裝飾品，並且由於主要出産在熱帶和亞熱帶的海邊，中原地區不是很容易得到，而成爲古人所追求的一種財寶，並進而成爲專門鑄造的金屬貨幣出現之前最重要的一種貨幣。貝的這種職能，已經爲有關的古文獻和考古發掘所證明；此外，在古文字的字形裏也得到了反映。

"貝"的字形本來是很象形的（商代金文中"買"字的"貝"旁有寫作  的，見《金文編》436 頁），爲了書寫的方便，後來就逐漸變得看不出貝的樣子了。

在商代金文裏，有一個字像一個人肩上扛着一大挂貝，有時候還在扛貝的人的脚下加上一條船（同上 1030 頁）。有人認爲這個字的字形表示古人帶着貝外出做生意，不知道是不是正確。得到的"得"在古文字裏的寫法，象一只手拿到一個貝（同上 114 頁），旁邊還往往加上像道路的形狀的"行"字的一半（同上 113 頁）。加這個偏旁，可能就是表示，爲了得到貝，需要外出進行交易。古人用得到貝的形象來表示"得"這個詞，充分反映了他們對貝的重視。敗壞的"敗"字，像一只手拿着棍棒一類東西將貝打壞，也反映出古人對貝的重視。

此外，在現存的商代的甲骨文和金文裏，還可以看到把"貝"用作表意偏旁的"買"、"責"、"賓"、"貯"等字。《説文解字》説"賓"字的意思是商人，但是在古文字裏則是用它來表示賞賜的意思的。"貯"的意思是儲藏財物，不過有的學者認爲甲骨、金文裏的所謂"貯"字，其實應該釋爲商賈的"賈"字。儘管這些字當時的字義可能跟後代有出入，但是它們的字形裏所包含的"貝"，顯然都已經被當作財富或貨幣來看待了。

周代金文裏所能看到的以"貝"爲表意偏旁的字，比商代金文和甲骨文裏的明顯增多。《説文解字》所收的从"貝"的字爲數更多。它的"貝"部，連"貝"字在内共收了五十九個字。其中,當裝飾講的从“貝”“卉”聲的“賁”字,以及當頸部裝飾講的由兩個“貝”字組成的“賏”字,反映了貝用於裝飾的功能。“女”部的“嬰”字,下半是“女”字,上半就是這個“賏”字,字形表示一個女子戴着用作裝飾的貝。“貝”部裏其他的字,大都是跟財富有關的,或是表示某種商業行爲的,如“財”“貨”“賄”“賂”“賞”“賜”“贈”“賀”“賒”“貸”“賃”“贖”“購”“買”“貿”“販”“貴”“賤”“貧”“貪”“贏”“費”等等。

在貝已經不再用作貨幣並且不再被看作重要財富之後很久,“貝”字仍然被當作跟財富和商業行爲有關的表意偏旁,繼續用來造字。有些从“貝”旁的字是唐宋以後才造出來的。例如:賬簿的“賬”本來是寫作从“巾”的“帳”字的。从“貝”的“賬”字出現得比較晚,而且直到清代才比較普遍地被使用,因此沒有被收入《康熙字典》。不過現在大家都已經用慣从“貝”的“賬”字了。此外,雖然人們早已不再像古人那樣珍視貝了,可是在口語裏直到今天還在頻繁使用“寶貝”這個詞。語言文字中的這類滯後現象是很常見的。

在使用貝的時代,一定數量的貝(很多學者認爲是十個貝)穿成一串,稱爲“一朋”。“朋”字的朋友一義,可能就是由貝朋的意思引申出來的。

取代貝的主要貨幣是錢。“錢”本是鏟子一類生產工具的名稱。按照字書,當工具講的“錢”應該讀爲 jiǎn。《詩經·周頌·臣工》篇說:“命我衆人,庤乃錢鎛。”就是要大家爲種地準備好起土的鏟子和除草的鋤頭。我國最早的金屬鑄幣的形狀,有很多是模仿錢這類生產工具的。人們就把這種貨幣叫做“錢”,字音雖然小有變化,字形並沒有變。後來其他種類的鑄幣如圓錢,也被叫做“錢”,而“錢”字的本來意義却被人們淡忘了。唐代鑄開元錢,十個重一兩。因此“錢”又演變出相當於十分之一兩的重量單位的意義。

錢也稱“幣”。“幣”本來指用作禮物的絲織品,由於詞義引申也可以指用作禮物的馬匹和玉等物品。這些物品都是古人比較重視的財物。“幣”既然成了它們的通稱,後來就進一步演變成了貨幣的通稱。它的本來意義也被人們淡忘了。

總之,古代的貨幣制度對我們的語言文字是有不小的影響的。限於時間,不能詳細說明了。

本文是爲北京電視臺教育節目而作(寫於 1996 年 12 月)。修改後載《裘錫圭學術文化隨筆》,今據以收入。

研究古代文化應該有訓詁常識

研究我國古代文化應該有文字訓詁方面的常識,這是極爲明白的道理。但是讀一下八、九十年代發表的古代文化方面的研究文章,就能發現有些作者是缺乏這方面的常識的。在這篇小文裏,我想舉幾個跟訓詁有關的例子,以引起注意。小文是對事不對人的,所以所引實例都不注明出處。但是這幾個例子不但沒有一個是杜撰的,而且都是出自一般認爲水平較高的報刊的。

有一篇談儒、釋、道三教融合的文章,把歐陽修"晚年又自號'六一居士'"看作他"也未嘗不留意於佛理"的一個證據。這是對本來用其較古意義的"居士",按照較後起的,也就是現在仍然通行的意義來加以理解而造成的錯誤。

"居士"之稱早在佛教傳入之前就已出現。《禮記・玉藻》:"……大夫素帶,辟垂;士練帶,率,下辟;居士錦帶……",鄭玄注:"居士,道藝處士也。"處士即居家不當官的士人。《韓非子・外儲說左上》說"齊有居士田仲者",這就是一位很著名的道藝處士。佛教傳入後,往往借用中土固有之詞來翻譯佛經裏意義並不全同的詞,"居士"被用來指稱在家奉佛者。這一後起意義現在是唯一的通行義,"居士"的古義則已經被淡忘了。

唐宋以來,退居林下的士大夫往往以"某某居士"爲別號。"居士"通常用古義,但已稍有變化(《禮記》、《韓非子》所說的居士,當是未曾出仕者,而不是退居林下者)。至於取這種別號是否跟他們對佛教的態度有關,則要作具體分析。如白居易,在任江州司馬時就已禮佛參禪,晚年致仕後居洛陽,跟香山寺僧人結社,捐錢修寺;他自稱"香山居士",大概語帶雙關,兼取"居士"的新舊二義。歐陽修晚年自稱"六一居士",其原因他自己曾作說明。他在所作《六一居士傳》中說:"吾家藏書一萬卷,集錄三代以來金石遺文一千卷,有琴一張,有碁一局,而常置酒一壺……以吾一翁,老於此五物之間,是豈不爲'六一'乎?"可見跟"佛理"是毫無關係的。

有一篇研究中西古鎖的文章,其作者竟不瞭解"鎖"字的古義。"鎖"本指鏈子。現在仍然通行的"鎖鏈"、"枷鎖"等詞裏的"鎖"字,用的就是這一意義。鎖鏈是捆綁、拘繫囚徒的,也可以用來捆繫某些物品。所以"鎖"引申而成爲起封鎖作用的需要用鑰匙打開的器具的名稱。那位作者所研究的是用鑰匙的鎖。他對古書中用其本義的"鎖"字,也按照他所熟悉的引申義來加以理解,因此得出了古代有很大的鎖的看法。他說:

> 《三輔黄圖》:"飛燕命佽飛之士,以金鎖纜雲舟於波上",金鎖蓋銅鎖。能鎖舟於水上,其鎖必大。……《漢書·王莽傳》下:"鐵鎖琅當其頸",師古曰:"琅當,長鎖也",此刑具之鎖,亦必長大。

這裏所引的古書裏的"金鎖"、"鐵鎖",顯然都指鏈子,所以可以用來纜繫船隻,或捆在犯人的頸項上。但那位作者却把它們理解爲指用鑰匙的鎖了。天下哪會有能直接鎖住"雲舟"的大鎖!

有一篇研究雕板印刷術起源的文章,其作者由於誤解了古書裏"刊"字的意義,得出了西漢時代就有雕板印刷的結論。

"刊"字本來當砍除、削除講。《左傳·襄公二十五年》"當陳隧者井堙木刊",杜預注:"隧,徑也。堙,塞也。刊,除也。"《周禮·秋官·柞氏》"夏日至令刊陽木而火之",《正義》:"謂先刊削以去其皮乃燒之。"我國古代以竹木簡牘爲書寫材料,寫錯的和作廢的文字往往用刀削去。所以校正文字叫"刊正"、"刊誤"、"刊謬"。認爲某種著作寫得好,内容不可更改,並永遠不會喪失價值,則可以用"不刊"來形容,意即其文字永遠不會被刊削。贊揚正確言論的"不刊之論"這一成語,今天還在使用。從刊削的意思又引申出了刊刻的意思。王充《論衡·實知》:"上會稽,祭大禹,立石刊頌,望於南海。""刊頌"的意思就是刊刻頌文。因此,雕板印刷術出現之後,就把刻書叫做"刊板",把印刷發行叫做"刊行"。這是"刊"字的後起用法。

上面所説的那位作者,在文章裏引了三條文獻材料來證明漢代有雕板印刷。其中一條是他發現的,另二條他説明是别人已經用過的,實際上也就是多數印刷史家所已經否定的。我們先來看他所發現的那條材料。他在作爲全文重點的第一段裏説:

> 偶讀揚雄《方言》,揚雄在《答劉歆書》中説:
>
> > 張伯松不好雄賦頌之文,然亦有以奇之。嘗爲雄道,言其父及其先君憙典訓,屬雄以此篇目頗示其成者,伯松曰:"是懸諸日月不刊之書也。"
>
> "不刊之書"四字連用一起,意思是很明顯的,不刊刻的書也就是不刊印的書。可惜長期被學者們忽視而未引證。揚雄是公元前53年至公元18年

人,此時已有雕板印刷了。

“不刊之書”是張伯松贊美揚雄的《方言》的話,“不刊”的意思前面已經解釋過了,而且在一般詞典裏就可以查到。這位作者竟然不顧文義,硬把“不刊”曲解爲“不刊印”,當作揚雄時代已有雕板印刷的證據;還對這一“證據”“長期被學者們忽視而未引證”表示遺憾,真叫人感到啼笑皆非。這位作者似乎連“不刊之論”這一並不生僻的成語的意思都不瞭解。

在這位作者所引的兩條別人已經用過的材料裏,有一條也是跟“刊”有關的。《太平御覽》卷六〇六引《風俗通》,說劉向校書“皆先書竹,改易刊定,可繕寫者,以上素也”。“刊定”之意與“刊正”相同。這段話的意思是說,劉向校書,先把所校之書抄寫在竹簡上,改正文字之後,認爲已經沒有問題了,才謄寫在帛上。文義本來很明白。這位作者却認爲這是說劉向校書“採用‘刊’和‘寫’兩種方式作爲定本”,硬要把“刊”理解爲刻書。他還說:

> 什麽是“刊”?距劉向約百年的許慎(約58—147),在其所著《說文解字》中釋“刊,剟也”,“剟,刊也”,意思也很清楚。

我們讀了這段話,一點也不明白他所說的“意思也很清楚”是什麽意思。《說文·刀部》在“剟,刊也”這一條之後,緊接着就是“删,剟也”。許慎顯然是把“刊”和“剟”的意思都理解爲删削,而不是理解爲刊刻的。這位作者大概一點也不瞭解“剟”字的真實意義,所以才會把實際上對他不利的《說文》的這些注解引作論據。

這位作者還認爲他所舉出的那些“早期文獻”,可以“和莫伯驥《五十萬卷樓藏書目録初編》轉引《勿齋集》的話‘漢靈帝時詔刊章捕張儉等,是刻印之法漢已有之’”相印證。“靈帝詔刊章捕儉等”,是《後漢書·黨錮傳·序》中語。李賢注已指出“刊”是“削”的意思。當時張儉鄉人朱並拍宦官馬屁,上書告發張儉等人。靈帝爲了保護朱並,下令削去奏章上的朱並之名,以免别人知道他是告發者。“刊章”跟印刷也是毫無關係的。

我們在前面提到過的兩篇文章,雖然有些毛病,從整體上看還是很有發表價值的。這篇講雕板印刷起源的文章,則可以說是“一無是處,徒亂人意”。這樣的文章是缺乏發表價值的。

希望某些作者寫稿時多查查詞典(上面舉出的問題,通過查詞典都能解決),某些編輯審稿時把關把得嚴一點(也不妨多查查詞典),大家一起努力把研究古代文化的文章中屢見的由於缺乏訓詁常識而造成的錯誤消滅掉。

原載《人民政協報》1997 年 2 月 24 日 3 版,今據以收入。

二十世紀的漢語文字學*

（與沈培合著）

一、概　　說

對漢字的研究，在我國開始得很早，但是具有現代意義的文字學則是在進入二十世紀以後才逐漸形成並發展起來的。

舊的文字之學是所謂“小學”的一個部分。我國最早的目録學著作是西漢劉歆的《七略》。其“六藝略”中有“小學”類。此書早已不傳，但班固《漢書·藝文志》是根據它寫的。《藝文志》“小學”類裏記載的書，基本上是一些識字課本（如《蒼頡》《凡將》等篇）。後來，“小學”的範圍有了擴大。《唐書·藝文志》經部小學類的書，大體包括文字、音韻、訓詁、書法四個方面。清代乾隆時所編《四庫全書總目》的經部“小學類”下分“訓詁”“字書”“韻書”三小類。

“小學”一向被認爲是經學的附庸。它所注重的材料基本上都是書面材料，所以這種研究大致屬於“語文學”的範圍，與“語言學”尚有區別（參看王力《中國語言學史·前言》，山西人民出版社，1981）。研究者中，很少有人直接以語言爲研究對象，絶大多數人不能正確處理語言和文字的關係。因此在“小學”研究中形成了以文字統帥語言的局面。傳統文字學的經典，東漢許慎所著的《説文解字》在整個“小學”界長期享有非常崇高的地位，治“小學”的人大都把它奉爲圭臬。

在十九、二十世紀之交，有兩件事爲現代意義的文字學的形成準備了初步的條件。這兩件事是西方語言學思想的傳入和古文字研究的進步。

晚清以來，由於金石學的發達和古文字資料的大量發現（其中包括殷墟甲骨文

---

* 限於時間和資料，本文所述主要是中國大陸地區的漢語文字學研究情況，港臺和國外情況偶有涉及。

等前所未見的重要資料的發現),古文字研究的水平有了很大提高。清末的吳大澂、孫詒讓等人已經根據古文字指出了《說文》的一些問題。進入民國時代以後,這方面的研究有進一步的發展。大量的古文字資料和有關的研究成果,爲現代意義的文字學的建立準備了重要的條件。

對現代意義的文字學的建立起了更重要的作用的,是西方語言學思想的影響。1906 年,章太炎發表《論語言文字之學》一文(《國粹學報》2 卷 12、13 號)。他認爲:"合此三種(按:指文字、音韻、訓詁之學)乃成語言文字之學。此固非兒童佔畢所能盡者,然猶名爲小學,則以襲用古稱,便於指示,其實當名語言文字之學,方爲確切。"章氏的理論和實踐都證明他已經有了比較明確的語言學思想。他提出"語言文字之學"這一名稱,標誌着中國現代語言學的發端。

但是,正確確立語言和文字之間的關係,需要經歷一段時間。民國初年,很多人把"小學"改稱"文字學",而不把它稱爲"語言文字學",這是小學研究中以文字統帥語言的思想的反映。他們所研究的"文字學",仍包括文字、音韻、訓詁三個方面。如 1917 年,北京大學的文字學分別由朱宗萊、錢玄同兩位學者擔任,他們所寫的講義分別叫《文字學形義篇》、《文字學音篇》,前者包括文字與訓詁之學。又如,何仲英 1922 年出版的《新著中國文字學大綱》(上海商務印書館),是一部爲中等學校編寫的文字學教科書,其內容也是包括音韻與訓詁的。此外如 1931 年賀凱的《中國文字學概要》(北平文化學社)、1933 年劉大白的《文字學概論》(上海大江書鋪)、1933 年傅介石的《中國文字學綱要》(北平自刊本,1940 年中華書局昆明印本)、1935 年戴增元《文字學初步》(上海中華書局石印本)、馬宗霍《文字學發凡》四卷(上海商務印書館綫裝本),都是同一類的著作。即使在文字學跟音韻學、訓詁學已經明確分家之後,仍有人寫這種文字學著作,如 1971 年臺北正中書局出版了林尹的《文字學概說》,此書到 1980 年已經出了第 7 版,可見影響頗大。其第三篇是"形音義篇",下分字形的演進、字音的分析(講述聲、韻、反切等內容)、字義的訓詁等三章,仍是舊的格局。

由於研究音韻的學問比較專門,已有的成果又比較多,音韻學是較早脫離文字學而獨立的。早在 30 年代之前,有些人在講文字學的時候就已經不管音韻方面的內容,而只談"形義",即文字和訓詁了。20 年代初,沈兼士在北京大學講授的課程明確稱爲"文字形義學"。此後頗有人仿效。由於研究訓詁"沒有現成的理論系統",講"文字形義學"的往往以形爲主,講"義"的部分只是附庸,"可有可無"(唐蘭《中國文字學》6 頁)。例如 1935 年出版的周兆沅的《文字形義學》(上海商務印書館石印本),上篇書體,下篇形論,並未專論訓詁。容庚在燕京大學開文字學,《形篇》講字體,《義篇》講說明文字結構的“六書”,也是有“義”之名而無“義”之實。

所以,唐蘭說:“民國以來,所謂文字學,名義上雖兼包形音義三部分,其實早就只有形體(引者按:這裏所說的“形體”包括文字結構)是主要部分了。”(《中國文字學》6 頁)有的學者並明確把音韻、訓詁排除在文字學之外。如 1926 年出版的顧實的《中國文字學》,只論述文字之由來、文字之變遷和文字之構造。又如,1933 年何仲英出版《文字學綱要》(上海民智書局),他認識到文字學不應包括音韻、訓詁,因此把自己原來的文字學著作改寫爲此書,專門討論漢字的形體。1934 年,唐蘭把他在北京大學所用的講義《古文字學導論》手寫石印出版,這部書明確主張“文字的形體的研究,是應該成爲獨立的科學的”,認爲“語言的主體是聲音,文字的主體是形體,我們可以把文字的聲音歸到語言學裏去,但形體却是獨立的,我們對於音符字可以認爲語言,但形符字,意符字,和半音符字的非音部分,却不是語言所能解釋的。文字固然是語言的符號,但語言只構成了文字的聲音部分。我們要研究符號的起源和演變,我們要研究出一種適當的符號,那都是文字學的範圍。”他還說:“在我要創立的新文字學裏所要研究的,是從文字起源,一直到現代楷書,或俗字,簡字的歷史。這範圍是極廣泛的,但最重要的,却只是小篆以前的古文字。”這本書奠定了現代意義的文字學的基礎,同時也使古文字的研究開始走上科學的道路。(此書 1981 年齊魯書社重新影印,補齊圖版,並附以作者 1936 年部分改訂稿及 1963 年爲中央黨校版作的跋。)

後來,唐蘭又出版了《中國文字學》(開明書店,1949;上海古籍出版社 1979 年重印)。書中專設“中國文字學的範圍”一節,他說:“我在民國二十三年寫《古文字學導論》,才把文字學的範圍重新規定。我的文字學研究的對象,只限於形體,我不但不想把音韻學找回來,還得把訓詁學送出去。”(該書 5 頁)“文字學本來就是字形學,不應該包括訓詁和音韻。一個字的音和義雖然和字形有聯繫,但在本質上,它們是屬於語言的。”(該書 6 頁)唐蘭力主文字學應該與音韻學和訓詁學分開而成爲一門獨立的學科,對於漢語文字學的發展起了很大的促進作用。

40 年代以後,研究形體的文字學著作已成爲主流。40 年代出版的比較重要的著作,除唐蘭《中國文字學》外,有張世祿《中國文字學概要》(貴陽文通書局,1941)、齊佩瑢的《中國文字學概要》(北平國立華北編譯館,1942)等書。前者提倡研究文字要形音義三方面互相推求,但並沒有去介紹音韻學、訓詁學基礎知識。

五六十年代比較有代表性的文字學著作有梁東漢《漢字的結構及其流變》(上海教育出版社,1959),蔣善國《漢字形體學》(文字改革出版社,1959)、《漢字的組成和性質》(文字改革出版社,1960)。兩位學者力圖發掘漢字的構造和發展規律,梁書緊密結合語言學來研究文字,蔣書對隸變規律剖析得很細緻,這在以前都是不多見的。

唐蘭在主張文字學與音韻學、訓詁學分家的時候,並未否認字的音和義有"和字形有聯繫"的一面,但他的文字學著作很少談這方面的問題。這可以說是一種矯枉過正的做法。受到他的影響,一般講形體的文字學著作也很少討論字形跟音、義,即漢字跟漢語裏的詞的各種具體關係。從 50 年代起,在政府領導下,對漢字進行整理和簡化工作。開始的時候,語文學界爲了配合這項工作,大都著力强調文字對語言的從屬性,但仍很少有人有意識地去研究漢字跟漢語裏的詞的各種具體關係。像王力《字的形、音、義》(中國青年出版社,1953;1957 年改爲《字的寫法、讀音和意義》)那樣的著作,極爲少見。60 年代以後,情況有了變化,出現了一些從字跟詞的關係的角度去研究文字現象的有質量的文章(如吕叔湘《形、音、義》,《文字改革》1964 年 3、4 期,收入所著《語文常談》;李榮《漢字演變的幾個趨勢》,《中國語文》1980 年 1 期)。文字學者通過語文實踐,越來越清楚地認識到研究文字雖然應以形體研究爲主,但是不管形體和音、義之間的關係是不行的。80 年代以後,大量的文字學著作相繼出版,如楊五銘《文字學》(湖南人民出版社,1986)、蔣善國《漢字學》(上海教育出版社,1987)、孫錫鈞《漢字通論》(河北教育出版社,1988)、裘錫圭《文字學概要》(商務印書館,1988)、王鳳陽《漢字學》(吉林文史出版社,1989)、顧正《文字學》(甘肅教育出版社,1992)、詹鄞鑫《漢字說略》(遼寧教育出版社,1992)、許長安《漢語文字學》(廈門大學出版社,1993)等,這些著作都或多或少地談到了形、音、義之間的關係。周祖謨爲 1988 年出版的《中國大百科全書》語言文字卷撰寫的"漢語文字學"條,把文字學定義爲"研究漢字的形體和形體與聲音、語義之間的關係的一門學科",這可以代表目前大多數人的意見。

在 80 年代以來出版的文字學著作中,裘錫圭的《文字學概要》受到了較多的注意。該書使用了較多較新的出土文字資料,並且十分注意以語言學的觀點來討論文字問題。

通論性的漢字學的發展,跟漢字學各個分支的發展是相互促進的。各方面的具體研究成果,後面將作簡單的介紹。

西方普通文字學理論的介紹和引進,對漢字學的發展也起了促進作用。1940年出版了英國愛德華・葛勞德著、林柷敔譯的《比較文字學概論》(商務印書館),1987年出版了蘇聯B. A. 伊斯特林著、左少興譯的《文字的產生和發展》(北京大學出版社)。歷年翻譯的西方語言學通論性著作,也大都有討論文字的部分。有人在研究漢字起源和漢字的性質時把比較文字學的方法引入進來,取得了較好的效果。近些年來,文字學界還成立了學會(如中國文字學會、中國古文字研究會等)。除了學會的經常性學術會議,有關單位也舉辦了文字學方面的學術會議,如中國社會科學院語言文字應用研究所在1986年12月和1991年9月兩次召開漢字問題學術討論會,第一次討論會後出版了論文集《漢字問題學術討論會論文集》(語文出版社,1988)。

還需要提到的是,從本世紀初開始,陸續有人從語言文字學之外的角度來研究漢字,例如艾偉從心理學角度研究漢字,在1949年出版了專著《漢字問題》(中華書局),其中涉及許多現代漢字學問題(參看李鏡流等《建國前漢字心理學研究述評》,《語文建設》1987年11期;馬文駒《艾偉的漢字心理實驗研究》,《教育研究與實驗》1988年3期)。近年來,有人把這方面的研究成果運用於漢字教學,取得了一些良好的效果。

漢字是漢民族文化的載體,而且很多字的構造就是跟一定的文化背景緊密聯繫在一起的。從本世紀初開始,就有學者從文化史的角度研究漢字。前些年,由於"文化潮"的興起,這方面的研究受到了重視,出現了很多以"漢字與文化"爲主題的文章和著作。其中,江西教育出版社的"漢字文化叢書"(陳海洋主編,1995)以及北京大學出版社的《中國漢字文化大觀》(何九盈、胡雙寶、張猛主編,1995),可以看作這方面的代表性著作。幾年前就有人提出建立"漢字文化學"的主張。但遺憾的是,至今"漢字文化學"的界定還不是很清楚。雖然多數人主張"從漢字入手研究中國文化,從文化學的角度研究漢字",但在一些人所寫的有關論著中,有不少內容其實可以歸到文化語言學的範圍裏去,有的內容甚至很難說跟漢字和漢語有什麽聯繫。

以上對本世紀的文字學研究作了一個簡單的回顧,下面分節介紹漢字學的各項研究成果。需要交代的是,現代漢字學是漢語文字學在80年代以後新興的一個分支,本書有關部分另有論述,本篇就略而不談了。

二、一般性的漢字學研究

（一）漢字性質的研究

研究漢字的性質，就是要弄清漢字屬於哪一種文字類型。這個問題是西方語言學傳入後才提出的。70年代末期以後，這個問題一度曾成爲文字學研究的熱點，參加討論的人很多，意見頗爲分歧。人們基本上採用兩種方法來給漢字定性。一種是根據漢字字形所能起的表意、表音等作用來爲它定性，另一種是根據漢字字形所能表示的語言結構的層次（也可以說語言單位的大小）來爲它定性。屬於前一種的，主要有表意文字說和意音文字說。在早期，一般都認爲漢字是表意文字，漢字爲意音文字說到50年代才由周有光提出來。此外還有極少數人主張表音文字說（見姚孝遂《古漢字的形體結構及其發展階段》、《古文字的符號化問題》、《再論古漢字的性質》等文）。多數人認爲漢字的性質自古至今沒有本質變化，但也有人認爲漢字的性質發生過根本性的變化。從後一角度提出的觀點主要有：商代甲骨文爲形意文字周代以後漢字爲意音文字說、古漢字爲表形文字隸變後漢字爲表意文字說。根據漢字字形所能表示的語言結構的層次給漢字定性的，主要有語素文字說和語素—音節文字說。持語素文字說者，一般都承認在單音節詞佔絶對優勢的古代，漢字可以稱爲表詞文字。持語素—音節文字說者一般也承認那個時代的漢字可以稱爲表詞—音節文字。

裘錫圭首先提出要分清作爲詞或語素的符號的文字和文字所使用的符號（裘氏稱之爲“字符”）這兩個不同層次。詞和語素都是音義結合體。作爲詞或語素的符號，不管哪種文字都是既表音又表意的。要劃分表音、表意等類型，必須從文字所使用的符號即字符的性質著眼（參看裘錫圭《漢字的性質》，《中國語文》1985年1期）。雖然以前研究漢字性質的人也常常根據漢字所使用的符號的性質來給它定性，如說形聲字的形旁是表意的，聲旁是表音的等等；但是他們之間的有些分歧確實是由於對兩個層次的區分沒有明確認識而引起的。例如說漢字是表音字，就不是著眼於漢字所使用的符號的性質，而是著眼於漢字作爲詞或語素的符號具有一定讀音這一點的。因此，明確漢字的性質應當由漢字的字符的性質來決定，是有意義的。不過，對這一看法已有人提出了不同意見，有必要繼續進行討論。

裘氏主張漢字在早期階段（隸變以前）基本上是使用意符和音符的一種文字，

可以稱爲意符音符文字(即意音文字);隸變後由於漢字裏的很多意符、音符,已經變爲既無表意作用也無表音作用的“記號”,這時的漢字可以稱爲意符音符記號文字。但隸變後的漢字所使用的符號仍以意符和音符爲主,所以漢字的性質自古至今沒有本質上的變化。由記號構成的字就是“記號字”。“記號字”的概念並不是裘氏首先提出的。唐蘭在《中國文字學》“文字的構成”一章中專立“記號文字和拼音文字”一節,認爲:“截至目前爲止,中國文字還不能算是記號文字,因爲我們認識一個‘同’字,就可以很容易地認識‘銅’,‘桐’,‘筒’,‘峒’等字,可見這還是形聲文字。”龍宇純《中國文字學》(臺灣學生書局,1987)指出漢字中有一種“純粹約定”或曰“硬性約定”的文字,字形跟字的音、義毫無關係(該書108—109頁),這也就是記號字。裘氏發展了他們的說法。

認爲漢字是表意文字的人,主要著眼於漢字與表音文字的本質差別,並不是否認形聲字聲旁等有表音作用。

此外,還有人提出了關於漢字性質的一些新的說法,但影響不大,這裏就不具體介紹了。

跟漢字性質有密切關係的、漢字是否適合漢語的問題,也有不少人加以討論。在五六十年代,人們往往强調漢字與口語脱節的一面。近年來則有很多人認爲,由於在漢語裏迄今爲止單音節語素仍佔優勢,而且新詞大都由已有的語素合成,所以作爲語素文字或語素—音節文字的漢字,跟漢語基本上仍是適合的。

(二)漢字起源的研究

本世紀以來,一般文字學者大都接受了文字源於圖畫的觀點(孫詒讓、沈兼士、唐蘭、蔣善國等人都曾明確指出象形文字與繪畫的源流關係),但對漢字起源的具體情況和漢字形成完整的文字體系的過程,並沒有認真討論。

中國考古學興起以後,尤其是50年代以來,在原始社會時代的遺址(這裏所說的“遺址”包括墓葬)裏發現了不少刻劃或描繪在器物上的符號。主要有兩類。一類多作幾何形。例如在屬於仰韶文化早期的一些半坡類型遺址裏發現的刻劃符號。另一類以象形符號爲主,如在大汶口文化晚期的一些遺址裏發現的一批符號,在傳世的一些良渚文化的玉器上,也刻有跟大汶口文化相似的符號。這些符號大都是單獨出現的,兩個以上符號排列成行的例子爲數不多,主要見於良渚和龍山等文化的陶器上。

排列成行的符號大都發現得較晚。在注意到這類符號之前,學者們對上述原始社會的符號是否文字的問題已經作了很多討論,但並沒有取得一致的意見。有些人認爲它們是文字,有的甚至直接把它們當作早期的漢字加以辨釋(如于省吾《關於古文字研究的若干問題》,《文物》1973年2期)。有些人認爲它們都還是非文字的標記(如汪寧生《從原始記事到文字發明》,《考古學報》1981年1期)。有些人認爲半坡類型遺址出土的以及與之相類的那些符號不是文字,大汶口文化象形符號則是原始的漢字(如高明《中國古文字學通論》,文物出版社,1987)。

有一部分學者認爲,判定這些符號是否文字應當有一個比較明確的標準,這就是看它們是不是記錄語言的符號。他們認爲,上面所提的前一種符號不可能是文字。因爲這類符號已經被用來記錄語言的確鑿證據,一點也没有發現過。我們不能因爲它們跟古漢字裏形體比較簡單的字偶然同形,就斷定它們之間有傳承關係。而且我們對新石器時代種族的情況瞭解得很少,把使用者的種族和語言情況都還不清楚的那些符號看作古漢字或其前身這件事,本身就是不妥當的。

至於後一類符號,從外形上看,有一些跟古漢字的確很接近。因此才有很多學者把這種符號看作原始漢字。但是由於誰也不能證明大汶口文化陶器上"幾個孤立的圖形",就是記錄語言的文字,仍無法斷定它們確實是文字。

對於多個成行的符號,多數人認爲它們是原始文字,有些人並嘗試加以釋讀。但是,也有人認爲,由於材料太少,而且我們對它們的使用者的種族和語言情況缺乏瞭解,正確辨釋這種原始文字的可能性恐怕很小。

在漢字起源的研究中,研究者除了大量使用考古資料外,還普遍把兄弟民族的各種原始記事方法和納西原始文字(或稱納西圖畫文字)用作比較的資料。有些人還提出了關於漢字形成過程的一些比較具體的設想,如認爲在漢字形成過程之初,假借方法就已普遍應用;在漢字的原始文字階段,文字和圖畫曾混雜在一起使用;形聲字在原始文字階段就已出現等等(參看汪寧生《從原始記事到文字發明》;裘錫圭《文字學概要》,1—8頁)。

從現在研究的情況來看,漢字起源的問題雖然討論得比較熱烈,但是如果没有更新的重要資料發現,恐怕很難取得突破性的新進展。

70年代末以來,有越來越多的人明確地認識到,漢字從萌芽到形成能完整記錄漢語的文字體系,是經歷了漫長的過程的。有些學者提出了"原始文字"這一概念,以指稱處於形成過程中的文字。

對漢字最後形成能完整記錄語言的文字體系的時代,目前主要有兩種看法。一種認爲形成於夏商之際(見《文字學概要》27頁),一種認爲形成於夏初(見孟維智《漢字起源問題淺議》,《語文研究》1980 年 1 期)。

(三)漢字字體演變的研究

本世紀中葉以前,研究漢字字體變遷的人很多。各種漢字學通論性著作大都涉及這方面的問題,專門研究這方面的問題的著作也不少,比較重要的有尹桐陽《中國文字來源及變遷》(1925)、吕思勉《中國文字變遷考》(1926)、蔣善國《中國文字之原始及其構造》(1930)、容庚《中國文字學形篇》(1932)等書。但由於有關的考古資料還不很豐富,多數著作研究得不够深入。在研究字體演變的單篇論文中,除了王國維關於《說文》"古文"性質的一些文章外(詳後),比較重要的還有錢玄同《章草考序》(《師大國學叢刊》1 卷 1 期,1930)、魏建功《草書在文字學上之新認識》(《輔仁學誌》14 卷 1、2 期合刊,1946)等文。50 年代以後,有關資料不斷發現,研究也漸趨深入。啓功對先秦以下各種字體作了全面研究,見所著《古代字體論稿》(文物出版社,1964)、《啓功叢稿》(中華書局,1981)等書。由於魏晉時代的碑志上所用的字體跟傳世的王羲之等人的字體不一樣,60 年代中期郭沫若等人提出了《蘭亭序》真僞的問題。魏晉時代楷書、行書的真面貌究竟如何這個老問題,又引起了不少人的興趣(《蘭亭論辨》,文物出版社,1977)。通過討論,對魏晉時代在不同社會階層中和不同用途上使用着新舊不同的字體的現象有了比較清楚的認識。70 年代以來秦漢古隸的發現,使關於隸書形成的研究取得了突破性進展,後面將會比較具體地談到。

由於資料越來越豐富,研究越來越深入,人們對漢字字體的整個演變過程有了更深的認識。過去習慣於把漢字演變的過程描述爲由甲骨文到金文再到篆文、隸書、楷書,簡單地把甲骨文和金文看作兩種有先後關係的字體。有人指出,應當把甲骨文看作當時的一種比較特殊的俗體,與之同時代的金文則代表當時的正體,並指出俗體在文字形體演變的過程裏所起的作用十分重要;有時候,一種新的正體就是由前一階段的俗體發展而成的(如隸書);比較常見的情況是俗體的某些寫法後來爲正體所吸收,或者明顯地促進了正體的演變(參看裘錫圭《文字學概要》第四章)。

本世紀出版的各種字體的字典多不勝數,就不一一介紹了。

(四)《說文》和"六書"的研究

《說文》是傳統文字學研究的中心。20 世紀以來,研究《說文》的論著仍然非常多。本世紀初期,章太炎及其弟子黄侃對於《説文》學有重大的貢獻。他們的特點是以《説文》爲基礎,把對《説文》的研究擴展到語言的研究。章氏這方面的主要論著有《文始》、《新方言》、《小學答問》。黄氏這方面的著作經後人整理出版的,有《文字聲韻訓詁筆記》、《説文箋識四種》(均上海古籍出版社,1983)等。

由於古文字研究的進步,很多人能够利用古文字對《説文》的篆形和解説進行訂正。早在清末,吴大澂和孫詒讓等人就做過這方面的工作。此後不斷有人做這種工作。由於《説文》研究已多歷年所,本世紀以來,出現了不少總結前人研究《説文》的成果的著作。如馬叙倫創始於 1911 年完成於 1928 年的《説文解字六書疏證》(科學出版社,1957,上海書店 1985 年重印),對《説文》逐字進行疏證,既利用清人的校勘和研究成果,也表述自己新的見解。書中大量運用古文字的資料印證《説文》或糾正、指出《説文》的疏失。但馬氏利用古文字資料往往不够準確甚至有明顯的錯誤。馬氏還有《説文解字研究法》(商務印書館,1933)一書,指出了《説文》的一些體例,談了研究《説文》的方法和途徑。丁福保編的《説文解字詁林》是《説文》學的集大成著作(1928 年上海醫學書局初版,1932 年又搜集新的著述增刊補遺 16 册,共 82 册;1982 年中華書局重印)。此書博採研究《説文》之書,將衆家説法列於每字之下。張舜徽《説文解字約注》(中州書畫社,1983),説解比較簡約,但對古文字成果利用得不够。

80 年代以來,《説文》研究有明顯的進展。關於《説文》的通論性著作出現了不少,其中比較重要的有陸宗達的《説文解字通論》(北京出版社,1981)、姚孝遂的《許慎與説文解字》(中華書局,1983)。陸書通過對《説文》分析形、音、義的方法的總結,結合文獻典籍和古文字資料,説明了《説文》在解釋古代典籍上的重要性,同時也闡發了《説文》中藴含的語言學素材,揭示了《説文》在探討古代社會狀況方面所起的重要作用。姚書的特點是大量運用古文字研究成果糾正《説文》的錯誤。此外還有任學良《説文解字引論》(福建人民出版社,1985)、蔣善國《説文解字講稿》(語文出版社,1988)、余國慶《説文學導論》(安徽教育出版社,1995)等書。

有關《説文》的學術活動也比較頻繁。1985 年 4 月中國訓詁學會在河南郾城召開首屆紀念許慎學術討論會,並成立了許慎研究會。會後,中國訓詁學會和許慎研究會編輯了論文集《許慎與〈説文〉研究論集》(河南人民出版社,1991)。1990 年 12 月河南省社科院又在郾城設立了許慎研究所。1991 年 9 月河南省對外文化交流協會、許慎研究會、漯河市人民政府聯合主辦許慎與《説文》學國際學術研討會,並出版了論文集《説文解字研究》第一輯(河南大學出版社,1991)。爲了普及

《說文》學的知識,王寧、董希謙主編了《許慎與〈說文〉小叢書》(河南人民出版社,1994)。這方面的書還有《說文解字助讀》(蘇寶榮,陝西人民出版社,1993)、《說文解字釋要》(王夢華,吉林教育出版社,1990)等。《說文》系列的書也有很多人作了研究。特別是對於段注的研究比較多。清人已經對段注作了不少訂正工作。民國時期關於段注的著作側重於發凡舉例,對指導初學者讀段注很有裨益。雖仍有一些訂誤之作,但不佔主要地位。建國以後的段注研究是多角度的,從文字學、詞彙學、訓詁學、音韻學、辭書編纂學等角度都有人作過研究。郭在貽關於段注的系列論文,如《〈說文段注〉與漢文字學研究》等(見所著《訓詁叢稿》,上海古籍出版社,1985),影響頗大。前人研究段注,對篆形問題不够重視,蔣冀騁《說文段注改篆評議》(湖南教育出版社,1993)彌補了這一缺陷。還有人對徐鍇的《說文解字繫傳》作了研究(古敬恆《徐鍇〈說文繫傳〉研究》,重慶大學出版社,1995)。

本世紀中,研究跟《說文》有關的字體、六書、聲韻以及部首與檢字等方面的問題的人很多。我們只簡單介紹一下跟字體和六書有關的研究情況。

先談有關《說文》字體的研究。《說文》中收有小篆、古文、籀文三種字體。小篆方面,上面已經提到,不少人根據古文字(包括秦漢文字資料)對篆形作了訂正。對小篆的形成的研究也有了進步。不少人認爲小篆是由春秋戰國時代的秦國文字逐漸演變而成的,而不是像《說文》所說的那樣由籀文"省改"而成的。古文和籀文討論得比較多。古文的時代的確定,是一個很重要的貢獻。吳大澂《說文古籀補》裏,已經根據《說文》古文多與較早的金文不合而有些字形却與戰國文字相合的現象,提出了許慎所謂古文實際上是周末文字的看法。他說:"竊謂許氏以壁中書爲古文,疑周末七國時所作,言語異聲,非復孔子六經之舊簡。"陳介祺在爲《說文古籀補》寫的序裏也說:"疑孔壁古經亦周末人傳寫,故……古文則多不似今之古鐘鼎。"後來王國維又根據大量資料斷定所謂古文是戰國時代東方國家的文字,其說見《桐鄉徐氏印譜序》(《觀堂集林》卷六)、《戰國時秦用籀文六國用古文說》(同上卷七)、《史籀篇疏證序》以及就古文問題答容庚的信(《王國維全集・書信》436—438 頁)。他認爲籀文是秦國文字,不一定可信;關於古文爲戰國時代東方國家文字的說法則是正確的,已爲古文字學界所普遍接受。

傳統的看法,認爲籀文是西周晚期的文字。隨着古文字研究的發展,對籀文的時代也產生了懷疑。吳大澂和陳介祺已經提出了《說文》所收籀文裏有時代較晚的文字的看法(分別見《說文古籀補》自序和陳介祺的《說文古籀補》序)。王國維和唐蘭都明確主張籀文是東周時代的一種文字(王說見《史籀篇疏證》和《戰國時秦用籀文六國用古文說》,唐說見《中國文字學》155 頁)。但近年來却有不少人認爲這種說法的根據不足,結論不能成立,傳統的說法應當是可信的,但是籀文在後來的傳抄過程中確實産生了一些訛誤。

下面談談對"六書"的研究。

傳統的六書說中象形和會意的界綫並不十分清楚。例如"立"、"步"等字,講六書的人多數看作會意字。但是它們的性質跟"止戈爲武"一類會意字顯然是有區別的。鄭樵在《六書略》裏則把"立"和"步"列入象形字。他說"立"字"象人立地上","步"字"象二趾相前後",解釋字形比《說文》高明。民國初期,林義光在《文源》裏明確主張,只有像"止戈爲武""人言爲信"那樣"取其詞義連屬"的字,才可以算會意字。像射、涉、春等字,林氏認爲從古文字看都應該算象形字。這是有一定道理的。會意字跟所謂聲旁有義的形聲字也不易區分。

有的人仍然使用《說文》"會意"的名稱,但又用現代的理論對會意字加以分析。如最近出版的石定果所著的《說文會意字研究》(北京語言學院出版社,1996)"以構形和造意兩方面的標準,對會意字作了新的界定,劃清了會意字與合體會意字、會意字和形聲字的界綫"(見該書王寧序)。

由於有些人把原始社會時代遺址裏發現的、外形跟指事字比較接近的簡單刻劃符號看作文字,指事字和象形字究竟哪一種先出現的老問題,又一次引起了人們的興趣。郭沫若在《古代文字之辯證的發展》(《考古學報》1972 年 1 期)一文中說:"中國文字的起源應當歸納爲指事與象形兩個系統,指事系統應當發生於象形系統之前。"于省吾的看法與郭沫若相近(見《甲骨文字釋林·釋一至十之紀數字》)。但也有人認爲這種討論沒有什麽意義,"因爲早在文字形成過程開始之前,'指事'和'象形'的表意方法就都已經在廣泛使用了。文字形成過程開始的時候,這兩種方法當然都會被用來造字,我們有什麽必要去討論二者出現的先後呢?"(裘錫圭《四十年來文字學研究的回顧》,《語文建設》1989 年 3 期)

在六書中,討論得最多的是轉注和假借。

《說文》所說的"轉注"究竟是什麽意思,這是爭論了一千多年的老問題。直到 90 年代還有人寫這方面的專著(孫雍長《轉注論》,嶽麓書社,1991)。但也有人認爲,在今天再花大力氣討論這一問題,意義不大。從古到今對轉注的不同解釋非常多,幾乎所有可能想到的解釋都已經有人提出過了。有些說法所涉及的語言文字現象是有研究價值的,但是完全沒有必要把對這些現象的研究跟"轉注"定義問題糾纏在一起。

對假借的看法也存在分歧,其癥結在於假借和引申的分合。傳統文字學曾把字義引申看作典型的假借現象,直到現在還有人如此主張。但是,字義引申畢竟是語言現象而不是文字現象。所以現在多數文字學者主張把二者區分開來。

跟假借有密切關係的通假字的問題,有比較多的人進行研究。"通假"有狹義、廣義之分。一般認爲狹義的"通假"指本有本字的假借。廣義的"通假"跟古人所說的"通用"相當,不同的字被用來表示同一個詞的各種現象,幾乎都可以納入其範圍。但也有人主張把"通假"看作通用和假借的合稱,認爲"通用"不包括假借(劉又辛《大型漢語字典中的異體字、通假字問題》,《中國語文》1979 年 4 期)。通假字的讀音問題,即本讀 A 音的字用作一個讀 B 音的字的通假字時,究竟應該改讀 B 音還是仍讀 A 音的問題,曾引起較多的討論。經過討論,多數人認識到,一個字用作另一個字的通假字,意味着這個字被用來表示通常由後者表示的一個詞,兩者應該讀同一個音(參看盛九疇《通假字小議》,《辭書研究》1980 年 1 期;《通假字再議》,《辭書研究》1982 年 5 期)。此外,還有人對古代文獻如秦漢帛書簡牘中的通假現象進行了研究。近年來,通假字字典性質的專著已出版了好幾種。其中高亨纂著、董治安整理的《古字通假會典》(齊魯書社,1989)收集用例比較齊備。

對於形聲字的研究,已有專著出現(如李國英《小篆形聲字研究》,北京師範大學出版社,1996)。形聲字結構方面的一些現象,如省聲、多形多聲、"右文說"等,都有不少人撰寫專文或在文字學通論性著作裏作過研究。其中討論"省聲"的論文尤其多。對於"右文說"的研究比較有代表性的論文是沈兼士 1933 年所作的《右文說在訓詁學上之沿革及其推闡》(中央研究院史語所集刊外編第一種《慶祝蔡元培先生六十五歲論文集》下册,1935),該文對右文說進行了系統的總結和理論探討,旨在建立漢語字族學。歷史上主張"右文說"的人没有一部完整的著作流傳下來,其中王安石的《字說》在當時還是有影響的著作,今天也看不到原本。有人對此書作了輯佚工作,以胡雙寶的《王安石〈字說〉輯佚》(《古籍整理與研究》總第三期,1987)收集材料最多。

近年,王寧等人提出"漢字構形學"的說法(參看《中國教育報》的《語言文字》副刊從 1996 年年初開始連載的、由王寧撰寫的"漢字構形學講座")。這種分析漢字字形結構的方法與傳統的六書說不同,我們附帶在這裏介紹一下。王寧認爲:漢字的構形的基本元素是形位。形位是由個體字符中依層次切分出來的最小的、具有獨立的表現和區別造字意圖功能的構形單元。其中大部分是獨體字(成字構件),少部分是不成字的繪形或指事符號(非字構件)。近些年,北京師範大學漢字所根據這種理論,採用計算機處理的新技術,對隸書、小篆和某些古文字的構形系統進行了大量研究工作。

(五)漢字的結構類型的研究

這是漢字學的一個基本理論問題。

長期以來,研究漢字的人在這個問題上都跳不出"六書說"的圈子。直到20世紀30年代,唐蘭才試圖以自己的"三書說"來代替"六書說"。他的"三書說"是象形、象意、形聲(見《古文字學導論》)。50年代陳夢家提出了新的三書說,主張把古漢字分爲象形、假借、形聲三種基本類型(《殷虛卜辭綜述》76—80頁,科學出版社,1956)。裘錫圭基本同意陳說,但把"象形"改成了"表意"(見《文字學概要》106—107頁)。他認爲,從字符的性質上看,表意字使用意符,也可以稱爲意符字。假借字使用音符,也可以稱爲表音字或音符字。形聲字同時使用意符和音符,也可以稱爲半表意字半表音字或意符音符字。這樣分類,眉目清楚,合乎邏輯。他還指出了一些不能納入三書的文字,如記號字、半記號字、變體表音字、合音字、兩聲字。

還有人提出了關於漢字結構類型的別的說法。例如張世祿的"寫實法"、"象徵法"、"標音法"(《中國文字學概要》),林澐的"以形表義"、"以形記音"、"兼及音義"(《古文字研究簡論》第一章)。龍宇純也提出了新的分類,有純粹表形、純粹表意、純粹表音、兼表形意、兼表形音、兼表音意、純粹約定等七種(《中國文字學》)。詹鄞鑫《漢字說略》把假借排除,又把表意字加以細分,得出象形、指示、象事、會意、形聲、變體六類。對漢字結構類型的研究是一個理論性的問題,從不同角度可以得出不同的結論,現在還得不出公認的結論。

(六)漢字形音義之間關係的研究

五六十年代以來,由於漢字整理和簡化等語文實踐的需要,對異體字、古今字的研究受到了重視。《第一批異體字整理表》公佈前後,有不少學者討論到這類問題。80年代以後,有人對50年代規定的異體字進行了細緻的研究,提出了不少改進的意見。還有人專門對某些大型工具書中的異體字進行了研究(參看陳宜民《〈康熙字典〉的異體字及其整理》,《四川師範學院學報》1991年1期;陳抗《評〈現代漢語詞典〉對異體字的處理》,《中國語文》1994年4期)。

在異體字整理問題上,不少人注意到不僅要整理單個字的異體,還應該整理雙音節或多音節詞的異形(如"交代"和"交待"、"折中"和"折衷"等)。這在50年代整理異體字時注意不够,後來有人指出了這一點,這無疑是正確的。但不少研究詞的異形的人,爲了强調自己的觀念跟舊的以單字爲本位的異體字觀念的不同,使用了"異體詞"或"異形詞"的名稱,混淆了語言現象和文字現象的界綫。這却是不够恰當的。

古今字指同一個詞的、通行時代有古今之别的不同書寫形式。在古今字的範圍應該怎樣劃的問題上有分歧意見。有些人主張把古今字跟通假字分開來,只把有"造字相承的關係"的那些字(如"縣"和"懸"、"說"和"悦"等)定爲古今字(見洪成玉《古今字概說》,《中國語文》1981 年 2 期;《古今字概述》,《北京師範學院學報》1992 年 3 期)。有些人認爲古今字跟通假字是從不同角度對同詞異字現象作出的"不同歸類",二者"不是平行關係",古今字應該包括通行時間有古今之别的通假字,而且古今字不但"可以指形義不同的兩個字,也可以指形不同但義同的異體字"(見陸錫興《談古今字》,《中國語文》1981 年 5 期)。後一種意見符合歷史上使用"古今字"這類說法的實際情況。

同形字的現象,王力(《字的形、音、義》,中國青年出版社,1953)、李榮(《漢字演變的幾個趨勢》,《中國語文》1980 年 1 期)等人都曾加以指出。裘錫圭在《文字學概要》中對這一現象作了較全面的論述。

同義换讀指用一個字表示意義跟它原來所代表的詞相同或相近的另一個詞,這兩個詞的音可以截然不同。現代學者中注意到這種現象的有沈兼士(《漢魏注音中義同换讀例發凡》,見《沈兼士學術論文集》,中華書局,1986)、李榮(《語音演變規律的幾個趨勢》,《中國語文》1965 年 2 期)、吕叔湘(《語文常談》,三聯書店,1980)等人。揭示這種現象,對於瞭解文字異讀産生的原因很有幫助。

(七)文字學史研究和常用漢字字源研究

關於漢字研究的歷史,本世紀以來有不少論文和專著。胡樸安《中國文字學史》(商務印書館,1936),是第一部文字學史專著。近些年來,出版了好幾種漢字學史方面的專著,如黄德寬、陳秉新《漢語文字學史》(安徽教育出版社,1990)、孫鈞錫《中國漢字學史》(學苑出版社,1991)、姚孝遂主編《中國文字學史》(吉林教育出版社,1995)。

本世紀以來不斷有人撰寫漢字字源的論文或專著。在近年出版的專著中,鄒曉麗編著的《基礎漢字形義釋源——說文部首今讀本義》(北京出版社,1990)、李樂毅編著的《漢字演變五百例》(北京語言學院出版社,1992)比較有影響。這種工作無論對學術研究還是對普及漢字知識,都是有用的,但不容易做好,因爲學術界對於很多字的說法還沒有統一的結論。

在這一節的最後,我們附帶談談漢字字典的編纂。

1915年,徐元誥、歐陽溥存等編的《中華大字典》出版(中華書局)。它以《康熙字典》爲基礎,校正其錯誤2000餘條,並充實了一些詞義。收字48000多個,分214部。1968年,林尹、高明主編的《中文大辭典》在臺灣出版,共有40册。該書博綜古今文獻,選收單字49888個,解釋比較精確扼要,並注重漢字的源流及其音、義的發展變化。1990年,四川辭書出版社和湖北辭書出版社出版了《漢語大字典》。這部字典收54000多字,還在字頭下收列了能够反映形體演變關係的有代表性的甲骨文、金文、小篆和隸書的形體,並附有簡單的字形解說。1994年出版的《中華字海》(中華書局、中國友誼出版公司),收字八萬多,是迄今爲止收字最多的漢語字典。在中小型字典方面,1953年出版了《新華字典》(人民教育出版社)。該字典經過多次修訂,最新版是1979年商務印書館出版的。這是一部使用十分廣泛的字典,釋義準確,編排合理,影響非常大。

本世紀以來,研究古代各種字典的論著也很多,這裏就不談了。

三、古文字研究

我國對古文字的研究開始得很早,但是,長期以來是包含在作爲"小學"一部分的傳統文字學和以古銅器和碑刻等爲主要研究對象的金石學裏的,一直到20世紀才有"古文字學"的名稱。古文字學的範圍有廣義狹義之分,我們這裏所說的是狹義的古文字學,是文字學的一個分支。它著重研究漢字的起源,古漢字的形體、結構及其演變,字形所反映的本義以及考釋古文字的方法。20世紀以來,在西方學術思想的影響下,中國現代的歷史學、考古學和語言學逐漸形成,古文字研究也逐漸加强了科學性。通過唐蘭等人的努力,古文字學終於擺脱了金石學和傳統文字學的束縛,呈現了新的面貌。建國以來,尤其是70年代以來,由於新資料的發現和研究者的努力,先秦、秦漢文字的研究有了比較明顯的進展。有人主張把"古文字"的範圍擴大到秦和西漢前期的文字,即把小篆和古隸也包括在古文字裏。1978年成立了中國古文字研究會,至今已舉行過十一屆學術討論會,研究會與中華書局合編的《古文字研究》已出版到第十九輯。

20世紀的古文字學研究可以30年代爲界劃分爲兩大階段。在前一階段,吳大澂、孫詒讓和民國時期的羅振玉、王國維,是最重要的代表性學者。30 年代以後的主要學者,有郭沫若、唐蘭、于省吾等人。唐蘭的《古文字學導論》是第一部古文字學理論性著作。其書第二部分闡明研究古文字,主要是考釋古文字的方法,特別强調了偏旁分析法和歷史考證法的重要性。此書標誌着現代意義的古文字學的建立。

80 年代以來,有不少古文字學通論性著作出版,如李學勤《古文字學初階》(中華書局,1985)、林澐《古文字研究簡論》(吉林大學出版社,1986)、高明《中國古文字學通論》(文物出版社,1987)、陳煒湛、唐鈺明《古文字學綱要》(中山大學出版社,1988)、陳世輝、湯餘惠《古文字學概要》(吉林大學出版社,1988)等。這些書在古文字學的理論和研究方法方面,對唐氏的《導論》都有補充和發展。

本世紀還出版了一些包括多種古文字資料的古文字字典和文編,在比較舊的字典中,汪仁壽的《金石大字典》(1926)較爲有名。比較新的有高明的《古文字類編》(中華書局,1980)和徐中舒主編的《漢語古文字字形表》(四川人民出版社,1981)。

下面我們分甲骨文研究、金文研究、秦系文字研究、戰國文字研究四項,對研究成果作簡單介紹。

(一) 甲骨文研究

殷墟甲骨文大約在光緒二十四年(1898)開始受到古董商的注意。次年,王懿榮鑒定爲三代古文並加以收藏。自發現以來,至今通過私人挖掘和公家發掘而得到的有字甲骨,據胡厚宣統計,約有十五萬片左右(《八十五年來甲骨文材料之再統計》,《史學月刊》1984 年 5 期)。

1. 甲骨文著録情況

1903 年,劉鶚把自藏的一部分甲骨編成《鐵雲藏龜》出版。這是第一部著録甲骨文的書。序言中將甲骨文稱爲“殷人刀筆文字”。此後,著録甲骨文的書不斷出版。比較重要的有羅振玉編的《殷虚書契》前、後、續三編,董作賓編的、著録中央研究院發掘殷墟所得甲骨的《殷虚文字甲編》和《乙編》。中華書局 1978—1983 年出版了以郭沫若爲主編,胡厚宣爲總編輯的《甲骨文合集》,收甲骨 41956 片,是迄今爲止規模最大的殷墟甲骨文資料著録書。1973 年在河南安陽小屯南地,1991 年在安陽花園莊,先後發現了重要的甲骨文資料。前一次發現的多達五千餘片,已由發掘者編成《小屯南地甲骨》(中華書局,1980)公佈於世。

2. 甲骨文字典和文編

王襄的《簠室殷契類纂》(天津博物院印行,1920;增訂本,1929),是第一部甲骨文字典。此後又有商承祚的《殷虚文字類編》(1923)、朱芳圃的《甲骨學文字編》(商務印書館,1933)、孫海波的《甲骨文編》(燕京大學哈佛燕京學社,1934)。孫書在1965年修訂成新版,由中華書局出版,影響較大。1959年,金祥恆《續甲骨文編》出版(臺北藝文印書館),收有一些孫書未及收的新材料,對孫書的誤摹誤釋之處也有所校正。

日本島邦男《殷墟卜辭綜類》是一部有創造性的工具書。此書根據甲骨文的字形特點分部排字,除部分極常用的字外,每個字下都按甲骨文原樣摹出含有這個字的所有卜辭,極便於研究者使用。姚孝遂、肖丁主編的《殷墟甲骨刻辭摹釋總集》和《殷墟甲骨刻辭類纂》(中華書局,1990)是近年出版的兩部大型工具書。後者仿島書而編,體例與島書基本相同,但增加了釋文和拼音檢索等項目。由饒宗頤主編、沈建華編輯的《甲骨文通檢》(香港中文大學)從1989年以來已經出版了四册。另外,徐中舒主編的《甲骨文字典》(四川辭書出版社,1988)吸收了近年古文字研究及考古發掘的新成果,也是一部大型工具書。趙誠《甲骨文簡明詞典——卜辭分類讀本》(中華書局,1988)、崔恆昇《簡明甲骨文詞典》(安徽教育出版社,1992)兩書,對於研究商代詞彙有一定的幫助。特別值得一提的是新近出版的《甲骨文字詁林》(于省吾主編,中華書局,1996)。此書在每個單字下面把1989年以前各家與此字相關的、有代表性的說法收集在一起,比起李孝定在60年代出版的《甲骨文字集釋》,增加了不少新的內容。書中不少"按語",或評價已往各家的得失,或提出自己的新見,都有重要的參考價值。

3. 綜合性或通論性著作

1956年,陳夢家《殷虚卜辭綜述》由科學出版社出版。此書資料豐富,論述全面,並有一定深度,對於初學者和研究者都是非常有用的書。可惜成書倉猝,引用甲骨文資料有很多不應有的錯誤。陳氏自己對各種問題的意見也不盡妥當。1978年嚴一萍出版的《甲骨學》一書,比較全面地總結近八十年甲骨學研究的成果,有的內容比陳書豐富。80年代以後,通論性質的著作出版了好幾種,如王宇信《建國以來甲骨文研究》(中國社會科學出版社,1981)、《甲骨學通論》(同前,1989),吳浩坤、潘悠《中國甲骨學史》(上海人民出版社,1985),王明閣《甲骨學初論》(黑龍江人民出版社,1986),陳煒湛《甲骨文簡論》(上海古籍出版社,1987),張秉權《甲骨文與甲骨學》(臺灣國立編譯館,1988)。

4. 甲骨文字研究情況

1904 年,孫詒讓根據《鐵雲藏龜》寫成《契文舉例》(此書遺稿由羅振玉在 1917 年印行),是第一部考釋和研究甲骨文的著作。分上下兩卷。上卷對殷墟甲骨卜辭的內容作出初步的研究。下卷包含“文字”與“雜例”兩篇。“文字”篇對見於《鐵雲藏龜》的甲骨單字的很大一部分逐個進行考釋,釋出了不少關鍵字。羅振玉是甲骨學的奠基者。他最早打聽到甲骨的真實出土地點。1910 年他的《殷商貞卜文字考》,考定甲骨出土之地是殷都故墟,甲骨文是殷王朝貞卜的遺物,把甲骨文研究推進了一大步(他當時誤認爲殷墟只是“武乙之墟”)。1915 年,他在此書基礎上寫成《殷虛書契考釋》,在文字的考釋和卜辭的通讀等方面取得了較大突破,並爲甲骨學奠定了初基。王國維在羅振玉的影響下開始從事古文字研究,在甲骨文方面,王國維新識之字並不是很多,但往往都是關鍵字,如“旬”、“上甲”合文等,對通讀卜辭有重要意義。他的主要貢獻是以甲骨卜辭與典籍互證的“二重證據法”,進行歷史、地理和禮制等方面的研究。他的主要代表作有《殷禮徵文》(1916)、《殷卜辭中所見先公先王考》及《續考》(1917)、《殷周制度論》(1917)、《戩壽堂所藏殷虛文字》(1917)。王國維還是最早進行甲骨綴合的學者。

羅王以後,對甲骨學作出重大貢獻的有郭沫若、唐蘭、董作賓、于省吾等人。郭沫若的《甲骨文字研究》(1930,人民出版社 1952 年再版)、《卜辭通纂》(1933,日本文求堂書店印行)和《殷契粹編》(1937,日本文求堂印行)在卜辭的通讀上有重要貢獻。董作賓的主要貢獻是甲骨斷代研究,我們將在後面略作介紹。唐蘭有《天壤閣甲骨文存考釋》、《殷虛文字記》(1934 年北京大學講義,1978 年修改刻印本,1981 年中華書局出版),考釋文字屢有創獲。于省吾在 1940、1941、1943 年,先後出版了《雙劍誃殷契駢枝初編》、《續編》及《三編》。1954 年撰成《四編》(稿本)。70 年代末,作者將《初編》到《四編》的文章加以刪削改訂,加上解放後發表的研究甲骨文的文章,成爲《甲骨文字釋林》(中華書局,1979),反映了作者在考釋甲骨文方面的主要成績。唐蘭和于省吾都很注意考釋文字的方法,所得結論比較可信。此外,胡光煒、丁山、王襄等人在釋字方面也都有一定的貢獻。

5. 甲骨文綴合情況

自王國維以後,有不少學者做過甲骨綴合工作,取得了相當好的成績。這方面的專著已經出版了好幾種。如曾毅公《甲骨叕存》(1939)、《甲骨綴合編》(1950)、郭若愚等《殷虛文字綴合》(科學出版社,1955)、張秉權《殷虛文字丙編》(1959—1972)、嚴一萍《甲骨綴合新編》(臺北藝文印書館,1975)和《甲骨綴合新編補》(同前,1976)等。另外,蔡哲茂發表了一系列有關《甲骨文合集》綴合的論文,很有價值。前些年有人嘗試用電子計算機綴合卜甲(童恩正等《關於使用電子計算機綴合商代卜甲碎片的初步報告》,《考古》1977年3期),但至今沒有太大的進展。

6. 殷墟甲骨文的分期斷代研究

這是甲骨學研究的一個重要問題。董作賓在1931年發表於《安陽發掘報告》第三期的《大龜四版考釋》一文中,第一次指出殷墟甲骨卜辭中記"貞人"之名的現象以及"貞人"名在甲骨斷代上的重要作用。以此爲基礎,他初步提出了斷代的八個標準。在1932年寫成、1933年發表的《甲骨文斷代研究例》一文中,董氏全面論述了他的斷代學説,提出甲骨斷代的十項標準,把甲骨文時代劃分爲五期,大大提高了甲骨學的水平。斷代學説大大提高了甲骨文作爲歷史和語言資料的價值,具有極爲深遠的意義。後來,有好幾位學者對董作賓的意見作出了補充和糾正。50年代,陳夢家從董作賓所説的"文武丁時代卜辭"中分出了"午組""自組"和"子組"卜辭,並考訂其爲武丁時代之物,糾正了董氏所説的"文武丁復古"的錯誤。1953年,日本學者貝塚茂樹和伊藤道治發表《甲骨文斷代研究的再檢討》(《東方學報》第23册),得到的結論與陳氏大體相同。1976年殷墟發現了商王配偶"婦好"的墓葬,其名見於武丁時代卜辭和被一般人認爲屬於武乙、文丁(即文武丁)時代的有"貞人"歷之名的卜辭,由此引起關於"歷組卜辭"的時代的討論。參加討論的人分成觀點對立的兩派,一派認爲這種卜辭應當屬於武丁和祖庚時代,另一派維持這種卜辭是武乙文丁卜辭的舊説。這次討論雖然還没有結束,但是促使人們對斷代的標準進一步作認真的考慮,對甲骨文分期斷代的研究已經起了很大的推進作用。早在1957年,就有學者指出甲骨的分類與斷代應當分成兩個步驟來進行,分類要依據字體、字形等特徵(見李學勤《評陳夢家殷虚卜辭綜述》,《考古學報》1957年3期)。這在甲骨斷代的理論研究上是一個突破。但是直到70年代以後在關於歷組卜辭的討論中,這一觀點才真正受到重視。按照這種觀點進行甲骨分期斷代研究的代表性專著有黄天樹的《殷墟王卜辭的分類與斷代》(文津出版社,1991)、彭裕商的《殷墟甲骨斷代》(中國社會科學出版社,1994)以及李學勤和彭裕商合著的《殷墟甲骨分期研究》(上海古籍出版社,1996)。也有人從别的角度對甲骨進行斷代研究。貝塚茂樹較早注意到利用鑽鑿形態進行斷代。後來,許進雄在這方面做了比較多的工作,其代表作是1979年出版的《甲骨上鑽鑿形態的研究》(臺北藝文印書館)。值得一提的是,1996年5月16日"夏商周斷代工程"作爲九五國家重大科研項目正式啓動,其目的是爲了將夏、商、周時期的年代學進一步科學化、量化。由於加速器質譜測定^{14}C方法技術的進展,過去不能取樣測定的商周甲骨,現在可以取樣測定其年代了,因而有希望測出有關王的大致日曆年代。這項工作對甲骨分期學說也將是一個檢驗,具有重大的意義。

7. 甲骨語言研究及其他

本世紀以來在甲骨語言研究方面取得的成就主要體現在語法研究方面。1928年胡光煒《甲骨文例》出版,此書涉及不少語法問題。50年代,管燮初《殷虛甲骨刻辭的語法研究》、陳夢家《殷虛卜辭綜述·文法》是甲骨文語法研究重要的兩部著作。近年來的專著有沈培的《殷墟甲骨卜辭語序研究》(文津出版社,1992)、張玉金的《甲骨文虛詞詞典》(中華書局,1995)。其他還有一些關於句法、虛詞方面的單篇論文,但是關於語音、詞彙方面的論著一直比較少。1990年10月華中師大甲骨語言研究中心發起召開了全國首次甲骨語言研究方法討論會。會後出版了論文集《甲骨語言研討會論文集》(華中師大出版社,1993)。值得注意的是,有些學者在研究甲骨語言問題時較多地使用了甲骨分類、斷代的成果,同時,有些學者在進行甲骨文字考釋時,也注意從語言學的角度看問題,這都提高了研究的質量。但是,總的看來,目前對甲骨語言的研究還很不够,亟需加强。

近年還出現了從文字學角度研究甲骨文的專著,如趙誠《甲骨文字學綱要》(商務印書館,1993)和李圃《甲骨文文字學》(學林出版社,1995),這在漢字的斷代研究方面是一種有益的嘗試。

利用甲骨文進行社會歷史等方面研究的論著數量很多,其中不少涉及文字的考釋和卜辭的釋讀。這裏就不多談了。

現已發現的甲骨文,除了殷墟甲骨文以外,還有西周甲骨文。下面我們簡單談談這方面的研究情況。

50年代以來,發現了西周時代的甲骨。其中以70年代在陝西岐山、扶風一帶古代周原地區發現的最爲重要。已發現的刻字西周甲骨總計有300多片(參看陳全方《陝西岐山鳳雛村西周甲骨文概論》,四川大學學報叢刊第10輯《古文字研究論文集》,1982),其中少量卜甲的時代可能屬於商代末期。已經出版了兩種全面研究西周甲骨文的專著,即王宇信《西周甲骨探論》(中國社會科學出版社,1985)和徐錫臺《周原甲骨文綜述》(三秦出版社,1987)。目前,對西周甲骨的研究還是初步的,成果不很豐富,而且多側重於探史,應用這些新的文字資料來作文字學的研究則顯得比較薄弱。

這裏附帶談一下古文字中所謂"易卦"的問題。在殷周時代的甲骨、銅器和其他物件上,有時可以看到一種用六個或三個數字組成的符號,其意義有很長時期沒有確解。李學勤在1956年曾敏鋭地意識到它可能同《周易》的"九"和"六"有關(見《談安陽小屯以外出土的有字甲骨》,《文物參考資料》1956年11期)。1978年冬,張政烺在長春舉行的中國古文字研究會首屆年會上,指出這種數字符號並非什麼"奇字",而是"易卦"。此後,張先生發表了《試釋周初青銅器銘文中的易卦》(《考古學報》1980年4期)等文,其他學者也發表了一些這方面的文章。雖然各家討論的問題還有待於進一步深入研究,但甲骨、銅器上的這些由數字組成的"奇字"已不再是不可理解的神秘之謎了。

(二)金文研究

這裏所説的金文指商周金文。在古文字學中,對金文的研究開始得比較早。清代古文字研究的重點是金文,有些學者主要生活在清末,但關於金文研究的著作則是20世紀以後才問世的。如劉心源《奇觚室吉金文述》是1902年問世的。孫詒讓《古籀餘論》成書於1903年,但到1929年才出版。吳大澂的《愙齋集古録》完成於1896年,但1918年才出版。方濬益的《綴遺齋彝器款識考釋》,1899年完成,但直到1935年才出版。這幾本著作都有較高的參考價值。本世紀金文研究的情況,我們分幾個方面加以介紹。

1. 金文著録情況

民國以後,著録青銅器的著作很多。這裏只能提到一些重要的著録書。1937年出版的羅振玉的《三代吉金文存》,是當時最大的一部青銅器著録書。1957年,于省吾出版了《商周金文録遺》,爲補充《三代吉金文存》之作。1983年,嚴一萍《金文總集》出版。此書收1983年以前刊佈的青銅器銘文拓本8000多件,是收録資料較全的書。1984年徐中舒《殷周金文集録》出版。此書彙集解放以來至1980年底國内出版的書刊中已經著録的商周有銘青銅器和部分未曾著録的有銘青銅器。近年出版的、中國社會科學院考古研究所編輯的《殷周金文集成》(中華書局,1984—1994),是迄今爲止最完整的金文資料著録書。它包括銘文、圖像、釋文和索引幾大部分,而以銘文爲主。所收各器以類爲綱,分樂器、炊器、盛食器、酒器、水器、兵器、其它等七大類依次編排。每一類銘文皆以原大製版,按字數多少排列。銘文各册後附有"説明",注明所收各器的字數、時代、著録、出土、流傳、收藏、資料來源等情況。

2. 通論性著作

1941年,容庚《商周彝器通考》出版。此書分上下兩編,共十九章。對青銅器的起源、發現、分類、時代、銘文、花紋、鑄法、價值、去銹、拓墨、仿造、辨僞、銷毀、收藏、著録等方面逐一加以詳論,在金文研究史上,第一次把有關青銅器的各種問題放在一起系統加以探討,意義重大。1958年,容庚、張維持的《殷周青銅器通論》是在《商周彝器通考》的基礎上增加新資料編寫而成的,比較簡明扼要,適合初學者使用。近年出版的、朱鳳瀚撰寫的《古代中國青銅器》(南開大學出版社,1995),充分利用了考古學的方法和成果,並結合古文字學和科技、美術方面的研究,內容豐富,深入淺出,適合各種讀者的需要(參看該書李學勤序)。

3. 工具書

收録金文字形的工具書,以容庚的《金文編》最爲有名。此書初版於1925年,1939年出第二版,1959年出第三版,1985年出版了經過增訂的第四版(張振林、馬國權摹補,中華書局)。此書收字比較全面,摹録也比較精確。但在釋字方面比較保守。在通假問題上,往往本借不分,甚或本借顛倒。專門校訂此書錯誤的專著已經出版了兩種(陳漢平《金文編訂補》,中國社會科學出版社,1994;董蓮池《〈金文編〉校補》,東北師範大學出版社,1995)。校正《金文編》的單篇論文也發表了好幾篇。除了《金文編》以外,陳初生編纂、曾憲通審校的《金文常用字典》(陝西人民出版社,1987)比較方便實用。1995年,戴家祥主編的《金文大字典》出版(學林出版社),該書的特色是所收金文都選自拓片,保證了字形的準確性。收集金文考釋成果的工具書,有周法高主編、張日昇、徐芷儀、林潔明編纂的《金文詁林》(1975)和李孝定、周法高、張日昇等人編著的《金文詁林附録》(1977)以及周法高編撰的《金文詁林補》(1982)。這幾本書彙集各家說法,並加按語以評價其得失,是非常有用的參考書。現在缺少的是彙集此書出版以後新出的研究成果的工具書。

查找金文原始資料的索引,研究者也很需要。但至今還沒有像《殷墟甲骨刻辭類纂》那樣的書,研究者查找金文材料不太方便。臺灣師範大學國文系編輯出版過《青銅器銘文檢索》(原名《金文單字引得》,1995),但大陸學者難以見到。中國社會科學院考古所張亞初已經編有《殷周金文集成引得》一書(見《疑難銘文擬定一覽表》,《于省吾教授百年誕辰紀念文集》,吉林大學出版社,1996),希望能够早日出版。關於金文著録書目的工具書,王國維曾編有《宋代金文著録表》和《國朝金文著録表》,柯昌濟編有《金文分域編》二十卷(1935)、《續編》十四卷(1937)。近年中國社會科學院考古所編輯了《新出金文分域簡目》(中華書局,1983)、孫稚雛編輯了《金文著録簡目》(1981)。

4. 文字考釋、斷代等方面的研究情況

本世紀初,羅振玉、王國維對青銅器都有所研究。王氏在金文方面有《觀堂古金文考釋五種》和很多單篇論文。

30年代,郭沫若寫成《兩周金文辭大系圖錄考釋》,對所收銘文都作了詳細的考證,有不少很好的意見。此書初版是1932年在日本印行的,只有考釋沒有圖版。1934年彙集銘文及器形照片,編爲《兩周金文辭大系圖錄》,次年又撰成《兩周金文辭大系考釋》。後來作者又對全書作了修改補充,抽換並增補了一部分資料,於1957年由科學出版社出版,名爲《兩周金文辭大系圖錄考釋》。此書在考釋文字、對器物所作的分期和分域研究、利用金文資料闡發歷史等方面都有重要貢獻。郭沫若有關金文研究的論著還有《金文叢考》(日本文求堂書店印行,1932)、《金文餘釋之餘》(1954)。1954年,作者把這兩本書跟《古代銘刻彙考》正續編中有關金文的部分彙集在一起,加以刪改補充,編成三册,仍名《金文叢考》,由人民出版社出版,影響較大。

楊樹達從40年代始研治金文,其成果大都集中在《積微居金文說》中。此書於1952年由科學出版社出版。後來他又寫作了《積微居金文餘說》。1959年,科學出版社把二書合爲《積微居金文說》增訂本出版。該書主要解釋兩周銅器銘文,參考前人的解說,將銅器銘文與經史相印證,解釋字詞深入細緻,考釋文字比較精到準確,不少地方超越了前人。

唐蘭在考釋金文方面也有不少貢獻。他的代表作有未完成稿《西周青銅器銘文分代史徵》(中華書局,1986),其他論文見故宫博物院所編《唐蘭先生金文論集》(紫禁城出版社,1995)。

于省吾考釋金文的文章有不少篇,他綜合運用各種考釋方法,從對形、音、義縱横關係的分析和對名物制度的考訂等方面,研究解決了一些難字的釋讀問題(見《雙劍誃吉金文選》,1934;《釋盾》、《釋能和羸以及从羸的字》、《釋兩》、《釋从天从大从人的一些古文字》,分見《古文字研究》第三輯,1980;第八輯,1983;第十輯,1983;第十五輯,1986)。

李學勤研究青銅器銘文的文章除已結集爲《新出青銅器研究》出版(文物出版社,1990)以外,還有很多。其中有不少文章涉及對文字的釋讀,往往頗多新意,很有啓發性。此外,白川静的代表作《金文通釋》(1964—1984)以及馬承源主編的《商周青銅器銘文選》(文物出版社,1985—1990)都是研究金文的重要參考書。

80年代以來有幾批80年代之前通過正式的考古發掘獲得的重要青銅器銘文

經過整理而發表,其中不少新材料引人注意。如尹盛平主編的《西周微氏家族青銅器群研究》(文物出版社,1992)、中國社會科學院考古研究所編著的《殷墟青銅器》(文物出版社,1985)、盧連成、胡智生編寫的《寶鷄強國墓地》(文物出版社,1989)、河南省文物研究所等單位編寫的《淅川下寺春秋楚墓》(文物出版社,1991)。

周代金文的分國研究已經取得了比較大的成績(有的研究已延及戰國時代)。30 年代郭沫若在《兩周金文辭大系》一書首次對東周的 161 器進行了分國考察。近年來,有劉彬徽、李零等人對楚國銅器加以收集研究(見劉彬徽《楚系青銅器研究》,湖北教育出版社,1995;李零《楚國銅器銘文編年匯釋》,《古文字研究》第十三輯,1986;李零《論東周時期的楚國典型銅器群》,《古文字研究》第十九輯,1992);董楚平對吳越等國金文的研究(《吳越徐舒金文集釋》,浙江古籍出版社,1992);徐少華對周代南方國家金文的研究(《周代南土歷史地理與文化》,武漢大學出版社,1994)等等。前幾年,從位於山西曲沃和翼城之間的天馬—曲村遺址北趙晉侯墓地盜掘出土的晉侯銅器,在香港等地的古玩市場上屢有出現。1992 年以來,由北京大學考古系和山西省考古研究所合組的曲村考古隊,在對墓地進行的搶救性發掘中,確定西周早中期至春秋早期晉侯墓地即在此處。發掘中發現了一些晉侯銅器,這些銅器對研究晉國歷史有重大價值,對我們瞭解西周晚期青銅器的整個面貌也有幫助(參看北京大學考古學系、山西省考古研究所《天馬—曲村遺址北趙晉侯墓地第二次發掘》,《文物》1994 年 1 期;北京大學考古學系、山西省考古研究所《天馬—曲村遺址北趙晉侯墓地第四次發掘》,《文物》1994 年 8 期;北京大學考古學系、山西省考古研究所《天馬—曲村遺址北趙晉侯墓地第五次發掘》,《文物》1995 年 7 期)。

青銅器斷代研究對金文研究具有重大意義,一直是金文研究者注意的重點。郭沫若的《兩周金文辭大系》借鑒考古學的類型學方法,發明"標準器繫聯法",奠定了青銅器的斷代基礎。除了郭書以外,唐蘭《論周昭王時代的青銅器銘刻》(《古文字研究》第二輯)、陳夢家未完成稿《西周銅器斷代》(《考古學報》第 9 册,1956 年 4 期)都是重要的著作。唐蘭和李學勤在西周銅器斷代上跟郭沫若有較大分歧,他們的討論促進了青銅器斷代研究的進步。近些年來,青銅器斷代研究的一個較大的特點是比較充分地發揮了窖藏和墓葬出土的銅器群的作用,學者們往往選擇具有標尺作用的銅器群,通過同群和異群各器間的縱橫聯繫來進行斷代研究(李學勤《西周中期青銅器的重要標尺——周原莊白、强家兩處青銅器窖藏的綜合研究》,《中國歷史博物館館刊》1979 年 1 期;劉啓益《微氏家族銅器與西周銅器斷代》,《考古》1978年5期)。

有人還嘗試利用金文的記時資料來推定銅器的年代。周代銅器銘文有些具備王年、月份、月相和記日干支,可以結合曆法研究推定其年代。但"月相"所指日期問題一直是爭論的焦點。由於這個問題比較複雜,關於西周各王在位年代也没有統一的看法,所以這方面的研究雖然相當熱鬧,但目前還很難得出令人信服的結論。

周代金文語法的研究也有比較大的進展,這都是近些年發展起來的。管燮初《西周金文語法研究》(商務印書館,1981)是迄今爲止唯一一部對金文語法作全面研究的專著,作者採用定性和定量分析相結合的方法,分析比較細緻。此外,馬國權、張振林、陳永正、楊五銘、唐鈺明等人對代詞、語氣詞、連詞、被動式、複音詞的研究,可以補正現有漢語史著作中的某些結論。崔永東《兩周金文虚詞集釋》(中華書局,1994)是第一部金文虚詞詞典,填補了這方面的空白,但可以進一步研究的地方還有不少。

金文材料往往能够跟古文獻材料相印證,學者們利用金文進行商周社會歷史等方面研究的著作非常多,這些著作對於青銅器銘文研究有較重要的參考價值,我們這裏就不作介紹了。

(三)秦系文字研究

秦系文字包括春秋戰國時代的秦國文字和秦代文字。

建國以後特别是70年代以來,秦系文字的材料不斷發現,其中簡牘文字資料佔有相當的數量。1975年12月湖北雲夢睡虎地十一號秦墓出土竹簡1100多枚。其内容有編年記、語書、秦律十八種、效律、秦律雜抄、法律答問、封診式、爲吏之道、日書甲乙二種,是戰國末期至秦始皇時期之物。同年12月至1976年1月又在同地四號秦墓出土了家書木牘二件。此後,秦系文字的簡牘資料陸續有所發現。如1979年至1980年間四川青川縣發現的木牘、1986年9月甘肅天水放馬灘發現的竹簡、1989年湖北雲夢龍崗發現的簡牘、1993年湖北江陵縣荆州鎮郢北村王家臺發現的竹簡等等。睡虎地秦簡整理小組編寫的《睡虎地秦墓竹簡》(文物出版社,1990),發表了1975年底睡虎地秦墓出土的全部竹簡,對研究有很大推進作用。到目前爲止,以這批秦簡爲資料的文字編已經出版了三種(張世超、張玉春《秦簡文字編》,日本京都中文出版社,1990;陳振裕、劉信芳《睡虎地秦簡文字編》,湖北人民出版社,1993;張守中《睡虎地秦簡文字編》,文物出版社,1994)。

由於大量用古隸書寫的秦和西漢早期的簡牘和帛書的發現,大家才認識到早期隸書的真正面貌,並且認識到隸書不是秦統一後在小篆的基礎上形成的,而是在戰國晚期的秦國,以秦國文字的簡俗體爲基礎而形成的(裘錫圭《從馬王堆一號漢墓"遣册"談關於古隸的一些問題》,《考古》1974 年 1 期;吳白匋《從出土秦簡帛書看秦漢早期隸書》,《文物》1978 年 2 期)。這在隸書的研究上是一個突破。有人對小篆到隸書的演變作了專門的研究(趙平安《隸變研究》,河北大學出版社,1993),還有人對隸書作了比較全面的研究(任平《說隸》,杭州大學出版社,1997)。

秦系文字的金文、石刻、陶文等資料,也有不少人加以研究,並取得了較好的成績。金文方面的主要著錄有:羅振玉《秦金石刻辭》三卷(1914 年石印本)、容庚《秦漢金文錄》(中央研究院歷史語言研究所專刊之五,1931)、《金文續編》十四卷(商務印書館,1935)。王輝《秦銅器銘文編年集釋》(三秦出版社,1990)按時代順序安排秦系金文資料,全書合計收器二百七十件。考釋中對已有成果加以總結,並提出了自己的不少新見解。

秦石刻文字的著錄主要有商承祚的《石刻篆文編》(科學出版社,1957)。大家對石刻文字的研究,主要集中在對石鼓文上。馬叙倫、楊壽祺、馬衡、唐蘭、張政烺、郭沫若都作過研究。近幾十年來,石鼓文的時代是討論的熱點(參看韓偉《北園地望及石鼓詩之年代小議》,《考古與文物》1981 年 4 期;裘錫圭《關於石鼓文的時代問題》,《傳統文化與現代化》1995 年 1 期;徐寶貴《石鼓文年代考辨》,北京大學中國傳統文化研究中心《國學研究》第 4 卷,1997),其中徐文主要根據石鼓文的形體特點論證其年代是春秋中晚期之際,這一結論比較有說服力。陝西鳳翔南指揮一號秦公大墓曾出土一批石磬,銘文殘存一百餘字,對研究石鼓文的時代有很大的參考價值,有人公佈了它的資料並作了研究(王輝、焦南峰、馬振智《秦公大墓石磬殘銘考釋》,《中央研究院歷史語言研究所集刊》六十七本二分,1996)。秦文字中另一種有名的石刻是詛楚文,較早的有郭沫若《詛楚文考釋》(作於 1947 年,1982 年與《石鼓文研究》合併出版)。近年有人對它的時代作了進一步的研究(黃奇逸《石鼓文年代及相關諸問題》,《古文字研究論文集》,四川大學學報叢刊第 10 輯,1982;陳偉《詛楚文時代新證》,《江漢考古》1988 年 3 期等)。

秦陶文的研究在比較早的時候就引起了人們的重視。羅振玉《秦漢瓦當文字》(1914)、陳直《關中秦漢陶錄》及《補編》(拓本,藏中國社會科學院考古研究所)、陝西省博物館《秦漢瓦當》(文物出版社,1964)是比較早的著作。比較新的有袁仲一編寫的《秦代陶文》(三秦出版社,1987)。此書收集了很多陶文拓片,還附有字表,便於使用。著名的秦封邑瓦書也有人進行了比較深入的研究(參看郭子直《戰國秦封宗邑瓦書銘文新釋》,《古文字研究》第十四輯,1986;黄盛璋《秦封宗邑瓦書及相關問題考辨》,《考古與文物》1991 年 3 期)。

秦璽印、漆器文字、貨幣等也有人作了研究。

漢語大字典字形組編的《秦漢魏晉篆隸字形表》(四川辭書出版社,1985),收入了一些秦和西漢早期的簡牘、帛書文字的字形。袁仲一、劉鈺《秦文字類編》(陝西人民教育出版社,1993)對出土的秦文字做了較全面的整理,可惜此書摹寫錯誤太多。

秦代之後的篆文資料也有人搜集整理。這方面的主要成果有羅福頤的《漢印文字徵》(文物出版社,1978)及《補遺》(同上,1982),還有施安昌的《唐代石刻篆文》(紫禁城出版社,1987)。

(四) 戰國文字研究

這是古文字學中較晚形成的一個分支,民國以來才發展起來。二三十年代,丁佛言、羅福頤、顧廷龍、丁福保等人編寫了《説文古籀補補》、《古璽文字徵》、《古陶文舂錄》、《古錢大辭典》等有用的工具書。解放後,朱德熙、饒宗頤、李學勤等人對促進戰國文字研究作出了很大的貢獻。近一二十年來,一大批年輕學者又繼續努力,使得戰國文字研究的局面顯得生氣勃勃。在對戰國文字作比較全面、系統的概述性論著中,以李學勤的《戰國題銘概述》爲最早(上、中、下,《文物》1959 年 7、8、9 期)。其後,湯餘惠《略論戰國文字形體研究中的幾個問題》(《古文字研究》第十五輯,1986)是從構形學角度對戰國文字進行的比較全面的分析總結。80 年代末出版了第一部戰國文字通論性專著——何琳儀的《戰國文字通論》(中華書局,1989)。現在,研究者對戰國文字形體的特點及各地區文字之間的差別,已有了較前深刻得多的認識。但是戰國文字各種資料比較分散,迄今還沒有一部比較全面集中的資料書,對於研究者十分不便。關於戰國文字的研究論著數量十分繁多,難以列舉,下面我們的介紹只提出一些主要情況。

1. 戰國金文研究

本世紀 20 年代末,在河南洛陽發現古墓,出土了魏國標準器屬羌鐘,還有一些東周的容器和金銀器。許多學者如劉節、唐蘭、郭沫若、徐中舒等人都有專文考釋。30 年代,在安徽壽縣朱家集李三孤堆楚王墓出土有銘銅器三十多件,其中酓忎諸器的器主是楚幽王熊悍。這批銅器爲戰國晚期的楚文字確立了可靠的標尺。唐蘭、郭沫若、胡光煒、劉節等人都有文論述。50 年代在安徽壽縣發現蔡侯墓,出土了許多有銘青銅器。陳夢家、孫百朋、于省吾、殷滌非、朱德熙等人都作過研究。1957 年、1960 年在安徽壽縣發現了五件楚鄂君啓節,引起了學術界的極大重視。對於節銘的釋讀以及其中涉及歷史、地理等問題,郭沫若、于省吾、商承祚、黄盛璋、朱德熙、李家浩等人的文章可以參考。1971 年在河南新鄭"鄭韓故城"發現韓國兵器二百多件,提供了一大批有銘文的標準器,爲韓國文字和兵器斷代提供了極好的材料。郝本性、黄盛璋等人曾作了比較全面的研究。

1977 年在河北平山縣發掘了中山王墓,出土了大量有銘文的器物。其中"平山三器"很重要。張政烺、朱德熙、裘錫圭、李學勤、李零等人都作了認真的研究。張守中還編寫了《中山王𰯼器文字編》(中華書局,1981),摹寫準確,方便實用。

1978 年湖北隨縣發掘了曾侯乙墓。墓中出土了編鐘、編磬等許多有銘的青銅器,文字數量很多,内容十分重要。青銅器銘文共三千多字,六十四枚編鐘,個個都有關於樂律的銘文,總字數達兩千八百左右。不少學者都發表了討論文章。

2. 戰國竹簡研究

戰國竹簡是研究者極爲重視的資料。已發現的戰國簡牘文字基本上都屬於楚國(包括曾國)。50 年代至 70 年代先後在湖南長沙(五里牌竹簡、仰天湖竹簡、楊家灣竹簡)、河南信陽(信陽竹簡)、湖北江陵(望山竹簡、天星觀竹簡)、湖北隨縣曾侯乙墓發現了大量竹簡。這些竹簡的内容大部分是送葬物品的記錄,小部分是爲病者占卜禱祝的記錄,只有很少是古書。80 年代以來有新的重要發現,如 1987 年湖北荊門包山楚簡中有記事、司法文書、占卜祭禱和遣策,對於瞭解楚國的司法制度和社會情況很有價值。1994 年底在湖北荊門郭店 1 號楚墓出土了《老子》等竹簡典籍,這是通過正式發掘而發現的古書,十分珍貴(荆門市博物館《郭店楚墓竹簡》,文物出版社,1998)。近年來的楚簡研究,在古代簡册的制度、職官和器物的考訂以及奇字難句的釋讀等方面,都有不少突破。李運富《楚國簡帛文字構形系統研究》(嶽麓書社,1997)對楚國文字作了窮盡性的系統整理與研究。李書後面附有《楚簡帛文字資料研究論著目錄》,可以參看。

戰國竹簡的文字編也出版了好幾種,如郭若愚編著《戰國楚簡文字編》(上海書畫出版社,1994),《包山楚簡・字表》(文物出版社,1991),滕壬生著《楚系簡帛文字編》(收入《楚學文庫》,湖北教育出版社,1995),商承祚編著《戰國楚竹簡匯編・字表》(齊魯書社,1995),張守中《包山楚簡文字編》(文物出版社,1996),葛英會、彭浩《楚國簡帛文字編》(日本東方書店,1992),張光裕、黄錫全、滕壬生主編

《曾侯乙墓竹簡文字編》(臺北藝文印書館,1997)。

3. 楚帛書研究

楚帛書1942年在湖南長沙子彈庫出土,不久即被蔡季襄購得,並於1944年寫成《晚周繒書考證》,是第一部研究楚帛書的著作。50年代中期以前,學者們主要根據蔡氏的石印本和美國佛利爾美術館1952年拍攝的照片,並根據這兩種底本,相繼複製了幾種複製本,但成果不大。50年代中期以後,研究中有一些重大的進展。自從60年代美國大都會博物館拍出紅外綫照片以來,由於字跡較前大爲清楚,研究工作有明顯進步。1967年美國哥倫比亞大學藝術史與考古系舉辦了"古代中國藝術及其在太平洋地區之影響"的學術座談會,會後出版了以座談會命名的論文集。近年來,帛書文字上的部分疑難問題又得到了解決。李零《長沙子彈庫戰國楚帛書研究》(中華書局,1985)及《補正》(中國古文字研究會第七屆年會論文,1988)以及饒宗頤和曾憲通合編的《楚帛書》(中華書局香港分局,1985)是比較全面介紹楚帛書研究情況的著作(參看曾憲通《楚帛書研究四十年》,見《楚帛書》,中華書局香港分局,1985)。曾憲通還編寫了《長沙楚帛書文字編》(中華書局,1993,該書初稿附於《楚帛書》一書),對於瞭解帛書的情況很有幫助。

4. 戰國陶文研究

吳大澂是最早考釋古陶文字的學者,他的說法見於所著《說文古籀補》。1936年,顧廷龍編《古陶文孴錄》是第一部古陶文字典。其書對於某些帶關鍵性的常見字的考釋有所突破,過去無法理解的一些文辭得以通讀。李學勤《山東陶文的發現和著錄》(《齊魯學刊》1982年5期)、鄭超《戰國秦漢陶文研究概述》(《古文字研究》第十四輯)是比較全面的綜述性文章。收集陶文的書,舊的有劉鶚《鐵雲藏陶》、周進《季木藏陶》、陳介祺《簠齋藏陶》。丁佛言和强運開的《補補》和《三補》都收有不少陶文。其後,有金祥恆的《陶文編》。新出版的資料書和工具書,主要有高明的《古陶文彙編》(中華書局,1990)以及高明和葛英會的《古陶文字徵》(中華書局,1991)。

5. 戰國璽印文字的研究

本世紀20年代以來,印譜出版了很多。解放前有黄濬的《尊古齋印存》、陳漢第的《伏廬藏印》、陳寶琛的《澂秋館印存》等。丁佛言的《說文古籀補補》也比較重要。它特別注重收錄和考釋璽陶文字,認出了不少難字,可惜至今還沒有引起人們足够的重視。1930年出版的羅福頤的《古璽文字徵》在當時也是很有用的工具書。解放後特別是近十年來出版的印譜有《故宫博物院藏古璽印選》、《上海博物館藏印選》、《天津藝術博物館藏印選》、《天津市藝術博物館藏古璽印選》、《吉林大學藏古璽印選》等。這些新出的印譜所選一般比較精,數量多,種類廣,斷代準,多數印譜有釋文,有的還加簡單考釋。王人聰編纂的《香港中文大學文物館藏印集》、《新出歷代璽印集錄》(香港中文大學文物館專刊之二,1982),也是兩部重要的璽印著錄書。羅福頤主編的《古璽彙編》(文物出版社,1981)和《古璽文編》(文物出版社,1981,係據《古璽文字徵》修訂而成),兩書相互配合,爲古璽文研究提供了較好的條件。此外,還有康殷、任兆鳳主編的《印典》(1—4 册)(國際文化出版社,1993—1994),它從一百多種印譜中採選了四萬餘方古印(包括一些封泥),其中有不少是戰國古璽。此書的特點是編排以單字爲綱,在每字下(少量常用字除外)收有出現此字的全部古印的整方印文,合印譜與璽印文字編於一書,資料集中,便於使用。但誤收了一些僞印,需要注意。關於古璽的通論性著作有羅福頤、王人聰合著的《印章概述》(三聯書店,1963)、羅福頤的《古璽印概論》(文物出版社,1981)、曹錦炎的《古璽通論》(上海書畫出版社,1995)以及葉其峰的《古璽印與古璽印鑒定》(文物出版社,1997)。1985 年齊魯書社出版的王獻唐的遺著《五鐙精舍印話》,有一百七十九篇短文,內容豐富,涉及印學很多方面。他的另一部《那羅延室稽古文字》也有對古璽和漢印的分析考釋。古璽的分國研究也有進展。葉其峰《戰國官璽的國別及有關問題》(《故宫博物院院刊》1981 年 3 期)是較早涉及戰國官璽國别研究的一篇文章,文中考釋了一些官璽,從文字和職官上提出了許多好的見解,尤其是關於官璽國别的意見,有很多得到了學術界的贊同。他的這方面的見解在他新出版的《古璽印與古璽印鑒定》中也可以看到。專門考釋古璽文字的文章非常多,精彩紛呈,不可勝舉。

6. 戰國貨幣文字的研究及其他

1938 年,丁福保編有《古錢大辭典》(上海醫學書局出版,中華書局 1982 年影印出版),分總論、上編、下編三部分,上編是古錢圖,廣收先秦刀幣,下迄清末圓錢等。下編是古錢辭典,包括刀幣、圓錢、壓勝支錢三類。後來,丁氏又刊行了《古錢大辭典拾遺》。商承祚、王貴忱、譚棣華曾編《先秦貨幣文編》(書目文獻出版社,1983),但書中有許多形體屬於當釋不釋或隸釋錯誤的。80 年代出版了幾種較大的資料書和工具書,代表性的有汪慶正主編的《中國歷代貨幣大系·先秦貨幣》(上海人民出版社,1988)和張頷的《古幣文編》(中華書局,1988)。後者選材較謹慎,編排較爲合理,注意吸收新成果。王貴忱的《三孔幣彙編》(1985 年自印本),專門集錄三孔幣,十分完備。很多學者如裘錫圭、李學勤、吳振武、李家浩、何琳儀、黄錫全等人都有不少考釋貨幣文字的文章。值得一提的是,日本林巳奈夫將楚國貨幣中舊釋爲“郢爰”的“爰”改釋爲“爯”,這在貨幣文字研究中是一個貢獻。

除了以上提到的各方面研究以外,戰國玉石文字的研究,近年來也取得了一些成績(見陳邦懷《戰國“行氣玉銘”考釋》,《古文字研究》第七輯,1982;黄盛璋《平山戰國中山石刻初步研究》,《古文字研究》第八輯,1983 等)。

對研究戰國文字有重要參考價值的《汗簡》和《古文四聲韻》二書,也有人作了整理和研究(見李零、劉新光整理《汗簡・古文四聲韻》,中華書局,1983;黄錫全《汗簡注釋》,武漢大學出版社,1990)。過去對《汗簡》不甚重視,但其中不少字形從地下發現的資料證明是有根據的。因此今天對《汗簡》一書似有重新估價的必要(張頷《中山王嚳器文字編序》;何琳儀《戰國文字與傳鈔古文》,《古文字研究》第十五輯,1986)。

一般認爲屬於春秋晚期的侯馬盟書,也有人認爲屬於戰國早期,所以這裏也附帶介紹一下。這是指 1965 年底在山西省侯馬晉國遺址發現的五千餘件寫在玉石上面的“盟書”,它對於研究春秋晚期的字體和當時的社會經濟等情況有重大意義。山西省文物工作委員會編輯的《侯馬盟書》(文物出版社,1976)發表了其中比較完整的六百餘件,並對它們作了相當深入的研究。一些專家也發表了有關的論文。此外,現屬河南溫縣的西張計村,在三四十年代就發現過盟書(當時此地屬沁陽縣),70 年代末 80 年代初又發現了大量墨筆寫的盟書(參看河南省文物研究所《河南溫縣東周盟誓遺址一號坎發掘簡報》,《文物》1983 年 3 期),時代跟侯馬盟書相近,這批資料對研究晉國歷史非常重要,可惜至今還没有全部公佈。

在這一節最後,我們附帶談一下對漢代以後、清代以前的文字的研究情況。從事這方面研究的人一直不多,直到近幾年來才有所改善。1930 年劉復、李家瑞合編《宋元以來俗字譜》(中央研究院歷史語言研究所出版),從宋代以至清代同治年間刊刻的十二種書中蒐集俗字一千六百個(不計重體)編成字譜,是研究文字俗體和漢字簡化的重要史料。但該書對正俗的判斷時有失誤。唐蘭對俗字的研究比較重視,1934 年他在《古文字學導論》中提出創立“新文字學”,其中就倡導俗字的研究。1949 年他在《中國文字學》中又指出:“俗文字在文字學史上應該有重要的地位。”建國以後,隨着簡俗字的被重新認識和《漢字簡化方案》的公佈,報刊上出現了許多討論簡俗字的文章,並出版了《簡體字原》(易熙吾,中華書局,1955)、《簡化漢字字體說明》(陳光堯,中華書局,1956)等探討簡體字來源的專著。蔣禮鴻《中國俗文字學研究導言》(《杭州大學學報》1959 年 3 期)對俗字與正字的關係、俗字研究的現狀和俗字研究的意義以及俗字研究的步驟和方法等作了分析和闡述。但此後一直反應不大。臺灣學者在這方面比較早地做了一些具體工作。1978 年,潘重規偕弟子王三慶、曾榮汾、鄭阿財等十餘人編輯出版了《敦煌俗字譜》(臺北石門圖書公司)。此書共有 2546 號,收錄了大量唐五代前後流行的俗字異體,對古籍整理尤其是敦煌寫本的整理具有很大的參考價值,但仍嫌取材過窄。80 年代以來,俗字研究漸漸多起來,取得的成果主要集中在對敦煌卷子所用文字和其他唐代文字上。晚明刻本小説用字也有人進行了研究。其中 1987 年商務印書館出版的李榮的《文字問題》主要討論明容與堂刻《水滸傳》等晚明刻本小説用字及其演變情况。書中對許多俗字的淵源演變作了深入的分析,對與俗字有關的字形分化、繁化、類化、改换偏旁、增減筆畫、同音替代和音近替代等問題作了獨到的闡述。1988 年,曾榮汾《字樣學研究》出版(臺北學生書局)。所謂"字樣學",作者認爲是"研究文字書寫法式諸種問題之科學"。此書有補充空白的作用。有些古籍整理的書也涉及俗字問題,這裏就不一一介紹了。特别值得一提的是張涌泉的《漢語俗字研究》(嶽麓書社,1995)。這是迄今爲止第一部俗文字學的概論性著作,作者不僅全面地介紹了俗字學的各種知識,還通過對大量俗文字資料的深入研究,揭示了前人未曾注意到的很多文字現象,指出了語文著作中與俗文字有關的很多疏失,解決了不少疑難問題。張涌泉還出版了《敦煌俗字研究》(上海教育出版社,1996)一書。此書分上下兩編,上編爲"敦煌俗字研究導論",下編爲"敦煌俗字匯考",既有較强的理論性,又有精確的具體考證,是俗字研究的一個新收獲。

四、結　　語

迄今爲止,漢語文字學已經建立了一套比較完整的理論,漢字學各方面比較重要的問題都有人作過不同程度的研究,各個分支的研究每年都有不少質量相當高的論著出現。漢字學的研究歷程已經給我們提供了豐富的經驗和教訓,例如注意從語言的角度研究文字學,注意傳統文字學研究和古文字學研究的結合,注重加强對漢代以後、現代漢字以前的各代文字在字形和結構上的特點以及用字特點的研究,注意語文實踐對文字學提出的要求等等。儘管這樣,漢語文字學面臨的任務還是十分艱巨的。例如文字學的基本理論還需要豐富完善,文字學的斷代研究還很薄弱,很多漢字形音義變化的"歷史"還不十分清楚,各種漢字資料還需要全面的、科學的和現代化的整理等等。我們期望下一世紀的漢語文字學研究將會出現一個嶄新的局面,並取得更大的成績。

參考文獻(所列論著目録,以80年代以後爲主,隨文已列者不録)

曹定雲　殷墟甲骨文研究百年回顧與展望,《社會科學戰綫》(長春)1997年5期

曹錦炎　《商周金文選》,西泠印社,1990

曹先擢　《漢字文化漫筆》,語文出版社,1992

曹先擢　《通假字例釋》,河南人民出版社,1985

常耀華　許學研究綜述,《辭書研究》1993年4期

常玉芝　《商代周祭制度》,中國社會科學出版社,1987

陳漢平　《屠龍絶緒》,黑龍江教育出版社,1989

陳漢平　《西周册命制度研究》,學林出版社,1986

陳煒湛　《甲骨文田獵刻辭研究》,廣西教育出版社,1995

董蓮池　十五年來《説文解字》研究述評,《松遼學刊》(四平)1994年3期

高漢銘編著　《簡明古錢辭典》,江蘇古籍出版社,1990

高　敏　《雲夢秦簡初探》(增訂本),河南人民出版社,1981

高啓沃　《古籍通假字選釋》,安徽教育出版社,1985

古　銘、徐谷甫選編　《兩周金文選》,上海書畫出版社,1986

郭寶鈞　《商周銅器群綜合研究》,文物出版社,1981

郭在貽、黄　征、張涌泉　《敦煌變文集校議》,嶽麓書社,1990

國家文物局《中國古錢譜》編撰組編　《中國古錢譜》,文物出版社,1989

何耿庸　《古代漢語的通假字》,福建人民出版社,1989

何　舟　建國以來關於假借理論的探討,《語文導報》1986年8期

洪家義編著　《金文選注繹》,江蘇教育出版社,1988

洪鈞陶　《草字編》,文物出版社,1983—1984

侯志義主編　《西周金文選編》,西北大學出版社,1990

胡厚宣　殷墟甲骨文發現九十周年,《中國史研究》1990年3期

胡厚宣主編　《甲骨文與殷商史》第一輯,上海古籍出版社,1983

胡厚宣主編　《甲骨文與殷商史》第二輯,上海古籍出版社,1986

胡厚宣主編　《甲骨文與殷商史》第三輯,上海古籍出版社,1991

湖北省博物館編　《曾侯乙墓》,文物出版社,1989

湖北省荆沙鐵路考古隊　《包山楚簡》,文物出版社,1991

湖南省博物館　《湖南省博物館藏古璽印集》,上海書店,1991

黄德寬　《古漢字形聲結構論》,黄山書社,1995

黄　征、張涌泉　《敦煌變文集校注》,中華書局,1997

荆門市博物館　《郭店楚墓竹簡》,文物出版社,1998

荆州地區博物館　江陵王家臺15號秦墓,《文物》1995年1期

李大遂　《簡明實用漢字學》,北京大學出版社,1994

李　瑾　《殷周考古論著》,河南大學出版社,1992

李圃選注　《甲骨文選注》,上海古籍出版社,1989

李　實　《甲骨文字考釋》,甘肅人民出版社,1990

李萬福　關於漢字特徵的觀點述評,《寧夏教育學院、銀川師範專科學校學報》1991年1期

李學勤　《東周與秦代文明》,文物出版社,1984

李學勤　《古文字學初階》,中華書局,1985

李學勤　《李學勤集》,黑龍江教育出版社,1989

李學勤　甲骨學一百年的回顧與前瞻,《文物》1998年1期

李學勤等編　《英國所藏甲骨集》,中國社會科學院歷史所、倫敦大學亞非學院編輯,中華書局,1985

劉樂賢　《睡虎地秦簡日書研究》,文津出版社,1994

劉寧生　關於漢字性質的研究,《語文導報》1987年6期

劉慶俄　《漢字學綱要》,中國和平出版社,1994

劉一曼、郭振錄、徐自强編著　《北京圖書館藏甲骨文書籍提要》,書目文獻出版社,1988

劉又辛　《通假概說》,巴蜀書社,1988

劉志成　《中國文字學書目考錄》,巴蜀書社,1997

陸錫興　近年來關於漢字性質的討論,《語文導報》1985年10期

羅福頤　《近百年來對古璽印研究之發展》,西泠印社,1982

羅福頤　近百年來古璽文字之認識及發展,《古文字研究》第五輯

羅福頤主編　《古璽彙編》,文物出版社,1981

羅福頤主編　《古璽文編》,文物出版社,1981

羅福頤主編　《故宫博物院藏古璽印選》,文物出版社,1982

羅君惕 《秦刻十碣考釋》,齊魯書社,1983

羅衛東 春秋金文研究概況,《古漢語研究》1997年2期

馬承源 《中國古代青銅器》,上海人民出版社,1982

馬如森 《殷墟甲骨文引論》,東北師範大學出版社,1993

馬天祥、蕭嘉祉編 《古漢語常用通假字字典》,陝西人民出版社,1989

馬天祥、蕭嘉祉編、李毅夫校訂 《古漢語通假字字典》,陝西人民出版社,1991

馬向欣編著 《六朝別字記新編》,書目文獻出版社,1995

孟世凱編著 《甲骨學小詞典》,上海辭書出版社,1987

秦 公 《碑別字新編》,文物出版社,1985

裘錫圭 《古代文史研究新探》,江蘇教育出版社,1992

裘錫圭 《古文字論集》,中華書局,1992

裘錫圭 究竟是不是文字——談談我國新石器時代使用的符號,《文物天地》1993年2期

裘錫圭、李家浩整理 《朱德熙古文字論集》,中華書局,1995

容 庚、張維持著、考古所編 《殷周青銅器通論》,文物出版社,1984

陝西歷史博物館編 《西周史論文集》,陝西人民教育出版社,1993

陝西歷史博物館編 《周文化論集》,三秦出版社,1993

沈培撰文、裘錫圭審訂 八十年代以來大陸地區漢字學研究狀況調查報告,《中國語言學現狀與展望》(許嘉璐、王福祥、劉潤清主編),外語教學與研究出版社,1996

宋鎮豪 《夏商社會生活史》,中國社會科學出版社,1994

孫稚雛編著 《青銅器論文索引》,中華書局,1986

天津市歷史博物館編 《天津市歷史博物館藏中國歷代貨幣》(第一卷)先秦部分,天津楊柳青畫社,1990

天津市藝術博物館 《周叔弢先生捐獻璽印選》,天津人民美術出版社,1984

王宏選釋 《金文選釋》,天津市古籍書店,1990

王明閣 《甲骨學初論》,黑龍江人民出版社,1986

王慎行 《古文字與殷周文明》,陝西人民教育出版社,1992

王宇信、楊陞南等主編 《甲骨文精萃選讀》,語文出版社,1989

王毓銓 《中國古代貨幣的起源和發展》,中國社會科學出版社,1990

王蘊智 六十年來關於漢字性質問題的探討,《河南大學學報》1993年2期

吳長安　《文化的透視——漢字論衡》,吉林教育出版社,1995
吳振武　《古璽彙編》釋文訂補及分類修訂,《古文字學論集》初編,香港中文大學,1983
吳鎮烽編　《金文人名匯編》,中華書局,1987
吳鎮烽編　《陝西金文彙編》,三秦出版社,1989
吳鎮烽編著　《西周金文擷英》,三秦出版社,1987
楊陞南　《商代經濟史》,貴州人民出版社,1992
姚孝遂、肖　丁　《小屯南地甲骨考釋》,中華書局,1985
于豪亮　《于豪亮學術文存》,中華書局,1985
臧克和主編　《漢字研究新視野叢書》(包括《漢字文化綜論》(劉志基)、《漢字與書法文化》(姚淦銘)、《中國文字與儒學思想》(臧克和)、《〈說文〉漢字體系與中國上古史》(宋永培)),廣西教育出版社,1996
曾憲通　《楚帛書文字編》,中華書局,1994
曾憲通　建國以來古文字研究概況及展望,《中國語文》1988 年 1 期
張　頷　《張頷學術文集》,中華書局,1995
張亞初、劉　雨　《西周金文官制研究》,中華書局,1986
張振宇　《古今字小字典》,湖南出版社,1988
鄭傑祥　《商代地理概論》,中州古籍出版社,1994
鄭權中遺著、徐宗濤等整理修訂　《通假字萃編》,天津古籍出版社,1989
中國人民銀行《中國歷代貨幣》編寫組編　《中國歷代貨幣》,新華出版社,1988
中華書局編輯部編　《雲夢秦簡研究》,中華書局,1981
周盈科編　《通假字手册》,江西教育出版社,1988
朱鳳瀚　近百年來的殷墟甲骨文研究,《歷史研究》1997 年 1 期
朱鳳瀚　《商周家族形態研究》,天津古籍出版社,1990

原載《二十世紀的中國語言學》(北京大學出版社,1998),今據以收入。

從方塊漢字能否廢除說到外來詞的譯法

在中國,從清末開始就有人主張把漢字改成拼音文字。新中國成立後,漢字改革必須走拼音化道路,一度成爲絶大多數人的共識。20 世紀 80 年代,尤其是 90 年代以來,情况起了變化。現在,主張拼音化的人大概已經成爲少數,多數人認爲方塊漢字無法廢除。

方塊漢字在檢索、打字、電腦處理等方面,使用起來確實不如拼音文字方便。但是在漢語語素中,單音節語素(其中很多能獨立成詞)佔絶對優勢,同音的語素和詞數量巨大,方塊漢字能起區别它們的作用。爲了使漢字成爲明確的可以快速閱讀的文字,這種作用是不可缺少的。我們只能想方設法使電腦等手段適用於方塊漢字(在這方面已經取得了很好的成績),不能爲了遷就這些手段而廢除方塊漢字。在是否廢除方塊漢字的問題上,繼承文化傳統等方面的考慮其實是次要的。我相信如果拼音文字確實適合現代漢語,中國的絶大多數語言文字工作者都會舉雙手擁護拼音化。

既然方塊漢字無法廢除,就應該充分發揮其作用。例如在吸收外來詞時,就應該充分利用漢字適宜於用來意譯外來詞的特點。

漢語語素多爲單音節,語素結合成詞的方式又靈活多樣,因此漢語詞彙的發展主要走增加複合詞的道路。這是學習漢語在開始的階段比較困難,而在掌握了數量遠較很多語言的基本詞彙爲少的基本漢字,也就是掌握了漢語的基本語素之後,進一步學習漢語就會容易得多的重要原因;也是漢語吸收外來詞時能大量使用意譯法的重要原因(意譯的外來詞一般都是複合詞)。單音節語素佔優勢,給漢語帶來了同音語素、同音詞多的麻煩;但是便於構造複合詞,便於意譯外來詞,則可以看作漢語的一種優勢。然而如果没有能區别同音語素的漢字,這種優勢就很難充分發揮,漢語意譯外來詞的能力就會大打折扣。漢字不是拼音文字,漢語的語音結構跟歐美等外國語言的距離又很大,這些是不利於音譯外來詞的條件。如果棄漢字之長而用其短,濫用音譯,在不是必須用音譯的場合也用音譯,無疑會給漢語的發展帶來消極的後果。不但會給使用漢字的人增加理解外來詞的困難,而且會影響漢語的純潔性,並降低利用外來詞構成新的詞語的能力。

日本使用漢字的歷史極爲悠久,而且直到今日還在混合使用假名和漢字。日文中的漢字跟日語的關係,當然與漢字跟漢語的關係有差別。但是由於使用漢字,並在古代吸收了大量漢語借詞,日語也有很强的意譯外來詞的能力。另一方面,雖然假名是拼音文字,但是日語的語音結構也跟歐美等外國語言有很大距離,音譯外來詞的條件並不理想。過多地使用音譯法,對日語的發展恐怕也會帶來消極的影響。

在19世紀,日語曾用意譯法吸收了大量外來詞,而且對漢語産生了積極的影響。現代漢語中很多常用的意譯的外來詞,如"革命"、"大學"、"博士"、"社會"、"經濟"、"憲法"、"世界"、"郵政"、"電話"、"哲學"、"動物學"等等好幾百個詞,都是由日本傳入的。日語意譯這些外來詞的時候,不但使用了漢字,而且還往往直接借用古漢語中原有的詞語,如上舉的"革命"、"大學"、"博士"等等。此外,日語還直接從19世紀傳播西洋文化的漢語文獻中採用了一些意譯的外來詞,如"國會"、"空氣"、"光學"、"植物學"等等。日語、漢語之間這種通過漢字的交流,對這兩種語言以至兩國的科學、文化等方面的發展,都起了很好的作用。

但是在進入20世紀之後,日語在吸收外來詞的時候,就越來越多地使用音譯法了。對大量本來可以很恰當地加以意譯的外來詞,也使用了音譯法。如果在日文中將來可以完全廢除漢字,這樣做當然是有道理的。如果漢字不能完全廢除,也許就應該作另一種考慮。爲什麽不能利用漢字,至少是日文中常用的漢字,對那些適宜於意譯的外來詞加以意譯呢?如果這樣做,可能對日語的發展反而有好處,而且肯定會對中日之間在科學、文化等方面的交流起促進作用。我對日本語言文字學界的情況缺乏瞭解,很想知道他們對這一問題的意見。

本文是在2001年召開的第十二届北京東京友好城市"漢字文化的未來"中日交流學術討論會上的發言,今據以收入。

談談“異形詞”這個術語

2001 年 12 月,教育部和國家語言文字工作委員會發佈了《第一批異形詞整理表》(以下簡稱“表”)。什麽是“異形詞”呢?《表》的正文之前,對有關術語作了解釋。我們把其中“異形詞”和“詞形”兩條全文引錄於下:

異形詞(variant forms of the same word)

普通話書面語中並存並用的同音(本規範中指聲、韻、調完全相同)、同義(本規範中指理性意義、色彩意義和語法意義完全相同)而書寫形式不同的詞語。

詞形(word form/lexical form)

本規範中指詞語的書寫形式。[①]

“異形詞”的英文名稱,按字面回譯成漢語,應該是“同一個詞的不同形式”,如果說得簡單一些,就是“一詞的異形”。“詞形”條已經説明“形”指書寫形式。同一個詞的不同書寫形式,是屬於文字層面的。而“異形詞”按照漢語習慣只能理解爲一種詞的名稱,應該是屬於語言層面的。這就是說,“異形詞”的中英文名稱是不相應的。

緊接着《表》的發佈,語文出版社在 2002 年 1 月出版了《第一批異形詞整理表說明》(以下簡稱“說明”)。《說明》的編寫者跟《表》的起草者是同一批學者。從《表》和《說明》的具體内容來看,所謂“異形詞”實際上確如其英文名稱所表示的那樣,是指同一個詞的不同書寫形式的。《說明》對各組“異形詞”的解釋,末了都有“宜以……爲推薦詞形/形式”這種格式的話(“形式”用於“固定短語”)。例如“按語——案語”條的說明最後說“宜以‘按語’爲推薦詞形”,[②]“百廢俱興——百廢具興”條的說明最後說“宜以‘百廢俱興’爲推薦形式”。[③] 由此就可以知道,《表》的

---

① 異形詞研究課題組《第一批異形詞整理表說明》,語文出版社,2002,5 頁。

② 同上注 21 頁。

③ 同上注 22 頁。

起草者對他們所整理的是詞語的書寫形式這一點,是有十分明確的認識的。既然如此,爲什麽要給所整理的對象加上"異形詞"這個名不副實的稱呼呢?爲了解答這個問題,必須追溯一下"異形詞"這個術語的歷史。

上世紀五六十年代進行的異體字整理和漢字簡化,基本上是以字爲本位的。這些漢字整理工作,在規範單音節詞的書寫形式方面是很有效的,但是對大部分多音節(包含雙音節)詞語的書寫形式却起不到規範作用。有鑒於這種情況,殷焕先先生寫了《談詞語書面形式的規範》一文,發表在《中國語文》1962 年第 6 期上,主張進一步"從詞語角度"來處理漢語書面形式的規範問題,"替'那末''那麽''那嗎'(連詞)、'歸根結蒂''歸根結柢''歸根結底'(常用語)等等訂個規範。"④這是很有見地的。但是此文主張加以規範的,不但有同一詞語的不同書寫形式,還有"胳臂""胳膊"之類"形異而音亦異"的同義詞語。⑤ 在上面的引文所舉的例子裏,"歸根結蒂"跟"歸根結柢/底"雖然總體意義相同,語音也十分相近,但由於"蒂"跟"柢(底)"音義不同,也只能當作同義語看待。⑥ 此文還討論到"隱隱約約"與"影影綽綽"、"爆竹"與"爆仗"等等,是否同一詞語的兩種形式的問題,而作者的意見似乎是傾向於肯定的。⑦ 這些都反映出作者未能很好地掌握語言和文字的界限,是此文的缺點。

到了 1966 年,《中國語文》第 1 期發表了高更生先生的《談異體詞整理》。在討論多音節詞語書寫形式的規範問題的早期論文裏,這應該是最重要的一篇。"異體詞"這個術語大概就是此文首先提出來的。不過此文發表後不久,"文革"就開始了,所以其影響要到 70 年代晚期以後才逐漸顯現出來。

爲了討論的方便,我們先把此文中表明作者主要觀點的話引録於下:

> 詞語的書面形式中有一種並存並用的現象(引者按:作者大概是爲了明確文義,在此用了兩個已被併入"并"的"並"字),如"交代"也寫作"交待","照相"也寫作"照像"。這類同音同義而異形的詞語可以叫做異體詞。
>
> ……
>
> 異體詞的整理不等於詞彙的規範。異體詞的整理是要消除同一個詞有幾

---

④ 《中國語文》1962 年 6 期,272 頁。

⑤ 同上注。

⑥ 《現代漢語詞典》"歸根結底"條説:"'底'也作柢。也説歸根結蒂。"(1966 年修訂第 3 版 472 頁)用"也作"和"也説"來區分不同的情況,是很正確的。

⑦ 《中國語文》1962 年 6 期 275 頁。

> 種書面形式的混亂現象,因此,它是屬於文字範圍以内的事情。……⑧

作者所説的"書面形式"顯然跟"書寫形式"同義。他明確指出,消除一個詞有幾種不同書寫形式的現象,是文字層面上的事,跟詞彙的規範是兩回事。這就避免了混淆語言現象和文字現象的毛病。⑨

但是,高先生把同一詞語的不同書寫形式定名爲"異體詞",則是不妥當的。前面已經説過,書寫形式屬於文字層面,詞則屬於語言層面。高先生在探討詞語書寫形式規範問題的實踐中,很好地區分了文字和語言這兩個層面;可是在創立術語的時候,却又把它們混淆了。

《談異體詞整理》一文中有這樣幾句話:

> 異體詞和異體字的整理都是文字上的整理……但是,異體字以字爲單位,而異體詞是以詞語爲單位的,因此,它們的整理原則又不能完全相同。⑩

高先生是不是由於詞語的不同書寫形式"是以詞語爲單位的",就把它們稱爲"異體詞",以與"異體字"相區别的呢?如果真是這樣,那顯然是不合適的。書寫形式其實就是文字。一個詞的書寫形式,就是在書面上表示這個詞的文字。高先生强調"異體詞整理是屬於文字範圍以内的事",又説"異體詞和異體字的整理都是文字上的整理",對這一事實當然是十分清楚的。即使從詞語的角度,也就是"以詞語爲單位"來看問題,這個事實也絲毫不會改變。我們怎麽能把那些作爲同一詞語的不同書寫形式的文字稱爲"異體"的"詞"呢?如果把它們稱爲"詞的異體",倒還説得過去。不過必須説明,這裏所説的異體不是一個詞在語言裏的變異之體,而是一個詞在書面上的不同形體。前一種意義的詞的異體未嘗不可以稱爲"異體詞",就跟字的異體可以稱爲"異體字"一樣。我們所説的詞的異體則絶對不能稱爲"異體詞"。對單音節詞來説,其異體是一些形體不同的單個的字;對多音節詞來説,則是一些彼此有差異的字組。總之,都是字而不是詞。

---

⑧ 《中國語文》1966年1期47頁。

⑨ 高先生的文章裏曾舉"表示説話絮叨的'luōsuo',就有'羅蘇、囉嗦、囉唆、魯蘇、嚕囌'等幾種寫法"的現象,作爲一個詞有幾種書面形式的例子(同上注)。但是實際上"魯蘇、嚕囌"讀 lūsu,跟"囉嗦、囉唆"同義不同音("羅蘇"少見,不知該如何讀)。我們也許可以在語言層面上把"嚕蘇"(用《現代漢語詞典》的字形)看作"啰唆"的方言變體。可是由於二者字面上的區别反映了語言中實際存在的區别,仍不能把它們看作同一個詞的不同書寫形式。這只是高先生文章中一個偶然的疏失,並不影響文章的觀點。

⑩ 《中國語文》1966年1期47頁。

但是,大概由於“同一個詞的不同書寫形式”之類説法比較囉唆,“一詞的異形”之類説法在一般人心目中也缺乏用作正式術語的資格;“異體詞”這個不合理的術語,在語文學界竟大受歡迎。只不過接受這一術語的人,多數把“異體”改成了同義的“異形”。據蘇新春等在2001年編成的《全國詞彙規範論文索引》,“1980年以來學術界共發表異形詞與異體詞方面的論文30多篇”。[11]《表》就是在這樣的背景下採用“異形詞”這個術語的。

“異體/形詞”這個術語的不合理,從使用這個術語的學者對它下的定義也可以清楚地看出來。我們可以回頭看一下高更生先生在上文所引的《談異體詞整理》的第一段裏所下的定義。在那裏,“交代——交待”、“照相——照像”這些同一詞語的不同書寫形式,被説成“同音同義而異形的詞語”。《表》對“異形詞”下的定義,内容跟高先生的基本相同,也已在前面引録。還有一篇談詞語書面形式規範問題的文章,是這樣爲“異體詞”下定義的:

> 意義、讀音完全相同,但書寫形體不同,如“ànyǔ”有“按語”“案語”兩種不同的形體……這種同一詞語的不同形體的詞,可以叫做異體詞。[12]

同一詞語的不同書寫形體,怎麽能説成“同一詞語的不同形體的詞”呢? 這種説法簡直是不可理解的。但是爲了使“異體詞”的“詞”字有著落,却不能不這樣説。高先生和《表》的定義,跟這一定義在實質上並無區别,只不過他們用“同音同義”代替了“同一詞語”而已。

高先生把“異體詞整理”嚴格限定在對同一詞語的不同書寫形式進行規範的範圍裏,《表》也是這樣做的。[13] 這是很值得稱贊的。但是有些學者則把語音相近或“十分相近”的同義詞語也包括在“異體/形詞”的範圍裏。[14] 有的學者甚至完全

---

⑪ 蘇新春《異形詞規範的三個基本性原則——評〈第一批異形詞整理表(草案)〉》,《廈門大學學報》哲社版2002年2期25頁注①,亦見《人大複印報刊資料·語言文字學》2002年7期85頁。

⑫ 蔣蔭楠《談現代漢語詞語書面形式的規範問題》,《南京大學學報》社科版1978年3期103頁。

⑬ 《表》所收的個别例子,如“訂婚——定婚”,究竟能否看作同一詞語的不同書寫形式,似尚可商榷。“訂”和“定”的古音不同,在現代很多方言裏也不同音。而且二者的用法似亦不完全相同。如在“他們兩家兒女是指腹定婚的”和“他們舉行了訂婚儀式”這兩句話裏,“定婚”和“訂婚”似乎就不能互易。《現代漢語詞典》已將“訂婚”和“定婚”看作同一詞語的不同書寫形式,或即《表》之所據。

⑭ 例如:張文甫《“陪着不是”和“賠着不是”——異形詞小議》一文説:“所謂異形詞,就是讀音相同或相近,意義相同,而詞形不同的詞。”(《中學語文教育》1979年4期29頁)孟慶章《異形詞規範的範圍》説:“異形詞指的是一組組意義用法完全相同,讀音相同或十分相近,而只是書寫形式不同的詞。”(《語文建設》1993年6期14頁)

撇開語音條件,認爲"所謂異形詞是指詞形不同而含義相同並在同一語言環境中可以换用的一組詞語"。⑮ 在這位學者所著的《異形詞彙編》中,既收了"答復、答覆"這類由於漢字簡化而造成的異形,也收了"導火綫、導火索"、"胸有成竹、成竹在胸"等等同義詞語,内容龐雜混亂。這些情况的出現,是跟"異體/形詞"這一術語的不合理有關的。

由"異體/形詞"還引出了其他一些不合理的説法。《表》在很大程度上是根據同一詞語的不同書寫形式的出現頻率,來選取推薦詞形的。由於不同的書寫形式被稱爲"異形詞",它們的出現頻率也被不合理地稱爲"詞頻"。⑯ 蘇新春先生有《異形詞規範的三個基本性原則——評〈第一批異形詞整理表(草案)〉》一文,發表在《廈門大學學報》上。這是一篇很有價值的文章。但是此文不但襲用了"異形詞"、"詞頻"等説法,而且在"429 組異形詞的構成情况"那一小節中,説了這樣一段話:

> 兩詞一組的有 429 組,三詞一組的有 31 組,四詞一組的有 4 組,共有詞語 893 詞。一組中的第一個詞爲正體詞,對後面的幾個詞本文分别以異形詞 A、異形詞 B、異形詞 C 稱之。⑰

詞的書寫形式被直截了當地稱作"詞",同一個詞的兩種不同書寫形式就是"兩詞",三種不同書寫形式就是"三詞",四種不同書寫形式就是"四詞"。而且還出現了與"異體詞"相對的"正體詞"。此外,還有學者在文章裏使用了仿"異形詞"而造的術語"異形成語"。⑱

《談異體詞整理》曾説"有的異體詞竟有四五種書面形式"。⑲ 單就這句話來看,"異體詞"似可理解爲"有不同書寫形式的詞"。然而即使在這一意義上使用"異體/形詞",也還是不合適的。按照漢語的習慣,"異體/形詞"應該跟"同形詞"相對,指跟别的詞不同形的詞。當然,由於不同的詞具有不同的形是正常現象,在實際語言中其使用機會是不多的。至於本身有不同書寫形式的詞,應該稱爲"多形

---

⑮ 朱炳昌《異形詞彙編》,語文出版社,1987,261 頁。

⑯ 異形詞研究課題組《第一批異形詞整理表説明》,語文出版社,2002,5、6 頁。

⑰ 蘇新春《異形詞規範的三個基本性原則——評〈第一批異形詞整理表(草案)〉》,《廈門大學學報》哲社版 2002 年 2 期 25 頁注①,亦見《人大複印報刊資料·語言文字學》2002 年 7 期 25—26 頁。

⑱ 汪惠迪《反唇相稽/反唇相譏》,《語文建設》2001 年 6 期 22 頁。

⑲ 《中國語文》1966 年 1 期 47 頁。

詞”。多形詞不能稱爲“異形詞”,猶如多國部隊不能稱爲“異國部隊”。也許會有人說,你說的多形詞往往只有兩形,但“多”却概括不了“兩”。其實在跟“單”、“一”相對的場合,人們早已在用“多”概括“兩”了。《現代漢語詞典》的“凡例”說:“本詞典所收條目分單字條目和多字條目。”⑳多字條目大多數是兩字條目。

周有光先生在《傳聲時代的語言——開放文談之二》裏說:“文字只能把同音詞寫成‘異形詞’,不能把同音詞寫成‘異音詞’。”㉑這裏的“異形詞”的用法,正是上文所說的符合漢語習慣的用法。不過在《表》發佈之後,周先生“從衆”,也以“異形詞”來指稱同一詞語的不同書寫形式了。㉒

從上面關於“異形詞”和“多形詞”的討論來看,過去發佈的《普通話異讀詞審音表》中所說的“異讀詞”,也以改作“多讀詞”爲宜。這裏的“讀”字其實也有問題。“讀”的“讀音”義是由其動詞義引申出來的,而“讀”的對象則是字而不是詞。可是如果把“多讀詞”改爲“多音詞”,又容易被誤解爲指多音節詞。所以“多讀詞”和“多音詞”都不是理想的術語,最好用别的說法來表達有關的意思。

衷心希望語文學界不要再使用不合乎語言習慣和語言學學理的術語。㉓“異形詞整理表”能不能改爲“詞語異形整理表”呢?“異讀詞審音表”能不能改爲“詞語異音審定表”呢?也許我的意見是不恰當的,歡迎大家批評指正。

原載《語言文字周報》2002年11月20日978號4版,又載《漢字規範百家談》(商務印書館,2004),今據後者收入。

⑳ 《現代漢語詞典》2頁。

㉑ 《中國教育報》1993年10月27日4版。

㉒ 周有光《異形詞的整理和漢語詞彙的歧異現象》,《語文建設通訊(香港)》70期1、2頁,2002年5月。有意思的是,這一期《語文建設通訊》還刊登了周先生的另一篇文章《漢語即將成爲世界第一語言嗎?》。在這篇文章裏有一句話,跟我們剛引過的《傳聲時代的語言——開放文談之二》的那句話基本相同(不同之處是句首的“文字”改成了“漢字”,“文字”後的“只”字被删去,兩個原來未加引號的“同音詞”都加了引號)。這就是說,在同一期刊物登載的周先生的兩篇文章裏,“異形詞”的用法是不一樣的(這兩篇文章裏的“異音詞”的用法也不一樣)。

㉓ 附帶說一下,不少學者爲了强調“分詞連寫”的重要性,把“正字法”改稱爲“正詞法”。這也是不妥當的。不管是按字書寫還是按詞書寫,都是文字層面上的事。漢語中的多音節詞決不會因爲漢字不分詞連寫而變爲單音節詞。在是否分詞連寫的問題上,我們要正的只是文字的書寫方式,而不是語言裏的詞。所以“正詞法”應該回改爲“正字法”。

用出土文字資料檢驗清儒在語文學方面的一些具體見解

我們所說的語文學,主要指文字、音韻、訓詁和古籍校讀之學。清儒的語文學,其總體水平大大超越前代。爲了更好地繼承這份遺産,必須對他們的成果作出恰如其分的評價。要做到這一點,就應該站在今天已經達到的語言學水平的高度,審視這些成果;並用20世紀以來,尤其是20世紀70年代以來所發現的大量地下文字資料,檢驗這些成果。我在這裏只想談談後一方面的問題;而且由於研究不深,只能舉出少量實例,以見一斑。全面的研究有待大家一起來做。

新出土的文字資料往往能證明,無緣看到這些資料的前代學者在語文學上的某些見解不能成立。例如殷墟甲骨文字就能證明,清代的《說文》學家關於字形和本義的不少說法不能成立。這種情況是大家所熟悉的,沒有必要在這裏多說。下面著重談談新出土的文字資料支持清儒在語文學上的具體見解的情況。

先來看看清儒校讀古書的幾個例子。

王念孫《讀書雜志》屢用理校法,即在並無其他版本可作根據、亦無見於他書的相同文句可作比較的情況下,僅據文理斷定傳本文字上的錯誤。他的這類意見,有些看起來似乎理由並不充分,但却爲出土文字資料所證實,下面舉《讀晏子春秋雜志》中的兩條爲例。

今本《晏子春秋·内篇諫下》第十八章有如下文字:

> 古者之爲宫室也,足以便生,不以爲奢侈也,故節于身,謂于民。

"謂于民"於義難通。王念孫說:

> ……"謂"當爲"調",形相似而誤也(《集韻》引《廣雅》:"訳,調也。"今本"調"作"謂")。"調"者,和也。言不爲奢侈以勞民,故節於身而和於民也。《鹽鐵論·遵道》篇曰"法令調於民而器械便於用",文義與此相似。後《問上》篇曰"舉事調乎天,籍斂和乎民",亦與此"調"字同義。

後來的學者多不同意王氏的意見而另立新説。洪頤煊《讀書叢録》、黄以周《晏子春秋校勘記》,都認爲這個"謂"字不誤,應從《爾雅・釋詁》訓爲"勤"。劉師培在《晏子春秋補釋》中,認爲"謂"是"爲"字之誤,當讀爲"化","此言爲君者躬行節儉,則人民從其化";在《晏子春秋斠補》中,又引《墨子・辭過》"故節於身誨於民"句作比較,認爲《晏子》"謂"字也應作"誨"。于省吾《雙劍誃諸子新證・晏子春秋新證》明斥王念孫爲誤,主張讀"謂"爲"惠"。吴則虞《晏子春秋集釋》在引録了上舉各家之説後,下斷語説:"作'誨'是。"肯定了劉氏《斠補》之説。①

1973 年出土的銀雀山竹書中的《晏子春秋》簡,正好有上引那一章,相應之文作:

> 夫古之爲宫室臺榭者,節於身而調於民,不以爲奢侈。②

證明王念孫完全正確,其他各家之説皆誤。

今本《内篇問上》第三章有如下之文:

> 今君好酒而辟,德無以安國。厚藉斂,意使令,無以和民。

"意使令"於義難通。王念孫説:

> 孫曰"意使令"者"任意使人"(引者案:"孫"指孫星衍,其説見附於《晏子春秋》經訓堂刊本之《晏子春秋音義》)。念孫案:"意"字文義不順。孫加"任"字以釋之,亦近於牽强。"意"疑是"急"字之誤。令急則民怨,故曰無以和民。

此説毫無佐證,頗難取信於人。好在銀雀山《晏子春秋》簡中也有此章,此句正作"急使令",證明王氏又是正確的。③

上舉二例反映了王氏的卓識,但如没有銀雀山竹簡出土,其卓識就很難被人充分認識。

再看段玉裁、王先謙校讀《詩・邶風・北風》的例子。

《北風》第一章:

> 北風其涼,雨雪其雱。惠而好我,攜手同行。……("惠而好我"句亦見第

---

① 吴則虞《晏子春秋集釋》上册,中華書局,1962,144 頁。各家之説見引於 143—144 頁注五。

② 銀雀山漢墓整理小組《銀雀山漢墓竹簡〔壹〕》,文物出版社,1985,91 頁。

③ 同上注 92 頁。

二、三章)

《毛傳》釋"惠"爲"愛",《鄭箋》釋"惠而好我"爲"性仁愛而又好我者"。王先謙《詩三家義集疏》說:

古"然""而"同字。"惠而好我",猶言惠然好我,與《終風》"惠然肯來"句例同。

1977年出土的阜陽雙古堆漢墓《詩經》簡中,有《邶風・北風》殘簡,"惠"下一字正作"然"。[④]"然""而"古韻不同部,王先謙說"古'然''而'同字"是不妥當的。但此二字在古漢語的某些語言環境中確可彼此换用。[⑤]王氏不從毛、鄭之說,認爲"惠而"即"惠然",與漢初《詩經》簡冥合,還是值得表揚的。不過馬瑞辰《毛詩傳箋通釋》實已指出"惠而猶惠然"。

《北風》第二章:

北風其喈,雨雪其霏。……

段玉裁說:"'霏',《說文》無此字,古當作'非',猶飛也。"[⑥]段氏因《說文》無"霏"字,就說古當作"非",似乎有些武斷。但是阜陽《詩經》簡《北風》殘簡中,此字確作"非",[⑦]使人歎服段氏之卓識。"霏霏"指雨雪等紛飛之貌。《漢書・揚雄傳・上》所載《河東賦》有"雲霏霏而來迎兮"之文,顔注:"霏,古霏字。霏霏,雲起貌。""非""飛"同音,"霏"應是由"飛"孳生的一個詞,所以段氏說"非""猶飛也"。

另一方面,由於新資料的出土,清儒在古書校讀方面的某些頗爲學者所信的說法,被證明爲並不可靠的情况,也是存在的。例如:王念孫認爲《漢書・食貨志・上》"農民户人已受田"句中的"户"字下脱"一"字。從鳳凰山十號漢墓所出"鄭里廩籍"稱户主爲"户人"來看,其說恐非。[⑧]段玉裁《說文解字注》,根據《九章算術》和《詩經》鄭箋,把《說文》"糓"字解說"米一斛舂爲八斗"的"八"字改爲"九","糳"字解說"糲米一斛舂爲九斗"的"九"字改爲"八"。但是睡虎地秦墓所出《秦律・倉律》中關於由粟舂米的折合比例的條文,却與上引《說文》解說的原文相符,

④ 胡平生、韓自强《阜陽漢簡〈詩經〉研究》,上海古籍出版社,1988,54頁。
⑤ 參看上注所引書55頁。
⑥ 《段大令所訂毛詩故訓傳》案語,《皇清經解》卷二百零二・十頁下。
⑦ 同注④55頁。
⑧ 參看拙文《考古發現的秦漢文字資料對於校讀古籍的重要性》,拙著《古代文史研究新探》,江蘇古籍出版社,1992,27頁。

可見段氏擅改原文不一定妥當。[9] 這兩個例子在我的舊文中已較詳細地討論過,這裏就不細說了。【編按:關於此問題,參看本卷 360—361 頁"《十講》編按"。】

清儒關於字形的說法,有不少被新出土的文字資料證明爲不可信。但是也有一些這方面的見解,得到了新出文字資料的支持。下面舉段玉裁的兩個例子。

《說文·十四上·矛部》:

> 矜,矛柄也。从矛,今聲。

段玉裁《說文解字注》改"矜"字篆文的"今"旁爲"令"旁,改解說中的"今聲"爲"令聲",注曰:

> 各本篆作"矜",解云"今聲"。今依漢《石經·論語》、《溧水校官碑》、魏《受禪表》皆作"矜"正之。《毛詩》與"天""臻""民""旬""填"等字韻,讀如"鄰",古音也。漢韋玄成《戒子孫詩》始韻"心"。晉張華《女史箴》、潘岳《哀永逝文》始入蒸韻。……今音之大變於古也。矛柄之字改而爲"殣",云古作"矜",他義字亦皆作"矜",从"今"聲,又古今字形之大變也。

元周伯琦《六書正譌》就曾改"矜"爲"矝",但未受人重視。段說有理有據,影響較大。不過他所舉的字形的證據,出自東漢晚期和曹魏的碑刻,時代晚於《說文》,不免啓人疑竇。徐承慶《說文解字段注匡謬》和鈕樹玉《段氏說文注訂》,就都指責段氏"以隸正篆"。

在上世紀 70 年代以來出土的文字資料裏,時代不晚於西漢早期的馬王堆帛書和西漢前期的銀雀山竹書等,都把"矜"字寫作从"令"。[10] 1993 年郭店楚墓出土的《老子》簡甲組,把"果而弗(今本作勿)矜"的"矜"寫作从"矛"从"命"。[11] "命""令"二字在古文字中通用。段氏"矜"本从"令"之說已完全證實。宋代發現的戰國時代秦國的《詛楚文》,也將"矜"字寫作从"令",[12]但段氏似乎沒有注意到。

---

[9] 參看上注所引文 19—20 頁。

[10] 參看拙文《〈墨經〉"佴""誚""廉""令"四條校釋》,北京大學中國傳統文化研究中心《國學研究》第三卷,北京大學出版社,1995,265 頁。廣西貴縣羅泊灣漢初墓出土木牘"矜"字亦从"令",參看蔣冀騁《說文段注改篆評議》,湖北教育出版社,1993,106 頁。

[11] 荆門市博物館《郭店楚墓竹簡》圖版 3 頁、釋文 111 頁,文物出版社,1998。

[12] 《詛楚文》只有摹刻本流傳,《郭沫若全集·考古編》第九卷(科學出版社,1982)所附"中吳本《詛楚文》"是最近真的一種,"矜"字見此書 319、325、330 諸頁。較差的摹刻本將"矛"旁摹得像"子"旁。"中吳本"有周伯琦《詛楚文音釋》,已將此字釋爲"矜"。這與周氏《六書正譌》改"矜"篆爲"矝"是相互聯繫的。

《説文·三上·収部》:

> ,舉也。从収,由聲。《春秋傳》曰"晉人或以廣墜,楚人弅(引者案:今本《左傳·宣公十二年》作"惎")之"。……杜林以爲騏驎字。

小徐本此字篆文作,"由聲"作"𠙹聲"。徐鍇注文並指出"𠙹音菑"(引者案:《説文·十二下·甾部》"甾"字篆文作𠙹,古文作𠙹,鍇用古文字形)。《段注》改大徐本篆爲,改"由(段所據本似作"由")聲"爲"𠙹聲",但未引小徐本。

《説文·十三上·糸部》有用上舉之字爲聲旁之字:

> ,帛蒼艾色。从糸,畀聲。《詩》"縞衣綥(引者案:今本《詩·鄭風·出其東門》作"綦")巾",未嫁女所服。一曰不借綥。綦,綥或从其(引者按:大徐本書末所列、據《説文》"注義及序例、偏旁"而增於諸部之十九字中有"綦"字,則此或體爲大徐所增。但小徐本亦有此或體)。

小徐本此字篆形及説解都與大徐本同。《段注》改此字篆文爲,改"畀聲"爲"弅聲",注曰:

> 弅,各本作畀,併篆體作綼,今正。此用《収部》之"弅"爲聲,非用《丌部》之"畀"爲聲也。《収部》之"弅"从𠙹缶之"𠙹"爲聲,非"由",非鬼頭之"甶"也。"𠙹"在古音弟一部,"甶"在古音弟十五部,此不可或紊者也。"其"亦古音弟一部也,故"綼"字亦作"綦"。

睡虎地秦墓所出《爲吏之道》中,有借爲"棋"的弅字。⑬ 同篇中可能借爲"忌"的"綦"字⑭以及同墓所出《封診式》中"綦履"的"綦"字,⑮其"糸"旁上方的聲旁,都不作"其"而作"弅",寫法與《爲吏之道》的"弅"字相同。⑯ 可見上引段氏的意見是正確的。漢印"綦"字聲旁有寫作的,⑰仍是"弅"而不是"其"("其"的下部从"丌"),"田"應看作"𠙹"的省變之體。

---

⑬ 《睡虎地秦墓竹簡》圖版 81 頁 1 號簡第五段,釋文 174 頁注二,文物出版社,1990。

⑭ 同上圖版 83 頁 36 號簡第貳段,釋文 169 頁、170 頁注二。

⑮ 同上圖版 73 頁 59 號簡、75 頁 78 號簡。後一簡"綦"字兩見。

⑯ 由於《睡虎地秦墓竹簡》的圖版不够清晰,張守中《睡虎地秦簡文字編》(文物出版社,1994)196 頁"綦"字條(此條楷書字頭誤作"基")所摹字形不精確。但仔細審辨原書圖版,仍可看出諸"綦"字上部聲旁寫法與"弅"一致。

⑰ 羅福頤《漢印文字徵》13·4 上,文物出版社,1978。

通過上述幾個例子就能清楚地看到,評價清儒語文學成就時,必須重視出土文字資料。

本文是書面提交給2002年12月在香港大學中文系召開的“明清江南:地域主體與歷史轉折國際學術研討會”的論文,後因故未收入會議論文集,今據作者手稿收入。

談談進行古代語文的學習和研究的一些經驗教訓

——基礎要扎實些,考慮要全面些

一、關於打基礎

要學習研究古漢語,首先要能夠掌握記錄漢語的文字的形、音、義。當然,這裏指的是一般古書的文字。如果研究商代漢語,那就要看甲骨文、金文,這是進一步的事情。有一些字的音義至今誰也搞不清楚,但是一般的字要爭取掌握好。要掌握漢字並不簡單,不能掉以輕心。漢字是很難掌握的一種文字。過去有一種論調說漢字落後,沒有形成拼音文字是因爲封建社會長期停滯。這種說法現在大家都不相信了。應該說漢字是適合漢語的。到目前爲止,漢語這樣的語言,恐怕只有漢字這樣的文字體系才能相適應。我們應當承認,漢語的特點決定了漢字的形式,漢字確實比較難掌握。那麼我們就應該尊重這個事實,戰戰兢兢、認認真真地來學習。

首先講講字形。要打好基礎,第一步就是要辨明字形。我先舉自己在字形方面犯過的錯誤。例如"棄"字,從甲骨文看就是兩隻手用簸箕把孩子扔掉。這有古代民俗的背景在裏面。"棄"字這樣寫是正確的,但是在很長一段時間裏我却寫成這樣一個字形:"弃",把中間部分錯寫成世界的"世"。又如"偶爾"這個詞,我在很長一段時間裏寫成"偶而",甚至在我的《文字學概要》裏面也有痕跡,看校樣時已經改過了,但還有個別地方沒有改掉。

社會上也好,學術界也好,認錯、寫錯漢字的情況相當嚴重,這裏只能舉少數例子。"宧"(yí)本義是屋子的東北角,跟"宦"字形近。"宀"表示房子,"宦"本來表示到別人家裏當臣僕。這兩個字沒有什麼關係,但是因爲形近而容易互訛。明代有個學者兼文學家,叫趙宧光,常被寫成"趙宦光"。他在明代是爲數不多的研究

《說文》的學者,有一部著作叫《說文長箋》。有些講文字學的書就要提到他。照理說文字學的書不應該有錯字,但有些書還是印成了"趙宧光"。"宧"錯成"宦"還容易理解,因爲"宧"字太偏僻,後來不用了。但是70年代以後有一個現象,"宦"字印出來變成"宧"字,這就奇怪了。有一位外交家宦鄉,過世的時候《光明日報》上登出來就變成"宧鄉"了。我現在看到有些書,"官宦人家"之類也印成"官宧人家"。這說明現在很多人"宧"字不認識,"宦"字也不認識。

下面幾個例子或許更典型一點。清代有個大官,大概是嘉道年間人,較早提倡宋詩,在文學史上有一定地位,所以在《中國大百科全書》裏有他的條目,他叫祁寯(jùn)藻,《大百科全書》裏却印成"祁雟(xi)藻"。"雋"本來从"隹"从"弓"轉個角度。這個字形比較少見,一般就寫成"隽"。簡化字還把"攜"寫成"携","雟"、"隽"在偏旁裏混同了。《大百科全書》是否是排印錯誤呢?不是,因爲它後面還注了音xi。另外還有把"寯"寫成"寯"的,从"穴"也是不對的。漢字簡化以前就有把兩個字形混淆的,因爲"雟"太難寫。

清代阮元主編的《經籍籑詁》,"籑"字,从"食""算"聲。《說文》:"籑,具食也。"字亦作"饌",意思就是把食物等陳列出來,引伸爲編撰的意思。好多小學家都講,"撰"是後起字。《漢書·刑法志》"删定律令,籑二百章","籑"就應讀爲"撰"。但是我們可以看到,很多人錯寫成《經籍纂詁》,包括研究小學的學者,這就很不應該了。

"閒",原來象從門縫裏看到月亮,表示有空間、間隙。空間引申爲時間上有空,意爲空閑,所以"閒"既讀jiān又讀xián。後來怕混淆,就用从"日"的"間"來表示空間、時間的"間",假借防閑的"閑"來表示空閑。現在就麻煩了,稍微古一點的書用"閒"就不知道該讀xián、jiān、jiàn哪一個音了。我舉本很有名的書,孫詒讓的《墨子閒(jiàn)詁》。很多資料,包括中華書局的介紹,都印成《墨子閑詁》,好像孫詒讓沒事做了就注《墨子》搞點訓詁消閑。孫詒讓用"閒詁"是有來歷的,漢代許慎給《淮南子》做過注,就叫《鴻烈閒詁》("鴻烈"是《淮南子》内篇之名)。按照孫詒讓的《序》,這是讀書得閒的"閒",即書本中的一些問題,提出來解決。一些地名人名中的"閒(jiān)"也被錯成"閑"。松江有個比較雅的古稱"雲閒",有些書裏就錯成"雲閑"。《史記·貨殖列傳》有個人叫"刀(刁)閒",有些書也印成"刀閑"。

有些大學問家有時也會把字認錯。先說"歺"跟"歹"的相混。《說文》裏說"歺"象殘骨,說實話我們研究古文字的人也看不出來如何象殘骨,這個說法未必對。但是从"歺"的字確有與傷殘、死亡有關的意思,比如"死",字就从"人"从

“歺”。“歺”在偏旁裏多數變爲“歹”形，好歹的“歹”現在和“歺”的“歹”形寫法一樣了。據徐復先生研究，“好歹”的“歹”這個詞是從蒙古語裏傳過來的。最早是借用一個藏文字母表示的，發 da 這樣的音，本作“”，變爲“歹”、“歹”。一直到《康熙字典》，好歹的“歹”，字頭仍作“歹”，與“歺（歹）”是兩個字。梁啓超的《從發音上研究中國文字之源》把“殘”的形旁“歹（歺）”的聲母注爲 d，顯然認爲是好歹的“歹”。沈兼士《右文說在訓詁學上之沿革及其推闡》批評說：“至於殘字從歹，篆作，音蘖（ŋ-），梁氏以爲從蒙古文歹字（d），大誤。”①歺（è）讀爲 niè 也是可以的，因爲是疑母字。

郭沫若是古文字學大家，他的早期古文字著作都是用他手寫的清稿影印的，我們也能看到他寫的錯別字，而且不是一兩個。他的金文著作裏把“冢”寫成“冡”；假借的“叚（假）”，右邊的偏旁寫成“殳”；《石鼓文研究》裏“沔水”的“沔”右邊寫成“丏”。

簡化字推行後引起了新的麻煩，如“詞彙”的寫法就是例子。簡化字把“匯”、“彙”、“滙”簡化成一個字形“汇”。“匯”一般用爲會合的意思。“彙”照《說文》的說法和“刺蝟”的“蝟”是一個字，未必對，但按古代韻書確應讀 wèi。古書中訓“彙”爲“類”，有按類別彙集的意思，所以一般編纂類書等都稱“彙編”，但也有例外，比如張相的《詩詞曲語詞匯釋》就用“匯”。簡化之後，再要寫繁體就不知道該寫哪個字形。產生問題最明顯的就是“詞彙”。當然，“詞彙”是較晚出的詞，有了近代語言學後才有這個詞。漢字簡化之前都寫成“詞彙”，沒有寫成“詞匯”的。比較有意思的是沒有進行漢字簡化的地方如香港的刊物上，“詞彙”、“詞匯”兩種寫法都有。有次我碰到一個臺灣學語言學的青年，他還以爲這兩種寫法有不同含義，“詞彙”指一個一個的詞，“詞匯”指整體。

再舉個例子。浙江有“天台山”、“台州”，讀 tāi，繁體字本作“台”，“臺”沒有 tāi 這個讀音。現在把簡化字復原的時候變成“臺”，這就很荒謬了，本來是兩個字嘛。有意思的是臺灣的有些地圖也寫成“臺州”，不用簡化字的地方也搞錯了，誤以爲寫“台州”是用簡化字。

總之，漢字的這些問題相當麻煩，我們中文系的學生一定要掌握這些，要學習研究古漢語更應該掌握。我過去寫錯別字，現在可能也還寫錯別字，自己不知道而已。像梁啓超、郭沫若這樣的大學者也寫錯別字。王國維在考釋毛公鼎的文章裏

① 收入《沈兼士學術文集》，中華書局，1986，116 頁。

也有把《說文解字》裏的兩個字誤混的情況。“惷”的聲旁是“春”,意爲蠢動;“惷”的聲旁是“春”,意爲愚蠢。“春”本作“旾”。毛公鼎裏有一個“惷”字,一般釋爲“惷”,是對的,但王國維隸定成“态”,讀爲訓“作”、訓“動”的“蠢”。我這樣說,有同學會想,學問那麽大的人也寫錯别字,那麽我們寫幾個錯别字有什麽關係? 要是造成這樣的結果就是我的不好了。我的意思是說:真正掌握漢字是很不容易的,大學者都會出問題,我們必須加倍提高警惕,少犯錯誤。

接着談談字義,主要是談字、詞的古義。古今詞義變化的問題很多書都講到,王力主編的《古代漢語》對此就很重視。比如走路的“走”,在古代是疾走、小跑的意思。又如“湯”古代指熱水、開水。這些好像大家都知道,但事實上有許多看似普通的古書詞義很多人並沒有掌握,包括編古漢語詞典的學者。如“金”,《辭源》等以“黄金”爲第一義,又有“金屬通稱”義,而無“銅”義。但我們知道古書中如《左傳》、《周禮・考工記》中“金”就是指“銅”或者“青銅”,黄金稱“金”是較晚的。《辭源》“金石”條:“③金銀、玉石之屬,常以喻堅固、堅貞。《荀子・勸學》:‘鍥而不舍,金石可鏤。’……”。這顯然是錯誤的。喻堅固、堅貞的“金”當然指硬度較高的金屬,金銀都是硬度不高的,這裏的“金”顯然指古代常見的銅。

“牒”字在《辭源》中的義項有:①書札 ②授官之簿録 ③訟辭 ④譜牒,唯獨沒有基本義“簡札”。《說文》:“簡,牒也。”“牒,札也。”“札,牒也。”《辭源》“書札”條的釋義是“書信、信札”。“牒”字“書札”項的引例是《左傳・昭公二十五年》“右師不敢對,受牒而出”,此“牒”字指記有各諸侯國應爲周王輸粟、出戍人的數字的簡牒(參看《左傳正義》),釋爲“書札”是錯的。在漢代,寫有文書、文件的簡札多稱“牒”,故引伸指文書、文件。《辭源》說“牒”可當“訟辭”講,所引古書用例中的“訊牒”、“訟牒”,都是“牒”跟前面的詞連用才表示“訟辭”,“牒”本身沒有此義。又如譜牒,一般也不能只稱“牒”,家譜沒有叫“家牒”的。作爲一本古漢語詞典,犯以上的錯誤是很不應該的。不過我要申明:這不是說我比《辭源》高明,但編《辭源》的人很多,水平不一,不能完全被他們牽着鼻子走。我經常翻《辭源》,一個人的知識是有限的,我所知道的東西跟《辭源》比起來是微乎其微的,但是《辭源》有錯誤要指出來。

鎖,現在一般就理解爲開鎖的鎖,但最早鎖是鏈條的意思,現在還說鎖鏈、枷鎖,用的是古義。有一位很有名的學者,他有一篇文章用實物來解釋古代的鎖,指的是鑰匙開的鎖,他引古書就不知古今義不同:“《三輔黄圖》:‘飛燕命佽飛之士,以金鎖攬雲舟於波上’,金鎖蓋銅鎖。能鎖舟於水上,其鎖必大。……《漢書・王莽傳》下:‘鐵鎖琅當其頸’,師古曰:‘琅當,長鎖也’,此刑具之鎖亦必長大。”“金鎖”是銅鏈,“長鎖”很明顯指長的鐵鏈,他都誤認爲後來的鎖。

詭,現在都用於貶義,古代其實是中性的。搞古代思想史的人,往往古漢語並不怎麽通。《論衡·卜筮》:“魯將伐越,筮之,得‘鼎折足’。子貢占之以爲凶……孔子占之以爲吉,曰:‘越人水居,行用舟不用足。故謂之吉。’魯伐越,果克之。……周多子貢直占之知,寡若孔子詭論之材,故覩非常之兆,不能審也。”有一種《中國哲學史》講王充思想時説:“他指出卜筮完全是人根據自己的主觀願望祈求福佑,關於占卜吉凶,全係人們隨意解釋。如像同爲一件事,子貢占卜得凶,而孔子占卜得吉。乃是因爲孔子較子貢有詭論之材。”作者認爲孔子會詭辯,一方面是不理解“詭”字的含義,一方面也是没有全面地去看《論衡》。《論衡》雖然有《問孔》篇,但王充其實是對孔子很尊敬的。另外王充是個命定論者,他認爲没有必要卜筮,但是並不認爲卜筮没有吉凶,他認爲吉人去占卜一定得到吉兆,凶人占卜一定得到凶兆。詭原爲中性詞,有時還用於褒義。《論衡》本書《吉驗》篇:“堯體就之如日,望之若雲……有殊奇之骨,故有詭異之驗。”這個詭異就是與衆不同的意思。同書《講瑞》:“然則鳳皇、騏驎,都與鳥獸同一類,體色詭耳,安得異種。”這個“詭耳”就是“異耳”,表示不同。《卜筮》篇説孔子有“詭論之材”是贊美孔子。

下面談談字音。講古音必須明字形。有的古音手册把“冏”、“冋”都歸入耕部。“冋”和从“冋”的“炯”、“迥”等都歸耕部没問題,但是“冏”應該歸陽部,反切也和“冋”不同,光明的“明”原來就从“冏”。又如餓殍的“殍”,有的手册就把它放在幽部,認爲从“孚”,“孚”在幽部。但其實“殍”字原來寫作“殍”,右邊从上下兩隻手,“𠬪”字《説文解字》有,通“摽”biào,是宵部字。因爲“𠬪”、“孚”字形讀音相近,所以“殍”被寫成“殍”。“餓殍”之“殍”,較早用“莩”字表示,“莩”字後來也變作“莩”,跟“葭莩”之“莩”本非一字。

《辭海》、《辭源》注音錯誤很多,絶大部分是因爲訓詁上面的問題,因爲音和義是配合的,有時候不注意音義關係就注錯音了。舉兩個例子。怵,恐懼的意思,反切是丑律切,chù;另有利誘的意思,辛聿切,xù。但這兩種“怵”《辭海》都注爲chù。又如《辭源》:唬 xià,①虎吼 ②哭號。其實第二個意思的“唬”就是“號”的異體,應讀爲 háo,《辭源》把它們都歸爲 xià,是不對的。不注意字形、訓詁,字音也就容易讀錯。

以上所説是最基礎的問題,字形、字音、字義,掌握起來其實也不是太難的,只要態度認真,勤於查書,並不憚向師友請教,大部分問題都是可以解決的,但是稍一疏忽就會出錯誤。

二、關於全面考慮

學習、研究古漢語,不能像鐵路巡警各管一段。我們進行研究當然要有斷代的功夫,但是更要有全局的觀念,要照顧到以前和以後的情況。

《魏晉南北朝詞語例釋》:"繽紛,糾纏扭鬬貌。"作者看到魏晉南北朝資料裏"繽紛"往往有這樣的意思,指出當然是好的,但是却沒有略爲向前追溯一下。《説文·三下·鬥部》:"鬭(bīn),鬬也。从鬥,賓省聲。""鬩(fēn),鬬連結鬭紛相牽也。从鬥,燹聲。""鬭紛"就是"繽紛"。可見"繽紛"的這種用法至晚在漢代就已存在。作者沒有"上掛"。

下面是我自己的一個例子,由於沒有"下連",犯了錯誤,問題更嚴重。我的《論衡札記》"(19)拔訛作投:《知實》:'塗有狂夫,投刃而候。澤有猛虎,厲牙而望。知見之者,不敢前進。'按:'投刃'無義,當爲'拔刃'之誤。《異虚》:'衛獻公太子……投殿將死,其御止之,不能禁,遂伏劍而死。''投殿'本當作'拔劍',拔字因形近訛作'投',與此同例。"(收入《古代文史研究新探》時加編按:"拔刃"爲古代常語。《漢書·酷吏·嚴延年傳》:"道路張弓拔刃,然後敢行。")②"投刃"講不通,"投"和"拔"字形很相近,古書又有"拔刃"的説法,那麽我認爲"投刃"就是"拔刃"之誤,好像理由很充足,但後來看到劉百順《魏晉南北朝史書詞語札記》③有一條"投刀、投戈、投斤",舉魏晉以下古書中此類用例頗多,謂此種"投"字當解作"揮",並明確指出《論衡》"投刃"亦屬此類。我覺得他是對的。《論衡》後面説老虎利牙是很積極的動作,"投刃"解爲揮刃正相符合,如果僅僅拔刃就太消極了。"道路張弓拔刃"是防備性的。我的説法是所謂"以不誤爲誤",沒有注意到稍晚的資料。所以一定要前後兼顧、上下貫通。

以前關於使動、意動的問題有錯誤的觀點,70 年代以前一直認爲是一種修辭手段,使文字簡練。我在 70 年代末一篇講甲骨文的短文④裏指出這是不對的,因爲他們沒有注意到甲骨文的情況。我們現在所掌握的,靠得住的,又是比較豐富成系

---

② 裘錫圭《古代文史研究新探》,江蘇古籍出版社,1992,114、115 頁。

③ 陝西師範大學出版社,1993。

④ 裘錫圭《殷虚甲骨文研究概説》,《中學語文教學》1979 年 6 期。收入裘錫圭《古文字論集》(篇名改爲《殷墟甲骨文研究概況》),中華書局,1992,343—349 頁。

統的語料,最早就是商代後期的甲骨文。甲骨文裏看不到“使某人做某事”的説法和“以……爲……”的結構,但是後來人解釋爲使動、意動的格式是有的。50 年代陳夢家就指出過,甲骨文中有“王吉兹卜”,就是王認爲這一卜是吉利的。甲骨文中使動的例子,我的那篇文章也已經舉出,此處從略。古漢語中並非先有“使……”、“以……”的結構再有使動、意動,而是原本就存在使動、意動,後來爲了表意明確才用“使……”、“以……”的結構。過去講使動、意動没有“上掛”,所以出問題。

上下貫通是一方面,另一方面又須注意不要受表面相似的現象迷惑。如甲骨卜辭中的“出于”:“丁巳卜,穷貞:王出于𩫖。貞:王勿出于𩫖。”“貞:于庚申出于𩫖。”⑤表面上一看,很像我們熟悉的“青出於藍”的“出於”,就是“從……出來”。但其實只是表面一樣。再看一條:“壬辰卜,亘貞:王往出于𩫖。”⑥這條我覺得能説明問題,按照我們解釋“青出於藍”的辦法來解釋,應是“王去從𩫖出來”,這話就不通,其實“出于𩫖”就是王出去到𩫖的意思。所以“出于”就是“出到”,關鍵在“于”的訓釋,古書裏“于”是可以訓“往”的。甲骨文的“出于”跟後來的“出於”不同。

另外我們對於語言資料的性質要有正確認識。下面舉的例子就是對語料性質認識不明確,造成最後結論也有問題。有一篇《殷墟甲骨文代詞系統研究》,討論了殷代有無疑問代詞的問題。作者説:“在殷代甲骨文裏,未見疑問代詞;在殷代金文中亦然。這就給我們提出一個問題:是殷代語言中已有疑問代詞而這種語料至今還未發現呢,還是殷代語言中根本就没有疑問代詞呢? 我個人傾向於後者。根據如下:其一、已發現的殷代語言原始資料已有一定數量了,應該有疑問代詞出現的機會。其二、殷商時代已有‘替代’疑問代詞的語言手段。我們知道,卜辭中的貞辭往往都是問句。……卜辭中有沒有特指問句? 按着一般人的想像,既然没有疑問代詞,就一定不會有特指問。然而事實並非如此,在卜辭裏相當於特指問的問句是有的。例如:‘自示壬至毓,有大雨? 自大乙至毓,有大雨?’(懷 1369)‘庚申卜:唯河害禾? 庚申卜:唯夒害禾?’(合 33337)‘叀辛丑酒? 叀辛亥酒?’(明續 1686)。……這樣看來,殷代語言中雖然没有疑問代詞,但是也可以表達特指問。”他認爲殷代没有疑問代詞,我覺得就是没有很好地認識甲骨卜辭的性質。

作者認爲商代語料很多,但還是没有出現疑問代詞,而有特指問,所以當時没

---

⑤ 《合》7942。

⑥ 《合》7941。

有疑問代詞。這是有問題的。已著錄的甲骨卜辭大概有六萬片左右,平均每片十個字,就有六十萬字,語料也不算少,一般常用詞彙都有,但是說因爲甲骨卜辭没有疑問代詞,所以殷代語言没有疑問代詞,則是不對的。因爲甲骨卜辭基本上是爲了想知道一件事是吉還是凶而提出來的,不宜用疑問代詞。例如有一件事要人做,可以派的選擇對象有幾個,到底讓哪個去好呢? 其卜辭不可能用疑問代詞,只能用特指問,因爲甲骨没有靈驗到能直接告訴你派哪個去最好,甲骨只能回答派某個人好不好,占卜的人只能一個一個問,這是很明白的道理。商代金文的數量少得多,而且金文大都是爲了紀念某事而鑄在銅器上的,很少會有疑問句。所以他的論證可以說是没有道理的。關鍵就在於對語料性質没有充分考慮。

我剛才談了那麽多,不希望有副作用,大家不要認爲要求太高,望而生畏。我只是想提醒大家注意這些問題。打基礎要慢慢來。我們不是特别聰明的人。當然確實有特别聰明的人,像梁啓超,他的《飲冰室合集》字數非常多,他壽命不長但是做了許多事,還能寫那麽多東西,如果要我們來寫,不加考慮一天到晚地寫也寫不出來。有些人的確天分比我們高,記性比我們好,所以工作效率能那麽高。我們是一般的人,就我的經驗,真正記住一個字,翻字典不知要翻多少次。不要怕麻煩,就是一點點積累。通過學習研究不斷積累,才能夠深入,才能解決問題。過去學者的基礎一般比我們好。但他們需要讀的書也比我們少,讀書的時間也往往比我們多。像章黄學派,他們的觀點我不盡同意,但是他們讀書確實很扎實。根據黄侃等人的日記記載,他們對於一些基礎的大書都是讀過好幾遍的,基礎非常扎實。但現在這樣要求是不切實際的,比如研究古文字要求《説文解字》或者《段注》先讀一兩遍,這樣往往事倍功半。我可以坦白地説,我搞古文字學,到現在還没有把《説文解字》一個字一個字地讀一遍,我是先對《説文》有一個大概的瞭解,然後在對古漢語、古文字的學習研究中不斷參考,逐漸熟悉的。當然,這不足爲訓,不能作爲一個好經驗介紹給大家。我只是要大家不要對打基礎望而生畏。

今天研究古漢語還要充分發揮現代的優勢,如果方法和材料還和段玉裁、王念孫、章太炎、黄侃一樣,那一輩子也追不上他們。他們功夫深,人又聰明,完全按照他們的路子追,是斷斷趕不上的。我們今天之所以能糾正許多他們的錯誤、知道他們所不知道的東西,就是靠着我們特有的條件。首先就是新資料,特别是出土資料。另一方面就是靠工具書,靠電腦,運用逐字索引、電腦檢索資料。此外,還有新觀點、新方法。所以我們不必悲觀。

我在前面强調打基礎和上下貫通等等,是爲了要大家頭腦裏有這些問題,知道深淺,提高警惕,這樣才能學得好。我常常喜歡打一個比喻,我們這一代的學術修養沒有辦法和段、王、章、黄等前人相比,但我們還知道學問道路上哪裏有坑,想法繞過去,實在繞不過去就鋪一塊板再走過去。有好些年輕人經驗不足,已經掉在坑裏了還自我感覺良好,那就慘了。我就是告訴你們路上有很多坑,具體有哪些坑就要各位自己去摸索了。

本文是作者 2004 年 11 月 30 日在復旦大學演講的錄音整理稿,原由潘佳整理,發表於《雅言》2005 年第 40 期。後經葛亮修改、作者審訂,發表在復旦大學出土文獻與古文字研究中心網站上(2008 年 6 月 8 日)。今據網站發表者收入。

關於《規範字表》的一些想法

我覺得首先需要明確一點：以現有的人力和時間的條件，不可能制定出一個充分合理的“一勞永逸”的《規範字表》。而且由於大陸和港澳臺使用的漢字的統一，尚未出現現實的可能性，目前也不是制定這樣一個字表的合適時機。既然如此，就像朱德熙先生在二十多年前說過的那樣，我們在漢字規範方面，必須十分慎重，儘量少作變動。能不改就不改。我認爲最好把字表分成兩部分，一部分是簡化字表、通用字表中的字。在這部分，除了對已有的各種有關規定彼此有矛盾的問題妥善加以解決之外，一概不作變動。這當然不是說以后條件成熟時也不能變動，但目前以不動爲宜。

簡化字總表、通用字表未收的新增字，最好以“推薦字表”的形式出現，選擇過去（主要指漢字簡化前）最常用的一種字形（適當考慮港澳臺現在通行的字形），作爲推薦字形。嚴格避免按照偏旁類推等辦法造出過去的出版物中從未實際使用過的字形（《漢語大字典》、《中華字海》等的字形不能用作根據）。我們不可能使收入規範字表的字的偏旁字形統一，實際上簡化字的偏旁字形就不統一（如从盧旁的字有从户从卢兩種寫法等）。

在規範字表的前言中，要把調子放低，說明此表是在出版物和電腦使用的漢字量越來越大的情況下，爲了使簡化字表、通用字表之外的漢字字形有一個可以遵循的標準而制定的。

簡化中的同音通用和一對多現象，素爲學者們及使用繁體字的人們所詬病。在越來越使用得頻繁的繁簡轉化中，一對多帶來了很多麻煩。但是這個問題需要通盤解決，也許只有在大陸和港澳臺使用的漢字統一時才能解決。小打小鬧沒有意義，如選擇的例子不够合適，如以前的“象”“像”分用，反而會招致批評。因此在這方面目前也只能採取儘量不加變動的方針。

異體字是一個很複雜的問題，提法要妥當，可避免的麻煩儘量避免，千萬不要“自找麻煩”。

本文是2006年6月《規範漢字表》專家委員會成立會的書面發言，今據以收入。

《論衡》札記

《論衡》一書向乏善本,文字訛誤衍脱之處甚衆,雖經孫詒讓、孫人和、吴承仕、黄暉、劉盼遂等家校正,賸義猶多。1974年讀《論衡》時曾寫成校正文字之札記七十餘條,今抄出發表,以求正於世之讀是書者。

札記分誤字、脱字、衍文、誤讀重文、字序錯亂等五類。通用字與音近誤字之界限,有時甚難劃分,故與通用字有關之例皆附入誤字類中。誤讀重文之例僅一條,本可歸入字序錯亂類中,以其情況較特殊,故獨立爲一類以引起注意。札記中所引"校釋"即黄暉《論衡校釋》,所引"集解"即劉盼遂《論衡集解》。

一、誤　字

(一) 形近誤字

(1) 緇訛作繒

《累害》:"以塗搏泥,以黑點繒,孰有知之? 清受塵,白取垢,青蠅所汙,常在練素。"

按:"以黑點繒"句黑字,朱宗萊據《初學記》引文謂當作墨(見校釋),似可從。繒非必黑色,若以墨污素繒,豈容不知? 繒蓋是緇之誤字。武威所出《儀禮》簡緇字偏旁作甾(《武威漢簡》甲本服傳第12、53等簡),漢碑甾字作由(博士題字)、甾(州輔碑緇字偏旁)等形。本書《龍虚》篇"菑丘訢"之菑舊本作蕾,《廣韻》蕾同菑,甾、甾即甾之訛變。甾、甾等形與曾相似,故《累害》緇字訛而爲繒。《説文》:"緇,帛黑色也。"

又按:"以塗搏泥"之搏似當讀爲傅,附也。(《新探》編按:亡友郭在貽兄曾來信指出,搏不應讀爲傅,《釋名·釋床帳》"搏壁,以席搏著壁也",搏字之義與此同。)

(2) 日月二字互訛

《説日》:"日蝕謂月蝕之,月誰蝕之者?……日時晦朔,月復爲之乎?"

按:月有晦朔,日相則不因晦朔而異。此文蓋本作"月時晦朔,日復爲之乎",日、月二字以形近互訛。本篇下文"日在上,月在下,障於日之形也……日在上,月在日下,障於日","障於日"之"日"爲"月"之誤字。《偶會》"夜,月光盡",月爲日之誤字(看校釋、集解)。此日、月二字易於相淆之明證。

(3) 且訛作旦

《説日》:"日食,月掩日光,非也。何以驗之?使日月合,月掩日光,其初食崖當與旦復時易處。"

校釋於上引文末句注曰:"旦復無義,當作其復。"集解無説。按:"旦""且"形近易誤,"旦復時"本當作"且復時"。且復時謂日將復原之時也。如至已復之時,則無所謂崖矣。本書《遭虎》"盧奴令田光與公孫弘等謀反,其且覺時,狐鳴光舍屋上",宋殘卷及元本,且覺時皆訛作旦覺時,與此同例。《論衡》書中且訛作旦之例頗衆,校釋、集解於它篇曾舉正之(見《遭虎》《書解》《寒溫》等篇),然於《説日》則思不及此,何也?

又按:《自紀》篇:"年歷但記,孰使留之。"孫詒讓謂"記"當爲"訖",其言甚是。竊疑"但"亦"且"之訛文。蓋且字先誤作"旦"或"伹",後人遂改作"但"。《墨子·號令》"敵人但至",孫詒讓謂"但舊本作伹,从且,疑且字之誤",例與此同。

(4) 課訛作謀

《程材》:"夫論善謀材,施用累能,期於有益。"

按:下文有"將以官課材"語,謀材疑是課材之訛。《文選》李善注本《出師表》:"陛下亦宜自課以咨諏善道,察納雅言,深追先帝遺詔。"課字,《三國志》及《文選》五臣注本皆作謀。此課、謀二字形近易訛之證。

(5) 又訛作反

《謝短》:"夫儒生所短,不徒以不曉簿書;文吏所劣,不徒以不通大道也。反以閉闇不覽古今,不能各自知其所業之事未具足也。"

按:"反以閉闇不覽古今"一語,與上句文氣不接,疑"反"爲"又"之訛文。(《新探》編按:此條根據不足,當删。)

(6) 任訛作正

《實知》:"方今占射事之工,據正術數。術數不中,集以人事。人事於術數而用之者,與神無異。"

按:"據正術數"本當作"據任術數"。本篇上文有"據術任數"之語,下文又謂"如俱任用術數,賢何以不及聖",皆可證。

又按:"人事於術數而用之者"句,文義難通。疑句首脱一"集"字。

(7) 而訛作所

《超奇》:"好學勤力,博聞强識,世間多有。著書表文,論説古今,萬不耐一。然則著書表文,博通所能用之者也。入山見木,長短無所不知。入野見草,大小無所不識。然而不能伐木以作室屋,採草以和方藥。此知草木所不能用也。"

按:"博通所能用之者也"、"此知草木所不能用也"二句中之"所"字,皆當爲"而"之誤字。王充以爲世間博聞强識之人,多不能著書表文,故謂著書表文之人必"博通而能用之者"。人或能識草木,而不能伐木作屋,採草和藥,猶博通而不能著書表文者之比,故謂之"知草木而不能用"。如今本之文,其義不可通。隸書"所""而"形近,故易淆亂。武威所出《儀禮》漢簡《燕禮》篇第51簡"樂作而后就物"之"而"字訛作"所"(見《武威漢簡》圖版拾叁,該書校記失校),即其一例。

(8) 遭訛作連

《超奇》:"夫鴻儒希有,而文人比然,將相長吏安可不貴。豈徒用其才力游文於牒牘哉? 州郡有憂,能治章上奏,解理結煩。使州郡連事,有如唐子高、谷子雲之吏,出身盡思,竭筆牘之力,煩憂適有不解哉?"

按:"使州郡連事",語不可解。集解疑連事爲從事之誤。校釋以此五字連上爲句,疑連事當作無事。按:二説皆非。連事當爲遭事之訛。漢人書遭字或作遭(見鄭固碑、武榮碑等),故易誤爲連字。本篇下文謂周長生爲州郡舉奏上書,"事解憂除","長生死後,州郡遭憂,無舉奏之吏,以故事結不解"。"事解憂除"正與上文"州郡有憂"、"州郡遭事"相應;"州郡遭憂"與"州郡遭事"同意。

遭誤爲連之例又見於《死僞》:

……(楚成)王縊而死,謚之曰靈,不瞑;曰成,乃瞑。……成王於時縊死,氣尚盛,新絶,目尚開,因謚曰靈;少久氣衰,目適欲瞑,連更曰成。目之視瞑,與謚之爲靈(集解謂靈下當脱成字),偶應也。

“目適欲瞑,連更曰成”,意謂成王之目欲瞑之時,適逢改謚之事,“連更”當爲“遭更”之訛。同篇下文:“偶晉侯之疾適當自衰,子産遭言黄熊之占,則信黄熊鮌之神矣。”《奇怪》:“或時禹、契、后稷之母,適欲懷妊,遭吞薏苡、燕卵,履大人跡也。……堯、高祖之母,適欲懷妊,遭逢雷龍載雲雨而行。”此皆以遭字與適字相呼應,與“目適欲瞑,遭更曰成”同例。

(9) 而訛作不

隸書“不”“而”二字形近,故而字易訛作不字。本書《明雩》“慈父之於子,孝子之於親,知病不祀神,疾痛不和藥”,集解謂“二不字疑當爲而,形近之誤”,即其例。又本書“能”“不”二字時或相淆。如《辨祟》“歸之久遠,莫能分明”,錢、王、黄、崇文諸本“莫能”皆訛作“莫不”。《訂鬼》“其人能自知覺與夢,故其見物不能知其鬼與人”,上一句元本作“其人不自知覺與夢”,與文義相合,各本能字爲不字之誤。此亦由於漢代人多假“而”爲“能”(本書常見),故其字易與“不”相淆。明乎此,能校正本書訛文數條。

《氣壽》:“渥彊之人,不卒其壽。”

本篇上文曰:“夫稟氣渥則其體彊,體彊則其命長。”此文“不卒”當爲“而卒”之誤,而讀爲能。孫詒讓謂此不字當爲“必”。按:王充以爲人之命運除去由稟氣渥薄所決定之“彊弱壽夭之命”以外,尚有“所當觸值之命”,如遭“兵燒壓溺”之類。由此言之,渥彊之人不能必卒其壽,孫説似非。

《刺孟》:“求食者,皆多人所不得利之事。”

孫詒讓曰:“不,余(余允文《尊孟辨》)引作共,是也。”按:余氏所引疑是以意改之,未必可信。此不字疑亦當作而,讀爲能。又按:此文“多”字疑爲“目(以)”字之誤。《談天》“女媧多前”,孫人和謂多乃目字之誤,可與此互證。

《譏日》:“夫日之剛柔,月之奇耦,合於葬歷,驗之於吉,無不相得。”

校釋:“吉當作古……不,語詞。”按:校釋謂吉當作古,似可從;以“不”爲無義之語詞,不可信。疑此不字本亦作而,讀爲能。

《變虚》:“世間聖人,莫不堯舜;惡人,莫不桀紂。”

“莫不堯舜”“莫不桀紂”,義不可通。此二“不”字皆當爲“而”之訛文。《論衡》書中“而”字用法往往與“如”字相同,各家多能言之,今略舉數例。《四諱》:“如以宅神不欲西益……何故惡之? 而以宅神惡煩擾,則四面益宅,皆當不祥。”《刺孟》:“孟子所去之王,豈前所不朝之王哉? 而是,何其前輕之疾,而後重之甚也。如非是,前王則不去,而於後去之,是後王不肖甚於前……”《感類》:“魂而有靈,將安之不也?”以上引文中字下加點之“而”字,其義皆與“如”無異。《明雩》:“然而世之聖君,莫有如堯舜。”《死僞》:“世間無道,莫如桀紂。”“莫而堯舜”“莫而桀紂”,猶言“莫如堯舜”“莫如桀紂”也。

本書似亦間有誤“不”爲“而”之例。《雷虛》:“吕后故爲,天不罰也。人誤不知,天輒殺之。不能原誤,失而責故。”校釋據宋、元本改失爲反,並謂責字當爲貰字之誤。今按:改失爲反可從,謂責當作貰則未必是。疑原文作“反不責故”,今本而字爲訛文。

(10) 宦訛作官

《別通》:“仕官爲吏,亦得高官。”

按:仕官當作仕宦。本書屢見仕宦之語,《定賢》“以仕宦得高官身富貴爲賢乎”,語意與此相近。古書中宦訛作官之例常見。本書《命祿》“故官御同才”,官御即宦御之誤,前人已言之。

(11) 斗訛作升

《定賢》:“數至多,升斛弗能。”

按:本書屢見“斗斛”之語,如《骨相》“猶察斗斛以知容矣”,《答佞》“斗斛之量多少”,《變動》“夫貴賤多少,斗斛故也”。本篇升斛當爲斗斛之訛。斗、升二字隸書相近,古書中常見相淆之例。本書《治期》:“吏百石以上,若升食以下”,升食即斗食之誤,孫詒讓已言之。

(12) 鄉訛作卿

《案書》:“卿決疑訟,獄定嫌罪。是非不決,曲直不立,世人必謂卿獄之吏才不任職。”

《對作》:“文吏就獄卿之事覆而考之。”

《自紀》:“獄當嫌辜,卿決疑事,渾沌難曉,與彼分明可知,孰爲良吏?”

按:以上各條皆以“卿”與“獄”並提,“卿”皆當爲“鄉”之誤字。卿、鄉形近,極易相淆。本書《謝短》“對卿便給”,吴承仕、劉盼遂皆謂“對卿”爲本書常見之“對鄉”

(或作對嚮)之訛,即其證。漢時鄉嗇夫"職聽訟"(見《漢官·百官表》),本書《物勢》謂"一堂之上必有論者,一鄉之中必有訟者",《潛夫論·愛日》謂"鄉亭部吏足以斷決",正與上引"鄉決疑訟"、"鄉決疑事"等言相合。《潛夫論·斷訟》"鄉部之治,獄官之治者,其狀一也",以鄉、獄並提,更可證《論衡》"卿獄"必爲"鄉獄"之誤。

(13) 其訛作非

《無形》:"龍之爲性也,變化斯須,輒復非常。"

《書解》:"世儒業易爲,故世人學之多。非事可析第,故官廷設其位。"

按:據文義,"輒復非常"當作"輒復其常","非事可析第"當作"其事可析第"。蓋"其"字筆畫不清,遂訛作"非"字。通行本《老子》第三十九章:"此非以賤爲本邪非乎?""此非"之"非",馬王堆漢墓帛書《老子》甲、乙本及傅奕本皆作"其",《戰國策·齊策》所引亦作"其"。此似亦"非""其"二字相混之一例。

(14) 出訛作土

《本性》:"丹朱土於唐宮",校釋據天啓、錢、黄、鄭、王等本改"土"爲"生",集解謂"土爲出之誤字,草書出字作生,故易相淆。程榮本作生,亦通"。按:作"生"者,疑是後人以意改之。集解謂土爲出之誤字,可從;以草書說之,則非。漢隸出字簡體與土字極相似,故古書中"出"與"土""士"諸字每易相淆(看《讀書雜志》中《荀子·大略》等條),無須以草書說之也。《論衡》書中尚有一訛"出"爲"土"之例,今舉出之:

《驗符》:"芝生於土,土氣和,故芝生土。"

孫人和謂《證類本草》引末句作"故芝草生",義較今本爲長;集解亦以"芝生"下"土"字爲衍文。按:此土字亦當爲"出"之誤字。下文"芝草延年,仙者所食,往世生出,不過一二",亦"生出"連言。他篇"生出"之語屢見,不具引。

(15) 薦訛作蒙

《程材》:"其高志妙操之人……亦時或精闇不及,意疏不密,臨事不識,對向謬誤,拜起不便,進退失度,奏記言事,蒙士解過,援引古義,割切將欲,直言一指,觸諱犯忌……"

按:"蒙士解過",義不可通。蒙當爲薦之誤字。漢人書薦字往往似"蒙",如武威《儀禮》簡作(《武威漢簡》圖版陸《少牢》1 簡)、(同上圖版拾《有司》75 簡)等形,孔彪碑作,故易訛作蒙字。【編按:《爾雅·釋草》"薦,黍蓬",《釋文》:

"薦,孫李本作蘡。"亦爲此類"薦"字遺跡。】"薦士"之語,《論衡》屢見。《效力》"能舉賢薦士,世謂之多力也。然能舉賢薦士,上書日〈白〉記也",《須頌》"上書於國,記奏(二字當乙)於郡,譽薦士吏,稱術(述)行能",《佚文》"上書陳便宜,奏記薦吏士",皆其例。王充於《自紀》篇自言:"不爲利害見將。常言人長,希言人短。專薦未達,解已進者過。及所不善,亦弗譽;有過不解,亦弗復陷。"專薦未達即《程材》所謂薦士,解已進者過即《程材》所謂解過。解過謂人有過而解之將前。校釋於"蒙士解過"下已引《自紀》"專薦未達,解已進者過"之文,然既不能指出蒙爲薦之誤字,又誤釋解過爲"指摘過失",蓋未解其意。

(16) 不訛作亦

《量知》:"夫儒生之所以過文吏者,學問日多,簡練其性,雕琢其材也。故夫學者,所以反情治性,盡材成德也。材盡德成,其比於文吏亦雕琢者,程量多矣。"

校釋以"亦雕琢者"爲句,注曰:"亦,語詞。"按:其說非是。亦雕琢者本當作不雕琢者。王充稱儒生"雕琢其材",故稱文吏爲"不雕琢者"。不、亦形近,易於相淆,本書中即不乏其例。《雷虛》"難曰:人亦見鬼之形,鬼復神乎","亦"爲"不"之誤字(見集解)。《道虛》"五帝三王皆有聖德之優者,黄帝不在上焉",《無形》"桙杅雖已成器,猶可復爍,桙可得爲尊,尊不可爲簋",二"不"字皆"亦"之誤字(以上見校釋)。

(17) 效訛作致

《譏日》:"是以世人舉事,不考於心而合於日,不參於義而致於時。"

校釋:"致,宋本作驗,是。"按:驗字無由訛作"致",疑本作"效",因形近誤爲"致"。"效""驗"義同。《書虛》:"今顔淵用目望遠,望遠目睛不任,宜盲眇。髮白齒落,非其致也。"吴承仕謂"致"疑當作"效",與此可互證。

(18) 迎訛作巡

《解除》:"虎狼入都,弓弩巡之。雖殺虎狼,不能除虎狼所爲來之患。"

按:"巡之"疑當作"迎之",形近而誤。

(19) 拔訛作投

《知實》:"塗有狂夫,投刃而候。澤有猛虎,厲牙而望。知見之者,不敢前進。"

按:“投刃”無義,當爲“拔刃”之誤。《異虚》:“衛獻公太子……投殿將死,其御止之,不能禁,遂伏劍而死。”“投殿”本當作“拔劍”(看校釋),拔字因形近訛作“投”,與此同例。(《新探》編按:“拔刃”爲古代常語。《漢書·酷吏·嚴延年傳》:“道路張弓拔刃,然後敢行。”)【編按:劉百順《魏晉南北朝史書語詞札記》(陝西師範大學出版社,1993)“投刃、投戈、投斤”條舉古書中此類語頗多,謂此種“投”字當解作“揮”,並以爲《論衡》“投刃”亦屬此類(36—37頁)。從《論衡》語氣看,劉説可從。此條當删。】

(20) 屑訛作肖

《正説》:“説事者好神道恢義,不肖以遭禍,是故經傳篇數皆有所法。”

按:“不肖以遭禍”句義不可通,故校釋以爲“文有脱誤”。疑“肖”爲“屑”字之訛。不屑以遭禍,謂説者不屑以遭禍説之。上文言《尚書》遭秦火,伏生老死,故遺脱七十一篇,傳二十九篇,而説者或謂《尚書》二十九篇法斗宿之數。此即“説事者好神道恢義,不屑以遭禍”之事。

(二) 音近誤字或通用字

(21) 工訛作公

《自紀》:“夫口論以分明爲公,筆辯以荴露爲通,吏文以昭察爲良。”

按:口論分明,不能稱爲公,“公”應爲“工”之音近誤字。本篇下文:“文不與前相似,安得名佳好,稱工巧。”工字用法與此相近。本書中音近致誤之例屢見,如《感虚》“魯襄公”爲“魯陽公”之音誤,《命義》“羊舌似我”爲“羊舌食我”之音誤,《自紀》“弔名”爲“釣名”之音誤(參看校釋、集解)。《吉驗》之“功曹史充蘭”,《初稟》作“公曹史充蘭”,“功”以音近誤作“公”,與“工”之誤作“公”更爲相似。漢碑亦有以“公”爲“工”“功”之例。如陳球碑“工正”作“公正”,樊安碑“功德”作“公德”(晉宋磚文亦往往以公爲功)。然則漢人或以“公”“工”“功”爲通用字乎?

(22) 爲謂通用

古爲、謂二字通用,本書中不乏其例,校釋、集解多已言之,然亦偶有遺漏,今舉一例於下:

《答佞》:“成事:小盜難覺,大盜易知也。攻城襲邑,剽劫虜掠,發則事覺,道路皆知爲盜也。穿鑿垣墻,狸步鼠竊,莫知謂誰。”

末句“莫知謂誰”之“謂”當讀爲“爲”。

（23）畏訛作爲

《薄葬》:“聖人懼開不孝之源,故不明死無知之實。……不明無知,爲人倍其親;獨明葬黄泉,不爲離其先乎?……不明無知,恐人倍其先;獨明罪定,不爲忽其親乎?……用偶人葬,恐後用生殉;用明器,獨不爲後用善器葬乎?”

按:“不明無知,爲人倍其親”,就上文“聖人懼開不孝之源,故不明死無知之實”而言;下文“不明無知,恐人倍其先”,與此同意。故知“爲”字之義當與“懼”“恐”等字相類,應是“畏”之音近誤字。“不爲離其先”與“爲(畏)人倍其親”爲對文,“不爲忽其親”與“恐人倍其先”爲對文,“獨不爲後用善器葬”與“恐後用生殉”爲對文,此三句之“爲”字亦當作“畏”。《問孔》:“凡學問之法,不爲無才,難於距師核道實義,證定是非也。”集解謂“爲當作畏,聲近而訛”。同篇:“子路入道雖淺,聞孔子之言,知死生之實,孔子誓以‘予所鄙者,天厭之’,獨不爲子路言‘夫子惟命未當死,天安得厭殺之乎?’”校釋謂“爲疑畏之聲誤”。凡此皆可與上引《薄葬》文互證。“爲”之聲母屬喻母三等,古歸匣母。“畏”爲影母字。然二者皆合口字,故在聽覺上區别並不明顯,易於相淆。

（24）饗訛作相

《解除》:“解除初禮,先設祭祀。比夫祭祀,若生人相賓客矣。先爲賓客設膳,食已,驅以刃杖。”

《祀義》:“世信祭祀,以爲祭祀者必有福……謂死人有知,鬼神飲食,猶相賓客,賓客悦喜,報主人恩矣。”

按:上引二文“相賓客”之“相”,疑皆“饗”之音近訛字。

（25）知訛作至

《治期》:“審一足以見百,明惡足以照善。堯湯證百王,至百王遭變,非政所致。”

“至百王遭變”,文不成義。校釋以“至”爲衍文。按:疑“至”當作“知”,音近而誤。

（三）形音皆近之誤字或通用字

（26）遇讀爲偶

《幸偶》:“氣結閼積,聚爲癰,潰爲疽創,流血出膿。豈癰疽所發,身之善穴哉。營衛之行,遇不通也。”

按:“遇”疑當讀爲“偶”。《指瑞》“夫孔甲之入民室也,偶遭雨而𪋻庇也”,偶字崇文本即作遇。

(27) 丞讀爲承

《骨相》:“州郡丞旨召請,擢用舉在本朝。”

按:“丞旨”當讀爲“承旨”。此言州郡承御史大夫倪寬之旨而召請韓生也。古丞、承字通。本書《謝短》:“有尉史、令史,無承長史,何制?”孫詒讓謂承當讀爲丞,甚確。

(28) 俱讀爲具

《物勢》:“五藏(臟)在內,五行氣俱。”

按:“俱”當讀爲“具”。《率性》“人受五常,含五臟,皆具於身”,與此文義近。本書俱、具二字往往不別。《雷虚》“且怒喜具形,亂也”,《道虚》“諸學道死者,骨肉具在”,皆以具爲俱。

(29) 形讀爲型

《奇怪》:“爍一鼎之銅,以灌一錢之形,不能成一鼎,明矣。今謂大人天神,故其跡巨。巨跡之人,一鼎之爍銅也。姜原之身,一錢之形也。使大人施氣於姜原,姜原之身小,安能盡得其精?”

按:本文兩見“一錢之形”,“形”當讀爲“型”,謂鑄錢之範。《物勢》、《雷虚》等篇皆以形爲型,吳承仕等已舉出之。

(30) 獨訛作觸

《談天》:“如審然,天乃玉石之類也。石之質重,千里一柱,不能勝也。如五嶽之巔,不能上極天乃爲柱,如觸不周上極天乎?”

校釋注末句曰:“觸字疑涉上文諸‘觸不周’而衍……若有觸字,則文不成義。”按:此句如無觸字,文義仍不順。疑“觸”當作“獨”,因形音相近又涉上文而誤。“如觸(獨)”之“如”似當訓爲“而”。王充之意蓋謂五嶽皆不能高至天而爲柱(校釋訓“乃爲柱”之“乃”爲“而”),豈獨不周山能高至天乎。

(31) 跖訛作跡

《效力》:“是故塠重,一人之跡不能蹈也;磕大,一人之掌不能推也。”

校釋謂塠當作碓,礣爲磑之形誤。按:其說似可信。又"跡"當作"跖",因形音相近而誤。本篇下文"鍤所以能撅地者,跖蹈之也",可證此文之"跡"確爲跖字之訛。

(32)尊讀爲遵

《超奇》:"長生死後,州郡遭憂,無舉奏之吏,以故事結不解,徵詣相屬,文軌不尊,筆疏不續也。"

按:"文軌不尊"之"尊"當讀爲"遵"。《答佞》"尊義者希",校釋讀尊爲遵。

(33)或讀爲惑

《變動》:"事以類而時相因,聞見之者或而然之。"

《案書》:"世人或疑,言非是僞。論者實之,故難爲也。"

按:上引二文之"或"字皆當讀爲"惑"。本書或、惑二字時或相亂,《效力》"時或恚怒",宋本及朱校元本"或"並作"惑"。

(34)集讀爲襍(雜)

《定賢》:"故真賢集於俗士之間。"

校釋曰:"集疑爲雜之壞字。"按:讀"集"爲"雜",可從,謂是壞字則嫌鑿。"雜"从"集"聲,亦从"集"得義,二字古通。《講瑞》"蓂莢、朱草,亦生在地,集於衆草",集字似亦當讀爲雜。

本書集字又有本不當讀爲雜,而校釋、集解誤讀爲雜者。《語增》記始皇燒書事曰"天下有敢藏詩書百家語諸刑書者,悉詣守尉集燒之",校釋謂"集當從《始皇紀》作雜"。依文義,《史記》雜字實當訓爲集,不應反讀《論衡》集字爲雜。《别通》"東海之中可食之物集糅非一",校釋、集解皆讀"集糅"爲"雜糅"。《累害》有"玉石雜糅"語,似可爲其佐證。然《對作》曰"紫朱雜廁,瓦玉集糅",此以"集糅"與"雜廁"爲對文,必不能讀爲"雜糅"。故《别通》之"集糅"似亦可如字讀之。集糅猶言合糅也。

(35)𪗋訛作齋

《辨祟》:"人之疾病,希有不由風濕與飲食者。當風臥濕,握錢問祟。飽飯饜食,齋精解禍。而病不治,謂祟不得;命自絶,謂筮不審,俗人之知也。"

"齋精"不詞。校釋曰:"精當作糈,形之誤也。……《離騷》'懷椒糈而要之',注:'糈,精米,所以享神也。'《說文·貝部》:'賥,𪗋財卜問爲賥。从貝,疋聲。讀若所。'……賥本字,糈借字,同音相假。"按:校釋謂"精"當作"糈",可從。"齋"本亦當作"齎",以形音相近而誤。"齎糈"與《説文》貶字注"齎財"義近。王充意謂俗人無知,本因風濕飲食得病,反以錢財求巫者卜問祟所從來,並求其爲己解禍於鬼神。校釋以擲錢卜卦説握錢問祟,非是。

（36）校讀爲效

《正説》:"後生精者,苟欲明經,不原實;而原之者,亦校古隨舊,重是之文,以爲説證。"

按:"校古"疑當讀爲"效古"。(《新探》編按:《漢書·趙充國傳》:"上復賜報曰……又大開小開前言曰……得亡效五年時……充國奏曰……雖其前辭嘗曰得亡校五年,宜亡它心。"宋祁曰:"校當作效。"此"校"讀爲"效"之例。)

（37）列訛作烈

《書解》:"易曰:'聖人之情見乎辭'。出口爲言,集札爲文。文辭施設,實情敷烈。"

按:"敷烈"當作"敷列",以形音相近而誤。《超奇》言"抽列古今",《恢國》言"事情列見",列字用法皆與此同。

（四）涉上下文而誤

（38）能誤爲相

《道虚》:"今學道而死者,尸與復育相似,尚未可謂尸解。何則?案蟬之去復育,無以神於復育。況不相似復育,謂之尸解,蓋復虚妄失其實矣。"

按:"況不相似復育",頗嫌不詞。疑本作"況不能似復育",蓋涉上文"尸與復育相似"之語而誤。

（39）儒誤爲瑞

《講瑞》:"或問曰:'《講瑞》謂鳳皇、騏驎難知,世瑞不能别。今孝章之所致鳳皇、騏驎,不可得知乎?'曰:'《五鳥之記》:"四方中央皆有大鳥,其出,衆鳥皆從,小大毛色類鳳皇。"實難知也。故夫世瑞不能别。'"

按:"世瑞"無義。上文屢言世儒不能知鳳皇騏驎,此文則言世瑞不能别鳳皇騏驎,世瑞必爲世儒之訛文。本篇專論瑞應,文中瑞字屢見,儒、瑞二字之形亦有相近之處,故此文二儒字皆誤而爲瑞。

（40）螌誤爲熒

《訂鬼》:"熒惑,火星。火有毒熒。故當熒惑守宿,國有禍敗。"

按:"毒熒"不詞。《言毒》:"萬物之生皆稟元氣。元氣之中有毒螫乎?……太陽火氣常爲毒螫,氣熱也。……天下萬物含太陽氣而生者,皆有毒螫。"據此,"火有毒熒"似當作"火有毒螫",蓋涉上下文熒字而誤。

(41)妖怪誤爲勇力

《言毒》:"生子叔虎,美有勇力。勇力所生,生於美色。禍難所發,由於勇力。……生妖怪者常由好色,爲禍難者常發勇力。"

按:古今未聞勇力生於美色之說。"勇力所生,生於美色",與"禍難所發,由於勇力"爲對文。下文"爲禍難者常發勇力"與"禍難所發由於勇力"相應,"生妖怪者常由好色"與"勇力所生生於美色"相應。故知"勇力所生"本當作"妖怪所生",蓋涉上文"美有勇力"之語而誤。

(42)慇懃誤爲恩懃

《祀義》:"實者,祭祀之意,主人自盡恩懃而已,鬼神未必欲享之也。"

按:本書兩見"慇懃"之文,《明雩》"猶卜筮求祟,召醫和藥者,惻痛慇懃,冀有驗也",《祭意》"慇懃厚恩,未必有鬼而享之者"。《祀義》之"恩懃"疑即"慇懃"之訛文。此處上下文皆有"恩"字("賓客悅喜,報主人恩矣","則緣生人爲恩義耳"),"恩"、"慇"二字之形音又有相近之處,故慇懃遂誤爲恩懃矣。

(43)解誤爲能

《實知》:"天下事有不可知,猶結有不可解也。見說善解結,結無有不可解。結有不可解,見說不能解也。非見說不能解也,結有不可解。及其解之,用不能也。聖人知事,事無不可知。事有不可知,聖人不能知。非聖人不能知,事有不可知。及其知之,用不知也。"

集解謂見說當作兒說,甚是。按:"及其解之,用不能也",與下文"及其知之,用不知也"爲對文。"不能"當作"不解",涉上文"不能解"之語而誤。《吕氏春秋·君守》:"故如兒說之弟子者,以不解解之也。"《淮南子·說山》"兒說之爲宋王解閉結也",高注:"結不可解而能解之,解之以不解也。"凡此皆可證上引《實知》之"不能"爲"不解"之誤。

(五)涉常語而誤

(44)孰爲訛作孰與

《書解》:"書無佚本,經有遺篇。折累二者,孰與蕞殘?"

按:王充之時,世人重經典而輕書記,斥非經典之一般著作爲蕞殘。王充非之,故發問曰,比較經、書二者,究竟何者爲蕞殘乎。按語意,"孰與蕞殘"本當作"孰爲蕞殘"。此篇上文謂"彼虛説,此實篇。折累二者,孰者爲賢",下文謂"未失事實,本得道質。折累二者,孰爲玉屑",文例皆與此相同,其末句皆用"孰爲",不用"孰與",可證。蓋因"孰與""孰爲"皆古代熟語,遂致相淆。

二、脱　字

(一) 因誤接而脱

(45)

《變動》:"故曰:'王良策馬,車騎盈野。'非車騎盈野,而乃王良策馬也。天氣變於上,人物應於下矣。故天且雨,商羊起舞,使天雨也。"

校釋於末句加注曰:"尋上下文義,'使'上當脱'非'字。此文在明天能動物,物不能動天。今本脱'非'字,則謂商羊使天雨矣,殊失其義。"按:依校釋説,文義仍不完。此文本當作"故天且雨,商羊起舞,非商羊起舞使天雨也",文例與"王良策馬"一句相同。蓋抄書者將"故天且雨"後之"商羊起舞"與"非"字後之"商羊起舞"混而爲一,誤接"使天雨也"於前一"商羊起舞"之後,遂致脱去"非商羊起舞"五字。《卜筮》篇"春求雨,秋求實"句,今本誤作"春求實"(參看校釋),情況與此相類。

(46)

《卜筮》:"又試使人罵天而卜,敺(毆)地而筮,無道至甚,亦得兆數。苟謂兆數天地之神,何不滅其火,灼其手,振其指,而亂其數,使之身體疾痛,血氣湊踊……"。

按:兆數不得謂爲天地之神。下文有"兆數非天地之報"語,此文"苟謂兆數天地之神,何不滅其火……",本當作"苟謂兆數天地之報,天地之神何不滅其火……"。蓋抄書者誤將"之報"前之"天地",與"之神"前之"天地"混而爲一,遂致脱去"之報天地"四字。

（47）

《自紀》："魯文逆祀，畔者五人。"

孫人和曰："《定賢》篇云：'魯文逆祀，去者三人。'《公羊》定七（當作八）年《傳》亦作三人。"校釋逕改正文"五"字爲"三"。按：《定賢》曰："魯文公逆祀，去者三人。定公順祀，畔者五人。貫於俗者，則謂禮爲非。曉禮者寡，則知是者希。"意謂世人不知禮，故文公逆祀去者僅三人，定公順祀叛者反至五人。《自紀》篇此處上下文文義與《定賢》篇全同，其引"魯文逆祀"之事亦必與《定賢》篇同意。此文本當作"魯文逆祀，去者三人。定公順祀，畔者五人"，因前後兩句結構、文字相似，抄書者遂將後一句之下半誤接於前一句之上半，以致脱去中間八字。校釋改五爲三，疏矣。（按：1976年北京人民出版社出版之《論衡選注》，已據《公羊傳》定公八年，補出"去者三人定公順祀"八字。）

（二）脱重文

（48）

《語增》："凡天下之事，不可增損。考察前後，效驗自列。自列，則是非之實有所定矣。"

按：此文本當作"考察前後，效驗自列。效驗自列，則是非之實有所定矣。"古人於重複之字句皆用重文符號表示。如此文，於漢時必書作"考察前後，效₌驗₌自₌列₌，則是非之實有所定矣"。蓋"效驗"二字後之重文符號因傳寫脱落，遂成今本之文。《論衡》中脱落重文之例頗爲常見，校釋、集解皆曾屢加舉正，可參閲。

（49）

《藝增》："稱堯之蕩蕩，不能述其可比屋而封。言賢者可比屋而封，不能議讓其愚而無知之夫擊壤者，難以言比屋。比屋難以言蕩蕩。二者皆增之，所由起，美堯之德也。"

按："不能議讓其愚而無知之夫擊壤者……"，甚爲費解。校釋於"之"字斷句，集解於"愚"字斷句，文義皆不順適。疑此文本當作"……言賢者可比屋而封，不能議讓其愚而無₌知₌之夫擊壤者，難以言比屋。……"，讀爲"……言賢者可比屋而封，不能議讓其愚而無知。無知之夫擊壤者，難以言比屋。……"。今本脱落"無知"二字重文。又此文末句，疑本作"二者皆增₌之₌所由起₌美堯之德也”，讀爲“二者皆增之。增之所由起，起美堯之德也”。今本亦脱落重文。《問孔》：“孔子欲之九夷者，何起乎？起道不行於中國，故欲之九夷。”“起”字用法與此同。

（50）

《問孔》：“問曰：鳳鳥、河圖審何據始起，始起之時，鳥、圖未至。如據太平，太平之帝未必常致鳳鳥與河圖也。”

按：“鳳鳥、河圖審何據始起”，文義不通。此文“據”字當有脱落之重文，本應讀爲“鳳鳥、河圖審何據？據始起”。“據始起”與下文“據太平”爲對文。《宣漢》言及帝王之“初興始起”，《恢國》言及帝王之“初生始起”，本文之“始起”與此二篇之“始起”同義。《講瑞》謂“嘉瑞或應太平，或爲始生，其實難知”，以太平、始生相對而言，本文則以太平、始起相對而言，取意相近。

（51）

《説日》：“仰視天之運，不若麒麟，負日而馳，皆暮而日在其前。”

按：此文“麒麟”爲“騏驥”之誤字，“皆”字由“比日”二字誤合而成，前人皆已言之。今按“騏驥”二字當有脱去之重文，此文本當讀爲：“仰視天之運，不若騏驥。騏驥負日而馳，比日暮而日在其前。”意謂視日之行似不如騏驥之速，然騏驥在日前而馳，至日暮時，反落於日後。

又按：“負”“背”古音極近。《吕氏春秋·别類》：“驥驁緑耳背日而西走，至乎夕，則日在其前矣。”《淮南子·泰族》：“騏驥倍（倍、背古通用）日而馳，草木爲之靡，縣烽未轉，而日在其前。”此二書當爲王充所本，皆作“背日”而不作“負日”，疑《論衡》“負日”當讀爲“背日”。

（52）

《譴告》：“六經之文，聖人之語，動言天者，欲化無道，懼愚者之言非獨吾心，亦天意也。”

按：“……懼愚者之言非獨吾心……”，文義不通。校釋、集解皆於“者”字斷句，校釋並謂“之”字當從宋殘卷及元本改作“欲”。今按如“之”字本作“欲”，無從訛作“之”字，宋殘卷及元本似不足據。疑此文“言”字當有脱落之重文，本應讀爲“……懼愚者之言。言非獨吾心，亦天意也”。此文以“聖人之語”爲“欲化無道懼愚者之言”，《自然》篇謂“譴告之言，衰亂之語也”，文例相類。

（53）

《四諱》:"三曰諱婦人乳子,以爲不吉。將舉吉事、入山林、遠行度川澤者,皆不與之交通。乳子之家亦忌惡之,丘墓廬道畔,踰月乃入。惡之甚也。"

按:"丘墓廬道畔",文不成義,故吴承仕謂"丘墓字疑誤"。今按:上句"之"字似脱落重文,疑原文當作"乳子之家亦忌惡之。之丘墓,廬道畔,踰月乃入"。"之丘墓"謂至先人丘墓旁之廬舍暫住,"廬道畔"謂暫時廬居於道路之旁。《論衡》一書中訓"往"之"之"字屢見,本篇下文"然而有甘之更衣之室,不以爲忌",即其一例。

（三）脱"不"字

（54）

《變虚》:"皇天遷怒。使熒惑本景公身有惡而守心,則雖聽子韋言,猶無益也。使其不爲景公,則雖不聽子韋之言,亦無損也。"

按:依文義,"皇天遷怒"本當作"皇天不遷怒"。下文曰:"……天使熒惑加禍於景公也,如何可移於將相若歲與國民乎?"此即皇天不遷怒之意。《論衡》一書中,脱"不"字之例屢見,吴承仕等已有所舉正,可參閲校釋、集解二書之《講瑞》《治期》《問孔》《别通》《調時》等篇。

（55）

《説日》:"日食,月掩日光,非也。何以驗之?使日月合,月掩日光,其初食崖當與旦〈且〉復時易處。假令日在東,月在西。月之行疾,東及日,掩日崖,須臾過日而東,西崖初掩之處光當復,東崖未掩者當復食。今察日之食,西崖光缺;其復也,西崖光復,過掩東崖復西崖。謂之合襲相掩障,如何?"

按:王充以爲日食若果由月掩日光而引起,日始食時所缺之邊,與日將復時所缺之邊,必分别在日之兩側,然日食之實際情況並不如此,故月掩日光之説爲不可信。上引一段文字即説明此一觀點者。按文義,"過掩東崖復西崖"一句,"過"字上必脱一"不"字。

（56）

《順鼓》:"迅雷風烈,君子必變,雖夜必興,衣冠而坐,懼威(畏)變異也。夫水旱猶雷風也。雖運氣無妄,欲令人君高枕幄臥,以俟其時,無惻怛憂民之心。"

校釋於“欲令……”句下注曰:“‘欲’疑當作‘設’,言若人君不鳴鼓告社,則非愛民之意。”按:依校釋説,句仍不順。疑“欲”字上脱“不”字。

(四)其他脱字

(57)

《儒增》:“以有百物之象爲神乎? 夫百物之象,猶雷罇也。雷罇刻畫雲雷之形。雲雷在天,神於百物。雲雷之象不能神,百物之象安能神也。”

按:依文義,“夫百物之象”句“夫”字下似脱“有”字。

(58)

《超奇》:“山之禿也,孰其茂也? 地之瀉〈潟〉也,孰其滋也?”

按:此謂禿不如茂,潟不如滋,二“孰”字後皆當有“與”字。《書虚》“夫孔子死,孰與其生”,文例與此相近。

(59)

《感類》:“能徙三山,不能起大木,非天用力宜也。”

按:據本書文例,此句“宜”上當有“之”字。《譴告》“……非皇天之意,愛下譴告之宜也”,文例與此相近。

三、衍　　文

(60)

《説日》:“日,火也。火在地不行,日在天何以爲行?”

按:下文曰:“……附地之氣不行,水何以行? ……附地之氣不行,人附地何以行?”“何以”後皆無“爲”字,疑此文“爲”字乃衍文,蓋涉“何爲”“以爲”等熟語而衍。

(61)

《程材》:“世名材爲名器。器大者盈物多。然則儒生所懷可謂多矣。”

按:首句“器”上“名”字似不當有,蓋涉本句上文“名”字而衍。

(62)

《謝短》:“家人子弟,學問歷幾歲。人問之曰:‘居宅幾年,祖先何爲?’不能知者,愚子弟也。”

按:《超奇》篇有“居之歷歲”語,此文“學問歷幾歲”本亦當作“學問歷歲”。此處下文有“居宅幾年”語,上文又有“從高朝至今朝幾世?歷年訖今幾載”等語,“歷”下“幾”字蓋涉上下文而衍。

(63)

《齊世》:“夫器業變易,性行不異。然而有質樸、文薄之語者,世有盛衰,衰極久有弊也。”

按:“極久”上“衰”字疑涉上一“衰”字而衍。

(64)

《卜筮》:“然則卜筮亦必有吉凶。論者或謂隨人善惡之行也,猶瑞應應善而至,災異隨惡而到,治之善惡善惡所致也,疑非天地故應之也。”

按:王充所述論者之言,以爲卜筮之吉凶爲卜筮者行爲之善惡所決定,與善政招致瑞應,惡政招致災異同理。“治之善惡善惡所致也”,校釋、集解皆分作兩句讀,以二“善惡”分屬上下兩句。實則“善惡”字不當重,“治之善惡所致也”應作一句讀。《對作》:“記謂之造作,上書上書奏記是作也。”校釋、集解並謂“上書”二字誤重,當删去其一,與此同例。

(65)

《知實》:“孟子,實事之人也。言周公之聖,處其下不能知管叔之畔。”

按:“不”“下”形近,疑末句“不”上“下”字爲衍文。“處其不能知管叔之畔”,意謂孟子判定周公不能預知管叔之叛。處字訓作判定者《論衡》中常見。

四、誤讀重文

(66)

《卜筮》:“夫卜筮兆數,非吉凶誤也。占之不審吉凶,吉凶變亂。變亂,故太公黜之。”

按:“占之不審吉凶”,文義不順。此文本當作“占之不審,吉=凶=變=亂=,故太公黜之”。按古代重文例,本應讀爲:“占之不審,吉凶變亂。吉凶變亂,故太公黜之。”

抄書者誤將四字一句之重文分爲兩截讀之,遂成今本之文。

五、字 序 錯 亂

(67)

《感虚》:"襄公爭鬬,惡日之暮,以此一戈麾,無誠心善言,日爲之反,殆非其意哉。"

按:"以此一戈麾",疑本作"以此一麾戈"。

(68)

《禍虚》:"白起伏劍將自刎,曰:'我有何罪於天乎?'良久曰:'我固當死。長平之戰,趙卒降者數十萬,我詐而盡坑之。是足以死。'遂自殺。白起知己前罪,服更後罰也。"

校釋於末句加注曰:"'更''受'古通。"按:更、受二字古實不通。疑此句本作"更服後罰也",傳寫誤倒。"更"猶言"改"。白起於其死,心本不服,既悟前有坑降卒之罪,遂改其不服之心而服此罰,故言"知己前罪,更服後罰"。"更"字此種用法亦見他篇。《累害》:"偉士坐以俊傑之才,招致群吠之聲。夫如是,豈宜更勉奴下,循不肖哉。不肖奴下,非所勉也。""更勉奴下",意謂改舊節而以奴下自勉,"更"字用法與"更服後罰"之"更"相同。

(69)

《須頌》:"聖者垂日月之明,處在中州,隱於百里。遥聞傳授,不實形耀,不實難論。"

按:"不實形耀"句文義不順,故集解將此句分屬於上下兩句,讀爲"遥聞傳授不實,形耀不實難論"。然即如其說,文字仍不通順。疑"不實形耀"本作"形耀不實",傳寫誤倒。(《新探》編按:此條根據不足,當删。)

(70)

《書解》:"世儒說聖人之經,解賢者之傳,義理廣博,無不實見,故在官常位。位最尊者爲博士。"

按:"故在官常位"句文義不順。本書中《命祿》《死僞》《紀妖》《辨祟》等篇皆有"官位"之語,疑此文本作"故常在官位",傳寫誤倒。

（71）

《對作》："故夫賢人之在世也，進則盡忠宣化，以明朝廷；退則稱論貶說，以覺失俗。俗也不知還，則立道輕爲非。論者不追救，則迷亂不覺悟。"

按："以覺失俗"，疑本作"以覺俗失"，傳寫誤倒。又"俗也不知還"，疑本亦作"俗失不知還"，"也"爲誤字。

附：關於《校釋》、《集解》二書的錯誤

《校釋》、《集解》二書對《論衡》都有重要的貢獻，但是也都有很多錯誤之處，札記中已有所涉及。下面再就校注和標點兩方面的錯誤各舉數例，以供使用此二書者參考。

（一）校注錯誤舉例

黄暉校釋搜集資料比較豐富，並且提出了不少可取的見解，對於讀《論衡》的人很有幫助。但是，黄氏往往對本來明白易解的文字横生疑竇，或作錯誤的解釋，嚴重影響了這本書的質量。例如：

《刺孟》："室因人故，粟以屨纑易之，正使盜之所樹築，己不聞知。"

"室因人故"，意思是說陳仲子所住的是别人的舊室。"故"當"舊"講，古書習見。黄氏却以爲"故字無義，疑是攻字形訛"。

《譏日》："肉盡殺牲，獄具斷囚。"

這兩句的意思是說，肉已賣完就宰殺牲口，獄案已具就斷決囚犯。黄氏却說："'肉盡殺牲'文不成義。肉當作'屠'。屠、獄對言。"他不知道"獄具"是漢人常用之語，把"具"誤解爲"俱"了。

《解除》："鬼神如有知，必恚止戰，不肯徑去。"

校釋："疑當作'必恚戰不肯徑去'，'止'涉'恚'字下半心字而誤。"其實"止戰"就是留下來跟人戰鬥的意思，很好理解。黄氏受孫人和的影響把"止戰"理解爲停止戰鬥（看校釋所引孫說），所以作了這條錯誤的校注。

《順鼓》："《春秋》說曰：'人君亢陽致旱，沈溺致水。'夫如是，旱則爲沈溺

之行,水則爲亢陽之操,何乃攻社?”

這段話的意思是說,既然“人君亢陽”會引起旱災,“人君沈溺”會引起水災,那末旱災的時候只要反爲“沈溺之行”就可以消災,水災的時候只要反爲“亢陽之操”就可以消災,爲什麽還要攻社呢? 黄氏却認爲“旱則爲沈溺之行,水則爲亢陽之操”“當作‘旱則爲亢陽之行,水則爲沈溺之操’,與上文義方相屬”。其實這樣一改,反而與上文義不相屬了。

《恢國》:“(唐虞四凶)罪皆在身,不加於上……”。

“不加於上”是説四凶沒有把犯罪的行爲加到君上的身上去,所以下文説“怨惡謀上……罪重於四子(指四凶)”。黄氏却解釋爲對四凶“不加刑”,不但文義不合,語法也講不通。此外,在校釋裏還可以找到不少與上舉各例相類的錯誤,這裏就不列舉了。

劉氏集解的校注也有一些與黄氏相類的錯誤,例如:

《説日》:“况日去人以萬里數乎。”

集解:“下文天之去地六萬餘里,則此脱一六字。”“以萬里數”就是有好幾萬里的意思。王充講天跟人的距離時,也説“以萬里數”(見《紀妖》等篇)。如果説成“以六萬里數”,反而跟漢語的習慣不合了。

《卜筮》:“夫蓍筮龜卜,猶聖王治世;卜筮兆數,猶王治瑞應。瑞應無常,兆數詭異。詭異則占者惑,無常則議者疑。疑則謂平未治,惑則謂吉不良。”

“疑則謂平未治”,意思是説議聖王之治者惑於瑞應無常,誤謂已治平之世爲未治。“惑則謂吉不良”,意思是説占卜者惑於兆數詭異,誤謂吉兆爲不良。這本來很好理解。劉氏却把“平未治”“吉不良”誤解爲“平而未治,吉而不良”,以爲“語不可通”,並“疑平爲世誤字,吉爲占之誤字”。

《明雩》:“房星四表三道,日月之行出入三道,出北則湛,出南則旱。”

這跟《順鼓》所説的“月離於畢,出房北道,希有不雨”完全符合。在其他古書裏也可以看到類似的説法(看《明雩》校釋)。劉氏却認爲“房當爲畢”,以不誤爲誤。

《宣漢》:“今上即命……歲遭運氣,穀頗不登,迴路無絶道之憂,深幽無屯聚之姦。”

“今上”指章帝。章帝建初初年曾遇到天災,作物歉收,《論衡》中曾屢次提到這件事(參看《宣漢》校釋)。上引文中的“穀頗不登”,顯然是收成不好的意思。王充讚美章帝治國有方,雖然遭到天災,作物歉收,却沒有人“作亂”,所以緊接着“穀頗不登”就說“迴路無絶道之憂,深幽無屯聚之姦”。《恢國》篇裏也有一段意思完全相同的話。但是劉氏却硬說“穀頗不登”就是“穀無不登”,“與下句迴路無絶道之憂,深幽無屯聚之姦,正同一語法”。他不管《論衡》一書中絶大多數“頗”字的用法,僅僅根據《論死》“能使滅灰更爲燃火,吾乃頗疑死人能復爲形”這條可能有訛誤的文字,就把《宣漢》的“頗”解釋成“無”,這是沒有說服力的。此外,劉氏把見於《程材》和《定賢》的“太史公序累”一語解釋爲史記的別名,也是牽强附會的突出例子(“序累”本來當動詞用,是次序排列的意思)。

集解出版晚於校釋很多年,所作校注有不少勝過校釋的地方,但是在吸收校釋的成果方面做得比較差。例如前面所舉的《明雩》的“房星四表三道”和《宣漢》的“穀頗不登”,校釋的注解都是正確的,集解沒有吸收。又如《效力》有“上書日記”之語,校釋指出“日”是“白”的訛字,以《文選》注引文爲證,確鑿可信。集解根本不理睬,說“日當爲占之形訛”。其實就是單從字形上看,說“日”是“占”的形訛,也不如說“日”是“白”的形訛合理。這類例子還可以找出不少。

最後,在校注方面再舉兩個校釋和集解全都錯誤的例子:

(1) 姑姊

《偶會》:“王莽姑姊正君,許嫁二夫,二夫死。”

校釋說:“‘姊’字衍。《骨相篇》正作‘王莽姑正君’。《漢書·王莽傳》:‘王莽,孝元皇后之弟子也。’莽父王曼,曼乃正君之弟。《元后傳》:‘孝元皇后,王莽之姑也。’”集解也說:“姊字衍文。……莽乃正君兄王曼之子也。下《骨相篇》云:王莽姑正君。”其實,姑姊就是姑。《左傳·襄公十二年》有“姑姊妹”之語,正義說:“父之姊爲姑姊,父之妹爲姑妹。”可見《偶會》的“姊”並不是衍文。據《漢書·元后傳》和《王莽傳》,莽父王曼是正君之弟。集解說王曼是正君兄,當是記憶有誤。即使正君確是王曼之妹,也仍然可以稱姑姊。《列女傳》卷五所記的“魯義姑姊”,棄己子抱兄子逃難;“梁節姑姊”因爲家中失火沒有救出兄子,赴火而死。這說明一般把姑妹也稱作姑姊,只要是姑就可以稱姑姊。

(2) 嫌

《論衡》中屢見“不嫌”、“何嫌”之語:

許由讓天下,不嫌貪封侯。伯夷委國饑死,不嫌貪刀鉤。 《書虚》

季子能讓吴位,何嫌貪地遺金。 《書虛》

季子不負死者,棄其寶劍,何嫌一叱生人取金於地。 《書虛》

則能至門庭,何嫌不窺園菜。 《儒增》

材能以其文爲功於人,何嫌不能營衛其身。 《書解》

如實論之,天體,非氣也。人生於天,何嫌天無氣。猶有體在上,與人相遠。 《談天》

劉氏認爲“嫌”與“慊”“嗛”通,猶言“貪”,言“快意”(集解2—3頁,又79—80頁)。黄氏認爲“嫌”與“兼”通,“兼”可訓“得”,“嫌”也應訓“得”(校釋27—28頁,又159頁)。

從上引各例看,黄氏把“不嫌”“何嫌”解釋爲“不得”“何得”,文義大體可以講通。劉氏認爲如果訓嫌爲得,《談天》的“何嫌天無氣”講不通。他並且認爲這一句有誤,注曰:“何嫌天無氣,是説天有氣也,則與上文‘天體,非氣也’句……不合矣。”其實天體是不是氣,跟天有沒有氣是兩回事。《氣壽》“人受氣命於天”,《命義》“天施氣而衆星布精”,都承認天有氣。校釋解釋上引《談天》篇文説:“仲任意謂:天體上臨,而含氣以施,非天體本氣也。”這是正確的。劉氏所以認爲“何嫌天無氣”句有誤,恐怕主要是因爲用他的訓嫌爲貪的説法,這一句根本講不通。這正好可以證明訓嫌爲貪是錯誤的。

但是,黄氏解釋“不嫌”“何嫌”的大意雖然接近事實,他的訓詁方法却仍然是錯誤的。姑且不説他認爲這些嫌字應該讀作“兼”是否正確,就是把“兼”訓爲“得”也是站不住脚的。他訓兼爲得的唯一根據是下引《戰國策》注:

《戰國策·秦策二》“則是一舉而兼兩虎也”,注:“兼得也”。

這一句話裏的“兼”,是兼得的意思。如果不包含“兼”的本來意思的話,“兼”字決不能當“得”講。並且,上引《秦策》的兼字,從上下文看,也未嘗不可以解釋爲“兼殺”“兼有”,並不是非解釋成“兼得”不可。所以黄氏讀“嫌”爲“兼”並訓爲“得”,是沒有根據的。

那末這種“嫌”字究竟應該怎樣講呢?説穿了也很簡單。嫌字古訓“疑”,在《論衡》裏就可以找到不少當“疑”講的嫌字(參看《問孔》《感類》《自紀》等篇)。“不嫌”“何嫌”就是“不疑”“何疑”,都是表示不應懷疑的口氣。由此引申出“不可能”“怎麽會”,即黄氏所謂“不得”“何得”一類意思,是非常自然的。

總之,在嫌字的問題上,劉氏完全錯了,黄氏最多只能算對了一半。

（二）標點錯誤舉例

校釋、集解二書中，標點的錯誤很多。

有很多句子的標點是校釋誤而集解不誤。例如：

《四諱》："然而有甘之，更衣之室，不以爲忌。"

這句話的意思是説有人願意到廁所去聞臭氣。"之"是動詞，當"去到"講。黄氏誤以爲代詞，因此把"甘之更衣之室"斷成兩截。集解不誤。

《書虚》："吴越在時，分會稽郡越治，山陰吴都。今吴、餘暨以南屬越，錢唐以北屬吴。"

這一段文字，校釋標點得一塌糊塗。集解點作："吴越在時。分會稽郡。越治山陰。吴都今吴。餘暨以南屬越。錢唐以北屬吴"，是正確的。

也有不少句子的標點，校釋不誤而後出的集解反誤。例如：

《恢國》："孝明麒麟神雀，甘露醴泉，白雉黑雉，芝草連木嘉禾，與宣帝同，奇有神鼎黄金之怪。"

"奇有"也見《量知》《謝短》等篇，是"多出"的意思。明帝時的"神鼎黄金之怪"是宣帝時所沒有的"祥瑞"，所以説"奇有"。集解把"與宣帝同奇"點成一句，是錯誤的。

《詰術》："由此言之，火，日氣也。日有甲乙，火無甲乙何？日十而辰十二，日辰相配，故甲與子連。……"。

集解點成"……火無甲乙。何日十而辰十二。……"，義不可通。

此外，還有不少句子的標點，校釋和集解二書都是錯誤的。下面從《道虚》等四篇中各舉一條以示例：

（1）《道虚》

校釋：名之爲"黄帝"，何世之人也？使黄帝之臣子知君？使後世之人跡其行？

集解：名之爲黄帝。何世之人也。使黄帝之臣子知君。使後世之人跡其行。

這段文字的後兩句應該標點爲："使黄帝之臣子，知君。使後世之人，跡其行。"《論衡》裏這一類句法屢見,如《紀妖》"使非,妖也。使是,亦妖也",《非韓》"使法峻,民無姦者。使法不峻,民多爲姦"。這種"使"字可以訓作"如"。上引這段話的意思是說,叫出黄帝這個名字來的是何世之人呢?如果是黄帝的臣子,應該是知其君之行而名之的(《藝增》:"知君莫如臣。")。如果是後世之人,應該是追跡其行而名之的(《福虚》:"夫謚者,行之跡也,跡生時行以爲死謚。")。校釋、集解大概都没有弄懂後兩句話的意思,校釋把它們當作問句,更是錯得厲害。

(2)《儒增》

> 校釋:桀、紂之時,鼎不亡去;周之衰亂,未若桀、紂,留無道之桀、紂,去衰末之周,非止(亡)去之宜[有]神有知之驗也。(原注:"止"當作"亡"。……"有神"二字,傳寫誤倒。)
>
> 集解:桀紂之時,鼎不亡去。周之衰亂未若桀紂。留無道之桀紂。去衰末之周。非止去之。宜神有知之驗也。

這段話的最後十一個字應該點爲:"非止去之宜、神有知之驗也。"《書虚》"豈報仇之義、有知之驗哉",《譴告》"非皇天之意、愛下譴告之宜也",句法都與此相近。校釋、集解二書的標點都是錯誤的。"止去"等於說"留去"。《解除》"使鬼神乎,不爲驅逐去止","去止"與"止去"同意。校釋改"止"爲"亡",也是錯誤的。

(3)《藝增》

> 校釋:天之去人,以萬數遠,則目不能見,耳不能聞。
>
> 集解:天之去人。以萬數遠。則目不能見。耳不能聞。

上引文應該標點爲:"天之去人,以萬數。遠則目不能見,耳不能聞。"《紀妖》:"天之去人,以萬里數。"《藝增》的"以萬數"就是"以萬里數"的意思。《調時》"則其爲禍宜以萬數",也是說以萬里數,讀上下文自明。也可能《藝增》和《調時》的"萬"字下都脱了一個"里"字。校釋、集解把"以萬數遠"當作一句讀,文義不通。

(4)《佚文》

> 校釋:……文王之文傳在孔子;孔子爲漢制文,傳在漢也。受天之文。(原注:四字於義無屬,疑涉下文"文人"訛衍,"受"字後人妄加。)
>
> 文人宜遵五經六藝爲文;諸子傳書爲文;造論著說爲文;上書奏記爲文;文德之操爲文:立五文在世,皆當賢也……
>
> 集解:(上略)受天之文。文人宜遵五經六藝爲文。(下略)

這段文字裏,“受天之文,文人宜遵”應該作一句讀。校釋和集解都把“文人宜遵五經六藝爲文”連成一句,是錯誤的。校釋甚至把“受天之文”和“文人宜遵”分列於兩段,並懷疑“受天之文”是衍文,更是錯得厲害。

如果全面地看,校釋和集解都還不失爲比較有用的書,但是它們的缺點的確也是相當嚴重的。希望有人編出一部好的《論衡》注本來代替它們。

原載《文史》第五輯(中華書局,1978),又載《古代文史研究新探》,部分條目又載《裘錫圭學術文化隨筆》,今據《古代文史研究新探》收入。

考古發現的秦漢文字資料對於校讀古籍的重要性

從歷史上看,我國學者自來都很注意利用考古發現的古抄本和其他古代文字資料來校讀傳世古籍。早在西漢時代,學者們就用在孔子故宅裏發現的戰國時代經書抄本,即所謂古文經,來校正流傳的今文經。西晉時代在汲郡戰國古墓裏發現了《紀年》、《穆天子傳》等竹書。從那時開始,歷代有不少學者用汲冢《紀年》來糾正《史記》的錯誤。唐代傅奕校訂的《老子》(《道德經古本篇》),據説是以北齊時在彭城項羽妾冢裏發現的古本爲根據的。從傳本的内容看,他大概確實參考過某種較古的本子。有的學者利用古代銘刻訂正古書:隋代初年顔之推根據"長安民掘得"的秦權上的銘文,指出《史記·秦始皇本紀》丞相隗林的"林"是"狀"字之誤(《顔氏家訓·書證》);清代末年吳大澂等根據金文中"文"字的寫法,指出《尚書》中"寧王"和"前寧人"的"寧"是"文"字之誤。這些都是校勘學上爲人稱許的發現。

現代學者中間,不少人在校讀《老子》、《尚書》等書時,很重視敦煌莫高窟發現的六朝和唐代寫本;還有人利用周代金文和秦漢金石文字等資料校讀古籍。他們大都取得了較好的成績。但是總的來看,近代和現代發現的古代文字資料及有關研究成果,並沒有充分運用到當前的古籍整理和注釋工作中來。

在與校讀古籍有關的古代文字資料中,20世紀初以來陸續發現的大批秦漢時代文字資料,是極爲重要的一個部分。從清末到解放前,在甘肅敦煌、内蒙居延等地的漢代長城和邊塞遺址裏,發現了很多漢簡,大部分是戍軍的文書和賬册。解放後發現了更多更重要的漢簡,而且還發現了西漢前期的帛書和秦簡。1959年在甘肅武威磨咀子六號漢墓裏發現了抄寫於西漢末至王莽時代的九篇《儀禮》。[①] 1972

---

① 甘肅省博物館《甘肅武威磨咀子六號漢墓》,《考古》1960年5期。

年初在湖南長沙馬王堆一號西漢前期墓裏發現了一份記載隨葬物的遣册。② 同年4月在山東臨沂銀雀山一號西漢前期墓裏發現大量竹書,其中有《吴孫子》(即《孫子兵法》)、《齊孫子》(即《孫臏兵法》)、《晏子》等書,但多非全帙,並且殘損得很厲害。③ 同年11月在武威旱灘坡的一個東漢前期墓裏發現了一批内容主要爲醫方的簡牘。④ 1973年至1974年在居延甲渠候官和肩水金關等漢代邊塞遺址裏發現了近兩萬支漢簡。⑤ 1973年11月至1974年初,發掘了漢文帝十二年(公元前168年)下葬的馬王堆三號墓,出土了大批帛書,其中有《易經》、兩本《老子》和很多佚書,一部分可能爲秦代抄本。此外還出了遣册以及講養生術和房中術的簡册。⑥ 1973年和1974年先後兩次發掘湖北江陵鳳凰山西漢前期墓群,在好幾個墓裏發現了簡牘。⑦ 1975年12月在湖北雲夢睡虎地十一號秦墓裏發現了大量竹簡,其中有秦律的部分抄本。⑧ 1977年在安徽阜陽雙古堆一號西漢前期墓裏發現了《蒼頡篇》、《詩經》等竹書,可惜都殘碎得很厲害。⑨ 70年代發現的資料有很大一部分還沒有發表。不過就拿已經發表的來説,内容就已經很豐富了。這些資料在校讀古籍方面所能起的巨大作用是顯而易見的。除簡册、帛書外,秦漢金石文字也可以用作校讀古書的參考。

就校讀古書來説,考古發現的古代文字資料與傳世古籍的關係大體上有以下四種情況:

一、二者是同一種書的古本和今本。

二、二者雖非一書但有很密切的關係,或者其中一種出自另一種,或者二者同出一源。二者僅有個別段落或文句屬於這種關係的,以及二者同記一事的,可以附

---

② 湖南省博物館等《長沙馬王堆一號漢墓》上下集,文物出版社,1973。

③ 山東省博物館等《山東臨沂西漢墓發現〈孫子兵法〉和〈孫臏兵法〉等竹簡的簡報》,《文物》1974年2期。

④ 甘肅省博物館《武威旱灘坡漢墓發掘簡報》,《文物》1973年12期。又《武威漢代醫簡》,文物出版社,1975。

⑤ 甘肅居延考古隊《居延漢代遺址的發掘和新出土的簡册文物》,《文物》1978年1期。

⑥ 湖南省博物館等《長沙馬王堆二、三號漢墓發掘簡報》,《文物》1974年7期。

⑦ 長江流域第二期文物考古工作人員訓練班《湖北江陵鳳凰山西漢墓發掘簡報》,《文物》1974年6期。紀南城鳳凰山一六八號漢墓發掘整理組《湖北江陵鳳凰山一六八號漢墓發掘簡報》,《文物》1975年9期。鳳凰山一六七號漢墓發掘整理小組《江陵鳳凰山一六七號漢墓發掘簡報》,《文物》1976年10期。

⑧ 孝感地區第二期亦工亦農文物考古訓練班《湖北雲夢睡虎地十一號秦墓發掘簡報》,《文物》1976年6期。

⑨ 安徽省文物工作隊等《阜陽雙古堆西漢汝陰侯墓發掘簡報》,《文物》1978年8期。

入此類。

三、古代文字資料可以用來闡明傳世古書中某些詞語的意義,或者糾正某些詞語書寫上的錯誤。

四、古代文字資料表現出來的用字和書寫方面的習慣,可以用作校讀古書的根據。

這個分類方法並不很科學,有些例子按照不同的著眼點可以歸入不同的類別中去。所以作這樣的分類,主要是爲了敘述的方便。下面就按照上述四種情況,分別舉例説明考古發現的秦漢文字資料對於校讀古籍的重要性。

一

解放前發現的漢簡裏只有古書的少量殘簡,解放後才發現成篇成部的秦漢竹書和帛書。這些竹書、帛書,一部分是現在尚有傳本的,如武威發現的《儀禮》,銀雀山發現的《孫子》中的十三篇部分、《晏子》、《尉繚子》、《太公》中見於今本《六韜》的部分,馬王堆發現的《易經》及所附易説中與《繫辭》相合的部分、《老子》(有甲、乙兩本)、《戰國縱橫家書》中見於《戰國策》和《史記》的各章、⑩阜陽雙古堆發現的《詩經》。不過,新發現的《儀禮》、《易經》和《詩經》,跟現在的傳本都不是同一家的本子。

武威簡本《儀禮》,銀雀山簡本《孫子》和《尉繚子》,以及馬王堆帛書本《老子》甲、乙本和《戰國縱橫家書》,都已經發表。⑪ 發表的本子一般都附有對照今本而作的詳略不等的校注。

上述諸書的簡本和帛書本,要比現存的各種本子都古得多。它們在校勘學上的價值是不言自明的。當然,我們也不能盲目地推崇古本,排斥今本。由於底本和抄手的好壞不同,新發現的這些古本的價值是不一致的。並且就是比較好的本子,

---

⑩ 《戰國縱橫家書》是整理者自定的名稱。下文中碰到整理者自定名稱的帛書、竹書,不再加注。

⑪ 有關主要書目如下:甘肅省博物館等《武威漢簡》,文物出版社,1964。銀雀山漢墓竹簡整理小組《孫子兵法(銀雀山漢墓竹簡)》(本文簡稱《孫子兵法》),文物出版社,1976。《銀雀山簡本〈尉繚子〉釋文(附校注)》,《文物》1977年2期、3期。《銀雀山漢墓竹簡〔壹〕》(綫裝),文物出版社,1975。馬王堆漢墓帛書整理小組《老子(馬王堆漢墓帛書)》,文物出版社,1976。《戰國縱橫家書(馬王堆漢墓帛書)》,文物出版社,1976。《馬王堆漢墓帛書〔壹〕》(綫裝),文物出版社,1974。《馬王堆漢墓帛書〔叁〕》(綫裝),文物出版社,1978。(《新探》編按:銀雀山竹書和馬王堆帛書後來都出版了有圖版的精裝本。)

也免不了有訛誤衍脱的地方需要用今本去校正。抄得壞的本子就更不用説了。⑫在處理這些古本中的假借字的時候,也需要參照今本。秦漢人用假借字比後代多(有一些其實就是同音或音近的别字),並且所用的假借字往往與後代不同。如果没有今本的幫助,有些假借字恐怕是很難讀通的。這些古本都不免有殘損,這也影響到它們的價值。但是,這些時代比現存其他各本都早得多的古本,畢竟有很多勝過其他各本的好處。即使是"抄寫最壞,顛倒錯亂,别字連篇"的本子,如馬王堆本《易經》,"也還有可以校正今本的地方"。⑬ 所以我們一方面不能迷信這些古本,一方面也不能低估它們的價值。

在這一節裏,我們舉銀雀山簡本的《孫子》爲例,説明這些古本對於校讀古籍的重要性。銀雀山本《孫子》的底本和抄手都比較好,可惜殘損得太厲害,所存字數只有今本的一半左右。即使如此,還是可以找到很多可以糾正今本的地方,下面所舉的僅僅是其中極少數的例子。舉例時先抄出《十一家注孫子》和簡本的有關文句,前者注"今"字,後者注"簡"字。所引簡本以本文注⑪所舉《孫子兵法(銀雀山漢墓竹簡)》爲準,整理小組注也引自此書。原書釋文一般未補缺文,本文爲了讀者的方便,根據原書校注盡可能補出缺文,所補缺文外加方括號。

(1)

《作戰》(今):力屈財殫中原內虛於家。

《作戰》(簡):屈力中原,內虛於家。

此句張預注云:"運糧則力屈,輸餉則財殫,原野之民,家産內虛",以"中原"二字連下讀,後人多從此説。按照簡本,"中原"二字就必須連上讀。《武經七書》本此句無"財殫"二字,《太平御覽》卷三三二引文同,與簡本合。十一家本此句下曹操注云:"丘,十六井也。百姓財殫盡而兵不解,則運糧盡力於原野也。"曹注是把上文"財竭則急於丘役"句與這一句連在一起解釋的,注文"財殫盡"與正文"財竭"相應,由於十一家本的正文和注文配置得不合理,很容易使人誤解爲與正文"力屈財殫"的"財殫"相應。"屈"字古訓"盡"。從曹注"盡力於原野"一語來看,曹氏所據本顯然無"財殫"二字,而且"中原"上二字很可能不作"力屈"而作"屈力",與簡本完全相合。杜牧注也有"力盡於原野"語,所據本也應無"財殫"二字,但"屈力"大概已倒作"力屈"。整理小組認爲十一家本正文"財殫"二字爲後人所臆加,張預注

---

⑫ 參看張政烺《〈春秋事語〉解題》,《文物》1977 年 1 期 39 頁。

⑬ 同上。

據誤本以"中原"二字連下爲句不可從。這個意見是正確的。

《詩·小雅·小宛》"中原有菽",《毛傳》:"中原,原中也。""屈力中原",意即竭盡力量於原野之中,與"內虛於家"爲對文。古書中以"中原"指戰場的例子很多,如《左傳·僖二十三年》"晉楚治兵,遇於中原,其辟君三舍",《商君書·賞刑》"萬乘之國不敢蘇其兵中原"。《孫子》這一句的"中原"無疑也是指戰場而言的。近年出版的幾種《孫子》注本,大都參考過簡本,但是他們都沒有用簡本來校正這一句的文字,仍然按照張預的斷句來解釋文義。有的注本並認爲"中原"是指"國內農業發達的中心地區"。新版《辭源》第一册"中原"條,也爲《作戰》篇的"中原"特立一解,釋爲"內地"。這是很不妥當的。就"屈力中原"這一句來說,無論從文義上看,或是從校勘學的角度看,簡本都顯然比十一家本好。爲什麼不願意相信簡本,而寧願相信時代晚得多的十一家本呢?

(2)

《謀攻》(今):故君之所以患於軍者三。

[《謀攻》](簡):[故君之]所以患軍[者三]。

十一家本"君之所以患於軍者",從下文看是指國君爲害於軍隊的事。但是古漢語中的"於"字往往在被動句中引進主動者,"君之所以患於軍者",也可以理解爲國君受軍隊危害的事。因此明代的《武經七書直解》把這一句改成"軍之所以患於君者三"。楊炳安《孫子集校》、郭化若《孫子今譯》都同意《直解》的改法。簡本此句"患"下沒有"於"字,產生誤解的可能性比較小,勝於今本,今本"患"下"於"字當是後人所加。不過"患於軍"也可以當"爲患於軍"講,並非只能理解爲受患於軍,所以還不能說今本不通。《直解》任意改古書的做法是不可取的。

(3)

《形》(今):守則不足,攻則有餘。善守者藏於九地之下,善攻者動於九天之上,故能自保而全勝也。

《形》(簡乙本):守則有餘,攻則不足。昔善守者,臧(藏)九地之下,動九天之上,故……(《新探》編按:據後出的有圖版的精裝本,末句當作"故能自葆全[勝]"。)

上引這兩句,今本皆同十一家本,簡本與今本出入較大。首先,前一句中"有餘"和"不足"的位置,簡本與今本互易。其次,簡本沒有"善攻者"三字,"藏九地之下"和"動九天之上"的主語都是"善守者"。從《漢書·趙充國傳》、《後漢書·馮異傳》

和《潛夫論・救邊》等篇看，上引第一句在趙充國、馮異、王符等人所見的《孫子》中，正作“守則有餘，攻則不足”，與簡本相合。這一點整理小組的注已經指出。把上引這兩句跟它們的上文聯繫起來看，簡文也顯然勝於今本。這兩句的上文是“昔之善戰者，先爲不可勝，以待敵之可勝。不可勝在己，可勝在敵。……不可勝者守也，可勝者攻也。”（引文據今本，簡本此段文字不全。）簡本“守則有餘，攻則不足”句的意思是説，同樣的兵力，可能用於守尚有餘，用於攻則不足，跟上文扣得很緊。善守者藏於九地之下，就是“先爲不可勝”；動九天之上，當指找到來犯敵人的“可勝”之機而出擊，⑭文義也跟上文很連貫。今本把“守則有餘，攻則不足”改成“守則不足，攻則有餘”，並使“藏九地之下”、“動九天之上”這兩件事分屬於“善守者”和“善攻者”，文義就跟上文不連貫了。

《趙充國傳》：“臣聞兵法，攻不足者守有餘。又曰，善戰者致人，不致於人。今罕羌欲爲敦煌、酒泉寇，飭兵馬，練戰士，以須其至，坐得致敵之術，以逸擊勞，取勝之道也。”趙氏是堅持“先爲不可勝，以待敵之可勝”的作戰方針的。認真讀一下趙氏的這段話，對簡本和今本的優劣就可以看得很清楚了。但是新出版的幾種《孫子》注本都沒有根據簡本來糾正今本。

（4）

《虚實》（今）：能使敵人自至者，利之也。能使敵人不得至者，害之也。故敵佚能勞之，飽能飢之，安能動之。出其所不趨，趨其所不意。行千里而不勞者，行於無人之地也。攻而必取者，攻其所不守也。守而必固者，守其所不攻也。

《實虚》（簡）：能使適（敵）[自]至者，利之也。能使適（敵）……[佚]能勞之，飽能飢之者，出於其所必[趨也]。□行千里而不畏，行無人之地也。攻而必[取，攻其]所不守也。守而必固，守其所[不攻也]。

上引這段文字的問題，主要在於今本的“出其所不趨，趨其所不意”這兩句。《御覽》卷二七〇引此文作“出其所必趨也”，卷三〇六引此文作“出其所必趣”。“趨”或“趣”上一字作“必”，並且都沒有後一句。《長短經・格形》“孫子曰安能動之，又曰攻其所必趨，何以明之……”，“趨”上一字也作“必”，而且所據本好像也沒有“趨其所不意”這一句。從十一家本所收各家注文看，各家所據之本“趨”上一字也都

⑭ 見詹立波《略談銀雀山漢墓竹簡〈孫子兵法〉》，《文物》1974年12期17頁。

作“必”。今本作“不”,顯然是錯誤的。孫星衍校刻《孫子十家注》,把“不趨”改作“必趨”,這在校勘學上是有根據的。簡本的發現不但進一步證實“不趨”確爲“必趨”之誤,而且還證明《御覽》所引《孫子》沒有“趨其所不意”一句,也是古本原貌,並非偶然遺脱。“出其所不趨,趨其所不意”這兩句的文義聯繫得很緊密,後一句大概是在“必趨”錯作“不趨”以後才增添上去的。

我們再看“出於其所必[趨也]”之前的簡文。簡本“飽能飢之”下沒有“安能動之”四字,而有“者”字。“安能動之”四字可能是簡本抄脱的,但是“者”字却不像是衍文。(《雪泥鴻爪》編按:似已有學者指出,簡本中“安能動之”可能在“佚能勞之”之上,可參考。)此處上下文都使用“……者……也”的句式。(《雪泥鴻爪》編按:上引簡本後面三句省“者”字。)《御覽》卷二七〇引文“出其所必趨”下正好有“也”字,可以與“……飽能飢之者”構成同樣的句式。根據簡本,並參照《御覽》,把“……[佚]能勞之,飽能飢之,[安能動之]者,出於其所必[趨也]”連爲一句讀,就把上下文很好地連貫起來了。⑮ 今本“佚能勞之”上有“故敵”二字,簡本此處殘缺,原來可能有這兩個字,也可能只有“敵”字。曹注説:“攻其所必愛,出其所必趨,則使敵不得不相救也。”敵人不得不相救,當然就不能“佚”“安”而必須“勞”“動”了,同時也就有了使敵人由“飽”變“飢”的可能。《孫子集校》反對孫星衍把“不趨”改成“必趨”,認爲“孫氏説與下文意相礙”。《集校》出版於1959年,簡本尚未發現。楊氏不知道“出其所不趨”應該屬上爲句,而“趨其所不意”則爲後人所竄入,因此有這樣的議論,這是可以理解的。現在有些已經看到簡本的學者仍然堅持與楊氏相同的觀點,這就有些難於理解了。

(5)

《虛實》(今):夫兵形象水,水之形避高而趨下,兵之形避實而擊虛。水因地而制流,兵因敵而制勝。故兵無常勢,水無常形,能因敵變化而取勝者,謂之神。

《實虛》(簡):……兵刑(形)象水,水行辟(避)高而走下,兵勝辟(避)實(此下似脱一“而”字)擊虛。故水因地而制行,兵因敵而制勝。兵無成埶(勢),無恆刑(形),能與敵化之胃(謂)神。

這一段文字,簡本與今本有出入的地方很多,我們只揀主要的兩點討論一下。首

⑮ 見《孫子兵法》53—54頁注文。

先,這一段的第一大句和第二大句,文義緊相承接。簡本第二句中"水因地而制行"的"行"字與第一句中"水行"的"行"相應,"兵因敵而制勝"的"勝"字與第一句中"兵勝"的"勝"字相應,筆法很嚴密,可以相信是基本上保持着原本面貌的。今本第一句不用"行"和"勝"字而都用"形"字,第二句不用"行"字而用"流"字,第二句的開頭沒有"故"字。這些都應該是訛脱、竄改的結果。《群書治要》、《通典》、《御覽》、《文選注》等書的引文中,"行"字大都尚未訛成"形"字、"流"字,"故"字也多數尚未脱落,⑯可證。其次,簡本末一句最重要的特點,是"無恆形"上無"水"字,"無成勢"、"無恆形"的主語都是"兵"。整理小組注:"按此處下文云'能與敵化之謂神',專就軍事而言,'水'字似不當有。"(59頁)此説可信,今本"水"字當爲後人所加。今本此句"勢"字、"形"字上都用"常"字(本應作"恆",避諱改),簡本一作"成",一作"恆",也勝於今本。《治要》卷三三引此文"勢"上一字作"定","定"、"成"音義俱近。總之,上引這一段文字,簡本要比今本好得多。但是,新出版的幾種《孫子》注本都沒有用簡本來校正今本。《今譯》在這一段的"水之形"下加注説:"形:《十一家注》、《武經》系統各本均作'形';'竹簡'、《通典》、《太平御覽》、《群書治要》'水之形'均作'水之行'。前三個'形'字,用'行'字較容易理解。但第四個'形'字,即'水無常形'則以'形'字爲適宜"(76頁),對簡本的優點作了有條件的肯定。但是所謂"前三個'形'字",實際上是兩個形字(水之形,兵之形)、一個流字(水因地而制流),並且第二個"形"字,簡本實作"勝"而不作"行"。至於"水無常形"句,簡本異於今本之處在於沒有"水"字,末一字兩本都作"形"。這些都是《今譯》的這條注文所沒有注意到的。

(6)

> 《行軍》(今):敵近而靜者,恃其險也。遠而挑戰者,欲人之進也。其所居易者,利也。
>
> [《行軍》](簡):敵近而[靜]者,恃其險也。敵遠[而挑戰(也可能作"人")者(也可能無此字),欲人之]進者,其所居者易[利也]。

今本"其所居易者,利也"句,文不成義,各家解釋都很勉强。《通典》卷一五〇、《御覽》卷二九一引此句,皆作"其所處者居易利也",應是説明上文所舉出之事的原因的;跟"敵近而靜者,恃其險也"一類獨立説明一種情況的句子不一樣。賈林注:

---

⑯ 見《孫子兵法》58頁。

"敵之居地多便利,故挑我使前,就己之便,戰則易獲其利,慎勿從之也。"從賈氏的解釋來看,他所見之本應該與《通典》、《御覽》所引之本相同或相近。孫星衍所校《孫子十家注》把"其所居易者利也"改爲"其所居者易利也",下有注云:"按杜佑、賈林諸家皆以此承上文言之,不別爲一事,則'者'字應在'易'字上。後人以上下文比例之,臆改在下耳。又按注云:'士爭其所居者,易利也。'(引者按:此爲杜牧注所引一本之文,"士爭"二字當是不明文義者所臆加)'者'字亦在上。從《通典》、《御覽》改。"簡本此句雖有殘缺,但"者"字確在"易"字上,而且"欲人之進"下不是"也"字而是"者"字,句子顯然沒有結束。這就完全證實了自"遠而挑戰"至"利也"是一句,孫星衍的校改是可取的。簡本"欲人之進"下既有"者"字,"敵遠[而挑戰]"下很可能就沒有"者"字,可惜簡文殘缺無法確定。⑰ 新出的幾種《孫子》注本對於這一句都仍然按照今本作解釋,這是不妥當的。

簡本《孫子》還有大量勝於今本的地方,這裏不一一介紹了。

限於篇幅,對於已發表的其他幾種傳世古書的簡本和帛書本的勝處,我們也不準備介紹了。感興趣的讀者可以去看注⑪舉出的那些書。

應該指出,古本和今本的異文有時候不只牽涉到個別文句的解釋,而且也牽涉到與作者的立場或整個思想體系有關的問題。在馬王堆帛書本《老子》裏就可以找到這種例子。

今本《老子》七十五章(王弼本):

> 民之饑,以其上食稅之多,是以饑。民之難治,以其上之有爲,是以難治。民之輕死,以其上求生之厚,是以輕死。夫唯無以生爲者,是賢於貴生。

《老子》作者雖然有不少偏激的話,但是他的立場顯然是完全站在統治階級一邊的。上面所引的可以算《老子》中最有人民性的一章。但是這一章在帛書本裏却有重要的異文:

> 人之飢也,以其取食说之多也,是以飢。百姓之不治也,以其上有以爲[也],是以不治。民之巠(輕)死,以其求生之厚也,是以巠(輕)死。夫唯无以生爲者,是賢貴生。

上面所引的是甲本,乙本文字大體相同。

這段話包含四個句子,一、三兩句的涵義,帛書本和今本有很大的不同。帛書

---

⑰ 見《孫子兵法》70—71 頁。

甲本的“说”字,乙本作“跣”。這是一個从“辵”或“足”从“兑”聲的字。“兑”字古音與“隧”相近。《禮記・檀弓下》“齊莊公襲莒于奪”,鄭玄注認爲“奪”指《左傳・襄二十三年》的“且于之隧”,“隧、奪聲相近,或爲‘兑’”。《晏子春秋・内篇問上・第二章》有地名“兹于兑”,王念孫《讀書雜志》也認爲就是“且于之隧”。帛書本的“说”應該讀爲“隧”。《廣雅・釋宫》:“隊(與“隧”通),道也。”《左傳・文公元年》杜注:“隧,徑也。”“说”字从“辵”或“足”,這兩個偏旁的意義正好跟道路有聯繫,“说”也許就是當道路講的“隧”或“遂”的異體。“取食说”的意思就是取得食物的途徑。今本説人民餓肚子,是由於統治者剝削得太厲害;人民不把死當作一回事,是由於統治者過分追求好的生活。帛書本則説人們餓肚子,是由於他們獲取食物的途徑太多;人民不把死當作一回事,是由於他們自己過分追求好的生活。[18]從《老子》的思想和文章風格來看,帛書本應該是可信的。

從形式上看,今本這一章的一、二、三三句話似乎配得非常整齊。如果從内容上考慮,情況就不是這樣了。第二句從反面説明無爲而治的道理,意思是説正由於統治者想治民,民反而不治。統治者“有以爲”的目的與其結果是矛盾的。但是統治者食税多本來就不是爲了要人民吃得飽,統治者想生活得好本來就不是爲了要人民重視生命。相反,“民之饑”、“民之輕死”正是統治者“食税之多”、“求生之厚”的合乎邏輯的結果。所以一、三兩句跟第二句放在一起,實際上是不調和的。並且像統治者食税多人民就要餓肚子這一類一般人都知道的道理,估計《老子》的作者也不會把它當作自己的心得來講。帛書本的一、二、三三句講的事情都與一般人的常識不符,放在一起是調和的。而且本章的末一句“夫唯無以生爲者,是賢於(帛書本無此字)貴生”,用來承接這三句,也顯然要比承接今本的那三句合理。所以今本的一、三兩句大概是被人有意修改過的,《老子》作者大概並沒有這種比較明顯的同情被剝削者的思想。(《新探》編按:今所傳王弼本“以其上求生之厚”句,景龍碑本、范應元本等作“以其生生之厚”——范本句末有“也”字;河上公本作“以其求生之厚”,與帛書本最相近。王弼本此句顯然經過竄改。)這兩句究竟是什麽時候改的?爲什麽要這樣改?這是值得進一步研究的問題。

古本的價值並不僅僅表現在能校出今本的明顯錯誤或有意的竄改上。古本和今本的文字往往有很多不影響文義的細微差别,有些差别看起來似乎無關緊要,實際上却反映了古今語言的變化。把上述幾種簡本和帛書本跟今本對照一下,可以

---

⑱　參看《老子(馬王堆漢墓帛書)》18頁。

發現“弗”字被改作“不”的現象非常普遍。例如帛書本《老子》裹有很多“弗”字,在今本裹幾乎全被改作“不”字。句子的詞序有時也被改動。例如銀雀山簡本《晏子》等書裹的“何如”、“之謂△”,往往被改作“如何”、“謂之△”(上引《孫子·虚實》篇文,就有一個“……之謂神”改作“……謂之神”的例子)。《戰國縱横家書》第十五章的“未之嘗有也”,《戰國策·魏策三》作“未嘗有之也”。複合詞或詞組的字序也有被顛倒的情況。例如《孫子》的《虚實》篇,簡本原稱《實虚》篇;《九地》篇裹的“霸王”,簡本原作“王霸”。帛書本《老子·德經》裹的“侯王”,在現存的有些本子裹也被改成了“王侯”。上述這類現象對於研究漢語的人是有意義的,所以在校勘的時候也不應該放過。

二

銀雀山竹書和馬王堆帛書裹,都有不少内容與現存古書有密切關係的佚書。有的佚書幾乎整篇都能與現存古書對上。例如銀雀山竹書中的《王兵》篇,其内容錯見於《管子》的《參患》、《七法》、《地圖》、《兵法》等篇。據研究,《參患》等篇大概就是由《王兵》或與《王兵》相似的作品改編而成的。[19] 至於部分内容或某些文句與現存古書相合的佚書,數量就很多了。例如抄錄在馬王堆《老子》乙本卷前的《經法》等篇佚書,有很多與《管子》、《鶡冠子》、《慎子》、《淮南子》等書相合的内容。[20]銀雀山竹書中的不少佚書,也有與《管子》、《淮南子》、《墨子》等書相合的内容。上述這類佚書,多數可以用來校讀有關的古書。下面舉一些例子。

銀雀山竹書《王兵》篇的發現,使我們對《管子》中《參患》、《七法》、《地圖》等篇的形成過程有了比較清楚的認識。這些篇的内容存在着由於割裂截取《王兵》或《王兵》一類作品而產生的文理欠通的現象。這在過去是不大容易被人察覺到的。現在用《王兵》篇一對比,問題就暴露出來了。同時,《王兵》篇還能幫助我們糾正《管子》的一些錯字,並讀通一些借字。對於這些問題,銀雀山漢墓竹簡整理小組的《臨沂銀雀山漢墓出土〈王兵〉篇釋文》已經作了比較全面的論述,這裹僅舉一個校讀文字的例子簡單説明一下。

---

⑲ 銀雀山漢墓竹簡整理小組《臨沂銀雀山漢墓出土〈王兵〉篇釋文》,《文物》1976 年 12 期。

⑳ 看唐蘭《〈老子〉乙本卷前古佚書與其它古籍引文對照表》,收入馬王堆漢墓帛書整理小組編《經法(馬王堆漢墓帛書)》。

下面所引的是分別見於《管子》的《七法》、《兵法》和竹書《王兵》的三段大同小異的文字：

《七法·選陳》：官無常，下怨上，而器械不功。朝無政則賞罰不明，賞罰不明則民幸生。

《兵法》：官無常則下怨上，器械不巧。則（此字衍）朝無定，賞罰不明，則民輕其産。

《王兵》：官府毋（無）長，器戒（械）苦偰（窳）。朝廷無正，民幸生。

清人丁士涵曾指出，《七法》和《兵法》兩篇中"官無常"的"常"字當讀爲"長"（見戴望《管子校正》），《王兵》篇證實了他的說法。此外，我們通過上引三段文字的對比，還可以知道《七法》"朝無政"的"政"和《兵法》"朝無定"的"定"，都應該按照《王兵》篇讀爲正長之"正"。"政"和"正"在古書裏經常通用。"定"字本是从"宀""正"聲的一個形聲字，古音與"正"相近，在這裏可以看作音近訛字。㉑ 孫星衍、丁士涵和俞樾都已看出《兵法》"朝無定"的"定"是"正"字之誤，但他們反據《七法》把"正"讀爲"政"，可謂未達一間。

除《王兵》篇外，銀雀山竹書中還有一些可以用來校讀《管子》的佚書，這裏也舉一個例子。《管子·五行》："日至，睹甲子木行御，天子出令，命左右士師內御，總別列爵，論賢不肖士吏……"，下文中"命……內御"之語屢見。"命左右士師內御"下尹注云："謂內侍之官也。"銀雀山竹書中有一篇與《五行》有密切關係的佚書，其中有"［正月朔日天子］出令，命東輔入御，令曰：總版列爵，選賢不宵（肖）……"等語，與上引《五行》篇文很相似。佚書下文"七月朔日"、"十月朔日"下，也可以分別看到命西輔、北輔入御之語（四月朔日命南輔入御之文缺去）。由此可見《五行》的"內御"應該讀爲"入御"（"內""入"二字古通），也可以說"內"是"入"的訛字。"御"在這裏是動詞，當訓爲"侍"或"治事"。尹注不可信。

馬王堆《老子》乙本卷前佚書中的《順道》等篇，跟《管子·勢》篇有不少相同或相似的文句。《管子·勢》的"形於女色，其所處者柔……"一句，《順道》作"刑於女節，所生乃柔"。"刑"是效法的意思。"女節"與《淮南子·原道》和《老子》乙本卷前佚書《雌雄節》等篇中所說的"雌節"同意，指"外示柔弱，待時應變之道"。㉒ "刑於女節"文從字順，"形於女色"就不大好講。《勢》篇的"女色"當是後人由於不明

㉑ 銀雀山漢墓竹簡整理小組《臨沂銀雀山漢墓出土〈王兵〉篇釋文》，《文物》1976年12期43頁。

㉒ 馬王堆漢墓帛書整理小組《經法（馬王堆漢墓帛書）》69、87頁。

“女節”之意而臆改的。㉓

馬王堆帛書《春秋事語》“魯桓公與文姜會齊侯于樂”章,與《管子·大匡》中講同一件事的一段文字非常接近,也可以用來校正《大匡》篇的一些錯誤。㉔

《戰國縱横家書》二十四“公仲倗謂韓王”章,與《戰國策·韓策一》“公仲明謂韓王”章基本相同,《史記·韓世家》、《韓非子·十過》也都有類似的文字。不過《十過》篇中的一段文字改動較大,已經不能看作同一篇文章了。《十過》有“楚王因發車騎陳之下路”一句,“下路”之義不明。《韓策》和《韓世家》只說“令(《韓世家》作“命”)戰車滿道路”,沒有提到“下路”。但此句在《戰國縱横家書》中則作“名(命)戰車盈夏路”,“夏”、“下”二字古通,可知《十過》的“下路”當讀爲“夏路”,《韓策》、《韓世家》的“道路”很可能是“夏路”的訛文。夏路指楚國向北方的大道,見於《史記·越世家》。㉕

銀雀山竹書中有一篇題爲“唐革(勒)”的佚賦(已殘),第一句是“唐革與宋玉言御襄王前”,通篇論御馬之術的高下。《淮南子·覽冥》自“昔者王良造父之御也”以下論御術的一段文字,就是取材於此的。《覽冥》說王良、造父御馬,馬就“心怡氣和,體便輕畢,安勞樂進”。“輕畢”二字不可解,高注訓“畢”爲“疾”,這在古書中是沒有根據的。佚賦中與上引《覽冥》篇文相當的文字是“馬心愈(愉)而安勞,輕車樂進”。由此可知《覽冥》的“畢”字是“車”的形近誤字,高注確爲臆說。“輕車”就是不覺得所拉的車子沉重的意思。《覽冥》說“鉗且、大丙之御”能使車馬之行如“日行月動,星耀而玄運,電奔而鬼騰”,佚賦作“月行而日邅(動),星躍而玄愪(運),子(疑爲衍文)神賁(奔)而鬼走”。《覽冥》的“耀”和“電”,當從佚賦讀爲“躍”和“神”。

銀雀山竹書中的《奇正》篇說:“故聖人以萬物之勝勝萬物,故其勝不屈。”㉖這一句可以校正《淮南子·兵略》的一處衍文。“屈”字古訓“盡”。這句話的意思是說,聖人掌握萬物的特性,知道該用什麼去制服什麼,所以他的勝利是無窮無盡的。《淮南子·兵略》裏有不少與《奇正》篇相合的内容,大概在編寫《兵略》的時候,《奇正》篇是很重要的參考資料。《兵略》說:“物物而不物,故勝而不屈。”這句話應該是脱胎於上引《奇正》篇的那句話的。“物物而不物”,就是超出於物而駕馭萬物的

㉓ 同上,180頁。

㉔ 參看張政烺《〈春秋事語〉解題》,《文物》1977年1期39頁。

㉕ 見《戰國縱横家書(馬王堆漢墓帛書)》108頁注⑥。

㉖ 銀雀山漢墓竹簡整理小組《孫臏兵法(銀雀山漢墓竹簡)》121頁。

意思,跟"聖人以萬物之勝勝萬物"的意思是相通的。前面已經説過,"勝不屈"是勝利無窮無盡的意思,《兵略》"勝"字下的"而"顯然是衍文,應據《奇正》删去。《御覽》卷二七一引《淮南子》此句,"勝"下無"而"字,所據尚爲未訛之本。[27]

《奇正》又説:"以一形之勝勝萬形,不可。"這一句可以校正《孫子》曹操注的一處脱文。《孫子・虚實》"人皆知我所以勝之形,而莫知吾所以制勝之形",曹注:"不以一形之勝萬形。"據上引《奇正》文可知曹注"勝"字下脱落一重文。[28] 看來曹操也是讀過《奇正》篇的。

銀雀山所出的大約屬於《太公》的殘簡裏有如下一條:

往者不可及,來者不可侍(待),能明其世,胃(謂)之天子。

這句話,《吕氏春秋・聽言》引作《周書》,"能明其世"訛爲"賢明其世";《漢書・鼂錯傳》引作《傳》,"來者不可待"訛爲"來者猶可待",都應據簡文改正。

下面舉一個用雲夢所出《秦律》校正《説文》的例子。

《説文解字》裏有些字的注解是以《漢律》爲根據的,《漢律》因襲《秦律》的地方很多,所以《秦律》可以用來糾正今本《説文》的一些錯誤。《説文・米部》:

粲,稻重一秙,爲粟二十斗,爲米十斗曰毇,爲米六斗太半斗曰粲。

又《麥部》:

䴵,麥覈屑也。十斤爲三斗。

《秦律・倉律》裏有與上引《説文》有關的一條律文:

稻禾一石,爲粟二十斗,舂爲米十斗;十斗粲,毀(毇)米六斗大半斗。麥十斗,爲䴵三斗。

根據這條律文,《説文》"粲"字注解裏"毇"、"粲"二字的位置應互易(《十講》編按:據張家山247號墓所出《算數書》有關簡文看,過去對上引《秦律》關於"毇""粲"文句的理解有誤。本文中"《説文》'粲'字注解裏'毇''粲'二字的位置應互易"一句應删

㉗ 《銀雀山漢墓竹簡〔壹〕》中《孫臏兵法・奇正》篇注。《奇正》篇不應編入《孫臏兵法》,印刷中的新版已作調整。(《自選集》編按:所引《銀雀山漢墓竹簡〔壹〕》爲綫裝本,1985年出版的精裝本已將《奇正》等篇從《孫臏兵法》中抽出。)

㉘ 同上注。

去。關於“榖”“粲”問題當另文討論);“糲”字注解裏的“斤”字應改爲“斗”。[29]

這裏再根據《秦律》附帶談一下《說文》“糳”、“毇”等字段玉裁注的一些錯誤。《秦律·倉律》是先講了小米由粟舂米的折合比例,然後再講稻米由粟舂米的折合比例的。關於小米的那段律文如下:

> [粟一]石六斗大半斗,舂之爲糲(糲)米一石;糲米一石爲鑿(糳)米九斗;九[斗]爲毀(毇)米八斗。[30]

《說文·米部》:

> 糲,粟重一秙爲十六斗太半斗,舂爲米一斛曰糲。

又《毇部》:

> 糳,糲米一斛舂爲九斗曰糳。
> 毇,米一斛舂爲八斗也。

這些注解大概都是以《漢律》中的《倉律》爲根據的,所記折合比例與上引秦律完全相合。段玉裁因爲《九章算術》和《詩經》鄭箋所記的各種粗細小米的比例,都是糲十、粺九(粺即毇。《說文·米部》:“粺,毇也。”)、糳八,就把《說文》糳字注解裏的“九斗”改爲“八斗”,把毇字注解裏的“八斗”改爲“九斗”。這樣改,看起來似乎很有道理,所以得到很多人的同意。現在秦簡出土,才知道《說文》並不錯。至於《九章算術》和鄭箋所記比例與《說文》所據的《漢律》不同的原因,還有待研究。段注還認爲上引《說文》“粲”字注解“……爲米十斗曰毇”本應作“……爲米十斗,爲米九斗曰毇”,這當然也是錯誤的。

《文史》第五輯有武雷同志的《校勘小議》,他根據雲夢秦簡《編年記》昭王“卌八年攻武安”的記載,指出標點本《史記》據梁玉繩、張文虎等人的意見,把《秦本紀》昭襄王四十八年“王齕將伐趙武安、皮牢拔之”一句中的“武安”二字删去,是錯誤的。這和段玉裁改《說文》的例子,都説明校勘古書必須十分審慎,不是有充分的把握,就不應該改動古書。

雲夢秦簡《編年記》昭王卅三年條記“攻蔡、中陽”四字。[31] 這條簡單的記載可

---

[29] 睡虎地秦墓竹簡整理小組《睡虎地秦墓竹簡》44—45頁。這一條律文原來抄寫有誤,引用時已據整理小組注改正。

[30] 同上注。

[31] 同上所引書5頁、10頁。

以校正今本《史記》的一處重要脱文。秦簡整理小組注:“《史記·六國年表》和《魏世家》載此年秦拔魏四城。《秦本紀》說秦‘客卿胡傷攻魏卷、蔡陽、長社’,只有三城,疑《秦本紀》‘蔡陽’係‘蔡、中陽’之誤。”[32]這個意見很正確,《秦本紀》“蔡”、“陽”二字間顯然脱落了一個“中”字。

最後,舉一個用敦煌漢簡校正《淮南子》的例子。《淮南子·天文》:

> 斗杓爲小歲,正月建寅,月從左行十二辰;咸池爲太(當從錢大昕改“大”)歲,二月建卯,月從右行四仲,終而復始。

斗杓正月建寅,咸池建卯不言正月而言二月,頗爲可疑。有一條敦煌簡說:

> 正月大時在東方舍卯,小時并在東方舍寅。
>
> 《流沙墜簡》小學方技書5上,吉凶宜忌殘簡1

《淮南子·天文》:“大時者,咸池也。小時者,月建也。”斗杓所指之辰即月建。所以簡文與上引《天文》篇講的是一件事。簡文說正月大時舍卯,可證《天文》篇“二月建卯”之誤。大概後人不明大時小時之説,以爲正月建寅與正月建卯矛盾,所以把第二個“正月”改作“二月”。

三

古書裏有些詞語(包括某些專名)的確切含義,我們現在已經不清楚了,或者在多數人中間已經不清楚了。還有些詞語已經被後人寫錯,這些詞語的含義往往也是不清楚的。如果我們能够注意那些使用這一類詞語或與這類詞語有關的古代文字資料,就可以弄清一些詞語的含義,糾正一些書寫上的錯誤。

下面按照詞語的性質分四類舉例説明。

(一) 專名

(1) 巫咸袑

《莊子·天運》:

> 巫咸袑曰:“來! 吾語女。天有六極五常,帝王順之則治,逆之則凶。九洛

[32] 睡虎地秦墓竹簡整理小組《睡虎地秦墓竹簡》5頁、10頁。

之事,治成德備,監照下土,天下戴之,此謂上皇。"

釋文引李頤注:"巫咸,殷相也。祒,寄名也。"成玄英疏:"巫咸,神巫也,爲殷中宗相。祒,名也。"巫咸名祒,從不見於他書,頗爲可疑。馬王堆三號墓出土的關於養生術的竹書提到神人巫成柖(《新探》編按:見《馬王堆漢墓帛書〔肆〕》釋文149頁),應即務成子。巫、務皆微母字。巫屬魚部,務屬侯部,漢代魚、侯二部合一,故"巫成"與"務成"可通。《荀子·大略》"舜學於務成昭",《路史》後紀卷十一作務成軺。"柖"與"昭"、"軺"都从"召"聲,所以也可通用。銀雀山竹書中有舜與牟成犳問答殘簡。"牟"、"務"古音相近。"犳"从"勺"聲,"勺"與"召"古音也相近。牟成犳也即務成昭。有的古書上務成子之名作"跗"(《新序·雜事五》)或"附"(《韓詩外傳》五),恐有誤。《漢書·藝文志》有《務成子》十一篇、《務成子災異應》十四卷、《務成子陰道》三十六卷,可見古人著書頗喜依託此人。《莊子》的"巫咸祒"無疑是"巫成祒"之訛。"祒"也从"召"聲。巫成祒、巫成柖、務成昭,都是一名的異寫。也有可能"祒"就是"柖"的誤字。

《莊子》所錄巫成祒之語,當是從舜和巫成祒的某篇問答中摘錄下來的,或即出自《藝文志》列於小說家的《務成子》(《藝文志》原注:"稱堯問,非古語。"疑"堯"爲"舜"之誤,也可能其中包括堯舜二人與務成子的問答)。《路史》後紀卷十一:"(舜)問於務成軺曰:'天下未治,何以使我?'對曰:'避天下之逆,從天下之順,天下不足治也。避天下之順,從天下之逆,天下不足失也!'"《莊子》所引"帝王順之則治,逆之則凶"等語,意與此相近。

(2) 孫軫

《漢書·藝文志》兵形勢家有《孫軫》五篇。過去大家不清楚這個孫軫是什麼人。姚振宗《漢書藝文志條理》以爲是戰國時的陳軫,純屬臆測。銀雀山竹書《孫臏兵法·陳忌問壘》篇殘簡中有"晉邦之將荀息、孫軫之於兵也","晉邦之將荀息、孫軫爲晉要秦於殽,潰秦軍,濩(獲)三率(帥)"等語。這個孫軫顯然就是晉將先軫。《藝文志》的孫軫無疑也是他。先軫本以善於謀劃善於用兵見稱。城濮之戰晉文公用其謀而勝楚國,殽之戰他襲擊秦軍俘獲三帥(看僖公二十八年、三十三年《左傳》,《晉語》四,《史記·晉世家》)。《說苑·指武》說"文王不能使不附之民,先軫不能戰不教之卒",上引《陳忌問壘》篇也兩次提到他,可見在古人心目中先軫的軍事才能極受重視。有人託他的名而著兵書是很自然的事。"先"、"孫"二字古音極近,所以先軫可以寫作孫軫。《漢書·田廣明傳》記武帝時故城父令公孫勇作亂事。東漢時的《國三老袁良碑》提及此事,公孫勇作公先勇(《隸釋》六),可以與此互證。如果沒有銀雀山竹書,《藝文志》孫軫的問題恐怕是難以解決的。[33]

(3) 千章

《漢書·地理志》西河郡有千章縣。1976 年內蒙古自治區伊克昭盟杭錦旗發現西漢銅漏壺,壺身刻銘文一行:"干章銅漏一,重卅二斤,河平二年四月造",壺內底鑄"干章"二字。[34] 由此可知《地理志》千章爲干章之誤。伊克昭盟文物工作站的同志報導此器發現消息時,把銅壺銘文中的"干章"仍釋爲"千章"。銅壺鑄銘"干"字作篆體,頂上分叉,顯然是"干"而非"千"。《漢書》是屢經傳抄刊刻的古書,"干"字錯成"千"毫不奇怪。銅漏壺在漢成帝時鑄於干章,當時當地的人把地名寫錯的可能性非常小。我們不應該舍實證而信書本。

(二) 器物名

(1) 斗卮

《史記·項羽本紀》鴻門宴一節記樊噲闖入以後事有如下一段文字:

> 項王曰:"壯士!賜之卮酒。"則與斗卮酒。噲拜謝,起,立而飲之。項王曰:"賜之彘肩。"則與一生彘肩。樊噲覆其盾於地,加彘肩上,拔劍切而啗之。

太史公通過飲食寫樊噲的豪勇,斗卮酒與生彘肩爲對,斗卮自然是指容量爲一斗的酒卮。但是長期以來,有不少人認爲"斗"是衍文。清人李笠《史記訂補》:"《漢書·樊噲傳》'與'下無'斗'字。卮受四升,不得云斗卮酒,下云卮酒安足辭,此非泛言可知,斗蓋衍字。"(據《史記會注考證》轉引。《十講》編按:承復旦大學中文系傅傑教授告知,李笠之書著於民國時代,不應稱李爲"清人"。)日人《史記會注考證》和北大中國文學史教研室《兩漢文學史參考資料》都引了李說,《參考資料》並加了"李說是"的按語。還有不少人認爲斗是酒器名。王伯祥《史記選》注:"斗,酒器之大者。就是《詩·行葦》'酌以大斗'的斗(引者按:《詩經》的斗是舀酒的勺一類器,王氏似誤解"斗"字之義),今俗猶管大酒杯叫酒斗。"(42 頁)從各種古文選本看,認爲"斗"是酒器名的人似乎比認爲"斗"是衍文的人更多。他們大概都認爲容量大到一斗的酒杯是不可能有的。其實秦漢時的一斗只相當於二升左右,斗卮相當於二升的啤酒杯,並不是不可能有的東西。

1972 年發掘馬王堆一號墓,發現一份完整的遣册,其中 179 號簡上所記的就是

---

[33] 此段據《銀雀山漢墓竹簡〔壹〕》中《孫臏兵法·陳忌問壘》注。

[34] 伊克昭盟文物工作站《內蒙古伊克昭盟發現西漢銅漏》,《考古》1978 年 5 期。

“髹畫斗卮二”。1973年出版的《長沙馬王堆一號漢墓》上集《竹簡》一節指出斗卮見於《項羽本紀》，就是盛一斗酒的卮，並說：“墓中所出的135號漆卮，容量爲2100毫升，與七升卮（指底部朱書“七升”二字的137號漆卮）容量爲1500毫升相較，其容量當在一斗上下，當即此簡所記的斗卮。”（144頁）後來發現的馬王堆三號墓的遣册也記有斗卮。有了這樣堅强的地下證據，斗字衍文説和斗爲酒器説總應該銷聲匿跡了吧。但是我們翻檢了十來種近年來出版的選入《項羽本紀》的古文注本（包括一部分未公開出版的），發現斗爲酒器説仍然佔有絶對統治地位。有的直接把“斗”注爲“大酒杯”，有的籠統地把“斗卮酒”釋爲“一大酒杯”，沒有一種注本是把“斗”理解爲容量單位的。

（2）坻

《史記·貨殖傳》：

通都大邑，酤一歲千釀、醯醬千坻……

《漢書·貨殖傳》“坻”作“瓨”。《史記會注考證》改《史記》的“坻”爲“瓨”，一般人也多認爲《史記》的“坻”是“瓨”的誤字。馬王堆一號漢墓遣册所記食物有“馬醬一坑”、“魴一坑”、“鱷一坑”、“豉一坑”，“坑”爲器名，應讀爲“甂”。[35] 司馬遷的時代與馬王堆一號漢墓的時代相距不遠。《史記》的坻盛醯、醬，遣册的坑也用於盛醬、豉等物。“坻”顯然是“坑”（甂）的誤字而不是“瓨”的誤字。

甂和瓨是同類器物（二字聲亦相近）。《史記集解》引徐廣釋“坻”爲長頸罌。《漢書》顔師古注也説：“瓨，長頸甖也，受十升〈斗〉。”《廣雅·釋器》把甂、罌、瓨都訓作“瓶”。所以我們也不必説《漢書》的“瓨”是“坑”（甂）的訛字。《長沙馬王堆一號漢墓》説墓中所出301號硬陶罐内藏豆豉，當即簡文所記“豉一坑”的“坑”。[36] 此器口較小，頸部較高，形制正與徐廣注所謂長頸罌相合。

（3）有方

《墨子》和《韓非子》都提到“有方”。《墨子·備水》：

臨三十人，人擅弩，計四有方……選材士三十人共船，其二十人，人擅有方，劍甲鞮瞀，十人擅苗（畢沅謂苗同矛）。

《韓非子·八説》：

---

[35] 《長沙馬王堆一號漢墓》上集138頁。《座談長沙馬王堆漢墓帛書》，《文物》1974年9期52頁。

[36] 同上注。

> 揞笏干戚,不適(敵)有方鐵銛。

畢沅校《墨子》改"方"爲"弓",《韓非子》舊注訓方爲楯,"有"字都沒有著落。孫詒讓在《墨子閒詁》和《札迻》中主張"有方"是"酋矛"的誤字,亦無確證。

《流沙墜簡》所收敦煌漢簡,有兩條都記"有方一"三字(屯戍叢殘 13 上,器物類 28、29),王國維考釋指出,見於《墨子》、《韓非子》和簡文的"有方"是一種兵器,但形制不可考。居延漢簡也屢見"有方",如:

> 第二十隧卒□丘定　有方一刃生　右卒兵受居延　　311·2,居甲 1648
>
> 有方十六
>
> 盾十六
>
> 劍十六　　232·31,同上 2470

勞榦《居延漢簡考證》綜合古書和漢簡中關於有方的資料進行研究,認爲有方應是一種有刃的長兵,很可能是戈戟一類的東西。其說似頗可信。

有方的問題現在尚未徹底解決,但是我們對於有方的認識比起孫詒讓等人來已經進了一步。孫詒讓尚未見到漢簡,他把有方解釋爲酋矛的訛文,是可以理解的。奇怪的是,陳奇猷在解放後出版的《韓非子集釋》的《八說》篇注中,不僅沒有提到漢簡裏的有關資料,還別出心裁地提出了"有方"是執軍旗的人的奇說,比起清人來反而退了一大步(《十講》編按:上海古籍出版社 2000 年出版的陳氏的《韓非子新校注》,已將"有方"是執軍旗的人的說法刪除,但仍未引用漢簡研究者關於"有方"的說法)。

(三) 與古代制度有關的詞語

(1) 户人

《漢書·食貨志上》:

> 農民户人已受田,其家衆男爲餘夫,亦以口受田如比。

王念孫《讀書雜志》認爲"農民户人"本應作"農民户一人",他說:"一人二字對下衆男爲餘夫言之。下文士工商家受田,五口乃當農夫一人,又承此農民户一人言之。今本脫'一'字,則文義不明。《通典·食貨一》無'一'字,亦後人依誤本漢志刪之。《周官·載師》注及疏引此,並作農民户一人。陳氏《禮書》引同,則北宋本尚未誤。"

王說似乎很有道理,所以信從的人頗多。但是從江陵鳳凰山十號漢墓所出的"鄭里稟(廩)籍"來看,"户人"是當時常用的詞語,《食貨志》並無脫文。鄭里廩籍共二十六簡,除首簡外,每簡都以"户人某"開端,下記該户的人口、田畝和所貸種食的數字。例如:

户人擊牛　能田二人　口四人　田十二畝　貸一石二斗

户人野　能田四人　口八人　田十五畝　貸一石五斗

《文物》1974年7期51頁

《食貨志》和廩籍的"户人"顯然指同一種人,大致相當於後代的户主(《十講》編按:《敦煌懸泉漢簡釋粹》——胡平生、張德芳編撰,上海古籍出版社,2001——61頁引簡文:"驪軒武都里户人大女高者君,自實占家當乘物……",62頁注〔2〕引《漢書·昭帝紀》顔注引如淳曰:"律,諸當占租者,家長身各以其物占,占不以實,家長不身自書,皆罰金二斤,沒入所不自占物及賈錢縣官也。"此簡文可證"户人"即家長,亦即"户主")。《食貨志》以户人與衆男對言,文義很順。王氏認爲《通典》引文爲後人所改。其實《通典》引文是正確的,《周禮》注疏、陳氏《禮書》引文裏的"一"字,恐怕倒是不明"户人"之義的人給添加上去的。

(2) 循行

《後漢書·百官志五》劉昭注引《漢官》所記河南尹員吏,有循行二百三十人,雒陽令員吏有循行二百六十人。《晉書·職官志》所記州、縣吏也有循行。從漢簡看,"循行"應是"脩行"之誤。

居延簡屢見脩行:

脩行□里公乘霍利親年三十八　　174·5,《居》166頁3326號

脩行孤山里公乘范弘年二十一　今除爲甲渠尉史代王輔

285·3,居甲1534

☐脩行除☐　　485·43,《居》228頁4189號

上引後兩簡的"脩"字本寫成从"彳",字形與"循"相似,末一簡的"脩"勞榦就誤釋爲"循"。漢代隸書"亻"旁往往變作"彳",漢簡、漢碑中"條"寫作"𢓭"、"假"寫作"徦"一類現象很常見,並非只有"脩"字如此。从"彳"的"脩"字跟"循"字的確很相似,所以這兩個字在古書裏時常互訛。但是如果能仔細觀察,漢簡、漢碑裏的"循"字和从"彳"的"脩"字還是容易區別的。因爲"循"字右下部爲"目","脩"字右下部爲"月",這部分的寫法通常並不相混。上引居延簡第一條的"脩"字,本从

"亻"而不从"彳",其非"循"字更爲明顯。所以可以肯定《後漢書》《晉書》的"循行"是"脩行"的誤文。從文義上看,"脩行"也比"循行"合理。漢代雖有循吏之稱,但在講到品行的時候,一般不用循字,而常用脩字,例如《漢書・高帝紀上》"舉民年五十以上有脩行,能帥衆爲善,置以爲三老",《漢書・于定國傳》"年且三十乃折節修行"。《漢書・陳湯傳》"有司奏湯無循行",宋祁疑"循"當作"脩",是正確的。

《論衡・程材》:"一縣佐史之材,任郡掾史。一郡脩行之能,堪州從事。"脩字未誤,甚爲難得。黄暉《論衡校釋》反據《後漢書》的訛文説"脩行"應作"循行",可謂是非顛倒。

《北海相景君碑陰》所記屬吏中有很多"脩行","脩"字都从"彳"。趙明誠《金石録》:"按《後漢書・百官志》注河南尹官屬有循行一(當作"二")百三十人,而《晉書・職官志》州、縣吏皆有循行。今此碑陰載故吏都昌台丘暹而下十九人,皆作脩行。他漢及晉碑數有之,亦與此碑陰所書同,豈循、脩字畫相類遂致訛謬邪?"(卷一四)他似乎認爲此碑陰从"彳"的"脩"是"循"的錯别字。洪适《隸續》"㣖(循)、㣖(脩)二字隸法只爭一畫,書碑者好奇,所以从省借用"(卷一六),認爲"脩"以形近借用爲"循"。他們都上了古書誤字的當。

(3) 伐閲名籍墨將

《論衡・謝短》:

> 吏上功曰伐閲名籍墨將,何指?

黄暉《校釋》、劉盼遂《集解》都在"伐閲"後加逗。最近出版的《論衡注釋》也如此標點,並在"伐閲"和"名籍墨狀"後分别加注(《注釋》據唐蘭説改"墨將"爲"墨狀"),把"伐閲"解釋爲"給有功的官吏記功",把"名籍墨狀"解釋爲"把名字記入墨筆寫的功勞簿上"(731 頁)。從漢簡裏的有關資料看,這種標點方法是不妥當的,《注釋》的解釋更是不可信。

居延簡屢見"上功"或"不上功"之語:

> 吞遠候長放昨日詣官上功,不持射具,當會月二十八日,部遠不及到部,謹持弩詣官射,七月丁亥蚤食入。 203・24,《居》162 頁 3290 號

> □□候長□□□詣官上功,不持射具,當會〼遠不及到部,謹持弩詣官射,七月丁亥蚤食入。 203・18,《居》162 頁 3286 號

> ・右佐史七十人 其四人病 / 六十六人不上功 265・27,居甲 1388

止北隧長居延纍山里公乘徐殷年四十二　不史不上功

35・16,居甲251

還有一條簡有"過時不上不爲□"之語:

爲吏十一歲二月十二日

其一歲十二日過時不上不爲□　　20・3,居46頁969號

"爲"下一字不清,似是"勞"字。

從上面這幾條簡文看,大概當時的官吏每隔一定時間就要向上級機關登記自己的服役時日等情況,叫做上功。

有幾條簡有"功勞墨將名籍"的文書名稱:

初元三年十月壬子朔辛巳,甲渠士吏彊敢言之,謹移所自占書功勞墨將名籍一編,敢言之。　　282・7,居甲1511

▨墨將名籍一編敢[言之]　　430・5,《居》121頁2498號

▨自占書功勞墨□□□上▨　　227・7,《居》317頁5258號

這應該就是官吏們上功的文書。《漢書・食貨志下》:"各以其物自占。"自報財物是自占,自報功勞也是自占。從上引提到上功的第一、二條簡文看,候長似乎必須親自到候官治所上功,上功時並須試射。這當是由於候長職務重要,對他們要求比較嚴格的緣故。多數官吏大概只要自占功勞上報就可以。這種自占功勞上報的"功勞墨將名籍",跟《論衡》所說的上功用的"伐閱名籍墨將"顯然是一種東西。所以把"伐閱"和"名籍墨將"用逗點開是錯誤的。至於"墨將"的確切含義,還有待進一步研究。

（四）其他

（1）燔治

《黄帝内經素問・繆刺論》:

鬄其左角之髮方一寸,燔治,飲以美酒一杯。

從馬王堆帛書《五十二病方》等出土的古醫書、古醫方看,燔治之"治"當是"冶"的誤字。《五十二病方》屢見"燔冶"之語:

取野獸肉食者五物之毛等,燔冶,合撓□,誨(每)旦[先]食,取三[指大撮]三,以温酒一杯和,飲之。

……皆燔冶，取灰，以猪膏和[傅]。

取陳葵莖，燔冶之，以彘職(膱)膏殽弁以[傅]痏。

瘺居右，□馬右頰[骨]；左，□[馬]左頰骨，燔冶之。[37]

此外，在《五十二病方》中還經常提到"冶"這種處理藥物的方法。帛書整理小組注："冶，《醫心方》卷二二引《集驗方》'已冶艾葉一筥'，冶字日文訓釋爲碎。帛書醫方中冶字都是碎的意思。同樣意義的冶字，也見於《流沙墜簡》和《武威漢代醫簡》。"[38]但是各種出土的醫書、醫方在講到藥物的處理方法的時候，從不用"治"字，可見《素問》的"燔治"一定是"燔冶"的訛文。

(2) 入邑

《管子・小匡》記齊桓公與管仲論百官，管仲曰：

墾草入邑，辟土聚粟，多衆，盡地之利，臣不如甯戚，請立爲大司田。

這件事也見於其他一些古書，文字彼此有些出入。其中，"墾草入邑"一句"邑"上一字的異文最值得注意。此句在《韓非子・外儲說左下》裏作"墾草仞邑"，《吕氏春秋・勿躬》作"墾田大邑"，《新序・雜事四》作"墾田刱邑"，連《管子》在内，四本書用了四個不同的字，即"入"、"仞"、"大"、"刱"。

"墾草入邑"之語又見於《史記・范睢蔡澤列傳》：

大夫種爲越王深謀遠計……墾草入邑，辟地殖穀。

《秦策三》作"大夫種爲越王墾草刱邑，辟地殖穀……"，姚本"刱"下有校語："錢、劉一作仞，曾一作入。"這些異文沒有超出上面所說的範圍。

《韓非子》"墾草仞邑"句下舊注："仞，入也。所食之邑能入其租稅也。"王先慎《韓非子集解》指出《管子・小匡》"仞"作"入"，爲舊注所本，並引《廣雅・釋詁三》："入，得也。"《史記・范睢蔡澤列傳》"墾草入邑"句下《索隱》引劉氏云："入猶充也，謂招攜離散，充滿城邑也。"俞樾《諸子平議》認爲《韓非子》的"仞邑"當從《新序》改正爲"刱邑"，刱邑"謂刱造其邑也"。陳奇猷《韓非子集釋》，許維遹、郭沫若《管子集校》都同意俞說。郭沫若並認爲《管子》的"入"、《吕氏春秋》的"大"，都是"立"的誤字。日人太田方認爲《韓非子》的"仞"當讀爲"牣"，訓爲"滿"，楊樹達說同(據《集釋》)。這些分歧的說法，究竟哪一種對？僅僅依靠上引幾種古書本

[37] 以上各條見馬王堆漢墓帛書整理小組《五十二病方(馬王堆漢墓帛書)》85、104、110、128 頁。

[38] 同上書，28 頁。

身,顯然很難作出判斷。

雲夢秦簡《爲吏之道》部分,有"根(墾)田人邑"一語,秦簡整理小組注讀"人"爲"仞",解釋說:"仞邑,使城邑人口充實。"[39]銀雀山竹書《王法》篇有"豤(墾)草仁邑"一語。銀雀山竹書每用"仁"爲"仞"。如《兵令》篇"前唯(雖)有千仁之溪",《群書治要》引此文"千仁"作"千刃",即"千仞"。[40]《王兵》篇"得地而不能仁",《管子·七法》作"得地而不能實",銀雀山漢墓竹簡整理小組讀"仁"爲"仞"。[41]《王法》"墾草仁邑"的"仁"無疑也應該讀爲"仞",訓爲"實"。

根據上引秦簡和銀雀山竹書,可以斷定《韓非子》的"仞邑"是正確的。《管子》和《史記》的"入邑"都是"人邑"之誤,"人"也應讀爲"仞"(《十講》編按:《史記·平準書》:"……令民得畜牧邊縣,官假馬母,三歲而歸及息什一,以除告緡,用充仞新秦中。"末一句《漢書·食貨志下》作"用充入新秦中"。《漢書》顏注說:"官得母馬之息,以給用度,得充實秦中人,——王先謙《補注》指出'秦中'上脫'新'字——故除告緡之令也。"顏注以"得充實[新]秦中人"釋"用充入新秦中",可知其所見《漢書》"充入"作"充人"——疑《漢書》所據《史記》"充仞"本作"充人"——,"人"本應讀爲訓"滿、實"之"仞",顏注誤以爲指人民。《漢書》之"充人"后訛爲"充入",與"人邑"訛爲"入邑"同例)。仞邑是使城邑充實的意思。在各種舊說中,太田方和楊樹達的說法是正確的。《史記》劉氏注雖然據誤文爲說,但對文義的解釋尚可取。

太田方一面讀仞爲"牣",一面又說《戰國策》作"𨚗邑",義亦通。秦簡整理小組在上引那條注裏引了《吕氏春秋》的"墾田大邑"。他們大概認爲"仞邑"與"𨚗邑"或"大邑",意思都講得通,可以並存。我們認爲"大邑"很可能也是"人邑"之誤,"𨚗邑"很可能是"仞邑"之誤。也就是說,古代本來只有"墾草(或作"田")仞邑"一種說法,"仞"也可以寫作音近的"人"、"仁"(古代或許還可寫作"刃")。後來不明白"仞邑"之義的人,有意無意地把"人"字寫成"入"或"大",把"仞"字(可能還有"刃")寫成"𨚗",這才把問題搞得這樣複雜。

---

[39] 睡虎地秦墓竹簡整理小組《睡虎地秦墓竹簡》285—286 頁。

[40] 《銀雀山簡本〈尉繚子〉釋文(附校注)》,《文物》1977 年 3 期 31—34 頁。

[41] 銀雀山漢墓竹簡整理小組《臨沂銀雀山漢墓出土〈王兵〉篇釋文》,《文物》1976 年 12 期 37 頁。

四

文字的用法,也就是人們用哪一個字來代表哪一個詞的習慣,古今有不少變化。如果某種古代的用字方法已被遺忘,但在某種或某些傳世古書裏還保存着,就會給讀古書的人造成麻煩。秦漢文字資料表現出來的當時人的用字習慣,有時與保存在傳世古書裏的已被遺忘的用字方法相合,可以幫助我們讀通這些古書。下面舉幾個例子。

先談"佴"字。

《漢書・司馬遷傳》所載太史公《報任安書》有如下一句:

> 李陵既生降,隤其家聲,而僕又茸以蠶室,重爲天下觀笑。

顔注:"蘇林曰:茸,次也。若人相俾次。師古曰:此説非也。茸音人勇反,推也。蠶室乃腐刑所居溫密之室也。謂推致蠶室之中也。"劉奉世不同意顔説,認爲"茸"應"讀如闒茸之茸"。《文選》卷四一《報任少卿書》"茸"字作"佴",李善引如淳《漢書》注:"佴,次也,若人相次也。"可知《漢書》古本作"佴"。清人郭嵩燾解釋此句説:"佴次即副貳。遷言陵降後族誅,隤其家聲,己又以救陵下蠶室,罪居其次也。蘇解'茸'爲'次',則亦讀'茸'爲'佴'耳。"(見《漢書補注》)但是無論把這個字讀爲"佴",訓作"次",還是讀爲"茸",訓作"推"或"闒茸",文義都顯得很彆扭。

"佴"字和"恥"字都从"耳"聲。馬王堆帛書有用"佴"爲"恥"的例子,如《經法・君正》的"民富則有佴"。[42] 銀雀山竹書有時也以"佴"爲"恥",例如有一篇佚書説:"卿大夫官吏士民儆節,高其誼,佴其□,行其俗,民之請(情)也。""佴"顯然應讀爲"恥"。帛書和竹書的時代與司馬遷相近,《報任安書》的"佴"字没有問題也應該讀爲"恥","恥以蠶室"就是受宫刑之恥的意思。

其次談"炅"字。

《黄帝内經素問》裏屢見"炅"字,用法跟"熱"字十分相似。如《舉痛論》先言"炅氣",後言"熱氣",而意義無別,又言"寒則氣收,炅則氣泄",以"炅"與"寒"對舉。居延漢簡中也常見同樣用法的"炅"字。[43] 但是字書裏的"炅"字,讀音跟"熱"字完全不同,而且並無"熱"的意思。《素問》既用"熱"字又用"炅"字,而用法又十

---

[42] 見《經法(馬王堆漢墓帛書)》13 頁。參看《戰國縱横家書》72 頁注②。

[43] 陳槃《漢晉遺簡偶述》,史語所集刊十六本 315—316 頁。

分相似,二者究竟是什麽關係?《素問》的“炅”究竟應不應該按照字書“炅”字的音來讀? 直到馬王堆帛書出土,才把問題解決。

《老子·德經》“靜勝熱”句,馬王堆帛書甲本作“靚生炅”(乙本此句殘去)。又甲本《道經》“或炅或□”句,乙本作“或執(熱)或碰”。帛書整理小組認爲“炅,從火,日聲,當即熱之異體字,不讀古迥切或古惠切”。㊹ 完全正確。馬王堆《老子》乙本卷前佚書《十大經·姓爭》“夫天地之道,寒涅燥濕,不能並立”,㊺又借“涅”爲“熱”。“涅”从“呈”聲,“呈”也从“日”聲。大概今本所從出的《素問》古本原來全用“炅”字,後人改“炅”爲“熱”而又改之未盡,遂致全書“炅”、“熱”錯出。【編按:也有可能原來就“熱”、“炅”並用。】《長刺節論》“病風,且寒且熱炅,汗出,一日數過”,“熱”、“炅”二字相重。應是先有人注“熱”於“炅”,後人不明其意,遂將二字都抄作正文。《太素·雜刺》“病風,且寒且炅,一日數過”,“炅”上無“熱”字,可證。人民衛生出版社出版的《黃帝內經素問》把上引《長刺節論》文標點爲“且寒且熱,炅汗出”,是不妥當的。

最後談由“篹”字訛變而成的“募”字。

“算”、“選”二字在古代由於音近而相通。《論語·子路》“何足算也”,《鹽鐵論·雜事》引作“何足選哉”。《儀禮·喪服傳》“父母何筭焉”,武威簡本《甲本服傳》第 20 簡“筭”作“選”。在銀雀山竹書裏,屢見假借从“算”聲的“篹”字爲選擇之“選”的例子。例如《孫臏兵法》的《威王問》和《篹(選)卒》都把“選卒”寫作“篹卒”,㊻有一篇佚兵書裏“選卒”出現四次,兩次作“算卒”,兩次作“篹卒”,同篇“民不選”的“選”也寫作“篹”。簡本《晏子》也有以“篹”爲“選”的例子。

古書裏的有些“募”字,其實是“篹”的形誤之字,應該讀爲“選”。(漢代人寫字“竹”頭“艸”頭往往不分,“募”、“篹”形極近,據《干祿字書》,唐代一般人還把“篹”寫作“纂”。)

《吳子·應變》:

> 武侯問曰:“左右高山,地甚狹迫,卒遇敵人,擊之不敢,去之不得,爲之奈何?”起對曰:“此謂谷戰,雖衆不用。募吾材士,與敵相當,輕足利兵,以爲前行……”。

㊹ 《老子(馬王堆漢墓帛書)》14 頁注⑪。

㊺ 《經法(馬王堆漢墓帛書)》66 頁。

㊻ 《孫臏兵法(銀雀山漢墓竹簡)》42、45 頁。

這一段講在山谷中猝然遇敵時應變的辦法。把"募吾材士"的"募"看作"篹"的誤字,讀爲"選",顯然是很合適的。83110 部隊理論組編的《吴子兵法注釋》把"募吾材士,與敵相當"解釋爲"要挑選數量與敵相當的精鋭之士"(39 頁)。他們並不知道"募"是"篹"(選)的誤字,但是根據上下文義猜出了這個字的正確含義,正可以印證我們的說法。

《吴子·圖國》:

> 古之明王必謹君臣之禮……簡募良材,以備不虞。昔齊桓募士五萬以霸諸侯,晉文召爲前行四萬以獲其志,秦繆置陷陳三萬以服鄰敵。

這一段裏的"簡募"和"募士",也應該是"簡篹(選)"和"篹(選)士"之誤。《吴子兵法注釋》把這兩處的"募"字解釋爲招募,是不正確的。

《群書治要》卷三一引《六韜·龍韜》:

> 士卒不募而法鬼神

《尉繚子·戰威》有"武士不選則衆不强"之語。《龍韜》的"不募"顯然是"不篹(選)"之誤。

俞樾《諸子平議》認爲古書裏有的"募"字和"慕"字,應是與"選"字聲近義通的"纂"字的形誤。《管子·心術下》"慕選者,所以等事也",《平議》:"慕乃纂字之誤。《詩·猗嗟》篇'舞則選兮',毛傳訓選爲齊……韓詩作'舞則纂兮',蓋選與纂聲近而義通。此云'纂選者,所以等事也',正以纂、選之義並爲齊也。"《荀子·王制》"案謹募選閲材伎之士",《平議》:"募乃纂字之訛……纂、選皆具也……閲亦具也……是纂、選、閲三字同義。"《荀子·議兵》"故招近募選,隆埶詐,尚功利,是漸之也",《平議》:"楊注曰:'近當爲延。'是也。招、延二字同義,則募、選二字亦必同義。募乃纂字之誤。纂、選皆具也。"從字形上看,《荀子》的"募"字其實更可能是由"篹"字訛變的。

如果上引俞氏之說可信,在古代,"篹"或其他从"算"聲的字除了假借爲"選"以外,還可以假借來表示另一個與"選"字聲義皆近的詞。我們認爲與其說這個詞是"纂",還不如說這個詞是"銓"。至於《韓詩》的"纂",可以直接看作"選"的異文。"選"、"纂"、"銓"古音都很相近。不過我們又懷疑《荀子·王制》的"募選閲"本作"篹閲",讀爲"選閲",讀者或注"選"字於"篹"字之旁,後人不察抄入正文,"篹"字又訛變爲"募",遂形成今本之文。三個同義字疊用,在古書中雖有其例,畢竟少見,"篹(選)閲"不是比"纂選閲"更合於語言習慣嗎? 上引《議兵》文,"隆埶詐”、“尚功利”都是三字句,“招近募選”有沒有從三字句誤衍而成的可能呢? 似乎也不是沒有考慮餘地的。

在秦漢文字資料表現出來的書寫習慣方面,要注意某兩個或某幾個字的寫法特別容易相混的現象,例如前人所指出的“土、士、出”,“十、七”,“吉、告”,“脩、循”等等。這些在秦漢人筆下寫法非常相近的字,也就是古書裏互訛之例最多的字。在前人的校勘學著作中可以找到大量校正這類形近誤字的實例,所以我們在這方面就不準備多談了。下面只舉“私”、“和”相混的例子簡單說明一下。

秦漢文字裏“私”、“和”二字的寫法非常接近。“私”字的右旁往往寫得跟“口”字差不多,[47]很容易看成“和”字。馬王堆帛書《五十二病方》第 319 行“私内中”的“私”字(102 頁),當釋文在《文物》上初次發表時就是釋作“和”字的。事實上漢代人自己就往往把這兩個字弄混。例如馬王堆帛書《十大經・正亂》把“和”字寫成“私”,[48]武威簡本《儀禮・有司》第 57、58 號簡都把“私”寫作“和”。由於這些例子的啓發,我們發現了《禮記》的一個錯字。

《禮記・表記》:

> 子曰:“邇臣守和,宰正百官,大臣慮四方。”

“守和”意思不明確,而且跟“正百官”、“慮四方”不相配。這個“和”應該是“私”的誤字。君主私事、百官之事、四方之事,三者由近及遠,所以分别由邇臣、宰、大臣掌管。鄭玄注“和謂調和君事者也”,可見所據本此字已誤(《十講》編按:王念孫《讀書雜志・管子第三》指出《法禁》篇“莫敢布惠緩行,脩上下之交,以和親於民”句的“和親”爲“私親”之誤。同書《荀子第七》指出《正名》篇“其爲天下名,其和樂少矣”句的“和樂”爲“私樂”之誤。此皆“私”訛作“和”之例)。

秦漢時代的書寫習慣,還有一點應該注意,那就是表示重文的方法。在周代金文裏,重文通常用重文號“=”代替,而且不但單字的重複用重文號,就是兩個字以上的詞語以至句子的重複也用重文號。秦漢時代仍然如此(就抄書而言,其實直到唐代都還常常如此)。例如武威簡本《儀禮・甲本服傳》“婦=人=不=貳=斬=也=者何也”(21 至 22 號簡),應讀爲:“婦人不貳斬也。婦人不貳斬也者,何也?”知道了古人表示重文的習慣,就可以糾正古書裏與重文有關的一些錯誤。我們在《論衡札記》裏曾指出《卜筮》篇“占之不審吉凶,吉凶變亂,變亂,故太公黜之”,本當作“占

---

[47] 見《漢印文字徵》7・9 下“私”字。

[48] 《經法(馬王堆漢墓帛書)》61、63 頁。

之不審吉₌凶₌變₌亂₌故太公黜之”,[49]應讀爲“占之不審,吉凶變亂。吉凶變亂,故太公黜之”。下面再舉幾個與重文有關的校勘實例。

《素問·刺瘧》:

足陽明之瘧,令人先寒,洒淅洒淅,寒甚久乃熱。

“洒淅洒淅”形容人身上發冷,《素問》與《靈樞》中還有“洒淅”、“洒洒”、“淅淅”、“淅然”等同類詞語。按照漢語習慣,“洒淅”重疊時應作“洒洒淅淅”,而不應作“洒淅洒淅”。由於“A₌B₌”一類重文格式既可讀爲“AABB”,也可讀爲“ABAB”,就產生了上述錯誤(《十講》編按:《詩·召南·羔羊》“委蛇委蛇”《釋文》:“沈讀作委委蛇蛇也。”此即同一“A₌B₌”,或讀作“ABAB”,或讀作“AABB”之例)。

《韓詩外傳》卷六(據四部叢刊本):

築城而居之,別田而養之,立學以教之,使人知親尊親尊。

“親尊親尊”本當作“親親尊尊”,這也是誤“AABB”爲“ABAB”的例子。汪繼培《潛夫論箋》指出《潛夫論·慎微》“鄂譽鄂譽”當作“鄂鄂譽譽”,與此同例。

《莊子·庚桑楚》:

此四六者不蕩胸中則正,正則静,静則明,明則虛,虛則無爲而無不爲也。

這一段話也見於《吕氏春秋·有度》,文字稍有出入,“静則明,明則虛”二句,《有度》作“静則清明,清明則虛”。兩相比勘,可知二書皆有脱誤。未誤之文當作“静則清₌則明₌則虛”,讀爲“静則清,清則明,明則虛”。《庚桑楚》的抄寫者大概由於“清”字、“明”字前都有則字,一時疏忽誤接“静則”於“明”,或誤接“静”於“則明”,以致抄脱帶重文號的“清”字和一個“則”字,而成今本之文。《有度》篇文當是先抄脱“明”上“則”字而成“静則清₌明₌則虛”,又按照重複雙字的重文讀法(即A₌B₌ = ABAB),讀成今本之文。

關於利用秦漢文字資料校讀古書的例子,就舉到這裏爲止。

通過以上這些例子可以清楚地看到,考古發現的古代文字資料,對於校讀傳世的先秦秦漢古籍,的確有極其重要的意義。這些資料能够幫助我們解決傳世古書裏一些本來無法解決的,甚至根本就發現不了的問題,能够幫助我們檢驗前人校讀古書的成果,決定一些聚訟紛紜的問題的是非。反過來説,如果在先秦秦漢古籍的

---

[49] 《文史》第五輯241頁(《新探》編按:已收入本書)。

整理注釋工作中不重視有關的古代文字資料，就會影響工作的質量，甚至犯一些不應有的錯誤。當然，我們的意思並不是說古代文字資料能解決古書裏的一切問題。已經發現的可以用來校讀古書的古代文字資料，在數量上比起傳世古書來還是少得可憐，在內容上也有很多需要傳世古書幫助解讀或糾正錯誤的地方。但是不管怎麼樣，對這些資料的重要性還是應該有充分的估計。就目前古籍整理注釋工作的實際情況來看，的確還比較普遍地存在着對這些資料重視不够的傾向。希望這種傾向能很快扭轉過來。

最後還應該申明一點。我們在舉例的時候指摘了王念孫、段玉裁、孫詒讓等大師的個別疏失之處。這並不說明他們不高明。我們看到的很多古代文字資料，是他們根本不知道的。如果段玉裁看到了秦律，就決不會再根據《九章算術》去改《說文》了。並且，在整理研究新的古代文字資料的過程裏，一方面固然會發現一些可以用來修正他們的說法的資料，另一方面也會發現一些能爲他們的說法提供證據的資料。尤其是王念孫，他在沒有版本根據的情況下得出的校勘上的結論，往往與地下發現的古本冥合，其卓識實在值得欽佩。由於篇幅的限制，我們在這裏無法具體談這些問題了。

附記：

此文蒙朱德熙先生審閱、修改，謹致謝忱。

1980 年 5 月 20 日

原載《中國社會科學》1980 年 5 期，又載《古代文史研究新探》、《裘錫圭自選集》、《雪泥鴻爪——浙江大學古籍所建所二十周年紀念文集》（中華書局，2003）、《中國出土古文獻十講》，今據《中國出土古文獻十講》收入。

談談地下材料在先秦秦漢古籍整理工作中的作用

20 世紀 20 年代,王國維提倡在古史研究中應用“二重證據法”,即以“地下之新材料”檢驗補充“紙上之材料”(見《古史新證》)。其精神對古籍整理工作同樣是適用的。我們在整理那些年代久遠的傳世古籍的時候,應該儘量利用各種地下材料,其中包括考古發現的各種古籍抄本、其他各種古代文字資料以及文字之外的各種有關考古資料。對於先秦秦漢古籍的整理來說,這一點尤其重要。過去已經有不少學者注意於此,而且做出了不少成績。但是就古籍整理工作的現狀來看,似乎還存在着對地下材料不够重視的傾向。爲了引起對這個問題的注意,作者曾寫過《考古發現的秦漢文字資料對於校讀古籍的重要性》一文(見《中國社會科學》1980 年 5 期,以下簡稱“重要性”)。現在寫這篇短文也是出於同樣的目的。

在傳世先秦秦漢古籍的整理工作中,地下材料所能起的作用可以粗分爲兩方面:一、有助於研究古籍的源流,包括古籍的成書時代和過程、資料來源以及篇章的分合變化等問題。二、有助於古籍的校讀,如校正文字、闡明詞義文義等等。所謂“校讀”,本來也可以包括第一方面的研究工作,我們爲了行文的方便把這個詞的意義縮小了。以下分别舉例説明地下材料在這兩方面的作用。

一

地下材料對於解決聚訟紛紜的先秦古籍的時代問題,有極其重要的作用。

地下發現的甲骨卜辭和銅器銘文等資料,是絲毫未經後人竄改的商周時代文獻。有些傳世古文獻,可以通過在用詞、行文和思想、内容上,跟這些地下古文獻作對比,而大致確定其真實時代。例如通過跟西周春秋銅器銘文作對比,我們可以相信《尚書》中《周書》的大部分(自《大誥》以下各篇),雖然其文字在不斷傳抄刊刻的過程中已經出現了不少訛誤,但是大體上還保持着“原件”的面貌。《商書》用詞行文的習慣往往與甲骨卜辭不合。如《盤庚》喜歡用“民”字,在卜辭裏却還沒有發現過同樣用法的“民”字。但是《商書》各篇所反映的思想以至某些制度却跟卜辭相合。看來,它們(《湯誓》也許要除外)大概確有商代的底本爲根據,然而已經經過了周代人比較大的修改。至於《虞夏書》各篇,就顯然是後人的擬作了。郭沫若曾指出,在西周春秋銅器銘文裏總是以“妣”與“祖”配,“考”與“母”配(《詩經》亦同),“可知考妣連文……當係戰國時人語”。而《堯典》却有“百姓如喪考妣三載”之語,其成書時代便可想而知了(《甲骨文字研究・釋祖妣》)。

非文字的考古資料,對於判斷古籍成書時代同樣很重要。《尚書・禹貢》所記梁州貢品中有鐵。從考古發掘看,鐵要到春秋後期才開始比較普遍地使用。《禹貢》成書時代的上限當不能早於春秋(參看郭沫若《中國古代社會研究》)。有的考古工作者把《儀禮》的《士喪禮》、《既夕禮》所記的隨葬器物的組合形式,跟考古發掘中所見的實際情況對比,認爲《儀禮》反映的大約是戰國初期的情況(陳公柔《士喪禮、既夕禮中所記載的喪葬制度》,《考古學報》1956 年 4 期)。這對於判斷《儀禮》的成書時代顯然是很有幫助的。

也有一些過去被認爲是後人依託的作品,通過跟地下材料的對比,證明是可靠的史料。例如自宋代以來,很多人認爲《逸周書》是戰國時代或“戰國秦漢之間”的作品(見《僞書通考》)。現在看來,這部書的内容比較複雜。其中既有大量戰國人的依託之作,也有一些可靠的西周文獻。如《世俘》、《商誓》兩篇當作於周初,價值決不在《尚書》中屬於周初的幾篇之下。《世俘》記武王征伐四方,殺死大量敵人,又用商紂等人的首級祭祀宗廟。受儒家思想熏陶的文人學士認爲這是後人對武王的誣蔑。《世俘》又記武王用大量犧牲祭神,也被認爲是夸飾之辭。其實這些正反映了殷周時代的實際情況(某些數字可能有夸大),不是這個時代的人恐怕連想也想不出來。郭沫若、顧頡剛等人都曾指出過《世俘》的可信。《世俘》有關於武王狩獵的一段記載:

> 武王狩,禽(擒)虎二十有二、貓二、麋五千二百三十五、犀十有二、氂七百二十有一、熊百五十有一、羆百一十有八、豕三百五十有二、貉十有八、麈十有六、麝五十、麇三十、鹿三千五百有八。(據《集訓校釋》本)

我們可以把它跟甲骨卜辭裏關於商王狩獵的記載對比一下:

> 戊午卜,㱿貞:我獸(狩)𣪘,禽(擒)。之日獸(狩),允禽,獲虎一、鹿卌□、狐百六十四、麑百五十九…… 合 10198 正

二者的文例極爲相似。《世俘》關於人祭的記載也與卜辭相近，不是後人所能臆造得出來的（參看拙作《釋"勿""發"》，《中國語文研究》2 期）。

在某些成書時代較晚的作品裏，有時也可以找到跟時代很早的地下材料相合的資料。例如《山海經》的主要部分和《堯典》大概都是在戰國時代成書的，但是甲骨文所記的四方神名和四方風名，却見於《山海經》，並以一種經過改造的形式編入《堯典》（看胡厚宣《釋殷代求年於四方和四方風的祭祀》，《復旦學報（人文科學）》1956 年 1 期）。見於甲骨卜辭的商先公"王亥"，也只有《山海經》保存了這個名稱的原來寫法。由此可知成書時代較晚的作品，有時也能給我們提供來源很古的寶貴資料。但是如果離開了地下資料，就很難在這方面作出正確的判斷了。

有些傳世的先秦古籍，如《晏子》、《尉繚子》、《六韜》等，曾被很多人懷疑爲秦漢以後人的作品。在 70 年代前期，這些書的西漢前期竹簡抄本在臨沂銀雀山漢墓裏發現，因此很多懷疑之説就不攻自破了。例如傳世的《晏子春秋》，宋代的陳振孫就懷疑它不是《漢書・藝文志》所著録的《晏子》本書。清人管同甚至懷疑是"六朝人爲之者"。梁啓超認爲其依託年代或在漢初（《僞書通考》）。近人還有主張是秦代作品的。1972 年在銀雀山漢武帝初年的墓葬裏，發現了《晏子》的部分抄本，文句與今本大同小異。可見陳振孫、管同的懷疑完全不能成立。從抄本字體看，其時代略早於墓葬，當屬西漢前期。我們知道，從一部書的開始出現到廣泛傳抄，通常總要經歷一段不太短的時間。西漢前期既然已經在傳抄《晏子》，可以想見這部書的出現大概不會晚於戰國，把它定爲秦或漢初作品，仍嫌太晚。銀雀山漢墓還發現了《尉繚子》和《六韜》（在漢代當包括在《藝文志》所著録的《太公》内）的部分篇章的西漢前期抄本。這兩部書基本上也應該是戰國時代作品。

《鶡冠子》也是一部時代有爭論的書。有人相信它是戰國作品，有人則認爲"是書決爲後人僞託"（《僞書通考》）。1973 年長沙馬王堆三號漢墓出土的西漢前期抄寫的帛書《老子乙本卷前佚書》（其著作時代當在戰國），有很多與《鶡冠子》相同或相似的文句（看文物出版社出版的《經法》）。如果《鶡冠子》爲漢以後人所僞託，這一現象就難以解釋了。看來認爲此書是戰國時作品的意見大概是正確的。

銀雀山和馬王堆漢墓出土的古書抄本，對於研究某些古籍的資料來源、形成過程以及篇章的分合變化，也有重要價值。

例如這兩個墓出土的古佚書裏，有不少與《管子》有密切關係的内容。有的與《管子》某些篇章的思想相合，有的連文字也相同。特别是銀雀山漢墓所出的《王兵》篇，其全部内容錯見於《管子》的《參患》、《七法》、《地圖》、《兵法》等篇，文字基本相同。經過對比研究,證明《參患》等篇是由《王兵》或與《王兵》相似的作品,加上其他一些作品改編而成的(看《臨沂銀雀山漢墓出土〈王兵〉篇釋文》,《文物》1976 年 12 期)。對於研究《管子》的資料來源和成書過程,這些佚書顯然十分重要。在這兩個墓出土的古佚書裏,還發現了不少可能是《淮南子》所從取材的作品。

馬王堆漢墓出土的帛書《老子》甲乙兩本和銀雀山漢墓出土的竹簡本《晏子》,爲研究這兩部書的篇章的分合變化提供了重要資料。帛書《老子》的兩種本子"都是《德經》在前,《道經》在後,次序與通行本相反,而與《韓非子・解老》及嚴遵《道德指歸》相合(《十講》編按:以爲《解老》及《指歸》所據之《老子》亦以《德經》居前,是帛書《老子》出土後學者間很流行的意見,但其實證據不足,此處"而與"以下一句當刪。《指歸》原本當仍以《道經》居前,請看李學勤《嚴遵〈指歸〉考辨》,已收入其《古文獻叢論》,上海遠東出版社 1996 年出版)。通行本分八十一章,帛書乙本不分章,甲本有些段落前有圓點標誌,由此可以看出古今本段落分合的某些異同。通行本有些章的位置與帛書本不同。凡不同之處,帛書本的順序都比通行本合理(《馬王堆漢墓帛書〔壹〕》"出版說明")。銀雀山簡本《晏子》爲未經劉向整理之本,存 16 章,分見於今本 8 篇之中。各章都沒有今本的章題。今本《問上》第 20、21 兩章,《問下》第 22、23 兩章,簡本都連爲一章。

如果對馬王堆帛書和銀雀山竹書作深入的研究,在古籍源流方面一定能得到很多新的收獲。

二

下面舉例說明地下材料在校讀古籍方面的作用。先舉用甲骨、金文等先秦古文字資料校讀《尚書》、《詩經》等古籍的例子。甲骨、金文資料的時代與《詩》、《書》相同或相近,所以常常可以用來校正《詩》、《書》的文字,闡明《詩》、《書》的文義。在這方面,近代、現代的學者已經取得了不少成就,我們只能擇要談一談。

《尚書・大誥》稱文王爲"寧王"(亦見《君奭》),稱先人爲"前寧人"。舊時於"寧"字無確解。清末的吳大澂和孫詒讓等人指出金文"文"字多从"心",字形與"盜"相似,上舉這些"寧"字當是"文"字的誤釋(見吳氏《字說》、孫氏《尚書駢枝》。《新探》編按:此處原文所述有不妥處,已略作刪改。關於這一校勘學上的問題,請參看已收入本書的《談談清末學者利用金文校勘〈尚書〉的一個重要發現》)。

西周銅器銘文常稱史官爲“作册”。《尚書·洛誥》“王命作册逸祝册”。逸是人名,作册是他的官職。舊時不明作册之義,以“王命作册”爲句,把“作册”看作王所命令進行的事。孫詒讓在《古籀拾遺》(下 7 頁)和《周禮正義》(《春官·内史》)裏才指出作册是職名。孫氏在這個問題上也是受金文啓發的(參看王國維《書作册詩尹氏説》,《觀堂别集》卷一)。

王國維在利用銅器銘文校讀《詩》、《書》方面作出了較多的貢獻。例如他據史頌簋的“里君百生(姓)”,指出《尚書·酒誥》“越百姓里居”的“里居”是“里君”之誤(見吳其昌整理的王氏《尚書》講義,又見楊筠如《尚書覈詁》);據盂鼎的“匍有四方”,指出《尚書·金縢》“敷佑四方”的“佑”當讀爲“有”;據毛公鼎、克鼎銘文中“舍命”一語的用法,指出《詩·邶風·羔裘》“舍命不渝”的“舍命”不當如鄭箋訓爲“處命”,而是“致其君命”(傳達君上命令)的意思;據蔡姞簋的“彌厥生”,指出《大雅·卷阿》“俾爾彌爾性”的“性”當讀爲“生”,“彌生”就是長命的意思(《十講》編按:孫詒讓《古籀拾遺》卷中 23 頁下—24 頁上已指出金文之“彌生”與《詩》之“彌性”同,但未指出“彌性”應讀爲“彌生”);據不𡢁簋的“女肇誨于戎工”,指出《大雅·江漢》“肇敏戎公”的“公”當讀爲“工”,“戎工”就是兵事的意思(以上見《與友人論詩書中成語書二》,《觀堂集林》卷二)。他又據不𡢁簋“女及戎大𦎫(敦)𢦏”,指出《大雅·常武》“鋪敦淮濆”和《魯頌·閟宫》“敦商之旅”的“敦”都應該當“迫”、“伐”講(見《不𡢁敦蓋銘考釋》,收入《觀堂古金文考釋五種》。《新探》編按:孫詒讓在《古籀餘論》卷三裏已經指出“𦎫𢦏”即《詩》之“鋪敦”,“謂迫笮慱伐之也”)。《逸周書·世俘》“武王遂征四方,凡憝國九十有九國”,“憝”也應讀爲訓“伐”的“敦”。此例王氏未舉,後來郭沫若在《奴隸制時代》裏指了出來。

王國維還由於在甲骨卜辭裏發現了商先公“季”、“王亥”、“王恒”等名,把《楚辭·天問》中從來不得其解的“該秉季德”、“恒秉季德”等語也講通了(《殷卜辭中所見先公先王考》,《觀堂集林》卷九)。

《詩經》裏有“以介眉壽”(《豳風·七月》)、“以介景福”(《小雅·楚茨》)、“以介我稷黍”(《小雅·甫田》)等語。舊時於“介”字不得其解。林義光受到銅器銘文中屢見的“用匄眉壽”、“用祈匄眉壽”等語的啓發,指出《詩經》裏的這些“介”字應讀爲“匄”(丐),當祈求講(《詩經通解》。《十講》編按:清代金文家如徐同柏、方濬益已知金文之“匄”即《詩經》之“介”,但未能指出“介”當讀爲匄求之“匄”)。

《尚書·洛誥》“王賓殺禋咸格”,“王賓”之義舊無確解。郭沫若據甲骨卜辭中常見的“王賓某某(先人名……)”、“王某賓某某……”一類祭祀卜辭,指出《洛誥》

“王賓”之“賓”當讀爲《禮運》“儐鬼神”之“儐”，指成王儐文王、武王（《卜辭通纂》39片考釋）。《洛誥》上文說：“戊辰，王在新邑烝祭歲文王騂牛一，武王騂牛一。”“歲”也是卜辭常見的祭名，如“丙辰卜，歲于祖己牛”。《洛誥》“歲”字也應與卜辭同義，舊注解此字亦誤（參看郭沫若《兩周金文辭大系》毛公鼎考釋）。

于省吾利用銅器銘文校讀《尚書》，也有較多收獲。例如他受到銅器銘文借“俗”、“谷”等字爲“欲”的啓發，讀《康誥》“裕乃身不廢在王命”的“裕”爲“欲”；據匽侯旨鼎“匽侯旨初見事于周”之文，讀《康誥》“……見士于周”之“士”爲“事”（皆見《尚書新證》）。

于先生還據甲骨卜辭讀《大誥》的“今蠢今翼日”爲“今春今翌日”（《歲時起源初考》，《歷史研究》1961年4期），這大概也是正確的。卜辭常用“今翼”爲記時之詞。有一條卜辭說：“自今春至今翼，人方不大出”（《吉林大學所藏甲骨選釋》第3片，見《吉林大學社會科學學報》1963年4期），《大誥》的“今春今翼日”可能與“自今春至今翼”意近。“今翼（翌）”的確切含義尚待研究。

甲骨卜辭還對闡明見於《國語》的“大采”、“少采”二詞的意義起過作用。《國語·魯語》：“是故天子大采朝日……日中考政……少采夕月……日入監九御……”。舊時認爲“大采”、“少采”就天子朝日夕月時的服飾而言，文義難通。甲骨卜辭記一天中不同時段的詞裏有“大采”、“小采”（“小”、“少”古通）。董作賓在《殷曆譜》裏研究商代記時法的時候，以卜辭與《國語》互證。由此大家才明白《國語》裏的“大采”、“少采”跟同段文字裏的“日中”、“日入”一樣，也是說明天子進行活動的時間的（“大采”、“小采”似與朝、暮相當，參看《殷虛卜辭綜述》）。

我們在整理和普及《詩》、《書》等古籍的時候，對學者們用古文字資料進行校讀而取得的成就應該儘量利用。

下面再談談考古發現的秦漢文字資料對校讀古籍的作用。前面已經提到過的《重要性》一文是專門討論這個問題的，讀者可以參閱。這裏只準備稍作補充。

漢墓裏發現的那些尚有傳本的古書的抄本，是校正這些古書今本文字訛誤的重要依據。我們在《重要性》裏已經指出銀雀山簡本《孫子》發表以後，整理今本《孫子》的學者並沒有充分加以利用。銀雀山簡本《尉繚子》也遭到了類似的命運。

《銀雀山簡本〈尉繚子〉釋文（附校注）》已在《文物》1977年2、3兩期發表。1979年中華書局出版的華陸綜的《尉繚子注譯》參考了簡本，但是對今本顯然不如簡本的某些文句，却沒有用簡本來加以校正。《兵談》篇兩處與“暴甲”有關的文字，是比較典型的例子。下面先把《尉繚子注譯》本、《群書治要》所引本和簡本的

有關文字對照列出,然後再作說明:

(1) 注譯本:富治者,民不發軔,(車)〔甲〕不出暴(原注:甲原作車,從鄂局本改),而威制天下。

治要本:且富(據簡本,此二字應作"富且")治之國,兵不發刃,甲不出暴,而威服天下矣。

簡本:夫治且富之國,車不發□,甲不出睪,威□天下。

(2) 注譯本:不暴甲而勝者,主勝也。陳而勝者,將勝也。

治要本:暴甲而勝,將勝也。戰而勝,臣勝也。

簡本:睪甲而勝,主勝也。陳而勝,主勝也。戰勝,臣□也。

先看第一例。簡本校注據《淮南子·兵略》"故得道之兵車不發軔……"之語,將簡本"車不發□"句缺文補爲"軔",指出今本"民不發軔"之"民"爲"車"字之誤。軔是阻止車輪轉動的木頭,"車不發軔"跟"甲不出睪"是對文,今本作"民不發軔"顯然是不合理的。但是《注譯》却不取校注之說,把"發軔"解釋爲"動用",把"民不發軔"譯爲"不必動員老百姓"。這在訓詁上是缺乏根據的。

校注又指出:"簡文'睪'字當讀爲'櫜','睪'字古有'皋'音,或作'睾'。'皋'、'櫜'通。《禮記·樂記》'名之曰建櫜',鄭注:'兵甲之衣曰櫜'。《尉繚子·兵教下》'國車不出於閫,組甲不出於櫜(此字據宋刻武經七書本,《注譯》從別本作"橐",非是),而威服天下矣',文義與《兵談》此句全同,可證'睪'確爲'櫜'之借字。《治要》及宋本皆誤'睪'爲'暴',宋本又誤'甲'爲'車'……"(《文物》1977年2期23頁)。《注譯》雖然據鄂局本改"車"爲"甲",却並不認爲"暴"是訛字,可能是覺得校注的論據不够充分。其實古書中"睪"字讀"皋"之例很常見。姚本《戰國策·秦策三》"五國罷成睪"章及"范雎至秦"章"舉兵而攻滎陽則成睪之路不通",都把成皋寫作成睪。《左傳·哀公二十六年》所記越大夫皋如,《春秋繁露》卷九作"大夫睪"。《荀子·大略》:"孔子曰:'望其壙,皋如也……'。"皋如,《列子·天瑞》、《家語·困誓》皆作"睪如",《列子釋文》"睪音皋"。《荀子·王霸》:"睪牢天下而制之。"睪牢,《後漢書·馬融傳》"皋牢陵山"李賢注引作"皋牢"。可見《顏氏家訓·書證》所說的"'皋'分'澤'片"由來已久(將讀作"皋"的"睪"寫作"睾"以示區別,是比較晚的現象)。"皋"、"櫜"同音。《集韻》以"韟"爲"櫜"字異體。《左傳·莊公十年》"蒙皋比而先犯之",杜注:"皋比,虎皮",《正義》:"《樂記》云:倒載干戈包之以虎皮,名之曰建櫜。……而其字或作'建皋',故服虔引以解此。""建橐”或作“建皋”,是二字古通的明證。所以校注將簡文的“睪”讀爲“橐”,是有相當充分的根據的。《禮記・檀弓下》“赴車不載橐韔”注及《禮記・少儀》釋文都説:“橐,甲衣也。”“甲不出橐”就是鎧甲不必從套子裏取出來使用的意思。無論從“甲不出睪”跟“車不發軔”的對文關係來看,或是把《兵教下》的“國車不出於閫,組甲不出於橐”跟“車不發軔,甲不出睪”對照起來看,把“睪”讀爲“橐”釋爲甲衣,都是合適的。“睪”、“暴”二字形近易混。《史記・穰侯列傳》“戰勝暴子”,《戰國策・魏策三》作“戰勝睪子”。《治要》和宋本的“暴”字顯然是“睪”的形近訛字。

從上舉第二例,更可以明顯地看出“暴”是“睪”(橐)的訛字。“橐甲而勝”就是不必取出兵甲打仗就能勝利的意思,所以説這是君主之勝,而不是臣下之勝。“睪甲”訛作“暴甲”,意思正好相反,文義就不可通了。因此宋本就在“暴”上臆加一個“不”字。這個“不”字《治要》所據本還沒有,顯然是後加的。校注還對照各本,指出此段原文當作“睪(橐)甲而勝,主勝也。陳而勝,將(此字或當仍從簡本作“主”)勝也。戰勝,臣勝也”。這也是合理的。今本顯然脱落了“戰勝,臣勝也”一句。但是《注譯》對校注的這些意見都沒有採取。

在《孫子》、《尉繚子》之外,漢墓出土的其他古書抄本,在校正今本文字方面也都有重要價值。限於篇幅就不再舉例了。

在《重要性》裏,我們曾舉過一個用睡虎地秦簡《編年記》校正《史記》脱文的例子。但是對於校正脱文以後對《史記》所記內容能有進一步理解這一點,沒有加以説明。現在在這裏補説一下。

《重要性》已經指出,秦簡整理小組《睡虎地秦墓竹簡》注,根據《編年記》昭王三十三年“攻蔡、中陽”條,以及《史記・六國年表》和《魏世家》關於此年秦拔魏四城的記載,看出《秦本紀》記此年“客卿胡傷攻魏卷、蔡陽、長社”之文有誤,疑“蔡陽”原當作“蔡、中陽”,是正確的。但是整理小組注認爲蔡即上蔡,却有商榷餘地。上蔡從春秋後期開始一直屬於楚國,秦拔魏四城怎麽會有上蔡呢?並且《秦本紀》所記四城先後次序是有意義的。卷在今原武附近,中陽在鄭州、中牟之間,長社在長葛附近。由卷到中陽,到長社,都是由北向南,夾在卷和中陽之間的蔡怎麽反而會跑到長社之南很遠的地方去呢?這個蔡最可能是祭國故地。“蔡”从“祭”聲,二字古代可通。祭在今鄭州東北,與中陽非常接近,所以《編年記》把攻蔡和中陽當作一件事記下來,而沒有提到卷和長社。秦攻下四邑後,次年就擊芒卯於華陽。華陽在今新鄭附近。四邑南北連成一綫,把大梁與華陽的交通切斷。取四邑正是爲華陽決戰作準備。如果沒有秦簡出土,我們不但無法校正《史記》脱文,而且對當時的形勢也不可能看得這樣清楚。

即使不牽涉文字的校正,考古發現的秦漢文字資料也能够幫助我們弄清楚古書裏的很多問題。在《重要性》裏已經舉出了這方面的一些例子。這裏再補充二例。

一、五行 《荀子·非十二子》責罪子思、孟軻"案往舊造説,謂之五行",楊倞注:"五行,五常,仁義禮智信是也。"近人多不相信楊説。儒家的五行究竟指什麽,成爲學術史上的一個懸案。馬王堆帛書《老子甲本卷後古佚書》的第一篇專講儒家的五行説,所謂五行是"仁、義、禮、知、聖"。帛書整理小組指出:"《孟子·盡心下》:'仁之於父子也,義之於君臣也,禮之於賓主也,知之於賢者也,聖人之於天道也,命也。'由帛書可知此即孟軻之'五行'説。《新書·六術》:'人有仁義禮智聖之行,行和則樂,與樂則六,此之謂六行',顯然由此説推衍。"(1980年精裝本《馬王堆漢墓帛書〔壹〕》24—25頁注②。此書是在1975年年中發稿的。上引注文主要内容已見於1975年1月出版的綫裝大字本)這應該是正確的。由此可知楊倞注基本可信,只是他錯以"信"代"聖"了。如果没有帛書,這個懸案恐怕很難解決。

二、司寇 《新書·階級》:"若夫束縛之,係緤之,輸之司空,編之徒官,司寇、牢正、徒長、小吏駡詈而榜笞之,殆非所以令衆庶見也。"漢代的職官没有叫"司寇"的,只有一種刑徒叫司寇。但是司寇如果本身是刑徒,又有什麽資格去駡詈榜笞别的刑徒或罪人呢?睡虎地秦簡出土後,這個問題才得到解決。秦簡《秦律十八種》的《司空律》有如下一條:

> 毋令居貲贖責(債)將城旦舂。城旦司寇不足以將,令隸臣妾將。居貲贖責(債)當與城旦舂作者,及城旦傅堅、城旦舂當將司者,廿人,城旦司寇一人將。司寇不踐(此字與"足"同義),免城旦勞三歲以上者,以爲城旦司寇。(《睡虎地秦墓竹簡》89頁)

可見秦代是用司寇這種輕刑徒來"將司",即率領監督城旦舂等重刑徒以及與城旦舂一起勞動的"居貲贖責"者的。賈誼的時代去秦未遠,當時一定還存在與此類似的制度,所以司寇可以跟牢正、徒長、小吏一起駡詈榜笞其他刑徒或罪人。

上引《新書》那段文字也見於《漢書·賈誼傳》,文字略有出入。"輸之司空"句作"輸之司寇,編之徒官,司寇小吏詈駡而榜笞之"。王念孫認爲《漢書》的兩個"司寇"本來都應作"司空",《新書》的那個"司寇"本來也應作"司空",當是"後人以誤本《漢書》改之"(《讀書雜志·漢書第九》)。現在看來,《漢書》的前一個"司寇"確實應據《新書》改爲“司空”，後一個“司寇”與《新書》相合，是正確的。王氏之説無據。

我們在《重要性》裏曾説，在校讀古籍方面，地下發現的文字資料一方面固然提供了一些可以用來糾正舊説的證據，一方面也提供了一些能證實舊説的證據。下面我們舉幾個後一類的例子。

《商書》有《高宗肜日》篇。舊時都以爲“高宗肜日”是指高宗（即武丁）祭祀祖先，只有宋代金履祥《尚書表注》認爲是指後人祭祀高宗。甲骨卜辭中屢見“丙申卜貞：王賓大丁彡（肜）日，亡尤”一類祭祀卜辭，“彡日”之前必爲受祭人名，證明金氏的説法是正確的（參看王國維《高宗肜日説》，《觀堂集林》卷一）。

《重要性》和現在這篇文章根據新出資料指出了王念孫在校勘上的個别失誤。其實證明王氏正確的新出資料要比證明王氏錯誤的新出資料多得多。朱德熙先生整理銀雀山簡本《晏子》時，就發現王氏《讀書雜志》校《晏子》的意見往往與簡本冥合。這裏舉一個比較典型的例子。《晏子・内篇諫下十八》：“古者之爲宫室也，足乎以便生，不以爲奢侈也，故節于身謂于民。”《讀書雜志・晏子春秋第一》：“‘謂’當爲‘調’，形相似而誤也……《鹽鐵論・遵道》曰：‘法令調於民而器械便於用’，文義與此相似……。”簡本此字正作“調”。王氏毫無版本根據，主要由於《鹽鐵論》的啓發就得出了正確的結論。這是何等的卓識。

馬王堆帛書《戰國縱横家書》的出土，使我們得以糾正《史記》等書在蘇秦的時代以及與他有關的史事上的一系列錯誤。這是戰國史研究上的一大收獲（看文物出版社出版的《戰國縱横家書》）。不過在此以前，有的學者已經通過對傳世戰國史料的研究，在這方面得出了一些與新材料基本相合的結論。如唐蘭《蘇秦考》（《文史雜志》1 卷 12 期）、徐中舒《論〈戰國策〉的編寫及有關蘇秦諸問題》（《歷史研究》1964 年 1 期）等文，就做了這樣的工作。所以《戰國縱横家書》在一定程度上也可以看作證實舊説的新材料。

最後還想强調一下，非文字的考古資料對讀古書也是很重要的。尤其是古書中提到的各種器物的形制和喪葬等制度，如果没有有關的考古資料，恐怕有很大一部分是永遠也搞不清楚的。就拿戰國以後古書中常見的“卮”這種最普遍的飲器來説吧。如果不是王振鐸先生根據大量出土實物作了精確的考證（《論漢代飲食器中的卮和魁》，《文物》1964 年 4 期），後來又有滿城漢墓的卮燈、馬王堆和雙古堆等漢墓的漆卮陸續出土，證實了他的論斷，我們也許到今天還不知道，古代的卮的外形就類似今天常用的圓筒形搪瓷杯。又如過去認爲是古代葬制中最難懂的制度之一的"題湊",如果僅僅依靠書本,恐怕誰也沒法弄清它的真相。但是由於近年來考古工作者發掘了一些有題湊的大型漢墓,這個困難問題就迎刃而解了。先秦常用的武器——戟的形制,也曾經長期弄不清楚。在30年代初,郭沫若倒是僅僅通過《考工記·冶氏》關於戟制的記載,就對古代戈矛分體型的戟的形制,得出了基本正確的結論。但是也只是由於不久以後在考古發掘中獲得了實證,他的說法才被大家接受。

對於非文字的考古資料,古籍整理工作者也往往重視得不够。例如有的同志在給戰國時代的書裏的"戟"字作注的時候,就不是以考古發掘中所見的戰國戟爲根據,而是以舊戲舞臺上還看得到的月牙形刃畫戟爲根據的。

總之,爲了提高先秦秦漢古籍整理工作的水平,我們必須對有關的各種地下材料都給予足够的注意。

原載《古籍整理出版情況簡報》1981年6期,又載《古代文史研究新探》、《中國出土古文獻十講》,今據《中國出土古文獻十講》收入。

讀書札記九則

一、“祭　禽” 解

《月令》季秋之月:“天子乃教於田獵……天子乃厲飾,執弓挾矢以獵,命主祠祭禽于四方。”類似的文字也見於《吕氏春秋·季秋紀》和《淮南子·時則》。《月令》鄭玄注把“祭禽于四方”解釋爲“以所獲禽祀四方之神”。《吕氏春秋》高誘注則説:“祭始設禽獸者於四方,報其功也,不知其神所在,故博求於四方。”《淮南子》高注同。

今按:從語法上看,把“祭禽”解釋爲祭祀禽獸的精靈,似乎更好一些。林惠祥《文化人類學》:“野蠻人每殺動物常對之謝罪,這便是由於視動物爲有精靈的緣故。……基伯衛人每要出獵便先舉行藥的跳舞(引者按:似當譯巫術的跳舞),以見好於禽獸的精靈。英屬哥侖比亞的印第安人當魚季到撈魚開始的時候,便先對魚兒行了禮,然後對他們說:‘你們魚兒,你們魚兒,你們都是酋長。你們是,你們都是酋長。’柬埔寨的斯堤因人以爲動物也有靈魂,死後能够游行别處,所以如殺了一個動物,怕他靈魂回來,便對他謝罪,並供奉祭獻。”(289頁)中國古代於田獵時“祭禽”,其原始意義當亦如此。

《周禮·夏官·大司馬》:“中冬教大閲……遂以狩田……致禽,饁獸于郊,入獻禽以享烝。”同書《春官·小宗伯》及《甸祝》也講到田獵後“饁獸于郊”之事:

> 若大甸,則帥有司而饁獸于郊,遂頒禽。　　《小宗伯》
>
> 師甸,致禽于虞中,乃屬禽,及郊饁獸,舍奠于祖禰,乃斂禽。　　《甸祝》

《周禮》鄭玄注引《月令》“祭禽于四方”來解釋“饁獸于郊”。很可能“饁獸”與“祭禽”同義,就是爲了謝罪以食物祭祀禽獸。(《叢稿》編按:在“饁獸”之外,見於古書的“饁”的宾語都指接受食物者,可見把“饁獸”解釋爲祭祀禽獸,比解釋爲以禽獸祭神合理。《左傳・僖公三十三年》:"見冀缺耨,其妻饁之。"杜注:"野饋曰饁。"祭禽獸在郊,故稱"饁"。近人或以爲《詩・豳風・七月》、《小雅・甫田》和《大雅・大田》的"饁彼南畝",是說祭祀農神——參看張希峰《"田畯""后稷"考》,《古籍整理研究學刊》1994年3期7頁,可作此說旁證。【編按:1997年9月蒙姚小鷗先生來信告知,其已故導師東北師範大學華鍾彦教授,在東北師大教務處1953年10月印出的歷史系中國史教研室《中國歷史文選》中爲《豳風・七月》作注時,已結合《小雅》的《甫田》、《大田》指出,《詩》中的"田畯"應解爲田神,"饁彼南畝"即是祭田神。姚先生也有《田畯農神考》一文,論及此一問題,發表在齊魯書社1986年出版的《古典文學論叢》第四輯上。姚文並指出宋人王質、近人聞一多、楊公驥皆有田畯爲田神之議。】)

《禮記・郊特牲》:"蜡之祭也……饗農及郵表畷、禽獸,仁之至、義之盡也。古之君子,使之必報之。迎貓爲其食田鼠也,迎虎爲其食田豕也。"也許蜡祭饗禽獸本來也有謝罪於禽獸的意思,《郊特牲》的解釋是後起的。

原載《淮陰師專活頁文史叢刊》110號(1981),又載《古代文史研究新探》、《文史叢稿》、《裘錫圭學術文化隨筆》,今據《文史叢稿》收入。

二、說 "食"

《國語・鄭語》載史伯的話說:

若前華後河,右洛左濟,主芣騩而食溱洧,修典刑以守之,是可以少固。

韋昭注:

芣、騩,山名。主,爲之神主,孔子曰:"夫顓臾爲東蒙主。"食謂居其土食其水。

班固在《漢書・地理志》裏講到鄭國東遷時說:"其子武公與平王東遷,卒定虢會之地,右雒左泲,食溱洧焉。"他對"食溱洧"一語的理解大概是跟韋昭相同的。但是,在史伯的話裏,"食溱洧"跟"主芣騩"是對文。"主芣騩"既然是指鄭人爲芣騩的祭主,"食溱洧"就應該解釋爲鄭人祭祀溱洧之神,而不應該解釋爲鄭人食溱洧之水。《管子・幼官》載齊桓公九會諸侯之令說:

修春秋冬夏之常祭,食天壤山川之故祀。

安井衡注:“食,饗也,謂祭之。”許維遹注:“下文‘死士不食’,王引之亦云‘食猶饗也’。《爾雅·釋天》‘春祭曰祠’,郭注:‘祠之言食’。凡祭皆祠,不限於春。”(皆見《管子集校》)《鄭語》和《幼官》的“食”字,用法正同。

祭鬼神可以叫做“食”,鬼神饗祭祀也可以叫做“食”。《墨子·天志下》:“何以知[天]兼愛天下之人也?以兼而食之也。何以知其兼而食之也?自古及今,無有遠靈〈虛〉孤夷之國皆犓豢其牛羊犬彘,絜爲粢盛酒醴,以敬祭祀上帝山川鬼神,以此知兼而食之也。”(同書《天志上》、《法儀》皆有類似之文)這裏的“食”字,以及上引《管子·幼官》許注裏提到的“死士不食”的“食”字,都是指鬼神饗祭祀而言的。

《尚書·洛誥》記周人營洛邑前占卜邑址的情況說:

我乃卜澗水東、瀍水西,惟洛食。我又卜瀍水東,亦惟洛食。

“惟洛食”可能就是洛水之神願意饗周人的祭祀的意思。鄭人想居於溱洧一帶就要“食溱洧”。周人在洛水一帶營邑,當然先要占卜一下,問問洛水是否願意食他們的祭祀。

《墨子·耕柱》篇中有夏后開鑄鼎時的卜辭和繇辭。卜辭說:“鼎成三〈亖=四〉足而方,不炊而自烹,不舉而自臧(藏),不遷而自行,以祭於昆吾之虛,上鄉(畢沅注:疑同“尚饗”)。”這是卜問用鼎祭神,神是否來饗。繇辭的頭一句是“饗矣”。這就是說根據卜兆來看神是接受祭祀的。《洛誥》用“食”字,《墨子》用“饗”字,字面雖然不同,意義則是相同的,可以參照。

原載《淮陰師專活頁文史叢刊》110號(1981),又載《古代文史研究新探》、《裘錫圭學術文化隨筆》,今據《裘錫圭學術文化隨筆》收入。

三、説“索我於枯魚之肆”

馬王堆一號漢墓遣册50號:

右方索魚七聕

“索魚”指乾魚,詳朱德熙、裘錫圭《馬王堆一號漢墓遣册考釋補正》(《文史》第九輯。《長沙馬王堆一號漢墓》上册135頁釋“索魚”爲“鰲魚”,非是)。所以稱乾魚爲索魚,應該是由於它們通常總是穿在繩索上挂起來的緣故。《韓詩外傳》卷一:“枯魚銜索,幾何不蠹。”枯魚就是乾魚(詳下)。

《莊子·外物》篇有莊周貸粟的故事,其中包含一個與乾魚有關的寓言,大意說一條困於車轍的鮒魚要莊子救他,莊子答應說:“我且南遊吳越之王,激西江之水而迎子,可乎?”鮒魚聽了大怒説,我想得到斗升之水以活命,“君乃言此,曾不如早索我於枯魚之肆”。《釋文》引李注:“(枯魚)猶乾魚也。”讀這段文字的人,幾乎都認爲最末一句的“索”字是求索的意思。如果真是這樣,這一句就應該說成“則索我於枯魚之肆矣”,不應該加上“曾不如”等語。莊周貸粟故事也見於《説苑·善説》,内容大致相同。其中相當於這一句的話是“汝即求我枯魚之肆矣”。看來寫《説苑》這一段文字的人也把《莊子》的“索”理解爲“求”。但是他由於用了“求”字,就不得不把“曾不如早”這幾個字丢掉不管了。這正好説明《莊子》的“索”字不能當“求”講。(《新探》編按:以上關於《説苑》的一段爲原文所無,是編集時增加的。)我們認爲這個“索”字正與索魚之“索”同義,就是穿在繩索上挂起來的意思。鮒魚的那句話可以翻譯爲:“像您那樣說,還不如早一點把我挂在乾魚鋪子裹算了!”古漢語名動相因。《説文·木部》“梳”字段玉裁注:“器曰梳,用之理髮,因亦曰梳,凡字之體用同稱如此。”所以,用繩索把魚穿起來、挂起來,也可以叫做“索”。

原載《淮陰師專活頁文史叢刊》110號(1981),又載《古代文史研究新探》、《裘錫圭自選集》、《裘錫圭學術文化隨筆》,今據《裘錫圭學術文化隨筆》收入。

四、説“宦皇帝”

《賈誼新書·等齊》:

> 諸侯王所在之宫衛,織履蹲夷,以皇帝所在宫法論之。郎中謁者受謁取告,以官皇帝之法予之。事諸侯王或不廉潔平端,以事皇帝之法罪之。曰一用漢法,事諸侯王乃事皇帝也。

“官皇帝”之語古書少見。《漢書·惠帝紀》記惠帝初嗣位加恩天下,“爵五大夫、吏六百石以上,及宦皇帝而知名者,有罪當盜械者皆頌繫”。《等齊》的“官皇帝”應該是“宦皇帝”的訛文。

“官”、“宦”形近,“宦”訛作“官”典籍常見。《國語・越語下》:“令孤子寡婦疾疹貧病者納宦其子”,明道本“宦”訛作“官”。《禮記・雜記下》“宦於大夫者之爲之服也”,閩、監、毛等本“宦”皆訛作“官”。《淮南子・脩務》、《論衡・命祿》的“官御”也是“宦御”之誤(看黄暉《論衡校釋》)。

“宦”本是爲人臣僕的意思。郎官、謁者之流本是門廊近侍,有類家臣,故以“宦”稱。《史記・張釋之列傳》:“有兄仲,同居。以訾爲騎郎,事孝文帝,十歲不得調,無所知名。釋之曰:久宦,減仲之産。不遂,欲自免歸。中郎將袁盎知其賢,惜其去,乃請徙釋之,補謁者。”張釋之所説的“宦”,就是指當郎官而言的。《史記・梁孝王世家》:“梁之侍中郎謁者,著籍引出入天子殿門,與漢宦官無異。”這更是郎官、謁者等稱“宦”的明證,張文虎反疑“宦”爲衍文,是不對的。(《隨筆》編按:《鶡冠子・世兵》:“句踐不官,二國不定。”“官”亦“宦”字之誤。《韓非子・喻老》謂“句踐入宦於吳,身執干戈爲吳王洗馬,故能殺夫差於姑蘇”,可證。)

原載《文史》第六輯(中華書局,1979),又載《古代文史研究新探》、《裘錫圭學術文化隨筆》,今據《裘錫圭學術文化隨筆》收入。

五、説“遇負杖入保者息”

《禮記・檀弓下》:

> 戰于郎,公叔禺人遇負杖入保者息,曰:“使之雖病也,任之雖重也,君子不能爲謀也,士弗能死也,不可!我則既言矣!”與其鄰重(童)汪踦往,皆死焉。

鄭玄注“遇負杖入保者息”句説:“遇,見也。見走辟(避)齊師,將入保,罷(疲)倦,加其杖頸上,兩手掖之休息者。保,縣邑小城。”疲倦休息,怎麼會“加其杖頸上兩手掖之”呢?鄭説難信。此文“負杖”似與“杖負”同意,就是拄杖而負物的意思。當時魯國民窮役重,爲公家負物的服役者力不能勝,拄杖而行,所以公叔禺人見之而有“使之雖病也,任之雖重也”之嘆。《左傳・哀公十一年》也記此事,“禺人”作“務人”,無“負杖”之語。傳文記公叔務人之言曰:“事充政重,上不能謀,士不能死,何以治民?我則言之矣,敢不勉乎?”語意較明白,但似乎不如《檀弓》所記近真。

原載《文史》第六輯(中華書局,1979),又載《古代文史研究新探》,今據後者收入。

六、説“河海不擇細流”

《史記·李斯列傳》載李斯的《諫逐客書》説:

是以太山不讓土壤,故能成其大;河海不擇細流,故能就其深。

上文的“擇”字顯然不能用它的本義來解釋。《史記會注考證》引中井積德説:“擇,揀擇而取捨也,故有取捨二義,此擇字屬捨。”此説不妥。古代“擇”、“釋”二字通用,《諫逐客書》的“擇”字應該讀爲“釋”,所以有“捨”義。

古書中應該讀爲“釋”的“擇”字很多。《韓非子·五蠹》:“布帛尋常,庸人不釋。”《論衡·非韓》引此句,“釋”作“擇”。黄暉《論衡校釋》引《墨子·節葬》“爲而不已,操而不擇”,《易林·恆之蒙》“郊耕擇耜,有所疑止”,證明古代可以借“擇”爲“釋”。《史記·貨殖列傳》:“(范蠡)乃治産積居與時逐而不責於人。故善治生者能擇人而任時。”《會注考證》指出:“擇人而任時,即與時逐而不責於人也。擇當作釋。《孫子·勢篇》云:‘善戰者求之於勢,不責於人,故能擇人而任勢’,《韓非子·難勢篇》:‘擇賢而專任勢,足以爲治乎’,擇亦當作釋。”(《難勢》“擇”字當作“釋”,清人顧廣圻等已指出。《新探》編按:《史記會注考證》之説,原文失引,是編集時補入的。)《吕氏春秋·大樂》:“先聖擇兩法一,是以知萬物之情。”同書《察今》“故擇先王之成法而法其所以爲法”。《漢書·武帝紀》:“朕將巡邊垂,擇兵振旅。”同書《東方朔傳》:“賞不避仇讎,誅不擇骨肉。”這些引文裏的“擇”字也都應該讀爲“釋”,前人多已指出。

武威出土的《儀禮》漢簡甲本《泰射》篇第51簡及92簡(《武威漢簡》圖版15、17),“釋弓”皆作“擇弓”,第93簡“釋弓矢”作“擇弓矢”(同上圖版17)。漢印也往往以“擇”爲“釋”。如人名“釋之”有作“擇之”的(《漢印文字徵》13·1“擇”字下引“王擇之印”),“釋憂”有作“擇憂”的(同上5·16“憂”字下引“番擇憂印”)。(《新探》編按:馬王堆漢墓帛書亦有以“擇”爲“釋”之例,如《戰國縱横家書》第四章“臣請歸擇(釋)事”(11頁),《五十二病方》“雖已,復傅,勿擇(釋)”(108頁)。)

總之,漢以前人時常把“釋”寫作“擇”,《諫逐客書》的“擇”無疑也應該讀作“釋”。

《韓非子·大體》有跟上引《諫逐客書》相類的文字,“釋”也寫作“擇”:

太山不立好惡,故能成其高;江海不擇小助,故能成其富。

《韓詩外傳》卷三:“夫太山不讓礫石,江海不辭小流,所以成其大也。”“不辭小流”與《諫逐客書》的“不釋細流”同意。

《韓非子》裏還有一個可能應該讀作“釋”的“擇”字。《韓非子·外儲說右下》:

造父御四馬,馳驟周旋而恣欲於馬。恣欲於馬者,擅轡筴之制也。……王子於期爲駙駕,轡筴不用而擇欲於馬,擅芻水之利也。……

“擇欲”跟“恣欲”相對。“恣欲於馬”是說用轡策駕馭馬,使馬迫於轡策之威而完全按馭者的意欲行動。“擇欲於馬”也許應該讀爲“釋欲於馬”。“釋”字有“放”、“置”、“推”等義(參看《經籍籑詁》)。釋欲於馬,意思是說不用轡策來强制馬,而用芻水之利使馬聽話,好像把自己的意欲委之於馬一樣。

原載《文史》第七輯(中華書局,1979),又載《古代文史研究新探》、《裘錫圭自選集》、《裘錫圭學術文化隨筆》,今據《裘錫圭學術文化隨筆》收入。

七、“登立爲帝,孰道尚之”解

《楚辭·天問》:

登立爲帝,孰道尚之?

王逸注:“言伏羲始畫八卦,脩行道德,萬民登以爲帝,誰開導而尊尚之也。”

今按:王注實不可信。據近人研究,在戰國以前,“帝”一般只用來稱天神(主要是稱上帝),商代人雖有稱直系先王爲帝的習慣,如稱帝乙、帝辛,但那只是所謂“措之廟而立之主曰帝”,是廟號而非生稱。到戰國時代,隨着傳說中天帝的人王化,地上的統治者也開始作稱帝的嘗試,如齊、秦的互尊爲東、西帝。但是,直到秦始皇才真正把這個企圖實現。《天問》裏的“帝”,從文義看都應該是天帝而非人王。王逸等人把有些“帝”解釋爲天帝,有些“帝”解釋爲人王,是不正確的。屈原在問了“登立爲帝,孰道尚之”以後,緊接着就問“女媧有體,孰制匠之”。女媧造人完全是一個神話,“登立爲帝”這件事肯定也帶有神話色彩,決不會是指萬民擁立伏羲爲帝。

《莊子·大宗師》說黃帝得道而登天：

> 夫道……堪坏得之以襲崑崙，馮夷得之以遊大川，肩吾得之以處大山，黃帝得之以登雲天……

《淮南子·地形》有登昆侖上天成神的神話：

> 昆侖之丘，或上倍之，是謂涼風之山，登之而不死；或上倍之，是謂縣圃，登之乃靈，能使風雨；或上倍之，乃維上天，登之乃神，是謂太帝之居。

《吕氏春秋·古樂》：

> 帝顓頊生自若水，實處空桑，乃登爲帝，惟天之合。

這個傳說的原始形式一定也是說顓頊登天而爲神帝，而不是說他立爲人帝。

《天問》"登立爲帝"的"登"，應該跟《大宗師》和《地形》篇的"登"一樣，是指登高、登天而言的，不能按照後世登位、登基的意思來理解。"孰道尚之"也決不會像王逸所說的那樣是"誰開導而尊尚之"的意思。"道"、"導"古本一字，但在這裏不應該當"開導"講，而應該是指具體的引導，即引路而言的。"尚"、"上"古通（《儀禮·覲禮》"尚左"，鄭注："古文尚作上。"《荀子·致士》"莫不明通方起以尚盡矣"，楊注："尚與上同。"），"道（導）尚（上）之"就是引導之使之上天的意思。

古代流傳女媧造人的神話，但是女媧自己也有身體，她的身體又是誰造出來的呢？所以屈原問道："女媧有體，孰制匠之？"同樣，古代流傳登天爲神的神話，但是最早登天的那個天帝又是誰把他引導上去的呢？所以屈原問道："登立爲帝，孰道尚之？"如果像王逸那樣解釋，"登立爲帝"和"女媧有體"這兩件事放在一起來問，就顯得不倫不類了。

原載《文史》第十一輯（中華書局，1981），又載《古代文史研究新探》、《裘錫圭學術文化隨筆》，今據《裘錫圭學術文化隨筆》收入。

八、《洛誥》"其作周匹休……"新解

《尚書·洛誥》的第一部分記載了兩段話。第一段是周公遣使將關於選擇東都邑址的占卜結果報告成王之辭。第二段是成王答覆周公之辭。成王之辭全文如

下(標點據舊注):

> 王拜手稽首曰:公不敢不敬天之休,來相宅,其作周匹休。公既定宅,伻來,來視予卜休恆吉,我二人共貞。公其以予萬億年敬天之休。拜手稽首誨言。

這段話裏的"其作周匹休"一句,頗爲費解。《僞孔傳》把"匹休"看作動賓結構,解釋爲"配天之美",顯然不可信。

近人楊筠如《尚書覈詁》解釋此句說:"匹,詩傳配也。作周匹,謂作周輔也。召誥其自時配皇天。蓋公之作配於周,亦猶王之作配於天也。"(陝西人民出版社1959年版213頁)楊氏把"匹"字解釋得很好。西周時代的單伯鐘說單伯的祖考"遂(?)匹先王"(《三代吉金文存》1·16【《集成》1·28】),牆盤也說牆的祖先"遂(?)匹厥辟"(《文物》1978年3期14頁圖二一,參看29頁【《集成》16·10175】),都用"匹"字來表示輔佐君王的意思。張政烺先生《"奭"字說》曾指出古代認爲"國之重臣與王爲匹耦","君臣遭際自有匹合之義"(《歷史語言研究所集刊》十三本168、169頁),這是很正確的。但是楊氏對於"匹"字後面的"休"字的意義却沒有作出交代。按照楊氏對"匹"字的解釋來看,這個"休"字完全是多餘的。

我們認爲這個"休"字應該屬下爲句,看作動詞。"休"字古訓"美"。成王敬重周公,對於周公選擇邑址並遣使告卜之事表示贊美,所以在"公既定宅……"句之首加上一個"休"字。這種句法在西周金文裏是常見的。唐蘭先生在《西周銅器斷代中的"康宮"問題》一文中,曾對這種句子作過全面的考察。他說:

> ……(效父簋)說:"休王錫效父吕三,用作厥寶尊彝。"金文裏另外有匽父鼎三件,說:"休王錫匽父貝,用作厥寶尊彝。"……休是動詞,《召誥》曰:"今休王不敢後,用顧畏于民碞",可證。古人多有此例,如云"魯天子之命",魯亦動詞也。揚天子或王之魯休而稱"休王"或"魯天子",其義一也。(《考古學報》1962年1期44頁。"休是動詞"以下一段爲唐先生舊作,已見引於《兩周金文辭大系》)

他還指出,召卣"休王自彀使賞畢土方五十里"【《集成》16·10360】、𪉀簋"𪉀拜稽首休朕匋君公伯錫厥臣弟𪉀井五□"【《集成》8·4167】、尹姞鼎"休天君弗望(忘)穆公聖粦明□"【《集成》3·754、755】等語裏的"休",也都是動詞(見上引文)。《洛誥》"休公既定宅……"句的"休"字,用法跟上引諸語全同。這種句法一般用於下級贊美上級的場合。周公是成王的叔父,又是周王朝當時實際上的最高統治者。

成王使用這樣的句法來表示對周公的特殊尊敬,是合乎情理的。

原載《文史》第十二輯(中華書局,1981),又載《古代文史研究新探》,今據後者收入。

九、《戰國策》"觸讋說趙太后"章中的錯字

從二十世紀六十年代以來,選古文的人大都喜歡選《戰國策・趙策四》裏的"觸讋說趙太后"這一章(這篇文字亦見《史記・趙世家》)。馬王堆三號墓出土的帛書《戰國縱橫家書》裏正好有這一章,可以用來校正《趙策》的幾個錯字。

《趙策》:"左師觸讋願見太后,太后盛氣而揖之。"《趙世家》作"左師觸龍言願見太后,太后盛氣而胥之"(舊以下句"入"字屬此句,非是)。清人黃丕烈《重刻剡川姚氏本戰國策札記》、王念孫《讀書雜志》都指出《趙策》"觸讋"當從《史記》作"觸龍言"。元人吳師道《補正》指出《趙策》"揖"字當從《史記》作"胥"(王念孫說同)。帛書本此句正作"左師觸龍言願見,大(太)后盛氣而胥之"(文物出版社出版《戰國縱橫家書》74頁)。得此佳證,上引諸氏之說可以視爲定論了。帛書本"太后"二字不重,與《戰國策》鮑彪本相合。

《趙策》:"(左師)曰:老臣今者殊不欲食,乃自强步,日三四里,少益耆(嗜)食,和於身也。"帛書本"和於身"作"智於身"。帛書整理小組注:"智,通知,《趙策》與《趙世家》並作和,字形之誤。《方言三》:'知,愈也。南楚病愈者或謂之知。'這是說有益身體。"這個意見顯然是正確的。

《趙策》:"今三世以前,至於趙之爲趙,趙主之子孫侯者,其繼有在者乎……豈人主之子孫則必不善哉。"上引末一句,《史記》作"豈人主之子侯則不善哉"。《戰國策》鮑彪本已據《史記》改"孫"字爲"侯"。帛書本此字亦作"侯",《趙策》"孫"字肯定是誤字。帛書本此句"不善"上有"必"字,則與《趙策》同,《史記》脫去此字。上引"趙主之子孫侯者"句,帛書本無"孫"字。此句與"豈人主之子侯則必不善哉"句前後相應,"孫"字顯然不應有。而且左師見太后是爲了說服太后,讓她送愛子長安君到齊國去當人質。"趙主之子侯者"正是緊扣長安君的身份說的。從這一點看,"孫"字也不應該有。《史記》此句也誤衍"孫"字,更顯出帛書本的可貴。

今後我們如果再選注《趙策》這一章,就應該據帛書本校正上述這些錯誤,不能再以訛傳訛了。

原載《文史》第十五輯（中華書局，1982），又載《古代文史研究新探》、《裘錫圭學術文化隨筆》、《中國出土古文獻十講》，今據《中國出土古文獻十講》收入。

斗卮和題凑

隨着我國考古事業的發展,先秦秦漢時代的文物(包括古書抄本)和遺跡,不斷有重要的發現。這對我們研讀先秦秦漢古籍是一個有利條件。有些古書,如《老子》、《孫子》等,現在已經有了兩千多年前的帛書本或竹書本,可以用來糾正傳世刻本的很多錯誤。古書裏使用的某些詞語,過去長期不知道它們的確切含義;提到的某些器物和制度,過去長期弄不清它們的真相。現在有了考古資料,有些問題就迎刃而解了。現舉兩個具體例子,來説明一下考古資料對研讀古籍的重要性。

先講斗卮(zhī)的問題。

《史記・項羽本紀》鴻門宴一段記樊噲闖入後,項羽賜樊噲酒食的情況説:

> 項王曰:"壯士!賜之卮酒。"則與斗卮酒。噲拜謝,起,立而飲之。項王曰:"賜之彘肩。"則與一生彘肩。樊噲覆其盾於地,加彘肩上,拔劍切而啖之。

司馬遷通過飲酒、啖肉來寫樊噲置生死於度外的豪勇氣概。斗卮酒跟生彘肩爲對。生彘肩就是生的猪肩,是一般人無法吃的東西,斗卮顯然不會是一般的酒杯。如果不弄清"斗卮"的確切含義,就不能很好地欣賞《史記》的這段描寫。

我們先從卮的形制講起。過去,讀古書的人雖然知道卮是戰國秦漢時代常用的一種飲酒器,却並不明白它的具體形制。60年代前期,自然科學史家王振鐸先生根據有關的文獻和考古資料,對卮的形制問題作了精密的研究,斷定漢墓中常見的一種圓筒形附環狀小把的飲酒器,就是古書中所説的卮(《論漢代飲食器中的卮和魁》,《文物》1964年4期)。1968年,考古工作者在河北滿城中山靖王墓裏發現了一對銅燈,銘文自稱"卮錠",外形正與王先生所考定的卮相合。卮的形制問題得到了徹底解決。通俗一點説,卮的形狀就跟現在最常用的那種搪瓷口杯差不多。不過古代的卮一般是漆器或陶器,器把沒有搪瓷口杯的把那樣大,通常不作耳形而作環形,器底有時還有三個小矮足。

斗卮一詞最自然的解釋,就是容量爲一斗的卮。但是有沒有這樣大的圓筒形酒杯呢？這就牽涉到古今度量衡大小不同的問題了。考古學者根據大量秦漢時代的量器和有記容量銘文的銅器，早已確定當時的一升大約相當於現在的五分之一升，斗卮的大小就跟現在二升的啤酒杯差不多，所以，這樣的卮並不是不可能有的東西。從上引《項羽本紀》的文義看，把斗卮解釋爲容一斗的卮也很合理。這種卮無疑是當時最大的酒杯。拿這種卮給樊噲喝，跟拿生猪肩給樊噲吃一樣，是存心刁難他。

但是，不少注釋《史記》的人，由於缺乏考古知識，不知道古今量值有那樣大的差别，不敢把斗卮的斗解釋爲升斗的斗。清人李笠甚至認爲"斗"是衍文【編按：關於李笠的時代，參看本書《考古發現的秦漢文字資料對於校讀古籍的重要性》一文中的"《十講》編按"】，他在《史記訂補》裏説：

> 《漢書·樊噲傳》"與"下無"斗"字。卮受四升，不得云斗卮酒。上云賜之卮酒，下云卮酒安足辭，此非泛言可知，斗蓋衍字。

這種説法是禁不起推敲的。《漢書》抄《史記》常有小的删改，不能因爲《漢書》此處無"斗"字，就説《史記》也沒有"斗"字。而且由"斗卮酒"脱字而誤成"卮酒"的可能性，要比由"卮酒"衍字而誤成"斗卮酒"的可能性大得多。即使認爲《史》、《漢》二書此處的文字應該相同，説《史記》衍"斗"字也不如説《漢書》脱"斗"字合理。李氏用上下文都説"卮酒"這一點來證明"斗"是衍文，也毫無道理。項羽命令手下人給樊噲酒喝的時候，當然不會説給他斗卮酒。他命令手下人給樊噲肉吃的時候，不是也只説彘肩而沒有説生彘肩嗎？難道我們能因此説"生"也是衍文嗎？以項羽的身份，怎麼能露骨地表示出以酒食來刁難人的意圖呢？這些事是只能由手下人心領神會地去做的。《史記》在講完樊噲飲酒啖肉之事後接着説："項王曰：'壯士，能復飲乎？'樊噲曰：'臣死且不避，卮酒安足辭……'"。在這裏，樊噲當然也只能説"卮酒"。如果在"卮"上加"斗"字，反而會削弱樊噲所要表示的一杯酒根本算不了什麼的語氣。總之，李笠只不過是由於胸中横梗着不可能有容一斗的大卮的成見，在那裏硬做文章罷了。但是有些人却相信了他的説法，例如《兩漢文學史參考資料》就採用了李説。

還有一些人認爲斗是一種大酒杯的名稱，王伯祥《史記選》的注釋説：

> 斗，酒器之大者。就是《詩·行葦》"酌以大斗"的斗，今俗猶管大酒杯叫"酒斗"。

王氏把《詩經》所説的斗看作飲酒器，是不對的。酌的本來意思是用勺一類東西從酒尊裏舀酒("酌"字的"勺"旁兼有表音和表意的作用)。斗就是一種舀酒、舀水用的勺一類的器具。天上的北斗正是因爲七顆星連起來形狀像舀水的斗而得名的。斗卮的斗跟《詩經》的斗並無關係。把大酒杯叫做酒斗,是晚起的現象,也不能用來說明《史記》"斗"字的意義。總之,王氏的意見也是毫無根據的。可是信從他的人却很多。

幸好1972年發掘長沙馬王堆一號漢墓的時候,發現了斗卮的實物。這座墓裏有一份記載陪葬品的清册(古稱遣册),其中一條竹簡上所記的陪葬品是"髹(xiū,用漆漆東西叫髹)畫斗卮二"。1973年出版的《長沙馬王堆一號漢墓》上集"竹簡"一節,指出斗卮見於《項羽本紀》,就是盛一斗酒的卮,並說:

> 墓中所出的135號漆卮,經實測,容量爲2100毫升,與七升卮(指底部朱書"七升"二字的137號漆卮)容量爲1500毫升相較,其容量當在一斗上下,當即此簡所記之斗卮。(144頁)

這是很正確的。後來發現的馬王堆三號漢墓的遣册也記有斗卮。所以現在已經完全可以肯定,《項羽本紀》的斗卮就是容一斗的卮。有些在馬王堆考古報告之後出版的古文選本,在爲《項羽本紀》作注的時候仍然襲用錯誤的舊說,這是不妥當的。

從容吃完一個生猪肩,不是一般人所能做到的。站着把容一斗的特大號酒杯裏斟滿的酒一飲而盡,同樣是一般人所做不到的。這正是司馬遷著意寫樊噲之筆。把"斗"字删去,或對它作錯誤的解釋,都會使文章減色。

其次講題湊的問題。

題湊是古代高級人物墓葬裏建椁室的一種特殊制度。《吕氏春秋·節喪》:

> 國彌大,家彌富,葬彌厚……題湊之室,棺椁數襲,積石積炭,以環其外。

東漢高誘注:"室,椁藏也。"椁藏的意思就是藏棺椁的地方。《史記·滑稽列傳》講葬制時,也有"以雕玉爲棺,文梓爲椁,楩、楓、豫章爲題湊"的話。在漢代,題湊之制通常只有天子和諸侯王才能用。即使是地位極高的大臣,也必須經皇帝特賜才能用這種椁制。

題的意思就是端,就是頭。湊的意思就是聚合。這兩個字連在一起究竟是什麼意思呢?題湊究竟是什麼樣的一種椁制呢?上引《吕氏春秋》高誘注説:"題湊,複絫",意思很難理解。《漢書·霍光傳》記霍光死後,皇帝特賜"梓宫、便房、黄腸題湊各一具",曹魏時的蘇林的注説:"以柏木黄心致累棺外,故曰黄腸。木頭皆向内,故曰題湊",雖然講得比較具體,還是不能使我們明白真相。東漢的鄭玄在給

《禮記・檀弓上》所記的天子椁制作注時提到了題湊。唐代人爲鄭注作疏,認爲題湊就是指在椁室上部,使木材的頭相向湊聚,成爲四阿式屋頂的樣子(四阿式屋頂就是舊式宫殿那種四面有坡的屋頂)。這種説法是臆想出來的,是否可靠很難説。但是後人想不出更好的解釋,也就只好沿用了。

1974年,考古工作者在北京市豐臺區發掘了一座漢代大墓——大葆臺一號墓。這是西漢時代燕王或廣陽王的墓葬,墓中的題湊之室保存得比較好。題湊之制的真相由此才爲世人所知。原來題湊之室的四壁都是用一根根横斷面爲方形的木材疊累而成的。木材是横放的,但是方向跟室壁的方向不是平行的而是垂直的。站在室内看四壁,壁面全部是由木材方形的頭部湊成的。這就是題湊得名的原因。至於唐人所説的四阿式的頂,則根本不存在。大葆臺一號墓的題湊之室,大約用一萬五千根長90釐米,高寬各10釐米(少數爲20釐米)的柏木(即黄腸木)疊累而成,耗費木材122立方米(北京市古墓發掘辦公室《大葆臺西漢木椁墓發掘簡報》,《文物》1977年6期)。看到了真正的題湊之室,再回過頭來看蘇林對題湊的注釋,就覺得意思很明白了。

1979年新版《辭海》的"題湊"條説:

> 古代天子的椁制,亦賜用於大臣。椁室用厚木累積而成,至上爲題湊。題,頭也。湊,聚也。木頭皆内向爲椁蓋,上尖下方,如屋檐四垂。見劉文淇《左傳舊注疏證・成公二年》。

新版《辭海》是在大葆臺漢墓發掘簡報發表兩年後出版的。但是這一條並没有利用簡報提供的考古資料,基本上仍然沿襲唐代人的錯誤説法。

通過上面所舉的兩個例子,對考古資料在研讀古籍方面的重要性,可以得到一些初步的認識。另一方面還可以看到,目前在語文界存在着利用考古資料和有關研究成果不够及時的問題。

原載《電大文科園地》1984年7期(題爲《讀古書要注意考古資料》),又載《裘錫圭學術文化隨筆》,今據後者收入。

閱讀古籍要重視考古資料

我們想在這篇短文裏,給喜歡念古書的青年同志們簡單介紹一下考古資料在傳世古籍的整理研究工作中的重要作用。我們所說的考古資料泛指古代遺留下來的甲骨、金文、簡牘等類文字資料以及各種器物和遺跡,並不一定是通過科學的考古發掘而獲得的資料;傳世古籍主要指傳世的先秦秦漢古籍,因爲考古資料對這些著作時代早的古籍的整理研究工作顯得特別重要。

古代學者很早就在古籍的整理研究工作中使用考古資料了。例如:西漢時代的有些學者曾用在孔子故宅墻壁裏發現的戰國時代經書抄本,即所謂古文經,來校正流傳的今文經。西晉時代的有些學者在汲郡(今河南汲縣)戰國古冢的竹書發現後不久,就用其中的一種編年史,即所謂《竹書紀年》,來糾正《史記》的錯誤。對非文字的考古資料,從事古籍整理研究工作的古代學者也早就注意到了。例如漢魏之際的經學家王肅,曾據魏太和年間魯郡(今山東曲阜)出土的鑄成牛形的古銅尊,糾正前人認爲經書裏提到的犧尊、象尊是由於其花紋或裝飾得名的錯誤說法,指出犧尊就是牛形尊,象尊應爲象形尊(見《詩・魯頌・閟宮》正義)。北宋時發現了鑄成象形的古銅尊,王肅的說法完全得到了證實(參看《博古圖》7・10"周象尊"。《新探》編按:犧尊、象尊的問題比較複雜,王說是否可信還有待進一步研究。此文對王說全面加以肯定是不够謹慎的)。

清末以來,由於傳統的金石學的發達以及考古學的興起,古代文物大量發現,其中並包括很多重要的文字資料,如殷墟甲骨文、漢簡和敦煌卷子等等。同時,照相、印刷等技術的進步,爲學者們利用各種考古資料提供了前所未有的方便。因此,清末以來的學者在利用考古資料整理研究古籍方面,取得了很多超越前人的成就。

建國後,考古事業發展得非常迅速,對整理研究古籍有用的考古資料不斷發現。尤其是70年代以來,先後在一些西漢墓葬和一座秦墓裏發現了大量竹書、帛書。例如1972年在山東臨沂銀雀山西漢前期墓裏發現了《吳孫子》、《齊孫子》、

《晏子》、《太公》、《尉繚子》等竹書的殘本,1973 年在河北定縣西漢後期的中山王墓裏發現了《論語》、《文子》等竹書的殘本,同年在長沙馬王堆西漢前期的三號墓裏發現了《老子》、《周易》等大批帛書和一些竹書,1975 年在湖北雲夢睡虎地十一號秦墓裏發現了《秦律》的部分抄本和《日書》等竹書,1977 年在安徽阜陽雙古堆西漢前期的汝陰侯墓裏發現了《詩經》、《倉頡篇》等竹書的殘本,1983 至 1984 年間在江陵張家山西漢前期的 247 號墓裏發現了《漢律》的部分抄本和《奏讞書》等竹書。這些竹書帛書,有的是長期失傳的重要佚書,有的是尚有傳本的古書的現存最古抄本,價值比過去在敦煌發現的六朝和唐代的古書抄本高得多。因此,考古資料對古籍整理研究工作的重要性就愈來愈突出了。

考古資料在傳世古籍的整理研究工作中的作用,大體上可以分爲兩個方面:一、有助於研究古籍的時代和源流;二、有助於校正、解讀古籍。下面先談前一方面的作用。

地下發現的殷墟甲骨文和商周銅器銘文,是絲毫未經後人竄改的商周時代文獻,可以用作檢驗某些傳世古籍的時代的標準。我們現在所以能够斷定《尚書》裏過去被視爲我國最古文獻的《堯典》、《禹貢》等篇(《虞夏書》)的編定時代不能早於戰國,而過去被懷疑爲戰國時人僞作的記武王滅商之事的《逸周書·世俘》篇,却基本上是可信的實録,很重要的一個原因就是我們已經通過甲骨、金文等資料獲得了很多關於商周時代的語言、歷史和思想等方面的可靠知識,可以用作判斷這些傳世古文獻時代的依據。例如:西周春秋銅器銘文總是以"妣"與"祖"配,"考"與"母"配(《詩經》亦同),"考"、"妣"相配是戰國以後的事,而《堯典》却有"百姓如喪考妣三載"之語,其時代便可想而知了(看郭沫若《甲骨文字研究·釋祖妣》,《郭沫若全集·考古編 1》19—21 頁)。《世俘》所記武王征伐時殺戮、俘獲敵人的數字以及田獵獲獸、祭祀用牲的數字都非常大,而且還有用人爲牲之事。這類内容過去被視爲夸誕不經,甚至被斥爲戰國時人對古代聖王的誣蔑,事實上却跟殷墟甲骨文所反映的這一時代的情况正相符合,"以後人頭腦,就要夸張也夸張不到的"(郭沫若《十批判書》,《全集·歷史編 2》23 頁。參看《中國古代社會研究》附録之七,《全集·歷史編 1》299—301 頁)。

自從疑古的學風在宋代興起以來,有不少傳世的先秦子書被懷疑爲後人的僞作。70 年代漢墓出土的古書抄本爲好幾種這一類古書恢復了名譽。例如:今本《晏子春秋》(《漢書·藝文志》稱"晏子")、《六韜》(由《藝文志》的《太公》分出)、《尉繚子》,都有人懷疑它們不是《漢書·藝文志》著録的原書,而是漢以後的僞作。

但是在銀雀山西漢前期墓裏却發現了這幾種書的部分抄本,内容跟今本基本相同。從一部書的開始出現到廣泛傳抄,通常總要經歷不太短的一段時間。這幾種書的著作時代應該不會晚於戰國。今本《鶡冠子》過去也被懷疑爲後人的僞作。馬王堆三號墓所出西漢前期抄寫的帛書《老子乙本卷前古佚書》,有很多跟今本《鶡冠子》相同或相似的文句,看來這部書大概確是戰國末期的著作。從定縣中山王墓出土的《文子》殘簡來看,今本《文子》也不會像很多人所說的那樣,是主要根據《淮南子》編成的一部僞書。(《十講》編按:今本《文子》的問題比較複雜,請參看本書所收《中國出土簡帛古籍在文獻學上的重要意義》一文中講《文子》的一節。此處對今本《文子》的看法不準確。)

非文字的考古資料對研究古書時代也是有用的。例如有的考古工作者把《儀禮》的《士喪禮》和《既夕禮》所記的隨葬器物的組合形式,跟考古發掘中所見的實際情況對照,認爲《儀禮》所反映的大約是戰國初期的情況(陳公柔《士喪禮、既夕禮中所記載的喪葬制度》,《考古學報》1956 年 4 期)。這對於判斷《儀禮》的時代就很有參考價值。

在研究傳世古籍的源流方面,地下發現的時代較早的抄本是極爲重要的資料。例如:1959 年在甘肅武威磨咀子六號漢墓裏發現的抄寫於西漢末至王莽時代的《儀禮》木簡、竹簡,證明《儀禮・喪服》的《傳》本來是單行的。通過簡文用字的特點,還可以斷定《喪服傳》原爲古文本(看沈文倬《漢簡〈服傳〉考》,《文史》第二十四、二十五輯)。馬王堆漢墓發現的帛書《周易》,六十四卦的次序跟今本完全不同,經文也有出入,易傳部分有内容多於今本的《繫辭》,章節次序跟今本略有不同,多出部分包含今本《説卦》的前三節。這些情況對研究《周易》源流和易傳"十翼"的形成有重要價值。(《隨筆》編按:近年來很多研究馬王堆帛書《周易》的學者,認爲原來被看作《繫辭》下篇的那篇帛書,應視爲另一種易傳。按照這種看法,帛書《繫辭》——即原來的《繫辭》上篇——的内容就少於今本而沒有多出的部分了。即使如此,它們對研究"十翼"的形成仍有重要價值。)馬王堆帛書《老子》和銀雀山竹書《晏子》,也爲研究這兩部書的篇章的分合變化提供了重要資料。

地下發現的有些佚書,對研究傳世古籍的源流也很有用。例如:銀雀山竹書中的《王兵》篇是一篇佚書,但是其全部内容分見於《管子》的《參患》、《七法》、《地圖》、《兵法》等篇,文字基本相同。經過對比研究,可以斷定《參患》等篇是由《王兵》篇加上其他一些作品的内容改編而成的(看《臨沂銀雀山漢墓出土〈王兵〉篇釋文》,《文物》1976 年 12 期)。這爲研究《管子》的成書過程提供了重要綫索。

此外,通過對西漢墓葬出土的大量竹書、帛書的全面觀察,我們對當時的書籍制度有了比較深入的瞭解,並爲前人已經提出來的早期古書沒有專用的書名,不署作者之名,多以部分篇卷或單篇别行等特點,找到了很多實證。通過把古書的流傳之本、類書引文和敦煌寫本等跟竹書、帛書本對照,可以看出比起宋以後的刻本來,唐代類書用的本子以及敦煌唐寫本跟竹書、帛書本要接近得多。這説明印刷術的興起一方面減少了古書失傳的可能性,另一方面却增加了比較劇烈地改變古書面貌的危險性。刊刻的古書由於所據底本不善,或是刊刻者出於牟利的目的草率從事,往往有很多錯誤,一些不是很受重視的古書甚至往往有删節之處,而刻本的出現又常常導致各種抄本失傳,以致好的本子反而被壞的本子淘汰。

考古資料有助於研究傳世古書的時代和源流的例子還有很多,限於篇幅不能多舉了。下面談談考古資料在校正、解讀傳世古籍方面的作用。

考古發現的古書,有些就是傳世古籍的古抄本,有些雖是佚書,但是跟傳世古籍有某些共同的内容(由於古代的書常常抄來抄去,這種情況是比較常見的)。它們都是可以用來校讀傳世古籍的極好資料。例如:銀雀山竹書中的《孫子》、《晏子》、《尉繚子》、馬王堆帛書中的《老子》,都可以用來糾正各書今本文字上和前人解釋上的一些錯誤。前面提到過的銀雀山竹書中的《王兵》篇,也可以用來校讀《管子》中的有關各篇。這方面已經有不少著作和文章可以參考,我們在這裏就不多説了。下面僅從《孫子》裏舉一個簡單的例子,來説明地下發現的古本的可貴。《孫子·計》篇有一句話,今本作:

地者,遠近、險易、廣狹、死生也。

銀雀山竹書本則作:

地者,高下、廣狹、遠近、險易、死生也。

地勢的高下對戰爭來説非常重要,今本脱落"高下"二字是很不應該的。但是如果沒有竹書出土,恐怕誰也發現不了這個問題。

即使是跟傳世古籍沒有上面講過的那種關係的佚書和其他文字資料,在校讀傳世古籍方面也能起重要作用。在傳世古籍裏,有不少詞語和通用字由於罕見而不爲後人所理解。這是我們讀不通古書的一個重要原因。這些詞語和通用字,有一些在考古發現的同時代或時代相近的文字資料裏却是常見的、易於理解的,也有一些雖然並不常見但意義是明確的,或者跟傳世古籍對照起來看,意義就明確了。傳世古籍文字上的有些錯誤,也可以通過跟這些文字資料相對照而得到糾正。我們在《考古發現的秦漢文字資料對於校讀古籍的重要性》(《中國社會科學》1980年5期)和《談談地下材料在先秦秦漢古籍整理工作中的作用》(《古籍整理出版情況簡報》1981年6期)兩文裏,已經舉出了不少這方面的例子,在這裏再稍作補充。先舉兩個利用甲骨、金文校讀《尚書》的例子。

《尚書・費誓》記魯侯跟徐戎作戰前的誓師之辭,有如下一句:

馬牛其風,臣妾逋逃,勿敢越逐,祗復之,我商賚汝。

《僞孔傳》釋末一句爲"我則商度汝功賜與汝"。把"商"解釋爲"商度汝功",有增字解經之嫌,而且從情理上說,魯侯在當時也沒有必要去强調進行賞賜必須先"商度汝功",《僞孔傳》的解釋顯然難以相信。在殷周金文裏,常常用"商"字來表示賞賜之"賞"這個詞。《費誓》的"商賚"無疑應該讀爲"賞賚",就是賞賜的意思。這一點清末研究金文的學者方濬益和劉心源都已經指出來了。如劉氏就說:"商用爲賞,古刻通例……不見雅訓,惟《費誓》云'我商賚汝',僅存古文。後儒不識通假,乃以商度解之,非也。"(《奇觚室吉金文述》1・27下)這是利用金文釋讀古書中後人不理解的通用字的一個例子。後來,于省吾《尚書新證》、楊筠如《尚書覈詁》也都持與劉氏相同的見解。但是1982年出版的《尚書譯注》却仍然把"商賚"之"商"解釋爲"度量"(288頁),新版《辭源》在"商"字第一義項"計量"下也仍然以"我商賚汝"爲例句,未免對古文字學者的研究成果太不重視了。

《尚書・君奭》:

公曰:君,予不惠若兹多誥,予惟用閔于天越民。

《僞孔傳》把"予不惠若兹多誥"解釋爲"我不順若此多誥而已",簡直不知所云。殷墟甲骨文裏有一個常用的虚詞"叀",作用跟"惟"(甲骨文一般作"隹")相似,古文字學者大都認爲這個字應讀爲"惠",當可信(參看李孝定《甲骨文字集釋》1431—1432頁、陳夢家《殷虚卜辭綜述》102頁。下文引到此字時逕書作"惠")。殷墟甲骨文裏的有些占辭(卜問後判斷卜兆所示之意之辭)以"不惟"與"惠"或"惟"與"不惠"對言:

王固曰:𢦏。惟庚。不惟庚,惠丙。　丙84【《合》5775】

王固曰:吉,𢦏。惟甲,不惠丁。　同上42【《合》248】

《君奭》也是以"不惠"與"惟"對言的,可見《君奭》的"惠"就是甲骨文裏的虚詞"惠"。這個虚詞後人已不熟悉,所以《僞孔傳》就把它錯釋爲"順"了。在甲骨文的虚詞"叀"被釋出之前,楊筠如《尚書覈詁》已經根據《酒誥》有"予不惟若兹多誥"之語,並以"不惟"與"予惟"對言的現象,指出《君奭》的"叀"與"惟"同義,可謂卓識。但是他認爲"叀""當作惟","古叀、惟聲近相假"(253 頁),還是不够妥當的。如果"叀"和"惟"所代表的確是同一個詞,上下句爲什麼要用不同的字呢?而且這種以"不叀"與"惟"對言的句子,不但見於《君奭》,也見於甲骨文,顯然不能以誤字等偶然原因來作解釋。(《隨筆》編按:張玉金《甲骨文虚詞詞典》116 頁指出,從《丙》84,即《合》5775 反面的那條占辭的文例來看,《丙》42,即《合》248 反面的那條占辭應讀爲:"……惟甲;不,叀丁。""不"字後省去了"惟甲"。其説可從。那末,殷墟甲骨文中似乎只有以"不惟"與"叀"對貞之例。不過這一點並不妨礙把《君奭》中與"惟"對言的"不叀"之"叀"看作與"惟"義近的虚詞。張書在 1994 年由中華書局出版。)"叀"和"惟"應該是一對音、義皆近的虚詞,二者的區别究竟在哪裏還有待研究(很多古文字學者認爲甲骨文"叀"、"惟"用法無别,是不對的)。《詩・大雅・雲漢》有"曷叀其寧"語,吳闓生《詩義會通》認爲"曷叀""猶曷維也"(《邶風・緑衣》有"曷維其已"語)。這個"叀"跟《君奭》的"叀"應該是一個詞。上面提到過的《尚書譯注》把《君奭》的"不叀"讀爲"不慧"。1980 年出版的《詩經今注》、1981 年出版的《詩經全譯》、1985 年出版的《詩經譯注》,都把《雲漢》的"叀"解釋爲"賜"。這些書的作者對甲骨文的虚詞"叀"恐怕都沒有給予應有的注意。

再舉兩個根據秦漢文字資料校讀《鹽鐵論》的例子。《鹽鐵論・散不足》:

> 古者庶人鹿(麤?)菲(扉)草芰(屐),縮絲尚韋而已。及其後則綦下不借(不借是一種麻鞋,見《方言》等書),鞔鞮革舄。

這兩句話裏的"尚韋"和"綦下"都不好懂。

"縮絲"和"尚韋"在語法上是同類的結構。"縮"字在古代有約束之義,"縮絲"似指用絲繩繫鞋。"尚"字在古代可以當加在上面講。馬非百《鹽鐵論簡注》把"尚韋"解釋爲"加之以皮"(244 頁),指出了這個詞組的字面意義,但是並沒有把"尚韋"究竟是怎麼一回事講清楚。"尚韋"一語也見於《急就篇》和漢簡,不過是用作一種衣物類的東西的名稱的,前人或以爲指韋製的裳(《急就篇》顔師古注),或以爲指一種履(沈元《急就篇研究》,《歷史研究》1962 年 3 期 77 頁),都不可信。我們在《〈居延漢簡甲乙編〉釋文商榷》一文裏,已據漢簡以尚韋跟履、襪並提,而且也以"兩"爲其單位詞的現象,並參照《散不足》篇"尚韋"一語的用法,指出作爲衣物名稱的"尚韋"應指加在鞋襪上防髒防損的皮罩(《人文雜志》1983 年 1 期 102 頁)。

《散不足》的"尚韋"則應該是在鞋上加防髒防損的皮罩的意思。

"綦下"的"下"一般認爲指鞋底,可信。《散不足》篇下文有"紈裏紃下"語,"裏"指鞋裏,"下"也指鞋底。鞋帶古可稱綦,因此一般把"綦下"的"綦"理解爲鞋帶,這却是有問題的。鞋帶怎麽會繫到鞋底下去呢?《後漢書·劉盆子傳》提到一種叫"直綦履"的鞋,李賢注:"綦,履文也。蓋直刺其文以爲飾也。"古代的棋紋綺也稱"綦綺"。《釋名·釋采帛》:"綺,攲也。其文攲邪,不順經緯之縱横也。……有棋文者,方文如棋也。"《廣雅·釋器》有"綦綺"(見"春草……彩也"條),王念孫《廣雅疏證》以爲即"棋文"之綺,可信。"綦履"的"綦"大概也是指棋文(紋)而言的。綺的綦文大概一般是斜方形的,"直綦"疑指直而不斜的棋文。睡虎地秦墓所出竹書《封診式》的"穴盜"條,描述盜物之人在地上留下的鞋底印説:"外壤秦綦履迹四所,袤尺二寸,其前稠綦袤四寸,其中央稀者五寸,其踵稠者三寸。"(《睡虎地秦墓竹簡》271頁。"賊死"條265頁也提到"秦綦履"。)由此可見綦履的底外也有綦紋,想來應該是一種用麻或其他東西編成的通體作綦紋的鞋("秦綦履"的"秦"當與《散不足》篇下文"蒯苴秦堅"之"秦"同義,有人認爲可能是一種可以用於編織的草的名稱。《文選》卷一三《風賦》李善注謂"秦,香草也"。不知是否與此爲一物)。鞋底編成或刺成綦紋,當比較耐磨。前部和踵部的綦紋比中間稠,也是爲了使鞋底耐磨。《散不足》的"綦下"應該就是指一種底部作綦紋的鞋而言的,可能就是"綦履"的别名。大概由於綦下和不借質料相類,所以放在一起來説。跟"鹿菲草芰"比起來,"綦下"當然就要算一種比較講究的鞋了。如果没有秦簡的資料,"綦下"的意思恐怕很難弄清楚。

《鹽鐵論·復古》提到"扇水都尉彭祖"。漢代並無"扇水"地名,扇水都尉是什麽官從來没有人知道。30年代初在甘肅和内蒙的額濟納河(即弱水)兩岸地區發現了大量漢簡。從這批簡文知道西漢時曾在這一地區的北部設居延都尉,南部設肩水都尉,都屬於張掖郡。勞榦認爲《鹽鐵論》的扇水都尉"或爲肩水都尉之誤"(《居延漢簡考釋序》,《勞榦學術論文集甲編》250頁),顯然是對的。這是根據考古資料校正古書錯字的一個例子。《鹽鐵論簡注》説:"有人説扇水就是居延漢簡的'肩水',是不可信的"(42—43頁),可是絲毫也没有提出否定此説的理由,實在太主觀武斷了。

有時候,考古發現的文字資料還能幫助解決古書裏比較重大的問題。例如:《荀子·非十二子》責罪子思、孟軻"案往舊造説,謂之五行"。思、孟所謂五行究竟是什麽?這是學術史上的一個重要懸案。馬王堆帛書《老子甲本卷後古佚書》的

第一篇,專講儒家的五行説。通過這篇佚書,才弄清楚思、孟所謂五行就是"仁、義、禮、智、聖",從而爲思想史家深入研究思、孟學説提供了堅實的基礎。

要弄清楚古書裏提到的各種器物的形制和某些制度(如服飾制度、墓葬制度等),往往需要借助於非文字的考古資料。本文開頭曾舉過王肅根據出土古銅器解釋"犧尊"、"象尊"的例子,這類例子是舉不勝舉的。宋代金石學家按照古書裏的器物名稱,爲多種古銅器定名。從另一個角度來看,這也就是根據出土實物研究古書所記器物的形制。《漢書·律曆志》所記的嘉量之制,如果没有王莽嘉量的實物可供參考,就很難完全解釋清楚。古書裏屢次提到的貴人墓葬裏的題湊之制,也只是在70年代發現了比較完整地保存着題湊之制的漢代大墓以後,才爲大家所真正理解的(參看《大葆臺西漢木椁墓發掘簡報》,《文物》1977年6期。《辭海》新版"題湊"條仍襲誤説)。《鹽鐵論·散不足》説:"唯瑚璉觴豆而後雕文彤漆。"《簡注》把"彤漆"解釋爲"紅色的漆"(228頁)。這是由於不注意考古資料而造成的一個錯誤。出土漢代漆器絶大多數裏面是朱紅色的,外面是黑褐色的。漢代人單説漆,往往指黑褐色的漆。《散不足》的"彤漆"無疑是指涂紅漆和黑褐色漆而言的,決不可能單指涂紅漆(參看朱德熙、裘錫圭《馬王堆一號漢墓遣策考釋補正》,《文史》第十輯68—70頁)。限於篇幅,不能多舉例了。

通過上面的簡單介紹,已經可以看出考古資料對傳世古籍的整理研究工作的重要性了。但是在近年來的古籍整理工作和字典、詞典的編纂工作中,考古資料却往往没有受到應有的重視,甚至前人在利用考古資料整理研究傳世古籍方面已經取得的成果,也往往受到忽視。這是很不正常的。希望這種情況能够很快改變。同時也希望真正有志於研讀古書的青年同志,不要受上面所説的那種不正常的風氣的影響,養成注意考古資料的習慣。

1986年4月26日寫完

原載《文史知識》1986年8期(刊出時稍有删節),又載《古代文史研究新探》(編入時已據原稿補足)、《裘錫圭學術文化隨筆》、《北大學者談讀書》(北京圖書館出版社,2005)、《中國出土古文獻十講》,今據《中國出土古文獻十講》收入。

談談清末學者利用金文校勘《尚書》的一個重要發現

在清代後期，隨着金石學和經學的發展，學者們在利用金文資料解讀上古典籍方面取得了一些值得重視的成就，如莊述祖據金文"友"字寫法指出《逸周書·商誓》的"大史比、小史昔"爲"大史友、小史友"之訛（見《説文古籀疏證》卷二"又"部"友"字下），孫詒讓據金文中關於"作册"的資料指出《尚書·洛誥》"王命作册逸祝册""作册逸誥"等語中的"作册"是尹逸的職名（見《古籀拾遺》下7頁"周冗敦"條），方濬益、劉心源據金文以"商"爲"賞"的現象指出《尚書·費誓》"我商賚汝"的"商"也應讀爲"賞"（方説見《綴遺齋彝器款識考釋》1·20下，劉説見《奇觚室吉金文述》1·27下）等等。本文要專門介紹的，是王懿榮、吴大澂等人關於《尚書》"寧王""寧考"等文中的"寧"爲"文"之誤字的發現。在利用金文校讀典籍方面，這是最爲人稱道的一個發現。但是不少人把這一發現完全歸功於吴氏（我自己過去就是這樣看的），這恐怕跟事實有出入。此外，吴氏等人對"文"字致訛過程的解釋也有不盡合理之處。所以我們覺得仍有必要來談談校勘學上這一個盡人皆知的舊發現。

《尚書·大誥》篇有"寧王""寧武""寧考""前寧人"等文：

> 予不敢閉于天降威，用寧王遺我大寶龜，紹天明。
>
> 今蠢（春）今翼日，民獻有十夫，予翼以于救寧武圖功。
>
> 義爾邦君，越爾多士，尹氏、御事，綏予曰：無毖于恤，不可不成乃寧考圖功。
>
> 天休于寧王，興我小邦周，寧王惟卜用，克綏受兹命。
>
> 爾惟舊人，爾丕克遠省，爾知寧王若勤哉！天閟毖我成功所，予不敢不極卒寧王圖事。
>
> 予曷其不于前寧人圖功攸終？
>
> 予曷敢不于前寧人攸受休畢？

肆予曷敢不越卬敉寧王大命？

天亦惟休于前寧人，予曷其極卜，敢弗于從，率寧人有指疆土？

《君奭》篇也有“寧王”之文：

天不可信，我道惟寧王德延，天不庸釋于文王受命。

在昔上帝割申勸寧王之德，其集大命于厥躬。

舊時多把這些“寧”字理解爲安寧之“寧”，如僞孔傳注《大誥》“寧王”說：“安天下之王，謂文王也。”又把“寧武”解釋爲“撫安武事”，牽强難通。

就目前所能見到的資料來看，最先根據金文指出上述這種“寧”字是“文”字之誤的學者，是清末金石學家王懿榮。

王氏之友陳介祺（號簠齋）在同治十三年（1874）十月十三日致潘祖蔭的信裏，介紹了王氏的說法，並爲王說作了補充。他說：

《尚書》至今日無從得確據以定之。其理之至者，固可以孔孟程朱之說定之。其文之古者，則唯吉金古文可以定之。吉金之文亦唯《尚書》可以通之。福山王廉生農部懿榮書來，謂《大誥》“寧王”“寧武”皆古“文”字作作之訛。余謂“文人”見《詩》（引者按：見《大雅·江漢》），“前文人”見兮中鐘、西宫敃，尤不可移。則《大誥》之爲真古文亦定矣。（陳敬第輯《陳簠齋尺牘》第一册。《叢稿》編按：亦見陳介祺《秦前文字之語》40頁，齊魯書社，1991。）

同年十月晦，陳氏又在致王懿榮的信裏指出“《君奭》之‘寧王’亦皆从‘文’爲長”。（同上第四册。《叢稿》編按：亦見《秦前文字之語》89頁。）

吳大澂是在他的《字說·“文”字說》中提出“寧”爲“文”之訛字的說法的。（《叢稿》編按：吳氏在光緒九年六月所撰的《說文古籀補·敘》中就已指出：“而魯恭王所得壁經又皆戰國時詭更變亂之字，至以文考、文王、文人讀爲寍考、寍王、寍人。”撰此文時竟沒有注意到，是不應有的疏失。）《“文”字說》篇幅不長，現將全文抄錄於下：

《書·文侯之命》“追孝于前文人”，《詩·江漢》“告于文人”，《毛傳》云：“文人，文德之人也。”濰縣陳壽卿編修介祺所藏兮仲鐘云：“其用追孝于皇考己伯，用侃喜前文人。”《積古齋鐘鼎彝器款識·追敦》云“用追孝于前文人”。知“前文人”三字爲周時習見語。乃《大誥》誤“文”爲“寧”，曰“予曷其不于前寧人圖功攸終”，曰“予曷其（引者按：當作“敢”）不于前寧人攸受休畢”，曰

“天亦惟休于前寧人”，曰“率寧人有指疆土”。“前寧人”實“前文人”之誤。蓋因古文“文”字有从“心”者，或作，或作，或又作。壁中古文《大誥》篇，其“文”字必與“寧”字相似，漢儒遂誤釋爲“寧”。其實《大誥》乃武王伐殷，大誥天下之文。“寧王”即“文王”，“寧考”即“文考”，“民獻有十夫”即武王之亂臣十人也。“寧王遺我大寶龜”鄭注：“受命曰寧王。”此不得其解而强爲之說也。既以“寧考”爲武王，遂以《大誥》爲成王之誥。不見古器，不識真古文，安知“寧”字爲“文”之誤哉？

《字說》未署刊行年月，卷首署“賜進士出身、會辦北洋事宜、都察院左副都御史吴大澂撰”。據《清史稿》本傳，吴氏在光緒十年（1884）遷左副都御史，十二年（1886）擢廣東巡撫。可知《字說》當在光緒十年至十二年間刊行，距同治十三年至少已有十年之久。不過吴氏關於“寧”字的見解有可能在撰《字說》前早就形成了。（《十講》編按：參看上頁關於吴氏在《說文古籀補·敘》中就已提到“寧”字問題的“《叢稿》編按”。吴氏《說文古籀補·敘》已提到“寧”字問題這一點，是我在讀了臺灣學者程元敏的一篇有關文章後才知道的【編按：程元敏《尚書寧王寧武寧考前寧人寧人前文人解之衍成及其史的觀察（上）——併考周文武受命稱王》，《中國文哲研究集刊》創刊號，1991】。）吴氏指出古“文”字或从“心”與“寧”形近因而致誤，與王氏所見同。王氏以《大誥》“寧武”爲“文武”之訛，吴氏則撇開“寧武”不管，認爲“《大誥》乃武王伐殷大誥天下之文”，這是他不如王氏處（“文考”指亡父非指文王，屈萬里有說）。

吴、王二人是好友。王氏之說爲吴氏所聞，或吴氏之說爲王氏所聞的可能性，都是存在的。但是從他們的學問品行來看，似乎都不會掩友人之說爲己有。看來在這個問題上是英雄所見略同。

王、吴之後，在“寧”字問題上持類似見解的，還有孫詒讓和方濬益。

孫詒讓在《尚書駢枝》的《大誥》部分中說：

“寧王”“寧武”即“文王”“文武”之訛。古鐘鼎款識“文”皆作（即“忞”字），與“寧”絕相似，故此經“文王”“文武”皆作“寧”。後文“寧考”“寧人”亦並“文考”“文人”之誤。（6頁上）

又說：

……“前寧人”即《文侯之命》云“前文人”，僞孔說並失其義。（7頁上）

此書敘文也有一段談到"文"訛作"寧"的問題，其文如下：

> 《書》自經秦火，簡札殽亂。今古文諸大師之所傳，漢博士之所讀，所謂隸古定者，或以私臆更易。展轉傳授，舛牾益孳。漆書古文蓋多假借。如"非""匪"率爲"棐"，今多作正字，其偶存者則皆誤釋爲"輔"者也。"文"多作"忞"（古文箸"心"於"文"中，今所傳鐘鼎款識咸如是），今絶無"忞"字而有訛作"寧"者，則因釋爲"安"而存其形似也。（1 頁下）

後來，孫氏在《名原》的敘文中又談到了這個問題。他說：

> 蓋秦漢間諸儒傳讀經典，已不能精究古文。如古多假"忞"爲"文"，與"寍"形近（金文"文"多作 ，與"寍"作  絶相似），而《書·大誥》曰"寧考""寧王""前寧人""寧武"，則皆"文"之訛也。

在此段之末，他還加上了"略本吳清卿說"的注語。"清卿"即吳大澂之字。

孫氏《尚書駢枝》成書於光緒十八年（1892，參看朱芳圃《孫詒讓年譜》），《名原》成書於光緒三十一年（1905）。孫氏在《駢枝》中沒有注明"略本吳清卿說"，可能是由於他在著此書時還沒有看到吳大澂的《字說》。所以他可能也是獨立發現"寧"字的問題的。關於"文""寧"字形的相似，孫氏所說比他家具體。

方濬益在《綴遺齋彝器款識考釋》卷一"吴生鐘"條下，也指出金文的"前文人""即《周書·大誥》《君奭》等篇之'前寧人'"（引者按：《君奭》篇其實只有"寧王"而沒有"前寧人"），並說：

> 古"文"字作 ，或作 ，其繁文則作 ……漢世《尚書》出於壁藏，學者罕識古篆，誤以  爲"寧"。於是"前文人"之"文"均訛爲"寧"，而"文考"爲"寧考"，"文王"爲"寧王"矣。（13 頁下）

據方書卷首方燕年識語，方氏之撰作此書，由同治八年（1869）至光緒二十五年（1899），"亘三十一年之久"。他也有可能是獨立發現"寧"字的問題的。

從清末金石學和經學的發展水平來看，發現《尚書》"寧王""寧武""前寧人"等文中的"寧"是"文"的誤字，並不是一件很困難的事。幾位學者不約而同地看到這一點，並不奇怪。把這一發現完全歸功於吳大澂，恐怕是不恰當的。

上述各家大都認爲《尚書》"文"字訛作"寧"，是漢儒誤讀古文經書的結果。這一意見是有問題的。據吳大澂、王國維等人研究，所謂古文經實際上是戰國時代東方國家的經書抄本，所謂"古文"是戰國時代東方國家的文字。但是在我們所看到的古文字資料中,“文”字寫成从“心”,却沒有晚於西周時代的例子。所以漢儒所見的古文經書裏決不可能有這樣的“文”字。从“心”的“文”大概是先訛作“寍”再變作“寧”的(參看上引孫詒讓《名原》敘言文)。我們認爲《尚書》中部分“文”字訛作“寍”的時代,不可能晚於春秋。春秋金文如國差𦉜的“寍”字(見《金文編》1985年版514頁),跟从“心”的“文”字很相似。當時人已經不用這樣的“文”字(按照孫詒讓的意見,應該說已經不再假借“忞”字爲“文”),很容易把它們誤認爲“寍”。“寍”、“寧”古通,所以後來又被改成了“寧”。《尚書》中沒有錯成“寧”的大量“文”字,大概原來就沒有寫成从“心”,或者起先寫成从“心”,但在較早的時候就改成了不从“心”的“文”。

高本漢在《書經注釋》裏反對“寧王”“寧武”“前寧人”等文中的“寧”是“文”字之訛的說法(見陳舜政譯《高本漢書經注釋》上566—567頁等),這未免審慎過了頭。

補記:

關於吳大澂《字說》的撰作和刊行年代,顧廷龍《吳愙齋先生年譜》附錄一《愙齋先生著述目》中的“《字說》”條有考,現錄之於下:

> 是書題字說一卷,賜進士出身會辦北洋事宜都察院左副都御史吳大澂撰。前後無序跋,無成書年月。惟考《說文古籀補》凡例,有云:“稱古文以爲某字者,皆合觀諸器銘,考其文義,確而可據,疑者闕之。別撰古字說一卷,以證明之。茲不備引。”據此,知《字說》實與《說文古籀補》相表裏,是當與《古籀補》同時成稿者。《古籀補》刊成在光緒十年正月以後,觀陳介祺敘可知。《字說》乃繼之付梓。按會辦北洋事宜爲十年四月十四日所奉命。又按《皇華紀程》(引者按:此爲吳大澂奉命赴吉林勘界日記),三月初五日書《文字說》一篇,初七日書《夷字說》《尸字說》兩篇,初八日書《拜字說》《鞭字說》《瑚字說》三篇。八月初二日書《尨字說》一篇,初三日書《覣字說》一篇,二十三日作《沐沬字說》《載字說》,二十四日作《緩字說》,書字說三篇。由此知直至十二年八月杪始卒業者也。(260—261頁)

按:吳氏《北征日記》記光緒九年正月初二日“作《韶字說》一篇”(《年譜》102頁),此即《字說》之第四篇。書中其他篇當有撰作於其前者,但已無從確考。《字說》木版用吳氏手寫體。《皇華紀程》所謂“書某字說一篇”,即指書寫供刻版用之底本而言,與撰作非一事。據《紀程》,《"文"字説》書於光緒十二年三月初五,但其撰作年月則不可考。《紀程》所記光緒十二年八月二十三日所作《沐沬字説》《載字説》及二十四日所作《緩字説》,爲《字説》一書之最後三篇(書中次序,《沐沬字説》在最後)。二十四日所書字説三篇,無疑即此三篇。上引《年譜》"字説"條據此謂全書"至十二年八月杪始卒業",可信。吳氏於是年十一月初十在天津接到補授廣東巡撫之電(《年譜》151頁)。從《字説》所署官銜看,版之刻成似當在其前,即在是年九月至十一月之間。至其刷印行世,又當稍遲於此,或已在光緒十三年矣。《年譜》"字説"條謂此書"與《古籀補》同時成稿",與事實稍有出入(至少《字説》末三篇之撰作,已在《古籀補》刊成兩年之後)。條首所注《字説》版本,第一種爲"光緒十年家刻本",其年份與此條考證不合,顯然有誤。《中國大百科全書》考古學卷"吳大澂"條謂《字説》"光緒十年刊成"(548頁),疑即襲其誤。就目前掌握的情況來看,《字説》刊成年代可暫定爲光緒十二年。

原載《古籍整理與研究》第四期(中華書局,1989),又載《古代文史研究新探》、《文史叢稿》、《中國出土古文獻十講》,今據《中國出土古文獻十講》收入。

說“揜函”

——兼釋甲骨文“櫓”字

《墨子·非儒下》引儒者之言曰：

君子勝不逐奔，揜函弗射；强則助之胥車。

孫詒讓《墨子閒詁》解釋“揜函”說：

揜，吴鈔本(引者按：指黄丕烈影鈔明吴寬寫本)作“掩”。《禮記·表記》鄭注云：“揜猶困迫也。”按：“函”疑“亟”之形誤。……《儀禮·聘禮》鄭注云：“賓之意不欲奄卒主人也。”此“揜亟”亦“奄卒”之意，謂敵困急則不忍射之也。……又疑“函”當爲“臽”之誤。《說文·臼部》云：“臽，小阱也。”今經典通作“陷”。《漢書·司馬遷傳》“函糞土之中而不辭”，《漢紀》“函”作“陷”。於義亦通。

孫氏以審慎見稱，此注却頗牽强。高亨《墨子新箋》說“孫說迂曲不可從”，①一點也不過份。

吴毓江《墨子校注》“揜函”條在節引孫注之後，又引了他家之說，並提出了自己的看法：

曹(引者按：指曹耀湘《墨子箋》)云：揜函，謂奔者以甲自蔽也，畏射故揜函(“函”有鎧甲一義，詳于省吾《墨子新證》，出處見下文)。牧野謙(指日本牧野謙次郎《墨子國字解》)引諸葛蠡云：揜函，謂揜藏其甲。尹桐陽(《墨子新釋》)、張純一(《墨子集解》)說同。〇案：軍敗止有棄甲，似無藏甲之理。疑函當訓含藏，與揜字平列。揜函者，藏匿隱蔽之意。韓子主道篇曰“函掩其跡，匿其端”，此言揜函，猶彼言函掩也。②

---

① 《諸子新箋》，山東人民出版社，1962，37頁。

② 《墨子校注》，中華書局，1993，451頁注㉒。

牧野謙等藏甲說之不合理,吳氏已經指出。曹氏之說也不可通。儒者不可能特别指出“以甲自蔽”的奔者不當射,難道棄甲而奔者就應該射嗎?但是吳氏自己的主張也難以成立。藏匿隱蔽的戰敗者通常是搜索的對象,談不到“射”或“弗射”。而且《韓非子・主道》的“函掩”,盧文弨疑“掩”爲注文闌入者,孫詒讓認爲“函”是“亟”的訛字。[③] 吳氏引之爲證,也是不妥當的。

于省吾《墨子新證》解釋“搎函”句說:

> 上言君子勝不逐奔。此云搎函弗射。言但被甲以自掩護。而弗射也。[④]

于氏釋“函”爲“甲”,與曹、牧野謙、尹、張諸家同;但他認爲“搎甲”是戰勝者之事而不是敗奔者之事,則與他們不同。

高亨《墨子新箋》的思路與牧野謙等家相近,但他認爲“搎函”的意思是“棄甲”。他說:

> 張、于解函爲甲鎧,是也。張訓搎爲藏,非也,因戰陣之間,戰敗者逃走之不暇,必不有藏其甲之事也。于以搎甲爲披甲以自掩護,亦非也。因搎甲乃謂搎其甲,非謂搎其身也。竊疑搎當訓棄。孟子梁惠王上:“棄甲曳兵而走。”墨子之搎函與孟子之棄甲同義。方言六:“揞、搎,滅也。(戴震改滅爲藏,恐誤)荆楚曰揞,吳揚曰搎。”滅者棄絶之意。六書故:“揞暗擲棄也。”此搎有棄義之證。搎函不射謂敵人戰敗而走,嫌甲重爲累,因棄其甲,則戰勝者不射之也。[⑤]

高氏說“搎”有“棄”義,顯然不可信。《方言》六“揞、搎、錯、摩,滅也”條的“滅”字,戴震據《廣雅》等書校正爲“藏”,錢繹《方言箋疏》等皆從之。王念孫《廣雅疏證》卷四上“葬、薶……揞、搎、錯、摩……藏也”條引《方言》亦作“藏”。高氏爲立說的方便,斥戴氏爲誤,缺乏實事求是的精神。而且“棄”“滅”二字之義顯然有别,“滅國”不能說成“棄國”,“棄物”也不能說成“滅物”。“滅者棄絶之意”,是高氏自己對“滅”字的解釋。“揞”字另有抛棄之義,不能證明“搎”字也有抛棄之義。所以即使《方言》的“滅”字不誤,也不能據此得出“搎”有“棄”義的結論。

高氏對于氏之說的批評,理由似乎也不夠充分。古人可以把以袂掩面說成“掩

---

③ 參見王先慎《韓非子集解》。

④ 《雙劍誃諸子新證》,中華書局,1962,145—146 頁。

⑤ 同注①37—38 頁。

袂”(《藝文類聚》卷二九梁劉孝綽《侍離宴詩》“掩袂望征雲”),以甲揜身似乎不見得一定不能說成“揜甲”。不過在說到戰勝者不射敗奔者的時候,實在沒有點出戰勝者“揜甲”的必要。所以于說也未能取信於人。

總之,迄今爲止,似乎還沒有人對《墨子》的“揜函”作出可信的解釋。

我們認爲于氏把“揜函”看作戰勝者之事,是正確的。這樣解釋,從句法上看比較順暢,問題在於“函”字不應該訓爲鎧甲。

《說文・七上・马部》訓“函”爲“舌”,認爲其字上从“马”,下象舌形。這是據“函”字訛變的字形立說的,不可信。殷墟甲骨文和周代金文的“函”字,都象其中有“矢”的盒、囊類器物。⑥ 王國維認爲“函”的本義是“盛矢之器”,⑦近人皆從之。殷墟所出小臣牆骨板所記戰爭俘獲中,有如下數項:

……[馬□]丙、車二丙、百八十三、函五十、矢……⑧

“函”列“矢”前,顯然指盛矢之器,用的正是本義。稱甲爲“函”,是較晚的事。⑨

上引小臣牆骨板刻辭中列於“函”前之物,其字尚無確釋(爲了印刷方便,下文以△代替此字)。由於跟理解函的性質有關,附帶在這裏討論一下。

胡厚宣先生在《甲骨續存》序文中提到小臣牆骨板時說:“△字不識,當爲盾牌之屬”。⑩《殷墟甲骨刻辭摹釋總集》(829 頁)和《殷墟甲骨刻辭類纂》(638—639 頁)逕釋此字爲“盾”。釋△爲“盾”,在文義上是講得通的。此字的左旁也確實很像盾的側面之形。可是它的右旁作虎形(《類纂》列此字於从“虎”之字中),釋“盾”對此無法作出恰當的解釋。

我們認爲△應該是“櫓”的初文。《說文・六上・木部》:

櫓,大盾也。从木,魯聲。樐,或从鹵。

此字在古書中有時假借“鹵”字爲之,⑪“鹵”、“虜”古通,⑫《說文・七上・毌部》謂“虜”从“虍”聲,可知“櫓”“虎”二字古音極近。“虍”象虎頭,實即“虎”之

⑥ 字形見《甲骨文編》,中華書局,1965,300—301 頁;《金文編》,中華書局,1985,486 頁。

⑦ 《不𡢁敦蓋銘考釋》,《海寧王靜安先生遺書・觀堂古金文考釋》,7—8 頁。

⑧ 《甲骨文合集》36481 正,參看《甲骨續存》下 915。

⑨ 《考工記》“函人”之“函”,不一定指甲,參看上引王國維文。

⑩ 《甲骨續存》,群聯出版社,1955,序 6 頁。

⑪ 高亨、董治安《古字通假會典》“櫓與鹵”條,齊魯書社,1989,885 頁。下文簡稱“會典”。

⑫ 《會典》頁 875“虜與鹵”條,標目中“虜”字誤排爲“膚”。

省形。《説文》訓爲“虎文”,不確。△字當从盾之側面形,从“虎”聲,即“櫓”之初文。

《合》20397 也有△字:

□亥卜,王令□伐方

疑此△字當讀爲“虜”。此辭似是卜問征伐方是否能有虜獲的,釋文“方”字後可加逗號。

殷墟甲骨卜辭中屢見寫作等形的一個字,《甲骨文編》隸定爲“虩”(225頁)。由於此字的字形和用法都與“執”相似,很多人將它逕釋爲“執”,[13]但對此字从“虎”的現象沒有作出解釋。夏渌先生釋此字爲“虜”,認爲字形象“从幸(桎梏)夾住虎足”。[14] 他對字形的分析恐有問題,但釋此字爲“虜”則可從。此字右旁下部大概是兼象被執人形和“虎”的下部的,全字可分析爲从“幸”(依《説文》當作“㚔”)或“執”,“虎”聲。金文中見於小盂鼎等銘的、一般認爲通“皋”的“虩”字,外形雖與此字相似,其實並非一字。△字右旁下部也可能是兼象執盾人形和“虎”的下部的,其構造與此字同一機杼。

王國維認爲:“古者盛矢之器有二種,皆倒載之。射時所用者爲箙,矢括與笴之半皆露於外,以便於抽矢,諸字象之(引者按:所引古文字爲“葡”字,本是“箙”的象形初文)。藏矢所用者爲函,則全矢皆藏其中,字象之。”(見上引王氏文,出處同)依此説,似乎古人作戰時隨身所帶盛矢之器必爲箙而非函。但小臣牆骨板所記之函是戰爭中的虜獲物,與列於其前的櫓都應是作戰者隨身之物。故知“射時所用”的盛矢器也可以是函,王氏之説過於絶對。函應有蓋一類東西,如將函打開,即可在射時使用。

現在我們可以來解釋《墨子》的“揜函”了。“揜”、“掩”古通,[15]“掩”字古或訓“覆”訓“蓋”,[16]“揜”字也有訓“覆蓋”之例(《荀子·富國》“皆使衣食百用出入相揜”,楊倞注:“揜,覆蓋也。”)。“勝不逐奔,揜函弗射”的意思就是説,戰勝後不追

---

⑬ 《類纂》1008 頁收此字,即釋爲“執”。

⑭ 《學習古文字瑣記·四五、釋虩(虜的異體字)》,中國古文字學第四届年會論文,1981。

⑮ 《會典》249—250 頁“掩與揜”條,“奄”聲與“弇”聲相通之例屢見,參見同頁有關各條。

⑯ 《經籍籑詁》上聲二十八儉“掩”字條。

逐戰敗奔逃者，而且蓋住矢函不再抽箭射他們。

1994年8月8日寫畢

原載《華學》第一輯（中山大學出版社，1995），又載《裘錫圭學術文化隨筆》（刪去了釋“櫓”字的部分），今據前者收入。

《墨經》"佴""諿""廉""令"四條校釋

按照《墨經》原來的旁行讀法,《經上》篇的"忠""孝""信"等條與"任""勇"二條之間,有"佴""諿""廉""令"四條。現將此四條《經》文以及《經說上》對它們的解說抄錄於下(文字據《墨子閒詁》本),《說》文各條分別附於所解《經》文之後,低一格抄寫,各條《經》文與《說》文之前分標加方括號的"經"字與"說"字,以清眉目:

〔經〕佴,自作也。

〔說〕佴:與人遇人衆惰。

〔經〕諿,作嗛也。

〔說〕諿:爲是爲是之台彼也,弗爲也。

〔經〕廉,作非也。

〔說〕廉:己惟爲之,知其覞也。

〔經〕令,不爲所作也。

〔說〕所令非身弗行。

對上引各條,研究《墨經》的學者們已經作了不少校勘和解釋,其說有得有失。今採各家之長,參以己意,對此四條《經》文與相應的《說》文加以校釋。

高亨《墨經校詮》(以下簡稱"校詮")在校釋了上引四條文字之後說:

右四條佴、諿、廉、令四字,皆言人之品德,故次於忠、孝、信與任、勇之間,舊解多誤。(42 頁,科學出版社,1958)

此言甚確,是我們進行校釋的指導思想。以下對此四條文字逐條加以校釋。

一、佴

《校詮》解釋"佴,自作也"說:

說文:"佴佽也。"按佴者即今語所謂退縮無勇氣也。居從而不居主,居後而不居先,故許訓爲佽。……作疑借爲怍、說文:"怍慚也。"第十六條云:"誷,作嗛也。"(引者按:《校詮》爲《墨經》各條編了順序號,所以稱此條爲第十六條。下文第十七條、第十八條同例。)第十七條云:"廉,作非也。"第十八條云:"令,不爲所作也。"諸作字並借爲怍。人之退縮由於心之慚愧,慚愧力不如人則退縮畏懼矣。故曰:"佴,自作也。"(40頁)

又解釋此條《說》文說:

"與人遇"三字爲句。"人衆"兩字爲句。"愌",一字爲句。說文無愌字,以形求義,愌遁也,有遁退之心也,从心、盾聲。(原注:譚戒甫說:"愌假爲遁。")有遁退之心、即有退縮之心。與人相遇,人之數衆力偉,自愧不如,莫敢與爭,因而存遁退之心,即佴矣。故曰:"與人遇,人衆,愌。"此舉事例以釋經文也。(40頁)

按:《校詮》對"佴"字條的解釋優於其前各家,但是據《說文》訓"佴"爲"佽",仍嫌牽强。又"愌"字當從譚氏讀爲"遁",《校詮》解爲"有遁退之心",未免求之過深。

我在《考古發現的秦漢文字資料對於校讀古籍的重要性》一文中,指出《漢書·司馬遷傳》所載報任安書"而僕又茸以蠶室"句的"茸"字,《文選》作"佴",《漢書》古本也應作"佴"。馬王堆帛書和銀雀山漢簡中都有用"佴"爲"恥"之例,報任安書中的"佴"字也應是用作"恥"的(《中國社會科學》1980年5期24頁。又見拙著《古代文史研究新探》34頁,江蘇古籍出版社,1992)。李解民君讀拙文後,撰《讀〈墨經〉一則》,指出《墨經》"佴自作也"的"佴"也應讀爲"恥"(《文史》第十二輯96頁)。其說甚是。不論是作爲"言人之品德"的字,還是作爲"自怍也"這一句所解釋的字,"佴"讀爲"恥"都要比訓爲"佽"合適得多。"與人遇,人衆,遁",作爲可恥之事的一個實例,也是合適的。

附帶說一下,《經上》下文中還有"佴,所然也"一條,"佴"字之義與此條顯然不同,《校詮》且以爲"循"之誤字(73頁),當與"恥"無關。

二、誷

"誷,作嗛也"條的"誷"字,孫詒讓《墨子閒詁》(以下簡稱"閒詁")讀爲"狷",其言曰:

> “誚”當爲“獧”之借字，字又作“狷”。《論語》云：“狷者有所不爲也。”故《經說上》云：“爲是之詒彼也，弗爲也。”

各家多從之，可信。

“作嗛”二字最爲難解，各家所說皆牽强，這裏就不徵引了。竊疑此“作”字與“令”字條“不爲所作”的“作”字，都是“非”的形近誤字（詳下文）。“嗛”與“謙”通。《莊子·齊物論》：“大仁不仁，大廉不嗛。”陸德明《釋文》：“嗛，徐音謙。”古書中以“嗛”爲“謙”之例尚多，不具引（請參看高亨、董治安《古字通假會典》256頁“嗛與謙”條、《漢語大字典》“嗛”字條）。孔子以“狷者”與“進取”的“狂者”對舉（《論語·子路》：“子曰：不得中行而與之，必也狂、狷乎！狂者進取，狷者有所不爲也。”）。狷者有所不爲，其跡近似謙退，實非謙退，所以《墨經》說：“狷，非謙也。”但《墨經》中除此條外，找不到“A，非B也”這種格式的句子。所以我對此說尚不敢十分自信，有待繼續研究。

此條《說》文重疊二“爲是”，《閒詁》以爲“下‘爲是’二字蓋誤衍”，各家多從之，可信。

“台彼”之“台”，顧廣圻讀爲“詒”，《閒詁》從之，其言曰：

> 按顧說是也。《說文·言部》：“詒，相欺詒也。”謂獧者不爲欺人之言。（引者按：欺詒之“詒”一般多作“紿”。）

譚戒甫則釋“台”爲“怡悅”，其言曰：

> 《說文》：“台，說也。”按古言“台說”，今作“怡悅”。（《墨經分類譯注》195頁，中華書局，1981）

譚氏將“爲是之台彼也則不爲”譯作“爲己而怡悅彼的則不爲”（同上）。他訓“是”爲“己”無據，以“是”與“彼”爲對文則是正確的。“是”與“彼”在此都應是指事而不是指人的。讀“台”爲“詒”或“怡”都於文義不合。

于省吾《雙劍誃墨子新證》指出：“晚周金文。以字多作台。王孫鐘。用享台孝。用匽台喜。……邗王壺。台爲祠器。此例不勝舉。”所以他把“台彼”的“台”讀爲“以”，把“爲是爲是之以彼也弗爲也”解釋爲“因彼而爲是爲是弗爲也”（《雙劍誃諸子新證》154頁，中華書局，1962）。于氏不從《閒詁》“爲是”衍文之說，恐非；讀“台”爲“以”則可從。“爲是之以彼”蓋謂做的是這件事而出發點却在另一事，如表面上是救濟窮人實際上却是沽名釣譽，表面上做的是一件跟某人無關的事實際上却有討好此人的意思。狷者是不屑於做這類事情的,所以說"爲是之以彼也,弗爲也"。

三、廉

"廉,作非也"條的"作"字,曹耀湘《墨子箋》認爲應作"怍"。梁啓超《墨經校釋》說同。《校詮》從曹說,其言曰:

> 作借爲怍。(原注:曹耀湘改作爲怍。)廉者知恥,所行者非,則內懷慚愧,故曰:"廉,作非也。"(41 頁)

在現有各說中,此說算是比較合理的。

各家對此條《說》文的解釋,以《校詮》爲最優。其言曰:

> 惟讀爲雖,古字通用。(原注:此採孫詒讓說。)說文無諰字。疑諰即恥之異文。說文:"恥辱也,从心、耳聲。"諰當是从思、耳聲。从思與从心同意。故知諰即恥之異文。如勰即恊之異文。恊从心、劦聲。勰从思、劦聲。說文分恊勰爲二字、非也。恥之作諰、猶恊之作勰矣。廉者所行或非,己雖過而爲之,而心知其恥。故曰:"己惟爲之,知其諰也。"然則廉者不在己之無過,而在己之恥過。(41 頁)

以"諰"爲"恥",文從字順,允爲卓識。徐復《說諰》一文持論略同(《徐復語言文字學叢稿》9—10 頁,江蘇古籍出版社,1990)。

上引李解民《讀〈墨經〉一則》也提到"諰"字。他說:

> "佴"和"恥"皆从耳聲。在語音上完全具備通假的條件。馬王堆帛書《戰國縱横家書》也把从"耳"聲的"餌"、"聭"等字用作"恥"字。這裏順便提一下,《墨子·經說上》"己惟爲之,知其諰也"的"諰",也應是从"耳"聲的字。高亨"疑諰即恥之異文",當可無疑。(《文史》第十二輯 96 頁)

他所提到的用作"恥"的"聭"字,見於《戰國縱横家書》第四章 33—34 行"除羣臣之聭"句(《馬王堆漢墓帛書〔叁〕》圖版 12 頁,文物出版社,1983)和第十九章 205 行"報惠王之聭"句(同上 19 頁)。形聲字偏旁位置每可互易。《墨經》的"諰"應是"魌"的形近誤字,也有可能是後人爲了使字形切合字義,有意把"鬼"旁改作"思"旁的。吳毓江《墨子校注》引明嘉靖陸穩校芝城銅板活字本,"諰"正作"魌"(493

頁,中華書局,1993),可爲確證。吳氏《墨子舊本經眼録》謂陸校銅活字本"雖訛字微多,其古樸處較之《道藏》轉似過之。周香嚴謂其出於内府,日本吉田漢宦謂爲宋代遺本,洵非無見之言也。"(同上1006頁)上舉"魍"字可證其所從出之本,時代確較今所見各本爲早。

馬王堆帛書《戰國縱横家書》中"恥"有"聭"、"餌"兩種寫法(讀作"恥"的"餌"見第十七章176行,上引《馬王堆漢墓帛書〔叁〕》圖版18頁),《春秋事語》中"恥"有"恥"(第十二章75行,同上圖版6頁)、"佴"(第三章17行,圖版3頁;第十三章84行、十四章86行,圖版6頁)兩種寫法。所以《墨經》"恥"字有"佴"、"魍"兩種寫法,一點也不奇怪。

《校詮》指出"瑘"即"恥"之異文雖然正確,從《閒詁》讀"己惟爲之"爲"己雖爲之"却是有問題的。廉者的特點應該是不爲可恥之事。如"廉"只是指對過失感到可恥,與"恥"又有什麽區别呢?竊疑"己惟爲之"是"己不爲之"之誤。但究竟如何致誤,尚待研究。《經》文的"作非"如確應讀爲"怍非",也應是泛指以"非"爲恥的,不能像《校詮》那樣解釋爲"所行者非,則内懷慚愧"。也許"作非"是"非作"的誤倒之文("非""作"二字形本相近,詳下文),當讀爲"非怍"。"廉非怍也"是相對於"恥自怍也"而言的,意謂能自怍並非廉,知恥而不爲非才是廉。

四、令

要校釋"令"字條,必須從《説》文入手。

梁啓超《墨經校釋》將此條《説》文校改爲:"令。非身所行。"其言曰:

> 舊本作"所令非身弗行"。孫校謂"弗"當爲"所",是矣。但以"所令"連讀爲句,仍誤。本書之例,凡説皆牒舉經之一字爲標題。此文"令"字本爲標題,傳寫者誤將下文"所"字移冠其首,又妄改原文"所"字爲"弗"耳。(《飲冰室全集·專集之三十八》11頁)

《校詮》也以"令"爲"標牒字",但認爲"'所令'當爲'令所',蓋轉寫誤倒"(41頁)。

梁氏認爲"令"字當在句首,乃標題字,可信。以"令"上之"所"爲誤衍之字,則不如《校詮》"所令"二字誤倒之説合理。梁氏從舊説,以爲此條"令"字即取命令之義,所以信從《閒詁》"非身弗行"當作"非身所行"之説,並且不得不把"令"上的"所"字看作衍文。《校詮》訓"令"爲"善",讀《經》文"令,不爲所作也"之"作"爲

“怍”(41 頁),所以將《說》文校改爲“令所非身弗行”,並解釋說:

> 令乃標牒字。所非身弗行、乃釋經之說辭也。經文所謂不爲所怍者,謂其心之所非、其身不肯行也。故曰:“所非,身弗行。”(41—42 頁)

《校詮》對《說》文的校改可從,但訓“令”爲“善”却有問題。善這個概念的涵蓋面很廣,如“令”字確當訓爲“善”,《說》文似不應以“所非身弗行”來解釋它。

我認爲“令”應該讀爲“矜持”之“矜”。“矜”字本从“令”聲。段玉裁《說文解字注》“矜”字條改今本“矜”篆爲“矜”,改“从矛今聲”爲“从矛令聲”,注曰:

> 字从令聲。令聲古音在真部,故古叚“矜”爲“憐”。《毛詩·鴻鴈·傳》曰:“矜,憐也。”言叚借也。

又曰:

> 各本篆作“矜”,解云“今聲”,今依《漢石經·論語》、溧水校官碑、魏受禪表皆作“矜”正之。《毛詩》與“天”、“臻”、“民”、“旬”、“填”等字韻,讀如鄰,古音也。

馬王堆帛書、銀雀山漢簡等的“矜”字也都从“令”(《秦漢魏晉篆隸字形表》——四川辭書出版社,1985——1021 頁“矜”字中欄收三例,皆見馬王堆帛書。《老子》甲本、乙本二例皆从“令”,《縱横家書》一例从“今”。後一例見《馬王堆漢墓帛書〔叁〕》圖版 16 頁 132 行,細辨其形,右旁實爲“令”而非“今”,因其下部不甚清晰而被《字形表》誤摹爲“今”),可證段說之確。所以“令”沒有問題可以讀爲“矜”。

《論語·衛靈公》:“子曰:君子矜而不爭,群而不黨。”何晏《論語集解》引包咸注:“矜,矜莊也。”朱熹《論語集注》:“莊以持己曰矜。”同書《陽貨》:“古之矜也廉,今之矜也忿戾。”《大戴禮記·小辨》:“大夫學德別義,矜行以事君。”盧辯注:“矜猶慎也(聚珍版叢書本據永樂大典本改“慎”爲“莊”)。”《漢書·賈誼傳》陳政事疏:“婴以廉恥,故人矜節行。”“矜行”、“矜節行”義同。由以上所引可知“矜”有莊敬慎重的意思,而且與“廉”有密切的關係。以“所非身弗行”來解說“矜”,顯然是很合理的。

《校詮》讀此條經文的“作”爲“怍”,義似可通。但如將此條的《經》文“不爲所作”與《說》文“所非身弗行”對照起來看,“作”很像是“非”的訛字。“非”字金文作𠫓(《金文編》760 頁,中華書局,1985),漢代隸書仍基本保持此形(見上引《字形表》834 頁。今本《說文》“非”字篆形作非,爲後人所改,詳馬衡《談刻印》,《凡將齋金石叢稿》299 頁,中華書局,1977)。“作”字篆文作,古隸或作、等形(《字形表》560 頁),與“非”形近。傳抄《墨經》者有可能由於誤以爲本應讀爲“矜”的“令”即是命令之“令”,而把“不爲所非”的“非”誤認或誤校爲“作”。

按照以上所說,“令”字條可以寫定如下:

〔經〕矜,不爲所非也。

〔說〕矜:所非,身弗行。

“恥”、“狷”、“廉”、“矜”都是“言人之品德”的字,而且彼此意義相關,所以《墨經》作者把它們排列在一起,置於“忠”、“孝”、“信”與“任”、“勇”之間。

《墨經》極爲難讀。以上所作校釋必有不當之處,敬祈識者指正。

1994 年 10 月 7 日寫畢

原載《國學研究》第三卷(1995),今據以收入。

《史記·殷本紀》注譯

殷本紀第三

殷契,[1]母曰簡狄,有娀氏之女,[2]爲帝嚳次妃。三人行浴,見玄鳥墮其卵,簡狄取吞之,因孕生契。[3] 契長而佐禹治水有功。帝舜乃命契曰:"百姓不親,[4]五品不訓,[5]汝爲司徒而敬敷五教,[6]五教在寬。"封于商,[7]賜姓子氏。契興於唐、虞、大禹之際,功業著於百姓,百姓以平。[8]

契卒,子昭明立。昭明卒,子相土立。相土卒,子昌若立。昌若卒,子曹圉立。[9] 曹圉卒,子冥立。冥卒,子振立。[10] 振卒,子微立。[11] 微卒,子報丁立。報丁

---

① "殷契",商族傳説中的始祖。"契",音 xiè。殷本是地名(在今河南安陽市一帶),商朝建過都的地方很多,殷是其中比較重要的一處,所以商也稱殷。

② "有娀氏",上古部落。"娀",音 sōng。

③ "玄",黑色。"玄鳥",指燕子。簡狄吞燕蛋而生子,是商族較原始的傳説。簡狄爲帝嚳次妃的説法是後起的。

④ "百姓",在上古較早的時候,"百姓"的意義跟後世有别(古注或釋爲百官),較晚的著作有時也襲用古義。此處舜命契之語是襲自《尚書·堯典》的,但是從文義上看,在《殷本紀》裏,司馬遷是按照一般的意義來使用"百姓"這個詞的。所以譯文對"百姓"不作翻譯。

⑤ "五品",指父、母、兄、弟、子,跟"五倫"意近。"訓",順。

⑥ "司徒",古代主管民事的長官。"敷",布,施行。"五教",指父義、母慈、兄友、弟恭、子孝這幾種道德規範。

⑦ "商",商族的發祥地,舊説故地在今陝西商縣,近人多認爲在今河南商丘。

⑧ "平",古有"正"、"定"、"均"、"和"等義,這裏似乎應該當"定"講。

⑨ "圉",音 yǔ,同"圄"。

⑩ "振",《史記索隱》引《世本》作"核",殷墟甲骨卜辭(商代後期王室的占卜檔案)和《山海經·大荒東經》都稱爲"王亥"。"核"以"亥"爲聲旁,古音跟"亥"相近。"振"當是"核"的訛字。(參看王國維《殷卜辭中所見先公先王考》,《觀堂集林》卷九。)

⑪ "微",甲骨卜辭稱爲"上甲",古書或稱"上甲微"。微是名,上甲是號。在商王室世系裏,微以下各人都有以天干爲主體的號。

卒,子報乙立。報乙卒,子報丙立。[12] 報丙卒,子主壬立。主壬卒,子主癸立。主癸卒,子天乙立,是爲成湯。[13]

成湯,[14]自契至湯八遷。湯始居亳,[15]從先王居,[16]作《帝誥》。[17]

湯征諸侯。葛伯不祀,[18]湯始伐之。湯曰:"予有言:人視水見形,視民知治不。"伊尹曰:"明哉!言能聽,道乃進。君國子民,爲善者皆在王官。勉哉,勉哉!"湯曰:"汝不能敬命,予大罰殛之,[19]無有攸赦。"[20]作《湯征》。

伊尹名阿衡。[21] 阿衡欲奸湯而無由,[22]乃爲有莘氏媵臣,[23]負鼎俎,[24]以滋味說湯,[25]致于王道。或曰,伊尹處士,湯使人聘迎之,五反然後肯往從湯,[26]言素王及九

---

⑫ 據甲骨卜辭,上甲之後的三世,依次是報乙、報丙、報丁。《史記》把報丁放在報乙之前,是錯誤的。

⑬ 成湯在甲骨卜辭裏有成、唐、大乙等名號("大"音 tài,同"太")。"唐"、"湯"音近,在銅器銘文和古書裏,成湯的"湯"也有作"唐"的。《史記》的"天乙"可能是"大乙"之誤,也有可能湯本有天乙、大乙兩號。

⑭ "成湯"這兩個字大概是衍文。

⑮ "亳",音 bó,故地在今山東曹縣、河南商丘之間,漢代曾在此置薄縣("亳"、"薄"同音通用)。在今河南偃師西面也有古亳城,相傳曾爲帝嚳和商湯所居。或謂湯本居商丘之亳,後遷居偃師之亳。

⑯ "從先王居",舊說帝嚳曾居亳,"先王"指帝嚳。

⑰ "誥",音 gào,一般指有訓誡意味的成篇言辭或文告。"《帝誥》",《尚書》佚篇,舊說記湯向先王報告遷居於亳之事。此篇名,《書序》作"《帝告》";一說本作"《帝俈》"("俈"同"嚳"),由於所告先王爲帝嚳而得名。下文"……作《湯征》"、"……作《女鳩女房》"這類句子裏提到的篇名,都是《尚書》裏的。其中除了《湯誓》、《盤庚》和《高宗肜日》,都是佚篇(有的篇見於今本《古文尚書》,是後人的僞作)。

⑱ "葛",古國名,故地在今河南寧陵縣北(寧陵就在商丘東面)。

⑲ "殛",音 jí,誅罰,誅殺。

⑳ "攸",音 yōu,虛詞,這裏的"攸"字用法跟"所"相近。

㉑ "阿衡",或謂是伊尹的官號。伊尹在古書中也稱保衡。"阿"、"保"二字都有"保育"之義(這一義的"阿"音 ē)。也有可能"衡"是伊尹之名,"阿"、"保"是伊尹的官號(參看俞樾《群經平議》)。依此說"阿"應讀 ē。

㉒ "奸",音 gān,同"干",不按常禮見人(多指見地位高的人)。

㉓ "有莘氏",上古部落,故地在今山東曹縣西北。"莘",音 shēn。湯曾取有莘氏之女爲妃。"媵",音 yìng,陪嫁。

㉔ "鼎",古代煮食物盛食物的器皿,多數爲圓腹,有三足兩耳。"俎",音 zǔ,切割肉類用或祭祀時放牛羊等祭品用的几形器物。這裏以"鼎俎"泛指庖廚割烹的用具。

㉕ "說",音 shuì,勸說人。

㉖ "反",同"返"。

主之事。㉗ 湯舉任以國政。伊尹去湯適夏。既醜有夏，復歸于亳。入自北門，遇女鳩、女房，㉘作《女鳩女房》。㉙

湯出，見野張網四面，祝曰："自天下四方皆入吾網。"湯曰："嘻，盡之矣！"乃去其三面，祝曰："欲左，左。欲右，右。不用命，乃入吾網。"諸侯聞之，曰："湯德至矣，及禽獸。"

當是時，夏桀爲虐政淫荒，而諸侯昆吾氏爲亂。㉚ 湯乃興師率諸侯，伊尹從湯，湯自把鉞以伐昆吾，㉛遂伐桀。湯曰："格女衆庶，㉜來，女悉聽朕言。匪台小子敢行舉亂，㉝有夏多罪，予維聞女衆言，夏氏有罪。予畏上帝，不敢不正。今夏多罪，天命殛之。今女有衆，女曰'我君不恤我衆，舍我嗇事而割政'。㉞ 女其曰'有罪，其柰何'？㉟ 夏王率止衆力，㊱率奪夏國。有衆率怠不和，曰'是日何時喪？予與女皆亡'！夏德若兹，今朕必往。爾尚及予一人致天之罰，予其大理女。㊲ 女毋不信，朕不食言。女不從誓言，予則帑僇女，㊳無有攸赦。"以告令師，作《湯誓》。於是湯曰"吾甚武"，號曰武王。

㉗ "素"，樸素。"素王"，當指戰國時代道家學派理想中的無爲而治的上古帝王。"九主"，九種君主。據馬王堆三號漢墓出土帛書中的伊尹論九主一篇，九主包括法君一、專授之君一、勞君一、半君一、寄主一、破邦之主二、滅社之主二。其中只有法君是理想的君主(《馬王堆漢墓帛書〔壹〕》29至33頁)。馬王堆帛書中的這一篇，當是戰國時代揉合道、法兩家的學派假託伊尹之名而作的。伊尹以滋味說湯，伊尹本爲處士以及伊尹言素王、九主之事等說法，大概都起於戰國時代，不能視爲信史。

㉘ "女鳩、女房"，湯的兩個臣下。女是族氏，《書序》作"汝"。

㉙ 或以《女鳩》、《女房》爲兩篇。由於原書已佚，無可確考。

㉚ "昆吾氏"，上古部落，曾居於帝丘(在今河南濮陽西南)、許(在今河南許昌東)等地。

㉛ "鉞"，音 yuè，古代的一種兵器，類似板斧，往往用作權力的象徵。

㉜ "格"，來。"女"，音 rǔ，同"汝"，你。自此以下至"無有攸赦"，大體用《尚書·湯誓》篇文。

㉝ "匪"，非。"台"，音 yí，我。

㉞ "嗇"，同"穡"，收穫穀物。這一句今本《尚書·湯誓》篇作"我后不恤我衆，舍我穡事而割正夏"。"夏"大概是衍文。"后"與"君"同義。"正"與"政"古通用。舊說多以爲"我后"指夏桀，把"割政"解釋作"爲割剝之政"。司馬遷可能也是這樣理解的。但是從上下文看，這樣講不很妥當。近人或以爲"我后"指湯，"割正"或"割政"當讀爲"害征"，"害"訓爲"何"(參看楊筠如《尚書覈詁》)。譯文從此說。下面對《史記》所用《尚書》文字的翻譯，可能還有跟司馬遷的理解不一致的地方，不再一一指出。

㉟ "柰"，同"奈"。

㊱ "率"，語助詞(參看王引之《經傳釋詞》卷九)。

㊲ "理"，音 lí，同"釐"，賜予。

㊳ "帑"，音 nú，同"孥"，妻子兒女，兒女。"僇"，音 lù，同"戮"，侮辱，殺死。"帑僇"，罰及妻子兒女。一說"帑"同"奴"，當"罰爲奴隸"講。

桀敗於有娀之虛,[39]桀犇於鳴條,[40]夏師敗績。湯遂伐三嵏,[41]俘厥寶玉,[42]義伯、仲伯作《典寶》。湯既勝夏,欲遷其社,不可,[43]作《夏社》。伊尹報。[44] 於是諸侯畢服,湯乃踐天子位,平定海內。

湯歸至于泰卷陶,[45]中𤳹作誥。[46] 既絀夏命,[47]還亳,作《湯誥》:"維三月,王自至於東郊。告諸侯群后:[48]'毋不有功於民,勤力迺事。[49] 予乃大罰殛女,毋予怨。'曰:'古禹、皋陶久勞于外,其有功乎民,民乃有安。東爲江,北爲濟,西爲河,南爲淮,四瀆已修,[50]萬民乃有居。后稷降播,[51]農殖百穀。[52] 三公咸有功于民,故后有立。[53] 昔蚩尤與其大夫作亂百姓,帝乃弗予,[54]有狀。[55] 先王言不可不勉。'曰:'不道,毋之在國,[56]女毋我怨。'"以令諸侯。伊尹作《咸有一德》,[57]咎單作《明居》。[58]

---

[39] "有娀之虛",有娀氏居住過的地方,"虛"同"墟",其地在今何處不詳。或以爲在唐蒲州境內(蒲州在今山西省西南角,其範圍北至今河津,東至今聞喜、運城,治所在今永濟),大概是根據鳴條在安邑的說法推測的(參看下條注文)。

[40] "犇",音 bēn,同"奔"。"鳴條",故地據舊說在今山西運城安邑鎮北,一說在今河南封丘縣東。

[41] "三嵏",國名,也作"三朡",故地據舊說在今山東定陶。"嵏",音 zōng。

[42] "厥",音 jué,代詞,用法跟"其"相近。

[43] "社",土地之神。舊說夏以句(勾)龍爲社神,湯滅夏後想變置社神,由於找不出比句龍更合適的,只好作罷。

[44] "伊尹報",據舊注,《史記》有一個本子作"伊尹報政",可能指伊尹向湯報告各地的情況。

[45] "陶",大概是衍文。"泰卷",《書序》作"大坰(jiōng)",故地在今何處不詳。舊說或謂在定陶,當是據三嵏在定陶的說法推測的。

[46] "中𤳹",音 zhònghuǐ,他書多作"仲虺",湯的重要大臣。"中"同"仲"。"𤳹"是"雷"的古寫,古音與"虺"相近。仲虺所作之誥即《尚書》中的《仲虺之誥》,已亡佚。

[47] "絀",音 chù,同"黜",貶退,廢絶。

[48] "后",君。

[49] "迺",音 nǎi,同代詞"乃",你的。

[50] "瀆",音 dú,大川。

[51] 在比較原始的傳說中,后稷等人是有神性的,他們是上帝從天上派下來爲下民(即地上的人)做好事的。"降播",本來大概指把播種的方法從天上下傳到民間。

[52] "農",勉,努力。"殖",生長,繁殖。

[53] "后",同"後",指後嗣。

[54] "予",音 yǔ,同"與",贊許,援助。

[55] "狀",情狀,事實。

[56] "毋之在國",據舊注,《史記》有一個本子作"毋政在國"。"不道,毋政在國",大概是不準無道的諸侯統治他的國家的意思。原文疑有誤。或謂"毋之在國"猶言"毋使之在國"。

[57] "咸",皆。據舊說,《咸有一德》講君臣同德。

[58] 據舊說,咎單是湯的司空,《明居》是講明安排民衆居處的法則的。安排民居是司空的職責。

湯乃改正朔,[59]易服色,[60]上白,[61]朝會以晝。[62]

湯崩,太子太丁未立而卒,於是迺立太丁之弟外丙,[63]是爲帝外丙。[64] 帝外丙即位三年,崩,立外丙之弟中壬,[65]是爲帝中壬。帝中壬即位四年,崩,伊尹迺立太丁之子太甲。太甲,成湯適長孫也,[66]是爲帝太甲。帝太甲元年,伊尹作《伊訓》,作《肆命》,作《徂后》。[67]

帝太甲既立三年,不明,暴虐,不遵湯法,亂德,於是伊尹放之於桐宫,[68]三年。伊尹攝行政當國,[69]以朝諸侯。

帝太甲居桐宫三年,悔過自責,反善,[70]於是伊尹迺迎帝太甲而授之政。帝太甲修德,諸侯咸歸殷,百姓以寧。伊尹嘉之,迺作《太甲訓》三篇,[71]褒帝太甲,[72]稱太宗。

太宗崩,子沃丁立。帝沃丁之時,伊尹卒。既葬伊尹於亳,咎單遂訓伊尹事,作《沃丁》。

沃丁崩,弟太庚立,是爲帝太庚。帝太庚崩,子帝小甲立。帝小甲崩,弟雍己立,是爲帝雍己。殷道衰,諸侯或不至。

---

[59] "朔",音 shuò,陰曆一個月的第一天。"正朔",一年的第一天。"正",音 zhēng。據説夏、商、周三代的正朔都不同,夏以建寅之月(舊曆正月)爲一年之首,商以建丑之月(舊曆十二月)爲一年之首,周以建子之月(舊曆十一月)爲一年之首。

[60] "服色",古代各個王朝爲車馬、祭牲等物規定的最受重視的顔色。據説夏尚黑,商尚白,周尚赤。

[61] "上",同"尚"。

[62] "朝會",臣屬們一起朝見君主。

[63] "迺",同副詞"乃"。

[64] 我國統治者生稱帝,始於戰國時代(帝嚳、帝舜是傳説中的人物,不在此例)。《史記》認爲商代稱帝,是錯誤的。

[65] "中壬",他書或作"仲壬"。"中",音 zhòng,同"仲"。下文"中丁"之"中"同。

[66] "適",音 dí,同"嫡"。

[67] "肆",陳。"徂",音 cú,往,死亡(後一義同"殂")。《伊訓》、《肆命》、《徂后》三篇皆已亡佚。據舊説,這三篇都是記伊尹訓誡太甲之辭的。《肆命》陳述天命以誡太甲。《徂后》稱述已逝先王(或謂即湯)的法度以誡太甲。

[68] "桐宫",桐地之宫,舊説在偃師之亳附近。一説桐與漢代虞縣南的桐亭爲一地,故地在今河南虞城縣南,近於商丘之亳。

[69] "攝",代理。"當",音 dāng,掌管。

[70] "反",同"返"。

[71] 《書序》作"《太甲》",無"訓"字。

[72] "褒",也寫作"襃",音 bāo,贊揚,夸獎。

帝雍己崩,弟太戊立,是爲帝太戊。帝太戊立伊陟爲相。⑬ 亳有祥桑、穀共生於朝,⑭一暮大拱。⑮ 帝太戊懼,問伊陟。伊陟曰:“臣聞妖不勝德,帝之政其有闕與?⑯ 帝其修德。”太戊從之,而祥桑枯死而去。伊陟贊言于巫咸,⑰巫咸治王家有成,作《咸艾》,⑱作《太戊》。帝太戊贊伊陟于廟,言弗臣,伊陟讓,作《原命》。⑲ 殷復興,諸侯歸之,故稱中宗。⑳

中宗崩, 子帝中丁立。帝中丁遷于隞。㉛ 河亶甲居相。㉜ 祖乙遷于邢。㉝ 帝中丁崩,弟外壬立,是爲帝外壬。《仲丁》書闕不具。帝外壬崩,弟河亶甲立,是爲帝河亶甲。河亶甲時,殷復衰。

河亶甲崩,子帝祖乙立。㉞ 帝祖乙立,殷復興。巫賢任職。㉟

祖乙崩,子帝祖辛立。帝祖辛崩,弟沃甲立,是爲帝沃甲。帝沃甲崩,立沃甲兄祖辛之子祖丁,是爲帝祖丁。帝祖丁崩,立弟沃甲之子南庚,是爲帝南庚。帝南庚崩,立帝祖丁之子陽甲,是爲帝陽甲。帝陽甲之時,殷衰。

自中丁以來,廢適而更立諸弟、子,㊱弟、子或爭相代立,比九世亂,㊲於是諸侯莫朝。

---

⑬ “伊陟”,伊尹之子。

⑭ “祥”,吉凶的預兆。“穀”,樹名,即楮(chǔ),此字从“木”“殻”聲。

⑮ “拱”,兩手圍握,常用來比擬樹幹的粗細。

⑯ “闕”,音 quē,缺失、過錯。“與”,音 yú,同“歟”,句末疑問語氣詞。

⑰ “贊”,告,稱道。“巫咸”,太戊的大臣。

⑱ “艾”,音 yì,同“乂”,治理。

⑲ 舊說原是臣名,《原命》是命原之辭。由於此篇已亡佚,内容無法確考。

⑳ 甲骨卜辭提到已死的商王時,屢稱“中宗祖乙”(祖乙是太戊之孫,見下文),又有“中宗祖丁、祖甲”之文(祖丁、祖甲亦見下文),但是稱太戊爲“中宗”之例在卜辭裏尚未發現。此外,古本《竹書紀年》也以祖乙爲中宗。《史記》可能有誤。

㉛ “隞”,音 áo,他書作“囂”或“敖”,故地在今河南滎(xíng)陽縣北。解放後在滎陽東南的鄭州市發現了規模很大的商代古城遺址。有人認爲商代的隞範圍可能比較大,不一定局限在滎陽北面,鄭州商代古城可能就是隞都遺址。但也有人認爲鄭州商城是湯所都的亳的遺址。

㉜ “亶”,音 dǎn。“相”,音 xiàng,故地在今河南内黄縣東南。

㉝ “邢”,舊說讀爲“耿”(《書序》“祖乙圮于耿”),耿的故地在今山西河津縣東南。近人多不從此說,認爲這個邢就是邢丘,故地在今河南溫縣東。依後說,邢仍當讀 xíng。

㉞ “河亶甲崩,子帝祖乙立”,據關於祭祀先王的甲骨卜辭來看,祖乙應爲中(仲)丁之子,而不是河亶甲之子。

㉟ 巫賢,或謂是巫咸之子。

㊱ “更”,音 gēng,變更,輪流更替。“諸弟子”,或以爲“弟”與“子”並列,“諸弟、子”指王之諸弟與諸子;或以爲“弟子”當解釋爲弟之子。譯文從前一說。

㊲ “比”,舊音 bì,接連。“九世”,當指中(仲)丁至陽甲九王。

帝陽甲崩,弟盤庚立,是爲帝盤庚。帝盤庚之時,殷已都河北,盤庚渡河南,復居成湯之故居。[88] 迺五遷無定處。[89] 殷民咨胥皆怨,[90]不欲徙。盤庚乃告諭諸侯、大臣曰:"昔高后成湯與爾之先祖俱定天下,[91]法則可修。舍而弗勉,何以成德!"乃遂涉河南,治亳,行湯之政,然後百姓由寧,殷道復興,諸侯來朝,以其遵成湯之德也。

帝盤庚崩,弟小辛立,是爲帝小辛。帝小辛立,殷復衰。百姓思盤庚,迺作《盤庚》三篇。[92] 帝小辛崩,弟小乙立,是爲帝小乙。

帝小乙崩,子帝武丁立。帝武丁即位,思復興殷,而未得其佐。三年不言,政事決定於冢宰,[93]以觀國風。武丁夜夢得聖人,名曰說。[94] 以夢所見視群臣百吏,皆非也。於是迺使百工營求之野,[95]得說於傅險中。[96] 是時說爲胥靡,[97]築於傅險。見於武丁,武丁曰是也。得而與之語,果聖人,舉以爲相,殷國大治。故遂以傅險姓之,號曰傅說。

帝武丁祭成湯,明日,有飛雉登鼎耳而呴,武丁懼。[98] 祖己曰:[99]"王勿憂,先修

---

[88] 盤庚遷都,依《史記》之說,應是從黄河以北的邢遷到黄河以南的亳;依古本《竹書紀年》,則是從黄河東南的奄(在今山東曲阜,爲南庚、陽甲所居)遷到黄河以北的殷(在今河南安陽市西北)。今人多從《竹書紀年》之說。

[89] "五遷",指商湯到盤庚的五次遷都,具體說法有分歧,如商湯遷亳、盤庚遷殷(依《史記》也是遷亳)是否算在五遷裏,就有不同意見。

[90] "咨",嘆息聲,這裏似乎應該當嘆息講。"胥",音 xū,皆。

[91] "高后",時代早的先君,"高"與高祖之"高"同義。

[92] 《尚書・盤庚》篇所記爲盤庚在遷都前後對貴族和民衆的訓話(但已經過後人改寫),《史記》此處所說似有問題。

[93] "冢宰",即太宰,輔佐天子的官。

[94] "說",音 yuè。

[95] "百工",百工的"工"有工人和官吏兩義,營求傅說的百工,舊說多認爲是百官,但也有人認爲是畫人像的畫工一類人。譯文取後說。

[96] "傅險",地名,他書多作"傅巖",故地在今山西平陸縣東。

[97] "胥靡",一種刑徒。刑徒就是被罰服勞役的罪人。"靡",音 mǐ。一說胥靡之"靡"同"縻",則讀爲 mí。

[98] "雉",音 zhì,野鷄。"呴",音 gòu,鳥鳴。《史記》這一段是以《尚書・高宗肜日》篇爲據的。高宗即武丁。據後人研究,《高宗肜日》所記的並不是"武丁祭成湯",而是武丁之子祖庚祭武丁之事。《史記》說"武丁懼",實際上應是祖庚懼。"肜",音 róng。據甲骨卜辭,"肜日"是一種祭名。《高宗肜日》說,在舉行高宗的肜日之祭時有野鷄鳴。《史記》說祭祀的明日有野鷄鳴,也是錯的。舊說"祭之明日又祭"爲"肜",《史記》當由此致誤。

[99] "祖己",賢臣,近人或以爲即祖庚兄孝己(參看楊筠如《尚書覈詁》)。

政事。”祖己乃訓王曰:“唯天監下,[100]典厥義,[101]降年有永有不永。非天夭民,中絶其命。民有不若德,[102]不聽罪,天既附命正厥德,[103]乃曰其柰何。嗚呼!王嗣敬民,[104]罔非天繼,[105]常祀毋禮于弃道。”[106]武丁修政行德,天下咸驩,[107]殷道復興。

帝武丁崩,子帝祖庚立。祖己嘉武丁之以祥雉爲德,立其廟爲高宗,[108]遂作《高宗肜日》及《訓》。[109]

帝祖庚崩,弟祖甲立,是爲帝甲。[110] 帝甲淫亂,殷復衰。

帝甲崩,子帝廩辛立。帝廩辛崩,弟庚丁立,[111]是爲帝庚丁。帝庚丁崩,子帝武乙立。殷復去亳,徙河北。[112]

帝武乙無道,爲偶人,謂之天神。與之博,[113]令人爲行。[114] 天神不勝,乃僇辱之。爲革囊,盛血,卬而射之,[115]命曰“射天”。武乙獵於河、渭之閒,[116]暴雷,武乙震死。

---

[100] 《高宗肜日》作“惟天監下民”。“下民”是跟“上天”相對而言的,泛指地上的人,意義與跟君上、官吏相對而言的“庶民”不同。這一段裏的“民”都指下民,其中包括統治者。

[101] “典”,主。

[102] “若”,順。

[103] “附”,或謂當讀爲“付”,當付與講,譯文用此說。

[104] 《高宗肜日》作“王司敬民”,疑《史記》“嗣”字當讀爲“司”,當主管講。

[105] “天繼”,《高宗肜日》作“天胤(yìn)”,“胤”的意思就是後代。

[106] 《高宗肜日》作“典祀無豐于昵”,意思是說,在經常的祭祀裏,不應對親近的先人(如父親)特別隆重。可能祖庚在祭祀中有太重視武丁的情況,所以祖己這樣告誡他。《史記》此句跟《高宗肜日》的原文有很大出入,可能有誤,譯文姑且據《史記》勉强譯出。

[107] “驩”,音 huān,同“歡”。

[108] 《史記》對《高宗肜日》的理解是有問題的。因此這一段說祖己由於“嘉武丁之以祥雉爲德”而尊之爲高宗,也是不可信的。

[109] “《訓》”,此篇全名,《書序》作“《高宗之訓》”。

[110] 從甲骨卜辭看,商王有時把已死的父王稱爲“帝”,“帝”下可加天干字,但天干字上不能加“祖”、“武”、“大”、“小”等字。在祖甲之子廩辛、康丁時代的卜辭裏,有稱祖甲爲帝甲之例。《國語·周語下》也稱祖甲爲帝甲。所以帝甲這個稱號雖然並不是生稱,但也不是虛構的,跟上文帝祖庚、帝武丁等稱號不一樣。下文帝乙、帝辛這兩個稱號也不是虛構的,但是帝紂這個稱號就又是虛構的了。

[111] “庚丁”,據甲骨卜辭,“庚丁”爲“康丁”之誤。

[112] “徙河北”,據古本《竹書紀年》,徙河北的是盤庚,而且自盤庚遷到河北的殷以後,至紂之亡,一直沒有再遷都。《史記》說武乙“去亳,徙河北”,恐不可信。

[113] “博”,玩博戲。我國已知的最古博戲是六博,雙方各有六棋,根據投博箸的結果,在博局上行棋,以定勝負。

[114] “爲”,音 wèi,給,替。“行”,指行棋。

[115] “卬”,音 yǎng,同“仰”。

[116] “閒”,音 jiān,同“間”。

子帝太丁立。[117] 帝太丁崩,子帝乙立。帝乙立,殷益衰。

帝乙長子曰微子啓,[118]啓母賤,不得嗣。少子辛,辛母正后,辛爲嗣。帝乙崩,子辛立,是爲帝辛,天下謂之紂。[119]

帝紂資辨捷疾,[120]聞見甚敏;材力過人,手格猛獸;[121]知足以距諫,[122]言足以飾非,矜人臣以能,[123]高天下以聲,以爲皆出己之下。好酒淫樂,嬖於婦人。[124] 愛妲己,[125]妲己之言是從。於是使師涓作新淫聲,[126]北里之舞,靡靡之樂。[127] 厚賦税以實鹿臺之錢,[128]而盈鉅橋之粟。[129] 益收狗馬奇物,充仞宫室。[130] 益廣沙丘苑臺,[131]多取野獸蜚鳥置其中。[132] 慢於鬼神。大冣樂戲於沙丘,[133]以酒爲池,縣肉爲林,[134]使男女倮相逐其閒,[135]爲長夜之飲。

百姓怨望而諸侯有畔者,[136]於是紂乃重刑辟,[137]有炮格之法。[138] 以西伯昌、九侯、

---

[117] "太丁",據《晉書·束皙傳》等所引《紀年》,當作"文丁",卜辭稱"文武丁"。

[118] "微",地名,故地在今山東梁山縣西北,一説在今山西潞城縣東北。啓封於微,故稱微子啓。

[119] 紂應是帝辛之名,辛是天干稱號。

[120] "資",資質。"辨",明察。

[121] "格",打擊,搏鬥。

[122] "知",音 zhì,同"智"。

[123] "矜",音 jīn,自以爲賢能。

[124] "嬖",音 bì,寵愛,親昵。

[125] "妲己",有蘇氏女子,商紂寵妃。蘇爲己姓國,故稱妲己,妲是字,己是姓。"妲",音 dá。

[126] "師涓",紂的樂師,師是職,涓是名。古代多稱樂師爲師。"涓",音 juān。或謂"師涓"是"師延"之誤。

[127] "靡靡",柔弱的樣子。

[128] "鹿臺",建築名,故址在今河南淇縣南。紂的别都在妹(也作"沬",即朝歌,故地在今河南淇縣),鹿臺是妹邑的重要建築。

[129] "鉅橋",商糧倉所在地,故地一説在今河北曲周縣東北,一説在今河南浚縣(舊作"濬縣")西。

[130] "仞",音 rèn,同"牣",充滿。

[131] "沙丘",故地在今河北廣宗縣西北。苑,畜養禽獸的園林。

[132] "蜚",音 fēi,同"飛"。

[133] "冣",音 jù,同"聚"。

[134] "縣",音 xuán,同"懸"。

[135] "倮",音 luǒ,同"裸"。一音 huà,義同。

[136] "望",怨恨。"畔",同"叛"。

[137] "辟",音 bì,法。

[138] "炮",音 páo,燒,烤。"格",擱東西的架子。"炮格之法",把人放在下面生着火的銅格上受苦的一種酷刑。

鄂侯爲三公。⑬⁹ 九侯有好女,入之紂。九侯女不憙淫,⑭⁰紂怒,殺之,而醢九侯。⑭¹ 鄂侯爭之彊,⑭²辨之疾,⑭³并脯鄂侯。西伯昌聞之,竊嘆。崇侯虎知之,⑭⁴以告紂,紂囚西伯羑里。⑭⁵ 西伯之臣閎夭之徒,⑭⁶求美女奇物善馬以獻紂,紂乃赦西伯。西伯出而獻洛西之地,⑭⁷以請除炮格之刑。紂乃許之,賜弓矢斧鉞,使得征伐,爲西伯。而用費中爲政。⑭⁸ 費中善諛,⑭⁹好利,殷人弗親。紂又用惡來。⑮⁰ 惡來善毁讒,諸侯以此益疏。

西伯歸,乃陰修德行善,諸侯多叛紂而往歸西伯。西伯滋大,⑮¹紂由是稍失權重。⑮² 王子比干諫,⑮³弗聽。商容賢者,百姓愛之,紂廢之。及西伯伐飢國,⑮⁴滅之,紂之臣祖伊聞之而咎周,⑮⁵恐,奔告紂曰:"天既訖我殷命,假人、元龜,⑮⁶無敢知吉。

---

⑬⁹ "西伯",西方諸侯之長。"西伯昌",即周文王。"九侯",有的古書作"鬼侯","九"、"鬼"古音相近。古代在今河北磁縣西南有九侯城,也稱鬼侯城。或謂鬼侯即鬼方(商代西北方的一個方國)的君主,鬼侯城是任職於商王朝的鬼侯在王畿内的封邑。九侯之"九"舊或音 qiú。"鄂侯",有的古書作"邘(yú)侯",不知何者爲是。鄂的故地在今山西寧鄉縣。邘的故地在今河南沁陽縣西北。"三公",古代朝廷中地位最高的三個官。

⑭⁰ "憙",音 xǐ,同"喜"。

⑭¹ "醢",音 hǎi,肉醬。

⑭² "彊",音 qiǎng,同"强"。古代稱極力諫上爲"强(qiǎng)諫"(如下文"比干……迺强諫紂"),"强"字音義與此同。

⑭³ "辨",同"辯"。

⑭⁴ "崇",國名,依舊説故地在今陝西户縣(舊作"鄠縣")東,一説在今河南嵩縣北。

⑭⁵ "羑里",故地在今河南湯陰縣北。"羑",音 yǒu。

⑭⁶ "閎",音 hóng。

⑭⁷ "洛",即今陝西北部的洛河。

⑭⁸ "費中",他書多作"費仲"。"中",音 zhòng,同"仲"。

⑭⁹ "諛",音 yú,奉承。

⑮⁰ "惡來",秦先祖蜚(飛)廉之子,父子俱事紂。惡來以有力著稱,武王伐紂時被殺。

⑮¹ "滋",加益。

⑮² "稍",逐漸。

⑮³ "王子比干",據説是紂的叔父。他是商王之子,故稱王子。

⑮⁴ 以下一段據《尚書·西伯戡黎》篇。西伯此次所伐之國,《尚書》作"黎",《尚書大傳》作"耆",《史記》作"飢"。"黎"、"耆"、"飢"古音相近,一般認爲指同一個國家。黎國故地在今山西長治西南。

⑮⁵ "咎",憎惡。

⑮⁶ "假人",《西伯戡黎》作"格人"。"格"、"假"古音相近,古書時常借"假"爲"格",《史記》的"假人"似應讀爲"格人"。從文義看,"格人"應是能知天意和吉凶的人。"格"字古有"至"義。《尚書·君奭(shì)》説商代賢臣伊尹等人"格于皇天""格于上帝",大概就是説他們能直接跟上帝打交道。"格人"可能就指能"格于皇天""格于上帝"的人。"元龜",特大的龜,古人用龜甲占卜,認爲龜越大越靈驗。

非先王不相我後人,維王淫虐用自絶,故天弃我,不有安食,不虞知天性,[157]不迪率典。[158] 今我民罔不欲喪,曰'天曷不降威,[159]大命胡不至'? 今王其柰何?"紂曰:"我生不有命在天乎!"祖伊反,曰:"紂不可諫矣。"西伯既卒,周武王之東伐,至盟津,[160]諸侯叛殷會周者八百。諸侯皆曰:"紂可伐矣。"武王曰:"爾未知天命。"乃復歸。

紂愈淫亂不止,微子數諫不聽,[161]乃與大師、少師謀,[162]遂去。比干曰:"爲人臣者,不得不以死爭。"迺强諫紂。紂怒曰:"吾聞聖人心有七竅。"剖比干,觀其心。箕子懼,[163]乃詳狂爲奴,[164]紂又囚之。殷之大師、少師乃持其祭樂器奔周。周武王於是遂率諸侯伐紂。紂亦發兵距之牧野。[165] 甲子日,紂兵敗。紂走,入登鹿臺,衣其寶玉衣,赴火而死。周武王遂斬紂頭,縣之[大]白旗。[166] 殺妲己。釋箕子之囚,封比干之墓,[167]表商容之閭。[168] 封紂子武庚禄父,[169]以續殷祀,令修行盤庚之政。殷民大說。[170] 於是周武王爲天子。其後世貶帝號,號爲王。[171] 而封殷後爲諸侯,屬周。

周武王崩,武庚與管叔、蔡叔作亂,[172]成王命周公誅之,[173]而立微子於宋,[174]續殷後焉。

---

[157] "虞",揣度(duó)。

[158] "迪",由。"率",法。

[159] "曷",音 hé,何,怎麽。

[160] "盟津",即孟津,黄河古津渡名,在今河南孟津縣跟孟縣之間。

[161] "數",音 shuò,屢次。

[162] "大師、少師",《尚書·微子》作"父師、少師",解説《尚書》的多數認爲指箕子和比干。《殷本紀》下文説"殷之大師、少師乃持其祭樂器奔周",《周本紀》説"太師疵(cī)、少師彊(qiáng)抱其樂器而犇周",可知司馬遷認爲微子所與謀的大師、少師就是掌樂的太師疵、少師彊。大師之"大"音 tài,同"太"。

[163] "箕子",商貴族,封於箕(在今山西太谷縣東北),故稱箕子,或謂是紂的父輩。

[164] "詳",音 yáng,同"佯",假裝。

[165] "牧野",故地在今河南淇縣西南,屬於紂别都妹的郊野地區。

[166] "大白",古代一種純白的旗,也稱"太白"。

[167] "封",堆土,在墓上堆土爲墳。

[168] "閭",音 lǘ,里巷的大門。

[169] "武庚禄父",禄父是名,武庚是號,與武丁、武乙等號同例。

[170] "説",音 yuè,同"悦"。

[171] 夏、商、周三代的王都未曾生稱帝,周貶帝號稱王的説法是不可信的。

[172] "管叔、蔡叔",都是周武王之弟。武王滅殷後,命管叔、蔡叔輔助武庚治殷王畿故地(或謂管叔、蔡叔和武庚三分殷王畿而治)。武王死後,管叔、蔡叔聯合武庚反對在中央執政的武王之弟周公。事詳《史記》的《周本紀》、《管蔡世家》等篇。

[173] "成王",武王之子,見《周本紀》。

[174] "宋",宋都故地在今河南商丘,本是商族的根據地。

太史公曰:余以《頌》次契之事,[175]自成湯以來,采於《書》、《詩》。契爲子姓,其後分封,以國爲姓,[176]有殷氏、來氏、宋氏、空桐氏、稚氏、北殷氏、目夷氏。孔子曰,殷路車爲善,[177]而色尚白。

殷本紀譯文

殷族始祖契的母親叫簡狄,是有娀氏的女子,帝嚳的居次位的妃子。她跟另兩個女子一起到水邊洗澡,看見一個燕子掉下了它的蛋,簡狄把蛋拿來吞吃了,因此懷孕生下了契。契長大後幫助禹治水有功,帝舜任命契當司徒,舜説:"百姓不相親睦,家庭關係不和順,你當司徒,恭謹地施行倫理道德的教育,要以寬厚爲本",並把他封在商這個地方,賜他這一族姓子。契興起於唐、虞、大禹的時代,給百姓做了很多好事,百姓因此得到了安定。

契死後,兒子昭明繼立。昭明死後,兒子相土繼立。相土死後,兒子昌若繼立。昌若死後,兒子曹圉繼立。曹圉死後,兒子冥繼立。冥死後,兒子振繼立。振死後,兒子微繼立。微死後,兒子報丁繼立。報丁死後,兒子報乙繼立。報乙死後,兒子報丙繼立。報丙死後,兒子主壬繼立。主壬死後,兒子主癸繼立。主癸死後,兒子天乙繼立,這就是成湯。

從契到湯,居地遷了八次。湯方始在亳居住下來,這是帝嚳住過的地方,《尚書》中的《帝誥》篇就是因爲遷居於亳而作的。

湯征伐諸侯。葛伯不奉祭祀,湯首先征伐他。湯説:"我有一句話:人從水能看到自己的形象,觀察人民就能知道治理得好不好。"伊尹説:"真明智啊! 能聽别人的話,治國的道理才有人向你説。君臨國家,親民如子,爲善的人就都來任職了。努力啊,努力啊!"湯對衆人説:"你們如果不能遵從我的命令,我就重重地懲罰你們,決不寬赦。"《尚書》中的《湯征》篇就是這時作的。

伊尹名叫阿衡。他想見湯,苦於沒有門路,就去當湯所娶的有莘氏女子的陪嫁奴隸,背着庖廚的用具,通過割烹調味的道理來勸説湯,使他成爲天下的聖王。也

---

[175] "《頌》",指《詩經》中的《商頌》。《商頌》中的《玄鳥》、《長發》都説到契的事。

[176] 其實是"以國爲氏"。上古姓、氏有别,如商、周是氏,子、姬是姓。司馬遷把姓和氏混爲一談,是不正確的。上文"姓子氏"、"以傅險姓之"等説法都有問題。

[177] "路車",上古君主所乘的一種車。"路"也作"輅"。《論語·衛靈公》:"顔淵問爲邦。子曰:'行夏之時,乘殷之輅,服周之冕……'。"

有人説,伊尹本是個隱士,湯派人聘請他,請了五次他才肯去,跟湯講無爲而治的素王之道以及九種君主的優劣。湯就用他來治理國家。伊尹曾離開湯到夏國去。他看到了夏的醜惡,又回到了亳。他從亳的北門入城,遇到了湯的臣下女鳩、女房,《尚書》中的《女鳩女房》篇就是記伊尹跟他們所説的話的。

商湯外出,看到野外打獵的人四面張網,禱告説:"從天下四方都到我的網裏來。"湯説:"嘿!那樣就一網打盡了!"就去掉了三面的網,禱告説:"要向左的向左,要向右的向右,不聽命的就到我的網裏來。"諸侯們聽到這件事,都説:"湯的德行好得無以復加了,連禽獸都受到恩惠。"

正當這個時候,夏王桀對人民很暴虐,荒淫無道,諸侯裏的昆吾氏也常幹壞事。湯就發兵率領諸侯去討伐,伊尹跟着湯,湯親自拿着大鉞去打昆吾,接着就去打夏桀。湯説:"你們大家都來聽我講話。並非我這個小子敢起來作亂。夏的罪惡多端,我聽到你們都説夏有罪。我畏懼上帝,不敢不去懲治。現在夏的罪惡多端,是上天要誅滅他。現在你們大家却説'我們的君王不憐恤我們,廢棄我們的農事去征伐誰呢'?你們還會説'夏有罪,又拿他怎麽樣呢'?夏王破壞人民的生産力,在整個夏國進行掠奪。民衆都懈怠不聽從他,還詛咒他説'這個太陽什麽時候才滅亡?我們願跟你同歸於盡'!夏的德行壞到了這個地步,現在我一定得去征伐他。你們要幫助我奉行上天的懲罰,我將重重賞賜你們。你們不要不相信,我是不會説話不算數的。你們如果不服從誓言,我就要嚴懲你們以及你們的妻子兒女,決不寬赦。"當時把這些話當作命令告諭全軍,史官記下來就成了《尚書》中的《湯誓》篇。於是湯説"我非常勇武",就把武王當作稱號。

桀在有娀之虚被打敗,逃奔到鳴條,夏軍潰敗。湯接着就打三嵕,取得了那裏的寶玉,義伯、仲伯因此作了《典寶》。湯勝了夏,想改置社神而不能,因此作了《夏社》。伊尹向湯報告了各地的情况。這時候諸侯都歸服於湯,湯就即了天子之位,平定了四海之内。

湯在伐三嵕後的歸途裏走到泰卷這個地方的時候,大臣仲虺作了一篇誥,[這就是《尚書》中的《仲虺之誥》。]湯既已推翻了夏朝,回到了亳,作《湯誥》:"在三月裏,王親自到東郊,告諭諸侯們説:'不要無功於民,努力幹你們的事。[不然,]我就要重重懲罰你們,你們不要怨我。'又説:'古代禹和皋陶長年在外辛勞受苦,才能有功於人民,人民才能安定下來。他們東治江,北治濟,西治河,南治淮,這四條大川治理好以後,民衆才有地方居住。后稷教民播種,努力繁殖百穀。這三位都有功於民,所以他們的後代才能立國。過去蚩尤跟他的臣下危害百姓,上帝就不保佑他。這些都是有事實可見的。大家應該努力按照先代聖王的話去做。'又說:'如果無道,就不讓他統治國家。你們可不要怨我。'"這些話作爲命令遍告諸侯。這時還有伊尹作了《咸有一德》,咎單作了《明居》。

湯於是改定建丑之月爲正月,把車馬等物的顔色改爲以白色爲上,群臣朝見天子用白晝的時間。

湯死後,由於太子太丁尚未即位就已死去,就立了太丁的弟弟外丙爲君,這就是帝外丙。帝外丙在位三年死去,又立外丙的弟弟仲壬爲君,這就是帝仲壬。帝仲壬在位四年死去,伊尹於是立太丁的兒子太甲爲君。太甲是成湯的嫡長孫,這就是帝太甲。帝太甲元年,伊尹爲了訓誡太甲作了《伊訓》、《肆命》和《徂后》。

帝太甲爲君三年,不明事理,又很暴虐,不遵守湯的法度,德行敗壞。因此伊尹把他放逐到桐宫去,自行代理國政,接受諸侯的朝見。

帝太甲在桐宫住了三年,悔過向善,於是伊尹就把他迎了回來,把政權交給他。帝太甲的德行不斷好起來,諸侯都歸服殷朝,百姓由此得到了安寧。伊尹很贊賞,就作了《太甲訓》三篇來表揚太甲,尊稱他爲太宗。

太宗死後,兒子沃丁繼立。帝沃丁的時候,伊尹死去。安葬伊尹於亳的事辦完後,咎單就講説伊尹的行事,作了《沃丁》。

沃丁死後,弟弟太庚繼立,這就是帝太庚。帝太庚死後,兒子帝小甲繼立。帝小甲死後,弟弟雍己繼立,這就是帝雍己。這時殷朝衰落,有些諸侯就不來朝了。

帝雍己死後,弟弟太戊繼立,這就是帝太戊。帝太戊任命伊陟當了宰相。在亳都朝廷上忽然有桑樹和穀樹合在一起生出來,一晚上就長得需要用兩手圍握那麼粗。帝太戊很害怕,就去問伊陟。伊陟説:"我聽説怪異的事物敵不過好的德行,難道是您治理國家有什麼缺點嗎?您應該使自己的德行好起來。"太戊聽從了他,怪樹就枯死而消失了。伊陟向巫咸贊美講述了這件事,巫咸治理王家也很有成績,於是作了《咸艾》和《太戊》。帝太戊在宗廟裏稱贊伊陟,並説爲了尊重他不把他當臣下對待,伊陟謙讓不敢當,因此作了《原命》。這時殷朝復興,諸侯歸服,所以太戊尊稱爲中宗。

中宗死後,兒子帝仲丁繼立。帝仲丁把都城遷到隞,河亶甲遷到相,祖丁又遷到邢。帝仲丁死後,弟弟外壬繼立,這就是帝外壬。《尚書》中的《仲丁》篇已經亡佚不可見。帝外壬死後,弟弟河亶甲繼立,這就是帝河亶甲。河亶甲的時候,殷朝又衰落了。

河亶甲死後,兒子帝祖乙繼立。帝祖乙即位後,殷朝又興盛起來,巫賢受到任用。

祖乙死後,兒子帝祖辛繼立。帝祖辛死後,弟弟沃甲繼立,這就是帝沃甲。帝沃甲死後,立沃甲的哥哥祖辛的兒子祖丁爲君,這就是帝祖丁。帝祖丁死後,立沃甲的兒子南庚爲君,這就是帝南庚。帝南庚死後,立帝祖丁的兒子陽甲爲君,這就是帝陽甲。帝陽甲的時候,殷朝又衰落了。

從仲丁以來,常常撇開嫡子而由王弟和王子們輪流繼位,有時王弟和王子還互相爭位,接連九世情況都很混亂,於是諸侯就都不來朝見了。

帝陽甲死後,弟弟盤庚繼立,這就是帝盤庚。帝盤庚即位的時候,殷都已經遷到了大河之北。盤庚渡河南向,遷回成湯的故居。[到盤庚遷都的時候,]殷朝已經遷了五次都,總是定不下來。殷人都愁嘆怨恨,不願再遷徙。盤庚就告諭諸侯和大臣們説:"過去先王成湯跟你們的先祖一起定天下,他的法則是可以遵循的。捨棄他的法則而不作努力,怎麽能弄得好呢!"於是就渡河南遷,定都於亳,遵行湯的治國方法。這樣做了以後,百姓由此安寧,殷朝國勢重新興盛,諸侯都來朝見,這就是由於盤庚能像成湯那樣行事的緣故。

帝盤庚死後,弟弟小辛繼立,這就是帝小辛。帝小辛即位後,殷朝重又衰落。百姓思念盤庚,就作了《盤庚》三篇。帝小辛死後,弟弟小乙繼立,這就是帝小乙。

帝小乙死後,兒子帝武丁繼立。帝武丁即位後,想復興殷朝,但没有找到合適的助手。因此三年不説話,政事都由太宰決定,暗中觀察國情。武丁夜裏做夢得到了一個聖人,名叫説。他察看衆多的官吏,没有一個跟夢中所見的人相合。於是就派很多畫工等類的人在民間到處尋求,終於在傅險這個地方找到了説。當時説作爲刑徒正在傅險服建築方面的勞役。説被送到了武丁那裏,武丁一見就説"找對了"。跟他一交談,果然是個聖人,就任他爲宰相,他把國家治理得非常好。於是就根據傅險這個地名來給他定姓氏,稱他爲傅説。

帝武丁祭祀成湯的第二天,有野鷄飛來站在鼎耳上叫,武丁很害怕。祖己説:"王不要憂愁,先搞好政事要緊。"祖己於是告誡王説:"上天觀察下民,主要看他們的行爲是否合乎道理,天賜給人的壽命有長有短,[壽命短是由於人的行爲不合道理,]並不是天要使人夭折,使人的生命中斷。有的人不順道理,又不服罪,等到上天已經按照他的表現給了他相應的命運,才説怎麽辦呢,[這就已經遲了。]唉!王應該慎重對待民事,大家都是天的後代,舉行經常的祭祀的時候,禮儀不要不合乎道理。"武丁改善政治,布施恩惠,天下的人都很歡欣,殷朝國勢又重新興盛了起來。

帝武丁死後,兒子帝祖庚繼立。祖己贊美武丁能由於怪異的野鷄而修德行善,爲他立了廟,尊稱爲高宗,於是作了《高宗肜日》和《高宗之訓》。

帝祖庚死後,弟弟祖甲繼立,這就是帝甲。帝甲荒淫敗德,殷朝又衰落了。

帝甲死後,兒子帝廩辛繼立。帝廩辛死後,弟弟康丁繼立,這就是帝康丁。帝康丁死後,兒子帝武乙繼立,殷都又由亳遷到了大河之北。

帝武乙無道,做了假人,把他叫做天神,跟他玩博戲,命令人代他走博棋,天神輸了,就侮辱他。還用皮革做袋子,盛了血,[高高挂起,]仰面射它,稱爲"射天"。武乙在大河和渭水之間田獵,天忽然打雷,武乙被雷震死。兒子帝文丁繼立。帝文丁死後,兒子帝乙繼立。帝乙即位後,殷朝更加衰弱了。

帝乙的長子叫微子啓,啓的母親地位低下,因此啓不能繼承王位。小兒子是辛,辛的母親是正后,所以辛成爲王位繼承人。辛乙死後,兒子辛繼立,這就是帝辛,天下人稱他爲紂。

帝紂天生明察敏捷,耳朵、眼睛都很靈,勇力過人,能徒手跟猛獸搏鬥;智慧足够用來駁斥勸諫,口才足够用來掩飾過錯;以才能向臣下自誇,以名聲來壓倒天下,認爲所有的人都不如自己。他喜歡喝酒,享樂過度,親近婦女;尤其寵愛妲己,就聽妲己的話。他讓樂師涓創作了新的放蕩的曲調,還有北里之舞和輕柔頹廢的音樂。爲了裝滿鹿臺的錢庫和鉅橋的糧倉,大大加重了各種稅收。又大量搜取狗、馬和各種珍奇的東西,塞滿了宫室。還擴大沙丘的大園子,增建亭臺樓閣,取了很多野獸飛鳥放在園子裏。他怠慢鬼神。他在沙丘大搞舞樂雜技等表演,用大池子盛酒,把大量的肉挂起來就像個樹林,讓男男女女光着身子在其中相互追逐,通宵飲酒取樂。

百姓怨恨紂,諸侯也有背叛的,於是紂就加重刑法,還造出了殘酷的炮格之刑。紂任命周君西伯昌、九侯和鄂侯爲三公。九侯有個漂亮女兒,他把她獻給了紂。九侯的女兒不喜歡淫亂,紂大爲惱怒,就殺死了她,還把九侯剁成肉醬。鄂侯爲這件事跟紂爭辯得很激烈,紂把鄂侯也處死,把他的肉做成肉乾。西伯昌聽到後,私下嘆息,被崇侯虎知道,他就向紂告了密,紂把西伯囚禁在羑里。西伯的臣下閎夭等人,搜求美女、珍奇的東西和好馬獻給紂,紂就赦免了西伯。西伯出獄後獻出洛水西面的一塊土地,請求紂廢除炮格之刑。紂答應了他,還賜給他弓箭斧鉞,使他有權征伐不聽令者,讓他當西方諸侯的首領。紂任用費仲主持政務。費仲善於拍馬,又很貪財,殷人都不喜歡他。紂又任用惡來。惡來善於說人壞話,諸侯因此越發跟紂疏遠了。

西伯回到自己的國家,暗地修德行善,有許多諸侯背叛紂而投到西伯那裏去。

西伯不斷强大，紂的權威因此逐漸喪失。王子比干勸諫紂，紂不聽。商容是一個賢人，百姓喜歡他，紂却廢而不用。等到西伯伐滅了飢國，紂的臣下祖伊知道後，認識到周是殷的大害，非常恐慌，跑去告訴紂說："上天已經終止了我們殷朝的國運，知道天意的人不敢再說我們有好命運，大卜龜也不再顯示吉兆，並不是先王不幫助我們後人，是王荒淫暴虐，自絶於天。所以上天拋棄我們，使我們不能安穩生活。大家都不求知道天性，都不按照常法。現在我們的人民没有不希望我們殷朝滅亡的，他們說'上天爲什麽不降下懲罰，天命爲什麽還不到來'？現在王準備怎麽辦呢？"紂說："我生下來不是有命在天的嗎？"祖伊回去後說："紂已經無法勸諫了。"西伯死後，周武王東征，到了盟津，諸侯背叛殷朝來跟周人會合的有八百個。諸侯都說："可以討伐紂了。"武王却說："你們還没有知道天命。"於是就回去了。

紂的胡作非爲愈來愈厲害。微子屢次勸諫，紂都不聽，於是微子就跟太師、少師商量，下決心離紂而去。比干說："當臣子的，就是要丢命也得據理力爭。"就在紂面前極力諫爭。紂發怒說："我聽說聖人的心有七個竅。"就剖開比干的胸來看他的心。箕子很害怕，假裝發狂去當奴隸，紂把他囚禁了起來。殷朝的太師和少師看到這種情況，就帶着祭祀時用的樂器逃往周國了。於是周武王就率領諸侯去討伐紂王，紂也發兵在别都妹邑郊外的牧野抗禦周軍。甲子那一天，紂軍大敗。紂逃回妹邑，登上鹿臺，穿上他的寶玉衣，投火而死。周武王砍下紂的頭，把它挂在叫做"大白"的旗上；並殺死了妲己。[另一方面，]釋放了箕子，給比干的墓加了封土，在商容所居里巷的大門上加了表揚他的標誌；又封紂的兒子武庚禄父爲君，繼續奉祀殷的先人，並要他遵行盤庚的治國方法。殷人十分高興。於是周武王就當了天子。周朝後來取消帝號，降級稱王。殷王的後人封爲諸侯，從屬於周。

周武王死後，武庚跟周武王的弟弟管叔、蔡叔一起作亂，成王任命周公討伐，殺了武庚，把微子立爲宋君，使殷的先人仍有後代繼續奉祀他們。

太史公說：我根據《商頌》來敘述契的事跡。從成湯以下，根據《尚書》和《詩經》。契的姓是子，後代分封，以國名爲姓，有殷氏、來氏、宋氏、空桐氏、稚氏、北殷氏、目夷氏。孔子說，殷的路車很好，顔色崇尚白色。

原載《全注全譯史記》(天津古籍出版社，1995)，今據作者手稿收入。

四十年來發現的簡帛古籍對傳世古籍整理工作的重要性(提要)

50 年代後期以來,我國考古工作者在戰國秦漢時代的墓葬裏,陸續發現了不少簡帛古籍。其中,70 年代的幾次發現,其重要性可以與歷史上孔壁古文和汲冢竹書的發現相比。80 年代以來,仍時有重要發現。本文擬對這四十年裏簡帛古籍的各次發現作簡單的介紹,並粗淺地談談這些古籍對傳世古籍的整理工作的重要意義。

一、各次發現簡介

1957 年 3 至 5 月,河南長臺關一號楚墓(發掘者定其時代爲戰國早期)出土古書殘簡,近年有學者定爲《墨子》佚篇。

1959 年 7 月,甘肅武威磨咀子六號漢墓出土《儀禮》木簡八篇、竹簡一篇。

1972 年 4 月,山東臨沂銀雀山一號漢墓(屬武帝早期)出土《孫子》、《孫臏兵法》、《晏子》、《尉繚子》、《太公》(《太公》爲《漢書・藝文志》所用書名,今傳《六韜》原爲其一部分)以及論政、論兵和陰陽占候等方面的佚書多種,惜竹簡殘損嚴重。

1973 年 5 至 12 月,河北定縣八角廊四十號漢墓(發掘者定爲死於宣帝時的中山懷王劉脩墓)出土了一批已因焚燒而炭化的竹書,內容有《論語》、《文子》、《太公》、*《儒家者言》(前加 * 號的書名爲整理者所擬,下同)等,竹簡殘損情況也很嚴重。

1973 年 11 至 12 月,長沙馬王堆三號漢墓(下葬於文帝十二年)出土《老子》(有兩本,卷前或卷後抄有佚書)、《周易》(附有《易繫辭》和不見於今本的佚傳)、*《春秋事語》、*《戰國縱橫家書》以及醫藥、占候等方面的帛書多種。同墓還出了房中術方面的簡書。

1975 年 12 月,湖北雲夢睡虎地十一號秦墓出土秦律、《日書》等竹簡。

1977 年7 至8 月,安徽阜陽雙古堆一號漢墓(發掘者定爲死於文帝時的汝陰侯夏侯竈之墓)出土《詩經》、《周易》(可能爲蓍龜家之《易》)、《倉頡篇》、*《萬物》等竹書多種,惜竹簡極爲殘碎。

80 年代,江陵九店五十六號楚墓(發掘者定其時代爲戰國後期前段)出土日書竹簡。

1983 至 1984 年間,江陵張家山二四七號漢墓(屬吕后時期)出土漢律、《奏讞書》、《脈書》、《引書》、《算數書》、《闔廬》等竹書。

1985 年秋,張家山三三六號漢墓(屬西漢早期)出土漢律、《功令》、《盜跖》等竹書。

1986 年,甘肅天水放馬灘一號秦墓(屬戰國晚期)出土日書等竹簡。

1987 年 6 月,湖南慈利石板坡三十六號楚墓(發掘者定其時代爲戰國中期偏早)出土一批竹簡,似包含數種古書,惜極爲殘碎。

1989 年,湖北雲夢龍崗六號秦墓出土秦律竹簡。

1993 年 10 月,湖北荊門郭店一號楚墓(發掘者定其時代爲戰國中期偏晚)出土《老子》、《緇衣》等竹書。

近兩年在香港古物市場上也出現了大約盜掘自荊門楚墓的竹簡,其中也有古籍,大部分已爲上海博物館購回。

二、簡帛古籍對研究古籍形成過程的作用

古代子書往往是某一學派傳習的資料彙編,其中不但有先生的著述、言論,也有門弟子或後學增益的"學案、語錄、筆記、傳狀、注釋"等類內容(參看余嘉錫《古書通例》)。銀雀山漢墓所出《孫子》,提供了這方面的一個很好的例證。

古代數術、方技方面的著作,往往是以較早的同類著作爲依據,逐漸修改、增益而成定本的。馬王堆帛書和張家山竹書中的脈書,可以視作《內經·靈樞》中的《經脈》篇的祖本,張家山竹書中的《算數書》跟後來的《九章算術》也有很密切的關係。

銀雀山竹書中的有些篇跟《管子》有密切關係,尤其是《王兵》篇,其內容分別見於《管子》的《七法》、《參患》、《地圖》等篇,而且通過對比可以看出是《管子》襲用、割裂《王兵》篇的。這對瞭解《管子》的成書過程有重要意義。

三、簡帛古籍對研究古籍真僞、時代的作用

今本《六韜》、《尉繚子》、《晏子》都曾被人疑爲非先秦之書。西漢早期的銀雀山墓出土了這些書的部分篇章,文字與今本大體相合。一種書從寫成到流傳,總要經過不太短的一段時間,這些書的著作時代當不晚於戰國。今本基本上可以看作先秦古籍。

今本《鶡冠子》被很多人看作後人依託的僞書。馬王堆漢墓出土的《老子》乙本卷前佚書等,有不少跟《鶡冠子》相同或相似的文字,可證其並非僞書。

今本《文子》跟《淮南子》有大量相同的內容,前人多認爲今本與《漢書・藝文志》所著録者非一書,乃是後人抄襲《淮南子》等書而成的僞書。從八角廊漢墓所出《文子》殘簡看,今本雖經後人作過較大的改動,但仍保留了不少漢代本的實質性內容,不能簡單地視爲抄襲《淮南子》等書而成的僞書。

戰國楚墓和馬王堆漢初墓都出土了《老子》,宣告了不少《老子》晚出的說法的破産。看來《老子》成書的時代最晚也晚不過戰國早期。

銀雀山漢墓同時出土孫武和孫臏的兵法,宣告了《孫子》爲孫臏所作之說的破産。

由於簡帛古籍的出土而進一步明確的關於古書形成過程的一些情況,對我們正確理解有關古籍的真僞和時代問題,也有很大幫助。

四、簡帛古籍對研究古籍傳承等情況的作用

簡帛古籍中的《周易》、《詩經》、《儀禮》,都是我們所已知的各家之外的本子。由此可以窺見經書傳承的複雜性。

有些古書的簡帛本和傳刻本,其篇章分合有出入,《老子》、《晏子》等都有這種情況。

以同一書的簡帛本、唐以前人引文和宋代以來的傳刻本相對照,可以看出傳刻本跟簡帛本在內容上的差別,要比唐以前的傳抄本大得多。這反映了印刷的流行對古書不利的一面。

五、簡帛古籍對校讀傳世古籍的文字的作用

在利用同一書的簡帛本校讀今本方面，學者們已經取得了不少成績，對《老子》、《孫子》、《戰國策》等書的校讀的成績尤爲突出。

簡帛古籍中的佚書跟傳世古籍相重的部分以及其他與傳世古籍有關的内容（如相同的詞語等），也都可以用於古籍的校讀。

簡帛古籍的字形特點以及用字和書寫的習慣，也是校讀古籍的根據。

用簡帛古籍校讀傳世古籍，有時能解決很重要的問題，如《荀子》提到的思、孟五行説的確切内容，就是依靠馬王堆帛書《老子》甲本卷後佚書弄清楚的。即使是某些對文義沒有明顯影響的異文，如否定詞用"弗"或"不"的不同，對研究古漢語語法也是有重要意義的。

在今天，從事先秦秦漢古籍的整理研究，已經離不開簡帛古籍了。

本文是準備提交給1996年在臺北召開的兩岸古籍整理學術研討會的論文的提要（由於時間不够，全文沒有寫成，後來在會上提出的是《簡帛古籍的用字方法是校讀傳世先秦秦漢古籍的重要根據》）。原載《漢學研究通訊》第15卷第1期（1996），又載《裘錫圭學術文化隨筆》，今據後者收入。

古文獻中讀爲“設”的“埶”及其與“執”互訛之例

武威漢墓出土的簡本《儀禮》往往以“埶”爲“設”,如《特牲饋食禮》“設洗于阼階東南”句,簡本《特牲》第七號簡作:

> 执洗于作階東南

《武威漢簡》編者的校記説:

> 执,今本作設,疑是埶(即藝所從)字。①

我在《釋殷墟甲骨文裏的“遠”“𤞷”(邇)及有關諸字》一文中已指出:

> ……漢隸“埶”字及“埶”旁作“执”者習見,如老子銘“埶”(勢)字、丁魴碑“蓺”字與北海相景君銘“藝”字所从的“埶”旁等(參看《隸辨》)。武威簡“执”字沒有問題就是“埶”字。②

並指出:

> 古音“埶”屬祭部,“設”屬月部。二字之間存在着嚴格的陰入對轉的關係。“埶”可讀作“勢”。“勢”、“設”聲母相同。③

所以“埶”可以讀爲“設”。

簡本《儀禮》一方面時常以“埶”爲“設”(除《特牲》外,《少牢》、《有司》、《燕禮》、《泰射》等篇中均有其例),一方面也時常用“設”字(《少牢》、《有司》多用“設”),有時甚至一簡之中“埶”、“設”並見而用法無別(如《少牢》第一

---

① 甘肅省博物館等《武威漢簡》,文物出版社,1964。此書中的校記出陳夢家之手。“执”是“埶”字古文字寫法的隸定形。

② 拙著《古文字論集》,中華書局,1992,9頁注⑮。

③ 同上,注⑭。

二號簡)。可見漢代人在寫"設"這個詞的時候,或作"設",或作"埶",頗爲隨便。

河北省文物研究所定州漢簡整理小組不久前發表的《定州西漢中山懷王墓竹簡〈文子〉釋文》中有如下一條:

□天子执(設)明堂□中□,天子□□□④

此文用簡化字印出,疑"执"字在原釋文中作"埶",由於被誤認爲"執"而印成簡化字"执"。

馬王堆帛書中也有讀爲"設"的"埶"字,詳下文。

上引考釋甲骨文"遠"、"𤞷"等字的拙文,指出殷墟甲骨田獵卜辭中的"埶罝"應該讀爲"設罘"。⑤ 古書中屢見"設網"一類話,如《淮南子・繆稱》"譬若設網者"、《禮記・王制》"然後設罻羅"、《大戴禮記・夏小正》"主設罔罟者也"等。可見把卜辭的"埶罝"之"埶"讀爲"設",是合理的。這說明把"設"這個詞寫作"埶",是由來已久的習慣。

知道古人往往以"埶"爲"設",對校讀古書很有用處。

《荀子》書通常以"埶"爲"勢",但也有個別"埶"字是應該讀爲"設"的。後人不察,把後者也讀爲"勢",應加糾正。

《荀子・儒效》:

儒者法先王,隆禮義,謹乎臣子而致貴其上者也。人主用之則埶在本朝而宜,不用則退編百姓而愨,必爲順下矣。

楊倞注解釋"埶在本朝而宜"句說:"言儒者得權埶(勢)在本朝則事皆合宜也。"這種解釋顯然很勉强,所以王念孫在《讀書雜志・荀子第二・儒效》"埶在本朝"條中,提出了另一種解釋。他說:

埶者,位也。言位在本朝也。《禮運》"在埶者去",鄭注曰:"埶,埶位也。"下文曰"埶在人上",《仲尼》篇曰"埶不在人上,而羞爲人下",《正論》篇曰"埶位至尊",是"埶"與"位"同義。楊以"埶"爲權埶,失之。

王氏把"埶在本朝"的"埶"理解爲指"埶(勢)位",文義仍不通順。"埶在本朝"與

④ 《文物》1995年12期32—33頁0211號簡。

⑤ 同注②,7頁。

下文“退編百姓”爲對文,“埶”宜爲動詞,當讀爲“設”。

“設”有“置”、“立”等義,古書中説到置立官職爵位或任人以職等事時,往往用“設”字,如《禮記・文王世子》“設四輔及三公”、《韓非子・難二》“設官職,陳爵禄”、同書《詭使》“設爵位”、《墨子・耕柱》“衛君致禄甚厚,設之於卿”、“致禄甚厚,設我於卿”。《荀子》本書中也數見其例,如《君道》説:

……善顯設人者,人樂之。……不能顯設人者,人不樂也。……論德而定次,量能而授官,皆使其人載其事而各得其所宜。上賢使之爲三公,次賢使之爲諸侯,下賢使之爲士大夫。是所以顯設之也。

《臣道》説:

故正義之臣設,則朝廷不頗(楊倞注:設謂置於列位)。

《儒效》“埶在本朝而宜”句,語意與此處所引《臣道》之文相同,可見“埶”字確應讀爲“設”。

《荀子》裏還有一個應該讀爲“設”的“埶”字。《正名》説:

心平愉則色不及傭而可以養目,聲不及傭而可以養耳……故無萬物之美而可以養樂,無埶列之位而可以養名。

“埶列”,楊倞注解釋爲“班列”,其實應該讀爲“設列”。

古人於任官授爵之事每言“設”言“列”。言“設”之例已見前引。言“列”之例,如《禮記・曲禮下》“爵禄有列於朝”、同書《表記》“其賞罰用爵列”、《荀子・大略》“列官職,差爵禄,非以尊大夫而已”等,也屢見不鮮。《大戴禮記・千乘》:

公曰:千乘之國,受命於天子……設其四佐,列其五官,處其朝市,爲仁如何?

以“設”與“列”對舉,是“埶列”當讀爲“設列”的明證。

馬王堆帛書《周易》所附《繆和》篇,有下引一些跟這裏討論的問題有關的内容:

□君之爲爵立(位)賞慶也,若體(體)埶(勢)然,大能奮(?)細;故上能使下,君能令臣;是以動則又(有)功,静則又(有)名。列埶尤尊,賞禄甚厚,能弄

(寵)傅(輔)君而國不損幣(敝)者,蓋无又(有)矣。[⑥]

……立爲刑辟,以散其群黨;埶爲賞慶爵列,以勸天下群臣黔首男女。[⑦]

……埶列爵立(位)之尊,明厚賞慶之名,此先君之所以勸其力也。[⑧]

以上三段文字中,除第一段有一個應讀爲"勢"的"埶"字外,其他"埶"字也都應該讀爲"設"。【編按:上引後兩段釋文都有錯誤,參看本書《再談古文獻以"埶"表"設"》的注④及"校清様時追記"。】

上引第二段以"埶"與"立"爲對文,第三段以"埶列"與"明厚"爲對文,"埶"之當讀爲"設"十分明顯。把"埶列爵位之尊"跟《荀子》的"埶列之位"對照一下,可以進一步看清後者的"埶列"確應讀爲"設列"。第一段的"列埶"與"埶列"同義。"列埶尤尊",意即設列的官爵過於尊貴。此文認爲君上給予臣下官爵賞祿要適度,官爵過尊,賞祿太厚,會造成尾大不掉等不利於國的後果。

古書中的有些"勢"字,其實也是後人將本應讀爲"設"的"埶"字誤改而成的。

《淮南子》兩見"勢施"之文:

今有六尺之席,臥而越之,下材弗難;植而踰之,上材弗易。勢施異也。

《說林》(《文子・上德》有相似文字,末句全同)

輪圓輿方,轅從衡横,勢施便也。　《泰族》

"勢施"很費解。《淮南子》中又有"設施"之語:

易則用車,險則用騎,涉水多弓,隘則用弩,晝則多旌,夜則多火,晦冥多鼓,此善爲設施者也。　《兵略》

且夫精神滑淖纖微,倏忽變化,與物推移,雲蒸風行,在所設施。　《脩務》

把前引《說林》和《泰族》的"勢施"讀爲"設施",文義就很通順了。"勢施"無疑本作"埶施"("勢"字後起,漢以前只用"埶"字),後人把本應讀爲"設"的"埶"字誤讀爲"勢",給它加上了"力"旁。由於"勢"、"設"音近,也可以把這種"勢"字看作

---

⑥ 陳松長《馬王堆帛書〈繆和〉、〈昭力〉釋文》,陳鼓應主編《道家文化研究》第六輯368頁,上海古籍出版社,1995。原釋文釋"列"爲"死",釋"尊"(帛書原作"奠")爲"奠",今據作者七十年代參加馬王堆帛書和銀雀山竹書整理工作時據《繆和》篇照片所作的自用釋文更正。原釋文"大"與"使下"之間用缺文號,也據作者釋文補出。標點等也有改動。下面所引的兩段釋文也都有改動,不再説明。

⑦ 同上,369頁。

⑧ 同上,371頁。

“設”的通假字。

《韓非子》和《逸周書》中都有可能應該讀爲“設”的“勢”字。

《韓非子・有度》:

遠在千里外,不敢易其辭;勢在郎中,不敢蔽善飾非。

郎中爲近侍之臣,《韓非子》中屢見此稱。此處舊注單釋“郎”字爲“近侍之官”,非是。俞樾《諸子平議》卷二十一認爲“勢在郎中”之“勢”“當作‘瞀’”。我懷疑這個“勢”字也應該讀爲“設”。“設在郎中”的文例與前引《荀子》“設在本朝”、《墨子》“設之於卿”相近,意謂被任爲郎中而在君主身邊。

同書《南面》:

人臣爲主設事而恐其非也,則先出說設言曰:“議是事者,妬事者也。”人主藏是言,不更聽群臣;群臣畏是言,不敢議事。二勢者用,則忠臣不聽而譽臣獨任。如是者謂之壅於言。

王先慎《韓非子集解》引王先謙曰:“二勢者,主拒諫,臣緘默,兩者必然之勢。”其說牽强難信。疑此“勢”字也應讀爲“設”,“二設者”即指上文所說的既“設事”又“設言”的“人臣”。

《逸周書・小開武》:

明勢天道,九紀咸當(“九紀”指“一、辰以紀日,二、宿以紀月,三、日以紀德,四、月以紀刑,五、春以紀生,六、夏以紀長,七、秋以紀殺,八、冬以紀藏,九、歲以紀終”,見此篇下文)。

同書《周祝》:

凡勢道者,不可以不大。

這兩處的“勢”字用法相似,但很不好理解。《小開武》的“勢”,陳逢衡認爲當作“執”。[9]《周祝》的“勢”,丁宗洛校改爲“執”;唐大沛說:“‘勢’疑原本是‘埶’字,‘勢道’疑當作‘執道’,‘執’與‘埶’相似,故誤。”[10]後面將會講到,古文獻中“埶”“執”互訛之例屢見。上引各家將“明勢天道”和“勢道”的“勢”校改作“執”,是值得考慮的意見。不過我認爲這兩個“勢”很可能也應該讀爲“設”。《韓詩外傳》卷

⑨ 黄懷信等《逸周書彙校集注》,上海古籍出版社,1995,289 頁。

⑩ 同上,1130 頁。

五第十六章說：

> 天設其高，而日月成明。地設其厚，而山陵成名。上設其道，而百事得序。

可見“設道”的說法是確實存在的。“明設天道，九紀咸當”與“上設其道，而百事得序”，語意也很相近。

古書中偶爾也有把不應讀爲“設”的“埶”字誤改爲“設”的例子。

《史記·五帝本紀》：

> 軒轅乃修德振兵，治五氣，蓺五種，撫萬民，度四方，教熊羆貔貅貙虎，以與炎帝戰於阪泉之野。

“蓺五種”一句，《大戴禮記》和《孔子家語》所收的《五帝德》都作“設五量”。

銀雀山漢墓所出竹書中，有《孫子》佚篇《黄帝伐赤帝》殘簡。簡文中在關於黄帝戰勝“南方赤帝”、“東方□帝”和“北方黑帝”的各段文字之後，都有“□年休民，孰(熟)穀，赦罪”之語。[11] 銀雀山漢墓竹簡整理小組注：

> 《史記·五帝本紀》謂黄帝“乃修德振兵，治五氣，蓺五種(《五帝德》作“設五量”，疑爲誤文)……”。“蓺五種”與“熟穀”義近。[12]

種植之“種”，《説文》作“穜”，其聲旁“重”，尤其是“童”，字形跟“量”相近。“蓺”是表示“埶”字本義的後起字。“蓺五種”，古本《五帝德》當有作“埶五穜”者。“穜”字因脱落或省略“禾”旁而被誤認爲“量”，“埶”又被誤讀爲“設”，遂成今本之文。

《墨子·脩身》：

> 故君子力事日彊，願欲日逾，設壯日盛。

“設壯日盛”很費解。也許這個“設”字也是由“埶”誤改而成的，本應讀爲“勢”，“壯”則應讀爲“狀”，有待進一步研究。

“埶”與“執”字形相近，容易互訛。《儀禮·有司》“佐食設俎于豆東”句的“設”，簡本《有司》第七三號簡錯成“執”，應爲“埶”的形近誤字；而“祝執俎以出”句的“執”，第七九號簡又錯成了“埶”(參看《武威漢簡》有關校記)，即其例。

---

[11] 銀雀山漢墓竹簡整理小組《銀雀山漢墓竹簡〔壹〕》釋文注釋部分《孫子兵法》，文物出版社，1985，32頁。

[12] 同上，33頁注〔四〕。

馬王堆帛書《老子》乙本卷前古佚書中的《稱》篇有如下一條文字：

[·]□□不埶偃兵，不埶用兵。兵者不得已而行。⑬

馬王堆漢墓帛書整理小組起初把這一條的兩個“埶”字讀爲“藝”，訓爲“常”；⑭後來又改讀爲“暬”，謂古書通作“褻”。⑮ 我曾懷疑這兩個“埶”當讀爲“設”，⑯因爲古書的“設”字有類似用法，如《韓非子·外儲說右下·說一》“田成恆設慈愛，明寬厚”、《戰國策·齊策四》“設爲不宦”、“設爲不嫁”等。現在我覺得還是把它們看作“執”的誤字比較妥當。“不執偃兵，不執用兵”，意即不是一成不變地主張偃兵或用兵。

在傳世古書中也可以看到“執”“埶”相訛的現象。如《荀子·修身》“體倨固而心執詐”的“執詐”，就是見於同書《議兵》篇的“埶(勢)詐”的“訛文”。⑰

讀爲“設”的“埶”字訛作“執”字之例，也見於古書。

《大戴禮記·文王官人》“執之以物而遬(速)決”句，《逸周書·官人》作“設之以物而數決”。王念孫認爲《文王官人》的“執”本當作“設”。⑱ 從文義看，王說是正確的。這個“執”字顯然是讀爲“設”的“埶”的形近誤字。

《禮記·內則》：

父母舅姑將坐，奉席請何鄉；將衽(鄭玄注：將衽謂更臥處)，長者奉席請何趾；少者執牀與坐。

“執牀與坐”之文顯然有問題。牀之爲物頗大，非少者所能執持，而且也不宜經常搬動。孫希旦《禮記集解》說：“少者執牀，則牀之制蓋不大鉅矣。”⑲這是由於看到了問題而强作解釋。古人席地而坐，少者所“執”的“坐”也不知是甚麽東西。這個“執”字無疑也是“埶”的誤字，當讀爲“設”。“設牀”、“設坐”都見於古書，如《禮

---

⑬ 馬王堆漢墓帛書整理小組《馬王堆漢墓帛書〔壹〕》老子乙本及卷前古佚書圖版147行，釋文81頁，文物出版社，1980。【編按：周波指出，陳鼓應在《黄帝四經今注今譯》(臺灣商務印書館，1995)中已有“不埶偃兵”、“不埶用兵”的兩個“埶”字當釋爲“執”，“‘不執偃兵’即不一味地反對用兵”的意見。】

⑭ 馬王堆漢墓帛書整理小組《馬王堆漢墓帛書：經法》，文物出版社，1976，96頁注⑮。

⑮ 同注⑬，84頁注〔一三〕。

⑯ 拙著《古代文史研究新探》，江蘇古籍出版社，1992，572頁注⑬。

⑰ 王念孫《讀書雜志·荀子第一·修身》“執詐”條引王引之說。

⑱ 王引之《經義述聞·卷十三·大戴禮記下》“執之以物”條。

⑲ 《禮記集解》中册，中華書局，1989，733頁。

記・喪大記》"設牀,襢笫,有枕"、《吳子・勵士》"於是武侯設坐廟廷,爲三行,饗士大夫"。

《賈誼新書・容經》:

古者聖王,居有法則,動有文章;位執戒輔,鳴玉以行。[20]

"位執戒輔"和"鳴玉以行"分別跟"居有法則"和"動有文章"相應,但"位執戒輔"句的意義不好理解。疑此句"執"字也是"埶"的誤字,當讀爲"設"。

同書《保傅》說:

《明堂之位》曰:篤仁而好學,多聞而道順,天子疑則問,應而不窮者,謂之道。道者,道天下以道者也。常立於前,是周公也。誠立而敢斷,輔善而相義者,謂之輔。輔者,輔天子之意者也。常立於左,是太公也。潔廉而切直,匡過而諫邪者,謂之拂。拂者,拂天子之過者也。常立於右,是召公也。博聞彊記,捷給而善對者,謂之承。承者,承天子之遺忘者也。常立於後,是史佚也。故成王中立聽朝,則四聖維之,是以慮無失計,而舉無過事。[21]

疑《容經》的"位設戒輔",即指朝廷之位,於王之前後左右設置道、輔、拂、承之事。可能由於道、輔、拂、承的主要任務是戒過輔善,所以《容經》省稱爲"戒輔"。《禮記・文王世子》"設四輔及三公"、《說苑・君道》"王者設四佐以自輔","設"字用法與此相近。"立"、"位"古通,"位設戒輔"的"位"也有可能本作"立",就當站立講,與《明堂之位》的"成王中立"相應。

《墨子・大取》:

利之中取大,害之中取小也。害之中取小也,非取害也,取利也。其所取者,人之所執也。遇盜人而斷指以免身,利也。其遇盜人,害也。

孫詒讓《墨子閒詁》釋"人之所執"句說:"言爲人所持執,不能自免。"其說牽强難信。疑此"執"字也是"埶"的誤字,當讀爲"設"。"其所取者,人之所設也",意謂其所取之害,是別人爲之設定而不得不取的。《大取》篇中還數見"陳執"之文,也有可能是"陳埶(設)"之誤。由於上下文的意義不很明白,有待進一步研究。

最後,舉一個可能是"執"字因訛作"埶"而被誤改爲"設"的例子。《淮南子・

---

[20] 《賈誼新書・揚子法言》,上海古籍出版社,1989,47頁上欄。

[21] 同上,40頁。此段亦見《大戴禮記・保傅》,文字稍有出入。

兵略》:

是故爲麋鹿者則可以罝罘設也,爲魚鼈者則可以網罟取也,爲鴻鵠者則可以矰繳加也,唯無形者無可柰也。

上引文中第二句的動詞“取”和第三句的動詞“加”,從語意上説,是分別以“爲魚鼈者”和“爲鴻鵠者”爲受事者的。然而第一句的動詞“設”,從其詞義看,却只能以作爲“以”的賓語的“罝罘”爲受事者,而不能以“爲麋鹿者”爲受事者,所以這一句的文義實際上是不通的。看來其動詞可能本作“執”,是由於訛作“埶”而被誤改爲“設”的。動詞“執”可以把麋鹿等走獸作爲受事者。古書中有“執駒”(《周禮·夏官·校人》、《大戴禮記·夏小正》)、“執鼠”(《莊子·逍遥遊》、《淮南子·泰族》)等語,殷墟甲骨卜辭中有“執兕”(《合》10436、10437)、“執麋”(同上10373)等語,可證。【編按:郭永秉《以簡帛古籍用字方法校讀古書札記》第一則指出,疑此“設”字爲“執”字之誤不確,他引了《管子·四時》“令禁罝設禽獸”一例,並指出《商君書·外内》篇“是謂設鼠而餌以狸也,不亦幾乎”句蔣禮鴻注已舉出《淮南子·説林》“設鼠者機動,釣魚者泛杭”及《兵略》“爲麋鹿者則可以罝罘設也”二例,認爲“設一物以有所招致,謂之設,猶誘也”,此説有理(見郭永秉《古文字與古文獻論集》,上海古籍出版社,2011年6月,302—303頁)。他的意見是正確的。】

後記:

今年四月,我在香港中文大學中文系的一次座談會上,談到了《淮南子》的“勢施”當讀爲“設施”等問題。會後,蒙劉殿爵教授告知,《賈誼新書》中也有“勢”當讀爲“設”的例子。《新書·禮容語下》有如下一段文字:

夫《昊天有成命》,《頌》之盛德也。其詩曰:“昊天有成命,二后受之,成王不敢康,夙夜基命宥謐。”……基者,經也,勢也。……及成王承嗣……夙興夜寐,以繼文王之業,布文陳紀,經制度,設犧牲,使四海之内懿然葆德,各遵其道……

劉先生指出,《爾雅·釋言》説:“基,經也。基,設也。”可證《新書》此段中“基者,經也,勢也”句中的“勢”也應讀爲“設”,下文中的“經制度,設犧牲”正與此句照應(參看劉殿爵、陳方正主編《賈誼新書逐字索引》72頁,香港商務印書館,1994)。其言至確。對劉先生的指教,作者十分感謝。郝懿行《爾雅義疏》引《禮容語》“基者,勢也”句,謂“形勢與造設義亦近”。這是由於不知“勢”當讀爲“設”而强爲之說。

1996年5月5日記

原載香港大學亞洲研究中心《東方文化》1998年36卷1、2號合刊(此刊實際出版年份爲2002年),今據以收入。

“地君之御”與“制地君”

《戰國策·趙策一·張孟談既固趙宗章》說:

> 張孟談既固趙宗,廣封疆,發五百,乃稱簡之塗以告襄子曰:“昔者,前國地君之御有之曰:‘五百之所以致天下者,約兩主勢能制臣,無令臣能制主。’故貴爲列侯者,不令在相位;自將軍以上,不爲近大夫。今臣之名顯而身尊,權重而衆服。臣願捐功名去權勢以離衆。”

這段文字裏的“前國地君之御”很不好理解。鮑彪注釋“稱簡之塗”說:“稱者,舉其說也。此士,國地君之御。”注釋“前國地君之御”說:“國地,猶武安之類,御則之塗。”其意似以爲“五百之所以致天下者”云云,是曾爲國地君的御者的、一位名叫簡之塗的士所說的。國地君的稱號和簡之塗這樣的人名,都顯得很怪異。而且“國地君之御”如果確是指一個人的話,原文就不應該在“曰”字之前加“有之”二字。可見鮑說難以成立。

金正煒《戰國策補釋》解釋“簡之塗”說:

> “簡”謂簡子,襄子父也。“塗”當爲“迹”。“迹”誤爲“途”,因復傳寫作“塗”。

解釋“前國地君之御”說:

> 前國地君,鮑氏謂猶武安之類,殆非也。“前”當爲“簡”。隸書從“竹”之字並作“艹”。“簡”與“前”字形相近,因以致誤。“地”當作“主”。古書“主”作“㞷”,“地”作“埅”,故“主”訛爲“地”。“國”字當在“君”字之下,誤淆於上也。《釋名·釋言語》:“御,語也,尊者將有所欲,先語之也。”“語”“御”一聲之轉,字亦得通。《魯語》“主亦有以語肥也”,《禮記·坊記》疏引作“御”,可證。簡主君國之御,謂簡子君臨趙國之遺訓,此蓋孟談稱述簡子之言以告襄子。

金氏之說爲近年出版的一些《戰國策》注本所襲用。但他解釋“前國地君之御”,大膽改字挪字,並無確據,實際上也是難以使人信服的。何建章《戰國策注釋》在引錄了金説,並爲他補充了古書中“御”“語”相通的例證之後,仍説:“此句難通,或疑有脱誤;金説可通,姑從之。”(中册 614 頁注⑤,中華書局,1990)可見注家採用金説,是由於找不到更好的説法。

我認爲“地君之御”應是古書名,這從《管子》可以得到印證。《管子·問》的最後一段説:

> 制地君曰:理國之道,地德爲首。君臣之禮,父子之親,覆育萬人,官府之藏,彊兵保國,城郭之險,外應四極,具取之地。

舊以“制地”爲一小句,文義不順。郭沫若在《管子集校》中説:

> 當以“制地君”連文,蓋古書名也。此與《莊子·內篇》“《養生主》”命名之例相同。《輕重甲篇》有“《道若秘》曰”亦是古書名,猶《莊子·內篇》之“《德充符》”也。“《制地君》曰”所云,與《水地篇》之旨有相近處。(《郭沫若全集·歷史編 6》71—72 頁,人民出版社,1984)

郭氏認爲“制地君”與“養生主”命名之例相同,似將“制地君”理解爲“制地之君”,恐不確;謂《制地君》“與《水地篇》之旨有相近處”,亦未見其然。但他把“制地君”看作古書名,則顯然勝於舊説,可以信從。

上引《趙策》“前國地君之御”所説的那段話中,“五百”一般認爲應讀爲“五伯”;“約兩”之義頗有異説,皆牽强難信;但那段話的主旨是説君應制臣而勿爲臣所制,則是十分明白的。

上引《制地君》説“理國之道,地德爲首。君臣之禮,父子之親……具取之地”。《管子》尹注於“君臣之禮”句下説:“地有高下,君臣之禮也。”此注實本《左傳》。《左傳·昭公二十五年》:

> 子大叔(鄭大夫游吉)見趙簡子,簡子問揖讓、周旋之禮焉。對曰:“是儀也,非禮也。”簡子曰:“敢問何謂禮?”對曰:“吉也聞諸先大夫子産曰:‘夫禮,天之經也,地之義也,民之行也。’天地之經,而民實則之。……爲君臣上下,以則地義。爲夫婦外內,以經二物。爲父子、兄弟、姑姊、甥舅、昏媾、姻亞,以象天明。……”。

杜注在“爲君臣上下以則地義”句下説:“君臣有尊卑,法地有高下。”此即尹注所本。《制地君》把“父子之親”也跟“地德”聯繫起來,與《左傳》不同。但在將君臣關係與地之有高下相比擬這一點上,二者是一致的。“前國地君之御”說君應制臣,其精神也與此一致。

“御”與“制”義本相近。《荀子·榮辱》:“於是又節用御欲,收斂蓄藏以繼之也。”楊倞注:“御,制也。”所以我認爲“地君之御”與“制地君”,應是同一古書的異稱,其内容是從君臣上下的關係合乎地義、地德的角度來講治國之道的。趙簡子從游吉那裏所聽到的關於禮的說教裏,包含了這種說法。據《左傳》所記,他在聽完了游吉的那段說教之後,還說了“請終身守此言”的話,表示要認真奉行。由此看來,《戰國策》注家把上引《趙策》“稱簡之塗”的“簡”理解爲指趙簡子,很可能是正確的。《趙策》加在“地君之御”之前的“前國”,可能就當以前的國家講,加這兩個字是爲了表示《地君之御》是從較早的時候傳下來的書。

《道藏》正乙部物字號《正一法文經章官品》說:

> 制地君五人,官將一百二十人,治宜泉室(陶弘景《登真隱訣》引《千二百官儀》作“泉宜宮”),主收天下高卑(《官儀》作“高功卑功”)太歲行年本命上土公之鬼。

此處所謂“制地君”是道教官名,似與《管子》之“制地君”無關。

原載《歷史文獻研究》北京新八輯(北京師範大學出版社,1997),今據以收入。

簡帛古籍的用字方法是校讀傳世先秦秦漢古籍的重要根據

我們所說的用字方法,指人們記録語言時用哪一個字來表示哪一個詞的習慣。用字習慣從古到今有不少變化。有很多跟後代不同的古代用字方法,是後人所知道的,通常在字典裏就有記載。例如古書裏往往把“早晚”的“早”這個詞寫作“蚤”,“蚤”字的這種用法在一般的字典裏就找得到。這類古代用字方法,不會給閱讀古書的人造成多大困難。但是如果某種已經被後人遺忘的古代用字方法,在某種或某些古書中(通常只是在古書的某一或某些篇章甚至語句中)還保存着,就會給讀這些古書的人造成很難克服的困難。

50年代以來,我國考古工作者陸續發現了很多簡帛古籍。其中的用字方法,有一些跟保存在傳世先秦秦漢古籍中的已被遺忘的古代用字方法正相符合,可以幫助我們讀通這些古書中的有關文字。我們在發表於1980年的《考古發現的秦漢文字資料對於校讀古籍的重要性》一文中,已經舉出了這方面的三個例子:一、根據馬王堆帛書和銀雀山竹書用“佴”爲“恥”的現象,指出司馬遷《報任安書》“而僕又佴(此據《文選》,今本《漢書・司馬遷傳》已改作“茸”)以蠶室”句中的“佴”也應讀爲“恥”。二、根據馬王堆帛書《老子》甲本用“炅”爲“熱”的現象,指出《黄帝内經・素問》等書中屢見的“炅”也應讀爲“熱”。三、根據銀雀山竹書用“篹”爲“選”的現象,指出《吴子・應變》“募吾材士”、同書《圖國》“簡募良材”、“齊桓募士五萬”以及《群書治要》所引《六韜・龍韜》“士卒不募而法鬼神”等句中的“募”,都是“篹”的誤字,也應讀爲“選”。

上舉各例中,“篹”和“選”是通用字;“佴”和“恥”,“炅”和“熱”,原來有可能是異體字。不過這種異體字彼此差别較大,而且後人已不知其爲異體字,所以不必跟通用字嚴格區分。

在這篇短文中,我們要對“佴”字的例子稍作補充,還要舉出一個新的例子,即關於讀爲“設”的“埶”字的例子,希望能使簡帛古籍用字方法在傳世先秦秦漢古籍校讀方面的重要作用爲大家所充分認識。

先談"佴"字。

《墨子·經上》有"佴,自作也"一條,《經説上》與之相應的文字爲"佴:與人遇人衆惰"。譚戒甫讀《説》文的"惰"爲"遁",高亨讀《經》文的"作"爲"怍",並認爲《説》文"'與人遇'三字爲句。'人衆'兩字爲句。'惰',一字爲句"(高亨《墨經校詮》40頁,科學出版社,1958)。這些意見都是可取的。但是各家對"佴"字的解釋却都牽强難信。上引拙文發表時,友人李解民君正在讀《墨經》。他受到拙文談"佴"一節的啓發,寫了《讀〈墨經〉一則》,指出上引《墨經》的"佴"字也應該讀爲"恥"(《文史》第十二輯96頁,中華書局,1981)。以"自怍"釋"恥",十分合理。與人相遇,因對方人多而逃遁,作爲可恥之事的實例,也很合適。李説顯然是正確的。(《經上》還有"佴,所然也"一條。此"佴"字不能讀爲"恥",其義不明。高亨認爲此字是"循"字之誤,見《墨經校詮》73頁。)

附帶談一下也是見於《經説上》的、另一種跟馬王堆帛書相合的"恥"字。

馬王堆帛書中的"恥"並非只有"佴"一種寫法。例如:《春秋事語》中既有用作"恥"的"佴"(《馬王堆漢墓帛書〔叁〕》圖版3頁17行,6頁84、86行,文物出版社,1983),也有从"心"的"恥"(同上圖版6頁75行)。《戰國縱横家書》中的"恥"有"醜"(同上圖版12頁33—34行"除羣臣之醜"、圖版19頁205行"報惠王之醜")、"餌"(圖版18頁176行"足以刷先王之餌")兩種寫法。

《經説上》有"廉,己惟爲之,知其䰩也"一條。高亨"疑䰩即恥之異文"(《墨經校詮》41頁),其説可從(《十講》編按:徐復1948年作《説䰩》,亦以此字爲"恥"之異體。此文增補稿收入江蘇古籍出版社1990年出版的《徐復語言文字學叢稿》)。明嘉靖陸穩校芝城銅活字本《墨子》"䰩"作"魌"(據吳毓江《墨子校注》493頁轉引,中華書局,1993)。形聲字偏旁左右互易是常見的現象,"魌"跟馬王堆帛書的"醜"無疑是一個字。他本作"䰩",當因"鬼""思"形近而誤。

校《墨》各家對陸氏銅活字本頗爲重視。吳毓江《墨子舊本經眼録》説陸氏銅活字本"雖訛字微多,其古樸處較之《道藏》轉似過之。周香嚴謂其出於内府,日本吉田漢宦謂爲宋代遺本,洵非無見之言也"(上引《墨子校注》1006頁)。上舉"魌"字爲陸本的可貴提供了一個很好的例證。但是如果没有馬王堆帛書的印證,恐怕多數人會把這個字看作一個無足輕重的訛字。

下面,我們根據簡帛古籍用"埶"爲"設"的現象,來校讀傳世古籍中一些有關的文字。我們已經寫了一篇題爲《古文獻中讀爲"設"的"埶"及其與"執"互訛之例》的文章,比較詳細地討論了有關問題。這篇文章大概不久就能發表(《十講》編按:已發表於香港大學亞洲研究中心《東方文化》1998 年 36 卷 1、2 號合刊,此刊實際出版年份爲 2002),在這裏只準備把一些要點簡單講一下。

50 年代末武威漢墓出土的簡本《儀禮》,在表示"設置"的"設"這個詞的時候,既用"設"字,也用"埶"字(簡文左旁作"圭",漢隸往往如此。"埶"與"設"古音相近,詳見上舉待發表的拙文);有時甚至一簡之中"埶""設"並用,如《少牢》12 號簡(出處詳見上舉拙文)。馬王堆帛書也有用"埶"爲"設"之例,下文將會提到。知道了古人往往用"埶"爲"設",可以解決古書中文字訓詁方面的一系列問題。

《荀子》書通常以"埶"爲"勢",但是也有少數"埶"字是應該讀爲"設"的。後人不察,一律讀爲"勢",應加糾正。

《荀子·儒效》:

> 儒者法先王,隆禮義,謹乎臣子而致貴其上者也。人主用之則埶在本朝而宜,不用則退編百姓而愨,必爲順下矣。

楊倞注釋"埶"爲"權埶(勢)",王念孫《讀書雜志》釋"埶"爲"埶(勢)位",皆不可通。"埶在本朝"與"退編百姓"爲對文,"埶"當是動詞,應讀爲"設"。古書中說到任官授爵之事時,往往用"設"字。《荀子》中即有其例,如《臣道》說"故正義之臣設,則朝廷不頗"。《儒效》說人主用儒者"則設在本朝而宜",意正與之相合。

同書《正名》:

> 故無萬物之美而可以養樂,無埶列之位而可以養名。

楊倞注把"埶列"理解爲"班列",其實這裏的"埶"字也應讀爲"設"。古書於任官授爵之事既說"設"也說"列",《荀子·大略》就有"列官職,差爵祿"之語。《大戴禮記·千乘》說千乘之國"設其四佐,列其五官",以"設""列"對言,是"埶列"當讀爲"設列"的明證。

馬王堆帛書《周易》所附《繆和》有"列埶尤尊,賞祿甚厚"、"埶爲賞慶爵列"、"埶列爵位之尊"等文句,"埶"字用法跟上引《荀子》文相合,也都應該讀爲"設"(詳見上舉拙文)。

古書中有的應該讀爲"設"的"埶"字,已經被誤改成了"勢"。《淮南子》兩見

“勢施”之文：

> 今有六尺之席，卧而越之，下材弗難；植而踰之，上材弗易。勢施異也。
>
> 《説林》(《文子·上德》有相似文字，末句全同)
>
> 輪圓輿方，轅從衡横，勢施便也。 《泰族》

“勢施”很難講通。《淮南子》的《兵略》和《脩務》都有“設施”之語。上引兩處“勢施”無疑本作“埶施”，也應讀爲“設施”，後人誤讀“埶”爲“勢”，給它加上了“力”旁。

“埶”與“執”形近，簡本《儀禮》和傳世古書中都有二字互訛之例(詳見上舉拙文)。古書中有的“執”字，就是本應讀爲“設”的“埶”字的形近誤字。《禮記·内則》：

> 父母舅姑將坐，奉席請何鄉；將衽(鄭玄注：將衽謂更卧處)，長者奉席請何趾；少者執牀與坐。

牀之爲物頗大，似非少者所能執持。古人席地而坐，不用椅凳，“坐”如何“執”，也不好理解。這裏的“執”無疑是“埶”的誤字，本應讀爲“設”。“設牀”、“設坐”都見於古書，如《禮記·喪大記》“設牀，襢第，有枕”，《吳子·勵士》“設坐廟廷”。

《大戴禮記·文王官人》“執之以物而遬(速)決”句，《逸周書·官人》作“設之以物而數決”。《經義述聞》卷十三《大戴禮記下》“執之以物”條引王念孫説，謂“執”本當作“設”，甚確。但是王氏沒有講出“設”字所以會錯成“執”的原因。這個“執”字無疑也是“埶”的形近誤字。

最後，舉一個“執”字因訛作“埶”而被改爲“設”的例子。《淮南子·兵略》：

> 是故爲麋鹿者則可以罝罘設也，爲魚鼈者則可以網罟取也，爲鴻鵠者則可以矰繳加也，唯無形者無可柰也。

罝罘可設而“爲麋鹿者”不可設。這個“設”本應作“執”，當因訛作“埶”而被誤改爲“設”。【編按：參看本卷所收《古文獻中讀爲“設”的“埶”及其與“執”互訛之例》459 頁“編按”。】

從以上所舉的例證可以清楚地看到，簡帛古籍的用字方法，在傳世先秦秦漢古籍的校讀方面，是具有很重要的作用的。它們能幫助我們解決古書中很多本來難以解決，甚至難以覺察的文字訓詁方面的問題。而且一種用字方法的啓發，有時能幫助我們解決一系列問題。所以在校讀傳世先秦秦漢古籍的工作中,對簡帛古籍的用字方法必須給予充分的重視。

原載《兩岸古籍整理學術研討會論文集》(江蘇古籍出版社,1998),又載《裘錫圭學術文化隨筆》、《中國出土古文獻十講》,今據《中國出土文獻十講》收入。

“東　夏”　解

《左傳》中三見“東夏”一語。

襄公二十二年有鄭子産答“晉人徵朝”者的一大段話,子産在歷數時君鄭簡公累次朝晉之事時說:

> 溴梁之明年(杜預注:溴梁,在十六年),子蟜老矣,公孫夏從寡君以朝于君,見於嘗酎,與執燔焉。間二年,聞君將靖東夏,四月又朝,以聽事期。

杜預在“靖東夏”後加注說:“謂二十年澶淵盟。”《左傳·襄公二十年》經文說:“夏六月庚申,公(指魯襄公)會晉侯、齊侯、宋公、衛侯、鄭伯、曹伯、莒子、邾子、滕子、薛伯、杞伯、小邾子,盟于澶淵。”傳文說:“夏盟于澶淵,齊成故也。”杜注:“齊與晉平。”

昭公元年有晉祁午勸趙文子在虢之會上對楚要强硬的一大段話,祁午在稱贊趙文子執政以來在外事上的成績時說:

> 子相晉國,以爲盟主,於今七年矣。再合諸侯,三合大夫,服齊狄,寧東夏,平秦亂,城淳于……

杜預在“服齊狄,寧東夏”後加注說:“襄二十八年齊侯、白狄朝晉。”《左傳·襄公二十八年》:“夏,齊侯、陳侯、蔡侯、北燕伯、杞伯、胡子、沈子、白狄朝于晉,宋之盟故也。”杜注:“陳侯、蔡侯、胡子、沈子,楚屬也。宋盟曰晉、楚之從交相見,故朝晉。”所謂“宋之盟”,指魯襄公二十七年晉、楚等國在宋都舉行的弭兵之會上的盟約。晉方參加弭兵之會的主要人物,也是趙文子。

昭公十五年有周景王反駁晉籍談關於晉侯未受王室分器的說法的一大段話,景王在講到晉文公曾受襄王錫命時說:

> 其後,襄之二路、鏚鉞、秬鬯彤弓、虎賁,文公受之,以有南陽之田,撫征東夏,非分而何?

孔穎達《左傳正義》解釋"撫征東夏"句說:"服者撫之,叛者征之。晉於諸夏,國差近西,故令主東夏。"

杜預未對"東夏"一語的意義作具體解釋。從昭公十五年《正義》看,孔穎達等人當是把"東夏"理解爲東方的華夏之國的。後人大都沿襲此說。如楊伯峻《春秋左傳注》解釋昭公元年的"寧東夏"說:"東夏,華夏東方之國,實指齊"(中華書局1990年版1201頁),解釋昭公十五年的"撫征東夏"說:"晉服齊、魯、鄭、宋諸國,皆在晉東,故云東夏"(同上1372頁)。這種說法其實是可疑的。

《左傳·昭公十五年》所提到的襄王對晉文公的錫命,在《左傳·僖公二十八年》有記載。此年傳文記襄王在踐土之會上册命文公之事說:

> 王命尹氏及王子虎、內史叔興父策(册)命晉侯爲侯伯,賜之大輅(路)之服、戎輅(路)之服、彤弓一、彤矢百、玈弓矢千、秬鬯一卣、虎賁三百人,曰:"王謂叔父,敬服王命,以綏四國,糾逖王慝。"

"侯伯"即諸侯之長。"綏"有"安定"義。"四國"與"四方"義近。"糾逖王慝",杜注解釋爲"有惡於王者,糾而遠之"。《左傳·昭公十年》的"撫征東夏",與此處的"以綏四國,糾逖王慝"相當。"東夏"的含義應與"四國"相近,似不應專指東方的華夏之國。

《國語》中也一見"東夏"之語。《楚語下》記有蔡聲子勸楚令尹子木召回亡奔晉國的椒舉(即伍舉)之事。聲子向子木舉出了楚的逃亡貴族爲晉國所用而爲害楚國的不少例子,其中一例是:

> ……或譖析公臣於王,王弗是,析公奔晉。晉人用之,寔讒敗楚,使不規東夏,則析公之爲也。

韋昭注:"'規'猶'有'也。東夏,蔡、沈也。"他大概也把"東夏"理解爲東方的華夏之國。

《國語》所記聲子勸子木之事,《左傳·襄公二十六年》也有記載。二者的實質性內容大體相同,而行文頗有不同。傳文述析公害楚之事說:

> 子儀之亂,析公奔晉。晉人寘諸戎車之殿,以爲謀主。繞角之役,晉將遁矣。析公曰:"楚師輕窕,易震蕩也。若多鼓鈞聲以夜軍之,楚師必遁。"晉人從之。楚師宵潰。晉遂侵蔡襲沈,獲其君;敗申息之師於桑隧,獲申麗而還。鄭於是不敢南面。楚失華夏,則析公之爲也。

末句中與《國語》"使不規東夏"之語相當的,是"楚失華夏"(《國語》韋注引傳文,作"楚失諸華")。而且傳文中具體提到的楚所失華夏之國,除韋注所説的沈、蔡外,還有位居中原中心地區的鄭國。即使站在晉國的立場説話,把鄭包括在東方之國裏也嫌勉强。在蔡國人與楚國人的對話中,更不可能出現這種説法。可見《國語》的"東夏"也不宜理解爲東方的華夏之國。

《吕氏春秋》也一見"東夏"之語。《慎大覽·察今》:

> 東夏之命,古今之法,言異而典殊。故古之命多不通乎今之言者,今之法多不合乎古之法者,殊俗之民有似於此。

高誘注:"東夏,東方也。命,令也。"看來高氏跟《左》、《國》的注家一樣,也把"東"看成"夏"的定語。然而按照這樣的理解,上引《吕氏春秋》的那段文字顯然講不通。孫鏘鳴《〈吕氏春秋〉高注補正》説:"'東夏'與'古今'對文,猶言夷、夏也。東方曰夷,故夷亦可言東。命,名也,亦言也。"(據陳奇猷《吕氏春秋校釋》937頁轉引,學林出版社,1984)孫氏以"東"與"夏"爲並列對舉之詞,訓"命"爲"名",皆可信。但説"東夏""猶言夷、夏",則不確,後面將會談到這個問題。

《吕氏春秋》把"東"和"夏"放在對立的位置,説東和夏這兩個地區對事物的命名不同。《左》、《國》則把"東"、"夏"二字合在一起,以指稱當時的一些國家。二者的"東"、"夏"的用法有所不同。不過我們在前面已經指出,《左》、《國》的"東夏"不應理解爲東方的華夏之國。所以《吕氏春秋》以"東"與"夏"對舉這一點,對於理解《左》、《國》"東夏"一語的含義,顯然是極有幫助的。

春秋時代,金文中還有"夏東"之語。1975年山東莒南縣大店鎮二號春秋墓出土的莒叔之仲子平編鐘(以下簡稱莒平鐘)的銘文説:

> 唯正月初吉庚午,莒叔之仲子平自作鑄其游鐘,玄鏐鋿鏞,乃爲之音,□□雍雍,聞于夏東。…… 集成1·172—180

此銘以"聞于夏東"來形容鐘聲的遠揚。

李家浩先生在《齊國文字中的"遂"》一文中,引用了莒平鐘銘文。李文根據我們在上文引用過的孫鏘鳴對《吕氏春秋》"東夏"的解釋,認爲古書中的"東夏""是一個並列結構詞組,指東方和中原華夏",鐘銘的"夏東""即文獻中的'東夏';大概是爲了跟'鐘'、'雍'二字押韻,有意將詞序顛倒的"(《湖北大學學報》哲學社會科學版1992年3期36頁)。對"東夏""指東方和中原華夏"的説法,我們在後面將會加以討論。上引李文的其他意見,都是十分正確的。

春秋時代鐘銘形容鐘聲遠揚時,還有說"聞于四方"的。徐王子旃鐘銘說:

……中(終)翰且揚,元鳴孔皇,其音警警(疑此字當讀爲悠遠之"悠","悠悠"猶言"悠揚"),聞于四方。…… 集成1·182

(此鐘的主人之名舊誤釋爲从"同"之字,今從李家浩先生改釋)

者減鐘銘說:

……其登于上下,聞于四旁(方)。…… 集成1·197、198等

(1·197·2的"聞"上尚有一字,疑是"述"字,讀爲"遂")

莒平鐘銘的"聞于夏東",其義當與"聞于四方"相近。前面說過,《左傳·昭公十五年》"撫征東夏"的"東夏",其義應與《左傳·僖公二十八年》"以綏四國"的"四國"相近。彼此的情況很相似。這說明莒平鐘銘的"夏東"的確跟《左》、《國》的"東夏"同義。它們所用的"東"、"夏"二字既然可以互倒,在語法上當然跟《吕氏春秋》的"東夏"一樣,也是並列的關係,而不是主從的關係。

現在我們可以來討論"東夏"的確切含義了。

上引孫鏘鳴之說,認爲"東夏"猶言"夷夏"。此說不能信從。譚戒甫《校吕遺誼》反駁說:"……夷言東,他書未見。《禮記》所言東夷、西戎、南蠻、北狄謂之四夷。夷本通名,分稱之在東者亦曰夷也。戰國言'夷夏'皆屬通名。"(據陳奇猷《吕氏春秋校釋》937頁轉引)童書業《夷蠻戎狄與東南西北》明確指出,固定地以"夷"、"蠻"、"戎"、"狄"分别與東、南、西、北四個方位相配,是戰國以後才有的事(童書業《中國古代地理考證論集》43—52頁,中華書局,1962)。"東夏"一語在春秋時即已使用,"東"當然不可能指"夷"。

譚戒甫雖然反對"東夏"猶言"夷夏"的説法,却又主張《吕氏春秋》"東夏"之"東"是"夷"的誤字。陳奇猷從之(《吕氏春秋校釋》937頁)。此說缺乏根據,而且對《左》、《國》的"東夏"和莒平鐘的"夏東"無法作出解釋,顯然也是不可信的。

前引李文認爲"東夏""指東方和中原華夏"。此說比較合理。但是前面已經說過,"東夏"之義應與"四國"、"四方"相近,似不能僅指東方和中原華夏而不管西方。而且東方也有很多華夏之國如齊、魯等,"夏"這一名稱爲什麽要爲"中原華夏"所專有呢?

我們認爲"東夏"一語中的"夏",跟常見的與夷蠻戎狄相對的"夏"(如秦公鐘、簋銘文中的"蠻夏"之"夏"),其意義是有所不同的。後者是從種族、文化的角度說的,與一般所謂"華夏"同義。前者是從政治地理的角度說的,其義實與"西"相近。

在《尚書・周書》中,以“西土”爲根本的周人屢以“夏”自稱。這是大家都知道的。《君奭》説“惟文王尚克修和我有夏”,《顧命》則説“惟周文、武誕受羑若,克恤西土”,“有夏”就是“西土”。《康誥》説“惟乃丕顯考文王,克明德慎罰……用肇造我區夏,越我一二邦以修,我西土惟時怙冒……”《酒誥》則説“乃穆考文王肇國在西土”,“區夏”和“西土”也幾乎是一回事。(以上參閲童書業《蠻夏解》,載《禹貢》二卷八期)《左傳・定公四年》説晉祖唐叔“封於夏虚”,晉國的位置也是偏西的。古人名、字之義相應。春秋時陳公子少西字子夏(《左傳・宣公十一年》:“冬,楚子爲陳夏氏亂故伐陳,謂陳人無動,將討於少西氏。”杜注:“少西,徵舒之祖子夏之名。”),鄭公孫夏字子西(《左傳・襄公十年》“子西聞盜”杜注:“子西,公孫夏,子駟子。”以上參閲王引之《春秋名字解詁》,見《經義述聞》卷二十三)。可見在西周、春秋時代人的心目中,“夏”與“西”是緊密聯繫在一起的。所以作爲政治地理上的名稱,“夏”可以與“東”相對。

在春秋時代,“東夏”或“夏東”當可用來泛指東西方各諸侯國。不過楚在南方,既不好歸入夏,也不好歸入東,而且中原國家長期把它視爲蠻夷;在一般情況下,大概是不包括在“東夏”所指範圍之内的。至於“東”和“夏”之間,可能並不存在很明確的界綫。周初把洛邑歸入東國(《尚書・康誥》“周公初基作新大邑于東國洛”)。周室東遷後,當然不會再有這種觀念。估計秦、晉、周、鄭各國當屬於“夏”,齊、魯以東各國當屬於“東”。但是介於它們之間的那些國家,何者屬“夏”,何者屬“東”,恐怕未必都會有明確的説法。

按照我們的理解,《吕氏春秋》以“夏”與“東”對舉的現象,《國語・楚語》的“東夏”相當於《左傳・襄公二十六年》的“華夏”的現象,《左傳・昭公十五年》的“東夏”和莒平鐘的“夏東”的用法與“四國”、“四方”相近的現象,都可以圓滿地得到解釋。

關於莒平鐘的“聞于夏東”,還需要稍作説明。春秋時代鐘銘形容鐘聲之語,有時語帶雙關。古人形容人的聲譽遠揚,往往説“聞於四國”。《詩・大雅・崧高》説:“申伯之德,柔惠且直。揉此萬邦,聞于四國。”春秋時楚國的王孫誥鐘銘的自贊之辭中,也有“聞于四國”之語(《淅川下寺春秋楚墓》140—174 頁,文物出版社,1991)。前面引過的徐王子旃鐘和者減鐘銘文,説鐘聲“聞于四方”,當暗含鐘的主人的聲譽聞於四方之意。莒平鐘銘的“聞于夏東”,也應暗含莒平的聲譽遠聞於各諸侯國之意。莒是東方國家。莒平決不會以夷自居,這也可以證明“東夏”之“東”並不指夷。

《左傳・襄公二十二年》的“靖東夏”,指襄公二十年的澶淵之盟而言。這是東西兩大國齊和晉講和後舉行的一次會盟,參加的有晉、齊、魯、宋、衛、鄭、曹、莒等等許多國家。《左傳・昭公元年》的“寧東夏”,應是指晉能與楚一起舉行弭兵之會,使夾在晉、楚之間飽受戰亂之苦的很多國家得以安寧而言的。把“東夏”理解爲泛指東西方各諸侯國之語,對這兩例也是完全合適的。前引《春秋左傳注》認爲昭公元年的“東夏”“實指齊”。但此年傳文以“服齊、狄”“寧東夏”並提,“東夏”顯然主要指那些飽受晉、楚爭霸之苦的較小國家,決不會是“實指齊”的。

最後,有必要提一下僞古文《尚書》中的“東夏”。僞古文《微子之命》說:“庸建爾于上公,尹兹東夏。”《僞孔傳》解釋此句說:“用是封立汝於上公之位,正此東方華夏之國。宋在京師東。”周王決不會讓封於宋的微子去“尹”東西方各諸侯國,所以《僞孔傳》的解釋應該是合乎經文之意的。這就是說,《微子之命》中“東夏”的用法,與見於《左》、《國》的“東夏”的原義不合,而與漢以後注家對此語的理解相合。僞古文的僞跡,在這裏也暴露了出來。

原載《慶祝王元化教授八十歲論文集》(華東師範大學出版社,2001),今據以收入。

讀書札記四則

一、“耆其股肱”之“耆”當訓“强”

《國語·晉語九》“下邑之役董安于多”章,記董安于之言曰:

及臣之壯也,耆其股肱,以從司馬,苛慝不産。

韋昭注:“耆,致也。司馬掌兵。”《詩·周頌·武》“耆定爾功”《毛傳》:“耆,致也。”韋注蓋據之。然“致其股肱”於義難通。

“耆”字古有“强”義。《廣雅·釋詁一》:“駁、勁、堅、剛、耆……强也。”《逸周書·謚法》篇末所附訓詁有“耆,彊也”條。《左傳·昭公二十三年》:“不懦不耆”,杜預注:“耆,强也”。睡虎地秦墓所出《司空律》“有罪以貲贖及有責(債)於公”條有如下規定:

居貲、贖責(債)欲代者,耆弱相當,許之。①

我在《〈睡虎地秦墓竹簡〉注釋商榷》中已指出:“律文‘耆弱相當’,意即强弱相當。”②

上引《晉語》“耆其股肱”之“耆”亦當訓“强”,其用法與《老子·第三章》“弱其志,强其骨”之“强”相類。“耆其股肱”之意爲使其股肱强健,用今天的話來說,就是鍛煉腿臂。

二、《王兵》與《管子》互校一例

銀雀山漢墓出土竹書中的《王兵》篇,其内容與《管子》的《參患》《七法》《地

---

① 睡虎地秦墓竹簡整理小組《睡虎地秦墓竹簡》“釋文、注釋”部分51頁,文物出版社,1990。

② 拙著《古文字論集》,中華書局,1992,537頁。

圖》等篇相重,彼此可以互校。銀雀山漢墓竹簡整理小組編的《銀雀山漢墓竹簡〔壹〕》(文物出版社,1985。以下簡稱“銀簡”),已經在這方面做了不少工作。我們要在這裏討論的,是《銀簡》已經説到的但尚未細校的一個例子。

《王兵》説:

> ……取天下精材,論百工利器;收天下豪桀(傑),有天下俊雄,春秋轂(角)試,以闌(練)精材。[③]

與此文相似的内容,也見於《管子·七法·爲兵之數》:

> 故聚天下之精財,[④]論百工之鋭器,春秋角試,以練精鋭爲右,[⑤]成器不課不用,不試不藏。[⑥] 收天下之豪傑,有天下之駿雄。

又見於《管子·幼官》:

> 求天下之精材,論百工之鋭器,器成角試否臧。收天下之豪傑,有天下之稱材。

上舉三處文字顯然同出一源。《銀簡》中的《王兵》注釋已經對它們進行了一些比較,指出《爲兵之數》“文句先後次序與簡文[⑦]有異,‘成器不課不用不試不臧’句爲簡文所無。‘角試’,簡文作‘轂試’,‘角’、‘轂’二字音近相通”,又指出《幼官》“求天下之精材”句,“精材”字與簡文相合。[⑧] 以《爲兵之數》“聚天下之精財”與《王兵》“取天下精材”對照,前者的“財”當作“材”可以論定,後者的“取”很可能應從前者讀爲“聚”。

上引《王兵》注釋説《王兵》與《爲兵之數》文句次序有異,是指《王兵》的“春秋角試,以練精材”在“收天下豪傑,有天下俊雄”之後,而《爲兵之數》的“春秋角試,以練精鋭爲右”則在“聚天下之精材,論百工之鋭器”之後。按《爲兵之數》的句序,“春秋角試”句是就器械而言的。按《王兵》的句序,此句則是就士卒而言的。我認爲在這一點上,後者應該是正確的。

“角”有比較之意,如“角力”、“角勝”等。器械有一定規格,加以課試即可知其

---

③ 《銀簡》“釋文、注釋”部分136頁。標點有改動。

④ “財”當作“材”,參看《管子集校》,《郭沫若全集·歷史編5》,人民出版社,1984,168頁。

⑤ 尹注:“右,上也。”

⑥ 戴望《管子校正》:“宋紹興本‘藏’作‘臧’。”

⑦ 引者案:指《王兵》文。

⑧ 《銀簡》“釋文、注釋”部分138頁注〔二八〕。

是否合格,似無必要强調器與器的相互比較。將課試器械的時間限定在春秋兩季,似也不大合理。"以練精鋭爲右"更不像説器械的話。而古書在説到士卒時,"練"、"鋭"二字則是常用的。《孫子·計》提出"兵衆孰强,士卒孰練"的問題。《六韜·犬韜》有《練士》篇,其中提到"勇鋭之士"。又《虎韜·略地》有"其練卒、材士必出"語。《吳子·圖國》舉出了五種可用之卒,説"此五者軍之練鋭也"。《荀子·議兵》提到"秦之鋭士"。《墨子·雜守》兩次説到"鋭卒"。[9]《禮記·月令》所述"孟秋之月"所行之事,有"選士厲兵,簡練桀(傑)俊"。"傑俊"就是"豪傑""駿(俊)雄"。這尤其可以證明"春秋角試,以練精鋭爲右",本應在"收天下之豪傑,有天下之俊雄"之後。

在秋季簡練士卒,漢代依然如此。據應劭《漢官儀》,每年八月,太守、都尉等要會試士卒,課殿最,從居延漢簡看,士吏、候長、隧長每年秋天也都要試射。[10]

《王兵》中與《爲兵之數》"以練精鋭爲右"相當之語爲"以練精材"。"材"既可指器材,也可指人材。上引《幼官》文中,與"豪傑"相對之詞不是"俊雄",而是"稱材"。王念孫認爲"稱材"是"精材"之誤。章炳麟認爲"稱"可訓"好","稱材"與"精材"字異義同,不煩改字。郭沫若進一步指出:

> 此"材"字乃士卒之謂,與上文"求天下之精材"有别。《吕氏春秋·簡選篇》"老弱罷民可以勝人之精士練材",高《注》云"練材,拳勇有力之材"。故此"稱材"猶言好手也。[11]

所以《王兵》的"以練精材",在文義上是講得通的。但是《王兵》上文説"取(聚?)天下之精材",以"精材"指製造器械的上等材料;没有隔多少字就説"以練精材",又以"精材"指精練的士卒,恐怕不合爲文之法。所以我認爲"以練精材"應從《爲兵之數》作"以練精鋭",抄書者大概由於上文的影響,而誤將"精鋭"寫成了"精材"。"以練精鋭"就是選拔精鋭之士的意思。《爲兵之數》"以練精鋭"後的"爲右"二字,從文義看顯得多餘,疑是衍文。

《王兵》中與《爲兵之數》"論百工之鋭器"相當之句爲"論百工之利器"。此當以作"利器"爲是。《論語·衛靈公》:"子曰:工欲善其事,必先利其器。"《老子·第

---

⑨ "厲吾鋭卒"、"選厲鋭卒"。

⑩ 參看陳直《居延漢簡綜論·十五·秋射制度》,同作者《居延漢簡研究》,天津古籍出版社,1986,57—58頁。

⑪ 上引《管子集校》,232—233頁。

三十六章》:“魚不可脱於淵,國之利器不可以示人。”“百工之利器”指工人用來製造器械的好工具,[12]《爲兵之數》和《幼官》下文中的“器”則指製成的器械,二者不可混爲一談。《爲兵之數》的“鋭器”似出自有意的竄改。可能在“春秋角試,以練精鋭”句錯位之後,有人將前文中與“精材”相對的“利器”改爲“鋭器”,使之與此句之“精鋭”相照應。

上引《王兵》注釋已指出,《爲兵之數》“成器不課不用,不試不藏”句爲《王兵》所無。《幼官》與此相當之句爲“器成角試否臧”。上引《王兵》注釋引《幼官》時,在此句後加括注説:“疑本作‘器成角試,不試不臧’。”[13]這是很有道理的。抄書者可能誤將此文前後兩個“試”字混同,以“器成角試”直接“不臧”,以致漏去“不試”二字。讀者遂以爲本應讀爲“藏”的“臧”即訓“善”之“臧”,而將“不”改爲“臧否”之“否”。不過前已指出,“春秋角試”本就士卒而非就器械而言。所以此文“角試”之“角”應爲誤字。從《爲兵之數》中相應之語看,似應爲“課”之誤字。《幼官》文中,“利器”也已訛爲“鋭器”,可知其所從出者必爲與上引《爲兵之數》相似之文字,“論百工之鋭器”後原來也應有“春秋角試”句。此句在今本《幼官》中雖已脱去,但“課試”之訛爲“角試”,仍應是受此句影響的。銀雀山竹書中的《庫法》篇有“器成必試乃臧(藏)”語。[14]《幼官》的“器成角試否臧”,似乎也有可能是“器成不試不臧(藏)”之誤。但“課”、“角”聲母極近,“課”誤爲“角”的可能性要比“不”誤爲“角”的可能性大得多,故不取此説。從《庫法》和《幼官》之文看《爲兵之數》的“成器”大概是“器成”的誤倒。“成器不課不用,不試不臧”也有可能出自對“器成課試,不試不藏”句的竄改。

“春秋角試”句承收攬豪傑俊雄而言,“器成課試”句承聚材論器而言。前後文句本是對稱的。《王兵》顯然是脱落了“器成課試”一句。

據以上所説,我們所討論的這段文字比較原始的面貌似可復原如下:[15]

> ……聚天下精材,論百功利器,器成課試,不試不藏;收天下豪傑,有天下俊雄,春秋角試,以練精鋭。

文句的結構極爲整齊勻稱。“百功”和三處“天下”之後,原來也可能已有“之”字。

---

[12] 《老子》“國之利器”當指治國之具、治國之道。

[13] 《銀簡》“釋文、注釋”部分138頁。引者案:“臧”讀爲“藏”。

[14] 《銀簡》“釋文、注釋”部分134頁。

[15] 字形用後世常用字。

三、"秉時養人"之"秉"爲"並"之音近訛字

《管子·勢》:

故不犯天時,不亂民功,秉時養人,先德後刑,順於天。

俞樾解釋"秉時"說:

《周書·謚法篇》曰"秉,順也","秉時養人"者,順時養人也。尹《注》曰"持四時之政,以順養其人",訓秉爲持,未得其義。

郭沫若則認爲:"'秉'訓爲持,不誤。'時'謂曆朔也。"⑯

今案,《勢》篇所言爲陰陽刑德之說,"時"無疑指四時而言,郭說自不可從。俞說所據爲僻訓,在古書中並無可信用例,亦難成立。

馬王堆漢墓所出《老子》乙本卷前古佚書中之《十六⑰經·觀》,有與上引《勢》篇文相似之語句,兩者顯然同出一源,今引錄於下:

是爲故人主者,時控三樂,毋亂民功,毋逆天時⑱……夫並時以養民功,先德後刑,順於天。⑲

與《勢》篇"秉時養人"相當之語爲"並時以養民功"。

"並時"指統治者的行事與四時的變化相並,即與時相應、順時而行之意。《觀》篇上文說"春夏爲德,秋冬爲刑,先德後刑以養生,⑳"可爲"並時"句的說明。馬王堆漢墓帛書整理小組《觀》篇注釋說"帛書'並時',猶言順時",㉑是很正確的。

"並"和"秉"上古音都屬於陽部。"並"爲並母字,"秉"爲幫母字,都是雙唇塞音,只有清濁之別。《勢》篇"秉時"之"秉"應即"並"的音近訛字。俞樾所據訓詁不足憑,但他將"秉時"理解爲"順時"還是可取的。

---

⑯ 《管子集校》,《郭沫若全集·歷史編7》,人民出版社,1984,69頁。

⑰ 此字或當釋"大"。

⑱ "時控三樂"以下與《國語·越語下》范蠡語大致相同,二"毋"字《越語》皆作"不",上引《勢》篇"不犯天時,不亂民功"亦用"不"字。

⑲ 國家文物局古文獻研究室《馬王堆漢墓帛書〔壹〕》"釋文"部分62頁,文物出版社,1980。"夫並時"以下爲《越語》所無。

⑳ 出處同上注。

㉑ 上注所引書64頁注〔三二〕。

四、《韓非子》"行事"當與秦漢人所言"行事"同義

《韓非子・難一》在反駁管仲必先有尊位方能治國的說法時,先說"今使臧獲奉君令詔卿相,莫敢不聽",又說:

當世之行事都丞之下徵令者,不辟(避)尊貴,不就卑賤。

陳奇猷《韓非子新校注》爲此句加了兩個注。注五:

舊注:都丞,宦官之卑者也。〇奇猷案:行事都丞,謂執行公事之都丞,"都丞"爲官名,"行事"非官名,參閱《說林》上篇注。㉒ 下文舊注云"二官",蓋誤以"行事"亦爲官名。㉓

注六:

舊注:二官雖卑,奉命徵令,亦不以尊即避,卑即就也。〇奇猷案:徵、懲通。《荀子・政論篇》"凡刑人之本,禁暴惡惡,且徵其末也",楊注"徵,讀爲懲",是其證。徵令,懲罰之令也。此文謂小官如都丞奉法而下懲令,則尊貴亦所不避。或讀徵爲徵斂之徵,與"不辟尊貴"語不洽。辟,假爲避。㉔

今案,陳說多不可信,詳下文。

此文"行事"固非官名,亦非"都丞"之定語。"當世之行事"後應加逗號或冒號。"行事"爲漢代人常用語,今但從《漢書》中引二例。《陳湯傳》記劉向因甘延壽、陳湯立功絶域,以小過而遲遲未受封賞事上疏,疏中舉舊事爲況,其言曰:

昔齊桓公前有尊周之功,後有滅項之罪,君子以功覆過而爲之諱。行事:貳師將軍李廣利捐五萬之師,靡億萬之費,經四年之勞,而厪(僅)獲駿馬三十匹。雖斬宛王毋鼓之首,猶不足以復費。其私罪惡甚多。孝武以爲萬里征伐,不錄其過,遂封拜兩侯、三卿、二千石百有餘人……

㉒ 陳氏於《說林上》"秦武王令甘茂擇所欲爲於僕與行事"句注中引俞樾曰:"'事'字衍文。下文曰'公佩僕璽而爲行事',是僕與行爲官名。言佩僕之璽而爲行之事也。"見陳書462頁。

㉓ 《韓非子新校注》,上海古籍出版社,2000,868頁。

㉔ 同上注。

《翟方進傳》:

……慶[25]與廷尉范延壽語,時慶有章劾,自道行事以贖論……方進於是舉劾慶曰:……慶有罪,未伏誅,無恐懼心,豫自設不坐之比……

上引第一例,顔師古注以"而爲之諱行事"爲句,認爲"行事謂滅項之事"。劉攽批評説:

"諱行事"非辭也。"諱"以上爲句。"行事"者,言已行之事,舊例成法也。漢世人作文,言"行事""成事"者,意皆同。

王念孫《讀書雜志・漢書第十二》"行事"條申劉説,舉證甚多。[26] 此説已成定論。

"行事"上述用法,漢代之前即已存在。睡虎地秦墓竹簡中的《法律答問》[27],屢言"廷行事"。例如:

告人盜百一十,問盜百,告者可(何)論? 當貲二甲。盜百,即端盜駕(加)十錢,問告者可(何)論? 當貲一盾。貲一盾應律,雖然,廷行事以不審論,貲二甲。[28]

甲告乙盜直(值)□□,問乙盜卅,甲誣駕(加)乙五十,其卅不審,問甲當論不當? 廷行事貲二甲。[29]

睡虎地秦墓竹簡整理小組的注,釋"廷行事"爲"法廷成例",[30]是很正確的。

《法律答問》的寫作時代無疑跟《韓非子》很接近。上引《難一》的"行事"沒有問題也應該當成例講。

陳氏校注將"都丞之下徵令者"句的"徵令"讀爲"懲令",也不可信。這需要從都丞的性質説起。我認爲都丞的性質,當與漢代的郡國都吏、司隸校尉的都官從事和各州分管州所領各郡國有關事務的從事這一類官吏相似。

《漢書・文帝紀》記文帝元年定養老令:

㉕ 司隸校尉陳慶。

㉖ 但王氏誤劉攽爲劉敞。劉敞於"行事"亦有類似説法,且指出《論衡》亦言"行事",見上引《翟方進傳》"自道行事以贖論"句下注,王氏文中亦已引及。三劉《漢書刊誤》久佚,但宋代刻《漢書》,有於有關文句下引錄其説者,後代刻本承之。

㉗ 此名爲整理者所擬加。

㉘ 睡虎地秦墓竹簡整理小組《睡虎地秦墓竹簡》"釋文、注釋"部分 102 頁。

㉙ 同上 103 頁。

㉚ 同上 102 頁。

有司請令縣、道:年八十已上賜米人月一石,肉二十斤,酒五斗。其九十已上,又賜帛人二匹,絮三斤;賜物及當稟鬻米者,長吏閲視,丞若尉致。不滿九十,嗇夫、令史致。二千石遣都吏循行,不稱者督之。

顔注引如淳曰:"律説,都吏今督郵是也。"居延漢簡屢言都吏。㉛ 似西漢多稱都吏,東漢多稱督郵。

郡國督郵分部督察縣邑長吏等人。"其長吏或於期會爲督郵所糾,或白太守察之,甚且可收案其罪。其太守所舉案者亦飭督郵奉宣馬。"㉜督郵的身分是史,品秩甚卑,但職掌察舉,權頗重。其不避尊貴之事屢見史書,今舉一例於下。《後漢書·列傳第二十一·蘇章傳》附《蘇不韋傳》:

父謙,初爲郡督郵。時魏郡李暠爲美陽令,與中常侍具瑗交通,貪暴爲民患。前後監司畏其勢援,莫敢糾問。及謙至部,案得其臧(藏)論輸左校。

《後漢書·百官志四》:

司隸校尉一人,比二千石。本注曰:孝武帝初置,持節,掌察舉百官以下及京師近郡犯法者,元帝去節,成帝省,建武中復置,並領一州。從事史十二人。本注曰:都官從事主察舉百官犯法者,……其餘部郡國從事,每郡國各一人,主督促文書,察舉非法。皆州自辟除,故通爲百石云。

司隸之外的十二州,當然沒有察舉朝廷百官的都官從事,至於分管州所領各郡國有關事務的從事,則是各州都有的。㉝ 他們也都有察舉所分轄的郡國的官吏之權。

上舉那些從事,其品秩、職務都與郡國督郵相似,只不過所察舉的官員範圍、等級有所不同。他們都是位卑而權重,其中,都官從事之權尤重。上引《百官志四》劉昭注引《博物記》曰:"中興以來,都官從事多出之河内,掊擊貴戚。"《通典·卷三十二·職官十四》"司隸校尉"條,謂"其都官從事史至爲雄劇,主察百官之犯法者",並録有如下一個事例:

胡騰字子升,辟荆州部南陽從事。遇桓帝南巡至南陽,千騎萬乘,呼召求

㉛ 參看勞榦《居延漢簡考證》"都吏"條,《勞榦學術論文集·甲編》,藝文印書館,1976,294—296頁。

㉜ 同上注295頁。

㉝ 參看《後漢書·百官志五》。

索不可堪。騰奏曰:"天子無外,乘輿所在即爲京師。請荆州刺史比司隸,臣比都官從事,南陽守比河南尹,宛令比雒陽令。"許之。於是大將軍亡馬,西曹掾召騰。騰乃作都官從事鵠頭[34]召掾。掾乃覺,膝行辭謝。由是不敢輒有呼召。[35]

胡騰作爲荆州管南陽郡事務的從事,要受大將軍西曹掾呼召,而作爲都官從事,則可以呼召後者,嚇得他膝行辭謝。

《難一》的都丞,從上下文看,顯然是品秩卑下的一種官吏,但他却能"下徵令""不避尊貴",情況與漢代的督郵、都官從事等相類。而且其名稱也與督郵的初名"都吏"相類。[36] 所以我認爲他們應該是性質相似的官吏,即有權察舉地位比他們高的官員的一種小官。《韓非子》舊注只因"都丞"句下文説"故行之而法者,雖巷伯[37]信乎卿相;行之而非法者,雖大吏詘乎民萌",就説"都丞,宦官之卑者也"。這是不可信的。"都丞"顯然不像宦官的職名。

《漢書·元帝紀》建昭五年詔:"今不良之吏,覆案小罪,徵召證案,興不急之事,以妨百姓。""徵令"之"徵"應與"徵召"之"徵"同義。都丞所下的徵令,應是徵召其察舉對象中的有問題者或與所察問題有關者的命令。上文所引胡騰故事中所説的、胡騰召大將軍西曹掾的鵠頭文書,就可以看作一種徵令。當然,都丞下徵令,也可以下達上級之命,就跟督郵奉宣太守之命一樣。

原載《人文與社會學報》第一期(臺灣義守大學,2002),今據以收入。

---

[34] 指用鵠頭書體寫的文書。

[35] 胡騰後在竇武被害時救出竇武之孫,故《後漢書·竇武傳》之末亦附記騰此事,但較簡單。

[36] 都官從事的"都官",與郡國官吏相對,指其察舉對象,故其名稱與"都吏"、"都丞"無可比性。

[37] 指宦官。

再談古文獻以“埶”表“設”

我在1985年發表的《釋殷墟甲骨文裏的“遠”“𢦏”(邇)及有關諸字》一文中，指出“埶”、“設”二字上古音相近，[①]武威漢墓所出《儀禮》簡往往以“埶”表“設”，所以殷墟卜辭中的“埶冒(罞)”應該讀爲“設罞”。[②]

後來，我又發表《古文獻中讀爲“設”的“埶”及其與“執”互訛之例》一文(以下簡稱“前文”)，指出傳世的漢以前古籍和出土簡帛文獻中，有不少當讀爲“設”的“埶”字；而且在古籍中有些這樣的“埶”字已被誤讀爲“勢”或訛作形近的“執”字。[③] 所舉之例有下列語句中的“埶”字：

人主用之則埶在本朝而宜	《荀子·儒效》
無埶列之位而可以養名	同上《正名》
列埶尤尊，賞祿甚厚	馬王堆漢墓帛書《周易》佚傳《繆和》
埶爲賞慶爵列以勸其下	同上[④]
埶列爵位之尊，明厚賞慶之名	同上

還有下列語句中的“勢”字：

明勢天道，九紀咸當	《逸周書·小開武》
凡勢道者，不可以不大	同上《周祝》
勢在郎中，不敢蔽善飾非	《韓非子·有度》
二勢者用，則忠臣不聽而譽臣獨任	同上《南面》

---

① “埶”即“藝”字初文，漢以前又多以“埶”表“勢”。“勢”、“設”同爲書母字。“埶”、“勢”上古音屬祭部，“設”屬月部。祭、月二部陰入對轉。王力先生且將祭部併入月部。

② 裘錫圭《古文字論集》，中華書局，1992，7頁。參看注③所引文39頁。

③ 香港大學亞洲研究中心《東方文化》1998年36卷1、2號合刊，39—45頁。此刊實際出版年份爲2002年。

④ “前文”引此句，誤“其”爲“天”，又誤將下句文字斷入此句，今據張政烺《馬王堆帛書〈周易〉經傳校讀》(中華書局，2008)172頁釋文校正。

基者，經也，勢也　　《新書·禮容語下》（此例蒙劉殿爵教授指示）
勢施異也　　《淮南子·説林》（亦見《文子·上德》）
勢施便也　　《淮南子·泰族》

還有下列語句中的“執”字：

執之以物而遫（速）決　　《大戴禮記·文王官人》
（此句《逸周書·官人》作“設之以物而數決”，王念孫已指出《文王官人》的“執”當作“設”）
少者執牀與坐　　《禮記·内則》
其所取者，人之所執也　　《墨子·大取》
位執戒輔　　《新書·容經》

這些字本來都應該是或者極可能是表示“設”這個詞的，“前文”有詳細論證，可參閲。

我在撰寫“前文”時没有注意到周代青銅器銘文中也有表“設”的“埶”字。西周昭王時的中方鼎的銘文有“埶王应”，中甗和静方鼎的銘文有“埶应”，都指爲昭王南征作準備之事。⑤ 李學勤先生在收入其《新出青銅器研究》的《盤龍城與商朝的南土》一文中，已在所引中甗和中方鼎銘文的“埶”字後括注“設”字。⑥ “应”字有釋“居”、釋“位”二説。不管是“設居”還是“設位”，都文從字順。

“埶”字又見於上引中方鼎銘末“埶于寶彝”句。⑦ 與中方鼎同出的、器主爲同一人的中觶，銘末説“中埶王休，用作父乙寶尊彝”，⑧“埶”字用法與之相同。陳劍先生懷疑這種“埶”字也應該讀爲“設”，用法與《禮記·祭統》所引衛孔悝鼎銘末尾“施于烝彝鼎”之“施”相似，指將銘文所言之事“陳設出來”。⑨ 他的意見也應該是正確的。

---

⑤ 參看李學勤《静方鼎與周昭王曆日》，同作者《夏商周年代學札記》，遼寧大學出版社，1999，22—24頁。

⑥ 李學勤《新出青銅器研究》，文物出版社，1990，15頁。李先生在注⑤所引文和《静方鼎補釋》中引静方鼎銘時，也在“埶”字後括注“設”字，見注⑤所引書22、76頁。

⑦ 《殷周金文集成（修訂增補本）》02751、02752，中華書局，2007，第二册1419頁、1420頁。中方鼎屬於北宋重和元年安陸孝感縣所出的所謂“安州六器”之列。當時共出三方鼎，二鼎同銘，我們所説的“中方鼎”指同銘二鼎。

⑧ 注⑦所引書06514，第五册3863頁。

⑨ 陳劍《金文“彖”字考釋》，同作者《甲骨金文考釋論集》，綫裝書局，2007，250—252頁。

保利藝術博物館 2002 年入藏的西周中期的豳公盨，其銘文開頭講天帝命禹治水的一段文字中有一句話，李學勤先生釋讀爲“差象(地)埶(設)征”，[⑩]我則釋讀爲“𢍏(疇)方埶(設)征(正)”，[⑪]意見雖有很大分歧，讀“埶”爲“設”則是一致的。

春秋晚期的淅川和尚嶺 2 號楚墓出有一件青銅“鎮墓獸座”，上有銘文，發掘報告釋讀爲：[⑫]

> 曾中(仲)𨛭(蔿)君□(引者按：此字不識，原隸定不甚準確，姑以□代之)之且(祖)埶

此銘發表後，學者對“且埶”有一些解釋，[⑬]似皆不可從。我懷疑此銘“埶”字也應讀爲“設”。原書所印拓本“埶”上一字頗爲模糊，如所釋無誤，疑當讀爲古代出行前所舉行的祖祭之“祖”。據《儀禮·士喪禮》，在靈柩從殯宫移至祖廟後，出廟赴壙前，就跟活人出行前一樣，也要行祖禮，同時陳設將要隨葬的明器等物。“且(祖)埶(設)”疑可理解爲行祖禮時之所陳設。所謂“鎮墓獸”是辟邪之物，在赴壙過程中和入壙之後，可以起保護亡靈的作用。當然，我的解釋也只是一種推測，記此待考。

在武威《儀禮》簡之外，出土簡文中還屢見表“設”之“埶”，學者們陸續有所指出。下面先舉楚墓竹簡的例子。

江陵九店 56 號楚墓所出竹簡，大部分是“日書”一類東西，其中的簡 31 說“外陽日”“埶罔(網)导(得)，大吉”，李家浩先生指出“埶”當讀“設”。[⑭]

郭店楚墓竹書方面，整理者讀《尊德義》簡 30“或繇(由)宔(中)出，或埶之外”之“埶”爲“設”，[⑮]李零先生讀《性自命出》簡 12—13“勿(物)之埶者之胃(謂)埶(勢)”[⑯]的前一個“埶”爲“設”，[⑰]郭永秉先生讀《六德》的“大材埶者大官，少(小)

⑩ 李學勤《論豳公盨及其重要意義》，《中國歷史文物》2002 年 6 期，5、8、11 頁。
⑪ 裘錫圭《豳公盨銘文考釋》，注⑩所引書，15—17 頁。
⑫ 河南省文物考古研究所等《淅川和尚嶺與徐家嶺楚墓》，大象出版社，2004，109 頁。
⑬ 參看高崇文《楚“鎮墓獸”爲“祖重”解》，《文物》2008 年 9 期。
⑭ 湖北省文物考古研究所等《九店楚簡》，中華書局，2000，48 頁、90—91 頁注〔一一一〕。
⑮ 荆門市博物館《郭店楚墓竹簡》，文物出版社，1998，174 頁、175 頁注〔一六〕。
⑯ 注⑮所引書，179 頁。整理者把前一個“埶”也讀爲“勢”。
⑰ 李零《郭店楚簡校讀記》(增訂本)，北京大學出版社，2002，106 頁、107 頁〔說明〕“7 章”。

材埶者少(小)官”[18]爲“大材設諸大官,小材設諸小官”,[19]我讀《老子》丙組簡 4 的“埶大象”爲“設大象”。[20]

在上博楚竹書方面,林志鵬先生讀《彭祖》簡 1“臣可(何)埶可(何)行”[21]之“埶”爲“設”,[22]陳劍先生讀《用曰》簡 18“埶立市(師)長”[23]之“埶”爲“設”。[24]

秦簡中有假借从“埶”聲的“熱”爲“設”的例子。李家浩先生在考釋前面引過的九店楚簡“外陽日”占辭時指出,睡虎地秦簡《日書》乙種“楚徐成、外陽之日占辭”中,與九店簡“埶罔(網)导(得)”相當的文字是“熱罔(網)邋(獵),獲”,[25]“‘埶’、‘熱’二字可以通用”,皆當讀爲“設”。[26]

張家山 247 號西漢墓(吕后時下葬)所出竹書《蓋(闔)廬》,有“建埶四輔”句,[27]整理者已指出“埶”當讀爲“設”。[28]

銀雀山 1 號西漢墓(武帝早期下葬)所出竹書中,有一篇佚兵書,第一簡以“孫子曰”開頭,簡背題有篇名“埶備”。[29] 整理小組(我是其中一員)將此篇歸入《孫臏兵法》,讀“埶備”爲“勢備”。[30] 現在看來,“埶備”實當讀爲“設備”。此篇說禽獸以齒角爪距相鬥,人無“天兵”(天生的武器),必須“自爲備”,所以“黄帝作劍,以陳(陣)象之;羿作弓弩,以埶(勢)象之;禹作舟車,以變象之;湯、武作長兵,以權象之”,下文即對其四“象”之說加以解釋。[31] 當初我們將“埶備”讀爲“勢備”,當與此

---

⑱ 同注⑮所引書,187 頁。

⑲ 郭永秉《戰國竹書賸義(三則)》,復旦大學漢語言文字學科《語言研究集刊》第五輯,上海辭書出版社,2008,287—290 頁。《郭店楚墓竹簡》整理者誤讀二“埶”字爲“藝”。又,簡文“大材”句之上的“子弟”二字,整理者屬下爲句,郭文從陳偉先生說屬上爲句。

⑳ 裘錫圭《郭店〈老子〉簡初探》,同作者《中國出土古文獻十講》,復旦大學出版社,2004,215—216 頁。此“埶”字在帛書本和今本《老子》中皆已訛作“執”。

㉑ 馬承源主編《上海博物館藏戰國楚竹書(三)》,上海古籍出版社,2003,304 頁。整理者讀“埶”爲“藝”。

㉒ 林志鵬《戰國楚竹書〈彭祖〉考論——兼論〈漢志〉“小說家”之成立(一)》,簡帛網,2007 年 8 月 18 日。

㉓ 馬承源主編《上海博物館藏戰國楚竹書(六)》,上海古籍出版社,2007,304 頁。

㉔ 陳劍《上博(六)釋文》,未刊。

㉕ 《日書》乙種簡 20 壹 + 簡 19 壹第二段。《睡虎地秦墓竹簡》(文物出版社,1990)120 頁圖版拼接有誤,李家浩先生加以改正,見注⑭所引書 188 頁及同頁注〔四〕。

㉖ 注⑭所引書,90—91 頁注〔一一一〕。

㉗ 《張家山漢墓竹簡〔二四七號墓〕》,文物出版社,2001,101 頁簡 5。

㉘ 注㉗所引書,275 頁注〔六〕。

㉙ 《銀雀山漢墓竹簡〔壹〕》,文物出版社,1985,圖版 35 頁 349 背、349 正。

㉚ 注㉙所引書,釋文注釋 62 頁。

㉛ 注㉙所引書,釋文注釋 62—63 頁。

篇中談到“勢”有關。但是“勢”只是四“象”之一,“勢備”與此篇文義並不相合。從文義看,“埶備”當讀爲“設備”,指人類自設兵器舟車等物以爲備。《左傳》已言“設備”,僖公二十二年《傳》:“邾人以須句故出師,公卑邾,不設備而禦之。”《六韜・龍韜・農器》:“守禦之備,可無設乎?”“設備”之義由此可以看得很清楚。

銀雀山漢簡未發表圖版之簡中,也有表“設”的“埶”字,例如:

……不埶國□,訞訁□乃起,凶訁□乃至。不埶……(1028)㉜

……上下之閒(間)於是埶坊(防),下請(情)不達於上,上……(1304)㉝

……諓賊,乃埶邑帀(師?)於野……(1513)㉞

從文義看,上引各簡“埶”字也當讀“設”。

銀雀山漢簡《六韜》中,有一篇與今本《武韜・三疑》相合。今本“設之以事,玩之以利”,簡文作“摯以事,啗以利餌”(簡702—703),㉟整理小組注指出武威《儀禮》漢簡以“埶”爲“設”,謂“‘埶’、‘摯’古音相近,疑簡文‘摯’亦當讀爲‘設’”。㊱今按,也有可能此字在古本中本作“埶”,先錯成“執”,又變作“摯”。㊲

㉜ 所注數字爲銀雀山漢簡整理前山東省博物館所編的順序號。此條簡文是我在1970年代參加銀雀山漢墓竹簡整理,閱讀未經整理的竹簡照片時,因感到此簡所用“埶”字可能應讀爲“設”而抄錄下來的。下引兩條簡文情況同此。吳九龍《銀雀山漢簡釋文》(文物出版社,1985)70頁有此簡釋文,“埶”釋爲“勢”(下引1304、1513號釋文同),前一“埶”字後一字釋爲“眯”,“訞”後一字釋爲“誦”,“凶”後一字釋爲“謳”。

㉝ 注㉜所引書85頁有此簡釋文,“坊”釋爲“城”。

㉞ 注㉜所引書95頁有此簡釋文,未釋“帀於”二字。

㉟ 注㉙所引書,圖版69頁。

㊱ 注㉙所引書,釋文注釋118頁注〔七〕。

㊲ 蔡偉先生閱此文第一次打印稿後,認爲此“摯”字應爲“摰”之誤。現將他所寫的意見摘錄於下:

……“摰”从“埶”得聲,故可以借爲“設”。《廣雅疏證》卷一下“摰,解也。”王念孫謂即《方言》之“瘛”字。音充世切,與掣同音。《馬王堆漢墓帛書〔叁〕・戰國縱橫家書》“割摯馬免而西走”,“摯”亦當作“摰”。《趙策》作“割挈馬兔〈免〉而西走”。“摰”、“挈”古音相近,猶《方言》之“瘛”,《廣雅》作“摰”。“摰”、“挈”當讀爲“揳”。《廣雅》卷三上“揳,束也。”……《大戴記・文王官人》:“挈之[謀],以觀其知;示之難,以觀其勇。”《逸周書・官人》作“設之以謀,以觀其智;示之以難,以觀其勇”,假“挈”爲“設”。

我以爲“摯”由“埶(設)”之形近訛字“執”變來,不如以其爲“摰”之形近訛字妥當。感謝蔡先生的指示。又按:“摰”字从“手”“埶”聲,陳設多需用手,頗疑古代除了訓“解”、訓“引”的“摰”字(訓“引”者亦見《廣雅・釋詁》卷一下,與《說文・手部》“瘳”字同音義,亦即“掣”字,詳《廣雅疏證》。《說文》以“瘳”字爲“从手,瘛省聲”),還有作爲“埶”字“設”義的分化字的“摰”,銀雀山《六韜》的“摯”、《大戴禮記・文王官人》的“挈”皆其訛字,殆因形、音皆近而誤。

我在發表"前文"以後,又從傳世古籍和馬王堆帛書中,找到了一些"埶"(包括已變作"勢"和"藝"的)當讀爲"設"以及"埶(設)"錯成"執"的例子,現在逐例敘述於下。

楊(俗作"揚")雄《法言·問神》:

> 或曰:"君子病沒世而無名,盍勢諸名卿,可幾也。"

《漢書·王貢兩龔鮑傳》引此文,"勢"作"埶"。此字亦應讀爲"設",《法言》作"勢"爲後人所改。"設諸名卿"蓋仿《墨子·耕柱》"設之於卿"。前人對此句解釋皆誤,唯清代學者蘇輿引《荀子·正名》"無埶列之位而可以養名"說《漢書》之"盍埶諸名卿可幾",謂此句"言何不取富貴班列(蘇氏從《荀子》楊注"埶列,班列也"之說)名卿之位,則名可庶幾也",㊳雖然未得"埶"字確解,但對句義的把握大體正確,只不過原文是說讓在上者將君子"設諸名卿",並不是說君子自取名卿之位。我在將"前文"抽印本分送給友人時,曾將此條內容撮要寫入抽印本作爲補白,所以郭永秉先生在解釋郭店簡《六德》"大材埶(設)者(諸)大官,少(小)材埶(設)者(諸)少(小)官"句時,能夠引用拙說。㊴"埶(設)諸名卿"與"埶(設)者(諸)大官"、"埶(設)者(諸)少(小)官",文例全同。

《禮記·禮運》說,"大道既隱"之後,必須講禮義,"如有不由此者,在埶者去,衆以爲殃"。鄭玄注:"埶,埶位也。去,罪退之也。"鄭注以爲此"埶"字與"位"義近,是對的;讀"埶"爲"勢"(《釋文》:"埶,音世,本亦作'勢'。"),則不正確。"在勢"之語難通,此"埶"字亦應讀爲"設"。我在"前文"中已經指出,"古書中說到置立官職爵位或任人以職等事時,往往用'設'字"。㊵"在設"與"在任"、"在位"義近,而且"設"與"去"的意義正好相對。從"前文"解釋過的《荀子·正名》的"埶(設)列之位"一語,可知"在埶(設)者"即指在朝廷所設之位者。(校打印稿時按:在古書中,似找不出其他以"設"字直接指"位"的例子,此說終覺可疑。但古書中似也找不出"勢"字用法真正與"位"相同的例子,故暫存此說,以待後考。)

馬王堆帛書《老子》乙本卷前古佚書中的《經法·國次》篇有下引一段文字:㊶

㊳ 據王先謙《漢書補注》轉引,藝文印書館《二十五史》影印本,1363頁。

㊴ 注⑲所引書,289頁。

㊵ 注③所引書,40頁。

㊶ 《馬王堆漢墓帛書〔壹〕》,文物出版社,1980,老子乙本及卷前古佚書圖版12行下—13行下,釋文45頁。

毋陽竊,毋陰竊,毋土敝,毋故埶,毋黨別。陽竊者天奪[其光,陰竊]者土地芒(荒),土敝者天加之以兵,人埶者流之四方,黨別[者]□內相功(攻)。

原整理者的注解釋上引這段話說:㊷

自"毋陽竊"以下一段,與《十六(引者按:此字似宜釋爲"大")經・觀》及《國語・越語下》內容有關。《觀》:"夫是故使民毋人埶,舉事毋陽察,力地毋陰敝。陰敝者土荒,陽察者奪光,人埶者摐兵。"(八六至八七行)《越語下》:"古之善用兵者,因天地之常,與之俱行(此與帛書本篇上文"天反勝人,因與俱行"意近)。後則用陰,先則用陽。近則用柔,遠則用剛。後無(毋)陰蔽,先無(毋)陽察,用人無蓺,往從其所。"古代竊、察二字音近相通,本篇之"陽竊"即彼二篇之"陽察"。本篇之"陰竊"相當於彼二篇之"陰敝"(《越語》作"蔽")。……

上引之注正確可從,但整理者在另一條注中讀"故埶"、"人埶"之"埶"爲"槷",解爲"磨擦不安",㊸則不可信。此"埶"字亦應讀爲"設"。《越語下》作"蓺"(即"藝"之古字),本來表"設"的"埶"被改成表示"埶"字本義(即"種藝"義)的後起字,情況與古書中有些表"設"的"埶"被改成表示"埶"字引伸或假借義的"勢"字,㊹有類似之處。《國語・越語下》"用人無蓺,往從其所"韋昭注解釋說:

蓺,射的也。無蓺,無常所也。行軍用人之道,因敵爲制,不豫設也,故曰"往從其所"。

韋注訓"蓺"爲射箭靶子雖然錯誤,串講時將"無蓺"理解爲"不豫設"却很有道理,正可證明此"蓺"字實應作"埶",讀爲"設"。"無蓺"與"毋陽察"、"毋陰敝"的結構類似,"無"也應讀爲"毋"。

《莊子・山木》:

北宫奢爲衛靈公賦斂以爲鍾(鐘),爲壇乎郭門之外,三月而成上下之縣(懸)。王子慶忌見而問焉,曰:"子何術之設?"奢曰:"一之間,無敢設也。"

郭象注:"怕(泊)然抱一耳,非敢假設以益事也。""無敢設"也就是《越語》的"無

㊷ 注㊶所引書,釋文46頁注〔三一〕。
㊸ 注㊶所引書,釋文45頁注〔三〇〕。
㊹ 注③所引書,41—42頁。上文所說《法言・問神》"勢諸名卿"亦是其例。

(毋)蓺(埶)”、帛書的“毋人埶”、“毋故埶”。“人爲”與“智故”皆爲道家所否定,二者很難截然分開,[45]“人埶(設)”與“故埶(設)”是一回事。所以前引《國次》文先説“故埶”,後來改説“人埶”。古人認爲鏡能照物,是由於其“無設”(參看下文講《新書·道術》“無執不臧”的那段文字),“使民毋人設”、“用人無設”的道理與之相通。

賈誼《新書·道術》:

鏡義(或作“儀”)而居,無執不臧(藏),美惡畢至,各得其當。

此文“執”字無疑是表“設”的“埶”的形近誤字。《文子·上德》:“鼓不藏聲,故能有聲。鏡不設形,故能有形。”[46]《淮南子·原道》:“夫鏡、水之與形接也,不設智故,而方圓曲直弗能逃也。”皆其確證。

《道術》篇上文説:

道者,所道接物也。其本者謂之虚,其末者謂之術。虚者言其精微也,平素而無設諸也。

劉殿爵先生據《淮南子·詮言》“聖人無思慮,無設儲”語,校此文“設諸”爲“設儲”;並指出“‘無設儲’即下文‘不臧’之意”。[47] 這也説明“無執不臧”的“執”本應作“埶(設)”。“無設儲”與“無埶(設)不臧(藏)”,意義全同。

《道術》篇“設”、“埶(設)”並出,毫不奇怪。我在“前文”中已經指出,武威《儀禮》簡中,“設”、“埶(設)”二字不但可以出現在同篇之中,甚至偶爾還會出現在同簡之中。[48] “前文”指出帛書《繆和》有“埶(設)”字,其實此篇亦有“設”字。[49] 估計這些書較原始的本子是全用“埶”字表“設”的,傳抄者或改爲“設”,或不改(當既有知其義而不改者,也有因不知其義而不能改者),遂致二字錯出。情況與《素問》中“炅(熱)”、“熱”二字錯出相類。[50]

---

[45] 參看拙文《由郭店簡〈性自命出〉“室性者故也”説到〈孟子〉的“天下之言性也”章》,注⑳所引書,265—267頁。

[46] 此文亦見《淮南子·詮言》,但“藏”字(原當作“臧”)已訛作“滅”,下有“於”字;“設”字已訛作“沒”,其下亦有“於”字。請看王念孫《讀書雜志·淮南内篇第十四》“不滅、不沒”條。

[47] 劉殿爵編《賈誼新書逐字索引》,香港商務印書館,1996,56頁校注3。

[48] 注③所引書,39頁。

[49] 見注④所引書30頁43行上(釋文見171頁)、32頁53行上(釋文見173頁)。

[50] 關於“炅”字,參看拙文《考古發現的秦漢文字資料對於校讀古籍的重要性》,注⑳所引書,130頁。

《新書》中“設”字屢見,但從“無埶不臧”之“埶”和“前文”所舉《禮容語下》“基者,經也,勢也”之“勢”皆當作“埶(設)”來看,原始的本子也應是全用“埶(設)”字的,後來大部分被改爲“設”,但有的却錯成了“勢”或“執”。

《莊子·人間世》有一段假託葉公子高與孔子的問答。子高說他的食飲很簡單,其言曰:

> 吾食也執粗而不臧,爨無欲清之人。

成玄英疏:“臧,善也。清,涼也。……執用粗飡,不暇精膳。所饌既其儉薄,爨人不欲思涼,燃火不多,無熱可避之也。”“執粗”、“執用粗飡”的說法,似不合語言習慣。

《經典釋文》對上引《人間世》文的“執”字有注:“執,衆家本亦然,簡文(引者按,指梁簡文帝)作‘熱’。”李家浩先生考釋九店楚簡的“埶網”和睡虎地秦簡的“熱網”時,指出“埶”、“熱”二字可通用,認爲《人間世》“執粗”之“執”既有異文作“熱”,當是“埶”的形近訛字。[51] 其說可從。

古代於飲食可言“設”,如《禮記·哀公問》“備其鼎俎,設其豕腊”、《戰國策·秦策一·“蘇秦始將連横”章》“清宫除道,張樂設飲”。在稍晚一些的古書中,“設食”、“設饌”一類話是屢見的。上引《人間世》“執粗”之“執”,無疑是“埶”的訛字,應該讀爲“設”。成疏釋“執粗”爲“執用粗飡”,是就已訛之文加以敷衍;但其“所饌既其儉薄”一語(郭象注:“對火而不思涼,明其所饌儉薄也”,爲此語所本),用來解釋“埶(設)粗而不臧”倒是頗爲合適的,因爲“饌”的本義就是設食。

最近,蔡偉先生告訴我,《鹽鐵論》中也有一個“埶(設)”訛作“執”的例子,附述於下。

《鹽鐵論·本議》:

> 先帝哀邊人之久患,苦爲虜所係獲也,故修障塞,飭烽燧,屯戍以備之。邊用度不足,故興鹽鐵,設酒榷,置均輸,蕃貨長財,以佐助邊費。今議者欲罷之,內空府庫之藏,外乏執備之用,使備塞乘城之士饑寒於邊,將何以贍之?

此文“執備”無疑是“埶(設)備”之誤。“設備之用”即指上文提到的“修障塞,飭烽燧,屯戍以備之”的“用度”。《淮南子·人間》:“故秦之設備也(指備胡、備越而言),烏鵲之智也。”“設備”用法與此同。

我相信在古文獻中一定還有不少表“設”的“埶”字及其訛變爲从“埶”聲之字

---

[51] 注⑭所引書,90—91 頁注〔一一一〕。

或“執”字的例子,有待大家去辨識。

最後,簡單談一下“埶(設)”、“設”二字使用的歷史情況。

現有的先秦文字資料,似乎只用“埶”而不用“設”來表示“設置”之“設”這個詞。這似乎至少應該是商和西周時代用字的普遍情況。《說文·三上·言部》:“設,施陳也。”“埶”是“藝”的初文,其本義是種植樹木、穀物。施陳物品與種植樹木、穀物這兩件事,似有相類之處,“設”也許就是由“埶”派生的一個詞。也就是說,“設”可能就是“埶”的引伸義。當然,以“埶”表“設”只是由於音近假借的可能性,也不能排除。“設”字本身其實也不一定就是“設置”之“設”這個詞的本字。

確實可信的表示設置之義的“設”字,似始見於秦始皇泰山刻石的“建設長利”句。[52] 張家山247號漢墓出土竹簡中,傳抄的古書《蓋廬》有“埶(設)”字,已見上文;同墓所出的應爲吕后時代抄寫的《二年律令》267號簡“郵各具席,設井、磨”句則用“設”字。[53] 時代上限爲漢武帝晚期的居延漢簡和敦煌漢簡,就已發表的材料來看,似只用“設”字而不用“埶(設)”字(所見“埶”字多用作“勢”)。大概除了傳抄古書之外,在西漢時代已經以用“設”爲主了。不過,前面已經指出,西漢早期賈誼所作的《新書》,原來應該是用“埶(設)”字的;宣帝時桓寬所編寫的《鹽鐵論》的傳本中,也還有“埶(設)”錯成“執”的例子;甚至生活在西漢晚期至王莽時代的楊雄,在撰寫《法言》時也用了“埶(設)”(今本已訛作“勢”);可見在整個西漢時代,除了傳抄古書,文人著書時也還是比較喜歡用“埶(設)”的。

從馬王堆帛書、銀雀山竹書等西漢早期傳抄的古書和出自王莽時代漢墓的、大約抄寫於西漢晚期的武威《儀禮》簡來看,西漢人傳抄古書往往保存“埶(設)”字,而改用“設”字的情況也很常見。前面已經講過,帛書《繆和》篇和武威《儀禮》簡都是二者並用的。

到東漢時代,“埶(設)”字的使用可能很快就趨於絶跡了。《漢書》引《法言》保存“埶(設)”字,也許是個別的特例。

由於資料不足,我們還不知道統一前的秦文字是否已經全用“設”字,還是像楚簡那樣仍以“埶”表“設”,或是已經出現了“埶(設)”、“設”並用的局面。睡虎地《日書》的“楚除”部分應該抄自楚國《日書》,以“熱”表“設”不一定代表秦文字的

---

[52] 傳世的所謂泰山刻石宋拓本實不可信,但“建設長利”句已見於宋代劉跂《泰山秦篆譜》,因而是確實可信的,參看容庚《秦始皇刻石考》,曾憲通編《容庚文集》,中山大學出版社,2004,190等頁。

[53] 注[27]所引書,29、169頁。

正常用字情況。對於戰國時代楚國之外的東方國家的有關用字情況,由於有關出土文字資料的缺乏,也不能算很清楚。希望新資料的發表和發現,早日使這些問題得到解決。

附記:

本文寫作過程中,承陳劍、郭永秉、周波三位同仁幫助檢索資料;文章寫成後,又蒙永秉代爲打印,並提出很好的修改意見,十分感謝。

2008 年 11 月 23 日

追記:

永秉打印完此文後,沒過幾天,就從古書裏新“辨識”出了一對由“埶(設)”訛變而成的“執”字,遂請永秉將他爲此而寫的一則讀書筆記打印在本文後面。希望有更多的人來參加我們的“辨識”隊伍。

附: 讀書札記一則

郭永秉

閻振益、鍾夏《新書校注》“鏡義而居”句注:“《韓非子·飾邪》‘鏡執清而無事,美惡從而比焉’,或即誼所本。”(中華書局,2000 年 7 月,306 頁)《韓非子·飾邪》原以鏡、衡並言:“鏡執清而無事,美惡從而比焉;衡執正而無事,輕重從而載焉”,太田方《韓非子翼毳》注:“《治要》引《申子》:‘鏡設精而無爲,而美惡自備;衡設平而無爲,而輕重自得。’”(轉引自陳奇猷《韓非子新校注》,上海古籍出版社 2000 年 10 月,360 頁)可證《飾邪》的這兩個“執”字皆“埶(設)”的訛字。陳奇猷指出《申子》的“精”當據《韓非子》讀爲“清”,可從。鏡之“清”與衡之“正”(或“平”)相對;“清”者,清明也,鏡、水都具有“清”的特性,所以都能客觀地反映“美惡”。“設清”與《新書·道術》“無設不藏”的意思相近。《說苑·談叢》也有與上引《申子》和《韓非子》文類似的話:“鏡以精明,美惡自服(備);衡平無私,輕重自得。”其“精”字亦應讀爲“清”。【編按:永秉後來已將此則札記的內容收入他的《以簡帛古籍用字方法校讀古書札記》一文中,文載《簡帛語言文字研究》第五輯(巴蜀書社,2010 年 6 月。後收入其《古文字與古文獻論集》,上海古籍出版社,2011 年 6 月)。】

校清樣時追記：

1. 本文所引的“前文”所指出的馬王堆《周易》佚傳《繆和》篇“埶”當讀爲“設”各例中，“埶爲賞慶爵列以勸其下”一例的“埶”字，張政烺先生在《〈繆和〉校注》稿中已指出其“假爲設”，見注④所引書181頁。

“埶列爵位之尊，明厚賞慶之名”一例，據陳劍先生最近重新整理馬王堆《周易》佚傳照片的成果，句首尚可拼上五字，全句當爲：“夫先君作爲埶列爵位之尊，明厚賞慶之名，此先君之所以勸其力也。”則此句實以“埶列爵位之尊”爲“作爲”的賓語。《繆和》篇尚有“夫賢君之爲列埶爵位也，與實俱”一句（注④所引書圖版33頁61行下—32頁62行上），以“列埶爵位”爲“爲”的賓語，文例與此相類，“前文”失引。“前文”認爲“埶列爵位之尊”與“明厚賞慶之名”相對，“埶列”爲謂語動詞（“前文”41頁），是錯誤的；但上引兩句中“埶列”和“列埶”的“埶”，仍應讀爲“設”。《大戴禮記·千乘》有“設其四佐，列其五官”之語。“設列”、“列設”即指君主所“設”所“列”的官位，亦即《荀子·正名》所說的“埶（設）列之位”。“設列爵位”、“列設爵位”，猶言“官爵”或“官爵之位”。

2. 近出周初銅器䮳簋的銘文結尾說：“用茲簋褻公休，用作祖乙尊彝。”（張光裕《䮳簋銘文與西周史事新證》，《文物》2008年2期，55頁）“褻”字从“埶”聲，在此銘中的用法也與本文所引中觶等銘的“埶”字相同。沈培先生在䮳簋公開發表前，就指出此“褻”字也應讀爲“設”，其說正確可從。

3. 本文講馬王堆帛書的“故埶”、“人埶”時，曾指出《十六經·觀》說“使民毋人埶（設）”，與《國語·越語》“用人無蓺（設）”同意。《群書治要》卷37所錄《慎子·民雜》說：“是故不設一方以求於人，故所求者無不足也。”意亦相近。

4. 《史記·秦始皇本紀》所載之罘東觀刻石文，有“昭設備器”語，亦用“設”字，惜此石早毀，無從核實。

2010年4月25日

原載《先秦兩漢古籍國際學術研討會論文集》（社會科學文獻出版社，2010），今據以收入。本文的“校清樣時追記”原已寄給論文集的編者，可能由於疏忽沒有印出。

再談古書中與重文有關的誤文

前人早就指出,古書中的誤文往往與重文的脱漏和誤讀等事有關。于省吾先生在上世紀40年代末發表於《燕京學報》37期的《重文例》,是這方面帶有總結性的一篇文章。

我在發表於1980年的《考古發現的秦漢文字資料對於校讀古籍的重要性》一文中,也談到這方面的問題。文中説:

> 秦漢時代的書寫習慣,還有一點應該注意,那就是表示重文的方法。在周代金文裏,重文通常用重文號"="代替,而且不但單字的重複用重文號,就是兩個以上的詞語以至句子的重複也用重文號。秦漢時代仍然如此(就抄書而言,其實直到唐代都還常常如此)。……知道了古人表示重文的習慣,就可以糾正古書裏與重文有關的一些錯誤。①

文中接着舉出了幾個我們所發現的例子。

從此文的發表到現在,消逝的時間已近三十年。由於古書讀得不多,而且讀得不夠仔細,只發現了兩三個新的例子,現在提出來向大家請教。

上舉拙文引述了我在《論衡札記》裏所說的一個例子。《論衡·卜筮》篇"占之不審吉凶,吉凶變亂,變亂,故太公黜之",本當作"占之不審吉=凶=變=亂=故太公黜之",應讀爲:"占之不審,吉凶變亂。吉凶變亂,故太公黜之。"②由於本應讀爲"ABCD,ABCD"的"A=B=C=D=",被誤讀爲"……AB,ABCD,CD",就形成了今本的誤文。後來,我在《禮記》裏發現了一處由於同類原因而形成的誤文。

《禮記·孔子閒居》:

> 天有四時,春秋冬夏,風雨霜露,無非教也。地載神氣,神氣風霆,風霆流

---

① 此文發表於《中國社會科學》1980年5期,已收入拙著《古代文史研究新探》(江蘇古籍出版社,1992),引文見38—39頁。

② 同上注,39頁。

形，庶物露生，無非教也。③

講“天”的一句沒有問題。講“地”的一句，已說“地載神氣”，接着又說“神氣風霆”，而“神氣”是“神妙之氣”（孔穎達《正義》說），④或“五行之精氣”（孫希旦說），⑤總之與“風霆”並非一事，“神氣風霆”不能解釋爲“神氣即風霆”，當作對“神氣”的說明，這四個字放在這裏實在有些莫名其妙。所以宋代的吕大臨說“此衍‘神氣風霆’四字”，認爲是誤衍之文。⑥ 清人朱彬《禮記訓纂》、⑦孫希旦《禮記集解》，⑧都引了吕大臨的話。他們雖然沒有明確表示同意，但顯然也都感到這四個字有問題。

我們讀一下孔穎達《禮記正義》對上引講“地”的那句話的解釋，就可以明白，今本的這句話也是誤讀重文的産物。《正義》之文如下（文字、標點皆依所據《十三經注疏整理本》，但標點可商榷之處用括號注明）：

“地載神氣，神氣風霆，風霆流形，庶物露生，無非教也”者，（“，”宜改爲“：”）“神氣”謂神妙之氣。風霆（依例，此二字亦應加引號），霆，雷也。神氣風霆流形（此六字亦應加引號，詳下文），謂地以神氣、風雷之等，流布其形。“庶物露生”，庶，衆也。（“。”宜改爲“，”）言衆物感此“神氣風霆”之形，露見而生，（此“，”宜改爲“。”）人君法則此地之生物，事事奉之以爲教也，故云“無非教也”。⑨

此段《正義》中的“神氣風霆流形”，顯然跟其前的“神氣”、“風霆”和其後的“庶物露生”一樣，是對需要解釋的經文原文的引錄，標點時應該跟“庶物露生”等一樣，也加引號。由此可知在今本所從出的古本中，經文講“地”的一句和上引《正義》開頭處後加“者”字的整句引文，本來都是使用重文號的，原文當作：

地載神=氣=風=霆=流形庶物露生無非教也

③ 《十三經注疏整理本 15・禮記正義》，北京大學出版社，2000，1631 頁。
④ 同上注。
⑤ 〔清〕孫希旦《禮記集解》，中華書局，1989，下册 1278 頁。
⑥ 〔宋〕衛湜《禮記集說》一百二十卷（文淵閣《四庫全書》本），臺灣商務印書館影印，1983，119 册，583 頁。
⑦ 〔清〕朱彬《禮記訓纂》，中華書局，1996，下册 755 頁。
⑧ 同注⑤。
⑨ 同注③。

按文義本應讀爲：

地載神氣風霆，神氣風霆流形，庶物露生，無非教也。

《正義》以"神氣風霆流形"爲一小句，讀法是對的。由於前一小句是"地載神氣風霆"，《正義》在解釋"神氣風霆流形"之前，先解釋了"神氣"和"風霆"。可是後來的傳鈔者或刊刻者，把"地載神=氣=風=霆=流形"錯讀成"地載神氣，神氣風霆，風霆流形"，文義就不通順了。

陸德明《經典釋文・禮記音義之三・孔子閒居第二十九》對講"地"一句有如下注釋：

神氣風霆：音廷，絶句。風霆流形：絶句。[10]

所引經文却與今本相合。這可以有三種解釋。一、陸氏已經跟後人一樣，誤讀了有關重文。二、陸氏所據之本或其所從出之古本，本作"地載神氣風=霆=流形……"，應讀爲"地載神氣風霆，風霆流形……"。陸氏引經文時省去"地載"二字，或者本有此二字，後人删去，使此句變得與傳本"地載神氣"後小句相同。三、陸氏所據之本與《正義》所據之本，其有關文字本無不同。陸氏對重文的讀法，與《正義》亦無不同。其所引經文本作"地載神氣風霆"、"神氣風霆流形"。後人爲與傳本取得一致，删去前句"地載"二字、後句"神氣"二字。

如果上述第二種解釋屬實的話，究竟是《釋文》所據本"神氣"二字脱落了重文號，還是《正義》所據本"神氣"二字衍增了重文號，就需進一步研究了。

我在《考古發現的秦漢文字資料對於校讀古籍的重要性》那篇文章裏還曾指出，以《莊子・庚桑楚》中的有關文句相比勘，可知《吕氏春秋・有度》的"静則清明，清明則虚"，本當作"静則清=則明=則虚"，應讀爲"静則清，清則明，明則虚"，由於在傳鈔過程中脱落了"清="、"明="之間的"則"字，錯成"静則清=明=則虚"，再按照雙字詞語的重文格式(即A=B= = ABAB)來讀，就形成今本的文字了。[11] 現在我要舉一個錯誤途徑正好與此相反的例子，即《越絶書》中由於在帶重文號的雙字詞語的兩個字之間衍增一字而形成的一處誤文。

《越絶書・越絶外傳枕中第十六》假范蠡之口講宇宙生成的過程説：

道生氣，氣生陰，陰生陽，陽生天地。天地立，然後有寒暑、燥濕、日月、星

---

⑩ 〔唐〕陸德明《經典釋文》，中華書局，1983，206頁。

⑪ 同注①，39—40頁。

辰、四時，而萬物備。⑫

宇宙間有陰氣和陽氣，陰陽相合而化生萬物，這是古人的共識。但是"氣生陰，陰生陽"之說，却不見於任何其他古書，十分可疑。我認爲此文本當作：

道生氣₌生陰₌陽₌生天地。……

應讀爲：

道生氣，氣生陰陽，陰陽生天地。……

在傳抄過程中，受上下文影響，"陰₌""陽₌"二字之間誤衍"生"字，就形成今本的文字了。

東漢王符《潛夫論・本訓》描述宇宙生成的過程說：

上古之世，太素之時，元氣窈冥，未有形兆……若斯久之，翻然自化，清濁分別，變成陰陽。陰陽有體，實生兩儀，天地壹鬱，萬物化淳，和氣生人，以統理之。⑬

同篇還說：

是故道德之用，莫大於氣。道者，氣之根也。氣者，道之使也。必有其根，其氣乃生；必有其使，變化乃成。⑭

王符所說的宇宙生成過程可以簡單表示如下：

道→氣（元氣）→陰陽→天地→萬物

上引《越絶書》所說，與此完全相合。這可以說明，我把"氣生陰，陰生陽，陽生天地"校改爲"氣生陰陽，陰陽生天地"，是很合理的。

在古人的思想中，包括陰氣、陽氣在内的各種氣，本來都是天地的産物。老子提出了具有宇宙本原性質的"道"的觀念。稍後又出現了"元氣"（起初只稱"氣"）的觀念，天地被認爲是元氣的産物，不過陰陽通常仍被看成是有了天地以後才産生的。漢代《易緯》的作者似有把陰陽跟元氣直接聯繫起來的意向。到了東漢，就出

---

⑫ 李步嘉《越絶書校釋》，武漢大學出版社，1992，297 頁。

⑬ 彭鐸校正《潛夫論箋》，中華書局，1979，365 頁。

⑭ 同上注，367 頁。

現了明確的陰陽先於天地的思想。⑮《越絶書》一般認爲是東漢人的作品。其宇宙生成論雖託諸范蠡之口,但所謂“陰陽生天地”實際上是東漢人的説法。

最後舉賈誼《新書·道德説》中脱落重文的一個例子。先依照一般的標點方法,將有關文字引録如下:

> 諸生者,皆生於德之所生;而能象人德者,獨玉也。⑯

“皆生於德之所生”的意思不大好理解。

《道德説》還説:

> 六理、六美,德之所以生陰陽、天地、人與萬物也。固爲所生者法也。⑰
>
> ……
>
> 物所道始謂之道,所得以生謂之德。……德生物又養物,則物安利矣。……⑱

可見其作者認爲宇宙間的一切皆生於德。那麽,他爲什麽又説“諸生者,皆生於德之所生”呢?

劉師培《賈子新書斠補》認爲此句“生於”二字爲衍文,《新書》注家多加採用。⑲ 我認爲與其把“生於”看作衍文,還不如説“德”字脱落了重文號。

如補出“德”字重文,有關文字應讀爲:

> 諸生者,皆生於德。德之所生而能象人德者,獨玉也。

似頗文從字順。古書在流傳過程中脱落重文,是很常見的,前人校讀古書時已舉出過很多例子。説此文“德”字脱落重文,似乎要比説“德”前“生於”二字爲衍文

---

⑮ 參看王曉毅《“天地”“陰陽”易位與漢代氣化宇宙論的發展》,《孔子研究》2003年4期,83—90頁。

⑯ 閻振益、鍾夏《新書校注》,中華書局,2000,324頁。

⑰ 同上注,325頁。

⑱ 同上注,327頁。

⑲ 方向東《賈誼集匯校集解》(河海大學出版社,2000)339頁注③、王洲明、徐超《賈誼集校注》(人民文學出版社,1996)331頁“校勘記”①、注⑯所引書328—329頁注〔二〕。後者的撰者之一鍾夏,還在注中提出了自己的意見,認爲“生於德之所生”,“謂生於德之所以生,即道”。此説顯不可通。《道德説》通篇皆從德生萬物立論,爲何此處要説“諸生”皆生於道? 而且説諸生皆德之所生,是爲“而能象人德者獨玉也”作鋪墊的,説他們皆生於道,文氣就不緊湊了。鍾氏在講了自己的意見之後,又説:“劉説衍‘生於’二字,於文亦通,下文云‘德者,變及物理之所出也’,‘德生物又養物’,則止言德生諸生,而不涉道之化也。”大概他已感到自己的新説不見得比劉説合理。

合理。

以上論述中的錯誤和不妥之處,請大家不吝指教。

2009 年 6 月 8 日寫畢

原載《出土文獻與傳世典籍的詮釋——紀念譚樸森先生逝世兩周年國際學術研討會論文集》(上海古籍出版社,2010),今據以收入。

裘錫圭學術文集

第五卷

古代歷史、思想、民俗卷

復旦大學出版社

目　錄

安陽後崗圓形葬坑性質的討論 …… 1

甲骨卜辭中關於俘虜和奴隸逃亡的史料 …… 3

戰國時代社會性質試探 …… 15

嗇夫初探 …… 44

說"僕庸" …… 107

關於商代的宗族組織與貴族和平民兩個階級的初步研究 …… 121

甲骨卜辭中所見的"田""牧""衛"等職官的研究

——兼論"侯""甸""男""衛"等幾種諸侯的起源 …… 153

說殷墟卜辭的"奠"

——試論商人處置服屬者的一種方法 …… 169

西周糧田考 …… 193

從幾件周代銅器銘文看宗法制度下的所有制 …… 202

從出土文字資料看秦和西漢時代官有農田的經營 …… 210

新出土先秦文獻與古史傳說 …… 254

馬王堆《老子》甲乙本卷前後佚書與"道法家"

——兼論《心術上》《白心》爲慎到田駢學派作品 …… 271

附：致《中國哲學》編輯部的信 …… 283

稷下道家精氣說的研究 …… 286

馬王堆帛書《老子》乙本卷前古佚書並非《黄帝四經》 …… 308

說"格物"

——以先秦認識論的發展過程爲背景 …… 313

《稷下道家精氣說的研究》補正 …… 321

是"恆先"還是"極先"? …… 326

說“建之以常無有” …… 338
老子與尼采 …… 343

寒食與改火
——介子推焚死傳說研究 …… 351
“殺首子”解 …… 373

安陽後崗圓形葬坑性質的討論

郭沫若院長發表在1960年第1期《考古學報》上的《安陽圓坑墓中鼎銘考釋》一文,介紹了1959年考古研究所在安陽後崗發現的一個圓形葬坑。該坑口徑1.9米,底徑2.15米,深2.48米。坑内有人骨20架,頭顱骨5個。經鑒定,除坑中央側身屈肢的一具人骨難以確定性别外,都是年在三四十歲以下的男子(以自十四五歲至十八九歲的爲最多)。坑内又出銅、陶、骨器數件和海貝三堆。其中,銅鼎一件有銘,即出於坑中央的側身屈肢者的頭前,銘文記述王賞"戍嗣子"之事。

郭院長在《考釋》中,認爲坑中央側身屈肢而葬的人"可能是墓主,即鼎銘中的'戍嗣子'。此人或因罪而死,故葬頗簡略,然仍有不少殉葬的奴隸(24人)和殉葬品"。他又以爲戍是國族名。

我們讀了郭院長的文章後,對該坑性質作了另一種可能的理解,提出來供同志們參考,並求正於郭院長。

首先,我們認爲這個圓坑有可能不是一個獨立的墓葬,而是附屬於某座大墓或建築物的一個葬坑(安志敏同志也把這個圓坑稱作殉葬坑,請參閲郭文附録二)。

殷代的獨立的墓葬,除個别利用廢穴改作的簡陋小墓和極少數方形或亞形的大墓外,幾乎全是長方形的。墓内如有殉葬人,其排列一般也都比較規則,墓主和殉葬人的區别大抵一眼就可以看出來。但是,這個坑却是圓形的,墓内人架也堆得很雜亂,所謂墓主和其他人架的區别很不明顯。郭院長雖然假設墓主是一個"因罪而死"的人,但當時如果會殺死24個奴隸爲他殉葬,那就不至於連一座比較正規的墓也沒有。這座坑的不規則的形制和簡單的幾件隨葬物,都是配不上這一大批"殉葬奴隸"的。至於附屬於大墓或建築物的葬坑,則在形制上一般都比較隨便,長方的、方的以至沒有整齊坑形的葬坑都是比較常見的,葬坑内的人架也大都堆得比較淩亂。附屬於大墓的葬坑在侯家莊和武官村等地發掘中發現得很多;附屬於建築物的在解放前13、14、15次小屯發掘中也發現很多。因此我把這個圓坑當作一個附屬於大墓或建築物的葬坑來理解。

其次,我認爲埋在這個坑裏的,是一隊戍卒和率領他們的首領。

郭院長認爲有銘的鼎即屬坑中央側身屈葬者所有,這是可以相信的(至少這個鼎應爲坑中的某一人所有)。殷墓的殉葬者也可有銅器隨葬,如 1950 年發掘的安陽武官村大墓裏的殉葬人就很多都有銅器隨葬,見《考古學報》第 5 册。附屬於建築物的墓葬有時也出隨葬銅器,因此,我們不把圓坑當作獨立墓葬去理解,和坑中人有隨葬物這個事實並不矛盾。

"戍"是殷王朝的一種"官職"。甲骨卜辭中常見"戍某"之稱。"戍"顯然是一種軍事職務,而不是國族名稱。見於殷代金文中的戍,除本鼎銘的"戍嗣子"和"戍甬"【《集成》5·2694】外,還有"戍鈴"(見《歷代》卷二【《集成》16·9894】)和同時也見於卜辭的"戍馬"(見《考古學報》第 9 册 49 頁戍馬觚【《集成》12·6998】)。這些"戍"顯然也是職務名稱,而非族名。

這個圓坑裏埋的大都是年青的男子,他們正應該是銅鼎的所有者"戍嗣子"所統率的一隊戍卒。殷代統治者在埋葬或祭祀他們的親屬時,常常殺死大量的人來充當死去貴族在地下的護衛,如武官村大墓腰坑中和墓道中都埋有執戈的護衛。這隊戍卒也應該是由於同樣的原因而犧牲的。

銅鼎的所有者——戍嗣子是戍卒的首領,他的地位顯然比一般戍卒高,但對殷王而言他仍然是一個奴隸,仍然可以被殺來祭祀或殉葬。從甲骨卜辭中"五族戍"的稱呼看來,有些戍卒隊伍很可能是由被征服族組成的,戍官就是被征服族的族長,他們對自己的族人有一定權力,但對殷王說則仍然是"臣"。此外武官村大墓中放置在墓主兩旁的有棺具和隨葬品的全首殉人,也可能是較一般奴隸地位爲高的一些人。春秋時代秦穆公都還在以三良殉葬,殷王殺個把戍官殉葬也是可以理解的。

以上只不過是我個人的一種極不成熟的推測,希望同志們提出批評。

原載《考古》1960 年 6 期(署名趙佩馨),今據以收入。

甲骨卜辭中關於俘虜和奴隸逃亡的史料

商代是奴隸制時代。考古發掘和甲骨卜辭的研究,已經充分證明商代奴隸主對奴隸的壓迫是非常殘酷的。哪裏有壓迫,哪裏就有反抗。商代奴隸反抗奴隸主的鬥爭無疑是非常激烈的。這在甲骨卜辭裏也是有所反映的。奴隸反抗奴隸主的常用的鬥爭形式之一是逃亡。在卜辭裏可以找到不少關於俘虜和奴隸逃亡的史料。俘虜是商代奴隸的主要來源之一。他們的逃亡可以看作奴隸反抗鬥爭的一個組成部分。

過去討論商代社會性質的著作往往把卜辭中的"喪衆"解釋爲奴隸逃亡。這種看法多少有些缺乏根據。從有的卜辭可以看出喪衆與戰爭有關:

(1) 其乎(呼)戍御羌方于義,𢦏羌方,不喪衆? 人文2142【《合》27972】

(2) 辛子(巳)[卜],𠭯鼎(貞):□喪衆,□受方又(祐)? 前6・39・6【《合》64】

有的卜辭裏還有"喪人""喪師"等語:

(3) 鼎:戍其喪人? 林2・18・20【《合》1083】

(4) ☐方于滴喪人?三月。 前6・2・5【《合》1082】

(5) □□鼎:壴允喪𠂤(師)? 粹1253【《合》32914】

喪衆的意思應該跟喪人、喪師相類。于省吾先生認爲喪衆"當謂征伐之事,喪失衆人",[①]比較可信。我們並不排斥喪衆包含奴隸逃亡的情況在内的可能性,但是不同意把喪衆簡單地解釋爲奴隸逃亡。

在卜辭裏其實是存在不少關於俘虜和奴隸逃亡的明確史料的。只是由於一個關鍵性的甲骨文字沒有得到正確的解釋,這些史料長期以來沒有受到應有的重視。

① 《釋𠭯》,《雙劍誃殷契駢枝三編》24頁。

武丁時代的卜辭裏常見一個寫作等形的字。[②] 上从"止",象人脚,即趾字初文。下从幸(㚔)[③],象桎梏,甲骨文執字作,正象一個人的雙手被銬在梏裏,可證。孫詒讓釋"𡴘"爲"臺字之省"。[④] 葉玉森釋"𡴘"爲"𨇨",以爲"字形象械其趾"。[⑤] 李亞農混"幸""㚔"(羍)爲一字,釋"𡴘"爲"達"。[⑥] 朱芳圃釋"𡴘"爲"桎",謂"桎爲足械,故从止"。[⑦] 孫、李二説顯然是錯誤的。葉、朱二説似乎都言之成理,但是用來解釋有關卜辭,却多數講不通,所以也不能相信。

在古文字裏往往用向上的"止"象徵離開、往他處一類意思。例如:(出)字象徵人離居穴外出,(之)字象徵人離某地他往。(㞷,即"往"字初文)究竟是表意字,還是从"王"聲的形聲字,還是個問題。不過,它所从的"止"顯然跟"之"字所从的"止"象徵着同樣的意義。由此類推,"𡴘"字所表示的意義,應該是被執者脱離桎梏而逃亡。

"𡴘"字在卜辭裏還可以簡寫爲等形。[⑧] 這些簡體舊多誤認爲"㞷"字。只有李亞農曾根據等字的用法,指出它們是"𡴘"的"别構"。[⑨] 武丁卜辭裏有以下兩條同文殘辭:

(6) [☐戊午夕]。己未,宬䵹芻自爻圉[六人。八月。]

後下41·1【《合》138】

(7) ☐戊[午夕。己未,宬]䵹芻自爻(圉)六人。八月。

燕124【《合》139】

第7辭的"𡴘",第6辭寫作。這是一類字爲"𡴘"字簡體的確證。

最近,胡厚宣先生在《殷代的刖刑》裏把字隸定爲"㞢"。他説:"㞢作,與

② 《甲骨文編》57—58頁。武丁晚期和祖庚前期的卜辭有很多共同點,本文所説的武丁卜辭,實際上是把接近武丁卜辭的祖庚卜辭包括在内的。

③ 這個字小篆作,與幸福的"幸"本非一字。後者漢人多寫作"㚔",《説文》作"㚔"。

④ 《契文舉例》下册6頁。

⑤ 《殷虚書契前編集釋》4·46、5·35。

⑥ 《殷契雜釋》,《中國考古學報》5册234頁。

⑦ 《殷周文字釋叢》155—156頁。

⑧ 以上各體依次見於《菁》5【《合》137】、《甲》3510【《合》6】、《前》7·36·1【《合》3298】、《乙》5448【《合》854】、《乙》6112【《合》845】、《後》下41·1【《合》138】諸片。

⑨ 《殷契雜釋》,《中國考古學報》5册234頁。

往來之不同。从止,王聲。从止,从立,象人本來安立其位,被迫而出亡。後世止誤作屮,立誤爲土,又爲王,即成了㞷字。與从止王聲往來之㞷的㞷字混而爲一。㞷讀作往,……㞷往亡聲亦相近。《説文》,'亡逃也。'《管子·權修》,'無以畜之,則往而不可止也。'房玄齡注,'往謂亡去也。'即逃亡之義。甲骨文亡字皆讀爲有無之無。逃亡之亡,則專用㞢字。"[10]胡先生沒有注意到和"𡴘"的關係,但是他認爲有別,本是逃亡之亡的本字,由於音形義與相近,後來混爲一字,則是很有啓發性的。

把"𡴘"理解爲逃亡之亡,有關卜辭多數能得到合理的解釋。這些卜辭能給我們提供不少關於俘虜和奴隸逃亡的寶貴史料。

在武丁時代的卜辭裏,屢見"𡴘自圉""𡴘自□(地名)圉""𡴘自□(地名)"一類詞句:

(8) 鼎:𡴘自圉(圉)羌其𠭁(得)?　　珠1007【《合》856】

這條卜辭的第二字殘存"止"旁,末一字殘存"貝"旁之半,據下引同類諸辭定爲"𡴘"和"𠭁"的殘文。"圉"的本義是囚牢。《説文·幸部》:"圉,囹圉,所以拘罪人。""囹圉"後世多作"囹圄"。把"𡴘自圉"解釋爲從囹圄逃亡,顯然是很合理的。卜辭中常常提到與羌方作戰以及俘獲和役使羌人之事,"𡴘自圉羌"當指從囹圄逃亡的羌族俘虜或奴隸。這條卜辭卜問能否抓住逃亡的羌人,"𡴘自圉羌"是"得"的受事者。《尚書·金縢》有"罪人斯得"語,句法與此類似。

(9) 甲戌[卜,□]鼎:𡴘自𣏟圉□其𠭁?　　庫267+276【《英》540】

這條卜辭卜問能否抓住從𣏟地囹圄逃亡的囚人,句法與上一辭相類。"圉"下一字原書所摹有誤,細審似本爲"羌"字,惜原片在國外,無從校正。【編按:葛亮指出,從《英》540看,"圉"下一字當是"得"字。此辭當釋讀爲:(9a)甲戌[卜,□]貞:𡴘自𣏟圉,得。(9b)……𡴘……其得。】

前面引用過的第6、7兩條同文殘辭裏有"𡴘自爻圉六人"之語,意思就是從爻地的囹圄逃走了六個囚人。這些囚人大概也不外乎俘虜和奴隸這兩種人。這兩條殘辭所保存的部分,是記載占卜的應驗的。爲了區別於卜問之辭,可以稱作驗辭。有六個人從爻圉逃亡,是作爲災禍的應驗而記錄下來的。

⑩ 《考古》1973年2期115頁。

(10) 癸卯卜，㱿，鼎：勹（旬）亡（無）𡆥？王固曰：㞢（有）求，其㞢來𡆥（艱）。五日丁未，允㞢來𡆥，卸（御）□自𠂤圉六人。 菁1【《合》6057】

這條卜辭從“五日丁未”以下的部分也是驗辭。比照前引諸辭，可知“自𠂤圉”前所缺一字是“䍙”字。𠂤當即武丁卜辭中屢見的子𠂤的封地。

(11) 乙酉卜，㱿，鼎：州臣㞢自寷，𢦏？ 粹262【《合》849】

這條卜辭的意思是說，州臣有從寷地逃亡的，能抓回來嗎？武丁卜辭還有卜問“州臣得”“州臣不其得”的，⑪可能跟這條卜辭問的是一件事。州臣疑指州地之臣，⑫臣爲一種奴隸。

(12) 己卯卜，古，鼎：幸芻自宩？王固曰：其隹（唯）丙戌幸，㞢尾。其隹辛圂。

(13) 己卯卜，古，鼎：芻自宩，弗其幸？ 乙4293【《合》136】

以上是正反對貞的一對卜辭。是商王的臣屬，其名還見於《前》6·6·6【《合》552】、《後》下26·12【《合》10061】等片。“芻”指從事芻採工作的人。《通》530片【《合》94】有“允㞢來自光，氏（致）羌芻五十”之語。郭沫若先生考釋說：“芻謂芻蕘。《大雅·板》：‘詢于芻蕘’，《毛傳》云：‘芻蕘，薪采者。’言光國之來使獲丂（引者按：“羌”字郭釋“丂”）國之芻蕘者五十人挈之同來也。”其說甚是。商代奴隸主所役使的芻，大概多數是由異族奴隸充當的。上面提到的“羌芻五十”，到了商代奴隸主手裏以後，就很可能會被用作芻奴。“幸”字在卜辭裏可以當“執”字用，郭沫若先生在《粹》1163片考釋裏已經指出。上引這對卜辭卜問能否抓住從宩地逃亡的芻奴。“䍙芻自宩”等於說“䍙自宩芻”。卜辭常言“有來艱自西”“有來艱自北”……，“來艱自西”“來艱自北”的語法結構跟“䍙芻自宩”相類。

前引第6、7兩條同文殘辭說：“寁龜芻䍙自爻圉六人”，可能也是指芻奴的逃亡。“龜”字不識，全辭尚不能確解。

(14) 癸丑卜，爭，鼎：勹亡𡆥？王固曰：㞢求，㞢夢。甲寅，允㞢來𡆥。屮告曰：㞢芻自十人㞢（又）二。 菁5【《合》137】

---

⑪ 《南》輔24【《合》850】。

⑫ 《乙》5327【《合》22044】有“庚戌卜，鼎：多羌自州”一辭，可參考。

“有𡴘芻自十人又二”，就是說有十二個芻奴從地逃亡。這條卜辭從“甲寅”以下的部分也是驗辭。芻奴逃亡是作爲禍事記下來的。

（15）戊辰卜，㱿，鼎：𦣞出家，乎☐　　金 675【《英》392】

（16）鼎：自𦣞㝵？

（17）鼎：不其㝵？　　金 402【《英》732】

以上三辭分見二骨，《綴》以爲是同一卜骨的斷片。⑬ 第 16 辭的語法結構跟第 8、9 等辭相類，“𡴘自𦣞”當指從𦣞地逃亡的人。逃𡴘者就稱𡴘，跟芻採者稱芻，被俘者稱俘同例。“𡴘自𦣞”大概就指第 15 辭所說的𦣞的𡴘家。這裏的家當是一種人的名稱，他辭有說“令矣从宋家”⑭或“取家”⑮的，可以與此互證。有一條卜辭提到“我家舊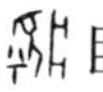臣”，⑯疑上引諸辭之家即指家臣，爲一種家內奴隸。

（18）［☐☐卜］亘，鼎：王☐允（爵？）自𩫖啚？

鐵 57・2，續 3・38・1 重【《合》858】

𩫖和啚都是卜辭裏常見的地名。“𡴘自𩫖啚”大概指從𩫖、啚二地逃亡的人。也可能啚字在此讀爲㐭（廩），“𡴘自𩫖啚”指從𩫖地之廩逃亡的人。這條卜辭裏有不能確識之字，全辭無法通讀。

（19）乎自般取自𩫖？　　存上 186【《合》839】

師般屢見於武丁卜辭，有人認爲就是《尚書・君奭》提到的武丁之臣甘盤，或可信。“𡴘自𩫖”大概指從𩫖地逃亡的人，從他們可以被“取”來看，當是已被抓住的逃亡者。

此外，在武丁卜辭裏還有些有“𡴘自”之文的殘辭，⑰不一一徵引了。

在武丁卜辭裏，除去上述這些有“𡴘自圉”“𡴘自☐”等一類詞句的卜辭，還可以找到不少卜問羌、芻、臣等類奴隸逃“𡴘”之事的卜辭：

（20）☐寅卜，㱿，鼎：般亡不若，不𡴘羌？一。

---

⑬ 《綴》103。

⑭ 《甲》208【《合補》1265】，“从”似當解釋爲“使從”。

⑮ 《京津》2152【《合》13586】。

⑯ 《前》4・15・4【《合》3522】。

⑰ 《明》1835【《合》857】、《乙》2271、《乙》6710【《合》848 綴合】。

(21) 鼎:龍[亡不]若,不䇂羌? 一。

(22) 鼎:般亡不若,不䇂羌? 二。

(23) 鼎:龍亡不若,不䇂羌? 二。

(24) 鼎:般亡不若,不[䇂羌]? 三。

(25) 鼎:龍亡不若,不䇂羌? [三]。

(26) ☐般其䇂羌? 一。

(27) ☐龍其䇂羌? 一。

(28) 其䇂? 二。

(29) 其䇂? 二。 乙綴135【《合》506】

上引十辭都在一塊龜版上。釋文中在各辭之後所加的數字,是原來刻在各辭所屬卜兆旁記占卜的先後次序的。般大概就是師般。龍也是商王的臣屬。他辭曾卜問是否"呼龍致羌"。⑱ 在古書裏,"亡"字既可以當逃亡講,也可以當亡失講。上引諸辭裏的"䇂"字應該當亡失講。這些卜辭所卜問的,是般和龍會不會亡失羌人。這裏所說的羌人無疑也是商人的俘虜或奴隸。"不若"就是不順利、不好的意思。羌奴或羌俘逃亡,在奴隸主看來自然是"不若"之事。

(30) 王固曰:㞢希。八日庚子,戈䇂羌□人,敀㞢圉二人。

綴177【《合》584】=續5·5·1+簠·雜60

上引之辭從"八日庚子"以下的部分是驗辭。戈是商王的臣屬,武丁卜辭中屢見。"䇂"當亡失講。"敀㞢圉二人"就是殺了㞢圉的兩個人的意思。這條驗辭有三種可能的解釋:一、戈䇂羌和敀㞢圉是並列的不相關的兩件事。二、從戈那裏逃亡的羌人殺死了㞢圉的人。三、戈所亡失的羌人是從㞢圉逃跑的,這些羌人逃跑後,戈對㞢圉裏的人進行鎮壓,殺了兩個人。還有一條武丁卜辭卜問戈所亡失的羌人能否抓住:

(31) 鼎:戈䇂羌㝵? 據胡厚宣先生摹本【《合》504】

這可能與上述"戈䇂羌□人"之事有關。

(32) 癸卯卜,爭,鼎:勹亡囚? 王固曰:㞢希。甲辰,大㚔鳳(風)。之夕。乙子(巳),服䇂羌五人。五月。才(在)𦎫。(據《菁》5【《合》137】、《續》

⑱ 《乙》7810【《合》272】。

5·32·1【《合》13362】、《佚》386【《合》367】三條同文殘辭互補復原)

𣥄也是商王的臣屬,他辭曾卜問𣥄是否“致羌”。[19] 上引卜辭末尾有“在𦎫”之文表示這次占卜是王在𦎫地時進行的。《前》7·19·2【《合》139】的一條占辭說:“王固曰:㞢希。五日丁未,才𦎫圉羌⧄。”可見𦎫地有被拘囚於囹圄的羌人。前引第18辭有“𡴘自𦎫亯”之文,第19辭有“𡴘自𦎫”之文。這又說明𦎫地不時發生逃亡事件。很可能本辭所記𣥄亡失五個羌人的事件,就發生在𦎫地。𣥄所掌管的羌人不但有逃亡的現象,並且還進行過更激烈的反抗。有一條武丁卜辭的驗辭裏有“𣥄圉羌戎”之語:

(33) ⧄卯㞢⧄象庚申,亦㞢𡰥,㞢鳴雉⧄𣥄圉羌戎。

甲綴36【《合》522】反

“戎”在這裏是動詞,當動用武器講。[20] “𣥄圉羌戎”應該解釋爲𣥄所掌管的囹圄裏的羌人奪得武器起來反抗。商人以雉鳴爲不祥,[21]所以這條驗辭以“有鳴雉”與“𣥄圉羌戎”並提。

(34) 甲午卜,韋,鼎:羌? 粹1135【《合》515】

(35) ⧄鼎:羌旻? 珠613【《合》510】

(36) ⧄𡴘羌旻? 天92【《合》503】

(37) 鼎:羌不其旻? 前4·50·8【《合》508】

上引第一辭卜問是否會亡失羌人,其他諸辭卜問是否能抓住逃亡的羌人。

(38) 壬午卜,㝵,鼎:𢓊不𦍒幸(𠬪)多臣羌? 粹1169【《合》627】

(39) 壬午卜,𣪊,鼎:□𢓊追多臣[𡴘]羌,弗[其]幸?

(40) 壬午卜,𣪊,[鼎:多]臣羌⧄幸? 甲綴73+存上601【《合》628】

這三條卜辭都是卜問𢓊能否捉住“多臣𡴘羌”的。𢓊是商王的臣屬,武丁卜辭中屢

---

[19] 見《乙》2994【《合》275】、2466【《合》273】、1030【《合》274】等片。

[20] “戎”字原作,丁山對此字有考證,見《甲骨文所見氏族及其制度》98頁。卜辭“戎”字常用作動詞,例如:

沚其戎𢦏? 續6·19·3【《合》6995】

□戌卜,鼎:毋弗戎? 庫1214【《合》24363】

[21] 看胡厚宣《甲骨文商族鳥圖騰的遺跡》,歷史研究所《歷史論叢》第一輯153—155頁。

見。“多臣𡏳羌”當指多臣所亡失的羌人。卜辭或以“多臣無疾”與“多婦無疾”對貞,[22]可見“多臣”很受重視,身份高於一般的臣。他們大概也掌管着一部分羌奴或羌俘,所以會有“𡏳羌”之事發生。商王常常派多臣征伐敵方,武丁卜辭有卜問“呼多臣伐臣方”,[23]“多臣呼从沚𢦔”,[24]或“多臣𢦏缶”[25]的,可證。很可能多臣所亡失的羌人就是他們在戰爭中得到的俘虜。

(41) 鼎:𦳝不𡏳㝢?

北大圖書館藏于省吾舊藏北大所藏甲骨墨本2·10【《合》5929】

這條卜辭的意思是説,𦳝不會亡失㝢人嗎?𦳝是商王的臣屬,武丁卜辭中屢見。㝢是與商人敵對的一個種族。商人俘虜㝢人後,往往把他們用爲人牲或加以奴役,與對待羌人相似。[26] 所以㝢人也要逃亡。《前》4·33·1【《合》5930】的一條占辭説:“王固曰:𦳝弜(與“勿”音義相近)𡏳”,不知與第41辭有無關係。

(42) 鼎:𡏳㝢見?　　　　掇二309【《合》568】

這裏的“見”似應讀爲“現”。這條卜辭大概是卜問逃亡的㝢人會不會出現。

武丁卜辭裏還有“㝢亡”之文:

(43) 丁未卜,宐☐㝢亡☐　　　　粹1519【《合》591】

(44) [☐王]固曰:㞢希。其☐㝢亡二☐。　　　　存上499【《合》594】

這兩條卜辭的“亡”字很可能是“𡏳”的假借字。第44辭“其”字以下的部分是驗辭,“㝢亡二”可能是逃走了兩個㝢人的意思。

(45) 鼎:芻𡕥?

(46) 不其𡕥?　　　　乙4728【《合》133】

(47) □□卜,宐,[鼎]:𡏳芻□𡕥?　　　　林1·28·11【《合》134】

(48) ☐卒𡕥芻?　　　　庫1838【《英》776】

(49) 甲午卜,爭,鼎:芻𡆥𡕥?　　　　續1·29·1【《合》130】

---

[22] 《乙》8816【《合》22258】。

[23] 《前》4·31·3【《合》616】、《綴》144【《合》615】等。

[24] 《佚》544【《合》619】。

[25] 《丙》1【《合》6834】。

[26] 看《甲骨文中所見的商代五刑》,《考古》1961年2期108頁。此文據《殷契粹編考釋》把㝢字隸定爲“寏”。

這幾條卜辭卜問能否抓住逃亡的芻奴。第48辭的[illegible]和49辭的“㝵”都是商王臣屬之名，武丁卜辭中屢見。“𡴘芻㝵得”似可解釋爲㝵能否抓住逃亡的芻奴。

(50) ⧄雔[illegible]臣⧄　　乙785【《合》633】

雔是武丁卜辭裏屢見的人名，有時也稱子雔。[27] “雔𡴘臣”當是子雔的逃亡奴隸。

(51) 鼎：[illegible]不其𡦂？　　乙5448【《合》854】

(52) 鼎：[illegible]幸[illegible]？　　前4・17・3【《合》846】

這兩條卜辭卜問能否把逃亡者抓住。稱逃亡者爲“𡴘”，與前引第16、18、19和下引54至59等辭同例。

(53) 辛亥卜，古，鼎：追不𡴘？　　【《合》869】

追是商王的臣屬，其名還見於《續》5・4・6【《合》5625】、《續》1・48・7【《合》14455】等片。這條卜辭當是卜問追會不會亡失俘虜或奴隸的。

(54) 癸酉⧄取[illegible]⧄[illegible]王⧄　　掇一96【《合》842】

(55) 鼎：乎□取𡴘？　　前4・36・7【《合》8818】

這兩條卜辭當是卜問取回被抓住的逃亡者之事的。第55辭“取”下一字殘存“止”旁，據第54辭及前引第19辭定爲“𡴘”字殘文。

(56) 甲寅卜，爭，鼎：㪅氏(致)[illegible]于[illegible]？

(57) 鼎：㪅氏[illegible]于[illegible]？　　乙6966【《合》838】

(58) 辛卯卜，宙，鼎：氏子[illegible][illegible]，不𡆥？六月。　　甲3510【《合》6】

(59) ⧄氏子[illegible]于[illegible]？　　南・明748【《合》3218】

這幾條卜辭當是卜問致送被抓住的逃亡者之事的。第56、57二辭的㪅是商王的臣屬，[illegible]是地名。第59辭的[illegible]也是地名。第58辭的“子[illegible]𡴘”當是屬於子[illegible]的逃亡者，第59辭的“子𡴘”當是屬於子的逃亡者。子可能指王子。

(60) □□卜，爭，[鼎]：刖(刖)[illegible]⧄不⧄　　前6・20・1【《合》861】

---

[27] 雔見《後》下21・11【《合》3130】、《京津》1877【《合》16423】等，子雔見《前》4・29・4【《合》3122】、《佚》181【《合》331】等。

胡厚宣先生指出，這條卜辭“是卜問對逃亡追回的奴隸施以刖刑，會不會致死?”㉘其說甚是。

(61) 鼎:不 ?

(62) 鼎:其 ? 乙綴 158【《合》860】

以上是正反對貞的一對卜辭。《鐵》233·1【《合》69】有“ 衆”之文，《後》下22·2【《合》26889】等有“ 衆”之文。上引二辭的 ，與 似爲一字的異體。陳夢家認爲“ 衆”“ 衆”都應讀爲屢見於卜辭的“雉衆”，㉙說似可信。于省吾先生讀雉衆之“雉”爲夷傷、夷滅之“夷”。㉚“ 𡴎”可能是對逃亡者進行鎮壓的意思。

從“𡴎”字字形和它在上引這許多卜辭裏的用法來看，這個字的意義相當於逃亡之“亡”，應該是沒有問題的。很可能“𡴎”就是逃亡之“亡”的本字，後來由於“𡴎”的意義多假借“亡”字表示，“𡴎”的簡體又與“㞷”(往)字相混，這個字就逐漸被遺忘了。

上引關於俘虜和奴隸逃“𡴎”的卜辭都集中在武丁時代。這一現象並不說明武丁以後俘虜和奴隸的逃亡已經很少發生。所以産生這一現象，是由於武丁和武丁以後的卜辭，在哪些事占卜、哪些事不占卜的習尚上有所不同。例如:武丁時代的卜辭裏常常卜“耤”，武丁以後這類卜辭就極少見到。我們不能根據卜“耤”之辭的多寡來推論耤耕的盛衰，同樣也不能根據卜“𡴎”之辭的多寡來推論奴隸逃亡的是否頻繁。

最後，還應該指出，在出現“𡴎”字的卜辭裏，有一些是跟俘虜和奴隸的逃亡無關的，有一些我們還沒有弄清楚它們的意義。例如:

(63) ▨王幸 麇□㞢九。之日□□雨鳳。

據胡厚宣先生摹本【《合》10372】

這條卜辭目前殘存的部分是驗辭。“𡴎麇”大概指從王囿逃逸的麇。

(64) 鼎:㞢(侑?)于囲(報甲)三宰，告我匚(祊) ?

㉘ 《殷代的刖刑》，《考古》1973年2期115頁。

㉙ 《綜述》608—609頁。

㉚ 《釋雉》，《雙劍誃殷契駢枝三編》25頁。

(65) 鼎:二宰于囲,告我匚衛? 乙 5408【《合》6664】

這兩條卜辭裏的“衛”字,李亞農以爲是“㚔”的繁文。[31] “告我祊衛”當是向祖先報告宗祊亡失。商代的祊是盛主石函一類東西,[32]是有可能亡失的。以上諸辭“㚔”字的意義,都是由逃亡的本義引申出來的。

(66) 鼎:于羌甲𰆟(禦),克㚔疒(疾)? 乙 1394【《合》641】

“㚔疾”也許是除去疾病的意思。

(67) 癸未卜,㱿,鼎:旬亡囚? 王固曰:㚔乃兹出希。六日戊子,子𢼂𣦵。

菁 3【《合》10405】

(68) [王]固曰:㚔乃兹☐ 南·明 211【《合》19309】

(69) 王固曰:隹訇,舌亩(與“唯”音義相近)㚔,不㚔。

乙 2288 + 7043【《合》9472】

以上幾個“㚔”字都出現在占辭裏,意義不詳。

(70) 鼎:乎帚(婦)㚔,其出㬝?

(71) 鼎:乎帚㚔,亡㬝? 乙 5912 + 5478【《合》2652】

(72) 戊戌卜,㱿,鼎:王曰:侯虎㚔,余不𠦪其合氏乃事歸?

菁 7【《合》3297】

(73) 乙[□卜],大,鼎:□夕告□侯㚔乎丁? 庫 1177【《合》23559】

(74) 鼎:㚔子于雋? 金 417【《英》133】

(75) 癸未卜,宾,鼎:𢀛㚔田,不來歸? 十二月。 甲 3479【《合》10146】[33]

(76) 鼎:弜令㚔田? 十一月。 零拾 91【《合》10148】

以上諸辭的“㚔”字,有的可能仍應解釋爲逃亡或與逃亡有關的意義,但是我們現在還不能把這些卜辭講通。第 72、75 二辭,先言“㚔”,後言“歸”,讀“㚔”爲“𡉈”

---

[31] 《殷契雜釋》,《中國考古學報》5 册 236 頁。

[32] 看陳夢家《祖廟與神主之起源——釋且宜俎宗祏祊示主宔等字》,《文學年報》1937 年 3 期 68—70 頁。

[33] 《甲》3459【《合》10147】也有“令𢀛㚔田”語,辭殘不具引。又案:㚔字有附加的小點,也許與“㚔”並非一字。

（往）似乎講得通，這類"䍃"字有可能正是"䍃""㞢"相混的實例。

1973年4月18日完稿

編按：

此文於1973年寫完後即投《考古》（收稿登記考古字第398號），編者寄回要我將文章大幅度壓縮。我當時沒有時間修改，故未再寄《考古》，也未在他處發表。

本文將"䍃（䍃）"字跟"逃亡"之"亡"聯繫是不對的，此字當從趙平安《戰國文字的"遊"與甲骨文"䍃"爲一字説》（《古文字研究》第二十二輯，中華書局，2000）釋讀爲"逸"。

原稿未刊，今據作者手稿收入。

戰國時代社會性質試探

在商周春秋時代,剝削階級基本上都是貴族,他們的宗族組織就是國家的基礎。經過春秋戰國間經濟、政治上的劇烈變化,剝削階級内部的宗法制度趨於崩潰,舊的貴族宗族大量消滅或沒落,從勞動者和舊貴族中間分化出一部分人,構成了一個新的剝削階級。春秋時代的貴族主要剝削國家分配的祿邑,新的剝削階級則主要剝削自己所經營的經濟裏的勞動者。① 所以,要判斷戰國社會的性質,必須弄清楚當時一般剝削階級在自己的經濟裏對勞動者進行剝削的方式。本文準備以此爲中心來展開討論。

一

在戰國社會裏,除了國家機構經營的經濟以外,家庭是基本的生産單位。爲了弄清楚剝削階級對勞動者進行剝削的方式,首先需要研究剝削階級家庭的結構。

戰國時代剝削階級的家庭包含着一些什麽人呢?《管子・立政》給我們的回答最爲具體。《立政》敘述鄉里制度的時候説:

> 分鄉以爲五州……分州以爲十里,里爲之尉。分里以爲十游,游爲之宗。十家爲什,五家爲伍,什伍皆有長焉。……審閭閈,慎筦鍵,筦藏于里尉。置閭有司,以時開閉。閭有司觀出入者,以復于里尉。凡出入不時,衣服不中,圈(眷)屬、群徒不順于常者,閭有司見之,復無時。若在長家子弟、臣妾、屬役、賓客,則里尉以譙于游宗,游宗以譙于什伍,什伍以譙于長家……

長家指有地位的家庭。《漢書・賈誼傳》"雖有長爵,不輕得復",顔注引張晏:"長爵,高爵也。""長"字用法與此相近。這段文字裏先提到的"眷屬、群徒",顯然就是

① 春秋時代較大的貴族家裏有相當多的奴隸,其中有一些也是從事生産的,但是貴族對他們的剝削遠不如對祿邑的剝削重要。

下文的“子弟、臣妾、屬役、賓客”。周悦讓認爲“媫(眷)屬即下子弟、臣妾,群徒即下文屬役、賓客”。[②] 其實,臣妾大概是包括在群徒裏的。“徒”、“屬”意近(《韓非子・解老》“屬之謂徒也”),所以可以用“徒”字泛指隸屬於家長的各種人。《管子・八觀》“室屋衆而人徒寡者,其人不足以處其室”,《墨子・魯問》“今而以夫子之政(《墨子閒詁》從王念孫改“政”爲“教”),家厚於始也。有家厚,謹祭祀鬼神,然而人徒多死,六畜不蕃……”,都以“人徒”泛指家庭人口。不過,在戰國時代的史料裏,當“徒”字所指的範圍比較狹窄的時候,它的意義往往與“役”相當。所以門弟子既可叫“徒”,也可叫“役”,“斷徒”(《魏策一》、《韓策一》)也可以叫“斷役”(《墨子・非攻下》、《公羊傳・宣公十二年》),而且“徒”、“役”往往連稱(《墨子・尚賢中》、《韓非子・顯學》)。屬役其實也就是徒役。從上引這段文字可以知道,戰國時代剝削階級的家庭,除了家長以外,主要有眷屬子弟、臣妾、徒役和賓客這四種人。當然這並不是説每個剝削階級家庭都具備這四種人,而是説總的來看,剝削階級家庭的人口主要是由這四種人構成的。下面對這四種人的情況分别進行討論。

二

眷屬子弟是家長的親屬。剝削階級家庭包含的親屬成員,其範圍往往大於勞動人民的家庭。《尸子・發蒙》:

> 家人子侄和,臣妾力,則家富,丈人雖厚衣食無傷也。子侄不和,臣妾不力,則家貧,丈人雖薄衣食無益也。

這裏所説的顯然是剝削階級家庭的情況。“子侄”也許是“子姓”(泛指子孫)的訛文。但是不管“家人子侄”也好,“家人子姓”也好,其範圍顯然要大於“一夫挾五口,治田百畝”類型的勞動人民家庭。

在地位高、財富多的剝削階級家庭裏,眷屬子弟大概都是脱離勞動的。在一般剝削階級家庭裏,情況就未必完全如此。“子弟”的意思其實跟“庶子”、“餘子”差不多。庶子對父親來説是子,對嫡子來説就是弟。在古代的宗法制度下,子弟的地位是相當低的。《左傳・桓公二年》“士有隸子弟”,杜注:“士卑,自以其子弟爲僕

---

② 據《管子集校》。本文所引《管子》注解皆見此書,以下不再加注。

隸。”[③]《公羊傳·襄公二十七年》記公子鱄對衛獻公說:“夫負羈縶,執鈇鑕,從君東西南北,則是臣僕庶孽之事也”,何休注:“庶孽,衆賤子。”公子鱄是衛獻公的弟弟,所以自稱“庶孽”。這條材料也説明在古人眼裏子弟的地位與臣僕相近。[④] 在宗法制度和宗族組織崩潰的過程裏,家長在家庭内的權威不但沒有受影響,反而得到了加强。家長可以把妻子和兒女出賣,就充分説明了這一點。所以在戰國時代,子弟在家庭裏的地位仍然是卑下的。在一般的剝削階級家庭裏,讓子弟負擔一些僕役的工作,也就是“有事弟子服其勞”的情況,肯定是存在的。在相當多的剝削階級家庭裏,大概還存在子弟從事生産勞動的情況。《管子·問》“鄉子弟力田爲人率者幾何人? 國子弟之無上事,衣食不節,率子弟不田弋獵者幾何人”,把國子弟不田弋獵作爲一種不良現象提出來。可見不但鄉子弟普遍從事生産,國子弟也一定有很多是參加生産的。在參加生産勞動的鄉子弟和國子弟裏,無疑會有剝削階級家庭的子弟。所以戰國時代剝削階級家庭的子弟,大概有不少在實際上也是受到家長的剝削的。

三

臣妾就是奴隸。在戰國時代的史料裏,奴隸的名稱還有虜、臧獲、奴、僕、僮、豎等等。

戰國時代流行的“嚴家無悍虜,而慈母有敗子”[⑤]一類諺語,説明在當時的社會裏奴隸的存在是很普遍的。從戰國史料看,不但剝削階級家庭普遍有奴隸,就是還够不上剝削階級標準的家庭有時也有奴隸。雲夢睡虎地秦墓出土竹簡裏有一批供治獄官吏參考的爰書範本,其中有一篇“封守”爰書:

> 鄉某爰書:以某縣丞某書,封有鞫者某里士五(伍)甲家室、妻、子、臣妾、衣器、畜産。·甲室、人:一宇二内,各有户,内室皆瓦蓋,木大具門,桑十木。·妻曰某,亡不會封。·子大女子某,未有夫。·子小男子某,高六尺五寸。·臣某,妾小女子某。·牡犬一。…… 《文物》1976年8期34頁

③ 杜預此注襲服虔注,服注見引於《儀禮·既夕禮》正義。

④ 子弟的地位接近臣僕的現象,在世界古代史上是常見的。例如在埃及古王國時代就存在大官的庶子做哥哥的僕人或管家,祭司的晚輩做他的奴僕等現象。

⑤ 見《韓非子·顯學》。俘虜是古代奴隸的重要來源,因此奴隸也叫“虜”,即使不是由俘虜充當的奴隸也可以叫做“虜”。《史記·李斯列傳》索隱:“虜,奴隸也。”

士伍是無爵者,地位很低。從爰書所記的人口和財産情況來看,士伍甲也不像是一個能脱離生産勞動的剥削階級,但是他也有一臣一妾。

《莊子·庚桑楚》:

老聃之役有庚桑楚者,偏得老聃之道,以北居畏壘之山。其臣之畫然知者去之,其妾之挈然仁者遠之,擁腫之與居,鞅掌之爲使。

同書《則陽》:

孔子之楚,舍於蟻丘之漿。鄰有夫妻臣妾登極者……子路往視之,其室虚矣。

《莊子》作者在他編造的寓言裏,把進深山潛心修"道"的老子弟子,以及財物少得轉眼之間就能搬空的隱於市的避世者,全都寫成佔有臣妾的人。從這裏更可以看出戰國社會裏奴隸存在的普遍性。

戰國時代,國家掌握着大量主要由罪人、罪人家屬和俘虜充當的奴隸,私家則主要通過收買和接受贈賜這兩條途徑獲得奴隸。我們先談第一條途徑。

在可靠的春秋時代史料裏,很少看到買賣奴隸的現象。到了戰國時代,在宗族組織崩潰、農民中間的公社制殘餘消滅的條件下,隨着商品經濟的發展,奴隸買賣也迅速地發展了起來。

戰國時代,無法生活的貧民或其他破産者被迫出賣妻子兒女,是常見的現象:

相憐以衣食,相惠以佚樂,天饑歲荒,嫁妻賣子者必是家也。

《韓非子·六反》

什一之師三年不解,非有餘食也,則民有鬻子矣。 《管子·八觀》

象牀之直千金,傷此若髮漂,賣妻子不足償之。 《戰國策·齊策三》

有時貧民不把妻、兒一次賣絶,而採取贅的方式。這就是把妻、兒作爲債務的抵押,在一定時期内不能把債還清,妻、兒就被債主沒爲奴婢。《説文》:"贅,以物質錢也。"《漢書·嚴助傳》如淳注:"淮南俗賣子與人作奴婢,名曰贅子,三年不贖遂爲奴婢。"這種現象在戰國時代已經出現。《後漢書·百官志五》注引《太公陰符》説豪民"奪人田宅,贅人妻子"。漢文帝時賈誼上書説商鞅變法後,"秦俗日敗,故秦人家富子壯則出分,家貧子壯則出贅"(《漢書·賈誼傳》)。

有的贅子的主家把贅子招爲女婿,這就是贅婿。賈誼説秦人"家貧子壯則出贅",《漢書》應劭注就解釋爲"出作贅婿"。《史記·滑稽列傳》説淳于髡是"齊之贅婿"。《戰國策·秦策五》說太公望是"齊逐夫",《說苑·尊賢》說是"老婦之出夫",《韓詩外傳》卷八說"太公望少爲人婿,老而見去",看來吕望在戰國時代的傳說裏也變成一個贅婿了。贅婿的社會地位跟奴隸幾乎沒有區别。《六韜·犬韜·練士》"有贅婿、人虜欲掩跡揚名者聚爲一卒,名曰勵鋭之士",就以指奴隸的人虜與贅婿並提。雲夢秦簡所録魏户律和奔命律對贅婿也極其卑視(《文物》1976 年 6 期 14 頁)。從近代西藏等地的民族學資料來看,贅婿實際上往往等於主家的奴隸,古代贅婿的情況大概也差不多。⑥

貧民自賣爲奴的現象在戰國時代也是存在的。《孟子·萬章上》、《史記·商君列傳》等都提到百里奚自鬻的故事。《晏子春秋·雜上·二十四章》述晏子贖越石父的故事,說晏子問越石父爲什麼作臣僕,越石父回答:"不免凍餓之切吾身,是以爲僕也。"似乎也是自賣爲僕的意思。這兩個故事雖然都當作春秋時代的事來說,實際上反映的應該是戰國時代的情況。

奴隸主出賣奴隸也是極常見的現象,所以出現了"賣僕妾售於閭巷者,良僕妾也"的諺語(《戰國策·秦策一》)。

國家也把奴隸賣給私家。《國語·吳語》記越王句踐在伐吳前下令說,軍士不聽命"身斬,妻子鬻"。孫詒讓《周禮正義》(地官·質人)據此認爲"古罪人沒入官者亦或轉鬻私家爲奴婢",是正確的。雲夢秦簡關於秦律的答問裏有如下一條:

> 隸臣將城旦,亡之,完爲城旦,收其外妻、子。子小未可别,令從母爲收。可(何)謂從母爲收?人固買,子小不可别,弗買(賣)子母謂殹(也)。
>
> 《文物》1976 年 8 期 31 頁

可見在一般情況下,被收的罪人妻、子是可以出賣的。⑦ 雲夢秦簡裏還有一篇"告臣"爰書也提到公私之間的奴隸買賣:

> 爰書:某里士五(伍)甲,縛詣男子丙,告曰:丙,甲臣,橋(驕)悍,不田作,不聽甲令,謁買(賣)公,斬以爲城旦,受賈(價)錢。……令少内某、佐某以市正賈(價)賈丙丞某前,丙中人,賈(價)若干錢…… 《文物》1976 年 8 期 35 頁
>
> (《新探》編按:已據文物出版社 1978 年出版的《睡虎地秦墓竹簡》259 頁改變標點)

---

⑥ 參看顧頡剛《史林雜識初編·贅婿》。古代有些非剝削階級家庭也可能有贅婿。這種贅婿的實際地位也許要好一些。《魏户律》說:"民或棄邑居野,入人孤寡,徼人婦女。"可能是指這類贅婿而言的。

⑦ 參看高恒《秦律中"隸臣妾"問題的探討》,《文物》1977 年 7 期 45 頁。

我懷疑士伍甲要賣給公家的臣,本來就是從公家買來的。如果丙不是公家賣出的奴隸,公家就没有義務出錢把丙買下來。要是奴隸主都把不聽令的奴隸賣給公家,公家難道都能接受下來嗎?(《新探》編按:此説無據,這篇爰書只能證明私人有時可以把奴隸賣給國家。)《太平御覽》卷六四二引《古文瑣語》:

> 晉冶氏女徒病,棄之,舞嚚之馬僮飲馬而見之。病徒曰:吾良夢……僮告舞嚚,自往視之,曰:"尚可活,吾買汝。"……遂買之。至舞嚚氏而疾有閒,而生荀林父。

冶氏是管冶鑄的官。《考工記》攻金之工有冶氏,掌造戈戟等武器。冶氏女徒當是冶氏所役使的女刑徒。四年春平相邦劍銘文所記冶工爲"徒冶臣成"(《貞松堂集古遺文》12・22【《集成》18・11694】),可以與此互證。舞嚚買冶氏女徒就是從公家買罪奴。《瑣語》講的是春秋前期的故事,但是反映的大概也是戰國時代的情況。

戰國時代還有掠賣人爲奴的現象。《莊子・徐无鬼》説一個叫子綦的人命他的兒子梱去燕國,"盜得之於道,全而鬻之則難,不若刖之則易,於是乎刖而鬻之於齊"。當時盜掠誘拐他人子女的現象相當常見:

> 今有人於此,入人之場園,取人之桃李瓜薑者,上得且罰之,衆聞則非之……而况有踰於人之牆垣抯格人之子女者乎? 《墨子・天志下》
>
> 齊民相盜家室嬰兒,皆斷無赦。 《墨子・號令》
>
> 司寇司秋以聽獄訟……作於財賄六畜五穀曰盜,誘居室家及幼子曰不義。 《大戴禮記・千乘》

被盜掠誘拐的子女一部分可能爲盜掠誘拐者所直接奴役,大部分大概是像《徐无鬼》所説的那樣,被賣到别處去當奴隸的。

《周禮・地官・質人》"掌成市之貨賄、人民、牛馬、兵器、珍異",鄭注:"人民,奴婢也。"可見奴隸公開在市場上出賣。上引雲夢秦簡"告臣"爰書提到"市正價",就是市場上奴隸的正常價格。王莽詔書也説秦"置奴婢之市,與牛馬同蘭(欄)"(《漢書・王莽傳中》)。

《史記・貨殖列傳》列舉"比千乘之家"的大賈所販賣的各種貨物,有"僮手指千"(即僮百人)一項,又把"僰僮"作爲滇僰的主要産物。這種把奴隸當作一種主要商品的情况,無疑早在戰國時代就已經出現了。

從以上所説的來看,戰國時代的私家如果有足够的金錢,要想買奴隸是很容易的。

下面再談贈賜奴隸的情況。

戰國時代,國家時常以奴隸賞賜有功人員。《商君書·境內》在講到對軍功的獎勵時説:

> 爵吏而爲縣尉,則賜虜六,加五千六百。

虜可能指奴隸,也可能指俘虜。即使是俘虜,被賜者也一定會把他們當作奴隸來使用。雲夢秦簡秦律答問部分提到如下一條律文:

> 有投書,勿發,見輒燔之;能捕者購臣妾二人……
>
> 《文物》1976年8期29頁

可見對其他有功者有時也賞賜奴隸。在漢以後的史料裏,時常可以看到統治者任意把奴隸賜給人的記載。戰國時代的統治者想來也是這樣做的。

私人之間也常常饋贈奴隸。《禮記·曲禮上》"獻民虜者操右袂"。同書《少儀》説,以物"賜人若獻人","牛則執紖,馬則執靮,皆右之,臣則左之"。這裏所説的賜、獻,顯然包括私人間的賜、獻。《越絶書·請糴内傳第六》:

> 太宰嚭對曰:臣聞父子之親,張户别居,贈臣妾馬牛,其志加親。若不與一錢,其志斯疏。

《越絶書》是比較晚的書,它所記的太宰嚭的話未必有什麽根據。但是有奴隸的人家贈子女以臣妾的現象,如西漢卓王孫分給文君僮百人,在戰國時代無疑也是存在的。(《新探》編按:雲夢秦簡關於秦律的答問裏提到"媵臣妾",見《睡虎地秦墓竹簡》224頁。這就是陪嫁的奴隸。)

除去上述兩條主要途徑,私家還有一些獲得奴隸的路子。

前面已經講過,盜掠誘拐他人子女的人,可能會把一部分盜掠誘拐來的子女當作自己的奴隸。漢以後史料裏常見的有權勢者强抑良民爲奴的現象,在戰國時代大概也不會不存在。

捕捉他人的逃亡奴隸,也是取得奴隸的一種方法。《周禮·秋官·朝士》:

> 凡得獲貨賄、人民、六畜者,委于朝,告于士,旬而舉之,大者公之,小者庶民私之。

鄭注:"人民謂刑人、奴隸逃亡者。"按照《周禮》所説,抓住逃亡奴隸必須交公,如果過十天無人認領,大奴歸公,小奴歸獲者所得。實際上,像《尚書·費誓》所説的抓住逋逃臣妾"不復"(不歸還)的情況一定是存在的。

有的奴隸生有子女,這也是主人的奴隸來源。雲夢秦簡說:"人奴擅殺子,城旦黥之,畀主","人奴妾治(笞)子,子以肓死,黥顔頯,畀主"(《文物》1976年8期29頁)。這裏所說的"子"顯然是奴隸自己生的兒女,即所謂"奴産子生"。秦代末年,統治者曾"免酈山徒人、奴産子生,悉發以擊楚大軍"(《史記・陳涉世家》)。《漢書・陳勝傳》作"奴産子",顔注:"猶今人云家生奴也。"奴産子生跟罪奴一起被"免",可見也是奴隸身份。(《新探》編按:吳榮曾同志告訴我,從雲夢秦簡屢稱"人奴""人奴妾"來看,《史記》《漢書》"酈山徒人"之"人"實當屬下讀,"奴産子"應爲"人奴産子",其說有理,當據改。)【編按:郭永秉指出,吕思勉在1947年出版的《秦漢史》中已將《漢書・陳勝傳》相關文字點作"秦免驪山徒、人奴産子,悉發以擊楚軍。"(上海古籍出版社,1983年據1947年版重印本,513頁)中華書局點校本《史記・陳涉世家》、《漢書・陳勝傳》亦皆正確斷讀爲"秦免酈(驪)山徒、人奴産子"。】

從雲夢秦簡裏的倉律來看,百姓還可以從公家借用"未使"的隸妾(《文物》1976年7期2頁),這也是很可注意的。

戰國時代私家所有的大量奴隸,是怎樣使用的呢?

在地位較高和比較富有的剝削階級家庭裏,有專門服侍主人的婢妾、女樂以及從事典謁、護衛等工作的男奴。這些奴隸大概基本上是脱離生産的。不過在全部私家奴隸裏,他們顯然是少數。

第二節所引《尸子・發蒙》把臣妾"力"或"不力"作爲決定家庭貧富的重要條件,可見奴隸是剝削階級家庭裏的重要勞動力。

在當時主要的生産部門——農業裏,是廣泛使用奴隸的。《韓非子・喻老》:

> 故冬耕之稼,后稷不能羨也;豐年大禾,臧獲不能惡也。

同書《五蠹》又把夏禹"身執耒臿"比爲"臣虜之勞"。這兩條材料都説明,在戰國時代奴隸從事農業生産是普遍的現象。⑧ 雲夢秦簡裏有規定"隸臣田者"糧食標準的倉律(《文物》1976年7期2頁),又有上面引過的指責奴隸"不田作"的"告臣"爰書,更確鑿地證明了從戰國到秦代,官私奴隸都從事農業生産。近年來在江陵鳳凰山發現了一批西漢前期墓,其中有好幾個墓出了遣册。這些墓的大部分,如8、9、

⑧ 參看《中國通史簡編》第一編250頁、葉玉華《戰國社會封建化過程》(《中國古代史分期問題討論集》313頁,三聯書店,1957)。

167 和 168 等號墓所出的遣册,都記有從事田作的奴婢。[⑨] 8 號墓 20 號簡記"大奴師將田操楯(臿)"(《文物》1976 年 6 期圖版 8),將田就是率領奴婢田作的意思。《史記·季布列傳》:"周氏……迺髡鉗季布,衣褐衣,置廣柳車中,并與其家僮數十人之魯朱家所賣之。朱家心知是季布,迺買而置之田,誡其子曰:'田事聽此奴……'。"這就是讓季布"將田"。跟季布一起賣給朱家的僮數十人大概也會有不少被使用在田作上。《史記·平準書》記武帝時算緡錢,令曰:"匿不自占,占不悉,戍邊一歲,沒入緡錢……賈人有市籍者及其家屬皆無得籍名田以便農,敢犯令,沒入田、僮。"後來治郡國緡錢,"得民財物以億計,奴婢以千萬數。田,大縣數百頃,小縣百餘頃,宅亦如之。於是商賈中家以上大率破"。這些與田並提的僮、奴婢一定也有很多是使用在田作上的。在西漢時代,農業上使用奴隸還這樣普遍,戰國時代就可想而知了。

古有女工妾(《晉語》七)、蠶妾(《左傳·僖公二十三年》)等名稱。《大戴禮記·夏小正》:"三月……妾、子始蠶。"在戰國時代的剝削階級家庭裏,蠶桑、紡織一類工作大概主要也是由女奴隸擔承的。

在畜牧業上,戰國時代也普遍使用奴隸。這從戰國史料裏常見的"牧豎"(《楚辭·天問》)、"牧童"(《吕氏春秋·疑似》)、"馬僮"(《太平御覽》卷六四二引《古文瑣語》)、"牛童馬圉"(《尉繚子·武議》)、"牛豎馬洗"(《六韜·龍韜·將威》)一類名稱就可以看出來。《莊子·駢拇》"臧與穀二人相與牧羊",《韓非子·五蠹》"千仞之山,跛牂易牧者,夷也","牂"就是《莊子》"臧"的借字,也是奴隸的名稱。[⑩]《史記·貨殖列傳》所記的"畜至用穀量馬牛"的烏氏倮那樣的大畜牧主,肯定會使用大量的僮豎。

戰國時代的奴隸被大量使用在工商業上,是大家都承認的事實。《史記·貨殖列傳》說大商人白圭"能薄飲食,忍嗜欲,節衣服,與用事僮僕同苦樂",又說"蜀卓氏之先,趙人也,用鐵冶富。秦破趙,遷卓氏……致之臨邛,大喜。即鐵山鼓鑄,運籌策,傾滇蜀之民,富至僮千人……"。卓氏富至僮千人是秦以後的事情。但是在秦滅趙以前,卓氏就已經"用鐵冶富",當時他們一定已經在大量使用奴隸了。

總之,戰國時代的私家奴隸是廣泛使用在各種生產上的,而且有些私家佔有的

---

⑨ 參看《關於鳳凰山一六八號漢墓座談紀要》(《文物》1975 年 9 期 10—11 頁)、《江陵鳳凰山八號漢墓竹簡試釋》(《文物》1976 年 6 期 71、75 頁)、《鳳凰山一六七號漢墓遣策考釋》(《文物》1976 年 10 期 39 頁)。

⑩ 參看尹桐陽《韓非子新釋》。古人稱奴爲臧見《方言》三。

生產奴隸的數量顯然是很大的。

應該指出,封君、官僚一類人,由於他們有食邑、俸祿等收入,又喜歡擺排場,家庭裏不從事生產的奴隸在全部奴隸中的比重,應該會比一般剝削階級大。承認這一點,並不等於說這些人家裏從事生產的奴隸就一定很少。西漢時富平侯張安世“家童七百人,皆有手技作事”(《漢書・張安世傳》),當然是比較特殊的現象。但是,一般的封君、官僚也決不會把從生產上剝削奴隸這件事看得無足輕重。吕不韋家僮多至萬人,嫪毐家僮數千人(《史記・吕不韋列傳》)。很難設想在這成千上萬的奴隸裏,會沒有相當數量的人去從事生產勞動。吕不韋就算富有,恐怕也養不起不事生產的一萬個奴隸,外加他的“食客三千人”(《吕不韋列傳》)。

四

私家徒役的地位高於臣妾,主人沒有買賣他們的權力。他們對主人的依附關係也並不十分嚴格,似乎不存在一當徒役就終身不能脱離主人的情況。

私家徒役是怎樣產生的呢? 這得從春秋時代私家(卿大夫家)的“臣”“徒”講起。

春秋時代的私家有兩種臣。一種臣是由俘虜、被征服者等充當的奴隸。一種臣本來大都是貴族或國人家庭的子弟,由於某種經濟或政治的原因,自動或被迫依附私家爲臣。[11] 他們跟主人的關係近似國家的君臣關係。《左傳・襄公十一年》記魯國三桓“三分公室而各有其一,三子各毁其乘。季氏使其乘之人,以其役邑入者無征,不入者倍征。孟氏使半爲臣,若子若弟,叔孫氏使盡爲臣,不然不舍”。這裏所說的臣就是後一種臣。這種臣也可以稱爲“徒”。《左傳・哀公十四年》:“司馬請瑞焉,以命其徒攻桓氏。其父兄、故臣曰不可,其新臣曰從吾君之命。”“其徒”顯然是指“父兄、故臣”和“新臣”而言的。《左傳・昭公二十五年》記昭公伐季氏,季平子“請以五乘亡”,昭公不許,子家子諫昭公說:“君其許之。政自之出久矣,隱民多取食焉,爲之徒者衆矣。”“爲之徒”就是投靠季氏爲臣。這種依附私家的“臣”“徒”,通常是充當主人的家臣或衛士,而不是使用在生產勞動上的。從《左傳》的記載來看,他們所起的最重要的作用,似乎是在貴族之間的武裝鬥爭中充當主人的打手。

---

⑪ 劉師培《古政原始論・宗法原始論》認爲“春秋之時卿大夫之庶子皆爲家臣”,可參考,但話講得太絶對了。

經過春秋戰國間激烈的社會變化,統治階級中間的宗法制度和宗族組織,以及被統治階級中間帶有農村公社性質的邑、社組織,全都趨於崩潰,社會上的貧富分化越來越顯著。不但來自過去的貴族和國人階層的家庭,就是過去組織在邑、社裏的農民家庭,現在也遇到了需要解決子弟出路的問題。《莊子·天地》記一個寓言,說"堯觀乎華",華封人祝堯多男子,堯不願意,封人問他爲什麼不願意,"堯曰:'多男子則多懼……'封人曰:'……天生萬民,必授之職,多男子而授之職,則何懼之有!'"然而實際情況却是多男子而難以"授之職",所以人們才把"多男子"看成可懼的事情。統治者爲了增加剝削,反對大户,例如商鞅變法就規定"民有二男以上不分異者倍其賦"(《史記·商君列傳》)。這種賦稅政策使子弟的出路問題變得更加嚴重。賈誼說商鞅變法後秦人"家貧子壯則出贅",就是在這種背景下出現的現象。《管子·問》:"餘子父母存,不養而出離者幾何人?"俞樾認爲"離"當讀爲"儷",出儷也是指當贅婿。不過,出贅畢竟還是比較特殊的現象。找出路的子弟,多數走類似春秋時代的私家"臣""徒"的道路。《晏子春秋》說:"夫田氏,國門擊柝之家,父以託其子,兄以託其弟,於今三世矣。"(卷七第十章)父兄託其子弟於田氏,應該就是讓子弟當田氏的徒。國門擊柝之家是地位很低的貧民。《孟子》(萬章下)、《荀子》(榮辱)等書裏談到"抱關擊柝"的時候,都把他們看作非常貧賤的一種人。《晏子春秋》大概是戰國晚期作品,上引這段話實際上反映的應該是戰國時代的情況。在晏子的時候,"國門擊柝"這種人家的子弟可能還沒有資格當田氏的徒。《韓非子·詭使》:"悉租稅,專民力,所以備難充倉府也,而士卒之逃事狀(伏)匿,附託有威之門以避傜賦而上不得者萬數。""士卒"一詞通常指國家賦役的主要負擔者,亦即已經成家立業的正丁。可見在戰國晚期,不但未成家的子弟,就是有家業的正丁也因爲負擔不了沉重的賦役而大量依附私門爲徒。由於上述這些原因,比起春秋時代的私家"臣""徒"來,戰國時代依附私家爲徒的人,數量大大增加了,性質也發生了某些變化。下面我們就來討論戰國時代私家徒役的具體情況。

由於現存戰國史料的特點(多數是諸子書),在關於戰國時代私家徒役的資料裏,最豐富的是從師之徒的資料。所以我們先從這種徒談起。

戰國時代的師徒關係決不能簡單地看成近代的師生關係。《禮記·曲禮上》:

> 宦學事師,非禮不親。

舊說多以"學"或"仕"釋"宦",文義難通。"宦"字从"臣"在屋下,本義是"爲臣隸"(《國語·越語》"與范蠡入宦於吳"韋注)。顧頡剛先生認爲"宦學事師""蓋即如工商業之學徒,執賤役以事其師,於服勞之餘學得若干技能耳"(《浪口村隨筆·宦士宦女》)。這是正確的解釋。《禮記》鄭注説"宦學"之"學""或爲'御'"。御就是服侍的意思,正與"宦"義相近。《韓非子·五蠹》"其患御者積於私門","患御"就應該讀爲"宦御"(劉文典説,據《論衡校釋》"命祿"篇轉引)。古代臣對君要委質:

委質爲臣,無有二心。委質而策死,古之法也。 《國語·晉語九》

徒對師也要委質:

孔子……委質爲弟子者三千人,達徒七十人。 《吕氏春秋·遇合》

子路後儒服委質,因門人而請爲弟子。 《史記·仲尼弟子列傳》

可見師徒關係近於君臣關係。從師的徒在古書中常常被叫做徒役、服役或役:

藏策書,習談論,聚徒役,服文學而議説。 《韓非子·顯學》

仲尼,天下聖人也……爲服役者七十人。 《韓非子·五蠹》

墨子服役百八十人。 《淮南子·泰族》

老聃之役有庚桑楚者,偏得老聃之道,以北居畏壘之山。(司馬彪注:役,學徒弟子。) 《莊子·庚桑楚》

子路旁車而問曰:由得爲役久矣,未嘗見夫子遇人如此其威(畏)也。

《莊子·漁父》

《吕氏春秋》有《誣徒》篇,講老師應該如何對待弟子,舊注:"此篇一名詆役,凡篇中徒字皆作役。"根據以上所述,可以斷定從師之徒就是一種依附私家的徒役。這種徒大概在春秋晚期就已經産生,孔子的弟子是最明顯的例子,不過大量出現是在戰國時代。

從師之徒的數量相當多。傳説孔子弟子多至三千,當然不見得是事實。但是,"墨子服役百八十人",孟子"後車數十乘,從者數百人"(《孟子·滕文公下》),田駢也有"徒百人"(《戰國策·齊策四》),看來實際數量還是很可觀的。從整個社會的範圍來看,從師之徒當然只是私家徒役中的一小部分。投靠其他"有威之門"的徒役肯定要多得多。戰國時代剝削階級家庭的人口往往泛稱爲"人徒"(見第一節),從師的徒也可以稱爲"人徒":

今子宋子嚴然而好説,聚人徒,立師學,成文曲。 《荀子·正論》

這説明徒役是剝削階級家庭人口的重要組成部分。

從師之徒又稱爲弟子。前面講過,古代家庭裏子弟的地位往往與臣僕相近,而充當私家徒役的又多數是離開自己家庭的子弟。這應該就是徒役又可以稱爲弟子的原因。弟子並不是從師之徒的專稱。

戰國時代,封君、官僚的家臣多稱庶子,這其實也是一種徒,只不過地位比一般的徒爲高而已。《史記·商君列傳》:

> 商君者,衛之諸庶孽公子也……鞅少好刑名之學,事魏相公孫痤爲中庶子。

《戰國策·魏策一》和《吕氏春秋·長見》也記此事,"中庶子"皆作"御庶子"。"中"指明庶子在主人宫室之中,"御"指明庶子是侍候主人的,意義並無多大出入。這種家臣還有稱少庶子的(《韓非子·內儲説》上、下),當是因庶子年輕而得名。《戰國策·秦策五》所記文信侯少庶子甘羅就只有十二歲。這種稱爲庶子的家臣大都由出身於上層階級的"庶孽之子"充當,"庶子"的得名原因與"弟子"極爲相類。

戰國時代,國家常常把無力負擔國家規定的賦役的貧家子弟以至一般貧民抑爲徒役,讓他們專門服各種勞役(詳第八節)。在秦國,國家把一部分徒役配給有爵的私家使用,這種徒役也稱爲庶子或弟子。《商君書·境内》:

> 其有爵者乞無爵者以爲庶子,級乞一人。其無役事也,其庶子役其大夫月六日。其役事也,隨而養之。

雲夢秦簡所錄的除弟子律説:

> 當除弟子籍,不得;置任不審,皆耐爲侯(候)。使其弟子贏律,及治(笞)之,貲一甲;決革,二甲。 《文物》1976年7期9頁

秦律的弟子跟《商君書》的庶子顯然是一種人。

除去國家配給的徒役不算,私家的徒役一般是自己投充的。他們依附私家爲徒役,主要不外兩個目的,一是尋求較好的出路,一般是通過所依附的主人謀求出仕。二是躲避沉重的賦役負擔。臣事封君、官僚的庶子和一部分從師的徒顯然抱有前一種目的(當然也不排斥同時抱有後一種目的),他們就是所謂"游宦者"(《商君書·外内》)、"游學者"(《韓非子·五蠹》)、"游宦之士"(《韓非子·八主》)、"游學之人"(《商君書·壹言》)。大部分徒役無疑只抱有後一種目的,即所謂"事私門而完解舍"(《韓非子·五蠹》),"逃事狀(伏)匿,附託有威之門以避傜賦"(《韓非子·詭使》)。(《新探》編按:對很多沒有生産資料的貧家子弟來説,既是爲了逃避賦役,也是爲了找一個可以用勞動換飯吃的地方。)

戰國時代有名的學士往往受到統治者的敬禮,不但不必負擔賦役,而且還受到祿養。《韓非子·顯學》:"夫吏之所稅耕者也,而上之所養學士也。"墨子也說他自己"上無君上之事,下無耕農之難"(《墨子·貴義》)。《莊子·列禦寇》:

鄭人緩也,呻吟裘氏之地,祇三年而緩爲儒,河潤九里,澤及三族。

可見學士成名後還能利用他們的地位蔭庇一批人。真正學成的徒是不多的,但是學不成的徒也可以依靠老師躲避國家的賦役,所以依附名師爲徒的人才會這樣多。那些權勢更大的私家,他們蔭庇徒役躲避國家賦役的能力當然就更大了。

私家徒役越多,國家能直接控制的人口就越少。在徒役問題上,國家跟私家是有矛盾的。《管子·立政》"度爵而制服,量祿而用財,飲食有量,衣服有制,宮室有度,六畜人徒有數……",《荀子·王制》和《王霸》兩篇也都說"衣服有制,宮室有度,人徒有數"。看來國家爲了防止私家佔有過多的徒役,對不同等級的人佔有徒役的數量是有規定的。《墨子·公孟》:"子亦聞乎匿徒之刑之有刑乎?"孫詒讓認爲此文本當作"匿刑徒之有刑乎"。俞樾認爲"'之刑'二字衍文……匿徒謂避役"。按照俞說,匿徒之刑便應該是專門對付違反規定而佔有徒役的私家的刑罰。

《商君書》、《韓非子》等法家著作都把私家跟國家爭奪人口看作嚴重問題,極力反對"游宦"、"游學"或事私門以"完解舍"、"避傜賦"的現象。《商君書·墾令》還主張加强對餘子的役使,並提高解免賦役的條件:

均出餘子之使令,以世使之,又高其解舍,令有甬(庸)官食槩,不可以辟(避)役,而大官未可必得也,則餘子不游事人,則必農。

這段話的意思不是十分清楚,但是顯然是針對餘子大量依附私家爲徒的現象而發的。[12] 那些本來有家業的士卒依附私家爲徒,對國家的影響更大。《韓非子·愛臣》說:"大臣之祿雖大,不得藉威城市;黨與雖衆,不得臣士卒。"把這種現象看成對國家的嚴重威脅,堅決加以反對。雲夢秦簡所錄的一條秦律說"縣毋敢包卒爲弟子"(《文物》1976 年 7 期 9 頁),這大概也是爲了防止私家"臣士卒"。

國家跟私家爭奪徒役的激烈鬥爭,也說明私家佔有的徒役數量一定是很大的。

跟春秋時代私家的"臣""徒"相比,戰國時代私家徒役的來源和性質都要複雜

---

[12] 《墾令》文中"大官未可必得"一句,意思可能是說解免賦役的條件提高後,只有地位很高的大官才能蔭庇徒役,而這樣的大官不多,一般餘子不見得能投靠得上。一般解釋爲餘子搞不到大官做,恐怕不一定對。

一些。

戰國時代的私家徒役大概包含各種不同地位的家庭的子弟,上自公孫鞅一類的貴族子弟,下至貧苦農民和其他貧民的子弟。此外還有負擔不了沉重賦役的士卒。

那些臣事封君、官僚的庶子以及受老師重視的一部分門徒——他們大都出身於上層階級家庭,雖然也要侍候主人或老師,但是一般不參加生産勞動。他們的地位跟春秋時代私家的"臣""徒"比較接近。絶大部分私家徒役顯然是受主人剝削的勞動者。《吕氏春秋·尊師》:

> 治唐圃,疾灌浸,務種樹,織葩屨,結罝網,捆蒲葦,之田野,力耕耘,事五穀,如山林,入川澤,取魚鱉,求鳥獸,此所以尊師也。

可見一般門徒不但要侍候老師,而且還要爲老師從事農業、漁獵等多種生産勞動。《墨子·備梯》說禽滑釐"事子墨子三年,手足胼胝,面目黧黑,役身給使,不敢問欲",這也顯然是從事生産勞動或别的苦役的情況。其他剝削階級家庭裏一般徒役的情況可以由此推知。他們跟從師之徒比起來,大概只會更勞苦而不會更輕松。

在戰國時代的工商業中也使用徒役。《商君書·墾令》:"以商之口數使商,令之廝輿徒重者必當名。"軍隊中的"廝徒""廝輿白徒"是地位低於一般士卒的徒役(參看第八節)。爲商人趕車拉車的"廝輿徒重者",很可能大部分也是依附商人的徒役。楚懷王時代的鄂君啓車節銘文規定鄂君啓如用"檐徒"運貨,"廿檐"折合爲一車。⑬ 檐徒也應該是徒役。

在這裏我們還想附帶談幾種地位接近於私家徒役的人。

在戰國時代的社會裏比較普遍地存在着由於生活無著而投靠有親族關係之家的情況。《論語·學而》記有若的話說:"因不失其親,亦可宗也。"《周書·文酌》"四教:一,守之以信。二,因親就年……",孫詒讓《周書斠補》認爲"因親即《論語》'因不失其親'"。《管子·問》:"問宗子之收昆弟者,以貧從昆弟者幾何家?"這裏雖然提到了宗子,但說的顯然是宗法制度實際上已經崩潰後的現象。在古代宗法制度興盛時期,宗子本來就有庇族的義務,無所謂"收昆弟",一般說也不會有宗子反而從昆弟的現象。昆弟爲宗子所收養以及宗子以貧從昆弟,也都是"因親"。

有些家庭還收養無人撫養的孩子或其他不能自立的人:

---

⑬ 參看于省吾《鄂君啓節考釋》(《考古》1963 年 8 期 446 頁)。

凡國都皆有掌孤，士人（民）死，子孤幼，無父母所養，不能自生者，屬之其鄉黨知識故人。養一孤者，一子無征。養二孤者，二子無征。養三孤者，盡家無征。　　《管子・入國》

問鄉之良家其所牧（收）養者幾何人矣。　　《管子・問》

被收養者的性質跟因親的依附者相當接近。上文作爲因親現象提出來的宗子收昆弟，也可以看作收養。

因親的依附者和被收養者的地位大概介於子弟和徒役之間。估計他們多數會被家長使用在生産勞動上。

此外，在封君、官僚的家庭裏還有一種叫“舍人”的家臣，其地位與“庶子”相近。

主人跟他所剝削的從事生産勞動的徒役之間，存在着哪一種生産關係呢？徒役的地位高於一般奴隸，因此有不少同志認爲徒役跟主人的關係是一種封建依附關係。這種看法是可以商榷的。私家徒役多數是離開父兄的家庭而自己還没有成家的子弟。從我們現在掌握的資料來看，他們成爲徒役以後顯然完全是在主人的經濟裏進行生産勞動的。他們没有處在封建剝削下的小農所擁有的那種自己的個體經濟。所以把他們跟主人之間的關係説成封建制關係是缺乏根據的。私家徒役裏本來是士卒的那些人，可能有兩種情況。一種是拋棄家業而“伏匿”於私門，那就跟本來是子弟的徒役没有什麽區别了。一種是仍然維持原來的家業，但爲了取得私門庇護而付出一定代價，如爲私門服勞役等。《韓非子・愛臣》所説的“臣士卒”和秦律所説的“包卒爲弟子”，可能包含這種情況。這種關係也很難説一定是封建制關係。

我們認爲除了仍然維持自己家業的徒役（估計數量不多）情況比較特殊外，主人跟從事生産勞動的徒役之間的關係，是帶有濃厚的家長奴隸制色彩的階級剝削關係，是主人對臣妾的剝削的一種補充，所以應該屬於奴隸制生産關係的範疇。所以形成這樣的關係，主要有兩方面的原因。一方面由於在戰國時代，長期保存在我國階級社會裏的公社制殘餘——統治階級的宗族組織和被統治階級的邑、社組織，崩潰還不久。一方面由於戰國時代剝削階級的主要剝削對象是本族人，不可能把他們全都變成典型的奴隸。主人跟臣妾之間的關係所帶有的某些家長奴隸制色彩，也可以這樣來解釋。

五

賓客也稱爲食客或客。在地位較高或較富有的剝削階級家庭裏往往有不少長期寄居的客,這是戰國時代新出現的現象。這種人大概是在戰國後期才急劇增多起來的。齊的孟嘗君、魏的信陵君、趙的平原君、楚的春申君和秦的吕不韋都號稱有食客三千人。戰國時代的客一般是不參加生產勞動的。《戰國策・齊策四》和《史記・孟嘗君列傳》所記孟嘗君客馮諼(《史記》作驩)的故事,把客的情況説得最爲具體。

客跟"庶子"等家臣,從實際地位看比較接近。但是客比"庶子"一類人出現得晚,二者跟主人的關係在形式上有明顯的區别。主客關係是相當鬆懈的,跟君臣關係不一樣。《史記・廉頗列傳》:

> 廉頗之免長平歸也,失勢之時,故客盡去。及復用爲將,客又復至。廉頗曰:"客退矣!"客曰:"吁!君何見之晚也。夫天下以市道交,君有勢,我則從君,君無勢則去。此固其理也,有何怨乎?"

"以市道交"點出了一般主客關係的特點。戰國時代商品經濟的發展在這裏也得到了反映。

六

除去上面討論過的臣妾、徒役等人以外,戰國時代的剝削階級還常常剝削雇傭。

在戰國時代,使用雇傭的現象很普遍。《管子・治國》:"耕耨者有時而澤不必足,則民倍貸以取庸矣。"可見小生產者有時也需要"取庸"。當然,大量使用雇傭的還是剝削階級:

> 無得取庸,則大夫家長不建繕…… 《商君書・墾令》
>
> 大夫高其壟,美其室,此奪農事及市庸。 《管子・山至數》

大夫一般都是剝削階級。

充當雇傭的人大都是無力成家立業的貧民。《韓非子・外儲説右下》:

齊桓公微服以巡民家,人有年老而自養者,桓公問其故。對曰:臣有子三人,家貧,無以妻之,傭未反……

這個故事雖然假託齊桓公,反映的顯然是較晚的情況。《周禮・天官・大宰》:

大宰之職……以九職任萬民……九曰閒民,無常職轉移執事。

鄭玄注引鄭司農:"閒民,謂無事業者。轉移爲人執事者,今傭賃也。"這也是沒有家業的貧民。閒民是太宰任民九職之一,他的轉移執事應該是受國家控制的。戰國時代,雇傭一般稱"庸"(也作傭)。"庸"字本來有勞作的意思,而沒有雇的意思。早期的庸應該就是在國家控制下"轉移執事"的一種徒役。

清代以來多次出土的戰國時代楚國的一種"王命"節,刻有如下銘文:[⑭]

王命,命遽(傳)賃一檐,飤之。

"賃"與《荀子・議兵》"賃市傭而戰之"的"賃"同意。檐就是見於鄂君啓節的檐徒。節銘的意思是説,王命令驛傳賃給持此節者一個檐徒,並供給他膳食。這種由公家賃給人的檐徒,大概就是國家控制的徒役。

《吕氏春秋・上農》"農不上聞,不敢私籍於庸",上聞是上報官府的意思。《商君書・墾令》等還談到爲了驅民歸農應該禁止私家取庸。看來國家對私家使用庸是有控制的。但是不管國家怎樣控制,由於貧民不斷增加,商品經濟不斷發展,並由於剝削階級越來越需要勞動積極性較高的勞動力,在戰國後期,庸的使用顯然越來越普遍了,主人跟庸的關係就多數情況來説,也已經發展成一般的雇傭關係。

當時出現了"市庸"的名稱:

自晝甲見丙陰(蔭)市庸中,而捕以來自出。

雲夢秦簡(《文物》1976年8期34頁)

齊人隆技擊,其技也,得一首者,則賜贖錙金……是其去賃市傭而戰之,幾矣。

《荀子・議兵》

上文所引《管子・山至數》也提到市庸。可見庸往往集中在市裏待人雇用。[⑮] 這一

⑭ 王命節共有五器,見《三代》18・36下【《集成》18・12097】、《湖南省文物圖録》圖版51【《集成》18・12100】等。詳細出處見《文物》1963年3期48頁。

⑮ 《説苑・善説》所記莊周貸粟故事還提到了"傭肆",但此段文字本《莊子・外物》,《外物》未提"傭肆"。

方面反映了庸的數量的增多,一方面也反映了商品經濟對雇傭關係的影響。

《韓非子·外儲說左上》對戰國後期的雇傭關係有一段很好的描寫:

> 取庸作者進美羹。……夫賣庸而播耕者,主人費家而美食,調布而求易錢者,非愛庸客也。曰如是,耕者且深,耨者熟耘也。庸客致力而疾耘耕者,盡巧而正畦陌畦畤,非愛主人也。曰如是,羹且美,錢布且易云也。

這就是所謂"傭徒鬻賣之道"(《荀子·議兵》)。

《韓非子》把庸稱爲庸客,這也是很可注意的。壽縣所出戰國晚期楚器,從器上所刻銘文看,有很多是"鑄客"所作。鑄客應該就是從事冶鑄業的高級雇工。(《新探》編按:李家浩《楚國官印考釋》指出"鑄客"是楚國官名,見《語言研究》1987年1期124頁。此處關於鑄客的文字應删。)稱客的雇工的出現,跟食客的出現是平行的現象。

應該指出,雖然出現了上述情況,庸的社會地位一般説仍然是很低的,直到秦漢時代都還是這樣。如爲人傭耕的陳勝,是居於"閭左"的沒有正式家業的貧民,秦二世時"發閭左",他被謫戍漁陽。⑯ 漢初的賈誼稱他爲"甿隸之人而遷徙之徒"(《史記·秦始皇本紀贊》及《陳涉世家贊》引《過秦論》)。《方言三》:"臧、甬、侮、獲,奴婢賤稱也。……自關而東陳魏宋楚之間,保庸謂之甬。"竟把庸跟奴婢並提。秦漢時代"保""庸"常常連稱,"保"本來由於這種人爲主人所"保養"、"保護"而得名,就是一種徒役身份的人(詳另文。《新探》編按:即發表於《中國史研究》1979年4期的《新發現的居延漢簡的幾個問題》)。西漢時條侯家"取庸苦之,不予錢"(《史記·絳侯周勃世家》),這類現象在戰國時代也不會不存在。我們切不可把古代的雇傭關係看得太現代化了。

戰國時代似乎也有以傭工抵債的形式。《韓非子·顯學》:

> 儒者破家而葬,賃子而償。⑰

這大概是説由於辦喪事借了錢,就把兒子賃給人做工以抵債。

七

很多同志認爲在商鞅變法以後,租佃關係就迅速地發展了起來。這種看法如

---

⑯ 參看楊寬《古史新探》134頁。

⑰ 後四字據《北堂書鈔》卷九二、《太平御覽》卷五五五引文補。

果正確，戰國時代的剝削階級在剝削臣妾、徒役和雇傭的同時，還應該剝削着很多佃農。但是在史料裏却看不到這種情况。

徒役不是封建依附農民，這一點在第四節裏已經討論過了。他們不可能是佃農。有人把下引《吕氏春秋·高義》篇的"賓萌"說成佃農：

> 翟度身而衣，量腹而食，比於賓萌，未敢求仕。

這是十分牽强的。把賓萌解釋爲外來的氓或雇農，[18]顯然要合理得多。

《吕氏春秋·審分》：

> 今以衆地者，公作則遲，有所匿其力也；分地則速，無所匿遲也。

有些同志把"分地"解釋爲分租土地給佃農。我們認爲也有問題。這一段開頭的"以衆地"跟同書《慎人》篇"舜之耕漁……以其徒屬掘地財，取水利"，意思非常相似。"以衆地"應該是指用很多徒屬，即臣妾、徒役一類人去種地。分地就是要他們在勞動時各包一塊地，以便於主人考核勤惰。這至多只能說明產生租佃關係的經濟條件已經比較成熟，不能直接說成租佃關係。

主張戰國時代租佃關係已經得到發展的同志，其實只有一條有力的證據，那就是下面所引的董仲舒上書給漢武帝時所說的一段話：

> 至秦則不然，用商鞅之法，改帝王之制，除井田，民得賣買，富者田連仟佰，貧者亡(無)立錐之地。……或耕豪民之田，見稅什五。　《漢書·食貨志上》

現在我們就來看看這段話到底應該怎樣理解。

關於商鞅在田制方面所採取的主要改革措施有以下一些史料：

> (秦孝公)十二年……爲田，開阡陌。　《史記·秦本紀》
>
> 爲田，開阡陌封疆而賦稅平。　《史記·商君列傳》
>
> 夫商君爲秦孝公明法令……決裂阡陌，以静生民之業而一其俗。　《史記·范雎蔡澤列傳》
>
> 孝公用商君，制轅田，開仟伯。　《漢書·地理志下》

《地理志》張晏注："周制三年一易，以同美惡。商鞅始割裂田地，開立阡陌，令民各有常制。"這是正確的解釋。制轅田是取消農村公社三年一換土的制度，讓農民"自爰其田"——在自己固定的份地上分塊輪流休耕和耕作。開阡陌是把田地分

---

⑱ 參看林甘泉《中國封建土地所有制的形成》，《歷史研究》1963年1期115頁。

割爲百畝一塊，千畝一塊，在百畝、千畝的周圍都築起長期性的田界。[19] 田界叫阡陌，千畝一塊、百畝一塊的田也可以叫做阡陌。從田界講是“開立”，從田畝講是“決裂”。這樣做了以後，農民對土地的使用權鞏固了，國家管理土地、徵收賦稅也方便了。所以《范睢蔡澤列傳》把“決裂阡陌”作爲“以靜生民之業”的措施之一，《商君列傳》也說“爲田開阡陌封疆而賦稅平”。從這一措施裏絲毫看不出允許人民買賣土地的意思。當然，從長遠看，廢除三年一换土的舊制，鞏固農民的土地使用權，必然會逐漸導致土地私有和土地買賣的現象。但是，這需要一個相當長的過程，決不可能在變法以後很快就出現這種現象。實際上直到西漢文帝時代，土地兼併都還不算嚴重。[20]

在戰國時代，各國大概都是實行授田制的：

> 魏氏之行田也以百畝，鄴獨二百畝，是田惡也。《吕氏春秋·樂成》
>
> 叚門逆吕（旅），贅婿後父，勿令爲户，勿鼠（予）田宇。
>
> 《魏户律》（見雲夢秦簡，《文物》1976年6期14頁）
>
> 遂人，掌邦之野……以歲時稽其人民而授之田野……辨其野之土：上地、中地、下地，以頒田里。上地，夫一廛，田百畝，萊五十畝，餘夫亦如之。中地，夫一廛，田百畝，萊百畝，餘夫亦如之。下地，夫一廛，田百畝，萊二百畝，餘夫亦如之。《周禮·地官·遂人》
>
> 大司徒之職……凡造都鄙，制其地域而封溝之，以其室數制之。不易之地家百畝，一易之地家二百畝，再易之地家三百畝。《周禮·地官·大司徒》
>
> 凡國都皆有掌媒……取鰥寡而和合之，予田宅而家室之。《管子·入國》

1972年臨沂銀雀山西漢前期墓所出竹簡中有《田法》一篇，可能是戰國時齊人所作。篇中也有“州、鄉以地次受田於野”之文（《新探》編按：見文物出版社1985年出版的《銀雀山漢墓竹簡〔壹〕》釋文部分146頁）。雲夢秦簡的田律部分有一條律

---

[19] 漢唐人都把開阡陌解釋爲置立阡陌。宋代朱熹作《開阡陌辨》提出了開阡陌爲廢阡陌的新說，近人多信從之。其實此說不可信。從古代文獻看，商鞅以前沒有阡陌之稱，商鞅以後一直到漢代則常見阡陌之稱。雲夢秦簡關於法律的答問裏有一條說：“封即田千（阡）佰（陌）頃半（畔）封殹（也）且非是。”（《文物》1976年8期32頁）這是商鞅曾立阡陌而未曾廢阡陌的確證。在商鞅的時代，秦國沒有開墾的土地多得很，根本不存在朱熹所說的把阡陌開成田地的需要。參看陳登原《中國文化史》上176頁、徐中舒《試論周代田制及其社會性質》（《中國的奴隸制與封建制分期問題論文選集》，三聯書店，1956，488頁）。

[20] 《漢書·食貨志上》記哀帝時師丹輔政建言，有文帝時“未有併兼之害，故不爲民田及奴婢爲限”之語。

文說：

入頃芻稾，以其受田之數，無豤（墾）不豤（墾），頃入芻三石、稾二石。

《文物》1976年7期1頁

這就確鑿地證明秦國在商鞅變法以後也是實行授田制的。在授田制下，土地基本上應該是掌握在國家手裏的。

一方面大量存在授田制的史料，另一方面要在可靠的戰國時代文獻裏找土地買賣的史料，則相當困難。大家引來引去的也就是下面這兩條：

王（壬）登一日而見二中大夫，予之田宅。中牟之人棄其田耘，賣宅圃而隨文學者，邑之半。　《韓非子・外儲說左上》

今括一旦爲將……王所賜金帛，歸藏於家而日視便利田宅可買者買之。

《史記・廉頗藺相如列傳》（《太平御覽》卷二九二引《國策》略同）

前一條只講賣宅圃，田耘則棄而不賣。這還是土地買賣剛萌芽時候的情況。所以根據現有史料看，我們只能認爲在戰國時代土地買賣雖然已經出現，但還不是常見的現象。

戰國時代土地買賣所處的階段，大概跟三十年代甘肅卓尼楊土司統治地區的土地買賣很相似。當時卓尼人民所耕之田，"主權屬於土司，人民耕其田而服其役，準耕不準賣。不能續耕者，則還其田於土司，另授他人。……惟田地雖有禁止私賣之制，然終年久令弛。又以番人多出家爲僧，人口不殖，故私讓與漢、回人者，所在多有。土司方面因賦役無缺遂亦任其自然"。[21] 戰國社會的性質跟三十年代卓尼土司統治地區的社會當然不見得相同，但是二者的土地制度在形式上似乎頗有相似之處。

董仲舒所說的土地買賣情況，顯然是以他當時所見的漢代社會的情況爲範本的。這決不是戰國時代的實際情況。因此所謂"或耕豪民之田見稅什五"，是不是戰國時代的情況，也就值得懷疑了。既然我們在戰國時代的史料裏找不到一條確鑿的關於租佃關係的史料，就不應該僅僅根據董仲舒的一句話而斷定戰國時代已經有比較發達的租佃關係。

我們並不認爲戰國時代不可能有租佃關係。但是即使有租佃關係，也一定是很不普遍的，對整個社會的性質還起不了多大影響。

---

[21] 王樹民《洮州日記》，《責善》1卷23期。

《管子・揆度》:“民之無本者貸之圃彊。”同書《輕重甲》“民無以與正籍者,予之長假”,馬元材解釋說:“謂民之無産業無納税能力者,由政府以國有苑囿公田池澤長期假之,《揆度》篇所謂‘民之無本者貸之圃彊’是也。”如果《管子》的這兩篇確是戰國時代著作,就可以證明戰國時代已經開始“假民公田”。戰國時代對無力負擔賦役的貧民往往不授田(詳下節),因此完全有可能在實行授田制的同時,又把田地假給某些貧民。但是研究《管子》的學者大都認爲這兩篇是西漢作品,究竟能不能用來説明戰國時代的情況還是個問題。

八

根據以上的論述,可以斷定戰國時代一般的剝削階級主要是剝削奴隸、徒役和雇傭這三種人的。雇傭剝削在古代一般不起決定社會性質的作用。徒役和主人的關係,按照我們的看法屬於奴隸制生産關係的範疇。所以我們認爲戰國時代一般的剝削階級是奴隸主。但是即使肯定了這一點,也不等於解決了戰國社會性質問題。因爲在戰國社會裏,除了一般剝削階級對奴隸、徒役和雇傭等人的剝削以外,還存在着國家對它直接控制的勞動人民的剝削。戰國時代的國家掌握着大量由罪犯、罪犯家屬和俘虜等人充當的奴隸,並且把他們廣泛使用在工業、土木建築、農業、畜牧業等生産勞動上。這方面的情況比較明顯,由於篇幅的限制就不在這裏討論了。此外,國家還掌握着數量比奴隸多得多的小生産者(主要是農民)。他們究竟是什麼身份?這便是一個聚訟紛紜的問題了。不少同志並且把戰國秦漢時代的國家跟國家直接控制的農民之間的關係問題,看作古史分期問題的癥結所在。

前面已經説過,春秋以前,剝削階級的宗族組織就是國家的基礎,戰國時代則已經不是這種情況了。因此我們認爲不應該孤立地去考慮戰國時代國家和農民之間的關係,而應該把這個問題放在整個戰國社會階級結構的背景上來加以研究。

我們先從爵等制度談起。一般人最熟悉的爵等制度是秦的二十等爵,其實戰國時代的各個國家都有類似的一套制度。例如五大夫這個爵號就不但存在於秦國,而且也存在於楚(《吕氏春秋・長見》、《楚策一》)、魏(《魏策四》)、趙(《吕氏春秋・無義》、《趙策三》)、燕[22]等國。當然,各國也有不少與秦國不同的爵號,如楚的

---

[22] 見五大夫弩機,《三代》20・57下【《集成》18・11931】。此機從銘文的字體、格式看爲燕器無疑,《三代》目録誤釋銘文第一字爲“秦”。

執珪(《楚策一》等)、魏的長大夫(《吕氏春秋·慎小》)等。(《新探》編按:《史記》的《曹相國世家》、《夏侯嬰列傳》、《灌嬰列傳》等有“七大夫”,疑出楚制,相當於秦二十等爵中的第七級公大夫。戰國初年的曾侯乙墓所出的竹簡也有“七大夫”之稱,不知性質是否相同,參看《曾侯乙墓》上册530頁注274。)由於史料的限制,秦以外各國爵等制度的具體情況已經很難搞清楚。但是戰國時代各國爵等制度的性質基本上應該是一致的。

戰國時代的爵跟春秋以前的爵很不一樣。春秋以前,爵位爲貴族所壟斷。戰國時代,庶人通過建立軍功和向國家納粟等途徑就可以得到爵級:

能得甲首一者,賞爵一級。 《商君書·境内》

士有斬首捕虜之功,必其爵足榮也。 《商君書·君臣》

民有餘糧,使民以粟出官爵。 《商君書·靳令》

(秦王政)四年……百姓内(納)粟千石,拜爵一級。

《史記·秦始皇本紀》

興兵而伐則武爵武任,必勝。按兵而農,粟爵粟任則國富。

《商君書·去彊》

所以古人說:“庶人之有爵禄,非升平之興,蓋自戰國始也。”(《鹽鐵論·險固》引“傳”)

戰國時代的爵是跟具體的經濟利益緊密地聯繫在一起的。從原則上說,爵級越高,佔有田宅、臣妾、徒役的數量就越多:

明尊卑爵秩等級,各以差次。名田宅、臣妾、衣服以家次。

《史記·商君列傳》引《變法令》

能得甲首一者,賞爵一級,益田一頃,益宅九畝,一除庶子一人。

《商君書·境内》

其有爵者乞無爵者以爲庶子,級乞一人。 同上

度爵而制服,量禄而用財,飲食有量,衣服有制,宫室有度,六畜人徒有數,舟車陳器有禁,修生則有軒冕服位穀禄田宅之分,死則有棺椁絞衾壙壟之度。

《管子·立政》

所以一個勞動者如果獲得了爵,就有可能上升爲佔有臣妾和徒役的奴隸主。爵等升得越高,奴隸主也就當得越大。另一方面由於存在着納粟拜爵以及賄賂請託等途徑,富有的奴隸主即使没有功勞也能想法獲得爵級,以提高自己的政治地位。例

如商賈在戰國時代是比較受鄙視的一種人,但是《韓非子·五蠹》說:

今世近習之請行則官爵可買,官爵可買則商賈不卑也矣。

《管子·八觀》說:

金玉貨財商賈之人,不論志行而有爵祿也,則上令輕,法制毀。

可見富有的商賈是有辦法弄到爵級而變得"不卑"的。

戰國時代的爵級可以分成幾個大的等級,例如秦的二十等爵就可以分成士、大夫、卿、侯四級:

自一爵以上至不更四等皆士也,大夫以上至五大夫五等比大夫也……自左庶長以上至大庶長,九卿之義也。關內侯者,依古圻內子男之義也……徹侯者,古列國諸侯之義也。 《續漢書·百官志》注引劉劭《爵制》

能够達到侯一級(包括關內侯、徹侯)的人是很少的,達到卿一級的人也不會多。戰國史料裹常常可以看到大夫之稱,例如:

無得取庸,則大夫家長不建繕…… 《商君書·墾草》
其庶子役其大夫月六日。 《商君書·境內》
外人來游在大夫之家者幾何人。 《管子·問》
牧(收)賢大夫及有方技者若工,弟之。 《墨子·迎敵祠》
縣各上其縣中豪傑若謀士居大夫重厚口數多少。 《墨子·號令》

他們應該是有大夫等級的那些爵級的人。根據我們前面的討論,這種人都應該是奴隸主。

爵和官是兩個系統,但是有功勞應受獎勵的人往往可以在受爵和爲官吏這兩條道路裹任選一條:

商君之法曰:斬一首者爵一級,欲爲官者爲五十石之官。斬二首者爵二級,欲爲官者爲百石之官。 《韓非子·定法》

……事已,皆各以其賈(價)倍償之,又用其賈貴賤多少賜爵,欲爲吏者許之。 《墨子·號令》

可見有爵者的地位與官吏差不多。事實上大官一般都是高爵。

有士一級爵(不更以下)的人,也叫卒:

……自二級已(以)上至不更,命曰卒。 《商君書·境內》

一般無爵平民叫士伍。古書常見的"士卒"和"卒"通常是把有士一級爵的人和士伍都包括在内的。士卒之中,尤其是在有爵的士卒中,有一些較小的奴隸主。不過,大部分士卒顯然是勞動農民,平時農耕,作戰時則當卒,他們是國家賦役的主要負擔者。

戰國時代的國家,對農民控制得非常嚴。統治者不但通過什伍相連等方法禁止農民"逃徙",並且當他們認爲農民種田不勤勉,糧食生産得太少的時候,就對農民施加極其嚴厲的懲罰:㉓

> 大司寇……以五刑糾萬民:一曰野刑,上功糾力。(鄭注:功,農功。力,勤力。)……以圜土聚教罷民。(鄭注:圜土,獄城也,聚罷民其中,困苦以教之爲善也。)㉔　《周禮・秋官・大司寇》
>
> 事末利及怠而貧者舉以爲收孥。　《史記・商君列傳》引《變法令》
>
> (春至)十日之内,室無處女,路無行人,苟不樹藝者,謂之賊人。下作之地,上作之天,謂之不服之民。處里爲下陳,處師爲下通(庸?),謂之役夫。三不樹而主使之。　《管子・輕重己》
>
> 卒歲田入少人五十斗者,□之。卒歲少入百斗者,罰爲公人一歲。卒歲少入二百斗者,罰爲公人二歲。出之之歲,[少入□百斗]者,以爲公人終身。卒歲少入三百斗者,黥刑以爲公人。　銀雀山漢墓所出《田法》
>
> (《新探》編按:見《銀雀山漢墓竹簡〔壹〕》釋文部分146頁)
>
> 魏三月上祀,農官讀法,法曰……上上之田收下下,女則有罰。
>
> 《七國考》卷二"農官讀法"條引桓子《新論》
>
> (仲秋之月)乃命有司,趣民收斂,務蓄菜,多積聚,乃勸種麥,無(毋)或失時。其有失時,行罪無疑。　《吕氏春秋・仲秋紀》(《月令》略同)
>
> 耕者用力不農,有罪無赦。　《管子・大匡》
>
> 農不力田,墨乃家畜。　《吕氏春秋・上農》

"以圜土聚教罷民",就是把統治者認爲不好好生産的人拘禁起來罰服勞役。"舉以爲收孥"當指把"事末利及怠而貧者"的家屬沒爲奴隸。"處里爲下陳,處師爲下通,謂之役夫",就是罰"不樹藝者"當徒役。"主使之"的意思不大清楚,疑指罰作終身徒役,或是配給私家由主人來役使他。《田法》所説的"公人"是專門給公家服

㉓ 此段多據吳榮曾《周代的農村公社制度》,載《北大史學論叢》。

㉔ 《國語・周語上》"土不備墾,辟在司寇",可以與此對照。

賤役的人,《田法》中有"上使公人可使畜長者養牛馬及狗豕鷄"之文,可證。這種人也是一種徒役。(《新探》編按:據《尉繚子·重刑令》,某些犯軍法的人要受到"身戮家殘……男女公於官""身死家殘,男女公於官"的懲罰。"公人"似即指"公於官"的人,其身份應近於公家的奴隸。)《墨子·尚賢中》:"故古者聖王甚尊尚賢而任使能……賢者舉而上之,富而貴之,以爲官長;不肖者抑而廢之,貧而賤之,以爲徒役。"在統治者看來,生産不能符合他們要求的農民就是"不肖者",必須抑"以爲徒役"。

戰國時代農民的賦役負擔極爲沉重,再加上商業和高利貸剝削等因素,造成了農民大量破産的局面。說明這種情況的史料很多,這裏只引一條爲例:

> 凡農者,月不足而歲有餘者也。而上徵暴急無時,則民倍貸以給上之徵矣。耕耨者有時而澤不必足,則民倍貸以取庸矣。秋糴以五,春糶以束,是又倍貸也。故以上之徵而倍取於民者四。關市之租、府庫之徵、粟什一、厮輿之事,此四時亦當一倍貸矣。夫以一民養四主,故逃徙者刑而上不能止者,粟少而民無積也。
>
> 《管子·治國》

破産農民除了以"盜賊"的形式進行反抗或成爲流民外,就只有接受統治者的懲罰淪爲國家控制的徒役甚至罪奴,或是走依附私家爲徒甚至賣身爲奴的道路了。

《管子·入國》:

> 凡國都皆有掌媒,丈夫無妻曰鰥,婦人無夫曰寡,取鰥寡而合和之,予田宅而家室之。

這從反面說明無力成家的男子沒有接受田宅的資格。第六節講雇傭的時候,曾引過老人"有子三人,家貧無以妻之,傭未反"的故事,還解釋過《周禮》"閒民無常職轉移執事"的意義。這些充當庸的人顯然都是由於無力成家立業而沒有資格受田的人。戰國時代餘子大量依附私家爲徒或作贅婿的現象,主要也是由於餘子無力成家因而國家不授給他們田宅而造成的。戰國時代可耕地還比較充裕,如果百姓負擔得起賦役,國家不但願意授給他們田宅,並且還允許他們進一步開闢土地。商鞅變法令裏"大小僇力本業耕織致粟帛多者復其身"這一條,就應該包含着鼓勵有餘力者多開土地的意思。《管子·問》:"人之開田而耕者幾何家?"可見這種開地的現象並不是很少見的。《吕氏春秋·上農》:"齒年未長,不敢爲園圃。量力不足,不敢渠地而耕。"如果"量力已足",當然就可以"渠地而耕"了。但是對於沒有家業,負擔不起正規賦役的貧民,國家就不願意授田給他們,《韓非子·顯學》反對

“與貧窮地”就是這個意思。那些已經受田宅的農民,如果生産得不好,負擔不起賦役,也會失去受田宅的資格。《荀子》(儒效、王霸、非十二子)、《韓非子》(安危)、《莊子》(盜跖)、《吕氏春秋》(爲欲)都以“無置錐之地”或“無立錐之地”來形容人的貧窮。這的確是現實情況的反映。不過,造成這種情況的主要原因,是國家的土地政策,而不是民間的土地買賣。

國家對那些由於無力成家而沒有資格受田宅的人,大概主要也是用抑以爲徒役的辦法來剝削他們的。第四節引過的《商君書·墾令》所說的“均出餘子之使令,以世使之”等措施,就是役使無力成家的餘子的辦法。六國古璽有“左邑余子嗇夫”印,[25]余(餘)子嗇夫顯然就是掌管役使餘子的官吏。秦國“有爵者乞無爵者以爲庶子,級乞一人”,這種庶子大概也是由貧苦人家已成年而無力成家的餘子來充當的。《荀子·議兵》說秦國“功賞相長也,五甲首而隸五家”,很可能就是指這種乞庶子的制度。

從以上所述可以知道,戰國時代的國家掌握着很多身份低於一般士卒的徒役。戰爭時,軍隊裏有一大批地位低於士卒的“廝徒負養”(《韓策一》)、“廝輿白徒”(《吕氏春秋·決勝》)等輔助人員。他們大概主要是由徒役充當的。這種人因爲生活待遇低,工作辛苦,又缺乏防身之具,在戰爭中最容易死亡。《公羊傳·宣公十二年》“諸大夫死者數人,廝役扈養死者數百人”,可見其死亡率極高。《周書·大明武》:

> 十藝必明,加之以十因,靡敵不荒(亡)。……十藝:一,大援。二,明從(萌徒)。三,餘子。四,長興。五,代(戍)人。六,刑餘……

孫詒讓《周書斠補》認爲“長興”是“國所興發長充徭役者”。《戰國策·魏策四》:

> (秦國)自四境之內,執法以下,至於長輓者,故畢曰:與嫪氏乎?與吕氏乎?

長輓者當是長期從事挽車運輸一類勞役的人。“長興”也好,“長輓”也好,都應該是長期服勞役的國家徒役。有些徒役可能只用一部分時間服役。例如《商君書》所說的“庶子”,“役其大夫月六日。其役事也,隨而養之”,平時每月只服役六天。不過,從“其役事也,隨而養之”這句話看,庶子平時服役是不受“養”的,也就是說服了役還得自己找飯吃。總之,徒役的生活顯然是十分困苦的。

---

[25] 見《尊古齋古璽集林》一集2·5【《璽彙》0109】等。

現在,我們可以對戰國社會的階級結構作一個粗略的概括了。

在戰國社會裏,大夫以上的階層是剝削階級的主體。他們是以屬於他們的奴隸和徒役爲主要剝削對象的奴隸主。戰國時代的國家,也像私家一樣,直接剝削着大量奴隸和徒役。此外,它還剝削着人數更多的士卒。士卒絶大部分是勞動農民。他們承受着沉重的賦役負擔,時常遭到破産的命運。這個階層不斷爲國家和私家提供新的奴隸和徒役。另一方面,也有一部分士卒上升爲剝削奴隸和徒役的奴隸主。戰國時代的國家顯然是代表奴隸主的利益的。國家跟奴隸主之間也有一定矛盾,例如對人口的爭奪。這就跟代表世族地主利益的魏晉政權,跟世族地主之間也有爭奪人口等鬥爭一樣,並不是什麽奇怪的事情。奴隸主裏有相當多的一部分人還充當着國家的官吏,通過食邑、俸禄等形式分享國家對它所直接控制的士卒、徒役和奴隸的剝削成果。

我們認爲,像這樣一個社會,只能是奴隸制社會而不可能是封建社會。國家跟它所控制的農民之間的關係,只能是奴隸主國家跟它所控制的平民之間的關係,而不是任何一種封建依附關係。這就是我們對戰國社會性質的初步結論。

原載《中國古史論集》(吉林人民出版社,1981),又載《古代文史研究新探》、《切問集》上卷(復旦大學出版社,2005),今據《古代文史研究新探》收入。

嗇夫初探

在雲夢秦簡的秦律部分裏常常可以看到"嗇夫"這種官名,而且嗇夫的名稱很多,計有大嗇夫、縣嗇夫、官嗇夫、離官嗇夫、田嗇夫、倉嗇夫、庫嗇夫、亭嗇夫、司空嗇夫、發弩嗇夫、廄嗇夫、皂嗇夫、苑嗇夫等十多種。因此,秦簡的發表①引起了史學界研究嗇夫的興趣。近兩年來已經發表了幾篇關於嗇夫的專文,如鄭實同志的《嗇夫考——讀雲夢秦簡札記》(以下簡稱"鄭文"),②高敏同志的《論秦律中的嗇夫一官》(以下簡稱"高文")。③ 我們準備在他們的研究的基礎上,對戰國到漢代的各種嗇夫作一次粗略的考察。對於縣所屬的某些與社會經濟有密切關係的嗇夫,我們給予較多的注意。如果能弄清楚這些嗇夫的情況,對古代社會性質的研究無疑是會有幫助的。

一、吏嗇夫和民嗇夫

《管子・君臣上》把嗇夫分成吏嗇夫和人嗇夫兩類:

> 吏嗇夫任事,人嗇夫任教。教在百姓,論在不撓,賞在信誠,體之以君臣,其誠也以守戰。如此,則人嗇夫之事究矣。吏嗇夫盡有訾程事律,論法辟、衡權、斗斛,文劾不以私論,而以事爲正。如此,則吏嗇夫之事究矣。人嗇夫成教,吏嗇夫成律之後,則雖有敦慤忠信者不得善也,而戲豫怠傲者,不得敗也。

---

① 雲夢秦簡是由睡虎地秦墓竹簡整理小組(本文簡稱"整理小組")整理的。釋文首先發表於《文物》1976年6、7、8三期。1977年出版了有簡注的綫裝本《睡虎地秦墓竹簡》(本文簡稱"綫裝本"),1978年出版了有較詳注釋和譯文的《睡虎地秦墓竹簡》(本文簡稱"平裝本")。本文所引秦簡及整理小組注釋,凡是只標明頁次的,都引自平裝本。

② 載《文物》1978年2期,本文引用時只標頁次。

③ 載《社會科學戰綫》1979年1期,本文引用時只標頁次。

尹知章注:“吏嗇夫謂檢束群吏之官也,若督郵之比也”,“人嗇夫亦謂檢束百姓之官”。清人張佩綸認爲“人嗇夫”本當作“民嗇夫”(唐人避太宗諱,多改古書“民”字爲“人”),古書常見的鄉嗇夫“即民嗇夫之類也”;《史記·張釋之列傳》的虎圈嗇夫、《漢書·何武傳》的市嗇夫,“即吏嗇夫之類也”。[④] 兩家對吏嗇夫的解釋不一樣。從秦律看,尹氏的解釋是望文生義的謬說,張氏的解釋則是正確的。

秦律把倉嗇夫、庫嗇夫、田嗇夫等各種負責某一方面事務的嗇夫總稱爲官嗇夫,[⑤]與官嗇夫相對的是縣嗇夫或大嗇夫。鄭文指出秦律的官嗇夫相當於《管子》的吏嗇夫(56 頁),這是很精闢的見解。吏嗇夫也見於《春秋繁露·止雨》:

> ……令縣、鄉、里皆掃社下。縣邑若丞、令、吏嗇夫三人以上(疑此句本當作“縣邑令、丞若吏嗇夫三人以上”),祝一人。鄉嗇夫若吏三人以上,祝一人。里正、父老三人以上,祝一人。……縣社,令、長若丞、尉、官長;各城邑社,嗇夫、里吏正(疑本當作“嗇夫、吏、里正”)、里人,皆出至於社下,餔而罷。

細讀一下這段文字,就可以發現前面講“祝”的那部分提到的吏嗇夫,相當於後面講“社”的那部分提到的官長,即縣所屬的各官之長。由此可以明白吏嗇夫爲什麼又稱官嗇夫。張氏所舉的虎圈嗇夫、市嗇夫,跟秦律的各種官嗇夫一樣,也是負責某一方面事務的官吏,把它們當作吏嗇夫的實例是正確的。

對於秦律的縣嗇夫和大嗇夫,研究者的意見有一些分歧。整理小組認爲縣嗇夫指縣令(36 頁)。至於大嗇夫,綫裝本注認爲指“令、長之類官員”(4 册 61 頁上);平裝本注有一處說“指縣令而言”(117 頁),有一處說“在此即指令、丞”(175 頁),其他出現“大嗇夫”之處未加注。鄭文認爲縣嗇夫和大嗇夫都是“當時縣令的別名”(56 頁)。高文也主張縣嗇夫和大嗇夫是一種人,但認爲這種嗇夫不是縣令,而是“地位僅次於縣令”的“全縣各類嗇夫的總頭”(139 頁)。

從秦律看,縣嗇夫就是縣令,其實是很明白的。鄭文對此已有論證,所舉的第一、第二點理由都是正確的(56 頁)。高文歸納有關律文,認爲“秦時大嗇夫(或縣嗇夫)的職權範圍,除了管轄全縣各種主管某一經濟、業務部門的官嗇夫之外,還得過問士吏行戍事宜、防火防盜事宜和傳達與執行法令等,此外,無疑還得管轄全縣所轄鄉、亭兩級的嗇夫”(139 頁)。試問在一縣之中能管到這麼多重要事務的官

---

④ 據《管子集校》轉引。

⑤ 參看鄭文 56—57 頁,高文 136、137、139 等頁。

員,除了縣令還有誰呢? 顯然,權力如此廣泛的縣嗇夫和縣令並存的局面是不可想象的,二者只能是同一官職的不同稱呼。

鄭文曾舉出《韓非子・說林下》的一條材料,證明戰國時有的國家確曾稱縣邑之長爲嗇夫(56 頁):

晋中行文子出亡,過於縣邑,從者曰:"此嗇夫,公之故人。公奚不休舍,且待後車。"

我們還可以給他補充一條材料。《鶡冠子・王鈇》:

五家爲伍,伍爲之長。十伍爲里,里置有司。四里爲扁,扁爲之長。十扁爲鄉,鄉置師。五鄉爲縣,縣有嗇夫治焉。十縣爲郡,有大夫守焉。

這裏所說的嗇夫,顯然相當於縣令、長。過去很多人認爲《鶡冠子》是相當晚的僞書。馬王堆 3 號漢墓出土的文帝或更早的時候抄寫的《老子》乙本卷前佚書,有很多與《鶡冠子》相同或相近的文句。⑥ 看來《鶡冠子》的著作時代不會晚於秦代。在漢代,縣令、長已經不再稱嗇夫,上引《王鈇》這段文字也可以證明《鶡冠子》不會是漢以後作品。

秦簡南郡守騰文書提到"縣、道嗇夫"(15 頁),就是指縣和道的令、長。秦漢時代把少數民族聚居的縣叫做道。

整理小組綫裝本注說大嗇夫是"令、長之類官員",大概認爲縣令、長以外的各種令、長也可以稱爲大嗇夫。從"大嗇夫"字面上的意義看,這種解釋是合理的。不過在已發現的秦律裏,大嗇夫專指縣令、長的例子是可以找到的,上引平裝本給"大嗇夫"加的第一個注就指出了一個實例。但是能够確鑿地斷定爲其他官吏的大嗇夫,或是包括縣令、長以外令、長在内的大嗇夫,似乎還找不出來。所以"大嗇夫"的範圍究竟等於"縣嗇夫",還是大於"縣嗇夫",是一個需要繼續研究的問題。

秦簡《法律答問》有如下一條:

"僑(矯)丞令"可(何)殹(也)? 爲有秩僞寫其印爲大嗇夫。(175 頁)

整理小組注說這一條的大嗇夫"即指令、丞",是可信的。但是在秦律正式條文裏

---

⑥ 看唐蘭《馬王堆出土〈老子〉乙本卷前古佚書的研究》一文所附《〈老子〉乙本卷前古佚書與其它古籍引文對照表》,《經法》167—188 頁。

經常以大嗇夫與丞並提(84、100、108、117 等頁),可見作爲比較正式的官名的“大嗇夫”,僅僅指令、長而不包括丞。上引那條答問好像把大嗇夫跟長吏等同了起來,大概是非正式的習慣用法(《新探》編按:參看注㊹)。

已發現的秦律裏沒有出現“鄉嗇夫”。但是《漢書·百官志》說西漢時代縣、鄉、亭的制度“皆秦制也”,漢代稱一鄉之長爲嗇夫,無疑也是襲用了秦代的舊名。“嗇”是“穡”的初文,“嗇夫”的本來意思就是收穫莊稼的人。[7] “嗇夫”作爲官名,首先應該應用於鄉嗇夫一類下級基層治民官吏。地位較高的治民官吏或其他官吏也稱爲嗇夫的現象,只有在鄉嗇夫一類名稱使用了相當長的一段時期以後,才有可能出現。所以在秦律的時代,鄉嗇夫這一官名肯定已經存在。鄭文認爲鄉嗇夫和縣嗇夫就是《管子》所說的“人(民)嗇夫”(56 頁),這也是正確的。

二、嗇夫的品級

縣嗇夫、鄉嗇夫是一縣、一鄉之長,官嗇夫一般也都是一“官”(可以是一個部門,也可以是一個具體單位)之長。《春秋繁露》以“吏嗇夫”和“官長”指稱同一種人,就可以說明這一點。從秦律看,官嗇夫之下通常都設有佐、史等輔佐官吏,例不勝舉。[8]《置吏律》說:

> 官嗇夫節(即)不存,令君子毋(無)害者若令史守官,毋令官佐、史守。(95 頁)

從這條律文更可以清楚地看出來,官嗇夫就是他那個“官”的最高官員。

那末,嗇夫和令、長這兩種官名,究竟有什麼區別呢?從秦漢時代的正式官制來看,二者的區別還是很明顯的。

在漢代,縣令、長不稱嗇夫,鄉的主管官員和縣屬各官之長稱嗇夫。[9] 中央官署的情況與縣相類。《漢書·百官表》所載太常至右扶風各中二千石、二千石屬下的各官之長,品秩與縣令、長相當,他們都不稱嗇夫,而多數稱令、長。例如太常“屬

---

⑦ 《書·大誥》“若穡夫,予曷敢不終朕畝”,僞孔傳釋“穡夫”爲“稼穡之夫”。《詩·小雅·甫田》“田畯至喜”,鄭箋:“田畯,司嗇,今之嗇夫也。”似乎“嗇夫”也可以當作主管收穫的人講。

⑧ 參看鄭文 57 頁。

⑨ 關於漢代縣所屬的官嗇夫,詳後第四節。《春秋繁露》把縣屬官嗇夫又稱爲官長,這等於說各官之長,並非正式的官名。

官有太樂、太祝、太宰、太史、太卜、太醫六令、丞,又均官、都水兩長、丞”,前六種屬官之長稱令,後兩種屬官之長稱長。這類令、長屬下的各官之長則往往稱嗇夫。例如少府所屬的上林令⑩的屬官有虎圈嗇夫。《史記・張釋之列傳》:“釋之從(文帝)行,登虎圈。上問上林尉諸禽獸簿……虎圈嗇夫從旁代尉對上所問禽獸簿甚悉……乃詔釋之拜嗇夫爲上林令……”。也屬於少府的掖庭令的屬官有少內嗇夫。《漢書・丙吉傳》記漢宣帝幼時曾養於掖庭,“後少內嗇夫白吉曰:食皇孫亡(無)詔令”,顔師古注:“少內,掖庭主府臧(藏)之官也。”掖庭又有暴室嗇夫。《漢書・孝宣許皇后傳》:“廣漢坐論爲鬼薪,輸掖庭,後爲暴室嗇夫。”《漢書・宣帝紀》:“既壯,(掖庭令張賀)爲取暴室嗇夫許廣漢女。”嗇夫和令、長屬於不同級別,是非常明顯的。

在秦簡裏,雖然縣令、長也稱縣嗇夫,但是仍然可以找到明確講到長和嗇夫這兩種官名的區别的材料。《法律答問》有如下一條:

> “辭者辭廷”・今郡守爲廷不爲? 爲毆(也)。▍“辭者不先辭官長、嗇夫。”▍可(何)謂“官長”? 可(何)謂“嗇夫”? 命都官曰“長”,縣曰“嗇夫”。(192 頁)

鄭文認爲這一條的嗇夫“指作爲縣令的大嗇夫”(56 頁),不確。秦漢時代所謂“廷”,一般指縣廷,⑪所以這條律文的“廷”肯定是包括縣廷在内的。秦律規定“辭者”應辭廷,而不應先辭官長、嗇夫。嗇夫跟縣廷是對立的,顯然不可能指縣令。從“命都官曰長,縣曰嗇夫”這句話來看,這裏的嗇夫應該是指縣的屬官之長而言的。漢代稱京師諸官府爲中都官。《漢書・昭帝紀》(始元四年)“諸給中都官者且減之”,顔注:“中都官,京師諸官府。”有時也簡稱都官。《漢書・宣帝紀》(本始四年)“丞相以下至都官令丞”,顔注:“都官令丞,京師諸署之令丞。”郡、國之官對屬縣而言也是都官。《春秋繁露・止雨》:

> 二十一年甲申朔丙午,江都相仲舒告內史、中尉……止雨之禮,廢陰起陽,書十七縣、八十離鄉及都官吏千石以下夫婦在官者,咸遣歸。

這裏的“都官吏”顯然指江都國直屬各官之吏。秦簡的都官大概也是指中都官或

---

⑩ 據《漢書・百官表》,上林令爲水衡都尉屬官,水衡都尉爲武帝所置,在此之前上林令屬少府。

⑪ 看平裝本 29 頁注及俞偉超《略釋漢代獄辭文例》(《文物》1978 年 1 期 36 頁)。

直屬於内史與郡之官的。⑫ 所以"命都官曰長,縣曰嗇夫"的意思應該是説,中央或内史與郡的屬官之長稱長,縣的屬官之長則稱嗇夫。這顯然也是跟級别的高低有關的。(《新探》編按:日本江村治樹先生來信指出,《漢書·百官表》謂"諸侯王……群卿大夫、都官如漢朝",江都爲王國,故有都官,郡、國情況不同,不能混爲一談。此處"直屬於内史與郡之官"稱都官的説法根據不足。)

從秦律看,各種官嗇夫的確絶大多數是縣的屬官,只有少數是例外。例如《内史雜》説:"苑嗇夫不存,縣爲置守,如廄律。"(106 頁)從這句話的語氣來看,這裏所説的苑嗇夫顯然不是直屬於縣的,大概就是《徭律》所説的縣所"葆"的"禁苑、公馬牛苑"的主管官員(77 頁)。這類苑應該是屬於都官的。《内史雜》説:"縣各告都官在其縣者,寫其官之用律。"(104 頁)都官在其縣者,可以理解爲中央或内史設在縣的範圍裏的都官,也可以理解爲都官設在縣的範圍裏的分支機構。大概這兩種情況實際上都是存在的。《金布律》提到"都官有秩吏及離官嗇夫"(58 頁),整理小組注:"離官,附屬機構,與都官對稱。"(59 頁)大概這種與都官對稱的離官指的就是都官設在縣的範圍裏的分支機構,《内史雜》的"苑嗇夫"就是這種"離官嗇夫"的實例。如果想把這種嗇夫也包括進去,對於上引"縣曰嗇夫"那句話的涵義,就需要理解得廣泛一點。不但縣直屬各官之長稱嗇夫,都官設於縣的離官之長也稱嗇夫。

在這裏有必要對"離官"這個詞進一步作些解釋。古代稱縣治所在之鄉爲都鄉,其它非縣治所在的鄉爲離鄉。⑬ 帝王主要宫殿之外供行幸時居住的宫殿也稱爲離宫。離官的"離",與離鄉、離宫的"離"意義相近。《效律》説:"其它冗吏、令史掾計者,及都倉、庫、田、亭嗇夫坐其離官屬於鄉者,如令、丞。"(124 頁)這裏所説的"都倉、庫、田、亭嗇夫"等官,從上下文看顯然是縣的屬官。可見不但都官設於縣的分支機構稱離官,就是縣屬各官設於鄉的分支機構也可以稱離官。"都倉、庫、田、亭嗇夫",是"都倉嗇夫、都庫嗇夫、都田嗇夫、都亭嗇夫"的省文。"都"字之義可能與都鄉、都官之"都"有别,而與見於《漢書·百官表》的都水、都船、都内等官

---

⑫ 秦的内史轄區大致相當於漢代三輔,是秦的本土。秦律《内史雜》以外的各種律文,似乎也有很多是專對内史所屬各縣講的,有可能是襲用了秦向外擴展設上郡、漢中等郡以前制定的舊律文。上引《法律答問》對律文"辭者辭廷"提出疑問説"今郡守爲廷不爲",也透露出這個消息(秦律本文中明確提到郡的,只有《置吏律》"縣、都官,十二郡……"一條)。内史與郡的性質基本相同,各郡想來是可以援用那些律文來處理自己的問題的。

⑬ 上引《春秋繁露·止雨》有"十七縣、八十離鄉"。《漢書·王莽傳下》:"收合離鄉、小國無城郭者,徙其老弱置大城中。"《墨子·備城門》等也有離鄉。參看注⑯。

名的“都”字相同,是主管、總管的意思。⑭ 也可能都倉、庫、田、亭就是指都鄉的倉、庫、田、亭,⑮都倉、庫、田、亭嗇夫既直接管理都倉、庫、田、亭,又主管全縣的倉、庫、田、亭。不管採取哪一種解釋,事情的實質並無不同。《倉律》:

> 入禾倉,萬石一積而比黎之爲户。縣嗇夫若丞及倉、卿(鄉)相雜以印之,而遺倉嗇夫及離邑倉佐主稟者各一户以氣(餼),自封印。(35 頁)

倉嗇夫與都倉嗇夫當是一官的異名。離邑當指非縣治所在的鄉聚,⑯離邑倉就是倉嗇夫的離官。縣屬官嗇夫的離官,級别比都官設於縣的離官又低了一等,所以沒有資格設嗇夫而只能設佐。⑰ 高文把《金布律》的離官嗇夫理解爲一種嗇夫的專名,並“疑‘離官嗇夫’應作‘離宫嗇夫’”(136 頁),是錯誤的。

應該指出,即使對“縣曰嗇夫”的涵義像上文所説的那樣理解得比較廣泛,這句話仍然不能適用於全部官嗇夫。漢代官制多因襲秦代。漢代都官的屬官,如上文指出的掖庭令所屬的少内、暴室,並非設於縣的離官,但是它們的官長仍然稱嗇夫。秦代都官所屬各官,顯然也不會只有設在縣裏的離官之長才稱嗇夫。所以《法律答問》所説的“縣曰嗇夫”,只能看作針對某些律文而作的解釋,並不是概括各種官嗇夫共同特點的嚴格定義。

從漢代的情况來看,嗇夫除了一般都是一官之長以外,還有一個共同特點,那就是他們都是百石以下的小官吏。鄉嗇夫也同樣符合這個特點。爲了説明這個問題,需要先把“少吏”、“有秩”等有關名詞解釋一下。

漢代的官吏有長吏、少吏之分。《漢書・百官表》:

> 縣令、長皆秦官,掌治其縣。萬户以上爲令,秩千石至六百石。減萬户爲長,秩五百石至三百石。皆有丞、尉,秩四百石至二百石。是爲長吏。百石以下有斗食、佐史之秩,是爲少吏。

中央官署裏也有百石以下的少吏。《後漢書・百官志》劉昭注從《漢官》引録了關於太常以下各中央官署員吏配置的規定。這些員吏裏就有不少“百石”、“斗食”和“佐”。

---

⑭ 參看平裝本 124 頁注。

⑮ 都倉見《居延漢簡甲編》(以下簡稱“居甲”)1919A、2483 等,又見漢定陶鼎(《歷代鐘鼎彝器款識》卷十八)。都亭習見於古書。

⑯ 《後漢書・劉玄傳》“共攻離鄉聚”,李賢注“離鄉聚謂諸鄉聚離散去城郭遠者”。

⑰ 《金布律》有“小官毋(無)嗇夫”之語(59 頁),可參考。

“有秩”作爲一個專門名詞,是指有秩祿的官吏中最低的一級,“言其官裁有秩耳”。⑱《後漢書·百官志五》:“鄉置有秩、三老、游徼。本注曰:有秩,郡所署,秩百石。”敦煌所出的一支王莽時簡說:“敦德步廣尉曲平望塞有秩候長敦德亭閒田東武里五士王參,秩庶士……”。⑲《漢書·王莽傳中》記王莽即真後“更名秩百石曰庶士”,所以秩庶士也就是秩百石。由此可知《百官志》所謂“斗食、佐史之秩”還不算正式官秩。王國維在上引敦煌簡考釋裏說:“漢制計秩自百石始,百石以下謂之斗食,至百石則稱有秩矣。”⑳這是正確的。

但是從另一些史料看,百石之吏與有秩似乎還有區别。在《百官志》注引自《漢官》的關於各官署員吏配置的規定裏,“百石”和“有秩”有時並見於一個官署的員吏之中。例如太常屬官太祝令“員吏四十一人,其二人百石,二人斗食,二十二人佐,二人學事,四人守學事,九人有秩……”,太宰令“員吏四十二人,其二人百石,二人斗食,二十三人佐,九人有秩……”。二者不可能毫無區别。《漢書·外戚傳》:“昭儀位視丞相,爵比諸侯王……無涓、共和、娱靈、保林、良使、夜者,皆視百石。上家人子、中家人子視有秩、斗食云。”從這一條看,有秩的地位好像低於百石。陳夢家先生在《漢簡所見奉例》裏說“西漢時又有‘有秩’一級介於百石與斗食之間”,㉑大概就是以此爲主要根據的。這種說法也有不容易講通的地方。《後漢書·百官志五》所載“百官受奉(俸)例”說“一百石奉,月十六斛。斗食奉,月十一斛。佐史奉,月八斛”,百石與斗食之間並無有秩一級。從下引兩條居延簡可以看到同樣的情況:

☑祭長史君百石吏十二人、斗食吏二人、佐史八十八人,錢萬二☑

居甲 424

百石吏三百
☑ 斗食吏二百
佐史百 76·29,居 180·3549㉒

在其他有關漢代百官俸額的材料裏,也都看不到在百石之外另有有秩一級的痕跡。

---

⑱ 《後漢書·百官志五》劉昭注引《風俗通》語。參看高敏《有秩非嗇夫辨》,《文物》1979 年 3 期。

⑲ 《流沙墜簡》(以下簡稱爲“流”)屯戍叢殘簿書類 42 簡。

⑳ 《流沙墜簡考釋》2·10 上。

㉑ 《文物》1963 年 5 期 40 頁。

㉒ 《居》爲勞榦所編《居延漢簡》的簡稱。76·29 爲簡的發掘號,180 爲圖版頁數,3549 爲簡在釋文中的編號。以下引《居》時不再注。

所以陳氏在提出上引説法的時候補充説:"(有秩)與'比百石'似未曾正式列於秩別名之中。"但是"有秩"在兩漢史料裏是常見的,如果真的是一種不同於百石的秩祿級別的話,爲什麽連不算正式秩祿的"斗食、佐史之秩"都列入秩別名,而有秩反而不列入呢? 至於陳氏所説的"比百石",在史料裏毫無根據,純粹是想象的産物。有秩食百石之禄有確鑿的史料爲根據,是無法否定的。"有秩"和"百石"所以會有區別,應該是由於秩禄以外的原因。通過下面對"有秩嗇夫"的討論,也許能找到解決這個問題的綫索。

現在我們來看看有關嗇夫秩禄的資料。據《後漢書·百官志三》劉昭注所引《漢官》,雒陽市長的屬吏中有百石嗇夫:

(雒陽市長)員吏三十六人:十三人百石嗇夫,十一人斗食,十二人佐。

1973年甘肅居延考古隊在肩水金關發現的漢簡裏有"西鄉有秩嗇夫"的官名:

河平四年七月辛亥朔庚午,西鄉有秩嗇夫誼、守斗食佐輔敢言之……[23]

上引簡文摘自一份長安縣給居延的過所文書,西鄉即長安縣屬鄉。《漢書·百官表》:"鄉有三老、有秩、嗇夫、游徼。"《後漢書·百官志五》"鄉置有秩、三老、游徼。本注曰:有秩,郡所署,秩百石,掌一鄉人。其鄉小者,縣置嗇夫一人",劉昭注引《漢官》:"鄉户五千則置有秩。"上引簡文證明鄉有秩就是鄉有秩嗇夫的省稱,可以糾正對於有秩的一些不正確的理解。

鄭文曾提出有秩就是嗇夫的説法(55頁)。高敏《有秩非嗇夫辨》反對這一説法,認爲"有秩不是嗇夫,二者是不同的兩個官名"。[24] 如果把有秩和嗇夫完全等同起來,當然是不正確的。上引《百官志》本注就可以證明這一點。[25] 跟"有秩"這個詞發生關係的,也決不僅僅是嗇夫這一種官。上文曾舉過見於敦煌簡的"有秩候長",居延簡裏也有有秩候長,[26]並且還有有秩士吏。[27] 漢印裏有"有秩獄史富納"印。[28]《後漢書·百官志五》劉昭注引《漢官》所記雒陽令員吏,有"鄉有秩、獄史五

[23] 此資料尚未發表,蒙甘肅省博物館給予引用的方便,謹致謝意。以下引用新出居延簡時不再加注。

[24] 《文物》1979年3期71頁。

[25] 參看注[24]所引文70頁。

[26] 見62·27(《居》114·2344)、484·76(《居》277·4742)、185·10(《居》261·4563)等。

[27] 見57·6(《居》157·3239)、239·82(《居》550·8826)。

[28] 《訒葊集古印存》26·11。

十六人","獄史"大概也是指有秩獄史。但是上引簡文既已證明鄉有秩就是鄉有秩嗇夫的省稱,"有秩不是嗇夫"的説法也就站不住了。我們只能說有秩嗇夫與一般嗇夫有別,而不能簡單地說"有秩不是嗇夫"。所以鄭文的説法還是有一定道理的,鄭文把《後漢書·仲長統傳》李賢注中的"有秩嗇夫"連讀作一個官名,也可能是正確的。

在東漢時代的史料裏,在鄉有秩之外還可以看到不少用作官名的"有秩"。在《後漢書·百官志》劉昭注所引《漢官》裏,除了上面提到過的太祝令和太宰令員吏中的有秩外,河南尹員吏中也有"諸縣有秩三十五人"。在漢碑裏還有衡官有秩、鹽官有秩等官名。㉙ 這些"有秩"本身就是官名,用法跟有秩候長、有秩獄史等官名裏的"有秩"不同。它們很可能跟鄉有秩一樣,也是有秩嗇夫的省稱。"有秩"一詞最初當然不是專指有秩嗇夫的。《漢書·景帝紀》元年詔:"廷尉信謹與丞相議曰:吏及諸有秩受其官屬、所監、所治、所行、所將,其與飲食,計償費,勿論。"這裏所說的"諸有秩"大概就是指各種有秩小吏而言的。大概由於把"有秩"加在官名上的小吏以嗇夫爲最多,有秩一詞就逐漸變成有秩嗇夫專用的省稱了。在西漢時代,至少鄉有秩嗇夫已經以省稱有秩爲常。㉚ 到東漢時代,其他各種有秩嗇夫大概也都逐漸省稱爲有秩了。㉛ 在漢碑裏百石卒史往往省稱爲百石。《孔廟置守廟百石孔龢碑》記永興元年爲孔子廟置百石卒史之事。㉜ 後於此碑的《韓敕碑陰》和《史晨饗孔廟後碑》有"守廟百石",㉝《韓敕孔廟後碑陰》又稱"守孔子户(?)百石",㉞都把

㉙ 詳後第四節。

㉚ 居延所出西漢簡上"鄉有秩"屢見,如32·17(《居》90·1858)、45·1A(《居》470·7498)、62·53(《居》114·2333)、334·20A(《居》58·1226)等。稱鄉有秩嗇夫的極爲少見。

㉛ 除了上文所舉的衡官有秩、鹽官有秩,漢碑裏還有不少前面未加限制語的有秩。《都鄉正衛彈碑》(《隸釋》卷一五)的有秩應爲都鄉有秩嗇夫。《南安長王君平鄉道碑》(《隸續》卷一一)、《富春丞張君碑》(《隸釋》卷一七)的有秩性質不明。後一碑"有秩"上有缺文,也許本來是有限制語的。《蒼頡廟碑》左側題名,據《集古錄跋尾》卷二"後漢碑陰題名"條,與蓮勺左鄉有秩、池陽左鄉有秩等鄉有秩並列的,尚有池陽集丞有秩(《金石錄》卷一五"漢蒼頡廟人名"條作"池陽集水有秩",《金石萃編》卷一〇著錄的《蒼頡廟碑》已失去此有秩題名)。如"集丞"字無誤,此有秩似應爲主集曹之事的縣丞屬下的有秩嗇夫。《殽阬君神祠碑》(《隸釋》卷二)碑文後題名,首爲丞,次爲左尉,再次爲有秩長安賈福仲餃,其下尚有六十五人名字。洪适認爲賈福以下六十六人都是有秩。如洪說可信,此碑有秩除各種有秩嗇夫外,可能還包括其他有秩吏,當是"有秩"一詞舊用法的殘留。

㉜ 《隸釋》卷一。

㉝ 二碑皆見《隸釋》卷一。

㉞ 《隸續》卷一二。

百石卒史省稱爲百石。《韓敕孔廟後碑陰》還有"文學百石",也可能是文學百石卒史的省稱。這跟有秩嗇夫省稱爲有秩是同類的現象。

如果我們的推測可信,在東漢時代的《漢官》裏百石和有秩在一個官署的員吏裏同時出現的現象,就可以得到解釋了。有秩當指有秩嗇夫,百石當指其他食百石祿的掾屬,二者並不衝突。鄉嗇夫是直接管理人民的,官嗇夫是直接管理各種事務的,職務比較瑣碎。在當時人眼裏,有秩嗇夫的地位大概比不上其他的百石吏,班固在《外戚傳》裏把有秩置於百石之下,跟斗食連在一起(嗇夫裏也有斗食,詳下),也許就是出於這種心理。以上所説的只是一種假設,希望以後能發現更多的史料,使有秩的問題徹底得到解決。

《漢官》所記雒陽市長員吏中的百石嗇夫,跟有秩嗇夫大概是一回事。前面説過,居延簡有"有秩候長"、"有秩士吏",敦煌所出王莽時簡有"秩庶士"的"有秩候長"。此外,居延所出王莽時簡又有"庶士候長"、[35]"庶士士吏、候長",[36]新出居延簡又有"百石士吏"。庶士候長應該就是有秩候長的别名,庶士士吏、百石士吏應該就是有秩士吏的别名。這跟有秩嗇夫或稱百石嗇夫是同類的現象。

在有秩嗇夫之外,居延簡裏還有"斗食嗇夫":

> 顯美傳舍斗食嗇夫莫君里公乘謝横……　　居甲78
>
> 斗食嗇[夫三人]
>
> ☑　佐一人
>
> 凡四[人]　　76・17,居180・3550、3551

《開元占經》卷六十九引《甘氏中官占》也有"斗食嗇夫":

> 甘氏……又曰:樓星監市,斗食嗇夫。

這兩句也見於同書卷七十所引《巫咸中外官占》(作者所據本,卷七十"嗇"字訛作"毒")。《後漢書・百官志五》劉昭注引《漢官》所記雒陽令員吏,有"斗食、令史、嗇夫、假五十人":

> 雒陽令……員吏七百九十六人,十三人四(?)百石,鄉有秩、獄史五十六人,佐史、鄉佐七十七人,斗食、令史、嗇夫、假五十人……

---

[35] 《居甲》627。

[36] 《居甲》1149。

"斗食令史"也可能應該連讀。《漢舊儀》卷上丞相員吏條"令史皆斗食",[37]居延簡也有"斗食令史"官名。[38] 與"斗食、令史"或"斗食令史"並列的"嗇夫",顯然也是指斗食嗇夫而言的。"斗食令史嗇夫假"也有可能就是"斗食令史、斗食嗇夫、斗食假(?)"的省文。非有秩的一般嗇夫,應該都是斗食嗇夫,因爲嗇夫的地位高於佐史,其俸不可能低到佐史一級。

從以上所述可以知道,漢代的嗇夫分有秩(百石)和斗食兩級,都屬於少吏的範圍。

《周禮·天官·敘官》"職內"條賈疏:

> 案王氏《漢官》解云:小官嗇夫,各擅其職。謂倉、庫、少內嗇夫之屬,各自擅其條理所職主。

"小官嗇夫,各擅其職"是王隆《漢官篇》語。"謂倉、庫、少內嗇夫"以下,當是胡廣《漢官解詁》語。王隆是東漢初人,胡廣是東漢中後期人。所謂小官就是百石以下的官。《漢官儀》卷下:"孝武皇帝元狩四年令通官印方寸大,小官印五分。"《漢舊儀》卷下:"皇太子黄金印龜紐,印文曰章,下至二百石皆爲通官印。"二百石以上皆爲通官,小官當然就是百石以下之官了。

揚雄《法言·孝至》"不由其德,五兩之綸,半通之銅,亦泰矣",東晉李軌注:"五兩之綸,半通之銅,皆有秩嗇夫之印綬,印綬之微者也。"《後漢書·仲長統傳》引《昌言·損益》有"身無半通青綸之命"語,李賢注:"《十三州志》曰:有秩嗇夫得假半章印。《續漢·輿服志》曰:百石青紺綸……鄭玄注《禮記》(《緇衣》)曰:綸,今有秩嗇夫所佩也。"所謂"半通"、"半章"就是小官印。通官印大方寸,小官印取其半(一邊一寸,一邊五分),故曰半通、半章。

居延漢簡中有如下兩條簡文:

> 初元五年四月壬子,居延庫嗇夫賀以小官印行丞事敢言☑
>
> 312·16,居301·5048
>
> □□(陳夢家補"甘露"二字)元年十一月壬辰朔甲午,肩水關嗇夫光以小官印兼行候事敢言之…… 居甲1125A

---

[37] 本文所引《漢舊儀》、《漢官儀》,凡不注出處者,皆據平津館叢書《漢官六種》本。

[38] 《居甲》297。

這是嗇夫用小官印的實例。[39] 上引各家注説半通是有秩嗇夫之印。這似乎不應理解爲一般嗇夫所主持的單位都沒有印章。很難設想,兩個同樣性質的單位,如兩個鄉或兩個庫,主持者是有秩的單位就有印,是一般嗇夫就無印。秦漢印中有很多里印,可見主持者比嗇夫地位低的單位也可以有印。大概有秩能佩帶其官之印,而一般嗇夫則不能佩帶,所以各家有上引那種説法。也有可能各家注裏的"有秩嗇夫"應該讀爲"有秩、嗇夫",本來就包括一般嗇夫在內。《禮記·緇衣》孔疏對上引鄭玄注就是這樣理解的。

在秦和西漢前期印章裏,半通官印很多,從印文內容看,多數是小官印。[40] 可見"小官印五分"並不是武帝時憑空定出來的新制。不過在秦和西漢前期印裏也有不少小官用的方印,例如鄉印就有不少是方印。把"小官印五分"作爲比較嚴格的制度固定下來,大概是從元狩四年開始的。在傳世古印裏,半通官印絶大部分是秦和西漢前期的東西,武帝定制以後的半通印反倒很少見,其原因還有待研究。後面講秦漢時代嗇夫的時候,經常要引用小官印,所以這裏對小官印的問題多講了幾句。

下面討論秦代嗇夫的品級。

漢代官制多因襲秦代,官吏的秩禄制度當然也不例外。秦簡《法律答問》説:

> 可(何)謂"宦者顯大夫"? ·宦及智(知)於王及六百石吏以上,皆爲"顯大夫"。(233 頁)

《漢書·惠帝紀》記惠帝即位時加恩天下,"爵五大夫、吏六百石以上及宦皇帝而知名者,有罪當盜械者皆頌繫"。《宣帝紀》黄龍元年四月詔:"吏六百石,位大夫,有罪先請,秩禄上通,足以效其賢材。"只要把這兩段文字跟上引《答問》略爲對比一下,就可以明白秦、漢兩代官吏的秩禄品級制度是多麼一致了。

秦律中數見"長吏"之稱(36、39、100 等頁),可見長吏、少吏之分在當時已經存在。作爲專門名詞用的"有秩"在秦簡裏也已經出現。《法律答問》:

> "僑(矯)丞令"可(何)殹(也)? 爲有秩僞寫其印爲大嗇夫。(175 頁)

這裏所説的有秩,顯然不是泛指有秩禄的官吏,而是指地位低於令、丞等長吏的"裁

[39] 參看勞榦《居延漢簡(考釋之部)·居延漢簡考證》9—10 頁。

[40] 半通官印中大概也有通官官署的便章,看王獻唐《臨淄封泥文字》敘(21 頁)。王氏把《漢官儀》"通官印方寸大,小官印五分"讀爲"通官印方寸大小,官印五分",則是我們所不能同意的。

有秩”者的。《史記・范雎列傳》“今自有秩以上至諸大吏”的“有秩”,也與此同義。[41]《答問》所說的地位低於令、丞的有秩,就縣邑來說,主要應該是指有秩的鄉嗇夫和官嗇夫而言的。(《新探》編按:李家浩同志指出《史記・六國年表》記秦孝公十三年“初爲縣有秩史”。似縣邑之“史”亦有有秩者。但此文“史”字也可能是“吏”的誤字。)《金布律》:

> 官嗇夫免,復爲嗇夫,而坐其故官以貲賞(償)及有它責(債),貧窶毋(無)以賞(償)者,稍減其秩、月食以賞(償)之,弗得居。(62—63頁)

從這條律文看,好像秦的官嗇夫有的是無秩祿而僅受“月食”的。如果官嗇夫都有秩祿可減,似乎沒有再提出減月食的必要。看來秦的嗇夫很可能就分有秩和月食兩級。無秩的嗇夫所受的月食,當然不可能僅僅是口糧,而應該相當於漢代的斗食之俸。秦律律文寫定於戰國時代。大概從戰國時代的秦國一直到漢代,官嗇夫的品級沒有發生過什麼顯著變化。

官嗇夫所以不稱令、長而稱嗇夫,主要應該由於他們是百石以下的下級官吏,是少吏、小官之長。縣令、長之下的官吏,除了丞、尉是長吏,一般都是少吏,所以縣屬各官之長一般都稱嗇夫。一般都官之長,秩别與縣令、長相當,他們的屬官之長,一般也是百石以下的少吏,所以也往往稱嗇夫。

前面已經說過,從“嗇夫”一詞的本義看,應該是先有鄉嗇夫一類官名,然後才有官嗇夫一類官名的。鄉嗇夫和官嗇夫雖然在職務上有治民與治事之别,但都是下級的主管官吏,並且秩祿級别完全相同,古人借用前者的官名來稱呼後者,是很自然的事。縣令、長的級别比鄉嗇夫高,但是二者都是所謂“親民”之官,職務有很多相似之處,所以縣令、長一度也被稱爲嗇夫。縣嗇夫又稱大嗇夫,就是爲了表示他們的級别比一般嗇夫高。到了漢代,縣令、長就不再稱嗇夫了,這大概主要是由於縣、鄉都稱嗇夫,混淆了不同的級别。

整理小組爲《語書》部分加的注說:“據簡文,縣及縣以下地方行政機構及都官的負責人都可稱嗇夫。”(16頁)在秦律裏,可以解釋成都官之長的嗇夫很少見。《金布律》:

> 縣、都官坐效、計以負賞(償)者,已論,嗇夫即以其直(值)錢分負其官長及冗吏,而人與參辨券,以效少內……(61頁)

---

[41] 參看注⑱所引文71頁。

這一條的"嗇夫"從上下文看有可能是兼指縣、都官之長的,[42]而"官長"倒可能是指縣、都官屬下的官嗇夫,就跟《春秋繁露》以"官長"指吏嗇夫一樣。《秦律雜抄》:

采山重殿,貲嗇夫一甲……大(太)官、右府、左府、右采鐵、左采鐵課殿,貲嗇夫一盾。(138頁)

太官、采鐵等好像應該是都官,[43]所以這一條的嗇夫也有可能是都官之長。

本來,嗇夫這個官名既然可以爲地方官的縣、鄉二級所同時使用,就也有可能爲都官之長與地位比他們低的官長所同時使用。但是《法律答問》明確說"都官曰長,縣曰嗇夫",可見按照秦的正規制度,都官之長應該稱長而不稱嗇夫,跟漢代的情況相同。上引兩例的嗇夫如果確是指都官之長,或包括都官之長的話,似乎應該看作非正規的習慣用法,就跟官嗇夫有時也可以稱爲官長一樣。也有可能"嗇夫"在秦國曾一度由基層治民官吏的稱呼,發展成爲不同級別的治民和治事的長官的通稱,就跟我們所說的"長"差不多。[44] 後來感到需要區分不同級別的官吏的稱呼,才縮小了嗇夫一稱的使用範圍,但在律文裏還留下了一些舊用法的痕跡。

關於戰國時代秦以外國家嗇夫的級別,我們準備在下一節討論。

三、戰國時代秦以外國家的嗇夫

"嗇夫"用作官名起於戰國之前。《左傳・昭公十七年》:"大史曰:……故《夏書》曰:辰不集于房,瞽奏鼓,嗇夫馳,庶人走。"《左傳》所引的《夏書》當然不可能是真正的夏代作品,但其寫作時代應該早於戰國。《漢書・五行志下》引《左傳》,釋"嗇夫"爲"掌幣吏"。這段《夏書》又被收入僞古文尚書《胤征》篇,僞孔傳也釋"嗇夫"爲"主幣之官"。近人則多以爲此文嗇夫應該指基層治民官吏,與後世鄉嗇夫相類。[45] 關於戰國之前的嗇夫,資料實在太貧乏,我們無法作進一步的探討。下面

---

[42] 整理小組注認爲嗇夫"指論處該縣或都官所犯罪行的機構的負責人"(62頁)。但是這條律文並未提到這樣一個機構,此説似嫌無據。

[43] 看平裝本138—139頁注。

[44] 臨沂銀雀山漢墓竹簡中有一種類似《月令》的竹書,但以十二天爲一"時"而不分月,整理者暫時定名爲《三十時》。【編按:《三十時》已發表於《銀雀山漢墓竹簡〔貳〕》(文物出版社,2010),上引簡文見該書96頁1846號簡。】書中有"可以爲嗇夫操令者,不可爲小嗇夫"之語,"嗇夫"很像是長官的通稱。此書時代肯定早於漢代,究竟是不是秦國作品還有待研究。

[45] 參看鄭文55頁。

討論戰國時代的嗇夫。戰國時代秦國的嗇夫制度和秦漢時代的嗇夫制度是一脈相承的。我們準備把秦國的嗇夫跟漢代的嗇夫放在一起去講,這一節專講戰國時代秦以外國家的嗇夫。

戰國時代秦以外國家嗇夫的資料比較零碎,我們先從資料略爲豐富一些的三晉談起。

前面引過的《韓非子・説林下》所述晉中行文子出亡故事,提到縣邑的嗇夫。[46]《淮南子・人間》:"中行穆伯攻鼓,弗能下,饋聞倫曰:鼓之嗇夫,聞倫知之,請無罷武大夫而鼓可得也。"鼓之嗇夫也應是縣邑嗇夫一類人。中行穆伯和文子是春秋晚期人,當時的晉國和鮮虞(鼓爲鮮虞之邑)稱縣邑之長爲嗇夫的可能性是存在的。但是,《韓非子》和《淮南子》所述的故事恐怕不完全符合事實,還是當作反映戰國時代三晉情況的資料來看待比較妥當。近年黄陂的一個戰國墓出土一把銅戈,銘文爲"廿五年,陽𨚕(春)嗇夫緩(?),工帀(師)㲉,冶朝"。[47] 從字體看大概是三晉的東西。陽𨚕似爲地名,嗇夫緩可能是縣邑嗇夫。傳世三晉古印有"庱痀嗇夫"印。[48] 印文前二字不識,有可能也是邑名。或釋第一字爲"庾"或"廚"(臾、廚音近),如果可信,此印就很可能是官嗇夫印。三晉兵器、銅器銘文中,縣邑之長多稱令。也許陽春嗇夫等是治理比縣小的邑的,性質與秦的鄉嗇夫相近。

《戰國策・魏策四》:

> 周最善齊,翟强善楚,二子者欲傷張儀於魏。張子聞之,因使其人爲見者嗇夫,聞見者因無敢傷張子。

見者嗇夫當是主管引見等事的嗇夫。張儀讓自己的心腹主管引見之事,經常在魏王身邊,謁見魏王的人當然就不敢講張儀的壞話了。《儀禮・覲禮》:"嗇夫承命,告於天子。"這裏所説的嗇夫是在天子和覲見諸侯之間傳達辭命的,也應屬於見者嗇夫一類。《儀禮》鄭玄注説"嗇夫蓋司空之屬",是臆測之辭,不可信。[49]《儀禮》的成書時代大概不會晚於戰國,它究竟是哪一國的作品還有待研究。由於《覲禮》

---

[46] 這一故事又見《説苑・權謀》,但"過於縣邑"作"亡至邊"。

[47] 承湖北省博物館陳賢一同志見告,又承李家浩同志提供摹本,謹致謝意。(《新探》編按:此戈銘釋文已發表於《江漢考古》1982年2期56頁【《集成》17・11324】。)【編按:周波指出,上引戈銘末字原作 ,與《璽彙》3310的  應爲一字異體,即古文"斷"字。】

[48] 見《季木藏印》,又見於《魏石經室古璽印景》及《待時軒印存》【《璽彙》0108】。

[49] 賈疏已指出鄭玄是由於《周禮》現存的五官都無嗇夫一職,所以才懷疑嗇夫是在已亡佚的冬官司空那一部分裏的。參看鄭文56頁。

的嗇夫與魏國的見者嗇夫性質相近,所以附述於此。

三晉兵器、銅器銘文中數見"庫嗇夫"官名:

十一年,庫嗇夫肖不夆,貲氏大涂(令)所爲,空(容)二斗。

鼎,三代3・43上【《集成》5・2608】

十八年,塚(冢)[50]子臤(韓)矰,邦庫嗇夫大湯,冶郐散(造)[51]戈。

湖南省博物館藏戈【《集成》17・11376】[52]

十一年鼎的庫嗇夫當是貲氏邑的官嗇夫(《新探》編按:鼎銘"貲氏大涂"當釋"賈氏无竵",此庫嗇夫所屬不明)。十八年戈,據銘文的字體、格式可以定爲韓器。承河南省博物館郝本性同志見告,在新鄭鄭韓故城發現的大批韓國兵器銘文的未發表部分中,也數見"庫嗇夫"、"邦庫嗇夫"、"大(太)官上庫嗇夫"、"大(太)官下庫嗇夫"等官名。

魏國的安邑下官銅鍾銘文又有"府嗇夫"官名:

七年九月,府(府)嗇夫弋,冶吏采□之。(王丕忠《戰國秦"王氏"陶罐和魏"安邑"銅鍾》,《光明日報》1974年7月6日。又見咸陽市博物館《陝西咸陽塔兒坡出土的銅器》,《文物》1975年6期70頁、72頁圖六【《集成》15・9707。編按:此銘文應據吴振武《關於新見垣上官鼎銘文的釋讀》(《吉林大學社會科學學報》2005年6期)改釋爲"十年九月,府嗇夫成加、史狄觳(角)之"。】)

銅鍾上另有"安邑下官"銘文,府嗇夫可能屬安邑,也可能屬安邑的下官。中國歷史博物館所藏可能爲趙器的十四年戈銘文中有"嗇"字,大概也是"嗇夫"殘文。[53]由於銘文殘損,嗇夫性質不明。

上引兵器、銅器銘文裏的庫嗇夫、府嗇夫都是主管鑄造這些器物的官吏,可見古代的府、庫不但負保管的責任,並且也從事鑄造等生產工作。[54]

三晉古印中還有"余子嗇夫"官印:

---

[50] 此字從李家浩同志釋,見所著《釋冢子》,即將發表。(《新探》編按:此文已發表於北大中文系《語言學論叢》第七輯,篇名爲《戰國時代的"冢"字》。)

[51] "散"即"曹"字省文,此字从"攴""曹"聲,當是作造之"造"的專字。新鄭鄭韓故城發現的韓國兵器上也有此字,或作敼,𣌾爲散之省。

[52] 承湖南省博物館周世榮同志見示戈銘拓本,謹致謝意。(《新探》編按:此戈已發表於《湖南考古輯刊》第一集88頁圖一之5。)【編按:周波指出,此戈銘中的"郐"字應釋爲"舒"。】

[53] 看黄盛璋《試論三晉兵器的國別和年代及其相關問題》,《考古學報》1974年1期36頁。

[54] 参看黄茂琳《新鄭出土戰國兵器中的一些問題》,《考古》1973年6期。

左邑余子嗇夫　　　　《尊古齋古璽集林》一集2·5【《璽彙》0109】

(《衡齋藏印》1·37有同文之印【《璽彙》0110】)

余子嗇夫　　　　《簠齋古印集》42下【《璽彙》0111】

《商君書·墾令》:“均出餘子之使令,以世使之。”余(餘)子嗇夫應是主管役使餘子的嗇夫。前人多以爲三晉印文中的左邑是地名,即秦漢河東郡的左邑,戰國時屬魏。傳世古印中還有一枚“公嗇夫”圓印,[55]似亦三晉印,但未能十分確定。公嗇夫的職掌待考。(《新探》編按:此印見《古璽彙編》112,第一字作  ,李家浩同志認爲非“公”字,而可能是从“予”聲之字,待考。【編按:何琳儀《戰國古文字典》釋此字爲“予”,讀爲“序”,似可信(中華書局,1999年8月,567—568頁)。】)

關於三晉嗇夫的資料,我們看到的就是以上這一些。

近年來河北省文物管理處對平山縣中山王墓的發掘,提供了關於戰國時代中山國的嗇夫的資料。1號中山王墓出土的大量銅器,有很多件銘記着主管鑄造工作的官吏的名字。例如有長篇銘文的有蓋圓壺的圈足上有如下銘文:

十三年,左使車嗇夫孫固,工□,冢(重)一石三百三十九刀之冢(重)。

《文物》1979年1期5、50頁【《集成》15·9693】

左使車嗇夫孫固就是主管鑄造這件圓壺的官吏。其他各器所記的主管鑄造的官吏也都是嗇夫,[56]除左使車嗇夫外,尚有右使車嗇夫、冶勻嗇夫、□器嗇夫、牀麀嗇夫等名稱。[57] 這些嗇夫大概都是官嗇夫。其中,“冶勻嗇夫”和“□器嗇夫”似是以冶鑄爲專職的官吏。在屬於1號墓的2號車馬坑所出的車衡飾件上,還有“十四年厶(私)庫嗇夫……”刻銘。[58] “庫”字从“广”从“車”,庫的本職是管理車和各種武器,所以車器由庫嗇夫監鑄。

本文第一節曾經引用過《鶡冠子·王鈇》講到縣嗇夫的一段話。據《漢書·藝文志》本注,鶡冠子是楚人。《王鈇》篇提到的官名有柱國、令尹,也是楚國特有的。可能楚國在戰國晚期曾稱縣的主管官員爲縣嗇夫。《戰國策·東周策》“周共太子死”章提到“相國御展子、廧夫空”二人,鮑彪注:“廧、嗇字同。”從此章上下文看,嗇

---

[55] 《簠齋古印集》(以下簡稱“簠集”)42上。

[56] 看河北省文物管理處《河北省平山縣戰國時期中山國墓葬發掘簡報》,《文物》1979年1期9頁。

[57] 承河北省文管處劉來臣同志見示銘文拓本,得知有這些嗇夫名稱,謹致謝意。(《新探》編按:有關資料已見張守中《中山王譽器文字編》。)

[58] 同注[56]4頁。

夫空是楚相國左右的人,可能也屬於見者嗇夫一類。據此楚國似乎也有官嗇夫。但是楚相本稱令尹,而策文却稱相國,所以策文的嗇夫也不見得就是楚國原來的官名。

第一節還引用過《管子・君臣上》講吏嗇夫、人嗇夫職責的一段文字。《管子》所收多爲戰國時齊國作品,上引那段文字反映的很可能是齊國的制度。

臨沂銀雀山漢墓所出竹書中的《田法》、《庫法》、《市法》三篇,都有嗇夫官名。[59]《田法》說:

> 邑嗇夫度量民之所田小……
>
> ……民歲□□稱□□邑嗇夫□□吏邑□吏二人與田嗇夫及主田之所□參也,而課民之……

《庫法》說:

> ……所以□邑恆器者,必善封璽之以嗇夫之璽。縣庫器以帶……
>
> ……暑濕,邑嗇夫與庫嗇夫相參循行之。有生腐毀[而□嗇夫]弗知,甚大事也。器成必試乃藏。試器固有法,邑嗇夫與兵官之吏嗇夫、庫上(疑"工"之誤字)帀(師)、庫吏[□□□]善時爲之;固有歲課,吏嗇夫與爲者有重任。庫器處藏必高,燥濕適,牖户必分節出入器必以時。恐處藏之空漏,室屋毀敗而吏嗇夫弗知,大罪也。

《市法》說:

> ……也,市嗇夫使不能獨利市,邑嗇夫……
>
> ……邑嗇夫□□至於市……

這三篇法對於研究古代的社會經濟和政治制度,是十分寶貴的史料。可惜三篇竹簡全都殘碎得非常厲害,雖然花了很大力量拼合繫聯,文字仍然有很多殘缺,實在是十分遺憾的事情。這三篇都提到了邑嗇夫,顯然就是縣、鄉嗇夫一類的民嗇夫。《田法》有田嗇夫,《庫法》有庫嗇夫,《市法》有市嗇夫。從簡文可以看出他們是主管縣邑的田地、庫、市的官嗇夫。《庫法》的吏嗇夫疑與《管子》的吏嗇夫同義,在此

---

[59] 此材料尚未公開發表,蒙山東省博物館與文物出版社給予引用的方便,謹致謝意。(《新探》編按:這三篇法都在文物出版社 1985 年出版的《銀雀山漢墓竹簡〔壹〕》所收的《守法守令等十三篇》之中。釋文見該書 145—146、134、140—141 頁。)注㊹所引《三十時》也尚未發表。【編按:參看注㊹"編按"。】

即指庫嗇夫而言。但是也有可能“兵官之吏嗇夫”應該讀爲“兵官之吏、嗇夫”,“吏嗇夫”應讀爲“吏、嗇夫”,“吏”是“兵官之吏”的省稱。

從三篇法的内容來看,它們顯然都是戰國時代作品。《田法》有“如此則外無諸侯之患,内無□□之憂”、“什八人作者王”、“什七人作者霸”等語,《庫法》有“戰國應敵……”、“萬乘之國,郭方七里,城方九[里]……”等語,《市法》有“王者無市,霸者不成肆,中國利市,小國恃市”、“諸侯財物至則小國富”等語,都是戰國時代人的口氣。《田法》講到授田制度和“三歲而壹更賦田,十歲而民畢易田”的换田制度,還講到罰生産糧食少的農民爲“公人”(給公家服役的人),以至“黥刑爲公人”的規定。這些内容也説明其時代不會晚於戰國。(《新探》編按:上引《庫法》語見《銀雀山漢墓竹簡〔壹〕》釋文部分127頁,實屬《守法、守令》篇,此處誤引。《庫法》與《田法》《市法》皆屬篇目見於同一片標題木牘的《守法守令等十三篇》之列,其時代亦當相同。)但是,如果想確定這三篇作品的國别,就缺乏足够的綫索了。

我們初步推測這三篇法是齊國作品。臨沂於古爲齊地,銀雀山漢墓所出竹書中,齊人所作或與齊國有關的作品比較多,如吴孫子(孫武爲齊人)、齊孫子、太公、晏子等。這批竹書中有一篇《王兵》,篇目與《田法》、《庫法》、《市法》等篇同見於一片標題木牘上,其全篇文字分見於《管子》的《參患》、《七法》、《地圖》等篇,[60]大概也是齊國作品。《田法》有一段文字講計算土地面積時各種山林藪澤之地所應取的折算比例,如“山有木,無大材,然而斤斧得入焉,九而當一”等等,與《管子·乘馬》講“地均”的一段非常接近。三篇法所反映的嗇夫制度,也與本文開頭所引《管子·君臣上》的那段話相合。所以我們初步推測這三篇法也是齊國作品。我們的根據是薄弱的,這三篇法的國别問題,今後還需要繼續研究。[61]

通過以上所述可以清楚地看到,在戰國時代,嗇夫這種官名不但流行於秦國,而且也流行於東方國家。在嗇夫包括民嗇夫、吏嗇夫兩類這一點上,秦國跟東方國家,至少跟某些東方國家是一致的。《田法》等反映的嗇夫制度跟秦國最接近。屬於縣的田嗇夫和庫嗇夫都見於秦律。在嗇夫的級别方面,看來秦和東方國家也是基本一致的。除去秦國也有的縣嗇夫,本節中講到的各種嗇夫的地位大都比較低。

---

[60] 看《臨沂銀雀山漢墓出土“王兵”篇釋文》,《文物》1976年12期。

[61] 《稽庵古印箋》著録“郙市帀(師)鉩”【《璽彙》0152】,從字體看應爲齊印,市的長官稱師而不稱嗇夫(詳拙作《戰國古文字裏關於市的資料》,待刊)。(《新探》編按:即發表於《考古學報》1980年3期的《戰國文字中的“市”》。)這對我們的推測是不利的。東方國家關於嗇夫的史料以三晉爲最多,也許《管子·君臣》和三篇法都是三晉作品。

《田法》等提到的官嗇夫是縣邑屬吏。此外如主管鑄造的、主管引見的、主管役使餘子的各種嗇夫,從他們的工作性質來看,地位大概也不會高。《鶡冠子》所述的地方官吏系統裏,鄉不稱嗇夫而縣則稱嗇夫,情況比較特殊,其原因有待研究。

四、秦漢時代的嗇夫

在這一節裏,我們把秦律所見的嗇夫跟漢代的嗇夫放在一起討論,所以我們所說的"秦"通常是把戰國時代的秦國也包括在内的。

民嗇夫的問題比較簡單,不論是鄉嗇夫還是縣令、長,都是大家所熟悉的,我們不準備再加討論,本節只談各種官嗇夫。

在秦律發現以前,大家對於有關漢代官嗇夫的史料注意得很不够。因此秦律發現以後在一部分研究者中間引起了一種錯覺,認爲設置官嗇夫主要是秦代的一種制度。高文在這方面是一個代表。高文認爲在西漢時代官嗇夫只剩下了少量的"殘留","到了東漢,史籍中再也見不到這類嗇夫的痕跡了,所剩下的僅僅是鄉嗇夫了"(141 頁)。從本文第一節所引的《春秋繁露・止雨》就可以知道,在西漢時代,至少在董仲舒的時代,縣令、長的屬吏除了丞、尉,主要就是作爲縣屬各官之長的嗇夫。在同書《求雨》篇裏還可以看到具體的官嗇夫名稱。《求雨》講天旱時縣邑求雨的方法有如下一段話:

> 春旱求雨……田嗇夫亦齋三日,服青衣而立之……夏求雨……司空嗇夫亦齋三日,服赤衣而立之……秋求雨……司馬亦齋三日,衣白衣而立之……冬求雨……尉亦齋三日,服黑衣而立之。

田嗇夫、司空嗇夫都見於秦律,是縣所屬的重要官嗇夫,縣司馬也見於秦律,不過好像不在官嗇夫之列。[62] 由此可見秦和西漢所設的縣吏,包括官嗇夫在内,是非常相近的。到了東漢時代,官嗇夫也遠遠沒有絕跡。第二節引用過的《漢官篇》和《漢官解詁》裏關於官嗇夫的資料,就可以證明這一點。所以高文的說法是不符合歷史事實的。[63] 不過,由秦到東漢,官嗇夫的重要性的確有逐漸下降的趨勢。在這方面高文的有些論點是值得參考的。後面還要談到這個問題。

---

[62] 整理小組認爲《效律》的"司馬令史"可能就是縣司馬(125 頁),大概是正確的。

[63] 高文還說"魏晉以後,連鄉嗇夫也不見了",這也不符事實。《晉書・職官志》說"鄉置嗇夫一人",可證魏晉有鄉嗇夫。

下面對秦漢時代的各種官嗇夫分別加以討論,先討論縣所屬的各種官嗇夫。

(一)田嗇夫

秦律中的《田律》和《廄苑律》都提到田嗇夫(30 頁)。《效律》稱都田嗇夫,已見上文。從上引《春秋繁露》看,在董仲舒的時代,田嗇夫仍然是各縣普遍設置的一種重要官職。1974 年在居延甲渠候官遺址發現的一份建武四年的文書,提到“居延都田嗇夫丁宮”,居延當指居延縣。可見在東漢早期這種官職仍在設置。

漢印數見“都田”半通印。所見三印分別著錄於《舉》2・58 下、[64]《續齊魯古印攈》5・68、《官》12・56。[65] 第一印屬秦或漢初,第二印屬西漢前期(《新探》編按:即《徵存》832,彼以爲東漢印,似非),第三印似屬西漢較晚時期。西漢封泥也有“都田”半通印文。[66] 第二節已經講過,嗇夫多用半通印,元狩四年以後少吏用半通印且已成爲定制。“都田”半通印無疑是都田嗇夫所用之印。西漢封泥又有“都田之印”方印文,[67]究竟是元狩四年以前的都田嗇夫印,還是郡國都田官印,待考。

秦律《田律》“百姓居田舍者毋敢酤酉(酒),田嗇夫、部佐謹禁御之,有不從令者有罪”,整理小組注:“此處部佐應即鄉佐一類。”(30 頁)《法律答問》裏有一條問“部佐匿者(諸)民田”應否處罪,注文明確把部佐解釋爲鄉佐(218 頁)。據秦律,倉嗇夫的屬官有設於鄉的倉佐(參看第二節),部佐大概也是田嗇夫設於鄉的田佐,跟鄉佐恐怕不是一回事。田嗇夫總管全縣田地等事,部佐則是分管各鄉田地等事的。

漢印有“泰(太)上寖(寢)田左”印。[68] 此印字體很古,有闌格,應爲漢初印。印文用秦及西漢早期印常用的對角讀法,“田左”二字合寫在一格內,前人釋讀多誤。[69] 太上寢即高祖之父太上皇之寢。(《新探》編按:有人著文認爲此印是秦印,

---

[64] 《舉》爲《十鐘山房印舉》簡稱。傳世古印往往一印著錄於幾種印譜,我們一般只引比較常見的一種。

[65] 《官》爲方清霖《集古官印譜》簡稱。

[66] 《再續封泥考略》(以下簡稱“再續”)1・61 上。

[67] 同上 1・60 上。

[68] 《舉》2・54 上。

[69] 《封泥考略》(以下簡稱“封”)4・52“趙郡左田”封泥下引用此印,用回文讀法,讀爲“泰寖上左田”。陳直《漢書新證》釋爲“泰畤寢上”(1979 年新版 87 頁),誤合“田左”二字爲“畤”字。“田左”二字合寫一格之中,“田”字在右,“左”字在左,《封》讀爲“左田”雖有“趙郡左田”封泥爲據,但與舊漢字由右向左行的規律違背,所以我們沒有採用。

“太上”是指秦莊襄王而言的。始皇稱皇帝時,追尊莊襄王爲太上皇,見《史記・秦始皇本紀》。)疑“田左”當讀爲“田佐”,相當於秦律的部佐。漢初太上皇寢、園大概只設一官。寢園令長不但要管理寢園,而且還要管理奉事寢園的奉邑民户,職務與縣令長有相近之處,其下設置田官是合理的。所以不設田嗇夫而設田佐,大概是由於奉邑民户較少、事務較簡的緣故。秦律所謂“小官毋(無)嗇夫”(59 頁),可能就是指這類情況。

西漢印中有“西田”、“北田”、⑩“東田”⑪等半通印,疑即某縣西鄉田佐、某縣北鄉田佐、某縣東鄉田佐所用之印。秦印中有“左田”半通印,⑫疑即某縣左鄉田佐之印。

秦漢時郡國有左田官。封泥有“趙郡左田”印文,⑬字體頗古,有闌格,當爲秦或漢初之物。同時期封泥又有“琅邪左鹽”印文,⑭秦印有“琅左鹽丞”印,⑮西漢前期封泥有“楗左鹽丞”印文。⑯ “琅”即“琅邪”省文,“楗”爲“楗(犍)爲”省文,二者都是郡名。比較“左田”、“左鹽”、“左鹽丞”等官名,可知“左”當讀爲“佐”,佐田、佐鹽佐助郡守治田政、鹽政,是郡丞一級的長吏。上引“左田”印是半通,似應爲少吏所用,所以我們認爲不是郡國左田印,而是縣吏印。不過半通的“左田”也有可能應該讀爲“佐田”,可以看作都田嗇夫或田佐的異名。秦封泥又有“左田之印”方印文,⑰究竟是郡國左田還是縣邑左田待考。

秦律《廄苑律》裏關於檢查耕牛飼養使用情況的一條律文,提到了田嗇夫和田典:

> 以四月、七月、十月、正月膚田牛。卒歲,以正月大課之。最,賜田嗇夫壺酉(酒)束脯,爲早〈皂〉者除一更,賜牛長日三旬;殿者,誶田嗇夫,罰冗皂者二月。其以牛田,牛減絜,治(笞)主者,寸十。有(又)里課之,最者,賜田典日旬;殿,治(笞)卅。(30—31 頁)

---

⑩ 皆見《舉》2・58 下,字體頗古,當屬西漢早期,或以爲秦印。
⑪ 《官》12・58。
⑫ 《官》12・57。
⑬ 看注⑲。
⑭ 《再續》1・58 下。
⑮ 《碧葭精舍印譜己巳集》6 頁。
⑯ 《封》4・48 下。
⑰ 《臨淄封泥文字》(以下簡稱爲“臨”)第二册。

整理小組注:“田典,疑爲里典之誤”(32 頁),此説恐非是。田典大概也是田嗇夫的下屬。[78] 第三節所引銀雀山竹書《田法》篇有“田嗇夫及主田”之文。“典”、“主”義近,田典可能就相當於《田法》的主田。鄉嗇夫下面有鄉佐、里典,田嗇夫下面有部佐、田典,這是平行的兩個系統。由此可見秦代田嗇夫的重要性。田典這種人在漢代大概已經不存在了。

從秦律看,當時國家控制着大量土地以及其他生産資料,如牛、馬、鐵器、種子、車輛等。國家不但把土地授給農民,而且還把耕牛等生産資料借給農民。與此相應,國家對農民的控制也非常嚴密。[79] 土地的收授分配當然是田嗇夫的主要任務,正因爲如此,田嗇夫屬下的部佐才有“匿諸民田”的可能。其他農業生産資料大概也是由田嗇夫管理的。不然,關於檢查耕牛的廄苑律就不會作出要田嗇夫、田典等人對耕牛的飼養使用情況負責的規定了。田嗇夫的另一個重要任務是督促農民進行生産,那條要田嗇夫、部佐禁止“百姓居田舍者”酤酒的田律就説明了這一點。有的同志認爲田嗇夫還管理假民公田的事務,這是很可能的,不過在秦律裏並沒有這方面的直接證據。關於“部佐匿諸民田”的那條《答問》提到了“租”,但是指的是田税而不是地租。[80]

到了漢代,授田制度已經崩潰,但是國家手裏掌握的土地仍然相當多,爲了徙民、救荒或其他原因賜民公田、假民公田的記載常常見於史書,所以仍有設置田嗇夫的需要。當然,比起秦代來,田嗇夫的重要性肯定是降低了。而且隨着漢代國有經濟以及國家對農民的控制的逐漸削弱,其重要性無疑還會繼續降低。估計田嗇夫在東漢中後期已經停止設置。《後漢書·百官志五》本注説縣“諸曹略如郡員,五官爲廷掾,監鄉五部,春夏爲勸農掾,秋冬爲制度掾”。督促農民生産本是田嗇夫的任務,如果田嗇夫仍在設置,似乎沒有必要再有勸農掾。

(二)司空嗇夫

秦漢時代各縣都設有司空官。秦律多次提到縣所屬的司空。《後漢書·百官志一》劉昭注引應劭《漢官儀》:“綏和元年罷御史大夫官,法周制,初置司空。議者又以縣道官獄司空故覆加大爲大司空。”《後漢書·章帝紀》:“元和元年……丁酉,

---

[78] 參看高文 139 頁。

[79] 參看吳樹平《秦代社會的階級和階級關係》,《文物》1977 年 7 期 37—39 頁。

[80] 看平裝本 218 頁注。

南巡狩，詔所經道上郡縣無得設儲跱，命司空自將徒支柱橋梁。"這些是兩漢縣下設司空官的明證。《秦律雜抄》："……縣工新獻，殿，貲嗇夫一甲，縣嗇夫、丞、吏、曹長各一盾。城旦爲工殿者，治(笞)人百。大車殿，貲司空嗇夫一盾，徒治(笞)五十"(137頁)，《春秋繁露・求雨》提到的縣吏也有"司空嗇夫"，可見縣司空之長稱嗇夫。可惜由於史料缺乏，還不能斷定縣司空之長在漢代是否一直稱爲嗇夫。

傳世有秦或漢初的"司空"半通印[81](《新探》編按：《徵存》828"司空"半通印，字體較晚，編者定屬後漢)，西漢封泥也屢見"司空"半通印文。[82] 秦漢時中央的有些部門、各郡縣、軍隊以至宮殿，都設有司空官，不過上引諸半通印似以屬於縣司空嗇夫的可能性爲最大。傳世又有"左司空"半通印，[83]從字體看不晚於西漢早期。或以爲此印是少府屬官左司空的官署印，這當然是有道理的。但是有些縣可能由於事務繁多而分設左右司空，此印屬於縣司空的可能性也不能完全排除。有闌格的秦至漢初印中有"聞陽司空"印，疑聞陽爲秦或漢初縣名，此印也是縣司空印。

司空本來是掌管水利、建築、道路等工程的官。古代工程多用刑徒，因此司空又成爲管理刑徒的主要官員。[84] 從秦律看，縣司空主要有兩方面任務，一是主管縣裏的土木工程等徭役(76—77頁)，一是管理大量刑徒，讓他們從事勞役。這些刑徒除了從事土木工程、舂米等勞役外，也從事一些別的工作，如造大車等(90頁及137頁注)。漢代縣司空的任務看來没有什麽大的變化。上引《章帝紀》元和元年詔書要南巡所經道上郡縣的司空"自將徒支柱橋梁"，説明司空仍然是管理工程和刑徒的官。其他可以説明漢代司空性質的資料很多，因爲不一定直接跟縣司空有關，這裏就不徵引了。

(三)庫嗇夫

秦律《效律》提到縣的都庫嗇夫，已見上文。《秦律雜抄》：

> 稟卒兵，不完善(繕)，丞、庫嗇夫、吏貲二甲，法(廢)。(134頁)

此條的丞當指縣丞，庫嗇夫應該就是《效律》所説的都庫嗇夫。

居延漢簡數見庫嗇夫，例如：

---

[81] 《續衡齋藏印》(以下簡稱"續衡")6・37。

[82] 《封》7・36上、《封泥存真》(以下簡稱"存真")42下、《臨》3。

[83] 《官》4・41。

[84] 參看《睡虎地秦墓竹簡》平裝本78頁注⑧。

初元五年四月壬子,居延庫嗇夫賀以小官印行丞事敢言☐

312·16,居301·5048

庫嗇夫上官出建(?),始元年☐ 居甲560

☐給肩水城官庫[85]嗇夫☐ 214·96,居449·7330

三月丙戌肩水庫(?)嗇夫宋(?)宗(?)以來 居甲1525B

居延庫嗇夫是居延縣的庫嗇夫。[86] 城官的地位略與候官相當,候官之長爲候,秩比六百石,略與縣令長相當,[87]所以城官之庫的主管者跟縣庫同屬嗇夫一級。《居甲》1525B的肩水庫嗇夫應爲肩水城官或肩水候官的庫嗇夫。此簡“庫”字據《居甲》釋,圖版不清。敦煌簡也有庫嗇夫:

☐元年六月庚寅庫嗇[夫]☐ 《流》屯戍叢殘雜事類16

由於簡文殘缺,所屬不明。居延簡又有“庫佐”(《居甲》2252),當是庫嗇夫之佐。據第二節所引《漢官解詁》,東漢時仍有庫嗇夫,其中當然也包括縣所屬的庫嗇夫。

1977年在阜陽發現的漢文帝時的汝陰侯墓,出土了很多漆器,從銘文看大部爲汝陰庫所造,例如:

女陰侯木笥籥,元年,女陰庫己,工延造。 《文物》1978年8期20頁

女陰侯杯,容一升半,六年,庫己,工年造。 同上

女陰侯盂,容一斗五升,七年,庫襄,工延造。 同上21頁

女陰侯唾器,六年,女陰庫守訢,工延造。

同上(原釋文脱“庫”下“守”字,據圖一三·3及下引汝陰侯鼎銘補)

同墓所出銅行燈以及傳世的汝陰侯鼎也有同類銘文:

女陰侯□重二斤□兩,三年,女陰庫己,工□造。

行燈,《文物》1978年8期22頁

六年,女陰庫守訢,工□造。 鼎,《漢金文錄》1·9下

侯國相當於縣,汝陰庫的主管者應爲嗇夫,銘文的“庫”應該看作“庫嗇夫”的省文。秦簡《封診式》“鄉某爰書”(249、278頁),“鄉某”意即鄉嗇夫某;江陵鳳凰山10號

---

[85] 此字勞榦釋“亭”,陳夢家《漢簡所見居延邊塞與防禦組織》釋“亭”(《考古學報》1964年1期63頁),今據圖版釋爲“庫”。

[86] 同注[39]。居延簡中又有“居延庫丞”,爲居延都尉屬官,與此無涉,看《居甲》788。

[87] 看注[85]所引陳文。

漢墓所出的記算錢木牘屢言"西鄉偃、佐纏",[88]西鄉偃當即西鄉嗇夫偃,都省去嗇夫官名,與此同例。唾壺及銅鼎銘文的"女陰庫守訢",應爲"女陰庫守嗇夫訢"的省文。

西漢封泥有"成都庫"半通印文,[89]《封泥考略》以爲是成都縣主庫掾史之印。勞榦根據居延簡指出成都庫應爲嗇夫所主,[90]是正確的。有闌格的秦至漢初印中有"商庫"半通印。[91]《漢書・地理志》弘農郡有商縣,此印應爲商縣庫印。西漢印中有"騶庫"(《新探》編按:此印即《徵存》833,彼以爲東漢印)、[92]"定庫"[93]半通印。《地理志》魯國有騶縣,勃海郡有定侯國。前一印應爲騶縣庫印,後一印應爲定侯國庫印。有闌格的秦至漢初印中有半通"庫印",[94]西漢印及封泥中屢見半通"庫印",[95]封泥中還有"左庫"半通印文。[96]這些半通庫印,可能多數也是縣庫所用的。臨淄出土西漢封泥有"庫嗇夫印",[97]大概也是縣庫嗇夫印。此印字體較古,當是元狩定小官印制前之物。

庫的主要任務是管理車和兵甲等作戰物資,所以上引秦律規定,發給士卒的武器如"不完繕",庫嗇夫和庫吏要受"罰二甲,廢"的處分。從出土的兵器和其他器物的銘文看,戰國秦漢時代的庫都是從事生産的。並且除了製造兵器、車器以外,也製造鼎、鍾等其他器物。[98]銀雀山竹書的《庫法》篇講了關於縣庫製造武器的一些規定,而且還有如下一段文字:

> ……三□田艾(刈)諸器,非甲戟矢弩及兵槳韋韅(鞎)之事,及它物唯(雖)非守禦之具也,然而庫之所爲也,必……

可見縣庫製造的器物的範圍是相當廣的。

---

[88] 《文物》1974年7期50頁。
[89] 《封》4・46上。
[90] 同注㊴。
[91] 《上海博物館藏印選》31頁。
[92] 《蓮湖集古銅印譜》。
[93] 《官》12・28。
[94] 《續衡》6・38。
[95] 《舉》2・57上、《陶齋藏印》1・2・13上、《伏廬璽印》5・21、《續封泥考略》(以下簡稱"續")2・24下、《臨》7。
[96] 《續》2・25上。
[97] 《臨》7。
[98] 同注㊸339頁、注㊹376頁。

秦至西漢前期的兵器、車器,有在器上單獨銘記某一縣邑之名的,如薛戈、[99]成固戈、[100]涉戈、[101]河陰戈、[102]平周矛、[103]高奴矛、[104]栒矛、[105]孱陵矛、[106]枳矛、[107]西華車器[108]等。這些兵器、車器大概就是縣庫的製品。汝陰侯家由汝陰庫製造的大量漆器和銅器,則是西漢前期縣一級庫製造武器以外器物的實例。傳世有元封二年雒陽武庫銅鍾,[109]也是庫所作的器物。不過雒陽武庫設令、丞,是直屬於中央或郡而不是屬於縣的。

庫既然從事生産,就要控制勞動力。戰國時韓國的庫所造的兵器,往往由司寇監造,有的同志由此推論韓國官府冶鑄工業使用刑徒勞動力。[110] 傳世的一把趙國劍有如下銘文:

> 四年,春平相邦鄗导,邦右庫工帀(師)畇(?)輅,徒冶臣成執(?)齋(齊)。
>
> 《貞松堂集古遺文》12・22【《集成》18・11694】

這更是庫使用刑徒勞動力的明證。"冶臣"意即從事冶鑄工作的奴隸。(《新探》編按:也有學者將此銘"徒"字屬上讀,認爲是工師之名。)古書裏常把庫説成拘囚人的地方:

> 子貢曰:夫奚不若子産之治鄭,一年而負罰之過省,二年而刑殺之罪亡(無),三年而庫無拘人。 《韓詩外傳》三
>
> 文王聞之喟然而嘆,故拘之於牖里之庫百日,欲令之死。
>
> 《戰國策・趙策三》
>
> (此據鮑本。《史記・魯仲連傳》亦有此文,"牖"作"羑",上無"於"字)

---

[99] 《三代》19・27 下【《集成》17・10817】。
[100] 《貞松堂集古遺文補遺》下 42 上【《集成》17・10939】。
[101] 《貞松堂集古遺文》12・1【《集成》17・10827】。
[102] 《貞松堂吉金圖》下 34。
[103] 《癡盦藏金》43【《集成》18・11466】。
[104] 《三代》20・33 下【《集成》18・11473】。
[105] 《三代》20・32 下【《集成》18・11430】,栒當指栒邑。
[106] 《考古學報》1978 年 2 期 246 頁【《集成》18・11461、11462】。
[107] 同上 1976 年 2 期 126 頁。
[108] 《錄遺》532【《集成》18・12018】。
[109] 《漢金文錄》(以下簡稱"漢")2・1 上。
[110] 郝本性《新鄭"鄭韓故城"發現一批戰國銅兵器》(《文物》1972 年 10 期 37 頁)、注[54]所引文 378—379 頁。

(趙襄子)乃自置車庫中,水漿毋入口者三日,以禮豫讓。

《說苑・復恩》

囚箕子於塞庫。　　庾信《周齊王憲神道碑》

《左傳・成公七年》說"晉人以鍾儀歸,囚諸軍府",軍府跟庫的性質也是很相近的。把俘虜罪犯等人拘囚在庫裏,大概主要是爲了役使他們。這跟司空、左右校、織室、暴室等機構拘繫罪犯刑徒,役使他們勞動,是同類的現象。[111] 近年在江西遂川發現的一把秦戈有如下銘文:

廿二年,臨汾守曋,庫係工歘造。

《考古》1978 年 1 期 65 頁【《集成》17・11331】

"係"就是秦律"居貲贖責(債)毄城旦舂者"、"人奴妾毄城旦舂"(87 頁)、"所弗問而久毄之"(84 頁)等律文裏的"毄"。[112] 這是秦的庫使用罪犯刑徒一類勞動力的確證。(《新探》編按:李家浩先生與江村治樹先生都認爲此戈銘的"庫"是庫嗇夫或其他庫吏的省稱,係爲人名。此處原來對戈銘的解釋恐不確。)戈銘的庫大概是郡庫,縣庫的情況想來不會有什麼不同。秦律《均工》:"隸臣有巧可以爲工者,勿以爲人僕養。"(76 頁)《秦律雜抄》:"城旦爲工殿者,治(笞)人百。"(137 頁)這種"爲工"的隸臣、城旦等人,除了輸送給工官以外(詳下文),大概也會有一部分輸送到郡庫、縣庫裏去。總之,庫的勞動力很可能是以罪人、刑徒、官奴一類人爲主的。漢代刑徒、官奴的數量仍然很多,庫大概還在使用這類人從事勞動。

從漢代史料看,庫還管錢財。居延簡有"元壽六月受庫錢財物出入薄",[113]還有講到從居延庫取俸錢之事的自證爰書。[114] 史書裏也常提到庫錢。[115] 不知道秦代的庫是不是如此。

---

[111] 司空、左右校以役使刑徒爲主要任務,是大家所熟悉的。織室主織作,暴室主染練(《漢書・宣帝紀》顔注),都需要大量勞動力。其他拘繫罪人刑徒的機構,如若盧"主治庫兵"(《漢書・王吉傳》顔注),居室有所造磚瓦、陶器傳世,可見也都是從事生産的。

[112] 《建平郫縣碑》:"建平五年六月,郫五官像(掾)范功平史,石工毄(繫)徒要本,長廿五丈,賈(價)二萬五千。"(《隸續》三)"毄"字用法亦同。(《新探》編按:此文可能應讀爲:"……郫五官掾范功平,史石,工毄,徒要本……"。)

[113] 《居甲》1563。

[114] 《居甲》1013。

[115] 《後漢書・鍾離意傳》"乃更以庫錢三十萬賜意",同書《朱儁傳》"當行,假郡庫錢百萬"。

在這裏附帶談一下工官嗇夫。

《秦律雜抄》:

> 非歲紅(功)及毋(無)命書,敢爲它器,工師及丞貲各二甲。縣工新獻,殿,貲嗇夫一甲,縣嗇夫、丞、吏、曹長各一盾。城旦爲工殿者,治(笞)人百。……(137頁)

出土的秦代兵器,凡銘文記"工師某、丞某"的,多爲郡工官所造。例如:

> 廿六年,蜀守武造,東工師宦,丞□,工□。武。
>
> 戈,《考古》1976年1期22頁【《集成》17·11368】

秦時蜀郡有東、西二工官,東工師即蜀郡東工的負責人。[116]

> 廿五年,上郡守□造,高奴工師竈,丞申,工鬼薪詘。
>
> 戈,《朝鮮古文化綜鑒》卷一圖版十二【《集成》17·11406】

高奴爲上郡屬縣,高奴工師應爲上郡設於高奴的工官的負責人。所以上引《秦律雜抄》的第一句大概是對郡工官或中都工官而言的。第二句明白點出"縣"字,應該是對縣屬工官而言的。縣的工官地位較低,所以負責人稱嗇夫。

1961年西安高窑村出土的西漢銅器中有昆陽乘輿鼎,銘文如下:

> 昆陽乘輿銅鼎一,有蓋,容十斗,并重六十六斤。三年,陽翟守令當時,守丞千秋,佐樂,工國造。 《考古》1973年2期67頁

此鼎紀年不加年號,銘文字體又古,當爲西漢前期未立年號時物。[117]《地理志》潁川郡陽翟縣有工官。漢代工官直屬郡國而不屬縣,[118]但上引鼎銘却不提工官而記陽翟令、丞之名,因此陳直先生認爲此鼎是正式立工官之前由陽翟縣主持鑄造的器物,[119]這是很合理的。鼎銘所記"佐樂"應該就是陽翟縣主作造的嗇夫之佐,是直接管理鑄造這件器物的官吏。大概當時嗇夫出缺,或是由於機構小根本未設嗇夫,所以銘文只提佐而不提嗇夫。陽翟工官建立的時間當不晚

---

[116] 看于豪亮《四川涪陵的秦始皇二十六年銅戈》,《考古》1976年1期。

[117] 看拙作《從馬王堆一號漢墓遣册談關於古隸的一些問題》,《考古》1974年1期55頁注⑯。

[118] 有的同志認爲西漢工官直屬中央,也許是有道理的。但是西漢鹽鐵官屬大司農有明文記載(《後漢書·郡國志三》),工官直屬中央似無明文,所以本文暫定爲直屬郡國。

[119] 《古器物文字叢考》,《考古》1963年2期81頁。

於武帝時期，[120]可能就是在縣的管作造的機構的基礎上建立起來的。

從上面所說的情況來看，在秦代和西漢前期，至少在一部分縣裏，應該是設有屬於縣的工官性質的機構的。不過在秦律裏沒有出現"工官嗇夫"的名稱，屬於縣的工官性質的機構在當時可能並不叫做工官，甚至可能並不是一種經常性的機構。所以我們沒有把"工官嗇夫"作爲一個獨立的項目提出來，而是附在庫嗇夫之後加以說明。

幾十年來發現了不少由上郡守所屬工官製造的秦戈，戈銘所記工名有標明其身份爲城旦、鬼薪或隸臣的。[121] 秦律所說的隸臣、城旦等人"爲工"者，肯定有很大一部分是輸送給工官的。此外，工官大概也使用着不少徵發來的工人。十二年上郡守壽戈銘文所記工名爲"工更長犄"，[122]可能就是作爲更卒徵發來的工人之長。[123]縣工的情況跟郡工官應該不會有什麽區別。

（四）髹園嗇夫

《秦律雜抄》：

髹（漆）園殿，貲嗇夫一甲，令、丞及佐各一盾，徒絡組各廿給。髹園三歲比殿，貲嗇夫二甲而法（廢），令、丞各一甲。（138 頁）

整理小組注指出漆園屬於縣，所以漆園嗇夫也是縣的官嗇夫。戰國時莊子曾爲"蒙漆園吏"，[124]漢以後官印所見官名有"漆園司馬"，[125]都與秦的漆園嗇夫性質相近。

---

[120] 昆陽鼎當爲武帝前期或稍早一些時候的東西（看[117]注所引文），陳直先生誤定昆陽鼎爲武帝末年器，認爲"郡國工官之設最早在武帝末期"（注[119]所引文 82 頁），恐怕失之過晚。俞偉超、李家浩同志認爲西漢設立工官在"景帝至武帝時"（《馬王堆一號漢墓出土漆器製地諸問題》，《考古》1975 年 6 期 347 頁），可參考。個別郡工官可能設置得更早。例如《地理志》說蜀郡成都有工官，顯然就是指漆器、銅器銘文裏屢見的蜀西工等工官，蜀西工在秦代就已存在，似乎不會晚到景帝、武帝時才重新設置。俞、李二同志根據出土西漢前期漆器中有成都市所造之器而沒有蜀西工所造之器的現象，斷定西漢前期蜀郡未設工官，這是有道理的。但是也有可能蜀西工在漢初已經恢復，只是早期生產品不多，所以沒有遺留下來。

[121] 看張政烺《秦漢刑徒的考古資料》"秦上郡戈"節，《北京大學學報（社科版）》1958 年 3 期。

[122] 《文物》1977 年 5 期 31 頁【《集成》17・11363】。

[123] 參看注[98]所引黄文 38 頁。

[124] 《史記・老子韓非列傳》。

[125] 《官》25・62、王常《集古印譜》（以下簡稱"王譜"）1・23 下。前一印有可能早到東漢。《王譜》1・23 下又有"常山漆園司馬"印，時代更晚。

秦律所說的"徒"多指服徭役的徒卒,[126]上引律文的徒大概是指徵發到漆園去服役的人的。除徒卒之外,漆園大概也會使用刑徒、官奴一類勞動力。

(五)倉嗇夫

秦律的《倉律》和《效律》都提到縣的倉嗇夫(35、98、99 頁),《效律》有一處稱都倉嗇夫,已見前文。《史記·貨殖列傳》"宣曲任氏之先,爲督道倉吏。秦之敗也,豪傑皆爭取金玉,而任氏獨窖倉粟",《集解》引韋昭:"督道,秦時邊縣名。"大概任氏之先就是縣、道的倉嗇夫。新出居延簡有"倉嗇夫望",是居延縣倉的嗇夫。據第二節所引《漢官解詁》,東漢時仍有倉嗇夫,其中當然也包括縣所屬的倉嗇夫。傳世有"倉嗇夫張均印",[127]從字體看似爲東漢後期物。

西漢前中期的平都量器有如下銘文:

> 元年十月甲午,平都戍丞糾,倉亥,佐葵梨斛。
>
> 《文物》1977 年 3 期 59 頁(此器容三分之一斗,應名爲"參")

倉亥應爲上郡平都縣的倉嗇夫。倉嗇夫省稱倉,與庫嗇夫、鄉嗇夫省稱庫、鄉同例。秦律《倉律》:"縣嗇夫若丞及倉、鄉相雜以印之,而遺倉嗇夫及離邑倉佐主稟者各一户以氣"(35 頁),"倉、鄉"大概也是倉嗇夫、鄉嗇夫的省文。

西漢印中有"垣倉"、[128]"共倉"、[129]"海曲倉"、[130]"諸倉"[131]等半通印,當是河東郡垣縣、河内郡共縣、琅邪郡海曲縣及諸縣的倉嗇夫印。陳直先生在《漢書新證》裏已指出海曲是縣名,但誤以爲東海郡屬縣(新版 98—99 頁)。西漢印中又有"桐倉"半通印,[132]疑桐爲定襄郡桐過縣省稱;又有"略倉印",[133]亦爲半通,《漢書新證》謂"略爲略畔縣(北地郡)或略陽縣(天水郡)省文"(99 頁)。《漢書新證》把海曲倉、略倉等看作大司農所屬的"郡國諸倉",這是不妥當的。郡國諸倉設長、丞,上面提到的那些倉只有半通印而無長、丞印,應是縣倉而非郡國諸倉。《漢書新證》

---

[126] 看平裝本 76—77 頁《徭律》文及 71 頁注。
[127] 《上海博物館藏印選》71 頁。
[128] 《官》12·31。
[129] 《官》12·33。
[130] 《舉》2·56 下。
[131] 《官》12·37。
[132] 《官》12·38。
[133] 《舉》2·56 下。

又提到陽周倉鼎[134]和"華倉"瓦當。[135] 陽周爲上郡屬縣。"華倉"瓦當出於華縣,疑"華"爲京兆尹華陰之省文。這兩個倉究竟是縣倉還是"郡國諸倉",待考。估計陽周倉是縣倉的可能性比較大。

漢印和封泥裏還常見半通"倉印",[136]又有一字"倉"印,[137]可能多爲縣倉所用之印。

(六)廄嗇夫、皂嗇夫

《秦律雜抄》:

> 膚吏乘馬篤、辈(胔),及不會膚期,貲各一盾。馬勞課殿,貲廄嗇夫一甲,令、丞、佐、史各一盾。馬勞課殿,貲皂嗇夫一盾。(142頁)

整理小組注:"廄嗇夫是整個養馬機構的負責人,……皂嗇夫是廄中飼養人員的負責人。"《雜抄》中還有内容與此相類的一條律文:

> 驀馬五尺八寸以上,不勝任,奔摯不如令,縣司馬貲二甲,令、丞各一甲。先賦驀馬,馬備,乃鄰從軍者,到軍課之,馬殿,令、丞二甲;司馬貲二甲,法(廢)。(132頁)

這一條的令、丞顯然是縣令、丞,所以上一條的令、丞也應該是縣令、丞,廄嗇夫、皂嗇夫應該是縣屬官嗇夫。

《史記·夏侯嬰列傳》記夏侯嬰在秦時爲沛廄司御。沛廄即沛縣之廄。據秦律《傳食律》,司御的身份與"官佐、史"相類(103頁),沛廄司御當是沛廄嗇夫的下屬。《漢書·田廣明傳》:

> (武帝時)故城父令公孫勇與客胡倩等謀反……公孫勇衣繡衣,乘駟馬車,至圉……守尉魏不害與廄嗇夫江德、尉史蘇昌共收捕之。

江德是陳留郡圉縣的廄嗇夫。居延簡也有廄嗇夫:

> ☐東廄嗇夫千秋里馬敞年卌七　　212·65,居566·9343

---

[134] 《漢》1·28下。

[135] 《秦漢瓦當》79。

[136] 《舉》2·56下、《官》12·36、《伏廬璽印》5·22、《兩漢印帚》1·14、《王譜》1·41上、《續》2·26、《存真》44下。

[137] 《官》12·39、《封》2·44上。

〼廄嗇夫〼 居甲 2458

由於簡文殘缺,所屬不明。(《居》423・6776 有"昭武廄令史",昭武爲張掖郡屬縣,廄令史與廄嗇夫的關係待考。)皁嗇夫之稱不見於漢代,可能已與廄嗇夫併爲一職。

有闌格的秦至漢初印以及西漢印和封泥中,都有半通"廄印",[138]可能多爲縣廄所用之印。

秦漢時公家牧養馬牛等牲畜,多用刑徒、官奴一類人爲勞動力。秦律《廄苑律》"將牧公馬牛……其小隸臣疾死者,告其□□之;其非疾死者,以其診書告官論之"(33 頁),整理小組注:"此處的小隸臣應爲充任牧童的隸臣。"(34 頁)《史記・平準書》記武帝時沒收民間大量財物、奴婢、田地,"其沒入奴婢分諸苑養狗馬禽獸,及與諸官"。《漢舊儀》(《漢官六種》本補遺卷上):"太僕牧師諸苑三十六所,分布北邊西邊,以郎爲苑監,官奴婢三萬人,分養馬三十萬匹,擇取教習給六廄。牛羊無數,以給犧牲。"有一條居延簡講到"望幸苑髡鉗鈦(釱)左右止(趾)大奴馮宣"逃亡之事。[139]《漢書・尹翁歸傳》記尹翁歸爲右扶風,"緩於小弱,急於豪强,豪强有論罪,輸掌畜官,使斫莝"。同書《金日磾傳》:"日磾以父不降見殺,與母閼氏、弟倫俱沒入官,輸黃門養馬。"廄主養馬,所使用的勞動力無疑主要也是這一類人。有一條居延簡提到"廄徒周昌",[140]建寧四年孫成買地券記左駿廄官大奴孫成買田事,[141]這是廄用刑徒、官奴的明證。(《新探》編按:居延簡 3・33 即《居》576・9571 有"……主簿馬三匹,廄佐一人,徒四人"之文,也是廄用刑徒之證。)縣廄的情況可以類推。

有闌格的秦至漢初印中有如下兩印:

廄倉田印 明郭胤伯《印史》8 頁上

(《新探》編按:《徵存》讀爲"廄田倉印",似可從)

小廄南田 《尊古齋印存》四集 5・20(印文用對角讀法)

可知當時的廄有自己的田,當爲生産飼料所用。據《倉律》,秦代隸臣有從事農業

---

[138] 《舉》2・15 上、《簠集》27 下(以上有闌格)、《赫連泉館古印續存》2 頁、《續》1・32 上、《存真》45 上、《臨》2。

[139] 40・1(《居》296・4989)。

[140] 《居甲》1118。

[141] 《蒿里遺珍》2。左駿廄主乘輿御馬,見《後漢書・百官志》。孫成能自己買田,當是官奴中地位較高者。

生産的(49 頁)。傳世有闌格秦印中有“官田臣印”。[142] 疑即管理在官田上勞動的隸臣的機構所用之印。廄田當是官田的一種,無疑會有隸臣一類人在上面勞動。

在這裏附帶談一下主管畜牧的嗇夫。《秦律雜抄》裏有一條名爲“牛羊課”的規定:

> 牛大牝十,其六毋(無)子,貲嗇夫、佐各一盾。・羊牝十,其四毋(無)子,貲嗇夫、佐各一盾。・牛羊課。(142—143 頁)

這裏所説的嗇夫可能不是專指某一種單位所屬的嗇夫,而是泛指各種主管牧養牛羊的嗇夫的。估計縣也會有這類管畜牧的嗇夫。

有闌格秦印中,有一枚字體很古的“右牧”半通印,[143]又有一枚可能晚到漢初的“畜馬”半通印,[144]漢印中還數見“畜官”半通印。[145] 這些印裏可能有管畜牧的嗇夫所用之印。他們所役使的勞動者無疑主要是小隸臣一類的刑徒、官奴。

(七)傳舍嗇夫、廚嗇夫

秦漢時代各地設有廚、傳,以解决來往官吏等人的食宿問題。《晉書・刑法志》引《魏律・序略》:“秦世舊有廄置乘傳副車食廚,漢初承秦不改,後以費廣稍省,故後漢但設騎置而無車馬。”《漢書・宣帝紀》元康三年九月詔“或擅興繇役,飾廚、傳,稱過使客,越職逾法,以取名譽”,《集解》引韋昭注:“廚謂飲食,傳謂傳舍。”同書《王莽傳中》“吏民出入持布錢以副符傳,不持者廚、傳勿舍,關津苛留”,顔注:“廚,行道飲食處。傳,置驛之舍也。”東漢時雖然爲了省費改變了供應車馬等規定,廚、傳本身並未取消(東漢史料中“傳舍”屢見)。

居延簡有“顯美傳舍斗食嗇夫”、[146]“居延傳舍嗇夫”。[147] 顯美、居延都是張掖郡屬縣。六安繆王十三年(相當於宣帝元康五年)所作的陽泉使者舍熏鑪銘文有“傳舍嗇夫兑”。[148] 陽泉是六安國屬縣。上舉這些傳舍嗇夫顯然都是縣的官嗇夫。

---

[142] 《舉》2・54 上。

[143] 《篋集》29 上。

[144] 《尊古齋印存》(以下簡稱“尊存”)六集 4・15。

[145] 《官》12・16、《秦漢印統》8・4 上等。

[146] 《居甲》78。

[147] 77・16(《居》99・2043)。

[148] 《漢》4・18 下。

西漢封泥有“廚嗇夫印”,[149]《再續封泥考略》認爲“以縣、邑、道掾史中嗇夫之掌廚者爲近”。西漢銅器銘文中有不少廚名,其中有一些是縣廚,如楊鼎銘的“楊廚”[150]就是河東郡楊縣之廚。“廚嗇夫印”很可能是縣廚印,此印字體較古,當是元狩定小官印制之前物。西漢印中有“廚嗇”半通印,[151]疑即廚嗇夫省文。

漢代傳舍嗇夫、廚嗇夫是承襲秦制設置的,不能因爲已發現的秦律裏沒有這兩種嗇夫,就認爲他們在秦代還不存在。

有闌格的秦印裏有“傳舍之印”,[152]西漢封泥有“傳舍”半通印文,[153]可能都是縣的傳舍之印。[154]

西漢印有“榮廚”、[155]“廚印”[156]等半通印,封泥有“□廚”、[157]“廚印”[158]等半通印文,其中可能有縣廚印。西漢封泥又有“左鄉廚印”,[159]疑是縣設於所屬左鄉之廚,此印從字體看大概也是元狩之前物。

(八)亭嗇夫、市嗇夫

秦律《效律》有都亭嗇夫,已見前文。從那條律的上下文看,這種嗇夫顯然是掌管全縣的亭的。高文說“秦時,不論縣、鄉、亭,都設有嗇夫一官”(139頁),認爲每一個亭都有嗇夫,恐怕與事實不符。

漢代史料裏不見都亭嗇夫或亭嗇夫,而有都亭長:

> 廣漢嘗記召湖都亭長。 《漢書·趙廣漢傳》
>
> 太守魯平請署功曹,不就。平怒,乃援充以捐溝中,因謫署都亭長。
> 《後漢書·李充傳》

居延漢簡有“亭掾”:

---

[149] 《再續》3·16上。
[150] 《尊存》二集4·41。
[151] 《上海博物館藏印選》72頁。
[152] 《簠集》27上。
[153] 《續》5·55下。
[154] 封泥又有“傳亭”半通印文(《再續》3·28上),疑傳亭的性質與傳舍相近。
[155] 《漢徵》6·4下引。
[156] 《磬室所藏璽印》4·4。
[157] 《續》1·50上。
[158] 《續》1·49下。
[159] 《再續》3·17上。

……願亭掾幸爲到臨渠燧長劉幼孫治所。 居甲 82B

□□士吏胡充受居延亭掾護。 62·47+62·28,居 111·2262

居延亭掾應爲居延縣屬吏。東漢史料裏有"行亭",亦稱"行亭掾":

叔陽故曹史、行亭、市掾、鄉嗇夫、廷掾、功曹、府文學掾。

《文叔陽畫象題字》(《八瓊室金石補正》卷四)

太傅汝南陳蕃仲舉,去光祿勳,還到臨潁巨陵亭,從者擊亭卒數下,亭長閉門,收其諸生人客……相守數時,會行亭掾至,因乃得免。

《風俗通義·窮通》

武氏前石室畫像也有"行亭車"(行亭所乘之車)題字。[160] 亭掾和行亭掾大概是一種官職。《漢安長陳君閣道碑》有"郵亭掾",[161]也應是同類官職。《後漢書·陳寔傳》"少作縣吏,常給厮役,後爲都亭刺佐",王先謙《集解》:"'刺'衍,官本衍'刺史'二字。亭長下有亭佐,寔爲之。"東漢時亭長未聞有佐,掾則有佐。《會稽典錄》記東漢末魏朗爲太守"功曹佐,正旦與掾、史上朝,時功曹史顧翕被裘以加朝服",魏朗責之,太守"遂退翕,以朗代之,朗辭病不就"。[162] 這是掾、史之下設佐的明證。陳寔所任的很可能是都亭掾之佐。亭掾又稱都亭掾,與市掾又稱都市掾(詳後)同例。

都亭是一縣之中最重要的一個亭,但是漢代的都亭長似乎並無管理縣中其他各亭的權力,都亭嗇夫的地位可能約略相當於亭掾。由於秦漢兩代亭的職權有很大出入,實際上秦代亭嗇夫所管的事要廣泛得多,這一點後面還要詳細説明。

在傳世的秦漢陶文中屢見"某亭"、"某市"一類印文,解放後在考古調查和發掘工作中也發現不少帶有這類印文的陶器和陶片。俞偉超同志在《漢代的"亭""市"陶文》一文裏,[163]曾對這種陶文作過考察。下面以俞文所引資料爲基礎,把陶文中所見帶地名的亭印列爲一表(按:寫成此文後,我又得知 1976 年、1977 年在秦始皇陵園發現的秦陶文中,有"麗亭"、"焦亭"等印文,見《考古與文物》1980 年 4 期 40 頁。山西又出"降亭"陶文,似亦秦物。《新探》編按:"麗"指麗邑。所謂"焦亭"爲"雋亭"之誤釋,雋指何地待考。山西翼城縣葦溝——北壽城遺址戰國晚期層及侯馬喬村戰國末年秦墓出"降亭"陶文,見《文物》1982 年 7 期圖一〇·6 及俞

[160] 《金石萃編》卷二一。

[161] 《隸續》卷一五。

[162] 魯迅輯本《會稽典錄》卷上,見《會稽郡故書雜集》。

[163] 載《文物》1963 年 2 期。

偉超《先秦兩漢考古學論集》144 頁注⑩。“降”指絳縣。此外,陝西銅川市及宜君縣的戰國晚期及秦代墓出“瀕亭”陶文,見《文博》1987 年 4 期 96 頁圖一·6。“瀕”即頻陽省稱。岐山、扶風一帶屢出戰國或秦代的“美亭”陶文,見《文博》1984 年 3 期 71 頁及圖版伍·2、3、4。“美”即美陽省稱。又據上引俞偉超《論集》132 頁,下表已列的“菑亭”陶文曾在臨淄齊故城內劉家寨秦漢地層中出土,“犛亭”陶文曾在扶風、郿縣等地出土):

印 文	資 料 來 源	出 土 地
臨 亭	《望文》[164]	
菑(淄)亭	《望文》,《簠瓦》,[165]《季》[166]103 下等	
犛(斄)亭	《關中》[167]	長安漢舊城
杜 亭	《關中》及《補編》,《文物》1964 年 7 期 59—60 頁	西安附近,秦咸陽遺址
河 亭	《洛陽中州路》37—38 頁	洛陽漢河南縣城址內“西漢初期”房屋基址
夾(陝)亭	《考古通訊》1958 年 11 期 76 頁	陝縣後川“西漢初期”墓
邯 亭	俞文 36 頁注⑪,《考古通訊》1959 年 7 期 340—341 頁,《文物》1966 年 2 期 61—62 頁	邯鄲百家村戰國至漢代遺址,武安午汲古城戰國末至西漢時代陶窑及灰坑,永年施莊村古遺址
易 亭	《文物》1966 年 2 期 61—62 頁	永年施莊村古遺址
安 亭	《考古》1963 年 9 期 476 頁	夏邑禹王城安邑古城址

從字體和形制看,這些亭印的時代基本上都可以定爲秦(《新探》編按:有不少屬戰國晚期),即使有稍晚的也晚不過漢初。秦漢之際在文化上並沒有發生突然的變化,在考古工作中劃分秦和漢初這兩個時期是很不容易的。有些考古報告把這類陶文所屬的遺址或墓葬的時代定爲漢初,這只是一種大概的說法。例如《洛陽中州路》指出“河亭”陶文所屬的西漢初期文化堆積“極接近東周晚期”(35 頁),又說“這裏所謂西漢初期,約當戰國末至西漢初”(52 頁)。可見所出陶文完全有可能屬

[164] 《望文生誼齋輯存古陶文字》(以下簡稱“望文”)第一函,拓本,北京圖書館藏。

[165] 《簠齋瓦器拓本》,北京大學圖書館藏。

[166] 《季》爲《季木藏陶》簡稱。

[167] 陳直《關中秦漢陶錄》(以下簡稱“關中”)第一集,拓本,考古研究所藏。此書誤釋“犛”爲“嫠”。

於秦。(《新探》編按:上表中的“陜亭”陶文所從出之墓,發掘者以爲屬西漢初期。俞偉超同志已據同樣陶文在秦始皇陵園中發現的事實,指出其時代可以早到秦代。見上文編按所引《論集》138—139 頁。)

上引這些亭印的第一字都是縣名或縣名的省文。俞文已經指出“臨”和“菑”都是“臨淄”省文,[168]“河”是“河南”省文,[169]“邯”是“邯鄲”省文,“安”是“安邑”省文。“易亭”陶片發現於古易陽附近,李曉東同志認爲“易”是“易陽”之省,[170]應該是正確的。此外,犛是秦內史所屬的斄縣(漢屬右扶風),杜是內史所屬的杜縣(漢爲京兆尹杜陵),陜是三川郡陜縣(漢屬弘農郡)。秦至漢初封泥還有“邔(邳)亭”半通印文,[171]“邳”疑是東海郡下邳的省文。這些亭印都在“亭”字上冠以縣名,而且除“邯亭”爲小圓印,“夾亭”爲方印外(《新探》編按:“雋亭”“瀕亭”“美亭”亦爲方印),都屬於半通類型(“杜亭”、“河亭”爲東西長的半通),它們都應該是縣的都亭嗇夫印。

陶文中又有“臨菑亭久”印文,[172]從字體看也是秦至漢初的東西。用法與此印相同的“久”字,秦律屢見,整理小組讀爲“記”(64 頁),就是印記的意思。“臨亭”、“菑亭”、“臨菑亭久”等陶文,都曾爲陳簠齋所藏,大概都是臨淄一帶出土的。把“臨亭”、“菑亭”看作“臨菑亭”的省文,大概不會有什麽問題。

《關中》所收陶文中有“咸陽亭久”印文,字體頗古,當爲秦代咸陽都亭嗇夫之印。咸陽是秦都,也許主管全縣各亭的不是嗇夫而是較高級的官吏,但是這對於研究秦代亭的性質並無什麽影響。秦咸陽遺址及其附近一帶出土的秦代陶器、陶片上往往有陶工印文,有一種印文首二字爲“咸亭”,如:

咸亭完里丹器	《關中》及《補編》
咸亭右里道器	俞文 35 頁
咸亭鄘里紊器	《文物》1964 年 7 期 59—60 頁
咸亭沙里棨器	北大歷史系考古專業藏器
咸亭當柳恚器	《關中》
咸亭沙壽□器	《考古》1962 年 6 期 289 頁

---

[168] 俞文又疑“臨”爲臨朐省文(34 頁),可能性較小。

[169] 《地理志》河南郡有河南縣,秦時當屬三川郡。

[170] 《文物》1966 年 2 期 62 頁。

[171] 《再續》3·27 上。

[172] 見《望文》。又見《海嶽樓藏齊魯陶文》(以下簡稱“海嶽”),拓本,考古研究所藏。

咸亭陽安騂器　《文物》1964年7期59—60頁,《考古》1974年1期2頁

咸亭應即咸陽亭省文。

近年來在雲夢發現了很多秦至漢初墓葬,出土了大批漆器。不少漆器上烙有“咸亭”、“咸亭上”、“咸亭包”等半通類型的印文,還有個别漆器烙有“鄭亭”半通印文。[173] 鄭應即秦内史所屬的鄭縣(西漢屬京兆尹)。雲夢發現的墓葬大多數已確定爲秦墓。

傳世有“都亭”半通印,[174]從字體看也是秦至漢初的東西,應爲都亭嗇夫所用之印。

傳世秦印有“亭”字印,[175]又有有闌格的“亭印”,形近東西長的半通印。[176] 在傳世和發掘所得的陶文中也屢見不加地名的亭印印文。解放前四川理縣一帶石板墓所出陶器,有的打有“亭”字印,研究這批陶器的鄭德坤定其字體爲秦篆。[177] 解放後成都洪家包“西漢初期”墓所出的一種陶罐,肩上多數打有“亭”字印。[178] 據發掘簡報,出這種陶罐的墓葬“墓坑中僅有六銖以上的大半兩錢(秦錢),沒有發現小半兩錢”,[179]不知道爲什麼不定爲秦墓而定爲西漢初期墓。鳳翔南古城村雍城遺址採集的一個陶盆,底上打有“亭”字印,腹壁還刻有“泰(太)官奴”三字,[180]發表的圖版上“亭”字印文不可辨,刻文字體屬秦代。(《新探》編按:除以上所舉外,“亭”字印陶文屢有發現,不在這裏補列了。)赤峰蜘蛛山遺址戰國至漢初層所出的一片陶片上,打有有闌格的半通“亭印”,[181]從字體和形制看應是秦印。傳世陶文中屢見“亭久”半通印文,[182]也屬於秦印類型,最晚不晚於漢初。俞文指出《望文》著録的陳簠齋藏

---

[173] 這些資料大都尚未發表,承雲夢縣文化館左德承、蔡先啓、湖北省博物館陳振裕等同志見告,謹致謝意。以下引用雲夢墓材料時不再加注。(《新探》編按:這些資料已發表於《考古》1981年1期的《湖北雲夢睡虎地秦漢墓發掘簡報》及《考古學報》1986年4期的《1978年雲夢秦漢墓發掘簡報》中。47號墓所出鳳形勺上有“鄭亭”烙印,見後一文489頁圖一一·17。發掘者定此墓時代爲西漢初年。)

[174] 《舉》2·57上。

[175] 《舉》3·9上。

[176] 《魏石經室古璽印景》。

[177] 《理番的石板墓文化》,《哈佛亞細亞學報》第9卷70頁。印文見該文圖版十一·2—4。

[178] 《成都北郊洪家包西漢墓清理簡報》,《考古通訊》1957年2期3頁。

[179] 同上注1頁。

[180] 《陝西鳳翔南古城村遺址試掘記》,《考古》1962年9期493—494頁。

[181] 《赤峰蜘蛛山遺址的發掘》,《考古學報》1979年2期236頁。

[182] 《望文》、《簠瓦》、《季》103上等。

陶中有"亭"字圓印文,字體"爲戰國古文"(35 頁)。這也有可能是戰國時代較早期的秦國的東西。雲夢墓所出漆器上也經常可以看到"亭"字烙印。[183] 上述各種沒有標縣名的亭印,也都應該是縣的都亭嗇夫印。倉嗇夫、庫嗇夫印往往不標所屬縣名,與此同例。

傳世秦至漢初印中有"召亭之印"和"脩故亭印"。[184]《漢書新證》解釋這兩顆印說:"脩故、召爲二縣名,皆指每縣之都亭而言。"(139 頁)秦漢時似並無脩故、召二縣,《新證》之說不知何據。這兩顆印的性質尚待研究。[185]

從以上所說的情況來看,已發現的亭印基本上都是秦的東西,即使有比較晚的也晚不過漢初。至於秦代的亭不同於漢代的特點,要等到介紹了市嗇夫的資料以後才能討論。

《漢書·何武傳》:

> 何武,字君公,蜀郡郫縣人也。……武弟顯,家有市籍,租常不入,縣數負其課,市嗇夫求商捕辱顯家。

由此可知西漢時縣有市嗇夫官。第二節所引《漢官》記東漢時雒陽市長員吏有百石嗇夫十三人。雒陽是都城,特設市長,直屬河南尹,百石嗇夫當是市長屬下各單位的負責人。雒陽這類大城一般設有好幾個市,這些市的具體事務大概就是分別由百石嗇夫主管的。一般的縣不設市長,市嗇夫應該是縣"市"的主要負責人。《後漢書·第五倫傳》說建武時京兆尹閻興"召倫爲主簿,時長安鑄錢多姦巧,乃署倫爲督鑄錢掾,領長安市",李賢注引《東觀漢記》:"時長安市未有秩,又鑄錢官姦輕所集,無能整齊理之者,興署倫督鑄錢掾,領長安市。"從"長安市未有秩"這句話來看,大概當時承大亂之後,長安市一度只設了斗食嗇夫來管事。第二節引《開元占經》有"樓星監市,斗食嗇夫"之語,就是指管理市務的斗食嗇夫而言的。

---

[183] 看《湖北雲夢睡虎地十一號秦墓發掘簡報》(《文物》1976 年 6 期 4、5 頁)、《湖北雲夢睡虎地十一座秦墓發掘簡報》(《文物》1976 年 9 期 54、56 頁)。大墳頭一號墓所出漆器也有"亭"字烙印,見注[120]所引俞、李文 346 頁。

[184] 皆見《舉》2·57 上。

[185] 也許有人會認爲召亭之印的"召"是召陵的省文。如果真是這樣,爲什麼當初不刻作"召陵亭印"呢? 方印跟半通不一樣,沒有必要省二字縣名爲一字。《後漢書·郡國志》河南郡垣縣有邵亭,《左傳》杜注說"扶風雍縣東南有召亭"。不知此印"召亭"是否其中之一。也有可能召和脩故都是秦縣,但在漢代已被改名或廢除,所以不爲後人所知。如果真是這樣,這兩顆印就有可能是都亭嗇夫印。

東漢史料裏常見“市掾”之稱。《後漢書·費長房傳》說費長房“曾爲市掾”。《第五倫傳》注引《華嶠書》,記光武帝與第五倫談話,講到他領長安市那一段經歷,有“聞卿爲市掾”之語。漢碑也數見“市掾”,有時也稱“都市掾”或“監市掾”:

惟主吏……修身仕宦,縣諸曹、市掾、主簿、廷掾、功曹,召府。

《薌他君石祠堂題字》[186]

縣令管君即請署門下議生、都市掾。 《成陽靈臺碑陰》(《隸釋》卷一)

前面講亭掾時引過的《文叔陽畫象題字》也提到“市掾”。此外,武氏前石室畫像有“君爲市掾時”題字,[187]《郃陽令曹全碑陰》有“故市掾”八人題名,[188]《巴郡太守張納碑陰》有“監市掾閬中趙應”題名。[189]

縣的市掾究竟是市嗇夫之外,另由縣令委派來領市事的人呢?還是市嗇夫的別名呢?這是一個需要研究的問題。[190] 我們知道,廷掾、五官掾等是不能稱爲嗇夫的,但是嗇夫有時可以叫做掾。《後漢書·吳祐傳》:“遷膠東侯相……嗇夫孫性私賦民錢,市衣以進其父……祐曰:掾以親故受污穢之名……”。這是稱嗇夫爲掾的一個例子。前面講庫嗇夫時曾提及居延簡裏有講到從居延庫取俸之事的自證爰書。爰書裏有“今庫掾嚴復留鳳九月奉錢”之語。據前引“居延庫嗇夫賀”一簡,居延庫的主管官吏應爲嗇夫,爰書所謂“庫掾”很可能就是指庫嗇夫而言的。所以市掾也有可能本是市嗇夫的別名,甚至前面講過的亭掾也有可能本是亭嗇夫的別名。由於材料不够充分,現在對這個問題還不能下肯定的結論,有待今後繼續研究。

秦漢陶文裏不但常見“某亭”印文,而且也常見“某市”印文。下面也以上引俞文所引資料爲基礎,把陶文中所見的帶有地名的市印列爲一表(《新探》編按:表中漏列的以及後來在書刊上發表的此類陶文,補敘於此。傳世有“許市”陶文,見《季》22下。“許”指潁川郡許縣。秦始皇陵園除“麗亭”陶文外還出“麗市”陶文,見袁仲一《秦代陶文》356頁,參看上文編按所引《論集》138頁。臨潼縣秦漢櫟陽城遺址及銅川市戰國晚期秦墓出“櫟市”陶文,見《考古學報》1985年3期370頁圖

---

[186] 羅福頤《薌他君石祠堂題字解釋》,《故宫博物院院刊》第二期(1960)179頁。

[187] 《金石萃編》卷二一。

[188] 同上注卷一八。

[189] 《隸釋》卷五。

[190] 《史記·田單傳》:“田單者,齊諸田疏屬也。湣王時,單爲臨淄市掾,不見知。”這裏所謂“市掾”可能是齊都臨淄之市主管官員屬下的掾,與東漢時代的市掾不見得是一回事。

九・1、3、4及《文博》1987年4期96頁圖3,後者原文誤釋"頻亭"。始皇陵園亦出"櫟市"陶文,參看上引《論集》138頁。"櫟"即櫟陽省稱。西安市西郊高窑村與秦高奴銅權同坑出土的陶釜上有"瀕市"陶文,參看上引《論集》139頁。銅川市戰國晚期及秦代墓除"瀕亭"陶文外也出"瀕市"陶文,見《文博》1987年4期96頁圖2、4、5。長安張堡戰國晚期窖藏及清澗縣李家崖秦墓出"杜市"陶文,見《考古與文物》1987年5期22頁圖二・1、1987年3期12頁圖十一・1。關於杜,參看上文對"杜亭"的說明。山西朔縣西漢前期墓出"馬邑市"陶文,見《文物》1987年6期4頁圖八。馬邑即雁門郡馬邑縣。咸陽黃家溝秦代墓出"平市"陶文,見《考古與文物》1982年6期10頁圖六・2。俞偉超同志因此種陶文也見於山西曲沃曲村遺址,定"平"爲"平陽"省稱,見上引《論集》139頁):

印　文	資　料　來　源	出　土　地
東武市	《望文》,《季》103下	
臨菑市	《海嶽》	
熒　市	《望文》	
曹　市	《季》103下	
代　市	《季》104上	
高　市	《關中》	
河　市	同"河亭"印	洛陽漢河南縣城"西漢晚期"(約自武帝至王莽)遺址
武　市	《考古》1965年2期65頁	黃驊縣伏漪城遺址
譙　市	俞文34頁	亳縣城外渦河橋邊
陜　市	同"陜亭"印	同"陜亭"印
襄陰市	《季》72下	
南鄉之市	《望文》,《海嶽》	
新梁(梁)市久	《季》98下	
槐里市久	《關中》	

從字體和形制看,這些市印早的可至秦代(《新探》編按:有的早到戰國晚期),晚的也不會晚於西漢前期。《地理志》說槐里秦時名廢丘,高祖三年更名。此說若確,

“槐里市久”印的時代就不能早於高祖三年。《洛陽中州路》説“河市”陶文出於武帝至王莽時期遺址,但是從字體看這種陶文的時代很可能要略早於武帝。

上舉各市印地名,除南鄉可能是鄉名,新梁和曹所指難以確定外,其餘都是縣名。“河”和“陜”在講亭印時已經作過解釋。東武、臨淄、代、譙、襄陰、槐里,都是見於《地理志》的縣名。熒,俞文已指出是滎陽省文。高,應該是高陵(屬左馮翊)省文。“武市”印文見於黄驊縣伏漪城遺址出土的陶罐上,天津市文化局考古發掘隊認爲可能與故址在黄驊附近的漢代章武縣有關,[191]是有道理的。新梁不見於古書,不知道跟河南郡梁縣會不會有關係。曹,俞文疑爲曹陽省文,可能是正確的。《後漢書・郡國志》弘農縣有曹陽亭。《史記・秦始皇本紀》記章邯殺周章於曹陽。也許曹陽在秦和漢初曾設過縣。上舉各市印的形制,除“陜市”以下五印爲方印(《新探》編按:“麗市”“櫟市”“瀕市”亦爲方印),“譙市”一印情況不明外,都屬於半通類型(《新探》編按:“許市”印介於東西長的半通印與方印之間)。這些市印大概多數是縣屬市嗇夫所用之印。

傳世秦至漢初印中有“臨菑(淄)市”[192]和“犛(斄)市”[193]半通印。臨淄和斄都是既見於亭印又見於市印的地名。上舉陶文中也有“臨淄市”印文,但所用之印與傳世之印不是一紐。西漢前中期印中又有“始市”半通印,[194]不知跟零陵郡始安有無關係。

陶文屢見“都市”半通印文,[195]從字體看,大約爲秦至漢初物。傳世古印也有“都市”半通印,所見二印,一印時代與前者相近,一印爲西漢前期物。[196] 這種印也應是市嗇夫印。大概市嗇夫也可以稱都市嗇夫,就跟田嗇夫也可以稱都田嗇夫,市掾也可以稱都市掾一樣。“都”當是總管的意思。

臨淄出土西漢前期封泥有“左市”、[197]“右市”、[198]“南市”、[199]“西市”[200]等半通印

---

[191] 《渤海灣西岸古文化遺址調查》,《考古》1965 年 2 期 66 頁。

[192] 《稽庵古印箋》。

[193] 《舉》2・58 下。

[194] 《官》12・61。

[195] 《望文》、《簠瓦》、《季》104 上等。

[196] 二印皆見《舉》2・58 下。

[197] 《續》5・10 上、《存真》43 下。

[198] 《續》5・11 上、《存真》44 上、《臨》4。

[199] 《續》5・11 下。

[200] 《續》5・12 上、《臨》4。

文。王獻唐認爲是臨淄諸市之印。[201] 臨淄是大城，西漢前期曾爲齊王國國都。西漢前期封泥有"臨菑市丞"、"齊都市長"等印文，可知當時臨淄市設有長、丞。[202] 見於封泥的"左市"等半通印，可能是臨淄市長、丞屬下各市的嗇夫或市佐之印。上引"臨菑市"半通印，字體比"臨菑市丞"封泥古，可能是秦或漢初臨淄市未設長、丞時的市嗇夫印。

傳世有"市"字印[203]及半通"市印"，[204]前者著録於摹刻不善的印譜，時代難定，後者似爲西漢前中期物。同類印文也見於陶文和封泥。傳世陶文屢見"市"字印文。[205] 又有"市久"圓印文[206]及方印文，[207]從字體看都是秦至漢初的東西。解放後山西孝義張家莊"西漢早期"墓出土的一件陶罐，肩上打有"市"字印，與上舉傳世陶文中的"市"字印文很相似。[208] 山西左雲縣威魯鄉東辛莊村戰國至秦遺址裏發現的一個陶鉢，器口邊沿上打有"市"字印。[209] 呼和浩特東郊塔布禿村漢城遺址出土陶片，有的打有"市印"或"市久"半通印。[210] 這兩處發現的陶文從字體看似乎都屬於秦代。西漢前期封泥也有半通"市印"。[211] 上述這些不加地名的市印，大概多數也是縣屬市嗇夫印。

在西漢前期的漆器上也常常可以看到市印。文帝時代的馬王堆 1 號、3 號墓出土的漆器，有"成市草"、"成市飽"等烙印。[212] 鳳凰山文帝十三年的 168 號墓及文景時代的 8 號等墓出土的漆器，有"成市草"、"成市飽"、"成市素"、"市府草"、"市府飽"、"市府素"、"北市□"等烙印。[213] 文景時代的銀雀山 4 號墓出土的漆器有

---

[201] 《臨淄封泥文字》敘 25 頁。

[202] 看上注所引文。"臨菑市丞"封泥見《續》3・34 上、《存真》21 上、《臨》4。"齊都市長"封泥從王文轉引。

[203] 《秦漢印統》8・50 下。

[204] 《官》12・65。

[205] 《望文》、《簠瓦》、《關中》、《季》6 下等。

[206] 《簠瓦》、《海嶽》。

[207] 《海嶽》。

[208] 《山西孝義張家莊漢墓發掘記》,《考古》1960 年 7 期 43 頁。

[209] 吴連城《山西左雲縣出土秦權介紹》,《文物參考資料》1957 年 8 期 41 頁。

[210] 吴榮曾《内蒙古呼和浩特東郊塔布禿村漢城遺址調查》,《考古》1961 年 4 期 213 頁。

[211] 《封》1・56 下、《再續》3・7 上。

[212] 看注[120]所引俞偉超、李家浩同志文。

[213] 看上注所引文及《湖北江陵鳳凰山 168 號漢墓發掘簡報》(《文物》1975 年 9 期)。"素"字原未釋,下同。

“筥市”、“市府草”、“☐素”等烙印。[214] 西漢初期的貴縣羅泊灣1號墓出土漆器，有“市府草”、“市府素”等烙印。[215] 此外，雲夢秦至漢初墓出土漆器也有少數烙有“市”、“許市”或“咸市”等印文(《新探》編按：參看注[173])。上述這些烙印，雖然有的比較大，但是除“市”字印外，都作長方形，屬於半通類型。廣州黄花崗003號木椁墓所出漆器上還有漆書市名。據發掘簡報，此墓年代屬秦末或漢初，墓中所出漆器一部分在底部漆書“高樂”二字。[216] 從發表的圖版看，至少有一件的漆書是“高樂市”三字。[217] 三字一行直下，雖非印文，用的却是半通的格式。

俞偉超、李家浩同志指出成市是成都市省稱，[218]蔣英炬同志認爲筥是成陽國莒縣，[219]都是可信的。許應即潁川郡許縣，高樂疑即勃海郡高樂縣。羅泊灣1號墓所出漆器有的烙“布山”印，此墓漆器上所見的“市府”不知是否就指布山市府。布山是桂林郡(武帝改鬱林郡)屬縣。

這些見於漆器銘文的市，可能多數也是由市嗇夫主管的。俞、李二同志曾舉《漢書·食貨志下》王莽“更名長安東西市令及洛陽、邯鄲、臨淄、宛、成都市長皆爲五均司市，稱師”的記載，證明成都市設有市長，[220]這是很正確的。但是這條證據還不足以證明在西漢前期成都市已設市長。就現有資料來看，在西漢前期，縣邑之市有三種管理方式。一種是設市嗇夫。一種是設市令、長，如長安市。這種市不屬於縣。據《漢書·百官表》，長安市令和市長屬内史(左右内史後改京兆尹、左馮翊)。西漢王國官制本仿中央王朝，所以有些王國都城之市也設市長。前面講過，齊國都城臨淄曾設市長。西漢前中期封泥又有“廣陵市長”印文。[221] 廣陵是江都國及後來的廣陵國的都城。[222] 至於郡治所在的縣在西漢前期是否設市長，則是不清楚的。第三種方式是設置專管市務的縣丞。封泥有“定陽市丞”印文，[223]字體頗古，有闌格，大概是西漢早期的東西。定陽市丞應是上郡定陽縣管市務的丞。居延簡有陽

---

[214] 《臨沂銀雀山四座西漢墓葬》、蔣英炬《臨沂銀雀山西漢墓漆器銘文考釋》，皆載《考古》1975年6期。
[215] 《廣西貴縣羅泊灣一號墓發掘報告》，《文物》1978年9期。
[216] 《廣州黄花崗003號西漢木椁墓發掘簡報》，《考古通訊》1958年4期39—40頁。
[217] 同上圖版捌·1左下角。
[218] 同注[212]345頁。
[219] 同注[214]350頁。
[220] 同注[212]347、348頁。
[221] 《續》2·33下。
[222] 關於王國市長用王獻唐説，看注[201]所引文。
[223] 《續》4·13上。同文之印見《官》8·37。

翟獄丞、[224]祿福獄丞、[225]祿福倉丞,[226]都是專管某一方面事務的縣丞,性質與定陽市丞相類。西漢前期的成都市究竟屬於哪一種情況,目前似乎還不好下斷語。

馬王堆1號墓漆器有的烙"南鄉□"印,3號墓漆器有的烙"南鄉□□"或"中鄉□"印,[227]雲夢墓出土的個別漆器也烙有"中鄉"印。俞、李二同志認爲馬王堆漆器印文的"南鄉"、"中鄉"是標明市府作坊的所在地的。[228] 前面舉過的見於陶文的市印裏有"南鄉之市"印,似可作爲此説的佐證。不過在西漢前期,鄉本身好像也有經營手工業的。景帝四年的鳳凰山10號墓是一個鄉吏(可能是西鄉嗇夫)的墓葬。墓中所出的簡牘裏有一份由十三條簡組成的賬目,專記交付枲、笥等物之事。現在從這份賬目裏挑出三簡抄録於下,第一和第三簡就是這份賬目的首簡和末簡:

> 六月十六日付司馬伯枲一唐,卅二。
>
> 九月九日付五翁伯笥二合,合五十,直(值)百;枲一唐,卅·凡百卅。
>
> 六月十六日丁卯決鄉,至十月十日·凡三月廿三日所出·凡千八百卌八。[229]

過去我們曾推測這批簡文所記的事與墓主經營的家庭手工業有關,現在看來完全錯了。10號墓所出簡牘絶大部分爲鄉文書。從上引末一簡看,這份賬目顯然也是鄉文書,所記之事似當與鄉所經營的手工業有關。上述各墓所出的有鄉印的漆器,可能就是鄉的産品。當然,鄉所經營的手工業完全有可能是由縣市統一安排的。

現在我們來討論秦代的亭的性質問題。

對比以上所引亭印和市印的資料,可以看出兩個問題。

(一) 亭印和市印的作用相同。亭印、市印不但格式基本相同,而且都大量打印在陶、漆器上,用途也基本相同。俞偉超同志在《漢代的"亭""市"陶文》一文裏,已經指出"某亭陶文的意義,以例推之,當與'某市'相同"。[230] 漆器上所見的亭印和市印,意義也完全相同。漆器上的市印往往加"素"、"草"、"飽"等字。俞偉超、李

---

[224] 140·1(《居》412·6555、413·6569)。

[225] 《居甲》1873。

[226] 15·18(《居》102·2098)。

[227] 同注[212]344、348頁。

[228] 同上346、348頁。

[229] 看拙作《湖北江陵鳳凰山十號漢墓出土簡牘考釋》"F類竹簡",《文物》1974年7期53—54頁。我們當時所作的釋文有很多錯誤。第一簡的"六月"誤釋爲"七月",因此誤編爲第四簡(即116號)。最末一簡誤編入"E類竹簡"(《文物》1974年6期弘一及黄盛璋二文不誤)。

[230] 同注[163]34頁。

家浩同志指出“草”當讀“造”,“飽”當讀“麭”,都與製造漆器有關。[231] 這是很正確的。“素”也與製造漆器有關。西漢後期工官所造漆器銘文裏屢見素工、造工等工人名稱,下面舉元始三年耳杯爲例:

> 元始三年,廣漢郡工官造乘輿髹汧(彤)畫木黄耳杯,容一升十六籥,素工昌、髹工立、上工階、銅耳黄涂工常、畫工方、汧工平、清工�、造工忠造,護工卒史惲、守長音、丞馮、掾林、守令史譚主。　　《考古學報》1959年1期100頁

素、髹、上……造等,是製造漆器的各道工序。市印的“麭”大約相當於髹或髹汧。在漆器上烙上帶“素”、“草”、“飽”等字的市印,表示這些工序都是在市吏監督下完成的,或是經過市吏的檢查的。其意義跟工官漆器銘文差不多。陶器的工序比較簡單,所以只需要打一個簡單的市印。這同樣是表示市吏監造或經過市吏檢查的意思。雲夢漆器上烙的亭印有“咸亭上”、“咸亭包”等,已見上文。此外還常見“亭上”印文。有不少漆器除烙了亭印(包括“亭”字印)之外,還烙了“素”、“告”、“包”等單字印。[232] 俞、李二同志指出“包”也當讀“麭”,[233]非常正確。“告”也應該跟市印的“草”一樣,讀爲“造”。所以“素”“告”“包”跟市印的“素”“草”“飽”完全是一回事。“上”也是造漆器的工序,工官漆器銘文有“上工”可證。總之,亭印和市印的作用可以說是毫無區别。

(二) 亭印、市印流行的時代有先後之分。從表面上看,以上所舉的亭印、市印都是秦和西漢前期這一段時期裏的東西,二者的時代似乎並無不同。[234] 但是仔細觀察一下就可以發現,亭印流行的時代要早於市印。這可以從以下三方面來説明:(1)從字體上看,亭印的時代大約爲秦至漢初。秦和漢初的字體很難區分。上舉亭印幾乎沒有一紐可以確鑿地定爲漢代印,基本上應該是秦代的東西。市印裏雖然也有一部分秦印,但是可以確鑿地定爲屬於漢代的印很多。其中有不少文景時代的東西,已在我們所説的“漢初”的範圍之外。從字體上看,很可能還有少量晚於文景時代的東西。(2)在同縣名的亭印和市印裏,“夾(陜)亭”和“河亭”印的字體明顯地早於“陜市”和“河市”印。《洛陽中州路》指出“‘河亭’出現於西漢初

---

[231] 同注[212]344—345頁。

[232] 同注[183]。

[233] 同注[231]。

[234] 較晚的市印,如“長安市長”(《官》4·68)、“雒陽市佐”(《宣和集古印史》5·3下)等印,從不使用於陶、漆器,不在我們的討論範圍之内。

期,‘河市’出現於西漢晚期”(37 頁)。雖然所定時期似乎都可提早,但是兩個時期的先後關係是不會有問題的。(3)在漆器上,亭印、市印的先後關係也顯示得很清楚。雲夢發掘的古墓絶大多數是秦墓,所出漆器上的烙印也絶大多數是亭印,只有少數漆器烙有市印。馬王堆、鳳凰山、銀雀山等地發現的西漢前期墓葬,它們所出的漆器上的烙印則全是市印,沒有一個亭印摻雜其間。[235](《新探》編按:肖亢達《雲夢睡虎地秦墓漆器針刻銘記探析》指出“四川滎經古城坪秦墓漆器烙印爲‘成亭’,而長沙馬王堆 M1、江陵鳳凰山 M168 漆器烙印則改用‘成市’”。見《江漢考古》1984 年 2 期 68 頁。)從以上所説的情況看,可以肯定亭印流行的時代早於市印。亭印基本上是秦代所使用的。市印在秦代雖然已經出現,但數量顯然比亭印少。到了漢代,市印才取代了亭印的地位。

俞偉超同志曾根據“某亭”陶文的意義與“某市”陶文相同這一點,推斷亭印的亭指市亭而言。[236] 我們對此有不同看法。如果亭印的“亭”確是指市亭而言,當時人決不會不省掉“亭”字而省掉“市”字,使市亭與鄉亭之亭混而不分。我們認爲亭印的“亭”就是指鄉亭之亭而言的,只不過在秦代亭嗇夫兼管“市”務,所以在漢代用市印的場合,秦人則用亭印。這一看法可以從秦律得到支持。在已發現的秦律裏雖然提到過市,而且還有《關市》律,但是却沒有出現過市嗇夫的官名。在與財物、賬目有關的《效律》裏,與倉、庫、田等部門嗇夫並列的,是亭嗇夫而不是市嗇夫。把這個現象與上述關於亭印、市印的情況結合起來考慮,就可以看出漢代市嗇夫的職務在秦代是由亭嗇夫兼管的。如果秦代的亭嗇夫僅僅主管漢代的亭的事務,那末在《效律》裏不出現市嗇夫却反而出現亭嗇夫的現象就不可理解了。上海市博物館藏有一秦代小權,一面刻“咸陽亭”三字,一面刻“半兩”二字。[237] 正是由於亭管市務,所以才需要用這樣小的權。

漢代“每因亭會市,成爲商業中心”。[238] 王褒《僮約》:“綿亭買席,往來都洛。”桓譚《新論》:“扶風漆縣之邠亭部,言本太王所處,其民有會日,以相與夜市,如不

[235] 雲夢大墳頭 1 號墓漆器上有亭印而無市印。《湖北雲夢西漢墓發掘報告》定此墓爲漢初墓(《文物》1973 年 9 期),但墓中所出漆器上的烙印和針刻文字與雲夢有些秦墓所出漆器相同,恐怕還是定作秦墓爲妥。不過我們的意思並不是説凡出亭印漆器的一定都是秦墓。秦代的制度可能沿襲到漢初,並且漢初墓出秦代器物也是很可能的事情。

[236] 同注[163]34—35 頁。

[237] 此權承馬承源同志見告,謹致謝意。(《新探》編按:此權已著錄於邱隆、丘光明等編《中國古代度量衡圖集》135 頁。)

[238] 嚴耕望《漢代地方行政制度》,《史語所集刊》二十五本。

爲期,則有重災咎。”㉓⑨《説文・邑部》“郱”字注:“䣝,美陽亭即䣝也,民俗以夜市。”《史晨饗孔廟後碑》:“史君念孔瀆、顔母井去市遼遠,百姓酤買,不能得香酒美肉,於昌平亭下立會市,因彼左右,咸所願樂。”[240]《殽阬君神祠碑》:“漂沒田疇,寖敗亭、市”,[241]也以亭、市並提。因亭成市的情況顯然是古已有之的。漢代城邑内的市,一般都在市中建亭,作爲市吏治所。[242] 這種形式可能就是從以亭爲中心自然形成的集市那裏繼承下來的。亭和市的關係如此密切,亭的本職——防止盜賊、維持治安,對於市來説又顯然具有特殊的重要性,因此由亭來兼管市務,尤其是在商業還不很發達的情況下,可以説是一件很自然的事情。在戰國時代,秦國的商業跟六國相比而言是不算發達的。它採用由亭嗇夫兼管市務的辦法,一點也不奇怪。從秦代已有市印的情況來看,秦統一後,甚至在統一以前,在某些商業比較發達的地區,大概就已經開始設立市嗇夫來專管市務了。由於史料缺乏,具體情況現在還弄不清楚。

應該指出,在秦印裏除了一般的亭印以外,還有“市亭”印。《續衡齋藏印》6・34 頁著録一枚“市亭”半通印,從字體看顯然是秦印。華北淪陷時期,日人在萬安北沙城發現的陶器、陶片,有不少打有“市亭”印,其作風與上舉“市亭”印很相似。[243] 北沙城 6 號、7 號墓屬於漢代,但是有“市亭”印文的陶器、陶片都不是出於這兩個墓葬的,應該是秦代遺物。雲夢睡虎地秦墓出土的陶器上也往往有“安陸市亭”印文。[244] 這些秦印的“市亭”是不是指市中之亭呢? 恐怕也不是。在這些印文裏,“市”和“亭”大概是並列的。亭嗇夫既然兼管市務,而市務又比較重要,所以有時就在亭嗇夫印裏加上“市”字,表明他兼管亭、市二者。有可能在當時亭嗇夫就可以叫市亭嗇夫。傳世有一枚“亭市”小圓印,字體屬秦篆系統而又比較接近金文,大概是戰國時代的秦國印。[245] “亭市”當與“市亭”同義,這也可以作爲“市亭”並不指市中之亭的一個證據。

弄清楚秦的亭嗇夫兼管市務,對於研究秦的社會經濟是有幫助的。俞偉超同

---

[239] 《初學記》卷二四、《太平御覽》卷一九一、八七七等引。

[240] 《隸釋》卷一。

[241] 《隸釋》卷二。

[242] 同注[163]34—35 頁。

[243] 水野清一等《萬安北沙城》62 頁 25 圖。

[244] 看注[183]所引文,《文物》1976 年 6 期 5—6 頁、1976 年 9 期 57 頁。(《新探》編按:參看《考古學報》1986 年 4 期 504 頁圖二八・5、6 及 507 頁。)

[245] 此印見《觀自得齋印集》(古私印册)。參看注[163]所引文 37 頁注[34]。(《新探》編按:此印也有可能屬三晉。)《秦漢印統》8・54 上著録“亭”字圓印,字體也很古,但有可能是六國的東西。

志曾指出漢代的市兼營手工業。[246] 秦代的亭嗇夫也是既管商業又管手工業的。見於秦代陶、漆器上的大量亭印就説明了這一點。

談到這個問題,我們還需要回到上文提到過的"咸亭完里丹器"一類陶文上去。在咸陽及其附近地區出土的秦陶上,除了這類印文,還可以看到數量更多的"咸某里某"一類印文。例如:

咸蒲里奇
咸閭里晐
咸直里章
咸平□夤　　以上見《關中》
咸郊里夫
咸少原嬰　　《關中補編》
咸郿里角
咸郿里就
咸郿小類(?)
咸巨陽鬲　　《考古》1962年6期289頁
咸贌陽便
咸市陽于
咸郿里宦
咸郿里駔
咸郿小有
咸郊里奢
咸新安盼[247]　　《文物》1964年7期59、60頁
咸如邑頊
咸芮里喜
咸成陽申　　《文物》1976年11期23頁

傳世古印中也有幾枚這一類的陶印:

咸□園相　　《舉》2・4上

---

[246] 同注[163]35頁,參閲注[212]所引文。戰國時代的市也兼營手工業,另詳拙作《戰國古文字裏關於市的資料》,待刊(《新探》編按:即《戰國文字中的"市"》,載《考古學報》1980年3期)。

[247] 此印有闌格。

咸郿里驕　　《魏石經室古璽印景》,《關中》
咸郿里竭　　《善齋璽印錄》1・18,《關中補編》

解放後在咸陽故城西面秦代陶窑區也發現一枚“咸郿里□”陶印。[248] 把這類印文跟“咸亭完里丹器”一類印文對比一下,就可以知道“咸”是“咸亭”的省文。蒲里、郿里、少原、𨻶陽、市陽、新安等等是里名,印文末一字是人名。只有“咸郿小有”、“咸郿小類(?)”這樣的印文可以有兩種解釋:一種是以“郿小”爲里名。一種是以“郿”爲“郿里”省文,“小有”、“小類”爲人名。很多人把“咸某里某”横讀爲“咸里某某”,這是不正確的。[249]

上述這兩類印顯然都是陶工的印章。在里名、人名上加“咸亭”或“咸”,表示這些陶工受兼管市務的咸陽都亭嗇夫管轄。用古書上的話來説,就是表示這些陶工是有市籍者。從這些陶工必須在自己的産品上打上標明里居人名的規格統一的印章的情況來看,國家對有市籍者的生産顯然是控制得很嚴的。[250] 我們還没有發現過咸陽亭以外的都亭嗇夫所轄的有市籍者的專用印章或印文。這當然並不説明其他都亭嗇夫都不管轄有市籍者,或是對有市籍者管理得不嚴,而只能説明他們的具體管理辦法與咸陽亭不完全相同(其他地方都亭嗇夫管轄的有市籍者的人數大概不會有首都咸陽那麽多)。

雲夢秦墓出土的漆器上,往往有“宦里大女子慇”、[251]“大女子鶩”、[252]“龏(原釋“陰”)里□”、[253]“士五(伍)軍”、[254]“左里□□”、“大女子嫛”、[255]“錢里大女子”、“上造□”、“興里□”、“興昌月”、“昌武□”一類針刻人名。宦里、興昌、昌武等都是里名,[256]大女子、士伍、上造等是身份。劉海年同志認爲士伍軍等人“是器物的

---

[248] 《秦都咸陽故城遺址發現的窑址和銅器》,《考古》1974 年 1 期 20 頁。

[249] 《關中》所收“咸里高昌”、“元平元年咸里周子才”陶文皆爲僞品。

[250] 見於戰國時齊國陶文的標明里名、人名的“陶者”印章,其意義與咸亭陶工印章相同。齊國陶工印章的里名常稱“陶里”,古代工商聚居的遺痕更爲清楚。咸亭所轄陶工以居於郿里的最爲集中。

[251] 《文物》1973 年 9 期 25 頁圖五。

[252] 同上 32 頁圖二三。

[253] 《文物》1976 年 6 期 4 頁。

[254] 同上 5 頁。

[255] 《文物》1976 年 9 期 54 頁。

[256] 過去長沙發現的所謂楚漆器,有刻有“興里□”、“杜里□”等人名的(商承祚《長沙古物聞見記》上 21、24 頁,蔣玄佁《長沙》第一集圖版玖,《考古學報》1957 年 4 期 46 頁圖十三之 2),都應是秦器(包括戰國時的秦器)。近年廣州秦漢造船工場遺址發現的漆柲殘片上也有針刻“丞里□”人名(《文物》1977 年 4 期圖版伍之 3)。

生產者,而不是器物的所有者"。[257] 從雲夢歷年來發掘的情況看,刻有同一人名的漆器可以在幾個墓裏出現,可證劉説是可信的。不少漆器既有這類針刻人名,又烙有亭印。[258] 看來這些生産漆器的人也應該是都亭嗇夫所管轄的有市籍者。

那些僅僅打有亭印、市印而沒有記"某里某"等人名的陶、漆器,可能既有亭、市直接役使所屬工人製造的器物,也有亭、市管轄的有市籍者所造的器物。至於那些有"市府"印的漆器,大概都是市所屬之府直接役使工人製造的。[259]

《漢書・尹賞傳》:"雜舉長安中輕薄少年惡子,無市籍,商販作務,而鮮衣凶服被鎧捍持刀兵者,悉籍記之。"前面講市嗇夫時引過的《漢書・何武傳》講到"武弟顯家有市籍,租常不入,縣數負其課"的事。可見按照規定只有有市籍的人才能正式從事商業和手工業,即所謂"商販作務"。有了市籍,就得向國家交税。前面説過,國家對有市籍者的生産控制得很嚴。在社會地位上,有市籍者也低於一般人民。按照規定,"賈人皆不得衣絲乘車",[260]"有市籍不得宦"。[261] 武帝時明令"賈人有市籍者及其家屬,皆無得籍名田以便農",[262]哀帝時議限田也有"賈人皆不得名田爲吏"之語,[263]這是"工之子恒爲工,商之子恒爲商"的遺意。在國家有事的時候,他們跟罪人、贅婿一樣,是被謫發的對象。《漢書・鼂錯傳》:"秦之戍卒不能其水土,戍者死於邊,輸者僨於道,秦民見行,如往棄市。因以謫發之,名曰謫戍。先發吏有謫及贅婿、賈人,後以嘗有市籍者,又後以大父母、父母嘗有市籍者,後入閭取其左。"漢武帝天漢四年"發天下七科謫",也仍然以這些人爲對象。[264] 所謂賈人,主要就是指有市籍的人。[265] 當然,對於那些有錢有勢的富商大賈,法律條文一般是不起

---

[257] 《秦漢"士伍"的身份與階級地位》,《文物》1978 年 2 期 62 頁。

[258] 看注[183]所引文,《文物》1976 年 6 期 4、5 頁,1976 年 9 期 56 頁。有些漆器上針刻人名與"咸亭包"等烙印並見。

[259] 西漢封泥有"市府"半通印文,見《鐵雲藏陶》4・33 上、《續》5・9 下。西漢印也有"市府"半通印,出處失錄(《新探》編按:見《徵存》487)。

[260] 《史記・平準書》。

[261] 《漢書・景帝紀》。

[262] 《史記・平準書》。

[263] 《漢書・哀帝紀》。

[264] 《漢書・武帝紀》及注。

[265] 《史記・平準書》:"諸賈人末作貰貸賣(此字據《漢書・食貨志下》補)買居邑稽諸物及商以取利者,雖無市籍,各以其物自占……賈人有市籍者及其家屬皆無得籍名田以便農。"可見賈人中也包括一部分沒有市籍的人。

作用的，所謂“今法律賤商人，商人已富貴矣”[266]。何武弟顯家有市籍而不入租，就是有權勢的有市籍者不受約束的具體實例。但是，絶大多數有市籍者無疑是承受着國家的沉重剝削和壓迫的。

大約從西漢中期開始，有市印的陶、漆器基本絶跡。這應該是縣市所製造的器物大大減少的反映，同時也可能與國家對有市籍者的生産的控制較前放鬆有關。武帝之後，謫發有市籍者打仗戍邊一類措施不再出現，可見他們的社會地位也在提高。

除去是否兼管市務這一點，秦漢兩代的亭的職能基本上是一致的。[267] 這裏不準備討論了。最後只想就亭候的問題略爲講幾句。傳世封泥有“臨菑亭侯”印文，[268]字體頗古，有闌格，當爲秦或漢初物。王獻唐《臨淄封泥文字》敘，據此認爲西漢初年“臨淄縣中曾置侯國”（24 頁）。漢初封爵無亭侯之稱，王説不可信。《後漢書・百官志五》劉昭注引《漢官儀》：“設十里一亭，亭長、亭候。”上引封泥“侯”字亦當讀爲“候”。秦簡“候、司寇”之“候”都作“侯”（107 頁），可以與此互證。秦簡的“候”是由於犯了輕罪被罰從事候望、候伺一類工作而得名的。臨淄亭候大概是掌管臨淄縣各亭之“候”的官，疑是臨淄縣都亭嗇夫或亭掾的屬吏。[269]

（九）發弩嗇夫

《秦律雜抄》：

> 除士吏、發弩嗇夫不如律，及發弩射不中，尉貲二甲。・發弩嗇夫射不中，貲二甲，免，嗇夫任之。（128 頁）

整理小組注指出這兩條律文裏的尉和嗇夫指縣尉和縣嗇夫，所以發弩嗇夫也是縣屬官嗇夫，他是統率專門發弩的士卒的。

傳世有闌格秦印和西漢印中都有“發弩”半通印，[270]西漢封泥裏也有“發弩”半

---

[266] 《漢書・食貨志上》。

[267] 關於秦代的亭禁盜賊的情況，可看秦簡《封診式》“盜馬”（252 頁）、“群盜”（255 頁）、“賊死”（264 頁）等條。

[268] 《續》2・2 上。

[269] 一縣主“候”事的官也稱候長，在漢印、封泥和漢碑中都可以看到。西漢前期封泥又有“臨菑候印”（《續》2・21 上、《存真》7 下），秦及西漢早期有臨淄郡，此印究竟是郡候印還是縣候印待考。

[270] 秦印見《舉》2・55 上，漢印見《官》12・15。

通印文。[271] 這些都應該是縣的發弩嗇夫印。[272] 各印時代似都不晚於西漢前期,西漢中期以後是否還設發弩嗇夫已不可考。

（十）少內嗇夫

秦簡《法律答問》提到"縣少內"：

"府中公金錢私貣用之,與盜同法。"·可(何)謂"府中"？·唯縣少內爲"府中",其它不爲。(165 頁)

又《封診式》"告臣"條有"令少內某、佐某以市正賈(價)賈丙……"語(259 頁),整理小組注指出此條少內也是指縣少內。少內是主管財政的。《周禮·天官·敘官》"職內"鄭注:"職內主入也,若今之泉所入謂之少內。"《漢書·丙吉傳》"後少內嗇夫白吉曰:食皇孫亡(無)詔令",顔注:"少內,掖庭主府臧(藏)之官也。"由此可知掖庭令等都官也有少內。秦律《金布律》:

縣、都官坐效、計以負賞(償)者,已論,嗇夫即以其直(值)錢分負其官長及冗吏,而人與參辨券,以效少內,少內以收責之。(61 頁)

這一條的少內應該是兼指縣與都官的少內而言的。

掖庭令與縣令之秩相當,掖庭少內之長稱嗇夫,縣少內之長也應稱嗇夫。第二節引過的《漢官解詁》有"倉、庫、少內嗇夫"之語,可見少內嗇夫之稱一直沿用到東漢。上引《封診式》的"少內某"應即"少內嗇夫某"的省文,這跟鄉、庫、倉嗇夫省稱爲鄉、庫、倉是同類的現象。嗇夫的副職一般稱佐。《封診式》以少內某、佐某並提,也説明少內之長當爲嗇夫。《漢金文錄》著錄的神爵四年成山宮渠斗銘所記吏名有"槃少內佐王宮",[273]就是槃縣少內嗇夫之佐。

傳世有闌格秦印中有"少內"印(出處失錄。《新探》編按:見《徵存》66,被定爲"漢初期官印")。西漢印中數見"少內"半通印,[274]西漢封泥也有"少內"半通印

---

[271] 《續》2·23 上、《存真》43 下、《臨》4。

[272] 西漢前期封泥又有"琅邪發弩"(《塤室藏三代秦漢六朝古陶》,此印有闌格,時代或可早至秦)、"南郡發弩"(《封》4·51 下)、"臨菑發弩"(《臨》4)等印文。此類皆爲郡發弩官印。在六國古印和戈銘裏也可以看到屬於縣的"發弩"。

[273] 《漢》4·9 上。

[274] 《王譜》5·18 下、《秦漢印統》1·46 下、《舉》2·55 下、《官》4·53(《新探》編按:參閲《徵存》81 頁)。

文。[275] 這些半通印裏可能兼有都官和縣的少內嗇夫印。有闌格秦印中又有“茝(芷)陽少內”印(出處失錄。《新探》編按:見《徵存》4),應是秦內史芷陽縣少內嗇夫之印。

關於縣的官嗇夫就講到這裏爲止。還有少數可能屬於縣的官嗇夫,將與不屬於縣的同類官嗇夫一並討論。

上文已經提到過一些秦漢時代的不屬於縣的官嗇夫,例如掖庭令所屬的暴室嗇夫、上林令所屬的虎圈嗇夫(《徵存》463 爲“保虎圈”半通印,編者定爲西漢物,認爲與“虎圈嗇夫”有關)、作爲某些都官的離官的苑嗇夫、雒陽市長所屬的百石嗇夫等。有些官嗇夫,如庫嗇夫、少內嗇夫等,是縣和其他官署所共有的,我們在講縣嗇夫時也已講到過這一點。此外,在漢代史料裏還可以看到一些不屬於縣的官嗇夫,下面分别加以說明。

(一)主管作造器物的嗇夫

漢代官府所造的銅、漆器的銘文,常常列出監督、主管作造器物的官吏名,其中主管作造的下級長官往往是嗇夫。例如:

元康元年,考工工賢友繕作,府嗇夫建、護萬年、般長當時主,令長平、右丞義省。重二斤十三兩。 鴈足燈,《漢》3·17 上

永光元年,考工工賜繕,護□、嗇夫憙主,右丞□、令□省。

漆耳杯,《支那漢代紀年銘漆器圖說》圖版貳[276]

乘輿十湅銅鼎,容二斗,并重十八斤。永始三年,考工工蒲造,佐臣立、守嗇夫臣彭、掾臣朋主,守右丞臣光、令臣禁省。第二百八十。

銅鼎,《漢》1·5 上

乘輿髹汧(彤)畫木黄耳一升十六籥杯,綏和元年,考工工並造,汧工豐,護臣彭、佐臣訮(?)、嗇夫臣孝主,守右丞臣忠、守令臣豐省。

漆耳杯,《文物》1972 年 12 期 15 頁

居攝元年考工□□繕,守嗇夫□、守令史獲、掾褒主,守左丞□、令□省。

鐘,《漢》3·38 上

---

[275] 《封》41 下。

[276] 此銘字體草率,“考”字筆畫不全,原釋作“右”。但本銘右丞之“右”寫法與此不同,故據同類銘文改釋爲“考”。銘文“工”下有一小横,即重文符號,原釋文亦脱去。

以上諸器銘文中的嗇夫是少府屬官考工令的下屬。《漢書·百官表》注:"臣瓚曰:冬官爲考工,主作器械也。"據第一器,嗇夫所主持的單位稱"府"。或以"繕作"二字連"府"字讀,非是,[277]但"作"字或有連下讀的可能。戰國魏安邑鍾亦由府嗇夫主管鑄作。漢代前期漆器往往烙"市府"印,也是府管作造之例。市府即市所屬之府。

候鉦,重五十桼(七)斤。新始建國地皇上戊二年,右工工晦造,嗇夫放、守史凡、掾大、守左丞守、令嘉掌,共工大夫□□省。 鉦,《隸續》卷二

王莽改少府爲共工,[278]上銘右工屬共工,很可能就是原來少府所屬的考工的一部分。[279]

銅鈁,容六斗。元延二年,供工工長繕錮,佐普、守嗇夫建主,守左丞賽、令脩宗省。 銅鈁,《漢》2·20上

綏和元年,供工工譚爲內者造鴈足鐙,護相、守嗇夫博、掾並主,右丞揚、令賀省。重六斤。 鴈足燈,《漢》3·25下

建平二年,供工工惲造,嗇夫合、守令史循(?)、掾武主,左丞輔市、令豐省。嘉至摇鐘,甲堵中羽。 摇鐘,《漢》3·37下

竟寧元年,寺工工護爲內者造銅鴈足鐙,重三斤十二兩。護武、嗇夫霸、掾廣漢主,右丞賞、守令尊、護工卒史不禁省。 鴈足燈,《漢》3·22下

以上諸器銘文中的嗇夫是供工或寺工的屬吏。供工、寺工的性質當與考工相近,但皆不見於《百官表》,待考。[280]

中尚方銅五斗鍾一,重三十六斤。始建國四年桼(七)月工□□□東、嗇夫□掌,護常省。 銅鍾,《漢》2·2上

上器銘文中的嗇夫是中尚方屬吏。《百官表》少府屬官有尚方令,顏注:"尚方主作禁器物。"

二年,蜀西工長儋,令史後得,嗇夫中章,佐廣成,工貞造。容五石,重九十

---

[277] 僞器元狩元年建昭宮鼎且以"繕作府"入銘,見《漢》1·1下,《漢》目錄已注明爲僞器。

[278] 《漢書·百官表》。

[279] 傳世又有候騎鉦(《漢》3·39上),銘文與候鉦大同小異而不清晰,可疑。

[280] 關於寺工,可參考陳直《古器物文字叢考》,《考古》1963年2期82—83頁。陳先生以爲漢器所見寺工皆爲上林寺工,似可疑。

五斤。酒。 銅鋗,《漢》4·2 下

始元二年,蜀西工長廣成,丞何放,護工卒史勝,守令史毋夷(?),嗇夫索喜,佐胜,髹工當,汧(彤)工將夫,畫工定造。

漆耳杯,《支那漢代紀年銘漆器圖說》圖版壹,又 7 頁

以上二器銘文中的嗇夫是蜀郡工官屬吏。前一器的時代與後一器似不會相差很遠,疑二年爲武帝後元二年。[281]《支那漢代紀年銘漆器圖說》還著錄了不少成帝永始以後蜀西工所造的漆器,銘文官吏名中都沒有嗇夫而有掾。從考工、供工等官所作器銘中嗇夫與掾並見的情況來看,蜀西工的掾似乎不會是嗇夫的別名,可能蜀西工在成帝以後取消了嗇夫而由掾直接主管作造。

河東爲甘泉上林宮造行鐙,重六斤十兩。五鳳二年,嗇夫山,工誼作。第二。曾□。 銅行燈,《歷代》卷二十

上器銘文中的嗇夫爲河東郡屬吏。《地理志》河東無工官,可能當時郡的作造工作就是由嗇夫負責主持的。《漢書新證》認爲河東郡在兩漢有銅官(145 頁),可參考。傳世有東漢永平十三年汝南郡銅鼎,銘文中有"守嗇夫□",也是郡的屬吏,但此器真僞未能定,應存疑。[282]

元封二年,雒陽武庫丞閞(《新探》編按:即"閑"字),嗇夫菅□,令史樂時,工置造。容十六斗八升,重六十八斤。 銅鍾,《漢》2·1 上

上器銘文中的嗇夫爲雒陽武庫屬吏。

建武中元二年十月十六日,東海宮司空作銅槃□鐙,重五斤,輩廿枚,工范循造,嗇夫臣倍主,丞臣壽、長臣福省。 銅燈盤,《漢》3·26 下

上器銘文中的嗇夫是東海王國宮司空官的屬吏。建武中元二年時的東海王是光武帝之子劉强。

齊安宮銅熏盧,容五升,具蓋,重五斤六兩。神爵四年,曲宮嗇夫忠,佐史(?),工司馬讓造。第一百卅一。廿三。 銅熏罏,《歷代》卷十九

上器銘文中的嗇夫可能是管理某一部分宮殿的官吏,不一定是以管理作造器物爲專職的。

---

[281] 武帝後元不加年號,看陳夢家《漢簡年曆表敘》,《考古學報》1965 年 2 期 108 頁。

[282] 汝南郡鼎銘文見《漢》1·7 上,目錄注"疑"字。

(二)主管宗廟、祭祀等事的嗇夫

《漢書・王莽傳上》記莽加九錫,“署宗官、祝官、卜官、史官,虎賁三百人,家令、丞各一人。宗、祝、卜、史官皆置嗇夫、佐”。西漢半通印中有“史印”及“史左(佐)”印。[283] 疑前一印爲史官嗇夫印,後一印爲史官佐之印。大概王莽之前已有此類官職。

《後漢書・蓋延傳》記延於建武二年伐劉永,“遂定沛、楚、臨淮,修高祖廟,置嗇夫、祝、宰、樂人”,李賢注:“嗇夫主知廟事。”據靈帝建寧五年所立的《成陽靈臺碑》,[284]西漢時在傳爲堯母慶都所葬的靈臺設置“靈臺嗇夫”承祀,王莽時廢絶,靈帝時修復靈臺上的“黄屋”,恢復祀典。《靈臺碑陰》記立碑之事爲“守皇(黄)屋嗇夫仲民”所主。“皇(黄)屋嗇夫”與“靈臺嗇夫”當是一職的異名。《蓋延傳》的高祖廟嗇夫當屬沛縣或沛郡。靈臺嗇夫當屬成陽縣或濟陰郡。

(三)關嗇夫

居延簡屢見關嗇夫,例如:

四月丙子,肩水騂北亭長敞以私印兼行候事謂關嗇夫吏寫移書到如律令。
29・7,居60・1280

□□元年十一月壬辰朔甲午,肩水關嗇夫光以小官印兼行候事敢言之…… 居甲1125A

閏月庚子,肩水關嗇夫成以私印行候事 居甲70

〼五月乙巳,肩水關門嗇夫□(原空一字)敢言〼 居甲171

六月辛未,府告金關嗇夫久…… 居甲1049B

金關亦稱肩水金關,肩水關似即肩水金關的省稱。[285] 居延簡又屢見“關佐”,[286]即關嗇夫之佐。敦煌所出王莽時簡也有關嗇夫。[287]

《百官表》有關都尉官,《後漢書・張禹傳》有“常山關長”,[288]關嗇夫之稱過去

---

[283] 皆見《舉》2・51上。
[284] 《隸釋》卷一。
[285] 看陳夢家《漢簡考述》,《考古學報》1963年1期104頁。
[286] 《居甲》561、564、657、1268等。
[287] 《流》屯戍叢殘簿書類60。
[288] 漢印有“陝溪關長”(《秦漢印統》1・44上),王莽印有“陸渾關宰印”(《官》16・30)。

在古書裏還沒有見到過。據上引居延簡,肩水關嗇夫或兼行候事,可知是肩水候官的下屬。[289] 候官之秩略與縣令、長相當,所以肩水關只能設嗇夫,其地位與縣的官嗇夫相當。勞榦將上引《居甲》171 簡的"關門"二字誤釋爲"關候門",謂肩水候官"因有關在,故亦曰關候,關嗇夫應即關候之門嗇夫",[290]似不可信。

除去以上所講的幾種嗇夫以外,還應該提一下第二節引過的衡官有秩和鹽官有秩。如果有秩確是有秩嗇夫的省稱的話,他們就也應該當作嗇夫來對待。

建寧四年《武都太守李翕西狹頌》:"敕衡官有秩李瑾、掾仇審,因常繇(徭)、道徒,鐉燒破析,刻臽(陷)確嵬。"[291]建寧五年《武都太守李翕天井道碑》也有"衡官有秩下辨李瑾"的題名。[292]《漢書新證》據熹平三年《武都太守耿勳碑》"又開故道銅官,鑄作錢、器"之文,[293]認爲衡官主鑄錢(118 頁),說似可從。《後漢書·百官志五》:"其郡有鹽官、鐵官、工官、都水官者,隨事廣狹,置令、長及丞,秩次皆如縣、道。"武都郡的衡官大概由於是臨時設置的,或由於範圍較小,所以不能置令、長,而只能置有秩。上文據河東行鐙推測西漢時河東郡設嗇夫主持作造,情況與此類似。《西狹頌》裏與衡官有秩並列的掾仇審,在建寧五年《李翕析里橋郙閣頌》裏稱"衡官掾下辨仇審"。[294] 衡官有秩跟衡官掾的關係,不知道跟供工、寺工等所屬的掾和嗇夫的關係是否相似。據《漢書·貢禹傳》和《鹽鐵論》的《水旱》、《復古》等篇,鐵官的主要勞動力是卒、徒。上引《西狹頌》所謂"常徭、道徒",就是指服正常徭役的卒和修道刑徒,衡官在採銅等日常工作中,無疑也是以卒、徒爲主要勞動力的。

延熹七年《都鄉孝子嚴舉碑》碑陰所記臨江縣吏名中,有"鹽官有秩安漢任□字立中"。[295]《後漢書·百官志三》本注:"郡國鹽鐵官,本屬司農,中興皆屬郡縣。"似乎東漢時有縣一級的鹽鐵官。那末《嚴舉碑》的鹽官有秩就應該是臨江縣鹽官的主管官吏。但是《百官志》本注所說的"郡縣"也可能就像"國家"一類偏義詞一樣,實際上僅僅是指郡而言的。那末臨江縣的鹽官有秩就應該是巴郡鹽官的"離官"(《地理志》巴郡朐忍有鹽官),或是《漢官》所記河南尹員吏中的"諸縣有秩"一類人。秦律提到的采山、采鐵等嗇夫,其性質不知道與衡官有秩、鹽官有秩一類人

[289] 同注[285]105 頁。
[290] 同注[399] 頁。
[291] 《隸釋》卷四。
[292] 《隸續》卷一一。
[293] 同上注。
[294] 《隸釋》卷四。
[295] 《隸續》卷一一。

是否相近。

在漢簡、漢碑等資料裏還可以看到少量性質不明的嗇夫,這裏就不討論了。(《新探》編按:廣西貴縣羅泊灣 2 號漢墓出"家嗇夫印"封泥,見《考古》1982 年 4 期 363 頁。家嗇夫當是爲列侯一類貴族管家的嗇夫。《徵存》452 爲"五屬嗇"半通印,編者定爲西漢印,說爲"主王畿附近親屬之嗇夫"的印章。)

由於資料不完整,研究工作也做得不够充分,對於由秦到東漢這段時間裏嗇夫官制的各種變化,目前還不可能作全面的論述。不過有一點是應該指出來的,那就是縣所屬的與社會經濟有密切關係的一些官嗇夫,其重要性顯然在不斷降低。在這些嗇夫裏,田嗇夫可能在東漢中後期就已經停止設置。有的嗇夫,如亭嗇夫、市嗇夫,後來似乎已經改稱爲掾,或爲掾所代替。不管是後來仍然存在的嗇夫,或是可能由嗇夫變來的掾,其重要性都比不上早期的嗇夫。例如:庫嗇夫主管生産的職能看來是逐漸削弱的,很可能最後已經完全衰失。田嗇夫在停止設置以前,所掌管的事務的範圍顯然已經在逐漸縮小,重要性也已經在逐漸降低。秦代的亭嗇夫很重要,管理的事務很多,就是把後來的亭掾、市掾加在一起,恐怕也還是比不上他。所以産生這種現象,主要大概有兩種原因。一種原因是國家對人民的控制的削弱。例如國家在生産上加於一般農民和有市籍者的控制的削弱,對田嗇夫、市嗇夫的職權就顯然産生了影響。由秦到東漢,刑徒、官奴在人口中所佔的比例大概在逐漸降低。這對於需要使用這些勞動力的官嗇夫無疑也是有不利影響的。另一種原因是國有經濟方面發生的變化,下面就來討論這個問題。

高文認爲秦時嗇夫官的重要性"似乎主要表現在它同封建國有經濟的聯繫"上,並認爲嗇夫官制在漢代的變化"可能同封建國有經濟的比重的下降有關"(140 頁)。這些意見是有啓發性的。[296] 嗇夫當然並不是都跟國有經濟有密切關係,但是其中一部分對於國有經濟的確是很重要的。例如:田嗇夫管理國有土地以及其他國有農業生産資料的使用。司空嗇夫、廄嗇夫、庫嗇夫等役使刑徒、官奴或其他勞動力從事勞役,進行生産。亭嗇夫、市嗇夫不但管理商業、手工業,而且本身也從事生産。這些官嗇夫的重要性的下降,往往是跟他們所管理的那部分國有經濟的削弱聯繫在一起的。但是從全國範圍來看,這些官嗇夫的重要性的下降,却並不是全都反映着國有經濟比重的下降。只有作具體分析,才能得出比較接近事實的

---

[296] 由於古史分期問題尚未解決,高文把秦漢時代的國有經濟稱爲封建國有經濟不一定正確。不過這一點對於我們將要進行的討論沒有多大妨礙。

結論。

農業方面的情況比較清楚。田嗇夫本來是一種很重要的官職,後來竟停止設置。這當然反映了國有的土地和其他農業生産資料的逐漸減少,反映了在農業範圍裏國有經濟比重的下降(屯田在兩漢時代還起不了曹魏時代那樣的作用)。手工業方面的情況就要複雜得多。縣屬官嗇夫主管的官營手工業,似乎早在西漢中期就已經開始顯著地衰落。屬於縣的工官很可能只存在於秦和西漢前期。關於庫和亭、市從事生産的資料,也集中於秦和西漢前期。但是官營手工業在全國範圍内的情況就不一樣了。從出土器物銘文和文獻記載看,西漢中期以後,在有縣市印文的器物基本絶跡以後,郡的工官如蜀西工、廣漢工官、齊服官等,以及中都官中的工官如考工、尚方等,它們所製造的手工業品顯著地增多了起來。更爲重要的是,武帝將鹽、鐵、鑄錢收歸國營,這無疑加强了手工業中國有經濟的地位。[297] 所以我們不能僅僅由於看到了與嗇夫有關的縣營手工業的衰落,就得出手工業中國有經濟比重下降的結論。

不過,郡國和中央工官主要是製造武器以及爲貴族、大官們所需要的器物的,服務面不如縣營手工業廣泛。鹽、鐵和鑄錢,在武帝把它們收歸中央統一經營以前,恐怕主要並不是掌握在私人手裏的。從文獻和古印、封泥等資料來看,在西漢前期郡國是經營鹽、鐵、鑄錢等業的,而且規模相當大。所以,過分强調西漢中期以後手工業中國有經濟比重的增長,也是不恰當的。與其説武帝經濟政策的主要意義在於增加國有經濟的比重,還不如説在於加强經濟方面的中央集權。至少這兩方面是同樣重要的。

縣營手工業的衰落大概是由兩方面的原因引起的。一方面是官營手工業中出現的中央對地方,郡國對縣的集權傾向,這從上文所説的情況就可以看出來。一方面是民間手工業的發展。在鹽、鐵收歸國有以後,民間的其他手工業還在繼續發展。郡國和中都工官的生産品不可能提供給廣大的民間市場,縣營手工業面對民間市場的産品如陶器等,無疑是被民間手工業産品所代替的。從這方面説,縣營手工業的衰落的確反映了國有經濟的衰落。所以,我們所説的引起嗇夫重要性降低的第二種原因——國有經濟方面發生的變化,包含着兩個方面,即國有經濟的衰落以及國有經濟中的集權傾向的加强。這裏説的主要是西漢的情況,到了東漢,鹽鐵

---

[297] 關於手工業的論述,參閲了俞偉超、李家浩《馬王堆一號漢墓出土漆器製地諸問題》,《考古》1975年6期347頁。

官重新改屬郡國,集權傾向好像已經不存在了。不過我們對東漢時代的國有經濟瞭解得很少,實際情況究竟怎樣,還有待研究。

嗇夫問題是一個很複雜的問題,我們的探索是初步的,而且可能包含着很多錯誤,希望得到同志們的教正。

1979 年 10 月 23 日

《新探》編校追記:

日本學者大庭脩早在 1955 年就發表了《漢代的嗇夫》一文,研究頗爲深入(譯文見中國社會科學出版社 1983 年出版的《簡牘研究譯叢》第一輯)。本文所引資料和提出的看法,有不少在此文中已經引用、提出。作者寫本文時,還沒有讀到此文,以致失於徵引,是不應有的疏忽。讀者可參閱該文。

重印本按:

本文 65—66 頁《新探》編按所引爲趙超之説,趙平安從之。此説勝於敝説。二趙又皆將印文末二字讀爲"左田"。趙平安並認爲田字格對角讀法的秦印"主要見於戰國秦初"(參看趙平安《秦西漢印章研究》,上海古籍出版社,2012 年 12 月,7—9 頁)。

原載《雲夢秦簡研究》(中華書局,1981),又載《古代文史研究新探》,今據後者收入。

說“僕庸”

周宣王時代的五年召伯虎簋記“君氏”之命說：

> 余老止公僕𩫏土田多諫（責?），弋（式）伯氏從許。公宕其参，汝則宕其貳。公宕其貳，汝則宕其一。①

孫詒讓指出簋銘“僕”下一字，跟《說文》裏“讀若庸”的“𩫏”以及“墉”字古文“𩫖”是一個字，“僕庸土田”就是《詩·魯頌·閟宮》的“土田附庸”，也就是《左傳·定公四年》的“土田陪敦”，“僕”、“附”、“培”以音近相通，“敦”是“𩫖”的訛字（《古籀餘論》3·23）。王國維也有類似說法。② 他們的意見已經爲大家所接受。

《魯頌·閟宮》追述成王對魯侯的册命說：

> 乃命魯公，俾侯于東。錫之山川，土田附庸。

《左傳·定公四年》記衛祝佗追述成王分封魯、衛等國的情況說：

> 分魯公以大路、大旂、夏后氏之璜、封父之繁弱，殷民六族……分之土田陪敦，祝、宗、卜、史，備物、典策、官司、彝器，因商奄之民，命以伯禽，而封於少皞之虛。

孫詒讓指出《左傳》“土田陪敦”之語“即本魯頌”，十分正確。過去的經學家不知道“陪”是借字（也可說是音近誤字），“敦”是錯字，或把“陪敦”訓爲“土田山川”，③或訓“培”爲“增”，訓“敦”爲“厚”（《左傳》杜預注），都是無根據的臆說。

在《閟宫》的“附”和簋銘的“僕”這兩個字裏，究竟哪一個是正字呢？孫詒讓認爲“附”是正字，“僕庸”應該讀爲“附庸”。《閟宮》的“附庸”，經學家一般理解爲附

---

① 見郭沫若《兩周金文辭大系》【《集成》8·4292】。以下凡見於《大系》之器，不再注出處。本文引銅器銘文，用字不嚴格按照原文，如“白”逕釋作“伯”，“女”逕釋作“汝”等等，下不再說明。

② 《海寧王靜安先生遺書·觀堂古金文考釋五種·毛公鼎銘考釋》。

③ 《說文》：“培，培敦，土田山川也。”蓋以“培”爲“陪敦”之“陪”的專字。

庸小國。簋銘所説的止公並不是一個大國諸侯,不可能有附庸,孫説顯然欠妥。

郭沫若在1928年所作的《詩書時代的社會變革與其思想上之反映》一文裏,把《閟宫》的"附庸"解釋爲"附屬於土田的農民"(《中國古代社會研究》186頁)。④次年,他把這篇文章編入《中國古代社會研究》一書的時候,加上了幾句案語,表示同意孫詒讓、王國維認爲"僕庸土田"、"土田附庸"、"土田陪敦"本爲一事的意見,但是主張"僕本正字,附、培乃假借。𩫏則借爲傭"(187頁)。這是一個非常值得注意的新見解。可是幾個月之後,他就否定了自己的這個看法,提出了另一種新説。他在1930年初爲《中國古代社會研究》而寫的一則補記《附庸土田之另一解》裏,反過來把"僕"看作"附"的假借字,並把"𩫏"釋作"墉"(𩫏本是墉的古文),把《閟宫》的"庸"也讀爲"墉"。他説"僕墉"一語"余曩讀爲'僕傭',謂指臣僕,今由羅馬制度以推之,則'僕墉土田'當是附墉垣於土田周圍,或周圍附有墉垣之土田"(312頁)。在1952年發表的《奴隸制時代》一文裏,他重複了這個説法,並且把"附墉土田"跟井田制聯繫了起來。這個新説在中國古文獻裏連一點可以印證的史料也沒有,實在難以使人相信。郭氏自己後來大概也覺察到了這一點。所以在1956年寫《矢簋銘考釋》的時候,他在"僕庸土田"的問題上對自己作了一次"否定之否定"。他給文章裏所引用的《閟宫》加了下面這個注:

> "土田附庸",金文召伯虎簋作"僕庸土田"。庸與傭通,"僕庸"即耕作奴隸。(《文史論集》311頁)

重新採取了自己在1929年提出的看法。

郭氏把"僕"看作正字,把"僕庸"解釋爲被奴役者,的確比較合理。郭氏以後的古史學者,在這個問題上多數持類似的觀點。例如吳其昌《秦以前中國田制史》認爲"'庸'即'傭','僕'與'傭'誼皆爲奴,即經典之附庸"(《武漢大學社會科學季刊》5卷3期),陳夢家《綜述》認爲"僕庸"的"庸"相當於《左傳・昭公七年》"僕臣臺"的"臺","臺與庸都是附於土田的'臣僕''臣妾'"(624頁),童書業《春秋左傳研究》認爲"'僕庸'或爲耕田之奴隸,若依附人也"(129頁)。

七十年代在陝西永壽縣發現的西周後期銅器逆鐘的銘文裏也提到了"僕庸":

> ……叔氏若曰:"逆,乃祖考□政于公室。今余錫汝毌(干)五錫、戈彤𠩺,用𩎟于公室僕庸、臣妾、小子室家,毋有不聞知……"
>
> 《考古與文物》1981年1期11頁【《集成》1・60—63】

④ 本文所用《中國古代社會研究》爲新文藝出版社1952年版。以下不再説明。

此銘用从“庚”从“用”的“庸”字，並且以“僕庸”與“臣妾”對舉，可證上舉各家把僕庸看作被奴役者是正確的。

但是上舉各家的說法仍有一個共同的缺陷，就是沒有明確區分僕和庸這兩種被奴役者的性質，而實際上這二者之間却是存在着重要的區別的。

學者們一般認爲跟土田並提的僕和庸都是農業奴隸或農奴。從上引郭、童二氏的話來看，他們似乎把“僕庸”看成一個複合詞。上引吳其昌文在指出“僕庸”即經典之“附庸”以後說：“因此我們又可以知道古代經傳上所謂附庸之國實在就是被大國征服的農奴之國”，可見他把僕和庸都看作農奴。陳夢家比較注意僕和庸的差別。他認爲僕的身份要比庸高一些：

> ……《方言》三說罵庸賤爲田儓，所以中土西土的庸（傭）即齊、楚的臺或田儓。根據“僕臣臺”的順序，僕高於臺或田儓，金文、《魯頌》“僕庸”的次序僕先於庸，所以庸或傭相當於臺或儓。（《綜述》624頁）

他並認爲庸就是“附於土田的‘臣僕’‘臣妾’”（見上引）。這種說法有合理的成分，但是並沒有把僕和庸的區別真正講清楚。

我們認爲在西周春秋時代，僕和庸雖然一般都是異族（指跟統治階級不同族）的被奴役者，但是二者的性質仍有明確的區別。庸主要給統治階級提供農業和土木工程等方面的勞役以及各種生產品。僕大部分主要被使用在戰鬥、守衛等工作上，跟土田和庸並提的僕也不能例外。爲了證明我們的觀點，需要對西周春秋時代的庸和僕以及性質跟僕相近的被奴役者的情況，作一次比較全面的考察。

我們先從庸講起。“庸”字在古代有勞作、勞苦等意義。《墨子・尚賢中》：“昔者傅說被褐帶索，庸築乎傅巖。”《左傳・昭公三十二年》“士彌牟營成周（指籌劃修築成周城墻）……量事期，計徒庸”，杜注：“知用幾人功。”《爾雅・釋詁》：“倫、勩、邛、敕、勤、愉、庸、癉，勞也。”《詩・王風・兔爰》“我生之初，尚無庸。我生之後，逢此百凶”，鄭玄箋：“庸，勞也。”傭徒之“傭”古亦作“庸”。“傭”一般指從事比較重的勞作的、地位較低的勞動者，這是庸勞之“庸”的一個引申義。所以，見於金文、《詩經》的，稱作“庸”的那種人，沒有問題是在勞動生産方面受統治階級沉重剝削的一種被奴役者。

《詩・大雅・崧高》敘述宣王封申伯於南國的情況說：

> 亹亹申伯，王纘之事。于邑于謝，南國是式。……王命申伯，式是南邦。因是謝人，以作爾庸。

毛傳訓"庸"爲"城"(實即讀"庸"爲"墉"),鄭箋訓"庸"爲"功"(一本作"勞"),從上下文義看都不大妥當。郭沫若認爲這個"庸"字跟"僕庸土田"的"庸"同義,也應該當被奴役的農夫講。⑤ 這個意見很有道理。

1959 年在陝西藍田寺坡村發現了一件西周後期的銅器——詢簋。銘文記載王命詢管理"邑人先虎臣後庸"等各種人:

> 王若曰……今余令汝啻官司邑人,先虎臣、後庸:西門夷、秦夷、京夷、㲋夷、師笭側新:□華夷、弁□夷,𠂤人,成周走亞,戍□人,降人,服夷。
>
> 《文物》1960 年 2 期 8 頁【《集成》8・4321】

這裏所説的"庸"顯然指一種被奴役者。《崧高》的"庸"跟詢簋的"庸"以及"僕庸"的"庸",應該是一回事。

《崧高》説王命申伯"因是謝人,以作爾庸"。上引《左傳・定公四年》追述成王封魯的情況,也有"因商奄之民"的話。申伯邑於謝,謝人即申伯所封之地的土著居民。魯侯封於商奄之地。《左傳・昭公九年》"蒲姑、商奄,吾東土也",《正義》引服虔云:"商奄,魯也。"商奄之民即魯侯所封之地的土著居民。謝人變成了申伯的庸,商奄之民無疑也會變成魯侯的庸。⑥

《詩・大雅・韓奕》:

> 溥彼韓城,燕師所完。以先祖受命,因時百蠻。王錫韓侯,其追其貊。奄受北國,因以其伯。實墉實壑,實畝實藉。獻其貔皮,赤豹黄羆。

王祥《説虎臣與庸》指出,周王把追、貊之人賜給北國的韓侯,猶如把謝人賜給南國的申伯,"此所謂'因時百蠻'猶常武(當作"崧高")的'因是謝人',亦猶《左傳・定公四年》的'因商奄之民'以封魯侯伯禽"(《考古》1960 年 5 期 34 頁)。這個意見是很精闢的。韓侯所因的"百蠻"之民也應該是,至少有一部分應該是給他當庸的。楊寬先生也有跟王祥先生類似的意見,他還指出"實墉實壑,實畝實藉。獻其貔皮,赤豹黄羆",就是這些庸的主要負擔,"也就是要從事工程勞役和農業勞役,並要貢納生產物"(《古史新探》82 頁)。這也是可信的。

---

⑤ 《中國古代社會研究》187 頁。郭氏在把"僕庸"改讀爲"附庸"的時候,相應地把《崧高》的"庸"也改讀爲"墉",到《矢簋銘考釋》裏才加以糾正,參看上文。

⑥ 孫詒讓《墨子閒詁》指出商奄即奄,"單言之曰奄,累言之則曰商奄"(見《耕柱》"古者周公旦……東處於商蓋"句下),其説甚是。楊寬先生認爲商奄之民指商民和奄民,商民就是分給魯侯的殷民六族(《古史新探》82 頁),恐不可信。殷民六族的身份頗高,與庸不能相提並論。

西周前期的宜侯夨簋記周王封夨於宜時所賜的土地人民說：

> 錫土：厥川三百□，厥□百又廿，厥宅邑卅又五，[厥]□百又卌。錫在宜王人□又七里。錫奠七伯，厥盧(虜)□又五十夫。錫宜庶人六百又□六夫。
>
> 錄遺167【《集成》8·4320】

宜庶人當是宜地土著農夫，他們也應該是封賜給宜侯作爲庸的。本地土著一般應該有家室。統治者在征服一地以後，通常不大可能把被征服者的家庭全都破壞。對於從事農業的居民來說，這樣做的可能性更小。但是宜庶人却不以家計而以夫計，這應該怎樣解釋呢？有些學者認爲宜庶人既以夫計，就一定是沒有家室的單身奴隸。這種看法似乎不一定妥當。“夫”的本義是成年男子。在上古，統治者對農夫往往以“夫”作爲單位來授田並進行剝削，即使對本族農民也是這樣。宜庶人以夫計，恐怕就是由於他們是農夫的緣故，不見得意味着他們都沒有家室。

春秋後期齊國銅器叔弓鐘，記齊侯對叔弓的命辭說：

> 余錫汝釐(萊)都𦣻劇，其縣二百。⑦ 余命汝司台釐𨓨或徒四千，爲汝敵(嫡)寮……余錫汝馬、車(叔弓鎛作“車馬”)、戎兵、釐僕二百又五十家，汝以戒戎作。
>
> 【《集成》1·285】

郭沫若《大系考釋》認爲這是齊滅萊後對功臣行賞，大概是正確的。銘文所說的萊都，當是萊國國都之外的一個都邑(也可能是兩個)。“其縣二百”的“縣”就是《左傳》等書中屢見的“縣鄙”之“縣”，這裏指上述萊都周圍的地區。銀雀山竹書《孫臏兵法·擒龐涓》“平陵，其城小而縣大”(文物出版社，1975，31頁)，以城與縣對言，城就是都。“其縣二百”應該理解爲縣鄙中的二百個小邑。《左傳·襄公二十八年》“與晏子邶殿，其鄙六十”，杜注：“邶殿，齊別都。以邶殿邊鄙六十邑與晏嬰。”“其縣二百”的文例與“其鄙六十”相同。⑧ 這二百個小邑的居民，應該是從事農業生產的萊族庶人，也可能是爲萊族統治階級所奴役的異族農夫。不管屬於哪一種情況，在萊國被齊滅亡後，他們都會變成齊國統治階級的庸。叔弓接受了萊都和“其縣二百”以及“萊僕二百又五十家”的賞賜，就成爲召伯虎簋提到的“止公”那樣的、佔有“僕庸土田”的大貴族了。

---

⑦ “二百”爲合文，“百”字上原加兩横，舊多釋作“三百”。今按同銘“俾百斯男”之“百”，“百”上加一横，則此合文應釋“二百”而不應釋“三百”。下文另一“二百”舊亦多釋爲“三百”。

⑧ 以上參考李家浩同志《談古文字資料中的縣》，未刊(《新探》編按：即發表於《文史》第二十八輯的《先秦文字中的“縣”》)。

從《左傳》看,齊、魯、鄭、宋、衛等國各都邑的四鄙,大概都有不少規模很小的邑,這些邑是卿大夫等貴族的極其重要的,也可以說是主要的剝削對象。⑨ 這些邑裏面的居民大概基本上就屬於"庸"這個階層。

從以上所說的情況來看,"庸"好像大都是被征服的當地農夫。不過,按照統治階級的需要把被征服者遷到别的地方去當庸的情況,推想過去也一定是存在的。詢簋所說的由夷人充當的庸,就有可能是經過遷徙的。《左傳·宣公十二年》記楚國攻破鄭國後,鄭伯肉袒謝罪,在楚君面前說出了楚國可能採取的幾種處理鄭國的方法。其中一種是"俘諸江南,以實海濱"。這也許就是指把鄭國人民遷到江南去當庸。【重印本按:宰獸簋"奠庸"即指自他處遷來奠置在康宫土田上的庸,看本卷《說殷墟卜辭的"奠"》文末按語。】

大多數庸看來是有家室的,他們大概大都是居住在分佈於鄙野之中的很多規模很小的邑落裏面的。根據上引楊寬先生對《韓奕》的解釋,庸所負擔的主要任務,是從事農業、工程等勞役,並繳納生産品。此外,在發生戰爭的時候,他們雖然没有資格充當戰士,但是大概也常常要跟着軍隊去服勞役。詢簋說"先虎臣後庸",陳世輝同志認爲"先"指戰爭時作先鋒,"後庸或即追隨於虎臣之後的庸徒"(《文物》1960年8、9合期79頁)。這個說法很有道理。不過,先鋒是對全軍而言的,後庸的"後"也應該是對全軍而言的。說庸"追隨於虎臣之後",似乎不如說"追隨於正規軍隊之後"妥當。如果只從所承擔的任務的種類來看,庸跟那些與統治階級同族的庶人似乎並無多大不同。不過由於庸的政治地位低,他們受剝削、壓迫的程度,一定會超過一般庶人。

在戰國時代的語言裏,"庸"作爲指稱地位較低的勞動者的名稱而繼續存在。但是勞動者是否稱"庸",跟他們的種族基本上已經没有什麼關係了。由此看來,原來的庸跟與統治階級同族的庶人合流的過程,至遲在春秋後期就應該已經開始了。

關於西周春秋時代的庸,還有許多需要深入研究的問題。例如:統治階級對庸是怎樣進行管理的?對於他們中間原來存在的公社關係,是怎樣加以改造加以利用的?庸受剝削的具體情況究竟怎麼樣?隨着賦税制度的改變,庸的負擔起了一些什麼變化?庸跟與統治階級同族的庶人的合流,是通過什麼樣的具體途徑而實現的?對這些問題,古史學者的意見很分歧,在這篇短文裏就不準備加以討論了。

下面再來談"僕"。

---

⑨ 參看童書業《春秋左傳研究》"小邑"節,181—182頁。

從古書的訓詁看,僕大體上分兩類,一類是侍候人的,即所謂“給事者”(《說文》“僕”字注),一類是御車者。在先秦古書裏所見的僕,有很多是屬於後一類的。“僕”字用作動詞時,一般也當御車講,如《論語·子路》“子適衛,冉有僕”。

古代稱僕的人並不一定是被奴役者。由於“貴賤不嫌同號”,⑩凡是趕車的人,不管是奴隸還是貴族,都可以稱爲僕。根據《周禮·夏官·序官》,給王趕車的戎僕和齊僕,就都是由大夫充當的。此外,在古代,管理某種人的官,往往可以用被管理的那種人的名稱來稱呼他。例如工人稱百工,管理他們的官也稱百工。僕也有這種情況。見於《左傳·昭公十二年》的僕析父,是楚國的一個大夫。馬宗璉《春秋左傳補注》和孫詒讓《周禮正義》(夏官大僕),都認爲他的職位相當於《周禮》的大僕。當然,在稱僕的人裏面,大多數還是被奴役者,這一點是大家公認的。

研究西周春秋時代被奴役的僕,主要得靠金文材料。金文裏所見的僕,其情況跟一般人所理解的僕頗有出入,傳統的“僕”的定義往往對他們不適用。爲了說明的方便,我們先從叔弓鐘的萊僕談起。

從前面引過的叔弓鐘銘文,可以知道齊侯在滅萊之後,賜給了叔弓“馬、車、戎兵、萊僕二百又五十家”,“以戒戎作”。這些跟車馬戎兵列在一起的、“以戒戎作”的萊僕,顯然是擔負戰鬥、守衛等軍事方面的任務的。古代用車戰,這些萊僕是否都是御車者呢?恐怕不大可能。在春秋以前的戰爭中,車上的甲士(包括御者在內),一般都是士以上的貴族。萊僕在戰爭中的主要任務顯然不會是御車,而應該是直接參加斯殺,或者做與戰鬥有關的輔助工作。在平時,御車的工作不會需要那麽多人,他們的主要任務應該是保衛主人的安全,同時還有可能要爲主人服某些雜役。在這批萊僕裏,也許有一些人是專用於御車的,但是大部分人的主要任務顯然不會是御車。

《左傳·定公十年》記齊魯夾谷之會,有齊侯使萊人持武器威脅魯侯的事:

> 夏,公會齊侯于祝其,實夾谷,孔丘相。犁彌言於齊侯曰:孔丘知禮而無勇,若使萊人以兵劫魯侯,必得志焉。齊侯從之。孔丘以公退曰:士兵之。兩君合好而裔夷之俘以兵亂之,非齊君所以命諸侯也……

杜注:“萊人,齊所滅萊夷也。”被孔丘斥爲“裔夷之俘”的、以兵威脅魯君的萊人,應該就是叔弓鐘所說的那種萊僕,只不過他們是處於齊侯直接控制下的,沒有賞賜給卿大夫。

---

⑩ 《公羊傳·隱公七年》:“春秋貴賤不嫌同號,美惡不嫌同辭。”

周穆王時代的靜簋銘說：

王令靜司射學宮，小子眔服眔小臣眔夷僕學射。（也有可能應讀爲：王令靜司射，學宮小子眔服眔小臣眔夷僕學射。） 【《集成》8・4273】

西周後期的害簋銘說：

王册命害曰：……官司夷僕、小射、厎魚。

嘯堂下 56—58【《集成》8・4258】

需要學射的，以及跟小射並列的夷僕，大概跟齊國的萊僕一樣，也是使用在戰鬥、守衛等工作上的。《禹貢》青州有萊夷，萊僕其實也可以看作一種夷僕。

西周後期的趞簋記王命趞"作□𠂤冢司馬，啻官僕、射、士"【《集成》8・4266】。由於"貴賤不嫌同號"，這裏所說的僕和射究竟是指本族戰士中的御僕和射手，還是指夷僕、小射一類人，還有待研究。⑪

據《周禮・秋官・序官》，司隸所屬有蠻隸、閩隸、夷隸、貉隸各一百二十人。鄭玄注以爲是征蠻夷所獲。《秋官・司隸》說司隸"掌帥四翟（狄）之隸，使之皆服其邦之服，執其邦之兵，守王宮與野舍之厲禁"。《地官・師氏》說師氏"使其屬帥四夷之隸，各以其兵、服守王之門外且蹕。朝在野外，則守內列"。所謂"四翟之隸"、"四夷之隸"都是指蠻、閩、夷、貉諸族之隸而言的（參看孫詒讓《周禮正義》）。這種爲周王守衛的四夷之隸，跟金文所見的屬於王的夷僕，顯然是同性質的。

在世界史上，奴隸制、封建制時代的大貴族，用奴隸身份的人當親兵、侍衛，是很常見的事。周王用夷僕、夷隸保衛自己，齊侯賜萊僕給叔弓"以戒戎作"，一點也不奇怪。

西周前期的師旂鼎也提到僕：

唯三月丁卯，師旂衆僕不從王征于方雷，使厥友引以告于伯懋父，才芀。伯懋父乃罰得□由三百寽（鋝），今弗克厥罰。懋父令曰：義（宜）殺觑厥不從厥右征，今毋殺，其又內（納）于師旂…… 【《集成》5・2809】

這篇銘文的大意是說，師旂的衆僕⑫不從王出征，師旂派屬吏向伯懋父報告，伯懋

⑪ 古代車戰，車左主射。《左傳・成公十八年》"荀賓爲右，司士屬焉"，杜注："司士，車右之官。"可能"僕、射、士"就指御者、車左和車右。

⑫ "衆僕"也許應該理解爲衆和僕兩種人，看方詩銘《金文中所見的僕不是家內奴隸》，《光明日報》1951年6月9日。

父判處衆僕罰金……[13]這些僕有責任從王出征，其性質應該跟前面所説的夷僕相近。從這些僕居然能够“不從王征”，以及被判處罰金等情況來看，他們在生活上、經濟上顯然有一定的獨立性，不像是爲師旂直接佔有的奴僕。上引害簋記王命害管理夷僕、小射等人，師旂衆僕大概也是王命師旂管理的僕。

西周後期的師獸簋記伯龢（和）父的命辭説：

余令汝死（當“主”講）我家，□司我西偏東偏僕馭（御）、百工、牧、臣妾。【《集成》8·4311】

跟百工、牧、臣妾並提的“僕御”，大概也是被奴役者。僕和御並列，似乎可以説明僕的主要任務不是御車，而是戰鬥、守衛。不過也有可能“僕御”已經成爲一個指稱從事戰鬥、守衛、御車等工作的被奴役者的複合詞了。

此外還有一些銅器銘文講到賜僕的事，如旂鼎銘説“公錫旂僕”（《三代》4·3【《集成》5·2670】），䕌鼎銘説“姞氏令䕌事保厥家，因付厥祖僕二家”（《文物》1979年9期圖版柒【《集成》5·2765】），伯克壺銘説“伯大師錫伯克僕卅夫”（《嘯堂》上25【《集成》15·9725】），幾父壺銘説同仲“錫幾父□□六、僕四家、金十鈞”（《扶風齊家村青銅器群》圖三、四【《集成》15·9721、9722】）。這些僕的性質不明確，恐怕多數也是“以戒戎作”的。

僕一般都以家計。在記録僕的數量的銘文裏，只有伯克壺的僕以夫計。這説明僕大部分是有家室的。

《左傳·僖公二十四年》説秦穆公送重耳（即晉文公）回晉國即君位之後，爲了重耳的安全，又“送衛於晉三千人，實紀綱之僕”，杜注：“新有吕郤之難，因未輯睦，故以兵衛文公，諸門户僕隸之事，皆秦卒共之，爲之紀綱。”這些被秦君贈送給晉君當衛隊的僕，跟前面所討論的萊僕、夷僕顯然是同性質的。秦君不大可能把本族人送給人當僕。秦國周圍戎狄很多，秦君一定擁有大量由俘獲或降服的戎狄充當的僕。送給晉國的大概就是這種人。《左傳·文公七年》：

秦康公送公子雍于晉，曰：文公之入也無衛，故有吕郤之難，乃多與之徒衛。

所謂“徒衛”應該就是“僕”。

僕之外，在金文裏還可以看到一些“以戒戎作”的被奴役者，其中最重要的是

[13] 鼎銘的解釋參考了黄盛璋《岐山新出㑇匜若干問題探索》，《文物》1976年6期43頁。

虎臣。虎臣除見於前面已經引過的訇簋外，還見於以下西周銅器：

𢦚方鼎 王用肇使乃子𢦚率虎臣御淮戎。

《文物》1976 年 6 期 58 頁圖一八【《集成》5・2824】

師寰簋 王若曰：……今余肇令汝率齊帀（師？）㠱、𠭰、僰、𡰧，左右虎臣，征淮夷。 【《集成》8・4313、8・4314】

師酉簋 王呼史牆（？）册命師酉，司乃祖啻官邑人，虎臣：西門夷、㠱夷、秦夷、京夷，弁□夷新。 【《集成》8・4288】

師克盨 王曰：……令汝更乃祖考，□司左右虎臣。

《文物》1962 年 6 期 7 頁圖 1、2【《集成》9・4467】

無叀鼎 王呼史翏册令無叀曰：官司□王遉側虎臣。 【《集成》5・2814】

毛公鼎 王曰：……命汝□司公族雩参有司、小子、師氏、虎臣，雩朕褻事。

【《集成》5・2841】

上引師酉簋器主師酉，是前面引過的訇簋器主訇的父親。古代世官，所以二簋所記職掌大體相同。訇還作有師訇簋【《集成》8・4342】，可知他們是世襲的師，師大概就是師氏（參看楊寬《古史新探》156 頁等）。

虎臣也見於《詩》、《書》。《詩・大雅・常武》：

王奮厥武，如震如怒。進厥虎臣，闞如虓虎。鋪敦淮濆，仍執醜虜。

《魯頌・泮水》：

明明魯侯，克明其德。既作泮宫，淮夷攸服。矯矯虎臣，在泮獻馘。

《書・顧命》：

乃同召太保奭、芮伯、彤伯、畢公、衛侯、毛公、師氏、虎臣、百尹、御事。

《顧命》下文還提到虎賁：

……齊侯吕伋以二干戈、虎賁百人逆子釗于南門之外。

上文的虎臣，僞孔傳解釋爲"虎賁氏"，當可信。虎賁是虎臣的别名，虎賁百人就是虎臣百人。⑭

---

⑭ 但是古書裏的虎賁並非全都是虎臣的異名。如《孟子・盡心》說武王伐殷，"革車三百兩，虎賁三千人"，《戰國策・楚策》說秦有虎賁之士百餘萬，就都是指士卒而言的。參看王引之《經義述聞》卷十三"虎賁"條。

虎臣的情況跟僕顯然很接近。從上引資料看,虎臣通常用於戰鬥、守衛等工作,這些也正是僕的主要工作。古代臣、僕往往連稱,如《書・微子》“我罔爲臣僕”,《詩・小雅・正月》“并其臣僕”。虎臣稱“臣”,説明他們的身份跟僕相似。僕可以賞賜給人,虎臣也可以賞賜給人。在古書裏可以看到諸侯有功“三賜以虎賁百人”的説法(見《尚書大傳》、《韓詩外傳》卷八、《説苑・修文》等)。《左傳・僖公二十八年》説周王命晉文公爲侯伯,賜以“虎賁三百人”。虎臣多由擔任師(即師氏)的職務的人,如師酉、師詢、師克、師寰等管理統率。在毛公鼎銘和《顧命》裏,虎臣都緊挨着排在師氏後面,這顯然不是偶然的。僕跟師氏的關係也比較密切。夷僕的性質跟四夷之隸極爲接近,四夷之隸就受師氏調遣。前面講到過的掌管僕的師旂,也是擔任“師”的職務的。僕往往由夷人充當。師酉、師詢管理的虎臣,從有關銘文看也是由夷人充當的。郭沫若在《弭叔簋及訇(詢)簋考釋》裏,把師酉、師詢管理的虎臣看作夷僕(《文史論集》350 頁)。這個看法很有啓發性。

《周禮・夏官》説虎賁氏的任務是:“掌先後王而趨以卒伍,軍旅會同亦如之,舍則守王閑。王在國,則守王宫,國有大故,則守王門,大喪亦如之。”這跟前面已經引過的《秋官・司隸》所述四翟之隸和《地官・師氏》所述四夷之隸的任務基本相同。《夏官・敘官》“虎賁氏”條説:

> 虎賁氏下大夫二人,中士十有二人,府二人,史八人,胥八十人,虎士八百人。

虎士就是虎賁、虎臣的别稱。一般職官所屬的胥統率徒,虎賁氏的胥則統率虎士。所以鄭玄注認爲虎士是“徒之選有勇力者”。可見虎士的身份很低,虎士的“士”跟士大夫的“士”不是一個意思。王祥《説虎臣與庸》認爲《周禮》有時把“同一源流的官職分化爲數職”,虎士和四夷之隸就是這樣的一個例子,他們是由一種人分化的(《考古》1960 年 5 期 34 頁)。王氏的意見不見得完全正確,但是虎臣、四夷之隸、夷僕這幾種人的性質的確極其相近,這個事實是誰也否定不了的。

上引《周禮・夏官・虎賁氏》“掌先後王而趨以卒伍”句鄭注説:“王出,將虎賁士居前後”,孫詒讓《正義》解釋説:

> 謂王出,則此官將虎士分居王之前後以趨。若《士喪禮》君視臣斂,小臣二人執戈先二人後之比。《司戈盾》云:“軍旅會同,授虎士戈盾。”《韓非子・喻老》篇云:“句踐入宦於吴,身執干戈爲吴王洗馬”,蓋即爲虎士先後而趨也。

孫氏把句踐“執干戈爲吴王洗(先)馬”解釋爲充當虎士,亦即虎臣,很有啓發性。《國語・越語上》説句踐“卑事夫差,宦士三百人於吴,其身親爲夫差前馬”。《淮南子・道應》說句踐“請身爲臣，妻爲妾，親執戈爲吳兵〈王〉先馬走”。“前馬”、“洗（先）馬”、“先馬走”，都是一個意思。⑮《淮南子・人間》還說句踐“卑下吳王夫差，請身爲臣，妻爲妾……居爲隱蔽（此句從王念孫校改）而戰爲鋒行”。居爲隱蔽，就是平時爲吳王守衛，這正是虎臣的職責。戰爲鋒行更與訇簋“先虎臣”之語完全相合。總之，句踐入宦於吳，幹的確實是虎臣一類工作。句踐是貴族，但他是在戰敗後以臣僕身份入宦吳國的。所以，句踐的這個例子也可以證明虎臣的身份是被奴役者。

毛公鼎和《顧命》的虎臣，從上下文看應該是職官。根據百工之長也稱百工的例子（此類例子尚多），可以推知毛公鼎和《顧命》的虎臣是虎臣之長。《顧命》僞孔傳把“虎臣”解釋爲“虎賁氏”。虎賁氏就是虎臣之長。

西周前期的麥尊銘【《集成》11・6015】說周王賜邢侯“者（諸）𢦏臣二百家”。吳闓生《吉金文錄》說：“𢦏象執戈形，（𢦏臣）謂執戈拱衛之臣也。”（4・7）此說如可信，𢦏臣就應該是跟虎臣同類的人。上引王祥的文章說：“……師訇簋王錫師訇‘夷臣三百人’即是虎臣。……左傳宣公十五年‘晉侯賞桓子狄臣千室’，以狄臣千家賞荀林父，報其伐狄之功，狄臣猶夷臣。”（35頁）這些意見大概是可信的。《左傳・哀公二十三年》說晉欒氏有力臣督戎，也應該是虎臣一類人。

通過以上的討論可以看到，在西周春秋時代的確存在着大量主要使用在戰鬥、守衛等工作上的被奴役者。他們一般稱爲僕或虎臣，大概多數由俘獲或降服的夷、狄等族人充當。爲了稱說的方便，我們在下文裏把這類人總稱爲“戎臣”（“戎僕”這個名稱比“戎臣”更好，但是跟《周禮・夏官》的戎僕衝突，所以未採用）。

“僕庸土田”的“僕”，顯然就是指戎臣而言的。訇簋以虎臣和庸並提。齊侯對叔弓既賞給他庸所居住的萊都縣鄙裏的二百個小邑，又賞給他“以戒戎作”的二百五十家萊僕。這些都說明“僕庸”必須理解爲僕和庸，僕是戎臣，庸是被奴役的農夫。

由於主人的安危往往係於戎臣，統治階級對他們是比較重視的。戎臣的地位要高於庸。這從“僕庸”、“先虎臣後庸”等語裏，“庸”居於“僕”和“虎臣”之後的次序，就可以看出來。陳夢家已經談到過這個問題（見上文）。從師獸簋“僕御、百工、牧、臣妾”和逆鐘“僕庸、臣妾”的次序，也可以看出戎臣在各種被奴役者中間佔有比較高的地位。一部分特别爲主人信賴的戎臣，很可能像得寵的婢妾一樣，實際

---

⑮ “先馬走”也見於西周銅器令鼎銘【《集成》5・2803】：

王歸自諆田，王馭（御）溓中僕，令眔奮先馬走。王曰：令眔奮乃克至，余其舍汝臣十家。

從周王跟令和奮打賭的情況來看，這件事有特殊性，令和奮不見得是虎臣。

上已經擠入了統治階級的行列。

過去,不少學者認爲僕是基本上不從事生産的家内奴隸。這種説法是有問題的。戎臣的數量很大,如叔弓一次就受到萊僕二百五十家的賞賜,荀林父一次就受到狄臣千室的賞賜。要養活這樣多的人,是不容易的。統治階級大概會養活一部分他們比較信賴的作爲依靠力量的戎臣,但是大部分戎臣無疑是要靠自己或自己的家庭養活的。方詩銘在1951年發表的《金文中所見的僕不是家内奴隸》一文裏(《光明日報》1951年6月9日),已經指出叔弓鐘、師旂鼎銘文裏提到的僕不可能是家内奴隸,而應該是參加生産的奴隸。這是很好的見解。不過,即使是不脱離生産的戎臣,跟庸也還是有區别的。庸吃了自己的飯,去給統治階級服各種勞役,並向他們提供生産品。不脱離生産的戎臣吃了自己的飯,去給統治階級打仗、當衛隊、趕車,還可能要服一些别的雜役。雖然同樣是受剥削,具體形式畢竟是不一樣的。當社會的發展使統治階級不再需要大量戎臣的時候,不脱離生産的戎臣大概會很自然地轉變爲庸或一般農民。

最後,我們還想指出一點:遭到奴役的人究竟會成爲戎臣,還是會成爲庸,跟他們原來的身份大概是有關係的。在古代,貴族和平民之間往往存在着軍事和生産的分工。貴族有射、御等技術,善於打仗,但不從事生産,平民正好相反。因此,在遭到奴役的時候,原來的貴族成爲戎臣,原來的平民成爲庸的可能性,顯然是很大的。前面已經説過,齊侯賜給叔弓的二百個邑的居民,應該是萊族平民或萊族所奴役的庸。至於萊僕二百五十家,則非常可能是萊族原來的貴族,是叔弓所受萊都内原來的“都人士”。詢簋所記夷人有虎臣和庸之分,這兩種人大概也是分别由夷族的貴族和平民轉變而成的。

西周前期的大盂鼎記載王命説:

> 錫汝邦司四伯,人鬲自馭(御)至于庶人六百又五十又九夫。錫夷司王臣十又三伯,人鬲千又五十夫。遙(亟)□䙴(遷)⑯自厥土。【《集成》5·2837】

周王賞賜給盂的前一批人鬲,有自御至庶人的不同等級,非常值得注意。關於“鬲”字的意義,説法極其紛紜,我們覺得馬叙倫的意見頗有啓發性。他根據《説文》“虩”字从虎㲉聲讀若隔,“𧯝”字从裘鬲聲讀若擊的現象,指出“㲉”、“鬲”聲通(《讀金器刻詞》22頁),這是很正確的。《説文》“瑴”字从玉㲉聲讀若鬲,《文選·

⑯ 此字寫法與歌尊第四字相同,後者唐蘭先生釋“遷”(《𤔲尊銘文解釋》,《文物》1976年1期60頁),今從之。【重印本按:此字實由白川静最先釋出,參看本卷《説殷墟卜辭的“奠”》189頁。】

長楊賦》李注引韋昭云"古文隔爲擊",也都是"毄"、"鬲"聲通的證據。但是馬氏把"鬲"當作"嬰"的借字,却難以使人相信。我們認爲"鬲"應讀爲"繫"。"繫"、"係"字通,可以當係累、俘虜講。宜侯夨簋有"厥盧□又五十夫"之語,"盧"當讀爲"虜",係、虜意近,彼此可以互證。李學勤同志指出,大盂鼎銘所說的"御"和"庶人"指人鬲原來的身份(《近年考古發現與中國早期奴隸社會》,《新建設》1958 年 8 期 51 頁),十分正確。春秋以前雖然也有地位低的御,如師毀簋的"僕御",但是一般稱御的都是士,是貴族。[17] 這批"人鬲(係)"裏的御很可能會變成戎臣,庶人很可能會變成庸。上引盂鼎銘文末尾有"亟□遷自厥土"一語,可知這兩批人鬲賜給盂以後,要從原來的地方遷移到盂的領地上去。我們在前面曾推測庸有從他地遷來的,盂鼎的這句話似乎可以證明這一點。

作於 1981 年

補記:

在古代的日本,在大化革新之前,蝦夷人等少數族部民,有時"被組成軍團,每有戰事,衝鋒陷陣,首當其衝"。(王金林《日本古代部民的性質——兼論日本未經歷奴隸制社會》,《歷史研究》1981 年 3 期 50 頁)其情況跟西周、春秋時代的僕、虎臣一類人頗爲相似。見於殷虛商代甲骨文的參加戰爭的"多臣"等人,可能也是同性質的。補記於此。

重印本按:

絳縣横水二號墓所出西周中期倗卣銘:"伯氏錫倗僕六家,曰:'自擇於庶人。'今厥僕我興:邑、競、諫、□、艾、□。"銘文"庶人"的身分當與大盂鼎"人鬲"中的庶人和宜侯夨簋"宜庶人"相似,實即庸。由庶人中選取僕稱"興",即提升,可證陳夢家僕的身分高於庸之說,亦可見僕的家庭不會脱離農業生産。此銘解釋有分歧,容另文討論。

原載《紀念顧頡剛學術論文集》上册(巴蜀書社,1990),又載《古代文史研究新探》,今據後者收入。

---

[17] 《左傳・僖公二十四年》、《昭公二十一年》都有"御士"。《西清續鑒甲編》13・1【《集成》9・4527】有吳王御士尹氏匡。御士一般稱御,《左傳》習見。

關於商代的宗族組織與貴族和平民兩個階級的初步研究

在商代社會階級結構的研究方面,商族内部的階級關係是一個需要優先注意的問題。本文想就這個問題談一些不成熟的意見,供研究古代史的同志們參考。全文共分四節:一、商代存在着跟周代類似的宗族組織。二、商族各宗族的族人基本上屬於統治階級。三、狹義的"衆"指被排斥在宗族組織之外的商族平民。四、從盤庚遷都看貴族和平民的矛盾。

一、商代存在着跟周代類似的宗族組織

在西周、春秋時代,貴族階級基本上都是按照宗法制度組織在大大小小的族裏面的。從商代後期的殷虚甲骨文看,商族内部存在着王族、多子族等組織。它們跟西周、春秋時代的宗族組織是不是具有類似的性質呢? 這是我們首先要討論的問題。

六十多年前,王國維作《殷周制度論》,認爲商人繼承之制以兄終弟及爲主,無嫡庶之分,與周人截然不同,所以不可能有宗法(《觀堂集林》卷十)。這種說法曾經風行一時,但是現在已經爲絶大多數古史學者所拋棄。

從古書和甲骨文資料來看,在商代,父子相繼之制至遲在武丁時代就已經完全確立。據《史記·殷本紀》,武丁以後的世系如下:

武丁——祖庚
　　　└祖甲——廩辛
　　　　　　└康丁——武乙——文丁——帝乙——帝辛

在這七代九王中間,只有祖庚、廩辛二王傳弟,而且這兩次傳弟看來都還不是正常現象。《尚書·無逸》:"祖甲不義惟王,舊爲小人。"漢儒馬融、鄭玄的注,都說武丁

本欲撇開祖甲之兄祖庚而立祖甲,祖甲不從命,曾長期逃亡民間。[①] 如果當初祖甲遵從父命,便不會有祖庚傳弟之事了。在第二期(祖甲)和第五期的甲骨卜辭裏,可以看到商王經常對上甲以下的先公先王(包括個別曾被立爲王儲的先人),以及部分先妣,依次進行一種有嚴格規律的周而復始的祭祀,研究者稱之爲周祭。[②] 但是在第五期卜辭的周祭裏,却從來不祭廩辛,而且在周祭祀譜中根本就沒有他的位置。因此有的學者認爲廩辛並沒有即過王位,《史記》的記載有誤。[③] 這種說法當然不一定正確,但是從廩辛被排擠出周祭這件事來看,康丁的後人顯然是不承認他的合法地位的。這說明康丁的繼位一定有比較特殊的情況。根據古書傳說和甲骨卜辭,武丁在位時曾一度把祖庚、祖甲之兄孝己立爲王儲(卜辭稱"小王")。[④] 這件事也說明當時實行傳子之制。總之,從武丁以後王位繼承的情況來看,傳子之制顯然已經完全確立。

從甲骨卜辭所記祀典中直系和旁系先王所受的不同待遇,也可以看出父子相繼的觀念在當時已經深入人心。卜辭中所見的大宗、大示和小宗、小示,是否完全按照直系、旁系區分,目前還有爭論。但是商王對直系先王的祭祀要比對旁系先王頻繁、隆重,則是大家都承認的。在先妣的祭祀上,直系、旁系之分更爲明顯。旁系先王之配見於祀典的極少。在周祭裏,雖然也祭祀旁系先王,但是却只祭直系先王的配偶而不祭旁系先王的配偶。唯一的例外是第二期卜辭的周祭裏曾祭過羌甲(即《殷本紀》的沃甲)的配偶。羌甲雖非直系,但是他的兒子南庚繼過王位,跟一般的旁系仍有不同。郭沫若先生認爲商人祭祀祖先重直系輕旁系的現象,"證明立長立嫡之制在殷代已有它的根蒂"(《十批判書》5 頁)。陳夢家先生認爲"這種祭祀上的差等,正是宗法的具體表現"(《綜述》631 頁)。這些看法都是有道理的。

跟父子相繼之制和直系旁系之分相應,在商人的語言裏已經出現了跟"嫡"、"庶"二字意義相似的詞語。

日本學者島邦男從卜辭裏發現,商王有時"附帝號於父名而稱之",如第一期稱父小乙爲"父乙帝",第二期稱父武丁爲"帝丁",第三期稱父祖甲爲"帝甲",第四

---

① 馬說見《史記·魯世家·集解》,鄭說見《尚書·無逸》的《正義》。

② 參看陳夢家《綜述》373—399 頁。

③ 溫天河等譯日本島邦男著《殷墟卜辭研究》(以下簡稱"研究")71 頁。

④ 于省吾《甲骨文字釋林·釋小王》、陳夢家《綜述》430—431 頁。有的學者以卜辭中的"大子"之稱證明當時有立儲之事。但是卜辭裏除了"大子",還有"中(仲)子"、"小子"。"大子"可能就是"長子"的意思,不一定跟後來的"太子"同義。

期稱父康丁爲“帝丁”，第五期稱父文武丁爲“文武帝”。他認爲這跟西周金文稱“帝考”（仲師父鼎【《集成》5・2743、2744】、䆈鼎【《集成》5・2705】）、“啻考”（買簋【《集成》5・4129】）同性質，“帝”是“對父的尊稱”（《研究》183—184 頁）。⑤ 島氏的發現很重要，但是他對稱父爲“帝”這一現象的意義並沒有充分理解。嫡庶的“嫡”，經典多作“適”。不論是“嫡”或“適”，都是从“啻”聲的，“啻”又是从“帝”聲的。稱父爲“帝”跟區分嫡庶的觀念顯然是有聯繫的。

《大戴禮記・誥志》：“天子……卒葬曰帝。”《禮記・曲禮下》：“君天下曰天子……措之廟立之主曰帝。”按照這種說法，凡是天子，死後都可稱帝。所以《史記》的夏、殷二本紀，在每個王名上都加“帝”字。但是從卜辭看，商王只把死去的父王稱爲帝，旁系先王從不稱爲帝。例如第三期卜辭裏屢見“帝甲”之稱，⑥但是稱祖庚爲“帝庚”之例却從未見過。所以《誥志》和《曲禮下》的說法並不完全可信。《史記》不管直系、旁系，在每個王名前都加“帝”字，是不正確的。商代最後二王是帝乙、帝辛。這兩個稱號不見於卜辭，但是屢見於古籍，帝乙還見於商末銅器𠨘其卣。⑦ 他們所以稱帝，也都是由於具有直系先王的身份（帝辛是武庚之父）。

卜辭屢見“王帝”之稱：

(1) □□王卜曰：兹下□若兹桒于王帝。□□見。 存上 1594【《合》24980】

(2) ▨爯王帝今日▨ 寧 1・515【《合》30389】

(3) 貞：唯王帝人(?)又不若。

續 4・34・7【《合》26090】(《新探》編按：《合》24978 似爲全拓本)

“王帝”大概就指時王之考。有一塊三、四期的肋骨，刻有卜問“帝”的日名的卜辭：

(4) 乙巳卜：帝日叀(音義與“唯”相近)丁。

庫 985 + 1106(《新探》編按：拓本見《美》11)

李學勤同志認爲“是武乙爲康丁選擇日名”，“帝”是武乙對其父康丁的稱呼。⑧ 同

---

⑤ 李學勤同志已在島氏之前指出卜辭稱先王爲帝的現象（《論殷代親族制度》，《文史哲》1957 年 11 期 35 頁）。但是他没有强調“帝”是對死去的父親的稱呼。（《新探》編按：李學勤同志後來在 1959 年出版的《殷代地理簡論》裏指出“‘帝’在王卜辭中是子王稱其已故父王者”，見 32 頁。）

⑥ 見《續》2・18・9【《合》27438】、《後》上 4・16【《合》27439】、《粹》259【《合》27437】、《庫》1772【《合》41214、《英》2347】。

⑦ 《錄遺》275【《集成》10・5413】。

⑧ 《評陳夢家殷虛卜辭綜述》，《考古學報》1957 年 3 期 123 頁。

骨還有卜問是否“示帝”的卜辭：

(5) 乙巳卜：其示帝。

“示”的本義是神主，“示帝”可能是給康丁立神主的意思。⑨（《新探》編按：《合》35931 五期卜辭說“乙巳卜貞：王賓帝事，亡尤”，疑“帝”即文丁對武乙或帝辛對帝乙的稱呼。）

商人所謂上帝（卜辭多稱“帝”），既是至上神，也是宗祖神。⑩ 按照上古的宗教、政治理論，王正是由於他是上帝的嫡系後代，所以才有統治天下的權力。《尚書·召誥》說“皇天上帝改厥元子，茲大國殷之命”，可見商王本來是被大家承認爲上帝的嫡系後代的。周王稱天子，也就是天之元子的意思。上帝的“帝”跟用來稱嫡考的“帝”，顯然是由一語分化的。

從以上所說的來看，商王用來稱呼死去的父王的“帝”這個詞，跟見於金文的“帝（啻）考”的“帝”（啻）和見於典籍的“嫡庶”的“嫡”，顯然是關係極爲密切的親屬詞。也可以說，這種“帝”字就是“嫡”字的前身。

在商代語言裏，跟表示直系的“帝”這個詞相對的詞是“介”。卜辭裏屢見帶“介”字的親屬稱謂，如介子、介兄、介父、介母、介祖等：

(6) 㞢（侑？）于介子。　丙 484【《合》1623】

(7) 于父乙多介子㞢。

(8) 㞢犬于父辛多介子。　丙 293【《合》816】

(9) 貞：㞢于多介兄。　拾 2·15【《合》2926】

(10) 貞：不[唯]多介兄。　京津 831【《合》2927】

(11) 貞：㞢犬于多介父。

(12) 貞：勿㞢犬于多介父。　前 1·46·3【《合》2341】

(13) 㞢犬于三介父，卯羊。　合 2348

(14) 貞：㞢于多介母。　丙 422【《合》140】

(15) ☐于多介祖戊。　前 1·23·1【《合》2096】

---

⑨ 1976 年扶風莊白一號窖所出的西周早期的“商尊”的銘文，有“帝司賞庚姬貝卅朋”之語（《文物》1978 年 3 期 9 頁圖七【《集成》11·5997】）。“帝司”可能指時王之考的司，也就是時王的母后，“帝”字用法與上引卜辭同（“帝司”之“司”唐蘭先生釋“后”，其意則是，其字則非，另詳他文）。【編按：參看本書所收《甲骨文字考釋（續）·二、說“以”》、《說“㚸”（提綱）》。】

⑩ 郭沫若《先秦天道觀之進展》，《青銅時代》，1952，9 頁。

“介”字有“副”的意思,如使者之副稱“介”,次卿稱“介卿”等,古書習見。《禮記·曾子問》稱庶子爲介子:

曾子問:“宗子爲士,庶子爲大夫,其祭也如之何?”孔子曰:“以上牲祭於宗子之家,祝曰:孝子某爲介子某薦其常事。”

鄭注:“介,副也。不言庶,使若可以祭然。”《禮記·内則》稱冢子以外諸子之婦爲介婦:

介婦請於冢婦。

鄭注:“介婦,衆婦。”卜辭親屬稱謂中的“介”字,應該跟“介子”、“介婦”的“介”字同義。饒宗頤先生曾據《曾子問》指出卜辭的多介子即諸庶子,⑪非常正確。但是他把“介父”之“介”看作“敬辭”,⑫則是不妥當的。

上引(6)至(15)諸辭都是第一期武丁卜辭。(9)的多介兄,可能就指見於(7)和(8)的“父乙多介子”、“父辛多介子”等人。(13)的三介父應即武丁卜辭中屢見的“三父”。《合》14412:

(16) 貞:㞢犬于三父,卯羊。(《合》14411 有同文殘辭)

文例與(13)全同。這是三父即三介父的確證。武丁卜辭的三父,指武丁生父小乙之兄陽甲、盤庚、小辛三王。⑬ 他們都是旁系,所以稱爲介父。商人所說的“帝”“介”,跟周人所說的“嫡”“庶”,其意義顯然是很相近的。

據現代很多學者研究,周代的宗法制度,實質上就是以父家長大家族爲基礎的晚期父系氏族制度保留在古代社會貴族統治階級内部的經過改造的形態。⑭ 在宗法制度下,一族的主要財産掌握在世代相傳的族長,即所謂“宗子”手裏。大家族的公社性由宗子“庇族”、“收族”的義務歪曲地反映出來。至於原始社會末期父家

⑪ 《人物》382 頁。

⑫ 同上 460 頁。

⑬ 注⑤所引文 32 頁。

⑭ 較早地指出宗法制度跟父家長大家族的關係的學者,有曾資生(曾謇)等人。曾說見所著《中國古代社會(上)》及《中國宗法制度》。較早地指出宗法制度跟父系氏族制度的關係的學者,有早川二郎、李亞農等人。早川說見所著《古代社會史》(有耕耘出版社譯本),李說見所著《中國的奴隸制與封建制》、《周族的氏族制與拓跋族的前封建制》。關於宗法制度的實質,還可參閱童書業《中國古史分期問題的討論》(《文史哲》1955 年 1 期)、《論宗法制與封建制的關係》(《歷史研究》1957 年 8 期),楊寬《試論西周春秋間的宗法制度和貴族組織》(《古史新探》)。

長大家族、宗族、[15]氏族、部落各級組織之間的關係,則被改造成大宗、小宗之間的統屬關係。過去講宗法制度的人,對這種制度的實質缺乏明確的認識,往往過分重視立嫡立長等具體規定的意義,這是不妥當的。

商代區分直系旁系的"帝介"之制,跟後來講禮制的人所强調的"立嫡立長"、"爲人後者爲之子"那一套制度,當然還是有一定距離的(其實那套制度就是在周代也並未嚴格實行)。但是它跟宗法制度强調宗子世襲制以及大、小宗統屬關係的精神,則是完全符合的。所以,在甲骨文時代,宗法制度實際上無疑已經存在了。

《吕氏春秋・當務》和《殷本紀》都説微子啓年長於紂而不能繼王位,是由於他是庶出。胡厚宣先生曾舉以證明"商末已有立嫡之制"。[16] 三、四期卜辭裏有"帝子"之稱:

(17) 弜(勿)呼亦(?)帝子御事,王其每。　　存上1859【《合》30390】

也許就應該讀爲"嫡子"。這樣看來,跟周人完全相同的嫡庶觀念,在商代晚期可能也已經形成了。

族長地位的父子相繼之制,不是一下子就能爲族人們所接受的。它的確立需要經歷一個相當長的過程。在商族中,這個過程應該早在武丁之前很久就已經開始了。范文瀾先生通過對商王世系的分析,認爲商王室繼統法一開始就以子繼爲主,弟繼爲輔。[17] 這是很有道理的。所以宗法制度也決不會是到武丁時代才突然出現的。在周代,魯國公室在莊公之前,一直實行傳子與傳弟相間的所謂"一生一及"的繼承制度。[18] 我們並不能由此得出魯國在莊公之前沒有宗法制度的結論。同樣,我們也不能因爲在武丁之前父子相繼之制尚未完全確立,就説當時還沒有宗法制度。商代前期和後期的宗法制度可能會有一些比較重要的區别。例如在前期,族長的權力可能不如後期那樣大,族所保持的公社性可能比後期濃厚。但是前後期宗法制度在本質上應該是一致的。

以上根據繼承制度和嫡庶觀念,推論商代存在跟周代相似的宗法制度。下面再從族長的稱呼來看商、周兩代的族的一致性。

周代稱族長爲宗子或子,稱子尤爲常見。《左傳・哀公二十七年》:"悼之四

---

[15] 關於宗族,參看張錫彤譯、柯斯文著《原始文化史綱》,人民出版社,1955,145—147頁。

[16] 《殷代婚姻家族宗法生育制度考》,載《甲骨學商史論叢初集》。

[17] 《中國通史簡編》(修訂本)第1編,人民出版社,1955,118頁。

[18] 《公羊傳・莊公三十二年》。《史記・魯世家》稱"一繼一及"。

年,晉荀瑤帥師圍鄭……將門,知伯謂趙孟入之。對曰:主在此。知伯曰:惡而無勇,何以爲子? 對曰:以能忍恥,庶無害趙宗乎。”知伯問趙孟“何以爲子”,意思就是說,你憑什麼當趙氏的宗子(即趙族的大族長)。《尚書・洛誥》記周公的話說:“予旦以多子越御事篤前人成烈,答(合)其師,作周孚先。”曾星笠《尚書正讀》說:“多子,大小各宗也。”這個解釋是很正確的。卿大夫基本上都是族長,所以一般尊稱他們爲子。例如《左傳・哀公十一年》記孔子對冉有所說的話,就稱季康子爲“子季孫”。

族長爲什麼稱子呢? 林澐同志在《從子卜辭試論商代家族形態》一文中指出,指稱孩子之詞“轉化爲對男性顯貴人物的尊稱”,並非中國特有的現象。例如:美洲的古代馬雅人指稱貴族之詞,本義爲“父母親的兒子”。古羅馬人指稱貴族之詞,本義爲“父親的(後代)”。他認爲:這“說明在血緣紐帶還起相當大作用的階級社會初期,確切的父系血統對世襲貴族具有重大意義”。⑲ 這個意見是很正確的。在我國古代的宗法制度下,族長的位置原則上由現任者的兒子一代代繼承下去,因此族長就很自然地被稱爲子了。

在商代,就跟周代一樣,也存在稱族長爲子的現象。

在第一期卜辭所見人名中,稱“子某”者很多,如子漁、子畫(?)等等。有些學者把他們都看作武丁的兒子,這顯然是不妥當的。林澐同志指出,“到周代,男子稱‘子某’仍然十分流行。因此,我們不能把卜辭中凡稱‘子某’者,一概斷定是商王之子”。他還根據屬於第一期的子組卜辭中所祭祀的親屬,推斷這種卜辭的“占卜主體”——“子”,不可能是武丁之子。⑳ 這些意見都是可取的。

島邦男曾根據“子某的稱謂中有些被祭達於兩期”的現象,推斷這些稱謂是世襲的,以此證明子某不可能都是武丁之子(《研究》441—443 頁)。島氏把屬於第一期的𠂤組卜辭和屬於第一期後期至第二期前期的歷組卜辭,都看作第四期卜辭。㉑ 因此有些被他看作屬於兩個時期的卜辭,實際上是同時期的。由於卜辭一、二期的界綫不明確,㉒他所舉的既見於一期也見於二期的“子某”,究竟是否在武丁時代和祖庚祖甲時代都被稱爲子,也未能完全肯定。但是,他所舉的子㚔之稱既見於第一

⑲ 《古文字研究》第一輯 323 頁。

⑳ 同上 322—323 頁。

㉑ 關於歷組卜辭的時代,參看李學勤《論“婦好”墓的年代及有關問題》(《文物》1977 年 11 期)、《小屯南地甲骨與甲骨分期》(《文物》1981 年 5 期),裘錫圭《論“歷組卜辭”的時代》(《古文字研究》第六輯)。

㉒ 參閱注㉑所引拙文附錄。

期,也見於三、四期(《粹》410【《合》32776】:己未卜,其又于子𦎫)的例子,則是可信的。我們還可以補充兩個同類的例子。子晝屢見於第一期武丁卜辭,㉓又見於據字體、貞人可以確定是屬於祖甲時代的二期卜辭:

(18) □□卜旅[貞]:其又□子晝□牡。

(19) □□卜旅[貞:其]又□子晝☐

合23529(《新探》編按:《合》25350爲行貞祭子晝之辭,但子字已殘)

子臭見於屬於武丁、祖庚時期的歷組卜辭:

(20) 甲午貞:子臭☐ 摭續78【《合》34353】

又見於三、四期卜辭:

(21) ☐子臭歲叀牡。 寧1・46(拓本見《合》32461反)

如果卜辭的子都指時王之子,同一個人決不可能在不同的世代都被稱爲子。不過上面所舉的見於兩個時期的卜辭的"子某",在後面那個時期的卜辭裏都是被祭的對象,可見那時他們都已經死去,因此可以把他們跟前面那個時期卜辭裏的同名者看作一個人,不必一定像島氏那樣把"子某"看作世襲的稱呼。

從以上所說的可以知道,見於第一期卜辭的那些"子某",肯定有不少不是武丁的兒子或子輩。他們究竟是什麼身份的人呢?島邦男根據子某參與祭祀的情況,認爲"子某與殷室有着特別親近的關係"(《研究》445頁。商王祭祀子𦎫、子晝、子臭,也可以說明這一點),稱子者是"與殷爲同姓氏的一族"(同上447頁)。林澐同志認爲卜辭中的"多子族"是對跟商王同姓的"貴族家族的總稱,而'子'則是這些家族的首腦們通用的尊稱"。㉔ 這就是說,他們都認爲卜辭裏的"子"有不少是指稱跟商王同姓的族長的。這種意見顯然是合理的。

商代銅器銘有"子某"之名的很常見,有的子名與卜辭子名重合(上舉的子𦎫、子晝、子臭就同時見於卜辭和銅器)。這些銅器銘文裏的"子",可能多數是表示族長身份的。

在商代晚期銅器上,還屢見記器主因受"子"的賞賜而作器的銘文。這些銘文大都記有族名,如"㠱"(出處詳下文。爲印刷方便起見,下文暫依丁山將此族名寫

㉓ 《合》14019反、6477反、3033正、10426正等。

㉔ 同注⑲324頁。

作冀)、"奄"、[25]"庚"[26]等。銘文提到的"子"應該就是這些族的族長。

有一條一期卜辭說:

(22) 貞:呼黃多子出牛,出于黃尹。 合3255

黃多子跟黃尹顯然有血緣關係,所以商王想讓他們拿出犧牲來祭祀黃尹。黃尹就是伊尹。[27] 到武丁時代,伊尹已經死了三百年左右。黃多子顯然不是黃尹的兒子們,而應該是黃族(即黃尹之族)的一些族長。卜辭中常見"多子",其中大概也有不少不是指時王的諸子,而是指商族的很多族長的。[28]

《逸周書・商誓》記武王克商後對商邑之衆的訓話說:

爾多子其人自敬,助天永休于我西土。

"多子"也應該是指商邑的族長們的。前面已經指出,《洛誥》記周公語,稱本族宗子們爲多子,可以與此互證。《商誓》是可靠的周初史料,近人已有定論。

總之,在商代,跟在周代一樣,稱族長爲子是很普遍的現象。這也反映出當時存在着宗法制度。

在商代,也許還不存在跟周代完全同義的"大宗"、"小宗"的名稱。但是,商王跟多子族族長們的關係,在實質上顯然就是大宗跟小宗的關係。從王是帝之元子這個意義上說,商王跟周王一樣,也是天下之大宗。[29]

大宗、小宗關係的存在,還可以從某些商代晚期的銅器銘文得到證明。有好幾件商代晚期的冀族銅器,都是"小子"由於受到"子"的賞賜而鑄作的:

(23) 乙巳,子令小子畬(以下用"△"代替)先以人于蕢,子光賞△貝二朋。……△用作母辛彝。在十月。唯子令望人方罶。(以上器銘)冀。母辛。(以上蓋銘) 三代13・42(卣)【《集成》10・5417】

(24) 乙亥,子錫小子罥王賞貝。在𣏟餗。罥用作父己寶尊。冀。

《小校經閣金文拓本》2・85(鼎)【《集成》5・2648】

---

[25] 《三代》13・34(卣)【《集成》10・5355】、16・47(角)【《集成》14・9100】。

[26] 《錄遺》271(卣)【《集成》10・5353】。

[27] 這是大多數甲骨學者的看法。《綜述》認爲黃尹可能是伊尹之子(364頁)。

[28] 參看注⑲所引文324頁。

[29] 春秋以前,宗法組織與政治組織基本上是相合的,所以君統與宗統也是相合的。《禮記》等區分君統與宗統,反映了戰國以後的情況,不能據以說商和西周、春秋時代的宗法制度。參看童書業《論宗法制與封建制的關係》,《歷史研究》1957年8期69頁。

(25) 甲寅,子賞小子省貝五朋。省揚君賞,用作父己寶彝。冀。

三代13·38(卣)【《集成》10·5394】

(26) 子光商小子冀啓貝,用作文父辛尊彝。

三代11·31(尊)【《集成》11·5965】

這些銘文裏的“小子”,應該是跟“子”相對的一種稱呼。它們不會是小兒子的意思,也不像是謙稱,而應該是表示一種特定的身份的。

西周銅器銘文和《尚書》裏,也屢見很像是指一種身份的“小子”之稱,例如:

(27) 丙戌,王誥宗小子于京室。

𣄰尊,《文物》1976年1期62頁圖一【《集成》11·6014】

(28) 王弗忘厥舊宗小子

馬形盠尊,《文物參考資料》1957年4期5—6頁【《集成》11·6011】

(29) 伯氏曰:不娸,汝小子肇敏于戎工。

不娸簋,三代9·48【《集成》8·4328】

(30) [曶]使厥小子□以限訟于井叔

曶鼎,三代4·45【《集成》5·2838】

(31) 大師小子師望曰　師望鼎,三代4·35【《集成》5·2812】

(32) 丁卯,王令静司射學宫,小子眔服眔小臣眔夷僕學射。

静簋,三代6·55【《集成》8·4273】

(33) 命汝□司公族雩(與)參有司、小子、師氏、虎臣雩(與)朕褻事。

毛公鼎,三代4·46—49【《集成》5·2841】

(34) 文王誥教小子、有正　《尚書·酒誥》

(35) 王曰:告爾殷多士……今爾惟時宅爾邑,繼爾居,爾厥有幹有年于兹洛,爾小子乃興從爾遷。　《尚書·多士》

關於這種“小子”的涵義,有種種不同説法,我們認爲曾星笠《尚書正讀》的解釋最爲合理。《正讀》注釋上引《酒誥》説:“小子,蓋同姓小宗也”,注釋上引《多士》説:“小子,同姓小宗也。此篇誥多士,蓋誥殷士大夫爲大宗者。大宗既往,小宗乃興,所謂宗以族得民也。周遷殷民,皆以族相從。若左傳分魯衛以殷民六族七族,是也。若訓爲民之子孫,則祖父既往,子孫焉有不從之理,於文無取。”所言極爲有理。把上引(27)(28)的小子解釋爲屬於周王的小宗宗子,顯然是合理的。(29)的伯氏當是器主的宗子,器主當是小宗之長,所以被伯氏稱爲小子。(30)(31)的小子應該分別是屬於曶和太師的小宗之長。(32)(33)的小子疑是指周王朝貴族中沒有專職的小宗之長。(《新探》編按:見於《考古與文物》1981年1期11頁的逆鐘銘說:"今余錫汝毌五錫、戈彤冕,用□于公室僕庸、臣妾、小子室家,毋有不聞知。"【《集成》1·62】此銘的"小子"顯然指發命者所代表的公室所直屬的諸小宗宗子。公室即是大宗。)

上引(23)至(26)冀族各器銘文中的"子",顯然指冀族中地位最高的族長,即大宗宗子。小子則應是從屬於他的小宗之長。(25)又把子稱作君。族人稱宗子爲君,在古代是很普通的。西周時代的豦簋銘說"豦拜稽首,休朕匋(寶)君公伯錫厥臣弟豦……"(《三代》6·52【《集成》8·4167】)。這當是弟(不一定是親弟)稱作爲宗主的伯兄(即長兄)爲君,弟並自稱爲臣。周宣王時的六年琱生簋銘稱宗子爲"宗君"(《三代》9·21【《集成》8·4293】)。《晉語九》記智襄子族人智伯國稱襄子爲主,"主"、"君"義亦相近。

宋代著錄的一件商代晚期的觥,也是冀族人因受"子"之賞而作的,可惜器主之名已殘去。[30] 又有一件商代晚期的冀族銅器記小子罔受"䜌"賞賜之事:

(36) 癸巳,䜌賞小子罔貝十朋。在□自,唯䜌令伐人方䍐,□□□用作文父丁尊彝,在十月四。冀。 三代8·33(簋)【《集成》8·4138】

上引(23)稱"唯子令望人方䍐",此銘則稱"唯䜌令伐人方䍐","䜌"與"子"似指同一人。有一件商代晚期的尊記"䜌賞小子夫貝二朋",但銘末族名不是"冀"(《三代》11·31【《集成》11·5967】)。此外還有好幾件亞疑族和䢅族銅器也記受"䜌"賞賜之事。[31] 疑"䜌"不是私名而是一種稱號,不同族的銅器銘文所提到的䜌並非同一人。

還有一件商代晚期的冀族銅器,是一個小子由於受到"卿事(士)"的賞賜而鑄作的:

(37) 乙未,卿事錫小子䝿貝二百,用作父丁尊彝。冀。

三代7·47(簋)【《集成》7·3904】

卿事也許是冀族宗子在商王朝的職位。上引冀族銅器(25)記子把王所賞的貝轉賜給小子。另一件商代晚期的冀族銅器記小臣缶因王賜以湡地的五年收獲而作器

---

[30] 器見《博古圖》20·33、《歷代》12·115【《集成》15·9301】。

[31] 參看晏琬《北京、遼寧出土銅器與周初的燕》,《考古》1975年5期。

(《三代》3・53,鼎【《集成》5・2653】)。這個小臣缶也見於第五期卜辭(《前》4・27・3【《合》36421】)。可見冀族跟商王的關係頗爲密切。但是從冀族人在商王朝任小臣之職這件事來看,他們似乎不是商本族人,而是商王朝中的異姓貴族。從上面所引的那些冀族銅器銘文,可以看出這個族是包含很多小宗的一個大宗族,其大宗宗子有相當高的地位。

《左傳・定公四年》記衛國祝佗追述周初分封諸侯的情況,說成王"分魯公以……殷民六族:條氏、徐氏、蕭氏、索氏、長勺氏、尾勺氏,使帥其宗氏,輯其分族,將其類醜,以法則周公。用即命于周,是使之職事于魯,以昭周公之明德……分康叔以……殷民七族:陶氏、施氏、繁氏、錡氏、樊氏、饑氏、終葵氏……分唐叔以……懷性九宗,職官五正……"。這段文字已經被古史學者們多次引用來證明商代有宗法制度。從以上對甲骨、金文中有關宗法制度的史料所作的考察來看,《左傳》的記載顯然是可信的。

殷民六族和七族,大概就屬於卜辭所說的"多子族"之列。《左傳》說他們"帥其宗氏,輯其分族",分族就是這些族內部的小宗。[32] 多子族族長對商王來說是小宗,對他們的分族來說則是大宗。這跟周代卿大夫對公室而言是小宗,對他們的側室、貳宗則是大宗的情況,是完全一致的。上引《多士》記周公告誡殷多士,要他們做"小子"們,即小宗宗子們的表率,正可與此互證。《尚書正讀》已經指出了這一點。

卜辭中"小子"之稱屢見,大多數似乎是跟見於卜辭的"中(仲)子"同類的稱呼,就是少子的意思。但是有一條卜辭稱"多小子":

(38) 壬[□卜]賓貞:□弗□多小子　　合3267正

似是指很多小宗之長而言的。

通過以上的討論可以清楚地看到,在商代,商族內部確實存在跟周代類似的宗族組織,從《左傳》提到的"懷姓九宗",以及金文所反映的冀族的情況來看,商族以外的族大概也有不少是有宗族組織的。

編按:

日本學者木村秀海發表在《史林》64卷第6號(1981年)上的《西周金文に見

---

[32] 參看童書業《論宗法制與封建制的關係》,《歷史研究》1957年8期67頁。

える小子について:西周の支配機構の一面》一文中已指出西周金文中有不少“小子”是指小宗而言的(參看許倬雲《西周史(增訂本)》,北京:三聯書店,1994 年 12 月,157 頁)。作者撰文時,尚不知有木村此文,未加徵引,謹識於此。

二、商族各宗族的族人基本上屬於統治階級

在宗法制度起作用的西周、春秋時代,一個國家的統治階級,基本上是那些以國君、卿大夫等大小統治者爲宗子的宗族所構成的。宗子在生活上給族人以保證,族人則在各方面支持宗子,成爲他們進行統治的支柱。在這些宗族裏,也可能包含着一些基本上不受剝削的從事勞動的族人,但是大多數族人無疑可以劃入統治階級。爲了保持宗族的貴族性,根據小宗“五世而遷”的原則(“五”只是一個原則數字,不能死看),跟宗子關係疏遠的親屬不斷被排斥出宗族組織。“國人”的下層大概主要就是由他們構成的。他們一般是受統治者剝削的勞動者,所以雖然政治地位高於“野人”、“鄙人”,仍然應該劃入被統治階級的範圍之内。

在商代,商族各宗族的族人是否基本上也都屬於統治階級呢?商族内部是否已經分化出了類似周代國人下層的階層呢?這是關於商族内部階級關係的兩個關鍵性問題。本節先討論第一個問題。

我們認爲在商代,商族各宗族的族人,以及跟商族一起處於統治地位的各異姓宗族(相當於周代的異姓卿大夫之族)的族人,基本上都屬於統治階級。爲了説明這一點,需要從“百姓”這個詞的意義談起。

研究上古史的人都知道,“百姓”這個詞本來並不是指一般人民,而是指統治階級的。爲什麽上古的統治階級稱爲百姓呢?自古以來有好幾種不同説法。

《國語·楚語下》記觀射父的話説:

> 民之徹官百,王公之子弟之質,能言能聽徹其官者,而物賜之姓,以監其官,是爲百姓。

這是對“百姓”的最早的解釋。《詩·小雅·天保》毛傳:“百姓,百官族姓也。”《國語·周語中》韋昭注:“百姓,百官有世功者。”《尚書·堯典》孔傳:“百姓,百官。”這些古注大概都是以《楚語》的説法爲根據的。直到今天,相信這種説法的人還很多。

東漢經學大師鄭玄則認爲“百姓”指王或群臣的親屬。他注《堯典》説:“百姓,

群臣之父子兄弟”(《史記・五帝本紀・正義》引),注《禮記・郊特牲》說:“百姓,王之親也”。《禮記正義》解釋鄭注說:“王親謂之百姓者,皇氏云:姓者,生也,並是王之先祖所生。”據此,鄭玄是把百姓的“姓”理解爲“生”的。郭沫若先生在《中國古代社會研究》“詩書時代的社會變革與其思想上之反映”篇第一章第二節的案語裏說:“百姓在古金中均作‘百生’,即同族之義。”㉝其說與鄭玄相近。

此外,東漢蔡邕《獨斷・上》說“百乘之家曰百姓”。這顯然是臆測之辭,後人從之者絶少。近代以來,由於民族學研究的影響,有不少學者認爲百姓的“姓”本指氏族,不過他們對百姓所作的具體解釋彼此往往仍有很大出入,這裏就不一一介紹了。

我們認爲在各種説法裏,鄭玄和郭沫若的説法最接近實際。“百姓”在西周、春秋金文裏都作“百生”,本是對族人的一種稱呼,跟姓氏並無關係。在宗法制度下,整個統治階級基本上就由大小統治者們的宗族構成,所以“百姓”同時又成爲統治階級的通稱。

在西周、春秋時代的銅器銘文裏,百生有時是作爲器主準備宴請招待的對象出現的,例如:

(39) 善敢拜稽首,對揚皇天子不𠀠休,用作宗室寶尊……余其用格我宗子雩(與)百生。 善鼎(西周時代),三代4・36【《集成》5・2820】

(40) 叔妣作寶尊簋,眔中氏萬年,用侃喜百生、朋友。

叔妣簋(西周時代),三代8・39【《集成》8・4137】

(41) 徐王庚之淑子沇兒,擇其吉金,自作龢鐘……用盤飲酒,龢會百生。淑于威儀,惠于明祀。吾以宴以喜,以樂嘉賓,及我父兄庶士。

沇兒鐘(春秋時代),三代1・53—54【《集成》1・203】

(39)以“百生”與“宗子”對舉,(40)置“百生”於“朋友”之前,如果把百生理解爲百族或百官,文義顯得彆扭,理解爲族人,文義就非常順暢了。(41)的“百生”跟同銘下文的“父兄庶士”,所指的人的範圍應該大致相同,百生也以當作族人理解爲妥。

古漢語名動相因,所生的後代也可以稱爲“生”。古書裏往往把子孫後人稱爲“姓”(生),清儒王念孫、王引之父子已經作了詳細說明。㉞ 例如常見的“子姓”一

㉝ 此案語爲1929年所加(新文藝出版社,1952,153頁),人民出版社新版改爲注語附於篇末(《新探》編按:見《郭沫若全集》歷史編第一卷120頁)。

㉞ 《讀書雜志・餘編上》“子侄”條、《廣雅疏證・釋親》“姓,子也”條、《經義述聞》卷五“振振公姓”條。

語(春秋時齊國的子仲姜鎛作"子性",見《三代》1・66—68【《集成》1・271】),就是泛指下輩親屬而言的。就一般的情況來說,一個族的成員裹總是下輩佔多數。因此,"姓"(生)這個詞又被用作對族人的泛稱,是很自然的。《尚書・吕刑》"王曰:嗚呼,敬之哉,官伯、族姓,朕言多懼","族姓"即指上文的"伯父、伯兄、仲叔、季弟、幼子、童孫",㉟"姓"顯然是對族人的泛稱,用法正與百姓的"姓"相同。

《詩・周南・麟之趾》的"公姓",也很可能是指公的族人:

> 麟之趾,振振公子,于嗟麟兮。
> 麟之定,振振公姓,于嗟麟兮。
> 麟之角,振振公族,于嗟麟兮。

這是一首頌美貴族的詩。第一章頌公子,即國君之子(不限於在位國君之子)。第三章頌公族。古代凡是從公室分出來的族都稱公族。這裹所說的公族指公族成員。第二章所頌的公姓,顯然是地位介於公子和公族之間的一種人。如果把這個"姓"字理解爲子姓之"姓",把公姓說成公孫一類人,當然也無不可(朱熹《詩集傳》就說"公姓,公孫也")。但是把公姓解釋爲直接隸屬於公的族人,似乎更合理些。

在宗法制度下,統治者可以把全國各宗族的人都看作自己的親屬。上引《吕刑》的"族姓",顯然就不僅僅是指王族的族人而言的。《國語・越語上》說句踐"棲於會稽之上"時號令三軍曰:"凡我父兄昆弟及國子姓,有能助寡人謀而退吳者,吾與之共知越國之政。"這裹所說的"我父兄昆弟及國子姓",甚至包括了越國國都裹的全部國人。所以"百姓"一稱既可以指本族族人,也可以泛指全國各宗族的族人,也就是整個統治階級,是一點也不奇怪的。

到春秋、戰國間,宗法制度遭到破壞,"百姓"和"民"的意義就逐漸混同了。《墨子》、《孟子》等書裹的"百姓",意思似乎都跟後來所謂"老百姓"差不多。在《左傳》、《國語》等戰國時代寫定的史書裹,"百姓"一詞也往往是這樣用的。《楚語上》對百姓的解釋,雖然託之於觀射父,實際上恐怕只代表戰國時代人對"百姓"古義的一種理解,所以並不合於"百姓"一詞的原來意義。

根據一些可靠的史料來看,商代的統治階級也是稱爲百姓的。這說明在商代,商族和異姓貴族各宗族的族人,基本上也都屬於統治階級。

《尚書・盤庚》兩見百姓之稱。《盤庚》分上中下三篇。中篇是盤庚將要遷都前

㉟ 孫星衍《尚書今古文注疏》、曾星笠《尚書正讀》等都如此解釋。

對民衆的講話。上下兩篇都是既遷之後的講話。下篇的對象是“邦伯、師長、百執事”等人。上篇的對象是一些“在位”者,盤庚說這些人的父祖跟商先王“胥及逸勤”,可見他們的地位很高。㊱ 中篇沒有出現“百姓”,上下兩篇“百姓”各一見。下篇說:

(42) 今予其敷心腹腎腸,歷告爾百姓于朕志。

上篇說:

(43) 汝不和吉言于百姓,惟汝自生毒,乃敗禍姦宄,以自災于厥身。

盤庚把“邦伯、師長、百執事”等人稱爲“百姓”,但是在跟民衆講話時則沒有把他們稱爲“百姓”,可見百姓是對統治階級的稱呼。上篇的對象,地位比一般百姓高,所以盤庚指責他們“不和吉言于百姓”。

周初人說到商王朝統治階級的時候,也用“百姓”這個詞。《尚書・酒誥》:

(44) 在昔殷先哲王……越在外服,侯、甸、男、衛、邦伯;越在内服,百僚庶尹,惟亞惟服,宗工,越百姓、里居(君),罔敢湎于酒。

同書《君奭》:

(45) 天惟純佑命,則商實百姓王人,罔不秉德明恤;小臣屏侯甸,矧咸奔走。

西周時代的史頌簋銘有“里君、百生”之文(“里君”亦見矢令彝),王國維據此將《酒誥》的“里居”校改爲“里君”,其說可信。據《盤庚下》,《酒誥》提到的邦伯、百僚庶尹等人,都可以包括在百姓裏。所以《酒誥》裏跟“百僚庶尹”等並列的“百姓”,應該是專指百姓中沒有具體職位的那些人的。《君奭》的“百姓王人”大致相當於《酒誥》的内服之人。

在《逸周書・商誓》所記武王告誡商人之辭中,武王屢次稱對方爲百姓,例如:

(46) 王曰:百姓,我聞古商先誓(哲)王成湯,克辟上帝,保生商民,克用三德……肆予明命汝百姓,其斯弗用朕命,其斯爾冢邦君、商庶百姓,予則□劉滅之。

《商誓》開頭說“王若曰:告爾伊舊何父□□□□幾耿肅執,乃殷之舊官人序文□□□□及太史比(友)、小史昔(友),及百官、里居(君),獻民”,可見武王告誡的

㊱ 參看顧頡剛、劉起釪《〈盤庚〉三篇校釋譯論》,《歷史學》1979 年 1 期及 2 期。

對象主要是商邑的統治階級,“百姓”之義當與《盤庚》相同。

《商誓》有一處稱“百姓里居君子”:

(47) 予既殛紂,承天命,予亦來休命爾百姓里居君子,其周即命。

疑“里居君子”是“里君”的訛衍之文。百姓、里君連稱,與《酒誥》同。

《商誓》還有一處以“多子”與“百姓”對舉:

(48) 爾多子其人自敬,助天永休于我西土,爾百姓其亦有安處在彼。

《商誓》開頭一段裏提到的“伊舊何父□□□□幾耿肅執”,似是商邑的一些大族的名稱。肅疑即殷民六族中的蕭氏,幾疑即殷民七族中的饑氏(《新探》編按:參看朱右曾《逸周書集訓校釋》)。多子應指商邑統治階級各族的宗子。此文以多子與百姓對舉,上引(39)以宗子與百姓對舉,情況相類。跟多子對舉的百姓,指各族宗子之外的一般族人。泛指的“百姓”,則可以把多子包括在內,如《商誓》篇的多數“百姓”。

上面所引的那些提到商王朝百姓的話,除《盤庚》的兩例外,都出自周人之口。《盤庚》雖然是可信的史料,但是也經過周人的加工潤色。[37] 商人自己究竟用不用“百姓”這種稱呼呢? 在卜辭裏雖然還沒有發現“百生”,但是確有跟“百生”同義的詞,那就是“多生”。

有兩條三、四期的卜辭以多生與多子對貞:

(49) 叀(音義與“唯”相近)多生饗。

(50) 叀多子[饗]。 甲380【《合》27650】

此外還有兩條第二期卜辭也提到多生:

(51) □子卜即[貞]:祖辛歲,叀多生□。 明後2042【《合》24141】

(52) ☐大庚□□,叀多生射。 明後2046【《合》24142】

(52)的“射”指祭祀射牲,[38]卜辭大意是說,祭祀先王大庚,讓多生來射牲好不好。(51)的字體、辭例都跟(52)相似,“多生”後所缺一字疑亦“射”字。(49)(50)二辭的“饗”,應該是指祭祀時對祖先行饗禮而言的。他辭或言“其又妣癸饗”、“登于父甲饗”(《甲》2799【《合》27456】)、“其延御于大戊饗”(《甲》2689【《合》27174】),可證。在卜饗之辭裏,還有以“多子”與“王”對貞之例:

---

[37] 同上注,《歷史學》1979年2期38頁。

[38] 楊樹達《積微居甲文說·卜辭瑣記》63頁“射牢”條。

(53) 叀王饗,受佑。

(54) 叀多子饗。 粹 486【《合》27644】

多生能在祭祀先王時射牲,並且能替代多子或王行饗禮,顯然跟商王有很密切的關係。上引(48)《商誓》文以"多子"與"百姓"對舉,(39)善鼎銘以"宗子"與"百生"對舉,卜辭則以"多子"與"多生"對貞。"多生"和"百姓(生)"的意義顯然是相同的。上引各辭的多生應指王族族人。與多生對貞的多子,有可能指多子族族長,也有可能指王族內直屬於王的一些小宗宗子,或是指一些王子身份的人(不限於時王之子)。饒宗頤先生《人物》解釋卜辭"多生"說:"按多生即多姓……指百官族姓,非謂衆庶也。"(982 頁)屈萬里《殷虛文字甲編考釋》說:"多生,蓋猶堯典'平章百姓'之百姓,謂衆官吏也。"(59 頁)他們認爲多生即百姓是正確的,襲用百姓即百官的舊說則不妥當。

卜辭形容數量多,一般用"多"字,周人則喜歡用"庶"、"諸"、"百"等字。卜辭稱"多方"、"多伯"、"多尹"、"多工"、"多父"、"多兄",《詩》、《書》則稱"庶邦"、"庶伯"、"庶尹"、"百尹"、"百工"、"諸父"、"諸兄"。"多生"與"百生",大概也反映了商人語與周人語的不同。不過在近年出土的小屯南地甲骨裏,已經發現了"百工"之稱(《屯南》2525)。所以商人已經使用"百生"一詞的可能性,也不能完全排除。

從以上所說的可以知道,商代和西周、春秋時代的百姓的地位大致相同;在商代,跟在西周、春秋時代一樣,各大小統治者的宗族的族人,基本上也都應該屬於統治階級。

武王克商後,把商邑統治階級稱爲百姓。這意味着他不想完全打亂他們的宗族組織,仍然在一定程度上承認他們的貴族地位。這跟成王分封魯、衛時對殷民六族、七族的處理,以及上引《多士》所記周公對待殷士及其小子的態度,其精神是一致的。

在目前能看到的殷墟甲骨文裏,提及王族、多子族的卜辭約有四十條左右,下面引幾條比較重要的示例:

(55) 甲子卜爭:雀弗其呼王族來。

(56) 雀其呼王族來。 合 6946 正

(57) 王族其𦎫(敦)尸(夷)方邑舊(?),右左其。 屯南 2064

(58) 丁酉卜:王族爯(?)多子族立于召。 明後 2621【《合》34133】

(59) 己亥貞:令王族追召方,及于□。 明後 2630【《合》33017】

(60) 庚寅卜:多子族于召。 屯南 4026(《懷》1635【《合補》6567】同文)

(61) [丁]巳卜爭貞:令王族比畐𢀛,古王事。六月。

懷71【《合補》4153】

(62) 丁巳卜𡧊貞:令王[族]比畐𢀛,[古王事]。

(63) 貞:叀多子族令比畐𢀛,古王事。 合5450

(64) 貞:令多子族比犬眔畐𢀛,古王事。

(65) 貞:令多子族眔犬侯璞(?)周,古王事。 合6813

(66) 己卯卜𡧊貞:令多子族比犬侯璞周,古王事。五月。

續5·2·2【《合》6812】

甲骨文裏有不少命衆(亦稱衆人)爲商王從事農業生產的卜辭(詳下節),但是在提到王族、多子族的卜辭裏,却連一條跟農業生產有關的卜辭也沒有。這一現象正符合於我們認爲商族各宗族族人基本上屬於統治階級的推論。㊴

三、狹義的"衆"指被排斥在宗族組織之外的商族平民

現在我們來討論在上一節開頭提出的後一個問題:商族內部是否已經分化出了類似周代國人下層的階層。我們先從商代社會的研究者們最關心的"衆"的身份問題談起。㊵

在卜辭裏,"衆"和"衆人"都很常見。有的學者認爲二者的意義有別,但並無確據。我們同意大多數學者的意見,把它們看作同義的名稱。但是我們認爲它們的用法有廣義和狹義兩種。下面先看一個廣義的例子:

(67) 戊寅卜賓貞:王往以衆黍于冏。 前5·20·2【《合》10】

㊴ 從甲骨卜辭看,有一些族是受到商王的役使剝削的,例如以犬征爲族長的犬征族,就時常爲商王服農業、田獵等勞役。這些族的地位顯然低於王族、多子族,當非商本族人。《存》下755【《合》32030】有"辛亥卜:犬征以羌用于大甲"一辭,意思是說,用犬征送來的羌俘祭祀大甲好不好。有人用這條卜辭證明犬征族是商族的一支(《南開學報(哲社版)》1981年2期73頁注8),不可信。

㊵ 關於商代的衆的身份,學者們已經發表了很多意見,爲了節省篇幅,不準備在這裏一一介紹了。請參看趙錫元《試論殷代的主要生產者"衆"和"衆人"的社會身份》(《東北人民大學人文科學學報》1956年4期)、朱鳳瀚《殷虚卜辭中的"衆"的身份問題》(《南開學報(哲社版)》1981年2期)。這兩篇文章對各家說法有扼要介紹。後一文作者自己的論點,接近於張政烺先生的看法(《卜辭裒田及其相關問題》,《考古學報》1973年1期112—118頁)。

對上引這條卜辭存在着不同的理解。强調商代社會原始性的學者,認爲這條卜辭説明商王還沒有脱離生産勞動。主張衆是奴隸的學者,認爲這條卜辭説明商王親自對奴隸勞動進行監督。還有一些學者認爲這條卜辭反映了藉田之禮。[41] 我們認爲最後一種理解是正確的。商王是有很大權力的專制君王,無論是古書記載,還是現代的考古發掘,都可以證明這一點。商王決不可能還沒有脱離生産勞動,也不可能親自去監督奴隸進行勞動。但是他完全有可能參加像周以後帝王所行的藉田之禮那樣的儀式性的農業生産活動。

從卜辭看,商王親自參加的,往往是冏地的農業生産。除上引(67)外,還有以下一些卜辭可以説明這一點:

(68) 己卯貞:在冏冎來告芳王。

(69) 王弜(勿)黍。

(70) 壬辰貞:在冏冎來告芳,王其黍。

(71) 王弜黍。 摭續 106【《合》33225】

(72) ☐才冏冎☐芳,王米。 安明 2727【《合》32963】

(73) 庚辰卜賓貞:叀王(字不識,象摘取穀物之實)南冏黍。十月。

合 9547

(74) 庚寅貞:王米于冏,以祖乙。

粹 227【《合》32543】(《屯南》936 同文)

(75) 乙未貞:王米,叀父丁(?)以,于冏米。 後上 25·7【《合》32024】

(76) 己巳貞:王米冏,其登于祖乙。 甲 903【《合》34165】

(《續》2·5·7【《合》34583】+《粹》228【《合》32541】同文)

(73)的南冏當是冏的異名或其一部分。

周代國君親耕的藉田上的收穫,按照古禮要用來祭祀,以表示對鬼神和祖先的恭敬。很多古書都談到這一點。楊寬先生在《"籍禮"新探》一文中已經作了詳細説明(《古史新探》222—224 頁)。在商代,冏地的收穫也是經常被商王用來祭祀祖先的。除上引(74)(75)(76)之外,還有以下兩條卜辭可以説明這一點:

(77) □□卜爭貞:□乙亥登□冏黍[于]祖乙。 合 1599

---

[41] 藉田説見徐喜辰《商殷奴隸制特徵的探討》(《東北師範大學科學集刊(歷史)》1956 年 1 期 15 頁)、島邦男《研究》340—342 頁。

(78) 己巳貞:王其登南冏米,叀乙亥。

後下23·5【《合》32024】(《甲》903【《合》34165】同文)

由此可見,商王的親自參加農業生産,跟周王的藉田確實是同性質的。

《"籍禮"新探》指出,在原始公社末期,各種重要的集體農業勞動開始時,一般都要由族長主持開始勞動的儀式,古代的籍禮就起源於此(《古史新探》225頁)。這是很正確的。商王顯然不會不率領本族人,而率領一大幫奴隸去舉行跟原始公社時期的習俗有密切聯繫的籍禮。僅僅根據這一點,就可以肯定卜辭的"衆"不是奴隸。《國語·周語上》說周王行籍禮時,"百吏庶民畢從","王耕一墢,班三之,庶民終于千畝","耨穫亦如之"。韋昭注"班三之"句說:"王一墢,公三,卿九,大夫二十七也。"[42]主張"王以衆黍"反映籍禮的島邦男,據此認爲"衆"就是"百吏庶民",這是很有道理的。[43] 這種廣義的"衆",意思就是衆多的人,大概可以用來指除奴隸等賤民以外的各個階層的人。

有的古史學者認爲"衆"和"民"本來都是專指農業奴隸的名稱。其實"衆"和"民"不但不是專指奴隸的名稱,而且通常是把奴隸等賤民排除在其所指對象之外的。童書業先生指出:"……一般言之,奴隸不在'民'之內。如《周語》'子孫爲隸,不夷於民',可證。"(《春秋左傳研究》132頁)其言甚是。《墨子·尚賢上》:"……國中之衆、四鄙之萌人聞之,皆競爲義。"這裏所說的"衆",連鄙人都排除在外。

附帶說一下,《詩·周頌》裏的《噫嘻》、《臣工》等農事詩所反映的,也應該是周王的藉田,即千畝上的勞動。有的學者解釋爲大規模的奴隸勞動,並把《臣工》篇的"衆人"說成奴隸,是不妥當的。

下面再來看卜辭裏的狹義的"衆"。第一期卜辭所見的官職名裏有"小衆人臣":

(79) 貞:叀共[44]呼小衆人臣。

存下476(《新探》編按:拓本見《合》5594,已與《屯南》附19綴合)

這應該是管轄衆人的小臣,就跟見於他辭的"小多馬羌臣"[45]是管轄多馬羌的小臣一樣。這種官職名裏的"衆人",顯然不是泛指"百吏庶民",而是專指一種有確定

---

[42] 《禮記·月令》謂孟春之月,天子"帥三公、九卿、諸侯、大夫,躬耕帝藉。天子三推,三公五推,卿、諸侯九推"。說法跟《國語》稍有不同。

[43] 島說見《研究》342頁。但是島氏對很多跟籍禮無關的卜辭,也硬用籍禮來解釋,並且没有指出"衆"有廣義狹義之分。這些都是應該加以糾正的。

[44] 此字爲人名,不可確釋,暫據唐蘭先生的意見寫作共。唐說見《天壤閣甲骨文存考釋》。

[45] 見《合》5717正、5718。

身份的人的,我們稱之爲狹義的衆。有一條一期卜辭講到讓小臣命衆種黍:

(80) 貞:叀小臣令衆黍。一月。

前4·30·2【《合》12】(《續》3·47·1【《合》13】同文)

這條卜辭裏的"衆"也應該指小臣所管轄的狹義的衆。

(79)提到的𡿺是一期卜辭裏屢見的人名。有一條卜辭卜問是否任命他爲小耤臣:

(81) 己亥卜貞:令𡿺小耤臣。

前6·17·6【《合》5603】(《前》6·17·5【《合》5604】同文)

"耤"字在卜辭裏多用其本義,當用耒耕地講,例如:

(82) 貞:令我耤,受有年。 合9507正

(83) 貞:呼雷耤于名。 丙492【《合》14】

(84) 丙辰卜爭貞:呼耤于隹,受有年。 合9504正

小耤臣應該是管理耕耤的小臣,就跟見於他辭的小刈臣是管理刈獲的小臣一樣。[46](79)說"叀𡿺呼小衆人臣",大概就是讓𡿺以小耤臣的身份召集小衆人臣帶領所轄衆人去從事耕耤勞動的意思。看來,狹義的衆是爲商王服農業生産勞役的主要力量。

除上引(67)、(80)等辭外,還有不少卜辭講到命衆或衆人從事農業生産:

(85) □□卜貞:衆作耤,不喪☐ 旅順博物館所藏卜辭

(據《中國史稿》第一册184頁轉引。《新探》編按:即《合》8)

(86) 丙戌卜賓貞:令衆□黍,受有[年]。 丙492【《合》14】

(87) 丁亥卜:令衆𡕥田,受禾。 人文1926【《合》31969】

(88) 戊子卜:令衆田,若。 屯南395

(89) 癸巳卜賓貞:令衆人□入羊方□㽕田。

(90) 貞:勿令衆人。六月。 甲3510【《合》6】

(91) 辛未卜爭貞:曰衆人□尊田☐ 零拾90【《合》9】

(92) ☐[王]大令衆人曰劦田,其受年。十一月。

續2·28·5【《合》1】(《前》7·30·2【《合》5】等同文)

《前》7·3·2【《合》22】有如下兩辭:

㊻ 看拙作《甲骨文字考釋(八篇)》,《古文字研究》第四輯156—157頁。

(93) 己酉卜爭貞：収衆人呼从受，占王事。五月。

(94) 甲子卜𡆥貞：令受田于□，占王事。

(93)卜問"収衆人呼从受"，大概就是爲了進行裒田之事。以上這些卜辭似乎跟王親耕之事無關，所提到的衆和衆人大概是狹義的。

卜辭裏還常常講到讓衆或衆人參加戰爭或幹別的事。[47] 那些卜辭裏所說的衆和衆人，究竟哪些是廣義的，哪些是狹義的，還有待研究。

在上古，"民"字也跟"衆"字一樣，有廣狹兩義。"民"本是對世間之人的泛稱。在《詩經》裏，"下民"是跟"上帝"或"天"相對而言的(《大雅・蕩》、《大雅・十月之交》)，"先民"指古代的聖哲(《大雅・板》、《小雅・小旻》)，"厥初生民"(《大雅・生民》)、"民之初生"(《大雅・緜》)、"天生烝民"(《大雅・烝民》)等詩句裏的"民"，意義都跟"人"差不多。[48] 一般人只知道"民"的意思是庶民，是老百姓，這其實是"民"字的狹義用法。"民"字所以會有這種用法，顯然是由於在廣義的民裏，人數最多的就是老百姓。狹義的衆無疑也是廣義的衆裏面數量最多的那一種人。他們應該就是相當於周代國人下層的平民。

在這裏，有必要對主張衆是奴隸的學者們所提出的某些論據作一些剖析。

從甲骨卜辭看，商王非常關心在戰爭中會不會"喪衆"。主張衆是奴隸的學者認爲喪衆就是指奴隸逃亡。不少反對奴隸說的學者已經指出，喪衆的"喪"，用法跟《國語・周語上》"宣王既喪南國之師"的"喪"字相同。卜"喪衆"就是卜問衆在戰爭中會不會有傷亡損失，根本與奴隸逃亡無關。我們同意這種說法。但是上引(85)說"衆作耤，不喪"，似乎是卜問在農業勞動中會不會喪衆，主張奴隸說的學者大概會用它來反駁這種說法。我們覺得，僅僅根據這一條卜辭，很難下確切的結論。在商代，方國林立，野獸縱橫，即使是在農業生產中，也不是沒有出現人員傷亡損失的可能性的。有的卜辭之後所附的驗辭，曾記錄𢀛方、土方等敵人侵入商人農田之事：

……𢀛方出慢我示𧖴田七十人。五[月]。 菁1【《合》6057正】

……土方慢我田十人。 菁2【《合》6057反】

兩辭之末的"七十人"和"十人"，有人認爲是入侵者人數，有人認爲是爲入侵者所

[47] 參看注[40]所引文。

[48] 參看楊寬《古史新探》59頁，童書業《春秋左傳研究》131頁。

擄掠的人數。不管怎樣解釋,這兩條驗辭都可以用來說明,衆在從事農業生產時確實有遭到擄掠的可能。所以,即使承認(85)的確是卜問在農業勞動中會不會喪衆,也不能得出喪衆必定指奴隸逃亡的結論。

甲骨文裏還有卜問商王是否"耷衆人"的卜辭。于省吾先生曾讀"耷"爲屠戮之"屠"(《雙劍誃殷契駢枝三編・釋耷》)。因此"耷衆人"也被很多人當作衆是奴隸的證據。但是甲骨文裏還有"耷子晝"、"耷子娍"等卜辭,[49]被耷者竟是跟商王關係很密切的貴族。看來,"耷"很可能是表示"迎"、"會"一類意義的動詞,讀爲"屠"不一定妥當。于先生在近年出版的《甲骨文字釋林》裏,沒有收入"釋耷"篇,顯然已經放棄舊說。所以"耷衆人"也不能用作衆是奴隸的證據。其實,即使"耷衆人"確實就是"屠衆人",也不能證明衆一定是奴隸,因爲統治者所屠殺的並不一定都是奴隸。【編按:所謂"耷"字實不从"余"。】

此外,主張奴隸說的學者還從卜辭裏找出了另一些證據,但是其性質跟上面所說的那種證據相類,我們就不一一加以討論了。

西周時代的曶鼎銘,記載匡季由於損害了曶的利益把衆一夫、臣四夫和田七田賠償給他。這是衆爲奴隸說的一個最重要的證據。但是這個證據實際上也是有問題的。于省吾先生在《關於"釋臣和鬲"一文的幾點意見》中,曾對曶鼎的"衆"本來並不是奴隸這一點,作了很好的論證:

> 按舀鼎(引者按,即本文所說的曶鼎)第三段一開首說:"昔饉歲,匡衆厥臣廿夫,寇舀禾十秭。""匡"指"匡季"言之,觀下文"匡季"也省稱爲"匡"可知。"匡季"當是"匡"地的統治者,也是這一訟案被告的主犯。"匡衆厥臣廿夫"的"厥"字係指示代詞,指"衆"言之。這是說匡季手下自由民(衆)所屬的奴隸廿夫,盜取舀禾十秭(引者按:匡衆也有可能是指匡的族人)……如果"衆"也是奴隸的話,"臣"既稱"廿夫",則"衆"決不能沒有數目的記載。下文敘舀控告匡季於東宮,追求寇禾的人犯,匡季不得不交出衆一夫和臣三夫,這也把"衆"和"臣"分得很清楚。至於爲什麼不懲辦匡季本人,當係"刑不上大夫"之意。(《考古》1965 年 6 期 309 頁)

這段分析非常精闢。"匡衆厥臣廿夫"一句,是"衆"本非奴隸的確證。有的學者由於有了"衆"是奴隸的先入爲主的成見,就把"匡衆厥臣廿夫"的"衆"誤釋作

---

[49] 有關卜辭見《綜類》"耷"字條。

“罘”了。

于先生在上引那篇文章裏説:“總之,商代的甲骨文和商周時代的金文,以及早期典籍,一向没有把‘衆’當作奴隸的事例。”這話完全正確。

《盤庚》三篇屢見“衆”字。顧頡剛、劉起釪二先生在《〈盤庚〉三篇校釋譯論》(以下簡稱“顧文”)裏,已經指出《盤庚》的“衆”既可以指民衆,也可以指百官和在位官員,“只能是在‘衆多’的意義上使用的”(《歷史學》1979年2期36頁)。這正跟卜辭“衆”字的用法相合。

在《盤庚》中篇裏,盤庚把訓話對象稱爲“汝衆”、“汝萬民”、“我畜民”,還威脅他們説:“乃有不吉不迪,顛越不恭,暫遇姦宄,我乃劓殄滅之,無遺育,無俾易種于兹新邑。”可見這些人的地位低於下篇的訓話對象“百姓”。但是盤庚不但親自向他們訓話,而且還著重提到先王跟他們的祖先的關係:

> 予念我先神后之勞爾先,予丕克羞爾,用懷爾然。失于政,陳于兹,高后丕乃崇降罪疾,曰:曷虐朕民……
>
> 古我先后既勞乃祖乃父,汝共作我畜民。汝有戕則在乃心,我先后綏乃祖乃父。乃祖乃父乃斷棄汝,不救乃死。

可見他們也決不會是奴隸。[50] 如果是奴隸,盤庚怎麼會説他如果對他們不好,先王就會大大降下罪疾,“曰:曷虐朕民”呢?日知先生在《中國古代史分期問題的關鍵何在》一文裏,認爲《盤庚》中篇的民“是和殷王及殷之貴族有遥遠血緣關係的平民”(《歷史研究》1957年8期91頁),這顯然是合理的。卜辭裏的狹義的衆,正跟《盤庚》中篇的民相當。

有的學者曾以“畜民”一詞來證明《盤庚》中篇的民是奴隸,這是毫無力量的。古代統治階級慣於把治民比作畜牧。《管子》裏有“牧民”篇,一直到清代,“牧民”一語還在經常使用。難道清代還是奴隸制時代嗎?春秋時代的秦公鎛銘説“咸畜百辟胤士”(《考古圖》7·9,亦見《兩周金文辭大系》【《集成》1·270】),從來没有人因此認爲百辟胤士是奴隸。爲什麼畜民就非是奴隸不可呢?

在《盤庚》上篇裏,盤庚告誡在位者“無或敢伏小人之攸箴”。《尚書·無逸》説武丁“時舊勞于外,爰暨小人”,祖甲“不義惟王,舊爲小人。作其即位,爰知小人之

---

[50] 參看顧文,《歷史學》1979年2期36頁。

依,能保惠于庶民,不敢侮鰥寡”。所謂小人,也應該是指這種平民而言的。[51]

從卜辭看,衆經常爲商王從事農業生産,參加戰爭,有時也從事田獵或其他工作。[52] 狹義的衆就是平民,廣義的衆在一般情況下也應該包括平民。所以商代平民所受的剝削大概是相當沉重的。他們雖然跟貴族階級有疏遠的血緣關係,但是實際上已經成爲被剝削被統治的階級。有些平民由於統治者的提拔,或通過佔有奴隸,可能會上升爲剝削階級的下層,但是這種人的數量大概不會多。

上引(44)《酒誥》文敘述商王朝“内服”的各種人,以“百姓、里居(君)”作結。(47)《商誓》文記武王稱商邑人士爲“百姓,里居君子”。前面已經指出,“里居君子”大概也是“里君”的誤衍之文。“百姓”泛指組織在商王朝各大小統治者的宗族裏的貴族們。里君是里的首腦。里君的地位與一般百姓相當,居住在他們所管轄的里中的人,其身份無疑要低於百姓一等。這種人應該就是平民,也就是見於卜辭的狹義的衆。里君跟小衆人臣的關係尚待研究。也許里君是周人語,小衆人臣是商人語,二者的實質並無差别。也許小衆人臣是管轄里君的官。

李玄伯早在三十年代後期,就已經在他所著的《中國古代社會新研》裏指出:

> 百姓者按照族姓之分類組織,族各有長;里君者按照鄉里之分類組織,里各有君,即所謂里君。(開明書店,1949,205 頁)

其識甚卓。徐中舒先生也有類似説法。[53] 但是他們都認爲里君所管轄的里,全都是被征服者的組織,這却是不妥當的。從《左傳》等書看,在春秋以前,鄉里一般是統治種族居住的城邑内及其近郊的地域組織,而不是被統治種族居住的鄙野之中的地域組織。《説文》説“野”字从“里”,秦嶧山刻石“野”字却从“田”从“土”而不从“里”。漢印篆文和漢碑隸書的“野”字,絶大部分也這樣寫。从“里”的“野”是後起訛體。

西周康昭時代的宜侯夨簋銘,記周王封宜侯時所賜人民,有“在宜王人□又七

---

[51] 參看李民《〈尚書・盤庚〉所反映的商代貴族和平民的階級鬥爭》,《鄭州大學學報(哲社版)》1978 年 2 期 78 頁。

[52] 參看注[40]所引文。

[53] 見《試論周代田制及其社會性質》(《中國的奴隸制與封建制分期問題論文選集》480—481 頁)、《論西周是封建制社會》(《歷史研究》1957 年 7 期 58 頁)。

里”一項,[54]應指在宜地的周族人。《左傳・僖公二十五年》記周襄王賜晉文公以陽樊、溫、原、欑茅之田,“陽樊不服,圍之。倉葛呼曰:‘……此誰非王之親姻,其俘之也。’乃出其民。”可見周王確有把周族人跟土地一起賜給人的情況。[55] 簋銘所記的“王人”不以族爲單位而以里爲單位來計算,大概是爲里君所統轄的平民。

上引(45)《君奭》文有“天惟純佑命,則商實百姓王人罔不秉德明恤”之語。跟《酒誥》的“百姓里君”對照起來看,《君奭》的“王人”似乎是專指里君一類人而言的。《春秋・莊公六年》“春王正月,王人子突救衛”,杜預注:“王人,王之微官也。”又《僖公八年》“春王正月,公會王人、齊侯、宋公……盟于洮”,《正義》:“《釋例》以爲中士稱名,下士稱人。此言王人,是天子之下士也。”《周禮・地官》里宰爲下士。里君之職當與里宰相近,其地位正與《春秋》所謂“王人”相當。《詩・大雅・卷阿》第七章說“藹藹王多吉士,維君子使,媚于天子”,第八章說“藹藹王多吉人,維君子命,媚于庶人”。吉士是貴族。吉人可能指統治者從庶人中提拔起來管理庶人的下級官吏,里君也有可能是這種人。

《左傳・桓公二年》說“庶人、工、商,各有分親”,商代平民當然也會“各有分親”。但是他們已經被排斥在百姓的範圍之外,而由里君來統率,可見在他們中間已經不存在宗法系統了。也就是說,各家平民之間的主要關係已經不是血緣關係而是地緣關係了。

徐中舒先生認爲商周時代的里有“村公社”的性質。[56] 從當時的生產力水平來考慮,這個意見是可以接受的。不過應該指出,這種農村公社跟原始社會末期的自由的農村公社,是有本質區別的。它們是處在貴族統治下的受剝削的公社,土地的所有權已經被以王爲代表的貴族階級所攫奪。

四、從盤庚遷都看貴族和平民的矛盾

爲了更好地理解商代貴族和平民的關係,有必要考察一下盤庚遷都這個歷史

---

[54] 《錄遺》167【《集成》8・4320】。“里”字上部有殘泐不清處,諸家多釋作“生”,今從陳夢家釋(《西周銅器斷代(一)》,《考古學報》9 期 165 頁)。此字上部兩側之筆頗長,且有明顯彎度,而西周前期金文“生”字兩側斜筆大都既直又短,與此截然有別。

[55] 被王賜給人,並不一定意味身份下降爲奴,周初的殷民六族、七族就是例子。參看張政烺《古代中國的十進制氏族組織》,《歷史教學》第 2 卷第 6 期 16—17 頁。

[56] 見注[53]所引前一文 480—481 頁及 502 頁。

事件。

關於盤庚遷都的原因,存在着種種不同説法,上引顧文已經作了相當全面的介紹,讀者可以參閲。我們認爲在各種説法裏,最可信的是時代最古的"去奢行儉"説。現在把有關資料匯列於下:

《説苑・反質》:"墨子曰:……殷之盤庚大其先王之室(意謂以其先王之室爲過大)而改遷於殷,茅茨不翦,采椽不斲,以變天下之視。"

《後漢書・文苑・杜篤傳》:"(光武時)乃上奏論都賦曰:……昔般庚去奢,行儉於亳。"

《後漢書・郎顗傳》:"(陽嘉二年)顗乃詣闕拜章曰:……昔盤庚遷殷,去奢即儉。"

《申鑒・時事》:"盤庚遷殷,革奢即約。"

《鹽鐵論・本議》:"是以盤庚率苦(本作"萃居",從孫詒讓《札迻》校改。孫人和謂是"革奢"之誤),舜藏黄金,高帝禁商賈不得仕宦,所以遏貪鄙之俗而醇至誠之風也。"

張衡《西京賦》:"盤庚作誥,帥人以苦。"(《文選》卷二)

所謂"苦",就指儉樸節約。此外,《漢書・翼奉傳》説翼奉在元帝時看到國家祭祀煩費,宫室苑囿奢泰,以致民困國虚,上疏請求遷都成周,改制從儉。疏中有"臣聞昔者盤庚改邑,以興殷道,聖人美之","臣願陛下徙都於成周……陛下共己亡(無)爲,按成周之居,兼盤庚之德"等語。同書《揚雄傳上》以不合於"盤庚所遷"之制,來説明甘泉宫的奢泰。這些都與上引各家之説相合。崔寔《政論》説"昔盤庚遷殷,以易殷民之弊"(《後漢紀》卷二十一元嘉元年引。《後漢書》本傳作"昔盤庚愍殷,遷都易民"),顯然也是指去奢行儉而言的。《尚書・盤庚》書序《正義》引了鄭玄、王肅、皇甫謐三家關於遷都原因的説法:

鄭玄云:祖乙居耿,後奢侈踰禮,土地迫近山川,嘗圮焉。至陽甲立,盤庚爲之臣,乃謀徙居湯舊都。又序注云:民居耿久,奢淫成俗,故不樂徙。王肅云:自祖乙五世至盤庚元兄陽甲,宫室奢侈,下民邑居墊隘,水泉瀉鹵,不可以行政化,故徙都於殷。皇甫謐云:耿在河北,迫近山川,自祖辛已(以)來民皆奢侈(《後漢書・郎顗傳》及《杜篤傳》注引皇甫謐《帝王紀》皆作"自祖辛以來奢淫不絶"),故盤庚遷於殷。

這三家雖然説到"迫近山川"、"水泉瀉鹵"一類問題,但是也都强調舊都"奢侈"這一點。總之,在魏晉以前,大家都說去奢行儉是盤庚遷都的目的。衆口一詞,並無異言。這種說法顯然是自古相承的,决非學者們的揣測之辭。

盤庚究竟爲什麼要去奢行儉呢? 所謂"奢",應該是指貴族階級,主要是貴族上層的奢侈。或謂"民皆奢侈",顯然與情理不合。這從後面對《盤庚》篇本文的分析也可以看出來。商代貴族的主要剝削對象,是平民、奴隸以及各臣服族。不論是取得奴隸,或是使他族臣服,一般都需要通過戰爭。平民不但直接受貴族剝削,而且還要參加貴族發動的戰爭,後一件事對他們也是沉重的負擔。貴族爲了追求奢侈生活,聚斂財富,必然要加强對平民的剝削,並發動更多的戰爭,以致平民的處境不斷惡化,貴族和平民兩個階級之間的矛盾日趨尖鋭。同時,由於貴族上層的奢侈大大超過一般小貴族,貴族之間的矛盾也必然會有所發展。這些商族内部的矛盾的發展,對商王朝的統治是很大的威脅。盤庚通過遷都,迫使貴族離開他們苦心經營的舊居,由奢返儉,顯然是爲了改善平民的處境,縮小貴族内部的貧富差距,以緩和矛盾,鞏固統治。

《盤庚》篇本身所反映的情況,跟去奢行儉的說法是相合的。盤庚在上篇裏要在位者"無老侮成人,無弱孤有幼",這就是要他們緩和對平民的剝削壓迫。在下篇裏,他要邦伯、師長、百執事等人,"無總于貨寶,生生自庸"(顧文解釋爲"不要積聚貨寶,孜孜從事於增殖産業以自厚")。在中篇裏,他對群衆說:"兹予有亂政(《尚書覈詁》讀爲"正",指官長)同位,具乃(疑"氒"字之誤,讀爲"厥")貝玉,乃(厥?)祖乃(厥?)父丕乃告我高后曰:作丕刑于朕孫。"文義雖然不是很清楚,但是可以看出他說這些話,是爲了表示自己反對貴族聚斂財富。總之,從《盤庚》本文看,盤庚確實想去奢行儉,想緩和貴族和平民的矛盾。

綜觀《盤庚》上中下三篇,可以知道最反對遷都的是在位者和邦伯、師長、百執事等貴族中的一些人。他們"協比讒言"(下篇),以"浮言""恐沈于衆"(上篇),唯恐天下不亂。這正由於他們是去奢行儉方針的打擊對象。至於作爲中篇告誡對象的平民,盤庚對他們說:"今予命女一無起穢以自臭,恐人倚乃身,迂乃心。"認爲他們對遷都有意見是受別人影響的。所以盤庚對平民極力申明遷都是爲他們好,對在位者則主要以人民造起反來他們也要倒霉相威脅。

古書中所說的"盤庚之政",其精神跟去奢行儉的方針也是完全一致的。《吕氏春秋・慎大》說武王滅商後,"命周公旦進殷之遺老而問殷之亡故,又問衆之所說(悦),民之所欲。殷遺老對曰:欲復盤庚之政。武王於是復盤庚之政。發巨橋之粟,賦鹿臺之錢,以示民無私。出拘救(應從畢沅改作"赦")罪,分財棄責(債),

以振窮困”。這裏所說的一些措施不見得完全符合盤庚之政的原貌,但應該是符合盤庚之政的精神的。“出拘救(赦)罪”是減輕壓迫。“分財”爲了救濟窮困,縮小貧富差别。“棄責”大概主要指免除逋欠。這些措施顯然是以改善平民處境,緩和貴族和平民兩個階級的矛盾爲主要目標的,同時對於一般小貴族可能也有一些好處。

《史記・殷本紀》說盤庚遷殷後,“行湯之政,然後百姓由寧,殷道復興,諸侯來朝,以其遵成湯之德也”。什麼是湯之政呢?《墨子・非命上》:“古者,湯封於亳,絶長繼短,方地百里,與其百姓兼相愛,交相利,移則分。”畢沅解釋末一句說:“言財多則分也。移或多字。”洪頤煊解釋說:“《禮記・郊特牲》……鄭注:移之言羨也。移古通作侈字,侈亦是有餘之義。”(皆據《墨子閒詁》引)可知“移則分”就是《慎大》的“分財”。《吕氏春秋・制樂》說湯在位時有穀樹暴長於庭的妖祥,湯“早朝晏退,問疾弔喪,務鎮撫百姓,三日而穀亡”。《韓詩外傳・三》也談到這件事,說湯“弔死問疾,赦過賑窮,七日而穀亡”。“赦過”跟《慎大》所說的“救(赦)罪”,“賑窮”跟《慎大》所說的“以振窮困”,都是同意的。總之,古人心目中的湯之政和盤庚之政,是完全一致的。

在春秋時代,統治者爲了緩和貴族政權跟平民之間以及貴族内部的矛盾,以團結國人,增强國力,往往採取跟盤庚之政相似的措施。例如晉悼公即位後,曾“施舍已責(債),逮鰥寡,振廢滯,匡乏困,救災患,禁淫慝,薄賦斂,宥罪戾,節器用,時用民,欲無犯時”。結果“民無謗言”,國力增强,達到了“復霸”的目的(《左傳・成公十八年》)。楚國的令尹子重“爲陽橋之役以救齊”,出兵前爲取得民心,“乃大户(允許人不分家,使他們能少負擔賦役),已責(債),逮鰥,救乏,赦罪”,結果也取得了戰爭的勝利(《左傳・成公二年》)。通過這些事例,對盤庚之政的實質就可以看得更加清楚了。

上引顧文在討論《盤庚》篇内容時說:

> (盤庚)反復警告官員貴族們,要忠實於王的旨意,不要只圖一己安樂而貪污財貨,使自己致富而妨害人民的生存及其安居生活。這是從奴隸制國家的整體利益出發,適當的防止奴隸主貴族過於貪婪,以免影響整個奴隸主階級利益。這正如雅典奴隸制國家的梭倫時代一樣,以“梭倫制度”對於被剝削的人予以“幫助”……盤庚的作用也有點類似梭倫,所以在歷史上他以商代的一個賢明的君主著稱。(34頁)

這個意見非常正確。但是顧文没有把這個正確意見跟盤庚“去奢行儉”的舊說聯繫起來,反而認爲舊説不可信,不能不説是一個缺陷。

李民先生在《〈尚書·盤庚〉所反映的商代貴族和平民的階級鬥爭》一文裏,認爲盤庚遷都由貴族和平民的階級鬥爭所決定(同注51)。我們很同意他的看法。但是他對盤庚"去奢行儉"的舊説以及有關"盤庚之政"的史料沒有加以注意,對《盤庚》篇内容的解釋也有不妥之處,[57]因此有些具體的説法恐怕是值得商榷的。

上引《殷本紀》説盤庚使"百姓由寧,殷道復興,諸侯來朝",可見他的改革措施收到了一定效果。但是奴隸主貴族的貪欲是無法長期抑止的,因此"盤庚之政"也是無法持久的。《殷本紀》説盤庚死後,"弟小辛立,殷復衰",就是明證。從殷墟發掘的情況看,盤庚痛恨的奢侈之風,在盤庚死後大概很快就變本加厲地發展了起來。解放前發掘的侯家莊諸王陵,雖然主要遺物都已被盜,但是墓葬規模之大和殘存器物之精,仍然使人驚嘆。[58] 1976年發掘的武丁之配婦好的墓葬,規模大大小於侯家莊王陵,但未經盜掘。墓中出土的銅器、玉器等陪葬品,數量之多,製作之精,全都出人意外,大大加深了我們對當時貴族上層的奢侈生活的認識。[59] 在當時的生産力水平之下,如果不是對平民和奴隸進行殘酷的剝削,顯然是維持不了這種奢侈生活的。

《尚書·無逸》説商王武丁"時舊勞于外,爰暨小人。作其即位……不敢荒寧,嘉靖殷邦,至于小大,無時或怨……其在祖甲,不義惟王,舊爲小人,作其即位,爰知小人之依,能保惠于庶民,不敢侮鰥寡……自時厥後立王,生則逸。生則逸,不知稼穡之艱難,不聞小人之勞,惟耽樂之從"。大概武丁和祖甲都還算是比較注意調整貴族政權跟平民的關係的。他們之後,貴族政權跟平民之間的矛盾就越來越尖鋭了。

商朝最後一王帝辛(即紂),以奢淫著稱,還好大喜功,對東夷等族大舉用兵。在他的統治下,平民階級無疑已經陷入水深火熱的境地。《尚書·西伯戡黎》記商大臣祖伊諫紂説:"今我民罔不欲喪,曰:天曷不降威?大命不摯,今王其如台?"同書《微子》説當時"殷罔不小大,好草竊姦宄。卿士師師非度。凡有辜罪,乃罔恆

---

[57] 例如《盤庚上》説:"若網在綱,有條而不紊。若農服田力穡,乃亦有秋。汝克黜乃心,施實德于民,至于婚友,丕乃敢大言,汝有積德。乃不畏戎毒于遠邇。惰農自安,不昏作勞,越其罔有黍稷。汝不和吉言于百姓,惟汝自生毒,乃敗禍姦宄,以自災于厥身。""惰農自安"云云,跟上文"若農服田力穡,乃亦有秋"一樣,是比喻。李文却認爲是實説,解釋爲指"平民的怠工鬥爭"(80頁),似不可信。

[58] 關於殷陵概況,可看胡厚宣《殷墟發掘》,學習生活出版社,1955。

[59] 看考古研究所《殷墟婦好墓》,文物出版社,1980。

獲。小民方興,相爲敵讎”。同書《召誥》追述商末情況,説商民“夫知保抱攜持厥婦子,以哀籲天,徂厥亡”。[60]《詩・大雅・蕩》也説殷商“如蜩如螗,如沸如羹,小大近喪”。從這些史料可以看到,商代末年商王國内部的各種矛盾,尤其是貴族政權跟平民的矛盾,已經發展到極其尖鋭的程度。周人正是利用了這個時機,把本來比他們强大得多的商王朝覆滅的。

《荀子・儒效》説:“武王之誅紂也……鼓之而紂卒易鄉(嚮),遂乘殷人而誅紂。”《史記・周本紀》也説:“紂師雖衆,皆無戰之心,心欲武王亟入。紂師皆倒兵以戰,以開武王。武王馳之,紂兵皆崩,畔(叛)紂。”這些説法免不了有周人誇飾的成分,但是也不會毫無根據。商人的軍隊裏無疑包含着大量平民。他們跟貴族政權有尖鋭的矛盾,倒戈是完全可能的。

《吕氏春秋・慎大》説武王克商後殷民“欲復盤庚之政”,《殷本紀》説武王“封紂子武庚禄父以續殷祀,令修行盤庚之政,殷民大悦”,這説明紂之政跟盤庚之政大不相同。盤庚注意緩和貴族、平民之間和大小貴族之間的矛盾,紂則加劇了這些矛盾,終於招致了覆滅的命運。

在結束本文之前還需要説明一點。我們所用的史料幾乎都是盤庚以後的。因此我們所討論的商代社會,其實只是商代後期的社會。不過前面已經指出,在商代前期,宗法制度應該已經存在。此外,從盤庚採取措施緩和貴族和平民的矛盾的情況來看,商族人分化成貴族和平民兩個階級,也顯然是盤庚之前相當久遠的事情。所以在本文討論的問題的範圍内,商代前期和商代後期的社會,在本質上大概並無很大差别。

1982 年 2 月 8 日寫畢

原載《文史》第十七輯(中華書局,1983),又載《古代文史研究新探》,今據後者收入。

---

[60] “徂厥亡”,有人解釋爲逃亡,有人讀“徂”爲“詛”,解釋爲詛紂滅亡。

甲骨卜辭中所見的“田”“牧”“衛”等職官的研究

——兼論“侯”“甸”“男”“衛”等幾種諸侯的起源

根據《尚書》中周代初年的《酒誥》所反映的商代制度,商王朝外服的君長有“侯、甸、男、衛、邦伯”這幾種人:

自成湯咸至于帝乙……越在外服,侯、甸、男、衛、邦伯;越在內服,百僚、庶尹、惟亞、惟服、宗工,越百姓、里居(君),罔敢湎于酒。

《召誥》說“命庶殷:侯、甸、男、邦伯”,沒有提到“衛”。可能由於他們的地位較低而被略去,也可能本有“衛”而傳寫脫落。周人有時又以“侯甸”來概括商王朝的外服,說明外服中侯、甸爲最重要:

天惟純佑命,則商實,百姓王人罔不秉德明恤,小臣屏侯甸矧咸奔走。

《尚書·君奭》

隹(惟)殷邊侯田(甸)雩(義同“與”)殷正百辟率肆(?)于酉(酒)。

大盂鼎【《集成》5.2837】

在商代晚期的黃組卜辭(即董作賓的第五期卜辭)裏,屢次看到商王卜問跟“侯田(甸)”、“多田”或“多田于(義同“與”)多白(伯)”一起去征伐方國,是否吉利,如:

(1) 乙丑王卜貞:今囚巫九备,余其尊徵告侯田册䖒方、羌方、羞(或“羊”)方、轡方,余其比侯田甾戔四丰(封)方。　　續3·13·1【《合》36528】

(2) 甲戌王卜貞:今☐霝ᚋ盂方☐西戌盟西田☐妥余一人☐比多田甾正(征)☐屮自上下于叔☐　　零拾92【《合》36181】

(參看《前》2·38·2【《合》36514】、《粹》1190【《合》36512】)

(3) 丁卯王卜貞:今囚巫九畬,余其比多田于多白正盂方白炎(?),叀(義近“惟”)衣翼(翌)日步,亡屮自上下于叔示,余受䍃,不莕𢦏,[囚]告于兹大邑商,亡徃才畎。[王𠧞曰:]引吉。才[在]十月,遘大丁翼。

甲 2416【《合》36511】

(参看《甲》2395【《合》36513】、《後》上 20·9【《合》36521】、《粹》1189【《合》36510】)

與"田"並提的"白(伯)",大概就是《酒誥》、《召誥》所説的"邦伯",當是商王朝轄境內臣屬於商王的一些小國之君。

在時代較早的卜辭裏也有"多田":

(4) ▨ 𠂤(以)多田、亞、任 ▨ 粹 1545B【《合》32992】

(5) 多田亡𢦏(災)。 京津 4563【《合》27892】

(6) ▨ 𠂤多田伐又丰乃 ▨ 合 27893

(4)是歷組卜辭,其時代相當於武丁晚期至祖庚時期。[①] (5)和(6)是一般所謂三、四期卜辭。(《新探》編按:《屯南》1460 有"▨ 王叀多田 ▨"殘辭,亦三、四期卜辭。)

在西周時代,"田(甸)"是諸侯的一種(夨令彝銘"諸侯:侯、田、男"【《集成》16·9901】)。不少研究甲骨文和上古史的學者,把商代的"田(甸)"也看作一種諸侯。有的學者甚至認爲"侯田"是一個不能分拆的名詞,多田即多侯。例如陳夢家在《綜述》裏説:

> 卜辭的"侯田"似是一個名詞,不能折爲侯與田。因爲卜辭有"某侯""某白"而從無"某田",有"多田""多白"而從無"多侯",所以"侯田"應是一詞……所謂侯田乃指多田,而多田實即多侯,即周代的諸侯。(328 頁)

日本學者島邦男基本上同意陳説。他認爲"'多田'就是'多侯甸',也就是'多侯'(《鄴初》1·38·3)"。[②]

陳氏的説法其實是不能成立的。多田與多侯並不是一回事。甚至商代的"田"是否已經具有諸侯的性質,也還是一個需要討論的問題。

陳氏主張多田即多侯,主要有兩點理由:一、卜辭有"多田"而無"多侯"。二、卜辭有"某侯"而無"某田"。對第一點,島邦男實際上已經提出了反證。只不過他

---

① 看李學勤《論婦好墓的年代及有關問題》(《文物》1977 年 11 期)、《小屯南地甲骨與甲骨分期》(《文物》1981 年 5 期),拙作《論"歷組卜辭"的時代》(《古文字研究》第六輯)。

② 溫天河等譯《殷墟卜辭研究》421 頁。

並未因此懷疑陳説，反而加以贊同，頗令人不解。島氏舉出的《鄴初》1・38・3【《合》11024】的“多侯”，“多”字殘去上半，有的學者釋爲“丁侯”。《屯南》3396 有“⍁多侯歸”一辭，“多”字完整無損。所以卜辭有“多侯”這一點是無可懷疑的。

陳氏以卜辭有“某侯”而無“某田”來證明“侯”、“田”無別，也有問題。卜辭裏雖然尚未發現“某田”的稱呼（這種稱呼完全有可能存在，商代銅器銘文中有“夆田”，詳後），却屢見“才（在）某（地名）田”的稱呼：

(7) 才攸田武其來告。 乙 7746【《合》10989 正】

（參看《乙》2997【《合》15232】、2998【《合》13697】）

(8) 乙未卜賁貞：才湡田黄又（右）赤馬其犁。

通 732（《綴》237【《合》28196】）

(9) 叀（義近“惟”）才龐田豐示，王弗每[濘]。

(10) 叀才[illegible]田□示，王弗每濘。

(11) 叀才湡田亞示，王弗每濘。 屯南 2409

(12) □子卜：才𢀛田龍（?）[illegible][illegible]寢其⍁。 粹 945【《合》29365】

(13) 丁丑卜：才義田來𨌲羌，王其[illegible]于□□、大乙、且（祖）乙，又（有）正。

屯南 2179

(14) 丁酉中彔卜才兮貞：才戋田□其㠯又（右）人甾，亡巛（災）。

甲 2562【《合》35344】

上引諸辭中，(7)是賓組卜辭，屬於董氏分期法的第一期；(8)是何組卜辭，屬第三期；(9)—(13)是三、四期卜辭；(14)是黄組卜辭。

卜辭稱呼那些被商王派駐在商都以外某地的職官的時候，常常在職名前加上“在某（地名）”的定語。例如管理田獵等事務的、相當於周代“迹人”的“犬官”，③就常常被稱爲“在某犬”，下面擇舉數例：

(15) 戊辰卜：才澅犬中告麋，王其射，亡𢦏，𠭰（擒）。

粹 935【《合》27902】（參看《屯南》625）

(16) 辛亥卜：翌日壬王其比才成犬𢀜，弗每，亡𢦏，𠭰。

摭續 1【《合》27925】

③ 看楊樹達《釋犬》，《積微居甲文説》18 頁。

(17) 才盂犬山(此處似脫一"告"字)狂才㔾麓,王其比,亡☐

外 434【《合》28899】

(18) 乙未卜:才盂犬告又(有)鹿(?)☐ 甲 692【《合》27919】

吏和工偶爾也有用這種方法來稱呼的:

(19) 貞:我才吏不以嬉(艱)。 合 6042 正

(20) 貞:才北史㞢(有)隻(獲)羌。

(21) 貞:才北史亡其隻羌。 乙 6400【《合》914】

(22) 貞:令才北工収人。 粹 1217【《合》7294】

(23) 貞:弜(勿)令才北工収人。 續 5・26・9【《合》7295】

"史""吏""事"本由一字分化。(19)的"吏"和(20)(21)的"史"當是同一詞的異寫,也許應該讀爲"使"。④

上引(7)至(14)各辭提到的"田",顯然也是被商王派駐在某地的一種人。(7)至(12)各辭"田"後一字是人名,例如"在攸田武"的意思就是攸地的"田"名武者。"在某(地名)田某(人名)"這種稱呼的格式,跟"在淒犬中"、"在成犬𣄰"完全相同。(13)的"在義田"不帶人名,跟(18)的"在盂犬"、(19)的"在吏"等同例。第(14)辭"田"後一殘字既有可能是人名,也有可能是動詞(疑是"焚"字異體)。

美國哈佛大學福格藝術博物館所藏的一件商代晚期玉戈刻有如下銘文:

(24) 曰王伙,才林田俞𢦏。⑤

"在林田"就是駐在林這個地方的"田","俞𢦏"當是他的氏和名(詳下文)。

在卜辭裏,"在某犬某"也可以稱爲"某犬某",如上引(16)的"在成犬𣄰"也稱"成犬𣄰"(《屯南》2329),(17)的"在盂犬山"也稱"盂犬山"(《林》2・28・14【《合》27907】)。對"田"的稱呼在地名前不加"在"字之例,見於銅器銘文。帝辛時代的二祀𠨘其卣銘記"王令𠨘其兄(貺)𤎩(麓)于夆田□"(《錄遺》274【《集成》10・5412】)。"夆田□"就是夆地的"田","田"下一字不可識,應該是他的名字。

"在某(地名)田某(人名)"有時還可以省稱爲"某(地名)某(人名)"。有一條賓組卜辭說"乎(呼)从攸武"(《乙》3429【《合》738】),攸武跟上引賓組卜辭的"在攸田武"應該是一個人。《三代》5・24【《集成》3・613】著錄下引鬲銘:

④ 看《綜述》520 頁。

⑤ 據李學勤《論美澳收藏的幾件商周文物》所附摹本,見《文物》1979 年 12 期 74 頁。

(25) 林娸乍(作)父辛寶尊彝。亞俞(“俞”字原在“亞”中)。

從字體看,當屬商代晚期。據銘文末尾所記的“亞俞”,器主林娸當出自俞氏。胡平生同志告訴我,他認爲這位器主跟上引(24)的“在林田俞娸”是一個人。這應該是正確的。

商代後期銅器銘文中屢見用作人名或族氏的“田告”,如:

(26) 田告乍母辛尊。　方鼎,三代3·3【《集成》4·2145】

(27) 田告。　罍,三代11·40【《集成》15·9777】

(28) 田告,父丁。　簋,三代6·21【《集成》16·10536】

(29) 田告,父乙。　卣,三代13·1【《集成》10·5056】

(30) 己亥,王易(錫)𡆥貝,用乍且乙尊。田告,亞。

鼎,三代3·29【《集成》4·2506】

“田告”大概也是商王朝的一個“田”。商代往往以族氏爲人名,“告”可能是族氏而不是私名,商代後期銅器銘文中還屢見“告田”,如:

(31) 告田。　觶,三代14·38【《集成》11·6191】

(32) 告田,父丁。　觶,三代14·51【《集成》12·6391】

(33) 鳥(?),父乙,女(或“母”),告田。(或當讀爲:“鳥女,父乙,告田。”此爲器銘,蓋銘爲:“亞𠬝,父乙。”)　卣,三代13·14【《集成》10·5347】

(34) 乍且乙𩁹侯弔(叔)尊彝。告田。　簋,三代6·44【《集成》6·3711】

有一件觥,器銘作“田告”,蓋銘作“告田”。⑥ 可知“田告”與“告田”同義。“告田”似當讀爲“告,田”,蓋以族氏與職名或爵名並列,並非指告地之“田”。

有一條第一期卜辭說:

(35) 癸卯卜:其令田(正?【編按:此字從各方面看恐非“正”字,有人釋“圍”,待考】)逆,𢦏。　佚234【《合》21099】

不知道這條卜辭裏的“田”是不是也應該當“侯田”之“田”講。⑦

---

⑥ 《金匱論古綜合刊》第1期103頁【《集成》15·9257】。參看《殷周青銅器通論》52頁。

⑦ 參看丁山《甲骨文所見氏族及其制度》50頁。上引這條卜辭的行款比較亂,也有人釋作“其令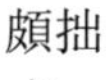田逆𢦏”。《三代》6·41【《集成》16·10573】著録下引簋銘:“田乍父己寶尊彝。。”字跡頗拙劣。從字體看,其時代似不能早於商代晚期。疑此銘“田”字爲人名,與上引一期卜辭的“田”無關。

總之,從甲骨卜辭和銅器銘文看,商王臣屬中有不少稱爲"田"的人,他們跟侯顯然是兩種人。"侯田乃指多田,而多田應即多侯"的說法是錯誤的。有一條歷組卜辭說:

(36) 丁丑貞:王令會(闔)歸侯吕田。 屯南2273

如果"田"就指侯田之田的話,這條卜辭便是"侯田"不能解釋爲"多田"或"多侯",而應解釋爲侯與田的最直接的證據。

下面我們來討論商代的"田"的性質。

夨令彝銘所說的"諸侯:侯、田、男"的"田(甸)",作爲一種稱號來看,跟商代的"田(甸)"無疑是有一脈相承的關係的。但是這並不說明商代和西周的"田(甸)"的性質必然完全相同。

在經籍舊注中,把"侯、甸、男、衛"等名稱的原來意義解釋得最爲簡明的,當推晉代孔鼂的《逸周書》注。孔氏在《職方》篇講"九服"的一段文字後面注釋說:

> 侯,爲王斥候也。服言服王事也。甸,田也,治田入穀也。男,任也,任王事。……衛,爲王捍衛也。

以"治田"解釋"甸服"之"甸",是漢以來經師的共同見解,各家之說不具引。卜辭經常稱"田"爲"在某田"。這種人應該是被商王派駐在商都以外某地從事農墾的職官,就像"在某犬"是被商王派駐在商都以外某地管理田獵事務的職官一樣。卜辭對侯總是稱"某侯"而不稱"在某侯"。如果田是諸侯的話,卜辭就不會經常稱他們爲"在某田",而應該把他們都稱爲"某田"了。

田除了從事農墾給商王提供穀物以外,有時也提供一些別的東西。上引(8)提到的"在湾田黄右赤馬",大概就是"在湾田黄"所進貢的一匹馬。與賓組卜辭同時的記龜甲來源的背甲刻辭裏有如下一條:

(37) 武入□。 京津200【《合》9266】

這位進貢龜甲的武也許就是"在攸田武"。

有些田的駐地在侯、伯封域之内。例如"在攸田武"的駐地,就應該在屢見於卜辭的攸侯的封地内。賓組卜辭裏有"攸侯唐"(《林》2·3·18【《合》3330】),[⑧]歷

---

⑧ "侯唐"又見《庫》200【《合》39703、《英》186】,"攸侯"又見《金》597【《合》39701、《英》188】、《合》5760正、9511。

組卜辭裏有“攸侯𠙵”(《掇二》132【《合》32982】),黄組卜辭裏有“攸侯喜”(《明後》2729【《合》36484】、《綴》附66【《合》36484】)。⑨ 可見,在甲骨文時代(即商代後期),攸侯從早期到晚期一直存在。晚期的侯喜應該就是早期的侯唐、侯𠙵的後人。有些卜辭還提到了攸侯封地之鄙的一些地名:

(38) 戊戌貞:又(右)敉(牧)于爿,攸侯𠙵啚(鄙)。

(39) 中敉于義,攸侯𠙵啚。　　掇二132【《合》32982】

(《新探》編按:《屯南》242有“□卯貞:又敉于[攸侯]𠙵啚□”一辭,應補引)

(40) 癸卯卜黄貞:王旬亡畎。才正月,王來正(征)人方,才攸侯喜啚永。

明後2729【《合》36484】

上引(13)“在義田”的駐地,應該就是(39)提到的位於攸侯封地之鄙的義。

第一期卜辭有“林白(伯)”(《合》19423)。⑩ 上引(24)“在林田”的“林”,跟“林白”的“林”應指一地。賓組卜辭有“斲侯”(《佚》952【《合》3334】、《合》7915),商代銅器有“斲侯”戈(《鄴初》上45【《集成》17·10770】)。上引(12)“在𣃔田”的“𣃔”,跟“斲侯”的“斲”也可能是指一個地方。不過我們還不清楚,當“在林田”、“在𣃔田”存在的時候,林地、斲地是否仍然封有侯、伯。

上引(9)“在龐田”的駐地,是一個相當重要的農業區。賓組卜辭曾卜問過“黍于龐(龐)”的事(《續》5·34·5、《合》9538),還曾卜問過龐是否“受年”(《佚》578【《合》9771】)。有的學者認爲“龐”就是賓組的甲橋、背甲、骨臼等刻辭中常見的婦龐的封地,不知確否。

商王派“田”駐在侯、伯的封域之內,大概是爲了就近取得侯、伯的武力的保護。從這一點看,“田”也不像是諸侯。

但是另一方面,我們也應該看到,在當時的條件下,“田”這種職官的確比較容易發展成爲諸侯。

從卜辭看,商王的臣僚往往是族團的君長,⑪他們通常是率領着自己的族衆爲商王服務的。我們可以用賓組和歷組卜辭中屢見的一個人物——犬祉,來説明這一點。關於命犬祉從事農業、田獵、征伐等工作的卜辭很常見,例如:

⑨ “侯喜”又見《通》592【《合》36482】、《明》154【《合》36483】。

⑩ 《鄴三》下46·15【《合》27781】有从“林”从“白”的地名字,也見《甲》653【《合》29255】,或釋作“林白”,恐非。

⑪ 我們用“族團”這個詞來指稱以大家族、宗族爲核心的團體。

(41) 丙戌卜貞:令犬征田于京。 明53【《合》4630】

(42) □寅卜:令犬征田京。 存上1852【《合》33216】

(43) 癸巳卜貞:犬征㞢(有)毕(擒)。 續3・41・4【《合》17452】

(44) 庚戌犬征允伐方。 明後2537【《合》33033】

這些工作,顯然不是犬征一個人所能完成的。有一條卜辭說:

(45) 戊子卜穷貞:令犬征族壂田于虢。 人文281【《合》9479】

由此可知,犬征實際上是帶領着整族的人爲商王服役的,只不過有關的卜辭通常沒有說出"族"字而已(以上大體用張政烺先生說)。[12] 商代的"田"無疑也是率領着自己的族人以及其他從屬於他的人,去爲商王從事農壂工作的。

在商代,方國林立,而且國與國之間並無防守嚴密的邊界。因此,在商都以外的地方進行農壂工作,往往是相當危險的。上引(8)和(11)提到的"在浔田"的駐地,就是商人的勁敵羌人的勢力所能到達之地。有一條三、四期卜辭說"于浔帝,乎(呼)御羌方于之,𢦏"(《安明》2113【《合》27973】+《人文》2142【《合》27972】,《安明》綴合【《合補》8969】),可證。多田除了依靠近處侯、伯的保護以外,本身也必然配備有武裝。上引(13)說到"在義田來執羌"。"執"義近"執"。"在義田"給商王送來的"執羌",應該就是用自己的武力俘獲的。

在商代後期,生産力有很大提高,"田"完全有可能長期固定在一個地方進行農壂。由於當時存在世官制(即一種職務長期由一個族的人——一般是族長——先後繼任,在很多場合下實質上就是讓一個族世世代代固定地擔負某種勞役),一個族的幾代人相繼在同一個地方擔任"田"的職務的情況,也很可能出現。在這類情況下,擁有族衆和武裝的"田",顯然是相當容易發展成爲諸侯那樣的人物的。從西周時代把"田(甸)"當作一種諸侯封號這一點來看,在商代晚期"田"應該已經大量發展成爲諸侯,並且商王有可能已經在主動建立稱爲"田"的諸侯了。上引(1)(2)(3)等晚期卜辭說明,"田"已經成爲商王征伐方國時所依靠的極爲重要的力量,其地位與侯、伯相當。這應該是當時的"田"大部分已經具有諸侯的性質的反映。

在卜辭所見的職官裏,跟"田"情況相類的還有"牧"和"衛"。下面先談牧。

賓組卜辭裏有"在昜牧":

---

[12] 看張政烺《卜辭裒田及其相關諸問題》,《考古學報》1973年1期109—110頁。

(46) 甲戌卜穷貞：才昜牧隻(獲)羌。　珠758

歷組卜辭裏有“在丂牧”：

(47) 辛未貞：才丂遊(牧)來告辰衛其比史，受又(祐)。　合32616

(48) □□卜□才丂徽(牧)▨　合35240

有一條賓組卜辭提到“在丂□妥”：

(49) 丁酉卜爭貞：才丂□妥來羌二人征[于]丁用。

存下349(《新探》編按：拓本見《合》228)

疑“丂”下所缺一字即“牧”，“妥”是“在丂牧”之名。

三、四期卜辭裏有“在爿牧”和“右牧㕣”：

(50) 甲辰卜：才爿牧征徹又□□□旅(?)邑口▨

(51) 癸酉卜：戍伐，又(右)牧㕣啓人方戍，又(有)𢦏。　屯南2320⑬

黃組卜辭裏也有“在爿牧”和“右牧㕣”：

(52) ▨才爿牧▨麃▨方▨　前4・45・3【《合》36969】

(53) 壬申卜才攸貞：又𤙭(牧)㕣告啓，王其乎戍比[illegible]伐，弗每，利。

簠・征38(《新探》編按：即《合》35345)

前引(38)(39)兩辭說：“右牧于爿，攸侯㞢鄙”、“中牧于義，攸侯㞢鄙”。(53)在攸地卜問“右牧㕣告啓”之事，可知“右牧”就是“在爿牧”。(50)卜“在爿牧征徹”，(51)卜“右牧㕣啓”，二辭見於同版。把“右牧”和“在爿牧”看作一回事，對這兩條卜辭來講也是合適的。

順便說一下，(51)是三、四期卜辭，(53)是黃組卜辭，但所卜之事極爲相似，卜日干支也只相差一天。蕭楠同志在《再論武乙、文丁卜辭》一文裏，以此作爲不同時代卜辭的占卜事類和卜日干支都可以很相近的例證。⑭ 其實這兩條卜辭正好給李學勤同志“無名組(按：一般所謂三、四期卜辭，李稱無名組卜辭)同黃組有一段相並存的時間”的說法提供了一個很有力的新證據。⑮

---

⑬ 《屯南》拓影不清。第(51)辭釋文據蕭楠《再論武乙、文丁卜辭》(中國古文字研究會第四屆年會論文，油印本16頁)。(《新探》編按：此文已發表於《古文字研究》第九輯。)

⑭ 文章出處已見上注。

⑮ 《小屯南地甲骨與甲骨分期》，《文物》1981年5期31頁。

已發現的商代銅器裏,有不少“又(右)羖(牧)”之器,[16]也許就是右牧𠳄這一族所作的。

有一條賓組卜辭提到“盖牧”:

(54) 甲子卜貞:盖羖(牧)爯册示𠳄,乎取㞢𠦪。　乙8935【《合》13515】

“盖牧”當與“在盖牧”同意。盖是卜辭中屢見的地名。賓組卜辭曾卜問過“𡆥田于盖”的事(《前》2・37・6【《合》9476】、4・10・3【《合》9477】)。據三、四期卜辭,盖地並設有犬官。[17]

上述那些牧顯然是被商王派駐在商都以外某地從事畜牧的職官,情況跟多田、多犬相類。此外在卜辭裏還可以看到不少沒有加地名的“牧”,商代銅器爲“牧”或“亞牧”所作的也很多,這裏就不一一徵引了。不加地名的“牧”,有些可能是從事游牧的牧官或總管畜牧事務的“牧正”一類人,[18]但是其中大概也有一些是沒有說出駐地的“在某牧”。

田的駐地有一些在侯、伯的封域内,牧也是這樣。見於(50)(52)的“在爿牧”,跟“在義田”一樣,駐地也位於攸侯封地之鄙。賓組卜辭屢見“易伯㚇”(《合》3380—3387等)。“在易牧”的駐地當在易伯封地之内。

牧也應該是率領着族人以及其他從屬於他的人爲商王服役的。商王有時在人力上給牧以支援。有一條賓組卜辭說:

(55) ☐奠𠀠以芻于丂。　人文424【《合》101】

卜辭裏的“芻”往往指爲牲畜打草的奴隸。這條卜辭裏的“芻”大概也是指這種奴隸而不是指芻草而言的。送往丂地的“芻”應該就是給“在丂牧”使用的。還有一

⑯ 如又牧父己鼎(《三代》2・39【《集成》4・1875】)、簋(《三代》6・21【《集成》6・3329】)、尊(《三代》11・14【《集成》11・5740】)、卣(《三代》13・4【《集成》10・5077】)、又牧父癸爵(二器,《三代》16・38【《集成》14・9084、14・9085】)、亞又牧戈(六器,《三代》19・15—18【《集成》17・10946—10951】。據《十二家吉金圖錄・貯》,以上諸器爲同時所出,“尊”應作“觶”),又牧父癸鼎(《三代》2・40【《集成》4・1939】),又牧父己尊(《鄴二》上9【《集成》11・5740】),又牧缶(《劫掠》R500【《集成》16・9955】),牧又爵(《三代》15・38【《集成》13・8196】),牧又方罍(《河南安陽遺寶》51頁二十五圖【《集成》15・9772】)等等。(《新探》編按:各器“牧”字皆从“羊”,有的學者釋爲“養”之古文“羖”。)

⑰ 《屯南》4584著錄的一條三、四期卜辭說:“叀盖犬比,亡𢦔。”

⑱ 1959年四川彭縣發現了商代的牧正父己觶【《集成》12・6406】,看王家祐《記四川彭縣竹瓦街出土的銅器》(《文物》1961年11期29頁)、徐中舒《四川彭縣濛陽鎮出土的殷代二觶》(《文物》1962年6期)。【編按:此字從各方面看恐非“正”字,有人釋“圍”,待考。】

條賓組卜辭說：

(56) 戊戌卜穷貞：牧匄(丐)人，令冓以㝵。 前5·27·1【《合》493】⑲

這是因爲牧乞求人手，卜問是否讓冓把㝵人送去。

上引(46)卜問在昜牧是否“獲羌”。此外還可以找到不少關於把“牧以羌”(《後》下12·13【《合》281】)、“遊(牧)㠯(以)羌”(《明後》2533【《合》32031】，參看《存》上2006【《合》32032】)或“𢼸(牧)來羌”(《明後》2510【《合》32014】)用作祭祀人牲的卜辭。前面已經說過，(49)“在丂□妥來羌二人”一辭中的缺字大概就是“牧”。還有一條歷組卜辭卜問用“丂㠯羌”爲人牲的事(《明後》2471【《合》32033】)，“丂”也有可能就指“在丂牧”。牧時常俘獲羌人，反映出他們在放牧過程中遭遇敵人的機會很多，同時也說明他們跟田一樣，也有自己的武裝。

在古書裏，“牧”也可以用作對諸侯的稱呼。《左傳·哀公十三年》：“王合諸侯，則伯(按：指諸侯之長)帥侯、牧以見於王。伯合諸侯，則侯帥子、男以見於伯。”在這段文字裏，由於“伯”字已經被用來指諸侯之長，“侯、伯”改稱爲“侯、牧”。《周禮·天官·大宰》“以九兩系邦國之民，一曰牧以地得民……”，劉敞等人認爲牧指邦國之君，⑳可信。古書裏還常常把九州中各州的諸侯之長稱爲牧。這應該是“牧”字較晚的一種用法。“方伯”本指方國之君(卜辭裏的“方白”都是這個意思)，後來也被用來指各州諸侯之長，情況與此相似。一般認爲諸侯稱“牧”，取牧民之意。其實很可能跟“田(甸)”成爲諸侯的稱號相類，是由於較早的牧官往往發展成爲諸侯而產生的現象。不過，“牧”並沒有成爲諸侯的正式封號，這是它跟“田(甸)”不同的地方。

下面再說“衛”。

卜辭裏數見“在某(地名)衛”的稱呼：

(57) □亥貞：才衛來。 鄴三下48·6【《合》32937】

(58) 丁亥卜：才衛酒元(?)𡚬璺𠕁又奏方刹今龝(秋)王其史□

合28009

(59) □巳卜：才衛☐ 珠682【《合》28060】

⑲ 參看《合》11402正、11403、《京津》649【《合》8241】。《文錄》638【《合》1031】“貞：弓乎以㝵人”，應爲同時所卜。

⑳ 看孫詒讓《周禮正義》。

(60) 其取才衛凡于□,王弗每。　　屯南 1008

上引諸辭,(57)屬歷組,(59)(60)屬三、四期,(58)的字體介於二者之間。

(57)(58)的地名皆不識。(59)的也寫作,或釋"尋",(60)的或釋"演",都是卜辭屢見的地名。[21] "在某衛"應該是被商王派駐在商都以外某地保衛商王國的武官。

"衛"後來也成爲一種諸侯(指廣義的諸侯,包括所謂附庸,下同)的名稱。《尚書》的《酒誥》、《顧命》都有"侯、甸、男、衛"之語,《康誥》有"侯、甸、男邦,采、衛"之語。《國語・鄭語》:"妘姓鄔、鄶、路、偪陽,曹姓鄒、莒,皆爲采、衛,或在王室,或在夷狄,莫之數也。"

《綜述》既把衛列爲武官的一種,[22]說"'衛'在卜辭中爲邊地的一種官"(328頁),又說"它可能是'侯、甸、男、衛'之衛,乃界於邊域上的小諸侯"(512頁)。二說似有矛盾。其實,衛應該像田、牧一樣,先是一種職官,後來演變成諸侯,中間經歷了一個發展過程。

不但"田"、"牧"、"衛"經歷了由職官演變爲諸侯的過程,"侯"又何嘗不是這樣。"侯"、"候"本由一語分化。漢代人普遍地把"侯"訓作"候",不具引。[23]《尚書・禹貢》"侯服"僞孔傳:"侯,候也,斥候而服事。"上引《逸周書》孔鼂注也說:"侯,爲王斥候也。"從文字上看,"候"字是由"侯"分化出來的。但是,從語言上看,諸侯之"侯"這個詞却應該是由斥候之"候"這個詞分化出來的。侯的前身應該是在邊境等地"爲王斥候"的武官。勞榦在《"侯"與"射侯"後記》中說:

> 諸侯之事,最先本爲斥候,封建諸侯由斥候者變爲封國,和漢代的從候官改爲縣,是循着相類似的軌道。[24]

這個意見是很精闢的。

卜辭所見的侯,一般都已經具有諸侯的性質。前面提到過的攸侯是一個比較明顯的例子。攸侯的封國有範圍相當固定的鄙。從見於賓組卜辭的攸侯到見於黃組卜辭的攸侯,至少傳了二百年左右。這個諸侯國實際存在的時間可能還要長。

㉑ 看《綜類》97 頁及 363 頁。

㉒ 見十六章(百官)第二節(武官)。卜辭裏前面不加地名的"衛"字,多用作動詞,還有一些可能是族氏,真正能肯定是職官名的爲數很少。陳氏講"衛"的時候所引的卜辭,大都有問題。

㉓ 看勞榦《"侯"與"射侯"後記》,《歷史語言研究所集刊》二十二本。

㉔ 同上注。

大概由於侯本是駐在邊地保衛王國的主要武官，地位重要，掌握的武力也强，所以從職官發展成爲諸侯的過程比田、衛等完成得早。估計在商代後期，除了由“斥候”發展而成的侯國以外，商王新封的侯國一定也已經不少了。

雖然在商代後期，侯已經具有諸侯的性質，但從商王可以把田、牧等職官派駐在侯的封域之内的情況來看，商王對侯的控制顯然仍是比較嚴格的，侯對王國所負的保衛之責大概也還是比較明確的。當然，這是就一般情況説的。另一方面，商王對個别侯失去控制，甚至彼此兵戎相見的現象，在當時也已經出現。有一條第一期卜辭卜問“令雀伐[illegible]侯”(《甲》183【《合》33072】，參看《佚》604【《合》33071】、《續》2·31·4【《合》33071】等)，就是明證。

以上對“侯、甸、男、衛”中的侯、甸、衛都作了討論，下面談一下“男”的問題。

董作賓在《五等爵在殷商》一文中，舉出了三條“男”字“可作男爵解”的卜辭。[25] 他認爲其中最重要的是《林》2·22·12【《合》3452】這一條。他把這條卜辭釋作：

(61) □□卜貞⧄雀男⧄受⧄

但是根據《合》3455“⧄不其受男”一辭來看，這條卜辭應該釋作“□□卜貞□雀□受男”，董釋是錯誤的。剩下的兩條，《鐵》132·2【《合》34511】作“⧄貞⧄男不其⧄”，辭義不明；《前》8·7·1【《合》21954】作“庚辰卜貞：男[illegible]亡䀍”，“男”確有是爵名或職名的可能，但是也不能説一定不會有别的解釋。如果僅僅根據這一條卜辭就斷定商代有男爵，顯然是十分危險的。陳夢家認爲“‘男’則卜辭所未見”。[26] 島邦男認爲董氏主張商代有男爵，例證不足。[27] 這些意見是有道理的。

古代“男”、“任”二字音近相通。丁山根據《史記·夏本紀》把《禹貢》的“男邦”引作“任國”，《白虎通·爵》把《酒誥》的“侯甸男衛”引作“侯甸任衛”，以及漢代人多以“任”爲“男”的聲訓字等現象，認爲卜辭“多田亞任”的“任”就是“侯甸男”的“男”。[28] 我們同意他的意見。

用來指一種身份的“任”字，除見於上引(4)“㠯多田亞任”一辭外，還見於很多條卜辭，例如：

㉕ 《歷史語言研究所集刊》六本三分429頁。

㉖ 《綜述》328頁。

㉗ 同注②421頁。

㉘ 同注⑦45—46頁。

（62） ▨丑▨多任▨　京津 799【《合》19034】

（63） 貞：令冓以文取任亞。　零拾 49【《合》4889】

（64） 丁巳卜史貞：乎任肉虎壺。十月。　後上 6·8【《合》10917】

（65） 甲辰卜王：雀隻（獲）侯任［才］方。

掇二 115【《合》6963】（《合》6799 同文）

（66） 甲辰［卜］王：雀弗其隻侯任才方。　懷 434【《合補》2240】

（67） 貞：而（？）任𩂣畀舟。　乙 7746【《合》10989】

（68） 貞：乎取任。　乙 5255【《合》13934】

（69） 貞：乎取任于冕。　乙 7438【《合》1248】

（70） 貞：乎取囚任。　天 87（《合》7859 正）

（71） ［□□卜］殻貞：乎取囚任伐，以。

（72） 己酉卜殻貞：弓（勿）乎取囚任伐，弗其以。

續 4·28·4【《合》7854】

（73） 己巳卜王貞：史其執任。六月。允執。　合 5944

（74） ▨㞢任啚眔唐。

（75） 貞：弓令旨从屰㞢任啚▨　丙 525【《合》3521】

（76） 丁卯卜：曰黑（原倒刻，並有劃痕）任㞢正歸（原倒刻）允正。

（77） ▨歸（原倒刻）人□正黑（原倒刻，並有劃痕）任。

甲 3104【《合》7049】

（78） 癸亥卜：令乎比戈囚土石（？）奠名任。

安明 2432【《合》32048】

（79） 辛酉卜貞：其乎折任咼□▨母若弗每。才三月。

甲 889【《合》27746】

以上所引各辭，除最末一辭屬黄組外，幾乎都是一期卜辭（少數可能晚到祖庚時期）。

由於“任”的字義不像“田”、“牧”、“衛”那樣明確，任這種人的性質也就不大容易確定。他們似乎不像是商王派駐在某一地方的職官，因爲“任”這種稱呼雖然常常冠有地名（包括國名），却沒有像“田”、“牧”、“衛”那樣在地名前加“在”字的例子。（67）提到“而任𩂣”，同時期卜辭裏又有“而白（伯）龜”（《乙》2948【《合》

6480】),所以任大概也不會是侯、伯一類諸侯。《禹貢》僞孔傳說:“男,任也,任王事者。”上引《逸周書》孔注之說略同。也許任本是侯、伯等所委派的,率領人專門爲王朝服役的一種職官。“而任”是“而伯”委派的任,(65)(66)的“侯任”則是某個侯所委派的任。後來他們之中大概也有一部分人演變成爲諸侯,所以“任(男)”也變成了一種諸侯的稱號。

上引(65)(66)卜問雀能否捕獲“在方”的侯任,(73)卜問史能否拘執[illegible]任,可見任有叛逃現象。這也許是由於讓他們擔任的王事太繁重而引起的。

周代諸侯稱男的實例極爲少見。在僅有的兩三個例子裏,宿是附庸小國,[29]許也有可能本是魯的附庸。[30] 上引《左傳·哀公十三年》說“伯合諸侯,則侯帥子、男以見於伯”,也把男放在類似侯的附庸的地位。把“男(任)”看作從侯、伯所委派的任王事者的職名演變而成的爵名,對於上述這種現象來說顯然是頗爲合理的。

由於缺乏證據,上面所說的看法僅僅是一種假設。但是“男(任)”本爲職名而非爵名這一點,似乎可以肯定下來。

總之,根據甲骨卜辭和古書的訓詁,大體上可以肯定“侯、甸、男、衛”這幾種諸侯名稱,都是由職官名稱演變而成的。侯的本職是爲王斥候,甸的本職是爲工治田,衛的本職是爲王捍衛。“男”本作“任”,其本職是爲王任事,職務範圍大概不如其餘三者明確。第一批具有諸侯性質的侯、甸、男、衛,是分別由相應的職官經歷了一個發展過程而形成的。中央王朝應該是在承認了這種由職官發展而成的諸侯以後,才開始用“侯、甸、男、衛”等稱號來封建諸侯,並把這些稱號授予某些臣屬方國的君主的。在較早的時期,侯、甸、男、衛等諸侯對中央王朝所承擔的“職”、“服”,[31]跟他們的名稱大概仍然有比較緊密的聯繫。後來,這些稱號好像就只有區分等級的作用了。由於侯從職官發展成爲諸侯的過程完成得比較早,其地位也比較重要,所以古人用“諸侯”這個詞來概括侯、甸、男、衛等人。不過在商代,“諸侯”這個名稱好像還沒有出現。卜辭的“多侯”就是很多的侯的意思,跟所謂“諸侯”有別。

應該指出,由職官發展成爲諸侯的可能性,是受地理條件的限制的。在擔任斥候保衛以及田、牧等工作的職官裏,大概只有駐地離商都較遠的那些人,才有可能

㉙ 看顧頡剛《史林雜識》11 頁“畿服”條。

㉚ 看傅斯年《論所謂五等爵》,《歷史語言研究所集刊》二本一分 121 頁。

㉛ 諸侯對王不但有貢而且有職。《周禮·夏官·大司馬》:“施貢分職,以任邦國。”“職”也可稱“服”。《國語·魯語下》:“古者分同姓以珍玉,展親也;分異姓以遠方之職貢,使無忘服也。”“服”本是服役、服事的意思。

發展成爲諸侯。在商都範圍内或離商都較近的地方擔任這些工作的職官,其情況約略相當於周代所謂侯人、甸人、牧人等官,他們一般不會有發展成爲諸侯的可能。(《新探》編按:郭沫若《〈矢設〉銘考釋》已有"……《君奭篇》'小臣屏(并)侯甸'之甸,亦即所謂甸人"之説,見《文史論集》310 頁。可參閲。)

《周禮・夏官・職方》把王畿以外的土地分爲九服,各服佔地五百里(就東南西北四面的每一面而言),王畿以外依次是侯服、甸服、男服、采服、衛服……這種機械的安排顯然是一種空想。這一點已經爲很多學者所指出。從卜辭反映的情況來看,《職方》的不足信也極爲明顯。前面已經説過,卜辭所見的"田"的駐地,有些就在侯的封域之内。由這種"田(甸)"發展而成的諸侯,他們的封地跟侯的封地,決不可能像《職方》所説的那様截然分爲兩"服"。《國語・周語上》和《尚書・禹貢》的五服説,則把王畿稱爲甸服,王畿之外五百里稱爲侯服。他們所説的"甸服",跟"侯甸男衛"的"甸"實際上是捏合不到一處去的。有的學者認爲甲骨、金文裏的有些"奠"字應該讀爲畿甸之"甸"。那麽,五服説的"甸"跟九服説的"甸",也許本來並不是一個詞。

最後,還應該申明一點。我們在這篇文章裏僅僅討論了侯、甸、男、衛這幾種諸侯的起源。這跟一般地討論諸侯的起源是不一樣的。廣義地説,凡是承認中央王朝的宗主地位,擔負一定職貢的方國的君主,都可以稱爲諸侯。他們並不一定有"侯、甸、男、衛"等稱號。就是那些有"侯、甸、男、衛"等稱號的諸侯,他們實際上成爲諸侯的時間,也有可能大大早於取得這種稱號的時間。例如薛國在周代稱侯。《左傳・定公元年》記薛宰之語説:"薛之皇祖奚仲,居薛以爲夏車正。"可能薛在周代之前早就作爲諸侯而存在了。所以,我們討論的只是諸侯起源這個總的問題中的一個小問題。

1982 年 6 月 14 日寫畢

原載《文史》第十九輯(中華書局,1983),又載《古代文史研究新探》,今據後者收入。

說殷墟卜辭的“奠”

——試論商人處置服屬者的一種方法

殷墟卜辭中有地名“奠”,例如:

(1) 貞:今日勿步于奠。　　合 7876

(2) 癸丑卜,王。在十一月。在自奠。　　合 24259

(3) 甲寅卜,在敢(?),貞:今日王步[于]奠,亡災。　　合 36752

(4) 丙辰卜,在奠,貞:今日王步于,亡災。　　合 36772

又有人名“奠”,例如:

(5) 貞:呼比奠取炋㚇鄙三邑。　　合 7074

(6) 貞:奠囚凡▨　　合 13881 乙

(7) 奠弗其凡有▨　　合 13881 甲

(8) 奠。　　合 12439 正(對貞之辭爲“𢀛”)

屢見於甲橋刻辭和骨臼刻辭的“奠”也是人名(參看《類纂》1038 頁“奠示”“奠來”“奠入”等條)。卜辭中所見人名還有“子奠”(《合》3195 甲)、“侯奠”(《合》3351、3352)。有的學者認爲“子奠”、“侯奠”和“奠”,都指同一個人。本文所要討論的不是上面所説的這些“奠”字,而是用作動詞的以及表示其引申義的那些“奠”字。

甲骨文“奠”字作、等形(《甲骨文編》206 頁),表示放置酒尊之意。《説文》訓“奠”爲“置祭”。《詩·召南·采蘋》:“于以奠之,宗室牖下。”毛傳:“奠,置也。”卜辭中有些用爲動詞的“奠”字,大概就是當置祭講的,例如:

(9) 貞:勿于□(原空一字)宜奠。　　合 2137

(10) ▨奠卣,卯宰,王受有祐。　　屯南 2983

(11) 王其鑄黄吕,奠盂,惠今日乙未利。　　英 2567

但是多數用爲動詞的“奠”字,其意義已由對祭品或其他東西的放置引申爲對人的安置。

《人文》2512(即《合》32010)的一條卜辭説:"于京其奠芻。"貝塚茂樹、伊藤道治解釋這條卜辭的意義爲:"配置(引者按:以下將此字隸定爲"勍")芻之民于京地。"(《甲骨文字研究・本文篇》,同朋舍,1980,607頁)他們對"奠"字的解釋是可信的。根據我們的觀察,殷墟卜辭中用作動詞的"奠",大部分是指對人的安置而言的。下面按照所"奠"之人的性質,將有關卜辭分别考察一下。

首先來看關於奠某方或某族之人的卜辭。這方面,有關資料最爲豐富的一個例子,是關於危方的。

卜辭屢見一個寫作、、等形的方國名,于省吾釋爲"产"(《甲骨文字釋林》,中華書局,1979,17—19頁),有些甲骨學論著爲了印刷方便,用"危"字代替,今姑且從之。屬於第一期的賓組卜辭多次提到"下危"(參看《類纂》1265—1266頁),又有一次提到"危方"(《合》8492)。在時代跟較晚的賓組卜辭和較早的出組卜辭相當的歷組卜辭以及屬於第三、第四期的何組和無名組卜辭中,數見"危方"而未見"下危"(有關卜辭見下文。關於殷墟卜辭的分類以及各類卜辭的時代,參看黄天樹《殷墟王卜辭的分類與斷代》,文津出版社,1991)。一般認爲"下危"和"危方"指同一方國,大概是正確的。無名組卜辭"危"字或作(《合》27999)、(《屯南》3289),顯然是、的異體,或以爲是另一字,不確。

關於下危的賓組卜辭,幾乎都是卜問征伐下危之事的(參看《類纂》1265—1266頁)。但是有一條却卜問是否用下危人去作戰:

(12) 貞:今□登下危人□呼盡伐□受有祐。　　合7311

賓組卜辭常説"登人呼伐𢀛方"或伐其他敵人(參看《類纂》365—366頁),可知(12)所説的下危人是爲商王所用的。下危既是商王征伐的對象,下危人爲什麼還能爲商王作戰呢?從下引的賓組卜辭可以明白其原因:

(13) 貞:危人率奠于□

合7881(與《東京》1046爲一片,《東京》較清晰)

此辭卜問是否將危人奠於某地(句法與後引第93辭"勍芻其奠于京"相類)。這裏所説的危人無疑是由於戰敗或其他原因而服屬於商,並被遷移到商王所控制的地區定居的危方之人。(12)的"下危人"應該就指這種人,爲商王作戰當是他們的一種義務。

提到危方的賓組卜辭見於一塊改造背甲,是卜問危方是否有囚的:

(14) 己酉卜,殻,貞:危方其有囚。

(15) 己酉卜,殻,貞:危方亡其囚。 合 8492

“囚”字一般釋讀爲“禍”,竊疑當釋讀爲“憂”(參看拙文《說“囚”》)。商人關心危方是否有囚,說明這時危方是服屬於商的(參看蕭良瓊《商代的都邑邦鄙》,胡厚宣主編《全國商史學術討論會論文集》,《殷都學刊》增刊,1985,346 頁)。殷墟出土的有字改造背甲數量不多,其字體屬於上引黄天樹書所說的賓組一類,在賓組卜辭中是時代較早的(參看黄書 51—53、93—94 頁)。大概在賓組卜辭的時代,危方本來服屬於商,後來關係惡化,兵戎相向,但最後仍屈服於商,一部分危人並被奠於某地,爲商王所役使。

從字體等方面看,其時代要稍晚於上引的伐下危等卜辭的兩條賓組晚期卜辭,提到用危方送來的牛祭祀祖先的事:

(16) 壬午卜貞:翌甲申酒危▨牛自囲▨酒。 合 1198

(17) 乙酉卜,爭,貞:酒危方以牛自囲。一月。 合 10084

“危方以牛”在這裏當“危方所以之牛”講。“以”義近“致”。《國語·楚語下》:“子期祀平王,祭以牛俎於王。”韋昭注:“致牛俎於昭王。”“以”字用法與卜辭相合。時代跟賓組晚期卜辭相當的一些歷組卜辭,也提到用“危方以牛”祭祖先之事:

(18) 辛酉貞:危方以牛其登于來甲申。 合 33129

(19) 癸亥貞:危方以牛其登于來甲申。 合 33191(32896 同文)

(20) 癸未貞:甲申□危方以[牛]自囲。 合 32026

我們在《論“歷組卜辭”的時代》一文中,曾根據上引兩組卜辭的內容和卜日干支,論證它們是同爲一件事而卜問的,並根據(19)的同版卜辭證明其時代已晚至祖庚時期。危方致牛無疑表示臣服於商,這可以印證上文關於危方在跟商人進行戰爭後仍臣服於商的意見。

歷組卜辭還曾卜問“途危方”之事(“途”字其實並不从“余”,爲了書寫方便,姑且按照舊說寫作“途”):

(21) 丁未貞:王令卯途危方。 合 32229(32897 同文)

(22) 庚辰貞:令乘望途危方。 合 32899

有些受到于省吾已放棄的讀“途”爲“屠”的舊說影響的學者，也許會根據上引卜辭認爲當時危方仍與商人爲敵。其實卜辭中所見的“途”的對象，往往是子妻（參看《類纂》333頁）、子央（見《合》6051）等商王朝貴族，“途”決不會含有屠殺、征伐一類意義。上引卜辭絲毫也不能證明危方跟商人有敵對關係。

在大約屬於第三期，即廩辛、康丁時期的無名組卜辭中，出現了關於奠危方的卜問：

(23) 其奠危方，其祝至于大乙，于之若。　屯南3001

(24) ⧄奠危方⧄　屯南3289

(25) 危方奠于□亶，其祝于⧄　合27999

奠危方意味着商王使危方人全部離開原居地，定居於他所指定的地區。這是進一步控制危方的措施。

在也是屬於第三期的何組卜辭中，也提到了危方：

(26) 丁未卜，暊，貞：危（此字原倒書）方䎽萑新（?）家，今秋王其从。

合28001

此辭卜問時間究竟在奠危方之前，還是在奠危方之後，有待研究。

在時代大約稍晚於上引(23)至(25)諸辭的無名組卜辭中，出現了危伯之名（爲了書寫方便，以下採用李學勤《殷代地理簡論》73頁的隸定方法，把危伯之名寫作“㚇”）：

(27) ⧄危伯㚇于之及□望⧄　合28091

下引無名組卜辭與此辭有關：

(28) 王于𢓊使人于㚇，于之及伐望，王受有祐。

(29) 𢓊取㚇御事，于之及伐望，王受有祐。獲用。

(30) 自貫其呼取㚇御⧄　合28089正

(31) ⧄取㚇御事，于之及伐望，王受祐。獲用。　合28090

《合》28089和28090是成套卜骨。從刻辭的地位看，(30)和(31)應該是同文卜辭，殘文可互補。根據這兩版卜辭，可知(27)“及”後所缺之字當爲“伐”。綜合(27)至(31)諸辭可以看出，當時商王爲了伐望，準備到𢓊地去，並準備派人到危伯㚇那裏去，徵他來爲商王服務。危伯㚇應該就是被奠的危方的首領。

還有一條無名組卜辭說：

(32) ☐柔殼暫羌方，王☐ 合27985

此辭的"柔"無疑也指危伯柔。賓組卜辭屢言"沚戠爯册暫舌方"（參看《類纂》1132頁）。"殼暫"當與"爯册暫"同義。讓危伯柔來"殼暫羌方"，應該是由於被奠的危方是伐羌的主力。

但是危方被奠之後，似乎不久就跟商王鬧翻了。在無名組卜辭中有下引二辭：

(33) ☐用危方由于妣庚，王賓。 合28092

(34) 其執柔☐ 合33008

在屬於何組而時代較晚的卜辭，即上引黄天樹書所說的何組二類卜辭中，有如下一辭：

(35) 惠☐尹伐☐柔☐ 合27011

(33)的"危方由"指危方人的首級（參看《屯南》釋文1024頁關於"羌方由"的解釋）。如果危方跟商人之間沒有發生戰爭，就不可能出現用危方由祭妣庚的事。(34)、(35)說明危伯柔已成商王之敵。這一點在有名的小臣牆骨版刻辭中表示得更爲清楚：

(36) ☐小臣牆比伐，擒危柔……（中略）……用柔于祖丁僼甘京易☐
合36481正

此辭明確告訴我們，危伯柔在與商人進行的戰爭中被擒，並且被用作商王祭祖的人牲。有一條無名組卜辭說：

(37) 于南門即柔。 合13607

此辭不知是危伯柔尚未跟商王鬧翻時卜的，還是在他已經被俘後卜的。如屬後一種情況，"于南門即柔"就跟他辭所說的"王于南門逆羌"（《合》32036）一樣，跟戰後獻俘之禮有關了（參看高智群《獻俘禮研究（上）》，《文史》第三十五輯1—2頁）。何組二類卜辭中還有如下一條：

(38) □□卜，狄，[貞]：危方柔□□暫于□□。 合28088

此辭殘得很厲害。從不稱"危伯柔"而稱"危方柔"來看，危跟商的關係大概已經破裂。至於危伯柔在當時是否已經被俘，還難以斷定。

小臣牆骨版的字體跟殷墟卜辭中時代最晚的黄組相合。黄天樹認爲這塊骨版跟有關的無名組和何組二類卜辭,都應該屬於武乙、文丁時期(上引黄書292—294頁),大致可信。但是他把(27)至(32)諸辭跟(34)、(35)、(36)等辭的時代完全等同起來,則是不妥當的。按照我們對卜辭内容的分析,前者應該稍早於後者。

危方被奠以後,跟商王的關係惡化,終至兵戎相向,估計是由於不堪商王的役使起而反抗的緣故。反抗被鎮壓下去,首領危伯美也遭到殺害之後,危方可能就崩潰了。

在大約屬於祖甲時期的出組卜辭中,有商王在危的記載(《英》2042、《合》24395)。在屬於帝乙、帝辛時期的黄組卜辭中,數見卜商王"步于危"或記王在危之辭(《前》2·10·1、《合》36961、36825、《英》2562正)。這些卜辭中的"危"究竟指危方的原住地,還是指奠危人、危方之地,有待研究。

賓組卜辭曾提到"奠望人"之事:

(39) ☐奠望人并。 合4551

并應該就是準備奠望人的地方。"奠望人并"猶言"奠望人于并"(參看下文所引第81辭),句法結構跟《左傳·襄公二十六年》"敗之圉"、《漢書·高帝紀》"大破章邯東阿"等語相類。

望是卜辭中屢見的國族名。頻繁地見於賓組和歷組卜辭的商王之臣望乘,就應該是望族的一個首領。但是望族中也有跟商人爲敵的首領,下引三條賓組卜辭可以説明這一點:

(40) 癸巳卜,殻,貞:呼雀伐望戉。 合6983

(41) 甲午卜,爭,貞:叀雀呼比望滓伐戉。 天理156

(42) 己亥[卜],爭,[貞]:雀☐其𢦏望☐。十月。 合6984

(40)、(41)的卜日緊接,(41)的戉無疑就是(40)的望戉。"望戉"應該是望族的一個分支或其首領之名。望滓也應是望族的一個首領,商王讓雀跟他一起去伐望戉,是"以夷制夷"的辦法。《合》6952正面有兩條卜問望滓是否"若啓雀"的卜辭,"若啓雀"大概就是願意當雀的先導的意思。這次卜問很可能跟上述之事有關。(39)提到的被奠的望人,究竟來自本已服屬於商的望族人,還是通過戰爭而獲得的,不易確定。

有一條賓組卜辭説:

(43) 貞:𡙧望人。　　合5907

一般認爲“𡙧”是“執”的異體,並無確據。孫詒讓《契文舉例》分、爲二字,不可信。但是他認爲“字从㚔从収”,並說:“考《說文・収部》:‘𦋺,引繒也。从収,睪聲。’金文借爲擇字。弡中簠作,此與彼相近。”(《甲骨文字集釋》3231頁)這却是十分值得重視的意見。郭沫若在《殷契粹編考釋》中,把1074片的“𡙧”字隸定爲“𢍏”,旁注“擇”字,似即用孫說。今按此字也作(《合》5922、5923),當象兩手脱離手梏,應即“釋”之初文。“釋”“擇”古通(參看拙著《古代文史研究新探》150—152頁),所以金文借爲“擇”。(43)的“𡙧”可能用“釋”的本義。需要釋放的望人應該是通過戰爭而獲得的,也許(39)的“望人”就指這一批人。他們先由於戰敗而被囚禁,接着又被釋放而奠於并地,供商王役使。賓組卜辭有“田于并”之辭(《合》738正、10958、10959)。無名組卜辭有“王其田并”之辭(《合》33570)。《合》33174無名組田獵殘辭和《合》37519黄組田獵殘辭中的“在并”,都應是“在并犬”的殘文,指在并地管理商王田獵事務的人。總之,并應該是商王所控制的一個重要地區。

有一條武丁時代的歷組卜辭説:

(44) 乙未卜:令𡉚以望人秋于䵼。　　屯南751

可能跟役使被奠於并的望人有關。從卜辭的字體等方面看,望乘在賓組卜辭中開始出現的時間,似乎不會早於“奠望人”那條卜辭。也許他就是被奠的望人的首領。

歷組卜辭曾提到“商(賞?)望”(《合》32968),無名組卜辭曾提到“往望”(《合》26993)、“伐望”(見上引27至31諸辭),黄組卜辭曾記“王在望”(《合》35661、36906、36907)。這些卜辭提到的“望”,究竟指被奠的望人或其居地,還是指未被奠的那些望人或其居地,還是二者兼而有之,有待研究。

賓組卜辭中有關於奠宄人的卜問。其辭見於一塊長條形的卜骨殘片,骨上有七條卜辭,下面五條都跟奠宄人之事有關,今引録於下:

(45) 呼師般取。

(46) 貞:宄人于澗(此字似象兩石之間有水,爲書寫方便,暫釋作“澗”)奠。

(47) 勿于澗奠。

（48） 于澗。

（49） 勿于澗。　英 547 正

另有見於他片的三條賓組卜辭應與上引諸辭有關：

（50） 丁巳卜，㱿，貞：呼師般往于㞢。　懷 956

（51） 貞：呼取㞢伯。

（52） 貞：勿取㞢伯。　合 6987 正

綜合這些卜辭來看，似可作這樣的推測：當時商王準備叫師般去㞢地，徵取㞢人奠之於澗或其他地方，但是尚未決定是否把㞢伯也徵取來。一條字體接近𠂤組的第一期卜辭卜問㞢伯是否有疾病：

（53） 壬子卜貞：㞢伯𠬝亡疾。　合 20084

這位名𠬝的㞢伯不知是否就是（51）、（52）所提到的㞢伯。

有一條從字體看早於上引（45）至（52）諸辭的賓組卜辭說：

（54） ☐貞：雀弗其獲㞢㞢。　合 6986

可知㞢族曾與商人爲敵。奠㞢人之時，㞢族當已由於戰敗而服屬於商。

無名組卜辭曾提到㞢，例如：

（55） 丁卯卜：戍允㞢御事來☐

（56） ☐不出，弗伐㞢。

合 27789 + 28029 =《甲骨綴合拾遺》17【《合補》8972】

（參看拙著《古文字論集》237 頁。55 有同文卜辭，見《屯南》463。拙文《古文字釋讀三則》誤釋上引卜辭"㞢"字爲"㞢"，見《古文字論集》400 頁，附正於此）

（56）說"弗伐㞢"，當指商的敵人不伐㞢。賓組卜辭時代所奠的㞢人，似非㞢族全部。無名組卜辭中的"㞢"，究竟指被奠的㞢人之後，還是指未被奠的㞢人之後，不易斷定。黃組卜辭曾記王在㞢（《合》36346），究竟指㞢族原居住地，還是指奠㞢人之地，也有待研究。附帶說一下，甲骨學者往往釋"㞢"字爲"㞢"（關於"㞢"字參看上引拙文《古文字釋讀三則》，《古文字論集》399—402 頁），見於《合》28087 和 28097 的兩個方名，也有學者釋爲"㞢"，恐不可信。

有一條賓組卜辭說：

(57) ▨争,[貞]:▨羌奠▨陕。 合 10084

可能是卜問將羌人奠於陕地之事的。羌是商的勁敵,被奠的羌多半是被俘獲或被征服者。卜辭屢見爲商王服役的“多羌”,或即被奠的羌人。在殷墟甲骨刻辭中還可以看到一些替商王做事的羌人之名,如見於骨臼刻辭的羌徬(《合》17621 臼、17622、17623、17626、7383 臼等,亦稱“徬”,見《合》17624、17625 等)、羌宫(《合》7380 臼)、羌立(《合》6385 臼)等等。他們也可能就出自被奠的羌人。

《合》28011(即《甲》3913)是一塊何組卜甲,上有一組關於如何對待“來方”“出方”的卜辭(參看董作賓《安陽侯家莊出土之甲骨文字》,《董作賓先生全集》第 2 册 731—733 頁,藝文印書館,1977):

(58) 壬戌卜,狄,貞:其來有方,亞旋其,王受有祐。

(59) 壬戌卜貞:弗受有祐。

(60) 壬戌卜,狄,貞:及方。大吉。

(61) 壬戌卜,狄,貞:弗及。吉。

(62) 壬戌卜,狄,貞:叀馬亞呼執。

(63) 壬戌卜,狄,貞:叀戍呼執。

(64) 壬戌卜貞:不遘方。

(65) 壬戌卜,狄,貞:其遘方。

(66) 壬戌卜,狄,貞:有出方,其以來奠。

(67) 壬戌卜,狄,貞:肄勿以來。

(66)、(67)這對卜辭所卜問的,大概是這樣一個問題:要不要制服出來的方國的人,把他們奠於商王控制的地區。

除去那些跟商人往往有過敵對關係的方、族之人外,商王朝貴族或一般臣僚有時也會成爲“奠”的對象。

歷組卜辭提到奠(以下用△號代替此字)侯商之事:

(68) 乙丑貞:王其奠△侯商,于父丁告。 屯南 1059

(69) 丙寅貞:王其奠△侯商,告祖乙。 合 32811

(70) 己巳貞:商于△奠。

(71) 己巳貞:商于汝(?)奠。 屯南 1059(4049 同文)

(72) 癸巳貞:王奠△▨。 屯南 862

“△侯”在時代較早的卜辭裏已經出現（見《合》3328＋8144＝《明後》1683）。所以稱“△侯”，當然是由於△是這位侯的封地，但是（70）却卜問是否奠△侯商於△，這是很奇怪的。在此之前，△侯商一定由於某種原因失去了原來的封地。所以奠△侯這件事應該是比較特殊的。

歷組卜辭還提到“奠名任”：

（73）癸亥卜：令共芇比沚戈翦囚土石（此字似刻後又删去）奠名任。

合32048（《屯南》668有同文殘辭）

丁山認爲卜辭中的職名“任”應該讀爲“侯甸男”的“男”（《甲骨文所見氏族及其制度》45—46頁，科學出版社，1956），其説可從。不過從有關卜辭看，商代的任的地位似乎比較低，而且還有叛逃現象，可能是負擔的王事太繁重所致（參看拙文《甲骨卜辭中所見的“田”“牧”“衛”等職官的研究》）。所以被奠的名任的情況，也許跟被奠的危方差不多。

無名組卜辭提到奠元和永於盂地之事：

（74）辛巳卜：王其奠元眔永，皆在盂奠，王弗悔，湋。　　屯南1092

盂是商人重要的農業區兼田獵區（參看李學勤《殷代地理簡論》，科學出版社，1959，23頁）。元和永大概都是商王臣屬，他們當然都是帶着他們的族人遷往盂地的。由於缺乏有關資料，對他們的情況還難以作進一步的研究。

在卜辭中可以看到很多稱“子”的人，如子雍、子漁、子央等。不少學者認爲他們是跟商王同姓的貴族族長，似可信（參看拙文《關於商代的宗族組織與貴族和平民兩個階級的初步研究》）。他們似乎也有被奠的。

𠂤組卜辭曾提到“奠子戠”：

（75）□戌卜，□，貞：不□束余□奠子戠。十月。　　合20036

子戠還見於其他𠂤組卜辭（《合》20037）以及𠂤賓間組卜辭（《合》13517下部）和歷組卜辭（《合》32730、32775、《懷》1546）。在那些卜辭中，他都是被祭者。也許（75）的子戠也是被祭者，“奠”字用的是祭奠之義，跟我們所討論的問題無關。

賓組晚期和出組早期卜辭曾提到“奠子[illegible]”（下引76屬賓組，77屬出組）：

（76）☒賓，貞：令斆奠子[illegible]。八月。　　合6049

（77）☒大，貞：令斆奠子[illegible]☒。　　合23534

名"子宁"的人在别的卜辭裏沒有出現過。"宁"字一般釋爲"宁";李學勤認爲應該釋讀爲"賈"(《兮甲盤與駒父盨》,《新出青銅器研究》,文物出版社,1990,144—145頁),其説可從。也許"子宁"並不是指一位稱子的貴族,而是指某種賈人的。賓組卜辭曾卜問"取豕宁"之事(《合》3099、4525)。"豕宁"與"子宁"不知是否有關。

歷組卜辭中有如下兩條:

(78) 辛巳貞:𢀛以妻于呴乃奠。　　英 2413

(79) [辛]巳貞:𢀛以妻于呴乃奠。　　屯南 866

似是卜問奠妻之事的。妻應即卜辭中屢見的子妻(參看《類纂》1189頁)。

歷組卜辭中還有一組關於"以子方奠于并"的卜辭:

(80) 辛丑貞:王令𠂤以子方奠于并。　　合 32107

(81) 辛丑貞:王令𠂤以子方奠并。在父丁宗彝。　　屯南 4366

(82) [辛]亥貞:王[令]𠂤以子方[乃]奠于并□在父丁宗彝。　　屯南 3723

(83) [辛]亥貞:王令𠂤以子方乃奠于并。　　合 32833

(84) 辛酉貞:王令𠂤以子方奠于并。　　合 33279

此外,《屯南》1247的一條殘辭也可能與此事有關。此事奠人之地與前述奠望人之地相同。(81)"并"字前未加"于"字,也與(39)"奠望人并"同例。有一條賓組晚期卜辭説:

(85) □貞:翌□令𠂤□子方□并,甾王事。　　合 5622

李學勤《論"婦好"墓的年代及有關問題》認爲此辭與上引歷組卜辭同卜一事(《新出青銅器研究》24頁),其説可信。除上引諸辭外,名"子方"的人沒有在卜辭中出現過。有的學者認爲"子方"指子姓方國(趙誠《甲骨文簡明詞典——卜辭分類讀本》136、137頁,中華書局,1988),似可考慮。

應該指出,在上引關於妻和子方的卜辭中,"妻"和"子方"之前都有"以"字,"奠"字前有時有"乃"字,文例跟一般關於奠置某種人的卜辭有差别。也有可能妻和子方是跟𢀛和𠂤一起去執行某種奠的任務的,並不是被奠者。上引(79)跟下面要引到的、卜問"𢀛比㭉舟壘乃奠"之事的(105)、(106)同版,可能(79)所説的"奠"就指這件事,並不是指奠妻而言的。有一條自組卜辭説:"□亥卜,王,貞:弜弗其以卩眔奠。"(《合》8988)此辭"眔"字用法似應與□司徒疑簋(《總集》2611

【《集成》7・4059】)“司徒罘鄙”的“罘”相同。“以罘奠”似應是“帶着一起執行奠的任務”的意思,可以用作理解上引諸辭的參考。

總之,根據我們掌握的資料,目前還不能完全肯定稱“子”的貴族有被奠置之事。

見於卜辭的被奠者,還有專門從事某種工作的人。例如前面講“奠”的字義時提到過的芻,就是從事芻這種工作,也就是打牧草的工作的人(參看《屯南》928 頁對 1111 片“芻”字的解釋)。賓組和歷組卜辭中屢見關於奠芻的卜辭(下引 86 至 89 屬賓組,餘屬歷組):

(86) ▨奠弜芻于𠂤。　合 11408(參照《佚》910)
(87) ▨貞:▨奠甾以芻于丂。　合 101
(88) 庚午卜,賓,貞:殳芻奠▨。　合 143
(89) ▨勿殳芻▨。　合 144
(90) 辛巳貞:其奠芻。
(91) 辛巳貞:弜(勿)奠于𥫗。　合 32183
(92) 己巳貞:𠨘芻在奠。
(93) 己巳貞:𠨘芻其奠于京。　屯南 1111
(94) □□貞:[𠨘]芻[在]奠。
(95) 于京其奠𠨘芻。　合 32010(與《屯南》1111 爲成套卜骨)

有些與奠芻有關的卜辭,文字殘缺太甚(如《合》146、11417 正等),這裏就不引了。

(86)的“弜”是屢見於商代金文的族氏(參看《金文編》850 頁“弜”字條。又“亞弜”銅器屢有發現,除殷墟婦好墓所出的亞弜鼎和編鐃外,尚有十餘件,出處見考古研究所《殷墟婦好墓》97 頁,文物出版社,1980)。卜辭中大都將這一族氏寫作。從有關卜辭看,此族與商王的關係頗爲密切(參看《類纂》1020—1021 頁)。“弜芻”應指屬於弜族的芻人。卜問是否將他們奠於𠂤地,大概是爲了讓他們爲商王服役。

(87)的“甾”是卜辭常見的族氏和人名(參看《類纂》371—376 頁)。“甾以芻”指甾所送致的芻人。有一條賓組卜辭及其驗辭說:“▨貞:▨徂至告曰甾來以羌。之日徂至告曰甾來以羌芻▨”(《英》756 正、反)。(87)的“甾以芻”很可能就是芻羌。“芻羌”也見於《合》94 正和 22043,應指羌族的芻人。爲甾所以的羌芻,大概是被俘虜的。丂是商人的畜牧區，有的卜辭提到“在丂遫（牧）”（《合》32616）或“在丂徶（牧）”（《合》35240），即在丂地的牧官。奠芻於丂，顯然是爲了在丂地的畜牧業中役使他們。

（88）、（89）二例的確切意義尚待研究。

（90）的“芻”上一字，與見於《合》14295的四方風名中的北方風名同字。此風名亦作（《合》14294），或釋作“役”（胡厚宣《釋殷代求年於四方和四方風的祭祀》，《復旦學報》人文科學版1956年1期57頁）。爲方便起見，下文就將此字寫作“役”。古文字中从“又”與从“収”往往沒有區別，如“釹”字右旁也可作（參看拙文《釋“芟”》）。所以見於下引卜辭的國族名也應是“役”字：

（96）庚申卜：其戎弜。允戎。 合7027

此國族名屢見於商代金文（參看《金文編》1044頁091號。又見考古研究所《殷墟青銅器》圖七七·9、10，文物出版社，1985）。役芻應是原屬役族的芻人。卜問是否奠他們於集或其他地方，大概也是爲了讓他們爲商王服役。

（92）至（95）諸辭的“𠟭”字，貝塚茂樹、伊藤治道在爲《人文》2512作釋文時依原形摹出，並認爲字形表示在田中施堆肥之意，在卜辭中指從事這種工作的賤民（《甲骨文字研究·本文篇》607頁）。此說恐不可信。《屯南》釋文將此字隸定爲“𠟭”，認爲是“地名或族名”（《屯南》928頁）。從奠芻之辭的一般文例來看，不失爲一種合理的解釋。但是在其他卜辭和金文中，似乎尚未發現過“𠟭”爲地名或族名之例，此字的確切含義還有待研究。（93）、（95）提到的京，是商人的重要農業區，卜辭屢言“田于京”（《合》4630、10919、33221、《英》834、《屯南》232等）、“𡎸田于京”（《合》9473、33209、《屯南》102、4251），可證。其地也應有畜牧業。將芻人奠於京地，顯然也是爲了役使他們從事生產。

歷組卜辭或言“奠叟”：

（97）丙辰□：王其令𦥑叟于遠東▨

（98）在㞷（邇）東兆奠叟。 懷1648【《合補》10491】

這是兩條對貞卜辭（參看拙文《釋殷墟甲骨文裏的“遠”“㞷”（邇）及有關諸字》），（97）“東”字後所缺字應爲“兆”或“兆奠”。如爲“兆奠”，“于遠東兆奠”似應看作一個分句。還有一條歷組卜辭說：

（99）弜（勿）于河東兆奠，即又▨ 合34255

不知是否與上引卜辭有關。“𦊅”字在下引兩條卜辭中都用爲動詞,似指一種工作:

(100) 野弜(勿)于甫𦊅,呼爵。 合30173

(101) 于南陽西𦊅。 屯南4529

(97)、(98)的“𦊅”可能就指從事這種工作的人。

賓組和歷組卜辭曾提到“奠𤦌舟”和“奠𣪍舟”(下引102、103屬賓組,104屬歷組):

(102) 辛亥卜,爭,貞:収衆人立大事于西,奠𤦌舟。□月。 合24

(103) 辛▨貞:气令□奠𣪍舟由□𠙵[王]事。 合5488

(104) 丁卯貞:王令𡆥奠𤦌舟。 合32850(32851、32852同文)

歷組卜辭又有說“比杸(?)舟壘乃奠”的:

(105) 辛巳貞:王[令]皁比杸▨

(106) □酉貞:□令比杸舟壘乃奠。 屯南866

(107) □□貞:王令皁今秋[比杸]舟壘乃奠。

合32854(32855同文,辭亦殘)

“𤦌舟”、“𣪍舟”、“杸(?)舟”似是同語的異寫。有一條賓組殘辭說:“貞:今春令皁比𤦌舟▨”(《合》39763),“舟”下所缺之字大概也是“壘乃奠”。“比杸(𤦌)舟壘乃奠”與“奠𤦌(𣪍)舟”似應是同類之事。《合》4927的一條賓組殘辭和《屯南》3661的一條歷組殘辭,可能也是卜問同類之事的。“杸(?)舟”還見於《合》32555、32834、32835、33690,“𣪍舟”還見於《合》5507,“𤦌舟”還見於《屯南》4052,疑指與製造舟船有關的一種工作,在上引(102)至(107)等辭中則指從事這種工作的人。

如果上文關於子𠂹是一種賈人的推測屬實的話,奠子𠂹也可以看作被奠者是專門從事某種工作的人的一個例子。

卜辭中還有一些用作動詞的“奠”,看來也像是指奠人而言的,但是由於那些卜辭太簡單或文字殘缺,我們無法知道被奠者是誰。下面舉一些例子:

(108) 貞:奠于丘剢。 合780(4248同文)

(109) 貞:呼往奠于崔。

(110) 勿呼奠于崔。 合10976反

(111) 貞:于𨙸南奞奠。 合8818

(112) 貞:于竹奠。　合24409(“于”“奠”二字下也許有缺文)

(113) ☑令☑將☑奠[于]㝗。　合19558(19559同文)

(114) ☑令𢀛☑奠☑□☑圍。　合5974

(115) 庚午子卜貞:弜(勿)奠于之,若。　合21582

(116) 壬寅卜:其啓甾奠。　合33090(參看《人文》2535)

(117) 于永次奠。　懷1458【《合補》10355】

𠂤組卜辭曾提到“奠王𠂤”:

(118) ☑卯叀奠王𠂤𢦏卯叀奠王𠂤。

(119) 貞:叀人𠂤于唐邑,叀克奠王[𠂤]。　合20231

“𠂤”應與“𠂤”、“𠂤”爲一字。趙誠《甲骨文簡明詞典》認爲“𠂤”字“从𠂤(師)从一,表示師旅在某地駐紮”(335頁)。《類纂》釋“𠂤”爲“次”(1164頁),可從。“奠王次”似指安排好商王率衆駐紮之處,“奠”字用法與新邑鼎“王來奠新邑”之“奠”相似(鼎銘見《總集》1193【《集成》5·2682】)。

下面討論指奠置人而言的“奠”字的引申用法。

在卜辭中,“奠”還被用來指被奠者和奠人之地。“奠”指被奠者時,一般似指被奠者的總體。從上面的論述可以知道,他們通常是一群人或一族人,有時甚至是整個方國的人。不過有些“奠”字似是指被奠者的首領,或泛指被奠者中的一些人的。

有一條賓組卜辭說:

(120) 癸卯卜貞:令墉絲在京奠。　合6(參照《甲》3510)

“在京奠”應指被奠在京地的人。上引的(93)、(95)卜問是否將勬芻“奠于京”。如果勬芻確實被奠於京,他們就可以稱爲“在京奠”了。在賓組卜辭中還可以看到“在敢(?)奠”、“在丘奠”:

(121) ☑爭,貞:在敢奠☑　合8218正

(122) 己丑卜,韋,貞:在丘奠妻呼白☑　合39683

這兩個詞組大概也應該像“在京奠”那樣解釋。它們的語法結構跟也是見於卜辭的“在攸田”、“在盂犬”、“在丂牧”等相同(參看拙文《甲骨卜辭中所見的“田”“牧”“衛”等職官的研究》,《古代文史研究新探》345—347、353、356等頁)。(122)的“在丘奠”應是“妻”的定語,可能指在丘地的被奠者的首領。

賓組卜辭中又屢見"在南奠"：

（123）貞：勿遣在南奠。　　合7884

（124）⧄古，貞：我在南奠汎𢍰⧄受年。

合9770（此辭"南"字殘存上端，往往爲引用者所略）

（125）⧄㱿，貞：在南奠⧄　　合7885

（126）貞：在［南］奠不其［受］年。　　合9769反

（127）⧄［在］南奠受年。

（128）⧄［在］南奠不其受年。　　合9768

"在南奠"應指安置在商都之南的被奠者，舊或以"南奠"爲一詞，是不妥當的。《合》7886賓組殘骨上殘存一條卜辭的缺去上部的兩行字，一行是"⧄不其"，一行是"⧄南奠"。估計原文"南"上也有"在"字。在南奠應該不止一個，（124）的"汎"和"𢍰"也許就是兩個在南奠的名稱。卜問在南奠是否受年一類卜辭中的"奠"，既可以理解爲指被奠者，也可以理解爲指奠人之地。

歷組卜辭曾卜問是否"于北奠𠂤（次）"：

（129）師般以人于北奠𠂤。　　合32277（32278同文）

（130）乙卯貞：共以人［于］北奠𠂤。　　合32275

（129）與"人于湡𠂤"、"于[illegible]𠂤"等辭同版，諸辭是爲同一事而占卜的。"北奠"應是泛指商都之北的一些奠人之地的，湡和[illegible]大概就是其中的兩個地點。按照我們的理解，"北奠"就是"在北奠"。賓組卜辭有如下一條：

（131）⧄亦⧄師般在⧄詩，呼𠂤⧄在之奠。　　合7361（4258同文）

陳夢家《殷虛卜辭綜述》（以下簡稱"綜述"）將此辭釋讀爲"亦自般才詩，乎𠂤才止奠"認爲"止奠"即"此奠"，亦即（129）的北奠（科學出版社，1956，324頁）。此說恐不可信。此辭的"奠"也許是動詞。

《綜述》認爲卜辭有西奠、南奠、北奠（324頁），其中只有"北奠"是可信的。所謂"西奠"見於上引（102），兩字實分屬上下兩小句，不能連讀成一個詞。從我們上面的論述可以清楚地看到，奠分佈在商王控制區内的一些地點，有些就在某些重要的邑，如京、盂、并等地的範圍之内（這裏所說的範圍包括邑的郊野）。當時並不存在一個圍繞在商都四郊之外的稱爲奠的地帶。這就是說，從地域關係來看，奠跟商都的關係與郊、野、鄙跟都邑的關係是不一樣的。

據一條黄組卜辭，商王征人方後歸來時，曾在“云奠□邑”停留：

(132) 癸酉卜，在云奠□邑，衍貞：王旬亡𡆥。唯來征人方。 英2525

疑“云奠”指云地之奠，“□邑”爲此奠所在的具體地名。

賓組卜辭中數見“我奠”之稱：

(133) 癸未卜，永，貞：旬亡囚。七日己丑，𡆥友化呼告曰：𢀛方𢆶于我奠豐。七月。 合6068正

(134) 癸未卜，㱿，貞：旬亡[囚。王固曰：有]求(咎?)。其有來艱，气至。七日己[丑]，允有來艱自西，𡆥戈化告曰：𢀛方𢆶于我奠☐ 合584正甲

(135) [四日]壬辰，亦有來自西，㞢呼[告曰：𢀛方]𢆶我奠，𢦏四☐

合584反甲(此辭爲驗辭，與上引134的驗辭相接)

(136) 貞：我奠受年。 合9767

(137) ☐我奠受☐ 合7883正

“我奠”之“我”是商人自稱，我奠即屬於商的奠，“奠”可以指被奠者，也可以指奠人之地。(133)的“豐”是爲𢀛方所𢆶的奠的名稱。這可能是被奠者的國族名，也可能是所奠之地的名稱。在當時，所奠之地就用被奠者的國族名來稱呼的情況，應該也是存在的。那麽國族名和地名就重合了。賓組卜辭中屢見的婦豐(參看《類纂》1074—1075頁)，不知是否就來自(133)所說的豐。

(135)“四”字後一般補“邑”字，這可能是正確的。不過“四”後缺字是“奠”的可能性，恐怕也不能完全排除。有一條出組卜辭說：

(138) 甲子卜，中，貞：求奠七奠☐ 合41072

“七奠”似指七個奠，可參考。不過此辭只有摹本著録，“七”字有學者釋爲“甲”，究竟應該如何釋，需要核對原骨來斷定。

由於屬於商的奠很多，卜辭中有“多奠”之稱(下引144屬歷組，餘皆屬賓組)：

(139) 丙午卜，賓，貞：呼省牛于多奠。

(140) 貞：勿呼省牛于多奠。 合11177

(141) 戊申[卜]，亘，貞：□呼収牛多奠。 合8938乙

(142) 貞：勿呼収牛多奠。 合8938甲

(143) 癸酉卜，㱿，貞：令多奠衣爾(邇)墉。 合6943

(144) 甲子貞：令多奠☐衛☐ 屯南2933(參照《屯南》釋文)

此外,《英》1834 𠂤組卜甲上被整理者釋爲“己酉”的那兩字,也有可能應該釋爲“多奠”。被釋爲“己”的那個字實作“⊏”。第一期字體較特殊的卜辭中,數見省“多”爲“夕”的現象,已有學者指出過這一點(蕭楠《安陽小屯南地發現的“𠂤組卜甲”》釋“⊏尹”爲“多尹”,見《考古》1976 年 4 期 234 頁。《摹釋》釋《合》21907 的“⊏犬”爲“多犬”)。

從前面引過的關於“在南奠”和“我奠”受年的卜辭可以知道,被奠者要爲商王服農業勞役或提供農產品。(139)、(140)卜問是否叫人去多奠那裏省視牛的情況。這説明被奠者還要爲商王養牛。(141)、(142)説“収牛多奠”,大概就是到多奠那裏徵集牛的意思。有一條賓組卜辭説:

(145) 貞:収牛于奠。 合 8936

似與(141)、(142)同卜一事,則“多奠”也可以省稱爲“奠”(參看王貴民《就甲骨文所見試説商代的王室田莊》,《中國史研究》1980 年 3 期 70 頁)。

(143)的“礼”字過去多釋爲“依”。其實此字从“匕”而不从“人”,張亞初《商代職官研究》一文隸定爲“礼”(《古文字研究》第十三輯 87 頁),今從之(關於卜辭中“匕”與“人”的區别,參看林澐《甲骨文中的商代方國聯盟》,《古文字研究》第六輯 69—74 頁)。“礼”應讀爲“庇”。賓組卜辭或言“礼𩫖墉”(《合》6169、6407、7047 等),當是到𩫖地城内受保護的意思。“令多奠礼邇墉”則當是命令多奠到較近的城邑内受保護的意思。與(143)同版的,有“壬申卜㱿貞:亘戎其𢦏我”、“甲戌卜㱿貞:我馬及戎”等辭,卜日干支與(143)相接,可知當時有方國入侵,所以需要命令多奠入城,以避危險。這似可説明,被奠者一般居於鄙野,居邑没有可資防守的城牆。

(144)的“衛”字一般釋爲“衛”或“防”。此辭説明多奠也被使用在軍事上。前面講被奠的危人和危方時,曾説到下危人爲商王作戰、商王出征時召危伯御事和危方被用作伐羌主力的事,可以與此印證。此辭“奠”、“衛”二字間約有三、四個字,模糊不可辨,疑即多奠之名。

𠂤組和賓組卜辭曾提到“求奠臣”和“収奠臣”(下引 146 屬𠂤組,餘屬賓組):

(146) □戌卜□貞:余求奠臣于□。 英 1806

(147) 令[illegible]求奠臣。 合 7239 正

(148) 収奠臣。 合 635 反

賓組卜辭還曾提到“取奠女子”:

(149) 辛卯卜,爭:勿呼取奠女子。

(150) 辛卯卜,爭:呼取奠女子。　合 536

“奠臣”可能指出自被奠者的臣。“女子”似應理解爲女性之子,“奠女子”可能指被奠者中的少女。看來被奠者對商王還有提供奴隸和少女的負擔(參看上引王貴民文同一頁)。

賓組卜辭中有如下一條:

(151) 貞:奠以。　合 9080

“奠以”可能是被奠者會有所致送的意思,所致送的應爲何物已不可知。

賓組卜辭或言“求奠”:

(152) 貞:令mb求奠。　合 5711(參照《甲》3473)

疑指求取可充被奠者之人或叛逃的被奠者。上引(138)說“求奠七奠□”,不知所卜之事是否與此同類。

賓組卜辭還曾卜問“奠”是否能得到:

(153) 貞:奠得。　合 4838

(154) 貞:奠不其得。　合 4839

此二辭可與下引之辭對比:

(155) 貞:󿻿羌得。

(156) 貞:󿻿羌不其得。　合 505(同類卜辭見《合》507、508 等)

(157) 貞:󿻿芻得。

(158) 不其得。　合 133 正(同類卜辭見《合》130 正、131 等)

“󿻿”的字形象徵離桎梏而去,意爲逃亡,學者們已有論及。在這些卜辭中,“󿻿羌”、“󿻿芻”顯然都是受事的主語。所以(153)、(154)的“奠”大概也是受事主語,這兩條卜辭似是卜問被求的奠是否能被獲得的。(151)“奠以”的“奠”,說不定也是受事主語。那麼,“奠以”就應該是奠被送來的意思。

賓組卜辭又有說“受奠”的:

(159) 己酉卜,賓,貞:令受奠。　合 7878

自組卜辭有說“見奠”的:

(160) 戊戌卜,王,貞:余並立(涖)員𡆥(貫)史(事)眔見奠印。 英1784

"印"是句末語助詞(參看李學勤《關於自組卜辭的一些問題》,《古文字研究》第三輯39—42頁)。"員貫事"和"見奠",是商王都準備親自涖臨的兩件事。"見"字之義與"獻"相近(楊樹達把這種"見"字直接讀爲"獻",見《楊樹達文集·卜辭求義》37頁,上海古籍出版社,1986),見奠即獻奠。"受奠"、"見奠"的"奠"可能就指被求得的奠。

根據以上論述可以得到如下認識:商王往往將被商人戰敗的國族或其他臣服國族的一部或全部,奠置在他所控制的地區內。這種人便稱爲奠,奠置他們的地方也可以稱爲奠。奠的分佈是分散的,並不存在一個圍繞在商都四郊之外的稱爲奠的地帶。被奠者一般居於鄙野,其居邑沒有可資防守的城牆。被奠者內部一般似仍保持着原來的組織(如被奠的危方仍有自己的首領危伯柔)。他們要在被奠之地爲商王耕作、畜牧,有時還要外出執行軍事方面的任務,此外似乎還要滿足商王對臣妾等的需求。奠所受的剝削、壓迫很沉重,所以他們有時起而反抗商王。除了上述這種奠的方式外,商王有時還將從事某種工作的人奠於某地。這似乎主要是爲了工作上的需要,其性質與上述那種奠應有區別。

在殷墟卜辭的時代,也就是在商代後期,上述那種奠的方式,應該是商族統治者控制、役使異族人的一種重要手段。這種方式在西周時代仍爲統治者所使用。下面簡單考察一下西周銅器銘文中的有關資料。

西周康、昭時代的宜侯夨簋銘記周王賜民之事說:

錫在宜王人□(當爲數字合文,下同)又七里;錫奠七伯,厥盧□又五十夫;錫宜庶人六百又□六夫。 總集2828【《集成》8·4320】

我在《說"僕庸"》一文中已經指出此銘"盧"字當讀爲"虜"。此銘的"奠"顯然就是上文所討論的那種"奠"字。奠七伯應是原來就被奠置在宜地的,但似乎也不能排除原在他地,到封宜侯時才移奠於宜,作爲宜侯屬民的可能性。大概這批被奠者包含七個被征服的族,七伯就是他們的首領。

見於康王時的大盂鼎銘文的兩批人鬲,可能也具有奠的性質。鼎銘記王命說:

錫汝邦司四伯,人鬲自馭至于庶人六百又五十又九夫;錫夷司王臣十又三伯,人鬲千又五十夫。亟□遷自厥土。 總集1328【《集成》5·2837】

我在上引那篇文章中已經指出,"人鬲"之"鬲"當讀爲"係",義與"虜"近(383—

384 頁)。上面所引的鼎銘末句中的"遷"字,是白川静最早釋出的。他還指出這一句的意思就是亟將所賜人鬲遷到盂的領地上去(《金文通釋》卷一下 647 頁)。這是很正確的。這些人鬲很可能本是屬於周王的奠,一轉手又成了屬於盂的奠。

陳夢家《綜述》認爲宂鼎"奠田"、免簠"奠還"、師晨鼎"奠人"之"奠",都與卜辭"我奠"、"北奠"之"奠"同義(324 頁)。免簠的"奠還"其實應該讀爲"鄭縣"(參看李家浩《先秦文字中的"縣"》,《文史》第二十八輯 49—50 等頁),師晨鼎和宂鼎的"奠"確有可能與上引卜辭"奠"字同義。這兩件鼎都是西周後期銅器。

師晨鼎以"奠人"跟"邑人"對舉:

> 王呼作册尹册命師晨疋師俗司邑人,惟小臣、膳夫、守□官犬;眔奠人,膳夫、官守友。　　總集 1311【《集成》5・2817】

"邑人"當指居於城邑的周族人或管理他們的官吏,"奠人"很可能指被奠者或管理他們的官吏。西周後期同一家族先後兩代所作的師酉簋和訇簋,以由夷族充當的虎臣或虎臣和庸與邑人對舉(師酉簋見《總集》2803—2805【《集成》8・4288—4290】,訇簋見《總集》2835【《集成》8・4321】。參看上引拙文《説"僕庸"》370、378等頁)。這些虎臣和庸大概也是被奠於王畿之内的夷族人。

宂鼎記趞仲命宂管理奠田(《總集》1262【《集成》5・2755】)。奠田有可能是被奠者耕種的田地。共王時的永盂所提到的官名有"酉司徒"(《總集》6910【《集成》16・10322】),唐蘭《永盂銘文解釋》將"酉"釋讀爲"鄭"(《文物》1972 年 1 期 58 頁)。也許"酉司徒"就是"奠司徒",即管理被奠者的司徒。

總之,在西周時代,將被征服者或其他臣服者奠於某地加以控制、役使的現象,大概仍然是相當普遍的;其具體情況跟商代似乎也是頗爲相似的。

最後談談奠跟後來的甸服和郊甸的關係。

董作賓曾將卜辭中"我奠"等語中的"奠"字讀爲"甸"。他在《帚矛説》中説:

> 奠……假爲甸。……卜辭中有"缺征于我奠"(徵文,地望 41),"缺征我奠𢦏缺"(同上 33),猶言"征于我東鄙𢦏二邑"(菁華 1),奠之用,略同于郊鄙,可知當即"郭外曰郊,郊外曰甸"之甸,爲王城郊外之地。(《董作賓先生全集》第 2 册 644 頁)

在《安陽侯家莊出土之甲骨文字》中,他又將本文所引的(66)"其以來奠"的"奠"讀爲"甸"(同上 733 頁)。

陳夢家在《綜述》中也將"我奠"等語中的"奠"讀爲郊甸之"甸",並引用了關於“邦内甸服”的古書資料。他還認爲西周銅器守鼎、免簠和師晨鼎的“奠”也應該讀爲“甸”(324 頁)。

郭沫若在《〈矢𣪘〉銘考釋》中將“錫奠七伯”的“奠”讀爲郊甸之“甸”,認爲“即《君奭篇》‘小臣屏(并)侯甸’之甸,亦即所謂甸人”(郭沫若《文史論集》,人民出版社,1961,310 頁)。

楊寬在《試論西周春秋間的鄉遂制度和社會結構》中,認爲師晨鼎的“奠人”“當讀爲‘甸人’,即相當於《周禮》的‘遂人’”(楊寬《古史新探》,中華書局,1965,157 頁)。

王貴民在《就甲骨文所見試說商代的王室田莊》中,認爲卜辭中的“奠”“不是一個專有地名而是一種地區,那就是王畿之‘甸’”,奠的任務“和周代的甸服及其甸人或甸師的職掌内容相近”(《中國史研究》1980 年 3 期 70 頁)。

以上這些意見都是很有啓發性的。

古代的五服說以王畿千里爲甸服。《國語・周語上》:“夫先王之制,邦内甸服。”《周語中》:“昔我先王之有天下也,規方千里,以爲甸服。”屬於王的被奠者,當然都是奠於王所控制的地區,也就是約略相當於後世所謂王畿的地區之内的。所以“甸服”、“畿甸”的“甸”這個詞,其語源很可能就是上文所討論的、見於卜辭和金文的“奠”。《左傳・昭公十三年》說:“卑而貢重者甸服也。”這似可看作商和西周時代被奠者的情況的一種折射。由於被奠者一般都居住在郊以外的鄙野地區,郊甸之“甸”也有可能源自“奠”。不過通過上文的論述可以清楚地看到,商和西周時代的奠的實際情況,與一般所理解的“畿甸”和郊外之“甸”有相當大的不同。有些學者把卜辭和銅器銘文中的“奠”,與“畿甸”或郊外之“甸”簡單地等同起來,是不夠妥當的。

郭沫若把“奠七伯”理解爲甸人,有的學者把卜辭中的“多奠”也理解爲甸人(張亞初《商代職官研究》,《古文字研究》第十三輯 87 頁),恐怕也不大妥當。按照我們的理解,奠七伯和多奠之長都是被奠者的首領,與後世的甸人之官似不能混爲一談。師晨鼎的“奠人”如果是指管理被奠者的官吏的話,性質倒是與甸人比較接近的。不過甸人應該由於主田野或治田而得名(參看孫詒讓《周禮正義》“天官・敘官・甸師”條),其“甸”字應該源自“田”,而不應該源自“奠”。西周銅器銘文中已經出現“甸人”之稱。柞鐘記王命柞“司五邑甸人事”(《總集》7062—7066【《集成》1・133—139】)。揚簋記王命揚“官司糧田甸”(同上 2810、2811【《集成》8・4294—4295】)。南宫柳鼎記王命柳“司羲夷陽甸事”(同上 1300【《集成》5・

2805】)。後兩器的“甸”大概也指甸人。甸人跟奠人應是兩種人。

有的學者把卜辭中的“多奠”與“多田”混爲一談(上引王貴民文69、70頁),那就更不妥當了。陳夢家在《綜述》中早就指出,卜辭的多田相當於大盂鼎“殷邊侯田”的田,跟多奠不可能是一回事(324頁)。我們在上文引過的《甲骨卜辭中所見的“田”“牧”“衛”等職官的研究》一文中,曾對多田有所討論,可以參閱。

1992年12月14日寫畢

補記:

1. 關於奠危方

本文關於奠危方的論述有些問題。無名組卜辭的情況比較複雜,組内卜辭的時代先後有時很難確定。本文認爲說到奠危方之事的(23)—(25)諸辭的時代,早於說到危伯柔“伐望”、“沓羌方”之事的(27)—(32)諸辭,恐怕並不正確。說到“沓羌方”的(32)辭的字體,接近歷、無名間組(即字體介於歷組和無名組之間的卜辭組),其時代應早於(23)—(25)諸辭。“伐望”諸辭也很可能早於這些卜辭。所以命柔“沓羌方”,命柔參與“伐望”,大概都是危方被奠之前的事。商王可能是在危伯柔叛亂被執之後,才有奠危方之舉的。不過記擒獲危柔並用以祭祖的小臣牆骨版,即(36)辭的字體,與黄組相合,其時代似可能晚於奠危方諸辭。寫本文時把奠危方諸辭的時代置於危伯柔諸辭之前,主要就是由於這一點。所以也有可能危伯柔“沓羌方”“伐望”在危方被奠之前,而他叛亂被執則在危方被奠之後。希望今後能發現有關的新資料,徹底解決這個問題。本文679頁(《史語所集刊》六十四本三分頁碼,下同)11—12行“商王出征時召危伯御事和危方被用作伐羌主力的事”之文當删,691頁4行“(如被奠的危方仍有自己的首領危伯柔)”之文亦以删去爲妥。

2. 關於奠羌人

《合》31961 + 26953(《綴新》42號【《合補》9681】)有如下一對何組的選貞卜辭:

> 乙巳卜,何貞:亞旁以羌其御用。
>
> 乙巳卜,何貞:其奠。

卜問應如何處理亞旁送來的羌人,是“御用”這些人,還是“奠”這些人。這可以跟本文(57)辭(“☐羌奠☐陕”)互證。我們不清楚這些羌人是如何獲得的。如果他們是零星的俘獲,被奠時就不會有什麽原來的組織可以保持了。

3. 關於“見奠”

680頁(160)一辭釋文中的“見奠”應改釋爲“視奠”(關於“見”和“視”的區别,參看拙文《甲骨文中的見與視》)。本文引此辭之後解釋“見奠”的文字應取消。“視奠”可能指視察某批準備加以奠置或已被奠置的人的情況。

2004年7月2日補記

重印本按:

西周中期偏晚銅器宰獸簋銘,記王命宰獸管理“康宫王家臣妾、奠𩫏(庸)”(《近出殷周金文集録二編》第二册120—121頁。“奠庸”下的“外入(内)”似宜連下讀)。“奠庸”應指奠置在康宫所轄土田上的庸(關於庸的身分,參看本卷《説“僕庸”》)。本文提到的大盂鼎銘所記人鬲中的庶人,被遷到盂的土田上之後,就應成爲盂的奠庸了。

原載《歷史語言研究所集刊》六十四本三分(1993),今據以收入。

西周糧田考

傳世西周銅器中有揚簋,郭沫若《兩周金文辭大系考釋》定爲厲王器(118 頁),陳夢家《西周銅器斷代(六)》(以下簡稱"斷代")定爲懿孝時器(《考古學報》1956 年4 期121—122 頁)。近人多從陳說。銘文記周王命辭曰:

揚,乍(作)𤔲(司)工,官𤔲糧田甸,眔𤔲空,眔𤔲芻(?),眔𤔲寇,眔𤔲工史……

《商周青銅器銘文選》(以下簡稱"銘文選")257,總集2811【《集成》8 · 4295】

同銘另一器"𤔲工史"作"𤔲工司"(《總集》2810【《集成》8 · 4294】)。"史"、"司"似皆當讀爲"事"(《大系》118 頁讀"司"爲"事",《銘文選》第三册183 頁讀"史"爲"事")。"田"上一字舊釋"量"。金文"量"字有从"早"从"東"(如大克鼎。"早"據形隸定,不一定是早晨之"早")和从"日"从"東"(如大師虘簋)二體(《金文編》582 頁。此書摹録大克鼎"量"字,把"早"旁與豎筆相交的横畫誤摹作倒"人"形,請參看《銘文選》第一册181 頁大克鼎拓本)。揚簋"田"上一字,下部爲"東";上部作(《總集》2810【《集成》8 · 4294】)或(《銘文選》257【《集成》8 · 4295】),實爲"早"與"米"之複合形。故此字當釋作"糧"(或以爲"量"即"糧"字初文,可考慮)。春秋徐器宜(?)桐盂銘"徐王季糧"之"糧",其下部爲"東"與"米"之複合形(《銘文選》566【《集成》16 · 10320】),情況與此類似。徐王糧鼎"糧"字,左旁爲"井",右旁爲"糧"。"糧"的寫法與宜桐盂"糧"字基本相同(鼎銘見《銘文選》565【《集成》5 · 2675】,參看《銘文選》第四册381 頁的考釋)。

《斷代》解釋上引揚簋銘說:"量田猶令鼎之諆田(引者按:"量"、"諆"二字原文皆加專名號),乃王之藉田;司量田之甸即周禮'甸師掌帥其屬而耕耨王藉'……"(121 頁)。《銘文選》之說與之略同。該書揚簋銘注〔四〕說:"量,地名。甸是掌田的官,即文獻中的甸師或甸人。"(第三册184 頁)

以甸爲甸師或甸人,是正確的。典籍中,甸師、甸人亦可省稱爲甸。《穀梁傳·

桓公十四年》:“甸粟而內之三宮。”范寧注:“甸,甸師,掌田之官也。”《左傳・襄公三十一年》:“甸設庭燎。”楊伯峻《春秋左傳注》:“甸即《大射》之甸人(引者按:《儀禮・大射》有“甸人執大燭於庭”之文),亦即《周禮・天官》之甸師(引者按:《周禮・天官》:“甸師……帥其徒以薪蒸役外內饔之事。”孫詒讓《周禮正義》:“薪蒸又可爲燎燭,故此官兼主燎燭之事。《左襄三十一年傳》云‘甸設庭燎’,又《燕禮》、《大射儀》並云‘甸人執大燭於庭’。”)。”

西周銅器銘文中,晚期的柞鐘銘有甸人之稱:

> 隹(唯)王三年四月初吉甲寅,中大師右柞,柞易(錫)載朱黄、緣(鑾),嗣五邑甸人事…… 銘文選 454【《集成》1・133】

甸之稱除揚簋銘外,尚見於晚期的南宫柳鼎銘:

> ……王乎(呼)乍(作)册尹册令(命)柳嗣六自(師)牧、陽(場)、大□,嗣義夷陽(場)、甸史(事)…… 銘文選 416【《集成》5・2805】

一般認爲此銘的“牧”、“場”指牧人、場人(皆見《周禮・地官》。參看《銘文選》第三册 290 頁南宫柳鼎注〔二〕),“甸”自應指甸人。此外,中期的格伯簋銘記格伯因得到倗生的卅田而履田之事説:

> 格白(伯)履,殹妊彶(及)仡(?)氒(厥)從格白安(吴闓生《吉金文錄》3・26 下釋“安”爲“按視”,似可從),彶(及)甸殷氒紉雩谷杜木、邍谷旅桑,涉東門。 總集 2778—2781,銘文選 210 稱倗生簋【《集成》8・4262—4265】

這裏的“甸”也可能指甸人,“殷”疑即其名。銘文大意可能是説,殹妊和仡跟從格伯按田,又和甸人殷“紉”作爲地界標識的樹木並“涉東門”。

《周禮・天官》:“甸師,掌帥其屬而耕耨王藉,以時入之,以共齍盛。”《左傳・成公十年》:“晉侯欲麥,使甸人獻麥。”杜注:“甸人,主爲公田者。”《儀禮・士喪禮》鄭注:“甸人,有司主田野者。”舊説或以爲“諸侯謂之甸人,天子謂之甸師”(胡匡衷《儀禮釋官》)。據柞鐘銘,王官也有甸人。甸師、甸人的地位當有高低,可能是官師與官人之别(《荀子・君道》:“愿愨拘錄,計數纖嗇而無敢遺喪,是官人使吏之材也。修飭端正,尊法敬分而無傾側之心,守職循業,不敢損益,可傳世也,而不可使侵奪,是士大夫官師之材也。”孫詒讓《周禮正義・〈天官・敘官〉疏》謂甸人“即甸師之屬”)。

《斷代》和《銘文選》釋揚簋“糧田”之“糧”爲“量”,視爲地名,《斷代》並認爲量田是王之藉田，皆不可從。糧田應是甸人所主的、與藉田不同的一種公田。要説明這一點，需要從“糧”字的古義談起。

在上古，“糧”字的意義並不像今天所説的“糧食”那樣廣泛，而是專指“行道”所用的乾糧而言的。《周禮・地官・廩人》：“凡邦有會同師役之事，則治其糧與食。”鄭注：“行道曰糧，謂糒也。止居曰食，謂米也。”《尚書・費誓》：“甲戌，我惟征徐戎，峙乃糗糧，無敢不逮。”《詩・大雅・公劉》：“迺裹餱糧，于橐于囊。”《國語・晉語四》：“文公伐原，令以三日之糧。”《論語・憲問》：“在陳絶糧。”《孟子・梁惠王下》：“師行而糧食。”《莊子・逍遥遊》：“適百里者宿舂糧，適千里者三月聚糧。”所説的“糧”都指軍糧或其他行道所用之糧。所以糧田當是爲統治階級生産軍糧或其他行道所用之糧的公田，至少在名義上應該如此。而藉田上的收穫，在名義上是主要用於祭祀的，即上引《周禮・天官・甸師》所説的“以共齍盛”（參看楊寬《籍禮新探》，同人《古史新探》，中華書局，1965，222—227 頁）。由此看來，糧田不會是藉田的别名。

《孟子・滕文公上》：“夏后氏五十而貢，殷人七十而助，周人百畝而徹，其實皆什一也。”徐中舒在《試論周代田制及其社會性質》一文中，曾引《詩經》的“徹田爲糧”來説明周人的徹制。他説：

> 公田私田原來都是屬於原始公社中公有的財産，公劉時代周部族征服這些原始的農業公社，徹取公社土地十一分之一作爲公田謂之徹，徹是徹取，如詩“徹彼桑土”，“徹我牆屋”，都是徹取之意。《大雅・篤公劉》之詩曰：“度其隰原，徹田爲糧。”這是徹法的開始。後來周宣王征服了謝人，還是承襲了這個辦法。《大雅・崧高》之詩曰：“王命召伯，徹申伯土田。”“王命召伯，徹申伯土疆，以峙（具）其粻（糧）。”（引者按：“粻”、“糧”同義。《爾雅・釋言》：“粻，糧也。”《論語・衛靈公》“在陳絶糧”之“糧”，《釋文》謂“鄭本作粻”。）凡此徹田，徹土田，土疆，都是徹取公社土地的一部分作爲公田；它只是爲藉助人民進行生産糧食的準備，並不是直接徵收什一的生産税。（《歷史研究》編輯部編《中國的奴隸制與封建制分期問題論文選集》462 頁。亦見徐中舒《先秦史論稿》，巴蜀書社，1992，97 頁）

此説有理。結合此説考慮，西周金文中的糧田應即徹制下的公田。不過徐文似以“糧”字的今義來理解《詩經》的“糧”和“粻”，這是不確切的。其下文以爲徹制下的公田就是藉田（上引文 462—465 頁，又見上引書 97—101 頁，文字稍有出入），也是我們所不能同意的。

從有關的西周銅器銘文來看，糧田似以百畝爲一個單位，單塊面積比藉田小得多。西周中期的賢簋銘說：

公弔(叔)初見于衛，賢從。公命吏畮賢百畮釁(糧)，用乍寶彝。

銘文選350【《集成》7·4104】

《大系》解釋"畮賢百畮釁"說："畮，古畝字。……上畮字是動詞，蓋叚爲賄，猶錫也，予也。賄古文作賄(《一切經音義》四)，正从每聲。聲同例可通用。下畮字則如字。又其下一字从䀇翼聲，䀇乃鬲(古文鬲)之異……本銘當讀爲糧。𩰲鬲有與此相類之字……蓋𩰲被每子納之以糧，故作器以祀其母也。本器之賢則因公叔賄之以百畝之糧，故亦作爲祭器以紀念之，用意全同。"(225頁)《吉金文錄》於此句後一"畝"字讀斷，謂"畝賢百畝"意即"與之以田百畝。上畝字動詞，乃古人用字恆例，猶言'宅爾宅，田爾田'也"(4·31)。李零同志在1992年發表的《西周金文中的土地制度》一文中解釋此句說："第一個'畝'字是動詞，指賜畝。'百畝糧'則是賜給賢的百畝糧田。'糧'是'糧田'的省稱。"(《學人》第2輯，1992，247頁。以下簡稱此文爲"李文")李文釋第一個"畝"字爲"賜畝"，與《文錄》之說同；將"糧"字屬上讀，則比《文錄》合理。依李說，此句可證糧田以百畝爲一個單位。但《尚書·多方》的"宅爾宅，田爾田"，其第一個"宅"字和"田"字(《尚書》今本實作"畋")雖用作動詞，却並不是當"與之宅"和"與之田"講的，《文錄》對此句第一個"畝"字的解釋，實際上是缺乏根據的。所以此句的解釋仍當以《大系》之說爲是。賢從公叔于衛，有行道之事，公叔賜之以糧，是很合情理的。依此說，此句仍可用來證明糧田以百畝爲一個單位。因爲糧所從出的田應即所謂糧田。

西周中期的𠪚簋銘記君上所賜，有"井五量"一項：

𠪚拜稽首，休朕匋君公白(伯)易(錫)氒臣弟𠪚井五量(糧)，易□胄干戈……

總集2694【《集成》8·4167】

此銘"井五"下一字从"早"从"東"，由於筆畫不是很清晰，前人皆誤釋。上引李文釋作"量"，讀爲"糧"，是正確的。李文還解釋說："'井'，即里、即田，也是'井田'。'井五糧'，是指賜給𠪚五井糧田。"(249頁)但是按照古今漢語通例，"五井糧"是不能說成"井五糧"的，就跟"五杯水"不能說成"杯五水"一樣。李文的解釋是可疑的。我在50年代就有"井五"下一字應釋作"量"讀爲"糧"的想法，並曾由於"井五糧"之語不好解釋而請教過張政烺先生。張先生當時說，"井五糧"也許指一井所出的五種糧食。我覺得這樣解釋比較合理。"五"究竟是否當五種講,還可以進一步研究,但它一定是說明"糧"而不是說明"井"的。上引銘文中"胄"上一字从"衣"从"丁",一般釋作鎧甲之"甲",未必正確,但其字義大概是與之相近的。糧爲行軍所需,以糧與甲胄干戈等戎器同錫,也是合乎情理的。

按照傳統說法,一井爲九百畝,八家共耕百畝公田(《孟子·滕文公上》:"方里而井,井九百畝,其中爲公田,八家皆私百畝,同養公田。")。楊向奎先生則認爲"九夫爲井"(語見《周禮·地官·小司徒》和《考工記·匠人》),加公田百畝,合而爲一千畝,即金文所謂"一田"(詳下)。不管依哪一說,一井所耕的公田都是百畝。上引𢉖簋的"井五糧",應指一井的百畝公田所産之"五糧",實際産糧的土地面積跟賢簋的"百畝糧"是一樣的。賢簋的"百畝"也應指一井的公田。所以糧田應即從每井土地徵取的百畝公田之稱。前面說過,徐王糧鼎的"糧"字从"井"从"糧"。這也是糧田即井田的公田的旁證。在這裏有必要提醒一下,根據蒙文通、楊向奎等先生研究,在周代,井田並非全國統一的田制,而只是鄙野的田制(參看楊向奎《中國古代社會與古代思想研究》上册55—60頁,上海人民出版社,1962)。這應該是正確的。

西周銅器銘文中有不少賜"田"和轉讓"田"的記載。楊寬先生認爲這種田一般由奴隸耕種。他在《論西周時代的奴隸制生産關係》一文中說:

> 我們說西周奴隸從事農業生産,還有確切的證據。當時國王賞給臣下的土地,主要有兩大類:一類叫做"土"、"采"、"邑"、"里"……另一類土地叫做"田",一般都以"田"爲單位,稱爲"一田"、"十田"、"五十田"等。不但周王用來分賞臣下,大貴族也有用來分賞臣下的。分賞時"田"上都不附帶有居民,偶或有連帶"臣妾"的。這類"田"的性質不同於"邑"和"里",貴族間可以轉讓、交换和作賠償之用,其中比較大塊的"田",也有不以"田"作單位計數,而以封疆爲界的。……這類不附帶有耕作者的"田",原來由誰耕作的呢?貴族在轉讓或交换中得到後使用誰耕作呢?無疑的,是使用奴隸耕作的……(楊寬《古史新探》,中華書局,1965,76—77頁)

楊向奎先生則認爲這種田一般是由農民耕種的。他說:

> ……《地官·遂人》以十分(引者按:疑當作"夫")作爲一個單位,這也就是"一田"的土地,西周時多有賜若干田的記載,如不㠱段有錫十田,敔段有錫五十田的記載……可見當時一田是一個單位。農民居住於田間小邑,一個小

邑大概可住十家,這稱爲“十室之邑”(引者按:“十室之邑”見《論語・公冶長》、《穀梁傳・莊公九年》),十室也正好是一田。……一田一千畝,這千畝田在鄉遂由十夫耕種,構成一個小的村社。在都鄙由九夫耕種,所以在《匠人》中九夫爲一井,九夫耕九百畝份地,餘一百畝應指公田。兩者的面積是一樣大小……在鄉遂“百夫有洫”,而都鄙是“十里爲成”,其中有洫;一成的地方相當於百夫所耕地。有人以一里爲九百畝,十里爲九千畝,以爲這是鄉遂和都鄙的區别,實則里不以九爲單位,如以九爲單位,則十里不成方,十個方九百畝是不成格局的。……兩者的土地面積相同,分别在於都鄙有公田,鄉遂沒有公田,都鄙九夫耕千畝,鄉遂十夫耕千畝。(上引楊向奎書56頁)

我們認爲兩家之說其實可以相互補充。這就是說,西周銅器銘文中所見的這種“田”,既有用臣妾之類奴隸耕種的田,也有爲鄙野農民所耕種的含有百畝公田(即糧田)的井田。至於鄙野的井田究竟是八家還是九家共耕百畝公田,此外是否還有他種情況,目前還不好下肯定的結論。

西周晚期的大克鼎銘記載周王賞賜膳夫克田地和人的命辭說:

易女(汝)田于埜,易女田于渒,易女井寓(宇)𠛬田于𡨦,㠯(以)氒臣妾,易女田于康,易女田于匽,易女田于陣原,易女田于寒山,易女史、小臣、霝龠、鼓鐘,易女井徵𠛬人𣪊(此字或以爲當屬下讀),易女井人奔于量。

銘文選297【《集成》5・2836】(此書定克鼎爲孝王時器,非是)

所賜之田中,在𡨦地的“井宇𠛬田”是附有臣妾的。楊寬先生在上引文中解釋說:“這塊在𡨦的‘𠛬田’原來屬於‘邢家’貴族的,這時不知爲了怎樣一件事,‘邢家’貴族被滅亡了。這塊田,原來‘邢家’是使用‘臣妾’耕作的,這時周王一起沒收來了,因而賞給克的時候,獨有這塊田是‘與厥臣妾’的。”(78頁)我們在《古文字釋讀三則・三、釋“寓”“𨕖”》中也討論過上引銘文,釋字與楊先生略有出入(如“家”我們釋“宇”),但對“以厥臣妾”的理解,跟楊先生基本相同(拙文見《徐中舒先生九十壽辰紀念論文集》,巴蜀書社,1990,13—16頁。又見拙著《古文字論集》,中華書局,1992,398—399頁)。拙文還指出五祀衛鼎所記的、裘衛從邦君厲處取得的“四田”,從其所處位置以及裘衛一方在取得此田的同時還在邦君厲的邑中取得居所的情況來看,大概也是用臣妾一類人耕種的(同上)。總之,在西周時代,用臣妾等奴隸耕種的“田”無疑是存在的。

但是上引大克鼎銘所記的其他幾處田地,則不見得也都用臣妾一類人耕種。

我在上引拙文中,把"井徵𥾝人"解釋爲"井族所徵發的𥾝人",並說:

> 從鼎銘看,井人本身也被周王賜給克服"奔于量"的勞役("量"疑當讀爲"糧",是"糧田"的簡稱,詳另文),原來爲井族所役使的𥾝人被轉賜給克爲克服役,是很自然的事。(上引《紀念文集》20 頁,《古文字論集》402 頁。《紀念文集》將"讀爲"誤抄作"作爲")

我認爲鼎銘所記的、周王賜給克的土地,至少有一部分應是採用徹取糧田讓井人爲之耕種的辦法來進行剝削的,所以上引賞賜命辭最後說"錫汝井人奔于量(糧)"。前人多以"量"爲地名,似不可信。有的學者把"井人"解釋爲井田之人,這對我們的說法很有利。但是從銘文中"井宇𥾝田""井徵𥾝人"等語來看,"井人"似乎還是解釋爲井族人合理。

我們還可以看一下西周晚期的鬲比盨銘(《銘文選》424【《集成》9・4466】)。此銘記鬲比因王命而從他人處接受田地之事,所受之田都以"其邑某某"爲說明語,如"复(?)毕小宮叐鬲比田,其邑彶眔句商兒眔讎",共計受"田十又三邑"("叐"當"付"講。關於"叐"字之釋和盨銘的解釋,詳拙文《釋"叐"》,待刊【編按:此文後刊於《容庚先生百年誕辰紀念文集》(廣東人民出版社,1998),現已收入本書】)。這裏所說的邑,顯然是"十室之邑"型的鄙野小邑(關於這種邑,參看徐喜辰《井田制度研究》,吉林人民出版社,1982,128—129 頁)。用上引楊向奎先生的說法來解釋鬲比所受之田與邑的關係,顯然是很合適的。"田十又三邑"也就是十又三田,一田由一邑之人耕種,其中的百畝公田即糧田的收穫,則爲擁有其田的貴族所有。

鬲比還鑄過一個鼎,銘文記鬲比因攸衛牧不肯"叐我田"而告之於王,結果攸衛牧立誓答應"分田邑"(鼎銘見《銘文選》426【《集成》5・2818】)。此銘所說的"田",其情況應與盨銘所說的"田"相類。

上引南宮柳鼎銘所記的、羲夷甸人所管理的田,以及格伯簋銘所記的、履田時有甸人參加的田,大概也都屬於上面所說的類型。有些銅器銘文所說的"田",由於缺乏可供研究的綫索,就無從推測其究竟屬於哪種類型了。

最後,想簡單談談助制和徹制之別。現代學者多數認爲孟子所說的夏貢、殷助、周徹,確有其歷史背景,但孟子對這些制度的具體解釋則與事實有很大出入。我們也持這種看法。

從殷墟甲骨卜辭看,商王時常叫人去從事農業勞動。這類卜辭裏所見的、表示農業勞動的詞,有"耤"(指耕種)、"裒田"(似指整理田地)和"黍"(指種黍)等,下面舉關於“耤”的卜辭爲例：

(1) 己卯卜㱿貞：乎(呼)雷耤于名京，不潛。 合 9509

(2) 貞：乎雷耤于名。 合 14 正

(3a) ☐ 畐(疑“雷”之誤刻)耤才(在)名，受㞢(有)年。

(3b) ☐ 畐弗其受㞢年。 合 9503 正

(4) 丙辰卜爭貞：乎耤于陮，受㞢年。 合 9504 正

(5a) 丁酉卜爭貞：乎甫秜于娟，受㞢年。

(5b) 甫耤于娟，受年。 合 13505 正

(6a) 丁酉卜㱿貞：我受甫耤才娟年。三月。

(6b) 丁酉卜㱿貞：我弗其受甫耤才娟年。

(6c) 王固卜曰：我其[受]甫耤才娟年。 合 900 正、反

(7) 戊午卜㱿貞：乎䰠耤☐ 合 9508 正

(8) □□卜貞：衆乍(作)耤，不喪☐ 合 8

見於最後一辭的“衆”，大概指商族平民(參看拙文《關於商代的宗族組織與貴族和平民兩個階級的初步研究》，拙著《古代文史研究新探》320—330 頁，江蘇古籍出版社，1992)。他辭所見的“雷”、“甫”、“䰠”都是人名。他們大概都是臣屬於商王的一些族的族長，應該是率領着自己的族衆去爲商王耕耤的。這一點可以用殷墟卜辭中常見的“犬征”這個人的情況來證明。

關於命犬征從事農業、田獵、征伐等工作的卜辭很常見。其中有一條說：“戊子卜賓貞：令犬征族𡉚田于虤。”(《合》9479)可知犬征實際正是帶領着整族的人爲商王服役的(張政烺《卜辭裒田及其相關諸問題》，《考古學報》1973 年 1 期 109—110 頁。參看拙文《甲骨卜辭中所見的“田”“牧”“衛”等職官的研究》，《古代文史研究新探》351—352 頁)。雷、甫等人的情況也應如此。上引卜辭提到的名、娟等地，顯然不是雷、甫等族的居地。他們應該是被派遣到這些地方，在大片公田上爲商王從事耕耤等勞動的。

關於“𡉚田”和“黍”等農業勞動的卜辭所反映的情況，跟關於“耤”的卜辭大體相同。其中需要特別提出的，是關於冏地種黍的情況。有一條卜辭說：“戊寅卜賓貞：王往㠯(以)衆黍于冏。”(《合》10)此外還有幾條關於王親自參加冏地種黍或收黍等工作的卜辭。在一些祭祀卜辭中，還可以看到冏地的收穫被用於祭祀祖先。我們曾根據上述這些卜辭，並參考徐喜辰和白川靜等學者的意見，斷定冏地種黍之

田的性質,相當於周代天子親耕的藉田(參看拙文《關於商代的宗族組織與貴族和平民兩個階級的初步研究》,《古代文史研究新探》320—322頁。上引“王往以衆黍于囧”一辭中的“衆”是廣義的,包括貴族、平民,詳該文)。這是比較特殊的情況。

總之,商王在農業上主要是採取讓商族平民或臣屬諸族集體耕種直屬於他的大塊“公田”的辦法進行剝削的。這應該就是所謂“助”法。《孟子·滕文公上》說:“助者,藉也。”二字古音相近。“耤”、“藉”是古今字。卜辭所說的“耤”往往包括耕和種而言(參看拙文《甲骨文中所見的商代農業》,《古文字論集》185—186頁),是農業生産過程中關鍵性的一環。“藉田”之名大概由“耤”而來,指其田爲王所親耤。就是“助”法之名,也有可能是由“耤”而來的。這就是說,“助”法有可能本是由於讓人“耤”公田而得名的。

西周的徹法,根據上文的討論,其公田是以百畝爲一塊的,由居住在鄙邑內的八家或九家農民共同耕種。這跟商代的助法有明顯的區别。

周代的藉田可以説用的仍是助法。但是藉田跟上面所説的、商王所親耕的囧地種黍之田一樣,是一種特殊的公田。很多學者把藉田看作一般性的公田,是有問題的。這在金景芳《論井田制度》一書中有詳盡的論述(齊魯書社,1982,50—56頁),讀者可以參閲。

附識:

此文本是提交給1993年西安周秦文化學術討論會的論文。這次討論會的論文集未能及時出版,蒙論文集主編石興邦先生厚意,允許將此文同時在此發表,謹致謝意。

本文是提交給1993年在西安召開的周秦文化學術討論會的論文。原載《周秦文化研究》(陝西人民出版社,1998),又載《胡厚宣先生紀念文集》(科學出版社,1998),今據後者收入。

從幾件周代銅器銘文看宗法制度下的所有制

我們在《關於商代的宗族組織與貴族和平民兩個階級的初步研究》一文裏，曾根據曾謇、早川二郎、李亞農、童書業、楊寬等古史學者的研究，對周代宗法制度的實質作了如下說明：

> 周代的宗法制度，實質上就是以父家長大家族爲基礎的晚期父系氏族制度保留在古代社會貴族統治階級內部的經過改造的形態。在宗法制度下，一族的主要財産掌握在世代相傳的族長，即所謂"宗子"手裏。大家族的公社性由宗子"庇族"、"收族"的義務歪曲地反映出來。至於原始社會末期父家長大家族、宗族、氏族、部落各級組織之間的關係，則被改造成大宗、小宗之間的統屬關係。(《文史》第十七輯4頁)

對於"一族的主要財産掌握在世代相傳的族長，即所謂'宗子'手裏"這一點，周代的銅器銘文在某些方面比古代典籍更能使我們獲得切實的理解。

大約在70年代出土於陝西永壽縣的西周後期銅器逆鐘的銘文説：

> 弔(叔)氏令史盉(?)召逆(?)，弔(叔)氏若曰："逆(?)，乃且(祖)考許(?)政于公室，今余易(錫)女(汝)毌(干)五錫、戈彤沙，用攝(?)于公室僕庸臣妾、小子室家，母(毋)又(有)不聞智(知)……"
>
> 《考古與文物》1981年1期10頁，總集7135【《集成》1·62】

我們在上面提到的文章裏，曾經指出殷周時代銅器銘文裏的有些"小子"應該理解爲小宗之長(《文史》第十七輯7—9頁)。逆鐘銘的"小子"顯然也應該這樣理解。大貴族叔氏不但命逆管理公室，即叔氏室家的僕庸臣妾，而且還要他管理"小子室家"。這是很值得注意的。

朱鳳瀚在《商周家族形態研究》(天津古籍出版社，1990)中，曾多次談到上引銘文。這裏把跟我們將要進行的討論有關的兩段文字引在下面：

……銘文記貴族家主叔氏命其家臣逆管理"公室僕庸、臣妾、小子室家"。"小子室家"在這裏應是指其諸子弟之家,即分支之族。叔氏之家臣要負責小子室家的事務,可見此一家族中至少有一部分分支並未獨立出來,但又各有"室家",即已各爲一相對獨立的居住單位,所以叔氏家族正是以一種大宗本家與其諸分支家族相互聚居的形式存在。(317 頁)

……在貴族家族以宗族形式存在的情況下,其佔有生產資料(土地及手工業生產工具、原料等)與組織生產的基本單位是什麼?是以整個家族爲一個整體,還是諸小宗分支亦有自己的獨立經濟?筆者傾向於這樣一種看法,即聚居共處的家族成員是不分財的,家族經濟的主管權歸於大宗,由大宗通過家臣實現對直接生產者的管理,諸小宗分支在生活上雖相對獨立,但並非是獨立的經濟單位。如前引逆鐘銘文,記家族長叔氏命令家臣逆主管公室之僕庸、臣妾,還提到要其主管"小子室家","小子室家"在這裏應是指諸小宗的家室,逆作爲家臣不可能去控制作爲小宗貴族成員的人身,其所治理的只是其家務,亦即從家族長那裏受權去安排諸小宗家族的經濟生活,此可爲小宗家族非經濟單位之證。此外,從現今所見到的西周器銘看,雖有家主賜予家臣土地之例……亦可見家族長賜予小宗族人以宗彝、車、馬、武器等(如上引繁卣、虘簋),但未見賜之以土田者。這似乎亦可以表明小宗分支沒有獨立經營的土田,因而在經濟上並非是一個獨立的單位。(349—350 頁)

朱書把"小子室家"解釋爲"諸小宗的家室",我們完全同意。但是把叔氏命逆管理"小子室家"作爲"小宗家族非經濟單位之證",似尚有商榷餘地。

朱書認爲西周器銘沒有家族長賜小宗族人以土田之例,並以此作爲小宗家族非經濟單位的又一證據。但是事實上西周器銘中却是有這種實例的。西周晚期的不其簋銘記伯氏受王命追擊侵伐西俞的玁狁,伯氏歸朝獻擒時,命不其繼續以伯氏之戎車與玁狁作戰,不其作戰有功,伯氏加以獎勵:

白(伯)氏曰:"不其(原作嬰),女(汝)小子,女(汝)肇誨(敏)于戎工(功),易(錫)女(汝)弓一、矢束、臣五家、田十田,用從乃事。"

總集 2852、2853【《集成》8·4328、4329】

我們曾指出不其簋銘的伯氏"當是器主的宗子,器主當是小宗之長,所以被伯氏稱爲小子"(《文史》第十七輯 8 頁)。朱書說:"西周金文中亦有弟稱兄長爲'伯'、'伯氏'之例,見於琱生簋、不其簋、虘簋等銘文。"(374 頁)對伯氏和不其之間的關係的看法跟我們相似。伯氏錫不其田十田，正是宗族長（即朱書所謂“家族長”）賜小宗族人以土田的例子。從情理推測，諸“小子室家”的經濟情況不可能完全一致，其中至少有一部分應該是有“自己的獨立經濟”的。當然，在宗法制度下，這種獨立只能是相對的。小宗之長對他所得到的那部分土田等生産資料的支配權，無疑是要服從於大宗宗子對整個宗族的財産的支配權的。

林澐在《從武丁時代的幾種“子卜辭”試論商代的家族形態》一文中説：

> 商代晚期的省卣記載：“子賞小子省貝五朋，省揚君賞。”西周的㝨簋（三代六・五二）記載：“休朕匋君公伯賜厥臣弟㝨。”均可證家族内部諸成員和族長的關係，是君臣關係。《左傳・哀（引者按：當爲“襄”之誤）十一年》記魯國三分公室之後，“孟氏使半爲臣，若子若弟”，《左傳・桓二年》：“士有隸子弟”。可見，子弟對族長的關係，至少是半奴隸性的。族長操縱家族的全部財産權，家族成員所得的一份，至少在名義上必須受賜於族長。（《古文字研究》第一輯，中華書局，1979，327 頁）

這是很精闢的見解。叔氏命家臣管理“小子室家”，正是“族長操縱家族的全部財産權”的反映。這對於我們理解宗法制度下的所有制是極爲重要的資料，但是我們似乎還不能由此就得出這種“小子室家”都没有自己相對獨立的經濟的結論。

60 年代在山西侯馬發現了一處晉國盟誓遺址，遺址裏的 67 號坑出土了一批禁止“納室”的“盟書”，下面所引的是其中的一例：

> □自今㠯（以）𡳿（往），敢不逹（率）從此明（盟）質（誓）之言，而尚敢或内（納）室者，而或聞宗人兄弟或内（納）室者，而弗執弗獻，不（丕）顯□公大冢明亟𥄗之，麻夷非（匪）是（氏）。（山西省文物工作委員會《侯馬盟書》，文物出版社，1976，39—40 頁）

《侯馬盟書》已經指出“納室”與《國語・晉語》“納其室以分婦人”的“納其室”同意，指把失勢貴族的財産據爲己有（5—6、73—74 頁）。從上引盟誓之辭的内容看，立誓者似是有宗子地位的貴族，“宗人兄弟”即指其小宗族人。關於侯馬盟書的時代，有戰國早期和春秋晚期這兩種比較有根據的説法。總之，其時代不出春秋晚期到戰國早期這段時間。當時，殷周時代的宗法制度已在迅速走向没落，但是宗子仍需要對其“宗人兄弟”的“納室”負責。宗法制全盛時代的宗子對“小子室家”所擁有的權力，由此也可以推想而知。

宗子對宗族財産的權力，不但表現在田地、奴隸等主要財富上，而且也表現在生活資料方面。

據《禮記》,父母在,子婦無私財。《曲禮上》:

> 父母存,不許友以死,不有私財。

《坊記》:

> 父母在,不敢有其身,不敢私其財,示民有上下也。……父母在,饋獻不及車馬,示民不敢專也(鄭注:車馬,家物之重者)。

《内則》:

> 子婦無私貨,無私畜,無私器,不敢私假,不敢私與。

據《儀禮》,小宗内部也有同財關係。《喪服傳》:

> 世父、叔父何以期也?……昆弟之義無分,然而有分者,則辟(避)子之私也。子不私其父,則不成爲子。故有東宫,有西宫,有南宫,有北宫,異居而同財,有餘則歸之宗,不足則資之宗。

鄭注:"宗者,世父爲小宗典宗事者。"可見小宗之長是小宗財産的支配者。

關於小宗、大宗之間在生活資料方面的關係,《禮記・内則》有如下一段文字:

> 適子、庶子祇事宗子、宗婦(鄭注:宗,大宗),雖貴富不敢以貴富入宗子之家,以寡約入。子弟猶歸器,衣服裘衾車馬,則必獻其上而後敢服用其次也(鄭注:猶,若也。子弟若有功德,以物見饋賜,當以善者與宗子也)。若非所獻,則不敢以入於宗子之門(鄭注:謂非宗子之爵所當服也)。不敢以貴富加於父兄宗族。若富則具二牲,獻其賢者於宗子。夫婦皆齊而宗敬焉(鄭注:當助祭於宗子之家)。終事而後敢私祭(鄭注:祭其祖禰)。

《禮記》各篇大都成於戰國時代,宗法制度的全盛時期早已過去。從上引《内則》文可以看到,在當時小宗比大宗富貴的情況已很普遍,這正是宗法制已經沒落的反映。在這種情況下,按照傳統觀念,宗人仍應把受賜的衣服裘衾車馬等物的善者獻給宗子。由此看來,在宗法制的全盛時期,宗子對小宗的財産所具有的權力,即使對生活資料也應該是有效的。這種權力應該接近於上引《禮記》《儀禮》所說的父親對子婦的財産、小宗之長對其宗内成員的財産的權力。在周代銅器銘文裏也有一些與此有關的資料。

下面所引的是春秋晚期的陳逆簋、簠(?)的銘文:

陳氏裔孫逆乍(作)爲皇(皇)祖大宗簋,㠯(以)貿(匄)羕令(命)頪(眉)壽,子孫是保。　總集2632【《集成》7·4096】

少子陳逆曰:余陳趄(桓)子之裔孫,余寅事齊侯,懽血(卹)宗家,羼(擇)氒(厥)吉金,台(以)乍(作)氒(厥)元配季姜之祥器,鑄兹□笶(簠?),台(以)享台孝于大宗皇禔(祖)皇妣,皇丂(考)皇母,乍(祚)我永命,頪(眉)壽萬年,子子孫孫羕保用。　總集2985【《集成》9·4630】

陳逆見《左傳·哀公十四年》,杜預注:"陳逆,子行,陳氏宗也。"當時陳氏大宗的宗子是陳成子恆。葉國慶《試論西周宗法封建關係的本質》認爲陳逆簋、簠是宗人作器獻給大宗的實例(《福建師院學報》社科版1956年3期9頁),這是很有道理的。從銘文看,陳逆簋無疑是獻給大宗之器。簠銘中有"以作其元配季姜之祥器"語,也許並不是真的準備獻給大宗的,但是至少也是準備給大宗使用的。這兩件銅器的銘文可以跟上引《内則》文相印證。

從字體看當屬西周中期偏前的一件方尊銘説:

□乍(作)氒(厥)穆穆文且(祖)考寶尊彝,其用夙夜享于氒(厥)大宗,其用匄永福邁(萬)年子孫。　總集4865【《集成》11·5993】

這也是宗人作器獻於或用於大宗之例。

更值得注意的是《録遺》著録的如下兩件銘文内容相關,字體也相似的尊和卣。尊銘説:

罡(?)。由白(伯)曰[illegible]钔(御),乍(作)尊彝,曰母(毋)入于公。曰由白(伯)子曰[illegible],爲氒(厥)父彝,丙日,隹(唯)母(毋)入于公。

録遺203,總集4872【《集成》11·5998】

卣銘説:

罡(?)。由白(伯)曰朙乍(作)父丙寶尊彝。

録遺270,總集5440【《集成》10·5356】

從字體看,二器時代當屬周初。"罡(?)"當是作器者所從出的族氏。此族氏還見於罡鼎(《總集》25【《集成》3·1112】)、罡卒父辛尊(《總集》4661)、罡父己卣(《總集》5145【《集成》10·4957】)。《金文編》收此字於附録上(1077頁197號)。此字所象的似是麃、獐(古稱麐)一類動物。族氏金文中還有一個上从此字下从攴旁的字(《金文編》1081頁212號),應該就是屢見於殷墟卜辭的族名"𡚱"(參看《類纂》

641 頁下欄)。所以我們把這個字暫釋爲“毘”。唐蘭認爲“毘”即“麇之初文”(《獲白兕考》,燕京大學《史學年報》4 期。又見《甲骨文字集釋》3057—3062 頁),可從。或釋“毘”爲“麑”,似不可信。尊銘“爲”字不从“爪”。這種“爲”字也見於其他西周銅器銘文,參看《金文編》176 頁。不過此“爲”字下方似从“□”,疑與从“爪”同意。

上引尊銘中,“由伯曰□”以下所述與“由伯子曰□”以下所述顯然是一事。不過前者用的是記由伯之言的格式;後者除在開頭用了一個“曰”字外,是一般敘事的格式。兩個□字上的兩個“曰”字,意義是不一樣的。“由伯曰□御,作尊彝”和卣銘“由伯曰明作父丙寶尊彝”兩句中的“曰”字,都應該訓爲“謂”。大簋蓋有“王命膳夫□曰趞睽曰……”之語(《總集》2812【《集成》8・4298】),于省吾《雙劍誃吉金文選》注:“上‘曰’字猶‘謂’也。”(上三・10 下)殷墟甲骨刻辭中也有這種“曰”字,如“己丑卜,𣪊貞:令戉來,曰戉罙伐𢀛方”(《英》1179 正)、“□令章曰犬䢔田”(同上 835)。“由伯子曰□”,意即由伯之子名□者。這種用法的“曰”字,也見於殷墟甲骨刻辭和西周銅器銘文,如殷墟出土四方風名骨版有“東方曰析,風曰劦”等語(《合》14294,參看 14295),曶鼎銘有“受茲五[夫]曰□曰恆曰耕曰𩠤曰告”,“用衆一夫曰嗌,用臣曰疐[曰]朏曰奠”等語(《總集》1330【《集成》5・2838】)。

據尊銘,尊乃□受由伯之命爲□之亡父而作。可知□雖稱由伯子,却並非其親子,而應是其兄弟之子。在殷周時代,伯父、叔父皆可稱父,如殷墟所出武丁時代卜辭稱生父小乙爲父乙,伯父陽甲、盤庚、小辛爲父甲、父庚、父辛。類似的例子舉不勝舉。所以侄對叔伯自稱爲子,是一點也不奇怪的(《禮記・檀弓上》:“喪服,兄弟之子,猶子也,蓋引而進之也。”“猶子”言與子同。“猶子”成爲稱侄的一個詞,是後來的事)。尊銘説“爲厥父彝,丙日”,可知尊和卣都是受由伯之命爲父丙而作的。作尊的□和作卣的明似應爲同父兄弟,由伯應是他們的伯父(也有可能不是親伯父),同時也是他們的宗子。尊銘和卣銘都沒有由伯賞賜作器者之語,可見器是他們受命後自行鑄造的。尊銘强調指出由伯允許□爲亡父所鑄的祭器不“入于公”。這説明宗人所作祭器,如無宗子特許,在原則上是應該交給宗子支配的。這是宗子對小宗的財産具有支配權的反映。

還有一件西周早期的銅尊銘文説:

□䏠乍(作)日癸公寶尊彝。　總集 4815【《集成》11・5928】

此銘在"日癸"之前未加"父""祖"等稱呼,而在"寶尊彝"上加"公"字,其器似應是由整個宗族用來祭祀諸位祀日爲癸日的先人的,"公"字用法可與上引那件銅尊的銘文相印證。

總之,結合古代典籍和銅器銘文來看,在典型的宗法制度下,不但小家之長(一般是父親)和小宗之長是全家和整個小宗之族的財産的支配者,大宗宗子也是整個宗族的財産的支配者。

當然,我們也應該充分認識到,宗子對宗族財産的支配權,跟一般的私人所有權是有本質區别的。宗子是以全宗族代表的身份來支配宗族財産的。"庇族"、"收族"對宗子來説不僅僅是一種美德,而是必須承擔的義務。李亞農在《中國的封建領主制和地主制》中説:"卿大夫的采邑……非他一個人所能獨享,他還負擔着養活全族的責任。……他必須把他所得的土地,再分給奉他爲大宗的小宗們。"(《李亞農史論集》,上海人民出版社,1978,1033 頁)這是很正確的。實際上,宗子對宗族財産的支配權歪曲地反映了宗族的共財關係。所以宗子的室家就是"公室","入于公"跟交給宗子支配也是一回事。侯外廬等著的《中國思想通史》第一卷説:"在宗法政治之下,西周貴族階級的代表人物是公子公孫。古'公'字不是指公私之公,而指公族之公……"(人民出版社,1957,95 頁)。其實在貴族宗族内部,這兩種"公"是統一的。

除了對族人的義務外,宗子對宗族財産的支配權還受到來自他所從屬的宗主的制約。很多學者已經指出,在宗法制度下,君統和宗統實際上是合一的。周天子是天下的大宗,也可以説是地位最高的宗子。在名義上,全國的土地和人都屬他所有,即所謂"溥天之下,莫非王土;率土之濱,莫非王臣"(《詩・小雅・北山》)。國君跟卿大夫之間也有類似大宗跟小宗的關係。一般的宗子對屬於他的小宗而言是大宗,對國君或天子而言則處於小宗地位。小家之長對財産的支配權,受到小宗之長對整個小宗之族的財産的支配權的制約。後者又受到大宗宗子對整個宗族的財産的支配權的制約。與此相似,大宗宗子對宗族財産的支配權,也在一定程度上受到在他之上的更大的"宗子",即國君、天子等人的權力的制約。總之,作爲宗族代表的宗子對宗族財産的支配權,是受到宗法制貴族組織系統中上下兩方面的制約的。

侯外廬在他所著的《中國古代社會史論》和《中國思想通史》第一卷裏,對周代宗法制度下的所有制有以下一些提法:

土地氏族國有(《史論》,人民出版社,1955,29 頁)

氏族貴族的土地國有(同上 101 頁)

土地的氏族宗長專有制(同上 114 頁)

不但土地是國有形態(貴族宗子所有),生產者也是國有形態(同上 181 頁)

在周代是土地國有制,即氏族貴族的所有制(《通史》14 頁)

我們認爲在這些提法裏,"貴族宗子所有"的提法最好。宗子指宗族之長,周王就是全國最高的宗子,這在上文中已經説過了。把由貴族内部各級宗子對財産的支配權歪曲地表現出來的貴族宗族共有(這種共有不消説是很不完整的)稱爲"貴族宗子所有",應該説是比較妥當的。侯外廬在提出"貴族宗子所有"的同時,又用了"氏族國有"、"氏族貴族的所有制"等提法,這是爲了强調宗法制度下的所有制的貴族共有的一面。其實"宗子"這兩個字就已經透露了這一消息。因爲宗子是宗族的代表,他不是以個人身份來支配宗族財産的。我們所以不主張用有些學者提出的"貴族宗族所有"的提法,是由於這樣會把宗法制度下的所有制跟比較原始的宗族共有制混同起來。

原載《盡心集——張政烺先生八十慶壽論文集》(中國社會科學出版社,1996),又載《裘錫圭學術文化隨筆》,今據後者收入。

從出土文字資料看秦和西漢時代官有農田的經營

我們所說的官有農田的經營，指官府直接役使人耕種公田，或把公田租給人耕種，不包括以公田授民或賜人等情況。在見於古籍的關於官有農田的經營的史料裏，秦代的幾乎看不到；西漢時代的也不很豐富，而且往往不夠具體。出土的秦漢時代竹木簡、印章等文字資料，可以彌補一些這方面的缺陷。在本文中，我們將在前人研究的基礎上，結合古籍的有關記載，對這些資料裏關於官有農田的經營的史料作一次考察，有時也會涉及少量東漢的史料。

一

關於秦代官有農田的經營的史料，見於秦印和秦簡。我在1981年發表的《嗇夫初探》一文中說：

> 有闌格的秦至漢初印中有如下兩印：
>
> 廄倉田印①
>
> 小廄南田②
>
> 可知當時的廄（今按：指官府和宮苑的廄）有自己的田，當爲生産飼料所用。據《倉律》，秦代隸臣有從事農業生産的（今按：這裏所說的是睡虎地秦簡《秦律十八種》中的《倉律》第51號簡，原文說："隸臣田者，以二月月稟二石半石，到九月盡而止其半石。"③這是關於爲公家田作的隸臣在農事季節增加口糧的

---

① 〔明〕郭胤伯《印史》8上。

② 《尊古齋印存》四集5·20。印文用對角讀法。

③ 《睡虎地秦墓竹簡》，文物出版社，1990，釋文32頁，圖版19頁。

規定)。傳世有闌格秦印中有“官田臣印”,④疑即管理在官田上勞動的隸臣的機構所用之印。廄田當是官田的一種,無疑會有隸臣一類人在上面勞動。⑤

上文所引的兩紐廄田印,羅福頤主編的《秦漢南北朝官印徵存》(以下簡稱“徵存”),和王人聰的《秦官印考述》(以下簡稱“王文”)都定爲秦印,⑥可從。前一印我們是按常規字序讀的,《徵存》橫讀爲“廄田倉印”,似較好。不管怎樣讀,都可以證明秦的官廄有屬於它們的公田。後一印《徵存》按常規字序讀爲“小田南廄”,非是。“小廄”之名亦見秦印“小廄將馬”⑦和秦始皇陵馬廄坑所出陶器刻文。“南田”當是小廄所屬公田的一部分。⑧ 廄田除生產飼料外,可能也生產供有關人員食用的糧食。

在秦代,國家掌握着大量土地,直接爲官府所經營的公田,數量也一定極爲可觀,廄田只不過是其中一小部分而已。秦印有“右公田印”,⑨疑爲縣邑所設的經營公田的機構所用。《秦律十八種》的《田律》第11號簡說:“稟大田而毋(無)恆籍者,以其致到日稟之,勿深致。”⑩整理小組注:“大田,官名,主管農事。《吕氏春秋·勿躬》:‘墾田大邑,闢土藝粟,盡地力之利,臣不若寧遬,請置以爲大田。’又見《晏子·内篇問下第四》。”⑪《王文》認爲“大田”之官和“廄倉田”之官性質相同。⑫大田也許是直屬於中央的經營公田之官。秦代的縣設有田嗇夫,輔助縣令管理全縣農田事務。他們也有可能從事一些經營官有農田的工作。⑬

從上引關於“隸臣田者”的秦律和“官田臣印”來看,役使隸臣一類人耕種公田,應是秦代官府經營公田的重要方式。秦代隸臣的來源比較複雜,既有犯罪判刑的刑徒,也有“被籍沒的犯罪人的家屬”、“戰爭中投降的敵人”以及“國家掌握的官

---

④ 《十鐘山房印舉》2·54上。今按,亦見下引《秦漢南北朝官印徵存》14。

⑤ 中華書局編輯部編《雲夢秦簡研究》,中華書局,1981,260—261頁;又見拙著《古代文史研究新探》,江蘇古籍出版社,1992,471頁。

⑥ 羅福頤主編《秦漢南北朝官印徵存》12、30,文物出版社,1987;王人聰《秦官印考述》,見王人聰、葉其峰著《秦漢魏晉南北朝官印研究》,香港中文大學文物館,1990,2—3頁。

⑦ 《徵存》29。

⑧ 參看《王文》,3頁;及拙文《古璽印考釋四篇》,見吴浩坤、陳克倫編《文博研究論集》,上海古籍出版社,1992,82頁。

⑨ 《徵存》13。

⑩ 《睡虎地秦墓竹簡》,圖版15頁。

⑪ 《睡虎地秦墓竹簡》,釋文22頁。

⑫ 《王文》,3頁。

⑬ 關於秦代田嗇夫的資料已見上引拙文《嗇夫初探》,《古代文史研究新探》,456—459頁。

奴婢、隸臣妾的後代”。⑭ 他們大都可以看作國家的奴隸。在秦代，作爲刑徒的隸臣是否像漢代的一樣，有服役的期限，學術界尚無定論。如果有期限的話，也許可以看作國家的一種準奴隸。

據劉信芳、梁柱《雲夢龍崗秦簡綜述》，1989 年龍崗 6 號墓所出秦律簡文有如下兩條：

> 黔首錢假其田已□□□者或者□▨（161 簡）
>
> 諸以錢財它物假田□□□□▨（168 簡）

此文作者認爲“簡文‘假田’，應是以錢、財或其它可折價之物向國家、地方政府租借土地”。⑮ 那麽，漢代盛行的假民公田的辦法，在秦代已經在實施了。《九章算術・均輸》：“今有假田，初假之歲三畝一錢，明年四畝一錢，後年五畝一錢，凡三歲得一百，問田幾何？”可知漢代假田也可用錢。

二

關於西漢時代官有農田的經營的史料，主要見於漢印和漢簡。此外，個別封泥、瓦當和銅器也提供了少量史料。下面先考察見於這些史料的經營官有農田的農官，然後再考察官有農田的經營方式。

（一）

在考察見於出土史料的農官之前，有必要簡單瞭解一下古籍中的有關史料。據《史記》《漢書》等記載，西漢時代經營官有農田的官，主要有郡國農官、中央官署的農官、邊郡的農都尉和其他屯田官如屯田校尉等。此外，西漢時代跟秦代一樣，各縣設有田嗇夫，他們也可能從事一些經營官有農田的工作。⑯

《漢書・百官表》：“治粟内史……景帝後元年更名大農令，武帝太初元年更名大司農……郡國諸倉、農、監、都水六十五官長、丞皆屬焉。”這裏提到的郡國諸官共六十五個，其中農官所佔的比例大概不會很小。

《史記・平準書》説，漢武帝時由於治郡國緡錢，“得民財物以億計，奴婢以千

---

⑭ 劉海年《秦律刑罰考析》，《雲夢秦簡研究》，184 頁。

⑮ 劉信芳、梁柱《雲夢龍崗秦簡綜述》，《江漢考古》1990 年 3 期，81 頁。

⑯ 關於西漢田嗇夫的資料，已見上引拙文《嗇夫初探》，456—459 頁。

萬數。田,大縣數百頃,小縣百餘頃,宅亦如之”,“乃分緡錢諸官,而水衡、少府、大農、太僕(《漢書・食貨志下》作“太僕、大農”)各置農官,往往即郡縣比沒入田田之”。由此可知中央官署也有設農官的。其明載於《百官表》的有水衡的農官:

> 水衡都尉,武帝元鼎二年初置,掌上林苑,有五丞,屬官有上林、均輸、御羞、禁圃、輯濯、鍾官、技巧、六廄、辯銅,九官令、丞;又衡官、水司空、都水、農、倉,又甘泉上林、都水,七官長、丞皆屬焉。

此文“農倉”舊多以爲指一官,非是。⑰

農都尉是武帝時爲管理邊郡屯田而開始設置的。《漢書・百官表》:“農都尉、屬國都尉皆武帝初置。”《後漢書・百官志五》:“邊郡置農都尉,主屯田殖穀。”

有些比較特殊的地區,如西域等地的屯田,往往設校尉等官領之。《漢書・西域傳上》説,李廣利伐大宛之後,“漢使西域者益得職,於是自敦煌西至鹽澤往往起亭,而輪臺、渠犁皆有田卒數百人,置使者、校尉領護,以給使外國者”。宣帝時設都護之後,“屯田校尉始屬都護”,“至元帝時復置戊己校尉,屯田車師前王庭”。

屯田官往往稱田官。《史記・平準書》説,武帝時“又數萬人渡河築令居,初置張掖、酒泉郡,而上郡、朔方、西河、河西開田官,斥塞卒六十萬人戍田之”。《漢書・食貨志上》説,元帝時罷“北假田官”。《西域傳上》稱渠犁屯田官爲“渠犁田官”。

《鹽鐵論・園池》説,當時國家用度太大,“是以縣官開園池,總山海,致利以助貢賦;修溝渠,立諸農,廣田牧,盛苑囿;太僕、水衡、少府、大農,歲課諸入,田牧之利、池籞之假,及北邊置任田官,以贍諸用,而猶未足”。這裏提到“立諸農”,又提到“北邊置任田官”。後者當指北邊各種屯田官,其中應該包括北方邊郡從事屯田的郡國農官(邊郡不一定都設農都尉,詳後)。“諸農”也見《平準書》,⑱當指中央官署所置農官和內郡的郡國農官。這類農官也可以稱“田官”,如後面將會説到的“蒲反田官”。

關於上述各種農官的史料,在出土文字資料裏或多或少都能找到一些。下面先來看關於農都尉的史料。

居延簡 214・33A 簡文:

---

⑰ 曾庸《西漢宮殿、官署的瓦當》,《考古》1959 年 12 期,677 頁。

⑱ 《平準書》:“而諸農各致粟,山東漕益歲六百萬石。”

(1) 守大司農光禄大夫臣調昧死言:守受簿丞慶前以請詔使護軍屯食,守部丞武☐以東至西河郡十一、農都尉官二,調物錢穀漕轉糴,爲民困乏啓(?)調有餘給不☐[19]

勞榦《居延漢簡考證》"農都尉"條,指出簡文所録爲元帝永光年間守大司農非調奏文,可以信從。但將"十一農都尉"連讀,則有問題。[20] 拙文《漢簡零拾》"郡十一農都尉官二"條,指出"農都尉官二"應連讀,可能就指見於《漢書》的張掖農都尉和上河農都尉。[21]

劉光華關於漢代屯田的專著反對鄙説。[22] 他認爲從《漢書》之外的史料,可以知道西漢時尚有朔方和酒泉農都尉,由此可證武帝於"邊郡置農都尉",當係於每一邊郡置農都尉;"西漢僅有二農都尉之説,恐不足信"。[23] 拙文雖曾根據《漢書》提到的農都尉之少,推測西漢農都尉一定不多,認爲不可能每一邊郡都設農都尉;但並未説過"西漢僅有二農都尉"一類的話。劉氏似有誤解。簡文"農都尉官"下一字明明是"二",在圖版上完全可以看得清楚。《劉書》提到的,把它釋作"上"或看作重文號的意見,都是錯誤的。不像拙文那樣把"農都尉官二"連讀,上下文就講不通。不過這並不意味着"西漢僅有二農都尉"。

《劉書》説西漢有朔方和酒泉農都尉,是有他的道理的,詳下文。但漢代邊郡很多,即使肯定當時除張掖、上河農都尉還有朔方、酒泉農都尉,也無從得出武帝一定在每個邊郡都設置了農都尉的結論。《劉書》曾兩次引用居延新簡中的 EPF22:825A 一簡。此簡原屬東漢初竇融任涼州牧時告下屬的一份文書,其中有"☐城、武威、張掖、酒泉、敦煌太守,張掖、酒泉農都尉"之文(全文及出處見後)。《劉書》第二次引用此簡時説:"簡文所記,爲竇融之大將軍府告部從事移河西五郡太守和'張掖、酒泉農都尉'之文書。……簡文未言及河西其他諸郡之農都尉,或所移文書與之無關。"[24]劉氏有邊郡都設農都尉的成見,所以作此解釋。其實此簡正好證明邊郡並非全都設有農都尉。

---

[19] 勞榦《居延漢簡》(以下簡稱"居"),圖版 357;中國科學院考古研究所,《居延漢簡甲編》(以下簡稱"居甲")1175A。

[20] 勞榦《勞榦學術論文集》甲編,上册,藝文印書館,1976,388—390 頁。以下簡稱"勞書"。

[21] 裘錫圭《古文字論集》,中華書局,1992,580—581 頁。

[22] 劉光華《漢代西北屯田研究》,蘭州大學出版社,1988。以下簡稱此書爲"劉書"。

[23] 《劉書》,94—96 頁。

[24] 《劉書》,165 頁。

關於朔方農都尉,《劉書》是這樣說的:

……陳直先生在《漢書新證》中説:青海出土趙寬碑云:"充國弟,(字)子聲,爲侍中,子君游,爲雲中太守,子(□,字)游都,朔農都尉。"蓋朔方郡農都尉之省文。(《漢書新證》第135頁)陳先生釋"朔農都尉"爲"朔方郡農都尉",是有依據的。例如秦上郡戈銘之"二十年上守趞造"(轉引自張政烺《秦漢刑徒的考古資料》一文),即爲"二十年上郡守趞造"之省文。㉕

今按:據趙寬碑,任朔方農都尉者是充國孫輩,㉖其時代大概在前後漢之交。

居延地區破城子遺址七十年代所出之簡中有如下一條(以下簡稱這批簡爲"破城子新出簡"):

(2) ……甲辰,大司農調、受簿丞賞行五官丞事,下都內、上農都尉、執金吾㉗

此簡有"大司農調",當屬元、成時代。依朔方農都尉可稱"朔農都尉"之例,此簡的"上農都尉"似當爲上郡農都尉的省稱,可爲西漢時代有上郡農都尉之證。但是"上農都尉"爲上河農都尉省稱的可能性也不能排除。西漢有上河農都尉是有明確記載的。㉘ 如同時存在上河、上郡二農都尉,也許不會使用"上農都尉"這一容易引起混淆的省稱。

關於酒泉農都尉,《劉書》先引《後漢書·梁統傳》建武八年拜梁騰爲"酒泉典農都尉"之文,並指出"典農都尉"爲"農都尉"之誤,㉙接着説了下面這段話:

……建武初年酒泉有農都尉,居延新簡亦有記錄:

▨月甲午朔乙未行河西大將軍涼州牧守張掖屬國都尉融使告部從事▨城武威張掖酒泉太守張掖酒泉農都尉武威太守言二大奴許岑。㉚

該簡稱竇融爲"涼州牧",其年代當在建武五年光武帝"授融爲涼州牧"之後。

㉕ 《劉書》,95—96頁。

㉖ 王獻唐《新出漢三老趙寬碑考釋》,《那羅延室稽古文字》,齊魯書社,1985,324、335頁。

㉗ EPT52:413,見《居延新簡》,文物出版社,1990,256頁。以下簡稱此書爲"新"。

㉘ 見《漢書·馮奉世傳》所附《馮參傳》及《漢書·敘傳》。

㉙ 《劉書》,94—95頁。

㉚ 《劉書》原注:EPT22:825A,轉引自……《敦煌學輯刊》3。圭按:此簡即本文下文將引用的(126)的第一簡,此處釋文有誤,"乙未"當作"己未",前一"酒泉"後當有"敦煌","大奴"前不當有"二"字。

……這裏還要說明一點,建武六年光武帝曾"省減吏員"(《後漢書·光武帝紀》),"省諸郡都尉,並職太守","省關都尉,唯邊郡往往置都尉及屬國都尉"(《後漢書·百官志》)。在這種形勢下,決不會新設酒泉農都尉,故此酒泉農都尉當爲西漢所置無疑。㉛

按照上引論點,趙寬碑記游都任朔農都尉,即使說的是東漢的事,也仍可用作西漢有朔方農都尉的證據。

《劉書》的論點當然不是沒有道理的,但是畢竟只是一種推論。東漢初所取消的都尉,是非邊郡的都尉和關都尉。當時不取消邊郡的各種都尉,當然是由於實際上的需要。由於實際情況的變化,東西漢邊郡都尉包括農都尉的設置,恐怕不可能完全一致,東漢時代增置農都尉的可能性不能說完全沒有。此外,王莽時代增置農都尉而爲東漢所沿襲的可能性,也不能完全排除。所以西漢有朔方和酒泉農都尉的說法,在獲得確鑿證據之前,還不能視爲定論。

破城子新出簡中有如下一條:

(3) ……□□酒泉、張掖農官田卒▨㉜

此簡與上引簡(2)出自同一探方。此探方所出年號簡,除少量屬昭帝與新莽外,皆屬宣、元、成時代。此簡也應屬於這一時代。簡文不稱"酒泉、張掖農都尉"而稱"酒泉、張掖農官",似說明此時尚未設酒泉農都尉。關於酒泉郡的農官,下文討論所謂"候農令"的問題時,還會引到居延簡中的一條資料。

清瞿中溶《集古官印考證》引金惟驎《臥游齋印譜》如下一印:

(4) 獲降農中候

瞿氏考釋說:"《百官表》中尉及將作少府屬官俱有左、右、中候,又武帝元狩三年邊郡增置屬國都尉、農都尉,主蠻夷降者,皆有丞、候。然此印文五字,考《地理志》言五原郡莽曰獲降,五原正邊郡,則此印獲降郡農都尉之中候,亦莽時官印無疑。"㉝瞿氏關於農都尉的說法,與《百官表》原文不合。但是他把"獲降農中候"解釋爲新莽"獲降郡農都尉之中候",似可信。不過,新莽不稱農都尉,而稱農尉(見下文所

㉛ 《劉書》,95 頁。

㉜ EPT52:105,《新》,235 頁。

㉝ 《集古官印考證》6·12 下。

引(25)"設屏農尉章")或農大尉。[34] 五原郡的農都尉可能是西漢設置的,但也不能排斥王莽新置的可能性。

有不少學者根據居延簡說西漢有居延農都尉,這是有問題的。下面以《劉書》的有關論述爲此說代表,加以討論。《劉書》說:

> ……在漢簡中甚至有一邊郡設置兩農尉的記錄:(3)▨北候官居延農府佐□□□□□▨(八八·六A)。[35] (4)三月丙午張掖長史延行太守事肩水倉長湯兼行丞事下屬國農部都尉小府……(一〇·三二)。[36] (5)▨下領武校居延屬國部農都尉縣官丞(引者按:當作"承")書(六五·一八)。[37] 按:農都尉與西漢邊郡之郡都尉、部都尉、屬國都尉,均爲比二千石,可開府治事。簡(3)之"居延農府佐",應是居延農都尉府之"佐",農都尉府相對於太守府而言,或可稱爲如簡(4)之"小府";陳夢家先生釋簡(5)之"居延屬國部農都尉",爲"居延的屬國都尉、部都尉、農都尉",此解釋與簡(3)之"居延農府"相印證,當是可信的。因此,張掖郡不僅有治番和的張掖農都尉,依據實際需要,西漢政府還設置有治居延的居延農都尉。[38]

下面就來討論這段話裏的問題。陳夢家對《劉書》所引簡(5)的解釋,我在上引拙文中已加反駁。[39] 在漢代,一個邊郡内的確可以設幾種都尉。如張掖郡除郡都尉外,就還設有張掖屬國都尉、張掖農都尉和居延、肩水等部都尉。[40] 至於居延地區,只是張掖郡屬下的一個都尉的防區,怎麽可能同時設有以之爲名的屬國、農、部三種都尉呢?所以我們認爲上引那條簡文應標點爲:

> (5)……▨下領武校居延、屬國、部、農都尉、縣、官,承書

這是張掖太守將朝廷所下詔書轉發給全郡下屬的一份文書的殘簡(請參看原簡全文,出處已見前)。"居延"、"屬國"、"部"、"農",是"都尉"的四個並列的定語,指張掖郡的居延都尉、屬國都尉、居延之外的部都尉和農都尉。居延簡中尚有如下

---

[34] EPT59:155A,《新》,369頁。

[35] 引者按:見《居》圖版483。又見中國社會科學院考古研究所編《居延漢簡甲乙編》,乙編圖版75。以下簡稱此書爲"居乙"。

[36] 《居》圖版28,《居甲》34。

[37] 《居》圖版26,《居乙》圖版58。

[38] 《劉書》,96頁。

[39] 《古文字論集》,581頁。

[40] 如僅從防區範圍來看,郡都尉其實也可說是以郡名爲名的部都尉。

一條:

(6) ☑敢告居延、屬國、部☑……[41]

也應解釋爲以"居延、屬國、部、[農]"並列。所以特別提出居延都尉置於其他都尉之前,當是由於其地位比較重要。最近讀了日本學者市川任三早在1965年發表的《論西漢的張掖郡都尉》一文,發現他已經提出了這種看法。[42] 上引拙文漏引其說,是嚴重的疏失。

上引(5)、(6)二簡,前者出自A33地點,屬於肩水地區的地灣遺址;後者出自A35地點,屬於肩水地區的大灣遺址。[43] 按照上引陳夢家的解釋,這兩枚簡原來所屬的文書,都不是發給張掖郡全境,而僅僅是發給居延地區的。既然如此,它們爲什麼都不出在居延地區而出在肩水地區呢? 這是講不通的。

在居延簡裏,居延都尉有時稱"將兵護民田官居延都尉":

(7) ……十二月辛亥,將兵護民田官居延都尉償、城倉長禹兼行……[44]

(8) ☑將兵護民田官居延[都尉]☑太守府書律令。[45]

(9) 十一月辛丑,將兵護民田官居延都尉章☑候官,寫移書到,以簿餘穀道里便廩,毋留,如律☑[46]

(10) 地節三年四月丁亥朔丁亥,將兵護民田官居延都尉☑□庫守丞漢書言:戍卒且罷,當豫繕治車,毋材木☑[47]

肩水金關新出簡中有如下兩條:

(11) 葆部界中民田官畜牧者,見赤幡,各便走近所亭、障、塢辟□☑馬馳,以急疾爲故。[48]

---

[41] 216・1,《居》圖版15,《居甲》1999。

[42] 市川任三《論西漢的張掖郡都尉》,見中國社會科學院歷史研究所編《簡牘研究譯叢》第二輯,中國社會科學出版社,1987,198—200頁。

[43] 關於居延簡出土地點,看謝桂華、李均明、朱國炤《居延漢簡釋文合校》,文物出版社,1987,679頁以下附表。

[44] 278・7A,《居》圖版523、524、525,《居乙》圖版209。舊誤釋"民"字爲"屯",《居延漢簡釋文合校》已加糾正。

[45] EPT52:9A,《新》,337頁。

[46] EPT52:10A,《新》,337頁。

[47] EPT58:43,《新》,352頁。

[48] 74EJF3:80,甘肅省文物考古研究所《居延新簡釋粹》,蘭州大學出版社,1988,76頁。

(12) 烽火品:田官民塢辟舉烽和,毋燔薪▨塢辟田官舉烽,燔三積薪,各如其部烽火品。[49]

(11)稱"民田官",(12)稱"田官民",可知"民"與"田官"是並列的,其間可加頓號。"將兵護民田官"中的"民"與"田官",也應是動詞"護"的並列賓語。居延地處邊防前沿,居延都尉統率屯兵,保衛邊疆,並負有保護防區内一般人民和田官的職責,其地位顯然比在其南面的肩水都尉以及張掖郡都尉重要,其兵力大概也比其他都尉强。[50] 他特别受到重視,是很自然的。

《劉書》所引簡(4)全文爲:

(13) 三月丙午,張掖長史延行太守事、肩水倉長湯兼行丞事,下屬國、農、部都尉、小府、縣、官,承書從事下當用者,如詔書。/ 守屬宗、助府佐定

"官"疑指候官。"小府",前人皆以爲指各都尉之外的一個機構,《劉書》認爲即指都尉府,恐非。

《劉書》説都尉"可開府治事"是對的,但是把所引簡(3)的"居延農府佐"連讀爲一詞,解釋爲"居延農都尉府之佐",則是不妥當的。在見於居延簡的居延都尉的下行文書裏,屢次提到"居延農"這一下屬單位:

(14) ▨城倉、居延農、延水、卅井、甲渠、殄北塞候,寫移書到▨遺脱,有移名籍,遣吏將屬居延,毋(無)有,以書言,會月廿日,如律令。[51]

(15) ▨□丞事,謂庫、城倉、居延、居延農、延水,卅井、甲渠、殄北塞候,寫移書到,令□▨□□□書,如律令。/ 掾仁、守卒史□卿、從事佐忠。[52]

(16) 四月己亥,居延都尉德、城騎千人慶兼行丞事,下居延農,承[53]

(17) ▨城倉、庫、延水、居延農,甲渠、殄北、卅井候官,督烽▨及省卒徒繕治城郭塢辟,令丞候尉史遂等三老[54]

由此看來,《劉書》所引簡(3)應該像下面這樣標點:

(18) ▨北候官、居延農,府佐□□□□□□□

---

[49] 74EJF3:81,同上。

[50] 上引簡(5)的"領武校"疑是專屬居延都尉的加銜。

[51] 175・13,《居》圖版174,《居甲》990。

[52] EPT51:40,《新》,174頁。

[53] EPT56:33,《新》,308頁。

[54] EPT57:15,《新》,338頁。

這應是居延都尉下給殄北等候官和居延農的一份文書的殘簡。簡文"府"下一字右側有殘損處,舊釋"佐"不一定正確,頗疑是"使"字。

從上引簡文來看,居延農的地位與庫、城倉、候官相當,其首長應屬令長一級,決不可能是農都尉,其機構也決不能稱府。"居延農"似當爲"居延農令(或長)"或"居延農官"的省稱。居延都尉所護的"田官"應即指此而言。破城子曾出如下一簡:

(19) 甲渠候官神爵五年正月田官輸☑[55]

此簡"田官"大概也是指居延農的。舊或以"居延農"爲候官名,是不正確的。

簡(15)在"居延農"前列有"居延",舊亦以爲候官名。這也是有問題的。下面所引的是破城子新出的兩條新莽簡和一條建武四年簡:

(20) 新始建國地皇上戊三年九月丙辰朔乙巳,裨將軍輔平居成尉伋、[56]丞,謂城倉、閒田、延水、甲溝、三十井、殄北,卒未得……[57]

(21) □☑[居]成、延水、甲溝、三十井、殄北,言吏未得正☑[58]

(22) 建武四年□□壬子朔壬申,守張掖☑曠、丞崇,謂城倉、居延、甲渠、卅井、殄北,言吏當食者……[59]

把這三條簡對照一下就可以知道,(20)的"閒田"跟(21)的"居成"、(22)的"居延",所指相同。王莽把沒有封給臣下的土地稱爲"閒田",[60](20)的"閒田"實際上就指西漢的居延縣。所以簡(15)的"居延"也一定是指居延縣而言的。(20)、(21)、(22)三簡都沒有提到"居延農",大概在新莽時居延農官已經不存在了。這是很可注意的。

上引簡文中屢次提到的"延水",有時置於"居延農"之前,與各候官隔開,可知也不是候官之名。破城子新出簡中有如下一條:

---

[55] 271・10,《居》圖版171,《居甲》1424。

[56] 按:據《漢書・地理志下》,新莽改酒泉爲輔平,居延爲居成,可知當時曾以居延屬酒泉郡。居成尉即西漢居延都尉。

[57] EPT65:23A,《新》,420頁。

[58] EPT65:168A,《新》,431頁。

[59] EPF22:462A,《新》,507頁。

[60] 見《漢書・王莽傳中》。

（23）□祿　　六月戊戌延水水工白褒取[61]

“祿”指俸祿。漢簡用這種“祿”字的，一般是新莽簡。據此簡，延水所轄有水工，頗疑是設在居延地區的一個都水官。這也是跟農業有關的機構。居延簡 58・29、[62] 145・7A[63] 都有“延水丞”，26・16[64] 有“延水令史”，231・28[65] 有“延水卒”，都是此官的下屬。

總之，在居延地區只有令長一級的農官，並不存在所謂居延農都尉。

附帶談一下所謂居延屬國都尉的問題。《後漢書・郡國志五》記張掖郡有張掖屬國和張掖居延屬國，並說後者是“故郡都尉”，可見居延屬國都尉是東漢時在居延都尉的故地上設立的。陳夢家由於對居延簡中將“居延”與“屬國”、“農”、“部”等都尉並列的簡文作了錯誤的理解，認爲西漢就有居延屬國。[66] 這顯然是不足信的。

《漢書・地理志》所記的唯一農都尉——張掖農都尉，曾見於居延簡：

（24）二月戊寅，張掖太守福、庫丞承憙兼行丞事，敢告張掖農都尉、護田校尉府卒人，謂縣，律曰：臧它物非錢者，以十月平賈計。案戍田卒受官袍衣物，貪利貴賈，貰予貧困民，吏不禁止，浸益多，又不以時驗問[67]

這是破城子所出的一枚西漢簡。簡文所說的“護田校尉”似是與張掖農都尉配合的將兵護田之官。

傳世新莽印中有如下一印：

（25）設屏農尉章[68]

《漢書・地理志》張掖郡下說：“莽曰設屏。”前人已指出設屏農尉相當於西漢的張掖農都尉。

肩水的地灣曾出過下引一枚西漢簡：

---

[61] EPT65:474，《新》，451 頁。

[62] 《居》圖版 201，《居乙》圖版 54。

[63] 《居》圖版 215，《居甲》802A。

[64] 《居》圖版 140，《居乙》圖版 20。

[65] 《居》圖版 284，《居乙》圖版 172。

[66] 《漢簡綴述》，中華書局，1980，39 頁。

[67] 4・1，《居》圖版 380，《居甲》11。

[68] 《徵存》593。

（26） 九月庚寅，日勒田官令史□□□□□ ☑[69]

據《地理志》，張掖農都尉治番和，在今甘肅永昌縣西。日勒也是張掖的縣，在今甘肅山丹縣東南。兩縣相鄰。《劉書》認爲日勒田官"乃爲番和農都尉所屬之屯田機構"，[70]是有道理的。

從肩水的大灣所出的西漢簡，可以知道在這一帶曾設有騂馬田官。大灣附近有稱爲騂馬的地方，騂馬田官當因此得名。[71]

在大灣出土的西漢簡中有如下一些簡文：

（27） ☑□田官，寫移☑重事☑[72]

（28） ・本始五年田官☑[73]

（29） 騂馬田官元鳳六年三月辟除（？）☑[74]

（30） ……謹案居延始元二年戍田卒千五百人爲騂馬田官穿涇渠，迺正月己酉淮陽郡[75]

（31） 謹逮移始元二年以來騂馬☑[76]

（32） 元鳳元年十一月己巳朔乙未，騂馬農令宣王、丞安世敢言之，謹逮移卒名籍一編，敢言之。[77]

（33） 五月丁亥朔壬辰☑騂馬農令，寫☑[78]

（34） ☑候、農令，督烽隧士吏□□□ ☑[79]

（35） 守農令常趙人田五☑[80]

（36） 守農令趙人田卌畝禾　　☑[81]

---

[69] 263・14，《居》圖版464，《居乙》圖版289。

[70] 《劉書》，99頁。

[71] 陳公柔、徐苹芳《大灣出土的西漢田卒簿籍》，《考古》1963年3期，159頁。

[72] 522・9，《居》圖版502，《居乙》圖版275。

[73] 520・11，《居甲》2288。

[74] 187・16，《居》圖版15，《居甲》1074。

[75] 303・15＋513・17，《居》圖版11，《居甲》1590。

[76] 187・26，《居》圖版15，《居甲》1078。

[77] 19・34，《居》圖版45，《居甲》159。

[78] 515・20，《居》圖版84，《居甲》2217。據字體及所記月朔，當是宣帝元康四年簡。

[79] 516・26，《居》圖版84，《居甲》2255。

[80] 90・65，《居》圖版9，《居甲》542。

[81] 90・4，《居》圖版9，《居甲》537。

(37) 丞富官斥候屬守農令尊死馬出(?)十(?)一(?)☑[82]

學者們據上引簡文認爲西漢時大灣附近曾設騂馬田官,其首長爲農令,是可信的。

陳直曾據上引簡(34)和 520・13"☑移會水都尉、候、農☑"一簡,[83]認爲主管屯田之官有"候農令"。[84] 陳夢家也有這種看法。他把 503・13 的"會水"誤釋爲"肩水",認爲"候農令似屬於肩水都尉"。[85] 薛英群反對關於"候農令"的說法,指出此二簡的"候"指候官,與農令是並列的。[86] 其說可從。上引簡(18)有"☑北候官、居延農"之文,可與此二簡的"候、農令"相比照,[87]不過各簡所指的具體的候與農令則是各不相同的。520・13 的"農[令]"可能指設在酒泉郡會水都尉防區內的田官之長。

騂馬田官設於肩水地區,與"居延農"無涉。《劉書》認爲"居延農府所轄至少當有騂馬、居延兩個田官",[88]是不正確的。習慣上把居延和肩水兩個地區(指兩個都尉的防區,不是狹義的居延和肩水地區)所出漢簡,全都稱爲居延簡。《劉書》也許因此致誤。

騂馬田官可能也屬於張掖農都尉。就是居延的田官,雖然爲居延都尉所護,在行政系統上可能也是屬於張掖農都尉的。居延的一般人民爲居延都尉所護,但居延縣在行政上仍屬張掖太守。田官的情況應有類似之處。

農都尉無疑要受所在邊郡的太守節制,但是多數學者認爲他們跟郡國農官一樣,也是直屬大司農的。[89]《劉書》指出:

> 對農都尉的考課,是由大司農主持進行的。《漢書・敘傳》記載:(班況)舉孝廉爲郎,積功勞,至上河農都尉,大司農奏課連最,入爲左曹越騎校尉。……這説明農都尉隸屬於中央大司農。[90]

其説可從。上引簡(1)以"郡十一"與"農都尉官二"並提。《劉書》所引的東漢初

---

[82] 19・42,《居》圖版 5,《居甲》537。
[83] 《居》圖版 373,《居甲》2293。
[84] 陳直《居延漢簡研究》,天津古籍出版社,1986,10、245 頁。
[85] 《漢簡綴述》,27 頁。
[86] 薛英群《居延漢簡通論》,甘肅教育出版社,1991,346—347 頁。
[87] 520・13"農"下"令"字,據陳直補。
[88] 《劉書》,99 頁。
[89] 《劉書》,87—93 頁。
[90] 《劉書》,98 頁。

簡 EPT22:825A,也以"[金]城、武威、張掖、酒泉、敦煌太守"與"張掖、酒泉農都尉"並提。這似乎可以看作農都尉不屬郡太守之證。[91] 居延田官與居延都尉的關係,可能跟農都尉與本郡太守的關係相類。陳夢家認爲:

> 部都尉似亦有兼屯田者。敦煌郡的宜禾都尉,據其塞牆序列看,應是部都尉而稱宜禾,宜禾最初爲屯田之義,故《後漢書・西域傳序》謂永平"十六年明帝乃命將帥北征匈奴,取伊吾盧地,置宜禾都尉以屯田"。[92]

據此說,居延田官屬於居延都尉的可能性似乎也不能完全排除,有待研究。

上文提到的張掖郡的田官,有日勒、騂馬和居延三個。居延田官爲居延都尉所護,已見上述。據考古調查和發掘,居延屯田區主要在可能爲居延城的 K710 附近,[93]估計離居延都尉治所不會很遠。騂馬田官顯然是接受肩水都尉保護的。騂馬田官應在大灣附近,據研究大灣就是肩水都尉府所在地。[94] 據《地理志》,張掖郡都尉治日勒澤索谷,日勒田官主要應由他保護(張掖農都尉治所也與日勒相近,已見上述)。上文討論"候農令"問題時,還曾提到酒泉郡會水都尉防區内可能也設有田官。看來邊郡的每一個田官似乎都要緊密依附一個部都尉或郡都尉,而農都尉倒並不是每個邊郡所必設的。

前面提到過的上河農都尉,其治所在北地郡富平(參看下引《水經注》)。《地理志》北地郡富平下記:"北部都尉治神泉障,渾懷都尉治塞外渾懷障。"《水經注・卷三・河水注》:"河水又北逕富平縣故城西。秦置北部都尉,治縣城(引者按:秦、漢北部都尉治所有異,但都在富平的範圍之内)。……河水又逕典農城東,世謂之胡城;又北逕上河城東,世謂之漢城。薛瓚曰上河在西河富平縣,即此也,馮參爲上河典農都尉(引者按:應稱上河農都尉)所治也。河水又北逕典農城東,俗名之爲吕城,皆參所屯以事農甿。……河水又東北逕渾懷障西,《地理志》渾懷都尉治塞外者也。"可見上河農都尉的屯田可以受到兩個部都尉的保護。從這個例子看,似乎農都尉的主要任務是固定在一個地方屯田。他本身都需要别的都尉保護,大概不可能去保護郡境内的其他農官。

---

[91] 陳夢家已據上引簡(1)指出"農都尉受制於大司農而各郡的都尉受制於太守,不可等同"。見《漢簡綴述》,41 頁。

[92] 陳夢家《漢簡綴述》,42 頁。

[93] 《額濟納河流域障隧述要》,《居延漢簡甲乙編》下册,300—301 頁。

[94] 同上注,317 頁。

上面所說的情況,使我們産生了一個想法:會不會農都尉只是屯田規模較大、所屬吏卒採用軍事編制的一個農官,其屯田區外的同郡的令長級農官(如張掖郡的日勒、騂馬、居延等田官)並不隸屬於他,而是跟一般郡國農官一樣直屬於大司農的。當然,這種想法缺乏證據,但是同郡的令長級農官隸屬農都尉的確鑿證據同樣缺乏。希望將來有新的史料發現,使我們能弄清楚他們之間的關係。

居延地區的瓦因托尼,出了不少武帝末至昭帝早期的通澤第二亭的食簿簡,是研究這一地區屯田情況的重要資料。陳公柔、徐苹芳對這批漢簡進行了細緻的整理和研究,有不少可參考之處。[95]

這批簡所提到的與屯田有關的官吏名稱,有代田長、居延農第六長(也稱"第六長")、部農第四長、斥胡主倉故吏、斥胡倉監、代田倉監、都丞等:

(38) ☐舒受代田長頎,以食吏士四人,辛酉盡庚寅廿八日,積百一十二人。[96]

(39) 出□□□□□□一石四斗八升,征和四年十二月辛卯朔己酉,廣地里王舒付居延農第六長延壽。[97]

(40) 入穈小石十二石,爲大石七石二斗,征和五年正月庚申朔庚,通澤第二亭長舒受部農第四長□☐[98]

(41) 入穈小石十四石五斗,爲大石八石七斗,三年正月己卯朔辛巳,第二亭長舒受第六長延壽。[99]

(42) ☐受斥胡倉故吏建。[100]

(43) ☐二亭長舒受斥胡主倉故吏建,都丞延壽。[101]

(44) ☐年十月戊辰朔戊辰,第二亭長舒受斥胡倉監建,都丞延壽臨。[102]

(45) 入穈小石十四石五斗,始元二年十一月戊戌朔戊戌,第二亭長舒受

---

[95] 陳公柔、徐苹芳《瓦因托尼出土廩食簡的整理與研究》,《文史》第十三輯,1982。以下簡稱此文爲"瓦"。

[96] 557・6,《居》圖版 396,《居甲》2328。《瓦》指出此簡所記干支屬武帝征和四年十一月。

[97] 557・8,《居》圖版 488,《居甲》2332。

[98] 273・9,《居》圖版 390,《居甲》1443。

[99] 278・9,《居》圖版 511,《居甲》1495。《瓦》據月名及月朔干支定三年爲後元三年,即昭帝始元元年。

[100] 148・48,《居》圖版 394,《居甲》875。

[101] 148・3,《居》圖版 394,《居甲》840。

[102] 308・45,《居》圖版 437,《居甲》1637。《瓦》據月名及月朔干支定爲始元二年簡。

代田倉監步,都丞延壽臨。[103]

(46) ☐十五石,始元二年十二月丁卯朔丁卯,第二亭長舒受代田倉監步,都丞臨。[104]

(47) 入糜小石十四石五斗,始元三年正月丁酉朔丁酉,第二亭長舒受代田倉監步。[105]

(48) ☐小石十五石,始元三年四月乙丑朔丙寅,第二亭長舒受斥胡倉監建,都丞延壽。[106]

(49) ☐長舒受斥胡倉監建,都丞延壽臨。[107]

(50) 入糜小石十五石,始元三年六月甲子朔甲子,第二亭長舒受代田倉監步,都丞臨。[108]

(51) 入糜小石十　　始元三年七月甲午朔甲午,第二亭長舒受代田倉監,都丞臨。[109]

(52) ☐十一石六斗　　始元三年十二月壬戌朔壬戌,通澤第二亭長舒受代田倉監步。[110]

(53) ☐己丑朔,第二亭長舒受代田倉監䴪　　其六石以食小亭二人[111]

(54) 入糜小石十二石　　始元五年二月甲申朔丙戌,第二亭長舒受代田倉監䴪。[112]

上引簡(39)的"居延農第六長",舊誤釋爲"居延農亭亭長",因此有農亭爲屯田的基層組織之說,有的學者甚至把通澤第二亭也看作農亭。[113] 這完全是錯誤的。《居延漢簡釋文合校》已將上述誤釋改正(654頁)。所以所謂"農亭"是根本不存

---

[103] 273·24,《居》圖版389,《居甲》1467。
[104] 275·19,《居》圖版395,《居甲》1483。
[105] 148·47,《居》圖版394,《居甲》873。
[106] 273·8,《居》圖版440,《居甲》1442。
[107] 563·6,《居》圖版489,《居甲》2374。
[108] 273·14,《居》圖版440,《居乙》圖版205。
[109] 534·3,《居》圖版437,《居乙》圖版277。
[110] 557·3,《居》圖版488、489,《居甲》2548。
[111] 557·5,《居》圖版488,《居甲》2323A、B。《瓦》謂己丑朔屬始元四年五月。
[112] 275·23,《居》圖版490,《居甲》1485。
[113] 《劉書》,102—104頁。

在的。通澤第二亭稍後改爲殄北第二隧,[114]似乎不屬於農官系統。[115]

簡(41)的"第六長延壽"無疑是"居延農第六長延壽"的省稱。(43)以下諸簡中多次出現的"都丞延壽",跟他應該是一個人。居延農當指令長級的居延田官,上文已經説明。騂馬田官的首長是農令,居延田官的首長大概也是農令。第六長當是居延農令之下主管一部分屯田的官吏。延壽在征和四年至始元元年間任第六長,至遲在始元二年已升任都丞。此都丞應即居延農令之丞。

簡(40)"部農第四長"中的"部農",應與"居延農"同義,"部"在此處指都尉的防區。[116] 前面説過,"居延農"也許是屬於居延都尉的。不過即使"居延農"屬於張掖農都尉或大司農,也仍然可以把"部農"的"部"理解爲指居延都尉部。因爲居延都尉部的人把"居延農"稱爲"部農"是很自然的,並不意味着此農官在行政系統上一定隸屬於居延都尉。

簡(38)的代田長,應該跟第六長、第四長一樣,也是居延農令屬下主管一部分屯田的官吏。(45)以下各簡,除(48)、(49)外都提到代田倉,應即貯藏代田長主管的屯田所産糧食之倉。《漢書・食貨志》有武帝末年趙過"爲代田","又教邊郡及居延城"的記載。居延地區出土的武帝末年至昭帝早期的簡文中出現代田長、代田倉,證明《食貨志》的記載完全屬實。這一點前輩學者早已指出,這裏就不多説了。破城子新出的一枚新莽時簡説:"戍卒居延昌里石恭,三年署居延代田亭,三(四)年署武成隧……"。[117] 代田亭當因附近有代田區而得名,不能據以爲居延有農亭之證。

(42)、(43)、(44)、(48)、(49)諸簡提到斥胡倉。通澤第二亭接受斥胡倉糧食時,跟接受代田倉糧食一樣,也有農官系統的都丞延壽監臨。可見斥胡倉也是貯藏農官生産的糧食的。

(42)的"斥胡倉故吏建"、(43)的"斥胡主倉故吏建"和(44)、(48)、(49)的"斥胡倉監建",顯然是一個人。此人以故吏的身分主持倉務,極可注意。《漢書・昭帝紀》:"始元二年……冬,發習戰射士詣朔方,調故吏將屯田張掖郡。"建無疑就是被調"將屯田張掖郡"的一位故吏。稱他爲斥胡倉監的簡,時間最早的是所記日期爲始元二年十月朔的簡(44)。稱他爲故吏的(42)、(43)二簡年月不明,按理當

---

[114] 《瓦》,51—52 頁。

[115] 《瓦》52 頁説通澤第二亭"掌管農事",無據。

[116] 關於都尉防區稱部,參看市川任三《論西漢的張掖郡都尉》,228—230 頁。

[117] EPT4: 5,《新》,8 頁。

在他正式任倉監之前。所以他一定在始元二年冬天之前就到達了居延。由此可知始元二年"調故吏將屯田張掖郡"之事,實際上在冬天之前就已經在進行了。

大灣曾出如下一簡:

(55) ☑詣居延將田,謹遣故吏孝里大夫☑[118]

大灣及其北面的地灣爲肩水金關遺址,出有很多過所文書。此簡字體接近草書,大概是一位被派遣到居延將屯田的故吏所持的過所文書的抄錄本的殘簡。文書當由這位故吏原來居住的縣鄉的官吏發出,所以其籍貫只書里名。他大概也是始元二年被調"將屯田張掖郡"的故吏中的一個。在記年號的居延簡中,宣帝時簡的字體已有很接近草書的例子。[119] 所以昭帝時簡是可以有此簡所用的字體的。此簡"將田"之"將"由於寫得草率,舊誤釋作"爲"。如果把它跟 103·11[120] 等簡的"將"字對照一下,就可以知道這個字是"將"而不是"爲"。

在破城子出土的簡文中,可以看到左農右丞、左農左長、右農後長等農官名:

(56) ☑　　五鳳三年十一月甲戌朔庚子,左農右丞別田令史居付甲渠令史慶、尉史常富。/ 候漢☑[121]

(57) ☑□戌朔戊戌,左農右丞別田令史□☑[122]

(58) ☑左農右守丞安世☑[123]

(59) 入麥小石百八石三斗　⟅　五鳳四年十二月丁酉朔戊申,甲渠尉史充受左農左長佐宗。/ 候漢彊臨[124]

(60) 甘露四年七月甲子,甲渠候長充以私印行候事,敢言之,府移左農右☑[125]

(61) 右農後長毋害官　　當轉糜麥八十石輸甲渠候鄣
已轉糜八十石
畢[126]

---

[118] 511·30,《居》圖版 120,《居甲》2102。
[119] 如 271·17 神爵二年簡,《居》圖版 171,《居乙》圖版 204。
[120] 《居》圖版 151,《居乙》圖版 80。
[121] EPT51:308,《新》,199 頁。
[122] EPT51:554,《新》,215 頁。
[123] EPT59:789,《新》,407 頁。
[124] EPT52:89,《新》,233 頁。
[125] 267·20,《居》圖版 268,《居甲》2422。
[126] EPT51:191,《新》,187 頁。

(62) 右農□長宗當
右農官調陽陽[127]

這些農官,也都應該是屬於“居延農”的。大概居延農在上引這批簡的時代分成左農、右農,左農、右農又分左、右、前、後等部。這些分部由丞或長爲其主管,其下有別田令史(見56、57)、佐(見59)等屬吏。居延的農官爲什麽既有瓦因托尼簡中所見的第四長、第六長那一類以數命名的編制,又有這一類以方位命名的編制呢?這個問題等到考察了騂馬田官的組織情况以後再加以討論。

提到騂馬田官、騂馬農令的簡,上文已經引過。此外,在大灣出土的簡文中,也可以看到一些以數命名的長和丞:

(63) 第一長官十一月⧄[128]

(64) ■右第二長官二家田六十五畝　　租廿六石[129]

(65) 第二長別田令史□德車一兩　　……[130]

(66) 第二丞官卒七十人[131]

(67) 第二丞官七月兵薄[132]

(68) 入粟五十石　　受第二丞萬年⧄[133]

(69) 第三丞官取車⧄[134]

(70) ⧄□□第三丞定衆以私印行候事⧄出入簿一編敢言之。[135]

(71) 第四長官七月兵簿[136]

(72) 第四長安親　　正月乙卯初作,盡八月戊戌,積二百[廿]四日。用積卒二萬七千一百卌三人,率日百廿一人,奇卌九人。豤(墾)田卌一頃卌四畝百廿四步,率人田卅四畝,奇卅畝百廿四步。得穀二千九百一十三石一斗一

---

[127] EPT53:76,《新》,286頁。

[128] 120・23,《居》圖版22,《居乙》圖版89。

[129] 303・7,《居》圖版10,《居甲》1585。此簡“家”字舊誤釋爲“處”。今據332・20+341・13(《居》圖版25,《居甲》1719)“家”字改釋。

[130] 47・5,《居》圖版9,《居甲》345。

[131] 513・25,《居》圖版70,《居甲》2156。

[132] 120・37,《居》圖版22,《居乙》圖版90。

[133] 19・10,《居》圖版45,《居甲》150。

[134] 518・5,《居》圖版373,《居乙》圖版273。

[135] 303・44,《居》圖版6(倒置),《居甲》1606。

[136] 521・11,《居》圖版43(號作501・11),《居乙》圖版268。

升,率人得廿四石,奇九石。[137]

(73) 出三斗六升付第四丞□解(?)・□七石二斗□□　　爲□斗七升[138]

(74) ☑第四丞□☑[139]

(75) 第五長定☑[140]

(76) 第五丞別田令史信元鳳五年四月鐵器出入集簿[141]

(77) 第六守丞□☑[142]

(78) ☑七丞官穀十五石便取☑出入毋必令將軍見☑[143]

下引一簡"長"上之字已殘去,估計也是數字:

(79) ☑長別田令史定☑[144]

從上引(64)、(65)、(72)、(76)等簡來看,這種以數命名的長和丞顯然是農官。他們應該是騂馬農令的下屬。"第一長官"、"第二長官"、"第二丞官"等詞語中的"官",指這些長、丞所主管的機構。

除了以數命名的,在大灣所出簡文中也可以看到以方位命名的農官:

(80) 田卒平干國襄垣石安里李彊年卅七　　本始五年二月丁未疾心腹支滿死,右農前丞□□[145]

居延和騂馬的田官都有以數字和以方位命名的兩套編制。這是很可注意的。從有年號的簡來看,不論是居延還是騂馬,以數命名的都見於武帝或昭帝時簡(如瓦因托尼食簿簡和簡76),以方位命名的都見於宣帝時簡(如簡56、59、60、80)。雖然這種有年號的簡還不夠多(關於騂馬田官的兩套編制,都僅有一例),上述現象恐怕仍然不能看作偶然的巧合(大灣所出提到農令與以數命名農官之簡,從字體看大都顯然屬昭帝時代)。大概這兩種編制不是並存的,而是前後相承的。這種編制的改變如果確實存在的話,是否反映了屯田制度方面某種較爲重大的變化,也有待

[137] 72EJC:1,《居延新簡釋粹》,87—88頁。
[138] 303・29,《居》圖版497;《居甲》1603。
[139] 516・20,《居》圖版410,《居甲》2253。
[140] 515・37,《居》圖版84,《居甲》2222。
[141] 310・19,《居》圖版12,《居乙》圖版227。
[142] 521・36,《居》圖版398,《居乙》圖版274。
[143] 501・8,《居》圖版47,《居乙》圖版268。
[144] 90・13,《居》圖版44,《居乙》圖版77。
[145] 293・5,《居》圖版3,《居甲》1573。

研究。

有一點值得注意,居延簡中與田官、田卒和各種屯田事務有關的簡,凡是有年號的或可推定所屬帝世的,除少量武帝時簡外,幾乎都是昭、宣時代的。[146] 這大概也不是偶然的,也許説明在元帝以後,居延、肩水地區的屯田事業已經衰落。上面説過,新莽時居延農大概已經不存在,似可與此互證。勞榦指出,田官率田卒屯墾,"既成熟田,更募民徙塞下,此蓋漢世屯墾通則"。[147] 那麽,居延的屯田後來也許大都"賦民"了。

居延和騂馬田官的首長都是令長級的。因此田官所統轄的"第某長"或"某農某長"(以下稱他們主管的部分爲"分部",稱他們爲"分部之長"),其品級一定低於一般的令長。徐樂堯、余賢傑認爲"其地位相當於候望系統的部候長",[148]大概近於事實。《後漢書·百官志一》記大將軍部曲,謂"曲有軍候一人,比六百石。曲下有屯,屯長一人,比二百石"。分部之長的地位跟屯長也應該是相近的。

屯長、候長這類"長",是没有資格設稱"丞"的副職的。所以"第某丞"、"某農某丞"必非分部之長的丞。《劉書》認爲"第×長與第×丞爲同一級之屯田官吏"(105 頁),其説可從。據《百官表》,一個令長之下往往可以設好幾個丞。大概田官之長下面,除了全面輔佐他的丞(也許瓦因托尼食簿簡提到的"都丞"就指這種丞),還設有一些地位較低的丞。分部若不設長,就由這些丞來掌管。當然,這只是一個有待檢驗的推測。

分部的别田令史當是率領一部分田卒到本分部主要屯田區之外的某地從事生産的官吏。《漢書·西域傳下》説,"將免刑罪人田渠犁"的鄭吉,在攻車師取得勝利後,"使吏卒三百人别田車師"(下一節討論屯田勞動者中的弛刑士的問題時,將有較詳細的引文)。"别田令史"和"别田車師"的"别田",意義是相同的。令史本是令長級長官的屬吏。别田令史跟主管分部的丞、長之間,也許只有一種工作上的隸屬關係。

從上引簡(66)可知第二丞官大概有田卒七十人。從上引簡(72)可知第四長官大概有田卒百二十人左右。看來一個分部的田卒數一般在百人上下。不過上述數字也許没有包括别田令史所率的田卒。

---

[146] 關於田卒簡的年代,參看陳公柔、徐苹芳《大灣出土的西漢田卒簿籍》,160—161 頁。

[147] 《勞書》,387 頁。

[148] 徐樂堯、余賢傑《西漢敦煌軍屯的幾個問題》,《西北師範學院學報》1985 年 4 期,41 頁。

以上主要考察了漢簡所見的農官,下面考察見於漢印等資料的農官。在傳世的西漢印中有下引五枚形制相似的農官印:

(81) 梁菑農長[149]

(82) 稻農左長[150]

(83) 上久農長[151]

(84) 上昌農長[152]

(85) 朔力農丞[153]

這五枚印,印面都作豎長方形,篆書風格也比較相似,鑄造時代一定很接近。從篆書風格看,似爲武、昭時代物。

《徵存》對(81)的考釋説:"《漢書·地理志》梁國下有甾縣。又《百官公卿表》:大司農屬官有郡國諸倉農監長丞。"(35頁)蓋以爲梁菑農長是設在梁國甾縣(今河南考城縣東南)的,隸屬大司農的郡國農長。其説可從。

(82)的形制與(81)相似,也應該是郡國農官之印。《漢書·地理志》琅邪郡有稻侯國。據元于欽《齊乘》,稻邑因多稻田而得名。可能大司農因此地農官事務繁多而分設左右二官,稻農左長就是左農官之長。不過此官是稻農官屬下分部之長的可能性,似乎也不能完全排除。

(83)、(84)、(85)三印,形制既與(81)、(82)相似,按理也都應該是郡國農官印。但是"上久"、"上昌"、"朔力"都既非郡國名,也非縣邑名,使人疑莫能明。比照(81)的文例,"上"和"朔"也許是"上郡"和"朔方"之省;"久"、"昌"、"力"也許是設立農官之地的地名之省,但是在《地理志》所載的上郡和朔方郡的屬縣名裏,却找不到跟它們相應的地名。如果這些印的文例確與(81)相類,這些農官就都應該像張掖郡的騂馬田官一樣,是以非縣邑的地名爲名的。上昌、朔力二印,印文書法稍遜,其真僞似乎還有討論的餘地,有待進一步研究。

除上引五枚形制比較特殊的以外,在傳世和晚近出土的西漢印裏,還可以看到一些冠以地名的農官印,如:

---

[149] 《徵存》193。

[150] 〔明〕王常(即羅王常)《集古印譜》1·38上。《上海博物館藏印選》,上海書畫出版社,1979,73頁,所著録者,是否明代所著録之原印,待考。

[151] 《徵存》194。

[152] 《徵存》195。

[153] 《徵存》196。

(86) 西河農令[154]

(87) 代郡農長[155]

(88) 楗爲農丞[156]

(89) 隴前農丞[157]

(86)是1973年内蒙杭錦旗霍洛柴登漢城遺址出土的,[158]其餘各印皆傳世品。"西河"、"代"、"楗爲(古書作犍爲)"都是郡名。(89)的"隴",《徵存》以爲指隴西郡,似可信。不過"隴"指天水郡隴縣的可能性,似乎也不能排除。

代郡農長,《集古官印考證》(卷六第十一頁上)和《徵存》都認爲是郡國農官之長;犍爲農丞,《徵存》認爲是郡國農官之丞,皆可從。(89)的"隴"如指隴西郡,隴前農丞應是隴西郡農官的屬吏;如指隴縣,則此農丞應是天水郡農官的屬吏。

西河農令既然跟代郡農長等一樣,也以郡名爲名,理應也是郡國農官之令。令、長之秩雖有高低,在職務上則是同級的。郡國農官一般設長,但如事務繁劇自然也可以設令。這跟小縣設長大縣設令是一個道理。《平準書》說武帝時"上郡、朔方、西河、河西開田官",西河農令自即西河田官之令。這一點在發表西河農令印的陸思賢的文章中已經指出。可是陸文把農令跟大農令扯在一起,認爲此印是武帝太初元年改大農令爲大司農之前的遺物,[159]則是不可信的。王人聰認爲由此印"可以推知,西漢時西河郡亦應有農都尉的設置"。[160] 今按:西河郡是否設有農都尉,是一個可以討論的問題。但是從西河農令的存在,是無法推出西河有農都尉的結論的。

傳世漢印中尚有下引一方冠以地名的農官印:

(90) 彭城田長[161]

從字體看,其時代應已晚至東漢。東漢有彭城國,都於彭城(今江蘇徐州市);本爲楚國,永平十三年楚王英謀反,國除,改爲楚郡;章和二年徙封六安王恭於此,改爲

---

[154] 《徵存》197。

[155] 《徵存》190。

[156] 《徵存》191。

[157] 《徵存》192。

[158] 陸思賢《内蒙古伊盟出土的三方漢代官印》,《文物》1977年5期,95頁。

[159] 同上注。

[160] 王人聰《西漢郡國特設官署官印略考》,見注⑥引王、葉《秦漢魏晉南北朝官印研究》,28頁。

[161] 方清霖《集古官印譜》25・24。

彭城國。此印當是彭城國農官之印。《後漢書・百官志三》大司農條本注："郡國鹽官、鐵官本屬司農，中興皆屬郡縣。"郡國農官在東漢時大概也已經改屬地方了。

1979 年山西省博物館在太原冶煉廠揀選到一件西漢銅器，器上鑄有如下陽文銘：

(91) 蒲反田官[162]

銘文行款酷似方形官印。發表此器的喬淑芝的文章，已指出蒲反即蒲阪，[163]在今山西永濟縣，漢代屬河東郡；並指出蒲反田官的設置，當與《史記・河渠書》所記武帝時穿渠"引河溉汾陰、蒲坂下"之事有關。[164] 其說可信。蒲反田官無疑也是屬於大司農的一個郡國農官。

上文舉過的郡國農官，有的冠以郡國名，有的冠以縣邑等較小的地名。農都尉一般以郡命名，但也有冠以較小的地名的，如北地郡的上河農都尉。他們之間是否存在區別？是否以郡國命名的都有權管理全郡國的有關事務，而以較小的地名命名的都只能管本地區的有關事務？這些問題還有待研究。

在出土文字資料中，關於中央官署農官的資料比較少，主要只有一種瓦當和一種封泥。清代以來陝西發現的西漢瓦當中有如下一種：

(92) 上林農官[165]

上文引過的曾庸之文認爲"上林農官"指水衡都尉所設的農官。[166] 其說似可信。但是"上林農官"指水衡屬官上林令屬下農官的可能性，似乎也不能排除。清代發現的西漢封泥中有如下一種：

(93) 挏馬農丞[167]

《百官表》："太僕，秦官，掌輿馬，屬官有大廄、未央、家馬三令，各五丞、一尉。……武帝太初元年更名家馬爲挏馬。"周明泰指出挏馬農丞當是挏馬令五丞之一。[168]《平準書》所舉的設農官的中央官署中有太僕。挏馬農丞是太僕屬官挏馬令下專

---

[162] 喬淑芝《"蒲反田官"器考》，《文物》1987 年 4 期，67 頁，圖 3。
[163] 《地理志》作"蒲反"，後世作"蒲阪"或"蒲坂"。
[164] 喬淑芝《"蒲反田官"器考》，68—69 頁。
[165] 陝西省博物館《秦漢瓦當》，文物出版社，1964，80—81 頁。
[166] 曾庸《西漢宮殿、官署的瓦當》，《考古》1959 年 12 月，677 頁。
[167] 劉鶚《鐵雲藏封泥》16 上。
[168] 周明泰《再續封泥考略》1・8 下。

管農務之丞,跟《平準書》所説的太僕的農官也許不是一回事。前面説過,據秦印,當時的官廄一般有屬於他們的官田。《後漢書·百官志二》太僕屬官"長樂廄丞"下劉昭注引《漢官》:"員吏十五人,卒騶二十人;苜蓿苑官田所,一人守之。"這也是廄有官田之例。挏馬官也管養馬,一定也有官田,所以設有農丞。

《平準書》説告緡之後,"水衡、少府、大農、太僕各置農官,往往即郡縣比沒入田田之"。除告緡時沒入之田外,地方上無疑還會有爲中央官署所領有的官田。從有關史料看,中央官署的農官通常大概是派下級官吏,到地方上去管理那些屬於他們的官田的。《漢書·兒寬傳》:"補廷尉文學卒史……見謂不習事,不署曹,除爲從史,之北地視畜數年,還至府,上畜簿。"顔師古注:"畜謂廷尉之畜在北地者,若今諸司公廨牛羊。"這裏説的是"視畜",那些在郡縣有農田的官署,應該也是派從史一類人去"視田"的。地灣曾出如下一枚西漢簡:

(94) ☐遣從史信成視田牧☐[169]

此簡書體草率,大概跟前引的簡(55)一樣,也是過所文書抄録本的殘簡。從史信成當是持此文書者,他很可能就是由某個中央官署派到張掖郡去視田牧的。即使此人屬於非中央的官署,結合此簡與上引《兒寬傳》看,也可以作出當時的官署(包括中央和地方官署)一般派從史一類人,到遠離官署所在地的地方去管理屬於他們的牲畜和農田的結論。

寶雞市博物館藏有從武功縣徵集到的如下一方西漢官印:

(95) 斄田之史[170]

斄是右扶風屬縣,在今武功縣西。這位史既有可能是中央某官署派往斄地"視田"的從史,也有可能是右扶風農官所派出"視田"的從史。

在傳世漢印中還有一些農官印,如:

(96) 農府丞印[171]

(97) 農司馬印[172]

(98) 農前丞印[173]

---

[169] 11·20,《居》圖版39,《居甲》102。

[170] 高次若、王桂枝《寶雞市博物館收藏的十方銅印章》,《考古與文物》1982年6期,33頁,圖一:7。

[171] 王常《集古印譜》1·35上。

[172] 《徵存》198。

[173] 王常《集古印譜》1·35上。

(99) 屯田司馬[174]

(100) 屯田丞印[175]

從字體看,(96)、(97)爲西漢印,(98)、(99)的時代似已晚至東漢。《徵存》列(100)於曹魏官印,此印似也有可能屬東漢晚期。

(96)的"農府"疑指農都尉府或屯田校尉一類官的府。(97)的農司馬也許是農都尉的下屬。(98)的農前丞可能是農都尉或郡國農官的下屬。東西漢都有以司馬將屯田之事。《漢書・西域傳上》記昭帝時傅介子刺殺樓蘭王,"乃立尉屠耆爲王,更名其國爲鄯善……王自請天子曰:'……國中有伊循城,其地肥美,願漢遣一將屯田積穀,令臣得依其威重。'於是漢遣司馬一人、吏士四十人田伊循,以填撫之"。《後漢書・西域傳》記順帝永建六年"帝以伊吾舊膏腴之地,傍近西域,匈奴資之,以爲鈔暴,復令開設屯田,如永元時事,置伊吾司馬一人"。(99)的屯田司馬大概就是這種將屯田的司馬。(100)的屯田丞可能是被遣將屯田的某官之丞,《集古官印考證》認爲是屯田西域的戊己校尉之丞(卷四第十一頁上),恐不一定正確。

傳世漢印中還有"屯田校尉史守之印",[176]應是屯田校尉屬下名守的一位史的私印。《徵存》以這種加官名的私印爲殉葬印。此印時代,葉其峰定爲西漢。[177] 又有"屯田唯印"。[178] 比照漢印中常見的"里唯"(學者或讀爲"里魁"),[179]屯田唯似當是屯田勞動者中間的一種組織之長,並非正式的官吏。此印時代大概屬東漢(各種"唯"印,《徵存》皆列於東漢)。

《徵存》以下引一印爲新莽官印:

(101) 將田己部右候[180]

從印文格式和篆體看,定此印爲莽印是可信的。王人聰指出己部是戊己校尉下的一個部,並據《漢書・匈奴傳》記新莽戊己校尉屬官有"右曲候任商",謂印文"右

---

[174] 方清霖《集古官印譜》4・99。

[175] 《徵存》1362。

[176] 《徵存》2447。

[177] 葉其峰《漢魏南北朝官印殉葬制度與殉葬印》,見注⑥引王、葉《秦漢魏晉南北朝官印研究》,141頁。

[178] 《集古官印譜》13・6。

[179] 俞偉超《中國古代公社組織的考察》,文物出版社,1988,78、91—92頁。

[180] 《徵存》544。

候"即指右曲候。[181] 其說可信。據《漢書・西域傳》,元帝時置戊己校尉,屯田車師;成帝時爲了對付叛亡的烏孫貴族日貳,"徙己校屯姑墨"。[182] 顏師古注說戊己校尉"有戊、己兩校兵,此直徙己校也"。

1979 年敦煌馬圈灣遺址出土的漢簡中有如下一簡:

(102) 崇家在安定,崇父以河平元年中爲侍郎,以詔除爲將田姑[183]

河平爲成帝年號,成帝建始五年改元爲河平元年。《敦煌馬圈灣漢代烽燧遺址發掘報告》(以下簡稱"馬圈灣")說上引簡文"'以詔除爲將田姑','姑'字後闕,似爲'墨'字",[184]其說可從。《馬圈灣》並認爲"徙己校屯姑墨"就是河平元年的事。

羅布淖爾所出漢簡中有如下一簡:

(103) 河平四年十一月庚戌朔辛酉,別守居盧訾倉車師戊校☐[185]

"車師戊校"下原來應該有屬於戊校的官名,已殘去。大概河平四年己校仍屯姑墨,或已改屯他處,車師只駐有戊校,故有"車師戊校"之稱。

在馬圈灣所出的一批新莽簡中屢見"戊部"之稱,[186]其中有一簡說:"共奴(指匈奴)與焉耆通謀,欲攻車師戊部孤軍"。[187] 此外又有一簡提到"己部"。[188] "戊部"、"己部"與"戊校"、"己校"同義。[189] 可知新莽時戊、己二校也是分開的。

西漢設戊己校尉時,其職本由一人任之。[190] 戊、己二校分開後,己部是否設校尉,是一個爭論不休的問題。勞榦《漢代的西域都護與戊己校尉》一文指出,東漢時雖有戊、己兩校尉,成帝時則"很可能戊己校尉自領戊校居車師前王庭,而別分爲

---

[181] 王人聰《新莽官印匯考》,見注⑥引王、葉《秦漢魏晉南北朝官印研究》,106 頁。

[182] 見《西域傳下》。清徐松《漢書西域傳補注》認爲是成帝建始二年事。劉光華《段會宗在西域活動的年代、事跡及其評價》則認爲是建始四年以後事。劉文未見,據《劉書》109 頁轉引。

[183] 甘肅省文物考古研究所《敦煌漢簡》,中華書局,1991,195。以下簡稱此書爲"敦"。

[184] 《敦》,附錄 85 頁。

[185] 黄文弼《羅布淖爾考古記》第四篇《木簡考釋》第 15 簡,西北科學考查團叢刊,1948。

[186] 《敦》72、99、112、120、121、122、131、134、148、196、203、971。

[187] 《敦》119。

[188] 《敦》974A。

[189] 同注[181],106 頁。

[190] 勞榦《漢代的西域都護與戊己校尉》,《勞榦學術論文集》,873—878 頁。上引王人聰文從《後漢書・西域傳》和《漢書》顏注之說,認爲一開始就設戊、己二校尉,非是。

己校由司馬率領屯姑墨。此己校爲無校尉之校"。[191] 此說似可考慮。上引簡(102)說"崇父以河平元年中爲侍郎,以詔除爲將田姑[墨]……",大概跟宣帝地節年間鄭吉"以侍郎田渠黎"(《漢書・鄭吉傳》)一樣,應是使者身分。與鄭吉在一起的有校尉司馬憙(見《漢書・西域傳下》)。崇父也應有軍職人員與他在一起,也許就是一個司馬。

《漢書・匈奴傳下》、《西域傳下》、《王莽傳中》提到新莽時的戊己校尉刁護和郭欽(二人任職期不同),似乎當時仍只設一個戊己校尉,而沒有分設戊、己二校尉。但是馬圈灣所出新莽簡却稱郭欽爲"戊部尉"。[192] 所以新莽時已設置己部尉的可能性是很大的。當然,由於己部不如戊部重要,也有可能仍由低於校尉(新莽似只稱"尉")的官吏主持。限於資料,目前還無法下斷語。

上舉(101)這枚莽印是己部所屬右曲候之印。《後漢書・百官志一》:"部下有曲,曲有軍候一人,比六百石。"印文首標"將田",與上引馬圈灣簡"將田姑[墨]"之文相合。不過新莽時己部的駐地肯定已經不是姑墨了。

1959 年在新疆民豐縣收集到尼雅遺址出土的一枚煤玉印(也有人稱碳精印),上刻"司禾(?)府印"四字。[193] 一般認爲是東漢時代屯田官的印。由於此印質地特殊,有人稱之爲"印範",[194]有人認爲是殉葬印。[195] 印文所謂"禾"字,右側比一般"禾"字多一長豎,究竟是不是"禾"還有討論餘地。此印或許與屯田無關。

在這一節的末尾,附帶談一下所謂"河渠卒"的問題。居延簡 140・15 有"□渠卒"之稱。[196] "渠"上一字圖版不清,舊皆釋爲"河"。破城子新出簡中兩見"治渠卒",[197]可知所謂"河渠卒"是"治渠卒"的誤釋。田卒爲戍卒中主要從事田作之卒。治渠卒當是戍卒中主要從事水利工作之卒,也許屬於延水一類水官。

(二)

現在我們來考察西漢官有農田的經營方式。在這方面,出土文字資料中主要

---

[191] 《勞書》,877 頁。引者按:《後漢書・百官志一》有"其不置校尉部,但軍司馬一人"之文,勞文已在上文中引用。

[192] 《敦》112、121、134。參看《馬圈灣》,《敦》,附錄 85 頁。

[193] 賈應逸《新疆尼雅遺址出土"司禾府印"》,《文物》1984 年 9 期,87 頁。

[194] 孟池《從新疆歷史文物看漢代在西域的政治措施和經濟建設》,《文物》1975 年 7 期,29 頁。

[195] 同注[177],139 頁。

[196] 《居》圖版 416,《居乙》圖版 105。

[197] EPT52:110、EPT65:450,《新》,235、449 頁。

只有見於漢簡的關於屯田的資料可以利用。限於篇幅,我們不能全面考察漢簡所反映的屯田經營情況。下面只準備著重考察一下西漢屯田制下,官府獲取收入的方式以及所役使的屯田勞動者的種類。漢簡中所見的田官的組織情況,已在上節作過討論。關於其他跟屯田經營有關的情況,可以參閱《劉書》的有關章節及其所附論著目錄所舉的有關著作。

西漢的屯田,多數使用以卒爲主體的勞動者從事耕作,生產資料和勞動者的生活資料都由公家供給,生產出來的糧食全部爲公家所有。這是一般的常識,在居延簡裏也反映得很清楚。[198]

據上引簡(72),平均一個正式勞動力墾田卅四畝左右,每畝産穀七斗左右。這是現有的關於屯田生産量的唯一明確記載。敦煌漢簡中有如下一條:

(104) 入二年糴(?) 粟百五十六石 糜穬卅一石 姚田二頃七十畝十月戊寅倉佐□□龍勒萬年里索良[199]

以此簡所記田數二百七十畝除糧食數一百九十七石,得每畝七斗三升强,跟據簡(72)推算的畝産量極爲相近。但此簡究竟是否跟屯田有關,則不可知。

屯田生産遠遠不能滿足屯戍吏卒的糧食需要,但是對邊防和邊區的開發仍具有重要意義。關於這方面的情況,可參閱《劉書》第七章《西漢屯田的作用》。

從居延簡看,居延和肩水地區的屯田,戍卒和田卒的分工相當明確,管理屯戍和管理田作的官吏明顯地分爲兩個系統。這跟西域等地由合將屯與將田的任務於一身的屯田校尉等官主持的屯田,是不一樣的。西漢時代敦煌地區屯田的情況,由於已發表的敦煌簡中缺乏這方面的資料,目前還弄不清楚。

有些學者認爲敦煌屯田與居延、肩水屯田不同,屯戍系統和田作系統是合一的。徐樂堯、余賢傑《西漢敦煌軍屯的幾個問題》一文說:"檢閱文獻及新舊敦煌漢簡資料,未見有田官的設置。……敦煌軍屯的地區與規模雖不及居延,但防禦組織却比居延更爲密集。……綜上所述,西漢敦煌的軍屯,由於地區與規模較小,加之防禦組織又密集,故無再設田官系統的必要。"[200]前引《馬圈灣》也認爲"屯田吏卒與候望吏卒合一,是敦煌軍屯與居延軍屯不同的一個重要特點"(《敦》附錄 81 頁)。

---

[198] 《劉書》,119—127 頁。

[199] 林梅村、李均明《疏勒河流域出土漢簡》,文物出版社,1984,615 頁。以下簡稱此書爲"疏勒";《流沙墜簡》稟給類 17。

[200] 徐樂堯、余賢傑《西漢敦煌軍屯的幾個問題》,《西北師範學院學報》1985 年 4 期,41—42 頁。

但他們都沒有提出正面的確鑿證據。這一問題還需要進一步研究。

居延簡中有一些關於田租的記錄,很值得注意。

大灣所出西漢簡,除上面引過的(64)"右第二長官二家田六十五畝,租廿六石"簡外,尚有以下一些跟田租有關的簡:

(105) ■右家五,田六十五畝,租大石廿一石八斗。[201]

(106) ☐ 租十六石 ☐[202]

(107) ☐ 率畝四斗[203]

(108) ☐ 率畝四斗[204]

上引各簡字體相近,都有明顯的古隸風格。(64)、(105)二簡出自303地點,(106)、(107)二簡出自182地點,簡(108)出自19地點。182地點未出年號簡,其他兩個地點所出年號簡都是昭帝時代的。所以這些簡大概都屬於昭帝時代。[205] 簡(64)所記田租平均每畝四斗,由此可知(107)、(108)二殘簡也是記田租的。簡(105)所記田租平均每畝三斗三升半强,數額與之相近。(64)寫明所租之田屬第二長官。前面已經説過,大灣簡的第二長官是騂馬田官的屬吏。上引其他各簡所涉及的田,也都應該屬於騂馬田官。

各簡所記田租額,大大超過西漢時代對民田徵收的三十稅一的田租,韓連琪推測三十稅一的租額爲每畝三升。[206] 我在《漢簡零拾》中曾據《九章算術》"今有田一畝,收粟六升大半升"一題,推測三十稅一的租額爲每畝六升大半升。[207] 前一數額約相當於一石的三十分之一,後一數額是二石的三十分之一。究竟何說爲是,有待研究。見於漢代史書的"假民公田"之事,往往具有振濟貧民的性質。[208] 從前面討論秦代官田經營時引過的《九章算術》關於假田的算題來看,其負擔跟三十稅一的田租額相比,只會輕不會重。[209] 所以上引這些田租簡所反映的,也不會是一般的"假民公田"之事。

---

[201] 303·25,《居》圖版27,《居甲》1610。

[202] 182·3,《居》圖版22,《居甲》1027。

[203] 182·25,《居》圖版22,《居甲》1028。

[204] 19·43,《居》圖版5,《居甲》165。

[205] 米田賢次郎《漢代田租查定法管見》,《簡牘研究譯叢》第二輯,280—281頁。

[206] 韓連琪《漢代的田租、口賦和徭役》,《先秦兩漢史論叢》,齊魯書社,1986,479頁。

[207] 《古文字論集》,577—578頁。

[208] 〔宋〕徐天麟《西漢會要》卷五十,"假民公田"條。

[209] 參看上引拙文,578頁。

勞榦在《漢簡中的河西經濟生活》一文中，早就指出上引簡（64）所說的租，不是三十稅一的田租，而是政府以“地主的身分”貸田給人而收取的田租。[210] 他說：“在漢代每畝收糧的數目，大約是畝一石（據《食貨志》）。這裏六十五畝收租二十六石，收租的租額大約是百分之四十。”[211]漢代內地平均畝產量究竟是多少，是一個需要進一步研究的問題。但是從上引簡（72）所記產量來看，勞文的說法對居延、肩水屯田區來說，顯然相當合理。所以簡（64）的田租額已經接近董仲舒所說的“見稅什五”（《漢書・食貨志上》）的私家田租了。如以每畝產量七斗計，甚至已經超過“什五”。簡（105）的田租額只比四斗略低一些，其性質顯然相同。[212] 可見至遲在西漢中期，隨着民間租佃關係的發展，有的田官在役使卒等類人進行生產之外，已經在仿照民間租佃方式，把一部分官田以較高的租額出租給人耕種了。

在同一時代，其他地區有沒有以較高租額出租的官田呢？應該也是有的。《漢書・昭帝紀》提到“稻田使者”，《杜延年傳》稱“假稻田使者”。高敏、楊生民認爲這種官就是以較高租額出租官有稻田的，[213]其說似可信。但是他們認爲武帝所說的“內史稻田租挈重”，也反映了這種官田出租方式，則有問題。《漢書・溝洫志》：“上曰：……左右內史地，名山川原甚衆，細民未知其利，故爲通溝瀆，畜陂澤，所以備旱也。今內史稻田租挈重，不與郡同，其議減。”這裏所說的稻田仍應是民田，只是官府由於公家修了有利於這些稻田的水利工程，加重了它們的租額。高敏還認爲北假田官和一些農官，也都是出租官田的官，那就更不妥當了。北假是地名，見於《史記・秦始皇本紀》。《漢書・元帝紀》李斐注說北假田官“主假賃見官田與民”，顏注已加否定。一般田農官可能出租一部分官田，但決不是專門爲此而設立的。高敏還認爲武帝時的假民公田，性質跟宣帝以後截然不同。[214] 這顯然不合事實，楊生民就已經指出來了。[215]

現在接着討論跟上引大灣田租簡有關的問題。陳直曾據上引（64）、（105）二

---

[210] 《勞書》，517—518 頁。

[211] 《勞書》，517 頁。

[212] 趙儷生《中國土地制度史》，齊魯書社，1984，77 頁。趙書由於簡（105）稱“大石”而（64）只稱“石”，認爲後者指小石。小石四斗合大石二斗四升，反而比（105）的租額低。此點是否正確，有待研究。

[213] 高敏《秦漢魏晉南北朝土地制度研究》，中州古籍出版社，1986，86—87 頁。楊生民《漢代社會性質研究》，北京師範學院出版社，1993，101—102 頁。

[214] 高敏《秦漢魏晉南北朝土地制度研究》，91 頁。

[215] 楊生民《漢代社會性質研究》，104—105 頁。

簡以及下面要引到的敦煌所出的簡(113),得出"居延、敦煌兩處屯田,在西漢中晚期,均採用包租制"的結論,認爲承租者就是田卒。[216] 這顯然是不可信的。[217] 上引勞榦文似認爲承租者是沒有産業的流民。[218] 趙儷生在據簡(105)反駁陳直之說時則說:"從'家五'看來,佃種者不是戍卒本人,而是家屬私從。"[219]勞、趙二家之說都是一種推測,我們覺得趙氏的說法比較合理。

從居延簡來看,不少戍卒是帶着家屬戍邊的,爲數頗多的"卒家屬廩名籍"簡就是明證。[220] 大灣曾出如下一簡:

(109) 張掖郡肩水庾候官本始三年獄計　　田卒淮陽郡華(?)商里高奉親坐從軍假工官☐　　已移家在所[221]

所謂"已移家在所",應指已將其家移到服役地。可見田卒也有帶家屬的。[222]

東漢明帝、章帝時,曾屢次募死罪繫囚詣邊戍。當時往往規定"妻子自隨,占著所在",有時還規定"父母同産欲相從者,恣聽之"。[223] 西漢時讓戍卒帶家屬,也許有類似意義。估計至少有一部分帶家屬的戍卒,是準備在服役期滿後"占著所在",在邊縣安家的。[224]

據上面提到的"卒家屬廩名籍",戍卒家屬跟戍卒一樣從公家領取口糧。對於有勞動力的家屬,公家無疑不會讓他們白吃飯,他們有可能需要參加屯田勞動,也有可能向公家租一些田地來耕種。簡(105)記五家租田六十五畝,每家平均只合十三畝。如以每畝産糧一石計,即使不扣除田租,也維持不了一個成年人一年的生活(據居延簡,戍卒口糧一般爲每月大石二石左右)。由此看來承租者不大可能是一般平民(包括流民),而很可能是可以領取口糧的戍卒家屬。簡(64)所反映的每家平均租田額較高。每家租田的多少當是由戍卒家屬勞動力的强弱所決定的。他們所交的田租雖然不見得能與他們領取的口糧相抵,但總可以減輕一些公家的負

---

[216] 《居延漢簡研究》,8、31—32 頁。

[217] 《劉書》,128—131 頁。

[218] 《勞書》,517—518 頁。

[219] 趙儷生《中國土地制度史》,77 頁。

[220] 森鹿三《論居延出土的卒家屬廩名籍》,見中國社會科學院歷史研究所編《簡牘研究譯叢》第一輯,中國社會科學出版社,1983,100—112 頁。

[221] 293・7,《居》圖版 10,《居甲》1571。

[222] 楊劍虹《從居延漢簡看西漢在西北的屯田》,《西北史地》1984 年 2 期,32 頁。

[223] 徐天麟《東漢會要》卷三十三,"募罪徒戍邊"條。

[224] 李古寅《漢代河西軍屯勞動者成份和生活狀況》,《社會科學》(甘肅版)1983 年 4 期,27 頁。

擔。交租以後剩餘的糧食,可以用來改善他們的生活,對那些準備"占著所在"的來說,還可以用作日後安家立業的部分憑藉。

在居延簡中可以看到一些關於戍卒一類人"亡歸"或"私歸""田舍"的簡文,如"……第十三隧卒高鳳未作,亡歸中部田舍……"㉕"☐田舍再宿,又七月中私歸遮虜田舍一宿"。㉖ 這些簡文提到的田舍,有可能就是那些"亡歸"或"私歸"的戍卒租種官田的家屬所居住的地方。㉗

除了上引的那些大灣簡,在破城子新出簡中也有一簡是記田租的:

(110) 北地泥陽長寧里任慎　　二年田一頃廿畝　　租廿四石㉘

與此簡同一探方出土之簡,凡有年號者皆屬西漢宣、元、成三朝,而以元、成二朝爲多。此簡時代也應不出這一範圍。此簡所記田租每畝合二斗,低於大灣簡田租,但仍明顯高於三十稅一的租額,也應是租借官田者所交納的。此簡所記的承租者,是一個由外郡來到居延的平民。大灣曾出過如下一份過所文書:

(111) 建平五年八月戊□□□□廣明鄉嗇夫宏、假佐玄敢言之:善居里男子丘張自言與家(?)買(?)客田居延都亭部,欲取檢。謹案張等更賦皆給,當得取檢,謁移居延,如律令,敢言之。㉙

金關所出的一枚同類殘簡也有"☐客田居延☐"之文。㉚《後漢書·鄭玄傳》:"玄自遊學,十餘年迺歸鄉里,家貧客耕東萊。"據此傳下文所錄鄭玄戒子益恩書,"客耕"即"假田播殖"。上引簡文中的"客田"當與"客耕"同義。簡(111)所記的"建平"是哀帝年號。看來在西漢晚期,頗有一些外地人到居延來租田耕種。其中可能有不少人是像簡(110)所記的任慎那樣,租官田耕種的。

上一節曾推測,元帝以後居延地區的屯田事業可能已經衰落。如果真是這樣,那些不再役使田卒等人耕種的田地,除了用來"賦民"外,大概還會保留一部分作爲官田。把田租給外來平民,可能就是官府經營這種官田的重要方法。從簡(110)來看,這種官田的田租雖然比一般"假民公田"所收的假稅高,比起私家地主

㉕ 133·15,《居》圖版218,《居甲》765。

㉖ 127·7,《居》圖版126,《居甲》717。

㉗ 同注㉒。

㉘ EPT51:119,《新》,180頁。

㉙ 505·37A,《居》圖版23,《居甲》1982A。

㉚ 119·3,《居》圖版421,《居乙》圖版88。

所收的田租還是低得多。大灣田租簡的租額比較高,可能與承租者是戍卒家屬有關。向他們收取較高的田租,可能是由於他們可以從公家領取口糧,並獲得某些生產資料。

敦煌小方盤城附近的 T. XV. a 地點,曾出過文例與(110)相近的如下一簡:

(112) □□亭威里高子雅田卅畝　卩　入租三▨[231]

此簡"威"上一字舊或不釋,或釋作"京",今改釋爲"亭"。新莽時"郡縣以亭爲名者三百六十"(《漢書・王莽傳中》)。如"亭"字之釋不誤,此當是新莽簡。但簡文"卅"不作"三十",却不合莽簡特點,有待進一步研究。"租"字從《流沙墜簡》釋,或改釋爲"秋",非是。此簡也應是承租官田者交租的記錄。"三"下所缺之字,按理應爲"斛"或"石"則所記田租合每畝一斗,大概有照顧貧民的性質,已接近於一般的假稅了。敦煌 T. XXVⅢ地點出有如下一簡:

(113) 張(?)伯(?)平(?)　入租少八斗五升[232]

大概也是關於官田田租的記錄。同一地點所出年號簡皆屬東漢明帝,[233]此簡從字體看也應是東漢簡。敦煌地區這種出租的官田,不知是否也是較早時期的屯田者所墾闢的。

在西漢時代的屯田事業中,大灣田租簡所反映的那種官田出租方式,似乎並沒有佔多重要的地位,而且租種者大概也沒有納入正式的屯田編制。到了東漢,情況就有所不同了。《水經注・卷二・河水注》:"苑川水出勇士縣(今甘肅榆中縣北)之子城南山……苑川水地爲龍馬之沃土,故馬援請與田户中分以自給也。"這應是東漢初馬援爲隗囂之臣時的事,田户似應指屯田户,"中分"就是收什五之租。這是西漢時代屯田區官田出租的進一步發展。或以爲馬援以私家地主身分"與田户中分",恐不確。稍後,援歸光武,"以三輔地曠土沃,而所將賓客猥多,乃上書求屯田上林苑中"(《後漢書・馬援傳》),大概也是用公家與屯田户中分的辦法的。這是馬援爲了解決賓客生活問題而採取的措施,並不是爲了自己收租。到了魏晉時代,向屯田户收取私家地主式的田租,就成爲屯田制的佔統治地位的剝削形式

---

[231] 《疏勒》485,《流沙墜簡》雜事類 54。

[232] 《疏勒》795;大庭脩《大英圖書館藏敦煌漢簡》,同朋舍,1990,圖版 60。

[233] 《疏勒》786、813。

了。[234] 這一過程也就是屯田由只有軍屯逐漸演變爲以一般所謂“民屯”爲主的過程。[235]

下面我們來討論屯田勞動者的種類。從居延簡來看,最重要的屯田勞動者是田卒。據史書等記載,在正常情況下,西漢一般人民在成年以後衰老以前,每年要服一個月徭役(即所謂“月爲更卒”,也可出錢代役),此外還要服兩整年軍事性的徭役:一年到邊郡當戍卒或到京師當衛卒,一年在本郡當材官、騎士等類兵卒。[236]田卒就是戍卒中主要從事屯田勞動的那一部分人。關於居延簡所反映的田卒的情況,可參閱《劉書》第六章《西漢屯田的勞動者》和陳公柔、徐苹芳《大灣出土的西漢田卒簿籍》一文。[237] 據居延簡和敦煌簡,西漢時代應該當戍卒的人,有不少是“取庸自代”的。[238] 田卒裏大概也有一些被取代戍的傭。

從史書看,除了戍卒之外,京師的衛卒和郡國的卒,也有被派到官有農田上去勞動的。《漢書·食貨志上》記武帝時趙過爲代田,“過試以離宫卒,田其宫壖地,課得穀皆多其旁田晦一斛以上”。離宫卒應該就是衛卒。《後漢書·循吏·任延傳》記更始元年任延爲會稽都尉,“省諸卒,令耕公田,以周窮急”。在西漢時代,這種令郡國之卒耕公田的情況應該也是存在的。所以內郡的農官以至中央官署的農官,都有可能使用卒來從事農業生産。

前面説過,見於西漢銅器銘文的蒲反田官的設置,應與河東開渠田有關。據《史記·河渠書》,武帝時河東守番係提出建議,認爲“穿渠引汾溉皮氏、汾陰下,引河溉汾陰、蒲坂下,度可得五千頃……今溉田之,度可得穀二百萬石以上”,這樣可以免除山東到京師的漕運。“天子以爲然,發卒數萬人作渠田。數歲,河移徙,渠不利,則田者不能償種。久之,河東渠田廢。”從以上所説的情況來看,河東渠田的收穫無疑是全部爲公家所有的,估計生産者主要就是被徵服役的卒。這似可説明蒲反田官之類的內郡農官,也是大量使用卒的勞動的。

除了卒,屯田勞動者中還有一些其他身分的人,而且種類頗不單純。下面逐類加以討論。前面説過,隨戍卒到屯戍地的家屬,可能要參加屯田勞動。某些下級官

---

[234] 《勞書》,518 頁。

[235] 秦漢的“徙民實邊”並非屯田,參看《劉書》第二章《論“徙民實邊”不是屯田》。

[236] 韓連琪《漢代的田租、口賦和徭役》,《先秦兩漢史論叢》,479 頁。

[237] 參見注⑦①。

[238] 謝桂華《漢簡和漢代的取庸代戍制度》,見甘肅省文物考古研究所編《秦漢簡牘論文集》,甘肅人民出版社,1989,77—112 頁。

吏所帶的家屬,也有這種可能,[239]但是目前還沒有發現能直接證明吏卒家屬参加屯田勞動的資料。在家屬之外,吏的私從也有可能参加屯田勞動。《漢書・趙充國傳》載充國伐羌取得重要勝利後,“上屯田奏”,“願罷騎兵,留弛刑、應募,及淮陽、汝南步兵與吏士私從者”,“分屯要害處”。所舉留下來屯田的人員中,有“吏士私從者”一項。從居延簡、敦煌簡和羅布淖爾簡來看,屯戍之吏帶有私從,是很普遍的現象。他們也從公家領取口糧,敦煌馬圈灣所出漢簡中有不少這方面的資料。[240]在屯田區,這一種人,至少是其中的一部分人,大概也要参加屯田勞動。但是能直接證明這一點的簡文,也還沒有發現。

有些學者推測,屯田勞動者中有僱傭。[241] 居延簡和敦煌簡中有關於公家使用僱傭的資料。他們是有可能使用在屯田和其他農業勞動上的,但是也缺乏直接證據。僱傭漢代稱“傭”,字作“庸”。

從史書看,在漢代“弛刑”被大量使用於屯田勞動。弛刑也稱弛刑徒(《後漢書・黨錮・李膺傳》),就是解去鉗、鈦的刑徒。被當作士卒來用的弛刑或稱弛刑士。[242] 在東漢時代,弛刑幾乎可以說是屯田勞動的主力。[243]《史記・建元以來侯者年表》褚補:“鄭吉家在會稽,以卒伍起,從軍爲郎,使護將弛刑士田渠梨。”上引趙充國“屯田奏”所舉人員中也有弛刑。可見西漢的屯田所使用的弛刑,也不在少數。敦煌簡中有如下一條:

(114) 令玉門屯田吏高年(?)貇(墾)田七頃□□弛刑十七人[244]

這是弛刑從事屯田勞動的明確記錄。不過從字體看,此簡時代應已晚至東漢。西漢時代的居延簡中頗有一些關於弛刑的資料,但是還沒有發現他們從事屯田勞動的明確記載。

在居延簡中,除“弛刑”、“弛刑士”外,還有“弛刑屯士”之稱:

(115) ■右五人施(弛)邢(刑)屯士[245]

---

[239] 關於吏卒家屬参加屯田勞動的問題,参看李古寅《漢代河西軍屯勞動者成份和生活狀況》,《社會科學》(甘肅版)1983 年 4 期,26—27 頁。附帶說一下,吏的家屬也有可能租官田耕種。

[240] 《敦》358、998、321—326、344—346、348。

[241] 《勞書》,516 頁;李古寅《漢代河西軍屯勞動者成份和生活狀況》,28—29 頁。

[242] 見下引《史記》褚補,亦見居延簡 118・17、337・8 等。

[243] 《劉書》,187—191 頁。

[244] 《疏勒》947,張鳳《漢晉西陲木簡彙編》56・7。

[245] 308・19 + 308・5,《居》圖版 391,《居甲》1629。

(116) 二月尉簿食施刑屯士四人,爲穀小石[246]

(117) 施刑屯士沛郡山倉(即"山桑")縣蔡里趙延年[247]

又有"屯士"之稱:

(118) 馬長吏,即有吏、卒、民、屯士亡者,具署郡、縣、里、名、姓、年、長、物色、所衣服齎操、初亡年月日、人數,白報與病已……[248]

一般認爲屯士即弛刑屯士的省稱,似可信。或將"民屯士"連讀爲一詞,則非。

《劉書》認爲"以弛刑屯戍邊地,編於候望系統者稱'施刑'或'施刑士',而從事屯田生産者則稱之謂'施刑屯士',與《西域傳》稱免刑罪人之屯田者爲'屯士'同例"。[249] 此説似有問題。屯士在史書中也稱田士,的確是指屯田之士而言的。《漢書·西域傳下》:"地節二年漢遣侍郎鄭吉、校尉司馬憙將免刑罪人田渠犁積穀,欲以攻車師。至秋收穀,吉、憙發城郭諸國兵萬餘人,自與所將田士千五百人,共擊車師。"下文又説:"於是吉始使吏卒三百人别田車師。"同書《匈奴傳》説地節三年"而漢益遣屯士分田車師地以實之",與《西域傳》"使吏卒三百人别田車師"是一回事,屯士跟《西域傳》上文所説的田士顯然指一種人。[250] "田士"之"田",與"田渠犁"之"田"以及上節講農官時所引的"將田"之"田",都是"屯田"的省文。但是屯田本指且屯且田,鄭吉所將田士千五百人,是其基本兵力,這些人顯然要從事候望等工作,並不是專門從事田作的。《劉書》認爲稱弛刑、弛刑士的"編於候望系統"而不從事屯田生産,當然也不符事實,上引簡(114)就是反證。上引《史記》褚補説鄭吉"護將弛刑士田渠犁","弛刑士"與《西域傳》的"田士"指同一批人。這也可以説明不應把弛刑士和弛刑屯士看作從事不同工作的人。總之,稱弛刑、弛刑士和弛刑屯士的那些人中間,並不存在《劉書》所説的那種區别。他們都既有可能從事候望等工作,也有可能從事屯田生産。在田卒、戍卒分工比較明確的情況下,他們可能會較多地使用在屯田生産上。

在西漢時代的居延簡中,還有不少關於刑徒的簡。有些簡反映了刑徒從事生産勞動的情況。如:

---

[246] 464·3,《居》圖版528,《居乙》圖版259。

[247] EPT58:3,《新》,349頁。

[248] 303·15+513·17,《居》圖版11,《居甲》1590。

[249] 《劉書》,117頁。

[250] 《劉書》謂《西域傳》稱屯士,當是記憶之誤。

(119) □以主領徒、復作爲職,居延茭徒髡鉗城旦大男廝般署作府中寺舍[251]

(120) ☑當修治凡章用積徒四萬四千[252]

(121) 二里五十步,可作欙格,下廣丈二尺,上廣八尺,高丈二尺,積卌六萬八千尺,人功百五十六尺,用積徒三千人,人受袤尺三寸[253]

(122) ☑四尺,下廣丈二尺,深四尺,積卅二萬一千卌八尺,秩程土并出,人功四百卌一尺六寸,用積徒七百廿七人,人受[254]

(123) ☑用積徒千一十三人少半人,率亭廿六人大半人[255]

(124) ☑徒萬七千一百八十八大半人,率亭一百五十二人少半人[256]

從上引簡文看,徒多用於土木工程,與內郡相似。簡(119)所說的“署作府中寺舍”的城旦本爲茭徒,當是伐茭之徒。茭是馬、牛等的食物。198・13 提到“廄徒”,3・33 提到“廄佐一人、徒四人”。[257] 廄所用的徒主要應是養馬的,此外也有可能在屬於廄的官田上勞動。徒被使用在屯田生產上的可能性,顯然是存在的,但在簡文中未發現有關記載。

《史記・樂書》的《集解》引李斐曰:“南陽新野有暴利長,當武帝時遭刑屯田燉煌界。”這是西漢使用刑徒從事屯田生產的寶貴史料。不過暴利長是弛刑的可能性,似乎也不能完全排除。

大灣曾出如下一簡:

(125) 延壽迺大(太)初三年中,父以負馬田敦煌,延壽與父俱來,田事已[258]

陳直解釋此簡說:“負馬蓋以馬負糧草,父子皆遠戍敦煌者,其身份當爲自由民。”[259]

---

[251] 560・2A,《居》圖版 36,《居甲》2333A。34・8A 也提到“徒復作”。復作似是服一歲勞役的罪人。舊以爲專指其中的婦女。37・33、60・2 等簡有“復作大男”之文,可證其非。

[252] EPT56:185,《新》,320 頁。

[253] EPT58:36,《新》,351 頁。

[254] 同上 37,《新》,351 頁。

[255] 同上 39,《新》,351 頁。

[256] 同上 40,《新》,351 頁。

[257] 198・13 見《居》圖版 223,《居甲》1118。3・33 見《居》圖版 576,《居乙》圖版 1。

[258] 303・39+513・23,《居》圖版 11,《居甲》1598。

[259] 《居延漢簡研究》,174 頁。

上引徐樂堯、余賢傑文持類似看法。[260] 這種看法似有問題。

此簡"負"字應是負債之"負",而不是負佗之"負"。破城子新出的一枚簡說:"甲渠言:永以縣官事行警檄,牢駒燧內中,駒死,永不當負駒。"[261]"負"字用法與此同。

《史記·平準書》說元鼎五年武帝巡邊,發現"新秦中或千里無亭徼,於是誅北地太守以下,而令民得畜牧邊縣,官假馬母,三歲而歸,及息什一";又說元鼎末年"車騎馬乏絶,縣官錢少,買馬難得,乃著令,令封君以下至三百石以上吏,以差出牝馬天下亭,亭有畜牸馬,歲課息"。《漢書·武帝紀》:"太初二年……五月籍吏民馬,補車騎馬。"吏民如拿不出應出的馬(包括付不出規定的息馬),或因事故無法歸還所假的官馬,都會"負馬",即欠公家馬。

《論衡·量知》:"曰此有似於貧人負官重責,貧無以償,則身爲官作,責乃畢竟。"上引簡文所說的延壽之父,無疑是因欠公家馬而被罰到敦煌從事屯田勞動以償債的。《漢書·文帝紀》二年正月丁亥詔所說的"民讁作縣官",當包括這種情況。《漢書·武帝紀》:"天漢元年……發讁戍屯五原。"被罰到敦煌屯田也可以說是讁戍。簡文說延壽之父在太初三年"以負馬田敦煌"。據《史記·大宛傳》,太初三年武帝爲了伐大宛,發大軍出敦煌,又"發天下七科適(讁),及載糒給貳師,轉車人徒,相連屬至敦煌"。延壽之父就是在這樣的背景下被讁"田敦煌"的。由此可知,屯田勞動者中還有讁作一類人。

上面所說的庸、弛刑、徒、讁作這幾類人,也都有可能使用在非屯田的官有農田的勞動上。此外,還想討論一下官有農田上是否使用官奴婢的勞動的問題。

韓連琪認爲"奴隸在漢代普遍應用於農業生産",私家和公家的奴婢都是這樣。[262] 他說:

> 至於官奴婢也不僅從事於手工業和轉輸等生産勞動,如《漢舊儀》所載:"太僕牧師諸苑三十六所,分布北邊西邊,以郎爲苑監,官奴婢三萬人,分養馬三十萬頭,擇取教習給六廄,牛羊無數,以給犧牲。"[263]《漢書·食貨志》所載"大農置工巧奴與從事爲作田器"(引者按:原文引錄有誤,已改正)。也從事於農

---

[260] 徐樂堯、余賢傑《西漢敦煌軍屯的幾個問題》,《西北師範學院學報》1985年4期,59頁。

[261] EPF22: 186,《新》,489頁。

[262] 韓連琪《西漢的土地制度和階級關係》,注[206]引書,432—433頁。

[263] 引者按:原文引錄有脱誤,據孫星衍校集《漢舊儀》補遺卷上校正。

業生産,如武帝在告緡中與“田大縣數百頃,小縣百餘頃”同時所沒收的“奴婢以千萬數”,從下文武帝在“水衡、少府、太僕、大農各置農官,往往即郡縣比沒入田,田之”看來,顯然所沒收的奴婢除部分“分諸苑掌狗馬禽獸,及與諸官”,爲皇帝所屬的諸苑囿養狗馬禽獸和爲諸官署從事各種勞役外,更大部分的奴婢就是在政府和皇帝所沒收的廣大土地上從事耕作。㉖④

韓氏認爲告緡沒入的奴婢大部分被用來耕種官有農田,似不一定正確。但是那些奴婢無疑也不會一點也不被這樣使用。前面說過,太僕屬官挏馬令屬下有農丞。太僕是大量使用官奴婢的。挏馬農丞主管的官有農田上,大概就會用不少官奴婢從事生産。

屯田生産中是否使用奴婢呢?這個問題很難答覆。破城子新出簡中有三條簡文可以繫聯如下:

(126) ☐月甲午朔己未,行河西大將軍事涼州牧守張掖屬國都尉融,使告部從事☐[金]城、武威、張掖、酒泉、敦煌大守、張掖、酒泉農都尉:武威大守言,官大奴許岑等三人,捕羌虜斬首各二級,當免爲庶人,有書。今以舊制律令爲捕斬匈奴虜、反羌購賞,各如牒。前諸郡以西州書免劉玄及王便等爲民,皆不當行。書到以科別從事。官奴婢以西州書。若郡農如玄、便等捕斬反羌免者,不應法令,皆收還玄、便等及其妻、子其本官。已畀,言所畀官、名、年籍,毋有所遺脱,會五月朔。從事督察,如律令。㉖⑤

這是東漢初年竇融發給河西五郡太守和二郡農都尉的文書。“若郡農如玄、便等……”句中的“郡農”,有三種可能的解釋:一、指郡和農都尉。二、指二郡農都尉。三、指非農都尉的各種農官。不管如何解釋,屬於“郡農”的玄、便等人都非常可能是屯田勞動者。他們是連妻、子都屬於公家的非自由人,曾一度因捕斬反羌而免爲庶民,看情況很像是公家的奴隸。然而在文書裏却把他們跟官奴區分了開來。他們究竟是什麽身分還有待研究。在西漢簡裏,關於屯田勞動者中是否有官奴婢的問題,還沒有發現可供討論的材料。

最後,簡單撮述一下本節的論點。從居延簡等資料來看,西漢時代屯田區的田官,除了直接役使人進行屯田生産外,大概還將一部分公田以與私家田租相似的租

㉖④ 同注㉖②,433頁。

㉖⑤ EPF22:825A、221、691,《新》,529、492、521頁。

額,租給戍卒家屬耕種。這也許可以看作所謂“民屯”的濫觴。屯田區的田官主要役使田卒一類被徵服役的平民進行生産。此外被役使的有弛刑和謫作,還可能有戍卒和下層戍吏的家屬、戍吏的私從以及庸、徒等類人。西漢時代非屯田的官有農田上,大概也使用卒、徒、弛刑、謫作、庸等類人的勞動,此外大概還使用官奴婢。

引用書目

〔清〕陳介祺,《十鐘山房印舉》,上海:涵芬樓,1923。

〔明〕王常編(即羅王常)、〔明〕顧從德校,《集古印譜》,明萬曆三年顧氏芸閣刊朱印本。

〔清〕瞿中溶,《集古官印考證》,東方學會刊本,1873。

〔清〕劉鶚,《鐵雲藏封泥》(附《鐵雲藏陶》之後),清光緒甲辰(三十)年石印本,1904。

上海書畫出版社,《上海博物館藏印選》,上海:上海書畫出版社,1979。

〔日〕大庭脩,《大英圖書館藏敦煌漢簡》,京都:同朋舍,1990。

中國科學院考古研究所,《居延漢簡甲編》,北京:科學出版社,1959。

中國社會科學院考古研究所,《居延漢簡甲乙編》,北京:中華書局,1980。

王人聰、葉其峰,《秦漢魏晉南北朝官印研究》,香港:香港中文大學文物館,1990。

王獻唐,《那羅延室稽古文字》,濟南:齊魯書社,1985。

甘肅省文物考古研究所等,《居延新簡》,北京:文物出版社,1990。

甘肅省文物考古研究所,《居延新簡釋粹》,蘭州:蘭州大學出版社,1988。

甘肅省文物考古研究所,《敦煌漢簡》,北京:中華書局,1991。

〔日〕市川任三,《論西漢的張掖郡都尉》,見《簡牘研究譯叢》第二輯,中國社會科學院歷史研究所編,北京:中國社會科學出版社,1987。

〔日〕米田賢次郎,《漢代田租查定法管見》,見《簡牘研究譯叢》第二輯,中國社會科學院歷史研究所編,北京:中國社會科學出版社,1987。

李古寅,《漢代河西軍屯勞動者成份和生活狀況》,《社會科學》(甘肅版)1983年4期。

林梅村、李均明,《疏勒河流域出土漢簡》,北京:文物出版社,1984。

孟　池,《從新疆歷史文物看漢代在西域的政治措施和經濟建設》,《文物》1975年7期,27—34頁。

周明泰,《再續封泥考略》,北平:京華書局,1928。

俞偉超,《中國古代公社組織之考察》,北京:文物出版社,1988。

陝西省博物館,《秦漢瓦當》,北京:文物出版社,1964。

徐樂堯、余賢傑,《西漢敦煌軍屯的幾個問題》,《西北師範學院學報》1985 年 4 期。

高次若、王桂枝,《寶雞市博物館收藏的十方銅印章》,《考古與文物》1982 年 6 期,33—34 頁。

高　敏,《秦漢魏晉南北朝土地制度研究》,鄭州:中州古籍出版社,1986。

陳公柔、徐苹芳,《大灣出土的西漢田卒簿籍》,《考古》1963 年 3 期,156—161 頁。

陳公柔、徐苹芳,《瓦因托尼出土廩食簡的整理與研究》,《文史》第十三輯,1982,35—60 頁。

陳　直,《居延漢簡研究》,天津:天津古籍出版社,1986。

陳夢家,《漢簡綴述》,北京:中華書局,1980。

陸思賢,《内蒙古伊盟出土的三方漢代官印》,《文物》1977 年 5 期,95—96 頁。

張　鳳,《漢晉西陲木簡彙編》,上海:有正書局,1932。

黄文弼,《羅布淖爾考古記》,北平:北平研究院,1948。

勞　榦,《居延漢簡》,臺北:中研院歷史語言研究所,1958—1960。

曾　庸,《西漢宫殿、官署的瓦當》,《考古》1959 年 12 期,676—678 頁。

喬淑芝,《"蒲反田官"器考》,《文物》1987 年 4 期,67—70 頁。

〔日〕森鹿三,《論居延出土的卒家屬廩名籍》,見《簡牘研究譯叢》第一輯,中國社會科學院歷史研究所編,北京:中國社會科學出版社,1983。

楊生民,《漢代社會性質研究》,北京:北京師範學院出版社,1993。

楊劍虹,《從居延漢簡看西漢在西北的屯田》,《西北史地》1984 年 2 期。

賈應逸,《新疆尼雅遺址出土"司禾府印"》,《文物》1984 年 2 期,87 頁。

裘錫圭,《古文字論集》,北京:中華書局,1992。

裘錫圭,《古代文史研究新探》,南京:江蘇古籍出版社,1992。

裘錫圭,《古璽印考釋四篇》,見《文博研究論集》,吴浩坤、陳克倫編,上海:上海古籍出版社,1992。

睡虎地秦墓竹簡整理小組,《睡虎地秦墓竹簡》,北京:文物出版社,1990。

趙儷生,《中國土地制度史》,濟南:齊魯書社,1984。

劉光華,《漢代西北屯田研究》,蘭州:蘭州大學出版社,1988。

劉信芳、梁柱,《雲夢龍崗秦簡綜述》,《江漢考古》1990 年 3 期,78—83 頁。

劉海年,《秦律刑罰考析》,見《雲夢秦簡研究》,中華書局編輯部編,北京:中華書局,1981。

謝桂華、李均明、朱國炤,《居延漢簡釋文合校》,北京:文物出版社,1987。

謝桂華,《漢簡和漢代的取庸代戍制度》,見《秦漢簡牘論文集》,甘肅省文物考古研究所編,蘭州:甘肅人民出版社,1989。

薛英群,《居延漢簡通論》,蘭州:甘肅教育出版社,1991。

韓連琪,《先秦兩漢史論叢》,濟南:齊魯書社,1986。

羅振玉、王國維,《流沙墜簡》,上虞羅氏宸翰樓影印本,1914。

羅福頤,《秦漢南北朝官印徵存》,北京:文物出版社,1987。

重印本按:

《漢書・地理志》上谷郡屬縣有昌平,孫慰祖疑本文 232 頁所舉(84)“上昌農長”印的“上昌”爲上谷昌平之省文(《兩漢官印匯考》,大業公司、上海書畫出版社,1993 年,197 頁),其說可從。上谷郡又有屬縣且居,王莽改爲久居。趙平安認爲本文所舉(83)“上久農長”的“上久”爲“上郡久居”的省文(《秦西漢印章研究》,上海古籍出版社,2012 年 12 月,71 頁)。但此印似非莽印,有待進一步研究。趙平安又認爲本文所舉(85)“朔力農丞”印應爲朔方郡的“力農丞”之印,“力農是致力農事的意思”(同上 45 頁)。本文曾表示對(83)、(84)二印真僞的懷疑,這種懷疑没有根據,應取消。

原載中研院歷史語言研究所會議論文集之四《中國考古學與歷史學之整合研究》(1997),今據以收入。

新出土先秦文獻與古史傳説

一、緒　　言

上世紀90年代以來出土了一些記有古史傳説的先秦文獻。在已發表的資料中，比較重要的是下列四種（一種是西周銅器銘文，三種是戰國楚墓出土的竹書）：

1. 豳公盨銘　此盨是北京的保利藝術博物館在2002年收購的，時代屬西周中期，器内鑄有九十八個字的銘文。① 銘文的格式和内容與一般西周銅器迥異，開頭就説天命禹平治水土，天爲民立法立王，導民以德，接着講民之好德者應如何行事，最後以豳公説民當用德的一句話作結。②

2. 《唐虞之道》　這是湖北省荆門市博物館1993年10月清理被盜掘的郭店一號楚墓時所獲大批竹書中的一篇，篇名是整理者據其内容擬加的。③ 據荆門博物館專家判斷，此墓"具有戰國中期偏晚的特點，其下葬年代當在公元前4世紀中期至前3世紀初"。④ 可知竹書抄寫年代應在戰國中期。

《唐虞之道》通篇講堯舜禪讓之道，認爲天子年老時禪天下於賢者，是最好的治天下之道，甚至説："不禪而能化民者，自生民未之有也"，⑤對禪讓的推崇到了無以復加的地步。公元前318年燕王噲禪位給相國子之，到前315至前314年間終

---

① 賀平《大禹治水與爲政以德（代前言）——談西周豳公盨的歷史價值與現實意義》，保利藝術博物館《豳公盨——大禹治水與爲政以德》，綫裝書局，2002，12、14頁。此盨銘文圖版見上引書13頁，又見《中國歷史文物》2002年6期封内及4頁。

② 裘錫圭《豳公盨銘文考釋》，《豳公盨——大禹治水與爲政以德》所引書36頁，又見《中國歷史文物》2002年6期13頁。

③ 荆門市博物館《郭店楚墓竹簡》，文物出版社，1998，39—41頁（圖版），157—160頁（釋文注釋）。

④ 湖北省荆門市博物館《荆門郭店一號楚墓》，《文物》1997年7期47頁。

⑤ 《唐虞之道》21號簡，見荆門市博物館《郭店楚墓竹簡》40、158頁。關於"禪"字，參看此書153頁《五行》篇注〔四〇〕。

於釀成了國破君亡的悲劇。有學者指出,《唐虞之道》一定寫成於這一事件之前,⑥是很合理的。這跟竹書抄寫年代爲戰國中期正相符合。

3.《子羔》 此篇與下面要舉出的《容成氏》,是上海博物館1994年從香港古玩市場上收購來的大批楚竹書中的兩篇。⑦ 這兩篇的篇名都是原有的(寫在簡背)。這批楚竹書在1994年春出現在香港古玩市場上,⑧出現時間距郭店一號墓的清理很近,可能是盜墓者獲知郭店一號墓出簡的消息之後,在鄰近地區的一個楚墓中盜掘出來的。這批竹書中並有兩篇跟郭店墓所出竹書相重。⑨ 看來兩批竹書抄寫的時間不會相距很遠,上博竹書也應是戰國中期物。從簡文字體看,定爲戰國中期也是合適的。

《子羔》篇的寫作採用子羔與孔子一問一答的形式,借孔子之口敘述了禹、契、后稷"三王"降生的神異傳説,説明他們都是"天子"(指天帝之子而言,與一般指帝王的"天子"有别);又敘述了從事稼穡的"人子"(凡人之子)舜有賢德,堯發現後讓位給他的禪讓傳説,最後以"舜其可謂受命之民矣。舜,人子也,而三天子事之"之語作結。⑩ 此篇主旨在説明一個人是否有資格君天下,應決定於他是否有賢德,而不應決定於出身是否高貴;跟《唐虞之道》一樣,也是竭力鼓吹尚賢和禪讓的。

4.《容成氏》 此篇篇幅較長,是戰國人所寫的一篇相當有系統的上古史,從渺茫難稽的容成氏、尊盧氏、赫胥氏等遠古帝王一直説到武王伐紂。此篇敘述歷史時,對禪讓著墨甚多。原整理者在《説明》中指出,據此篇所述,"三代以上,皆授賢不授子,天下艾安;三代以下,啓攻益,湯伐桀,文、武圖商,則禪讓之道廢而革命之説起。前後適成對比"。⑪ 可見此篇也是鼓吹禪讓的。《子羔》和《容成氏》的寫成

---

⑥ 李存山《讀楚簡〈忠信之道〉及其他》,《中國哲學》第二十輯(《郭店楚簡研究》),遼寧教育出版社,1999,271頁。

⑦ 《子羔》見馬承源主編《上海博物館藏戰國楚竹書(二)》,上海古籍出版社,2002,33—47頁(圖版),183—199頁(釋文考釋)。《容成氏》見同書93—146頁(圖版),249—293頁(釋文考釋)。

⑧ 《前言:戰國楚竹書的發現保護和整理》1頁,馬承源主編《上海博物館藏戰國楚竹書(一)》,上海古籍出版社,2001。

⑨ 即已發表於上注所引書中的《紂(緇)衣》和《性情論》。後者與荆門市博物館《郭店楚墓竹簡》中的《性自命出》篇大體相同。此處提到的篇名都是整理者擬加的(但《緇衣》見於《禮記》)。

⑩ 《上海博物館藏戰國楚竹書(二)》中發表的《子羔》篇,簡序有誤。我在即將發表的《談談上博簡〈子羔〉篇的簡序》一文中指出,7號簡與篇末的14號簡可以拼合爲一簡("舜其可謂受命之民矣……"一語,即在此拼合之簡上),9至13號諸簡應移至1號簡之前。本文對《子羔》篇的介紹即以此爲據,拙文將發表在上海大學古代文明研究中心和清華大學思想文化研究所所編的《上博館藏戰國楚竹書研究續編》上。

⑪ 馬承源主編《上海博物館藏戰國楚竹書(二)》,249頁。

時間,應該跟《唐虞之道》一樣,都在燕王噲禪讓失敗的事件之前。⑫

我們在本文中,將根據上舉四種新出土的先秦文獻,對以顧頡剛爲代表的“古史辨”派關於古史傳説的一些意見作一次檢驗。由於不想把文章寫得太長,只準備簡單談談禹的傳説、各族同源的古帝王世系和禪讓傳説這三方面的問題。

二、關於禹的傳説

1923年顧頡剛發表《與錢玄同先生論古史書》,提出了他的“層累地造成的中國古史”説的最初綱要。在這封信中,顧氏指出“周代人心目中最古的人是禹,到孔子時有堯、舜,到戰國有黄帝、神農,到秦有三皇,到漢以後有盤古等”,⑬還提出了禹在傳説中本來“是上帝派下來的神”,禹和夏本來並無關係等看法。⑭

在同年發表的《討論古史答劉胡二先生》中,顧氏對禹的天神性作了相當詳盡的論證。⑮ 其中根據《尚書》的《洪範》和《吕刑》論證禹平水土實爲上帝所命的一段話,跟我們下面要做的討論有關,有必要加以引録。

《洪範》説:

> 鯀陻洪水,汩陳其五行。帝乃震怒,不畀洪範九疇,彝倫攸斁。鯀則殛死,禹乃嗣興。天乃錫禹洪範九疇,彝倫攸叙。

《吕刑》説:

> 皇帝清問下民,鰥寡有辭于苗。……乃命三后恤功于民:伯夷降典,折民惟刑;禹平水土,主名山川;稷降播種,農殖嘉穀。三后成功,惟殷于民。

顧氏解釋説:

> 《洪範》上“天”“帝”互稱,可見帝即是天;殛鯀的是天,興禹的亦是天。《吕刑》上的“皇帝”,向被説經者因《堯典》而解作帝舜。但試看上文“虐威庶戮,方告無辜于上:上帝監民,罔有馨香德”,下即接説“皇帝哀矜庶戮之不

---

⑫ 参看姜廣輝《上博藏簡〈容成氏〉的思想史意義》,“簡帛研究”網站,2003年1月9日。

⑬ 這是顧氏在發表這封信時所加前言中概括信的内容的話,見《顧頡剛古史論文集》,中華書局,1988,第一册102頁。本文對已收入《顧頡剛古史論文集》第一、二册的顧氏文章,都據此二書引用。

⑭ 《顧頡剛古史論文集》第一册104頁。

⑮ 同上書,130—136頁。

> 辜”，又接說“皇帝清問下民”，末又說“上帝不蠲，降咎于苗”，文義原是一貫。上下既言上帝，不容中間獨言人帝。況“皇”與“上”俱爲形容詞，故天可稱“上天”，亦可稱“皇天”。“上帝”與“皇帝”爲一名的互文，意義甚明。皇帝既是上帝，他所命的三后當然含有天神性。合之於《洪範》所言，禹的治洪水，平水土，由於上帝的命令，自無可疑。⑯

禹既爲上帝所命，怎麽又會跟堯、舜發生關係呢？顧氏在《討論古史答劉胡二先生》中討論了這個問題以後下結論說：

> 禹是西周中期起來的，堯、舜是春秋後期起來的，他們本來沒有關係。他們的關係是起於禪讓之說上；禪讓之說乃是戰國學者受了時勢的刺戟，在想像中構成的烏託邦。⑰

1937年顧氏又跟童書業合著《鯀禹的傳說》一文，⑱對禹的傳說作了更爲詳盡的研究。在上面提到的那些問題上，此文的意見跟顧氏過去的意見沒有明顯出入，不過此文沒有明確說禹的傳說起於何時。顧氏在我們所舉的這些文章裏還討論過禹的神職等問題，由於跟我們的討論沒有多大關係，這裏就不引述了。

豳公盨銘說：⑲

> 天命禹敷土，墮山，濬川；乃疇方，設正，降民，監德……

可見在較早的傳說中，禹確是受天，即上帝之命來平治下界的水土的。上引《洪範》、《吕刑》之文，與此盨銘文可以互證，顧頡剛的有關意見完全正確。在這樣的傳說裏，根本不可能有作爲禹之君的人間帝王堯、舜的地位。顧氏認爲堯、舜傳說較禹的傳說後起，禹跟堯、舜本來並無關係的說法，當然也是正確的。

應該指出，雖然豳公盨恰好是西周中期器，但是這却並不能成爲支持顧氏“禹是西周中期起來的”說法的證據。在此盨鑄造的時代，禹的傳說無疑已經是相當古老的被人們當作歷史的一個傳說了。不然，器主是決不會把禹的事寫進一篇有明顯教訓意義的銘文，鑄在準備傳之子孫的銅器上的。顧氏在《討論古史答劉胡二先

---

⑯ 《顧頡剛古史論文集》第一册，133頁。

⑰ 同上書，157頁。

⑱ 見《顧頡剛古史論文集》，中華書局，1988，第二册88—138頁。此文初發表時，作者署顧、童二人之名。

⑲ 釋文據裘錫圭《豳公盨銘文考釋》，不嚴格按原文隸定，參看《豳公盨——大禹治水與爲政以德》36—43頁，《中國歷史文物》2002年6期13—18頁。

生》中說:“《周頌》三十一篇沒有‘禹’的一字,那時人竟沒有禹的偉大功績的觀念。一到穆王末年的《吕刑》,禹就出現了。”[20]這應是顧氏認爲禹的傳説起自西周中期的根據。這是不恰當地使用“默證”。內容不多的《周頌》沒有提到禹,怎麼能證明當時人就不知道禹呢?過分使用“默證”,是古史辨派的一個重要缺點,學者們早就指出來了。[21]

附帶説一下,顧氏認爲禹和堯、舜的關係“是起於禪讓之説上”,也是不妥當的。顧氏在《答劉胡兩先生書》中曾説:

> 古人對於神和人原沒有界限……自春秋末期以後,諸子奮興,人性發達,於是把神話中的古神古人都“人化”了。[22]

這段話是相當有道理的。在這種“人化”的過程中,禹受天帝之命平治水土的傳説變爲受人帝堯、舜之命平治水土的傳説,禹由“上帝部屬”“漸漸變成堯舜部屬”,[23]是很自然的事,爲什麽要把禪讓傳説派作引起這種變化的主要原因呢?

顧、童二氏在《鯀禹的傳説》中指出,在較早的傳説裏,鯀和禹都以息壤(一種“自長息無限”的神異土壤)堙塞洪水,鯀所以失敗,是由於他“不待帝命”,並非方法不對;認爲鯀用堙塞防堵的方法治水而致失敗,禹用疏導的方法治水而得成功,乃是鯀、禹治水傳説隨時代而演變的結果。[24] 這確是卓識。上引盨銘提到“敷土”和“墮山”,敷土就是以息壤堙塞洪水,墮山據《國語·周語下》“靈王二十二年”條太子晉的話,也是鯀治水時用過的方法。[25] 可證其説之確。但是,顧、童二氏可能仍受到了把鯀和禹的治水方法完全對立起來的那種後起説法的一些影響,以致在討論禹的治水傳説時,認爲堙塞和疏導兩種方法不能同時並存,較早的傳説不會説禹用疏導的方法治水,“禹疏水之説開始盛倡於《墨子》”。[26] 其實要平治水土就必須治川,治川就必須疏導。盨銘除敷土、墮山外,還説了“濬川”,可見“禹疏水”的

---

[20] 《顧頡剛古史論文集》第一册 151 頁。

[21] 參看劉起釪《顧頡剛先生學述》,中華書局,1986,135—136 頁,145 頁。

[22] 《顧頡剛古史論文集》第一册 128 頁。

[23] 引號中語借用自《鯀禹的傳説》,見《顧頡剛古史論文集》第二册 125 頁。

[24] 《顧頡剛古史論文集》第二册 104—110 頁。

[25] 裘錫圭《豳公盨銘文考釋》,《豳公盨——大禹治水與爲政以德》36—38 頁。

[26] 見《顧頡剛古史論文集》第二册 107 頁。又 116 頁説“導水的傳説自墨子以後也已有了”,是同樣的意思。

觀念在西周時就已存在，決非戰國以後興起的。[27] 所以在禹的治水方法方面，顧氏之説有得有失。

三、關於各族同源的古帝王世系

顧頡剛早在1923年發表的《答劉胡兩先生書》中就指出，要推翻僞古史，必須"打破民族出於一元的觀念"。他説：

> 在現在公認的古史上，一統的世系已經籠罩了百代帝王，四方種族，民族一元論可謂建設得十分鞏固了。但我們一讀古書，商出於玄鳥，周出於姜嫄，任、宿、須句出於太皞，郯出於少皞，陳出於顓頊，六、蓼出於皋陶庭堅，楚、夔出於祝融、鬻熊（恐是一人），他們原是各有各的始祖，何嘗要求統一，自從春秋以來，大國攻滅小國多了，疆界日益大，民族日益併合，種族觀念漸淡而一統觀念漸强，於是許多民族的始祖的傳説亦漸漸歸到一條綫上，有了先後君臣的關係，《堯典》、《五帝德》、《世本》諸書就因此出來。……我們對於古史，應當依了民族的分合爲分合，尋出他們的系統的異同狀況。[28]

顧氏在1933年所寫的《〈古史辨〉第四册序》中有一段論"帝系"的話，意思跟上引那段話大致相同，而説得比較詳細，我們也摘引於下：

> ……從古書裏看，在周代時原是各個民族各有其始祖，而與他族不相統屬。如《詩經》中記載商人的祖先是"天命玄鳥"降下來的，周人的祖先是姜嫄"履帝武"而得來的，都以爲自己的民族出於上帝。這當然不可信，但當時商、周兩族自己不以爲同出於一系，則是一個極清楚的事實。《左傳》上説……太皞與有濟是任、宿諸國的祖先……顓頊是陳國的祖先。至於奉祀的神，各民族亦各有其特殊的。如《左傳》説鯀爲夏郊。又如《史記·封禪書》上説秦靈公於吴陽作上畤，祭黄帝；作下畤，祭炎帝。這原是各説各的，不是一條綫上的人物。到了戰國時，許多小國併合的結果，成了幾個極大的國；後來秦始皇又成了統一的事業。但各民族間的種族觀念是向來極深的。……疆域的統一雖可使用武力，而消弭民族間的惡感，使其能安居於一國之中，則武力便無所施其

---

[27] 裘錫圭《豳公盨銘文考釋》，《豳公盨——大禹治水與爲政以德》39頁。

[28] 《顧頡剛古史論文集》第一册126—127頁。

技。於是有幾個聰明人起來,把祖先和神靈的"横的系統"改成了"縱的系統",把甲國的祖算做了乙國的祖的父親,又把丙國的神算做了甲國的祖的父親。他們起來喊道:"咱們都是黄帝的子孫,分散得遠了,所以情誼疏了,風俗也不同了。如今又合爲一國,咱們應當化除畛域的成見!"……本來楚國人的鴃舌之音,中原人是不屑聽的,到這時知道楚國是帝高陽的後人,而帝高陽是黄帝的孫兒了。本來越國人的文身雕題,中原人是不屑看的,到這時知道越國是禹的後人,而禹是黄帝的玄孫了。……最顯著的當時所謂華夏民族是商和周,而周祖后稷是帝嚳元妃之子,商祖契是帝嚳次妃之子,帝嚳則是黄帝的曾孫,可見華夏的商周和蠻夷的楚、越本屬一家。……㉙

顧氏認爲我國古代各族都出自黄帝的大一統帝王世系,是戰國以來各族不斷融合、各國逐漸趨於統一的大形勢的産物。這顯然是很有道理的。當然,他過分强調"幾個聰明人"在這一大一統帝王世系形成中的作用,則是不够妥當的。

顧氏認爲黄帝原本是秦國特有的神,又借"聰明人"之口,説"咱們都是黄帝的子孫""如今又合爲一國"等等,顯然把大一統帝王世系形成的時間,定在秦統一後。這恐怕也有問題。《五帝德》和《帝繫》(今傳本皆見《大戴禮記》,《史記》稱《帝繫》爲《帝繫姓》),是今天所能看到的集中反映以黄帝爲始祖的大一統帝王世系的最早作品。顧氏在《〈古史辨〉第一册〈自序〉》中,置《五帝德》的出現時代於漢,㉚又批評王國維《殷周制度論》"據了《帝繫姓》的話",説"舜、禹皆顓頊後","湯、武皆帝嚳後","全本於秦、漢間的僞史"。㉛ 在顧氏1929年編的《中國上古史研究講義》中,《五帝德》和《帝繫》都列爲"西漢時的儒家的記載"。㉜ 這些都反映了他的大一統帝王世系形成於秦統一以後的觀點。《五帝德》和《帝繫姓》爲《史記》所採信,很可能是戰國晚期作品。把它們定爲西漢作品,顯然失之過晚。

不過,顧氏也清楚地認識到大一統帝王世系有一個較長的形成過程,並不是在秦漢間突然出現的。他在《中國上古史研究講義》中,把《國語》中關於古代帝系的那些説法,列爲"戰國秦漢間的非儒家的記載"。㉝ 在這一《講義》的"《帝繫》"節

㉙ 同上書,224—225頁。
㉚ 同上書,43頁。
㉛ 同上書,49頁。
㉜ 顧頡剛《中國上古史研究講義·目録》,中華書局,1988,2—3頁。
㉝ 同上書,1—2頁。

中,他指出《國語》的一些記載似乎已有把諸夏和四夷各族都歸爲一系的意思,並認爲“這是在戰國的大時勢下所應有的鼓吹”。[34] 在“《國語》”節中,他指出《魯語上》關於虞、夏、商、周所舉行的禘、祖、郊、宗、報等祭祀的那段話,實際上已把顓頊當作虞、夏的共同始祖,並以顓頊爲出自黄帝;而商的始祖契和周的始祖稷,據這段話則應是同出自帝嚳的。[35]《鄭語》裏有一段講楚之先世的話,跟《帝繫》中講楚先世的一段話相表裏。[36] 據顧氏的學生王煦華說,顧氏晚年“在《周公東征考證》中對《帝繫》的祖先同源説出現的時代作了考證”,認爲《帝繫》講楚先世的那一段“和《鄭語》説的‘惟荆實有昭德,若周衰,其必興矣’,正是一鼻孔氣。這就表明寫作這篇文字是爲楚取得中原統治張目的。因此,它的出現當在楚能問鼎中原的時期。戰國中期,在秦還沒有稱王之際,楚威王滅越,統一了南方中國,有力量統一中國,所以作家們紛紛爲它裝點,把黄帝、顓頊等大神推到楚祖吳回、陸終的頂上,使楚的一系和唐、虞、夏、商、周同條共貫,以取得統治中原的法統,因而就把無數族類的祖先熔化成爲一個整體,這就是《帝繫》的祖先同出一源説出現的歷史背景”。[37]

總之,顧氏認爲中國古代大一統的帝王世系並非實録,而是進入戰國時代以後,在各族不斷融合、各國不斷併合的形勢下逐漸形成的。

我們可以用《子羔》篇來檢驗一下顧氏關於大一統帝王世系的見解。

在《子羔》篇寫作的時代,堯舜傳説已廣泛流傳,所以夏、商、周三族的始祖禹、契、后稷都已被當作舜的臣下。不過子羔與孔子關於禹、契、后稷出身的那段問答,却肯定了以他們爲天帝之子的降生神話。這段問答見於 9 至 13 號簡。陳劍《上博簡〈子羔〉、〈從政〉篇的竹簡拼合與編連問題小議》,指出《子羔》11 號簡上段、10 號簡與 11 號簡下段可拼合爲一簡,香港中文大學文物館藏戰國楚簡第 3 號與《子羔》2 號簡也可拼合爲一簡。[38] 這對簡文的通讀起了很大作用。現在就把陳文對這段簡文所作的釋文抄錄於下(個別處有改動,皆在注中説明):

> 子羔問於孔子曰:三王者之作也,皆人子也,而其父賤而不足稱也與?殹(抑)亦成(誠)天子也與?孔子曰:善,而問之也。久矣,其莫……[禹之母……之]簡9女也,觀於伊而得之,蛗(娠)三簡11上段忎(年)而畫(?)於背而生,生

---

[34] 同上書,100 頁。

[35] 同上書,18—19 頁。

[36] 同上書,20 頁。

[37] 王煦華《前言》12 頁,《顧頡剛古史論文集》第一册,中華書局,1988。

[38] 《文物》2003 年 5 期 56—57 頁。

> 而能言,是禹也。契之母,有娀氏之女簡10也,游於央臺之上,有燕銜卵而措諸其前,取而吞之,室(娠)簡11下段 三念(年)而畫(?)於雁(膺),生乃呼曰:中文大學藏簡3"欽(?)!"是契也。后稷之母,有郃氏之女也,游於玄咎之內,冬見芺攼而薦之,乃見人武,履以祈禱曰:帝之武,尚使簡12 ☐ 是后稷之母也。三王者之作也如是。子羔曰:然則三王者孰爲 ☐ 簡13。[39]

在這段簡文裏,子羔向孔子表示了他對當時流傳的禹、契、后稷是天帝之子的說法的懷疑。他懷疑這三位其實是凡人所生,只不過其父地位卑賤,不爲人所知而已。孔子爲他講述了這三位的降生神話,肯定他們是天帝之子。前面介紹《子羔》篇時所引的那句總結全篇之語中的"三天子",就是指禹、契、后稷而言的。

上引簡文所說的契和后稷的降生神話,跟大家所熟悉的"天命玄鳥"和"履帝武"的神話大體相合;禹的降生傳說跟見於《山海經》等書的"鯀復(腹)生禹"的神話不同,[40]而跟見於下引的漢以後書中的禹生神話很相近(各書中契生神話也一併引錄,引《春秋繁露》並及后稷降生神話,以便比較)。《春秋繁露・三代改別質文》:"……至禹生發於背……謂契母吞玄鳥卵生契,契先〈生?〉發於胸。……謂后稷母姜原履天之迹而生后稷。"[41]《淮南子・脩務》"禹生於石,契生於卵"高誘注:"禹母脩己,感石而生禹,坼胸而生。契母,有娀氏之女簡翟("翟""狄"通)也,吞燕

[39] 這段釋文的出處同上注。原釋文中,9號簡文與其他簡文不連寫,表示其間可能尚有缺簡。我們認爲從文義看其間不會有缺簡,所以改爲連寫。11號上下段與10號拼合而成的簡基本完整,只是簡首一字大半殘去。此首字下一字爲"也",原釋文在"也"字前用方括號補出"禹之母……之女"等字。從"也"上之字殘存的左下角看,此字確應是"女"字(可與10號、12號二簡的"女"字對照),所以我們把原置於方括號內的"女"字移到括號外。9號簡下端已殘,殘去部分可容九至十字,足以容納陳文所補文字,所以我們把加方括號的補文移歸9號簡。補文中以省略號代替的字,根據後面契和后稷的降生神話的文例,應是"□□氏"三字(後面要引到的《帝王世紀》說禹爲有莘氏女脩己所生。《子羔》11號簡上段說禹之母"觀於伊而得之",伊正與有莘氏有關。《呂氏春秋・本味》有有侁氏女得伊尹於空桑的故事,說伊尹之母居伊水之上,故有"伊尹"之名,伊尹後爲有侁氏媵臣以歸湯。"有侁"即"有莘","侁""莘"字通。《史記・殷本紀》等也說伊尹爲有莘氏媵臣。《孟子・萬章上》又說"伊尹耕於有莘之野"。皆可證。由此看來,上述補文中的"□□氏",非常可能原作"有莘氏"),所以補文應有七個字。9號簡缺去的九或十字,除去補文尚餘二至三字,當屬"久矣其莫……"句,由於字數不能完全確定,只能以省略號表示。9號簡"成"字後所注的"(誠)",爲原釋文所無,是我們加的。12號簡"玄咎"之"玄",原釋文作"串(?)",據張富海《上博簡〈子羔〉篇"后稷之母"節考釋》改(張文2003年1月17日發表於"簡帛研究"網站。《十講》編按:此文現已發表於注⑩所引的《上博館藏戰國楚竹書研究續編》)。【編按:釋文中的"欽"字在《釋〈子羔〉篇"鈋"字並論商得金德之說》中已改釋爲"鈋",讀爲"金"。】

[40] 關於"鯀腹生禹"的神話,參看《顧頡剛古史論文集》第二冊90—92頁。

[41] 蘇輿《春秋繁露義證》,中華書局,1992,212頁。

卵而生契,偪(副)背而出。《詩》云'天命玄鳥,降而生商'是也。"[42]《三國志·蜀志·秦宓傳》注引《帝王世紀》:"鯀納有莘氏女曰志,是爲脩己,上山行,見流星貫昴,夢接意感,又吞神珠臆圯(他書引作"薏苡"),胸坼而生禹於石紐。"[43]《太平御覽》卷371引《帝王世紀》:"簡翟浴玄丘之水,燕遺卵吞之,剖背生契。"[44]《史記·楚世家》"陸終生子六人,拆剖而産焉"句,《集解》引干寶曰:"若夫前志所傳,脩己背坼而生禹,簡狄胸剖而生契。"高誘和《帝王世紀》以出自母胸屬禹,生自母背屬契,與上引簡文、《春秋繁露》和干寶所據"前志"所說的相倒。這是神話流傳過程中的變化。《子羔》篇的出土,證明見於上引漢以後書的說禹、契生自母背、母胸的降生神話,有頗爲古老的來源。《詩·大雅·生民》說姜嫄生后稷十分順利,"不坼不副("坼""拆"可通,但本應作"坼"。"副",《說文》訓"判"。"剖"字《說文》亦訓"判"。"剖""副"音義皆近),無菑(災)無害",[45]應該就是以"脩己背坼而生禹,簡狄胸剖而生契"這類神話爲背景的。[46]《帝王世紀》敘述禹出自母胸的神話時,以禹母爲鯀之妻,顯然是牽合大一統帝王世系的後起附會之說。這跟《史記·周本紀》敘述后稷降生神話時,以姜嫄爲帝嚳元妃,《商本紀》敘述契降生神話時,以簡狄爲帝嚳次妃,[47]是同類的情況。

從《子羔》篇可以看出,在此篇寫作的時代,作爲大一統帝王世系重要組成部分的、契和后稷皆爲帝嚳之子以及禹爲顓頊之孫鯀之子等說法尚未興起。在此篇中,孔子完全是從禹、契、后稷都是天帝之子的角度,來敘述他們的降生神話的。從中一點也看不到上舉那些說法的影響。子羔提問時,對禹、契、后稷的出身只說了其父爲天帝或爲"賤不足稱"的凡人這兩種可能,從中也看不到那些說法的痕跡。

《子羔》篇不像是子羔跟孔子問答的實錄,應該是作者借孔子之口鼓吹尚賢和禪讓的一篇作品。它的寫作時代當屬戰國早期或中期。所以至少在戰國早期,契和后稷皆爲帝嚳之子、禹爲顓頊之孫鯀之子的說法尚未興起。退一步說,即使把《子羔》篇當作子羔跟孔子問答的實錄,也可以得出在春秋晚期這些說法尚未興起

---

[42] 何寧《淮南子集釋》下,中華書局,1998,1336頁。上引高注原分列於"禹生於石"、"契生於卵"二句之下。王引之謂《淮南子》"禹生於石"句許慎本當作"啓生於石",高誘本誤"啓"爲"禹",上引何寧書1337—1338頁已引。但高注言禹"坼胸而生"顯然是有根據的。

[43] 他書引《帝王世紀》有異文,參看徐宗元《帝王世紀輯存》,中華書局,1964,48—50頁。

[44] 參看《帝王世紀輯存》61頁。

[45] 《十三經注疏整理本》6《毛詩正義》,北京大學出版社,2000,1246頁。

[46] 參看《大雅·生民》孔穎達《正義》,上注所引書1248頁。

[47] 《帝繫》以姜嫄爲帝嚳上妃,簡狄爲帝嚳次妃,《史記》當據之。

的推論。總之,這些說法應該是在進入戰國時代以後才興起的。[48] 大一統帝王世系的最後形成當然更晚,大概不會早於戰國晚期。

從上面的討論來看,顧頡剛關於大一統帝王世系的見解,應該是相當接近事實的。

講古史的《容成氏》,講堯之前歷史的部分,竹簡殘損較嚴重,但可以看出並不存在《五帝德》所說的那種五帝系統。這也是對顧說有利的。

四、關於禪讓傳説

顧頡剛深受康有爲《孔子改制考》的影響。他雖然沒有採用禪讓説造自孔子的説法,但在討論古史之初就認爲"禪讓之説乃是戰國學者受了時勢的刺戟,在想像中構成的烏托邦",[49]"是儒家本了尊賢的主義鼓吹出來的"。[50] 後來,他轉而主張禪讓説爲墨子所創,由墨家傳入儒家。[51] 1936 年,他發表《禪讓傳説起於墨家考》(以下簡稱"禪讓考"),詳細闡述了這一主張。[52]

《禪讓考》寫得很長,這裏只能簡單介紹其要點。顧氏指出,在春秋以前實行"世官制度"的貴族社會裏,"各階級的人各有他們的本分,逾越就是罪惡";[53]到了

---

[48] 關於鯀、禹的父子關係,有必要作些説明。顧頡剛在早期曾認爲禹"在古史上的地位是獨立的(父鯀子啓全出於僞史,不足信)"(《顧頡剛古史論文集》第一册 134 頁)。他跟童書業合著的《鯀禹的傳説》,"因爲《墨子》説鯀是上帝的元子,被上帝所刑,上帝又曾任命過禹,但墨子是反對'殺其父而賞其子'的辦法的",所以"懷疑墨子是不以鯀、禹爲父子的";可是又因爲"《山海經》和《天問》等記載原始神話的書裏已經把鯀、禹説成父子",認爲"或許是墨家的傳説特異,或許竟是我們神經過敏,均未可知"(《顧頡剛古史論文集》第二册 89 頁)。我們認爲在古史傳説中禹本爲天所命,而且跟契、稷一樣有無父而生的神話,本應爲天帝之子而非鯀子。《山海經》、《天問》等書所記"鯀腹生禹"神話,形態相當原始,有可能出現得頗早。但這應該是一個地方性神話,並未爲一般人所承認。這一神話在古史傳説中始終不佔重要地位,只是由於有禹繼鯀治水的傳説存在,這一神話所反映的鯀、禹之間的父子關係,却逐漸爲大家所承認。在大一統帝王世系的形成過程中,按照本爲天帝之子的契和后稷被説成帝嚳之子的情況,禹本應被説成顓頊之子,但由於禹爲鯀子的觀念已廣泛流行,只能把他安排爲顓頊之孫,以容納鯀這一代。

[49] 《顧頡剛古史論文集》第一册 157 頁。

[50] 同上書,106 頁。

[51] 據顧頡剛在《禪讓傳説起於墨家考》篇末所加案語。1931 年秋他在燕京大學擔任"《尚書》研究"一課時,就曾將此意寫了一篇《堯舜禹禪讓問題》,附於講義之後,見《顧頡剛古史論文集》,中華書局,1988,第一册,368—369 頁。

[52] 《顧頡剛古史論文集》第一册 295—369 頁。

[53] 同上書,364 頁。

戰國時代,隨着形勢的變化,國家組織趨於嚴密,"侯王們就不得不在平民中選拔真才以應時勢的需要,原來的階級制度的基礎漸漸動摇";"墨子就站在時代的前面,倡導澈底的尚賢說",主張"某個人在社會上的地位完全與這個人的能力成正比例",例如最賢的人就應該做天子。[54] 顧氏認爲,《論語·堯曰》講堯、舜、禹禪讓的那一章後出,[55]古書中最早講堯、舜禪讓的是《墨子》;堯因舜賢把他從平民中選拔出來,並把天子之位讓給他的禪讓故事,就是墨子創造出來支持他的尚賢說的;不過墨子只講堯、舜禪讓,舜、禹禪讓等故事是其後發展出來的;儒家既主張"尊賢",又主張"親親、貴貴",禪讓說本與他們的學說不合,但是由於禪讓說很流行,"儒家不能不屈伏於這横流的下面,所以孟子便想出曲解的方法(引者按:指《孟子·萬章上》所記孟子對萬章所提的關於禪讓的問題的解答),……荀子則……逕斥禪讓說爲'虚言'";可是後來的儒家,如《堯典》和《論語》"堯曰"章的作者等,"對孟荀之說毫不理會",依然採用墨家的說法來講禪讓,"於是禪讓說在儒家經典裏築下了堅不可拔的基礎"。[56]

在我們介紹的四種新出土文獻中,《唐虞之道》、《子羔》和《容成氏》都是竭力推崇禪讓的。它們的作者還都認爲,在夏代之前曾經相當普遍地實行過禪讓制。《容成氏》開頭就說:"……[尊]盧氏、赫胥氏、喬結氏、倉頡氏、軒轅氏、神農氏、□□氏、壚遅氏之有天下也,皆不授其子而授賢。"[57]後面又講了堯讓舜、舜讓禹、禹讓皋陶和益等事。[58]《子羔》記子羔問孔子,舜"何故以得爲帝",孔子回答說:"昔者□(禪?)而弗世也("世"指父子世代相繼),善與善相授也,故能治天下……"。[59]《唐虞之道》說:"……孝,仁之冕(?)也。禪,義之至也。六帝興於古,皆由此也。"[60]"六帝"當指夏代之前的六個聖王,但難以落實究竟是哪些人,簡文的意思是說,這六位古帝王都是靠仁孝和禪讓而興起的。

---

[54] 同上書,365頁。

[55] 參看上書,321—326頁"論語堯曰章辨僞"節。

[56] 見《顧頡剛古史論文集》第一册366頁。

[57] 見1號簡,《上海博物館戰國楚竹書(二)》93、250頁。

[58] 見13、14、8、12、23諸號簡,依次見上注所引書105、259頁,106、260頁,100、256頁,104、258頁,115、268頁。簡序據陳劍《上博簡〈容成氏〉的竹簡拼合與編連問題小議》,"簡帛研究"網站,2003年1月9日(《十講》編按:此文已發表於《上博館藏戰國楚竹書研究續編》)。

[59] 見1號簡228、33、184頁。"世"字的解釋見劉信芳、孟蓬生等在"簡帛研究"網站上發表的文章。

[60] 見8號簡,《郭店楚墓竹簡》9、157頁。參看159頁注。關於"禪"字,參看此書153頁《五行》篇注〔四〇〕。

我們在“緒言”中已經指出，上舉三篇竹書都應該是在燕王噲禪讓失敗事件之前寫成的。所以它們的作者的時代大概早於孟子，最晚也應與孟子同時。《容成氏》採用敘述歷史的體裁，所屬學派尚難確定。[61]《子羔》記子羔與孔子的問答，顯然是儒家作品。《唐虞之道》經多位學者論證，也已確定爲儒家作品。[62] 由此可知在早於孟子或與孟子同時的戰國儒家中，有些人是非常推崇禪讓制的，他們重視尚賢和禪讓的程度並不遜於墨家。《孟子·萬章上》所記的孟子回答萬章關於禪讓的問題的話，以“孔子曰：‘唐、虞禪，夏后、殷、周繼，其義一也。’”作結。這句話是否真的出自孔子，難於肯定。但這句話的確很好地表達了孟子想緩和甚至取消禪讓跟傳子的對立的意圖。他對禪讓的態度以及荀子斥禪讓爲“虚言”的態度，跟《子羔》和《唐虞之道》的作者對禪讓的態度截然不同。顧頡剛以爲孟子、荀子對禪讓的態度可以代表戰國時代整個儒家的態度，並且認爲儒家著作中完全肯定禪讓的內容，都只能出自荀子之後受墨家影響的儒家之手。《唐虞之道》和《子羔》的出土，證明這種看法是錯誤的。

在傳世儒家著作中，對禪讓的看法跟《唐虞之道》和《子羔》最相近的，是《禮記·禮運》中關於“大同”、“小康”的那段話。現將這段話節引於下：

> 孔子曰：大道之行也，與三代之英，丘未之逮也，而有志焉（鄭玄注：大道，謂五帝時也）。大道之行也，天下爲公，選賢與能，講信脩睦（鄭注：公猶共也，禪位授聖，不家之）……是謂大同。今大道既隱，天下爲家（鄭注：傳位於子）……是謂小康。

鄭玄注以大道行於世之時爲五帝時，其實作者之意大概是泛指三代之前的上古時代的。鄭注釋“天下爲公”爲禪讓，釋“天下爲家”爲傳子，則完全正確。此文認爲傳子的三代之前有一個禪讓時代，並肯定它是大同盛世。這跟《唐虞之道》、《子羔》以及《容成氏》相當一致，其寫作時代很可能也不晚於戰國中期。《禪讓考》“結論”節講墨家對儒家的影響的時候，把《中庸》和《禮運》列於孟、荀之後，認爲《中

---

[61] 目前有屬儒家和屬墨家兩説，參看趙平安《楚竹書〈容成氏〉的篇名及其性質》，饒宗頤主編《華學》第 6 輯，紫禁城出版社，2003，76—77 頁。

[62] 參看廖名春《荆門郭店楚簡與先秦儒學》（《中國哲學》第二十輯，遼寧教育出版社，1999，47—49 頁）、李存山《讀楚簡〈忠信之道〉及其他》（同上書，270—271 頁）、王博《關於〈唐虞之道〉的幾個問題》（《中國哲學史》1999 年 2 期 33 頁）、丁四新《郭店楚墓竹簡思想研究》（東方出版社，2000，377—379 頁）、裘錫圭《讀〈郭店楚墓竹簡〉札記三則》（《上海博物館集刊》第 9 輯，上海書畫出版社，2002，180 頁）。此外主張《唐虞之道》出自儒家的文章尚多，不具引。

庸》說“德爲聖人,尊爲天子,富有四海”,《禮運》講“大同”,都是取墨家的話,[63]顯然把這兩篇也看成了戰國末期以後才出現的,受墨家影響的作品。這是不正確的。《中庸》的問題比較複雜,這裏就不詳說了。

顧頡剛在《禪讓考》篇末的案語中說:

> 民國二十年秋,我在燕京大學擔任“《尚書》研究”一課,因講《堯典》,聯帶討論到禪讓的故事,我覺得這種故事是墨家傳入儒家的,儒家在原則上不該收受這件故事,而在戰國的大時勢下,又不許不受收,因此弄得左右支吾,掣襟見肘。當時曾將此意寫了一篇《堯舜禹禪讓問題》,附於講義之後。[64]

他所說的“左右支吾,掣襟見肘”,指的就是孟、荀對禪讓說的態度。[65] 由此可知,他所以會産生禪讓說起於墨家的想法,主要是由於他把孟、荀對禪讓說的消極和反對的態度,當成了整個儒家對禪讓說的態度。因此,像《唐虞之道》這樣極力推崇禪讓而時代又不會晚於孟子的儒家作品出土以後,禪讓說起於墨家的說法很自然地遭到了否定。但是有的學者因此就回到了禪讓說起於儒家的說法,[66]這又多少有些把問題簡單化了。

李存山《反思經史關係:從“啓攻益”說起》一文,[67]對禪讓說在戰國時代流行的情況和背景有較深入的分析,有助於我們考慮禪讓說的所謂起源問題。現將李文有關内容節引於下:

> 就“禪讓”說而言,我在拙文《讀楚簡〈忠信之道〉及其他》中曾說:“實際上,崇尚‘禪讓’曾經是先秦儒、墨、道等家的一致的思想”(墨子的“尚同”“尚賢”即主張“禪讓”,老子更崇尚“無爲之治”和“小國寡民”,其反對“家天下”是可以肯定的),即使在法家文獻《商君書·修權》篇中也有“堯舜之位(莅)天下也,非私天下之利也,爲天下位天下也;論賢舉能而傳焉,非疏父子而親越(遠)人也,明於治亂之道也”。這種思想在當時法家治下的秦國並非大逆不道,而且《戰國策·秦策一》中即有秦孝公“疾且不起,欲傳商君,辭不受”的記載。……商鞅雖然是法家,但其有儒學的學養根底……他在《修權》篇中講的

[63] 《顧頡剛古史論文集》第一册 368 頁。
[64] 同上書,368—369 頁。
[65] 參看《禪讓考》“孟荀二子對於禪讓說的態度”節,《顧頡剛古史論文集》第一册 341—345 頁。
[66] 參看廖名春《荆門郭店楚簡與先秦儒學》一文相關論述,《中國哲學》第二十輯 49 頁。
[67] “簡帛研究”網站,2003 年 1 月 20 日。

> 話,當亦是受到儒家"禪讓"之說的影響。
>
> 從商鞅和秦國之例(《吕氏春秋·不屈》篇也有:"魏惠王謂惠子曰:'上世之有國,必賢者也。今寡人實不若先生,願得傳國。'惠子辭。"),再從《唐虞之道》、《子羔》和《容成氏》等都圍繞着"禪讓"作文章看,我們似可窺見在戰國中前期出現了一個較爲普遍、較爲寬松的講"禪讓"之說的大環境。我想,這與當時已經不再"宗周王",而七國之間完全靠武力來統一天下的形勢也尚不明顯有很大的關係;與當時"士無定主",孔門後學的思想更少束縛,因而更加解放、昂揚、甚至激進……也有很大關係。……當時儒家的"禪讓"之說除了道德理想主義的思想成分外,似也對現實寄予了通過"禪讓"而在七國中出一個賢明的君主,從而取代周天子爲王的希望。

除了以道家爲崇尚禪讓似可商榷外,其他意見都是有道理的。從上引文字看,李文似傾向於以禪讓說爲起於儒家。但是既然在"戰國中前期"的特殊環境下,禪讓説風行一時,儒、墨等家都大講禪讓說,似乎就不必再去追究誰最先講了。李文還推測,孟子可能"因爲有了燕國的'讓國'悲劇",所以"要對理想與現實、禪讓與傳子進行新的整合",不再重視禪讓與傳子的形式的不同,"而是更强調要順乎天應乎人"。此說亦可參考。

《禪讓考》在古書的真僞和時代方面,作了不少不科學的判斷。前面已經提到過《禮運》等例子,下面再舉兩個可以分别用《唐虞之道》和《容成氏》來說明問題的例子。

《禪讓考》引《孟子·萬章》時,在"孔子曰:'唐、虞禪,夏后、殷、周繼,其義一也'"這句話下加括注說:"這段孔子的話恐非《孟子》本文,因爲唐、虞連稱是很晚的事,非孟子時所有,另有考證。"[68]前面已經說過,這句話是否真的爲孔子所說,難於肯定。但是時代不晚於《孟子》的《唐虞之道》的1號簡,開頭就說"唐、虞之道",[69]可見《孟子》中出現"唐、虞禪"一點也不奇怪,顧氏之疑不能成立。[70]

《墨子·尚賢下》說:"昔者堯有舜,舜有禹,禹有皋陶……"。《禪讓考》認爲此

---

[68] 《顧頡剛古史論文集》第一册,320頁。

[69] 荆門市博物館《郭店楚墓竹簡》39頁(圖版),157頁(釋文注釋)。

[70] 《論語·泰伯》倒數第二章記孔子語已有"唐、虞之際於斯爲盛"句,但顧氏認爲"《泰伯》篇末幾章稱道堯、舜、禹的",不可信據(《鯀禹的傳說》,125頁),童書業《"帝堯陶唐氏"名號溯源》對《論語·泰伯》"唐虞之際"章列四證以證其爲後人加入(《古史辨》第七册下編,開明書店,1941,5—6頁),對《孟子·萬章上》的"唐、虞禪"那一句,童文也表示懷疑,但尚未下斷語(同上書,23—24頁)。《莊子·繕性》和《管子·法法》都連稱"唐、虞",這兩篇應爲戰國著作,童文却以爲是"漢初人僞造先秦之書"(同上24頁),甚爲無理。

篇晚出。顧氏在指出《論語》、《孟子》"都把臯陶和舜發生關係",《墨子》、《孟子》"又都把益和禹發生關係"之後説:

> 惟此篇以臯陶與禹相當,和《所染》篇同。《所染》篇是抄襲《吕氏春秋》的文字,昔人已明其僞。而且此篇下文又説:"日月之所照,舟車之所及,粒食之所養,得此莫不勸譽",這等文字直同秦始皇琅邪刻石、《大戴禮記・五帝德》、《小戴禮記・中庸》等篇語句一律,定出秦後了。[71]

《五帝德》和《中庸》的時代並不像顧氏所想的那麽晚。而且兩篇文章的文字有雷同處,除非二者的時代都很明確,究竟誰抄誰,本來是很難説的事。顧氏説《尚賢下》晚出,主要證據是"禹有臯陶"這句話。《容成氏》説:"禹有子五人,不以其子爲後,見臯陶之賢也,而欲以爲後。"[72]這不就是"禹有臯陶"嗎? 可見至晚在戰國中期就有這種説法了,《尚賢下》決非"定出秦後"。

《禪讓考》當然也有貢獻。顧氏指出戰國時代盛傳的堯舜禪讓等傳説,把受禪者説成有賢德的平民,這種説法只有在戰國時代的社會背景下才能産生,決不反映歷史事實。這是完全正確的。指出這一點,是《禪讓考》的主要貢獻。但是顧氏因此認爲禪讓傳説純係戰國人所造,反對"用了社會分析的眼光來研究中國歷史的人"用禪讓傳説講上古社會,[73]認爲有人説"禪讓説是原始共産社會裏酋長選舉制的反映",是以假造的故事爲史料。[74] 這却是不完全妥當的。戰國時代普遍流傳的禪讓傳説,似乎不可能毫無一點歷史的影子。説禪讓傳説反映了古代王位世襲制建立前以"不授其子而授賢"爲特點的君長推舉制度,應該是可以的。周初輔佐文王、武王滅商的吕望,在一些古書中被説成屠夫、小販、傭徒、贅婿,這當然也出於戰國人的編造,可是吕望輔佐文、武却是歷史事實。我們不能因爲戰國人編造了舜由平民升爲天子的情節,就否定古代有類似禪讓的制度存在。關於吕望,有確鑿的史料傳了下來。夏代之前的"禪讓"時代,連文字都没有,因此只有傳説而没有確鑿史料傳下來,這是很自然的事。從《容成氏》、《子羔》、《唐虞之道》和《禮運》都認爲在傳子制建立前普遍實行過禪讓制來看,廣泛流傳的禪讓傳説很可能的確保留

---

[71] 《顧頡剛古史論文集》第一册 319 頁。

[72] 見 33、34 號簡,馬承源主編《上海博物館藏戰國楚竹書(二)》125、126、127 頁。

[73] 《顧頡剛古史論文集》第一册,363—364 頁。

[74] 同上書,296 頁,參看楊向奎爲《禪讓考》寫的《書後》,見《古史辨》第七册下編,開明書店,1941,107—109 頁。

了遠古時代曾經實行過的君長推選制的史影(《十講》編按:《莊子・秋水》說"帝王殊禪,三代殊繼",也認爲三代之前實行禪讓)。

五、結　　語

上世紀20年代在中國學術界興起的以顧頡剛爲代表的古史辨派,在清末民初的反封建思潮和新傳入的西方學術思想的影響下,掙脱傳統經學和史學的束縛,主張憑自己的理性對古代典籍和古史傳説的真僞和時代作全面的深入的考辨。這種精神是非常好的。至於他們對具體問題的見解,當然是有得有失的,需要我們批判地加以接受。

根據上世紀70年代以來出土的先秦秦漢文獻來看,古史辨派在古籍真僞和時代方面的見解,可以説是失多於得的。而他們在古史傳説方面的見解,從我們上面所作的討論來看,則可以説是得多於失的。至少可以説,他們考辨古史的成績大大超過了考辨古籍的成績。我在《中國古典學重建中應該注意的問題》一文中曾指出,我們要重建中國古典學,必須"很好地繼承包括古書辨僞在内的古典學各方面的已有成果",[75]其中當然包括古史辨派的成果。在古史傳説的研究中,無疑就更需要很好地繼承他們的成果了。

上世紀40年代,郭沫若在《古代研究的自我批判》中説:

> 新史學家們對於史料的徵引,首先便沒有經過嚴密的批判……對於舊文獻的批判根本沒有做够,不僅《古史辨》派的階段沒有充分達到,甚至有時比康有爲、閻百詩都要落後,這樣怎麼能够揚棄舊史學呢?有好些朋友又愛馳騁幻想,對於神話傳説之被信史化了的也往往無批判地視爲信史……[76]

這些話對今天的古史學界,仍然極有現實意義。

2003年8月6日寫完

原載《李珍華紀念集》(北京大學出版社,2003),又載《北京大學中國古文獻研究中心集刊(四)》(北京大學出版社,2004)、《中國出土古文獻十講》,今據《中國出土古文獻十講》收入。

---

[75] 《北京大學中國古文獻研究中心集刊(二)》,北京燕山出版社,2001,14頁。

[76] 郭沫若《十批判書》,《郭沫若全集・歷史編2》,人民出版社,1982,37頁。

馬王堆《老子》甲乙本卷前後佚書與“道法家”

——兼論《心術上》《白心》爲慎到田駢學派作品

1973 年 12 月,長沙馬王堆三號漢墓出土了一批帛書。其中有兩種《老子》寫本。整理者把字體較古的一本稱爲甲本,另一本稱爲乙本。甲本卷後、乙本卷前都抄了一些佚書。乙本卷前有《經法》、《十六經》、[①]《稱》及《道原》四篇佚書(以下簡稱“乙本佚書”)。前兩篇本身又分成很多小篇。《十六經》有不少小篇採取黄帝君臣問答的形式。這兩篇主要論述治國及征伐所應遵循的原則和方法。《稱》篇彙集很多類似格言的話,所反映的思想大體上與前兩篇同一體系。《道原》是一篇論“道”的短文。這四篇佚書已發表於文物出版社出版的《經法》和綫裝大字本《馬王堆漢墓帛書〔壹〕》(《叢稿》編按:文物出版社已於 1980 年出版了《馬王堆漢墓帛書〔壹〕》的精裝本)。

甲本卷後佚書(以下簡稱“甲本佚書”)原無篇題,按内容可以分爲四部分。第一部分共一百八十二行,講儒家“仁、義、禮、智、聖”的“五行”説,不少地方襲用了《孟子》的話,大概是孟軻學派的作品。《荀子・非十二子》斥責子思、孟軻“案往舊造説,謂之五行”,應該就是指這種學説(《十講》編按:郭店簡中有《五行》篇,即帛書《五行》的“經”的部分。現在多數學者認爲這部分的著作時代當早於《孟子》)。第二部分共五十二行,記伊尹爲商湯論九種君主的得失。[②] 第三部分共四十八行,論强兵的重要性。第四部分共十餘行,也講到“五行”,與第一部分有關。這些佚書也已發表於《馬王堆漢墓帛書〔壹〕》。

---

① “十六經”過去釋作“十大經”,張政烺先生對帛書“六”“大”二字的字形作了仔細對比,認爲“經”上一字是“六”而非“大”。今據張先生的意見改正(《新探》編按:細按字形,恐仍當釋爲“十大經”)。【編按:在復旦大學出土文獻與古文字研究中心 2010 年初召開的《長沙馬王堆漢墓簡帛集成》審稿會上,與會人員通過仔細比對,最後判定“經”上一字仍應釋爲“六”。所以本書中所出現的“十大經”皆爲“十六經”之誤。】

② 參看凌襄《試論馬王堆漢墓帛書〈伊尹・九主〉》,《文物》1974 年 11 期。

馬王堆三號漢墓下葬的年代是漢文帝前元十二年。③ 乙本《老子》及佚書避"邦"字諱,字體與同墓所出有文帝三年紀年的"五星占"很相似,當是文帝時代或稍前的抄本。甲本《老子》及佚書不避"邦"字諱,字體近於秦隸,可能是高帝前後的抄本。這些佚書的著作時代跟抄寫時代無疑會有一段距離,所以它們大概都是戰國時代的作品。甲乙本《老子》及佚書,除去甲本佚書的第一、第三和第四部分以外,都可以包括在"黄老言"的範圍裏。它們可以幫助我們弄清楚風行於西漢時代的黄老思想的内容及其源流。

本文第一部分討論西漢時代流行的黄老思想的内容和佚書的性質。第二部分討論這種思想的形成過程。我們大體上是按照對於先秦思想流派的傳統觀點來討論這些問題的,至於這種思想的階級實質,由於牽涉到古史分期,問題比較複雜,留到以後有機會的時候再去討論。

一

黄老思想,漢代人多稱爲"黄老之術"或"黄老言",有時也稱爲"道論"(《史記・自序》"習道論於黄子")。治黄老言的人就是"道家"。但是在先秦時代並不存在"道家"這一名稱。被漢代人稱爲道家的先秦思想家,實際上可以分成好幾派,他們的思想以及階級立場並不一致。④ 西漢時代流行的道家思想,或者説當時的道家思想的主流,不是後人所熟悉的老莊一派的思想(實際上老和莊也有相當大的差異),而是一種以道、法爲主,兼包陰陽、儒、墨等家思想的龐雜體系。

《漢書・藝文志》説:

> 道家者流,蓋出於史官,歷記成敗存亡禍福古今之道,然後知秉要執本,清虚以自守,卑弱以自持,此君人南面之術也。……及放者爲之,則欲絶去禮學,兼棄仁義,曰獨任清虚可以爲治。

按照這種觀點,莊子無疑是道家中的"放者",甚至老子也不能看作道家正宗。他雖然講了很多"君人南面之術",但也是"欲絶去禮學,兼棄仁義"的。(《十講》編按:關於老子是否棄仁義的問題,參看本書《關於郭店簡中的道家著作》部分中跟

③ 《文物》1974 年 7 期 46 頁。

④ 參看顧頡剛《從〈吕氏春秋〉推測〈老子〉之成書年代》(收入《古史辨》第四册)、唐蘭《馬王堆出土〈老子〉乙本卷前古佚書的研究》(《經法》,文物出版社,1976,158 頁)。

《老子》簡有關的兩篇拙文。【編按:指《郭店〈老子〉簡初探》、《糾正我在郭店〈老子〉簡釋讀中的一個錯誤——關於“絶僞棄詐”》兩篇文章,並可參看本書的《關於〈老子〉的“絶仁棄義”和“絶聖”》一文。】)

西漢流行的道家思想的面貌,司馬談的《論六家要指》講得比較明白。他説:

> 道家使人精神專一,動合無形,贍足萬物。其爲術也,因陰陽之大順,采儒墨之善,撮名法之要,與時遷移,應物變化,立俗施事,無所不宜。指約而易操,事少而功多。(見《史記·自序》)

這段話在好幾篇討論乙本佚書的文章裏都引用了。它的確是理解西漢流行的道家思想的一把鑰匙。這段話裏最值得注意的,是“因陰陽之大順,采儒墨之善,撮名法之要”這幾句。由此可知當時流行的道家思想已經吸收了不少陰陽、儒、墨、名、法等家的思想。乙本佚書所反映的正是這種比較駁雜的道家思想。

乙本四篇佚書的體裁不完全相同,内容涉及的方面也不一樣,但是思想基本上是一致的。我們可以把它們放在一起來加以考察。

在乙本佚書裏,“道”是一個重要的主題。《道原》集中地談道,其他幾篇也都談到道。從談道所用的大多數文句來看,佚書所説的道似乎與老子所説的道沒有多大區别。例如《經法·道法》説:“虚無形,其裻冥冥,萬物之所從生”,《經法·名理》説:“道者,神明之原也”,《十六經·成法》説:“一者,道其本也”,《稱》説:“道無始而有應”,《道原》説:“天弗能覆,地弗能載,小以成小,大以成大,盈四海之内,又包其外,……萬物得之以生,百事得之以成”等等。此外,佚書中還有很多與老子相似的思想。例如:主張“因天”(《經法·君正》),“順天”(《十六經·姓爭》),一切按所謂“天道”行事;反對“聲溢於實”(《經法·四度》),忌諱過分“盛盈”(《稱》“不仕於盛盈之國”);要求人“虚静公正”(《經法·名理》),“卑約主柔”(《十六經·順道》);認爲“得道之本”可以“握少以知多”(《道原》)等等。

但是另一方面,佚書中又包含着大量老子一派道家所沒有的,以及正與之相反的思想。⑤

《老子》説:“法令滋章,盗賊多有”,對法治採取否定態度,佚書則對法治作了充分肯定。例如《經法·道法》説:“道生法。法者,引得失以繩而明曲直者也。[故]執道者生法而弗敢犯也,法立而弗敢廢[也]”,《經法·大分》説:“法度者,正

---

⑤ 上引唐文指出佚書和老子在思想上的很多不同點,請參閲,見《經法》158—161頁。

之至也”,《經法・名理》說:“是非有分,以法斷之;虚靜謹聽,以法爲符”,《稱》說:“有儀而儀則不過,恃表而望則不惑,案法而治則不亂”。這些都是法家的思想,只不過一般的法家不提“道生法”而已。《十六經・成法》說黄帝爲了使“滑(猾)民”不生,“年(佞)辯”停止,問“力黑(牧)”天下是否“有成法可以正民者”。這是以神話的形式表示法治思想。佚書裏談到的不少比較具體的政治主張,例如主張“精公無私而賞罰信”(《經法・君正》),反對子分父威,臣分主威(見《經法》的《大分》、《亡論》),反對左右比周,父兄結黨,一人擅主(《經法・亡論》)等等,也都與法家思想符合。

佚書還很重視“形名”之說。⑥《經法》的《道法》、《論約》、《名理》,《十六經》的最末一小篇,以及《稱》的第一段等,全都談到審察形名的問題。《經法・論》和《十六經・前道》談到“正名”、“倚名”(《前道》作“奇名”),《道原》說:“分之以其分而萬民不爭,授之以其名而萬物自定”,也都與形名之説有關。《淮南子・要略》論申不害之學時說:“(韓國之法)新故相反,前後相繆,百官皆亂,不知所用,故刑名之書出焉。”劉向《别録》也說:“申子學號曰刑名。刑名者,循名以責實,其尊君卑臣,崇上抑下,合於六經。”(《漢書・張歐傳》注引)可見形名之說是法家的申不害所提倡起來的。形名之説主張君主通過審名責實的方法來控御臣下,《韓非子》裏也常常談到這種思想。不過,司馬談在《論六家要指》裏談到名家的時候,指出他們的可取之處在於“控名責實,參伍不失”,似乎把形名之說看作名家的學說。⑦他說道家“撮名法之要”,名家之“要”大概就是指刑名之說而言的。

佚書中也有陰陽家的思想。《十六經・觀》說:“贏陰布德”,“宿陽修刑”,“春夏爲德,秋冬爲刑”,又說如果“修刑”“弛刑”不合時令,就會引起自然界的反常現象,所舉之事將“不成”“不行”。這種認爲統治者的施賞行罰必須跟自然界陰陽四時的變化相配合的思想,是陰陽家學說的重要部分。《經法・四度》說:“極陽以殺,極陰以生,是謂逆陰陽之命。極陽殺於外,極陰生於內,已逆陰陽,又逆其位”,也與陰陽刑德之説有關。

---

⑥ 古無“形”字,帛書借“刑”爲“形”。古書裏“形名”也常寫作“刑名”。有的人把“刑名”之“刑”誤解爲刑法之“刑”。其實“形名”指事物的本形及名稱,跟刑法根本無關。

⑦ 劉向《鄧析子敘錄》說“鄧析好形名”(《荀子・不苟》楊倞注亦引此語),《孫子・勢》也提到“形名”。大概在申不害以前,已有人提出形名之說,申不害是繼承其說而加以改造的。講“白馬非馬”的公孫龍一派名家,有時也稱“刑名之家”(《戰國策・趙策二》)。他們講“刑名”的立場,似與申不害等人不同。

儒墨的影響在佚書中也可以看到一些。《十六經・順道》說:“體正信以仁,慈惠以愛人”,《稱》篇有一段專講“昆弟之親”,都近於儒家思想。《經法・君正》講節用民力,又談到“兼愛”,近於墨家思想。《墨子・天志中》說:“觀其事,上利乎天,中利乎鬼,下利乎人,三利無所不利,是謂天德。聚斂天下之美名而加之焉,曰此仁也義也。”《十六經・前道》也說:“聖[人]舉事也,闔(合)於天地,順於民,祥於鬼神,使民同利,萬夫賴之,所謂義也”,語意與《墨子》極爲相近。

從以上的分析來看,這四篇佚書應該就是司馬談所說的“因陰陽之大順,采儒墨之善,撮名法之要”的那種道家的著作。

司馬談在《論六家要指》裏,除了上面引過的那段話以外,還有一段比較具體地說明道家思想的話,內容跟乙本佚書的思想也是符合的。下面把這段話分作三小段加以討論:

> 道家無爲,又曰無不爲。其實易行,其辭難知。其術以虛無爲本,以因循爲用,……有法無法,因時爲業。有度無度,因物與合。故曰:聖人不巧(《史記》作“朽”,據《漢書・司馬遷傳》校改),時變是守。

這一段講道家對待事物的態度,最後引“聖人不巧,時變是守”一語作總結。這句話也見於佚書。《十六經・觀》說:“聖人不巧,時反是守。”“反”“變”古音極近。道家認爲天道循環反復,對他們來說,“時反”和“時變”在意義上也沒有很大區別。司馬談也許就是從《十六經》引用這句話的。

> 虛者,道之常也。因者,君之綱也。羣臣並至,使各自明也。其實中其聲者謂之端,實不中其聲者謂之窾。窾言不聽,姦乃不生,賢不肖自分,白黑乃形。……

這一段講的是形名之說。實就是形,聲就是名。可見司馬談所說的道家,很重視形名之說。這跟佚書的思想也是一致的。

> 凡人所生者神也,所託者形也。……神者生之本也,形者生之具也。不先定其神,而曰我有以治天下,何由哉?

這一段講形神關係,主旨在於要求治天下者“先定其神”。佚書也談到了這方面的問題。《經法・名理》:“道者,神明之原也。……靜而不移,動而不化,故曰神。”神“不移”“不化”,跟“定其神”是一個意思。《十六經・五正》:“黄帝問閹冉曰:‘吾欲布施五正,焉止焉始?’對曰:‘始在於身,中有正度,後及外人……’”這也就是要黄帝"先定其神",然後再去治天下。

佚書中兩次說:"當斷不斷,反受其亂"(見《十六經》的《觀》和《兵容》)。《史記・齊悼惠王世家》把這句話引爲"道家之言"。這也說明乙本佚書一類著作,在漢代人心目中是很典型的道家著作。

在現存子書裏,跟乙本佚書最爲接近的是《管子》和《鶡冠子》。這兩本書都兼有道、法、陰陽、儒家等思想,都談"形名",並且書中還有不少跟佚書相同或相近的段落和文句。[⑧] 在《漢書・藝文志》裏,《管子》和《鶡冠子》都列爲道家。以前,大家想不通爲什麽《藝文志》把包含大量法家思想的《管子》放在道家裏。明白了漢代人對道家的看法,這件事就容易理解了。

乙本佚書所代表的西漢流行的道家思想,雖然内容比較龐雜,但是其核心思想顯然是關於道和法的學説。佚書第一篇就叫做"道法",一開頭就說"道生法",《管子・心術上》等篇也有類似意思的話。[⑨] 所以"撮名法之要"是司馬談所說的那種道家不同於老子等道家的主要之點。爲了稱說的方便,我們可以把這種道家稱爲"道法家",以與老子等道家相區别。

《漢書・藝文志》著録的道家著作裏,有《雜黄帝》五十八篇,原注:"六國時賢者所作。"又有《力牧》二十二篇,原注:"六國時所作,託之力牧。"乙本佚書中的《十六經》也依託黄帝及其臣力牧等人,也許就包含在《雜黄帝》《力牧》所收各篇之中。《藝文志》道家類又有《黄帝四經》四篇,《黄帝君臣》十篇。《黄帝君臣》下原有注曰:"起六國時,與老子相似",可見是老子一派的著作。[⑩]《黄帝四經》下原無注。《隋書・經籍志》說:"漢時諸子,道書之流有三十七家,大旨皆去健羨處沖虚而已……其《黄帝》四篇、《老子》二篇最得深旨。"《黄帝》四篇就是《黄帝四經》。這部書既然跟《老子》一樣最得"去健羨,處沖虚"的"深旨",就也應該是老子一派道家的著作。《吕氏春秋》等書所引的黄帝之言,思想大都與老子相近,大概就是出於《黄帝四經》的。《十六經》屬於道法家,跟這兩部書似乎不會有關係。有的同志認爲《十六經》就是《黄帝君臣》,[⑪]有的同志認爲《經法》等四篇佚書就是《黄帝四經》,[⑫]恐怕都不可信。

---

⑧ 參看前引唐蘭文所附《〈老子〉乙本卷前古佚書引文表》。

⑨ 參看前引唐文,《經法》167 頁。

⑩ 見《經法》163 頁。

⑪ 高亨、董治安《〈十大經〉初論》,《經法》112 頁。

⑫ 參看前引唐文。

討論乙本佚書和所謂漢初“儒法鬥爭”的文章,往往把道法家思想稱爲黄老思想,以區别於一般的道家思想。但是在漢代人的詞彙裏,“黄老”與“道家”是同義的。雖然當時道家的主流是道法家,“黄老”却並不專指道法家。事實上,不但老子不是道法家,就是假託黄帝的道家作品也不一定屬於道法家。上一節已經説明了這一點。所以稱道法家思想爲黄老思想是不妥當的。有的同志把“老學”和“黄學”對立起來,稱道法家思想爲“黄學”,也同樣不妥當。由此可見,提出“道法家”這個名稱是很有必要的。

甲本佚書的性質比較複雜。除第一、第四兩部分顯然有關外,各篇間似乎毫無關係。不過,這些著作大概仍是由治道法家之學的人有意抄集在一起的。

甲本佚書的第二部分,即《九主》篇,是法家傾向很明顯的道法家著作。篇中把“法君”“法臣”看作理想的君臣,主張“邦出乎一道,制命在主”,反對大臣專擅,“主輕臣重,邦多私門”。這些都是典型的法家思想。另一方面,篇中又强調“法天地之則”的重要,道家色彩也相當明顯。道法家大都講形名,《九主》也不例外。文中説:“名命者,符節也,法君之所以蕌也。法君執符以聽,故自蕌之臣,莫[敢]僞會以當其君。”【編按:周波指出,凌襄《試論馬王堆漢墓帛書〈伊尹・九主〉》(《文物》1974 年 11 期)將“蕌”字隸定爲“薑”,謂假爲“强”,義爲勉。按此字當是从“艸”“畺”聲,即“蘁(薑)”字。類似寫法見包山遣策類簡 258、7 號竹簽、九店 56 號墓簡 141。】這就是循名責實的方法。

《漢書・藝文志》在道家類裏著録《伊尹》五十一篇,在小説家類裏著録《伊尹説》二十七篇。《九主》無疑是道家《伊尹》中的一篇。《吕氏春秋》、《説苑》等書引了不少伊尹之言,從内容看大多數也應是《伊尹》的遺文。《吕氏春秋・先己》記湯問取天下之道於伊尹,伊尹回答説:“凡事之本,必先治身。嗇其大寶,用其新,棄其陳……昔者先聖王成其身而天下成,治其身而天下治。故……爲天下者不於天下於身。”這跟《論六家要指》主張先定其神然後治天下的思想極其相似。《説苑・君道》記湯問伊尹“三公、九卿、大夫、列士”的差别何在,伊尹回答説:“三公之事常在於道”,“九卿之事常在於德”,“大夫之事常在於仁”,“列士之事常在於義”,“道德仁義定而天下正”。它不像《老子》那樣菲薄仁義,而將仁義列於道德之後,看作很重要的東西,可見也跟乙本佚書一樣,並不完全排斥儒家的思想。根據以上所述可以肯定,《藝文志》列於道家的《伊尹》,在思想上跟乙本佚書基本上屬於同一類型。

甲本佚書的第三部分極力强調强兵的重要性,認爲“人君之大務”在於“毋以非兵者害兵”。這種思想跟儒墨以及老子一派的道家全都尖鋭對立,而跟法家則比較接近。“撮名法之要”的道法家在戰爭問題上的觀點,也是接近於法家的。他們“不埶偃兵”(《稱》),⑬認識到戰爭是不可避免的。《十六經・五正》說:“夫作爭者凶,不爭[者]亦無成功”,同篇《姓爭》也有類似的話,跟老子主張“不爭”的思想顯然不同。乙本佚書時常討論有關用兵的問題,並明確主張“文武並行”,“因天之殺也以伐死”(《經法・君正》)。從基本的思想傾向看可以歸入道法家的《管子》和《鶡冠子》,都有論兵的專篇(如《管子》的《兵法》《制分》,《鶡冠子》的《世兵》等)。⑭ 所以,治道法家之學的人把主張强兵的文章跟道法家著作抄在一起,是一點也不奇怪的。

甲本佚書的第一部分是講儒家的“五行”說的。第四部分既與第一部分有關,又使用了道家的一些語言,如“一”(“其要謂之一”)、“玄同”(“身調而神過,謂之玄同”)、“至素至精”等。這表現了想把儒家和道家糅合起來的傾向。上文已經指出,道法家往往“采儒墨之善”,並不完全排斥儒家的思想。在西漢前期,道法家和儒家既有鬥爭的一面,又有相互滲透的一面。例如漢初著名思想家陸賈、賈誼,從他們所著的《新語》、《新書》來看,就很明顯地有糅合道法家和儒家思想的傾向,陸賈的道法家思想尤其顯著。在改造儒家使之爲大一統的中央集權國家服務方面起了巨大作用的董仲舒,也顯然受到道法家的影響。⑮ 所以,講“五行”的儒家言出現在治道法家之學的人所讀的書裏,也是完全可以理解的。

根據以上所述,我們認爲雖然甲本佚書看起來内容顯得雜亂,但是書中各篇仍應是治道法家之學的人有意抄集在一起的。它們都是研究道法家思想的寶貴參考資料。

---

⑬ 此句“埶”字,文物出版社出版的《經法》讀爲“藝”,訓爲“常”(196 頁注⑮)。這個字也有可能當讀爲“設”。“埶”、“設”古音相近,武威《儀禮》漢簡“設”字皆假“埶”字爲之(見《武威漢簡》)。(《新探》編按:此句“埶”字也有可能是“執”的誤字,另詳他文。《十講》編按:“他文”即拙作《古文獻中讀爲“設”的“埶”及其與“執”互訛之例》,已發表於香港大學研究中心編《東方文化》36卷 1、2 號合刊。但彼文並未論及此例【編按:彼文實已對此例進行了討論,見本書語言文字與古文獻卷 457 頁】,因爲此句“埶”字究竟應該讀爲“設”,還是應該看作“執”的訛字,難以斷定。)

⑭ 《漢書・藝文志》列《太公》於道家。《太公》當包括《六韜》、《金匱》等書。從現存的《六韜》及古書所引《六韜》、《金匱》等書佚文來看,《太公》也近於道法家。《太公》中論兵的篇章更多。

⑮ 關於陸賈、賈誼和董仲舒的思想,參看林健《曹參的黄老之學與漢初的思想演變》,《福建師範大學學報》(哲學社會科學版)1978 年 2 期 84—86 頁。

二

現在,我們來探討一下道法家思想形成的過程。

道法家思想的形成,跟戰國中期兩個著名的法家——當過韓昭侯相的申不害以及齊宣王時在稷下講過學的慎到——有密切的關係。這兩個人都曾經把不少有道家色彩的思想組織在自己的學説裏。所以司馬遷説申不害"本於黄老而主刑名"(《史記·老子韓非列傳》),説慎到與田駢等人"皆學黄老道德之術"(《史記·孟子荀卿列傳》)。申、慎二人有不少相似的思想。例如:申不害喜歡講"因"(《群書治要》卷三十六引《申子·大體》:"凡因之道,身與公無事,無事而天下自極也。"),慎到也喜歡講"因"(《慎子》有《因循》篇)。申不害喜歡講"勢"(《荀子·解蔽》:"申子蔽於勢而不知知。"),慎到也喜歡講"勢"(見《韓非子·難勢》,《慎子·威德》也談到勢)等等。申不害的年輩高於慎到,但是《漢書·藝文志》却説《申子》稱引過慎子。也許《申子》編定於申不害門徒之手,所以能稱引慎到。申、慎兩派很可能是相互影響的。

甲乙兩本佚書明顯地反映出道法家跟申不害和慎到的密切關係。除去主張法治、反對大臣專擅等最一般的法家思想以外,在佚書裏還可以找到不少與《申子》、《慎子》相似的思想。

前面説過,乙本佚書和甲本佚書的《九主》全都談"形名"。這應該是受申不害的影響。《經法·論》説:"一曰正名,一曰(此二字當爲衍文)立而偃。二曰倚名,法(廢)而亂。"這跟《申子·大體》所説的"昔者堯之治天下也以名,其名正則天下治。桀之治天下也亦以名,其名倚而天下亂"(《群書治要》卷三十六引),是一個意思。《九主》説:"名命者,符節也。……法君執符以聽……",《經法·道法》説:"形名已立,聲號已建,則無所逃迹匿正矣。"這跟《申子·大體》所説的"名者,天地之綱,聖人之符。張天地之綱,用聖人之符,則萬物之情無所逃之矣"(同上),也是一個意思。

《九主》篇還有一些跟申、慎相似的思想。例如:申不害認爲"有道者不爲五官之事而爲治主。君知其道也,官人知其事也"(《申子·大體》),慎到主張"臣事事而君無事,君逸樂而臣任勞"(《慎子·民雜》);《九主》也反對"主勞臣佚",把"勞君"列爲有過之主的一種,主張君主應"以無職並聽有職"。申不害主張"治不逾官"(見《韓非子·定法》),慎到主張"士不得兼官"(《慎子·威德》),《九主》也認爲臣下應各守分職。⑯

乙本佚書從慎到那裏也吸收了不少東西。《慎子》一書現在只有一部分斷篇殘章遺留下來。就拿這些斷篇殘章來跟乙本佚書核對,已經發現《稱》篇有四段文字抄襲《慎子》。⑰ 此外,《稱》篇説:"因地以爲資,因民以爲師",也像是從《慎子・民雜》的"因民之能爲資"演化出來的。《十六經・本伐》的内容也與《慎子》很接近。《意林》卷二引《慎子》:"藏甲之國,必有兵道(原作"遁",據《御覽》卷三百五十六校改)。市人可驅而戰,安國之兵不由忿起。"《本伐》也説:"諸庫藏兵之國,皆有兵道",並反對"行忿之兵"。後面要講到,《管子》的《心術上》和《白心》是慎到、田駢學派的作品。乙本佚書跟這兩篇也有不少相類的文字。⑱ 如果《慎子》原本保存下來的話,一定能在乙本佚書裏發現更多從《慎子》那裏吸收來的東西。

不過,從現存的《申子》和《慎子》的殘篇佚文來看,他們的道家色彩顯然不如後來的道法家那樣濃厚。這兩本書在《漢書・藝文志》裏都不列於道家而列於法家。可見現存的殘篇佚文基本上能反映原書的傾向。所以申不害和慎到本身還不能算道法家。被漢代人看作道家的道法家思想,應該是申、慎的思想跟道家思想進一步糅合的産物。

能舉出名字的最早的道法家,大概是與慎到有密切關係的田駢。田駢在《莊子・天下》和《荀子・非十二子》裏都被看作與慎到同派。但是,在《漢書・藝文志》裏《慎子》列於法家,《田子》則列於道家。可見他的道家色彩一定比慎到濃厚得多。《吕氏春秋・執一》:"田駢以道術説齊[王]。齊王應之曰:'寡人所有者齊國也,願聞齊國之政。'田駢對曰:'臣之言無政而可以得政。……豈獨齊國之政哉? 變化應求〈來〉而皆有章,因性任物而莫不宜當,彭祖以壽,三代以昌,五帝以昭,神農以鴻。'"田駢回答齊王的話,跟《論六家要指》所説的治天下應"先定其神"的思想是一致的。在政治上,既然田駢被看作與法家的慎到屬於一派,《荀子・非十二子》並且明確地説:"尚法而無法……是慎到、田駢也",可見他也是主張法治的。所以我們認爲田駢可以算一個道法家。

《管子》裏的《心術上》和《白心》,近人多認爲是稷下學士中宋鈃、尹文一派的

---

⑯ 參看注②所引凌襄文 27 頁。

⑰ 見唐蘭文所附表 81、84、96、97 諸條。《稱》篇類似格言彙集,内容較雜。我們只能認爲《稱》抄襲《慎子》,而没有理由説《慎子》抄襲《稱》。

⑱ 見唐蘭文附表。

著作。其實,這兩篇都是道法家的作品,很可能就出於稷下學士中的慎到、田駢一派之手。

這兩篇作品表面上主要是發揮道家思想的。但是《心術上》說:“簡物〈軫?〉小未〈大〉一道殺僇禁誅謂之法”,⑲“法者,所以同出不得不然者也,故殺僇禁誅以一之也。故事督乎法,法出乎權,權出乎道”。《白心》說:“然而天不爲一物枉其時,明君聖人亦不爲一人枉其法”,“名正法備而聖人無事”。可見作者主張法治。所以這兩篇應該是道法家的作品。

再仔細分析一下,就可以發現篇中有大量慎到、田駢一派的思想。

據《莊子·天下》篇,慎到、田駢主張“公而不當(黨),易而無私,決(按:此字當讀爲“缺”)然無主,趣物而不兩,不顧於慮,不謀於知,於物無擇,與之俱往”,“棄知去己而緣不得已,泠汰(郭象注:猶聽放也)於物以爲道理”。《白心》說:“孰能己無己乎?效夫天地之紀。人言善亦勿聽,人言惡亦勿聽,持而待之,空然勿兩之,淑然自清。”“己無己”就是“去己”,“人言善亦勿聽,人言惡亦勿聽”就是“公而不黨,易而無私”,“空然勿兩之”就是“缺然無主,趣物而不兩”。《心術上》說:“去知則奚率(此字似爲衍文)求矣?無藏則奚設矣?無求無設則無慮,無慮則反復虚矣。”這就是“棄知”,就是“不顧於慮,不謀於知”。《心術上》又說:“是故有道之君,其處也,若無知;其應物也,若偶之,靜因之道也”,“其應非所設也,其動非所取也。此言因也。因也者,舍己而以物爲法者也”。這跟“棄知去己而緣不得已,泠汰於物以爲道理”以及“於物無擇,與之俱往”,是一個意思。《意林》卷二引《慎子》:“措鈞石使禹察之不能識也,懸於權衡則毫髮辨矣。”《慎子·君人》:“是以分馬者之用策,分田者之用鈎,非以鈎策爲過於人智也,所以去私塞怨也。”這些正是“舍己而以物爲法”的實例。在《心術上》和《白心》裏還有不少主張“去知”的話,這裏就不一一徵引了。

《天下》篇還說慎到、田駢認爲“選則不徧,教則不至,道則無遺者矣”。《白心》說:“及至於至者,教存可也,教亡可也。”這與“教則不至”顯然是從正反兩方面表示同一個意思。

《荀子·天論》說:“慎子有見於後,無見於先。”“舍己而以物爲法”就是後而不

---

⑲ 甲本佚書第一部分204—205行:“簡之爲言也猶加,大而罕者。匿之爲言也猶匿匿,小而軫者”,以“簡”“大”“罕”與“匿”“小”“軫”對言。故疑《管子》“簡物小未”爲“簡軫小大”之誤(“未”爲“大”之誤,清人丁士涵已言之)。疑“簡軫”猶言“疏密”(《新探》編按:“軫”有盛多義。《淮南子·兵略》:“士卒殷軫。”)。

先的態度。《心術上》說:"毋先物動,以觀其則",《白心》說:"上之隨天,其次隨人。人不倡不和,天不始不隨"。這更是明白地提倡後而不先。

《慎子·威德》說:"天雖不憂人之暗,辟户牖必取己明焉,則天無事焉。……聖人雖不憂人之危,百姓準上而比於下,其必取己安焉,則聖人無事也",《白心》也說:"天行其所行而萬物被其利,聖人亦行其所行而百姓被其利。"《慎子·民雜》主張君主"任臣而勿自躬",《心術上》也主張"君無代馬走,無代鳥飛"。《慎子·因循》說:"天道因則大,化則細。因也者,因人之情也",同書《民雜》說:"是以大君因民之能爲資";《心術上》也說:"故道貴因。因者,因其能者,言所用也",又說:"禮者,因人之情,緣義之理,而爲之節文者也"。彼此的思想顯然非常接近。

《心術上》和《白心》的一個重要主題是如何"應物"。這跟上引《吕氏春秋》所反映的田駢重視"變化應來"、主張"因性任物"的思想也是符合的。《白心》說:"執儀服象,敬迎來者。""敬迎來者"就是"應來"。田駢所說的"因性任物",似乎也就是"因人之情"和"舍己而以物爲法"的意思。

《心術上》說:"過在自用,罪在變化",認爲變化是壞事。這似乎跟重視"變化應來"有矛盾。但是,《心術上》所說的"變化",是指師心自用不遵守客觀規律而另搞一套。《吕氏春秋》所說的"變化應來",意思跟《論六家要指》所說的"應物變化",《白心》所說的"隨變斷事"差不多。兩個"變化"指的不是一回事。所以不能據此否定《心術上》跟慎到、田駢的關係。

從以上的分析看,《心術上》和《白心》似應是慎到、田駢一派的著作。這兩篇文章可能是慎到、田駢的學生寫定的。

《心術上》和《白心》都談"形名"。例如《心術上》說:"物固有形,形固有名,名當謂之聖人","以其形因爲之名,此因之術也。名者,聖人之所以紀萬物也"。《白心》也說:"原始計實,本其所生,知其象則索其形,緣其理則知其情,索其端則知其名。"此外,《心術上》說:"君臣父子人間之事謂之義,登降揖讓貴賤有等親疏之體謂之禮",可見它對儒家思想也不完全排斥。總之,從思想類型上看,《心術上》和《白心》跟乙本佚書是很接近的。《管子》裏有不少兼有道、法二家思想,又受到儒家思想影響的作品。其中大概還有一些慎到、田駢一派或其他道法家的東西,有待進一步研究。

《管子》書中有陰陽家的思想,例如《四時》、《五行》等就是陰陽家作品。但是在《心術上》和《白心》裏,却看不到陰陽家思想的成分。這兩篇作品的時代應該早於採用了陰陽刑德說的乙本佚書。它們也許可以看作道法家早期作品的代表。

在戰國時代,道家思想和法家思想相互滲透是相當普遍的現象。因此,道法家的形成途徑很可能是多元的,也就是說,有些道法家很可能跟慎到、田駢這一學派沒有多大關係。我們知道,莊子的思想跟道法家是很不一樣的。但是,在《莊子》外篇所收的道家著作裏,偶爾也可以看到類似道法家的論調。《莊子·天道》:"是故古之明大道者,先明天而道德次之,道德已明而仁義次之,仁義已明而分守次之,分守已明而形名次之,形名已明而因任次之,因任已明而原省次之,原省已明而是非次之,是非已明而賞罰次之。賞罰已明而愚知處宜,貴賤履位,仁賢不肖襲情。必分其能,必由其名。以此事上,以此畜下,以此治物,以此修身。知謀不用,必歸其天。此之謂大平,治之至也。"這跟道法家所說的話沒有多少區別。《漢書·藝文志》著録《莊子》五十二篇,今傳郭象注本只有三十三篇。保存在日本鐮倉本《莊子·天下》篇末的一段郭象的文字,說"一曲之士"往往"妄竄奇說"於《莊子》書中,"或牽之令近,或迂之令誕,或似山海經,或似占夢書,或出淮南,或辯形名",他把這些内容都删掉了。[20] 郭氏删去的"辯形名"的"奇說",大概也是道法家一類的作品。這些作品以及《天道》篇就有可能跟慎到田駢學派沒有多大關係。所以,如果想徹底搞清楚道法家的形成過程,還需要進行很多研究工作,我們在這篇文章裏所做的,只是一些極爲初步的工作。

原載《中國哲學》第二輯(三聯書店,1980),又載《古代文史研究新探》、《文史叢稿》、《中國出土古文獻十講》,今據《中國出土古文獻十講》收入。

附:致《中國哲學》編輯部的信

編輯同志:

我在《中國哲學》第二輯上發表《馬王堆〈老子〉甲乙本卷前後佚書與"道法家"》一文,主張《心術上》、《白心》爲慎到、田駢學派作品,初以爲是自己的創見。今年九月到成都開會,碰到蒙默同志,承告蒙文通先生於三十餘年前已有此說,但因文章流傳不廣,注意者甚少。回京後,又得蒙默同志來信,承抄示蒙先生主要論點。今將來信録出,望貴刊賜登。

近於《中國哲學》第二輯獲讀大作論《心術》、《白心》爲田駢、慎到作品一

---

[20] 參看孫道昇《鐮倉本〈莊子·天下篇〉跋尾》,收入《古史辨》第6册。

文……憶先君於1946年嘗撰楊朱、黄老二考，所論頗與尊著相合。因檢出核之，果然。先君考論詹何、子華、它囂、魏牟、陳仲、史鰌、宋鈃、尹文、環淵、捷子、田駢、慎到皆爲楊朱者流，以爲此乃北方之道家，與南方道家莊周者流迥異其趣。並謂楊朱之學至田、慎之徒而推致於極精，所謂"黄老之學"於以出焉。故以田慎之學關係先秦道法者至重。然而所執以論田慎者，主要即《心術》、《白心》、《内業》諸篇。故文中亦略就荀、莊評田慎之説以論數篇之爲田慎之書。大要謂静因之道爲田慎學術根荄。《心術》所論"静因之道""舍己而以物爲法"一段，正慎子"棄知去己而緣於不得已，泠汰於物以爲道理"，"無建己之患，無用知之累，動静不離於理"，所謂"塊不失道"，"魏然而已"者也。《白心》言"孰能法無法乎，始無始乎，終無終乎，弱無弱乎"，正"上法而無法"也。《白心》言"上之隨天，其次隨人，人不倡不和，天不始不隨"，即"上則取聽於上，下則取從於俗"也。《白心》言"知何知乎，謀何謀乎"即"若無知之物"，"無用知之累"也。"孰能去辯與巧，而還與衆人同道"，則"無用聖賢"也。"至於至者，教存可也，教亡可也"，是"教則不至"也。"能若夫風與波乎，唯其所欲適"，即"若飄風之還，若羽之旋"者也。《心術》言"天道虚其無形，虚則不屈，無形則無所抵忤，無所抵忤則遍流萬物而不變"，所謂"道行無遺"、"於物無擇，與之俱往"者也。"私者亂天下者也"，此"公而無黨，易而無私"之説也。《白心》"萬物歸之，美惡乃自見"，即《吕覽》"是非可不可無所遁"，史談"賢不肖自分，黑白乃形"者也，曰"舍是與非苟可以免"，過也。舉凡荀、莊所論，胥可於此數篇中得其義。田駢因性任物之義，接子或使之説，亦於此數篇闡發益明。又以《治要》所引《慎子・威德》、《因循》、《民雜》諸篇校之《心術》、《白心》亦皆能合。故先君臆此數篇爲慎到之書。凡所敷論，多就文理之相符者言之，……與大作所論略有差互，然皆相得而益彰，此數篇之爲田、慎一派之作更明。此數篇者，自郭老論其爲宋、尹之作，後遂視爲定論，默嘗期期以爲不可。今讀大著，欣喜無似。念先君之文雖1946年刊《靈巖學報》創刊號、1948年刊《圖書集刊》第八期，然皆印數不多，流傳非易，想必不曾見到，故此撮要奉呈。空谷足音，釋然而喜，諒亦所樂聞也。又先君謂黄老出於田慎，亦與大作言道法家源出申慎之説合，唯以未見馬王堆諸帛書，第以六家要旨之説言黄老，故未能深論……

蒙先生未及見馬王堆帛書，而於黄老之學能爲此推本溯源之論，博學鋭識，使後輩欽佩無已。貴刊能賜一頁之地將此信刊出，或可使蒙先生的卓見能爲更多的人知道。(《新探》編按:蒙先生之《楊朱學派考》已收入巴蜀書社1987年出版的《蒙文通文集》第一卷《古學甄微》。)

敬禮

裘錫圭

1980年10月

原載《中國哲學》第九輯(三聯書店,1983),又載《古代文史研究新探》、《文史叢稿》、《中國出土古文獻十講》,今據《中國出土古文獻十講》收入。

稷下道家精氣說的研究

郭沫若在1944年所寫的《宋鈃尹文遺著考》,是先秦思想史方面的一篇很重要的論文。① 他認爲《管子》中的《心術》上下、《白心》、《內業》四篇是宋鈃、尹文的遺著。這一意見並未成爲定論。但是確如馮友蘭在《先秦道家所謂道底物質性》一文中所說的那樣,"指出這四篇在哲學史上的價值,並加以仔細的考訂分析,這個功勞屬於郭沫若先生"。② 蒙文通在四十年代曾主張《心術》等四篇爲慎到、田駢的學說。③ 我在七十年代也發表過跟蒙說相似的,以《心術上》和《白心》爲慎到、田駢學派著作的意見。④ 現在看來,無論把《心術》等四篇定爲宋鈃、尹文學派著作,還是定爲慎到、田駢學派著作,證據都嫌不足。

蒙文通在寫於1961年的《略論黃老學》一文中說:

> 《管子》中的《心術》、《內業》、《白心》等篇,我以前認爲是慎到、田駢的學說,也有同志從"白心"二字著眼,認爲這幾篇是宋鈃、尹文的學說,如果從或使論來看,也可以說是接予的學說,《白心》一篇把"或使"理論闡發得很明透,已見前論,此不贅述(引者按:見《楊朱學派考》,《古學甄微》256—257頁)。總的來說,這些學者都是黃老派,他們同在稷下,必然相互影響,說這幾篇書是黃老派的學說就可以了,似不必確認其爲何人的書。⑤

這是很審慎也很合理的看法,可以爲我們所接受。蒙氏在這裏所說的"黃老派",

---

① 此文收入1945年出版的《青銅時代》,見《郭沫若全集·歷史編1》,人民出版社,1982,547—572頁。

② 馮友蘭《中國哲學史論文集》,上海人民出版社,1958,127頁。

③ 見《楊朱學派考》,收入《蒙文通文集》第一卷《古學甄微》,巴蜀書社,1987。主要看252—254頁。他的這一主張在《儒家哲學思想之發展》一文中已發其端,看上引書79頁。

④ 見《馬王堆〈老子〉甲乙本卷前後佚書與"道法家"》,《中國哲學》第二輯80—83頁。參看第九輯388—389頁。

⑤ 注③所引書281頁。此文在蒙氏生前似未發表。

指他認爲出自楊朱的"北方(齊)的道家"。以莊子爲代表的道家,則被他稱爲"南方(楚)的道家"。[⑥] 從學術源流的角度看,蒙氏分道家爲南北兩派的意見是很有價值的。郭沫若在《十批判書》裏提出了"稷下黄老學派"的名稱,[⑦]他所說的黄老學派就是道家。馮友蘭在《中國哲學史新編》修訂本裏,也把《心術》等篇包括在"稷下黄老之學"裏。[⑧] 但是他把"黄老之學"定義爲"道家和法家的統一",[⑨]含義跟郭沫若所說的"黄老學派"有别。我們不主張用"黄老"和"道家"這兩個名稱,來區分一般認爲都屬於道家的不同學術派别,[⑩]所以本文把《心術》等四篇的作者們稱爲稷下道家。

在《心術》等四篇中,《心術下》的内容基本上都見於《内業》。郭沫若認爲前者是後者"另一種不全的底本",[⑪]是很正確的。在這兩篇裏,"精"(有時也被稱爲"精氣"、"靈氣"等)是作者論述的一個重要主題。《心術上》所說的"神",跟"精"也是一回事。郭沫若在《宋鈃尹文遺著考》和《稷下黄老學派的批判》二文中,對《内業》《心術》等篇中關於精的思想有所論述,但説得比較簡單。[⑫] 馮友蘭在上文已經提到過的、發表於1954年的《先秦道家所謂道底物質性》一文中,對這種思想作了很詳盡的論述。他在1964年出版的《中國哲學史新編》第一册第十章和1984年出版的《中國哲學史新編》修訂本第二册第十七章中的有關論述,基本上是根據這篇文章的,不過在某些問題上觀點有變化。最重要的變化是,1954年的論文認爲《老子》的時代晚於《心術》等四篇,[⑬]《新編》的意見則與此相反。在《新編》修訂本裏,馮氏把稷下道家關於精的思想稱爲"精氣說"。本文沿用這一名稱。下面我們在郭、馮二氏的工作的基礎上,對精氣說作進一步研究。

爲了討論的方便,我們先把《内業》和《心術》中關於精氣說的重要文字分段摘錄出來,前面加上序數,以便引用。次序不一定按原文,主要著眼於使讀者易於理解文義。所錄文字以《四部叢刊》影印宋本《管子》爲據,訛字後用尖括號注出正字,補入的脱文外加方括號,其他錯誤隨文注明,外加圓括號。釋義之語也外加圓

---

⑥ 同上284頁。參看同書的《楊朱學派考》。

⑦ 見《稷下黄老學派的批判》,《郭沫若全集·歷史編2》155—187頁。

⑧ 《中國哲學史新編》第二册(1983年修訂本),人民出版社,1984,199等頁。

⑨ 同上195頁。

⑩ 注④所引拙文76頁。

⑪ 《郭沫若全集·歷史編1》562頁。

⑫ 同上562—564頁,又《郭沫若全集·歷史編2》164—165頁。

⑬ 注②所引書141頁。

括號。所作校改一般都是以郭沫若《管子集校》所收各家意見爲據的。

先錄《内業》篇的有關文字。《心術下》跟《内業》相應的文字，一般不錄，有參考價值的隨文注出：

（1）凡人之生也，天出其精，地出其形，合此以爲人。和乃生，不和不生。

（2）精也者，氣之精者也。氣道乃生，生乃思，思乃知，知乃止矣。凡心之形（《心術下》作"刑"。《内業》尹注訓"心之形"爲"安心之法"，可知《内業》原文也作"刑"），過知失生。

（3）凡物之精，此則爲生。下生五穀，上爲列星。流於天地之間，謂之鬼神。藏於胸中，謂之聖人。是故民〈此〉氣，杲乎如登於天，杳乎如入於淵，淖乎如在於海，卒乎如在於己。是故此氣也，不可止以力，而可安以德；不可呼以聲，而可迎以音〈意〉。敬守勿失，是謂成德。德成而智出，萬物果〈畢〉得。

（4）搏〈摶〉氣如神，萬物備存。能搏〈摶〉乎？能一乎？能無卜筮而知吉凶（當從《心術下》作"凶吉"）乎？能止乎？能已乎？能勿求諸人而[得]之己乎？思之思之，又重思之。思之而不通，鬼神將通之。非鬼神之力也，精氣之極也。四體既正，血氣既靜，一意搏〈摶〉心（"摶心"讀爲"專心"），耳目不淫，雖遠若近（《心術下》作"專於意，一於心，耳目端，知遠之證"）。

（5）天主正，地主平，人主安靜。……能正能靜，然後能定。定心在中，耳目聰明，四枝（通"肢"）堅固，可以爲精舍（精舍即精氣的館舍）。

（6）敬除其舍，精將自來。精想思之，寧念治之。嚴容畏敬，精將至〈自〉定，得之而勿舍。耳目不淫，心無他圖。正心在中，萬物得度。

（7）凡食之道，大（通"太"）充，傷而形不臧（丁士涵謂當作"形傷而不臧"）；大攝（尹注：謂過於飢），骨枯而血沍。充、攝之間，此謂和成，精之所舍，而知之所生。

（8）精存自生，其外安榮。内藏以爲泉原，浩然和平，以爲氣淵。淵之不涸，四體乃固。泉之不竭，九竅遂通〈達〉。乃能窮天地，被四海，中無惑意，外無邪菑（通"災"），心全於中，形全於外，不逢天菑，不遇人害，謂之聖人。

（9）凡人之生也，必以其歡。憂則失紀，怒則失端。憂悲喜怒，道乃無處。愛慾靜之，遇〈愚〉亂正之。勿引勿推，福將自歸。彼道自來，可藉與謀。靜則得之，躁則失之。靈氣在心，一來一逝。其細無内，其大無外。所以失之，以躁爲害。心能執靜，道將自定。得道之人，理丞（通"蒸"）而屯泄，匈（通"胸"）中無敗。節欲之道，萬物不害。

據前引第2條,可以知道道精跟精氣(見第4條)是一回事。第9條的"靈氣"無疑就指精氣。這一條"道"字五見,除"節欲之道"一例外,從上下文看也都應該理解爲精氣。"心能執靜,道將自定"可與第6條"嚴容畏敬,精將自定"對比。此外,《內業》篇中還有不少可以理解爲精氣的"道"字,如:

(10) 夫道者,所以充形也,而人不能固。其往不復,其來不舍。謀乎莫聞其音,卒乎乃在於心。冥冥乎不見其形,淫淫乎與我俱生。不見其形,不聞其聲,而序其成。謂之道。

(11) 凡道無所,善心安愛〈處〉。心靜氣理,道乃可止。彼道不遠,民得以産(訓"生")。彼道不離,民因以知。是故卒乎其如可與索,眇眇乎其如窮無所。彼道之情,惡音與聲。脩心靜音〈意〉,道乃可得。

第10條說:"夫道者,所以充形也"。《心術下》有"氣者,身之充也"語,《淮南子·原道》有"氣者,生之充也"語,馬王堆漢墓出土的竹書《十問》有"以精爲充,故能久長"語,⑭可證這一句的"道"應該理解爲精氣。同條中形容道的"卒乎乃在於心",跟第3條中形容精氣的"卒乎如在於己"同意。第11條的"心靜氣理,道乃可止"跟第9條的"心能執靜,道將自定"同意;"彼道之情,惡音與聲。脩心靜意,道乃可得",跟第3條的"是故此氣也……不可呼以聲,而可迎以意"同意。

下面再錄《心術上》的有關文字。此篇的前部是經,後部是解。引錄時以解附經,解文前加*號:

(12) 虛其欲,神將入舍。掃除不絜(通"潔"),神乃〈不〉留處。

*世人之所職者,精也(尹注:職,主也。言所稟而生者,精也)。去欲則宣,宣則靜矣。靜則精,精則獨立(此字衍)矣。獨則明,明則神矣。神者,至貴也。故館不辟除,則貴人不舍焉。故曰:不潔,則神不處。

(13) 絜(通"潔")其宮,開〈闕〉其門,去私毋言,神明若(訓"乃")存。

*潔其宮,闕其門。宮者,謂心也。心也者,智之舍也,故曰宮。潔之者,去好過〈惡〉也。門者,謂耳目也。耳目者,所以聞見也。

"精"、"神"二字,對文有別,散文可通。把第12條跟上引《內業》文第5、6兩條對照一下,就可以斷定前者所說的"神"跟後者所說的"精"是一回事。第13條的"神明"可以直接理解爲精氣,也可以理解爲精氣産生的高度智慧。

---

⑭ 《馬王堆漢墓帛書〔肆〕·十問釋文注釋》,文物出版社,1985,147頁。

(14) 虛無〈而〉無形謂之道,化育萬物謂之德。

*天之道,虛其無形。虛則不屈(訓"竭"),無形則無所位〈低〉赶("低赶"讀爲"抵牾")。無所位〈低〉赶,故遍流萬物而不變。德者,道之舍。物得以生,生知得以(張佩綸謂當作"生得以知",可從。上引第11條說"彼道不遠,民得以産。彼道不離,民因以知",可以與此對照),職道之精(尹注:主由稟道之精也)。故德者,得也。得也者,其謂(當作"謂其")所得以然也。以(此字衍)無爲之謂道,舍之之謂德。故道之與德無間,故言之者不别也。間之理者,謂其所以舍也。

"德者,道之舍"的"舍",不少人認爲應該當館舍講。其實這個"舍"字跟第5、6、13等條的"舍"字不同義,而跟第7條的"所舍"和第12條的"入舍"、"不舍"的"舍"字同義。馮友蘭解釋爲"停留",⑮是正確的。"德者,道之舍",意思就是說,道停留在物之中的那部分就是德。下文緊接着說:"物得以生,生得以知,職道之精。"可知物從道那裏得到的德就是精。《莊子·天地》說:"物得以生謂之德。"《韓非子·解老》說:"身以積精爲德。"可與此文參照。《黄帝内經靈樞·本神》:"天之在我者,德也。地之在我者,氣也。德流氣薄而生者也。故生之來謂之精,兩精相搏謂之神。"所謂"德"也應指天的精氣。

《内業》篇中也有以"德"指精之例:

(15) 形不正,德不來。中不静,心不治(《心術下》作"中不精者心不治")。正形攝德,天仁地義,則淫然而自至。神明之極,照(通"昭")乎知萬物。中義(此字衍)守不忒。不以物亂官(指耳、目等器官),不以官亂心。是謂中得(以上一段,《心術下》作:"正形飾——讀爲'飭'——德,萬物畢得。翼然自來,神莫知其極。昭知天下,通於四極。是故曰:無以物亂官,毋以官亂心。此之謂内德。")。有神自在身,一往一來,莫之能思,失之必亂,得之必治。

這一條"德不來"的"德",顯然跟第14條的"德"同義。"神明"(《心術下》作"神")指由於積精多而達到的智慧極高的一種境界,參看第13條。《莊子·天地》"立之本原而知通於神",也指這類境界,可參考。"有神自在身"的"神",似乎應該理解爲精氣。

---

⑮ 注⑧所引書207頁。

(16) 人能正静,皮膚裕寛,耳目聰明,筋信(通"伸")而骨强。乃能戴大圜(尹注:天也),而履大方(尹注:地也),覽於大清,視於大明。敬慎無忒,日新其德。遍知天下,窮於四極。敬發其充(尹注:充謂道也),是謂内得。然而不反(通"返"),此生之忒(尹注:若不反守於道,則生有差謬也)。

"内得"顯然就是第15條所説的"中得"。"日新其德"的"德",可以理解爲精氣的積累,即身體内的精氣的總體。《老子·五十九章》:"治人事天莫若嗇。夫唯嗇,是謂早服。早服謂之重積德。"《韓非子·解老》解釋説:"……知治人者,其思慮静。知事天者,其孔竅虚。思慮静,故德不去。孔竅虚,則和氣日入。故曰:重積德。夫能令故德不去,新和氣日至者,蚤(通"早")服者也。故曰:蚤服是謂重積德。"《淮南子》的《本經》和《俶真》兩篇都有"天含和而未降,地懷氣而未揚"之語。《俶真》又説:"交被天和,食於地德。"高誘注:"和,氣也。"《解老》的"和氣"應該就指天的精氣。《内業》的"日新其德",跟《解老》的"新和氣日至"是一個意思。

《白心》説:

故曰:欲愛吾身,先知吾情。君親(俞樾以爲"周視"之誤)六合,以考内身。以此知象,乃知行情。既知行情,乃知養生。左右前後,周而復所。執儀服象,敬迎來者。今夫來者,必道(訓"由")其道。無遷無衍,命乃長久。和以反(通"返")中,形性相葆。一以無貳,是謂知道。

馮友蘭認爲這裏所説的"來者",就是"要來到我們的身體以内的精氣";"形性相葆"的意思,就是"精神和形體""互相保持,不相分離"。⑯ 這應該是正確的。

關於《内業》和《心術》中出現的"精"的各種異名,郭、馮二氏都已作過論述。我們在上文中吸取了他們的很多意見,爲了行文方便,沒有一一注明,在這裏説明一下。

現在我們根據上面的那些引文,極爲概括地綜述一下《内業》《心術》所代表的稷下道家的精氣説的内容。這些稷下道家認爲天有一種特别精微的氣,叫做精。物得到精氣才能有生命,人得到精氣才能有思維。鬼神就是流動於天地間的精氣形成的。人爲了保持精氣,並不斷得到新的精氣,應該正静寡欲(第9條説"節欲",第12條説"去欲"),不要過分用心(第2條説"過知失生"),不要爲憂悲喜怒等情所擾,飲食也要有節制。這樣精氣才會進入他的身體,停留在他的心中,他才

⑯ 同上214頁。

能健康聰明。精氣積累到某種程度,就會成爲其智若神而且不會遭逢天災人害的聖人。

在先秦著作裏,除了上面已經提到過的《韓非子》,在《莊子》、《吕氏春秋》等書中,也可以看到跟稷下道家精氣説很相似的一些説法。例如《莊子·知北遊》説:

> 齧缺問道乎被衣。被衣曰:“若正汝形,一汝視,天和將至。攝汝知,一汝度,神將來舍。德將爲汝美,道將爲汝居。……”

“天和”就是天的精氣,前面已經説過了。“神將來舍”的“神”,跟上引第12條《心術上》“神將入舍”的“神”同義,也指精氣。被衣所説的使精氣來舍的方法,也跟《内業》《心術》所説的十分相近。《莊子·人間世》説:

> 夫徇耳目内通而外於心知,鬼神將來舍,而況人乎!

上引《内業》文第3條説精氣“流於天地之間,謂之鬼神”,第4條説:“思之而不通,鬼神將通之。非鬼神之力也,精氣之極也”。此文“鬼神將來舍”的“鬼神”應是雙關語,實際上指的是精氣。“徇耳目内通而外於心知”,陳鼓應《莊子今注今譯》翻譯爲“使耳目感官向内通達而排除心機”。[17] 上引《内業》文第6條説“耳目不淫,心無他圖”,《心術上》文第13條説“潔其宫(指心),闕其門(指耳目),去私毋言”,文義都與此相近。

《吕氏春秋·盡數》説:

> 精氣之集也,必有入也。集於羽鳥,與爲飛揚。集於走獸,與爲流行。集於珠玉,與爲精朗。集於樹木,與爲茂長。集於聖人,與爲敻明。精氣之來也,因輕而揚之,因走而行之,因美而良之,因長而養之,因智而明之。

這一條可以跟上引《内業》文第3條對看。由這一條可以知道,即使是珠玉等無生物,也接受精氣。鳥獸接受精氣,就能飛得快或跑得快。樹木接受精氣,就能長得茂盛。珠玉接受精氣,就顯得精朗。聖人接受精氣,就格外聰明。

《盡數》篇是講養生之道的。作者告誡人不要以“大甘、大酸、大苦、大辛、大鹹”“充形”,以“大喜、大怒、大憂、大恐、大哀”“接神”,以“大熱、大燥、大溼、大風、大霧”“動精”,飲食的量也要適度(“凡食之道,無飢無飽”),認爲這樣才能不生疾病,“精神安乎形,而年壽得長”。這些思想跟《内業》也是相合的。在上面引過的

---

[17] 見該書121頁,中華書局,1983。

“精氣之集也”一段話之後,緊接着有一段主張人應該運動的話:

> 流水不腐,户樞不螻,動也。形氣亦然。⑱ 形不動則精不流,精不流則氣鬱。……

《内業》也有“飽而不疾動,氣不通於四末(指四肢)”的話。《盡數》和《内業》兩篇簡直可以看作一家眷屬。

此外,在《楚辭》的《遠遊》等篇和《黄帝内經》裏,也都可以看到不少跟稷下道家精氣説很相似的説法。限於篇幅不能介紹了。請讀者參看馮友蘭《中國哲學史新編》第二册(1983 年修訂本)第十八章的四、五兩節。

以上所説各書中關於精氣的思想,跟稷下道家的精氣説並不是全然有同無異的。例如:《遠遊》中的精氣思想跟神仙家思想有關。《吕氏春秋》講養生的有些篇章和《黄帝内經》,强調精氣依靠形體、血液,才能發揮自己的作用,這是對精氣説的一種發展。

任何一種新的學説首先得從在它之前已經積累的思想資料出發。稷下道家精氣説是以哪些已有的思想資料爲出發點的呢? 郭、馮二氏都没有認真討論這個問題。這是一個很大的缺陷。

祝瑞開在 1981 年出版的《先秦社會和諸子思想新探》一書中,認爲“《心術下》派的‘精氣’説,是古代‘氣’的學説,特别是鄭子産的‘物精’説的繼承和發展”。他説:

> 子産曾用所謂“物精”來説明人的“靈魂”及其來源。他説:“人生始化爲魄,既生魄,陽曰:‘魂’。用物精多則魂魄强,是以有精爽,至於神明。”(原注:《左傳·昭公七年》)古代只是用“氣”以及陰陽變化來説明萬物和生命的起源,對於生命和精神現象如何産生並没有回答。子産認爲物質中有所謂“精”即“精華”構成生命和精神現象,這就把問題推進了一步。……這是素樸的唯物主義觀點。
>
> 《老子》反對子産的觀點,認爲“精”存在於本體“道”之中……

⑱ “形氣”當指形與氣,因爲後面緊接的兩句是把“形”和“氣”分開説的。《黄帝内經》屢以“形”與“氣”對言。《素問·上古天真論》:“形勞而不倦,氣從以順。”同書《生氣通天論》:“形弱而氣爍。”《靈樞·根結》:“合形與氣,使神内茂。”同書《壽夭剛柔》:“形與氣相任則壽。”馮友蘭認爲“形氣”是跟“精氣”相對的,“指構成形體的氣”(《中國哲學史新編》第二册 248 頁),恐怕有問題。

> 《心術下》派則反對《老子》。他們在吸收當時自然科學的成果,和繼承古代唯物主義哲學的基礎上,在鬥爭中,使"精"和物質的"氣"結合起來,指出這是"氣之精者也",是"天出"。這就捍衛、發展了古代"氣"和子産"物精"的唯物主義哲學,取得了更加精致、完整而統一的形態。……⑲

祝氏在古代關於氣的思想之外,還把子産關於物精的話跟精氣説聯繫起來。這是很有意義的。但是他似乎把物精説看作子産的創造,這却是有問題的。他對物精説和精氣説的理解和評價,我們認爲也是不妥當的。由於後面還要詳細闡述我們對物精説和精氣説的看法,這裏就不談這方面的問題了。

金春峰在1987年出版的《漢代思想史》裏,由於討論王充思想的需要,對古代關於精氣的思想作了較多的論述。他説:

> 在中國傳統思想中,什麽東西都可以成精,有木精、石精、水精、老鼠精、狐狸精等等。這些精都有它的物質基礎,都是由物精發展而成的。其奧秘就是積聚的物精甚多,超出了正常的水平。如《左傳・昭公七年》,子産説:"人生始化曰魄,既生魄,陽曰魂。用物精多,則魂魄强,是以有精爽,至於神明。匹夫匹婦强死,其魂魄猶能馮依於人,以爲淫厲。"就是説,魂是精氣構成的。精氣依附形體,表現爲人的聰明智慧。人死了,如果生前積聚的精氣多,魂魄强,就可以成爲神明(引者按:金氏把"至於神明"理解爲死後成神,是不妥當的。前面解釋第15條引文時已經説明,"神明"可以用來指由於積精多而達到的智慧極高的一種境界。古書中這種用法屢見。除前面已引者外,《國語・楚語上》"昔殷武丁能聳其德,至於神明"也是一例。子産的這句話也應該是就人生存時的情況説的。古人既以"神"指鬼神,又以"神"指人之神智。"神明"一詞也既可用於鬼神又可用於人。這顯然是由於古人認爲鬼神和人的神智都是以精氣爲其基礎的緣故。"神"可以直接用來指精氣,也説明這一點)。
>
> 《國語・楚語》説:"昭王問於觀射父曰:'《周書》所謂重黎實使天地不通者何也?若無然,民將能登天乎?'對曰:'非此之謂也。古者民神不雜,民之精爽不攜貳者,而又能齊肅衷正,其智能上下比義,其聖能光遠宣朗,其明能光照之,其聰能聽徹之,如是,則明神降之,在男曰覡,在女曰巫'。"這裏,精爽與神明有内在的聯繫,民之精爽不攜貳者,就是明神。精爽、神明都是立足於精

⑲ 見該書205頁,福建人民出版社出版。祝氏認爲《心術上》和《心術下》分屬兩個學派,但證據並不充分。

氣之上的(引者按:"爽"可訓"明","精爽"和"神明"義近。"神明"用於人時,跟"精爽"只有水平高低之分,金氏認爲二者都立足於精氣之上是對的。但是觀射父説的是民神關係問題,"明神降之"的"神"用的是鬼神一義,金氏理解有誤)。

《管子》説:

能專乎,能一乎,能毋卜筮而知凶吉乎?能止乎?能已乎?能毋問於人而自得之於己乎?故曰思之,思之不得,鬼神教之,非鬼神之力也,其精氣之極也。(原注:《心術下》)

凡物之精,此則爲生。下生五穀,上爲列星,流於天地之間,謂之鬼神。藏於胸中,謂之聖人。(原注:《内業》)

《大戴禮·曾子天圓篇》説:

陽之精氣曰神,陰之精氣曰靈。神靈者,品物之本也。

五穀、列星、萬物、鬼神、聖人都被認爲是由精氣構成。

中國古代關於祭祀的基本原理也是認爲,精氣是人、鬼聯繫的橋梁。(引者按:此下引《管子·五行》"貨曋神盧,合於精氣",解釋牽强,從略。)……

《禮記·郊特牲》説,"魂氣歸於天,形魄歸於地,故祭求諸陰陽之義"。《祭義》説:"氣也者神之盛也,魄也者鬼之盛也。合鬼與神,教之至也。""衆生必死,死必歸土,此之謂鬼。骨肉斃於下,陰爲野土,其氣發揚於上,爲昭明。焄蒿悽愴,此百物之精也,神之著也。"

所以,在中國古代,一方面是像西方那樣的上帝觀念不能持久存在;另一方面,淫祀妖異之説却有長久而深厚的根基,一直到宋明理學,所謂"鬼神者乃二氣之良能也",也仍然一方面是無神論的命題,一方面又是有神論和淫祀的基礎。⑳

金氏指出精氣觀念是中國傳統思想中一種根深蒂固的古老觀念。這對研究稷下道家精氣説很有幫助。顯然,精氣觀念不但不是稷下道家的創造,而且也不是子産的創造。不過有一點需要指出,在時代較早的子産的話裏,只提到"精"而沒有提到"精氣"。明確地把精看作一種氣的思想,也許是稍晚一些才出現的。所以祝瑞開認爲"《心術下》派""使'精'和物質的'氣'結合起來"的意見,是需要重視的。當然,即使承認精是一種氣的思想出現得比較晚,也不能就肯定這是稷下道家首先

⑳ 見該書516—518頁,中國社會科學出版社出版。

提出來的。他們完全有可能只是繼承了這種思想。

爲了正確理解和評價稷下道家的精氣說,有必要對古書中跟精氣有關的資料作進一步的發掘和探討。

我們先來看一下古書中跟《内業》所說的"天出其精,地出其形,合此以爲人"相類的說法。在古書中,天地合而生萬物一類話是很常見的。如《禮記・郊特牲》說"天地合,而後萬物興焉",《大戴禮記・哀公問於孔子》說"天地不合,萬物不生"。有的明確說精屬於天形屬於地。如《素問・陰陽應象大論》說"故天有精,地有形……故能爲萬物之父母",《淮南子・精神》說"夫精神者所受於天也,而形體者所稟於地也"。跟這種思想相應的,是人死後神歸天形歸地的思想。《淮南子・精神》:"是故精神天之有也,而骨骸者地之有也。精神入其門,而骨骸反其根(高注:精神無形,故能入天門。骨骸有形,故反其根,歸土也),我尚何存?"這段話正可用來說明這兩種思想的關係。

關於神歸天形歸地的思想,金春峰在我們上面引錄的那段文字裏,已經引了《禮記》的《郊特牲》和《祭義》的兩段話。同類意思的話還見於同書的《檀弓》和《禮運》。《檀弓下》記延陵季子葬其長子,"既封,左袒右還其封且號者三,曰:'骨肉歸復於土,命也。若魂氣則無不之也,無不之也'"。《左傳・昭公二十五年》說:"心之精爽,是謂魂魄。"可見魂氣也就是精氣。《禮記・問喪》:"故曰:辟踊哭泣,哀以送之。送形而往,迎精而反也。"也以"精"稱呼死人的魂靈。這跟《内業》精氣流於天地而爲鬼神的說法是一致的。《禮運》說人死後"……故天望而地藏。體魄則降,知氣在上"。把魂氣稱爲"知氣",跟稷下道家認爲有精氣而後能思能知的思想相合。《黄帝内經》也認爲人是依靠心中所藏的神即精氣去"知"的,如《靈樞・五色》說:"積神於心,以知往今。"

《逸周書・祭公》記周穆王大臣祭公病重時的話說:"朕身尚在兹,朕魂在于天,昭王之所。"《祭公》屬於《逸周書》中時代可靠的少數篇之列。從殷周時代的甲骨卜辭和銅器銘文以及《尚書》《詩經》來看,殷周統治者都認爲他們死去的先人是在天上的,是在上帝左右的。可見魂歸於天的思想極其古老。殷周統治階級又都厚葬死者,這說明他們也有形魄歸地的思想。由此看來,天出精地出形合而爲人這類思想應該也是很古老的。不過在殷周時代的傳統思想裏,天跟上帝是合二爲一的,天是有意志的宗教的天。在戰國時代道家等派的思想裏,天基本上已經是自然的天了,因此天出精的意義也就有了變化。此外,前面已經說過,把精明確看成一種氣的思想,究竟是原來就有的還是後起的,也有待研究。我們指出稷下道家精氣說跟較早的有濃厚宗教意味的思想觀念的聯繫,並不是想把二者等同起來,而是爲了更好地認識前者,弄清楚前者究竟包含哪些新的東西。

精氣說認爲人之外的生物和無生物也都可以有精氣,這種思想的根源大概更古老。除了祝、金二氏都引過的,子産關於物精的話(這段話裏有兩句很重要的話,即子産說死後成爲厲鬼的伯有,在生前"其用物也弘矣,其取精也多矣"。兩家都沒有引出),以及金氏所引的《祭義》"焄蒿悽愴,此百物之精也"那段話,在古書裏還有不少有助於説明這一問題的資料。《周禮》和《禮記》屢次提到祭祀百物的事。《越絶書·越絶外傳枕中》有萬物皆有魂魄的說法:"越王問於范子曰:'寡人聞人失其魂魄者死,得其魂魄者生。物皆有之,將人也?'范子曰:'人有之,萬物亦然。……'。"《易·繫辭上》:"精氣爲物,遊魂爲變。"遊魂就是遊離於物的精氣。《周易正義》解釋上引的話說,精氣"積聚而爲萬物","極則分散。將散之時,浮遊精魂去離物形而爲改變,則生變爲死,成變爲敗,或未死之間變爲異類也"。《祭義》所說的"焄蒿、悽愴",大概就包括在《繫辭》所說的"遊魂"裏。可見物皆有精是古代極爲普遍的思想。

這種思想的古老程度,可以從古人對玉的態度上看出來,古人十分重視玉。其重要原因之一,就是他們認爲玉含有的精多。《國語·楚語下》說:"聖王……帥其群臣、精物以臨監享祀……玉、帛爲二精……"。精物就是含精多的物。玉經常被用作祭品,或製成各種禮器以用於祭祀等儀式,就是由於它是精物。《吕氏春秋·盡數》說精氣"集於珠玉,與爲精朗"。《淮南子·俶真》說:"譬若鍾山之玉,炊以爐炭,三日三夜,而色澤不變,則至德天地之精也(此末句《藝文類聚》卷八十五引作"得天地之精也",《太平御覽》卷八百零五引作"得天地之精"。疑今本"至德"二字當爲"玉得"之誤)。"《初學記》卷二十七引《地鏡圖》說:"玉,石之精也。"《越絶書·越絶外傳記寶劍》說:"夫玉亦神物也。"《初學記》卷二十七、《藝文類聚》卷八十三引晉傅咸《玉賦》說:"萬物資生,玉稟其精。"可見玉爲精物的思想是深入人心的。玉顯然是由於它的精朗美觀而被認爲含有特别多的精的。

據子産關於物精的話來看,古人認爲人所食之物的精是能爲人所吸收的。《黄帝内經》也常說到"水、穀之精氣"對人的重要性。[21] 古人有食玉之法。《周禮·天官·玉府》:"王齊(齋)則共(供)食玉。"鄭玄注:"玉是陽精之純者,食之以禦水

---

[21] 如《素問·痹論》"榮者,水穀之精氣也"、《靈樞·平人絶穀》"故神者水穀之精氣也"、同書《玉版》"人之所受氣者穀也"。

氣。鄭司農云:王齊當食玉屑。”所以要食玉,應該是由於玉的精多,禦水氣的說法恐怕是後起的。《尚書・洪範》:“惟辟作福,惟辟作威,惟辟玉食。臣無有作福、作威、玉食。”注家一般認爲“玉食”比喻食物美好,其實很可能也是指食玉而言的。由於玉的精特別多,所以只許君主食用而不許臣下食用。《離騷》有“精瓊靡以爲粻”之語,王逸注:“……精鑿玉屑以爲儲糧,飽食香潔,冀以延年。”漢以後神仙家有的也食玉,其淵源是很古老的。

《山海經》記載了黄帝等食玉的神話,同時還說明了古人佩玉的目的。《西山經・西次三經》:

> 又西北四百二十里曰峚山……丹水出焉,西流注于稷澤。其中多白玉,是有玉膏。其原沸沸湯湯,黄帝是食是饗。是生玄玉。……黄帝乃取峚山之玉榮而投之鍾山之陽。瑾瑜之玉爲良。堅栗精密,濁澤而有光。五色發作,以和柔剛。天地鬼神,是食是饗。君子服之(按:此“服”非服食之“服”,當訓“佩帶”),以禦不祥。

郭璞注最後一句說:“今徼外出金剛石,石屬而似金,有光彩,可以刻玉,外國人帶之,云辟惡氣,亦此類也。”

漢以前,士以上幾乎無人不佩玉。這種習俗的原始意義,顯然是想借精物之力以禦不祥。古人認爲“玉在山而草木潤,淵生珠而崖不枯”。[22]《國語・楚語下》說:“玉足以庇蔭嘉穀使無水旱之災則寶之。”一般認爲《楚語》所說的,是用於祭祀以求豐年的玉。其實,說這句話的人很可能認爲含精特別多的玉本身就有庇蔭嘉穀的作用。玉能潤草木庇嘉穀的思想,跟佩玉能辟不祥的思想相類。很可能古人還有玉能潤身的想法,即認爲通過佩玉可以把它的精吸入體内。喪葬中用玉匣、玉琀等物,也是想借玉這種精物保護死者,並防止尸體腐爛。(《叢稿》編按:夏鼐在《漢代的玉器》一文中已指出:“因爲古代中國人認爲玉是陰陽二氣中陽氣的精,所以把它放在死者的身旁,可以對尸體起神秘的作用。”見《考古學報》1983年2期137頁。用珠琀與用玉琀同意,珠也是精物。)古書中屢見的、以君子比德於玉來說明佩玉等習俗的意義的說法,乃是這類習俗的原始意義已經不被人重視,甚至已經被認爲荒謬以後,[23]讀書人想出來的一種“合理化”解釋。

---

[22] 見《荀子・勸學》。同類語屢見他書。

[23] 《論衡・儒增》:“男子服玉,女子服珠,珠玉於人,無能辟除。”這就是對佩玉的原始意義的一種批判。

總之,古人對玉的重視是建築在玉是精物的認識之上的,至少在較古的時候沒有問題是這樣的。在我國的很多新石器時代文化中,重視玉的風氣就已經形成了。河姆渡、大汶口、紅山、良渚、龍山等文化的遺址,都出土過精美的玉器,而且數量相當多。由此可見,"精"的觀念是多麼古老了。

我們認爲古人所說的"精"和"精氣"可以跟文化人類學者所說的"馬那"相比較。

按照文化人類學者的研究,在比較原始的人們中間,往往存在着對一種神秘的"力"的信仰。對這種"力",不同地方的人有不同的叫法。美拉尼西亞人稱爲"馬那"(或譯"馬拉"、"摩那")。北美印第安人中的達科他人稱爲"瓦坎"(或譯"瓦干"),易洛魁人稱爲"歐倫達"(或譯"奧倫達"),亞爾貢欽人稱爲"馬尼突"。一般以"馬那"作爲它們的通稱。林惠祥在《文化人類學》中介紹關於馬那的學說時,對馬那的性質作了很概括的簡單說明。他說:

> ……這新說(引者按:指關於馬那的學說)是以"力"爲最初崇拜的對象,以爲萬物的活動都是由於這種魔力注入其中,即精靈本身也是因爲這種魔力附於其上方能靈動。這種魔力像一種渾渾沌沌的氣,彌漫於宇宙之間,無論何物,得之便能靈動,不得便不能;他只能憑附於萬物以自表現,自己本身是非人格的。㉔

這種被稱爲"馬那"的"力",跟古人所說的"精"和"精氣"顯然很相似。

80 年代去世的社會學家李安宅,在 30 年代翻譯馬林諾夫斯基的《巫術科學宗教與神話》時,曾提示人們,我國古代所謂"氣",性質跟"馬那"相似。現在把有關的譯文和他的按語抄在下面(譯文括號內文字略去):

> ……關於……"瓦坎"的描寫,說:"一切生命都是瓦坎。任何表現力量的東西,也都是瓦坎——不管這力量是在天上風雲底積極行動,或是在路旁漂泊底消極持久。……它包含一切神秘,一切密能,一切神性。"關於伊洛夸(引者按:即易洛魁)語的"歐倫達",我們所知道的是這樣:"這種力量認爲是一切東西底德能……(此處省略號爲原有)如石、水、潮、植物、動物、人類,以及風、雲、雨、雪、雷、電之類……(此處省略號爲原有)在原始腦子裏面,它乃是一切現象一切周圍的活動所有的主動原因。"

㉔ 商務印書館大學叢書本 356 頁。

譯者按:這與"氣"怎麽樣?[25]

這是非常有啓發性的意見。不過用"氣"跟"馬那"相比,顯然不如用"精氣"跟"馬那"相比妥當。

林惠祥書中所引的一篇研究亞爾貢欽的馬尼突的文章提到,有一次一隊亞爾貢欽人在戰爭中殺死了一個義勇無比的戈曼浙人。他們割取這個人的心,各人分食一塊。因爲"亞爾貢欽人以爲馬尼突是非人格的超自然的一種元素,而心臟裏却貯有馬尼突,所以吃了心臟便可以獲得馬尼突。這樣亞爾貢欽人以爲這個戈曼浙人所以這樣義勇是由於他心臟裏的馬尼突的緣故,所以吃他的心,分得他的馬尼突便能够像他一樣的勇敢,而且這些新馬尼突和他們心裏原有的馬尼突混合起來,效力更爲偉大"。[26] 這種想法跟我國古代認爲所食之物的精能爲食者吸收的想法如出一轍。信仰馬那的人認爲一個人身中的馬那越多,能耐就越大。子産説"用物精多則魂魄强,是以有精爽至於神明",意思也差不多。跟亞爾貢欽人認爲心臟裏貯有馬尼突一樣,我國古代也把心看作藏精的主要器官。如《黄帝内經》就説:"夫心者,五藏(臟)之專精也",[27]"心藏神",[28]"神氣舍心",[29]"心者,神之舍也"。[30] 在前面引過的《内業》和《心術》的有關文字裏,也可以清楚地看到這一點。

在比較原始的人們中間,認爲某些特殊的石頭有魔力的思想相當普遍。《金枝》説:"在美拉尼西亞的一些地方……認爲某些神奇的石頭由於它所具有的特殊形狀而被賦予不可思議的魔力。……美拉尼西亞人並不將這種奇異的魔力歸之於石頭本身,而是歸之於其内在的靈氣。"[31]這裏所説的"靈氣"就指美拉尼西亞人所説的馬那。[32] 英國考古學者柴爾德認爲古埃及人重視孔雀石,"是因爲那裏面具有神秘的特質或是'馬拉'(引者按:即"馬那"的異譯)"。他還説:"生金和沙漠中那

㉕ 商務印書館漢譯世界名著本93頁。四川人民出版社1990年出版的《李安宅社會學遺著選》收此譯本於《巫術的分析》册中,上引之文見151頁。上引譯者按之後本文未引的一段文字是原書正文,《巫術的分析》誤排成按語。李氏在上引之文前,在對原書討論巫術的靈力的一段文字所加的按語裏,曾比較詳細地談了他對我國古代所謂"氣"的一些看法,請讀者參閲。文見商務本90—91頁、四川人民本148—150頁。

㉖ 見該書361—362頁。

㉗ 《素問・解精微論》。

㉘ 《素問・經脈别論》、《調經論》、《靈樞・九針論》。

㉙ 《靈樞・天年》。

㉚ 《靈樞・大惑論》。

㉛ 弗雷澤著、徐育新等譯《金枝》上册,中國民間文藝出版社,1987,51頁。

㉜ 參看林惠祥《文化人類學》357頁。

些發亮的圓卵石——紅玉髓、猫眼石和瑪瑙——以及藍寶石和琉璃之類罕見石子，其得被珍視，不僅是因爲它們光滑玲瓏，同時也是因爲它們具有魔力。寶石具有魔力，在古代著作中，常被提到；這些舊觀念，即在歐洲，也存留到了整個中世紀。因此，想要得到寶石，並不僅只是爲了要作裝飾品，同時也是爲了要作一種取得成功、富庶、長命、多子的實際工具。從這種觀點去看，它們不是奢侈品，而是必需品了。”㉝如果把我國古代視玉爲精物的觀念跟上引論述對照一下，就更可以相信“精”跟“馬那”是同類性質的了。

《金枝》説：“古代人賦予寶石以種種不可思議的特性，我們確實有許多理由可以認爲這類石頭在人們作爲裝飾物佩戴之前很久很久是被作爲護身符使用的。”㉞美拉尼西亞人獲得馬那的方法之一，“是用一塊石頭挂於頸上”。㉟ 這種石頭當然是被認爲含有較多馬那的石頭，挂上它顯然是爲了使其中的馬那傳入自己體内。可見我們認爲古人佩玉的原來目的，是想借重玉的精來抵禦不祥，或把玉的精吸取到自己身上來，是合理的。在美拉尼西亞人看來，“如所養的猪能够繁殖或園圃所産能够獲利，那也不是由於主人的勤勞，而是由於他所有的滿貯馬那的石頭發生影響於猪及植物”。㊱ 這跟我國古代認爲玉能使草木潤並庇蔭嘉穀的想法也很近似。

根據以上所述，似可斷定“精”和“精氣”是跟“馬那”同類的觀念。這類觀念相當原始。很多文化人類學者認爲馬那觀念是比鬼神觀念更爲原始的一種思想。按照我們根據古人對玉的態度而作的推論，在我國古代，精的觀念至晚在新石器時代就已經形成。擬人的鬼神觀念可能比它出現得晚，上帝觀念無疑出現得更晚。上帝鬼神出現後，精的重要性當然降低了。但是精的觀念大體上仍然保存了下來，而且仍然普遍流行。當然，變化是不會沒有的。上帝既然主宰天地間的一切，精當然也必須受他支配。此外，從前面引過的子産的話和《禮記》等書裏的一些話來看，精的觀念跟擬人的鬼神觀念大概早就緊密聯結起來了。精既然爲天地間所固有，既可存在於生物之中，也可存在於無生物之中，而且可以從一物轉到另一物（如食物和玉的精爲人所吸收），本來應該跟馬那一樣，“本身是非人格的”。古人一方面認爲人的鬼魂就是精氣，一方面又承認擬人的鬼神的存在。這似乎説明精的觀念已經由於鬼神觀念的影響而有所變化。後世認爲物精能變爲人形，兩種觀念就混

㉝ 柴爾德著、周進楷譯《遠古文化史》，群聯出版社，1954，105 頁。
㉞ 注㉛所引書 51—52 頁。
㉟ 注㉜所引書 358 頁。
㊱ 同上。

淆得更厲害了。其他方面的思想也有可能對精的觀念發生影響。如果真的像前面說過的那樣,在早期,精並未被明確看作一種氣;精氣觀念的出現,就應該是精的觀念受到古代關於氣的思想的影響的結果。

稷下道家爲什麽需要精氣説呢?比較容易看到的原因,是他們要講養生之道。道家的先驅楊朱,是以"全生保真,不以物累形"爲宗旨的。[37] 道家有不少派别,但是注重養生是他們的共同特點。[38] 在古人看來,要養生就要保住天所給予的精氣。稷下道家在這方面取積極的態度。他們不但要保住精氣,還要不斷積累精氣;不但想使自己長壽,[39]還想成爲遍知天下萬物、不逢天災人害的"聖人"。

積累精氣可以有種種辦法。有人主張多吃精氣豐富的食物、藥物以至金、玉等精物,後來形成神仙家的服食一派。有人主張直接從空氣中吸取精氣,後來形成神仙家的吐納一派。這些方法都爲漢以後的道教所吸收,但却不是道家的方法。在《漢書・藝文志》裏,道家和神仙家截然有别,前者在諸子略,後者在方技略(《漢書》本劉向、歆的《七略》)。《莊子》的寓言裏雖然有類似神仙的至人、真人,莊子本人却主張同死生,並無神仙思想。《莊子・刻意》篇首所批評的五種人裏,就有"吹呴呼吸,吐故納新,熊經鳥申,爲壽而已矣"的"導引之士、養形之人",對神仙家無疑是鄙棄的。[40]

稷下道家的精氣説主張人應學習天地的正静(參看前引《内業》《心術》文第5、9、11、15、16等條),"虚其欲"(第12條),"潔其宫"(第13條,宫指心),"去私毋言"(第13條),"耳目不淫、心無他圖"(第4、6等條),"不以物亂官,不以官亂心"(第15條),不爲憂悲喜怒好惡等情欲所擾(第9、13等條),也不過飢過飽(第7條)。他們認爲只有這樣做,才能使精氣願意在身中停留,才能不斷爭取到新的精氣。這種思想並没有包含什麽很高深的哲理,可能産生得相當早。稷下學派可能是從前輩道家那裏把這種思想繼承下來的,當然也可能是既有繼承又有發展的。不過對傳統的關於精氣的思想來説,這種思想無疑是有創造性的。"道"本來有方法的意思。從這一意義來説,稷下道家精氣説所主張的使精來舍的一套方法,就是

---

[37] 《淮南子・氾論》:"全生保真,不以物累形,楊子之所立也,而孟子非之。"

[38] 參看馮友蘭《中國哲學史新編》第一册(1980年修訂本)第九章《道家的發生與發展和前期道家》,人民出版社,1982。再參看第二册195、198及214—215頁。

[39] 《管子・内業》:"平正擅匈(胸),論治〈理〉在心,此以長壽。"

[40] 馮友蘭認爲"黄老講治身是要保持身體以達到長生不死,白日飛升"(《中國哲學史新編》第二册198頁),恐怕有問題。這樣就把神仙家跟道家混淆了。

他們的道。

提倡精氣説還有反傳統宗教思想的意義。馮友蘭説：

> 他們(引者按：指稷下道家)認爲所謂鬼神只不過是宇宙中流行的精氣，實際上是不承認鬼神是有人格的主宰，把鬼神也看成物質的産物。他們還認爲人有了精氣，就有高度的智慧，用不着依賴鬼神了。《內業》篇説："摶氣如神，萬物備存，能摶乎？能一乎？能無卜筮而知吉凶乎？……思之思之，又重思之。思之而不通，鬼神將通之；非鬼神之力也，精氣之極也。"這實際上是對鬼神權威的否定。㊶

這段話説得相當好。但是有一點應該指出，前面已經説過，古人一方面認爲人的鬼魂就是精氣，一方面又承認擬人的鬼神的存在。稷下道家認爲鬼神所以"神"是精氣在起作用，人也可以通過積累精氣而成爲其智若神的聖人，不需要鬼神的任何幫助，所以他們否定鬼神的權威。至於他們是否完全屏棄了擬人的鬼神觀念，我們還無法肯定。

道家不承認上帝，不承認宗教的天。"精氣"跟"馬那"相類，本來是比"上帝"更原始的帶有神秘意味的一種觀念。在稷下道家那裏，它却成了用來反對那種認爲上帝鬼神是人類社會的主宰的傳統宗教思想的工具。這是很有意思的現象。

但是，精氣觀念的原始性，畢竟給稷下道家的思想帶來了嚴重的負面影響。馮友蘭指出：

> ……他們把精氣看成是帶有一種生命的活力，或是有精神的性能，因此，又稱精氣爲"靈氣"或"神"。在他們看來，日、月、星、辰所以能發光，植物所以能生長，鳥獸所以能飛走，人所以能有智慧，都是由於精氣具有這種性能的結果。用這種精氣來説明萬物的構成，就會導致物活論。……㊷

他還指出：

> 在他們的思想中也還有宗教中的某些思想的殘餘。《國語》記載楚國的觀射父的話説："古者民神不雜。""民"中有特別聰明智慧的人，"則明神降之。在男曰覡，在女曰巫"(《楚語下》)。這就是説，"神"就"附"在這些人的身體上，而這些人也就更加聰明智慧。稷下黄老之學似乎也承認，有很多的"神"

㊶ 注⑧所引書 213 頁。

㊷ 同上 212 頁。

> “附”在身體上的人有更多的聰明智慧。但是稷下黄老之學認爲所謂鬼神不過是流行宇宙間的精氣,它可以“入於胸中”,使人成爲“聖人”。“聖人”“德成而智出”,能使一切東西各得其所,“萬物果得”。這種超人的“聖人”思想,正是宗教思想的殘餘的表現。㊸

馮氏指出的這些缺點,是建築在跟馬那類似的觀念上的精氣説所不可避免的。馬那顯然帶有神秘性,精氣怎麽會没有“神”性呢? 稷下道家認爲積累精氣到某種程度,就能成爲超人的“聖人”。這跟信仰馬那的人認爲身中的馬那越多能耐就越大的想法,也是一致的。

這裏需要指出上引馮氏第二段話裏的一個問題。《内業》“流於天地之間謂之鬼神,藏於胸中謂之聖人”這兩句是並列的。如果爲它們補出主語,兩句都應該補上“精氣”。馮氏似乎認爲“聖人”句的主語應是“鬼神”,這是不妥當的。

馮氏雖然指出了精氣説的上述缺點,却仍然主張把這種思想看作是唯物主義的。他説:

> 稷下黄老之學認爲人的精神意識是由物質的原素——精氣組成的。精神能力的强弱决定於體内貯藏的物質原素——精氣的多少。這實際上是肯定物質現象是第一性的,精神現象是派生的,第二性的。㊹

他的意見似乎得到了絶大多數思想史研究者的同意,但是我們不同意這個意見。把跟“馬那”類似的帶有神秘性的“精氣”跟“物質原素”等同起來,無論如何是不妥當的。稷下道家精氣説中“精氣”的“神”性和“聖人”的超人性,都是精氣觀念本身所决定的,而不是稷下道家闡述一種基本上是唯物主義的思想時的失誤所帶來的。我們没有時間討論在某些方面有進步意義的、稷下道家的認識論。但是我們可以肯定,認爲精氣積累到某種程度就能無所不知的思想,决不是唯物主義思想。從來没有人把關於馬那的思想看作唯物主義思想。相反,却有不少人把它看作最原始的宗教思想。我們怎麽能把建築在跟“馬那”相類的觀念上的精氣説,看作是唯物主義的呢?

《老子》的思想究竟是唯物主義還是唯心主義的問題,曾經引起過激烈的討論。任繼愈主編的《中國哲學發展史》,在這個問題上採取了一個新的立場。該書

㊸ 同上 213—214 頁。

㊹ 同上 211 頁。

作者說:“老子提出的取代上帝的最高發言權的‘道’,是精神,是物質,他自己沒有講清楚。就人類認識的水平來看,他也不可能講清楚。”㊺因此他們不主張給《老子》貼唯物主義或唯心主義的標簽。這樣做很有道理,值得我們借鑒。我們認爲,對稷下道家的精氣說,可以肯定它的反傳統宗教思想的作用,而批判它的神秘傾向,但是不應該給它貼唯物主義或唯心主義的標簽。

《心術》、《内業》這一派稷下道家的“道”的概念,跟他們的精氣說是緊密聯繫在一起的。前面說過,他們時常直接以“道”來指稱精氣。這在其他道家的著作裏是看不到的,可見在他們那裏,“道”除了用於規律、方法等意義外,是被當作精氣或精氣的總體來理解的。

馮友蘭既承認“在《内業》等四篇中,道就是精氣”,㊻又說:“稷下黄老之學認爲‘道’就是‘氣’;萬物都是從‘氣’生出來的。……從物質現象到精神現象都是‘氣’構成的,一切事物都是氣的變化的結果。”㊼他似乎認爲這兩種説法並無矛盾,㊽其實不然。《内業》等篇裏確有把精氣簡稱爲“氣”的情況,但是我們不能因此就在精氣和一般的氣之間劃等號。一般的氣沒有精氣的那種“神”性,但是單靠精氣也構不成萬物。例如按《内業》等篇的説法,精氣在人胸中能使人聰明,但是人的形並不是天的精氣構成的,而是地之所“出”。《内業》等篇講到“道”的時候,用了“萬物以生,萬物以成”一類話,這只是爲了説明道,也就是精氣對萬物的重要性。不能由此推出萬物完全由道構成的結論。《内業》説:“化不易氣,變不易智,惟執一之君子能爲此乎?”意思跟同篇“聖人與時變而不化,從物而不移”相近。這是就君子、聖人的修養和應物之道來説的。馮氏却引“化不易氣”來印證他的“一切事物都是氣的變化的結果”的説法。㊾ 這是不合理的。總之,根據《内業》等篇本身,是得不出道就是氣和道構成一切的結論的。

《易·繫辭上》説“精氣爲物”,《正義》解釋爲精氣“積聚而爲萬物”。如果《正義》的理解正確,這裏所説的精氣就應是兼指天和地的精氣的。前面解釋第14條引文時引過的《靈樞·本神》,説“天德”“地氣”相薄而生人,又説“兩精相搏謂之神”。“兩精”似乎就指天和地的精氣。金春峰引過的《大戴禮記·曾子天圓》那段

㊺ 《中國哲學發展史》(先秦),人民出版社,1983,266頁。

㊻ 注⑧所引書207頁。

㊼ 同上203—204頁。

㊽ 馮氏還説過“稷下黄老之學……認爲‘道’就是‘氣’或精氣”那樣的話(同上注203頁)。

㊾ 同上203—204頁。

話說:“陽之精氣曰神,陰之精氣曰靈。神靈者,品物之本也。”大概也是天地之精氣合而生萬物的意思。但是《内業》等篇的“精氣”明明只指天所出的精氣,僅僅用這種精氣是構不成萬物的。

《心術》《内業》這一派稷下道家所説的“道”既然指天的精氣,其位置就只能在“天”之下,而不能像老、莊所説的“道”那樣居於“天”之上,真正成爲宇宙的根源。祝瑞開説,《心術》《内業》“認爲‘道’在天地之内”(如説:“道在天地之間也。”——原注:《管子·心術上》——“道滿天下,……蟠滿九州。”——原注:《管子·内業》——等)。[50] 這是有道理的。《心術》、《内業》的作者對道十分推崇。他們講到道時所用的很多話,跟《老子》、《莊子》所用的也很相似。但是他們把道置於天之下的思想,仍然是很明確的。例如《心術上》説:“道在天地之間也,其大無外,其小無内。”僅從“其大無外,其小無内”來看,道似乎可以包裹天地。但是開頭既然已經説明道在天地之間,當然就不能這樣理解了。《内業》對靈氣也用“其細無内,其大無外”來形容。靈氣就是天的精氣。又如《心術上》説:“虚而無形謂之道。”這裏説的“道”如果從句子的字面看,也可以跟老、莊的“道”等同起來;但是這一句的解文説“天之道虚其無形”,可見仍是從屬於天的。

劉笑敢在《莊子哲學及其演變》一書中指出,在屬於《莊子》外篇的《天道》、《天地》、《在宥》等篇裏,道通常被放在天之下。[51] 他把這些篇看作莊子後學中的黄老派的作品。[52] 這一派可能受到了稷下道家的影響。

馮友蘭認爲《白心》篇“天或維之,地或載之”一段話裏提出來的、可能起着維天載地的作用的東西,雖然没有點出名稱,實際上就是道。[53] 這個意見是可以考慮的。可能在稷下道家那裏,已經出現了想把地位在天之下的道提升到天之上去的企圖。馮氏還認爲《管子·宙合》篇所説的包裹天地的“宙合”也就是道。[54]《宙合》跟《心術》等四篇的關係還有待研究。

指精氣而言的、地位在天之下的“道”,跟老、莊所説的作爲宇宙根源的、地位在天之上的“道”,其出現究竟孰早孰晚呢?一般認爲前者比後者出現得晚,並認爲前者體現了稷下道家對《老子》思想所進行的、向唯物主義方向的改造。我們已

㊿ 注⑲所引書201頁。
51 該書305頁,中國社會科學出版社,1988。
52 同上299等頁。
53 注⑧所引書209頁。
54 同上208—209頁。

經指出,精氣說並不是唯物主義的。他們所說的道當然也不是什麽唯物主義的概念。從哲學思想發展的水平來看,《老子》關於道的思想是高於道即精氣的思想的。我們懷疑前者的出現晚於後者,是在後者的影響下形成的。《老子》說"道""窈兮冥兮,其中有精。其精甚真,其中有信"。這是否反映了道即精氣的思想的影響呢?《莊子》書中對那些得道的至人、真人的描寫,是否也有精氣說的影子在裏面呢? 例如《莊子・達生》說"至人"所以能"潛行不窒,蹈火不熱,行乎萬物之上而不栗",是由於"純氣之守"。這不是跟稷下道家認爲積累精氣的聖人能不逢天災人害的思想頗爲相近嗎?

最後還需要説明一點。我們認爲《老子》關於道的思想比道即精氣的思想出現得晚,並不意味着我們認爲《老子》成書的時代一定比《心術》等四篇晚。前面已經說過,稷下道家的精氣說很可能是從前輩道家那裏繼承下來的。他們的"道"的觀念當然也可能是這樣的。即使《心術》等四篇的成書時代確實比《老子》晚,道即精氣的思想也仍有可能比《老子》關於道的思想出現得早。

原載《道家文化研究》第二輯(上海古籍出版社,1992),又載《文史叢稿》,今據後者收入。

馬王堆帛書《老子》乙本卷前古佚書並非《黄帝四經》

馬王堆帛書出土後不久,參加帛書整理工作的唐蘭先生,就在《文物》編輯部組織的關於帛書内容等問題的一次座談會上,提出了帛書《老子》乙本卷前的四篇古佚書(下文簡稱"四篇佚書"),就是久已失傳的道家要籍《黄帝四經》的看法(《座談長沙馬王堆漢墓帛書》,《文物》1974 年 9 期)。接着,他又在《考古學報》1975 年 1 期上,發表了《馬王堆出土〈老子〉乙本卷前古佚書的研究》一文。在此文第一部分"古佚書四篇的書名問題"節中,對上述主張作了比較細緻的論述(此文已收入文物出版社 1976 年出版的《馬王堆漢墓帛書——經法》,請看 150—154 頁。下文引此書時簡稱"經法")。唐先生的這篇文章産生了很大影響。陳鼓應先生在即將發表的《關於〈黄老帛書〉四篇成書年代等問題的研究》(《十講》編按:此文已收於臺灣商務印書館 1995 年出版的陳鼓應《黄帝四經今注今譯》卷首)一文中説:

> 唐文發表以後,有些學者提出了不同的看法……都未能爲學界所接受。從目前來看,仍然是唐蘭先生的説法論據爲最强,影響也最大,爲多數學者所接受。如余明光先生著書即以《黄帝四經》爲名,後又撰文加以考證。現在看來,《經法》等四篇就是《漢書・藝文志》記載的《黄帝四經》,應無大問題。

由此可見唐説已被很多學者視爲定論。

我從一開始就不相信唐説。我發表在《中國哲學》第二輯(1980 年)上的《馬王堆〈老子〉甲乙本卷前後佚書與道法家》,初稿寫於 1975 年(參看 68 頁拙文之首的"説明"。《十講》編按:此文收入拙著《古代文史研究新探》及《文史叢稿》時,已删去文首"説明";此文亦收入本書)。在這篇文章裏,已經簡略地提到了我不相信四篇佚書是《黄帝四經》的理由(上引書 75 頁)。現在我準備比較詳細地陳述一下我的理由,供關心這一問題的學者參考。

上引陳文對唐説的論據作了很好的概括。陳先生指出,唐先生的主要論據爲:

第一,四篇雖體裁各别,但互爲聯繫,構成一個整體。且一共四篇,與《黄帝四經》篇數相合;第二,帛書抄寫於漢文帝初期,處在宗黄老的氣氛中,抄在《老子》前面的四篇有關黄帝之言,只有《黄帝四經》才能當之;第三,《隋書·經籍志》云:"漢時諸子道書之流,有三十七家……其《黄帝》四篇、《老子》二篇,最得深旨",此所謂《黄帝》四篇,顯然指《黄帝四經》而言。這更可證明抄在《老子》前面的四種古佚書爲《黄帝四經》。

如果對有關情況仔細考察一下,就會發現唐先生的意見是大有問題的。

我們先從四篇佚書的形式方面來考察。

唐先生自己也承認"四篇體裁各别"(《經法》151 頁)。此外,除第一、二兩篇字數相近外,它們的篇幅也長短懸殊。第一篇《經法》長達五千字,末一篇《道原》只有四百六十四字(據各篇末尾原來所記的字數)。這跟作爲《老子》上下篇的《道經》和《德經》,體裁既同,篇幅也相差不遠的情況,截然不同。很難想象與《老子》二篇齊名的《黄帝四經》,竟會由這樣四篇在體裁和篇幅上如此不一致的文章組成。四篇佚書中,第二篇《十大經》屢次提到黄帝,其他三篇則一次也没有提到黄帝。從這一點看,它們也不像是構成《黄帝四經》的四個部分。

抄在馬王堆帛書《老子》甲本卷後的佚書也是四篇,但是原來顯然並不屬於同一部書。抄在乙本卷前的四篇佚書原來並不屬於同一部書的可能性,自然也是很大的。我們不應該不顧體裁、篇幅等方面存在的問題,僅僅因爲這四篇的思想一致,就認爲它們原來是一部書。

總之,我認爲從形式上看,四篇佚書原來不像是一部書,更不像與《老子》齊名的《黄帝四經》。它們大概是帛書的主人爲了學習黄老言而抄集在一起的。

唐先生認爲,處在宗黄老的氣氛中,抄在《老子》前面的四篇有關黄帝之言,只有《黄帝四經》才能當之。這一説法似乎有些武斷。我在上文引過的那篇拙作中曾指出,按照《漢書·藝文志》對道家的評論,"莊子無疑是道家中的'放者',甚至老子也不能看作道家正宗";西漢時代最流行的道家思想,是那種"因陰陽之大順,采儒墨之善,撮名法之要"的道家思想;四篇佚書所反映的正是這種思想。所以它們即使不是《黄帝四經》,也還是有資格抄在《老子》之前的。而且當時把這四篇抄在《老子》之前,也可能並無深意。也許帛書主人在抄了這四篇之後,才想到要抄《老子》。甚至有可能是由於看到抄剩的帛的面積還很大,才把《老子》抄上去的。

下面再從四篇佚書的内容方面來考察。

我認爲唐先生引用過的《隋書·經籍志》的那段話,足以説明四篇佚書從内容上看決不可能是《黄帝四經》。唐先生引用這段話的時候作過删節。現在把全文抄錄在下面：

> 漢時諸子，道書之流有三十七家，大旨皆去健羡、處沖虚而已。其《黄帝》四篇、《老子》二篇，最得深旨。

唐先生認爲《黄帝》四篇就指《黄帝四經》，並指出"在《經籍志》裏，《黄帝四篇》已不見著錄，這一節可能是根據劉宋時的王儉《七志》或梁代的阮孝緒《七錄》"（《經法》153 頁）。這是很正確的。但是他引用這段話的時候删去了"大旨皆去健羡、處沖虚而已"一句，並把這段話用作抄在《老子》前面的四篇佚書應爲《黄帝四經》的證據，則是不妥當的。

前面已經説過，四篇佚書所反映的思想，是曾經風行於西漢時代的、"撮名法之要"的那種道家思想。這也就是當前很多學者名之爲"黄老"的那種思想。這種思想跟《老子》的思想是有相當明顯的區别的。唐先生在他的文章的第三部分"古佚書四篇是法家重要著作"節中，已經對四篇佚書與《老子》在思想上的相異之處作了很好的説明。他説（見《經法》158—161 頁）：

> 《老子》在政治上是消極的，這本《黄帝四經》（引者按：指四篇佚書，下同）則比較積極。……《老子》講道而不講法，這本《黄帝四經》則首先講"道生法"。……法家思想是很明確的。《老子》經常講"道"而不講"理"，這本《黄帝四經》却非常注重理。……這是從老子的侈談天道進一步來研究人事了。
>
> 《老子》儘管也講到名，但認爲"無名天地之始，有名萬物之母"，主張"鎮之以無名之樸"，"始制有名，名亦既有，夫亦將知止，知止所以不殆"。這是倒退的哲學。古佚書四篇是進取的。它把"刑（形）"和"名"對稱。……可見用審名察形的辦法來明曲直，知得失，就可以立法，用法來治國……
>
> ……
>
> 《老子》講德而不講刑，四篇古佚書把"德"和"刑"對立，稱爲"刑德"……
>
> ……《老子》强調"不爭"……這是片面的、倒退的哲學。古佚書四篇比它强，它儘管也説："柔節先定，善予不爭"（167 行），但反復强調"作爭者凶，不爭亦毋以成功"（107 行，又 94 行略同）。爲亂首是不好的，但到了一定的時機，該爭的還得要爭，如果還不爭，就是失敗主義，就是"當斷不斷，反受其亂"（90、117 行）。……

這些意見是中肯的。此外，《老子》反戰，《經法》、《十大經》則時常把征戰當作正面的事情來說。這跟主張“不爭亦毋以成功”是一致的。這一點在有些研究四篇佚書的文章裏已經提到,可以補充唐文。

魏晉以後,“老莊”是道家思想的主流,“撮名法之要”的那種道家思想已經不再被重視。像四篇佚書這樣,顯然具有積極進取精神的、“撮名法之要”的道家著作,不論是劉宋的王儉、梁代的阮孝緒,還是任何一個魏晉南北朝時代的學者,都決不會以之與《老子》相提並論,並許之爲“最得”“去健羨、處沖虚”之“深旨”。所以,根據上引《隋書・藝文志》的那段話,完全可以斷定四篇佚書決非《黄帝四經》。

我們還可以從古書引黄帝之言的情況來進行考察。

古代託名黄帝的著作很多,時代較早的除《素問》、《靈樞經》等醫書外都已亡佚。魏晉以前的古書引用了一些黄帝之言,顯然大都是出自現已亡佚的那些託名黄帝的著作的。這些黄帝之言,有些出自兵法、數術等類著作,有些雖出自道家著作但已知其非《黄帝四經》(如黄帝巾几銘、金人銘,顯然出自《漢書・藝文志》著録的《黄帝銘》),此外尚有以下諸條:

黄帝曰:一者,階於道,幾於神。 《六韜・文韜・兵道》

黄帝有言曰:上下一日百戰。 《韓非子・揚權》

黄帝言曰:聲禁重,色禁重,衣禁重,香禁重,室禁重。《吕氏春秋・去私》

黄帝曰:帝無常處也,有處乃無處也。 同上《圜道》

嘗得學黄帝之所以誨顓頊矣:爰有大圜在上,大矩在下。汝能法之,爲民父母。 同上《序意》

黄帝曰:芒芒昧昧,因天之威,與元同氣。 同上《應同》

(又見《淮南子・繆稱》及《泰族》,“因天之威”《繆稱》作“從天之道”,王念孫謂“道”本當作“威”,後人所改。《文子・符言》引此語,稱“道曰”,“因天之威”作“從天之威”。同書《上仁》引此語,稱“道之言曰”。“與元同氣”兩篇皆作“與天同氣”)

嫫母執乎黄帝,黄帝曰:厲女德而弗忘,與女正而弗衰,雖惡奚傷?

《吕氏春秋・遇合》

黄帝曰:四時之不正也,正五穀而已矣。 同上《審時》

黄帝曰:日中必熭,操刀必割。

《賈誼新書・宗首》(亦見《漢書・賈誼傳》)

黄帝曰:道若川谷之水,其出無已,其行無止。 《賈誼新書・修政語上》

僞書《列子》曾引“黄帝書”,我們也引錄於此,以供參考:

黄帝之書云:至人居若死,動若械。亦不知所以居,亦不知所以不居。亦不知所以動,亦不知所以不動。亦不以衆人之觀易其情貌,亦不謂衆人之不觀不易其情貌。獨往獨來,獨出獨入,孰能礙之? 《力命》

黄帝書曰:谷神不死,是謂玄牝。玄牝之門,是謂天地之根。綿綿若存,用之不勤。故生物者不生,化物者不化。自生自化,自形自色,自智自力,自消自息。謂之生死形色智力消息者,非也。 《天瑞》

黄帝書曰:形動不生形而生影,聲動不生聲而生響,無動不生無而生有。……黄帝曰:精神入其門,骨骸反其根,我尚何存? 同上

《漢書·藝文志》諸子略道家部分著録了有關黄帝的書五種,以《黄帝四經》四篇爲首(其餘四種是:《黄帝銘》六篇、《黄帝君臣》十篇、《雜黄帝》五十八篇、《力牧》二十二篇。又陰陽家有《黄帝泰素》二十篇,小説家有《黄帝説》四十篇)。上引《隋書·經籍志》語,以《黄帝四經》與《老子》二書爲道家著作的代表。可見在古人心目中,《黄帝四經》是道家黄帝書中很重要的一種。他們引用黄帝書時,決不會完全不用《黄帝四經》。所以在上録古書所引黄帝言中,至少有一部分應該是出自《黄帝四經》的。這些引文的思想,絶大部分合乎《隋書·經籍志》所説的“去健羨、處沖虚”之旨。這更使我們相信,其中一定含有引自《黄帝四經》的内容。可是這些引文在四篇佚書中却一條也没有出現。根據這一點,也可以斷定四篇佚書並非《黄帝四經》。

李學勤先生在《新發現簡帛與秦漢文化史》(見黑龍江教育出版社 1989 年出版的《李學勤集》)和《論新出簡帛與學術研究》(《傳統文化與現代化》1993 年創刊號)等文中,稱四篇佚書爲“黄帝書”。這當然比稱它們爲“黄帝四經”合理。可是除《十大經》外,其他三篇並無是黄帝書的確據。我們認爲就目前的研究情況來説,最好仍稱這四篇佚書爲“馬王堆《老子》乙本卷前佚書”或“《經法》等四篇”。

1993 年 3 月 2 日寫畢

原載《道家文化研究》第三輯(上海古籍出版社,1993),又載《文史叢稿》、《裘錫圭學術文化隨筆》、《中國出土古文獻十講》,今據《中國出土古文獻十講》收入。

説“格物”

——以先秦認識論的發展過程爲背景

《大學》首章説：

……欲誠其意者先致其知。致知在格物。物格而後知至……

所謂“格物”究竟應該如何解釋，是我國思想史和學術史上的一個重要問題。自漢代以來，主要是自《大學》開始受到特殊重視的宋代以來，解釋“格物”的學者數不勝數，各種意見層出不窮。① 對“格物”的不同解釋，有時甚至成爲不同學派（如程朱學派和王陽明學派）立説的重要依據。除去一些明顯不合理的説法之外，各家的意見究竟誰是誰非，直到現在還没有定論。

要解決這個問題，不能僅僅依靠訓詁學的一般方法。我們必須以先秦時代認識論的發展過程爲背景，對古人關於“知”與“物”的關係的思想作比較全面的考察。只有通過這樣的途徑，才能真正弄清楚“格物”的問題。本文想在這方面作一次嘗試，不妥之處請大家指正。

古人曾經認爲，有些特殊人物是“生而知之”的。孔子主張“學而知之”，但是他説：“生而知之者，上也”（《論語・季氏》），並没有否定這種特殊人物的存在。在較早的時期，古人心目中的“生而知之者”主要是各族傳説中的始祖，他們通常具有聖王或賢佐的身份。古人認爲這些人是上帝派到下土來的，他們對萬物（在較古的書中一般稱“百物”）有天生的知識，能够治理、育成萬物，並教導普通人正確利用萬物。

《尚書・吕刑》：

皇帝（指上帝）清問下民，鰥寡有辭于苗。德威惟畏，德明惟明，乃命三后

① 參看毛子水《“致知在格物”：一句經文説解的略史》，《輔仁學誌（文學院之部）》11 期，1982。此文擇要介紹了民國初年以前的各種説法，此後的新説和作者認爲不重要的舊説都没有提到。

> 恤功于民。伯夷降典，折民惟刑。禹平水土，主名山川。稷降播種，農殖嘉穀。三后成功，惟殷于民。

這説明古人認爲伯夷（姜姓始祖）、禹（姒姓始祖）、稷（即后稷，周人始祖），都是上帝爲了幫助下民而派到下土來的，所以他們能制定刑法，平治水土，發展農業。

據《詩·大雅·生民》，后稷是姜嫄踩了上帝的足跡懷孕而生的；出生後有被置於隘巷、平林以至寒冰而不受傷害的奇跡；他在還需要"就口食"（從大人嘴裏就食）的幼兒時期，[②]就能"蓺之荏菽，荏菽旆旆"，種植禾、麻、麥、瓜等作物，也都很成功。《生民》毛傳説，后稷"就口食之時，則有種植之志，言天性也"。"天性"的説法很正確，但是按照《生民》原文，后稷在當時是真的種植了荏菽等作物的，並非僅有"種植之志"而已。這在實際上當然是幼兒所無法做到的，然而按照《詩經》時代人的觀點，這對生而知之的后稷完全是可能的。黄帝、帝嚳等聖王，在傳説中也都是"生而神靈"，自幼與衆不同的（見《大戴禮記·五帝德》、《史記·五帝本紀》）。

聖王、賢佐生而知之的能力，還表現在能够命名萬物上。比較原始的民族往往把名稱看得很神秘。他們認爲名稱跟事物之間有神秘的內在聯繫，似乎某種事物天生就應該有某種名稱。我國先民也不例外。避諱就是名的神秘性的一種表現。前輩學者如鄭振鐸等，對此已有很好的論述，這裏不再重複（參看鄭振鐸《釋諱篇》，《湯禱篇》61—81 頁，古典文學出版社，1957）。古人認爲只有大禹、黄帝等人才能爲萬物命名，這顯然也是由於他們認爲這些人具有生而知萬物的能力。

上引《吕刑》説："禹平水土，主名山川。"僞孔傳解釋説："禹治洪水，山川無名者主名之。"[③]正由於禹能知萬物而名之，《莊子·齊物論》在强調"無有爲有"的難知時，就説"雖有神禹且不能知"；司馬相如《子虚賦》在誇張事物的奇詭時，也用"禹不能名"來形容。

記各地山川及神異之物的《山海經》，劉歆《山海經·敘録》和王充《論衡·别通》等，都認爲是禹、益所作。《列子·湯問》在列舉了世上極大、極小之物以後，也説"大禹行而見之，伯益知而名之"。益是嬴姓始祖，《尚書·堯典》説帝舜命他治理"上下草木鳥獸"。禹本是由上帝命他平水土的，但是在《堯典》裏則變成爲帝舜

---

② 《生民》鄭玄箋釋"就口食"爲"就衆人口自食，謂六七歲時"。其實需要就口食的孩子，年齡應該更小。

③ 《大戴禮記·五帝德》也説禹"主名山川"。同篇又説禹"巡九州，通九道，陂九澤，度九山，爲神主，爲民父母"。看來"主名山川"的"主名"大概是並列結構，"主"指爲山川之神的祭主，"名"指爲山川定名。

所命。益在較原始的傳說裏,也應該是爲上帝所命的。他跟禹、稷、伯夷是同類人物,所以也能命名萬物。

《國語·魯語上》:“黃帝能成命百物,以明民共財。”韋昭注:“命,名也。”《禮記·祭法》作“黃帝正名百物,以明民共財”,“命”正作“名”。“明民共財”應是指教民正確利用萬物等事而言的。古人顯然認爲命名萬物跟這些事有密切關係。儒家等的正名思想和形名學説中的“名正物定”(《韓非子·揚權》)、“其名正則天下治”(《申子·大體》)一類思想,跟這種比較原始的思想是有聯繫的。《周書·太子晉》:“公能樹名生物,與天道俱,謂之侯。”“樹名”就是爲物立名,“生物”就是育成萬物。“樹名生物”的意義,應與“正名百物,以明民共財”相近。不過《周書》把“樹名生物”跟公、侯聯繫起來,當是比較晚起的説法。

在古書裏時常可以看到有德者能招致物、能使物來至等説法(這裏所説的物包括人、事、鬼神等,範圍極廣)。《周書·本典》:

> 周公再拜稽首曰:臣聞之:文考能求士者,智也;與民利者,仁也;能收民獄者,義也;能督民過者,德也;爲民犯難者,武也。智能親智,仁能親仁,義能親義,德能親德,武能親武。五者昌于國曰明。明能見物,高能致物,物備咸至曰帝。

《國語·周語中》記周襄王答晉文公請隧之語説:

> 叔父其懋昭明德,物將自至。

《吕氏春秋·開春》:

> 王者厚其德,積衆善,而鳳皇、聖人皆來至矣。

從反面説,則是失德而物不至。《周書·常訓》:

> 九德有姦,九姦不遷,萬物不至。

古代長期流行的“瑞應”“祥瑞”之説,就是建築在德能致物的思想上的。上引《吕氏春秋》所説的鳳皇至,就是一種重要的祥瑞。古書中關於祥瑞的話舉不勝舉,這裏舉時代較早的兩段爲例。《禮記·禮器》:

> 是故昔先王尚有德,尊有道,任有能,舉賢而置之,聚衆而誓之。是故因天事天,因地事地,因名山升中于天,因吉土以饗帝于郊。升中于天而鳳皇降,龜龍假。饗帝于郊而風雨節,寒暑時。是故聖人南面立而天下大治。

《管子・小匡》：

> 桓公曰："……昔三代之受命者，其異於此乎？"管子對曰："夫鳳凰、鸞鳥不降，而鷹隼、鴟梟豐。庶神不格，守龜不兆，握粟而筮者屢中。時雨甘露不降，飄風暴雨數臻。五穀不蕃，六畜不育，而蓬蒿藜藋並興。夫鳳皇之文，前德義，後日昌。昔人之受命者，龍龜假，河出圖，雒出書，地出乘黃。今三祥未見有者，雖曰受命，無乃失諸乎？"

這兩段都提到"龜龍（或作"龍龜"）假"。"假"當訓"至"，④也可以讀爲"格"，⑤《爾雅》的《釋詁》訓"格"爲"至"，《釋言》訓"格"爲"來"。

德能致物的思想，也應該溯源於生而知之者與物的關係。生而知之者既然能知物、名物，當然也應該能致物。據《詩・大雅・生民》，秬、秠、穈、芑等禾、黍的優良品種，都是上帝爲后稷而"降"的"嘉種"。從上帝的角度說，是降嘉種；從后稷的角度則可以說是致嘉種，也就是致物。《周頌・思文》："思文后稷，克配彼天，立我烝民，莫匪爾極。貽我來牟，帝命率育……"。《說文・五下・來部》："來，周所受瑞麥來麰……天所來也，故爲行來之來。《詩》曰：貽我來麰。"大概在較早的傳說中，麥子也是上帝爲后稷而降的嘉種。但是後人則認爲"貽我來牟"是武王伐紂渡孟津時的事，並視之爲周人的祥瑞。《思文》鄭箋："書說，烏以穀俱來，云穀紀后稷之德。"從這裏可以看到生而知之者能致物的思想演變爲有德者能致物的思想的軌跡。

在古書中還可以看到一些關於用某種方法來致物的說法。

《周禮・春官・大宗伯》：

> 以禮樂合天地之化、百物之産，以事鬼神，以諧萬民，以致百物（指百物之神，即物鬽，參看《周禮・春官》"凡以神仕者"條）。

同上《大司樂》：

> 以六律、六同、五聲、八音、六舞，大合樂以致鬼神示……凡六樂者，一變而致羽物及川澤之示，再變而致蠃物及山林之示，三變而致鱗物及丘陵之示，四

---

④ 《方言・一》："假，至也。邠、唐、冀、兖之間曰假。"《禮記・祭統》"公假于大廟"鄭注："假，至也。"

⑤ 《詩・商頌・烈祖》"來假來饗"《釋文》："假音格，鄭云升也，王云至也。"同上《玄鳥》"四海來假"鄭箋："假，至也。"《釋文》："'假，至'，《釋詁》文，彼作'格'，音義同。"

變而致毛物及墳衍之示,五變而致介物及土示,六變而致象物及天神。

《尚書·皋陶謨》:

夔曰:戛擊、鳴球、搏拊、琴瑟,以咏,祖考來格……下管鼗鼓,合止柷敔,笙鏞以間,鳥獸蹌蹌,簫韶九成,鳳皇來儀。……於予擊石拊石,百獸率舞。

《吕氏春秋·古樂》:

(質)乃拊石擊石,以象上帝玉磬之音,以致舞百獸。

《淮南子·覽冥》:

昔者,師曠奏白雪之音而神物爲之下降,風雨暴至……

以上所說,是以音樂等致物。

《史記·封禪書》:

少君言於上(指漢武帝)曰:"祠竈則致物,致物而丹沙可化爲黄金。"

又說:

文成言曰:"上即欲與神通,宫室被服非象神,神物不至。"乃作畫雲氣車,及各以勝日駕車辟惡鬼。又作甘泉宫中爲臺室,通天地、泰一諸鬼神,而置祭具以致天神。居歲餘,其方益衰,神不至。

以上所說是方士致物的方法。

不論是以音樂還是以方術來致物,都需要一定的知識。此外,從豢龍氏、御龍氏的傳說,也可以看到"知"與"致物"的關係。《左傳·昭公二十九年》:

秋,龍見于絳郊。魏獻子問於蔡墨曰:"吾聞之,蟲莫知於龍,以其不生得也。謂之知,信乎?"對曰:"人實不知,非龍實知。古者畜龍,故國有豢龍氏,有御龍氏。……昔有飂叔安,有裔子曰董父,實甚好龍,能求其耆欲以飲食之,龍多歸之,乃擾畜龍,以服事帝舜。帝賜之姓曰董,氏曰豢龍……有陶唐氏既衰,其後有劉累,學擾龍于豢龍氏,以事孔甲,能飲食之。夏后嘉之,賜氏曰御龍……"獻子曰:"今何故無之?"對曰:"夫物物有其官。官脩其方,朝夕思之,一日失職,則死及之。失官不食,官宿其業,其物乃至。若泯弃之,物乃坻伏,鬱湮不育。故有五行之官,是謂五官,實列受氏姓,封爲上公,祀爲貴神。社稷五祀,是尊是奉。木正曰句芒,火正曰祝融,金正曰蓐收,水正曰玄冥,土正曰后土。龍,水物也。水官弃矣,故龍不生得。……”。

蔡墨認爲龍不來是由於人“不知(智)”,如果具有養龍的知識的官不失職,龍就會來;其他事物也跟龍一樣,“官宿其業,其物乃至”。

從以上所説可以知道,在古人關於“知”與“物”的關係的思想方面,“致物”是一個重要題目。《大學》的“致知在格物”“物格而後知至”,正是説“知”與“物”的關係的。鄭玄注“致知在格物”句説:“格,來也。物,猶事也。其知於善深則來善物,其知於惡深則來惡物,言事緣人所好來也。”毛子水在《“致知在格物”:一句經文説解的歷史》一文中指出:“鄭注以爲善物惡物隨着所知而來;而經裏則明説‘物格而後知至’:鄭注的不合經旨,極爲明顯。”⑥這是很正確的。但是鄭玄訓“格物”之“格”爲“來”,則顯然可從。因爲“來物”的意思是使物來,正與“致物”同義。《大學》作者可能由於同句有“致知”,就没有用常見的“致物”,而用了與之同義的“格物”。

《周書・文酌》:“伐道咸布,物無不落。落物取配,維有永究。”“伐道”疑指征伐之道。此文的兩個“落”,很可能應該讀爲“格”,⑦“落物”就是“格物”。前面引過的“龜龍假”,可以讀爲“龜龍格”,則是“物格”的一個實例。不過,《大學》所説的“格物”和“物格”,其具體内容與《周書》的“落物”和祥瑞説的“龜龍假”應該是不一樣的。

在我們前面所引的關於致物的那些説法中,致物是有德或有知(智)的結果。以德致物的説法,跟生而知之的觀念有密切關係。以音樂或方術致物的説法,也帶有濃厚的神秘色彩。上引《左傳・昭公二十九年》文,説“五行之官”“實列受氏姓,封爲上公,祀爲貴神”,似乎也没有脱盡生而知之觀念的影響。

戰國時代的道家,有飭德守道萬物自來的説法。《管子・心術下》:

> 形不正者德不來,中不精者心不治。正形飾(飭)德,萬物畢得,翼然自來。

《老子・三十二章》:

> 道常無名,樸雖小,天下莫能臣也。侯王若能守之,萬物將自賓。

---

⑥ 同注①16頁。

⑦ “落”从“洛”聲,“洛”“格”皆从“各”聲,故可相通。參看王念孫《讀書雜志・淮南子内篇雜志・卷五》“格”字條。

《墨子・非攻下》說周文王時“泰顛來賓,河出緑圖”。《禮記・月令》說“鴻雁來賓”。《老子》的“自賓”當與《心術》的“自來”義近。

《易・繫辭上》說君子通過《易》“遂知來物”。《管子・宙合》說:“故聖人博聞多見,畜道以待物,物至而對形,曲均存矣。”《淮南子・繆稱》說“體道者”“物來而名,事來而應”。《越絶書・卷三・越絶吳内傳》說:“……王者已下,公卿大夫,當調陰陽,和順天下,事來應之,物來知之。”《心術》的“萬物畢得,翼然自來”、《老子》的“萬物將自賓”,應與“遂知來物”“物來知之”等語意近,指萬物能被正確認識而言,跟前面所引的那些致物說異趣。

《大學》雖然使用了字面意義與“致物”相同的“格物”一語,其精神顯然也是跟舊的致物說不同的。而且《大學》强調格物是致知的先決條件,跟舊說的區别更爲明顯。

馮友蘭在《中國哲學史新編》第三册1984年修訂本中,引用《荀子・堯問》篇“伯禽將歸於魯”章中的話來解釋《大學》的“格物”。那一章裏有一大段假託爲周公對伯禽之傅所講的話。其中説到統治者應該有勇氣“越逾”見士(日人久保愛《荀子增注》釋“越逾”爲“越等位而見至賤”),“見士問曰:‘無乃不察乎?’不聞即物少至,少至則淺”。周公說他本人由於能禮賢下士,“人人皆以我爲越逾好士。然,故士至。士至而後見物,見物然後知其是非之所在”。馮氏節引了這段話之後,解釋說:“這裏提到‘至物’‘見物’,也是說,必須和外物接觸,然後才知道正確和錯誤。”(130頁)他的解釋大體可信。《堯問》“物少至”的“至”,跟“格”“來”同義。“見物然後知其是非之所在”,就是“物格而後知至”。《大學》用“格物”,也就是“使物來”的說法,可能有强調跟事物接觸的主動積極性的意思。

前引《周書・本典》文,也是假託爲周公之語的。其中說到“文考能求士者,智也”。《堯問》主張統治者要越逾見士,不恥下問,與之相合。不過,前引《本典》文全段的意思歸結到“物備咸至”,《堯問》文則歸結到“見物然後知其是非之所在”,總的精神很不一樣。《本典》和《堯問》的兩段話都是對統治者說的,所以强調求士、見士的重要。對一般人當然就不必這樣强調了。

在戰國時代,出現了强調外在事物是知識源泉的思潮。《禮記・樂記》說:“人生而靜,天之性也;感於物而動,性之欲也。物至知知,然後好惡形焉。”“物至知知”有事物作用於人,人的知覺才能起作用的意思。愼到等人捨己而以物爲法的思想,以至《易・繫辭》中聖人以神物、天象等爲法則的思想,都可以認爲跟這一思潮有關。只是後者受傳統的舊思想的影響較深,還帶有神秘的色彩。在《墨子・經說》和《荀子・正名》等篇中,尤其是在《荀子》中,外在事物是知識源泉的思想有比較明確、完整的表述。思想史家對此已有很多論述,這裏不再重複。《大學》的格物致知說,也是這一思潮中的產物。《大學》的著作時代,一般認爲早於《荀子》。這是可信的。格物致知說對荀子的認識論的形成應該是有影響的。

最後,對"格物"的兩種舊說簡單說幾句。

劉師培在《格物解》中,同意鄭玄訓"格"爲"來",但是不取他對"格物"的具體解釋。劉氏認爲《大學》說"致知在格物","不過言擴充知識在於引致事物日與相接耳"(《左盦集》卷一)。按照我們的看法,這是"格物"舊說中最好的一種。

清儒宋翔鳳作《大學古義說》,申鄭義說:

> 鄭君釋此文(指"致知在格物"句)云:格,來也。言知於善深則來善物,知於惡深則來惡物。是格物者,誠、正、修、齊、治、平之效驗也。故言"在"而不言"先",言其效驗無往不在。天降膏露,地出醴泉,山出器車,河出馬圖,鳳皇麒麟皆在郊棷,龜龍在宮沼,其餘鳥獸之卵胎皆可俯而窺。此格物之謂也。(《皇清經解續編》本,卷一,11 頁下)

他想在"在"字上做文章,把格物和致知這兩件事的次序顛倒過來。他還認爲"物格而後知至"到"國治而後天下平"一段,"皆言物格效驗,終始一貫"(同上 12 頁上),顯然是曲解。但是宋氏對"格物"的解釋,的確是一種"古義"。問題在於他不瞭解思想史上時常出現的舊瓶裝新酒的現象(不同時代的人對同樣的或本來同義的詞語賦予不同的內容),因此不顧作者的原意,硬要把《大學》的"格物"跟祥瑞說中的致物統一起來。鄭玄似乎也犯了類似的錯誤。

1993 年 7 月 12 日

原載王元化主編《學術集林》卷一(上海遠東出版社,1994),又載《文史叢稿》、《釋中國》第二卷(上海文藝出版社,1998)、《裘錫圭學術文化隨筆》,今據《裘錫圭學術文化隨筆》收入。

《稷下道家精氣說的研究》補正

我在《稷下道家精氣說的研究》(下文簡稱"精氣說")一文中指出,見於先秦文獻的"精"和"精氣",是跟文化人類學者所說的"馬那"相似的一種觀念,稷下道家所說的"道"就指精氣,《老子》所說的作爲宇宙根源的"道",應該是在它的影響下產生的。文章發表後,發現有一些需加補正的地方。

我在《精氣說》中論述"精"和"精氣"是跟"馬那"相似的觀念的時候,没有引用列維-布留爾在《原始思維》中對"馬那"一類觀念所作的分析,而這些分析對於我們理解"精"和"精氣"跟"馬那"的相似,是頗有幫助的。

列維-布留爾認爲原始思維中沒有"真正一般的概念",只有"在一定程度上代替概念的集體表象"(丁由譯《原始思維》124 頁,商務印書館,1981)。他把美拉尼西亞人的"邪氣"(即《精氣說》提到的"馬那")、北美印地安人的"瓦康"和"奧連達"(即《精氣說》提到的"瓦坎"和"歐倫達")、非洲土人的"穆隆古"和"翁"等觀念,看作彼此相類的一些"集體表象"(同上 124—130 頁)。下面所引的是他關於"穆隆古"的論述:

> 赫特維克(Hetherwick)在瑶人(Yaos)那裏發現了一些他覺得不可思議的信仰。他不明白里佐卡(lisoka)(靈魂、鬼或魂)怎麼能够同時是個人的東西又不是個人的東西。實際上,人死後里佐卡就變成穆隆古(mulungu)。穆隆古這個詞有兩個意義:一個意義是指死者的靈魂,另一個意義是"一般的陰界,或者更確切地說是所有死者的魂的總和"。如果穆隆古是表示由所有個人的魂的聯合組成的集合的統一,這還是可以理解的。但這種解釋是不能成立的,因爲穆隆古同時又表示"什麼物所固有的狀態或者屬性,如同生命或健康爲身體所固有一樣,此外,穆隆古還被認爲是一切神秘的東西裏面的有效本原。如果讓瑶人觀看什麼不爲他們所理解的東西,他們就會驚叫:'這是穆隆古!'"這是我們在這種性質的所有集體表象中發現的一個有代表性的特徵:它們是被毫無區别地用於標記一個人或一些人,或者用於表示一件事物的性質或屬性。

> 爲了擺脱困難,赫特維克劃分了他的所謂"萬物有靈信仰的三個階段:1)在夢、譫妄等等中表現出的人的里佐卡或者鬼;2)被看成是穆隆古的這同一個里佐卡,乃是尊敬和崇拜的對象、塵世生命的主宰、決定人類命運的有效本原;3)穆隆古作爲宇宙創造者和一切生命的偉大神力的表現,一切存在物和客體的源泉"。看來,赫特維克也象某個時期的新法蘭西(加拿大)的傳教士們一樣,喜歡以自己的宗教信仰的精神來解釋他所觀察到的事實。不過他還是老老實實地作了補充説明:"然而,不能在這三個靈魂本性的概念之間劃一條明晰的界綫。在土人們的意識中,它們各自的特徵是十分模糊的。没有一個人能把他在這些方面的信仰向你作出確切的説明。"
>
> 如果説赫特維克没有從瑶人那裏得到他所中意的回答,這可能是因爲瑶人不懂得他的問題,但多半還是因爲他自己没有理解他們的觀念。對瑶人來説,從個人生前或死後的靈魂過渡到非個人的靈魂,或者過渡到神秘屬性——這是任何一種他們認爲其中有什麽神的、神聖的、神秘的東西(不是超自然的東西,因爲與此相反,没有任何東西比這種神秘力量對原邏輯思維來説是更自然的了)的事物所固有的屬性,這種過渡是感覺不到的。老實説,這裏甚至没有過渡:這裏有"受互滲律支配的同一"……由於互滲律的不斷的作用,在存在物之間循環着和傳播着的神秘的本原,可能無差别地被想象成是一個人或者主體或者物所具有的性質或能力(因而也是一種屬性)。……(同上124—126頁)

先秦文獻中所説的"精"和"精氣",其含義當然比"穆隆古"明確,但是彼此的相似之處仍然是很明顯的。我在《精氣説》中曾對"精氣"和"馬那"的相似作過較多説明,這裏只引《管子・内業》中關於"精氣"的一段話作爲例子,以供比較:

> 凡物之精,此則爲生。下生五穀,上爲列星。流於天地之間,謂之鬼神。藏於胸中,謂之聖人。是故此氣(原作"民氣",戴望《管子校正》引丁士涵曰:"'民'乃'此'字誤,氣即精氣也。下文云'是故此氣也',是其證。"),杲乎如登於天,杳乎如入於淵,淖乎如在於海,卒乎如在於己。……

這裏所描述的精氣,豈非"同時是個人的東西又不是個人的東西",並且"是一切神秘的東西裏面的有效本原"嗎?"穆隆古"被用來指人的靈魂。《禮記・問喪》説送葬是"送形而往,迎精而反"。《論衡・紀妖》説:"夫魂者,精氣也。"可見古人也認爲人的靈魂就是精氣。

在先秦文獻裹,“神”有時跟“精”和“精氣”是完全同義的(《精氣說》已指出《管子》的《心術上》《內業》和《莊子・知北遊》等篇都有這種“神”字。《大戴禮記・曾子天圓》也說“陽之精氣曰神”)。同時,“神”又用來指鬼神和神秘、神異等屬性,這是衆所周知的。總之,“神”字的用法跟“穆隆古”十分相似。看來,“神”應該是“精”和“精氣”這類觀念的較早出現的名稱。“神”和“穆隆古”的用法的一致,說明“精”和“精氣”這類觀念的原始形態,確實跟“馬那”“穆隆古”等觀念同類。

我在《精氣說》裏曾說,擬人的鬼神觀念可能比“精”的觀念出現得晚;並說古人一方面認爲人的靈魂就是精氣,一方面又承認擬人的鬼神的存在,似乎說明“精”的觀念已經由於鬼神觀念的影響而有所變化。這些說法可能都有問題。因爲從列維-布留爾對“穆隆古”等觀念的分析來看,在“原始思維”中,這兩類觀念似乎本來是混雜在一起而難以截然區分的。

我在《精氣說》裏認爲稷下道家指精氣而言的“道”的觀念,其出現應早於《老子》的作爲宇宙根源的“道”的觀念,後者應是在前者的影響下形成的。這也可能有問題,因爲《老子》的“道”的觀念,也有可能最初是直接受與“馬那”同類的比較原始的“精”的觀念的啓發而形成的。

馬林諾夫斯基在《巫術・科學・宗教與神話》中,認爲“馬那”這類名稱,其所指包括人與自然所共有的各種力量,是“粗始的玄學觀念所有的賅括之詞的一個例子”(《李安宅社會學遺著選・巫術的分析》151 頁,四川人民出版社,1990。此文所在段落爲馬林諾夫斯基原文,但被誤排成譯者按語)。列維-布留爾在《原始思維》中說:“可以把瓦康比之爲一種循行於一切存在物中並作爲一切生物的生命和力量的神秘本原的流質。”(同上 127 頁)在上面引過的關於“穆隆古”的那段文字裏,他也用過“在存在物之間循環着和傳播着的神秘的本原”的說法(同上 126 頁)。

至於那些習慣於用自己固有的思想模式來理解“馬那”這類原始觀念的研究者,則往往認爲他們面對的是“一個唯一的和萬能的主體,一種宇宙靈魂或靈”(同上 130 頁)。前面引過的赫特維克對“穆隆古”的部分解釋,如認爲“穆隆古”是“宇宙創造者和一切生命的偉大神力的表現,一切存在物和客體的源泉”,就是例子。

“馬那”一類觀念當然不能等同於哲學上的宇宙根源的觀念,但是從研究者對這類觀念的認識來看,它跟宇宙根源的觀念顯然有極爲相似的地方。在我國古代,當社會的發展爲真正的“玄學觀念”(相對於上引馬林諾夫斯基文中的“粗始的玄學觀念”而言)的出現準備了條件的時候,對自然規律已有比較深刻的認識的那種思想家,完全有可能在與“馬那”同類的比較原始的“精”的觀念的啓發下,建立起作爲宇宙根源的“道”的觀念,來取代或者說超越傳統思想中人格化的最高主宰“上帝”。所以我現在傾向於認爲《老子》的“道”的觀念,最初是直接受比較原始的“精”的觀念的啓發而形成的,而不是在稷下道家以精氣爲“道”的思想的影響下産生的。《老子》的“道”的觀念所帶有的某些神秘性,可能就是比較原始的“精”的觀念的一種殘痕。

《老子》一派道家很重視自然規律,即所謂“天道”,他們把宇宙根源稱爲“道”是可以理解的。稷下道家把精氣稱爲“道”,有可能反倒是受了《老子》一派道家的影響。稷下道家形容“道”的時候所用的話,往往跟《老子》等書所用的很相似。在他們那裏,似乎還出現了想把原來指地位在“天”之下的“精氣”的“道”,提升到“天”之上去的傾向。這些也可能跟《老子》一派道家的影響有關。

稷下道家的“精氣説”本身,當然是直接改造比較原始的“精”的觀念而成的。這種“精氣説”在很大程度上保留了比較原始的“精”的觀念的内容,其思想高度是無法與《老子》的“道”相比擬的。我在《精氣説》裏反對那種認爲“精氣説”體現了稷下道家對《老子》思想所進行的、向唯物主義方向的改造的意見,現在我仍然堅持這種觀點。

在這裏應該著重指出,把“精氣”和“道”跟“馬那”聯繫起來,並不是從我開始的。在《精氣説》裏,我曾惋惜李安宅沒有區分“氣”和“精氣”,只是籠統地把“氣”跟“馬那”聯繫起來。我沒有注意到另一位前輩學者——李宗侗(即李玄伯),已經把“精氣”以至“道”都跟“馬那”聯繫起來了。

李宗侗持“馬那”是“圖騰原質”亦即“圖騰性”的一種名稱的看法(見其所著《中國古代社會史》37 頁,華岡出版有限公司,1977。此書初版於 1954 年,是李氏將 30 年代舊作《中國古代社會新研》一書修改擴充而成的)。他認爲被古人看作精氣的魂就是圖騰性(同上 41 頁)。這實際上就是把精氣看作“馬那”。

李宗侗在解釋“圖騰性”時説了這樣一段話:

> 圖騰並非只有表面,其中實含有一種原質。這種原質稱爲圖騰性,它同時是物質的,亦是無質的,他是單位亦是全體。圖騰是物質的,因爲它可以生一族歷代的人,它存在於圖騰團已往、現在、未來的團員全體身體中,它亦存在於全體圖騰物中;且能分化出宇宙萬物,所以説它是物質的。但是視之而似不見,撫按之而無物,另外無時不明明在上,赫赫在旁,又似無質的。由是吾人能悟及無質仍係物質的而非理想的這種思想的由來。他是單位,因爲他自成一體,但他能創造萬物,宇宙事物無不是他之分化,所以他亦是全體。宇宙事物

雖皆出自他而仍不損其本體,在這一點上,後來宗教皆與之相似,亦可說他真是宗教的原始形態。總之,他是物質的兼非質的,單位兼全體,真是“民無能名焉”。而老子“無名天地之始”,“名可名,非常名”,這類思想未嘗不出自他。(同上 37 頁)

李氏把“馬那”跟“圖騰性”完全等同起來,不見得正確。但是他所說的“圖騰性”的特點,大體上是適合於“馬那”的。他在這段話裏雖然沒有說出“道”字,實際上已經頗爲深刻地點明了《老子》的“道”跟“馬那”一類觀念的聯繫。

我寫《精氣說》時沒有注意到李氏的有關意見,失於徵引,是極不應有的疏失。

最近蒙廣州《羊城晚報》編輯胡文輝先生告知,中山大學出版社 1989 年出版的梁釗韜遺著《中國古代巫術——宗教的起源和發展》一書中,有關於氣即馬那的論述。胡先生並複印其中有關章節寄示,盛誼可感。梁氏也跟李安宅一樣,沒有區分“氣”和“精氣”。他大量引用漢以後文獻,把漢以後人所說的“氣”等同於“馬那”(見上述書 34—45 頁《“氣”與西洋學說中的馬那思想》節),並認爲“道家所論的‘一’與‘玄’與‘道’都是和‘氣’一樣,具有同等的意義”(同上 36 頁)。這些意見都不够確切。不過從促使人注意“氣”和“道”跟“馬那”一類觀念的關係的角度來看,梁氏的著作還是很有價值的。

本文是提交給 1995 年在深圳召開的中國國際漢學研討會的論文。原載《華夏文明與傳世藏書》(中國社會科學出版社,1996。題爲《“道”“德”溯源(上)》),又載《文史叢稿》,今據後者收入。

是“恆先”還是“極先”？

《上海博物館藏戰國楚竹書(三)》所收的《亙先》,[①]是一篇專門論述宇宙生成和人事之起的、富有哲學意味的文章,一經發表就引起了學者們的熱心關注和熱烈討論。熟悉楚簡的人都知道,楚簡的“亙”可以用爲“亟”。但是在討論中似乎還沒有人明確提出過“亙先”能否讀爲“亟(極)先”,“亙先”跟“太極”有沒有語言層面上的關係的問題。我認爲這是一個亟需研究的問題,而答案應該是肯定的。

先介紹一下楚簡以“亙”爲“亟”的情況。楚簡“亙”字作“死”,與《說文》“恆”字古文同形。但楚簡又有在此字下加“心”旁的“恆”字,所以一般引用楚簡,都釋此字爲“亙”,釋下加“心”旁的爲“恆”。本文亦然。

《郭店楚墓竹簡》所收《老子》簡,[②]甲組有四個“亙”字,分別見於簡6、簡13、簡18的三個,是用爲“恆”的;見於簡24“至虛亙也”句的“亙”,則與今本的“極”字相當(見今本第十六章。“亟”、“極”古通);乙組簡2“則莫知其亙”的“亙”,也與今本“極”字相當(見今本第五十九章。本文引用簡文,釋文一般用寬式,如“丌”逕作“其”等,以下不再說明),原整理者已指出:“從此章用韻看,當以作‘極’爲是。”[③]

《郭店楚墓竹簡》所收《魯穆公問子思》,[④]屢見“亙/恆稱其君之惡者”語(“稱”上一字,簡1作“恆”,簡3、5、6皆作“亙”)。陳偉先生指出,先秦古書不見“恆稱”,而有“亟稱”、“亟言”。簡文不應釋讀爲“恆稱”而應釋讀爲“亟稱”,[⑤]其說甚確。

《郭店楚墓竹簡》所收《窮達以時》簡8,舉孫叔敖之事爲例時提及地名“郚思”。[⑥] 陳偉先生指出,“楚簡中寫作‘亙’的字每可讀爲‘亟’”,楚地有期思,與孫

---

① 馬承源主編《上海博物館藏戰國楚竹書(三)》,上海古籍出版社,2003,105—118、287—299頁。

② 荊門市博物館《郭店楚墓竹簡》,文物出版社,1998,3—10、111—122頁。

③ 同前注,119頁。

④ 同前注,23、141頁。

⑤ 陳偉《郭店竹書別釋》,湖北教育出版社,2002,45頁。

⑥ 同注②,27、145頁。

叔敖"有密切關係"，"'亟'字上古音在職部，期字上古音在之部，讀音相近"（引者按：二字聲母亦近），"郚思"即"鄅思"，亦即"期思"。⑦ 其說亦是。包山楚簡地名也有"郚思"（簡 163），亦作"亙思"（簡 129、130），⑧學者們已據陳說讀爲"期思"。

《郭店楚墓竹簡》所收《緇衣》簡 32 有"亙"下加"止"之字：

> 子曰：君子道人以言而𠄢以行。⑨

"𠄢以行"，《禮記・緇衣》作"禁人以行"。陳偉先生認爲"𠄢"所从的"亙"也應視爲"亟"，他說：

> 鄭玄注（引者按：指上引《禮記・緇衣》句的注）："禁，猶謹也。"从"亟"得聲之字有"慱"。《說文》："慱，急性也。从心，亟聲。一曰謹重貌。"字義與"禁"相關。⑩

這個字似乎也有可能讀爲"極"。張富海郭店簡《緇衣》釋文與注釋待刊稿注 108 解釋"𠄢"字說：

> 陳劍疑讀爲"極"。《禮記・表記》："禮以節之，信以結之，容貌以文之，衣服以移之，朋友以極之，欲民之有壹也。"注："極，致也。"疏："朋友相勸勵，以極致於道。"

此說似可從。

楚簡中可能還有其他用爲"亟"的"亙"，如上博《孔子詩論》簡 13"不亦知亙乎"的"亙"，⑪周鳳五先生就認爲應該讀爲"極"，訓爲"中"。⑫ 這裏就不多談了。

楚文字中並非沒有"亟"字。在過去發現的楚文字資料中，春秋後期的王子午鼎銘文以及戰國時代的長沙楚帛書和《郭店楚墓竹簡・唐虞之道》篇，各有一個"亟"字。⑬

---

⑦ 同注⑤，46 頁。《戰國策・秦策三》："應侯謂昭王曰：'亦聞恆思有神叢與？恆思有悍少年，請與叢博……'"。有學者認爲此"恆思"亦即"期思"。

⑧ 字形可參看滕壬生《楚系簡帛文字編》，湖北教育出版社，1995，960 頁。

⑨ 同注②，19、130 頁。

⑩ 同注⑤，42 頁。

⑪ 馬承源主編《上海博物館藏戰國楚竹書（一）》，上海古籍出版社，2001，25 頁。

⑫ 周鳳五《〈孔子詩論〉新釋文及注解》，《上博館藏戰國楚竹書研究》，上海書店出版社，2002，160—161 頁。

⑬ 李守奎《楚文字編》，華東師範大學出版社，2003，759 頁。

帛書"亟"字見於甲篇(即以"曰故"開頭的那一篇)第六行"……奠四亟(極)"句。此字上下二横之間的筆畫磨損得很厲害,只有其上端可見。⑭ 劉信芳先生認爲"就其殘畫分析,無法確證其爲'亟'字,有可能是'亙'(恆)字"。⑮ 從放大圖版看,此字上一横畫下左部的殘畫,與"亟"字所从"人"形的上端相似的程度,似乎超過與"亙"字所从"夕"形的上端相似的程度,此字本作"亟"的可能性似乎還是比較大的。

不過帛書乙篇却像是以"亙"爲"亟"的。此篇"亙"字三見。第八行有二"亙"字:

> 寺(時)雨進退,亡(無)又(有)尚(常)亙。恭民未智(知),厝㠯(以)爲則。毋(毋)童(動)羣民,㠯(以)□三亙……⑯

第九行有一"亙"字:

> 建亙襡(屬)民,五正乃明,亓(其)神是享。⑰

第八行的"亡又尚亙",大家都讀爲"無有常恆",文義很通順。但帛書乙篇的文字多有韻。此文下面一句末字爲"則"。從押韻考慮,"尚亙"似當讀爲"常極"("極"、"則"都是職部字)。"極"有準則、法度一類意義(詳後文),在此也可以講通。"三恆",劉信芳先生以爲"猶三極",⑱似亦可考慮。關於"建恆屬民",饒宗頤先生在郭店楚簡出土前發表的一篇文章裏指出,《易繫辭傳》的"太極",馬王堆帛書本作"大恆","故'建恆'可解爲'建其有極'(引者按:語見《書·洪範》。又按:馬王堆帛書《十大經·觀》81行上亦有"力黑(牧)已布制建極"語)"。⑲ 現在根據郭店簡等以"亙"爲"亟"的現象,似可直接把"建亙"讀爲"建極"(關於"大恆"的問題,後面還會談到)。以上推測若可信或部分可信,以"亙"爲"亟"的現象,在楚帛書中便也是存在的。

《唐虞之道》既有"亟"字也有"亙"字:

---

⑭ 饒宗頤、曾憲通《楚帛書》,中華書局香港分局,1985,圖版21頁。

⑮ 劉信芳《子彈庫楚墓出土文獻研究》,藝文印書館,2002,44頁。

⑯ 同注⑭,圖版30—31頁。

⑰ 同注⑭,圖版32頁。

⑱ 同注⑮,84頁。

⑲ 饒宗頤《楚帛書天象再議》,《中國文化》第3期(生活、讀書、新知三聯書店,1990年12月,1991年1月印刷),68頁。

□（禪？）而不傳，義亙☐簡13[20]

亟（極）仁之至，利天下而弗利也。簡19—20[21]

兩相對照，“亙”字很可能也是用爲“亟”讀爲“極”的。“極仁之至”的意思是仁達到了極點，“義極……”的意思可能是義達到了極點（關於“義亙”之“亙”當讀爲“極”，張富海先生在郭店簡《唐虞之道》釋文與注釋待刊稿注51中有詳細論證，此不贅述）。在過去發表的楚簡裏，“亟”字只見於《唐虞之道》。據馮勝君先生研究，《唐虞之道》屬於郭店楚墓竹書中“具有齊系文字特點的抄本”之列。[22] 此篇出現“亟”字，不知是否與齊文字的影響有關。

總之，在我們所能看到的、數量不能算少的戰國時代的楚簡裏，基本上是借“亙”爲“亟”的。已有學者指出，“亟”和“亙”不但字形在楚文字中相似，而且上古音也相近，二者的聲母皆屬見系，韻部有職、蒸對轉的關係，所以楚人會以“亙”爲“亟”。

《恆先》的“亙”字能不能視爲“亟（極）”呢？爲了討論的方便，我們先把此篇中有關的文句摘録於下（基本根據原釋文，出處見注①，但對原標點不一定承用。原整理者李零先生釋讀簡文所用的通用字，凡衆所公認或本文作者認爲正確的，逕用以替代原字。採用他家説法或其他需作説明之處，隨文加注）：

亙先無有，質（？）、[23]静、虚。質，大質。静，大静。虚，大虚。自厭不自忍（牣），[24]或（域）作。[25] 有或（域）焉有氣，[26]有氣焉有有，有有焉有始，有始焉有

---

⑳ 同注②，40、157頁。

㉑ 同前注，40、158頁。

㉒ 馮勝君《論郭店簡〈唐虞之道〉、〈忠信之道〉、〈語叢〉一～三以及上博簡〈緇衣〉爲具有齊系文字特點的抄本》，北京大學中國古文獻研究中心博士後研究工作報告，2004，1—52頁。

㉓ 此字原文較怪，尚無確釋，原整理者將此字釋讀爲“質”，他家多釋讀爲“樸”。季旭昇先生指出，從文字學角度看讀“質”比較好，見季旭昇主編《上海博物館藏戰國楚竹書（三）讀本》，萬卷樓圖書股份有限公司，2005，207—208頁。今爲書寫方便，暫取此説。

㉔ 讀“忍”爲“牣”，見李學勤《楚簡〈恆先〉首章釋義》，孔子2000網清華大學簡帛研究專欄，2004年4月19日。蒙李鋭先生見告，此文已在《中國哲學史》2004年3期上發表。

㉕ 讀“或”爲“域”，是李學勤、廖名春等先生的意見。李文出處見前注。廖説見廖名春《上博藏楚竹書〈恆先〉新釋》，《中國哲學史》2004年3期（2004年8月），84頁。此篇簡文“或”字亦有不需改讀者，需分别對待。又此篇簡文“或”字實當釋“國”而讀“或”或“域”，此問題與本文關係不大，故不在此討論。

㉖ “焉”，簡文本作“安”，各家皆讀“焉”，訓爲“於是”或“乃”。其實古書中“安”和“案”也有這種用法（楊樹達《詞詮》，中華書局，1965，455、456頁），簡文“安”字似亦可不改讀。但簡文“安”字亦用作句末助詞，古書“安”字似無此用法。

往者。未有天地，未簡1有作行出生，虛静爲一，若寂寂夢夢，[27]静同而未或明（萌），[28]未或滋生。氣是（寔）自生，[29]亙莫生氣，氣是（寔）自生自作。亙氣之簡2生，不獨有與也。或（域）亙焉，生或（域）者同焉。昏昏不寧，求其所生。……求欲自復。復簡3生之生行，濁氣生地，清氣生天。氣信神哉！云云（芸芸）相生，信盈天地。同出而異生，因生其所欲。……簡4……亙氣之生，因簡9復其所欲。[30] ……簡5……天下之作也，無許（迕）亟（極），[31]無非其所；舉天下之作也，無不得其恖（極）而果遂；庸或簡12得之，庸或失之？[32] ……簡13

下面就來討論"亙先"能否讀爲"極先"。

馬王堆帛書《老子》乙本卷前古佚書中，有一篇道家論"道"的文章《道原》，其首段以"恆无之初"開頭：

恆无之初，迵同大虛。虛同爲一，恆一而止。濕濕夢夢，未有明晦。……[33]

李學勤先生在1994年發表的《帛書〈道原〉研究》中引用此文時，把第一句引作"恆先之初"。[34] 後來，李先生在《楚簡〈恆先〉首章釋義》（出處見注㉔80頁）中，說明他把《道原》的"恆无"改釋成"恆先"，是由於"該件帛書的'无'、'先'兩字，寫得難以區別"，"就在同帛書的上兩行（引者按：指166行下），有'柔節先定'句，'先'字寫法完全相同"。當然，李先生一定是結合文義來考慮這個問題的。在"恆先之初"

㉗ "寂"字的釋讀據原整理者。李鋭《〈恆先〉淺釋》（孔子2000網清華大學簡帛研究專欄，2004年4月17日）指出此字下有"＝"符，釋讀爲"寂水"合文。董珊《楚簡〈恆先〉初探》（簡帛研究網，2004年5月12日）改釋爲重文"寂寂"。李鋭先生後亦改從董說，見李鋭《讀〈恆先〉札記》，《楚地簡帛思想研究㈢》，湖北教育出版社，2007，371、372頁。本文亦從董說。

㉘ 讀"明"爲"萌"，見前注所引董文，並可參看前注所引李鋭《讀〈恆先〉札記》同頁。

㉙ 讀"是"爲"寔"據注㉗所引董文。

㉚ 龐樸《〈恆先〉試讀》（簡帛研究網，2004年4月26日）對原整理者所排簡序有所調整，將簡8、簡9移至簡4與簡5之間。此意見已獲大多數學者同意，本文引錄簡文亦從其序。

㉛ 讀"許"爲"迕"，是廖名春先生的意見，見注㉕所引廖文，91頁。"亟"和下文的"恖"，原整理者皆隸定爲"亙"，讀爲"恆"（同注①，298頁）。注㉗所引李鋭《〈恆先〉淺釋》指出這兩個字上部"字形與一般'亙'不同，疑當釋爲'亟（極）'"。今按此二字上部作"亟"，與一般"亟"字稍有不同，即中間右側作⺊，與楚簡"亙"字同，而與古文字一般"亟"字从"攴"者異。但侯馬盟書"亟"字亦有作此形者（湯餘惠主編《戰國文字編》，福建人民出版社，2001，876頁），"⺊"可視爲"攴"之省。今從李說。

㉜ 注㉗所引董珊《楚簡〈恆先〉初探》認爲"庸"是訓爲"豈"的反詰副詞，似可從，故句末用疑問號。

㉝ 《馬王堆漢墓帛書〔壹〕》，文物出版社，1980，老子乙本及卷前古佚書圖版168行上。

㉞ 李學勤《古文獻叢論》，上海遠東出版社，1996，163頁。

這個指時間的詞組裏，“先”似乎比“無”好講。也可能李先生認爲以“無”來指稱“道”，並不合適。楚簡《亙先》發表後，絶大多數學者都認可了李先生的改釋。我想學者們所以沒有明確提出“亙先”能否讀爲“極先”的問題，帛書《道原》有“恆先”，可能是一個重要原因。其實，這並不能證明楚簡的“亙先”必須讀爲“恆先”。

《易繫辭》的“太極”，馬王堆帛書本作“大恆”。[35] 雖然有些學者認爲作“大恆”更近古，張政烺、李學勤、廖名春等先生則都認爲“恆”是“極”之形誤。[36] 我認爲他們的意見是對的。李先生認爲“帛書《易傳》，包括《繫辭》，當爲楚人所傳”，[37]並指出“太極”的“極”“可寫作‘亟’，故與當時所寫的‘恆’形近”。[38] 大概戰國時楚人抄《易繫辭》，把“太極”寫作“大亙”，漢初人就誤認作“大恆”了。同爲馬王堆帛書的《道原》中的“恆先”，也當來自楚人抄本《道原》中的“亙先”。因此楚簡“亙先”的“亙”究竟應讀爲“恆”還是“極”，不能由帛書《道原》的“恆先”來決定。後者也有可能把本應讀爲“極先”的“亙先”，誤讀成了“恆先”。

李學勤、廖名春二位先生都指出《亙先》的宇宙生成論，跟《淮南子·天文》的宇宙生成論相似。[39] 這是很正確的。

下面先據通行本引録《天文》篇的有關文字：

> 天墜（地）未形，馮馮翼翼，洞洞灟灟（高注：馮翼洞灟，無形之貌），故曰太昭。道始於虛霩（廓），虛霩生宇宙，宇宙生氣。氣有涯垠，清陽者薄靡而爲天，重濁者凝滯而爲地。

王念孫《讀書雜志·淮南内篇第三》録其子王引之説，對上引文字有所校正，其言曰：

> “太昭”當作“太始”，字之誤也。《易乾鑿度》曰：“太始者，形之始也。”《太平御覽》天部一引張衡《元（引者按：本作“玄”，清人避諱改）圖》曰：“元（玄）者，無形之類，自然之根，作於太始，莫之與先。”是太始無形，故天地未形謂之太始也。“道始於虛霩”當作“太始生虛霩”，即承上文“太始”而言。王逸

---

[35] 傅舉有、陳松長《馬王堆漢墓文物》，湖南出版社，1992，帛書周易繫辭圖版23行下，123頁。

[36] 張政烺《張政烺文史論集》，中華書局，2004，826頁注三十五。李學勤《周易溯源》，巴蜀書社，2006，349頁。廖名春《帛書〈易傳〉初探》，文史哲出版社，1998，91頁。

[37] 同注[36]所引李書，340頁。

[38] 同注[36]所引李書，349頁。

[39] 李説見注[24]所引文。廖説見注[25]所引廖文，84頁。

> 注《楚辭・天問》曰“太始之元,虚廓無形”,正所謂“太始生虚霩”也。後人以老子言道先天地生,故改“太始生虚霩”爲“道始於虚霩”,而不知與“故曰太始”句文不相承也。《御覽》引此作“道始生虚霩”,“太”字已誤作“道”而“生”字尚不誤。

王氏的意見是完全正確的。

李學勤先生指出,《亙先》的“或(域)”跟《天文》的“宇宙”相當。廖名春先生指出,《天文》的“虚霩生宇宙”相當於《亙先》的“域作”,“宇宙生氣”相當於“有域焉有氣”。兩位先生又都指出,《亙先》的“濁氣生地,清氣生天”,在《天文》中也有類似的表述。[40] 這些都是很正確的。

但是兩位先生引《天文》時,都沒有採用王引之將“道始於虚霩”校改爲“太始生虚霩”的意見。此外,李先生把“自厭不自忍,域作”的“忍”讀爲訓作“滿”的“牣”,固然很精闢,但他解釋“自厭不自牣”説:“道本無有自足,但不自滿,於是有所生,出現了‘或’”,這也是不妥當的。“不自滿”跟“自足”是矛盾的。道恆無爲,怎麽會因“不自滿”而要“有所生”呢?

用來訓“牣”的“滿”,本指充滿、充塞、充實一類意思(《小爾雅・廣詁》:“牣,塞也。”)。司馬相如《子虛賦》“充牣其中,不可勝記”(《文選》卷七)、《史記・平準書》“用充仞(牣)新秦中”、《韓非子・外儲説左下》“墾草仞(牣)邑”諸語中的“牣”,都當充滿、充實講。[41] “不自牣”就是不充滿自己,也就是保持虚的狀態。[42] 所以“亙先”“自厭不自牣,域作”的意思,跟《天文》的“太始生虚霩,虚霩生宇宙”是完全一致的,“亙先”跟“太始”是一回事,跟《老子》的“道”則不能簡單地劃等號。[43]

《説文》訓“極”爲“棟”,即房屋的脊檩,是一座房屋最高的地方,引伸而有極

---

[40] 李説見注㉔所引文。廖説見注㉕所引廖文,84、86頁。

[41] “牣邑”之語,古文獻中屢見,但“牣”多用通假字表示,也有誤作他字者,參看拙文《考古發現的秦漢文字資料對於校讀古籍的重要性》,拙著《中國出土古文獻十講》,復旦大學出版社,2004,126—128頁。

[42] “自滿”本來也可以當“充滿自己”講。《文子・精誠》:“故聖人日損而沖氣不敢自滿。”這裏的“不敢自滿”承“日損”而言,“自滿”應即“充滿自己”之意。

[43] “亙先”和“太始”的命名跟“道”的命名,其角度很不一樣。《老子》的“道”爲“域中四大”之一(見《老子》第二十五章。《莊子》、《淮南子》有些篇章中所説的“道”不一樣),“亙先”和“太始”則是先於“域”的。《老子》的宇宙生成論跟《亙先》、《天文》的宇宙生成論的關係問題相當複雜,將另文討論。

頂、終極之義(《吕氏春秋·制樂》“衆人焉知其極”高注：“極猶終。”)。《説文》“極”字段注説：“引伸之義，凡至高至遠皆謂之極。”“太始”和“亙先”都是指宇宙本原的，强調的是其最原始和在一切之先的特點，組詞思路相近。把“亙先”釋讀爲“極先”，顯然比釋讀爲“恆先”要合理得多。龐樸《〈恆先〉試讀》(出處見注㉚)説：“恆先：極先，絶對的先，最初的最初，屈原《天問》所謂的‘遂古之初’。”龐先生雖然沒有把“亙先”讀爲“極先”，但是相當準確地把握了其意義。《莊子·天地》：“泰初有‘無’，無‘有’無‘名’。”其意義顯與《亙先》的“亙先無有”相同。“泰初”即“太初”，義與“太始”近(《莊子·天地》成玄英《疏》：“泰，太也；初，始也。”)。“太初”、“太始”都既可指宇宙的本原，也可指宇宙形成前最原始的階段。前引《讀書雜志》文所引張衡《玄圖》説“玄”“作於太始，莫之與先”，就以“太始”指最原始的階段。“亙先”也當是既可指宇宙的本原，也可指最原始的階段的。帛書《道原》“恆先之初”的“恆先”，就以理解成指階段爲宜(可與《天問》的“遂(邃)古之初”比較)。把“亙先”讀爲“極先”，無疑比讀爲“恆先”合理得多。帛書《道原》的“恆先”則應如上文所推測，爲“亙(極)先”之誤讀。

李學勤先生指出，《天文》的宇宙概括空間和時間，“域”則僅指空間。[44] 這可能是《亙先》和《天文》的宇宙生成論之間的一個比較重要的區别。《亙先》説“有有(第二個“有”指彼此有區别的萬有，包括天地在内)焉有始，有始焉有往者”。“往者”指過去，這個“往”就是“往古來今”的“往”。有了開始，才會有“來今”，以及與之相對的“往者”。似乎《亙先》認爲時間是與天地相伴出現的(陳麗桂先生在2006年發表於《中國文哲研究集刊》第29期的《從出土簡帛文獻看戰國楚道家的道論及其相關問題——以帛書〈道原〉、〈太一生水〉與〈亙先〉爲核心》一文131頁，已指出“代表時間觀念的‘始’、‘往’，是後於空間觀念的‘或’出現的”)。不過古書中的“域”似乎也有兼指空間和時間的。《莊子·秋水》：“夫物量無窮，時無止，……計人之所知，不若其所不知；其生之時，不若未生之時；以其至小求窮其至大之域，是故迷亂而不能自得也。”日本學者福永光司認爲“至大之域”即指“無限的時間和空間”。[45]

《亙先》説：“氣寔自生，亙莫生氣。”各家大都認爲“亙”就指“亙先”，可從。所以這一句的“亙”也應讀爲“極”。《亙先》的這種説法看起來好像跟《天文》的“太

---

[44] 見注㉔所引文。

[45] 李慶譯《氣的思想》，上海人民出版社，1990，119頁。

始生虛霩,虛霩生宇宙,宇宙生氣”不一致,其實不然。《亙先》講氣出現以後的滋生情況時,用了“昏昏不寧,求其所生”、“因生其所欲”一類話,認爲這種滋生的主體是有滋生的欲求的。“極先”跟“道”雖然不能簡單地劃等號,它們的性質顯然是類似的。道無爲,“極先”也無爲。域的出現,氣的出現都是自然而然的,並非“極先”有意要生域生氣。因此《亙先》强調“氣寔自生,極莫生氣”,“生氣”之“生”,應專指主體有欲求的“生”。而《天文》的“生”則是一般意義的“生”,是用來客觀地描述宇宙生成的進程的。我懷疑《老子》第一章“故常無欲,以觀其妙;常有欲,以觀其徼”,就應該聯繫“生”的無欲和有欲來理解。《亙先》説“域作”,應指域自然而然地産生,但其下文又説到“生域者”,可見在使用“生”的一般意義時,未嘗不可以説“極先生域”。在這種意義上,應該也可以説“域生氣”或“極先生氣”。所以在這方面,《亙先》跟《天文》並無矛盾。

在古漢語中,“莫”字句的主語所表示的,一般不會是單純的個體。“極先”有“質(?)”、“静”、“虛”三個方面,簡文説“極莫生氣”,大概是强調“極先”的哪一個方面都沒有“生氣”的欲求。

“極先”既可省稱爲“極”,在前面加上“太”就成“太極”。《易・繫辭上》:“……易有太極,是生兩儀……”。學者多認爲這種説法受了道家學説的影響。《莊子・大宗師》説“道”“在太極之上而不爲高,㊻在六極之下而不爲深”,這裏所説的“太極”應指最高之處,與《繫辭》的“太極”異趣。《亙先》的“極”,才是在天地之先的“太極”的來源。當然,這個問題牽涉到《繫辭》和《亙先》的時代先後,還有待今後深入研究。但“極先”跟“太極”有密切的關係,恐怕是可以肯定下來的。

《亙先》兩見“亙氣之生”語。有的學者在“亙氣”二字間加頓號,似乎很難將文義講通。多數學者把“亙氣”當作一個詞,可從。李零先生認爲“亙氣”“即作爲終極的‘氣’,最原始的‘氣’”。㊼ 董珊先生認爲“亙氣”“似相當於文獻中的‘元氣’”。㊽ 他們的意見都有道理。“元氣”是漢代人常用之語,《讀書雜志・淮南内篇第三》據《太平御覽》引文,認爲《淮南子・天文》“宇宙生氣”本來就作“宇宙生元氣”。《鶡冠子》已有“元氣”(《泰錄》“故天地成於元氣”)。前人多以《鶡冠子》爲僞書,現在由於與之有聯繫的馬王堆帛書的出土,其可靠性已得證明。所以“元

㊻ 《莊子》今本作“在太極之先而不爲高”,俞樾《諸子平議》卷十七認爲“先”本應作“上”,各家多從之,今據改。

㊼ 同注①,290頁。

㊽ 見注㉗所引董文。

氣”一稱的出現應不晚於戰國末期。

在先秦文獻中，還有與“元氣”相類的“初氣”之稱。《大戴禮記・文王官人》：“初氣主物，物生有聲。”《逸周書・官人》中，此句作“氣初生物，物生有聲”。前人多謂《大戴》的“初氣主物”，當從《逸周書》校正爲“氣初生物”。[49] 今按，“主”當從後者改爲“生”，“初氣”則不誤，後者的“氣初”反應據之乙正。因爲在說氣生物而物生有聲時，沒有必要，甚至可以說不應該强調氣是初次生物。《文王官人》此處下文還說到“心氣”、“信氣”、“義氣”、“智氣”、“勇氣”，爲了跟這種氣相區別，所以稱生物之氣爲“初氣”。“元氣”、“初氣”、“亙氣”的意義相類，“亙”字之義也應跟“元”、“初”相類，把它釋讀爲具有終極、極高、極遠等義的“極”，顯然比釋讀爲“恆”合理。“極先”、“極氣”的“極”，用法跟“極刑”、“極位”、“極行”等詞的“極”有些相似。

除了上面所討論的，《亙先》中還有一個“亙”字，見於緊接“亙氣之生，不獨有與也”之後的那一句：

> 域亙焉，生域者同焉。

這一句極爲難解，各家說法分歧，甚至句讀亦有不同。句中“亙”字的釋讀似當存疑。不過，在這裏仍想講一下我的不成熟的意見，供大家參考。

這個“亙”字有可能當讀爲橫亙之“亙”，亦即《詩・大雅・生民》“恆之秬秠”、“恆之穈芑”之“恆”（《釋文》：“恆，古鄧反，本又作‘亙’。”）。《毛傳》：“恆，徧也。”域是空間，無處無域，也可以說域是徧及各處的，所以說“域亙焉”。生域者即“極先”，也是無處不在的，所以說“生域者同焉”。氣產生時，域與“極先”都已到處存在，所以說“極氣之生，不獨有與也”。前面說過，在郭店《老子》簡，甚至在其同組之簡中，“亙”字既可用來表示“恆”，也可用來表示“極”。所以《亙先》中的“亙”字，既用來表示“極”，又用來表示橫亙之“亙”，是並不奇怪的。又疑這個“亙”字或許也應讀爲“極”。“極”有達到最高最遠之處義，如《詩・大雅・崧高》“駿極于天”之“極”、《爾雅・釋地》“四極”之“極”。“域極焉”即“域”無所不至、無所不在之意。

最後，討論一下在接近篇末處出現的“埅”和“恖”：

> 天下之作也，無迕埅（極），無非其所；舉天下之作也，無不得其恖（極）而

---

[49] 參看黃懷信主撰《大戴禮記彙校集注》，三秦出版社，2005，1113 頁。

果遂;庸或得之,庸或失之?

前面已經説過,這兩個字原整理者皆隸定爲“亟”,今從李鋭先生改釋(見注㉛)。不過,在《亙先》之外的楚簡中,“亙”下加“心”的“恆”字屢見,“亙”下加“止”之字也見於郭店簡《緇衣》(上文已經提到)、左冢楚墓“棋局”(十字綫上第一欄“亟智”)[50]和上博簡《天子建州》(“士視目亟,顧還面”)[51],而“亟”下加“心”或“止”之字則没有見過。[52]《亙先》的這兩個从“亟”之字,在其較早的本子裏,大概也是寫作从“亙”的,由於字當讀爲“極”,“亙”旁後被改爲“亟”旁。前面説過,郭店簡《魯穆公問子思》有讀爲“亟”的“恆”字,《緇衣》的从“亙”从“止”之字也應該讀爲从“亟”聲之字。《天子建州》“目亟”之“亟”,也有可能讀爲“極目”之“極”。“棋局”的“亟智”似當自左至右讀作“智亟”,因爲與之同欄的另三條詞語“德弱”、“默恭”、“直剛”(出處見注㊿),皆以自左至右讀作“弱德”、“恭默”、“剛直”爲順。“德”、“默”、“直”都是職部字,可知“智亟”之“亟”應讀爲也是職部字的“極”,相互押韻。“智”字如讀爲“智慧”之“智”,“極”應作“竭盡”講;如讀爲“知”,“極”可能與《老子》第五十八章“莫知其極”和下文要提到的“得其極”之“極”意義相近。所以用从“亙”之字來表示“極”,也毫不奇怪。

李鋭先生從古書中舉下引兩例,來説明把上引《亙先》中的兩個从“亟”之字讀爲“極”是合適的:

> 事不善,不得其極。　　　　《左傳·昭公十二年》
>
> 夫王人者,將導利而布之上下者也,使神人百物無不得其極。
>
> 《國語·周語上》

這是很有道理的。古書中的這種“極”字,古人一般訓爲“中”,例不勝舉;也可訓爲“正”或“中正”:

> 《漢書·兒寬傳》“唯天子建中和之極”顔師古注:“極,正也。”
>
> 《左傳·文公六年》“陳之藝極”孔穎達疏:“藝是準限,極是中正。”

㊿ 湖北省考古研究所等《荆門左冢楚墓》,文物出版社,2006,183頁圖一二九,參看184頁釋文。

[51] 《上海博物館藏戰國楚竹書(六)》,上海古籍出版社,2007,133頁《天子建州(甲本)》簡7,149頁《天子建州(乙本)》簡7。整理者讀“亟”爲“恆”。

[52] “亟”下加“心”之字已見於晉地的侯馬及溫縣盟書(《戰國文字編》,福建人民出版社,2001,708頁)。我並不認爲“亟”下加“心”或“止”的字在《亙先》之外的楚文字中就不會出現,但在楚簡中當不會像“亙”下加“心”或“止”的字那樣常見。

屋極（脊檁）不但是屋頂最高處，一般也是屋頂正中處，所以“極”除了極頂、終極之義，又引伸而有“中正”義。由此進一步引伸，又有準則、法度一類意義。《說文・二上・八部》“必，分極也”段注：“極猶準也。”馬瑞辰《毛詩傳箋通釋》解釋《商頌・殷武》“商邑翼翼，四方之極”時說：“極亦法也。”都是可取的。古人訓爲“中”的“極”，有很多可以當準則、法度講。《亙先》“無迮極”和“得其極”的“極”，也可以這樣講。這兩個“極”所用的字形，與“極先”、“極氣”之“極”不同，也許是由於語義有較明顯的區別的緣故。不過，《亙先》將宇宙的最終本原稱爲“極先”或“極”，“無迮極”、“得其極”的“極”，當指符合“極先”精神的準則、法度，兩者並不是毫無關係的。

在結束本文時，撮述一下本文的主要論點。從楚簡用字習慣和《亙先》文義來看，“亙先”、“亙氣”應讀爲“極先”、“極氣”。前者指宇宙本原，後者意近“元氣”。“極莫生氣”的“極”是“極先”的簡稱。“太極生兩儀”的“太極”這一名稱，可能是在“極先”這一系統的宇宙生成學說的影響下産生的。

本文是提交給2007年11月在臺灣大學召開的“2007中國簡帛學國際論壇”的論文，又載復旦大學出土文獻與古文字研究中心網站（2009年6月2日）、《2007中國簡帛學國際論壇論文集》（臺灣大學中國文學系，2011年12月），今據網站發表者收入。

說"建之以常無有"

《莊子·天下》：

> 以本爲精，以物爲粗，以有積爲不足，澹然獨與神明居，古之道術有在於是者。關尹、老聃聞其風而悦之，建之以常無有，主之以太一，以濡弱謙下爲表，以空虚不毁萬物爲實。

"建之以常無有"一句不好理解。郭象注："夫無有何所能建？建之以常無有，則明有物之自建也。"成玄英疏對"建之以常無有，主之以太一"兩句一併作釋，其言曰："建立言教，每以凝常無物爲宗（"凝"有固定不變之義，如"凝眸"、"凝視"、"凝情"等。疑"凝常"猶言經常）；悟其指歸，以虚通太一爲主。"

《老子》説"天下萬物生於有，有生於無"（第四十章），又説"有、無相生"（第二章），"關尹、老聃"的學説不可能以"常無有"或"常無物"作爲要旨。郭注認爲説"建之以常無有"，實際上是要表明"有物之自建"，成疏把"常無有"理解爲"凝常無物"，都是不合理的曲解。郭氏連"建之"的意義都理解錯了。所以今人大都不從注、疏之説。

《老子》第一章説："故常無欲以觀其妙，常有欲以觀其徼。"宋代有些學者主張在"無"字、"有"字斷讀，後代學者信從者甚多，而且頗有主張《天下》篇的"常無有"即指"常無"、"常有"者。下録馬叙倫《老子校詁》之説以爲代表：

> 詳此二句（引者按：指上引《老子》文），王弼、孫盛之徒並以"無欲"、"有欲"爲句；司馬光、王安石、范應元諸家則並以"無"字、"有"字爲句。近有陶紹學依本書後文曰"常無欲，可名於小"，謂"無欲"、"有欲"仍應連讀。易順鼎則因《莊子·天下》篇曰"建之以常無有"，謂莊子已以"無"字、"有"字爲句（引者按：易氏晚清人，有《讀老札記》）。倫校二説，竊從易也。後文"常無欲，可名於小"，依臧疏本、羅卷本並無"常無欲"三字，校義亦不應有，則陶説失其依矣。①

---

① 馬叙倫《老子校詁》，古籍出版社，1956，32頁。此書1924年初次出版時名《老子覈詁》。

馬說實不足信。"常無欲,可名於小"見《老子》第三十四章,各本大都有"常無欲"三字,馬王堆帛書《老子》甲、乙本皆作"則恆无欲也,可名於小",②亦有此三字。馬氏所舉之本顯然有脱誤,豈可爲據。上舉《老子》第一章語,帛書本作"故恆无欲也,以觀其眇(妙);恆有欲也,以觀其所噭(徼)",③高明先生校帛書此文時說:"'欲'後皆有'也'字……足證王弼、孫盛在'欲'字下斷句不誤,宋人倡以'無'字'有'字爲句不確,易、馬二氏之說,皆不可信。"④

但今人仍多取《天下》篇"常無有"即指"常無"、"常有"之說。今舉《莊子》注釋書中影響較大者爲例。陳鼓應先生的《莊子今注今譯》把"建之以常無有"翻譯爲"建立常無、常有的學說"。⑤ 王叔岷先生在《莊子校詮》中,在已知帛書《老子》作"恆无欲也"、"恆有欲也"的情況下,仍以"常無"、"常有"說"常無有",而以今本《老子》與帛書本"取義有別"勉强彌縫。⑥ 從語義上看,"常無"、"常有"其實是很難解釋的,說《老子》而持"常無"、"常有"的斷句法的,只能"增字解經"。由於帛書《老子》的出土,這種斷句法已無存在餘地,《天下》篇的"常無有"當然也就不能再以"常無"、"常有"來解釋了。

那末,"常無有"究竟應該如何理解呢? 我認爲應該到上博楚簡《亙先》篇中去找答案。

《亙先》是一篇講宇宙生成論的戰國道家佚書,開頭第一句是"亙先無有",簡3背面所題篇名即爲"亙先"。⑦ 整理者和研究此篇的學者們都讀"亙"爲"恆"。在楚簡中,"亙"除了用作爲"恆"字所从的"亙"字,還往往用如"亟"字(多讀爲"極")。例如在郭店楚墓所出《老子》簡中,與今本第十六章"至虛極"和第五十九章"則莫知其極"的"極"相當的字就都作"亙"。⑧ 楚簡並非沒有"亟"字,但是出現次數遠不如用如"亟"的"亙"字多。這一事實經陳偉先生等學者論證,⑨已爲楚簡研究者所公認。我在2007年所寫的一篇學術會議論文《是"恆先"還是"極先"?》

---

② 高明《帛書老子校注》,中華書局,1996,407頁。

③ 注②所引书,224頁。此句甲、乙本皆有殘缺之字,但可相互補足。

④ 注②所引书,225頁。

⑤ 陳鼓應《莊子今注今譯》,中華書局,1983,883頁。

⑥ 王叔岷《莊子校詮》,中研院史語所,1994第二版,1339頁。

⑦ 馬承源主編《上海博物館藏戰國楚竹書(三)》,上海古籍出版社,2003,105頁簡1、108頁簡3背。

⑧ 郭店簡《老子》甲・簡24、乙・簡2,荆門市博物館《郭店楚墓竹簡》,文物出版社,1998,5頁、7頁。

⑨ 陳偉《郭店竹書别釋》,湖北教育出版社,2002,45、46等頁。還可參閱下注所引拙文。

中指出,《亙先》篇的"亙先"應該釋讀爲"亟(極)先","極先"的意思就是"最先"、"最初"。"極先"跟古書中的"太始"一樣,既可指宇宙形成前最原始的階段,也可指天地萬物所從出的宇宙本原。⑩《莊子·天地》"泰(太)初有無,無有無名",跟"極先無有"説的是一回事,就是説,在宇宙形成前的最原始階段,只存在無形的混而爲一的宇宙本原,不存在有形的彼此有區別的物("物"包括天地。從宇宙生成論的角度説,物就是"有"。相對而言,宇宙本原就是"無")。

傳世先秦古書中用作定語、狀語的"常"字,原來大都作"恒",漢代人爲了避漢文帝諱才改爲"常"字。這一點已爲上世紀70年代以來從戰國和西漢前期墓葬中出土的大量古書所完全證實。例如前面舉過的《老子》的"常無欲"、"常有欲"的"常",馬王堆漢墓所出帛書本就都作"恒"。《天下》篇"常無有"的"常",原來也當作"恒"。

"恒"在戰國文字中往往用"亙"字表示。⑪ 由於"亙"又有當作"亟"的用法,就産生了表"恒"的"亙"和表"亟"(極)的"亙"互訛的可能性。《易·繫辭上》的"太極",馬王堆帛書本作"大恒",⑫就應該是由於有人將較原始的本子中本應讀爲"極"的"亙"錯讀成"恒"而造成的。《莊子》書中也有"極"錯爲"恒"的例子。蔡偉先生在《據戰國文字"亙、亟相混"現象校讀古籍(二則)》的第一則中説:

> 《莊子·天地》曰:"方且與物化,而未始有恒。"
>
> "未始有恒",應該是"未始有極"。"未始有極"乃古之成語。《莊子·大宗師》:"若人之形者,萬化,而未始有極也。"又《田子方》:"且萬化,而未始有極也。"……⑬

其説正確可信。

我認爲《天下》篇中爲今本改爲"常無有"的"恒無有",也是"極無有"之誤。較原始的本子當以"亙"表"極",後人(很可能是漢初人)誤讀爲"恒",接着又因避

---

⑩ 裘錫圭《是"恒先"還是"極先"?》,2007中國簡帛學國際論壇論文,臺灣大學,2007年11月。此次會議的論文集即將在臺北出版。

⑪ 六國文字"亙"作"死",《説文》以此爲"恒"字古文,但楚簡既多以"死"爲"恒",又有在其下方加"心"旁的"恒"(李守奎《楚文字編》,華東師範大學出版社,2003,759—761頁),可知"死"實當釋作"亙"。

⑫ 傅舉有、陳松長《馬王堆漢墓文物》,湖南出版社,1992,123頁,帛書《周易繫辭》圖版23行下。

⑬ 簡帛網,2007年3月11日。【編按:蔡偉後來對此則札記略作修改,作爲《讀書叢札》的第十六則,刊於《出土文獻與古文字研究》第三輯,復旦大學出版社,2010,508頁。】

諱而改爲“常”。從《亙先》篇看,“極先”可以簡稱爲“極”。《亙先》篇簡2有“亙莫生氣”之語,[14]原整理者認爲“亙”即指“亙先”,[15]爲絕大多數學者所同意。所以《天下》的“極無有”就是《亙先》的“極先無有”,其意義上文已作解釋。

郭店楚墓竹簡所出竹書中也有一篇講宇宙生成論的戰國道家佚書,第一句是“大(太)一生水”,[16]整理者即以此句爲篇名。[17]“太一”即指無形的混而爲一的宇宙本原。

《天下》說關尹、老聃的學說“建之以極無有,主之以太一”。楚簡中兩篇講宇宙生成論的戰國道家佚書,一篇的首句跟“極無有”基本相同,另一篇開頭的兩個字就是“太一”。這恐怕並非純屬巧合。

李學勤先生在《荆門郭店楚簡所見關尹遺說》一文中指出,老子說“一”而不說“太一”,“主之以太一”“當爲關尹的學說”。[18]“太一”的概念無疑來自《老子》的“一”,但“太一”一詞不見於《老子》,確實很可能出自關尹的著作。“極無有”的思想無疑與《老子》的“道生一”爲開端的宇宙生成論有密切關係,但“極無有”的說法不見於《老子》,也很可能出自關尹的著作。看來,關尹大概主要在宇宙生成論方面發展了老子思想。

《亙先》和《太一生水》所描述的宇宙生成過程很不一樣。兩篇佚書的作者大概都受有關尹的影響,但他們的宇宙生成論的發展路向則不相同。大家知道,中國古代的宇宙生成論主要可以歸結爲氣生說和水生說兩派。《亙先》描述的宇宙生成過程,是我們目前所能看到的時代最早的系統的氣生說(《莊子》中也有氣生說的內容,但比較零散)。《太一生水》描述的宇宙生成過程,是我們目前所能看到的時代最早的系統的水生說。這兩篇佚書在我國宇宙生成論的發展史上都有很重要的地位。不過這方面的問題就不在本文討論範圍之內了。

追記:

本文打出清樣後,蒙郭永秉指出,李學勤先生已在《楚簡〈恆先〉首章釋義》中

---

⑭ 注⑦所引書,104頁。

⑮ 注⑦所引書,290頁。

⑯ 荆門市博物館編《郭店楚墓竹簡》,文物出版社,1998,13頁簡1。

⑰ 編入《太一生水》篇的簡文,內容比較複雜。本文所說的《太一生水》,指此篇前面八支簡的文字,參看拙文《〈太一生水〉“名字”章解釋——兼論〈太一生水〉的分章問題》,已收入拙著《中國出土古文獻十講》(復旦大學出版社,2004)。

⑱ 李學勤《重寫學術史》,河北教育出版社,2002,29—30頁。

指出了《天下》篇的“常無有”即“恆先無有”，其文云：

> “恆”與“常”通，所以“恆先無有”即“常無有”。《莊子·天下》云：“……。”（引者按：引文已見本文開頭，此從略。）前些時在荆門郭店楚簡《老子》所附文字中看到《太一生水》，我曾引用上述《天下》一段，推測它可能是關尹一派的遺説，因爲《老子》雖有多處講‘一’講‘水’，却沒有‘太一’以及‘太一生水’，《太一生水》章乃是《老子》之後的一種發展。‘常無有’也是這樣，《老子》有‘常（恆）’、‘無’、‘有’等概念，而不曾說到‘常無有’。‘建之以常無有，主之以太一’，已經是道家較晚的學說形態了。”（原載《中國哲學史》2004年3期；收入《文物中的古文明》，商務印書館，2008，373—376頁）

已經先我看出了問題，把拙文的主要意思講出來了，只不過在“亙先”究竟應讀爲“極先”還是“恆先”的問題上看法不同（詳拙文《是“恆先”還是“極先”？》），對“亙無有”一語的理解似亦不盡相同。我在寫《是“恆先”還是“極先”？》時，曾參考過李先生的這篇文章，但當時沒有認真細讀，竟把這一段重要的論述忽略了，以致未能在本文中揭引出來，這是極不應有的疏失，謹向讀者及李先生致歉。

又，李先生後來在《孔孟之間與老莊之間》一文中，還進一步點出了“恆先無有”是“老子弟子關尹一系的遺說”（上引書，第406頁），本文沒有引及，也是一個疏失。

2008年12月18日

原載《復旦學報》（社會科學版）2009年1期，今據以收入。

老子與尼采*

老子和尼采的時代相距二千四百年左右。老子出生在東亞,尼采出生在西歐。老子提倡消極、退縮的人生態度,主張"無爲"(沒有作爲),就是要人儘量順應自然,不做與此不合的事情。尼采提倡積極、進取的人生態度,主張個人要充分發揮創造力,不斷把自己提升到新的高度。相對於老子的"無爲",也可以說尼采主張"有爲"。在中國已經有不少研究者使用了這種說法,還有人認爲老子和尼采是"東西方兩位分別走向不同極端的智者"。① 雖然這兩位智者的差異如此巨大,他們的思想中還是有相當重要的共通之處的。只不過從這些共通之處引發出來的,通常仍然是截然不同的觀點。他們的思想是異中有同、同中有異,頗值得加以比較。

中國知識界對尼采思想向來是很注意的。② 尤其是上世紀 80 年代以來,研究尼采的人明顯增多,研究也漸趨深入,而且還出現了一些專門將尼采的思想跟老子、莊子的思想進行比較的文章。③ 現在,我就以他們的研究爲基礎,從反傳統和對宇宙運動的看法這兩方面,簡單談談老子和尼采的思想的異同。

先談第一方面。

尼采生活在 19 世紀後期資本主義工業迅速發展的西歐。老子生活在春秋晚

---

* 本文曾在 2010 年 10 月布魯塞爾"中歐文化高層論壇"6 日的會議上宣讀。同月 24 日又根據此文內容,在清華大學出土文獻研究與保護中心的"王國維講座"講了一次。這一次由於時間比較充裕,增加了一些對《老子》文本以及有關文獻的徵引。現將這些增加的內容補充在本文注釋中,對正文也作了些小的修改。

① 白祖詩《尼采與老子》,《雲南社會科學》1992 年 5 期,50 頁。

② 王元明《20 世紀尼采哲學在中國的盛衰》,《南開學報》(哲學社會科學版)1999 年 1 期,23—29 頁。

③ 我見到的這方面的文章有:陳鼓應《尼采哲學與莊子哲學的比較研究》,收入其《悲劇哲學家尼采》,三聯書店,1987 年 12 月,235—288 頁;張世英《尼采與老莊》,《學術月刊》1989 年 1 期,1—7 轉 30 頁;白祖詩《尼采與老子》,《雲南社會科學》1992 年 5 期,50—56 頁;姜雲《老子與尼采人生哲學之比較》,《東疆學刊》17 卷 1 期,2000 年 1 月,14—19 頁;任建紅《老子哲學與尼采哲學之比較》,《廣西社會科學》2004 年 6 期,30—32 頁。

期。在這一時期的古代中國,由於經濟的發展,貴族内部的宗法關係(就是一種晚期的父系氏族制關係)以及農民中間的農村公社關係正在趨於崩潰。這兩位思想家所處的時代很不同,但是在社會發生重大、劇烈的變化,傳統主流思想遭到强烈懷疑等方面,具有共同性。這樣的時代召唤反傳統思想的旗手,老子和尼采就應運而生了。

尼采徹底否定上帝和基督教神學,否定傳統形而上學的絶對理性,只承認現實世界;他反對基督教道德,要求進行一切價值的重估;對當時社會上的虚無主義、國家主義以及其他弊病,也都持嚴厲的批判態度。這些是衆所周知的,不需要再加論述。老子反對傳統思想的態度,大家也相當熟悉。不過我還想略加説明。

在老子之前,中國古代主流社會認爲上帝或作爲人格神的天(這二者至晚在西周初已經合而爲一),是生成並主宰着自然界和人類的。老子提出了作爲宇宙本根的"道"的概念。他認爲道在上帝之先就已存在,④天地萬物都是由道産生的,⑤世界的存在和運動都依靠着道(關於道和宇宙的運動,詳下文)。道是無形而不可感知的,而且是"無爲"的。⑥ "無爲"對於人來説,是順應自然而無所作爲;對於道來説,"無爲"就是"無目的"。道生成萬物(廣義的"萬物"包括天地),是一個自然而然的過程,道並不以此居功,並不要求主宰萬物。⑦ 這就是"無爲"。道也是超道德的。《老子》第五章説:"天地不仁,以萬物爲芻狗;聖人不仁,以百姓爲芻狗。"意思就是:"天地是不仁慈的,聽任萬物自生自滅;聖人也是不仁慈的,聽任百姓自生自滅。"天地爲道所生,並且取法於道。⑧ "聖人"在《老子》書中指對道有透徹理解,

---

④ 《老子》第四章:"道沖,而用之或不盈,淵兮似萬物之宗。……吾不知誰之子,象帝之先。"河上公注:"道自在天帝之前。"

⑤ 《老子》第二十五章:"有物混成,先天地生……吾不知其名,字之曰道……"。第四十二章:"道生一,一生二,二生三,三生萬物。"《莊子・大宗師》説"道""自本自根,未有天地,自古以固成,神鬼神帝,生天生地"。這是符合《老子》原意的。

⑥ 《老子》第三十七章:"道常無爲而無不爲。"此句在郭店《老子》簡中作"道恆亡(無)爲也",應合乎《老子》原貌。參看劉笑敢《老子古今》,中國社會科學出版社,2006 年 5 月,上卷 383 頁、386—387 頁。《莊子・大宗師》説"道""無爲無形",合乎《老子》原意。

⑦ 《老子》第三十四章:"大道泛兮其可左右,萬物恃之而生而不辭。功成不名有,衣養萬物而不爲主。常無欲,可名於小。萬物歸焉而不爲主,可名於大。以其終不自爲大,故能成其大。"第五十一章:"故道生之(據上文,"之"指萬物),德畜之,長之育之,亭之毒之,養之覆之。生而不有,爲而不恃,長而不宰。是謂玄德。"

⑧ 《老子》第二十五章:"人法地,地法天,天法道,道法自然。"

行爲與道相合的理想人物。所以"天地不仁"、"聖人不仁"就是"道不仁"的反映。⑨

老子是通過對大自然的深入觀察和思考,提出道的概念的,道的很多特徵實際上就是大自然的特徵。不過由於時代早,老子還沒有徹底否定鬼神的存在,他所説的道仍然帶有一些神秘性。⑩ 而且道雖然不是人格神,也不是西方傳統形而上學的"絶對精神",畢竟仍有超越萬物的獨立存在,⑪在尼采那裏則沒有這種超越者。儘管如此,老子提出了淩駕於上帝和天地之上的,非人格、無目的、超道德的"道",作爲決定世界的存在和運動的根本力量,這對傳統主流思想和信仰已經造成了極大的衝擊。

老子主張人應該儘量取法於道。道既然是無目的、超道德的,傳統的價值觀念和道德規範,在合乎"道"的理想社會中,當然是沒有存在餘地的。⑫ 所以老子認爲世俗的美和醜、善和不善等區分都沒有什麽意義;對仁、義、禮、智等,也都持批判或否定的態度。這些是大家都很清楚的。不過有一件事應該在這裏指出。老子對仁、義的批判態度,遠沒有戰國後期極端反對儒家的那一派道家激烈。很多研究者舉今本《老子》第十九章的"絶仁棄義",來説明老子對仁義的深惡痛絶。其實在戰國中期的郭店楚墓中發現的《老子》竹簡文本裏,這四個字本作"絶爲棄慮",意思就是"摒棄作爲和思慮"。這四個字應該是由上面所説的那派道家竄改爲"絶仁棄義"的。⑬ 那派道家反傳統道德的態度,跟尼采更爲接近。

老子和尼采都反傳統。否定傳統之後,要走向何方呢? 兩個人的答案却截然不同。尼采要前進,要人們充分發揮創造力,使人類不斷提高到新的水平。老子却要後退。老子跟尼采一樣,對他所處的社會持嚴厲的批判態度。但是他認爲社會的弊病,主要是由於文明的進步破壞了原始、自然的狀況而造成的。所以他要求人

⑨ 道的無目的性、超道德性,研究者多有論及,可參看劉笑敢《莊子哲學及其演變》,中國社會科學出版社,1988年2月,109頁。

⑩ 關於道的神秘性,參看裘錫圭《〈稷下道家精氣説的研究〉補正》,同作者《文史叢稿——上古思想、民俗與古文字學史》,上海遠東出版社,1996年10月,55—56等頁。

⑪ 《老子》第二十五章説"道""寂兮寥兮,獨立不改",是這一思想最明確的表述。

⑫ 《老子》第十八章:"大道廢,有仁義。慧智出,有大僞(此句爲郭店本所無,當爲後來竄人。參看注⑥所引《老子古今》218頁、219—220頁)。六親不和,有孝慈。國家昏亂,有忠臣。"可見老子認爲仁義忠孝等東西,都是大道廢棄以後才會出現的。

⑬ 裘錫圭《關於〈老子〉的"絶仁棄義"和"絶聖"》,復旦大學出土文獻與古文字研究中心編《出土文獻與古文字研究》第一輯,復旦大學出版社,2006年12月,1—15頁。

們在很大程度上拋棄已有的文明成果,回復到他認爲合乎道的、他理想的原始狀況中去。⑭

老子和尼采都否定很多傳統的價值觀念,但他們各自的價值觀念幾乎完全相反。例如尼采肯定剛强、勇敢,譴責怯懦,以前者爲善,後者爲惡;老子則肯定柔弱、退縮,貶抑剛强、勇敢。

下面講老子和尼采對宇宙運動的看法。

老子把道看作決定世界的存在和運動的根本力量,尼采則把所謂“權力意志”看作類似的力量。權力意志是要追求、積聚力量的意志。尼采認爲它不但是生命最内在的本質,也是一切事物最内在的本質。⑮

道和權力意志有很大的不同。不少研究“道”的人,認爲道具有最原始的物質的性質,權力意志當然沒有這種性質(尼采還明確反對物質原子論)。撇開這一點,二者的不同也是十分明顯的。

道是無目的、無欲望的,權力意志是有目的、有欲望的。化生萬物的道,本身是超越萬物而存在的統一體。由道産生的萬物注定都要毁滅(即終止作爲物的存在)而回歸於道,⑯道則有其永恒的獨立的存在。尼采則認爲宇宙間並無一個淩駕於現實世界之上的總體力量或第一動力,所以在他那裏只有各别事物的權力意志,而沒有超越一切事物的統一的權力意志。(其實,如果不像尼采那樣强調“權力意

⑭ 根據與今本《老子》第十九章相應的郭店《老子》文本,老子要人“絶知棄辨,絶巧棄利,絶爲棄慮”,回復到無知的稚子的精神狀態中去(參看注⑬所引拙文)。老子頌揚嬰兒、赤子的精神狀態,提倡“小國寡民”、“使人復結繩而用之”、“鄰國相望,鷄犬之聲相聞,民至老死不相往來”(第八十章)的政治、社會格局。這些都是大家所熟知的。

⑮ 關於“權力意志”,我主要參考周國平的有關論述(他使用的譯名是“强力意志”),見周國平《尼采與形而上學》,新世界出版社,2008年7月,194—220頁。

⑯ 《老子》第十六章:“萬物並作,吾以觀復,夫物芸芸,各復其根(郭店《老子》甲組簡24作“萬物方作,居以須復也,天道員員,各復其根”。“天道員員”是天道不斷運行的意思。“員員”、“云云”、“芸芸”等皆可通。今本“夫物”,馬王堆帛書本作“天物”,是由“天道”誤改而成的。參看清華大學出版社2003年6月出版的廖名春《郭店楚簡老子校釋》258、260等頁)。”萬物各復歸其根,就是萬物各自回歸到他們所從生的道那裏去的意思。有人主張在“主觀認識論的意義上”理解這裏所説的“各復歸其根”。曹礎基已在《莊子歸根意識淺議》中反駁其説,指出這裏所説確是“指客觀世界的變化”而言的(方勇主編《諸子學刊》第3輯,上海古籍出版社,2009年12月,46頁)。注⑦引過的第三十四章“萬物歸焉而不爲主”的“歸焉”,也是指復歸於道而言的。馬王堆帛書《老子》乙本卷前古佚書《道原》:“天地陰陽,[四]時日月,星辰雲氣,規(蚑)行僥(蟯)重(動),戴根之徒,皆取生,道弗爲益少;皆反(返)焉,道弗爲益多。”(《馬王堆漢墓帛書〔壹〕》,文物出版社,1980年3月,釋文87頁)此文將萬物生於道又返於道的思想説得很明白。

志”的重要性,尼采所說的“力”倒是跟“道”頗有相似之處的。當然,“道”的神秘性、超越性,是“力”所沒有的。這個問題較複雜,有機會當另加討論。)

儘管作爲宇宙根本動力的道和權力意志的性質如此不同,老子和尼采給出的宇宙運動的圖景,却仍有明顯的共通之處。這可以分三點來講。

第一,世界上萬物不斷生成,不斷毁滅。這是一般人都承認的,老子和尼采當然也不例外。

第二,前面説過,尼采以權力意志爲所有事物最内在的本質,而並不認爲有超越一切事物的統一的權力意志。所以他認爲世界在整體上是無目的的。他對此有明確的説明。老子認爲萬物是有欲的,而道是無欲、無目的的,所以他理解的由道決定的世界,在整體上也應該是無目的的。這就是説,他們二位理解的宇宙運動,在總體上都是無目的的。

第三,已有一些將尼采與老、莊作比較的研究者指出,道的運動,或者説道所決定的宇宙運動,是循環不止的;尼采提出“永恆輪回”説,[17]他的宇宙運動的模式也是循環不止的。這種説法是有道理的,但有兩件事須加説明。

首先,今本《老子》第二十五章對道進行描述時,有“寂兮寥兮,獨立不改,周行而不殆,可以爲天下母”的話。這是説道的運動循環不止的最重要的根據。但是上引語句中“周行而不殆”這五個字,在郭店楚墓出土的竹簡《老子》和西漢早期的馬王堆 3 號墓出土的帛書《老子》裏,却都是没有的,似應爲後來所增入,有人甚至認爲此語與老子原意不合。[18] 對這個問題須加解釋。

郭店楚墓出有一篇被整理者定名爲《太一生水》的道家佚書,原來跟此墓所出的《老子》簡編在一起。篇中講“太一”(“道”的别名)的運行,有“周而或[始,以己爲]萬物母”之語。[19] “或”字在古漢語中可以當“又”講,“周而或始”就是“周而復始”的意思。“周行而不殆”的“殆”,似已有人讀爲當“終止”講的“已”,大概是正確的(“殆”、“已”上古漢語讀音極近)。這兩句話的意思幾乎完全相同。《太一生水》的寫作時代不會晚於戰國中期。可見雖然今本《老子》的“周行而不殆”很可能爲後來所加,道的運行循環不止的思想則確實出現得相當早,從後面要講到的老子所説的“反(返)者道之動”的話來看,他應該已經有這種思想了。【編按:據韓巍

⑰ 關於“永恆輪回”,我主要也參考周國平的有關論述,見注⑮所引書 220—240 頁。

⑱ 參看注⑥所引《老子古今》,上卷 283—284 頁、286 頁。

⑲ 荆門市博物館《郭店楚墓竹簡》,文物出版社,1998 年 5 月,125 頁、126 頁注〔一二〕。“始以己爲”四字原已缺失,整理者據上下文和文義補出,已爲多數學者接受。

《北大漢簡〈老子〉簡介》,北大所藏時代約爲西漢中期的竹書中的《老子》,在其二十二章(相當於今本二十五章)的"獨立而不孩(改)"和"可以爲天地母"兩句間,已有"偏(徧)行而不殆"一句,"徧"、"周"義近。見《文物》2011年6期69頁。】

其次,古人說道周行不止,其主要根據大概是萬物出自道又復歸於道的思想以及四季和日月星辰不斷循環運行等現象。但是尼采的永恒輪回說的循環周期則極其漫長,長到實際上無法測量。老子和尼采所說的循環能相提並論嗎?

我認爲根據已知的老子思想,是可以推導出宇宙運動有周期極其漫長的大循環的思想的。老子認爲道所産生的一切最終都要復歸於道,也就是都要毀滅。天地爲道所生,當然也要毀滅。⑳ 而道的化生萬物的功能是不會止息的,舊的天地毀滅後,又會産生新的天地。這樣的循環周期不是極其漫長的嗎?

已經有西方的研究者指出,與尼采同時的恩格斯,也有跟尼采相似的宇宙永恆循環的思想。恩格斯認爲在無限時間内,宇宙是永遠重複地連續更替的。研究者以"共同的自然科學史背景"來解釋尼采和恩格斯的思想的這種相似。㉑ 其實只要否定了神創世界的迷信,這一類無限循環的思想就有可能産生。

還需要指出一點。尼采的永恒輪回說强調每次輪回中出現的事物,都是跟上一次完全相同的,甚至連細節也完全相同。這是尼采爲了要肯定生命的永恆性而設定的。恩格斯並無這種思想,老子當然也不會有。

總之,如果不考慮道和權力意志的不同,老子和尼采所給出的宇宙運動圖景顯得頗爲相似。但是他們對這樣的圖景的視角,却很不相同。由於作爲根本動力的道和權力意志的性質不同,由於兩位思想家的人生觀不同,這是很自然的。

尼采的視角是面向"生"的。尼采充分肯定生命的價值,他有一句很有名的話:"這就是生命嗎?好吧,那就再來一次!"㉒老子對宇宙運動的觀察,側重萬物的回返於道。他說:"反(返)者,道之動"(《老子》第四十章。郭店《老子》甲組簡37作"返也者,道動也"。釋文見注⑲所引書113頁),强調不斷回返是道的運動規律。尼采和老子都講"復歸"。尼采講的是生命在永恆輪回中的無數次復歸。老

⑳ 《韓非子・解老》:"唯夫與天地之剖判也具(俱)生,至天地之消散也不死不衰者謂'常'。"天地是要消散,即毁滅的,道則是不死不衰的。

㉑ 參看注⑮所引周國平書228—229頁。

㉒ 孫周興譯《查拉圖斯特拉如是說》,上海人民出版社,2009年4月,199頁。關於尼采面向生的視角,參看張慶熊《"虛無主義"和"永恆輪回"——從尼采的問題意識出發的一種考察》,《復旦學報》(社會科學版)2010年3期,42頁。

子講的是萬物各復其根,指萬物毀滅而復歸於道。可以説,老子的視角是面向死的。[23] 尼采面向“生”的視角與他積極的人生觀相應,老子面向死的視角與他消極的人生觀相應。

老子和尼采這兩位分處東西方的、對後世都有巨大影響的思想家,都反對傳統,他們給出的宇宙運動的圖景也是相似的;然而由於時代、文化背景和個人性格的不同,却提出了截然不同的人生觀。對東西方思想文化的比較研究來説,這是一個很有意思的、值得注意的現象。

尼采不受傳統束縛而勇往直前的創新精神,具有很强的感染力,他的影響幾乎遍及全世界。在 20 世紀早期,中國新文化運動中反傳統的健將,如魯迅、陳獨秀、茅盾、郭沫若等人,都受過尼采的影響。[24]

老子消極的人生觀,在總體上是我們無法接受的。但是老子豐富的充滿智慧的思想,有不少直到今天仍然可以用來指導我們的行爲,這裏舉兩個例子。

《老子》書中時常講對立面轉化的道理,與此相聯繫還告訴我們,做事不能過頭,不然就會得到與願望相反的後果。老子的這些思想,在後代凝結成爲兩句在中國幾乎是家喻户曉的成語:“物極必反(也作“返”)”、“適可而止”。《現代漢語詞典》對前一句的解釋是:“事物發展到極端,就會向相反的方面轉化。”對後一句的解釋是:“到了適當的程度就停止(指做事不過分)。”人類所犯下的有些大錯誤,如對自然的過度開發,就是由於缺乏這方面的思想而造成的。前面説那兩句成語在中國幾乎家喻户曉,可惜大多數人只是説説而已,並没有真正照着去做。附帶説一句。老子要人完全順應自然,當然是不現實的;但是已經由於肆無忌憚地破壞大自然而遭到報應的現代人,不是很有必要從老子那裏吸取一些尊重自然的精神嗎?在人與人的關係方面,世界上的麻煩事情,有很多也是由於有關的人,往往是對立的雙方,大家都不肯“適可而止”而造成的。我們真應該好好讀讀《老子》。

再説一下老子對戰爭的看法。老子非常反對戰爭,把戰爭看成很可怕、很可惡的事情,讀一下《老子》第三十和三十一章,就可以明白。他説用“道”輔佐國君的人,是不用武力在“天下”逞强的(第三十章)。這也就是説,有道的國家不發動戰爭。他又説,武器是不吉祥的凶器,是“不得已”而用之的東西(第三十一章)。所

㉓ 王葆玹認爲莊子的生死觀“立足於死”(見王氏《老莊學新探》,上海文化出版社,2002 年 5 月,251 頁),可以參看。

㉔ 注②所引文,24—25 頁。

謂“不得已”,對國家來說,應該是指遭到别國侵略而不得不拿起武器進行抵抗。發動戰爭或挑動戰爭,都是絶對應該受到譴責的。我想,如果大家都能真正聽從這位二千五百年前的智者對戰爭的意見,我們的這個世界一定會比現在好得多,美得多。

2010年9月9日完稿

附識:

本文寫作過程中,蒙郭永秉和陳志向二君幫助搜集資料,永秉並代爲多次打印此文文稿,甚爲感謝。

原載《文史哲》2011年3期,今據以收入。

寒食與改火

——介子推焚死傳說研究

我國古代有寒食之俗,即在每年規定的一天或一段時間內不舉火,只吃冷的食物。相傳是爲了紀念被焚而死的晉文公之臣介子推。

介子推即介之推。《左傳・僖公二十四年》說,晉公子重耳(即後來的晉文公)結束流亡生活,回國即晉侯之位後,"賞從亡者,介之推不言禄,禄亦弗及";推偕母隱居,"遂隱而死,晉侯求之不獲,以緜上爲之田"。本無焚死之事。《吕氏春秋・介立》、《史記・晉世家》敘述介子推的事跡,也都沒有說到這件事。但是《莊子・盜跖》已說:"介子推至忠也,自割其股以食文公。文公後背之,子推怒而去,抱木而燔死。"看來介子焚死的傳說在戰國時代就已經流行了。

《楚辭・九章・惜往日》又有介子立枯之說:

> 介子忠而立枯兮,文君寤而追求。封介山而爲之禁兮,報大德之優游。思久故之親身兮,因縞素而哭之。

王逸注認爲"立枯"就是指"子推抱樹燒而死"說的。但是古書中屢以抱木立枯的鮑焦跟介子並提。例如《莊子・盜跖》就說"鮑焦飾行非世,抱木而死",把他跟介子都置於"世之所謂賢士"之列。同篇還有"鮑子立乾"之語,"立乾"與"立枯"同義。《說苑・雜言》"孔子困於陳蔡之間"章也說:"鮑焦抱木而立枯,介子推登山焚死。"①所以也有人認爲《惜往日》說"介子忠而立枯",是把鮑、介二人的事弄混了。②

劉向所編的《新序》、蔡邕《琴操》和王肅《喪服要記》等,都有關於介子焚死的傳說的比較詳細的敘述。《新序・節士》:

---

① 《說苑》此章當採自《韓詩外傳》卷七第六章。這兩句《外傳》作"鮑焦抱木而泣,子推登山而燔"。當有脱誤。

② 許維遹《韓詩外傳集釋》,中華書局,1980,243—244 頁。

晉文公反國,酌士大夫酒……介子推無爵,齒而就位。觴三行,介子推奉觴而起曰:“有龍矯矯,將失其所。有蛇從之,周流天下。龍既入深淵,得其安所。蛇脂盡乾,獨不得甘雨。此何謂也?”……遂去而之介山之上……文公待之不肯出,求之不能得,以謂焚其山宜出。及焚其山,遂不出而焚死。

《琴操·卷下·龍蛇歌》:③

龍蛇歌者,介子綏所作也。晉文公重耳與子綏俱亡(《玉燭寶典》卷二引作“晉重耳與介子綏俱遁山野”,“綏”字下夾注曰:“推、綏聲相近也。”此句下尚有“重耳大有飢色”一句),子綏割其腕股(《寶典》及《藝文類聚》卷四、《太平御覽》卷三十一引此文皆作“腓股”,當據改),以餌(上舉各書皆作“啖”)重耳。重耳復國,舅犯、趙衰俱蒙厚賞,子綏獨無所得。綏甚怨恨,乃作龍蛇之歌以感之。其章曰:“有龍矯矯,遭天譴怒。卷排角甲,來遁於下。志願不與,蛇得同伍(《寶典》作“志願不得,與蛇同伍”)。龍蛇俱行,身辨山墅(《寶典》作“周遍山野”,此下尚有“龍遭飢餓,蛇割腓股”兩句)。龍得升天,安厥房户。蛇獨抑摧,沈滯泥土。仰天怨望,綢繆(《寶典》作“惆悵”)悲苦。非樂龍伍(《寶典》作“位”),惔不眄顧(《寶典》作“怪不盼顧”)。”文公驚悟,即遣(《寶典》此下有“追求,得於荆山之中”八字)使者奉節迎之,終不肯出。文公令燔山求之(《寶典》作“文公曰:‘燔左右木,熱當自出。’乃燔之”)。子綏遂抱木而燒死。文公哀之流涕,令民五月五日不得舉發火。

《水經注·卷六·汾水》引王肅《喪服要記》:

昔魯哀公祖載其父,孔子問曰:“寧設桂樹乎?”哀公曰:“不也。桂樹者,起于介子推。子推,晉之人也。文公有內難,出國之狄。子推隨其行,割肉以續軍糧。後文公復國,忽忘子推。子推奉唱而歌,文公始悟,當受賞祿。子推奔介山,抱木而燒死。國人葬之,恐其神魂霣于地,故作桂樹焉。吾父生于宫殿,死于枕席,何用桂樹爲?”

介子割股食文公或“割肉以續軍糧”(割股割肉事亦不見於《左傳》、《吕氏春秋》、

③ 《琴操》一書,《讀畫齋叢書》、《平津館叢書》皆收之。後者據類書引文校改,非但未能還舊本面目,反而造成混亂,所以本文據前者引錄。類書如《北堂書鈔》卷一百五十五、《藝文類聚》卷四、《太平御覽》卷三十一等引《琴操》此條皆爲節錄。唯《玉燭寶典》卷二所引基本完整。今選擇較重要的異文隨文注出。

《史記》)以及文公焚山燒死子推等事,實在出乎情理。這顯然是爲了解釋寒食的起源而編造出來的。④ 既然戰國時已流行這種傳説(據王肅,魯哀公時已有此説,恐不可信),寒食之俗無疑早在此前就已存在了。

從漢代到南北朝,曾有幾位執政者(包括一位地方執政者)想改變寒食的風俗。

《後漢書・周舉傳》:

> 舉稍遷并州刺史。太原一郡,舊俗以介子推焚骸,有龍忌之禁,至其亡月,咸言神靈不樂舉火。由是士民每冬中輒一月寒食,莫敢煙爨,老小不堪,歲多死者。舉既到州,乃作弔書以置子推之廟,言盛冬去火,殘損民命,非賢者之意,以宣示愚民,使還溫食。於是衆惑稍解,風俗頗革。

李賢注:"其事見桓譚《新論》及《汝南先賢傳》。"《北堂書鈔》卷一百四十三、《藝文類聚》卷三引桓譚《新論》:"太原郡民以隆冬不火食五日,雖有疾病緩急,猶不敢犯,爲介子推故也。"⑤桓譚的時代早於周舉,當然不會提到周舉改寒食之事。李賢注引及《新論》,當是由於此書説到了太原郡的寒食之俗。或以爲"桓譚《新論》"當是"華譚《新論》"之誤,⑥不可信。

周舉是汝南人,所以其事見於魏周斐《汝南先賢傳》。《御覽》卷二十六引《汝南先賢傳》言周舉改寒食事,文字與上引《後漢書》文幾乎全同,當即後者所從出。《書鈔》卷七十二、《類聚》卷五十、《御覽》卷二百五十六引司馬彪《續漢書》言周舉改寒食事,文字也與之大同小異,⑦大概也是根據《汝南先賢傳》的。《書鈔》卷七十二所引,於寒食期限不言"輒一月",而言"或一月"(《類聚》、《御覽》所引仍作"輒"),似乎比較合理。太原各地寒食期限大概並不完全統一,所以《新論》有"不火食五日"之説。奇怪的是,《寶典》卷二、《類聚》卷四、《御覽》卷三十引范曄《後漢書》言周舉改寒食事,跟上引今本《後漢書》文却有較大出入。三書所引沒有"由是士民……歲多死者"句,相當於今本"舉既到州"以下的文字作:"舉移書於子推廟,乃言(此二字據《寶典》,《類聚》、《御覽》作"云")春中寒食一月,老小不堪,今

---

④ 前人辨介子焚死之事者甚衆,參看洪邁《容齋三筆・卷二・介推寒食》、顧炎武《日知録・卷二十五・介子推》、梁玉繩《人表考・卷三・介子推》。杜臺卿《玉燭寶典》卷二已指出《史記》、《春秋傳》記介子推事"並無割股被燔之事"。

⑤ 《類聚》無"疾"字,《書鈔》無"爲介子推故"五字,今已補足。《御覽》卷二十七引此文亦有脱誤。

⑥ 王先謙《後漢書集解》引沈欽韓説。

⑦ 參看周天游《八家後漢書輯注》,上海古籍出版社,1986,447—448頁。

則三日而已。"[⑧]所説寒食季節有"冬中"與"春中"之異,所説措施一爲"使還溫食",一爲縮短寒食期限爲三日。疑三書所引本爲他家《後漢書》,"范曄"二字是誤加的。但《御覽》此文雖似抄自《類聚》,《類聚》却不大可能抄《寶典》。爲何二者同誤呢?所以也不能排除范曄《後漢書》曾有別本流傳的可能性。周舉改寒食,大概只做到了縮短寒食日期,而未做到取消寒食。這從下面立刻就要引到的曹操禁寒食的命令仍以太原爲主要對象,就可以看出來。

《寶典》卷二引魏武《明罰令》:[⑨]

> 聞太原、上黨、西河、雁門,冬至後一百有五日,皆絶火寒食,云爲介子推。夫子推晉之下士,無高世之德。子胥以直亮沉水,吳人未有絶水之事。至於子推,獨爲寒食,豈不偏乎?云有廢者,乃致雹雪之災,不復顧不寒食鄉亦有之也。漢武時京師雹如馬頭,寧當坐不寒食乎?且北方沍寒之地,老小羸弱,將有不堪之患。令書到,民一不得寒食。若有犯者,家長半歲刑,主吏百日刑,令長奪俸一月。

這一禁令不可謂不嚴,但是恐怕最多只有一時的功效。西晉孫楚祭介子推文説:"太原咸奉介君之靈,至三月清明,斷火寒食,甚者先後一月。"(《書鈔》卷一百四十三)可見習俗依然。

後趙石勒曾普禁寒食,後因災異又命并州復寒食如初。《晉書·石勒載記下》:

> (石勒末年)暴風大雨,震電建德殿端門、襄國市西門,殺五人。雹起西河介山,大如雞子,平地三尺,洿下丈餘。行人禽獸死者萬數。歷太原、樂平、武鄉、趙郡、廣平、鉅鹿千餘里,樹木摧折,禾稼蕩然。勒正服于東堂,以問徐光……光對曰:"……去年禁寒食。介推,帝鄉之神也,歷代所尊,或者以爲未宜替也……縱不能令天下同爾,介山左右,晉文之所封也,宜任百姓奉之。"勒下書曰:"寒食既并州之舊風,朕生其俗,不能異也。前者,外議以子推諸侯之臣,王者不應爲忌,故從其議。儻或由之而致斯災乎?子推雖朕鄉之神,非法食者,亦不得亂也。尚書其促檢舊典,定議以聞。"有司奏,以子推歷代攸尊,請普復寒食……勒黄門郎韋謏駁曰:"……以子推忠賢,令緜、介之間奉之爲允,於

---

⑧ 四庫本《荆楚歲時記》"寒食"一節注文引周舉移書文與此相同,當出一源。

⑨ 《類聚》卷四、《初學記》卷四、《御覽》卷二十八、三十、八百六十九引此令皆爲節錄,參看嚴可均《全三國文》卷二魏武帝《明罰令》。

天下則不通矣。”勒從之,於是……并州復寒食如初。

《書鈔》卷一百四十三引田融《趙書》、《御覽》卷八百七十八引崔鴻《十六國春秋》略同(所引皆有删節),當即《晉書》所本。

北魏孝文帝也曾禁寒食。《魏書·高祖紀》:

(太和二十年二月)癸丑,詔介山之邑聽爲寒食,自餘禁斷。

這一禁令似乎也沒有産生很大影響,因爲直到隋唐時代寒食之俗依然還在廣泛流行(詳下文)。

南北朝時代寒食節的具體情況,在東晉時代陸翽的《鄴中記》、梁朝宗懍的《荆楚歲時記》等書裏提到了一些。

《寶典》卷二引陸翽《鄴中記》:[10]

并州之俗,以冬至後百五日有(此字似當從《類聚》卷四、《御覽》卷三十改作“爲”)介子推斷火冷食三日,作乾粥,是今糗也。中國以爲寒食。又作醴酪。醴煮(此字原誤分爲“者火”二字,據《荆楚歲時記》注、《類聚》卷四等校正)粳米或大麥作之,酪擣杏子人(通“仁”)煮作粥。

東魏賈思勰《齊民要術·卷九·煮醴酪第八十九》說介子推在介山抱樹焚死,“百姓哀之,忌日爲之斷火,煮醴而食之,名曰寒食,蓋清明節前一日是也。中國流行,遂爲常俗”。所言與《鄴中記》相近。《寶典》卷五又引《鄴中記》:

俗人以介子推五月五日燒死,世人甚忌(此句《書鈔》卷一百五十五、《御

⑩ 《鄴中記》有輯自《永樂大典》的《四庫全書》本(《叢書集成》所收《聚珍版叢書》本即四庫本)。但《大典》所引《鄴中記》各條中,有顯然轉引自類書者,不但文有脱誤,而且還有誤入他書之文的情況。例如:《荆楚歲時記》注引陸翽《鄴中記》“寒食三日爲醴酪”條後,接引《玉燭寶典》“今人悉爲大麥粥”條,《初學記》卷四如式抄錄之。《御覽》卷三十亦引此文,但在“《玉燭寶典》”上加“案”字,與《鄴中記》文合爲一條。四庫本《鄴中記》收“寒食三日爲醴酪”條爲附錄部分最後一條,也有“按《玉燭寶典》……”之文。可見《大典》此條一定是自《御覽》或其他書轉引,而不是直接引自原書的。《四庫全書提要》“鄴中記”條說“寒食一條引隋杜臺卿《玉燭寶典》,時代尤不相蒙”。其實這是《大典》引書之誤,跟《鄴中記》原書毫不相干。由於存在上述情況,本文引《鄴中記》不根據四庫本,而用《玉燭寶典》引文。《鄴中記》中關於寒食的文字,《荆楚歲時記》注、《書鈔》卷一百五十五、《類聚》卷三、《御覽》卷三十、三十一、八百五十八、八百五十九等都曾加以引用,但文字似乎都不如《寶典》所引近真。各書引文可以糾正《寶典》引文或可供參考之處,隨文注出。《寶典》卷二所引《鄴中記》文,四庫本及《御覽》等書皆分作兩條,即“作乾粥”爲一條,“作醴酪”爲一條。

覽》卷三十一及四庫本皆作“世人爲其忌”），故不舉火食，非也。北方五月五日自作飲食，祠神廟，及五色縷、五色花相問遺（此句《御覽》卷三十一作“及作五色縷、五色辛盤相問遺”，四庫本作“及作五色新盤相問遺”。《寶典》“及”下脱“作”字，當據補），不爲子推也。

前引《琴操》說文公“令民五月五日不得舉發火”，可以與此相印證。據此可知并州之外有以五月五日爲寒食日者。⑪

《荆楚歲時記》：⑫

去冬節一百五日，即有疾風甚雨，謂之寒食。禁火三日，造餳、大麥粥（原書注：⑬按曆合在清明前二日，亦有去冬至一百六日者。介子推三月五日——引者按：《路史發揮·卷一·論遂人改火》有“謂子推以三月三日燔死”之語，此“五日”或是“三日”之誤——爲火所焚，國人哀之，每歲暮春爲不舉火，謂之禁烟。犯之，則雨雹傷田。……後漢周舉爲并州刺史，移書於介推廟云，春中食寒一月，老小不堪，今則三日而已。謂冬至後一百四日、一百五日、一百六日也……）。寒食挑菜，鬬雞、鏤雞子、鬬雞子、打毬、鞦韆、施鉤之戲。⑭

前面所引寒食史料限於北方，據此南方同樣有寒食的習俗。

隋唐時代寒食之風依然流行。上面引過的《玉燭寶典》爲隋代杜臺卿所撰。

---

⑪ 《書鈔》卷一百一十五、《御覽》卷三十一引《鄴中記》此條，條首之文不作“俗人”而作“并州俗”，跟上條“并州之俗以冬至後百五日爲介子推斷火冷食三日”相矛盾。四庫本此條之首亦作“并州俗”，“并州之俗（《類聚》卷四、《御覽》卷三十一皆作“并州俗”，又無下文“以”字）以冬至後百五日……”條之首則不作“并州俗”而作“鄴俗”（其下亦無“以”字），與《寶典》、《類聚》、《御覽》不合，疑是《大典》或其所據引之書爲了彌縫上述矛盾而臆改的。《寶典》此條之首作“俗人”，與上條無矛盾，大概保持了原本面貌。

⑫ 此書通行本有《漢魏叢書》本和《寶顔堂廣秘笈》本兩種，四庫本同後者（參看余嘉錫《四庫提要辨證》，中華書局，1980，442 頁）。二者皆非完本。内容以後者爲多，但也有些文字只見於前者而不見於後者。今據四庫本引錄，而以《漢魏叢書》本補充之。

⑬ 《荆楚歲時記》之注相傳爲隋杜公瞻作。余嘉錫《四庫提要辨證》：“《通志·藝文略》著錄此書，已題杜公瞻注，則新、舊唐志著錄之杜公瞻書二卷（引者按：指杜公瞻《荆楚歲時記》二卷），即此書之注。然今本九月九日條下注乃曰：‘按杜公瞻云，九月九日宴會，未知起於何代，然自漢至宋未改，今北人亦重此節。’（原注：《御覽》卷三十二引此注與今本同）殊不類自敘之語。”（444—445 頁）余氏又疑今本注文可能有宗懔原文混入其中（445—446 頁）。

⑭ “打毬”以下八字見《漢魏叢書》本，四庫本脱落。“打毬”注引劉向《别錄》：“蹴鞠，黄帝所造，本兵勢也。或云起於戰國。”《初學記》卷四所引同。《御覽》卷三十引劉向《别錄》此條，“蹴鞠”上有“寒食”二字，疑是以意增加的。《别錄》言蹴鞠事，是否已與寒食聯繫起來，尚待研究。

此書卷二在所引范曄《後漢書》關於周舉改寒食之事的一段文字後加注説:“今世常於清明節前二日斷火。”又在上引《鄴中記》“作醴酪”一條後加注説:“今世悉作大麥粥,研杏人爲酪,别煮(原作“者一”二字,當是先書“煮”爲“者”又誤分爲二字)餳(原作“錫”,據《歲時記》注、《初學記》卷四、《御覽》卷三十校正)沃之也。”⑮傳爲杜臺卿之侄杜公瞻所作的《荆楚歲時記》注也説“今寒食有杏酪、麥粥”。唐人詩有不少提到寒食。李崇嗣《寒食詩》有“普天皆滅焰,匝地盡藏煙”句,⑯元稹《連昌宫詞》有“初過寒食一百六,店舍無烟宫樹緑”句(《元氏長慶集》卷二十四)。可見禁火之嚴。唐段成式《酉陽雜俎》説:“三月心星見辰,出火。禁煙、插柳,謂禳此耳。寒食有内傷之虞,故令人作鞦韆、蹴踘(同“鞠”)之戲以動盪之。”⑰又説:“以盆覆寒食飯於暗室地上,入夏悉化爲蜘蛛。”(《前集・卷十七・蟲篇》)此書《續集・卷二・支諾皋下》述荆州百姓郝惟諒事,也有“寒食日與其徒游於郊外,蹴鞠角力”等語。這些都可以説明寒食之俗在當時的流行。王先謙《後漢書集解》(周舉傳)引沈欽韓曰:“《癸辛雜識》(引者按:南宋末周密著):‘緜上火禁升平時禁七日,喪亂以來猶三日。相傳火禁不嚴則有風雹之變。’案寒食節莫尚於唐……宋後稍弛,而緜上之禁猶如此。”寒食之風大概是在宋代以後逐漸消歇的。

從以上所述可以知道,寒食的習俗在戰國以前就已存在,東漢至南北朝時屢禁不止,宋代以後才逐漸自然地消歇。這顯然是在民衆中有深厚基礎的一種古老習俗。這種習俗在古代太原郡地區最爲盛行,但其分布流傳的地區實際上很廣泛,而且寒食的期限和時節原來並不統一。就期限説,有一月、七日、五日、三日、一日等差異。就時節説,有“春中”(當指仲春二月)、冬至後一百五日或一百六日(即清明前二日或一日,一般在夏曆三月初)、五月五日和“冬中”(當指仲冬十一月)等差異。看來各地的寒食之俗至少有一部分是各有自己的傳統的,並不是全都由一個地方傳播開來的。《鄴中記》説有些地方五月五日不舉火食“不爲子推也”,已經指出了這一點。其實寒食之俗根本就不可能是“爲子推”而産生的,前面已經説過了。寒食之託始於介子焚死,跟五月五日競渡之託始於屈子沉江是同性質的,都是

---

⑮ “别煮餳沃之”句,《歲時記》注、《初學記》卷四引作“引餳沃之”,《御覽》卷三十引作“别餳沃之”,四庫本《鄴中記》作“别以餳沃之”,皆有誤。四庫本《鄴中記》“别”下“以”字,疑是《大典》或其所據之書臆增的。

⑯ 見《初學記》卷四、《御覽》卷三十。《類聚》卷四亦有此詩,當爲後人所附入,看汪紹楹《校藝文類聚序》,上海古籍出版社,1982,《藝文類聚》卷首17—18頁。

⑰ 此條據元瞿佑《四時宜忌》引,在通行本《酉陽雜俎》中未檢得。瞿書已收入叢書集成。

在一種習俗的真意已不爲一般人所理解時對它的起源所作的一種附會的解釋。所不同的是屈子沉江確有其事,而介子焚死之事則是爲了解釋寒食的起源而編造出來的。介子焚死傳説在戰國時代就已流行,由此可以推知寒食的起源一定非常早。寒食這種古老的、曾經廣泛流行的習俗,原來究竟是由於什麽原因而産生的呢?下面就來討論這個問題。

古人不信介子焚死之説並對寒食起因另作解釋的,並不少見。《荆楚歲時記》寒食條注:

> 據《左傳》及《史記》並無介推被焚之事。《周禮·司烜氏》"仲春以木鐸修火禁於國中",注云:"爲季春將出火也。"今寒食準節氣是仲春之末,清明是三月之初,然則禁火蓋周之舊制也。

《初學記·卷四歲時部下·寒食》、《太平御覽·卷三十時序部一五·寒食》皆引此文。《藝文類聚·卷四歲時中·寒食》所列第一條,就是"《周禮》曰,司烜氏仲春以木鐸修火禁於國中,爲季春將出火也"。可見也是同意把周代的禁火之制看作寒食的起因的。

《後漢書·周舉傳》"太原一郡舊俗以介子推焚骸有龍忌之禁"句李賢注:

> 龍星,木之位也,春見東方。心爲大火(引者按:心指心宿,爲東方蒼龍七宿之一,亦稱大火),懼火之盛故爲之禁火。俗傳云子推以此日被焚而禁火。[18]

前引《酉陽雜俎》"三月心星見辰,出火。禁煙、插柳,謂禳此耳",與李賢説略同,也都以禁火來解釋寒食。

南宋羅泌《路史發揮》卷一有《論遂人改火》一篇,在論改火的同時,力言寒食之起由於禁火而非由於介子焚死。他説:

> ……昔者遂人氏作觀乾象,察辰心而出火;作鑽燧,别五木,以改火(引者按:《類聚》卷八十引《尸子》"燧人上觀星辰,下察五木,以爲火",又見《御覽》卷八百六十九)。豈惟惠民哉?以順天也(原注:四時五變。榆柳青,故春取

---

[18] 從此注看,李賢所注《周舉傳》中的周舉弔書所説的寒食之月應爲"春中"而非"冬中",與《寶典》、《類聚》等所引范曄《後漢書》同,今本《後漢書·周舉傳》當經竄改(這並不等於説"冬中"寒食之事根本不存在,因爲《御覽》所引《汝南先賢傳》與今本《後漢書》相合,《御覽》等所引司馬彪《續漢書》所記周舉弔書雖無"冬中"一句,但跟今本《後漢書》一樣也説"盛冬去(《書鈔》作"滅")火,殘損人命")。但是也有可能李賢作注時沒有聯繫上下文仔細考慮,因此産生了矛盾。疑莫能定,有待研究。

之。棗杏赤,故夏取之。桑柘黄,故季夏取之,柞楢——通"楢"——白,故秋取之。槐檀黑,故冬取之。皆因其性,故可救時疾)。予嘗考之。心者,天之大火;而辰、戌者,火之二墓。是以季春心昏見於辰而出火,季秋心昏見於戌而納之。卯爲心之明堂,心至是而火大壯。是以仲春禁火,戒其盛也。成周盛時,每歲仲春命司烜氏以木鐸修火禁於國中,爲季春將出火(引者按:此據《周禮·秋官·司烜氏》及鄭玄注)。而司爟掌行火之政令,四時變國火,以救時疾;季春出火,季秋納火,民咸從之;時則施火令;凡國失火,野焚萊,則隨之以刑罰(引者按:此據《周禮·夏官·司爟》)。夫然,故天地順而四時成,氣不愆伏,國無疵癘而民以寧。鄭以三月鑄刑書,而士文伯以爲必災,六月而鄭火。蓋火未出而作火,宜不免也(引者按:此據《左傳·昭公六年》,三月爲周正三月)。今之所謂寒食一百五者,熟食斷烟,謂之龍忌,蓋本乎此。而周舉之書、魏武之令,與夫《汝南先賢傳》、陸翽《鄴中記》等,皆以爲爲介子推,謂子推以三月三日燔死,而後世爲之禁火(引者按:周舉之書等並無子推以三月三日燔死之文)。吁!何妄耶!是何異於言子胥溺死而海神爲之朝夕者乎?予觀左氏、史遷之書,曷嘗有子推被焚之事。況以清明寒食,初靡定日,而《琴操》所記子推之死乃五月五,非三日也(原注:古人以三月上巳祓禊,以清明前三日——引者按:"三"似當作"二"——寒食,初無定日,後世既以一之,而又指爲三月之三,妄矣。《周舉傳》云:每冬中,輒一月寒食,以子推焚骸,神靈不樂舉火。然則介子又將以冬中亡矣……)。夫火神物也,其功用亦大矣。昔隋王劭嘗以先王有鑽燧改火之義,於是表請變火曰:古者《周官》,四時變火,以救時疾。明火不變,則時疾必生。聖人作法,豈徒然哉?……願於五時取五木以變火(引者按:見《隋書·王劭傳》)。若劭可謂知所本矣。……(據《四部備要》本《路史》引錄)

羅氏的論證似乎並沒有明顯超過前人之處。但是他把禁火、寒食跟改火放在一起來討論,似乎已經覺察到它們之間具有某種聯繫,這是值得注意的。

近代學者李宗侗(即李玄伯)明確主張改火是寒食的起因。他在三十年代所寫的《希臘羅馬古代社會研究序》裏曾指出古代中國跟古希臘、羅馬一樣也有"祀火"的制度,並把兩方面的有關習俗加以對比。他說:

……希、羅每家所祀的火,每年須止熄一次,重燃新火。燃新火的月日,各家不同,各邦不同。燃時不準用鐵石相敲……只準取太陽火,或兩木相摩擦所生的火。木質亦有限制……這些細節,亦與我國古制相同。每年重燃新火,即我國古代所謂"改火"。《論語·陽貨》篇,宰我說,"鑽燧改火。"上邊兩句說"舊穀既沒,新穀既升",下邊又說"期可已矣",這明明說鑽燧改火亦是每年的。因爲改火,新者不與舊者相見,所以中須停若干時候(當然不能出一天)。這停火的時間與改火的時間,各家各邦不一定相同,其中之一即寒食的起因。

……子推被焚之說起始甚晚。後人對寒食之說,去古已遠,不能瞭解,遂附會到介子推身上。其實改火、寒食的制度,較古不知若干年也。

不只改火的制度,希、羅與中國相同,即燃火的方法亦同。前邊說過,取火只準用太陽火,或兩木相摩生的火,且木質亦須用合禮的。按《周禮》司烜氏掌以夫遂取明火於日……即以銅凹鏡向太陽以引火。……至於以木取火,馬融注《論語》改火亦說:"《周書·月令》有更火之文:春取榆柳之火,夏取棗杏之火,季夏取桑柘之火,秋取柞楢之火,冬取槐檀之火。"(引者按:見何晏《論語集解》)鄭康成注《周禮·司爟》引鄭司農以鄹子(引者按:即鄒子)說,與此同。由此可見取火的木質須用一種固定的合禮的,亦與希、羅風俗相同。……

……上邊已經說過,各家各邦的改火時候並不一定相同,所以有五季取火用木的不同。如改火在春間者則用榆柳,改火在夏者則用棗杏。其餘各季各有用木,並非每季改火也。後人不懂改火與祀祖有關(引者按:關於改火與祀祖的關係問題,請參看下文),見有春用何木、夏用何木之說,遂以爲四時改火。⑲

五十年代,李氏又把上述內容寫入了他的《中國古代社會史》。⑳ 李氏把改火看作寒食的起因,很有道理,是一個重要貢獻。只是他的解釋稍嫌簡單,關於改火的某些說法也還有商榷餘地。

李氏認爲中國古代的改火應爲每年一次,可以信從;認爲四時改火之說由於誤解而産生,恐不可信。《淮南子·時則》說春"爨萁燧火",夏秋"爨柘燧火",冬"爨松燧火"。《管子·幼官》説春"以羽獸之火爨",夏"以毛獸之火爨",季夏"以倮獸之火爨",秋"以介蟲之火爨",冬"以鱗獸之火爨"。李氏所引四時改火之說,與上引《淮南》、《管子》之說,都是在系統化的陰陽五行思想的支配下産生的理想。把

⑲ 《中國古代社會新研》,開明書店,1948,17—19頁。

⑳ 《中國古代社會史》(第三版),華岡出版有限公司,1977,165—167頁。此書是改編《中國古代社會新研》而成的,新加入的內容不多。

改火納入陰陽五行思想的系統,跟以天象(如“大火”的位置)來解釋“禁火”“出火”一樣,都是以較晚的思想來附會較古的制度,跟一般所謂誤解的性質不同。李氏認爲在改火時,停火的時間不能超出一天,恐怕也有問題。如果寒食確如李氏所說,完全由於改火過程中有停火的時間而引起;既然古代寒食的期限往往超過一天,停火的時間就不會只限於一天。此外,在後面將要講到的克里克印第安人的改火儀式裏,停火時間顯然超出一天。這是李說的一個重要反證。

李氏在我們上面引用的文章裏,主張我國古代所祀的火是代表祖先的,並據《說文》所說的“主,燈中火炷也”,認爲木主是火的替代物(16 頁)。這種說法缺乏根據。從古書中看不出古人有以火代表祖先的思想。《說文》對“主”字的解釋也不見得可靠。侯馬盟書中“宔”字所从的“主”作或,[21]顯然與火無關。因此李氏認爲我國古代“各家各邦的改火時候並不一定相同”的說法也需要修正。在古代中國,各家改火時間不同的情況大概是不會存在的。各邦各地的改火時間當然有可能不同,不過改火之事在古人心目中有特定的重要意義,改火時間的選擇不可能很自由,大概不會出現各地改火時間五花八門的情況。

從現有資料看,我國古代大概曾有過三種改火時間,即春季、夏至、冬至。下面分別加以說明。

《管子·禁藏》:

> 當春三月,萩(王念孫讀爲“樵”)室熯造(竈),鑽燧易火,杼(抒)井易水,所以去兹毒也(尹注:凡此皆去時滋長之毒)。

易火就是改火,可見古代有在春天改火的。前面已經說過,不少人以《周禮·秋官·司烜氏》所說的仲春修火禁來說明寒食的起源。這件事大概跟春季的改火有關。《周禮·夏官·司爟》和《禮記·郊特牲》都有“季春出火”之文。鄭玄注《司烜氏》“中春以木鐸修火禁于國中”句說:“爲季春將出火也。”由此看來,春季改火的時間一般應在仲春、季春之交,即夏曆二、三月之交。《管子·輕重己》:“以冬日至始,數四十六日,冬盡而春始……教民樵室、鑽鐩(燧)、墐(王念孫謂當作“熯”)竈、泄井,所以壽民也。”“鑽燧”應該就指鑽燧改火。據此,春季的改火似乎也有在春天剛開始時進行的。

三十年代初曾在甘肅弱水沿岸的地灣的漢代遺址裏,發現寫有關於夏至寢兵

[21] 參看黃盛璋《關於侯馬盟書的主要問題》,《中原文物》1981 年 2 期 28—29 頁。

和改水火之事的丙吉奏書的西漢木簡。其文如下:[22]

> 御史大夫吉昧死言:丞相相上大常昌書言:大史丞定言:元康五年五月二日壬子日夏至,宜寢兵,大(太)官抒井,更水火,進鳴雞。謁以聞,布當用者。臣謹案比原泉御者,水衡抒大官御井,中二千石、二千石令官各抒。別火官先夏至一日,以除(?)隧(燧)取火,授中二千石、二千石官在長安、雲陽者,其民皆受,以日至易故火。庚戌寢兵不聽事,盡甲寅五日。臣請布,臣昧死以聞。

簡文所説的别火官,就是主管改火事務的官。《漢書・百官表》:"典客……景帝中六年更名大行令……武帝太初元年更名大鴻臚,屬官有行人、譯官、别火三令丞。"顔注:"如淳曰:《漢儀注》:别火獄令官,主治改火之事。""除(?)燧",于豪亮釋爲"陰燧",認爲即指鑽燧。[23] 究竟應該如何解釋,尚待研究。由丙吉奏可知古代有在夏至日改火的。《百官表》大鴻臚條還有"武帝太初元年……初置别火"之語。也許改火之事本已不甚通行,是武帝時重新加以提倡的。

《續漢書・禮儀志中》:

> 日夏至禁舉大火……是日浚井改水,日冬至鑽燧改火云。

由此可知古代還有在冬至日改火的。【編按:此處所言的"改火",顯然是指一年一度的改火,可證前引李宗侗認爲《論語》"鑽燧改火"也是每年一次的意見是正確的。一般以四時鑽燧改用不同樹種的木材來解釋《論語》的"改火",不確。】據《續漢書・百官志》本注,東漢大鴻臚屬官"省驛官、别火二令丞"。當時,冬至鑽燧改火之事是否在普遍舉行,還有待研究。

從時間上看,春季改火與"春中"或清明前的寒食相應,清明前正是仲春季春之交。冬至是仲冬十一月的中氣,冬至改火與"冬中"寒食相應。夏至是仲夏五月的中氣,五月五日與夏至同在一月但時間有先後。這種不完全相應的情況可能是在較晚的時候形成的(參看本文最後一段)。改火的各種時間跟寒食的各種時間互相對應的情況,説明它們之間確實有密切關係,可見把改火看作寒食的起因確實是合理的。(《叢稿》編按:汪寧生在1983年發表的《改火的由來》一文中,已對古代改火時間有頗詳細的論述——此文已收入汪氏《民族考古學論集》,文物出版

---

[22] 此奏書由二簡合成,見《居延漢簡甲乙編》(中華書局,1980)。二簡的編號爲10・27(即《居延漢簡甲編》91)與5・10(即同上92)。

[23] 《于豪亮學術文存》,中華書局,1985,182—183頁。

社,1989——作者寫作本文時失於參考,是不應有的疏失。二文討論此問題時所用資料大體相同,結論稍有出入。此外,汪文指出改火作爲應節令的一種活動,唐宋時仍在舉行,時間已固定在清明,見上引汪書172 頁。)

在古代,取火比現代困難得多,家中一般都要保留火種。古人認爲使用燒得太久的火會引起疾病(參看羅泌《論遂人改火》),所以《周禮・夏官・司爟》說改火是爲了"救時疾"。《管子・禁藏》說改火是爲了"去兹毒"。但是這是否全面反映了古人對改火的作用的看法呢?時代更早的古人對改火的作用究竟是怎樣看的呢?此外,從《論語》還在說"鑽燧改火"以及漢代曾實行過改火的情況來看,改火之事在戰國時代大概還沒有停止舉行,至少當時人對改火決不會感到陌生。但是就在這個時候,用來解釋寒食起因的介子推焚死的傳說就已經出現了。如果把改火看作寒食的起因,對這一事實應該如何解釋呢?這兩個問題是我們應該答覆的。要討論這兩個問題,必須知道一些其他民族的改火習俗的情況。李宗侗在《中國古代社會史》的《祀火續論》章中說,改火習俗不但存在於古代的中國和希臘、羅馬,而且"一直傳到近代的歐洲,可以說是相當的普遍,佛萊則(Frazer)在他的書中(引者按:指《金枝》)收集了不少的材料,讀者可以參閱"(189 頁)。下面我們就來看看《金枝》中的有關材料。㉔

在歐洲從古代一直延續到近代的、分佈極廣的、每年在一定的時間舉行篝火節的習俗,跟改火有密切關係。㉕

"最常見的點燃這種篝火的時候是在春天和夏天"(865 頁)。春天的篝火節"通常在四旬齋(引者按:指復活節前四十天的大齋期)的頭一個禮拜天、復活節頭一天(引者按:宜譯"復活節前一天"或"復活節前夕"。每年過春分月圓後第一個星期日爲復活節)和五月朔節當天舉行"(865—866 頁)。在復活節前夕,"所有天主教國家都有一個風俗,熄滅教堂裏所有的火,然後用火石和鋼,或用火鏡點起新火。用這新火點起逾越節或復活節的大蠟燭,然後再用這大蠟燭點起教堂裏所有熄滅的火。德國有許多地方也用這種新火在教堂附近的空地點起一堆篝火。這是獻祭過的篝火,人們拿着橡樹、核桃樹、山毛櫸的枝子,在火上燒成炭,然後帶回家去。有些炭枝在家中新點起的火中燒掉,並禱告上帝賜福全家,免受火災、雷電和

㉔ 我們所用的《金枝》是中國民間文藝出版社 1987 年出版的《金枝》節本的譯本。譯者是徐育新、汪培基、張澤石。下文中引自《金枝》的文字或內容後所注的,就是這一譯本的頁碼。

㉕ "篝火節"原文作 Fire-festivals,其實可以譯爲"火節"或"火會"。

冰雹。這樣一來,每家都有了‘新火’。……”(872 頁)。

在蘇格蘭地區曾有在五月朔燒“貝爾坦篝火”的習俗。有些地方“頭天晚上,人們把所有的火都小心地熄滅”,第二天早上用木與木相摩擦的方法取得“聖火”,以點燃篝火。斯凱、馬爾、蒂里諸島所用方法最爲原始。他們“找一塊久經風吹日曬的橡樹枝,正當中鑽一個洞。再用一根橡木棍子將其一端插入洞内當螺旋鑽”,鑽木以取火(877 頁)。在赫布里底群島,“到處都把火滅掉,在山頂點一堆大火,趕着牛群對着太陽方向繞火走,以求全年免除瘟疫。每人都從火堆上取火回家,用以點燃家裏的火”(880 頁)。

“這種篝火節在整個歐洲最普遍的是在‘夏至’,即仲夏節前夕(6 月 23 日)或仲夏節(6 月 24 日)那天舉行。”(882 頁)“至少到十九世紀中葉,整個上巴伐利亞都點燃仲夏篝火。……人們從火裏趕過牛群,目的是醫治病牛,並使健康的牛免於瘟疫和各種災害。許多家長在那天把家中的爐火滅掉,用在仲夏節篝火上點燃的木頭把它重新點燃。”(884 頁。末一句據原文作了一些修改)“東普魯士的馬蘇仁地區,住着一支波蘭族的人,在仲夏節的晚上,有一個全村熄火的風俗。熄火以後在地上釘一個橡木樁,樁上裝一個輪子,像裝在車軸上一樣。村人輪流地快速推着這個輪子,直到摩擦生出火來,每人都從新火上點一個火把拿回家去,點燃家中爐竈的火。”(889 頁)

上舉有些點火方法,是很典型的“鑽燧改火”。弗雷澤(李宗侗譯“佛萊則”)認爲用木和木摩擦生火,很可能曾是古代一切篝火節所普遍使用的點火方法(910—911、938 頁)。這應該是可信的。

當然,並不是在所有地方的篝火節中都能看到改火的活動。但是絶大多數地方的篝火節必然起源於古老的改火習俗,可以説是沒有問題的。

弗雷澤認爲在仲冬接近冬至的聖誕節燒聖誕木柴的習俗,跟仲夏夏至前後燒篝火的習俗具有類似的意義(900 頁)。在這種習俗中也可以看到改火的痕跡。如“胡祖爾人(喀爾巴阡山的一支斯拉夫人)在聖誕節頭一天(引者按:宜譯“前一天”或“前夕”)摩擦木頭取火,一直燒到‘第十二夜’”(902 頁。參看 901 頁所述德國、法國燒聖誕木柴的習俗)。

“歐洲許多地方的農民從很古的時候起,遇到災荒的時候,特别是他們的牲口受到瘟疫襲擊的時候,還常常不定期地舉行一種篝火會儀式”,所燃之火“一般稱爲淨火”。㉖“爲了點燃淨火,必須先把附近地方的一切燈火熄滅,連一點火星也不

㉖ “淨火”原文作 need-fire,此譯本中有時譯爲“特需火”。

能留”(903 頁)。“點燃淨火的方法照例是用兩塊木頭摩擦;不能用石頭或鐵取火”(904 頁)。淨火點燃後,“用它點起篝火來,待到篝火火苗弱下去的時候,人們就立即把有病的牲口從炭火上趕過”,以去除疾病(905 頁)。“人們從火裏取些正燃着的火炭帶回家中用以點燃他們家裏的火”。“淨火的灰也撒在田裏以保護莊稼不受蟲害。有時拿回家去,當作治病的藥物……”(906 頁)。

舉行定期或不定期的篝火會的人們,普遍認爲篝火,特别是用兩木摩擦等比較原始的方法點燃起來的篝火,“有利於莊稼生長、人畜興旺,或積極促進,或消除威脅他們的雷電、火災、霉、蟲、減産、疾病,以及不可輕視的巫法等等”(907 頁)。聖誕木柴也有類似作用(901—902 頁)。

在篝火節中還往往在篝火中焚燒偶像。這種偶像有些是象徵巫覡的,有些則是象徵“樹精或植物精靈”的(919—920 頁)。從篝火節中的有些習俗來看,在古代顯然曾在這種場合把活人當作“樹精和穀精的代表”而燒死(921—922、936—938 頁)。殺死代表樹精或植物精靈的活人的習俗,是確實存在過的。其目的是爲了促進作物春天復蘇和增産,請參看《金枝》第 28 章《處死樹神》和第 47 章《里提爾西斯》。

此外,《金枝》中還有少量其他有關改火和寒食的資料。

在北美洲的克里克印第安人中,每年七月或八月穀物成熟時舉行布斯克節(即嘗新節)。“爲了準備儀式,村裏全部的火都熄滅掉。”人們還要“嚴格戒食兩夜一天”。戒食結束那天下午太陽偏西時,“傳信人喊話,要所有的人都留在屋子裏,不能做壞事,一定要熄滅並扔掉舊火,一點火星也不留”。“然後最高祭司摩擦兩塊木頭,取得新火……人們認爲這個新火能贖償謀殺以外的一切過去的罪惡。”接着最高祭司舉行祀火儀式並發表講話。“這時就拿一些新火放在廣場外面;婦女高高興興地帶回家去,把它放在她們清潔的爐竈上。”(698—700 頁)

孟加拉的孔德人在舉行了祈求“一年四季風調雨順,人壽年豐”的殺人祭祀後,“在這以後的三天内人家都不打掃,有的地方則嚴格保持沉靜,不許點火,不許砍伐樹木,不接待生人”(629—630 頁)。這裏沒有提到改火,但三天不許點火必然寒食,是可想而知的。

在《金枝》提供的資料之外,我們再介紹一個我國少數民族的改火的例子。過去,雲南的景頗族在農業生産過程中要舉行很多宗教儀式。其中最大的祭鬼活動是祭“龍薩”。“祭龍薩一般是一年舉行二次,一次在農曆二、三月間,時值破土播種,目的是祈求諸鬼保佑,五穀豐稔”。在仍保留着刀耕火種、砍倒燒光的農業生産技術的地區,"在第一次祭龍薩時,家家户户均熄滅了火,在祭祀中重新求取'火種'。取火方法係用兩片竹子作劇烈摩擦而生火,稱爲'新火種',並用這火燒去旱地上已砍伐的林木。這種原始的取火方法長期在宗教中被保留下來,他們相信這樣取得的火,是人們生産和生活安全幸福的象徵,它能克服人們所不能克服的困難,給人們創造奇跡"。[27] 景頗人對改火中取得的新火的看法,跟歐洲人很相似。

由以上所舉的資料來看,改火顯然是分佈很廣的一種古老習俗。世界各地的改火習俗,在舉行時間、取火方式和所要達到的目的等方面,有相當大的共同性。取火方式的相似是顯而易見的。歐洲舉行篝火節的時間,最常見的是春天和仲夏。春天的篝火節多在四旬齋的第一個星期日(時在初春)和復活節前夕(通常在春分跟清明之間,即在仲春、季春之交)舉行。此外,在接近冬至的時候燒聖誕木柴的習俗,也應是改火的遺跡。這些活動舉行的時間跟我國古代的改火相似得使人吃驚。從篝火節的情況來看,人們顯然認爲改火能起多方面的好作用,不但能去除疾病,而且還能達到防止自然災害、促進作物生長等目的。《周禮》、《管子》只説改火有救疾、去毒的作用,顯然是片面的。這可能是由於在它們成書的時代,改火的習俗已漸趨衰微,人們對其意義已經不能全面理解的緣故。

在歐洲,人們常常認爲舉行篝火節能起"保護田地不受雹災,房舍不受雷電襲擊"的作用(《金枝》916—917 頁)。聖誕木柴也有"保護房子免受火災,特别是免遭雷擊"的作用(同上 902—903 頁)。還有些人"拿一塊聖誕木到田裹,以防冰雹"(同上 902 頁)。從前面已經引過的古書裹關於不遵寒食之俗就會發生自然災害的一些説法來看,我國古代的改火無疑也曾被認爲具有上述那類作用。魏武《明罰令》説,俗傳廢寒食"乃致雹雪之災"。《荆楚歲時記》注説,違犯寒食"則雨雹傷田"。石勒末年有雨雹電震之變,一般都歸咎於禁寒食。《癸辛雜識》也説"相傳火禁不嚴則有雨雹之變"。這些從反面説明,古人認爲遵循寒食之俗就能避免雨雹等災害。寒食的這種作用顯然本來就是改火的作用。在改火之風衰微以後,寒食之風還流行了很長一段時間。因此改火的某些作用被説成本由改火引起的寒食的作用,是很自然的事情。

防止雨雹等災害,對農業極爲重要。《荆楚歲時記》注强調雨雹的"傷田",就説明了這一點。此外,在歐洲,人們還普遍認爲篝火節點燃的火能防止對作物的其

---

[27] 杜國林《雲南景頗族的宗教信仰》,《人文科學雜志》1958 年 3—4 期 11 頁。

他危害（如蟲災），並能直接促使作物增産（參看《金枝》第62章《歐洲的篝火節》中的有關各節）。總之，在古人心目中，改火無疑是爲了保證農業收成所必須進行的一件事。

春天是主要的播種季節。春天舉行的改火應該跟農業生産有特别密切的關係。景頗族在夏曆二、三月間舉行的改火，甚至直接跟燒旱地上已砍伐的林木這一重要農事活動結合了起來。這是很值得注意的。寒食的時間以在清明前一兩天爲最普遍。我國古代改火盛行之時，最普遍的舉行時間也應該在此前後，即大致在夏曆二、三月間。這正是古代北方主要作物穀子播種的適宜時節。當時，在這一時節舉行的改火，非常可能也是直接跟農事活動結合在一起的。

前面説過，古代仲春修火禁，季春出火，應該跟春季改火有關。季春所出的火應該就是二、三月間改火所取得的新火。《禮記·郊特牲》説："季春出火，爲焚也。然後簡其車賦，而歷其卒伍，而君親誓社，以習軍旅。"認爲季春出火是爲了田獵焚萊。㉘ 但是根據《周禮》等書關於田獵的記載，從冬天到仲春都可以用火田。因此自鄭玄以來，學者們多認爲《郊特牲》所記有誤，主張季春出火是指出陶冶之火而言的。㉙ 我認爲"季春出火，爲焚也"應是《郊特牲》所記的一句古語，"焚"本是指農業上的焚田而言的。這就是説，我國古代曾經跟景頗族一樣，有過在夏曆二、三月間用改火所得的新火燒山焚田的習俗。大概古人也像景頗人一樣，認爲用這樣的火焚田能使農業生産順利進行。我國古代的農業無疑經歷過相當長的焚田而耕的階段。在這種農業中，一般似乎都在夏曆二、三月時進行焚田活動。除景頗族外，如雲南西雙版納的攸樂人在過去進行刀耕火種的農業生産時，也是"每年秋收前後即動手砍山刈草，一直砍到冬臘月，到次年二、三月砍倒的草木曬乾，便開始燒山"。㉚ 所以把"季春出火，爲焚也"的"焚"解釋爲農業上的焚田是很合理的。後人由於對上古農業情況不瞭解，就感到這句話不可理解了。季春焚田用的是改火後的新火，仲春修火禁原來大概跟防止人們過早地用舊火焚田有關。

從以上所説的來看，《周禮》、《管子》對改火的作用的説法是很片面的，在較古時代人們的心目中，改火的作用要廣泛得多、重要得多。改火跟農業的密切關係尤

㉘ 上引《郊特牲》文鄭注："謂焚萊也……君親誓社誓吏士以習軍旅，既而遂田，以祭社也。"

㉙ 參看《禮記·郊特牲》鄭注、《周禮·夏官·司爟》鄭注及孫詒讓《正義》。

㉚ 杜彬《攸樂人解放前的社會歷史初探》，《民族團結》1963年10—11期44頁。【編按：所引文在"冬臘月"後接着説"次年二、三月"。"冬臘月"指夏曆十一、十二月，故知"次年二、三月"應指夏曆的二、三月。】

其值得注意。㉛

現在應該來討論把改火看作寒食的起因,跟介子推焚死傳說早在人們對改火還沒有感到陌生的時候就已經出現這一事實究竟有沒有矛盾的問題了。我們認爲介子推焚死的故事是以跟改火有關的古老習俗爲背景而編造出來的。爲了答覆上面提出的問題,必須先把這一點講清楚。

我們先來看一下産生介子推焚死傳說的介山地區跟古代傳說中與農業有關的神話人物的關係。一般認爲在今山西中部介休縣境的緜上和緜山(也稱介山)就是介子推故事中的緜上和緜山。顧炎武在《日知錄》卷三十一《緜上》條中對此提出了懷疑。他說:

> 然考之於傳(引者按:指《左傳》),襄公十三年,晉悼公蒐於緜上以治兵,使士匄將中軍,讓於荀偃。此必在近國都之地。又定公六年,趙簡子逆宋樂祁,飲之酒於緜上。自宋如晉,其路豈出於西河介休乎?……今翼城縣西,亦有緜山,俗謂之小緜山,近曲沃,當必是簡子逆樂祁之地。今萬泉縣(引者按:現已併入萬榮縣)南二里有介山。《漢書·武帝紀》:詔曰:朕用事介山,祭后土,皆有光應。《地理志》:汾陰,介山在南(原注:今萬泉,古汾陰也)。《揚雄傳》:其三月將祭后土,上乃帥群臣,横大河,湊汾陰。既祭,行游介山,回安邑,顧龍門……雄作《河東賦》曰:靈輿安步,周流容與,以覽於介山,嗟文公而愍推兮,勤大禹於龍門。《水經注》亦引此,謂晉《太康記》及《地道記》與《永初記》並言子推隱於是山,而辨之以爲非。然可見漢時已有二說矣。

顧氏所說的,在今山西西南部的介山地區,可能是最早産生介子推傳說的地區。山西中部介山地區的介子推傳說,可能是從這裏傳過去的。

㉛ 《周禮》還有"季秋内火"之文。《夏官·司爟》:"季春出火,民咸從之。季秋内火,民亦如之。"鄭注:"火所以用陶冶,民隨國而爲之。鄭人鑄刑書,火星未出而出火,後有災。鄭司農云:以三月本時昏心星見於辰上,使民出火。九月本黄昏心星伏在戌上,使民内火。"我懷疑"季秋内火"之説是根據天象添加出來,以與"季春出火"相配的。一般認爲《左傳·襄公九年》所說的"以出内火",就指"季春出火""季秋内火"。可是"以出内火"的"火"究竟應該如何解釋還是個問題。楊伯峻《春秋左傳注》在此句下注曰:"此火亦係行星之火星,前人解爲水火之火,不可從。"(中華書局,1981,963 頁)但是,對"季秋内火"也還可以作另一種解釋。根據上文所引述的攸樂人的農業生産情況來看,在準備明年焚田耕種的土地上,從秋收前後起就有被砍刈的草木了,可是要到明年二、三月才能焚燒。"季秋内火"也許意味着不準人們在季秋到明年出火之時這段時間裏焚燒田地上的草木。那麽,這便應該跟"季春出火"一樣,是從焚田耕作階段遺留下來的一種古老規定。鄭玄陶冶之火的説法恐怕不可信。

山西西南部的介山地區有汾陰后土祠，又有稷山（即稷王山），相傳爲后稷教民稼穡之地。《御覽》卷四十五引《隋圖經》："稷山在絳郡，后稷播百穀於此山。"（《叢稿》編按：《左傳·宣公十五年》："晉侯治兵于稷，以略狄土。"杜預注："稷，晉地，河東聞喜縣西有稷山。"可見稷山之名當頗古。）《水經注·汾水》："（稷山）在水南四十許里，山東西二十里，南北三十里，高十三里，西去介山十五里，山上有稷祠。"可知介山與稷山極爲相近。錢穆認爲汾陰后土祠和介山也都應該與后稷有關。[32] 他還認爲介休的介山跟也稱"厲山氏"的"烈山氏"有關。他說：

> 厲之與烈，界之與厲，皆以聲轉相通。《周官·山虞》"物爲之厲"鄭注"每物有蕃界也"，此以厲、界聲通互訓。然則介休之界山即厲山、烈山也。……竊疑漢魏以來相傳焚山之事（引者按：指介子推事）即自古烈山氏之遺說也。古之稼穡，其先在山坡以避水潦，烈艸木而火種，曰菑畬。故神農氏又稱烈山氏。後既以烈山爲厲山、界山，乃誤及於介之推，因以炎帝之"烈山"誤傳爲介推之"焚山"也。[33]

《左傳·昭公二十九年》："有烈山氏之子曰柱，爲稷，自夏以上祀之。周弃亦爲稷，自商以來祀之。"烈山氏之子也是稷神，那麼稷山也未嘗不可以說跟烈山氏有關。錢氏之說是否全都可信，還有待研究。但是山西西南部的介山地區跟古代傳說中的農神稷有密切關係當是事實。錢氏認爲介子推傳說中的焚山有古代火耕的背景，也是很有啓發性的。

前面說過，從起源於改火的篝火節的習俗中，可以看出古代曾在這種場合，把活人當作樹精或穀精的代表在篝火中燒死，以求促進莊稼生長，獲得豐收。在《金枝》第28章《處死樹神》和第47章《里提爾西斯》裏，還可以找到不少把活人當作樹精或穀精的代表而處死，以求達到同樣目的的事例。在中國古代與農業生產有密切關係的改火習俗中，非常可能也有過爲了同樣的目的燒死同樣性質的人犧的內容。

稷是穀物的名稱。后稷既可以說是農神，也可以說是穀神，亦即穀精。應劭《風俗通義·卷八·祀典》引《孝經說》："稷者，五穀之長。五穀衆多，不可遍祭，故立稷而祭之。"[34]應劭以此說爲悖。其實這很可能代表了對作爲神的稷的比較原始

---

[32] 《周初地理考·三、后稷篇（九）（十）》，《燕京學報》第10期。

[33] 同上《二、姜氏篇（三）》。

[34] 參看王利器《風俗通義校注》下册356頁。

的看法。稷跟介山地區有密切的關係,古書中又正好有"稷勤百穀而山死"的傳說(見《國語・魯語上》)。由此看來,用來解釋寒食的起源的介子推焚死傳說,應該就是以改火活動中用新點燃的火燒死代表穀神稷的人犧的習俗爲背景的。在歐洲的篝火節中,代表植物精靈的偶像"有時綁在一棵活樹上,連樹一起焚燒"(《金枝》920頁)。這跟介子推抱樹而燒死不是很相似嗎?在古羅馬每年春天哀悼和歡呼阿蒂斯(弗雷澤認爲是植物神)的死亡和復活的節日活動中,有這樣的內容:"在三月二十二日到樹林裏砍一棵松樹,拿到庫柏勒神殿裏去,當一尊大神供起來……把一個青年人的偶像(毫無疑問,就是阿蒂斯)綁在樹幹的正當中。"(同上508頁)這跟王肅所記的設桂樹讓介子推的神魂有所依憑的傳說也有相類之處。代表阿蒂斯的偶像扎在樹上,保存一年之後,也是被燒掉的(同上513頁)。總之,焚死的介子推的原型應該是改火中被當作穀神的代表而燒死的人犧。

前面已經說過,我國古代應該有過在仲春、季春之交改火焚田的習俗。既然介子推焚死之事有跟改火有關的古老習俗作背景,介子推傳說中的焚山之事,當然就應該像錢穆所說的那樣,具有火耕的背景了。

《金枝》指出,在某些比較落後的民族中,在祈求豐收的祭祀中被殺死的人犧,被認爲是有神性的。有些民族吃這種人犧的肉(625—626、627、632—633頁)。介子推傳說中介子割股以食文公或割肉以續軍糧的情節,是否也是以跟《金枝》所說相類的古老習俗作爲背景的呢?這恐怕也不是沒有考慮餘地的。當然,在介子推傳說產生的時候,上述那些野蠻的習俗無疑都已經只是模糊地存在人們的記憶之中了。

改火無疑是寒食的起因,但是寒食恐怕不僅僅是由於停火而產生的消極結果,它原來應該有哀悼在改火中代表神而死的犧牲者的意義。前面說過,孟加拉的孔德人在爲求人壽年豐而殺人祭祀以後,三天內不許點火。這大概就是爲了哀悼被殺的犧牲者。據弗雷澤的意見,孔德人的人犧也是作爲神的代表而殺掉的。㉟ 此外,寒食原來甚至還可能有其他宗教或巫術上的意義。

到了在改火中燒死人犧早已成爲歷史、改火習俗已在漸趨衰微,一般人對改火和寒食的原來意義都已經不很理解的時候,人們很自然地會產生對寒食的起因,特別是對它所具有的哀悼性質的來源,作出他們所能理解的解釋的要求。以跟改火

㉟ 《金枝》628—632頁。631頁16行"由權威人士充當默利亞奉獻給大地女神"一句翻譯有誤。此句似可譯爲"默利亞被我們的權威們描述爲討好大地女神的犧牲"。

有關的古老的舊習俗爲背景的介子推焚死的故事,就是適應這種要求而産生的。這一故事出現時人們對改火還沒有感到陌生這一點,顯然不能成爲改火是寒食起因的説法的反證。

改火已經停止舉行而寒食的習俗却仍然存在的情況,很可能早在先秦時代,就已經在某些地方出現了。這種情況出現以後,原來的寒食日期就有可能改變,最可能發生的改變大概是跟相近的節日合併。所以我們在前面提到過的改火和寒食的時間不能完全相應的現象,如仲夏的改火在夏至而寒食則在五月五日,也不能成爲改火是寒食的起因的説法的反證。

編按:

拙文中對以改火與寒食聯繫的現代學者,只舉了李宗侗(李玄伯)一家。此文發表後,張永言先生賜函,告知日本學者有數位也持此説。張先生精於外文,學問淵博,信中所舉文章,我都沒有讀過,撰文時未能加以徵引,是嚴重的疏失。今將張先生大函録於下方,以供讀者參考:

錫圭先生:

日來細讀大文《寒食與改火》,徵引賅博,論證綿密,允爲佳作。

以"寒食"聯繫"改火",非因介推,日本學者守屋美都雄、中村喬等皆主此説。而法國侯思孟(Donald Holzman)撰文,反對此説,不遺餘力,其駁議 J. G. Frazer 諸人類學者、民俗學者,語尤淩厲,似不無强辭奪理之處。手邊適有此文,就便複印一份寄上備覽。

中村喬關於此題之著作,當以侯文 p. 55 引及的一篇最爲重要,此外尚有"寒食清明の風習と行事"(同刊 412—413,1979 年)等。又,埋田重夫有"介之推伝説と寒食詩に関する二三の問題"一文(《中國詩文論叢》I,1982,東京),大抵偏重文學方面。

國內學者論此,有張心勤"寒食、清明非因介子推考",載《民間文藝季刊》1986:2,其刊易得,當已見及矣。

耑此奉聞,敬祝

新年快樂!

張永言

92.12.18

原載《中國文化》總第2期(三聯書店,1990),又載《古代文史研究新探》、《文史叢稿》、《二十世紀中國文史考據文錄》(雲南人民出版社,2001),今據《文史叢稿》收入。

“殺首子”解

《墨子》等書記古代南方有殺首子而食之的習俗。《墨子·節葬下》:

> 子墨子曰:……昔者越之東有輆沐之國者,其長子生則解而食之,謂之宜弟。(《列子·湯問》略同)

同書《魯問》:

> 魯陽文君語墨子曰:楚之南有啖人之國者橋,其國之長子生則鮮(“解”之誤字)而食之,謂之宜弟,美則以遺其君,君喜則賞其父。

《後漢書·南蠻傳》説南蠻地區“其西有噉人國,生首子輒解而食之,謂之宜弟,味旨則遺其君,君喜而賞其父……今烏滸人是也”。“噉”、“啖”一字,噉人國就是《墨子》的啖人之國。漢以後的烏滸蠻未必就是《墨子》所説的啖人之國的後人,但是他們無疑也有殺首子而食之的習俗。

《漢書·元后傳》記京兆尹王章對成帝之問説:

> 羌胡尚殺首子以盪腸正世,況於天子而近已出之女也。

顔師古注:“盪,洗滌也。言婦初來,所生之子或他姓。”可知漢代的羌胡也有殺首子的習俗。但據王章所言,其動機似與上述南方民族有異,殺後是否食之亦不可知。

古書中又有易牙蒸首子而獻於齊桓公的記載。《韓非子·二柄》:

> 桓公好味,易牙蒸其首子而進之。

同書《十過》記管仲臨終時答桓公之言,也曾提到此事:

> 君之所未嘗食,唯人肉耳,易牙蒸其首子而進之。

同書《難一》和《管子·小稱》都有跟《十過》類似的記載,不具引。《韓非子》各本,“首子”多訛作“子首”。《二柄》篇顧廣圻校語説:“藏本、今本‘子首’作‘首子’。

案:作'首子'爲是,《漢書・元后傳》有'首子'可證。《十過》及《難一》同。"其說甚是。宋翔鳳《過庭錄》卷十三《易牙蒸其首子而進之》條,在《元后傳》外,更引《墨子》與《南蠻傳》,力辨作"子首"之非,說更詳盡。《管子・小稱》的"首子",《群書治要》誤作"子首",孫星衍、戴望反據以校《管子》,許維遹已正其誤。①

《淮南子・主術》說:

昔者齊桓公好味,而易牙烹其首子而餌之。

《韓非子》、《管子》都說蒸首子("蒸",《管子》作"烝"),《淮南子・精神》高誘注也說:"齊桓好味,易牙蒸其首子而進之。"《主術》"烹其首子"的"烹"字,也許是"蒸"字之誤。

楊樹達《易牙非齊人考》和許維遹《管子校釋》(見《管子集校》),都引《墨子》所說的食首子之俗,來解釋上述易牙的行爲。楊氏說:"……越東、楚南、西羌並有殺首子進君之俗(引者案:羌胡所殺首子是否進君實不可知),易牙蒸其首子,進於齊桓,爲齊桓所好,正所謂'美則以遺其君,君喜而賞其父'者也。竊疑易牙本夷戎之類,非中國之民,本其國俗以事齊桓,故進蒸子而不以爲異。"②他指出古書中"易牙"或作"狄牙",認爲易牙當是狄人。③

古書中還有堯殺長子的傳說。《莊子・盜跖》:

盜跖大怒曰:……堯不慈,舜不孝……

滿苟得曰:堯殺長子,舜流母弟……

《釋文》引崔注:"堯殺長子考監明。"這一傳說也應是以古代殺首子的習俗爲背景的。

有的學者認爲"孟"字的構造也反映古代有殺首子而食之的習俗。夏淥《釋孟》說:"古代民俗存在過'長子'、'首子'被解而食之的陋習,文字中用皿盛子,表示被食的'孟子'即'長子'、'首子','孟'從而產生'首'、'始'、'長'之意……"④此說值得注意。不過《說文》說"孟,長也。从子,皿聲",把它看作一個純粹的形聲字。"孟"的字形究竟應該如何解釋,尚可進一步研究。

從上文所述看,在古代中國的邊裔地區似乎相當普遍地存在過殺首子的習俗,

---

① 見《管子集校》,《郭沫若全集・歷史編》第6册224頁。

② 楊樹達《積微居小學述林》,中國科學院出版社,1954年,246頁。

③ 同上書246—247頁。

④ 夏淥《評康殷文字學》,武漢大學出版社,1991,322頁。

而且首子被殺後往往被分食,並被獻給君主。估計在較早的時代,中原地區大概也存在過這種習俗。産生這種在現代人看來十分荒謬的習俗的原因,究竟是什麼呢?

吕思勉《先秦史》把殺首子跟春秋時代邾、魯等國用俘虜爲人牲看作相同的風俗。⑤ 首子跟俘虜的身份有天壤之别,吕氏的説法顯然把問題簡單化了。

據前面引過的王章的説法,羌胡殺首子是由於父親怕第一個兒子實際上是他人之子。此説得到了一些近代的學者的贊同,並被用來解釋其他殺首子的現象。章炳麟《檢論·序種姓上》認爲羌胡殺首子,輆沐國解長子而食之,都是由於“婦初來也,疑挾他姓遺腹以至,故生子則棄長而畜稚”。楊樹達《易牙非齊人考》認爲《元后傳》所謂“盪胸正世”【編按:據《漢書》“胸”字作“腸”】“爲殺首子之真因”,《墨子》等書所謂“宜弟”“乃俗成後文飾之辭耳”。⑥ 馬長壽《中國四裔的幼子承繼權》把殺首子跟幼子承繼權聯繫起來,看法跟章氏相近。⑦ 懷疑首子是他人之子,似乎不必把他殺死,更沒有必要殺而食之。所以我們認爲,以這一原因來解釋曾經廣泛流行的殺首子的習俗,是不合理的。

從民族學資料來看,被楊樹達否定的宜弟之説,倒是有道理的。爲了證明這一點,需要從古代獻新的習俗説起。

世界各地幾乎都流行過獻新之祭,即把田地上的第一批收獲和頭生仔畜等獻給鬼神。沙利·安什林《宗教的起源》對這種祭祀的意義作了如下解釋:

> 農業崇拜的祭祀似乎可以使人們安全地使用農、畜産品;祭祀的目的是維持畜群的生命並使在收獲之後變得光秃秃的、似乎因爲植物精靈的遺棄而已經死去了的土地肥沃起來,這種祭祀通常是慶祝第一批收獲的典禮:拿畜群和收成的一部分來作爲祭品,是爲了保全其他所有的收獲。在把神所應得的一份獻給他之後,剩下的就可以放心大膽地拿來作爲食物了……⑧

作者在這裏還提到第一批收獲含有作物等的“精靈”的問題,由於跟我們的討論沒有多大關係,就不引録了。

中國古代的“嘗”祭就是獻新之祭。《禮記·少儀》:“未嘗不食新。”鄭注:“嘗謂薦新物於寢廟。”《周禮·春官·肆師》:“嘗之日,涖卜來歲之芟。”鄭注:“嘗者,

---

⑤ 吕思勉《先秦史》,上海古籍出版社,1982,244—245 頁。

⑥ 同②。

⑦ 《文史雜志》五卷 9、10 期合刊。

⑧ 沙利·安什林著、楊永等譯《宗教的起源》,三聯書店,1964,103 頁。

嘗新穀。"《禮記・月令》說,孟夏之月"農乃登麥,天子乃以彘嘗麥,先薦寢廟",仲夏之月"農乃登黍,是月也,天子乃以雛嘗黍,羞以含桃,先薦寢廟",孟秋之月"農乃登穀,天子嘗新,先薦寢廟",仲秋之月"以犬嘗麻,先薦寢廟",季秋之月"天子乃以犬嘗稻,先薦寢廟",季冬之月"命漁師始漁,天子親往,乃嘗魚,先薦寢廟"。《逸周書・嘗麥》:"維四年孟夏,王初祈禱于宗廟,乃嘗麥于大祖。"與《月令》孟夏嘗麥相合。由於秋季是最大量的穀物成熟的季節,"嘗"後來成爲秋祭之名。在古代,"未嘗不食新"是必須遵守的戒律。《史記・龜策列傳》褚少孫補,記宋元王博士衛平列舉桀、紂罪行之語,就有"逆亂四時,先百鬼嘗"一條。

下面舉一些世界其他地方曾經存在過的獻新祭的例子。

"中美的馬耶人(Mayas)說農業的神名爲巴南毋(Balam)是一個長頭的老人,初次收獲的東西應當先祭獻他,否則必降禍。其他民族信有農耕的神的甚多,而供獻初獲物的風俗也很常見。"⑨

在殖民以前的北美易洛魁人中,稱爲"我們的兄長"的戰神很受崇拜。易洛魁人"在森林裏或在打獵時,在水上和在任何危險的情況下,都要向他祈禱。用第一批得到的果實和野味獻祭他。"⑩

"在北羅得西亞,坦噶尼喀湖西面的 Yombe 人禁止吃第一批收獲物,直到酋長在 Kalanga 山頂他祖先的墳墓前獻上了一頭公牛,並在神龕前供上了盛在罐裏的新釀啤酒和用第一批收獲做的粥。然後,墳墓周圍土地上的草被仔細清除,公牛的血被灑在泥土上。在爲收成感謝了祖先的靈魂,並請他接收第一批收獲的祭品之後,酋長回到村中。村子裏舉行宴會,吃被殺公牛的肉和那種酒和粥,接着就跳舞。"⑪由於血是給予生命的,人們往往認爲有血的祭品比無血的更能起作用。Yombe 人獻第一批收獲物時還要殺公牛,大概就出自這種考慮。⑫《月令》所說的嘗祭,除獻初獲的作物外,還要用彘、雛、犬等動物,可能由於同樣的原因。

"在印度南部的印度人中,吃新米是一種家庭宴會,叫作邦哥爾。新米用新鍋煮,點火的時間是按印度天文家的推算,在太陽進入南回歸綫那一天的中午。……

---

⑨ 林惠祥《文化人類學》,商務印書館,1991,98 頁。

⑩ 蘇聯科學院米克魯霍-馬克萊民族學研究所編、史國綱譯《美洲印第安人》,三聯書店,1960,121 頁。

⑪ E. O. James, *Sacrifice and Sacrament*, London: Thames and Hudson, 1962, p. 27. 此書蒙倫敦大學亞非學院汪濤博士檢示,書此誌謝。

⑫ 同上。

新煮的米一部份獻給甘尼薩神像;然後每人吃一點。印度北部有些地方,新穀的節會叫做'吶梵'(Navam),意即'新穀'。新穀成熟時,所有者拿着吉兆物件到地裏去,摘五、六根春播的大麥穗,摘一根秋播的小米(引者按:據原文似應譯爲:"新穀成熟時,主人依據預兆,到地裏去,在春季作物中摘取五、六個大麥穗,在秋季收獲中則摘取一個小米穗。"),帶回家,和上粗糖、黄油和凝乳。一部份以村神和祖先的名義扔在火裏;其餘的全家吃掉。"⑬

"許多希臘城邦……長期不斷地把他們收獲的頭批大麥小麥運到埃萊夫西斯去,作爲感恩祭品獻給得墨忒耳和珀耳塞福涅這兩個女神……特歐克里圖斯說,在科勒島上,在飄着香氣的夏季,農民把頭批收獲送給得墨忒耳,因爲是她使他們的穀場上堆滿大麥……"。⑭ 在古代雅典還有法律規定,要雅典人"每年薦新於祖先"。⑮

在《聖經》裏也可以看到關於獻新祭的資料。"摩西立法確立了拿家畜和它們的頭生仔畜祭祀的制度(見《出埃及記》13 章 2、15 節與 34 章 19、20 節)。……隨着農業的發展,就産生了在各個地方的神殿,後來是在耶路撒冷的神殿,拿第一批收獲的果實來獻祭的作法(《利未記》23 章 10、11、12、14 節)。"⑯

尤其值得注意的是被獻的新物中甚至有頭生的子女。腓尼基人、迦太基人和以色列人都有過以頭生子女作祭品的習俗。⑰《聖經》的《出埃及記》説:"要把所有頭生的分别出來供獻給我;凡是以色列子弟中間母親頭胎所生的無論是人或是牲畜,都應該歸我……你應該把凡是母親頭胎所生的都獻給雅赫威。你的牲畜中所有初生的公畜,也應該歸於雅赫威。你可以用羊羔來贖所有頭生的驢;若不代贖,就應該打斷它的頸項。你的子弟中的每一個頭生子你也可以贖。"⑱又説:"你要把你的第一批穀物和你第一次榨出的酒獻給我,不可遲延;你要把頭生的兒子獻給我;你的牛、羊也是如此……"。⑲此外,如上帝要亞伯拉罕把他的第一個正妻撒拉所生的兒子以撒獻爲祭品的故事,⑳耶弗他(或譯"耶弗大")被迫把獨生女兒獻

---

⑬ 詹·喬·弗雷澤著、徐育新等譯《金枝》,中國民間文藝出版社,1987,696—697 頁。

⑭ 同上書 576 頁。

⑮ 古朗士著、李玄伯譯《希臘羅馬古代社會研究》,商務印書館,181 頁。

⑯ 同⑧104—105 頁。

⑰ 同⑧103 頁。

⑱ 《出埃及記》13 章 2、12、13 節,譯文據注⑧所引書 64 頁。雅赫威即耶和華,指上帝。

⑲ 《出埃及記》22 章 29、30 節,譯文據注⑧所引書 103 頁。

⑳ 《聖經・創世記》22 章 2—10 節。

給上帝的故事,[21]也許都是以獻頭生子女的習俗爲背景的。《出埃及記》等所說的贖取頭生子,應是後起的比較文明的方法(在亞伯拉罕獻以撒給上帝的故事裏,最後也是以一頭公羊代替以撒作祭品的)。

我國古代殺首子的習俗,顯然也應該解釋爲把頭生子女獻給鬼神。在古書的有關記載裏沒有提到殺首子的祭祀性質,是由於記載的人對這種習俗缺乏深入的瞭解。獻第一批收獲於鬼神,是爲了能平安地保有、食用收獲的其他部分,並在來年繼續得到新的收獲。獻首子當然也是爲了以後能得到新的孩子,並使他們能够安全地成長。所以《墨子》說殺首子是爲了"宜弟",是很有道理的。羌胡殺首子,主要也應該是由於這一原因。

弗雷澤在《金枝》裏說:"在古代希臘,看來至少有一家很古的王室,其長子總是代替他們的父王作犧牲獻祭的。"[22]他以國王設法把自己的"致命的責任推給子孫",作爲以長子爲祭祀犧牲的習俗産生的原因。[23] 我們懷疑,他所說的那種希臘習俗,在最初産生的時候也是跟前面所説的殺首子習俗同性質的。

我國自古以來認爲吃獻祭過的食物能得福,所以祭祀之後有"歸胙"、"歸福"之事,即把獻祭過的酒肉送給有關的人吃。我國獻新之祭中的祭品,在祭祀之後一般也應該是被吃掉的。在世界各地,"把嘗新聖餐和向神或精靈獻新穀同時舉行"的情況是相當常見的。[24] 在這種情況下,嘗新聖餐的食物往往就是,或包括獻新祭中所獻的食物,如上面舉過的 Yombe 人的例子。又如"在雅典,人們在布豐尼亞節,把第一批的收獲物放在宙斯・波里昂的祭壇上;然後讓一些公牛到祭壇前來吃掉它們。人們從這些公牛中挑出一頭來宰掉,因爲它吞食了穀物的靈魂",這頭牛的肉就被分給在場的人吃掉。[25]

我國古代有些地方殺首子後還要"食之"。這無疑具有獻新祭後的聖餐的性質,其目的應是求福、"宜弟"。對似乎非常不合情理的食首子的殘酷習俗來說,除此之外恐怕就很難找到合理的解釋了。

在基督教的傳說裏,作爲上帝的兒子、上帝的羔羊的耶穌基督,爲了贖人們的罪而自願承擔死亡。這一傳說最初也許意味着基督爲了免除人們獻出頭生子的痛

---

[21] 《聖經・士師記》11 章 30、39 節。
[22] 同⑬425 頁。
[23] 同⑬428 頁。
[24] 同⑬703 頁。
[25] 同⑧106 頁,參看注⑬所引書 674—675 頁。

苦而自願作爲犧牲。所以基督教聖餐中分食象徵基督血肉的酒和面包,最初可能也是象徵分食已獻神的首子的。

在獻新祭和嘗新聖餐之類的儀式裏,君王(包括比較原始的社會裏的酋長、祭司一類人)往往起極爲重要的作用。沙利·安什林指出,在非洲有的地方的這類儀式裏,“臣民們對土王的依賴,就像是對神的依賴一樣。中國的情況也是如此,在中國,天子拿最初的收獲物祭祀自己的祖先,並且比他的所有臣民更先嘗到這些食物”。㉖ 有時,君王由於被視爲神,直接成爲獻新的對象。“西非剛果王國有一位大祭司名叫奇托姆或奇托姆伯,黑人把他當作地上的神,天上的最高權力者。每年新穀登場,首先要向他奉獻,然後才敢食用,否則違反規律,就有災難降身。”㉗既然殺首子有獻新祭的性質,食被殺首子有嘗新聖餐的性質,我國古代有些地方殺首子後還要獻於君的現象,也就完全可以理解了。易牙蒸首子獻於桓公,也許是把他當作神來對待。

總之,殺首子而食之,是屬於獻新祭和嘗新聖餐範疇的一種現象,其性質跟一般的用人牲和食人的習俗不能同日而語。以父親怕第一胎是他人之子來解釋殺首子的習俗,也是錯誤的。

最後,附帶對跟殺首子習俗有關的易牙和齊桓公作些討論。

前人多認爲易牙就是見於《左傳·僖公十七年》的雍巫。《史記·齊世家》“公曰:易牙如何”句《正義》:“(易牙)即雍巫也。賈逵云:雍巫,雍(引者案:通“饔”)人,名巫,易牙也(《齊世家》下文“雍巫”下《集解》也引賈逵語,但“易牙也”作“易牙字”)。”《左傳·僖公十七年》杜預注與賈逵說同。張佩綸《管子學》以易牙、雍巫、棠巫爲一人,不可信;但認爲“巫”非易牙之名,“雍巫即食醫之類,乃官名”,則頗有道理。㉘ 易牙如真是一個巫,他蒸首子而進於齊桓公,除了有習俗的背景外,可能還有別的宗教上的意義。

據《管子·小稱》,桓公嬖臣還有堂巫,《齊世家》“雍巫”下《索隱》引《管子》作“棠巫”,《吕氏春秋·知接》則稱之爲“常之巫”。“堂”、“棠”、“常”皆从“尚”聲,音近可通。《齊世家·索隱》認爲雍巫和易牙未必是一人,雍巫和棠巫則可能是一人。沈欽韓《春秋左傳補注》說同。此說不可信。㉙《左傳·襄公二十五年》有“齊

㉖ 同⑧105頁。

㉗ 同⑬257頁。

㉘ 張說見《管子集校》,同①222頁。

㉙ 參看楊伯峻《春秋左傳注》,中華書局,1981,374頁。

棠公”，杜注：“棠公，齊棠邑大夫。”棠巫應即棠邑之巫。棠巫亦稱常之巫，與晉國梗陽邑之巫稱“梗陽之巫”同例。㉚《吕氏春秋·知接》記桓公之言，說“常之巫審於死生，能去苛病”，可見他也是相當神秘的一個人物。

桓公另一嬖臣豎刁（即《左傳》的“寺人貂”）是自宫的。《吕氏春秋·知接》記桓公之言，說“豎刁自宫以近寡人”。《管子·小稱》記管仲之言，說“豎刁自刑而爲公治内”。古代高盧僧侣有自閹的習俗。㉛ 早期基督教視性交爲罪惡，《新約聖經·馬太福音》19 章 12 節提及“爲天國的緣故自閹的”。㉜ 豎刁的自宫很可能有宗教背景。說他自宫是爲了“爲公治内”，恐怕是簡單化了。易牙進首子本有習俗爲背景，古書中却僅歸因於桓公好味易牙求寵，情況與此相似。

據上所論，齊桓公似乎是一個很富於宗教氣息的國君。可惜由於缺乏資料，已經難以詳考了。

1993 年 5 月 2 日寫完

《叢稿》編按：

蕭兵《中國文化的精英——太陽英雄神話比較研究》238—241 頁討論解釋棄子、殺嬰原因的“宜弟說”時，引用了一些我們沒有注意到的資料，並發表了一些很有啓發性的意見，讀者可以參閱。蕭先生此書早在 1989 年就由上海文藝出版社出版，並曾贈我一册，我寫此文時失於參考，是不應有的疏失。

原載《中國文化》第 9 輯（三聯書店，1994），又載《文史叢稿》、《裘錫圭學術文化隨筆》，今據《裘錫圭學術文化隨筆》收入。

㉚ “梗陽之巫”見《左傳·襄公十八年》。

㉛ 同⑧153、161、174 等頁。

㉜ 同⑧174 頁。

裘錫圭學術文集

第六卷

雜著卷

復旦大學出版社

目　錄

唐墓出土的雙陸盤 …… 1
漆"面罩"的名稱問題 …… 3
鋞與桱桯 …… 4
說鈚、榼、椑榼 …… 12

讀《小屯南地甲骨》 …… 27
評《西周青銅器銘文分代史徵》 …… 37
談談孫詒讓的《契文舉例》 …… 41
介紹一本重要的《尚書》學著作 …… 48
關於《小屯南地甲骨》的討論
——答蕭楠同志 …… 50
評《殷墟甲骨刻辭類纂》 …… 64
評《新語校注》 …… 82
評《殷虚卜辭綜述》 …… 85

《古文字與殷周文明》序 …… 97
《商周青銅兵器/古越閣藏》序 …… 98
《朱德熙古文字論集》編後記(與李家浩合著) …… 102
《漢語俗字研究》序 …… 104
《智永草書千字文草法解說》序 …… 106
《裘錫圭自選集》跋 …… 108
《古史新證——王國維最後的講義》前言 …… 110
《吳越文字彙編》序 …… 121
《甲骨綴合集》序 …… 123

《裘錫圭學術文化隨筆》跋 …… 125
《漢字結構系統與傳統思維方式》序 …… 127
《古幣叢考》讀後記 …… 128
《漢語俗字叢考》序 …… 131
《陶文圖錄》序 …… 133
《石鼓文整理研究》序 …… 135
《古陶文舂錄》重印序言 …… 137
《文字學概要》日譯本序 …… 139
《絲竹軒小學論集》序 …… 141
《說文新證》序(與郭永秉合著) …… 143

《〈章太炎年譜長編〉補》引文標點瑣議 …… 144
《王國維全集》書信卷在編次、標點等方面的問題 …… 147
關於"六齊"合金配比解釋的勘誤 …… 178
《陳獨秀草書中堂賞析》辨誤 …… 179
評《工具書帶來的困惑》 …… 180

朱德熙先生在古文字學方面的貢獻 …… 183
懷念我敬愛的朱德熙先生 …… 186
懷念耿先生 …… 190
回憶唐蘭先生
——爲紀念唐先生百年誕辰而作 …… 191
悼念馬幾道教授 …… 195
張政烺先生與古文字學 …… 196
紀念馬承源先生 …… 200
懷念通鏘兄 …… 202
厚宣師引我進入學術之門 …… 203
紀念章培恒先生 …… 206
懷念張先生 …… 209

希望有關部門扶助支持《文史》 …… 212

不合時宜的感想 …… 214
治學的三種精神 …… 215
要狠抓日常公共道德的教育 …… 216
談談“反求諸己” …… 218
在基本道德和行爲準則方面切實繼承和發揚傳統文化中好的東西 …… 221
文字博物館建設應注重高品位和科學性 …… 224
記張頷先生一二事
——爲慶賀張先生九十壽辰而作 …… 226
一個讀者的希望 …… 227

我和古文字研究 …… 229

爲《中國大百科全書》撰寫的辭條 …… 243
甲骨卜辭 …… 243
銅器銘文 …… 244
孫詒讓 …… 246
于省吾 …… 247
《甲骨文編》 …… 248
《甲骨文字釋林》 …… 249
《尉繚子》 …… 250
簡册 …… 252
秦簡 …… 253
漢簡 …… 254
烽燧 …… 258
奴隸 …… 259
庸 …… 267
徒 …… 270
工 …… 272
嗇夫 …… 275
市 …… 277

是原始文字還是符號（記者武勤英訪裘錫圭） …… 282
“古史辨”派、“二重證據法”及其相關問題
——裘錫圭先生訪談録（裘錫圭 曹峰） …… 286

引書簡稱表 …… 305
裘錫圭著述目録（截至2012年5月） …… 310
裘錫圭學術年譜簡編 …… 331
主題索引 …… 333

編校後記 …… 420

唐墓出土的雙陸盤

在博戲方面，漢代盛行六博，唐代盛行雙陸。但是我們時常聽説考古工作者在漢墓裏發現與六博有關的遺物，却幾乎從未聽説在唐墓裏發現與雙陸有關的遺物。其實解放後曾不止一次在唐墓裏發現過雙陸盤，只是發掘者沒有辨識出來。

1963 年在長沙牛角塘唐墓中曾發現一件近似棋盤的陶明器，形如圖一（採自《湖南長沙牛角塘唐墓》，《考古》1964 年 12 期 634 頁圖一・1）。發掘者認爲是圍棋盤，顯然是錯誤的。

1971 年在湘陰桐子山唐墓中發現了一些陶明器，其中有圍棋盤的模型，還有"用途不詳"的"長方形帶條紋陶版一件"（《湖南湘陰唐墓清理簡報》，《文物》1972 年 11 期 49 頁），形如圖二（採自同上 52 頁圖二二右）。又《考古》1980 年 6 期 509 頁圖三之 9 的所謂瓷"榻"也是同類的東西。

上述這些陶明器其實都是雙陸盤的模型，只要把它們跟杜亞泉《博史》（開明書店 1933 年出版）所載的雙陸圖（見本文圖三）對照一下，就可以完全明白。《博史》曾據日本《雙陸錦囊鈔》簡述雙陸的玩法，現在轉錄於下以供參考：

> 棋盤上下各十二道。棋子黑白各十五枚。黑棋自上左向右行，復由下右向左行；白棋自下左向右行，復由上右向左行。入局時布子如圖（即圖三）。二人對坐，交互擲行棋。骰子二枚，如擲得二與三，擲者任擇自己之棋內，一子行二，一子行三。同色之棋，一道中可任重數子。已有同色之棋二子在一道中，則敵棋不得入；已入者取除。取除之棋，於敵方下次擲骰時入局；黑棋自上左一道起，白棋自下左一道起，依點行棋。如取除之棋，不得入局；則他棋皆不得行。一方不能行棋時，即由對方擲骰。至一方之棋均入最高之六道內（黑爲下內六道，白爲上內六道）即爲勝利。若最高六道內，每道各有二棋（右方五星之右三道內各有一棋及二棋），則爲大勝。

1974 年發掘法庫葉茂臺遼墓，出漆木雙陸一副，雙陸盤上"堆放着三十粒椎形棋子,黑白各十五粒。旁邊還放着兩粒角骰,已腐朽”(《法庫葉茂臺遼墓記略》,《文物》1975 年 12 期 32 頁)。棋與骰的數量與《博史》所述相合。

最近四川省博物館在萬縣的一座唐墓裏,發現了一些青瓷明器,中有圍棋盤和“造型略同圍棋盤,版面陰刻對稱的長方格子”的“案形器”各一件(《四川萬縣古墓》,《考古學報》1980 年 4 期 509—510 頁)。從圖版看,後者顯然也是一件雙陸盤(見上引文圖版陸之 7)。這件盤兩面的豎格都只有十道,與上舉三件及《博史》所述作十二道者不合。大概由於制造這件明器的人比較馬虎,所以差了兩道。

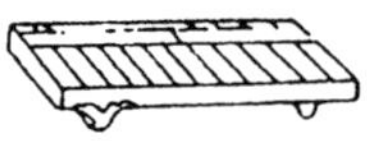
圖一

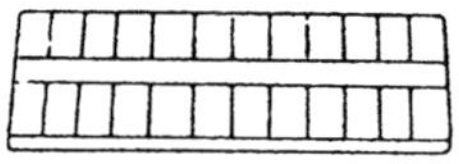
圖二

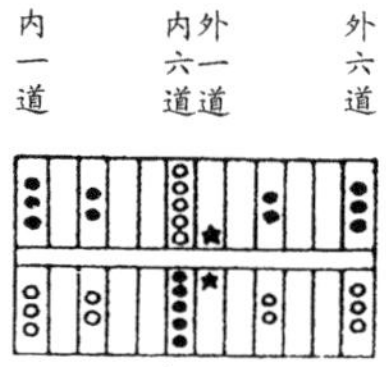

圖三

原載《文史》第十二輯(中華書局,1981),又載《古代文史研究新探》、《裘錫圭學術文化隨筆》,今據《裘錫圭學術文化隨筆》收入。

漆“面罩”的名稱問題

《文物》1987 年第 1 期《揚州平山養殖場漢墓清理簡報》所報道的在 M1、M4 二墓中出土的漆“面罩”，應即《漢書》所說的“秘器”。《漢書·霍光傳》：“光薨……賜……玉衣、梓宫、便房、黄腸題湊各一具，樅木外臧(藏)椁十五具，東園溫明，皆如乘輿制度。”服虔注“東園溫明”曰：“東園處此器，形如方漆桶，開一面，漆畫之，以鏡置其中，以懸尸上，大斂並蓋之。”顔師古注補充説：“東園，署名也，屬少府，其署主作此器也。”王念孫《讀書雜志·漢書第十二》“溫明”條認爲《霍光傳》“溫明”下脱“秘器”二字，今將此條原文引録於下：

> “溫明”下有“秘器”二字，而今本脱之。據服注云東園處此器形如方漆桶，顔注云東園署名也，其署主作此器，皆是釋“秘器”二字。後《孔光傳》，光父霸薨，賜東園秘器；光薨，賜乘輿秘器。師古皆無注，以注已見於此篇也。……《文選·齊竟陵文宣王行狀》注引此，正作“東園溫明秘器”，《漢紀》同(《北堂書鈔·禮儀部十三》引《晉公卿禮秩》云，安平王孚薨，給東園溫明秘器)。

其説甚是。《簡報》所述 M1 所出漆“面罩”情況，與上引服虔注所言正相符合，顯然就是《漢書》所謂秘器，稱爲面罩是不合適的。(《新探》編按：《文物》1988 年 3 期所載孫機《“溫明”不是“秘器”》一文指出“秘器”主要指棺，王念孫説誤，此種“面罩”只能稱“溫明”，不能稱“秘器”，請參閲。)服注謂秘器“漆畫之”，M1 所出則“素面無紋”，這也許反映了等級的不同，素面無紋的可能爲地位較低者所用(揚州東風磚瓦廠三號漢墓中曾出土“彩繪漆面罩”，見《簡報》36 頁)。附帶説一下，《簡報》把 M3 所出的三塊簽牌稱爲木牘，也是不妥當的。

原載《文物》1987 年 7 期(本爲致編輯部的信，發表時題爲《漆“面罩”應稱“秘器”》)，又載《古代文史研究新探》，今據後者收入。

鋞與桯桯

漢墓所出銅器中有一種三足提梁筒形器。器身作直上直下的圓筒形,上有蓋,下有三矮足。器身上部兩側有一對銜環的耳或獸面(即鋪首),提梁的把手跟環用鏈條或兩端有圈的銅條相聯繫(圖一)。個別器出土時提梁或蓋已殘佚。這種銅器的大小比較一致。口徑通常爲漢尺五六寸左右,高度通常爲漢尺八九寸至一尺左右(漢代一尺相當於23釐米左右),只有個别器稍高一些。

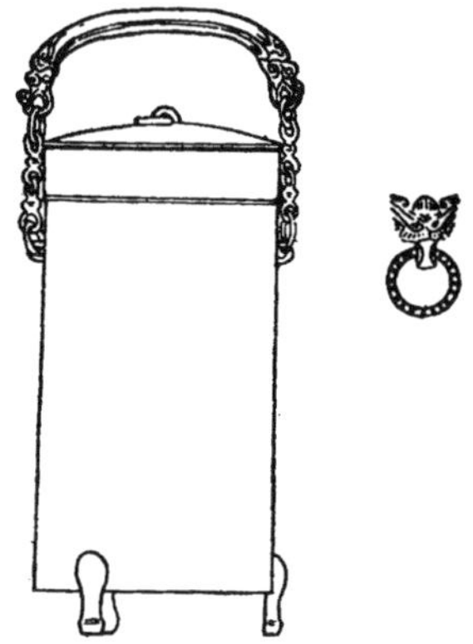

圖一 咸陽馬泉西漢墓筒形器(據《考古》1979年2期129頁圖五:2)

在武威磨咀子6號漢墓裏曾發現跟這種銅器類似的陶器一件。[①] 器身兩側之耳爲貫耳,應該是穿繩爲提索的。滿城1號漢墓(中山王劉勝墓)也出了十件這一類的陶器,但器身較高,兩側之耳作紐狀,無蓋。[②] 這些陶器,尤其是滿城漢墓所出的一批,可能是仿銅器的明器。

1967年在固原頭營公社坪樂大隊附近的溝崖上發現了一批銅器,報道者根據其中的有銘鼎等物,把它們定爲戰國時期的秦器。[③] 這批銅器裏也有一件三足提梁筒形器。[④] 其形制與西漢墓所出之物並無明顯區别。

考古工作者對上述這種器物有以下一些叫法:

提梁卣 《山西渾源畢村西漢木椁墓》(《文物》1980年6期45頁)、《揚州東風磚瓦廠漢代木椁墓》(《考古》1980年5期425頁)、《山東萊西縣岱墅西漢木椁墓》(《文物》1980年12期13頁)、《萊西縣

① 《甘肅武威磨咀子6號漢墓》,《考古》1960年5期11頁、圖版柒:2。
② 《滿城漢墓發掘報告》上129頁、圖版八二:4。
③ 《寧夏固原縣出土文物》,《文物》1978年12期88—89頁。
④ 同上87頁圖五、88頁。

董家莊西漢墓》(《文物資料叢刊》第9輯185頁)

卣　《寧夏固原縣出土文物》(《文物》1978年12期88頁)

提梁樽　《安徽天長縣漢墓的發掘》(《考古》1979年4期329頁)

酒樽　《江蘇鹽城三羊墩漢墓清理報告》(《考古》1964年8期399頁)

樽　《蕪湖市賀家園西漢墓》(《考古學報》1983年3期386頁)

提梁奩　《遼寧撫順縣劉爾屯西漢墓》(《考古》1983年11期991頁)、《山東沂水縣荆山西漢墓》(《文物》1985年5期48頁)

奩　《甘肅武威磨咀子6號漢墓》(《考古》1960年5期11頁)、《漢長安城發現西漢窖藏銅器》(《考古》1985年5期401頁)

奩形器　《滿城漢墓發掘報告》上129頁

三足提梁筒形器　《陝西咸陽馬泉西漢墓》(《考古》1979年2期128頁)

此外可能還有爲我們所忽略的别的叫法。(《新探》編按:《文物》1987年9期86頁《河北平泉縣楊杖子村發現漢墓》稱此種銅器爲"筒形器"。宋吕大臨《考古圖》卷十收此種銅器一件,名爲"攜奩"。)

三足提梁筒形器這個名稱是完全以器物本身形制的特點爲根據的。在還不能肯定考古發現的某種器物究竟相當於古書裏所説的哪一種器物的時候,只能採用這種方法來給器物定名。至於上面舉出的其他各種名稱,則都是不恰當的。這種筒形器的器身和足跟漢代的一種酒樽有些相似(但酒樽一般要粗大得多),那種酒樽曾經被誤稱爲奩。所以稱這種筒形器爲奩,可説是雙重的不恰當。

圖二　河平元年銅鋞(據《漢代的文物》插圖95頁5—127)

日本林巳奈夫教授主編的《漢代的文物》,發表了日本寧樂美術館所藏的一件丟失了提梁的三足提梁筒形器(圖二),器身所刻銘文自稱爲銅鋞:①

河平元年供工昌造銅鋞,容二斗,重十四斤四兩,護武、嗇夫昌主,右丞譚、令譚省。

① 《漢代的文物》插圖95頁,5—127。1987年1月作者去日本時參觀了寧樂美術館,蒙館長中村準佑先生厚意,將銅鋞自陳列櫃中取出,供作者仔細觀察。銘文的釋文是據原器作出的。在此敬向中村先生致謝。

由此可知三足提梁筒形器應該稱爲鋞。

《説文·金部》:"鋞,溫器也,圜直上。""圜直上"正是這種筒形器形制上的主要特點。[①] 咸陽馬泉西漢墓出土的銅鋞,器內"有液體凝固痕跡",發掘者以爲是酒器。[②] 大概鋞主要是用來盛酒、溫酒的。當然也未嘗不可以用來盛其他東西。遼寧撫順縣劉爾屯西漢墓地所出一件脩長的銅鋞,就盛有禽骨等物。[③]

漢代還有一種叫桱桯的盛酒器,跟鋞有密切的關係。

桱桯之爲酒器,是沈元在《〈急就篇〉研究》一文中論定的。他説:

> 居延漢簡中有一片記載將軍的器物,內有"桱桯二"(引者按:此簡出土號爲293·1+293·2,即《居延漢簡甲編》1572號。桯,簡文原作程,二字皆从呈聲,可通用)。《說文》六篇上《木部》:"桱,桱桯也,東方謂之蕩。"由這裏並不能瞭解什麼是桱桯。段玉裁正因不瞭解桱桯的含義,所以竟逕自删去桱字,謂"桱,桯也",把桱當作桯(床前几)的同義詞來解釋。……但王筠對段說是提出過疑問的,他見在《玉篇》中桱與案、杓、杵、櫑、榼等字排列在一起,所以懷疑桱桯本爲雙音詞,應當也屬於酒食器之屬(《說文句讀》)。他的這種假說,在《急就篇》中可以得到證實。《急就篇》第十五章(按:應爲十六章)有此詞,唯字作"槳程"(按:《急就篇》各本中,"程"字亦有从"木"作"桯"者,如宋克摹本、趙孟頫正草二本。松江本中此字正好屬於缺去的部分),云"酤酒釀醪稽槳程",槳程顯然是一種酒器。此詞在《韓詩外傳》內字作"經程",其文曰:"齊桓公置酒,令諸大夫曰:後者飲一經程。管仲後,當飲一經程。"(按:見卷十)桱桯、槳程、經程爲一詞異體,無疑應訓爲酒器。(《歷史研究》1962年3期77頁)

沈元的意見顯然是正確的。

今本《説文》"桱"字列在"桯"字和"牀"字之間,但是在唐寫本《説文·木部》殘本裏,"桱"字却列在"櫑"字和"椑"字之間。周祖謨教授在《唐本説文與説文舊音》一文裏,曾由此出發對"桱"字的意義作過深入的討論。他説:

> 今考《萬象名義》桱字亦不列桯下,而次於櫑字之下,榼椑二字之上。《萬象名義》多本於顧野王《玉篇》,而《玉篇》又多依《說文》之字次排列,足證《說

① 《漢代的文物》241頁。

② 《陝西咸陽馬泉西漢墓》,《考古》1979年2期128頁。

③ 《遼寧撫順縣劉爾屯西漢墓》,《考古》1983年11期991頁。

> 文》古本桱字確與椑榼爲一類;而桱之義訓,蓋亦酒器也。桂馥《説文義證》於椑下云:“案椑亦以竹作。《廣志》:‘漢竹大者一節受一斛,小者數升爲椑榼。’”是古人盛酒之器或以木作,或以竹作也。許氏所謂“東方謂之簜”者,即以竹所作酒器之名。簜,唐本今本均作蕩,《萬象名義》作簜是也。簜,《説文》云:“大竹筩也。”《玉篇》云:“簜,竹器也,可以盛酒。”玄應《一切經音義》卷十四云:“簜,以木若瓦爲之,短闊於桶。”據是則簜爲酒器,桱亦爲酒器矣。酒器之所以名爲桱者,以其徑直而長,與區榼之椑不同,故名。其所以又名爲簜者,簜與瘍同,瘍者大竹也,竹闊節者曰瘍(見《爾雅》孫炎注),故斷闊節大竹所爲之酒器亦名之曰瘍。(《問學集》729 頁)

周先生認爲《説文》“桱”字説解中的“蕩”本應作“簜”,十分正確。《説文》訓“簜”爲“大竹筩(今多用“筒”)”,這一意義在考古資料裏可以得到印證。大墳頭 1 號墓木牘所記隨葬物中有“竹簜四”,發掘者認爲就指墓中所出的用成節的竹子做成的竹筒。[①] 這應該是可信的。江陵鳳凰山 8 號、168 號等墓也有這類竹筒多件。據發掘簡報,168 號墓所出竹筒背面有墨書的“鹽”、“肉醬”、“苦酒”或“枇簜”等字。[②]“篡”當是“簜”的誤釋或誤植。“枇簜”意即盛枇(杝)的竹筒。8 號墓遣册有“芥一傷”、“□一傷”、“蝙醬一傷”、“肉醬一傷”、“甘酒一傷”等簡。[③]“傷”與“簜”當是一字,也應是指墓中所出竹筒而言的。[④] 各墓所出竹筒有的口徑很小,缺乏實用價值,當是明器。日常生活中用來盛物的簜,一般應該是“大竹筩”。桱桯又稱爲簜,説明原始的桱桯應是盛酒的大竹筒,即“斷闊節大竹所爲之酒器”。周先生由於沒有注意漢簡資料,在上引文中從段氏説,以爲《説文》“桱”字注文中“桱桯”之“桱”是“複舉字之未删者”;並謂“桯”字“當又爲‘榼’字之誤”(729—730 頁)。這是不正確的。不過“桱桯”是疊韻聯綿字,聲與“桯”近之“莛”義與“莖”同,所以“桱桯”這種酒器的得名仍可能如周先生所説,與器體“徑直”有關。

在雲夢睡虎地 1 號、8 號、34 號等墓裏,都發現了由天然竹筒加工製成的“提筒”。8 號墓所出的一件,“外塗黑漆,内塗紅漆。近口處用十一道、近底處用十道

---

① 《雲夢大墳頭一號漢墓》,《文物資料叢刊》第 4 輯 19 頁。

② 《湖北江陵鳳凰山 168 號漢墓發掘簡報》,《文物》1975 年 9 期 6 頁。

③ 金立《江陵鳳凰山八號漢墓竹簡試釋》,《文物》1976 年 6 期 74 頁。原文“傷”作“傷”,疑是印刷之誤。此據原簡照片釋。

④ 8 號墓出竹筒 7 件,見《湖北江陵鳳凰山西漢墓發掘簡報》的統計表,《文物》1974 年 6 期 49、54 頁。

細棕繩纏縛加固,上口有棕繩作繫。高 16 釐米”。[1] 1 號、34 號兩墓出土的,“筒內外均涂黑漆。M34:40 號,整器均用細棕繩加固;蓋外壁八道,器外壁近口處十一道,近底處九道,口上還用粗棕繩作提繫。筒高 14.8、口徑 10 釐米”。[2] 8 號墓提筒無蓋,不知是製作時就如此,還是後來丟失的。這些竹提筒應該就是盛酒用的桱桯,當然也未嘗不可以叫做篣。

廣西貴縣羅泊灣 1 號墓出銅“竹節筒”一件,“直腹有蓋。上腹有鋪首銜環一對,係活鏈提梁。器身分兩節,擬竹節形。器表漆彩畫。……通高 42、底徑 14 釐米”。[3] 這是仿篣形的銅器。

望都 2 號漢墓出“鎏金圓筒盒”一件,[4]除不鑄出竹節形外,形制跟羅泊灣 1 號墓篣形器很相似,器身也顯得很脩長(原報告未標明尺寸)。此器內殘存“杏紅色棒狀物九段”,[5]似乎不是盛酒而是盛化妝品的。《急就篇》“芬薰脂粉膏澤筩”句顔師古注:“膏澤者,雜聚取衆芳以膏煎之,乃用塗髮使潤澤也。筩者,本用竹筩,其後轉用金玉雜物寫竹狀而爲之,皆所以盛膏澤者也。”據此,望都 2 號漢墓的篣形器似乎可以稱爲筩。(《新探》編按:前引《一切經音義》“篣……短闊於桶”之“桶”應即指此類器。)

南方漢墓中屢出一種器身作圓筒形的陶提筒,上有蓋,器身兩側或四面有備穿繩用的耳,下爲平底或圈足。這種提筒的器身,有的顯得比較粗矮,有的顯得比較脩長。脩長的跟銅鋞的器身很相似,不過體積大都大於銅鋞。[6] 廣州龍生岡一座東漢木椁墓所出的一件陶提筒,蓋內有“臧(藏)酒十石,令興壽至三百歲”十一字墨書,可知這種陶器是盛酒用的(圖三)。[7] 這種陶提筒應該是脱胎於上面講過的那種竹提筒的。它們有的有圈足。用竹筒做的提筒,下部一般也有自然形成的圈足,即下一節竹筒的上端部分。上引周文所引《一切經音義》説:“篣,以木或瓦爲

---

① 《雲夢睡虎地秦墓》58 頁、圖版四三:2。

② 《湖北雲夢睡虎地秦漢墓發掘簡報》,《考古》1981 年 1 期 43 頁、圖版拾壹:1。

③ 《廣西貴縣羅泊灣一號墓發掘簡報》,《文物》1978 年 9 期 28 頁、圖版叁:2。

④ 《望都二號漢墓》9 頁、52 頁圖九六。

⑤ 同上 9 頁。

⑥ 看《廣州漢墓》上册 118、216—217、270—271、322、400 等頁以及有關的插圖、圖版,《廣西合浦西漢木椁墓》(《考古》1972 年 5 期 28 頁),《廣西合浦縣堂排漢墓發掘簡報》(《文物資料叢刊》第 4 輯 48—49 頁)等。

⑦ 《廣州市龍生岡 43 號東漢木椁墓》,《考古學報》1957 年 1 期 148 頁。《廣州漢墓》上册 323 頁、324 頁圖一九二。

之，短闊於桶。”據此，這種體積一般比較大的仿篹形的陶提筒，也可以就稱爲篹。《説文》説東方稱桱桯爲篹。這種陶提筒既可稱篹，大概也可以稱爲桱桯。《急就篇》顔注本“酤酒釀醪稽極（檠之誤字）程”句下王應麟的補注，在引用了《韓詩外傳》提到“經程”的那段文字之後，又説：“又陶器有酒經，晉安郡人餉酒云一經、二經至五經。”酒經大概也是這種陶提筩的一個名稱。（《新探》編按：黄展岳《銅提筒考略》認爲南方漢墓中所出的陶提筒全都是越文化系統的銅提筒的仿製品，跟桱桯無關，見《考古》1989年9期846—848頁，可參閲。）

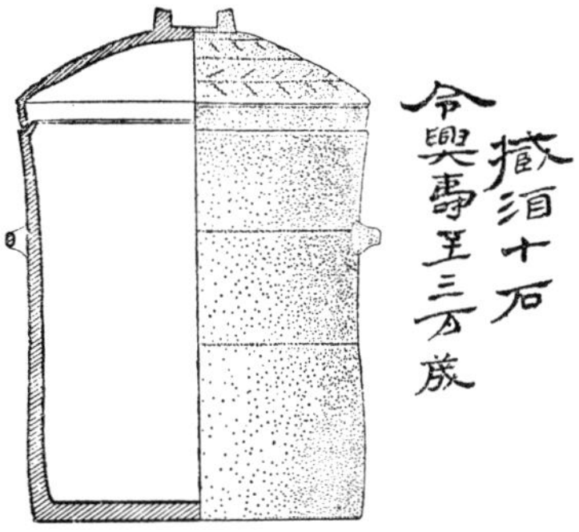

圖三　廣州龍生岡東漢墓陶提筒及蓋内墨書（據《廣州漢墓》上册323頁圖一九二）

銅鋞的器身也像竪置的竹筒。如果把上面提到的睡虎地34號墓所出的竹提筒跟銅鋞具體比較一下，可看出二者的密切關係。二者器身形狀的一致，是一目瞭然的。竹提筒用帶節的一小段竹筒作蓋。鋞蓋的頂部有的是平的，有的雖然鼓起但弧度很小，外形跟竹提筒的蓋也頗爲相似。二者器身的大小也比較接近。34號墓竹提筒口徑10釐米，跟較小的銅鋞接近；筒高14.8釐米，跟較小的鋞除去足高以後的高度也相去不遠。竹提筒有提繩，銅鋞有提梁。竹提筒用細棕繩加固器身，在近口與近底處形成兩條寬帶。銅鋞器身往往飾寬帶紋（參看圖二），應該就是模仿竹筒上的纏繩的。總之，銅鋞也應是由竹提筒演化出來的一種酒器。除了有没有三足這一點，銅鋞跟竹提筒，即桱桯的形制幾乎完全一致。也可以説，鋞就是加上了三個矮足的桱桯。廣州漢墓所出陶提筒絶大部分是平底或有圈足的，但3024號西漢後期墓所出的兩件的底部則附有三個極矮的“乳紐狀短足”（圖四）。① 如果把它們换成一般的蹄狀矮足，這種提筒就跟前面提到的跟銅鋞同形的陶器完全屬於同一類型了。所以鋞跟桱桯之間，在形制上其實也並無截然不可逾越的界限。“鋞”跟“桱桯”這兩個名稱在語言上無疑是有内在的聯繫的。由竹桱桯演化而成的銅器稱爲鋞，由竹桱桯演化而成的陶器稱爲經，二者顯然是平行的現象。（《新探》編按：1971至72年發掘的江陵拍馬山楚墓中，屬“戰國中晚期”的M11以及時代較晚於M11的M2和M19，各出一件所謂“竹卮”，“均用圓筒形竹節雕成器身，另加竹蓋”。M19一件較大，“蓋及口沿兩側凸出作耳，三獸蹄足與器底相連，表塗黑漆。通高14、蓋徑7.3釐米”（《考古》1973年3

① 《廣州漢墓》上册271頁。

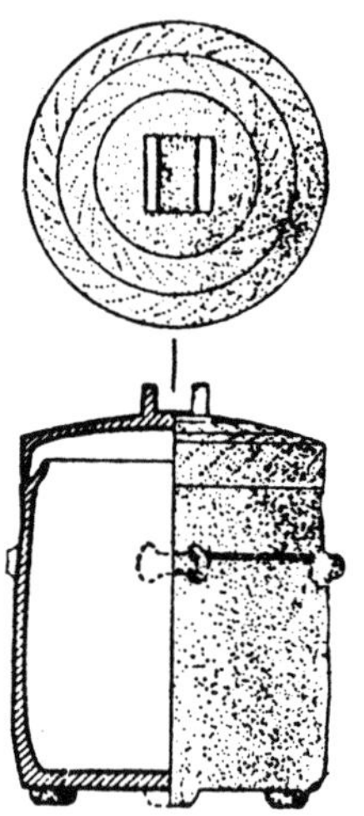

圖四 廣州3024號漢墓提筒(據《廣州漢墓》上册271頁圖一六〇:1)

期159頁、圖版柒・1)。這種器物似即銅鋞的仿製品,大概是明器。由此可知銅鋞在戰國時代就已出現。)

最後應該提一下跟桱桯很相似的一種商周銅器。在商周青銅容器裏,有一種有提梁的圓筒形器,一般多稱爲卣。見於著録的有古父己卣、①竟祖辛卣、②亞其矦作母辛卣、③滭(?)伯卣、④匽伯卣、⑤召卣(蓋與提梁已佚)⑥等器。這種銅器除了有提梁之外,在形制上跟一般所謂卣並無明顯的共同之處。即使是器腹較直的那種卣,如《殷周青銅器通論》圖版177的告亞卣,器身和圈足的形制也仍然跟這種銅器明顯不同。把它們也稱爲卣顯然是不合理的。所以陳夢家把召卣稱爲召圜(圓)器。⑦ 下文姑且按照他的辦法,把這類銅器稱爲圓器。圓器的形制跟桱桯很相似。考古工作者所以往往把漢代的銅鋞稱爲卣,大概就是受了這類銅器稱卣的影響。

召圓器過去還曾被稱爲尊,王國維則懷疑它就是古書裏的鉶。他在《召尊跋》裏説:

> 案三代禮器除木製之俎外,今殆皆見之(引者按:青銅俎和漆木俎後來也都發現了),獨禮經盛羹之鉶,於古器中絶未之見,疑此是也。器小而深,與酒器及黍稷器皆不類,而於盛羹爲宜。(《觀堂别集》二)

鉶這種器物也有用陶製的。《史記・自序》録司馬談《論六家要指》,言堯舜"食土簋,啜土刑",《漢書・司馬遷傳》作"飯土簋,歠土刑",顔師古注:"刑所以盛羹也。土謂燒土爲之,即瓦器也。""刑"、"鉶"通。

圓器大概跟銅鋞一樣,也是取形於桱桯一類器物的。"鉶"、"鋞"同音。顔注本《急就篇》第十二章"銅鍾鼎鋞鋗鉇銚"的"鋞",皇象本作"鈃",宋太宗本作

① 《上海博物館藏青銅器》10,安陽市博物館藏同銘同形一器。
② 《商周彝器通考》630。
③ 同上629。
④ 《甘肅靈臺白草坡西周墓》,《考古學報》1977年2期。
⑤ 同上。
⑥ 《澂秋館吉金圖》50。
⑦ 《西周銅器斷代(二)》,《考古學報》第10册(1955)106頁。

"銒"。"鋞"、"鈃"、"銒"在這裏很可能是一字異體。這樣看來,王國維認爲圜器就是古書裏的銒,似乎有可能是正確的,不過圜器顯然也可以用來盛酒,在古代恐怕不會只有盛羹一種用途。

原載《文物》1987年9期,又載《古代文史研究新探》,今據後者收入。

說鈚、榼、椑榼

一、鈚

古銅器中有一種比較特殊的壺形器,器身横斷面多呈扁圓形或邊綫(四邊或兩長邊)略鼓的扁方形,底平無圈足,除兩側肩腹間有一對環形耳或貫耳外,腹部正面還往往有一個鼻。就已發現之器來看,其時代多屬春秋,有的也許可以早到西周晚期,但尚未見到晚到戰國的。《商周彝器通考》(以下簡稱"通考")及其改編本《殷周青銅器通論》(以下簡稱"通論"),把商代的無圈足銅罍跟這種壺形器併爲一類,定名爲瓶(《通考》450—452頁,《通論》60頁)。其實前者除無圈足外,跟一般的罍並無區别,與其跟這種壺形器併爲一類,還不如歸入罍類妥當。《通考》收這種壺形器五件,皆爲傳世品。在建國後的考古發掘中,這種銅器也間有出土。如50年代在安徽壽縣發現的春秋晚期的蔡侯申墓、70年代末在山東陽穀縣景陽崗村發現的一座春秋晚期墓和80年代在山東泰安市城前村發現的一座"西周晚期至春秋初期墓",都出了這種壺形器一件(依次見《壽縣蔡侯墓出土遺物》圖版拾·2、《考古》1988年1期28頁圖三·2及29頁圖七·1、《文物》1986年4期圖版壹·4)。前二墓所出之器,形制很相近,横斷面呈長邊略鼓的扁方形,口較大,腹部無鼻。後一墓所出之器跟《通考》所收"兩頭獸紋瓶"(圖799)相似,但此墓所出者附貫耳,《通考》所收者則附環形耳。

在上述這種壺形器中,自銘器名的有以下四例:

(1) 喪史賞自作,用征用行,用祈眉壽,萬年無疆,子子孫孫,永寶是尚。　　通考圖800、三代18·14【《集成》16·9982】

(2) 鄀□孟城作爲行,其眉壽無疆,子子孫孫永寶用之。

通考圖801、三代18·14【《集成》16·9980】

(3) 樂大司徒子□之子引作旅,其眉壽,子子孫孫永寶用。

通考451頁、《博古圖》10·38【《集成》16·9981】

(4) 蔡侯申之。

《蔡侯墓出土遺物》圖版拾·2、叄叄·3【《集成》16·9976】

上引最後一器出蔡侯申墓。前三器的時代,《通考》皆定爲春秋(452頁),從字體看似皆不晚於春秋前期。此四器中,後三器的器身都是扁圓或扁方形的。第一器無尺寸記錄,器形資料也只有一張全形拓本,腹部横斷面究竟是圓形還是扁圓形不易判斷。

清代學者阮元釋上引(1)的器名爲"鉼",顯然與字形不合。吳式芬說此字"从并而缺二畫,蓋即鉼,變缶从金耳"。劉心源說此字"明明从比……蓋并、比雙聲,鈚即鉼字也"(以上均見《金文詁林》7602—7603頁)。近人陳夢家認爲(1)至(4)各銘的器名都是一個从"从"聲的字,應該釋爲《廣雅·釋器》訓爲"瓶"的"甇"(《中國銅器概述》,《海外中國銅器圖録》第一集上28下—29上;《壽縣蔡侯墓銅器》,《考古學報》1956年2期100頁)。容庚、張維持想調和各家的意見,說"鉼、鉼、瓶、甇實爲一字"(《通論》60頁)。但是"鉼"、"瓶"聲母不同,"甇"的讀音跟"鉼"、"瓶"相距甚遠,說這些字"實爲一字"是缺乏根據的。

我們曾在一篇未刊稿中指出上引(1)至(4)各銘的器名都是从"比"聲的字。李家浩同志在《戰國貨幣文字中的"㡀"和"比"》一文中引用過這個說法(《中國語文》1980年5期374頁。下文簡稱此文爲"李文")。下面對此說作些論證。(1)的器名正如劉心源所說,明明是一個从"比"的字。(2)至(4)各銘的器名之字,從表面上看似乎都是从"从"的。但是(4)的全部文字是"反文反行"的(《壽縣蔡侯墓出土遺物》8頁),所以器名之字所从的"从"實際上正是"比"字(《說文》謂"反从爲比")。(2)也有不少反文。此銘共分五行,器名在第二行之末。其他各行末一字爲"城""壽""孫""之",都是反文,第二行末一字不應例外。所以(2)的器名之字實際上也是从"比"的。這樣看來,(3)的器名之字的聲旁也以看作反寫的"比"爲好。後面將會說到,這個字其實就是"鼎"字,在這裏借它表示器名"鈚"。如認爲它的聲旁是"从",就不成字了。古文字裏正反的區別不像後世那樣嚴格,在上舉四個从"比"之字裏出現一個"比"旁反寫的例子,並不奇怪。這四個字都从"比"聲,並且都用作同類器物的名稱,顯然代表着同一個詞。除(3)的器名用假借字外,各銘的器名用的顯然都是本字。這個字既可从"金"也可从"缶",跟"鉼"字或作"鈃"同例。繁體加"皿"旁,跟金文"毁"字或加"皿"(《金文編》301 頁)同例。爲了行文的方便,我們把"鈚"當作這個字的標準體。古書裏當"鐵""犁錧"或"箭鏃"講的那些"鈚"字,跟這個"鈚"字都是同形關係,實際上並不是一個字。

上述壺形器的器名應該是从"比"聲的字而不是从"从"聲的字,還可以由從戰國時代到秦漢之際的扁壺的名稱得到證明。

戰國時代的扁壺基本上可以分爲兩類。第一類大體承襲上述扁體的壺形器的形制,但下有圈足,如河北唐縣北城子出土的扁壺(《河北省出土文物選集》168)、中山王墓出土的扁壺(《文物》1979 年 1 期 4 頁圖七、5 頁、11 頁)和太原市從廢銅中揀選到的土軍鈚(《文物》1981 年 8 期 88 頁)等。北城子扁壺作扁方形,上有蓋,除兩肩有銜環的環形耳、腹正面下部有環形鼻外,腹下部兩側也有環形耳,蓋面兩側還有獸面(?)銜環,形制比較特殊。中山王墓扁壺和土軍鈚都作扁圓形,兩肩有一對環形耳。這類扁壺的器身都飾有繩絡紋或其變形紋。時代較早的扁壺形器已有飾繩絡紋者,如《通考》所收"絢紋瓶"(圖 802),但其具體紋樣跟上舉戰國扁壺不同。第二類的器身有些像豎起來的很扁的鼓,但正面一般不作正圓形,而近於横長的橢圓形,下有圈足,小口,短頸,兩肩一般有獸面(即鋪首)銜環(後面引到的重金鈚兩肩無附加物,是例外),器上多飾繁縟的花紋(後面引到的襄安君鈚爲素面,是例外。此器肩部和腹部的兩側都有獸面銜環,比較特殊)。《通考》所收的四件所謂"區"(圖 915—918)和上海博物館在 50 或 60 年代所收得的烏氏扁壺(《文物》1964 年 7 期 12—13 頁、圖版叁·3),[①]都屬於這一類。此外在建國後還發現了一些這一類的扁壺(見《文物》1976 年 3 期 53 頁圖三、圖版叁·1、《文物》1987 年 6 期 96 頁等)。80 年代初在湖北隨州市發現了一件大約屬於秦昭王時代的三十六年銘扁壺,其形制介於一、二兩類之間(《文物》1986 年 4 期 22 頁圖三、圖版貳·1)。此壺器身近似第一類扁壺,但腹部向兩側突出得比較厲害,器口較小,兩肩不附環形耳而像第二類扁壺那樣有獸面銜環;器壁除飾有作風似第一類扁壺的繩絡紋外,還在"繩絡"之間滿飾一種繁縟細碎的花紋。有些第二類扁壺飾有欄成很多方格的繁縟細碎的花紋(如上舉烏氏扁壺和《通考》圖 915 的"區"等),方格的邊顯然就是由繩絡紋變來的。從上述三十六年銘扁壺可以看出,一、二兩類扁壺雖然形制頗有

---

① 此壺銘文中的"烏氏"或釋"原氏",恐非。"烏"字寫法與烏氏鼎相近(《金文續編》4·5 下)。秦時有烏氏倮以畜牧致富,見《史記·貨殖列傳》。西漢時烏氏屬安定郡,故址在今甘肅平涼縣西北。

差異,彼此的關係還是很密切的。

有一件第一類扁壺自稱爲“鉀”:

(5) 土匀(軍)廩四斗鉀。 《文物》1981年8期88頁【《集成》16·9977】

此銘在上引李文中已經引用(見374頁)。還有一件第二類扁壺也自稱爲“鉀”:

(6) 百卌八,重金鉀,受一觳六□。

通考圖917、三代11·43【《集成》15·9617】

此銘“鉀”字刻得比較草率,《通考》誤以爲从“金”从“斗”(483頁)。黄盛璋同志在《關於壺的形制發展與名稱演變考略》一文中釋此字爲“鉀”(《中原文物》1983年2期23頁。下文簡稱此文爲“黄文”),今從之。(《新探》編按:吳振武同志來信指出,所謂重金鉀實爲方壺——參看其所著《釋“受”並論盱眙南窑銅壺和重金方壺的國别》,《古文字研究》第十四輯53頁——,並謂“重金”下一字實从“金”从“豕”聲,即“鍾”字異體。本文關於重金鉀一段應删。)

第二類扁壺還有像上述春秋時代壺形器那樣自稱爲“鈚”的:

(7) 襄安君其,貳觳。 通考圖918、三代18·15【《集成》15·9606】

《金文編》把此銘“其”下表器名的字跟上引(1)和(4)的“鈚”字一起收入“鈃”字條(912頁)。《金文編》從阮元釋“鈚”爲“鈃”是不正確的,但是把此銘跟(1)(4)二銘的器名看作一個字則可以信從。上引黄文也釋此字爲“鈚”(23頁)。

故宫博物院藏的一件戰國扁壺刻有如下銘文(此扁壺屬一類還是二類已不能記憶):

(8) 魏公。三斗二升取。 【《集成》16·9978】

從字體、行款看,當是分兩次刻的。前三個字是先刻的,“公”下一字應是器名。這個字跟(3)的表器名之字顯然是一個字,應釋爲“甾比”,讀爲“鈚”。“甾比”即“蓖”“貔”等字的聲旁,隸楷一般作“毗”。70年代末在平頂山市發現的“鄧公作應嫚甾比媵簋”亦有此字(《考古》1981年4期370頁【《集成》7·3557】)。

鈚這一器名直到秦漢之際還在使用。1972年底在湖北雲夢縣大墳頭發掘了一座秦或漢初的墓葬(發掘者定名爲大墳頭1號漢墓)。隨葬品中有一件蒜頭形小口銅扁壺,形制近於戰國時代的第二類扁壺。同墓所出記隨葬品的木牘稱之爲“鈚”(《文物資料叢刊》第4輯17頁。參看黄文24頁)。

"比"聲和"卑"聲古音相近可通。上引李文在談到扁壺名稱的時候,已經舉出了《詩・大雅・皇矣》"克順克比"《禮記・樂記》引作"克順克俾"的例子(374頁)。此外,《詩・大雅・節南山》"天子是毗"的"毗",《荀子・宥坐》引作"庳",《詩經》釋文引王肅本作"埤"。《釋名・釋姿容》:"批,裨也。"同書《釋宮室》:"陛,卑也。"這是把"卑"字或从"卑"聲之字用爲从"比"聲之字的聲訓字。《周禮・天官・醢人》鄭司農注:"脾析,牛百葉也。"《說文・四下・肉部》:"膍,牛百葉也。"段玉裁《周禮漢讀考》謂鄭作"脾",許作"膍","字異而音義同"。《釋名・釋姿容》的"批"字,畢沅《釋名疏證》認爲即《說文》"捭"字。當箭鏃講的"錍"(跟當扁壺講的"錍"是同形關係,並非一字),異體作"鈚""鎞"。這些例子都說明"卑"聲跟"比"聲古音極近,可以相通。用作扁壺名稱的"鈚"和"錍",無疑也是一字的異體。

戰國以後的扁壺是由春秋以前的扁體的壺形器演變而成的(演變過程中可能受有北方民族器物的影響)。戰國至秦漢間人稱扁壺爲"鈚—錍"的事實,進一步證實上引(1)至(4)各銘中表器名的字,是从"比"聲而不是从"从"聲的。

我們曾認爲"鈚—錍"是扁壺的專稱,跟《廣雅・釋器》"匾(扁)榼謂之椑"的"椑"可以看作一字的異體(李文374頁)。這是有問題的。日本學者林巳奈夫主編的《漢代的文物》,指出漢代人稱扁壺爲榼,所謂匾榼並非一般的扁壺,而是器身作横臥圓筒形的一種液體容器。"匾"在這裏是就器身上下高度而不是就前後厚度而言的(詳後)。所以漢以後人所說的"椑"跟春秋至秦漢之際時人所說的"鈚—錍",指的並不是同一種器物,我們不能把這兩個字牽合爲一。

此外,儘管稱"鈚—錍"之器幾乎都是扁壺(包括扁體的壺形器),如果因此就把"鈚—錍"看作專門爲扁壺起的名稱,恐怕也不一定妥當。我們不同意吳式芬等人把"鈚"釋爲"瓶",但是也不能就抹殺"鈚""瓶"二字在語音、語義上的密切關係。"比"和"卑",特别是"卑",古音跟"瓶"很接近。從聲母上看,"瓶"是並母字,从"卑"聲的字也有不少讀並母。從韻母上看,从"卑"聲的字如"椑""甈"等,跟"瓶"字有嚴格的陰陽對轉關係("椑"和"甈"也都是並母字)。古代的瓶和壺是形制相近的液體容器,"瓶"跟作爲一種壺形器的名稱的"鈚—錍"應該是關係密切的親屬詞。瓶並不以器身扁爲特徵,鈚恐怕也不會是由於器身扁而得名的。《說文・十二下・瓦部》"甈"字注說"罌謂之甈"(《方言・五》說"㼜謂之甈",或謂"㼜"當讀爲"罌"。《廣雅・釋器》把"罌""甈""㼜"都訓爲"瓶")。徐無聞同志認爲土軍錍的"錍"字就是"甈"的異體(《釋"錍"字》,《文物》1981年11期82頁)。這很可能是正確的。從《說文》以"罌"訓"甈"來看,"鈚—錍"也不像是專爲扁壺起的名稱。上文說過，喪史賞鈚之腹究竟是圓是扁還不清楚。從這一點看，肯定“鈚—錍”是扁壺的專稱也顯得不够審慎。春秋時代齊國著名銅器洹子孟姜壺銘文中的表器名之字，《通論》釋爲“㿽”（60頁），黄文釋爲“鈚”（24頁）。此壺腹圓，如容、黄所釋可信，“鈚”當然就肯定不會是扁壺的專稱了。不過上述之字的筆畫不是很清晰，究竟能否釋爲“鈚”恐怕需要研究。

上引（2）孟城鈚自稱“行鈚”，（3）引鈚自稱“旅鈚”，（1）喪史賞鈚有“用征用行”之文。這說明鈚本是一種行器。關於鈚的具體用法，可以從新石器時代的陶背壺得到啓發。大汶口文化晚期墓葬出有大量背壺。壺腹上部兩側有一對耳，正面一般有一個“突紐”，“多爲鳥喙形”，無突紐的一面多拍平（《大汶口——新石器時代墓葬發掘報告》72頁、73頁圖五九。石興邦《試論大汶口文化及其有關問題》，《山東史前文化論文集》182頁）。鈚的耳和鼻跟背壺的耳和突紐都是繫繩用的，兩種器物的繫繩方法顯然是相類的。背壺腹部的一面拍平，是爲了便於背負或挎在身上。鈚身横斷面一般作扁圓或扁方形，顯然是爲了同樣的目的。所以鈚應該是一種主要供背、挎、提攜用的盛液體的容器（春秋戰國時代體積大的銅鈚可能主要由車運送）。春秋以前的鈚沒有圈足。這正是由於這種銅器是爲隨身攜帶而造的緣故（參看黄文24頁。鈚的外形跟現在的某些行軍水壺很相似）。戰國時代的第一類扁壺基本上繼承了春秋時代的鈚的形制，又慣於用繩絡紋作裝飾，無疑仍然主要是用於背、挎、提攜的。第二類扁壺一般都有繫繩索或裝提梁用的獸面銜環，大概多數也還沒有喪失行器的性質。但是這種扁壺，花紋大都很繁縟，其中有一些也許主要已用於陳設了。

下面再談跟鈚有密切關係的榼。

二、榼和椑榼

榼的使用時間相當長，我們主要談一下資料最豐富的漢代的榼。

漢代人所說的“榼”通常就指扁壺。秦漢時代扁壺很流行。在發掘所得的和傳世的秦漢銅器裏有不少扁壺。在不少秦漢墓裏還發現了漆扁壺（在戰國時代的秦墓裏已有漆扁壺出土，形制與秦代墓出土的無大區别。看《雲夢睡虎地秦墓》32—33、36、39頁、《文物》1982年1期8、13頁）。此外在有些漢墓裏還發現了陶、石製的明器扁壺。秦漢時代一般扁壺的形制，大體上是承襲戰國時代的第二類扁壺的。比較值得注意之處，是有些扁壺的口變得更小了，器身變得更扁了。此外，戰國時代第二類扁壺大都有繁縟的紋飾,秦漢時代的銅扁壺則往往是素面的,即使有紋飾也很簡單,只有漆扁壺才往往有比較繁縟的繪飾。秦漢扁壺的肩部一般也有銜環的耳或獸面,少數扁壺將其位置下移到腹側。這方面,漆扁壺的情況,比較特殊。有不少漆扁壺沒有耳或獸面。這也許是由於它們是明器或主要是用於陳設的緣故。不過,長沙西漢後期墓出土的明器石扁壺,倒是在肩部雕出獸面銜環的(《長沙發掘報告》126 頁圖一〇五、圖版捌玖・3)。

上述這種扁壺主要發現在秦和西漢時代的墓葬裏。不過在東漢時代墓葬的明器中和畫像石上,有時也能看到這種扁壺。例如:80 年代初發掘的甘肅定西縣巉口村東漢墓,出這種扁壺的釉陶明器兩件(《考古與文物》1982 年 2 期 21 頁、23 頁圖五・4、圖版玖・1)。60 年代在徐州十里鋪發現了一座東漢晚期的畫像石墓,後室東支柱畫像石中部刻有帶提梁的酒器兩件,左側一件也是這種扁壺(《考古》1966 年 2 期 76 頁圖九。右側一件是後文要講到的方榼)。此外,西晉和"六朝早期"的瓷扁壺,也仍然在很大程度上保持着這種漢代扁壺的形制。① 可見在東漢時代,這種扁壺仍然是一直在使用的,不過有可能已不如西漢以前流行了。

前面已經說過,雲夢大墳頭一座秦漢之際的墓葬出了一件蒜頭形小口的銅扁壺(圖一),②同出木牘稱之爲"鈚"。時代跟這座墓很接近的廣西貴縣羅泊灣 1 號墓也出了類似的一件扁壺(《文物》1978 年 9 期 39 頁圖四二),可惜在同出的"從器志"木牘上沒有發現關於這件扁壺的記載。

就有關資料來看,在漢代一般已經不再把扁壺稱爲"鈚"了。當時,扁壺的通用名稱是《說文》訓爲"酒器"的"榼"。

---

① 如吳縣獅子山西晉墓和南京甘家巷前頭山 1 號"六朝早期"墓出土的瓷扁壺。前者見《文物資料叢刊》第 3 輯 133 頁、圖版拾陸・3,後者見《考古》1963 年 6 期 305 頁、圖版叁・1。這兩件扁壺,連器身的桃形紋飾(也有人稱爲心葉狀或對稱的葉狀紋飾)也是承襲漢代扁壺的。漢代扁壺如靈臺付家溝西漢墓銅扁壺(《考古》1979 年 2 期 122 頁)、後面將要提到的河間食官扁壺、于蘭家扁壺、長區扁壺以及前面提到過的長沙西漢墓石扁壺和定西巉口東漢墓釉陶扁壺,都有這種紋飾。巉口東漢墓釉陶扁壺和徐州十里鋪東漢畫像石上刻的扁壺,腹下部內收和圈足外侈的現象都比較明顯。在後者身上這種特點尤其顯著。上述兩件瓷扁壺繼承了這種特點。北齊、隋、唐等代墓葬和窑址中屢見的那種瓷扁壺和元代的無圈足瓷扁壺,它們跟漢晉時代的扁壺之間究竟是什麼關係,還有待研究。70 年代在四川簡陽縣東溪園藝場發現的一個元墓,出蒜頭形口銅扁壺一件,肩部無耳或獸面(《文物》1987 年 2 期 82 頁、圖版捌・6),形制與漢中楊家山秦墓出土者(《文博》1985 年 2 期 9—10 頁、圖版貳・8)幾乎完全相同。此元墓出仿古銅器頗多。不知這件扁壺是古物還是仿古之物。

② 本文插圖一至五皆據林巳奈夫主編《漢代的文物》圖版第五部分"什器插圖"複製,以下不再加注。

圖一　大墳頭扁壺

《支那漢代紀年銘漆器圖説》所收"石岩里丙墳出土陽朔二年金銅釦漆扁壺"自稱爲"榼"：

(9) 陽朔二年廣漢郡工官造乘輿髹汧畫木黄釦榼，容二斗。　圖版五

銘文"榼"字右旁本寫作"盖"，與皇象本《急就章》同。漢簡"榼"字也多作此體。此器雖已殘破，但可以看出其全形當與長沙咸家湖西漢曹𡟰墓所出的那種漆扁壺相似(《文物》1979年3期13頁圖三九·2)。《漢代的文物》據此器銘文以及古書裏的一些資料，定扁壺名稱爲"榼"(248—249頁)。這是可信的。1982年在西安北郊大明宫鄉劉北村發現了一座"武帝或略晚一些時期"的西漢墓葬(《考古與文物》1987年4期41頁)。墓中出銅扁壺一件，銘文也自稱爲"榼"(同上41—42頁)：

(10) 酒，河閒食官榼，容二斗，重十一斤三兩。(以上爲器銘)酒，河閒食官榼蓋。(以上爲蓋銘)

這進一步證實了《漢代的文物》的意見。

大概屬於文景時代的江陵鳳凰山8號漢墓出了一份遣册，其中有如下一簡：

(11) 二斗榼一。　《文物》1976年6期72頁

此墓隨葬品中有漆扁壺一件(《文物》1974年6期47頁)。金立同志《江陵鳳凰山八號漢墓竹簡試釋》認爲上引簡文中的"二斗榼"可能就指這件扁壺(《文物》1976年6期72頁)。這是正確的。

居延漢簡293·1+293·2(《居甲》1572)"將軍器記"所記器物有大榼二、小榼二(此從邵友誠釋，見《考古》1962年1期45頁)，也應是指扁壺而言的。又220·18"器疏"所記器物有"蓋一"，不知是否應該讀爲"榼一"。

"盍""甲"古音相近，所以漢代人時常把"榼"寫作"柙"。大概屬於文景時代的鳳凰山167號墓所出遣册有如下一簡：

(12) 大柙一枚。

《鳳凰山一六七號漢墓遣策考釋》解釋説，"'柙'與'榼'音同。'大柙'即'大榼'"，並指出此墓所出的一個漆扁壺就是簡文所説的大柙(《文物》1976年10期40頁)。

其說可信。孫機同志《說“椑”》引《說文》“嗑”“讀若甲”,證明“椑”可讀爲“榼”,甚確。但是他又根據《廣雅》所說的“匾榼謂之椑”,認爲把“大椑”讀爲“大榼”還不如讀爲“大椑”準確(《文物》1980年10期81頁。參看同人《江陵鳳凰山漢墓簡文“大椑”考實》,《文物》1986年11期)。這就不妥當了。“卑”跟“甲”的古音實不相近。只是由於“椑”“柙”形近,古書中有二字互訛的現象。而且前面已經說過,也稱爲“椑”的匾榼跟一般所說的扁壺是不同的器物,這一點後文還要加以說明。既然椑並非一般的扁壺,不管“柙”“椑”二字的古音是否相近,把用作一般扁壺名稱的“柙”讀爲“椑”都是不合理的。

景帝四年下葬的鳳凰山10號墓出了一片記隨葬品的木牘,背面第一行爲:

(13) 酒柙二斗一。　　《文物》1974年6期46頁

這座墓出了一件漆扁壺(同上53頁“出土器物統計表”),牘文的“酒柙”應該就是指它而言的(參看黄文23頁)。文帝十三年下葬的鳳凰山168號墓出土遣册所記的“大五斗柙一”,也是指墓中所出的一件大型漆扁壺而言的(《文物》1975年9期4、5頁)。

50年代九江地區收集的一件西漢銅扁壺,在圈足上有一行銘文,自稱爲“鉀”:

(14) 于蘭家銅鉀一,容四斗三升,重廿斤八兩。

《文物》1978年7期92頁

從銘文字體看,其時代不晚於西漢中期。

1970年江蘇金壇白塔公社出土的一件“六朝早期”青瓷扁壺,腹部有匠師刻劃的文字,稱此器爲“坤”:

(15) 紫(此)是會稽上虞范休可(所?)作坤者也。

《文物》1976年9期99—100頁

(此器另一面尚有“紫(此)是魚浦土也”一行文字。或釋“土”爲“瓦”,“坤”爲“甖”,非是)

從字體看,其時代似不晚於東晉。這件扁壺的形制,除器身正面近於圓形以及兩肩之耳作獸形外,跟一般漢代扁壺並無多大區別。

筱荷同志認爲,用作扁壺名稱的“鉀”“柙”“坤”三字,實際上是一個字,“不過因其質地不同而異其偏旁,銅的从金从甲,漆木的从木从甲,陶瓷的从土从甲,以示有所區別”(《文物》1978年7期73頁)。這一意見非常正確。所以這幾個字都可

以看作“榼”的異體。字書裏的“鉀”和“柙”都不當扁壺講，跟作爲“榼”字異體的“鉀”“柙”只是偶然同形而已。

《西清古鑑》34·5收有一件跟上引(14)于蘭家銅鉀很相似的西漢銅扁壺，銘文爲“長區容一斗”。《通考》以此銘的“區”爲器名，因此把我們所說的戰國時代第二類扁壺也稱爲區(483頁，又見《通論》62頁)。彭適凡同志在介紹于蘭家銅鉀時提到了“長區”扁壺，認爲“區”不是器名而是容量單位(《文物》1978年7期93頁)。以區爲容量單位，銘文難以講通，但是以區爲器名也確實有問題。漢代銅器銘文常常在器名前加“某某家”或“某氏”，有時也有只加器主姓名的，但是極少見只把姓或單名孤零零地加在器名上的例子。與其把“長區”扁壺銘文裏的“區”解釋爲器名，還不如把“長區”連在一起解釋爲器主的姓名妥當。古書裏所說的甌是大口盆類器(參看《廣雅疏證》卷七下“甂甌甂也”條)。長沙湯家嶺西漢墓出土銅器中有一件形狀近盂的大口器，銘文自稱“酒鏂”(《考古》1966年4期183頁)。扁壺顯然不會稱“區”。

按照名從主人的原則，我們應該把戰國時代的扁壺稱爲“鈚—錍”，把漢代的扁壺稱爲“榼”。

下面談談一種特殊的榼——椑榼。

《流沙墜簡》器物類第44號簡所記器物中有“椑榼一”一項。《初學記》卷二十八“果木部·竹第十八”引郭義恭《廣志》：“漢竹，大者一節受一斛，小者數升(斗?)爲椑榼。”《漢書·張騫傳》“以其頭爲飲器”句韋昭注：“飲器，椑榼也。”但顏師古注認爲飲器不可能指椑榼，他說：“椑榼即今之偏榼，所以盛酒耳，非用飲者。”《廣雅·釋器》：“匾(扁)榼謂之椑。”《玉篇》“欙”字“力詭切”一音下注：“扁榼謂之欙。”上引《漢書》顏注所說的偏榼應即扁榼。這跟偏桃(見《酉陽雜俎》前集卷十八“廣動植之三·木篇”)即扁桃、偏箱車即扁箱車(見《辭源》“偏箱車”條)同例。把上引的《廣雅》和顏注合起來看，可知椑榼也可以就稱爲椑。《說文·六上·木部》：“椑，圜(圓)榼也。”這說明椑榼還可以稱爲圓榼。

《急就篇》說“槫榼椑榹匕箸籫”顏師古注：“椑，圓榼也，一曰厚榼也。”由於馬王堆1號等墓遣册的出土，現在已經明白，“椑榹”是一種較小的盤子的名稱，顏師古把這兩個字拆開來講是不正確的(《馬王堆一號漢墓》下册134頁)。這一句的“槫榼”，顏注也是當作兩種器物來解釋的，其實很可能跟“椑榹”一樣，也只是一種器物的名稱。《說文·十二上·手部》：“摶，圜也。”“摶”“槫”古通。頗疑“槫榼”與“圜(圓)榼”同義，也是椑榼的別名。

椑榼究竟是什麽形狀的一種器物呢?《漢代的文物》解決了這個問題。約在武帝初年下葬的臨沂銀雀山 1 號漢墓,出了一件"陶繭形矩足壺",器身"呈臥式圓柱形",小口,短頸,"下附四矩形矮足"(《文物》1974 年 2 期 18 頁、22 頁圖一○。此器見本文圖二)。《漢代的文物》根據《説文》以"椑"爲"圜榼"的解釋以及上引《廣志》關於用成節的竹子作椑榼的記載,斷定上述陶器就是椑榼,並指出沂南畫像石上也刻有這種器物(249—250 頁。所引畫像石見《沂南古畫像石墓發掘報告》拓本第 35 幅,椑榼圖形見本文圖三)。同書還指出《廣雅》説"匾榼謂之椑",很容易使人認爲椑就是一般的扁壺。但是實際上扁榼之"扁"是指這種器物跟一般的榼比起來顯得比較低矮而言的,跟一般所謂扁壺之"扁"不同。如果把椑説成一般的扁壺,《説文》等書關於椑榼的説法就都無法理解了(250 頁)。這些意見都是正確的。"卑"有"低"的意思。椑應該就是由於器身低矮而得名的。

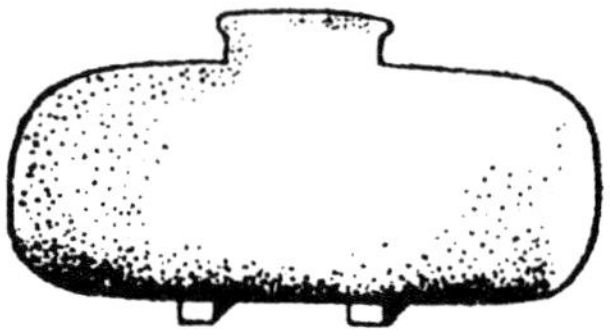

圖二　銀雀山陶壺

圖三　沂南畫像石椑榼

黄文一方面同意《漢代的文物》關於椑榼形制的意見(25 頁),一方面却主張椑是扁壺的專稱,認爲《説文》等所説的圜榼和《廣雅》等所説的扁榼都不是椑榼而是扁壺(23、24、25、26 等頁)。這種説法恐怕是不能成立的。如果椑是扁壺的專稱,爲什麽已發現的漢代扁壺只有自稱榼之例,沒有自稱椑之例,而所謂椑榼却又不是一般所謂扁壺呢? 由於《漢書》顔注明確説"椑榼即今之偏榼",黄文不得不對"扁榼"這個詞作兩種解釋,既説扁榼即扁壺(23 頁説"椑則限於扁榼即扁壺"),又承認唐代人所説的扁榼不是扁壺而是椑榼(26 頁説"横壺魏晉稱椑榼……唐代則謂之扁榼")。這種自相矛盾的解釋是很難使人相信的。再説"圜榼",從這個詞的字面意義來看,把它看作一般的扁壺的名稱,也不如把它看作器身"呈臥式圓柱形"的椑榼的名稱合理。如果承認椑就是椑榼,有關資料的解釋就絲毫沒有困難了。

銀雀山漢墓所出陶椑榼和沂南畫像石上所刻的椑榼都無耳。1984 年在揚州市西湖鄉司徒廟鎮發現了一批陶瓷器,其中"有一件類似腰鼓形的青瓷壺",報道者認爲"可能是南朝時期遺物"(《文物》1986 年 7 期 90 頁)。從發表的圖形看,其實就是椑榼。此器也無耳。湖北光化五座墳西漢墓曾出銅椑榼三件(發掘報告稱爲扁壺),形制與銀雀山陶椑榼大致相同,但兩肩上(即横臥圓筒形器身上方的左右側)有獸面銜環,並附有“活鏈式的龍首形提梁”(《考古學報》1976年2期158頁)。山東省博物館也藏有一件銅椑榼,兩肩各有一半環形耳,中銜一環,但提梁已失。器底鑄“楊氏容二斗”五字,又刻“重十四斤”四字。從字體看,其時代不晚於西漢中期。上述那些銅椑榼的底部都有矩形矮足,不過其位置不像銀雀山陶椑榼的矩形矮足那樣靠裏。黄文認爲“横壺(引者按:指椑榼)僅見陶器”(25頁),又說“此類銅器未見,出土僅見陶器”(26頁),與事實不符。在四川省博物館近年來在彭縣等地收集到的漢代畫像磚裏,有一塊所謂“羊尊酒肆畫像磚”,酒肆屋内地上畫有兩只帶提梁的横長的酒壺(《考古》1987年6期圖版陸·2),可能也是銅椑榼。椑榼應有木製的,《漢代的文物》認爲沂南畫像石上所畫的椑榼就像是木製品(249—250頁)。據上引《廣志》,椑榼還有竹製的。黄文說“横壺是由截大竹一節之竹器而來,故其形横圓”(26頁),認爲椑榼源於竹器。這是很有道理的。既然如此,椑榼跟一般的壺顯然不能歸入同一個發展系列。但是黄文又說:“壺的形制發展由圓→方→扁→横扁,是比較明顯的。”(23頁)同一作者的《長安鎬京地區西周墓葬新出銅器群初探》,也說方、扁、横各種壺“皆自圓壺演變出來”(《文物》1986年1期38頁)。這就自相矛盾了。

椑榼跟流行於戰國時代的秦國和秦代的所謂繭形陶壺在外形上頗相近,所以銀雀山漢墓發掘簡報稱椑榼爲“陶繭形矩足壺”。它們之間的關係有待研究。

椑榼跟一般的榼,即一般所謂扁壺,雖然器形頗不相同,還是有不少共同點的。二者都是盛酒器,都有小口、短頸、大腹和器身左右長度明顯超過前後厚度等特點。銅製的椑榼和榼,肩上都有銜環的耳或獸面,可以繫繩索或裝提梁,以便攜帶。所以古人把椑榼看作一種榼並不奇怪。《太平御覽》卷七百六十一引謝承《後漢書》:“陳茂爲豫州别駕,與刺史周敞行部,到潁川陽翟傳車(?)有美酒一椑,敞敕載酒以行,茂取椑擊柱破之,曰:使君傳車榼載酒,非宜。”從陳茂的話看,似乎椑榼也可以單稱爲榼。不過《御覽》卷二百六十三引同一段“謝承《後漢書》”,不但文字較此爲詳,而且有重要的異文。此文“椑”字彼皆作“押”。如“押”非“椑”字之誤,就應是“柙”字之誤,“柙”即“榼”之異體。此文“使君傳車榼載酒”一句,彼作“以明使君傳車騈驂載酒”,似兩處之文皆有訛誤。所以椑榼究竟能否單稱爲榼尚待研究。

東漢、魏晋時代曾流行一種形制跟椑榼比較接近的扁壺。器身作扁方箱形或接近扁方的竪置扁圓筒形,比起前面講過的一般所謂扁壺來,前後厚度要顯得大一些。肩部兩耳跟銅椑榼一樣直豎在器身上方(一般扁壺的耳多安在肩腹交界處的弧形部分上)。底部不安圈足而安兩個方條形矮足,這一點也跟椑榼接近。① 出這種扁壺的墓葬相當多,如寧津龐家寺東漢墓(《文物資料叢刊》第4輯126頁、127頁圖三・11)、靈寶張灣5號漢墓(《文物》1975年11期79頁、92頁圖五五)、望都2號漢墓(《望都二號漢墓》8頁、9頁、39頁圖五八。見本文圖四)、南樂宋耿洛1號漢墓(《中原文物》1981年2期7頁、8頁圖三・6)、平谷西柏店1號漢晉間墓(《考古》1962年5期243頁、244頁圖六・11)、遼陽南雪梅村2號漢魏之際石墓(《考古》1960年1期19頁)、北京西郊2號西晉墓(《考古》1964年4期211頁圖三・13、212頁)等。已發現之器都是陶製的,似多爲明器。此外在洛陽一個東漢墓所出的一套陶質的作坊模型中,還有這種扁壺的一件小型模型(《考古》1975年2期119頁圖五・5)。沂南畫像石墓和所謂朱鮪石室的畫像石上也屢見這種扁壺,有的壺還刻出提梁(《沂南古畫像石墓發掘報告》拓本第71幅、《漢代畫像全集初編》134。沂南之例見本文圖五)。前面提到過的徐州十里鋪東漢畫像石上也刻有一件這樣的扁壺。《漢代的文物》認爲這種扁壺也可以看作榼(249頁),其說可從。

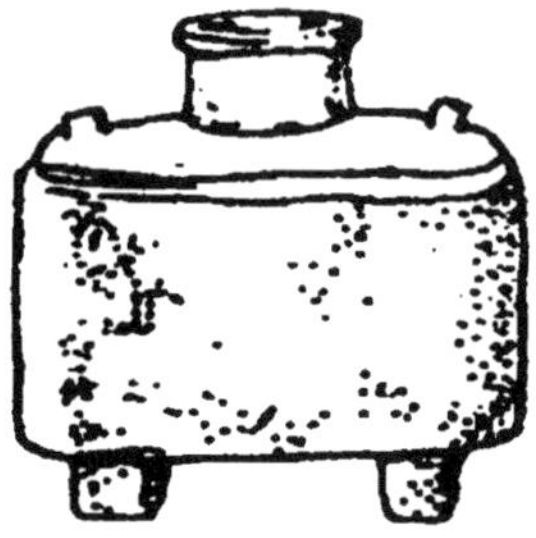
圖四　望都2號墓扁壺

圖五　沂南畫像石扁壺

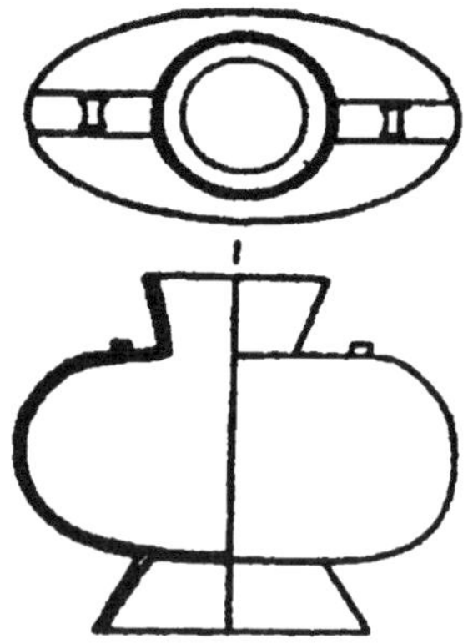
圖六　可心亭漢墓扁壺

湘鄉可心亭西漢墓曾出陶扁壺一件,下爲圈足,器身形狀介於近長方的橢圓扁鼓形與扁圓筒形之間,兩耳直豎肩上(《考古》1966年5期245頁、246頁圖六・4。見本文圖六)。這件扁壺似乎正處於一般扁壺在椑榼的影響下向上述那種扁壺演

① 一般扁壺也有不用圈足而用方形矮足的,如雲夢睡虎地M33、M36二秦墓所出I式蒜頭形小口漆扁壺“底部置對稱方形足”(《考古》1981年1期33頁圖八・4、36頁、44頁)。但這種現象很少見。

變的中間階段。

《説文・七下・巿部》“韐”字下説:“士無市有韐,制如榼缺四角。”徐鍇《繫傳》解釋説:“酒榼腹圜,上小(引者按:當指頸)下大(當指器身),象之也。”①桂馥《説文義證》“椑”字注則據“缺四角”之語推斷《説文》所説的榼是方形的,其説似可信。這種榼應該就是上述那種扁壺,爲了稱説的方便可以稱之爲方榼(即使是扁圓筒形的器身,從正面看基本上也是方形的)。從上引《説文》的話來看,在許慎的時代方榼似已成爲最流行的一種榼了。這跟東漢墓很少出前面説過的那種一般的榼而屢出方榼的現象正相符合。附帶説一下,近來有文章把一個東漢墓所出的長方形釉陶盒稱爲榼(《文博》1987 年 4 期 29 頁、31 頁圖四・1),這是不妥當的。

最後討論一下榼在使用上的特點。從古書資料看,榼也是行器。《文選》卷四十七晉劉伶《酒德頌》:“止則操卮執觚,動則挈榼提壺。”《藝文類聚》卷七十二晉庾闡《斷酒戒》:“使巷無行榼,家無停壺。”榼和壺本來都可提挈而行,但是庾闡却以“行榼”與“停壺”爲對,可見榼是地道的行器。《太平御覽》卷七百六十一引王隱《晉書》:“宣帝既滅公孫淵還,作榼兩口,二種酒,持著馬上,先飲佳酒,塞口而開毒酒,與牛金,金飲而死。”正因爲榼是行器,才被“持著馬上”。作爲酒器名的“榼”,早在《左傳》中就已出現。《左傳・成公十六年》記鄢陵之戰中,晉欒鍼見楚子重之旌,“使行人執榼承飲造于子重”。被攜帶在軍中的榼,當然也是行器。《左傳》所説的榼有可能就是前面講過的春秋時代的鈚那類器物。

順便説一下,上引王隱《晉書》所説的兩口之榼並非司馬懿的發明,所謂朱鮪石室的畫像石上就刻有一個有兩個口的方榼(《漢代畫像全集初編》145)。兩口之榼,器腹中間當有隔板,左右兩半可以盛不同的酒。司馬懿飲了好酒以後,塞住他飲過的口,開了毒酒的口給牛金飲,便把牛金毒死了。關於這件事,《晉書・元帝紀》是這樣記的:“初,玄石圖有‘牛繼馬後’,故宣帝深忌牛氏,遂爲二榼共一口以貯酒焉。帝先飲佳者,而以毒酒鴆其將牛金。”“二榼共一口”之語不可理解。可能唐人編寫《晉書》時對二口榼之制已不明白,所以把前人記這件事的文字改錯了。

漢代一般的榼,形制跟鈚一脈相承,使用方法當然也是大致相同的。有的榼出土時還帶着繫繩。如陝西漢中西漢前期墓出土的蒜頭形小口銅扁壺,“圈足上用棕繩纏繞一周,然後在兩側作結,分兩個頭穿過銜環,作爲繫帶”(《考古與文物》1982

① 《禮記・玉藻》:“韠,下廣二尺,上廣一尺,長三尺,其頸五寸。”可知市、韐一類東西也有頸部,所以可與榼形相比。

年2期111頁）。鳳凰山8號墓出土的漆扁壺"腹兩側和蓋上各有一銅環，出土時用細棕繩套壺底，用粗棕繩穿環爲繫。蓋紐上也穿棕繩"（《文物》1974年6期47頁）。看來它們大概也是經常用於背、挎、提攜的。

椑榼和方榼，從上面已經舉過的有關資料來看，似多用提梁。從它們器身的形狀來看，好像也比較宜於手提。無耳和提梁的陶瓷等質地的椑榼，如非明器，在使用時估計另有加提攜用的繩索的辦法。

前面已經說過，有些秦漢時代扁壺的口很小。這種小口是用塞子堵的。大墳頭1號墓的蒜頭形小口銅扁壺，出土時口中就塞着一個圓木塞（《文物資料叢刊》第4輯17頁，見本文圖1）。《說文・十四下・酉部》"莤"字下說："一曰：莤，榼上塞也。"指的正是這種東西（看《漢代的文物》248—249頁）。口稍大一些的扁壺，有的用一般的蓋，如日人在萬安北沙城發現的銅扁壺（水野清一等《萬安北沙城》圖一二・3，亦見《漢代的文物》插圖5—150）；有的用中間突出、四周無垂邊的蓋狀物，如曹㜸墓所出漆扁壺（《文物》1979年3期13頁圖三九・2。長沙漢墓石扁壺的蓋也是這一類的，見《長沙發掘報告》126頁圖一〇五）。後者也可以說是一種較大的塞。

《說文》說榼是酒器，先秦的銅鈚大概也是酒器。當然，在有必要的時候，它們也都可以用來盛水。這就跟它們雖然是行器，但是也可以放在家裏使用一樣。

《新探》追記：

本文所舉自稱爲"甂"的扁壺，尚應補充1978年山西聞喜縣上郭村東周墓所出的陳公孫𢈔鈚，銘文謂"敶（陳）公孫𢈔父乍（作）旅甂（鈚）"，見《古文字研究》第九輯325頁【《集成》16・9979】。從銘文的字體和內容看，時代當屬春秋。

原載《中國歷史博物館館刊》1989年總13、14期，又載《古代文史研究新探》，今據後者收入。

讀《小屯南地甲骨》

1973年,中國社會科學院考古研究所在小屯村南地發掘出有字甲骨五千餘片。這是解放後殷墟甲骨文最重要的一次發現。這批甲骨文內容重要,而且全部有科學的發掘記錄,研究價值非常高。

考古所的同志對這批甲骨做了大量的整理和研究工作。他們先將甲骨拓本編成包含兩個分册的《小屯南地甲骨》上册,由中華書局在1980年10月出版。書首有長篇前言,介紹了這批甲骨出土的情況,分析了出土層位跟甲骨所屬時期的關係,並對殷墟甲骨斷代方面的一些重要問題進行了討論,最後還介紹了這批甲骨文中值得注意的一些材料。書中所收甲骨拓片都按出土坑位排列,每片都注有出土時的原編號(不是灰坑、墓葬等出土的,注明出土的探方和層位)。第二分册之末附有1971年小屯南地出土卜骨和1975—1977年在小屯村一帶採集的甲骨的拓片23號。

接着,他們又編寫了包含三個分册的下册,由中華書局在1983年10月出版。第一分册是釋文。每片甲骨的釋文首先注明此片是甲是骨,接着一般還注明甲骨所屬的時期和鑽鑿的情況,有些釋文之後並有說明或考釋。第二分册包含各種索引(有"字、詞索引"、"人名索引"、"地名索引"等)以及拓片不够清晰的甲骨的摹本。第三分册是關於這批甲骨的鑽鑿的資料和研究成果。可以說,在已出版的甲骨文著錄書裏,《小屯南地甲骨》是體例最完善、提供所著錄甲骨的情況最全面、給讀者方便最多的一部著作。

除了編寫體例方面的貢獻,本書編者在碎片的綴合、鑽鑿的研究、甲骨斷代的研究和卜辭的釋讀等方面,也取得了不少成績。1973年小屯南地的發掘中共獲有字甲骨5041片(本書前言4頁)。整理後發表的拓本共4589號,其中有72片甲骨正反有字,2片正側有字,每片各佔兩個拓本號,一片正反側三面有字,佔三個拓本號,實際著錄甲骨4513片。這就是說,因綴合而減少的碎片多達五百餘片。上册出版後,編者又綴合了46例(包含與他書著錄之片綴合的兩例),已發表在《考古學報》1986 年 3 期登載的《〈小屯南地甲骨〉綴合篇》中。可見編者在綴合方面取得的成績是很大的。編者對甲骨鑽鑿的作法和型式觀察細緻，辨析入微，提出了不少值得注意的意見。例如他們指出所謂“鑿”多數是用刀挖刻而成的，少數是“用輪開槽”制成的；所謂“鑽”多數也是用刀挖刻而成的，少數是“用輪開槽”製成或用鑽子鑽成的（1491—1495 頁）。對鑽鑿作法的認識比前人精確。“用輪開槽”的方法過去根本不知道，是他們首先發現的。前言中關於殷墟甲骨斷代的意見更值得重視。編者以出土層位等爲依據，肯定𠂤組和午組卜辭屬於早期，這是對甲骨斷代的重大貢獻（在《屯南》出版前，編者已經用“蕭楠”這一集體筆名在《考古》1976 年 4 期和 1979 年 6 期上發表了論述𠂤組和午組卜辭時代的專文，内容與前言有關部分大體相同）。黽福林同志在《考古》1986 年第 10 期上發表了《評介〈小屯南地甲骨〉》一文，對本書的優點作了較全面的介紹，讀者可以參閱。

像《屯南》這樣一部大書，當然不可能沒有缺點。下面談談本書的某些不足之處，供讀者參考。限於作者的水平，可能會把正確的東西當作錯誤的東西來批評，歡迎大家指正。

首先談談前言中存在的跟甲骨斷代有關的問題。

1973 年屯南出土的甲骨卜辭，有很多是屬於在斷代上有爭論的所謂“歷組卜辭”的。編者在前言中以出土層位爲重要依據，對這種卜辭的時代進行了討論，但是對有關的發掘資料的介紹却嫌不够全面、具體。例如：每一個出這種卜辭的灰坑究竟是如何確定其所屬時期的？哪些主要是根據地層關係確定的？哪些主要是根據所出陶器確定的，根據的是哪些陶器？是否存在主要根據發掘者對所出甲骨文的時代的瞭解來判定灰坑時期的情況？那些在前言中沒有提到的灰坑是否都是無法確定時期的？坑中有沒有出陶器？這些問題在前言中有的沒有具體講清楚，有的根本沒有涉及。因此引起了對歷組卜辭的斷代持不同意見的同志的一些疑問。林澐同志的《小屯南地發掘與殷墟甲骨斷代》（載《古文字研究》第九輯，以下簡稱“林文”）、李學勤同志的《殷墟甲骨分期的兩系說》（中國古文字研究會第六屆年會油印論文，以下簡稱“李文”），都提出過這方面的問題，這裏就不重複了。就一般情況來說，上面提到的問題是應該由正式的詳盡的發掘報告來答覆的。但是編者既然要根據出土層位等來討論歷組卜辭的時代，就有責任對有關的發掘資料作詳盡的介紹。不然，討論就很難正常地進行下去了。

編者在前言中，以提到“二十示”的《粹》221 和提到“上甲二十示”的《佚》884【《合》34120】爲文丁卜辭的標準片（42 頁）。我在《論“歷組卜辭”的時代》（以下簡稱“時代”)裏,已經證明這兩片甲骨跟1973年屯南出土的“𠂤組卜甲第六片”(即《屯南》4516)是同時的(《古文字研究》第六輯300—301頁)。編者既承認𠂤組屬武丁時代,又把《粹》221和《佚》884當作文丁卜辭的標準片,這是自相矛盾的。

關於卜辭中“大示”、“小示”、“十又□示”、“二十示”等語的含義,甲骨學者有不同說法(參看《時代》302—303頁。又曹錦炎《論卜辭中的示》,吉林大學《研究生論文集刊》社會科學版1983年1期)。編者在前言中通過卜辭中提到的“示”的數量來論證歷組卜辭屬於武乙、文丁時期的時候,取其中遠非定論的一種說法作爲立論根據(34—36頁),這是缺乏說服力的。歷組卜辭跟賓組、出組卜辭之間的同名現象很特殊(同名者的數量特別多,而且同名者的地位相同,與之有關的占卜事項也極其相類。參看《時代》281—284頁),編者把這種現象當作一般的異代同名現象來加以解釋(38—41頁),也是缺乏說服力的。

前言在卜辭的分類方面也存在一些問題。例如編者所分的𠂤組卜辭第一種(見23頁)很難成立,把李學勤等同志所說的歷組卜辭分爲武乙卜辭、文丁卜辭第三種類型和第四種類型三類,其界綫也是模糊不清的。編者把《屯南》4103列爲文丁卜辭第三種類型的標準片,但是此片上“受”字、“召”字的寫法却被列入第四種類型的常用字寫法之中(42頁),這更是不應有的疏失(4103其實是跟某些有父丁之稱的歷組卜辭,即編者所說的武乙卜辭同時的,參看上引李文5—6頁)。這些問題在上引林文裏已經講得很清楚(見115—116,127—131等頁),這裏就不再詳細討論了。

編者在具體談到《屯南》所收甲骨卜辭的組别時,屢有失誤。其中最叫人奇怪的,是關於賓組卜辭的失誤。前言17頁上說:“小屯南地早期地層與灰坑出𠂤組卜辭、午組卜辭及賓組卜辭”,但所舉賓組卜辭實例只有T55(6A)所出的4575一片。這一片僅存四字,無貞人名,字體顯然不屬賓組(參看林文122—123頁)。另一方面,從字體和辭例看顯然屬於賓組的2113、2390、2663、2779諸片(參看林文132頁、李文3頁),前言却全都沒有舉出來(45頁曾提到2113片,但只說此片屬武丁時期,沒有說到卜辭的組别)。賓組卜辭特徵明顯,很容易辨識。很難設想,以本書編者的水平,竟會對真正的賓組卜辭視而不見,反而把明顯不屬賓組的卜辭當作賓組卜辭。這就不能不使人懷疑,這樣做是不是有什麼隱衷。上舉的幾片刻有賓組卜辭的甲骨,2113是由分别出於H47和T54(3)的兩個碎片綴合成的,2390出於H57,2663出於H92,2779出於H118。H92和H118的時代,前言中未談到。H57屬晚期(13頁),H47屬中期二組(19頁)。所以根據現有資料來看,在1973年的屯南發掘中,真正的賓組卜辭並非出於早期地層與灰坑,而是出於晚於中期一組的地層與灰坑的。本書編者是把“中期第三類卜辭”(即我在《時代》中所説的歷組卜辭父乙類)只出於晚於中期一組的地層與灰坑這一點當作重要依據,來論證這種卜辭裏的“父乙”只能是文丁對武乙的稱呼,而不可能是武丁對小乙的稱呼的(21頁)。如果承認大家公認屬於武丁時期的賓組卜辭也只出於晚於中期一組的地層與灰坑,這樣的論證不就顯得沒有力量了嗎?(參看林文132頁)在賓組卜辭問題上出現的使人難以理解的疏失,是不是與此有關呢?當然,這僅僅是一種主觀推測,姑妄言之而已(《論集》編按:蕭楠《再論武乙、文丁卜辭》一文中已指出《屯南》2390、2663、2113是賓組卜辭,並注明H92屬中期一組,見《古文字研究》第九輯176頁表二。作者撰寫本文時沒有注意到,是不應有的疏失。但早期地層與灰坑中似確未發現賓組卜辭)。

在甲骨斷代和分類方面的問題之外,前言中還有一些不妥之處,這裏也舉兩個例子。53頁上説“關於成套甲骨的序數,武丁時期,最高所見爲五”,其實武丁時期成套甲骨的序數有多到九的(看胡厚宣先生《殷代的蠶桑和絲織》,《文物》1972年11期5頁)。47頁上把“方”和“方”當作兩個方國名,其實二者只不過是同一方名的異寫(參看《甲骨文編》667頁)。45頁上説4177片午組卜辭有貞人名“”。下册中此辭釋文作“丙辰□貞”(1130頁)。從拓片看,“”字似屬上方另一殘辭,恐非貞人名。

跟甲骨斷代有關的問題,在下册第三分册關於鑽鑿形態的研究中也可以看到。編者對鑽鑿形態的觀察與分類是客觀的,可是在討論各種鑽鑿型式的時代先後時就不一定很客觀了。從下册第三分册1502頁的“小屯南地各期甲骨鑿之型式統計表”可以知道:以自組和午組爲主的武丁時期甲骨(以下簡稱A組)的鑿,屬於Ⅰ型或Ⅱ型。大致相當於李學勤等同志所説的無名組的“康丁”和“康丁—武乙”時期甲骨(以下簡稱B組)的鑿,屬於Ⅳ型或Ⅴ型。大致相當於李學勤等同志所説的歷組的“武乙”、“武乙—文丁”和“文丁”時期甲骨(以下簡稱C組)的鑿,屬於Ⅳ型或Ⅵ型,“武乙”時期甲骨(以下簡稱C_1組)以Ⅳ型爲主,“文丁”時期甲骨(以下簡稱C_2組)以Ⅵ型爲主。林澐等同志認爲應屬無名組晚期的“帝乙、帝辛”時期甲骨(以下簡稱D組)的鑿,屬於Ⅴ型。這就是説,B組既有與C組同型的鑿,也有與D組同型的鑿,C組和D組則沒有同型的鑿。D組在上述各組中時代最晚,這一點大家沒有異議。B、C二組的時代孰先孰後,則是有爭論的。如果撇開其他因素,只根據鑿的形態來決定甲骨時代的先後,把B組排在C組和D組之間,顯然要比現在這樣以 B、C、D 爲序合理。

尤其值得注意的是，在這幾組中，C_2 組鑽鑿的情況實際上是最接近於武丁時期甲骨的。1513—1514 頁上說："小屯南地武丁時期的甲骨……主要流行Ⅰ、Ⅱ型鑿，鑿旁一般都有'鑽'。……康丁時期之卜骨，主要流行Ⅳ型鑿和少量Ⅴ型鑿，鑿旁有'鑽'的情況大大減少，且主要是在Ⅳ型鑿旁。從可以看出鑿型的卜骨中，有'鑽'的只佔 22.3%……武乙時期之卜骨，主要流行Ⅳ型鑿，鑿旁有'鑽'的佔 27.7%，與康丁時期接近。……文丁時期之卜骨，主要流行Ⅵ型鑿，鑿旁有'鑽'的比例有所增加，約佔 48.3%。"1514 頁上又說："此次小屯南地所見小圓鑽常與Ⅵ鑿共存，流行於文丁時期。在過去著錄中，小圓鑽也見於武丁時期的卜骨。"由此可知，在用鑽的情況方面，我們稱爲 C_2 組的"文丁"時期甲骨，比較起來最接近於武丁時期甲骨。不但如此，就是 C_2 組使用的Ⅵ型鑿，在形態上也是最接近於 A 組的Ⅰ型鑿的。只要把 1497 頁圖六所示小屯南地甲骨的鑿的各種型式互相對比一下，就可以清楚地看出來。1517—1518 頁上說："武丁時期的 $Ⅰ_2$、$Ⅰ_3$ 鑿與文丁時期的 $Ⅵ_1$ 式鑿，雖然從拓片的外形看有某些相似，但仔細觀察實物，它們之間的差別還是明顯的……"。C_2 組的 $Ⅵ_1$ 式鑿跟 A 組的 $Ⅰ_2$、$Ⅰ_3$ 式鑿當然不會毫無差別；但是在 B、C_1、C_2、D 這四組甲骨所使用的鑿裏，C_2 組的鑿的形態跟 A 組最爲"相似"這一點，畢竟是不容否定的事實。總之，C_2 組的鑽鑿明顯地最接近 A 組，僅從鑽鑿看，C_2 組的時代早於 B 組和 C_1 組的可能性，要比晚於它們的可能性大得多。在已知 A 組時代最早、D 組時代最晚的前提下客觀地按照鑽鑿本身的特點來判斷時間的先後，應該排出 $C_2 \rightarrow C_1 \rightarrow B$ 這樣的順序來，而不應該排出 $B \rightarrow C_1 \rightarrow C_2$ 這樣的順序來。也就是說，本書編者提供的鑽鑿資料，在客觀上是有利於歷組卜辭早期論者的。

研究甲骨斷代的人所以重視鑽鑿資料，是由於它們能用來檢驗從其他途徑得出的斷代結論的可靠性。如果按照某種已經形成的斷代觀點，帶有主觀任意性地來解釋鑽鑿資料所提供的現象，這種資料在甲骨斷代研究上的意義就完全喪失了。

在綴合方面，許進雄先生在《甲骨綴合新例(二)》裏，指出《屯南》2597 與 2677 可綴合(《中國文字》新 9 期 151 頁。此文還指出《屯南》740 與《合》32906，《屯南》134 與《合》32901，也都可以綴合)。我在《甲骨綴合拾遺》(中國古文字研究會第六屆年會油印論文)裏，指出《屯南》620 + 2991(即《〈小屯南地甲骨〉綴合篇》第 8 例)與 2291，1074 與 1076，2194 與 3572，2236 與 2239，都可以綴合。這些都是編者所遺漏的。甲骨綴合工作要做到毫無遺漏，幾乎是不可能的。上文已經指出，編者在綴合上取得了很大成績，有所遺漏是不足爲病的。另一方面，本書的綴合工作也偶有不够謹嚴之處,雖然例子很少,仍有必要在這裏提一下。1178 號包含的兩個碎片本不能綴合,編者在釋文中已加糾正。此外是否還有不應拼而拼,或者雖然是同版碎片但拼合位置有問題的例子呢?如1141 由上數第一、二、三這三段的拼接,3053 左上角小碎片跟大片的拼接,就都有一些可疑。作爲甲骨的發掘兼整理者,在綴合工作中應該採取極審慎的態度,沒有十分把握就不要拼接。錯過可以綴合的例子,並不是嚴重問題。如果作出了錯誤的綴合,被人信以爲真,以致引出別的錯誤,問題就嚴重了。過去,歷史語言研究所編的《殷虚文字甲編》和《乙編》,也都偶有綴合之誤。這種考古發掘所得甲骨的著錄書裏的綴合之誤,往往是最迷惑人的。

本書釋文的問題較多,下面分類舉些例子。

一、分辭與標點之誤

釋文中數見由於不明卜辭體例而造成的分辭和標點方面的錯誤。763 片釋文:

(5) 丁巳卜:祖丁日,不冓雨? 吉。兹用。

(6) 不雨?

按:"不雨"二字是緊接着(5)的"兹用"刻的,是記"丁巳"一卜事後所發生的有關情況之辭(一般稱爲驗辭)。釋文把它當作另一條卜辭是不對的,所加問號也應改爲句號。930 片釋文:

(3) ▨入商,左卜凷(釋文原未隸定)曰:"弜入商"?

(4) 甲申秋,夕至甹,用三大牢?

按:"凷曰"跟賓組卜辭的"固曰"、黄組卜辭的"囚曰"是同語的異寫("囚"字右下方彎筆即"口"形之省)。"弜入商"爲占辭,其後問號宜改句號。"▨入商"爲命龜之辭,依本書之例其後逗號宜改問號。"甲申"以下文字是緊接着"弜入商"刻的,是記占卜之後發生的有關情況之辭,不應該當作另一條卜辭,句末問號應改句號。"甲申"一句內部的標點也有錯誤,"秋"字後的逗號應移到"至"字之後。"秋其至"、"秋不至"等語卜辭屢見(看《綜類》246 頁"秋至"條。這種"秋"字其實應按原形隸定,因爲這個字在這類場合是否應該讀爲"秋"尚有爭論)。"甹"(寧)即指"寧秋"而言(看《綜類》246 頁"寧秋"條)。這種因不明文義而造成的標點錯誤,釋文中屢見，下面再舉一個例子。1092 片釋文：

辛巳卜：王其奠元眔永（釋文中此字本按原形摹錄，爲排印方便姑書作“永”）𩰫，在盂奠，王弗□羊（此字可能本是一個从“羊”之字）？

按：“眔”猶言“暨”。“在”上一字當讀爲“皆”或“偕”（朱德熙、裘錫圭《平山中山王墓銅器銘文的初步研究》，《文物》1979 年 1 期 43 頁注④。參看于省吾先生《甲骨文字釋林》371—373 頁），此字後的逗號應移至此字之前。“王其……在盂奠”句的意思是說，王把“元”和“永”都“奠”在盂這個地方。

二、可釋之字未釋出

黽福林同志在《評介〈小屯南地甲骨〉》中指出，“《屯南》有些地方過分謹慎，以至於可釋而未釋”，並舉出了 4525 片釋文未釋“麥”字之例（《考古》1986 年 10 期 960 頁）。這個批評是中肯的。下面再舉幾個例子。2369 片釋文：

（1）辛巳卜：在箕（引者按：此字釋“箕”可疑），□又𩁹𢀛王？

按：此辭與同片之（4）“辛巳卜，在箕，隹𡖅𢀛王”一辭文例相同。此辭“又”上一字也是“隹”（唯）字，筆畫大部可辨，不應不釋。220 片釋文：

（2）叀枚（此字一般釋“枚”，實可疑）▨

按：“枚”下尚有二字。第一字分明是“舟”，“枚舟”之語亦見《粹》1060【《合》33690】、《佚》118【《合》32555】等片，不應不釋。第二字殘存下半，當是“商”字。38 片釋文：

丙子貞：令□衜召方幸？

按：“令”下一字殘存右下部二“人”形，當釋爲“衆”。《合》31978 有與此同文之辭，“令”下正爲“衆”字。1087 片釋文：

（2）叀𣃔令𡉚田？

（3）叀□□𡉚田？

按：姚孝遂、肖丁二同志在《小屯南地甲骨考釋》中釋此二辭爲“叀春令𡉚田”、“叀秋令𡉚田”（261 頁，參看 143 頁“春、秋”條），可信。《粹》946【《合》32863】有與此同文之辭，可覆按。從上舉之例可以看出，不能充分利用與所釋之辭同文或文例相同之辭,是本書釋文的一個嚴重缺點。

三、釋 字 錯 誤

釋文中誤釋之字屢見,如 395 片釋文“甲”字爲“戊”字殘文的誤釋,715 片釋文中的从“皿”从“旬”之字爲本書中屢見的从“兮”从“旬”之字的誤釋(看于省吾《甲骨文字釋林》42 頁),2143(2)的釋文將“不冓雨”的“不”誤釋爲“弜”,2232(4)的釋文將从“黿”的水名誤釋爲从“禺”的水名(“字詞索引”47 頁引此字不誤),2276(1)的釋文將“父甲”誤釋爲“大甲”(此或是抄寫之誤)。2539 片有一個左作“鹿”右作“射”的字,當是一個表意字,也可能是合文,釋文逕釋爲从“鹿”“射”聲的“麝”,是不妥當的。2061 片釋文中的“褤”字,原來並不从“袁”(“衣”中間是一個圓圈,而不是“口”字),這種隸定也容易引起誤會(這個字實當釋“遠”,看《古文字研究》第十二輯 87 頁)。釋文有時還將相鄰的兩個字誤合爲一個字,或將一個字誤拆成兩個字。如 4565 片釋文將“隹(唯)火”二字合爲“焦”字(“隹火”之語亦見《後》下 37・4【《合》6822】)、3036 片釋文將本書中屢見的从“隹”从“莫”之字拆成“莫”、“隹”二字。53 片的地名字即于省吾先生釋作“賓”的那個字的異體。“賓”字“貝”旁之上常加“八”形(參看《甲骨文字釋林》150 頁),此異體則將其挪至“貝”下,重之而作“仌”形,後世“睿”、“容”諸字中的“仌”殆即由此而來。釋文將這個地名拆作“賓”、“仌”兩個地名,是不對的。附帶說一下,2286 片摹本將从“戈”从“中”之字誤摹成了从“才”聲的“𢦏”字。這大概跟編者把這兩個不同的字都釋作“𢦏”有關。

四、對各家釋字之説的去取不盡妥當

上文提到編者將从“戈”从“中”之字與“𢦏”字視爲一字,這是採取了過去流行的舊説。現在大多數古文字學者都同意管燮初先生二字有別的說法(此二字用法明顯有別,有時還同見於一辭之中)。編者仍從舊說,就是去取不當。又如字,舊釋“矢”,唐蘭先生改釋“畀”,證據確鑿,已爲大多數人所接受,但編者也仍從舊說。相反,有些並未爲多數人同意的、根據不足的說法,編者却採用了。2499 片釋文從屈萬里說把有些人釋爲“羈”的那個字改釋爲“韉”,就是一個例子(屈氏承認此字之義爲羈,但又把它改釋爲訓“馬鞁具”的、不見於《說文》本書的新附字“韉”,這是毫無道理的)。

有的釋文兼有幾種問題。2283 片釋文:

(1) 丙□卜:丁亥雨? 允雨。

(2) 己丑立雨?

按:"立雨"之"立"爲"大"之誤釋。"己丑大雨"也是記"丙□"一卜事後發生的有關情況的,不應該當作另一條卜辭,句末問號應改句號。"丙"字後地支字尚存殘畫,據此條卜辭中的"丁亥"可確定爲"戌"字殘文,釋文中的"□"可改爲"[戌]"。

本書釋文後的解釋,有一些也是有問題的。下面舉兩個比較易於說明的簡單例子。20 片有"莫歲"之語,編者解釋說:"莫……在卜辭中有時爲祭名,如此片;有時是一個表示時間概念的字,如本書 1443'莫彫'與'夕彫'相對,當爲暮(莫)省。"(836—837 頁)按:卜辭或言"夕歲"、"明歲"等(《綜類》344—345 頁),"莫歲"之"莫"也應該是表時間的。"莫"是"暮"的初文,把表時間的"莫"說成"暮"之省,也不妥當。37 片有"屰自后𡴘年"語,編者解釋說"屰……在此片卜辭中應爲祭名"。按:此"屰"字當讀爲順逆之"逆",指祭先王時的次序從後面的王開始(參看文物局古文獻研究室《出土文獻研究》31 頁)。"屰"字本身並非祭名。2392 片釋文對从"日"从"聿"之字加以隸定,解釋說:"也可能是聿日,與今日相對。"按:此字寫法與周厲王胡簋"晝夜"之"晝"相同(簋銘拓片見《文物》1979 年 4 期 90 頁【《集成》8·4317】),自當釋"晝","聿日"之說誤。

本書中的技術性錯誤也比較多。下冊第一分冊有上冊勘誤表,但上冊中的技術性錯誤並未勘盡,下冊中也有這種錯誤。下面所舉的是我們在閱讀過程中摘下來的一些例子。前言 18 頁圖九·11 所注器名爲"簋",據 17 頁第 4 行當作"盆"。上冊 69 頁"龜甲統計表"H57 一欄漏列 2390,H50 一欄之 2239 爲 2238 之誤,H86 一欄之 2648 爲 2647 之誤。附冊所收 H57:52 的拓片漏印順序號 2293。下冊 882 頁右欄倒 4 行"壬"當作"壬"(下橫應長於中橫),索引中此字楷書亦誤。1005 頁左欄倒 5 行"武丁"爲"中丁"之誤。1008 頁左欄 13 行"武丁"爲"武乙"之誤。1036 頁左欄 10 行"及"爲"艮"之誤。"檢字表"1171 頁第 4 橫欄第 4 字誤將左邊鳥形上三點摹脫(按:此字實可隸定爲从"戈"从"雀",據《說文》即古"截"字,宋鎮豪同志在《甲骨文"出日"、"入日"考》中已指出,見《出土文獻研究》35 頁)。"字詞索引"1214 頁上欄 9 行所錄 2658 片"單"字篆形,誤將原片"單"字旁邊的序數"二"當作筆畫,"檢字表"中此字亦誤(據 2658 號拓片,似應將此"單"字與其左邊

"犬"字合釋爲"獸"字)。我們沒有注意到的技術性錯誤,恐怕要比已經注意到的多得多。

最後對本書作一個總的評價。本書所收資料很豐富很重要,體例也很完善,對專家來説是一部好書,不但很有用,而且使用起來相當方便。但是由於書中存在較多的錯誤和不妥之處,一般讀者使用此書時必須小心謹慎。

原載《書品》1987年3期,又載《古文字論集》,今據後者收入。

評《西周青銅器銘文分代史徵》

1979年去世的著名古文字學家唐蘭先生的重要遺著《西周青銅器銘文分代史徵》(以下簡稱"史徵"),經過唐復年的細心整理和中華書局有關同志的努力,終於在最近問世了。唐先生在西周銅器斷代和銘文考釋方面有卓越的成就。《史徵》遺稿陸續寫於逝世前的三年内,是唐先生在這方面的研究成果的總結。遺憾的是穆王部分尚未寫完,唐先生便溘然長逝,共王以後部分只留下了器目和一些器銘釋文(此書器目顯然不很完整,如師遽簋已收入,師遽方彝却遺漏了。唐先生舊作以後者爲穆王後期器,見《考古學報》1962年1期45頁)。即便如此,此書仍然是十分值得重視的。特别是其中很多器銘是唐先生過去發表的著作裏未曾考釋過的。研究古文字、古銅器、古代史、古文獻以至古漢語的學者,都可以從《史徵》中學到很多東西。

唐先生思想敏鋭,又無保守習氣,在學問上勤於探討,時常修改自己的意見。因此這部寫得最晚的遺著的重要性就更顯得突出了。在銅器斷代方面,《史徵》中就有不少不同於舊作的看法。

唐先生在西周銅器斷代上的最大貢獻是昭王銅器的認定。這方面的主要意見,從30年代初期寫《作册令尊及作册令彝銘考釋》一直到逝世前並無改變,但在某些具體問題上的見解則是有變化的。唐先生本來認爲西周前期銅器銘文中的"太保"都指召公,"王姜"是康王之后但在昭王時尚生存,"伯懋父"即康伯髦,主要活動時期在康王之世。因此他把銘文中出現這些人名的旅鼎、叔卣、不壽簋、小臣謎簋諸器歸於康王時代(《西周銅器斷代中的"康宫"問題》,《考古學報》1962年1期32、36—37等頁。以下引此文時簡稱"康宫")。師旅鼎(後來改稱師旂鼎)銘文中也有"伯懋父",但考慮到器形和花紋屬於較晚的型式,定爲昭王初年器(同上37頁)。在1973年寫成的《論周昭王時代的青銅器銘刻》(以下簡稱"銘刻")中,唐先生改而認爲旅鼎等器銘中的"太保"就是作册令尊、彝銘中的"周公子明保","王姜"是昭王之后,應是古書所記的昭王房后死去或被黜後新立的,伯懋父至昭王晚期尚存。因此上舉旅鼎等器都被改定爲昭王時器(《古文字研究》第二輯 107—109、115—116 等頁)。此外還重新考定了見於昭王銅器銘文的"庈"地的所在,否定了王姜隨昭王南征之説(同上 121—122 等頁)。在《史徵》中,唐先生進一步認爲王姜就是房后,以姓氏書謂房氏出於祁姓爲不可信(197—198 頁)。《銘刻》中雖然把師旂鼎的時代定爲昭王,但同時指出單從器形和圖案來看,也可以定爲穆王初年(123 頁),並説從師旂鼎、作册魖卣等銘"可以看出穆王時代小而秀美的書法所由出"(136 頁,原錯爲 135 頁)。《史徵》中進一步根據《穆天子傳》説穆王東征曾至於房(唐先生以爲即房子),所至之地與師旂鼎銘所説的"王征于方雷"大致相合的綫索,定此鼎爲穆王器,並懷疑伯懋父就是昭穆之際的祭公謀父(317 頁)。《銘刻》中定爲昭王器的小臣宅簋(銘文有"伯懋父"與"同公")、沈子也簋(銘文有"同公")和作册魖卣(唐先生疑此銘的"公太史"即同公),也都改定爲穆王器。《銘刻》所收昭王器第 49 號是召卣(即陳夢家所謂召圜器),《史徵》未收此器,可能唐先生已不再認爲此器的召跟昭王銅器中召卣、召尊的召是一個人了。《史徵》所收的昭王器多於《銘刻》的,有新出的作册旂觥、尊、方彝以及傳世的相侯簋("相侯"見作册旂器銘)、御正爵(銘文有"太保",《銘刻》22 頁"旅鼎"注以爲可能作於康王後期)和保侃母簋。此外,《銘刻》認爲蔡簋是穆王元年器,銘文中的"王姜"即指昭王之后(116—118 頁),《史徵》則列此器於懿王世,可見唐先生已不再認爲此器的王姜是昭王之后了。

下面再看其他銅器斷代變化的情況。唐先生在爲《陝西省博物館、陝西省文物管理委員會藏青銅器圖釋》寫的序(以下簡稱"圖釋序")裏,以禹鼎、敔簋、噩侯馭方鼎、師酉簋、訇簋、師訇簋、毛公鼎、頌鼎等爲厲王時器。後來,在《永盂銘文解釋》中,敔簋改定爲共王器(《文物》1972 年 1 期 61 頁);在《〈永盂銘文解釋〉的一些補充》中,詢簋(即訇簋)也改定爲共王器,與詢簋關係密切的師酉簋雖已提到但未明確斷代(《文物》1972 年 11 期 53、54 頁)。《史徵》以噩侯馭方鼎爲穆王器,師酉簋、詢簋(即詢簋)爲共王器,敔簋爲懿王器,禹鼎、師訇簋、毛公鼎爲孝王器(師訇簋見 485 頁,但"師"下一字寫作从"勹"从"酉",不知何故,452 頁注 1 引此器則作"師詢簋"),頌鼎爲夷王器。《圖釋序》認爲尹姞鼎的文字書法已晚至厲宣時期,《史徵》改稱尹姞鬲,列於共王世。《圖釋序》以盠諸器爲共王時器,《〈永盂銘文解釋〉的一些補充》把其中的盠尊、盠彝改定爲"懿、孝期間"器(《文物》1972 年 11 期 54 頁),《史徵》把盠諸器都列於懿王世。《永盂銘文解釋》列於懿王世的南季鼎和窌鼎(《文物》1972 年 1 期 61 頁),《史徵》改稱亩季鼎和穿鼎,都列於共王世。

《〈永盂銘文解釋〉的一些補充》以盂簋爲"共、懿期間"器,𩰫簋、畢鮮簋爲"懿、孝期間"器(《文物》1972 年 11 期 54 頁);《史徵》則以盂簋爲穆王器,後二器爲夷王器。可惜改定上述各器時代的理由大都沒有來得及在《史徵》中寫下來。

在銘文考釋方面,《史徵》也有不少不同於舊作之處。例如把本來釋作从"舟""余"聲的字改釋爲"俞"(266 頁注 3、470 頁),把"省于人身,俘戈"改讀爲"省于人,身俘戈"(241 頁,舊讀見《銘刻》37 頁)。又如關於銅器銘文中屢見的重量單位"鍰"(一般釋爲"鋝")的量值,《銘刻》採用六兩說(42—46 頁),1976 年發表的兩篇文章採用六兩大半兩說(《文物》1976 年 5 期 59 頁注⑯,1976 年 6 期 33、35 頁),《史徵》則根據戰國記重銅器的實測數據,定爲每鍰平均 1250 克(309—312 頁)等等。

唐先生對先秦典籍極爲熟悉,這是他在研究銅器銘文時往往能勝過同時代學者的一個重要原因。《史徵》中各代的總論,都是一篇根據豐富的文獻資料寫成的精湛考證。把這些總論跟唐先生對有關器銘的考釋結合起來研讀,對西周歷史可以獲得相當深入的認識。可惜唐先生連穆王一代的總論都沒有來得及寫就去世了,這是無法彌補的損失。

《史徵》偶有前後不相照應之處。例如"作册大鼎"注 4 說"康王三年周正三月爲甲戌朔"(137 頁),據曆譜應指前 1036 年。唐先生認爲武王在前 1075 年克商,前 1074 年死去,周公居攝 7 年,成王在位 28 年,所以康王元年是前 1038 年,3 年是前 1036 年。但是"小盂鼎"注 3 說:"康王於成王 28 年就即位,25 年當是公元前 1015 年。"(182 頁)則以成王 28 年(前 1039 年)爲康王元年,算法與前不同。銘文的注釋與譯文矛盾(看 278 頁注 19 及 274 頁譯文、179 頁注 53 及 172 頁譯文)、同一詞語的注釋前後重出等現象,在書中也可以看到。在一部未定稿裏,偶爾出現這類小問題,是不足爲怪的。

復年同志整理《史徵》遺稿,以忠實保存原貌爲原則,他自己所作的補充和說明以注的形式附於各卷之後。這種體例是很好的。附注中有時徵引並贊同與唐先生不同的說法(看 298 頁注 5、301 頁注 18、302 頁注 24 等)。這種實事求是的態度極爲可貴。

附注所作的補充,偶有與唐先生原意不符之處。48—49 頁注 2 所補的"武王克殷月日表"全用周正,二月後有閏月。但唐先生原文則認爲"所謂甲子咸劉殷王紂是爲殷曆二月五日",《世俘》所說的"惟四月乙未日"始改用周正(1 頁),在克商的二月(即周正三月)與周正四月之間並無閏月(參看 8 頁注 2、4)。唐先生講一月戊午師渡孟津之事的年份時說:"一月爲殷正,若依夏曆則是上一年的十二月,《周本紀》的錯誤蓋由此。"(3 頁)補表"一月二十八日戊午"條下說:"《史記》作十二月者,周之一月,商之十二月。"(48 頁)顯然跟唐先生原意不符。

復年同志花了很大力氣爲《史徵》補配了銘文照片,大大便利了讀者。可惜有些銘文印得太小,有很多字看不清。本書沒有附器名、人名等索引,也是一個缺陷,希望再版時能補上。

本書是謄寫影印的,錯別字極多,如"姬"字都寫成从"臣",有些"熙"字也一樣。"恭"字都寫成从"水"。"冢"字"冖"下都多一横。"旃"字錯成从"冉"(10 頁 5 行)。有些本非簡化字的字被錯誤地復原爲繁體字,如有些"于"字被改作"於","后稷"錯成"後稷"(56 頁倒 5 行),从"手""云"聲的字錯成"擅"(199 頁 3 行),隸定爲从"广"从"大"的金文錯成慶祝之慶(474 頁 9、11 行),一個从"林"的金文錯成"夢"(483 頁末行)。此外如从"未"的"沬"都錯成从"末"的"沫","藝"的古字錯成"執","興"錯成"與"(12 頁 10 行"古"下一字),"晉卦"錯成"晉封"(33 頁 9 行),"康侯"錯成"康叔"(33 頁 11 行),"檀弓"錯成"檀公"(43 頁倒 2 行),"朿"錯成"東"(45 頁 4、8 行),"己亥"錯成"丁亥"(52 頁倒 7 行),"召公"錯成"周公"(84 頁 1 行)等等,舉不勝舉(其中有少數可能是原稿的筆誤)。標點抄錯與脱文衍字等情況也不少。希望再版時加以訂正。

原載《光明日報》1987 年 11 月 5 日 3 版(署朱德熙先生與作者二人之名),今據以收入。

談談孫詒讓的《契文舉例》

在19世紀的最後兩三年,殷墟甲骨文始爲世人所知(但是在19世紀末至20世紀初,學者們受古董商的蒙騙,或以爲甲骨文出於湯陰,或以爲出於衛輝。到1908年,羅振玉才弄清楚甲骨文的真正出土地是安陽殷墟)。1903年劉鶚從所藏甲骨中選拓千餘片,編爲《鐵雲藏龜》出版。這是第一部公佈甲骨文資料的書(下文簡稱爲“藏龜”)。劉氏在序言裏根據他的研究把甲骨文定爲“殷人刀筆文字”。在古文字學上有高度修養的孫詒讓,對這種新發現的古文字資料的重要性有明確的認識。他認爲過去講銅器的人所定的商代器多難以確信,《藏龜》第一次爲研究商代文字提供了可靠資料。他慶幸自己“衰年睹兹奇跡,愛玩不已”,花了兩個月時間仔細研讀《藏龜》,在此書出版的第二年——1904年,就寫出了全國第一部研究甲骨文的專著——《契文舉例》(參看此書自序。下文簡稱此書爲“舉例”)。在孫氏於1905年寫成的古文字學名著《名原》一書中,也使用了很多甲骨文資料。可惜孫氏在1908年就去世了,沒有機會對甲骨文作進一步的研究。

《舉例》分兩卷十篇,共約五萬字。上卷包含“月日”“貞卜”“卜事”“鬼神”“卜人”“官氏”“方國”“典禮”等八篇,對殷墟甲骨卜辭的内容作了一些初步的研究。下卷包含“文字”與“雜例”兩篇。“文字”篇對於《藏龜》的甲骨單字的很大一部分逐個進行考釋,篇幅佔全書的一半。在其他各篇中,孫氏也考釋了不少甲骨文字,其中有些字在“文字”篇中沒有提到。

《舉例》在孫氏生前沒有出版。1916年底,王國維在上海蟫隱廬舊書店購得此書稿本,寄給當時居住在日本的羅振玉,次年羅氏就將此稿編入《吉石盦叢書》石印出版。1927年蟫隱廬曾加翻印。1963年臺北藝文印書館出版的《孫籀廎先生集》和1968年臺北文華出版公司出版的《羅雪堂先生全集》都收入了此書。60至70年代間,白玉崢作《契文舉例校讀》,陸續發表在臺北出版的古文字學刊物《中國文字》上(見合訂本8卷3601—3930頁、10卷4771—4954頁、12卷5755—6071頁)。《校讀》錄《舉例》全文,逐段加注。注中對全書所引甲骨卜辭一一加以核對,並且根據孫氏之後的學者們的研究成果對有關的甲骨文字加以考釋,頗便初學者閱讀。但是白氏有時不加説明地據《藏龜》直接校改《舉例》原文中摹寫有誤的甲骨文字,以致影響讀者對孫氏原意的理解,這是閱讀時必須注意的。

孫氏寫《舉例》時,甲骨文研究的園地還是一片空白(劉鶚在《藏龜》序中所作的研究極其有限)。《藏龜》所收甲骨不多,印刷質量又很差,孫氏以此書爲唯一根據進行開創性的研究工作,自然免不了有很多錯誤。因此羅振玉和王國維這兩位甲骨學的奠基者對《舉例》的評價很低。

羅振玉在1910年所寫的《殷商貞卜文字考》自序中説:"亡友孫仲容徵君詒讓亦考究其文字,以手稿見寄,惜亦未能洞析奧隱。"在1913年初所寫的《殷虚書契》自序中,羅氏在談到甲骨文發現後的研究情況時又説:"顧先後數年間,僅孫仲容徵君詒讓作《契文舉例》,此外無聞焉。仲容固深於倉、雅、周官之學者,然所爲《舉例》則未能闡發宏旨。"由此可知孫詒讓生前曾把《舉例》稿本寄給羅氏,而羅氏對其内容很不滿意。這份稿本的内容跟後來王國維購得的稿本是否完全相同已不可知。

王國維在1916年底寫給羅振玉的一些信裏,曾幾次提到《舉例》。此年12月14日一札報告購得《舉例》稿本之事:

> 兹有一事堪告者,旁晚出至蟫隱(指蟫隱廬),見孫仲容比部《契文舉例》手稿,乃劉彝仲攜來者,以五元從蟫隱得之。書連序共九十六頁,每半頁十二行,行二十三字。其所釋之字雖多誤,考證亦不盡然,大路椎輪此爲其始,其用心亦勤矣。(𠀠釋爲貞,始於仲老,林博士——指日人林泰輔——與之暗合耳。)此書明年如接辦《學術叢編》,擬加删節,錄其可存者爲一卷印之,何如?想公知此稿尚存,當爲欣喜。(《王國維全集·書信》159—160頁,中華書局,1984。發信日期爲此書編者所定,下同)

同月20日一札又説:"惟其書(指《舉例》)實無可取,思欲選擇數條爲一書,恐不成卷帙也。"(同上164頁)對《舉例》的評價較上札爲低。這應是王氏翻閲了全書之後的意見。

大概羅氏在接到上舉第一札後,覆信表示要印行《舉例》,讓王氏把書寄往日本,所以王氏在12月28日一札中又有如下一段關於《舉例》的話:

> 孫仲頌(通"容")《契文舉例》當即寄上。惟此書數近百頁,印費却不少,而其書却無可采,不如《古籀拾遺》遠甚。即欲摘其佳者,亦無從下手,因其是

> 者與誤者嘗(通“常”)併在一條中也。上卷考殷人制度亦絶無條理,又多因所誤釋之字立説,遂覺全無是處。我輩因頌老而重其書,又以其爲此學開山,更特别重之,然使爲書費錢至數百金則殊不必,公一觀此書當與維同感也。(同上 166—167 頁)

羅氏在收到《舉例》稿本後,在《丙辰日記》十二月十一日(相當於 1917 年 1 月 6 日)下記道:“静安(王國維之字)寄孫徵君《契文舉例》至……粗讀一過,得者十一,而失者十九。蓋此事之難,非徵君之疏也。”但是儘管羅氏對《舉例》的評價跟王氏差不多,他還是没有接受王氏的勸阻,很快就將此稿全文印了出來。這固然由於他對學術具有高度負責精神,但是恐怕也有表明個人心跡的用意在内。羅氏和王氏跟《舉例》稿本的關係是很不相同的。王氏是局外人。羅氏在寫《殷商貞卜文字考》和《殷虚書契考釋》(1915 年初版)這兩部甲骨學奠基之作前,看到過《舉例》的稿本。如果他不把王國維得到的稿本印出來,學術界就有可能懷疑他剽竊了孫氏的研究成果。

羅、王之後,隨着甲骨文研究的逐漸深入,學者們對《舉例》的評價,主要是對《舉例》考釋文字的成績的評價,反而有了提高。唐蘭在《天壤閣甲骨文存考釋》中指出,孫氏限於當時的客觀條件,考釋文字免不了有較多錯誤,“然頗有精到之説爲羅王以後所不及者”;並感慨地説:“今人治卜辭,惟以羅説爲宗,鮮有讀孫書者矣。”(見 84 片考釋)嚴一萍在發表於《中國文字》第 15 册的一篇考釋甲骨文“”字的文章裏也説:“(《契文舉例》)所釋之字,以今視之,錯誤雖多,然至今無可易者,猶比比皆是。或孫氏當時所釋不誤而未爲後人採信者,若之釋圍,一顯例耳。”(《中國文字》合訂本 4 卷 1757 頁)白玉崢作《校讀》,也很注意表揚孫氏的正確意見。

唐氏、嚴氏認爲孫氏所釋不誤而後人没有採用的具體例子,學者們不見得都能同意。但是他們的評價從總體上來看確是比較公允的。如果對《舉例》考釋文字的具體情況作一次比較全面的考察,就能清楚地認識到這一點。

《舉例》在考釋文字方面的錯誤的確很多。有些錯誤是相當嚴重的,例如釋“旬亡囚”爲“它父卜”(上 24 下—25 上。“父卜”二字襲《藏龜》序之誤),釋“獸”爲“獲”而反以“獲”之初文“隻”爲“奪”之省文(下 42 下—43 上、下 44 下—45 上),釋“之”和“征”爲“正”和“征”(下 2、上 11),釋“望”之初文爲“馬”(下 40 上),釋“犬”爲“牛”(下 37 上),釋“王”爲“立”(上 9 下),釋“匕”(妣)爲“人”(上

23 上,其中“人乙”又爲“河”之誤釋),釋“叏”爲“布器”二字(下 29 上)等等。但是有些錯誤在甲骨文研究的初期,實在是難以避免的。例如孫氏誤釋“㞢”爲“之”(上 17),“妫”爲“奴”(下 29 下),“𠦪”爲“求”(下 19 下),羅振玉皆同誤(參看《甲骨文字集釋》——下文簡稱“集釋”——2061、3625、2733 等頁),釋“𠦪”爲“求”之說至今還有人信從(《集釋》即從此說,見 2736—2738 頁),則孫氏之誤固不足責。有些錯誤主要是由於資料不足而造成的。例如:羅振玉是指出甲骨、金文中地支字之“子”當讀爲“巳”的第一人,孫氏還不知道這一點,仍然誤以爲是“子丑”之“子”(上 1 下。甲骨、金文中“子丑”之“子”的寫法與《說文》“子”字籀文相似,子女之“子”用作地支字時讀爲“巳”)。但是羅氏是據殷墟甲骨上的干支表確定這一點的(參看《集釋》4360 頁),如果孫氏能看到干支表,當然也會得出同樣的結論。不但如此,如果孫氏能看到較多的資料的話,就是上面提到的那種嚴重錯誤,大概多數也是可以得到避免的。

《舉例》中對文字的錯誤考釋固然很多,正確的同樣也很多。正如嚴一萍所指出的,“然至今無可易者,猶比比皆是”。大部分孫氏正確釋出的字,羅振玉在《殷虛書契考釋》中也都釋出來了。這些字絕大部分都是比較容易認識的,凡是對《說文》和金文都比較熟悉的學者,大概都能辨釋出來。不過,既然孫氏之書早於羅氏之書,與其像很多人那樣把認出這些字的功勞歸於羅氏,還不如把這種功勞歸於孫氏合理。

甲骨文借“鼎”爲“貞”。借作“貞”的“鼎”通常簡寫爲“𠔁”,是卜辭裏經常出現的一個關鍵字。《藏龜》序誤釋此字爲“問”。孫氏以爲“即‘貝’之古文”,“當爲‘貞’之省”(上 6 上)。他認爲這個字是“貝”之古文雖然錯誤,讀爲“貞”則是正確的(羅氏直接釋此字爲“貞”,參看《集釋》1104 頁)。所以在上面引過的王國維 12 月 14 日致羅氏札中說:“𠔁釋爲貞,始於仲老。”這是孫氏比較重要的一個貢獻(但是《舉例》上 6 下所引《藏龜》45・2【《合》10072】从“卜”的“貞”字,則是一般的“𠔁”字的誤摹。孫氏把泐痕錯當作了筆畫)。

更應該指出的是,《舉例》釋字勝過羅氏之處也並不少見。

有些字孫氏已經正確釋出,羅氏却誤釋或無釋。例如:甲骨文中的“亘”“羌”“省”“叀”(限於作“甶”的一體)“亩”等字,孫氏已經正確釋出(依次見上 9 上、38 下、下 8 上、16 下—17 下、36 下。下 36 下引《藏龜》251・3【《合》2738】一辭作“亩曰弗女刑”。“弗”上原是一個从“亩”从“口”的字,孫氏誤認爲兩個字。但這並不影響孫氏已經認出“亩”字這一點)。羅氏却誤釋“亘”爲“吕”(《集釋》3974 頁。羅氏已認出从“亘”的“趄”“宣”“洹”等字，但却不認識“亘”字，這是很奇怪的），“羌”爲“羊”（同上1316頁），“省”爲“相”（同上1199頁），“叀”爲“𢀛”（同上1419頁。羅氏跟孫氏一樣，已經認出从“叀”的“專”字，但却不認識“叀”字，這也是很奇怪的），“亩”爲“畐”（同上1877頁。羅氏誤釋“亩”爲“畐”，可能是由於誤解了“省在南亩”一類卜辭的意義）。孫氏釋爲“岳”的字（上20上），羅氏釋爲“羔”（《集釋》2916頁），大多數學者也信從孫說。又如“殼”“周”“乘”“毌”等字，孫氏也已經正確釋出（依次見上7、32上、下25、33上。孫氏還指出古書中的“串”字就由“毌”字演變而成），羅氏則皆無釋（《殷虚書契考釋》增訂本引卜辭時把“殼”隸定爲“㱿”）。

有些字羅氏基本上也釋對了，至少並未完全釋錯，但是從文字學上看，孫氏所釋顯然更爲精確。例如：在甲骨文中，通常當“順”講的“若”這個詞，是用“叒”字（見《說文・六下・叒部》）的初文表示的。這個字加“口”的寫法（見金文，《說文》“叒”字籀文亦如此作），在古書裏跟見於《說文・一下・茻部》的訓“擇菜”的“若”字已混而不能分（也可以說古書中借从“茻”的“若”爲“叒”）。孫氏把甲骨文裏的這個字釋爲“叒”，讀爲“若”（上14），十分正確。羅氏把這個字直接釋作《茻部》的“若”，還批評《說文》說：“擇菜之誼非其朔矣”（《集釋》2051頁）。這顯然是不妥當的。金文常常借“才”爲“在”。孫氏疑甲骨文“”字即“才”之異文，並疑甲骨文的有些“才”字也應讀爲“在”（下28下），十分正確。羅氏則把這個字直接釋爲“在”（《集釋》3991頁），抹殺了“才”“在”二字的區別。“复”與“復”音義皆近，但在《說文》裏是兩個字。孫氏把甲骨文的字釋爲“复”（上8上），羅氏則釋爲“復”（《集釋》1897頁）。陳邦懷《殷虚書契考釋小箋》已指出羅氏之非（同上1897—1898頁）。上舉這些例子可以說明孫氏的文字學水平高於羅氏。

過去，由於《舉例》沒有受到應有的重視，古文字學者在考釋羅氏未釋、誤釋或釋得不够正確而孫氏却早已正確釋出的那些甲骨文字的時候，往往絕口不提孫氏（有時可能是由於根本沒有注意到孫氏的有關考釋）。因此有些孫氏首先正確釋出的字，就被人們誤認爲由他人首先正確釋出了。例如《集釋》“乘”字條（1933—1935頁）漏引孫說，讀了這一條就會認爲甲骨文的“乘”字是王國維首先釋出來的。

《舉例》在考釋文字方面還有一些很有價值的意見，雖然一度“未爲後人採信”，但是隨着甲骨文研究的深入，其價值已經逐漸爲廣大學者所認識。例如“”字，孫氏認爲是“‘禽’之省”（下41下—42上），羅氏則釋爲“畢”（《集釋》2555—2556）。羅說一度佔有統治地位。唐蘭在《天壤閣甲骨文存考釋》中始批評羅說而

闡發孫説,並指出這個字應是"禽"的初文而不是省文,對孫説作了修正(《集釋》2557—2559 頁)。現在絶大多數學者已經接受了釋"禽"的説法。又如""字,孫氏釋爲"佀"(似),讀爲"㠯"(以)(下 33)。但是在很長的一個時期裏,一般學者都不信此説而信從釋"挈"、釋"氏"、釋"氏"等説(參看《集釋》3737—3752 頁)。30 年代末,李旦丘(即李亞農)在《鐵雲藏龜零拾》的考釋裏曾闡發孫説,並指出這個字實即"以"字而非"似"字,對孫説作了修正(《集釋》3741—3743 頁)。60 年代初,金祥恆在《中國文字》第 8 册上發表《釋㠯》一文,也把這個字釋爲"㠯"(合訂本 2 卷 881—894 頁)。他們的意見在當時仍未受到應有的重視,但是近年來信從釋"以"之説的學者已經顯著增多,此説大概會成爲定論。此外,孫書中釋""爲"兆"(上 10 下。唐蘭等説同,參看《集釋》3372—3374 頁)、釋""爲"由"(下 34)、釋""爲"睪"並讀爲"擇"(下 25 上)等説,雖然還很難斷定是否能成爲定論,但是至少比通行的釋""爲"沚"(《集釋》3371、3375 頁)、釋""爲"古"(同上 701—710)、釋""爲"執"(同上 3231—3234 頁)等説更有道理(孫氏把與實爲一字的""釋爲"食",把""和""看作兩個字,則顯然是錯誤的,其説見《舉例》下 24 下)。

總之,《舉例》在釋字方面的貢獻應該説是相當大的。

在王國維所説的"考殷人制度"方面,《舉例》的確缺乏重要的貢獻。這主要是研究資料等方面的客觀條件所決定的。例如孫氏已經注意到甲骨卜辭中有不少跟殷先王相同的名號(上 21 上、22 下—23 上),如果他能知道甲骨出於殷都故墟,無疑也會跟羅振玉一樣得出卜辭爲殷王室之物的結論。此外還應指出,《舉例》上卷在考釋文字的内容之外,也並不是全無是處的。例如:"卜事"篇説甲骨卜辭有卜征、卜至、卜雨等内容,表示吉凶之辭有"若"和"不若"(上 14),雖然引證有一些錯誤,大體上還是正確的。"鬼神"篇説:

> 龜文……天神則有帝,地示則有方、岳,人鬼則田正及祖父母兄等皆是也。或爲就其神而卜事之吉凶,或因祭其神而卜其牲、日之等。文意簡略,不能盡詳,要其爲有事于鬼神,則義固昭較可考也。(上 18)

對有關鬼神的卜辭的内容概括得相當好(但所謂"田正"是由於誤讀卜辭而臆造出來的)。"方國"篇關於商(上 31 下—32 上)、周(上 32 上)、羌(上 38 下)的論述,"典禮"篇關於求年(上 40 下)、受年(上 41 上)和祭祀所用牲牢(上 42 上—43 上)的論述,也都有正確的成分。

從以上所說的來看,應該承認《舉例》是甲骨文研究方面一部有重要價值的開創性著作。關於此書的評價,不但王國維說的"實無可取""全無是處"明顯不合事實,就是羅振玉所說的"得者十一而失者十九"也是不够公允的。考慮到孫氏寫書時在資料等方面所受的限制,他所作出的那些貢獻就更加值得後人珍視了。孫氏在古文字和古文獻方面的學力決不在羅王之下。如果孫氏在甲骨文研究方面能有羅王所具備的客觀條件,他所能作出的貢獻大概是不會比他們小的。

1988 年 7 月爲"孫詒讓學術討論會"而作

《論集》編校追記:

陳夢家《殷虛卜辭綜述》"文字"章對《契文舉例》有介紹(55—56 頁),寫此文時失於參考,讀者可以參閱。

原載《溫州師範學院學報》1988 年增刊《孫詒讓紀念論文集》,又載《古文字論集》、《文史叢稿》,今據《文史叢稿》收入。

介紹一本重要的《尚書》學著作

劉起釪教授所著的《尚書源流及傳本考》已由遼寧大學出版社出版。這部專著從第一章“最早的《尚書》”到第八章“現代的《尚書》整理與研究”,介紹了《尚書》本身的歷史和歷代傳習、研究《尚書》的情況。第九章“《尚書》的各種傳本”,是修訂曾經發表在《史學史研究》雜志上的三篇文章而成的,對從漢石經以來的《尚書》的各種傳本作了詳盡的介紹。

劉先生曾長期從顧頡剛先生治《尚書》。顧先生去世後,他一直在撰寫由顧先生發凡起例的巨著《尚書校釋譯論》,爲完成老師的未竟之業而努力。此外,他還依據多年來積累的關於《尚書》的豐富資料,撰寫了一部詳盡的《尚書學史》,最近將由中華書局出版。由他來寫我們現在所介紹的這本書,是再合適沒有了。

《尚書》有今文本、古文本和僞古文本,成書和流傳過程極爲複雜。由於《尚書》在古代的崇高地位,歷代關於《尚書》的著述汗牛充棟,令人眼花繚亂。作者在不多的篇幅裏,就把《尚書》本身的歷史以及歷代傳習,研究《尚書》的情況和時代特點介紹得既全面又清晰;在對待資料方面做到了取精用弘,在論述問題方面做到了深入淺出,充分體現了他在《尚書》學方面的深厚功力。作者還著力於把《尚書》的歷史和《尚書》的研究史放在古今學術發展史的大背景下來加以論述。這也是一個很突出的優點。因此,讀了本書以後,不但能很好地掌握住各個時代的《尚書》學的特色,而且還能大大加深對我國學術發展史的認識。舉個例子來說,相信大多數讀者在讀完了第五章“宋代承用僞《古文尚書》提出新解建立‘理學’與展開疑辨”以後,一定會感到對宋代學術史有了比過去更爲全面和深刻的認識。其他各章都能起類似的作用。

第九章提供了關於《尚書》傳本的豐富資料。其中的很多內容,如對《尚書》的各種石經本和隸古定寫本的全面介紹,對於研究者極爲有用。一般讀者從這一章也能學到不少東西。例如第一節對歷代石經的介紹既全面又清晰,第二節對“隸古定”一詞的解釋極爲精確(見215—216頁),如果去看別的有關的書,恐怕要看很多種書,花很多時間,才能獲得這些知識。

《尚書》研究存在着一些目前尚難徹底解決的問題。作者處理這些問題的時候,有時是很慎重的。例如關於僞《古文尚書》的作者問題,作者在指出現有各種説法都有漏洞之後,認爲我們最好“不要强不知以爲知去勉强定一人。既然無確證可以論定它,那就只要知道僞古文是晉代歷史條件下的産物就行了,没有必要非找出這位作僞的某個人來不可”(102 頁)。這是很客觀的態度。但是對有的問題,作者的處理方法似乎尚有商榷餘地。例如,僞古文出現之前、東漢至魏晉傳習的《古文尚書》,究竟是什麽樣的本子? 它跟西漢的孔安國本究竟是什麽關係,這也是很難解決的問題。作者認爲這個本子是杜林根據他所得的“漆書《古文尚書》一卷”,“改寫當時所能見到的《尚書》即今文二十九篇的各篇”而成的,“是按照古文字體將今文加以改寫的古文本”,跟西漢時的孔安國本無關(38—39 頁)。這樣説並非没有道理。但是把這一説法作爲定説介紹給讀者,恐怕就不一定妥當了(參看馬雍《尚書史話》29 頁)。又如,今本《書序》究竟是如何形成的,也是一個衆説紛紜的問題。作者把《書序》出於張霸“百兩篇”之説作爲定説介紹給讀者(32 頁),恐怕也不一定妥當。不過這些都無傷於此書的大體。

原載《人民日報》1989 年 7 月 7 日 6 版,今據以收入。

關於《小屯南地甲骨》的討論
——答蕭楠同志

《書品》1989年第2期發表了蕭楠同志《關於〈小屯南地甲骨〉之體例及其相關問題——答裘錫圭同志》一文,對我在《書品》1987年第3期上發表的《讀〈小屯南地甲骨〉》作了反批評。讀後覺得他們的有些批評是我應該接受的,但是大部分意見却是有問題的,下面分項加以說明。爲節省篇幅把蕭楠同志的文章簡稱爲"蕭文",我的文章簡稱爲"拙文"。

我應該接受的批評有三點。

1. 拙文指責《屯南》前言把不是賓組的卜辭作爲賓組的例子舉出來,但是對真正的賓組卜辭却不加指出;並懷疑"這樣做是不是有什麽隱衷"(5—6頁)。蕭文承認把《屯南》4575定爲賓組卜辭"確是欠妥",但是指出在《屯南》前言中完全沒有必要提到非典型地層所出的賓組卜辭,這樣做"決沒有什麽隱衷"(19頁)。他們的意見顯然是正確的。我指責他們不應對真正的賓組卜辭不加指出是沒有道理的,任意懷疑這裏面"有什麽隱衷"更是十分錯誤的。

2. 蕭文批評我未見拼接原物就懷疑1141和3053兩片的綴合,"未免太主觀",我也接受。既然沒有充分把握,就不應該隨便提出懷疑。不過拙文只說"有一些可疑"(8頁),蕭文却說我"斷言"他們"有錯",並且在"有錯"二字上加了引號(25頁)。這是不够嚴肅的。

3. 蕭文批評我在指出了《屯南》的一些技術性錯誤之後,還說"我們沒有注意到的技術性錯誤恐怕要比已經注意到的多得多",是不嚴肅的,"你既然還沒有注意到,怎麽就知道'沒有注意到的'要比'已經注意到的'多得多呢?"(25頁)這個批評我也接受。我在那裏其實只應該指出,我還沒能把《屯南》全書一個字一個字地讀一遍,因此不能爲它作一個全面的勘誤表,而只能舉出我注意所及的一些例子。

下面對蕭文中我所不能同意的那些意見分別加以討論。

1. 蕭文認爲《屯南》已經"以地層爲依據""確立了所謂'歷組'卜辭爲武乙、文丁卜辭"(18 頁)。如果蕭文所說的是事實,不但拙文對《屯南》的不少批評根本不應提出,而且所有主張歷組卜辭屬於武丁祖庚時期的學者的論證,就都是不顧事實的癡人說夢了。可是事實恐怕跟他們所說的有距離。

蕭楠同志由於我"對田野考古發掘和考古報告編寫體例、程序不明"(蕭文 16 頁),在文章裏用了不少篇幅來說明他們"嚴格地按照田野報告的整理方法整理小屯南地甲骨"的過程,想以此來證明他們對歷組卜辭時代的看法不容懷疑(同上 17—18 頁)。他們的工作究竟嚴格到什麽程度,只有在詳細的發掘報告發表之後别人才能看得清楚,目前無法加以討論。但是有一點必須指出,弄清楚跟小屯南地甲骨有關的層位現象是一回事,根據整理出來的層位現象對有關甲骨的時代下判斷是另一回事。前一件事做得正確,並不意味着後一件事也必然做得正確。認爲《屯南》還沒有"確立"歷組卜辭爲武乙文丁卜辭的人,除了我這樣的考古學的門外漢,還有被公認的考古學者。我想這些學者總不至於也"對田野考古發掘和考古報告編寫之體例、程序不明"吧。

爲了討論的需要,不得不先花些篇幅介紹一下蕭楠同志斷定歷組卜辭爲武乙文丁卜辭的地層根據。《屯南》前言指出 1973 年小屯南地出甲骨的地層與灰坑可分早、中、晚三期,"早期大約相當於大司空村一期","中期約相當於大司空村三期","晚期約相當於大司空村四期上半葉"(17 頁)。其中,中期又可分爲時代較早的中期一組和較晚的中期二組(19 頁)。"早期地層與灰坑出自組卜辭、午組卜辭"(17 頁)。"中期地層及灰坑所出卜辭除少量的武丁卜辭外,其餘的大多數卜辭"可"分爲三類"。第一類是所謂"康丁卜辭"。第二類是有大量"父丁"稱謂的一種卜辭。第三類是主要稱謂爲"父乙"的一種卜辭,但是此次所出"只 751(H23:104)一片有父乙稱謂"(20—21 頁)。前言所說的第一類卜辭相當於李學勤同志所說的無名組卜辭。第二和第三類卜辭相當於李學勤同志所說的歷組卜辭。其中,第二類大致相當於林澐同志所說的歷組二類,第三類大致相當於林澐同志所說的歷組一類(見林澐《小屯南地發掘與殷墟甲骨斷代》,《古文字研究》第九輯 130—131 頁。以下簡稱此文爲"林文"。歷組卜辭内部應據字體而不應據稱謂分類。林文已指出有一些有父乙稱謂的歷組卜辭,其字體顯然屬於歷組二類。李學勤同志在提交中國古文字研究會第六屆年會的論文《殷墟甲骨分期的兩系説》中又指出,《屯南》前言據字體列爲典型父乙類卜辭的《屯南》4103,從其"正召方"的内容看却顯然跟某些有父丁稱謂的歷組二類卜辭同時。可見據稱謂是分不清兩類歷組卜辭的。不過在歷組卜辭裏,父丁稱謂基本上只見於歷組二類,則是事實)。《屯南》前言指出,第一類、第二類卜辭既出於中期一組,也出於中期二組的灰坑與地層。第三類卜辭則只出於中期二組的灰坑與地層。"一組灰坑與地層的時代要早於二組,故第一、二類卜辭的時代要早於第三類卜辭"。"第三類卜辭晚於第一類卜辭,即在時代上晚於康丁,其本身又有父乙稱謂,此稱謂與文獻所載文丁父武乙正相符合,故第三類卜辭只能是文丁卜辭。第二類卜辭在地層上與康丁卜辭共存,早於文丁卜辭……其本身又有父丁稱謂,與文獻記載武乙父康丁正相符合,所以應爲武乙卜辭。"(21 頁)以上就是蕭楠同志據以斷定歷組卜辭爲武乙文丁卜辭的主要地層根據。

下面根據上文已經引過的林文,並結合自己的一些看法,說明一下爲什麼不能承認《屯南》提供的層位現象已經"確立了所謂'歷組'卜辭爲武乙、文丁卜辭"。由於我對考古學是外行,也許會把林文的意見理解錯,我自己的意見出錯的可能性更大。不當之處歡迎蕭楠及其他同志提出批評。

林文說:"我覺得蕭楠同志所堅持的地層根據,並非不容置疑。第一,單就這次發掘來說,出土的有字甲骨號稱五千,但是在比中期二組要早的堆積中,共計才出了 71 片。其中早期堆積的四個灰坑和兩個探方地層中出 17 片,中期一組堆積的七個灰坑和一個標方地層中出 54 片。這個數字和中期二組堆積以後的各單位中所出的甲骨實在不成比例。因此,根據這次發掘的層位現象來判定各類甲骨的年代,只能說某類甲骨出於早期堆積一定是早的,如說某類甲骨不出於早期堆積就一定是晚的,就很不保險。在這次發掘中,連典型賓組卜辭都不出於早期和中期一組堆積,却出於中期二組(H47 的屯南 2113)及晚期(H57 的屯南 2390)堆積中,如果根據這種現象來論證典型賓組卜辭中的父乙也是指武乙而將其定爲文丁卜辭,難道是可信的嗎?"(132 頁)對這段話需要作一些補充。林澐同志當時是根據《屯南》前言發表的資料作統計的。蕭楠同志在發表於《古文字研究》第九輯的《再論武乙、文丁卜辭》一文中,又舉出了一個屬於中期一組的灰坑——H92(176 頁表二)。此坑共出有字甲骨 3 片。前言所舉屬於中期一組的七個灰坑和一個標方地層中所出甲骨的總數,林文統計爲 54 片,據我的統計則是 53 片,加上 H92 坑的 3 片,共爲 56 片。這是目前我們所能知道的 1973 年小屯南地發掘中在中期一組堆積中發現的有字甲骨的總數。H92 所出的《屯南》2663 屬賓組。所以在這次發掘中,賓組卜辭有一片出中期一組坑,一片出中期二組坑,一片出晚期坑。另一片賓組卜辭,即《屯南》2779 出自 H118。由於已發表的發掘資料不全,此坑確切時代不明,但不屬於早期則是肯定的,不然《屯南》前言在舉出早期堆積所出的賓組卜辭時就不會以實非賓組卜辭的《屯南》4575 來充數了。前言曾指出,1973 年的屯南發掘中只“有個別灰坑出有近似大司空村二期的陶片,但數量很少,且不出刻辭甲骨”(22 頁)。由此看來,《屯南》2779 只可能出自相當於大司空村三期或四期的中期或晚期堆積。總之,林文關於賓組卜辭出土層位情況的說法需要稍作修正,但是這次發掘中賓組卜辭只出自較晚地層這一點則仍是事實。我們所作的這些補充,對上引林文的主旨並無影響。大家知道,歷組一類卜辭的數量比歷組二類和無名組卜辭都少得多。根據中期一組堆積所出的區區 56 片甲骨中有無名組和歷組二類卜辭而沒有歷組一類卜辭這一點,就斷定後者的時代晚於前者,顯然是缺乏足够的說服力的。

林文接着又說:“第二,這次小屯南地發掘區中,沒有遇到相當於大司空村二期的地層和單位。……自從解放以後把殷墟地層劃分爲大司空村一至四期以來,在大司空村一期堆積層中明確出土的甲骨也就只有這次發掘的 17 片。至於《1958—1959 年殷墟發掘簡報》所報道的大司空村出的那片卜骨,在原報告定爲大司空村一期,據鄭振香同志告知……應定爲大司空村二期。……而大司空村三期前半期堆積中出土的甲骨,也就只有這次小屯南地所得的 54 片(引者按:應爲 56 片,詳上文)。總之,解放以來在大司空村三期前半及更早的堆積中一共只出 72 片(引者按:應爲 74 片)有字甲骨,而大司空村二期堆積中究竟能出什麽樣的甲骨,尚待解決。在這種情況下,由於這次小屯南地發掘所獲的‘自歷間組’和‘歷組一類’卜辭,都是和其他類別的卜辭混出於中期二組及更晚的堆積之中,就很難說它們一定不是從更早的地層中被翻移到晚期地層和灰坑中的再生堆積。所以單就這次發掘中‘自歷間組’和‘歷組一類’只見於中期二組以上的堆積就認爲其‘父乙’稱謂不可能是武丁之稱小乙而一定是文丁之稱武乙,是缺乏說服力的。”(132—133 頁)這一意見也是有道理的。需要補充的一點是,按照我的看法,在 1973 年屯南發掘中,中期一組堆積中實際上已經出了自歷間組卜辭。《屯南》前言(19 頁)劃入中期一組的 H99 所出的《屯南》2692,《屯南》釋文定其時代爲武丁。從這一片的書法以及“子”(巳)“未”“不”等字形和卜辭的格式來看,完全可以把它歸入自歷間組。自歷間組、歷組一類、歷組二類這三種卜辭之間有明顯的先後繼承關係(參看林文131、133—134 頁)。中期一組堆積既然出了自歷間組和歷組二類卜辭,按理說也完全有可能出歷組一類卜辭。出自另一個中期一組灰坑 H72 的《屯南》2530 只殘存兩個字,組別難定,但是其中的“庚”字的寫法顯然跟歷組一類的常見寫法相合。

這是很值得注意的。我相信在將來的屯南發掘中,中期一組堆積一定會出歷組一類卜辭。

蕭楠同志在上文已經引過的《再論武乙、文丁卜辭》一文中(以下簡稱此文爲"再論"),又爲他們的觀點提出了一些地層方面的證據。他們"檢查了解放前殷墟出甲骨的地層關係"(177 頁),指出以下兩點:1. 村北的乙組基址"大致都是庚、甲至廩、康時期的建築",基址"下壓的均是賓組、自組、出組等卜辭。假如'歷組'卜辭是武丁晚期至祖庚時代的卜辭,那爲什麽在這些基址下一片'歷組'卜辭也不出現呢? 村南、村北近在咫尺,又同是王室的卜辭,爲什麽'歷組'不會進入村北呢? 況且,村北是出'歷組'卜辭的,經正式發掘的大連坑(如《甲》2667)、E52(如《甲》3649)、YH258(如《乙》9064)、YH354(如《乙》9089)等都出'歷組'卜辭。事實證明:村北是出'歷組'卜辭的,只不過沒有出在這些基址下罷了。這正説明'歷組'卜辭要晚於這些基址的時代"(180 頁)。2. 從解放前所發掘的"小屯部分甲骨坑位卜辭共存情況"來看,"在第一、二、三類(即廩、康以前)的甲骨坑中(引者按:《再論》舉出的這三類坑全都在村北),沒有發現'歷組'卜辭同賓組、自組、出組、何組卜辭共存。只是在第四類的坑位中(引者按:《再論》舉出的這類坑全都在村中、村南),才有自組同'歷組'卜辭共存。然而,該類坑位的時代是晚的,自組同'歷組'發生共存,是早期卜辭進入晚期地層所發生的正常現象……"(184 頁)。最後,蕭楠同志總結解放前後發掘所得情況,得出了"在廩康以前的地層和坑位中,沒有發現'歷組'卜辭"的結論,認爲這是證明歷組卜辭是武乙文丁卜辭的有力證據(184—185 頁)。

我認爲蕭楠同志提出的新證據比原來的那些證據更缺乏説服力。凡是研究殷墟甲骨分類分期問題的人都知道,賓組、出組、何組和黄組卜辭主要出在村北,歷組和無名組卜辭主要出在村中村南。這是誰也否認不了的事實。歷組卜辭雖然偶爾也出在村北,但數量極少,就是極力想證明村北也出歷組卜辭的蕭楠同志也只找出了四片。村北出土的甲骨的總量已超過十萬片。十萬跟四是太不成比例了。在這種情況下,怎麽能由於歷組卜辭沒有出在村北的乙組基址下,或是沒有在村北的所謂一、二、三類甲骨坑中"同賓組、自組、出組、何組卜辭共存",就斷定它是晚期卜辭呢?

還有一個問題也必須指出,要斷定"在廩康以前的地層和坑位中沒有發現'歷組'卜辭",按理必須證明村北分别出《甲》2667、3649、《乙》9064、9089 這四片歷組卜骨的四個坑,也都是晚於廩、康時代的堆積。但是蕭楠同志並沒有這樣做。我們可以來看一下這四個坑的情況。《甲》2667 是第三次發掘時出自“大連東”坑的(石璋如《殷虛文字甲編的五種分析》,臺北《史語所集刊》五十三本三分 419 頁。以下簡稱此文爲“分析”)。此坑還出黄組卜辭,沒有問題屬於晚期。《甲》3649 是第五次發掘時出自 E52 坑的,此坑只出了這一片甲骨(同上 427 頁。本文所說的“甲骨”一般指有字甲骨)。石璋如在《分析》中說:“E39,E52,在 E 區的東部,相去較近,與甲二基址有關,他們雖然是一坑出甲,一坑出骨,但同是第四期的東西。”(430 頁)E39 出《甲》3575、3576 兩片卜甲,字體近於𠂤組,3576 上還有𠂤組、賓組常見的稱謂“兄丁”,它們顯然是屬於武丁時代的。石氏襲用董作賓的分期法,所以把這兩片卜甲和《甲》3649 那片歷組卜骨都說成“第四期的東西”。石氏在《殷虛建築遺存》裏把 E52 跟 E16 都列爲甲二基址的“傍窖”(320 頁)。E16 是第四次發掘中發現的一個著名的甲骨坑,其時代不晚於祖庚祖甲。蕭楠同志也說 E16 坑“就發掘的地層和陶器看是較早的,相當於殷墟文化二期”(《再論》183 頁)。從跟 E52 關係比較密切的 E39 和 E16 的情況來看,E52 的時代是有可能早於廩辛康丁的。當然,由於我們沒有掌握具體的地層情況和同出器物等資料,還無法肯定這一點。但是如果要想斷定它的時代晚於廩辛康丁,那就更缺乏根據了。除非先肯定歷組卜辭是武乙文丁卜辭,而這一點正是蕭楠同志想根據層位現象來證實的。《乙》9089 是第十五次發掘時出自 YH354 坑的。此坑只出了這一片甲骨(見董作賓《乙》自序所附登記號與坑位對照表)。《殷虛建築遺存》把這個坑列爲丙一基址的四個“傍窖”之一(322 頁)。其他三個“傍窖”是出近於𠂤組的《乙》9023 的 H362、出午組的《乙》9036 和 9037 的 H448、出近於𠂤組的《乙》9094 的 H367。這三個坑所出的都是早期的卜辭,其時代都有可能屬於較早的時期,所以 H354 也不是沒有屬於較早時期的可能的,至少我們還沒有證據斷定它的時代晚於廩辛康丁。《乙》9064 是第十五次發掘時出自 YH258 坑的,這個坑也只出這一片甲骨。關於這個坑的時代,我們還沒有找到可供討論的資料。其實,即使村北出歷組卜辭的四個坑全都屬於晚期,也不能排除歷組卜辭並非晚期卜辭的可能性。主要出於村北的賓組卜辭,其時代屬於早期是決無問題的。可是 1973 年屯南發掘中所獲的四片賓組甲骨却全都出自較晚的地層。這就很好地說明了這一點。總之,村北發掘所得的情況是不能證明歷組卜辭屬於晚期的。

那麼解放前村中村南發掘所得的情況是否能證明這一點呢?我們可以看一下《再論》在這方面所作的具體論證。《再論》在“解放前小屯部分甲骨坑位卜辭共存情況簡表”中列出了村中村南出歷組卜辭(包括一類、二類,表中稱爲武乙文丁卜辭)的四個坑,稱之爲第四類坑(182 頁)。其中,F27 只出歷組卜辭,F24 還出無名組卜辭(表中稱爲康丁卜辭),F31 和 37 還出𠂤組和無名組卜辭。《再論》在討論這些坑的時代時說:"第四類中的各坑,都是第一次發掘的,由於缺乏經驗,故發掘的資料缺乏科學的坑位、層位關係依據。該類中的各坑,地處小屯村中和村南,與 73 年屯南發掘之地相鄰,且坑中卜辭共存情況也與《屯南》大致相類,故 73 年發掘的情況可以供參考。例如 F35,出有三片武乙卜辭(歷組父丁類,因該坑只出一種卜辭,故表三未列入),並同時出有陶器,與小屯南地中期坑所出相近,估計其時代也大致相同。至於表中的 F24、F27、F31、F37,其上限不得早於文丁時代,或與小屯南地中期二組的時代相當。"(183—184 頁)原來這些坑並無科學的發掘資料,其時代主要是參考 1973 年發掘所得的情況推定的。爲什麽 F24 等四個坑的時代,"其上限不得早於文丁時代,或與小屯南地中期二組的時代相當"呢?難道僅僅由於 1973 年屯南發掘所得的少量出自中期一組堆積的甲骨中沒有歷組一類卜辭,就能斷定第一次發掘中出這種卜辭的坑也都必然不屬於中期一組嗎?如果是由於認爲"歷組父乙類"卜辭是文丁卜辭而如此斷定時代的話,就更不合理了。蕭楠同志不是說他們是"以地層爲依據""確立了所謂'歷組'卜辭爲武乙、文丁卜辭"的嗎?"歷組父乙類"卜辭是文丁卜辭這件事正需要地層方面的證據來證明,怎麽能反過來用作確定坑位時代的根據呢?很明顯,解放前村中村南發掘所得的情況,也不能爲蕭楠同志提供什麽有分量的論據。

如果撇開其時代尚難斷定的一些出歷組卜辭的坑位不管,僅僅根據目前已知的那些層位現象推斷歷組卜辭是武乙文丁卜辭,的確是可以自圓其說的。這並不意味着已經"確立"歷組卜辭爲武乙文丁卜辭。因爲正如上引林文所指出的,對這些層位現象是可以作出不同解釋的。如果進一步對歷組卜辭以及與之有密切關係的𠂤歷間組和無名組等類卜辭的字體、内容作綜合的考察,並注意到歷組卜辭跟賓組、出組卜辭同卜一事和歷組卜辭跟賓組刻辭或出組卜辭同見於一版卜骨等現象,就可以斷定歷組卜辭是武丁晚期至祖庚時代的卜辭,而不是武乙文丁卜辭了。關於這些問題,在李學勤、林澐等同志和我的有關文章裏已經有不少論述,這裏就不多談了。正如蕭文所說,蕭楠同志跟我們的"學術觀點存在着原則的分歧"(例如我們認爲歷組卜辭跟賓組刻辭或出組卜辭同見一版說明它們的時代相同,蕭楠同志則認爲一塊卜骨使用以後可以貯存起來在幾代之後重新使用。參看李學勤《論小屯南地出土的一版特殊胛骨》,載《上海博物館集刊》第四期)。所以我根本沒有想到過要通過我的論證來說服蕭楠同志。我講了上面這許多話,主要目的是想對關心歷組卜辭時代問題的一般讀者說明,蕭楠同志認爲他們已經“以地層爲依據”“確立了所謂‘歷組’卜辭爲武乙、文丁卜辭”的說法,是跟事實有距離的,歷組卜辭的時代仍然是一個尚待解決的問題。我在《讀〈小屯南地甲骨〉》一文裏提到歷組卜辭時代的問題,也是出於這一目的。我認爲把這些情況告訴《小屯南地甲骨》的讀者,是很有必要的,寫書評的人有責任這樣做。而蕭文却認爲我這樣做“欠妥”,“不利於學術的發展”(18 頁)。可見我們之間不但在學術觀點上“存在着原則的分歧”,就是在對書評的作用的看法上也存在着深刻的分歧。

還有一點需要在這裏說一下。不同意蕭楠同志關於歷組卜辭時代的意見,並不意味着我們輕視層位現象在甲骨分期上的作用。由於兩派意見相持不下,歷組卜辭的時代問題最終還是要靠層位現象來解決的。如果將來在小屯村中村南相當於大司空村二期的堆積中發現了歷組卜辭,武丁祖庚時代說就會得到公認。反之,如果將來在這種堆積中發現了大量甲骨卜辭,可是偏偏沒有歷組卜辭,並且在小屯南地中期一組的堆積中繼續發現的歷組卜辭仍都屬於歷組二類,武乙文丁時代說就會得到公認。我們希望這樣的一天能很快到來。

2. 蕭文對我關於屯南所出賓組卜辭的層位的一段話的批評,其方法是有問題的。

拙文說:“所以根據現有資料來看,在 1973 年的屯南發掘中,真正的賓組卜辭並非出於早期地層與灰坑,而是出於晚於中期一組的地層與灰坑的。”(5—6 頁)蕭楠同志引這一句時略去了“所以根據現有資料來看,在 1973 年的屯南發掘中”這些起限制作用的話。他們首先斷定“這一結論是錯誤的”,然後指出拙文提到的出賓組卜辭的四個坑裏有兩個坑(H92、H118)在《屯南》前言中沒有涉及,我“在還有二個坑時代不明的情況下就作出了上述結論,顯然是輕率的”;接着又指出早期卜辭進入晚期地層是常見的現象,還舉出了解放前村北發掘中賓組卜辭出於較早地層的一些例子;最後下結語說:“所以,賓組卜辭出於較早地層,是早已被證明了的事情,裘錫圭同志怎麽會不知道而另立‘新論’呢。”(蕭文 19 頁)沒有讀過拙文的人,讀了蕭文的批評之後,大概都會認爲我不知道賓組卜辭曾出於較早地層的事實,主張所有的賓組卜辭都出於較晚的地層。

其實我所說的明明只限於 1973 年屯南發掘的範圍,絲毫沒有全部賓組卜辭都出於較晚地層的意思。蕭楠同志是掌握 1973 年屯南發掘的全部資料的。你們如果拿得出這次發掘中賓組卜辭出於較早地層的可靠實例就拿出來好了,爲什麽在批評別人“在還有二個坑時代不明的情況下”就作出結論太過輕率的時候,仍然不願意使這兩個坑的時代"明"起來,却要去扯解放前村北發掘的情況,並在引我的話的時候略去"在1973年的屯南發掘中"這個起限制作用的短語,至少在客觀上造成我對全部賓組卜辭的出土情況"另立'新論'"的假象呢?這種批評方法恐怕不能認爲是正常的。蕭楠同志以早期卜辭進入晚期地層是常見現象這一點來反駁我,也出乎我的意料。林澐同志和我所以要指出1973年屯南發掘中賓組卜辭出於較晚地層,不就是爲了說明時代較早的卜辭可以在較晚的地層中發現嗎?

我在上文中已經對1973年屯南出賓組卜辭的四個坑的情況作過了討論。由於蕭楠同志在《再論》中已說明H92屬於中期一組,我原來所說的、這次發掘中真正的賓組卜辭"出於晚於中期一組的地層與灰坑"那句話,應該改爲"出於中期以後(包括中期)的地層與灰坑"。如果蕭楠同志僅就這一點說我"輕率",我是接受的(我寫拙文時,《再論》已發表)。但是根據現有資料看,在1973年的屯南發掘中,賓組卜辭並未出於較早的地層與灰坑,而只出於相當於大司空村三期以及更晚的地層與灰坑,則是事實。還有,H118坑的時代雖然尚未發表,但是根據蕭楠同志已經說過的關於這次發掘中甲骨出土情況的話,是可以肯定它不屬於較早的時期的。這在前面已經詳細說過了。

3. 蕭楠同志在"關於武乙、文丁卜辭"一節中說:"我們曾一再聲明過,'歷組'卜辭提法欠妥:第一,真正署貞人'歷'的卜辭很少……第二,貞人只'歷'一個,一個何能構成爲'組'?"(20頁)我認爲他們對歷組卜辭提法的批評有拘泥字面意義的毛病。

李學勤等同志討論殷墟卜辭分期問題時所說的"組",跟一般所謂"貞人組"已經有所不同了,例如所謂無名組卜辭就根本不記貞人名。不少人認爲午組卜辭不記貞人,被有些人看作貞人名的"午"應該讀爲祭名"禦",但是他們仍然使用"午組卜辭"這個名稱。因爲這個名稱指的是哪一類卜辭,研究甲骨文的人都明白。如果屏棄這個名稱,在討論跟這類卜辭有關的問題的時候,就需要爲它另定一個大家不熟悉的名稱,那顯然會造成不方便。"歷組卜辭"這個名稱的情況跟"午組卜辭"有些相似。如果你不承認"歷組卜辭"所指的那些卜辭具有區別於他組卜辭的共同特點,當然可以反對這個名稱;如果承認這一點,並且自己又提不出更合適的名稱,就沒有必要指責別人提出和使用這個名稱了。我早就說過,我認爲歷組卜辭中的"歷"可能並不是貞人名(《古文字研究》第六輯317頁注一),但是我仍然使用"歷組卜辭"這個名稱。就是"曾一再聲明過'歷組'卜辭提法欠妥"的蕭楠同志,不是也時常在使用這個名稱嗎？他們在文章裏提到“歷組”時一般都加上引號，大概是想以此表示，他們是由於要跟使用這個名稱的人討論問題，才不得不違心地使用它的。實際上，使用這個名稱的必要性是大家都明白的。蕭楠同志在《再論》中說，“我們所稱的武乙、文丁卜辭，有的同志稱作‘歷組’卜辭”（155 頁）。那麼能不能用他們的“武乙文丁卜辭”來取代“歷組卜辭”呢？顯然不能。且不說歷組卜辭的時代尚有爭議，即使已經斷定歷組卜辭屬於武乙文丁時代，由於還存在歷組卜辭之外的武乙文丁時代卜辭，也不能把“歷組卜辭”跟“武乙文丁卜辭”等同起來。蕭楠同志在《再論》中說了上引那句話之後，接着又說：“爲了在討論中交換意見準確，本文內所稱的武乙卜辭均屬‘歷組’父丁類……所稱的文丁卜辭，則屬‘歷組’父乙類。”（155 頁）這不是正好說明，爲了準確地討論問題，“歷組卜辭”的提法其實是十分必要的嗎？對於“歷組卜辭”所指的那類卜辭來說，這個名稱要比所謂“武乙文丁卜辭”妥當得多。

4. 蕭楠同志在甲骨鑽鑿形態問題上對我的批評，是完全無法接受的。

大家知道，在甲骨分期方面，鑽鑿形態只是一種供參考的次要標準。如果根據甲骨分期的主要標準已能肯定 A 類和 B 類卜辭的時代先後，當然就沒有必要再去爭論 A 類和 B 類的甲骨鑽鑿形態的時代先後了。但是歷組卜辭是一種其時代尚有爭議的卜辭，客觀地從形態學的角度去研究這種卜辭的鑽鑿跟𠂤組、無名組、黃組等類卜辭的鑽鑿之間的關係，顯然並非沒有必要。當然，如果《屯南》僅僅對甲骨鑽鑿形態作客觀的描述和分類，拙文作爲一篇書評，原也沒有必要涉及鑽鑿時代先後的問題。可是情況又並非如此。例如從形態上看，所謂“文丁卜骨中常見的$Ⅵ_1$鑿”原無晚於所謂“康丁、武乙的Ⅳ型鑿”的證據，可是《屯南》“從時間的聯繫上考查”，也就是從所謂“康丁、武乙”卜辭（大體相當於無名組和歷組二類卜辭）早於所謂“文丁”卜辭（大體相當於歷組一類卜辭）的信念出發，就斷定“文丁卜骨的$Ⅵ_1$鑿，當在康丁、武乙的Ⅳ型鑿之後，而不是Ⅳ型鑿之前”。還說：“總之，從卜骨鑿之形態，並結合地層關係、卜辭內容等方面進行分析，我們認爲，將此兩類卜辭（引者按：指歷組卜辭中的所謂“父丁類”和“父乙類”）定爲武乙、文丁時代是適宜的。”（《屯南》1518 頁）在這種情況下，既然我們並不承認《屯南》已經“以地層爲依據”“確立了所謂‘歷組’卜辭爲武乙、文丁卜辭”，當然就要從形態學角度提出鑽鑿時代先後的問題來了。

蕭楠同志對我所排列的《屯南》甲骨鑽鑿形態發展順序，從形態學角度提不出任何實質性的批評意見。他們對付我的法寶就是所謂“地層關係”。蕭文說：“我們在《屯南・鑽鑿》中,始終是以地層關係爲依據,對鑽鑿形態作客觀的統計、分析,而不是按主觀意識去作人爲的排定。裘錫圭同志的'撇開其他因素',尤其是撇開地層因素,只是根據鑿的形態來決定甲骨時代的先後,恰恰是一種主觀的排定,這在田野考古學中是不能允許的。"(22 頁)又説:"裘錫圭同志在排定《小屯南地甲骨》鑽鑿變化順序的時候,追求的是一種'直綫圖象',看起來好像很有'規律',而實際上這種'規律'用地層一檢驗就化爲烏有。這種'規律'又有什麽實際價值呢?"(23 頁)這兩段話正好反映了他們自己的主觀態度。

我們在前面已經説過,弄清楚跟小屯南地甲骨有關的層位現象,跟根據整理出來的層位現象對有關甲骨的時代下判斷是兩回事。蕭楠同志在《屯南》中指出的層位現象,並不是非要導致他們對歷組卜辭時代所作的結論不可的。蕭楠同志在沒有對林澐等同志就有關的層位現象提出的不同解釋作出令人信服的批駁的情況下,就不準别人不同意歷組卜辭是武乙文丁卜辭的結論而去另作探索。他們認爲,進行這種探索,就是"撇開地層因素",就是違背考古學原則,不管結果如何都只能遭到"化爲烏有"的命運。這難道是進行學術討論的應有態度嗎?

蕭文還批評我説:"帝乙、帝辛時期卜骨,《屯南》只統計了 6 片,我們沒有作什麽結論。可裘錫圭同志就作出了'C 組與 D 組沒有同型的鑿'的結論。這是不謹慎的,因爲《屯南》沒有,不等於整個殷墟甲骨沒有。"(22—23 頁)我們知道,73 年屯南出土的所謂"帝乙帝辛時期卜骨"(即拙文所説的 D 組,實爲介於無名組與黄組間的卜骨),"可以統計鑽鑿之片數"一共只有六片(見《屯南》1513 頁表六)。這六片的鑽鑿全都屬於Ⅴ型,這顯然不是偶然現象。拙文討論的是《屯南》甲骨的鑽鑿形態,所以沒有提到别的甲骨的情况。《屯南》之外已發表的、屬於黄組(即一般所謂第五期)的卜骨鑽鑿形態,一般也都屬於Ⅴ型。《屯南》就指出:"第二類卜辭(引者按:即拙文所説的 D 組、此書他處所説的"帝乙早期"或"帝乙帝辛"卜辭)的 V_3 鑿以及 V_2 鑿中長度在 2 釐米以下的,常見於已確認的有五期字體的卜辭,如《懷》1886、1902、1905 等。"(1521 頁)許進雄在《甲骨上鑽鑿形態的研究》一書中對"有第五期書體的卜骨"的鑿形的描寫(見 11 頁),也跟《屯南》對Ⅴ型鑿的描寫(見 1500 頁)相合。林文還指出跟 73 年屯南出土的所謂"帝乙帝辛時期卜骨"同類的《安明》2625【《合》33523】、2627【《合》33521】的鑿形,也跟一般黄組卜骨的鑿形相似(137 頁)。但到目前爲止,還沒有人發表過這類卜骨和黄組卜骨上的鑿形,跟歷組(即拙文討論鑽鑿時所説的 C 組)卜骨上的鑿形同型的例子。在這種情況下,我們完全有理由説"C 組與 D 組沒有同型的鑿"。"《屯南》沒有,不等於整個殷墟甲骨沒有”這種不舉實證隨便說說的話，是無法認真對待的。

5. 蕭楠同志認爲拙文所指出的《屯南》釋文中的失誤，“不少是值得商榷的”（23 頁）。現在就來看看他們提出來的那些問題。有些目前爭論不出究竟的問題（如我認爲《屯南》4177 片上的——蕭文誤作“午”——應屬上方殘辭，他們則認爲應屬下方一辭，“爲貞人名無疑”）以及不涉及實質性是非的問題（如我認爲《屯南》釋文沒有釋出不少可釋的殘字是一個缺點，他們則認爲我是在“苛求”，是在“殘字斷文上做‘文章’”），這裏就略而不論了。

A. 拙文指出《屯南》把見於 2539 片的左作“鹿”右作“射”的字“逕釋爲从‘鹿’‘射’聲的‘麝’，是不妥當的”（10 頁）。蕭文說：“‘麝’應爲射鹿人之專稱，故我們的隸定並無大錯。自然，我們也希望裘錫圭同志作出更好的隸定來。”（24 頁）這個“麝”究竟是不是“射鹿人之專稱”，還需要研究。但是在這個字並非从“鹿”“射”聲的“麝”字這一點上，我們的意見看來已經一致了。《屯南》2539 片釋文對“麝”字毫無說明，很多讀者，尤其是初學者，無疑會認爲這就是見於一般字典的“麝”字。我指出這樣寫釋文不妥當，又有什麼不對呢？至於說到隸定方法，只要按這個字的原形把“鹿”和“射”寫成左右並列，就可以免除誤會。《屯南》釋文是手寫影印的，這樣做毫無困難。

B. 拙文指出《屯南》395 片釋文把“戊”字殘文誤釋爲“甲”，但是我在寫稿時把 395 錯寫成了 3953（10 頁）。【編按：編集《古文字論集》時已改正。】我應爲這一疏忽向蕭楠同志和讀者們道歉。這片卜骨上的“戊”字，上部已殘去，由於豎劃下端的短横位置稍高，就被誤釋成了“甲”字。至於 3953 片，誠如蕭文所說，既無甲字也無戊字。

C. 拙文說：“2276（1）的釋文將‘父甲’誤釋爲‘大甲’（此或是抄寫之誤）。”（10 頁）蕭文反駁說：“我們查閱原骨，確爲‘大甲’，而不是‘父甲’。我們所作的摹本也是‘大甲’。如果裘錫圭同志當時能看一下摹本，就不至於提出這一問題了。”（24 頁）我在寫拙文時的確沒有查閱 2276 片的摹本，不然就不會說“此或是抄寫之誤”了。但是在看了摹本以後，我仍然不相信原文會是“大甲”。《屯南》2276（1）的全文如下（有爭議的那個字以△代替）：

己未卜：祖丁大升，王其延△甲⧄

“△甲”爲合文。蕭楠同志把此片時代定爲康丁（《屯南》996 頁），十分正確。康丁的祭祀卜辭往往同時提到祖丁和父甲（參看《綜類》530 頁第三欄《南》明 588 以下

五條)。上引卜辭有一條同文殘辭,見於《合》27363(即《南》明588、《明後》2231):

☑祖丁大升,王其延父甲☑

"延"字下正爲"父甲"二字合文。所以從辭例上看,《屯南》2276(1)的"△甲"沒有問題應該是"父甲"。那麼有沒有可能是刻卜辭的人把"父甲"錯刻成了"大甲"呢?也不可能。從《屯南》374頁所載的2276號拓片來看,"甲"字右側上方的一道豎劃,跟"甲"字豎劃上部挨得相當近,這只能是"父"字的左豎,而不可能是"大"字的中豎。而且這道豎劃的上部兩側既無象正立人形兩臂的筆劃的痕跡,下部左側也沒有象左腿的筆劃的痕跡,其非"大"字中豎是非常明顯的。所以我雖然不像蕭楠同志那樣有接觸原骨的方便,仍敢斷定他們把"父甲"誤釋成了"大甲"。摹本中的"大甲"當然也是"父甲"的誤摹。《屯南》爲之作摹本的,一般都是文字有不清晰之處的甲骨,2276號摹本在"大甲"合文外加了虛綫方框,説明這正是不清晰的字,至少在考釋者看來是不清晰的字。蕭文説:"我們查閱原骨,確爲'大甲',而不是'父甲'"。似乎原骨上的"大"字很清楚。這也是有一些奇怪的。由於這個例子,我對《屯南》2283(2)的"己丑"下一字是否"立"字的問題(參看蕭文24頁),只能暫時抱存疑的態度。

D. 拙文説:"2061片釋文中的'㒓'字,原來並不从'哀'("衣"中間是一個圓圈,而不是"口"字),這種隸定也容易引起誤會(這個字實當釋"遠",看《古文字研究》第十二輯87頁)。"(10頁)蕭文反駁説,甲骨文字"如何隸定,考釋,是學術問題,大家可以討論,可以百家爭鳴,沒有必要强求一家跟另一家走。……況且,裘文列舉自己所釋之字,是在《屯南・釋文》發表之後,我們也無法採納。"(24頁)拙文提出"㒓"字的問題,並不是爲了强求别人採納我的考釋,而是由於《屯南》對這個字的隸定容易引起誤會。圓圈形(實即"圓"的初文)跟"口"字不同,从"衣"从圓圈形的字跟"哀"不是一個字,恐怕不能算作可以百家爭鳴的學術問題。

我想蕭楠同志所以會對拙文在釋文方面所作的批評有較大反感,就跟他們認爲拙文不應該提到歷組卜辭時代問題一樣,也是由於他們對書評的作用的看法跟我有分歧。我認爲書評主要不是爲書的作者,而是爲書的讀者寫的。如有可能,書的優點、缺點以及書中涉及的有爭議的重要問題,都應該在書評中比較充分地反映出來。這樣才能對讀者真正有所幫助。蕭楠同志似乎認爲書評是針對書的作者寫的,指出缺點就是跟作者過不去,所以對拙文才會有"苛求"(24頁)、"在這些殘字斷文上做文章”(23 頁)等指責。我跟蕭楠同志之間並沒有,也不可能有什麼個人恩怨,有的只是學術見解的不同。希望蕭楠同志不要因爲我的書評而產生誤解。這次的答覆如有不妥和錯誤之處,歡迎蕭楠同志再提出批評。

1989 年 10 月 17 日夜寫畢

附記:

此文在 1989 年 10 月交給《書品》編輯部,由於《書品》負責人不願發表,我於 1991 年 6 月將此稿要回,所以拖延到現在才發表。文章內容絲毫未作更改。

原載《漢字文化》1992 年 1 期,今據以收入。

評《殷墟甲骨刻辭類纂》

姚孝遂、肖丁二位先生主編的《殷墟甲骨刻辭類纂》三大册,已在不久前由中華書局出版。

《類纂》是研究殷墟甲骨刻辭的工具書。它的體例基本上沿襲島邦男的《殷墟卜辭綜類》。爲什麽在已有《綜類》的情況下還要編《類纂》的原因,姚孝遂先生在《類纂》的序言裏講得很清楚。他說:

> 從事甲骨刻辭研究,自六十年代以來,《殷墟卜辭綜類》一直是最主要的常用工具書之一。二十多年過去了,由於陸續出土和著錄了一些新的原始資料,同時也積累了大量的有關研究成果,很顯然,《殷墟卜辭綜類》已難以適應目前研究工作的需要了。尤其是《甲骨文合集》出版之後,原始資料相對地比較集中,而《殷墟卜辭綜類》只有舊的著錄號,無法與之相配合,根本沒有用武之地。
>
> 《綜類》還有一個最大的缺陷,就是只有原篆而沒有隸釋。如果不認識甲骨文字,就無法利用這部工具書。
>
> 甲骨刻辭所記載的內容非常廣泛,涉及到殷商文化的所有各個方面。而隨着現代各個學科的發展,需要利用甲骨刻辭的各學科學者越來越多。……《綜類》這部書是無法解決這個需求矛盾的。《綜類》也曾在字頭下注明相對應的《說文》所見之字,但完全是依據李孝定《甲骨文字集釋》,現在看起來,其見解很多是過時了,判斷失當,不足爲據。

針對《綜類》的上述缺陷,姚先生組織吉林大學歷史系【編按:劉釗指出,此處的"歷史系"應爲"古籍研究所"】研究古文字的幾位中青年學者,集中力量,相當快地編出了這部能够反映甲骨學當前發展水平,並爲所收刻辭全部配上了釋文的《類纂》。

《類纂》所根據的甲骨著錄書,是《甲骨文合集》以及在《甲骨文合集》編成後陸續出版的《懷特氏等收藏甲骨文集》、《小屯南地甲骨》和《英國所藏甲骨集》。凡是《綜類》未及收入的新資料，《類纂》大體上都已按所規定的體例加以收錄。所以在《類纂》裏可以看到一些不見於《綜類》的新字頭，如1144號“晝”、1162號“霸”（原字無“雨”頭）、2473號“截”、2513號“童”等。在二書共有的字條裏，《類纂》所收的辭條一般也都明顯多於《綜類》。例如《綜類》“律”字條只收一條卜辭（326·2。圓點前爲頁碼，後爲欄次），《類纂》“律”字條增收至5條（878下。數字表示頁碼，“上”或“下”表示上欄或下欄）。我們再來看看爲商史研究者所關心的“衆”的情況。《綜類》把从二“人”和从三“人”的“衆”分成兩個字條。前者收辭8條，後者收辭61條（25·1—3。从三“人”的“衆”字條內，《鐵》233·1前後兩見，只算一條），再加上見於其他字條的“參照”辭條85條（參照辭條裏有3條重見於“衆”字條，“雉”字條的“雉衆”分條和“喪”字條的“喪衆”分條裏收有“雉人”和“喪人”之辭共7條，都除去不計），共爲154條。《類纂》“衆”字條收辭134條（69上—71上。《合》7重出，只算一條），加上參見的“喪衆”之辭25條（520上。“喪”字條“喪衆”分條裏有“喪人”之辭7條和誤入的“从喪”一辭，都除去不計）、“収衆”之辭7條（362下）、“雉衆”之辭36條（666上—667上。“衆”字條漏注參看“雉”字條），共爲202條，比《綜類》多48條。這類例子比比皆是，爲節省篇幅不多舉了。總之，《類纂》收錄的資料要比《綜類》豐富得多。

《綜類》在辨認文字、摹錄刻辭等方面有很多錯誤。《綜類》有誤之處，《類纂》多數不誤。姚孝遂先生早在發表於《古文字研究》第三輯的《〈殷墟卜辭綜類〉簡評》裏，就已經指出了《綜類》的不少錯誤。在《類纂》序言裏，他又指出了《綜類》誤列和混同字頭的一些例子（6、7、9等頁。在這裏附帶說一件事。序言6頁提到的“父庚庸”合文，是嚴一萍首先認出來的，有關文章發表在《中國文字》第十三册。我在發表於《古文字研究》第三輯的《甲骨文字考釋》一文的《甲骨文中重文和合文重複偏旁的省略》篇裏考釋了這一合文。由於當時尚未讀到嚴文，未能指出嚴氏首識此文之功，以致姚先生誤以爲是我“始發其覆”，這是我感到非常抱歉的）。下面我們再舉幾個《綜類》有誤而《類纂》不誤的例子。

《綜類》把《乙》2661（即《合》697正）的从“戈”从“虎”之字誤認爲从“壬”从“虎”，列爲字頭（225·3）。《類纂》沒有這個錯誤的字頭，有關卜辭已收入“虢”字條（637上）。《綜類》把《乙》1263（已拼入《丙》436，即《合》1821正）的兩條對貞卜辭中从“耳”从二“虫”之字的“虫”旁誤認作“口”旁，把那兩條卜辭收入了“聽”字條（114·2）。《類纂》已立此字爲687號字頭，那兩條卜辭的文字也比《綜類》錄得全。《綜類》把《甲》3913(即《合》28011)一辭的从“”从“魚”之字誤拆成兩個字,把那條卜辭收入了“魚”字條(239・4)。《類纂》已立此字爲1826號字頭,那條卜辭的文字也比《綜類》錄得全(677下。那條卜辭末尾的“王受又又”四字,受地位限制轉到辭的另一側契刻,爲《綜類》所忽略)。《綜類》把《南》明684(即《合》31023)的从“門”从“攴”之字誤拆成兩個字(245・2“攴”字條、285・4“門”字條),《類纂》已立此字爲2177號字頭(793上。字條中並增收《屯南》3004一例)。《綜類》“日”字條“正日”分條所收《佚》826(即《合》26786)一例,本作“之日”,《綜類》摹錄有誤(160・4),《類纂》已把此例收入“日”字條“之日”分條(427上。但《類纂》沒有摹釋此辭中的“卜”“出”“今”等殘字)。《綜類》把見於《菁》5(即《合》137正)的、象人在有水之皿中的字,誤摹爲从“水”从“皿”的“益”字(385・4),《類纂》不誤(1024下)。《綜類》“唯”字條所收《戩》42・12(即《合》4724)、《甲》3112(即《合》10514)、《前》8・5・3(即《合》21384)三例,實爲“鳴”字(231・3),《類纂》已把它們收入“鳴”字條(671下)。這類例子爲數很多,限於篇幅也不能多舉了。

在釋字方面,《類纂》吸收了大量新的研究成果,從總體上看,其水平要比僅以《甲骨文字集釋》爲依據的《綜類》高得多。讀者只要把兩書稍加對比就可看出,這裏也不想多說了。但是有一點應該提一下。書中有些字的釋法,我還沒有在別處見到過,應是編者的創見。其中有些意見是很好的,如釋2480號字頭爲“刃”便是一例。《甲骨文編》把《前》4・51・1(即《合》27866)的字釋爲“刃”,《甲骨文字集釋》從之。島邦男根據辭例看出這個字就是卜辭中常見的祭名的反寫(《綜類》501・3字條中已收入《前》4・51・1一辭),沒有接受《集釋》的意見,這是很正確的。但是島氏尚未認出甲骨文中真正的“刃”字。是在“刀”上加上象徵刃部的綫條而成的字,把它釋爲“刃”十分合理。

《類纂》對《綜類》的部首作了一些調整,序言5至6頁對此有所說明。這些調整大都是合理的。在檢索方面,《類纂》除沿用《綜類》的那些辦法外,還增加了“拼音檢索”,爲讀者提供了更多的方便。

《類纂》的定價相當高,但出版之後銷行得很快,說明它確是甲骨學者和其他需要使用殷墟甲骨刻辭的研究者所急需的一部工具書。

《類纂》的編纂工作很繁重,需要處理的問題極爲瑣細,成書時間又比較短促,不可避免地會有一些缺陷和可商榷之處。下面對取材範圍、釋字、刻辭的摹錄釋讀、字頭的確定以及字頭和辭條的編排等方面的問題提出一些意見,供編者和讀者參考。錯誤和片面之處,希望能得到指正。

1. 關於取材範圍 《綜類》幾乎可以說是以編者當時所能搜集到的殷墟甲骨刻辭的全部著錄書(包括著錄甲骨的單篇文章)作爲取材範圍的,《類纂》的取材範圍則限於上面舉過的《合集》等四部書。《合集》的凡例規定,對已著錄的殷墟甲骨刻辭,除"文句一般、常見而又殘缺過甚者"外,全部加以收錄(參看《合集》第一册的"編輯凡例")。《類纂》編者不再顧及那些在《合集》編成前出版的甲骨著錄書,本來是無可非議的。但是《合集》收錄甲骨間有遺漏,《類纂》過分依靠《合集》,必然影響所收資料的完整性。例如:《殷虛古器物圖錄》13 頁著錄的武丁時代大卜骨,有"气令我吏步伐𢀛方"、"戊陟戊學求"等重要卜辭;《摭續》77 是歷組卜辭中極爲罕見的用龜甲占卜之例,刻有祭"小母辛"(或釋"母辛")的卜辭【編按:此甲恐爲僞刻,請參看《論"歷組卜辭"的時代》注⑲】;《明後》2524、2546(即《南》明 613、102)是歷組卜辭中有"小母庚"(或釋"母庚")之稱的僅有的兩例,2524 還有關於祭父乙和"又伐甲子犬延以羌"的卜辭;《存》上 1937 有"叀⿱十⿱日十酒"一辭,是已著錄甲骨刻辭中用"⿱十⿱日十"字的唯一一例;這些甲骨《合集》都没有收入,《類纂》當然也就跟着失收了。《類纂》序言曾提到"⿱十⿱日十"是"莫"的異體(10 頁),可是在《類纂》裏却根本查不到這個字。

《類纂》的"凡例"有如下兩條規定:

> 僞刻及習刻一律删除不錄。
>
> 《合集》第十三册摹本不予收錄。

不錄僞刻當然是對的,不錄習刻和摹本則可商榷。

《合集》第十三册所收摹本有很多跟《英》所收的拓本相重,還有一些跟《合集》本身所收的拓本相重,但是迄今尚無拓本發表的仍然相當多,有些從内容上看還很重要,一律不收顯然是不妥當的,拿前面提到過的關於"衆"的卜辭來説,《類纂》由於不收摹本,就少收了見於《合》39478、39479、39480(此片上殘文跟《合》80 的殘文正好相同,但二者並非一版)、39481(即《寧》3・43)、40911、41454 和 41455(即《南》上 101)的七條卜辭。其中,《合》40911 一辭貞"令並衆衛(或釋"防")",是迄今所見的唯一一條説令衆"衛"的卜辭。《合》39481、41454 也比較重要。不收這些卜辭顯然是不合適的。

判斷一片殷墟甲骨或一條刻辭是不是習刻,並不一定很容易。例如:《合》32834 是一片字體草率的歷組卜骨(由《鄴》3・39・3、3・39・11、3・43・11 等綴合而成),骨上刻着好多條卜辭。除中間下方一條殘辭外,各辭之旁都可以看到卜兆,兆的上方都刻有序數"二"。《類纂》編者大概由於字體整飭的《合》32835 跟它基本上同文,卜兆又同序數,就把它定成了習刻(爲編《類纂》作準備的《殷墟甲骨刻辭摹釋總集》——下文簡稱"摹釋"——在所摹的《合》32834 各辭下方,都沒有寫釋文,只注了"習刻"二字),其刻辭全都摒而不錄。其實《合》32834 是正規卜骨而非習刻的可能性非常大。即使確是習刻,由於所刻之辭內容重要(有關於命大史、小史等人製舟等事的卜辭),並且有好幾條是《合》32835 所沒有的,棄而不錄也十分可惜。爲研究者著想,習刻還是收入書中爲好,至少那些成辭的習刻是應該收錄的。

由於存在上面提到的那些原因,有些《綜類》已經收錄的、有研究價值的刻辭,在《類纂》裏却找不到(上面所說的那些《類纂》未收的卜辭,除關於"衆"的《合》39478、39479、38480、40911、41454 五辭和《合》32834 上的部分卜辭外,《綜類》都已收入)。這恐怕不能認爲是合理的現象。

2. 關於釋字 前面已經說過,《類纂》在釋字方面做得相當好。但是這方面也還有一些可商之處。有些地方似乎過於謹慎。如 251 號字頭一般都釋爲"疾",2820 號字頭一般都釋爲"棄",似乎並無可疑之處,但《類纂》却闕疑而不釋。有些地方似乎過於保守。如 2624 號字頭,于豪亮先生在 70 年代發表文章釋爲"引"字(《說"引"字》,《考古》1977 年 5 期),近年來已經得到多數學者同意,新版《金文編》和新近出版的徐中舒先生主編的《甲骨文字典》都已採用,《類纂》則仍釋爲"弘"。又如 3282 號字頭,由於 60 年代在寶鷄發現的何尊上的"爾"字的寫法跟它很相似,近年來已有不少人把它釋作"爾"(參看《甲骨文字典》357 頁),《類纂》仍釋爲"束"。

《類纂》的主編和編輯幾乎都是于省吾先生的學生,在釋字方面採用于先生的說法比較多一些,這是可以理解的。但偶爾也有應從于說而不從的情況。如 2051 號字頭是一個从"宀"从"聽"之初文的字,于先生釋爲"庭"(《甲骨文字釋林》83—87 頁),爲很多學者所信從,《類纂》却反而採用了釋"廳"之說。于先生明知此字从"聽"聲,却不把它釋爲"廳",無疑是有他的道理的。一般認爲"廳"的名稱來自"聽事",其出現不會早於漢代(參看《辭源》"廳"字)。我們如果不能證明"廳"的名稱在商周時代就已出現,便沒有理由否定釋"庭"之說。

《類纂》釋字偶爾還有自相矛盾之處。例如:1187 號字頭已釋爲从"雨""妻"聲之字(字見《說文》),33 號字頭的寫法跟 1187 號字頭第二體下部相同,一般認爲是“妻”的異體,《類纂》却闕疑而不釋。《類纂》把很多指犬人(管理商王田獵之事的官)的“犬”字改釋爲“虎”,這是不妥當的。而且同樣是關於比犬師(“師”爲犬人之名)之事的卜辭,《合》27915 等五條的“犬”釋爲“虎”,收入“虎”字條(635下),《屯南》2618 一條則仍釋爲“犬”,收入“犬”字條(610 上);同樣是關於比成犬(“成”爲地名)之事的卜辭,《合》27915 一條的“犬”釋爲“虎”,收入“虎”字條(636下),《合》27914 等三條則仍釋爲“犬”,收入“犬”字條,並專爲它們立了“成犬”分條(606 上)。這也是自相矛盾的。後面討論確定字頭方面的問題時,還要談到一些釋字錯誤的例子。

《類纂》有時在一個字頭下列了兩種相互排斥的隸釋。在這種情況下,通常辭條釋文是採用列在前面的那種隸釋方法的。如 22 號字頭下列“以”和“氏”兩種隸釋,辭條釋文一律釋“以”(22 上—29 下)。這説明編者是主張或傾向於前一種隸釋方法的。但是有時辭條釋文却用後一種隸釋方法。如 836 號字頭下列“㚔”(疑是“奉”之誤,“羌”字條 46 上所列部分辭條釋文對此字是如此隸定的)和“往”兩種隸釋,字條中所收各辭的釋文,除末一例依原樣摹出外,都釋此字爲“往”(318 下—319 上)。有時辭條釋文甚至還雜用兩種隸釋方法。例如:3187 號字頭下列“橐”和“槖”兩種隸釋,字條中所收各辭有的釋“橐”,有的釋“槖”,還有少量辭條釋“束”(1232 上),使人感到無所適從。字頭下最好不要列相互排斥的隸釋。如果要列,應分明主次,如 22 號字頭下的隸釋可作“以(一釋氏)”。辭條釋文採用的隸釋方法更應統一,這一點後面還將談到。

3. 關於刻辭的摹録釋讀　殷墟甲骨多殘碎,發表的拓本又往往不够清晰,摹録釋讀甲骨刻辭的人,誰也免不了犯錯誤。《類纂》編者要處理數以萬計的辭條,而且作爲主要根據的《合集》又包含着很多翻印自其他著録書的資料,他們在摹録釋讀刻辭時出些差錯,是毫不足怪的,應該得到諒解。下面本着精益求精的精神,指出一些這方面的問題。《類纂》所收辭條的摹文和釋文都取自《摹釋》,改動不多。所以《類纂》摹録釋讀刻辭方面的問題大都是《摹釋》造成的。由於二書的編者完全相同,我們在指出問題時,一般就只提《類纂》而不提《摹釋》了。

《類纂》有時把有缺文的卜辭誤録成完整的卜辭。例如:609 下所録《合》31097一辭作“戊子貞王衣入犬無災”,實際上“戊子”、“貞王”和“衣入”之後都有缺文。904 上所録《合》28139 一辭作“王其叀𢦏𢦏”,實際上“王”“叀”“𢦏”三字之前都有缺文,“𢦏”上當缺“亡”(無)字。編者由於不知有缺文,把“𢦏”當作地名,以致誤列此辭於“𢦏”字條的“𢦏方”分條之中。有時又把完整的卜辭誤録成有缺文的卜辭。如 11 上、1027 下等處所録的《合》28030 一辭作“弜益戍……受匕……”，實際上此辭下方刻有區分相鄰卜辭的界綫，顯然是一條並無缺文的卜辭。附帶説一下，《合》28030 即《粹》1198，郭沫若把此辭末尾一字釋爲“人”，應該是正確的。編者大概是由於把“人”字手臂形上的一道泐痕當作了筆畫而把它釋作“匕”的。《類纂》偶爾還有未將辭條的文字録全的情況。如《合》5708 正面一辭，《類纂》多次加以引録，除 485 下、1065 上所録爲全文外，213 上、482 下、747 上、874 下、875 上、1115 下、1201 下等處所録都沒有辭末“至于”以下十二字，875 上在辭的末尾加了省略號，其他各處都沒有加。加省略號也不解決問題，因爲讀者會認爲卜辭原來就殘缺。

《類纂》引録行款比較特殊的刻辭時，間有失誤。例如：《合》35673 有如下一條刻辭：“乙丑，寢弜易在寘，遘祖乙翌日，在八月。”原辭刻至“遘”字之後，受地位限制，轉到辭的上方再刻“祖乙”以下七字。《類纂》把此辭録爲“……日在八月乙丑寢……祖乙翌弜易……在寘……”（758 上、773 上、1016 下、1297 上），文不成義。《合》30757（即《甲》3915）有如下一辭：“甲子卜狄貞：王其叙（此字不識，姑從董作賓隸定）舟，叀丁。”此辭本是由右向左行的，受地位限制，“舟叀丁”三字轉到辭的右方契刻。《合》30757 是侯家莊所出大龜七版之一，董作賓在《安陽侯家莊出土之甲骨文字》一文中，對上引卜辭已作了正確的釋讀（《董作賓先生全集》2・738 頁）。編者沒有注意董文，把此辭分成兩截。前截末一字在拓本上很不清楚，被誤摹成“亲”，列爲 1455 號字頭（521 下）。後半截被讀作“叀丁舟”，同片上跟此辭有對貞關係的一條卜辭的殘文被讀作“叀乙舟”，都被當成了完整的卜辭（1214 上）。

把兩條卜辭誤合成一條的情況，偶爾也能看到。2659 號“益”字條所録的《合》15826“貞勿小益二牛用”，就是一個例子（1027 下。2659 號的字形像以一個器皿中的液體注入另一器皿，是否“益”字尚待研究，今姑從《類纂》釋作“益”）。《合》15826 本有三條卜辭。中間一辭是“貞勿益二牛”，刻作兩行，“貞勿”在左，“益二牛”在右。下方緊挨着這條卜辭，有一條只有三個字的卜辭，也刻作兩行。左邊一行是未刻横畫、斜畫的兩個字，上一字只刻了兩道相距頗遠的平行的竪畫，下一字只刻了一道居中的竪畫（也許下面還有筆畫，由於卜骨殘缺無法確定）。右邊一行只有一個“用”字。《類纂》把下一辭左行的三道竪畫看作“小”字，把上下兩辭當作一條卜辭來讀，所以就摹釋成“貞勿小益二牛用”了（《合》15826 即《安》明 1113，請參閱許進雄釋文，見《明義士收藏甲骨釋文篇》86 頁）。

《類纂》有時摹脱了刻辭中的某個字或某個字的一部分。例如：《合》21037（即

《乙》64)有如下一辭:“戊戌卜貞:丁疾(字形屬上文講釋字問題時提到過的251號字頭)目,不喪明。”《類纂》摹脱了“疾”字(205下、440下、520下。《甲骨文編》330頁“疾”字條收有《乙》64的“疾”字)。《合》5597一辭中有“小衆人臣”這個很重要的官職名,《類纂》摹脱了“小”字(71上、228下)。《合》13135的一條殘辭有一個在“亦”上加三點而成的字,疑是“小亦(夜)”合文。這個“小”也被摹脱了(93下)。即使它不是“小亦”合文,摹録時也不應該丟掉那三點。《合》19983“乙未卜”一辭、《合》22258“辛卯卜”一辭、《合》19978“……亥(《類纂》誤摹作“寅”)乎……”一辭和《懷》1566“庚戌卜”一辭,都有在“女”形兩側加小點而成的“小母”合文(關於這種“小母”合文參看《甲骨文字典》序言3頁)。它們的小點也都被摹脱了(分别見170上、173下、658下、1468上。《合》22258的“女”形也被摹誤)。見於《合》37504(即《前》2·7·5)的2454號字頭,上从“我”,下本从“丂”,後者横畫上的兩點也被摹脱(955下。《綜類》356·3摹此字不誤,其字條中還收有《續》3·27·5——即《合》36754——一例,爲《類纂》所漏收)。《合》9472正面所刻的一對對貞卜辭中有甶字,《類纂》忽略了它的上端,把它摹成了“田”字(見82下“大”字條“大田”分條。張政烺先生在《卜辭裒田及其相關諸問題》一文中釋上引之字爲“畎”,見《考古學報》1973年1期102頁。依張説,此字當列爲獨立的字頭。我懷疑此字是“甫”的異體,詳拙文《甲骨文中所見的商代農業》,見《農史研究》第八輯33—34頁)。卜辭中常以“既”與“迺”(乃)前後相呼應。《合》32714(即《南》明629)和32642(即《甲》608)都有一條先言“既”後言“迺”的卜辭。由於兩個“既”字的右旁的上端在《合集》中都印得不够清楚,《類纂》把它們都摹成了“即”(138下、529上。《綜類》51·4摹録了上面所説的那兩條卜辭,“既”皆不誤,但有其他錯誤)。《合》28074(即《掇二》29)和《屯南》658也都有一條先言“既”後言“迺”的卜辭。二辭皆殘,兩個“既”字正好都缺右旁上端,《類纂》把它們也都摹釋爲“即”(138下、139上。《綜類》50·4摹録前一辭、《屯南》的《釋文》釋後一辭的時候,也都誤以此字爲“即”)。

《類纂》有時把一個字誤拆成兩個字。例如:五期卜辭裏有一個地名,寫作上从“即”下从“燎”,有時還在左邊加上“水”旁(參看《綜類》205·4、《甲骨文字集釋》1987、3385頁。王國維釋爲“㮣”)。這個地名不加“水”旁的寫法見《合》36844(即《前》2·17·4)和36989(即《摭續》50)。在《類纂》裏,前一例被拆成“即告”二字(138下。“告”是“燎”的誤摹),後一例被拆成“即燎”二字(139上),因此這個本來應該列爲字頭的字就消失了(加“水”旁的那個字,《類纂》列爲1528號字頭)。《合》32461 反面(即《寧》1·46)有"……子臭歲叀羊"一辭,子臭當是被祭者名,《類纂》把"臭"拆成"自犬"二字,"子"也被當作干支字而釋作"巳"(609 下。《綜類》117·2 摹録此辭不誤)。《合》26898 和《屯南》880 都有一個从"衆"从"舂"的字,這個字也被誤拆成兩個字。在摹録《合》26898 的三條卜辭時,這個字的兩個偏旁分别摹入了前後兩行,搞亂了這幾條卜辭原來的字序(71 上、1036 上。後者未收《合》26898。《合》26898 即《鄴》3·43·6+3·46·7,《綜類》25·3 等處摹録此版卜辭時犯了同樣的錯誤)。由於這個字被拆開,還失去了一個本應列出的字頭。《合》27973 有一個本應歸屬 2659 號字頭的字(《類纂》釋"益",詳上文)。它的右側的某些筆畫由於拓印得不是十分清楚而被忽略,其餘部分被誤拆成兩個字,釋爲"下盟"(397 上、1023 上。《合》27973 即《安明》2113,請參閲許進雄釋文)。

《類纂》把上面所説的《合》27973 那條卜辭摹釋爲"其禦羌方其下盟人羌方……"。但原辭"其禦羌方"後並無"其"字。這是摹録時衍字的一個例子。

《類纂》偶有誤合二字爲一字的情況。如《合》42(即《存》2·598)的"白(伯)䋎"二字,被誤摹成左旁爲三角形和倒"矢"形、右旁爲"尹"的一個字,並且列爲 973 號字頭(359 下。《存》2·598 摹本亦誤合此二字爲一字)。把一個字的一部分跟相鄰的一個字誤合在一起的情況,有時也能看到。如《合》20838(即《菁》10·7)的"方才(在)甫"被誤摹成"方至田","甫"的上端跟其上的"才"被合在一起認成"至"字(802 上)。2556 號"效"字條把《合》3096"寅尹"合文中的"尹"誤摹爲"攴",因此把這一合文誤釋爲"效"(982 上。"寅尹"合文列爲 2554 號字頭,見 980 上。所謂"寅尹"其實是"黄尹"的另一種寫法,詳拙文《説卜辭的焚巫尪與作土龍》,載胡厚宣先生主編的《甲骨文與殷商史》)。這跟誤合二字爲一字的情況相似。同一字條又把《合》3096"黄尹"合文中的"尹"誤摹爲"攴",把它跟左邊一行帶有泐痕的"人"字合在一起摹釋爲"效"字(982 上)。這跟把一個字的一部分跟相鄰的字誤合在一起的情況相似。

下面再舉一些其他情況的誤摹現象。2659 號"益"字條録有《合》8253 一辭,辭中"貞"字後的一個不可識的殘字的上部被誤摹成"卜"字(1027 下)。38 號字條把《合》24233(即《京津》3328)的 字誤摹爲 ,並且列爲 38 號字頭的一種形體(31 上。《綜類》11·1 所摹不誤)。2316 號"伲"字條把《合》5708 正(即《存》上 66)的"伲"字的"尼"旁下部誤摹成方塊形(875 上。方塊形的底邊實爲泐痕)。《續甲骨文編》和《甲骨文字集釋》對這片甲骨上的這個字也是這樣摹寫的,《綜類》324·1 所摹則不誤。姚孝遂先生在《〈殷墟卜辭綜類〉簡評》中曾指出過這一點。

《類纂》重複《續甲骨文編》等的錯誤,是有點不應該的。1946 號字條所錄《合》19529 正(即《乙》3596)一例,其下部原作“人”形,《類纂》誤摹作“卩”形(716 下)。如認爲从“人”形者是从“卩”形的 1946 號的異體而把它收入此字條,當然是可以的。但不能把“人”形摹成“卩”形,而且應該把這個異體列爲 1946 號字頭的一種形體(《綜類》將从“人”形者與从“卩”形者分爲兩個字頭,前者見 12・3)。2558 號“侯”字條把《合》3332(即《乙》4645)一辭摹釋爲“貞呼比壬侯”,但在“壬”字旁打了個問號,表示所摹可能不確(985 上)。這個字確實摹錯了。這其實是一個上从倒“戈”下从“虎”頭的字,就是前面提到過的从“戈”从“虎”之字的簡寫(《綜類》367・1 把這個字摹成“戔”字,亦誤)。上引那條卜辭跟本書 637 上“䖒”字條所錄《合》697 正面一辭是同文卜辭。409 號字頭只見於《合》14238,本作 ,疑是 949 號“鑿”字的異體,其主要特點是把“殳”旁橫過來挪到了上方。“殳”頭作方形,跟 949 號字條所錄《合》201 正面一例(357 下)相同。《類纂》把這個字摹成兩個偏旁左右並列的字,當作一個獨立的字頭收在“卩”部裏(167 上),是不妥當的。414 號字頭“兇”也有問題。“兇”字條只收《合》27279 一條卜辭。此辭本應釋爲:“祖丁舌,又𡆥,王受祐。”“又𡆥”之語卜辭屢見,本書 1096 下收了十多例。由於《合》27279“𡆥”字的下部有些模糊,《類纂》把它摹成了“兇”字(167 上)。《合》37714(即《林》2・26・12)“湄日不遘雨”的“湄”字,其右旁所从的“目”形寫得比較怪。《類纂》把這個字的右旁誤摹成上从“辰”下从“口”,把這個字列爲 1355 號字頭(499 上。《綜類》105・3 錄《林》2・26・12 不誤)。《合》7928 反(即《前》6・13・2)一辭中的地名“宫”,所从的方塊形的橫畫左端稍有些出頭。《類纂》把它誤摹成从“宀”从“多”之字,列爲 2098 號字頭(772 上。《綜類》269・4 把《前》6・13・2 一辭收在“宫”字條內,是正確的)。《合》27816 一辭中“舟”上一字應屬 1407 號字頭(我們在上文中曾從董作賓把這種形體的字隸定爲“衩”),由於它的像張開兩臂形的右旁寫得比較草率,《類纂》把它摹釋成从“犬”从“耒”之字,列爲 1596 號字頭(611 下)。上面提到的幾個由於誤摹而産生的字頭,都是應該取消的。

前面曾經提到過,有些應該列爲字頭的字,由於被誤摹而未能列爲字頭。有個別這樣的字,是出現在只見於《摹釋》而不見於《類纂》的殘辭裏的。如《合》31254 有一個象以手持耒的字,大概就是“耒”字(劉釗同志認爲是“耤”的簡體,見其提交給紀念甲骨文發現 90 周年學術討論會的《甲骨文字考釋十篇》)。此字本應列爲字頭,由於《摹釋》把它誤摹爲“先”字,《類纂》未能收入。

《類纂》有時没有把《綜類》已摹出的字摹出來。例如:在上面提到過的 2659

號"益"字條所錄的《合》8253(即《前》6·43·1)一辭裏,一方面"貞"字後的殘字被誤認成"卜"字,另一方面"益"字上那個《綜類》(384·4)已經摹出的"于"字却沒有摹出來(1027下)。《合》23150(即《鄴》2·40·1)一辭的末三字"今蒉酒",《綜類》引錄時都已摹出(164·2),《類纂》引錄時却沒有摹出"蒉"字(1424下)。

《類纂》中的誤摹、缺摹現象,顯然跟摹錄時所根據的往往不是原著錄書所印的拓本或照片,而是《合集》中的翻印本有關;此外跟沒有充分利用《綜類》也有關係。

4. 關於字頭的確定以及字頭和辭條的編排　《類纂》序言指出,"將某些同一文字的不同形體歸併在統一的字頭之下。同時,將形體相近似,但肯定不是同一的文字,分離開來",是編者的重要任務(7頁)。我們所說的"字頭的確定"就是指這件事而言的。《類纂》編者在這件事上下了很大工夫,取得了相當不錯的成績。但是正如序言所指出的,"要想分合得準確而恰當,難度是相當大的"(7頁)。恐怕誰也無法把這項工作做得很完美。下面在這方面提一些意見。

《類纂》中有些分立的字頭似應合併。例如:1498號字頭從辭例看跟1858號字頭"攺"(一般釋"蚑")應該是一個字。其左旁是周圍加點的、倒寫的"虫",只不過象虫頭的筆畫寫得偏上了一些。《類纂》把它當作未識字收在"禾"部內,是不妥當的(529上。此字條所收的後三例,《綜類》194·1從《甲骨文字集釋》釋爲"揫",亦誤)。這兩個字頭宜合併。2689號字頭從辭例看跟621號字頭應該是一字異體,宜合併。《綜類》就是這樣處理的(《綜類》105·4所引的《前》6·5·6,即《類纂》1035下2689號字條所引的《合》2628)。2140號字頭從辭例看跟2141號字頭應該是一個字,宜合併。《綜類》就是這樣處理的(278下)。303號字頭跟302號字頭第一體不但形近,而且見於同文卜辭的同一位置上(116上302號字條所引的《合》33190,跟303號字條所引的33189同文),前者比302號字頭第二體更有資格跟後者合併爲一個字頭。407號字頭跟361號字頭第一體不但形近,而且都用作北方風名(見167上407號字條所引的《合》14295、160上361號字條所引的《合》14294)。前者比361號字頭的第二、第三體更有資格跟後者合併爲一個字頭。《類纂》把它們分成兩個字頭,中隔四十餘號,是不合適的。《類纂》根據字形从三點或四點分立"小""少"兩個字頭,恐怕也有問題。"小臣""小甲"等詞的"小"既可寫作三點,也可寫作四點。這是大家都知道的。這兩種寫法之間似乎並不存在什麼重要區別。凡《類纂》釋爲"少"的字,改釋爲"小"都講得通。《類纂》把"雨¦",一律釋爲"雨小"(1298上),把"雨¦¦"一律釋爲"雨少"(1299)。其實它們所表示的顯然是同樣的詞語,强加區别是不合適的。

從《類纂》的凡例和序言來看,凡一字的異體一般都應該歸併在一個字頭下,只給一個編號。可是一方面有些差别很大的異體的確按這個原則歸併成了一個字頭;另一方面却爲有些差異並不那麼大的異體分别立了編號不同的字頭,如“毓”分爲86、87、461三號(544號很可能也是“毓”的異體),“天”分爲198、201兩號,“妹”分爲437、462兩號,“妻”分爲439、440兩號,“毌”分爲2406、2407兩號等,不勝枚舉。這是不够合理的。有時候,同一個字的同一種形體也竟然有兩個字頭。例如:“逆”字从“彳”的一體既跟“逆”字的其他形體一起列爲270號字頭(113),又單獨列爲2328號字頭(876上)。“宎”字有248號(111上)和2119號(773上)兩個字頭,形體並無區别。附帶說一下,《合》34069(即《京津》4345)的“宎”字由於“夨”旁被誤摹成不可識之字,另列爲2109號字頭(772下。《綜類》277·3亦誤摹此字)。“宎”字从“昃”的異體被摹釋爲从“宀”从“吴”之字,列爲2120號字頭(773上。《甲骨文編》已誤以此字爲从“吴”,見324頁)。此外,“宎”還有一個从“宀”从“大”的訛體,見於《合》31907和36389,《類纂》既沒有把它收入“宎”字條,也沒有把它單列爲字頭(《合》36389一辭,189上“訊”字條已摹錄。《合》31907一辭,《類纂》未收。以上所說的“宎”字的各種異體,都是陳夢家釋出來的,見《綜述》471—472頁)。所以如果想通過《類纂》去研究“宎”字,那是會失望的。

爲一個字立兩個或更多的字頭的現象,大概有很多是由於疏忽而造成的。有時編者在發現問題後採取了補救措施。例如:“室”字分見於758—759和771下兩處,“字形總表”給的字頭編號,兩處都是2043。从“女”从“卪”之字有494號、564號兩個字頭,“字形總表”在每個字頭下都用括號注出另一個字頭的編號。不過對這類現象,多數沒有採取補救措施。此外,那些把一個字的異體列爲前後相次的兩個字頭的情況,如上面舉過的“妻”、“毌”等例,似乎不會是由於疏忽而造成的,不知編者有何用意。應該承認,有時候兩個或更多的字頭雖然已被釋成同一個字,但是實際上還存在着並非一字的可能性。對這些字頭不加合併並給予不同的編號是合理的,不過最好對那種並無充分把握的隸釋加上疑問號一類標誌。

同一個字的辭條被分編在不同的字頭下,而且有時還離得很遠,這對於讀者是很不方便的。好在書末有筆畫和拼音兩種檢索表,這方面的問題一般可以通過它們得到解決。

《類纂》也有把某些形體歸併爲一個字頭而根據不足的情況。例如:604號字頭列出四種形體,最後一體的字形跟其他各體很不一樣,而且只見於《合》28041的一條殘辭(206 下),用法並不清楚,恐怕是應該爲它另立字頭的。2924 號字頭“中”的第二體作“中”。序言已經指出甲骨文“史”字有省“又”作“中”之例(8 頁)。“中”字條所收的用“中”字之辭,從文義上看沒有一條能够肯定是用它表示“中”的意思的。相反,如《合》10035 的“朕中”(1123 下),顯然可以釋作“朕史(事)”。所以“中”恐怕還是從“中”這個字頭分出去,跟“史”合爲一個字頭,或是獨立成爲一個字頭爲好。

《類纂》編者原則上不主張把並非一字異體但有通用關係的字歸併爲一個字頭。序言說:“有些簡化字和繁化字,形體不同,也應該同字。……至於有些看來是簡化字而實際是通假字者,則不能視爲同字。如钔——午是通假字,不是簡化字。”(10 頁)可是實際上,假借爲“禦”的“午”字却跟“钔”“御”等字合併成了 351 號字頭(143 下—155 下)。226 號字頭包括“舞”字和从“雨”从“舞”之字(97 下—100 上。“舞”其實應該釋“無”,“無”是“舞”的初文),這兩個字恐怕也不宜看作一字的異體而應該看作通用字。2833 號字頭“剛”包括一個从“牛”从“剛”的字(1099 下—1100 下),這個字恐怕也不能看作“剛”的異體。在卜辭裏,从“牛”从“剛”之字幾乎都用作地名,它是否跟“剛”有通用關係都難以斷定。

在《類纂》裏還能看到由於認錯了字,而在爲某個字頭設立的字條裏收錄了不應屬於這個字頭的字例的現象。前面講釋字問題時曾指出,《類纂》把某些“犬”字誤釋爲“虎”,把用這些“犬”字的卜辭收入了“虎”字條,就是一個例子。下面再舉一些這方面的例子。642 號字頭是从“网”从“目”之字,但是字條內所收的《合》10207 正面一例(225 上),雖然下端稍有殘缺,仍可看出是一個从“网”从“疋”之字,應改屬 2842 號字條;同條所收的《合》10731 至 10733 三例(225 上),“网”下所从顯非“目”字,疑是“虎”頭,應另立字頭(2839 號从“网”从“角”之字疑本不从“角”,可能就是這個字。參看《綜類》409・3)。1956 號“袁”字條所收的《合》33033 至 34722 九例(879),都不从“又”而从[illegible]或[illegible],應改屬 1957 號字條。2648 號字頭象人在有水之皿中,但是字條內所收的《合》22950、23046、23502 和 25162 四例都不从“人”而从“必”(1025 上。我們所說的“必”,《類纂》一般釋作“弋”),應改屬 2664 號字條。1668 號“虎”字條所收的《合》11003 一例(636 上),“虎”頭上有“中”,應改屬 1671 號字條。336 號“即”字條所收的《屯南》917 二例作[illegible](139 上),“卩”旁背對皀旁,表示已經吃完飯。《屯南》的釋文把它們釋爲“既”(907 頁),十分正確。《屯南》917“辛巳卜”一辭說“于既湔酒乇”,“既”與“酒”正相呼應,也可證釋“既”是正確的(《屯南》未釋“酒”字)。所以《屯南》917 二例應改屬

338 號“既”字條。719 號“曰”字條所收的《合》36481 正(即小臣牆刻辭)一例作“甘”字形(247 上),應改屬 718 號“甘”字條。如認爲“曰”字也有這種寫法,就應該把它列爲“曰”這個字頭的一體。附帶說一下,《類纂》沒有把應列出的字頭異體列出來的情況時有所見。如 79 號“眾”字條收入了从二“人”的“”,可是並沒有把它作爲字頭異體列出來。

現在我們來談字頭編排方面的問題。即使字頭的確定和部首的設立都是正確的,怎樣把字頭合理地分歸各部並排列得有條理,也還是需要反覆考慮的問題。

在歸部方面,《綜類》的有些不合理的做法爲《類纂》所沿襲。例如:7 號字頭顯然是从“弓”的,却歸入了“人”部。从“网”之字一般都歸入“网”部,但是从“网”从“目”的 642 號字頭却歸入了“目”部。2487 號“昏”字本可順理成章地歸入“日”部,却歸入了“刀”部。我們實在看不出“昏”的上部跟“刀”有什麼密切關係。有些字的歸部,《類纂》不同於《綜類》,但也並不是都比《綜類》合理。例如:3474 號字頭顯然象一種人形,《綜類》歸入“人”部,《類纂》却歸入“其他”部。從字形上看,36 號與 32 號字頭的關係,跟 760 號與 34 號字頭的關係相類。這幾個字頭《綜類》都歸入“人”部,《類纂》則把其中的 760 號字頭歸入了“口”部。如果這樣做是合理的話,36 號字頭便也應該歸入“口”部。《綜類》把“交”“黄”等字歸入“矢”部而不歸入“大”部,這是不合理的。《類纂》移“交”字入“大”部是對的(一般所謂“交”字其實多應釋爲“黄”,參看上文已引過的拙文《說卜辭的焚巫尪與作土龍》),可是“黄”“效”等字仍留在“矢”部,不免自相矛盾。

《類纂》對用作親屬稱謂但不是加在天干廟號上的“且”“匕”“父”“母”“兄”“子”諸字的歸部,處理得有些亂。這種“且”字“父”字全都收在“先王先妣稱謂”部分的“且”字條(1433 下—1434 上)和“父母兄子稱謂”部分的“父”字條裏(1464 上—1465 上)。由於“且”和“父”沒有明確的非親屬稱謂的用法,在“且”部裏反而沒有“且”這個字頭,在“又”部裏也沒有“父”這個字頭。上面所說的那種“匕”字大部分收在“先王先妣稱謂”部分的“妣”字條裏(1447 下—1448 下),但也有不少收在“人”部的“匕”字條裏(10 下—11 下,見“匕”字條“其他”分條)。上面所說的那種“母”字和“子”字全都收在“女”部的“女”字條、“母”字條(167 下—172 下)和“子”部的“子”字條裏(196 下—203 下)。上面所說的那種“兄”字絶大部分收在“父母兄子稱謂”部分的“兄”字條裏(1472 下—1473 上),可是“人”部另有只收了三條卜辭的“兄”字條,其中兩條是意義不明的殘辭,完整的一條也是把“兄”用作親屬稱謂的(35 上)。“多”字條說“多兄”參看 35 和 112 頁“兄”字條(1271 上。筆畫檢索表裏"兄"也有35和112兩個頁碼)。實際上112頁根本沒有"兄"字條,35頁的"兄"字條也沒有"多兄"之辭,這種卜辭都收在"父母兄子稱謂"部分的"兄"字條裏。筆畫和拼音兩個檢索表基本上不管收在"先王先妣稱謂"和"父母兄子稱謂"部分裏的字(拼音檢索表收了個"祖"字)。這更增加了讀者尋找跟上述那些字有關的辭條的麻煩。《類纂》對上述那些字的處理辦法,大體上是沿襲《綜類》的。在區分"人""匕"方面,《類纂》有改進,但有的地方似乎比《綜類》更亂。

排列同部字頭的原則,應該是形體越相近,位置也越相近。在這方面,《類纂》也有可以改進之處。如21號似可移至15號之後(《綜類》是這樣排的),39號似可移至32號之後(《綜類》是這樣排的),286號似可移至226號之後,421號似可移至363號之後。爲節省篇幅不多舉例了。

下面談辭條編排方面的問題。

編入各字條裏的辭條是否齊全而無遺漏,大概是使用《類纂》的人所最關心的一件事。《類纂》凡例規定虛詞和常見辭例一般加以節錄,但是不在節錄之列的字條往往也沒有把應該編入的辭條收全。在由於取材範圍的限制和誤釋誤摹等原因而引起的漏收現象之外,還存在着一些完全由於疏忽而造成的漏收現象。例如:前面講辭條的文字沒有錄全的問題時所舉的《合》5708正(即《存》1・66)一辭提到了兩個"侯",但是"侯"字條却沒有收入這條卜辭(《綜類》366・2"侯"字條已收入)。已收入"印"字"犬"字等條的《合》21053(即《乙》383)一辭,有一個屬251號字頭(一般釋"疾")的字(159下、608下),可是251號字條却沒有收入這條卜辭(《綜類》40・2"疾"字條已收入此辭,但所錄有脱字,字序也有誤。《類纂》"印"字"犬"字等條錄此辭不誤)。已收入"去"字和"束"字條的《合》5129(即《前》1・52・5)一辭有地名"甘"(91上、997上),可是"甘"字條却沒有收入這條卜辭(《綜類》118・1"甘"字條已收入)。《屯南》3015有"弜益(字形屬2660號字頭,姑從《類纂》釋"益"),其每"一辭,這條卜辭不但"每"字條沒有收,就連2660號"益"字條也沒有收。前面講摹脱筆畫的問題時,曾附帶指出2454號字條漏收《合》36754一辭,也是一個例子。這類由於疏忽而造成漏收的例子恐怕不會太少。

誤釋誤摹同時造成漏收辭條和誤收辭條的現象。例如由於有些卜辭裏的"犬"字被誤釋爲"虎",一方面"犬"字條漏收了這些卜辭,另一方面"虎"字條又誤收了這些卜辭。請參閲上文有關部分。

爲了節省書的篇幅,《綜類》和《類纂》都採取了有關字條間辭條參見的辦法。這是很有必要的。我們覺得《類纂》利用這種辦法還不够充分。例如:殷墟卜辭中屢見“去束”之語。提到“去束”的卜辭,《類纂》的“去”字條和“束”字條都同樣加以摹録(91、997 上)。其實只要其中一個字條加以摹録,另一字條注明參見,就可以了。《綜類》基本上是這樣做的(372・3)。又如《綜類》“才”字條列了 160 個參見項(498・1—4),《類纂》“才”字條却連一項也沒有列(1299 下)。

《綜類》爲了使字條內所收的辭條以類相從,眉目清楚,採取了立分條的辦法,即把字條內在內容上關係密切(通常是共有某一詞語)的辭條排在一起加上標題。《類纂》也襲用了這一辦法,但是立分條的標準似欠明確。例如一方面在“大”字條裏立了僅收一條卜辭的“大行”“大商”“大匚”“大狐”等分條(82 下),另一方面如“雉”字條有提到“雉衆”的卜辭 36 條,却仍然沒有爲它們立分條(666 上—667 上。“衆”字條忘了說“雉衆”參見“雉”字條,可能與此有關。《綜類》236・1—2 有“雉衆”分條)。又如“母”字、“父”字和“兄”字條內分別有“多母”、“多父”和“多兄”分條(172 上、1464 上、1472 下);“妣”字條有 19 條提到“多妣”的卜辭(1447 下—1448 下。“人”部“匕”字條 11 下還有兩條卜辭提到“多妣”),數量比“多母”“多父”“多兄”各分條所收的卜辭都要多,可是却沒有立“多妣”分條(《綜類》544・3 有“多妣”分條)。總的來看,《類纂》中應立分條而未立的情況,比不應立而立的情況常見得多。《類纂》一般按著錄書中甲骨片的順序號來編排各字條中所收的辭條。按照這種辦法,通常不可能把共有某一詞語的辭條都集中在一起。唯一的補救辦法就是多立分條。

對於分條來說也有漏收和誤收辭條的問題。例如:“犬”字條有“犬侯”分條,可是《合》6813 提到“犬侯”的一條卜辭却沒有收入這一分條而收入了“其他”分條(608 上)。“衆”字條有“衆田”分條,收了“大令衆人曰劦田”等卜辭(70 上),可是《合》9“曰衆人……尊田”一辭却沒有收入這一分條而收入了“其他”分條(70 下)。“虎”字條“虎師”分條收了七條卜辭,後五辭都有“虎師”這一人名(實當釋“犬師”,詳上文),前兩辭的“師”字位於“虎”字之前,是貞人名,所卜問之事爲“虎”是否“[illegible]”,顯然應該收入後面的“虎[illegible]”分條(635 下。列於“虎師”分條之首的《合》21386 一辭,似應讀爲“癸亥卜,師:令今月虎允罗”,《類纂》的讀法疑有誤)。前面曾經說過,“喪”字條的“喪衆”分條中誤收了《合》29009“从喪”一辭。這個分條中還有七條“喪人”之辭,其實是應該爲它們另立“喪人”分條的。附帶說一下,“人”字條有“喪人”分條(3 上),只收六條卜辭,缺了“喪衆”條所收的《合》32286“其喪人”一辭。如果在“喪”字條內立“喪人”分條,“人”字條取消“喪人”分條而注明參看“喪”字條,不但能節省些篇幅,而且還能避免《合》32286 一辭的漏收。

總之,在字頭和辭條的編排方面,改進的餘地還是很大的。

5. 其他問題　在《類纂》裏,辭條的釋文跟字頭的隸釋不符合以及不同辭條的釋文對同一個字的釋法不統一的現象很常見。例如:1589 號字頭釋爲"䟴",讀爲"迋";可是字條中所收的八條卜辭的釋文,只有兩條把這個字釋爲"䟴",其他各條有釋爲"往"或"狂"的,也有隸定爲"䟴"的(611 上)。3194 號字頭下列"粈""紖"兩種隸定方法,可是字條中所收辭條的釋文却有好幾條把這個字釋爲"敉",大多數釋文隸定爲"紖",有一條加以臨摹(但誤"尹"爲"支"),隸定爲"粈"的一條也沒有(1233 上)。2554 號字頭釋爲"寅尹"合文,可是字條中所收的兩條卜辭的釋文却都把這個合文釋作"效"字(980 上)。33 號字頭沒有隸釋,可是字條中所收辭條的釋文却有兩條把這個字釋爲"妻"(31 下)。上文在講字頭隸釋問題時曾提到,3187 號字條內所收辭條的釋文,對字頭有"橐""橐""束"三種釋法(1232 上),也是這方面的一個例子。

前面已經說過,《類纂》所收辭條的摹文和釋文都取自《摹釋》。《摹釋》的釋文是由好幾位編輯分頭做的,對同一個字往往有不同的處理辦法。由於編定《類纂》時未能全面地加以校改,加以統一,就造成了上述那種現象。

有時,出現在不同字條內的同一條卜辭的釋文,彼此也有出入。如《合》17230 正面一辭的末二字,112 下、966 上都釋作"穷刖",904 上則釋作"家骨"。作"家骨"的是《摹釋》中的釋文的原樣,是錯誤的。112 下、966 上所錄釋文經過校改,但 904 上所錄釋文却漏了過去,因此就出現了矛盾。

釋文跟摹文不符合的情況也能看到。例如:見於 170 上、960 上和 999 下的《合》19983 一辭,摹文的序辭本應釋爲"乙未卜",所錄釋文却作"丙申卜"。1214 上收錄的《合》30757 的兩條卜辭,摹文本應釋爲"叀丁舟""叀乙舟",所錄釋文却作"貞丁舟""貞乙舟"。

同一字條中所收的辭條,偶有相重者。例如:"少"字條所收的《合》20398 的五條卜辭,跟《屯南》4513 + 4518 的五條卜辭相重(1299 上)。二者是同一版卜甲的拓本。"衆"字條"令衆"分條中,《合》7 一辭重出,而且相重的兩條辭是緊挨着的(69 下)。"喪"字條中,《合》29009"从喪"一辭既收在"地名"分條內(517 下),又誤收在"喪衆"分條內(520 上)。"田"字條中,《屯南》1460"……王叀多田……"一辭既收在"多田"分條內(802 下),又收在"王田"分條內(810 上)。如認爲此辭中的"田"是職名,就只能把它收入"多田"分條。如認爲此辭中的"田"指田狩,就只能把它收入"王田"分條。同時收入兩個分條是不合適的。

《類纂》甄别僞刻很嚴格,但也有極個别的失誤。1460 號“李”字條只收了《英》1013 一辭(521 下)。《英》1013 是一片所刻文字真僞相雜的甲骨,“李”字條所收的是此片左部的僞刻。所以“李”這個字頭應該取消。

最後,把我們在“字形總表”裏發現的幾處抄寫上的問題,在這裏附帶説一下。4 頁 7 欄 584 號字頭第二行的隸釋“俘”應移至第一行的隸釋“孚”之下。5 頁 1 欄 622 號字頭的隸釋,其上端不應作眉形而應作“⺦”形(見於正文 219 下的此字的隸釋也有這個問題)。8 頁 5 欄 1143 號字頭的隸釋“督”的下部應改爲“日”(見於正文 433 上的此字的隸釋也有這個問題)。14 頁 3 欄 1978、1979 二字頭的隸釋應互易。

《類纂》無疑會成爲今後一個時期裏殷墟甲骨刻辭研究方面最重要的一部工具書。從上面所説的情況來看,我們如果能把《類纂》跟《綜類》對照着使用,並隨時注意跟原始資料進行核對,一定能收到較好的效果。

1989 年 12 月 8 日夜

原載《書品》1990 年 1、2 期,今據以收入。

評《新語校注》[①]

本書爲《新編諸子集成》第一輯的一種。作者以浮谿精舍刻宋翔鳳校本爲底本,對陸賈《新語》十二篇作了頗爲詳盡的校注。校注相當全面地反映了前人在《新語》的校勘和注釋方面的成果,作者自己的意見也有不少可取或可參考之處。例如第 3 頁注〔五〕指出見於《道基》和《懷慮》的"治性""文同而義別",37 頁《術事》篇解題説"術"當讀爲"述",88 頁注〔二三〕疑"制其剛"之"剛"爲"罰"之形誤,104—105 頁注〔二二〕指出"九蚢"即"九坑","坑""阬"與"沆"皆有水澤之義,《新語》此字从"山"爲傳寫之誤等等。

本書有附錄四種。附錄一爲《〈新語〉佚文》。附錄二爲《〈楚漢春秋〉佚文》,據清人洪頤煊所輯加以校訂。附錄三爲《書錄》,從王充《論衡》中有關《新語》的文字到近人唐晏《陸子新語校注》的序跋,凡是這一類的資料大都已經收入。附錄四爲《〈史記〉〈漢書〉〈陸賈傳〉合注》,其後並附《史記》《漢書》中其他與陸賈有關的記載。所以本書實際上兼有陸賈資料彙編的作用。《前言》對陸賈的思想和著作作了相當深入的論述,也頗有參考價值。

本書對於研究陸賈和《新語》以及研究漢初思想文化的人,都是一本必不可少的參考書。

本書校注的體例似有可商之處。

作者取宋翔鳳校本爲底本,並據他家或自己的意見對宋校本的正文作了一些校改。宋校本據《群書治要》的引文大量改變舊本文字,從校勘學的角度看並不是一個好本子;作者的校改也難保一定正確(參看下文)。其實還不如採用一種較好的舊刻本,只加校注不改正文爲好。如想爲一般讀者提供一種通俗讀本,當然可以校改正文,但本書並不屬於這種性質。

注文有時顯得過繁,如《思務》"談之王喬、赤松之壽,而行不易"句注,引了古

---

① 王利器《新語校注》,中華書局,1986。

書中稱王喬、赤松子爲“喬、松”或“松、喬”的大量例子,除《戰國策》一例外,都晚於《新語》(見165頁注〔一八〕),引這麽多例子實在沒有必要。有時又顯得過簡,如《思務》引有《易・豐卦》上六爻辭,注文錄《周易》王弼注而未另加解釋(173頁注〔二一〕),這當然是可以的;但是《思務》所引《易》爻辭中的“闃”寫成了俗體“閴”,注文對此毫無說明,就有些不應該了。又如《明誡》“聖人承天之明,正日月之行,錄星辰之度……”句中的“錄”字,用的顯然不是此字的一般意義,但作者也沒有加注。《國語・吳語》“今大國越錄”句韋昭注:“錄,第也。”《明誡》“錄”字似可訓爲“次第”。

校注引各家之說,都只舉人名,而且書中未列引用書目。這對讀者是不方便的。雖然所引之書的名稱大都已見於附錄三《書錄》,但如孫詒讓說引自《札迻》,俞樾說引自《讀書餘錄》,《書錄》中就都沒有提到。

作者的校注偶有疏失。例如:《道基》篇“言天地既位而列聖制作之功”(黃震《黃氏日鈔》語)。篇中講了物質生活上的各種進步之後,有三段文義緊相銜接的文字。第一段說民知爲器械之後,“好利惡難,避勞就逸”,於是皋陶乃立刑法。第二段說“民知畏法,而無禮義”,於是中聖乃設禮義之教。第三段說“禮義獨行,綱紀不立,後世衰廢;於是後聖乃定五經,明六藝……”。大意是說,只有法而無禮義是不够的;有了禮義而沒有五經六藝作爲它的綱紀,也還是不行的。作者據《子彙》本和唐晏本,改“禮義獨行”之“獨”爲“不”(18頁),顯然不正確(此字在通行本與宋校本中皆作“獨”)。《本行》有“然而夫子當於道,二三子近於義”之語。作者注“當於道”說:“謂任於道,即以道爲己任也。”(144頁注〔一一〕)“任於道”的說法在語法上是站不住的。《孟子・告子下》“君子之事君也,務引其君以當道”,朱熹《集注》:“當道,謂事合於理。”《淮南子・氾論》“當於世事”,高注:“當,合也。”“夫子當於道”的“當”大概也應訓爲“合”。《道基》篇19頁注〔四〕謂漢代人“以五常說五經”,引《白虎通・五經》而不引《漢書・藝文志》,雖然不能說是錯誤,但也不大妥當(《藝文志》以《易》爲五經之原,故五經無《易》而有《春秋》,與《白虎通》不同;以五常說五經,則與《白虎通》同)。

本書的標點偶有可商之處。例如:91頁注〔六〕引《禮記正義》:“至明旦,既隔夜早來,視親之安否何如。”“來”下逗號應上移至“夜”字後。139頁《懷慮》的一段正文,逗號用得太多,有不少可以改成句號。

本書有一些錯字。有的大概是印刷之誤,如29頁注〔一三〕2行末“正”字爲

“止”字之誤,83 頁注〔三〇〕“磾”字爲“殫”字之誤,188 頁倒 6 行“素甲三甲”爲“素甲三千”之誤。有的則像是作者的筆誤,如《前言》2 頁 8 行“師古注”爲“李善注”之誤,200 頁 2 行“新論”爲“新語”之誤。

原載《東方文化》第 28 卷(香港大學亞洲研究中心,1990),今據以收入。

評《殷虛卜辭綜述》

中華書局最近重印了陳夢家先生的《殷虛卜辭綜述》。《綜述》在 1954 年底寫成,1956 年出版,問世已有三十餘年,但是迄今尚未出現能够取代它的著作。

《綜述》是總結前人、當代學者和作者自己關於殷虛卜辭的研究成果的一部大型著作。對殷虛甲骨文的發現和研究過程、占卜的方法、卜辭和其他甲骨刻辭的體例、商代文字的性質、卜辭的語法、甲骨斷代問題以及卜辭中關於曆法天象、方國地理、政治制度、祭祀制度、親屬關係、農業田漁、建築交通、宗教思想、社會性質等方面的内容和有關問題,此書幾乎都有相當詳盡的論述。由於涉及的問題很多,有些問題還相當複雜,作者從事的總結工作是很難做得十全十美的。作者在"校後附記"中説此書"對諸家之説,抉擇取舍之處未必盡當;而我自己立説往往遊移不定"。這是符合實際的,並非故作謙虚之言。但是總的來看,作者的抉擇取舍大體上還是得當的。他自己的創見也有不少是有價值的。應該承認《綜述》在很多方面都反映了此書出版時殷虛卜辭研究已經達到的最高水平。在《綜述》出版以後的三十多年裏,陸續發表了很多殷虛卜辭的新資料和新的研究成果,這些都是《綜述》著作時所不及見的。但是這些年來並沒有人按照《綜述》的規模,重新做總結殷虛卜辭研究成果的工作。在已有的關於殷虛卜辭的通論性著作裏,沒有一部能在廣度和深度上跟《綜述》相比。所以《綜述》至今仍是甲骨學的初學者所必讀的入門書和研究者所必備的參考書。

我們想擇要介紹一下陳氏在《綜述》中提出來的有價值的意見(包括某些在寫《綜述》以前已經在他的論文中發表過的意見),然後再指出《綜述》存在的問題,供閱讀和使用此書者參考。不過由於篇幅的限制,對隨着時間的推移而産生的知識老化方面的問題就不準備涉及了。

先介紹我們認爲有價值的一些意見。

第一章("總論")的内容比較龐雜,但是提供的知識對於初學者大都是很有用的。陳氏在此章中糾正了一些在當時很流行的錯誤説法。例如在 13 至 15 頁批評了董作賓認爲卜辭一般先寫後刻的說法,在15至16頁批評了董作賓認爲貞人就是書寫卜辭的人的說法(金祖同早在30年代就指出"契刻卜辭之人不必即是卜人",見《殷契遺珠・發凡》,但未爲一般人所注意)。12頁指出甲骨背面的"鑽"大多數是挖出來的而不是用鑽子鑽出來的,這一點董作賓等人似乎也沒有注意到。

陳氏在大學裏教過文字學,對漢字的性質有深刻的理解,所以第二章("文字")不乏精彩的意見。他認爲象形、假借和形聲是古漢字的三種基本類型(77—79頁)。這比唐蘭先生的象形、象意、形聲三書說合理得多。此章第二節中對《甲骨文編》等書的批評以及對王襄考釋甲骨文字的成績的表揚,也都是公允的。

第三章("文法")錯誤較多,但是總的來看,也已經達到了當時研究卜辭語法的最高水平。除了比較一般的論述之外,此章中還包含了不少很值得注意的意見。例如指出卜辭中"我"跟"余"的區別在於"'我'是集合的名詞……就是'我們'",而且"我"可用於領格,"余"則不能(96頁);"叀"跟"隹"(唯)的用法並不完全相同(102頁);"之日""之夕"的意思"並非'此日''此夕'而是表示過去的'是日''是夕'"(114—115頁);"介詞組之所以移前移後,是有意義的,凡是特別著重的卜問的,往往從後移向前"(124頁);"領位與名詞之間加一'之'字"的現象不見於卜辭,"到春秋金文才出現"(94頁)等等。127至128頁對"不"跟"弗"的區別的論述也很有水平。103頁指出《佚》896"王吉兹卜"一句用"吉"爲動詞,在此之前還沒有人指出過卜辭中有這種意動用法。此外,第七章中提到"卜辭近稱的紀時之前加虛字'叀',遠稱者加虛字'于'"(227頁),這也是前人沒有注意到的語法現象。

陳氏在甲骨斷代研究方面有很大的貢獻。在修改先已發表的《甲骨斷代學》四篇而成的第四、第五兩章("斷代上"與"下")裏,有很多有價值的意見。

李學勤同志在《評陳夢家殷虛卜辭綜述》一文裏指出:"卜辭的分類與斷代是兩個不同的步驟,我們應先根據字體、字形等特徵分卜辭爲若干類,然後分別判定各類所屬時代。"他認爲"《綜述》所謂康丁卜辭,便是用一個斷代上的名稱代替分類上的名稱"(《考古學報》1957年3期124頁。以下引作"李文")。這些意見是很有道理的。不過,陳氏雖然沒有十分明確地認識到分類與斷代是兩個不同的步驟,至少在研究武丁時代卜辭的斷代問題的時候,實際上已經在這樣做了。

從表面上看,陳氏所說的卜人組跟董作賓所說的貞人集團似乎沒有什麼重大區別。但是實際上,他們二位研究甲骨斷代的方法是很不相同的。陳氏認爲在字體等方面各具特點的不同卜人組的卜辭可以屬於同一時代,如賓組、𠂤組、子組、午組都屬於武丁時代。這實際上就是把卜辭的分類和斷代分成兩步來進行,研究方法比董氏科學得多。陳氏分類的標準側重於卜人，這當然是不足之處。不過，他所分出的午組的兩個卜人，實際上是不能繫聯的。他自己說，他"所以稱它們爲午組者，一則它們字體自成一系，不與賓、𠂤、子三組相同；二則其稱謂也自成一系"（162 頁）。可見他對應該先按字體等標準來給卜辭分類這一點，並非毫無認識。午組卜辭的"午"實際上並不是卜人名（參看李文 125—126 頁），但是這並不影響午組的成立，因爲陳氏本來就不是根據卜人繫聯而是根據字體和内容把午組分出來的。陳氏對著名的 YH127 坑的甲骨進行了比較細緻的研究，指出這坑卜甲有"大宗的賓組和較少的子組、午組"卜辭，此外"還餘了幾小群不能連繫的卜辭"，並分析了它們在字體和内容上的特點（165—166 頁）。這也反映出他是重視按字體等標準給卜辭分類的。他所以把董氏的第三期卜辭分爲廩辛卜辭和康丁卜辭兩類，也是由於看到了二者可以根據字體、内容和出土地點等區分開來（142—145，193—197 頁）。把二者分開並沒有錯，問題出在分類以後的斷代這一步上。陳氏沒有注意到這兩類卜辭至少有一部分是同時的證據（參看李文 124—125 頁），主要根據"兄辛"稱謂的有無就把二者分別定爲康丁卜辭和廩辛卜辭。這確實是不妥當的（從分類的角度看，所謂康丁卜辭雖然跟所謂廩辛卜辭明顯屬於不同的類，但是跟某些同類型而不同時代的卜辭却難以區分。這也是一個問題）。總之，陳氏在甲骨斷代的研究中，實際上已經在相當大的範圍裏使用了先分類後斷代的方法。這在甲骨斷代研究史上是具有重要意義的。

陳氏分出的𠂤組卜辭和子組卜辭，大體上分別相當於日本學者貝塚茂樹分出的王族卜辭和多子族卜辭。他反對董作賓把這兩組卜辭歸屬於文武丁時代的意見，認爲它們都屬於武丁時代。這跟貝塚茂樹也是一致的（貝塚之說發表在前，參看李文 126 頁）。至於分出午組卜辭並斷定其屬於武丁時代，則是陳氏一人的創見。陳氏創立的賓組、𠂤組、子組、午組、出組、何組等名稱，在近年來關於甲骨斷代的討論中已經被廣泛採用。𠂤組、子組、午組屬於武丁時代的意見，也已經爲絶大多數甲骨學者所接受（但是陳氏强調𠂤組、子組屬於武丁晚期，恐怕不一定正確。第一章 33 頁懷疑午組的"父丁"或有指祖丁的可能，也是缺乏根據的）。此外，陳氏對出組卜人的分群的研究（第五章第五節）、何組卜人分早晚期的研究（第五章第七節），以及關於坑位、字體、稱謂等在斷代研究中的作用的一些討論，也都是很有意義的。

從第七到第十八章，對殷虚卜辭所反映的商代歷史和文化的各個方面，作了頗爲全面的論述。不但是研究殷虚卜辭的人，就是研究商代歷史和文化的人，也應該給予足够的重視。

陳氏在第十一章裏對殷虚卜辭中比較複雜的一個問題,即周祭制度問題,進行了比較深入的研究。以今天的水平來衡量,他的研究自然有很多問題;但是跟周祭研究的開創者董作賓相比,則是有進步的。在編排祀譜方面,陳氏對董氏排在第六、七、八三旬受祭的先妣有較大的更動,這些更動都是正確的(387、390 頁。參看常玉芝《商代周祭制度》119—124 頁)。陳氏考定第五期周祭卜辭中的“祖丁”並不是指小乙之父祖丁,而是指武丁的(427 頁)。這是一個比較重要的發現。他能對董氏祀譜作出糾正,與此有重要關係。

考釋文字不是陳氏的專長,但是他在這方面也並不是毫無重要貢獻的。

卜辭中對成湯有“大乙”“唐”(湯)“成”等不同稱呼。“成”字所从的“丁”的寫法與“口”相近,因此長期以來被誤釋爲“咸”。陳氏通過對有關的祭祀先王的卜辭的對比研究,釋出了“成”字(411—412 頁)。卜辭稱下一個月爲生月,由於古書中沒有生月的說法,這種“生”字長期以來被誤釋爲跟它形近的“之”字。陳氏通過對記“生月”“兹月”等時間詞的卜辭的綜合研究,糾正了誤釋,指出了“生月”的正確意義(117—118 頁)。陳氏在第二章講考釋文字的方法時指出,“爲求發明新字而釋字”,往往不能取得成績;“從研究某一問題而涉及甲骨文”,却“常常有較好的結果”(67 頁)。他對“成”字、“生”字的考釋可以看作這種說法的例證。

卜辭中屢見的“罗”字長期以來被視爲“蜀”的初文。陳氏根據卜辭中从“兮”从“旬”的一個字也可以寫成从“兮”从“罗”的現象,釋此字爲“旬”(眴),並認爲這個字用作地名時相當於後世的“荀”(295 頁)。這個意見我認爲也是正確的。子組卜辭屢於癸日卜問“至罗亡囚”(參看《綜類》106 頁),“罗”應讀爲“旬”,可以與陳說互證。(《叢稿》編按:蒙友人蔡哲茂先生告知,日本學者林巳奈夫早已指出這一點。)可惜此說至今尚未爲多數人所接受,根據卜辭“罗”字來談四川古代史的人仍然很多。此外,陳氏指出見於《後》下 22・16【《合》28058】的上从“自”下从“丙”之字是卜辭僅見的“邊”字(516 頁),又指出卜辭中上从倒“止”下从“人”的字可能就是“咎”字(569 頁),大概也都是正確的。

除以上所指出者外,《綜述》中還有一些值得注意的意見。例如陳氏把《粹》488【《合》30380】的“□宗三示”補爲“中宗三示”,認爲“可能指中宗且乙、且辛、且丁三示”(415 頁),從陳氏所不及見的《屯南》2281 有“中宗且丁”之稱來看,他的推測說不定是正確的。限於篇幅,不能多舉這類例子了。

附帶說一下,本書第二十章(“附錄”)中的“甲骨著錄簡表”,把甲骨資料發表的情況介紹得既全面又簡明,對於初學者和研究者都很有用,讀者不應忽視。可惜關於近三十多年來甲骨資料發表的情況,還沒有類似的簡表可供參考。

下面談談《綜述》存在的問題。

陳氏是一位很聰明也很勤奮的學者,可是學風却不够謹嚴。因此書中一方面有不少好意見,一方面又有很多不確切、不成熟或明顯錯誤的説法和意見。限於篇幅,這裏只能舉少數例子。

44 頁講非卜辭的甲骨刻辭時,把《乙》4856【《合》21727】的"帚妥子曰啚"一辭列爲"家譜"。此辭跟同版的"壬辰子卜貞:帚□子曰戠"一辭左右相對,都刻在有序數"二"的卜兆旁,顯然是卜辭而不是家譜。

45 頁把"大示壱"魚佩和"凸侯"玉戈列爲"書辭"的玉器,其實兩器的文字都是刻的。

142 頁説"康、武、文沒有卜人",只有"武乙卜旬之辭有卜人歷數見"。其實歷貞之辭並不完全限於卜旬之辭,《京津》4387【《合》32815】"己亥歷貞:三族王其令追召方及于□"便是一例。

148 頁説殷虚第三次發掘所得的𠂤組卜骨都是習刻。這是沒有根據的。

151 頁説"賓組卜辭凡稱幾日者以所卜之日爲第一日,𠂤組以所卜之次日爲第一日計算"。其實𠂤組也有不少從所卜之日起算的例子,賓組也有少量從所卜之次日起算的例子,見黄天樹同志的博士論文《殷墟王卜辭的分類與斷代》的附録一《關於卜辭的計日法》。

262 頁認爲"二田噩、盂"等稱"田"之地,都是獵田而非農田。其實卜辭中的"噩田、盂田"等地顯然是有農田的(參看李學勤《殷代地理簡論》23—24 頁)。陳氏所引的"二田噩、盂"出自《粹》968【《合》30044】的一條卜辭,全文爲"皆雩二田噩、盂,有大雨",是卜問求雨之事的。這條卜辭就可以證明噩、盂二地有農田。如果完全是獵田,何必爲之求雨呢?

372 頁説:"祖辛、沃甲同世同有爲直系的資格,但是祖辛之子(引者按:指祖丁)先沃甲之子(指南庚)爲王,所以祖辛先已立爲直系,沃甲遂被淘汰而爲旁系。"其實,沃甲不能立爲直系,顯然是由於在南庚之後即位的,不是南庚之子而是祖丁之子陽甲,跟所謂"祖辛先已立爲直系"無關。如果陽甲是南庚之子,沃甲和南庚當然就成爲直系了。

395 頁引《哲庵》65【《合》35745】"二月甲子祭大甲""十月甲子羽日陽甲"等辭,認爲"二月至十月之間當有一閏月,如此十個月三十一旬三百零一日而皆有甲子”。按:如果二月甲子至十月甲子間沒有閏月,首尾只有241天。要湊滿301天,中間需要有兩個閏月,一個閏月是不够的。但是在這樣短的時間內竟有兩個閏月,也是難以想象的。陳氏的推論顯然錯誤(參看許進雄《殷卜辭中五種祭祀的研究》110頁)。

405頁說殷人廟號所用天干“乃是致祭的次序,而此次序是依了世次、長幼、及位先後、死亡先後,順着天干排下去的”。這種說法不合事實,李文已有批評(見123頁),請參閱。

第十八章(“身分”)裏有不少不妥當的說法,李文也已有批評(見119—120頁),請參閱。

“文法”一章中不妥當的說法尤其多。例如:86至87頁以判斷吉凶的占辭爲問句。87頁把由命辭和驗辭組成的“雨不雨”“雨不”一類卜辭看作反復問句(參看拙文《關於殷墟卜辭的命辭是否問句的考察》,《中國語文》1988年1期7—12頁)。96至97頁竟把公認應讀爲“有”或“又”的“㞢”看作“有代替名詞的作用”,說它“可能是第三人稱”。99和130至131頁把一般看作連謂結構或兼語式的“乎(呼)多臣伐邛方”“令戉來歸”一類句子中的“多臣伐邛方”“戉來歸”等,整個當做“呼”“令”等動詞的“賓詞”。100頁把一般認爲是祭名的“𠦪”定爲“用牲類”動詞。102頁認爲用否定詞的句子只有“在兩種條件下才可以先置賓詞:即(1)只有在有否定詞‘不’之句中,(2)只有在有人稱代詞‘我’的句中”。其實卜辭中有“不余潛”(《前》6・59・6【《合》15332】)、“勿余蚩”(《丙》523【《合》809】)等語,陳氏所說與事實不合。陳氏在103頁還舉出“我不受年”一類句子,作爲“雖俱備‘不’‘我’的條件而不先置其賓詞”之例。可見他所說的賓語前置的第二個條件裏的“我”是泛指的,並不限於用作賓語的“我”。似乎他並不知道賓語是否前置跟主語是不是“我”根本無關。126頁說“一個‘動詞組’,若是有否定詞,則它一定在最前,不定詞與肯定詞介乎否定詞與動詞之間”。這也與事實不合。卜辭中“允不雨”之語屢見(參看《綜類》488—489頁“允雨”部分),肯定詞“允”就放在否定詞“不”前面。

《綜述》中有些不妥當或明顯錯誤的說法,反映了陳氏的傳統文字學和古音學修養的不足。例如:92頁說甲骨文“鄙”字是形聲字。甲骨文“鄙”字作“啚”,此字見於《說文》,自古以來都認爲是會意字。255頁說“蒙或冢是山頂”。《爾雅・釋山》:“山頂,冢。”陳氏顯然錯把“冡”跟“冢”當作一個字了。《綜述》中“冢”常被印作“冡”(32頁8行、12行、41頁4行、375頁倒10行、376頁2行、583頁8行。31

頁又屢次把“汲冢”印成“汲冢”)。這大概不是印刷之誤而是原稿之誤。310 頁說“涅、滍古音相同”。上古音“涅”屬質部,“滍”屬月部,並不相同。320—321 頁說卜辭的“四戈”即“四國”。上古音“戈”屬歌部,“國”屬職部,無由相通(陳氏對所引的關於四戈的卜辭的理解也有問題,參看李文 121 頁)。339 頁認爲王亥即契,並說“契從丯聲,古音與‘亥’相同”。“契”是溪母字,其韻上古屬祭部。“亥”是匣母字,其韻上古屬之部。二字之音不但不同,而且距離頗大。343 頁說“昏、冥二字古音是相同的”。“昏”是曉母字,其韻上古屬文部。“冥”是明母字,其韻上古屬耕部。二字並不同音。366 頁認爲卜辭中的“旨千”即古書中的“遲任”,“‘旨’從尸從口,‘千’即《說文》卷八‘壬,善也’之壬而省去下劃者”。所謂《說文》訓“善”的“壬”應寫作下横較長的“壬”,即“廷”字聲旁,跟“任”字所从的“壬”不是一個字。“旨”也不是从“尸”的。470 頁說“‘省’‘升’古音同”。上古音“省”屬耕部,“升”屬蒸部,並不相同。526 頁說:“禾和穀,古音發聲與主要元音皆相同,惟穀是收-k的入聲字。崔述《稷穄辨》說‘河北自漳以西舌强能發入聲,以東舌弱(《綜述》原脫“弱”字)不能讀入聲’。是漳以東入聲之穀即漳以西的禾。”“禾”是匣母字,其韻上古屬歌部。“穀”是見母字,其韵上古屬屋部。二字“古音發聲與主要元音”都不相同。而且崔述所說,根據的是後世情況,怎能引來論證商代語音呢? 536 頁說“穡古當從爿(莊)得聲”,575 頁還把“三嗇云”的“嗇”讀作“牆”,又轉成“祥”。按:“穡”“嗇”之音跟“牆”毫不相干。不能因爲某些省聲字把“牆”省作“嗇”,就認爲“嗇”有“牆”音。

陳氏在《綜述》裏考釋了不少甲骨文裏的字,除前面舉過的“成”“生”等字外,所釋多數不可信,李文已舉出一些例子(見 122 頁講天象用字一節),請參閱。《綜述》所引卜辭的釋文還往往將就印刷鉛字,把有些難印的字寫作與之形近的無關的字,這也是違反文字學原則的(參看李文 127 頁)。

錯認卜辭裏的字、讀錯或理解錯卜辭或其中詞語等情況,在《綜述》裏極爲常見。上文已稍有涉及,這裏再舉些例子。

先舉錯認卜辭裏的字的例子。93 頁引了兩條以地支“亥”爲日名的卜辭,“亥”都是“万”的誤釋。95 頁引《乙》5405【《合》22099】“朕臣鳴”,“臣”是“耳”的誤釋。同頁末行所引的《甲》3933【《合》35362】一辭的釋文中的兩個“女”(汝),實際上都是从“女”之字的偏旁,應與其上一字併爲一字。121 頁引《乙》5582【《合》6573】“雀及子𢀛……”一辭,以“及”爲連詞。從原著錄書看,“雀”下一字有些像“尸”,斷非“及”字。卜辭中尚未發現用作連詞的“及”。158 頁引《乙》7781【《合》10133】

“乙毋保黍年”,“毋”本作“弗”,這大概是筆誤。165頁引《乙》1704【《合》22100】“戊申卜,桒生五妣于妣于父丁”,“于妣于父丁”是“于乙于父己”的誤釋。230頁引《鄴三》445【《合》26897】“癸于旦仍伐𢦏㐅,雉人”。原辭“仍”本作“迺”(乃);“㐅”本作“不”,當屬下讀。284頁引“貞令多馬方射于北”一辭,所注出處作“《甲》”而無片號。疑所引即《甲》3473【《合》5711】,原辭作“貞令多馬衛于北”,“方射”似是“衛”的誤釋。305頁引《甲》2700【《合》36548】“……[天]邑商望人[方]……”,當是“……[告于大]邑商,亡[徭才畎]……”的誤釋。322頁引《鐵》213・3【《合》7077】“弗其𢦏冊邑”,“冊”爲地名“㿝”的誤釋。

“斷代”章所引卜人名有不少是誤認的。例如:176頁所引《續》5・31・8【《合》16531】的卜人名“凵”,其實是“殻”的下部殘文(參看李文125頁)。181頁所引的《粹》1239【《合》14036】的卜人名“己”,其實就是“亘”(參看島邦男《殷墟卜辭研究》中譯本8頁)。《粹編考釋》誤釋此字爲“己”,陳氏也跟着錯了。183頁所引的《乙》749【《合》555】的卜人名“㐌”,其實就是“永”(參看李文125頁)。184頁講武丁卜人時所引的《甲》3399【《合》31548】的“名”,其實就是193頁講廩辛卜人時所引的見於《佚》406【《合》31547】等片的“㗰”。193頁講祖甲卜人時所引的《庫》1062(拓本見《美》90)的“夰”,其實就是陳氏隸定爲“兵”的、常見的出組卜人名。

“斷代”等章所引的先人稱謂也有不少是誤認的。例如:160頁子組稱謂“父庚”條所注出處爲《乙》370。《乙綴》393【《合》21153】已將此片與《乙》393綴合,其上並無“父庚”稱謂,但有“庚午卜衤析……”一辭。陳氏大概把“卜”下一字的右旁誤認爲“父”,把“庚午”的“庚”誤認爲稱謂中的天干了(從字體看,陳氏把這一片歸入子組也是錯的)。163頁午組稱謂“母丁”條所注出處爲《乙》3478【《合》22092】和5394【《合》22065】。這兩片都並無“母丁”。《乙》3478“丙午卜”一辭有“受丁”。《乙》5394“壬戌卜”一辭中有“……見邑……”之文。“受”和“見”的外形有些像“母”,“邑”字上部與“丁”同形。陳氏大概是因此而誤釋的。165頁所舉午組稱謂有《乙》5162【《合》22049】的“外戊”。這跟163頁所舉的“司戊”其實是同一個稱謂。司戊之“司”不从“口”,《乙》5162的“司”字是反寫的,所以就被陳氏誤認爲“卜”(外)了。425頁所舉“武文卜辭”稱“小丁”諸例中有《粹》502【《合》32923】。此版本無“小丁”,陳氏大概把“小牢”殘文誤認爲“小丁”了(《粹編考釋》不誤)。這類例子舉不勝舉。

下面再舉讀錯或理解錯卜辭或其中詞語的例子。

100 頁引《粹》1187【《合》33039】“侯告伐尸方”，把“告”看作動詞。卜辭中屢見人名“侯告”，《綜述》328 頁所列舉的侯、伯之中就有此人。《粹》1187 的“侯告”無疑也是人名。230 頁引《甲》404【《合》31116】“旦其敂鬲，迺各日又正”，認爲此辭以“旦與各日爲對”，把“各日”讀爲“落日”。按：“各日”指祭祀時的一種儀式，也可以說成“各于日”（參看拙文《釋“柲”》，《古文字研究》第三輯 21 頁）。陳說不可信。276 頁說卜辭方國名“亘”或作“王亘（《前》7·35·2【《合》16013】）”，以與古書所見地名“王垣”比附。《前》7·35·2 原辭是“☐乍（作）王亘于西”，“王亘”當指一種建築，並非方國名或地名。283 頁把卜辭中屢見的動賓詞組“御方”（意爲“抵禦方國”）錯誤地解釋爲方國名。《前》5·11·7【《合》6800】有“貞：菁于下御方”一辭。“菁”是人名。《合》4888 等也有命菁御方之辭。“下”當指抵禦敵人時所處的方位，他辭或言“［于］上御方”（《合》6801）可證。283 頁引《前》5·11·7【《合》6800】，漏釋“下”字，作“貞菁于御方”，“御方”就像是方國名了（《綜述》引用卜辭時往往漏釋字，如 274 頁引《乙》6684【《合》8591】“己酉卜鬼方易亡囚”，誤作“己酉卜鬼方禍”。其例甚多）。477 頁列舉卜辭所見宮室之名，有所謂“从宮”，引《南》明 749【《合》27768】“王入从宮”爲證。按：此辭之“宮”爲地名，“王入从宮”猶言“王从宮入”，跟宮室毫無關係。

《續》3·31·1【《合》35673】有如下一條晚期記事刻辭：“乙丑，帚（寢）弜易（錫），才（在）寞，遘且（祖）乙翼日，才八月。”“且乙”以下七字因刻不下移至此辭的上方。472 頁引此辭時誤釋爲“才八月乙丑寞且乙弜易……才帚彝”，讀法大誤，文不成義。同頁所引《續》3·31·5【《合》36389】原作：“乙丑，王訊，才宎（寞）。”“訊”下二字也被誤釋爲“父甲”。上引兩辭是同時的刻辭，所記之事密切相關。由此可知在商代晚期某年八月乙丑，正值對祖乙舉行翼日祭的日子，商王在側室訊問了族俘虜或名的罪人，訊問後就把他或他們賞賜給了任寢官的弜當奴隸。這是研究商代社會的重要史料，可是從陳氏的釋文根本看不出來。陳氏把這兩條記事刻辭看作卜辭，也是不正確的。

494 頁引《續》1·39·4【《合》14118】“□亥御帚鼠不子于匕己”，認爲“御不子即祓除不子”。按：《續》1·39·4 原有兩辭，下方一辭爲“御帚鼠子于匕己……”，上方一殘辭爲“☐亥☐不☐雨”。陳氏誤把這兩條卜辭當作一條卜辭釋讀了（這兩條卜辭都分三行，陳氏沒有管最右一行，大概認爲是另一條卜辭的殘文）。533 頁引《乙》3212（即《合》13505 正）“旃罘殻苗耤于娟，受㞢年”。按：“旃罘殻”與

“苗耤于娟受年”原爲兩辭,陳氏誤當作一辭釋讀,並在“年”字上臆增“㞢”字。此片之“苗”應爲人名。陳氏既誤合兩辭爲一,遂以“苗”爲動詞,並有“所謂耤應指鋤地。卜辭所謂‘苗耤’亦是先苗而後耤”的誤說。

505頁引了《乙》5393【《合》1027】和《哲庵》199【《合》8996】兩片上記臣屬“來王”的卜辭。其實在原辭中“來”“王”二字都不相連,李文127頁已經指出,請參閱。五期卜辭中的“文武帝”本指文武丁,陳氏却認爲是指帝乙(421—422頁)。他對引作此説證據的那些卜辭也有誤釋文字和理解錯誤之處,請參閱李文127頁和常玉芝同志的《説文武帝》一文(《古文字研究》第四輯)。

上述這類例子也是舉不勝舉的。

《綜述》在給所引卜辭分期、分組方面也有不少錯誤。限於篇幅,只能舉少數例子。374頁在所引《粹》112【《合》32384】一辭後注“庚甲卜辭”,其實此辭字體顯然是屬於陳氏所謂“武文卜辭”的。286頁引了武丁卜辭中提到“黎方”的卜辭四條,第四條(《佚》865【《合》33031】)從字體看也應是所謂“武文卜辭”(附帶説一下,所引第一條《庫》1875【《合》39771】“令”下一字本作“刀”上加圓圈之形,與所謂“黎方”無關。第二條《前》4·36·2【《合》8441】的“方”字是“王”字殘文的誤釋)。《綜述》引作子組卜辭的,實際上往往並不屬於子組。例如陳氏認爲“B119和YH006兩坑是𠂤組和子組的混合”(158頁),但是他在149頁舉出來的B119坑的子組卜辭《乙》131【《合》19983】、139【《合》19983】和YH006坑的子組卜辭《乙》373【《合》20310】、393【《合》21153】,實際上都不能歸入子組。他認爲這些卜辭裏的“余”都是卜人名,也是缺乏根據的。

由於陳氏的疏忽大意,《綜述》中還出現了不少前後自相矛盾的情況。例如:“文法”章“單位詞”節94頁説“鬯的單位是卣和斗”。同章“數詞”節111頁舉單位詞與數的結合之例,有《續》1·40·5【《合》30973】“鬯二升一卣”一條。94頁所説的“斗”跟此條的“升”,顯然是同一字的異釋。“廟號”章471頁講宗廟名稱時也引了《續》1·40·5,釋文作“其𥛱新鬯二升,一卣”,並解釋説“‘其登新鬯二升一卣’者,謂登新鬯一卣於二升(廟),二升並非量名”,説法跟“文法”章完全不同。依此説,卜辭裏表示鬯的單位的詞,就只有“卣”而沒有“斗”或“升”了(按:把“二升”看作宗廟名是對的,但是“升”字究竟能否這樣釋,還有待研究)。又如:91頁説“卜辭裏沒有語助詞”,128頁却説“武丁晚期的𠂤組卜辭中,偶有在句末安置語氣詞的”,132頁對卜辭語法作總結時也説“句尾亦偶有少數的語氣詞”。110頁講數詞時説“殷代數詞組中只有一個連詞”,122頁講連詞時却舉出了《乙》764【《合》10407】

“毘一百㞢九(當釋“九十”)㞢九”這個連用兩個連詞的數詞組的例子。150至151頁講武丁卜辭中“貞”字的各種寫法,所列“式十”作尖耳形,所舉之例中“《甲》2907扶卜”是𠂤組卜辭,但是下文却說“𠂤組貞字只作方耳的(式四)”。382頁舉了很多“康丁卜辭”等稱先妣爲奭之例,487頁却說先妣稱奭“僅限於祖庚(應是“祖甲”的筆誤)和乙辛的周祭卜辭”。四祀𠨘其卣銘文在《綜述》中屢次引用(陳氏釋“𠨘”的左旁爲“弋”),422頁明斥董作賓釋此銘“文武帝乙”爲“文武丁帝乙”之非,但374頁引用時却照抄董的釋文。《後》上27・7【《合》1775】“且辛一牛,且甲一牛,且丁一牛”一辭,377頁引用時定爲“庚甲卜辭”,409頁又將它定爲武丁卜辭(按:定爲武丁卜辭是對的)。《前》1・38・4【《合》1249】一辭,488、489兩頁都引用了。489頁釋爲“庚子卜王,匰、匕甲、后匕癸”,488頁則將“后”字隸定爲从“尸”从“子”。兩條釋文在相鄰的兩頁上左右相對,但同一個字却有兩種釋法。490頁說“祖庚卜辭中的‘后匕癸’在匕甲(祖辛配)之後”,也是根據此辭的。488頁說此辭“匕甲爲上甲之配”,跟490頁的說法也互相矛盾。529至530頁說“卜辭所記所登的穀品”有來、秂(528頁認爲與黍有别,可能是粱)、米、鬯四種,而531頁將卜辭登祭與《月令》登嘗作比較時,所舉的卜辭登祭所用穀品却變成了米、黍、來、鬯四種。李文也舉出過《綜述》釋字前後矛盾之例(128頁),可以參閱。

《綜述》中沒有校出來的由於書寫、印刷等原因而造成的錯誤也非常多。上文已經涉及到一些,這裏再舉少量例子。

先舉甲骨著錄片號和其他關於出處的錯誤的例子。142頁10行的“830”當作“840”(143頁3行引此片不誤)。147頁15行“乙3047+3048”的“乙”當作“甲”。149頁8行“甲2014+3020”的“2014”當作“3014”。150頁12行“3045+3047”的“3045”當作“3048”。260頁13行的“157”當作“657”。276頁倒12行的“7・35・2”當作“7・38・2”。461頁倒12行的“485”當作“488”(415頁倒9行引此片不誤)。605頁8行“587”當作“589”。606頁10行“1331”當作“1231”。607頁14行“戉其喪人”後脱片號,當作“林2・18・20”。610頁2行“1748”當作“1745”。41頁倒6行“考古:4”的“4”當作“5”。45頁3行“本書圖版叁拾”的“叁拾”當作“拾叁”(同一行中列於此出處前的《文物參考資料》的出處應删,其圖並非龜甲)。

再舉其他的文字錯誤的例子。8頁7行“卡美年”的“卡”當作“卞”。29頁14行“而”與“胛骨”間脱一“猪”字。32頁倒8至倒7行“去于武乙”之“武”當作“帝”。34頁倒10行“武乙”當作“帝乙”。36頁倒10行“此”下空二字,當作“第一”。68頁倒3行“追縱”當作“追蹤”。87頁16行“不雨”當作“其雨”。97頁9

行“方”當作“:”。102 頁倒 4 行“邛才”當作“邛方”。105 頁 12 行注明上一行“臣”字詞性的“狀”字當作“名”。122 頁倒 12 行“示㞢”當作“示壬”。130 頁倒 7 行前序數“3”應移至上一行前,倒 6 行前序數應移至倒 7 行前。144 頁 11 行“七塊”當作“六塊”。147 頁 8 行所舉𠂤組同於賓組的稱謂中的最後一個“伊尹”,當爲衍文(𠂤組、賓組都無“伊尹”之稱)。155 頁倒 2 行“𠂤組以及以其……”顯然有誤。158 頁 8 行前序數“56”當作“36”。212 頁倒 6 行“(3)”當作“(1)”。228 頁倒 3 行“春夏季”當作“春夏冬”。252 頁 11 行、262 頁 15 行的“傚”當作“陔”。264 頁倒 11 行“過度”當作“過渡”。306 頁倒 5 行“文方”當作“人方”。340 頁倒 8 行“如伊尹之稱尹”句的後一“尹”字當作“伊”。375 頁 16 行、376 頁 2 行的“纂”當作“篡”。389 頁 17 行“文丁”當作“康丁”。392 頁倒 9 行“第十二旬”當作“第十一旬”。394 頁倒 9 行“‘誉’在‘藋’之前”句中第一、第三二字當互易。395 頁倒 2 行“彡𦏲相疊”的“𦏲”當作“羽”。508 頁 9 行“多亞、亞”當作“多馬、亞”。附帶說一下,363 頁 3 行引《天問》“夫何惡之媵,有莘之婦”句,標點有誤,逗號應移到“媵”字之前。

陳氏行文比較隨便,修改的工夫大概下得不多。前面指出過的前後自相矛盾的現象便是證據。綜觀全書,既有不少寫得比較拖沓的段落,也有不少寫得過於濃縮的段落;還有少數段落甚至辭不達意,讀起來非常費勁(225—226 頁講“歲”和所謂“禾季”“麥季”的一段,是比較典型的例子)。這也是本書的一個缺點,而且對於初學者來說是很嚴重的一個缺點。

總之,《綜述》既是一本好書,又是一本充滿錯誤和問題的書。讀者對此應有充分的思想準備。由於書中所引的卜辭的釋文和甲骨著錄片號的錯誤太多(本文中所指出的這類錯誤,大概只佔全部同類錯誤的幾十分之一),如果想使用此書中的卜辭資料,一定要盡可能核對原著錄書,千萬不要隨便照抄。

原載《文史》第三十五輯(中華書局,1992),又載《文史叢稿》,今據後者收入。

《古文字與殷周文明》序

在出版界不景氣的現狀下，慎行同志的論文集《古文字與殷周文明》一書能够出版，實在是一件可喜的事。

我和慎行同志相識已有十多年了。1979 年初春，他帶着單位的介紹信來北京大學找我，這是我們初次見面。他告訴我，他是西安市某建築公司的一個工人，由於家貧，雖然考上了大學却沒法上學，業餘自學已近二十年；他酷愛文史和書法篆刻，曾發表過不少詩歌作品，三年前，陝西人民出版社還印行了他的一本詩集；但是他最感興趣的是古文字，業餘時間大都用在學習古文字上了。說着，他打開身邊的提包，取出了好幾部手抄的古文字著作。我翻閱着他用一筆不苟的正楷摹寫的《甲骨文編》、《卜辭通纂》等書，內心對這位刻苦自學的青年工人産生了深深的敬意。他表示想考入北大當研究生，我在前一年已經招收了三個研究生，這一年沒有招生計劃；而歷史系考古專業的高明教授當時正擬招收研究生，於是我就帶他去高先生的寓所，把他介紹給了高先生。可惜由於他所在的建築公司不同意承擔上學期間的工資，報考研究生的願望沒有能實現。

1980 年他以特殊專業人才調入西安市文物管理局研究室工作，後來又當上了學術刊物的歷史編輯，學習和研究的條件有了一些改善。慎行同志刻苦自學，鍥而不捨，數十年如一日。他把可以利用的時間幾乎全部花費在鑽研古文字學和與之相關的學科上，陸續發表了不少有價值的學術論文。在研究古文字學的中青年學者中，他無疑是在成績最著者之列的。

現在慎行同志的論文集將要出版了。他要我寫一篇序言，我最不會作序，勉力寫了這篇不像序的短文，向讀者簡單介紹慎行同志刻苦自學的精神，以表示我的欽佩之情。

裘錫圭　1991 年 6 月 22 日於北京大學暢春園

原載王慎行《古文字與殷周文明》(陝西人民教育出版社，1992)，今據以收入。

《商周青銅兵器/古越閣藏》序

古越閣主人王氏伉儷所藏古兵，既富且精，海內外藏家殆無出其右者。1992年11月，中國古文字研究會舉行研討會於南京，會上得識王氏伉儷，並觀古越閣部分藏器幻燈片。12月因赴臺北開會、訪問之便，蒙主人厚意，又得於古越閣縱觀所藏精品實物。既賞其神采，復辨其銘識，爲之流連竟日。今古越閣古兵圖録即將印行，爰就其中數器銘文略陳管見，以供讀者參考。鎮閣之寶中，如吳王夫差劍、錯金幾何雲紋劍等，或無銘文，或有銘文而無須多加説明，故下文皆不討論。

一、越王州句劍　　越王州句劍之傳世與發掘出土者，合計殆逾十器（江陵藤店一號墓所出者，銘在器身，與州句矛同，餘器銘文皆在劍格）。“句”字从“口”“丩”聲。前出各劍“句”字，類多略改所飾鳥形下部，借以爲“丩”，而於其下空白處加“口”旁（“口”形與同銘中借爲“劍”之“僉”字所从之“口”相同）。唯《善齋吉金録》11・8（《金文總集》7704【《集成》18・11627】）著録者，“州”側一字不加“口”旁，似可視爲“丩”字。“句”既从“丩”得聲，二字自可相通。古越閣所藏州句劍，“州”側一字亦不加“口”旁，而銘文字畫則較《善齋》著録者清晰完整，甚爲難得。

二、晉公戈　　此戈聞由香港購得，疑爲曲沃曲村晉侯墓地盗掘出土後流入香港者。此戈銘文曾有學者據幻燈片釋爲：

隹（唯）四年六月初吉丁亥晉公乍（作）歲之禜車戈气言

細辨原銘，“車”上一字斷非“禜”字，而頗似“造”字，疑當讀爲“簉”。《小爾雅・釋言》：“簉，倅也。”胡承珙《小爾雅義證》：“簉者，昭十一年《左傳》：‘僖子使助薳氏之簉。’杜注云：‘簉，副倅也。’《釋文》引《説文》，‘簉’从‘艸’作‘莲’。……又《淮南子・氾論訓》云：‘今夫僦載者爲轅軸之折也，又加轅軸其上以爲造。’‘造’與‘莲’通。”《文選・卷二・西京賦》“屬車之簉”，薛綜注：“簉，副也。”《周禮・夏官・戎僕》：“戎僕掌馭戎車，掌王倅車之政，正其服。”鄭玄注：“倅，副也。”簉車猶言倅車、副車。銘文“戈”下一字明爲“三”字，似不能釋爲“气”。其下一字，頂部爲平畫，斷非“啚”字。古越閣主人曾疑爲“百”字。此字不甚清晰，筆畫與常見之“百”字略異，或有可能爲“百”之别體或訛體。《三代吉金文存》19·47·2(《金文總集》7473【《集成》17·11164】)著録一戈，銘曰:“□□乍(作)造(?)戈三百。”可相比照。

三、七年武城戈　　此戈銘文頗有爲鏽所掩之處，但大體可辨。銘曰:

七年，武成(城)相邦畋□□工帀(師)嗇夫□□冶妥執齊(?)。

或據銘末“執齊”語定爲趙器，當可信(“執”下一字大部爲鏽所掩，可能爲一从“齊”聲之字)。此戈爲武城所造，戰國時趙邑正有武城。《漢書·地理志》定襄郡屬縣有武城，在今内蒙清水河附近;清河郡屬縣有東武城，即今山東省武城縣。《水經注·卷九·淇水》“又東北過東武城縣西”下注文曰:“清河又東北逕東武城縣故城西。史記趙公子勝號平原君，以解邯鄲之功受封於此。定襄有武城，故加東矣。”《戰國策·趙策三》記公孫龍諫平原君勿以存邯鄲而受封，其言曰:“君無覆軍殺將之功而封以東武城，趙國豪傑之士多在君之右而君爲相國者，以親故。夫君封以東武城，不讓無功;佩趙國相印，不辭無能;一解國患，欲求益地，是親戚受封而國人計功也。”(《史記·平原君傳》略同)可知平原君封東武城在解邯鄲圍之前。《水經注》謂“以解邯鄲之功受封於此”，不確。但趙國有東西二武城，自是事實。

《趙策一》謂“趙王封孟嘗君以武城”，鮑彪注以爲即東武城。《史記·趙世家》記幽繆王遷二年“秦攻武城”。《秦始皇本紀》及《六國年表》皆記始皇十三年(即趙王遷二年)攻趙平陽，十四年定平陽、武城。《秦始皇本紀·正義》謂武城“即貝州武城縣外城是也，七國時趙邑”，亦以東武城當之。據此東武城亦可逕稱武城(程恩澤《國策地名考》以爲孟嘗君所封之武城非東武城，但根據不足。《史記會注考證》於《趙世家》“秦攻武城”下注曰:“武城，山西朔平府平魯縣西北。”以爲是定襄之武城。揆之當時形勢，其說亦不可信)。傳世古璽有“武成(城)悳(?)呈”印(參看朱德熙、裘錫圭《戰國文字研究(六種)》，《考古學報》1972年1期86—87頁)，亦當是趙物，所稱“武城”究竟屬東屬西，尚待研究。

戈銘之武城，其長官不稱令而稱相邦，疑是爲孟嘗君或平原君封邑時之東武城。封邑之長官稱相邦，與漢代侯國之長官稱相同例。此武城如爲孟嘗君封邑，戈銘之“七年”當爲趙惠文王七年(是時孟嘗君因不爲齊湣王所信而退出齊國朝廷。戈銘所記“武城相邦畋□”，或即《趙策一》所記孟嘗君擇以爲武城吏之舍人，“畋”或可讀爲齊田氏之“田”);如爲平原君封邑，七年有屬惠文王或孝成王兩種可能。

戰國時封邑長官稱相邦之例,僅見於此戈。稱掌鑄作之吏爲“工師嗇夫”,亦前所未見。故此戈之史料價值極高。

四、廿七年戈　細審原器銘文,“廿七年”下一字應是“湯”字。其下一字左从“𨸏”,右旁不可見,疑當是“陰”字。湯陰應即蕩陰,漢代爲河内郡屬縣,故城在今河南湯陰附近。《史記・魯仲連傳》:“魏安釐王使將軍晉鄙救趙,畏秦,止於蕩陰不進。”可知蕩陰在戰國時爲魏邑。若此戈地名確爲“湯陰”,則隋代改蕩陰爲湯陰,直可視作復古矣。

此戈“冶”字右旁似“斤”,與高都戈“冶”字同形(高都戈見《小校經閣金文拓本》10・52・2、《金文總集》7531【《集成》17・11302】)。黄盛璋《試論三晉兵器的國别和年代及相關問題》定高都戈爲魏器(《考古學報》1974年1期34頁)。同人《戰國“冶”字結構類型與分國研究》且以从“斤”之“冶”字爲魏所獨有(香港中文大學國際中國古文字學研討會《古文字學論集・初編》431、433等頁)。其説似可爲此戈地名當釋“湯陰”之旁證。黄氏《試論》文定高都戈鑄於安釐王廿九年,則此廿七年戈似當鑄於安釐王廿七年。【編按:此條所釋與原字形不符,應作廢。】

五、左尚方弩機　此機郭上方一角刻“左尚方”三字,側面刻“史□”二字。左尚方爲作此機之官署,史某爲主此機作造事之小吏。銘文書體草率,據“左尚方”三字之風格,似可定爲東漢人手筆。《漢書・百官表》、《續漢書・百官志》所記少府屬官,皆有尚方令。《通典・卷二十七・職官九》少府監條,謂“漢末分尚方爲中左右三尚方,魏晉因之”。據此,此機似當是漢末物(時代較早之漢器銘文有稱“中尚方”者,疑當時並無左右尚方,“中”指禁中,與“中書”、“中謁者”等同例)。

六、元興元年弩機　此機刻銘文四行,似曾遭刮磨,中間兩行頗難辨識。《貞松堂吉金圖》卷下亦著録一元興元年弩機,銘文與此機基本相同,今録之於下以供參考:

> 元興元年考工所造七石鐖郭,工田從作,大僕監右工掾□、令脩、丞詩、掾浮、史旦主。

又靈寶張灣漢墓所出永元十六年弩機,銘文格式與此相似,“丞詩”、“史旦”之名亦同(《文物》1975年11期82頁)。和帝永元十七年四月改年號爲元興,元興元年即永元十六年之次年,故丞與史皆未更换。

七、六年告府劍　此器經後人改造,原當爲一般長劍。劍身銘“六年告府”四字,觀其書體,當出西漢人手無疑。雲夢漢初及秦代墓所出漆器,或烙有“告”字印,“告”當讀爲“造”(參看《嗇夫初探》,拙著《古代文史研究新探》487 頁)。此銘“告府”似亦當讀爲“造府”,意即掌作造之府。西漢元康元年雁足鐙銘曰:“元康元年,考工工賢友繕作府嗇夫建、護萬年、般長當時主,令長平、右丞義省。”(《漢金文錄》3·17 上)拙文《嗇夫初探》曾引此銘,斷“考工工賢友繕作”爲一句,但同時指出“‘作’字或有連下讀的可能”(《古代文史研究新探》496、497 頁)。如“作”字確當下屬,“作府”當與“造府”同義。即令“作”字當上屬,此府嗇夫既主作造,其所掌之府自亦可名“造府”。據上引鐙銘,此主作造之府隸屬考工。惜劍銘造府所屬之官署已不可考。

本文之作,於所論諸器銘文多憑記憶與筆錄,所引參考資料限於手頭所有,亦不免掛漏,疏誤之處尚祈古越閣主人及海內外方家不吝指正。

1993 年 4 月於北大暢春園

補記:

80 年代曾於未央宫三號建築遺址發現大量西漢時代骨簽。骨簽所刻文字中屢見“作府嗇夫”或“作府佐”之稱(見李毓芳《略論未央宫三號建築與漢代骨簽》,《文博》1993 年 2 期 7 頁。刻文有單稱“作府”者,疑當指作府嗇夫)。可證上文“六年告府劍”條所引元康元年雁足鐙銘中之“作府嗇夫”確當連讀。又楚印及楚鼎銘“佶𢈔”(《璽彙》2550、《金文總集》868【《集成》4·2309】)亦有學者讀爲“造府”。

1993 年 5 月 6 日識

原載王振華《商周青銅兵器/古越閣藏》(古越閣,1993),今據作者手稿收入。

《朱德熙古文字論集》編後記

（與李家浩合著）

本書是朱德熙先生已發表的古文字學方面的文章的結集（古文字的範圍包括秦漢古隸），其中有九篇是與裘錫圭合寫的，有一篇是與李家浩合寫的（前者是《戰國文字研究（六種）》、《關於侯馬盟書的幾點補釋》、《信陽楚簡考釋（五篇）》、《秦始皇"書同文字"的歷史作用》、《戰國銅器銘文中的食官》、《平山中山王墓銅器銘文的初步研究》、《戰國時代的"料"和秦漢時代的"半"》、《馬王堆一號漢墓遣策考釋補正》、《七十年代出土的秦漢簡册和帛書》，後者是《鄂君啓節考釋（八篇）》）。先生的《說"屯（純）、鎮、衠"》一文，是貫通古今的訓詁學作品，由於使用古文字資料較多，也收入本集。全部文章按發表的先後依次編排。

從1947年初到1948年初，先生在北平《新生報》副刊《語言與文學》上發表了五篇古文字學論文，即《讀古文字小記・釋稾》、《讀古文字小記・釋㽙》、《□朊考——楚器研究之一》（分三次刊登）、《王句考——楚器研究之二》（分兩次刊登）、《剛市考——楚器研究之三》。這是先生最早發表的一批論文。楚器研究三文已在五十年代前期改寫成《壽縣出土楚器銘文研究》一文，重新發表。《釋㽙》的說法先生後來已經放棄（釋作"㽙"的那個字實際上是"器"字）。所以我們只把《釋稾》收爲本集正文。由於《新生報》現在已經不易見到，爲保存資料起見，把《釋㽙》篇收爲附錄置於書末。《新生報》的印刷質量不佳，有些字非常模糊，只能據上下文推測，迻錄之誤恐難完全避免。

收入本集的文章，原來豎排的改爲橫排，用簡化字的改爲繁體字，用當頁注的改爲文末注，並作了一些其他純技術性的處理，此外盡可能保持原貌。除明顯的印刷錯誤、筆誤等技術性錯誤外，對原文一律不加改動。因此本書標點符號前後有不一致處，不同文章對同一個古文字或同一條銘文的釋讀，有時也有出入。對某些需要說明的問題，我們在文中或文末加了按語，其前標"編按"二字，以與原文區別。各篇所附引書略稱表一律删去，另編總的引書略稱表，置於書末。

這裏有必要單獨説明一下《秦始皇"書同文字"的歷史作用》一文的情況。1973年,《文物》編輯部爲了配合"評法批儒",約朱先生和裘錫圭寫了這篇文章。臨發表前,編輯部爲了進一步配合當時的政治形勢,在文末加了一大段"批林"的文字。我們知道後,建議發表時改署"北文"的筆名,以表示文章由北京大學和《文物》編輯部兩個單位的人合寫,爲編輯部所同意。此文收入本集時,删去了編輯部所加的那段文字。爲了尊重歷史,原文中那些"批儒"的話絲毫未加改動。

本書是在朱師母何孔敬先生的支持下編成的。朱先生對我們二人關懷至深,幫助至多。先生過早辭世,我們十分悲痛,只能以編輯此集來寄託對先生的無盡哀思。我們的工作如有不妥之處,希望先生生前友好與讀者們加以指正。

在出版事業不景氣的情況下,中華書局願意出版這本讀者面很窄的文集,值得我們欽佩。總編輯傅璇琮先生和本書責任編輯李解民先生給予的幫助尤多,謹致衷心的謝意。

裘錫圭、李家浩謹識,1993年8月
30日,時距先生辭世已逾一年。

原載《朱德熙古文字論集》(中華書局,1995),今據以收入。

《漢語俗字研究》序

張涌泉君是亡友郭在貽先生的學生。他從郭先生和蔣禮鴻等先生治俗文字學有年。不久前遠道寄來所著《漢語俗字研究》稿本,要我在書前寫幾句話。

我是俗文字學的外行,但是對俗文字極感興趣,最近抽出幾天時間把全稿讀了一遍,覺得這是一部寫得很好的、很有用的著作。全書條理清晰,所舉例證恰當,論述問題既有廣度又有深度,讀後不但能够獲得關於漢語俗字的全面、系統的知識,瞭解研究俗字的方法;並且對俗字研究在漢字學中的地位及其對古籍整理和字典編纂工作的重要性,也都能得到深刻的認識。所以不但治俗文字學和漢字學的人應該讀這本書,就是從事古籍整理和字典編纂工作的人也應該讀這本書。

作者通過對大量俗文字資料的深入研究,揭示了前人未曾注意到的很多文字現象,指出了語文著作中與俗文字有關的很多疏失,解決了不少疑難問題。從本書中能够得到很多關於具體的俗字的新知。例如我過去以爲"靈"和"鬭"簡化爲"灵"和"斗"是直接借用同音或音近字;讀了本書第三章第八節,才知道中間還經過簡化爲"霛"和"閗"的階段。這類例子舉不勝舉。由於作者指出了《漢語大字典》、《碑別字新編》等常用工具書的很多問題,使用這些工具書的人也有必要讀一下這本書。

當然,這樣一本數十萬字的大書,也不可能毫無問題。我沒有能力指出那種必須有較高的俗文字修養才能發現的問題,只是覺得作者對某些現象的歸類或定名以及對某些例子的說明,似乎尚有商榷餘地。例如:第二章中把古代的鳥蟲書之類的美術字以及存在於小篆階段的古文、籀文也都看作俗體,似乎把俗體的範圍劃得太寬了。第三章第十節把字形變化所引起的兩個以上不同的字混而無別的現象以及某個字的俗體恰巧造得跟另一個字相同的現象稱爲"異形借用"。實際上這是一種異字同形的現象,跟字形的借用是不同性質的。第三章第七節說"刺"、"策"的俗書變"朿"旁爲"夾"旁,"棗"、"棘"的俗書變"朿"旁爲"來"旁,"大概都是爲了避免跟形近的'束'旁相亂"。此說恐怕有問題。"刺"的"朿"旁如寫成"束"會跟“剌”字相亂,“棗”、“棘”的“朿”旁即使寫成“束”也沒有字會跟它們相亂,有什麼必要把“朿”旁改成“來”旁呢?秦漢篆文和古隸的“朿”旁有寫作、等形的,“刺”、“策”俗體的“夾”旁顯然是由它們訛變而成的,“棗”、“棘”俗體的“來”旁也應是“朿”的訛形,似乎不必求之過深。上述這類問題爲數不多,對本書的價值不會有大的影響。

俗字在漢字發展過程中所起的作用十分重要。要想建立起完整的、高水平的漢字學,必須先深入研究各個時代的俗字。但是在很長的一個時期裏,文字學者却並沒有給予俗字研究以應有的重視。近年來情況才稍有改變。本書是第一部俗文字學的概論性著作。它的出版無疑會有力地推動漢語俗字學和漢字學的發展。

裘錫圭

1993 年 9 月 12 日

原載《古漢語研究》1994 年 2 期,又載張涌泉《漢語俗字研究》(嶽麓書社,1995;增訂本,商務印書館,2010),今據後者收入。

《智永草書千字文草法解說》序

國權先生遠道寄示近作《智永草書千字文草法解說》,並命我寫一些讀後的感想。我於草書是外行,只能對國權先生此書“注意解釋各字草變的軌跡”的特點,向讀者作一個簡單的介紹。

讀書、寫字必須先識字,學書法更須先識字。這本來是用不著講的明顯道理。可是實際上頗有人願意下工夫學書法,却不願意下工夫識字。曾聽書法家協會的朋友說,歷次書法大賽中,往往有書法很好的作品,由於作者筆下出現錯別字而失去了獲獎機會。這是十分可惜的。

草書由篆、隸的簡率訛別之體演變而成,字形結構不如楷書有條理,掌握起來比較困難。而且由於其字形具有草率的特點,書寫時稍一走形便會與他字相混,或者使人根本無法辨識。因此學草書更須下工夫識字。如果不掌握每個草字的規範字形,是無法寫出像樣的草書來的。而要做到這一點,就必須瞭解每個草書字形的來歷,弄清楚每個草書字形所包含的那些筆形,各自相當於正規字形的哪個部分。所以我認爲國權先生寫此書時,除介紹草書的使轉技法及書法變化外,“並注意解釋各字草變的軌跡”(自序中語),是十分有必要的。國權先生既是書法家又是文字學家,正是做這件事的理想人選。學草書由國權先生此書入手,必能打下堅實的基礎。

國權先生介紹的草書是今草。今草的字形一部分由楷書草化,大部分則由章草演變而成。章草形成於西漢,其基礎不是楷書而是隸書,並且有相當多的字形不是來自八分的簡率之體,而是來自古隸的簡率之體的。古隸的簡率字形往往早在篆文演變爲古隸的過程中就已產生,也未嘗不可以看作篆文的簡率字形。清人孫星衍有“草從篆生”之說(見其《急就章考異》),是相當有道理的。

國權先生對草法的解說,每字“先列篆體,次敘漢隸,然後再析草變之跡,從源及流,述其遞嬗”(自序中語),此外還不時舉出與草書字形有關的古隸草體或隸書異體,可謂深得草變之要領。這裏隨便舉幾個例子。草書“作”字右旁與楷書迥異,52 句“剋念作聖”舉出“作”字篆、隸寫法,草書字形來源不言自明。草書“天”字作,其演變軌跡不易說明,1 句“天地玄黃”舉出古隸草體,問題迎刃而解。又如 45 句“罔談彼短”指出“罔”字草書來自“”字隸書簡體“”,217 句“嫡後嗣續”指出“嗣”字草書來自此字隸書訛體,此類予人新知、釋人所疑之例,在全書中比比皆是。讀者可覆按原書,這裏就不多舉了。

上舉這類例子給予讀者的知識,不但學草書者需要,就是治文字學者也同樣需要。所以此書不但會受到學草書者的歡迎,而且也會受到治文字學者的歡迎。

在此書用以說明草變軌跡的各種資料中,篆、隸的簡率之體以及漢簡草書等資料不斷出土,尚有補充的餘地。希望國權先生再版此書時加以補充,使之更加完善更加有用。

1993 年 11 月 21 日　裘錫圭於北京大學

原載《大公報》1994 年 1 月 7 日 20 版,又載馬國權《智永草書千字文草法解說》(翰墨軒出版有限公司,1995),今據後者收入。

《裘錫圭自選集》跋

在本書所屬的這套自選集的作者裏,我最缺乏稱語言學家的資格。我畢業於復旦大學歷史系,學語言不是科班出身。我的研究領域,只有漢字學勉强可以歸入一般意義的語言學,其餘的都屬於語文學和歷史學的範圍。

我在歷史系念書的時候,最感興趣的科目是先秦史。在學習過程中,我深深體會到,如果不能直接使用古代典籍和地下出土的古文字資料,就沒法研究先秦史;而要做到這一點,就必須有較多的語言文字學知識。所以我比一般歷史系學生多讀了一些語言文字學方面的書。

大學畢業後,考上了本系的研究生,從胡厚宣師學"甲骨學和商代史",有了較多的時間研讀甲骨文、金文等古文字資料。1960 年分配到北京大學中文系工作以後,在朱德熙先生的影響下,又對戰國文字産生了濃厚興趣。70 年代,秦漢文字資料大量出土,我跟從朱先生整理馬王堆一號漢墓出土的遣册、三號漢墓出土的部分帛書和銀雀山漢墓出土的竹書,還參加過睡虎地秦簡的整理工作,在秦漢文字方面也下了一些工夫。從 60 年代起,系裏就讓我教漢字學,所以研究領域從古漢字學擴大到了一般的漢字學。此外,我還陸續寫了一些古籍校勘、訓詁學以及古代史等方面的文章。

我在 1988 年 9 月以前所寫的古文字學方面的文章,絕大部分已收集在中華書局 1992 年出版的《古文字論集》中。此後又陸續發表了一些這方面的文章。現從《論集》中選出九篇(其中一篇爲節選),構成這本自選集的第一部分。我在 1990 年 8 月以前所寫的其他方面的文章,絕大部分已收集在江蘇古籍出版社 1992 年出版的《古代文史研究新探》中。此後又陸續發表了一些這些方面的文章。現從《新探》中選出古籍校勘和訓詁學等方面的文章六篇(其中一篇爲節選),再加上 1993 年發表的一個訓詁短篇,構成本集的第二部分。我在北大中文系講漢字學的講義,經過修改,由朱德熙先生定名爲《文字學概要》,在 1988 年由商務印書館出版。出版前,《漢字的性質》一章的絕大部分,曾作爲單篇在《中國語文》上發表過。現將此篇選入,是爲本集的第三部分。

朱德熙先生對我的治學和寫作,既大力肯定又嚴格要求。我有好幾篇文章,發表前在先生的指導下作過認真修改,有些地方先生甚至親自加以改寫。收入本集的《考古發現的秦漢文字資料對於校讀古籍的重要性》和《談談古文字資料對古漢語研究的重要性》,就是兩個例子。《文字學概要》一書,從寫作到出版都得到先生的大力支持。收入本書的《漢字的性質》一章,寫作時曾多次跟先生討論有關問題,得到了先生的很大幫助。先生過早地離開了我們,我的書的出版,除《文字學概要》外,先生都未及見,思之不禁泫然。

最後,謹向本叢書的顧問、編輯以及出版者河南教育出版社,並向出版上面提到的我的幾本書的出版機構和發表選入本集的文章的刊物,致衷心的謝意。

1994 年 1 月 30 日

原載《裘錫圭自選集》(河南教育出版社,1994),今據以收入。

《古史新證——王國維最後的講義》前言

清華大學擬將王國維在清華學校研究院任教時所發的講義影印出版,蒙季鎮淮先生推薦,要我寫一篇前言。王國維是學術界盡人皆知的國學大師,沒有必要對他作全面介紹,在這裏只準備談談跟這本講義有關的一些情況。

王國維是在清華園裏度過他生命中最後的兩年多時間的。1925 年春,王氏受清華大學的前身清華學校之聘,任正在籌備中的研究院的教授,並於 4 月中移居清華園。清華學校研究院專修國學,所以一般多稱之爲清華國學研究院。9 月,研究院開學,王氏任經、史、小學等方面的導師,所授"普通演講"課程爲"古史新證"(每周一小時)、"《說文》練習"(每周一小時)與"《尚書》"(每周二小時,此門課程自 10 月開始講授)。到了 1926 年春開始的下學期,因"古史新證"已講完,改授金文(指周代銅器銘文),餘課照舊。1926 年 9 月,新學年開始,王氏所授課程爲"《儀禮》"(每周二小時)與"《說文》練習"(每周一小時)。次年,在下學期甫告結束的 6 月 2 日,王氏就自沉於頤和園中的昆明湖,過早地離開了人世。關於王氏在這最後兩年多裏的較詳細的情況,清華大學校史室孫敦恒先生編寫的《王國維年譜新編》(中國文史出版社,1991)有翔實的記錄,可以參閱。本文中以孫譜爲據之處不一一注明。

現在影印的這本講義,包含王氏撰寫的二十九篇講稿和文章(講稿中有十六篇是周代銅器銘文的釋文)。其底本是當年由研究院辦公室按綫裝書的形式裝訂成册並加上目錄,供保存之用的。封面右側偏上處題:

> 清華學校研究院講義(王静安先生)
> (民國十四年至十六年四月)

中間偏下處署"研究院辦公室"六字。目錄首頁蓋有"研究院辦公室"長條印。講義原來是由抄胥謄寫後油印的。各篇所記頁數自爲起訖。但銅器銘文的釋文,除《小盂鼎釋文》超過一頁記有頁數外,都不記頁數,且有一頁抄寫兩篇以上釋文的。

這些講義在當時應是隨印隨發的。

下面基本上按照原來裝訂的次序,介紹一下這本講義中所收的講稿和文章。

《古史新證》是專爲講課而撰寫的,共二十九頁,在這本講義中篇幅最長。其主要内容是根據殷墟甲骨卜辭和古書資料講商代歷史的,第三章"殷之先公先王"據《殷卜辭中所見先公先王考》及《續考》改寫,第五章"商之都邑及諸侯"據《説殷》、《北伯鼎跋》二文改寫(各文皆已收入王氏的文集《觀堂集林》)。

在《古史新證》第一章"總論"中,王氏對當時學術界過分懷疑古書的思潮有所批評,並提出了以"地下之新材料"(主要指甲骨卜辭和金文)印證"紙上之材料"(指古書記載)的"二重證據法"。他説:

> 吾輩生於今日,幸於紙上之材料外更得地下之新材料。由此種材料,我輩固得據以補正紙上之材料,亦得證明古書之某部分全爲實錄,即百家不雅馴之言亦不無表示一面之事實。此二重證據法惟在今日始得爲之。雖古書之未得證明者不能加以否定,而其已得證明者不能不加以肯定可斷言也。

在第四章之後,王氏又根據第三章和第四章"商諸臣"的内容,寫了如下一段案語:

> 右商之先公先王及先正見於卜辭者大率如此,而名字之不見於古書者不與焉。由此觀之,則《史記》所述商一代世系,以卜辭證之,雖不免小有舛駁而大致不誤。可知《史記》所據之《世本》全是實錄。而由殷周世系之確實,因之推想夏后氏世系之確實,此又當然之事也。又雖謬悠緣飾之書如《山海經》、《楚辭·天問》,成於後世之書如《晏子春秋》、《墨子》、《吕氏春秋》,晚出之書如《竹書紀年》,其所言古事亦有一部分之確實性。然則經典所記上古之事,今日雖有未得二重證明者,固未可以完全抹殺也。

這跟上引"總論"的話是緊相呼應的。王氏的這些意見和他的學術實踐,對我國現代學術界産生了深遠的、有益的影響。

王氏去世後,《古史新證》曾登載在《國學月報》二卷八、九、十號合刊《王静安先生專號》(1927 年 10 月)和《燕大月刊》七卷一、二期合刊(1930 年 2 月)上,但是《海寧王忠慤公遺書》和《海寧王静安先生遺書》却未收此文(這兩種《遺書》除後者内容稍多外基本無别,下文簡稱它們爲"遺書")。1935 年北京來薰閣舊書店曾影印出版《古史新證》的王氏手稿本,由於印數不多現在已很難找到。臺灣的文華出版社 1968 年出版的《王觀堂先生全集》和大通書局 1976 年出版的《王國維先生全集》都收了《古史新證》,可是在大陸地區也不易看到。包含《古史新證》的王氏講義的出版,不但爲學術界研究王氏在清華研究院的教學活動提供了一份重要資料,而且使《古史新證》這一名著能爲更多的人所看到,必將受到大家的歡迎。

《中國歷代之尺度》是王氏在1926年夏天撰寫的文章。是年6月26日曾以此題在燕京華文學校作過演講。全文曾刊載於9月出版的《學衡》五十七期,後來改題爲《記現存歷代尺度》,收入王氏死後出版的《觀堂集林》增訂本的第十九卷(王氏生前出版的《觀堂集林》共二十卷。王氏死後,羅振玉及其子福葆等,在清華研究院王氏助教趙萬里的幫助下,基本上按王氏遺意加以增訂,擴至二十四卷,列爲《遺書》的第一種。下文提到的"集林"如不另加説明,都指增訂本)。

《莽量釋文》實際上包含釋文和跋文兩部分。1926年王氏託馬衡爲清華研究院仿製新莽嘉量,於8、9月間製成(劉寅生、袁英光編《王國維全集・書信》439—440頁,中華書局,1984。孫敦恆編《王國維年譜新編》157—158頁,中國文史出版社,1991)。《莽量釋文》當作於此時。此文曾以《莽量考》爲名,發表於是年10月出版的《學衡》五十八期。《集林》第十九卷收入莽量跋文而略去釋文,題爲《新莽嘉量跋》。此文講義本76頁4至5行的"工部營造尺",《學衡》及《集林》皆作"建初尺"。

上述兩篇文章跟後面的《蜀石經殘拓本跋》和《西吳徐氏印譜序》,都是王氏在清華研究院任教期間撰寫的。王氏在1926年11月2日致蔣穀孫函中提到上舉最後一文時説:"《印譜序》已草就,兹將油印本寄上(因此文有關係,故付油印以供諸生參考)。"(《王國維全集・書信》446頁,中華書局,1984)大概這些文章都是王氏由於其内容可供研究院學生參考而印發給他們的。

趙萬里《王靜安先生年譜》丙寅年(1926年)條説:

> 古史新證一課,至去冬已授畢。正月(引者按:陽曆二月)起,撰克鼎、盂鼎銘考釋,並改訂《毛公鼎考釋》,合《散氏盤考釋》以授諸生。其他宗周諸重器,亦多寫爲釋文,講演之。(清華學校研究院編《國學論叢》一卷三號"王靜安先生紀念號"131頁)

由此可知《散氏盤考釋》等四篇西周銅器銘文的考釋和《小盂鼎釋文》等十六篇西周、東周銅器銘文的釋文,都是在第一學年下學期爲講課而印發的。《古史新證》主要根據殷墟甲骨卜辭講商史。周代銅器銘文在周史研究上的價值,跟殷墟甲骨卜辭在商史研究上的價值相似。所以王氏在講完《古史新證》後,接着講周代銅器銘文。

在這裏有必要討論一下這本講義的裝訂次序是否反映當時印發講義的次序的問題。這本講義中列在《散氏盤考釋》之前的《中國歷代之尺度》和《莽量釋文》，其寫作時間都在王氏講授銅器銘文之後，其印發也應在那些器銘考釋和釋文之後。在四篇器銘考釋跟十六篇器銘釋文之間，插有《蜀石經殘拓本跋》和《釋樂次》二文。前一文末署"丙寅仲冬朔月海寧王國維記"。"丙寅仲冬朔月"指丙寅年十一月初一，即 1926 年 12 月 5 日，不但遠在王氏講授銅器銘文之後，而且還晚於列爲這本講義最後一篇的《西吳徐氏印譜序》的寫成和印發時間。由此可知這本講義的裝訂次序並不反映當時印發講義的次序，至少並不完全反映那種次序。下面先介紹器銘考釋和釋文，然後再介紹插在它們中間的那兩篇文章。

四篇器銘考釋中，《盂鼎銘考釋》和《克鼎銘考釋》是 1926 年的新作。《散氏盤考釋》作於 1924 年，但在作爲講義印發前似未發表過。《毛公鼎考釋》作於 1916 年，曾登載於王氏爲倉聖明智大學所編的《學術叢編》的第四册。原有序(已收入《集林》卷六)，講義略去。對《考釋》的內容，講義也作了一些增改。王氏死後，盂鼎、克鼎、散氏盤三篇《考釋》曾在上面提到過的《國學月報》"王靜安先生專號"上發表過(《散氏盤考釋》篇名"盤"下有"銘"字)。後來，上述四篇《考釋》加上 1915 年發表於《雪堂叢刻》的《不䵼敦蓋銘考釋》合編爲《觀堂古金文考釋》，收入了《遺書》。

這四篇器銘考釋，講義本跟《遺書》本有一些異同(講義本有明顯的抄寫之誤，而《遺書》本不誤的情況，不在我們所說的"異同"之內)。例如《散氏盤考釋》講義本中"丂"字三見(92 頁 7 行、93 頁 5 行、94 頁 3 行)，《遺書》本皆作 ㄎ，蓋以爲即見於《說文》的从反"丂"的"𠀀"字(銘文原形確與此字相似)。《盂鼎銘考釋》講義本的銘文釋文中，"人鬲"下一字缺而未釋(110 頁 10 行)，《遺書》本釋爲"自"(銘文此字確是"自"字)。《克鼎銘考釋》講義本的銘文釋文中的"釐"字(114 頁 5 行)，《遺書》本不从"里"而从"貝"(銘文此字確从"貝")；"淠"字(115 頁 8 行)，《遺書》本不从"畀"而从"卑"(銘文此字確从"卑")。這一類異同在這三篇《考釋》中還有一些，不列舉了。《毛公鼎考釋》的情況比較複雜，下文將另作說明。

我懷疑上述那類異同是《遺書》編校者據各器銘文的原文對各篇《考釋》的底本擅加校改而造成的。前面提到過這本講義的最後一篇《西吳徐氏印譜序》。此文後來改名爲《桐鄉徐氏印譜序》，收入《遺書》中的《集林》卷六(詳下文)。如果將此文的講義本與《遺書》本對照一下，就可以發現講義本 219 頁 2 行所引的古璽"信"字的三個例子，在《遺書》本裏換成了另兩個例子。講義本摹寫得有些走形，

《遺書》本則保持璽文原形。此外,此文所引的那些見於《説文》的古文,講義本的字形與《説文》大致相合;《遺書》本則往往把它們改成六國璽文體,以致與《説文》原形不合("時"字古文所从的"之"、"明"字古文所从的"月"和"封"字古文的左旁最爲明顯)。這些修改顯然並非出自王氏本人,而是出自某位懂古文字的《遺書》編校者之手的。修改那些器銘《考釋》的,應該是同一個人。

《毛公鼎考釋》的講義本和《遺書》本的出入較多,情況也比較複雜。講義本對1916年發表的《學術叢編》本有所增改。講義本所增之文,絶大部分見於《遺書》本。但是在有些講義本修改了《叢編》本的地方,《遺書》本却仍然沿襲《叢編》本,例如:《考釋》"故於辟下加乂以爲聲"一句下的雙行注文,《叢編》本作"古讀辥如孽,説見下,辥、乂雙聲字",講義本删去"説見下"以下八字(見121頁9行),《遺書》本同於《叢編》本。《叢編》本的銘文釋文以"虩=許="爲一條,"上下若否"爲一條;講義本則以"虩許上下"爲一條(删去"虩""許"二字重文號,與銘文原文相合),"若否"爲一條(129頁);《遺書》本同於《叢編》本。《叢編》本的銘文釋文以"余一人在位……又昏"爲一條,講義本則分爲兩條(130頁),《遺書》本同於《叢編》本。講義本"我弗作先王……"句的考釋,將《叢編》本所引《書·康王之誥》"毋貽鞠子羞"的"貽"改正爲"遺",又在所引《左傳》"毋作神羞"一例下加"無作三祖羞"一例(134頁),《遺書》本同於《叢編》本。《遺書》本有序,也同於《叢編》本。此外,又有《叢編》本跟講義本相同而《遺書》本則跟它們不同的情況。例如:《叢編》本和講義本的銘文釋文中的"用印邵皇天"(講義本132頁),《遺書》本作"用卬卲皇天"(改"邵"爲"卲"是對的,改"印"爲"卬"則與銘文原文不符,但有些古文字學家釋此字爲"卬")。《叢編》本和講義本的銘文釋文,都把"廼唯是喪我國"的"是"誤作"時"(講義本135頁),《遺書》本改正爲"是"。《叢編》本、講義本銘文釋文"馬四匹……"一條中,有一個左邊从"止"的字;此條的考釋説此字从"止",即"邋"字(講義本147頁)。《遺書》本釋文中此字左邊作"口"(古文字學家多認爲此字从"口"),但考釋的文字仍與《叢編》本、講義本相同,釋文與考釋彼此矛盾。

趙萬里《王静安先生著述目録》有"觀堂古金文考釋五種五卷"一項,第一種"毛公鼎考釋"條説:

> 曾刊入《廣倉學宭叢刊》第一集(引者按:即《學術叢編》)。此所據者仍是廣倉本。後里(按:"里"爲趙氏自稱)以乙丑重訂本(按:即講義本,"乙丑"似應作"丙寅")寄之(按:指寄往爲王氏編遺書的羅振玉家),已不及改正,乃錄其異同别出刊之。(《國學論叢》"王静安先生紀念號"136頁)

趙氏寫此文時,《遺書》中的《觀堂古金文考釋》尚未印出。實際上,其中的《毛公鼎考釋》並沒有如趙氏所說的那樣處理,而是在《叢編》本的基礎上把講義本所增加的內容補進去的,但上引《左傳》"無作三祖羞"一例則忽略未補;在其他一些後者對前者作了修改的地方,《遺書》本也仍然沿襲了前者,因此造成了上面所舉的第一類異同。至於上面所舉的第二類異同,大概也是那位懂古文字的《遺書》編校者擅改王氏原文而造成的。由此可見,我們如要瞭解王氏對毛公鼎銘文的最後意見,不能以《毛公鼎考釋》的《遺書》本爲據,而應以講義本爲據。僅從這一點看,這本講義的出版就很有意義。

《小盂鼎釋文》等十六篇器銘釋文,既未收入《遺書》,也從未在他處發表過,是研究王氏學術的新資料,其價值不在上述《毛公鼎考釋》講義本之下。

前面提到過的《不嬰敦蓋銘考釋》包含了不嬰敦(實應稱不嬰簋)的釋文,王氏在1917年撰寫的《兩周金石文韻讀》中,有宗周鐘、齊子仲姜鎛(即講義所謂"齊鎛")、邾公牼鐘、沇兒鐘、王孫遺諸鐘、虢季子白盤等器的釋文(見《遺書》),但所釋與講義的釋文頗有異同。例如:見於《韻讀》的虢季子白盤釋文中的"庸武",講義改爲"貴武";"執訊"改爲"執□"(兮甲盤和不嬰敦銘文中的"執訊",講義的釋文也都作"執□")。《不嬰敦蓋銘考釋》的釋文中的"西俞",講義改爲"西艅"(此銘中"執訊"之"訊",《考釋》據形隸定,並謂陳介祺釋"訊"可從。講義中此字則作"□",已見上文)。見於《韻讀》的宗周鐘釋文中的"銑銑",講義改爲"雄雄";"孝孫"改爲"氾孫"。見於《韻讀》的齊子仲姜鎛釋文中的"它□",講義改爲"⿱⺈介改"。見於《韻讀》的王孫遺諸鐘釋文中的"中□虘陽"和沇兒鐘釋文中的"中□虘昜",講義都改爲"中旛戲旟"。前一鐘釋文中的"□心",講義改爲"台心"。後一鐘釋文中的从"水"从"配"之字,講義改爲从"走"从"配"。見於《韻讀》的邾公牼鐘釋文中的"盧鋁",講義改爲"腊(引者按:非"臘"字簡體)吕";"翼恭"改爲"畢龔";"匽"改爲"安(晏)"。不管是改對的,還是改錯的,從研究王氏學術見解的角度看,都值得注意。

《清華週刊》三百八十三期(1926年6月11日出版),載有當時的研究院學生吳其昌的《王靜安先生古金文字講授記》。文首目錄列虢叔旅鐘等十六種器名,其中有這本講義未收其釋文的齊侯鎛鐘和郘鐘(《講授記》正文只有目錄所列前九器的講授記錄,上舉二鐘在其內)。此二鐘的釋文不知是原來就沒有印發,還是這本講義裝訂時遺漏了。另一方面,其考釋或釋文見於講義的散氏盤、盂鼎、毛公鼎、虢季子白盤、白厚父卣、齊鎛諸器,則不見於此目錄(見於講義的王孫遺諸鐘,目錄作王孫遺諸鐘。兮甲盤、師寰敦,目錄訛爲兮用盤、師害敦,附帶説明於此)。也許王氏講課的實際内容跟所發講義有出入。

《蜀石經殘拓本跋》作於1926年12月5日,已見上文。除印發給學生外,還曾登載於清華研究院實學社編的《實學》第七期(據儲皖峰《王靜安先生著述表》,《國學月報》"王靜安先生專號"491頁)。《集林》卷二十收入此文。趙萬里《年譜》丙寅年(1926年)條説:

> 是月(引者按:指夏曆十月)二十九日爲先生五十初度,親友及門弟子均稱觴致賀。十一月中,先生出漢、魏、唐、宋石經墨本或影本多種,以示諸同學,並講述石經歷史及其源流。(《國學論叢》"王静安先生紀念號"131頁)

姚名達《哀餘斷憶之三》記此事説:

> 十二月三日,即夏曆十月二十九日,實爲先生五秩初度之辰。……又七日,先生招同人茶會於後工字廳,出歷代石經拓本相示。同人嘖嘖嗟賞,競提問語。先生辨答如流,欣悦異常。(《國學月報》"王静安先生專號"525—526頁)

這些記述提供了王氏印發《蜀石經殘拓本跋》的背景。

《釋樂次》是1916年發表於《學術叢編》第三册的舊作(本爲《樂詩考略》的第一篇),《集林》二十卷本和二十四卷本都收在卷二。此文討論周代禮儀中奏樂次第等問題,引用了《儀禮》中不少有關的文字,估計是爲了配合第二學年的《儀禮》課而印發的。這本講義中的《釋樂次》缺第六頁。由於此文容易找到,這次影印没有補缺文。

王氏在文字學上有一個重要主張:認爲《説文》古文實際上是戰國時代的六國文字,籀文則是秦國文字。編在這本講義最後面的四篇文章,都跟王氏的這一主張有關。最後一篇《西吳徐氏印譜序》,是1926年的新作。前面三篇都是1916年的舊作。《〈史籀篇疏證〉序》登載於《學術叢編》第二册(包含在《史籀篇敘録》内),《集林》的兩種本子都將此文收在卷五。《戰國時秦用籀文六國用古文説》和《〈説文〉今敘篆文合以古籀説》,本是《漢代古文考》的第一和第五篇,登載於《學術叢編》第十一册,《集林》的兩種本子都將此二文收在卷七。這三篇舊作當是配合《印譜序》印發的。

《印譜序》是王氏晚年精心之作。先是1926年6月出版的《古史辨》第一册收有錢玄同《論〈説文〉及"壁中古文經"書》,反對王氏秦用籀文六國用古文之説,認爲《說文》古文爲漢人僞造，更進而斷定孔壁古文經爲僞造。當時，向王氏問學的容庚亦主此說。王氏大不以爲然，"擬爲一文以正之"，曾爲此致函羅福頤，請他將"所集古璽文字，其中與《說文》古文同者如'恆'字之類"錄示之（《王國維全集·書信》435頁，參看同頁脚注及436—438頁致容庚函）。此年9月，王氏因長子之喪在上海逗留時，浙江桐鄉人徐安曾請王氏爲其古印譜作序。由於古璽文字是研究六國古文的重要資料，王氏決定以此序來代替他準備寫的關於古文的文章。這一點在他回北京後致上海友人蔣穀孫的10月23日一函中說得很清楚。在此函中，他向蔣氏詢問徐氏的名字和籍貫，並說：

> 序文大致已就，尚未寫出，因弟本欲作一文，論六國鉨印、貨幣、兵器、陶器（與《說文》之古文一家眷屬）並當時通行文字，乃欲借此序以發之也。（《王國維全集·書信》443頁，中華書局，1984）

據上文引過的1926年11月2日致蔣穀孫函，《印譜序》大約在10月底或11月初寫成，並印發給了研究院學生。此文還曾登載於11月出版的《實學》第六期。印發給學生的和《實學》所登載的，都以《西吳徐氏印譜序》爲名。徐氏籍貫誤爲"西吳"（指湖州，古名烏程）。

1927年6月出版的《國學論叢》一卷一號，也登載了這篇序文。篇名已改爲《桐鄉徐氏印譜序》，内容也小有修改。此文原將《說文》"醬"字古文用作古文的字形與璽文相同之例（講義本219頁11行），《論叢》本改用作古文的字形與璽文、陶文"小異大同"之例。文中提到的"烏程徐君"（講義本221頁8行），也已改爲"桐鄉徐君"。可知這是王氏弄清了徐氏籍貫後改定之本。《集林》將此文收入卷六。上文已經說過，《遺書》編校者曾修改過此文中的某些古文字字形。此外，《集林》本跟講義本和《論叢》本，在文字上還有少量差異。見於講義本217頁8行的"文體"，《集林》本改作"字體"（作"字體"，文義較晰）。見於講義本220頁11—12行的"謂非當日之通行文字"，《集林》本改爲"謂非當日通行此種文字"。這種修改似出王氏本人之手，也許《集林》所據的是王氏生前最後的改定本。

唐蘭在爲來薰閣影印的《古史新證》手稿本所作的序裏說，王氏任清華研究院導師時，趙萬里爲其助教，"先生每發一稿，斐雲（引者按：指趙萬里）爲錄副畀抄胥，使謄寫印行，而藏弆其手跡"。可知王氏發給學生的講義和文章，一般由趙萬里把王氏手稿抄成清稿，交抄胥謄寫油印。至於那些先已印行的文章，大概是直接把印本交給抄胥謄寫油印的。排印、抄錄、謄寫都可能發生錯誤，就是王氏本人也不可能毫無筆誤。《古史新證》中偶有手稿有誤而油印講義已加改正之例。例如:見於講義本18頁1行的“後嗣”,手稿原誤作“後世”。見於38頁8行的“父丁”,原脱“丁”字。下文勘誤表中指出,24頁3行“以”字下脱“別之”二字,手稿本即已如此。但在此段文字所從出的《殷卜辭中所見先公先王考》中,此處有“別之”二字。《國學月報》刊登《古史新證》時已將此二字補上。《學術叢編》第四册所載王氏手寫的《毛公鼎考釋》也有筆誤。下文勘誤表中指出的《毛公鼎考釋》錯誤中的最後二例,都是承襲王氏手稿本之誤的。所以在這本講義裏,除古文字往往摹得有些走形,一般文字也時有筆畫之誤外,錯字和脱文等情況也不時可見。下面就我們所見到的,擇要舉例供讀者參考。

篇名	頁碼	行數	誤文	改正文
古史新證	1	1	古文	古史
	3	6右	台誥	召誥
	5	2	矿	栌
	7	2、3	夂	夕
	7	3	手公鼎	毛公鼎
	12	2	貞于	賁于
	14	7	王水	王氷
	19	2	冥河	冥治河
	24	3	以	以別之
	28	1	壬癸	示癸
	30	7	陽	湯
	36	9	無不一見	無一不見
	38	2	嫡庶	以嫡庶
	38	5	王矢	王夨
	38	8、10	衆	眔
	39	12	大伯	太伯
	40	10	衆	眔
	42	12	武丁	武乙
	56	8	付	紂
	57	4	肅填	肅慎

中國歷代之尺度	63	8	十六	十七
	64	9	實驗表	實驗考
	67	2	謂	課
散氏盤考釋	85	8	髣	髳
	87	1	陳倉嶺	陳倉
	87	3	當沽水	當因沽水
	89	6	都	剳
	94	3	琟人	琟人有辭
	96	5	攸誓	攸衛牧誓
	103	9	整	盩
盂鼎銘考釋	108	1	先生	先王
	108	2	古者爲故	古讀爲故
	109	4	余	今
	110	9	市	巿
	111	4	王若曰	王曰
	111	6	乃	及
克鼎銘考釋	114	7	甲	申
	115	6	市	巿
	116	5	霝	霝龠
毛公鼎考釋	121	9 左	知	如
	122	10	十千	十干
	123	8		
	133	3	亦可作叀	亦可作𤰈
	133	4	因資	因脊
	135	7	又有	又敢
	137	5	賜家	賜字
蜀石經殘拓本跋	150	3	石刻異考	石刻考異
釋樂次	155	10	却至	郤至
	159	11	裓	祴
	159	11	驚	鷩
	161	9	裓	祴

兮甲盤釋文	185	3	王命	王命甲
	185	4	周	周四方
不𡢁敦釋文	187	3	今余	余命女
噩矦馭方鼎釋文	189	10	駿	駿方
說文今敘篆文合以古籀說	197	6	文篆	大篆
	197	12	籀文	篆文
史籀篇疏證序	208	1	據說	據說文
	208	6	女性	女姓
西吳徐氏印譜序	218	11	因資	因脊
	219	10	悔	悔

末一例即"恆"字古體。

爲了使讀者能較全面地瞭解王氏在清華研究院講課的内容,本書在王氏講義之後附印了當時的研究院學生吳其昌和劉盼遂發表在《清華週刊》和《國學論叢》上的各種聽課記錄。這些聽課記錄這次也是影印的,原有的印刷之誤未曾校改,請讀者注意。

原載《古史新證——王國維最後的講義》(清華大學出版社,1994),又載《文史叢稿》,今據後者收入。

《吳越文字彙編》序

施謝捷君遠道寄示大作《吳越文字彙編》書稿的複印本,我讀了一遍,獲益甚多,深感這是對研究古文字和吳越歷史文化的人極爲有用的一部好書。

此書分爲三編。中編是編者搜集到的全部吳越文字資料的圖版(除峋嶁碑和少數石器銘文外都是銅器銘文),所有拓本都附有編者所作的摹本。下編是文字說明,包括中編所收各器銘文的釋文、對各器出土、收藏和著錄情況的簡介以及簡明扼要的考釋。上編是以中、下二編爲根據而編成的吳越文字的文字編。書末附有《引用論著目録》,凡著録和研究吳越文字的書和文章大都已收録在內。

吳越文字的資料比較零散,鳥蟲書之類不易辨識的美術書體用得很多,在語言上也有一些不同於其他地區的特點。也許可以說,吳越文字是殷墟甲骨文以下各種古文字中研究難度最大的一種。施君編著這部《彙編》,搜集的資料相當齊全,對已有研究成果不但掌握得相當全面,而且基本上能做到擇善而從。編者自己也有不少好的意見,如釋"越王州句劍十五"的"土"字、"委"字,就很有說服力。文字編部分將假借爲"鼎"的"貞"字正確地釋作"貞",將《金文編》等書誤認爲"婚"的字正確地釋作"聞",也都反映出編者在文字學上的功力。在摹寫字形和說明著録情況等方面,編者也糾正了前人的不少錯誤。所以這部《彙編》無疑會很好地起到降低吳越文字研究難度的作用,它的出版必將促使這方面的研究工作取得更快更好的進展。

不過施君以一人之力來編寫這部難度很大的《彙編》,編寫的時間又不是很充裕,書中免不了也有些不足之處。先談體例上的問題。此書各部分(包括附録)構成了一個有機的整體,編者爲了節省篇幅,儘可能避免重複的說明。這個意圖本來是很好的。但由於有了下編的釋文和考釋,在上編各字條中,對字形特點和假借用法等情況竟不著一語,恐怕是過於求簡了。下編中提到各家說法時一般不注出處,讀者雖然可以參考附録的《引用論著目録》,但畢竟不很方便。《目録》是分年編的,如果分別給每年的論著加上序號,在下編中提到各家說法時,注出有關論著的年份和序號,篇幅增加不了多少,給讀者帶來的方便却會是很大的。如果此書能重印,希望在這方面能有所改進。

在釋字和考釋方面,編者的去取也還有可商榷之處。上編的正編中所收的有些美術字體的字,尤其是"朱句鐘"和"岣嶁碑"中的有些字,恐怕還是應該看作尚不能確識的字而移到上編附錄中去的。美術字體中屢見的象舉起兩手的正面人形的字,在"越奇字鐘三"、"越王太子矛"等器銘中釋爲"大",在一些吳國兵器銘中則釋爲"夭",也難以使人信服。個別非美術字體的字的釋法,也尚可商榷。如"冉鉦鋮"銘文中被釋作"朕"的那個字,其右旁顯然不是"朕"所从的"关"(這個字也許是"航"字)。"者減鐘"銘中的王名"皮然",唐蘭先生認爲指諸樊("樊"是"皮然"的合音,說見其《石鼓年代考》,《故宮博物院院刊》1985年1期9頁)。此說至少要比《彙編》所提到的關於"皮然"的有些說法合理,但編者却沒有引到。當然,這一類問題大都是見仁見智的,我的看法不一定正確,僅供參考而已。

施君年富力强,埋頭苦幹,不斷出高質量的成果,學術前途未可限量。但他用功到了不愛惜自己的身體的程度,這是我所不以爲然的,所以只要有機會就勸他注意鍛煉身體,注意勞逸結合。這次借寫序的機會,再一次提出這個要求,希望他能真心接受。

1998年2月22日

原載《文教資料》1998年3期,又載施謝捷《吳越文字彙編》(江蘇教育出版社,1998),今據後者收入。

《甲骨綴合集》序

蒙蔡哲茂先生將《甲骨綴合集》稿本見示，得快先睹，十分高興。甲骨綴合對甲骨文研究的重要性，蔡先生的自序已經講得很清楚，在此不必重複，下面對他的書作一簡單的介紹。

蔡先生在他長期從事的甲骨文研究工作中，一向很注意甲骨斷片的綴合，已經發表了不少這方面的文章，殷墟出土的很多破碎甲骨經他的手而得以"重圓"。甲骨學界對他的綴合成果極爲重視。但是他的有關文章很難找全，使用起來頗感不便。現在蔡先生把他在甲骨綴合方面的全部成果編爲一書出版，一定會受到甲骨學界的熱烈歡迎。

蔡先生的綴合工作，主要是以《甲骨文合集》所收的甲骨爲對象的。《合集》在編輯過程中做了大量綴合工作，成績巨大。但在吸收前人綴合成果方面尚有遺漏，其他可綴而未綴的情況當然更無法完全避免。《合集》出版後，除了蔡先生，還有不少學者做過綴合的工作。爲了使讀者在使用《合集》時能全面吸收甲骨綴合的已有成果，蔡先生編了《〈甲骨文合集〉綴合號碼表》附於書後。此表以《甲骨文合集》的片號爲綱，凡各家（包括蔡先生自己）已將其與他片綴合之片全部列入表内，並注明其綴合情況。一查此表，就可以知道《合集》的某片能否與他片綴合，是誰綴合的，可與之綴合的是哪一片或哪些片。此表之後，還有《〈甲骨文合集〉未收綴合號碼》和《小屯南地甲骨綴合號碼》、《英國所藏甲骨集綴合號碼》三表，使讀者對《合集》之外甲骨的綴合情況也能一目瞭然。所以，《甲骨綴合集》不但對蔡先生自己的甲骨綴合成果來説是一部集大成的著作，就是對迄今爲止整個學術界的甲骨綴合成果來説也是一部集大成的著作。

蔡先生在綴合工作中還使用了一些尚未發表的甲骨資料。例如：五十八組下段取自東京大學東洋文化研究所所藏《山本竟山舊藏甲金文原拓帖》。一〇〇組上段取自歷史語言研究所所藏《施美士藏甲骨文》。三三〇組右側一塊卜甲，已用史語所所藏《善齋藏契》中的拓本，取代了《合集》19407 號拓本，後者，拓本所據卜甲已殘去四字。

蔡先生還對所綴合的甲骨作了釋文和考釋,不但介紹了各家的有關意見,還有不少自己的創見,有很高的參考價值。此書出版以後,必將成爲甲骨文研究者所必備的重要參考書。

1998年7月

原載蔡哲茂《甲骨綴合集》(1999),今據以收入。

《裘錫圭學術文化隨筆》跋

《二十世紀中國學術文化隨筆大系》編委會要求"系列二"的每位作者撰寫一篇有思想深度的跋,談出自己在"世紀末的節點上"對中國文化與世界文化的看法。我寫不出這樣的跋,只能簡單談談自己的治學經歷和經驗,並交代一下這本集子選文的標準。

在念高中的時候,我受到愛講清代和民國掌故的三姨父的影響,對歷史發生了興趣。1952 年中學畢業,考入了復旦大學歷史系。入學以後,我的興趣很快就集中到了先秦史上。我認識到如果不能直接使用古代典籍和地下出土的古文字資料,就沒法研究古代史;而要做到這一點,就必須有較多的語言文字學知識。所以我比一般歷史系學生多讀了一些語言文字學方面的書。教我們第一段中國通史的胡厚宣教授,是著名的甲骨學家。受他的影響,我從一年級開始就花了很多時間去學習甲骨文和金文,一直堅持到畢業。畢業後師從胡先生,當四年制的所謂副博士研究生,研究方向是"甲骨學與商代史",甲骨文、金文和古代典籍仍然是我學習、鑽研的主要對象。當時,我是把它們看作歷史學資料的,鑽研的主要目的是想從中找出有用的先秦史料。但是要想達到這個目的,就得把它們讀懂,也就是要解決語言文字上的問題。這就迫使我不斷在語言文字學方面下工夫。

1956 年冬,我考上研究生後沒多久,胡先生調任當時屬於中國科學院的歷史研究一所的研究員,我跟隨他到了北京。我的編制雖然屬於復旦大學歷史系,四年研究生生涯却是在歷史所度過的。在此期間,經歷了"反右"和"雙反"兩個運動。當時,很多常規被打破,副博士制度也遭到了否定。歷史所事實上把我當作本所的實習研究員使用。四年期滿,沒有寫畢業論文,糊裏糊塗地結了業。

1960 年底,我被分配到北京大學中文系工作。從 1963 年開始,爲本系學生講漢字學。因此研究方向越來越偏向語言文字。在出土文字資料方面,我本來只對甲骨文和金文比較熟悉,進北大中文系後,由於朱德熙先生的影響,對各種戰國文字資料也產生了濃厚興趣。70 年代,秦漢簡牘帛書大量出土,我的研究領域又擴大到了秦漢文字。不過,我始終沒有完全放棄歷史學方面的研究。80 年代以來發表了一些先秦、秦漢史方面的文章和少量研究古代思想和民俗的文章。

除文字學外,我在語言文字方面的研究,大體上屬於語文學(philology)這門比較古老的學科的範圍,使用的主要是傳統的研究方法。就語文學界來說,我們這一代研究者的學力,通常遠遠比不上前輩學者。要想取得成績,必須注意利用時代給予我們的有利條件。最重要的是要注意利用新發現的第一手資料以及相關的較新學科所提供的知識。在我的研究領域裏,新資料主要是新出土的先秦和秦漢的文字資料。跟我的研究有關的較新學科,主要是語言學、文化人類學和考古學。

但是,要重視新資料、新知識,並不意味着可以輕視舊資料、舊知識。如果對先秦、秦漢典籍很不熟悉,對前輩學者如王念孫、段玉裁等語文學大師的主要研究成果所知甚少,根本就沒有可能去正確理解出土的先秦、秦漢文字資料,也很少有可能在自己的研究中恰當地使用相關學科所提供的知識。舊的東西是基礎,新的和舊的必須有機地結合起來。

語言學、歷史學方面的情況當然有差別,但也有相似之處。在我國近現代學術史上,凡是在對本民族的語言、歷史、文化的研究中,成功地引入外來的新的觀點和方法,從而取得重要成果的學者,以及真正善於利用新資料的學者,幾乎都是有很好的舊學根底的。守舊是不行的,喜新厭舊也是不行的。

下面交代一下本集選文的標準。

在我所寫的東西裏,真正可以稱作"隨筆"的文章幾乎沒有。選入本集的主要是篇幅較短又比較容易讀的文章。所謂"比較容易讀",當然是就我所寫的文章的範圍來說的。讀這些東西,肯定不會像讀文藝作品、科普讀物那樣輕鬆。選入的文章的篇幅絕大部分在五千字以下,有幾篇連一千字也不到;六千字以上的大概只有六七篇,最長的也沒有超過一萬字。我所寫的古代史方面的文章大都比較長,所以只選了《從幾件周代銅器銘文看宗法制度下的所有制》這一篇。由於要照顧篇幅和可讀性等方面的要求,選文無法以是否重要爲標準。但是選入的文章裏的主要意見,我自己到現在爲止都還是相信的,自欺欺人的東西大概不多。這些文章除了第一編中的《釋"無終"》和第六編的最後一篇,都在書報刊物上發表過。我有意多選了一些還沒有收入我的幾本文集的文章,這種文章約佔全部選入的文章的一半左右。各編所收文章,按發表時間的先後排列。

原載《裘錫圭學術文化隨筆》(中國青年出版社,1999),今據以收入。

《漢字結構系統與傳統思維方式》序

王作新先生的《漢字結構系統與傳統思維方式》,是在他的博士論文的基礎上修改而成的。我蒙他的導師熊鐵基教授之約,參加了1997年在華中師範大學歷史文獻研究所舉行的他的論文答辯。我雖然喜歡研究漢字,却極少考慮漢字結構與傳統的文化心理或思維方式之間的關係,而且對這方面的研究還多少有些成見,因爲我偶爾看到的這方面的文章和書,往往有牽强附會的毛病。作新先生無論是在對漢字本身作分析的時候,還是在把漢字結構跟傳統思維方式聯繫起來的時候,態度都比較實事求是,跟時下一般研究同類問題的作者有所不同。他的論文在答辯會上順利得到了通過,而且受到不少參加答辯的先生的好評。最近作新先生來信,要我爲他即將出版的這本書寫一個序。我限於能力,無法對他的著作作深入的評介,只能寫出上面這些空泛的話,希望作者和讀者原諒。

1999年1月16日於北京

原載王作新《漢字結構系統與傳統思維方式》(武漢出版社,1999),今據以收入。

《古幣叢考》讀後記

何琳儀先生是卓有成就的古文字學家,於戰國文字造詣尤深。他在大學中長期從事戰國文字的教學工作,所著《戰國文字通論》是有關研究者必讀的重要參考書。先秦貨幣文字大都屬於戰國文字,素爲何先生所關心。他從1984年起,在十年中撰寫了二十餘篇關於先秦貨幣的學術論文,於1994年初編集爲《古幣叢考》一書,至1996年由臺北的文史哲出版社出版。

正如此書前言所指出,在很長的時期裏,由於“古錢學家多不精通古文字”,研究古文字的學者“又多不染指古錢”,先秦貨幣文字的釋讀中存在着大量問題。70年代以來,情況有了比較明顯的變化,在研究古文字的學者中,把先秦貨幣文字納入自己的研究範圍的人逐漸多了起來。何先生可以說是在這方面用力最勤的一位。

《叢考》所收文章的研究對象,幾乎包括了先秦時代各地區的各類貨幣,而且對好多種貨幣作了相當全面、系統的研究。如《燕國布幣考》、《周方足布考》、《銳角布幣考》、《尖足布幣考》、《三孔布幣考》、《橋形布幣考》、《三晉方足布彙釋》、《三晉圜錢彙釋》等文,都對題目所標明的那種貨幣作了全面、系統的研究。《首陽布幣考——兼述斜肩空首布地名》、《百邑布幣考——兼述尖足空首布地名》二文,則分别對銘有地名的斜肩空首布和尖足空首布作了全面、系統的研究。在判斷各種貨幣的國别和時代方面,作者較前人有不少進步。

憑藉他深厚的古文字學根底、豐富的戰國歷史和政治地理的知識以及古錢學方面的修養,作者在釋讀幣文和確定幣文地名所指之地時,對前人和當代學者的有關成果一般能做到擇善而從,而且自己也有很多值得重視的創見。如他將舊釋“封化”的燕布面文釋爲“榦刀”,認爲就是王肅所說的涿縣方城的“寒號”城,亦即《史記・趙世家》的“韓皋”(40—43頁);認爲四字燕布的末字當讀爲“强”(43—46頁);將舊釋爲“自”的空首布面文釋爲“爿”(57—58頁);將舊釋爲“留邑”的空首布面文釋爲从“邑”从“留”之字,認爲係指周畿内的劉子之邑(76頁);將舊釋爲

"涅金"或"百涅"的鋭角布面文中的"涅"釋爲"涅"(81—85 頁);將舊釋爲"洮"或"俞"的鋭角布面文釋爲"舟",舊釋爲"兆"或"渝"的方足布面文釋爲"洀"(85—87 頁,98—100 頁);讀尖足布之"壽陰"爲"雕陰"(114 頁);認爲尖足布之"鄤邡"即古書之"祲汃","余水"即《左傳》之"塗水"(118—119 頁),三孔布之"余亡"即古書之"余無"、"余(或作"徐")吾"(145—146 頁),橋形布之"鄠氏"即《竹書紀年》之"泫氏"(179 頁);將舊釋爲"□邑"的方足布面文釋爲"郇",讀爲"向"(191 頁),將或疑爲"鄭"的方足布面文釋爲"負疋"(194—200 頁)等等,都是確不可易的。

很有意思的是,李家浩先生與何先生分頭同時對"鵌刀""鄤邡"、"鄐"、"郇"幾種幣文進行研究,所得結果彼此一致(李説見《戰國貨幣考(七篇)》,載 1992 年金融出版社的《中國錢幣學會成立十周年紀念文集》,李所説"向"的地望與何説有異)。正所謂"閉門造車,出則合轍",可見古文字考釋自有客觀標準在。

何先生對幣文的考釋,數量甚多。有些考釋,尤其是對見於孤品並且字形不很明確的幣文的考釋,一時恐尚難成定論。但這些考釋大都頗有參考價值,有些將來也許能被證明是正確的。

此書所收最後一篇文章,是《古幣文編校釋》,對使用《古幣文編》這部重要工具書的研究者極爲有用。

書中《釋四》篇主張"四"是"厶"的分化字,是文字學上的一個創見,十分值得注意。

總之,《古幣叢考》是一本很有學術價值的古錢學和古文字學方面的重要著作。有關研究者都需要這本書。可是由於此書在臺北出版,大陸學者看到的人極少。非常希望能有一個關心學術的大陸的出版社,把這本書重新印一下,使它能發揮應有的作用。

此書出版後,學術界在先秦貨幣文字的釋讀方面又取得了一些新的成果。例如:此書 60—61 頁釋爲"夬"的空首布面文,已有學者據郭店楚簡和柞伯簋銘改釋爲"掔"之初文,以爲即指見於《公羊傳・定公十四年》經文的"堅"地(《釋文》引一本作"掔",《左傳》、《穀梁》經文作"牽"。説見陳劍《柞伯簋銘補釋》,《傳統文化與現代化》1999 年 1 期 52 頁)。此書《楚幣五考》所考"見金一朱"等錢牌銘文中的"見",已有學者據郭店楚簡改釋爲"視"(黄錫全《楚銅錢牌"見金"應讀"視金"》,《中國錢幣》1999 年 2 期)。此書如能再版,似可參考此類新説對書中有關部分加以修改。

此書引用大量古書中的資料作爲論據,這是一大優點。但是在這方面也偶有可商榷或改進之處。例如:99頁引“《水經注·㶟水》陽原縣故城南‘北俗謂之䣚州城’”,以與幣文“洀”及燕國兵器銘“洀州”相印證。今按:“䣚”字不但《康熙字典》不收,號稱收字最全的《中華大字典》也不收。海鹽朱氏藏《水經注》明抄本中此字作“那”(見王國維《水經注校》432頁,上海人民出版社,1984)。可見《水經注》一般版本中的“䣚”很可能是一個錯字,似不足爲據。117頁“鄟”條謂其地見《地理志·鴈門郡》。按《地理志》此地名作“埒”,此處似應稍加説明。古書異文,既有通假字,也有同義或義近字。此書引異文證明文字通假關係時,對這一點似乎考慮得不够。書中講古音通轉,似也有失於寬泛之處,很希望作者在這些地方也能作些修改。

原載《中國文物報》1999年11月17日3版,又載何琳儀《古幣叢考》(安徽大學出版社,2002),今據後者收入。

《漢語俗字叢考》序

知道涌泉的《漢語俗字叢考》即將出版，非常高興。這部一百多萬字的大書，基本上是他在北大中文系當“博士後”兩年中撰成的。爲了寫這部書，他將《漢語大字典》和《中華字海》中的大量俗字條目，逐一跟它們所引據的原書作了核對。引用較多、版本情況也較複雜的書，如《龍龕手鏡》和《篇海》，還核對了幾種版本。在此基礎上，他憑藉自己在文字學、敦煌學等方面的深厚功底，根據豐富的資料（既包括字書、韻書和其他古書中的有關資料，也包括碑刻和敦煌寫卷中的第一手的俗字資料），通過精密的考析，對這兩部字典在俗字的楷定、辨識和注音、釋義等方面的錯誤和缺漏，作了大量的糾正和補充，共達三千餘條。在兩年多時間裏完成如此繁重的工作，是非常不容易的，對涌泉的毅力和敬業精神，我由衷地欽佩。

《漢語俗字叢考》各條，幾乎都是確鑿有據，不容辯駁的。這裏介紹幾個例子：

《大字典》據《篇海類編》，把音“胡谷切”（hú）的“觹”解釋爲“牛”，又據《字彙》解釋爲“牛角”（《字海》只引《字彙》）。《叢考》指出“觹”實即“斛”的俗字。今本《龍龕手鏡》：“觹，俗；斛，正：胡谷反，斗也，又姓。”《篇海》引《龍龕》則作“胡谷切，牛也，亦姓”，誤“斗”爲“牛”，爲《篇海類編》所本。《字彙》因其字从“角”，又增“牛角”之訓，更是誤上加誤。

《大字典》及《字海》皆據《字彙補》把音“丁夜反”的“㾀”字解釋爲“身”。《叢考》指出《字彙補》原注文“此梵音切身也”應作一句讀，“切身”是梵漢對譯時的一種切音方法，《大字典》《字海》的編者不明“切身”之義，讀爲“此梵音切，身也”，誤以“身”爲“㾀”字之義。

《字海》謂“逘”字“音圍，義未詳，見《篇海》”。《叢考》指出此字即“違”之訛俗字。據敦煌所出《正名要錄》等，“違”字俗作“逺”，後人誤以爲所从之“麦”即“麥”之俗寫，遂回改爲“逘”。

《叢考》中還有很多問題更爲複雜、考析更爲精彩的條目，爲了節省序文篇幅，就不再舉例了。

這些年來,學術界、出版界有一種不大好的風氣:不少寫書、編書、出書的人,想以“大”以“全”取勝,而不肯在内容的正確性、科學性上下功夫。《漢語大字典》收字,比《康熙字典》多七千多個。《中華字海》收字,又比《大字典》多了三萬多個。兩書所增之字有相當大一部分是俗字。由於考辨的工夫下得不够,在收録這些俗字的時候,不但承襲了舊字書中的很多錯誤,還增加了很多新的錯誤。如果把這兩部字典,尤其是花大力氣編成的《漢語大字典》,也看作上述風氣下的産物,當然不大合適。但是它們沒有問題也受到了這種風氣的影響。我們應該大力提倡《漢語俗字叢考》所反映的扎實學風,抵制標榜“大”標榜“全”而忽略正確性、科學性的不良風氣。

裘錫圭

1999 年 6 月 12 日

原載張涌泉《漢語俗字叢考》(中華書局,2000),又載《書品》2000 年 6 期,今據前者收入。

《陶文圖録》序

恩田先生的《陶文圖録》即將出版,這對古文字學界是一件大好事。

從近代著名金石學家陳介祺(簠齋)在清代同治、光緒之際鑒定並開始搜集古陶文以來,一百二十多年的時間已經過去了。陶文資料很零散,受重視的程度大大低於甲骨文、金文等古文字,因此在很長的一個時期裏,著録和發表的情況很不理想,嚴重影響了古陶文研究的進展。

1990 年,中華書局出版了高明先生編著的《古陶文彙編》。高先生將“歷年搜集的古陶文拓片和複製的照片輯爲一書,自商至秦各種陶文計二千五百種”(見該書自序 17 頁)。此書的出版,大大緩解了陶文研究者尋找資料的困難。《彙編》是在 1987 年編成的(書首中華書局編輯部出版説明以及李學勤先生和作者二序,所署年份皆爲 1987 年),到現在十幾年的時間又過去了。《彙編》對編成後新發現的資料當然無法收入,由於某些原因,對當時已出現的資料也不免有所缺漏。恩田先生的《陶文圖録》,規模大大超過《彙編》,在很大程度上彌補了上述缺陷。恩田先生留心古陶文的搜集和研究已近四十年,所搜集的陶文達兩萬餘種。他選擇其中的一萬兩千餘種彙編出版,無疑會受到廣泛歡迎,對古陶文研究以至於古文字學研究的進展,一定會起到很積極的作用。

過去的古陶文著録書,未能對所收陶文作系統的、科學的分類。《彙編》已經改變了這種狀況。高明先生除了按時代把所收陶文分爲“商代”、“西周”、“春秋戰國和秦”三部分外,還對佔全部陶文絶大多數的春秋戰國和秦代陶文,按出土地區加以編排,如“山東出土陶文”、“河北出土陶文”等等。中華書局 1998 年出版的,由李零先生分類編排的《新編全本季木藏陶》,則將所收戰國陶文分爲“齊國”、“燕國”、“邾國、滕國”和“其他”四部分。恩田先生的書把早於戰國的和漢代及其以後的陶文各編爲一卷,把作爲全書主要內容的戰國和秦代陶文分爲齊國、鄒國(附滕、薛、魯)、燕國(附中山)、三晉與兩周(附楚)、秦國與秦代、國別待考、參考、僞品及可疑等共十卷;同時對有出土地點可考的陶文,則儘量注明其出土地點,可以説是兼取高、李二家之長,又有了新的發展,讀者使用起來一定會感到很方便。

恩田先生研究古陶文的功力很深,繼此書之後,還同時完成了《陶文字典》,並擬完成《陶文通論》、《陶文詁林》、《陶文來源與著錄表》等陶文系列著作貢獻給學術界。我們翹首以待,希望能早日出版。

2000 年 8 月 4 日

原載王恩田編著《陶文圖錄》(齊魯書社,2006),今據以收入。

《石鼓文整理研究》序

徐寶貴君出身農民,上學只上到初中一年級。但他由於愛好書法、篆刻而迷上了古文字,憑着堅强的毅力,在艱辛的生活條件下刻苦自學,三十年如一日,對從甲骨文到秦漢篆文的各種古文字都作了相當深入的研究,並不斷有所發明,已在大陸、港、臺的一些有影響的學術刊物上發表了多篇古文字學論文,其成績得到了學界公認。

寶貴君用力最勤的是石鼓文。他在涉足古文字學領域之初,就愛上了石鼓文。長期以來,他節衣縮食搜購有關資料,千方百計從公家和私人借閱、借鈔有關書籍,持之以恆地鑽研關於石鼓文的各種問題,取得了豐碩的成果。80年代以來,他已經發表了好幾篇研究石鼓文的論文。石鼓文的時代是古今聚訟的疑難問題。他在《石鼓文年代考辨》一文中,將石鼓文的字形跟其他秦系文字資料的字形進行了全面、細緻的比較,認爲石鼓文的年代“當在春秋中晚期之際”(北京大學中國傳統文化研究中心《國學研究》第四卷428頁),說服力很强。在石鼓文時代問題上,我本來相信春秋戰國之際說,讀此文後就相信春秋中晚期之際說了。

現在寶貴君經營多年的大作《石鼓文整理研究》已經完成。我向讀者鄭重推薦這部專著。我當然不敢保證此書中所有的意見全都正確無誤(恐怕這樣的專著世上未必會有),但我敢說這是迄今爲止關於石鼓文的最全面、最深入的一部研究著作。凡是學習和研究石鼓文的人,都應該閱讀、參考這部著作。

寶貴君在1996年冬進四平師範學院之前,長期沒有正式工作崗位,生活比較困難且不安定。他能在這樣的情況下自學成才,取得很多研究成果,使我十分欽佩。四平師院的領導們是寶貴君的伯樂。他們不囿於成規和世俗之見,把沒有學歷、沒有工作崗位而且早已進入中年的寶貴君接納進學院,並聘爲副教授,大大改善了他的生活和工作條件,使他能更好地在學術上作出貢獻,這是何等膽識!實在難能可貴！我對他們也十分欽佩。

裘錫圭

2000年12月3日

原載徐寶貴《石鼓文整理研究》(中華書局,2008),今據以收入。

《古陶文孴録》重印序言

顧廷龍先生以他對我國圖書館事業的巨大貢獻以及在版本目録學和書法方面的精深造詣而廣爲世人所知。其實他在古文字學上的成績也是很值得我們重視的。顧先生“夙好古文字”(《孴録・自敘》中語),在青年時代曾經下過很大功夫搜集、研究戰國陶文,《孴録》就是這方面的成果的結晶。

在顧先生的青年時代,出土戰國陶文早已成爲金石學家的收藏對象,但是只有少量被著録發表,專門收録古陶文的文字編更是尚付闕如,嚴重影響了古文字研究的進展。顧先生有鑒於此,刻意搜訪各家所藏古陶文拓本,在吸收吳大澂等前輩的研究成果的基礎上,對古陶文字審慎加以考釋,精心摹録字形,分别部居,編成《孴録》,於1936年作爲“國立北平研究院史學研究會文字史料叢編”的一種正式出版。

《孴録》面世的次年,抗日戰爭就爆發了。這當然對此書的傳佈産生了不利影響,但是學術界對此書一直是十分重視的。顧先生是蘇州人,出身於跟著名金石學家潘祖蔭、吳大澂等人的家族都有聯繫的書香世家,這是他搜訪未經著録的古陶文拓本的有利條件。《孴録》所從取材的資料,大部分是當時一般學者所無法看到的。而且《孴録》有一條很好的編寫體例:對所收各字,只要原來不是以單獨一字的形式,而是兩字以上相連出現的,“即以全句録注,爲參稽字義之資”。因此此書不但彌補了古陶文沒有專門的文字編這一缺陷,而且還爲有關研究者提供了一大批内容完整的新鮮資料,成爲他們必須認真研讀、參考的一部重要工具書兼資料書。

1964年,金祥恆先生編著的《陶文編》由臺北的藝文印書館刊行。1991年,高明、葛英會兩位先生編著的《古陶文字徵》由北京的中華書局刊行。這兩部後出的古陶文的文字編,尤其是在五十餘年後出版的《文字徵》,其取材的資料範圍,當然超過了《孴録》;由於古文字學的不斷進步,在釋字方面也有不少勝於《孴録》之處。這是學術發展的正常現象,完全無損於《孴録》的歷史地位。而且在有些地方,我們還能通過這兩部後出的同類著作,更好地認識《𦡱錄》的價值。

顧先生看到的有些陶文拓本,這兩部書的作者沒有看到。不但《陶文編》"所錄潘博山古陶文拓片""悉據顧廷龍氏古陶文𦡱錄"(該書《編輯凡例》1 頁上);就連把新舊資料都搜集得相當齊全的《文字徵》,也聲明其所收陶文"少數因原著錄難以尋覓",是從《𦡱錄》轉錄的(該書《編輯序言》2 頁)。如果沒有《𦡱錄》,這些陶文可能就會失傳。

在釋字方面,《𦡱錄》也仍有勝於這兩部後出之書的地方。例如陶文中有一個从"心"  聲的字,吴大澂《說文古籀補》以此字爲"《說文》所無"(十・七下);丁佛言《說文古籀補補》以其聲旁爲"旬"之異,釋此字爲"恂"(十・六下);《𦡱錄》則以其上部  爲"屯"之異,釋此字爲《說文・心部》訓爲"亂"的从"春"聲的"惷"字(十・二下。"春"字篆文从"艸"从"日""屯"聲)。丁、顧二說究竟何者爲是,尚可研究(《文字徵》103 頁釋"恂"),但釋"惷"至少可備一說。《陶文編》釋此字爲《說文・心部》訓爲"愚"的从"春"聲的"惷"字(71 頁下),就顯然錯了。又如《𦡱錄》將見於周氏拓本的一個上从"止"下从反"止"的字釋爲"步"(二・二下"步"字條第一字。此條第二字上从"之",非"步"字),是正確的;《文字徵》不辨"止"、"之",又將反"止"看成反寫的"又",釋此字爲"寺"(78 頁"寺"字條第一字),則是錯的。

此外,《𦡱錄》的《自敘》相當全面地介紹了當時所見戰國陶文的內容及其發現和研究的情況,反映了當時古陶文研究的最高水平,直到今天對古文字研究者仍然很有參考價值。

在《陶文編》出版六年之後的 1970 年,臺北的文海出版社曾翻印過《𦡱錄》,說明此書並未由於新的同類著作的出現而喪失其價值,仍爲學術界所需要。我們爲了紀念顧先生誕生一百周年而重印《𦡱錄》,希望也能得到學術界的歡迎。

2004 年 7 月

原載顧廷龍《古陶文𦡱錄》(上海古籍出版社,2004),今據以收入。

《文字學概要》日譯本序

上世紀90年代中期,稻畑耕一郎教授在慶應大學講授"文字學",曾以拙著《文字學概要》爲參考書。本世紀初稻畑先生在早稻田大學開設"文字學研究班",又帶領學員讀拙著並加以翻譯。近年來,稻畑先生跟他的學生荻野友範先生一起,花了大量時間和精力,整理、修改研究班的譯稿。其間還得到過古屋昭弘教授的幫助。現在日譯本全書即將告成,稻畑先生要我爲此書寫幾句話。

這個譯本使拙著能爲更多的對漢字感興趣的日本人所閱讀,增加了拙著的使用價值,我感到非常高興。對稻畑、古屋、荻野諸位先生和研究班的學員先生們的辛勤勞動,謹致衷心的感謝。

拙著寫成於上世紀80年代中期。三十年來,我對漢字的基本見解沒有什麽變化。但是隨着新的文字資料的不斷出土和有關研究的不斷深入,我對有些問題的看法已經改變。

舉例説,拙著在講漢字形成的時候,認爲大汶口象形符號很可能是原始文字,後來我改從汪寧生、王希傑等學者的文章裏的意見,不再認爲這種符號具有文字的性質。讀者如對這一問題感興趣,可以看我的小文《究竟是不是文字——談談我國新石器時代使用的符號》(載《文物天地》1993年2期)。此文發表後,我又從林巳奈夫、饒宗頤等學者的文章中獲知,在一種比較常見的大汶口符號中,位於表示太陽的大圓圈之下的,過去被人們認爲象雲、象火或象月的那部分,其實是象徵神話中所説的負載太陽的大鳥的。這進一步説明那些把這個符號當作文字來考釋的説法(如釋"旦"、釋"炅"、釋"明"等説法),是站不住脚的。

拙著中爲各類文字現象所舉的實例,現在看來有一些也是有問題的。例如我在講文字分化的時候,把"毋"看作稍變"母"的字形而成的分化字,但在新出的楚簡文字中,不但有把"母"用作"毋"的現象,也有把"毋"用作"母"的現象,二者原來大概是異體字,"毋"恐怕還是看作通過異體字的分工而形成的分化字來得妥當。

拙著的問題一定很多,希望大家不吝賜教;也希望我自己將來能有時間對拙著作一次全面的修改。

2005 年 8 月 12 日

原載早稻田大學中國古籍文化研究所文字學研究班譯《文字學概要〔後編〕》(東京:中國古籍文化研究所,2007),今據以收入。

《絲竹軒小學論集》序

龍宇純先生是海峽兩岸語文學界都很推重的著名學者。龍先生主要研究古漢語,在文字、音韻、訓詁諸方面都有很深的造詣和重要的建樹。這在現代語文學者中是很罕見的。

在20世紀,海峽兩岸學者曾經經歷了一個時間不算很短的、彼此不相往來的時期。直到1990年代初,我才有機會跟龍先生相識。1999年下半年,北京大學中文系請龍先生給研究生講了一個學期上古漢語音韻。我趁機旁聽,除了偶爾因事缺課,每堂必聽,獲益匪淺。所以我還是龍先生的一個老齡學生。知道中華書局要出版龍先生的《絲竹軒小學論集》,我非常高興。

龍先生以前出版過好幾部學術著作。其中最重要的是《中國文字學》和《中上古漢語音韻論文集》。

《中國文字學》初版於1968年,曾多次重版,在臺灣語文學界極受推崇。此書創見迭出,勝義紛陳,大至漢字結構法則,小至對某個字的具體分析,都有很多很好的意見。這裏僅就前者舉一個例子。書中指出,漢字中有字形本身既不表形表意也不表音,而是"純粹約定"的一類文字(如"五""六""七""八"等),並將"約定"列爲漢字六種基本結構法則之一,使在舊六書說中無所歸屬的一些字有了著落。我在拙著《文字學概要》中强調漢字中有"記號字",用意跟龍先生相似,而我的書比《中國文字學》晚出版了二十年。可惜我沒有及時讀龍先生的書,未能在拙著中加以引用。

龍先生在音韻學上,從深入研究古代反切結構和韻圖入手,對中古漢語的聲、韻提出了與時賢大不相同的見解,如認爲由反切上字繫聯而得的喻母和照系字母的兩類(如喻$_{三}$、喻$_{四}$、照$_{二}$、照$_{三}$等),並不反映其所代表的聲母語音有異,認爲韻圖中並不存在將本屬三等之字寄放在二等、四等的情況。"在上古音方面,亦由於所瞭解之中古音不同,以及觀念、方法、取材之相異,而與主流顯學大相逕庭"(《中上古漢語音韻論文集》前言6頁)。龍先生的見解在音韻學界獨樹一幟,非常值得重視。這方面的論文，結集爲篇幅逾五十萬字的《中上古漢語音韻論文集》，於 2002 年由臺北的五四書局出版。

要瞭解龍先生的學術成就，上面所舉的兩部著作是必須閱讀的。不過這樣說並不意味着這次出版的《小學論集》就不重要。

這本《論集》所收的文章，分爲文字學、音韻學、訓詁學三部分。

文字學部分收入了龍先生在這方面的全部比較重要的論文。這些論文所討論的問題，有些不見於《中國文字學》；有些雖見於《中國文字學》，但論文的討論比較詳細、深入。如果想全面瞭解龍先生在文字學上的成就，應該將這些論文與《中國文字學》同讀。

《論集》所收的音韻學方面的論文，有《中上古漢語音韻論文集》沒有收入的三篇舊文，還有《論文集》未及收入的晚近發表的兩篇講上古音的論文，對《論文集》是重要的補充。

龍先生訓詁學方面的論文，也有不少創見。這些論文，數量雖不算很多，却散見在多種刊物和論文集中，很難找全。這次把它們彙集在一起，收入《論集》，給需要閱讀、參考這些文章的讀者提供了方便。

總之，對關心龍先生學術成就的讀者來說，這本《論集》也是不可不讀的。我相信海峽兩岸語文學界都會歡迎它的出版。

關於龍先生的齋名"絲竹軒"，也想在這裏說幾句。龍先生是京劇名票，工余派老生，造詣極深，在海峽兩岸都曾登臺演出，還得過電視京劇票友大賽的大獎。龍先生以"絲竹軒"作齋名，反映了他對祖國傳統藝術的熱愛。

裘錫圭謹序

2007 年 10 月 22 日，於復旦大學書馨公寓

原載龍宇純《絲竹軒小學論集》(中華書局，2009)，今據以收入。

《説文新證》序

（與郭永秉合著）

季旭昇教授所撰《説文新證》初稿上、下兩册曾分别於2002年和2004年由臺北藝文印書館印行，此書最近又作修訂，即將由福建人民出版社出版，我聽説後感到很高興。

許慎的《説文解字》是中國傳統文字學的經典著作。古文字學發達以來，學者們指出了《説文》篆形和説解上的不少問題，有關論著頗多，查檢不易。季旭昇教授“挑選《説文解字》有誤，古文字材料能更正《説文》的部分”（《説文新證·凡例》），將研究者正確的或有一定參考價值的説法彙於一編，並加以評析，還不時提出自己的新見。這項工作的意義，對學習研究《説文》和古文字的人來説是不言而喻的。

此書的長處大致有這樣幾個方面：第一是對有價值的各種説法搜羅較爲齊備。季旭昇教授熟悉甲骨文、金文以下各階段的漢字及其相關研究成果，與“新證”工作有關的各家意見自然能搜集得較爲全面。對大陸讀者來説特别值得一提的是，季教授在書中引用了魯實先、龍宇純等先生的不少學術見解，他們的著作有些在大陸是不易找到的。此書所附十餘頁的《參考書目》，則是學者作進一步研究的指引。第二是著作態度嚴謹。此書無論在説解字形方面，還是在分析音理方面，大都言而有據。在暫時不能得到滿意解釋的地方，不作牽强之論，十分難得。第三是全書體例得當，便於初學。此書依據《説文》收字次序編排，學習研究《説文》和古文字的讀者使用起來相當便利。作爲一部帶有工具書性質的著作，既客觀嚴謹，有學術前沿性，又深入淺出，有較强的可讀性，這也是很不容易的。

《説文新證》是一部學習研究《説文》和古文字的必備參考書，但由於此書本來只有臺灣版，所以大陸學者多只能使用此書的複印本或掃描本。現在季教授決定將此書在大陸出版，我相信一定會受到大家的歡迎。

2009年7月9日

原載季旭昇《説文新證》（福建人民出版社，2010），今據以收入。

《〈章太炎年譜長編〉補》引文標點瑣議

《文史》第十八輯刊載的《〈章太炎年譜長編〉補》一文,引用章太炎文章時標點屢有錯誤,今就筆者翻閱所及加以指出。此文所引的章太炎文章裏還有一些意思講不通的字。筆者雖未見過此文作者所據的資料,推想過去原文所用的似應爲另一個形近的字,現在也一並指出。

(1) **天地以江海之峽分町畦,處乎一畦者,其禮俗風教,老身長孑,而不與比鄰相迥達**……(152 頁 15—16 行)

“孑”疑爲“子”之誤。“迥達”疑爲“迵達”之誤。

(2) ……**黨錮禍起,同志嬰戮,倉皇南走,負紲滬尾,甫解維進其里,父老與語民氣之剛柔**……(152 頁 20—21 行)

“甫解維”以下應標點爲:“甫解維,進其里父老,與語民氣之剛柔……”(“老”字後逗號也可不加)。

(3) **于翟以儛之**(152 頁 24 行)

“于”疑爲“干”之誤。

(4) ……**以蠡測地,以錐視文**……(153 頁 14 行)

“文”疑爲“天”之誤。

(5) **是猶以粘牡哺肝,嘆惜於盜跖而怪陽虎以不當竊寶玉大弓也**……(153 頁 17—18 行)

“肝”字後的逗號應移至“跖”字後。

(6) **三十年以來,肅順誅是應。囚至今日,則譚嗣同等六人又以齮齕榮祿至同日伏尸市曹,康有爲雖脱,亦幾幾不得自免**……(153 頁 19—20 行)

“肅順誅”以下應標點爲:“肅順誅,昰應囚,至今日則譚嗣同……”。上文謂慈禧太后“始聽政則有肅順之獄,將反政則有朝鮮大院君之獄,復出訓政則有康有爲、譚嗣同之獄”,此文與之相應,“昰應”爲朝鮮大院君之名(此大院君即李昰應)。

(7) **而思夫故國之思怨**(154 頁 7—8 行)

"思"疑爲"恩"之誤。

(8) **不均則有餘者裂涕錦以飾圊厠,而貧者猶不完短褐**(155 頁 1 行)

"涕"疑爲"綈"之誤。"短褐"本應作"裋褐",但古書中"裋"亦有作"短"者,章氏原文究作何字待查。

(9) **廣之桑麻厄茜以供服御**(155 頁 11 行)

"厄"疑爲"卮"之誤,古以"卮"爲"梔"。

(10) **觀於旅順、膠州之舉,措黃海以北,其趨於俄、德也明矣。**(157 頁 6 行)

"舉"字後逗號應移至"措"字後。

(11) **知舊隄之必敗,而弁其隄者不可以保其隴畝;知北方之必不能與俄爭,而弁其北方者亦不可以守其南部。**(157 頁 7—9 行)

此文二"弁"字皆應是"弃"字之誤。"弃"是見於《說文》的古文,跟一般簡化字不同,章太炎完全有可能用這個字。由於"弃"訛爲"弁",標點也就跟着錯了。今將改正後的文字重抄一遍:"知舊隄之必敗而弃其隄者,不可以保其隴畝;知北方之必不能與俄爭而弃其北方者,亦不可以守其南部。"

(12) **亞東之究極,雖定於南非,得恢卓雄略之士以征撫朔漠者,其能爲南部雄伯乎哉!**(157 頁 10—11 行)

"非"字後逗號應前移至"南"字後。

(13) **教育之則物理之分,政事之法,此所以言也。**(157 頁 27 行)

"教育之則"後應加逗號。

(14) **然則儒者之説固不必道,及無色界天無間地獄而後可作民氣也。**(158 頁 5 行)

"道"字後逗號應去。

(15) **南海在東,想尚須羈留數月,《泰風》一章,重爲呈覽,《祭六賢文》,即八月聞耗時作。當時欲與□□□設奠黃浦,因作是篇。以待復笙柩至上海,遍訪船步及湖南會館,皆莫知所在……斯舉不果。蓋既其文未既其實也。亦重錄附上,即希察覽。**(158 頁 6—9 行)

"數月"及"呈覽"後逗號皆宜改爲句號。"因作是篇"後句號則應改作逗號。

(16) **古者之有頌,其注威盛德,足以高世,故受之而無所怚。**(158 頁 14 行)

從文義看,"注"似當作"主"。

(17) **臺灣南北故王所蓄番攘剔於義宜祁。**(159 頁 8—9 行)

此句當作:"臺灣南北,故王所蓄番攘剔,於義宜祀。"

（18）**然專崇理想，而未憑實驗，故亦有違悟之義錯出其間，因是以論身心，而毫釐之差，謬千里者有之矣。**（159頁13—14行）

“悟”疑是“牾”或“啎”之誤字。“毫釐之差”後逗號應去。

（19）**其謂不得用漢賦板重，語實帖括習氣，未足爲訓。**（161頁10行）

“板重”後逗號應移至“語”字後。

（20）**上之易堂九子，亦或不免大著於俳言，藻詞淘汰已盡，而間或引用成言，斯未免璵璠之微玷。**（161頁12—13行）

“亦或不免”後應用句號。“俳言”後逗號應去。

原載《文史》第二十三輯（中華書局，1984。署名小丙），今據以收入。

《王國維全集》書信卷在編次、標點等方面的問題

中華書局 1984 年出版的《王國維全集》書信卷(以下簡稱“書信”),在編次、標點等方面有很多問題。下面把我們見到的一些問題指出來,供編者和讀者們參考。我們的水平很有限,不但會有很多遺漏,而且還可能有以不誤爲誤或以誤易誤之處,歡迎指正。

《中國歷史文獻研究集刊》第一集發表的《觀堂書札(與羅振玉先生論學手札)》,《晉陽學刊》1983 年 3 期發表的《觀堂書札遺録》,都可以用來跟《書信》對勘。本文引用時,分别簡稱爲“集刊”和“晉陽”。

一、編次方面的問題

《書信》“編輯説明”第三條説:“……書札按公元年月日編排。每札略加考訂書寫或付郵日期,沿王氏用干支記日的舊式,以考訂月日文字作爲題注。由於原札大都不署年月,只署陰曆日,甚至有不記日的,考勘排比煞費周章,編排上或多疏失錯誤之處。”應該承認,編者在考定各札次序上的確花了不少心思,取得了不少成績。但是,在這方面確實也存在一些不應有的疏失。下面舉出的,可以説都是閲讀本書的人稍加注意就能發現的問題。

39 頁“五月十五日”致繆荃孫札,題注定爲書於甲寅年(1914),理由是“所云島田諸事在甲寅年”,但是這些事從何知其必在甲寅年却並未説明。排在“五月十五日”札之後的是“閏月廿五日”致繆荃孫札,題注定爲書於甲寅年閏五月,理由甚爲充足。此札開頭説“去年以來,久闕書疏”,可證“五月十五日”札決不可能屬於甲寅年。27—28 頁有“六月七日”致繆荃孫札,題注定爲書於壬子年(1912),札中説:“《諸蕃志》許鈔校記寄來,藤田必甚感謝,書價(三十元)即寄。……乙老校本《島夷志略》如能借到録副更妙……致授經語當即告之。”(28 頁)上舉“五月十五

日”札說:“致授經語已轉達,渠云《玉山草堂雅集》尚未校畢,俟畢寄奉。《大唐(二字應倒)詔令》渠意頗欲留之,不知長者能相讓否? 如能相讓,則請示價爲荷。《諸蕃志》承讓與藤田君,甚善。唯渠所欲鈔或購之《島夷志略》,乃疑先生處別有舊鈔本,如係新鈔,則渠自有一二舊鈔,但與知服齋本相同,不甚佳耳。既承厚意爲之鈔校,當將鈔費奉上,請示其數。《諸蕃志》一種價若干,請示爲感。”(39頁)兩相對照,可以看出“六月七日”札是在接到繆氏對“五月十五日”札的覆信後寫的。“五月十五日”札詢問繆氏讓給藤田的《諸蕃志》的書價,“六月十七日”札說“《諸蕃志》……書價(三十元)即寄”,與之相應。“六月七日”札說“乙老校本《島夷志略》如能借到錄副更妙”,與“五月十五日”札所說鈔校《島夷志略》之事也正好相應。“六月七日”札說“致授經語當即告之”,“致授經語”當指繆氏對“五月十五日”札中王氏代授經詢問之事的答覆。如“六月七日”札確屬壬子年,“五月十五日”札也應屬壬子年。

90—91頁“十七日午後”致羅振玉札,題注定爲書於六月,排在六月十六日與十八日致羅氏二札之間,但理由並不充足。十八日札開頭說“前日奉一書,想達左右”(91頁),顯然是指十六日札而言的(十八日札的內容正與十六日札銜接,看91頁題注)。可知王氏在此月十七日並沒有給羅氏寫過信。而且“十七日午後”札有“舍間小孩亦多傷風發熱者”之語(91頁),如定爲書於六月,跟六月十六日札“舍間諸小孩傷風亦早愈矣”之語(90頁)就互相矛盾了。疑“十七日午後”札本屬五月,應該排在81—83頁五月十五日札之後。又93頁有“十九日夕”致羅氏一附札,原來應該是附在91—92頁十八日札之後的。題注認爲“或是與十二日、十六日、十七日午後諸札並爲一函”,也是錯誤的。

107—108頁“廿五日燈下”致羅振玉札(以下簡稱“廿五日札”),編者定爲書於七月,並將“廿六日晨”一附札附於此札之後。今按,“廿六日晨”附札可能確屬七月,但是廿五日札實際上却是書於六月的,應該排在94—95頁六月廿三日、廿四日致羅氏札之後(廿四日札爲廿三日札的附札)。廿五日札說:“昨接手書並玉照印本,敬悉一切。”(107頁)題注說:“羅氏照片是應《藝術叢編》第二期計劃刊登的要求而提供的,參見十八日燈下札。”“十八日燈下”札正書於六月(看91頁題注)。廿五日札說:“《魏石經考》二卷今日寫畢,得三十九頁;外加碑圖六圖,尚須覆校並手鈔一次,然後可令人寫也。”(108頁)同年七月初四致羅氏札說:“近日……又修改《魏石經考》,尚須重寫一次……共八篇,分爲二卷,附以碑圖七。此次殆可爲定稿矣。”(99頁)顯然寫在廿五日之後。廿五日札說:“高房山,檢《浙江通志》無傳,且職官中行中書省郎中員外部下亦無其名。乙老處有無《杭志》,當便訪之。”(108頁)同年六月廿七日致羅氏札說:“《杭州府志》乙老處無之,成化、萬曆二志丁氏曾印入《武林掌故叢書》,可一檢之,恐未必有高房山其人也。”(96頁)顯然也寫在廿五日札之後。廿五日札說:“劉太太之病,今日晤抗公,言季英云服木村藥事已疏通過去,故已購藥物及稱藥器具,此甚可喜,否則服中醫峻劑甚爲危險,反不如不治之爲愈也。”(108頁)同年七月廿日致羅氏札(日期據題注定)說:“季英太夫人病漸愈,聞已偶能下樓,此大可喜,可知木村於此等病自有把握也。”(105頁)顯然也是寫在廿五日札之後的。這些都可以證明廿五日札不能屬七月而應屬六月。廿五日札說“此間天氣大熱三日,(九十七度。)前日雨後頓涼”(107—108頁),又說“匯款早到,前函已覆及”(108頁)。這些話跟六月廿三日札“連日天氣極熱,至九十七八度”(94頁)、“連日苦熱,昨欲雨而未成,刻又風作,大雨將至矣”(95頁)以及“匯日幣已於今日取到”(94頁)等語正相應。六月廿四日附札說:“敬公言季英之弟主張中醫,此猶可說明,惟病者不信西醫,則無法轉移公意也。”(95頁)廿五日札中關於劉太太之病的話,跟這些話也是銜接得上的。總之,廿五日札屬於六月是絕對沒有問題的。

111—112頁“初二日”致羅振玉札、114—115頁“初九日早”致羅振玉札(以下簡稱“初九札”),題注皆定爲書於丙辰年(1916)八月,所定月份似有問題。初二札說“君羽吉期擇日事,已託堯香付日者算之”(111頁),初九札說“君羽喜期已由堯香令日者擇來”(114頁),可見此二札確實是同一個月寫的。但是從排在此二札前後的八月各札來看,它們似乎不可能屬於八月。排在初二札前後的分別是“八月朔日上午”致羅氏札(以下簡稱“朔日札”)和“八月初七日夜”致羅氏札(以下簡稱“初七札”。此札與初二札之間有致王文燾一札,爲不能定確實月份之札,故不計)。初七札開頭說:“一星期不作書,亦未奉手書,甚念。”(113頁)由朔日至初七正爲一星期,中間似不可能有初二一札。初九札排在初七札和“十二日午後”致羅氏札(以下簡稱“十二日札”)之間。初七札札前有附注語說:“頃奉書已收到。此次信八日乃到……”(113頁)。札中說:“昨由緯公處交來《石鼓文箋釋》、《高昌壁畫菁華》(“菁”後原脫“華”字)各二部……惟二書各有二本,其一須轉送他人,或暫存維處,祈示。”(113—114頁)十二日札開頭說:“前日將發函,適得賜書,即于函前附注數語,想達左右。《壁畫精華》及《石鼓文考釋》即當轉交乙老。”(115頁)這裏提到的前日之函顯然就是初七札。此二札間似不可能再有初九一札。所以初二、初九二札都不大可能屬於八月。疑此二札實書於七月。100—101頁收有一件未署月日的附札,題注考定爲書於丙辰年七月七日,理由頗充足,當可信。札中說:"《學術叢編》第二期印成,今寄上六册,請詧入。"(101頁)初九札有"前日寄一書並《學術叢編》,想達左右"之語(114頁)。上引七月七日札應該就是初九札所說的前日所寄一書。初九札說"季英太夫人之病前晚往候,已稍減輕"(115頁),跟七月七日札"午後擬着人往季纓(即季英,參看55頁注②)家問候"之語(100—101頁)也是相應的。所以初九札似可定爲書於七月。初九札中關於季英太夫人之病尚有"好在現不雜投醫藥,唯服木村之藥"等語(115頁)。題注據此說:"又季英太夫人經疏通改服木村所開西藥,見於七月二十五日燈下札,則此札書於八月。"(114頁)但是所謂"七月二十五日燈下札",其實書於六月,已見前文,題注的論斷不能成立。如初九札屬七月,初二札就也應該屬七月。但是97—98頁收有同年"七月朔日"致羅振玉札,其後並有"初二日早"附札。初二札並未提及此札,一開始就說:"前日接賜書,敬悉一切。"(111頁)這是一個矛盾,有待進一步研究(像本書那樣把初二札排在八月朔日札後,同樣存在這種矛盾)。初二札說:"……季英太夫人昨今病勢又亟,恐不測即在日內,今日內人往始知之。"(111頁)是不是王氏由於在初二日早上發出一信後才得知季英太夫人病亟,所以在當天補寫了這封信呢?初二札附有王氏爲沈曾植《伏日雜詩》而寫的和詩。題注說:"和沈曾植《伏日雜詩》四章,事在丙辰秋,故有'秋思更難量'句。後沈氏又有和答,題云'適會新秋,賦此以答'。則此札似書於八月初二。"(111頁)七月初二已近立秋,此時所作詩中有"秋思更難量"之語,也是說得過去的。

203頁"廿二夕"致羅振玉札,題注定爲書於六月,但理由並不充分。此札排在六月"廿三日早"致羅氏札前,兩札都是以"雪堂先生有道"開始的獨立的信件。第二天早上寫的信不當作第一天晚上寫的信的附札,是非常奇怪的。廿三日札開頭說"前日寄一書並《殷先公先王續考》稿諒達左右",係指202頁"十七夕"致羅氏札而言(看202頁題注),札中一點看不出前一天給羅氏寫過信的跡象。可見"廿二夕"札決不可能屬於六月。此札其實是書於五月的。197—198頁同年五月"廿六日夕"致羅氏札開頭說:"前日所寄書,因滬上業經戒嚴,檢查郵信,故無多言,時局恐已於東報中悉之。"(197頁)"廿二夕"札很簡短,開頭說"近日時局諒於東報中早悉之,又復何言",顯然就是"廿六日夕"札所說的"前日所寄書"。"廿二夕"札說:"前數日有傳寐叟已歸者,恐未必然也。""廿六日夕"札也說:"寐叟於前日已有傳其南歸者,此恐不確也。"(197頁)這也是兩札時間極近之證。又"廿二夕"札說:"抗公全〔前〕數日氣色大佳,近又黯淡,然體力尚能支持,曾來談數次。"題注說:“札云抗公前數日氣色大佳,已見五月十七日、六月初八日札”(203 頁),以此作爲此札書於六月的證據。其實這幾封信裏關於抗父健康情況的話,正可以證明“廿二夕”札屬於五月。五月十七日札說:“抗……近氣色大佳……”(196 頁)。六月初八札說:“抗父前日來談,氣色復佳,甚可喜也。”(201 頁)正是由於五月廿二日前後抗父的氣色由“大佳”轉爲“黯淡”,六月初八札才說他“氣色復佳”。如果從五月十七至六月初八抗父一直“氣色大佳”,“復”字就落空了。

210—212 頁“十七日夕”致羅振玉札,題注定爲書於七月,實則書於六月。此札說:“魏隺山《唐韻序》二篇,當時斧公想亦未見。頃知孫問清之《隺山集》已歸劉翰怡,已託孫益庵鈔此二篇,雖未能遽得,然想必辦到也。”(211 頁)208—209 頁七月初十致羅氏札說:“鶴山《唐韻後序》前託孫君鈔之而不效,乃徑致書劉翰怡,前日書往,今日即鈔來。”(208 頁)顯然寫在“十七日夕”札之後。可見“十七日夕”必屬六月。“十七日夕”札題注說:“札云有人‘云二乙皆無恙’,是指參與張勛復辟事。至於所云‘其一爲子厚’,與七月初十札‘聞實齋已返滬’相牴牾(引者按:“子厚”、“實齋”皆指章梫,參看 55 頁注①),因皆屬傳聞,未必事實。”(210 頁)其實此札本寫在七月初十日札之前,並不存在牴牾的問題。王氏在此札中談到自己對《唐韻》的研究時說:“此次所考,容擬寫爲《唐韻後考》或《續聲韻考》……”(211 頁)。205—206 頁六月廿七日致羅氏札則說:“此次研究《唐韻》之結果,寫爲《唐韻別考》……昨日寫成,計二十葉。”(205 頁)這顯然是寫在“十七日夕”札之後的,由此也可以證明“十七日夕”必屬六月。上引六月廿七日札的題注裏有“六月十七日夕札並云‘此次所考(《唐韻》)容擬寫爲《唐韻後考》或《續聲韻考》’”之語(205 頁),已經正確地把“十七日夕”札定爲六月所書,不知爲何後來又把此札定爲七月所書了。202 頁有“十七夕”致羅氏的一件附札,題注定爲書於六月,應可信。“十七日夕”札之後有“十八日”附札(212 頁),“十七夕”附札的原來位置應在此二札之間。

360—361 頁“十六日”致蔣汝藻札,題注定爲書於六月,但理由並不充足。此札有“今歲江北秋收想尚不惡”、“此間天氣已涼”等語(360 頁),書寫時間顯然已在八月以後,斷不能早到六月。367 頁七月十六日致蔣氏札說:“聞授經來此已數日,不久即南歸,渠言弟之《盛明雜劇》並未售去,可以歸後即寄,但不知能如其言否耳。”我們討論的“十六日”札則說:“授經借弟之《盛明雜劇初集》聞並未遺失,仍在其手,請轉告,請其檢出送至公處,與文集等一同寄下爲感。”(360—361 頁)顯然寫在七月十六日札之後。這也可以證明此札必寫於八月以後。369—370 頁九月廿六日致蔣氏札,從內容看是承接此札的。此札說“孟劬處八十元不知已送至尊處否”(361 頁),九月廿六日札說“張款代收交,感荷感荷”(369 頁),“張款”即“孟劬處八十元”之款(孟劬爲張采田之字,看 59 頁注②),王氏前此致蔣氏札中曾兩次要蔣氏在收到此款後轉交陳枚叔(見 355、357 頁)。九月廿六日札說“孟劬聞即將來京,未知確否”(370 頁),也跟十六日札在詢問了“孟劬處”款之事後所說的“聞渠此月到京不知確否”相應。可見十六日札實書於九月,應排在九月廿六日致蔣氏札之前。

368 頁收 1923 年夏致馬衡二札。後一札署初三日,札中說:“昨在尊處所見木暨二字,暨字古篆二體似均從自下水,請摹示爲感。”前一札署初五日,札中說“手教敬悉,木泉一石摹示至感”,顯然寫於初三日札之後。二札次序應互易。

376—377 頁“初七日”致馬衡札,題注以其言及魏石經殘石事,繫之於王氏草《魏正始石經殘石考》的癸亥年(1923)。但是王氏甲子、乙丑、丙寅等年致馬衡札中,仍不時提到跟魏石經殘石有關的事,可見題注之說難以成立。今按,此札實書於乙丑年(1925)。此年致馬衡札中有兩札與此札有密切關係,即 419 頁“初五日”札和 421 頁“廿七日夕”札。初五札,題注定爲書於七月,似可信。札中說:“前日接手教並石經《尚書》、《春秋》殘石十種,至謝至謝。弟前所未數者,即‘公復’、‘取如’二石也。”廿七日札說:“讀手書,敬悉一切。魏石經(此次拓本。)足補‘無逸’及‘僖公’大石者,以弟所已知者僅得八凷,而‘逸先’及‘不雨’兩石乃與大石相先後,合之僅得十耳。不知兄所數除此二石抑並計之也? 乞示。”題注以“札云石經及虎符二事,皆先見於七月初五日致馬札”(引者按:虎符事我們省去未引),定此札亦屬七月。其實廿七日札顯然寫在初五札之前。王氏因爲他在馬衡給他的魏石經拓本裏找出來的可補魏石經大石的殘石數,較馬氏所計少兩塊,所以在廿七日寫信詢問。初五札說“弟前所未數者,即‘公復’、‘取如’二石也”,顯然是在接到馬氏對廿七日札的答覆後寫的。如初五札確屬七月,廿七日札就應該屬於六月,此札位置須調整。上舉初七札說:“今日復將尊賜石經拓本細將檢核,知可補大石之十片,弟與兄所計各異,弟所計者《尚書》尚有二片……”(376 頁)。這顯然是寫在初五札之後不久的。此札開頭說“昨復一書,想達左右”,也許就是指初五札而言的。

393 頁有“廿一日”致馬衡一札。題注因札中提到的《明抄本水經注跋》作於甲子(1924)二月,定此札亦書於該月。今按:404—405 頁有“十七日”致馬衡一札,題注定爲書於甲子年十一月。札中說:“石經事已與雪堂言及,渠日內或須反津一行,可自携來京,否則由他便一星期後亦可携來,謹以奉聞。”(404 頁)上舉廿一日札說:“前奉寄一書,想達左右。石經已由天津便人帶到,雪堂屬轉致台端,請莅取爲荷。”所言正與十七日札銜接，二札似應爲同月所書。題注以廿一日札屬二月，十七日札屬十一月，似不可信。

編者把年份無考諸札匯列於全書末尾。其中有些札的年代其實是有綫索可考的，下面也舉幾個例子。

453頁“十四日”致羅振玉札當書於乙丑年(1925)。425—426頁有“初九日”致羅氏一札，題注定爲書於乙丑年。札中說：“頃檢蔣氏書目底稿，有閩人林天駿所書《大學古本》、《中庸古本》各一卷，係嘉靖中刊本，後有林吉人手跋，謂天駿字守良，嘉靖中官膠州知州。”上舉十四日札說：“蔣藏《大學》、《中庸》古本刊本各一卷，皆林天駿書，皆有陽明序。……其書爲林吉人、裘文達舊藏，非天一閣物也。其書除林吉人一跋外，尚有高其倬、錢陳群、黄丕烈、蔣因培諸觀款。”顯然寫於初九日札之後不久。大概羅氏回復初九日札時，對王氏所說的《大學》、《中庸》古本有所詢問，所以王氏在十四日札中又作了些補充說明。

453—454頁“十一日”致羅振玉札，有“今日擬送鳳老《曆志》稿至丁輔之處”等語(453頁)。王氏送鳳老之書至丁輔之處付印之事在戊午年(1918)。267—268頁戊午年六月十四日致羅氏札說：“公書第二卷已排成十葉，鳳老書已取去畫圖，以刻木須需時日故也。”(268頁)268—269頁六月廿三日致羅氏札說：“輔之處書，第二卷已排成五十頁……鳳老書已付與畫圖……”(269頁)。所謂“鳳老書”就是鳳老《曆志》稿。六月廿三日札還說：“鳳老之書脱字誤字甚多……此非得鳳老自校或知算者一校，將來笑話必滿紙皆是。”(269頁)正因爲是《曆志》，所以才需要知算者校對。由此可知十一日札當屬戊午年，很可能就書於六月。266—267頁有“十一日”致羅氏一札，以“再啓者”開頭，應該就是上面討論的十一日札的附札。因爲此附札中有“輔之處已去過，不值，稿未交付”之語，跟十一日札所說的“今日擬送鳳老《曆志》稿至丁輔之處”正好相應。題注定此附札屬戊午年六月，很可能是正確的；但是把札中所說的“稿”理解爲羅振玉《雪堂諸書敘錄》下卷的稿子，却是不對的。

454頁“十五夕”致羅振玉札，與270—271頁題注定屬戊午年(1918)的“初八日”致羅氏札關係密切。初八札說：“律師早日所知竟無其人，此不獨維之寡聞，即滬上同儕均不與此中人爲緣……不知鴻冥意中有其人否？可一問之。先以此奉告，當再問乙翁，當亦未必能舉一人也。”“十五夕”札說：“前日覆一函，想達左右。昨晤乙叟(乙叟、乙翁皆指沈曾植)，亦以此事詢鴻冥爲然。維意此事訴之法律，效力甚少……”。所言正與初八札銜接。此二札顯然是同一個月寫的。

455 頁"廿六日"致羅振玉札,是只剩後部的殘件。《集刊》41 頁所收的缺後部的第一百三札,與此殘札可以綴合。綴合後的文字如下:

……前日在孟蘋處見徐俟(《集刊》訛作"侯")齋、朱柏盧諸先生《會合詩卷》,借歸讀之。俟(《集刊》訛作"侯")齋詩一、序一,均《居易堂集》所未載。中有徐貫時詩一首,是歲爲順治己丑,時兄弟間尚未有意見也。今將此卷錄出呈上,於年譜(以上爲《集刊》殘札)補一則("譜"、"補"之間似可補一"可"字),未識尊稿已刊定否?此卷爲徐山民舊藏,有袁棠、梁山舟、顧元熙諸人跋。維亦跋數語,謂卷中詩之先後以齒爲序,是歲楊明遠年三十三,俟齋二十八,柏廬二十三;貫時詩在柏廬前,當長於柏廬數歲矣。……

《集刊》收此札於己未年(1919),當有所據。札中提到的年譜,就是羅振玉撰的《徐俟齋先生年譜》。《書信》285—286 頁"二月望日"致羅氏札說:"《徐俟齋先生年譜》已成廿頁,其附錄中維爲增入張秋水如青館中乙集中《徐昭法先生畫象記》一篇。"(285 頁)此札當寫於上舉廿六日札之後不久。題注將此札歸入己未年。據此,廿六日札大概寫於己未年正月。不過,此札寫於上一年末的可能性,似乎也不能完全排除。

464 頁"廿七日晚"致蔣穀孫札當書於庚申年(1920)。306—307 頁庚申年"廿七日"致蔣穀孫札說:"又前經部樂類中有《鹿鳴鷹揚二晏(他札作"宴",見下文)樂章》一册,尚有欲查之處,前誤交還,仍乞擲下……"(306 頁)。"廿七日晚"札說:"《鹿鳴鷹揚二宴樂章》一書尚在敝處,並未交上,頃包裹史部書已檢出,請不必找矣。"顯然就是在發出"廿七日"札的當晚所寫的,應排在該札之後。又 464 頁未署月日的致蔣穀孫札說:"送回書十三種(另單),祈詧收。内《五經白文》一種並《鹿鳴鷹揚二宴樂章》(須待再改。)暫留敝處。"應該是在二十七日札前後相距很近的時間裏寫的(以在二十七日札之前的可能性爲大)。

467 頁"廿九日、初一日"致蔣穀孫札當書於壬戌年(1922)。320 頁壬戌年"十八日"致蔣穀孫札說:"前書一單附上,祈詧收。《夢(《書信》誤作"蘿")郼草堂吉金圖》並附上。"附送《吉金圖》當是由於蔣氏要借用此書。"廿九日、初一日"札說:"手教敬悉。外《夢郼草堂吉金圖》四册……"。當是在收到蔣氏歸還的《吉金圖》時所寫的。大概"廿九日"與"十八日"同月,"初一日"在下一月。

468 頁"六月朔日"致蔣穀孫札當書於辛酉年(1921)。315 頁"十八日"致蔣穀孫札,題注定爲書於辛酉年五月,可信。札中說"惠書並唐人集四單並收到",可知當時王氏正在爲蔣氏編其所藏唐人集的目錄。六月朔日札說“唐人已錄畢,請飭車取書爲荷”,正與五月十八日札銜接。

468頁“初十日”致蔣穀孫札說:“總集類將次錄畢,今日可了,請於日內遣車換書。詩文評、詞曲二類書亮無多,頗擬早日畢事也。”339頁“十六日”致蔣穀孫札說“前存總集詞曲諸書,乞遣車來取是幸”,當寫於初十日札之後不久。十六日札,編者歸入壬戌年(月份未定),初十日札却歸入無年可考類,未免自相矛盾。

469頁“廿四日”致蔣穀孫札言及校《韋蘇州集》之事,同頁“初四日”致蔣穀孫札有“唐人集四單徼(當作“繳”)還”之語,都應該是爲蔣氏編唐人集目錄時所書之札,當屬辛酉年無疑。

編者認爲年份無考諸札的問題,就談以上這一些。

王氏在日本時致日人諸札所署月日,編者都視爲陰曆。但是當時日本已改用公曆,王氏有的信在所署月日上加有日本年號,如30頁致鈴木虎雄札署明治四十五年七月二十九日,31頁致鈴木札署大正元年八月十七日,用的究竟是陰曆還是公曆尚待研究。這也是跟編次有關的一個問題。有些書札的日期如由陰曆改爲公曆,所排位置就要改變。

此外,題注所定書札書寫年月,雖不能確指其爲誤但根據顯然不足的情況,在全書中屢見,這裏就不準備指出了。

二、標點方面的問題

《書信》中標點的問題極多,下面就我們所見到的逐條加以指出。標點雖不甚妥,但對讀者理解文義尚無大礙的,一般從略。

3·14—15(黑點前後的阿拉伯數字分别表示頁數、行數。同頁有兩件以上書札時,行數分札計算。札的次序用漢字數字表示,置於頁數和行數之間。計算行數時,書札標題所占的行不算在內。) **前日仲閣先生與蔣伯斧說乞,爲閣下留一位置云。**

“乞”字後“,”號應前移至“說”字後。

9·3—5 **弟前與東府等議辦小學堂,延日本教習至滬,後適穰卿先生至浙,即繕一稟,託其轉遞省中大府後,交與林太尊,而東府有意見。**

7頁第二札說:“國維前思於海寧開一師範學堂,繕稟具述籌款緣由,託穰卿先生面遞省中大府,已交林太尊。”這跟上引札文講的是同一件事,兩札都是在上海寫

的,可知上引文應如下標點:

弟前與東府等議辦小學堂,延日本教習。至滬後,適穰卿先生至浙,即繕一稟,託其轉遞省中大府。後交與林太尊,而東府有意見。

23·二·5 **《播芳大全目》已檢一過。**

"目"字應置於書名號外。

26·二·2 **前從日本及日本人中見大著《哀情賦》**

按文義,"日本及日本人"當爲書名,應加書名號。

36·二·4—5 **拙作排律用通韻,法古人,似但有一二字出入。若全首通押,現未能發見其例。**

"通韻"後","號應移至"法"字後,並可改爲"。"號。"古人"後","號應取消。"出入"後"。"號最好改成","號。

38·二·3—4 **如《單疏唐大詔令》等大書**

"《單疏唐大詔令》"當標點爲"單疏、《唐大詔令》"。單疏當指諸經單疏,並非專名。

38·二·5—6 **授公擬輯《元大詔令》,甚爲勇猛,年內當可觀其成。唯渠之《元人集部》,前已讓人借鈔,尚非易易也。**

"元人集部"並非專名,書名號應取消,其後","號亦可取消。"借鈔"後","號應前移至"讓人"之後。蓋董授經前已將所藏元人文集售人,故輯《元大詔令》時需從人借鈔。

42·9—12 **《周禮》小宰職,凡賓客贊祼,大宗伯職,大賓客則攝,而載果小宗伯職。凡祭祀,賓客以時將瓚果肆師職,大賓客贊果將鬱人職掌。凡祭祀,賓客之祼事,大行人職。上公之禮,王禮再祼而酢,諸侯諸伯壹祼而酢,諸子諸男壹祼不酢。**

標點者連翻一下《周禮》都嫌麻煩,因此錯得一塌糊塗。此段文字應如下標點:

《周禮》小宰職:凡賓客贊祼。大宗伯職:大賓客則攝而載果。小宗伯職:凡祭祀、賓客,以時將瓚果。肆師職:大賓客,贊果將。鬱人職:掌凡祭祀、賓客之祼事。大行人職:上公之禮,王禮再祼而酢;諸侯諸伯,壹祼而酢;諸子諸男,壹祼不酢。

王氏引《大行人》文有刪節,故引文皆未加引號,各冒號改逗號亦可。

42·20—21 **《書·召誥》曰:"茲殷多先,哲王在天。"**

"先"字後","號應取消。

42・22 **神既在天,於是有燔燎之禮。以格之煙炎之徹於上,……**

"禮"字後"。"號應移至"格之"之後。

42・25—27 **……其次雖異,其用則同,知禋祀之用以降神而不徒以歆神,則無惑乎,其在祼之先矣。**

"則同"後","號應改"。"號。"乎"字後","號應取消。

43・12—15 **然《檀弓》孔子謂周人殯於西階之上,則猶賓之雜記。曾子論遣奠曰,父母而賓客之所以爲哀也,是生則親之,死則賓之。古代當有此義。於禮卿大夫之繹祭謂之賓尸,則殷周間稱先王爲王賓,亦不足怪也。**

此段文字應如下標點:

> 然《檀弓》孔子謂周人殯於西階之上則猶賓之。《雜記》曾子論遣奠曰:"父母而賓客之,所以爲哀也。"是生則親之,死則賓之,古代當有此義。於禮,卿大夫之繹祭謂之賓尸。則殷周間稱先王爲王賓,亦不足怪也。

44・4—5 **《周禮・小宰、大宗伯、小宗伯、肆師、鬱人、鬯人、司尊彝、典瑞、大行人、考工記、玉人》**

"玉人"是《考工記》中的一種職官,"記"字後"、"號應改"・"號。此段應標成:

> 《周禮》:《小宰》、《大宗伯》、《小宗伯》、《肆師》、《鬱人》、《鬯人》、《司尊彝》、《典瑞》、《大行人》、《考工記・玉人》

44・11 **《論語》戴記**

當標點爲"《論語》、《戴記》"。《戴記》即《禮記》。

45・7 **投壺,當飲者皆跪奉觴,曰賜灌;勝者跪,曰敬養注灌,猶飲也。**

當標點爲:

> 《投壺》:"當飲者皆跪奉觴曰:'賜灌',勝者跪曰:'敬養'。"注:"灌猶飲也。"

45・8 **祭統,君執圭瓚灌尸,大宗執璋瓚亞灌。**

"祭統"應加書名號,其後","號改":"號,引文可加引號。

45・9—10 **曰:周人尚臭,灌用鬯,臭鬱合鬯臭陰達於淵泉。鄭注,始以灌地爲說。**

當標點爲：

曰："周人尚臭，灌用鬯臭，鬱合鬯，臭陰達於淵泉。"鄭注始以灌地爲說。

45·14 **若如《說文》莤字，下說謂……**

"字"後"，"號應移至"說"字後。

45·15—17 **鄭大夫云蕭字或爲莤，莤讀爲縮，束茅立之，祭前沃酒其上，酒滲下去若神飲之，故謂之縮。**

"鄭大夫云"後應加"："號，下面的引文（自"蕭字"至"之縮"）可加引號。"立之"後"，"號應移至"祭前"之後。"下去"後可加"，"號。

45·18—19 **《郊特牲》云，縮酌，用茅明酌也，醆酒涚於清汁，獻涚於醆酒，皆言泲酒之事。**

當標點爲：

《郊特牲》云："縮酌用茅，明酌也。醆酒涚於清。汁獻涚於醆酒。"皆言泲酒之事。

45·21 **與祼，事故無涉。**

"與祼"後"，"號應取消。

45·22—23 **士虞禮：未迎尸佐食取黍稷，祭於苴亦三取，膚**（此字鉛字有誤，已改正）**祭祭如初祝取奠，觶祭亦如之。**

當標點爲：

《士虞禮》，未迎尸，佐食取黍稷祭於苴亦（據《儀禮·士虞禮》，此"亦"字不當有，但此札所從轉錄的《海寧王忠慤公遺書》亦有此字）三，取膚祭，祭如初，祝取奠觶祭亦如之。

47·19—48·1 **大約不出二途：（一）……使景叔擔保每月交稿若干，潤費若干，不問其他；（二）徑棄前約，即使第一條能行，其人如此決非久計**

"擔保"後應加"，"號。"徑棄前約"後"，"號應改"。"號，第二條辦法的內容只此一句。

52·17—18 **且教《爾雅》，時必令就一字作篆、隸、真、行、草五種書**

"《爾雅》"後"，"號應移至"時"字後。

53·2—3 **求公選擇尊藏之孤本稿本初選適於俗眼者**

"稿本"後應加"，"號。

67·17—18 **繆老久不悟,唯聞敬公言,其對傅仁兄咨嗟惋惜耳。**

"言"字後","號應取消。

68·4 **《殷禮小記》所論全係祭祀事,當改書題王亥一節,別紙錄呈。**

"書題"後當加"。"號。"王亥"可加引號。

70·6—7 **弜爲弓輔,故從二弓輔弼之義。由此引申,……**

當標點爲:

弜爲弓輔,故從二弓,輔弼之義由此引申。

70·11—12 **𠭯象兩手奉酒器,而人義當與祼略同**

"而"字疑是"向"字之誤(可能是在過錄原札時抄誤的),其前","號應移至"人"字之後。

70·二·2—71·1 **畫二件已交敬公,速寄陸餘款,與程弟款已於今日付訖**

"敬公"後","號應移至"速寄"之後,"陸餘款"後","號應取消。

71·2—3 **餘二百元須與陸分割。乃令小兒往取兑中幣二百元,僅得中幣一百八十六元六角,每百元得九十三元三角**

"分割"後"。"號宜改","號。"二百元"後","號應前移至"中幣"後。此言以日幣兑中幣事。

72·12—13 **《元文類經事大典敘錄》**

"元文類"後應加"·"號。"事"當作"世"。

72·13 **《文類敘錄》**

"文類"後應加"·"號。

75·12 **僧繇探微**

"僧繇"後應加"、"號。這類失加"、"號的問題,以下一般不再指出。

78·3—4 **唯於《樂詩考略》,毛公鼎釋文增改數條。**

"《樂詩考略》"後","號應改"、"號。"毛公鼎釋文"應加書名號。

80·4 **就《隸釋》所載,魏石經又發明一事**

"載"字後","號應取消(《集刊》即未加","號,見14頁第十三札),或移至"魏石經"後亦可。

94·17—95·1 **云是《文苑英華》並辨證語亦錄在内**

"《文苑英華》"後應加","號。"辨證"亦可加書名號。

99·3—4 **盧氏之《華夷譯語》,其新目中無有餘書,渠亦謂大抵無有**

“餘書”後“,”號應前移至“無有”之後。

124·7 **乙老云云所謂逃空山者,聞足音而喜也**

“者”字後“,”號應前移至“云云”之後。

131·5—6 **《左傳》言宣子有環其一在鄭商者,可證其不成規者則爲玦**

“可證”後應加“。”號。

134·1—2 **因公所開四條內,其一與景叔交涉不與哈園直接〈關〉係**(“〈 〉”爲編者增補脱文的符號)**,向來如是。**

“係”字後“,”號應前移至“接”字後,“係向來如此”作一句讀。“接”字在此用爲動詞,“直接”猶言直接交涉。標點者認爲有脱文,在“係”字上補“關”字,是不對的。“不與哈園直接關係”反而不通。

145·13—14 **因《說文》《古文》約有五百字**

“古文”上所加書名號應取消。

146·4—5 **又,前[全]日寄上之全目中有貴而荒謬者,有頗廉者〔而〕荒謬者**(“[ ]”爲編者表示衍文的符號,“〔 〕”爲編者改正錯字的符號)**,我固可減,廉者彼決不能再增**

“有頗廉者”之後應加“。”號。標點者不得其讀,竟以“者”字爲“而”字之誤,實在太大膽了。

153·2 **子昂、黄庭已見**

“子昂”後“、”號應取消。“黄庭”應加書名號。

155·15—16 **公如有所增或改,中幣則亦以寄來匯票付之,再加中幣若干**

“改”字後“,”號應移至“中幣”後。

159·6 **因信面有漢字號數,雖誤無妨。**

“號數”後“,”號應前移至“漢字”後。

167·6—10 **其《衛大夫宏演墓詩》云“亡虜幸偷生,有言皆糞土”,今日往談稱此句,乙云非見今日事不能爲此語。**(以下另起一段)**京師來者皆言公在東大發財,此亦其一也云云。又云:北宋……之法正之,語皆有識。**

“乙云”後應加“:”號。“京師來者”以下亦爲乙之語,不當另起一段。“正之”後“,”號應改“。”號。《晉陽》皆不誤(見97頁第二札)。

172·14—15 **前君楚一函屬送緯公處,書其信失之,請再示。**

“處”字後“,”號應移至“書”字後。

178·1 **《史公年譜文錄》一稿,今日可畢**

“錄”字後“》”號應前移至“譜”字後。

189・二・8 **《山海經》、《竹書》之有“易”**

引號當包括“有易”二字。有易爲古部族名。

194・二・2 **今日接到《朝日每日》報紙**

“《朝日每日》”當作“《朝日》、《每日》”。

205・12—13 **此次所考定者乃陸、孫諸家部次,決不與《廣韻》同**

“次”後“,”號應取消。

208・13 **近來哈園又因做壽大熱鬧七夕。孫益庵招往作夜談**

“七夕”後“。”號應前移至“鬧”字後。

214・5—6 **又同姓不婚之制,自爲一條,周世一切典禮皆由此制度出**

《集刊》“自爲一條”後用“。”號(26頁第五十五札),可從。按照《書信》的標點,就只能理解爲周代一切典禮全都出自同姓不婚之制了。

217・二・8 **器有“令厥臣獻金車及不忘獻身”語**

“車”字後應加後引號,“不”字前應加前引號。《集刊》不誤(見28頁第五十九札)。

221・5—6 **又擬印江晉三之《詩經韻讀》二書,頁數略相等**

“二書”後“,”號應前移至“《詩經韻讀》”之後。據上文,另一書爲《古文四聲韻》。

224・二・4 **此老才疏志廣,今之文舉尺牘之文,語妙天下。**

“文舉”後當加“。”號,文舉爲孔融之字。

234・7—8 **滬市蕭條至無可言,苕華何草小雅告終今其時矣。**

後半當標點爲:“《苕華》、《何草》,《小雅》告終,今其時矣。”《苕之華》、《何草不黃》爲《小雅》末二篇。

234・10—11 **今日天和人亦有昭蘇之意**

“天和”後應加“,”號。

237・6—7 **殆即四庫存目之本,而萬曆所刊者實價八元**

“者”字後應加“,”號。“本”字後“,”號取消亦可。

245・9—10 **《爾雅・釋器》麋罟謂之罞。郭注:冒其頭也,罞冒固以同聲爲訓,然亦必目驗。大罟如是,……**

此段文字,《集刊》標點如下:

《爾雅・釋器》:“麋罟謂之罞”,郭注:“冒其頭也”。罞冒固以同聲爲訓,

然亦必目驗大罟如是,……(32 頁第七十三札)

可從(“罦冒固以同聲爲訓”句“罦”、“冒”二字似宜分别加引號)。

262·13—14 **擬爲南軒作《南池篇長篇》一章**

“長篇”二字不應包括在書名號内。

286·5—6 **後維覩宋本《孟子音義敘篇》一頁雙行,乃加一直綫,其式甚佳**

“音義”後宜加“·”號(或將“篇”字後“》”號前移至“義”字後亦可)。“雙行”後“,”號應前移至“頁”字後。

289·二·3—5 **前日延一祝由科醫之無效,今日聞得留滬之德醫。哈園帳房婁君曾爲之料理諸事,明晨因擬託其介紹同往診視,……**

“無效”後“,”號宜改“。”號。“德醫”後“。”號應改“,”號。“診視”後“,”號宜改“。”號。

293·二·9—10 **辭天公主囑託偏照於孤遺**

《集刊》於“公主”後加“,”號(38 頁第九十五札),可從。又“照”上一字作“遍”,亦可從。

296·3—4 **景教經二種不識,但說教理抑兼有事實**

“不識”後“,”號應前移至“二種”之後,或者取消亦可。

297·二·15—16 **公有續照之書皆可照,此辦法較爲省事。**

“可照”後“,”號應移至“辦法”之後。

324·二·3 **頃擬作《古監本五代兩宋正經正史考經》一卷,昨已脱稿。**

當標點爲:

頃擬作《古監本五代兩宋正經正史考》,經一卷昨已脱稿。

334·16 **毛公鼎銘“不巩,先王配命”**

按照王氏對鼎銘的理解來看,“巩”字後“,”號不當有。此札所從轉録的《國學季刊》一卷三號已誤(見 565 頁)。

335·16—17 **如離騷、須臾、相羊,見於一簡之中**

“離騷”應加書名號,其後“、”號應取消。

335·25 **此太史公所謂“不同,乘(“乖”之誤字)異,不足取信者”**

當標點爲:

此太史公所謂“不同乖異”,不足取信者

335·26—27 **然《周書》、《武成》、《召誥》、《顧命》諸篇**

"《周書》"後"、"號應取消。《武成》等皆《周書》篇名。

345·二·4 **盧氏所校釋名未見**

"釋名"應加書名號。

363·13—14 **黃校叢話據鴂鳴館本,公有鴂鳴館本兩部,似不需此顔集,如有意可還一價也。**

黃校叢話指黃校《西溪叢話》,顔集指活字本《顔魯公集》,皆見王札上文。"叢話"、"顔集"皆可加書名號。"顔集"後","號應前移至"此"字後,並可改爲"。"號。

366·二·10—11 **承同**("問"之誤字)**言字,乃《皋陶謨》"朕'言'惠可"底**(當作"厎")**行之"言"。**

"可"字後的後引號應移至"行"字後。引號内"言"字單引號可去。

367·二·3 **古文精騎**

當加書名號。

374·二·1—2 **見其《水經注箋》乃陶文毅藏書,有文毅印章及小像,印書亦乾淨**

"小像"後","號應移至"印"字後。小像印指刻有小像之印。

388·7—8 **此數十部既散在外,則交與富晉售之,生意亦日有起色矣。**

"售之"後","號應取消。"交與富晉售之生意"指交與富晉書社出售之書的生意。

393·二·3 **明抄《水經注跋》又增入抄本勝處一則**

書名號應將"明抄"二字包括在内(此札題注即如此處理),或者將"跋"字後"》"號前移至"注"字後亦可。

394·7—8 **但弟以絶無黨派之人,與此事則可不願有所濡染**

"之人"後","號應移至"可"字後。

395·二·3 **《聲類》韻集**

當作"《聲類》、《韻集》"。

398·11—12 **故今日所當疑者,乃許書盪字之注非宋人之釋也。**

"注"字後宜加","號。

400·二·8—9 **又上公屢謂觀太真,由渠屢稱。其人故有新命**

"太真"後","號應前移至"觀"字後(觀即王氏自稱)。"屢稱"後"。"號應取消,"其人"後可加","號。"太真"爲人名,亦見413頁致羅氏札。

421・5 **不止《民命》一石**

"民命"之書名號應改引號。

427・4—5 **承詢後魏延昌四年詔書中。"遠傍惠康"一語**

"中"字後"。"號應取消。

438・3—4 **如邾器多作鼄,然亦爲邾莒器或爲筥或爲鄘**

"爲邾"後應加","號,"然"字前","號取消亦可。

442・二・5 **此書印刷垂成,已發見當增訂之處不止三四**

"成"字後","號宜去。"此書"指《親征錄校注》。王氏意謂此書在印刷垂成時即已發現當增訂之處,非謂寫信時此書方將印成。此句"成"字後用","號,本來不能算錯,但是容易使人把句意誤解成上面所說的後一種意思。題注説:"札云《親征錄校注》諸書印刷垂成,事在丙寅年"(442 頁),就是誤解的實例。

450・二・4 **《大誥》《武臣》**

當作"《大誥武臣》"。

456・二・8—9 **印臣刻詞已得幾種,授經至滬當已面過矣。**

"幾種"後","號應改"?"號。

457・三・5 **贊懿與先生**

"贊"字後當加":"號。

469・四・1—2 **云照相甚易石印,一二石即可以容之**

"石印"後","號應前移至"易"字後。

此外,《書信》標點的問題爲我們所忽略的,一定還有不少。

三、文字方面的問題

《書信》中有不少錯字,還有一些文字脱衍和顛倒之處。下面就我們所見到的逐一加以指出。這些文字方面的錯誤,絶大多數應該是由於過錄原件時和編輯、排印時的疏失而造成的,少數可能是王國維的原誤。但是我們手頭無信札原件和付印稿本等可供覆按,無法一一加以分辨。有些王氏原札中正確的文字,被編者錯認爲有誤,這種情況我們也加以指出。王氏書札中有不少古文字,這些字幾乎全都印得大大走樣。限於本文印刷條件,除個別關係較重大者外,就不準備指出來了。有些文字雖然明知其有誤,但是不知道究竟應該如何改正,這種問題一般也不涉及了。第一、二節中已經指出的文字方面的錯誤一般從略。

2・二・2　**此維起居安好爲頌**

“此”似當作“比”。“比維……”這類問好的客套話，王氏札中屢見（見4、85等頁）。

8・二・9　**鄭太夷亦因無佳文不肯搡選政**

“搡”當作“操”。

13・二・6　**聖眷優隆報矣**

“報”似當作“極”。大概過錄原札者用了簡化字“极”，編輯或排印時又由於誤認爲“报”而改成“報”。

23・二・6　**或渠所聞未締**

“締”當作“諦”。

42・25　**胷**

當作“膋”。

43・1、9　

當作“”。

43・1、4　

當作“”。

44・7—8　**如祿古文作錄**

“錄”當作“彔”，此札所從轉錄的《海寧王忠慤公遺書》不誤（上兩條舉出的古文字，《遺書》亦不誤）。此字當是由於被誤認爲抄錄者所寫的簡化字而錯改爲“錄”的。

44・10　**孳乳**

“孳”當作“孶”，《遺書》不誤。

45・21—22　**皇侃《論語注疏》所一說略同**

據《遺書》，“所”下本有“引”字。

45・22　**盧**

當作“膚”，《遺書》不誤。

46・10　**故取再布其區區**

“取”當作“敢”，《遺書》不誤。

50・25—27　**明日便當致景叔書：（一）攙〔擔〕任二門，每月必交稿，但不能到園；（二）薪水受二門之數，不必照原議一百五十元，（即照原書一門五十元之數亦可。）而吾輩之稿，他人不得干預。**

編者以“任”上“攙”字爲“擔”字之誤。“擔”錯寫爲“攙”的可能性似乎不大。疑“任”上一字原札本作“纔”。即使原札確實作“攙”,也應該視爲“纔”之誤字,而不應視爲“擔”之誤字。此處所言是王氏爲哈同編《學術叢編》之事。“纔任二門”意謂只管《叢編》中的二門,所以下文有“薪水受二門之數,不必照原議一百五十元”之語,52 頁一札言及同一事,有“……維但任二門,不問他事,但所撰述他人亦不能過問,每月交稿若干頁,其薪水亦但受二門”等語,意與上引文同。“纔任二門”猶言“但任二門”。

51·12、13 **《音韻辨徵》**

“徵”當作“微”。此書實名《音學辨微》。

52·4 **今他人擔任**

“今”當作“令”。

53·19—20 **現在籀文已寫得二百許字,《說文》十一篇大約不出三百字。**

《說文》十四篇中皆有籀文,“十一”當作“十四”。

54·二·5 **光境**

“境”當作“景”。

54·二·6 **姑洵之**

“洵”當作“詢”。

55·2 **樓玫媿**

“玫”當作“攻”。攻媿爲樓鑰之號。

56·26 **草眛**

“眛”當作“昧”。

57·二·3 **拉雜擢燒**

“擢”當作“摧”。

59·二·16  **下從亦下鳥**

“從”上之“下”當作“字”,也有可能是衍文。

60·3 **篆文雖有人寫,雖刻木活字太多**

“刻”上“雖”字《集刊》作“惟”(見 12 頁第五札),當據改。

62·8—9 **古人所謂民之無辜,並其臣僕**

此爲《詩·小雅·正月》句,“其”上一字本作“并”,大概是由於被誤認爲抄錄者所寫的簡化字而錯改爲“並”的。

64·9 **附以與林博士論裸二書**

“裸”當作“祼”。

65·3 **《升歌笙歌問歌合樂考》**

“問”當作“間”。

68·10 **《薛字說》**

“薛”當作“辥”或“辪”。

68·11—12 **《尚書大傳》晉伯作“胥賦”**

“晉”當作“胥”,“胥伯”應加引號。

70·6 **弜定爲秘之本字**

“秘”當作“柲”。

70·10 **錄伯敦**

“錄”當作“彔”。致誤原因與44·8“錄”字同。

76·6—7 **《書契後編》此次尚未細讀,卷上第廿六頁之□五豐,以文例求之自爲玉五穀。鄭侯馭方鼎亦有□五穀語**

“豐”當作“丰”,王氏釋爲“珏”(參看《觀堂集林·卷三·說珏朋》)。此字當是由於被誤認爲抄錄者所寫的簡化字“丰”而錯改爲“豐”的(《集刊》此字作“丰”,見32頁第七十二札)。二“穀”字皆當作“瑴”,《集刊》不誤。“鄭侯”當作“鄂侯”。

78·2—3 **惟蔽字不識何以從錄耳**

“錄”當作“彔”。

80·7 **鐘紹京**

“鐘”當作“鍾”,《集刊》不誤(見14頁第十三札)。

80·15—16 **雖不敢謂是壁中本,然要以壁中不甚相遠。**

“以”當作“與”,《集刊》不誤(見14頁第十三札)。

81·5—6 **至一日因祭二先王則祭名不同,恐非合祭也。**

“因”當作“同”,《集刊》不誤(見15頁第十三札)。“先王”後宜加“,”號。

81·7—8 **大集現已覓得一人寫之……恐須一二日可寫了也。**

“日”當作“月”,羅氏文集決不是一二日就可以抄寫完畢的。84頁致羅氏一札說:“大集僅鈔得四十紙,其人時有作輟,上中兩卷未知下月能成否也?”可參考。

82·16—17 **二人夙以古文名,無怪其作漢簡體也。**

“漢簡”當作“《汗簡》”,《集刊》不誤(見15頁第十四札)。以前曾見舊書店把《汗簡》的書名寫成“漢簡”,想不到在學術性出版物裏也會出現這種情況。

88·2—3 **則惜公不得遽觀而定之也**

“遽”字可疑,《晉陽》作“遄”(98 頁第四札)。

88・24 **矚批回者**

“矚”當作“囑”。

97・5—7 **前日校《秘書監志》,細勘目錄及本書,知吳□□所疑卷四卷五目互相出入者,實則卷四第廿一葉以下至卷末乃接卷五第十一葉,卷十二葉至卷末乃接卷四第二十葉,乃書之誤錯非目錄之誤**

“吳□□”,《集刊》作“吳兔牀”(17 頁第十八札)。兔牀爲吳騫之號。按文義,“卷十二葉至卷末乃接卷四第二十葉”句第一個“卷”字之後應補一“五”字(《集刊》此段脱字更多)。

100・4 **云即位心醴之者以神之**

“心”當作“必”,《集刊》不誤(見 13 頁第九札)。

101・4 **《史稿篇》**

“稿”當作“籀”。

107・2—3 **而但知博古堂,今乃知其主人乃柳也。**

“而”當作“向”。此與 70・11“向人”訛作“而人”同例(參看第二節)。

111・8 **項四百四十元左右**

“項”疑當作“須”。

113・三・5 **二書並刻石幵嘉**

“嘉”上一字當作“拜”。“拜嘉”之語亦見 327 等頁。

122・17 **《祼禮榷》**

“祼”當作“裸”。

126・13 **又不其說本是何書**

“不”字後似脱一“知”字。

127・16 **景叔之六如小卷已借來,及聯二紙爲之者**

“及”疑當作“乃”。

136・3—4 **連日借石印影宋本校之,甚肖勝於景宋本處**

“肖”疑當作“有”。

138・1 **已於上月抄寫成**

“抄”疑當作“杪”。此札寫於初二日,言上月杪正其宜。

142・5—6 **名爲學汪容甫……豈有容天先生之文可以僞爲者耶**

“容天”當作“容父”。“父”、“甫”字通,容父先生即指汪容甫。

144・12—13 **可咲熟甚**

“熟”當作“孰”。

144・13 **石封硯係原拓本**

“封”當作“鼓”。石鼓硯拓本見 146 頁。

146・二・7 **現擬將關〔兩〕漢以後所謂古文零星研究作爲一書**

“關”字不大可能是“兩”的誤字。疑“關”下原脱一“於”字。

148・9 **寶王大弓**

“王”當作“玉”。

149・12 **《禮記子本義疏》**

“子”上當脱一“卷”字。

159・二・8 **大路推輪**

“推”當作“椎”。

164・6 **恐不成卷佚也**

“佚”當作“帙”。

166・11—12 **李元妃貌亦當神似,國中作十七八歲女子,以李妃年度之亦近是矣。**

按文義,“國”當作“圖”。

169・23 **正笑日横愚**

“日”當作“田”,《晉陽》不誤(見 96 頁第一札)。

172・9—10 **轍窮漫墮軀車淚**

“軀”疑當作“驅”。

174・11—12 **諸人將以對素耶**

“以”上疑脱一“何”字。

178・二・14 **替〔贊〕成**

可能王氏書“贊”爲“賛”,過録者誤作“替”。

180・3 **來輯《竹書紀年》**

“來”當作“朱”,指朱右曾。

181・11 **已致公一書附呈**

“已”疑當作“乙”,指沈曾植。

183・二・6 **足證寄東之説不虚,因渠不知日幣價也。**

按文義,“不虚”當作“本虚”、“之虚”或“爲虚”。

185・10 **劉聚翁己未歸滬，請見示**

“己未”當作“已未”，是詢問語氣。

186・5—6 **劉葱〔蒽〕石**

“葱”、“蒽”是一字異體，不應以“葱”爲“蒽”的誤字。

186・7 **張石民家有一新興鏡，與圖錄所載者略字而多一句**

“略字”當作“略同”，《集刊》不誤（見21頁第三十五札）。又“圖錄”當指羅振玉《古鏡圖錄》，可加書名號。

188・2 **故渠覆書中有鏡已函知廿元云之也**

“云之”疑當作“云云”。

188・4 **當告緯公託頌請帶上也**

“頌請”當作“頌清”，此人名在致羅振玉札中屢見。

191・二・4 **盤品節至多，拜跪尤數**

“盤”字後疑脫一“辟”字或“旋”字。

192・2 **則只可據束晳補之詩**

“之”當作“亡”。“補亡詩”應加書名號。

193・2 **教想起居勝常爲頌**

“教”疑當作“敬”。

193・10 **从二厂**

“二”當作“二”，《集刊》不誤（見16頁第十六札）。

194・9—10 **《說文》鈞古文作鋆，而使夷敦作金，可知勹實是旬字。又古軍字有作軍者，此字［疑］亦疑從車旬聲，非從包者也。**

“《說文》”之後一字當作“鈞”。“可知”前一字當作“銞”。“有作”後一字疑當作軍。末一小句當作“非從包省也”。“省”字，《集刊》（24頁第四十五札）、《晉陽》（99頁第五札）皆不誤。《說文》謂“軍”字“从車从包省”。

199・1 **馮凱正位而仍不敢行**

“凱”疑當作“覬”。

199・5 **生氏之禍**

“氏”當作“民”。

201・1 **《唐韻》前有此諸人姓氏**

“《唐韻》”當作“《廣韻》”，《集刊》不誤（見27頁第五十八札）。

202・11 **其數十字**

“其”當作“共”,《集刊》不誤(見 23 頁第四十三札)。

206・二・13—14 含生總作微〔徵〕禽化

此詩亦見《遺書》本《觀堂集林》卷二十四,“禽”上一字亦作“微”。《集刊》所錄本,此字作“征”(25 頁第四十九札)。《集刊》用簡化字,則原札似作“徵”,但也有可能是誤認“微”字爲“徵”。《書信》既以“微”爲原文,又以爲是“徵”的誤字,不知有何根據。

214・1 其大意謂周改商制一出于尊尊之統者爲適庶之制

《集刊》“一”作“其”(26 頁第五十五札),似可從。

215・7 有桀笙伐唐而枚占語

“笙”當作“筮”。

217・二・5、6 

當作 ,《集刊》不誤(見 28 頁第五十九札)。

217・9 拜自猷其身

“自”下一字當作“獻”,《集刊》不誤。

217・10 光父 乙

“父”下一字當作“乙”,《集刊》不誤。

221・7 

當作 ,《集刊》不誤(見 31 頁第六十六札)。

221・9 庈

當作“庈”,《集刊》不誤。

222・5 王雪證

“證”當作“澄”。王雪澄即王秉恩(看 113 頁注②)。

224・10 商三句只拓本

“只”當作“兵”,《集刊》不誤(見 30 頁第六十二札)。

225・11 毛斧李本

“李”當作“季”,《集刊》不誤(見 30 頁第六十三札)。

229・8 得以款足以過去矣

“以款”當作“此款”。

232・11 陳蘭浦

“浦”當作“甫”。

238・6 **現在竊鈞竊國同一無罪**

“鈞”當作“鉤”。

238・二・7 **此事無從挽回,不必印刷事可以商議**

“必”疑當作“如”或“似”。

246・9—10 **藩氏齊鎛及八邵鐘全形拓本**

“藩”當作“潘”。“邵”當作“郘”。

248・12 **八月**

當作“八日”。

258・二・8 **可渠書**

“可”當作“河”。

271・15 **商君永錫**

“永錫”當作“錫永”,爲商承祚之字。

273・15 **又言不鼓爲秦文公十七年七月七日丙申日所作**

“不鼓”當作“石鼓”。

276・二・6—7 **惟鼓博不能不與磬氏同**

按文義,第二“不”字似爲衍文。

300・5—6 **境窘而并不此自銜**

“此”疑當作“以”,也可能“此”前脱一“以”字。

300・6 **其人謹願**

“願”當作“愿”,大概由於被誤認爲鈔録者所寫的簡化字而改爲“願”。

302・二・14—16 **十九日遇蔣孟蘋,謂誦清之書單渠擬留八種,大約經部書爲多,其他書則謂姚文敷所欲購者,尚〔倘〕是普通書,其程度尚不能及此也。**

前一“尚”字並非誤字。蔣孟蘋之意蓋謂姚文敷欲購者只是較普通之書,書單上之書價值較高,不合其要求。“欲購者”後之“,”號宜前移至“其他書”之後。

303・二・12 **闵闵**

第二“闵”字當作“伏”。

312・7 **竹石玄幅**

“玄”當作“立”。

313・二・1—2 **校尊藏明鈔《張説之文集》二十五卷,過明鈔本佳甚。**

按文義,“明鈔本”當作“明刊本”。

317・8—9 **而平聲無移、諄、桓、戈四部**

“移”當作“栘”。

317・9 **上聲無準、緩、梁三部**

“梁”當作“果”。

320・二・1 **《蘿郼草堂吉金圖》**

“蘿”當作“夢”,大概由於被誤認爲“萝”而改作其繁體“蘿”。

320・二・3 **日錄**

當作“目錄”。

323・二・2—3 **無甚惶悚**

“甚”當作“任”。

331・15 **惟纂輯書眉之物〔語〕爲讀書雜記一事**

“書眉之物”,語本可通,不應以“物”爲“語”之誤字。

333・18 **害於粲盛**

“粲”當作“粢”,此札所從轉錄的《國學季刊》一卷三號(以下簡稱“季刊”)已誤(見564頁)。

333・18 **魯弔魏辭**

“魏”當作“衛”,《季刊》已誤(見564頁)。

334・1 **從久**

“久”當作“攵”,《季刊》已誤(見565頁)。

334・15 **永言配命,與永言孝思,句法不同**

按文義,“不”似當作“本”、“亦”或“相”。《季刊》已作“不”(見565頁)。又“永言配命”與“永言孝思”皆應加引號。

335・5 **李軌**

當作“李軌”。

335・16 **道語尤夥**

“道”當作“造”,《季刊》不誤(見567頁)。

335・24 **其諸公羊數,亦劉歆《三統曆》所紀,互有異同**

“羊”當作“年”,“亦”當作“與”,《季刊》已誤(見567頁)。

336・5 **汪日楨**

“日”當作“曰”,《季刊》不誤(見567頁)。

340・二・9 **張君鴻釗**

“張”當作“章”。

352·5—6 欣木兄生前祈代爲道謝

“兄生”當作“先生”。

356·6 恐不能激此卷

“激”當作“繳”。

357·二·2 石經拓〈本〉

拓本亦可省稱爲“拓”,不必認爲有脱字。

363·3 三箇丹

“丹”當作“月”。

367·二·4 延令季氏

“延令”疑當作“延陵”。

373·1—2 故浼〔挽〕弟求公爲之地

“浼”當作“浼”,懇託之意,並非“挽”的誤字。

385·二·10—386·1 想不難付所望也

“付”當作“副”。

388·5 今兄書意見正之與同

“之與”似當作“與之”。

399·1 “退古後言”

“古”當作“有”。

400·二·9—10 觀之欲請假者,一則因前文未遽,愧對師友

“遽”疑當作“遞”。389頁致羅氏札曾説到向溥儀遞文之事。

407·2—3 非以皇室侍從之資格先大學中之一團體也

“先”當作“告”。

410·二·3 殊不可介也

“介”當作“解”。

413·3 云大學所借鈔,不知公可否?

按文義,“所”似應作“欲”。

416·1—3 今晨適復覽前編書目草稿,乃知再竭數〔若〕干年之力,未必能再得此數。

從文義看,與其認爲“數干年”之“數”是“若”之誤字,還不如認爲“干”是“十”之誤字。

435·6 宗周鐘究屬可疑。因精神氣味均不甚佳,可如置之。

“可如”當作“何如”。又“可疑”後“。”號宜改“,”號。

435·二·4 兄所集大鍁文字

“大”當作“古”。

437·8 子禾子釜

末一字當作“釜”。

438·8 若如之言

此札亦見孫海波《中國文字學》講義,此句作“若如兄所言”。疑“之言”當作“兄言”。

438·14 兄乃據此乃證其僞

“乃證”當作“以證”,孫海波講義不誤。

441·1 苟岳墓誌

“苟”當作“荀”。

441·21 西挾頌碑

“挾”當作“狹”。

442·4 王媪摹誌

當作“王偃墓誌”。

443·二·5 與《說文》之故一家眷屬

“故”當作“古文”。

459·三·6 十三▷三字

第一字爲甲骨文“才”字(通“在”),不應作九十之“十”。

460·二·2 第十久簡

“久”當作“六”。

460·二·3 不與附城其爵也

“不”當作“子”。

460·三·3—4 唯從二玉或二丰者當是豊〔豐〕字

“丰”當作丰,即王國維認爲玨字者(參看《觀堂集林·卷三·說玨朋》)。“豊”字不誤(參看《觀堂集林·卷六·釋禮》)。此札上文謂“豐”从二丰(音 fēng,與王氏認爲“玨”字者非一字),从二木者亦當是从二丰之“變”,故此處謂“唯從二玉或二丰者當是豊字”。如改作“豐”就講不通了。

462·二·1 近日如錄畢

“如”當作“始”。

《書信》題注中的錯字也很多,如168頁把《殷虚書契考釋》的"釋"誤爲"解",170頁把"則此札書於十二月"的"十二"誤爲"十一",206頁把"尊體"誤爲"遵體",215、351頁都把"甫"誤爲"逋",299頁把沈曾植的"曾"誤爲"增",312頁把"庚申"誤爲"庚甲",356頁把"渠行時"的"行"誤爲"引",427頁把"三月初四日"誤爲"四月初四日"等等,不一一指出了。

此外,《書信》的文字錯誤爲我們所忽略的一定還有不少。

四、注釋方面的問題

這裏所説的注釋不包括題注。《書信》編者對王氏提到的部分人名(包括部分用於影射的人名)作了簡單的注釋,這對讀者很有幫助。但是在這方面也存在一些疏失。陳秉仁《〈王國維全集·書信〉勘誤一則》,已經指出了編者誤合許家惺、許同藺爲一人的錯誤(《古籍整理出版情況簡報》130期28頁)。我們對民國前期的人物很不熟悉,在注釋方面只能發現一些瑣碎的小問題。下面先談有些注釋出現的位置不够恰當的問題。

《編輯説明》第七條説:"札中提到的人物,字、號、别號、代號、謗號兼用,乃至某些人物不能確考,兹於本集内首次出現時酌加簡注。"事實上,編者加注時並未嚴格按照這條凡例去做。例如:"黄再同"之注見120頁,而此名已先見於110頁。"顧鼎梅"之注見127頁,而此名已先見於119頁。"徐積餘"之注見138頁,而此名已先見於136頁。"廉惠卿"之注見142頁,而此名已先見於93頁(惠卿爲廉泉之字。130頁有"廉泉"之名,亦未加注)。186頁給"曼倩"出注,謂"西漢東方朔,字曼倩,此借東方複姓以指日本。"178—179頁一札説:"此次外交潮流與英、美有益,恐方朔外雖替〔贊〕成,心必不甘……"。"方朔"指日本,出現在"曼倩"之前,却沒有注。

還有些對注釋的零星意見,也在這裏説一下。55頁注①説章梫"字一山,號子厚、實齋"。這是不妥當的。王氏札中多借古人的名字指稱與之同姓的今人,所以用章惇的字"子厚"或章學誠的字"實齋"來指稱章梫。按照編者的注,子厚、實齋就成爲章梫正式的號了。73頁注③説劉廷琛"字幼雲,號潛樓、潛夫"。潛夫是劉克莊的字,也是借用來指劉廷琛的。86頁一札有"野王直奴耳"之語,編者注曰:"野王:桓伊,小字野王,曾任淮南太守。此借指曾任江蘇都督的馮國璋。"以淮南太守比江蘇都督,極不確切。馮野王是漢代名人。王氏借來指馮國璋的,應該是馮野王之名而不是桓伊的小字。252 頁一札說:“此次北方政治大活動,恐有魏人在内”,編者注曰:“魏人:魏國公徐達。此借指徐世昌。”此注恐不可信。231 頁一札說:“魏人之中恐懷此主義者甚多,中國報紙亦復陰贊其說”,編者無注。從文義看,魏人當指某一外國,決非指徐世昌。279 頁致羅振玉札說:“他日擬令積餘説程印生編一《吉金圖》”,編者注説程印生“似即程金生”。177 頁注③已指出程金生是古董商人程冰泉之弟,其身分顯然與程印生不合。

綜觀全書,《書信》編輯、出版的質量應該説是相當差的。希望《王國維全集》以後各卷的質量能有顯著的提高。

1986 年 2 月 4 日寫畢

原載《古籍整理與研究》第二期(上海古籍出版社,1987。署名一丁),今據以收入。

關於"六齊"合金配比解釋的勘誤

《文物》1986年第11期《"六齊"、商周青銅器化學成分及其演變的研究》一文附表七所列"六齊"的三種解釋,陳夢家、郭寶鈞二氏欄下的前四個比例和第六個比例中,銅的比例數皆誤增1,如"7∶1"應作"6∶1","2∶1"應作"1∶1"等;第五個比例"7∶2"應作"5∶2"。梁津氏一欄,因手頭無原文,不知是否有誤,希望也予以覆核。

裘錫圭

附:

裘錫圭教授指出我的文章附表七所列比例數字的錯誤,十分感激。表中的比例數都是按"銅合金∶錫"换算的,由於我的疏忽,謄寫表格時寫成了"銅∶錫",造成了所有比例數的誤差。懇請貴刊允予勘誤,表中三個小欄目"銅∶錫"都應作"銅合金∶錫",數字無需改動。借此機會向裘教授致謝,並向讀者深表歉意。

上海博物館　吳來明

原載《文物》1987年7期,今據以收入。

《陳獨秀草書中堂賞析》辨誤

編輯同志：

貴刊1998年第5期所載《陳獨秀草書中堂賞析》，是一篇寫得不錯的文章，但文中頗有些小疏失，現列舉於下：

1. 陳氏所書之詩第二句中的“風塵”，此文誤釋爲“風蔭”。第七句“元來”、第八句“邱壑”逕釋爲“原來”、“丘壑”，似亦不妥。

2. 25頁左欄倒12行“道光”爲“光緒”之誤，倒10行“統治”爲“統制”之誤。

3. 26頁右欄2頁4行說：“詩的第三句‘白霜公子調冰水，赤鐵道人練火花。’借用兩個神話典故，道出了當時險惡的政治環境。”今按：所引之詩句爲全詩第三聯（即頸聯），不應稱“第三句”。下文“詩的末句”亦應改作“詩的末聯”或“詩的尾聯”。所謂“兩個神話典故”不知何指，想是臆測。疑此兩句指當時紅、白兩方如水火冰炭之不相容，是否有典故，待考。

4. 26頁右欄倒11行說陳氏“常以篆書體入草書，如此幅中堂中的‘冰’、‘火’等字。”今按：“冰”作“仌”，確爲篆書體。“火”字寫法與一般行、草同，從何見其“以篆書體入草書”？

5. 26頁右欄4至6行說詩的尾聯“勸告老友面對脚鐐手銬，要放寬胸襟；面對逆境處之泰然”，應該是對的。既然如此，此詩就應寫於1932年10月15日國民黨逮捕陳氏之後。此文26頁左欄9至10行說“詩作與書法均不可能成於1932年10月15之後”，是不對的。由於潘氏自九華山寄陳氏詩與潘氏求陳氏書此詩這兩件事是否同時尚不可知，陳氏作書時間之下限仍無法確定，有待熟悉陳、潘二人事跡者考定。

讀者

1998年10月27日

原載《文物天地》1999年1期（原題爲《來信照登》），今據以收入。

評《工具書帶來的困惑》

編輯同志：

讀貴刊1999年1期《工具書帶來的困惑》一文（以下簡稱“困惑”），覺得其中有些看法可以商榷。該文說：

> 這已是半個世紀以前的事了。第一次聽到人們讀“竣工”爲“俊工”，讀“鼓浪嶼”爲“鼓浪雨”，特别是把“邈”（應讀 mò）讀作“渺”，我的確感到相當驚訝。因爲我一直讀“竣”爲七倫切（cún），與“逡”、“踆”同音，一直讀“嶼”爲“許”（xǔ），至今廈門當地人還是讀 xǔ 不讀 yǔ 的。至於“邈”，如果讀“渺”，是“藐視”的“藐”的假借字；如果當“遠”講，只有音 mò 一種讀法。

因此該文作者對現行的字典“把誤讀訛讀當成‘正音’”表示不滿（48 頁）。這段話有幾個問題。

“竣”音七倫切，折合今音應爲 cūn，讀陰平不讀陽平。也音七倫切的“皴”，現在就讀爲 cūn。但字音的演變，情況往往很複雜。“逡巡”的“逡”現在是讀爲 qūn 的（也許是受了“巡”的同化?）。“竣”讀爲“俊”，可能是受了“俊”的影響。但是既然99.9%以上的人都已讀“竣”如“俊”，字典當然就只能注這個音了。這並無過錯。如果注成 cūn，反倒會使廣大讀者困惑。

“嶼”字，《廣韻》音徐吕切，與“緒”、“敘”、“序”等字同音。我幼年時，老師和長輩也教我把這個字讀如“序”，而不要讀如“與”。可是現在絶大多數人把這個字讀爲“與”，字典當然也只能注這個音。《困惑》把“嶼”讀爲“許”（xǔ），也有問題。“嶼”是全濁上聲字，後世按照濁上變去的規律讀爲去聲，同小韻的“緒”、“敘”、“序”等字都是如此。讀爲“許”是清濁不分。廈門人現在也不把“嶼”讀爲上聲，而讀爲陽去，而且其聲母、韻母都與普通話不同，所以廈門的“嶼”更不能注爲 xǔ。

《困惑》關於“邈”字的説法也有問題。《廣韻・上聲・小韻》亡沼切“眇”小韻有“藐”字，注云：“字書藐遠，又亡角切（此與下文所引“莫角切”同音）。”《入聲・

覺韻》莫角切“邈”小韻“邈”字下注云:“遠也。”此小韻也有“藐”字,注云:“紫草。”《集韻》覺韻“邈”字下則注云:“邈邈,悶也,一曰遠也,通作藐。”可見一方面讀“莫角切”的訓“遠”的“邈”也可寫作“藐”(《楚辭·九章·悲回風》:“藐蔓蔓之不可量兮。”注:“一作邈。”洪興祖《補注》:“藐,音邈,遠也。”即其實例),另一方面讀亡沼切(miǎo)的“藐”也可訓爲“遠”。古人似乎並未根據“邈(藐)遠”、“邈(藐)小”二義的不同,而把“邈”或“藐”的讀音分成兩種。《困惑》讀“邈”爲 mò,當是據“莫角切”折合今音的。這當然是可以的。但是現在大家都把“邈”讀爲 miǎo,字典當然也只能這樣注音。

“邈”讀 miǎo,可能是受了有 mò(莫角切)、miǎo(亡沼切)兩音的通假字“藐”的影響。但也有可能是由於莫角切一音發生了不規則的變化。《廣韻》莫角切“邈”小韻中有“皃”字(即“貌”字,《集韻》覺韻“皃”字注有異體“貌”),注云:“皃人類狀,本莫教切。”這個讀爲入聲的“貌”是當描畫狀貌講的,古書中也可寫作“邈”。蔣禮鴻《敦煌變文字義通釋》“邈(貌)”字條說:

> “邈”字(引者按:指當“描畫”講的“邈”字)原來應該作“貌”。“貌”的本義是容貌,轉成動詞,作圖寫容貌解,讀作入聲……變文的“邈”則已讀作平聲。從“貌”讀到平聲的“邈”,才有後起的从手苗聲的形聲字“描”字的出現。(上海古籍出版社 1988 年第四次增訂本 146 頁)

如果音莫角切的“貌”能變讀爲“描”,同音的訓“遠”的“邈”似乎也有可能變讀爲 miǎo。不過描畫的“描”已見《廣韻》,究竟是不是本讀莫角切的“貌”的後起字,還需要進一步研究。音莫角切的訓“遠”的“邈”(亦作“藐”)跟音亡沼切的訓“遠”的“藐”,音莫角切的訓描畫的“貌”(亦作“邈”)跟描畫的“描”,都至少可以看作音近義同的同源詞。“邈”後來讀同“藐”(亡沼切),“貌”後來讀同“描”,至少可以看作同源的同義詞的合併。

總之,我們認爲《困惑》在字音方面對字典的指責是不够合理的,該文作者自己關於字音的說法也是有可商榷之處的。

此外,《困惑》在批評《現代漢語詞典》不應承認“肖”爲“蕭”姓的俗寫之後說:

> “肖”字之外,還有“付”字。一般人認爲,這個字既可通“副”,又可通“傅”。“付”、“副”相通,修訂本《現代漢語詞典》已有明文指出。但在詞典中以“付”字爲詞頭的條目却無一可通“副”,以“副”字爲詞頭的條目亦無一可通“付”,可見在書面語的使用中兩字並不能互通。那麼寫成“付部長”、“付教

> 授”之類究竟算不算錯,我還是不清楚。(49 頁)

這裏有誤會之處。

《現漢》“付²”注云:“同‘副²’。”“副²”只有“量詞”一義。這説明“副”字只是在用作量詞時才可以寫作“付”。詞典中以“付”或“副”爲詞頭的條目都與量詞義無關,二字當然不能相通。正副的“副”,按《現漢》的規定當然也不能寫作“付”。

《困惑》接着上面的引文,以下引這段話結束全文:

> 最令人困惑的,乃是“付”字下有一條注云:“姓。”而“傅”字下亦有一條注云:“姓。”我想問,姓“付”的和姓“傅”的究竟是一個姓呢,還是兩個姓? 如果只有姓“傅”的而本無“付”姓,則“付”下的那條注實應廢掉。今兩條並存,只能徒亂人意。面對這樣的工具書,讀者究應如何對待和使用,我看確是够令人困惑的。(49 頁)

這裏的指責也是有問題的。

《康熙字典》“付”字下就有“姓”這一義項,可見我國並非“本無付姓”。《現漢》對有姓氏用法的字一般都注出“姓”這一義項(這大概跟漢字拼音中姓氏要用大寫字母起頭有關)。在“肖”字的“姓”這一義項後,《現漢》加括號注上了“‘蕭’俗作肖”四字。“付”字的“姓”這一義項後既然未注“‘傅’俗作付”,當然是指本有的付姓的,怎麽能“廢”掉呢? 目前出版的字典、詞典,的確還有不少可改進之處,但是《困惑》作者對它們所感到的困惑,一般讀者恐怕是未必會感到的。

一讀者

原載《文史知識》1999 年 6 期(原無標題),今據以收入。

朱德熙先生在古文字學方面的貢獻

朱德熙先生的主要學術貢獻在漢語語法方面,但是在西南聯大念書的時候,他最感興趣的學科却是古文字學,後來也一直沒有放棄這方面的研究,並在這一領域,特別是在戰國文字研究方面,作出了非常重要的貢獻。(附注:本文所說的戰國文字,主要指六國文字。)

早在1947年,朱先生就在北平《新生報》的副刊《語言與文學》上發表了好幾篇考釋古文字的文章。其中關於戰國楚器銘文的幾篇,後來改寫成《壽縣出土楚器銘文研究》一文,發表在《歷史研究》1954年第1期上。在這篇文章裹,對楚國文字中的"隹"字和"集"字的考釋最爲精彩。"隹"字在古代是一個常用字,可是在戰國時代的楚文字裹,"隹"字的寫法却往往非常奇詭,以致學者們難以辨識。如長沙楚帛書的"隹"字,就曾被誤釋爲"邦"字。壽縣楚器銘文裹常見的从"隹"的"集"字,當時的很多學者也都不能辨識。先生通過細密的論證釋出了這兩個字,他的意見很快就得到了普遍承認。這篇文章裹還有一些好意見,如把楚器銘文中的"王句"和古印的"夫句"讀爲"王后"和"太后"、把前人誤釋爲"燕"或"然"的字改釋爲"膾"等,這裹不細說了。1958年先生又在北大中文系《語言學論叢》第二輯上發表了《戰國記容銅器刻辭考釋四篇》,也有不少很好的意見。這兩篇文章奠定了先生在戰國文字研究領域中的突出地位。先生後來發表的關於戰國文字的論文,有不少篇在質量上超過了這兩篇。但是這兩篇由於發表得早,影響特別大。

在先生之前,戰國文字在古文字學界是比較受冷落的。戰國時代是文字劇烈變化的一個時代。戰國文字裹的很多字,跟已知的各種古文字裹相應的字,在字形上幾乎完全失去了聯繫,如果不得門徑,研究起來很困難,學者們往往望而却步。有些學者雖然已經涉足於戰國文字研究的領域,但是在文字考釋方面一般都還比較粗疏。先生在這方面大大超過了前人。

先生對古文字字形的分析,非常深入細緻。有時候,某個字的某種字形由於訛變或簡化得太厲害而不爲人所識。一般人斷斷想不到這一字形會是某個字的異體,先生通過精確地揭示這個字的字形演變的複雜過程,能使人清楚地認識到這一字形確實就是這個字的異體。

先生考釋古文字還有更重要的一個特點,就是堅持語言學觀點。他非常注意文例,不但要求自己的考釋在字形上站得住脚,而且要求在語法、語義上也站得住脚。這就是説,根據他的考釋來讀有關古文字資料,要能文從字順。他時常根據一個古文字在語句中的語法地位,來判斷它有可能是哪個字或不可能是哪個字。由於先生對字形和文例這兩方面都十分重視,他的考釋説服力很强,有很大一部分是顛撲不破的。

有不少古文字學者爲了講通古文字資料裏的詞語和文句,濫用通假,甚至把一個字任意讀成古音並不相近的另一個字。先生的考釋沒有這種毛病。他的論文裏涉及古音的内容都是合乎音理的。

由於具有以上優點,再加上文章條理清楚、説理透徹,先生考釋古文字的論文跟前人的相比,呈現出嶄新的面貌。可以説先生不只把戰國文字研究的水平,而且把古文字考釋的整體水平提高了一大步,對後人的影響極爲深遠。我自己是讀了先生的文章以後,才對戰國文字産生濃厚興趣的,在古文字考釋方法上也受到先生的深刻影響。我相信在跟我同輩和比我年輕的古文字研究者裏,有不少人也是這樣的。

在60年代,受到當時政治形勢的影響,古文字研究進入低潮。但是先生由於對古文字有發自内心的愛好,並沒有中止這方面的研究工作。

進入70年代以後,一直到90年代初,先生陸續發表了多篇考釋戰國文字的論文,涉及的資料包括楚簡、楚帛書、璽印、陶文、盟書和銅器銘文等方面。在這些論文的内容裏,如對齊國文字中"者"字的考釋(《戰國匋文和璽印文字中的"者"字》,《古文字研究》第一輯)、對戰國文字中一系列以"官"的省體"自"爲聲旁的形聲字的考釋(《戰國銅器銘文中的食官》,《文物》1973年12期)、對戰國文字中的"犢"字和一系列从"犢"聲之字的考釋(《古文字考釋四篇·釋犢》,《古文字研究》第八輯)、對戰國文字中的"丼"字的考釋(《戰國文字研究(六種)·遽馹考》,《考古學報》1972年1期)、對見於齊國璽印的官名林衡的考釋(《釋桁》,《古文字研究》第十二輯)、對信陽楚墓編鐘銘文開頭的紀時之辭"晢(荆)篙(曆)屈柰"的考釋(《晢篙屈柰解》,《方言》1979年4期),以及對楚簡、楚帛書中的一些字的考釋,都是極爲精闢,並爲學者們所普遍接受的。

在70年代,先生還參加了馬王堆1號漢墓遣策、銀雀山漢墓竹書、馬王堆3號漢墓帛書、望山楚墓竹簡和平山中山王墓銅器銘文的整理研究工作,做出了很大貢獻。

先生在古文字方面的研究範圍並非只限於戰國文字,他對甲骨文和秦漢文字等也都有精深的研究。我聽先生說,他的大學畢業論文是關於甲骨文的。只是限於時間條件,戰國文字之外的古文字研究文章,先生後來寫得很少。已發表的研究成果,如對甲骨文"尋"字的考釋(《古文字考釋四篇·釋尋》,《古文字研究》第八輯)、對甲骨卜辭"屯日"一詞的解釋(《說"屯(純)、鎮、衠"》,《中國語文》1988 年 3 期),以及關於馬王堆漢墓遣策的很多意見,也都是非常有價值的。

先生寫考釋古文字的文章,沒有多餘的話。如發表在《方言》1979 年 4 期上的《耇篙屈栾解》還不到一千字,只印了一頁,但却解決了重要問題。這也是非常值得我們學習的。

編按:

朱先生與我合寫的《戰國文字研究(六種)》中有《侯馬載書"麻夷非是"解》一篇,論證侯馬盟書誓詞末句"麻夷非是"即"滅彼族氏"之意。此批侯馬盟書末句偶有作"麻夷之非是"者,日本學者平勢隆郎據以反駁我們對"麻夷非是"的解釋。今按此疑是由於書寫盟書者先寫成"麻夷之",因意義不夠明確,又加上了"非是(彼氏)"而造成的。"之"與"彼氏"可視爲同位語。

原載《朱德熙先生紀念文集》(語文出版社,1993),又載《裘錫圭學術文化隨筆》,今據後者收入。

懷念我敬愛的朱德熙先生

我是在1960年底分配到北京大學中文系工作的。在此之前，我讀過朱先生發表在《歷史研究》和北大中文系《語言學論叢》上的兩篇研究戰國文字的論文。作者分析問題的深入細密、論證的有力和文章的簡潔流暢使我深爲折服。這兩篇論文激起了我對戰國文字的濃厚興趣，並使我對作者産生了景仰之情。在50年代，吕叔湘先生和朱先生合著的《語法修辭講話》風行全國，影響很大。我當然是首先通過《講話》知道朱先生的。不過由於我的興趣在古文字方面，那兩篇論文對我的影響要比《講話》大得多。

到北大中文系以後，由於跟朱先生不在一個教研室，並且到系不久就被下放到十三陵公社泰陵大隊去勞動，所以在長達一年多的時間裏，跟先生仍然沒有任何往來，只是偶爾在系裏的會議上看見過先生。

我在泰陵勞動了半年多，到1961年底才回校。我記得我是在1962年的一個晚上，第一次去拜訪先生的。那時候我住在校園内的教工集體宿舍裏。那天晚上我沒有請人帶領，獨自走到北大三公寓，懷着多少有些緊張的心情，敲開了先生家的門。我先作了簡短的自我介紹，並表示了對先生的景仰，接着就陳述事先準備好的關於戰國文字的一些意見向先生請教。先生饒有興味地聽我呶呶不休地談自己的見解，並且對我的大部分意見立刻加以肯定。一位在學術上已經有很高成就的學者，竟能這樣坦率熱情地對待我這樣一個初次跟他接觸的青年，這使我十分感動。我慶幸自己找到了一位最好的老師和知音，覺得自己在感情上跟先生一下子就變得毫無距離了。

此後，我常常去找先生談古文字。尤其是在自以爲有了比較重要的發現的時候，往往迫不及待地往先生家裏跑，想讓先生早些知道，甚至天在下雨也不管。先生也常常把他尚未發表的考釋古文字的意見和其他學術見解講給我聽。有時候我們發現彼此的見解可以互補，那就格外高興。例如，先生認爲六國印文中很多从“𠂤”的形聲字，實際上是从“官”聲的，“𠂤”是“官”的簡寫。我認爲戰國銅器銘文中"私自""左自"等"自"字應該釋讀爲"官"。但是彼此都沒有注意到對方所注意到的現象。發表在《文物》1973年12期上的、先生和我合寫的《戰國銅器銘文中的食官》,就是把我們的這些意見結合在一起寫成的。在60和70年代,我國一般知識分子的生活比較苦,做學問的條件比較差。有一次我跟先生說,像我們這樣搞學問、談學問是"窮開心"。先生很欣賞,後來多次在我們的談話中重複這句話。

自從認識我以後,先生在跟一些好友閒談的時候,屢次提到我、稱贊我。大約在1963年,先生爲中文系學生開過一次古文字學課,在課堂上曾引述過我這個當時還只是一個名不見經傳的青年助教的意見加以肯定。此外,先生還在別的一些場合稱贊過我,這裏不一一敘述了。當然,這方面的情況我都是聽人說的。有的情況,如先生曾對汪曾祺先生熱情地稱贊過我,直到去年開追思會的時候,聽了汪曾祺先生的發言才知道。我認爲先生這樣做,並不是從個人好惡出發的。先生稱贊過的年輕人不止我一個。他看到在學術上有希望的年輕人,總是由衷地感到高興,總是"不解藏人善",在各種場合熱情稱贊他們。這鮮明地反映了先生對學術和教育事業所抱有的真摯的、熱烈的感情。遺憾的是自己不爭氣,遠遠不能滿足先生的期望。另一方面,自己年紀大起來以後,對年輕的後進却缺乏先生那種真摯的熱情。真是愧對先生。

先生對我的幫助是多方面的。他主動推薦我出國講學;主動跟商務印書館的郭良夫先生聯繫,讓商務出我的《文字學概要》;還做了很多扶植我、幫助我的事。在這裏我著重講一下先生幫助我修改文章的情況。

先生不惜耗費寶貴的時間和精力,多次幫助我修改文章。例如我發表在《中國語文》1978年第3期上的《漢字形成問題的初步探索》,就是在先生的指導和幫助下,經過幾次修改才寫成的。先生看了我的初稿後,坦率地跟我說,這簡直不像一篇論文,並且提了很具體的意見讓我修改。看了第一次修改稿後,先生仍然不滿意,又提了一些意見讓我進一步修改。大概反復了三次或四次,才寫成發表出來的那個樣子。對這篇文章,先生最後仍然是不滿意的。但是他覺得以我的水平大概只能寫成這個樣子,也就只好算了。我的《考古發現的秦漢文字資料對於校讀古籍的重要性》、《關於殷墟卜辭的命辭是否問句的考察》和《卜辭"異"字和詩、書裏的"式"字》等文章,先生都親自動手作過修改。

在寫《文字學概要》的過程裏,我幾乎一碰到難以處理的問題,就要跑到先生家裏去請教。有時候爲了一個問題可以討論兩三個小時。我把文字符號分成兩個層次,即語言的符號和構成文字的符號。後一種符號的名稱——"字符",就是先

生給取的。前年12月13日先生從美國寫來一封信,一開頭説:

> 近來翻閲《文字學概要》,隨手記下一些意見,本來想通讀全書之後,一並寄上,又怕時間拖得太久,不如看到多少算多少,隨時奉告的好。此書佳處不必在這裏提,要説缺點,主要是行文不够明白曉暢,有些地方真可以説是詰屈聱牙,令人難以卒讀,這就把全書的好處都掩蓋住了。我覺得最好現在就開始修改,發現一處改一處,作好再版修訂時的準備。

下面是三大張具體的修改意見。先生寫這封信的時候,離去世已經只有半年多一點了,身體已經不大好了。在這種情況下,他還如此關心我,爲《文字學概要》的修改而操心。每次想到這些,都既感激又心酸。今後再也聽不到先生對我的教導了。

先生對自己的文章,要求非常嚴格。先生的著作,大到一本專著,小到一篇短序或回憶性的短文,在形式上都是很講究的,在内容上都是言之有物的。先生以會寫文章著稱。但是他幾次跟我説,寫文章對他並不是一件輕松的事,他寫一篇文章總是要反反復復修改很多次,有時改得非常“苦”。先生最討厭講話、寫文章矯揉造作,堆砌辭藻。他的文風是很自然的。但是先生的文章並不是自自然然、輕輕松松地寫出來的,每一篇文章裏都凝結着先生的心血。先生跟我合寫的文章,幾乎都由他親自定稿並謄清。他對這些文章也是一絲不苟的。先生的這種身教跟言教一樣重要。我想先生的其他學生也會有同感。

先生不但在業務上給我莫大的幫助,在生活上也很關心我、照顧我。先生爲我聯繫出國,聯繫出版著作,既是爲我的業務考慮,也是爲我的生活考慮。有些看起來很小的事情,很能説明先生對我的照顧的無微不至。在70年代,我曾跟先生出過三次差。一次到濟南山東省博物館核對臨沂漢簡。一次到武漢湖北省博物館核對望山楚簡。一次到石家莊河北省博物館參觀平山中山王墓出土文物。我比先生年輕十五歲,領取、報銷差旅費用等瑣事按理當然應該由我來做。但是先生知道我當時還缺乏出差和管錢的經驗,又不善待人接物,一聲不吭,自己把這些瑣事管了起來。

先生爲我做的事太多了,我却没有爲先生做過什麽像樣的事,甚至連先生要我做的事也没有認真去做。先生曾屢次跟我和李家浩説,應該把我們三個人考釋戰國文字的成果編成一本書。他的設想是這樣的:打散已發表的有關論文的内容,按資料門類(如簡、帛、金文、璽印、陶文、貨幣等)來編;書末加索引,逐字注明哪個字的考釋主要是我們之中哪個人的意見;卷首加兩篇文章,分别討論戰國時代各國文字的特點和考釋戰國文字的方法。由於我沒有按照先生的意思積極去做,直到先生去世,書還沒有編出來。這是我最内疚的一件事。先生逝世以後,再按照原來的設想來編這本書顯然是不合適了。我和家浩準備把先生關於古文字的論文(包括跟我或家浩合寫的)編一個集子,爭取在不太長的時間裏印出來。但是即使編印出來,先生也看不到了。我對不起先生。

1993 年 2 月 5 日夜寫畢

原載《朱德熙先生紀念文集》(語文出版社,1993),又載《裘錫圭學術文化隨筆》,今據後者收入。

懷念耿先生

我是在1979年認識耿鑒庭先生的。那一年我妻子董岩産後需要調理身體,想找一位好大夫。有朋友向我們提議説,西苑中醫院的耿鑒庭大夫以耳鼻喉科馳名,其實婦科的醫道也很高明,耿大夫很有學問,喜歡跟研究文史、考古的人交往,你們爲什麽不去找他呢。我在1958年參加歷史博物館新館陳列設計工作時,就認識了當時在歷博工作的、耿先生的女兒耿引曾大姐。聽了那位朋友的話,就找耿大姐帶我們去見耿先生。耿先生和師母熱情地接待了我們。此後,我們每隔一段時間就去看耿先生一次,董岩吃耿先生開的藥調理好身體以後,也仍然保持這個習慣。每次見面,耿先生幾乎都要跟我談文史、考古方面的事,彼此談得很愉快。下面舉兩件我記憶較深的事。

耿先生是揚州人。我們相識後不久,他就很自豪地告訴我,著名的揚州江都甘泉山西漢刻石,他有全份拓本,而且所得文字比一般所見拓本要多。有一次我去看耿先生,他興致很好,主動取出拓本,小心翼翼地一張張打開讓我看,看完後又小心翼翼地收起來。我感到這份拓本是耿先生最珍視的一件收藏品,至少也是最珍視的收藏品之一。

又有一次,我跟耿先生談到居延漢簡中有關醫藥的一些資料,他鼓勵我用這些資料寫一篇文章。後來我根據平時讀居延漢簡時做的筆記寫了一篇數千字的文章,送給耿先生看。耿先生非常高興。他本想讓醫史雜志發表這篇文章,由於某種原因而未果。於是他特地請人用工整的字體把這篇文章刻印出來,印了很多份,訂成小本散發,我至今還保存着幾本。

90年代初,耿先生因中風而喪失了語言能力,這在他自己是一件很痛苦的事,我也因此失去了再向耿先生請教的機會。現在耿先生離我們而去了,但是他熱愛學術的可敬形象將永遠存留在我的記憶裏。

為紀念耿鑒庭先生而作。今據手稿收入。

回憶唐蘭先生

——爲紀念唐先生百年誕辰而作

我在50年代念大學的時候,就讀了唐蘭先生所著的《中國文字學》、《古文字學導論》、《殷虚文字記》和《天壤閣甲骨文存考釋》等書。《中國文字學》是在解放前夕由開明書店出版的,解放後被當作廉價書賣。50年代初我在上海念高中的時候,在福州路的廉價書店裏用兩千元(相當於幣制改革後的兩毛錢)買到了這本書,但認真加以閲讀則是進大學以後的事。

我在1952年秋進復旦大學歷史系念書。教我們先秦史的老師,是著名的甲骨學家胡厚宣先生。後來他還爲我們開過名爲“甲骨學概論”的選修課。我進大學不久,就迷上了甲骨文。大學四年的課餘時間,大部分都用來讀甲骨文和其他古文字方面的書了。胡先生30年代在北大念書的時候,聽過唐先生的課。他在給我們講課的時候對唐先生很推崇,所以我積極找唐先生的書來讀。從學校圖書館可以借到《古文字學導論》(北大石印講義本)和《天壤閣甲骨文存》,但借不到《殷虚文字記》。幸虧胡先生有《殷虚文字記》的抄本,把它借給了我。我把這三種書的主要内容都抄錄了下來。讀了這些書,我非常欽佩唐先生,深深感到唐先生是全國最高明的文字學家和古文字學家。正是唐先生的這些書,使我能夠在學習和研究古文字的過程裏,較快地走上一條比較正確的道路。

1956年本科畢業後,我當了胡先生指導的“甲骨學與商代史”研究生。1956年冬,胡先生調北京,任中國科學院歷史研究所先秦史組研究員。我跟隨胡先生到歷史所,以復旦研究生的身份在先秦史組學習。1957年,歷史所把《古文字學導論》刻寫油印,發給年輕的研究人員學習,並請唐先生來所作了一次關於古文字的演講。我是在這次演講會上第一次看到唐先生的。不過我只是坐在會場裏聽先生演講,並沒有向先生進一步請教的機會。

我第一次跟唐先生面對面地交談,是在1958年。那一年歷史所派一批年輕的研究人員參加作爲國慶十周年獻禮項目的中國歷史博物館新館籌建工作。我的編制雖然不屬歷史所,但是也被派去參加這項工作。我分配到奴隸社會段,在郭寶鈞先生領導下從事殷商段的陳列設計工作。

新館的陳列品,絶大多數需要從全國各有關單位徵調,調的還幾乎都是頂尖的精品。這件事在今天是絶對辦不到的,但在那時各單位都大力支持。殷商段的陳列品有不少需要向故宫博物院徵調。當時唐先生好像是故宫博物院陳列部主任,負責跟殷商段接洽調撥文物的事。郭寶鈞先生和我,原來在要故宫調撥的文物名單上,開列了大量精品。唐先生看了名單,微笑着説,調是要調的,但是沒有必要調那麽多;接着就用筆在名單上劃掉了很多項。他所劃掉的,在名單所列文物中都還有同類物品,少了這些東西,新館的陳列不會受多大影響,我們就都同意了。我覺得唐先生把這件事處理得非常好。

談完正事,我利用這難得的機會,向唐先生請教了一些問題。現在還記得的,是關於"罩"字的問題。我爲了在陳列中表示商代的田獵方法,需要用甲骨文中象"隹"在"网"下之形的一個字,問先生這個字應該怎樣釋。先生説,你就釋作从"网"从"隹"的"罩"(zhào)好了,這個字是見於《説文》的。這個意見,唐先生在此前所發表的書和文章裏沒有講過,只見於山西教育出版社 1999 年出版的遺稿《甲骨文自然分類簡編》(見 134 頁)。李孝定先生在《甲骨文字集釋》中也釋此字爲"罩"(見 1289 頁,他人多釋此字爲"羅"),但此書的出版在 1958 年之後。唐先生在《簡編》中對"罩"字的考釋乃是他的創見,決沒有受過他人影響。我想在《簡編》中,類似"罩"字的例子一定不少。

我在 1960 年底分配到北大中文系工作。1962 年,系裏請唐先生給本科高年級生開文字學,讓我當這門課的助教。文字學是一學期的課,每周上一次,我的任務是用學校的小車去接唐先生,並隨堂聽課,爲以後自己開文字學作準備。朱德熙先生在《紀念唐立厂先生》一文中,説唐先生在西南聯大時"上課從來不帶講稿"(《古文字研究》第二輯 4 頁)。這次上課也還是這樣,只有一次由於要舉的一個例子情況比較複雜,才帶了一張抄有這個例子的小紙片。儘管先生沒有講稿,課却講得很有條理,語言也很順暢易懂,聽起來很舒服。

先生講課,喜歡批評郭沫若先生,時常説這個郭沫若講錯了,那個郭沫若講錯了,但却很少批評别的學者。我想這説明唐先生很看重郭先生。他覺得郭先生有資格挨他批,那些"自鄶以下"的,他就不屑於提了。

朱德熙先生在上文所引的那篇紀念文章裏,説他在"文化大革命"後第一次見到唐先生,"是 1972 年在文物出版社召開的馬王堆一號墓座談會上",他們二位

“一見面就大談遣册(引者按:指馬王堆一號墓所出遣策)裏的問題”(7頁)。我沒有參加那次座談會,但此後不久,跟隨朱先生到故宫裏去看過一次唐先生,好像是朱先生事先跟唐先生約好的。唐先生先讓我們看了一些尚未發表過的故宫所藏青銅器的銘文拓本,接着又大談他對馬王堆一號墓遣策的一些問題的意見。我們見面的那間屋子裏挂着一塊小黑板,唐先生還不時把那些不易聽懂的字在黑板上寫出來。他講得興高采烈,我們也聽得很入神。講到最後,他笑着加上了一句:“我這都是胡說八道。”惹得我們也笑了起來。唐先生的意見其實有不少是很有價值的,不過他雖然笑着說那句話,却顯得很真誠,一點沒有故作謙虚的味道。這是唐先生真率、開朗的性情的自然流露。

大約在1972年或稍晚一些的時候,語言研究所爲了扭轉“文化大革命”中語言研究陷於停頓的局面,在北京召開過一個討論如何開展語言研究的會議。大概由於朱先生的推薦,我也被邀參加,跟唐先生分在一個小組。有些著名學者在大會上作了談個人研究計劃的發言,唐先生是其中之一。他的計劃很龐大,可惜後來大部分沒有實現。唐先生發言的具體内容,現在已經記不很清了,但有一件事印象還很深。唐先生的計劃中有一項是《說文解字》研究。在唐先生發言之前,以研究《說文》著稱的陸宗達先生已經發了言,他的計劃裏當然也有《說文》研究。唐先生提到了這一點,並帶着微笑說,他們兩位的書將來寫出來,一定是很不一樣的。聽了唐先生的話,有不少人笑了。唐先生所以這樣講,顯然是由於陸先生繼承了章、黄《說文》研究的傳統,而他則要從古文字學的角度去研究《說文》。唐先生研究《說文》的書沒有寫出來,實在可惜。

1974年,爲了整理馬王堆帛書和銀雀山漢簡,有關領導調集了一批專家,由文物出版社組織他們進行工作。唐先生、朱先生都在被調之列。我由於王振鐸先生的推薦,也被調去參加工作。整理工作就在文物出版社所在的紅樓裏進行,直到1976年唐山地震,我們才離開紅樓。在紅樓的兩年時間裏,跟唐先生常常見面,有時還在一起開會討論問題。在被調的專家裏,唐先生年紀最大。但是他不但工作效率一點也不比别人低,而且還搶着幹重頭活。他爲了給馬王堆帛書《老子》甲本的圖版定稿,整整一個通宵沒睡,是最突出的一例。這件事在朱先生的紀念文章裏有生動的描述,這裏就不重複說了。

唐先生對晚輩毫無架子的優點,在工作中也充分體現了出來。馬王堆帛書《戰國縱横家書》的整理工作,是唐先生負責的。我沒有參加這項工作。這部書的釋文在《文物》上發表後,我對着帛書照片讀了一遍,對有些字的釋法有不同意見。唐先生知道了,就在一天傍晚下班以後,拿着刊登釋文的那本《文物》,到紅樓地下層我的臨時宿舍裏來找我,把我的意見逐個記在有關釋文旁邊。唐先生比我大三十四歲,是我的老師的老師。他知道我對釋文有意見,完全可以讓我寫一份書面材料。但是他却在下班之後推遲回家,親自找我,親筆記録我的意見,這是我想不到的。

唐先生是1979年初逝世的。先生享壽不算短,晚年還生過一場大病,但在學術方面,思想始終清晰、敏捷,逝世前不久還在勤奮寫作,聽説最後中風倒地時手裏還拿着書。先生學術生命力的旺盛是驚人的,可惜來不及寫完他在甲骨文和金文研究方面的兩部總結性著作就猝然離去,給學術界留下了無法彌補的遺憾。

原載《中國文物報》2001年2月14日5版(題爲《我與唐蘭先生的淵源》,爲編者所加,且有删改),今據原稿收入。

悼念馬幾道教授

馬幾道教授是一位優秀的漢學家。他爲了跟羅杰瑞教授一起翻譯我的《文字學概要》,付出了艱巨的勞動。在翻譯過程中,他還指出了原書的一些錯誤,如秦公簋是民國初期出土的,而不是清代出土的。足見他的謹嚴細密的學風。他跟我家有二十來年的交誼,我們全家對他的不幸逝世都很悲痛。

原載《國際簡帛研究通訊》第二卷第六期(2002 年 12 月),今據以收入。

張政烺先生與古文字學

在當代文史學家中,張政烺先生學問的淵博舉世無匹。這是大家公認的。不過張先生治學的重點還是很明確的,那就是古史學和古文字學。學術界一般認爲張先生主要是一位古史學家。其實,張先生在古文字學上的造詣和貢獻,決不在他的古史學之下。

我們只要翻一下中華書局2004年初出版的《張政烺文史論集》(以下簡稱"論集")就可以知道,張先生寫得最多的,乃是古文字學方面的文章,而且質量非常高。

張先生在北京大學史學系讀書的時候,就開始發表學術論文。1934年,張先生發表了他的第一篇論文——《獵碣考釋初稿》(獵碣即秦石鼓)。這是一篇地道的古文字學作品,而且已經達到了當時古文字學的第一流水平。《論集》所收張先生在北大求學期間所寫的文章共五篇。其中三篇是古文字學方面的,除上舉之文外還有《"平陵陳导立事歲"陶考證》和《讀〈古陶文孴錄〉》。此外,《評〈中國文字之原始及其構造〉》一文,也跟古文字有密切關係。

《論集》所收張先生在北大畢業之後到新中國建立之前這段時間裏所寫的文章共十九篇。其中,古文字學方面的文章三篇,即《邵王之諻鼎及段銘考證》、《"奭"字說》和《關於〈"奭"字說〉》;跟古文字有密切關係的文章兩篇,即《〈說文〉燕召公〈史篇〉名醜解》和《六書古義》。這些文章在張先生這一時期所寫文章中所佔的比例雖然不高,但內容十分精彩。

《邵王之諻鼎及段銘考證》指出,"邵王之諻"當讀爲"昭王之媓",昭王指春秋晚期的楚昭王,《方言·六》"南楚瀑洭之間母謂之媓",器主楚昭王之母就是歷史上頗爲有名的楚平王夫人伯嬴。此說已爲學者們普遍接受。【編按:郭永秉指出,董珊認爲昭王之諻器器主"昭王之諻"與龔王之卯戈的"龔王之卯"、包山楚簡的"臧(莊)王之墨"等人名格式相同,此人應爲楚昭王之族,私名爲"諻",此說較張先生的解釋合理(董說見其《出土文獻所見"以謚爲族"的楚王族》,《出土文獻與古文

字研究》第二輯，復旦大學出版社，2008）。】

甲骨、金文中有一個字，象“大”（即正立的人形）的兩腋下各挾有一個器皿。此字在殷墟卜辭中常見，大多數表示“配偶”的意思，但究竟應該釋爲古書中的什麼字，則是古文字學上的一個難題。異説紛紜，莫衷一是。《“奭”字説》指出，見於《説文》的“奭”字，就是這個字的訛變之形；从“斗”“奭”聲的字古有“仇”音，“仇”字古有“匹配”義，甲骨、金文中的“奭”，除西周時代的班簋一例外，讀爲“仇”都能講通；班簋一例應讀爲“簋”，“簋”、“仇”古音很近，可以相通。在關於這個字的各種説法中，張先生的説法最爲合理，應該是符合實際的。

《六書古義》指出，《周禮・保氏》教國子以六藝“五曰六書，六曰九數”的“六書”，本來跟解釋字形的條例無關；古代學童認字寫字以干支字爲首，六十干支表古稱“六甲”，“夫書學夥矣，而實以六甲爲首；數學夥矣，而實以九九爲首；故書、數亦曰六書、九數”（《論集》222 頁）；劉歆以“象形、象事……”等爲“六書”，乃是託古改制。這是石破天驚之論，對文字學界産生了巨大影響。

《論集》收入張先生自上世紀 50 年代至 90 年代所寫的文章七十六篇。其中，古文字學方面的文章三十三篇，如果加上跟古文字有密切關係的《古代中國的十進制氏族組織》、《中國考古學史講義》、《秦漢刑徒的考古資料》等九篇，共達四十二篇，佔了這一時期所寫文章的一半以上。這些文章裏包含了張先生在古文字學方面的很多真知灼見，我們在這裏舉幾個最爲學術界所稱道的例子。

在殷周時代的卜骨、卜甲、青銅器和陶器等遺物上，可以看到一些由六個、三個或四個數字組成的所謂“奇字”。有這種“奇字”的西周青銅器，早在北宋時代就曾發現過，上世紀 50 年代以來，隨着考古事業的發達，這種“奇字”更有較多的發現，但其性質長期得不到正確解釋，成爲古文字學上的重大難題。張先生撰《試釋周初青銅器銘文中的易卦》、《易辨——近幾年根據考古材料探討〈周易〉問題的綜述》、《殷墟甲骨文中所見的一種筮卦》諸文，指出這種“奇字”乃是易卦，單數可視爲陽爻，複數可視爲陰爻，六個數字組成的相當於重卦，三個數字組成的相當於單卦；四個數字組成的較罕見，似可用“互體”説來解釋（關於“互體”，看《論集》718—720頁）。此外，張先生還對古筮法和連山易等問題作了探討。張先生對由數字組成的“奇字”的主要見解，已爲學術界所普遍接受。

王國維在上世紀 20 年代，根據西周金文中非周天子而稱王的一些現象，作《古諸侯稱王説》，認爲“古時天澤之分未嚴，諸侯在其國自有稱王之俗”。此説影響甚大，有的學者甚至根據某些史料價值不高的資料，説晉、鄭等國也曾稱王。張先生撰《夨王簋蓋跋——評王國維〈古諸侯稱王說〉》,通過對有關銅器銘文的深入研究,指出“周時稱王者皆異姓之國,處邊遠之地,其與周之關係若即若離,時親時叛,而非周室封建之諸侯”(《論集》712 頁。吳國已蠻夷化,故雖爲姬姓而稱王,張先生文中已論及。又,“處邊遠之地”當是就大多數情況而言的)。張先生糾正王國維將諸侯稱王的範圍擴大化的毛病,完全正確,而且很有必要。

中山王嚳鼎銘最後說:

> 嗚呼,念之哉!子子孫孫永定保之,毋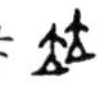厥邦。

一般學者都把“毋”後一字釋爲“並”,文義難通。張先生在《中山王嚳壺及鼎銘考釋》中指出,此字所从二“立”,其位置“左下右上”,《說文》:“㬪(即今“替”字),廢也,一偏下也。”此字字形正與“一偏下”之說相合,疑當釋“替”;“毋替厥邦”的句法,與古書中“式勿替有殷曆年”(《書·召誥》)等句相似。他還指出,殷墟卜辭中也有从左低右高的二“立”的字,其字與對貞卜辭中的“引”爲對文,疑亦“替”字,《詩·小雅·楚茨》說“子子孫孫,勿替引之”,也以“替”、“引”對言,可相印證(《論集》491 頁)。張先生此說雖以疑似之言出之,其實十分合理,所以一經發表,即爲學術界普遍接受,並爲很多古文字研究者奉爲古文字考釋的典範。

在《論集》的最後一篇文章《我與古文字學》裏,張先生對他研究古文字的宗旨和方法,以及他比較重視的自己的古文字學文章的內容和意義,都有很好的闡述,讀者可以參閱,這裏就不引錄了。下面舉一些這篇文章所沒有提到的、張先生在古文字學方面的卓見,作爲補充。

1924 年出版的丁佛言的《說文古籀補補》,釋出了不少當時人尚不認識的戰國文字。可惜學術界普遍不重視這部書,1930 年出版的《古璽文字徵》就沒有吸收它的成果,把它已經正確釋出的一些字收入了附錄。有些學者甚至把它貶低爲刻印和寫篆字的人的參考書。直到上世紀七八十年代,隨着戰國文字研究的進步,學術界對此書的評價才逐漸提高。而張先生早在 1937 年發表的《讀〈古陶文㝅錄〉》中,就已指出《說文古籀補補》的“考釋也有不少精到的地方”(《論集》59 頁),識見遠遠超出當時一般學者。

殷墟卜辭中存在着不少人名、族氏、地名“三位一體”的現象。最早明確指出這一點的,是張先生。他在 1951 年發表的《古代中國的十進制氏族組織》中講金文所見的“先”族的時候說:“我們試從甲骨文裏探尋他們的祖宗,找到‘先’是人名……地名……亦就是族名(這一道理在甲骨文裏表示得很清楚,將來另作說明)。”

(《論集》299 頁)後來研究或講到這一問題的人很多,但大都沒有提及張先生的這段話。這是很不合適的。

殷墟卜辭中常見"弜"字,早期的研究者不明其義。1940 年,張宗騫指出卜辭"弜"字多用爲否定詞,是一大進步,但他把"弜"讀爲"弗"則不正確。最早指出其錯誤的是美國漢學家司禮義教授。1969 年,他在一篇在學術會議上宣讀的論文《甲骨刻辭的語言中的否定詞》裏,指出"弜"的用法與"弗"不同而與"勿"相同。但在改革開放之前,中國大陸的學者無法知道司禮義的這一意見。張先生在 1973 年發表的《卜辭"裒田"及其相關諸問題》中引用卜辭時,就在"弜"字後打括號注了"勿"字(《論集》417 頁),是中國大陸學者中最早指出"弜"的用法與"勿"相同的人。他顯然是獨立地發現這一點的。張先生此文寫成於 1963 年 10 月(《論集》437 頁),括注在"弜"字之後的"勿"應該是當時就已加上的,所以他的發現實際上比司禮義還早。

西周時代的弭伯簋銘說:"錫汝玄衣黹純……緣旂五日用事。"【《集成》8 · 4257】師嫠簋銘說:"錫汝玄衣黹純……旂五日用事。"【《集成》8 · 4286】考釋者大都以"日"字連下讀。𣪘(?)簋銘說:"錫𣪘(?)玄衣黹純,旂四日用大備于五邑𡨦(?)堰。"【《集成》8 · 4243】此銘"日"字如連下讀,就有些不順。王臣簋銘說:"錫汝朱黃㚘親,玄衣黹純,緣旂五日,戈畫(?)㦸厚柲彤沙,用事。"【《集成》8 · 4268】完全證明這種"日"字應該屬上讀。但"旂五日"、"旂四日"等語應如何解釋,仍是難題。張先生在《王臣簋釋文》中指出,古書中有旗上畫日月星等圖像的記載,"一九三五年河南汲縣山彪鎮出土水陸攻戰紋鑒,其中層圖案是水戰,設兩大船相對,其右側一船船頭立大旗……上有圓形五個,蓋即五日。一九六五年四川成都百花潭出土鑲嵌宴樂水陸攻戰紋壺,構圖略同於鑒……旗上是四個圓形,蓋即四日"(《論集》622—623 頁)。所以"旂五日""旂四日"就是畫有五個或四個太陽的旂。如果不是像張先生那樣,對古文獻和考古資料都十分熟悉,是很難解決這樣的問題的。

通過上面的簡短介紹,就可以清楚地看到,在當代古文字學者中,張政烺先生是一位造詣高深、貢獻巨大的大家。

原載《書品》2004 年 6 期,今據以收入。

紀念馬承源先生

去年9月25日,馬承源先生猝然棄世,友好和同道們普遍感到悲痛和惋惜。轉眼已是周年,大家都想表達一下對馬先生的追思。

馬先生在博物館事業方面的業績和古代青銅器研究方面的成就都十分突出。這裏側重後一方面談談自己的一些零星感受,以表對馬先生的崇敬之情。

李朝遠先生告訴過我,早在上世紀60年代前期,大家對夏代銅器的面貌還一無所知的時候,馬先生就把一件1956年自廢銅中揀得的管流青銅爵(或稱爲角)判斷爲夏代銅器,展示在上海博物館的青銅器陳列室裏。後來,考古工作者在偃師二里頭陸續發現了一些夏代銅器和陶器,其中就有兩件形制跟這一件基本相同的管流陶爵,證明馬先生的判斷完全正確(參看馬承源《中國青銅器研究》39頁,上海古籍出版社,2002;管流青銅爵圖形見馬先生任編輯委員會主任的《中國青銅器全集》第1卷圖版12,文物出版社,1996;管流陶爵圖形見《二里頭》圖版63:3—4,中國大百科全書出版社,1999)。這跟研究中國古銅器的外國學者Max Loehr,在我國考古工作者通過發掘辨認出商代前期青銅器之前,就從傳世品中辨認出了這一時期的銅器的卓識,可以媲美。

馬先生主編的《商周青銅器銘文選》(文物出版社,1986—1990)和《中國青銅器》(上海古籍出版社,1988;修訂本,2003),都是非常有用的書。馬先生淵博精深的學問和認真負責的工作態度,保證了這兩種書的質量。

《商周青銅器銘文選》,選擇適當,拓本精良,編寫體例完善,在銘文的斷代和解釋方面也有不少創見;跟郭沫若先生的《兩周金文辭大系》一樣,是研讀、使用先秦青銅器銘文的人所必備的參考書。

《中國青銅器》是《文物博物館系列教材》之一。此書以四十餘萬字的篇幅,對古代青銅器及其研究情況作了全面的介紹和論述,內容簡明扼要,深入淺出,而且注意介紹新的發現和新的研究成果;既是古代青銅器研究的最佳入門書,也是專門研究者極爲重要的參考書。

我時常要用到這兩種書。每次拿起它們,都會想到馬先生。對博物館事業和青銅器研究做出了巨大貢獻的馬承源先生,是永遠值得我們紀念的。

原載《馬承源紀念集》(上海博物館,2005),今據以收入。

懷念通鏘兄

通鏘兄匆匆離我們而去了。

我跟通鏘兄曾在北京大學中文系共事四十餘年。我是寧波人,通鏘兄是寧海人。兩地相距不遠,通鏘兄又是在寧波念的中學,所以彼此都把對方當作同鄉。通鏘兄爲人耿直而忠厚。我一認識他,就感到他很可親。四十多年來,過從雖然並不很密,感情很好,相知頗深。

1982 年至 1983 年間,我在美國西雅圖華盛頓大學東亞系教了五個月書。1983 年春回國時,在舊金山停留了幾天。那時通鏘兄正在加利福尼亞大學伯克利分校當訪問學者,進修語言學。他爲我妥善安排食宿,還陪我外出,給了我很大幫助。他的進修期限只有一年,每個小時都必須好好利用。我耗費了他不少極爲寶貴的時間。

我們雖然都在中文系,各自從事的專業却相距頗遠。不過彼此對對方在學術上的進展還是很關心的。他出版的著作大都送了我,我的也大都送了他。知道他在語言學理論和方法跟漢語實際相結合的研究道路上取得了突出成績,並且在理論上有創新,爲語言學界所稱許,我是很爲他高興的。

通鏘兄數十年如一日,一心在他的語言學園地上辛勤耕耘,不慕榮利,與世無爭,平素身體又很不錯,朋友們都認爲他必享高壽。他享年七十五,不可謂不壽,但是與大家的期望仍遠不相副。我在前年離開北京,通鏘兄的病發現後,未能前往探望慰問,只能以此小文寄託哀思了。

原載《求索者——徐通鏘先生紀念文集》(商務印書館,2008),今據以收入。

厚宣師引我進入學術之門

我在1952年夏秋之交考入復旦大學歷史系。第一學期的課程中,中國通史第一段是胡厚宣先生講授的。學生們在開課前就已知道胡先生是甲骨學權威學者,胡先生在講課中果然時常引用甲骨文,並且講得深入淺出,引起了很多學生的興趣。我很快就下定了跟胡先生學甲骨文的決心。

中國通史課每次上兩節,在課間和下課後,總有不少學生圍在講臺旁,向胡先生請教,其中當然缺不了我。但是課間、課後的時間很短,提問的人又多,我時常插不上嘴,求知欲無法滿足。

我們班學生第一學年住在校園南面的淞莊,胡先生住在淞莊旁邊的筑莊,相距很近。我在中學階段,從來沒有去過老師家。爲了從胡先生學到更多東西,有一天晚飯後,我壯着膽子走到胡先生住的小樓前,敲開了門。胡先生熱情接待了我。胡先生跟很多有家眷的教師一樣,住的是一幢單間兩層、面積不大的樓房,樓下客廳由於放了許多書,顯得很局促。不過面對胡先生和悦的神色和熱情的態度,我的緊張心情倒很快就變得寬鬆了。大學四年間,我到胡先生家去過很多次,每次的具體情況大多數已記不清,只對其中的三次還有較深的印象。

有一次,可能就是第一次,我向胡先生請教學甲骨文的門徑。胡先生要我通過《卜辭通纂》等有較好考釋的甲骨著錄書,多讀甲骨片子。在常用的參考書方面,胡先生考慮到一般學生的購買能力,介紹了兩種書他認爲對我比較有用而且價格也不貴的書:朱芳圃的《甲骨學文字編》和《甲骨學商史編》;並且告訴我,這兩種在福州路的來薰閣舊書店裏都還能買到。當時我家住在上海市區。我在那個星期六晚上回了家,星期天就去來薰閣買了這兩種書。《甲骨學文字編》對我的幫助極大。我把它跟《說文解字》配合起來閱讀、使用,逐漸熟悉了甲骨文和小篆,同時也爲學習其他古文字打下了基礎。胡先生送給我他所著的《五十年甲骨學論著目》,好像也在這一次。

胡先生除了在第一學年講授中國通史第一段,還爲我們開過一學期甲骨學。

胡先生在《甲骨學提綱》等文章裏,講過卜骨上卜辭的文例,在課上也講過。後來我讀董作賓的《骨文例》,發現董、胡二位先生講的卜骨文例不一樣,感到很困惑。考慮了一陣,才看出這是由於他們對牛肩胛骨的命名方法彼此相反。董先生稱爲右肩胛骨的,胡先生稱爲左肩胛骨;董先生稱爲左肩胛骨的,胡先生稱爲右肩胛骨。這樣,所講的卜骨文例當然就不同了。不過,我還不敢完全肯定自己的想法。有一天晚飯後,我到胡先生家向先生提出了這個問題,並講了我的想法。先生肯定了我的意見。我非常高興,就像自己解決了一個學術難題一樣。實際上這是一個很簡單的問題,不過確實很容易引起初學者的困惑。

那些年,周谷城先生的住處離胡先生家不遠,他時常在晚飯後到胡先生家閒談。有一次我去找胡先生,碰上了周先生。周先生在第一學期給我們講過世界通史第一段,不過他並不認識我這個普通的學生,胡先生向周先生介紹了我。周先生看了我一眼,說了四個字:"有學者相。"我心中當然十分高興。

周先生是一位學識淵博、個性很强的學者。這裏附帶說一下很能反映周先生性格的兩件講課時的小事。

我們班同學絶大多數是直接從中學升入大學的毛頭小夥子,很多人對周先生所講的内容聽不大懂。那時大學本科有課代表制度。每門課的聽課學生推選一位課代表,作爲學生和老師之間彼此溝通的橋梁。聽課有困難的同學們讓課代表向周先生反映意見,希望周先生把課講得好懂一些。周先生聽了意見,大不以爲然。他認爲大學的教學與中學不同,同學們應該努力適應新的情況,不能要求老師把講課降低到中學的水平。在課代表提意見後的第一堂課上,周先生談了這個問題,最後用他那帶有濃重湖南口音的普通話大聲說:"我就是要你們不懂。"

周先生的文字學造詣相當深,有時會在課堂上講點文字學知識。有一次他告訴我們,"衡"字中間部分本來上从"角"下从"大",與"魚"無關;接着就說:"沈鈞儒的號叫'衡山',他出了本集子,叫《中魚集》。我說,你這是'外行話'。"從說話的神情可以看出周先生對自己的這句俏皮話很欣賞。

這兩件事一直留在我的腦海裏,而周先生講的世界古代史幾乎全忘光了。

胡先生在課上、課下除了教給我很多古代史和甲骨學的知識,還講了不少古文獻學知識和學術界的有關情況。這些對我的學習和後來的研究工作都很有用。

更爲重要的,是胡先生教給我的治學方法。胡先生總是告誡學生,要研究一個問題,必須全面掌握有關資料,而且一定要用第一手資料。胡先生在1950年出版的小册子《古代研究的史料問題》,就是批評那種大量使用二手、三手資料以致錯誤百出的不良學風的。胡先生還强調考古資料和古文字資料的重要性,推崇王國維的“二重證據法”,曾把王氏的《古史新證》作爲講課的輔助材料印發給學生。胡先生的這些教導對我的治學起了巨大影響。只是限於我的條件,往往不能一點不打折扣地按照胡先生的教導去做,實在有愧於師訓。

胡先生是引我進入學術之門的恩師。

1956年夏我在復旦大學歷史系畢業,胡先生讓系裏留下我當他的助教。當時屬於中國科學院的歷史研究一所(現在屬於中國社會科學院的歷史研究所是合併歷史研究一所、二所而成的),很早就想調胡先生去當研究員,但是這件事直到胡先生把我留爲助教之後才落實。胡先生知道消息後,讓我參加當時新推出的所謂“副博士研究生”考試,我就從胡先生的助教變成了胡先生指導的“甲骨學與商代史”研究生。這年冬天,我跟隨胡先生到了北京,胡先生任歷史一所先秦史組主任,我以復旦研究生的身分在先秦史組學習。

如果把歷次政治運動的干擾劃在考慮範圍之外,歷史所的學習和研究環境是很好的。我由於沒有跟掌握先秦史組實權的那位先生搞好關係,研究生結業後沒能留在所裏,繼續在胡先生的指導下學習、工作,而被分配到了北京大學中文系。當然,北大的學習和研究環境,也是很好的。北大中文系要的是一個學古文字的研究生,如果我沒有當胡先生的研究生,就不可能分配到北大去。

我在《我和古文字研究》一文中已經説過,如果不是胡先生把我從復旦帶到北京,以我的性格,一定會在反右運動中被劃爲右派,後果不堪設想。至少我後來在學術上的進展決不可能那樣順利。在這一點上,我也要深深感謝厚宣師。

謹以此小文紀念厚宣師誕生百周年。

2011年7月13日寫畢

附識:

蒙劉嬌爲我在網上核對文中提到的事並打印文稿,十分感謝。

原載《想念胡厚宣》(新世界出版社,2012),今據以收入。

紀念章培恒先生

章先生比我大一歲,五十年代初我們先後進入復旦大學念書,不過章先生在中文系,我在歷史系,我又是一個活動能力很差的學生,所以在學校裏面沒有認識章先生。1956 年我畢業以後,隨導師胡厚宣先生去了北京,就留在北京工作,在很長一段時間裏,也沒有機會和章先生相識。文化大革命後,到 1981 年,由於中共中央對古籍整理工作的重視,國務院恢復了古籍整理出版規劃小組。1982 年 3 月,小組開第一次全體大會,在這個會上我才和章先生認識。當時在這個小組裏,章先生和我是年紀最小的兩個。我們見面以後談了不少話,發現大家對於事情的看法很一致,真是有相見恨晚之感。第二年,也就是 1983 年,當時的教育部又成立了高校古籍整理研究工作委員會(古委會),章先生和我都是委員。古委會活動比較多,所以我們見面的機會也就多起來了。

我這個人知識面很窄,在自己搞的那些東西之外,知道的東西是不多的,在古籍方面知識尤其不全面,所以我在古委會裏事實上是濫竽充數。章先生不但對文學史的研究非常精深,對中國的古代文化也有全面的瞭解。尤其是,由於他的經歷,他對古籍也有非常淵博的知識。他在古委會起了非常大的作用。這些安平秋先生剛才已經講過,就不用我細説了。古委會的人對章先生的意見都非常尊重,我更是經常要請教章先生。

我對文學史是外行,但是我搞的漢簡裏有一些文學史的資料,所以我也寫了兩三篇關於漢簡裏的文學資料的文章。章先生對我這些工作也非常關心。我寫的一篇《漢簡中所見韓朋故事的新資料》,就是章先生推薦給《復旦學報》(社科版),在 1999 年第 3 期發表的。我本來還要寫一篇全面論述漢簡裏俗文學資料的文章,本想寫好以後首先送給章先生,請他批評指正,然後再修改發表。但是由於手頭必須要處理的事情太多,這個計劃一直拖延了下來。以後這篇文章就是寫出來了,也沒有辦法再請章先生指教,只能作爲對章先生的紀念了。

來到上海以後,跟章先生見面的機會當然更多了。章先生病重之後,我因爲擔心給章先生增加感染機會,沒有再敢去看章先生,由於怕章先生勞累,電話打得也不多。今年春節前,聽《復旦學報》的陳文彬先生說,章先生回家了,而且精神還可以,我就在除夕前一天打了一個電話給章先生拜年。章先生說,去年他對自己的身體還是抱着可能恢復的希望,今年是沒有這種希望了。聽了以後,我當然感到很難過。本來怕章先生累,不想把電話拖得很長,但是我聽得出來,章先生還是願意在電話裏跟我談談,就談了一些學術界的情況。章先生也不時插話、提問題。談了大概總有一二十分鐘吧,也許更多一點,我感到不能再談下去了,章先生太累,就說:"真對不起,講了那麽多不相干的事。"章先生說:"不,我很願意談談這些事。"言下之意就是他不願意一天到晚地想他的病。通過這個電話,我一方面感到章先生對他自己的身體情況是有非常清楚的認識的;另外一方面又感到,儘管在這樣的情況下,章先生對於生活,對於他一輩子從事的學術研究、教學工作的熱情一點沒有減退。

章先生對於學術研究,對於他承擔的教學工作,即使是病重以後也照樣關心,包括對於《復旦學報》上他和陳思和先生一起主持的專欄的工作。章先生病重以後,大家都知道,他還是一直在關心他的《中國文學史新著》的修改以及研究生培養等工作。我知道章先生本來是沒有心臟病的,至少沒有發現有心臟病,就是在2009年,他爲修改文學史而寫東西,耽誤了午飯跟午休的時間,結果就犯了心臟病。他自己還不知道,到醫院一查,醫生說你不能回家,心臟的情況非常危險。這一次在醫院裏住了不少日子。

章先生一直堅持各方面的工作,對於古委會的工作也是這樣。他一直主持項目評審的工作,我記得2008、2009這兩屆項目評審會因章先生身體不好,是到上海來開的。2008年章先生的身體已經很弱,但是他還是住進了開會的酒店,堅持跟大家一起全程參加了這個會。有一個晚上,我們開會的人到外面吃飯,他感到精力不够,就在房間裏吃酒店送上去的簡單飯菜。2009年,他已無力跟大家一起開會,但仍然看了有關材料,認真填寫了項目評審投票表,交給會議。去年,這個評審會是在北京開的,當時章先生的身體已經非常虚弱,但是他仍然根據寄給他的材料,填寫了投票表寄回北京。所以在各方面他都是這樣,雖然生了病,還是照樣盡他的力量去做。

我很希望章先生能够闖過八十歲的大關,爲復旦、爲古委會、爲學術界再多做一些事情。但是願望沒有實現,章先生還是過早地離開了我們。我一定要以章先生在學術研究和各項工作中那種堅忍不拔、站完最後一班崗的精神和態度來激勵我自己，爭取在我的秉燭餘年，努力做好自己的工作。

謝謝大家。

本文是2011年9月7日在“章培恆先生學術思想研討會暨《中國文學史新著》（修訂版）新書首發會”上的發言，由吴冠文根據錄音整理後發表於《文匯讀書周報》2011年10月14日5版（發表時略有删改），今據原整理稿收入。

懷念張先生

張政烺先生是我見過的最純粹的學者。張先生不但樸實無華、和藹可親,而且最具有“以學術爲天下公器”的真正學者精神。

先生以學問淵博著稱,時常有人當面或書面向先生請教各種學術問題或多少與學術有些關聯的問題。公家(如先生任職的社科院歷史所)也不時將他們收到的諮詢與學術有關的問題的人民來信交給先生,請先生答覆。先生對大家提出的問題無不竭誠作答。如果提問題請教的是熟悉的年輕後輩,先生諄諄誘導的懇切態度更是令人感動。有時候,先生頭天回答了本單位一位年輕人的提問,第二天上班還要從家裏帶來有關書籍,讓提問的人參考,而提問的人並沒有提出過這樣的要求。

我曾經多次向先生請教,獲益極多。這裏只舉一個比較容易說清楚的例子。我本是學先秦史的,從1956年底到1960年,作爲復旦大學歷史系研究生,隨導師胡厚宣先生在歷史所先秦史組學習。頭兩年,我跟另兩位年輕人合用的辦公室正挨着張先生的辦公室,接觸機會較多。有一次我向先生請問學先秦史應該注意之點。先生告訴我,對於瞭解先秦的社會、歷史,最重要的古書是《左傳》和《周禮》,想學好先秦史,一定要好好讀這兩部書。這一教導對我非常重要,讓我一生受用。慚愧的是,我雖然經常用這兩部書,但並沒有真正讀透這兩部書。

請先生看稿子的人也非常多,固然多數是學生、朋友,但也有不少本來並不怎麼熟悉的人。有些稿子也是公家交給先生,請先生審閱的。先生對讓他看的稿子也都持認真的態度,提出他感到應該提的意見。

先生還時常主動爲人提供研究問題或寫文章所需要的資料。我就曾兩次受益。

我寫成《戰國貨幣考(十二篇)》一文後,曾把清稿送請先生指正。文中《圁陽布、圁陽刀考》舉出了我所知道的漢代金石刻中把地名“圁”寫作“圜”的全部例子。先生看了稿子後告訴我,北京大學舊藏的郭仲理、郭季妃二石槨刻文中也有“圜陽”地名,並把石槨刻文抄給了我。我在向北大學報交稿前,把先生告訴我的例子補了進去。

我在寫成《釋“蚩”》一文前,曾利用一次會議的休息時間,跟先生說明這篇文章的大概內容,講到了《說文》“䍃”字的篆形。我指出在《四部叢刊》影印的《說文解字繫傳》的影宋鈔本裏,“䍃”字及兩個从之爲聲的字的“䍃”旁,其篆形中部都不作“咼”而作“禹”,這是合乎較古的文字的寫法的。那時,先生和我正在參加北京市政協的大會,會期較長,平時住在開會地點,中間有回家休息的機會。先生從家裏帶來他所藏的清人馮桂芬翻刻的宋本《說文解字均(韻)譜》給我看,指出我說過的那三個字的篆形,宋本《均譜》與影宋鈔本《繫傳》全同。我把先生告訴我的情況寫進了《釋“蚩”》。

先生接待來訪者,回覆來信,看送來的稿子,花費了大量時間,嚴重影響了他自己的研究工作和寫作。熟悉先生的後輩們都爲此感到可惜,有時也直接向先生說出這種想法,要先生多考慮一些自己的工作。先生却仍然我行我素。顯然,先生是把他爲別人所做的那些事,看作一個學者應盡的義務的。

先生淵博的學問,我們固然望塵莫及;先生的真正的學者精神,我們更是高山仰止,自愧弗如。

在這裏還想附帶記下先生的一個具體的訓詁見解。先生有一次跟我說,他認爲大盂鼎“畯正厥民”的“畯”,不應該像一般人那樣讀爲“晙”,而應該讀爲“允”,用法跟《論語・堯曰》“允執厥中”的“允”相同。我認爲先生的這一見解是值得重視的。我想,按照這樣的思路,在先生看來,金文中的其他“畯”字,至少有一部分,如“畯臣天子”、“畯永保四方”、“畯保四或”、“畯保其孫子”等語中的“畯”,也是應該讀爲“允”的。甚至《詩經》中的某些“駿”字,也可能應讀爲“允”。如《周頌・維天之命》“駿惠我文王,曾孫篤之”句中的“駿惠”,是很難講通的,似乎就可以讀爲“允惠”,“惠”就是殷墟卜辭中常見的虛詞“叀”,用法與“唯”相近。《尚書》的《酒誥》和《君奭》都有“允惟”之語。“允惠”與“允惟”相近。“允惠我文王”還可以跟《周頌・時邁》的“允王維后”相比較。此外,《詩經》裏的“駿”似乎還有不少可以讀爲“允”。希望我的引伸是符合先生的原意的。先生讀“畯正厥民”爲“允正厥民”的意見,似乎沒有公開發表過,所以我感到有必要記在這裏供大家參考。

2011 年 10 月 17 日寫

編按：

郭永秉告訴我，張先生在對郭沫若《兩周金文辭大系考釋》師訇簋考釋文所作的眉批中說："尸臣三百人，當是新俘虜。如是允，——引者按：'尸臣'之'臣'，宋人所摹，形似'允'字，前人或釋'允'——則當釋畯。"見《張政烺批注兩周金文辭大系考釋》（中華書局，2011）中册 308 頁、下册 93 頁。這也反映了張先生認爲金文"允"、"畯"可通的思想。

原載《中華讀書報》2012 年 5 月 9 日 7 版（發表時題爲《"以學術爲天下公器"的學者精神》），今據以收入。

希望有關部門扶助支持《文史》

《文史》居然出到了第三十輯,這是我們這些老讀者兼作者應該慶幸的。慶幸之餘,覺得有必要給編輯、出版《文史》的中華書局的同志們擺擺功勞。

《文史》是登載古代文史方面的純學術性論文的刊物。《文史》的編者不嫌棄專門性强的文章,也不嫌棄長的文章。他們不考慮"票房價值",只要是確有學術價值的,他們都願意發表。有很多這樣的文章,如果不是《文史》把它們發表出來,恐怕就只能躺在作者書桌的抽屜裏成爲廢紙了。《文史》的出版對國計民生當然並沒有什麽立竿見影的好處,但是對學術的發展確實起了很好的促進作用。學術水平是反映整個民族文化的發展水平的。促進了學術的發展,也就是促進了整個民族的發展。我們對《文史》在這方面的貢獻决不能低估。

但是應該承認,《文史》的絶大部分文章,對一般讀者以至文史學界的一部分同志是缺乏吸引力的。在某些要求一切精神産品都有實用價值的同志看來,《文史》的文章大概全都是廢物。近幾年來,一方面"純學術""舊學問"越來越不吃香,對《文史》感興趣的人越來越少,另一方面紙張、印刷等費用則不斷地上漲。因此,發行量越來越少而錢賠得越來越多,就成了《文史》無法逃脱的命運。聽説這兩年每出一輯《文史》就要賠六七千元,個别輯甚至賠了萬餘元。由於出版範圍的限制,中華書局的贏利少得可憐。《文史》賠的那些錢,對某些經營"有方"的時髦企業來説當然算不了什麽,可是對中華來説却是相當沉重的負擔。在大家越來越重視"經濟效益"的時候,中華的領導和職工居然還自願背着《文史》這個包袱不卸,這種不惜爲學術事業作出犧牲的精神,實在值得欽佩。

負擔《文史》具體編輯工作的幾位同志,不計名利,埋頭苦幹,尤其值得欽佩。《文史》在"文化大革命"前出了四輯。那一階段編輯工作的情況我不瞭解。1978年復刊後的編者是熟人,他們的工作情況我比較瞭解。在近十年的時間裏,《文史》編輯部很長時間只有兩名編輯。開始時是吴樹平、李解民兩位同志。到1981年底,加了盛冬鈴同志。1983年樹平同志調出。到去年,冬鈴同志又换了汪聖鐸同志。解民同志則始終未動。在去年很晚的時候,《文史》的編輯才由兩位增加到三位。在我國出版界,像《文史》這樣的面向全國的大型學術性刊物只用兩名編輯,是很少見的事。《文史》編輯部收到的稿件很多。不少稿件研究的問題很專門,審讀的時候需要參考有關的專門著作,很花費時間。所以兩位編輯的工作量是很大的。但是他們不但對繁重的工作毫無怨言,而且工作態度十分認真。在決定一篇文章的去取時,只要他們感到自己還沒有絶對的把握,一定不憚煩地請有關專家審閲,虚心聽取他們的意見。有些文章内容不錯,但寫得不好,他們就向作者提出具體的修改意見,有時稿子寄來寄去要經歷好幾個來回。爲了使有價值的文章不被埋沒,使不夠質量的文章不在刊物上出現,他們付出了艱辛的勞動。我這樣説,並不意味着《文史》發表的一定都是好文章,退回去的一定都是壞文章。因爲編輯以及被邀請審稿的專家的判斷都會有失誤,而且稿件的採用要想做到絶對不受各種"關係"的制約,也是不可能的。但是《文史》的編輯同志在主觀上確實已經爲保證刊物的質量盡了最大的努力。國内外很多專家對《文史》的贊許,證明他們的努力産生了應有的效果。

我們衷心希望中華的同志繼續發揚獻身學術事業的精神,把《文史》長期辦下去,而且辦得越來越好。我們更希望政府有關部門及時採取措施,扶助支持《文史》這一類確有較高質量的學術性刊物。如果有關部門不採取恰當措施,我們的前一個希望恐怕就要落空。中華的同志總有一天會背不動《文史》這類包袱,不得不違心地把它們從背上卸下來的。

原載《書品》1988 年 3 期,今據以收入。

不合時宜的感想

北大中文系已經90歲了。90年來,從這裏培養出了大批優秀的語言文學研究人才和教育人才,他們對祖國學術文化事業的貢獻是有目共睹的。北大中文系的90歲生日確實值得好好慶祝。但是在這喜慶的日子裏,我却不合時宜地想談談對她的前途的一些擔憂。

我覺得,北大中文系能否保持她應有的學術水平,是擺在我們面前的一個極爲嚴重而迫切的問題。現在大家對開拓新的研究領域、使用新的研究方法和工具十分重視。但是在這些方面,我們恐怕並非已經居於前列,需要採取切實的措施急起直追。在我認爲是辦好一個人文學科的系的最根本的兩個條件——教師學術水平和圖書設備方面,情況也許更不容樂觀。

從總體上說,各個學科的水平總是在不斷提高的。北大中文系的學術水平也不應例外。可是對我們這些教師各自的學術水平應該怎樣看呢?我認爲,我們之中的傑出學者,比起前輩傑出學者來,無論在基礎知識、古今貫通、中西貫通或學術開創性方面,都是大有遜色的。學術地位當然也無法跟他們相比。甚至連講課和寫文章的技能都比不上他們。

由於購書經費不足和採購水平上的問題,圖書設備的情況也很不理想。校圖書館連國内大專學校的學報都沒訂全。至於國外的圖書、期刊,該買而未買的,該訂而未訂的,就多如牛毛了。過去,北大、清華的中文系爲什麽能保持第一流的甚至頂尖的水平呢?不就是由於有較多的第一流學者和較齊全的圖書設備嗎?不認認真真地扭轉不利於培養第一流學者的學術導向和政策導向,我們的前景恐怕是不會光明的。衷心希望大家在北大中文系成立九十周年的時候,多考慮考慮我們的不足之處;尤其希望在領導崗位上的同志們能儘早採取實實在在的措施,來改變不够理想的現狀。

原載《北京大學校刊》(中文系系慶專刊)2000年3月31日6版,今據以收入。

治學的三種精神

我在學習和研究過程中,深感治學應有三種精神:一、實事求是;二、不怕苦,持之以恆;三、在學術問題上,對己嚴格,對人公平。

總結自己的正面與反面的經驗教訓,覺得可以具體提出以下一些看法,與初學者共勉:

發現自己有必須補充的知識,就老老實實、認認真真去學習。不對自己不熟悉的事隨便發表意見,有幾分把握説幾分話。不迷信自己,有了某種看法,決不有意摒棄或曲解對自己看法不利的資料,而要認真考慮那些對自己看法不利的方面,要聽得進不同的意見。發現自己的錯誤就馬上改正,不要在錯誤的路上越走越遠。

不迷信權威,也不輕視任何人,決不因人廢言。在學術上堅持以客觀是非爲唯一標準。多做筆記,多做卡片,不要信賴自己的記憶力。文章寫完後多看幾遍,不要憚於修改。研究某一時代的某個問題,要對同時代的有關問題以及研究的對象在上一個時代和下一個時代的情況有一定的瞭解。要盡最大可能去瞭解、吸收跟自己的研究有關的成果,包括過去的和當代的、國內的和國外的。

原載《中國文物報》2003年2月19日3版“文博百家言”,今據以收入。

要狠抓日常公共道德的教育

我覺得我國國民的公共道德水平亟需提高,教育界在這方面有義不容辭的責任。

國民公共道德水平的問題,在一些日常小事上就清楚地暴露了出來。

我們遵守交通規則的意識極其薄弱。開車的人似乎多數是不爲走路的人著想的。在沒有紅綠燈而有人行橫道綫的地方,例如在有些立交橋旁邊的側路上,行人如果膽子小一點,簡直就走不過去。汽車一輛接一輛地開過去,根本不把急着想過馬路的行人放在眼裏。行人只有幾個人一起冒着被撞的危險才能强行通過。騎自行車的也往往欺侮行人,紅燈對他們好像不存在。行人好容易等到綠燈亮,但是穿馬路的時候還得提防從側面殺過來的闖紅燈的自行車。還有不少自行車在人行道上"大行其道",而且多半是逆行的。有些三輪板車甚至摩托車也上了人行道。另一方面,行人也很少有完全遵守交通規則的,有很多人闖紅燈,給開車的人造成很大的麻煩。

我們的隨地吐痰的陋習一直未能根除,而且文化低的人、文化高的人都吐。在大學校園裏,不單是有些大學生,連教授也有隨地吐痰的。

現在大家都注意綠化,在城裏,草地多起來了,可是破壞草地的行爲也到處可見。很多人爲了少走兩三步路,毫不猶豫地穿行草地。還有人推着自行車甚至騎着自行車穿草地。在草地上,尤其是在草地的邊角部位,時常可以看到踩出來的不長草的小道。在北大校園和藍旗營北大清華教師小區裏,就可以看到這種現象。

對上面提到的這類違反起碼的公共道德的行爲,極少有人站出來加以阻止,加以批評。如果有人這樣做,往往會遭到被批評者的反唇相譏。更可悲的是,旁觀者一般並不支持批評者,有些人甚至譏諷批評者古怪、多事。

國民日常公共道德水平的低落,嚴重敗壞了社會風氣,敗壞了我們國家和民族的形象。而且必須看到,這種道德低落往往是產生更嚴重的問題的一個重要因素。我們不能保證每個公共道德好的人,都能處理好個人利益跟國家和社會利益之間的關係，都不會違法犯罪。但是那些極其缺乏公共道德的人，無疑更有可能處理不好個人跟國家、社會之間的關係，更有可能走上違法犯罪的道路。總之，日常公共道德決不是可管可不管的小事，我們必須加强這方面的教育工作。

道德教育要從小孩子抓起，我們應該在幼兒園和小學裹狠抓道德教育，要從不隨便地吐痰等等最起碼的公共道德抓起。從目前的實際情況看，在中學、大學裹也要狠抓這些問題。教師在這方面必須以身作則。如果你自己不遵守交通規則，怎麽能要求學生遵守交通規則呢？希望我們的教育領導部門，發動全體教育工作者，把道德教育切切實實地搞好。要從小處做起，從實處做起，切忌搞形式主義。跟青少年講遠大理想是必要的，前一陣講發揚民族優秀道德傳統也是對的。但是如果只注意這些層次較高的思想教育，而不去狠抓日常的起碼的公共道德教育，那就是好高騖遠，甚至可以説是講空話，恐怕難以收到實效。

要提高全民的公共道德水平，搞好社會風氣，當然需要整個社會共同努力，但是教育工作者義不容辭地應該走在大家前面，切實負起自己應盡的職責。

本文是 2004 年 3 月 4 日在全國政協教育組、體育組聯組會上的發言，今據以收入。

談談“反求諸己”

我們繼承和發揚中華文化中的優良傳統,可以從大處著眼,也可以從小處入手。前一方面如提倡古人重視“中”與“和”並且主張“和而不同”的思想、古人尊重自然規律的思想,等等。後一方面如提倡那些爲古人所重視並且在今天仍有現實意義的、待人接物的準則和做法等等。這兩方面的工作都應該積極去做。當然,做的時候也要注意防止一些傾向。在前一方面應該注意不要流於空泛,更不要拔高古人的思想。比如籠統地把古人“天人合一”“天人相應”的思想,跟我們今天所提倡的“人與自然和諧發展”的思想聯繫起來,就是不妥當的。古人的那種思想跟原始的巫術和宗教思想有相通之處,包含着不少我們應該摒棄的帶有迷信和神秘色彩的東西。在後一方面則應該注意不要讓我們對傳統美德的提倡停留在口頭上,只有言辭,沒有行動。

就目前情況來看,上述這兩方面的工作,進展是不平衡的,後一方面的工作亟待加强。今天我就從小處入手,談談古代先哲在人際關係方面對人們提出的一個要求:“反求諸己”。

孔子說:“君子求諸己,小人求諸人。”(《論語・衛靈公》)他把要求自己還是要求別人,看作區分人品檔次的標準。孔子自己切實做到了“求諸己”,所以他能“不怨天,不尤人”(《論語・憲問》)。“求諸己”的範圍非常廣泛,我們沒有時間全面闡述,在這裏只想談談著眼於處理人際關係的“反求諸己”。

孟子說:“愛人不親,反其仁;治人不治,反其智;禮人不答,反其敬。行有不得者皆反求諸己,其身正而天下歸之。”(《孟子・離婁上》)又說:“君子以仁存心,以禮存心。仁者愛人,有禮者敬人。愛人者人恆愛之,敬人者人恆敬之。”(《離婁下》)孟子的意思是說,你跟人交往,如果得不到預期的結果,就應該返回到自身,檢查自己有沒有問題;如果你是敬愛別人的,別人也會敬愛你。

類似的話在其他古書上也能看到。上世紀 90 年代在湖北荆門市郭店的一座楚墓裏,發現了一批戰國時代的竹書。其中有一篇被整理者定名爲《成之聞之》的儒家佚書,反復闡述治人者必須“求諸己”、“求之於己”、“反諸己”的道理。篇中有這樣的話:“是故欲人之愛己也,則必先愛人;欲人之敬己也,則必先敬人。”意思跟上引孟子的話十分接近。我們對“欲人之敬己也,則必先敬人”這句話,可以作點補充。我們有一句成語:“君子自重”,比較現代化一點的說法是:“要人尊重你,必先尊重自己。”的確,要人“敬己”,不但要“先敬人”,還要先“自重”。“敬人”和“自重”實際上是統一的。比如在別人面前隨地吐痰,既是不尊敬別人,也是不尊重自己。

郭店楚墓下葬於公元前三百年左右,跟孟子的卒年相近,墓中佚書的著作年代應該早於《孟子》這部書。《國語・晉語四》記春秋中期晉國的趙衰對公子重耳(即後來的晉文公)說:“欲人之愛己也,必先愛人;欲人之從己也,必先從人。”上引郭店佚書的話跟趙衰的話很相似。佚書作者和趙衰都應該是以廣泛流傳的成語爲依據的。可見“反求諸己”這類思想,早在孔、孟之前就已經出現了。

現代人在人際關係方面,跟古人一樣需要,甚至可以說更需要“反求諸己”的態度。上引郭店佚書要治人者反求諸己。孟子說:“行有不得者皆反求諸己,其身正而天下歸之。”他的話顯然主要也是說給“治人者”聽的。今天的政府官員如果得不到人民的敬愛,也應該反求諸己,檢查一下自己是不是愛民,是不是對人民有足够的尊重。老師教學生,也需要反求諸己的態度。《吕氏春秋・誣徒》篇在指責了自以爲是的“不能教”的老師之後說:“善教者則不然,視徒如己,反己以教,則得教之情也。所加於人,必可行於己。”這裏說的“反己”,意思跟“反求諸己”差不多,具體地說,就是要老師設身處地來爲學生考慮,使自己所加於學生的,都能爲他們所接受。其他各種人際關係,絶大多數都需要有反求諸己的態度才能處理好。比如夫妻關係就顯然是這樣的,如果大家能多有點反求諸己的精神,社會上的離婚率就會大大降低。

在目前這個全球化愈來愈深入的時代里,各國人民間的交往日趨頻繁。我們跟外國朋友、外國人民交往,尤其需要有反求諸己的態度。近些年來我國經濟迅速發展,國際地位不斷上升。但是隨着出國人員和外來人員的不斷增多,中國人在很多外國人心目中的地位反而在下降。這是一個使我們痛心的現象。爲什麽會這樣?回答這個問題,必須有反求諸己的勇氣。上述現象決不能僅僅用某些國家有種族歧視、其主流媒體對我們有惡意等原因來解釋,問題的關鍵在於我們中國人自己的表現。我們的同胞,有很多人缺乏起碼的公共道德,習慣於隨地吐痰,亂扔廢物,不遵守交通規則,對公共財物毫不愛惜,在公共場所旁若無人地高聲談笑,……。不少出國的人把這些不良習慣也帶出了國。這樣的中國人,怎麼能不讓人家側目而視呢? 還有一些人,包括文化層次和社會地位相當高的人,爲了個人利益,比如希望國外邀請、聘請自己,希望把子女比較方便地送到國外,在外國人面前卑躬屈膝,喪失了應有的自尊。這種人也只能讓人看不起。由於貧富分化加劇、教育發展滯後、立法和行政方面有漏洞等原因,我國犯罪人數有增多的趨勢,有些人甚至跑到國外去騙人,去偷搶,去殺人,嚴重破壞所在國的社會秩序,更不能不引起當地人民的厭惡和憎恨。那些腐化到用大量公款在國外嫖娼賭博的貪官污吏,也嚴重玷污了中國人的形象。總之,我們應該承認很多中國人的表現是有問題的,有些甚至是極爲惡劣的,這是外國人民看不起中國人的主要原因。

我們要痛下決心來改變上述情況。這需要我們上下齊心,進行多方面的努力。我們必須使經濟更爲健康地持續發展;必須切實改革各種體制;必須使廉政建設全面見實效;必須使社會財富的分配趨於真正的公平;必須進一步普及教育並提高教育質量,尤其是德育的質量;必須大力提倡傳統美德以及世界公認的那些道德觀念,還要在可能範圍内制定一些法規加以配合。只有做好這些事,中國人的面貌才會全面改觀。

如果我們能做到"反求諸己",既尊重別人,也尊重自己,我們就一定會得到各國人民的尊重。

本文是2004年在北京文化高峰會議上的發言。原載《瞭望》2004年36期,今據以收入。

在基本道德和行爲準則方面切實繼承和發揚傳統文化中好的東西

近年來大家對繼承和發揚傳統文化越來越重視。這當然是一件好事。不過傳統文化中既有好的東西,也有壞的東西。有些東西也許還說不上壞,但是對今天的社會已經不合適,這些東西也不宜繼承。隨便舉個例子,在節日燃放爆竹的傳統習慣就不宜繼承。我們每年都會由於製造和燃放爆竹而死傷不少人,引起不少火災,給人們的生命財産帶來不必要的損失。而且燃放爆竹産生的噪音,還嚴重影響人們的工作和休息,甚至影響人們的健康。這種傳統有什麽繼承的必要呢? 然而近年來趁着繼承傳統文化之風,爆竹却放得越來越歡了。北京市本來在控制燃放爆竹方面做得比較好,今年春節也放寬了禁令。在有的報紙上,還出現了大肆鼓吹大放爆竹的意義的文章。在傳統文化中可以而且必須繼承的東西太多了,不去好好繼承這些東西,却熱衷於大放爆竹,有不少地方甚至熱衷於按照舊傳統大辦紅白喜事,大搞封建迷信,這實在太可悲了。在這方面,教育工作者應該起到好的引導作用。

傳統文化中應該繼承發揚的東西實在太多,這裏只能簡單談談基本道德和行爲準則方面的幾個例子。

古人主張待人做事要"和而不同"。現在的中央領導在外交事務中就很好地貫徹了這個思想,在對歐美發達國家的外交中體現得尤其明顯。我們既要跟他們和睦相處,並進行可能的合作,又要堅持原則,不喪失應有的立場。這就是"和而不同"。這可以看作繼承和發揚傳統文化的一個範例。我們在日常生活和工作的很多方面都可以把"和而不同"當作準則。

孟子講"民爲貴",儒家大都有民本思想。我們現在講"以人爲本"、"執政爲民"也可以說是對傳統文化的繼承和發揚。

《論語》記載有一次孔子上朝的時候,家裏的馬廄著了火,孔子回家後問家人火災中有沒有傷人而"不問馬"。今天的動物保護主義者大概會指責孔子不愛護動物。如果這樣看,就是沒有真正理解《論語》這段話的意義。在春秋時代,一般不騎馬,馬是用來拉乘車的,通常只有大夫以上的人才有資格置備馬車,馬車是貴族財富的標誌,所以有百乘之家、千乘之國這一類說法。一乘就是四匹馬拉的一輛車。孔子是一個窮大夫,馬匹死傷對他來說無疑是經濟上的重大損失。但是孔子首先關心的不是他的財産而是人的安危,這裏所說的"人"顯然首先是指馬廄裏工作的人,是爲孔子服務的勞動者。孔子這種"以人爲本"的精神值得我們好好學習。近年來嚴重的生産安全事故,尤其是礦難事件頻頻發生。那些爲了暴利置工人生命安全於不顧的姦商以及跟他們勾結在一起的貪官污吏,跟我們沒有共同語言,不必去說他。那些發生事故的公營企業的負責人以及跟這些公、私企業有關的上級領導部門的負責人,請捫心自問,你們對這些災難應負什麽責任,你們眼裏看得最重的,是産量、利潤、地方利益以及爲了安全措施需要增加的財政支出這些東西呢,還是生産者的生命安全呢?你們對下級的考核,是把産量、利潤等"業績"放在第一位的呢,還是把生産安全方面的指標放在第一位的呢?你們爲什麽在長期持續並愈演愈烈的生産安全事故面前顯得如此無能呢?我們期待溫總理在政府工作報告中提出的"遏制重特大事故頻發的勢頭"的各項措施早日落實,也希望有關領導和政府工作人員不要僅僅在口頭上接受"以人爲本"的提法,而要把這種思想切實地貫徹到全部工作中去。

孔子要人們先做到孝悌忠信,行有餘力,才去"學文"。他所說的"文"範圍很廣,決非僅限於文章,我們今天所說的"學術研究"完全可以包括在裏面。"忠"在孔子和早期儒家那裏並不是專指"忠君"的,而是對待人與事的一種有普遍意義的道德。儒家主張老吾老以及人之老,孝悌是要從家庭推向整個社會的,所以也可以說孝悌就是全面的尊老愛幼。孝悌忠信正是今天的社會裏極爲缺乏的東西。孔子認爲一個人有了這些基本道德,才有資格去"學文",去搞學問。孔子又說:"知之爲知之,不知爲不知,是知也。"要求人們在知識問題上老老實實,不要有半點虛假。這些教誡對今天道德滑坡、假冒僞劣充斥的社會實在太重要了。假冒僞劣之風早已侵襲到學術界,近年來學術上的抄襲、造假等事件層出不窮。我們現在大力提倡創新,這當然是完全正確的。但是如果沒有在學術上防僞、辨僞、打僞的有力措施跟上來,學術抄襲、造假現象很可能還會變本加厲。大家都知道社會風氣是由多方面的因素決定的。但是對教育在改變社會風氣方面的作用必須給予充分的重視。希望在青少年甚至幼兒中切實加强道德教育,而且要把傳統文化中關於基本道德和行爲準則的好的東西,通過適當的形式,及早灌輸給他們。單靠道德教育無法改變社會風氣,但是沒有道德教育,社會風氣也是絶對沒有可能真正變好的。我們教育工作者在切實推進道德教育方面是責無旁貸的,也希望領導部門能够切切實實地,而不是走形式地來領導好這方面的工作。

本文是 2005 年 3 月在全國政協教育聯組會上的發言,今據以收入。

文字博物館建設應注重高品位和科學性

我們祖國是一個歷史悠久的國家,文字的形成與發展已有數千年的歷史。在幅員遼闊的大地上,華夏民族共同創造了燦爛的中華文明。在漫長的歷史長河中,我國的漢字經過了一個不斷演變、發展的過程。漢字不僅在維護國家的統一、民族文化的發展上起了重要的作用,而且在世界文明的發展中也佔有十分重要的地位。

國家計劃在安陽建立中國文字博物館,這是一件大好事。把這個博物館建在我國中原地區,建在大量出土商代甲骨文的殷墟所在地——安陽,應當說也是很合適的。博物館建在河南安陽,自然會更多地體現中原古代文明的特色,在出土古文字材料的整理與佈展方面可佔有較大的比重。

中國有多種多樣的不同民族的文字。其中使用最普遍的漢字,是世界上現行各種各樣文字中歷史最長久的,而且其構造獨特,文化內涵豐富,是人類文化的重要遺産。創立中國文字博物館,一方面可以形象化的手段向國内外人們介紹關於中國文字的正確知識,一方面也可爲國内外有關專家學者提供一個資料完備、比較理想的研究基地。這兩方面的建設都很有必要。

中國文字博物館是一個專業性很强的大型文化建設項目,具有濃郁的民族文化内涵,這與以往其他類型的博物館建設情況有所不同,如今我們還沒有範例可循。加之這個文字博物館建設的定位很高,從一定意義上説,它對中國古今文字的普及宣傳乃至學術研究都將會産生影響。所以這方面的工作務要周密穩妥,合理規劃,確保質量。此前在北京召開的論證《安陽中國文字博物館佈展方案》的會議上,與會專家也都曾經提出,這方面不必急於求成,而是在建館之初就應積極組織專業力量進行攻關設計,精心編排,有條不紊,把各展區的内容都要統籌兼顧起來,最好是分期分區分階段地來實現建館目標。

在該文字博物館的建設即將啓動之際,我想提一點希望。博物館是面向人民大衆的,陳列内容當應努力做到通俗化、趣味化,具有可操作性。這一點大家是沒有異議的。但在做到通俗化、趣味化努力的同時,必須嚴格保持文字的科學性。對於一個文字博物館來説，這一點尤其重要。博物館一定要在注重普及的同時，注重館中展示内容的經典、規範、系統，盡可能使佈展情況表現出高品位，這方面尤須注意防止因追求商業效益而使館藏展示内容流於庸俗。

例如，爲了提高觀衆對上古漢字的興趣，陳列中一定會選擇一些象形程度很高的古文字字形，爲群衆解釋這些字形所反映的物或事，告訴他們造字者的意圖。在這樣的場合，爲了增强生動性，或是爲了使群衆易於理解，就很有可能採用偏離甚至不合乎客觀事實的解釋，給人們以錯誤的知識。這種情況在以往的漢字出版物、展示物甚至在學術論著中都曾出現，我們應當儘量避免。否則，這就跟設立博物館的初衷背道而馳了。除了古文字字形的解釋，在文字博物館陳列的其他方面，也有可能出現爲了通俗化而偏離甚至犧牲科學性的情況，我們必須高度警惕。觀衆在文字博物館將要看到的，都應是經過專家學者們認真整理出來並且通過一定的技術手段製作的精品。

還有一個問題想提一下。漢字是世界上現行各種文字中最古老的，但是比起有些已經死去的古文字，如埃及的聖書字和兩河流域的楔形文字，漢字又是比較年輕的，只是其他較早出現的民族古文字分别都中斷了各自的發展。儘管如此，我們千萬不要人爲地拉長漢字的歷史，把某些甚至連原始文字也算不上的新石器時代的符號也説成漢字。對其他存在學術爭議的問題，我們也都要十分慎重地來處理。

總之，不論在什麽情況下，建設一個高品位的文字博物館，堅持佈展内容的規範與科學性，我們都不能有絲毫動摇，這就是我對中國文字博物館未來建設的最大希望。

原載《鄭州大學學報（哲學社會科學版）》2005 年 5 期，今據以收入。

記張頷先生一二事

——爲慶賀張先生九十壽辰而作

張頷先生是我們古文字學界的老壽星。欣逢先生九十大慶,敬撰小文祝賀。

先生早年就參加革命工作,新中國成立後曾擔任山西省文物、考古工作領導職務,在山西文化事業上卓有建樹。先生的學術興趣集中在古文字研究上,造詣很深。先生所著的《古幣文編》,1986年由中華書局出版。此書體例謹嚴,内容翔實,全面反映了先秦貨幣文字研究在當時所達到的水平,是古文字研究者必備的參考書。先生對《侯馬盟書》長期不懈的整理、研究之功,更爲學界所稱道。他在《侯馬盟書》及有關論文中提出的很多觀點,已爲學界普遍接受。

先生的其他學術論文,亦多新意。如1980年發表的《"安國君"印跋》一文,指出70年代山西榆次一座秦漢之際墓葬出土的"安國君"印,文字具有六國風格,應爲秦漢之際反秦力量建立的政權的"君印",並推論"凡在印章風格和文字上具有與'安國君'印相仿的三字君印,大致都應該是這個時期的遺物"(《張頷學術文集》,中華書局,1995,140頁)。這一推論還可以擴展到風格類似的其他官印。這就爲古印學、古文字學提出了一個新的課題。

張先生學問好,爲人也好。我是1978年年尾在吉林大學召開的中國古文字學術討論會上認識先生的。那時,先生即將步入耳順之年,我按虚歲算是44歲,這個年齡在目前的古文字界當然不算年輕,但是在當時我却屬最年輕的一輩。張先生平易近人、和藹可親,跟我們這些晚輩也相處得很融洽。那時,《侯馬盟書》(舊版)出書已有兩年,此書定價四十元,而我的工資每月只有六七十元,實在無力購置。先生瞭解到這個情況,會後很快寄了一部《侯馬盟書》給我,還在扉頁上以優美的書法題了贈詞。這真是雪中送炭,令我十分感激。前不久,跟先生通了次電話,覺得先生精神很好,感到十分高興。敬祝先生身體康健,壽比南山。

原載《中國文化報》2009年12月4日4版,今據以收入。

一個讀者的希望

由於工作需要和個人興趣,我對與古文獻有關的刊物讀得比較多。甘肅省古籍文獻整理編譯中心主辦的《文獻研究》即將發刊,我想從讀者的角度,對它提一些希望。

從上世紀80年代以來,古文獻的整理、研究掀起了高潮。除了一些特大項目,如"中華大典"、"儒藏"和"點校本'二十四史'及《清史稿》修訂工程"等,古文獻整理、研究的熱點,似乎是地方文獻和出土文獻。甘肅是文獻大省,而且特別富於出土文獻。敦煌莫高窟藏經洞所出的東晉末期至趙宋初期的寫卷和文書,數量衆多,内容重要,早已馳名中外。已發現的漢簡大部分出在甘肅。敦煌漢簡也是早就享有盛名的,上世紀90年代初在漢代懸泉置遺址發現的兩萬餘枚簡牘及一些帛書、字紙,更爲世人所矚目(可惜絶大部分簡牘尚未發表)。與敦煌漢簡齊名的居延漢簡,出土於漢代張掖郡居延和肩水兩個都尉轄區。肩水都尉轄區就在今甘肅金塔縣一帶。居延都尉轄區在内蒙古自治區,但其地在上世紀六、七十年代也曾一度劃歸甘肅省管轄。1972至1974年,甘肅考古工作者曾在居延地區的破城子等地進行發掘,獲簡八千餘枚,已編爲《居延新簡》一書出版。此外,武威、甘谷、玉門等地也出過漢簡,天水出過秦簡,武威和高臺出過晉代木牘,内容大都也很有研究價值。甘肅的學者除了對本省的文獻做了很多整理研究工作之外,對全國的文獻事業也很關心,進入本世紀以後,已經主持編纂並出版了《中國簡牘集成》、《中國西南文獻叢書》等大部頭文獻叢編。甘肅省古籍文獻整理編譯中心爲了更好地與各地學者交流,即將推出面向全國的刊物《文獻研究》,這是推進我國文獻事業的有意義的舉措。

現在,各地出版的文獻研究方面的刊物(包括一些高校的文獻所、古籍所的集刊),數量已不算少,《文獻研究》應該有自己的特色。我希望《文獻研究》能以本省和鄰省、鄰區的文獻,尤其是其中的出土文獻的研究爲主要重點,多發這方面的文章。當然,考慮到刊物的性質,所發文章大多數應該是文獻學性質濃厚的。根據上述這類文獻研究史學、文學等方面專題的文章,可以發一些,但不宜喧賓奪主。創刊號已經收了相當數量合乎上述要求的文章,這是很好的開端。敦煌寫卷和文書以及敦煌、居延漢簡等,都是全國學術界乃至全世界漢學界十分關注的,以這些文獻爲研究重點,跟刊物面向全國的性質並不相悖。

隨着古文獻整理、研究的高潮的出現,質量問題也凸顯了出來。在古籍整理中,底本選取失當、標點錯誤、校注不妥等問題,是司空見慣的。出土文獻的整理,則時常出現綴合、繫連和釋讀等方面的錯誤。研究古文獻的文章,也常有引用文獻失當、對所引文獻作錯誤的斷句或錯誤的理解等問題。已有很多文章指出這類錯誤,不煩在此舉例。有些文章還有其他性質的常識性錯誤,這裏從由我忝爲主編的《文史》舉一個例子。《文史》2007 年第 4 輯所發的一篇研究《春秋繁露》的文章,開頭第一句說:

> 署名董仲舒著之《春秋繁露》始見《隋書・經籍志》有著錄,但未見刊本,至兩宋時有不同刊本流傳,……

似乎作者認爲一般典籍在宋代之前就應有刊本,這是違背印刷史常識的。我認爲爲了保證所發文章的質量,必須嚴格實行專家審稿制,每篇文章都要請有關專家審稿,以決定能否刊登,要不要修改。上舉《文史》的那篇文章,倒是請專家審了稿的,但文章第一句的常識性問題就沒有審出來。可見不但要請專家審稿,而且必須請認真負責的專家審稿。希望《文獻研究》能做到這一點。

與古文獻有關的文章,排印容易出錯,而且有些錯誤較難發現。所以校對工作不能完全依靠校對人員,編輯人員也要隨時留心。這一點也希望《文獻研究》編輯部能充分注意。

衷心祝願《文獻研究》辦成一本特色鮮明、質量上乘的好刊物。

原載《文獻研究》第一輯(學苑出版社,2010),今據以收入。

我和古文字研究*

我在上高中的時候,受到愛談清代和民國掌故的三姨父的影響,對清代史,尤其是太平天國史發生了興趣。我把父親和自己多年積攢起來的幾百本文學書籍賣給舊書店,換回了《清稗類鈔》、《賊情彙纂》等書。在讀了時人關於太平天國史的一些著作之後,我寫了第一篇學術文章。那是一篇短文,具體內容已記不很清,好像主要是指出榮孟源文章中與太平天國曆法有關的一個問題的,大概投給了《歷史教學》,可惜出師不利,被退了稿。我學清史雖然沒有成績,對培養閱讀古書的能力還是很有幫助的。

由於對歷史感興趣,1952 年高中畢業後,我以第一志願考入了復旦大學歷史系。我的家在上海,所以沒有考北大而考了復旦。當時,古史分期,即中國古代奴隸制時代與封建制時代劃界的問題,是史學界的熱門話題,我的興趣很快就被吸引了過去。我明白,要研究上古社會性質,必須到出土古文字資料裏去找史料,因此產生了學好古文字(實際上只是古漢字)的强烈願望。正好第一學期教中國通史第一段的老師是著名的甲骨學家胡厚宣教授,我聽課不久就下定了把甲骨文當作學習重點的決心。胡先生知道我想學甲骨文很高興,送我一本他所著的《五十年甲骨學論著目》,還告訴我福州路來薰閣舊書店有朱芳圃的《甲骨學文字編》和《甲骨學商史編》,是學甲骨文的入門書,價錢也不貴。我很快就把這兩本書買了回來。在相當長的一段時間裏,《甲骨學文字編》是我經常使用的重要參考書。

古文字學書籍大都賣得很貴,非窮學生所敢問津。我讀這些書主要靠從圖書館借。當時尚無複印之法,只好邊讀邊抄,有時全抄,有時摘抄。在四年大學生活中,我一般不睡午覺,利用午飯後上課前的一個多小時讀書抄書。晚上如果沒有活動,也這樣做。星期天也往往不回家,整天在學校裏讀書抄書。羅振玉的《殷虚書契考釋》、郭沫若的《卜辭通纂》和《殷契粹編》的考釋以及胡先生的《甲骨學商史論

---

* 本文所說的古文字包括秦漢文字。

叢》等書,就是這樣讀完的。它們的大部分內容我都抄了下來。我還摹錄了《殷虚書契後編》、《續編》和《殷契粹編》諸書所印甲骨拓本的絶大部分,雖然很費時間,但對提高辨識甲骨文和使用甲骨文資料的能力很有幫助。

我也讀金文方面的書。圖書館把郭沫若的《兩周金文辭大系》放在閱覽室裏,不往外借,我主要利用晚上自習的時間去讀抄。開頭連銘文原形也摹録,後來覺得太費時間,就只抄考釋了。1958 年這部書重印過一次,那時我已經當了研究生,但是書價幾乎跟我一個月的助學金相當,仍然買不起。直到現在,我還在使用我的《大系》抄本。

1955 年遼寧凌源縣(當時屬熱河省)發現西周早期的燕侯盂等銅器,《文物參考資料》此年第 8 期作了報道,我讀了以後寫了一篇短文,指出報道中所説的"戈父庚卣"的"戈",是"義"字的誤釋;還指出凌源發現西周早期燕侯銅器,可以證明周初所封燕國確在今北京一帶,有的學者認爲燕國初封於河南的郾,後來才遷到北京一帶,是錯誤的。以當時的學術水平衡量,這篇短文似乎並不是毫無發表價值的,但是仍然遭到了退稿的命運。這件事使我比較清楚地認識到,一個沒有"關係"的無名小卒,要想發表一篇文章是很不容易的。

在大學的前三年裏,我的政治思想相當反動,通過 1955 年的肅反運動才稍有轉變。我的家庭出身也不好,祖父是地主,父親在他供職的一家小工廠裏有少量投資,不算資本家也得算小業主。以這樣的背景而拼命鑽業務,當然不會被看作好學生。所以我在三年級的時候,就做好了畢業後被分配到最次的工作崗位上去的思想準備。不料我的運氣非常好。1956 年上半年,就在我要畢業的那個學期,全國掀起了"向科學進軍"的熱潮,我的鑽業務從壞事變成了受肯定的好事。同時,學校裏爲了配合社會上全行業公私合營的運動,在政治上對資産階級子弟採取了積極爭取的方針,我成了班上團支部的發展對象。在這樣的形勢下,我的思想發生了很大變化,在畢業前入了團。畢業後,我留系當了胡先生的助教。

當時屬於中國科學院的歷史研究一所(現在屬於中國社會科學院的歷史研究所是合併歷史研究一所、二所而成的),很早就想調胡先生去當研究員,但是這件事直到胡先生把我留爲助教之後才落實。胡先生知道消息後,讓我參加研究生考試,我就從助教變成了胡先生指導的"甲骨學與商代史"副博士研究生。這年冬天,我跟隨胡先生到了北京。胡先生任歷史一所先秦史組主任,我以復旦研究生的身份在先秦史組學習。

歷史一所和二所同設在東四頭條的一個院子裏。在 1956 年,這兩個所還在相當大的程度上保持着舊的研究機構的傳統。研究人員可以專心讀書搞研究,很少受干擾,跟學校很不一樣。一、二所的圖書室,藏書相當豐富。研究人員可以自由進庫找書,還可以請工友到科學院圖書館和北京圖書館去借所裏沒有的書。先秦史組研究員裏有張政烺先生。我在復旦的時候,讀過張先生的《古代中國的十進制氏族組織》等文章,認爲張先生使用古書和古文字史料的水平在古史學者中是最高的,對他十分欽佩。那時張先生的本職是北京大學歷史系教授,不過他平時住在城裏乾面胡同歷史所的職工大院内,大部分時間在一所上班。張先生不善交際,但是對年輕後輩十分熱情。後輩們向他請教學術上的問題,他總是毫無保留地加以指點,有時第二天還會主動從家裏帶來有關書籍讓他們參考。張先生的研究室正好在我跟另兩位年輕人合用的一間大屋子旁邊,他很自然地成了我時常去問疑求教的老師。我慶幸得到了一個理想的學習環境,一頭扎進了書堆。

郭沫若先生當時是中國科學院院長兼歷史一所所長。所裏的人都尊稱他爲"郭老"。據他們說,郭老雖然政務繁忙,但每隔一段不太長的時間就要到所裏來看望大家一次。每次來,凡是有研究人員的屋子,郭老都要走到;每一個研究人員,包括最年輕的實習研究員,郭老都要跟他握手。我到所不久,就遇上了一次,不過大概也是郭老這樣做的最後一次。1957 年反右以後,形勢大變,郭老好像就不再到所裏來了。那一次,爲了讓郭老少走一些路,事先略爲把人員集中了一下。我和好幾個比較年輕的研究人員被安排在一間屋子裏。郭老進了屋,跟我們一一握了手。所裏的陪同人員提醒我們,有問題可以向郭老請教。別人都不開口,我却很魯莽地提了個問題。大意是說,在古史分期問題上,大家根據的史料都差不多,得出的結論却不一樣,問題的癥結好像已經不在史料上了,這個問題怎樣才能解決。郭老聽了,流露出不以爲然的神色,反問我說:你把所有的史料都找出來了嗎?我當然只能說"沒有"。這件事對我的刺激頗深,在以後的幾年裏,我花了大量時間,主要按照研究古代社會性質的需要,做了《左傳》、《周禮》等書以及殷墟甲骨文資料的卡片。

正規的卡片很貴,我極少購買。我的卡片有些是用大張白紙裁成的,有些是用反面無字的廢紙裁成的,還有一些是用印刷廠用紙時剩下來的邊角料裁成的。正規的卡片盒我更買不起,只能用較淺小的放罐頭等物的集裝紙箱代替。直到今天,我還在用廢紙裁成的卡片。

1957 年 5 月,毛澤東發動群衆向黨提意見。復旦也給我來了信,要我給學校提意見。我心想,我有那麽多書要讀,哪裏有時間給你們寫信提意見,就沒理那個茬。

如果我還留在復旦當助教,以我的性格,在向黨提意見的整風會上,一定會講一些領導不愛聽的話。想起那必然會出現的後果,不禁不寒而栗。1980 年代前期,我初識曾被錯劃爲右派的黄永年先生,彼此談得很投機,他很快就瞭解了我對很多事情的看法。在一次閒談中,他情不自禁地蹦出了這樣一句話:"你老兄沒當右派,真是沒天理啦!"所以我不但應該感謝胡先生領我走進了甲骨學的大門,還應該感謝胡先生帶我離開了復旦,使我避免了劃爲右派的噩運。

我在歷史一所的平靜的讀書生活,只維持了半年左右。1957 年 6 月,我隨歷史一所的研究人員,在胡先生和張先生的帶領下,到濟南、開封、鄭州、洛陽、西安等地作了一次考古旅行,參觀了各地的博物館和考古工地。這次考古旅行不但使我們學到了很多知識,還使我們躲過了"大鳴大放"的高潮,真是一件天大的好事。7 月回到北京,反右鬥爭已經席捲全國。反右以後,接着是雙反、大躍進、人民公社、大煉鋼鐵、反右傾鬥爭等一系列運動,國無寧日,所無寧日,我的日子也越來越不好過了。

我雖然入了團,但是改造得不好,政治上不開展,被認爲是走"白專道路"的個人主義者。除了像一般人那樣參加各項政治運動(包括搭小高爐煉鋼)之外,還要不斷在小組會上作思想檢查,批判自己的"白專道路"。這時候,所裏已經一點也不考慮我的復旦研究生的身份了,不但不爲我提供寫畢業論文的條件,而且在業務上完全把我當作所裏的實習研究員使用,讓我參加一個接一個的集體項目。

在從 1958 年到 1959 年的一段時間裏,一、二所派了一批年輕研究人員,支援要在十周年國慶時開館的中國歷史博物館新館的陳列設計工作,我也在被派之列。我被分配到奴隸社會組,協助郭寶鈞先生設計殷商段的陳列。通過這項工作,我學到了一些對研究古代史和古文字很有用的考古知識。我參加的其他集體項目,其預期成果都是著作,但是最後全都不了了之,浪費了不少人力物力。我雖然對不斷讓我參加集體項目有抱怨情緒,然而在實際工作態度上,自問比有些自以爲是走"紅專道路"的研究人員要認真得多。可惜所用的精力大部分白白浪費掉了。

由於正常的工作時間都被用於搞運動和參加集體項目,我只能儘量利用晚上和星期天的時間讀書抄卡片。歷史所在 1958 年由東四頭條遷到建國門內的現址,研究人員使用一幢二層樓房(現已拆除)。每天夜裏,這幢樓房最晚熄燈的窗口,幾乎總是我的那一個。我的父母在 1959 年隨父親供職的工廠由上海來到北京,安家在廣安門內。我星期天回家,也還是讀書抄卡片。

副博士研究生的學習期限是四年,我應該在 1960 年畢業。到了這一年,經過一連串政治運動,副博士的名義已經無形中被取消,我既沒有條件寫畢業論文,當然也談不上畢業,糊裏糊塗地結了業就參加統一分配。我能分配到北京大學中文系,也是碰上了好運。那一年,北大中文系派到分配研究生的會上去挑人的,是當時還很年輕的胡雙寶先生。他考慮到系裏正需要一個搞古文字的教員,就要了我。在 1960 年的政治形勢下,一般擔負這種挑選任務的人所最注意的,是被挑選對象的政治條件。但是雙寶先生却比較重業務,雖然從檔案中看出我的政治條件不大好,仍然要了我。不然,我很可能會被分配到一個學術條件很差的單位去。

念大學後,我一直把先秦史當作主攻方向,希望有朝一日成爲一個高明的上古史學家。知道自己被分配到中文系,開始是有些失望的。不過,我對古文字和古漢語本來就很感興趣,而且覺得學術界流傳的"文史不分家"的說法很有道理,所以這種情緒很快就消失了。現在看來,我的專業方向從當時被認爲是"階級鬥爭的科學"的歷史學轉到語言文字學,對我在學術上的發展是件大好事。

在研究生階段的後兩年裏,我已經有了想在古文字考釋方面有所突破的强烈願望,但是一度對自己是否有這種能力産生過懷疑。我想,我已經看了大量古文字資料,抄了很多卡片,還讀了很多考釋古文字的文章,爲什麼自己一個字也考釋不出來呢? 是不是我不如那些古文字學家聰明,再努力也沒有用呢? 不過,我並沒有就此放棄自己的追求,而且在産生這種懷疑之後不久,就開始在古文字考釋方面有所收獲了。這次經驗使我感到,做學問有點像跑長跑。初跑長跑的人,跑到簡直透不過氣來的時候,會感到自己好像再也跑不下去了。然而如果能咬咬牙硬挺着繼續跑,透不過氣的感覺一般會有所緩解,往往就能跑到終點。只要你的方向和方法沒有大問題,"堅持就是勝利"。

我的第一篇考釋古文字的文章,是在 1960 年等待分配的時候寫的。我認出了殷墟甲骨文裏表示刖刑和椓刑的兩個字,以這兩個字的考釋爲主,寫成《甲骨文所見的商代五刑》一文,投給了《考古》月刊。我到北大後不久,這篇文章就在 1961 年第 2 期的《考古》上登了出來。編者對我的稿子作了一些删改。除删掉個別不合理的說法外,還把稱郭沫若的"先生"改爲"院長",大概他們認爲"先生"是一個資産階級的稱呼吧。此外,由於删改還出現了個別文氣不接的地方。在"白專道路"、"名利思想"大受批判的形勢下,我沒敢用自己的名字,而是用母親的名字發表這篇文章的(此文之前,我還在《考古》1960 年第 6 期上發表過《安陽後崗圓形葬坑性質的討論》一篇短文,也用了母親的名字)。那時,"三年困難時期"還沒有過去,大家平時都吃得很差,我用這篇文章的稿費,請父母親到飯館裏吃了一頓很不錯的飯。

1960年代初,北大中文系裏有不少名師宿儒。不過,我最想請教的老師,却是當時才四十歲左右的朱德熙先生。我在歷史所的時候,讀過朱先生兩篇研究戰國文字的文章。作者分析問題的深入細密、論證的有力和文章的簡潔流暢,使我深爲折服。這兩篇文章引起了我對戰國文字的興趣,並使我對朱先生産生了仰慕之情。然而進中文系之後,我並沒有很快就實現向朱先生請教的願望。我跟朱先生不在一個教研室,而且我是1960年底到北大的,第二年4月就被下放到昌平十三陵公社泰陵大隊参加生産勞動,11月才返校,所以遲遲未去謁見先生。

我記得我是在1962年的一個晚上,第一次去先生家的。那時我住在校内的集體宿舍裏,那個晚上我沒請人帶領,獨自走到中關村的北大三公寓,懷着多少有些緊張的心情,敲開了先生家的門。先生和師母熱情地接待了我。我先做了簡短的自我介紹,並表示了對先生的景仰,接着就陳述事先準備好的對某些尚未被人釋出的戰國文字的意見,向先生請教。1960年代初,研究戰國文字的人很少,在未識的戰國文字中,比較容易釋出的字還相當多。我所談的意見,有一些是在拜訪先生的那一天,臨時翻查我所摘抄的《古璽文字徵》時才想到的。例如多年後發表的《戰國璽印文字考釋三篇》中第三篇的主要内容,即關於六國璽印文字中一些从"䜌"聲之字的意見,就是在那一天想到的。朱先生很有興趣地聽我呶呶不休地談自己的見解,並且對我的大部分見解立刻加以肯定。一位在學術上已經有很高成就的學者,竟能這樣坦率熱情地對待我這樣一個初次跟他接觸的青年,這使我十分感動。我慶幸自己找到了一位最好的老師加知音,覺得在感情上跟朱先生一下子就變得毫無距離了。

此後很多年裏,我時常去找朱先生談古文字。尤其是在自以爲有了比較重要的發現的時候,往往迫不及待地往先生家裏跑,想讓先生早些知道,甚至天在下雨也不管。先生也常把他尚未發表的考釋古文字的意見和其他學術見解講給我聽。有時候我們發現彼此的見解可以互補,那就格外高興。例如:先生認爲六國印文中很多从"𠂤"的形聲字,實際上是从"官"聲的,"𠂤"是"官"的簡寫。我認爲六國銅器銘文中"私𠂤"、"左𠂤"等"𠂤"字應該釋讀爲"官"。但是彼此都沒有注意到對方所注意到的現象。發表在《文物》1973年第12期上的、先生和我合寫的《戰國銅器銘文中的食官》,就是把我們的這些意見結合在一起寫成的。在60和70年代,我國一般知識分子的生活比較苦,做學問的條件比較差。有一次我跟先生說,像我們這樣搞學問談學問是"窮開心"。先生很欣賞,後來多次在我們的談話中重複這句話。

1962 年既是我跟朱先生在學術上開始建立起密切關係的一年，也是我看璽印、陶文等古文字資料最多的一年。由於朱先生的影響，我對戰國文字的興趣越來越濃厚。璽印、陶文是研究戰國文字的重要資料，所以我大量閱讀璽印、陶文的著錄書，邊讀邊抄卡片，積累研究的資料。璽印著錄書有專收古印（基本上是六國印）或專收漢印（一般包括秦印和魏晉印）的，也有兼收二者的。這些書我都看。陶文方面也有類似情況。所以這一年的閱讀也爲日後研究秦漢文字作了一些準備。

所以能在 1962 年讀較多的書，是由於政治形勢有了變化。1961 年初，中國共產黨的八屆九中全會，針對大躍進、人民公社等運動造成的問題，提出了"調整、鞏固、充實、提高"八字方針。在我下放泰陵勞動期間，陳毅作了關於紅專問題的講話，對過左的知識分子政策有所糾正。我們那一批下放勞動的教員，原定下放一年，後來縮短爲七個月。回來以後，覺得學校的氣氛有了明顯變化，會議少了，讀書的風氣濃了。校領導根據黨對高等教育工作的新的指示，要求年輕教師認真鑽研業務，中文系還請老教授爲年輕教師開了必讀書目。所以在 1962 年，我可以用來讀自己想讀的書的時間相當多。北大圖書館的金石書，有很多放在善本室裏，我成了那裏去得最頻繁的常客。那時，我每星期六下午回城裏的家，星期一早上返校，星期天一般都到北京圖書館去看北大沒有的金石書。每次一早就坐公交車到北圖，中午吃些乾糧，到傍晚閉館時才回家。通過大量地看資料抄卡片，並不斷整理卡片，自己感到古文字學水平有了明顯的提高。可惜由於政治形勢又生變化，這樣的讀書生活只延續了一年左右。

1962 年秋，毛澤東在黨的八屆十中全會上發出了"千萬不要忘記階級鬥爭"的號召。從這年冬天開始，社會主義教育運動（在農村是"四清"運動）和反修學習逐漸在全國鋪開。1963 年是我在北大中文系講漢語文字學的第一年。這一年，教員參加政治學習和體力勞動的時間雖已明顯增加，教學秩序仍比較正常，我還能用不算太少的時間備課編講義，此後的情況就大不一樣了。

從 1964 年初到"文化大革命"爆發這兩年半的時間裏，我三次被抽調到農村去搞"四清"。1964 年 2 月至 3 月在北京郊區通縣搞"四清"。1964 年 11 月到 1965 年 6 月在湖北江陵搞"四清"。1965 年 11 月又去北京郊區延慶搞"四清"，到 1966 年 6 月，在工作尚未結束的情況下，被召回北大參加"文化大革命"。在每次下鄉之前之後，都要集中學習。在這樣的學習會和平時的很多學習會上，一般教員都要批判自己“非無産階級”的思想。我的重業務輕政治的傾向很突出,思想跟不上形勢,批判自己的任務比别人更重,臭駡自己成了家常便飯。但是,在參加運動、改造思想和講課備課之餘,我仍然抓緊時間搞我的古文字。“文革”後發表的《戰國貨幣考(十二篇)》的初稿,就是在這種情況下寫成的。

“文革”開始後不久,我的父母被當作資本家遣返老家,我在城裏的家就消失了。我的書和卡片等資料,本來分放在家裏和學校宿舍兩處。父親供職的工廠抄我們的家,把我的書和資料也一起抄走,我到系革委會開了證明去領了回來。這樣,我的書和資料就集中到了一處。這倒爲我在“文革”中抓時間搞古文字提供了方便。

“文革”開始後,學校停了課,校園裏到處貼大字報,來看大字報的人很多。過了些時候,“革命大串連”的風颳了起來,學生和跑得動的教員幾乎都去了外地,校園一下子静了下來。中文系辦公室所在的二院,也變得冷冷清清,罕見人跡。當時,住在校内的未成家的中文系年輕教員裏,好像只有我一個沒有出去串連。系領導在二院騰出一間屋子讓我住進去,希望我多少能起一些照看這座空樓的作用。在一段不算很短的時間裏,除了個别領導每天到二院來看一下之外,整座樓通常只有我一個人,幾乎一點干擾都沒有。於是我就利用我的已經集中起來的書和資料,專心搞起古文字研究來了,主要是整理平時所抄的卡片等資料,把自己對一些古文字的比較成熟的考釋意見寫成筆記。

在工作中,發現所抄的卡片等資料裏,有不少需要跟原書核對的地方。那些書我大都沒有,公家圖書館這時又都已經關閉,想來想去,只有去找古文字書籍藏得比較多,對後輩學子又極其熱情的張政烺先生。張先生住在東郊永安南里。我一早就從西郊的北大,坐公交車穿過整個北京城,趕到張先生家裏。先生和師母熱情地接待了我。先生親自把我所需要查的書拿給我,或告訴我書在哪個書架上。有些書放在原來裝大部頭綫裝書的書箱裏,書箱靠墻放着,開口在貼墻的一面,先生親自爲我把沉重的書箱轉過來。那時,先生和師母各自的工作單位——歷史研究所和科學出版社的業務工作都已停頓,但是他們都還必須去“上班”。安排好我的事,他們就走了,留我一個人在家裏查書。在那段時間裏,我爲查書到先生家裏去過一次還是兩次,現在已經記不清了。

隨着外出串連的教員陸續回校,二院逐漸熱鬧了起來。不久,我就搬回了集體宿舍。這時候,校園裏的運動氣氛已經恢復,大家不斷開會,不斷寫大字報;幾個人聚在一起,除了跟運動有關的事,幾乎什麽都不談。

過了一些時候,校園内的兩派鬥爭激烈了起來。掌權的新北大公社和造反派井岡山兵團,形同仇敵,勢不兩立。我住的十九樓挨着井岡山的據點。在兩派鬥爭白熱化的關頭,新北大公社的學生進駐十九樓,原住的教員除了一些新北大公社的積極分子,都只好搬走。我跟幾位同事被安排在二院暫住。這時的二院跟師生外出大串連時我住過的二院有天壤之別,來往的人很多,整天亂哄哄。我們幾個人住一間屋子,都打地鋪。住在十九樓的時候,還多少能做些自己想做的事,在二院就完全辦不到了。這使我十分苦惱。住在燕南園的同事葉蜚聲先生很瞭解我的心情,主動把他的書房讓給我用,我有空就到那裏去看書。在校園兩派鬥爭的風浪中,葉先生的書房成了我的避風港。

葉先生是我的同鄉,彼此的老家相去不遠,不過我是到北大中文系後才認識他的。他比我大九歲,多年來像老大哥一樣照顧我,在各方面給了我很多幫助。葉先生待人熱情,朋友們有事相求,他沒有不竭力幫助的。去年 8 月,他因腦溢血突然逝世,大家都發自内心地感到悲痛。

我對"文革"中的兩派鬥爭非常厭惡,既未參加新北大,也未參加井岡山。但是在校園内,連各個公共食堂也分屬兩派,不依附於一派,連飯都吃不上。我的思想比較保守,一直跟着中文系的新北大派活動。中文系的井岡山派裏也有原來屬於系領導階層的教員,他們瞭解我在復旦念書時的情況。在"文革"進入"清理階級隊伍"階段以後,中文系的井岡山派爲了給新北大派抹黑,在 1968 年 7 月發表一個聲明,根據我十多年前在復旦的一些言論,把我打成反革命。中文系新北大派爲了表明革命立場,很快決定不再讓我參加運動,並對我進行審查。所謂審查,就是不斷讓我寫交代,並扣發工資改發生活費。這時又是葉先生出面求情,說我還有被遣返回鄉的父母需要贍養,爲我爭得了每月寄給父母的錢。

軍宣隊、工宣隊進校後,我跟系裏其他一些有"問題"的人,受到隔離審查的處分。11 月,我被發配去燒暖氣鍋爐,一直燒到次年 2 月。這時,8341 部隊已經進校,運動中過左的做法稍有改變。我回了系,編在學生的一個班裏參加學習。

回系後,我跟同事孫靜先生合住一間宿舍,從 1969 年 2 月住到 11 月。孫先生在城裏有家,每星期六下午回家,星期一早上回校。那時,軍宣隊、工宣隊領導運動,教員們不管是有"問題"的,還是"革命"的,都是改造對象,除了一起開會外,彼此很少往來。我算是有嚴重問題的人,平時更沒有人理。所以在每星期六晚飯後到下星期一早飯前這段時間裏,除了上食堂吃飯外,我可以一個人關在屋子裏,繼續做我在運動初期住在二院時所開始的工作——寫古文字考釋筆記。這一天半時間,對我來説是沒有白天黑夜的,不到實在睜不開眼睛的時候不睡覺。即使躺下,也往往只睡兩三個小時就起來接着幹。我懷疑我的青光眼的病根,就是這時種下的。

由於太過疲勞,在每星期一上午全班的學習會上,儘管我强打精神,盡可能不讓自己的眼皮往下垂,有時也還是忍不住要打瞌睡。曾經好幾次被領導學習的工宣隊員發現,受到嚴厲訓斥,還爲此寫過書面檢查。幸好班上的學生並不想打我這條落水狗,我的日子才不至於太難過。有一次因打瞌睡而受訓斥後,有兩位女學生還在中間休息的時間,好心地勸我以後別再在開會的時候打瞌睡。我很感激這些學生。我在1970年代以後陸續發表的古文字考釋文章,有好些篇是根據上面所説的筆記改寫而成的。

1969年11月以後,我在江西鄱陽湖畔鯉魚洲上的北大五七幹校從事生産勞動,一直幹到1971年夏天幹校停辦。在幹校結束的過程中,有很多糧食要運回北京。那時我算是壯勞力,被派到南昌當搬運糧食的脚夫,9月才回北京。

回校後,我被編入由部分回校教員組成的勞動隊。這個隊分成幾組。我所屬的組每天到城内一些胡同裏去清理"文革"中堆積起來的垃圾。帶領我們勞動的組長,是前些年因心臟病過早去世的傑出力學家郭仲衡院士。郭先生走起路來跛得很厲害,幹活却比誰都賣力;平時話很少,但一點沒有架子,對組員很和氣,是一個很純粹的人。勞動隊存在的時間不長,當年冬天我就回系了。

我還在勞動隊的時候,朱德熙先生得知文物考古方面的刊物就要復刊,讓我跟他合寫一篇研究戰國文字的文章。我十分高興,便利用晚上和星期天的時間來做這件事。我們各自挑出幾條考釋戰國文字的筆記,經過討論後加以修改,最後由朱先生定稿,寫成了《戰國文字研究(六種)》一文。朱先生1954年在《歷史研究》創刊號上發表的《壽縣出土楚器銘文研究》,是先寄給郭沫若先生,郭先生看了以後向《歷史研究》推薦的。這次我們也把文章寄給了郭先生。不久我們就收到了他的親筆回信。信中説,他對我們的文章很感興趣,看了兩遍,現已把稿子轉給《考古學報》。他還説,由於我們把字寫得太小,他的眼睛看得非常累。一位從政多年,年屆八十,但仍鍾情於古文字,並樂於提攜後進的老學者的形象,躍然紙上。可惜這封信後來找不到了。我們的文章在《考古學報》復刊第1期(1972年第1期)上就登了出來。

從《戰國文字研究(六種)》開始,到1982年發表的《七十年代出土的秦漢簡册和帛書》,朱先生和我在十年中合寫了九篇文章。這些文章全都由朱先生親自定稿,後來都收入了在先生逝世後編成的《朱德熙古文字論集》。1987 年發表在《光明日報》上的《評〈西周青銅器銘文分代史徵〉》,也署了先生和我兩個人的名字。這篇書評是唐復年先生約我們寫的,但後來由我一人完成。先生本不願署名,是我堅持把先生的名字放上去的。所以,這篇文章沒有收入《論集》。

1971 年秋,大學復課。雖然"文革"尚未結束,學校裏的秩序已經比較正常了。我回系後,在參加教學工作和政治學習之餘,還能擠出不算太少的時間來學習、研究古文字。1972 年,我跟隨朱先生參加了馬王堆一號漢墓遣策的考釋工作。這項工作引起了我對秦漢文字,尤其是漢簡的濃厚興趣。在"文革"中,1972 年是比較平靜的一年,我抓緊時間讀了不少漢簡方面的書,做了很多摘錄和卡片。

進入 1973 年以後,"批林批孔"、"評法批儒"之風强烈地颳了起來,勢頭越來越猛。朱先生和我在這一年裏也寫了一篇配合"評法批儒"的文章。當時,秦始皇被推崇爲推動歷史發展的大法家,《文物》編輯部約我們寫一篇頌揚始皇統一文字的功績的文章。我們認爲始皇統一文字是歷史事實,而且從古文字資料看,關於這件事有不少話可講,就接受了這一任務。文章排出來之後,我到《文物》編輯部去看校樣。編輯先生跟我說,爲了更好地配合當前形勢,他們在文末加了一段批林彪的話。看了那段硬加上去的充滿"文革語言"的文字,我感到啼笑皆非,急中生智,想出了一個辦法。我說:加了這段文字,這篇文章就是我們共同完成的了,我建議用"北文"的筆名發表,"北"代表北大,"文"代表《文物》編輯部。編輯先生同意了。回校後告訴朱先生,先生很贊成我的辦法。這篇文章就是發表在《文物》1973 年第 11 期上的《秦始皇"書同文字"的歷史作用》。此文收入《朱德熙古文字論集》時,删去了《文物》編輯部所加的那段文字。但是我們在文章裏說了很多頌揚秦始皇和批判儒家的話,時代烙印仍然十分鮮明。此外,我還應約爲《光明日報》寫過一篇鼓吹文字爲群衆所創造的短文,也說了很多批儒的話。

1974 年 5 月,朱先生和我都被借調到文物出版社,參加臨沂銀雀山漢墓竹簡的整理工作。聽説我是由王振鐸先生推薦的。這項工作一直延續到 1977 年初。在這段時間裏,朱先生和我還參加了馬王堆漢墓帛書中《老子》甲、乙本及其卷前後佚書的整理工作,我還參加過睡虎地秦墓竹簡的整理工作,並對《武威醫簡》的初稿提過不少修改意見。此外,朱先生和我還跟銀雀山漢簡整理小組中最年輕的成員李家浩先生一起,用上班之外的時間,爲湖北省博物館整理了望山楚墓竹簡。李先生是湖北江陵自學成才的青年,由俞偉超先生推薦來參加整理工作。朱先生很欣賞他研究古文字的才能。1978 年,他聽從朱先生的建議,考了我的研究生,畢業後留在北大中文系工作。

從1974年到1976年"四人幫"倒臺這段時間裏,學校裏的政治學習以及其他政治性活動,又惡性膨脹了起來,教員能用於鑽研業務的時間很少。銀雀山漢簡和馬王堆帛書的整理工作,是"中央"交下來的任務,情況特殊,參加工作的專家可以埋頭苦幹,在政治學習方面只需要用很少的時間。通過這段時間的工作,我取得了整理研究出土古文獻的經驗,提高了自己古文字學的水平,獲益匪淺。如果我沒有被借調到文物出版社而留在北大,就會浪費大量寶貴的時間。

銀雀山漢簡所以會受到"中央"重視,跟"評法批儒"有很大關係,整理工作不可避免地要受到這方面的影響。銀雀山漢簡中既有《孫子兵法》和《孫臏兵法》,也有很多篇作者不明的兵家著作。當時,孫武和孫臏都被看作法家。編定《孫臏兵法》時,爲了使內容顯得豐富些,領導和個別參加整理的人,堅持要把一些作者不明的兵家著作也當作孫臏的東西收進去。朱先生和我迫於無奈,只好提出一個折中辦法,建議把作者不明的那些篇編在一起,當作"下編"。這個建議總算被接受了。"文革"後出版的《銀雀山漢墓竹簡》第一輯中的《孫臏兵法》,已經去掉了原來的下編。其實,就是現在仍然收在《孫臏兵法》裏的以"孫子曰"開頭的那些篇,也不是沒有並非《孫臏兵法》而是《孫子》佚篇的可能性的。

"撥亂反正"的十一屆三中全會在1978年召開之後,科教人員鑽研業務的時間有了保證;政治對學術的干擾,至少對古文字學這類學科來說,已不復存在。研究工作的物質條件,包括出版條件,也逐漸有所改善。我的古文字方面的文章,絕大部分是在1970年代末以後發表的。這些文章涉及甲骨、金文、戰國文字和秦漢文字等方面。1992年,中華書局出版了我的《古文字論集》,收入了1988年以前所寫的古文字方面的文章。1989年以後寫的,有些已經收入我的並非專爲這方面的文章而編的文集,絕大部分還散在刊物上沒有結集。1988年,商務印書館出版了我的由授課講義修改而成的《文字學概要》,內容也跟古文字有關。此外,從1978年到1979年,我跟李家浩先生一起,爲湖北省博物館整理了曾侯乙墓出土的文字資料;從1995到1996年,我參加了尹灣漢墓簡牘的整理工作;在1997年到1998年間,爲荆門市博物館所編的《郭店楚墓竹簡》作了校訂工作。

在學術的道路上,朱德熙先生對我的幫助最大。他不但帶着我寫了不少篇文章,還細心地修改過我的一些文章。《文字學概要》是朱先生推薦給商務印書館的,1982年我第一次出國講學,也是朱先生推薦的。我在1978年破格升爲副教授,也跟朱先生和張政烺先生對我的業務水平的肯定有密切關係。

除前面已經講過的先生們外,有幾位領導也給過我重要的幫助。

1970 年代末到 1980 年代初,《甲骨文合集》各册陸續出版。這是我在研究工作中經常要使用的極爲重要的一部資料書。但是這部書的定價很高,大約相當於我當時兩年的工資,我根本沒有可能購買。學校圖書館把《甲骨文合集》放在文科閲覽室裏,不往外借,使用起來很不方便;而且上架非常慢,一册《合集》出版發行後,往往要等很多個月才能見到。中文系資料室本來不準備買這樣貴的書,我向當時主管全系行政的副系主任向景潔先生説明情況,要求他讓資料室買一部《合集》供我使用。向先生痛快地答應了我。這部《合集》我借到家裏用了十多年,直到前年自己從舊書店買了一部之後,才還給資料室。

1970 年代末,我住在東校門外靠近清華的五公寓,跟其他系的兩位教員三家合住一個單元。長期以來,北大的教員絶大部分沒有自己的研究室,只能在家裏工作。由於住得太擠,我只能以自己的床兼充書桌,坐在小凳上寫文章。那時的校黨委書記,是後來當過教育部副部長的周林先生。同單元的一位鄰居跟周先生比較熟,向他反映了我的情況。周先生用晚飯後的時間,親自到我家來看了一次,很快就特批給我蔚秀園的一套小三間,大大改善了我的居住和工作的條件。

我很感激的另一位領導,是在周先生之後任黨委書記的項子明先生。1980 年代初,我的研究生李家浩畢業留系後,在湖北的家屬遲遲調不進北京。與此同時,學校裏有的食堂炊事員的家屬,却從外地調進了北大。這件事反映到了項先生那裏。有一天,他把我叫到他的辦公室,同時把人事處的一位負責人也叫了來。他開門見山地問那位負責人,爲什麽食堂炊事員的家屬能調進來,業務骨幹的家屬却不能調進來。那位負責人只好答應去辦把李家浩的家屬調入北京的手續。不是項先生親自過問,家浩恐怕就只能回湖北去工作了。

就在研究工作的客觀條件逐漸有所改善的時候,我的身體却出現了問題。我的眼睛在少年時代就已近視。1970 年代後期,我感到眼睛有了新的毛病。在閲讀書報的時候,我覺得鉛字的筆畫有些發虚。實際上,我這時已經得了青光眼的病,這種感覺是視野已經部分受到破壞的結果。但是校醫院的一位眼科大夫却把我的眼病當白内障治,讓我點了好多年"白内停"。到了 1990 年,我感到眼病比較明顯地有所加重,只得去找校外的大夫診治,由於我的青光眼是低壓性的,沒有一般青光眼眼壓高、眼發脹等明顯症狀,找了兩位大夫仍未得到確診。那時,我妻子的堂姐在人民醫院工作。她知道了情況,介紹我到她們醫院眼科的黎曉新大夫那裏去看病。黎大夫當時大約才四十歲左右,但已以醫術高明、醫德高尚著稱。她很快就斷定我得了低壓性開角型青光眼。依靠她的正確治療和經常的關注,我的病情得以穩定下來,直到今天仍能進行教學和科研工作。如果我遇不上她這樣的好大夫,後果不堪設想。

我的妻子董岩,爲我擔負了全部家務和各種雜務,並且比我自己更關心我的健康。我的研究成果裏也凝聚着她的心血。

從1952年進大學算起,我學習、研究古文字已經四十七年了。跟所花的時間相比,我的研究成績顯得很微小。但是考慮到學習和研究的條件,尤其是前二十多年的條件,又覺得這些成績也可聊以自慰了。如上所述,在這四五十年裏,我遇到了不少愛護我幫助我的人,而且在有些緊要關頭交了好運。不然,就連這些成績也是難以取得的。

今天處在學習和研究崗位上的青年們,你們現在的條件,總的來看,比我們的青年時代已經好得多了。你們一定要抓緊時間,克服困難,爲祖國爲人民作出與時代相稱的好成績來。只有這樣,我們這一代的遺憾才能多少減輕一些。

1999年4月18日寫完

原載張世林編《學林春秋》三編下册(朝華出版社,1999),今據以收入。

爲《中國大百科全書》撰寫的辭條

說明: 我爲《中國大百科全書》第一版的中國文學卷、語言文字卷和中國歷史卷寫過一些辭條。語言文字卷中的《古文字學》一條後來修改成《古文字學簡史》,已編入本書第三卷。爲中國歷史卷寫的辭條,發表時先秦史部分的《奴隸》、《庸》、《徒》、《工》諸條被該部分的責任編輯擅自約請的定稿者删改得面目全非,不但删去了史料出處,還往往把文字改得不通,故今據原稿依原樣收入。秦漢史部分的《烽燧》、《嗇夫》兩條,發表時改動亦較多,今亦據原稿收入。先秦史部分的《尉繚子》一條,原有繁簡二稿,交稿時用了簡稿,今據繁稿收入。爲先秦史部分寫的《市》這一條,後來未被採用,今亦據原稿收入。一併說明於此。

甲骨卜辭

商周時期刻在龜甲獸骨上記録占卜的文字。19 世紀末年以來,河南安陽的殷墟遺址先後出土了十餘萬片刻有文字的占卜甲骨,絶大部分是商朝後期(約公元前 14 至前 11 世紀)王室的遺物。中華人民共和國成立後,還在陝西等地發現了幾批西周時代的甲骨卜辭,但數量比殷墟卜辭少得多。

在中國已發現的可以辨識的古代文字資料裏,殷墟甲骨卜辭是年代最早的一批,從這批資料來看,當時漢字已經成熟,書面語言的應用也已達到一定水平。較長的卜辭,一條有九十餘字,例如《殷虚書契菁華》第三、第五頁所著録的刻在一塊大牛胛骨正反面上的一條癸未日卜辭,補足缺文後有九十三字。【編按:此辭條是郭在貽先生約稿的。石繼承在《郭在貽文集》(中華書局,2002)第四卷 355—356 頁所收的我寫給在貽先生的信中,看到我請在貽先生把此句改作:“卜辭的篇幅,六十字以上的屢見,個別條有長達八、九十字的(《殷虚書契菁華》第三、第五頁所著録的,是同一塊大骨的正反兩面。正面右側“癸丑卜爭貞旬亡囚三日乙卯”等四行,與背面中間“四日庚申”等四行,文義相接,是一條卜辭。這條卜辭補足殘缺文字後約有八、九十字)。”但不知由於什麼原因,此條印出時沒有按我的信修改。另,此處所舉《殷虛書契菁華》的頁碼有誤,如據《菁華》的初印本,並以正反兩面爲一頁計算,應爲第五、第六頁,即《合》137 正、反。】在甲骨上偶爾還能看到篇幅更長的非卜辭的記載,例如在殷墟發現的一塊殘骨版上,刻有關於某次戰爭戰績的記事殘文(《殷虛卜辭綜述》圖版 16【《合》36481】,甲骨學者或稱爲“小臣牆刻辭”)。據現存文字推算,原文的字數當超過一百字。甲骨卜辭的語言,一般很精練。例如有一條卜辭說:“辛未卜爭貞(“爭”是管貞卜的人的名字):婦好其比沚𢦔伐巴方,王自東罙(探)伐,戎𪊨(陷)于婦好立(位)?”(《乙》2948【《合》6480】)意思是:讓婦好和沚𢦔一起去征伐巴方,而王則親自從東方深入進擊巴方,敵人會陷入婦好的埋伏嗎?這二十五個字所包含的意思相當豐富,而且表達得頗爲清楚。

甲骨卜辭在商代並不是主要的文字記錄,當時已經有用竹木簡編成的典册,只是沒有能保存下來,所以商代人在使用書面語言方面實際上已經達到的水平,無論在文字的篇幅上,或是在記敘事實和表達思想感情的技巧上,無疑都會高於甲骨卜辭的水平。

銅器銘文

鑄刻在銅器上的文字,亦稱金文。鑄刻銘文的風氣,以商周時期爲盛,所以一般所說“銅器銘文”主要是指商周銅器上的銘文而言的。有銘文的銅器基本上都是青銅器,比較常見的有鼎、簋等食器,爵、觚、尊、卣、壺等酒器,盤、匜等水器,鐘、鎛等樂器以及戈、劍等兵器。已發現有銘文的商、周青銅器數逾萬件。

現今所見的最早的銅器銘文屬於商代。有銘文的商代銅器,幾乎都作於盤庚遷殷以後;年代可能更早的,只發現了兩三件。商代銅器上的銘文大都很簡單,一般只有一至五、六個字。很多商代銅器僅記作器者之名(往往用族名而不用私名),正合乎“銘者,自名也”(《禮記・祭統》)的古義。在記作器者之名的同時,又記所紀念的先人廟號的(如“魚、父乙”“戈、祖己”);或是僅記先人廟號的,也很常見。到商代晚期出現了一些較長的銘文,內容多數是說王或某個地位較高的人由於某事而賞賜該銅器的主人,器主因此作某先人的祭器以爲紀念。已發現的商代銅器銘文,篇幅沒有超過五十字的,超過四十字的有我鼎(《三代》4・21【《集成》5・2763】)、四祀𠨘其卣(《錄遺》275【《集成》10・5413】)、小子𧻓卣(《三代》13・42【《集成》10・5417】)。

西周是銅器銘文的全盛時代,主要表現在兩方面:

一、銘文篇幅加長　　百字以上的銅器銘文頗爲多見,二、三百字以上的也不乏其例。西周前期的大盂鼎有291字,小盂鼎有400字左右(但多殘泐不可辨識)。中期的曶鼎也有400字左右。後期的大克鼎有290字,散氏盤(亦稱矢人盤)有350字,毛公鼎有498字(銘文中"𦥑"字作爲有重文之字計算)。如果不算由幾個編鐘合成的銘文,毛公鼎銘是已發現的商、周銅器銘文中最長的一篇。這篇銘文詳細記錄了周王對毛公的誥命之辭,可以看作是保留在銅器上的一篇《尚書》。

二、銘文內容豐富　　西周銅器銘文中,除了"某人作某器"一類簡單記載,以及比較常見的記君上(主要是周王)的任命、賞賜或記功表德的銘文以外,還出現了一些比較特殊的記事銘文。其中有記訴訟勝利的銘文,如曶鼎(後兩段)、𠑇匜(《陝西出土商周青銅器(一)》207【《集成》16・10285】)、鬲攸从鼎等銘,還有記土地交易和勘定田界的銘文,如五祀衛鼎(同前173【《集成》5・2832】)、格伯簋、散氏盤等銘。從銘文內容所涉及的方面看,有關於奴隸制度、土地制度、宗族制度、分封制度、軍事制度、官制、周人與周圍各族的關係以及其他重要問題的大量史料。一些重大的歷史事件,如武王克商、成王東征、昭王南征等,也都有反映,所以郭沫若說西周銘文"有書史之性質"(《周代彝銘進化觀》)。

到了春秋時期,銅器銘文雖然仍受重視,但是其重要性已經比不上西周。當時仍有很長的銘文。例如宋代發現的齊靈公大臣叔弓(或釋"叔夷")所作的一件大鎛,鑄有器主誇耀自己的出身和功績,並記載齊靈公對他的誥命的長銘,共493字。同時出土的叔弓的編鐘上也鑄有內容基本相同的銘文,全文由七個編鐘合成,長達501字(如認爲末句"子""孫"二字下都摹脱重文,便應該是503字),比毛公鼎字數還多。但總的來看,春秋時代的長篇銅器銘文要比西周少得多,而且內容也比較空泛,史料價值不如西周銘文。

大約從戰國中期開始,傳統形式的銅器銘文已經很少見,"物勒工名"式的新式銘文則大量出現。這種銘文字數一般不多,所記的主要是作器年份、主管作器的官吏和作器工人的名字以及使用器物的地點等。舊式的長銘在戰國中期以後並未絕跡。20世紀70年代在河北平山發現了公元前4世紀末期的中山王墓,墓中出土的鐵足銅鼎刻有長達469字的銘文,銅方壺刻有長達450字的銘文。此外,戰國銅器銘文中還有少數內容比較特殊的例子,例如楚國附庸曾侯乙的墓葬所出的編鐘上有大量關於樂律的銘文,齊國的子禾子釜上有關於度量衡制度的銘文,楚國的鄂君啓節記載了國家對鄂君啓經營商業的規模和路綫的規定。

秦漢時代的銅器銘文,除了常見的秦始皇和秦二世的詔書以外,絕大多數是“物勒工名”式的或標明器物主人的銘文。六朝以後,在銅器上鑄刻銘文,就不再成爲普遍流行的風氣了。

商、周銅器銘文,尤其是内容比較豐富的周代銘文,是研究當時語言文字的重要資料。從文學方面看,也有一定的價值。雖然銘文中的敘事部分大都直陳其事,很少修飾,頌揚求福之語又往往是一些套語,但仍有不少銘文具有比較濃厚的文學氣息。

周代銘文有不少是有韻的(早在武王時代的大豐簋銘文裏就已經用韻),喜歡用整齊的四字句的銘文也相當多。例如西周中期的史牆盤和後期的虢季子白盤,就都是既用韻又大量使用四字句的。虢盤銘説:“……趄趄子白,獻馘于王。王孔嘉子白義,王格周廟宣榭,爰饗。王曰伯父,孔顯(義近“顯”)有光。王錫乘馬,是用佐王。錫用弓,彤矢其央。錫用鉞,用征蠻方。子子孫孫,萬年無疆。”【《集成》16・10173】其風格與《詩・小雅・六月》等篇有相近之處。

到春秋時代,既用韻又大量用四字句的銘文越來越多。例如徐、楚等國的鐘銘就大都採用這種文體。它們還時常抄襲舊文套語。徐國的沇兒鐘、徐王子旃鐘(《録遺》4【《集成》1・182】)、許國的許子鐘以及大概屬於楚國的王孫遺者鐘,都有“終翰且揚,元鳴孔皇”、“皇皇熙熙,眉壽(或作“萬年”)無期”等字樣。1979年在河南淅川楚墓裏所發現的王子午鼎,也有不少與王孫遺者鐘相同或相近的句子。

戰國時代的杕氏壺銘説:“杕氏福□,歲賢鮮于。□是金契(挈),吾以爲弄壺。其(?)頌(容)既好,多寡不訏,吾以宴飲,盱(?)我室家。弋獵毋後,簞(簠)在我車。”【《集成》15・9715】通篇隔句用韻,第三句以後都是講所作的壺的,可以看成一首頗爲别致的小詩。

有的銘文别出機杼,風格比較特殊。例如西周前期的沈子簋銘,通篇都用對先考講話的口氣,頗值得注意。

由於銅器銘文的篇幅有限制,内容也有很大的局限性,而且作者多數不可能是當時的文章好手,因此其文學價值一般不如流傳下來的同時代其他形式文學作品。

孫詒讓

孫詒讓(1848—1908),中國清末經學家、校勘訓詁學家、古文字學家。字仲容,號籀廎,浙江瑞安人。道光二十八年八月十四日(1848年9月11日)生。同治六年(1867)鄉試中舉。光緒前期報捐刑部主事,簽分後不久就稱病歸鄉,專心著述。晚年有感於民智閉塞,國勢衰微,頗致力於地方教育事業。光緒三十四年五月二十二日(1908年6月20日)逝世。

孫詒讓治學的範圍很廣,其主要成就集中在古籍整理和古文字研究這兩方面。前一方面的代表作有《周禮正義》(1905)、《墨子閒詁》(1894,定本1910)和《札迻》(1894)等書。後一方面的著作主要有《古籀拾遺》、《古籀餘論》、《契文舉例》和《名原》。文集《籀廎述林》(1916)也收了一些這方面的文章,如《籀文車字說》(卷三)、《毛公鼎釋文》、《克鼎釋文》(卷七)等。

《古籀拾遺》三卷是訂正宋代薛尚功《歷代鐘鼎彝器款識法帖》、清代阮元《積古齋鐘鼎彝器款識》和吳榮光《筠清館金文》這三種金文著錄書中的考釋錯誤的,光緒十四年(1888)刊行。《古籀餘論》二卷是訂正清吳式芬《攈古錄金文》中的考釋錯誤的,成書於光緒二十九年(1903),刊行於1929年。孫氏在小學和古文獻方面有很深的功底。他研究金文,分析字形比較審慎,並善於利用古籍中的有關資料,成績超過前人。《契文舉例》二卷是孫氏在光緒三十年(1904)讀了劉鶚《鐵雲藏龜》(1903)後所寫的,1917年由羅振玉據稿本影印出版。這是寫得最早的一部研究甲骨文的專著,書中不免有很多錯誤,但是仍有一些值得重視的意見。

《名原》二卷寫成於光緒三十一年(1905),刊行於民國五年。孫氏在此書中從文字學的角度總結了自己研究甲骨、金文的成果,在分析偏旁和說明字形的繁簡變化等方面花了較大力量,對漢字的原始情況及演變原因也作了一些探索。近人多認爲孫氏的著作代表了清代古文字學的最高水平。

参考書目

朱芳圃《孫詒讓年譜》(中國史學叢書),商務印書館,1934。

于 省 吾

于省吾(1896—1984),中國古文字學家、訓詁學家。字思泊,晚號夙興叟,齋名雙劍誃、澤螺居。遼寧海城人。1896年12月23日生。1919年畢業於瀋陽國立高等師範。30、40年代曾在輔仁、燕京、北京等大學講授古文字學。1955年起任東北人民大學(1958年改名吉林大學)歷史系教授。1984年7月17日在長春逝世。

于省吾在古文字學上的成就主要集中在甲骨文和金文的考釋上。他在40年代自印了三本考釋甲骨文的專著,即《雙劍誃殷契駢枝》(1940)及其續編(1941)、三編(1943)。50年代以後又在刊物上發表了不少考釋甲骨文的文章。後來他對已發表的甲骨文考釋加以删訂,加上未發表的甲骨文考釋,編成《甲骨文字釋林》,由中華書局在1979年出版。于省吾在從事古文字研究的初期,撰有《雙劍誃吉金文選》(1933)。後來陸續發表了不少研究金文的文章。他在晚年準備把已發表和未發表的金文考釋編成《吉金文字釋林》,可惜沒有完成就去世了。于省吾考釋古文字的態度比較謹嚴。他强調研究古文字要注意"每一個字本身的形、音、義三方面的相互關係",還要注意"每一個字和同時代其他字的横的關係"以及它們本身在不同歷史階段的字形之間的"縱的關係",反對沒有充分根據地任意考釋古文字(《甲骨文字釋林》序)。于省吾還曾致力於古器物和古文字資料的搜集整理,先後編著了《雙劍誃吉金圖録》(1934)、《雙劍誃古器物圖録》(1940)和《商周金文録遺》(1957)等資料書。他收藏過的古器物精品中有吳王夫差劍和少虡錯金劍,所以用"雙劍誃"("誃"通"簃",意爲樓閣旁的小屋)爲齋名。

于省吾在詮釋先秦古籍方面也有不少成績,主要著作有《雙劍誃尚書新證》(1934)、《雙劍誃易經新證》(1936)、《論語新證》(1941)、《雙劍誃諸子新證》(1940,新版1962)和《澤螺居詩經新證》(1982)等書。他認爲研究先秦古籍應該充分利用地下發現的新資料,常常根據甲骨、金文等訂正詮釋先秦古籍的文字,所以他研究古籍的著作都以"新證"爲名。

50年代以後,于省吾還發表了一些根據甲骨、金文等資料研究上古社會、歷史的論文;在考釋古文字的時候,也努力利用關於上古社會、歷史和民族學等方面的知識去解釋文字的形義。

參考書目

于省吾《于省吾自傳》,《晉陽學刊》1982年2期。

《甲骨文編》

殷墟甲骨文單字彙編。有新舊兩版。舊版爲孫海波所編,1934年由燕京大學哈佛燕京學社石印出版。新版由中國科學院考古研究所委託孫海波根據新資料修訂舊版而成,列爲考古學專刊乙種第14號,1965年由中華書局石印出版。孫海波(1910—1972),字涵溥,河南潢川人,北京師範大學研究院畢業,古文字學家。

此書新舊版的體例基本相同。所收甲骨文單字按原樣摹錄。正編 14 卷收已認識的和可以按偏旁隸定的字。分卷依《說文解字》。見於《說文》的字按《說文》字序編排,字條上方加篆文。不見於《說文》的字附在同部首字之後,字條上方加隸定寫法。各字條多有關於字形或用例的簡注。合文另編爲一卷。不可識的字編爲附錄。書末附檢字。書中各字條大都收有較多的異體。那些在甲骨文資料中出現次數不很多的單字,幾乎每見必錄。所以本書不但可供識字和研究字形之用,而且在一定程度上還能起索引的作用。舊版附有備查一卷,注明甲骨文資料中的常用字未被收錄的字形的出處。新版取消備查,本擬另編同性質的《甲骨文索引》,跟《文編》分開印行,但是並未實現。

新版正編收單字 1723 個(其中見於《說文》的 941 字),附錄收單字 2949 個,總共 4672 字。由於書中存在一些把同一個字的異體誤認爲不同的字或把不同的字誤認爲同一個字的異體的情況,上舉這個總字數跟本書編纂時所據的甲骨文資料中的單字的實際總數是有出入的。

本書所收資料比較豐富,編纂工作也做得比較審慎,是學習和研究殷墟甲骨文的重要工具書。但是書中仍有不少摹錄和釋字方面的錯誤,已識之字被置於附錄的情況也時有所見。本書編成後,又發表了不少甲骨文新資料和新的研究成果,本書已經顯得有些過時了。

金祥恆編有《續甲骨文編》,是補充《甲骨文編》舊版的,1959 年由臺北藝文印書館印行。

《甲骨文字釋林》

甲骨文研究著作。于省吾著。是于氏考釋殷墟甲骨文字成果的彙集,1979 年中華書局出版。書分三卷。上卷收文五十三篇,是删訂 40 年代出版的舊作《雙劍誃殷契駢枝》及其續編、三編而成的。中、下兩卷共收文一百三十五篇,其中有兩篇是由原來分別收在《駢枝》及其續編裏的文章改寫而成的,九篇是改寫或修訂已發表的論文而成的,其餘各篇都沒有發表過。另有附錄兩篇,其中修訂舊作而成的和新寫的各一篇。全書共收文一百九十篇,絶大多數是對某個或某幾個甲骨文字或甲骨文資料中的詞語的考釋,少數幾篇是帶有綜論性質的,如卷一的《釋一至十之紀數字》、卷三的《釋具有部分表音的獨體象形字》和附錄的《釋古文字中附劃因聲指事字的一例》。書前有自序,在介紹本書內容之外,還談到了考釋古文字的方法問題。于省吾考釋古文字的態度比較謹嚴,本書中的考釋有不少已經爲學術界所接受。

《尉繚子》

《尉繚子》是戰國晚期講軍事、政治的一部著作。傳世本共五卷二十四篇,以南宋刻《武經七書》本爲最古(《續古逸叢書》有影印本)。唐初魏徵等編《群書治要》,節錄了《尉繚子》四篇。在1972年臨沂銀雀山1號西漢前期墓所出竹簡中,發現了與《尉繚子》相合的竹書六篇。

《漢書·藝文志》雜家著錄《尉繚》二十九篇,兵形勢家著錄《尉繚》三十一篇,篇數都與今本不合。隋唐時流傳的《尉繚子》已是五卷本(加"錄"一卷共爲六卷),但篇數不詳。《隋書》、《舊唐書》的《經籍志》和《唐書·藝文志》都把它列入雜家。《隋志》兵家記"梁有尉繚兵書一卷",隋唐時已亡佚。據此,傳世《尉繚子》當出自雜家《尉繚》。此書絶大部分是論兵的,所以北宋景祐年間編的《崇文總目》把它改列入兵家類,元豐年間又編入《武經七書》。明胡應麟以爲雜家《尉繚》已佚,今所傳是兵家《尉繚》。此說自清代以來頗有勢力,其實並不可信。《漢書·藝文志》總結兵形勢家的特色說:"形勢者,雷動風舉,後發而先至,離合背鄉,變化無常,以輕疾制敵者也。"《尉繚子》論兵,極少談到所謂"形勢",可見它不可能出自兵形勢家《尉繚》。

今本篇數比《漢志》所記三十一篇少七篇,而且《兵令》上、下和《兵教》上、下都是由一篇分爲兩篇的。銀雀山竹簡本和《群書治要》中的《兵令》篇都不分上下,《兵教》在古本中大概也不分上下。此外,《重刑令》、《將令》等篇極爲簡短,似有經過割裂以充篇數的嫌疑。總之,《尉繚子》的佚篇一定相當多。今存各篇中,《治本》、《原官》兩篇沒有談軍事;《十二陵》的內容與《逸周書·王佩》相近,本非兵家言;《將理》篇主要講刑法方面的問題,跟軍事也沒有直接關係。佚篇中與軍事無關的內容可能更多。《初學記》卷24引《尉繚子》"天子宅千畝,諸侯百畝,大夫以下里舍九畝",《太平御覽》卷684引《尉繚子》"天子玄冠玄纓,諸侯素冠素纓,大夫已(以)下練冠練纓",皆不見於今本,所言與軍事完全無關。由此可見,《尉繚子》並非純粹論兵之書,原本的內容可能比較駁雜。從思想上看,《尉繚子》的確有雜家的傾向。書中雖取法家農戰之說(《制談》:"使天下非農無所得食,非戰無所得爵。"《藝文志》顏注:"劉向《別錄》云:繚爲商君學。"),但又重視"仁義"、"禮信"、

"廉恥"(《兵令上》:"王者伐暴亂,本仁義焉。"《戰威》:"必先禮信而後爵祿,先廉恥而後刑罰。"),對儒家一點也不鄙薄。《治本》說:"太上神化,其次因物",又採用了道家之言。《漢志》對雜家中的《子晚子》有注說:"齊人,好議兵,與司馬法相似。"《尉繚子》偏重論兵而列入雜家,與《子晚子》同例。

跟銀雀山竹簡本和《群書治要》相較,今本《尉繚子》頗多删節之處。或以爲前者是雜家《尉繚》,今本則爲兵家《尉繚》,其説不可信。銀雀山竹簡中還有跟《六韜》相合的竹書多篇。今本《六韜》跟竹簡本和《群書治要》所引本相較,也有不少删節,情況與《尉繚子》相同。

《藝文志》在雜家《尉繚》下有注説:"六國時。"從今本《尉繚子》的内容看,所反映的也的確是戰國時代的情況。前人或疑今本不是《漢志》著録的原書,而爲後人所僞作。銀雀山竹簡出土後,此説不攻自破。但是關於《尉繚子》的時代仍然存在爭論。《尉繚子》第一篇《天官》的第一句,是"梁惠王問尉繚子曰"。因此很多人認爲這部書是梁惠王時(公元前369至319)的著作。但《史記·秦始皇本紀》記秦王政十年(前237)"大梁人尉繚來説秦王",秦王信之,以爲秦國尉。其時代與梁惠王不能相及。因此也有人主張《尉繚子》是戰國末期爲秦國尉的尉繚的著作,認爲《天官》"梁惠王問尉繚子"之語經後人竄改。梁惠王時的尉繚在其他古書裏毫無記載。魏國在戰國末期出了一個尉繚,如果在梁惠王時也有一個尉繚,未免太巧。所以前一説大概不可信。從《尉繚子》揉合儒、法、道各家的思想傾向來看,其著作時代也以放在戰國末期爲宜。但是此書屢次讚美爲魏敗秦的吳起,當是尉繚入秦以前的作品。書中屢見"試聽臣言……聽臣之術……"(《制談》)、"試聽臣之言,行臣之術"(《將理》)、"臣以爲……"(《武議》、《將理》)、"臣謂……"(《制談》)、"臣聞……"(《兵教下》、《兵令下》)一類話,似乎主要部分是由作者向魏王言事的底稿或記録編成的。把作者向他言事的魏王當作梁惠王,當是漢以後的改編者或傳抄者的錯誤。

《尉繚子》反對迷信,强調政治、經濟對軍事的決定作用,見識頗高。後半部《重刑令》以下十二篇,對研究戰國時代的軍法頗有幫助。

參考書目

張心澂《僞書通考》,商務印書館,1957。

張烈《關於〈尉繚子〉的著録和成書》,《文史》第八輯。

顧實《漢書藝文志講疏》,上海古籍出版社,1987。

華陸綜《尉繚子注釋·前言》,中華書局,1979。

何法周《〈尉繚子〉初探》,《文物》1977 年 2 期。

何法周《〈尉繚子〉考補證》,《河南師大學報(社科版)》1980 年 3 期。

銀雀山竹簡整理小組《銀雀山簡本〈尉繚子〉釋文(附校注)》,《文物》1977 年 2 期、3 期。

簡　　册

簡是中國古代用於書寫的狹長竹木片。若干簡編連起來就成爲册。古書裏往往把“册”寫作同音字“策”。在植物纖維紙流行以前,簡册是主要的書寫材料。

《尚書·多士》説“惟殷先人有册有典”。甲骨文裏有“册”字,作等形,豎畫代表簡,或代表纏在簡上的編繩。可見至遲在三千多年前的商代已經有簡册了。商代人是否已經把帛用作書寫材料,現在還不清楚。周、秦、漢各代都是簡、帛並用的。但帛的價值高,遠不如簡册使用得普遍。東漢中期蔡倫改進造紙方法以後,紙開始成爲重要的書寫材料。但是紙的普及有一個過程。在魏晉時代,雖然私家已經越來越普遍地使用紙,官府文書仍多用簡册。到了南北朝時代,簡册才基本絶跡。

考古發現的簡册實物中,最古的是 1978 年湖北隨縣曾侯乙墓出土的戰國初期簡,數量最多的是漢簡。此外,魏晉簡、秦簡和戰國時代的楚簡也都有發現。

簡的寬度一般在 0.5—1 釐米左右。長度往往視用途而異。例如在漢代,官府用的正式法律文本用三尺或二尺四寸長的簡(當時的一尺大約相當於 23 釐米左右),重要的儒家經典用二尺四寸簡,最常用的簡長一尺,此外還有二尺、一尺二寸、一尺一寸和短於一尺的簡。木簡古代多稱爲札,簡最初可能是竹簡的專稱,後來兼指木札。簡册通常用絲繩或麻繩編連,以編兩道或三道爲最常見。一般先把簡編成册,然後再書寫。每册的簡數不一,主要取決於書寫的内容以及攜帶、閲讀是否方便。收藏簡册時,以末簡爲軸卷成一卷,講究的還在外面加書囊。考古發現的簡册,年代久遠,編繩幾乎都已朽斷。只有西北地區發現的漢簡,由於當地氣候乾燥,有極少數還保持着編連成册的原貌,例如 1930 年發現的居延漢簡中就有一册由七十七枚木簡編成的永元兵物簿。

簡一般只寫一行字。可以寫幾行字的寬木板稱爲“方”或“牘”。書信往往寫在一尺長的木牘上,所以有“尺牘”之名。漢代還有比一般的簡稍寬,通常寫兩行字的簡,稱做“兩行”。

簡牘的書寫,用毛筆和墨。古書中提到“漆書”,但是在考古發掘中還沒有發現過漆書的簡册。删改簡上的文字要用書刀,因此古人常以“刀、筆”並提。過去有人據此認爲古人在簡上用刀刻字,則是誤解。

秦　簡

戰國時代秦國和秦代所遺留下來的簡牘。在戰國和秦代,簡是主要的書寫材料,但是秦簡的實物直到20世紀70年代才第一次發現。

1975年底,考古工作者在湖北省雲夢縣睡虎地(秦代屬安陸縣)發掘戰國末年至秦代(公元前3世紀中後期)秦墓時,在11號墓中發現一千一百多枚竹簡,在4號墓中發現兩塊木牘。

11號墓墓主是擔任過與司法有關職務的地方小官吏。墓中所出竹簡裏有秦律的部分抄本(包括《田律》、《廄苑律》、《倉律》、《效律》等多種律文中的一些條文)、對秦律的問答體詮釋、關於治獄的各種文書程式的彙編(原題爲《封診式》)、南郡守發給屬縣的文書(原題《語書》)、秦昭王元年(前306)至秦始皇三十年(前217)間國家與墓主家庭的大事年表、格言和字書的抄本,以及兩種講時日禁忌等迷信的《日書》。這座墓是秦代(始皇三十年或稍後)下葬的,不過所出簡册大概有不少是戰國末年的抄本。4號墓的木牘是家信,從内容看是戰國末年的。

在發掘睡虎地秦墓之前,1972年曾在鄰近的地方發掘了一座葬式和隨葬物跟睡虎地秦墓很相似的墓葬——大墳頭1號墓。墓中出了一塊記隨葬物的木牘。發掘者定此墓爲西漢墓。睡虎地秦墓發掘之後,有人認爲這應是秦代墓。

1979年又在四川青川縣的一座秦墓(50號墓)裏發現了兩塊木牘,其中一塊抄有秦武王關於更修田律的詔書。

秦律制定於戰國時代,秦亡以後全部亡佚,新發現的秦律是中國現存的最古法律。秦代統治時間很短,流傳下來的秦國和秦代史料,特别是社會經濟方面的史料,非常貧乏。秦律等新史料的發現,在一定程度上彌補了這個缺陷。通過這批珍貴史料,對當時的國有經濟、奴隸勞動、土地制度、階級關係、官制、刑法以至社會一般生活等方面情況,可以獲得很多新的知識。睡虎地11號墓所出竹簡還抄錄了戰國晚期魏國的一段《户律》和一段《奔命律》,對於研究戰國社會很有幫助。同墓所出的大事年表對《史記》的某些記載起了補充或糾正的作用,也是很有價值的史料。

秦簡的發現對漢字發展史的研究,也提供了重要史料。自古相傳秦代開始使用隸書,但是秦隸的面貌究竟如何,過去一直不清楚。現在發現的秦簡,所用的字體同小篆有相當明顯的區別。例如見於睡虎地11號墓秦簡的全部“水”字旁,都已經簡化爲“”旁。【編按:此語有誤,萬業馨先生指出,睡虎地秦簡《語書》“江”字水旁仍作。】這種字體應該就是秦隸。通過秦簡,不但可以認識秦隸的真面目,還可以知道隸書實際上在戰國時代,至少在戰國晚期的秦國,就已經初步形成。所謂程邈作隸書,應該理解爲程邈對當時民間流行的這種新字體,作了一些整理總結的工作。睡虎地4號墓家書木牘上的隸書,寫得很草率,從中還可以清楚地看到草書的萌芽。

漢　簡

兩漢時代遺留下來的簡牘。早在北周時代就有人在居延地區發現過漢代“竹簡書”,北宋人也曾在今甘肅等地獲得過東漢簡。近代最先發現的古簡是魏晉簡。1901年,瑞典人斯文赫定在新疆羅布泊北部地區的一個古遺址裏發現了一批魏晉木簡和字紙。這個遺址後來被定爲樓蘭遺址。同年,英籍匈牙利人斯坦因在新疆民豐北部也發現了魏晉簡。在所謂樓蘭遺址,斯坦因和日人橘瑞超也發現過魏晉簡紙。

1906年,斯坦因在新疆民豐縣北部的尼雅遺址發現了少量漢簡,大部分簡的性質類似後世贈物名刺,有人推測是西域精絶國遺物。次年,他又在甘肅敦煌縣一帶的一些漢代邊塞遺址裏發現了七百多枚漢簡。這是近代初次發現的漢簡。此後陸續有新的漢簡出土,七十多年來共發現四萬餘枚,其中既有完整的,也有殘碎到只剩一兩個字的。除了尼雅漢簡等少量比較特殊的例子,已發現的漢簡可以根據出土情況分爲兩大類。一類是在漢代西北邊塞地區遺址裏發現的,可簡稱爲邊塞漢簡。一類是在漢墓裏發現的,可簡稱爲墓葬漢簡。

邊塞漢簡

還可分爲三種:

一、敦煌漢簡　斯坦因於1907年在敦煌附近發現漢簡後,1914年又在甘肅的敦煌、安西、酒泉、鼎新(毛目)等地的漢代邊塞遺址裏,發現了一百七十枚左右漢簡。1944年夏鼐等對敦煌小方盤城以東的漢代邊塞遺址進行考察,掘獲漢簡四十三枚。1979 年,考古工作者在敦煌小方盤城以西的馬圈灣漢代烽燧遺址裏發現漢簡一千二百餘枚。這是敦煌漢簡數量最多的一次發現。此外,在 1977 年和 1981 年,考古工作者還分别在酒泉西北的玉門轄地花海農場和敦煌酥油土兩地的漢代烽燧遺址裏採集了一些漢簡。

斯坦因 1914 年發現漢簡的地點橫跨漢代敦煌、酒泉兩郡,70 年代發現漢簡的玉門花海也應屬酒泉郡,但是習慣上把這些漢簡統稱爲敦煌簡。

二、居延漢簡　　1930—1931 年,中國、瑞典學者合組的西北科學考查團在甘肅、内蒙古境内的額濟納河兩岸和内蒙古額濟納旗黑城東南的漢代邊塞遺址裏,發現一萬枚左右漢簡。這次發現漢簡的地點,在北部的屬漢代張掖郡居延都尉轄區,在南部的屬張掖郡肩水都尉轄區,但是習慣上把這兩個地區出土的漢簡統稱爲居延簡。1930 年,考查團還在甘肅鼎新以西的北大河沿岸,斯坦因在 1914 年調查過的一段邊塞遺址裏,發現了少量漢簡。這段邊塞應屬酒泉郡。因此,在所謂居延簡裏實際上還包括了極少量的酒泉簡。

1973—1974 年,甘肅居延考古隊在破城子(居延都尉所屬甲渠候官治所遺址)和肩水金關遺址等地進行試掘,獲漢簡近兩萬枚。1976 年,甘肅省博物館文物隊等單位組織調查組,沿額濟納河下游,在居延地區進行了廣泛調查,獲漢簡一百六十四枚。估計居延簡今後還會大量出土。

三、羅布泊漢簡　　1930—1934 年,黄文弼在新疆羅布泊北岸的漢代防戍遺址裏,掘獲西漢宣、元、成諸帝時木簡七十一枚。這批簡的出土地點接近所謂樓蘭遺址,也有人稱之爲樓蘭漢簡。

邊塞漢簡通常發現於邊塞地區的官署(如都尉、候官治所等)和烽燧的遺址裏,爲屯戍吏卒所遺留,有的是當時有意保存起來的,有的是當時作爲垃圾而拋棄的。西北地區缺少竹子,已發現的簡絶大多數是木簡。從形制上看,除一般的簡以外,還有兩行、牘、觚(多面棒狀木條)、符、券、檢(有覆蓋文書、書信用的,也有封存物件用的)、簽等等,種類頗多。從内容上看,主要部分是公家的各種文書和簿籍,還有與吏卒生活有關的私人書信、衣囊封檢、曆譜、醫方、占書、九九表、字書以及其他書籍等等。簡的年代起自西漢中期(武帝後期),訖於東漢後期,中間包括王莽新朝和更始時期。已發表的漢簡上的明確紀年,最早的是武帝天漢二年(前 99)和三年。《居延漢簡甲編》1398 號簡有"太初三年",但這是在追述往事時提到的。對於新出居延簡中所謂"元朔元年"簡和"元狩四年"簡,學術界尚有不同意見。最晚的是順帝永和二年(137)。陳夢家《漢簡考述》認爲最晚的紀年簡是"永(原文誤爲

“元”)康三年”(169)簡,當指發掘號爲551・32的《居延漢簡》2519號簡。此簡爲一小殘片,僅存“永康三”三字。桓帝延熹十年六月改元永康,次年即靈帝建寧元年,永康三年相當於建寧二年。陳氏對此簡的解釋是否可信尚待研究。

邊塞漢簡所反映的並不僅僅是邊塞地區的情況。在很多方面,西北邊塞和全國其他地方的情況是一致的。而且邊塞漢簡的有些内容,如某些詔書和中央機關發的公文,本來就是面向全國的。因此無論是研究漢代的西北邊塞地區,還是全面地研究漢代史,漢簡都是十分重要的史料。通過六七十年來對漢簡的研究,在漢代的邊防設施(包括烽燧制度)、屯田制度、兵制、官制、行政制度(包括文書制度)以及漢代社會的經濟、文化和階級關係等方面,都獲得了很多新的知識。

墓葬漢簡

從20世紀50年代開始陸續發現,比較重要的有以下幾批:

1959年7月,甘肅省武威縣磨咀子6號漢墓出土竹木簡五百枚左右,主要部分是《儀禮》的九篇抄本,約抄寫於西漢末至王莽時期。

1972年,湖南省長沙馬王堆1號漢墓(下葬年代約當文帝晚年)出土竹簡三百一十二枚,是記載隨葬物的“遣册”。

1972年4月,山東省臨沂銀雀山1號漢墓(約當武帝初期)出竹簡六千枚左右,但大部分已殘碎,包含《孫子》、《齊孫子》(即《孫臏兵法》)、《晏子》、《太公》、《尉繚子》等古書的部分抄本,以及很多其他古書(絶大部分是佚書),其中有論政、論兵的著作,關於陰陽、時令、占候的著作,篇題爲《唐革(勒)》的一篇賦,以及相狗方、作醬法等等。同時發掘的2號漢墓出武帝元光元年曆譜一份。

1972年,甘肅省武威旱灘坡漢墓(約當東漢前期)出醫方簡牘一批。

1973年,河北省定縣40號漢墓(爲西漢晚期的中山王墓)出一批已經炭化的殘碎竹簡,字跡尚可勉强辨認。其中有《論語》、《文子》、《太公》等古書的部分抄本,以及内容大都見於《孔子家語》、《說苑》、《大戴禮記》等書的一些儒家作品。此外還有《六安王朝五鳳二年正月起居記》等。

1973年和1975年,考古工作者兩次發掘了湖北省江陵縣鳳凰山的西漢前期墓地,在好幾個墓裏都發現了遣册。1973年發掘的10號墓裏,還發現了内容主要爲鄉文書的一批竹簡和木牘。

1973年發掘的長沙馬王堆3號漢墓(文帝十二年下葬),除了出土大批珍貴帛書外,還出了竹木簡六百餘枚(包括少量木牘),一部分是遣册,一部分是講養生之道和房中術的書。

1977 年,安徽省阜陽縣雙古堆 1 號漢墓(約當文帝時)出竹簡一批,其中有《詩經》、《倉頡篇》等書的部分抄本,惜都已殘碎。

1978 年 7 月,青海省大通縣上孫家寨 115 號漢墓(約當西漢晚期)出殘木簡四百枚,内容多爲軍法。

1983 年 12 月至 1984 年 1 月,江陵張家山 247 號、249 號、258 號三座西漢前期墓出大量竹簡。247 號墓出簡一千多枚,其中有漢律、《奏讞書》、《蓋廬》、《脈書》、《引書》、《算數書》和曆譜、遣册等。249 號墓有《日書》。258 號墓有曆譜。80 年代,江蘇省儀徵縣胥浦 101 號漢墓(屬西漢末年)出"先令券書"等簡牘。"先令"即遺囑。

漢墓所出古書,有很多是久已失傳的佚書。即使是現在尚有傳本的書,由於年代早,往往可以糾正今本的訛脱,有時還能確定書的著作時代,所以價值很高。銀雀山 1 號漢墓所出佚書中有《田法》篇,大約作於戰國。篇中講到政府授田給農民的制度以及農民的各種負擔,是研究古代社會的重要史料。鳳凰山有些漢墓所出的遣册,有與農業生産有關的傭的記載,反映了當時使用奴隸勞動的情況。鳳凰山 10 號漢墓出土的鄉文書,提供了西漢前期田租、賦税、徭役和土地佔有等方面的重要情況。張家山 247 號墓所出漢律雖只是部分抄本,但内容很重要。這些都是研究漢代史的珍貴資料。

從西漢簡上可以看到漢字字體從古隸逐漸演變爲八分以及草書形成的過程,從東漢中後期簡上又可以看到隸書開始向楷書演變的情況,所以漢簡也是研究漢字發展史的重要資料。

參考書目

Édouard Chavannes, *Les documents Chinois déconverts par Aurel Stein dans les sables du Turkestan oriental*, Oxford, 1913.

王國維、羅振玉《流沙墜簡》,上虞羅氏影印本,1914;又重印校正本,1934。

Henri Maspero, *Les documents Chinois de la troisème expéditons de Sir Aurel Stein en Asie centrale*, London, 1953.

夏鼐《新獲之敦煌漢簡》,《考古學論文集》,科學出版社,1961。

勞榦《居延漢簡》,圖版之部,臺北,1957;考釋之部,臺北,1960。

中國科學院考古研究所《居延漢簡甲編》,科學出版社,1959。

中國科學院考古研究所《居延漢簡甲乙編》,中華書局,1980。
黄文弼《羅布淖爾考古記》,北平研究院,1948。
甘肅省博物館《武威漢簡》,文物出版社,1964。
湖南省博物館《長沙馬王堆一號漢墓》,文物出版社,1973。
甘肅省博物館《武威漢代醫簡》,文物出版社,1975。
馬王堆漢墓帛書整理小組《馬王堆漢墓帛書〔肆〕》,文物出版社,1985。
銀雀山漢墓竹簡整理小組《銀雀山漢墓竹簡〔壹〕》,文物出版杜,1985。
甘肅省文物工作隊等《漢簡研究文集》,甘肅人民出版社,1984。

烽　燧

烽燧的“燧”,《説文》小篆作“隊”。隊是設在邊塞上的一種亭,以候望敵情和報警爲主要職責。烽是燧報警所用的主要信號中的一種。“烽燧”一詞既可以用來指邊塞亭燧,也可以用來指邊塞報警的信號。

據《史記》等書記載,西周時代已有烽燧;戰國時代秦國的杜虎符和新郪虎符都有“燔燧”之語,《墨子·號令》等篇也談到烽燧。由於史料不足,周秦時代烽燧制度的具體情況已不可考。下面根據漢簡(主要是西漢簡)和有關古書,簡單介紹一下漢代的烽燧制度。

漢代邊塞的行政系統,是都尉府統轄候官(長稱候),候官統轄部(長稱候長),部統轄燧(長稱燧長)。燧是最基層的單位。一般相隔數里便設一燧,但里數似無很嚴格的規定。燧除燧長外,一般有燧卒三、四人。報警的主要信號,白天是舉烽(詳後)和燔積薪,夜里是舉炬火和燔積薪,有時還用表、煙、鼓等輔助。所以古人常稱邊塞報警的信號爲“烽火”、“烽煙”。發現敵情時,要根據敵人的數量和入侵情況等,發出相應的信號。關於在各種不同情況下所應發的信號的規定叫“烽火品約”,掌烽火的吏卒必須熟記。發出的信號由各隧依次傳遞,以達都尉府。《漢書·趙充國傳》説:“竊見北邊自敦煌至遼東萬一千五百餘里,乘塞列隧(燧),有吏卒數千人,虜數大衆攻之而不能害。”可見烽燧在鞏固邊防上是有重要作用的。

從漢簡看,烽多用繒或布製作,大概是類似表的一種東西。報警時用設在高臺上的桔槔或用轆轤把它高舉到空中,讓遠處能够看到(關於桔槔的使用,參考《史記·司馬相如傳》集解引《漢書音義》、《漢書·賈誼傳》文穎注等)。天黑後烽失去作用,就改用炬火。舉炬火時大概仍用舉烽的工具,所以廣義的“烽”也可以包括炬火。"烽"字从"火"當與此有關。

參考書目

賀昌群《烽燧考》,《國立北京大學四十周年紀念論文集》乙編上,昆明,1940。
勞榦《居延漢簡(考釋之部)·居延漢簡考證·戍、邊塞制度》,臺北,1960。
徐苹芳《居延、敦煌發現的"塞上蓬火品約"》,《考古》1979年5期。

奴　隸

奴隸是人身完全爲主人(這裏所說的主人包括公家,下同)所佔有的服役者。主人不但有權把他們轉讓給他人,而且通常還有權把他們殺死。

先秦時代對奴隸的最一般的稱呼是"臣妾"。男爲臣,女爲妾(但是稱臣稱妾的人却並不都是奴隸。各種臣屬,包括地位很高的貴族,對君主而言都是臣。作爲奴隸主小妻的妾,恐怕有不少已經不能劃到奴隸階級裏去了)。大約在戰國晚期,出現了"僕妾"(《戰國策·趙策三》、《御覽》卷976引《魯連子》)、"奴妾"(屢見於雲夢秦簡)等與"臣妾"同義的詞語。到了漢代,"奴婢"一語廣泛流行,取代"臣妾"而成爲奴隸的通稱。雖然"奴"和"隸"這兩種奴隸名稱在先秦時代都已存在,"奴隸"一詞却是在漢代之後的著作裏才出現的(見《後漢書·西羌傳》等)。它繼"臣妾""奴婢"之後,成爲對這種身分的人最常用的通稱,大概是近代才發生的事。除"臣""妾""僕""婢""奴""隸"外,先秦時代的奴隸名稱還有"虜""臧獲""僮"(亦作"童")"豎""奚"(一種女奴)等。

奴隸的來源

在先秦時代,奴隸基本上來自下述四種人。

一、戰俘、被掠取者、被征服者　　這是先秦時代奴隸的極重要的來源。尤其是商和西周時代的奴隸,大概絶大多數都來自這些人。

從殷墟甲骨文和西周銅器銘文可以看出,無論是商、周王朝或是其敵對的方國、部落,都力爭在軍事行動中擒獲戰俘並掠取對方人口。掠取的人數往往大大超過戰俘的數字。"俘"字的初文就是"孚",从"爪"从"子",象用手抓住孩子,最初可能專指戰勝敵人後掠取對方子女的行爲,後來才引申出一般的"俘虜"的意思。商代貴族獲得的大量俘虜(包括戰俘和被掠取者,下同),如羌人、夷人等俘虜,一部分成爲祭祀和殉葬的犧牲,一部分就成了他們的奴隸(估計用爲犧牲的多數是戰俘,成爲奴隸的多數是被掠取者)。西周時代,殺人祭祀的現象大大減少,俘虜用作奴隸的比例無疑大幅度上升了。在西周前期的小盂鼎銘文所記的、征伐某一個方國的戰爭中,周人斬獲了三千八百多個首級,還"俘人萬三千八十一人"。可見商周時代俘虜的數量相當可觀。《左傳》中關於俘虜的記載很多。成公六年《傳》文記晉國的伯宗、夏陽説率晉軍跟衛、鄭等國軍隊一起侵宋,"師于鍼(衛邑),衛人不保(不防守),説欲襲衛,曰:'雖不可入,多俘而歸,有罪不及死'",爲伯宗所勸阻。夏陽説居然想掠取友邦人口,這充分反映了當時的貴族對俘虜的迫切需要,説明俘虜仍是奴隸的重要來源。戰國時代戰敗國的命運是青壯年大批戰死,"父子老弱係虜,相隨於路……族類離散,流亡爲臣妾,滿海内"(《戰國策·秦策四》)。《尉繚子·武議》也指責用兵攻人者"殺人之父兄,利人之貨財,臣妾人之子女"。可見這方面的情況跟春秋以前並無多大區别。戰國時人常把奴隸稱爲"虜"(如《韓非子·顯學》"夫嚴家無悍虜,而慈母有敗子"),這也是當時的奴隸有很多來自俘虜的反映。不過在戰國時代,其他來源的奴隸急劇增加,因此俘虜這一奴隸來源的重要性就不如過去突出了。

征服者對被征服的國家或部落的處理方法比較複雜。除了基本上保持它們的原來結構(但有時加以遷徙)以及把戰敗國改成郡縣等辦法之外(後一種辦法到春秋時代才出現),還存在着雖然對被征服者直接加以奴役,但又使他們跟典型的奴隸有所區别的辦法。從西周春秋時代史料看,統治者往往使被征服者中原來有射御等作戰技術的人(在階級已經分化的被征服者中通常就是原來的貴族武士)充當主要在軍事上爲他們服役的"臣""僕",使原來從事農業勞動的人成爲爲他們耕種土地的"庸";但同時不僅允許這種臣、僕或庸有家庭,而且還讓他們大批聚居在一起,彼此間仍然保持一定的關係(臣、僕的家庭大概也要從事農業勞動)。西周後期的訽簋銘所記的、周王命訽管理的由夷族充當的"虎臣"和"庸",五年召伯虎簋銘所説的"僕、庸"(見《庸》),西周前期的師旂(或釋"旅")鼎銘所記的、屬師旂管轄的因不從王出征而受罰的"僕",春秋後期的叔弓(或釋"夷")鎛銘所記的、齊滅萊後齊侯賜給叔弓"以戒戎作"的"萊僕三百(或當釋"二百")又五十家",以及《左傳·宣公十五年》所記的、晉滅赤狄的潞國之後晉侯賜給荀林父的"狄臣千室",大概都是上述那類被奴役者。殷墟甲骨文中所見的、時常被商王使用在軍事上的"多臣""多馬"等,也有可能是這類人。他們究竟是否應該看作奴隸,是有討論餘地的。西周後期的逆(?)鐘銘記叔氏命逆管理"公室僕庸、臣妾"(《金文總集》

7135【《集成》1·62】),似可說明這類被奴役者的身分跟一般臣妾很接近。大批聚居的臣、僕,有一些後來恐怕會被分散開來賞賜給人。西周銅器銘文中常見受賜十家以下臣、僕的記載,最少的只有兩家(如藺鼎所記,見《總集》1264【《集成》5·2765】)。這些臣、僕很可能有一部分是來自大批聚居的臣、僕的。他們被分散後,跟一般有家的臣妾就很難說有什麽區别了。

二、罪人及其家屬　　把一部分罪犯(通常是所犯之罪既不輕但又不夠處死刑的人)以及犯死罪和其他較重之罪者的家屬罰爲官奴,是由來已久的制度。《論語·微子》説商紂時"箕子爲之奴",就是罪奴的性質。《尚書·費誓》記魯侯在跟淮夷作戰前警告魯人,如果不及時準備好築工事的器材,就要受"無餘刑非殺"的處罰,這就是説要"盡奴其妻、子,不遺其種類"(《尚書正義》引鄭玄注)。據《周禮·秋官·司厲》,"其奴",即罪犯家屬沒爲官奴者(或謂指盜賊罰爲官奴者),男子成爲司隸所掌管的罪隸,女子從事舂米等勞動。《吕氏春秋·精通》所記的鍾子期的故事中,提到一個沒爲官奴的男子,其父因殺人被處死,其母"爲公家爲酒",他本人"爲公家擊磬"。戰國時代,各國都有大量因犯罪而受刑(如去鬚鬢的耐刑、去髮的髡刑,以及黥、劓、刖、宫等肉刑)並被罰爲公家服役的刑徒。秦國的刑徒有隸臣、隸妾、鬼薪、白粲、城旦、舂等名目(其中,"隸臣、妾"並非刑徒的專稱。據雲夢秦墓出土的、基本上制定於戰國時代的《秦律》,戰場上投降的敵人也充當隸臣,見文物出版社1978年出版的《睡虎地秦墓竹簡》146頁。下文引此書只注頁碼)。東方國家的刑徒似多稱胥靡("胥靡"也不是刑徒的專稱。《墨子·天志下》説大國攻無罪之國,所得俘虜"丈夫以爲僕圉、胥靡,婦人以爲舂酋",可見俘虜爲奴也可稱胥靡。有些未被刑的囚犯大概也可稱爲胥靡。舊説或訓"胥"爲"相","靡"爲"繫",認爲胥靡由於被人用索繫聯在一起而得名)。各國的刑徒加上沒爲官奴的罪人家屬,數量無疑是極爲可觀的。過去一般認爲刑徒服役都有期限,因此有些人懷疑是否能把他們看作官奴。據近來有些學者的研究,隸臣妾等刑徒在文帝實施罪人"有年而免"之制前,是無期限服役的(但秦律提到的"更隸妾",可能只以一部分時間爲公家服役,情況比較特殊)。東方國家的胥靡看來也有很多是無期限的。《韓非子·解老》説:"胥靡有免,死罪時活。"死罪得活是特殊情況,作爲刑徒的胥靡一般也應該是以"無免"爲常的。無期限的刑徒無疑應該看作國家的奴隸。但是春秋以前的罪奴,由於原來身分以及成爲罪奴後的工作的不同,具體情況可以有很大差别。例如春秋時有些貴族因有罪而"降在皂隸"(《左傳·昭公三年》),這種皂隸一般似都有自己的家庭和世守的職務,地位近於低級的吏(《左傳·襄公九年》"商工皂隸,不知遷業",《國語・晉語四》"工商食官,皂隸食職")。他們究竟是否應該看作奴隸,也是有討論餘地的。

三、被家長出賣的妻兒及自賣爲奴者　從戰國時代開始,無法生活的貧民或其他破産者出賣妻子、兒女爲奴的現象大量出現(見《韓非子・六反》、《管子・八觀》等)。有時他們不把妻兒一次賣絶,而採取贅的方式,即以妻兒作爲債務抵押,過期不能償債,妻兒就被債主沒爲奴隸(《後漢書・百官志五》劉昭注引《太公陰符》説豪民"奪人田宅,贅人妻子")。作爲抵押的贅子如被債主家招爲女婿,就成爲贅壻。戰國時贅壻的地位極低,跟奴隸差不多。自賣爲奴的現象在戰國時代也已存在。《孟子・萬章上》《史記・商君傳》等都提到百里奚自鬻的故事。這雖然是當作春秋時代的事來説的,但實際上反映的應該是戰國時代的情況。上述這種來源的奴隸,基本上可以看作債務奴隸。

四、奴隸的子女　即使撇開大批聚居的臣、僕和庸以及前面説過的那種皂隸不算,先秦時代的奴隸也有不少是有家的。例如西周前期的夨令簋銘記王姜賞夨令"臣十家、鬲百人",鬲(可能應讀爲"繫",指來自俘虜的奴隸)無家,臣則有家。有家就可能生育子女。雲夢秦簡中的《法律答問》部分,説"人奴擅殺子","人奴妾笞子"致死,要受黥刑(183 頁)。這裏所説的子顯然指奴隸所生的子女。奴隸的子女在一般情況下當然仍是奴隸,即《史記・陳涉世家》所謂"奴産子生"。

此外,强抑、誘拐以至掠賣人爲奴等現象也是存在的。

奴隸的轉移

奴隸往往會在不同的主人間轉移。這主要由於奴隸可以被主人贈賜或賣給他人,下面分别加以説明。

一、贈賜　春秋以前,王、侯或其他大貴族賞賜臣下以奴隸的事大概一直是很常見的,在西周銅器銘文裏可以看到很多例子。在戰國時代,國家也把奴隸賞賜給有功者。雲夢秦簡《法律答問》部分提到的一條律文説,能捕獲"投書"者,獎給"臣妾二人"(174 頁),就是一個例子。私人間也餽贈奴隸。《禮記・少儀》説,以物"賜人若獻人",牛馬等都用右手牽,"臣則左之"。這裏所説的"賜"和"獻"無疑包括私人間的餽贈。秦簡《法律答問》部分曾提到"妻媵臣妾"(24 頁),即娘家陪嫁的奴隸。在先秦時代,國家間有時也餽贈奴隸。《左傳・成公二年》記魯國賂入侵楚軍以"執斲、執鍼、織紝"各一百人。《國語・晉語七》記晉悼公伐鄭,鄭賂以"女工妾三十人、女樂二八"。《戰國策・秦策二》説秦王"以文繡千匹、好女百人遺義渠君”。

二、買賣　　西周時代的曶鼎銘記有用馬和絲等物贖回五個奴隸的事，這還不能算真正的奴隸買賣。真正的奴隸買賣的出現大概不會早於春秋時代。有些學者認爲《周禮》反映的是春秋晚期到戰國時代的情況。《周禮·地官·質人》說質人“掌成(評定)市之貨賄、人民、牛馬、兵器、珍異”，鄭玄注:“人民，奴婢也。”可見當時奴隸已成爲市場上常見的商品。“賣僕妾售於閭巷者，良僕妾也”一類諺語的出現(見《戰國策·秦策一》)，反映出在戰國時代奴隸買賣已極其普遍。公家、私家之間也進行奴隸買賣。《國語·吳語》記越王勾踐在伐吳前下令說，軍士不聽命，“身斬，妻子鬻”。這就是說被斬軍士的妻兒要沒爲奴隸賣給私家。秦簡《法律答問》部分也有反映沒爲奴隸的罪人家屬往往被公家出賣的內容(201 頁)。秦簡《封診式》部分的“告臣”爰書，說士伍甲由於其臣“驕悍，不田作，不聽甲令，謁賣公，斬以爲城旦，受價錢”(259 頁)。可見私家在特殊情況下也可以把奴隸賣給公家。

此外如國家沒收犯罪者的奴隸、私人用奴隸爲官奴贖身、國家間或私家間掠奪奴隸、佔有他人的逃亡奴隸等等，也都會使奴隸變換主人。

春秋以前，奴隸基本上掌握在大夫以上的貴族手中，士有奴隸的大概不多，即使由於上級賞賜等原因而獲得一些奴隸，數量也不會多，一般庶人就更不用說了。到了戰國時代，由於舊制度的崩潰和奴隸買賣的發達等原因，佔有奴隸的人就大爲廣泛了。例如從秦簡《封診式》部分的“封守”爰書看，一個並不富有的無爵的士伍也佔有着一臣一妾(249 頁)。上引“告臣”爰書所說的奴隸主也是一個士伍。

奴隸身分的解脫

在一般情況下，奴隸身分是終身不變的，而且還要傳給子孫。解脫奴隸身分的途徑主要有下述幾種。

一、逃亡　　逃亡是奴隸進行階級鬥爭的重要手段。殷墟甲骨文中有不少講到奴隸逃亡的卜辭(如《甲骨文合集》849 一辭，卜問逃亡的“州臣”能否抓獲)。在《尚書·費誓》所記誓師辭中，魯侯嚴厲警告戰士不要離隊去追逐逋逃的臣妾，如果抓到他們，要“祗復之”，不得據爲己有。《左傳·襄公十年》記鄭國執政子駟在朝廷上爲人所殺，其子子西聞訊，匆忙離家去追趕殺人者，結果家中“臣妾多逃，器用多喪”。這說明只要出現了機會，就會有奴隸逃亡。《左傳·昭公七年》和《墨子》的《經下》《經說下》，都有專指逃亡奴隸的“逃臣”一詞。跟前面引過的《秦律》

等同出一墓的《日書》(當作於戰國時),也有“除日,臣妾亡不得”一類話。由此也可見奴隸逃亡現象的普遍。逃亡成功,奴隸就獲得了自由。《後漢書・西羌傳》說羌人無弋爰劍“秦厲公時爲秦所拘執以爲奴隸”,“後得亡歸”;他躲過了秦人的追捕,“亡入三河間”,羌人“推以爲豪”。這是逃亡成功的一例。爲了維護奴隸制,先秦時代的統治者對奴隸逃亡問題非常重視。周文王有“有亡荒閱”之法,規定如有奴隸逃亡,就要進行大搜查(《左傳・昭公七年》)。據說戰國時的衛嗣君爲了顯示法令的尊嚴,甘願用一個叫左氏的邑去換回一個逃亡到魏國的胥靡(《韓非子・內儲說上》、《戰國策・宋衛策》)。可見奴隸逃亡要獲得成功並不容易。

二、贖身　　指有關的人或公家把奴隸贖爲庶人。《吕氏春秋・察微》說:“魯國之法,魯人爲人臣妾於諸侯(指其他諸侯國),有能贖之者,取其金於府。”其他國家不知是否有類似規定。據說齊國的晏子到晉國去的時候,曾用所乘之車的“左驂”馬贖出在晉國當奴隸的齊人越石父(《吕氏春秋・觀世》等)。秦律允許人以爵級贖取隸臣妾。雲夢秦簡所記的《軍爵律》說:“欲歸爵二級以免親父母爲隸臣妾者一人,及隸臣斬首爲公士(秦二十等爵中最低的一等),謁歸公士而免故妻隸妾一人者,許之,免以爲庶人。工隸臣斬首及人爲斬首以免者,皆令爲工。”(93頁)所謂“人爲斬首以免”,就是說斬敵首者不受應得的爵級而用來爲隸臣贖身。秦律還允許用“丁粼”(丁壯之意?)男子贖取隸臣妾,一般隸臣用兩人贖取,達到“免老”年齡的老隸臣和高五尺以下的小隸臣以及隸妾,用一人贖取。用來贖取的人則成爲隸臣(53—54 頁)。估計一般被用來贖取隸臣妾的人都是私家奴隸。此外,秦律還允許百姓以“戍邊五歲”而不抵消應服之役的條件贖取當隸妾的母親或姐妹一人爲庶人(91 頁)。

三、立功　　爲奴隸主或國家立功,也是免除奴隸身分的一個途徑。晉國欒氏之亂時,官家奴隸裴豹以殺死欒氏“力臣”督戎爲條件,取得執政者焚燒“丹書”(用朱砂書寫的奴籍)免除其奴隸身分的允諾(《左傳・襄公二十三年》)。在晉國貴族趙氏與范、中行氏的鬥爭中,趙簡子也曾在一次戰鬥前提出“克敵者……人臣隸圉免”的允諾,來激勵屬下奴隸們的鬥志(《左傳・哀公二年》)。從前面引過的秦國的《軍爵律》可以知道,隸臣斬得敵首就可免除奴隸身分(一般人斬一首獲爵一級,隸臣應是斬一首獲免,斬二首始獲公士爵)。

此外,奴隸身分的免除還有一些比較特殊的情況。例如戰國晚期秦國取得新領土後,有時把奴隸免爲庶人遷居到那裏去,如秦昭王三十三年(前 274)“魏入南陽以和”,次年秦就“免臣遷居之”(《史記・秦本紀》)。昭王時秦還屢次赦罪人遷居到新領土上去,被赦罪人中很可能有罪奴。

奴隸的工作

先秦時代奴隸從事的工作,方面很多,下面分别加以説明。

一、生産勞動　即使撇開前面提到過的庸那種人不説,關於先秦時代奴隸從事農業勞動的史料也並不少見。西周後期的大克鼎銘所記的、周王賜給克的土田,有一塊是"以厥臣妾"一起賜給克的。這種附著在土田上的臣妾應該是農業奴隸。《國語·晉語一》説:"其猶隸農也,雖獲沃田而勤易之,將不克饗,爲人而已。"韋昭注:"隸,今之徒(指刑徒)也。"依韋注,隸農跟《秦律》所説"隸臣田者"(49頁)一樣,是從事農業勞動的官奴。前面引過的雲夢秦簡中的"告臣"爰書,説士伍甲指責他的臣"不田作"。《韓非子·喻老》説:"故冬耕之稼,后稷不能羨也;豐年大禾,臧獲不能惡也。"這兩條史料反映出在戰國時代奴隸從事農業勞動是普遍現象,但是他們的勞動積極性一般都非常低。《左傳·僖公二十三年》提到"蠶妾"。估計先秦時代從事蠶桑業的女奴數量不會少。殷墟甲骨文中屢次提到的稱爲"芻"的人、西周後期的師毁簋銘中跟"僕御""百工""臣妾"並提的"牧"以及古書中所見的"牧童"(《吕氏春秋·疑似》)、"馬僮"(《太平御覽》卷642引《古文瑣語》)、"牛童馬圉"(《尉繚子·武議》)一類人,應該大都是從事畜牧的奴隸(《左傳·昭公二十七年》説"馬有圉,牛有牧"。《僖公十七年》記晉懷公出生前卜者説他將來要"爲人臣",所以出生後被名爲圉。古書中屢見稱"圉"或"圉人"的人,是否都是養馬奴隸尚待研究)。先秦時代的公私奴隸中從事手工業的也很多(見《工》)。刑徒等官奴中除專門從事手工業的"工隸臣"一類人外,男子往往被使用在土木工程上,女子往往被使用在舂米、造酒等工作上。這些也都可以看作手工業方面的工作。《尸子·發蒙》説"家人子姪和,臣妾力,則家富",由此可以看出戰國時代私家奴隸在生産勞動上的重要性。

二、御車、保衛等工作　即使撇開前面提到過的大批聚居的臣、僕不説,在先秦時代仍有不少從事這類工作的奴隸。在上舉師毁簋銘中跟"百工、牧、臣妾"並提的"僕御",大概就指這種奴隸。西周銅器銘文中屢見的、作爲賞賜品的數量不多的臣和僕(多以家計),可能也有不少是這一類人。考古工作者屢次在商周時代的車馬坑中發現殉葬者,他們應該就是奴隸身分的僕御或馬圉。據《周禮·秋官》,司隸之官所管轄的蠻隸、閩隸、夷隸、貉隸等異族奴隸,以守衛爲主要任務。司隸率領他們,"使之皆服其邦之服,執其邦之兵,守王宫與野舍之厲禁"。《左傳·

僖公二十四年》記秦穆公支持重耳(即晉文公)回晉國當國君,“送衛於晉三千人,實紀綱之僕”。這三千衛僕究竟是那種大批聚居的臣僕,還是一般的從事保衛工作的奴隸,還有待研究。

三、服侍人的工作　幹這類工作的奴隸很多,如侍候在主人身邊或服各種家庭雜役的婢、妾、僮、豎、臣、僕(這類男奴中往往有閹人),奴隸身分的宰(廚子)和養(做飯的)、守門的閽(往往由刖足奴隸充當)以及從事舞樂工作的女樂等等。

四、其他工作　《周禮・秋官・司隸》說司隸率所屬之隸(主要指罪隸)“搏盜賊,役國中之辱事,爲百官積任器(用具),凡囚執人之事。邦有祭祀、賓客、喪紀之事,則役其煩辱之事”。秦簡《封診式》部分屢次提到“牢隸臣”,他們跟隨官吏去執人,調查罪案(263、264、267、270、274 等頁),所幹的工作跟司隸所屬之隸相似。據秦簡《法律答問》部分,秦律中一度曾規定卜、史(書記)犯罪受耐刑爲隸的,仍從事卜、史的工作,稱爲“耐卜隸”、“耐史隸”(234 頁)。他們跟上述的牢隸臣一類人,似可稱爲公務奴隸。《史記・貨殖傳》說戰國時周人白圭善於經商,“與用事僮僕同苦樂”,可見奴隸還有使用在商業工作上的。此外,奴隸所從事的還有其他一些比較特殊的工作,不一一列舉了。

先秦時代的大奴隸主擁有很多奴隸,如戰國晚期吕不韋的家僮竟多至萬人(《史記・吕不韋傳》)。在大奴隸主家裏,奴隸大概多數有比較明確的分工。一部分官奴如工隸臣等,其任務也很明確。但是在小奴隸主家裏,尤其是在只有一兩個奴隸的家庭裏,奴隸恐怕大都是既要生産也要服雜役而缺乏明確的分工的。

奴隸所受的迫害

奴隸完全是主人的財産。《周禮・秋官・朝士》說,“凡得獲貨賄、人民、六畜者”要報官,如過了十天無人認領,大的就歸公,小的歸獲得者。鄭玄注:“人民,謂刑人、奴隸逃亡者。”前面講奴隸買賣時引過《周禮・地官》中以“人民”作爲商品與“貨賄”“牛馬”等並列的《質人》職文。雲夢秦墓所出《日書》中也常見某日“可以入人民、馬牛、禾粟”或毋以某日“出入臣妾、馬牛、貨材(財?)”一類話。可見在先秦時代一般人眼中,奴隸跟牲畜並無區别。所以奴隸不但可以被買賣,而且連生死也完全掌握在主人手中。用奴隸殉葬的風氣在整個先秦時代一直存在。商代人舉行祭祀時不但用俘虜,而且也用奴隸當犧牲(關於用臣、妾、奚等類人爲犧牲的卜辭屢見於殷墟甲骨文)。從秦簡《法律答問》部分可以知道,家主“擅殺、刑、髡其子、臣妾”,子和臣妾都無權告發,告了反而有罪(196 頁)。在先秦時代,子女也被看作家長的財産。所以家長不但可以買賣以至殺死奴隸，而且也可以買賣以至殺死子女。但是據前面講奴隸所生子女時引過的《法律答問》，奴隸殺子或笞子至死却要受黥刑。這是由於奴隸和他的子女都是主人的財産，奴隸殺子等於侵犯了主人的財産。

從前面講奴隸買賣時引過的秦簡《封診式》中的“告臣”爰書以及也屬於《封診式》的關於“謁黥劓”悍妾的“黥妾”爰書（260 頁）來看，奴隸如不聽主人的話，要受殘酷的肉刑。同時也可以知道，在戰國時代，至少在戰國晚期的秦國，主人如要對奴隸施加較重的刑罰，原則上應該告官。既然如此，如要殺奴當然也應告官。秦末田儋起事時，曾把自己的奴隸綁起來，送往縣廷，假裝“欲謁殺奴”。這種“謁殺奴”的制度應該是從戰國時代沿襲下來的。規定刑、殺奴隸要告官，對奴隸主多少能起些約束作用，應該説是一種進步。但是從前面引過的不許臣妾告發主人的規定來看，如果主人不告官而“擅殺、刑、髡”其奴隸，在通常情況下顯然是不會引起多大麻煩的。

一般奴隸的日常生活也很痛苦。他們不能跟普通人一樣裝束。如臣不能用冠，妾不能用笄，髮式跟普通成年人不同。刑徒要剃去鬚鬢，或同時剃去鬚鬢和頭髮，很多人還要在頸部、脛部加鐵鉗或繩索等物。他們穿的衣服都是褐衣或赤衣（一般人不穿赤衣，褐衣也只有窮人才穿）。有些私家奴隸也跟刑徒一樣裝束。漢初濮陽周氏爲了救季布，假裝把他當作奴隸出賣，“髡鉗季布，衣褐衣，置廣柳車中”（《史記・季布傳》）。趙王張敖被捕時，臣下田叔等人“赭衣，自髡鉗，稱王家奴”，隨行至長安（《史記・田叔傳》）。私家奴隸的這種裝束顯然不會是在漢初才開始出現的。《韓非子・五蠹》强調大禹治水的辛勞，説：“雖臣虜之勞不苦於此矣。”可見一般奴隸的勞動十分沉重，生活十分困苦。奴隸逃亡現象的普遍，正是奴隸遭受的迫害極爲殘酷的反映。

庸

“庸”字古訓“勞”，由於詞義引申而成爲對某些地位較低的勞動者的一種稱呼。

在商代史料裏尚未發現指稱勞動者的“庸”字。

在西周時代，“庸”這個稱呼似乎是指從事農業等主要生産勞動的被奴役者的（不包括從事農業等勞動的“臣妾”）。《詩・魯頌・閟宫》説成王封魯時賜魯侯以

“山川”與“土田附庸”。“土田附庸”就是周宣王時代的五年召伯虎簋銘文裏提到的“僕𩫏(庸)土田”,“附”應該讀爲“僕”。僕是主要使用在軍事上的被奴役者(參看《奴隸》),庸是主要使用在生產勞動上的被奴役者,所以二者並提。《詩・大雅・崧高》敘述周宣王封申伯於謝的事說:“王命申伯,式是南邦。因是謝人,以作爾庸”,意思就是把謝地人民賜給申伯當庸。西周後期的訽簋記載周王命訽管理由夷人充當的“先虎臣、後庸”。虎臣的性質與僕相似(參看《奴隸》),他們在戰爭中被驅使去衝鋒陷陣,所以稱爲“先虎臣”。庸在戰時大概要跟隨在軍隊後面服勞役,所以稱爲“後庸”。西周時代稱“庸“的人,似乎大都是被征服的異族人。他們一般跟周族庶人一樣,也有家室,並且也有邑落一類組織,但是他們所受的剝削、壓迫,無疑要比周族庶人更爲嚴重。

在春秋時代,至少在前中期,西周時代的那種庸應該仍然是存在的。但是在現存的春秋時代史料裏,還沒有找到“庸“這個名稱。

春秋戰國之間,由於生產和商業的發展,以及政治制度的變化,勞動人民中殘存的農村公社關係趨於瓦解,種族界限也趨於泯滅,而貧富分化則急劇地發展了起來。與此相應,“庸”這個名稱所指的對象也發生了變化。在戰國時代的史料裏,“庸”有時指國家所控制的由破產貧民充當的役徒,有時指雇傭勞動者。“庸”有時也寫作“傭”(見於個别古書,可能爲漢以後人所改)。

戰國時代出現了很多破產貧民。他們中間有相當多的人被迫用很大一部分甚至全部工作時間給國家服勞役,或是在國家控制下給私家服勞役。在戰時他們沒有資格當士卒,只能充當軍隊中的下級役徒。這種人有時就稱爲“庸”。《管子・輕重己》:“(春至)十日之內,室無處女,路無行人,苟不樹藝者,謂之賊人。下作(讀爲詛?)之地,上作之天,謂之不服之民。處里爲下陳,處師爲下通,謂之役夫。”所謂“不樹藝者”,其實就是無法進行正常生產的破產農民。“師”指軍隊。“通”、“庸”古音極近,“下通”大概就應該讀爲“下庸”。《逸周書・酆保》:“六容:一,游言。二,行商工。三,軍旅之庸。……”。“軍旅之庸”跟《輕重己》的“下通(庸)”當指同一種人。

戰國時代史料裏所見的稱爲“庸”的人,絕大多數不是上面所說的那種役徒,而是雇傭勞動者。下面就來說明這種“庸”的情況。

戰國時代的國家不但控制着大量役徒,而且還企圖控制私家對雇傭勞動者的使用。《吕氏春秋・上農》說“農不上聞(上報官府),不敢私籍於庸”,《商君書・墾令》等篇說,爲了驅民歸農應該禁止私家取庸,都可以說明這一點。但是由於貧民不斷增加，商業不斷發展，並由於剝削階級越來越需要積極性較高的勞動力，在戰國後期（我們認爲本條所引關於戰國時代的“庸”的史料，基本上都屬於後期），雇傭勞動獲得了急劇的發展，國家實際上大概已經起不了多少控制作用了。

在戰國後期，雇傭勞動使用得非常普遍。《管子·治國》說：“耕耨者有時而澤不必足，則民倍貸以取庸矣。”可見爲了不失農時，連一般農民都需要雇工。“大夫”等剝削階級更是常常大量使用雇傭。所以《商君書·墾令》說“無得取庸，則大夫、家長不建繕”，《管子·山至數》也說“大夫高其壟，美其室，此奪農事及市庸”。在發生饑荒的時候，統治者有時也用以工代賑的辦法來救濟貧民。《管子·乘馬數》說，如果碰到凶年，就應該大興土木，“以前無狗後無彘者爲庸”。《晏子春秋·雜上·第六章》有晏子通過築“路寢之臺”救濟饑民的故事。

從現存戰國史料來看，使用雇傭勞動的工種，主要有“耕耨”（見上引《管子·治國》、下引《韓非子·外儲說左上》）、“決竇（瀆）”（《韓非子·五蠹》）、“灌園”（齊閔王太子爲莒太史家庸，見《戰國策·齊策六》、《史記·田完世家》，《齊策六》又說太子爲太史家“溉園”，《史記·田單傳》說太子爲太史家“灌園”）、“繕冢墓、理宫室、立臺榭、築牆垣”（《管子·輕重甲》，同書《地數》略同。參看上引《商君書·墾令》及《管子》的《山至數》、《乘馬數》等）、“煮鹽”（《管子·輕重甲》、《地數》）、轉運（《商君書·墾令》“令送糧無取僦，無得反庸”）等，範圍已經相當廣泛。

《管子·山至數》、雲夢秦簡（《睡虎地秦墓竹簡》252 頁）和《荀子·議兵》都提到“市庸（《荀子》作“傭”）”。可見在當時的市場裏集中了很多待人雇用的勞動者。《韓非子·外儲說左上》說，“賣（買）庸西播耕者”，主人要做美味的東西給庸吃，找好的錢、布給庸作酬勞。這並不是“愛庸客”，而是爲了要他們深耕熟耨。庸客努力勞動，也不是爲了“愛主人”，而是由於這樣做，羹就美，給的錢、布就好。這段話對戰國後期比較自由的雇傭關係作了生動的描述。《韓非子》把雇請人勞動叫做“買庸”（見《五蠹》。舊注釋“買庸”爲“買人功”，很正確），《荀子·議兵》也有“傭徒鬻賣之道”的話。這些說明存在於主人跟庸之間的，是買賣勞動力的關係。《韓非子》把“庸”稱爲“庸客”，也很可注意。在戰國後期，庸客的大量出現，跟爲統治階級所豢養的，不同於“家臣”、“徒役”的賓客、食客的大量出現，是平行的現象。

不過，我們也不能把戰國後期的雇傭關係想得太現代化了。充當雇傭的人大多數是無家業的貧民，很受人輕視，所以“庸人”、“庸夫”都成了貶低他人的稱呼。雇傭的社會地位跟前面講過的也可以稱作“庸”的役徒相近。有些充當雇傭的人，可能就是有役徒身分的人。例如：《商君書·境內》說，秦國的有爵者可以乞無爵者爲庶子,“其庶子役其大夫月六日”。這種庶子就是一種役徒,他們在“役其大夫”的六天之外的時間裏,就有可能去當雇傭。雇傭不但要從事辛勤的勞動,受雇主剝削,而且一定還會受到那些有權勢的雇主的壓迫虐待。

在戰國時代,意義跟“庸(傭)”相近的字還有“賃”,如《荀子·議兵》“是其去賃市傭而戰之,幾矣”,《史記·范雎傳》“范雎曰:臣爲人庸賃”。《韓非子·顯學》說“儒者破家而葬,賃子而償”(後四字據《北堂書鈔》卷92、《太平御覽》卷555等補),大概是讓兒子給債主當傭工以抵債的意思。戰國時代楚國的一種供旅行者過傳舍用的銅節的銘文說:“王命,命傳賃一檐,飤之。”我們可以把“賃”讀爲“任”,看作使動詞,把“賃一檐”解釋爲派一個役徒給持“王命傳”者擔東西,也可以按照字面理解“賃”字,把“賃一檐”解釋爲租給持“王命傳”者一個擔負東西的役徒。【編按:此處原有批注:“賃一檐”可能就是讓持傳節者雇用一個擔負東西的役徒的意思。】《左傳·襄公二十七年》:“崔氏之亂,申鮮虞來奔,僕賃於野,以喪莊公。”有人認爲這是關於雇傭的最早記載。但是《左傳》的内容並非都是當時的實録,我們似乎不能僅僅根據這條材料就斷定春秋時代已有雇傭關係。古書中有“賃”當讀爲“任”的例子,如《晏子春秋·問上·第一章》“聽賃賢者”,“聽賃”即“聽任”。“任”可以當擔負重物講,載運東西的車古代也稱爲“任車”。如果把《襄公二十七年》的“僕賃”讀爲“僕任”,解釋爲給人趕車(“僕”古訓“御”)、搬運東西,似乎也講得通。

徒

先秦時代用來指稱某一種人的“徒”,主要有三種意義:一、服役者。《國語·周語中》“司徒具徒”句韋昭注:“具徒役,修道路之委積也。”《周禮·天官·序官》“胥、徒”鄭玄注:“此民給徭役者。”二、步行者。《詩·小雅·黍苗》“我徒我御”句毛傳:“徒行者(釋“徒”字),御車者(釋“御”字)。”三、從屬者。《國語·晉語八》“后子謂其徒”句韋昭注:“徒,從者也。”“徒屬”之“徒”也用此義(《吕氏春秋·慎人》“舜之耕漁……以其徒屬掘地財,取水利”)。

商代是否已有“徒”的名稱還不清楚。西周銅器銘文中有“司徒”這一官名,還有也見於《詩·大雅·崧高》和《魯頌·泮水》的“徒御”一語。但是西周銅器銘文一般稱司徒爲“司土”,稱“司徒”的只有永盂、揚簋、無叀鼎等寥寥數器,其時代沒有早於西周中期的(西周早期銘文都稱“司土”,春秋以後銘文都稱“司徒”)。“徒御”一語,禹鼎、師寰簋寫作“徒馭”(“馭”跟“御”是通用字),時代較早的、穆王時的班簋則寫作“土馭”。“徒”从“土”聲,有可能就是由“土”分化出來的一個字。

司徒之官既掌管土地,也掌管徵發徒役之事(參看《周禮・地官》),所以有“司土”和“司徒”兩種名稱。司徒徵發的徒役出自庶民(主要是農民)的家庭。這從《周禮・地官》中關於徭役的一些規定可以清楚地看出來。如《小司徒》對六鄉人民的徭役有如下規定:“上地家七人,可任也者家三人。中地家六人,可任也者二家五人。下地家五人,可任也者家二人。凡起徒役,毋過家一人,以其餘爲羨,惟田(田獵)與追胥(追捕盜賊)竭作。”《遂人》《稍人》等條對野、鄙地區人民的徭役也都有規定。沒有採用司徒這一官名的國家,如秦國,也稱服徭役的庶民爲徒。《秦律・徭律》就經常使用這一意義的“徒”字(《睡虎地秦墓竹簡》76—77 頁,文物出版社,1978)。

在先秦時代,至晚在戰國時代,“徒”這個名稱也已經用來指稱其他性質的服役者了。在戰國時代,無力負擔正規賦稅的貧苦勞動人民,要被國家降爲比一般庶民服更多更沉重的勞役的賤民。這種人也可以稱爲徒。《墨子・尚賢中》說:“不肖者抑而廢之,貧而賤之,以爲徒役。”戰爭時在軍中服勞役的“廝徒”(《戰國策・魏策一》、《韓策一》)、“廝養之徒”(《六韜・龍韜・將威》)、“廝輿白徒”(《吕氏春秋・決勝》),大概大都是這種人。《荀子・議兵》有“傭徒鬻賣之道”的話,可見雇傭勞動者也被看作一種徒。此外,犯罪判刑後爲公家服役的人有事也稱爲徒。例如《周禮・地官・序官》的“司門”和“司關”條,說每個門和每個關有“徒四人”,孫詒讓《周禮正義》認爲就指《秋官・掌戮》所說的“墨者”和“劓者”(《掌戮》關於處理罪犯的規定中有“墨者使守門,劓者使守關”等語)。《秦律・司空律》有“城旦、舂……爲大車折輮,輒笞之”的規定(《睡虎地秦墓竹簡》90 頁)。另一條秦律說“大車殿,貲司空嗇夫一盾,徒笞五十”(同上 137 頁),這裏所說的“徒”應該就指城旦一類刑徒。見於《戰國策・燕策一》、《管子・度地》等篇的“徒隸”(睡虎地秦簡也有“徒隸攻丈”之文,同上 286 頁),大概也是指刑徒、官奴一類人而言的。到了漢代,“徒”幾乎成了刑徒的專稱。

春秋後期銅器叔弓鎛、鐘,記齊侯命叔弓管理“鄻(萊)遵或徒四千”。唐蘭讀“遵或徒”爲“陶鐵徒”,有人認爲這是從事冶鑄的工奴。這個“徒”字的用法比較特殊,但是也有可能仍指一種有家庭的服役者。

在上古,庶民沒有資格乘馬車。在服兵役時,他們只能徒步跟在兵車後面充當起輔助作用的步卒,或者從事各種勞務。平時服役當然也是徒步的。孫詒讓《周禮正義》解釋“胥、徒”之“徒”說:“《說文・辵部》云:‘徒,步行也。’凡徒亦步行給役者,故以爲名。”認爲徒役之義是由步行之義引申出來的。徐中舒認爲“徒從土”,本指“束縛在土地上的農民”(《歷史研究》1957年5期69頁)。依此説,“徒”字也許是先有服役者之義,然後才引申出步行者之義的。總之,“徒”字的這兩種意義應該是有聯繫的。不過在戰爭或其他場合中,不乘車而步行的人並不一定限於庶民服役者。所以先秦文獻中當步行者講的“徒”(如見於銅器銘文、石鼓文和《詩經》的“徒御”之“徒”),指的究竟是哪種或哪些身份的人,恐怕需要根據具體情況加以分析。

“徒”的從屬者一義跟服役者一義有密切關係。古書中所説的“徒”,有一些甚至既可以理解爲從屬者,也可以理解爲服役者。大約從春秋晚期開始,隨着古代社會中殘存的各種公社關係的瓦解,出現了很多投靠私家的人。這種人往往稱爲徒。《左傳·昭公二十五年》説季孫氏執魯國之政已久,“隱民(窮困之民)多取食焉,爲之徒者衆焉”,就是一個例子。從師之徒,其實大部分也是屬於這種性質的。這種“徒”顯然可以理解爲“從屬者”。但是他們大都要爲主人(包括老師)服役,所以也稱爲“徒役”(《韓非子·顯學》:“藏策書,習談論,聚徒役,服文學而議説。”),甚至被直接稱爲“服役者”或“役”(《韓非子·五蠹》:“仲尼,天下聖人也……爲服役者七十人。”《莊子·庚桑楚》“老聃之役有庚桑楚者……”,司馬彪注:“役,學徒弟子。”)。可見這種“徒”也未嘗不可以理解爲“服役者”。從屬私家的,或者説爲私家服役的徒,有一些大概地位很低。睡虎地秦墓所出《日書》中有一條説:“閉日可以劈決池,入臣徒、馬牛、它生。”竟把徒跟臣(奴隸)並提。

工

古代“凡執技藝者稱工”(《儀禮·燕禮》“席工于西階上”句鄭玄注)。除從事手工業生產者外,以奏樂、祝誦等事爲職者也稱工(《儀禮》《左傳》等書中屢見)。此外如醫者、卜者、相人相畜者、繪畫者、御車者等等,無不可以稱工。不過比起從事手工業生產的工來,其他各種工的數量和重要性都要小得多。

工的門類衆多。《考工記》所舉的就有“攻木之工七、攻金之工六、攻皮之工五、設色之工五、刮摩之工五、摶埴之工二”。古人總稱各種工爲“百工”。這一名稱早在殷墟甲骨卜辭中就已出現。

工官在古代也往往稱爲“工”或“百工”。但是古書中還以“工”和“百工”指稱一般官吏,因此指稱工官的“工”和“百工”往往被後人誤解爲指一般官吏。

在原始社會晚期出現了一些擅長某種手工業的氏族和大家族。進入階級社會以後,這些氏族和大家族大概有不少變成了隸屬於王朝或諸侯國的百工。一般族人成爲世襲的工人,其身分近於庶人(先秦古籍往往以“庶人工商”並提),族長則成爲統率他們的世襲工官。古書上說“有虞氏上陶”(《考工記》)而“虞閼父爲周陶正”(《左傳·襄公二十五年》),薛國始祖“奚仲作車”(《世本》等)“居薛以爲夏車正”(《左傳·定公元年》),商周銅器銘文中有“木工”、“段(鍛)金”等族氏,似可爲證。除這種“百工族”外,在商周時代也存在不少奴隸身分的工。屬於大貴族(包括王)私人的工,大概有不少是這一類的。

殷墟甲骨卜辭中提到的“工”,除“百工”外還有“多工”、“㞢父(或釋“尹”)工”、“在北工”等,其具體情況已無從確知。

西周時代的工的情況,在《尚書》和銅器銘文中有所反映。見於《尚書·康誥》的“百工”、《酒誥》的“宗工”“百宗工”和《洛誥》的“百工”“在周工”,大概既有指周王朝的“百工族”的,也有專指“百工族”之長的。夨彝銘文中,“百工”與“諸尹”“里君”並列,顯然指“百工族”之長而言。伊簋銘文記王命伊管理“康宫王臣妾、百工”。師毁簋銘文記伯龢父命師毁管理“我西隔(偏?)東隔僕馭(御)、百工、牧、臣妾”。這種與臣妾並提的百工,可能不是“百工族”而是奴隸身分的工。

在春秋時代,非奴隸的百工一般似仍是聚族而居的。《國語·齊語》說管子制國(指國都及近郊地區)以爲二十一鄉,其中“工、商之鄉六”,又說“工立三族、市立三鄉”;《周書·程典》說“工不族居,不足以給官;族不鄉别,不可以入惠”;大體上應能反映春秋時代的情況。所以“工之子恆爲工”(《齊語》)的局面在當時也仍然維持着。從《國語·晉語四》“工商食官”、《齊語》“處工就官府”這些話來看,統治者原則上是要求工以全力爲官府服役的。關於工的待遇,據《漢書·食貨志》所述古制,工商之家也受田,但數量比農民少得多。據他書,工本人可以從公家廩取口糧。如《禮記·中庸》說:“日省月試,既(餼)廩稱事,所以勸百工也。”《周禮·夏官·槀人》也有考察造弓弩的工人的工作“以下上其食而誅賞”的話。以上所引有可能說的是戰國時代隸屬官府的工的待遇,估計春秋時代一般百工的待遇與此不會有多大出入。他們的生活無疑是很艱苦的。

昭公二十二年《左傳》記周景王死後“王子朝因舊官百工之喪職秩者與靈景之族以作亂”。哀公十七年和二十五年的《左傳》分别記有衛莊公和衛出公役使工匠過久以致引起反抗的事。這些記載反映出在春秋晚期,統治百工的舊制度已經難以維持下去了。

在春秋時代史料裏,《國語・晉語七》提到"女工妾",《左傳・成公二年》記魯國送給入侵楚軍"執斲、執鍼、織紝"各一百人。這些人都應該是奴隸身分的工。

經過春秋戰國間劇烈的社會變化,百工中的族的組織無疑基本上已經瓦解,工商食官的制度也遭到了頗爲嚴重的破壞。"日至於事而不爲官工"(《管子・乘馬》)的個體手工業者開始大量出現。子夏說"百工居肆以成其事"(《論語・子張》),肆應指市肆(見《市》),他所說的百工也許已經是個體手工業者了。不過個體手工業者也並非一定要居於市肆。《吕氏春秋・召類》所說的、居於宋國大臣司城子罕家南面"恃爲鞔(鞋幫?)以食"已達三世的工人,就是一個例子。

在戰國時代,隨着商業的迅速發展,還出現了一些經營着規模很大的手工業的富人。如"猗頓用盬鹽起,而邯鄲郭縱以鐵冶成業,與王者埒富"(《史記・貨殖列傳》)。秦漢時蜀地著名富户卓氏,是秦滅趙時從趙國遷去的。在趙國時,他們的先人就已"用鐵冶富"。遷蜀後,卓氏重新創業,仍經營冶鑄,"富至僮千人"(同上)。戰國時經營鹽鐵等業的大手工業者在生産上無疑也是大量使用奴隸的(僮即奴隸)。此外,他們大概還會使用依附人性質的徒役(見《徒》)和雇傭勞動。

戰國時代各個國家對人民的統治都很嚴厲。從漢代的情況推測,民間手工業者一般大概都有市籍。他們不但要負擔沉重的賦稅徭役,而且法律地位要比一般平民低。不過《韓非子・五蠹》說"官爵可買則商工不卑也",可見富有的手工業者是有辦法獲得較高地位的。

民間手工業者的大量涌現,並不意味着"工商食官"制的徹底崩潰,更不意味着官手工業的衰落。戰國時代各國中央和地方的很多官府以至王宫,都有自己經營的手工業。這從地下發現的戰國時代器物的銘文可以看出來。官手工業使用的勞動力大概主要有兩種。一種是隸屬官府的長期服役的工,其身分與春秋以前"食官"的工商相似。雲夢秦墓出土的秦律,基本上制定於戰國時代。其中的一條軍爵律說:"工隸臣斬首及人爲斬首以免者,皆令爲工,其不完者以爲隱官工。"秦律所說的官家工奴免除身分後充當的工,應即屬於這一類。另一種是刑徒等官家奴隸(據近年來一些學者的研究,漢代之前,刑徒服役一般無期限,是名副其實的官家奴隸)。從秦律和地下出土的戰國時代秦國兵器銘文來看,秦國大量用隸臣妾、城旦、鬼薪等類人當工人。城旦、鬼薪都是刑徒,隸臣妾中既有刑徒也有其他官奴。三晉兵器銘文所記監造者中往往有管刑法的司寇,它們的官手工業無疑也是使用刑徒的。非刑徒的囚犯和"居作"者(爲公家服勞役以抵債或贖罪的人),也會有一部分使用在官手工業中。此外在官手工業中還可能使用服徭役的人(有兩件秦上郡戈,所記工人皆爲“工更長□”,有人認爲“更”指服役的更卒)以及有較高技術的雇工(見於戰國晚期楚銅器銘文的“鑄客”,有人認爲指高級雇工。不過也有人認爲是官名)。春秋戰國時代管理工人生産的官吏,一般稱爲“工師”。

在臨淄故城(今山東淄博市東北)等地出土的戰國齊陶器上常有印文,内容爲陶工的邑里和名字。在這些印文中,可以看到很多同邑里的不同人名,還可以看到“匋(陶)里”之稱(如“蒦圆匋里人得”)。可見在當時,手工業者中的族的組織雖已基本瓦解,聚居的情況至少在有些地方仍然保持着。在咸陽及其附近出土的戰國後期的秦國陶器上也常有陶工印文,如“咸鄏里角”“咸市陽于”等。印文格式很統一。“鄏里”“市陽”等爲里名,“角”“于”等爲人名。里名之中,鄏里最爲常見,也應是陶工聚居之區。有人認爲上述那些陶器是官手工業的産品,陶工是隸屬於官府的工人。但也有人認爲那些陶器是私營手工業的産品,陶工是仍受國家較嚴格控制的個體手工業者。也有可能那些陶器是在一種由“工商食官”向個體手工業過渡的制度下生産出來的。

參考書目

唐蘭《從金屬工具的發明過渡到手工業脱離農業而分立的問題》,《文物參考資料》1953 年 7 期。

童書業《中國手工業商業發展史》,齊魯書社,1981。

嗇　　夫

嗇夫是戰國秦漢時代常見的官職名。稱嗇夫的官很多,所以“嗇夫”這個名稱的性質,跟“令、長、丞、佐”一類官職名相近。

《左傳・昭公十七年》引《夏書》已有“嗇夫馳、庶人走”之語。但是這裏所說的嗇夫究竟是什麽性質的官吏,我們還不清楚(舊注釋爲“掌幣吏”未必可信)。戰國時代有些國家的縣邑之長或稱嗇夫,《韓非子・說林下》“晉中行文子出亡”條就提到這樣的嗇夫(中行文子是春秋時人,但一般認爲《韓非子》只能作爲戰國史料用),秦律更是常常把縣令稱爲縣嗇夫或大嗇夫。在這種治民的嗇夫之外,還有不少主管某方面事務但地位不高的官吏,也稱爲嗇夫。例如屢見於三晉銅器銘文的庫嗇夫,見於《戰國策・魏策四》的見者嗇夫(國君左右主管謁見事務的官)。在秦律裏,這類嗇夫統稱爲官嗇夫,種類很多。其中有屬於縣的田嗇夫(掌管全縣的田地和農事)、司空嗇夫(掌管全縣的土木工程和刑徒)、倉嗇夫、庫嗇夫、亭嗇夫(掌管全縣關於亭的事務)、發弩嗇夫等等,還有大概屬於中央官署或郡的苑嗇夫、采山嗇夫、太官嗇夫等等。《管子・君臣上》把嗇夫分成吏嗇夫和人嗇夫兩類。人嗇夫就是治民的嗇夫,吏嗇夫相當於秦律的官嗇夫。

漢代基本上承襲秦的嗇夫制度,但是縣令長已經不再稱嗇夫,而鄉的主管官吏則稱嗇夫。在已發現的秦律裏沒有"鄉嗇夫"的明文,不過這個名稱在秦代以及戰國時代的秦國大概就已經存在了。"嗇"是"穡"的初文,嗇夫的本義就是收獲莊稼的人。嗇夫作爲官職名,似乎首先應該用於鄉邑嗇夫一類最接近農夫的下層官吏(上引《左傳》的嗇夫,可能就是這類官吏)。漢武帝時董仲舒所作的《春秋繁露・求雨》提到縣的官屬,有田嗇夫、司空嗇夫,與秦律相合。可見漢代的官嗇夫制度起初與秦代十分相近。在整個兩漢時期,官嗇夫的設置有一些變化。總的來看,似有減少的趨勢。但是直到東漢後期,在鄉嗇夫之外,仍然存在很多官嗇夫。

"鄉嗇夫"見於《晉書・職官志》和《宋書・百官志》,可見直到南北朝時代還繼續存在。鄉嗇夫存在的時間最久,在流傳的古文獻裏出現得也最頻繁,所以過去有的人認爲嗇夫是鄉官的專名,這是一種誤解。

秦漢的嗇夫都是某一地區或某一部門的負責人,其下通常設有輔助他的佐(如鄉嗇夫之下就有鄉佐)。嗇夫與其他官長的主要區別,大概在於他們的品秩比較低。秦漢時代的官吏有長吏、少吏之分。秩二百石以上爲長吏,百石以下爲少吏。除縣嗇夫外,嗇夫的品秩大體上分有秩和斗食兩等。當時以百石爲正式秩禄的最下一級(斗食、佐史相當於後代的未入流),有秩是剛够得上有秩禄的意思,有秩嗇夫就是食百石禄的嗇夫。漢代縣令長不稱嗇夫。如果僅就漢代的情況來看,可以說嗇夫就是少吏中的官長。縣的官吏除令、長、丞、尉外,一般都是少吏,所以鄉的主管官吏稱嗇夫,縣屬各官之長也多稱嗇夫。縣以外官署的屬官之長,如果其身分是少吏,也往往稱爲嗇夫,例如上林令所屬的虎圈嗇夫(《史記・張釋之傳》),掖庭令所屬的少內嗇夫(《漢書・丙吉傳》)、暴室嗇夫(《漢書・宣帝紀》。東漢晚期仍有暴室嗇夫,見《御覽》卷一百三十七引《續漢書》)。上林令、掖庭令的品秩與縣令相當,他們的屬官之長一般也是少吏,所以也稱爲嗇夫。秦代以至戰國時代的嗇夫,大概基本上也都是少吏一類身分的官長。縣嗇夫的情況比較特殊。不過,縣嗇夫又稱大嗇夫,本來就不是一般的嗇夫。

有秩嗇夫往往省稱爲有秩。漢代大鄉設有秩,小鄉設嗇夫(見《續漢書・百官志五》本注)。鄉有秩就是鄉有秩嗇夫的省稱。1973 至 1974 年出土的居延簡裏有

“西鄉有秩嗇夫”官名,可證。

參考書目

鄭實《嗇夫考》,《文物》1978 年 2 期。
錢劍夫《秦漢嗇夫考》,《中國史研究》1980 年 1 期。
裘錫圭《嗇夫初探》,《雲夢秦簡研究》,中華書局,1981。

市

在古代,自然形成的“以其所有易其所無”(《孟子・公孫丑下》)的集市,無疑是出現得很早的。從《世本》“祝融作市”(《吕氏春秋・勿躬》同)和《易・繫辭下》神農氏“日中爲市”等傳説,可以看出古人認爲市的歷史十分古老。但是,比較進步的常設的市場,也就是設在城邑之内,並有固定建築的,由國家組織、管理的經常性的市,可能要到周代才開始出現。

在已發現的史料裏,“市”字最早見於西周晚期金文。西周晚期銅器兮甲盤,記周王命兮甲告誡南淮夷“毋敢不出其員(帛),其積,其進人,其賈(舊釋貯,此從李學勤釋)毋敢不即次即市”,同時也要求周的諸侯、百姓,“厥賈毋不即市”。這裏所説的“市”大概是周人跟南淮夷進行互市的場所,還不是上面所説的那種設在城邑裏的正規的市。

《考工記・匠人》記周代國都的建築制度,有“面朝後市”的規定,也就是説朝設在國君之宫的南面,市設在國君之宫的北面。據《周禮・大司馬・量人》,國都、都邑和軍隊的營壘裏都設有市。《周禮》大司徒的屬官裏有司市等一系列管理市的官吏。很多人認爲《周禮》《考工記》反映的是春秋後期到戰國時代的情況。西周時代是否已經出現了設在城邑裏的正規的市,現在還不能肯定。

從《左傳》等史料看,在春秋時代,各國國都大都已經設市。《左傳・文公十八年》提到魯國國都的市。《宣公八年》説“晉人獲秦諜,殺諸絳市”,絳就是晉的國都。《昭公三年》記齊晏嬰的一段話,有“國(指國都)之諸市,屨賤踊(假足)貴”語。可見齊國國都有幾個市。《成公十三年》和《襄公三十年》都提到鄭國國都城内的市。《莊公二十八年》説楚伐鄭,“衆車入自純門,及逵市”。據杜預注,逵市是鄭國國都郭内道上的市。可見鄭國國都的市也不止一個。《宣公十四年》提到楚國的“蒲胥之市”,大概也是楚國國都諸市之一。古本《竹書紀年》説晉獻公二十五年(公元前652)"周陽有白兔舞於市"(《古本竹書紀年輯證》74頁)。周陽是晉國靠近絳的一個邑,那末早在春秋前期,設市的邑就已經不限於國都了。但是有些比較落後的國家,在春秋時代似乎還沒有設正規的市。據《史記》,秦國是在晚於春秋的秦獻公七年(公元前378)才"初行爲市"的(見《秦始皇本紀》)。

隨着生產和交換的迅速發展,到戰國時代,設市的邑大大增多。當時的都邑和一般縣邑通常都設有市。《商君書·靳令》說:"國無姦民,則都無姦市。"馬王堆3號漢墓出土的《戰國縱橫家書》第二十六章說:"梁之東地,尚方五百餘里,而與梁。千丈之城,萬家之邑,大縣十七。小縣有市者卅有餘。"(《戰國縱橫家書》115頁)小縣既有市,大縣就不必說了。《韓非子·初見秦》說韓國的上黨郡有十七縣("十七"原作"七十",從《戰國策·秦策一》改),《戰國策·趙策一》則說有"城市之邑十七"(原作"七十",據《史記·趙世家》改)。"城市之邑"(《趙世家》作"城市邑")就是既有城牆又設有市的邑。《荀子·非相》提到"大市",戰國時代齊國陶器上的印文裏也屢見"夻(大)市"之稱。在同時代齊國封泥上的印文裏,還可以看到"中市"、"右市"等名稱。這說明戰國時代的大城邑往往設有幾個市。《戰國策·齊策五》說,發生戰爭的時候,"通都、小縣、置社有市之邑,莫不止事而奉王",可見不少小於小縣的邑也已經設市。《管子·乘馬》:"聚者有市,無市則民乏,五聚命之曰某鄉。"《晏子·雜下》:"景公祿晏子以平陰與槀邑反市者十一社","反市"或讀爲"販市",疑是"友(有)市"之訛。聚和社都是比鄉更小的單位。《墨子·雜守》把"市去城遠"作爲城邑守不住的五種原因之一。由此看來,有些城邑(當是較小的城邑),是把市設在城外的。《周禮·地官·遺人》:"凡國野之道,十里有廬……三十里有宿……五十里有市,市有候館……"。這種野外道路上的市,性質似與一般的市不同。

在常設的市越來越普遍的同時,在廣大農村裏,比較原始的集市無疑仍然在起作用。上文提到的聚和社的市,也有可能是指這種集市而言的。

在戰國時代軍市也相當普遍。除上舉《周禮·夏官·量人》外,《商君書·墾令》、《史記·廉頗藺相如傳》等都提到軍市。《戰國策·齊策五》:"士聞戰則輸私財而富軍市",可見軍市主要是滿足士卒生活上的需要的。軍市的普遍出現,是當時的社會越來越離不開市的反映。

據《周禮·地官·司市》、銀雀山漢墓所出竹書中的《市法》以及其他一些有關記載,對市的規制可以有一個粗略的瞭解。較大的市,外有周垣,設門出入(市門或稱爲闤)。市內設有很多陳列貨物的肆列,同類貨物一般集中在一起。古書中提到的肆,有羊肆(《左傳・襄公三十年》。《莊子・讓王》又有屠羊之肆)、屠酤之肆(《淮南子・氾論》)、枯魚之肆(《莊子・外物》)、鮑魚之肆(《說苑・雜言》引孔子語,亦見《孔子家語・六本》。《大戴禮記・曾子疾病》稱鮑魚之次)等。古代或稱市爲市井,有人認爲就是由於市內有道路(即市巷)、肆列,土地劃分情況與井田相似的緣故(參看《管子・小匡》注)。除肆列外,市內還有存放貨物的地方(即廛)和各級市吏治事的地方(《周禮・地官・司市》稱"次")。治事官舍前面就是所謂市朝。市朝除了用於跟市本身有關的事務之外,還被統治者用作殺人示衆的地方。附帶說一下,古書裏的"市朝"有兩種意義。《史記・孟嘗君傳》:"君獨不見夫朝趣市者乎? 明旦側肩爭門而入,日暮之後過市朝者掉臂而不顧。"這裏所說的市朝指市之朝。《戰國策・秦策一》:"臣聞爭名者於朝,爭利者於市。今三川、周室,天下之市朝也。"《史記・張儀傳》也有此文,"市朝"作"朝市"。這是指市和朝而言的。有的"市朝",難於肯定其意義。如《論語・憲問》"吾力猶能肆諸市朝"的"市朝",有人解釋爲市之朝,有人解釋爲市或朝。

從有關資料看,在春秋戰國時代,市上出售的東西,範圍已經很廣。舉凡五穀等糧食,馬牛羊豖等牲畜,牛羊犬豖的肉、禽獸、魚鼈、乾魚、乾肉、果實以及酒、漿、鹽等食物,金(《吕氏春秋・去宥》有"鬻金之所",似指黃金),木材,皮革,布帛,絲麻,衣履,用器(如陶器等),兵器,舟車,珠玉珍異,以至奴隸,全都已經成爲商品。不過有些商品,如奴隸,可能是春秋晚期以後才開始在市場上出現的。此外,在戰國時代的市裏,還有給人測吉凶的卜者(《戰國策・齊策一》),待人雇用的"市庸(傭)"(見雲夢秦簡、《荀子・議兵》、《管子・山至數》。《新序・善說》講莊周貸粟故事時還提到"傭肆")。

常設的市大概天天營業,一般早上開市,日暮收市,但是在發生某些特殊事件時則"不市"或"徙市"(遷至他處營業)。《左傳・昭公十八年》記鄭國大火,"三日哭,國不市"。《禮記・檀弓下》有一段談到徙市,舉"天子崩巷市七日,諸侯薨巷市三日"爲例。

《周禮・地官・司市》分市爲大市、朝市、夕市三類,營業時間各不相同:

> 大市,日昃而市,百族爲主。朝市,朝時而市,商賈爲主。夕市,夕時而市,販夫販婦爲主。

不知其說是否可信。從其他資料看,一般的市似乎都在早上(朝)開市,日暮以後收市。《戰國策・齊策四》說:"市,朝則滿,夕則虚(滿、虚指人而言)……求存故往,亡則去”,《史記・孟嘗君傳》也說:“(朝趣市者)明旦側肩爭門而入,日暮之後過市朝者掉臂而不顧……所期物忘(亡)其中。”

市是人最集中的、最熱鬧的地方,因此古書裏有“從之者如市”(《孟子・梁惠王下》)、“觀者如市”(《莊子・人間世》)等比喻的說法。《尉繚子・制談》:“一賊仗劍擊於市,萬人無不避之者。臣謂非一人之獨勇,萬人皆不肖也(《初學記》卷二十二引作“臣以爲非一人獨勇,一市萬人皆不肖也”)。”《戰國策・齊策六》:“(淖齒殺齊閔王,)王孫賈乃入市中曰:淖齒亂齊國,殺閔王,欲與我誅者袒右。市人從者四百人。”可見一個較大的市裏可以有成百上千的人。乞食者常常在市上活動,《戰國策・秦策三》說伍子胥“乞食於吳市”(亦見《史記・范雎傳》),《史記・刺客傳》說豫讓“行乞於市”,都是例子。小偷在市上也特別活躍,因此出現了“市偷”之稱(《淮南子・道應》)。

市的長官稱市(《禮記・王制》)、司市(《周禮・地官》)、市師(《周禮・地官・司市》、《荀子・解蔽》,又見戰國齊印)或嗇夫(銀雀山竹書《市法》)。據《周禮・地官》,司市下的屬吏有質人、廛人、胥師、賈師、司暴、司稽等人。每肆還設肆長,每二肆有一個胥管事。市的官吏要檢查、掌握貨物的種類、規格、價格,維持市的秩序,解決爭端,處理盜賊和犯法的人,徵收租稅,職務很繁重。市裏還有做中人的市儈,即所謂駔(《吕氏春秋・尊師》“段干木,晉國之大駔也”)。

根據雲夢睡虎地出土的秦律以及秦國陶文等資料來看,在戰國時代,秦國似乎基本上以亭嗇夫(縣令長屬下總管全縣的亭的官吏)兼管市務。漢代人往往在亭下會市(《史晨饗孔廟碑》“於昌平亭下立會市”)。秦國在“初行爲市”之前,一定普遍存在因亭會市的習俗,所以在“爲市”之後,仍有一段時間以亭嗇夫兼管市務。

從有關考古資料來看,戰國時代的市大概也經營着一些手工業,並管理着一部分手工業者,情況與秦漢時代相似。有些手工業者,自己製造産品自己銷售,本來就是亦工亦商的。《論語・子張》說:“百工居肆,以成其事。”有人認爲百工所居之肆就是市肆。

古代的市是城邑裏的一個特定區域。就整個城邑來說,即使是商業十分發達的城邑,也不能稱爲市。上面已經說過,“城市之邑”或“城市邑”,意思是有城有市的邑。《韓非子・愛臣》說:“是故大臣之祿雖大,不得藉威(此字當是衍文)城市”,“城市”應該當城邑之市講,跟我們現在所說的城市有別。

参考書目

童書業《西周春秋時代的手工業與商業》,《文史哲》1958 年 1 期。
楊寬《戰國史》,上海人民出版社,1980。
裘錫圭《戰國文字中的"市"》,《考古學報》1980 年 3 期。
裘錫圭《嗇夫初探》,《雲夢秦簡研究》,中華書局,1981。

本文是爲《中國大百科全書》撰寫的辭條。除《市》條外,原分別刊載於《中國大百科全書》中國文學、語言文字、中國歷史卷(中國大百科全書出版社,1986、1988、1992)。其中《孫詒讓》、《于省吾》二條又載《文史叢稿》,今據此收入;《〈尉繚子〉》一條原有繁簡二稿,已刊出的是簡稿,今據繁稿收入;《烽燧》、《奴隸》、《庸》、《徒》、《工》、《嗇夫》諸條發表時被定稿者作了較爲嚴重的删改,今據原稿收入;《市》條原未被採用,今據原稿收入;此外各條據原發表收入。

是原始文字還是符號

（記者武勤英訪裘錫圭）

記者：裘先生，不久前公佈了山東鄒平縣丁公村龍山文化刻字陶片的發現，有報道說這一發現把中國文字史推前了八百年，我們很想聽聽您對這一發現的看法。

裘錫圭：在我國新石器時代的遺址和墓葬裏，時常發現繪有或刻有符號的陶器和陶片。從外形上看，這些遺物上的符號大體上可分爲兩類。甲類以幾何形符號爲主，如西安半坡、臨潼姜寨仰韶文化遺址出土的六千多年前的陶器上的符號。乙類以象形符號爲主，如山東莒縣陵陽河大汶口文化遺址出土的陶尊上的符號。這些符號能不能看作文字，大家的意見相當不一致。這次出土的丁公陶片是一塊陶盤底部的殘片，上面刻有排列成五行的十一個符號，符號的形體也比較特殊，爲研究者提出了新的問題（丁公刻字陶片摹本見插圖）。其性質還有待深入研究。

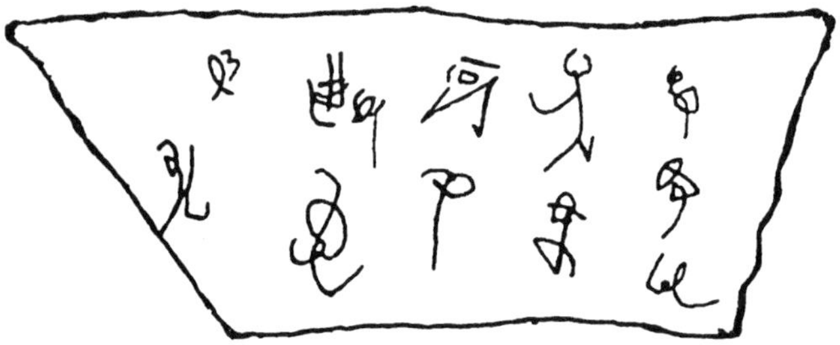

記者：很多學者認爲您說的甲類和乙類符號是原始文字。這次關於丁公陶片符號的報道，幾乎一致認爲它們是文字，您同意不同意這種看法？

裘錫圭：要討論這個問題，必須先明確我們所說的“文字”的定義。在文字定義上，語言文字學者分狹義和廣義兩派。廣義派認爲，人們用來記事和傳遞信息的、表示一定意義的圖形和符號，都可以稱爲文字。按照這種意見，就可以把所有的新石器時代的符號都視作文字。狹義派則認爲文字是記錄語言的符號。很明顯，只有採取狹義派的立場，討論新石器時代符號是不是文字才有意義。

此外，我們還應該認識到，文字的產生是需要一定的社會條件的，而且一種能够完整地記録語言的文字體系的形成,通常需要經歷很長的一個過程。即使是很原始的野蠻人,也有可能指着畫出來的一頭鹿,說出"鹿"這個詞來。這並不意味着"鹿"的象形字的産生。只有在社會發展到使人們感到有必要用記録語言的辦法來記事和傳遞信息的時候,才會出現用符號來記録成句語言中的詞的認真嘗試。這才是文字形成過程開始的真正標誌。

記者:很多學者不但認爲西安半坡仰韶文化陶片上的刻劃符號屬於原始文字,而且認爲半坡陶片刻劃符號的發現將漢字的歷史上推了兩三千年。

裘錫圭:我認爲,這些說法是不够準確的。直到今天,我所說的甲類符號被用來記録語言的確鑿證據還一點也沒有發現過。而且在文字體系的形成過程中,爲了使文字具有可接受性,一般要求字形跟所代表的詞有某種内在聯繫。幾何形符號跟語言中的大部分詞語不可能有内在聯繫,所以,在正常情況下,基本上使用甲類符號的原始文字是不可能存在的。

記者:有些學者認爲您所說的甲類符號很可能是器物製造者或者使用者留下的記號,也有人認爲它們可能是記數的符號。

裘錫圭:這兩種推測都有一定的道理。但爲了辨認器物而留下的記號和原始的記數符號都不應稱作文字。王恒杰先生的文章曾指出,過去海南黎族刻竹記事,用"×"代表與十有關的事物,它既可以指十頭牛,也可以指十斗米,並不是記録數詞"十"的符號。這是說明原始記數符號並非文字的很好的實例。

記者:那麽,像您所說的以象形符號爲主的大汶口文化的乙類符號是否有可能是原始文字呢?

裘錫圭:當前很多學者把大汶口文化的乙類符號看作是早期的漢字或原始文字。我一度也曾認爲它們很可能是原始文字。但就目前發現的材料看,這類符號通常單獨出現在器物上,我們還沒有充分的依據來證明它們屬於文字。汪寧生和王恒杰等先生都認爲它們並非文字。我比較同意他們的說法。

記者:這類象形符號有沒有多個成行出現過呢?

裘錫圭:你說的情況確實是有,但極爲罕見。迄今所知,最爲典型的一例是浙江省餘杭縣南湖出土的一件良渚文化的黑陶罐,罐上刻有八九個成行排列的符號,其中一個象四足的動物,其他符號究竟象什麽,則較難確定。這個例子可能確實反映了用符號記録語言的認真嘗試,這種符號很可能已經是原始文字了。可惜我們掌握的材料太少,對良渚文化主人的種族和語言情況更缺乏瞭解,所以正確辨釋這種原始文字的可能性恐怕很小。

記者:您說的這個例子很使人振奮,我們能否就此認爲中國早在五千年前的良渚文化時期已出現了原始的漢字呢?

裘錫圭:我看還不能這麼說。首先,前面已經說過,我們對良渚文化主人的種族和語言缺乏瞭解。他們講的是不是原始漢語我們都未能斷定,又從何斷定他們使用的原始文字就是原始漢字呢?其次,在良渚文化分佈的地區内,繼良渚文化而興起的主要文化是馬橋文化。馬橋文化也使用符號,但一般是比較簡單的幾何形符號,而且也沒有兩個以上符號連用的例子。由此看來,良渚文化即便出現了原始文字,這種原始文字也很可能由於馬橋文化取代良渚文化而終止了它的發展進程,它跟古漢字恐怕不會有直接的傳承關係。

記者:那麽,山東丁公陶片上的刻劃符號究竟是否屬於原始文字呢?

裘錫圭:丁公陶片據報道屬於龍山文化晚期,也就是說,它産生於距今四千多年的時候。在這個時代,原始文字出現的可能性顯然是存在的。這件陶片上的十一個符號整齊地排成五行,情況跟一般新石器時代符號有很大不同。它們似乎應該是原始文字。但這些符號的形體很特殊,用有關報道的原話說,竟然"與後代的行草相類",這是很奇怪的。如果想使一種原始文字逐漸發展成爲社會所接受的完整文字體系,決不能讓字形變得如此草率難辨。

記者:那它們是否會是一種文字的草體呢?

裘錫圭:如果認爲丁公陶片上刻劃的是當時存在的一種文字的草體,那種文字就必須是一種有悠久歷史的相當進步的文字。在龍山文化時代,這種文字還不可能出現。

記者:在怎樣的情況下,才有可能出現丁公陶片上這種草率難辨的原始文字呢?

裘錫圭:我們設想,如果一種原始文字萌芽後,由於社會或其他條件的限制,不能正常地向完整的文字體系發展,它就有可能只爲極少數人使用,成爲一種行業"文字"或秘密"文字"。在這種情況下,"文字"符號完全有可能變得爲一般人所難以辨識。當然,丁公陶片上所刻劃的是否就是這種走入歧途的原始文字,還有待深入研究。目前恐怕還不是下結論的時候。

記者:有的學者認爲丁公陶片上的符號跟殷墟甲骨文有聯繫,您是否同意?

裘錫圭:在丁公陶片的符號裏,第二行第一個字確實有些像殷墟甲骨文的"夒"(音 náo)字,但是其餘的符號依我看不但不像殷墟甲骨文,而且根本就不像古漢字。從目前已有的資料看,無法斷定這些符號跟古漢字有關。

最後,我謹向文物考古界提一個供參考的意見。在關於新石器時代符號的報道裏,除非有比較充分的把握,最好不要把它們稱爲文字,更不要隨便把它們跟古漢字直接聯繫起來。審慎一些總比冒進要好。

原載《光明日報》1993年4月26日6版,又載《裘錫圭學術文化隨筆》(作爲《筆談丁公遺址出土陶文》的附文),今據後者收入。

“古史辨”派、“二重證據法”及其相關問題

——裘錫圭先生訪談錄(裘錫圭　曹峰)

一、“古史辨”派在20世紀50年代前期仍有很大影響

曹峰(本刊特約記者,以下簡稱“曹”):您的學術研究涉及衆多學科領域,而您在不少文章當中都徵引、辨析了“古史辨”派的相關論點。那麼,您是從什麼時候,在怎樣的背景下開始接觸到“古史辨”派學說的?您對他們的古史研究有着怎樣的認識?

裘錫圭先生(以下簡稱“裘”):我接觸到“古史辨”派,開始看一些“古史辨”派的東西,主要還是在1952年進復旦大學歷史系讀書之後。雖然那個時候院系調整已經基本結束,也經過了思想改造運動,但我感到,當時的史學界,——至少在北大、復旦這些學校的歷史系和中國科學院的歷史所,其實還是在相當大的程度上延續着20世紀三四十年代以來的那種史學傳統。譬如我們的“中國通史”課程,開始一段由胡厚宣先生來講,接下來的是譚其驤先生。他們都是從那個時代過來的人,都接受過“古史辨”派的影響,當然無形之中會讓我們這些學生受到一些熏陶,我們通過自身的理解,也感到“古史辨”派的好多看法是正確的,可以接受的。同時,對於他們的有些講法也並不認同。我們都知道,對“古史辨”派的批評並不是從建國以後才開始的,過去就有張蔭麟就“默證”問題提出的批評,錢穆針對劉歆僞造說的批評。我對“古史辨”派辨僞書的不少具體説法,當時就感到不能接受。總的來說,“古史辨”派的觀點是有過分的地方,但他們對古書和古史傳說不盲目信從的態度,還是應該肯定的。像“三皇五帝”的系統不是歷史事實,似乎是不言而喻的,當時很自然地就接受了。

曹:您剛才講到,20世紀50年代前期的史學界,仍然在相當大的程度上延續了三四十年代以來所形成的學統,這是20世紀中國學術史上一個非常重要的事實。

能否再談一談您這方面的感受?

裘:至少可以說,"古史辨"派在當時還很有影響,只是後來經過了一系列運動,這個傳統才漸漸淡薄,人們才把"古史辨"當作"資産階級史學"加以批判。總的印象上,在我讀大學的時期,至少在前兩年,雖然已經經過了主要是針對我們上一輩的思想改造運動,也有對胡適思想的批判,但仍然在一定程度上維持着 20 世紀三四十年代以來的學術氣氛和傳統。——老師在上古史課堂上講辨僞,講僞古文《尚書》等僞書不能用等等,我們也很自然地接受了這樣的觀點,接受了"古史辨"派辨僞思想的熏陶。這樣的學術環境,與 1958、1959 年之後經歷了"反右"、"雙反"、"厚今薄古"以至於"文化大革命"的情況,還是不完全一樣的。我們的老師是從 20 世紀前半期過來的那一輩人,他們對學生的熏陶,跟在建國以後的政治氣氛中成長起來的那些老師是不同的。當然,建國初期的思想改造運動就已經很猛烈了,聽說山東大學歷史系的丁山教授就是在那個時候禁受不了衝擊而自殺的。但事實上,"舊史學"、"資産階級史學"的基礎還沒有真正被摧毁。我記得很清楚,我念譚其驤先生的古代史課程應該已經是在 1953 到 1954 年間,他在課堂上向我們推薦中國通史方面最好的參考書,就是錢穆的《國史大綱》。當時還能介紹這樣的書,你説後來行嗎?

實際上,20 世紀 30 年代以來學術界的發展情況是比較好的,各種新的東西都進來了,大家都認識到應該儘量地拓寬視野。就史學界來説,在史料方面,除了"古史辨"派的疑古精神,傅斯年的思想也很有影響。他提倡"上窮碧落下黄泉,動手動脚找東西",——一切有用的史料都要使用,尤其要注意發掘新的史料。在吸收相關學科的知識方面,文化人類學和考古學對歷史研究的重要作用都已經被認識到,以中國古代社會跟其他地方的古代社會或邊裔民族的社會進行比較的研究方法,也已逐漸流行。馬克思主義史學在當時也發展起來了,當然還不佔主導地位。

到我們進大學的時候,雖然馬克思主義史學佔了主導地位,但其他傳統的影響並不是一下子就消失了,都還在一定程度上保持着。

曹:看來您對上古史的興趣在很早的時候就已經扎根了。

裘:我當初是自願報考歷史專業的,復旦大學歷史系是我的第一志願。進系後首先學上古史。我們的老師胡厚宣先生是甲骨學專家,所以我對甲骨文和上古史就有了興趣。後來,我的治學路子跟胡先生不太一樣,但他的一些要求,如充分佔有史料,要注意古文字資料等,對我的影響是很深的。當時比較時髦的是古史分期問題,我對此很有興趣,想研究古代的社會性質,也是趕時髦吧!我認識到要研究上古社會,必須充分利用古文字資料和古書資料,因此花了很多時間學古文字並提高古書閱讀能力。可以說我早期的主要興趣是在研究商周直到秦漢時期的社會經濟發展,這也是受當時主流思想的影響。

我念大學時,政治上很落後,用當時的話來說,我走的是白專道路,本已做好思想準備,畢業後被分配到條件最壞的地方去,但運氣比較好,臨近畢業的時候,黨中央提出"向科學進軍",我一下子變得吃香了,胡先生就留我做他的助教(1958 年之前,教授的權力相對來說還比較大,後來就不行了)。歷史研究所(那個時候還屬於中國科學院)早就要調胡先生。當時的所領導是尹達先生,既管考古所,也管歷史所。他跟胡先生是中央研究院歷史語言研究所的同事,感情很好。他要調胡先生去歷史所,但一直沒有調成。正好我畢業留爲助教的時候,胡先生的調令到了,胡先生就臨時讓我考他的"甲骨學與商代史"研究生。當時學習蘇聯,叫副博士研究生,學制四年。我的學籍還在復旦大學,但跟胡先生去北京,在歷史所學習。

那時郭沫若兼歷史一所的所長,他平時不在所裏,但在"反右"前,每隔一段時間要到所裏來一次,跟各個研究室的每位研究人員都要握握手,包括最年輕的。我就趕上一次。領導把我們幾個年輕的先集中到一個房間,免得讓他一個一個房間走。陪同的人說,有問題可以向郭老請教。我當時年輕,沒有什麼世故,就問郭老說,古史分期討論中,大家用的史料都差不多,但一個說是奴隸社會,一個說是封建社會,好像已經不是史料不够的問題了,這到底應該怎麼解決? 郭老就問我:所有的史料你都已經看了? 我當然只能說沒有。這件事對我的刺激很大,後來我就做卡片。張政烺先生對我們年輕人說,研究上古史最重要的書是《左傳》跟《周禮》。我就按照研究上古社會的要求,做這兩部書的卡片,後來也做其他有關古書的卡片。這批東西直到現在還保存着。當然也讀甲骨文、金文,也是按照需要做卡片。卡片的内容也不完全局限於我本來想搞的題目。在這個過程當中,閱讀古書的能力、對古文字的研究能力,有了明顯的提高。

到 1960 年,研究生就結業了,——沒有畢業。因爲當時運動很多,"雙反"、"拔白旗"等等,"副博士"不提了,畢業論文也沒讓做。我雖然是復旦大學的研究生,但在歷史所裏跟實習研究員一樣被使用,比如開學術會議作記録,國慶十周年歷史博物館建新館時被派去協助搞陳列等等,做很多雜事,根本沒有時間做畢業論文,只能算結業。結了業就要分配工作。那時候政治形勢跟 1956 年已經很不一樣了,各單位挑人首先要看政治條件。但我又碰上好運氣,在北京開的分配會議上,北京大學中文系有位年輕的老師去挑人，他比較重業務，中文系也正好需要搞古文字的人，就挑上了我（開會時我當然沒資格去，他是根據檔案挑的）。進北大後，雖然對歷史研究還是有興趣，但畢竟是進了中文系，要開中文系的課，講文字學，研究重心就向語言文字方面傾斜了，但上古史研究也並未放棄。上世紀70年代以來，陸續發表了一些上古史方面的文章，數量不多。大體的情況就是這樣，要説有多大成績，也很難説得上。不過，在考釋古文字資料的時候，古代史方面的知識還是很有幫助的，“文史不分家”嘛！

曹：那麽在您讀書的時候，圍繞着上古史，您還關心哪些問題呢？

裘：因爲我喜歡上古史，就感到一定要掌握古文字資料，對考古學也比較關心。在我讀大學的時候，上海這邊還没有設立考古專業，但古代史專業要學習“考古學通論”。另外，我對文化人類學也很感興趣（上世紀五六十年代學蘇聯，不用“文化人類學”這個名稱，而用“民族學”、“原始社會史”來代替），當時對聞一多利用這方面的一些材料來研究神話、講《詩經》等等，是很欽佩的。給我們年級講“原始社會史”的是前不久去世的田汝康先生，他講了一些文化人類學的東西。

我們當然也學習馬列主義。我感到唯物史觀對研究上古社會是很有用的，但對當時所講的“社會發展階段”，慢慢就有點懷疑了。——我這個人還不是很盲從的，對於“古史辨”派也好，對於當時的馬列主義史學也好，都是這樣。當年復旦大學歷史系有一位陳守實先生，公認馬列主義水平很高。有一次我就去問陳先生：現在大家都講五種社會形態，但東方的奴隸社會，它主要的生產關係並不是奴隸制生產關係，蘇聯史學家解釋説奴隸制生產關係雖然不是主要的，但起主導作用，因此還是屬於奴隸社會的範疇，可是既然奴隸制生產關係不是主要的生產關係，又怎麽能叫做奴隸社會呢？陳先生肯定我的想法，他希望我能按照這個思路進行研究。對東方奴隸社會的理論，稍微有點頭腦的人其實都是有懷疑的，50年代《文史哲》雜志上就發表過懷疑奴隸制階段的文章。我問陳先生這個問題，目的就是要印證一下我這樣想到底是不是有道理，但是我主要的興趣還是在具體的上古史上面，所以並没有在理論問題上繼續下工夫。

總的來説，我感到研究上古史，應該注重全面掌握史料，包括古文字資料及其他考古資料。在使用古書方面，應該有“古史辨”派的基本訓練，注意史料的可靠性、時代性，當然也要瞭解他們對於上古傳説的看法。同時應該學一些世界史和文化人類學方面的知識，通過跟其他民族的思想、風俗習慣、制度等等的比較，來研究中國古代。當然也要注意跟古今的邊裔民族比較，許多前輩史學家已經在這麽做了,像徐中舒先生研究上古社會便十分注重與邊裔民族,比如契丹相比較,還有李亞農先生,他研究西周社會時也將其與拓跋魏社會的變化聯繫起來。

二、中國古典學研究的現階段

曹:剛才在談話中,您回顧了早年的學術訓練和當時社會政治對學術的影響。從"文革"後期開始,情況又有了變化吧!

裘:的確發生了很大的變化,特别值得注意的一點是,20世紀70年代以來涌現了大量的出土典籍,開始是西漢前期抄寫的,後來又有了戰國時代抄寫的。其中既有一些尚有傳本的古書的最古抄本,更有不少重要的佚書。在我國很早就有人辨古書之僞,"古史辨"派在這方面走得更遠。70年代以來出土的典籍可以證明有些過去被疑爲秦漢以後出現的古書確是先秦著作。李學勤先生也就是在這種背景下提出了"對古書的反思"以及"走出疑古時代"。這其實也不是他一個人的看法,——當然彼此的具體觀點也不完全相同。"古史辨"派在辨僞方面的具體意見的確有好多是站不住脚的,是講過頭了。因此,所謂"走出疑古時代",如果是指糾正"疑古"派的偏向,不僅在古書的辨僞方面,也包括古史的辨僞方面,那是可以成立的。

近代以來的古史辨僞也許可以説是從胡適正式開始的,他的《中國哲學史大綱》是一個比較明顯的開端,我在相關文章裏也提到過。① 後來由於殷墟考古和新石器時代考古的發展,懷疑古史的人,包括顧頡剛,是有變化的。而且顧頡剛也沒有完全否定夏代的存在。他認爲縣、禹、夏后啓等傳説不是歷史,不等於否定夏代。開始的時候有人認爲東周之前無信史,後來有了一系列的考古發現,發現了西周、商代後期的遺址,解放以後還發現了商代前期的,看法當然不能不變。現在對於夏代還有些爭論,但哪些考古遺存是屬於這個時代的文化,仍然是比較清楚的。關鍵是怎樣具體地跟歷史記載中的夏朝聯繫起來,這個還是有問題的。所以,如果説"走出疑古時代"意味着有了新的資料,應該不要再受到"疑古"學派一些不正確的具體看法的束縛,我是完全同意的。但如果是從"疑古"變成"信古",我就完全不同意了。這是一個根本的態度問題。

---

① 參見《中國古典學重建中應該注意的問題》,原載《北京大學中國古文獻研究中心集刊(二)》(北京燕山出版社,2001),後收入裘錫圭《中國出土古文獻十講》(復旦大學出版社,2004)。

曹: 我們注意到,您在《新出土先秦文獻與古史傳説》中提出,“古史辨”派考辨古史的成績要遠遠超過考辨古籍的成績。② 包括在剛才的談話中,您都把“古史”和“古書”作了一個比較清晰的區分,這兩者不是互相依存的嗎? 像當時有人批評“古史辨”派把“古史辨”做成了“古書辨”,顧頡剛先生自己就説,有很多僞古史是依靠着僞古書建立起來的,而僞古書正是僞古史的材料,所以兩者之間的關係還是很緊密的。

裘: 爲什麽我這樣説呢? 因爲古史上有些問題比較容易辨别,“古史辨”派對古史的看法,並不是全靠古書辨僞得出來的。比如説大禹,不論他是由神變成人,還是由人變成神的,從《詩經》和《尚書》的《立政》、《吕刑》篇裏講到的禹來看,他顯然是帶有神性的。關於禹平治洪水,《山海經》、《楚辭》、《淮南子》等書所反映的比較原始的傳説,完全是神話性的。至於《堯典》、《禹貢》等,其著作時代較晚,不會早於春秋。這一點絶大多數學者都承認,並非“古史辨”派的私見。在禹的問題上,近年出土的𤜶公盨③也未必能改變什麽,銘文説“天命禹”,而不是像《堯典》那樣説堯、舜命禹。這其實對“古史辨”派有利,證明了顧頡剛《吕刑》中命禹的“皇帝”是上帝的意見(《洪範》中命禹的也是上帝,顧氏也已指出,但他認爲《洪範》的時代晚到戰國則不正確)。連禹原來都不是後人所説的那種聖王,何況“五帝”、“三皇”呢? “古史辨”派説“三皇”不是歷史人物,“三皇”的説法是後人造出來的,這是有他們對古書中有關三皇的資料的通盤整理爲依據的,不是靠古書辨僞得出的結論。五帝的問題很複雜,不能細説了。從古書看,三皇五帝的説法的確有一個形成過程。我認爲否定三皇五帝系統的歷史真實性是很大的貢獻。

古書辨僞的問題就不同了。他們求之過深,有好多觀點其實並不正確,但他們却要用這種不正確的觀點來評判古書的時代,那就出問題了。比如他們認爲“少康中興”的傳説一定起得很晚,就説《左傳》中的有關記載是造僞者竄入的,那就荒唐了。類似的例子很多,我在《新出土先秦文獻與古史傳説》裏提到過一些,其他學者也提到過,這裏就不多説了。

---

② 本文原載《李珍華紀念集》(北京大學出版社,2003),又載《北京大學中國古文獻研究中心集刊(四)》(北京大學出版社,2004),後收入裘錫圭《中國出土古文獻十講》(復旦大學出版社,2004)。

③ 𤜶公盨是北京保利博物館於20世紀末購藏的一件青銅器,時代在西周中期。銘文有98字,其格式與至今所見其他銅器銘文大爲不同,內容與大禹治水傳説及西周道德政治相關,是一篇極其重要的思想史材料,已引起學界的廣泛重視。

曹:那麽我們能不能把您的工作看成是對"古史辨"派一種批判的繼承?我們看到您最近做的工作,幾乎都是建立在他們的基礎上面。比如您講到"大禹治水"、"禪讓"還有"大一統"問題的時候,對很多具體的問題都有細緻的辨析,然後對他們該批判的加以批判,該肯定的加以肯定。

裘:我們就是要繼承"古史辨"派好的東西。對於古史傳説,很多細節問題他們講錯了,但大的方面他們講對了,我們就應該承認,總之一句話就是實事求是。而且我剛才講了,我讀書時就是那樣一個背景,在他們的基礎上開展研究也是很自然的。

曹:但現在似乎有種傾向,對"古史辨"派基本予以否定,然後建立一個新的體系。

裘:這種傾向是很危險的。我有個看法,可能不正確,歡迎批評。我覺得目前似乎不必花太多時間去進行方法論上的爭論,也不必忙於建立新體系,最重要的是,大家要端正研究態度(即一切以學術爲依歸),扎扎實實地做工作。要做到這一點絶非易事,但我仍勉勵自己努力去做。進行研究時,除了端正態度外,還是傅斯年那句話,什麽史料只要有用我都要。當然,各種相關學科有用的知識也都要,國外的也好,國内的也好,都要。做研究當然是資料越豐富越好,要"充分佔有史料"嘛!過去有個時期連這個都不敢説了。我的老師胡厚宣先生是非常强調充分佔有史料的,他做甲骨文方面的題目,一定要把相關甲骨文資料搜集齊全。不僅要充分佔有史料,前人的研究成果,包括"古史辨"派的研究成果,也要充分佔有。

曹:您在《新出土先秦文獻與古史傳説》文章最後引用了郭沫若的一段話,是不是也有類似的意思?

裘:是的。

曹:還有像您曾經指出的,我們當前古典學研究的主要問題之一在於"部分學者對古書辨僞的已有成果不够重視",也是基於這樣一種認識吧?

裘:我在以前的文章當中講過,"古史辨"派和歷代從事古書辨僞工作的學者,確實"對古書搞了不少冤假錯案",但同時也確實取得了不少成績,提出了很多有價值的見解。④ 我們決不能因爲要平反冤案,結果連正確的也一概否定,就像不能因爲倒髒水而把嬰兒也倒掉一樣,可是現在有些學者恰恰就是這種態度,對前人的

---

④ 參見《中國古典學重建中應該注意的問題》,原載《北京大學中國古文獻研究中心集刊(二)》(北京燕山出版社,2001),後收入裘錫圭《中國出土古文獻十講》(復旦大學出版社,2004)。

成果置之不理,或者輕易否定,這在學術上的危害性是相當大的。《列子》就是這方面一個非常突出的例子。《列子》爲僞書也不是從“古史辨”派開始的意見,證據很多。現在有人認爲《列子》比稷下道家還要早,是後者的源頭,把它放在這樣一個地位來使用怎麽能行呢? 當然,過去受到“古史辨”派的影響,好多先秦的書都不敢當作先秦的書來用了,像《晏子春秋》、《尉繚子》、《六韜》等。上世紀70年代以來出土的古代典籍,證明了這些基本上是先秦的書。就此而言,我們現在當然應該“走出疑古時代”。總之,該糾正的就糾正,該繼承的就繼承。

曹:您在2000年的時候曾説,“古史辨”派的工作屬於近代以來中國古典學的第一次重建,而第二次重建從70年代就已經開始了,但三十年以後所處的階段還只能算是初期。您作出這樣判斷的背景,是不是和您剛才所説的有關係呢? 換句話説,您爲什麽講現在仍然是初期?

裘:一方面是覺得研究態度還不够端正,——當然這個也很難説,就算是進入了成熟時期,也不能保證研究者態度都很端正。另外,也是我認爲主要的方面,就是研究還不深入。隨便舉個例子。現在大家都認識到,“疑古”派對於《禮記》的看法是有問題的。過去認爲《禮記》各篇最早是戰國末年的,甚至有不少是秦漢時代的,現在看起來並不是這樣。因爲好多看起來是很晚的東西並不是戰國末期或秦漢時代的,在比較早的時候就已經有了。比如説根據考古學上的證據,根據我們的常識,出上博簡、郭店簡的楚墓,還不是晚到戰國末期的墓葬,——當然不是很早,或許戰國中期偏晚,或許就是中期。這些墓裏埋的書,時代當然更早,而這些書裏,就有《緇衣》和其他一些見於《禮記》和《大戴禮記》的内容。所以對《禮記》的看法應該改變了。但僅僅有這麽一個籠統的認識行不行呢? 應該深入地研究,一篇篇地研究,要把能够跟出土文獻比較的内容研究透。同時,也應該結合其他綫索來研究《禮記》的性質以及它在學術史上的地位等等。現在有些人已經開始做這個工作了,但還比較淺,而且科學性不够。已經看出苗頭了,但還没有深入去研究。除了《禮記》,類似的問題還多着呢! 因此只能認爲目前還處在初期階段。因爲你拿不出一個大家比較公認的,比較具體深入的東西。

曹:那您是認爲從“初期”到一個更成熟的階段,不僅需要時間,更需要學者們主動地去調整自己的態度?

裘:學術界現在存在着浮躁的、急功近利的現象,能够不受外界不好的影響,實事求是做研究的人,恐怕比上個世紀30年代要少。就我的立場來看,講信古的當然不够實事求是;反對的,包括《文史哲》“疑古與釋古”專欄上面刊登的某些批評文章,也不一定能完全做到實事求是。雜志所做的這項工作本身非常重要,是應該對於這方面的一些不利於學術發展的風氣加以抨擊,但抨擊的時候我們自己要儘量站在一個實事求是的立場上。其中有的文章寫得很不錯,但一些牽涉到具體問題的,你批評人家不科學,但如果你自己拿出來的研究成果也不够科學,就沒有說服力了。

三、對上古史的基本描述

曹:剛才您說對上古史的興趣從青年時期一直持續到現在,在這幾十年的研究過程中,您對上古史有沒有形成一個比較系統的看法、一個整體性的觀點?

裘:我工作之後也寫了一些古史方面的文章,彼此大都是有聯繫的,主要還是關注社會階級結構、社會形態等方面。也有一些看法在演講中提到過,但沒有寫成文章。關於古史傳說,我剛才說了,基本傾向於"古史辨"派的觀點,承認有夏代,夏代以上是傳說時代,三皇五帝的系統不是歷史實際。關於我所關心的社會性質,我認爲中國古代是在父系氏族、父系宗族、父系大家族的組織沒有崩潰的情況下,進入了文明時代("宗族"、"大家族"的說法,據蘇聯學者柯斯文的《原始文化史綱》,⑤我國古代的"小宗",既可以相當於宗族,也可以相當於大家族)。恩格斯曾講過文明社會産生於分工。在我國古代,較大規模的分工開始是在族與族之間進行的,前輩學者像童書業、唐蘭兩先生都談過百工氏族的問題,例如周代薛國的祖先奚仲善於做車,給中央王朝做車,還有專門負責製陶、冶金的氏族。在父系氏族組織沒有打破的情況下,族與族之間、部落與部落之間開始了分工和交换。從文字學上講,商業的"商"本來就是賞賜的"賞",交易的"易"就是賞賜的"賜",所以在比較早的時候,部落、氏族之間,上下級之間(也就是地位高和地位低的部落、氏族之間)正是通過送禮,通過賞賜和納貢來實現交换的關係。"錫"字也可以用於下級對上級,如《尚書·禹貢》"九江納錫大龜"的"錫"。分工、交换的發展是進入文明社會的必要條件,在我國,這個過程是在父系氏族制沒有被打破的情況下進行的。

隨着社會的發展,不同氏族、部落之間發生了統治與被統治或從屬的關係。氏族内部也有分化,也可以使用奴隸,但族的系統(包括氏族、宗族、家族)沒有打破。

---

⑤ 參見〔蘇〕柯斯文著,張錫彤譯《原始文化史綱》(人民出版社,1955)。

我在有的文章裏曾根據侯外廬先生的說法,認爲我國古代早期的所有制是貴族宗子所有制。父系宗族和大家族的框架還沒有打破,族人之間還存在一種公社關係。“宗子”就是宗族長,也可以是大家族之長。在春秋時代的史料裏,所謂“子”,還往往指宗族長。宗子有族産的支配權,但同時也有“庇族”、“收族”的義務,要照顧族人的生活,財産在某種程度上帶有公有的性質。但因爲已經進入階級社會,公有性質已經扭曲了,是通過宗子所有、佔有體現出來的,跟原始社會的情況不一樣。在統治階層中,天子也可以説是最高的宗子。被征服者雖然受到役使,但往往也保留了族的組織,有的甚至還有比較高的地位,如周初分給魯、衛的殷民六族、殷民七族,這一點最早是張政烺先生指出來的。

隨着社會的發展,在貴族的宗族裏會不斷分化出一些平民(即庶人)來。這些人已經不能包括在族的系統裏,也就是説,已經在宗子收族、庇族的範圍之外了,《禮記》裏説的“五世而遷”就反映了這一情況。如果被征服者在被征服時,内部已經分化爲貴族和平民,他們在被征服之後的命運可能會不一樣。西周時期有所謂“虎臣”和“僕”一類人,是主要負擔軍事方面任務的臣僕,可能在被征服以前是有戰爭技能的貴族;又有所謂“庸”,主要從事勞動生産,可能在被征服以前是平民。不過,“虎臣”、“夷僕”之類也有可能由内部尚無明顯分化的驍勇善戰的較落後種族的人充當,“庸”也可能原本就是被征服族的貴族所征服的人。臣僕一般也有家,甚至也有族的組織。根據一些學者的研究,從事農業生産的統治族的平民和被征服的農民(庸)開始時大概都有“農村公社”性質的組織。

宗法制度是存在於統治階層内部的父系氏族組織的反映。早期的國家形態比較原始,在很大程度上跟統治階層的宗族組織是重合的(這裏所説的“宗”是古漢語中的“宗”,所以這裏所説的“宗族”跟柯斯文書譯本中的“宗族”不能劃等號)。

曹:那麼宗族組織内部是如何走向分化,國家對社會的控制是如何實現的?

裘:到了春秋時代,尤其是春秋晚期,社會變化得很厲害,這些很多學者都曾經講過。統治階層内部的宗族組織,慢慢就無法維持了。《禮記》裏面就講到,存在着族人當了大夫,族長(宗子)還是士的情況。本來政權和族權統一,慢慢就分離了。宗族組織逐漸趨於崩潰,很多貴族成爲平民。“農村公社”性質的組織,由於生産力發展,也慢慢地瓦解了,生産趨於個體化。同時,統治族和被統治族的界限也慢慢泯滅了。

春秋晚期到戰國時代出現了很多依附人。依附人是一直都有的,但從春秋晚期開始到戰國時代,就成爲一種比較突出的社會現象。我在《戰國時代社會性質試探》的文章中講到過這個問題。[6] 這些人往往被稱爲“徒”,春秋晚期時已有很多。他們不是所依附的主人的族人,在春秋晚期,這種徒主要並不從事生産勞動,而是成爲主人的武裝力量。他們往往是從貴族中分化出來的,也有從平民中分化出來的,其實就是後來的“士”(與春秋以前大夫、士的“士”不同)的萌芽。

到戰國時代,剝削階級直接從事生産的經濟單位主要是父系大家族,但已經不是宗族制下的大家族了。這種家族裏面有奴隸,有依附人,有本族的子弟,有時本族子弟跟奴隸、依附人的地位差不多。另外也使用雇傭勞動。除了這種大家族,當然還有好多個體農户,還有個體的手工業者,但我們不能把他們想象得太現代化。國家對農民的控制很嚴,對手工業者更是如此,並不是後來意義上的那種自由生産者。但無論如何,生産單位小了,即便是剝削階級的大家族,也不是四世、五世那樣的大家族。不過,他們控制的奴隸和依附人(這時主要已是生産者)可能很多。個體生産者既有隨着農村公社的瓦解而産生的,也有從貴族中分化出來的。

戰國時代的土地所有制基本上是國家所有制。國家獎勵耕戰,實行爵等制,——這跟西周、春秋時期以貴族宗族制爲基礎的卿大夫制不一樣。生産好,戰爭有功,爵等就能上升。爵等高低與佔有土地和奴隸、依附人的多少直接聯繫在一起,這是國家控制的一個系統。

曹:從春秋戰國到秦漢,是古代社會由分裂走向統一的大變動的時期。在您看來,這種變動在社會經濟等方面又有哪些體現呢?

裘:秦朝在社會經濟方面基本上繼承了戰國時代的制度。到了漢代,國家控制好像有一定程度的削弱,但我們看到的西漢初期的情況,變化似乎並不大。民間土地兼併和租佃關係的發展是有一個過程的。“貧者無立錐之地”的情況其實在戰國時代就出現了,但在那時不是由於民間的土地兼併引起的。那時國家控制很多土地,成年男子如能成家立業,就可以從國家取得土地進行生産。但是貧家子弟沒有足够的生活、生産資料,就無法成家立業。不是國家沒有土地給你,問題是領了一份土地成了家,就要承受國家加給這份土地和這個家的各種負擔。如果你承擔不起,就只能當“無立錐之地”的貧民,只能投靠私人,或是變爲國家控制下的“徒役”,這都有具體的史料可稽。如果成了家,種地種得不好,不能滿足國家的要求,也要“罰爲公人”,抑爲徒役,爲國家服勞役,或由國家分配給私家當徒役。所以説

---

⑥ 裘錫圭《戰國時代社會性質試探》,載社會科學戰綫編輯部編《中國古史論集》(吉林人民出版社,1981),又收入裘錫圭《古代文史研究新探》(江蘇古籍出版社,1992)。

國家控制是很嚴的。經過秦漢之際的大變化,控制當然會有所鬆動,但地主和租佃關係的發展,仍需要一個過程。過去認爲商鞅變法以後,土地兼併和租佃關係很快就發展了起來,這是不對的。這些我在關於戰國社會的那篇文章裏已經講過了。

到了西漢中後期,大地主發展起來了,大地主與國家爭奪勞動人口的現象就突出了。在漢初,二十等爵的制度還相當受重視。後來爵等就逐漸變得不太值錢了。包括大地主在內的豪强逐漸崛起。到漢武帝時開始著力打擊豪强,這説明他們和國家的矛盾已經很尖鋭了。另一方面,在漢代,跟戰國時代相似,奴隸勞動和雇傭勞動的使用仍比較普遍。漢代社會,至少是西漢社會,具有從戰國類型的社會向中古社會過渡的特點。

曹:是不是可以這樣説,您在做古文字、古文獻研究時,背後已有一個您自己對於古史的系統理解。不然有些問題的考慮,不會那麼深入。

裘:前面已經説過,古代史方面的知識,對我考釋古文字資料是很有幫助的。

四、出土文獻與傳世文獻的關係

曹:近年來,與中國古代學術史、思想史研究相關的出土文獻不斷問世,其中最引人注目的當屬三大發現,即湖南長沙馬王堆漢墓帛書、湖北荆門郭店楚簡、上海博物館所藏湖北楚簡。您如何評價出土文獻的作用,出土文獻能否改寫思想史、學術史?

裘:回答這樣的問題,首先要看所用的詞語如何解釋。“改寫”,可以是徹徹底底地改寫,可以是部分地改寫,要具體問題具體回答。有人比較反感“改寫學術史”這個提法,我感到也不用這樣。傳世文獻、前人對傳世文獻的研究,是基本的東西,我們離不開的東西,所以改寫當然不是徹底地改寫。其實我們隨時都在改寫學術史。過去我們有《明儒學案》、《宋元學案》。20世紀早期的中國古典學研究受日本影響,有了一些現代形式的思想史,但内容還是比較舊。到了胡適的《中國哲學史大綱》,又是一種改寫。“古史辨”派也是一種改寫。解放以後,以馬列主義的理論爲指導,這又是一種改寫。比如馮友蘭,當然他有沿用胡適的地方,也有他自己的創造,對於舊的寫法而言,他是一種改寫。解放以後,他接受了馬列主義。馮友蘭接受馬列主義是真的,不是假的,當然也是個悲劇,因爲他接受得並不是很好,有的地方很機械,階級分析做得很膚淺,但看得出他是真心的。他的《中國哲學史新編》,相對於其舊作又是一種改寫。我們現在對於《禮記》一些篇章的成書時代,對於早期儒家,有了比較切實的認識;對於荀子、孟子在儒家系統中所處的地位,對於從老子到後來的道家的發展,都有了一些新的認識。這些方面,當然需要根據新出土的東西進行一些改寫,但是很多大的方面,一些根本性的東西,是沒法改寫的,所以就看你對改寫怎麼理解了。現在的毛病是往往喜歡講過頭,提出某種看法的人是這樣,反對某種看法的人也是這樣。大家應該心平氣和,實事求是一點。

曹:出土文獻對推動傳世文獻研究具有重大意義,這是毫無疑問的,但究竟應該如何把握出土文獻和傳世文獻之間的關係?您能否爲我們作一個概括?

裘:這個問題很多先生都曾講過。相對出土文獻而言,傳世文獻還是一個根本性的東西,出土文獻必須和傳世文獻結合起來研究。我看到過一篇文章(可能是李學勤先生的,記不清了),其中講到陳寅恪先生有一段話,大意是說,如果得到一幅古畫的很多殘片,要想復原它,想把每個殘片放到應有的位置上去,那你就需要這幅古畫傳下來的摹本作依據。出土文獻與傳世文獻的關係,跟古畫殘片和古畫摹本的關係有點相似。這話頗有道理。傳世文獻是經過兩三千年的傳承、淘汰而存留下來的,當然有好多古書後來就丟失了,但流傳下來的畢竟是一些比較基本的、根本的東西。某些不爲中古以後人所重視的,認爲是不登大雅之堂的東西,像房中術、日書和某些數術、方技等方面的東西,很多都丟了,但比較根本的,作爲我們民族思想基礎的東西,保留得還比較多,出土文獻在完整性上是無法與其相比的。我們的確發現了好多新的東西,既有已知名目的佚書,也有過去根本不知道的,但總體上講,如果你沒有對傳世文獻以及前人對於古代文獻研究狀況的最基本的知識,那就沒有資格去整理出土文獻。

曹:現在出土文獻越來越多,越來越受重視,研究它的人也越來越多,出土文獻已成爲一個非常熱門的領域。那麼,在您看來,作爲一名學者,要研究出土文獻的話,至少要具備哪些方面的條件,掌握哪些技能,才有資格從事這方面的研究?

裘:這個問題不能講得太絶對。誰敢說該有的知識基礎我都已經有了?好多是在整理研究的過程當中,感到要補充時才去補充的。拿我自己的經歷來說,我在上世紀70年代,1973、1974年那時候開始參加臨沂銀雀山漢墓竹書、馬王堆帛書的整理工作。我雖然對上古史各個方面都感興趣,但應該說在思想史方面知道得非常少,非常膚淺。我在做馬王堆《老子》甲乙本的卷前後佚書整理工作的過程中,接觸到了這方面的問題,那就不得不去學,去補充有關的知識,後來也寫了一些思想史方面的文章,以後可能還要寫。因此說"邊幹邊學"這個話沒有錯。但你總得有一些最起碼的基礎,我們可以借古文字研究來說明,古文字是記録語言的,有的人對上古漢語知之甚少,語言學觀念一點兒沒有,就去考釋古文字,那他等於是在看圖識字,看圖猜字。猜一千次有一兩次對,那也有可能,但從原則上講,這樣考釋古文字是不行的。但是我們不能要求一個人什麼基礎都打好了再來進行研究,我本人就不是這樣的。總之,不能說你的基礎還不够全面就不能作研究,但一定要邊幹邊學,隨時補充知識。更爲重要的是要有實事求是的態度。不知爲不知,把握不大的暫時就不要說,多找些資料,再深入下去。這主要的還是一個態度問題。我自己在這方面也做得不理想,舉例來說,有時考釋一篇較長的青銅器銘文,總想多解釋一些,就出現强不知以爲知的情況了。有時文章剛寄出,就發現有些地方講錯了。

曹:您曾說過,出土文獻研究中有不恰當的趨同和立異現象,您2000年在一次演講的時候就已經指出了這個問題。現在是不是還存在這樣的現象呢?在您看來,這七年當中有沒有什麼變化?

裘:不恰當的趨同和立異現象恐怕難以完全避免,我也看不出在這方面有什麼大的變化。現在寫出土文獻研究論文的人很多,有些人沒有做這類研究所需要的起碼的基礎,他又要講,這些問題就免不了會出現。就是基礎比較好的人,有時也難免有這種問題。我自己就犯過這方面的錯誤,而且也不能保證以後就不犯這方面的錯誤。總之我們提高警惕就是了。至於有的人根本沒有實事求是之心,那就是另外一個問題了。

曹:也就是說,有些研究不是一蹴而就的,不可以馬上得出結論,需要不停地反復地修正自己的意見。您在很多文章裏,專門加注或加括號,說我以前講錯了。我想,在做出土文獻研究時,這種態度可能更重要。

裘:現在有些人不但不願對自己的觀點作修正,而且曲解出土文獻,將其當作爲自己觀點服務的一個工具。最近有篇論文,將出土文字資料與五帝相印證,他在不少地方就是完全按照自己的意思來使用出土文獻的。

曹:這種現象也和目前論文寫得太多、太快、太急有關。

裘:這跟我們現在整個社會的風氣有關,你也不能完全怪個人。

曹:還有一個現象值得注意,就是在目前的出土文獻領域,有很多來自不同學科的人員在做研究工作,首先當然是古文字學界,其次還包括思想史、學術史、古典文學、古代軍事、古代醫學、書法等許多領域,各領域之間缺少協同,而且目前搞古文字的好像不太瞧得起其他行當的人,認爲别人古文字都沒讀懂就開始做研究、下結論了,有沒有這樣一種傾向呢?

裘:這種現象也不能說完全不存在,但不能說搞其他領域研究的就一定不善於利用出土文字資料。我在寫出土文獻方面的論文時就曾引用過李存山先生的成果,他是搞思想史的。他結合出土文獻,對禪讓說在戰國時代流行的情況和背景進行了深入的論述,有助於我們考慮禪讓說的起源和出土文獻的時代等問題。從時間上來說,他提出的一些看法比我們這些搞古文字的要早。我感到我們不應該排斥别的領域的學者,他們講得好的我們就應該引用,當然有些好的意見我可能没有看到,失於引用。總之,要善於借鑒、利用其他學科的優秀成果。

但是另外一方面,有些搞古代思想史的人,不僅是對於出土文獻,就是對傳世文獻也有基礎不够的問題。以前我寫過一篇小文章,批評一本《中國哲學史》講王充說孔子是"詭辯"。實際的情況是,就整體而言,王充對孔子是非常尊敬的。那位作者之所以會認爲王充批評孔子"詭辯",是因爲不懂"詭"字的古義。這個字本來是中性的,就是"不同"的意思,而且往往用在好的方面,當"與衆不同"講。那位作者只熟悉"詭"字的貶義用法,就把王充所說的"詭論"理解爲"詭辯"了。有一部分搞思想史的學者文獻功底的確需要加强。

曹:在研究傳世文獻和出土文獻時,年代問題往往出現爭議,而這種爭議又往往和同文現象有關係,就是說同樣的文字同樣的段落,在不同文獻中出現時,有人說 A 書在前面,有人說 B 書在前面,結果造成結論的完全不同。如果出現相同的文句、相同的段落、相同的關鍵詞,您是如何看待它們的先後關係,在確定一部文獻的年代時,您會從哪幾個角度入手?

裘:這個很難斷定,有時無法斷定。但譬如上博簡,其中有大段的文句和《禮記》、《大戴禮記》相同,看起來好像不是先有《禮記》、《大戴禮記》,而是《禮記》、《大戴禮記》綜合了以前的東西,這個痕跡看得比較清楚。但有的時候又很難判斷。有些問題需要放在廣闊的背景中,從多方面進行考慮。即便如此,有時仍難下結論。

這裏附帶談一個問題。有的學者把郭店簡《窮達以時》、《五行》的成書時間放得很晚,可能是因爲他有一個觀念,就是其中有的思想與荀子思想相類似。難道說這些思想就不能在荀子以前先已出現,而荀子是受其影響的嗎?我認爲這是受了"古史辨"派在古書辨僞方面不好的影響。郭店楚墓,就算是白起拔郢以後下葬的,但總不能晚於戰國末年吧!墓葬中的書的時代肯定比墓葬時代早一些。荀子已是戰國晚期的人。荀子的思想影響了别人,别人寫了書,這些書得到了流傳,並被人埋入墓裏,這是需要時間的,在當時的條件下,時間還不會很短。說戰國末年墓葬所出的書,是受了荀子影響的人寫的,於事理難合。何況按照考古專家的意見,郭店墓的時代不會晚於戰國中期偏晚呢!我們不能根據自己並沒有得到確證的觀點,去判斷出土文獻的時代。

曹:您在很多研究領域,包括古文字、古文獻、上古史都有很高的成就。如何才能將各種知識融會貫通,如何才能提高自己的學識素養,您能不能給我們一些指導?

裘:不要說指導,只能談一些經驗教訓。我直到今天仍然感到自己缺乏的知識非常多,讀書踏實的程度跟過去的學者沒法比,——也是因爲處在我們這個時代,事情太多,顧不過來。雖然我還不願意很草率地寫東西,但是你不寫東西也不行啊!不能完全由着自己的意願慢慢來,所以還是很不够踏實。要談你所提的問題,首先要提到我們前輩常常講的,我在前面也說過的"文史不分家"。你要搞中國古代的東西,沒辦法分得太清楚。學科分類細當然是好事,但是作爲基礎,有些東西你不能不管。研究上古史,文獻學上的知識、對於古書的知識,你不能沒有,至少不能一點沒有吧。像我整理出土的古文字文獻,尤其是戰國秦漢時代的文獻,時常碰到思想史的問題,過去對思想史一知半解,那就需要補充這方面的知識。這在前面已經講過了。該補的你就認真地去補。馬克思就是這樣,可以爲了研究的需要專門學一種外語。你得有這種精神。我也犯過不少錯誤,自己實際上沒有真正弄懂,就去發表意見。當然,知道自己錯了,就應該盡可能地加以糾正。所以,你不懂的東西就不要隨便說,先補充知識,多加思考,弄懂了再去說。

五、關於"五帝時代"及"二重證據法"問題

曹:20世紀70年代以後出土的大批先秦文獻爲我們研究古書古史,以及評判前人的研究,都帶來了新的契機。同時,考古學與古史學的結合問題日益爲人們所關注,對夏以前時代的重新評價也成爲焦點。在您看來,這方面存在哪些比較突出的問題?

裘:舉一個例子,我對目前"五帝時代"的提法就不大同意。我們承認夏代,但夏的歷史哪些是真實的,哪些是傳說,還可以繼續研究。絶對不能說我們承認了夏,就一定要承認禹本是堯舜朝廷上的一個大臣。當然,夏代之前,我們的文化已經相當發達了,在夏代之前就已經進入文明時代的可能也不是不存在,像陶寺文化的水平就相當驚人。甚至在更早一些的時期,從各地發現的遺存來看,發展水平也

已相當高,所謂的"氏族貴族階層"就已經出現了。這與古書記載的情況也不是完全不能對應起來的。很多學者已經指出,戰國古書上不但講三代,還講四代。夏代以前還有虞代,堯、舜以至更早的某些傳說中的帝王都屬虞代。這個時代的文化應該已經比較發達了,不然不會有"虞夏商周"這樣的提法。但如果要把"五帝時代"當作科學術語,不但用在歷史學上,還用在考古學上,我是很反對的。甚至用那個時代某個比較典型的考古學文化來命名,可能都更合適。

五帝的系統不真實,而且從比較可靠的古書看,黄帝、顓頊、帝嚳的情況跟堯、舜很不一樣。這裏面還牽涉到考古學與歷史學如何結合的問題。我國早期的新石器考古、舊石器考古是依靠外國人發展起來的,我們自己的考古學真正起步是從殷墟考古開始的,它本身就是一個考古學和歷史學的結合。考古學和歷史學到底應該是怎樣的關係?是不是我們以往的考古學和歷史學結合得太密切了?現在已經成爲爭論的問題了。我注意到,有的學者强調考古學有自己的規律,我們根據考古發現,根據新的方法,可以恢復當時的社會面貌,不應該輕率地與歷史記載相對應,使考古學成爲歷史學的附庸。有的學者則强調我們考古學的傳統,認爲就是要跟歷史學結合。我認爲如果能結合,當然要結合,但不能勉强去結合。

在考古資料與我們的歷史傳統相結合方面,我非常反對像現在這樣提"五帝時代"。"五帝"在歷史學上都還沒有搞清楚,怎麽就用到考古學上來了?現在社會上有"信古"傾向。祭黄帝,祭炎帝,找這個的陵墓在哪兒,那個的都城在哪兒,盡可能把他們講成一個個具體、真實的歷史人物,而且得到了很多方面的支持和鼓勵。在這種情況之下,在學術上使用"五帝時代"這樣的術語,危害性很大。

曹:所以我們當前學界就"信古"、"疑古"、"釋古"的問題,往往會引起非常熱烈的討論。

裘:名詞、術語的爭論有時不解決問題。在古史學和考古學上,主要的問題是必須實事求是,能够講到什麽程度,我們就講到什麽程度。比如剛才講到的考古學跟古代歷史記載結合的問題,的確可以結合的當然要結合,如殷墟。情況不够明確的,也不能絶對不允許在這方面提出比較合理的假設。像陶寺文化,這個地區是否就是"堯都平陽"之地?從地理位置上來說的確很近。而且看起來時代跟傳説中的堯舜也差不多,它比夏還早一點嘛。有人假設它就是唐堯的文化,這個假設你應該允許他提出,但我絶對不承認這就是一個定論,因爲你沒有確鑿的證據,只能說有一定的可能性。如果提出這種觀點的人把它絶對化,這就不够科學了。還有人說陶寺這個地方就是黄帝跟帝嚳的都城,這就一絲一毫實事求是的意思都沒有了。

再舉一個例子。伏羲跟女媧一樣,本出神話,原無歷史年代可考。但有人因爲較晚的古書裏有伏羲生於成紀的說法,而成紀故地在今甘肅秦安一帶,就說秦安發現的大地灣新石器時代文化就是伏羲文化,就是中華文明的根源。這樣的“發現”簡直叫人“哭笑不得”。如果反對考古學與歷史學結合的人,反對的是這一類的結合,那我舉雙手贊成。

所以我對考古學與歷史學要不要結合的爭論有些不理解。可以結合就結合,不可以結合就不要結合,不要勉强結合,那不就可以了嘛!我想,主張結合的人也斷然不會反對用比較新的方法,根據考古的遺跡、遺物,用考古學以及其他學科的方法來盡可能地恢復當時的社會面貌,這有誰會來反對呢?

曹:剛才您談了歷史學與考古學兩者的結合,在出土文獻研究領域,也同樣面臨地上文獻與地下材料相對照的問題。您對此有沒有特別推重的理論和方法?您如何評價“二重證據法”?

裘:我不太同意這樣提問題。我在前面講過,目前似乎不必花太多時間談理論、方法,存在的主要是研究態度上的問題。近來有人認爲,不應該把“二重證據法”的地位抬得太高,我是贊同的。“二重證據法”就是以地下材料和書面材料互相比較、印證,從古代到近代,不少人都在這樣做,並不是王國維發明的新方法。當然,王國維看到的地下材料比前人多,他强調了這種方法的重要性,寫出了《殷卜辭所見先公先王考》等使用二重證據法的典範作品,這是我們應該承認的。

在上世紀三四十年代,研究中國古代的很多學者,不但使用出土文字資料,也使用其他考古資料,就是結合文化人類學進行研究的也不乏其人,如李宗侗(玄伯)等先生。不但是“二重證據法”,就是所謂“三重證據法”、“四重證據法”,對上世紀三四十年代的學者,以至50年代初念大學的人來說,就已經是不言而喻的東西了。現在的年輕人更不會拒絶這些方法。問題在什麽地方呢?就在於你究竟怎樣把地下材料跟書面材料相結合,怎樣把考古資料與歷史記載相結合,怎樣使用文化人類學的知識來研究中國古代的問題。如果只强調一個“結合”,同樣去結合,出來的結果可能很不一樣。有的人能拿出很好的成果,有的人可能反而“添亂”。有些人搞“結合”或引用新資料,是爲自己不正確的觀點服務的。所以主要問題不在有沒有“方法”,而在研究的態度。——你是實事求是的態度,還是應付工作的態度,嘩衆取寵的態度,“六經注我”的態度,追求轟動效應的態度?主要問題就在這兒。

曹:20世紀那一代學者,不僅僅王國維或“古史辨”派,像郭沫若等人,他們的理論和方法,我們是否也有值得借鑒之處?

裘:像郭沫若,馬克思主義的理論、方法,對他的研究很有幫助。地下材料和外國的東西,他也很注意。他的古史研究達到了當時的最高水平。當然現在看來,有很多錯誤。這不能過多地責怪他,有不少錯誤在當時的條件下很難避免。他的好的東西我們當然要繼承。在研究古代社會時,馬克思主義的觀點是很有用的,但不要爲馬恩的某些具體説法所束縛。

曹:您還有沒有特别想要告訴我們的話?

裘:該講的都講了,最後强調一下我的主要意思。我不反對提倡或引進好的理論、方法。但是我感到,就我比較熟悉的那一部分學術界來説,存在的主要問題不是没有理論或方法,而是研究態度的問題。要使我們的學術健康發展,必須大力提倡一切以學術爲依歸的實事求是的研究態度,提倡學術道德、學術良心。我不是説自己在這方面就没有問題,一個人不可能完全不受社會環境的影響,何況還不可避免會有認識上的偏差。大家共勉吧!

原載《文史哲》2007 年 4 期,今據以收入。

引書簡稱表

乙	董作賓《殷虛文字乙編》
乙綴	郭若愚、曾毅公、李學勤《殷虛文字綴合》
人文	貝塚茂樹、伊藤道治《京都大學人文科學研究所藏甲骨文字》
人物	饒宗頤《殷代貞卜人物通考》
七	方法斂《甲骨卜辭七集》
三代	羅振玉《三代吉金文存》
三補	强運開《説文古籀三補》
上博	馬承源《上海博物館藏戰國楚竹書》
大系	郭沫若《兩周金文辭大系》
王譜	王常《集古印譜》
天	唐蘭《天壤閣甲骨文存》
天理	天理大學等《天理大學附屬天理參考館甲骨文字》
屯南	考古研究所《小屯南地甲骨》
屯綴	蕭楠《〈小屯南地甲骨〉綴合篇》(《考古學報》1986 年 3 期)
巴黎	饒宗頤《巴黎所見甲骨錄》
六	胡厚宣《甲骨六錄》
文錄	孫海波《甲骨文錄》
丙	張秉權《殷虛文字丙編》
古徵	羅福頤《古璽文字徵》
古陶	顧廷龍《古陶文孴錄》
北美	李棪《北美所見甲骨選粹考釋》(《香港中文大學中國文化研究所學報》3 卷 2 期)
甲	董作賓《殷虛文字甲編》
甲釋	屈萬里《殷虛文字甲編考釋》

甲綴　同“乙綴”
甲乙編　考古研究所《居延漢簡甲乙編》
只齋　張厚谷《南皮張氏只齋印譜》
外　董作賓《殷虚文字外編》
吉　吉卜生《上海亞洲文會博物館藏甲骨卜辭》
吉林　姚孝遂《吉林大學所藏甲骨選釋》(《吉林大學社會科學學報》1963 年 4 期)
存　胡厚宣《甲骨續存》
伏選　陳漢第《伏廬選藏鉨印彙存》
合　歷史研究所《甲骨文合集》
合補　歷史研究所《甲骨文合集補編》
合證　黄賓虹《陶鉨文字合證》
安明　許進雄《明義士收藏甲骨》
劫掠　陳夢家《美帝國主義劫掠的我國殷周青銅器集録》
佚　商承祚《殷契佚存》
近出　劉雨、盧岩《近出殷周金文集録》
法　雷焕章《法國所藏甲骨録》
林　林泰輔《龜甲獸骨文字》
東亞　奥平昌洪《東亞錢志》
東京　松丸道雄《東京大學東洋文化研究所藏甲骨文字》
昔則　王光烈《昔則廬古鉨印存》
奇觚　劉心源《奇觚室吉金文述》
明　明義士《殷虚卜辭》
明後　明義士《殷虚卜辭後編》
居　勞榦《居延漢簡》
居甲　考古研究所《居延漢簡甲編》
季　周進《季木藏陶》
金　方法斂《金璋所藏甲骨卜辭》
京津　胡厚宣《戰後京津新獲甲骨集》
美　周鴻翔《美國所藏甲骨録》
英　李學勤等《英國所藏甲骨集》

南	胡厚宣《戰後南北所見甲骨錄》
柏	明義士《柏根氏舊藏甲骨文字》
拾	葉玉森《鐵雲藏龜拾遺》
侯	董作賓《安陽侯家莊出土之甲骨文字》
前	羅振玉《殷虛書契》
後	羅振玉《殷虛書契後編》
庫	方法斂《庫方二氏所藏甲骨卜辭》
珠	金祖同《殷契遺珠》
起源	王毓銓《我國古代貨幣的起源和發展》
流	王國維、羅振玉《流沙墜簡》
海嶽	王獻唐《海嶽樓藏齊魯陶文》
娑羅	周肇祥《娑羅華樹館藏印》
通	郭沫若《卜辭通纂》
掇一	郭若愚《殷契拾掇》
掇二	郭若愚《殷契拾掇二編》
郭簡	荊門市博物館《郭店楚墓竹簡》
尊存	黃濬《尊古齋印存》
尊集	黃濬《尊古齋古璽集林》
補補	丁佛言《說文古籀補補》
菁	羅振玉《殷虛書契菁華》
棗華	朱之璣《棗華書屋藏印摭存》
集林	林廷勳《璽印集林》
集成	考古研究所《殷周金文集成》
發展史	鄭家相《中國古代貨幣發展史》
匯	李佐賢《古泉匯》
塤室	《塤室藏三代秦漢六朝古陶》
零拾	陳邦懷《甲骨文零拾》
鄒滕	王獻唐《鄒滕古陶文字》
綜述	陳夢家《殷虛卜辭綜述》
綜類	島邦男《殷墟卜辭綜類》
粹	郭沫若《殷契粹編》

漢徵	羅福頤《漢印文字徵》
賓釋	黄賓虹《賓虹草堂璽印釋文》
寧	胡厚宣《戰後寧滬新獲甲骨集》
赫續	羅振玉《赫連泉館古印續存》
戩	王國維《戩壽堂所藏殷虚文字》
摭續	李亞農《殷契摭佚續編》
綴	曾毅公《甲骨綴合編》
綴新	嚴一萍《甲骨綴合新編》
餘	羅振玉《鐵雲藏龜之餘》
稽庵	孫文楷《稽庵古印箋》
徵存	羅福頤《秦漢南北朝官印徵存》
鄴二	黄濬《鄴中片羽二集》
鄴三	黄濬《鄴中片羽三集》
鄴初	黄濬《鄴中片羽初集》
歷代	薛尚功《歷代鐘鼎彝器款識》
嘯堂	王俅《嘯堂集古録》
燕	容庚《殷契卜辭》
衡藏	黄濬《衡齋藏印》
録遺	于省吾《商周金文録遺》
舉	陳介祺《十鐘山房印舉》
魏石	周進《魏石經室古璽印景》
總集	嚴一萍《金文總集》
擷華	劉瑞源《擷華齋古印譜》
簠	王襄《簠室殷契徵文》
簠瓦	陳介祺《簠齋瓦器拓本》
簠集	陳介祺《簠齋古印集》
懷	許進雄《懷特氏等收藏甲骨文集》
辭典	丁福保《古錢大辭典》
璽彙	羅福頤《古璽彙編》
類纂	姚孝遂《殷墟甲骨刻辭類纂》
鐵	劉鶚《鐵雲藏龜》

鐵陶　劉鶚《鐵雲藏陶》

續　羅振玉《殷虛書契續編》

續衡　黄濬《續衡齋藏印》

裘錫圭著述目錄

（截至 2012 年 5 月）

個 人 論 著

1960 年

安陽後崗圓形葬坑性質的討論(署名趙佩馨),《考古》1960 年 6 期

1961 年

甲骨文中所見的商代五刑——並釋“刖”“剢”二字(署名趙佩馨),《考古》1961 年 2 期

1962 年

納西象形文字(署名土),《文字改革》1962 年 8 期

1963 年

“錫朕文考臣自厥工”解,《考古》1963 年 5 期

1966 年

“□侯獲巢”鼎銘補釋(署名裘錫章),《考古》1966 年 2 期

1972 年

戰國文字研究(六種)(與朱德熙合著),《考古學報》1972 年 2 期

讀《安陽新出土的牛胛骨及其刻辭》,《考古》1972 年 5 期

關於侯馬盟書的幾點補釋(與朱德熙合著),《文物》1972 年 8 期

1973 年

信陽楚簡考釋(五篇)(與朱德熙合著),《考古學報》1973 年 1 期

甲骨卜辭中關於俘虜和奴隸逃亡的史料,未刊稿,1973 年 4 月

人民群衆是漢字的創造者和改革者,《光明日報》1973 年 10 月 25 日 4 版

秦始皇"書同文字"的歷史作用(與朱德熙合著,最後一段爲《文物》編輯部所加,署名北文),《文物》1973 年 11 期

戰國銅器銘文中的食官(與朱德熙合著),《文物》1973 年 12 期

1974 年

從馬王堆一號漢墓"遣册"談關於古隸的一些問題,《考古》1974 年 1 期

湖北江陵鳳凰山十號漢墓出土簡牘考釋,《文物》1974 年 7 期

* 在長沙馬王堆漢墓帛書座談會上的發言,《文物》1974 年 9 期

1976 年

說"玄衣朱襮裣"——兼釋甲骨文"虣"字,《文物》1976 年 12 期

1977 年

* 在安陽殷墟五號墓座談會上的發言,《考古》1977 年 5 期

1978 年

史牆盤銘解釋,《文物》1978 年 3 期

漢字形成問題的初步探索,《中國語文》1978 年 3 期

戰國貨幣考(十二篇),《北京大學學報(哲學社會科學版)》1978 年 2 期

說"𤔔[illegible]白大師武",《考古》1978 年 5 期

關於郢太府銅量,《文物》1978 年 12 期

《論衡》札記,《文史》第五輯,1978 年 12 月

1979 年

平山中山王墓銅器銘文的初步研究(與朱德熙合著),《文物》1979 年 1 期

新發現的居延漢簡的幾個問題,《中國史研究》1979 年 4 期

說"宦皇帝",《文史》第六輯,1979 年 6 月

說“遇負杖入保者息”,《文史》第六輯,1979年6月
談談隨縣曾侯乙墓的文字資料,《文物》1979年7期
說“弜”,《古文字研究》第一輯,中華書局,1979年8月
解放以來古文字資料的發現和整理,《文物》1979年10期
談談古文字資料對古漢語研究的重要性,《中國語文》1979年6期
殷墟甲骨文研究概說,《中學語文教學》1979年6期(收入《古文字論集》時,題目中的“概說”改爲“概況”)
說“河海不擇細流”(署名求是),《文史》第七輯,1979年12月

1980年

馬王堆《老子》甲乙本卷前後佚書與“道法家”——兼論《心術上》《白心》爲慎到田駢學派作品,《中國哲學》第二輯,三聯書店,1980年3月
戰國時代的“料”與秦漢時代的“半”(與朱德熙合著),《文史》第八輯,1980年3月
甲骨文中的幾種樂器名稱——釋“庸”“豐”“鞀”“竽”(附:釋“万”),《中華文史論叢》1980年第二輯,1980年5月(收入《古文字論集》時刪去題目中的“‘竽’”)
戰國文字中的“市”,《考古學報》1980年3期
“畀”字補釋,《語言學論叢》第六輯,商務印書館,1980年9月
考古發現的秦漢文字資料對於校讀古籍的重要性,《中國社會科學》1980年5期(又見於《雪泥鴻爪——浙江大學古籍研究所建所二十周年紀念文集》,中華書局,2003年8月)
馬王堆一號漢墓遣策考釋補正(與朱德熙合著),《文史》第十輯,1980年10月
釋“柲”(附:釋“弋”),《古文字研究》第三輯,1980年11月
關於曹氏墓朱書罐文字釋文,《考古與文物》1980年4期
甲骨文字考釋(八篇),《古文字研究》第四輯,1980年12月

1981年

釋“勿”“發”,《中國語文研究》第二期,香港中文大學,1981年1月
關於新出甘露二年御史書,《考古與文物》1981年1期
讀書札記(三則),《淮陰師專學報》增刊《活頁文史叢刊》第六輯110號,1981年1月

說"薄土",《文史》第十一輯,1981 年 3 月

"登立爲帝,孰道尚之"解,《文史》第十一輯,1981 年 3 月

戰國時代社會性質試探,《中國古史論集》,吉林人民出版社,1981 年 3 月(又見於《切問集》上卷,復旦大學出版社,2005 年 9 月)

談談地下材料在先秦秦漢古籍整理工作中的作用,《古籍整理出版簡報》1981 年 6 期

嗇夫初探,《雲夢秦簡研究》,中華書局,1981 年 7 月

漢簡零拾,《文史》第十二輯,1981 年 9 月

《洛誥》"其作周匹休"新解(署名求是),《文史》第十二輯,1981 年 9 月

昭明鏡銘文中的"忽穆"(署名東延),《文史》第十二輯,1981 年 9 月

唐墓出土的雙陸盤(署名東延),《文史》第十二輯,1981 年 9 月

論"歷組卜辭"的時代,《古文字研究》第六輯,1981 年 11 月

讀考古發掘所得文字資料筆記(一),《人文雜志》1981 年 6 期(收入《古文字論集》時改題爲《讀考古發掘所得文字資料筆記(二則)》)

1982 年

七十年代出土的秦漢簡册和帛書(與朱德熙合著),《語文研究》1982 年 1 期(又見於《中國語文研究》1984 年 6 期,改題爲《七十年代中國出土的秦漢簡册和帛書》)

《武功縣出土平安君鼎》讀後記,《考古與文物》1982 年 2 期

《睡虎地秦墓竹簡》注釋商榷,《文史》第十三輯,1982 年 3 月

《戰國策》"觸讋說趙太后"章中的錯字,《文史》第十五輯,1982 年 9 月

《居延漢簡甲乙編》釋文商榷,《人文雜志》1982 年 2 期—1983 年 4 期連載

1983 年

致《中國哲學》編輯部的信,《中國哲學》第九輯,三聯書店,1983 年 2 月

說卜辭的焚巫尪與作土龍,《甲骨文與殷商史》,上海古籍出版社,1983 年 3 月

卜辭"異"字和詩、書裏的"式"字,《中國語言學報》第一期,商務印書館,1983 年 4 月

關於商代的宗族組織與貴族和平民兩個階級的初步研究,《文史》第十七輯,1983 年 6 月

戰國璽印文字考釋三篇,《古文字研究》第十輯,1983 年 7 月

甲骨卜辭中所見的“田”“牧”“衛”等職官的研究——兼論“侯”“甸”“男”“衛”等幾種諸侯的起源,《文史》第十九輯,1983 年 8 月

釋“蚩”,《古文字學論集》初編,香港中文大學中國文化研究所、吳多泰中國語文研究中心,1983 年 9 月

論𢦏簋的兩個地名——“棫林”和“胡”,《考古與文物》叢刊《古文字論集》(一),1983 年 11 月

1984 年

讀古書要注意考古資料,《電大文科園地》1984 年 7 期(收入《裘錫圭學術文化隨筆》時改題爲《斗卮和題湊》)

甲骨文字特殊書寫習慣對甲骨文考釋的影響舉例,《安陽殷墟筆會論文選》油印本,1984 年 10 月

《〈章太炎年譜長編〉補》引文標點瑣議(署名小丙),《文史》第二十三輯,1984 年 11 月

1985 年

漢字的性質,《中國語文》1985 年 1 期

甲骨文中所見的商代農業,《全國商史學術討論會論文集》(《殷都學刊》增刊),1985 年 2 月(又見於《農史研究》第八輯,中國農業出版社,1989 年 5 月)

《辭源》《辭海》注音商榷,《北京大學學報(社科版)》1985 年 5 期

甲骨卜辭中所見的逆祀,《出土文獻研究》,文物出版社,1985 年 6 月

釋殷墟甲骨文裏的“遠”“𢦏”(邇)及有關諸字,《古文字研究》第十二輯,1985 年 10 月

談談學習古文字的方法,《語文導報》1985 年 10 期(後被譯成英文,載 *Eaily China* 1985—1987 年 11—12 期)

1986 年

文字職務的分化,《訓詁學的研究與應用》,內蒙古人民出版社,1986 年 4 月

說“嵒”“嚴”,《中華文史論叢》增刊《語言文字研究專集》(下),上海古籍出版社,1986 年 6 月

釋"求",《古文字研究》第十五輯,1986 年 6 月

閱讀古籍要重視考古資料,《文史知識》1986 年 6 期

*《中國大百科全書·中國文學》卷辭條(甲骨卜辭、銅器銘文),《中國大百科全書·中國文學》卷,中國大百科全書出版社,1986 年 11 月

《辭源》修訂本在注反切方面的一些問題,《中國文化與中國哲學》,東方出版社,1986 年 12 月

1987 年

再談甘露二年御史書,《考古與文物》1987 年 1 期

談談漢字整理工作中可以參考的某些歷史經驗,《語文建設》1987 年 2 期(又見於《現代漢字規範化問題》,語文出版社,1995 年 4 月)

讀《小屯南地甲骨》,《書品》1987 年 3 期

馬王堆醫書釋讀瑣議,《湖南中醫學院學報》1987 年 4 期

《王國維全集》書信卷在編次、標點等方面的問題(署名一丁),《古籍整理與研究》第二期,上海古籍出版社,1987 年 6 月

關於"六齊"合金配比解釋的勘誤,《文物》1987 年 7 期

漆"面罩"應稱"秘器",《文物》1987 年 7 期(收入《古代文史研究新探》時改題爲《漆"面罩"的名稱問題》)

鋞與桱桯,《文物》1987 年 9 期

馬王堆三號漢墓"養生方"簡文釋讀瑣議,《湖南考古輯刊》第四集,嶽麓書社,1987 年 10 月

評《西周青銅器銘文分代史徵》(與朱德熙合署),《光明日報》1987 年 11 月 5 日 3 版

1988 年

關於殷墟卜辭的命辭是否問句的考察,《中國語文》1988 年 1 期(後由 Edward L. Shaughnessy 譯爲英文,載 *Early China* 1989 年 14 期)

"廩人"别解,《人文雜志》1988 年 1 期

戰國平陽刀幣考(與李家浩合著),《中國錢幣》1988 年 2 期

説字小記,《北京師範學院學報》1988 年 2 期

*《中國大百科全書·語言文字》卷辭條(古文字學、孫詒讓、于省吾、《甲骨文

編》、《甲骨文字釋林》),《中國大百科全書・語言文字》卷,中國大百科全書出版社,1988 年 2 月

希望有關部門扶助支持《文史》,《書品》1988 年 3 期

文字學概要,商務印書館,1988 年 8 月;修訂本由萬卷樓圖書股份有限公司於 1993 年 3 月出版,1995 年 4 月再版;英文版(譯名 *Chinese Writing*),Gilbert L. Mattos、Jerry Norman 譯,The Society for the Study of Early China and the Institute of East Asian Studies,University of California,Berkeley,2000 年;韓文版(譯名『중국 문자학』),李鴻鎮譯,新雅社,2001 年 1 月;日文版(分爲《文字學概要〔前編〕》、《文字學概要〔後編〕——漢字の性質とその展開》),早稻田大學中國古籍文化研究所文字學研究班譯,早稻田大學中國古籍文化研究所,2004 年 1 月、2007 年 3 月

談談孫詒讓的《契文舉例》,《孫詒讓紀念論文集》(《溫州師範學院學報》增刊),1988 年 12 月

1989 年

說甲骨卜辭中“戠”字的一種用法,《語言文字學術論文集——慶祝王力先生學術活動五十周年》,知識出版社,1989 年 1 月

說金文“引”字的虛詞用法,《古漢語研究》1989 年 1 期

淺談璽印文字的研究,《中國文物報》1989 年 1 月 20 日 3 版

研究漢字切忌爲感情所支配,《漢字文化》1989 年 1 期

說鈚、榼、椑榼,《中國歷史博物館館刊》1989 年總 13、14 期

四十年來文字學研究的回顧,《語文建設》1989 年 3 期

殷周古文字中的正體和俗體,中文原稿未刊,日譯記錄稿載《シンポジウム中國古文字と殷周文化　甲骨文・金文をめぐって》,東方書店,1989 年 3 月

釋“建”,《古文字研究》第十七輯,1989 年 6 月

介紹一本重要的《尚書》學著作,《人民日報》1989 年 7 月 7 日 6 版

談談清末學者利用金文校勘《尚書》的一個重要發現,《古籍整理與研究》第四期,中華書局,1989 年 3 月

從殷墟甲骨卜辭看殷人對白馬的重視,《殷墟博物苑苑刊》創刊號,中國社會科學出版社,1989 年 9 月

漢字的起源和演變,《中國古代文化史》(一),北京大學出版社,1989 年 11 月

釋殷墟卜辭中與建築有關的兩個詞——"門塾"與"自",《出土文獻研究續集》,文物出版社,1989 年 12 月

對《關於殷墟卜辭的命辭是否問句的考察》一文的評論的答覆,原稿未刊,英譯文由 Edward L. Shaughnessy 翻譯,載 *Early China* 1989 年 14 期

1990 年

＊致王毓銓先生函,《中國古代貨幣的起源和發展》附錄一,中國社會科學出版社,1990 年 2 月

殷墟甲骨文字考釋(七篇),《湖北大學學報(哲學社會科學版)》1990 年 1 期

＊評《新語校注》,《東方文化》第 28 卷,香港大學亞洲研究中心,1990 年 1 月

評《殷墟甲骨刻辭類纂》,《書品》1990 年 1、2 期

釋殷墟卜辭中的"卒"和"律",《中原文物》1990 年 3 期

說"僕庸",《紀念顧頡剛學術論文集》上册,巴蜀書社,1990 年 4 月

古文字釋讀三則,《徐中舒先生九十壽辰紀念文集》,巴蜀書社,1990 年 6 月

寒食與改火——介子推焚死傳說研究,《中國文化》第二期,三聯書店,1990 年 6 月(又見於《二十世紀中國文史考據文錄》,雲南人民出版社,2001 年 12 月)

釋詞兩則,《王力先生紀念論文集》,商務印書館,1990 年 7 月

"諸侯之旅"等印考釋,《文物研究》第六輯,黃山書社,1990 年 10 月

1991 年

再談古文字中的"去"字,《漢字文化》1991 年 2 期

從純文字學角度看簡化字,《語文建設》1991 年 2 期(又見於《現代漢字規範化問題》,語文出版社,1995 年 4 月;《簡化字研究》,商務印書館,2004 年 9 月)

＊在紀念《漢字簡化方案》公佈 35 周年座談會上的發言,《語文建設》1991 年 3 期

西周銅器銘文中的"履",《甲骨文與殷商史》第三輯,上海古籍出版社,1991 年 8 月

《說文》與出土古文字,《說文解字研究》(一),河南大學出版社,1991 年 8 月

談談辨釋漢簡文字應該注意的一些問題,《江漢考古》1991 年 4 期

談談《同源字典》,《紀念王力先生九十誕辰文集》,山東教育出版社,1991 年 12 月

1992 年

關於《小屯南地甲骨》的討論——答蕭楠同志,《漢字文化》1992 年 1 期

讀古書要注意字的古義,《中國典籍與文化》1992 年 1 期

古璽印考釋四篇,《文博研究論集》,上海古籍出版社,1992 年 3 月

*《中國大百科全書・中國歷史》卷辭條(工、漢簡、簡册、奴隸、烽燧、秦簡、嗇夫、徒、《尉繚子》、庸),《中國大百科全書・中國歷史》卷,中國大百科全書出版社,1992 年 3 月(另有“市”辭條原未被採用)

安國舊藏《秦泰山刻石》宋拓本真僞辨(節選自《秦漢時代的字體》),《中國書法》1992 年 3 期

評《殷虚卜辭綜述》,《文史》第三十五輯,1992 年 6 月

古代文史研究新探,江蘇古籍出版社,1992 年 6 月

甲骨綴合拾遺,《古文字研究》第十八輯,1992 年 8 月

讀《戰國縱横家書釋文注釋》札記,《文史》第三十六輯,1992 年 8 月

稷下道家精氣說的研究,《道家文化研究》第二輯,上海古籍出版社,1992 年 8 月

古文字論集,中華書局,1992 年 8 月

甲骨文字考釋(續),《古文字論集》,中華書局,1992 年 8 月

釋“木月”“林月”,《古文字論集》,中華書局,1992 年 8 月(又見於《古文字研究》第二十輯,2000 年 3 月)

說“㘝”,《古文字論集》,中華書局,1992 年 8 月

殷墟卜辭所見石甲兔甲即陽甲說,《古文字論集》,中華書局,1992 年 8 月

“司馬聞”“聞司馬”考,《古文字論集》,中華書局,1992 年 8 月

《秦漢魏晉篆隸字形表》讀後記,《古文字論集》,中華書局,1992 年 8 月

吳大澂,《中國古代語言學家評傳》,山東教育出版社,1992 年 10 月

談曾侯乙墓鐘磬銘文中的幾個字(與李家浩合著),《曾侯乙編鐘研究》,湖北人民出版社,1992 年 11 月

《古文字與殷周文明》序,《古文字與殷周文明》,王慎行撰,陝西人民教育出版社,1992 年 12 月

注意培養正確使用漢語漢字的能力,《學者論大學生的知識結構和智能》,北京大學出版社,1992 年 11 月(收入《裘錫圭學術文化隨筆》時改題爲《大學生應該注意培養正確使用漢語漢字的能力》)

釋“賈”,中國古文字研究會第九屆學術討論會論文,南京,1992 年 11 月

1993 年

＊《珍秦齋古印展》釋文,《珍秦齋古印展》,澳門市政廳,1993 年 3 月

秦漢時代的字體,《中國書法全集》卷七,榮寶齋,1993 年 3 月

一句至少被誤解了一千七百多年的常用的話——“予取予求”,《古漢語研究》1993 年 2 期

究竟是不是文字——談談我國新石器時代使用的符號,《文物天地》1993 年 2 期(又見於《考古》1993 年 4 期,作爲《專家筆談丁公遺址出土陶文》的一部分)

是原始文字還是符號(記者武勤英訪裘錫圭),《光明日報》1993 年 4 月 26 日 6 版

釋“衍”“侃”,《魯實先先生學術討論會論文集》,萬卷樓圖書有限公司,1993 年 5 月(又見於《人文論叢》2002 年卷,武漢大學出版社,2003 年 11 月)

懷念我敬愛的朱德熙先生,《朱德熙先生紀念文集》,語文出版社,1993 年 7 月

朱德熙先生在古文字學方面的貢獻,《朱德熙先生紀念文集》,語文出版社,1993 年 7 月

馬王堆帛書《老子》乙本卷前古佚書並非《黃帝四經》,《道家文化研究》第三輯,上海古籍出版社,1993 年 8 月

讀簡帛文字資料札記,《簡帛研究》第一輯,法律出版社,1993 年 10 月

釋殷虛卜辭中的“𠙵”“𠙶”等字,《第二屆國際中國古文字學研討會論文集》,香港中文大學中國語言及文學系,1993 年 10 月

“殺首子”解,《中國文化》第九期,三聯書店,1993 年 10 月

讀《魏晉南北朝詞語例釋》,《文教資料》1993 年 6 期

說殷墟卜辭的“奠”——試論商人處置服屬者的一種方法,《歷史語言研究所集刊》64 本 3 分,1993 年 12 月

《商周青銅兵器/古越閣藏》序,《商周青銅兵器/古越閣藏》,王振華編,古越閣,1993 年 11 月

考釋古文字之方法(演講稿,劉雪妹整理),《甲骨文論文集》,臺中甲骨文學会,1993 年

1994 年

《智永草書千字文草法解說》序,《大公報》1994 年 1 月 7 日 20 版(又見於《智永

草書千字文草法解說》,馬國權撰,翰墨軒出版有限公司,1995 年 7 月)

關於晉侯銅器銘文的幾個問題,《傳統文化與現代化》1994 年 2 期

《漢語俗字研究》序,《古漢語研究》1994 年 2 期(又見於《漢語俗字研究》,張涌泉撰,嶽麓書社,1995 年 4 月)

甲骨文,《神州學人》1994 年 7 期

裘錫圭自選集,河南教育出版社,1994 年 7 月

說“格物”——以先秦認識論的發展過程爲背景,《學術集林》卷一,上海遠東出版社,1994 年 8 月(又見於《釋中國》第二卷,上海文藝出版社,1998 年 3 月)

《古史新證——王國維最後的講義》前言,《古史新證——王國維最後的講義》,清華大學出版社,1994 年 12 月

1995 年

關於石鼓文的時代問題,《傳統文化與現代化》1995 年 1 期

《史記・殷本紀》注譯,《全注全譯史記》,天津古籍出版社,1995 年 3 月

金石收藏家的齋名與其藏品,《文物天地》1995 年 6 期

也談子犯編鐘,臺北《故宫文物月刊》第 13 卷第 5 期,1995 年 8 月

說“揜函”——兼釋甲骨文“櫓”字,《華學》第一輯,中山大學出版社,1995 年 8 月

不要以不誤爲誤——語文瑣議之一,《中國教育報》1995 年 10 月 7 日 3 版

關於子犯編鐘的排次及其他問題,《中國文物報》1995 年 10 月 8 日 3 版

殷墟甲骨文在文字學上的重要性,《古文字學論集》第一輯《甲骨學特集》,韓國中國古文字學會編,東文選出版社,1995 年 12 月

《墨經》“佴”“誚”“廉”“令”四條校釋,《國學研究》第三卷,北京大學出版社,1995 年 12 月

1996 年

積極慎重地進行現代漢語規範化建設,《語文建設》1996 年 2 期

四十年來發現的簡帛古籍對傳世古籍整理工作的重要性(提要),《漢學研究通訊》第 15 卷第 1 期,1996 年 2 月

從文字學角度看殷墟甲骨文的複雜性,《中國學研究》第十輯,韓國淑明女子大學校中國學研究所,1996 年 8 月

戰國文字釋讀二則,《于省吾教授百年誕辰紀念文集》,吉林大學出版社,1996 年 9 月

讀漢簡札記,《簡帛研究》第二輯,法律出版社,1996 年 9 月

董作賓先生小傳(收入《文史叢稿》時改題爲《董作賓》),《中國現代學術經典·董作賓卷》,河北教育出版社,1996 年 10 月

文史叢稿——上古思想、民俗與古文字學史,上海遠東出版社,1996 年 10 月

古文字學簡史,《文史叢稿——上古思想、民俗與古文字學史》,上海遠東出版社,1996 年 10 月

從幾件周代銅器銘文看宗法制度下的所有制,《盡心集——張政烺先生八十壽辰論文集》,中國社會科學出版社,1996 年 11 月

"道""德"溯源(上),《華夏文明與傳世藏書》,中國社會科學出版社,1996 年 11 月(收入《文史叢稿》時改題爲《〈稷下道家精氣說的研究〉補正》)

殷墟甲骨文"彗"字補説,《華學》第二輯,中山大學出版社,1996 年 12 月

1997 年

《神烏傅(賦)》初探,《文物》1997 年 1 期(又見於《尹灣漢墓簡牘綜論》,科學出版社,1999 年 2 月)

研究古代文化應該有訓詁常識,《人民政協報》1997 年 2 月 24 日 3 版

晉侯蘇鐘筆談,《文物》1997 年 3 期

從出土文字資料看秦和西漢時代官有農田的經營,《中國考古學與歷史學之整合研究》,中研院歷史語言研究所,1997 年 7 月

"地君之御"與"制地君",《歷史文獻研究》北京新八輯,北京師範大學出版社,1997 年 8 月

釋西周甲骨文的"卲"字,《第三屆國際中國古文字學術研討會論文集》,香港中文大學中國語言及文學系、中國文化研究所,1997 年 10 月

1998 年

簡帛古籍的用字方法是校讀傳世先秦秦漢古籍的重要根據,《兩岸古籍整理學術研討會論文集》,江蘇古籍出版社,1998 年 2 月

"佐子"應讀爲"嗟子",《文物》1998 年 3 期

《吳越文字彙編》序,《文教資料》1998 年 3 期(又見於《吳越文字彙編》,施謝捷

撰,江蘇教育出版社,1998 年 8 月)
詛楚文"亞駝"考,《文物》1998 年 4 期
釋"叐",《容庚先生百年誕辰紀念文集》,廣東人民出版社,1998 年 4 月
談談"成白"刀,《中國錢幣論文集》第三輯,中國金融出版社,1998 年 5 月
二十世紀的漢語文字學(與沈培合著),《二十世紀的中國語言學》,北京大學出版社,1998 年 6 月
殷墟甲骨文考釋四篇,《海上論叢》(二),復旦大學出版社,1998 年 7 月
論殷墟卜辭"多毓"之"毓",《中國商文化國際學術討論會論文集》,中國大百科全書出版社,1998 年 9 月
西周糧田考,《周秦文化研究》,陝西人民出版社,1998 年 11 月(又見於《胡厚宣先生紀念文集》,科學出版社,1998 年 11 月)
田章簡補釋,《簡帛研究》第三輯,廣西教育出版社,1998 年 12 月
古文獻中讀爲"設"的"埶"及其與"執"互訛之例,香港大學亞洲研究中心《東方文化》1998 年 36 卷 1、2 號合刊(實際出版年份爲 2002 年)

1999 年

＊《陳獨秀草書中堂賞析》辨誤(原標題爲《來信照登》,署名讀者),《文物天地》1999 年 1 期
漢簡中所見韓朋故事的新資料,《復旦學報(社會科學版)》1999 年 3 期
沂南陽都故城銅斧應爲西漢遺物,《文物》1999 年 5 期
＊評《工具書帶來的困惑》(署名一讀者),《文史知識》1999 年 6 期
甲骨文中的見與視,《甲骨文發現一百周年學術研討會論文集》,文史哲出版社,1999 年 8 月(又見於復旦大學出土文獻與古文字研究中心網站,2008 年 5 月 10 日)
郭店《老子》簡初探,《道家文化研究》第十七輯("郭店楚簡"專號),三聯書店,1999 年 8 月
戎生編鐘銘文考釋,《保利藏金——保利藝術博物館精品選》,嶺南美術出版社,1999 年 9 月
古文字研究五十年(與陳劍合著),《中國教育報》1999 年 9 月 28 日 7 版
《甲骨綴合集》序,《甲骨綴合集》,蔡哲茂撰,1999 年 9 月
《漢字結構系統與傳統思維方式》序,《漢字結構系統與傳統思維方式》,王作新

撰,武漢出版社,1999 年 10 月

釋“無終”,《裘錫圭學術文化隨筆》,中國青年出版社,1999 年 10 月

貝、錢、幣——雜談古代貨幣制度對語言文字的影響,《裘錫圭學術文化隨筆》,中國青年出版社,1999 年 10 月

裘錫圭學術文化隨筆,中國青年出版社,1999 年 10 月

《古幣叢考》讀後記,《中國文物報》1999 年 11 月 17 日 3 版(又見於《古幣叢考》,何琳儀撰,安徽大學出版社,2002 年 6 月)

關於殷墟卜辭中的所謂“廿祀”和“廿司”,《文物》1999 年 12 期

我和古文字研究,《學林春秋》三編下册,朝華出版社,1999 年 12 月

中國出土簡帛古籍在文獻學上的重要意義,日本中國出土資料研究會編《中國出土資料研究》第三號(又見於《北京大學古文獻研究所集刊》(一),北京燕山出版社,1999 年 12 月)

懷念耿先生,未刊稿,1999 年

2000 年

以郭店《老子》簡爲例談談古文字考釋,《中國哲學》第二十一輯(“郭店簡與儒學研究”專號),遼寧教育出版社,2000 年 1 月

説“冂凡有疾”,《故宫博物院院刊》2000 年 1 期

《漢語俗字叢考》序,《漢語俗字叢考》,張涌泉撰,中華書局,2000 年 1 月(又見於《書品》2000 年 6 期)

《關於殷墟卜辭中的所謂“廿祀”和“廿司”》追記,《文物》2000 年 2 期

不合時宜的感想,《北京大學校刊》(中文系系慶專刊)2000 年 3 月 31 日 6 版

*《珍秦齋藏印 · 秦印篇》釋文,《珍秦齋藏印 · 秦印篇》,臨時澳門市政局,2000 年 4 月

糾正我在郭店《老子》簡釋讀中的一個錯誤——關於“絶僞棄詐”,《郭店楚簡國際學術研討會論文集》,湖北人民出版社,2000 年 5 月

中國古典學重建中應該注意的問題,東京大學郭店楚簡研究會編《郭店楚簡の思想史的研究》第四卷“古典學の再構築”,2000 年 6 月(又見於《北京大學中國古文獻研究中心集刊》(二),北京燕山出版社,2001 年 4 月)

《太一生水》“名字”章解釋——兼論《太一生水》的分章問題,《古文字研究》第二十二輯,2000 年 7 月

帛書《要》篇釋文校記,《道家文化研究》第十八輯,三聯書店,2000 年 8 月
推動古文字學發展的當務之急,《學術史與方法學的省思》,中研院歷史語言研究所,2000 年 12 月

2001 年

𤞤伯卣的形制和銘文,《保利藏金(續)——保利藝術博物館精品選》,嶺南美術出版社,2001 年 1 月
"東夏"解,《慶祝王元化教授八十歲論文集》,華東師範大學出版社,2001 年 1 月
回憶唐蘭先生——爲紀念唐先生百年誕辰而作(原題爲《我與唐蘭先生的淵源》,爲編者所加,且有删改),《中國文物報》2001 年 2 月 14 日 5 版
從方塊字能否廢除說到外來詞的譯法,在第十二屆北京東京友好城市"漢字文化的未來"中日交流學術討論會上的發言,2001 年
七十年代以來殷墟甲骨文研究的進展,《甲骨文發現百周年紀年國際會議論文集》,巴黎,2001 年

2002 年

從殷墟卜辭的"王占曰"說到上古漢語的宵談對轉,《中國語文》2002 年 1 期
談談上博簡和郭店簡中的錯別字,《新出楚簡與儒學思想國際學術研討會論文集》,清華大學思想文化研究所、臺北輔仁大學文學院,2002 年 3 月(又見於《華學》第六輯,紫禁城出版社,2003 年 6 月)
關於《孔子詩論》,《國際簡帛研究通訊》第二卷第三期,2002 年 1 月(又見於《經學今詮三編》,《中國哲學》第二十四輯,遼寧教育出版社,2002 年 4 月)
從一組卜辭看殷曆月的長度和大小月的配置,《揖芬集——張政烺先生九十華誕紀念文集》,社會科學文獻出版社,2002 年 5 月
讀《馬王堆帛書〈式法〉釋文摘要》小記,《國際簡帛研究通訊》第二卷第五期,2002 年 6 月(又見於《新出簡帛研究》,文物出版社,2004 年 12 月)
《〈太一生水〉"名字"章解釋》追記,《古文字研究》第二十三輯,中華書局、安徽大學出版社,2002 年 6 月
應侯視工簋補釋,《文物》2002 年 7 期
㚸器探研,《古文字研究》第二十四輯,2002 年 7 月
先秦古書中的錢幣名稱,《中國錢幣論文集》第四輯,中國金融出版社,2002 年

9月
讀書札記四則,《人文與社會學報》第一期,臺灣義守大學,2002年9月
豳公盨銘文考釋,《中國歷史文物》2002年6期(又見於《豳公盨——大禹治水與爲政以德》,綫裝書局,2002年10月)
釋"尌",《龍宇純先生七秩晉五壽慶論文集》,學生書局,2002年11月
談談"異形詞"這個術語,《語言文字周報》2002年11月20日978號4版(又見於《漢字規範百家談》,商務印書館,2004年9月)
讀《郭店楚墓竹簡》札記三則,《上海博物館集刊》第九期,上海書畫出版社,2002年12月
用出土文字資料檢驗清儒在語文學方面的一些具體見解,提交"明清江南:地域主體與歷史轉折"國際學術研討會,香港中文大學,2002年12月
悼念馬幾道教授,《國際簡帛研究通訊》第二卷第六期,2002年12月

2003年
治學的三種精神,《中國文物報》2003年2月19日3版
釋"厄",《紀念殷墟甲骨文發現一百周年國際學術研討會論文集》,社會科學文獻出版社,2003年3月
讀逨器銘文札記三則,《文物》2003年6期
讀《陝西綏德縣四十里鋪畫像石墓調查簡報》小記,《考古與文物》2003年5期
由郭店《性自命出》的"室性者故也"說到《孟子》的"天下之言性也"章,《第四屆國際中國古文字學研討會論文集》,香港中文大學中國語言及文學系,2003年10月
新出土先秦文獻與古史傳說,《李珍華紀念集》,北京大學出版社,2003年10月(又見於《北京大學中國古文獻研究中心集刊》(四),北京大學出版社,2004年10月)
釋郭店《緇衣》"出言有丨,黎民所訁"——兼說"丨"爲"針"之初文,《古墓新知——紀念郭店楚簡出土十周年論文專輯》,國際炎黃文化出版社,2003年11月

2004年
要狠抓日常公共道德的教育,在全國政協教育組、體育組聯組會上的發言,2004

年3月

關於"巽泉"或可讀爲"當泉"的一點意見,《中國錢幣》2004年4期

張政烺先生與古文字學,《書品》2004年6期

帛書《春秋事語》校讀,《湖南省博物館館刊》第一期,《船山學刊》雜志社,2004年7月

談談上博簡《子羔》篇的簡序,《上博館藏戰國楚竹書研究續編》,上海書店,2004年7月

談談"反求諸己",《瞭望》2004年36期

關於殷墟卜辭的"瞽",《夏商周文明研究・六——2004年安陽殷商文明國際學術研討會論文集》,2004年9月

《古陶文舂錄》重印序言,《古陶文舂錄》,顧廷龍撰,上海古籍出版社,2004年9月

讀上博簡《容成氏》札記二則,《古文字研究》第二十五輯,2004年10月

北京大學中國古文獻研究中心郭店楚墓竹簡研究項目介紹,《出土文獻研究》第六輯,上海古籍出版社,2004年12月

中國出土古文獻十講,復旦大學出版社,2004年12月

2005年

在基本道德和行爲準則方面切實繼承和發揚傳統文化中好的東西,在全國政協教育聯組會上的發言,2005年3月

談談進行古代語文的學習和研究的一些經驗教訓——基礎要扎實些、考慮要全面些,《雅言》第四十期,2005年4月5日(又見於復旦大學出土文獻與古文字研究中心網站,2008年6月8日)

"花東子卜辭"和"子組卜辭"中指稱武丁的"丁"可能應該讀爲"帝",《黃盛璋先生八秩華誕紀念文集》,中國教育文化出版社,2005年6月

紀念馬承源先生,《馬承源紀念集》,上海博物館,2005年9月

文字博物館建設應注重高品位和科學性,《鄭州大學學報(哲學社會科學版)》2005年5期

商銅黿銘補釋,《中國歷史文物》2005年6期

談談不列顛圖書館所藏的敦煌漢簡,《長沙三國吳簡暨百年來簡帛發現與研究國際學術研討會論文集》,中華書局,2005年12月(又見於《英國國家圖書館

藏斯坦因所獲未刊漢文簡牘》,改題爲《談談英國國家圖書館所藏的敦煌漢簡》,上海辭書出版社,2007 年 12 月)

2006 年

《陶文圖録》序,《陶文圖録》,王恩田編著,2006 年 6 月

關於《規範字表》的一些想法,在《規範漢字表》專家委員會成立會上的書面發言,2006 年 6 月

釋戰國楚簡中的“㕣”字,《古文字研究》第二十六輯,2006 年 11 月

説“亦紀先王之由道”,《中國古代文明研究與學術史:李學勤教授伉儷七十壽慶紀念文集》,河北大學出版社,2006 年 11 月

上博簡《相邦之道》一號簡考釋,《中國文字學報》第一輯,商務印書館,2006 年 12 月

讀《長沙東牌樓 7 號古井(J7)發掘簡報》等文小記,《湖南省博物館館刊》第三輯,嶽麓書社,2006 年 12 月

關於《老子》的“絶仁棄義”和“絶聖”,《出土文獻與古文字研究》第一輯,復旦大學出版社,2006 年 12 月(又見於《出土文獻與儒道關係》,灕江出版社,2012 年 1 月)

《上海博物館藏戰國楚竹書(二)·子羔》釋文注釋,未刊稿,2006 年

《上海博物館藏戰國楚竹書(二)·魯邦大旱》釋文注釋,未刊稿,2006 年

《上海博物館藏戰國楚竹書(四)·相邦之道》釋文注釋,未刊稿,2006 年

2007 年

《文字學概要》日譯本序,《文字學概要〔後編〕》,早稻田大學中國古籍文化研究所文字學研究班譯,2007 年 3 月

《天子建州》(甲本)小札,簡帛網,2007 年 7 月 16 日(又見於《简帛》第三輯,上海古籍出版社,2008 年 10 月)

“古史辨”派、“二重證據法”及其相關問題——裘錫圭先生訪談録(與曹峰合署),《文史哲》2007 年 4 期

釋《子羔》篇“銫”字並論商得金德之説,《簡帛》第二輯,上海古籍出版社,2007 年 11 月

是“恆先”還是“極先”? 提交 2007 中國簡帛學國際論壇論文,臺灣大學,2007 年

11 月(又見於復旦大學出土文獻與古文字研究中心網站,2009 年 6 月 2 日;《2007 中國簡帛學國際論壇論文集》,臺灣大學中國文學系,2011 年 12 月)

2008 年

《石鼓文整理研究》序,《石鼓文整理研究》,徐寶貴撰,中華書局,2008 年 1 月

獄簋銘補釋,《安徽大學學報(哲學社會科學版)》2008 年 4 期

居延漢簡中所見的疾病名稱和醫藥情況,《中醫藥文化》2008 年 6 期

懷念通鏘兄,《求索者——徐通锵先生纪念文集》,商務印書館,2008 年 7 月

說《魯邦大旱》"抑吾子如重命丌歟"句,《華學》第九、十輯,上海古籍出版社,2008 年 8 月

釋古文字中的有些"悤"字和从"悤"、从"兇"之字,《出土文獻與古文字研究》第二輯,復旦大學出版社,2008 年 8 月

談談三年垣上官鼎和宜陽秦銅鍪的銘文,《古文字研究》第二十七輯,2008 年 9 月

2009 年

說"建之以常無有",《復旦學報(社會科學版)》2009 年 1 期

《絲竹軒小學論集》序,《絲竹軒小學論集》,龍宇純撰,中華書局,2009 年 2 月

說"婗"(提綱),《古文字與古代史》第二輯,中研院史語所,2009 年 12 月

記張頷先生一二事——爲慶賀張先生九十壽辰而作,《中國文化報》2009 年 12 月 4 日

2010 年

一個讀者的希望,《文獻研究》第一輯,學苑出版社,2010 年 1 月

談談殷墟甲骨卜辭中的"于",《羅杰瑞先生七秩晉三壽慶論文集》,香港中文大學中國文化研究所吳多泰中國語文研究中心,2010 年 6 月

復公仲簋蓋銘補釋——兼說琱生器銘"寢氏",《出土文獻與古文字研究》第三輯,復旦大學出版社,2010 年 7 月

再談古書中與重文有關的誤文,《出土文獻與傳世典籍的詮釋——紀念譚樸森先生逝世兩周年國際學術研討會論文集》,上海古籍出版社,2010 年 10 月

釋"𠩺",《古文字研究》第二十七輯,2010 年 10 月

《說文新證》序(與郭永秉合著),《說文新證》,季旭昇撰,福建人民出版社,2010

年12月

2011年

再談古文獻以"埶"表"設",《先秦兩漢古籍國際學術研討會論文集》,社會科學文獻出版社,2011年1月

老子與尼采,《文史哲》2011年3期

說"夜爵",《〈清華大學藏戰國竹簡(壹)〉國際學術研討會會議論文集》,2011年6月(又見於《出土文獻》第二輯,中西書局,2011年11月)

紀念章培恆先生(吳冠文整理),《文匯讀書周報》2011年10月14日5版

說清華簡《程寤》篇的"敂",《出土文獻與古文字研究》第四輯,上海古籍出版社,2011年12月

"東皇太一"與"大䨼伏羲",《"簡帛·經典·古史"國際論壇會議論文集》,香港浸會大學,2011年11月30日—12月2日

2012年

厚宣師引我進入學術之門,《想念胡厚宣》,新世界出版社,2012年1月

懷念張先生,《中華讀書報》2012年5月9日7版(原題爲《"以學術爲天下公器"的學者精神》)

參加編寫的著作

馬王堆漢墓帛書〔壹〕,國家文物局古文獻研究室,文物出版社,1980年3月

銀雀山漢墓竹簡〔壹〕,銀雀山漢墓竹簡整理小組,文物出版社,1985年9月

曾侯乙墓,湖北省博物館,文物出版社,1989年7月

望山楚簡,湖北省文物考古研究所、北京大學中文系,中華書局,1995年6月(楚簡釋文與考釋又見於《江陵望山沙塚楚墓》,湖北省文物考古研究所,文物出版社,1996年4月)

尹灣漢墓簡牘,連雲港市博物館、東海縣博物館、中國社會科學院簡帛研究中心、中國文物研究所,中華書局,1997年9月

郭店楚墓竹簡,荊門市博物館,文物出版社,1998年5月

銀雀山漢墓竹簡〔貳〕,銀雀山漢墓竹簡整理小組,文物出版社,2010年1月

參編著作

朱德熙古文字論集,與李家浩合編,中華書局,1995 年 2 月

中國現代學術經典・董作賓卷,與胡振宇合編,河北教育出版社,1996 年 10 月

古文獻學基礎知識叢書,與楊忠合編,江蘇教育出版社,2005 年 12 月—2009 年 9 月

(前加 * 號的標題爲目錄整理者所擬)

裘錫圭學術年譜簡編

裘錫圭，祖籍浙江寧波，1935年6月13日（月、日爲夏曆，公曆爲7月13日）生於上海市。1956年畢業於復旦大學歷史系。同年秋錄取爲該系研究生，導師爲胡厚宣教授，研究方向爲“甲骨學與商代史”。同年冬因導師調任中國科學院歷史研究一所研究員，隨至北京。迄至1960年研究生結業，一直在歷史一所學習。學習期間，於1958年至1959年，曾參加中國歷史博物館建新館的陳列設計工作。1960年冬，分配到北京大學中文系任助教。1961年下放北京郊區昌平縣泰陵村勞動。1962年擔任教學輔助工作。1963年，開始爲中文系本科生講文字學（即漢字學）。1964年冬至1966年“文化大革命”爆發前，曾先後在湖北江陵縣和北京郊區延慶縣參加“四清”運動。1969年冬至1971年秋，在江西南昌鯉魚洲北大試驗農場勞動。1972年，朱德熙先生與裘錫圭合寫的《戰國文字研究（六種）》在《考古學報》第2期上發表。同年又跟隨朱先生參加馬王堆一號漢墓遣策的考釋工作。由此年至1982年，朱先生與裘錫圭一共發表了九篇合寫的文章，都是跟先秦、秦漢文字有關的。1974年夏至1976年，跟朱先生一起被借調到文物出版社，參加臨沂銀雀山漢墓竹簡的整理工作；在1974年的一段時間裏，還參加了馬王堆漢墓帛書中《老子》甲乙本及卷前後佚書的整理工作；裘錫圭還參加過武威醫簡和睡虎地秦墓竹簡的整理工作。在此期間，又與朱先生和李家浩一起，受湖北省博物館之託，完成了江陵望山楚墓竹簡的整理工作。1978年破格晉升爲副教授，並任碩士研究生導師。同年，跟李家浩一起，應湖北省博物館之邀，整理曾侯乙墓出土的文字資料。1982年9月至1983年3月，在美國西雅圖市華盛頓州立大學亞洲語言文學系講課。1983年晉升爲教授。1984年任博士研究生導師。1988年，由授課講義改編而成的《文字學概要》由商務印書館出版。1992年，文集《古代文史研究新探》由江蘇古籍出版社出版。同年，文集《古文字論集》由中華書局出版。1994年，《文字學概要》獲第一屆國家圖書獎。同年，《裘錫圭自選集》由河南教育出版社出版（此書屬《著名中年語言學家自選集》叢書，所以沒有選入古代史等方面的論文）。1995年至1996年,參加尹灣漢墓簡牘整理工作。1996年,文集《文史叢稿》由上海遠東出版社出版。1998年3至7月,在臺灣新竹的清華大學中文系任客座教授。1998年,裘錫圭審訂並撰寫按語的《郭店楚墓竹簡》由文物出版社出版。2000年在東京召開的"文明與古典"公開研討會上發表《中國古典學重建中應該注意的問題》,提出中國古典學重建的課題。同年歲末,美國芝加哥大學授予裘錫圭人文學科名譽博士學位。同年起主持北京大學中國古文獻研究中心"郭店楚簡研究"項目。2004年,文集《中國出土古文獻十講》由復旦大學出版社出版。2005年起調入復旦大學,任出土文獻與古文字研究中心教授,被聘爲復旦大學傑出教授。2006年起主持教育部重大課題攻關項目"戰國文字及其文化意義研究"。同年,《中國出土古文獻十講》獲第四屆全國高校人文社會科學優秀成果語言學著作一等獎。2007年,赴臺灣中研院史語所主講"傅斯年講座",闡述先秦宇宙生成論的演變。2008年由復旦大學、湖南省博物館和中華書局三方成立《長沙馬王堆漢墓簡帛集成》編纂小組,裘錫圭擔任主編。同年,論文《關於〈老子〉的"絶仁棄義"和"絶聖"》獲上海市第九屆哲學社會科學優秀成果論文類一等獎。2009年,論文《關於〈老子〉的"絶仁棄義"和"絶聖"》獲教育部"高等學校科學研究優秀成果獎"語言學科論文類一等獎。2010年,擔任國家"十一五"時期文化發展規劃綱要重大文化産業項目"中華字庫"工程首席專家(兼總體組副組長)。同年參加在比利時布魯塞爾召開的首屆中歐文化高峰論壇,並在開幕式上發表以《老子與尼采》爲題的主旨演講。同年,獲上海市社科優秀成果學術貢獻獎。2011年,專著《文字學概要》獲首屆"思勉原創獎"。

2012年6月

主題索引

説　明

一、本索引的條目,包括《文集》中討論到的比較重要的字、詞、文句以及文字學、語言學、文獻學、古代史、思想史、民俗學等方面的概念、現象和問題,重點提到的人名、書名、文章名,作過解釋的比較重要的甲骨卜辭、銅器銘文、簡牘帛書等古文字資料。

二、著重討論的古文字資料中的字、詞、文句等,一般以其原文爲索引條目,有時也加上器名、篇名或書名;討論到的古書内容,逕以書名爲索引條目。所論述的文字學、語言學、古代史、文獻學等方面的現象和問題,一般撮述其大意或主要結論爲索引條目。作過解釋的古文字資料,甲骨卜辭以著録書加著録號(一般用《甲骨文合集》等總集性著録書而不用舊著録書)爲索引條目,如"《合》2246 正";銅器銘文以器名爲條目,如"沇子它簋";簡牘帛書以篇名或書名加簡號或行號爲條目,如"《孔子詩論》簡 27"、"《甲乙編》33・4"、"《九主》381—382 行"。

三、本索引的第一部分爲筆畫索引,以條目中可釋寫的首字筆畫爲序。第二部分爲非隸定字的索引,條目首字爲原形、半隸定形、缺釋之字(用缺文號"□"表示)者歸入此部分。原形字和一半爲隸定形、一半用原形之字,按自然分類法排列;一半爲隸定形、一半缺釋(用缺文號"□"表示)之字以可隸定部分的筆畫爲序排列;首字缺釋者附於其後。最後是首字爲外文或漢語拼音字母的條目的索引。

四、每個條目後列出所屬卷數、頁碼,卷數用漢字表示,頁碼用阿拉伯數字表示。如同一條目見於同一卷的不同頁,只在首次出現的頁碼前注明卷數,不連續的頁碼之間用逗號隔開;如見於不同卷,彼此之間用分號隔開。例如:

万(萬)　　一 39,47—50;二 153—154

表示用爲“萬”的“万”,在本書第一卷的 39 頁、47—50 頁和第二卷的 153—154 頁有討論。

五、本索引條目中符號的使用遵從古文字學界的一般習慣,如用“( )”表示通用關係,必要時也對此字的具體用法或釋法及其他有關情況加以說明;用“〈 〉”表示正誤關係;用“/”表示異體關係。

筆畫索引

一 畫

一車載糧二十五石 二 61—63,228—232
一頭 二 212—213
一齋之值 三 24—25
一字代表兩個詞的不同字變爲一字異體 一 73,83,89—90,190,198,203,238,252—253;四 36—37,121
一字析書 一 230
一形對應多字 一 188,339,342,382,384,386,421
一般使用的漢字的數量 四 96—97
丨 二 389—394
《乙》4810(《合補》6925) 一 427—429
乙子卜 一 87
乙子卜貞 一 86
乙未爵 一 524—525
乙酉父丁彝 一 39
《乙》附 7 +《居》32·16 二 215
乚 一 554—555

二 畫

二十八宿 三 354—355
二十世紀七十年代以來發現的重要出土簡帛古籍 二 311—312
二人 二 161
二毛 二 428
《二年律令·傅律》簡 363 二 447
二百蘭亭齋 三 483
二重證據法 二 335,336—337;六 303
二家、二主 二 410
二榼共一口 六 25
十 二 390—393
“十小”合文 一 350—351
十六金符齋 三 484
《十六長樂堂古器款識考》 三 494
《十六經》“毋人埶(設)” 四 490,491
“十牢”二字公用 一 190—191
《十問》簡 39 +52—59 二 180—181
《十問》簡 51 +41 二 180
《十問》簡 72 +40 +73(即“養生方”簡

71 +40 +72) 二 171,179—180
十鐘山房 三 482—483
《十鐘山房印舉》 三 288,495—496
丁(筓) 三 7,272
丁山 一 22,23
丁子𧿹 一 191
丁公陶符的性質 四 237—238;六 268—271
丁(帝) 一 518—522
丁(指武丁) 一 516
匚 一 554—555
七月乙六日 二 218
七年武城戈 六 99—100
卜(外) 一 283
卜人在甲骨分期斷代上的作用 一 132,134
卜奇(齮) 二 433
卜辭中某些常用字晚期寫法比早期寫法古老 一 146
卜辭中重見的字由於有兩種用途而採用正(繁)、簡二體 一 146—147,176
卜辭的命辭是否問句 一 223,309—337,344—349,464
卜辭省略謂語動詞 一 536—537
《卜辭通纂》 一 23;三 473,498;四 277
八分(漢隸) 四 8,137—138,205,222—223
八角廊漢簡《文子》 四 447
八角廊漢簡《太公》 四 447
八角廊漢簡《論語》 二 317;四 447
八角廊漢簡《儒家者言》 四 447
人 二 105;三 410
人人 二 174
人入穀(?)錢 二 116
人子 二 442
人工灌溉 一 269
人民群衆是漢字的創造者和改革者 四 3—6
人多智 二 305
人無信則不徹,國無義則不王〈立〉 二 192
入 二 154,156
入(納) 一 116
入(內)乙 一 404—405
入圍 四 244—245
勹(旬) 一 354—355
《九主》381—382 行 二 224—225
九年衛鼎 三 28—29
九店楚墓和一些秦漢墓出土的《日書》 二 313,317;四 448
《九章算術》 二 63—65,317;四 448
匕壬、癸 一 87,91
匕庚寅 一 192
卩 一 24;三 456
卩(用作記號) 二 3,59
卩("卿"字簡寫) 三 373
刀 三 229,231,240—241,254,255,257—260,343—344;四 88—89
刀筆 六 253
刀幣 三 250

刁　四 88—89
力　一 241—242
又(有)　四 61
又丰　三 129—130
“又(有)希(祟)”合文　一 88—89
又(有)迺(仍、娍)是(氏)　二 470—471,496
凵(坎)　一 82—83
丩(句)　六 98

三　畫

三斤　三 193
三丰方、四丰方　三 129
三孔布　三 209,216,228,230
《三孔幣彙編》　四 289
《三代吉金文存》　四 280
三石弩一,傷淵中二所　二 141
三晉文字中的“市”字　三 339—342
三書說　一 24;四 272
卄(七十)　二 254—255
干　二 102
于　一 527—550;二 196;四 316
于二父己父庚　一 87
于北奠自(次)　五 184
于省吾　一 22;三 499;四 275,282;六 247—248
于省吾的藏品　三 484—485
于豪亮　一 465
工　六 272—275
工久〈擇〉榦　二 220—221
《工具書帶來的困惑》　六 180—182
工官嗇夫　五 73—74
工師嗇夫　六 99、100
土田　一 262
土田附庸、土田陪敦　五 107
士　二 115;三 424—425
士卒　五 25,39
下屬“以近次兼行”上司之事　二 28—29
大　二 129,162;四 77
大田　五 211
大甲申　一 85
大甲辰　一 190
大戊辰　一 86
大司空隆心公邑　二 233—234
大如梧實　二 217
大成(羸)若詘(絀)　二 308
“大”字公用　一 190
大名冠小名　四 47
大克鼎　五 198—199
《大言賦》、《小言賦》　二 315—316
大汶口文化象形符號　四 32—33
大亞　一 152
大洩(仕)　二 482
大盂鼎　一 217;五 119—120
大盂鼎的“人鬲”　五 188—189
大庭　一 303—304
大嗇夫　五 45—47
大篆(籀文)　四 130—132
大學生使用漢語漢字的現狀　四 230—233
《大戴禮記》　四 456,457,467

大簋　三 27
大簋“余弗敢嗇/㪥”　三 183
大豐簋　一 44—45,375—376
大嬴如炳(絀)　二 307—308
大灣出土簡文所見騂馬田官的命名　五 229—230
丌(忌)　二 534—535
兀　一 2
“兀”、“介”互訛　一 2—3
万(萬)　一 39,47—50;二 153—154
才　一 69—70,317
弋　一 51—52,67—71;三 16—17
弋韋沓(韐)　二 95—96
上　三 88;四 79
上工　五 91
上久農長　五 232
上古史研究　六 287—290
《上古音手册》　三 469
《上古音韻表》　三 469
《上古音韻表稿》　三 469
上田　一 256—257
上䒩(艾)　三 211
上林農官　五 234
上昌農長　五 232
上河農都尉　五 214,224
上帝之“帝”與嫡考之“帝”　五 124
上帝命禹治水　三 146—147
上乘　四 245　246
上專(博)、下專(博)　三 212—213
《上海博物館藏印選》　四 288—289
上農都尉　五 215
口(曰)　一 467—472;三 460
“口”形與“－”形通用　一 355;三 63
冂凡　一 475
冂凡疾　一 474
冂(肩)　一 283,473,480,486
冂(肩)凡(興)有疾　一 473—484
《山東陶文的發現和著錄》　四 288
《山海經》　四 380
千　二 111
千人令史　二 146
《千金翼方》　二 317
乞　三 380
夕(祭名)　一 67
久書　二 98—99
凡　二 145,207—208
凡有疾　一 474
丸藥　二 43
亡之在一邦之後而卷(卷)在耳目之前　二 418—419
亡(芒)　三 62—63
亡烏　二 263
亡(無)　四 78
亡(無)又(有)　二 475
亡(無)終　三 63—66
亡(無)誨(悔)　三 163
宀　三 400—402,405
“宀”、“穴”偏旁相混之例　三 275—276
《尸子》　五 16
尸(夷)童(東)　三 10—11
巳　二 115;四 88

巳（"弜巳/改"、"勿巳"） 一165，227—229，263—264，553
巳（已）受 二136
已 二185，188；四88
已得 二106
已鞫 二130
己 二193
己子卜 一87
己卯文書 二31
己（改） 二264
己酉戍伶彝 一39
子 二173
子（干支字） 一419
子小女 二138—139
子白羌 一307—308
子犯編鐘 三83—96
子姓 五134—135
子卿（？）足下 二125
《子羔》 二437—444，465—484；五255，261—264，265，266
《子羔》簡5+8 二439—441
《子羔》簡7+14 二441—443
子書的性質 四448
子厭 三15
卪（孚） 三161，166
刃 六66
小 三203—204
小人 五145—146
小子 五129—132，202
"小子室家"的經濟情況 五203—204
"小父"合文 一351
"小牛"合文 一351
《小屯南地甲骨》 四275；六27—36，50—63
"小母"合文 一350，351
"小示"合文 一351
小臣（小秎臣、小耤臣） 一76，152，265，267
小臣夌鼎 一64
"小羊"合文 一351
"小亦（夜）"合文 一351
"小辛"合文 一350
小官印五分 五55—56
"小祖乙"合文 一350
小廄南田 三299—300；五77—78，210—211
小廄將馬 三297—299，300
小篆的形成 四212—213
小學 四259
《小學答問》 四268
女 一536；二417；四87

四畫

亖（四） 二153，229
王人 五146—147
王力對漢語語源研究的注意 四169—170
王安世年廿五 二161
王先謙 四305—306
王亦大 二299—300
王宇信 一464

《王兵》　二316;四357,406,448
“王命”銅節　三295—296
王念孫　四304—305
王柏　三493
王帝　五123
王厚之　三493
王受　一192;三138—139
王受又大雨　一189—190
王家臺秦簡　四284
王國維　一21,22,23;三497,498,501;四269,275;六110—120
《王國維全集》書信卷　六164—176
王族　五138—139
王鳳陽《漢字學》　四262
王襄　一22;三500
王懿榮　三496;四413,414
井五量(糧)　五196—197
亓(丌)　三380
亓〈而〉　二376
亓(其)　二411
亓(其)達不見薦言是不見　二419
天　一231
天士　二177
天子　二442,468
《天文氣象雜占》　二313
天水放馬灘秦簡　四206,284
天水放馬灘一號秦墓出土日書　四448
天水放馬灘秦墓出土木板地圖　二313
《天津藝術博物館藏印選》　四289
《天津市藝術博物館藏古璽印選》　四289
《天壤閣甲骨文存考釋》　一22;四277
夫　五111
夫=(大夫)　二2,406
夫、大　一152
夫天多期(諆)韋(諱)而民彌畔　二305,339—340,460
夫天多期韋……覭(盜)惻(賊)多又(有)　二304—305
元明的古文字研究　三494
元帝以後居延、肩水地區的屯田事業　五231
元氣　五334,335
“元朔元年”簡　二27
元康元年雁足鐙銘　六101
元興元年弩機　六100
无　二193
云=(云云—營營)　二265
云奠　五185
云(魂)柏(魄)　二173
廿　一468
廿一石　二132,213
廿二年臨汾守戈　五72
廿七年戈　六100
廿九年漆樽銘　四14
廿五年上郡守戈　五73
廿六年蜀守武戈　五73
木(生)月　一338—342
木郭辟　二156

《五十二病方》96行　二185
《五十二病方》206—207行　二185
五刑　一1—6
五祀衛鼎　三28,428—429
五辛　四241
五言〈音〉　二176
《五星占》　二313
五帝時代　六301—302
《五帝德》和《帝繫姓》的時代　五260
五原郡(獲降郡)的農都尉　五216—217
五陞(陘)　三214
五毓　一405,408,414
《五鐙精舍印話》　三288;四289
五屬嗇　五104
市　三89—90,95
支(枝)格　二262
支鬲(膈)　二40
不　一312,317—322
不小/少(肖)唯死　三172
"不"、"弗"　二292,293
"不~弗"、"弜~弜~毋~勿"　一15—16,19,223,267,306,464,535;四44
不史　二127
不廷方　三110
不同類組占辭的不同形式　一485
不自矽　五332
不更言請(情)　二105
不其簋　五203—204
不恰當的"趨同"和"立異"　二339—343
不思(使)相尚(當)　二352—353
不翅(啻)　四239
不能獨立成字的偏旁改成能夠獨立成字的偏旁　四146
不咎　二430
不瞀(僭)　三111
不審　二46,113,130,134
不簹(其)　三332
仄　四68
歹　四312
厷(肱)　一56;三62
犬　一231
犬征　五159—160
《太一生水》　二345—355
太保簋　一382,386,518
尤　二252
匹　二149—150;三111
屯士　五247
屯田　五243—250
屯田司馬　五236
屯田丞印　五236
屯田校尉史守之印　五236
屯戍和田作分作兩個系統　五239—240
《屯南》37　一271—272,406
《屯南》38　六33
《屯南》53　六34
《屯南》154　一328
《屯南》197　一328

《屯南》220　六 33
《屯南》395　六 34
《屯南》715　六 34
《屯南》763　六 32
《屯南》930　六 32
《屯南》1055　一 88
《屯南》1066　一 512,513
《屯南》1087　六 33
《屯南》1092　六 33
《屯南》1111　五 180,181
《屯南》2061　六 34
《屯南》2143　六 34
《屯南》2232　六 34
《屯南》2276　六 34
《屯南》2283　六 35
《屯南》2286　六 34
《屯南》2369　六 33
《屯南》2499　六 34
《屯南》2536　六 34
《屯南》3004　一 255,256—257
《屯南》3036　六 34
《屯南》3210　一 273
《屯南》4565　六 34
屯南所出賓組卜辭的層位　六 57—58
屯(純)　一 155
牙(與)　二 193
比　三 78
戈　一 109,52
止　四 90
止〈之〉　二 373
止(趾)　一 24,389
少　二 162
少內　五 98—99
少內嗇夫　五 48,50,98—99
少吏　五 50
少皞摯(質)與商始祖契　二 497—502
日　一 419
日文　四 297
日、書二母相諧之例　三 157
日勒田官　五 222
日(祭名)　一 65,66,103,373
曰　二 186
曰咨　二 129
曰(訓爲"謂")　一 472;三 460;五 207
中　三 224—226,404—405
《中山王礜器文字編》　四 287
中(仲)子　五 132
中府　三 193
中昜(陽)都　三 226,229
中常(尚)方　二 116
中國上古社會性質　六 294—297
《中國古文字學通論》　四 157,275
《中國甲骨學史》　四 276
《中國俗文字學研究導言》　四 290—291
《中國漢字學史》　四 273
《中國歷代貨幣大系 I(先秦貨幣)》　三 510;四 289
《中國錢幣大辭典・先秦編》　三 510

內　四86—87
内　一209
㞋　一311—312,346
屮(又)　一17,19,98,99,121,133—134,181,273,465
午　二405;四92
牛耕　一143,244—245
毛公旅鼎　三47
毛公鼎"引(矧)唯乃智(知)余非,墉(庸)又(有)聞"　三47
毛公鼎"無唯正聞,引(矧)其唯王智(知)"　三47—48
斤　一246—247;二149
反映漢字由隸變楷的出土資料　二529
"反求諸己"　六218—220
厄　一449—460
介　三380;四62;五124—125
介子推焚死的傳說　五351—353,368—371
介(界)亭　二166—167,209—210
介罪　二46
今　二126,130
今(吟/噤)　三419—421
今草　四139—140,141;六106
今調　二149
分化文字的職務　四86—95,98,135,143
分化字　四86
分布　三233
分(贋)　二21
公　二152
公人　五40—41
公姓　五135
公嗇夫　五61
刈　一267
从"人"、不从"人"或無別　一157,513
从"又"之字在戰國時代往往變作从"寸"　三80
从"口"不从"口"往往無別　三333
从"勿"聲之字的意義或與分割、分別有關　一143—144
从"皿"之字往往略去"皿"旁象圈足的部分　一53,377,486—487
从"隹"聲的字往往含有高出的意思　一302
从"從"聲之字或有高聳義　三452—453
父乙未　一192
父乙峕王固曰　一90
父子相繼之制　五121—122
父甲父庚辛　一90
父庚庸　一37,88,91
殳　一77,247,251;三350—351
月請之　二445—446
勿　二163
勿正(征)闢鉨　三448—449
勻(鈞)　一354—355
氏　二120
氏〈氒—厥〉　二373—374
卞(弁)　三380

《文子》　二 316；四 406，449
《文史》　六 212—213
文字　四 25，97，104—106，116—118；六 268—269，282
《文字問題》　四 291
文字博物館建設　六 224—225
文字學史的研究　四 273
文字學　四 259—263
文字學的通論性著作　四 160
《文字學概要》　四 262；六 139—140
《文字學綱要》　四 261
《文字聲韻訓詁筆記》　四 268
《文始》　四 268
之　一 24
之〈先〉逐〈後〉　二 374
之部與文部的關係　三 198
之論　二 130
六年告府劍“告（造）府”　六 100—101
六書的研究　四 153—154，270—272
《六書故》　三 493，494
《六書通》　三 494
《六書統》　三 494
《六書精蘊》　三 494
六國文字中的正體與俗體　三 404—408；四 135—136
六國文字異形　四 136
“六齊”合金比例　六 178
《六韜》（本爲《太公》的一部分）　二 315；四 380，405—406，447
亢　二 185；四 64—65
亢保　三 12
方　三 63
方女呼于敦　一 533—536
方塊漢字能否廢除　四 296
方與　二 152
方濬益　三 495；四 415
方、牘　六 252
斗食嗇夫　五 54—55，84
户　二 161
户戊（牡）　二 84—85
户關　二 132
冘（應釋“冗”）　三 366
心　二 259；三 452，463
心以體法（廢），君以民芒（亡）　二 340—342
心、匣二母相諧之例　三 149
《心術》、《内業》這一派稷下道家所説的“道”　五 305—306
心腹　二 39，107
心腹支滿　二 39，71—72，106
尹　三 412—414
丑　二 103
引　一 465
引（矧）　三 45—49
巴蜀印　三 289—290
叉（爪）　四 62
予取予求　四 235—236
“孔子”合文　二 356
《孔子家語》　四 456
《孔子詩論》簡 1、20　二 356，357—358

《孔子詩論》簡11　　三453—454
《孔子詩論》簡13　　三453—454
《孔子詩論》簡27　　三454
刅(勿)　　一140—145,244
毌　　四88;六139
毌其　　四44—45
毌(無)　　二130
毌尊　　二95
毌寶　　三175
"水"旁　　三409,410

五　畫

未　　二191
示　　一39,52
示(大示、小示、五示、六示、十示等)　　一128,132—133,271,407—408
示帝　　五124
刊　　四256—257
正　　二205—206
正反多無别　　一250,379;三8
正(征)　　一24
正(征)木　　三449—450
正書　　四142—143
正體　　三394;四132,133—134,135
正體與俗體的關係　　三394
卉(艸)　　二475
先(先)　　二32
由(應釋"由(宙)")　　三369—370
去　　二138,150
去(呿)　　三419,四42,188
去(盇)　　三418—419;四42,188
甘(含)　　三420
甘露二年御史書　　二45—49,165—169
古　　一188;二90;三417
古人對玉的重視　　五297—299
古今字的研究　　四156,273
古文　　四130—131
《古文四聲韻》　　三492;四290
古文字學　　三490;四274
古文字　　三490
古文字在假借某一個字表示另一個詞時往往對原字加以簡化　　三62—63
古文字字形訛混　　一152,171,175;二3,33,92,105,109,128,130,150,174,177,189,195,233;三151,374
古文字的資料總集和工具書　　三510—513
古文字研究　　三509—510
《古文字研究簡論》　　四157,275
古文字偏旁單複往往不别　　一55,73
古文字資料的種類　　三490
古文字資料比傳世古書優越之處　　四40
古文字資料與傳世古書的關係　　四348—349;六297—301
古文字寫法填實與勾廓往往不别　　一69—70,234;二54,124;三62
《古文字與殷周文明》　　六97
《古文字學導論》　　一22,23;三473,474,499,501;四157,261,275

《古文字學初階》　三 474；四 157，275
《古文字學綱要》　四 157，275
《古文字學概要》　四 157，275
《古文字類編》　三 472；四 157，275
《古玉圖考》　三 476
古史辨派　六 257—258，270，286—287，290—293
古史傳說　291，294
《古史新證——王國維最後的講義》　六 110—120
《古代中國青銅器》　四 281
《古代字體論稿》　四 158，267
《古代漢語》　三 468
《古字通假會典》　四 271
古典學　二 334—343；六 292—294
古（苦）惡小萃（碎）　二 116
《古陶文舂錄》　三 472，500；四 286，288；六 137—138
《古陶文彙編》　三 510；四 288；六 133
《古陶文字徵》　三 510；四 288
《古幣文編》　三 472，510；四 157，289
《古幣叢考》　六 128—130
《古錢大辭典》491、508 號著錄三孔布　三 231
《古錢大辭典》　三 473，501；四 286，289
古隸（秦隸）　四 8，9，20—21，137，205，206，207，218—219，222，226—227；六 106，254
古璽　三 286
《古璽彙編》　三 287—288，289，473，510；四 289
《〈古璽彙編〉釋文訂補及分類修訂》　三 288
《古璽文字徵》　三 500，501；四 286，288
《古璽文編》　三 288，466，472，500，510；四 157，289
《古璽印概論》　三 288；四 289
《古璽印與古璽印鑒定》　四 289
《古璽通論》　四 289
《古籒拾遺》　三 495
《古籒餘論》　三 495；四 280
《古籒篇》　三 501
《古韻分部異同考》　三 469
艾、乂、忞　四 172
艾（刈）　二 155，162
艾（刈）慈其　二 125
芀（應是“艿（刈）”之變體）　三 371
芀（刈）橐　二 86—87
艿　一 254—255
术　三 379
术（禭）　二 95
可以爲天下母　二 298—299
丙申王延于洹獲　三 173
左中將馬　三 299
左市、右市、南市、西市　五 87—88
左（佐）田　五 66
左（佐）鹽　五 66
左尚方弩機　六 100

左使車嗇夫　五 61
左後候史　二 134
《左傳注疏》　三 467
《左傳》　三 347;六 270
左廄將馬　三 297—299,300
石甲　一 83—84
石刻文字　四 127—128
《石刻篆文編》　三 466,472,510;四 157,285
石渠瓦齋　三 485
石鼓文的時代　三 307—319;四 127,285;六 135
《石鼓文研究》　三 473
《石鼓文整理研究》　六 135—136
右公田印　五 211
右央(決)　二 128
《右文說在訓詁學上之沿革及其推闡》　四 271
右自證爰書　二 132
右使車嗇夫　五 61
右(祐)　二 234
右廄將馬　三 297—299,300
右糟鍾的時代　四 12
布　二 187;三 260—270
布幣　三 232
刖(刖/跀/踂)　一 1—3,5
戊子　二 117
戊校、己校、戊部、己部　五 236—238
平市　五 86
平直化　四 134—135
平匋(陶)　三 233
平夜(輿)　二 536—537;三 53—54,347
平昜(陽)　三 235—238
平臺　三 211
巨　三 437—438
占　一 489
占卜的性質　一 336—337,349—350
占辭　一 377
歺　三 149;四 311—312
北　四 90
北九門　三 213
忉　三 381
旦　二 147,222,223—224
目亟(極)　五 336
且乙子　一 191
且乙未　一 86,192
且乙卯　一 192
且乙亥　一 86,190
且(沮)　三 78—79
且(祖)埶(設)　四 486
由　三 138
《甲乙編》10・30　二 110—111
《甲乙編》11・4　二 111
《甲乙編》14・20　二 114
《甲乙編》21・3A、21・3B　二 119
《甲乙編》24・6　二 119—120
《甲乙編》26・14　二 121
《甲乙編》27・18　二 121
《甲乙編》29・10、29・8　二 122—123
《甲乙編》33・4　二 124—125

《甲乙編》37・23 二 127
《甲乙編》37・57 二 127
《甲乙編》38・21 二 128
《甲乙編》38・39 二 129
《甲乙編》39・5B 二 129
《甲乙編》45・21 二 131
《甲乙編》45・24 二 131
《甲乙編》49・6B 二 133
《甲乙編》52・8 二 134
《甲乙編》62・28B 二 140
《甲乙編》63・12 +《居甲》1081(《甲乙編》188・21 等) 二 136—137,141
《甲乙編》65・17 二 141
《甲乙編》67・34 二 142
《甲乙編》68・4、68・16 二 143
《甲乙編》68・34 +68・44 二 143
《甲乙編》68・51 二 143
《甲乙編》68・60 二 143
《甲乙編》71・3 二 144
《甲乙編》71・1 二 144
《甲乙編》71・57 二 144
《甲乙編》71・24 二 144
《甲乙編》71・44 二 144
《甲乙編》71・61 二 144
《甲乙編》71・49 二 144
《甲乙編》95・7 二 153
《甲乙編》101・7 +101・3 二 154
《甲乙編》104・19 二 155
《甲乙編》110・1A 二 157
《甲乙編》113・12A 二 158—159
《甲乙編》118・1 +117・43 +255・25 二 159—160
《甲乙編》118・11 二 160
《甲乙編》118・18 二 160
《甲乙編》120・51 二 161
《甲乙編》122・1 +122・19 二 161
《甲乙編》123・63 二 162
《甲乙編》126・40 +536・4 二 163
《甲乙編》127・22 二 163
《甲乙編》231・6 +71・6 二 144
《甲乙編》306・22 +《甲乙編》124・17 二 162—163
甲骨卜辭不同期、類、組用字差異 一 17,19,98,99,109,112,114,115,121,124,133—134,138—139,180—181,233,258—259,267—268,273,355,357,364,365,377,465,485—487
甲骨卜辭不同期、類、組字形變化 一 52,56,57,235—236,517
甲骨卜辭字序與語序不合 一 89—90;四 37
甲骨卜辭的語料性質 四 316—317
甲骨卜辭通讀 一 23
甲骨文 一 20,21,416;三 396—398;四 126,132
甲骨文文字排列不合語序 四 37
甲骨文中表意字形隨語言環境變化 一 388,416—419;四 36—37,121
甲骨文中使用重文號的例子 一 85,189
甲骨文中使用部分重文號的例子

—192
甲骨文中所見的農作物 一233—241
甲骨文中所見的農業生産工具 一241—247
甲骨文中所見的農業生産過程 一247—269
甲骨文分期斷代 一21—22,95,132,134,462—463;四278—279
《甲骨文文字學》 四279
甲骨文地名字往往加“山”旁 四32
甲骨文合文重複偏旁省略 一87—90
《甲骨文合集》 一21,23,461;三466,500,510,511,512;四275
《甲骨文合集補編》 一461
甲骨文字考釋 一22,464—465
《甲骨文字字釋綜覽》 一461—462
《甲骨文字典》 四276
甲骨文字典和文編 四276
《甲骨文字研究》 四277
甲骨文字研究情況 四277
《甲骨文字集釋》 一234,235,245,251,266—267,312,437;三413,473,500
《甲骨文字詁林》(《甲骨文字考釋類編》) 一22,462;三127,466;四276
甲骨文字彙 一22
《甲骨文字學綱要》 四279
《甲骨文字釋林》 一22;三473,499;四157,277;六235—236
《甲骨文例》 四279
甲骨文研究與自然科學的結合 一465—466
甲骨文重文省略 一85—87,90—91,154,189—193
《甲骨文通檢》 四276
甲骨文著録情況 四275
甲骨文第一、二期的劃分 一129—135,197—198
甲骨文第三、四期的劃分 一134
《甲骨文虚詞詞典》 四279
《甲骨文與甲骨學》 四276
甲骨文資料書、工具書的電腦化 一462
《甲骨文編》 一22,39,51,52,53,55,56,57,68,70,73,77,78—79,80,81,83,88,141,147,148,150,156,157,166,168,171,172,173,178,179,183,195,207,209,210,230,231,232,234,235,245,251,302,307,312,426,427,428—429,437,439,440,444,468,473,486,488,510;三413,421,439,466,472,500,510;四157,276;六248—249
《甲骨文簡明詞典——卜辭分類讀本》 四276
《甲骨文簡論》 四276
《甲骨文斷代研究例》 一21—22,23,97—98,99;三498;四278
《甲骨文斷代研究法的再檢討》 三

499;四 278
《甲骨上鑽鑿形態的研究》 四 278
《甲骨叕存》 四 277
甲骨語言研究 四 279
甲骨綴合 一 21;四 277—278
《甲骨綴合編》 四 277
《甲骨綴合集》 一 462;三 512;六 123—124
《甲骨綴合新編》、《甲骨綴合新編補》 四 277—278
《甲骨學》 四 276
《甲骨學文字編》 四 276
《甲骨學初論》 四 276
甲骨學的通論性著作 一 23;四 276
《甲骨學通論》 四 276
《甲綴》57 +《合》21035 一 474,479,481
甲溝 二 115
申之以子女,重以名埶(勢) 二 417
号(號) 四 78
田 一 248,253—254,538
田士 五 247
田去疾 二 159
田左(佐) 五 65
田告、告田 五 157
"田"的耕種者 五 197—198
田典 五 66—67
田官之長之下的丞 五 231
田官的編制 五 230—231
田卒 五 245
田租 二 16—17;五 240—244
田章簡 二 271—274
田嗇夫 五 44,45,62,65—67,104
田騈 五 280
田獵與農業 一 248—249
史、事、吏、使 二 473;四 47
史官 四 123
《史記》 二 196—198,200—205;三 70—71;四 359,361—362,364—365,370—371,385—387,400—402,430—446
史牆盤 三 6—17
《史籀篇疏證》 三 497
只 四 79—80
𠮚凡 一 125—126
𠮚(兆) 一 206,377,434—435,473,480,486—487,488,489,491—492
𠮚(肇)工(功) 一 492
同 四 314
皿 一 391—402
四支(肢)不舉 二 40
四月 二 107
四月庚戌受掾 二 118
四年春平相邦劍 五 71
四時舉 二 76—77
四節不舉 二 40
四聲分用 四 43
出 一 24,389;二 174,189
出土簡帛古籍在文獻學上的重要意義 二 312—317
出組卜辭裏的"丁" 一 132—133,135

生　三130
生止　二426
生而知之者　五313—315
生産之時　二265
失　二176,417
失〈夫〉　二173
矢　一28
矢數　二108
乍　一250
乍(作)龍、龍　一204—205
禾　一233
丘　二427
付　二154;六181—182
代　二150,164
代市　五86,87
代(伐)茇　二151
代郡農長　五233
白川靜　三500
斥免　二123
瓜(孤)　三88,95
分尹億疆　三11
台〈谷—欲〉　二373
令　二109
乏興　二217
乎　一316—317
用　一37,260
用作定語、狀語的"常"原來大都作"恆"　五340
用匽(燕)用寧　三91
用德　三162—163
用錢四　二117
用辭　一455,457,458
用龏(龔—供)王命　三102—103,111,119—120
册　三395
匄　一31—32,281—282;二205
匄、奉+方國或氏族名　一31—32,281
《包山楚簡文字編》　三512;四287
《包山楚簡・字表》　四287
処(處)　二408
外　二150
《外》263　一59
外傷或敷膏藥　二41,43
皮然　六122
邙陽　三215,227
氏(瓶)　二212
必　一51,52—53,55
必及　二416
主人與徒役之間的生産關係　五30
主管作造器物的嗇夫　五99—101
主管宗廟、祭祀等事的嗇夫　五102
主管畜牧的嗇夫　五78
市　二141;六277—281
市人　二158
市久　五88
市井　六279
市平　三341—342
"市"字印、"市印"　五88,89,90—92
市亭　五93
市庯　五32

市陽　　二12,13,108
市朝　　六279
市掾、都市掾、監市掾　　五85,104
市嗇夫　　五45,62,84—90,104
玄咎　　二473
半　　二133;三193—194,233
半記號字　　四54,55,57
半通、半章　　五55
疒身之"疒"的專字或"疒身"合文　一11,90
穴熊　　二559
它　　一207;二134,250;四90
它(他、駝)　　四79
永卪(孚)于寧　　三161,165
永盂　　三29
永盂"酉(奠)司徒"　　五189
目　　一98,99,180—181,465
"弗×有×"、"有×不其×"句式　　一326—327
"弗"改作"不"　　四356—357,450
弗美也　　二302
弗叚、不叚　　三112—113
弓　　一15—19,98,99,145—149
弘　　一186
弘(宏)魯　　三11
凥(處)　　二300
民　　三163;五143
民嗇夫　　五44—45,47
民復季子　　二280,315,332—333,455,516—517
民國的古文字研究　　三497—502
司　　一183,523—524,526
司空嗇夫　　五44,67—68,104
司馬令史　　二131
司馬聞(門)、聞(門)司馬　　三305—306
司徒　　六270—271
司(寫得像"占")　　一160,163,487
司禮義(Paul L-M Serruys)　　一463—464,465
司禮義(Paul L-M Serruys)"其"原則　一425,464,476—477
召　　二153;三111
召(招)　　二425
召亭之印　　五84
加强漢語規範化工作的必要性　　四249—252
疋　　三13
疋、足　　一354
"以人爲本"　　六221—222
以五十頌處　　三14
以/目　　一33,98,99,179—184,242,465;二260
以正之國　　二304
以功　　二129
以令取致　　二147
以此　　二304
以怒遂過　　二435
以鬈久〈書〉之　　二221
朮　　二446
母　　四88;六135
奴隸　　六259—267

圅(坎女或坎奴) 一83,90,203;四36
台 四77,82,312

六 畫

耒 一242—243
式、弋、試 一218—225,228—229
《式法》 二359—360
戎 一299;二115;四215;五9
戎生編鐘 三102—120
戎臣 五118—119
刑(形)名 四197—198
刑帥 三11
刑罰的來源 一5,6
𢦏 一5,306,357,479
邢 四69
邢臺南小汪H75所出卜骨 一432,434
寺工 五100—101
吉 三114—115,416—418
吉士、吉人 五147
吉辰 一165
《吉林大學藏古璽印選》 四289
吉金 三114—115,418
《吉金所見錄》 三495
吉德煒(David N. Keightley) 一464
考工 五99—101
《考古圖》 三493
《考古圖釋文》 三493
考古學對古文字學的促進 三503—506
老 一24
《老子》 二279—281,286,289—293,301—303,306—307,316,338—339,347—348,355—356,521—522;四449,450;五306—307,323—324
老子與尼采思想的比較 五343—349
老子對仁義的態度 二518
老子對孝慈的態度 二518—519
老子對忠信、正(貞或忠)臣的態度 二519
老子對戰爭的看法 五349—350
老(孝) 三158—159
𢦔(哉) 二253
共 二391
共工、供工 五100—101
共莫(墓) 二198
芑(應釋"范") 三363—364
权(𣪠/尌—樹) 一504—509;三127
李 一506
吹(訏) 三7
圩(盂) 三374
地下材料在先秦秦漢古籍整理工作中的作用 四378,405
臣 六260,261
臣妾(奴隸) 五15—16,17—24;六259
臣僕 二110
亘(宣)鐘 三352—353
吏、正、父老 二47

吏去署舉　二 75,76
㐭(簟)　一 389,491—492
西方普通文字學、語言學論著對漢字學發展的影響　四 263
西河農令　五 233
西周甲骨文研究　四 279
《西周甲骨探論》　四 279
《西周金文語法研究》　四 284
《西周青銅器銘文分代史徵》　四 282;六 37—40
西周春秋文字的正體與俗體　三 399—403
西周春秋時代字體的變化　四 134—135
《西周微氏家族青銅器群研究》　四 283
西周銅器銘文中不用"結構助詞""之"的例子　三 173
西周銅器銘文中有關"奠"的資料　五 188—189
《西周銅器斷代》　三 500;四 283
西皇　二 549—551
《西清古鑒》　三 494
《西清續鑒甲編》及《乙編》　三 494
西漢屯田制下官府獲取收入的方式　五 239—245
西漢官有農田的經營方式　五 238—250
西漢前期縣邑之市的三種管理方式　五 89—90
在丘奠　五 183
在表意字上加上聲旁造成形聲字來表示從這個表意字所代表的詞孳生出來的一個新詞　一 158
在京奠　五 183
在某(地名)田　五 155—157
在南奠　五 184
在敢(?)奠　五 183
百工　六 272,273
百石　五 50,51—52
百石士吏　五 54
百石嗇夫　五 52,54,84,99
百生(姓)　二 253;三 185—186;五 133—137
《百年甲骨學論著目》　一 462
百束帛　三 232
百涅　三 230
百眚(姓)　二 476
有₌(又有)　二 175
"有×亡×"、"亡×有×"句式　一 325—326
有(又)可爲領傷　二 186
"有亡×"句式　一 327—328
有方　四 365—366
有方一　二 113
有秩　五 50,51—54;六 276—277
有秩士吏　五 52,54
有秩候長　五 52,54
有秩嗇夫　五 52—54
有秩獄史　五 52—53
有害、亡害　一 210
有道之士　二 174

有爲、無爲　　二 381,383,385
而　　二 468
而不可既　　二 303—304
《亙先》和《太一生水》在宇宙生成論發展史上的意義　　五 341
《亙先》與《淮南子·天文》　　五 331—334
亙(亟)　　二 368;五 326—327,328—329,339—341
亙(恆)　　二 275
亙(極)先　　五 332—334
亙(極)氣　　五 334—335
𡈼(坎牛—坎)　　一 82,83,90,203;四 36
𡈼(坎犬—坎)　　一 83,90,203;四 36
夰(大)　　三 332—334
戍　　二 196;三 399;四 146;五 2
戍卒　　二 113,120
戍卒生病人數　　二 43
《列子》　　二 342—343
成父母,生我王　　三 155
成白刀　　三 239—247
成市　　五 92
成(城)陽　　三 236
成亭　　五 92
成都市　　五 89—90
成套卜辭　　一 535
夷僕　　五 114
邪　　四 87
至　　一 24,231
至(致)　　二 175
攷(考—巧)　　二 276—277
𨙵(代)　　三 227,231
此籍　　二 109
光　　二 142
早　　一 299;二 149,222—224;四 215
早期隸書　　四 221
吁悤(聰)　　三 454
曳(世)　　二 177
曳(應釋"臾")　　三 370
吕大臨　　三 492,493
《吕氏春秋》　　四 360,370—371,376
吕(鋁)　　一 282—283
吅(鄰)　　二 327,357
虫(蚩—害)　　一 210
虫(蟲)　　二 262
同一字的聲旁有繁簡的不同　　三 275,282,301,302
同一個字形表示兩個差别很大的語音　　三 19—20
同形字　　四 273
同音代替　　四 192—193
同義換讀　　四 273
《同源字典》　　四 171—187
因　　一 177—179;二 191
因親的依附者　　五 29,30
肉廿　　二 131
屵　　一 389
年　　一 233,234,238;二 245
朱歧祥　　一 464
朱提　　四 70
朱德熙　　三 501;六 102—103,183—

185, 186—189, 234, 235, 238—239, 240
《朱德熙古文字論集》 六 102—103
朱簡 三 495
卭(禦) 一 9—11
先 一 531;二 105,109,128,195
先王能(宏/弘)福 二 555
“先以……律辨告” 二 32
先其欲 二 508
先秦著作裏跟稷下道家精氣說很相似的一些說法 五 292—293
先聖與後聖,考後而歸先 二 361—364
廷 三 40
廷郄(却)書 二 30—31
休 三 18,107
伓(倍—背) 二 470
伏羲 二 546—551,559—561
《伏廬藏印》 四 288
伐 一 24,389
伐(伐祭) 一 1,152—153,284
伐羌之“伐”的專字或“伐羌”合文 一 11,90
伐(罰) 二 427
伐〈贊〉齊 二 203
伎 一 561
仲爯簋 一 382,386
任 四 76
任(多任) 一 32
任(男) 五 165—167
役 一 232
自 一 25,272,390,394;二 104,147,153;三 436;四 48
自言 二 131
自圃廿示 一 128
伊 二 469
伊(伊尹) 一 193
伊(抑) 二 477
𠂤(師) 一 24,26,301—302,390,427
𠂤(堆) 一 300—303
𠂤(堆)、殿 一 302
向上的“止” 五 4
向左或向右往往無別 二 276
向景潔 六 241
后 一 526;二 187,249,254
后(後) 二 407,422
后姚 二 171,180
行 一 24,25;四 69
行事 四 480—481
行草 四 141
行(胻) 二 263
行亭(行亭掾) 五 80
行書 四 140—141,142,205,228—229
行塞舉 二 73—75
㣔(衍—侃) 一 384,517—518
𠂢(脈) 二 176
舟 三 208,227,426
《合》6 五 11
《合》10 五 139—140
《合》12 一 437,438

《合》63　一 31
《合》101　五 180—181
《合》130　五 10—11
《合》133　五 10—11
《合》134　五 10—11
《合》136　五 6
《合》137　五 6—7
《合》137 +《合》13362 +《合》367　五 8—9
《合》174　一 61,62
《合》175　一 61,62
《合》389(《甲》2124)　一 497—498
《合》504　五 8
《合》506　五 8
《合》522　五 9
《合》525　一 4
《合》557　一 544
《合》568　五 10
《合》580 正　一 3
《合》581　一 3
《合》584　五 8
《合》591　五 10
《合》594　五 10
《合》627　五 9—10
《合》628　五 9—10
《合》633　五 11
《合》641　五 13
《合》651　一 34
《合》698 正　一 424—425
《合》709　一 473,477,479
《合》795　一 32
《合》808　一 544—545
《合》809 正　一 426
《合》838　五 11
《合》839　五 7
《合》842　五 11
《合》846　五 11
《合》849　五 6
《合》854　五 11
《合》856　五 5
《合》858　五 7
《合》860　五 12
《合》861　五 11—12
《合》869　五 11
《合》1773 正　一 372
《合》2246 正　一 535—536
《合》3218　五 11
《合》3255 正　一 545
《合》3410　一 307
《合》4242　一 61,62
《合》4283　一 62
《合》4284　一 61—62
《合》4630　一 528
《合》5812　一 26
《合》5929　五 10
《合》6057　五 6
《合》6159　一 31,32
《合》6480　六 244
《合》6482　一 331
《合》6664　五 13
《合》7092　三 1
《合》7182　一 437—438

《合》7790　一 537—538
《合》7861　一 531
《合》8677　一 31,32
《合》8818　五 11
《合》8979　一 61—62
《合》9520 至 9524(《丙》34 至 38)　一 363
《合》9544　一 76
《合》9557 正　一 74
《合》9558　一 74
《合》9559　一 74
《合》9560　一 9,74—75
《合》9563　一 74
《合》9565　一 74
《合》9574　一 74
《合》9810　一 75,76
《合》10132　一 545
《合》10372　五 12
《合》10976　一 501—502
《合》10989　一 32
《合》11153　一 144
《合》11154(《合》11155 同文)　一 144
《合》11408　五 180
《合》12450　一 273
《合》13002　一 205
《合》13422　一 424
《合》13426　一 424
《合》13652　一 9
《合》13668　一 9
《合》13740　一 9,10
《合》13753　一 479—480
《合》13754　一 482
《合》13871　一 475,480
《合》14220　一 31,32
《合》14407　一 9
《合》15665　一 43
《合》15943　一 34
《合》16241　一 61
《合》18384　一 437,438
《合》18400　一 75
《合》18866　一 528—529
《合》18867　一 529
《合》19662　一 31,32
《合》19817　一 273
《合》19923　一 400
《合》20024　一 281
《合》20029　一 10
《合》20412　一 372—373
《合》20485　一 321
《合》20624　一 250,266
《合》20961　一 320
《合》20972　一 332,333
《合》21052　一 319
《合》21056　一 18,26
《合》21370　一 329
《合》21661　一 26
《合》22072　一 18
《合》22315　一 531
《合》22913　一 25
《合》23602　一 67
《合》23803　一 424—425

《合》24347　一 530
《合》24440(《後》下 1·5)　一 497
《合》24457　一 537—538
《合》25747　一 165
《合》26682　一 498
《合》26979　一 8
《合》27021　一 204
《合》27145　一 166
《合》27281　一 65—66
《合》27387 反　一 165
《合》27415　一 66
《合》27459　一 39
《合》27625　一 66
《合》27781　一 504,508—509
《合》27972　一 80
《合》28000　一 65
《合》28011　一 10—11;五 177
《合》28012　一 547
《合》28089 正　五 172
《合》28090　五 172
《合》28091　五 172
《合》28203　一 75
《合》28420　一 205
《合》28422　一 205
《合》28603　一 18
《合》28605　一 330
《合》28716　一 333
《合》28905　一 529—530
《合》29092　一 251,254
《合》29654　一 330
《合》29802　一 66
《合》29990　一 204
《合》30173　一 165
《合》30282　一 66,366
《合》30297　一 9
《合》30394　一 65
《合》30693　一 65
《合》30990　一 367
《合》31021　一 40
《合》31199(《粹》845)　一 255,256
《合》31669　一 8
《合》31674　一 8—9
《合》32010　五 180,181
《合》32030　一 333
《合》32183　五 180,181
《合》32201　一 85
《合》32391　一 400
《合》33986　一 369
《合》35673　六 93
《合》36389　六 93
《合》36511　一 367
《合》36543 +《合》36542(《甲骨綴合集》256)　一 499—500
《合》36544 +《合》36541 +《英》2529 +《合》36547(《綴新》315)　一 496—499
《合》36567　一 528
《合》37893　一 498—499
《合》38115　一 165
《合》38231(《前》4.21.7)　一 528
《合》38633　一 400
《合》39572、《英》30 正　一 18

《合》41228　一 327—328,347
《合》41317(《英》2264)　一 65
合文演變爲形聲字　一 154
合體字　四 49—50,53,54
合體字偏旁既可左右並列也可上下相疊　一 300;三 217,273,277,303
合體表意字的一個偏旁改造成聲旁　一 150,198,353,357;三 416,436
斗(半)　三 24
㕛　三 77,79—82
兆　一 488
㕚(㓵)　一 209
兇　三 456—460,458—459,462,463
危方以牛　五 171
危方由　五 173
危伯柔　五 172—174
各(格)　一 24
各族同源的古帝王世系　五 259—264
𨒅〈逧—路〉　二 376
名部　二 199—200
名　二 489—490;三 423
《名原》　三 497
多　一 300
多子族　五 138—139
多小子　五 132
多田　三 129;五 153—158
多生　五 137—138
多臣　一 152;五 9—10
多形形聲字　一 170
多侯　五 153—158
多奠　五 185—186
肌　三 273
㠯(儿)　二 460
㠯(幾)　二 456—464
印　三 286
印文的排列方式　三 290
印、抑　二 176
《印典》　四 289
《印章概述》　三 288;四 289
㔻　三 182—183
旨　四 87
交　二 176
交(茭)　二 32—33
交〈室〉　二 374,378,452
亦紀先王之遊(由)道　二 438—439,481—482
丂(乂)　一 72,130,247
"丂(寄)"的讀音　一 524
市(宝)　二 216
辻(舞)　二 337
充足行弟　二 110
羊　三 410
羊(?屰?—逆)　二 251
并(幷)　二 205;四 41
米　一 237,254—255
州　三 410;四 90
守　二 27—28
守閣　二 122
守檄　二 133
宇(訏)誨(謀)　三 11
宅　二 135

穸(應釋“空”) 三 367
字中叔 二 140
字形所表示的本義與語言學上的本義往往不一致 一 144—145
《字的形、音、義》 四 262
字的兩側增添小點 一 39,52—53,56
字符(文字所使用的符號) 四 49,50,123
《字說》 三 476,479—480,495;四 417—418
《字樣學研究》 四 291
安 三 405
安世 二 154
安平大 二 303
安亭 五 81—82
安國本泰山刻石宋拓本的性質 四 208—209
安陽 三 213—214
安陽出土卜骨的時代 一 7—8
安陽後崗圓形葬坑的性質 五 1—2
安陽殷墟五號墓的時代 一 13—14
安陽(陽安) 三 219—220,228,231
《安陽新出土的牛胛骨及其刻辭》 一 7
安徽阜陽雙古堆一號漢墓出土《詩經》、《周易》、《倉頡篇》、《萬物》 四 448;六 257
《汗簡》 三 492;四 290
《汗簡注釋》 四 290
汝 四 87
次 二 117
聿 三 41,395,413
《那羅延室稽古文字》 四 289
弜(弘) 一 184—186
弜/弜(强) 一 186—189;三 417
弜 一 15—19,149,160—161,212
弛刑 五 246、247
弛刑士 五 246、247
弛刑屯士 五 246—247
“丞相少史充……移郡太守” 二 45
丞(拯) 四 62
收 二 115
奻 一 70—71
好 二 250
关(梠) 三 214—215,227
牟 四 91
牟(侔) 二 174
“糸”省爲“幺” 三 278
巡(應釋“迹”) 三 365

七 畫

辰 一 115,245—246
玕 三 275
《形、音、義》 四 262
形符 四 51,145,146,147
形聲字 四 34—35,51,52,54,57,99,119—120
形聲字中可以當作會意字來看的形旁及其聲旁 一 170,505
形聲字由少數變成多數 四 143—144

形聲字的形旁由甲骨文的其義“剴切”變爲小篆的其義“泛而不切” 一158
形聲字的聲旁兼起表意作用或會意字的意符兼起表音作用 一38,174,198,260,269;二391;三82
形聲字中在意義上跟此字有聯繫的聲旁 三283
形聲字的聲旁 四52
吞 二188
走 二159;四313
走(膝)里(理) 二178
赤 三419
孝悌忠信 六222
戉(攻) 二425
�(應釋“癸”) 三364
茉(應釋“芙”) 三363
苣 二129
芘(笓)筍 二266
艻 四68
茵(蔥) 三458
芰 一77—78,251
芟除草木 一249—257
克鼎“井寓(宇)匔田” 三427—429
克鼎“井逘匔人” 三433
《花東》391 一553,564
杇(杅) 三374
杅 二265
杜市 五86
杜亭 五81,82
李先登 一463
李建與精張諍田自相和從書 二525—526
李家浩 六239—240
李崇 二234—235
李陽冰 三492
李壽王 二121
李學勤 一21,22,462,464;三500,501
李學勤《論“婦好”墓的年代及有關問題》(簡稱“李文”) 一92,94,97,103
李學勤《關於𠂤組卜辭的一些問題》(簡稱“李文”) 一311,312,313
坋 四65
均 二147;三275,301
均(? 荀) 二418—419
車師後王狐蘭支 二235—236
更 三44
或 一109
酉 二145
否定形式的陳述句之後隱含一個意義相反的假設句 一331—333
邗(邛)亭 五82
夾(陜)亭 五81—82,91
求 一206,274—284
求奠 五187
求A于B 一282—283
抏 二188
折 一246,390;三414—415;四146
抓 四65—66
投刃 四315,327—328

抑　一 311—315,345—347
抑下之　二 176
“抑”的上古音　二 555—556,558
忎　一 70
巠(經)　三 107
巠(經)齊好祀　三 159
玆/緜(聯)　一 352;三 277—278,280—281,282
步　一 24;四 95
步(埠)、浦　四 180
卣　一 377,486—487
肖(趙)　二 409
里正可稱“正”　二 13
貝　三 231—232,248—250;四 253—254
貝塚茂樹　一 21,22,462;三 499
見　四 87
見事　一 448
見者嗇夫　五 59
見奠　五 187—188,192
見、溪二母與影母相通　三 145
“助”法　五 201
助制、徹制　五 199—201
取、且(沮)　三 16
甹(屏)　三 9
男　一 241,300;三 303
男子洎　二 184
困(混)　二 248
异(期)　二 459—462
足以　二 258
呋(笑)　三 374
吟　二 121
邑　一 300
邑嗇夫　五 62
別　二 143
別田令史　五 231
吳大澂　三 475—481,494,495,496,497;四 269,274—275,412—414,416—417
吳大澂的藏品　三 483—484
吳大澂對《說文》所收“古文”真實時代的看法　三 478—479,496—497
吳式芬的藏品　三 483
吳其昌　一 23
《吳越文字彙編》　六 121—122
吳雲的藏品　三 483
囟　一 377,486
罗　一 354—356;六 88
囧(冏)　一 396,398—399,401,402;四 314
告　二 104
告(造)　五 91
告妻　三 360—361
利害　四 244
私家所有奴隸的使用　五 22—24
私家徒役的產生　五 24—25
私橐　二 59
每(敏)以好寺(詩)　二 477
我、娥(宜)　一 277,278—281
我奠　五 185
兵内　二 153
兵〈與〉　二 195

伝(尸)　二 422
何　一 150,198;四 86
何叚(瑕)之不圖　二 433
佐　二 154,161
佐(嗟)子　二 265,269—270
攸　三 137
攸(修)　一 561—564
攸融盨　三 82
作土龍　一 204—205
作册般鼎　一 64
作臣　三 155
作身　二 263
作治　二 102
作配　三 154
伯　二 415
逃(過)　二 458
位/立(莅)　二 302
身得比(庇)焉　二 435
皁(應釋"早(皁)")　三 364
皂嗇夫　五 44,76—78
近衣强食　二 110
近斂(險)以幾(冀)遠福　二 421
役使流亡　二 65—66
余(餘)子嗇夫　五 60—61
佘　三 380
含(今)　二 481
㐭(甚)　二 477
坐　四 91
季(應釋"孝")　三 370
孚　三 80,81
肘　二 174
甸　一 124
甸　五 168,193—194
甸人　五 194
甸師　五 194
角　二 418
夆　四 68
犯(應釋"犯")　三 371
言(圁/圜)陽　三 221—222;六 209—210
"言"旁的草體寫法　二 208
亨　四 88
辛子卜貞　一 191
忘　二 115
"㐬"、"朿"的區別　二 194,242
夰　二 390—393
弟子　五 26—27
完　二 123
宋子　三 228
《宋元以來俗字譜》　四 290
宋代的古文字研究　三 492—493
宏　二 115
牢(大牢)　一 73,190
牢犬　三 139—140
汅陽　二 152
沌　三 377
沙　二 104
沙造中盜解傷　二 158
沙造(竈)　二 87—88,136
沂南陽都故城所出銅斧的時代　三 101
泛蘚　二 98

次(涎—羡)　三108,109
次(鮮)　三111
沈子它簋　一375;二555
沈培　一464
沉牛　一90
沉玉　一90
決　二162
決定一種文字的性質的因素　四49
淄(菑)　一264
冶　三237—238
冶匀嗇夫　五61
良渚文化遺物上的符號　四111—114;六283—284
礼(庇)　一178,364;五186
初仕賓《居延簡册"甘露二年丞相御史律令"考述》(簡稱"初文"、"考述")　二45—49,165,167—169
初吉　三86—87,95
初氣　五335
初師賓、伍德煦《居延甘露二年御史書册考述補》(簡稱"初文")　二165—169
宷　三226
穷鼎"奠田"　五189
迎　一54,55,59,64—67,256,366
君　二159
即　一24
屖(屎、屡/椉、㲄/彝)　一257—258;三167—171
改　一228;二116,421
改火　五358—371
岐(岐)　一207
卲(㸚—兆)　一431—434,487—488
卲各(格)　三118
邵好　三157—158
卲(昭)　三110
甬(痛)　二187
阮元　三494
孥　一92
飼(台)　一183
矣　二173
姊　二107
災異占　二313
災(應釋"秃")　三368
杏(沓)　一78—79

八　畫

奉(弄)　二391,476;四91
奉多卅六　二162
奉(逢)　二482
武　三18
武丁時期各組卜辭的用字習慣　一98—99
武市　五86,87
武功縣出土鼎　三23—24
武城　六99
武威旱灘坡醫簡　六256
武威漢簡《儀禮》　二317;四447,449
武威磨咀子漢簡　六256
武諱(闡)　二433
青川木牘　四206,284;六239

青海大通縣上孫家寨西漢晚期墓所出軍法　二313
青銅器銘文中器主爲之作器的對象可以是放置、使用器物的地方　三129
《青銅器銘文檢索》　三509,510,511
青(請)昏(問)　二350
青臂　二140
表示本義的後起形聲字以其初文爲聲旁　一171—172
表音字　四50
表意字　四34,50,51,118,119
表意字改成形聲字　四144
表意初文上加注聲符　一10—12,260;三28;四35
表意偏旁通用　一35,55—56,64,77,79,89,169,172—175,198,243,245,251,253,263,312,340—342,384,402,418,445,554—555;二173,448;三3,32,41,285,303,389,446
玩好　二417
弆　四308
長吏　五50,56
《長沙子彈庫戰國楚帛書研究》及《補正》　四288
長沙東牌樓7號古井所出B型"封檢"　二523—524
《長沙楚帛書文字編》　三512;四288
長臺關一號楚墓出土《墨子》佚篇　四447
劼　三113—114
者　二130,467
者(諸)侯之旅　三291—296
幸　二123,129
亞　三130—131
亞受鼎　一471
亞(虘—滹)駝(池/沱)　三320—325
其　一387;二156
其四傷淵　二146
取　二188;四91,143
取女子未嘗男子者[布]縣(懸)梟　二188
取(?)慈其　二125
邯亭　五81—82
直系旁系之分　五122
直(值)　二108
直(值)錢　二142
直符　二70—71,135
若不相悤(怨)則德无事矣　二432
《英》392　五7
《英》540　五5
《英》732　五7
《英》776　五10—11
《英》2262　一400
苑嗇夫　五44,49,99
范毓周　一464
苐(第)　二46,426
迣　二174
析　一246
枓(斗)　二151

坤(榼)　六 20—21
東平陸　二 112
東武市　五 86,87
《東周與秦代文明》　三 289
東皇太一　二 546—561
東夏　四 469—474
叀、于　一 168,339,367
臤(賢)　二 477
或　二 489
或(國)　一 144
事　二 162,254;三 378
刺　三 377
刺、策、棗、棘　六 104—105
敝(蔽)　二 540—545
兩　四 91
兩行　二 52;六 252—253
《兩周金文虛詞集釋》　四 284
《兩周金文辭大系》　三 473,498;四 282,283
兩胠箭急　二 40
兩脅裹急　二 40
兩啻(帝)　二 195
兩聲字　二 357;三 356
兩罍軒　三 483,485
雨　二 273
"雨"字公用　一 192
林巳奈夫　四 290
林(木—生)月　一 338—339,342
林澐　一 463,465
枒　四 83
枚　二 143
坪(平)　三 52—54,356
邵(槖)　二 118
《奇觚室吉金文述》　三 495;四 280
來　一 233,238;二 321—322
拉雜　四 162—164
拂、擎　三 412
炁(愛)　二 488
"戔"之變體　二 354—355
㚢　五 131
㚢見　三 12
非王卜辭、非正統卜辭(王族私家、多子族、嬪妃、附屬子組等卜辭)　一 7—8,21,96,125—126,463
非常室　二 84
非常屋　二 83—84
非問句的命辭　一 331—334
非德伐回　二 430
叔　一 69;二 147
叔弓鐘　五 111,113
肯　二 132
肯予　二 116
卓　一 299;四 215
虎臣　五 116—118;六 268
虎圈嗇夫　五 48,99
《尚書》　一 70,159,217—219,225;三 48—49,163—165;四 378—380,382—383,387,396—398,405,408—409,412—416
怵惕　二 174
怵(訹)　四 59—60,314
《性自命出》簡 34—35　二 337—338

《性自命出》簡48—49　二327—328
昊(皓)炤(㶒)　三12
果　一30
果(戈)　三350
果辭　一455,457—459
呵　四66—67,84—85
昃(昊)　一150,198,420;三436;四144
昌　一78;三332,422—423
明　三410
明心　三107
明、來二母的關係　三28
《明後》2599　一552,564
明德　三156
明、曉二母互通　一399
明、幫二母的關係　三63
易　一46
易牙　五379—380
"易卦"問題的研究　四279—280
易亭　五81—82
《易繫辭》"大(太)恆(亙—極)"　五331
炅(熱)　二38;三373;四372—373
昆陽乘輿鼎　五73
昆、黽〈龜〉　二374
畀　一27—35;三377;四41
典、典册　三395
典(應釋"與")　三366
号(號)　三371
忠　三226
囨(囿—域)　二300
固/㕚(占)　一377,425,434—435,485—489
囦(葬)　一112
㕚(田口—固曰)　一485
帔(被)　三369
刚(剛)　三127,128
岡(剛)　二253—254
牀麃啬夫　五61
狀　二139
峕　三430—432
岩　四144
制　三414—415
制轅田　五34
垂革(棘)　二419
乖伯簋　一225
《季木藏陶》　四288
秆(稈)　三381
"和而不同"　六221
和同　三446
和(應釋"私")　三364
秏(應釋"秏(耗)")　三367
牧　五160—163
牧其巻(倦? 患?)　二508—509
物(勿)擇(釋)　二178
物極必反　五349
㸬/犂(勿牛—物)　一140—141,143—144,154,244—245
秉(梨)　一255—257
秉(應釋"椿")　三365
侍　二176
侍子　二237

佴(恥) 二 410
使 二 426
使動(致動) 一 25,26
侑(友) 二 431
𠕁(冊) 二 481
侃 一 383,384—386
侊(應釋"佚") 三 367
佼 三 378
依附私家爲徒役的目的 五 27—28
佯 四 95
刵(劓) 一 1,29
帛 二 54
帛和紙上的文字 四 129—130
卑爰壴 二 236—238
阜 一 302
侔 四 91
衍(道) 二 275—276
迈 三 233
所 二 149
所由(由) 二 106
所乘 二 112
舩(船) 二 107,113,156
郱 三 207,226—227,426
舍人 五 30
金 二 185;三 407;四 199,313
金文 三 396;四 126—127,132
金文工具書 四 281
金文文字考釋 四 282
金文的分國斷代 四 283—284
金文的通論性著作 四 280—281
金文的著錄情況 四 280
金文的語法研究 四 284
《金文通釋》 三 500;四 282
《金文詁林》及其《附錄》與《補》 三 473,500
《金文編》 一 54,77,147,149,169,183,382,383,447,489;三 413,439,466,472,500,510;四 157
《金文總集》 三 510;四 280
《金文叢考》 四 282
《金文續編》 四 285
《金石大字典》 四 275
金〈全〉 二 430
《金枝》 五 363—365
金祥恆 一 465
命意 四 247
命辭 一 310
命辭使用問句的時代 一 334
斧 二 149
受(應釋"爰") 三 365
肱 二 392
服 二 203
服約 二 19—20
肣=詘=(肣肣詘詘) 二 186
"肣肣詘詘"與"譆譆出出" 二 186
朋 四 254
周代宗法制度的實質 五 125—126
周行而不殆 二 298;五 347—348
周(舟) 二 417
周谷城 六 204
"周秦印" 四 13—14
《周原甲骨文綜述》 四 279

周得火德說　二 503
周祭　五 122
周穉季　二 163
曶鼎的"衆"　五 144
忽然　二 263
忽穆　三 22
臽　一 83
咎　一 284
炙　二 185
狗一不入籠　二 143
狗(姤/遘)麗(羅)　二 262
昏　一 355—357
昏者,男之精。將旦者,女之精。積吾精以養女精　二 178,224
昏(問、聞)　二 466
邸　二 57,58,60
邸(祁)連廄　二 81
邸閣　二 57—58,60—61
迒　一 56—57,62—64,66
匋　一 105
訁　二 393—394
京師的衛卒和郡國的卒　五 245
享　四 88
享、亨、烹　一 399
府官　二 262
府移舉　二 77
府嗇夫　五 60
夜　二 163
夜(舉)爵　二 535—539
卒　一 362—376,495;二 159
卒人　二 105—106
卒入　一 160,161,374—375
卒犬亡災　一 374,376
卒至于　一 372
卒兵舉　二 75—76
卒債舉　二 77
衣/𧘝/爰/袁/睘(擐)　一 169—171,176
𢎿(䛒—辥)　一 182—183,523—525
𡊿　一 115,230
於　二 466—467
於王既正(征)　三 447—449
於越　四 72
刻　二 110
並酒　一 216
並(傍)　四 77
沬　一 359
《法言》　四 489
法物滋章　二 306
《法律答問》"縣少內"　五 98
沽　三 273
河市　五 86,87,91,92
河亭　五 81—82,91—92
河渠卒　五 238
泪　三 374
泆(應釋"決")　三 368
泭(桴)　二 265
波勢　四 137,222
波磔　四 222
注　一 358—361
泌　一 58—59
治　二 219

治決言　二31
治學的三種精神　六215
宗("新宗"、"舊宗")　一64
宗子　五204—208
定陽市丞　五89—90
定縣漢簡　六256
宕寐　二474—475
官　二157
官田臣印　五78,211
官有農田上是否使用官奴婢的勞動　五249—250
官有農田的經營　五210
官嗇夫(吏嗇夫)　五44—45,47,50,54,57,59,61,62,64,78,99—105
官裘　二128
官職　二129
官醫　二42
宜侯夨簋　五111,120,146—147,188
宓　一54—55,60—61
肩　三379
肩水金關所出張掖都尉棨信　四207
祇　三217
建　三39—42,109
《建國以來甲骨文研究》　四276
門塾之制　一300
肙(尹)　三274
居士　四255
居延　二127
居延瓦因托尼所出食簿簡中與屯田有關的官吏名稱　五225—228
居延水丞　二139
居延田官　五223—224
居延倉掾　二140
居延將田　五228
居延農　五219—221,229
居延農官的命名　五225—229
居延農都尉　五217—221
居延漢簡　四206;六255
居延漢簡《相刀劍方》　二313
居延屬國都尉　五221
居、踞　四182
《居》52·50+52·18　二215
《居》63·12+188·21+194·11　二215
《居》101·7+101·3　二215
《居》162·2+162·7　二215
《居》193·11B+193·27B　二214
《居》222·6+222·7+222·8　二213
《居》239·83+239·85　二214
《居》244·12+244·14　二215
《居》306·22+124·17　二213
《居》346·14+346·17　二215
《居》387·11+339·29　二215
《居》393·6+393·10　二214
《居》485·1+485·20+485·14　二215
《居》506·2　二212—213
《居》523·15+521·3　二214
《居》552·3+552·4　二212
《居》561·10+561·21　二215

《居》5200　二 54
《居》9588　二 78—79
《居甲》156　二 117—118
《居甲》383(《甲乙編》55・11＋137・6＋224・3)＋《居甲》385(《甲乙編》55・13 等)＋《居甲》393(《甲乙編》55・23)　二 136—137
《居甲》1560　二 42
《居延新簡》EPT56:120　二 226
屈　四 201—202,351,360
忌(悱—肥)竉(磽)　二 475—476
弦　三 416
晵(侑)　三 143—144
邵與　三 216,228
承苣　二 148
承租者　五 241—245
《孟子》　二 385—388;五 268
孟簋　三 1
亟　五 327—329
亟獄逭(桓)慕(謨)　三 12
函　四 171—172
函鐘　三 50,52
孤　二 102,110,145
阿　三 213
沓　一 78
姑婦　二 178
婀㠯爵　一 524—525
婀/始/娼/娶/瞏(姒)　一 183,523—526
弩　二 137—138
始　三 301
始市　五 87
甾(應釋"畓")　三 369
㣇　一 274

九　畫

《契文舉例》　三 496;四 277;六 41—47
春　一 340—341
《春秋事語》　二 25—26,401—403;四 447
《春秋事語》"吳人會諸侯"章　二 423—424
《春秋事語》"吳伐越"章　二 430—431
《春秋事語》"伯有"章　二 414—416
《春秋事語》"宋荊戰泓水之上"章　二 427—430
《春秋事語》"長萬"章　二 425—427
《春秋事語》"晉獻公欲得隨會"章　二 412—414
《春秋事語》"晉獻公欲襲虢"章　二 418—420
《春秋事語》"殺里克"章　二 403—405
《春秋事語》"齊桓公與蔡夫人乘舟"章　二 416—418
《春秋事語》"魯文公卒"章　二 410—412
《春秋事語》"魯莊公有疾"章　二 431—433
《春秋事語》"魯桓公少"章　二

424—425
《春秋事語》"魯桓公與文姜會齊侯于樂"章　二433—436
《春秋事語》"衛獻公出亡"章　二420—422
《春秋事語》"燕大夫"章　二405—408
《春秋事語》"韓魏"章　二408—410
春秋時代私家的兩種臣　五24
春秋戰國各系文字使用"視"之表意初文的情況　一447—448;二277
奏(走)　二183
奏于庸作　三175
邢　三7
赴　四92
《封診式》"少內某"　五98
封〈對〉　二197
政毋忘所訇(始)　二510—511
哉　二263;三364(應釋"戈"、"戋"、"我")
壴　一231,506—508
某一字由於常用來表示假借義或引申義,被加上一個表意偏旁,分化出一個以它爲聲旁的形聲字來表示其本義,而加上去的表意偏旁與原字的一個偏旁重複　一144,506;二392;三411,419,421
"某里某"印文　五95—96
耶　一55,157
耶　四87
邙(邢)　三7
茦(葉)　一30;二211
著(應釋"衰(蓑)"或"裝")　三364
草書　四20,139—140,205,207,224—227;六106—107
《草字編》　四158
莒平鐘"聞于夏東"　四471—472,473
茈　一490
莌(蔥)　三457—458,459,463
茡(莩)　四314
《荀子》　二364;四386,410—411,450,452—453,466
茭　二107,117,139,140,151
葬　三380
茲　三365
故　二101,375,380—388,510
《故宮博物院藏古璽印選》　四288
故畫于(盂)三　二151
胡　三217,273
胡光煒　一22
胡厚宣　一22,23;三499;六203—205,229,230,232
胡國的地望　三36—38
胡適　二334
胡樸安《中國文字學史》　四273
剋(勊)　三380
柄、秉　四178
相　三446
《相馬經》　二313
柙(榼)　六19—21
枳首　四70—71

柞　一 250—251
柞鐘　五 194
柎(胕)腫　二 183
柲　一 51—67；三 17
柱　二 187
枷(架)　四 60，78
城　二 138
城市　六 280
軌(應釋"軌")　三 370
剌(厲)音　三 352—353
戜(苛)物　二 305—306
欨　三 421—422
《要》1 行　二 242
《要》6 行　二 242—243
《要》7 行　二 243
《要》8 行　二 243—244
《要》9 行　二 243，244—247
《要》10 行　二 243，246，247—248
《要》11 行　二 243，246，248—249
《要》12 行　二 244，246，249—250
《要》13 行　二 246，250—251
《要》14 行　二 247，251—252
《要》15 行　二 246，252—254
《要》16 行　二 254—255
《要》17 行　二 255
《要》18 行　二 255—256
《要》20 行　二 245，247，256—258
《要》21 行　二 247，258—259
迺　一 487
南　二 120，146
南行昜(唐)　三 209—211
南宮柳鼎　五 194，199
南鄉之市　五 86，87
南鄉、中鄉　五 90
"咸某里某"印文　五 94—95
咸亭　五 82—83，95
咸陽亭久　五 82
咸陽亭　五 92
研、硯　四 178—179
忥〈忞—快〉　二 376
奎(應釋"窒")　三 368
㦰方鼎　三 3—4
㦰和彔、伯雍父的關係　三 34
㦰簋　三 33—38
殄北　二 156
持　二 129，131
持(榯)　二 263
挏馬酒　三 461
挏馬農丞　五 234—235
挑法　四 137，222
指　四 87
疴　一 441
皆　二 467—468
皆多冒亂　二 108—109
貞(鼎)　一 147，390；三 438—439，470—471
卣　一 269
背　四 80，90
虐　一 81—82
《恆軒所見所藏吉金錄》　三 476
覍(弁)　三 381，445
省　三 377

省卒　二 158
削　三 392
是　二 97—98；四 46—47
昃　四 68
則　三 182，379，407
明卣　五 206—207
朙(明)　二 477
曷(實爲“鞶”字異體)　三 366
畏妻　三 359—360
胃　四 90—91
胄　三 2
思(使)　二 445
畇(允)　六 210，211
品　二 148
品約　二 160
罷(麋)　五 206—207
骨面刻辭　一 155
姕(葬)　一 125，126
幽、侵對轉　一 488—489，491
段玉裁　四 306—308
看　四 241
矩　三 438
《香港中文大學文物館藏印集》　四 289
秏　二 16—17
秋以令射長吏雜試　二 122
重文號開始使用的時間　一 193
重命　二 533、534
重傷　二 428
牲　一 10，88，336；四 37
竽　一 46—47
俠(夾)椎　三 388—389
保　二 35—36；四 47；五 33
俗體　三 394；四 132，133—134，135，138
俘　六 259
俛　三 381
迄(路)　二 488
係　五 72
係詞“是”的産生時代　四 45—46
侯　五 164—165
侯田　五 153—158
“侯、甸、男、衛”由職官名演變爲諸侯名稱　五 167—168
侯官　四 71
侯高　二 151
侯馬盟書　三 402—403
皇　三 378
皇(黄)屋嗇夫　五 102
泉　三 255—257，379
泉(錢)　二 157
鬼新(薪)　二 127
禹的傳説　五 256—259
帥　四 41
追　一 24—25，390
衍　一 378—386，516—518
衍、永　一 382，384，386，516
律　三 40
後來的隸書對馬王堆一號漢墓遣册草書式寫法的繼承和改造　四 21—22
《後漢書》　四 367—368；五 54—55

彤(尋)　三 378—379,435—436
俞　三 207
食　一 55—56;四 92—93,143,390—391
爰書　二 104,105
爯(稱)　三 25
采　一 268—269;二 480—481
采(采)　三 372
受奠　五 187—188
受　一 38,390;二 101,122—123,125,131,135,139,140,145,149,210;三 82,437
受亓(其)求　二 420
受、授　四 182—183
受遣　二 131
逃　一 490
瓴(應釋“瓮”)　三 369
叟、兇　三 455
胠　二 173;三 365—366(應釋从“肉”“谷”之字)
風　二 273
負　二 221
《急就章》“樽榼”　六 21
《急就篇》　四 139,225—226
盈川　二 111
豣　三 272
軍　二 407
軍情簡　二 33—34
訃　四 92
哀悲　二 302
亭　二 102,144,166—167,210
亭久　五 83
亭市　五 93
亭印　五 83—84,90—92
亭卒　二 111
亭候　五 97
亭掾(都亭掾)　五 79—80,104
亭嗇夫　五 44,79—84,85,104
庰　三 375
度　三 302—303,378
庭西户　一 303
迹　二 429;三 365,390—391
音氣　二 177
音符　四 50,51,52,118
帝　一 272,520—522
帝(嫡)　五 122—124
帝(嫡)子　五 126
斿　一 389
盄　一 391—403
洗　一 532
洫(溢)　二 262
洀　三 207—208,227,426—427
洚(隆)强　二 175,189
洲　二 392;四 90
美亭　五 81,82
桊、卷、豢　二 93—94,138,226—228
送　二 133;三 453—454,462
前　二 164;四 86
《前》4・34・1(已拼入《合》25937,《合》23064 同文)　一 67
前日　二 147
前言解　二 30

首、頁　一 491；三 157
逆　一 231，271—272，273
逆祀　一 270—273
逆衍（延）　一 386
逆鐘　五 108—109，131，202—203
炷（應釋“責（積）”）　三 368
宣　二 116
宧　四 310
室（節）性　二 378—380，452
突　三 276
客　三 293，294
宰（小牢）　一 73，190，198，203，388；四 36—37
宷（宷—審）　一 439
洊（應釋“游”）　三 368
柒（應釋“桼（七）”）　三 366
扁書鄉　二 115
扁（篇）　二 260
神　三 160，182
祝　三 174—175
祝譜（詛）　二 204
祇覞　三 11
《神烏賦》　二 261—270，313，324—325
門　四 144
韋　二 154
眉　一 30
盄（淑）　三 118
弢/弢　一 148—151
蚉（害）　一 206—211
胥靡　六 261
登（登）　一 148，150
癸　三 379
癸子卜　一 87
柔、揉、鞣、肉　四 173
柔遠能邇　一 173
矜　二 327；三 377；四 60—61，81，307，428，429
陷（阢）　二 461
降　一 24
降民　三 153
降亭　五 80—81
悬（侮）　二 433
畓田　一 263—264
枲　二 54，108，155
枲（枱）　三 214—215
約　二 54，110
約至春　二 120
紈（環？）　二 264
姘　三 7
姚　一 489—490
姚孝遂主編《中國文字學史》　四 273
姚孝遂、肖丁《小屯南地甲骨考釋》　一 406—408，412—413

十　畫

耕耘　一 263—267
秏　三 257
馬　三 305，404—405，407
馬王堆一號漢墓發現以前的西漢文字資料　四 7—8
馬王堆一號漢墓隸書字體的特點

四 8—10
馬王堆《老子》乙本卷前古佚書　二 25,313;五 271—278
馬王堆《老子》乙本卷前古佚書並非《黄帝四經》　五 308—312
馬王堆《老子》甲本卷後古佚書　二 313;五 271—278
馬王堆所出講房中術的簡册　二 313,317
馬王堆帛書　四 207
馬王堆帛書中講經脈、導引、養胎的書和五十二病方等醫書　二 313,317
馬王堆帛書《老子》　二 314,316;四 381,447
馬王堆帛書地圖　二 313
馬王堆帛書《周易》及《易傳》　二 317;四 447,449
馬王堆帛書《繫辭》　二 314;四 406
馬王堆遣册和講養生之道、房中術的簡　六 256—257
馬矢槖　二 87
"馬那"與"精"、"精氣"的關係　五 299—302,321—325
馬邑市　五 86
馬承源　六 200—201
秦　二 195
《秦文字類編》　四 286
秦代的亭的性質　五 90—97
秦代官有農田的經營　五 210—212
《秦代陶文》　四 285—286
秦代嗇夫的品級　五 56—58
秦印　三 286
秦系文字研究　四 284—286
《秦金石刻辭》　四 285
《秦律十八種》簡 77—78　二 221—222
《秦律雜抄》"工擇榦……而貲工曰不可者二甲"　二 220—221
秦國文字中的正體與俗體　三 408—410;四 136
秦國陶文　四 13
《秦漢瓦當》　四 285
《秦漢瓦當文字》　四 285
秦漢文字對於研究古文字的作用　三 513
秦漢之際楚漢相爭時的璽印　三 289
秦漢石刻文字　四 207—211
秦漢印章文字　四 211
秦漢印章中篆書的風格　四 216
秦漢金文　四 211
《秦漢金文錄》　四 285
《秦漢南北朝官印徵存》　三 287—288,289
秦漢時代的嗇夫　五 64—106
秦漢陶文　四 211—212
《秦漢魏晉篆隸字形表》　三 363—393;四 157,286
《秦銅器銘文編年集釋》　四 285
秦篆裏的簡率寫法與古隸的比較　四 15—18
秦簡　六 253—254
秦權量詔文　四 14—15

辱　二 264
辱尤　二 435
素　五 90—91
《素女妙論》　二 317
《素問》　四 372—373,369—370,376
耆夜(舉)　二 538
耆弱　二 97
扰(堯)　二 476
耿鑒庭　六 190
茝　二 231
茝(芷)陽少内　五 99
茜　六 26
莫　一 73,506;二 130,392;三 411;四 90,143
莧　二 173
莨(? 莛?)　二 248
《莊子》　四 362—363,376,392,492;五 338—342
荷　四 86
荼(茶)　四 63
莩　四 92
桐　一 36,478
桐(桶)　二 141
《桐鄉徐氏印譜序》　三 497
栒　三 207,427
格伯簋　三 31—32,80—81;五 194,199
格物　五 313—320
梠(机)　二 460—461
垸　二 178
恐　三 275
連劭名《甲骨刻辭中的血祭》　一 392—393,394,397
叀(敷)　三 147—148
鬲(繫)　五 120;六 262
弄(聂—登)　一 198,203,388,416—417;四 36,121
真　二 158
真書　四 142—143
軌(輪)　三 110
索　二 104
夏人姒姓、殷人子姓説的起源　一 525
夏代文字　四 114—115
夏含夷(Edward L. Shaughnessy)　一 464
夏〈憂〉　二 197
破城子出土簡文所見農官名　五 228—229
原　四 90
原始文字　四 25,103,266
原始社會晚期的記號　四 25—33,107—114
勑(敕)　三 374
柬(範)　三 19
匽　三 356
逐　一 24—25,390,417—419
剢(椓/斀/劅)　一 4,5—6
𠂤　一 553,559,560,565
振　二 175;四 91—92
捂(梧)　三 374
捕捉他人的逃亡奴隸　五 21—22

捄(救)　三 374
致　二 79—81
致物　五 315—319
致案　二 109,111
晉公戈　六 98—99
晉侯邦父　三 75—76
晉侯斷　三 71—73
晉侯墓地概況　三 67—68
晉侯粈　三 73—75
晉侯穌　三 68—71
晉侯蘇鐘　三 97—100
晉國　二 199
晉國青銅器鑄造陶範或陶模　三 403
貣、貸　四 182—183
卣　一 231—232
㶣卣　一 409—410,414
虘　二 487
鬲(柬—衛)　三 50—52,353
眛(應釋“眛”)　三 365
時　二 120;三 275
時出古此〈古=(故,故)出〉□=〈事,事〉出政　二 509—510
時兵《也論介詞“于”的起源和發展》　一 550,545
《晚周繒書考證》　四 288
晌　一 124
晏　二 125
《晏子春秋》　二 315;四 304—305,380,381,387,405—406,449;六 278
朋　一 157
財　二 135
畢已　二 122
畢陰　三 233
罢　二 327—328,357
罝(罦)　一 174,175
罝　四 144
罣　一 359,361
盄　一 357
圂(宜)　一 465
剛　一 55,189
將　二 139,191
將田己部右候　五 236—238
敳　一 389
敳氏家族銅器　三 16
眚/省　一 341
眚(笙)　一 44
缺　二 187;三 377
氣/槩/餼　三 381
造　四 240
造(簉)車　六 98
乘　二 109,162
租佃關係　五 33—37
秩庶士　五 54
秝(應釋“麻”)　三 370
秘器　六 3
秺　一 240,265
𩲃(魏)　三 196—199
笗(筲)　三 21
望(叏/圾/□/□/㙬/里)田　一 114,258—262
倴　四 91
倒寫或側寫某字或某字的一部分

一 231,252,253,272
俿(俿) 三 381
俚 一 167—168
脩成 二 232—233
脩故亭印 五 84
"脩"譌作"循"之例 二 233
候史 二 137
"候粟君所責寇恩事"册 二 29—33
倪德衛(David S. Nivison) 一 464,483,484
倪德衛(David S. Nivison)《問句的問題》(簡稱"倪文") 一 310,329—330,334
俾敀 二 445—447,541
俯 三 381
倍 四 82
徣(遣) 一 79,381
復(退)田 一 262—263
師 四 91,98
師旂簋 五 114—115
師晨鼎"邑人" 五 189
師晨鼎"奠人" 五 189
師𩛥鼎 一 459;三 18—20
師瘨簋蓋 三 399—400
師𩛥簋 五 115
射 一 150
射(舍) 二 367—370
射牲 一 151
射(斁) 三 78—79
息 二 114
臬(臬) 三 382
徒 六 270—272
徒役 五 15—16,24—29,30,42
徒衛 五 115
虒(嗁/啼) 二 185
徐中舒 一 23
徐同柏 三 494
徐通鏘 六 202
徬 一 114
狢 三 356
《殷卜辭中所見先公先王考》及《續考》 四 277
殷人尚白馬 一 305—307;二 502
《殷代貞卜人物通考》 一 112,230,231,260
殷民六族、殷民七族 五 132
《殷周金文集成》(原名爲《商周金文合集》) 三 466,500,510,511;四 280
《殷周金文集録》 四 280
《殷周青銅器通論》 三 471;四 281
《殷周制度論》 四 277
《殷契卜辭釋文》 一 23
《殷契佚存考釋》 一 23
《殷契粹編》及其《考釋》 一 23,256,272;三 473,498;四 277
《殷商貞卜文字考》 三 496;四 277
《殷虚卜辭綜述》 一 15,23,25,133,231,234,240,241,260,264,268,299;三 474,500,501;四 276,279;六 85—96
《殷虚文字乙編》 四 275
《殷虚文字丙編》 四 277

《殷虚文字甲編》　四 275
《殷虚文字記》　一 22；三 473，499；四 277
《殷虚文字綴合》　四 277
《殷虚文字類編》　三 500；四 276
《殷虚甲骨刻辭的語法研究》　一 25；四 279
《殷虚書契考釋》　三 497；四 277
《殷虚書契》前、後、續三編　四 275
《殷墟卜辭研究》　一 135，214，235
《殷墟卜辭綜類》　一 230，272，299，350，351，354，365，397，430，461，470，504；三 473，500，510，511；四 276
《殷墟王卜辭的分類與斷代》　四 278
殷墟五號墓所出有銘玉戈的時代　一 14
殷墟甲骨卜辭的否定詞　一 387
《殷墟甲骨卜辭語序研究》　四 279
《殷墟甲骨分期研究》　四 278
《殷墟甲骨刻辭摹釋總集》　一 350，351，354，381，528，545—546；四 276
《殷墟甲骨刻辭類纂》　一 351，354，359，378，381，394，395，411，426，430，450，451，461，469，470，477，481；三 62，510，511，512；四 276；六 64—81
《殷墟甲骨斷代》　四 278
《殷墟青銅器》　四 283
《殷墟發掘》　三 471
殷曆月長和大小月的配置　一 495—503
《殷曆譜》　一 22
《殷禮徵文》　四 277
《殷彝中圖形文字之一解》　三 498
舨〈般—服〉　二 3
般〈股〉　二 174
航　六 122
途危方　五 171—172
畣（答—合）　三 446
倉　二 106，114，119
倉嗇夫　五 44，45，75—76
倉頡造字說　四 3—4，103—104
逆　三 366—367
翁　二 114
針　二 392
針灸　二 43
殺　一 252，274—275
“殺首子”的資料　五 373—374
殺首子與獻新、嘗新　五 375—379
逍　三 462
斋（幣）　二 488
郛（埒）　三 233
豻　四 85
島邦男　一 461，465，466；三 500
胱　二 263
肪　二 108，150
脂　三 276—277
脂、微二部通假或合韻　二 462—463
脂微分用　四 43
“嘏晋”與“爯册晋”　五 173
旬（耘？均？）　一 266
芻　一 536；二 528；五 6，162，180
芻稿　二 13，17—18，528

卿(饗) 一 24;三 154—155
卿(嚮)民 三 154—155
冣(應釋“最”) 三 367
崟 一 52—53,59—60
託其名 二 351—352
《訓詁學》 三 468
記有古史傳說的四種新出土先秦文獻 五 254—256
記名金文 三 398—399;四 114
記號、記號字、半記號字 四 50,52—55,58,100,118,146—148
訊(迅)圉 三 9
畝 二 118,158;三 370(應釋“畛”)
高 二 124
高市 五 86,87
高安(或釋“高女(奴)”) 三 220—221,228—229
高(多高) 一 408—410,412,414
高妣 一 410
高妣己、高妣庚 一 412
高何齊 二 157
高祖 一 410
高祖乙 一 410,412
高嶋謙一 一 464
高顯冢塋 三 327
庫佐 五 69
庫嗇夫 五 44,45,60,61,62,68—74,85,99,104
庚(庚—瘦) 二 33
座 四 91
病頭痛 二 121
疾(應釋“瘻”) 三 365
疾 一 474
唐 二 21
《唐代石刻篆文》 四 286
《唐虞之道》 二 365—367,370—371;五 254—255,265,266
唐鈺明 一 464
唐蘭 一 22,23;三 466,499,500,501;四 275;六 191—194
唐蘭《中國文字學》 四 261,265
《唐蘭先生金文論集》 四 282
旁 一 231
旆 三 349
旅其族以犯尚民之衆 二 432
旅(旅人) 三 291,292,293—296
茲(應釋“茲”) 三 365
衰 四 90
畜民 五 145
害 一 209—210
害簋 五 114,115
宧 四 310—311
家(瑕)陽 三 214,227,230
家嗇夫 五 104
宵 三 276
宵、談對轉 一 488—491,494
容 四 240
《容成氏》 五 255—256,264,265,266
容庚 一 23
容(諛)行 二 435;三 194
窕(宛) 二 173

窌　四 64
宰　二 411—412
寑/寯(寢)　一 552—553,557
美(﹝羊﹞)鈇旅鉨(璽)　三 291,292
羍　一 140,154,389
"羍(騂)鼻"合文　一 29
敉(養)　二 375
瓶、鈚—錍　六 16
粉(芬)放(芳)　二 175
益　三 233;四 90
益(溢)　一 144;三 411,419
兼(應釋"雙")　三 367
朔力農長　五 232
朔方農都尉、"朔農都尉"　五 214—216
酒　二 188
酒泉農都尉　五 214—216
涉　一 24,420,489—490;四 146
涉獵　四 164—168
流　二 174,194
浸　二 106
浸=熇=(浸浸熇熇)　二 186
祖　三 373
被收養者　五 29,30
被兵　二 137
袍　三 368
書　二 122,145
閉(應釋"關")　三 368
臺　一 559—561,564
"郡十一農都尉官二"　二 66—68
剟　四 257
陣　四 89,98
陝市　五 86,87,91
陝西綏德縣四十里鋪畫像石墓所出中柱石銘刻　三 326
陝西綏德縣墕頭村所出銅器的時代　三 61
陟　一 24
《孫子》　二 314,316;四 350—355,360,407,449,450
孫海波　一 22;三 500
孫詒讓　一 22;三 494,495,497;四 275;六 246—247
蚤(爪)　四 62
蚤(搔)　一 352—353
通　二 122
《通志·六書略》　三 493
通俗隸書　四 223—224
通假字的研究　四 156—157,273
務　二 111
賣(續?)　三 434—435
畮(晦)　二 481
飼　二 357;三 356
娶嫝　一 525
"能"的上古音　二 555,556,557—558
能貞之乎　二 436
納　四 86—87
納西象形文字　四 1—2
納室　五 204

十一畫

彗　一 422—426

粗 一 242,243—244
㢑 一 115
責 二 421
責(積) 三 113
馲 一 307
現 四 87
現代漢字的研究 四 158—160
《規範字表》 四 319
𠦪 一 29,31,233,274,283
𠦪禾、受禾/𠦪年、受年 一 233,486
都田 五 65
都市 五 87
都丞 四 483
都亭 五 83
都官 五 48—49
埶(設) 一 174—175;二 281,303;四 451—457,465—467,484—495
埶罝之“埶(設)”的專字或“埶(設)罝”合文 一 174—175
埶(設)征(正) 三 151—153
“埶(設)”、“設”二字使用的歷史情況 四 493—494
“埶”、“執”互訛 四 457—459
埶(勢) 二 173,176,189,203
執 一 311,312—314,315
教 二 144
㱿 三 303
黄天樹 一 463
黄老思想的内容 五 272—273
黄(尪) 一 195—197,203—204,277
《黄帝内經・靈樞・經脈》 二 184,317;四 448
黄耇 三 119
黄神越章 三 358
娶 四 91,143
㖩 一 157
著 四 80
著(紵) 二 151
萁(箕) 二 123,135,151
菆 二 263
菆塗 二 144
菥蓂 四 70
勒(革)正(政) 二 422
勒靳 二 266
勒(應釋“勤”) 三 365
萊僕 五 113,114
萑 四 69
菅(管) 二 55
䓺(屈居) 二 186,187
菑(淄)亭 五 81—82
菉(菉—麓) 一 73
䖵/鈢/㚇/䥊(邇) 一 167—168,172—173,175—176
䒬/埜/坓(埶/蓺/藝) 一 173—175
壴(尌/桓—樹) 一 508
梧 二 151
桱桯 六 6—10
桼 三 205—206
桼(七)月祿 二 153
桼(漆)垣一釿 三 205
桼(漆)睘一釿 三 205—206
堵 三 91,95—96

域亙焉　五 335
埠　四 95
軝山　二 98
曹　一 78
曹市　五 86,87
區别性意符“口”　一 188—189;三 417—418
敔簋　一 375
猷(猷—猶)　二 409
毁　二 176
戚(殹—抑)　二 532—534
皺(殹—抑)　二 468
戚　一 414;二 47,141
帶　二 110,499—500;三 90,95
帶下病　二 41
侌(侌—陰)　三 420
麥　一 238—239;二 152
逨盤　三 167—171
逨鼎　三 171—172
殍(殍)　四 92,314
掳(應釋“搋”)　三 368—369
授田制　五 35—36
授〈損〉　二 257
掖　二 161
掐(腕)　二 174,189
掃(埽)　三 382
掘　四 240—241
鹵　二 470
敿(誘)　一 236,267—269
鹵　三 113
虘(鬩)與　三 341
悃明　三 159
敝(幣)重　二 419
敝(擎)　三 411—412
常玉芝　一 466
常用漢字字源的研究　四 273—274
常(尚)章　二 142
常(嘗)　四 239—240
野　五 146
敗　四 253
眸　四 91
曼　二 124,173,174,175
剐(割—刈)　三 88—89
趾　四 90,181—182
唬(號)　四 60,314
患(應釋“惡”)　三 368
唯　三 217,273
唯窦(貫)南行　三 11
蛇　四 90
圊(圖)　二 486
圉　五 5
國人　五 133
國(或)　二 490
《國語》　三 50—51,52;四 383,475,490—491
異　一 28;二 374
異形詞　四 155,298—303
異其　一 212—213
異洒　一 216
異唯　一 213
異鼎　一 216
異、翼　一 212—218,221,222—225,

229
異體字的研究　四 154—156,272—273
《略論戰國文字形體研究中的幾個問題》　四 286
累舉烽　二 88
累(纍)　三 382
罷　一 83
罷(置)　一 353—354
過其方　二 352
帳　四 92
𨑋(徵)　三 429—433
崇　二 423—424
牆(狀)　二 281—282,297—298
牆　二 489
犫/犫(侵)　一 552,560,562
铻　二 357;四 92
郵亭文書　二 524—525
犁(黎)陽　二 158
稃(刈禾—艾/刈)　一 73—76,247,267,374—375
𥠳(魏—魏)　二 413
笵　三 380
"第柒燧"　二 28
敏　三 160
偶爾　四 310
偷(愈)　二 134,139
進　四 82
偏旁位置不同往往無別　一 487
剝(剬)、勖　一 256
假　二 114,145,152
假田　五 212
假民公田　五 37
假借字　四 34,51—52,54,57,118—119
悤　二 54,124;三 415—416,451—453,458,460,461—463
徘　四 66,82—83
徙　二 102;三 390
得　四 253
從　二 130,136
《從古堂款識學》　三 494
從祀、順祀　一 270
從師之徒　五 25—27
從語言文字學之外的角度來研究漢字　四 263
後(遠)　一 167—172,176—177
㚔衆人　五 144
貧民的破産　二 15—16
郘(舒)君　二 138
敓(說)　二 487
欲　二 132
㽙(𢆶—攣)　一 351—352;三 283—284
𠭁(爯—稱)　二 481
鳥　三 211—212
鳥蟲書　四 217—218
魚　二 147
象形字或連帶畫出它們所附著的主體　一 30
象形筆畫上加點或圈　一 57,68;三 62

魯甲　一 84
悤(悗—懣)　二 266
《逸周書》　一 151—154，218，220，225；四 379—380，382，405，455—456；五 136—137
祭且甲𠬝魯　一 90
祭長史君　二 139
祭部與物部的關係　一 151
祭部與微部的關係　一 210，427
祭魯甲壴羌甲𠬝戔　一 90—91
祭禽　四 389—390
猛　三 302
烽燧　六 258—259
烽燧備有藥物　二 42
許市　五 85，89
許進雄　一 466
《許慎與說文解字》　四 268
許瀚　三 494
孰　一 299—300
郭店楚墓竹簡《老子》　二 287—310，314，316，454—455，512，518—521；四 448
郭店楚墓竹簡《緇衣》　二 314；四 448
郭沫若　一 22，23；三 466，498；四 275；六 231，233，238
郭賜之　二 116
郭(虢)　二 418
庶　二 487；三 302—303
庶士　二 157
庶士士吏、候長　五 54
庶士候長　五 54
庶子　五 27，42
麻夷之非是　六 185
瘃　四 64
庸　二 109，113；三 175；五 109—112；六 260，267—270
庸(鏞)　一 36—45，47，48，49，65，478
康亡不楙(懋)　三 158
章　二 136；三 286
《〈章太炎年譜長編〉補》　六 144—146
章衣　二 128
章草　四 139—140，227；六 106
章培恒　六 206—208
章廄將馬　三 297—299，300
部佐　五 65
商代人分用幾個表意字來表示後世用一個表意字表示的意義　一 73—74，190
商代文字中的正體與俗體　三 397—399
商代文字字體的變化　四 132—134
商代"田"的性質　五 158—160
商代地名、族名與人名　一 13，159，172，201—202，360，401，535；四 32
商代早期的文字資料　四 30—32，115—116
商代的宗法制度　五 126
商代的宗族組織　五 121—132
商代後期文字裏比較原始的跡象

四 35—37
商以外的族的宗族組織　五 131—132
商承祚　一 23;三 500
《商周甲骨文總集》　三 510
《商周金文録遺》　四 280
《商周青銅兵器/古越閣藏》　六 98—101
《商周彝器通考》　四 281
商旅　三 294
商得金德説　二 497,501—503
商榷　四 243—244
商銅黿　三 173—175
産　二 260
産(生)豚豕(喙)　二 185
旌　二 425
族　一 55
族人　五 133—139
族名金文　四 28
族長稱子　五 126—129
族徽的性質　四 114
望泉燧　二 160—161
率　二 126,158
務(攘)　二 429
盖　一 53
眷屬子弟　五 15—17
粗　四 84
寀(亩—稟)　三 183—184
寄(羈)　三 293—295
宿　一 389
密　二 151
寑〈寇〉　二 8
甯/𡨦(寢)　三 201—203
清代的古文字研究　三 494—497
清(請)詔　二 45,68—70
《清儀閣古印偶存》　三 495
《淅川下寺春秋楚墓》　四 283
淑茂　二 262
《淮南子》　二 316;四 357,359—360,362,381,454—455,458—459,466—467
淫　二 175
深目　二 143,160
梁菑農長　五 232
粢　二 6
啓　一 33,117;三 107
《啓功叢稿》　四 267
裨(卒)　一 362,365—370,373,375
視　一 444—448,465;二 277
視日　一 445;二 277
視(示)素保樸　二 278
視田　五 235
視事　一 448
晝　六 35
閉室　二 415
閔(藺)　三 274
敢　二 123,186,424
尉史　二 128
《尉繚子》　二 315;四 40,380,384—386,405—406,449;六 250—251
張　四 92,143
張玉金　一 464

張世祿《中國文字學概要》 四 261
張永山 一 463
張秉權《殷虛文字丙編考釋》 一 391—392
張宗騫《卜辭弜弗通用考》 一 15
張政烺 一 23;六 196—199,209—211,231,232,236,240
張政烺《卜辭裒田及其相關諸問題》(簡稱“張文”) 一 248,260,261
張桂光 一 465
張家山 247 號漢墓出土《引書》 二 313;四 448;六 257
張家山 247 號漢墓出土《脈書》 二 313,317;四 448;六 257
張家山 247 號漢墓出土《算數書》 二 313,317;四 448;六 257
張家山 247 號漢墓出土漢律、《奏讞書》、《闔廬》等 四 448;六 257
張家山 336 號漢墓出土《功令》、《二年律令·津關令》 二 313
張家山 336 號漢墓出土漢律、《功令》、《盜跖》 四 448
張家山漢墓所出文帝前元七年曆譜 二 313
張掖(設屏)農都尉 五 214,221—224
張頷 六 226
習(襲) 一 8—9,427—429
翌 四 35
陳 二 173;四 89,98
陳介祺 三 494,496,497;四 269,413
陳介祺的藏品 三 482—483
陳介祺跟收藏古陶文有關的齋名 三 483
陳良 二 234—235
陳逆鐘、簠 五 205—206
陳(陣)何爲 二 430
陳夢家 一 21,22,23,25,462,466;三 466,499,500,501;四 278;六 85—96
陳煒湛 一 463,464
《陳獨秀草書中堂賞析》 六 179
隹 一 302,303
陰 二 183
《陶文字典》 134
《陶文圖錄》 133—134
《陶文編》 四 288
陶齋 三 485—486
夋(舜) 二 476—477
𤔲(詞、治) 二 473
絉(襪) 二 145,148
組(應釋“絅”) 三 369
絇 三 368
終 三 62
紹 三 377
絀(黜) 二 129
婀娜(阿那) 四 93
郲(邵—石邑) 三 215,227,230
參(三) 二 256
參辨券 二 55—57
貫贅(?)取 二 118

十二畫

絜　二 21,54
琴　三 416
瑚生器　三 199—203
髶(鬘)　三 381
《越絶書》　四 498—500
趙綸　三 390
賁　四 254
㚤(釋)　五 175
博　三 87—88
博士　二 109,150
《博古圖録》　三 493
喜(嚭)　二 423
彭城田長　五 233—234
彭裕商　一 463
煮(圖)　二 486—487
壹　二 148,150
“壹/一”的上古音　二 555—556,557,558
壺　二 188
報　二 101
《報任安書》“茸(佴—恥)以蠶室”　四 372
達(撻)殷　三 9
斯坦因第三次中亞考察所獲敦煌木簡　二 397—398
斯坦因第二次中亞考察所獲敦煌漢簡　二 396—397
散氏盤　三 29—31
聣(聰)　三 454—456,462,463
葉蚩聲　六 237
散氏盤　三 29—31
葬儀　三 351
萬　一 209
萬匹番(蕃)　三 361
萬印樓　三 483
蒠(應釋“蕙”)　三 371
董作賓　一 21—22,23,466;三 487—489,498;四 278
董秀芳《古漢語中動名之間“于/於”的功能再認識》　一 550
董岩　六 242
董逌　三 493
葆　二 34—36;三 364(應是“寶”之異體)
葡萄(蒲陶—蒲萄)　四 94
葶(亭—停)留侍(待)離　二 217—218
戟　三 355—356;四 172—173,388
朝夕自孱,日以有幾(冀)　二 426—427
朝日未食東鄉(嚮)湩(唾)之　二 187
焚　一 198—199
焚人求雨　一 194—204
“焚”字異體或“焚麓”合文　一 89—90
焚羌之“焚”的專字或“焚羌”合文　一 198—199,203
棭(椒—散)　一 89,172,251—253
棫林　三 36,38

棲(捷)　二 203
棉　四 92
椑榼　六 21—25
棱(䁖)楪(偞/葉—牒)　二 84,85,148
楗爲農丞　五 233
極先、太極　五 334
惠、唯　一 227;三 8
喪衆、喪人、喪師　五 3,143—144
戠　一 109
遀(隨)　二 175,189
㝵　一 552—565
提高正確使用漢語漢字能力的途徑　四 233—234
掓(復)　三 392
揗(循)　二 174,183
掾(庫掾、市掾、亭掾)　五 85
朁(簪)　二 216
督　一 69
𡴁　五 4—14
𡴁芻　一 277
歨(蹬)　三 380
戲(虘)　三 3—5;四 47
掌　二 145
惻(賊)　二 278
㥒〈思〉　二 376
敞　二 122,132
量　二 154
晻(?)　一 78
景　四 91
景頗族的改火　五 365—366
晶(習)　一 428—429
貯　四 253
鼎　一 147,153;三 63
鼎(正)　三 177—178
鼎(貞)　一 147,390;三 438—439,470—471
貴族和平民的矛盾　五 147—152
"貴族宗子所有"　五 209
畯　三 119
畯(俊)民　三 9—10
買賣奴隸　五 18—21
買、賣　四 182—183
咠(讘/囁)　一 155—156,158,159,390
咢　一 158—159
單綫和勾廓往往不別　一 231—232
單複無別　一 342
圉(寓—宇)　三 8
喻四(以母、余母)與見母的關係　二 536
喻四(以母、余母)與清母相諧之例　一 414
喻四(以母、余母)與精母相諧之例　一 365—366
盥(盟)　一 392—397,399—402
黑墨于(盂)　二 151
帕　二 112
幝(褌)　二 148
幄、屋　三 145
罜(惆)　三 127—129
崖　三 430—432

剴(豈)　二 490
遄　三 432
牆田　一 256—257
無不得其惡(極)而果遂　五 335—337
無名組卜辭與黄組卜辭的關係　五 161
無迮〓(極)　五 335—337
無爲而無不爲　二 308—309
無終　三 61—66,228
無諫農穡,歲稼唯辟　三 15—16
《智永草書千字文草法解說》　六 106—107
智亟(極)　五 336
稍　二 222
稍食、廩食　三 43—44
程瑶田　三 495
稌　一 255
稅(應釋“说”)　三 366—367
黍　一 74,234—238
犅次　三 128
犅刦　三 128
犅伯卣　三 122—131
等　二 137
策　二 413;三 377
筥字明刀鑄地　三 223,229
備(服)其强　二 508
傅　二 156,264
傅、傳　二 266
〓(悳—憂)　一 491
貸它物非錢者　二 106
焦亭　五 80—81,82
〓(禹)　二 470
眔　二 156;五 139—143, 145
復　二 213
復公仲簋　三 195—204
復(俘)　二 430
循　二 194—195
徸(〓)　一 210—211
須　二 31,47,176
須以政(正)不直者法　二 31
禽、擒　四 179
釿　三 25—26
鈚　六 12—17,26
殻　三 218—219
飲藥(湯藥)　二 37,38,42—43
爲　三 407,408
爲了明確文字的本義或引申義而加注形旁　四 35
爲了簡化把形聲字改成表意字　四 144
脹　四 92,143
腊　二 263
脽、臀　一 302
脾(髀)　二 160
脾(應釋“腁”)　三 365
〓(閻)　三 272—274
〓　三 276
勝甲以上　二 196
勝客　二 117
〓(逐)　一 418—419
〓(逐)　一 417—418

然(燃)　一 506;三 411,419
猶　四 87—88
鄒(祁)　三 216—217
運用甲骨文史料研究商代歷史　一 23
詁(法)　三 371
《詛楚文考釋》　三 473
詛楚文的時代　四 285
《詛楚文研究》　四 285
詐庬(鬼)　二 47
評　二 249
詞序被改動　四 357
詔　二 129
就(應釋“㾐”)　三 366
敦煌本《韓朋賦》　二 320—321
《敦煌俗字研究》　四 291
《敦煌俗字譜》　四 291
敦煌漢簡　四 206;六 254—255
《敦煌漢簡》85　二 235—236
《敦煌漢簡》86　二 236
《敦煌漢簡》89A　二 237—238
《敦煌漢簡》89B　二 237—238
《敦煌漢簡》90　二 237—238
《敦煌漢簡》127 號簡的時代　二 234—235
《敦煌漢簡》149　二 236
《敦煌漢簡》220 等簡的時代　二 234
《敦煌漢簡》285　二 227—228
《敦煌漢簡》306　二 227—228
《敦煌漢簡》486　二 236—237
《敦煌漢簡》1074　二 227
《敦煌漢簡》1227　二 226,227
惪(惕/蕩)　一 437—438
叜(搜)　二 119
叜(搜)索　二 47,151
斌(彬)　三 381
痻(疢)　二 175
朁　三 191
戠　一 160—166
竣　六 180
竣(朘)　二 174
棄　三 405—406;四 310
道法家　五 276—283
《道原》“恆先”　五 330—331,333
尊(尊)　二 244
奠　一 232;三 366(應釋“填(奠)”)
奠人(不知被奠者是誰)　五 182—183
奠王皇　五 183
奠女子　五 186—187
奠以　五 187
奠臣　五 186—187
奠宄人　五 175—176
奠危方(下危)　五 170—174,191
奠羌人　五 176—177,191—192
奠玫舟、𣪘舟、校(?)舟　五 182
奠𠬛　五 181—182
“奠”的性質　五 188
奠某方或某族之人　五 170—178
奠(指被奠者和奠人之地)　五 183—188
“奠”是否能得到　五 187

奠芻　五 180—181
奠望人　五 174—175
奠(當"置祭"講)　五 169
奠與甸服、郊甸的關係　五 189—191
奠與商都的關係　五 184
奠稱"子"的貴族　五 178—180
《尊古齋印存》　四 288
尊田　一 262—263
《曾侯乙墓竹簡文字編》　三 512;四 287—288
曾、楚關係　三 346—347
焰　三 274—275
害(憲)　三 107
割(劫)革(勒)　二 204
寒　二 372—373
寒炅(熱)　二 37—38,159
寒食習俗的興衰　五 353—357
宙/廟　一 300,303
室(娠)　二 469
富　二 176
寓(宇)　三 427—429
寃(怨)　二 407—408;三 373
寍　一 397
甯(應釋"寧")　三 365
涧(河)　一 440—443
湯　四 313
"湯之政"　五 150
渴(竭)　二 188
浊(盅)　三 381
盜　二 263
盜人　二 263
盜掠誘拐他人子女爲奴隸　五 21
淵　二 88—90,107,126,134
渾元　四 72
渾(混)　四 78
渾渾　四 72
滾　二 176,190
游　一 389;二 46,137
游士　二 220;三 294—295
游(留)　二 431
渥　三 145
粢(應釋"粢")　三 366
雇、賈　四 180—181
雇傭　五 31—33
褸(褸)　二 476
祿盧(轆轤)　二 148
尋　一 429;三 376,435—436
開阡陌　五 34—35
間　四 241
閒　四 311
閒田　二 152—153
閒氣　四 72—73
閔子辛　二 415—416
閔(門)　三 210
闕(闢)　三 233
屩(鑽—纘)　三 7,170
强　一 187;二 102,103
强抑良民爲奴隸　五 21
疏　二 205,242;三 378
《疏勒河流域出土漢簡》簡 294　二 399
《疏勒河流域出土漢簡》簡 742　二

399—400
登 四 241
發 一 150,151;二 273,528—529;三 63
發人牲 一 151—153
發弩 五 97—98
發弩嗇夫 五 44,97—98
隋(隨) 二 413
陽 二 121;四 95
陽信家鈚鏤的時代 四 12
階(偕) 二 165—166
鴋(刈草—艾/刈) 一 72—74,247
歸 一 554,555—557,564
鄒 三 214—215
辝(台) 三 107
鄉有秩 五 52
鄉嗇夫 五 45,47
鄉經營手工業 五 90
絝(袴)襦 二 128
絳(應釋“絝”) 三 369
給與 四 244
絡峇(輅)一兩 二 96
絶 二 134—135,276
絶仁棄義 二 295—297,314—315,454—455,512—513
絶巧棄利 二 514—515
絶智(知)棄鞭(辨) 二 296,315,455,513—514
絶聖 二 295—296,314—315,455,512—513,520—521
絶𢙨棄慮 二 296,315,330—332,515—516
絲 一 342;三 285
《絲竹軒小學論集》 六 141—142
幾(豈) 二 265
幾(豈)或道(導)之乎 二 404

十三畫

馳 二 201
惷 四 313
瑇(玳)瑁(毒冒) 四 93
肆 六 278—279
載 二 146
趄趄(桓桓) 三 107
遠 二 107
趍(趨) 三 371
鼓(?)口 二 264
鼓 三 381
勢 三 391
勢(設) 四 455—456,459—460
韋 一 237
穀(穀) 二 216
填(奠) 三 366
塢 二 81—83,164
垟 一 389
聖(聖、聽) 一 157
莔(改) 二 421
靳干、幡 二 154
墓葬漢簡 六 256—257
莗(范) 三 99—100
蓑 四 90
蒲反田官 五 234

聖　　二 376—377
楚人與熊的關係　　二 558—561
楚系文字中的“市”字　　三 342—343，344
《楚系簡帛文字編》　　三 510；四 287
《楚帛書》　　四 288
楚帛書甲篇　　二 546—547，552，556，560
楚帛書研究　　四 288
《楚國簡帛文字編》　　四 287
《楚國簡帛文字構形系統研究》　　四 287
《楚辭》　　二 548—549；四 382，395—396
楊元明（南仲）　　三 492，493
楊五銘《文字學》　　四 262
楊國是否爲周宣王之後　　三 109—110
楊樹達　　三 500
榼（錇）　　二 91—93，132，133，149
槐里市久　　五 86，87
榆　　三 207
榆即（次）　　三 206—207
楷書　　四 141—143，205，229
輀　　三 382
毄（擊）　　二 447—449
毄（繫）　　二 120—121
幹　　二 322
賈　　三 440—443
賈氏无旍　　三 442
歌、歌　　三 422
鬲比鼎　　三 77，78—79
鬲比盨　　三 79；五 199
酭（醢）　　三 374
醳（應釋“酵”）　　三 370
悥（憂）　　一 491；三 157
《碑別字新編》　　四 158
龕　　二 556—558
嗇　　二 146
嗇夫　　五 44—106；六 275—277
殜（世）　　二 475
豤（墾）田　　二 158
匯　　四 312
歸　　一 552—554，556，560
雷煥章（Jean A. Lefeuvre）　　一 464
裚（製）　　三 373
裘　　一 274
裘錫圭　　一 463，464，465；六 108—109，125—126
《裘錫圭自選集》　　六 108—109
《裘錫圭學術文化隨筆》　　六 125—126
督聚（趣）　　二 47
歲　　三 8
訾　　二 127
粲　　四 360—361
虡篙　　五 196—197
虜　　二 156；四 421；六 260
慎　　二 175，392—393
《慎子》　　四 357
愮、憂　　一 377
當泉　　三 271

匙(尠)　四 95
《睡虎地秦墓竹簡》　四 284
睡虎地秦簡　四 206,284,448;六 239,240
睡虎地秦簡所代表的秦代隸書的特點　四 221
睡虎地秦簡所抄魏國户律　二 313
睢　二 193
路(絡)驛(繹)　二 209
路(賂)　二 404
遣　二 126;三 113—114
遣從史　二 112
遣壽　二 129
蜈蚣(吳公—蜈公)　四 93
蜆　四 81
農田主要肥料的來源　一 249,254,256
農司馬印　五 235—236
農府丞印　五 235—236
農官　五 212—238
農前丞印　五 235—236
農都尉　二 67—68;五 213—225
“農都尉官二”　五 214
豊(可能是“豐”)　三 372
睪(皋)　二 186—187
置佐　二 47
置監御史使主兵　二 135
睘　一 169
“圓”之初文　一 170;三 32
筭(算)　二 3,108
《筠清館金文》　三 494
節　二 194
箳　六 8
稊(稊—煬)　三 372—373
緐(繁)湯　三 114
與　二 111,118,130,193
與(歟)　四 202—203
髫(罶—軺)　一 45—46
牒　二 119;四 313
衞　二 254
傳世文獻中與馬王堆帛書《春秋事語》有關的内容　二 406,408,411,412—413,414,417,418,420,423,424—425,426,428,430,431,434
傳抄古文的整理　四 290
傳舍嗇夫　五 78—79
傳(專)君　二 422
傳統文化　六 221—223
舁　三 188,192—193,275
傰(倗—朋)　二 322,323
賃　六 270
賃一檐　五 32;六 270
傷一淵　二 125
傷右手指　二 41
傷右脾(髀)　二 41
傷汗　二 38
傷要(腰)　二 41,108
傷寒　二 37
傷淵中一所　二 136
傷頭、右手　二 41
僑(敵)　三 373
傭　一 109

微(媚)　二 172,182
徲(遟—遲)　一 253
衛/徝/徬/㞷(防)　一 10,114,115,230
畲犀　三 15
𢿌　一 250—251
鉉(鈦)　二 129
鉀(柙榼)　三 374;六 20—21
會　一 78;二 20,101,107;四 67—68
會=(會會日)　二 75,103—104;三 139
會水　二 110
會稽刻石摹刻本　四 210
䙺(𧷎—登䡙—登)　一 90,198,203,388,416—417;四 36,121
飶　一 55—56
飼　一 158;四 92—93,143
䚅(盜)　一 490;二 277—278
㲋　一 80—81
解舍　二 404
解放以來古文字資料的整理和研究情況　三 466
解放以來發現的周代甲骨文　三 464—465
解放以來發現的研究漢字起源和形成問題的新資料　三 464
解放以來發現的秦漢簡帛文字資料　三 466
解放以來發現的楚簡和侯馬盟書　三 465—466
解放以來新發現的金文　三 465
解放以來新發現的商代甲骨文　三 464
解放以後的古文字研究　三 499—502
腸辟(澼)　二 40
腸(蕩)　二 184
腸(渴)　二 183
貋　一 122,138—139
獅　四 91,98,143
諔　三 127
試(識)　二 46,165
《試釋周初青銅器銘文中的易卦》　三 500;四 280
《詩》　一 219,225—227;三 232,265;四 305—306,382,409
《〈詩經〉"式"字說》　一 218,221,222,224,225,226,228—229
詢簋　五 110,112
詭　四 197,314
詣　二 103
詳　四 95
稟名籍　二 156
稟(廩)　二 121
廈　四 84
雁(膺)　二 472
瘨　二 435
痹　一 29
廌　一 38,205
廌(薦—餕)　二 530
𪊨(陷鹿)　一 83
《新方言》　四 268

《新出青銅器研究》 四 282
《新出歷代璽印集錄》 三 288；四 289
《新序》 四 370—371
《新書》 四 386—387，392—393，458，491，500—501
新梁（梁）市久 五 86，87
新資料對於古文字學發展的重要性 三 508—509
《新語》 六 83
《新語校注》 六 82—83
《新編全本季木藏陶》 六 133
新隸體 四 138，140，141，142，205，207，222，224，227—228
意音文字 四 34
意動 一 25—26；四 44，316
意符 四 50—51，58，119
意符音符文字（意音文字） 四 55，121
意符音符記號文字（後期意符音符文字或後期意音文字） 四 55
雍雍 三 115
義 一 278；二 252
義之昇（基） 二 460
義〈敬〉 二 373
義符 四 51，145，146
義（儀） 二 530
羨 四 83—84
猷 四 87—88
猷（猶） 二 425
慈利石板坡 36 號楚墓出土古書簡 四 448
煙造（竈） 二 88
寰 一 170
寊（應釋"賓"） 三 367
窨 三 275—276
窓齋 三 484，486
《窓齋集古錄》 三 476；四 280
《窓齋集古錄釋文賸稿》 三 476
劵 三 435
源 四 90
溼（隰）田 一 256—257，261
溫 一 356—357，439—440；二 38
準合體字 四 50，53
溢 四 90
梁 二 255
滏 一 353
福 三 28
福爲度 二 108
裣（衿） 三 3，4
書（晝—劃） 二 469—470
殿 三 349
辟聶、聶辟 二 177—178
羣（章）/萬（憂） 一 207—209
隓（墮） 三 148
畜（陷麋） 一 83
埶（執—墊） 一 299—300
彙（蜎） 四 60，312
《經法·國次》"毋故埶（設）"、"人埶（設）者流之四方" 四 490，491
《經法》等四篇佚書與《黃帝四經》的關係 五 276，308—312

經、綱　四 173
《經說》　四 423—429,465
緦(紖—靷)　三 357
緗(絧/紿—治)　二 475
嫿(媿)　三 195—199

十四畫

耤　一 11,12,170,242,260,264—266;五 142,199—201
馶　一 307
遳匹　三 15
趙明誠　三 492
趙誠　一 464
犇　三 150—151
壽无毒　三 361
𦔻(任)　三 18
聝　一 357
靼　三 275
鞅(靷)　三 371—372
蔣善國《漢字學》　四 262
蒠　二 124
蒠勞之餟　三 459
蔡　一 274—275,276
蔡哲茂　四 278
蔡(祭)　二 431
榦/幹　四 69—70
榦(韓)　二 322
榖　三 356
構成合文的字省去字形一部分　三 220
構成合文的兩個字合用部分筆畫　三 220
榼　六 17—21,25—26
槫(團或專)　二 173
槅　四 172
尌(尌—樹)　一 506
鳿　三 212
遭到奴役的人成爲戎臣還是庸的原因　五 119—120
薨(應釋"瞢")　三 369
歊　一 14
監德　三 153—154
鹽(應釋"監(鑑)")　三 367
綟　三 375
愿　二 194,195
媌(髮—祓)彔(祿)　三 17,160—161
摳去　二 262
摶　二 173,189
摺荒地(摺荒制)　一 249,254,258,261,264,269
摘穗　一 267—269
《戩壽堂所藏殷虛文字考釋》　一 23;四 277
蜚雲　四 71
蜚廉　四 72
蜚遽　四 71—72
蜚鴻　四 71
雌=(雌隹)、雄=(雄隹)　二 175
《文獻研究》　六 227—228
䰍　三 434
幣　四 254

思(懼)　二 424
賑　四 81,91—92
賒、貰　四 182—183
賏　四 254
賘承　二 544
鼎(則)　一 55
嘑〈唬—號〉　二 266
圖　二 254
畾　一 158—159
奰　一 156—158,159
蜀西工的掾　五 101
《稱》"不執〈執〉偃兵"、"不執〈執〉用兵"　四 457
稱衆　一 333
箸(著)　二 422
箕　二 188
箣(策)　三 372
算卒　二 526—528
算錢(算賦)　二 12—13,18—19
《管子》　二 316,436,509;四 357—359,370—371,380—381,406,448,462—463,479;五 280—282,287—291;六 268
管(棺)椁　二 117
管燮初　一 464
管、關　四 173—174
篛(菑—災)　二 266
毓　一 171
毓父丁　一 413
毓(多毓)　一 404—415
毓妣　一 410,411
毓妣己　一 412,413
毓祖　一 410
毓祖乙　一 410—412
毓祖丁　一 411—412,414
罝(置)　一 38—39,46,260
僕　二 205;五 112—115;六 260,261,268
僕從　二 103,131
僕庸　五 107—120
僕御　五 115
僞古文《尚書》　二 343;四 474
鼻　一 29,34
槃(盤)　二 151
釧　六 10—11
銍　一 247
銅臭　四 245
銅器銘文　六 244—246
銖(應釋"端")　三 370
銛纅(功)　二 301—302
鉋(金)　二 472—473,496—497
銀雀山漢簡　六 256
銀雀山漢簡"乃執(設)邑帀(師?)於野"　四 488
銀雀山漢簡《王兵》與《管子·七法·爲兵之數》、《幼官》互校　四 475—478
銀雀山漢簡"不執(設)……"　四 488
銀雀山漢簡《太公》　四 447
銀雀山漢簡《六韜》"摯〈摯—設〉以事"　四 488

銀雀山漢簡《田法》、《庫法》、《市法》 二 313;五 62—63
銀雀山漢簡《地典》 二 313—314
銀雀山漢簡《相狗方》 二 313
銀雀山漢簡《孫子兵法》 四 447,448
銀雀山漢簡《孫臏兵法》"埶(設)備" 四 487—488
銀雀山漢簡《孫臏兵法》(《齊孫子》) 二 313—314;四 447
銀雀山漢簡《唐勒》賦 二 316
銀雀山漢簡《晏子》 四 447
銀雀山漢簡《尉繚子》 四 447
銀雀山漢簡"埶(設)坊(防)" 四 488
䌷(紳) 三 55—56,60
領武校居延屬國部農都尉 二 67,68
獄篕 三 176—186
獄 二 119
鳳 一 11,12;三 28;四 35,144
鳳凰(鳳皇) 四 94
鳳凰山 9 號墓的時代 二 11
鳳凰山 10 號墓的時代 二 11
鳳凰山 10 號墓所出簡牘 二 11—15,21—24
鳳凰山 10 號墓記田租的大竹簡的綴合 二 5—6
鳳凰山 10 號墓墓主的職務 二 15
觳 三 7
疑、曉二母相諧之例 三 198—199
䎽(問、聞) 二 466
䎽(婚)遘(媾) 三 160
語言學跟古文字學的結合 三 506—507
語素文字 四 56—57
語素—音節文字 四 56—58
《語叢二》簡 10—12 二 327,328
《語叢一》簡 31 +97 二 338—339
詐(詐) 二 254
訫(信)安君 三 23
《説文》 一 24,25,28,35,36,41,51,70,79,80,144,147,157,158,170,182,186,187,207—208,210,228,241,252,256,299,389—390,402—403,427,559—560;二 446;三 218,277,282—283,434—439,470—471,491;四 41,42,215,259,267—270
《説文》小篆字形與秦漢金石小篆的比較 一 28,51,78,157,186,187,228;三 422
《説文》中不合於秦漢時代實際通行的篆文字形與隸書、楷書的比較 一 299—300;四 215
《説文古籀補》 三 476,477—479,495,496;四 288
《説文古籀三補》 四 288
《説文古籀補補》 三 501;四 286,288
《説文段注改篆評議》 四 269
《〈説文段注〉與漢文字學研究》 四 269
《説文通訓定聲》 三 469
《説文解字六書疏證》 四 268

《說文解字注》　三 471,496
《說文解字約注》　四 268
《說文解字詁林》　三 471;四 268
《說文解字通論》　四 268
《說文新證》　六 143
《說文義證》　三 496
《說文箋識四種》　四 268
《說文釋例》　三 496
《說隸》　四 285
壍(謙)　二 494
譗　一 157
廣車　三 348—349
廣陵市長　五 89
《廣鐘鼎篆韻》　三 493
廄　二 104
廄田倉印　三 299—300;五 77—78,210—211
廄嗇夫　五 44,76—78,104
鄣卒十九人　二 103
齊　二 110,153
齊刀年代　三 233
齊安世　二 156
齊系文字中的"市"字　三 331—337
齊佩瑢《中國文字學概要》　四 261
齊都市長　五 88
齊桓公　五 379—380
齊國私印中的"市"　三 337
齊國官印中的市名印　三 331—334
齊國官印中的"市"字印　三 331
齊國官印中的市官印　三 334—335
齊國官印中的市量印　三 335—337
齊國官印中的記月市印　三 337
齊(擠)　二 196,202
勭(動)　二 249
韶樂的得名　一 46
適可而止　五 349
適(謫)　二 225
羸孠　三 353
滎　二 185
熒市　五 86,87
麸(胡)　三 33—38
賓客　五 15—16,31
賓語"是"前置　一 220;四 46—47
賓組卜辭裏的"丁"　一 135—138
賓組卜辭與出組卜辭的關係　一 130—132,136
賓組中、晚的劃分問題　一 134—135
㝲(寢)　三 201—203
寢　三 367(應釋"濅(寢)"),377
寢戈　三 350
寓(寓)　三 276
寧〈文〉王　三 479
寧召(悼)子　二 421
《寧壽鑒古》　三 494
𡨦/𡫳(寢)　三 199—203
滿　二 412
漢中　二 152
漢代西河郡的地理　三 327—329
漢代的古文字研究　三 490—491
漢代政府與大土地所有者鬥爭的資料　二 66
漢代銅器銘文(與馬王堆一號漢墓遣册

字體相似）　四 10—12
漢代篆書中的訛體　四 215
漢代隸書在書體上的變化　四 222—224
漢以後、清以前文字的研究　四 290—291
《漢印文字徵》及其《補遺》　三 288，466；四 158，286
漢印等資料所見的農官　五 232—238
《漢字古音手册》　三 469
漢字在翻譯外來詞方面的優劣　四 296—297
漢字字形的簡化　四 124，125
漢字字形的繁化　四 124—125
漢字字典的編纂　四 274
漢字字體的主要變化　四 123—124
漢字字體演變的研究　四 267
漢字形成時間的推測　四 121—123
漢字形成過程的推測　四 117—121
漢字形音義之間關係的研究　四 272—273
《漢字形體學》　四 262
《漢字的組成和性質》　四 262
《漢字的結構及其流變》　四 262
漢字的結構類型的研究　四 272
漢字所使用的意符從以形符爲主變爲以義符爲主　四 144—147
漢字性質的研究　四 149—152，264—265
漢字是否適合漢語的問題　四 152
漢字起源的研究　四 152—153，265—267
《漢字通論》　四 262
漢字基本上形成完整的文字體系的時間　四 38—39
漢字結構的變化　四 148
《漢字結構系統與傳統思維方式》　六 127
漢字跟拼音文字的優劣　四 101
《漢字説略》　四 262
《漢字演變的幾個趨勢》　四 262
漢武帝元鼎以前年號　二 27—28
《漢晉印章圖譜》　三 494
《漢書》　二 78；四 360，363—364，366—367；五 276
《漢語文字學》　四 262
《漢語文字學史》　四 273
《漢語古文字字形表》　三 472；四 157，275
《漢語史稿》　三 468，469
《漢語俗字研究》　四 291；六 104—105
《漢語俗字叢考》　六 131—132
《漢語音韻》　三 469
漢隸“舟”旁多省作“月”　二 107
漢隸“艸”頭、“竹”頭不分　二 46，55，86，109，123；四 10
漢簡　六 254—257
漢簡所見的農官　五 212—231
漆書　六 253
漆器上的市印　五 88—89，90—91

漸　三 273
漸漬　四 74
澈　三 412
漯(濕)　三 382
滫　二 186
“精”、“氣”與“精氣”的關係　五 301—302,323—325
精氣說　五 287,291—305,324
“精”、“精氣”與“穆隆古”　五 321—323
肇(兆)　三 11
複合詞或詞組的字序被顛倒　四 357
盡　一 53
聞(昏)　二 264
閥閱(伐閱)　四 94
閣　二 57—60,103,148
燮(文)　二 478—479
翟　一 430
隱(摐)馬彭(酒)　三 460—461
“熊”的上古音　二 555,556,557—558
䈇(笞)　三 7
盠　三 302
酭　三 375
緉　四 65,91
綫條化　四 123,134
綿　四 92
綸(輪)棍(困)　二 262
綰命　三 12
《綴遺齋彝器款識考釋》　三 495;四 280
綠　四 83

十五畫

駜　一 56
駐　一 360
奭　四 313
䮔　一 170
犛(斄)市　五 87
犛(斄)亭　五 81
趣舍　四 73—74
頡(詰)詈(詘)　三 12
蝩(動)　三 445
聴(恥、餌)　三 374
鞈/鞥　三 446
暮　二 392;四 90,143
槽　二 53—55
槽敦　二 55
槽櫝　二 52—57,110
椿(應釋“楯”)　三 370
蔑(晨)　一 245,356
樑　二 392
榦　二 322
鞏豐　三 493
墐　二 81—83,134,151
增加意符以表示原字本義的後起字　二 392
輛　四 91
慙(應釋“擊(慚)”)　三 368
歐陽修　三 492,493
賢簋　五 196
遷補　二 141

遷臧　二264
廦　四172
震　二271,273
遷　一253
撩　二14
慮　二327—328
膚(皆)　二467—468
膚(慮)虎(虒)　三217—218
慮　二 279—280, 326—330、332, 515—516
暴　二174,189,433;三381
暴虎　三5;四47—48
暴室嗇夫　五48,50,99
暴(曝)忠　二425
影　四91
影母與來母、明母相諧之例　二357
影、定二母相諧之例　一491
畀　一157
賬　四254
賜勞名籍　二119
數　二101—102,132,136
數字卦　三465
數術、方技方面著作的形成　四448
《墨子》　一 143, 220, 225; 四 357, 365—366, 418—420, 421—422, 447, 456, 458;五268—269
《墨經》　四 423—425, 427, 428—429,465
漿　二187
稽　二173
稽落廄　二81
稷　一240—241;三12
稷下道家　五286—287,302—303
稭(稼)　三8
稻農左長　五232
篗　六7—9
篙(孰)　二474
箽(罿)　二425
篷　四225
篆書演變爲隸書、楷書　四4—5
儈　二187
億萬　四248
《儀禮》　四379,406
繇(應釋“就”)　三369
德爲枩(奈)　二433
徵　三356—357
衛　二423;五163—164
盤　一402
“盤庚之政”　五149—151
盤庚遷都的原因　五148—150
鋟　四68
鋞　六4—6,9—10
劍庭(挺)　二105
辤(辭)　二101,148,253
鄬(應釋“鄥”)　三366
歓　三420
歓=(飲西—飲酒)　二415
觭　三301
膠　一429—430
獦(應是“獵”之訛體)　三368
獋(猈/獆)　一138—139
劉心源　三495

劉幼孫　　二 110
劉克甫(M. V. Kryukov)　　一 464
劉起釪《尚書源流及傳本考》　　六 48—49
劉鶚　　三 496
諸侯　　三 292—293
請(情)　　二 188
請貴　　二 194
請詔　　二 45,68—70
請詔所逐驗大逆無道故廣陵王胥御者惠同産第(弟)故長公主第(弟)卿大婢外人　　二 48—49,167—169
諾　　二 208
諓(箋)　　二 110
誰　　二 424
誰以爲子　　二 431
論　　二 142
《論周昭王時代的青銅器銘刻》　　三 500;四 283
《論衡》　　四 320—346;368—369
《論衡校釋》　　四 340—341,342—343,344—346
《論衡集解》　　四 341—346
諒　　二 115
諒陰　　四 73
《談異形詞整理》　　四 299—300,301,302—303
《談詞語書面形式的規範》　　四 299
稾(稿)　　二 5
褎　　二 119
廚嗇夫　　五 78—79
瘛　　二 175
瘨(應釋"瘨")　　三 371
賫　　四 253
旇(哀)　　三 115
遊(失/佚)　　二 278
旖　　一 109
麀　　一 418
鄯〈部〉　　二 141
《養生方》215 與 216 行之間一行的釋文　　二 188
"養生方"(即《雜禁方》)簡 8 +11 +10 +9 +7　　二 172
眘(粦)明　　三 15
翦　　四 86
鄭地之申的地望　　三 57
鄭里、市陽、當利三地算錢的收付　　二 12—13
鄭里廩籍　　二 6—7,12
鄭里廩籍貸糧户的社會地位　　二 15
鄭亭　　五 83
鄭樵　　三 493
寮(寮)　　三 275—276,381
寯　　四 311
寫　　四 76—77,81—82
寫移檄到　　二 112
窮　　二 258
《窮達以時》　　二 453—454
窯　　三 276
潢　　一 197
潦　　四 93
《澂秋館印存》　　四 288

澇　四 93
潏　三 109,145
遲　四 240
遲久　二 177
履　二 146;三 27—32,142—143
選(?)　三 78
選貞卜辭中第二辭以下省去謂語動詞之例　一 529—520
彊(僬/橅)　二 88—90
蝥/蟊　四 66
鑿　三 335—336
駕馬制度　三 349
劦(劦—協)　三 160
"墮山"誤讀爲"隨山"　三 148—149
隨　二 109
隨(墮)　二 143,144,148,159,164
隨(墮)塢陛　二 41,108
隨縣曾侯乙墓墓葬的主人和年代　三 345—346
隮(應釋"隕(蠑)")　三 370
敹(戾)龢(和)　三 9
緝熙　二 373
縷　二 175,189
編　二 108
樂　二 188
樂涫　二 232
樂(濼)　二 434

十六畫

靜以待時　二 509
靜簋　五 114
髭　一 12
熹平石經　二 529
憙　二 259
黃　一 195—203,216,277
燕系文字中的"市"字　三 338—339
燕(彊)　二 88—90
薛尚功　三 492,493
薦　一 38
薄　二 247
薄土　二 50—51
薄(簿)　二 264
蕭楠　一 463;三 500
蕭楠《論武乙、文丁卜辭》(簡稱"蕭文")　一 92,100,101
蕭楠《關於〈小屯南地甲骨〉之體例及其相關問題——答裘錫圭同志》(簡稱"蕭文")　六 50—63
橫(黌)　四 63
螽(蠹)　一 207
輮　四 83
整理土地　一 257—263
橐　二 250;三 377
覈(徹)　三 7
頭痛　二 37—38,39
歷代漢字的研究　四 157
《歷代鐘鼎彝器款識法帖》　三 493
歷、自間組卜辭　一 119—139
歷組卜辭　一 92—139,463;六 58—59, 92—119, 128—129, 134, 136, 181—182,196—197
歷組卜辭裏的"丁"　一 138

歷組父乙類　一 93—94,95,101,102,118,119,121—122,124,128,138
歷組父丁類　一 92—94,95,99,101,118,119,121,129,136,138
霍　一 419
頻　二 47,167
鴅(肋)　三 372
還　三 32
圜　三 253
擐　一 171,172
擅置田監　二 65—66
遽趣　三 15
遽(應釋"虒")　三 370
盧(慮)　二 202
盧(蔄)茹　二 186
縣索　二 134
縣道河津金關　二 130—131
縣嗇夫　五 45—46,47,48,59,61,63,68,97
縣營手工業衰落的原因　五 105
縣(懸)　二 416
魄　三 159,165
顯　三 155—156,165
器　三 376
器主自稱其字之例　三 73
猒(獸)　一 300
戰士食參駟(四)之食　三 389
戰國人喜歡在用作地名、姓氏的文字上加注"邑"旁　三 273,280
戰國文字加横爲飾筆　三 244
戰國文字往往在字義與土有關的字上加注"土"旁　三 331
《戰國文字通論》　四 286
戰國玉石文字研究　四 290
戰國至秦代字體的變化　四 135—137
戰國竹簡研究　四 287—288
戰國社會的性質　五 43
戰國社會的階級結構　五 43
《戰國官璽的國别及有關問題》　三 289;四 289
戰國金文研究　四 286—287
《戰國秦漢陶文研究概述》　四 288
戰國時代私家徒役的來源和性質　五 28—29
戰國時代秦以外國家的嗇夫　五 58—64
戰國時代剝削階級家庭的結構　五 15—16
戰國時代國家和農民之間的關係　五 37,40—42
《戰國時秦用籀文六國用古文説》　三 497
戰國陶文研究　四 288
戰國貨幣文字研究　四 289—290
《戰國策》　二 192,195—198,200—205;四 359,398,450,461—463
戰國楚文字保持某些較古文字形體　三 463
《戰國楚竹簡匯編》　三 510,511;四 287
《戰國楚簡文字編》　四 287

《戰國縱横家書》　二 313;四 447
《戰國縱横家書》12 行標點問題　二 191
《戰國縱横家書》153 行補文的問題　二 197
《戰國縱横家書》173—174 行釋文標點的問題　二 201—202
《戰國縱横家書》242 行補文的問題　二 205
《戰國題銘概述》　四 286
戰國璽印文字研究　四 288—289
戰(應是"戟"之訛體)　三 369
斸　一 115
《嘯堂集古錄》　三 493
嶼　六 180
積　三 377
《積古齋鐘鼎彝器款識》　三 494
《積微居金文說》　三 500;四 282
穆天子　三 108
《穆天子傳》　三 108
穆穆　三 111
篤　三 437
"篹(選)"訛作"募"　四 373—375
舉書　二 72—77,114
興　一 481—484
學習古文字的方法　三 467—474
毇　四 360—361
䍃(垂)　二 419;三 366(應釋"善")
雔　四 146
儋就(僦)　三 392
衡官有秩　五 53,103
𧷛(敘)　三 13
鍂　一 170
錢　二 124,149;三 250—257;四 254
錢大昕　三 495
錢坫　三 494
《錢錄》　三 495
錫朕文考臣自厥工　三 1
錫(緆)　四 63
錦　三 379
錍　一 30;六 15—17
懸　二 279,326,331—332,516
貍(狌)　二 263
獲胡　二 146
獨處則習。父兄之所樂,句(苟)毋(無)大害,少(小)枉,内(納)之可也,已則勿復言也　二 451—452
《諫逐客書》"河海不擇(釋)細流"　四 394—395
謂　四 90—91
諷誦　二 160
諱　二 254
褱(懷)　三 17
麇/床(麋)　三 372
廥　二 129—130
廩　一 172;三 366(應釋"稟")
廩人　三 43—44
瘠　一 424
瘷(厭)　二 6
麈榣　二 174
辨　四 89
辨告　二 32

辨護　四 74
辦　四 89
辦好人文學科的系的兩個最根本的條件　六 214
龍宇純《中國文字學》　四 265
龍崗秦簡　四 206,284,448
焰(焰)　三 274
韋　一 239—240
檃(導)　二 208—209
甗(甄)毓　三 15
澮　四 92
憑　二 319
禪母與定母的關係　一 84,490,505;二 308,391
禪讓傳說　五 264—270
褶　一 430
彗(彗)　一 426—427
彊　三 257
彇(簫)　二 89,90
罷　二 552—556,557,558
險　三 379
辥(應釋"辟")　三 370

十七畫

騂馬　二 161
騂馬田官　五 222—223
騂馬農令　二 118
駿(允)惠我文王　六 210
豬　一 80
贅　五 18—19;六 262
環(還)　二 410
趬趬(爰爰)　三 110—111
趨篡　五 114
戴侗　三 493
鵠(應釋"鵠")　三 365
螯　二 188
聲榮　二 205
罈　五 72
橐(應釋"囊")　三 366
韓　二 322
韓非人　二 119
《韓非子》　四 359,370—371,395,455,494
韓朋故事　二 320—325
《韓詩外傳》　四 376
藉田　五 139—141,199—201
藉(籍)　二 109
聰　二 124;三 415—416
聯　三 282—283
舊田　一 263,264
隸臣、妾　六 261
隸書　四 18—20,137—139,143,205,207,213—224,285
《隸變研究》　四 285
薆/薆(蓐/耨/農)　一 172,245—246,247,250,266
檄　二 106,123,162,214;三 379
懋田　一 263,264
谻(訊)　三 6
輾轉(展轉)　四 94
擊　二 250
臨亭　五 81—82

臨菑亭久 五 82
臨菑(淄)市 五 86,87,88
臨菑市丞 五 88
臨菑亭候 五 97
臨 三 184
辪 四 91
霝(靈) 三 108—109
鳺(肅) 三 115—117,120—121
虘(戲) 三 227,228,230
虞(御) 二 372
嬰 四 254
嬰(罌) 二 162
豊〈憙〉 二 375
矯(應釋"歙(歆)") 三 366
穜 二 185
穜(腫)橐(睾) 二 176,189—190
穜(腫)囊 二 184
穉(稚) 三 287
《魏石經考》 三 497
魏晉至宋初的古文字研究 三 491—492
《魏晉南北朝詞語例釋》 四 239—242
魏碑體 四 142
簹、鄘(筥/莒) 三 222—224
繁化 四 99—100
簸 二 544—545
斟(容)半弁(寸) 三 189—191
禦 一 10—11;三 303
禦疾之"禦"的專字或"禦疒"合文 一 10—11,90
禦祭 一 10
鍭 二 148
爵等制度 五 37—39
繇 一 435,489
邈 六 180—181
貘 一 58
嗣工史(事)、嗣工司(事) 五 193
朦 四 79
膾 三 377
鮮 四 95
鮮支 三 392
觲 一 389
謝濟 一 463
襄 三 132
襄陰市 五 86,87
轂(稾)木 三 449
麋(湄、眉) 四 61
應侯視工簋 三 142—145
應詔書 二 78
應書 二 77—79,213
療、藥 四 181
鳶(鳫)即(次) 三 211,212
齋 三 303
齋(齊—劑) 二 106,134
糞 四 199
賽(塞) 二 458
霣(問、聞) 二 466
濫 四 93
濫用繁體字 四 101—102
濡 三 379
濬 三 149—150

湨　一 34—35
㢈　四 144
《禮記》　二 79，338；四 375，393，457—458，489，496—498；五 266—267
𨰻　三 368
𡳐(鑽—纘)　三 7，170
㥯、㥯(隱)　二 356—357
駕　三 212
縛　二 264
緆　三 368
《繆和》"列埶(設)尤尊"　四 453—454，466
《繆和》"埶(設)列爵立(位)之尊"　四 454，466，495
《繆和》"埶(設)爲賞慶爵列"　四 454，466，495
繆篆　四 217
《繆篆分韻》　三 496

十八畫

豐　一 40—44
騎右將　三 300—302
騑　三 349，437
騄駬(綠耳—騄耳)　四 94
𧽍(將?)　三 107—108
趩趩(翼翼)　三 107
蕺　一 42
瞽　一 510—515
瞽史　一 515
黇　一 197
職　三 292
鞮瞀　二 154
鞮鍪　二 214
鞭(辯、辨)　二 278—279
鞣　二 174
藥方殘文　二 43
藥咸(函)　二 42，87
觭角　三 15
覆　三 367(應釋"廼")；四 80
𡐦　三 389
醫　二 42
醫〈豎〉寧〈曼〉　二 434
𩌏　一 65—66
䖎(䖎—蓐收)　二 498，503
𥉻　三 156—157，165
韍(綍)綰　三 118
𦶓(芬)夆(芳)馨香　三 178—182
齕　三 376
叢/蘩　二 211
題湊　四 387—388，402—403，411
蜀(蠾?)　二 530
覞(覞)　三 113
《簠室殷契類纂》　三 500；四 276
簠齋　三 482
《簠齋藏陶》　四 288
簡化　四 98—99
簡化字、簡體字　四 5—6，190—193
簡册　六 252—253
《簡明甲骨文詞典》　四 276
簡帛古籍對研究傳世古籍的作用　四 448—450

簡牘文字　四 128—129
雙古堆竹書《詩經》　二 317
雙古堆和居延、敦煌漢簡《蒼頡篇》　二 313
雙音節單純詞的兩個音節或並列式雙音節複合詞的兩個詞素的位置　二 50
雙陸盤　六 1—2
雙虞齋　三 483
雙劍誃　三 484—485
《雙劍誃吉金文選》　四 282
《雙劍誃殷契駢枝》及其《續編》、《三編》、《四編》　一 22;四 277
邊塞漢簡　六 254—256
歸　一 231,427
歸而飲至　二 406
歸哭　二 192
《歸藏》　二 315
衛　五 12—13
鎖　四 313—314,255—256
鎗鎗鏞鏞　三 115
鎰　三 25—26
繇　二 256
餂獸　四 389—390
鼹(燕)　二 471—472
謹　二 161
謾　二 142
褻(褻)　三 3—4
《雜禁方》簡 7—11 位置的編排　二 181—182
離官　五 49—50
離署　二 104
《離騷》傳　二 268—269
遴　二 193,196
糧　五 193
糧田　五 195—199
稟(稟)　二 16—17
竈　三 275
闔/扂　三 418—419;四 42
闕　四 77
璧　二 488
隮　一 266
繩　三 257

十九畫

騷(搔)馬　二 219－220
顛(斠)　三 29
檾少內佐王宮　五 98
檾田之史　五 235
櫝丸(犢丸/牘丸/韇丸/牘朹)　二 111—112,122
黻(柭茀—散麓—柭)　一 89,252—253
櫟市　五 85—86,87
櫓　四 420—421
壞(懷)　二 373
麗市　五 85,87
麗亭　五 80
璽(壐/坋)　三 275,286
璽印　三 286—287
璽印文字　三 287—290
《攈古録金文》　三 494

鄧(襲)　三 75,284—285
齡　二 176,177
《懷》117 右　一 61
《懷》962　一 61
贈賜奴隸　五 21
疇方　三 151,153
嚴(譀)　一 157—158
壍　一 115
獸、狩　四 179
羅布泊漢簡(樓蘭漢簡)　四 206;六 255
羅振玉　一 21,22,23;三 496,497,498;四 275
羅振玉的藏品　三 484
羅振玉的齋名　三 484
羅琨　一 463
羅端(Redouane Djamouri)　一 464
儷匜　一 459—460
毇/毇(糂)　三 6
鴿(歆)　二 530
鏟幣　三 250
鏇(蹇)邢上下　三 12
辭　二 156
《辭源》、《辭海》不注跟傳統讀音不合的現代讀音　四 67
鰷(鯀—綸)　三 7
鵬　三 212
獐　一 122,138—139
譖(潛)　三 114
譙市　五 86,87
識(應釋"戠")　三 365
譔　三 376
繺　三 280—282
繺利親　二 138
龐　五 159
麑　四 65
韻書中的不少注文應加上"貌"字來理解　四 164
龏　二 391
旜(旃)　三 381
羹于(盂)　二 151
瀑(暴)　三 4—5
瀕市　五 86,87
瀕亭　五 81,82
襦　二 159;三 392
《關中秦漢陶録》及《補編》　四 285
關佐　五 102
關戾　二 114
關嗇夫　五 102—103
彊　一 172
韄(圍)　三 18—19
隴前農丞　五 233

二十畫

麸=(麸麸犬)　三 138—139
麸器著錄情況　三 132—137
騂　一 389
蘁　四 64
蘩　二 251;三 364(應釋"薹")
蘭=(蘭,蘭)冠各二　二 154
蘭車、闌輿車　二 90—91
齗(齘)　五 159

纛　一256
《鶡冠子》　二315;四357,380,406,449
曤(習)　一427—428
醴　三143
獻　三407—408
贍　四92
巍(魏)　二409
犧尊、象尊　四404
鬻(鑊)　一158
龕(龕—堪)　三17
《鐘鼎款識》　三493
《鐘鼎篆韻》　三493
彝/彝　一36
饒宗頤　一464;三501
饌(纂)　三170
護　二158
譯　二208
競　一157
顏(顔)　二114
顏(顔)行　二200—201
竇　一170
《寶雞𢐗國墓地》　四283
竇(緰)此　二95
灌(應釋“濯”)　三368
闞獵狁　三171
㠯(𢀛)　一35
𩰬公盨　三146—166;五254,257,258—259
𩰬(𦥑—𠧪)　三162,176—177,179—180
繝　二211
繽紛　四239,315

二十一畫

鬖園嗇夫　五74—75
騮　一307,427
驂　三349,437
《權衡度量實驗考》　三476—477
纍(應釋“纂”)　三369
饔　四311
衢　一418
《鐵雲藏陶》　四288
《鐵雲藏龜》　一21;三496;四275
癟　三276
齎　二137
竈(宝)　三17
瀍　四42
瀍(廢)　三113
顧氏《集古印譜》　三287,494
顧正《文字學》　四262
顧實《中國文字學》　四261
顧頡剛　二334,335;五256—270
𢿣　一253
《續甲骨文編》　四276;六249
《續考古圖》　三493

二十二畫

覿　二373
懿德　三158
欋楝　二264
鷗　三212

鏑　　四 360,361
斆　　一 41,42
巖　　四 144
穰邑　　二 133
鬟(皤)髮　　三 15
鑄　　三 407,408
鑄(注)　　三 219
鑄國　　一 360—361
纙、羅　　四 182—183
夔　　三 275
聾竈　　二 160
龔自珍　　三 495
繇　　一 352

二十三畫

龖(龖)　　三 17
籥　　二 86
鑣(應釋"鍤")　　三 370
讓　　二 477
釁無句　　三 12
欒書缶　　三 400—402
變　　二 259
變事爰□書誼　　二 132
戀　　三 279—280,282
贏(攍)　　四 199—200
肈(肇)　　三 7

二十四畫

䕻　　三 115
觀　　二 110
《觀堂古金文考釋五種》　　三 497;四 282
欄　　三 372
鹽官有秩　　五 53,103
鹽(衜)　　二 173,175,176
《鹽鐵論》　　二 142;四 409—411,492
鹽(鑑)　　三 367
靈處　　三 13,14
靈臺嗇夫　　五 102
齲　　一 209
羈旅　　三 293—294
鬻(鬻)　　三 380
鼉　　四 172
贛　　二 488;三 377
灝　　四 93
鱉　　三 162,179

二十五畫

釁(眉)　　三 119,155
龗(申)　　三 7,54—60
龗(申)寧　　三 12
蠻戎　　三 110
鑾　　三 279—280,282
灑(逝)　　二 299

二十六畫

繫　　四 361
鑾　　三 278—279,282
鑾　　三 280
變(遍)　　一 351—352

二十八畫

虋　　二 188

鬱平大尹馮君畫像石墓大門南柱題記 三361—362
鬱(應釋"欒") 三366
[illegible](焦) 二489
鸞 三284
[illegible](熾)光 三15
[illegible](鼃) 一53

非隸定字及外文或漢語拼音字母索引

非隸定字

（包括原形、半隸定形和缺釋之字）

[illegible] 一179
[illegible]/[illegible] 一514
[illegible]尊 五206—207
[illegible]/[illegible]/[illegible]/[illegible] 一275
[illegible]/[illegible]/[illegible] 一178,396
[illegible]庚子 一191
[illegible]/[illegible] 五181
[illegible]—[illegible]/[illegible]—曰 一78
[illegible]田 一262
[illegible] 一124
[illegible] 一124
[illegible] 一109
[illegible] 一109
[illegible](爽) 一342—343
[illegible] 一58
[illegible] 一75,233—234
[illegible] 一284
[illegible]/[illegible] 一284
[illegible] 一138—139
[illegible] 一307
[illegible](米) 一417
[illegible](逐[illegible]) 一417
[illegible]/[illegible] 一54
[illegible] 一232
[illegible] 一240—241
[illegible] 一263
[illegible](棫)林 三36
[illegible] 一281
[illegible] 一281
[illegible] 一76
冃(凡—同) 一36—37,478,481—484,486
[illegible]/[illegible] 一71
[illegible](葬) 一112
[illegible](帚)、[illegible](彗字所从)二形可通用 一426—427
[illegible] 一427
[illegible] 一58
[illegible]/[illegible]、[illegible]/[illegible] 一57—58
[illegible]膀尊 五207—208
[illegible] 一211
[illegible]雍(臃)種(腫) 二41
唪(逢)魯 三184

噴(濆)然　　二 264
噌(贈)　　二 413
□射三　　三 173—174
□器嗇夫　　五 61

首字爲外文或漢語拼音字母

H11:5　　一 431,434
H11:6+32　　一 431,433
H11:76　　一 431,434
H11:92　　一 446—447
H11:102　　一 446—447
H31:4　　一 431,433—434
“V 不”句式　　一 317—322
“V 不 V”(“V 弗 V”)句式　　一 317—319,322—325

編校後記

《裘錫圭學術文集》的編纂,是復旦大學出土文獻與古文字研究中心劉釗主任在2007年底作爲中心的一項任務提出來的。2008年2月,由郭永秉執筆起草了《關於出版〈裘錫圭文集〉的情況介紹》(現用書名中“文集”前的“學術”二字是後來應出版社的要求而添加的)。

《文集》的實際編校工作從2008年3月開始。在此之前,沈培(後轉任香港中文大學中文系教授)、陳劍、張富海(首都師範大學文學院教師)、郭永秉等老師已經編出了一個較爲全面的著作目録(此後一直有增補),底稿的搜集工作就是在此基礎上展開的。底稿的搜集工作主要由郭永秉負責,中心各位老師也提供了不少資料。田穎(畢業後至高等教育出版社工作)掃描了大量底稿,中心幾位研究生還將一部分底稿輸入了電腦。

底稿搜集工作完成後,我们將這批底稿交給了復旦大學出版社宋文濤編輯,由他聯繫南京展望文化發展有限公司將底稿録入電腦,當年6月初步完成了録入工作。6月底至7月初,中心劉嬌、鄔可晶、程少軒(以上三位畢業後留中心工作)、葛亮(畢業後至上海博物館青銅研究部工作)、田穎、劉欣(畢業後至《蘇州日報》社工作)六位研究生以及當時尚未成爲中心研究生的復旦中文系本科生蔣文,在此基礎之上做了插入字形和圖片以及爲文章所引古文字資料的舊著録號標注《甲骨文合集》、《殷周金文集成》等書的著録號的工作。完成之後交給展望排版,於9、10月間印出了一校樣。隨後,上述七位研究生對一校樣進行了兩遍校對。2009年2月完成一校,交還排版公司修改。自2008年6月至2009年2月,這一階段《文集》編校的組織聯絡工作主要是由程少軒負責的。

2009年4月,葛亮前往南京協調排版工作。5月,葛亮、鄔可晶、石繼承三位研究生對全書的新造字進行了整理。鄔可晶在當年5月至7月間還對《文集》的編排次序進行了整體調整,並對各篇文章原發表的著録信息做了大致統一。

我們對文章中圖片及造字的質量要求都比較高,爲了便於跟排版單位經常聯繫以保證質量,2009 年 6 月,經劉釗主任與出版社方面協商,將《文集》的排版工作轉交上海傑申電腦排版有限公司負責。傑申公司改排了此書的版式,並根據此書的實際情況製作了大量新造字。傑申的重新排版和造字工作從 2009 年暑假一直持續到 2010 年 4 月中旬,在 4 月下旬印出了二校樣,本書至此初步定型。

自 2009 年 3 月至 2010 年 4 月二校開始,《文集》編校工作的内部協調以及中心與出版社、排版公司的聯絡工作,主要是由葛亮承擔的。在排版轉由傑申公司負責之後,葛亮曾多次進行溝通,確定了本書版式、排校工作流程和文圖處理原則,爲此付出了大量的勞動。

2010 年 4 月下旬二校開始時,由於葛亮臨近畢業,他所負擔的工作轉由石繼承負責。二校工作分爲兩個階段。第一階段是當年 4 月下旬至 6 月下旬,參加工作的有中心 08、09 兩個年級的全體碩、博士研究生,以及當時已是中心老師的劉嬌、07 級博士生鄔可晶和當時尚未成爲中心研究生的復旦中文系本科生虞晨陽。第二階段,蔡偉、劉嬌、鄔可晶、謝明文(畢業後留中心工作)、陳志向、張傳官、顧莉丹(畢業後至上海古籍出版社工作)、程少軒、石繼承九位研究生在此前校改的基礎上進行了一輪覆校。此工作完成之後,由鄔可晶和石繼承統稿,於 7 月中旬交給傑申公司修改。當年 10 月中旬,傑申方面表示,操作人員對我們在校樣上所做校改的内容難以準確把握,希望我們派人協助他們進行修改。爲了提高效率並保證校改的準確性,此後傑申方面所做的修改工作都是在石繼承的協助下進行的。

2010 年 11 月中旬,傑申二校的修改工作完成,印出了三校樣。謝明文、陳志向、張傳官、虞晨陽、石繼承五位研究生參加了三校的校對工作。此輪工作在 12 月初完成後,由石繼承開始通看全部校樣,到 2011 年 2 月底看完一遍。其間,鄔可晶在此前已有的基礎上修訂增補出作爲本書附錄的《著述目録》的初稿(後來又有所增補)。3 月初,我們將修改過的三校樣交給傑申,並協助進行修改,至當月下旬修改完畢。

2011 年 3 月底,四校工作開始。中心各位老師審看了四校樣(陳劍、廣瀨薰雄、郭永秉、施謝捷、周波、劉釗六位老師分別負責一至六卷),並對原文需加補正之處擬出編按或提供意見和相關資料。此外,出版社責任編輯宋文濤、已經畢業的葛亮,還有即將成爲中心研究生的姚明輝都通看了四校樣,並提出不少有用的修改意見。鄔可晶、謝明文、陳志向、蔣文、任攀等研究生雖未直接參加此輪校對工作,但也提出了不少在閲讀本書所收文章時所發現的問題,並給出了具體的修改意見。

此輪工作一直持續到 2011 年 6 月底。其間石繼承將全部四校樣通看一遍，吸收上述各位提出的修改意見，在此基礎上改定了四校樣，於 7 月上旬交給傑申進行修改，至 8 月中旬完成。

2011 年 8 月中旬五校樣印出後，葛亮提出了不少修改意見。鄔可晶以此校樣爲底本，花去三個月的時間編製了《主題索引》的初稿（編製第五卷索引時曾得到蔣文的協助）。從 2011 年 8 月下旬一直到 2012 年 5 月底，郭永秉、鄔可晶、石繼承在以主要精力從事其他任務的情況下，分别對五校樣進行審校，郭永秉還撰寫了《裘錫圭學術年譜簡編》。2012 年 6 月初，五校樣修改完畢。鄔可晶根據修改過的校樣對《主題索引》進行了修訂，並由任攀協助進行校對，於月底最終定稿。

在《文集》編校過程中，陸續加入了不少"編按"。直到最終定稿前的一個月内，還加入了作者及其他人所撰寫的最後一批"編按"。所加"編按"按其性質可分爲兩類，一類是對文章内容加以訂正補充的，還有一類是注明出版信息及所收文章之間的參見關係的。參加前一類"編按"撰寫的除作者外，有郭永秉、陳劍、鄔可晶、周波（以撰寫條數爲序），爲這一類"編按"的撰寫提供意見和資料的，有葛亮、施謝捷、廣瀨薰雄、石繼承、劉釗等（以提供數量爲序）。後一類"編按"主要由鄔可晶、石繼承撰寫。

在復旦大學出土文獻與古文字研究中心網站論壇上，網友們指出了不少本書所收文章中的技術性錯誤，我們在編校過程中已對這些錯誤加以改正。

從《文集》編校工作正式開始到最後完成，整整四年時間過去了。《文集》篇幅較大，涉及的知識面較廣，在排版方面也有較大難度，而我們自身學力有限又缺乏相關經驗，並且是在同時進行學習、研究和其他工作的情況下來編校這部文集的，四年時間實際上是相當緊迫的。書中必然還存在不少编校方面的錯誤，這是要向讀者致歉的。

圖書在版編目(CIP)數據

裘錫圭學術文集(全六卷)/裘錫圭著. —上海：復旦大學出版社,2012.6(2025.6 重印)
ISBN 978-7-309-08087-2

Ⅰ. 裘…　Ⅱ. 裘…　Ⅲ. 社會科學-文集　Ⅳ. C53

中國版本圖書館 CIP 數據核字(2011)第 072676 號

裘錫圭學術文集(全六卷)
裘錫圭　著
出 品 人/嚴　峰
責任編輯/宋文濤

復旦大學出版社有限公司出版發行
上海市國權路 579 號　郵編：200433
網址：fupnet@fudanpress.com　http://www.fudanpress.com
門市零售：86-21-65102580　團體訂購：86-21-65104505
出版部電話：86-21-65642845
浙江新華數碼印務有限公司

開本 890 毫米×1240 毫米　1/16　印張 188　字數 3 097 千字
2012 年 6 月第 1 版
2025 年 6 月第 1 版第 5 次印刷

ISBN 978-7-309-08087-2/C · 203
定價：980.00 圓
